浙江省能源集团志

（2001—2019）

上　册

《浙江省能源集团志》编纂委员会　编

应急管理出版社
·北　京·

图书在版编目（CIP）数据

浙江省能源集团志：2001—2019/《浙江省能源集团志》编纂委员会编．-- 北京：应急管理出版社，2021

ISBN 978-7-5020-7248-3

Ⅰ.①浙…　Ⅱ.①浙…　Ⅲ.①能源工业—企业集团—概况—浙江—2001-2019　Ⅳ.①F426.2

中国版本图书馆CIP数据核字（2021）第101888号

浙江省能源集团志（2001—2019）

编　　者　《浙江省能源集团志》编纂委员会
责任编辑　田　园　曲光宇
编　　辑　梁晓平　王　晨　孔　晶　李世丰
责任校对　孔青青　邢蕾严　李新荣　陈　慧
封面设计　罗针盘

出版发行　应急管理出版社（北京市朝阳区芍药居35号　100029）
电　　话　010-84657898（总编室）　010-84657880（读者服务部）
网　　址　www.cciph.com.cn
印　　刷　北京盛通印刷股份有限公司
经　　销　全国新华书店

开　　本　889mm×1194mm $^1/_{16}$　**印张**　93 $^3/_4$　**插页**　24　**字数**　2800千字
版　　次　2021年5月第1版　2021年5月第1次印刷
社内编号　20191941　　**定价**　568.00元（上、下册）

《浙江省能源集团志》编纂委员会及机构组成名单

一、《浙江省能源集团志》编纂委员会

顾　　问：吴晓煜

主　　任：童亚辉　胡仲明

副 主 任：柯吉欣　詹　敏　陆　翔　范小宁

编　　委：赵建林　张荣博　孙玮恒　徐小丰　朱松强　许　强
龚　平　王建堂　胡　斌　叶元祖　倪　震　陶晓东
沈宝国　陈一勤　倪晓岚　柴锡强　夏晶寒　顾振海
程光坤　张基标　秦刚华　孙朝阳　来郁郁　王学根
章晓栋　刘柏辉　陶建根　夏守慧　马　青　牟文彪
潘华林　陈明东　解剑波　陆林海　陶　虹　戚丹丹
刘　虹　刘剑辉　王惠挺　吕洪炳　虞国平　顾　强
章　勤　杨敬东　边加浩　吴荣辉　王树乾　华国钧
任志祥　张中海　陈利忠　朱文泉　胡国华　施云峰
卢　钢　谢　伟　陈剑飞　高　明

二、《浙江省能源集团志》

主　　编：陆　翔

副 主 编：来郁郁　章晓栋　夏守慧　陆林海　任志祥　刘柏辉
李宗华

三、《浙江省能源集团志》编纂办公室

主　　任：夏守慧　陆林海

副 主 任：王　华　王　勇　何文军　陈东波　杨　旸　黄剑飞
叶王刚　徐绍平　王剑平　何旭东　范海东　姚文峰
古华城　李　军　程向华　谢作梁　黄祖平　朱东临
陈兆军　范子杭　胡康生　周海平　王穆君　卢永清
毛申良　沈春杰　朱晓林　鲁国平　张　扬　俞颖娣
应　骏　卢方正

四、《浙江省能源集团志》编辑部

主　　　任： 李宗华

常务副主任： 黄灵豹

副　主　任： 朱将云　汤　晶　周起凡　沈经皓

成　　　员： 黄正超　李建设　蒋旻天　许丹金　徐宏伟　周倞毅
董昊炯　吴砚华　杨　珺　关　键　胡海峰　李　伟
徐成龙　王健勇　唐永巨　董盈艳　余良鹤　翟嵩山
吴永孝　朱　伟　程　晨　张永亮　李乾铭　杨建军
王献江　杨极云　谢森波　葛　平　冯　明　陈　璐
徐　岩　施国忠　傅　凡　陈嘉辰　田华峰　王　进
纪　萍　曾家和　钦晓丹

1. 领导关怀

2013 年 6 月 20 日，中共浙江省委副书记、浙江省省长李强（中）在浙能集团调研，党委书记、浙能集团董事长吴国潮（左一）等领导陪同

（朱将云摄）

2017 年 4 月 19 日，中共浙江省委书记夏宝龙（左一）参观浙江省科技成果展浙能超低排放展区，听取浙能集团党委书记、董事长童亚辉（右一）情况介绍

（朱将云摄）

2010 年 8 月 16 日，中共浙江省委书记赵洪祝（右二）考察调研浙能集团，浙能集团董事长、党委书记吴国潮（右一）等领导陪同

（吴力摄）

2010 年 5 月 14 日，原国家政协副主席钱正英（中）考察调研浙江浙能中煤舟山煤电有限责任公司，浙能集团副总经理柯吉欣（左二）等领导陪同

（仝兴海摄）

2017 年 4 月 19 日，中共浙江省委副书记、浙江省省长车俊（右二）在浙能集团调研，浙能集团党委书记、董事长童亚辉（右一）等领导陪同

（朱将云摄）

2017 年 9 月 29 日，中共浙江省委书记车俊（左一），中共浙江省委副书记、浙江省省长袁家军（右一）为浙江省石油股份有限公司揭牌

（政治工作部提供）

2019 年 8 月 21 日，中共浙江省委副书记、浙江省省长袁家军（左一）考察浙能集团，浙能集团党委书记、董事长童亚辉（右一）等领导陪同

（黄胡光摄）

2003 年 8 月 31 日，国家电监会主席柴松岳（右二），中共浙江省委副书记、浙江省省长吕祖善（左二）在萧山发电厂调研，浙能集团总经理吴国潮（左一）等领导陪同

（政治工作部提供）

2005 年 1 月 27 日，中共浙江省委副书记、浙江省省长吕祖善（左二），浙江省副省长王永明（右二）在浙江浙能兰溪发电有限责任公司考察调研

（陈建良摄）

2. 产业发展

2003 年 2 月 25 日，浙江省省属发电企业（项目）管理职能由浙江省电力公司移交浙能集团会议在杭州召开

（图片来源：《浙江煤炭》第 67 期）

2003 年 12 月 7 日，浙江镇海发电有限责任公司油改气工程烟囱爆破

（朱坚摄）

2006 年 9 月 20 日，淮浙煤电有限责任公司凤台电厂工程项目开工典礼

（吴力摄）

2007 年 3 月 7 日，杭甬天然气管道工程钱塘江定向钻穿越成功

（朱将云摄）

2007 年 12 月，淮浙煤电有限责任公司顾北煤矿建成投产

（顾北煤矿提供）

2008 年 8 月，浙江浙能北海水力发电有限公司滩坑水电站建成投产

（政治工作部提供）

2009 年 3 月，浙江浙能洞头风力发电有限公司温州洞头风电场投入运行

（政治工作部提供）

2009 年 8 月，位于浙能第二大厦的浙江省天然气调度控制中心投入使用

（政治工作部提供）

2017 年 5 月 9 日，金（华）丽（水）温（州）天然气管道工程缙云以北段实现全线通气。图为浙江天然气开发公司天然气金华中心站

（朱将云摄）

2009 年 9 月，浙江浙能中煤舟山煤电有限公司煤炭中转码头建成投产

（林铮摄）

2009 年 10 月 29 日，浙能集团董事长、党委书记吴国潮，副总经理毛剑宏为浙江浙能能源技术有限公司揭牌

（章沁妍摄）

2011 年 10 月，浙江浙能嘉华发电有限公司 2 台 100 万千瓦超超临界燃煤机组建成投产

（郑啸摄）

2013 年 12 月 19 日，浙江浙能电力股份有限公司 A 股在上海证券交易所挂牌上市。浙江省副省长朱从玖（左四），浙江省国资委主任冯波声（左五），浙能集团党委书记、董事长吴国潮（左六），浙能集团总经理童亚辉（左二）等领导出席仪式

（政治工作部提供）

2014 年 5 月 30 日，全国首套烟气超低排放装置在浙江浙能嘉兴发电有限公司建成投产

（全国琴摄）

浙江省浙能房产有限公司兴建的长兴·龙山雅苑（摄于 2014 年 8 月）

（朱将云摄）

2016 年 6 月，浙江省水利水电投资集团有限公司松阳光伏电站建成投入运行

（政治工作部提供）

2017 年 3 月，伊犁新天煤化工有限责任公司煤制天然气项目建成投产

（政治工作部提供）

2017 年 5 月，浙能集团在杭州举行绿色能源基金发布会暨签约仪式，浙江省副省长朱从玖（右五）、浙能集团总经理童亚辉（右六）出席发布会

（祝益军摄）

2017年6月8日，浙能集团超低排放技术亮相阿斯塔纳世博会

（朱将云摄）

2017年10月29日，浙能智慧能源科技产业园举行项目开工仪式，浙江省副省长高兴夫（右二）、浙能集团总经理柯吉欣（右三）、浙能集团副总经理赵建林（右五）等领导出席开工仪式

（祝益军摄）

2017年10月，浙能集团参股巴西圣西芒水电站

（浙江能源巴西控股有限公司提供）

2018 年 4 月，浙江浙能滨海热电有限公司一期、二期热电联产机组全面建成投产

（浙江浙能滨海热电有限公司提供）

2018 年 7 月，浙江富兴海运有限公司购入的 7.2 万吨级“浙能 1 号”投入运行

（浙江富兴海运有限公司提供）

2018 年 9 月 18 日，浙江浙能温州液化天然气有限公司温州液化天然气接收站工程举行开工典礼

（浙江能源天然气集团公司提供）

2018 年 10 月 18 日，浙江省石油股份有限公司承办第二届世界油商大会平行论坛，其间，浙能集团董事长童亚辉（左三）与嘉宾进行互动访谈

（朱将云摄）

2019 年 10 月，浙江浙石油综合能源销售有限公司嘉善县客运中心东站综合供能站投入运行

（祝玮槐摄）

2020 年 2 月，浙江省石油股份有限公司黄泽山储运基地投入运行

（浙江省石油股份有限公司提供）

2020 年 5 月 22 日，浙江浙能航天氢能技术有限公司揭牌仪式在杭州举行，浙能集团党委书记、董事长童亚辉（右）等领导出席

（政治工作部提供）

2020 年 4 月 18 日，浙能集团首艘万吨级成品油船“浙能油 1”号轮建成试航

（王健摄）

3. 党建文化

2006 年 4 月 11 日，浙能集团召开第一届工会会员代表大会

（朱将云、吴力摄）

2006 年 5 月，浙能集团举行“安全在我心中，责任重于泰山”万人安全签名活动

（朱坚摄）

2007 年 6 月 11 日，浙能集团开展“作风建设年”警示教育活动

（政治工作部提供）

2008 年 6 月 26—27 日，中国共产党浙能集团第一次代表大会召开

（政治工作部提供）

2010 年 7 月 27 日，浙能集团组织党员干部抗击“7·26”特大暴雨

（金辉摄）

2011 年 5 月 27 日，浙能集团举办成立 10 周年晚会

（政治工作部提供）

2011年6月27日，浙能集团举办职工书画展

（政治工作部提供）

2012年3月31，浙能集团所属企业职工为金华兰溪市《兰江导报》小记者讲解电力知识

（范莉摄）

2012年8月17日，浙能集团组织职工参加浙江省国资国企文化节

（宓宇摄）

2012 年 12 月 11 日，浙能集团党委举办党的十八大精神报告会，邀请浙江省委十八大精神宣讲团成员、省委宣传部常务副部长胡坚作宣讲

（朱将云摄）

2013 年 9 月 24 日，浙能集团开展党建对标交流活动，推进基层党组织建设进程

（政治工作部提供）

2014 年 4 月 29 日，浙能集团所属企业组织职工向滩坑水电站库区及下游瓯江小溪流域投放 35 万尾珍稀鱼苗

（李诚摄）

2014 年 5 月 6 日，浙能集团所属企业组织团员青年开展“低碳环保，从我做起”五四纪念活动

（乐臻摄）

2014年10月9日，浙能集团组织职工举行“祖国心连心，和国旗心相印”升国旗活动

（政治工作部提供）

2014 年 10 月 24 日，浙能集团为所属企业青年职工举办集体婚礼

（舟山煤电提供）

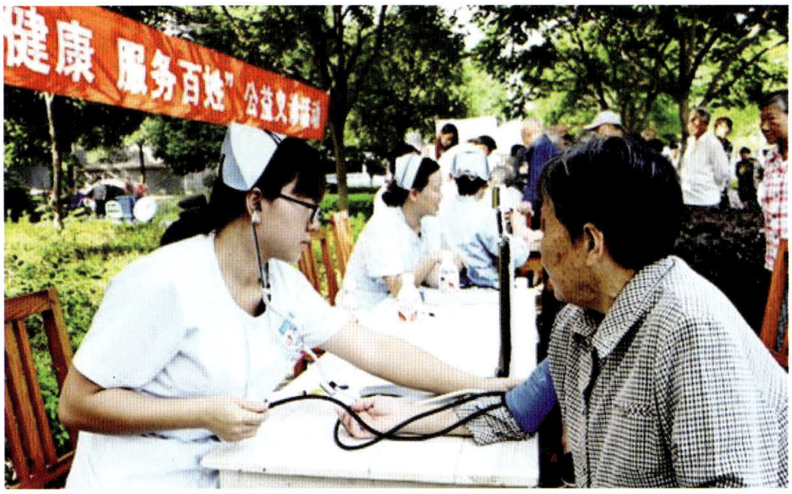

2015 年 9 月 24 日，浙江长广（集团）有限责任公司职工医院组织医务人员深入社区开展义诊活动

（刘炜黎摄）

2015 年 10 月 18—31 日，浙能集团组队参加浙江省省属企业首届职工运动会

（政治工作部提供）

2016 年 4 月 16 日，浙能集团基层党组织开展“悟思践行”主题党日活动

（徐涵冰摄）

2017 年 3 月 11 日，浙能集团所属企业组织团员青年参加公益植树活动

（王蒙摄）

2017 年 5 月 22 日，浙能集团召开第二次共青团代表大会

（朱将云摄）

2017 年 7 月 20 日，浙能集团领导班子带领机关党员干部赴嘉兴南湖重温入党誓词

（许明荣摄）

2017 年 10 月 12 日，浙能集团董事长童亚辉（右）出席“丝路行·援疆情”电视专题报告会

2018 年 5 月 23 日，浙能集团职工运动会开幕

（政治工作部提供）

2018 年 9 月 4 日，宁波海运股份公司“明州 59”号轮参加由交通运输部、浙江省人民政府联合举办的海上消防应急演练

（政治工作部提供）

2018 年 10 月 31 日，浙能集团举办首届微型党课竞讲比赛

（祝益军摄）

2019 年 1 月 24 日，浙能集团党委书记童亚辉（左二）陪同浙江省国资委党委书记冯波声（左三）及省属企业、省直有关部门负责人一行 40 余人到浙能创业大厦“红咖啡馆”党建阵地，观摩考察浙能集团基层党建工作

浙能城市燃气公司全力推进最多跑一次改革。线下通过营业厅扩容升级，投用自助终端机，推出“流动服务车”。线上开通“967677”全省统一 24 小时客服热线，依托“浙里办”、微信、支付宝等平台，实现所有燃气服务网上办理

（冯俞摄）

2019年3月20日，《浙江省能源集团志》撰稿人员合影于浙江浙能北海水力发电有限公司

（政治工作部提供）

2019年4月3日，与浙能集团结对的衢州市常山县新昌乡郭塘村承办浙江省属企业“千企结千村，消灭薄弱村”专项行动现场推进会

（机关党委提供）

2019年6月4日，浙能集团启动“不忘初心，牢记使命”主题教育动员暨基层党组织负责人政治素养培训。集团党委书记、董事长童亚辉作题为《不忘初心、牢记使命，强化政治建设，坚决打赢防范化解重大风险攻坚战》主题党课

2019 年 6 月 14 日，浙能集团举办“不忘初心、牢记使命”图片展

（王俊伟摄）

2019 年 6 月 25 日，浙能集团举办“不忘初心跟党走，牢记使命保安全”知识竞赛

（汪舜檀摄）

人民日报
RENMIN RIBAO

习近平同土耳其总统埃尔多安会谈

习近平向2019世界新能源汽车大会致贺信

过半贫困县脱贫摘帽

李克强出席2019年夏季达沃斯论坛开幕式并发表特别致辞

坚决支持特区政府对严重违法行为追究到底

习近平能源安全新战略的浙江探索

要闻 2

三去一降一补 亮出实招实效

2019 年 7 月 3 日，《人民日报》头版刊发浙能集团党委书记、董事长童亚辉的署名文章《习近平能源安全新战略的浙江探索》

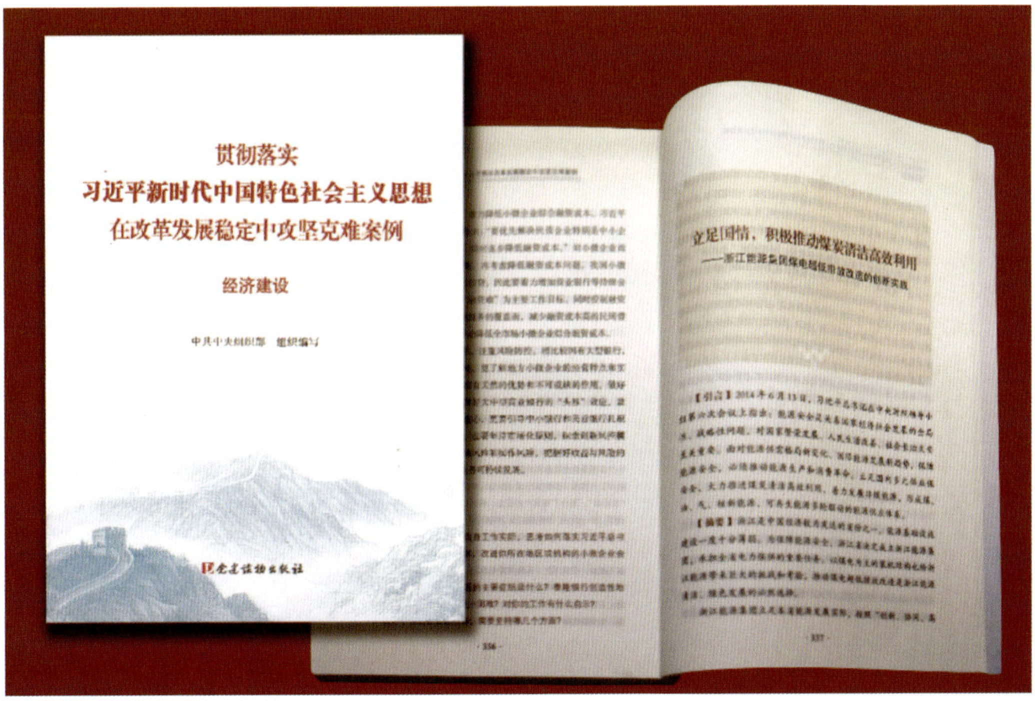

2019 年 7 月，《浙江能源集团煤电超低排放改造的创新实践》入选中共中央组织部编选的《贯彻落实习近平新时代中国特色社会主义思想 在改革发展稳定中攻坚克难案例》丛书

2019 年 12 月 18 日，党建微视频《一张蓝图　一片蓝天》被列为浙江省首批 8 个主题教育电教宣传片之一，在全国党员教育电视片观摩评审活动中被评为二等奖，并在中共中央组织部主办的《共产党员》网站上向全国展播

2019 年 12 月 18 日，《浙江省能源集团志》通过复审

（祝益军摄）

荣誉证书

浙能电力股份有限公司：

你们报送的《打通企业思想政治工作的“最后一公里”：班组政治宣传员》被评为2019年浙江省宣传思想文化工作创新项目。

指导单位：中共浙江省委宣传部

2020年1月

2020 年 1 月 17 日，浙能集团班组政治宣传员特色做法被浙江省委宣传部评为 2019 年浙江省宣传思想文化工作十大创新项目之一

4. 荣　　誉

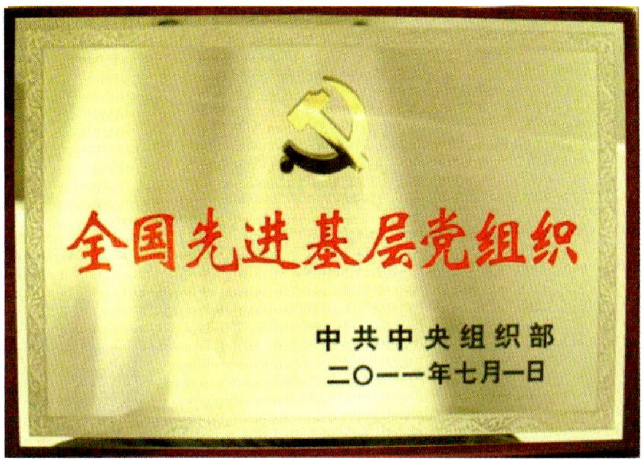

2011 年 7 月，中共浙江浙能兰溪发电有限责任公司委员会荣获“全国先进基层党组织”称号

2016 年 7 月，中共浙江浙能嘉华发电有限责任公司委员会荣获“全国先进基层党组织”称号

2017 年 12 月，浙能集团超低排放技术荣获“国家技术发明奖一等奖”

2008 年 4 月，浙能集团荣获“全国五一劳动奖状”

2004—2010 年，浙能集团连续 7 次荣获“全国‘安康杯’竞赛优胜企业”称号

2011 年 1 月，浙能集团荣获“全国‘安康杯’竞赛优胜单位连胜杯”

2007 年 9 月，浙江浙能富兴燃料有限公司荣获“全国煤炭工业先进集体”称号

2007 年 9 月，浙能集团荣获浙江省“最具社会责任感企业”称号

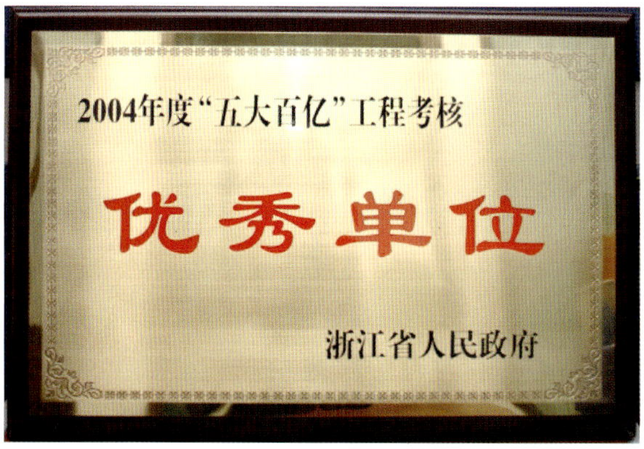

2005 年，浙能集团荣获浙江省 2004 年度“五大百亿”工程考核优秀单位称号

2008 年 4 月，浙能集团领导班子荣获浙江省“全省国有企业创建‘四好’领导班子先进集体”称号

2016 年，萧山发电厂荣获“浙江省 G20 杭州峰会工作先进集体”称号

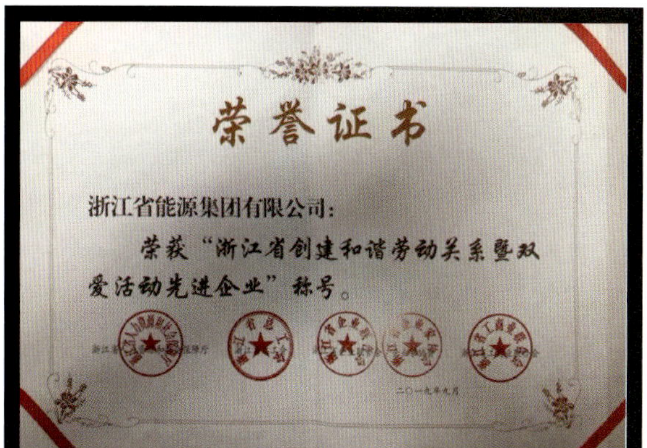

2019 年 9 月，浙能集团荣获“浙江省创建和谐劳动关系暨双爱活动先进企业”称号

2004 年 12 月，浙江长兴发电厂四期工程荣获“中国建筑工程鲁班奖”

2006 年 12 月，浙江嘉兴电厂二期工程荣获“中国建筑工程鲁班奖”

2007 年 5 月，浙能集团荣获“2006 年度全国发电可靠性金牌机组”称号

2009 年 9 月，浙能集团荣获 2008 年度“中国企业 500 强”，位列第 171 名

2019 年 1 月，浙能集团荣获“2016—2017 年度中国煤炭工业协会档案管理先进单位”称号

2019 年 4 月，浙能集团荣获“煤炭行业第二轮修志先进集体”称号

5. 浙能大厦　动力梦想

浙能集团天目山路总部大厦

浙能集团滨江大厦

浙能集团海创园大厦

ZHEJIANG ENERGY

浙江能源

浙江省能源集团公司司徽

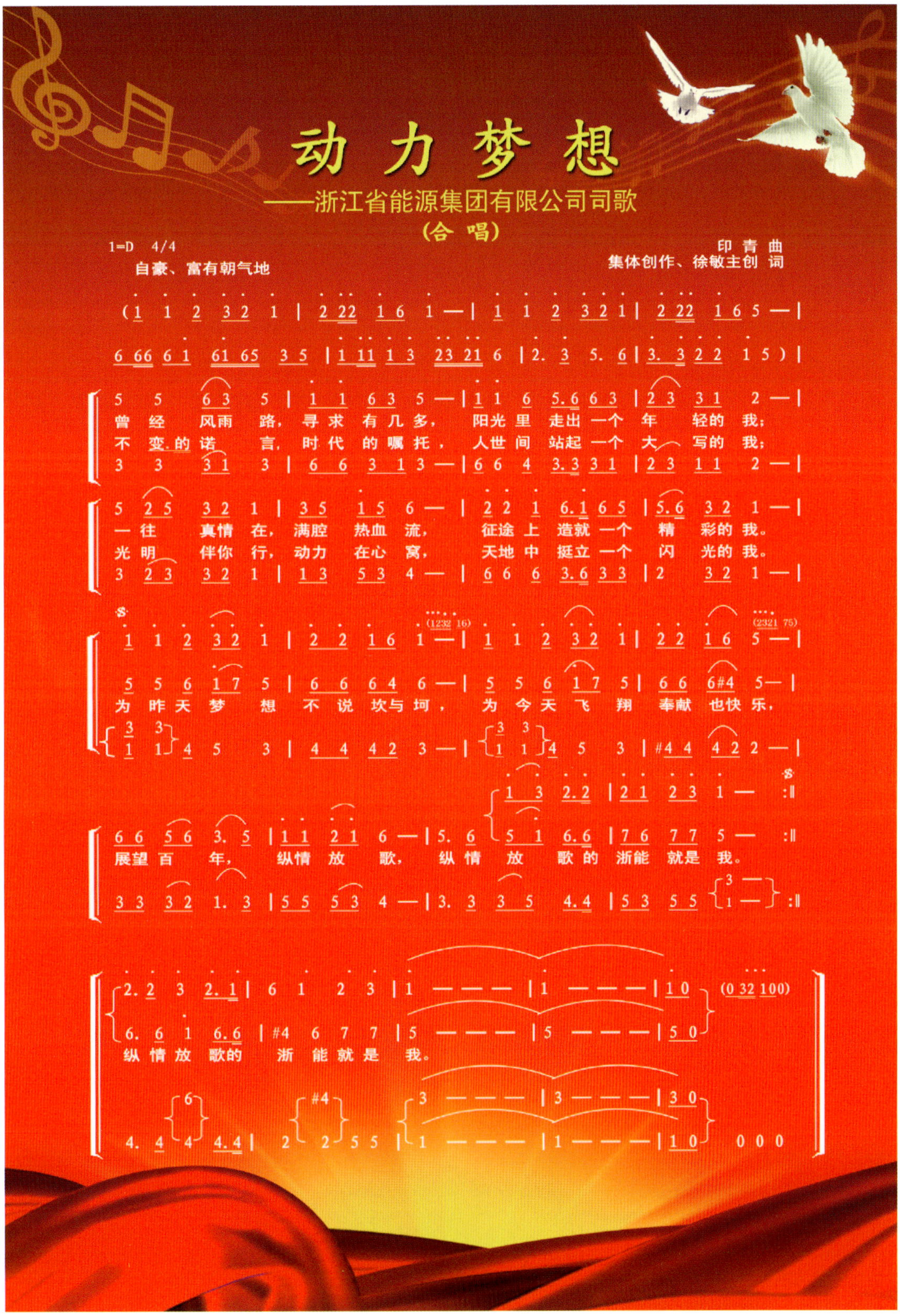
动力梦想
——浙江省能源集团有限公司司歌
（合唱）
1=D 4/4
自豪、富有朝气地
印青 曲
集体创作、徐敏主创 词
曾经 风雨 路，寻求 有几多，阳光里 走出一个 年 轻的 我；
不变的诺 言，时代 的嘱托，人世间 站起一个 大 写的 我；
一往 真情 在，满腔 热血 流，征途上 造就一个 精 彩的 我。
光明 伴你 行，动力 在心 窝，天地中 挺立一个 闪 光的 我。
为昨天 梦 想 不说 坎与 坷，为今天 飞 翔 奉献 也快 乐，
展望 百 年，纵情 放 歌，纵 情 放 歌的 浙能 就是 我。
纵 情 放 歌的 浙 能 就 是 我。

浙能集团司歌《动力梦想》

序

“凡有接触，必留痕迹”，这个定律延伸至政治、经济、社会、人文等更广阔的领域，则将带来更加高邈、深远、沉浸的交互。在我国社会主义现代化建设的伟大征程中，在浙江经济社会全面发展的深刻实践中，浙能集团与时代之交互，与地方之共融，与经济之同兴，二十年岁月激荡的铿锵履印，是为志，承载着集团上下二万多名干部员工二十年的事业所托、情怀所付，历久弥新，是为序。

集团成立之初的五年，我们心中有火，眼里有光。2000 年，浙江省经济进入了新一轮快速增长期，全省能源供需矛盾尖锐，一度成为了全国缺电最严重的地区之一，煤炭、成品油等能源也同步供应紧张。在这样的大背景下，乘着国家电力体制改革及我省电力系统厂网分开的东风，2001 年，浙能集团应势成立，全面接管浙江省国资控股的发电企业。之后的五年，我们紧紧抓住浙江省电力紧缺的发展机遇，顺势而为，走上了电力建设的黄金五年，煤炭、天然气、能源服务产业也开始谋篇布局，走上了创业之路；这五年，所有浙能人汗水的温度就是集团大基建、大工程、大项目叠加推进的热度；这五年，集团上下高歌猛进，实现了“以电为主、多业发展”的规模扩张，提前一年完成了资产、装机和销售收入“三个翻一番”的战略目标，助力全省极大地缓解了电源性不足造成的电荒和能源紧张局面，打出了漂亮的首战。

本立而道生，本固而枝荣。“十一五”“十二五”时期是战略坚守、埋头发展的十年。这十年，我们承前启后，继往开来，紧紧抓住和用好浙江省经济社会发展的重要战略机遇期，在“八八战略”“两创”总战略和“两富”总目标指引下，根据浙江省资源禀赋，大力实施“大能源战略”，在发展取向、发展内涵、发展空间上都实现了长足进步，形成了安全、稳定、经济、清洁的现代能源产业体系和“一主四辅”的产业格局；这十年，集团从一家从事能源投资的初创型公司发展成为集投资控股与生产经营为一体的成熟型特大企业集团，成为在全国具有一定影响力、浙江省净资产规模最大、总资产排名第二的省属国有企业和关系浙江能源安全保障及国民经济命脉的重要骨干企业；这十年，我们始终坚持“发展能源为浙江”的宗旨，坚定不移地走浙能特色的企业发展之路，浙江省能源发展的各主要指标均居全国前列，集团逐步成为省政府能源供应和保障的主抓手、主平台、主渠道、主力军、主战场。

历尽天华成此景，人间万事出艰辛。“十三五”时期，我们跨越了转型升级这个最大的“坎”，爬过了创新发展这个最陡的“坡”，实现了改革“一子落”，发展“满盘活”。明者因时而变，知者随事而制。2016年后，供给侧结构性改革走向深入，能源革命和经济发展进入新常态，“破与立”的矛盾上升为企业能否依然保持高质量、可持续发展的关键矛盾。这一时期，我们坚守政治站位、锚定发展方位，深入推进习近平总书记调研集团重要指示精神、五大发展理念、能源安全新战略、“一带一路”“重要窗口”建设在浙能的落地落实，切实将战略红利转化为发展动能，首创超低排放技术亮相阿斯塔纳世博会，引领燃煤清洁化利用进入新时代，自主研发船舶脱硫技术领先国际国内同行，氢能、智慧能源、储能等新产业多元推进，绿色能源、清洁能源、循环经济蓬勃发展，积极守护绿水青山；这一时期，我们坚持因势而变、因时而进，积极由政策驱动下的“被动型”发展转向更加开放多元的“主动型”改革，及时确立了“能源立业、科技兴业、金融富业、海外创业”的“四业发展”战略走向和“创新型、协同型、服务型”“三型企业”目标，实现了宏观思路、中观谋划、微观举措的有机统一；这一时期，我们敢于“吃螃蟹”“涉险滩”“破藩篱”、担责任，大刀阔斧地对结构性问题、体制机制问题进行“动手术”，“瘦身健体”提质增效、处置“僵尸企业”、治理困难企业、剥离企业办社会和解决历史遗留问题，破解了一系列产业发展“卡脖子”问题和体制机制障碍；这一时期，我们坚持全球视野、时代眼光，依靠改革应变局、开新局，从原来的“五主”功能定位，向能源产业供给侧结构性改革先行者、能源体制机制改革推动者、能源技术革命和业态创新引领者、自贸区建设和地方经济带动者的新使命、新定位转变，公司资本和产业结构由电力一业集中向电力、油气、能源服务三大产业协同发展，基本实现转型升级，获得了创新发展的新动能，集团发展能力、企业形象、行业地位、社会影响显著提升。

心有所信，方能行远。从2001年到2020年，浙能集团切实履行政治、经济、社会三大责任，不忘初心、不辱使命、不负所托。这二十年，党的建设从弱到强，集团党建“五大工程”被中央党校作为典型案例收入教材，集团党风廉政建设与反腐败工作被新华社内参称为“国企预防腐败的‘浙能现象’”；这二十年，浙能文化从无到有，“以德立人、以能立业”“让事业精彩、让生命闪光”成为全体浙能人共同的价值追求；这二十年，民生实事行动积小善成大爱，“全国五一劳动奖”“中国（行业）年度杰出贡献奖”及浙江省“最具社会责任感企业”“善美企业”“最受尊敬企业”“抗震救灾特别贡献奖”等荣誉，是时代给予的最美勋章；这二十年，企业发展由高速向高质量转变，能源保障由单一到多元，集团真正成长为全国地方国有企业中发电装机容量最大、天然气管网最完整、能源产业门类最全、盈利能力优良的现代化综合能源供应商，为“两个高水平”浙江建设、经济社会发展及中国能源事业作出了积极贡献。

时代出卷，企业答题。世界经济风云变幻，中国经济澎湃激荡，我国的市场潜力很大，我国国有企业改革发展的潜力也很大，在高质量发展的时代潮流中，浙能集团将始终坚定发展能源为浙江的使命宗旨和责任担当，永不停步、砥砺前行，忠实践行“八八战略”，奋力打造“八个一流强企”，努力建设具有全球竞争力的世界一流能源企业，为浙江省建设“重要窗口”、争创社会主义现代化先行省贡献浙能力量。

2021 年 5 月

凡　例

一、本志编纂以马克思列宁主义、毛泽东思想、邓小平理论、“三个代表”重要思想、科学发展观、习近平新时代中国特色社会主义思想为指导，贯彻党的十八大、十九大和十九届二中、三中、四中、五中全会重要精神，全面、客观、系统地记录浙江省能源集团有限公司各项事业改革发展的历史与现状，发挥存史、资政、育人的功能，为推动企业健康发展服务。

二、本志上限始于2001年1月，下限截至2019年12月31日，重要事件内容适当上溯或下延。

三、本志采用述、记、志、传、图、表、录七种体裁，以志为主，图表随文设置。

四、本志大事记采用编年体和纪事本末体相结合的体裁，一事一记，记述浙江省能源集团有限公司自成立以来事业发展的重要事件。

五、本志采用第三人称记述，党政机关、企业单位、组织机构、书名、年代等一律用当时的称谓，第一次出现时用全称，后续用规范简称。

六、本志正文中，浙江省能源集团有限公司简称为浙能集团。

七、本志采用规范的语体文，执行国家有关行文规定。简化字、标点符号、专业名词、纪年、数字、计量单位等均执行国家现行规范及标准。

八、本志图片采取集中排于书前和随文插图两种方式。“人物与荣誉”部分收录浙能集团领导班子成员简介，出席全国和浙江省中国共产党代表大会、人民代表大会的代表，享受国务院特殊津贴、浙能集团中层正（副）职人员名录；获得省部级以上荣誉称号的先进单位（集体）和个人、国家级行业先进集体和先进个人以及浙能集团劳动模范和“双十佳”名单。“所属单位简介”部分收录浙能集团板块公司及二级企业、直属单位简介。“附录”部分有关重要文件辑录等。

九、本志资料源于浙能集团档案室、浙能集团各部门、浙能集团所属各单位提供的档案及文稿、书籍、报刊、社会调查等资料，已经考证核实，不再注明出处。

目　　录

上　　册

第四篇 煤 炭

第五篇 天 然 气

第六篇 可 再 生 能 源

第七篇　金　　融

第八篇　能源服务产业

第九篇　对外投资与合作

第十篇　安　全　生　产

第十一篇 科技与信息化

下 册

第十二篇 节能与环保

第十三篇 企业管理

第十四篇　企业党建与思想政治工作

第十五篇　企业文化与群团建设

人物与荣誉

所属单位简介

附　　录

概　　述

一

应时之需应运而生。

长江三角洲南翼，山地丘陵伴着星罗棋布的岛屿风光，描摹出素有“七山一水二分田”的浙江版图。作为中国东南沿海的经济发达省份，自1990年起，浙江GDP一直在全国排名第四。一次能源极为匮乏，煤炭、石油、天然气等基本依靠外省调入和进口，是浙江“典型资源小省，能源消费大省”的映照。改革开放以来，浙江省政府“集资办电”，为在浙境内的电力建设筹措出资，探索能源体制改革。21世纪交替之际，能源短缺矛盾更加突出，成为制约浙江经济发展的严重瓶颈。

伴随着国家电力体制改革的东风，2001年2月，浙江省委省政府决定组建浙江省能源集团有限公司，保障浙江省能源安全。19年的转型升级、创新发展，浙江省能源集团有限公司（简称浙能集团）已成为全国规模最大、产业最齐全的省级能源企业，拥有电力、石油、煤炭、天然气、可再生能源、能源服务、金融等7大产业板块，控股企业达200余家，职工23000余人。

数说发展路。2019年，浙能集团实现销售收入1118亿元，完成发电量1396亿千瓦时、供热2281万吨、煤炭供应6482万吨、天然气供应117.8亿方、成品油销售33万吨。至2019年底，拥有总资产2415亿元、净资产1220亿元；控股管理电力装机3524万千瓦，其中可再生能源313万千瓦；拥有吞吐量为3000万吨的大型煤炭中转码头基地和191万吨的海运船队；拥有省级天然气管线1894千米、城燃公司27家，构建经营全省“多气源一环网”；打造浙江省石油产业链，收购黄泽山石油基地，一期151万立方米的油品储罐投运，建成综合供能站172座；重点投资核能产业，秦山核电基地、三门核电一期以及配套抽蓄电站建成投产。建成新疆、宁夏、安徽等能源基地，每年可为浙江输送电量550亿千瓦时以上、天然气20亿立方米、原煤1200万吨，成为浙江省委、省政府能源产业发展的主抓手、能源合作的主平台、能源供应的主渠道、保障能源安全的主力军和环境保护的主战场。2019年，浙能集团位居中国企业五百强第204名，经济技术和效益指标均走在行业前列。

二

殷殷嘱托锚定方向。

能源是人类文明进步的基础和动力，攸关国计民生和经济社会发展、增进人民福祉，是习近平总书记一直关心、关注的重要领域。

翻开历史的篇章，浙能集团的发展壮大之路始终得到党和国家领导人以及浙江省委、省政府的关怀和指导。

2002年，习近平刚到浙江工作时，浙江的能源问题十分突出。全省电力只能满足需求的三分之二左右，用电缺口巨大，煤炭供应常常得不到保障，天然气也刚刚从零起步。为了解决全省能源供应保障问题，习近平深入了解能源现状、存在的问题、发展趋势，结合浙江经济社会发展实际，对能源发展提出具体要求。在浙江工作期间，习近平把能源问题放在全省经济社会发展大系统中来认识，放在“八八战略”大框架中来谋划，提出了不少重要思想，开启了浙江能源发展的新篇章，为“四个革命、一个合作”能源安全新战略的提出奠定了坚实的基础。

2003年2月19日，习近平调研嘉兴电厂工程建设情况，提出解决电力严重紧缺问题的思路：“把解决电力短缺问题同调整优化产业结构、技术结构和产品结构有机结合起来，淘汰落后产能”“抓好节电技术和设备的推广应用，提高能源利用效率，做好节能文章，努力创建资源节约型社会”。

并强调，“电力行业要敢于创新，发展电力多元化。浙江精神就是敢于拼搏、勇于创新的精神，敢于创新也就获得了先发优势”。习近平在听取浙能集团等单位负责人关于省天然气开发工作汇报时，从浙江山多地少、人口密度大、区域经济发展不平衡的客观实际出发，提出“多气源一张网”建设、运行管理体系和集约化购销格局的原则意见，并指引浙沪联络线等天然气管网建设。

2004年6月18日，习近平到浙能集团总部视察调研，要求浙能集团要通过深化改革，为全省的能源安全起到保障作用。并提出“火电厂要实现清洁生产，清洁能源很重要，如果地方核电能够上，是可以探讨一下”。

2004年7月26日，习近平视察调研嘉兴电厂二期工程建设情况，提出“电力行业要敢于创新，发展电力多元化。浙江精神就是敢于拼搏、勇于创新的精神，敢于创新也就获得了先发优势”“有关部门要进一步加大区外购电力度，积极争取国家和兄弟省市的支持，增加对我省电力电量的输出。电力公司要加强与周边省份的联系，千方百计争取短期和临时交易电量”。并对浙能集团电力主业发展作出了规划性指示：“今后十年要加快电力的发展，早日解决我省经济发展中电力瓶颈制约的问题，将浙江建设成为电力大省。”习近平指出，要发展新能源技术，扩大清洁能源的应用。强调“从长远看，我们还要考虑电力结构的调整，要大力发展清洁能源，如天然气发电、核电、水电、风电，还有利用潮汐发电等”。进一步提出了发展能源多元供应体系的要求。11月24日，习近平到滩坑水电站工程现场调研建设情况，强调要确保质量、把工程建设好，为山区经济社会发展作贡献。

2005年1月26日，习近平视察长广集团时强调，浙江省委、省政府一直十分关心长广集团的发展不平衡问题，希望做好长广改革发展方案，选择一条正确的路子。他亲自深入七矿千米深井下，实地调查煤炭生产情况，慰问一线矿工。

2006年8月2日，习近平视察长兴电厂时提出“经济要发展，又要保护生态环境，切实解决‘两难’问题；希望浙能集团带头践行循环经济发展之路，切实推进环境保护工作，持之以恒把这项工作做好。”

党的十八大后，面对能源供需格局新变化、国际能源发展新趋势，习近平总书记从保障国家能源安全的全局高度，提出“四个革命、一个合作”能源安全新战略，这是习近平新时代中国特色社会主义思想的重要组成部分。2017年6月8日，习近平在哈萨克斯坦访问期间，视察阿斯塔纳专项世博会浙能集团展区，关切询问超低排放技术的应用情况，对浙能集团向全世界展示推广超低排放技术表示赞赏。

三

组建之路渐次展开。

2001年2月，浙江省委、省政府决定以浙江省电力开发公司和浙江省煤炭集团为基础组建浙江省能源集团有限公司，下设浙江省电力开发公司、浙江省煤炭开发公司、浙江省天然气开发公司和东南电力股份有限公司等4家子公司。

2003年3月，根据国务院《电力体制改革方案》的要求，浙江省电力公司管理的发电企业、在建项目、前期项目一起移交浙能集团管理。

2004年4月，浙江省电力建设总公司管理职能移交浙能集团。2004年、2009年、2014年，按照浙江省委、省政府的决定，浙能集团先后吸收合并重组浙江国信控股有限责任公司、浙江省水利水电投资集团有限公司和浙江长广（集团）有限责任公司。

2017年9月，由浙能集团牵头组建的浙江省石油股份有限公司成立。至此，浙能集团成为全国产业最齐全的省级能源类企业。

光辉思想擘划发展蓝图。

浙能集团始终按照习近平“八八战略”思想，坚持一张蓝图绘到底。抓住浙江省经济快速发展好时机，全面规划建设全省能源供应保障体系，确保全省社会经济可持续发展。2003 年，浙能集团提出“以电为主，多业发展”的规模扩张战略；2007 年确立了“大能源格局下以电为主业，多业发展”的战略；2011 年提出“大能源战略”统领各项发展工作，以保障能源安全为核心，优化产业结构，转变企业发展方式，加大产融结合，全面提升竞争力；2016 年提出了“大能源战略”下的“能源立业、科技兴业、金融富业、海外创业”的“四业”发展路径，把转型升级创新发展确定为“十三五”时期的中心工作任务，把浙能集团打造“创新型、协同型、服务型”国际一流的综合能源服务商。

从成立之初的“一母四子”，发展到 2019 年拥有电力、煤炭、可再生、天然气、科服、金融、石油七大产业板块（分公司）和西北区域板块的综合能源服务商，浙能集团因地制宜、与时俱进，不断满足全省经济发展对能源需求的不断增长。

四

多业发展齐头并进。

绘就电力发展绚丽蓝图。2003 年 2 月，浙江省电力开发公司与浙能集团本部合署办公，负责管理浙能系统所有控股与参股的发电企业。2009 年 12 月整体转制为有限责任公司，2011 年 8 月整体变更为浙江浙能电力股份有限公司。2012 年 12 月吸收合并浙江东南发电股份有限公司后“B 转 A”上市。依据“板块化”管理模式，受让浙能集团控股与参股的火电、核电项目的全部股权，承继浙能集团电力产业的开发经营与事权管理。

2003 年 6 月，浙能集团根据《浙江省人民政府关于印发〈浙江省“五大百亿”工程实施计划〉和〈关于实施“五大百亿”工程的若干意见〉的通知》精神和要求，集中力量建设兰溪电厂项目、乐清电厂一期、嘉兴电厂二期、温州电厂三期、镇海电厂油改气、萧山电厂燃气等项目，努力改变“电荒”窘境。自 2007 年起，抓住国务院推行“关停小火电”“节能减排”的机遇，全力配合浙江省经济和信息化委员会完成全省小火电关停核查任务，同时以“上大压小”方式建设了乐清电厂二期、嘉兴电厂三期、六横电厂一期、台州第二电厂一期、温州电厂四期以及镇海电厂搬迁改造等项目共 996 万千瓦清洁高效大型煤电机组。促使浙能电力产业大飞跃，成为浙江电力供应的主力军。

2011 年 7 月，浙能集团根据浙江省政府天然气热电联产项目抢建行动计划，萧山、长兴、镇海、常山等 9F 燃气机组 4 个项目共 278 万千瓦机组如期建成，绿色调峰新能源注入浙能电力产业。其间，在役煤电机组全部实施脱硫脱硝改造，6B 燃机实施油改气改造；并先后开发了绍兴滨海、嘉兴独山港、新疆阿克苏等热电厂项目共 154 万千瓦，台州、宁波、嘉兴、湖州等地市发电企业为周边集中供热，助推地方经济发展。绍兴滨海热电厂成为全国最大热源点项目，为印染之乡提供动力，取得了较好效益。

2014 年 5 月 30 日，浙能集团嘉兴电厂 8 号机组“超低排放”建成投运，为全国首创，引领新建、在役机组全部实施“超低排放”。同时，对在役的 30 万千瓦以上机组实施通流改造。

2017 年 2 月，浙能集团成立浙江浙能能源服务有限公司，以应对电改体制和企业转型升级。成功开发宁夏中卫风电场和电厂厂区分步式光伏电站。截至 2019 年，浙江浙能电力股份有限公司资产总额达 1110 亿元，控股和代管企业 30 家，均股与参股企业 31 家。总装机容量达 3209 万千瓦，其中 60 万千瓦以上机组占 78.4%，供热机组占 85.1%、供热管网达 300 千米。2019 年，全年发电量为 1396 亿千瓦时，供热量为 2281 万吨；供电煤耗 297.18 克/千瓦时，二氧化硫、氮氧化物、烟尘平均排放量分别为 70 毫克/千瓦时、128 毫克/千瓦时、7 毫克/千瓦时，指标均处于国内领先水平。获奖可靠性优胜机组累计46台次，荣获国家颁发金牌机组28台次，荣获基建项目国家级奖12项、省部级奖19项，在行业均名列前茅。

展现煤炭保供浙能担当。十载岁月，时间刻画记忆坐标。作为电煤供应和煤炭贸易主体，2004年，浙能集团成立浙江浙能富兴燃料有限公司。2008年收购浙江富兴海运有限公司，2009年舟山六横吞吐量为3000万吨的煤炭中转基地建成开港，2012年收购控股宁波海运集团，浙能港口运营管理有限公司成立。自2009年2月浙能集团煤炭及运输分公司成立，经过10年发展，成为浙能集团重要的经营中心和成本控制中心。以贸易长协、项目合作、煤矿（站）开发等方式巩固和深化了与神华、中煤、同煤、伊泰等大型能源企业长期稳定的购销合作关系，形成了以资源、贸易、海运、港口、检测、金融、交易等业务统筹发展的产业链群。拥有秦皇岛、曹妃甸等港口专用泊位和场地，年中转量超5000万吨；拥有省内专用码头33个，接卸能力超6200万吨。2017年6月，舟山煤炭交易市场有限公司揭牌成立，开启大宗商品交易，推动传统煤炭供应链体系转型升级。2019年，煤炭分公司全年完成销售煤炭6482万吨、一程运量2855万吨、检测8629万吨，汇总营业收入388亿元。截至2019年底，煤炭分公司总资产为155亿元，所有者权益为82亿元，资产负债率为47%。

打造天然气惠民利民工程。浙能集团成立时设立浙江省天然气开发有限公司。2003年，浙江省委、省政府从浙江实际出发，提出“多气源一环网”的建设运行体系和集约化购销格局。先后成立了浙江省能源集团城市燃气有限公司、浙能天然气运行有限公司、浙江金衢丽天然气有限公司、浙能温州液化天然气有限公司、浙能六横液化天然气有限公司。2018年5月，控股建设温州液化天然气LNG接收站。十九年来，建成投运省级天然气管线1894千米、城燃管线5814千米，省级管网站场阀室165座，先后获得西气、川气、东海气、丽水36-1气、北仑LNG、舟山LNG、新疆煤制气等8种气源，有序推进“县县通”，经营城市燃气公司27家。截至2019年，浙能天然气产业已有控股实体企业8家，职工人数达1746人，资产总额达207.97亿元；累计为浙江提供天然气766亿立方米（含代输），占全省供气总量的83%。2019年，浙能天然气产业实现销售气量118亿立方米、营业收入313亿元。自2017年起，天然气运行管理引入“7S”模式，“智慧管网”科技创新成绩显现，受到浙江省委、省政府主要领导和社会各界的高度肯定。历十九年发展，天然气板块已成为“大能源战略”的重要支撑产业。

书写石油产业全新篇章。2007年10月，根据浙江省政府部署，成立浙江浙能石油新能源有限公司，开发加油（气）及油品生产储运项目。2014年3月，浙江省省长李强在能源工作汇报会上作出“谋划省级石油公司建设”的决策。2017年9月，根据浙江省委财经领导小组的决定，浙能集团控股与民企合作组建浙江省石油股份有限公司，承担合理配置省石油产业资源和油品安全稳定供应的任务，浙能石油产业应运而生。以中国（浙江）自由贸易试验区为源头，全面推进省石油储运、石油贸易和销售、燃料油加工加注“三大体系”建设，相继成立浙石油燃料油销售有限公司、浙石油储运有限公司、浙石油综合能源销售有限公司及浙石油贸易有限公司，在全省11个地市组建综合能源销售分公司。截至2019年底，浙江省石油股份有限公司实现营业收入187.36亿元、资产总额112.16亿元。累计完成原油贸易501.8万吨，燃油加注33万吨，建成综合供能站172座；控股建设黄泽山石油储运基地且151万立方米的一期工程投运，收购台州石化仓储基地及其3000吨级码头。

描摹可再生能源绿色画卷。浙能集团一贯重视可再生能源开发，较早投资建设了滩坑水电站、华光潭水电站、洞头风力发电场。2010年2月，根据浙江省委、省政府的决策，浙能集团吸收式合并重组浙江省水利水电投资集团有限公司，并将所持水电、风电资产划转注入。2010年11月，浙能集团可再生能源分公司成立，形成集水电、抽水蓄能、风电、太阳能等为投资主体的可再生能源板块。“十一五”时期，浙江省水利水电投资集团有限公司收购控股景宁、龙泉、临安、松阳等地小水电站共15.7万千瓦。“十二五”期间，积极布局开发非水可再生能源，建成投运长兴、松阳等地面光伏项目，开发建设嘉兴、嵊泗等海上风电场70万千瓦。自2017年起，实施“走出去”战略，在甘肃、宁夏等地收购 11 家光伏企业共 70.5 万千瓦，在江苏、宁夏、青海、新疆等地核准建设 4 个风电场共 85 万千瓦机组。2019 年 6 月，浙江省水利水电投资集团有限公司完成股份制改造，更名为浙江省新能源投资集团股份有限公司并准备上市。截至 2019 年底，公司资产达 242.06 亿元，控股管理可再生能源 313 万千瓦，其中水电 85 万千瓦、风电和光伏发电 148 万千瓦，核准在建非水可再生能源 150.5 万千瓦，项目遍布全国 20 个省区。不断加强管理和科技力量投入，通过“送课下企”、技能大赛、“安康杯”竞赛等，加强安全生产，确保各电站的安全经济运行。通过产业扶贫、生态效益、“农光互补”，推进美丽浙江、美丽中国的建设。

打造对外合作浙能样板。针对浙江一次能源资源匮乏情况，浙能集团在“十五”“十一五”期间，与淮南矿业集团均股开发淮浙煤电一体化项目，参股麻家梁、色连煤矿和大同南郊煤站建设。“十二五”期间，全面实施“走出去”战略，与央企集团合作，成功实现了对宁夏宁东能源基地的枣泉、方家庄、银星、大坝、国华宁东、鸳鸯湖等 6 个电源项目共 928 万千瓦机组的“一控五参”；与中石化合作，参股建设新粤浙天然气管道工程，并协议明确浙能在新疆的天然气通过该管送往浙江；与新汶矿业集团合作，控股伊犁新天煤化天然气项目和参股伊犁新矿煤业项目，从此浙能走进煤化工领域；2013 年，浙能准东年产 20 亿立方米煤制天然气项目获批列入国家专项规划、战略储备。自“十三五”时期起，浙能集团响应国家“发展绿色低碳能源”、提高非化石能源占比的号召，赴大西北开发建设风电光伏项目共 130 万千瓦，优化了浙能系统的能源结构。2017 年，浙江对口援疆的最大项目——阿克苏 2×35 万千瓦热电厂建成投产，世界单体最大的伊犁新天煤制天然气项目一次试车成功，有力支持了新疆地区经济建设和社会安稳。浙能集团建成新疆、宁夏、安徽三大能源基地，拥有煤炭资源 23.4 亿吨、控股参股发电装机 1271 万千瓦、大型煤化工企业 1 家。

浙江能源国际有限公司作为浙能集团境外投融资唯一平台，除煤油气资源贸易为浙江所用外，积极海外创业。2017 年 11 月，与国家电力投资集团合作，成功参股巴西圣西芒水电站，获得 30 年特许经营权；2019 年 4 月，与埃克森美孚签署为期 20 年的 LNG 购销协议，合同量为 100 万吨/年；2019 年 8 月完成对中国锦江环境有限公司 29.79% 的股权收购，成为该公司第一大股东；2019 年 9 月完成 17.6 万吨的散货船购置，建成“浙能海 1 号”。

推进金融富业产融结合。随着产业规模的快速发展，浙能集团积极推进产融结合，提高经济效益。2006 年，成立了浙江省第一家国有控股金融企业——浙能财务有限公司，集中管理浙能集团所属企业资金，发挥“内部银行”作用；2010 年成立浙能资产管理有限公司，托管金融资产，盘活资产提高收益；2013 年成立浙能（璞能）融资租赁有限公司，着眼企业固贷、流贷市场，参与工程项目融资租赁。2016 年，浙能集团整合金融资产，全资设立浙能资本控股有限公司，为浙能系统金融资产投资管理的“产融结合”专业机构平台。2016—2019 年，控股 10 家下属企业，参股浙商银行、东方证券、浙商保险、三峡新能源等 13 家主体，发起设立浙能绿色能源股权投资基金首期规模 150 亿元、浙晶光伏股权投资合伙企业专项基金；发挥香港国际金融中心优势，完成 3 亿美元债发行、3 亿美元银团贷款和 20 亿美元中期票据计划设立。适时布局银行、证券、保险、信托等核心金融牌照。浙能房地产有限公司开发了台州绿城、舟山蓝庭、新疆奇台以及下沙、柳州、镇江等地房产，拓展地产基金、未来社区等创新业务。截至 2019 年底，金融产业板块总资产达 351.86 亿元，净资产达 235.44 亿元。

打造能源服务聚合平台。2003 年，浙能集团提出“以投资为主体，以实业为基础，以电力主业，多业共同发展”的战略定位，以全资设立浙江兴源投资有限公司，作为能源服务业投资发展的主平台。随后在收购浙江天地环保工程有限公司、成立浙江天虹物资贸易有限公司的基础上，依托主业资源优势，积极开发能源配套服务产业。2004 年成立浙江天达建材资源开发公司。2005 年、2007 年先后承接杭州梅苑股份有限公司、镇江国际饭店置业有限公司等企业的投资管理。2010 年，浙能集团整合能源服务资源，成立科技工程与服务产业分公司。致力浙能集团所属发电企业的脱硫、脱销、超低排放及“四废”处理工程实施；承担浙能集团工程建设及生产运行的设备、材料等物资集中采购，着力打造一条快捷、透明、稳定和成本领先的先进供应链；输出“梅苑”品牌，开发物业管理项目近20个，拓展浙能集团所属企业进行食堂、后勤等管理工作。浙江省电力建设有限公司拥有总承包一级、环境工程设计甲级和对外合作经营等核心资质，所建工程7次荣获“鲁班奖”，8次荣获国家优质工程金奖，承建国内外电站工程项目30余个。2018年6月，浙能培训公司成立，以“高、远、特、准”着眼培养复合型人才。至2019年，科技工程与服务产业分公司总资产达107.11亿元，净资产达57.20亿元；2019年实现营业收入83.7亿元，实现市场化业务收入17.9亿元，同比增长68.8%；形成了环保节能、清洁能源、物流供应链、工程建设及咨询、酒店管理、培训中心为一体的能源服务产业。

五

创新管理绿色引领。

安全生产牢筑根基。浙能集团始终坚持以人为本，把安全生产作为企业发展的永恒主题，认真执行《安全生产法》及相关法律法规，坚持“安全第一，预防为主，综合治理”的方针和“管行业必须管安全、管业务必须管安全、管生产经营必须管安全”的原则。2003年，成立浙能集团安全生产委员会，并设立生产安全部，负责安全生产监督管理工作。2004年，制定《安全生产工作规定》《安全生产监督规定》等安全生产工作纲领性文件，发布了《安全生产工作奖惩规定》，明确了各类生产事故（事件）的调查处理原则、定性分级标准、调查处理程序和统计上报要求。2016年，成立安全稽查队，对公司系统所属企业开展安全稽查，建立全员参与群治群防的安全管理体系，实现对安全生产全员、全过程、全天候、全方位监督检查，筑起安全生产的牢固防线。加强安全生产宣传教育培训。开展“安康杯”“安全月”活动，建立安全文化长廊，强化全体员工安全意识和自我保护意识，提高员工安全素质。加强班组建设，夯实安全生产基础。集团系统各企业单位及时深化职业健康安全管理体系建设，促进安全生产管理的标准化、规范化，全面提升企业管理水平。2017年，浙能集团全面推行“7S”建设，构建本质安全型能源企业。

创新发展厚植优势。浙能集团始终坚持将科技创新，把创新赋能作为企业发展、转型升级的重要手段。“十二五”初期，浙能集团率先申报建设了院士专家工作站和博士后工作站，作为高层次产学研合作和科研人才培养的主平台。“十三五”时期，浙能集团科研平台建设进入了高速发展的快车道，“火力发电高效节能与污染物控制技术省级重点实验室”“烟气多污染物控制技术与装备省级工程实验室”“低品位能源利用国际联合实验室”等多个省级重点科技创新平台，在工业信息化、节能环保、低品位能源利用等方向形成了引领企业技术研发的第一梯队。同时通过资金、人才、政策等多方面支持，强化企业整体科技创新能力提升，先后将浙江浙能技术研究院有限公司、浙江天地环保科技有限公司等5家企业培育打造为国家高新技术企业，树立了浙能集团科技创新的排头兵。浙能集团始终坚持开放创新理念，与国内外一流院科研院所开展各种形式的交流合作，以共建联合研发中心为载体，围绕光伏发电、先进储能、环保、大数据及工业互联网等方向开展前沿技术攻关，紧密跟踪国际前沿技术发展。浙能集团成立以来，累计投入科研经费超过35亿元，实施科技项目1000余项，研发领域涉及火力发电、节能环保、油气储运、可再生能源、新能源等多个领域。通过持续的科技研发，掌握了一批具有自主知识产权的核心技术，环保、储能、光伏发电等部分技术取得了重大突破，取得了国内及国际领先的技术成果，解决了多项制约产业发展的核心问题。截至2019年底，浙能集团累计取得专利等知识产权600余项，参与制定国际、国家、行业各类标准共50余项，获得市局级以上各类科技成果奖项近300项，其中省部级奖项90项，“燃煤电厂超低排放技术”获得2017年度国家技术发明奖一等奖。

信息赋能提质提效。浙能集团始终坚持提质提效，把信息化作为提高管理水平的重要抓手。2003年，浙能集团总部实施局域网改造和广域网建设项目。2005年，企业资产管理系统、财务管理系统、建设项目管理系统分别启动。至2019年，浙能集团信息化累计投入专项资金超过22亿元，实施各类信息化项目4000余项，其中企业管理系统、合同管理系统、安健环及技术管理系统、应急调度指挥中心平台等覆盖全集团层面的各类业务应用系统超过了20多个。建成浙能大厦和海创园双数据中心，保障了集团各项信息系统的安全性和可靠性。企业管理系统、企业资产管理系统、发电设备故障预警系统、发电厂工控网络和信息安全智能防护系统建设等多个项目获得了国家级、省级和行业级等各类奖项9项。

绿色环保行稳致远。浙能集团始终坚持建设“资源节约型、环境友好型社会”，把创建绿色浙江、生态浙江作为科学发展永恒主题。在产业布局上，牢记“绿水青山就是金山银山”。在项目开发上，积极引进现代科技和推广节能新技术、新工艺，通过“海水淡化”“封闭煤场”“废水零排放”“固废综合利用”“超低排放”“后工业化”等技术措施，构建清洁低碳、安全高效、和谐环境的能源体系。对在役机组实施变频电机、微油点火、余热利用等节能降耗的技术改造，完成全部30万千瓦级和60万千瓦级燃煤机组的汽轮机通流改造，增加发电容量118万千瓦，成效显著。坚定实施“清洁能源示范省”“蓝天保卫战”行动。2004年，设立环保专业企业，致力于废气、污水、固废物和噪声治理。自2007年起淘汰落后产能，先后关停钱清、金华、台州、温州、萧山和镇海等电厂的12台125兆瓦级、4台215兆瓦的燃煤机组和2台55兆瓦的燃油机组；其中镇海电厂“产能置换”整体搬迁，为宁波城市现代化和居住环境优化腾出空间。至2014年6月，完成对全部在役煤电机组的脱硫脱硝改造。至2017年7月，提前完成国务院提出的煤电机组超低排放任务，成为全球首个全面实现超低排放的大型发电集团。2016年后，积极参与污（泥）水处理、垃圾焚烧、农林畜禽废弃物资源化利用等市政项目建设，开拓循环经济新领域。截至2019年，浙能集团火电机组供电标煤耗降到297.18克/千瓦时，比2003年下降37.32克/千瓦时，相当于每年节约标准煤500万吨以上。通过关停小火电、“上大压小”节能减排，实现减少二氧化硫排放5.58万吨/年、氮氧化物排放7.21万吨/年。

六

和谐企业凝心聚力。

党建引领护航发展。浙能集团全面落实党的建设，切实发挥党组织把方向、管大局、保落实作用，不断加强和改进企业领导班子建设、党组织和党员队伍建设、党风廉政建设，牢固树立“四个意识”、坚定“四个自信”，坚决做到“两个维护”。一是加强和改进领导班子建设。建立党委中心组学习制度，科学制定年度学习计划，党委全责、书记亲自抓、班子带头学。不断改进党组织在现代企业治理的作用，落实党组织会议前置研究讨论企业重大事项。二是发挥党组织的领导作用。明确党组织在企业中的地位和作用，全面建立企业书记、董事长时企业第一责任者制度，从严落实党委及班子成员工作责任清单要求，确保党委书记的第一责任及班子成员“一岗双责”履行到位，建强“四好”领导班子。三是加强基层党组织和党员队伍建设，提高基础党组织战斗力。通过“五好党支部”创建，实行基层党组织建设“星级管理”、堡垒指数、先锋指数量化，不断推进浙能集团改革创新和“四业”发展筑牢坚强的基层堡垒。四是加强党风廉政建设，打造清廉浙能。建立和推进纪检监察体制改革，提高监督管控力，不断完善党风廉政各项制度，持续开展“警示教育”活动，筑牢拒腐防变思想防线；开展监督检查，做到警钟长鸣。强化执纪问责力度，贯彻落实中央八项规定及实施细则的监督检查，做好防微杜渐。开展巡视巡察工作，及时纠正处理违法违纪行为。截至2019年，浙能集团共有党员9655名、44个基层党委、35个党总支、364个基层党支部，其中四星、五星级党支部占比达48%。先后荣获“全国五一劳动奖状”“全国国有企业创建‘四好’领导班子先进集体”等称号，连续5届当选“浙江省最具社会责任感企业”，连续多年荣获全国内审先进集体。所属嘉兴电厂、兰溪电厂荣获“全国先进基层党组织”称号。“大党建格局”和“五大工程”建设被列入中央党校基层党建工作案例。

文化浸润激发活力。浙能集团始终贯彻落实“文化兴业”方针，着力打造支撑企业战略发展的浙能文化。浙能集团培育起“为发展提供动力、为社会创造财富、为员工谋求幸福”的企业使命，“让事业精彩、让生命闪光”的企业精神；“以德立人、以能立业”的企业价值观、《动力梦想》司歌等一系列具有浙能特色的企业文化，通过浙能集团特色文化的建设，提高了凝聚和向心力，为提高企业核心竞争力打下坚实的基础。截至2019年，浙能集团有3家单位荣获全国文明单位称号，27家单位荣获省市级文明单位称号。

群团聚力服务大局。浙能集团工会秉持“围绕中心、服务职工、助推发展”的工作思路，依靠党组织和上级工会的领导，依靠行政的支持，依靠会员的热情参与，紧扣企业各阶段的工作实际，探索浙能特色的工运发展之路。通过加强组织建设，建立各级工会组织，构建高效、规范的工作机制，维护职工权益。通过开展安全教育、安全知识竞赛及“安康杯”等群众性安全活动，提高职工安全意识，规范安全行为。通过开展劳动模范评选、职工技能竞赛、劳动竞赛等活动，用榜样、标兵的感召力引导职工建功立业。浙能集团积极推进党建带团建工作，在加强共青团组织和队伍建设的基础上，开展青春建功、青年创新创效、青年志愿者等多种活动形式，自觉践行社会主义核心价值观，动员广大青年团员立足岗位创业创优，围绕浙能集团中心任务建功立业。

七

展望未来踏浪前行。

追随时代前进的脚步，砥砺拔节而长的风霜。在十九载栉风沐雨中勇立能源发展潮头，全体浙能人勠力同心、用实干苦干交出了骄人答卷。

展望未来，浙能集团将坚持以习近平新时代中国特色社会主义思想为指导，全面贯彻党的十九大和十九届二中、三中、四中、五中全会精神，忠实践行“八八战略”，全面落实浙江省委十四届八次全会部署，以“三个地”政治自觉践行习近平能源安全新战略，努力打造浙江省国有能源企业“窗口”，为浙江省奋力打造新时代展示中国特色社会主义重要窗口和争创社会主义现代化先行省赋能助力。

大 事 记

2001 年

2 月 20 日　浙江省人民政府决定组建浙江省能源集团有限公司。浙能集团为省级能源类国有资产运营机构，主要以浙江省电力开发公司和浙江省煤炭集团公司的现有资产为基础组建，注册资本为 35 亿元。

2 月 20 日　浙江省人民政府任命胡江潮为浙能集团董事、董事长。

2 月 27 日　浙江省国有资产管理委员会决定吴国潮任浙能集团董事、副董事长。

3 月 8 日　中共浙江省委决定建立中共浙江省能源集团有限公司委员会；胡江潮任中共浙江省能源集团有限公司委员会委员、书记；吴国潮任中共浙江省能源集团有限公司委员会委员、副书记。

3 月 12 日　浙能集团组建浙江省天然气开发公司筹建处。

3 月 19 日　浙能集团董事会聘任吴国潮为浙江省能源集团有限公司总经理。

3 月 29 日　浙江省副省长卢文舸主持召开省天然气利用协调小组会议，浙能集团及省天然气公司筹建处领导参加会议。

同日　中共浙江省委组织部任命卢嘉三为中共浙江省能源集团有限公司党委委员。

5 月 16 日　中共浙江省委组织部任命童亚辉、沈志云为中共浙江省能源集团有限公司党委委员。

同日　浙能集团董事会聘任童亚辉、沈志云为浙能集团副总经理。

5 月 25 日　浙江省国资委决定，童亚辉、沈志云任浙能集团董事。

5 月 28 日　浙能集团挂牌运作。

9 月 6 日　浙江省国资委决定，冯运涛任浙能集团董事。

12 月 26 日　浙江省天然气开发有限公司成立并举行揭牌仪式。省天然气公司是由浙能集团、中海油和东电公司三方出资组建，注册资金为 5 亿元。

同日　浙能集团与省国资委签订 2002 年国有资产授权经营责任书。授权经营资产为 126.5 亿元，考核基数 87.9 亿元。浙能集团对所授权经营资产承担保值增值责任。

12 月 31 日　浙江华光潭水力发电有限公司召开第一届第一次董事会会议，宣布公司正式成立。

2002 年

2 月 5 日　浙能集团 2002 年工作会议在杭州召开。会议期间，浙能集团党委书记、董事长胡江潮作题为《求真务实，开拓创新，全面推进集团公司党的建设》的党务工作报告和《认清形势，坚持发展，锐意进取，齐心协力，为加快发展我省能源事业作贡献》的重要讲话；总经理吴国潮在会上作题为《认清形势把握机遇，狠抓管理谋求发展，努力开创集团工作新局面》的总经理工作报告。会议全面总结 2001 年集团公司经济、党务工作进展情况，要求集团上下理顺母子公司管理关系、发挥整合优势、加大市场化实践探索力度、把制度创新和管理创新有机地结合起来、着力加强企业精神文明建设，并全面部署 2002 年工作。

3 月 3—8 日　浙能集团董事长胡江潮作为省政府代表团成员之一，陪同副省长叶荣宝等领导赴山西共商两省煤炭、轻纺等经济合作事宜。

4 月 16 日　中共浙江省委决定蔡建平任中共浙江省能源集团有限公司委员会委员、副书记、纪委书记。

4 月 18 日　浙能集团吴国潮总经理召集并主持总经理办公会议。会议讨论、审议了集团和电力开发公司国债投资运作方案；预测、分析了集团今明两年利润与现金流状况；研究、审议了有关秦山一期、三门核电前期、滩坑项目流域综合开发和成屏水电站资产划转等事项；听取浙江省电力开发公司相关议题的汇报，并对下一阶段工作作出部署。

4 月 26 日　浙江省国有资产管理委员会决定蔡建平任浙能集团副董事长。

6月4日 浙能集团与国华电力有限责任公司在杭州签署共同投资开发建设浙江宁海（强蛟）电厂意向书。

6月10日 浙能集团胡江潮董事长主持召开第一届董事会第十五次会议。会议审议了与国华电力公司合作开发建设浙江宁海（强蛟）电厂、提供长兴电厂四期项目融资及投资温州三期电厂项目等方案。

6月11—14日 浙能集团董事长胡江潮参加浙江省第十一届党代会。

6月19日 浙江省发展计划委员会、浙江省电力公司、北京国华电力有限责任公司和省能源集团公司在杭签署“关于合作建设浙江沿海电厂的原则协议”，省长柴松岳、副省长卢文舸、神华集团董事长叶青出席签字仪式。

9月29日 华光潭梯级水电站工程开工典礼在临安举行，浙江省副省长章猛进、浙能集团领导胡江潮、吴国潮、蔡建平等领导出席典礼。

11月1—6日 浙能集团董事长胡江潮、副董事长蔡建平、副总经理童亚辉等一行7人，赴北京就煤炭、天然气、核电等有关事项，分别与神华煤炭运销公司、国家电力燃料公司、中国煤炭运销公司、中国煤炭进出口公司、中国海洋石油总公司和中国核工业总公司进行了会谈，并就有关事宜达成了合作意向。

12月4日 浙江省发展计划委员会批复杭州—湖州天然气输气管道工程试验段专项初步设计，并对工程规模、主要建设内容、输气管道工程和工程总概算等作了详细说明。

12月12日 浙江省发展计划委员会批复组建滩坑水电站项目公司有关事项。

12月27日 浙江省天然气开发有限公司西气东输管道浙江段（德清—杭州段）正式开工，浙江省西气东输工程进入全面实施阶段。

2003年

1月10日 中共浙江省委印发《关于表彰“百乡扶贫攻坚”先进集体和先进个人的通报》，浙能集团被授予“百乡扶贫攻坚”挂钩扶贫先进单位称号。

2月19日 中共浙江省委书记、省人大常委会主任习近平，副省长王永明、陈加元到嘉兴发电有限责任公司考察。

2月25日 浙江省人民政府在杭州召开浙江省省属电厂（项目）管理职能移交大会，浙江省副省长王永明到会作重要讲话。根据会议部署，由浙江省电力公司管理、浙能集团控股参股的10家发电企业移交浙能集团管理，明确2003年2月28日前移交结束，3月1日零点为双方责任分界点。

3月1日 中共浙江省委组织部副部长宣读浙江省人民政府关于孙永森任浙能集团董事、董事长的文件。

4月18日 浙江省发展计划委员会批复同意建设浙能大厦，并对浙能大厦项目的建设必要性、建设地点、建设内容、项目总投资和资金来源作了批复。

4月22日 中共浙江省委组织部任命毛剑宏任浙能集团党委委员。同日中共浙江省委组织部提名毛剑宏任浙能集团副总经理。

4月27日 浙能集团2003年工作会议在杭州召开。浙能集团党委书记、董事长胡江潮作题为《把握机遇乘势而上以改革的精神全面加强集团公司党的建设》的重要讲话；总经理吴国潮在会上作题为《适应新环境把握新机遇实现新跨越努力开创集团系统工作新局面》的总经理工作报告。会议全面回顾2002年工作，要求深入学习贯彻十六大精神和“三个代表”重要思想，为能源集团的发展提供强有力的思想保证。

4月29日 浙江省天然气管线杭湖线第一条定向钻穿越工程——龙溪定向钻开钻（全长471.76米）；5月1日下午2点30分定向钻胜利完工。

5月20日 浙江省国资委任命毛剑宏为浙能集团董事。

5月22日 浙江省重点工程——长兴电厂四期（技改）工程二号机组顺利完成连续168小时满负荷试运行，正式投入商业运行。董事长孙永森出席机组投产交接仪式。

5月26日 浙能集团董事会聘任毛剑宏为浙能集团副总经理，试用期一年。

6月4日 浙江省人民政府在浙西电厂建设

厂址召开现场办公会，浙江省副省长王永明明确指出：“兰溪电厂首台机组要在2007年投产、4台机组要在2009年全部建设发电。”

6月12日 滩坑电站移民工作情况汇报会在丽水召开。浙江省委副书记、省长吕祖善在会上做重要讲话，副省长章猛进、陈加元，省政府秘书长孙忠焕、副秘书长楼小东等领导出席会议。浙能集团董事长孙永森、副总经理毛剑宏和浙江省省级有关部门领导参加会议。会议就进一步加快落实电站移民安置工作作了具体部署。

7月4日 浙江省委组织部副部长宣布孙永森任浙能集团党委委员、书记。胡江潮不再担任集团党委书记、委员职务。

7月17日 温州电厂三期工程奠基仪式在温州举行。浙江省副省长王永明、省政府副秘书长王小玲、省计委副主任吴阿海、省经贸委副主任徐林、浙能集团董事长孙永森、总经理吴国潮等领导参加了奠基仪式。

7月18日 浙能大厦奠基仪式在杭州举行。浙能集团董事长孙永森、总经理吴国潮、纪委书记蔡建平、副总经理沈志云、毛剑宏等领导出席仪式。董事长孙永森、总经理吴国潮为奠基石揭幕。

9月18日 浙能集团所属全资子公司浙江兴源投资有限公司举行揭牌仪式。董事长孙永森出席仪式。

9月19日 中共浙江省委书记、省人大常委主任习近平在兰溪市考察调研时指出：要切实做好浙江浙能兰溪发电厂新建工程的前期工作，争取早日建成投产发电。

10月23日 浙江省政府办公厅召开会议，专题研究电厂管理体制改革的有关遗留问题，决定同意省能源集团公司收购省电力燃料总公司（省电力公司全资子公司）持有的浙江富兴电力燃料有限公司17%的股权并相对控股；同意浙江宏发能源投资有限公司收购省电力燃料总公司所持有的浙江富兴电力燃料有限公司其余3%的股权。

10月30日 美国能源部副总长罗伯特·卡德先生一行7人在浙能集团有关领导陪同下考察浙江钱清发电有限责任公司脱硫工程。

11月28日 浙能乐清电厂“四通一平”工程动工仪式在乐清市南岳镇举行。浙江省副省长王永明为工程发动工令，董事长孙永森等集团领导参加仪式。

12月7日 镇海发电有限责任公司一座150米高的烟囱，采用折叠式爆破技术，在14秒内安然倒地。

2004年

1月15日 《浙江煤炭》更名《浙江能源》后，《浙江能源》杂志出版赠阅第一期（总第68期）。董事长、党委书记孙永森为《浙江能源》题写刊名，在第一期发表“新年寄语”。

1月18日 上游西气东输天然气顺利通过长兴末站进入浙江省杭湖线长兴首站，下午6时16分顺利进入杭州末站，浙江省天然气杭湖线工程建成并具备投产条件，“西气”进入浙江。

2月9—15日 浙能集团董事长、党委书记孙永森出席第十届全国人大二次会议。

2月18日 由浙能集团控股的第一个城市燃气公司——平湖市天然气有限公司举行揭牌仪式。

2月18日 滩坑电站项目银团贷款签字仪式在杭举行。浙能集团董事长孙永森，副总经理沈志云、毛剑宏参加仪式。

2月20日 浙江省副省长王永明率省有关部门负责人赴安徽省进行工作访问，与安徽省副省长黄海嵩进行会谈并签署会议纪要：双方同意浙江省能源集团公司和淮南矿业集团公司合资成立煤电一体化合作项目公司，同步建设一对年产600万吨煤炭的矿井和一座装机容量为4×60万千瓦的发电厂，其中发电厂所发电量全部供给浙江省。双方投资股比均等。同时共同积极推进与之配套的输电通道的规划与建设。该项目建议书由两省计委联合上报国家发展和改革委员会（简称国家发展改革委）。

3月2日 浙能淮南煤电项目筹建处正式成立，浙皖两省煤电一体化开发进入实质阶段。

3月3—12日 浙能集团董事长孙永森赴北京参加全国人民代表大会。

3月10日 浙江省政府与中国海洋石油总公司在北京签署《关于浙江省引进液化天然气及应用工程项目的合作协议》。浙江省委副书记、省长吕祖善与中海油总公司总经理傅成玉分别代表合作双放签署协议。国家发展改革委副主任张国宝、浙江省副省长王永明、集团公司总经理吴国潮出席签字仪式。

3月18—19日 浙能集团2004年工作会议在杭州召开，副省长王永明到会并作重要讲话。浙能集团党委书记、董事长孙永森作题为《不断提升企业竞争力，努力实现市场最大化，为浙江经济社会发展作出新的贡献》的讲话；总经理吴国潮作题为《坚持乘势而上不松劲，坚持真抓实干不动摇，努力开创能源集团公司工作新局面》的工作报告。会议全面回顾2003年工作，提出了实现税前利润30亿元，国有资产保值增值率达到6.59%的工作目标，对全体干部职工提出了务虚求实、真抓实干，度电必争、克煤必省，围绕中心、服务大局的要求。会议期间，集团公司和系统各单位的党政领导分别签订了《党风廉政建设责任书》《安全责任书》和《经营责任书》。

4月21日 国家及省“十五”重点工程——嘉兴发电厂二期工程首台60万千瓦机组首次并网发电成功。

4月23日 浙能集团管理建造的首台水电站——华光潭梯级水电站二级电站首台机组首次并网发电成功。5月12日，两台机组提前33天完成消缺移交生产。

6月18日 浙江省委书记、省人大常委会主任习近平到省能源集团公司视察调研。在听取汇报后，习近平充分肯定能源集团成立三年来为浙江省发展建设所作出的突出贡献，对推进新一轮国有企业改革尤其是省属国有企业改革作了重要指导，对做强做大浙能集团，保障浙江能源安全，继续履行社会职责提出殷切希望。

6月22日 中共浙江省委副书记、省长吕祖善，副省长王永明在嘉兴发电厂考察调研夏季用电情况，看望并亲切慰问了奋战在生产和建设一线的广大电力能源干部职工。浙能集团董事长孙永森、总经理吴国潮等陪同视察。

7月9日 浙能集团在杭召开新闻发布会，通报嘉兴发电厂二期工程首台机组正式投产的消息，来自中央、省、市的22家新闻媒体到会。董事长孙永森、副董事长蔡建平、副总经理毛剑宏参加发布会，就记者提出的有关电源建设、电源结构、煤炭储备、天然气供应、嘉电二期工程质量等问题进行解答。

7月26日 中共浙江省委书记、省人大常委会主任习近平，副省长王永明等一行来到嘉兴发电厂二期工程视察慰问。浙能集团董事长孙永森、总经理吴国潮等陪同视察并汇报情况。

8月6日 国家发展改革委印发《关于浙江瓯江滩坑水电站项目核准的批复》(发改能源〔2004〕1614号)，工程总投资65.86亿元。

9月16日 由浙能集团主持的镇海电厂燃油改建燃气发电工程项目设备采购合同签字仪式在杭州举行，向2005年首台机组投产的目标又迈进了一步。国家发展改革委工业司王永强处长、浙江省政府副秘书长王小玲、黑龙江省人民政府副省长刘海生出席签字仪式。

9月28日 浙江省“五大百亿”工程之一的浙江浙能兰溪发电厂主体工程开工仪式举行，为首台60万千瓦机组在2006年建成投产打下坚实基础，浙江省发展和改革委员会副主任吴华海、浙能集团董事长孙永森出席仪式。

10月28日 根据浙江省国有资产监督管理委员会《关于国信控股集团公司整体资产划转的通知》(浙国资法产〔2004〕83号）文件精神，浙江国信控股集团有限责任公司的所有资产（资产、负债、所有者权益）划归浙江省能源集团有限公司管理，浙江国信控股集团有限责任公司实施改革重组。

10月31日 浙江省“五大百亿工程”中“百亿帮扶致富建设工程”的重点项目，静态总投资42.7亿元、总装机容量60万千瓦的滩坑水电站主体式工程正式开工建设。浙江省副省长陈加元、省发展和改革委副主任李卫宁、丽水市市长刘希平、浙能集团董事长孙永森等领导出席开工典礼。

11月24日 中共浙江省委书记、省人大常委会主任习近平视察滩坑水电站工程，慰问工程建设者。

12月23日 淮浙煤电有限责任公司股东协议、公司章程、采矿权作价协议签字仪式在杭州举行，浙江省委常委、常务副省长章猛进，安徽省委常委、常务副省长任海深出席了签字仪式。

浙能集团总经理吴国潮与淮南矿业集团有限公司党委书记、董事长王源分别代表股东双方在协议书上签字。签字仪式的举行，标志着皖浙两省煤电一体化合作项目取得了实质性进展。

2005 年

2 月 1 日　浙能集团 2005 年工作会议在杭州召开。党委书记、董事长孙永森作题为《应对新挑战打造新浙能》的重要讲话。总经理吴国潮作题为《统筹布局强素质协调发展谋新篇以科学发展观为指导建设“百年浙能”》的总经理工作报告。会议全面回顾 2004 年工作，全面部署 2005 年工作目标，并从务虚与求实、浙能集团与浙江国信控股集团有限责任公司、社会效益与经济效益、主业与多业、公司总部与所属企业、企业党建与企业文化、效益与安全、企业利益与职工利益等方面的关系对集团工作提出了新思路。

4 月 8 日　浙江浙能兰溪发电厂工程项目获得国家发展改革委核准。

5 月 23—25 日　浙江省委副书记、省长吕祖善在舟山考察时强调，要全力支持舟山六横岛 4 台 60 万千瓦电厂建设。

6 月 3 日　华光潭梯级水电站一级电站开始下闸蓄水，浙江省副省长王永明、浙能集团领导蔡建平等出席下闸仪式。

6 月 25 日　浙能集团与大同煤矿集团公司签约，共同投资山西麻家梁 1000 万吨矿井项目。浙江省政府副秘书长王凯捷、浙能集团总经理吴国潮、副总经理童亚辉等领导出席签字仪式。

6 月 28 日　淮浙煤电有限责任公司正式注册成立。

7 月 15 日　浙能集团党委在杭州召开保持共产党员先进性教育活动动员培训大会，部署先进性教育活动。

10 月 12 日　浙江省委常委、常务副省长章猛进来到浙能集团，宣布浙江国信控股集团有限责任公司全面纳入浙能集团经营管理。

10 月 18 日　嘉兴发电厂二期工程 6 号 60 万千瓦机组正式投入商业运行，至此，嘉兴二期主体工程全部建成，嘉兴发电厂总装机容量达 300 万千瓦。浙能集团控股的装机发电容量也由此突破 1000 万千瓦，达到 1049.6 万千瓦。

10 月 24 日　浙能集团党委在杭州召开保持共产党员先进性教育活动总结表彰大会。大会认真总结回顾，明确长远任务加强长效机制建设。省委保持先进性教育活动企业第三督导组组长罗得波在会上讲话，充分肯定浙能公司开展先进性教育活动所取得的成绩。公司董事长、党委书记孙永森，总经理、党委副书记吴国潮，副董事长、党委副书记、纪委书记蔡建平等领导参加会议。

11 月 29 日　长兴发电有限责任公司二期工程首台 30 万千瓦机组正式投运。

2006 年

1 月 20 日　浙江省国有资产监督管理委员会决定沈志云任浙能公司副董事长。

同日　浙江省国有资产监督管理委员会决定范小宁任浙能集团党委委员。

1 月 25 日　浙能集团聘任范小宁为浙能集团副总经理。

3 月 2 日　浙江省首台自主开发、自主管理、自主建设的 60 万千瓦超临界机组——浙江浙能兰溪发电厂 1 号机组首次并网发电成功。

3 月 27—28 日　浙能集团 2006 年工作会议在杭州召开。浙江省副省长王永明、省政府副秘书长王小玲、省国资委主任陈正兴、省发展改革委副主任李卫宁等出席会议。浙能集团党委书记、董事长孙永森作题为《树立企业安全观提升核心竞争力努力实现浙能公司的科学发展》的重要讲话，总经理吴国潮作总经理工作报告。会议回顾 2005 年工作，分析形势，总结经验，提出对策，深入阐述建设“和谐浙能”、打造“百年浙能”的基本方略，全面部署 2006 年的工作。会上，集团公司与各所属单位签订了 2006 年度绩效考核责任书，落实经营、安全生产和党风廉政建设三项责任书。同时还表彰了 2005 年度集团公司先进集体和先进个人。

4 月 11 日　浙能集团第一届工会会员代表大会第一次会议召开，卢嘉三当选为工会主席。

5 月 28 日　为庆祝浙能集团成立 5 周年暨

浙能大厦全面竣工，并投入使用。浙能集团举办了丰富多彩的系列庆祝和宣传活动，展现浙能集团成立五年来取得的成绩和发展壮大的业绩。

5月31日　浙江浙能兰溪发电有限责任公司、浙江浙能长兴发电有限公司、浙江浙能富兴燃料有限公司、淮南矿业集团、上海铁路运输公司共同出资1.5亿元，组建浙江浙能运输贸易有限公司，购买384辆自备列车（C60车型），由浙江浙能富兴燃料有限公司负责经营。

6月29日　浙能集团隆重召开纪念中国共产党成立85周年暨表彰大会，回顾党的光辉历史，歌颂党的丰功伟绩，对浙能集团2004—2005年度“两先两优”、首批“五好”党支部进行了表彰、颁奖。

7月5日　浙江省人民政府免去孙永森浙能集团董事长、董事职务。

7月20日　国家发展改革委正式核准淮浙煤电凤台电厂一期（2×60万千瓦机组）工程项目建设，标志着浙皖两省合力打造的大型煤电一体化项目迈出了历史性的一步。这也是浙能集团首个获得核准的省外电源建设项目。

8月2日　中共浙江省委书记习近平，浙江省委常委、秘书长李强，副省长茅临生在浙能集团总经理吴国潮的陪同下，视察慰问了长兴发电有限责任公司，要求浙能集团在迎峰渡夏的关键时期把安全生产等各项工作做好，确保设备正常运行，同时还强调要加强“绿色浙江”和循环经济建设。

8月4日　浙能集团以书面会签形式召开董事会临时会议，就投资组建浙江浙能舟山煤电有限责任公司、山西麻家梁煤矿1.5亿元矿权资源价款资金解决方案等事宜进行了审议。

8月9日　浙江省国资委以便函形式通知，由浙能集团总经理吴国潮暂时履行浙江省能源集团有限公司法定代表人职责。

8月28日　浙能集团财务有限公司在杭州挂牌，浙江省委副秘书长陈国平、省国资委主任陈正兴、中国银监会非银行金融机构监管部二处处长王岩玲和集团领导吴国潮、蔡建平、沈志云等领导参加。

9月20日　淮浙煤电项目凤台电厂工程正式开工建设，浙皖两省建设者在安徽省淮南建设工地举行开工典礼，浙江省副省长王永明、安徽省常务副省长任海深出席并讲话。

10月10日　浙能集团总经理吴国潮在浙能大厦会见来访的GE能源集团总裁兼首席执行官约翰·克雷尼奇一行，双方就合作关系表示肯定，并对此后在利用再生能源、节约能源和环境保护等方面的合作前景进行了展望。

2007年

1月14日　中共浙江省委任命吴国潮为浙能集团党委书记。

1月26日　浙江省人民政府任命吴国潮为浙能集团董事长。

1月29日　根据浙江省国有资产监督管理委员会提名沈志云任浙能集团总经理，经董事会审议，浙能集团聘任沈志云为浙能集团总经理。

1月30—31日　浙能集团召开2007年工作会议。浙江省副省长王永明、省政府副秘书长王小玲、省国资委主任陈正兴、省发展改革委副主任吴华海等出席会议。浙能集团董事长、党委书记吴国潮，总经理沈志云分别作工作报告。会议确立了“大能源格局下以电为主业，多业发展”的战略和浙能集团“十一五”发展规划，提出了五年后发展成为总资产超千亿元、控股管理的电力装机容量超两千万千瓦、具有核心竞争能力与持续赢利能力的浙江“国企航母”的发展目标。会议期间，集团公司与各所属单位签订了2007年度绩效考核责任书，落实经营、安全生产和党风廉政建设三项责任书。同时还表彰了2006年度集团公司先进集体和先进个人。

2月5日　浙能集团总经理沈志云、党委副书记蔡建平、副总经理范小宁到浙江国信控股集团有限责任公司、浙江国信房产集团有限公司宣布：国控集团公司与国信企业集团合署办公，保留牌子，一套班子，国信上海公司、创投公司隶属于合署办公后的国控（企业）集团；国信房产集团公司归属浙能集团直属管理。

2月下旬　中共浙江省委书记、省人大常委会主任习近平，省委副书记、省长吕祖善，省委常委、常务副省长章猛进，分别在集团上报的《关于浙江国信控股集团公司改革重组工作的总结报告》上作出重要批示，对浙能集团做好浙江国信控股集团有限责任公司改革重组工作给予了充分肯定。

3月7日　浙江天然气管道定向钻成功穿越了钱塘江底，总长度为2454米、直径为0.813米。浙能集团副总经理童亚辉参加了庆典仪式。

3月22日　浙能集团召开“作风建设年”动员大会，全面部署“作风建设年”活动各项工作。明确了开展“作风建设年”活动的指导思想和目标要求，以及开展“作风建设年”活动的重点内容，即做到“四提倡、四反对”（提倡节俭、反对浪费；提倡务实、反对浮夸；提倡学习、反对自满；提倡高尚、反对低俗）。

4月23日　浙能集团中标温州洞头风电项目并获得特许开发权，总投资1.27亿元，总装机容量1.35万千瓦。10月11日，浙江浙能新能源开发有限公司正式成立。

7月10日　浙江省“五大百亿”工程的湖杭甬天然气管道全线贯通，实现了杭甬、杭湖天然气管道的顺利对接，初步形成了多种气源互为补充的局面，为浙江天然气“多气一网”的格局奠定了基础。省政府副省长王永明出席会议并讲话，浙能集团董事长吴国潮、总经理沈志云、副总经理童亚辉参加会议。

7月13日　浙能集团董事长、党委书记吴国潮与广东省粤电集团有限公司、申能（集团）有限公司、深圳市能源集团有限公司主要领导共同参加了在广东深圳召开的双三角能源企业联谊会第一次会议，正式成立双三角能源企业联谊会，表决通过并签署了《联谊会章程》。

9月25日　浙能集团聘任柯吉欣为副总经理。

同日　浙江省国有资产监督管理委员会任命柯吉欣、徐小丰为浙能集团党委委员。

10月29日　中共浙江省委书记赵洪祝在浙能集团董事长、党委书记吴国潮的陪同下，慰问并考察调研了浙江浙能兰溪发电有限公司。

2008年

1月中旬至2月上旬　中国南方地区遭遇了几十年来罕见的严重冰雪灾害，电网安全运行和连续供电受到严重威胁。浙能集团广大干部职工克服恶劣天气的干扰，坚守工作岗位，全力以赴抢运电煤，确保安全稳定发电和天然气供应，保证了全省安全用电和用气。2月下旬，中共浙江省委书记赵洪祝、省长吕祖善、副省长金德水分别作了重要批示，充分肯定浙能集团在抗雪灾保发电中所作出的贡献。

2月21日　浙能集团党委部署开展党的十七大精神主题宣传教育活动的实施意见，主题为“高举旗帜推动实践，发展浙能服务浙江”，学习分为三个阶段，至6月底结束。

3月5—6日　浙能集团召开2008年工作会议，党委书记、董事长吴国潮作题为《深入推进“大能源战略”，加快实现浙能集团的战略转型》的重要讲话，总经理沈志云作总经理工作报告。会议提出深入实施“大能源战略”，加快实现战略转型和提高综合竞争能力的总体奋斗目标。浙江省委常委、副省长葛慧君，省政府办公厅副主任冯波声，浙江省国有资产监督管理委员会主任、党委书记陈正兴等领导出席会议。

4月15日　浙能集团与中国建材股份有限公司在杭州签订了战略合作柜架协议。根据协议，中国建材股份有限公司和浙能集团将在电厂粉煤灰、脱硫石膏等资源综合利用以及环保、节能减排等领域开展并不断深化战略合作。浙江省委常委、副省长葛慧君，中国建材股份有限公司董事长、党委书记宋志平，浙能集团公司董事长、党委书记吴国潮等领导出席签字仪式。

4月29日　浙能集团在浙江省人民大会堂受到浙江省委、省政府的隆重表彰。浙能集团被中华全国总工会授予“全国五一劳动奖状”奖牌。

同日　国家重点工程、浙江省最大扶贫工程、滩坑水电站工程正式下闸蓄水。

4月30日　浙江浙能兰溪发电厂3号机组甩全负荷FCB试验取得圆满成功，标志着国产大容量机组第一次实现FCB功能。

5月16日　由浙能集团负责编制的《浙江省天然气管网规划（2008—2020年）》通过浙江省发展和改革委员会评审。

6月5日　杭嘉线天然气管道工程试验段首条定向钻朱家汇定向钻正式开钻。6月24日成功钻通。

6 月 25—27 日　中国共产党浙江省能源集团有限公司第一次代表大会在杭州召开。大会一致通过吴国潮所作的《全面贯彻落实科学发展观 为加快推进企业战略转型而努力奋斗》党委工作报告和蔡建平所作的《认真履行党章赋予职责 全面加强党风廉政建设 为实施“大能源战略”提供更加坚强有力的保证》纪委工作报告，并作出相应决议。大会选举产生了中共浙江省能源集团有限公司第一届委员会和中共浙江省能源集团有限公司纪律检查委员会。

6 月 28 日　淮浙煤电凤台电厂 1 号 60 万千瓦机组首次并网发电获得成功。

7 月 1 日　根据中共浙江省委组织部、省国资委党委关于在省属企业中开展“结对联村”活动的要求，浙能集团副董事长、党委副书记、纪委书记蔡建平带领集团组织部及所属 6 家结对企业的分管领导一行 10 人奔赴常山县，部署落实相关工作。

7 月 30 日　浙江省委副书记、省长吕祖善一行来到萧山发电厂慰问，充分肯定了浙能集团在保障浙江能源安全方面所付出的努力和作出的贡献，强调要鼓足干劲、振奋精神，共克时艰、迎难而上，促进全省经济社会又好又快发展。

8 月 1 日　内蒙古同煤鄂尔多斯矿业投资有限公司成立。该公司由大同煤业股份有限公司、内蒙古鄂尔多斯投资控股有限公司和浙能集团分别按 51%、30% 和 19% 的比例出资建设，公司注册资本金为 12 亿元。

8 月 6 日　淮浙煤电凤台电厂 1 号机组顺利通过 168 小时满负荷试运行，正式投入商业运行，并在淮南煤矿举行投产暨向浙江输电新闻发布会。8 月 7 日，淮浙煤电凤台电厂一期工程 60 万千瓦 1 号机组投产暨向浙江输电仪式在凤台电厂现场隆重举行，浙江省委常委、常务副省长陈敏尔，安徽省委常委、常务副省长孙志刚出席庆典仪式。

8 月 12 日　浙江省委书记、省人大常委会主任赵洪祝视察浙江浙能中煤舟山煤电有限责任公司正在建设中的煤炭中转码头，充分肯定了舟山煤电一体化项目，对煤源的组织落实表示关切，并鼓励大家继续努力，力争早日建成投产，为浙江的发展提供能源保障。

8 月 16 日　浙江省单机容量最大的常规水电机组——滩坑水电站工程 1 号 20 万千瓦机组顺利完成 72 小时试运行考核投入商业运营。

8 月 26 日　年设计能力为 300 万吨的淮浙煤电有限公司顾北煤矿正式通过国家竣工验收。该项验收由国家发展改革委委托安徽省发展改革委组织完成。

9 月 10 日　浙江浙能乐清电厂 1 号、2 号机组及其脱硫设施双双通过 168 小时满负荷试运行考核，正式投入商业运行。至此，浙江浙能乐电一期工程 2 台 60 万千瓦超临界发电机组全部投产发电。

9 月 29 日　淮浙煤电有限公司凤台电厂 2 号机组顺利通过 168 小时满负荷试运行，正式投产发电。至此，浙皖两省首个大型能源合作项目一期工程全部建成投产。

10 月 17 日　浙江省委书记、省人大常委会主任赵洪祝在临安考察工作期间视察了浙江浙能华光潭水力发电有限公司，肯定了公司为保护环境所做出的努力。

10 月 27 日　浙江省天然气开发有限公司与中海石油（中国）有限公司在杭州签署了《丽水 36-1 气田天然气购买和销售原则协议》。根据协议规定，该气田将从 2012 年起向浙江省天然气开发有限公司供气。

10 月 31 日　杭州—嘉兴天然气管道工程获国家发展改革委正式核准，标志着浙江省天然气开发公司取得了杭嘉线全面开工建设的通行证。

11 月 19 日　浙能集团在宁波召开的浙江省文化建设示范点创建工作现场会上，被命名为“浙江省文化建设示范点”单位并受到表彰。

11 月 25 日　浙能温州洞头风电场首台机组成功并网发电。从此改变了浙能集团没有风力发电的历史。

12 月 8 日　浙江省天然气开发有限公司与中国石化上海东海天然气公司在杭州签署 2009 年东海西湖天然气购销协议。

12 月 20 日　北仑电厂三期扩建工程首台（6 号）百万千瓦机组及其脱硫、脱硝装置通过 168 小时满负荷试运行，正式投产发电。

12 月 24 日　中央财经领导小组办公室主任、国家发展改革委党组副书记、副主任朱之鑫率领中央财经领导小组综合组、国家发展改革委等单位领导到淮浙煤电有限责任公司凤台发电分公司考察调研。安徽省政府副省长唐承沛等领导随同调研。

2009 年

1 月 7 日　浙能洞头风电项目最后一台 750 千瓦风机成功并网，至此，该工程 18 台风机已全部并网发电。

1 月 14 日　川气入浙主通道——浙能“杭嘉线”天然气管道工程在嘉兴市秀洲区新塍镇南阳村正式开工。该工程全长 87.5 千米，设计年输气能力约 27 亿立方米，总投资为 12.68 亿元。浙江省委常委、常务副省长陈敏尔出席开工典礼并讲话。

1 月 19 日　浙能集团决定设立浙能集团煤炭及运输分公司。煤炭板块成为浙能集团首个板块化改革试点，依托浙江浙能富兴燃料有限公司的机构和人员设立了浙江省能源集团有限公司煤炭及运输分公司具体履行煤炭板块管理职责，成立了浙能集团煤炭板块。

2 月 4 日　浙江浙能镇海天然气发电有限责任公司收到瑞典碳资产管理有限公司支付的 VER 款项 55.1 万美元，折合人民币约 370 多万元，这意味着该公司 CDM 项目首笔碳资产交易成功，也成为浙能集团开发 CDM 项目中的首笔成功交易。

2 月 12 日　国家重点建设项目、浙江省当时单机容量最大的常规水电机组——滩坑水电站 2 号 20 万千瓦机组顺利完成 72 小时试运考核后投入商业运行，为浙江省绿色能源再添劲流。

2 月 19—20 日　浙能集团 2009 年工作会议在杭州召开，党委书记、董事长吴国潮发表题为《审时度势积极有为努力保持企业平稳较快发展》的重要讲话，总经理沈志云作总经理工作报告。会议总结了浙能集团 2008 年的主要工作，深入分析了当前经济形势及其对企业的主要影响，对近两年实施“大能源战略”进行了深刻反思，提出了以科学发展观为指导、继续深入推进“大能源战略”、加快企业战略转型的思路，部署了 2009 年的工作目标和任务。浙江省委常委、常务副省长葛慧君出席会议并讲话，充分肯定了浙能集团 2008 年工作业绩，对 2009 年工作提出了希望和要求。

2 月 24 日　浙能集团召开本部全体员工和所属相关单位领导参加的大会，宣布正式成立煤炭及运输分公司。

3 月 13 日　浙能集团召开深入学习实践科学发展观活动动员大会，学习传达浙江省委深入学习实践科学发展观活动第一批总结暨第二批动员电视电话会议精神；浙能集团党委书记、董事长吴国潮作深入学习实践科学发展观活动动员讲话。随后，所属各单位纷纷动员、周密部署，推进学习实践活动在浙能集团深入开展。

5 月 25 日　嘉兴电厂三期（2×100 万千瓦）“上大压小”扩建工程获国家发展改革委核准，浙能集团首次增添百万机组。这是浙能集团实施“大能源战略”、实现产业升级、提升电力主业竞争能力的一项重大举措，改写浙能集团无百万机组的历史，具有里程碑意义。

6 月 9 日　设计年吐吞量 3000 万吨、堆煤能力 310 万吨、单泊位可停靠最大吨位 20 万吨、华东地区最大的专业化煤炭公用港口和进口煤中转港口——浙江舟山煤炭中转码头开港运营。浙江省副省长王建满宣布开港。

7 月 13 日　国家发展改革委核准绍兴滨海热电项目。该项目由浙江浙能钱清发电有限公司负责开发和建设管理，是浙江省最大的热电联产项目。

8 月 12 日　同煤浙能麻家梁煤业有限公司注册成立，注册资本金 18.18 亿元，其中同煤集团持股 60%，浙能集团持股 40%。

8 月 14 日　浙能集团召开深入学习实践科学发展观活动总结大会。大会全面回顾总结浙能集团公司开展深入学习实践科学发展观活动的情况、做法及取得的成效，并安排部署浙能集团进一步巩固和扩大学习实践活动成果的工作任务。

8 月 17 日　浙江省自行建设管理的首个百万千瓦级火力发电机组项目——浙能嘉兴发电厂三期扩建工程正式开工建设。

8 月 20 日　浙能集团党委委员、工会主席、职工董事卢嘉三代表集团在北京出席了《“跨越海峡的爱心”——大陆同胞援助台湾“莫拉克”

台风受灾同胞赈灾晚会》，并代表浙能集团将100万元善款捐献给灾区。

9月1日 台州发电厂2号、3号、4号、5号机组全部关停退役。

9月8日 浙能集团董事长、党委书记吴国潮，总经理、副董事长沈志云，副总经理柯吉欣在浙能大厦会见了来访的尼日利亚奥贡州州长奥通巴·本珈·丹尼尔一行，并签订了能源合作项目备忘录。

11月10日 浙能集团与龙泉市共同签署了城市天然气项目投资意向书，标志着浙江省天然气开发有限公司下游城市开拓又取得新突破。

11月11—12日 “双三角能源企业联谊会”第二轮第二次会议在舟山召开。广东粤电集团、深圳能源集团、上海申能集团和浙江能源集团再次相聚在一起，就“合作共赢、和谐发展”的主题进行了多层次的交流与研讨。

11月24日 浙江省省属国有企业改革领导小组印发《关于省能源集团公司合并重组省水利水电集团公司总体方案的批复》（浙企改发〔2009〕1号），同意由浙能集团采取吸收合并的方式，合并重组浙江省水利水电投资集团有限公司，作为浙能集团子公司。

12月29日 浙江省最大热电联产项目——绍兴滨海热电厂开工建设。

2010年

1月6—8日 浙能集团2010年煤炭订货会在杭州举行，并取得预期目标。这是浙能集团首次举办的年度煤炭订货会。

2月3—4日 浙能集团2010年工作会议在浙能大厦召开。浙能集团党委书记、董事长吴国潮发表题为《坚持科学发展，加快转型升级，努力保持企业较好发展势头》的讲话，总经理沈志云作总经理工作报告。会议强调要坚定不移深入实施“大能源战略”，加快实现转型升级，努力保持企业较好发展势头。浙江省委常委、副省长葛慧君出席会议并作讲话。

3月8日 浙能集团与土耳其POLAT公司签署了煤电一体化项目合作意向书。

3月17日 浙江省天然气开发有限公司与嘉兴市城投集团公司合作建设嘉兴市天然气管网框架协议签约仪式在嘉兴市举行。这是浙江省天然气开发有限公司首次与省内地级市进行城市天然气管网投资建设实质性合作。

5月7日 浙能集团获得浙江省红十字会玉树抗震救灾特别奉献奖、西南抗旱救灾特别奉献奖两项荣誉。

5月9日 浙江省天然气开发有限公司单日最高输气量突破1000万立方米大关，达到1008万立方米，创该公司日供气量新高。

6月23日 滩坑水电站开闸泄洪，这是滩坑水电站全面建成以来的首次泄洪。

6月24日 浙能集团、中石化天然气有限公司、中海石油气电集团有限责任公司、浙江东南发电股份有限公司在浙江省人民大会堂举行浙江省天然气开发有限公司《股权转让协议》签字仪式。

7月25日 浙能乐清电厂一期、二期工程全部建成投产发电，总容量达到252万千瓦，成为当时浙能集团所属装机规模最大的发电公司。浙能乐清电厂二期工程3号机组是浙能集团首台超超临界发电机组。

8月16日 浙江省委书记、省人大常委会主任赵洪祝在浙江省委常委、秘书长李强，省委常委、副省长葛慧君以及省委、省政府有关部门、部委负责人陪同下，到浙能集团慰问调研，并对浙能集团企业转型升级等提出要求。

8月19日 浙能集团与上海长征医院在杭州签署了军民共建协议书。

8月29日 在浙江省与新疆阿克苏地区联合举办的以“加强合作交流，共创跨越发展”为主题的2010经贸洽谈会上，浙能集团与阿克苏签订了投资总额20亿元的阿克苏纺织工业城热电厂工程项目、投资总额7000万元的年产40万立方加气混凝土砌块及4万吨配套砂浆项目协议书。这是浙能集团投资新疆的首个开工项目。

9月15日 台州发电厂3号水冷塔成功爆破，标志着台州发电厂6台13.5万千瓦机组正式退出历史舞台。9月16日，温州发电有限公司一期工程2台13.5万千瓦机组也被爆破拆除。至此，台州发电厂、浙江浙能温州发电有限公司共8台13.5万千瓦机组关停退役，两家发电厂在实施“上大压小”政策上迈出了实质性步伐。

11月3日 国家发展改革委副主任杜鹰率国家海洋局、国土资源部、财政部等部委领导到浙江浙能中煤舟山煤电有限责任公司，视察舟山煤电一体化项目的生产和建设。浙江省委常委、常务副省长陈敏尔陪同考察。

11月19日 浙能集团与巨化集团公司在杭签署战略合作协议，建立了两大集团公司的资源和商务战略、资本运营等方面的战略合作关系。

2011年

1月10日 国家发展改革委批复核准浙江浙能舟山六横电厂工程项目，建设两台100万千瓦超超临界燃煤发电机组，动态投资约78.9亿元。

2月9日 浙江省国有资产监督管理委员会提名童亚辉任浙能集团总经理。16日，浙能集团聘任童亚辉任浙能集团总经理。

2月18日 浙能集团召开公司司歌发布会，隆重发布公司司歌《动力梦想》。

2月22—23日 浙能集团召开2011年工作会议。党委书记、董事长吴国潮作题为《科学谋划加快发展在新的起点上再创辉煌》的重要讲话；总经理童亚辉作总经理工作报告。会议全面部署了2011年的工作，描绘了“十二五”发展的宏伟蓝图，对下阶段企业的体制机制、发展方式、人才队伍和党建等方面进行了统筹部署，构筑大能源战略的保障体系。

3月8日 浙能集团与青田县人民政府共同签署《青田县天然气综合利用项目合作框架协议》。

3月12日 交通运输部与浙江省人民政府战略合作协议签约仪式暨浙江“三位一体”港航物流服务体系建设推介会在北京举行。浙能集团副总经理毛剑宏受邀参加会议，并代表浙能集团分别与舟山市、嘉兴市签订战略合作协议。

3月15日 浙能集团发布实施《浙江省能源集团发展战略和“十二五”发展规划》。

4月9日 杭嘉线天然气工程项目全面投运。

5月3日 浙能集团与内蒙古自治区鄂尔多斯市政府签订能源投资合作项目协议书。

5月12日 浙江浙能中煤舟山煤电有限责任公司举行隆重开工典礼，浙江省常委、常务副省长陈敏尔宣布项目开工。

5月25日 浙能集团与遂昌县战略合作框架协议签约仪式在遂昌县举行。

5月27日 浙能集团庆祝成立十周年“高歌向明天”综艺晚会在杭州大剧院隆重举行。全国政协经济委员会副主任柴松岳，浙江省省委常委、副省长葛慧君，省人大常委会副主任王永明以及浙江省委、省政府老领导卢文舸、张蔚文等出席晚会。浙能集团领导班子成员、集团本部和所属各单位的部分职工近2000人参加晚会。晚会还揭晓了浙能骄傲——双十佳人物评选结果，万朝晖等10人当选“浙能骄傲——十佳员工”，马京程等十人当选“浙能骄傲——十佳中坚”。28日晚，在嘉兴发电厂三期工地举行庆祝浙能集团成立十周年暨首台百万机组并网发电慰问演出。

6月2日 浙能集团与龙泉市签订战略合作协议，同时签订天然气合作协议和生物质能源合作协议。

6月10日 在浙江省节能减排电视电话会议上，浙能集团与浙江省人民政府签订《“十二五”主要污染物排放总量削减目标责任书》。

6月19—20日 浙能集团参加中国新疆2011产业转移系列对接活动，并与新疆有关方面签订了合作协议。此次对接活动签约项目共达200项，协议投资5812亿元。活动中，集团公司与新疆昌吉回族自治州人民政府、阿克苏地区人民政府，就准东100亿立方米的煤制天然气项目、准东4×100万千瓦电厂项目、拜城电厂项目、阿克苏纺织工业城热电厂项目进行了现场签约，其中，浙能拜城发电厂项目是此次签约仪式的六大重点对接产业项目之一。

6月26日 浙江浙能嘉兴发电有限公司250吨/天污泥干化处置工程正式投产。该工程是浙能集团首个污泥干化处置改造项目，也是国内首个在大型燃煤发电机组实施污泥干化处置的工程。

7月11日 浙江中石化浙能油气发展有限公司在杭州揭牌成立。该公司由浙能集团和中石化浙江石油分公司各出资50%组建，将共同在浙江省境内进行天然气加气母站、油气合建站、加气站（点）、车用充电设施设备的投资、建设和经营管理，并涉及车用天然气销售及其他相关派生产业。

8月18日 中共浙江省国有资产监督管理委员会党委任命楼晶、朱松强为浙能集团党委委员，提名楼晶为浙能集团副总经理、朱松强为总工程师。

8月31日 浙能集团聘任楼晶为浙能集团副总经理，聘任朱松强为浙能总工程师。

9月1日 浙能集团与慈溪市签订战略合作协议，浙能集团在慈溪市的能源综合开发步入实质性阶段。

10月19日 浙能嘉兴发电厂三期工程（2×100万千瓦）建成投产庆典暨动态移交生产签字仪式在平湖市隆重举行。工程业主单位与参加工程建设的监理、建设和运行维护单位代表分别在移交书上签字，宣告“嘉三”工程建设取得了全面胜利。

11月17日 浙能集团与华北电力大学在浙能大厦签署奖（助）学金协议，旨在加强校企合作与联系，推动教育事业发展和电力行业人才的培养与引进。浙能集团副总经理楼晶与华北电力大学党委副书记郝英杰分别代表双方在协议书上签字。

11月23日 浙能集团煤田地质勘探史上第一孔在新疆准东煤田大井矿区一号井田成功开钻，标志着集团公司煤田勘探史实现零的突破，也成为煤炭板块践行“大能源战略”迈出的具有历史意义的一步。

11月28日 浙能集团与绍兴市政府、中石化浙江石油分公司签订战略合作框架协议。浙能集团副总经理范小宁与绍兴市常务副市长陈长兴、中石化浙江石油分公司副总经理分别代表合作方共同签订《关于加气（油）项目合作框架协议》。同时，浙能集团与绍兴市政府签订了《关于城市燃气项目合作框架协议》。

11月29日 浙江浙能电力股份有限公司挂牌成立，浙能集团董事长、党委书记吴国潮和总经理童亚辉等领导出席揭牌仪式。

12月9日 浙江省国有资产监督管理委员会以浙国资企改〔2011〕36号文批复同意“省能源集团管控模式改革方案”，并要求浙能集团扎实推进方案实施，加快形成有利于加造国内一流综合型能源企业的集团管控模式。

12月14日 浙能集团和西南财经大学签订奖（助）学金协议。

12月26日 浙能集团与中国石油化工股份有限公司、中国电力投资集团公司、国家开发投资公司三大央企签署战略合作协议，总投资规模约2300亿元。具体协议为：与中国石油化工股份有限公司、新疆投资发展集团有限公司签署《新疆煤制天然气外输管道工程（新粤浙管道）合作框架协议》；与中国石油化工股份有限公司、温州市政府签署《温州液化天然气（LNG）合作框架协议》；与中国电力投资集团公司签署《能源项目合作战略框架协议》；与国家开发投资公司签署《合作框架协议》。

2012年

1月18—19日 浙能集团召开2012年工作会议。浙能集团党委书记、董事长吴国潮作题为《坚持科学引领，推进全面进步，努力实现企业又好又快发展》的重要讲话，总经理童亚辉作总经理工作报告。会议总结了2011年的工作，提出2012年的工作方针，从扎实推进战略管理，切实发挥战略引领作用、扎实推进企业发展，着力促进转型升级、扎实推进管控模式改革，再创体制机制新优势、扎实推进企业管理，提升企业经营效率、扎实推进企业全面进步，确保走在业界前列、扎实推进党的建设，促进企业健康发展等方面部署2012年工作任务。

2月9日 浙能集团与衢州市人民政府签订战略合作框架协议。

3月8日 浙江浙能温州发电有限公司关停机组部分资产在杭州成功拍卖，这是浙能集团首次成功拍卖“上大压小”关停机组。

3月上旬 金丽温天然气输气管道工程获国家发展改革委项目核准。

4月17日 浙能集团与嘉兴市政府共同签署的嘉兴港物流战略合作重要项目——浙能嘉兴独山煤炭中转码头正式开工建设。

5 月　浙江省内首项油改气工程在浙江浙能镇海联合发电有限公司全面竣工。

5 月 24 日　浙江省天然气管道衢州段工程正式开工建设，为推动衢州市走向“天然气时代”迈出坚实一步。

6 月 30 日　“浙江省天然气热电联产项目抢建行动计划”首台（30 万千瓦）机组——浙能萧山天然气热电联产（即萧电三期 5 号机组）首次并网发电成功。标志着浙能集团圆满完成了浙江省政府要求的首台抢建机组 6 月发出首度电的目标。

7 月 3 日　浙能集团召开“十二五”重大项目推进工作会议，落实浙江省政府有关任务要求，部署落实 22 个重大项目建设目标。会上，浙能集团与所属 11 家项目业主单位的 22 个重大能源项目签订责任状，力争三年内新增发电装机容量 1000 万千瓦，新增天然气管道近 1000 千米，为保障浙江能源安全、服务经济社会发展再立新功。

7 月 19 日　宁波—台州—温州输气（油）管道工程开工仪式在台州临海举行，浙江省副省长毛光烈出席仪式。输气管道建成后，浙江省级天然气管网可实现西一气、西二气、川气、浙江 LNG、东海天然气、丽 36-1 气田等 6 个气互补，极大地提高了浙江省天然气供应的保障。

7 月 29 日　浙江省委副书记、浙江省省长夏宝龙，副省长陈加元、王建满率省党政代表团，在浙能集团董事长吴国潮、总经理童亚辉的陪同下来到阿克苏浙江工业园浙能阿纺城集中供热站工地现场，亲切慰问浙能阿克苏电厂项目筹建处干部员工，鼓励为浙江省援疆工作作出更大贡献。

8 月 16 日　浙江浙能台州第二发电有限公司“上大压小”新建项目（两台百万千瓦机组）获得国家发展改革委核准。

9 月 3 日　浙江省省长夏宝龙一行赴西澳洲举行经贸洽谈会，浙能集团总经理童亚辉等随团出访。在举行的经贸洽谈会上，浙能集团总经理童亚辉代表集团公司与壳牌（中国）有限公司签署了“液化天然气领域合作的谅解备忘录”。

9 月 20 日　浙能集团与中国电力投资集团有限公司、中国华能集团有限公司在银川签订能源项目合作协议，共同投资开发总装机容量为 332 万千瓦的火电厂项目，两项协议总投资额预计超过 120 亿元。浙江省委书记赵洪祝对此作了批示：浙能集团做得很好，既支持了宁夏少数民族地区建设，又可实现自身发展。

9 月 22 日　浙江省委书记、省人大常委会主任赵洪祝在《浙江信息》专报上批示，表扬浙能集团宁夏能源项目签约。9 月 29 日和 10 月 8 日，浙江省省长夏宝龙、副省长毛光烈分别在集团公司上报的《浙能集团加大投资力度，推进重大能源项目开发建设情况报告》中作出重要批示，充分肯定并鼓励支持浙能集团推进西部能源项目开发建设。

10 月 22 日　宁波海运集团有限公司与浙能集团签订《关于宁波海运集团有限公司之股权转让协议》。宁波海运集团有限公司职工持股会在宁波海运中的 33.0367% 股权予以转让，其中 24.0367% 股权转让给浙能集团，9% 股权转让给宁波交投；宁波众和投资有限公司（简称宁波众和投资）在宁波海运集团有限公司中的 17.7967% 股权转让给浙能集团；7 名自然人在宁波海运中的 9.17% 股权转让给浙能集团。浙能集团出资 6120 万元，占宁波海运集团有限公司注册资本的 51%；宁波交投出资 5880 万元，占宁波海运集团有限公司注册资本的 49%，宁波海运集团有限公司股权变为 100% 国有股（12 月 31 日，经有关主管部门批准，宁波海运集团有限公司正式成为由浙能集团控股和宁波交投持股的国有企业）。

2013 年

1 月 15 日　浙江省工商局正式发布公告，浙能集团所拥有的“浙能”商号被认定为“2012 年度浙江省知名商号”。

1 月 23 日　浙能集团召开第一届第一次职工代表大会暨 2013 年工作会议。党委书记、董事长吴国潮作题为《坚定不移地走浙能特色的企业发展之路》的重要讲话，总经理童亚辉作《紧紧抓住发展机遇，着力提升经营水平，夺取全年工作新胜利》的总经理工作报告。会议提出要把握好“三个一体化”发展思路，坚守不移地走浙能特色的企业发展之路，加快形成企业科学发展新格局。会议定下2013年工作基本基调仍是坚持“稳中求进”工作方针，为全面完成“十二五”规划打下坚实基础。

3月11日 浙能集团与中国石油集团渤海石油装备制造有限公司在杭州签订战略合作协议。

3月26日 浙能集团与中国建设银行在杭州签署全面战略合作协议。根据合作协议，建设银行将为浙能集团提供总额为350亿元的意向性授信和融资，保障集团在浙江省内、宁夏、新疆、安徽和香港等地项目建设的融资需求。

4月9日 浙能集团与中核集团在杭州签署了合作协议。

4月22日 浙能集团机关工会组织“情系雅安，情满人间——向地震灾区人民献爱心”捐款活动。浙能集团本部共有103人参加了捐款活动，集团所属各企业也纷纷开展了各种捐款活动，表达对灾区受灾同胞的关怀和爱心。截至5月3日，浙能集团工会共收到所属40家单位捐款158.7151万元。

4月27日 在浙江省“411”有效投资行动计划暨重点建设项目推进大会上，浙能集团被评为2012年度浙江省重点建设项目推进工作考核优秀单位。会上，浙能集团董事长吴国潮代表全省各重点项目单位，与浙江省政府常务副省长龚正签署省重点建设项目推进责任书。

5月20日 浙能集团召开“强总部”建设项目启动会，标志着浙能集团“强总部”管理体制建设正式启动。

6月18日 浙江省委书记、省人大常委会主任夏宝龙在新华社题为《高速发展下何以能保持清廉风气——国企预防腐败的“浙能现象”调查》上作出重要批示，认为在国企预防腐败上，浙能做得好。浙能集团董事长、党委书记吴国潮根据批示精神提出，对于预防腐败工作，必须更加严格，更加谨慎，丝毫不能放松。

6月20日 浙江省委副书记、省长李强一行到浙能集团调研，要求浙能集团继续发挥国有企业政策工具和行业龙头作用，全力做好迎峰度夏安全生产工作。

6月26日 浙能集团公司与新疆能源（集团）有限责任公司签署战略合作框架协议。双方商定，要加强在能源领域的合作与交流，实现互惠互利、共赢发展；要通过双方的努力，实现浙江省能源保障、促进新疆经济社会跨越式发展。

9月22日 浙江省国有资产监督管理委员会任命童亚辉、毛剑宏任浙能集团副董事长。

同日 中共浙江省国有资产监督管理委员会党委任命黄伟建任浙能集团党委委员。

10月27日 在第二届世界浙商大会国企民企对接会上，浙能集团共推介了投资达100亿元的8个能源项目拟与民企合作，涉及天然气热电联产、城市燃气等项目。

11月8日 浙江浙能嘉兴发电有限公司顺利通过能源管理体系换版审核，成为全国首家通过新标准认证的电力企业。

11月28日 浙能集团院士专家工作站暨博士后科研工作站揭牌仪式在杭州梅苑宾馆举行。浙江省科协党组书记、副主席李德忠，浙江省科协院士专家中心主任郭寄良，浙江省人力资源和社会保障厅巡视员许伟平，浙江大学校发展委员会副主席、可持续能源研究院院长，浙能集团总经理童亚辉、总工程师朱松强，党委委员黄伟建出席了揭牌仪式。

12月19日 浙江浙能电力股份有限公司A股在上海证券交易所挂牌上市，浙江省副省长朱从玖，上海证券交易所总经理黄红元，浙江省国资委主任、党委书记冯波声，集团董事长、党委书记吴国潮，副董事长、总经理童亚辉等共同见证了浙能电力上市的重要时刻。至此，浙能电力成为首家B股转A股的公司。

2014年

1月6日 浙能集团外部网站正式启用，网址为http://www.zjenergy.com.cn。

1月7日 浙江省国有资产监督管理委员会任命耿平任浙能集团党委委员、副书记，任命耿平任浙能集团董事，不再担任浙江省国际贸易集团有限公司董事。

1月23日 浙能集团召开第一届第二次职工代表大会暨2014年度工作会议。集团董事长、党委书记吴国潮作题为《深化改革，促进转型、再创浙能新业绩》的讲话，集团副董事长、总经理童亚辉作 2014 年工作报告。会议全面回顾集团 2013 年工作，对集团发展面临的问题进行了深入思考，提出要以改革统领发展全局，大力推进清洁能源战略，加快转型升级，选择好的发展路径、模式与项目，进一步推动大能源战略在浙能集团的科学实践。

6 月 5 日　浙江省国有资产监督管理委员会决定成立浙江长广（集团）有限责任公司深化改革工作领导小组，浙能集团董事长、党委书记，浙江长广（集团）有限责任公司董事长、党委书记吴国潮任组长。

同日　中共浙江省国有资产监督管理委员会党委任命楼晶任浙江长广（集团）有限责任公司党委委员、副书记，任命楼晶任浙江长广（集团）有限责任公司董事、副董事长。

同日　中共浙江省国有资产监督管理委员会党委提名黄伟建任浙能集团副总经理。

6 月 6 日　浙江省委、省政府在浙江长广（集团）有限公司总部召开浙能集团与浙江长广（集团）有限公司实行吸收式合并重组工作干部大会。会议通报了省委、省政府关于浙能集团吸收式合并重组浙江长广（集团）有限公司的重大决定。浙江省副省长朱从玖出席会议并作重要讲话。

6 月 10 日　浙能集团聘任黄伟建任浙能集团副总经理。

6 月底　浙江省委副书记、省长李强，副省长熊建平分别作出重要批示，祝贺国内首套超低排放装置在浙江浙能嘉华发电有限公司投运成功，充分肯定浙能集团在煤电清洁化上的技术创新，要求大力推广应用。

7 月 17—18 日　浙江省委书记、省人大常委会主任夏宝龙，省委副书记、省长李强，副省长朱从玖等领导在浙能集团上报的专报信息上分别作出重要指示，祝贺浙能嘉兴发电厂超低排放项目通过国家权威机构的检测认定，赞扬浙能集团开辟了煤电机组清洁化生产新途径。

7 月 21 日　浙能集团在浙江省人民大会堂举行国内首创超低排放项目成果发布座谈会暨新闻发布会。

同日　中国环境监测总站在杭州发布权威消息，浙江浙能嘉华发电有限公司两台机组经过超低排放改造，主要大气污染物排放水平均低于天然气燃气轮机组排放标准，达到国际领先水平，浙能集团全国首创的燃煤机组超低排放改造技术获得成功。

8 月 5 日　浙江省海洋开发投资集团有限公司在杭州揭牌成立。

9 月 30 日　中共浙江省国有资产监督管理委员会以浙国资党委通〔2014〕13 号文，同意吴国潮兼任浙江浙能电力股份有限公司董事长、党委书记；同意童亚辉兼任浙江海洋开发投资集团有限公司董事长。

10 月 13 日　浙能集团旗下上市公司浙能电力 100 亿元可转换公司债券成功发售，成为当年中国资本市场最大规模的融资。

11 月 14 日　浙能集团国家职业技能鉴定所（站）揭牌启用仪式在义乌举行。

2015 年

2 月 5 日　浙能集团和中国能源建设集团有限公司在杭州签署战略合作框架协议。浙能集团副总经理范小宁和中国能源建设集团有限公司副总经理赵洁代表双方在协议上签字，浙能集团董事长、党委书记吴国潮与中国能源建设集团有限公司董事长、党委书记汪建平出席。

2 月 9 日　浙江省委副书记、省长李强对浙能集团 2014 年各项工作取得的成绩作出批示。他充分肯定了浙能集团在经营管理、改革发展等方面的出色表现，寄望浙能集团居安思危，再接再厉，主动适应把握新常态，进一步开创各项事业新局面。

同日　浙能集团召开第一届第三次职工代表大会暨 2015 年度工作会议。浙能集团董事长、党委书记吴国潮作题为《适应新常态，实现新跨越，努力打造浙江能源升级版》的讲话，集团副董事长、总经理童亚辉作工作报告。会议提出围绕“八八战略”继续坚持以保障浙江能源安全清洁经济供应为己任，围绕“新”“强”“精”优化调整战略思路，打好创建清洁能源示范省的紧迫战，唱好转型升级的连轴戏，抓好企业改革的难办事。

3月5日 在第十二届全国人民代表大会第三次会议上，由浙能集团在全国率先提出的“超低排放”一词出现在《2015年国务院政府工作报告》中。同年12月11日，“超低排放”百度百科专属词条正式上线。浙能集团在国内超低排放领域的首创地位和领先优势，获全球最大中文百科平台的权威认证。

7月10日 浙江省国有资产监督管理委员会任命许强任浙能集团党委委员，任命沈宝国任浙能集团党委委员（保留省属企业经营班子副职待遇）；任命范小宁、柯吉欣任浙能集团董事；提名徐小丰任浙能集团副总经理，提议其不再担任浙能集团工会主席职务；提名许强为浙能集团工会主席职务；提议柯吉欣不再担任浙能集团副总经理职务。发文因黄伟建任浙能集团副总经理试用期已满，提议转为正式任职。

7月20日 浙能集团聘任徐小丰任浙能集团副总经理，免去柯吉欣的浙能集团副总经理职务；聘任黄伟建任浙能集团副总经理。

8月28日 甬台温天然气管道春晓输气站投产试运行成功，标志着浙江省级天然气管网运营管理长度已超1000千米，实际达1036千米。

9月8日 浙江省委书记、省人大常委会主任夏宝龙作出重要批示，赞扬浙能集团主要经营指标继续走在国内电力行业、全国省属企业前列。同日，浙江省委副书记、省长李强到浙江浙能乐清发电有限责任公司，调研考察三期工程，实地查看现场场址。

9月14日 15时58分，全国首台105万千瓦全概念超低排放燃煤火电机组——浙能台州第二发电工程1号机组正式投产发电。

9月17日 越南瓮安电厂一期在工程现场举行隆重投产庆典，越南国家总理阮晋勇出席典礼并为该电厂投产剪彩。浙江省电力建设有限公司作为参与者参加剪彩仪式。越南瓮安项目是浙江省电力建设有限公司第一个真正落实的海外项目，也是践行浙能集团“大能源战略”一次成功的尝试，浙江省电力建设有限公司在设备发货、工程合同、工程技术、跟踪服务等方面都积累了丰富的海外电厂基建经，探索出了新的合作模式。

9月18日 浙能集团董事长、党委书记吴国潮作为浙江省唯一国企代表，参加由国务院总理李克强主持召开的深化国有企业改革和发展座谈会。

9月25日 以浙能集团首届劳模姓名命名的工作室——“刘春红劳模创新工作室”在浙能技术研究院正式揭牌成立，这也是集团内首个劳模创新工作室。

9月 浙能集团及各所属企业对18位抗战老干部进行了一次全面走访慰问，向他们致以崇高的敬意。所属企业纷纷开展“纪念抗战胜利70周年”专题活动，进一步激发正能量，提醒大家珍惜来之不易的和平年代的幸福生活。

9月29日 浙江长广（集团）有限责任公司社会管理职能移交签约仪式在长兴县行政中心举行。长兴县人民政府将于2015年10月1日起全面履行浙江长广（集团）有限责任公司移交的社会管理职能。

10月 浙能集团与浙江省海港投资运营集团有限公司签署过渡期交接备忘录，决定于2016年1月1日起，浙江浙能嘉兴煤炭物流有限公司的全部管理由浙江省海港投资运营集团有限公司承接。

10月26日 浙能集团应急救援中心新基地正式投入使用。

11月3日 浙能集团与国家电力投资集团有限公司共同组建的合资公司——国核浙能核能有限公司在杭州揭牌成立。

11月13日 浙江浙能嘉华发电有限公司荣获全国首批“电力行业质量金奖”，成为全国唯一获此殊荣的发电企业。

12月7日 浙江浙能电力股份有限公司萧山发电厂2号发电机组与电网解列，至此该厂两台130兆瓦燃煤机组实现永久性关停，提前落实完成浙江省委、省政府的部署要求。此举也是为配合G20杭州国际峰会的召开、推进杭州市大气污染防治行动计划和“无燃煤区”建设的重大举措。

12月21日 浙能集团与浙江大学在2015年省属企业产学研对接会上，浙能集团总工程师朱松强和孙优贤院士签约共建院士工作站，浙能集团IT总监兼浙能技术研究院院长和孙优贤院士团队成员签约汽轮机状态诊断评估合作研发项目。

是年　根据2015年公布的中国企业500强排行榜，浙能集团效益排名列全国第62位。在全国发电行业中，浙能集团收入利润率和人均净利润指标均高居第1位，净利润居第2位。

2016年

1月18日　浙能集团召开第一届第四次职工代表大会暨2016年度工作会议，集团董事长、党委书记吴国潮作题为《激发新动能，引领新发展，全力打造“百年明星企业”》的重要讲话，副董事长、总经理童亚辉作总经理工作报告。会议全面总结了集团“十二五”期间以及2015年的工作，深刻分析了集团当前面临的形势，提出了“大”“竭”“衰”三个问题，并指出要以“双新双创”平台建设激发集团发展新动能。会议同时还对“十三五”的总体要求和主要目标任务进行了明确。

1月28日　浙江省委副书记、省长李强在《省能源集团2015年工作总结和2016年工作安排》上作出重要批示，赞扬浙能集团“十二五”各项工作取得显著成效。

3月初　浙能集团加入IEEE-SA（美国电气和电子工程师协会标准协会），成为其高级企业会员。

5月6日　浙江省委书记、省人大常委会主任夏宝龙出席在浙能集团召开的省属国有企业主要负责人座谈会。

5月20日　浙能集团与中国核工业建设集团有限公司签署战略合作框架协议。集团公司副总经理范小宁和核建高温堆控股有限公司总经理雷鸣泽代表双方在协议上签字。根据协议，双方将以“诚信合作、积极务实、互利共赢，共同发展”的原则，充分发挥各自资源优势，在浙江省内共同投资开发建设高温气冷堆核电项目。

7月26日　浙江长广（集团）有限责任公司东风岕地面光伏发电工程项目在长兴县煤山镇东风村正式开工。

7月29日、31日　浙江省委书记、省人大常委会主任夏宝龙，省委副书记、代省长车俊作出重要批示，充分肯定浙能集团应急保供全省天然气气源的成绩。

8月1日　中共浙江省委任命童亚辉任浙能集团党委书记，免去吴国潮的浙能集团党委书记、委员职务。

同日　中共浙江省委提名柯吉欣任浙能集团总经理，提议童亚辉不再担任浙能集团总经理职务。8月26日，浙能集团聘任柯吉欣为浙能集团总经理，免去童亚辉的浙能集团总经理职务。

8月18日　浙江省人民政府任命童亚辉任浙能集团董事长，免去吴国潮的浙能集团董事长、董事职务。

9月6日　杭州二十国集团（G20）峰会圆满结束，浙能集团控股管理的3098万千瓦发电机组、1036千米省级天然气管网运行可靠稳定、安全畅通，保障了G20峰会期间浙江全省的电力、天然气稳定供应，全面完成平安护航G20能源保障任务。

10月25日　浙江长广（集团）有限责任公司棚户区改造一期工程金和嘉园（金鑫苑、金溪苑）小区住房开始交付，70幢计1800套住房的钥匙陆续交到浙江长广（集团）有限责任公司职工住户的手中。

11月4日　浙能集团在江西南昌与江西省能源集团签订战略合作框架协议，双方在能源（电力）、综合能源服务、新能源产业、能源金融等领域展开合作，实现优势互补、资源共享、合作发展。

12月6日　浙能集团全资成立的浙能资本控股有限公司举行揭牌仪式。浙江省政协副主席吴晶出席揭牌仪式并宣布公司成立，省政府副秘书长陆建强、省国资委副主任刘盛辉等领导参加揭牌仪式。

12月21日　浙江省天然气“县县通”工程首个项目——兰溪支线正式投产。

12月23日　浙江长广（集团）有限责任公司东风岕10.27兆瓦地面光伏发电站顺利并网发电，正式投入试运行。

2017年

1月5日　2017年阿斯塔纳世博会中国馆首次官方新闻发布会在北京贸促会礼堂举行。浙能集团作为本次世博会中国馆“官方合作伙伴”

参加了本次新闻发布会。

1月7日 浙能集团开拓江西能源市场的主平台——江西省赣浙能源有限公司在江西南昌揭牌。江西省副省长李贻煌出席揭牌仪式，并与浙能集团董事长童亚辉、江西省能源集团有限公司董事长徐开云共同为江西省赣浙能源有限公司揭牌。

1月19—20日 浙能集团召开第一届第五次职工代表大会正式会议。集团董事长、党委书记童亚辉作题为《信不弃功智不遗时撸起袖子加油干》的重要讲话，总经理柯吉欣作总经理工作报告。会议全面总结了集团2016年的工作，分析了当前能源行业发展大势下，集团拥有的资源优势及未来面临的严峻形势，对2017年工作进行了具体部署，明确了重点工作任务。2017年是集团实施“十三五”规划的重要一年，改革和发展的任务依然艰巨，浙能集团上下要信不弃功，智不遗时，撸起袖子加油干，不断超越自我、超越极限，把企业发展到一个新的高度。

1月20日 浙能集团召开2017年度党政领导干部大会，党委书记、董事长童亚辉在会议上强调，集团各级领导干部要认清历史方位，认识、把握和引领新常态，全面加强党的领导，创新发展思路，深化机制体制改革，努力实现转型升级。童亚辉总结回顾了集团体制机制改革以来取得的阶段性成果，并作了“全面加强党的领导，努力实现转型升级”的主题报告。

2月21日 浙江省国有资产监督管理委员会党委任命赵建林任浙能集团党委委员，任命赵建林任浙能集团董事。3月22日，浙能集团聘任赵建林为浙能集团副总经理。

3月24日 浙能集团召开2017年度重点工作推进会暨浙江省天然气“县县通”工程启动会，正式启动浙江省天然气“县县通”工程，并对2017重点工作进行再部署再落实。

4月19日 浙江省科学技术奖励大会在省人民大会堂举行，浙能集团超低排放环保岛作为一等奖获得项目受邀参与本次奖励大会。浙江省委书记夏宝龙参加会议并为获奖单位颁奖。浙能集团党委书记、董事长童亚辉参加会议。颁奖大会前，夏宝龙在浙能超低排放展台听取了童亚辉对于超低排放环保岛的汇报，并指出，浙能集团是浙江省国有企业的中坚力量和杰出代表，超低排放兼顾了经济发展和环境保护，体现了习近平总书记“绿水青山就是金山银山”的发展理念，展示了“干在实处、走在前列、勇立潮头”的浙江精神。

5月11日 浙能集团与正泰集团在杭州签署《战略合作框架协议》。双方将重点在新能源、能源服务、储能、智能仪表、电气设备、金融与投资、全球化拓展等多个领域推进深度合作，打造双赢和可持续发展的战略合作关系。

5月24日 浙能阿克苏纺织工业城热电厂2号机组顺利通过168小时试运行投产发电。至此，浙江省最大的产业援疆项目浙能阿克苏纺织工业城热电厂正式全面投产。

5月25日 由浙能集团发起、联合国内投资及金融机构共同组建的国内首支绿色能源产业基金——“浙江浙能绿色能源股权投资基金”在杭州举行签约仪式、基金目标规模500亿元，首期规模超200亿元。浙江省副省长朱从玖，省政府副秘书长陆建强，省国资委主任周日星，省金融办主任张雁云，省发展改革委副主任、省能源局局长吴胜丰，浙能集团董事长童亚辉等领导出席发布会并致辞，浙能集团总经理柯吉欣主持发布会。

6月8日 国家主席习近平与哈萨克斯坦总统纳扎尔巴耶夫一同参观了2017年阿斯塔纳世博会中国馆浙能集团超低排放展区。习近平详细听取了浙能集团董事长童亚辉关于超低排放技术成效及推广应用情况的汇报，称赞浙能集团超低排放技术好。

6月16日 世界上最大的单体煤制气项目——新疆伊犁新天煤化工有限责任公司年产20亿立方米煤制天然气项目开始试生产，成功将当地丰富的煤炭资源转换成清洁环保的天然气，并通过西气东输二线管道源源不断地送往浙江。

6月28日 浙江省重点工程——甬台温天然气管道工程实现全线通气。该工程全长419.9千米，是浙江省已建成单体里程最长的天然气管道工程。

7月5日 全国人大常委会副委员长沈跃跃参加2017年阿斯塔纳世博会中国馆日，并同哈萨克斯坦议会下院议长尼格马图林一同参观了浙能集团超低排放展区。沈跃跃非常赞赏浙能集团的环保努力和成绩。

8月17日 浙能集团党委书记、董事长童亚辉与浙江海事局局长何易培一行座谈交流。集团副总经理范小宁和浙江海事局副局长梁永铭分别代表双方签署了《助推国家清洁能源示范省建设、保障能源供给合作协议》。

8月23日 浙能集团与衢州市人民政府在衢州签署战略合作框架协议。在“十三五”期间，双方将以能源、环保基础设施为重点开展地企合作，集团力争在衢州地区新增投资规模超过100亿元。

9月18日 在浙江省人民政府主办的首届世界油商大会“‘一带一路’倡议下全球油品贸易新趋势”平行论坛上，浙能集团董事长童亚辉作《中国机遇，浙江篇章》主旨演讲。主旨演讲阐述了中国发展石油产业、打造浙江自贸区油品全产业链的重要性与历史机遇，描绘了浙江省石油股份有限公司宏伟发展蓝图。

9月29日 浙江省石油股份有限公司在杭州揭牌。公司注册资本为110亿元人民币，由浙能集团和浙江石油化工有限公司共同出资组建，分别占股60%和40%。浙江省委书记、省人大常委会主任车俊，省委副书记、省长袁家军共同为浙江省石油公司揭牌，省委常委、常务副省长冯飞作了重要讲话。揭牌仪式结束后，车俊、袁家军等省领导亲切接见浙能集团主要领导和浙江省石油公司领导班子成员，车俊强调，省委、省政府对浙江省石油股份有限公司的成立十分重视，希望浙江省石油股份有限公司以揭牌仪式为新的起点，积极开拓创新，坚持市场作用发挥，在新的征程中大有作为。

10月12日 由浙能集团、浙江广播电视集团、浙江省援疆指挥部、洁丽雅（集团）共同举办的“丝路行·援疆情”电视专题报告会在浙江广播电视集团800平方米演播厅举行。浙能集团党委书记、董事长童亚辉出席报告会并现场接受浙江卫视记者采访。

10月29日 浙能智慧能源科技产业园举行开园仪式。浙江省副省长高兴夫出席仪式并为产业园揭牌，湖州市委副书记、市长钱三雄，长兴县县委书记周卫兵等地方主要党政领导出席开园奠基仪式，浙能集团总经理柯吉欣出席仪式并致辞。该项目按照“一次规划，分期实施”的原则进行开发，计划分两期实施。

11月13日 浙能集团与大同煤矿集团有限责任公司在山西大同签订战略合作框架协议，双方将以深化贸易合作、资本合作为基础，进一步拓展优化合作领域、转型升级合作模式，共同打造可持续发展的战略合作关系。集团董事长童亚辉、大同煤矿集团有限责任公司董事长张有喜参加签字仪式并讲话。集团董事、党委委员、浙江浙能电力股份有限公司总经理孙玮恒与大同煤矿集团有限责任公司副总经理吴兴利代表双方在协议书上签字。

11月27日 浙能集团与中国电信浙江分公司在杭州签订战略合作框架协议。双方将重点在信息化建设、综合能源供应、通信服务合作、金融服务等多个领域推进深度合作，打造双赢和可持续发展的战略合作关系。

11月28日 浙能集团首个海外投资项目——巴西圣西芒水电站完成特许经营权交割。浙能集团投入10.19亿巴西雷亚尔资本金参与该项目的投资和运营，股比占项目公司的35%，获得30年特许经营权。

12月13日 “浙江煤炭交易网”首笔55147吨煤炭的线上平台交易业务顺完成，平台交易业务实现零突破。

12月20日 中共浙江省委任命陆翔为浙能集团党委委员、副书记，提名陆翔任浙能集团董事。

12月21日 浙能集团控股建设的宁夏枣泉电厂一期工程2号机组完成168小时满负荷试运行后投入商业运营。至此，该工程两台66万千瓦超超临界空冷机组先后建成投产，成为宁东至浙江±800千伏特高压直流输电工程6个配套电源项目中第二个竣工投产的项目。

12月28日 浙能资本控股公司完成东方证券A股定增股份登记工作，标志着金融板块首个券商投资项目完成。本次投资的顺利实施，是集团金融板块布局优质金融资产又一重要成果，也将为集团后续的资本运作和金融发展带来积极的协同作用。

2018年

1月8日 国家科学奖励大会在人民大会堂举行。浙能集团与浙江大学产学研用合作项目“燃煤机组超低排放关键技术研发及应用”荣获国家技术发明奖一等奖。浙能集团副总经理朱松强等领导参加颁奖大会。

1月24日 浙能集团非公开发行可交换债券在北京完成发行报价相关工作，获得投资者认购79亿元。本次可交换债券简称“18浙能EB”，代码“137059”，期限3年，初始换股价格5.90元/股，票面利率1%；本次可交换债券以浙能电力股票为担保发行，自发行6个月后可转换成浙能电力股票。

1月29日 浙江省委书记车俊在浙江省应急办报送的《全省应对持续低温雨雪天气工作情况》上作出重要批示，向在雨雪冰冻期间保障全省能源安全供应的浙能集团干部员工表示慰问，赞扬浙能集团的能源供应保证了社会秩序正常。

2月6—7日 浙能集团召开第二届第一次职工代表大会。集团党委书记、董事长童亚辉在会上作题为《高举改革创新旗帜，坚定不移推进转型升级，实现高质量发展》的讲话，浙能集团总经理、党委副书记柯吉欣在会上作2018年总经理工作报告。会议全面总结了集团2017年工作，分析了新时代能源行业发展大势下面临的机遇和挑战，对2018年工作进行了具体部署，明确了重点工作任务。

2月8日 浙能集团“未来能源发展”院士专家论坛在杭州举行，中国科学院院士、浙大学术委员会主任张泽、中国科学院院士、南京大学教授邹志刚和中国科学院院士、西安交通大学教授郭烈锦三位院士出席，他们分别作了《能源动力装备用高温合金发展现状及趋势》《太阳能光催化制氢及氢能的高效利用——机遇与挑战》与《超临界水蒸煤制氢发电多联产技术——一种煤炭洁净高效利用新模式》主题报告，浙能集团董事长童亚辉作总结发言。本次论坛由浙能集团主办，浙能技术研究院和浙江国际协同创新研究院共同承办。

3月22日 浙能集团工会第二次会员代表大会在杭州召开。会议全面总结了集团工会成立10多年以来所取得的成绩，客观分析了新时代工会的新使命和新任务，全面部署今后五年的工会工作，并选举产生了新一届工会委员会和经费审查委员会。浙江省总工会党组成员、副主席张兆都，浙能集团党委书记、董事长童亚辉，党委副书记陆翔，党委委员、工会主席许强出席会议。

4月3—4日 浙能集团召开第二次党代会，大会的主题是：深入贯彻落实党的十九大、省委十四次党代会以及全国、全省国有企业党的建设工作会议精神，高举改革创新旗帜，切实加强党的领导，坚持“大能源战略”引领下的“四业”发展路径，打赢转型升级攻坚战，为造就具有国际竞争力的一流综合能源服务商而努力奋斗。集团党委书记、董事长童亚辉作了题为《切实加强党的领导，坚决打赢转型升级攻坚战》的报告，擘画了今后五年集团转型发展的宏伟蓝图，坚定了要打赢八大攻坚战的坚强决心。

4月26日 浙江省石油股份有限公司与世界最大的大宗商品贸易企业、世界最大的大宗商品上游生产企业之一嘉能可公司在第十三届浙新经贸理事会上正式签署合资经营协议，共同投资组建国内首家原油贸易类中外合资企业——浙江浙石油贸易有限公司。投资金额共计10亿元人民币，由浙江省石油公司出资71%、嘉能可亚洲公司出资29%共同组建。浙江省政府副省长朱从玖，新加坡文化、社区及青年部、贸工部高级政务部长沈颖出席会议。集团党委书记、董事长童亚辉，集团副总经理、省石油公司董事长范小宁与嘉能可公司亚太区总裁郭进展、亚太区首席财务 LodewykVanRooyen 等一行出席签约仪式，共同签署合资公司的合资经营协议和公司章程。

5月9—10日 浙能集团党委书记、董事长童亚辉率党委副书记、董事陆翔及相关职能部门主要负责人到郭塘村召开现场会，推进光伏发电“消薄”项目落地。由浙能集团所属常山天然气发电有限公司负责建设、运营和管理，预计总投资约600万元，项目运营期25年左右。该项目投产后，每年可产生发电收入约70万元，收入将主要用于促进该村集体经济和社会事业发展上。会上，集团和新昌乡政府签署了郭塘村光伏发电帮扶项目合作协议。

5 月 23 日 浙能集团职工运动会在杭州黄龙体育馆拉开大幕。来自浙能集团系统的 32 支体育代表队约 2200 名运动员、裁判员以及职工观众参加开幕式。浙江省人大常委会原副主任、浙江省总工会主席厉志海宣布运动会开幕。浙能集团职工运动会组委会主任、集团党委书记、董事长童亚辉致开幕辞，集团总经理、党委副书记柯吉欣主持开幕式。

5 月 29 日 浙能集团首个掺烧污泥项目——兴源节能平湖独山港公用热电联产项目桩基工程正式开工。平湖独山港公用热电联产项目位于浙江省平湖市独山港经济开发区，主要为独山港石化产业园兴港路以东区块热用户集中供热。项目用地面积约 7 公顷，概算总投资约 6.5 亿元。

8 月 30 日 浙江省质量技术监督局批准发布《综合供能服务站建设规范》(DB33/T 2136—2018）省级地方标准。该标准由浙能集团作为主要起草单位。

9 月 18 日 浙能集团首个液化天然气（LNG）接收站项目——浙江浙能温州 LNG 接收站项目在温州市洞头区小门岛上举行开工典礼，标志着浙能集团在液化天然气领域取得突破性进展，也意味着浙江天然气“多气源一环网”格局更趋完善。浙能集团党委委员、副总经理朱松强，温州市洞头区委书记等相关单位领导出席开工仪式。

9 月 21 日 浙能集团首个储能电站——绍兴西密克峰谷电储能电站成功投运。

10 月 18 日 浙能集团党委书记、董事长童亚辉出席第二届世界油商大会，并主持“响应‘一带一路’倡议、加强国际能源合作”平行论坛。浙能集团董事、副总经理，浙江省石油股份有限公司董事长范小宁在论坛上作了主旨演讲，描绘了未来浙江省石油股份有限公司发展前景：计划到 2022 年建成 700 座、2025 年建成 1000 座集油、气、电和氢能为一体的数字化综合供能服务站，为中国乃至世界供能模式发展提供全新样板与选择；2021 年前建成投运 270 千米输油管线，2026 年之前再建成投运管线 280 千米，推进油品分销渠道延伸至全国和海外，打造东亚地区有影响力的油品储运中心。

10 月 22 日 浙江省石油股份有限公司与广厦控股集团有限公司旗下浙江寰宇能源有限公司签署黄泽山石油中转储运项目股权转让协议，明确 12 月底前完成各项股权交割事宜。

10 月 31 日 浙能集团党委主办的集团首届微型党课竞讲比赛在浙能大厦开讲。从集团各板块党课比赛中脱颖而出的 12 名宣讲员宣讲对新时代“红船精神”的独到见解以及如何大力弘扬“红船精神”、践行“八八战略”、坚持“大能源战略”引领下的“四业”发展路径、为集团打赢转型升级攻坚战、造就具有国际竞争力的一流综合能源服务商而努力奋斗。

11 月 19 日 由浙能集团主办的 2018 年地方能源企业发展论坛在嘉兴召开。浙能集团党委书记、董事长童亚辉作题为《当前能源形势分析与对策》的主旨演讲。浙能集团总经理柯吉欣主持论坛。来自浙能集团、申能集团有限公司、深圳能源集团有限公司、江苏国信集团有限公司、江西省能源集团有限公司、淮南矿业集团有限公司、宁波能源集团有限公司七家地方能源企业的嘉宾出席论坛，共谋能源企业的转型创新与合作共赢。

11 月 29 日 浙能集团党委书记、董事长童亚辉在北京参加首届中俄能源商务论坛，并在大会上发表题为《合作共享中国（浙江）自贸区国际油气全产业链战略机遇》演讲。本次论坛由国家能源局主办，国家主席习近平同俄罗斯总统普京分别向中俄能源商务论坛致贺信。中共中央政治局常委、国务院副总理韩正出席本次论坛并致辞，约 80 家中俄能源企业参加。

12 月 8 日 浙能嘉兴 1 号 30 万千瓦海上风电项目开工仪式在嘉兴独山港区计量站隆重举行。浙能集团第一个海上风电场项目进入全面建设阶段。

12 月 18 日 浙能集团首个自建污水处理厂项目——干江污水处理厂第一方污水顺利进厂，标志着玉环市干江污水处理厂及配套管网项目年度进水节点目标提前完成。干江污水处理厂及配套管网工程是浙能集团首个自建污水处理厂项目，是玉环市政府响应《浙江省水污染防治“十三五”规划》、“五水共治”等相关政策改善当地居民生产生活环境、提高人民健康生活水平、提升人民幸福感而进行的民生工程。

2019年

1月4日 浙能宁夏中卫香山120兆瓦风电项目获得宁夏回族自治区发展改革委核准。这是全国首次进行风电项目竞价配置评优，也是浙能集团在省外获得核准的第一个陆上风电项目。

1月16日 浙能集团“新浙能”展厅正式启用。党委书记、董事长童亚辉为“新浙能”展厅开启能源动力之门。

1月17日 浙能集团召开第二届第二次职工代表大会在杭州。党委书记、董事长童亚辉作题为《坚定不移推进高质量发展，重塑企业核心竞争力，努力打造技术型、协同型和服务型现代能源企业》的重要讲话，总经理、党委副书记柯吉欣作总经理工作报告。会议全面总结2018年工作，谋划新阶段“四业”发展的新内涵，标定重塑企业核心竞争力的新方向，进一步统一思想，带领全体员工朝着技术型、协同型、服务型现代能源企业迈进。

1月27日 浙江省省长袁家军在浙江省十三届人大二次会议上作政府工作报告，将“建成300家综合供能服务站，实现供油、供电、供气、供氢、供水一体化，加快补齐能源基础设施短板，便利群众生产生活”列为十大民生实事之一。该项任务由浙江省发展改革委牵头推动，浙能集团为主要建设主体。

3月8日 浙能集团旗下浙江能源巴西控股有限公司正式注册成立，浙能国际有限公司占股99.9%、香港善高投资有限公司占股0.1%。该公司作为浙能集团巴西区域投资和管理平台公司，将为集团“走出去”海外创业贡献新力量。

3月25日 中共浙江省委任命龚平任浙能集团纪委委员、书记。免去柯吉欣的浙能集团党委副书记、委员职务，免去张荣博的浙能集团纪委书记、委员职务。

同日 中共浙江省委提名王建堂任浙能集团副总经理，提名胡斌任浙能集团工会主席候选人；提议柯吉欣不再担任浙能集团总经理职务，提议许强不再担任浙能集团工会主席职务。4月19日，浙能集团发文宣布胡斌当选浙能集团第二届工会主席、工会委员。

4月3日 浙能集团党委书记、董事长童亚辉在中央党校厅局级现代化经济体系研究专题班上，给学员作《八八战略：习近平新时代中国特色社会主义思想的萌发与实践》专题讲座，得到了授课教师和学员的广泛好评与赞扬。

4月24日 浙能集团聘任王建堂为浙能集团副总经理。中共浙江省委组织部任命龚平任浙能集团党委委员（列孙玮恒之后），胡斌任浙能集团党委委员；免去张荣博、许强的浙能集团党委委员职务。

7月1日 浙能集团党委在浙能大厦五楼报告厅召开“不忘初心、牢记使命”主题教育学习交流暨“七一”表彰会议。会议表彰集团2018年度党内“一先两优”，进行主题教育学习交流发言，并就主题教育下阶段重点工作提出要求。会议进一步动员广大党员干部为全面完成今年各项工作目标而努力奋斗，以实实在在的成果展现主题教育成效，建功新时代、争创新业绩。

7月2日 新华社播发浙能集团党委书记、董事长童亚辉的署名文章——《习近平能源安全新战略的浙江探索》。7月2日、3日，新华社、《人民日报》刊发童亚辉的署名文章《习近平能源安全新战略的浙江探索》，中华人民共和国中央人民政府网站、新华社客户端、《光明日报》《浙江日报》、学习强国客户端、浙江新闻客户端等全国、省级各大媒体纷纷在重要版面转发此文，并在全国引起强烈反响。

7月8日 浙能集团与浙江嘉化能源化工公司在嘉兴港区签署战略合作及液氢工厂建设合作协议，标志着国内首个商用液氢工厂签约落户，也是长三角区域首个工业副产氢气液化提纯制备项目。此举将进一步推动浙江省氢能产业快速发展，保障氢能稳定供应，加快浙江省内氢能绿色交通应用推广，更好地践行习近平能源安全新战略。

7月16日 浙能集团赴四川省仪陇县开展村企结对帮扶工作并参加浙江省省属企业结对帮扶四川省贫困村签约仪式。这标志着集团正式参与浙川东西部扶贫协作和对口支援工作。

8月21日 浙江省省长袁家军来到浙能集

团调研。他充分肯定了浙能集团为浙江经济社会发展作出的积极贡献，强调要深入贯彻习近平总书记提出的“四个革命、一个合作”能源安全战略要求，抓住新一轮能源革命和产业革命机会，以能源领域创新为重中之重，全面加大改革开放创新力度，蹄疾步稳、大胆开拓、负重前行，全力推动集团转型升级、做大做优做强，确保能源供应和能源安全，为促进全省经济走稳向好和高质量发展作出新贡献。浙江省政府秘书长陈新，副秘书长、研究室主任应雄，浙江省国有资产监督管理委员会副书记、副主任陈月亮，浙江省发展和改革委员会副主任、省能源局局长蔡刚，浙江省自然资源厅副厅长沈仁华，集团领导班子成员等领导陪同调研。

8月23日 中共浙江省委提名詹敏任浙能集团副总经理。9月20日，浙能集团聘任詹敏为浙能集团副总经理。

8月26日 中共浙江省委任命詹敏任浙能集团党委委员、副书记。

9月12日 浙能集团党委召开“不忘初心、牢记使命”主题教育总结会。党委书记、董事长童亚辉作总结讲话，强调集团党委及系统各单位高度重视主题教育工作，深入学习贯彻落实中央、省委关于主题教育工作的各项要求，主题教育开展扎实有序，达到了预期效果，为“创新型、协同型、服务型”三型企业建设奠定了坚实的思想基础。

9月16日 浙江省人民政府任命詹敏任浙能集团董事。

9月19日 在北京举办的能源产业献礼“新中国70华诞”主题活动开幕式上，揭晓了“能源70年·功勋人物70人”榜单，董事长、党委书记童亚辉荣膺“能源功勋·新时代领军国有企业家”称号。本次活动由人民日报社中国能源报社、中国城市能源变革产业发展联盟等单位联合举办。

9月29日 浙能集团“光辉——庆祝中华人民共和国成立70周年职工书法美术摄影作品展”在浙江省展览馆开展。展览共征集到1000余件作品，并从中选出100余幅优秀作品进行展出。党委书记、董事长童亚辉宣布展览开展，浙江省国资委副书记、副主任陈月亮，浙能集团党委副书记陆翔和工会主席胡斌等领导出席并参观展览。

9月 在新中国成立70周年前夕，浙能集团党委书记、董事长童亚辉，党委副书记、副总经理詹敏，党委副书记陆翔一行走访慰问10名全国劳动模范、全国五一劳动奖章获得者，为他们送上一份珍贵的新荣誉——由中共中央、国务院、中央军委颁发的“庆祝中华人民共和国成立70周年”纪念章，并向他们表示祝贺。浙能集团系统共90余人获得该纪念章。

10月15日 浙江浙石油嘉善客运中心东综合供能服务站完成第一辆氢能源车加氢作业，浙能党委书记、董事长童亚辉宣布综合供能服务站正式投入试运行，标志着浙江省首座具备加氢功能的综合供能服务站投入试运行。

10月18日 由浙能集团主办、浙江省石油股份有限公司承办的第三届世界油商大会平行论坛顺利举行，论坛主题为：构建“一带一路”国际油气贸易新格局。浙能集团党委副书记、董事、副总经理詹敏发表题为“扩大开放下的舟山自贸区油气产业”的演讲，浙能集团党委书记、董事长童亚辉主持论坛互动访谈环节，分析舟山自贸区在发展油气产业方面的区位优势，探讨如何利用这些优势强化油气领域国际合作，推进自贸区油气全产业链建设，构建油气贸易及合作伙伴关系新格局。

11月1日 伊犁新天煤化工责任有限公司生产的煤制气通过代输进入浙江衢州、金华、诸暨和萧山四个下载点，自此浙江又添第七种气源，浙江天然气管网可直接增加日供气量500万~600万立方米。

11月13日 以“聚力高质量、共筑中国梦”为主题的第五届世界浙商大会在杭州国际博览中心隆重开幕。开幕式上，浙江省首次评选出的“高质量发展”领军企业榜单揭晓，浙能集团作为浙江省唯一一家获奖的省属国有企业榜上有名。浙江省委书记车俊和中共中央委员会委员、中央统战部副部长、中华全国工商业联合会党组书记徐乐江为获奖企业颁发了奖杯，浙能集团党委书记、董事长童亚辉代表集团上台领奖。

11月18日 浙江浙能嘉兴发电有限公司燃煤耦合污泥发电技改项目正式投产。

11 月 28 日 浙能集团科学技术委员会成立大会在杭举行。作为集团“科技兴业”的“智囊团”和“思想库”，浙能集团科学技术委员会的成立对增强集团的竞争力、创新力、防控力和抗风险能力具有重要意义。

11 月 29 日 浙江长广（集团）有限责任公司与广德市签订牛头山矿区整体撤出并移交资产协议，完成了牛头山矿区整体撤出和移交工作。

12 月 18 日 《浙江省能源集团志》复审会议在浙能集团本部召开。浙能集团党委书记、董事长、浙能志编委会主任童亚辉，党委副书记、浙能志编委会副主任陆翔，煤炭工业文献委副主任陈昌等专家出席评审会议。集团各部门、板块单位、直属公司分管领导及《浙江省能源集团志》副主编、编辑部主任、编辑部成员等 50 余人参加了会议。会议同意《浙江省能源集团志》通过复审。

2020 年

1 月 16 日 浙能集团召开第二届第四次职工代表大会。浙能集团党委书记、董事长童亚辉在会上作题为《打造五大体系引领产业升级努力实现高速度发展高质量增长》的讲话。浙能集团党委副书记、董事、副总经理詹敏作总经理工作报告。会议全面总结 2019 年工作，找准新目标，明确新任务，全力打造五大体系，引领了产业升级，努力实现高速度发展高质量增长，继续把浙能事业推向前进。

1 月 29 日 浙能集团党委召开疫情防控专题会。

2 月 26 日 浙能集团以视频会议的形式召开“十四五”发展规划编制启动会。

3 月 24 日 浙江省政协副主席、中国国民党革命委员会（简称民革）浙江省委员会主任委员吴晶一行赴浙能集团调研指导疫情防控和能源保供工作。会上，双方举行了《中国国民党革命委员会浙江省委员会与浙江省能源集团有限公司关于建立友好合作关系的协议》签约仪式。

4 月 9 日 浙江省副省长高兴夫一行到浙能集团调研科技创新、疫情防控和复工复产工作。高兴夫听取了集团有关科技创新等工作情况的汇报，对集团大力推进“科技兴业”，在创新发展、统筹推进疫情防控和能源保供工作等方面做出的成绩给予肯定。

4 月 10 日 浙能集团召开 2020 年度党风廉政建设和反腐败工作会暨党委巡察动员部署会。会议要求各单位及时组织学习宣贯本次会议精神，结合实际抓好部署落实，明确责任推进“四责协同”，维护好党风廉政建设和反腐败工作的良好局面，巩固好浙能集团风清气正的政治生态。

4 月 14 日 浙江省副省长刘小涛一行到浙能集团调研指导。刘小涛听取了浙能集团党委书记、董事长童亚辉关于产业布局、经营发展、科技创新、疫情防控、能源保供等方面的工作汇报，对集团在疫情防控和能源保供方面取得的成绩给予肯定。浙江省国有资产监督管理委员会（简称浙江省国资委）主任、党委书记冯波声陪同调研，浙能集团领导班子成员陪同调研。

5 月 12 日 全国人大常委会委员、浙江省人大常委会副主任、九三学社浙江省委主委姒健敏到浙能集团开展 2020 年九三学社中央党派大调研活动，调研的课题是“提升国企创新能力，做强技术创新体系”。

5 月 22 日 浙能集团与航天六院合作设立的浙江浙能航天氢能技术有限公司、氢能技术联合研发中心在杭州揭牌成立。

5 月 29 日 浙能集团第一届“浙能工匠”发布会在浙能集团本部举办。发布会上，表彰首届 26 位“浙能工匠”，并号召广大员工以“浙能工匠”为榜样，大力弘扬工匠精神和劳动精神，汇聚“四业”发展强大合力，奏响新时代浙能产业工人队伍建设改革的时代强音。

6 月 3 日 浙能集团召开领导班子扩大会议，宣布浙江省委关于调整充实浙能集团领导班子的决定，经浙江省委研究决定，提名詹敏任浙能集团总经理，王建堂任浙能集团党委委员，倪震任浙能集团副总经理。

6 月 30 日 浙江省副省长刘小涛调研指导省级天然气管网安全生产工作。

7 月 1 日 浙能集团党委隆重召开纪念中国共产党建党九十九周年暨“七一”表彰大会。会议表彰了 2019 年度浙能集团“一先两优”以及浙能集团各单位在新冠肺炎疫情防控及复工复产、综合供能站建设、全员竞争上岗等重大任务推进过程中涌现出来的一批先进集体和先进个人。

7月16日 浙江省委常委、常务副省长冯飞到浙能集团开展"三服务"活动，对浙能集团的创新意识、创业精神及落实浙江省委省政府"两手都要硬，两战都要赢"所作的突出贡献给予肯定，要求浙能集团继续做好全省能源保障的主力军，履行好国企责任，落实好国家和省委省政府的战略部署。

8月12日 《中国煤炭工业志》编纂委员会组织召开《浙江省能源集团志》终审会，终审评审组同意《浙江省能源集团志》(终审稿）通过终审。

8月28日 中国国民党革命委员会浙江省能源集团有限公司支部成立大会在浙能集团本部召开。浙江省政协副主席、民革浙江省委员会主任委员吴晶，浙江省国资委党委书记、主任冯波声，浙能集团党委书记、董事长童亚辉，浙能集团党委副书记、董事陆翔等领导出席会议。

9月7日 浙江省政协副主席、中国民主建国会浙江省委员会主任委员陈小平一行赴浙能集团调研指导。

9月24日 浙江省委副书记、代省长郑栅洁在浙能集团调研时强调，要深入贯彻习近平总书记"四个革命、一个合作"能源安全新战略，坚持以保障能源安全为首要任务，准确把握能源发展的大局和大势，聚焦新课题，强化科技创新，注重清洁低碳，做好能源安全风险防控，不断把企业做强做优做大，为浙江经济社会发展作出更大贡献。

9月29日 由浙能集团投资兴建的浙能海西华汇大柴旦风电项目首台风机成功并网发电，标志着浙能集团在青海省的第一个陆上风电项目顺利投产。

10月16日 中共浙江省委印发浙委干〔2020〕139号文件，提名叶元祖任浙能集团副总经理（列王建堂之后）。10月19日，中共浙江省委组织部印发浙组干任〔2020〕23号文件，决定叶元祖任浙能集团党委委员。11月13日，浙能集团董事会印发会议纪要〔2020〕42号文件，决定聘任叶元祖为浙能集团副总经理。

10月22日 浙江省煤炭学会在杭州召开第六届第一次会员代表大会。会上，全体参会代表一致审议通过修改学会章程及更名，同意浙江省煤炭学会更名为浙江省氢能学会。12月25日，经向主管部门备案，取得社会团体法人登记证书。

同日 浙能集团帮扶的郭塘村携光伏发电、月季产业园等优异"消薄"成绩在浙江省国资委深化"千企结千村、消灭薄弱村"专项行动暨省属企业扶贫协作推进会上亮相。

12月29日 浙能集团召开领导班子调整会议，宣布浙江省委关于调整充实浙能集团领导班子的决定。经浙江省委研究决定，任命胡仲明为浙能集团党委委员、书记，陶晓东任浙能集团党委委员。提名胡仲明任浙能集团董事、董事长。因年龄原因，免去童亚辉的浙能集团党委书记、委员、书记职务，提议童亚辉不再担任浙能集团董事长、董事职务。

第一篇

公司治理

浙能集团在原浙江省电力开发公司和浙江省煤炭集团公司的基础上于2001年组建而成。自成立以来，浙能集团始终坚持“发展能源为浙江”的宗旨，深耕能源领域，不忘初心使命。经过18年的发展，先后完成了吸收重组浙江国信控股集团有限责任公司、浙江省水利水电投资集团有限公司和浙江长广（集团）有限责任公司、组建浙江省海洋投资集团有限公司等省委、省政府交办的重大任务，收购宁波海运集团公司，实现了浙能电力整体上市。是浙江省发展能源产业的主抓手、能源合作的主平台、能源供应的主渠道、保障能源安全的主力军和环境保护的主战场。

浙能集团成立之初只有6个内设部门和4家下属企业，自2009年推行板块化管理以来，已先后组建起电力、煤炭、可再生、天然气、能服、金融、石油七大产业板块和新疆一个区域板块。2016年，集团启动创新发展与体制机制改革，持续推进管理框架优化，重新界定“集团总部—板块公司—营运企业”三个层级，以打造“强总部”推进机构改革，集团总部职能逐步向决策、投融资、资源配置、风险控制集中，各项管理事权逐步下放至板块管理公司。到2019年，浙能集团已成长为拥有16个职能部门、8家板块公司、460余家企业，业务覆盖电力、石油、煤炭及运输、天然气、可再生能源、能源服务、金融产业的综合能源企业。企业影响力、队伍凝聚力、核心竞争力实现全方位、历史性跨越。随着国有企业改革走向深化，浙能集团将继续探索以战略和财务为核心的管控方式，逐步提高板块企业自主管理能力和下属企业协同发展水平。

浙江在“八八战略”的指引下，进入了新的发展阶段，能源供给不平衡不充分的矛盾更加突出。浙能集团于2003年提出“以电为主，多业发展”的规模扩张战略，制定未来五年“三个翻一番，”战略目标（资产、装机和销售收入翻一番）并在2006年提前完成。2007年初，浙能集团确立了“大能源格局下以电为主业，多业发展”的战略和浙能集团“十一五”发展规划，重点加快产业升级、拓展能源产业链、发展循环经济、加强集约化管理，集中力量把电力主业做大做强，多个产业得到了培育，为后续发展奠定了基础。2011年初，浙能集团正式发布“十二五”发展规划，坚持以大能源战略统领各项发展工作，以保障能源安全为核心，以增强资源掌控力为重点，确保国有资产保值增值，优化产业结构，创新企业管理，加强合作为手段，转变企业发展方式，加大产融结合，全面提升竞争能力，带动集团和浙江能源事业进入高速发展的快车道。2016年以来，随着供给侧结构性改革走向深入，面对能源革命和经济进入新常态带来的深刻变化，集团党委冷静分析能源供求形势，正确研判能源产业趋势和能源企业的发展规律，及时提出了“大能源战略”下的“能源立业、科技兴业、金融富业、海外创业”的“四业”发展路径，把转型升级创新发展确定为“十三五”时期集团的中心工作任务，由追求高速扩张转变为注重高质量发展。推出一系列改革新举措，拉开了创新发展的新序幕，打响了转型升级的攻坚战。

在历届省委、省政府及省国资委的正确领导下，截至2019年底，集团总资产和净资产分别达到2415亿元和1220亿元，当年实现销售收入1118亿元。全年完成发电量1396亿千瓦时、煤炭供应6482万吨、天然气供应117.8亿方、供热2281万吨。控股管理企业200余家，职工23000余人。在2019年中国企业500强榜单中，浙能集团位居第204名，经济、技术、效益指标均处于行业前列。

全体浙能人将以习近平总书记关于新时代能源安全新战略的重要论述为指引，深入贯彻习近平总书记“四个革命一个合作”的能源战略思想，以“干在实处永无止境、走在前列要谋新篇、勇立潮头方显担当”的浙江精神，坚决推进“八八战略”再深化、改革开放再出发，按照省委、省政府部署，在推进能源供给侧结构性改革上发挥引领作用，在转变供能方式、建立能源服务新业态上发挥示范作用，在清洁能源示范省建设中发挥骨干作用，在能源体制机制改革中发挥推动作用，在实施“一带一路”等国家倡议和带动地方经济上发挥带头作用，在浙江经济增强新的竞争力上发挥基础性作用。紧紧围绕“十四五”实现高速度发展、高质量增长的“两高”目标，构建更加清洁低碳、安全高效的现代全产业链综合能源体系，努力打造具有国际竞争力的一流综合能源服务商，在新时代实现新作为。

第一章 体 制 与 机 构

第一节 领 导 体 制

一、集团构成

1985 年，浙江省计划经济委员会印发《关于成立浙江省电力开发公司的通知》(浙计经政〔1985〕324 号)，浙江省电力开发公司成立。

1997 年 7 月，浙江省人民政府印发《浙江省人民政府办公厅关于印发浙江省煤炭集团公司组建方案的通知》(浙政办发〔1997〕140 号)，批准《浙江省煤炭集团公司组建方案》。该方案中，组建的基本要求，一是浙江省煤炭工业总公司成建制转为经济实体，改组为浙江省煤炭集团公司；二是组建后的该集团公司是省政府直属的国有大型企业，经营和管理省政府授权的国有资产；三是为加强行业管理，成立浙江省煤炭行业管理办公室，并增挂“煤炭工业部浙江煤炭工业管理局”牌子，受浙江省政府和煤炭部委托，行使煤炭行业管理职能（2000 年，浙江省煤炭行业管理办公室撤销，浙江省煤炭行业相应的管理职能转由浙江省经济贸易委员会承接)。

2001 年 2 月 20 日，浙江省人民政府印发《浙江省人民政府关于组建浙江省能源集团有限公司的通知》(浙政发〔2001〕6 号)，批准同意组建浙江省能源集团有限公司。公司为省级能源类国有资产运营机构，主要以浙江省电力开发公司和浙江省煤炭集团公司的现有资产为基础组建，注册资本为 35 亿元。原浙江省煤炭集团公司即更名为浙江省煤炭开发公司，为浙能集团子公司。

2001 年 5 月 28 日，浙能集团挂牌成立，下共设 4 家子公司：浙江省电力开发公司、浙江省煤炭开发公司、浙江省天然气开发公司和东南电力股份有限公司。

2003 年 2 月 25 日，浙江省人民政府组织召开省属发电企业（项目）管理职能移交大会，副省长王永明到会作重要讲话。2 月 26 日，浙能集团在杭州召开发电企业（项目）管理职能接收工作会议。2 月 28 日，能源集团举行了热烈的欢迎仪式，欢迎省电力公司 19 名电源管理专业干部到能源集团工作。公司党政领导班子成员参加欢迎仪式，并对省电力公司给予能源集团的热心帮助与支持表示感谢。3 月 1 日，省属发电企业（项目）管理职能实现平稳移交。

2004 年 4 月 12 日，浙能集团董事长孙永森提议并召开集团公司一届二十六次董事会，会议审议通过了公司经理层提交的收购省电力建设总公司方案。4 月 23 日，浙江省电力建设总公司的管理职能移交给浙能集团。至此，浙能集团顺利接收省属发电企业管理职能。5 月 13 日，浙江省人民政府设立浙江省国有资产监督管理委员会，浙能集团划归浙江省国资委监管范畴。同年 10 月，浙能集团派出改革重组工作组对国信控股公司开展接收清理和改革重组工作。10 月 30 日，浙江省人民政府决定将国信控股集团公司划归浙能集团管理。浙江国信控股集团有限公司的所有资产（资产、负债、所有者权益）划归浙江省能源集团有限公司管理，国信控股集团实施改革重组。

2009 年 10 月 16 日，浙江省省长吕祖善主持召开浙江省政府第 40 次常务会议。会议原则同意省国资委关于省水利水电集团改革重组工作情况的汇报，赞成由省能源集团合并重组省水利水电集团，要求进一步合并重组方案，确保省水利水电集团改革重组顺利完成。根据浙江省属国有企业改革领导小组《关于省能源集团公司合并重组省水利水电集团公司总体方案的批复》（浙企改发〔2009〕1号），省水利水电集团公司以2009年11月30日为基准日开展清产核资。2009年12月11日，经浙能集团董事会审议，同意以原水利水电投资集团资产为基础组建新水利水电集团公司，作为浙能集团水电产业管理运作平台。2010年2月5日，经浙能集团董事会审议，同意按照“先省水电集团内部划转，后房产、物资划转”的原则，实施省水电集团资产合并重组。以2010年1月1日为基准日，浙能集团所属水电公司（项目）股权划转省水电集团。2010年，浙能集团以原水利水电投资集团资产为基础吸收式合并重组组建成立新的浙江省水利水电集团公司，公司注册资本金为6亿元，成为浙能集团下属的一家全资子公司。

2014年6月6日，浙江省委、省政府在长兴召开会议，通报了省委、省政府关于浙能集团吸收合并长广集团的重大决定，副省长朱从玖出席会议并作重要讲话。2015年1月8日，长广集团完成工商变更，正式成为浙能集团全资子公司，浙能集团全面实施对长广集团的管理优化。2016年，浙能集团科服板块、油气板块有关企业与长广集团下属生物质发电分公司、水泥分公司、广德墙材公司、物贸公司进行产业融合及内部重组整合。

2014年8月，组建浙江省海洋开发投资集团有限公司，公司注册资本金为100亿元，首期注册资本为64亿元，浙能集团持股65%，浙江省金融控股公司持股35%，浙能集团以持有的相关涉海资产、支持性资产以及部分现金作为出资。浙能集团把部分资金和7家企业股权注入浙江省海洋开发投资集团有限公司，为浙能集团控股子公司。2015年3月，浙江省海洋开发投资集团有限公司注册资本由64亿元增加至100亿元，浙能集团按股比出资23.4亿元，浙江省金控集团按股比出资12.6亿元。2015年8月7日，浙江省委、省政府决定组建浙江省海港投资运营集团有限公司，8月21日，浙江省海洋开发投资集团有限公司更名为浙江省海港投资运营集团有限公司。2015年12月，根据浙江省常委会议纪要〔2015〕25号、浙江省政府专题会议纪要精神，浙能集团对浙江省海港投资运营集团有限公司资产进行整合，浙能集团将浙江浙能嘉兴港煤炭物流有限公司90%股权、浙江浙能洋山建设开发有限公司90%股权、东港建设投资发展有限公司46.15%股权、现金5462959707.58元注入浙江省海港投资运营集团有限公司，并将上述股权划给浙江省国有资产监督管理委员会。浙江省海港投资运营集团有限公司将所持浙江富兴电力燃料有限公司100%股权、浙能港口运营管理有限公司85%股权、浙江长兴捷通物流有限公司51%股权及浙能集团财务公司30%股权（约14.09亿元）无偿划转给浙能集团。

二、治理结构

（一）党委会

1. 历届党委领导任职情况

2001年3月8日，中共浙江省委印发《关于建立中共浙江省能源集团有限公司委员会及胡江潮、吴国潮同志任职的通知》（浙干任〔2001〕15号），决定建立中共浙江省能源集团有限公司委员会；胡江潮任中共浙江省能源集团有限公司委员会委员、书记；吴国潮任中共浙江省能源集团有限公司委员会委员、副书记。

2003年6月20日，中共浙江省委组织部印发《关于胡江潮等3名同志职务任免的通知》（浙干任〔2003〕49号），任命孙永森任省能源集团党委委员、书记；胡江潮不再担任集团公司党委书记、委员职务。

2007年1月14日，中共浙江省委印发《关于仇毅等5名同志职务任免的通知》（浙干任〔2007〕3号），任命吴国潮任浙能集团党委书记。

2016年8月1日，中共浙江省委印发《关于童亚辉同志职务任免的通知》（浙委干〔2016〕166号），任命童亚辉任浙能集团党委书记，免去吴国潮的浙能集团党委书记、委员职务。

2001—2019年浙能集团党委会任职情况见表1-1-1。

表 1-1-1 2001—2019 年浙能集团党委领导任职情况一览表

姓名	职务	任职时间（年-月）	任免文件
胡江潮	党委书记	2001-03 至 2003-06	浙干任〔2001〕15 号 浙干任〔2003〕49 号
孙永森	党委书记	2003-06 至 2006-06	浙干任〔2003〕49 号 浙干任〔2006〕46 号
吴国潮	党委副书记 党委书记	2001-03 至 2007-01 2007-01 至 2016-08	浙干任〔2001〕15 号 浙干任〔2007〕3 号 浙干任〔2016〕166 号
童亚辉	党委委员 党委书记	2001-05 至 2016-08 2016-08 至	浙组干任〔2001〕15 号 浙委干〔2016〕166 号
柯吉欣	党委委员 党委副书记	2007-09 至 2017-05 2017-05 至 2019-03	浙国资党委任〔2007〕8 号 浙国资党委任〔2007〕11 号
蔡建平	党委副书记	2002-04 至 2012-05	浙干任〔2002〕25 号 浙国资党委任〔2012〕5 号
耿　平	党委副书记	2014-01 至 2017-12	浙国资党委任〔2014〕1 号 浙委干〔2017〕234 号
陆　翔	党委副书记	2017-12 至	浙委干〔2017〕234 号
詹　敏	党委副书记	2019-08 至	浙委干〔2019〕135 号
沈志云	党委委员	2001-05 至 2010-06	浙组干任〔2001〕15 号 浙国资党委任〔2010〕7 号
卢嘉三	党委委员	2001-03 至 2010-05	浙组干任〔2001〕10 号 浙国资党委通〔2010〕23 号
毛剑宏	党委委员	2003-04 至 2015-02	浙组干任〔2003〕22 号 浙国资委任〔2015〕3 号
范小宁	党委委员	2006-01 至	浙国资党委任〔2006〕1 号
徐小丰	党委委员	2007-09 至 2020-06	浙国资党委任〔2007〕8 号
张荣博	党委委员	2010-06 至 2019-03	浙国资党委任〔2010〕6 号 浙组干任〔2019〕6 号
孙玮恒	党委委员	2010-10 至	浙国资党委任〔2010〕10 号
楼　晶	党委委员	2011-08 至 2015-02	浙国资党委任〔2011〕17 号 浙国资委任〔2015〕3 号
朱松强	党委委员	2011-08 至 2020-06	浙国资党委任〔2011〕17 号
黄伟建	党委委员	2013-09 至 2017-04	浙国资党委任〔2013〕8 号 浙国资党委任〔2017〕9 号

表 1-1-1（续）

姓名	职务	任职时间（年-月）	任免文件
许　强	党委委员	2015-07 至 2019-03	浙国资党委任〔2015〕7 号 浙组干任〔2019〕6 号
沈宝国	党委委员	2015-07 至 2017-12	浙国资党委任〔2015〕7 号 浙组干任〔2017〕34 号
倪　震	党委委员	2017-04 至	浙国资党委任〔2017〕9 号
龚　平	党委委员	2019-03 至	浙组干任〔2019〕6 号
胡　斌	党委委员	2019-03 至	浙组干任〔2019〕6 号
王建堂	党委委员	2020-05 至	浙组干任〔2020〕11 号

2. 党委会主要职权

2010 年，浙能集团印发《党委议事规则（试行）》（Q/ZN 200004—2010）。

2018 年 1 月 9 日，浙能集团修订发布《党委议事规则（试行）》（Q/ZN 200004—2017），规定党委会的主要职权内容。

（1）保证监督党和国家的方针政策在公司的贯彻执行，落实党中央、国务院、省委和省政府重大战略决策，执行省国资委党委以及上级党组织有关重要工作部署。

（2）参与企业重大决策，支持董事会、监事会、经理层依法行使职权。研究讨论公司章程修改、总体发展战略、中长期规划、管控方案等涉及公司改革发展稳定的重大项，以及涉及职工切身利益的重大问题，并提出意见建议。

（3）审议公司管理体制的制定，内部机构的设置、职责、人员编制等事项。

（4）审议公司所属重要子公司的调整、合并、分立、解散方案。

（5）加强对企业领导人员的监督，完善内部监督体系，统筹内部监督资源，建立健全权力运行监督机制。

（6）坚持党管干部原则与董事会依法选择经营管理者以及经营管理者依法行使用人权相结合，公司党委要在确定标准、规范程序、参与考察、推荐人选方面把好关，切实加强本单位干部队伍建设。坚持党管人才原则，全面深入实施人才强企战略。提名、推荐和审议公司管理的干部以及出资人代表的人选，确定公司中层以上管理人员的后备人选，决定公司管理的党群干部的任免和奖惩。

（7）加强基层党组织建设、党员发展和教育管理工作，充分发挥基层党组织战斗堡垒和党员先锋模范作用。

（8）领导公司思想政治工作、意识形态、统战工作、精神文明建设、企业文化建设和工会、共青团、老干部等群团工作。

（9）认真履行党要管党、从严治党责任，落实党建工作责任制。党委书记履行第一责任人的职责，其他党委成员根据“双岗双责”抓好党建工作；制定党建工作制度、规定等规范性文件。

（10）履行党风廉政建设主体责任，抓好党风廉政建设和反腐败工作，支持公司纪委开展工作。

（11）制定党委年度工作计划、总结年度工作，决定重要请示、报告等。

（12）制定党员、干部的教育培训规划和实施计划。

（13）决定所属企业年度党建党风廉政建设责任制考核结果和奖惩方案。

（14）评定先进党委（党总支）、先进党支部、优秀党务工作者和优秀共产党员等党内先进集体和个人。

（15）决定党委、纪委、工会、共青团等组织机构的设置、编制和定员。

（16）审议涉及安全生产机制体制、企业安全发展的重大事项。

（17）审议董事会、总经理提议的有关事项。

（18）提议召开临时董事会。

（19）其他需由党委会讨论决定的重大问题。

（二）董事会

1. 历任董事会领导任职情况

2001 年 2 月 16 日，浙江省人民政府印发《浙江省人民政府关于胡江潮任职的通知》（浙政干〔2001〕6 号），任命胡江潮为浙江能源（集团）公司董事、董事长。

2003 年 3 月 1 日，浙江省人民政府印发《浙江省人民政府关于蔡惠明等职务任免的通知》（浙政干〔2003〕15 号），任命孙永森为浙江省能源集团有限公司董事、董事长。

2007 年 1 月 26 日，浙江省人民政府印发《浙江省人民政府关于李建设等职务任免的通知》（浙政干〔2007〕6 号），任命吴国潮任浙能集团董事长。

2016 年 8 月 18 日，浙江省人民政府印发《浙江省人民政府关于朱留沙等职务任免的通知》（浙政干〔2016〕38 号），任命童亚辉为浙能集团董事长，免去吴国潮的浙能集团董事长、董事职务。8 月 19 日，中共浙江省委组织部副部长张学伟到浙能集团，宣布任命浙能集团新领导班子的决定。省国资委主任冯波声主持会议。

2001—2019 年浙能集团董事会领导任职情况见表 1-1-2。

表 1-1-2 2001—2019 年浙能集团董事会领导任职情况一览表

姓名	职务	任职时间（年-月）	任免文件
胡江潮	董事长	2001-02 至 2003-03	浙政干〔2001〕6 号 浙政干〔2003〕15 号
孙永森	董事长	2003-03 至 2006-07	浙政干〔2003〕15 号 浙政干〔2006〕36 号
吴国潮	副董事长 董事长	2001-02 至 2007-01 2007-01 至 2016-08	浙国资委〔2001〕1 号 浙政干〔2007〕6 号 浙政干〔2016〕38 号
童亚辉	董事 副董事长 董事长	2001-05 至 2013-09 2013-09 至 2016-08 2016-08 至	浙国资委〔2001〕4 号 浙国资任〔2013〕10 号 浙政干〔2016〕38 号
蔡建平	副董事长	2002-04 至 2012-05	浙国资委〔2002〕2 号 浙国资任〔2012〕8 号
沈志云	董事 副董事长	2001-05 至 2007-01 2007-01 至 2010-06	浙国资任〔2006〕1 号 浙国资任〔2010〕17 号
毛剑宏	副董事长	2013-09 至 2015-02	浙国资委字〔2003〕4 号 浙国资任〔2013〕10 号 浙国资任〔2015〕4 号
冯运涛	董事	2001-09 至 2006-02	浙国资委〔2001〕5 号 浙国资任〔2006〕3 号
耿 平	董事	2014-01 至 2017-12	浙国资任〔2014〕1 号 浙委干〔2017〕242 号

表 1-1-2（续）

姓名	职务	任职时间（年-月）	任免文件
柯吉欣	董事	2015-07 至 2019-03	浙国资任〔2015〕8 号 浙政干〔2019〕28 号
范小宁	董事	2015-07 至	浙国资任〔2015〕8 号
赵建林	董事	2017-02 至	浙国资任〔2017〕5 号
孙玮恒	董事	2017-04 至	浙国资任〔2017〕10 号
陆　翔	董事	2017-12 至	浙委干〔2017〕242 号
詹　敏	董事	2019-08 至	浙委干〔2019〕137 号
卢嘉三	职工董事	2008-12 至 2010-10	浙国资党委函〔2008〕9 号 浙能党〔2010〕73 号
徐小丰	职工董事	2010-10 至 2016-10	浙能党〔2010〕73 号 浙国资党委通〔2016〕42 号
许　强	职工董事	2016-10 至 2019-03	浙国资党委通〔2016〕42 号
胡　斌	职工董事	2019-07 至	浙国资委党委通〔2019〕10 号

2. 董事会责任

2010 年，浙能集团发布《董事会工作规则》（Q/ZN 200005—2010）。

2018 年 9 月 20 日，浙能集团修订发布《董事会工作规则》（Q/ZN 200005—2018），规定董事会的责任及主要职权内容。

（1）董事会应贯彻执行党和国家的方针、政策，遵守国家的法律、法规和浙江省人民政府、省国资委的有关规定，遵守公司章程，忠实履行职责，维护出资人权益，维护公司和职工的利益。

（2）董事会对出资人负责，依法经营授权范围内的国有资产，承担国有资产的保值增值责任。

（3）董事会接受省国资委为保障国有资产权益的监督和指导，定期向省国资委和政府有关部门报告公司经营发展情况和财务状况。

（4）董事未经省国资委和董事会同意，不得在其他有限公司、股份有限公司或其他经济组织（含公司所属企业）兼任职务。

（5）董事应当对董事会决议承担责任。董事会的决议违反国家法律、法规或公司章程，致使公司遭受严重损失的，投赞成票和弃权票的董事个人承担直接责任，对经证明在表决时曾表明异议并载于会议记录的投反对票的董事，可以免除个人责任。对既未出席会议，又未委托其他董事代为出席董事会的董事应视为未表示异议，不免除其责任，但对未事前告知的临时议案除外。

3. 董事会主要职权

（1）负责授权范围内国有资产保值增值，向省国资委报告工作，并执行省国资委的决定。

（2）听取公司总经理的工作汇报，监督、检查公司总经理、董事贯彻执行董事会决议的有关情况。

（3）拟订公司章程及章程修改方案。

（4）审议公司利润分配方案和亏损弥补方案。

（5）审议公司年度全面财务预算方案、年度财务决算方案。

（6）围绕服务省委、省政府重大战略，按照企业主业和重点产业布局调整的要求，决定公司五年发展规划。

（7）根据公司功能定位，决定公司年度投资计划、公司经营方针、经营计划和重大技术改造、技术引进方案。

(8) 决定授权范围内公司的对外投资、资本运营；在已批准的主业范围外，按照《浙江省省属企业投资监督管理办法》规定，在非主业投资额度内自主开展项目投资。

(9) 决定子企业的改制方案，涉及资产核销、人员安置、费用提留、土地处置等影响国有权益事项的，报省国资委审批。

(10) 决定子企业的合并、分立、解散、清算、破产等事项。

(11) 决定下属企业国有产权协议转让给其它省属国有及国有控股企业事项。

(12) 决定引入特定的国有及国有控股企业或国有实际控制企业，以协议方式参与下属企业增资事项。

(13) 根据国家和浙江省有关政策规定，决定下属企业股权激励方案，并报省国资委备案。

(14) 根据国家和浙江省企业年金管理有关规定，决定下属企业年金实施细则。

(15) 根据公司承受能力，合理确定捐赠规模，并将捐赠支出纳入年度预算管理。

(16) 根据国家法律法规和省国资委有关规定，合理确定公司担保规模，制定担保风险防范措施。

(17) 拟定公司增加或减少注册资本方案及发行公司债券方案。

(18) 拟定公司合并、分立、解散或变更公司形式的方案。

(19) 决定公司管理体制和内部管理机构设置方案，制定公司各项基本规章制度。

(20) 听取审议审计工作事项，决定公司风险管控体系并对实施情况进行监控，落实经济责任审计职能。

(21) 对公司所投资的全资、控股、参股企业按有关规定以公司名义履行出资人职责。

(22) 审议公司及所属企业的国有产权（股权）和重大资产的转（受）让、置换。

(23) 审议公司融资、对外担保、捐赠赞助、资产核销的方案及所属企业固定资产的融资方案，限额以上的对外担保、捐赠赞助、资产核销等方案。

(24) 依照有关规定程序，聘任或解聘公司总经理、副总经理及其他高级管理人员，决定专门委员会组成人员，决定应由董事会委派的出资人代表人选，根据总经理的提名决定聘任或解聘财务负责人及其报酬事项。

(25) 根据集体决策与授权决定相结合，总量决策与分步实施相结合的决策方式，批准相关工作制度。

(26) 根据工作需要，决定设立并授权公司基建项目招标领导小组、生产、综合类项目采购领导小组、中介服务采购领导小组，严格按照招投标有关法律法规和集体决策程序，领导和审核所属企业限额以上的项目招标、物资、服务采购工作，作出集体决策并承担相应责任。

(27) 审议涉及安全生产机制体制、企业安全发展的重大事项。

(28) 法律法规、出资人授予和公司章程规定的其他职权。

(三) 经营班子

1. 历任经营班子领导任职情况

2001 年 3 月 19 日，浙能集团董事会印发《关于吴国潮同志任职的通知》(浙能董干〔2001〕1 号)，聘任吴国潮为浙江省能源集团有限公司总经理。

2007 年 1 月 29 日，浙江省国资委印发《关于提议沈志云等同志职务任免的通知》(浙国资党委通〔2007〕6 号)，经董事会审议，集团以董事会会议纪要〔2007〕5 号文，聘任沈志云为浙能集团总经理。

2011 年 2 月 9 日，浙江省国资委以浙国资党委通〔2011〕4 号文，提名童亚辉任浙能集团总经理。2 月 16 日，集团公司召开董事会会议，经审议，以会议纪要〔2011〕3 号文，同意聘任童亚辉任浙能集团总经理。同日，印发《关于童亚辉同志任职的通知》(浙能人〔2011〕76 号文)，聘任童亚辉为浙江省能源集团有限公司总经理。

2016 年 8 月 1 日，中共浙江省委印发《关于提议柯吉欣、童亚辉同志职务任免的通知》(浙委干〔2016〕167 号)，提名柯吉欣任浙能集团总经理，提议童亚辉不再担任浙能集团总经理职务。8 月 23 日，集团召开二届一百五十七次董事会，以董事会会议纪要〔2016〕13 号，审议同意聘任柯吉欣为浙能集团总经理。8月26日，集团印发《关于柯吉欣同志任职的通知》（浙能人〔2016〕307号），聘任柯吉欣为浙能集团总经理，免去童亚辉的浙能集团总经理职务。

2019年9月24日，浙能集团根据中共浙江省委《关于提议詹敏同志任职的通知》（浙委干〔2019〕138号）文件和浙能集团董事会纪要〔2019〕21号精神，印发《关于詹敏同志任职的通知》（浙能人〔2019〕518号），聘任詹敏为浙能集团副总经理。

2001—2019年浙能集团经营班子领导任职情况见表1-1-3。

表1-1-3 2001—2019年浙能集团经营班子领导任职情况一览表

姓名	职 务	任职时间（年-月）	任免文件
吴国潮	总经理	2001-03至2007-01	浙能董干〔2001〕1号 浙国资党委通〔2007〕6号
沈志云	副总经理 总经理	2001-05至2007-01 2007-01至2010-06	浙组干提〔2001〕7号 浙国资党委通〔2007〕6号 浙国资党委通〔2010〕25号
童亚辉	副总经理 总经理	2001-05至2011-02 2011-02至2016-08	浙组干提〔2001〕8号 浙国资党委通〔2011〕4号 浙委干〔2016〕167号
柯吉欣	副总经理 总经理	2007-09至2016-08 2016-08至2019-03	浙国资党委〔2007〕24号 浙国资党委通〔2015〕21号 浙委干〔2016〕167号 浙委干〔2019〕78号
詹 敏	副总经理 （主持经营班子工作） 总经理	2019-08至2020-05 2020-05至	浙委干〔2019〕138号 浙委干〔2020〕60号
毛剑宏	副总经理	2003-05至2013-09	浙组干提〔2003〕8号 浙国资党委通〔2013〕25号
范小宁	副总经理	2006-01至	浙国资党委〔2006〕1号
孙玮恒	副总经理	2010-10至2017-04	浙国资党委通〔2010〕36号 浙国资党委通〔2017〕13号
楼 晶	副总经理	2011-08至2015-02	浙国资党委通〔2011〕22号 浙国资党委通〔2015〕6号
黄伟建	副总经理	2014-06至2017-04	浙国资党委通〔2014〕10号 浙国资党委通〔2017〕13号
徐小丰	副总经理	2015-07至2020-06	浙国资党委通〔2015〕21号 浙委干〔2020〕60号
赵建林	副总经理	2017-02至	浙国资党委通〔2017〕5号

表 1-1-3（续）

姓名	职 务	任职时间（年-月）	任免文件
朱松强	总工程师 副总经理	2011-08 至 2017-04 2017-04 至 2020-06	浙国资党委通〔2017〕13 号 浙委干〔2020〕60 号
王建堂	副总经理	2019-03 至	浙委干〔2019〕78 号
倪 震	副总经理	2020-05 至	浙委干〔2020〕60 号

2. 总经理职责

2010 年，浙能集团发布《总经理工作规则》（Q/ZN 200006—2010）。

2018 年 9 月 20 日，浙能集团修订发布《总经理工作规则》（Q/ZN 200006—2018），规定总经理的责任及主要职权内容。

（1）总经理对董事会负责，依法行使组织实施董事会决议、管理生产经营等职权，向董事会报告工作，董事会闭会期间向董事长报告工作。

（2）总经理应贯彻党和国家的方针、政策、法令、法规，遵守公司章程，执行公司董事会的决议。

（3）总经理应充分依靠群众，调动全体职工的积极性，努力搞好日常经营管理工作，提高公司素质，全面完成公司经营管理目标。积极开拓市场，提高公司的综合经济效益，确保国有资产的保值增值。

（4）总经理应定期向董事会汇报公司有关经济运行的情况。遇到重大问题或特殊情况随时报告。

（5）总经理应重视环境保护工作，努力改善职工的劳动条件，搞好安全生产、文明生产，在提高公司经济效益的基础上，逐步提高职工的物质文化生活水平。

（6）总经理应重视公司的精神文明建设，带头做好职工的思想政治工作。

（7）总经理对公司必须忠实履行职责，维护公司利益。经营班子成员未经董事会同意，不得在其他有限公司、股份有限公司或其他经济组织（含公司所属企业）兼任职务。

3. 总经理主要职权

浙能公司实行董事会领导下的总经理负责制，总经理享有以下职权。

（1）主持公司日常经营管理工作，并向董事会报告工作。

（2）组织实施董事会决议。

（3）拟订公司战略发展规划和年度经营计划。

（4）拟订公司投资、资本运营及融资方案。

（5）拟订公司年度财务预算、决算、利润分配及亏损弥补方案。

（6）拟订公司内部机构设置和基本管理制度，制定具体管理规定。

（7）拟订公司薪酬、福利、奖惩制度及人力资源发展规划。

（8）公司章程和董事会授予的其他职权。

（9）总经理经董事会、法定代表人授权可代表集团公司行使董事会、法定代表人的权利。

（四）监事会

2004 年 5 月 13 日，浙江省人民政府设立浙江省国有资产监督管理委员会，浙能集团划归浙江省国资委监管范畴。

监事会职责

监事会协同股东会、董事会贯彻出资人的意志，维护出资人的利益，监督重大事项的前置审批，并履行下列职责。

（1）监督检查出资企业贯彻执行法律、法规及国资监管制度情况，执行《公司章程》情况，出资企业内部控制体系、风险防范体系、预算管理体系建设及运行情况。

（2）监督检查出资企业董事会和经营班子运作情况，及其围绕发展战略开展工作的情况，执行集团公司决策的情况，是否按公司治理要求及相关制度要求运作。

（3）监督检查出资企业的重大决策、重要

人事任免、重大项目安排和大额度资金运作等“三重一大”事项的决策和执行情况。检查出资企业财务，掌握了解出资企业资产重组、改制及产权转让情况和其他重大经营决策、重要生产运营情况。

(4) 监督检查出资企业财务情况，主要检查财务状况、资产质量和经营效益，重点关注财务管理制度执行、财务预算编制及执行、年度财务决算审计等情况。

(5) 监督检查出资企业董事、高级管理人员履行职责情况，对其工作业绩进行评价。

(6) 发现董事、高级管理人员存在违反法律法规、《公司章程》或国资监管有关规定的行为，损害出资人利益或国有资产权益时，应要求其予以纠正，情节严重且拒不改正的，可提出罢免建议。

(7) 法律法规和《公司章程》规定的其他职权。

第二节 组织机构

一、内设部门

2001年5月16日，浙能集团印发《关于明确集团公司各部门和天然气开发公司筹建处负责人的通知》(浙能组〔2001〕1号)，决定浙能集团经营层设党委办公室（纪委、团委）、综合办公室（总经理工作部）、财务产权部、人力资源部、投资开发部和资产经营部。

2001年9月30日，浙能集团总经理吴国潮召集并主持总经理办公会议。董事长胡江潮和副总经理童亚辉、沈志云出席会议。各部室负责人参加相关议题汇报讨论。会议讨论、审议审定了集团职能部门岗位配置定级方案和部门职责，会议原则通过职能部门工作职责，要求在进一步修改基础上，待10月与董事会职责接口后再行下发。

2003年7月28日，浙能集团印发浙能人〔2003〕195号文件，决定成立办公室、计划发展部、人力资源部、财务部、生产安全部、工程部、资产经营部、政治工作部、监察审计部副、老干部处等部门。

2003年8月20日，浙能集团印发《关于调整集团公司内设机构的通知》(浙能人〔2003〕244号)，决定调整浙能集团内设机构为办公室、战略研究与法律事务部、计划发展部、组织(人力资源)部、财务部、生产安全部、工程部、资产经营部、政治工作部、监督审计部，老干部处；撤销党委办公室、综合办公室（总经理工作部)、财务产权部、投资开发部、安全生产基建管理办公室。8月25日，浙能集团以浙能办〔2003〕251号文启用以上部室印章。8月27日，《浙江省能源集团有限公司部门职能（试行)》经集团董事会、党委会、总经理办公会讨论通过并下发。

2003年10月14日，浙能集团印发浙能人〔2003〕368号文件，建立浙江省能源集团有限公司驻北京联络处。

2013年11月14日，浙能集团印发《关于浙江省能源集团有限公司机构设置调整的通知》(浙能人〔2013〕570号)，决定调整其机构设置：战略研究与法律事务部更名为战略管理与法律部；生产安全部更名为生产安全与技术管理部；工程部更名为建设管理部；政治工作部更名为宣传与思想工作部；审计部更名为审计部(监事会工作部)；增设信息化管理部。

2016年9月30日，浙能集团印发《关于调整集团本部组织机构的通知》(浙能人〔2016〕363号)，调整机关党委组成，设立专职岗位，成立国际业务部、招投标管理部。生产安全与技术管理部调整为生产安全部，信息化管理部调整为科技与信息化管理部，原生产安全与技术管理部的科技管理职能划入科技与信息化管理部。

2017年，浙能集团发布管控优化方案(2017年版)，优化调整集团总部部门设置，国际业务部为集团统一的海外业务拓展和管理平台，负责海外业务拓展和海外项目前期工作；科技与信息化管理部为集团科技发展与创新管理协调平台，负责培育和发展战略性新兴产业；招投标管理部负责集团系统内设备物资、生产综合类服务、基建工程及社会中介服务的统一采购管理；集团本部机关党委负责集团本部党建、支部建设及管理、思想政治和宣传教育、党风廉政建设等工作；调整生产安全部为生产安全监察部，下设安全稽查队，进一步强化集团安全稽查管理；设立公司培训部，归口组织（人力资源）部统筹管理，负责系统内职工培训与在职教育；设立集团创新中心，归口战略管理与法律部管理，负责各类竞争性情报收集，重大前沿、创新软课题研究及应用；调整宣传与思想工作部为政治工作部，主要负责集团党建管理工作。同时，相关职能部门的职责相应作进一步调整。

2018 年 9 月 20 日，浙能集团印发浙能人〔2018〕518 号文件，决定成立集团综合能源开发建设领导小组、氢能技术引进和应用领导小组，下设综合能源开发建设办公室、氢能技术引进和应用办公室。

2001 年、2019 年浙能集团部门设置分别见表 1-1-4、表 1-1-5。

表 1-1-4 2001 年浙能集团部门设置一览表

部门名称	成立时间（年-月-日）	发文与文号	部门职责
综合办公室（总经理工作部）	2001-05-16	《关于明确集团公司各部门和天然气开发公司筹建处负责人的通知》（浙能组〔2001〕1 号）	主要负责“三办”（董事长办公室、党委办公室、总经理办公室）事务管理、行政管理、综合事务管理及公共关系管理等工作，并完成领导交办的其他工作
党委办公室（纪委、团委）	2001-05-16	《关于明确集团公司各部门和天然气开发公司筹建处负责人的通知》（浙能组〔2001〕1 号）	负责企业党建、支部建设及支部管理、宣传教育、精神文明建设、企业文化建设，承担纪委、团委相关职责
资产经营部	2001-05-16	《关于明确集团公司各部门和天然气开发公司筹建处负责人的通知》（浙能组〔2001〕1 号）	负责资本运作管理、并购重组管理、经营和价格管理、市场营销管理、产权管理等工作
投资开发部	2001-05-16	《关于明确集团公司各部门和天然气开发公司筹建处负责人的通知》（浙能组〔2001〕1 号）	负责项目发展规划、投资项目开发管理、投资监督管理、综合计划与统计管理等工作
人力资源部	2001-05-16	《关于明确集团公司各部门和天然气开发公司筹建处负责人的通知》（浙能组〔2001〕1 号）	负责人力资源规划，组织人事管理、职工薪酬与福利管理（保障）
财务产权部	2001-05-16	《关于明确集团公司各部门和天然气开发公司筹建处负责人的通知》（浙能组〔2001〕1 号）	负责会计核算、财务管理、预算管理、资金管理、税务管理等工作

表 1-1-5 2019 年浙能集团部门设置一览表

部门名称	成立时间	发文与文号	部门职责
办公室	2001 年 5 月 16 日成立综合办公室（总经理工作部）； 2003 年 8 月 20 日更名为办公室	《关于明确集团公司各部门和天然气开发公司筹建处负责人的通知》（浙能组〔2001〕1 号） 《关于调整集团公司内设机构的通知》（浙能人〔2003〕244 号）	负责“三办”（董事会办公室、党委办公室、总经理办公室）事务管理、行政管理、综合事务管理及公共关系管理等工作

表 1-1-5（续）

部门名称	成立时间	发文与文号	部门职责
战略管理与法律部	2003 年 8 月 20 日成立战略研究与法律事务部； 2013 年 11 月 14 日更名为战略管理与法律部	《关于调整集团公司内设机构的通知》（浙能人〔2003〕244 号） 《关于浙江省能源集团有限公司机构设置调整的通知》（浙能人〔2013〕570 号）	负责战略管理、重大事项谋划、重要问题研究、管理创新与管理提升、制度建设、法律事务管理、普法及企业品牌建设等工作
计划发展部	2001 年 5 月 16 日成立投资开发部； 2003 年 8 月 20 日更名为计划发展部	《关于明确集团公司各部门和天然气开发公司筹建处负责人的通知》（浙能组〔2001〕1 号） 《关于调整集团公司内设机构的通知》（浙能人〔2003〕244 号）	负责项目发展规划、国内投资项目的前期开发管理、投资监督管理、综合计划与统计管理等工作
国际业务部	2016 年 9 月 30 日调整成立国际业务部	《关于调整集团本部组织机构的通知》（浙能人〔2016〕363 号）	集团国际业务的归口管理部门，负责国际业务发展规划，组织协调国际项目投资、兼并收购、EPC 总承包、工程管理、运行维护及技术合作等前期开发及监督管理工作，负责集团外事管理
组织（人力资源）部	2001 年 5 月 16 日成立人力资源部； 2003 年 8 月 20 日更名为组织（人力资源）部	《关于明确集团公司各部门和天然气开发公司筹建处负责人的通知》（浙能组〔2001〕1 号） 《关于调整集团公司内设机构的通知》（浙能人〔2003〕244 号）	负责人力资源规划，组织人事管理、职工薪酬与福利管理（保障）、薪酬绩效考核、职业与岗位（技能）培训管理等工作
财务部	2001 年 5 月 16 日成立财务产权部； 2003 年 8 月 20 日更名为财务部	《关于明确集团公司各部门和天然气开发公司筹建处负责人的通知》（浙能组〔2001〕1 号） 《关于调整集团公司内设机构的通知》（浙能人〔2003〕244 号）	负责会计核算与规范、全面预算管理、资金管理、财务管理、税务管理等工作
生产安全监察部	2003 年 8 月 20 日成立生产安全部； 2013 年 11 月 14 日更名为生产安全与技术管理部； 2016 年 9 月 30 日调整为生产安全部； 2017 管控优化方案调整为生产安全监察部	《关于调整集团公司内设机构的通知》（浙能人〔2003〕244 号） 《关于浙江省能源集团有限公司机构设置调整的通知》（浙能人〔2013〕570 号） 《关于调整集团本部组织机构的通知》（浙能人〔2016〕363 号） 《关于印发浙能集团管控优化方案（2017 年版）的通知》（浙能战略〔2017〕448 号）	负责生产管理与协调、安全监督、环保监督、节能管理、技改管理、日常安全稽查及班组建设管理等工作
建设管理部	2003 年 8 月 20 日成立工程部； 2013 年 11 月 14 日更名为建设管理部	《关于调整集团公司内设机构的通知》（浙能人〔2003〕244 号） 《关于浙江省能源集团有限公司机构设置调整的通知》（浙能人〔2013〕570 号）	负责工程建设标准体系建设、工程项目建设管理等工作

表 1-1-5（续）

部门名称	成立时间	发文与文号	部门职责
资产经营部	2001 年 5 月 16 日成立资产经营部	《关于明确集团公司各部门和天然气开发公司筹建处负责人的通知》（浙能组〔2001〕1 号）	负责资本运作管理、并购重组管理、经营和价格管理、经营绩效考核、市场营销管理、产权管理及“三会”管理等工作
科技与信息化管理部	2013 年 11 月 14 日成立信息化管理部； 2016 年 9 月 30 日调整成立科技与信息化管理部	《关于浙江省能源集团有限公司机构设置调整的通知》（浙能人〔2013〕570 号） 《关于调整集团本部组织机构的通知》（浙能人〔2016〕363 号）	负责信息化规划、信息化标准规范体系建设、网络与信息安全管理、信息化项目建设与管理、信息运维以及科技规划、科技项目、科技成果、科技创新平台等管理工作
政治工作部	2001 年 5 月 16 日成立党委办公室（纪委、团委）； 2003 年 8 月 20 日成立政治工作部； 2013 年 11 月 14 日更名宣传与思想工作部； 2017 管控优化方案调整为政治工作部	《关于明确集团公司各部门和天然气开发公司筹建处负责人的通知》（浙能组〔2001〕1 号） 《关于调整集团公司内设机构的通知》（浙能人〔2003〕244 号） 《关于浙江省能源集团有限公司机构设置调整的通知》（浙能人〔2013〕570 号） 《关于印发浙能集团管控优化方案（2017 年版）的通知》（浙能战略〔2017〕448 号）	负责基层企业党建、支部建设及支部管理、宣传教育、精神文明建设、企业文化建设与团建等工作
纪检监察室	2002 成立监察室，纳入党委办公室归口管理； 2012 年 1 月，原监察审计部调整为监察部和审计部两个部门； 2019 年 7 月调整为纪检监察室		负责系统内反腐倡廉工作，具体包括专责监督、执纪问责、廉洁风险防控、效能监察、正风肃纪、容错免责、纪检监察组织队伍建设等工作
审计与风控部	2003 年 8 月 20 日成立监督审计部； 2010 年更名为监察审计部； 2012 年 1 月，原监察审计部调整为监察部和审计部两个部门； 2013 年 11 月 14 日更名审计部（监事会工作部） 2020 年 1 月 9 日，更名审计与风控部	《关于调整集团公司内设机构的通知》（浙能人〔2003〕244 号） 《关于浙江省能源集团有限公司机构设置调整的通知》（浙能人〔2013〕570 号） 董事会纪要〔2020〕2 号、《关于调整集团本部组织机构的通知》（浙能人〔2020〕21 号）	负责内审网络体系建设、集团所属企业财务收支审计、专项审计、所属企业领导人员任中、离任经济责任审计、派出监事的管理与工作指导等工作

表 1-1-5（续）

部门名称	成立时间	发文与文号	部门职责
老干部处	2003 年 8 月 20 日成立	《关于调整集团公司内设机构的通知》（浙能人〔2003〕244 号）	负责集团本部老干部待遇、慰问、学习、疗养等日常管理服务工作，指导下属企业完成老干部的管理协调工作。根据上级文件规定，落实公司系统离休人员福利待遇规范
工会办公室	2007 年 4 月 30 日成立	《关于增设浙江省能源集团有限公司工会办公室的通知》（浙能人〔2007〕163 号）	负责内部工会网络体系建设、组织协调工会相关事宜与活动的开展、工会相关政策法规的具体执行以及指导所属企业工会的组织建设等工作
招投标管理部	2016 年 9 月 30 日调整成立招投标管理部	《关于调整集团本部组织机构的通知》（浙能人〔2016〕363 号）	负责集团系统内设备物资、生产服务、基建工程及中介机构服务的采购管理，负责采购与物资供应链标准化体系建设，负责招投标、供应商、仓储、物流信息化以及废旧物资和粉煤灰处置等组织、协调、管理工作
机关党委	2016 年 9 月 30 日调整机关党委组成	《关于调整集团本部组织机构的通知》（浙能人〔2016〕363 号）	负责集团本部党建、思想政治和宣传教育、精神文明建设、作风建设、党风廉政建设，领导支持工会、共青团、妇委会独立开展工作

二、产业板块

1. 电力板块

2001 年 3 月 21 日，浙江省人民政府决定组建浙能集团，浙江省电力开发公司作为浙能集团下设 4 家子公司之一。

2009 年 12 月 14 日，浙江省电力开发公司变更为浙江省电力开发有限公司。

2011 年 9 月 16 日，浙江省人民政府国有资产监督管理委员会印发《关于浙江省电力开发有限公司整体变更设立为浙江浙能电力股份有限公司的批复》（浙国资企改〔2011〕27 号），同意将浙江省电力开发有限公司整体变更设立为股份有限公司。

2013 年 1 月 22 日，浙能集团召开电力板块启动会，电力板块集中了浙能电力股份公司及其控股和参股的集团全部火电、油电、气电、核电、热电企业。

2013 年 12 月 19 日，浙江浙能电力股份有限公司 A 股在上海证券交易所挂牌上市，浙能电力成为首家 B 股转 A 股的公司。

2018 年 5 月 4 日，浙能集团印发《关于部分企业管控关系调整（试行）的通知》，将宁夏枣泉发电有限责任公司、宁夏银星发电有限责任公司、神华国华宁东发电有限责任公司、国电浙能宁东发电有限公司、华能宁夏大坝电厂四期发电有限公司、神华国能宁夏鸳鸯湖发电有限公司纳入浙江浙能电力股份有限公司管控体系。

2. 石油板块

2017 年 7 月 3 日，浙江省委财经领导小组决定由浙能集团牵头组建浙江省石油股份有限公司。

2017 年 9 月 16 日，浙江省石油股份有限公司在中国（浙江）自由贸易试验区完成工商登记，公司注册资本 110 亿元，由浙能集团控股设立。

2017年9月29日，浙江省石油股份有限公司在杭州揭牌。

2018年5月4日，浙能集团印发《关于部分企业管控关系调整（试行）的通知》，浙江省石油股份有限公司单独实施板块化管理，简称石油公司或石油板块。

3. 煤炭及运输板块

2009年1月19日，浙能集团印发《关于成立浙江省能源集团有限公司煤炭及运输分公司的通知》(浙能人〔2009〕76号)，决定成立浙能集团煤炭及运输分公司。同年2月，浙能集团煤炭及运输分公司成立，以保障浙能集团煤炭资源安全、经济、稳定供应为核心任务，上游开发落实资源，中游增强煤炭贸易、物流，下游开拓市场，提供配套增值服务，打造煤炭投资开发、采购、销售、运输、中转、储存、配煤等业务单元一体化的“煤炭全产业链”。

2010年7月1日，浙能集团煤炭板块运行启动会在杭州召开，明确浙能集团煤炭及运输分公司作为煤炭板块运营管理的实施主体，以此全面启动煤炭板块化运作、专业化管理工作。

4. 天然气板块（原油气板块）

2010年11月22日，浙能集团印发《关于成立浙江省能源集团有限公司天然气石油分公司的通知》(浙能人〔2010〕536号)，决定成立浙江省能源集团有限公司天然气石油分公司。

2015年7月20日，浙江浙能燃气有限公司工商注册成立（存续浙能天然气石油分公司）。

2017年9月，浙能集团发布管控优化方案(2017年版)，调整浙江能源天然气集团有限公司（简称浙能天然气）为油气板块管理公司和产业经营和发展总部，以进一步推进资产整合和管理优化。

2018年4月25日，浙江能源天然气集团有限公司在原浙江浙能燃气有限公司上更名注册。

2018年5月4日，浙能集团印发《关于部分企业管控关系调整（试行）的通知》，浙江能源天然气集团有限公司简称天然气集团或天然气板块，不再使用“油气板块”简称。

5. 可再生板块

2001年6月，经《浙江省人民政府关于组建浙江省水利水电投资集团有限公司的通知》（浙政发〔2001〕37号）批准，以浙江省水利水电建设投资总公司及下属9家子公司为主体，纳入原省水利厅直属的国有资产组建。

2009年10月16日、20日召开的浙江省政府常务会议和省委常委会分别对省水利水电集团合并重组的改革方案进行了研究，最终决定，由浙能集团采取吸收式合并的方式合并重组省水利水电集团。

2010年11月22日，浙能集团印发《关于成立浙江省能源集团有限公司可再生能源分公司的通知》(浙能人〔2010〕538号)，决定成立浙江省能源集团有限公司可再生能源分公司。

2017年，浙能集团发布管控优化方案(2017年版)，调整水利水电投资集团公司为可再生能源板块管理公司和产业经营和发展总部。

2019年6月16日，浙江省新能源投资集团股份有限公司创立大会暨第一次股东大会在杭州召开。浙能集团党委书记、董事长童亚辉，浙能集团副总经理朱松强、王建堂等领导参加创立大会并为公司成立揭牌。标志着原浙江省水利水电投资集团有限公司跨过了股份制改造阶段，转型为新能源投资集团股份有限公司，

6. 科工服务板块

2010年11月22日，浙能集团印发《关于成立浙江省能源集团有限公司科技工程与服务产业分公司的通知》(浙能人〔2010〕468号)，决定成立浙江省能源集团有限公司科技工程与服务产业分公司。

2016年9月30日，浙能集团印发《关于下发浙能集团创新发展和体制机制改革方案的通知》(浙能战略〔2016〕362号)，对科服分公司及所属营运企业层面进行调整。

7. 金融板块

2016年10月18日，浙能集团印发《关于成立浙能资本控股公司（筹）及夏晶寒等任职的通知》(浙能人〔2016〕372号)。

2016年11月1日，浙能资本控股有限公司注册成立，注册资本金100亿元，由浙江省能源集团有限公司全资设立。

2016年12月6日，浙能集团全资成立的浙能资本控股有限公司举行揭牌仪式。

8. 新疆板块

2013年10月17日，浙能集团印发《关于成立浙江省能源集团有限公司新疆分公司及孙玮恒等任职的通知》（浙能人〔2013〕530号），决定成立浙江省能源集团有限公司新疆分公司。

2015年1月15日，新疆维吾尔自治区人民政府核准批复浙能阿克苏纺织工业城热电厂新建项目（新政函〔2015〕11号）。

2018年5月4日，浙能集团印发《关于部分企业管控关系调整（试行）的通知》，浙能阿克苏热电有限公司经营管理纳入浙能电力管理体系，实施属地管理与专业化管理相结合的模式。

三、直属单位

1. 浙江浙能技术研究院有限公司

2009年10月29日，浙江浙能能源技术有限公司（浙能技术中心）成立仪式在杭州市滨江区浙能第二大厦举行。

2013年12月31日，浙江浙能技术研究院有限公司揭牌仪式在杭州举行。浙能集团总经理童亚辉、总工程师朱松强出席揭牌仪式，并为浙江浙能技术研究院有限公司成立揭牌。

2. 浙江省能源集团财务有限责任公司

2006年8月17日，中国银行业监督管理委员会印发《中国银行业监督管理委员会关于浙江省能源集团财务有限责任公司开业的批复》（银监复〔2006〕250号）。

2006年8月25日，浙江省能源集团财务有限责任公司成立。

3. 浙江浙能智慧能源科技产业园有限公司

2017年7月16日，浙能集团、长兴县人民政府、煤山镇人民政府三方正式签订《浙能智慧能源科技产业园投资合作协议》，并举行启动仪式。

2017年8月21日，浙能集团与长兴县人民政府联合印发《关于成立浙能智慧能源科技产业园管理委员会的通知》。浙能集团与长兴县、煤山镇两级地方政府共建成立管委会。

2017年9月1日，浙能集团领导班子经研究决定，印发《关于成立浙能智慧能源科技产业园建设领导小组及工作小组的通知》（浙能人〔2017〕487号）。

2017年9月6日，浙能智慧能源科技产业园管委会正式成立。

2017年10月29日，浙江浙能智慧能源科技产业园正式举行开园仪式，浙江省副省长高兴夫出席仪式并为产业园揭牌。

2017年11月1日，浙江长广（集团）有限责任公司在浙江省长兴县全资注册成立浙江浙能智慧能源科技产业园有限公司。

2018年5月15日，浙能集团印发《关于部分企业管控关系调整（试行）的通知》，将浙江浙能智慧能源科技产业园有限公司划归浙能集团直接管理，公司股权关系维持不变，仍由浙江长广（集团）有限责任公司持有。

4. 浙江能源国际有限公司

2004年，浙江能源国际有限公司成立，初始注册资本为1560万港币，由浙能集团全资子公司浙江兴源投资有限公司全资出资。

2014年2月5日，香港兴源投资贸易有限公司更名为浙能集团（香港）有限公司。

2017年5月2日，浙能集团（香港）有限公司更名为浙江能源国际有限公司。

2018年5月4日，浙能集团印发《关于部分企业管控关系调整（试行）的通知》，浙江能源国际有限公司与集团签订年度经营责任书和生产安全责任书，由集团负责管理和考核。

5. 浙江长广（集团）有限责任公司

1997年9月15日，浙江省政府印发浙政干〔1997〕73号文件，决定成立浙江长广（集团）有限责任公司董事会。同年11月，浙江省政府批复同意成立浙江长广（集团）有限责任公司。

2014年6月6日，浙江省委、省政府在长兴县召开会议，通报了省委、省政府关于浙能集团吸收式合并重组浙江长广（集团）有限责任公司的重大决定。

2015年1月8日，浙江长广（集团）有限责任公司完成工商变更，成为浙能集团全资子公司，浙能集团全面实施对浙江长广（集团）有限责任公司的管理优化。

6. 江西省赣浙能源有限公司

2016年11月4日，江西省能源集团公司与浙能集团在浙能大厦签署战略合作框架协议。

2016年12月27日，江西省赣浙能源有限公司注册成立，注册资本 30 亿元。

2017 年 1 月 7 日，江西省赣浙能源有限公司在江西南昌举行挂牌仪式。

2018 年 5 月 4 日，浙能集团印发《关于部分企业管控关系调整（试行）的通知》，将江西省赣浙能源有限公司暂作为直管企业。

2001 年、2013 年、2019 年浙能集团组织架构分别如图 1-1-1、图 1-1-2、图 1-1-3 所示。

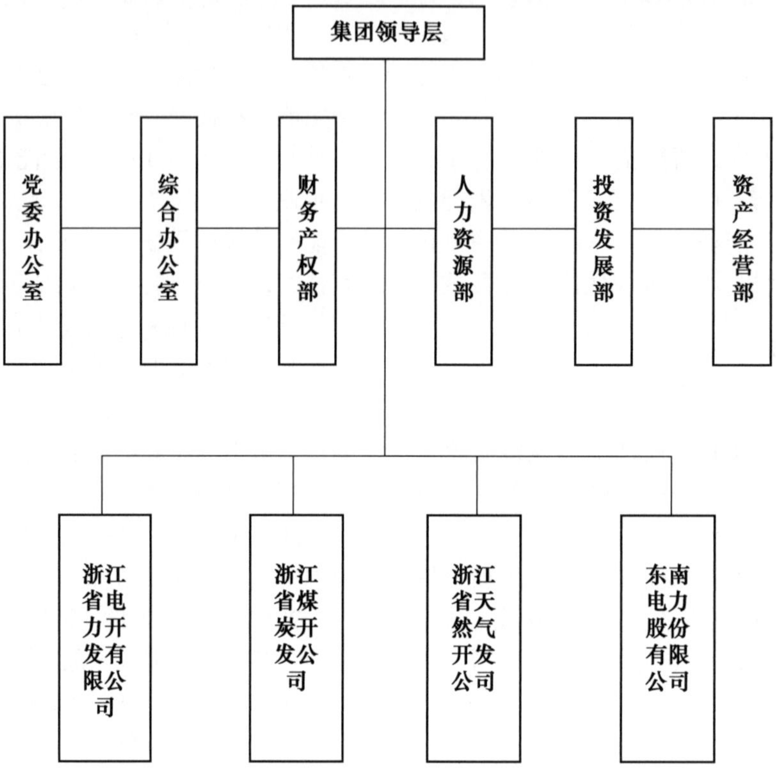

图 1-1-1　2001 年浙能集团组织架构图

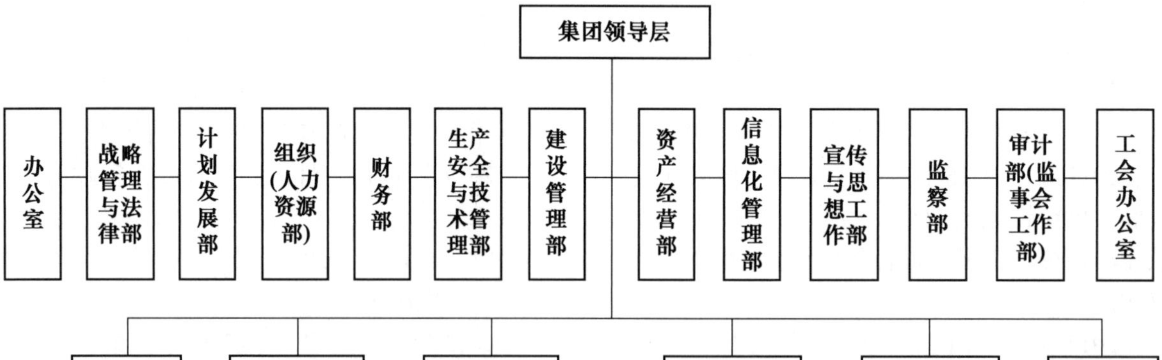

图 1-1-2　2013 年浙能集团组织架构图

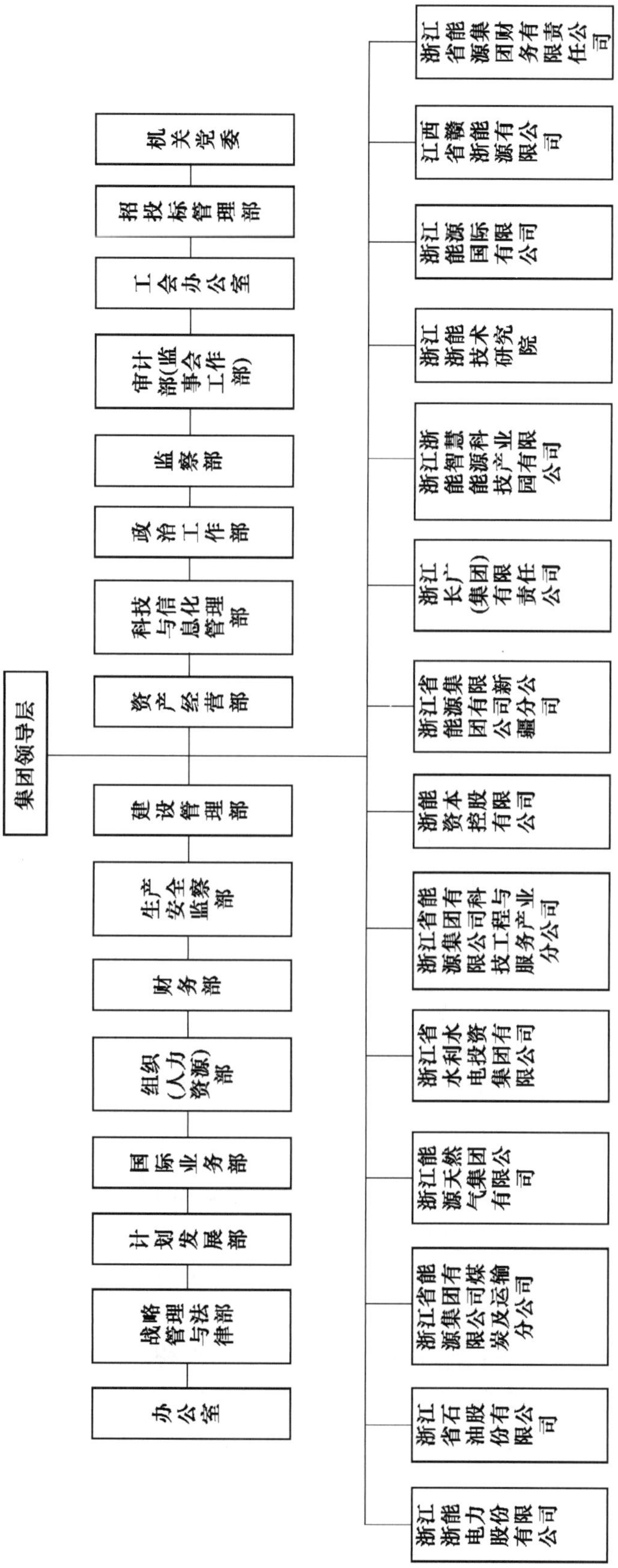

图 1-1-3　2019 年浙能集团组织架构图

第二章 战 略 与 规 模

第一节 发 展 战 略

一、大能源战略

2003 年 7 月 24 日，浙能集团召开党委理论学习中心组学习会，认真分析集团公司现状，形成了公司发展战略（“以投资为主体，以实业为基础，以电力为主业，多种产业共同发展”的规模扩张战略），制定了未来五年的战略目标（三个翻一番），明确用五年的时间实现装机容量、总资产和营业收入三个翻一番目标，集中力量把电力主业做大做强，为后续发展奠定基础。

2004 年 5 月 13—14 日，浙能集团发展战略研讨会暨党委中心组学习（扩大）会议在杭州举行。会议的中心议题是：以科学发展观为指导，研讨“浙能”公司发展战略，通过转变观念、谋划思路、寻求出路，以始终保持浙能集团可持续发展的强劲态势。

2004 年 8 月 27 日，浙能集团召开党委会议，决定浙能公司将制定一整套改革发展规划体系，以统一发展目标，统一发展思路，统一发展战略，统一发展措施。这套改革发展规划体系，由 1 个《纲要》、4 个《专项规划》和若干子规划组成。

2006 年 12 月 31 日，浙能集团资产总额达到 641.2 亿元，净资产为 210.6 亿元，资产负债率为 52.7%，全年完成利润总额 46.3 亿元；控股、管理装机容量达到 1232 万千瓦，平均标准供电煤耗 332 克/千瓦时（远低全国 366 元/千瓦时的平均水平），全年完成销售收入 210.6 亿元。2003 年确立的“三个翻一番、两个确保”的战略目标提前一年基本实现。

2007 年 1 月 30—31 日，浙能集团召开 2007 年工作会议。浙江省副省长王永明、省政府副秘书长王小玲、省国资委主任陈正兴、省发展改革委副主任吴华海等出席会议。会议确立了“大能源格局下以电为主业，多业发展”的战略和浙能集团“十一五”发展规划，提出了五年后发展成为总资产超千亿元、控股管理的电力装机容量超两千万千瓦、具有核心竞争能力与持续赢利能力的浙江“国企航母”的发展目标。“大能源战略”是对“以电为主，多业发展”战略的补充和完善。在发展取向、发展内涵、发展方式和发展空间逐步充实，多个产业得到了快速发展。

2008 年 3 月 5—6 日，浙能集团召开 2008 年工作会议，会议提出了深入实施“大能源战略”，加快实现战略转型和提高综合竞争能力的总体奋斗目标。省委常委、副省长葛慧君，省政府办公厅副主任冯波声，省国资委主任、党委书记陈正兴等领导出席会议。

2009 年 2 月 19—20 日，浙能集团 2009 年工作会议在杭州召开。会议总结了浙能集团 2008 年的主要工作，深入分析了当前经济形势及其对企业的主要影响，对 2007—2009 年实施“大能源战略”进行了深刻反思，提出了以科学发展观为指导、继续深入推进“大能源战略”、加快企业战略转型的思路，部署了 2009 年的工作目标和任务。省委常委、常务副省长葛慧君出席会议并讲话，充分肯定了浙能集团 2008 年工作业绩，对 2009 年工作提出了希望和要求。

2010 年 2 月 3—4 日，浙能集团 2010 年工作会议在浙能大厦隆重召开。会议强调要坚定不移深入实施“大能源战略”，加快实现转型升级，努力保持企业较好发展势头。省委常委、副省长葛慧君出席会议并作重要讲话。

二、“四业”发展路径

2016 年，随着供给侧结构性改革深入推进，面对能源革命和经济进入新常态带来的深刻变化，浙能集团党委冷静分析能源供求形势，正确研判能源产业趋势和能源企业的发展规律，及时提出了“大能源战略”下的“四业”发展路径，把转型升级创新发展确定为“十三五”时期集团的中心工作任务，推出一系列改革新举措，拉开了创新发展的新序幕，打响了转型升级的攻坚战。

2016 年 9 月 19 日，浙能集团召开创新发展与管理体制改革会议，正式启动新一轮创新发展与管理体制的改革以积极应对市场竞争环境及产业发展新形势。会上，集团董事长、党委书记童亚辉就改革方案及说明作了重要讲话，对新一轮改革与发展进行重点部署，为浙能集团统一思想。提出继续坚持以“大能源战略”为引领，秉承“创新、协调、绿色、开放、共享”的发展理念，紧扣“能源立业、科技兴业、金融富业、海外创业”的“四业”发展思路，严格履行国有企业社会责任和国有资产保值增值“两大职责”，紧紧围绕“三转变”，实现企业由传统型向现代型、由单一能源生产加工型向综合能源供应与服务型、由实业型向产融结合型转变，进一步增强企业活力、核心竞争力和可持续力，推进能源基础设施建设，全力保障浙江省清洁能源示范省建设，力争集团综合实力再上新台阶，企业发展开创新局面。“四业”发展路径是“大能源战略”在经济发展新常态下的升华和延伸，由侧重产业布局、追求高速发展转变为注重高质量发展。“四业”发展路径的内涵是“质量第一、效益优先”的高质量发展，以完整的能源产业链作为核心竞争优势，形成整体集约化经营的核心竞争力，是推动企业转型升级和高质量发展，实现“新浙能”的重要战略支撑。

2018 年 11 月，浙能集团发布《打造“新浙能”五年发展规划（2018—2022）》，赋予新阶段“四业”发展的内涵核心：“能源立业”的核心是“稳”。“能源立业”必须紧密结合国家能源政策、行业发展趋势和企业发展需求，在稳中构建高效的能源全产业链，在稳中整合要素资源，在稳中做强做优做大；“科技兴业”的核心是“新”。“科技兴业”必须以前瞻性的战略眼光率先找准行业的技术突破点，在新能源、新技术、新装备领域谋求影响行业发展方向的最先进的核心竞争力；“金融富业”的核心是“实”。“金融富业”必须以服务实体产业发展为出发点，与熟悉的产业相结合，充分发挥集团在能源领域的优势和特长，把金融产业做实，形成具有浙能特色的能源金融品牌；“海外创业”的核心是“准”。“海外创业”必须以安全为底线，始终把风险防控放在第一位，海外的项目要高度重视投资环境的复杂性，多次论证、反复比较，确保海外项目的成功率。

三、打造“三型”企业

2019 年 1 月 17—18 日，浙能集团召开第二届第二次职工代表大会。会议全面总结 2018 年工作，谋划新阶段“四业”发展的新内涵，标定重塑企业核心竞争力的新方向，进一步统一思想，带领全体员工朝着技术型、协同型和服务型现代能源企业迈进。

2019 年 1 月 18 日，浙能集团董事长童亚辉在集团年度工作会议上提出，坚定不移推进高质量发展重塑企业核心竞争力努力打造技术型、协同型和服务型现代能源企业（“三型”企业），就转型升级、创新发展提出了建设五大体系、推进七大行动计划、实施五大示范项目和开展四大攻坚战的工作目标任务。

同年，浙能集团根据创新发展实际，将“三型”企业调整为“创新型、协同型、服务型”企业。

第二节 资　产

一、资产形成

2001 年 2 月 20 日，浙江省人民政府批准以浙江省电力开发公司和浙江省煤炭集团公司的现有资产为基础组建省级能源类国有资产营运机构——浙江省能源集团有限公司，注册资本金为 35 亿元。2001 年 5 月 28 日，浙能集团挂牌成立，原浙江省煤炭集团公司即改组为浙江省煤炭开发公司，为浙能集团子公司。浙能集团主要下设 4 家子公司：浙江省电力开发公司、浙江省煤炭开发公司、浙江省天然气开发公司和东南电力股份公司。浙能集团成立之初资产总额为 145 亿元，净资产为 105 亿元。

2003年2月25日，浙江省人民政府组织召开省属发电企业（项目）管理职能移交大会。同年3月1日，浙江省属发电企业（项目）管理职能实现平稳移交。截至2003年12月31日，浙能集团资产总额为362亿元，资产负债率为34.9%。2004年4月23日，浙江省电力建设总公司的管理职能移交给浙能集团。至此，浙能集团接收浙江省属发电企业管理职能。

2004年10月30日，浙江省人民政府决定将国信控股集团公司划归浙能集团管理。浙江国信控股集团有限公司的所有资产（资产、负债、所有者权益）划归浙江省能源集团有限公司管理，国信控股集团实施改革重组。截至2004年底，浙能集团资产总额为450亿元。

2010年2月，浙能集团以浙江省水利水电投资集团资产为基础，吸收式合并重组成立浙江省水利水电集团公司，该公司注册资本金为6亿元。原省水电集团下属浙江浙水房产开发公司的资产、负债及权益划转至浙信房产。浙江省水利电力物资总公司资产、负债及权益划转至浙江兴源投资有限公司。浙能集团所属水电公司（项目）股权划转浙江省水电集团，其中北海水电管理权归浙江省水电集团。截至2010年12月31日，浙能集团总资产为1072亿元，净资产为499亿元。

2012年7月20日，浙能集团启动收购宁波海运集团有限公司控股权。同年9月26日，浙能集团董事会审议，浙能集团收购宁波海运集团非国有股东所持合计51%股权。10月22日，浙能集团与宁波众合投资等股东正式签订宁波海运集团有限公司51%股权转让协议。12月，宁波海运集团正式加入浙能集团，为浙江省能源集团有限公司控股和宁波交通投资控股有限公司持股的国有企业。截至2012年底，浙能集团资产总额达到1207亿元，净资产为598亿元，资产负债率为50.44%。

2014年6月6日，浙江省委、省政府宣布浙能集团吸收式合并重组浙江长广（集团）有限责任公司。2014年10月16日，浙能集团、长广集团正式启动长广集团本部机构改革。2014年底，浙江长广集团总资产为13.64亿元，归属母公司净资产5.57亿元。2014年12月31日，浙能集团资产总额达到1826亿元，净资产872亿元，资产负债率保持在52.2%的优良水平，总资产、净资产和利润总额继续保持省属企业首位。2015年1月8日，浙江长广（集团）有限责任公司成为浙能集团全资子公司。2016年，浙江长广集团下属生物质发电分公司、水泥分公司、广德墙材公司、物贸公司与浙能集团科服板块、油气板块有关企业进行产业融合、内部重组整合。

2014年6月25日，根据浙江省人民政府专题会议纪要〔2014〕20号及其相关文件指示精神，决定组建浙江省海洋开发投资集团有限公司。同年7月28日，浙能集团与浙江省金融控股公司签署海投集团股东投资协议。7月30日，海投集团正式成立，公司注册资本金100亿元，首期注册资本为64亿元，浙能集团持股65%、浙江省金融控股公司持股35%，为浙能集团控股子公司。截至2015年3月，海投集团注册资本由64亿元增加至100亿元，浙能集团按股比出资23.4亿元，浙江省金控集团按股比出资12.6亿元。

2015年12月，根据浙江省常委会议纪要〔2015〕25号、浙江省政府专题会议纪要精神，浙能集团对浙江省海港投资运营集团有限公司资产进行整合。浙能集团将浙江浙能嘉兴港煤炭物流有限公司90%股权、浙江浙能洋山建设开发有限公司90%股权、东港建设投资发展有限公司46.15%股权、现金54.63亿元注入浙江省海港投资运营集团有限公司，以2014年12月31日为基准日无偿划转至浙江省国有资产监督管理委员会。上述划走资产共计157亿元，净资产165亿元。浙江省海港投资运营集团有限公司将所持浙江富兴电力燃料有限公司100%股权、浙能港口运营管理有限公司85%股权、浙江长兴捷通物流有限公司51%股权及浙能集团财务公司30%股权（约14.09亿元）无偿划转给浙能集团。

截至2015年12月31日，浙能集团资产总额达到1796亿元，净资产949亿元，资产负债率为47.17%。

2016年10月11日，浙能集团成立浙江浙能资本控股有限公司筹建处。2016年11月1日，浙能资本控股有限公司工商注册成立，注册资本金100亿元，由浙江省能源集团有限公司全资设立。截至2016年12月31日，浙能集团资产总额达1810亿元，净资产1006亿元，资产负债率为44.43%。

2017年9月16日，浙江省石油股份有限公司在中国（浙江）自由贸易试验区完成工商登记，注册资本110亿元，由浙能集团控股60%。9月29日，浙江省委、省政府主要领导为浙江省石油股份有限公司成立揭牌。浙江省石油股份有限公司将围绕石油储备贸易、燃料油加注、成品油销售三大体系建设，整合浙江省油品产业优势资源，统筹谋划油品全产业链布局。

2017年10月15日，浙能集团董事会原则同意浙江能源国际有限公司出资参股巴西圣西芒水电站特许经营权项目，持有圣西芒水电项目35%股权。同年11月30日，浙能集团与巴西电力监管局正式签署项目30年特许经营权协议，完成巴西圣西芒水电能源公司的交割工作，浙能集团海外创业实现零的突破。截至2017年12月31日，浙能集团资产总额达到1927亿元，净资产1039亿元，资产负债率为46.09%。

截至2018年12月31日，浙能集团资产总额为2107亿元，净资产1079亿元，资产负债率为48.77%。

2019年6月10日，浙能集团签约入股中国锦江环境控股有限公司。浙能集团将通过旗下浙能国际有限公司在境外设立的新公司，收购中国绿能有限公司持有的锦江环境29.79%股权，并成为锦江环境第一大股东，开辟环保产业新版图。2019年12月3日，在新加坡上市的中国锦江环境控股有限公司宣布更名为浙能锦江环境控股有限公司（股份代号：BWM），该公司是中国领先的垃圾焚烧发电运营商。截至2019年12月31日，浙能集团资产总额2415亿元，净资产1220亿元，资产负债率为49.50%。

2001—2019年浙能集团资产权益明细见表1-2-1，2001—2019年浙能集团资产变化如图1-2-1所示。

表1-2-1 2001—2019年浙能集团资产权益明细表

年度	资产（亿元）	负债（亿元）	净资产（亿元）	资产负债率（%）
2001	253	71	182	28.15
2002	328	115	213	35.14
2003	362	126	236	34.89
2004	450	188	262	41.76
2005	557	282	275	50.57
2006	616	312	304	50.65
2007	816	423	393	51.85
2008	858	469	389	54.64
2009	1002	540	462	53.90
2010	1072	573	499	53.46
2011	1111	579	532	52.09
2012	1206	609	598	50.44
2013	1555	839	716	53.97
2014	1826	954	872	52.23
2015	1796	847	949	47.17
2016	1805	804	1,000	44.58
2017	1927	888	1039	46.09

表 1-2-1（续）

年度	资产（亿元）	负债（亿元）	净资产（亿元）	资产负债率（%）
2018	2107	1028	1079	48.78
2019	2415	1195	1220	49.50

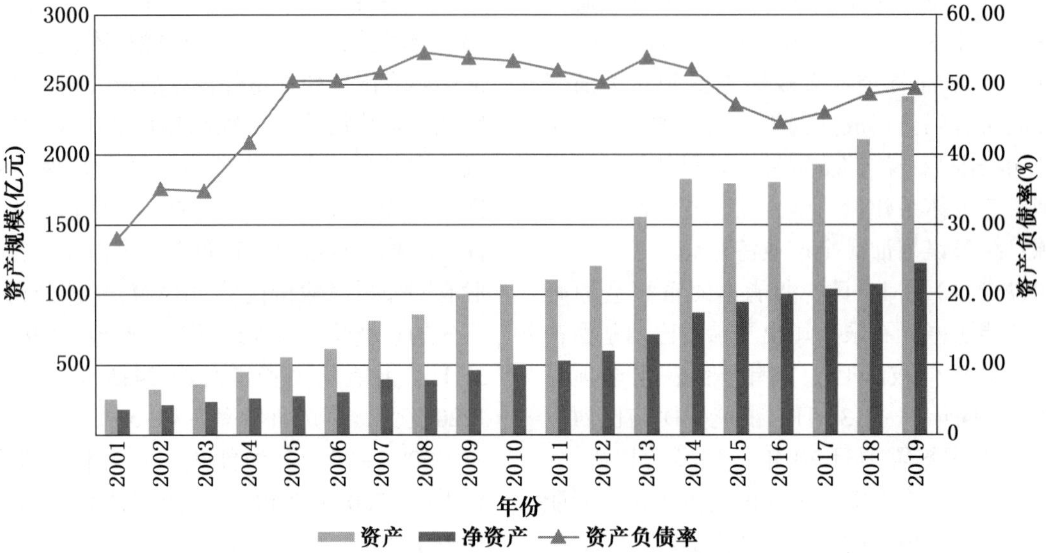

图 1-2-1 2001—2019 年浙能集团资产变化图

二、资产分布

截至 2001 年 12 月 31 日，浙能集团下设全资子公司两家：浙江省电力开发公司（注册资本 25.45 亿元），浙江省煤炭开发公司（注册资本 1 亿元）。控股直接子公司两家：浙江省天然气开发有限公司（注册资本 5 亿元，持股比例为 53%），浙江东南发电股份有限公司（注册资本 20.1 亿元，持股比例为 39.80%）。

2001 年 12 月 31 日浙能集团资产分布情况见表 1-2-2。

截至 2005 年 12 月 31 日，浙能集团合并资产总额为 557 亿元，较 2001 年底增长 119.85%；净资产为 275 亿元，较 2001 年底增长 51.24%。电力产业总资产为 502 亿元，占比为 88.27%；煤炭产业总资产为 10 亿元，占比为 1.76%；天然气产业总资产为 18 亿元，占比为 3.15%；其他产业资产为 25 亿元，占比为 4.31%。

截至 2010 年 12 月 31 日，浙能集团合并资产总额达到 1072 亿元，较 2005 年底增长 92.53%；净资产 499 亿元，较 2005 年底增长 81.27%。同年，浙能集团提出板块化管理理念，电力、煤炭、油气、能源服务业、可再生能源等“一主四辅”五大板块初具雏形。

2010 年 12 月 31 日浙能集团资产分布情况见表 1-2-3。

表 1-2-2 2001 年 12 月 31 日浙能集团资产分布情况表

公司	总资产（亿元）	占比（%）	净资产（亿元）	占比（%）
浙江省电力开发公司	244.08	96.52	166.34	96.06
浙江省煤炭开发公司	3.79	1.50	1.83	1.06
浙江省天然气开发有限公司	5.00	1.98	5.00	2.89

注：浙江东南发电股份有限公司资产合并在浙江省电力开发公司中。

表1-2-3 2010年12月31日浙能集团资产分布情况表

板块	总资产（亿元）	占比（%）	净资产（亿元）	占比（%）
电力	850.72	67.91	397.22	76.19
煤炭	64.83	5.18	24.10	4.62
油气	39.65	3.17	17.12	3.28
科工服	44.39	3.54	23.01	4.41
可再生	19.10	1.52	14.61	2.80
其他	234.03	18.68	45.33	8.69

至2015年12月31日，浙能集团合并资产总额为1796亿元，较2010年底增长67.47%；净资产949亿元，较2010年底增长90.11%。

2015年12月31日浙能集团资产分布情况见表1-2-4。

至2019年12月31日，浙能集团合并资产总额为2415亿元，较2015年底增长34.51%；净资产1220亿元，较2015年底增长28.57%。浙能集团在“四业发展”路径下形成了以电为主、多业发展的大能源格局，产业布局浙江、新疆、山西、内蒙古、宁夏、安徽及江西等国内省份，同时积极响应“走出去”战略成功布局巴西水电项目。

2019年12月31日浙能集团资产分布情况见表1-2-5，2019年12月31日浙能集团资产分布如图1-2-2所示。

表1-2-4 2015年12月31日浙能集团资产分布情况表

板块	总资产（亿元）	占比（%）	净资产（亿元）	占比（%）
电力	1045.12	50.84	640.76	67.87
煤炭	103.95	5.06	55.07	5.83
油气	137.79	6.70	55.46	5.87
可再生	89.81	4.37	44.85	4.75
科工服	64.57	3.14	37.90	4.01
新疆	148.41	7.22	34.13	3.62
其他	465.99	22.67	75.91	8.04

表1-2-5 2019年12月31日浙能集团资产分布情况表

板块	总资产（亿元）	占比（%）	净资产（亿元）	占比（%）
电力	1109.70	38.94	724.97	54.56
石油	112.26	3.94	25.21	1.90
煤炭	90.30	3.17	58.32	4.39
天然气	219.20	7.69	75.50	5.68
可再生	242.10	8.50	97.24	7.32
科服	64.49	2.26	31.13	2.34
金融	238.23	8.36	146.88	11.05
新疆	168.88	5.93	19.44	1.46
其他	604.63	21.22	149.97	11.29

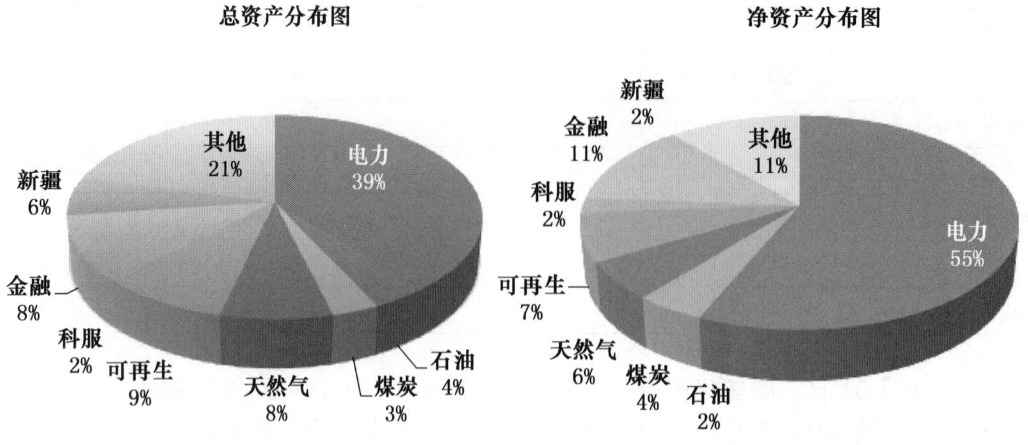

图 1-2-2 2019 年 12 月 31 日浙能集团资产分布图

第三节 业务与规模

2001 年，浙能集团控股、管理电厂发电量 240 亿千瓦时，供电煤耗 337 克/千瓦时。2001 年底，天然气管网规划和杭甬线等项目进展顺利，天然气产业正式启动。

2003 年，浙能集团控股、参股发电装机容量为 1366 万千瓦，控股容量为 638 万千瓦，权益容量为 472 万千瓦。浙能集团投资电厂机组发电量为 811 亿千瓦时，控股、管理电厂发电量为 501 亿千瓦时，同比增长 24.3%。机组平均利用小时为 6980 小时，同比增加 820 小时；平均供电煤耗 335 克/千瓦时，同比下降 5 克/千瓦时。浙能集团 2003 年全年实现销售收入 134 亿元，其中控股电厂完成发电销售收入 131.2 亿元，同比增长 22.8%；完成煤炭销售 94 万吨，实现销售收入 2.6 亿元。全年完成天然气管网建设投资 2.79 亿元。

2004 年，浙能集团投资电厂发电量为 917.1 亿千瓦时，控股、管理电厂发电量为 555 亿千瓦时，同比增长 10.7%。浙能集团 2004 年全年实现销售收入 183 亿元，其中控股电厂完成发电销售收入 149 亿元，同比增长 14%；完成煤炭销售 2750 万吨，实现销售收入 98.4 亿元；完成天然气管网建设投资 2.8 亿元；其他产业实现销售收入 12.46 亿元。2010 年，浙能集团实现销售收入 470 亿元，全年拥有控股、管理发电装机容量 1941 万千瓦，合作控制煤炭资源量 42 亿吨，海运煤炭运力 40 万吨，省级天然气管网 558 千米；完成发电 988 亿千瓦时，同比增长 11.11%；完成输供天然气 30.69 亿立方米，同比增长 61%。

2005 年，嘉兴发电厂二期工程 6 号 60 万千瓦机组正式投入商业运行，至此，嘉兴二期主体工程全部建成，嘉兴发电厂总装机容量达 300 万千瓦。长兴发电有限责任公司二期工程首台 30 万千瓦机组正式投运。浙能集团控股的装机发电容量也由此突破 1000 万千瓦，达到 1080 万千瓦。

2011 年，浙能集团实现销售收入 593 亿元。全年投产控股发电装机容量 260.4 万千瓦，控股管理装机容量达到 2202 万千瓦。全年完成发电量 1145.50 亿千瓦时，同比增长 15.93%，突破千亿电量大关；完成煤炭销售 4607 万吨（其中市场煤 361 万吨），同比增长 26.36%；完成销售及代输天然气 43.16 亿立方米，同比增长 40.49%。

2014 年，浙能集团全年实现销售收入 712 亿元，实现利润 111.39 亿元，利润总额连续两年超过 110 亿元。全年完成发电量 1148 亿千瓦时，完成煤炭供应 4980 万吨，天然气供应 68.5 亿立方米。

2015 年，甬台温天然气管道春晓输气站投产试运行成功，标志着浙江省级天然气管网运营管理长度已超 1000 千米，实际达 1036 千米。

2017 年，浙能集团实现销售收入 813 亿元。

全年完成发电量1337亿千瓦时，完成煤炭供应6400万吨，天然气供应87亿立方米（含代输），供热量1504万吨，同比分别增长11.3%、23.5%、20.5%和40%。完成市场煤销售1535万吨，同比增长67.58%。新增天然气管网464.4千米，省级天然气管网干线总长达1500千米。

2018年，浙能集团全年实现销售收入936亿元。全年完成发电量1435亿千瓦时，同比增长7.37%；完成煤炭供应6638万吨，同比增长10.11%；完成天然气供应110亿立方米（含代输），同比增长26.44%，突破100亿立方米；完成供热2028万吨，同比增长34.9%；完成市场煤销售1920万吨，同比增长27.39%，海运市场化业务提升27%。新建投运天然气管网310千米，天然气管网干线总长达1816千米。

2019年，浙能集团聚焦聚力高质量发展、竞争力提升、现代化建设，全年完成发电量1396亿千瓦时，煤炭供应6482万吨，天然气供应117.8亿立方米（含代输），供热2281万吨，实现原油贸易量502万吨。资产总额达2415亿元，所有者权益达1220亿元，全年实现销售收入1118亿元，首次站上千亿台阶。

2001—2019年浙能集团主要经济技术指标统计情况见表1-2-6。

表1-2-6 2001—2019年浙能集团主要经济技术指标统计表

年度	总资产（亿元）	净资产（亿元）	营业收入（亿元）	发电装机容量（兆瓦）	其中		天然气长输管线（千米）	港口吞吐量（万吨）	海运运力（艘—万吨）	发电量（亿千瓦时）	煤炭销售量（万吨）	天然气销售量（亿立方米）	城市燃气供应（万户—亿立方米）	供热量（万吉焦）
					燃煤机组（兆瓦）	可再生能源发电机组（兆瓦）								
2001	253	182	77	3759	3435	24.30				240				
2002	328	213	109	5691	5380	11.30				403				
2003	363	236	134	7306	6641	11.30				501	94			5
2004	450	262	183	8626	7920	52.30	82		6—28	555	2750	0.3		68
2005	557	275	234	10803	10037	112.30	107		6—28	650	3142	2.3		85
2006	616	304	280	12922	12156	112.30	286		10—37	739	3204	11.9		106
2007	816	393	321	14107	13056	112.30	332		10—37	794	3468	18.1		149
2008	858	389	365	18601	15756	312.30	332		9—33	866	3728	17.7		324
2009	1002	462	407	18475	15216	725.80	336	992	10—40	886	3346	19.1		407
2010	1072	499	470	19407	16056	818.40	560	1478	11—46	998	3815	30.7		743
2011	1111	532	593	22027	18656	838.00	560	1555	11—46	1146	4607	43.2		1122
2012	1206	598	671	22453	18621	864.50	673	1880	44—173	1136	4713	47.2		1166
2013	1555	716	775	24520	19930	895.00	673	2212	44—176	1179	4660	55.5		1303
2014	1826	872	712	27270	22330	910.30	930	2360	43—175	1148	4980	68.5	12.3—3.2	1480
2015	1796	949	680	30670	25720	911.37	1036	2445	43—175	1089	4592	65.1	16.0—3.6	2081
2016	1805	1000	662	31258	26270	961.50	1041	2382	43—175	1201	4942	72.3	19.4—4.4	3329
2017	1927	1039	813	33432	26834	1194.70	1505	2385	43—176	1337	6400	87.1	25.1—7.2	5313
2018	2107	1079	936	34309	28268	2014.80	1816	2491	44—185	1435	6638	110.0	31.2—10.0	7443
2019	2415	1220	1118	35240	28048	3134.60	1894	2554	41—191	1396	6482	117.8	41.4—12.1	8947

注：1. 电力装机容量为浙能集团控股和管理的所有发电企业的机组容量。可再生能源机组包括水电、风电、光伏发电、生物质发电等机组。
2. 港口吞吐量主要指舟山六横煤炭中转码头的年煤炭输入、输出的实际总量。
3. 城市燃气供应户数为居民用户数，供气量包括非居民用气量。

第 二 篇

火 电

第三章

用人

浙江浙能电力股份有限公司是浙能集团“大能源战略”的压舱石，是浙能集团“四业发展”的排头兵，是浙能集团“新浙能”发展蓝图的主推手。浙江浙能电力股份有限公司的前身为浙江省电力开发公司，成立于1985年6月，主营集资办电、开发电力，曾经为浙江电力建设筹措资金、投资建设浙江省内电源项目发挥过重大作用。2001年2月与浙江省煤炭集团公司共同组建成立浙能集团后，成为浙能集团全资子公司，控股、参股、均股、代管浙能集团的全部火电、气电、热电、核电企业，并于2003年8月与浙能集团实现本部化合署办公。2003年3月浙江省电力公司与浙能集团完成浙江省省属发电企业（项目）管理职能移交工作后，浙江浙能电力股份有限公司贯彻落实浙能集团规模扩张战略，不断加强能源项目的投资和管理，扩大公司发展空间。2009年12月，浙江浙能电力股份有限公司整体转制为有限责任公司，2011年8月整体变更为股份有限公司。2012年12月，通过国内无先例B转A换股吸收合并浙江东南发电股份有限公司，于2013年12月19日在上海证券交易所上市（股票代码：600023）。同年，浙能集团推行电力板块化管理模式，浙江浙能电力股份有限公司作为电力板块的产业经营和发展总部，全面承担浙能集团电力产业的事权管理。

浙江浙能电力股份有限公司作为保障浙江电力的生力军，从成立伊始就把保障电力安全可靠供应放在首位，以昂扬的斗志投入到轰轰烈烈的电力建设大潮之中。浙江浙能温州发电有限公司三期、浙江浙能嘉兴发电有限公司二期、“两新一扩”（浙江浙能兰溪发电有限责任公司、浙江浙能乐清发电有限责任公司、浙江浙能长兴发电有限公司）等一系列电源项目的新建投产，创造了浙江电源建设史上的奇迹，也改写了浙江作为经济大省一度闹“电荒”的窘境。浙能集团“大能源”战略实施后，浙江浙能电力股份有限公司进一步优化电力结构，“上大压小”建设清洁高效燃煤机组和节能环保电厂，浙江浙能中煤舟山煤电有限责任公司、浙江浙能台州第二发电有限责任公司、浙江浙能温州发电有限公司四期、浙江浙能乐清发电有限责任公司二期、浙江浙能嘉兴发电有限公司三期等一大批高参数、大容量机组相继投产，为满足浙江电力持续增长需求，大力推进和谐社会建设作出了贡献。新时期能源供给侧结构性改革以来，浙江浙能电力股份有限公司以转型升级和创新发展为中心，大力发展清洁能源。关停了一批20万千瓦以下燃煤发电机组；对燃煤机组进行脱硝处理并全面实施超低排放改造；大力打造一批绿色环保热电联产项目。保障省内能源供应的同时，浙江浙能电力股份有限公司积极“走出去”开发省外能源项目，推动省外煤电一体化和大型煤电基地建设。2004年2月，精准开发淮浙煤电一体化项目，投资建设淮浙煤电有限责任公司凤台发电分公司一、二期工程，助力长三角能源项目合作；2012年10月，投资建设宁夏枣泉发电有限责任公司，参股中铝银星电厂、华能大坝电厂四期、国电方家庄电厂等，以“一控五参”宁东配套电源项目的形式，助力“宁电入浙”国家战略落地；2017年6月，建成投产浙能阿克苏热电厂，为保障浙江省能源供给开创了新局面。

为适应浙能集团“大能源格局下以电为主业、多业发展”的战略，浙江浙能电力股份有限公司不断壮大企业经营规模，提高电力板块盈利能力和综合竞争力。2014年10月，发售100亿元“浙能转债”，成为火力发电行业有史以来规模最大、国内非金融领域历史上第二大规模的可转债发行；2017年1月，成立浙江浙能能源服务有限公司，创新能源服务、领跑能源革命；2017年9月，组建浙江浙能电力股份有限公司工程技术有限公司，打造浙能检修品牌并推动检修市场化运作；2018年，大股比与核电央企合作，成为中国核电第三大股东。

经过近20年的发展壮大，浙江浙能电力股份有限公司从早期单一投资开发电源项目，转型升级为全资、控股运营企业28家、参股管理企业2家及均股、参股企业31家、资产总额达1110亿元的大型实体电力公司，成为浙江省规模最大的发电企业。能源项目投资和管理从浙能集团成立初期的单纯燃煤发电拓展到气电、热电、核电等多种能源领域。管理总装机容量由浙能集团成立时的376万千瓦跃居至3209万千瓦，位居全国地方发电企业首位。截至2019年12月，浙江浙能电力股份有限公司60万千瓦及以上机组装机占煤机总容量的78.4%，超超临界机组装机占煤机总容量的45.6%，供热机组占煤机总容量的85.1%。在2006—2019年全国电力可靠性机组评比中，浙江浙能电力股份有限公司获奖的可靠性优胜机组累计达49台次，名列全国前茅。同时，所属燃煤机组全部实现超低排放，成为全球首个燃煤机组全面实现超低排放的发电企业，为浙江创建清洁能源示范省、践行“绿水青山就是金山银山”发展理念提供了“绿色”保障。

进入新时期新常态，浙江浙能电力股份有限公司继续秉承保障浙江省电力供应平稳安全的重任，以浙能集团“新浙能”发展理念为核心，以打造“规模优势显著、节能技术领先、内部运营高效的国内一流电力上市公司”为目标，充分运用发电主业的平台、资本、规模和区位优势，优化资产结构和盈利结构，为建设富强浙江、美丽浙江作出贡献。

第一章 机构与规模

第一节 管理体制

2001年2月20日，浙江省人民政府发布《浙江省人民政府关于组建浙江省能源集团有限公司的通知》(浙政发〔2001〕6号)，决定以浙江省电力开发公司和浙江省煤炭集团公司的资产为基础组建浙江省能源集团有限公司，下设浙江省电力开发公司（注册资本25.45亿元)、浙江东南发电股份有限公司（注册资本20.1亿元）等4家子公司。

2003年2月17日，浙江省人民政府组织实施省属电厂管理职能的移交工作。原由浙江省电力公司管理、浙能集团控股的9家发电企业(嘉兴发电有限责任公司、浙江嘉华发电有限责任公司、温州发电有限责任公司、浙江镇海发电有限责任公司、浙江镇海联合发电有限公司、浙江钱清发电有限责任公司、浙江长兴发电有限责任公司、台州发电厂、萧山发电厂）和参股的温州发电厂二期、温州燃机发电有限公司等移交浙能集团管理，长兴发电厂四期、嘉兴发电厂二期两个在建项目以及镇海发电厂油改气、温州发电有限责任公司三期两个前期项目也同时移交浙能集团管理，3月1日零时为双方（浙能集团和浙江省电力公司）责任分界点。同年8月，北仑发电厂二期工程成立的浙江北仑发电有限公司划归浙能集团管理。

2009年12月4日，浙江省工商局核发《企业名称变更核准通知书》(浙工商名称变核字〔2009〕第046193号)，核准浙江省电力开发公司名称变更为浙江省电力开发有限公司。浙江省国资委印发《关于浙江省电力开发公司改制总体方案的批复》(浙国资企改〔2009〕19号)，同意浙江省电力开发公司整体改制为有限责任公司，注册资本为330000万元。

2011年6月7日，根据浙能集团2010年第11号董事会决议，浙能集团与浙江省电力开发有限公司进行国有产权无偿划转。主要划转内容有：①浙能集团将持有的浙江浙能乐清发电有限责任公司51%股权、浙江浙能兰溪发电有限责任公司72%股权、浙江浙能绍兴滨海热电有限责任公司88%股权、国电浙江北仑第三发电有限公司40%股权、浙江大唐乌沙山发电有限责任公司35%股权、浙江浙能长兴发电有限责任公司17.5%股权、富兴燃料80%股权、浙江浙能中煤舟山煤电有限责任公司44.11%股权、三门核电有限公司20%股权、中核辽宁核电有限公司10%股权无偿划转至浙江省电力开发有限公司；②兴源投资将持有的富兴燃料15%股权、浙江浙能中煤舟山煤电有限责任公司8%股权和浙江富兴持有的富兴燃料5%股权无偿划转至浙江省电力开发有限公司；③浙江省电力开发有限公司将持有的浙江浙能华光潭水力发电有限公司90%股权、浙江珊溪经济发展有限责任公司15.36%股权、浙江浙能北海水力发电有限公司65%股权、华东天荒坪抽水蓄能有限责任公司11.11%股权、华东桐柏抽水蓄能发电有限责任公司23%股权无偿划转至水电公司；④浙江省电力开发有限公司将持有的兴源投资10%股权和“其他应收款—电网改造及电厂输出配套目”1513032299.78元及相应的“其他应付款—电网改造及电厂输出配套项目资金计提利息”117014848.21元无偿划转至浙能集团。

2011年6月20日，浙江省电力开发有限公司召开2011年一届第四次董事会，会议通过决议：以2011年6月30日为改制基准日，浙江省电力开发有限公司整体变更设立为浙江浙能电力股份有限公司，以增强公司后续发展能力，实现国有资产的保值增值。2011年8月2日，浙江省工商局核发《企业名称变更核准通知书》[（浙工商）名称变核内〔2011〕第062897号]，核准浙江省电力开发有限公司名称变更为浙江浙能电力股份有限公司。注册资本为770000万元，浙能集团出资折股731500万股，占浙江浙能电力股份有限公司注册资本的95%，浙江兴源投资有限公司出资折股38500万股，占浙江浙能电力股份有限公司注册资本的5%。

2012年9月26日和10月12日，浙江浙能电力股份有限公司召开第一届董事会第十次会议和2012年第五次临时股东大会。大会审议通过《关于审议公司增发股份、引进战略投资者的议案》，同意浙江浙能电力股份有限公司新增发行33334万股股份，其中，河北港口集团有限公司认购16293万股股份，北京航天产业投资基金认购9523万股股份，中国信达资产管理股份有限公司认购7518万股股份。引进战略投资者后，浙江浙能电力股份有限公司的总股本80.33亿股，股权结构变更为：浙能集团持股73.15亿股，占比为91.06%；兴源投资持股3.85亿股，占比为4.79%；河北港口持股1.63亿股，占比为2.03%；航天基金持股0.95亿股，占比为1.18%；信达资产持股0.75亿股，占比为0.94%。

2013年，浙能集团推行板块化管理模式，实施集团总部、产业经营和发展总部、生产经营单位三级管理。2013年1月22日，浙能集团召开电力板块启动会，电力板块集中了浙江浙能电力股份有限公司及其控股和参股的浙能集团全部火电、油电、气电、核电、热电企业，板块资产占整个浙能集团70%左右。浙能集团六大板块之一电力板块就此运营。

2013年1月22日，浙江省省属国有企业改革领导小组印发《关于调整浙江浙能电力股份有限公司上市方案的批复》(浙企改发〔2013〕1号)，同意浙江浙能电力股份有限公司启动上市方案。2月19日，浙江浙能电力股份有限公司与浙江东南发电股份有限公司签署《浙江浙能电力股份有限公司与浙江东南发电股份有限公司换股吸收合并协议》，确定采用换股吸收方式合并浙江东南发电股份有限公司。11月7日，东南发电（B股代码：900949）终止上市。12月19日，浙江浙能电力股份有限公司在上海证券交易所上市（股票代码：600023），实现换股吸收合并东南发电，成为国内首家通过B转A实现上市的公司，也是当年国内证券市场唯一一家挂牌的上市公司。2014年9月9日，浙江东南电力股份公司完成工商注销。

2017年2月22日，浙江浙能电力股份有限公司根据浙能集团1月6日董事会会议纪要(〔2017〕1号)，注册成立浙江浙能能源服务有限公司。该公司以“配售电+综合能源服务”为业务核心，创新能源服务，领跑能源革命，推动转型发展。

2017年4月23日，浙江浙能电力股份有限公司根据浙能集团董事会关于成立检修公司的决议（浙江省能源集团有限公司董事会会议纪要〔2017〕8号），决定整合重组宁波发电工程有限公司、台州市海天电力工程有限公司、乐清市瓯越电力工程检修公司等3家检修公司，成立浙江浙能电力工程技术有限公司。该公司于9月5日注册成立，注册资本为1.1亿元。

截至2019年，浙江浙能电力股份有限公司所属企业见表2-1-1。

表2-1-1 浙江浙能电力股份有限公司所属企业一览表

	企业名称	更名情况	投资比例（%）	地址	成立时间（年-月）
燃煤发电	浙江浙能镇海发电有限责任公司	原名镇海发电厂，1999年12月29日更名为浙江镇海发电有限责任公司，2008年5月21日更名为浙江浙能镇海发电有限责任公司	80	浙江省宁波市镇海区镇宁东路235号	1978-10
	浙江浙能电力股份有限公司台州发电厂	原名台州发电厂，1998年3月20日更名为浙江东南发电股份有限公司台州发电厂，2014年10月10日更名为浙江浙能电力股份有限公司台州发电厂	分公司	浙江省台州市椒江区前所街道君电路1号	1982-12
	浙江浙能温州发电有限公司	原名温州发电厂，2000年1月18日更名为温州发电有限责任公司，2008年4月8日更名为浙江浙能温州发电有限公司	66.98	浙江省乐清市磐石镇迎晖南路76号	1990-05
	浙江浙能嘉兴发电有限公司	原名嘉兴发电厂，2000年3月15日更名为嘉兴发电有限责任公司，2008年7月1日更名为浙江浙能嘉兴发电有限公司	70	浙江省平湖市乍浦镇长安桥村	1994-10
	浙江浙能北仑发电有限公司	原名浙江北仑发电有限公司，2007年11月13日更名为浙江浙能北仑发电有限公司	51	浙江省宁波市北仑区进港西路66号	1997-04
	浙江浙能嘉华发电有限公司	原名嘉华发电有限责任公司，2008年7月1日更名为浙江浙能嘉华发电有限公司	80	浙江省平湖市乍浦镇长安桥村	2001-07
	浙江浙能长兴发电有限公司	原名长兴发电厂，后改名浙江长兴发电有限责任公司，2008年10月9日更名为浙江浙能长兴发电有限公司	95	浙江省湖州市长兴县长兴大道99号	2001-07
	浙江浙能兰溪发电有限责任公司	—	97	浙江省兰溪市灵洞乡石关村	2004-06
	浙江浙能乐清发电有限责任公司	—	51	浙江省温州市乐清市南岳镇虹南大道8866号	2005-05
	浙江浙能中煤舟山煤电有限责任公司	—	56	浙江省舟山市普陀区六横镇舟电大道1号	2007-04
	宁夏枣泉发电有限责任公司	—	51	宁夏银川市灵州综合工业园（A）区	2009-12
	浙江浙能台州第二发电有限责任公司	—	94	浙江省台州市三门县浦坝港镇能源路1号	2012-10
热电联产	浙江浙能钱清发电有限责任公司	原名钱清发电厂，1999年6月30日更名为浙江钱清发电有限责任公司，2008年9月27日更名为浙江浙能钱清发电有限责任公司	65.54	浙江省绍兴市钱清镇	1997-12
	浙江浙能绍兴滨海热电有限责任公司	—	88	浙江省绍兴市绍兴县滨海工业区九七丘	2009-11

表 2-1-1（续）

	企业名称	更名情况	投资比例（%）	地址	成立时间（年-月）
热电联产	浙江浙能绍兴滨海热力有限公司	—	88	浙江省绍兴市绍兴县滨海工业区九七丘	2011-07
	浙江浙能镇海燃气热电有限责任公司	—	60	浙江省宁波市石化经济技术开发区海祥路 999 号	2011-11
燃气发电	浙江浙能电力股份有限公司萧山发电厂	原名浙江东南发电股份有限公司萧山发电厂，2014 年 12 月 8 日更名为浙江浙能电力股份有限公司萧山发电厂	分公司	浙江省杭州市萧山区临浦镇谭家埭村	1993-10
	浙江浙能镇海联合发电有限公司	原名浙江镇海联合发电有限公司，2009 年 4 月 22 日更名为浙江浙能镇海联合发电有限公司	70	浙江省宁波市镇海区镇宁东路 455 号	1994-11
	浙江浙能金华燃机发电有限责任公司	原名金华燃机发电有限责任公司，2008 年 4 月更名为浙江浙能金华燃机发电有限责任公司	76	浙江省金华市白龙桥镇洞溪村	1998-05
	浙江浙能镇海天然气发电有限责任公司	—	51	浙江省宁波市镇海区镇宁东路 235 号	2005-02
	浙江浙能常山天然气发电有限公司	—	100	浙江省衢州市常山县	2012-08
参股管理	温州燃机发电有限公司	—	43	浙江省温州市龙湾区瑶溪镇龙东村温州经济技术开发区商贸中心 503 室	1998-06
	浙江温州特鲁莱发电有限责任公司	—	30	浙江省乐清市磐石镇迎晖南路 76 号	1998-09
均股管理	淮浙煤电有限责任公司	—	50	安徽省淮南市洞山西路蓝天大厦	2005-06
	淮浙煤电有限责任公司凤台发电分公司	—	淮浙煤电有限责任公司分公司	安徽省淮南市凤台县桂集乡园艺村蒙凤路西侧	2005-07
其他产业	浙江浙能能源服务有限公司	—	100	浙江省杭州市西湖区教工路 18 号世贸丽晶城 C 座 903 室	2017-02
	浙江浙能电力工程技术有限公司	—	100	浙江省宁波市国家高新区翔云北路 99 号 1 号楼 1 单元 2-1、3-1	2017-09

第二节 内设部门

2001年3月21日，浙江省电力开发公司并入浙能集团后，沿用原有部门设置，设有4个部门：综合办公室、计划投资部、财务部、资产经营部。

2003年8月23日，浙能集团对浙江省电力开发公司实施本部化管理，浙江省电力开发公司取消部门机构，与浙能集团合署办公。

2012年11月，根据浙江浙能电力股份有限公司“三定”方案，设置6个部门：综合办公室（证券部）、计划发展部、人力资源部、财务产权部、生产安全部、党群工作部（审计部）。

2014年1月14日，根据浙江浙能电力股份有限公司浙能电人〔2014〕21号文，调整设置8个部门：综合办公室、生产安全部、审计部、证券部、财务产权部、计划发展部、人力资源部、党群工作部。

2015年8月5日，根据浙江浙能电力股份有限公司总经理办公会纪要（浙能电总经会〔2015〕6号），增设市场营销部。

截至2019年，浙江浙能电力股份有限公司机构设置及变化情况如图2-1-1、图2-1-2所示，浙江浙能电力股份有限公司部门设置及职能见表2-1-2。

表2-1-2 浙江浙能电力股份有限公司部门设置及职能一览表

部门名称	部门职责
综合办公室	主要负责公司外事管理、公文管理、办公事务、信访维稳、档案管理、保密管理、印信管理、行政后勤管理等相关职责
证券部	主要负责资本运作、投资者关系管理、信息披露和证券事务；负责上市后的规范运作等职责
计划发展部	主要负责企业战略制定和实施；负责项目发展规划和前期工作、年度综合计划、投资计划、项目节点的审查、报批、项目后评价、新项目公司出资人代表管理、板块数据统计等职责；负责国际项目相关职责
人力资源部	主要负责人力资源规划，企业“三定”方案，出资人代表提名备案管理，人员录用、调配，技能鉴定、人才评审，工资总额计划，薪酬社保管理，绩效管理，教育培训管理等相关职责
财务产权部	主要负责财务资源配备、资金计划和调度、全面预算、财务决算、担保管理、财务监督以及税收管理；负责经营责任制考核、三会管理、资产股权管理、关联交易管理、经营活动监督等资产运作相关职责
生产安全部	主要负责生产类计划、安全生产环保管理、节能技改检修管理、班组管理、科技与信息化管理、合同管理、基建管理、生产综合类项目招投标活动等相关职责
党群工作部	主要负责党建、宣传、意识形态、舆情、统战、企业文化建设、精神文明建设、纪检监察、廉政建设、效能监察、工会、共青团等相关管理职责
审计部	主要负责上市公司内控工作；负责合同管理、板块法律事务管理；负责对公司本部及所属单位开展审计
市场营销部	主要负责下属企业电力（热力）营销监督、管理、协调等相关职责；负责公司营销体系建设、管理与完善等职责；负责公司电力（热力）市场统计分析、市场化交易策略制定和电力体制改革政策应对研究等职责

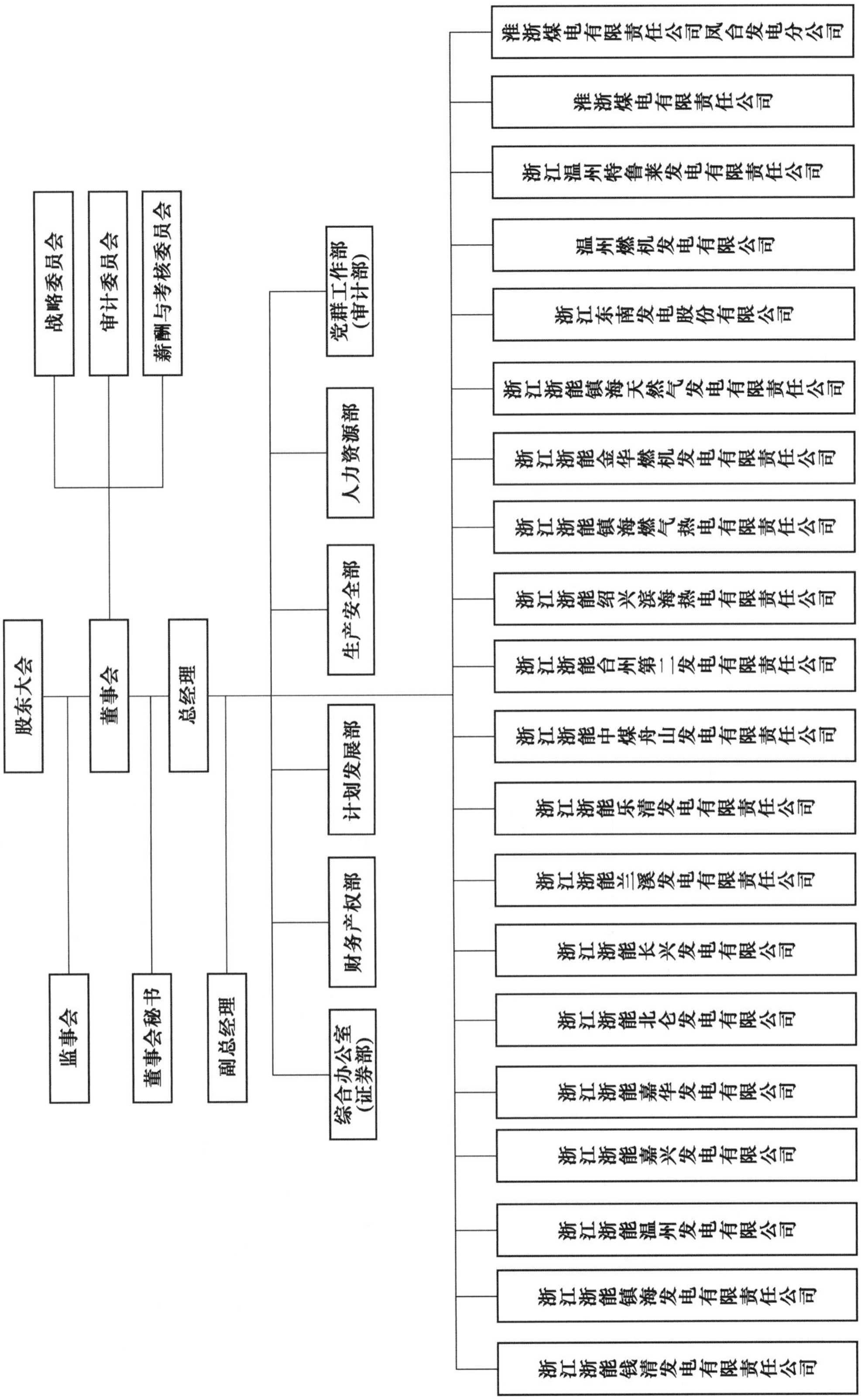

图 2-1-1 2013 年浙江浙能电力股份有限公司机构设置图

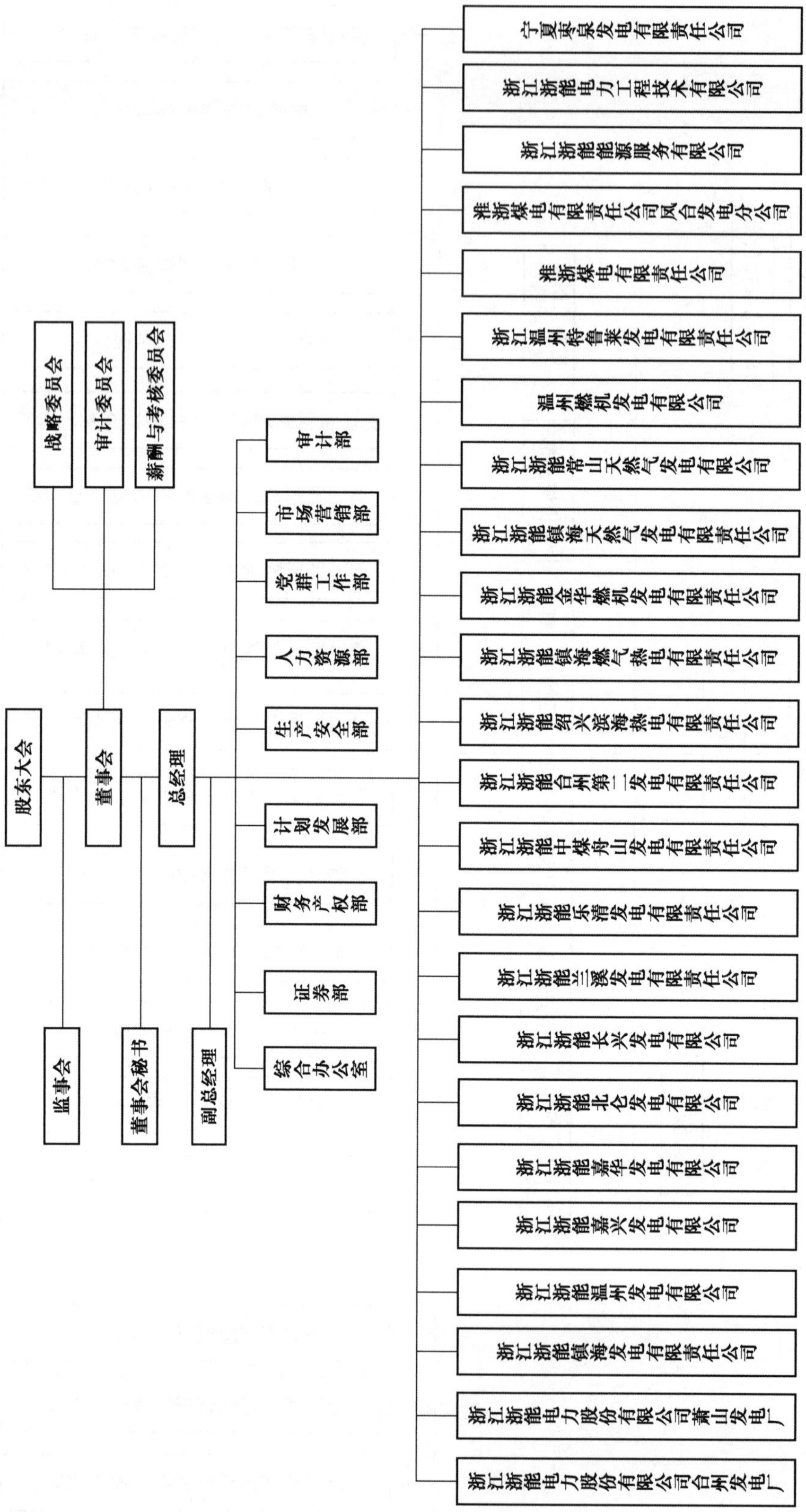

图 2-1-2　2019 年浙江浙能电力股份有限公司机构设置图

第三节 业务与规模

2003年3月1日，省属电厂管理职能移交，由浙江省电力公司管理，浙能集团控股的9家发电企业（嘉兴发电有限责任公司、浙江嘉华发电有限责任公司、温州发电有限责任公司、浙江镇海发电有限责任公司、浙江镇海联合发电有限公司、浙江钱清发电有限责任公司、浙江长兴发电有限责任公司、浙江东南发电股份有限公司台州发电厂和萧山发电厂）和参股的温州发电厂二期、温州燃机发电有限公司等移交浙能集团管理，长兴发电厂四期、嘉兴发电厂二期两个在建项目以及镇海发电厂油改气、温州发电有限责任公司三期两个前期项目也同时移交浙能集团管理。同年8月，北仑发电厂二期工程成立的浙江北仑发电有限公司划归浙能集团管理。2003年底，浙能集团火力发电装机容量达693.32万千瓦。

2006年4月19日，浙江浙能兰溪发电有限责任公司1号60万千瓦机组投产发电，是浙能集团首台投产发电的超临界燃煤机组。2008年9月9日，浙江浙能乐清发电有限责任公司一期工程1号66万千瓦机组投产发电，是浙能集团首台超超临界燃煤机组。2011年6月23日，浙江浙能嘉华发电有限公司三期工程7号100万千瓦机组投产发电，是浙能集团首台100万千瓦超超临界燃煤机组。

2007年7月28日，浙江浙能镇海天然气发电有限责任公司“油改气”工程2台燃气—蒸汽联合发电机组建成投产，单机容量为35万千瓦。2014年9月9日，温州燃机发电有限公司“油改气”工程完成，改造后，3台机组总装机容量为34.2万千瓦。2015年7月6日，浙江浙能金华燃机发电有限责任公司完成“油改气”工程，改造后机组燃用天然气，容量增至18.625万千瓦。至此，浙江浙能电力股份有限公司旗下所有发电企业完成“油改气”工程。

根据国家“上大压小”政策要求，浙江浙能电力股份有限公司启动相关项目关停工作。2009年8月31日，台州发电厂2~5号机组关停。2010年8月8日，浙江浙能温州发电有限公司1号、2号机组关停，同年，台州发电厂1号、6号机组关停。2018年12月26日，浙江浙能镇海发电有限公司关停3号、4号2台21.5万千瓦燃煤机组。

浙江浙能电力股份有限公司火电发展历程见表2-1-3。

表2-1-3 浙江浙能电力股份有限公司火电发展历程一览表

年度	火电厂个数	装机容量（万千瓦）	发电机组台数	发电量（万千瓦时）	主营业务收入（亿元）
2003	10	693.32	33	3467992.50	133.96
2004	11	795.42	33	4283989.90	183.27
2005	11	1006.42	38	5235270.52	204.16
2006	12	1217.32	42	6296152.44	210.49
2007	12	1426.24	47	6870179.07	221.37
2008	15	1764.74	59	7592974.46	230.07
2009	15	1716.74	55	7920555.82	249.68
2010	15	1794.74	53	9109715.25	265.66
2011	15	2054.74	57	10813151.51	368.80
2012	15	2104.14	58	10838687.81	521.07
2013	15	2225.52	55	11221614.34	478.70
2014	17	2569.92	59	10953066.96	453.14

表2-1-3（续）

年度	火电厂个数	装机容量（万千瓦）	发电机组台数	发电量（万千瓦时）	主营业务收入（亿元）
2015	18	2950.545	65	10303945.21	426.44
2016	18	2945.545	63	11460103.52	424.98
2017	19	3094.645	68	12758664.57	482.65
2018	19	3100.345	67	13726030.48	521.35
2019	19	3057.345	65	13174739.26	506.24

第二章　建　设　项　目

第一节　燃煤发电项目

一、台州发电厂五期工程

（一）项目前期

2003年春夏，在电力供应短缺和预测负荷高速增长的前提下，在中共浙江省委、省人民政府提出抢建一批30万千瓦级火电机组以缓解浙江用电的决策下，台州发电厂五期扩建工程作为抢建项目立项，即利用电厂已有一至四期工程的部分附属设施，新建2台30万千瓦机组。

台州发电厂五期工程位于浙江省中部沿海台州市椒江区前所街道，占地面积8.39公顷（其中新征土地7.85公顷）。2004年8月10日，浙江省发展和改革委员会向国家发展和改革委员会上报《关于要求审批浙江台州发电厂五期扩建工程项目建议书的请示》。12月13—15日，电力规划设计总院对《台州发电厂五期扩建工程可行性研究报告》进行评审。2005年5月30日，国家发展和改革委员会印发《关于浙江省电站项目清理及近期建设安排有关工作的通知》，五期扩建工程通过由国家发展和改革委员会组织的专家评议优选，并列入2006年新开工建设电力规划。2006年2月14日，国家发展和改革委员会印发《关于浙江台州发电厂五期（2×300MW）扩建项目核准的批复》（发改能源〔2006〕235号）。五期扩建工程2台30万千瓦燃煤机组通过国家发展和改革委员会核准。五期工程概算投资24.6亿元。

（二）工程建设

2005年8月5日，五期工程“四通一平”工程开工。2006年5月5日，主厂房浇筑第一方混凝土。2007年5月22日，9号机组倒送电一次成功。2007年6月11日，9号锅炉完成水压试验。2007年9月29日，10号机组倒送电一次成功。2007年10月19日，10号锅炉完成水压试验。2007年12月20日，9号机组顺利完成168小时试运行。2008年4月4日，10号机组完成168小时满负荷试运行。9号机组比合同工期提前68天完工，创造了浙江省30万千瓦燃煤机组建设工期仅601天的最新纪录。10号机组实现了机组冲转、并网和甩负荷试验等均一次成功，整套启动期间没有发生主燃料跳闸（MFT），耗油仅128.5吨，并创下了整套启动调试时间仅25天的省内最好水平。

五期工程采用“业主、建设管理方、监理”的建设管理模式。建设管理方为浙江省电力建设有限公司；由浙江省电力设计院负责主体设计；中国电力建设工程咨询公司负责全过程设计监理；施工监理由浙江电力建设监理有限公司负责；设备安装及就地调整试验由浙江省火电建设公司负责。主设备供应商为哈尔滨锅炉有限责任公司、东方汽轮机厂及东方电机股份有限公司。

五期工程实际投资23.09亿元。总装机容量201万千瓦。2009年6月30日，五期工程获得了“钱江杯”（优质工程）荣誉证书和奖牌。

二、温州发电厂三、四期工程

（一）三期工程

1. 项目前期

2000年2月1日，温州发电厂二期建设筹备处向浙江省电力工业局提出《关于温州发电厂三期扩建工程计划的建议》（温电筹〔2000〕002号）。2000年5月，温州市人民政府向浙江省人民政府提出建设温州发电厂三期工程的请示。2003年8月15日，国家发展和改革委员会批复《温州发电厂三期工程项目建议书》（发改能源〔2003〕965号）。2004年8月23日，国家发展和改革委员会批复《浙江温州发电厂三期工程可行性研究报告》（发改能源〔2004〕1862号），同意建设温州发电厂三期扩建工程，建设2台30万千瓦国产燃煤发电机组，同步安装烟气脱硫装置，工程概算投资26.1687亿元。

2. 工程建设

2003年7月17日，三期工程开始“四通一平”工程。2004年8月18日，5号机组厂用电受电。2004年9月20日，5号机组锅炉水压试验完成。2004年12月20日，6号机组厂用电受电。2005年1月19日，6号机组锅炉水压试验完成。2005年3月25日，5号机组完成168小时试运行。2005年7月14日，6号机组完成168小时试运行。

三期工程采用“业主、监理、管理承包商”管理模式，温州发电有限责任公司为业主方，浙江省电力设计院负责工程设计，浙江省电力建设总公司为工程管理承包商，浙江省火电建设公司、浙江省二建建设集团有限公司等单位负责施工。浙江电力建设监理有限公司和中国电力建设工程咨询公司分别负责工程施工监理和设计监理。工程实际投资为249332.35万元。三期工程被国家工程建设质量奖审定委员会授予国家优质工程银质奖。

（二）四期工程

1. 项目前期

2010年8月2日，浙江省经济和信息化委员会以浙经信电力〔2010〕419号文同意浙江浙能温州发电有限公司在有关12.5万千瓦机组关停后，按“上大压小”方式开展2台66万千瓦超超临界机组建设项目前期工作。同年11月，华东电网公司以《关于温州发电厂四期“上大压小”工程初步可行性研究报告审查意见的通知》（华东电网发展〔2010〕805号）的原则同意工程的初步可行性研究报告。2011年3月8日，电力规划设计总院印发《关于印发温州发电厂四期“上大压小”工程可行性研究报告审查会议纪要的通知》（电规发电〔2011〕63号），同意四期工程可行性研究报告。2012年12月24日，电力规划设计总院在北京召开浙江浙能温州发电有限公司四期“上大压小”工程可行性研究报告收口审查会，以电规发电〔2013〕159号文出具浙江浙能温州发电有限公司四期“上大压小”工程可行性研究报告收口审查意见。2012年1月18日，国家能源局以国能电力〔2012〕14号文件批复同意开展浙江浙能温州发电有限公司“上大压小”扩建项目前期工作。2014年5月8日，浙江浙能温州发电有限公司四期工程取得了国家发展和改革委员会《国家发展改革委关于浙江浙能温州电厂“上大压小”扩建工程项目核准的批复》（发改能源〔2014〕866号），工程概算投资47.3379亿元。

2. 工程建设

2012年10月18日，“四通一平”工程开工。2013年10月28日，四期工程主厂房浇筑第一方混凝土。2015年4月9日，8号机组厂用电受电。2015年6月28日，8号机组锅炉水压试验完成。2015年8月12日，7号机组厂用电受电。2015年8月26日，7号机组锅炉水压试验完成。2015年11月11日，8号机组完成168小时试运行（含脱硫脱硝系统）。2015年12月19日，7号机组完成168小时试运行（含脱硫脱硝系统）。

四期工程在拆除一期2台13.5万千瓦机组的基础上，在原址新建2台66万千瓦超超临界燃煤发电机组，同步实施脱硫、脱硝装置。温州发电厂四期工程是“十二五”计划期间国家能源重点建设工程。基建达标投产评定成绩优异，获得“集团AAAA达标投产工程”称号。浙江浙能温州发电有限公司为业主方，浙江省电力设计院负责工程设计，浙江电力建设监理有限公司负责工程监理，浙江火电建设有限公司、浙江省建工集团有限责任公司、浙江天地环保有限公司等单位负责施工。工程实际投资42.1248亿元。

三、嘉兴发电厂二、三期工程

（一）二期工程

1. 项目前期

1992年9月21日，浙江省计划经济委员会、浙江省电力工业局联合向能源部提交了《关于嘉兴发电厂二期扩建工程项目建议书的报告》，并于11月由华东电力设计院完成了可行性研究报告。国家计委于1994年7月正式批复《关于中外合资建设嘉兴（发）电厂二期扩建工程项目建议书》。国家环境保护总局于1995年1月下达《关于嘉兴（发）电厂二期扩建工程环境影响报告审查意见》。1997年12月31日，浙江省计划经济委员会向国家计委提交《关于上报中外合作浙江嘉兴（发）电厂二期扩建工程补充可行性研究报告的请示》。国家计委于1999年11月14日批复了中外合作浙江嘉兴发电厂二期工程可行性研究报告。2000年12月29日，国家电力公司根据国家政策，中止中外合资建设嘉兴发电厂二期扩建工程。2001年7月9日，由浙江电力开发有限公司、浙江东南发电股份有限公司、北京国华电力有限责任公司及浙江省电力建设总公司以53%、24%、20%、3%的比例出资组建浙江嘉华发电有限责任公司，投资建设二期工程。2002年11月7日，国家计委正式批复了调整嘉兴发电厂二期扩建工程建设方案，同意由原批复可行性研究报告确定的安装4台60万千瓦进口燃煤机组，改为安装4台60万千瓦国产燃煤机组，建设方式由中外合作建设改为国内企业投资建设。嘉兴发电厂二期工程地处杭州湾北岸，长三角南翼，位于浙江省嘉兴市平湖市（县）乍浦镇境内，是“十五”计划期间国家重点建设工程。二期工程概算投资103.5亿元。

2. 工程建设

2001年6月28日，二期工程建设打下第1根工程桩。2002年1月16日，二期工程主厂房基础开挖。2003年10月26日，3号锅炉水压试验完成。2004年3月16日，4号锅炉水压试验完成。2004年7月8日，3号机组完成168小时连续满负荷试运行。2004年10月9日，5号锅炉水压试验完成。2004年12月22日，4号机组完成168小时连续满负荷试运行。2005年2月18日，6号锅炉水压试验完成。2005年5月13日，5号机组完成168小时连续满负荷试运行。2005年10月18日，6号机组完成168小时连续满负荷试运行。

工程于2002年4月24日开工建设，3~6号机组分别于2004年7月8日、2004年12月22日、2005年5月13日和2005年10月18日完成168小时连续满负荷试运行，分别比计划工期提前了235天、249天、291天和317天。其中4号机组创造了国内60万千瓦机组168小时试运行后连续安全稳定运行244天的最好成绩。嘉兴发电厂二期工程获中国建设工程鲁班奖。

工程采用“小业主、大监理、总承包”的工程建设模式，浙江嘉华发电有限责任公司为业主方，浙江省电力建设总公司为总承包单位，华东电力设计院和浙江省电力设计院联合设计，中国电力建设咨询公司和中国国际工程咨询公司负责工程监理，主体土建工程由浙江二建建设集团公司和浙江省建工集团有限公司承建，主体安装工程由浙江省火电建设公司承建。工程实际投资87.38亿元。

（二）三期工程

1. 项目前期

根据浙江省政府《浙江省人民政府关于印发浙江省2010年电力发展规划及2020年展望的通知》（浙政发〔2004〕49号）文件精神，2004年2月12日，浙江省能源集团有限公司确定由浙江嘉华发电有限责任公司负责开展嘉兴发电厂三期2台100万千瓦扩建工程的前期工作。2006年8月，浙江电力设计院完成《浙江嘉兴电厂三期工程初步可行性研究报告》。2008年12月，电力规划院以《关于浙江嘉兴电厂三期扩建工程可行性研究报告的审查意见》（电规电发〔2008〕471号）通过了项目可行性研究报告。为贯彻落实《国务院批转发展改革委、能源办关于加快关停小火电机组若干意见》（国发〔2007〕2号），浙江省人民政府与国家发展和改革委员会签订了《浙江省“十一五”期间关停小火电机组责任书》，明确“十一五”期间浙江将关停小火电机组327.8万千瓦，并将浙江嘉兴电厂三期列为“上大压小”项目。2009年5月，工程获得国家发展和改革委员会《关于浙江嘉兴电厂“上大压小”扩建工程核准的批复》(国家发改委〔2009〕1338号)。工程概算投资76.3亿元。

2. 工程建设

2009年8月17日，主厂房浇注第方混凝土。2011年1月13日，7号锅炉水压试验完成。2011年6月7日，8号锅炉水压试验完成。2011年6月23日和10月18日，7号机和8号机分别完成168小时连续满负荷试运行。

嘉兴发电厂三期工程是“十一五”计划期间国家重点建设工程。三期工程由浙江嘉华发电有限责任公司投资建设，工程实际投资66.52亿元。2台机组建设工期分别为22个月和26个月，分别比计划工期提前了67天和72天，7号机组的建设工期创造了国内同类型机组领先记录。嘉兴发电厂三期工程获国家优质工程金奖。

四、长兴发电厂一、二期工程

(一) 一期工程

1. 项目前期

1998年6月19日，国家经济贸易委员会印发了《关于浙江长兴电厂技术改造项目建议书的批复》(国经贸改〔1998〕347号) 同意立项，并要求开展可行性研究工作。同意浙江长兴电厂利用现有部分场地及公用设施，建设2台30万千瓦国产燃煤发电机组，替代分布在全省的省、地、县所属的39台计37.55万千瓦小火电机组，其中省电力局所属8台计19.2万千瓦，地方所属31台18.35万千瓦，项目建设期控制在3年以内。2001年4月25日，一期工程可研报告获国务院批准。5月16日，国家经贸委以国经贸投资〔2001〕460号文印发获批通知。5月30日，工程初步设计获国家电力公司《关于浙江长兴电厂技改工程（2×300MW）初步设计的批复》(国电电规〔2001〕328号)。一期工程概算投资25亿元。

2. 工程建设

2001年1月，“五通一平”工作完成。2002年3月15日，1号机组厂用电受电。2002年4月27日，1号机组锅炉完成水压试验。2002年8月8日，2号机组厂用电受电。2002年9月26日，2号机组锅炉完成水压试验。2002年12月15日，1号机组完成168小时满负荷试运行。2003年5月22日，2号机组完成168小时满负荷试运行。

一期工程主要设计单位为浙江省电力设计院，主要土建施工单位为浙江省第二建筑工程公司、宁波华丰集团股份有限公司，安装单位为浙江火电建设公司，调试单位为浙江省电力试验研究所，工程监理单位为浙江省电力建设监理公司。一期工程实际投资23亿元。

一期工程1号、2号机组先后荣获2003年度浙江省建设工程“钱江杯”和2004年度建设工程鲁班奖。

(二) 二期工程

1. 项目前期

2004年4月9日，二期工程项目由国家发展和改革委员会批准立项，项目建议书获国务院批准。同年8月4日，国家发展和改革委员会上报《关于审批浙江长兴电厂二期工程可行性研究报告的请示》(发改能源〔2004〕1420号)，国务院批准，工程属浙江省“十五”电源建设抢建项目。8月19日，国家发展和改革委员会向浙江省发展和改革委员会下发《印发国家发展改革委关于审批浙江长兴电厂二期工程可行性研究报告请示的通知》(浙发改能源〔2004〕1572号)，要求进一步加快项目前期和建设实施的各项工作。10月21日，中国电力规划设计总院印发《关于浙江长兴电厂二期工程初步设计的审查意见》(电规发电〔2004〕190号)，二期工程初步设计通过审查。二期工程项目由浙江东南发电股份有限公司、浙江宏发能源投资公司和浙江省电力开发公司分别按65%、20%和15%的比例出资。工程概算投资27亿元。

2. 工程建设

2004年9月9日，工程3号炉首根大板梁吊装成功。2005年5月17日，3号锅炉完成水压试验。2005年11月28日，3号机组通过168

小时试运行，移交生产。2006年3月25日，4号机组汽轮机扣缸。2006年4月11日，3号脱硫装置通过168小时试运行，移交生产。2006年5月31日，4号机组及配套脱硫装置通过168小时试运行，移交生产。

二期工程主要设计单位为浙江省电力设计院，主要土建施工单位为浙江省第二建筑工程公司、宁波华丰集团股份有限公司，安装单位为浙江火电建设公司，调试单位为浙江省电力试验研究所，工程监理单位为浙江省电力建设监理公司二期工程实际投资25.18亿元。

五、浙能兰溪发电厂一、二期工程

（一）项目前期

2005年8月8日，国家发展和改革委员会印发《关于浙江浙能兰溪发电厂新建工程核准的批复》（发改能源〔2005〕586号），核准建设浙能兰溪发电厂一期2台60万千瓦项目，同步安装烟气脱硫装置。2007年6月21日，国家发展和改革委员会印发《关于浙江浙能兰溪发电厂二期工程项目核准的批复》（发改能源〔2007〕1359号），核准建设浙能兰溪发电厂二期2台60万千瓦项目，同步安装烟气脱硫装置。浙能兰溪发电厂工程总装机容量264万千瓦。工程首期注册资本金为1.32亿元人民币，其中浙江省能源集团有限公司占64%，浙江东南发电股份有限公司占25%，兰溪市电力发展投资有限公司占8%，中国电力工程顾问集团公司占3%。工程概算投资98.37亿元。

（二）工程建设

2004年6月15日，1号机第一方混凝土浇注。2005年10月31日，1号机组锅炉水压试验。2006年1月8日，1号机组倒送电一次成功。2006年7月1日，1号机组通过168小时满负荷试运行，进入商业运行。2006年8月23日，2号机组通过168小时满负荷试运行，投入商业运行，并同步投运脱硫设备。2006年12月28日，3号机组通过168小时满负荷试运行，投入商业运行。2007年5月22日，4号机组通过168小时满负荷试运行，投入商业运行。

一期、二期项目由中国能源建设集团浙江省电力设计院有限公司设计，由中国能源建设集团浙江火电建设有限公司等单位施工，监理单位为浙江电力建设监理有限公司（施工安装调试监理）、浙江浙电设备监理有限公司（设备制造监理）、华东电力设计院（设计监理），调试单位为杭州意能电力技术有限公司。工程实际投资82.26亿元。

浙能兰溪发电厂工程是浙江省2003—2007年“五大百亿”工程之一。工程项目的建成，为缓解浙江省的电力紧张状况、满足浙西南地区快速增长的电力需求、改善电网的运行状况及提高电网运行的安全性、经济性、可靠性，特别是优化浙西地区的电源结构发挥了作用。浙能兰溪发电厂项目获中国工程建设鲁班奖。

六、浙能乐清电厂一、二期工程

（一）一期工程

1. 项目前期

2003年9月，浙江省发展和改革委员会向国家发展和改革委员会上报了《浙江乐电（4×600MW）工程项目建议书》。同时，浙能乐清电厂筹建处浙江省电力设计院开展乐电工程可行性研究、初步设计等相应工作。同年12月，浙江省电力设计院完成了工程可行性研究工作。2004年5月，浙江省发展和改革委员会根据中国国际工程咨询公司的评估意见，向国家发展和改革委员会重新上报了项目建议书，提出了“本期先建设2台60万千瓦机组，预留2台同类型机组的扩建条件，并留有进一步扩建的余地”的方案。根据浙江省发展和改革委员会重新上报的项目建议书和可行性报告预审查会议的意见要求，浙能乐清电厂筹建处和浙江省电力设计院进行了深入的分析和研究，提出了按4台60万千瓦机组一次规划设计，一期先建设2台60万千瓦机组的方案。同年6月，浙江省电力设计院完成了工程初步设计工作，6月22—24日，电力规划设计总院在杭州主持召开乐电工程初步设计预审查会议，印发预审查会议纪要（电规发电〔2004〕95号）。10月12日，电力规划设计总院印发《关于浙江浙能乐清发电厂工程可行性研究报告的审查意见》（电规发电〔2004〕238号）。2005年4月12日，国家发展和改革委员会印发《关于浙江乐电一期2×60万千瓦项目核准的批复》(发改能源〔2005〕602号),明确本工程建设2台60万千瓦国产超临界燃煤发电机组,同步建设烟气脱硫装置。预留2台同类型机组的扩建条件,并留有进一步扩建的余地。浙能乐清电厂工程由浙江浙能电力股份有限公司(51%)控股,国电电力发展股份有限公司(23%)、温州电力投资有限公司(10%)、温州市工业投资集团有限公司(9%)、华峰集团有限公司(7%)共同出资建设。一期工程概算投资59.1797亿元。

2. 工程建设

2005年10月16日,“四通一平”工程开工。2006年7月28日,主厂房浇注第一方混凝土。2007年8月27日,1号炉水压试验完成。2007年12月25日,2号炉水压试验完成。2008年9月9日、10日,1号、2号机组分别通过168小时满负荷试运行,投入运行,比总工期提前两个月。

一期工程主要设计单位为浙江省电力设计院,主要土建施工单位有浙江省二建建设集团有限公司、浙江水电建筑安装有限公司,安装单位主要有浙江省火电建设公司和浙江天地环保工程有限公司,调试单位主要为杭州意能电力技术有限公司。工程监理单位为中国电力建设工程咨询公司、浙江浙电设备监理有限公司和浙江电力建设监理有限公司。工程实际投资58.8664亿元。浙能乐清电厂一期工程获中国建设工程鲁班奖。

(二)二期工程

1. 项目前期

2006年4月28日,浙江浙能乐清发电有限责任公司委托浙江省电力设计院对二期工程开展可行性研究工作。2008年6月4日,国家发展和改革委员会印发《国家发展和改革委员会办公厅关于同意乐清电厂二期、嘉兴电厂三期“上大压小”项目开展前期工作的复函》(发改办能源〔2008〕1258号),明确了浙江浙能乐清发电有限责任公司二期项目为“上大压小”扩建工程,拟建设2台60万千瓦级超超临界燃煤发电机组,配套建设脱硫、脱硝装置,相应关停小火电机组79.350万千瓦。2009年3月20日,国家发展和改革委员会印发《国家发展改革委关于浙江乐清电厂二期“上大压小”工程核准的批复》(发改能源〔2009〕752号)。工程概算投资48.38亿元。

2. 工程建设

2008年11月27日,3号锅炉钢结构开吊。2009年10月22日,3号机组完成电气倒送电。2010年3月19日,4号机组完成电气倒送电。2010年3月30日,3号机组完成168小时试运行。2010年7月25日,4号机组完成168小时试运行,实现了机组动态移交生产。工程总工期提前3个月。公司装机总容量达到252万千瓦。

为解决电厂用水问题及所处沿海地区淡水资源短缺问题,电厂建设海水淡化装置,采用SWRO反渗透膜处理法技术。2007年1月1日开工,2008年4月20日完工。日产淡水2万吨,解决了自身用水问题,实现了“不与民争水”的目标。

二期工程主要设计单位为浙江省电力设计院,主要土建施工单位有浙江省二建建设集团有限公司、浙江水电建筑安装有限公司,安装单位主要有浙江省火电建设公司和浙江天地环保工程有限公司,调试单位主要为杭州意能电力技术有限公司。工程监理单位为中国电力建设工程咨询公司、浙江浙电设备监理有限公司和浙江电力建设监理有限公司。工程实际投资48.1亿元。浙能乐清电厂二期工程获浙江省优质工程“钱江杯”。

七、滨海热电一、二期工程

(一)一期工程

1. 项目前期

2005年12月23日,浙江省发展和改革委员会提交《浙江省发展改革委关于要求统一开展绍兴滨海电厂项目前期工作的请示》(浙发改能源〔2005〕1230号),向国家发展和改革委员会申请工程开展前期工作。2007年1月4日,国家发展和改革委员会印发《国家发展改革委办公厅关于辽宁大连甘井子热电厂等7个项目开展项目前期工作的通知》(发改办能源〔2007〕10号),同意开展前期工作。同年10月26日,浙江省发展和改革委员会提交《浙江省发改委关于上报浙江浙能绍兴滨海热电厂工程项目申请报告的请示》(浙发改能源〔2007〕805号),上报国家发展和改革委员会关于浙江浙能滨海热电有限责任公司工程项目申请。12 月 12—14 日，浙江浙能绍兴滨海热电项目工程 2 台 30 万千瓦工程初步设计获得通过。2009 年 7 月 13 日，国家发展和改革委员会印发《国家发展改革委关于浙江浙能滨海热电厂新建工程项目核准的批复》(发改能源〔2009〕1830 号)，同意浙江浙能滨海热电厂建设 2 台 30 万千瓦燃煤热电机组，配套建设热网工程。滨海热电一期工程概算投资 28.3622 亿元。

2. 工程建设

2009 年 7 月 24 日，一期项目开始桩基施工。2009 年 12 月 29 日，一期主厂房浇第一方混凝土。2010 年 12 月 2 日，1 号机厂用电受电。2011 年 1 月 17 日，1 号锅炉水压试验一次成功。2011 年 5 月 2 日，2 号机组锅炉水压试验成功。2011 年 5 月 8 日，2 号机厂用电受电。2011 年 6 月 28 日 23 时 36 分，1 号机组通过 168 小时满负荷试运行，投入商业运行。2011 年 10 月 18 日，2 号机组通过 168 小时满负荷试运行，投入商业运行。

(二) 二期工程

1. 项目前期

2013 年 9 月 27 日，浙江省发展和改革委员会发布《项目服务联系单》(浙发改办能源函〔2013〕125 号)，同意浙能绍兴滨海热电有限责任公司二期扩建工程开展前期工作。2015 年 7 月 21 日，浙江浙能滨海热电有限责任公司提交《关于要求核准浙能绍兴滨海热电厂二期扩建工程项目申请报告的请示》(浙滨电基〔2015〕66 号)，报绍兴市柯桥区发展和改革局申请核准浙江浙能绍兴滨海热电厂二期扩建工上程项目。同年 7 月 30 日，绍兴市柯桥区发展和改革局印发《柯桥区发改局关于浙能绍兴滨海热电厂二期扩建工程项目核准的通知》(绍柯发改投〔2015〕308 号)，批准浙江浙能绍兴滨海热电有限责任公司二期扩建工程建设，工程概算投资 30.94 亿元。2016 年 2 月 27 日，经浙江浙能绍兴滨海热电有限责任公司申请，绍兴市柯桥区发展和改革局印发《关于同意调整浙江浙能绍兴滨海热电厂二期扩建工程发电机组额定容量的批复》(绍柯发改投〔2016〕42 号)，国家电网浙江省电力公司以浙电发展〔2016〕530 号文同意浙江浙能绍兴滨海热电厂二期工程发电机组额定容量由原来的 5 万千瓦调整为 5.7 万千瓦。

2. 工程建设

3 号机组建设：2016 年 1 月 13 日，基桩工程开始。2016 年 4 月 28 日，主体工程第一方混凝土浇筑。2016 年 12 月 8 日，倒送电。2017 年 4 月 18 日，开始 96 小时满负荷试运。2017 年 4 月 22 日，3 号机组移交生产。

4 号机组建设：2016 年 2 月 15 日，基桩工程开始。2016 年 5 月 1 日，主体工程第一方混凝土浇筑。2017 年 3 月 15 日，倒送电。2017 年 7 月 16 日，开始 96 小时满负荷试运。2017 年 7 月 20 日，4 号机组移交生产。

5 号机组建设：2016 年 2 月 24 日，基桩工程开始。2016 年 10 月 2 日，主体工程第一方混凝土浇筑。2017 年 7 月 24 日，倒送电。2017 年 12 月 1 日，开始 96 小时满负荷试运。2017 年 12 月 5 日，5 号机组移交生产。

6 号机组建设：2016 年 4 月 5 日，基桩工程开始。2016 年 11 月 30 日，主体工程第一方混凝土浇筑。2017 年 7 月 24 日，倒送电。2018 年 4 月 20 日，开始 96 小时满负荷试运。2018 年 4 月 24 日，6 号机组移交生产。

八、凤台电厂一、二期工程

(一) 项目前期

2006 年 7 月 17 日，国家发展改革委印发《国家发展改革委关于淮南凤台电厂新建工程项目核准的批复》(发改能源〔2006〕1404 号)，核准一期工程建设。2012 年 12 月 31 日，国家发展改革委印发《国家发展改革委关于安徽凤台电厂二期扩建工程项目核准的批复》(发改能源〔2012〕4117 号) 核准二期工程建设。凤台电厂一期、二期工程项目由浙江省能源集团有限公司和淮南矿业(集团)有限责任公司均股投资兴建，位于安徽省淮南市凤台县桂集乡和城北乡境内。工程同步建设一座装机容量为 4 台 60 万千瓦的电厂和一对设计年产 300 万吨煤炭的矿井。凤台电厂一期工程概算投资 46.13 亿元，二期扩建工程概算投资 42.71 亿元。

（二）工程建设

2006年6月28日，一期工程主厂房破土动工。2007年10月25日，1号锅炉完成水压试验。2008年2月21日，2号锅炉完成水压试验。2008年8月6日，1号机组完成168小时试运行。2008年9月29日，2号机组完成168小时试运行。

2009年2月，一期工程被中国电力建设企业协会评定为"达标投产机组"。2014年8月21日，2台机组经浙江省能源集团有限公司组织检查评定为"达标投产机组"。

2012年5月28日，二期工程主厂房破土动工。2013年7月19日，3号锅炉完成水压试验。2013年12月9日，3号机组完成168小时试运行。2013年8月18日，4号锅炉完成水压试验。2013年12月23日，4号机组完成168小时试运行。

凤台电厂一期工程采用"业主、建设管理、监理"的建设管理模式，建设管理方为浙江省电力建设有限公司。浙江省电力建设有限公司于2005年6月组建凤台电厂工程项目部，配备工程管理所需的各方面人才，从工程的项目策划、设计、选择参建方、施工、工程的组织和协调、工程验收以及档案资料的管理等各方面进行全方位服务。一期工程实际投资46.8亿元。二期工程采用"业主为核心，专业化管理"的基建管理模式，建立以凤台电厂与浙江省电力建设有限公司双方资源为主体的二期扩建工程建设管理处。其中工程管理单位为浙江省电力建设有限公司，工程设计单位为华东电力设计院，工程监理单位为浙江电力建设监理有限公司。二期工程实际投资37.99亿元。一期工程获得"2009年度国家优质工程银奖"和"2009年度中国电力优质工程奖"，二期工程获得"2014—2015年度中国建设工程鲁班奖（国家优质工程）"和"2015年度中国电力优质工程奖"。

凤台电厂项目是皖浙两省为加强能源合作、实现资源优势互补的大型煤电一体化项目，是国家"皖电东送"战略规划的重要组成部分，是浙能集团在"大能源战略"实践中"走出去"的重点工程，改写了浙能集团无省外能源基地的历史。

九、浙能舟山六横电厂一期工程

（一）项目前期

2004年11月20日，舟山市人民政府印发《关于同意在舟山市建设大型火力发电厂的函》，原则上同意在舟山市六横镇石柱头区域建设4台100万千瓦机组的大型火力发电厂，分两期建设。2007年5月12日，浙江省发展和改革委员会印发《关于同意开展浙能舟山六横电厂及配套送出工程前期工作的函》（浙发改函〔2007〕94号）。8月18日，浙江省经济贸易委员会印发《浙江省经济贸易委员会关于安排舟山六横电厂"上大压小"代替关停容量指标的批复》（浙经贸电力〔2007〕406号）。2009年10月20日，国家能源局印发《国家能源局关于同意浙江六横电厂新建项目开展前期工作的复函》（国能电力〔2009〕282号），同意浙能舟山六横电厂新建项目开展前期工作。2011年1月5日，国家发展改革委印发《国家发展改革委关于浙江浙能六横电厂"上大压小"新建工程项目核准的批复》（发改能源〔2011〕44号），核准批复浙江浙能六横电厂"上大压小"新建工程项目。浙能舟山六横电厂位于浙江省舟山市普陀区六横岛，占地面积约86.7公顷，毗邻年吞吐量3000万吨的煤炭中转基地。浙能舟山六横电厂一期工程概算投资83.1794亿元。

（二）工程建设

2012年7月10日，"四通一平"全部完成。2012年7月28日，工程浇筑第一方混凝土。2013年11月13日，1号锅炉水压试验完成。2014年1月26日，1号机组厂用电受电。2014年3月23日，2号锅炉水压试验完成。2014年3月27日，2号机组厂用电受电。2014年7月10日，1号机组完成168小时试运行。2014年9月17日，2号机组完成168小时试运行。

2018年12月25日，由浙江省发展和改革委员会（浙江省能源局）组织完成浙能六横电厂1号、2号机组铭牌容量核定的评审，1号、2号机组铭牌出力由100万千瓦变更为103万千瓦。工程项目由浙江省电力设计院设计，浙江省电力建设有限公司为建设管理单位，施工监理由浙江电力建设监理有限公司承担。主厂房、烟囱基础与外筒及炉后区域土建工程由浙江省二建建设集团有限公司承建，浙江省火电建设公司承建输煤、主体工程及循环水管道安装系统等，脱硝和脱硫工程由浙江天地环保工程有限公司和北京博奇电力科技有限公司联合承建。工程实际投资76.9616亿元。2015年6月16日，浙江浙能六横电厂工程获"上大压小"中国电力优质工程奖。11月18日，工程获国家优质工程奖。

十、浙江浙能台州第二发电厂一期工程

（一）项目前期

2007年初，浙能集团响应《国务院批转发展改革委、能源办关于加快关停小火电机组若干意见的通知》（国发〔2007〕2号）文件精神，关停台州发电厂一至三期工程（6台13.5万千瓦），启动浙江浙能台州第二发电厂"上大压小"工程前期工作。9月29日，浙江省发展和改革委员会印发《关于同意台州发电厂实施"上大压小"异地建设三门牛山电厂项目开展前期工作的函》（浙发改能源函〔2007〕319号），原则同意浙能集团在"十一五"期间对台州发电厂一至三期6台13.5万千瓦燃煤发电机组予以关停和拆除，并异地建设三门电厂。2009年7月24日，浙江省发展改革委印发《关于同意三门牛山涂电厂项目更名为台州第二发电厂的批复》（浙发改能源〔2009〕603号），批复浙能三门发电厂更名为浙江浙能台州第二发电厂。2010年8月21日，浙江浙能台州第二发电厂取得国家能源局《关于同意浙江浙能台州第二发电厂"上大压小"新建项目开展前期工作的复函》（国能电力〔2010〕261号）。浙江浙能台州第二发电厂一期工程位于浙江省台州市三门县浦坝港镇，是浙江省"十二五"重点建设项目。一期工程建设规模为2台100万千瓦超超临界燃煤发电机组，总装机容量为200万千瓦。2012年8月16日该项目获得国家改革发展委核准。该项目由浙江浙能电力股份有限公司（94%）控股，三门县科技创新投资有限公司（6%）共同出资建设，工程概算投资86.0614亿元。

（二）工程建设

2012年9月26日，"四通一平"开工。2013年8月29日，主厂房浇筑首方混凝土。2015年1月25日，1号锅炉水压试验完成。2015年2月13日，1号机组厂用受电。2015年4月28日，2号锅炉水压试验完成。2015年6月22日，2号机组厂用受电。2015年9月14日，1号机组通过168小时满负荷试运行，转入商业运行。2015年12月14日，2号机组通过168小时满负荷试运行，转入商业运行。

浙江浙能台州第二发电厂工程由中国电力工程顾问集团华东电力设计院有限公司负责设计，主要施工单位是中国能源建设集团浙江火电建设有限公司、浙江省二建建设集团有限公司、华丰建设股份有限公司，杭州意能电力技术有限公司负责调试，浙江浙电设备监理有限公司负责监理。工程实际投资76.92亿元。浙江浙能台州第二发电厂工程获得"2016—2017年度国家优质工程金质奖""2017年度中国电力优质工程奖"。

十一、宁夏枣泉电厂一期工程

（一）项目前期

2014年1月23日，国家能源局印发《国家能源局关于同意宁夏煤电基地外送项目建设规划实施方案的复函》（国能电力〔2014〕371号），同意宁东至浙江特高压直流输电工程配套电源，分别由各项目单位开展前期工作。2015年1月28日，宁夏回族自治区改革发展委印发《关于宁夏枣泉电厂项目核准的批复》（宁发改审发〔2015〕9号），核准该项目。明确该项目建设2台66万千瓦超超临界间接空冷燃煤发电机组，同步建设高效静电除尘、脱硫、脱硝装置。宁夏枣泉电厂位于银川市东南55千米、灵武市东南20千米处的灵州综合工业园（A）区，占地面积约为45公顷。宁夏枣泉电厂一期工程由浙江省能源集团有限公司（51%）与国家电投宁夏青铜峡能源铝业集团有限公司（49%）出资建设。工程概算投资50.87亿元。

（二）工程建设

2015年9月16日，一期工程开工。2017年1月14日，厂用电受电。2017年3月18日，2号厂用电受电。2017年3月22日，1号锅炉水压试验完成。2017年10月5日，2号锅炉水压试验完成。2017年11月30日，1号机组完成168小时试运行。2017年12月21日，2号机组

完成168小时试运行。

2台机组从开工到建成投产，历时27个月5天，其间经历两个冬歇期。工程同时设计、同时施工、同时投运烟气超低排放、烟塔合一技术和水资源综合利用等多项国际或国内领先的环保技术、设施。工程实际投资44.51亿元。

2001—2019年浙江浙能电力股份有限公司燃煤发电项目建设情况见表2-2-1。

表2-2-1 2001—2019年浙江浙能电力股份有限公司燃煤发电项目建设情况表

工程名称		建设规模（台×万千瓦）	开工时间（年-月）	竣工时间（年-月）	概算投资（亿元）	实际投资（亿元）	单位千瓦投资（元）
台州发电厂五期工程		2×30	2006-04	2008-04	24.6000	23.0900	3849.06
温州发电厂三、四期工程	三期	2×30	2003-07	2005-07	26.1687	24.9332	4362.00
	四期	2×66	2012-10	2015-12	47.3379	42.1248	3191.28
嘉兴发电厂二、三期工程	二期	4×60	2002-04	2006-03	103.5000	87.3800	3555.07
	三期	2×100	2009-08	2013-07	76.3000	66.5200	3334.78
长兴发电厂一、二期工程	一期	2×30	2000-12	2003-05	25.0000	23.0000	3833.33
	二期	2×30	2003-09	2006-05	27.0000	25.1800	4196.67
浙能兰溪发电厂工程		4×60	2004-06	2007-04	98.3700	82.2600	3427.50
浙能乐清电厂一、二期工程	一期	2×60	2005-10	2008-09	59.1797	58.8664	4905.00
	二期	2×66	2009-03	2010-07	48.3800	48.1000	3644.00
滨海热电一、二期工程	一期	2×30	2009-07	2011-10	28.3622	26.6915	未完成
	二期	4×5.7	2016-01	未完成	30.9400	未完成	未完成
凤台电厂一、二期工程	一期	2×60	2006-07	2008-09	46.1300	46.8000	3900.00
	二期	2×66	2012-05	2013-12	42.7100	37.9900	2878.00
浙能舟山六横电厂一期工程		2×100	2011-05	2014-09	83.1794	76.9616	3848.08
浙江浙能台州第二发电厂一期工程		2×100	2012-09	2015-12	86.0614	76.9200	3846.00
宁夏枣泉电厂一期工程		2×66	2015-09	2017-12	50.8700	44.5100	3372.00

第二节 燃气发电项目

一、镇海联合9E燃机发电工程

自2009年开始，为应对不断高企的燃油价格和国家不断提高的环保要求，浙能集团开展燃油改燃气项目前期工作，以整体提高机组的发电经济性和环保性能。

2011年6月，镇海联合9E燃机油改气项目获浙江省发展和改革委员会核准。同年10月21日开始动工建设，2012年5月28日投产，是浙能集团系统首例实施的燃机机组油改气工程。主要项目包括新建1套天然气供应系统和相关消防设施，2台燃气轮机组原液体燃烧系统改造为单天然气燃料的低氮燃烧器，并对原燃机控制系统进行升级改造。

该工程全部机组均实现点火、冲转、并网、96小时试运一次成功。整套机组从启动调试到完成96小时试运期间，实现零强迫停运，全面完成工程建设的各项预期目标。

改造后，联合循环总出力由33.06万千瓦提高到34.4万千瓦，年节约标煤1.2万吨，减少二氧化硫排放量1100吨，减少氮氧化物排放量220吨，减少烟尘排放量150吨。

二、浙江金华燃气电厂工程

（一）项目前期

自2002年下半年始，随着社会经济快速发展，浙江电网缺电日益严重。为增加电力供应，弥补电力缺口，2003年，金华燃机发电有限责任公司筹划二期扩建，计划增加17.5万千瓦燃气蒸汽联合循环发电机组 1 套，建设总投资 5.85 亿元，新增注册资本 11200 万元人民币，由金华电力开发公司和浙江省电力开发公司按 6：4 的比例出资。浙江金华燃气电厂工程位于金华市婺城区洞溪工业园，总占地面积为 13.87 公顷。

2004 年 4 月，二期扩建工程经国家发展和改革委员会批准建设。

（二）工程建设

2004 年 4 月，二期扩建工程经国家发展和改革委员会批准建设。2004 年 4 月 12 日，土建工程动工。2004 年 4 月 27 日，第一方混凝土浇筑。2005 年 1 月 10 日，厂用电倒送。2005 年 1 月 14 日，成锅炉水压试验。2005 年 4 月 10 日，顺利通过联合循环满负荷 96 小时连续运行考核。二期扩建工程竣工投产，装机容量为 17.5 万千瓦。共安装燃气—蒸汽联合循环发电机组 3 套，发电装机总容量为 28.5 万千瓦。

2008 年 4 月，实现股权变更，由浙江省电力开发公司（76%）控股、金华八达集团有限公司（24%）共同出资，更名为浙江浙能金华燃机发电有限责任公司，纳入浙江省能源集团管理序列。

2013 年 3 月 11 日，浙江省经信委下达 6B 型燃气轮机联合循环发电机组的关停计划。2013 年 12 月 9 日，金华燃机 1~4 号机组出力相继解列。2014 年 3 月 20 日，公司启动 9E 机组“油改气”项目，2015 年 7 月 6 日完成 96 小时连续运行。改造后，9E 机组燃用天然气，容量增至 18.625 万千瓦。

二期工程由东北电力设计院深圳设计中心负责总体设计，金华市第一建筑安装工程公司负责主体工程土建施工，浙江省火电建设公司负责主体设备安装。

1 套、2 套燃气—蒸汽联合循环机组发电容量均为 5.5 万千瓦。燃气轮发电机组由法国阿尔斯通公司制造，为 6000 系列 PG6551B 型重型燃机（简称 6B），额定功率为 3.8 万千瓦，额定电压为 11 千伏；2 台双强制循环无补燃型燃机余热锅炉为杭州锅炉厂制造，额定容量为 66 吨/小时，汽压为 3.82 兆帕，出口温度为 450 摄氏度；2 台汽轮机和联合循环汽轮发电机为南京汽轮机厂制造，汽轮机额定功率为 1.7 万千瓦，额定压力为 3.43 兆帕，发电机功率为 1.7 万千瓦，额定电压为 10.5 千伏。

第 3 套燃气—蒸汽联合循环机组发电容量为 17.5 万千瓦。燃气轮发电机组由美国通用电气公司制造，为 9000 系列 PG9171E 型重型燃机（简称 9E），额定功率为 12 万千瓦，额定电压为 15 千伏；1 台三压无补燃强制余热锅炉为杭州锅炉厂制造，额定容量为 173.6 吨/小时，汽压为 5.9 兆帕，出口温度为 500 摄氏度；1 台汽轮机为纯凝式汽轮机，为上海汽轮机厂制造，额定功率为 5.5 万千瓦，额定压力为 5.6 兆帕；1 台汽轮发电机为济南发电设备厂制造，功率为 5.5 万千瓦，额定电压为 10 千伏。

三、浙能集团常山天然气热电联产项目

（一）项目前期

2011 年 6 月 28 日，浙能集团常山天然气热电联产项目筹建处与常山县经济技术开发区签订入园协议书。2012 年 5 月 12 日，可行性研究报告通过华东电网审查。2012 年 8 月 31 日，成立浙江浙能常山天然气发电有限公司。9 月 25 日，获浙江省发展和改革委员会核准批复建设（浙发改能源〔2012〕1189 号），建设规模为 1 套 40 万千瓦级燃气—蒸汽联合循环热电联产机组。

浙江浙能常山天然气发电有限公司位于衢州绿色产业集聚区常山片区鲁里地块，总占地面积 10 公顷，是浙江浙能电力股份有限公司全资控股企业。浙能集团常山天然气热电联产项目工程总投资 12.74 亿元，装机容量为 45.8 万千瓦。

（二）工程建设

2012 年 9 月 28 日，浙能常山天然气热电联产工程项目 1 号机组工程主厂房冷却塔区域正式爆破开挖。2012 年 10 月 12 日开工建设，主厂房区域第一方混凝土浇筑。2013 年 11 月 3 日，完成锅炉水压试验。同年，11 月 20 日，完成 220 千伏厂用受电。2014 年 7 月 22 日，机组完成 168 小时满负荷可靠性试运行阶段，投入商业运行。

浙能常山热电联产项目工程建设管理方为浙

江省电力建设有限公司。主要设计单位为中国能源建设集团浙江省电力设计院有限公司。主要施工单位为浙江省二建建设集团有限公司和中国能源建设集团浙江省火电建设有限公司。浙江电力建设监理有限公司监理建设，浙江浙电设备监理有限公司负责主要设备的驻厂监造。

燃机为东方电气股份有限公司生产的M701F4型燃气轮机，采用干式、低氮燃烧系统。汽轮机为东方电气股份有限公司生产的TC2F-35.4型高中压合缸、双排汽、单轴再热凝汽式蒸汽轮机。锅炉为杭州锅炉集团股份有限公司生产的NG-M701F4-R型三压、再热、卧式、无补燃、自然循环余热锅炉。发电机为东方电气股份有限公司生产的QFR-480-2-21.5型隐极式、二极、全氢冷、三相同步发电机。主变压器为特变电工衡阳变压器有限公司生产的SFP-580000/220型强制油循环风冷变压器。升压站采用厦门ABB高压开关有限公司生产的220千伏GIS配电装置，室外布置，线变组接线方式，共1回220千伏出线。

2015年5月27日，项目被浙能集团评为“达标投产机组”。

四、浙能长兴天然气热电联产工程

浙能长兴天然气热电联产工程装机规模为2套43.5万千瓦新型燃气—蒸汽联合循环热电联产机组，总装机容量为87万千瓦。工程总投资19.74亿元。

浙能长兴天然气热电联产工程是2012年度浙江省重点工程，位于浙江省湖州市长兴县雉城镇工业功能区内。

2012年6月25日，浙能长兴天然气热电联产工程获得浙江省发展改革委核准。

2012年11月1日，1号机组锅炉钢结构开始吊装。2013年4月28日，1号机组厂用电受电。2013年7月25日，1号机组完成168小时满负荷试运行。2013年1月20日，2号机组锅炉钢结构开始吊装。2013年8月24日，2号机组厂用电受电。2013年10月31日，2号机组冲管结束。2013年12月30日，2号机组完成168小时满负荷试运行。

2013年12月，浙能长兴天然气热电联产工程进行股权转换，由浙能集团全资控股变更为国家电投控股51%、浙能集团参股49%，生产运行由浙江浙能长兴发电有限公司负责。

五、浙江镇海发电厂燃油改建燃气发电工程

（一）项目前期

2001年4月2日，浙江镇海发电有限责任公司成立油机改造机构，开始项目前期工作。2002年1月，浙江省发展计划委员会印发《关于加快天然气利用前期工作的通知》，要求浙江省电力局按照“十五”规划，加快浙江镇海发电有限责任公司“油改气”发电工程的初步可行性研究审查和项目建议书上报。浙江镇海发电有限责任公司油改气发电工程纳入全省电力规划重点项目。2003年8月，国家发展和改革委员会印发《国家发展改革委关于审批浙江省镇海电厂燃油改建燃气发电工程项目建议书的请示的通知》(发改能源〔2003〕964号)，对项目建议书进行了批复。2005年2月7日，国家发展和改革委员会印发发改能源〔2005〕225号文，核准浙江镇海发电有限责任公司燃油改建燃气发电工程项目。

浙江镇海发电厂燃油改建燃气发电工程位于浙江省宁波市镇海区蛟川街道虹桥村，是国家开发东海油气田利用配套项目，利用原来镇海发电厂2台燃油机组拆除场地，建设2台35万千瓦级燃气—蒸汽联合循环机组。公司注册资本为5.325亿元，浙江浙能电力股份有限公司出资比例为51%，上海电力股份有限公司出资比例为37.5%，宁波开发投资集团有限公司出资比例为11.5%。

（二）工程建设

2004年6月29日，“四通一平”工程开工。2005年5月9日，浇筑主厂房第一方混凝土。2006年10月25日，11号机组完成厂用电受电。2006年12月6日，12号机组完成厂用电受电。2007年6月9日，11号机组完成168小时可靠性试运行并动态移交生产。2007年7月28日，12号机组完成168小时可靠性试运行并动态移交生产。

工程建设工期比原计划提前6个月。该工程实际总投资21.33亿元，比工程批准概算结余

3.05亿元；单位千瓦投资2701元。

浙江镇海发电厂燃油改建燃气发电工程由浙江浙能镇海天然气发电有限责任公司负责建设，浙江省电力设计院负责设计，浙江省火电建设公司和浙江省第二建设集团有限责任公司负责施工，杭州意能电力技术有限公司负责调试，浙江电力建设监理有限公司负责监理。

六、浙能宁波镇海动力中心天然气热电联产工程

（一）项目前期

2011年6月27日，项目获得浙江省发展和改革委员会项目服务联系单。6月28日，浙江省人民政府办公厅印发《关于浙江省天然气热电联产项目抢建行动计划的通知》（浙政办发〔2011〕65号），浙能宁波镇海动力中心天然气热电联产工程列入抢建行动二类项目。10月12日，浙江浙能镇海燃气热电有限责任公司注册成立。2012年5月21日，浙江省发展和改革委员会以浙发改能源〔2012〕547号文批复核准浙能宁波镇海动力中心天然气热电联产工程项目。

浙江浙能镇海燃气热电有限责任公司是浙江浙能电力股份有限公司控股子公司，注册资本为人民币5.6亿元，浙江浙能电力股份有限公司出资比例为60%，宁波能源集团有限公司出资比例为35%、宁波市镇海投资有限公司出资比例为5%。工程实际总投资27.18亿元，比批准概算节约3.28亿元，单位千瓦投资3991元。

（二）工程建设

2013年2月3日，主厂房基础浇注第一方混凝土。2014年5月25日，1号联合循环机组通过168小时满负荷试运行，投入运行。2014年7月10日，2号机组汽机扣缸完成。2014年9月30日，2号联合循环机组通过168小时满负荷试运行，投入运行。

工程主要设计单位为中国能源建设集团浙江省电力设计院有限公司。主要施工单位为浙江省二建建设集团有限公司、中国能源建设集团浙江省火电建设有限公司。施工监理单位为浙江电力建设监理有限公司。调试单位为杭州意能电力技术有限公司。设备监造单位为浙江浙电设备监理有限公司。

2015年4月16—17日，工程1号、2号机组分别以94.5、94.8的高分通过浙能集团公司建设管理部组织达标投产复检。

2015年12月11日，浙江省发展和改革发展委员会组织浙江省、宁波市、镇海区有关单位对浙能宁波镇海动力中心天然气热电联产工程进行了竣工验收。2015年12月28日，浙江省发展和改革委员会印发《浙能宁波镇海动力中心天然气热电联产工程项目竣工验收意见》（浙发改基综〔2015〕905号）。

浙能宁波镇海动力中心天然气热电联产工程位于宁波石化经济技术开发区湾塘片舟山大桥西侧新泓口围垦地块内。浙能宁波镇海动力中心天然气热电联产工程建设规模为2套39.46万千瓦多轴9F级燃气—蒸汽联合循环热电联产机组，每套联合循环机组容量约为35万千瓦，总装机容量为70万千瓦，供热能力为330吨/小时。

七、萧山发电厂二、三期工程

（一）二期工程

1. 项目前期

萧山发电厂一期工程建成后，原规划二期扩建2台30万千瓦燃煤机组。但随着社会的发展，国家对环保的要求越来越高，杭州市作为省会城市，同时又是旅游城市，环保要求更高。2000年，为配合东海天然气的开发利用，萧山发电厂规划二期扩建2台天然气发电机组作为天然气的下游配套项目被初步立项。2003年8月6日，国家发展和改革委员会批复了该工程的项目建议书。2005年3月8日，国家发展和改革委员会以《国家发展改革委关于萧山电厂天然气发电工程核准和批复》（发改能源〔2005〕345号）核准了萧山发电厂二期工程。

工程建设规模为2套40万千瓦燃气—蒸汽联合循环发电机组，项目实际总投资为21.6亿元，项目主设备由上海电气（集团）/西门子股份有限公司联合体提供。

2. 工程建设

2005年9月20日，3号机组桩基工程完毕。2005年12月28日，3号机组主厂房基础开始浇筑混凝土。2006年2月18日，4号机组主厂房

基础开始浇筑混凝土。2007年6月6日，3号机组厂用电受电。2007年8月10日，4号机组厂用电受电。2007年10月16日，3号机组168小时可靠性试运行结束，移交生产。2008年4月14日，4号机组168小时可靠性试运行结束，移交生产。

（二）三期工程

1. 项目前期

2011年初，浙江省人民政府为了缓解全省“十二五”期间电力供需的矛盾，缓解环境压力，决定抢建一批天然气热电联产项目。2011年5月18日，浙江省能源局发文将萧山发电厂三期工程（浙能萧山天然气热电联产工程）列入抢建项目的一类项目，要求2012年迎峰度夏前建成投产。6月3日，萧山发电厂三期工程取得浙江省发展和改革委员会出具的项目服务联系单，同意项目开展前期工作。项目按2台40万千瓦9F燃气机组的规模规划，要求争取在2012年迎峰度夏前建成1台。2012年3月14日，浙江省发展和改革委员会印发《关于浙能萧山天然气热电联产工程项目申请报告核准的批复》（浙发改能源〔2012〕258号），同意工程建设1套42万千瓦燃气—蒸汽联合循环热电联产机组，工程总投资为14.3亿元。

2. 工程建设

2011年10月9日，主厂房基础开始浇筑第一方混凝土。2012年4月5日，厂用电受电。2012年8月6日，三期工程5号机组完成168小时满负荷试运行，动态移交生产。

二期、三期工程主要设计单位为浙江省电力设计院，主要土建施工单位为浙江省第五建筑工程公司、浙江省火电建设公司，安装调试单位主要为浙江省火电建设公司，工程监理单位为浙江省电力建设工程监理公司、浙江浙电设备监理有限公司。

八、温州燃机发电有限公司9E燃机发电工程

（一）项目前期

为了降低发电成本、提高经济效益，解决机组燃用重油存在的环保难题，温州燃机发电有限公司经过多方面论证决定实施PG9171E级燃气—蒸汽联合循环（简称9E）油改气工程。

温州燃机发电有限公司位于温州市龙湾区瑶溪街道龙东村，离温州市中心约16千米。由温州市宏业投资发展有限公司（57%）和浙江省电力开发公司（43%）共同投资建设，为3台10万千瓦燃油机组。

2012年6月，温燃油改气工程可研报告通过浙能集团内部审查。2012年10月，项目正式获得浙江省发展和改革委员会出具的关于同意开展9E机组油改气工程前期工作的服务联系单。2013年9月18日，浙江省发展和改革委员会印发《关于温州燃机9E机组油改气项目核准的通知》，正式核准公司9E机组油改气项目。

（二）工程建设

2014年2月21日，温州燃机发电有限公司油改气工程项目正式开始实施。项目实施期间同时对1号、2号燃机机组进行A级大修，项目主要改造内容为对机组燃烧系统进行改造、新建1套天然气调压站系统、对控制系统进行一体化改造、对消防系统和环保设施进行改造。

2014年8月2日，2号和3号机组通过96小时满负荷试运行并投入商业运行。2014年9月9日，1号机组通过96小时满负荷试运行，整套机组正式投入商业运行。

温州燃机发电有限公司油改气工程项目实际投资1.2496亿元。改造后，机组容量从改造前的32.32万千瓦提高到34.2万千瓦。

2001—2019年浙江浙能电力股份有限公司燃气发电项目建设情况见表2-2-2。

表2-2-2 2001—2019年浙江浙能电力股份有限公司燃气发电项目建设情况表

工程名称	建设规模（台×万千瓦）	开工时间（年-月）	竣工时间（年-月）	概算投资（亿元）	实际投资（亿元）	单位千瓦投资（元）
镇海联合9E燃机发电油改气工程	1×34.4	2011-10	2012-05	1.42	1.27	366.9

表 2-2-2（续）

工程名称	建设规模（台×万千瓦）	开工时间（年-月）	竣工时间（年-月）	概算投资（亿元）	实际投资（亿元）	单位千瓦投资（元）
浙江金华燃气电厂工程	1×12 1×5. 5	2004-04	2005-04	5. 85	5. 68	3245. 7
浙能集团常山天然气热电联产项目	1×45. 8	2012-10	2014-07	14. 25	12. 74	2782. 23
浙能长兴天然气热电联产工程	2×43. 5	2012-07	2013-12	22. 35	19. 74	2271
浙江镇海发电厂燃油改建燃气发电工程	2×34. 05	2005-05	2007-07	24. 38	21. 33	2702
浙能宁波镇海动力中心天然气热电联产工程	2×39. 46	2013-02	2014-09	30. 46	27. 18	3991
萧山发电厂二、三期工程	2×35	2003-09	2008-04	24. 17	21. 60	3085
	1×40	2011-06	2012-08	14. 30	14. 30	3575
温州燃机发电油改气工程	34. 2	2014-02	2014-09	1. 4400	1. 2496	365. 4

第三节 供热项目

一、嘉兴发电厂供热项目

1. 一期供热管线工程

一期工程对 2 台 30 万千瓦燃煤发电机组进行设备、系统改造；始端蒸汽参数设定值为 1. 5 兆帕、300 摄氏度，设计最大热负荷为 49. 5 吨/小时。铺设供热主管道管线总长 18. 1 千米（其中东一线 13 千米，西一线 5. 1 千米），最大管径为 400 毫米。

2011 年 10 月 10 日，平湖市经济贸易局发文批准项目建设。12 月 30 日，由浙江浙能嘉兴发电有限公司（90%）与平湖市独山港区物流投资有限公司（10%）共同出资组建的平湖市滨海热力有限公司注册成立，进行管网建设和运营管理。

2012 年 12 月 15 日，工程开工。东一线、西一线分别于 2014 年 9 月 28 日、11 月 15 日移交运行。项目总投资 10731 万元。

2. 二期供热管线工程

二期管网从厂内 7 号、8 号机接出，沿现有管道预留管位沿东一线敷设至兴港路，其中在海港路、兴港路分别接出海港路、兴港路等支线。

工程管线设计参数为 2. 6 兆帕（表压）、350 摄氏度，工程建设完成后可承担独山港区平均供热负荷 80. 25 吨/每小时；管网的设计最大热负荷为 88. 8 吨/每小时。总长 20 千米。

2016 年 4 月 22 日，平湖市经济和信息化局批准项目建设，投资概算 4909 万元。2016 年 11 月 15 日，工程开工建设，由中国能源建设集团浙江火电建设有限公司负责施工。工程历时 14 个月，2018 年 1 月 17 日，工程竣工。

嘉兴发电厂建设平湖市滨海区域一、二期供热管线工程，满足平湖市独山港区、嘉兴港区的用热需求，促进当地社会经济发展。

二、温州发电厂供热改造项目

温州发电厂供热改造工程蒸汽取自 2 台 33 万千瓦机组（三期机组 5 号、6 号机）再热冷段管道，机组供热采用一用一备方式，蒸汽参数为 1. 5 兆帕、290 摄氏度。建成供热主管网 4. 3 千米，并预留一根管位，作为项目中远期使用。

供热改造工程由浙江省火电建设公司承接施工，2011 年 2 月 28 日开始施工。2012 年 5 月 21 日，改造完成，投入运行。工程分为厂内部分和厂外部分，其中厂内部分管道 1840 米；厂外部分管道 2602 米。设计最大热负荷为 28 吨/小时，日平均热负荷为 13 吨/小时。

2013年2月5日，浙江浙能温州发电有限公司成立全资子公司乐清市嘉隆供热有限公司，负责管网运营。

2018年，公司增加重石集中供热项目，延长厂外供热管道至重石工业园区，管道设计压力为1.5兆帕，设计温度为290摄氏度，最大设计热负荷为13吨/小时，新建供热管网总长1650米。

三、兰溪发电供热项目

（一）浙能集团兰溪发电厂供热改造工程

浙能兰溪发电厂供热改造工程对浙能兰溪发电4台60万千瓦燃煤发电机组进行设备、系统改造；铺设供热主干管道管线长12千米，最大管径为500毫米。

2011年4月8日，兰溪市发展和改革局发文批准项目建设。7月22日，注册成立兰能热力公司，负责管网建设和运营。同年9月13日，工程开工，由浙江省火电建设公司负责建设。2012年10月30日，开始对兰溪经济开发区（江南片区）企业供汽。2012年11月6日，厂区至兰溪经济开发区（江南片区）热网工程完成168试运行。项目总投资7844.51万元。

2014年，向婺城区临江工业园区供热，实现跨地区集中供热。2014年12月、2015年9月、2016年7月，因供热需要分别建设一新支线、创业园支线以及亿派斯支线。2017年12月因用户产能扩大对味海支线进行扩容改造并新建博众支线。

（二）浙能兰溪上华至诸葛集中供热管线项目

该工程从现有蒸汽管道灵马路金华江大桥过江后接出，向兰溪市西部片区进行集中供热，工程至永昌街道管线投影长度约24千米。管线设计参数为2.20兆帕（表压）、300摄氏度，工程建设完成后可承担兰溪市西部片区平均供热负荷70吨/每小时；管网的设计最大热负荷为90吨/每小时。

2016年10月浙江城建煤气热电设计院编制完成该项目可行性研究报告。2017年2月27日，兰溪市发展和改革局核准批复，批准项目建设，投资概算14811万元。

2017年11月16日该项目开工，由中国能源建设集团浙江火电建设有限公司负责施工。管道选用宁波万里管道有限公司的预制架空蒸汽管和地埋管。

2018年8月17日，全面完成衢江大桥段管道吊装、连接工作；8月24日，完成项目灵马公路段主管道水压试验；2019年3月项目主体工程建成通汽。

四、镇海发电厂供热项目

（一）镇海发电厂4台21.5万千瓦机组供热改造工程

镇海发电厂4台21.5万千瓦机组供热改造工程是浙江省和宁波市的重点工程建设项目，工程包括厂内机组改造部分和厂外管网建设部分。厂内机组改造部分包括：机组热力系统改造、化学水处理扩容改造、增设大工业供水系统1套、敷设厂内热网管及土建工作，改造后达到了600吨/小时供热能力。厂外部分管网建设3条管径为600毫米的低压管线从镇海发电厂至宁波石化经济开发区，管线长度为28千米左右。工程总投资37170万元。

2010年1月22日，工程开工建设，2010年9月30日，厂外管线用户1线投运，开始对外供汽。11月30日，厂外管网用户4线投运，向宁波石化经济开发区供汽；2011年5月底建成蛟川支线，7月向蛟川园区供汽。2012年8月，工程全部建成投产。

（二）镇海新城及周边区域集中供热工程

2012年10月22日，为进一步优化能源结构，改善生态环境，作为宁波市禁止销售使用高污染燃料区域建设的配套工程，镇海新城及周边区域集中供热工程开工建设。镇海新城管线从一期管线接出，建设一条15千米的主管线和总长为10千米左右的各支线。新城管线首段于2013年3月20日投运，开始对外供汽。2013年底，管线全部建成投运。工程总投资11130万元。

五、浙能乐清发电厂供热项目

浙能乐清发电厂对外集中供热项目建设1根管径为500毫米的供热管道，另外预留1根管径为500毫米的供热管道位置，从电厂接出至经济开发区，建成后可为沿途乐清湾港区、乐清中心城区、乐清城东社区、乐清经济开发区供热。工程总投资12923万元。管线工程建设完成后可承担平均供热负荷100吨/小时，最大稳定输送能力可达到110吨/小时，设计参数为2.20兆帕、310摄氏度。

2017年1月24日，供热项目获得乐清市发展和改革局核准批复。5月，成立浙江乐能热力有限公司，负责管网运营和维护。9月22日，工程正式开工建设。

2018年1月11日，厂内对外供热母管冲管完成，具备对外供热条件。1月23日，港区主管段及海洋新兴产业园支线完成冲管，2月8日，海洋新兴产业园支线开始供汽。后续因地方政府对经济开发区内管道的敷设方式有异议，项目暂时停滞并进行设计变更。

运营方面，已投运的港区段有签约用户12家，主要以包装、水产加工、服装等企业为主。售汽基准价为230元/吨，根据用汽企业离热源点的距离和用汽量进行上下调整，鼓励企业多用汽以及夜间用汽。截至2019年，共售汽5.5万吨，销售收入1079.25万元。

六、北仑发电厂供热项目

2008年7月，北仑区政府调整城区规划，关停城区内的热电厂，其原有用户的供热全部由北仑发电厂提供。

北仑发电厂对外供热项目由3~5号机组再热冷段抽汽通过联箱联合提供高压部分汽源。设计供热方向为两个：东线主供方向为北仑城区，供汽压力设计参数为0.7~1.2兆帕，温度设计参数为250~300摄氏度，最大流量为300吨/小时，最大压力为1.5~2.0兆帕，最高温度为270~320摄氏度；西线为青峙工业区，供汽压力设计参数为2.0兆帕，温度设计参数为200~250摄氏度，最大流量为200吨/小时。供热系统设有东、西2个阀门站和1个减温水泵站、1个PLC/MCC控制中心室。

2008年11月，工程开工建设。2009年7月，全部建成投产，开始对外供热。

七、萧山发电厂供热改造工程

萧山发电厂供热改造工程是响应国家有关节能减排、节能调度等产业政策要求，同时进一步延长电厂一期2台燃煤机组自身使用寿命而进行的挖潜改造工程。

2007年4月13日，浙江省发展和改革委员会印发《关于杭州市萧山区热力规划的批复》（浙发改能源〔2007〕252号），明确到2010年萧山发电厂可将2台燃煤机组进行供热改造，对周边15千米范围的热用户进行供热。

2008年11月14日，浙江省发展和改革委员会印发《关于萧山发电厂一期燃煤发电机组供热改造工程项目核准的批复》（浙发改能源〔2008〕798号）核准该工程。工程建设临浦北、河上镇、义桥镇3条管网，管线全长30.5千米。工程总投资估算为1.70亿元，所需资金全部由浙江东南发电股份有限公司用自有资金出资。完成1号、2号发电机组的设备、系统供热改造和供热管网建设，形成150吨/时过热蒸汽供热能力。

2017年5月25日，临浦镇政府与萧山发电厂签署《萧山发电厂外围供热管道移交协议》，供热管道的产权、管理职责移交地方政府。

八、黄岩热电天然气供热工程

（一）项目前期

2013年11月30日，按照“上大压小”等政策，并结合实际情况，浙江黄岩热电有限公司根据《浙江省经济和信息化委员会关于同意黄岩热电有限公司全厂关停的批复》（浙经信电力〔2013〕68号）要求，拆除3台发电机组和2台锅炉，仅保留3号、4号锅炉继续向黄岩经济开发区内企业集中供热。

根据浙江省环保厅《关于印发2016年浙江省大气污染物防治实施计划的通知》（浙环函〔2016〕145号）要求，浙江黄岩热电有限公司2台燃煤锅炉需要关停。浙江黄岩热电有限公司决定重新调研测算天然气供热项目，建设2台50吨/小时天然气快装锅炉。2017年7月，委托浙江省电力设计院编制天然气锅炉供热可研报告。2017年9月7日，台州市黄岩区经信局印发项目备案通知书（黄经技备案〔2017〕339号），取得项目建设的条件。2017年10月12日，向浙能集团报批，浙能董事会纪要〔2017〕

22号文件（2017年12月29日）通过，同意浙江黄岩热电有限公司作为项目业主，负责投资建设和运营该天然气锅炉项目；项目实际投资2600万元，其中资本金的30%由业主自有资金解决，其他资金项目融资解决。

项目建成后，全年对外稳定供热，关停2台燃煤锅炉，实现“煤改气”。

（二）工程建设

2018年3月15日，浙江黄岩热电有限公司天然气锅炉替代燃煤锅炉技术改造项目开工。2018年3月22日，锅炉房浇筑第一方混凝土。2018年4月16日，1号锅炉安装就位。2018年4月19日，LNG气化撬和储罐安装就位。2018年5月10日，2号锅炉安装就位。2018年6月19日，2台锅炉点火。2018年6月28日，正式投产。

项目历经3个多月完成并投产。建成后，供热平均负荷达到40吨/时，最高供热负荷达到80吨/时，供热出口压力达到0.9兆帕，温度达到290摄氏度，全年供热达到30万吨。

工程由中国能源建设集团浙江省电力设计院有限公司负责总体设计，聘请铁岭市清河电力监理有限责任公司作为改造项目的监理。锅炉制造安装由杭州华源前线能源设备有限公司负责施工。天然气配套安装工程由浙江浙能电力工程技术有限公司负责施工，土建工程由新天一集团有限公司执行。

九、浙江浙能绍兴滨海热力有限公司热网工程

（一）项目前期

2011年7月，浙江浙能绍兴滨海热力有限公司成立，开展热网工程建设，以满足搬迁印染企业的减产能、提效率的用能要求，抢占供热区域市场，把握市场化热负荷的供需平衡，满足周边印染企业用热需求。

2011年3月17日，《绍兴县集中供热规划》预审查会议在杭州召开。《绍兴县集中供热规划》顺利通过预审。

2011年3月，浙江浙能绍兴热力有限公司热网初步设计由浙江城建煤气热电设计院设计完成。

2013年5月31日，绍兴县发展和改革局以绍发改投〔2013〕140号文，同意浙江浙能绍兴滨海热力有限公司热网工程项目建议书。

2013年6月28日，绍兴县发展和改革局以绍发改投〔2013〕200号文，同意浙江浙能绍兴滨海热力有限公司热网工程项目初步设计。

（二）工程建设

2011年3月31日，热网一期（1号线至4号线）开工建设，由浙江省火电建设公司承建。2013年10月25日，滨海热力公司热网管道3号、4号线水压试验成功。2013年10月27日，1号、2号线水压试验成功。12月3日，热力公司与浙江盛兴染整有限公司、浙江东盛印染有限公司签订首批供用热合同。

2014年2月18日，1号供热管线首次通汽。2月28号，3号热力管道正式开始投运。

2014年9月1日，热网二期（5号、8号线）开工建设，由浙江火电建设公司承建。2014年11月27日，5号线供热管道在分段水压试验结束。12月5日，8号线水压试验成功。2015年1月19日，公司4号中压管线与龙德联合供热试验成功。2015年3月23日，公司二号机供热管道进行8号线中压供热。

2016年3月28日，热网三期（6号、7号线）开工建设，由浙江火电建设公司承建。2017年12月26日部分主干线正式投用。2018年11月30日，滨海热网6号、7号管线（含3条专线）竣工。

十、台州发电厂供热项目

（一）项目前期

为合理利用余热蒸汽，节约能源，改善环境，台州发电厂开展供热项目建设，向国家级医化园区浙江省化学原料药基地临海市医化园区集中供应热能。

2003年6月，台州市联源热力有限公司成立，筹建第一条供热管道台州发电厂四期供热管线。

（二）工程建设

2004年4月，第一条供热管道台州发电厂四期供热管线投产，开始向临海市医化园区供应蒸汽。四期供热管线全长13.25千米，采用管径为478毫米无缝钢管输送，设计压力为1.6兆帕，温度为300摄氏度，最大流量为100吨/小时。

2009年，台州市联源热力有限公司股东、股权变更，浙江浙能电力股份有限公司控股95%、浙江省化学原料药基地临海投资开发有限公司占股5%。

2011年10月15日，第二条供热管道台州发电厂五期配套工程供热管线项目厂内工程开工建设。2011年11月20日，厂外工程开工。2013年10月18日，工程全线完工。2013年11月7日投产供汽。五期配套工程供热管线项目全长14.6331千米，园区热力站前采用管径为630毫米无缝钢管，园区热力站后采用管径为478毫米无缝钢管输送，压力为1.6兆帕，温度为300摄氏度，最大流量为152吨/小时，工程总投资12181.3万元。

2017年10月27日，五期配套工程供热管线第二期项目开工。2018年12月28日全线通过了168小时试运行和工程竣工验收，该项目以台州发电厂为起点，至浙江省化学原料药基地临海园区，全长约16千米，最大供汽量为150吨/小时，概算投资9761万元。

至2019年底，供热用户75家，台州发电厂供热管道长度达66.4542千米，累计供热量突破1300万。

十一、浙江浙能长兴发电有限公司供热项目

2003年10月，长兴发电厂至长兴县经济技术开发区的第一条供热管线建成投运。汽源从1号、2号机冷再抽出经供热联箱对外供热，出口蒸汽联箱参数为设计温度为300摄氏度，压力为1.6兆帕。

2008年9月，至长兴稚城工业园第二条供热管线建成投运，汽源从3号、4号机冷再抽出经供热联箱对外供热，出口蒸汽联箱参数为设计温度为300摄氏度，压力为1.6兆帕，同步建设了一、二期供热联通管，使得对外供热更加灵活、可靠。

2010年8月，至长兴李家巷工业集中区第三条供热管线开工建设，汽源从2号供热联箱接出对外供热。

2012年9月，至长兴县经济技术开发区的第二条主供热管线建成投运，供热用户突破60家，与远大空调合作实现了三联供（供热、供冷、供热水）。

2014年6月，启动蒸汽预收费改造，至年底所有用户实现了蒸汽结算预收费模式。

2018年10月，启动至南太湖产业集聚区长兴分区的供热工作，截至2018年底，项目进入勘察设计阶段。长兴发电厂总管线长度达到55千米，覆盖周边4个园区，用户数量93家，年供热量达到70万吨。

2001—2019年浙江浙能电力股份有限公司供热项目建设情况见表2-2-3。

表2-2-3 2001—2019年浙江浙能电力股份有限公司供热项目建设情况表

工程名称	建设规模（设计最大热负荷：吨/小时）	开工时间（年-月）	竣工时间（年-月）	概算投资（万元）	实际投资（万元）	单位千米投资（万元）
平湖市滨海区域一期供热管线工程	49.5	2012-12	2014-12	16426.00	10731.00	561.29
平湖市滨海区域二期供热管线工程	88.8	2016-11	2018-01	4909.00	未出	未出
温州发电厂改造供热项目	28	2011-02	2012-05	1866.00	1792.00	416.74
浙能集团兰溪发电厂供热改造工程	158	2011-09	2012-11	11846.00	7844.51	713.14
浙能兰溪上华至诸葛集中供热管线项目	90	2017-11	未完成	14811.00	未出	未出
镇海发电厂4台21.5万千瓦机组供热改造工程	600	2010-01	2012-08	47715.00	37170.00	1327.50

表 2-2-3（续）

工程名称	建设规模（设计最大热负荷：吨/小时）	开工时间（年-月）	竣工时间（年-月）	概算投资（万元）	实际投资（万元）	单位千米投资（万元）
镇海新城及周边区域集中供热工程	50	2012-11	2014-07	13345.00	11130.00	445.20
浙能乐清发电厂供热项目	110	2017-09	未完成	12923.00	未完成	445.62
北仑发电厂供热项目	300	2008-11	2009-07	2682.00	2679.90	—
萧山发电厂供热改造工程	150	2009-12	2012-06	20900.00	17000.00	未出
黄岩热电天然气锅炉替代燃煤锅炉技术改造项目	2×50	2018-03	2018-06	2820.00	2600.00	—
浙江浙能绍兴滨海热力有限公司热网工程	2920	2011-03	2018-11	12826.40	未出	未出
台州发电厂四期供热管线项目	100	2003-07	2004-09	2012.00	1943.29	146.63
台州发电厂五期配套工程供热管线项目	152	2011-11	2013-11	12861.00	12181.30	832.40
台州发电厂五期配套工程供热管线第二期项目	150	2017-10	2018-12	9761	5196.387	325.89
浙江浙能长兴发电有限公司供热项目	600	2003-06	2010-10	15203	12673	230.3

第三章　关停与拆除项目

第一节　燃煤项目关停与拆除

一、台州发电厂一、二、三期机组

（一）关停前期准备

台州发电厂一、二、三期工程（6 台 13.5 万千瓦燃煤发电机组）总装机 81 万千瓦，是国家“六五”“七五”重点工程。首台 1 号机组于 1982 年 12 月 23 日投产发电，6 号机组于 1988 年 4 月 16 日投产发电。服役期间，6 台机组累计发电 1194.6 亿千瓦时。在 20 世纪 80—90 年代，6 台发电机组一直是浙江电网的主力机组，曾分别荣获中电联全国竞赛 10 万千瓦级机组特等奖及一等奖、二等奖、三等奖，为浙江经济发展提供了强劲动力，为满足社会用电需求、促进社会经济的发展作出了应有的贡献。但随着社会的发展，科技的进步，环保要求的提高，13.5 万千瓦机组老化、容量小、能源消耗大、经济效益低的问题日益凸显。为响应国务院《关于加快关停小火电机组的若干意见》，促进浙能集团产业升级，加快“大能源战略”实施，进入“十一五”后，台州发电厂作为全国千家节能行动单位之一，积极响应国家建设环境友好型和资源节约型社会的号召，于 2007 年开始，主动积极部署 6 台 13.5 万千瓦机组的关停行动。

2007 年 3 月，根据国务院批转国家发展改革委、能源办《关于加快关停小火电机组若干意见的通知》(国发〔2007〕2号）精神以及浙江省委、省政府关于建设“生态浙江”和“增产降耗、节能减排”的一系列指示，台州发电厂组织开展6台13.5万千瓦机组关停工作，委托浙江省电力设计院就关停事项开展专题研究。并组织开展对台州发电厂一至三期工程（6台13.5万千瓦）实施“上大压小”改建工程的前期调研工作。6月13日，台州发电厂根据浙能集团关于台州发电厂实施“上大压小”改建工程要与我省，特别是台州及当地发展规划相一致，与台州及当地经济发展相统一的指示和要求，结合椒江及三门、临海、温岭等地的总体发展规划并综合交通运输、电网构架、环保气象、水利海洋、土地利用、人口分布等各方面情况，向台州市政府请示（台电办〔2007〕94号）拟采取异地改建的方式，在三门牛山或洋市涂区域首先建设2台100万千瓦燃煤发电机组，且在项目核准立项并开工建设后，逐步关停一~三期工程6台13.5万千瓦燃煤机组。9月29日，浙江省发展改革委发文，原则上同意浙能集团在“十一五”期间对台州发电厂1~6号6台13.5万千瓦燃煤发电机组予以关停和拆除，并异地建设三门牛山涂电厂的报告。11月20日，浙江省经贸委召集省电力公司、浙能集团、东南发电股份有限公司、台州发电厂等单位召开6台13.5万千瓦燃煤机组关停协调会，会议原则同意台州发电厂1~6号机组逐步关停方案，并按国家有关关停小火电、“上大压小”政策处理。并原则上确定第1台机组关停时间在2007年12月8日。2007年11月29日，华东电网有限公司在杭州审查并通过了三门电厂初步可行性研究报告。

2008年1月23日，浙江省经贸委印发《关于安排三门发电厂“上大压小”替代关停容量指标的批复》(浙经贸电力〔2008〕31号)。同年1月，一场罕见的雨雪冰冻灾害袭击了南方大部地区，南方电网遭受一定程度的破坏，为确保电网安全，关停工作暂时搁置。

2009年，随着浙江省大容量、高参数机组的不断投产。台州发电厂重新实施机组关停工作。3月份，国家发展改革委组织有关人员对台州发电厂关停小火电机组进行核查，各项实质性工作全面有序地推进。8月26日，浙江省经信委召集省发展改革委、省电力公司、省能源集团公司、台州市经委、浙江东南发电股份有限公司、台州发电厂、省电力设计院等单位，在杭州专门召开协调会，专题研究、论证台州发电厂6台13.5万千瓦燃煤发电机组关停方案及电力供应保障相关问题。并明确了相应的电网调整和补强措施，确保在机组逐步关停过程中浙江省及台州当地电网的安全、稳定和供用电平衡。经浙江省政府、省经信委、省发展改革委、省电力公司和企业上级主管单位审查与审批，决定台州发电厂6台13.5万千瓦燃煤发电机组采取“整体关停、分步实施”的方式关停、解网和拆除。

（二）关停与拆除

2009年8月31日11时，台州发电厂2~5号4台13.5万千瓦机组相继停机并与电网正式解列。

2009年9月2日，6台13.5万千瓦燃煤发电机组整体关停分步实施暨首批4台机组关停拆除仪式在台州发电厂1号主变现场召开。浙江省人民政府、国家能源局、浙江省发展改革委、浙江省经信委、国家电力监管委员会杭州监管办、浙江省电力公司、台州市人民政府、浙能集团和东南发电股份有限公司等相关职能部门领导参加了关停拆除仪式。15时48分，1号、2号水冷塔被爆破拆除。9月23日，根据《浙江省经济和信息化委员会关于调整上报“上大压小”台州第二发电厂替代关停容量项目的函》(浙经信电力函〔2009〕75号）有关内容，浙江省经信委将浙能台州第二发电厂替代关停容量调整为113.216万千瓦，其中包括并网燃煤（油）机组22台，装机容量78.94万千瓦；不并网油机677台，装机容量为34.276万千瓦。

2010年8月8日21时58分，台州发电厂1号机组解列，关停退役。22时38分，6号机组解列，关停退役。该厂6台13.5万千瓦机组整体关停分步实施工作圆满结束。8月21日，国家能源局批复同意浙能台州第二发电厂“上大压小”新建项目开展前期工作。9月15日，台州发电厂3号水冷塔爆破拆除。至此，台州发电厂6台13.5万千瓦机组退出了历史舞台。

6台13.5万千瓦机组关停后，每年可减少二氧化硫排放2.8万余吨，对浙江省完成“十一五”节能目标和主要污染物排放总量控制具有深远的意义。

2010年10月26日，13.5万千瓦机组关停。11月22日，根据企业改革发展情况，撤销发电部编制。原来的发电部人员全部解散，开始实行人员分流。随着1~6号机组的关停和“上大压小”项目的推进以及机构优化，除部分人员向四期、五期分流外，2012—2014年，大部分人员进入浙江浙能台州第二发电有限责任公司。台州发电厂向浙江浙能台州第二发电有限责任公司输送人员共计622人。

2012年6月9日，东南发电股份有限公司召开董事会会议，审议通过《关于处置台州发电厂关停机组资产的议案》，同意对台州发电厂1~6号机组进行拆除，并决定在浙江省产权交易中心以公开拍卖方式进行处置，此次转让的资产包括不能再继续生产、服务生产的主机设备、辅助设备及设施。7月11日，受托单位分别在浙江省产权交易中心、《浙江日报》《台州日报》等媒体上进行了公告。

2012年8月23日，浙江东南发电股份有限公司全资的台州发电厂1~6号13.5万千瓦燃煤火电机组部分资产在浙江省产权交易中心成功拍卖，26家意向受让方参与公开竞价，最终由湖北赛福机械有限公司以1.2亿元报价成交。这是国内一次性成功拍卖台数最多的“上大压小”关停机组。东南发电股份有限公司与湖北赛福机械有限公司现场签订《产权交易合同》。按合同规定，湖北赛福机械有限公司在15个月内完成拆除工作。

二、温州发电厂一期机组

（一）关停前期准备

温州发电厂一期（2台13.5万千瓦燃煤发电机组）是国家“七五”计划抢建项目，由华能集团公司、浙江省电力开发公司和温州市电力开发公司三家共同集资建设，总投资5.46亿元。作为当时温州市最大的建设项目，2台机组分别于1990年12月和1991年8月提前投产发电，成为当时华东电网南端的主力火电基地，同时也是华东电网电压的重要支撑点和枢纽变电站。项目的建成投产，对缓解浙江电力供需矛盾，特别是改变浙南地区长期严重缺电的局面，发挥了重要的作用。截至2010年8月机组关停前夕，1号机组累计发电147.27亿千瓦时，2号机组累计发电143.99亿千瓦时，为温州地区经济快速、稳定发展发挥了极其重要的作用。10年共上缴利税、管理费用等6.69亿元，已超过电厂投资总额。随着社会的发展，科技的进步，环保要求的提高，13.5万千瓦机组老化、容量小、能源消耗大、经济效益低的问题日益凸显。

为响应国务院《关于加快关停小火电机组的若干意见》，促进浙能集团产业升级，加快“大能源战略”实施，进入“十一五”后，温州发电有限责任公司作为全国千家节能行动单位之一，响应国家建设环境友好型和资源节约型社会的号召，于2007年开始，部署2台13.5万千瓦机组的关停行动。

2007年下半年，在浙能集团的统一领导和部署下，温州发电有限责任公司根据国家《关于加快关停小火电机组的若干意见》(国发〔2007〕2号）和浙江省委、省政府关于节能降耗、污染减排的指示精神以及《浙江省人民政府关于关停小火电机组的实施意见》(浙政发〔2007〕32号)，结合企业自身实际，组织开展2台13.5万千瓦机组关停申报工作。

2008年1月中旬，一场罕见的雨雪冰冻灾害袭击了南方大部地区，南方电网遭受一定程度的破坏，为确保电网安全，关停工作暂时搁置。

根据国家发展改革委发改能源〔2014〕866号文件要求，2010年8月8日，一期工程2台机组全部关停。

2009年，随着浙江省大容量、高参数机组的不断投产以及社会用电需求受金融危机影响渐趋缓和。浙江浙能温州发电有限公司抓住这一有利时机，重新实施机组关停工作。这一工作得到了浙江省能源集团公司以及浙江省、温州市各级政府和相关职能部门的大力支持。

2009年10月，温州市国土资源局、水利局、环保局、港航局、海洋与渔业局、海事局6个职能部门发文，对温州发电厂实施“上大压小”项目给予肯定。

2010年5月10日，2010年集团公司发展会议暨“十二五”发展战略研讨会在杭州召开。会上，浙江浙能温州发电有限公司四期项目“上大压小”工程作为集团公司“十二五”发展工作重点，明确为集团公司“十二五”期间确保建设项目。2010年7月30日，浙江浙能温州发电有限公司召开中层干部会议，部署落实一期机组关停工作。会议要求公司干部职工要树立大局意识、责任意识和发展意识，将工作做深做细，安全、顺利、圆满地完成机组关停工作，促进企业的可持续发展。

（二）关停与拆除

2010年8月8日上午10时，浙江浙能温州发电有限公司在一期集控室举行一期机组关停仪式。16时35分，在运行人员操作下，浙江浙能温州发电有限公司1号、2号2台13.5万千瓦机组相继停机并与电网正式解列。2台13.5万千瓦机组的退役，标志着浙江浙能温州发电有限公司迈出了2台13.5万千瓦机组整体关停分步实施的实质性一步。至此，浙江浙能温州发电有限公司一期工程2台13.5万千瓦燃煤机组在运行了近20年之后退役，永久关停。

2010年8月17日下午2点，浙江浙能温州发电有限公司灰硫系统设备输送完系统内的剩余积灰和浆液后，停运时机成熟，在灰硫运行人员的操作下，一期灰硫系统所有设备停电，标志着一期灰硫系统永久性撤出运行，从此分别运行了二十年和两年多的一期输灰和脱硫系统退出历史舞台。

2010年9月16日上午10时30分，浙江浙能温州发电有限公司举行机组关停爆破仪式。上午10时40分，一期机组4号输煤栈桥及4号转运站楼在预定范围内倒下。爆破工作完成后，浙江浙能温州发电有限公司2台13.5万千瓦燃煤机组已成功实施整体关停。

至此，温州发电厂2台13.5万千瓦机组全部关停，温州市新中国成立以来最大的建设项目彻底退出历史舞台。一期机组关停标志着公司在落实国家“节能减排”“上大压小”政策上又迈出了关键一步。这既是浙能集团推进实施“大能源战略”，调整优化产业结构的重要任务，也是促进全省节能减排，实现产业升级的重大举措，同时也是践行科学发展观，优化产业结构，勇于承担社会责任的一个具体举措。

2011年11月14日，浙江省能源集团印发《关于启动温州发电厂关停机组设备处置工作的批复》，正式批复浙江浙能温州发电有限公司同意启动一期2台13.5万千瓦机组设备处理工作。12月16日，浙能集团印发《关于同意温州发电厂关停机组资产挂牌转让的批复》，正式同意浙江浙能温州发电有限公司将1号、2号13.5万千瓦火电机组及其配套设备和房屋建构筑物、乐清市嘉隆发电有限公司拥有的150万千瓦关停汽轮机组及其配套设备这两部分资产已评估价格为底价，委托省产权交易机构进行公开挂牌转让。

2012年3月8日，成功拍卖浙江浙能温州发电有限公司一期关停机组部分资产（包括1号、2号13.5万千瓦火电机组及其配套设备）。6月4日，浙江浙能温州发电有限公司关停机组配套脱硫设备部分资产在浙江产权交易所成功转让，成交价为242万元，标志着浙江浙能温州发电有限公司一期关停机组所有资产处置完毕，为推进浙江浙能温州发电有限公司四期“上大压小”项目建设创造了有利条件。至此，浙江浙能温州发电有限公司一期关停机组所有资产均已妥善处置。10月25日，根据企业发展需要，原来一期运行维修人员全部解散，实行人员分流。随着一期机组的关停以及浙江浙能温州发电有限公司“上大压小”项目的推进，其运行维修355人分流到二期、三期运行维修、后勤服务与供热项目等部门。同时为保证一期机组退役后运行人员的平稳过渡，结合浙江浙能温州发电有限公司发展战略目标以及四期工程运行人员储备要求，浙江浙能温州发电有限公司制定一期机组运行人员转岗及培训管理办法，结合发电部运行岗位结构特点，为66万千瓦超超临界机组的运行管理夯实专业基础，培训目标达到一岗多能，促进低岗向高岗培训，实现班组备员专业全能化。

三、镇海发电厂二期机组

（一）关停前期准备

浙江镇海发电有限责任公司经原国家计划委员会计经〔1981〕428号文件批准，建有3号、4号容量均为20万千瓦燃煤发电机组，2台发电机组分别于1985年12月、1986年12月投产。

至2018年，2台机组已超过30年设计寿命，设备老化，能耗、环保指标变差，安全运行潜在风险变大，2台机组均列入了浙江省“十三五”关停计划。

根据国家发展改革委、国家能源局《关于加快做好淘汰关停不达标的30万千瓦以下煤电机组工作暨下达2018年煤电行业淘汰落后产能目标任务（第一批）的通知》(发改能源〔2018〕1228号）确定的标准，浙江镇海发电有限责任公司3号、4号燃煤发电机组属于国家明令淘汰关停的不达标机组，应于关停淘汰。

浙江省能源集团有限公司、浙江浙能电力股份有限公司和浙江浙能镇海发电有限责任公司统一思想认识，响应国家产业政策和浙江省发展改革委的通知要求，做好机组关停前的准备工作。2018年12月12日，浙江镇海发电有限责任公司向浙江浙能电力股份有限公司提交《关于镇海电厂3号、4号燃煤机组关停的请示》。同时，浙江省能源集团公司向浙江省发展和改革委员会提交《关于镇海电厂3、4号燃煤机组关停的请示》(浙能生〔2018〕695号)。浙江省发展和改革委员会《省发展改革委关于同意镇海电厂3、4号燃煤机组实施关停的批复》(浙发改能源〔2018〕668号)，同意浙江镇海发电有限责任公司3号、4号燃煤机组关停。

（二）关停与拆除

2018年11月4日，4号机组调停。12月26日上午10时58分，3号机组与系统解列。经省调批复同意，2台机组于12月26日18时18分正式退役。至此，浙江镇海发电有限责任公司3号、4号燃煤机组正式关停退役。

为适应镇海城区的发展和企业节能减排的需要，浙能集团计划在镇海泥螺山围垦区域新建2台66万千瓦超超临界燃煤机组。

《省发展改革委关于做好镇海电厂3号、4号机组关停后续工作的通知》(浙发改能源〔2018〕611号）要求，浙江镇海发电有限责任公司3号、4号机组关停后，可按相关文件规定保留3年发电计划参与发电交易，其关停容量由浙江省统筹安排，用于镇海发电厂2台66万千瓦燃煤机组迁建项目建设。为保障宁波“十四五”及以后电力、热力的保障供应，浙江省能源集团公司应加快推进镇海发电厂2台66万千瓦燃煤机组迁建项目建设，确保按计划尽早建成投运。浙江省电力公司应加快推进镇海发电厂迁建配套电网工程建设，满足宁波市经济社会发展电力需求。

浙江镇海发电有限责任公司3号、4号燃煤机组关停退役，取而代之的容量为2台高水平、现代化、智能标杆的66万千瓦燃煤机组，对于地区环境状况的改善和供电、供热的保障有着非常重大意义。

四、萧山发电厂机组

（一）关停前期准备

萧山发电厂2台12.5万千瓦国产燃煤机组系一期工程，先后于1993年9月和1994年4月投产发电，2002年1月经汽轮机通流部分改造扩容到13万千瓦，并在后续全部实现脱硫、脱硝；2012年12月，2台燃煤机组经供热改造后正式对外供热。

为迎接G20峰会在杭州召开，加快推进杭州市无燃煤区建设，《杭州市2015年大气污染防治实施计划》中提出“2015年6月底前关停萧山电厂1台燃煤机组，年底前关停另1台燃煤机组”。为保证G20峰会的“西湖蓝”，浙能集团及萧山发电厂高度重视，成立关停、保供领导小组及工作小组，着力推进煤机关停各项工作，并与各级政府及有关单位联系沟通洽谈。

2015年3月30日，浙能集团召开专题会议，传达浙江省委、省政府对萧山发电厂两台燃煤机组关停的相关指示精神，明确了关停时间，并对相应工作进行了部署。根据省政府2015年第30号专题会议纪要和《浙江省人民政府关于关停小火电机组的实施意见》(浙政发〔2007〕32号）文件精神，2015年9月28日上午，浙能集团主持召开专题会议，明确了集团内部有关提前关停萧山发电厂煤机和人员分流安置的时间，并对相应工作进行了全面部署。10月14日，实任浙江省副省长熊建平主持政府各相关部门和单位召开会议，专题研究萧山发电厂燃煤机组关停工作有关事宜，要求确保在2015年12月15日前完成萧山发电厂2台燃煤机组的关停工作。

（二）机组关停与拆除

2015年12月7日21时，2台燃煤机组全部关停解列。

2015年12月18日，《浙江省经济和信息化委员会关于萧山发电厂#1、#2燃煤发电机组关停的批复》（浙经信电力〔2015〕505号）文件同意关停计划并要求妥善处理好关停后续问题。

2016年7月29日，浙江省能源集团有限公司与杭州市萧山区人民政府签订《萧山发电厂燃煤发电机组关停补偿框架协议》，萧山发电厂不再承担周边工业企业的热力供应任务，由萧山区人民政府负责安排落实替代热源；萧山发电厂在机组关停并履行相关资产处置审批程序后，将萧山发电厂围墙外的供热管道无偿移交萧山区人民政府，由区政府负责处置。

按照浙能集团《关于同意萧山发电厂关停机组资产挂牌转让的批复》（浙能资〔2016〕518号）、浙江浙能电力股份有限公司《关于同意萧山发电厂关停机组资产挂牌转让的批复》（浙能电财〔2016〕320号）、浙江浙能电力股份有限公司第二届董事会第23次会议决议等要求，2016年12月28日，2台13万千瓦关停机组部分资产在浙江产权交易所有限公司公开挂牌，并于2017年3月2日公开竞拍，由长沙经济技术开发区港中工贸有限公司以人民币3400万元竞买成功；4月6日，双方完成资产交割手续。

2017年5月25日，按照《萧山发电厂燃煤发电机组关停补偿框架协议》，煤机关停后供热管道厂外部分及供热改造工程厂外部分档案68卷移交临浦经发局。11月，长沙经济技术开发区港中工贸有限公司开始进场实施拆除工作；2018年9月29日，萧山发电厂2台燃煤机组的烟囱完成定向爆破，关停煤机拆除工作完成，曾作为省会城市重要电源点的萧电燃煤机组彻底退出历史舞台。2019年7月16日，《萧山发电厂2×130MW关停机组部分资产交易合同》及相关协议收口完成。

萧山发电厂2台13万千瓦燃煤机组累计发电量347.45亿千瓦时，对外供热量103万吨，为浙江电源的合理布局和地区经济建设作出了积极贡献；关停后，每年可减少燃煤使用62万吨，减少二氧化硫、氮氧化物和烟尘排放量分别为330吨、520吨和70吨，为杭州市“无燃煤区建设”和杭州市大气污染防治行动作出了表率。

五、钱清发电厂机组

（一）关停前期准备

浙江浙能钱清发电有限责任公司位于绍兴市柯桥区钱清镇，总装机容量为26万千瓦。1号机为12.5万千瓦机组，于1999年10月投运，配套设计效率为65%的半干法脱硫系统；2号机为13.5万千瓦机组，于2002年5月投运，配套设计效率为90%的石灰石—石膏法脱硫系统。1号、2号汽轮机、发电机、锅炉分别为上海汽轮机厂、上海电机厂、上海锅炉厂生产制造，1号、2号主变均为三相双绕组油浸强油风冷无载调压变压器。

至2012年，2台机组因运行年份较长，设备出现明显老化，产能落后，装机容量小，能耗水平较高，供电煤耗远高于全省平均水平，且改造成本较大。同时在2012年1—8月，浙江浙能钱清发电有限责任公司平均运行负荷率仅为69.85%，2台机组共调停6次，累计时长达2046小时。随着经济的快速发展，钱清及其周边城市化进程不断加速，浙江浙能钱清发电有限责任公司已深入钱清镇繁华地段，周边厂房、民居林立，关停机组、退还土地，有利于地方政府完善小城市规划及整体布局，对于促进当地城市经济、环境协同发展、维护良好社企关系具有重要意义。

2012年9月初，为推进浙江省“上大压小”电源项目建设、促进节能减排和绍兴钱清镇小城市试点建设的进程，浙江省经信委主持召开了浙江浙能钱清发电有限责任公司机组关停协调会，明确2012年底关停1台12.5万千瓦机组，2013年迎峰度夏后关停1台13.5万千瓦机组。11月12日，浙江浙能钱清发电有限责任公司发布关停实施方案，就资产、土地、人员制定了完善的处置方案。11月15日，浙江浙能钱清发电有限责任公司上报浙能集团《关于浙江浙能绍兴钱清发电有限责任公司机组关停实施方案请示》（浙钱电〔2012〕10号）。11月，浙能集团上报浙江省经济和信息化委员会《关于报请落实钱清电厂两台燃煤机组关停计划的请示》(浙能生〔2012〕734号)。11月28日，浙江省经信委印发《关于同意浙江浙能钱清发电有限责任公司机组关停的批复》(浙经信电力〔2012〕722号)下达，原则同意浙江浙能钱清发电有限责任公司机组实施分别关停，具体时间为2012年12月底前关停1号机组，2013年9月底前关停2号机组。关停机组总容量为26万千瓦。2012年11月30日，浙江浙能钱清发电有限责任公司上报浙江省电力公司《关于浙江浙能钱清发电有限责任公司一号机组关停的请示》(浙钱电办〔2012〕12号)，申请1号机组自2012年12月10日实施关停，并计划于2012年12月31日之前拆除1号主变和尾部烟道。

(二) 关停与拆除

2012年12月10日22时50分，浙江浙能钱清发电有限责任公司1号机组出力降到零并完成与电网的解列，实现机组退役。

2013年8月21日，浙江浙能钱清发电有限责任公司上报浙江省电力公司《关于浙江浙能钱清发电有限责任公司#2机组退役的申请》(浙钱电生〔2013〕5号)。申请2号机组于2013年9月30日前退役。2013年9月24日6点52分，浙江浙能钱清发电有限责任公司2号机组顺利解列，实现机组退役。浙江浙能钱清发电有限责任公司2台12.5万千瓦级机组“退役”，是浙能集团关停的第9台、第10台12.5万千瓦级机组。截至2013年9月22日，浙江浙能钱清发电有限责任公司实现连续安全运行4954天，共累计完成发电量200.06亿千瓦时，2台机组累计实现对外供热量103.49万吨。

2018年8月21日，浙江浙能钱清发电有限责任公司标志性建筑冷却塔和烟囱完成定向爆破拆除。至此，浙江浙能钱清发电有限责任公司2台12.5万千瓦级燃煤机组全部完成关停拆除。2台机组从1999年投运，至2012年、2013年先后停止运行，为浙江省与绍兴市的经济发展及社会能源供应作出了巨大贡献。

机组关停拆除后，在资产处置上，遵循公平、公正、透明的基本原则，妥善处理；在土地处置上，厂区、生活区和灰库的土地使用权由绍兴县（现绍兴市柯桥区）政府收回；在人员处置上，125名人工作人员由浙能集团统一安排，所有职工均划入浙能绍兴滨海热电公司，确保每个职工都得到安置，保证没有一个职工下岗：其中20人左右负责留守及资产处置事宜，65人经培训后补充到滨海热电集控运行、燃料运行维护、化学运行试验等岗位，20人补充到滨海热电检修岗位，20人补充滨海热电行政、技术、工程管理等岗位。

第二节 燃油项目关停与拆除

一、镇海发电厂一期机组

(一) 关停前期准备

浙江镇海发电有限责任公司2台12.5万千瓦燃油机组分别于1977年12月25日和1978年9月22日建成投产，至2001年，2台机组运行年久、设备（尤其是锅炉）老化严重，机组降出力运行、效率低下，存在严重安全隐患；燃油发电已不符合国家当时的能源政策，同时燃油发电成本高昂，使燃油机组发电已到了入不敷出的地步，经济性极差；由于浙江镇海发电有限责任公司位于城区，燃油发电机组的污染严重影响了周边的环境。鉴于上述情况，恰逢国家开发东海天然气，浙江镇海发电有限责任公司抓住时机，决定拆除该2台机组，实施燃油改建燃气发电工程。

2001年4月2日，浙江镇海发电有限责任公司成立燃油发电机组改造领导小组，下设燃油发电机组改造办公室，开始项目前期工作。10月25日，浙江镇海发电有限责任公司燃油发电机组拆除改造专题协调会在宁波举行。会议由浙江省计委主持，宁波市计委、华能浙江分公司、省电力公司等参加了会议。会议听取了浙江镇海发电有限责任公司燃油发电机组拆除改造前期工作的汇报，并对有关问题进行了协调。

2002年2月20日，浙江省电力公司、省电力设计院有关领导和专家考察浙江镇海发电有限责任公司，充分肯定了进行燃油机组拆除、改建燃气机组的必要性和具有的有利条件，商讨了燃油发电机组改造的下一步工作。7月24日，国家电力公司华东公司印发《关于印发镇海发电厂125兆瓦机组油改气改造工程初步可行性研究报告审查意见的通知》(华东电计〔2002〕374号)，批复同意镇海发电厂12.5万千瓦机组油改气改造工程初步可行性报告。11月7日，镇海发电厂油改气项目建议书上报国家计委。

2003年1月，受国家计委委托，中国国际工程咨询公司对项目建议书进行评估，并于4月18日提交《关于浙江镇海电厂125兆瓦机组油改气改造工程(2×300兆瓦级)项目建议书的评估报告》(咨能源〔2003〕296号)上报国家发展和改革委员会。该报告认为拆除2台12.5万千瓦燃油发电机组、新建2台30万千瓦级燃气蒸汽联合循环机组方案可行。3月，浙江镇海发电有限责任公司委托浙江省电力设计院完成工程的可行性研究工作，浙江省能源集团公司于3月11日提交《关于要求进行镇海发电厂125MW机组油改气改造工程可行性研究报告预审查的请示》(浙能投〔2003〕26号)，向浙江省发展计划委员会上报报告，请求审查。4月8—10日，镇海发电厂12.5万千瓦油改气改造工程可行性研究报告预审查会召开。8月15日，国家发展和改革委员会印发《国家发展改革委关于审批浙江省镇海发电厂燃油改建燃气发电工程项目建议书的请示的通知》(发改能源〔2003〕964号)，对该项目建议书进行了批复。11月3日，国家电力公司电力规划设计总院印发《关于浙江省镇海电厂燃油改建燃气发电工程可行性研究报告的审查意见》(电规总土水〔2003〕228号)，批复同意镇海发电厂12.5万千瓦机组油改气改造工程可行性报告。

(二) 关停与拆除

2003年5月16日，浙能集团组织召开镇海发电厂12.5万千瓦机组设备拆除工程方案审查会，浙江省电力公司、浙江省电力开发公司、宁波市生产安全监督管理局、宁波市环保局、浙江省电力设计院、浙江省二建建设集团公司等单位参加会议，会议确定了拆除工程具体方案。7月3日，宁波市发展计划委员会印发《关于镇海发电有限责任公司2×125兆瓦燃油机组拆除有关意见的函》(甬计函基〔2003〕20号)，指出，镇海发电厂12.5万千瓦机组油改气项目对于宁波市长远的用电来说十分必要。8月19日，浙江镇海发电有限责任公司与浙江省火电建设公司签订《镇海电厂2×125兆瓦燃油机组拆除工程承包合同》，拆除工程由省火电公司总承包，负责主厂房及内部所有设备，汽机和锅炉基础及附属设备基础，厂变、备变基础，220千伏一期升压站构架东首四跨和110千伏升压站构架等拆除工程，其中建筑工程(主厂房、150米高烟囱、灰库)的爆破拆除分包给广东宏大爆破工程公司。9月25日，浙江镇海发电有限责任公司与铁四陆军工程监理咨询公司签订《油改气工程主厂房、烟囱、干灰库爆破拆除工程委托监理合同》；并与宁波华业电力工程有限公司签订《镇海电厂一期油区油污水处理装置、#3轻油罐及附属设备拆除工程承包合同》《一期油库区重油罐拆除工程承包合同》；与宁波众茂建筑工程有限责任公司签订《油改气工程附属建(构)筑物拆除工程承包合同》《天桥、生产楼等建(构)筑物拆除工程承包合同》；与宁波众茂威远电除尘实业有限公司签订《一期油泵房及外围管道拆除工程承包合同》；与宁波发电工程有限公司签订《一期循泵设备拆除工程承包合同》《原化水车间设备、辅助设施拆除工程承包合同》等。

2003年9月19日上午8点06分，1号机组停机解列。2003年9月22日凌晨3点46分，2号机组解列，标志镇海发电厂一期2台12.5万千瓦机组完成历史使命。

2003年9月20日，浙江省火电建设公司全面开展主体工程的拆除工作，至2003年11月22日，2台燃油发电机组大件设备全部拆除。至此，设备拆除工作基本完成。主厂房、汽机基础、烟囱、干灰库等由广东宏大爆破工程公司采用爆破法拆除。12月6日，1000平方米灰库爆破。12月7日，150米高烟囱实施定向爆破成功拆除，被各大媒体誉为“亚洲烟囱第一爆”。2004年1月15日，主厂房爆破。2004年2月10日，主体工程拆除工作全部完成。至此，浙江镇海发电有限责任公司2台12.5万千瓦燃油机组关停拆除。从1977年投产直至2003年停机解列，1号机组累计发电1630070.18万千瓦时，2号机组累计发电1616653.24万千瓦时，为浙江省和宁波市的社会经济发展作出了巨大贡献。

燃油发电机组关停拆除后，相关运行和管理人员根据公司工作需要，平稳分流至发电部其他机组运行、管理岗位及化学分场、多经产业公司等工作岗位。

2 台燃油发电机组资产原属华能集团公司所有。2002 年 3 月 20 日，在浙江省政府的协调下，华能集团公司、浙江省计委、浙江省电力公司、浙江省能源集团公司四方签订《镇海电厂燃油发电机组改造项目的协议》，华能集团公司同意将 2 台燃油发电机组资产无偿转让给浙江镇海发电有限责任公司。9 月，国家电力公司印发《关于华能集团公司无偿转让镇海电厂 1 号、2 号燃油机组有关问题的批复》，同意将镇海发电厂 1 号、2 号机组无偿转让给浙江镇海发电有限责任公司。

2 台燃油机组拆除实施油改气工程后，减排二氧化硫约 4000 吨/年，极大地缓解了宁波市的环境保护的压力，对改善大气环境质量有着重大的意义。

二、浙江浙能金华燃机发电有限责任公司一期机组

（一）关停前期准备

浙江浙能金华燃机发电有限责任公司 1～4 号机组为 2 套一拖一 6B 型燃油联合循环发电机组，装机容量为 2 台 5.5 万千瓦机组，分别于 1999 年 2 月和 4 月投入商业运行。

1～4 号机组投产运行接近 15 年，机组烟气排放指标达不到《火电厂大气污染排放标准》（GB 13223—2011）排放标准。2013 年 3 月 11 日，浙江省经济和信息化委员会印发《关于下达 2013 年浙江省小火电机组关停计划的通知》（浙经信电力〔2013〕130 号）下达了浙江浙能金华燃机发电有限责任公司 1～4 号机组关停计划。

2013 年 5 月，浙江浙能金华燃机发电有限责任公司委托浙江省电力设计院编制完成《浙能金华燃机#1～#4 机组关停方案研究》报告。6 月 17 日，该公司第五届董事会第一次会议审议通过了关停 1～4 号机组关停方案，并报请股东会审议批准。7 月 24 日，国网浙江省电力公司在杭州组织召开了浙江浙能金华燃机发电有限责任公司 1～4 号机组关停方案研究报告讨论会，并形成会议纪要（浙电会纪〔2013〕123 号）。会议对浙江浙能金华燃机发电有限责任公司 1～4 号机组关停做出明确安排：将 1～4 号机组关停时间推迟到 2013 年 12 月份；暂时保留浙江浙能金华燃机发电有限责任公司其中 1 回 110 千伏线路作为在运 9E 机组的启备电源。

2013 年 12 月 19 日，浙江省经济和信息化委员会下达《关于同意浙江浙能金华燃机发电有限责任公司两套 6B 机组关停的批复》（浙经信电力〔2013〕716 号），同意关停浙江浙能金华燃机发电有限责任公司 2 套 6B 机组，关停机组总容量为 11 万千瓦。机组关停后，按相关规定保留 3 年发电计划指标，从关停后的次年起纳入全省年度电力电量平衡，实施电量交易替代发电。并要求做好机组关停后职工安置、债权债务处置等后续工作。

（二）关停与拆除

浙江浙能金华燃机发电有限责任公司各级领导高度重视机组关停、关停后人员转岗和国有资产处置、拆除等工作，为确保一系列工作有序实施，成立了工作组，并赴台州发电厂、温州发电厂就关停机组资产处置等情况开展充分调研，求取成功经验。按照国有资产管理以及浙江省能源集团有限公司的相关规定及要求，并根据自身机组特点，编制了《6B 机组整体关停实施方案》《6B 机组整体关停资产界定及处置方案》《6B 机组整体关停人员安置方案》。

6B 机组拆除工作由中国水利水电第十二工程局有限公司完成。2013 年 12 月 8 日，双方签订 6B 机组冷却塔及发电机出线拆除工程合同。2014 年 3 月 17 日，双方签订脱硫塔、溴冷机房、燃机燃油附属设备拆除工程合同。2014 年 5 月，双方签订 110 千伏升压站拆除工程合同。

2013 年 12 月 9 日晚 17 时、17 时 01 分、18 时 07 分、18 时 09 分，1～4 号机组分别与电网解列。至此，在为浙江电网服役近 15 年后，1～4 号机组正式退出浙江省统调发电机组的历史舞台。

2013 年 12 月 10 日，浙江省经济和信息化委员会与浙江省能源集团有限公司、国网浙江省电力公司、浙江浙能金华燃机发电有限责任公司

签订《浙江省关停拆除小火电机组协议书》。12月13日，1~4号机组冷却塔拆除及1号、4号燃机发电机出线不可恢复性拆除工作宣告完成，并一次性通过省经信委的关停核查。2014年5月16日，原6B升压站内主变压器及相关设备完成拆除；5月19日，燃机及发电机完成拆除，并整体移出原工位。拆除过程中，仅用20天的时间即完成燃机本体、发电机及相关辅助设备、主变压器及母线的拆除工作。

至此，1~4号机组关停拆除。两套机组运营期间，累计实现发电量约31亿千瓦时，实现安全生产日2299天。1~4号机组退役后，每年可减少二氧化硫排放约998吨，可减少氮氧化物排放约838吨，对提升空气质量、完成地方节能目标和主要污染物排放总量控制都具有深远意义。机组关停拆除后，原1~4号机组生产和管理人员根据工作需要，全部平稳分流至其他各工作岗位。

2014年6月7日，浙江省能源集团有限公司批复浙江浙能金华燃机发电有限责任公司，对关停的一期1~4号机组启动资产处置工作。随后，资产处置方案获董事会、股东会及浙能电力批准。在取得拍卖所需的所有支持文件后，2014年10月13日，在《浙江日报》和浙江产权交易信息网等媒体网站上进行了公告。2014年11月10日，第一次公开拍卖工作在浙江省产权交易中心举行，当日，1号、4号两台6B燃机主机及其附属设备、备品备件成交。一周后，其余资产完成拍卖。至此，一期1~4号机组资产处置工作基本完成。

第四章 生 产 运 行

第一节 生 产 设 备

一、燃煤发电设备

（一）浙江浙能镇海发电有限责任公司主要设备

浙江浙能镇海发电有限责任公司二期与三期项目的3~6号机组锅炉由东方锅炉厂制造，型号为DG670/140-8型，超高压一次中间再热、单汽包自然循环、固态排渣煤粉炉，按燃用贫煤设计。汽轮机为国产20万千瓦级机组，由北京重型电机厂制造，超高压、中间再热、三缸、三排汽、凝汽式汽轮机，型号为N200-130-535/535。发电机系北京重型电机厂制造的型号为QFSN-220-2型20万千瓦汽轮发电机。冷却方式为水氢氢，即定子线圈、定子引出线采用水内冷，转子线圈为氢内冷，定子铁芯及其他结构件为氢表面冷却。

（二）浙江浙能长兴发电有限公司主要设备

1998年12月25日，长兴发电厂扩建处在杭州与北京巴布科克·威尔科克斯有限公司签署一期2台锅炉设备采购合同（合同号：2000G2/2001G2）；同时与上海汽轮机厂签署一期2台汽轮机设备采购合同（合同号：经成98/052与经成98/053）；与上海汽轮发电机厂签署一期2台汽轮发电机设备采购合同（合同号：汽销99/022和汽销2000/008）。确定浙江长兴发电厂一期扩建项目锅炉型号为B&WB-1025/17.5-M，该锅炉为亚临界、自然循环、单炉膛、一次中间再热、露天布置、全钢构架、平衡通风、旋流燃烧器、固态排渣燃煤汽包炉。锅炉设计煤种和校核煤种分别为安徽淮南煤和山西大混煤，点火、助燃用油为0号轻柴油。确定一期汽轮机型号为N330-16.7/537/537，该汽轮机为亚临界、中间再热、单轴、双缸、双排汽、凝汽式汽轮机，高中压缸合缸。确定一期发电机型号为QFSN-330-2，额定容量为330/367兆伏安，额定电压为20千伏，该型号发电机为三相、二极、隐极式转子同步发电机，定子绕组为三相、绕组接线为双星形。定子和转子绝缘等级均为F级。冷却方式为水氢氢，即定子绕组直接水内冷，转子绕组直接氢内冷，定子铁心及其构件氢气表面冷却。

2003年5月27日，浙江长兴发电有限责任公司与上海汽轮机厂签署二期2台汽轮机设备采购合同（合同号：经成2003/41），与上海汽轮发电机厂签署二期2台汽轮发电机设备采购合同（合同号：汽销2005/045和汽销2006/006）。2003年6月16日，浙江长兴发电有限责任公司与北京巴布科克·威尔科克斯有限公司签署二期扩建项目锅炉设备采购合同（合同号：2004G7/2005G4）。确定浙江长兴发电有限责任公司二期扩建项目锅炉型号为B&WB-1025/17.3-M，该锅炉为亚临界、自然循环、单炉膛、一次中间再热、露天布置、全钢构架、平衡通风、旋流燃烧器、固态排渣燃煤汽包炉。锅炉设计煤种和校核煤种分别为安徽淮南煤和山西大混煤，点火、助燃用油为0号轻柴油。确定二期汽轮机型号为N330-16.7/537/537，该汽轮机为亚临界、中间再热、单轴、双缸、双排汽、凝汽式汽轮机，高中压缸合缸。确定二期发电机型号为QFSN-330-2，额定容量为330/367兆伏安，额定电压为20千伏，该型号发电机为三相、二极、隐极式转子同步发电机，定子绕组为三相、绕组接线为双星形。定子和转子绝缘等级均为F级。冷却方式为水氢氢，即定子绕组直接水内冷，转子绕组直接氢内冷，定子铁心及其构件氢气表面冷却。

（三）台州发电厂主要设备

1993年12月14日，台州发电厂四期（7号、8号机组）项目筹建处在北京分别与北京巴布科克·威尔科克斯公司、北京重型电机厂与法国阿尔斯通公司签署项目一期三大主机设备采购合同（合同号：93京台330-1）。四期锅炉由北京巴布科克&威尔科克斯公司（简称B&W）生产，型号为B&W B-1025/18.44M型锅炉，与33万千瓦汽轮发电机配套。该锅炉按引进美国B&W公司RB锅炉技术设计制造并符合ASME标准。该锅炉蒸发量为1025吨/时（扩容后为1080吨/时），亚临界、一次中间再热、自然循环汽包炉，采用正压直吹MPS中速磨系统，前后墙对冲燃烧方式，低氮燃烧器改造后7号炉燃烧器配置为龙源公司LYSC型（8号炉为B&W公司DRB-XCL型）旋流煤粉燃烧器。在尾部竖井下设置2台三分仓容克式空气预热器。锅炉总体采用倒“U”形露天布置，系单炉膛、平衡通风、固态排渣全悬吊结构，尾部分烟道倒L形布置。四期（7号、8号）汽轮机采用北京重型电机厂与法国阿尔斯通公司合作生产的N330-17.75/540/540型单轴三缸二排汽凝汽式汽轮机。采用水氢氢冷却发电机及1025吨/时自然循环燃煤汽包炉配套组成单元制成套火力发电设备。2015年12月，7号机通流改造完成。2014年6月，8号机通流改造完成，改造后7号、8号机组额定容量从33万千瓦增至35万千瓦。7号、8号发电机由北京重型电机厂与法国阿尔斯通公司合作生产的，发电机型号为三相Y T225-460型33万千瓦发电机组，该种机组定子线圈及其连线、出线采用水内冷，转子绕组、定子铁芯及端部均采用氢冷，密封系统采用双流环式油密封，励磁系统为高起始响应的无刷励磁装置。

2004年2月28日和3月6日，浙能集团与哈尔滨锅炉厂（合同号：ZN-2004-001）、四川东方汽轮机厂（合同号：ZN-2004-002）、东方电机股份有限公司（合同号：ZN-2004-003）签订了五期工程锅炉、汽轮机、发电机供货合同。五期锅炉采用哈尔滨锅炉有限责任公司生产的1025吨/时（增容后为1086.9吨/时）亚临界参数HG-1025/17.55-YM15型控制循环炉，燃用富动烟混煤。锅炉总体采用倒“U”形布置，为一次中间再热、单炉膛、四角切圆燃烧方式、燃烧器摆动调温、平衡通风、固态排渣、全钢悬吊结构、半露天布置。锅炉低氮燃烧器改造后，采用龙源YTLY-TZ10RGS-02型燃烧器。五期汽轮机由东方汽轮机厂与日本日立公司合作制造，型号为N300-16.7/538/538，型式：单轴、双缸、亚临界、中间一次再热、双排汽冲动凝汽式，转向自汽轮机向发电机看为逆时针旋转。汽轮机由一个高中压合缸和一个低压缸双排汽组成。五期发电机系东方电机股份有限公司生产的30万千瓦发电机组。发电机定子铁芯由高导磁、低损耗的冷轧硅钢板扇形片叠装而成，定子绕组为三相、双层、短矩绕组，绕组接线为双星形。发电机采用水氢氢冷却方式，即定子线圈采用水内冷，发电机转子、定子铁芯及其他结构件采用氢气冷却。

（四）浙江浙能嘉兴发电有限公司主要设备

1991年11月16日，浙江浙能嘉兴发电有限公司2台30万千瓦机组锅炉、汽轮机、发电机采购合同签订，锅炉型号为SG-1087/18.3-M830，额定功率为30万千瓦，该型号锅炉由上海锅炉厂引进美国燃烧工程公司（CE）技术生产的亚临界中间一次再热控制循环汽包炉。锅炉水系统采用强制循环方式，配有3台炉水泵，采用单炉膛U形布置，四角切向燃烧，摆动喷嘴调温，平衡通风，全钢架悬吊结构，露天布置，固态排渣。锅炉最大连续蒸发量（BMCR）为1087吨/小时，出口蒸汽参数为17.65兆帕/540摄氏度/540摄氏度。汽轮机型号为N330-16.7/537/537，该汽轮机为亚临界、一次中间再热、单轴、两缸、两排汽、凝汽式汽轮机。额定功率为33万千瓦，最大计算功率为34.4万千瓦。发电机型号为QFSN-300-2，水氢氢冷却旋转励磁发电机，额定功率30万千瓦，由上海汽轮发电机有限公司引进美国西屋公司生产。

（五）浙江浙能嘉华发电有限公司主要设备

2001年3月13日，浙江嘉华发电有限责任公司5号、6号机组锅炉、汽机、发电机采购合同签订，锅炉型号为SG-2028/M17.5-M904，上海锅炉厂制造，亚临界压力、一次中间再热、四角切圆燃烧、控制循环锅炉，设置3台单吸入、双排出、无密封垫湿定子电机泰勒炉水循环泵，两用一备。主汽采用喷水调温，再热蒸汽采用摆动式燃烧器加事故喷水调温。单炉膛、Π形半露天布置，固态排渣、全钢架结构、平衡通风，在尾部竖井下设置2台三分仓容克式空气预热器。采用正压直吹制粉系统，配有6台HP1003型中速磨煤机，点火方式采用微油点火。汽机型号为N660-16.7/538/538，额定功率为66万千瓦；该汽轮机为亚临界、一次中间再热、单轴、四缸、四排汽凝汽式汽轮机。发电机型号为QFSN-600-20，水氢氢冷却静态励磁发电机，额定功率60万千瓦，由上海汽轮发电机有限公司引进美国西屋公司生产。

2001年3月15日，嘉兴发电有限责任公司3号、4号机组锅炉、汽轮机、发电机采购合同签订，锅炉由北京巴威公司生产，其型号为B&WB-2020/17.5-M，亚临界压力、一次再热、单炉膛平衡通风、自然循环单汽包锅炉，前后墙对冲燃烧，并配置B&W标准的DRB-XCL低氮氧化物双调风旋流燃烧器。尾部设置分烟道，过热汽温调温方式为煤水比加二级喷水，再热器出口汽温采用烟气分流挡板调节及事故喷水减温。锅炉本体采用露天布置，固态连续排渣，在尾部设置2台三分仓容克式空气预热器。采用中速正压直吹制粉系统，配置6台MPS-ZGM113G磨煤机，点火方式采用微油点火。汽轮机型号为N660-16.7/538/538-1，额定功率为66万千瓦；该汽轮机为亚临界、一次中间再热、单轴、三缸、四排汽凝汽式汽轮机。发电机型号为QFSN-600-22A，水氢氢冷却静态励磁发电机。额定功率60万千瓦，由东方汽轮发电机有限公司引进日本日立公司生产。

2008年9月12日，浙江浙能嘉兴发电有限公司7号、8号机组锅炉（合同号：JXⅢ-SB-GL080912-01）、汽轮机（合同号：JXⅢ-SB-QJ080912-01）、发电机（合同号：JXⅢ-SB-DQ080912-01）合同签订，锅炉由哈尔滨锅炉厂设计制造，型号为HG-3101/27.46-YM3的锅炉，额定蒸汽温度为605摄氏度，额定压力为27.56兆帕，锅炉连续最大蒸发量（BMCR）为3101吨/时，反向双切圆燃烧方式、超超临界参数变压直流炉、内螺纹垂直管圈、水冷壁中部设置中间集箱、固态干排渣。采用带有再循环泵的启动系统，低NO_x PM燃烧器和MACT燃烧技术。过热汽温调温方式为煤水比加三级喷水，再热蒸汽采用烟气挡板调温、燃烧器摆动，并在两级再热器间装有事故紧急喷水调温方式，主汽采用水煤比加喷水减温的调温方式。采用正压直吹制粉系统，配有6台HP1203/dyn型中速磨煤机，点火方式采用微油点火。汽轮机型号为N1000-26.25/600/600，额定功率为100万千瓦，该汽轮机为超超临界、一次中间再热、单轴、四缸、四排汽凝汽式汽轮机。发电机型号为THDF125，水氢氢冷却静态励磁发电机，额定功率为100万千瓦，由上海汽轮发电机有限公司引进西门子公司生产。发电机定子绕组采用三相双层短距分布绕组，定子线棒采用多胶环氧粉云母带连续烘压成型，定子绕组通过定子冷却水回路进行水内冷。发电机定、转子沿轴向分 11 个风区，为带有气隙隔环的“五进六出”式径向耦合型多路通风系统。发电机转子绕组的直线部分为气隙取气斜流通风，端部为轴向两路通风的氢内冷方式。定转子各有多路并联风区，冷热风区相间，定转子相互对应，靠近定子端部槽口处在线圈端部的可调节绑环上设置气隙挡风环，并在气隙中设置冷热风区隔环以加强对转子的通风冷却。

（六）浙江浙能兰溪发电有限责任公司主要设备

2003 年 8 月 15 日，浙能兰溪发电厂筹建处在杭州分别与巴布科克·威尔科克斯有限公司（合同号：LXGC-L-001）、东方汽轮机厂（合同号：LXGC-J-001）、东方电机股份有限公司（合同号：LXGC-D-001）签署项目 4 套三大主机设备采购合同，确定浙江浙能兰溪发电有限责任公司一期、二期项目锅炉型号为 B&W-1903/25.4-M，该锅炉为超临界变压运行，单炉膛、一次再热、平衡通风、露天布置、固态排渣、全钢构架加轻型金属屋盖、全悬吊结构 Π 型直流锅炉。锅炉设计煤种和校核煤种分别为淮南烟煤和烟混煤，点火、助燃用油为 0 号轻柴油。汽轮机型号为 N600-24.2/566/566，该汽轮机为超临界、一次中间再热、冲动式、单轴三缸、四排汽凝汽式汽轮机，机组铭牌功率为 66 万千瓦。发电机型号为 FSN-660-2-22C 该发电机为汽轮机直接拖动的隐极式二极、三相同步发电机，采用水氢氢冷却方式；即定子绕组直接水内冷，转子绕组直接氢内冷，定子铁心及其构件氢气表面冷却；定子和转子绝缘等级均为 F 级。

（七）浙江浙能钱清发电有限责任公司主要设备

1997 年 12 月 28 日，中电信绍兴钱清发电有限责任公司与上海电气（集团）总公司华东公司在杭州签订钱清发电厂 1 号机组三大主机设备合同（合同号：97A-101）。采购的锅炉型号为 SG420/13.5-417A，为自然循环汽包煤粉炉，中间再热，悬吊式露天布置，制粉系统为中间储仓式热风送粉系统，与 12.5 万千瓦汽轮发电机组配套。汽轮机型号为 N-125-13.2/535/535，该汽轮机为中间再热冷凝式汽轮机，超高压、中间再热、双缸、双排汽，额定功率为 12.5 万千瓦，最大功率为 13.1 万千瓦，额定转速为 3000 转/分钟。汽轮发电机型号为 QFS-125-2，双水内冷汽轮发电机，额定容量为 12.5 万千瓦，定子电压为 13800 伏，定子电流为 6150 安，冷却方式为定子线圈、转子线圈、压圈用水内冷、铁芯用空气冷却。

2000 年 7 月 28 日，浙江浙能钱清发电有限责任公司与上海锅炉厂有限公司签订 2 号机组炉设备合同（合同号：2000 炉销 7 号），采购的锅炉型号为 SG-420/13.7-M758，该锅炉为 420 吨/小时超高压自然循环、一次中间再热锅炉，最大主蒸汽出力 430 吨/小时，铭牌主蒸汽出力 420 吨/小时，该炉采用钢球磨，中间储仓式热风送粉系统，四角切向燃烧，容克式空气预热器，锅炉单炉膛 U 型布置，悬吊受热面（除空预器、主省煤器外），钢筋混凝土柱网，锅炉平衡通风，固态排渣。2000 年 8 月 2 日，浙江浙能钱清发电有限责任公司与上海汽轮机有限公司、上海汽轮发电机有限公司签订 2 号机组汽轮机（合同号：经成 2000/012）和 2 号机组汽轮发电机（合同号：汽销 2001/008）采购合同，采购的汽轮机型号为 N-125-13.2/535/535，该汽轮机为中间再热冷凝式汽轮机，超高压、中间再热、双缸、双排汽，额定功率为 12.5 万千瓦，最大功率为 13.1 万千瓦，额定转速为 3000 转/分钟。汽轮发电机型号为 QFS-125-2，双水内冷汽轮发电机，额定容量为 12.5 万千瓦，定子电压为 13800 伏，定子电流为 6150 安，冷却方式为定子线圈、转子线圈、压圈用水内冷、铁芯用空气冷却。

（八）浙江浙能绍兴滨海热电有限责任公司主要设备

2007 年 9 月 30 日，浙江浙能绍兴滨海热电项目筹建处在杭州分别与哈尔滨锅炉厂有限责任公司（合同号：BH-2007 炉-01）、哈尔滨汽轮机厂有限公司（合同号：BH-2007 机-01）及哈尔滨电机厂有限责任公司（合同号：BH-2007 电-01）签署项目一期三大主机设备采购合同。采购的锅炉型号为 HG-1025/17.5-YM28，该锅炉为亚临界、自然循环、单炉膛、一次中间再热、露天布置、全钢构架、平衡通风、直流摆动燃烧器、固态排渣燃煤汽包炉。锅炉设计煤种和校核煤种分别为山西大混煤和神府东胜煤，点火、助燃用油为0号轻柴油。汽轮机型号为C280/N300-16.7/538/538，该型式为亚临界、一次中间再热、单轴、两缸、两排汽、抽汽凝汽式汽轮机。额定功率为30万千瓦，最大计算功率为33.338万千瓦，第22级后设有低压供热抽汽，低压供热压力为0.981兆帕，温度为348.4摄氏度。发电机型号为QFSN-300-2，该发电机为三相、二极、隐极式转子同步发电机，定子绕组为三相，绕组接线为双星形。定子和转子绝缘等级均为F级。冷却方式为水氢氢，即定子绕组直接水内冷，转子绕组直接氢内冷，定子铁心及其构件氢气表面冷却。

浙江浙能绍兴滨海热电有限责任公司二期工程采用工程总包模式（EPC），2015年10月29日，浙江浙能绍兴滨海热电有限责任公司与浙江省电力建设有限责任公司签订总包合同，由浙江省电力建设有限责任公司负责浙能绍兴滨海热电二期扩建工程项目，包括4台5万千瓦级抽汽供热发电机组及相关设备设施的建设。

2015年12月15日，浙江省电力建设有限公司分别与杭州锅炉集团有限公司（合同号：ZEPC-BHEQ-SB/GL-1512-001）、杭州汽轮机股份有限公司（合同号：ZEPC-BHEQ-SB/QJ-1512-001）、山东济南发电设备厂有限公司（合同号：ZEPC-BHEQ-SB/DQ-1512-001）签订采购合同，确定浙江浙能滨海热电有限责任公司二期工程锅炉型号为NG-500/10.1-M，型式为高温高压、自然循环、单汽包、Π型布置、单炉膛四角切圆燃烧、平衡通风、固态排渣、喷水减温、全钢构架悬吊结构的露天布置锅炉。锅炉设计煤种和校核煤种分别为蒙混煤和烟混煤，点火、助燃用油为0号轻柴油。汽轮机型号为EHNG71/63/160，该汽轮机为背压、可调抽汽式汽轮机。额定功率为5.34万千瓦，最大功率为5.67万千瓦。额定进汽量为475.5吨/时，最大进汽量为500吨/时。发电机为50WX18Z-054LLT型三相两极同步发电机，励磁方式为自并励。发电机定子额定电压为10.5千伏，额定功率因数为0.8（滞相），额定转速为3000转/分，频率为50赫兹，冷却方式为密闭循环式空气冷却（简称空冷式），转子绕组为空内冷，其余为空外冷。

（九）浙江浙能温州发电有限公司主要设备

1987年3月15日，温州发电厂筹建处分别与上海锅炉厂（合同号：上锅89炉销4号）、上海汽轮机厂（合同号：经成87051）及上海电机厂（合同号：88/2013）签署项目一期三大主机设备采购合同。确定温州发电有限责任公司一期项目锅炉型号为SG-420/13.7-M417。汽轮机型号为N125-13.24/535/535，该汽轮机为超高压中间再热双缸双排冷凝式汽轮机。汽轮发电机型号为QFS-125-2，额定功率为12.5万千瓦，电压为13800伏，三相为50赫兹，功率因素为0.85（滞后），转速为3000转/分钟，旋转方向从汽端看为顺时针，定子进出水法兰从汽端看在左侧。带TLD-1175-4交流励磁机。后经通流改造，一期机组扩容至2台13.5万千瓦，汽轮机铭牌改为N135-13.24/535/535，汽轮发电机铭牌改为QFS-135-2。

1996年5月，温州发电有限责任公司二期建设筹备处与上海电气集团总公司签署温州发电厂二期工程30万千瓦火电机组主机供货合同。确定二期工程锅炉型号为SG-1025/18.3-M843型锅炉，该锅炉系引进美国ABB-CE公司技术，由上海锅炉厂制造的亚临界中间一次再热控制循环汽包炉，配用中速磨直吹式制粉系统，固态排渣，Π型布置、单炉膛、平衡通风、炉膛四角正反切圆燃烧。喷嘴摆动可调，燃用中等结渣性烟煤。锅炉设计煤种和校核煤种分别为宁武阳方口烟煤和晋北烟煤。二期工程汽机型号为N300-16.7/538/538，该汽轮机为亚临界、中间再热、高中压合缸、单轴、双缸、双排汽、凝汽式汽轮机。额定功率为30万千瓦，最大计算功率为33.18万千瓦，热级有28级（结构级35级）。发电机型号为QFSN2-300-2，该发电机为三相同步交流发电机，采用无刷励磁，发电机定子线圈及其连接线、出线瓷套管采用水内冷，转子绕组、定子铁芯及端部均采用氢冷，密封油系统采用双流双环式油密封。

2002年10月16日，温州发电有限责任公司三期开发有限公司在杭州分别与上海锅炉厂有限公司（合同号：WENZHⅢ-GL-001）、上海汽轮机有限公司（合同号：WENZHⅢ-QJ-002）及上海汽轮发电机有限公司（合同号：WENZHⅢ-FDJ-003）签署项目一期三大主机设备采购合同。确定温州发电有限责任公司三期工程锅炉型号为SG-1025/17.5—M869，该锅炉为亚临界参数汽包炉，燃用山西优混煤（校核煤种采用山西大混煤）。采用控制循环、一次中间再热、单炉膛、四角切圆燃烧方式、燃烧器摆动调温、平衡通风、固态排渣、全钢悬吊结构、半露天布置燃煤锅炉。汽轮机型号为N300-16.7/537/537，该汽轮机为亚临界、一次再热、单轴、两缸、两排汽凝汽式汽轮机。汽轮发电机型号为QFSN-300-2型水氢冷汽轮发电机。发电机在额定频率、额定电压、额定功率因素和额定冷却介质条件时，机端连续输出额定功率为30万千瓦（扣除励磁功率），发电机定子额定电压为20000伏。额定功率因素为0.85（滞相），额定转速为3000转/分钟，频率为50赫兹，冷却方式为水氢氢。后经通流改造，三期机组扩容至2台33万千瓦，发电机铭牌为QFSN-300-2。

2011年12月、2012年12月，浙江浙能温州发电有限公司3号、4号机组分别完成汽轮机通流改造工作。改造完成后，锅炉型号仍为SG-1025/18.3-M843，汽轮机通流改造期间，锅炉同步进行扩容改造，将汽包内汽水分离器由原来56只增加到60只，末级再热器出口段替换更高一级的材料，锅炉同时进行低氮燃烧器改造。汽轮机型号为N330-16.7/538/538型，亚临界、中间再热、高中压合缸、单轴、双缸、双排汽、凝汽式汽轮机。发电机型号为QFSN2-330-2型三相同步交流发电机，发电机为QFSN2-330-2型三相同步交流发电机，采用无刷励磁，发电机定子线圈及其连接线、出线瓷套管采用水内冷，转子绕组、定子铁芯及端部均采用氢冷，密封油系统采用双流双环式油密封。

2012年6月、2013年12月，浙江浙能温州发电有限公司5号、6号机组分别完成汽轮机通流改造工作。改造完成后，锅炉型号仍为SG-1025/17.5—M869，汽轮机通流改造期间，锅炉同步进行扩容改造，将汽包内汽水分离器由原来56只增加到60只，末级再热器出口段替换更高一级的材料，锅炉同时进行低氮燃烧器改造。汽轮机型号为N330-16.7/537/537-Q156型，亚临界、中间再热、高中压合缸、单轴、双缸、双排汽、凝汽式汽轮机。发电机型号为QFSN2-330-2型三相同步交流发电机，采用自并励静态励磁系统，发电机定子线圈及其连接线、出线瓷套管采用水内冷，转子绕组、定子铁芯及端部均采用氢冷，密封油系统采用双流双环式油密封。

2012年12月，浙江浙能温州发电有限公司在杭州分别与北京巴布科克·威尔科克斯有限公司（合同号：WDIV-CG-1(1)1.1-0040）、上海电气集团股份有限公司（合同号：WDIV-CG-1(1)2.1-0020）及上海电气集团股份有限公司（合同号：WDIV-CG-1(1)2.1-0030）签署项目四期三大主机设备采购合同。确定浙江浙能温州发电有限公司四期项目锅炉型号为B&WB-1958/29.3-M，该锅炉为北京B&W公司制造的超超临界参数、螺旋炉膛、一次再热、平衡通风、固态排渣、全钢构架、露天布置的Π型锅炉。配置选择性催化还原法（SCR）脱硝装置，还原剂采用尿素热解。锅炉设计煤种采用蒙混煤，校核煤种1为烟混煤，校核煤种2为晋北烟煤。汽轮机组为上海汽轮机有限公司和德国SIEMENS公司联合设计制造的超超临界、一次中间再热、单轴、四缸四排汽、双背压、反动凝汽式汽轮机，结构级78级（热力级42级），与1958吨/小时超超临界直流炉及66万千瓦水氢氢冷发电机配套，采用单元制布置。发电机为$QFSN_2$-660-2型三相同步交流发电机，其中QF代表汽轮发电机、S代表定子水内冷、N代表氢内冷、下标2代表Ⅱ型、66为额定功率66万千瓦、2代表2极。采用自并励静态励磁系统，发电机定子绕组及其连接线、出线瓷套管采用水内冷，转子绕组、定子铁芯及端部结构件均采用氢冷，密封油系统采用单流单环式油密封结构。

（十）浙江浙能北仑发电有限公司主要设备

1994年11月25日，国家计划委员会批复同意北仑发电厂5号机组增列为世界银行贷款项目。浙江北仑发电有限公司主设备均按照世界银行的规定，采用分岛招标方式，在世界银行成员国范围内采购。

1995年5月9日，第一个国外进口设备合同——3～5号机汽机和锅炉合同在北京人民大会堂签署（合同号：CJPL-S951500-LT）。浙江北仑发电有限公司3台锅炉设备是由日本石川岛播磨重工业株式会社设计制造和萨金·伦迪联合供货，型号为IHI-FWSK型，亚临界、单炉膛、一次再热、自然循环、平行烟道、单汽包型箱式煤粉炉，配用带中速磨直冲式制粉系统，采用旋流燃烧器前后墙对冲燃烧方式，平衡通风，全钢架悬吊结构，半露天布置，固态排渣，并配置有中心给粉低氮旋流燃烧器，锅炉尾部烟道布置2台三分仓容克式空预器。锅炉设计煤种为晋北烟煤，校核煤种仍为晋北烟煤。锅炉点火和助燃用油为0号轻柴油。锅炉设计额定蒸发量（BMCR）为2045.27吨/小时，锅炉出口汽压为17.26兆帕，出口气温为540摄氏度，再热器出口气温为540摄氏度。3台汽轮机由日本东芝公司制造，主机采用型号为TC4F-37的亚临界、一次中间再热、单轴、反动式、四缸四排气、双背压凝汽式汽轮机，汽轮发电机组的额定功率为66万千瓦。发电机由日本东芝公司制造，型号为TAKS-LCH，额定有功出力66.852万千瓦，采用定子绕组水内冷、转子绕组氢内冷、铁芯及其他构件氢冷。

2013年3号汽轮机完成通流改造，2014年4号、5号汽轮机完成通流改造。2014年1月7日，浙江省经济和信息化委员会批复3号机组铭牌出力由60万千瓦扩容至66万千瓦，同年6月13日，批复4号、5号机组铭牌出力由60万千瓦扩容至66万千瓦，机组扩容改造后，总装机容量198万千瓦。

（十一）淮浙煤电有限责任公司凤台发电分公司主要设备

2005年1月21日，淮浙煤电基地凤台电厂筹建处与东方锅炉（集团）股份有限公司在杭州签署了一期工程锅炉设备的采购合同（合同号：FTGC-东锅-001）和汽轮机供货合同，确定淮浙煤电有限责任公司凤台发电分公司一期工程项目2台60万千瓦超临界机组锅炉型号为DG1900/25.4-II1，该锅炉为超临界参数变压直流炉，一次再热、单炉膛、尾部双烟道、采用挡板调节再热汽温、平衡通风、露天布置、固态排渣、全钢构架、全悬吊结构Π型锅炉，煤种为淮南烟煤，锅炉点火方式为等离子点火。确定一期工程汽轮机型号为N600-24.2/566/566，该汽轮机为超临界、一次中间再热、单轴、三缸四排汽、双背压凝汽式汽轮机。额定功率为60万千瓦，最大功率为67.4万千瓦，额定背压5.2千帕，由东方汽轮机有限公司生产。2014年9月4日与阿尔斯通签订合同委托其进行全轴系通流改造，进一步降低汽轮机热耗率。改造后汽轮机型式不变，型号为N660-24.2/566/566，高压缸通流级数由1+7级优化为1+9级，中压缸级数不变，低压缸通流级数由2×7级优化为2×8级，低压缸末级叶片由1041.4毫米（41英寸）优化为939.8毫米（37英寸）。2015年12月，2号机完成改造。2016年10月，1号机完成改造。

2005年1月21日，淮浙煤电基地凤台电厂筹建处与东方电机股份有限公司签订一期发电机采购合同（合同号：FTGC-东电-001）。发电机型号为QFSN-660-2-22C，该发电机为三相、二极、隐极式转子同步发电机，定子绕组为三相、绕组接线为双星形，定子和转子绝缘等级均为F级，冷却方式为水氢氢，即定子绕组直接水内冷，转子绕组直接氢内冷，定子铁心及其构件氢气表面冷却。

2010年3月17日，淮浙煤电有限责任公司凤台发电分公司与上海电气集团股份有限公司签订二期发电机采购合同（合同号：HZMDFT-二期SB2010-002）。发电机型号为QFSN-700-2，该发电机为三相、二极、隐极式转子同步发电机，定子绕组为三相、绕组接线为双星形，定子和转子绝缘等级均为F级，冷却方式为水氢氢，即定子绕组直接水内冷，转子绕组直接氢内冷，定子铁心及其构件氢气表面冷却。

2010年3月19日，淮浙煤电有限责任公司凤台发电分公司与上海电气集团股份有限公司在杭州签署了二期工程2台66万千瓦超超临界机组锅炉设备采购合同（合同号：HZMDFT-二期SB2010-003）和汽轮机及附属设备采购合同（合同号：HZMDFT-二期SB2010-001）。该锅炉为超超临界参数变压运行螺旋管圈直流炉，单炉膛、一次中间再热、四角切圆燃烧方式、平衡通风、Π型露天布置、固态排渣、全钢架悬吊结构。锅炉设计煤种为淮南烟煤，校核煤种为淮南烟煤，锅炉点火方式为微油点火。汽轮机型号为

N660-27/600/600，该汽轮机为超超临界、一次中间再热、四缸四排汽、单轴凝汽式汽轮机。额定功率为66万千瓦，额定背压为4.85千帕，末级叶片高度为914.4毫米，由上海电气电站设备有限公司上海汽轮机厂生产。

（十二）浙江浙能乐清发电有限责任公司主要设备

2003年8月25日，浙能乐清电厂筹建处在杭州与上海电气集团签署一期2台汽轮机设备采购合同（合同号：ZNYQ/SB-QJ-001），汽轮机型号为N600-24.2/566/566，该汽轮机系上海汽轮机有限公司引进美国西屋技术设计制造，为超临界、一次中间再热、三缸四排汽、单轴、反动式凝汽式汽轮机。与上海锅炉厂有限公司签署一期2台锅炉设备采购合同（合同号：ZNYD/SB-GL-001），锅炉型号为SG-1913/25.4-M956，锅炉为超临界参数变压运行螺旋管圈直流炉，单炉膛、一次中间再热、采用四角切圆燃烧方式、平衡通风、固态排渣、全钢悬吊Π型结构、露天布置燃煤锅炉。设计煤种为神府东胜煤田活鸡兔煤。与上海汽轮发电机有限公司签署一期发电机采购合同（合同号：ZNYQ/SB-D-001），发电机型号为QFSN-600-2，额定容量为600/667兆伏安，额定电压为20千伏，为三相、二极、隐极式转子同步发电机，定子绕组接线为双星形。定子和转子绝缘等级均为F级。冷却方式为水氢氢，即定子绕组直接水内冷，转子绕组直接氢内冷，定子铁心及其构件氢气表面冷却。

2014—2015年，浙江浙能乐清发电有限责任公司一期1号、2号汽轮机进行通流改造，由浙能集团节能公司与上海电气集团签订改造合同。改造后汽轮机型号为N660-24.2/566/566，该汽轮机为超临界、一次中间再热、三缸四排汽、单轴、高中压合缸、反动式凝汽式汽轮机。同时，对1号、2号发电机进行增容改造，改造后发电机型号均为QFSN-660-2，额定容量为660/733兆伏安。

2007年2月1日，浙江浙能乐清发电有限责任公司在杭州与上海电气集团签署二期2台汽轮机设备采购合同（合同号：ZNYD02.HT-WZ2007-001），汽轮机型号为N660-25/600/600，该汽轮机系上海汽轮机有限公司和德国SIEMENS公司联合设计制造，为超超临界、一次中间再热、四缸四排汽、单轴、反动式凝汽式汽轮机。与上海锅炉厂有限公司签署二期2台锅炉设备采购合同（合同号：ZNYD02.HT-WZ2007-003），确定浙江浙能乐清发电有限责任公司二期扩建项目锅炉型号为SG-2031/26.15-M623，锅炉为超超临界参数变压运行螺旋管圈直流炉，单炉膛、一次中间再热、采用四角切圆燃烧方式、平衡通风、固态排渣、全钢悬吊Π型结构、露天布置燃煤锅炉。配置选择性催化还原法（SCR）脱硝装置。设计煤种为神府东胜煤田活鸡兔煤。与上海汽轮发电机有限公司签署浙能乐电二期发电机采购合同（合同号：ZNYD02.HT-WZ2007-002），二期发电机型号均为QFSN-660-2，额定容量660/733兆伏安，额定电压20千伏，为三相、二极、隐极式转子同步发电机，定子绕组接线为双星形。定子和转子绝缘等级均为F级。冷却方式为水氢氢，即定子绕组直接水内冷，转子绕组直接氢内冷，定子铁心及其构件氢气表面冷却。

（十三）浙江浙能台州第二发电有限责任公司主要设备

2011年10月13日，浙能台州第二发电厂筹建处在杭州与上海电气集团股份有限公司签订发电机采购合同（合同号为ZNTE-01-SB/DQ-001-1110）和汽轮机采购合同（合同号为ZNTE-01-SB/QJ-001-1110），确定发电机型号为THDF 125/67，该发电机为三相、二极、隐极式转子同步发电机，定子绕组为三相、绕组接线为双星形。定子和转子绝缘等级均为F级（注：按B级绝缘考核）。冷却方式为水-氢-氢，即定子绕组直接水内冷，转子绕组直接氢内冷，定子铁心及其构件氢气表面冷却。汽轮机型号为N1050-27/600/600（TC4F），额定功率105万千瓦，最大出力109.14万千瓦，该汽轮机为超超临界、一次中间再热、单轴、四缸四排汽、双背压、凝汽式、8+1级回热抽汽汽轮机。

2011年10月30日，浙能台州第二发电厂筹建处在杭州与东方锅炉厂有限责任公司签订设备采购合同（合同号为ZNTE-01-SB/GL-001-1110），确定锅炉型号为DG3100/28.25-Ⅱ1型，形式为超超临界变压运行本生直流炉，采用单炉膛、一次中间再热、平衡通风、固态排渣、全钢构架、全悬吊结构、前后墙对冲燃烧方式、半露天布置燃煤Π型锅炉。锅炉设计煤种和校核煤种分别为晋北烟煤和神府混烟煤，点火、助燃用油为0号轻柴油。

（十四）浙江浙能中煤舟山煤电有限责任公司主要设备

2010年4月，浙江浙能中煤舟山煤电有限责任公司1号、2号汽轮机采购合同签订（合同号：DCGC/SB-J-001-0010），确定1号、2号汽轮机型号为N1030-25.0/600/600，超超临界、一次中间再热、四缸四排汽、单轴、凝汽式汽轮机，从机头端往电机端看为逆时针转向。额定功率为103万千瓦。

2010年4月29日，浙江浙能中煤舟山煤电有限责任公司与东方汽轮发电机有限公司签订发电机采购合同（合同号：DCGC/SB-D-001-0010），确定1号、2号发电机为103万千瓦机组，由东方汽轮发电机有限公司引进日本日立公司生产的QFSN-1000-2-27型水氢氢冷却静态励磁发电机，为汽轮机直接拖动的隐极式、二级、三相同步发电机，配有1套氢油水控制系统。

2010年4月30日，浙江浙能中煤舟山煤电有限责任公司与北京巴布科克·威尔科克斯有限公司签订锅炉设备合同（合同号：DCGC SB-L-001-0010），确定1号、2号锅炉型号B&WB-3048/26.15-M，为超超临界参数、螺旋炉膛、一次中间再热、平衡通风、固态排渣、全钢构架、露天布置的锅炉，锅炉配有带循环泵的内置式启动系统。锅炉宽为33273.7毫米，深为16308.7毫米，总高64500毫米，采用中速磨冷一次风机直吹式制粉系统，前后墙对冲燃烧方式，配置B&W公司DRB-4ZTM型低氮氧化物双调风旋流燃烧器及低氮氧化物喷口（OFA）。锅炉尾部设置分烟道，采用烟气调温挡板调节再热器出口汽温。锅炉过热器共布置有三级喷水减温器，采用串级控制来调节过热汽温；锅炉出口蒸汽参数为26.15兆帕/605摄氏度/603摄氏度。锅炉最大连续蒸发量为3048吨/时。

（十五）宁夏枣泉发电有限责任公司主要设备

2014年10月30日，宁夏枣泉发电有限责任公司与北京巴布科克·威尔科克斯有限公司签订锅炉合同（合同号：NXZQD1/SB-GL-001-2014），与上海电气集团股份有限公司签订汽轮机采购合同（合同号：NXZQD1/SB-QJ-001-2014）和发电机采购合同（合同号：NXZQD1/SB-DQ-001-2014）。确定锅炉型号为B&WB-1975/28.3-M，超超临界参数变压运行直流炉、单炉膛、前后墙对冲燃烧、一次再热、平衡通风、紧身封闭布置、固态排渣、全钢构架、全悬吊结构Π型。最大连续蒸发量为1975吨/小时，出口蒸汽参数为28.4兆帕/605摄氏度/612摄氏度。汽轮机型号为NJK660-27/600/610，高效超超临界、一次中间再热、单轴、三缸两排汽、七级回热抽汽、凝汽式间接空冷汽轮机，入口参数为27兆帕/600摄氏度/610摄氏度。发电机型号为QFSN2-660-2，额定功率为66万千瓦、静态励磁、水氢氢冷发电机组。主要技术参数如下：额定容量733兆伏安，额定电压20千伏，功率因数0.9，额定频率50赫兹，额定转速3000转/分钟。

2001—2019年，浙江浙能电力股份有限公司具体燃煤发电主设备见表2-4-1，重要辅机设备见表2-4-2。

二、燃气发电设备

（一）浙江浙能镇海联合发电有限公司主要设备

1994年12月19日，浙江镇海联合发电有限公司在杭州与英国约翰·布朗工程有限公司签署30万千瓦燃气—蒸汽联合循环发电厂的进口设备采购合同（总合同号：ZT-J940280，技术服务合同号：ZT-J940281，8个供货合同号：ZT-J940282、ZT-J940283、ZT-J940284、ZT-J940285、ZT-J940286、ZT-J940287、ZT-J940288和ZT-J940289）。燃机及其辅助设备的供货合同（合同号：ZT-J940282、ZT-J940283）确定镇海33万千瓦燃气—蒸汽联合循环发电机组的2台燃机由美国GE公司设计制造，型号为PG9171（E），由17级压气机、14个回流式分管燃烧室、3级燃气透平组成。燃用180cst重油（2012年油改气工程改成以天然气为燃料）。余热锅炉及其辅助设备供货合同（合同号：ZT-J940284）确定2

表 2-4-1 2001—2019 年浙江浙能电力股份有限公司燃煤发电主要设备统计表

企业名称	规模（台×万千瓦）	参数	锅炉型号	汽轮机型号	发电机型号	冷却方式	脱硫改造时间（年-月-日）	脱硝改造时间（年-月-日）	超低排放改造时间（年-月-日）
浙江浙能镇海发电有限责任公司	4×21.5	超高压	DG670/140-8	N200-130-535/535	QFSN-220-2	水氢氢	2009-12	2014-04	—
浙江浙能长兴发电有限公司	4×33	亚临界	B&WB-1025/17.5-M	N330-16.7/537/537	QFSN-330-2	水氢氢	2006-05	2014-05	2017-06
浙江浙能电力股份有限公司台州发电厂	2×35	亚临界	B&WB-1080/18.44M	N350-17.75/540/540	T 255-460/350	水氢氢	2007-12	2015-12	2017-06
	2×33	亚临界	HG-1086.9/17.55-YM15	N330-16.7/538/538	QFSN-330-2-20	水氢氢	2008-04	2014-06	2016-12
浙江浙能嘉兴发电有限公司	2×30	亚临界	SG-1087/18.3-M830	N330-16.7/537/537	QFSN-330-2	氢冷	2009-08	2013-12	2016-12
浙江浙能嘉华发电有限公司	4×60	亚临界	B&WB-2020/17.5-M SG-2028/17.5-M904	N600-16.7/538/538-1 N600-16.7/538/538	QFSN-660-2-22A QFSN-660-2-20	氢冷	2009-03	2013-07	2015-12
	2×100	超超临界	HG-3101/27.46-YM3	N1000-26.25/600/600	THDF 125/67	氢冷	2011-10	2011-10	2014-07
浙江浙能兰溪发电有限责任公司	4×66	超临界	B&W-1903/25.4-M	N660-24.2/566/566	FSN-660-2-22C	水氢氢	2007-05	2012-12	2015-08
浙江浙能钱清发电有限公司	1×12.5	超高压	SG-420/13.5-417A	N-125-13.2/535/535	QFS-125-2	水冷	2000-03-01	—	—
	1×13.5	超高压	SG-420/13.7-M758	N-125-13.2/535/535	QFS-125-2	水冷	2002-06-27	2009-09	—
浙江浙能绍兴滨海热电有限责任公司	2×30	亚临界	HG-1025/17.5-YM28	C280/N300-16.7/538/538	QFSN-300-2	水氢氢	2011-10-18	2011-10-18	2017-06-30
	4×5.7	高压	NG-500/10.1-M	EHNG71/63/160	50WX18Z-054LLT	空冷	2018-04-24	2018-04-24	2018-04-24

表 2-4-1（续）

企业名称	规模（台×万千瓦）	参数	锅炉型号	汽轮机型号	发电机型号	冷却方式	脱硫改造时间（年-月-日）	脱硝改造时间（年-月-日）	超低排放改造时间（年-月-日）
浙江浙能温州发电有限公司	2×13.5	超高压	SG-420/13.7-M417	N135/13.24/535/535	QFS-135-2	海水直流冷却	2008-12	—	—
	2×33	亚临界	SG-1025/18.3-M843	N330-16.7/538/538	QFSN2-330-2	海水直流冷却	2006-11-27	2012-12	2017-06-13
	2×33	亚临界	SG-1025/17.5-M869	N300-16.7/537/537	QFSN2-330-2	海水直流冷却	2005-12-19	2013-12	2016-06-19
	2×66	超超临界	B&WB-1958/29.3-M	N660—28/600/620	QFSN2-660-2	海水直流冷却	2015-12-19	2015-10	2015-12-19
浙江浙能北仑发电有限公司	3×66	亚临界	IHI-FWSK	TC4F-37	TAKS-LCH	海水直流冷却	3号机组：2006-09-11；4号机组：2007-03-28；5号机组：2007-05-30	3号机组：2013-11-26；4号机组：2014-03-10；5号机组：2014-04-25	3号机组：2015-08-08；4号机组：2016-12-16；5号机组：2016-09-30
淮浙煤电有限责任公司凤台发电分公司	2×63	超临界	DG1900/25.4-II1	N660-24.2/566/566	QFSN-660-2-22C	水氢氢	2008-09	2013-05	2016-12
	2×66	超超临界	SG-2009/28-M6004	N660-27/600/600	QFSN-660-2	水氢氢	2013-12	2013-12	2015-12
浙江浙能乐清发电有限责任公司	2×66	超临界	SG-1913/25.4-M956	N600-24.2/566/566	QFSN-600-2	水氢氢	2008-09	2013-07	2015-07
	2×66	超超临界	SG-2031/26.15-M623	N660-25/600/600	QFSN-660-2	水氢氢	2010-07	2010-07	2016-11
浙江浙能台州第二发电有限责任公司	2×105	超超临界	DG3100/28.25-Ⅱ1型	N1050-27/600/600（TC4F）	THDF 125/67	水氢氢	2015-12	2015-12	2015-12
浙江浙能中煤舟山煤电有限责任公司	2×100	超超临界	B&WB-3048/26.15-M	N1030-25.0/600/600	QFSN-1030-2-27	水氢氢	2014-09	2014-09	2014-09

表 2-4-1（续）

企业名称	规模（台×万千瓦）	参数	锅炉型号	汽轮机型号	发电机型号	冷却方式	脱硫改造时间（年-月-日）	脱硝改造时间（年-月-日）	超低排放改造时间（年-月-日）
宁夏枣泉发电有限责任公司	2×66	超超临界	B&WB-1975/28.3-M	NJK660-27/600/610	QFSN2-660-2	间接空冷	2017-12	2017-12	2017-12

表 2-4-2　2001—2019 年浙江浙能电力股份有限公司燃煤发电重要辅助设备统计表

企业名称	规模（台×万千瓦）	送风机型号	引风机型号	一次风机型号	给水泵汽轮机型号	电动给水泵型号	汽动给水泵型号	凝结水泵型号	循环水泵型号	磨煤机型号	主变压器型号
浙江浙能镇海发电有限责任公司	4×21.5	G4-73-BNo24D	YC35056	—	—	FK5G32A 50CHTA/5	—	16NL-180	SEZ1600-1500/1200	DTM380/720	SFPB-260000/220
浙江浙能长兴发电有限公司	一期 2×33	FAF18-9.5-1/YKK500-4	SAF26.6-15-1/STMKK630-6S	G6-45-14 N0.19.5F/YKK630-6	NK50/56/0	FK6G32A/YKOS3200-2	DG600-240 Ⅱ	NLT350-400×6/YLKK500-4	64LKXE-22/YLKS1600-14	ZGM95N/YMKQ500-6	SFP-400000/220
	二期 2×33	FAF18-9.5-1/YKK500-4	SAF26.6-15-1/STMKK630-6S	G5-36NO21.5F/YKK630-6	NK50/56/0	DG600-240 Ⅱ M/YKOS3200-2	DG600-240 Ⅱ M	NLT350-400×6/YLKK500-4	64LKXC-23/YKSL1800-12	ZGM95N/YMKQ500-6	SFP-400000/220
浙江浙能电力股份有限公司台州发电厂	2×35	FAF19-9-1	SAF26-18-2(7 号炉)、SAF27-19-2(8 号炉)	1888B/1128	—	DG600-240I（FK6D32）	—	350-400AEF（6）	SEZ1800-15204	MPS-225	SFP8-400000/220
	2×33	FAF19-9.5-1	AN28e6（V19-1°）	G4-60-14№19F	G3.6-0.78（8）-1	—	CHTC5/6	NLT350-400×6	72LKXA-15.6	HP-863	SFP10-370000/220
浙江浙能嘉兴发电有限公司	2×33	FAF19-9.5-1	SAF26.6-18-2	17674AZ/832	NK50/56/0	FK5D32	FK5D32	350/400AEF6	72TKXE-16	HP863	SFP9-360000/220 SFP10-370000/220

表 2-4-2（续）

企业名称	规模（台×万千瓦）	送风机型号	引风机型号	一次风机型号	给水泵汽轮机型号	电动给水泵型号	汽动给水泵型号	凝结水泵型号	循环水泵型号	磨煤机型号	主变压器型号
浙江浙能嘉华发电有限公司	4×66	FAF26. 6-14-1	SAF35. 5-23. 7-2	PAF19-12. 5-2	NK50/56/0	FK5D32	FK5D32	350/400AEF6	72TKXE-16	ZGM113G	SFP-750000/220
	2×100	FAF26. 6-14-1	SAF35. 5-25-2	PAF18-11. 8-2	NK63/71/0	FK6F32K	FK4E39-K	BDC500-490D3S	2200VZKNM	HP-1003	SFP-792000/500
		FAF28-15-1	YA18448-2F	PAF21. 1-14-2	WK63/71	无	16×16×18C-5stgHDB	TDM-VB5	2200HDC-20	HP-1203/Dyn	SFP-1140000/500
浙江浙能兰溪发电有限责任公司	4×66	ASN-2660/1400	AN35e6（V13+4°）	AST-1812/1250	G9. 6-1. 104	HPT200-330-5S	HPT300-340-6S	700×400 VYDB4M	88LKXA-25. 4	ZMG113G	DFP-240000/500
浙江浙能钱清发电有限公司	1×12. 5	Y4-73-11Ng22. 5D	1688B/1880	—	—	DG480-180	—	12NL-160	48SH-22	DTM-320/580-Ⅱ	SFP9-150000/220KVA
	1×13. 5	G4-73-11Ng22D	1788B/1615	—	—	QG500-80	—	12NL-160	G48SH19	DTM-320/580	SFP9-170000/220KVA
浙江浙能滨海热电有限责任公司	2×30	ML-H1-R95/190（FDF）	HU25044-22G	GU23032-22	NK50/56/0	HTPYYiK200-320-6S	HPTmK200-320-6S	NLT350-400×7	1800HLBK-21. 1	HP863	SFP-360000/220
	4×5. 7	RJ73-SW1980F	RJ48-SW3020F	RJ36-SW1870F	G2. 6-0. 9	5DGBS650-205X9	5DGBS650-205X8	—	—	HP743	3 号主变:SFPF-150000/220 5 号主变:SFPF-150000/110
浙江浙能温州发电有限公司	2×13. 5	G4-73-11 №22D	Y4-73-11 №26. 5D	M5-36-11 №18D	—	DG-480-180	—	12NL-160	1400HLQ16 上海水泵厂	DTM-320/580-Ⅱ	SF7-16000/13. 8
	2×33	FAF20-9. 5-1	HU25042-22G	G4-59-12 NO19F	NK50/56/0	DG600-240ⅡM	DG600-240ⅡM	NLT350-400×6	72TKXA-18. 5	HP-863	SFP-396000/220
	2×33	FAF18-9. 5-1	HU25042-22G	G4-60-14 No19F	NK50/56/0	FK6G32AM	DG600-24011M	NLT350-400×6	PHZ1800-1100	HP-863	SFP-400000/220
	2×66	FAF20. 8-10-1	HU26652-22G	AST-1736/1120	WK63/71	—	16×16×18-5stgHDB	10LDTNB-4PJX	2200HLBK-18. 5	HP1003/Dyn	SFP-780000/220

表 2-4-2（续）

企业名称	规模（台×万千瓦）	送风机型号	引风机型号	一次风机型号	给水泵汽轮机型号	电动给水泵型号	汽动给水泵型号	凝结水泵型号	循环水泵型号	磨煤机型号	主变压器型号
浙江浙能北仑发电有限公司	3×66	ASN 2884/1400	HU27056-442G	AST 1960/1400	DEV63115354l	8×10×14S-3StageHSB	14×14×16-4StageHDB	TDM-VB5	2200VZKNM	MBF-23	户外三相油浸式变压器
淮浙煤电有限责任公司凤台发电分公司	2×63	ASN2800/1600	HU26652-22G	AST1875/1250	NK63/71/0	8×10×14-6HDB	14X14X16-5HDB	10LDTNB-4PJX/A	8LKXA-23. 5	ZGM113G	DFP-264000/500
	2×66	GU15036-01	HA46048-8Z	GU23634-22	NK63/71/0	—	HPT300-340-6S	10LDTNB-6PA	2200HLBK-27I	ZGM123N	SFP-780000/500
浙江浙能乐清发电有限责任公司	2×66	ASN-2875/1250	AN35e6（V19+4°）	AST-1792/1120	NK63/71/0	FA1D56A	HPT300-340-6s	800＊400 VYDB4M	88LKXA-18	HP1003	SFP-720000/500
	2×66	ASN-2875/1250	AN35e6（V19+4°）	AST-1792/1120	NK63/71/0	FA1D56A	HPT300-340-6s	800＊400 VYDB4M	88LKXA-18a	HP1003	SFP-800000/500
浙江浙能台州第二发电有限责任公司	2×105	FAF28-14-1	HU27648-AA	PAF20. 2-14-2	WK63/71	400×350 SS3M	16×16×18-5stgHDB	C780Ⅲ-3	2200HLBK-26. 7	HP1203/Dyn	SFP-1180000/500
浙江浙能中煤舟山煤电有限责任公司	2×1030	ASN-3200/1600	HU27452-22	AST-2100/1400	G22-1. 0	80CHTA/3	MDG455	11LDTNB-4PJ	2200VZNM	HP1163/Dyn	SFP-1160000/500
宁夏枣泉发电有限责任公司	2×66	ASN-2880/1800	ASS-3750/2100-2H	AST-2030/1400	WK63/71	—	95CHTA-6	10LDTNB-5PS	GS1400-32/12	HP1003/Dyn	SFP/750000/750

台余热锅炉由荷兰 NEM 公司设计制造，为立式无补燃单压强制循环，露天布置，受热面自下而上依次为：高压过热器、低压过热器、高压蒸发器、省煤器、低压蒸发器。每台锅炉有独立的汽包、除氧器，合用 1 台连排扩容器、定排排污扩容器和疏水扩容器。电气设备供货合同（合同号：ZT-J940287）确定发电机为美国 GE 公司设计制造生产的型号为 A09 157TS 的三相二极同步发电机，接线方式为 Y 形接线，为全封闭式空气冷却（TEWAC）整体箱式发电机。蒸汽轮机供货合同（合同号：ZT-J940286）确定汽轮机为英国 GEC ALSTHOM Turbine Generators Ltd. 生产制造，型号为 C91-BP28。单压、单缸、多级、凝汽型、冲动式轴向排汽式汽轮机。汽机本体部分由高压缸、低压缸、排汽压缸三部分组成。采取单压单缸轴向排汽布置，汽缸为单层隔板套式结构。汽轮机负荷采用喷嘴调节。主蒸汽通过 1 套高压主汽阀和 2 套调节汽阀进入高压汽缸，经汽机 19 级动叶做功后轴向排入凝汽器，通过刚性联轴器带动汽轮发电机。

（二）浙江浙能镇海天然气发电有限责任公司主要设备

2004 年 9 月 16 日，浙江省镇海发电厂燃油改建燃气发电工程筹建处在浙江杭州与哈尔滨动力设备有限公司和美国通用电气公司联合体签署燃机主设备采购合同（合同号：04US01GTA10IXC0013）。确定 11 号、12 号燃机由美国 GE 公司制造，型号为 PG9351FA，主要由压气机、透平和燃烧室组成。汽轮机由哈尔滨汽轮机厂制造，型号为 D10，为三压、中间再热、无抽汽、凝汽冲动式机组，高、中压采用合缸，通流部分反向布置。发电机由美国 GE 公司制造，型号为 390H，采用全氢冷却方式，单机额定有功功率为 39.78 万千瓦，出线电压为 19 千伏，额定电流为 14221 安，功率因数为 0.85，发电机绕组接线为 YY 接线，绝缘等级为 F，中性点通过接地变压器接地，励磁方式为他励。

2004 年 10 月 10 日，浙江省镇海发电厂燃油改建燃气发电工程筹建处在浙江杭州与哈尔滨锅炉厂有限责任公司签署与燃机配套的余热锅炉采购合同（合同号：ZDRQ-2004SB-02）。确定 11 号、12 号燃机锅炉由哈尔滨锅炉厂制造，型号为 HG-9FA-285.4-9.87/566.5-3P(R)，为三压、再热、卧式、无补燃、自然循环锅炉，与 GE 公司 MS9001FA 系列燃气轮机相匹配，余热锅炉引进了 ALSTOM 公司联合循环余热锅炉技术，采用露天塔式全悬吊结构，正压运行。

（三）浙江浙能镇海燃气热电有限责任公司主要设备

2012 年 6 月 12 日，浙江浙能镇海燃气热电有限责任公司在浙江杭州与哈尔滨电气股份有限公司签订主设备采购合同（合同号：ZHRD-01-ZJ-001-2012）。确定浙江浙能镇海燃气热电有限责任公司动力中心项目燃气轮机型号为 PG9351FA+e，燃机本体结构由压气机、燃烧室、透平、控制系统及辅助设备组成。余热锅炉型号为 HG-9FA-361-10.1/539.6-2P，该锅炉为双压、无补燃、自然循环、带除氧器、卧式余热锅炉，与 GE 9FA 型燃气轮机相匹配。汽轮机型号为 LC40/N115-9.88/539/1.90，该汽轮机为高压、单轴、冲动、凝汽轴向排汽式汽轮机。机组设有一级非调整抽汽和一级调整抽汽（抽汽调节阀控制）对外供热，分别位于三级后和九级后，非调整抽汽为打孔抽汽，调整抽汽由抽汽调节阀控制。新蒸汽进入高压主汽调节联合阀，调节阀出口的蒸汽经主汽管先后进入高、低压缸，经 15 个压力级做功后排入凝汽器。燃机发电机型号为 QFN-252-2，汽机发电机型号为QF-100-2，其中燃机发电机采用全氢气冷却，整个发电机包括润滑油管道、密封油管道、氢气管道、导线系统和电流、电压互感器等。汽机发电机采用全空气冷却，整个发电机包括润滑油管道、导线系统和电流、电压互感器等。

（四）浙江浙能电力股份有限公司萧山发电厂主要设备

2000 年 9 月，萧山发电厂二期 2 台 35 万千瓦级燃气—蒸汽联合循环机组作为东海天然气的下游配套项目，开始以“以厂代建”模式进行筹建，相关主要设备被列为国家发改委组织的燃气轮机技贸结合“捆绑”招标的第二批项目。2004 年 3—9 月，由中国技术进出口公司组织燃机（捆绑）招标、评标和合同谈判等工作，评标结果燃机设备合同授予上海电气/德国西门子公司联合体（合同号：04DE01GTA01XC0012）。

2004年8—11月，由中国技术进出口公司组织余热锅炉招标投标，评标结果余热锅炉合同授予杭州锅炉集团有限公司（合同号：XD-TRQGC-2004-09-02）。萧山发电厂二期项目燃气轮机型号为SGT5-4000F(2)型，由上海电气/德国西门子公司联合体制造。二期项目汽轮机型号为LZN138.4-12.38/0.446/564.4/549.4型，该汽轮机为超高压、中间再热、双缸、单排汽、反动式、冷凝式汽轮机，额定功率为13.94万千瓦。由上海电气/德国西门子公司联合体生产。萧山发电厂二期项目发电机型号为THDF-108/53型，该发电机为全封闭式水氢氢冷却同步发电机。额定功率为40.3万千瓦、三相二级、50赫兹，由上海电气/德国西门子公司联合体生产。三期项目发电机型号为THDF-108/53型，该发电机为全封闭式水氢氢冷却同步发电机，额定功率为42.3万千瓦、三相二极、50赫兹。由上海电气电站设备有限公司上海发电机厂生产。萧山发电厂二期项目余热锅炉型号为NG-V94.3A-R型，该余热锅炉为三压、再热、卧式、无补燃、自然循环余热锅炉。采用露天水平布置、全悬吊形式、单排框架结构。由杭州锅炉集团有限公司生产。三期项目余热锅炉型号为SG-268.49(58.50)(49.75)/12.75(3.25)(0.27)-Q8101型，该余热锅炉为三压、再热、卧式、无补燃、自然循环余热锅炉。采用卧式布置，全悬吊管箱结构。由上海锅炉厂有限公司生产。

2011年6月3日，萧山发电厂三期工程1台40万千瓦级燃气—蒸汽联合循环机组取得浙江省发展和改革委员会开具的服务联系单后，工程前期准备和建设工作同步推进。三期工程主要设备委托浙江天音管理咨询有限公司招投标，2011年6月30日，确定主设备中标厂家为上海电气集团股份有限公司（合同号XSRD-ZJ-001）。三期项目燃气轮机型号为SGT5-4000F(6)型单轴燃气轮机，由德国西门子公司生产。燃气轮机由压气机、燃烧室及透平组成。压气机和透平为多级轴流设计，燃烧室为环形结构，燃烧器逆时针布置，内置陶瓷遮热板，整个机组及燃料控制阀组件布置在燃机罩壳内。转子采用中心拉杆叠盘式，端面齿传扭。与SGT5-4000F(2)型相比，SGT5-4000F(6)型燃气轮机设有液压间隙控制HCO系统，该系统是燃气轮机的功效升级产品，能进一步提高机组在联合循环运行中的效率。三期项目汽轮机型号为LZN135.8-12.23/0.354/564/549型，该汽轮机为超高压、中间再热、双缸、单排汽、反动式、冷凝式汽轮机，额定功率为13.58万千瓦。由上海电气电站设备有限公司上海汽轮机厂生产。

（五）浙江浙能金华燃机发电有限责任公司主要设备

2003年9月，浙江浙能金华燃机发电有限责任公司与上海汽轮机厂签订6号汽轮机采购合同（合同号：经成2003/084），确定6号汽轮机型号为LZN55-5.6/0.65型。该汽轮机为双压、单缸、单轴、冲动、凝汽式汽轮机，汽缸前部（一～六级）为双层缸结构，之后为单层缸结构。汽缸内部有高压蒸汽室，高压内缸，三级隔板套和前后汽封等部套，通流部分由19级压力级组成。汽机转子为两支点支撑，转子与发电机转子借助半挠性联轴器相连。转子采用无中心孔整锻转子，材料为铬钼钒合金锻造钢，装有19级压力级叶片。

2003年9月18日，浙江浙能金华燃机发电有限责任公司与杭州锅炉集团签订3号联合循环余热锅炉采购合同（合同号：NG2003-061），确定3号联合循环余热锅炉型号为Q1153/526-173.6(33.3)-5.9(0.67)/500(257)。该锅炉为三压无补燃、悬吊立式、正压运行、强制循环余热锅炉，它与PG9171E型燃机相匹配，组成燃气—蒸汽联合循环发电系统。锅炉采用塔式布置，全悬吊管箱结构，露天塔式布置，采用硅酸铝棉保温，外护板为波形钢板。锅炉本体受热面管箱由高压过热器管箱、高压蒸发器管箱Ⅰ、高压蒸发器管箱Ⅱ、高压省煤器管箱Ⅰ、低压过热器管箱、高压省煤器管箱Ⅱ、低压蒸发器管箱、高压省煤器Ⅲ及低压省煤器管箱、除氧蒸发管箱及凝水加热器管箱总共11个管箱组成。高压锅筒中心线标高24.8米，低压锅筒中心线标高32米，除氧水箱中心线标高为32.5米，烟囱出口标高60米，占地面积为424.3平方米。

2003年9月20日，浙江浙能金华燃机发电有限责任公司与山东济南发电设备厂签订6号发电机采购合同（合同号：2003-63-003），确定

6号发电机型号为WX18Z-054LLT，该发电机为三相交流同步发电机，采用空冷的冷却方式，定子绕组为Y接线。6号发电机励磁系统为南瑞公司生产的无刷励磁系统。自动电压调节器（AVR）采用AC 800PEC控制系统，励磁变电源取自机端，经励磁变降压后向功率整流柜提供交流电源。

2003年9月26日，浙江浙能金华燃机发电有限责任公司与GE公司签订5号燃机和5号发电机采购合同（合同号：101465），确定5号燃机型号为PG9171E，该燃机由1个额定功率为1000千瓦的启动马达、1个17级的轴流式压气机、1个由14个燃烧室组成的燃烧系统、1个3级透平转子等部分组成。轴流式压气机转子和透平转子由法兰连接，设有3个支撑轴承。5号发电机型号为9A5，该发电机为三相交流同步发电机，采用空冷的冷却方式，定子绕组为Y接线。燃机的发电机是空冷、三相、3000转/分转速、50赫兹频率的交流电、实心铸铁转子的同步发电机，发电机的输出功率为13.7万千瓦（在基本负荷下运行）。励磁机是带有旋转二极管整流的交流励磁机，励磁方式为无刷励磁。

（六）浙江浙能常山天然气发电有限公司主要设备

2012年7月6日，浙江浙能常山天然气发电有限公司与东方汽轮机有限公司签订1号燃机、1号汽轮机和1号发电机采购合同（合同号：CSFD201207001-CG）。与杭州锅炉集团股份有限公司签订1号联合循环余热锅炉合同（合同号：CSFD201207002-CG）。确定1号燃机型号为M701F4，该燃机为主要由带有进口可调导叶（IGV）的17级的高效率轴流式压气机、20只环形布置的分管燃烧器的燃烧室以及4级反动式叶片的透平组成，压气机压比为18。1号汽轮机型号为TC2F-35.4，该汽轮机为高中压合缸、双排汽、单轴再热凝汽式蒸汽轮机。汽轮机高压级为8个冲动级（无调节级），汽轮机中压级为8个冲动级，汽轮机低压级采用双流反向布置，共6×2个反动级组成，末叶片高度为899.4毫米（35.4英寸）。机组设置三个压力等级的100%容量的蒸汽旁路系统，高压与中压旁路设置喷水减温。高压主汽旁路蒸汽进入冷再管道，中、低压旁路蒸汽进入凝汽器。1号发电机型号为QFR-480-2-21.5，该发电机为三相交流隐极式同步发电机，采用全氢冷的冷却方式，利用装在转子两端护环外侧的单级桨式风扇进行强制循环，并通过2组氢气冷却器进行冷却。发电机的结构形式为密闭式，定子绕组为Y形接线。发电机中性点采用经单相变压器（二次侧接电阻）的接地方式。1号联合循环余热锅炉型号为NG-M701F4-R型，该循环余热锅炉为三压、再热、卧式、无补燃、自身除氧、自然循环燃机余热锅炉，主要由进口烟道、锅炉本体（受热面模块和钢架护板）、出口烟道及烟囱、高、中、低压汽包、除氧器、管道、平台扶梯等部件以及高中压给水泵、低压省煤器再循环泵、排污扩容器等辅助设备组成。锅炉本体受热面采用模块结构，由垂直布置的螺旋鳍片管和进出口集箱组成，以获得最佳的传热效果和最低的烟气压降。

（七）温州燃机发电有限公司主要设备

1995年12月18日，温州燃机发电有限公司与GE公司签订2台燃气轮机采购合同（合同号：366YCDX175US）、1台蒸汽轮机合同（合同号：366YCDX177US），与比利时CMI公司签订2台余热锅炉采购合同（合同号：366YCDX171BL）。2台燃气轮机型号为PG9171E，1号机为11.4万千瓦，2号机为11.1万千瓦。PG9171E燃气轮机由17级压气机、14个燃烧室、三级燃气透平组成。蒸汽轮机型号为GE155398，该汽轮机为次高压、单轴、双缸、轴向排气、冲动式、凝汽式汽轮机。额定功率为11.4万千瓦，额定转速为3000转/分，临界转速为40%~65%额定转速，跳机转速为3300转/分钟，自发电机端向汽轮机端看为顺时针，电网频率为50赫兹，蒸汽参数：进汽压力为844磅/平方英尺，进汽温度为959华氏度，排汽压力为0.78磅/平方英尺，进口流量为370吨/小时，末级叶片长度为660毫米。

余热锅炉型号为HRSG，该余热锅炉为无补燃、立式、强制循环锅炉。其受热面自下而上分别为高压过热器、高压蒸发器、高压省煤器和低压蒸发器。其中过热器和省煤器是逆流布置。2台余热锅炉主蒸汽系统采用母管制，主蒸汽旁路系统独立。2台余热锅炉共用1套给水除氧器系统，包括1台除氧器、3台给水泵。给水系统采用母管制。

1995年12月18日，温州燃机发电有限公司与GE公司签订发电机采购合同，确定公司1~3号发电机型号为9H2型氢冷发电机，该发电机为三相、二极，定子绕组接线方式为Y形。发电机定子线圈和转子线圈及定子铁芯均为F级绝缘。冷却方式为氢冷。

2001—2019年浙江浙能电力股份有限公司具体燃气发电主设备统计见表2-4-3，重要辅助设备见表2-4-4。

三、供热设备

（一）浙江黄岩热电有限公司

1997年3月，浙江黄岩热电有限公司热网建设开始动工，分2条管线：第1条为黄岩区经济开发区轻化投资园区，长度为3千米，管径分别为400毫米、273毫米、159毫米、108毫米。1999年11月建成，2000年初投运。2001年11月，第2条管线开工，通往黄岩区食品园区，长度约为8千米，管径分别为325毫米、273毫米、219毫米、159毫米，2004年4月建成，当月投入运行。黄岩热电热网运行参数为压力：0.9兆帕，温度：290摄氏度，最高设计流量为130吨/小时。

（二）浙江浙能长兴发电有限公司

2003年，浙江浙能长兴发电有限公司热网建设开始动工，共有3条供热管线：1号线为长兴经济开发区供热，管径分别为500毫米、300毫米。2号线2008年投运，覆盖长兴雉城工业园区，管径为400毫米。2010年3号线建成，主要为李家巷工业园区供热，管径为400毫米。全部主干管网里程达55千米。东南热力热网运行参数为压力1兆帕，温度290摄氏度，最高设计流量可达300吨/小时。

（三）台州发电厂

2003年，台州发电厂供热项目分两期3条管线进行。第1根管线于2003年6月开工，2004年4月投产，供热管线全长为12.8千米，设计供汽压力为1.6兆帕，温度为300摄氏度，最大流量为100吨/小时，采用管径478毫米及377毫米钢管，投资1943万元。供热蒸汽分别由2台35万千瓦燃煤发电机组提供，进入热力站内A、B集箱后，由管径377毫米供热管道送至临海市医化园区。第2根管线于2010年3月16日台州发电厂五期配套工程供热管线项目立项获省发改委批复（浙发改能源〔2010〕210号）。2011年3月开工，10月15日，厂区段长约861米工程顺利开工。2013年11月全部投产，整个项目设计总规模拟建共用管廊及3根管线。该期工程建设共用管廊并安装1根供热管道，管线以台州发电厂为起点，至浙江省化学原料药基地临海园区，供热管线全长为12.55千米。供热蒸汽分别由2台33万千瓦燃煤机组的热再、冷再经调节后送入热力站的集汽集箱A，2台35万千瓦燃煤发电机组热再、冷再经调节后送入热力站的集汽集箱B，两集汽集箱可相互调节，设计供汽压力为2.2/1.6兆帕，温度为310摄氏度，最大流量为152吨/小时，采用管径为630毫米、478毫米、377毫米无缝钢管，投资12181万元。采用管径为377毫米或478毫米供热管道送至各热用户。第3根管线：2017年3月3日，五期配套工程供热管线第二期项目通过台州市发改委备案（台发改备〔2017〕07号）；10月27日开工建设。五期配套工程供热管线第二期项目是利用供热管线一期项目已建成的共用管廊，新建1条台州发电厂至临海医化园区的管径600供热管线。该项目全长约16.04千米，投资9761万元。供热蒸汽分别由2台33万千瓦燃煤机组的主汽经调节后送入热力站的集汽集箱，设计供汽压力为2.2兆帕，温度为310摄氏度，最大流量为150吨/小时，采用管径630毫米供热管道送至各热用户。11月23日，支线管网在第3条管线1号灰库至远洲石化段长约1.4千米、直径630毫米的管道水压试验工作完成。2018年12月13日，项目全线完工；12月28日，项目通过竣工验收，正式投产供热。台州发电厂供热的第3条管线投入运行，对外供热能力400吨/小时。

（四）浙江浙能嘉兴发电有限公司

2014年，浙江浙能嘉兴发电有限公司一期供热项目建成2条供热管线。其中1号、2号机出口蒸汽联箱参数为设计温度为300摄氏度，压力为1.5兆帕，主要供一期供热管线。其中3

表 2-4-3 2001—2019 年浙江浙能电力股份有限公司燃气发电主设备统计表

企业名称	规模（台×万千瓦）	锅炉机型号	燃机型号	汽轮机型号	汽机发电机型号	燃机发电机型号	发电机冷却方式
浙江浙能镇海联合发电有限公司	3×10	—	PG9171E	C91-BP28	A09157TS	—	空冷
浙江浙能镇海天然气发电有限责任公司	2×39.46	HG-9FA-285.4-9.87/566.5-3P(R)	PG9351FA	D10-50-150	390H	390H	全氢冷
浙江浙能镇海燃气热电有限责任公司	2×34.05	HG-9FA-361-10.1/539.6-2P	PG9351FA+e	LC40/N115-9.88/539/1.90	QF-100-2	QFN-252-2	全氢冷
浙江浙能电力股份有限公司萧山发电厂	2×35	NG-V94.3A-R 型余热锅炉	SGT5-4000F(2)	LZN138.4-12.38/0.446/564.4/549.4	THDF108/53	—	水氢氢
	1×35	SG-268.49 (58.50)(49.75)/12.75(3.25)(0.27)-Q8101 型余热锅炉	SGT5-4000F(6)	LZN135.8-12.23/0.354/564/549	THDF108/53	—	水氢氢
浙江浙能金华燃机发电有限责任公司	1×18.63	Q1153/526-173.6(33.3)-5.9(0.67)/500(257)	PG9171E	LZN55-5.6/0.65 型	WX18Z-054LLT	9A5	空水冷
浙江浙能常山天然气发电有限公司	1×45.8	NG-M701F4-R	M701F4(G324A)	TC2F-35.4	QFR-480-2-21.5	—	氢冷
温州燃机发电有限公司	1×11.4	BQF-1435/532-175-6.19/515	MS-9001E	—	9H2	9H2	氢冷
	1×11.1	BQF-1435/532-175-6.19/515	MS-9001E	—	9H2	9H2	氢冷
	1×11.7	—	STAG209E	GE155398	9H2	9H2	氢冷

表 2-4-4 2001—2019 年浙江浙能电力股份有限公司燃气发电重要辅助设备统计表

企业名称	规模（台×万千瓦）	中压给水泵型号	低压给水泵型号	凝结水泵型号	循环水泵型号	主变型号
浙江浙能镇海联合发电有限公司	1×34.4	—	MC100-300/8	VCD-D12×14×20A	1400 L3.4-22	T98-50HZ
浙江浙能镇海天然气发电有限责任公司	2×39.46	CHTC5/9	MTCD100/6-07.122.64	NLT300-400×5	64LKXA-17.5	SFP-480000/220
浙江浙能镇海燃气热电有限责任公司	2×34.05	HGC5/10	HGM3/6	NLO300-400×6	40LKXA-22.5	燃机主变：SFP-310000/220 汽机主变：S-120000/220
浙江浙能电力股份有限公司萧山发电厂	2×35	FK6G32RA（M）	—	NLT300-400X7	SEZ1200-1000/800	SFP-490000/220
	1×40	FK6G32R（M）	—	NLT300-400X7	1400HLBK-22	SFP-510000/220
浙江浙能金华燃机发电有限责任公司	1×18.63	HGC4/8	DG46-30＊6	B480-5	APS800S-24G	5 号主变：SF10-180000/220 6 号主变：SF10-80000/220
浙江浙能常山天然气发电有限公司	1×45.8	200×150SSD10FM	—	B550Ⅲ-8	1100HLBK-19	SFP-580000/220
温州燃机发电有限公司	3×10	—	FK6G34AM	NLT300-400×4	SEZ1400-1080	SFP9-150000/220

号、4 号机出口蒸汽联箱参数为设计温度为 300 摄氏度，压力为 1.5 兆帕，主要作为一期供热管线的备用热源。2018 年建成二期供热项目，7 号、8 号机出口蒸汽联箱参数为设计温度为 350 摄氏度，压力为 2.6 兆帕，主要供二期供热管线。

（五）浙江浙能北仑发电有限公司

2008 年，浙江浙能北仑发电有限公司供热项目建成三条线路。东线主低压供汽线：供汽压力为 0.7～1.2 兆帕，温度为 250～300 摄氏度，最大流量为 300 吨/小时。东线高压供汽线设计参数：压力为 1.5～2.0 兆帕，温度为 270～320 摄氏度，最大流量为 300 吨/小时；西线高压线，供汽压力为 2.0 兆帕，温度为 200～250 摄氏度，最大流量为 200 吨/时。对外供热系统中，设有东、西两个阀门站和 1 个减温水泵站、1 个 PLC/MCC 控制中心室。3～5 号机组再热冷段抽汽通过联箱联合提供高压部分汽源。

（六）萧山发电厂

2009 年 12 月，萧山发电厂 2 台 13 万千瓦燃煤机组供热工程供热管线开工建设，分别为 1～3 号管线，铺设供热管道总长 30.5 千米，2012 年 6 月竣工。其压力为 1.8～2.0 兆帕，温度为 300～310 摄氏度，最大供热量为 150 吨/小时。1 号线长 4.5 千米，管径为 200～600 毫米，压力为 1.8～2.0 兆帕，温度为 300～310 摄氏度，未投运。2 号线长 20.5 千米，管径为 200～600 毫米；压力为 1.8～2.0 兆帕；温度为 300～310 摄氏度，2012 年投运。3 号线长 5.5 千米，管径为 200～600 毫米，压力为 1.8～2.0 兆帕，温度为 300～310 摄氏度，采用原管道。

（七）浙江浙能镇海发电有限责任公司

2010年，浙江浙能镇海发电有限责任公司供热改造工程，供热能力为400吨/小时，供热距离（半径）为7~11千米。供热蒸汽分别由4台21.5万千瓦燃煤发电机组提供，进入热力站内A、B集箱后，由管径630毫米供热管道送至各热用户。其中3~5号3台21.5万千瓦燃煤机组的高压缸排汽压力经调节后送入集汽集箱A，压力为2.2兆帕，温度为318摄氏度。离热力站最近的6号21.5万千瓦燃煤机组高压缸排汽直接送入集汽集箱B，其参数设定为2.42兆帕/320摄氏度。

（八）浙江浙能绍兴滨海热力有限公司

2011年，滨海热电供热项目开工建设，铺设供热管主干管道管线长达64.25千米，其中低压热网管线长35.87千米（1号线、2号线、3号线、5号线、6号线），设计温度为280摄氏度，压力为0.98兆帕；中压热网管线长28.9千米（4号线、7号线、8号线），设计温度为300摄氏度，压力为3兆帕。其中包含3条专线：龙德专线、天圣支线、垃圾电厂专线，专门连接外来汽源，共同组成稳定的热网系统。

（九）浙江浙能温州发电有限公司

2011年2月，浙江浙能温州发电有限公司供热改造工程开始施工。2012年5月投入运行。浙江浙能温州发电有限公司供热改造工程蒸汽取自2台33万千瓦机组（三期机组5号、6号机）再热冷段管道，机组供热采用一用一备方式，蒸汽参数为1.5兆帕，设计温度290摄氏度，设计最大热负荷为28吨/小时，日平均热负荷为13吨/小时。建成供热主管网4.3千米，并预留1根管位，作为项目中远期使用。2018年，公司增加重石集中供热项目，延长厂外供热管道至重石工业园区，管道设计压力为1.5兆帕，设计温度为290摄氏度，设计最大热负荷为13吨/小时。2019年5月31日项目完成，新建供热管网总长1650米。

（十）浙江浙能兰溪发电有限责任公司

2012年，浙江浙能兰溪发电有限责任公司热网1号管线建成，其设计温度为300摄氏度，压力为2.2兆帕，管线长12千米，设计负荷为157吨/小时。2019年3月，浙江浙能兰溪发电有限责任公司热网2号管线主体工程建成投运，其设计温度为300摄氏度，压力为2.2兆帕，管线长24千米，设计负荷为90吨/小时。

（十一）浙江浙能乐清发电有限责任公司

2017年，浙江浙能乐清发电有限责任公司对外集中供热项目开工建设，拟建设1根直径为500毫米的供热管道，另外预留1根直径为500毫米的供热管道位置，从电厂接出至经济开发区（管道从电厂接出，沿新建疏港大道，经中心城区霖霄路，至纬一路，进入开发区），建成后可为沿途乐清湾港区、乐清中心城区、乐清城东社区、乐清经济开发区供热。总投资13011万元。管线工程建设完成后可承担平均供热负荷100吨/小时，最大稳定输送能力可达到110吨/小时，设计参数为2.2兆帕，320摄氏度。

2001—2019年，浙江浙能电力股份有限公司具体供热工程（设备）统计见表2-4-5。

表2-4-5 2001—2019年浙江浙能电力股份有限公司供热工程（设备）一览表

企业名称	工程（设备）名称	长度或设备数量	型号（参数）	投产时间（年-月）
浙江黄岩热电有限公司	一期管网	3千米	0.9兆帕，290摄氏度	2000-08
	二期管网	8千米	0.9兆帕，290摄氏度	2004-10
浙江浙能长兴发电有限公司	一期管网	20千米	1兆帕，290摄氏度	2003-06
	二期管网	15千米	1兆帕，290摄氏度	2008-08
	三期管网	20千米	1兆帕，290摄氏度	2010-10
台州发电厂	1号线	12.8千米	1.6兆帕，300摄氏度	2004-05
	2号线	12.55千米	2.2/1.6兆帕，310摄氏度	2013-11
	3号线	16.04千米	2.2兆帕，310摄氏度	2018-12

表2-4-5（续）

企业名称	工程（设备）名称	长度或设备数量	型号（参数）	投产时间（年-月）
浙江浙能嘉兴发电有限公司（平湖市滨海热力有限公司）	东一线	13千米	管径：400毫米，1.5兆帕，300摄氏度	2014-09
	西一线	5.1千米	管径：400毫米，350毫米，1.5兆帕，300摄氏度	2014-11
	东二线	20千米	管径：400毫米、300毫米、200毫米，2.5兆帕，350摄氏度	2018-01
浙江浙能北仑发电有限公司	北电东线高压	3千米（厂区内，无厂外）	管径：720毫米，1.5~2.0兆帕，300摄氏度	2009-07
	北电东线低压	3千米（厂区内，无厂外）	管径：720毫米，0.7~1.2兆帕，300摄氏度	2009-07
	北电西线高压	2千米（厂区内，无厂外）	管径：480毫米，1.5~2.0兆帕，300摄氏度	2009-07
萧山发电厂	1号线	4.5千米	1.8~2.0兆帕 300~310摄氏度	2012-06
	2号线	20.5千米	1.8~2.0兆帕，300~310摄氏度	2012-06
	3号线	5.5千米	1.8~2.0兆帕，300~310摄氏度	2012-06
浙江浙能镇海发电有限责任公司	厂区内集汽集箱A	1台	2.2兆帕，318摄氏度	2010-09
	厂区内集汽集箱B	1台	2.42兆帕，320摄氏度	2010-09
	厂区内厂区外一期管线	25千米	管径：600毫米、400毫米，2.2兆帕，310摄氏度	2010-09
	厂区外新城管线	27千米	管径：150~500毫米，2.2兆帕，310摄氏度	2013-03
	厂区外分汽缸	1台	EHA1300X16（2.42兆帕，350摄氏度，10.6立方米）	2010-09
浙江浙能绍兴滨海热力有限公司	1号管线	2.45千米	管径：630毫米，0.98兆帕，280摄氏度	2014-02
	2号管线	5.7千米	管径：630毫米，0.98兆帕，280摄氏度	2014-02
	3号管线	5.7千米	管径：630毫米，0.98兆帕，280摄氏度	2014-02
	4号管线	9.2千米	管径：529毫米，3.0兆帕，300摄氏度	2014-02
	5号管线	6.1千米	管径：1020毫米，0.98兆帕，280摄氏度	2016-05
	8号管线	5.9千米	管径：630毫米，3.0兆帕，300摄氏度	2016-05
	6号管线	15.4千米	管径：1020毫米，0.98兆帕，280摄氏度	2018-11
	7号管线	13.8千米	管径：1016毫米，3.0兆帕，300摄氏度	2018-11

表 2-4-5（续）

企业名称	工程（设备）名称	长度或设备数量	型号（参数）	投产时间（年-月）
浙江浙能温州发电有限公司	供热主管网	4.3 千米	1.5 兆帕，290 摄氏度	2012-05
	厂区外至重石工业园区管线	1.65 千米	1.5 兆帕，290 摄氏度	2019-05
浙江浙能兰溪发电有限责任公司	1 号管线	12 千米	管径：400、500 毫米，2.2 兆帕，300 摄氏度	2012-11
	2 号管线	24 千米	管径：600、500 毫米，2.2 兆帕，300 摄氏度	2019-03
浙江浙能乐清发电有限责任公司	厂区内集汽集箱参数	1 台	2.5 兆帕，320 摄氏度	未投运
	厂区内管线	0.5 千米	管径：500 毫米，2.2 兆帕，320 摄氏度	2018-02
	厂区外至港区管线	3 千米	管径：200~500 毫米，2.2 兆帕，320 摄氏度	2018-02

第二节 运行管理

一、运行组织

20 世纪 90 年代初，各发电企业实行以生产副总经理（副厂长）和总工程师为首的生产指挥系统，实施公司（厂）—部门（分场）—班组三级管理，按炉、机、电、热化、燃料等专业设置运行、检修为一体的综合分场，运行人员由各分场管理调配，值长只负责对运行人员上岗时间内的指挥调度管理。运行实施“四班三轮制”，每个运行值设值长，各专业设正副班长。汽机设司机、副司机、巡检员；电气设主值、副值、电工，网控主值、副值；锅炉设司炉、副司炉、司水、司磨以及机零米值班员、各泵房值班员等岗位。

1993 年，各发电企业成立发电部，运行人员划归发电部管理，锅炉、汽机、电气采用主设备及其系统实行分机组单元集中控制方式，网控、化学水处理，输灰、输煤等外围辅助系统实行分区域集中控制方式，现场运行由值长统一指挥。

1994 年，为贯彻《劳动法》，各发电企业逐步调整运行方式，由“四班三轮制”改为“五班三轮制”或“五班四轮制”。

2001—2005 年，各发电企业 12.5 万千瓦机组相继开展分散控制系统改造（DCS 改造），自动化程度提高，各发电企业进一步精简运行岗位，整合专业，实施全能值班模式，每个运行值设值长、集控长、机组长、操作员、巡检员等岗位。2002 年 5 月，浙江温州发电有限公司 1 号机组进行 DCS 改造，一期运行班组重组，原来 15 个班组重组为 5 个班组，运行人员向全能值班迈进，打破原来按专业管理的模式。2005 年，台州发电厂最后一台 12.5 万千瓦机组完成了 DCS 改造，运行人员全部转变为全能值班方式，同时精减了运行人员。

2005—2010 年，各发电企业各台机组脱硫设备陆续建成投运，各单位在整合原来的灰、硫运行和除灰、脱硫设备维护人员的基础上，设置环保岗位。2007 年 6 月，浙江温州发电有限公司各台机组脱硫设备投运后，进行了一次机构优化调整，成立新的灰硫分场。

2011—2013 年，台州发电厂、浙江浙能镇海发电有限公司、浙江浙能乐清发电有限责任公司等部分发电企业根据人员编制情况，进一步深化运行岗位设置，实行六班三轮制或六班四轮制，提高运行质量，降低运行人员劳动强度。

2015 年以后，按照《浙江能源集团超低排放行动计划》，浙江浙能电力股份有限公司全体燃煤机组实施烟气超低排放改造，增加了湿式电除尘、管式烟气换热系统等环保设施，环保专业的所管辖范围进一步增加。部分电厂将环保岗位纳入集控统一管理，集控操作员覆盖到环保设备设施监控操作。

2015 年，根据浙江浙能电力股份有限公司所属营运企业部门岗位设置标准化要求，各发电企业将发电部更名为运行部，并将化学、环保等运行岗位纳入运行部。

2019 年，根据浙江浙能电力股份有限公司“三定”改革要求，实行了“六班三轮制”的发电企业将运行值班模式改为“五班三轮制”。

截至 2019 年，浙江浙能电力股份有限公司所属各发电企业均由运行部门负责公司发电、供热等运行业务。当值值长是公司生产调度、生产设备及系统运行、操作和事故处理的总指挥，在批准的调度管辖范围内行使指挥调度权，按规定发布调度指令，是安全调度的总负责人。当值值长负责当值的运行操作、安全经济运行和事故处理，并对相关专业或部门发布生产指挥指令。值长在行政上受生产副总经理（副厂长）、总工程师和运行部门主任领导，在电网调度操作上执行上级调度员的命令，组织全厂生产系统执行调度操作指令，完成机组有功、无功、电压等的调整和操作任务。

二、管理制度

1991 年起，各发电企业结合生产实际，陆续建立、完善《交接班管理制度》《设备巡回检查制度》《设备定期切换试验管理制度》《运行操作制度》《运行分析制度》等相关运行制度和各级运行人员工作标准。

1994 年起，各发电企业制定完善运行、检修管理标准和两票三制（工作票、操作票，交接班制、巡回检查制、设备定期试验轮换制）管理制度，编写了运行、检修、调度规程和各级运行人员的工作标准等。1994 年 1 月，浙江浙能嘉兴发电有限公司开始编写 1 号、2 号机组运行规程，1995 年 5 月经修订、评审定稿出版，同时结合生产实际，编制《运行参数限额整定值》《热控整定值》《操作指导书》等供运行人员学习使用。1998 年 1 月至 2006 年 3 月，运行规程共修订 3 次。2000 年，台州发电厂根据 8 台机组运行情况，以分场为修编单位对全厂运行规程作第 2 次全面修订，对《交接班制度》《巡回检查制度》《定期试验及切换制度》《操作管理制度》《设备异动管理制度》《运行分析制度》《工作票制度》等进行修订，并按标准化管理规范要求，形成全厂管理标准和岗位标准。2010 年，浙江浙能绍兴滨海热电有限责任公司制定了《300MW 机组集控运行规程》等 19 个运行管理制度、标准，并定期进行修订完善，每年复查 1 次现场运行规程及系统图，每 3 年对运行管理制度进行一次全面修订。2011 年，浙江浙能绍兴滨海热电有限责任公司投产后，对管理制度进行了细化、补充和完善，强调执行以岗位责任制为中心的工作票、巡回检查、现场定期试验等制度。各发电企业实施运行电气安全工器具定期检查，每月进行 1 次定期检查。

1999 年起，各发电企业日常使用的部分典型操作票由手写逐步过渡到计算机打印，并规定操作票统一编号，使典型操作票更规范化、标准化。2016 年 1 月起，应集团统一要求，各发电企业操作票除班组管理外内容转入企业资源计划系统（ERP）系统执行。

2003 年纳入浙能集团管理后，各发电企业根据《浙江省能源集团公司安全生产监督管理办法》《浙江省能源集团公司安全生产工作奖惩规定》《浙江省能源集团公司发电企业运行管理办法》等制度的要求，逐步形成相关运行管理制度，各发电企业建有运行岗位交接班管理、运行岗位巡回检查管理、设备定期试验与切换管理、操作票管理、防误操作管理、反事故预想和反事故演习管理、设备缺陷处理管理、个人工器具管理制度、燃油管理、设备停复役管理规定、运行分析管理等相关运行管理制度，并根据实际运行情况，不断进行修订。

三、运行记录与分析

2002 年后，各发电企业发电主设备建设同时安装各种检测、监控设备，以满足大机组、高自动化的要求，工业电视系统采用计算机数字视频压缩与传输技术和日夜型一体化的自动彩色摄像机，对生产现场和重要设备进行全面、清晰的跟踪监视，运行人员在控制室内就可以看到机组运行情况；在线监测实时数据库系统（PI）、工业摄像头及各类报警系统实现了电厂数据的自动采集、存储和监视，使运行人员既可以浏览电厂当时的运行参数，也可回顾过去的生产情况，为事故后分析和判断提供重要依据；DCS分散控制系统实现了运行人员在控制室内对发电设备运行的集中监视和控制。

2003年纳入浙能集团管理后，各发电企业根据浙能集团《发电企业运行管理办法》，结合各厂实际情况制定厂内运行分析相关制度，运行人员按要求记录设备运行方式，主要运行参数；接受调度命令及上级指示，调整设备运行工况，处理设备异常、障碍及事故。按时间顺序记录设备检修、维护各项事件的开始、发展及结束，形成日志或报表。运行人员根据运行记录、仪表指示、设备巡查和操作情况，分析安全、经济变化趋势，对设备运行进行专题分析，找出运行生产方面存在的问题及薄弱环节，提出改进运行工作的措施及对策，并为制定设备检修项目提供依据。各厂对设备的重大缺陷和运行异常情况制定成册，每周更新，及时组织召开分析会，提出防范措施。各专工每月末对本专业的运行情况进行专业分析，对主要设备参数进行对比分析，包括本专业经济指标，设备缺陷、改造和异动情况，设备定期工作执行情况，合理化建议，生产费用使用情况，以及根据运行记录进行全面、系统分析，以查找设备缺陷、故障的原因，排除存在影响设备安全运行及使用寿命的因素。各发电企业要求当班值须对启停机、重大试验操作进行专题分析；如有事故处理，当班值应在24小时内对发生原因及处理过程进行分析并提交部门；运行部所辖各班组结合现场实际每月完成运行分析，由值长、单元长提出具体的意见后提交专业审阅；专工根据机组重大缺陷或系统薄弱环节每季度进行运行分析。通过运行分析，优化机组运行工况，避免或减少设备异常、障碍及事故等发生。各发电企业集控均建有运行分析记录，每班分析运行状况，分析汽温、汽压、制粉电耗、飞灰、燃烧工况、喷燃器角度、氧化锆计氧量、汽机真空等指标参数，及时调整运行工况实现节能降耗。2003年12月开始，台州发电厂不断地采取各种措施，在7号、8号炉进行俄罗斯煤、印尼煤的试烧工作。通过试验调整，改善7号、8号锅炉应对燃煤紧张的抵抗力，促进安全、经济运行。

2004年，浙能集团发布《燃煤机组运行竞赛办法》，明确了燃煤机组运行竞赛的考核内容、标准和方法。各发电企业通过评先比优，查找差距，分析原因，组织攻关，切实解决运行生产中出现的问题，以不断提高机组运行的安全性、可靠性、经济性和整体运行管理水平。在此基础上各发电企业开展运行值际小指标竞赛，将发电量、厂用电率、主蒸汽温度、再热蒸汽温度、辅机电耗、环保参数等纳入指标竞赛范畴，并把煤耗、油耗、水耗、厂用电率作为重点控制对象；对机组的安全性和经济性指标进行定期评价，通过竞赛、考核、奖惩，促使机组的启动和运行能耗不断下降。各发电企业陆续开发相关生产指标管理系统。2012年，浙江浙能兰溪发电有限责任公司开发了“智能绩效分析系统”，并对系统进行不断完善与改进，该系统以在线监测实时数据库系统（PI）系统为基础，对2万多个测点形成的实时及历史数据库进行筛选，生成400多张功能报表，来满足电厂运行统计、监视、预警、分析和绩效管理等全方位需求，辅助运行人员优化运行调节，提高设备的可靠性和机组运行的经济性。2017年，淮浙煤电有限责任公司凤台发电分公司开发上线生产指标管理系统（实现实时监控、能耗管控，运行管控，绩效考核，包含小指标管理及排名），取代原指标评价系统。采用年度总体目标控制，月度考核，以日常得分形式对各主要运行参数进行过程控制管理，强化指标效益分配手段。

2004年3月16日，浙能集团发布《发电厂环境保护工作管理办法》，各发电企业依据要求，依法保护环境，采用新技术，推行文明、清洁生产，减少有害物质排放，防治环境污染和其他公害。不断加强环保监测力度，实施污染源在线监测系统，对环保数据实时监测，实现数据查询、报警处理、污染物报表、污染源管理、智能分析等功能。

2005年8月，企业资产管理系统（EAM）在浙江嘉兴发电有限公司进行试点上线。运行管理原有运行记录、台账、两票、班组台账全部转移至EAM系统使用，缺陷管理和工作票管理实现无缝链接；通过综合报表的查询功能，实现生产信息的共享。随后，浙江浙能兰溪发电有限责任公司、浙江浙能乐清发电有限责任公司、淮浙煤电有限责任公司凤台发电分公司等电厂相继实施EAM系统。2016年，根据浙能集团统一安排，各发电企业陆续上线企业资源计划系统（ERP）。截至2019年，各发电企业均已实施ERP系统。

四、经济运行

各发电企业通过优化运行、优化检修工艺，加强设备日常维护，加大设备治理和节能增效改造力度，提高设备运行的可靠性和经济性。

从2001年开始，台州发电厂、萧山发电厂、温州发电有限责任公司等对12.5万千瓦机组进行扩容改造，并同步实施分散控制系统（DCS）和汽轮机数字电液控制系统（DEH）改造。通过改造，机组容量增至13.5万千瓦，降低了煤耗，提升了自动化程度，减少了人员，实现了机组协调控制，自动投入率、利用率提高，机组稳定性好，参数压红线运行，还利于机组调峰、滑启、滑停。

2009年，各发电企业开始开展能效对标管理，以国内国际先进水平指标为标杆，通过横向和纵向的对比，在管理上、措施上、具体指标上进行了全面的“体检”，了解不足、瞄准“更好”、努力提升，全面建立对标体系，不断完善相关制度，保证公司一、二级生产指标得到持续改进。每年制定对标管理计划方案明确工作方向，能耗指标分解落实到各部门，成立对标攻关项目，明确攻关项目负责人，制定阶段目标和最终目标推进对标疑难问题的解决和攻关。

2010年，各发电企业开始引进“安全生产对标管理”工作，并逐年强化对标管理，取得实效；开展国内同行业发电企业的对标交流，寻找差距，提升生产管理水平，进一步提高设备可靠性和经济性。

2013年，各发电企业开始制定公司对标管理相关制度，推进公司安全生产指标对标工作的开展和实施，进一步提高安全生产精细化管理水平。浙江浙能温州发电有限公司等发电企业相继成立对标管理攻关小组，成立降低厂用电率攻关小组，全方位对电厂辅机电耗进行统计和分析，对全厂范围的用电负荷进行排查和梳理，剔除生活用电等非生产用电量，并且将各类电量抄录时间、计算方法明确落实到各运行班组，保证厂用电率计算的准确性；在凝泵变频运行状态若凝结水母管压力许可，尽量开大除氧给水调门；尽量保持凝泵变频运行，提高凝泵变频器节能效果；降低过量空气系数，减少系统漏风，加强吹灰，降低引风机、送风机电耗率。成立飞灰含碳攻关小组，加强对煤种和煤粉细度的分析，定期进行煤种可磨系数的测定以及煤粉细度的测试，及时对磨煤机进行调整，确保煤粉细度满足要求。成立主、再热汽温攻关小组，加强运行调整，关注汽温情况，按照规定进行吹灰，保持过热器和再热器受热面清洁；从安全和经济两个方面综合考虑，对汽温突降的情况，采取限制降负荷速度的方法，避免出现汽温低于安全下限的情况；调整燃尽风水平摆角，消除两侧汽温偏差；合理调整二次风配风，太高火焰中心，提高汽温。成立真空严密性攻关小组，通过检修、维护、运行各部门人员的现场检查、运行调整，找出严密性不合格的原因，并采取一定措施。

2012年开始，浙能集团各发电企业部分30万千瓦、60万千瓦机组汽轮机陆续实施通流部分改造，提升机组容量，切实提高机组效率，供电煤耗进一步降低。

2011—2012年，浙江浙能嘉兴发电有限公司完成一期30万千瓦汽轮机通流改造，机组供电煤耗下降10克/千瓦时以上；2014—2015年，完成二期4台60万千瓦机组汽轮机通流改造，供电煤耗下降7克/千瓦时以上，同时机组增容到66万千瓦。2011年，三期2台百万机组分别投产，节能优化工作紧接跟上。通过锅炉燃烧调整，汽门滑压优化、凝泵深度变频、循环水泵优化运行、内漏阀门整治、热力系统及疏水系统优化，吸收塔再循环泵运行优化系列优化，2012年底取得了三期机组同比下降5.04克/千瓦时、厂用电率下降0.12%的良好的效果。

2014年，各发电企业已普遍实施机组安全性和经济性指标的评价工作。运行人员根据机组设计值或热力试验后获得的最佳运行曲线，在监视并分析影响机组安全和经济运行的主要因素的基础上，调整运行设备参数；以最优化原理为理论指导，对主、辅机设备进行全面优化试验，建立一套完整的运行优化操作程序，使机组在规定的负荷范围内保持最佳参数匹配和最优运行状态；对运行设备与备用设备定期轮换、定期启动设备、定期进行传动试验等，使发电设备处于安全可靠状态。

2004—2019 年浙能集团电力板块下属煤电机组经济指标完成情况见表 2-4-6，2008—2019 年天然气发电机组经济指标完成情况见表 2-4-7，2006—2018 年度荣获全国可靠性 A 级机组（金牌机组）情况见表 2-4-8。

表 2-4-6 2004—2019 年浙能集团电力板块下属煤电机组经济指标完成情况表

年度	装机容量（万千瓦）	发电量（万千瓦时）	供电煤耗（克/千瓦时）	设备平均利用小时
2004	792.00	5249033.08	333.73	7388
2005	1003.70	6235053.00	332.25	6926
2006	1212.00	7169061.97	331.66	6531
2007	1332.00	7860599.42	330.47	6007
2008	1332.00	7860599.42	330.47	6007
2009	1518.00	8700210.97	328.78	5598
2010	1605.60	9384593.63	319.81	5898
2011	1865.60	10798743.01	317.11	6308
2012	1862.10	10636011.00	314.40	5687
2013	1993.00	10835001.16	310.48	5891
2014	2233.00	10596349.38	307.05	5052
2015	2572.00	10008859.59	303.44	4457
2016	2627.00	11266250.35	299.09	4362
2017	2821.10	12653673.39	298.68	4714
2018	2816.80	13574873.08	299.47	4822
2019	2789.80	12834983.00	299.43	4606

表 2-4-7 2008—2019 年天然气发电机组经济指标完成情况表

年度	装机容量（万千瓦）	发电量（万千瓦时）	供电煤耗（克/千瓦时）	设备平均利用小时
2008	159.402	54924.36	259.94	298
2009	159.402	25471.10	245.75	160
2010	159.402	259366.88	233.23	1627
2011	159.413	478120.01	229.93	2999
2012	235.830	522590.00	233.18	2563
2013	322.933	570798.38	241.57	2158
2014	384.033	667440.62	240.59	1999
2015	402.658	634451.79	238.70	1572
2016	402.658	471626.51	230.82	1171
2017	402.658	492247.53	243.97	1222.50
2018	402.647	451392.71	240.37	1121.06
2019	402.647	479892.00	238.80	1117

表 2-4-8 2006—2019 年度荣获全国可靠性 A 级机组（金牌机组）统计表

年度	全国台次	集团台次	全国名次	60 万千瓦级	评价系数	全国名次	30 万千瓦级	评价系数	全国名次	100 万千瓦级	评价系数
2006	20	3	2	浙江浙能北仑发电有限公司 4 号机组	—	3	浙江浙能嘉兴发电有限公司 2 号机组	—	—	—	—
			4	浙江浙能嘉华发电有限公司 4 号机组	—	—	—	—	—	—	—
2007	20	3	1	浙江浙能北仑发电有限公司 3 号机组	99.68	5	浙江浙能长兴发电有限公司 1 号机组	98.94	—	—	—
			2	浙江浙能嘉华发电有限公司 5 号机组	99.32	—	—	—	—	—	—
2008	20	5	1	浙江浙能北仑发电有限公司 4 号机组	99.64	—	—	—	—	—	—
			2	浙江浙能兰溪发电有限责任公司 2 号机组	99.43	—	—	—	—	—	—
2009	20	5	1	浙江浙能乐清发电有限责任公司 2 号机组	98.53	7	浙江温州特鲁来发电有限责任公司 3 号机组	98.4	—	—	—
			3	浙江浙能嘉华发电有限公司 3 号机组	98.48	—	—	—	—	—	—
			8	淮浙煤电发电有限公司凤台发电厂 1 号机组	97.47	—	—	—	—	—	—
			9	浙江浙能嘉华发电有限公司 5 号机组	97.29	—	—	—	—	—	—
2010	20	4	1	浙江浙能北仑发电有限公司 4 号机组	99.76	7	浙江浙能嘉兴发电有限公司 2 号机组	98.56	—	—	—
			7	淮浙煤电发电有限公司凤台发电分公司 2 号机组	97.84	—	—	—	—	—	—
			10	浙江浙能嘉华发电有限公司 4 号机组	97.29	—	—	—	—	—	—
2012	—	—	8	浙江浙能兰溪发电有限责任公司 1 号机组	99.19	4	浙江浙能嘉兴发电有限公司 1 号机组	99.8	—	—	—
	45	5	18	浙江浙能兰溪发电有限责任公司 2 号机组	97.88	12	浙江浙能长兴发电有限公司 1 号机组	99.04	—	—	—
			19	浙江浙能北仑发电有限公司 4 号机组	97.88	—	—	—	—	—	—

表2-4-8（续）

年度	全国台次	集团台次	全国名次	60万千瓦级	评价系数	全国名次	30万千瓦级	评价系数	全国名次	100万千瓦级	评价系数
2013	47	6	9	浙江浙能兰溪发电有限责任公司4号机组	99.68	1	浙江浙能嘉兴发电有限公司2号机组	99.89	1	浙江浙能嘉华发电有限公司7号机组	99.67
			21	浙江浙能北仑发电有限公司5号机组	98.06	9	浙能台州发电厂10号机组	99.70	—	—	—
			—	—	—	17	浙江浙能长兴发电有限公司3号机组	99.05	—	—	—
2014	50	5	1	浙江浙能北仑发电有限公司3号机组	100	1	台州发电厂7号机组	100	—	—	—
			1	浙江浙能兰溪发电有限责任公司1号机组	100	1	浙江浙能温州发电有限公司3号机组	100	—	—	—
			1	浙江浙能嘉华发电有限公司6号机组	100	—	—	—	—	—	—
2015	50	4	1	浙江浙能兰溪发电有限责任公司2号机组	100	—	—	—	5	浙江浙能嘉华发电有限公司8号机组	93.71
			1	浙江浙能北仑发电有限公司5号机组	100	—	—	—	—	—	—
			10	淮浙煤电有限公司凤台发电分公司1号机组	99.96	—	—	—	—	—	—
2016	50	3	—	浙江浙能嘉华发电有限公司3号机组	—	—	—	—	—	—	—
			—	浙江浙能兰溪发电有限责任公司1号机组	—	—	—	—	—	—	—
			—	淮浙煤电有限公司凤台发电分公司4号机组	—	—	—	—	—	—	—
2017	45	4	—	淮浙煤电有限公司凤台发电分公司1号机组	—	—	浙江浙能长兴发电有限公司4号机组	—	—	—	—
			—	浙江浙能嘉华发电有限公司2号机组	—	—	—	—	—	—	—
			—	浙江浙能兰溪发电有限责任公司3号机组	—	—	—	—	—	—	—
2018	—	2	—	浙江浙能兰溪发电有限责任公司1号机组	—	—	—	—	—	—	—
			—	淮浙煤电有限公司凤台发电分公司2号机组	—	—	—	—	—	—	—
2019	—	3	—	浙江浙能乐清发电有限责任公司2号机组	—	—	—	—	—	—	—
			—	淮浙煤电有限公司凤台发电分公司2号机组	—	—	—	—	—	—	—
			—	—	—	—	浙江浙能绍兴滨海热电有限责任公司2号机组	—	—	—	—

第三节 设备可靠性

一、可靠性管理措施

浙能集团从成立伊始，即注重机组可靠性管理。通过可靠性管理体系，指导规范各发电企业可靠性管理工作。2004 年 3 月 16 日，浙能集团发布《电力可靠性管理办法》，规定了集团公司电力可靠性数据的统计、分析、上报等管理程序，明确了电力可靠性管理工作要求。各发电企业均设有可靠性专职人员，由专职人员日常开展可靠性数据收集，定期由企业领导牵头，对可靠性数据进行分析，建立机组健康档案，统筹指导运行维护检修工作，提高机组健康水平和可用小时。

2007 年 4 月 10 日，国家电力监管委员会颁布《电力可靠性监督管理办法》。各发电企业贯彻《电力可靠性监督管理办法》，管理创新、注重实效。在保障机组设备安全可靠的前提下，重点突出以优质检修为保证，狠抓设备可靠性基础，确保机组长周期安全稳定可靠连续运行。定期召开专题分析会议，每月进行可靠性数据分析，通过可靠性统计和分析，加大设备更新改造力度，提高机组健康水平；细化并提升缺陷管理，以信息化平台为依托，深化设备管理，做实做细设备基础管理；加强现场设备管理力度，细化巡回检查的项目和质量，做到有章可循、有据可查、有人监督，不断提高巡检质量；加强运行技术管理和运行人员培训力度，提高运行人员综合素质和异常处理的能力；加强各类定期试验管理，做好机组重大操作和定期试验时的事故预想工作，完善各类事故处理预案，落实相关安全措施，防止因人员疏忽或考虑不周引起机组跳闸事件；结合生产实际，通过对可靠性报表和专题分析报告反映的内容，提出防范措施并进行闭环管理加以落实；强化可靠性目标管理，认真做好可靠性指标的预测和预控、对比工作，把可靠性管理工作与金牌机组、大机组竞赛的有机结合起来，利用可靠性分析，指导机组运行；提高设备管理要求，抓住重点，开展技术攻关和技术改造，确保各机组经济技术环保指标优良。

二、燃煤机组可靠性指标情况

1. 构成情况

从 2019 年底浙能电力煤机装机容量构成情况看，100 万千瓦及以上燃煤机组构成百分比较全国平均水平高 8.44 个百分点；60~69.9 万千瓦级机组构成百分比较全国平均水平高 10.61 个百分点；30~39.9 万千瓦级机组占比较全国平均水平低 16.53 个百分点；20~29.9 万千瓦级机组占比较全国平均水平低 2.52 个百分点，具体情况如图 2-4-1 所示。从煤机构成情况看，燃煤机组大容量机组构成百分比较高，单机容量优势较大，具体情况见表 2-4-9。

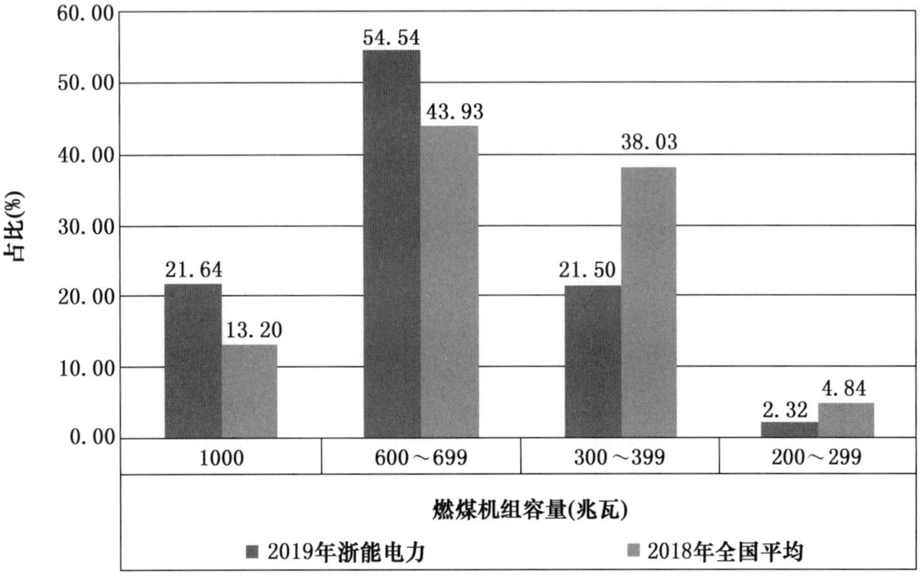

图 2-4-1 2019 年燃煤机组构成与全国平均水平比较示意图

表 2-4-9 2003—2019 年燃煤发电机组各等级煤机构成情况表

年份	100 万千瓦级机组		65 万千瓦级超临界机组		60 万千瓦级超临界机组		60 万千瓦级亚临界机组		30 万千瓦级亚临界机组	
	台数	容量（兆瓦）	台数	容量（兆瓦）	台数	容量（兆瓦）	台数	容量（兆瓦）	台数	容量（兆瓦）
2003	—	—	—	—	—	—	—	—	5	300.00
2004	—	—	—	—	—	—	2	600.00	6	320.00
2005	—	—	—	—	—	—	2	600.00	6	320.00
2006	—	—	—	—	3	660.00	4	600.00	9	330.00
2007	—	—	—	—	1	660.00	7	600.00	10	330.00
2008	—	—	—	—	4	645.00	7	600.00	10	330.00
2009	—	—	—	—	2	630.00	7	600.00	11	330.00
2010	—	—	2	660.00	2	630.00	7	600.00	11	330.00
2011	2	1000	2	660.00	8	607.50	7	605.71	16	313.13
2012	2	1000	2	660.00	8	652.50	7	651.43	16	322.50
2013	2	1000	4	660.00	8	652.50	7	654.31	16	322.50
2014	4	1000	4	660.00	8	646.44	7	650.08	16	324.38
2015	6	1000	6	660.00	8	652.50	7	660.00	16	327.50
2016	6	1000	6	660.00	8	652.50	7	660.00	16	327.50
2017	6	1000	8	660.00	8	652.50	7	660.00	16	328.75
2018	6	1000	8	660.00	8	652.50	7	660.00	16	328.75
2019	6	1000	8	660.00	8	652.50	7	660.00	16	328.75

2. 发电量情况

2019 年，浙江浙能电力股份有限公司燃煤机组平均发电量为 25.96 亿千瓦时/台，同 2003 年相比上升 5.25%。2019 年受经济增长及夏季长时间高温影响，增幅超预期，另外下半年受天然气供应紧张影响，全年燃煤机组总发电量较 2018 年增长较多，特别是煤机发电量增长比较明显。

3. 可靠性指标情况

2019 年浙江浙能电力股份有限公司管理燃煤机组平均等效可用系数为 93.13%，同 2003 年相比降低 6.7 个百分点；2019 年燃煤机组平均等效强迫停运率为 0.16%，同 2003 年相比下降 0.01 个百分点，燃煤机组运行可靠性水平保持较良好态势。2003—2019 年燃煤机组主要可靠性指标见表 2-4-10。

2015 年后，通过油改气改造，浙江浙能电力股份有限公司已无燃油机组。2003—2015 年燃油机组主要可靠性指标见表 2-4-11。

三、燃气机组可靠性指标情况

2019 年，浙江浙能电力股份有限公司管理燃气机组平均等效可用系数为 93.2%，同 2003 年相比上升 9.48 个百分点；2019 年燃气机组平均等效强迫停运率为 1.42%，同 2003 年相比上升 0.42 个百分点。2003—2019 年燃气机组主要可靠性指标见表 2-4-12。

表 2-4-10 2003—2019 年燃煤机组主要可靠性指标统计表

时间（年）	汇总名称	统计台数	利用小时	备用小时	计划停运小时	非计划停运小时	降低出力等效停运小时	计划停运次数	非计划停运次数	等效可用系数（%）	等效强迫停运率（%）
2003	常规燃煤机组	1	7794.87	0	0	0	15.27	0	0	99.83	0.17
2004		2	7367.71	0	0	0	130.5	0	0	98.51	1.45
2005		5	6055.45	0	0	0	98.89	0	0	98.87	0.98
2006		4	6455.44	0	0	0	7.34	0	0	99.92	0.07
2007		2	5888.86	0	0	88.40	0	0	17.13	98.99	1.01
2008		5	6161.77	1065.46	348.38	40.86	9.04	2.36	4.71	95.45	0.68
2009		2	5299.35	917.88	1977.28	12.62	14.75	4.00	2.00	77.12	0.45
2010		4	5598.28	945.13	1482.38	0	8.00	2.47	0	82.99	0.13
2011		39	6257.62	229.94	789.42	19.31	29.60	1.54	0.74	90.43	0.24
2012		39	5404.87	525.72	660.01	22.20	15.97	1.07	0.64	92.03	0.29
2013		41	5621.22	377.52	817	10.69	20.99	0.92	0.41	90.31	0.17
2014		43	4973.96	915.41	744.9	3.48	22.82	0.82	0.41	91.20	0.19
2015		47	4294.32	1526.93	878.75	3.52	10.29	0.76	0.32	89.81	0.12
2016		48	4359.22	1441.01	987.08	7.32	7.32	0.77	0.41	88.56	0.11
2017		51	4711.24	1404.39	577.15	71.80	9.07	0.72	0.55	92.49	0.25
2018		50	4833.38	1194.83	639.4	18.96	14.15	0.92	0.31	92.22	0.15
2019		49	4600.56	1130.66	542.53	50.32	9.14	0.61	0.59	93.13	0.11
2011	100 万千瓦级超超临界机组	2	5907.31	54.70	933.69	43.53	51.99	5.50	1.37	88.25	0.70
2012		2	5910.39	588.33	549.87	0	8.55	0.50	0	93.63	0.02
2013		2	6221.88	346.49	89.02	25.65	8.51	0.50	1.00	98.59	0.38
2014		4	5463.01	262.78	1150.74	4.82	25.54	0.77	0.38	86.52	0.08
2015		6	4969.00	1062.36	576.33	3.58	20.49	0.70	0.23	93.15	0.16
2016		6	5075.28	768.68	822.03	4.83	1.14	0.67	0.33	90.55	0.07
2017		6	5226.44	762.78	653.25	167.4	5.27	0.83	1.00	90.57	0.01
2018		6	5318.70	870.03	670.44	35.15	42.04	1.34	0.33	91.47	0.03
2019		6	5113.26	620.84	576.83	54.21	14.69	0.83	0.83	92.36	0.27
2010	66 万千瓦级超超临界机组	2	5468.19	0	0	0	0	0	0	100	0.44
2011		2	6402.84	239.55	847.84	8.84	15.46	1.00	1.00	90.04	0.15
2012		2	5931.46	282.09	609.01	15.16	59.77	0.50	1.00	92.19	0.26
2013		4	5918.59	704.90	621.31	10.84	103.36	0.96	0.96	91.60	0.16
2014		4	5373.53	677.89	673.5	6.78	49.73	1.25	0.75	91.67	0.44
2015		6	4736.43	984.13	994.06	5.25	0.06	0.96	0.72	88.59	0.08
2016		6	4704.67	1156.05	800.39	2.90	0.38	0.50	1.00	90.83	0.05
2017		8	5194.09	1046.81	390.17	6.65	5.83	0.75	0.5	95.40	0.12
2018		8	5307.46	839.59	424.67	29.49	5.39	0.82	0.49	94.75	0.41
2019		8	5088.67	880.26	472.31	5.63	6.08	0.50	0.25	89.37	0.08

表 2-4-10（续）

时间（年）	汇总名称	统计台数	利用小时	备用小时	计划停运小时	非计划停运小时	降低出力等效停运小时	计划停运次数	非计划停运次数	等效可用系数（%）	等效强迫停运率（%）
2006	60 万千瓦级超临界机组	3	6461.75	0	0	0	7.38	0	0	99.92	0.07
2007		1	6228.99	0	0	0	0	0	0	100	0
2008		4	6203.52	1119.09	365.92	42.91	9.49	2.58	5.17	95.22	0.72
2009		2	5299.35	917.88	1977.28	12.62	14.75	4.00	2.00	77.12	0.45
2010		2	5599.72	955.59	1498.79	0	8.09	2.50	0	82.8	0.13
2011		8	6287.96	402.06	921.67	21.28	27.56	1.88	0.50	88.92	0.19
2012		8	5405.34	561.04	740.59	5.87	16.32	1.00	0.75	91.29	0.13
2013		8	5707.97	414.53	767.34	14.08	13.54	0.75	0.25	90.93	0.16
2014		8	4781.49	1050.95	708.40	0	8.27	0.50	0	91.82	0.05
2015		8	4196.1	1223.53	1043.45	0.70	13.71	0.50	0.13	87.92	0.15
2016		8	4065.45	1066.25	1550.9	2.32	22.99	1.00	0.12	82.01	0.17
2017		8	4480.96	1566.65	556.54	81.02	19.25	0.50	0.63	92.50	0.11
2018		8	4747.60	1136.01	745.51	0	3.81	0.50	0	91.45	0.03
2019		8	4467.50	946.92	667.17	106.76	12.66	0.50	0.63	88.14	0.05
2004	60 万千瓦级亚临界机组	2	7367.71	0	0	0	130.5	0	0	98.51	1.45
2005		2	5659.48	0	0	0	59.78	0	0	99.32	0.65
2011		7	6242.77	140.68	691.69	16.74	32.78	1.14	0.29	91.54	0.07
2012		7	5244.87	616.84	485.54	45.35	6.45	0.57	1.00	93.87	0.41
2013		7	5104.10	274.84	1247.19	1.16	9.79	1.14	0.14	85.64	0.06
2014		7	4712.27	1186.35	723.86	0	24.14	0.58	0	91.46	0.21
2015		7	4007.74	1642.59	1000.89	5.82	4.47	0.88	0.29	88.46	0.11
2016		7	4045.64	2054.82	752.51	0.34	1.59	0.71	0.14	91.39	0.02
2017		7	4728.41	1572.52	359.01	11.56	8.88	0.29	0.29	95.67	0.24
2018		7	4549.67	1314.78	717.91	10.42	5.95	1.15	0.29	91.62	0.18
2019		7	4311.18	1372.72	437.12	32.91	6.28	0.43	0.87	83.44	0.05
2003	30 万千瓦级亚临界机组	1	7794.87	0	0	0	15.27	0	0	99.83	0.17
2005		3	7090.08	0	0	0	201.07	0	0	97.70	1.85
2006		1	5309.09	0	0	0	0	0	0	100	0
2007		1	5307.03	0	0	239.63	0	0	30.45	97.26	2.74
2008		1	5332.38	0	0	0	0	0	0	100	0
2011		16	6221.19	174.10	765.57	20.02	34.24	1.56	1.09	90.64	0.39
2012		16	5237.17	431.58	806.57	27.59	16.97	1.37	0.50	90.28	0.45
2013		16	5650.29	369.53	842.57	11.65	24.06	0.94	0.56	89.97	0.21
2014		16	4963.34	914.19	652.78	7.86	24.62	0.88	0.63	92.18	0.24
2015		16	3858.05	2276.40	858.73	3.95	7.75	0.75	0.44	90.06	0.12
2016		16	3825.31	2230.21	1008.94	22.72	6.91	0.64	0.38	88.14	0.21
2017		16	4069.05	2133.87	802.42	26.14	4.17	0.75	0.44	90.49	0.32
2018		16	4555.75	1468.84	572.53	43.43	11.04	0.69	0.44	92.84	0.47
2019		16	4427.37	1301.71	539.98	47.34	7.68	0.59	0.54	84.07	0.07

表 2-4-11 2003—2015 年燃油机组主要可靠性指标统计表

年份	镇海燃机		温州燃机		金华燃机	
	等效可用系数（%）	非计划停运次数	等效可用系数（%）	非计划停运次数	等效可用系数（%）	非计划停运次数
2003	89.98	14	83.72	13	—	—
2004	88.41	6	92.14	4	—	—
2005	91.07	3	88.00	1.67	—	—
2006	94.41	3	92.10	1	—	—
2007	93.05	1	85.36	1.67	—	—
2008	92.84	2	88.56	0.33	82.84	2
2009	95.75	0	99.18	0.67	93.33	2
2010	94.22	1	93.47	0	100	0
2011	94.80	2	91.36	0	97.06	0
2012	93.28	2	94.46	0	96.33	0
2013	92.15	0	80.84	0.33	98.30	1
2014	92.92	3	53.47	0.67	21.05	0
2015	94.25	0	—	—	50.40	2

表 2-4-12 2003—2019 年燃气机组主要可靠性指标统计表

时间（年）	汇总名称	统计台数	利用小时	备用小时	计划停运小时	非计划停运小时	降低出力等效停运小时	计划停运次数	非计划停运次数	等效可用系数（%）	等效强迫停运率（%）
2003	燃气联合	3	5080.43	314.54	1163.57	259.66	2.63	9.00	13.00	83.72	1.00
2004		3	4702.42	1361.01	621.93	66.93	0.05	14.63	3.99	92.14	0.90
2005		3	3881.96	1751.83	1044.99	6.27	0	13.67	1.67	88.00	0.11
2006		3	2910.41	3238.99	690.71	1.03	0	13.67	1.00	92.10	0.02
2007		4	2231.06	3937.85	1092.43	148.58	0	14.53	1.65	85.83	1.86
2008		4	1118.57	5948.18	948.76	2.21	0	6.88	0.33	89.14	0.12
2009		3	459.17	7890.23	55.53	15.87	0	2.33	0.67	99.18	0.02
2010		3	443.78	7452.66	571.86	0	0	2.67	0	93.47	0
2011		12	2119.18	5412.52	719.37	1.81	0.27	1.92	0.25	91.76	0.08
2012		13	2007.43	5386.91	776.61	7.53	0.05	1.69	0.56	91.05	0.29
2013		13	1903.05	5926.19	360.30	1.34	0.01	1.62	0.46	95.87	0.05
2014		18	1886.13	5068.55	1212.35	2.13	0	1.12	0.66	86.14	0.09
2015		18	1601.08	5974.66	745.56	2.02	0	0.72	0.39	91.47	0.10
2016		18	1165.14	6565.7	612.22	2.4	0	0.78	0.28	92.98	0.15
2017		18	1222.27	6491.81	588.74	61.64	0	1.28	0.28	92.58	0.03
2018		18	1120.84	6631.02	608.32	2.14	0	1.06	0.11	93.03	0.14
2019		18	1191.84	6593.35	571.80	23.66	0	0.94	0.22	93.20	1.42

第四节 检修维护

一、设备检修

（一）设备管理模式

20世纪90年代前，各发电企业设备管理工作普遍实行厂部、分场、班组三级管理，由分管生产副厂长实施对生产的直接领导和指挥，厂部下设生产技术科，配备汽机、锅炉、电气、化学、热工、燃料、修配等分场。生产技术科直接由厂部领导，管理全厂发电生产技术。

20世纪90年代后，各发电企业逐步实施运行、检修分离，由生产技术科或设备部负责机组的设备和生产技术管理，运行部门负责机组的运行，维护部负责机组日常维护。

2000年前后，为了提高设备可靠性，降低故障发生率，减少设备维护、检修费用，防止过维修与欠维修现象，各发电企业开始实行点检定修制改革，在汽机、电气、锅炉、热控等主要专业设置专业主管和点检技术员，点检技术员成为分管设备的责任主体，在点检、运行与检修三方之间起到设备管理的主导作用。2001年10月18日，台州发电厂率先进行检修点检定修制改革，撤销汽机、电气、锅炉、热工4个分场，成立设备部、自动化分场和维护分场，将原机、电、炉检修的大部分人员充实到检修分场（公司），承担厂内、厂外的检修，设备部负责全厂机组的设备管理，实为设备主人，生产技术管理部负责全厂生产技术管理。2002年，浙江镇海发电有限公司首先在汽机、电气、锅炉、热控四个主要专业设备范围实行了点检定修制，设备管理部汽机、电气、锅炉三个专业各设置1名专业主管、9名点检技术员，热控专业设置1名专业主管、6名点检技术员。系统内其他电厂相继进行了点检定修制改革，新建电厂也在建厂初期就实行了点检定修制。

点检定修制是以点检为核心的全员设备检修管理体制，可使设备可靠性、维护性、经济性达到协调优化管理。在点检定修制中，点检人员是设备管理的责任主体，既负责定检，又负责设备全过程管理。点检、运行、检修三方面之间，点检处于核心地位。点检定修制明确了专业点检员为设备的主人，是设备管理的核心，要求做好设备状态分析与诊断，落实处理方案与工艺要求，落实材料、机具等施工准备，负责进行全过程技术管理。并明确维修人员为设备维护主人，是点检工作的补充力量，负责设备日常巡查与维护工作，确保设备缺陷得到及时和有效的处理。

实行点检定修管理模式后，设备管理层次清晰，一是运行值班人员按时对设备巡检，积极主动发现异常情况，并按定期维护切换制度，做好设备轮换。二是维修人员及时处理设备异常缺陷，坚持每天检查，并按给油脂标准做好定期维护工作，保证设备良好运行状态。三是设备点检员，责任到位，指导维修作业。

2013年实行板块化管理后，浙江浙能电力股份有限公司推动并规范各发电企业开展设备精益点检和状态检修工作，优化设备管理模式，确保发电设备的安全、环保、经济、稳定运行。2015年11月30日，发布《发电设备精益点检工作实施导则》，综合利用设备点检、运行岗位的日常巡回检查，有机结合振动诊断、红外热像、声学监测、油液分析、故障预警诊断、劣化倾向管理和综合性能测试等技术手段和措施，以确定设备的技术状况和劣化程度，保证设备健康运转。

2016年，浙江浙能电力股份有限公司推进检修现场7S管理（整理、整顿、清扫、清洁、安全、素养、节约）工作。检修现场7S管理以检修现场环境为对象，将整理、整顿、清扫、清洁、安全、素养、节约等管理活动主动融入检修现场安全文明生产管理、定置管理、全过程质量管理等管理活动中，实现安全文明管理专业化，检修质量管控专业化，人员素质培养专业化，以确保机组检修安全施工，保障检修质量，提高工作效率和效益。2016年5月10日，浙江浙能台州第二发电有限责任公司率先成立7S管理推进相关机构，并编制了《7S奖惩管理制度》《7S管理技术规范指导手册》等多项标准、制度。各发电企业相继开展7S管理工作。通过检修现场7S管理，优化检修现场工作流程。强化分析检修工艺流程，找出提升空间，落实改善，在保障生产安全的基础上，利用日常维护、设备检修等机会，在实际工作过程中进行尝试和摸索，选定方法优化生产运行方式，精简检修工艺流程，节省材料、人工、备品备件。

（二）计划检修

1. 管理模式

各发电企业在纳入浙能集团管理前，分别成立自己的检修队伍，主要针对自身的检修任务开展工作，在自身检修力量不足时以外单位检修为补充。

2003年，各发电企业纳入集团管理后，各发电企业计划检修主要委托宁波发电工程有限公司、台州市海天电力工程有限公司、乐清市瓯越电力工程检修有限公司、浙江嘉源电力工程有限公司、浙江华隆电力工程有限公司等集团系统内检修公司承接为主，集团系统外相关资质公司协助。1992年3月，宁波发电工程有限公司成立，为浙江镇海发电有限公司下属子公司。2002年1月，台州市海天电力工程有限公司成立，为台州发电厂下属子公司。2004年4月，乐清市瓯越电力工程检修有限公司成立，为温州发电有限公司下属子公司。2006年2月，浙江华隆电力工程有限公司成立，为萧山发电厂下属子公司。2007年7月，浙江嘉源电力工程有限公司成立，为浙江嘉兴发电有限责任公司下属子公司。

2017年4月23日，浙江省能源集团有限公司召开董事会，会议决议成立检修公司（浙江省能源集团有限公司董事会会议纪要〔2017〕8号）。2017年9月5日，浙能集团根据“四业”发展路径，整合重组宁波发电工程有限公司、台州市海天电力工程有限公司、乐清市瓯越电力工程检修有限公司三家检修公司，成立浙江浙能电力工程技术有限公司。工程技术公司主要承担浙能电力板块内发电机组A、B、C级检修工程的承包与分包及科技技改等项目，为浙江省内电力检修市场提供一流电力工程计划检修服务。

工程技术公司成立后，浙江浙能电力股份有限公司实施发电设备检修集约化，检修集约化项目范围为浙江浙能电力股份有限公司内发电机组A修、C修（包括燃机B修）、技改、科技、公用系统检修、抢修、零星检修项目（年度运维项目除外）。浙江省内下属发电企业（除浙江浙能嘉兴发电有限公司外，该公司检修工作主要由浙江嘉源电力工程有限公司承接，在检修力量不足时由其他相关资质公司协助）计划检修工作通过定向方式由工程技术公司优先承接，其他集团外相关资质公司协助。因成本问题，省外发电企业计划检修工作由当地检修公司优先承接，工程技术公司协助参与。

2. 检修标准

2003年以前，按照水利电力部《发电厂检修规程》(1987年版）标准，设备检修分为大修、小修和临时性检修，机电炉大修间隔为3~4年，小修间隔为4~8个月。

2004年3月16日，依据国家《发电企业设备检修导则》(DL/T 838）有关规定，浙能集团制定《发电设备检修管理办法》，明确发电设备检修的管理职责、检修间隔和检修工期、检修计划管理、检修开工前管理、检修实施过程的管理、验收及总结和机组检修后评价管理以及检查与考核；每个检修规程规定对应设备的检修内容、工艺要点及质量要求。

汽轮发电机组检修间隔见表2-4-13。

表2-4-13　汽轮发电机组检修间隔表

机组容量等级（万千瓦）	A级检修间隔（年）	说　　明
100	6~8	在两次A级检修之间，安排一次机组B级检修；未安排A、B级检修年份，每年安排一次C级检修，并可视情况增加一次D级检修
60	6~8	在两次A级检修之间，安排一次机组B级检修；未安排A、B级检修年份，每年安排一次C级检修，并可视情况增加一次D级检修

表 2-4-13（续）

机组容量等级（万千瓦）	A 级检修间隔（年）	说 明
30	5~6	在两次 A 级检修之间，安排一次机组 B 级检修；未安排 A、B 级检修年份，每年安排一次 C 级检修，并可视情况增加一次 D 级检修
20 及以下	4~5	未安排 A 级检修年份每年安排一次 C 级检修并可增加一次 D 级检修

燃气轮机发电机组的计划检修间隔，按照其运行小时（一般燃油机组 18000~28000 小时）和启动次数（每启动 1 次折算 50 小时）进行折算后确定，或根据制造厂的规定执行。

燃气—蒸汽联合循环机组的计划检修间隔参照汽轮发电机组检修间隔。

3. 检修标准化

2004 年，浙能集团所属发电企业普遍推行检修文件包管理。设备检修管理作业文件—文件包是作为检修工作的实施依据和检修过程记录档案，包括检修任务单、作业工艺流程简图、修前准备、作业技术标准、工序修改记录、技术记录清册、技术记录卡、设备解体报告、质量监督点签证单、不符合项处理单、危险源辨识及控制措施与验收意见、环境因素识别及控制措施与验收意见、设备试运行单、完工报告，以及检修总结和自身动态管理的全过程。文件包在关键工序上设置 W、H 点，确保了检修作业标准（工序）和技术记录处于受控状态，保证了设备检修质量。检修文件包的使用使检修作业水平得到不断提升，机组检修后性能和可靠性不断提高。

2005 年 2 月 1 日，浙能集团发布《发电机组检修后评价工作管理办法》，明确各发电企业发电机组 A 级检修后的主设备及相关的辅助设备后评价管理程序，明确了各级权限和职责，以加强设备管理，确保发电设备的检修质量。

2008 年 9 月 2 日，浙能集团发布《发电机组检修标准化管理办法》，规定发电机组检修工作的标准化管理程序，明确与发电机组检修工作有关的标准化工作要求，推行发电设备检修标准化管理，进一步提高发电设备检修的质量，且有效地控制检修成本。《发电机组检修标准化管理办法》的执行，进一步规范发电机组检修从修前准备开始、组织机构建立、检修准备计划、检修项目策划、检修全过程管理、质量安全资金管理、技术文件资料归档、直到修后的总结评估，从全过程、各方面做到管理标准化，确保发电机组检修质量。

2017 年，浙江浙能电力工程技术有限公司成立后，公司按照 ISO 9001:2015《质量管理体系要求》《工程建设施工企业质量管理规范》（GB/T 50430—2007）要求，建立质量控制文件、质量事故考核文件、设备再鉴定（试运转）管理程序、检修安全管理文件、安全风险分析制度、检修现场管理文件、检修工艺管理文件、检修作业文件包管理文件、检修材料管理等制度，对所承担的 A 修项目进行全过程规范。

4. 检修集约化工作

2018 年，根据集团专题纪要〔2018〕106 号文件，实施发电设备集约化检修。

实施发电设备集约化检修服务执行主体为浙江浙能电力工程技术有限公司。服务对象为浙江浙能电力股份有限公司下属各发电单位发电设备。进一步推进浙能集团检修体制改革，凸显浙能集团检修体制改革效益。利于浙江浙能电力工程技术有限公司深层次统筹检修资源配置、打造浙能检修品牌，实现服务能源主业的职责使命。

5. 检修费用

2001—2019 年，浙江浙能电力股份有限公司所属发电企业共检修火力发电机组 648 台，其中 A 级检修 158 台次、B 级检修 111 台次、C 级检修 379 台次。检修费用共计 954505.46 万元。

2001—2019 年浙江浙能电力股份有限公司所属发电企业火力发电机组检修情况见表 2-4-14。

表 2-4-14 2001—2019 年浙江浙能电力股份有限公司所属发电企业火力发电机组检修情况统计表

年度	检修台次				检修费用（万元）
	A	B	C	小计	
2001	1	2	6	9	10186.07
2002	3	2	5	10	19434.72
2003	9	5	15	29	40420.60
2004	7	7	14	28	41071.24
2005	9	7	10	26	41536.76
2006	8	2	23	33	42539.74
2007	11	4	18	33	43410.11
2008	11	4	27	42	48856.74
2009	13	4	16	33	55229.75
2010	7	11	28	46	50955.06
2011	6	5	33	44	56604.46
2012	9	10	24	43	67305.54
2013	11	7	14	32	76504.56
2014	10	8	21	39	68081.35
2015	12	7	22	41	76898.06
2016	12	11	17	40	79497.28
2017	8	9	23	40	57858.14
2018	5	4	30	39	37884.63
2019	6	2	33	41	40230.65

第五节 技 术 管 理

一、机构设置

2004 年 3 月 16 日，浙能集团发布《发电企业技术监督管理办法》，要求成立技术监督领导小组，专门领导下属各发电企业的技术管理工作。技术监督领导小组由分管生产副总经理任组长，成员由浙能集团总工程师、生产安全部、工程部、办公室、工会办公室及受委托承担技术监督管理工作的单位（简称监督单位）等负责人组成。监督单位根据技术监督领导小组的要求，组织做好受委托的各项技术监督的指导、检查、故障分析处理和技术服务等工作。

2014 年 8 月 8 日，根据浙能集团板块化管理要求，浙能集团对《发电企业技术监督管理办法》实行修订，技术管理工作实行三级管理。第一级为浙能集团，负责审批技术措施、年度重点工作、科技发展规划等，是集团技术管理的最高管理、决策机构；第二级为电力板块管理公司，负责日常技术的管理工作；第三级为发电企业，负责技术主体实施。浙能技术研究院负责对电力板块管理公司及下属各发电企业的技术监督及技术支持工作。

各发电企业内部的技术监督工作实行三级管理。在总经理（厂长）领导下，建立由总工程师负责的技术监督领导小组及其技术监督网络，领导本单位做好技术监督工作；在设备管理部门设立公司（厂）级技术监督专责工程师，负责本单位的技术监督归口管理工作。在有关车间、场队设技术监督专责人；在有关班组设技术监督员。

二、技术管理标准

2000—2003 年，浙能集团下属发电企业全部执行国家电力行业技术标准。

2004 年开始，为适应电力工业大电网、大容量机组的建设、高自动化发展需要，提升总体技术水平，加速技术进步，规范集团技术管理体系，使企业标准与国际标准、国家行业标准接轨，2004 年 3 月 16 日，浙能集团发布《发电企业运行管理办法》《发电设备检修管理办法》《发电厂化学工作管理办法》《发电厂环境保护工作管理办法》《DCS 系统升级改造技术规定》《发电企业技术改造管理办法》《科技管理办法》《发电企业技术监督管理办法》《安全生产工作奖惩规定》《消防安全管理办法》《安全生产监督规定》《安全生产工作规定》《电力锅炉压力容器安全监督管理办法》《信息化工作管理办法》《电力可靠性管理办法》《燃煤机组运行竞赛办法》。

2005 年 2 月 1 日，浙能集团发布《变压器类设备专业工作管理办法》《发电机组检修后评价工作管理办法》《电测监督工作实施细则》《电能质量监督管理实施细则》《发电机励磁系统专业工作管理办法》《发电机设备专业工作管理办法》《高压开关设备专业工作管理办法》《锅炉专业工作管理办法》《化学监督工作实施细则》《环保监督工作实施细则》《继电保护监督工作实施细则》《节能监督工作实施细则》《金属监督工作实施细则》《绝缘监督工作实施细则》《燃料专业工作管理办法》《热工监督工作实施细则》《热工专业工作管理办法》《汽轮机专业工作管理办法》《生产安全突发事件应急预案》《技术监督与技术服务考核办法》。

2008 年 9 月 2 日，浙能集团发布《煤炭质量管理办法》《发电机组检修标准化管理办法》。各发电企业对照集团技术标准结合各公司实际编制企业标准。

2011 年 8 月 2 日，浙江浙能电力股份有限公司成立，全面承担电力产业的事权管理。2014 年 3 月 31 日，经过对原有集团技术标准进行梳理，结合电力板块化实际工作，浙江浙能电力股份有限公司以（浙能电生〔2014〕60 号）发布《安全生产监督管理办法》《交通安全管理办法》《电力锅炉压力容器安全监督管理办法》《建设项目安全及职业卫生管理办法》《发电企业运行管理办法》《发电设备检修管理办法》《电力可靠性管理办法》《发电厂化学工作管理办法》《发电厂环境保护工作管理办法》《DCS 系统升级改造技术规定》《燃煤机组运行竞赛办法》《变压器类设备专业工作管理办法》《发电机组检修后评价工作管理办法》《电测监督工作实施细则》《电能质量监督管理实施细则》《发电机励磁系统专业工作管理办法》《发电机设备专业工作管理办法》《高压开关设备专业工作管理办法》《锅炉专业工作管理办法》《化学监督工作实施细则》《环保监督工作实施细则》《继电保护监督工作实施细则》《节能监督工作实施细则》《金属监督工作实施细则》《绝缘监督工作实施细则》《燃料专业工作管理办法》《热工监督工作实施细则》《热工专业工作管理办法》《汽轮机专业工作管理办法》《煤炭质量管理办法》《发电机组检修标准化管理办法》《安全生产职责》《发电设备故障预警及状态监测分析工作管理办法》《燃气轮机专业工作管理办法》《生产、综合类项目施工及服务外包管理办法》《消防安全管理办法》《发电企业技术监督管理办法》等 37 项安全生产类技术管理标准，规范各电厂技术管理工作。

2015 年 12 月 7 日，浙江浙能电力股份有限公司根据实际工作情况对制度进行调整，以（浙能电〔2015〕382 号）发布《安全生产制考核办法》《安全生产工作奖惩规定》《安全生产信息报告暂行规定》《计算机病毒防治管理规定》《视频会议系统管理办法》《外包单位安全资质管理办法》《网络与信息安全应急预案》《信息资产管理规定》《信息网管理办法》《电力技术监督与服务考核办法》《重大技改项目实施管理办法》《消防安全管理办法》《科技管理办法》《科技创新考核与奖励办法》《技术改造项目管理办法》《发电设备精益点检工作实施导则》《职业病防治工作管理办法》《生产安全突发事件应急预案》《安全教育培训管理办法》《安全生产标准化及安全绩效评定管理办法》《安全生产事故隐患排查治理暂行管理办法》《易燃易爆危险物品安全管理办法》《生产事故（事件）调查处理规定》《浙江浙能电力股份有限公司信息化工作管理办法》《安全生产费用提取和使用管理办法》《安全生产法律法规和标准规范识别、获取、更新、发布管理办法》《网络与信息安全管理办法》《信息化项目管理办法》。修订《热工监督工作实施细则》《绝缘监督工作实施细则》《金属监督工作实施细则》《节能监督工作实施细则》《继电保护监督工作实施细则》《环保监督工作实施细则》《化学监督工作实施细则》《发电企业技术监督管理办法》《安全生产监督管理办法》《安全生产职责》《交通安全管理办法》《电测监督工作实施细则》《电能质量监督管理实施细则》《发电设备故障预警及状态监测分析工作管理办法》《电力锅炉压力容器安全监督管理办法》《生产、综合类项目施工及服务外包管理办法》《发电机组检修后评价工作管理办法》《电力可靠性管理办法》《发电企业运行管理办法》《发电机组检修标准化管理办法》《燃煤机组运行竞赛办法》《发电机设备专业工作管理办法》《发电机励磁系统专业工作管理办法》《变压器类设备专业工作管理办法》《高压开关设备专业工作管理办法》《锅炉专业工作管理办法》《煤炭质量管理办法》《燃料专业工作管理办法》《汽轮机专业工作管理办法》《燃气轮机专业工作管理办法》《热工专业工作管理办法》《DCS 系统升级改造技术规定》《发电厂环境保护工作管理办法》《发电厂化学工作管理办法》《发电设备检修管理办法》。

2018 年 11 月 22 日，浙江浙能电力股份有限公司以（浙能生〔2018〕416 号）发布《安全生产信息报告管理办法》《安全生产信息快速反馈管理规定（试行）》《“两票三制”旁站评估管理规定》《承发包工程（项目）安全管理规定》，修订《交通安全管理办法》《安全生产工作奖惩规定》《安全生产监督管理办法》《消防安全管理办法》。

2019 年 1 月 18 日，浙江浙能电力股份有限公司以（浙能电生〔2019〕12 号）发布《汽轮机技术监督管理办法》《锅炉技术监督管理办法》《光伏电站技术监督管理办法》，修订《发电企业技术监督管理办法》《节能技术监督管理办法》《环保技术监督管理办法》《化学技术监督管理办法》《热工技术监督管理办法》《电测技术监督管理办法》《继电保护技术监督管理办法》《绝缘技术监督管理办法》《励磁（电能质量）技术监督管理办法》《锅炉、压力容器、压力管道安全监督管理办法》。

2019 年 5 月 29 日，浙江浙能电力股份有限公司以（浙能电生〔2019〕102 号）发布《节能管理工作办法》，修订《安全生产责任制考核办法》《燃煤机组运行竞赛办法》《生产、综合类项目施工及服务采购管理办法》《煤炭质量管理办法》《技术改造项目管理办法》《科技管理办法》《电力可靠性管理办法》。

2019 年 12 月 20 日，浙江浙能电力股份有限公司以（浙能电生〔2019〕344 号）发布《反违章工作管理办法》《安全生产检查管理办法》，修订《生产安全突发事件应急预案》《生产事故（事件）调查处理规定》《安全生产费用提取和使用管理办法》《电设备检修管理办法》。

标准种类主要可以分为专业类、安全类、管理类。各发电企业根据电力股份技术管理的要求，分别修订适合本单位的技术标准，并定期进行修订完善。

各发电企业主持、参与了多项国家、行业、地方技术标准的编制，将各单位在电力工程建设、生产运营中所积累的技术成果和先进的技术经验以技术标准的形式和社会共享。

2001—2019 年，浙江浙能电力股份有限公司下属各发电企业主持或参与的标准编制情况见表 2-4-15、表 2-4-16。

表 2-4-15 2001—2019 年浙江浙能电力股份有限责任公下属电力企业主编国家、行业标准一览表

单位	标准等级	标准名称	主编人员	发布时间（年-月-日）	实施时间（年-月-日）
浙江浙能嘉华发电有限公司	行业标准	火力发电厂热工自动化系统可靠性评估技术导则（DL/T 261—2012）	王建强 胡伯勇	2012-04-06	2012-07-01
浙江浙能嘉华发电有限公司	行业标准	火力发电厂热工自动化系统检修运行维护规程（DL/T 774—2015）	吴孚辉 金冯梁	2015-07-01	2015-12-01
浙江浙能温州发电有限公司	团体标准	电子皮带秤在线期间核查技术规范（T/CIE 004—2015）	王会勤 杨明花 杨乐志 陈国权	2015-12-24	2016-05-24

表 2-4-15（续）

单位	标准等级	标准名称	主编人员	发布时间（年-月-日）	实施时间（年-月-日）
浙江浙能乐清发电有限责任公司	行业标准	电力企业信用评价指标体系分类及代码（DL/T 1382—2014）	陈永辉 陈宁娜	2014-10-15	2015-03-01
浙江浙能乐清发电有限责任公司	行业标准	电力行业市场主体信用信息采集指南（DL/T 1834—2018）	张吉荣	2018-04-03	2018-07-01

表 2-4-16 2001—2019 年电力企业参与编写国家、行业标准一览表

单位	标准等级	标准名称	编写人员	发布时间（年-月-日）	实施时间（年-月-日）
浙江浙能绍兴滨海热电有限责任公司	行业标准	火电厂热工自动化系统检修运行维护规程（DL/T 774—2015）	王翔	2015-07-01	2015-12-01
浙江浙能绍兴滨海热电有限责任公司	行业标准	火力发电厂热工自动化系统电磁干扰防护技术导则（DL/T 1949—2018）	王翔	2018-12-25	2019-05-01
浙江浙能绍兴滨海热电有限责任公司	行业标准	火力发电厂分散控制系统运行维护与试验技术规程（GB/T 35731—2017）	王翔	2017-12-29	2018-07-01
浙江浙能兰溪发电有限责任公司	地方标准	电力企业安全生产管理规范（火力、水力发电厂部分）(DB 33/787—2010)	何利华	2010-07-19	2010-10-19
浙江浙能兰溪发电有限责任公司	行业标准	火力发电厂除灰除渣控制系统技术规程（DL/T 775—2012）	滕卫明	2012-04-06	2012-07-01
浙江浙能兰溪发电有限责任公司	行业标准	电力企业标准体系表编制导则（DL/T 485—2012）	方晨群	2012-08-23	2012-12-01
浙江浙能兰溪发电有限责任公司	行业标准	电力企业标准编制导则（DL/T 800—2012）	方晨群	2012-08-23	2012-12-01
浙江浙能兰溪发电有限责任公司	行业标准	电力企业能源管理体系 实施指南（DL/T 1320—2014）	吕海	2014-03-18	2014-08-01
浙江浙能兰溪发电有限责任公司	国家标准	企业标准体系基础保障（GB/T 15498—2017）	方晨群	2017-12-29	2018-07-01
浙江浙能兰溪发电有限责任公司	行业标准	电力企业标准体系表编制导则（DL/T 485—2018）	方晨群	2018-04-03	2018-07-01
浙江浙能兰溪发电有限责任公司	行业标准	电力企业标准编写导则（DL/T 800—2018）	方晨群	2018-04-03	2018-07-01
浙江浙能温州发电有限公司	国家标准	工业企业供应商管理评价准则（GB/T 33456—2016）	宓春杰 朱清泽	2016-12-30	2017-07-01
浙江浙能温州发电有限公司	国家标准	火力发电厂热工仪表与执行装置运行维护与试验技术规程（GB/T 34578—2017）	杨明花	2017-09-29	2018-04-01
浙江浙能温州发电有限公司	国家标准	火力发电厂汽轮机数字电液控制系统运行维护与试验技术规程（GB/T 35729—2017）	王会勤 包建汉	2017-12-29	2018-07-01

表2-4-16（续）

单位	标准等级	标准名称	编写人员	发布时间（年-月-日）	实施时间（年-月-日）
浙江浙能温州发电有限公司	国家标准	火力发电厂分散控制系统运行维护与试验技术规程（GB/T 35731—2017）	杨明花	2017-12-29	2018-07-01
浙江浙能温州发电有限公司	行业标准	电力企业管理体系整合导则（DL/T 1004—2018）	林宝春	2018-06-06	2018-10-01
浙江浙能温州发电有限公司	行业标准	电力企业信用评价指标体系分类及代码（DL/T 1382—2014）	吕杰	2014-10-15	2015-03-01
浙江浙能温州发电有限公司	行业标准	火电厂热工自动化系统可靠性技术评估导则（DL/T 261—2012）	杨明花	2012-04-06	2012-07-01
浙江浙能温州发电有限公司	行业标准	火力发电厂热工自动化系统电磁干扰防护技术导则（DL/T1949—2018）	杨明花	2018-12-25	2019-05-01
浙江浙能温州发电有限公司	地方标准	电力企业安全生产管理规范（火力、水力发电厂部分）（DB 33/787—2010）	黄春慧	2010-07-19	2010-10-19
浙江浙能温州发电有限公司	团体标准	变压器用压力释放阀校准规范	杨明花	编制中	
浙江浙能乐清发电有限责任公司	行业标准	电力行业供应商信用评价规范(DL/T 1383—2014)	陈宁娜	2014-10-15	2015-03-01
浙江浙能乐清发电有限责任公司	国家标准	工业企业循环经济管理通则（GB/T 34152—2017）	陈永辉　陈宁娜	2017-09-07	2018-04-01
浙江浙能乐清发电有限责任公司	行业标准	火力发电机组电气启动试验规程	陈永辉　陈宁娜　吴小川	编制中	
浙江浙能乐清发电有限责任公司	行业标准	电力企业管理体系整合规范及使用指南	陈永辉　陈宁娜	编制中	
浙江浙能乐清发电有限责任公司	行业标准	信息氧化融合	王世平	编制中	
台州发电厂	行业标准	火力发电厂热工自动化系统检修运行维护规程（DL/T 774—2004）	夏克晁	2004-10-20	2005-04-01
浙江浙能中煤舟山煤电有限公司	团体标准	光伏电站有功功率自动控制技术规范（T/CEC 20174001）	朱继峰　尹益玮	编制中	
浙江浙能台州第二发电有限责任公司	行业标准	《信息安全技术工业控制系统安全管理基本要求》(GB/T 36323—2018)	周慎学	2018-06-07	2019-01-01
宁夏枣泉发电有限责任公司	行业标准	火力发电厂热工自动化系统电磁干扰防护技术导则（DL/T 1949—2018）	曹阳	2018-12-25	2019-05-01
浙江浙能中煤舟山煤电有限公司	团体标准	光伏发电有功功率自动控制技术规范（T/CEC 255—2019）	朱继峰　尹益玮	2019-11-21	2020-01-01
浙江浙能中煤舟山煤电有限公司	行业标准	厂站监控系统图形界面规范	尹益玮	编制中	
浙江浙能中煤舟山煤电有限公司	行业标准	火力发电厂分散控制系统故障应急处理导则（DL/T 1340—2014）	张学军	2014-03-18	2014-08-01

三、技术监督

2004—2010 年，浙能集团下属发电企业依据国家、行业技术规范，在发电设备全过程管理中开展“绝缘、金属、化学、热工、电测、环保、继电保护、节能、电能质量”9 项技术监督管理工作。具体的技术监督与技术指导工作由浙江省电力试验研究负责。

2004 年 3 月 16 日，根据〔1996〕430 号文颁发的《电力工业技术监督工作规定》，结合浙江省能源集团有限公司在绝缘、金属、化学、热工、电测、环保、继电保护、节能、电能质量九项技术监督工作实践的基础上，为适应技术监督工作的需要，浙能集团制定并发布《发电企业技术监督管理办法》，严格贯彻“安全第一、预防为主”的方针，实行依法监督、分级管理的原则。利用先进的检测、试验手段，确保测试方法和测试数据的正确性。对主要发电设备、控制和保护装置、计量装置、环境保护设备等建立技术档案，实时掌握设备运行状况。每季度、年度编制监督报表，每月汇编技术监督信息月报，通过对日常设备监督参数的统计分析，预测设备的健康状况和运行状况，以此为依据指导设备的检修与运行。各发电企业在总工程师的领导下定期开展技术监督网络活动，分析讨论监督工作中存在问题和各项监督指标的完成情况，分析重大设备缺陷或隐患，并落实消缺计划和措施。根据管理办法规定，各发电企业开展了各项技术监督检查和考核工作，建立了相关监督考核记录台账。

2005 年 2 月 1 日，浙能集团出台了《化学监督工作实施细则》《电测监督工作实施细则》《电能质量监督管理实施细则》《环保监督工作实施细则》《节能监督工作实施细则》《金属监督工作实施细则》《绝缘监督工作实施细则》《热工监督工作实施细则》《继电保护监督工作实施细则》九项工作细则及《技术监督及服务考核办法》，对检测内容、工作流程、人员分工、考核方式做出更为细致、明确的规定，使监督工作规范化、制度化。

2005 年 9 月 5 日，为加强浙能集团公司系统的技术监督管理工作，提高技术监督水平，适应公司对技术监督与技术服务工作的管理要求，浙能集团发布并开始实施《技术监督异常告警及处理制度》。该制度规范了在技术监督工作中发现有偏离正常范围，存在安全隐患的异常时的工作程序，明确异常告警及处理的内容和范围。通过对基建、生产过程的异常情况及时告警和处理，浙能集团技术监督与技术服务工作质量进一步提高，安全风险进一步降低。同日，《发电企业技术监督考核实施细则》发布实施，明确集团所属发电企业在绝缘监督、金属监督、热工监督、化学监督、环保监督、电测监督、继电保护监督、节能监督中的具体考核指标。

2011 年，各发电企业增加电力通信、汽轮机、励磁、锅炉、网络信息二次系统安全防护、电力调度自动化等 6 项技术监督内容，加强技术监督工作，提高发电设备可靠性，确保设备安全、优质、经济运行，技术监督项目进一步细化。

集团板块化管理后，2014 年，浙能电力股份依据浙能集团《发电企业技术监督管理办法》，结合公司实际分别制定并发布《发电企业技术监督管理办法》，《电测监督工作实施细则》《电能质量监督管理实施细则》《发电机励磁系统专业工作管理办法》《化学监督工作实施细则》《环保监督工作实施细则》《继电保护监督工作实施细则》《节能监督工作实施细则》《金属监督工作实施细则》《绝缘监督工作实施细则》《热工监督工作实施细则》技术监督工作由原来的两级管理变更为三级管理，即集团技术监督管理委员会、板块管理公司、各发电企业。同时，浙江浙能技术研究院开始参与各厂技术监督和技术支持工作。各单位依据电力股份监督管理办法和细则，结合各自的实际情况编写各单位的技术监督实施细则，具体指导实际技术监督工作。2017 年，增加监控监督，技术监督管理由 15 项增加到 16 项。

2018 年 1 月 18 日，浙能集团召开董事会会议，决定浙江浙能技术研究院全面独立承接集团系统电厂技术监督和技术服务。

四、科技攻关

2004 年 8 月 15 日，浙能集团根据国务院《全民所有制工业交通企业设备管理条例》和浙江省经济贸易委员会的有关规定，结合集团实际情况，制定《科技管理办法》，明确科技工作的指导思想、组织体系、资金保障、科技成果管理，规范科技项目的立项、审批、项目管理、验收、成果鉴定等流程，加强设备管理，提高生产技术水平，保证安全生产和设备正常运行。

2013年，浙能集团制定《科技创新考核与奖励办法》，进一步加强科技管理，提高科技创新工作水平。为鼓励各发电企业创造发明，浙能集团根据《社会力量设立科学技术奖管理办法》设立浙江能源科学技术奖，对在科技进步工作中作出重大贡献的单位、项目和个人进行表彰与奖励。2014年8月15日，修订完善《科技创新考核与奖励办法》，增加浙江能源科学技术奖评审流程和评审指标，推进科技创新工作开展。

浙能集团实行板块化管理后，2015年11月30日，浙江浙能电力股份有限公司为结合公司实际情况制定并发布《科技管理办法》《科技创新考核与奖励办法》，落实上级单位科技兴业发展思路，推进企业创新步伐，进一步规范电力板块科技规划、科技项目、科技人才、科技合作交流等方面的管理，提高电力板块科技管理工作的规范化、标准化管理水平。

2017年9月1日，浙江浙能电力股份有限公司根据科技工作情况对原有《科技管理办法》《科技创新考核与奖励办法》进行修订，调整重大科技项目定义，及增加科技平台、科技成果及转化等管理内容。

2003—2019年，浙江浙能电力股份有限公司下属企业开展重大科技项目见表2-4-17。

表2-4-17 2003—2019年浙江浙能电力股份有限公司下属企业重大科技项目汇总表

序号	年份	项目名称	承担单位	项目经费（万元）
1	2014	SRS电解装置在大型循环冷却水处理中的应用	淮浙煤电有限责任公司凤台发电分公司	4000
2	2017	SCR脱硝催化剂再生技术工程化示范及优化	淮浙煤电有限责任公司凤台发电分公司	1160
3	2017	纯凝机组高品质工业供汽协同优化改造技术研究	台州发电厂	18600
4	2009	利用城市中水作为发电厂循环水补水的技术研究	浙江浙能长兴发电有限公司	1783
5	2017	脱硫废水烟气蒸发处理试验研究	浙江浙能长兴发电有限公司	831
6	2012	融入城镇化进程的机组供热关键技术研究与应用	浙江浙能镇海发电有限责任公司	37135
7	2016	浙江省电力数据分析平台研发项目	浙江浙能嘉华发电有限公司	1760
8	2017	引风机超大功率水冷变频系统应用研究	浙江浙能北仑发电有限公司	1400
9	2017	浙江省级电力市场设计和市场规则编制	浙江浙能嘉华发电有限公司	4000
10	2018	100万千瓦超超临界燃煤机组灵活性调峰技术研究	浙江浙能台州第二发电有限责任公司	3960
11	2018	大规模电力储能电站关键技术研究	萧山发电厂	1030
12	2018	火电厂制粉系统整体提效节能技术的研究与应用	浙江浙能乐清发电有限责任公司	1491
13	2018	浙江电力市场设计建设独立评估方案和相关技术研究	浙江浙能嘉华发电有限公司	1500
14	2018	引风机超大功率水冷变频系统应用研究	浙江浙能北仑发电有限公司	1400
15	2019	30万千瓦抽凝机组供热灵活性研究和示范	浙江浙能绍兴滨海热电有限责任公司	9118
16	2019	燃煤电厂燃料全流程精准控制	浙江浙能兰溪发电有限责任公司	2095
17	2019	智能电厂研究及示范	浙江浙能台州第二发电有限责任公司	11600
18	2018	100万千瓦燃煤机组废水零排放关键技术研究及工程示范	浙江浙能台州第二发电有限责任	4200
19	2017	主动式智能移动充换电系统研发	浙江浙能能源服务有限公司	2138
20	2019	有机废水高效复合催化降解关键技术与设备开发	浙江浙能嘉华发电有限公司	1240

第六节 燃料和物资管理

一、燃煤

2001—2003年，浙能集团各发电企业燃煤由浙江富兴电力燃料有限公司统一采购。2003年开始，各发电企业燃煤改由浙江浙能富兴燃料有限公司统一采购。

2003年，全国煤炭订货会上，煤炭、电力两行业在发电用煤的价格各不相让，致使年度煤炭订货部分合同未能签订，电煤无法及时有效供应。2003年6月16日，浙能集团印发《关于调整火电厂燃煤库存警戒线的通知》(浙能生临〔2003〕140号)，根据电厂规模、机组容量、燃烧运输方式、贮煤场大小等因素，按年度不同时间段调整各火电厂燃煤库存警戒线规避断煤风险。

2004年开始，全国煤炭需求旺盛，煤价、运价大幅增长，煤电全面紧张。2004年9月30日，浙能集团印发《关于同意浙能富兴公司要求发电公司支付燃煤预付款并调整燃煤结算方式的批复》(浙能资〔2004〕348号)，要求各发电公司支付燃煤预付款并调整燃煤结算方式。

2005年2月1日，浙能集团发布并实施《燃料专业工作管理办法》，规范和加强浙能集团的燃料专业管理工作，规定燃料专业管理工作采用二级管理方式，集团公司为一级，各基层单位为二级。

2005年9月13日，浙能集团首次电厂燃料供应座谈会在杭州召开，浙江浙能富兴燃料有限公司、浙江兴源投资公司、浙江东南发电股份有限公司和各发电厂共同回顾燃料供应工作，分析市场走势。之后每年召开燃料供应座谈会，讨论燃料相关工作。

2005年12月26日，浙能集团发布《发电燃煤供应管理办法（试行)》《浙能公司发电燃煤计划管理实施细则（试行)》《浙能公司发电燃煤价格管理实施细则（试行)》《浙能公司发电燃煤质量管理实施细则（试行)》。规定各电厂在下一交付年度开始45天之前，应根据其下一年度的年度发电计划和合理的燃煤储备水平，提出年度发电用煤的数量、品种和质量需求，报送浙能集团计划发展部，浙能集团计划发展部会同浙江浙能富兴燃料公司根据可采购的资源情况进行分量、分品种、分用户的年度煤炭采需平衡，制定方案，方案和年度煤炭订货原则意见经浙能公司领导原则同意后由浙江浙能富兴燃料公司在订货会上进行落实。发电燃煤年度采购价格，在年度发电燃煤订货正式洽谈前20天左右，由浙江浙能富兴燃料公司提供发电燃煤价格资料、供方价格要求或意向和应对措施等总体预案，报浙能公司资产经营部审核，并经浙能集团领导审定后签约。各发电企业根据浙能集团制度及实际管理情况制定《燃料管理》《煤质监督管理标准》《燃煤低库存应急预案》等相关标准制度，规范燃煤储存、入炉煤掺配、煤质检测等管理。各燃煤电厂通过进厂煤按煤质分堆存放，每月进行煤场测温和盘点；对煤层和煤堆底部周边进行压煤，预防自燃发生；采取分仓上煤的掺配方式，保障锅炉安全经济运行。各电厂燃煤运输主要依靠船舶、铁路等。

2006年之前，进厂煤质量验收由电厂自行采制样化验，对岗位人员进行技术培训，建设符合相关技术要求的采制化配套设施，并通过国家煤炭检验资质认证，为进厂煤验收创造必备条件。2000—2003年，各发电企业进厂煤采用人工取样方式；2003年以后，各发电企业陆续进行设备改造，改为采用自动取样装置取样方式。进厂煤检质率达到100%。在煤量控制环节中，燃煤接卸实行皮带秤、轨道衡等手段检斤验收，检斤率为100%。

2006年，进厂煤质量验收委托浙江越华能源检测有限公司负责，出具化验结果，作为燃煤质量的商业结算依据；各发电企业对进厂煤做厂方化验工作，化验数据用作与第三方检测单位数据对比。当采样化验结果有争议时，双方协商重新检测或送存查样到有资质的检测机构进行仲裁化验。

2006年初，电煤价格走向市场化，各煤种价格一路走高，燃煤电厂发电成本大大增加，浙能集团通过与安徽、宁夏、新疆等省、自治区合作，建设淮浙煤电有限责任公司凤台分公司、宁夏枣泉发电有限责任公司、浙能阿克苏热电有限公司等电厂，减少燃煤运输，降低燃煤成本。

2008 年，燃料管理系统作为企业资产管理系统（EAM）深化扩展运用项目，在浙江长兴发电有限责任公司和嘉兴发电有限责任公司两家单位进行试点开发，项目取得成功后在浙江钱清发电有限责任公司推广运用。

2009 年 8 月 20 日，浙能集团安全生产部召开燃料管理系统推广会，各电厂燃料纳入企业资产管理系统（EAM）管理，大大提升浙能集团燃料管理的整体信息化水平。

2011 年 11 月 30 日，浙能集团组织召开浙能集团企业资产管理系统（EAM）与燃料管理系统接口工作会议，讨论 EAM 与燃料管理系统接口相关工作，规范相关燃料业务，提升集团燃料管理信息化水平。

2014 年 11 月 30 日，浙江浙能电力股份有限公司为规范板块燃料管理，制定并发布股份公司的《燃料专业管理办法》明确燃料专业管理的职责、工作内容与方法，燃料专业管理的原则等。

2016 年之前，各发电企业以手工报表形式填报燃煤统计日报表、周报表、月报表及其分析数据。2016 年浙能集团企业资源计划系统（ERP）系统上线后，各发电企业燃煤统计核算由相关岗位按各自职责，录入燃煤的合同、计划、入库、检斤、检质、消耗和结算流程，系统自动生成相关统计报表。

2016 年底开始，浙能集团在发电企业全力推进经济煤种适烧，各发电企业建立健全经济适烧煤种掺烧制度，针对不同的经济适烧煤，制订经济高效的掺烧方案，策划技术改造，加强运行分析，及时调整控制策略，不断提高经济煤掺烧稳定性，有效降低燃料成本。

二、燃油

2007 年之前，发电用油由各发电企业通过招标确定供应商进行燃油采购。2007 年以后，浙江浙能石油新能源有限公司根据各发电企业上报的燃油计划进行集中采购，以满足各发电企业锅炉点火及低负荷稳燃需要。各发电企业燃油运输主要依靠汽车、铁路等。到厂燃油采用地磅、轨道衡等手段检斤验收，检斤率为 100%。

2004 年开始，各发电企业根据实际工作制定燃油管理相关制度，以规范厂内燃油采购、验收、存储、耗用等工作的管理。明确燃料采购需求提报部门、采购实施部门、燃油使用部门职责，到厂验收由采购人员、使用人员、监督人员等共同现场验证。规定燃油储存日常管理责任部门，严格监控燃油温度和油罐温度，防止超温。运行人员每月配合燃油采购部门做好盘油工作，并将盘油做好记录。燃油使用部门建立燃油收、耗、存台账，每班统计锅炉燃油库存量和锅炉耗油量，及时向当值值长汇报，要求做到统计数据准确、翔实。

2005 年，浙能集团所属发电企业开始实施燃油系统整合、微油点火等节油措施，单位装机容量发电耗油量明显减少。

2006 年，浙江长兴发电有限责任公司等部分电厂制定《节约燃油考核办法》，规范燃油使用管理，通过对低负荷运行、机组启停等情况助燃油定额，对耗油事件细化考核等管理方式，有效控制发电生产助燃油的消耗。

2003—2019 年浙江浙能电力股份有限公司所属各发电企业采取的重要节油措施见表 2-4-18。

表 2-4-18 2003—2019 年浙江浙能电力股份有限公司下属各发电企业采取的重要节油措施

单位名称	节油措施	实施时间（年）	节油效果
萧山发电厂	微油点火	2003	锅炉冷态启动时可以节约点火用油 80%～90%
台州发电厂	微油点火升炉和超低负荷稳燃	2005	节油率达到 97.6%。《6 号炉微油冷炉点火和超低负荷稳燃节油技术》荣获浙江省电力学会科技进步奖二等奖
浙江北仑发电有限公司	燃油系统整合	2005	3 台机组与受托方国电浙江北仑第一发电有限公司 2 台机组共用 1 套燃油供油系统。减少系统场地与燃油存储
温州发电有限责任公司	直吹式制粉系统锅炉微油点火	2006	节油率达到 95%，被评为“2007 年度浙江省优秀节能示范项目”

表 2-4-18（续）

单位名称	节油措施	实施时间（年）	节油效果
浙江镇海发电有限责任公司	微油冷炉点火和低负荷稳燃	2006	每台燃煤机组每年可节约燃油费用 117 万元以上，而且还能达到机组在极低负荷下（2 万千瓦负荷）锅炉稳定燃烧并节油的要求
浙江长兴发电有限责任公司	气化微油冷炉点火和超低负荷稳燃	2006	节约燃油率达到 94.16%

三、燃气

2007—2008 年，镇海燃气热电、萧山发电厂等燃气项目投产，浙能集团开始有了燃气机组，燃气供应统一由浙江省天然气开发有限公司负责。2011 年以后，浙江浙能镇海联合发电有限公司、浙江浙能金华燃机发电有限责任公司、温州燃机发电有限公司等“油改气”工程相继完成；浙江浙能常山天然气发电有限公司、浙江浙能镇海燃气热电有限责任公司等燃气项目投产；黄岩热电完成“煤改气”工程。浙能集团下属天燃气项目增加到 7 个。

各用气单位结合发电计划申请周气量、日气量，并以此预测和申报天然气年度用气总量和月度用气计划。浙江省天然气开发有限公司根据各用气单位提供的计划及供气情况，确定各单位日计划供气量。

2008 年，萧山发电厂等天然气发电企业陆续制定符合本厂实际的天然气管理、天然气管道设备泄漏应急预案等相关制度，规范厂内天然气计划、计量、结算、质量和天然气泄漏的应急处理的管理。

2001—2019 年浙江浙能电力股份有限公司所属发电企业燃料耗用量见表 2-4-19。

表 2-4-19 2001—2019 年浙江浙能电力股份有限公司所属发电企业燃料耗用情况一览表

年度	实际耗煤量（吨）	实际耗用燃油量（吨）	实际耗用燃气量（万立方米）
2001	8400801	327769.00	—
2002	13742250	224262.00	—
2003	14531928	284973.60	—
2004	19204714	365033.80	—
2005	20971587	337467.50	—
2006	26048752	291434.10	—
2007	30282006	234692.10	7955.334
2008	32161200	171406.00	11947.130
2009	36499960	164918.00	5189.409
2010	35986840	79502.85	52160.660
2011	39102282	67629.22	93091.040
2012	45544758	60855.33	103642.400
2013	43643430	43759.84	107936.600
2014	43543531	41524.51	130210.300
2015	41804230	5808.99	131483.300
2016	40196171	6498.28	98217.130
2017	44695192	7111.65	107194.600
2018	50735976	6236.154	116268.400
2019	54767221	7147.05	103066.500

四、物资管理

2003年，浙能集团成立后，浙能集团引入供应商认证准入机制，建立供应商动态评价体系，定期进行公示，加强物资供应管理。根据国家行业标准，各发电企业结合实际情况，陆续制定物资管理制度，包括物资计划、采购、价格、质量等管理制度。

2005年，企业资产管理系统（EAM）系统陆续在各厂上线运行，终止之前的手工物资账本，物资计划、采购单、物资领用、送外修理单、电子发票实行工作流电子审批，物资从计划开始到付款结束整个业务循环实行无纸化流转。

2007年，浙能集团成立物流中心，对下属企业的采购业务管控加强，集中统一采购业务逐步增加，以加强管理规范性，提高物资采购效率，降低采购成本，提升管理水平。2008年，浙能集团物流中心发布了集采目录，对于集采目录物资进行统一采购。

2012年，浙能集团要求加强定向采购和合同续签管理，实施分级审批制，单项采购额在5万元以下由需求部门审批，在5万元及以上的由各发电企业审批，在30万元及以上由集团审批并组织采购。

2016年企业资源计划系统（ERP）系统上线后，各发电企业物资流程全部改用ERP系统，实现了需求、采购、计划、线上寻源管理、合同管理、仓储管理、物资编码主数据管理、供应商管理、废旧物资管理、付款管理、查询与报表等功能。ERP系统CM模块上线后，供应商评定改为线上“一单一评”形式，进行大数据整合评定。合同履行完成后，合同采办人员可发起“供应商绩效评估”审批流程，由项目负责部门对合同签约单位进行评价。除了在线上实时进行供应商评估外，每年年初组织相关部门进行上年度的合格承包商（供应商）评审工作。

2016年，浙江浙能电力股份有限公司实施《成本领先行动方案》和降库存任务，对各发电企业下达了库存控制目标，并与绩效考核挂钩。各发电企业通过全面清仓利库，及时处理超储、积压、报废物资，有效控制无动态物资库存，减少资金占用，提高库存资源利用效率，降低库存总体水平。

2018年，浙江浙能电力股份有限公司利用企业资源计划系统（ERP）平台信息共享的有利条件，开展下属发电企业生产物资联储，盘活现有库存，使各发电厂在不影响安全生产的情况下降低设备备件的预采购，严控新增库存，防止备件消耗不及时形成库存积压，进一步降低生产成本。

第五章 技 术 改 造

第一节 技术改造管理

2000年开始，各发电企业一贯实行技术改造措施，以保证机组安全、稳定、经济运行，提高机组自动化水平，文明生产水平，节能降耗水平。

2004年3月16日，浙能集团发布《发电企业技术改造管理办法》，对技术改造范围、资金管理、技术改造规划、审批流程、项目管理等方面进行规范。规定下属各发电企业应于每年8月15日前向浙能集团上报下年度技术改造计划，浙能集团根据审查意见和相关董事会决议，在次年3月底前下达技术改造年度计划。台州发电厂和萧山发电厂年度技术改造计划由浙江东南电力股份公司进行审核后向浙能集团上报。企业技术改造项目需指定专人负责，重点项目或较复杂的项目视情况可建立临时机构，明确责任，对技改项目进行全过程管理。《发电企业技术改造管理办法》规定，下属各发电企业技术改项目按投资划分为重点项目、一般项目和零购项目。重点项目为总投资在500万元及以上的项目或上级指定的项目。一般项目为总投资在500万元以下的项目。零星购置项目为总投资在10万元以下的项目。

2014年7月29日，浙能集团根据实际发展情况和“强总部”建设方案关于管控操作优化的相关规定，对《发电企业技术改造管理办法》进行重新修订并发布，技改项目管理进一步细化。各发电企业年度技术改造计划改由浙江浙能电力股份有限公司审核汇总后上报浙能集团。重新修订的《发电企业技术改造管理办法》对各发电企业技术改造项目划分进行调整，增加重大项目类别，重大项目是指总投资估算在1000万元及以上的技术改造项目或用汇额在150万美元及以上的技术引进项目。并将原来零星购置项目投资估算提高到20万元。

2015年11月30日，浙江浙能电力股份有限公司结合实际发展情况制定并发布实施《技术改造项目管理办法》，以适应板块化管理需要，规范和加强所属发电企业生产性技术改造管理工作，促进技术进步，确保发电企业安全、可靠、经济运行。明确浙江浙能电力股份有限公司各部门及下属发电企业的职责与分工。

2001—2019年浙江浙能电力股份有限公司下属发电企业重要技术改造项目情况见表2-5-1。

表2-5-1 2001—2019年浙江浙能电力股份有限公司下属发电企业重要技术改造项目情况一览表

单位	技改内容	开工时间（年-月）	完成时间（年-月）	技改投入（万元）	技改收益
浙江浙能北仑发电有限公司	3号发电机定子线棒整体更换处理	2008-03	2008-04	2800.00	解决3号发电机定子线棒漏氢的安全隐患，同时对发电机端部结构进行了加固，可有效防止发电机的端部振动
	4号发电机定子线棒整体更换处理	2009-01	2009-03	2800.00	解决4号发电机定子线棒漏氢的安全隐患，同时对发电机端部结构进行了加固，可有效防止发电机的端部振动
	3号汽轮机高中压缸通流改造及高压汽门更换	2012-09	2012-12	6538.00	改造后铭牌增加至66万千瓦，则改造后的机组负荷按照66万千瓦计算，供电煤耗下降8克/千瓦时、厂用电率为5%
	北仑3号锅炉低氮燃烧器改造	2012-09	2012-12	1355.60	机组氮氧化物排放浓度显著下降，各负荷阶段平均浓度下降至270毫克/标准立方米左右，较改造前的约700毫克/标准立方米大幅下降，每年节约1133万元
	3号机组DCS、DEH、MEH、BPC系统一体化改造	2012-09	2012-12	1435.00	解决DCS/DEH控制系统老化及部分备品配件缺乏的问题，提高控制系统的可靠性，减少故障率
	4号、5号汽轮机高中压缸通流改造及高压汽门更换	2013-11	2014-03	11672.00	两台机组节能减排经济收益和增容收益合计11514万元
	4号、5号炉低氮氧化物燃烧器改造	2013-11	2014-03	2899.50	节省SCR烟气脱硝装置投资费用和SCR烟气脱硝装置运行费用1649万元
	4号、5号机组DCS/DEH/MEH系统一体化改造	2013-11	2014-03	2363.00	解决DCS/DEH控制系统老化及部分备品配件缺乏的问题，提高控制系统的可靠性，减少故障率
	3—5号机组烟气超低排放改造	2014-11	2016-12	60214.00	进一步削减污染物的排放，满足最新环保排放标准
	5号发电机定子线棒改造	2018-04	2018-06	3144.00	解决5号发电机定子线棒泄漏、引线支架结构薄弱的安全隐患，保证发电机的长周期安全稳定运行
	3台机组低压缸改造	2016-06	2017-12	21005.00	改造后每年实现经济效益4232万元
	煤场改造工程	2017-02	2017-11	2521.08	改造后环保检测结果满足现行环保要求，进一步提高了对煤场扬尘的抑制效果，对改善区域大气环境质量具有明显的环境效益
	500千伏GIS改造	2019-03	2019-06	3600.00	解决了断路器不成串运行方式下送出容量的瓶颈问题，增加了线路送出能力约110万千瓦
	煤场封闭改造项目	2019-12	—	18908.00	防风抑尘，节能减排

表 2-5-1（续）

单位	技改内容	开工时间（年–月）	完成时间（年–月）	技改投入（万元）	技 改 收 益
浙江浙能绍兴滨海热电有限责任公司	1 号机组脱硝技术改造	2012–09	2013–01	3126. 00	对已运行的 1 号机组加装 SCR 脱硝装置，改造后脱硝效率为 80%
	原水及除盐水系统供热扩容改造工程	2015–05	2016–07	2487. 00	改造后制水能力达到水处理系统的连续出力 600 吨/小时，解决供热制水瓶颈问题
	一期 2 台 30 万千瓦机组烟气超低排放改造	2014–08	2017–06	23448. 70	增设湿法电除尘器、低低温除尘器，确保烟囱出口粉尘含量不大于 5 毫克/立方米，通过锅炉升级改造和系统优化，确保氮氧化物排放浓度不大于 50 毫克/立方米；通过脱硫系统综合优化改造，确保二氧化硫排放浓度不大于 35 毫克/立方米
	热电一期工程去工业化改造	2018–01	在建中	2942. 00	通过对一期工程主厂房、烟囱、冷却塔、输煤栈桥、炉后建筑、建筑照明设计、道路景观绿化等进行去工业化设计改造，使整个厂区外立面及景观符合绍兴市“一城三片，一江两岸”的城市发展战略
	输煤上仓系统改造项目	2019–12	在建中	5316. 00	提升上仓系统可靠性
	煤场封闭改造项目	2019–11	在建中	14719. 00	保持上仓系统的稳定性，防止皮带机堵煤磨煤机堵磨，同时能有效抑制扬尘
	一期脱硝尿素水解制氨改造项目	2019–10	在建中	1400. 00	降低电厂运行安全风险，消除氨区这一重大危险源
淮浙煤电有限责任公司凤台发电分公司	脱硫废水处理系统改造	2014–11	2015–06	1646. 60	提高了脱硫废水处理系统运行的可靠性和稳定性，明显减少了污泥污水外运的费用，降低了非正常维护费用成本
	一期机组增容提效改造	2015–09	2016–11	25619. 00	7576. 3 万元/年，铭牌出力从 63 万千瓦增容至 66 万千瓦
	3 号、4 号机组超低排放改造	2015–09	2015–12	6034. 00	烟尘≤5 毫克/标准立方米，二氧化硫≤35 毫克/标准立方米，氮氧化物≤50 毫克/标准立方米
	1 号、2 号机组超低排放改造	2016–05	2016–12	27544. 10	烟尘≤5 毫克/标准立方米，二氧化硫≤35 毫克/标准立方米，氮氧化物≤50 毫克/标准立方米
	供热系统一期改造工程	2017–04	2017–12	5845. 00	1078 万元/年
	补给水管道改造	2018–07	在建中	2060. 00	改造后，降低了管线穿越的已建成的城区以及地方政府对相关区域进一步规划时对补给水管道安全运行的影响，有利于机组安全稳定运行
	凤台电厂灰场改造	2017–01	2019–12	2700. 00	保护环境，节能减排
浙江浙能嘉兴发电有限公司	1 号机组分散控制系统（DCS）改造	2008–01	2008–03	1151. 10	提高控制系统的可靠性，自动化程度
	1 号、2 号机组烟气脱硫工程	2007–09	2009–08	10826. 10	提高控制系统的可靠性，自动化程度
	1 号、2 号机组汽轮机本体优化改进	2008–01	2009–06	495. 94	试验工况热耗下降 149. 23 千焦/千瓦时
	1 号锅炉低氮燃烧改造	2011–09	2011–10	728. 50	排放指标达到设计要求

表 2-5-1（续）

单位	技改内容	开工时间（年-月）	完成时间（年-月）	技改投入（万元）	技 改 收 益
浙江浙能嘉兴发电有限公司	1 号机组汽轮机本体通流部分改造	2011-09	2011-10	3396.40	汽轮机高压缸额定负荷时效率从 82.72%提高到 87.36%，中压缸效率从 91.67%提高到 92.33%，机组热耗下降到 8128.07 千焦/千瓦时
	2 号机组增容改造	2012-09	2012-12	4853.00	组铭牌出力均提高到 330 万千瓦，供电煤耗下降值为 11.74 克/千瓦时
	2 号机组 DCS 改造	2012-09	2012-12	1186.90	改造后，AGC 调用范围为 18 万～33 万千瓦，负荷范围内的负荷变动速率能达到 4.5 兆瓦/分钟，一次调频能正确有效的响应，满足 AGC 和一次调频功能的要求
	2 号锅炉低氮燃烧改造	2012-09	2012-12	792.90	排放指标达到设计要求
	一期 30 万千瓦机组供热改造（厂内部分	2013-08	2013-12	1006.00	达到预期目标
	一期煤场增设挡风抑尘网	2013-08	2014-09	1203.00	达到预期目标
	1 号机组汽轮机低压缸通流改造	2013-08	2013-11	1784.90	降低煤耗 3 克/千瓦时
	1 号炉电除尘器改造	2013-09	2013-11	1202.30	达到预期目标
	2 号炉电除尘改造	2014-08	2014-10	1083.60	达到预期目标
	1 号、2 号机组烟气超低排放改造	2016-03	2016-12	18173.30	各项排放指标符合设计要求
	7 号炉烟气冷却器改造	2019-04	2019-10	2469.9557	降低阻力，低低温电除尘系统运行状况得到极大改善
	煤场封闭改造	2019-01	在建中	10305.00	防风抑尘，节能减排
浙江浙能嘉华发电有限公司	二期 4 台 60 万千瓦机组烟气脱硫工程	2007-09	2009-03	38067.00	各专项验收符合要求
	3 号、4 号机组烟气脱硝改造工程	2012-09	2013-07	18423.00	各专项验收符合要求
	5 号、6 号机组烟气脱硝改造工程	2010-08	2011-07	15949.00	各专项验收符合要求
	3 号、4 炉低氮燃烧器改造	2013-02	2013-06	1837.00	各专项验收符合要求
	5 号、6 炉低氮燃烧器改造	2013-09	2013-12	1500.00	各专项验收符合要求
	3 号、4 号机组脱硫系统加装 GGH 及除雾器	2013-02	2014-03	8131.30	达到预期改造目标
	嘉华百万千瓦燃煤机组烟气超低排放环保示范项目	2013-08	2014-06	43122.00	氮氧化物排放浓度不大于 50 毫克/标准立方米（干基，6%氧气）；烟尘排放浓度不大于 5 毫克/标准立方米（干基，6%氧气；二氧化硫排放浓度不大于 35 毫克/标准立方米（干基，6%氧气）
	5 号、6 号机组脱硫系统增设 GGH 及除雾器改造	2013-09	2013-12	9560.10	保护环境，减少二氧化硫排放

表 2-5-1（续）

单位	技改内容	开工时间（年-月）	完成时间（年-月）	技改投入（万元）	技 改 收 益
浙江浙能嘉华发电有限公司	一期、二期脱硫废水达标排放处理系统	2014-05	2015-01	1385.00	年处理脱硫废水 21.45 万吨，其环境效益及社会效益明显
	嘉华 4 号机组通流部分增效扩容改造	2014-09	2014-12	12299.10	机组铭牌出力均提高到 66 万千瓦，供电煤耗下降值为 10.46 克/千瓦时
	5 号机组增效扩容改造（适配性改造）	2015-04	2015-07	3220.50	提高机组出力，降低供电煤耗
	3 号机组增效扩容改造（适配性改造）	2015-05	2015-07	1464.40	提高机组出力，降低供电煤耗
	6 号机组增效扩容改造（适配性改造）	2015-10	2015-12	3475.50	提高机组出力，降低供电煤耗
	3 号、4 号机组烟气超低排放改造	2014-06	2015-07	30718.80	氮氧化物排放浓度不大于 50 毫克/标准立方米（干基，6%氧气）；烟尘排放浓度不大于 5 毫克/标准立方米（干基，6%氧气）；二氧化硫排放浓度不大于 35 毫克/标准立方米（干基，6%氧气）
	5 号、6 号机组烟气超低排放改造	2014-10	2015-12	31018.80	氮氧化物排放浓度不大于 50 毫克/标准立方米（干基，6%氧气）；烟尘排放浓度不大于 5 毫克/标准立方米（干基，6%氧气）；二氧化硫排放浓度不大于 35 毫克/标准立方米（干基，6%氧气）
	煤场封闭改造	2019-01	在建中	38981.00	防风抑尘，节能减排
浙江浙能兰溪发电有限责任公司	3 号汽轮机增效扩容技术改造	2014-03	2014-06	11094.18	节能减排收益：供电煤耗下降 6.7 克/千瓦时
	4 号汽轮机增效扩容技术改造	2015-04	2015-08	1887.63	节能减排收益：供电煤耗下降 7.9 克/千瓦时
	净水站排泥水处理系统改造	2014-08	2015-09	2311.25	实现净水站泥水零排放，减少了外部取水量
	1 号汽轮机增效扩容技术改造	2015-09	2015-11	1688.22	节能减排收益：供电煤耗下降 8.48 克/千瓦时
	2 号汽轮机增效扩容技术改造	2016-02	2016-06	1750-39	节能减排收益：供电煤耗下降 8.3 克/千瓦时
	1 号锅炉低氮燃烧器改造	2015-09	2016-04	1310.57	主要污染物氮氧化物排放量大幅降低
	2 号机组低氮燃烧改造	2016-02	2016-12	1321.98	主要污染物氮氧化物排放量大幅降低
	3 号机组低氮燃烧改造	2016-09	2017-05	1413.96	主要污染物氮氧化物排放量大幅降低
	4 号锅炉低氮燃烧器改造	2015-04	2015-10	1310.57	主要污染物氮氧化物排放量大幅降低
	煤场增设干煤棚	2016-06	2016-12	1337.70	实现提前储煤和储存所需煤种，提高输煤设备可靠性
	4 号机组由 500 千伏改接至 220 千伏系统	2016-02	2016-07	6591.87	增强金华中西部供电能力，提高电厂送电可靠性

表2-5-1（续）

单位	技改内容	开工时间（年-月）	完成时间（年-月）	技改投入（万元）	技 改 收 益
浙江浙能兰溪发电有限责任公司	化学水处理系统扩容改造	2018-01	2018-12	1413.96	完成后化学除盐水制水量增加每小时约150吨，对外可保障在现有供热基础上增加150吨/小时的供气量
	1～4号机组烟气超低排放改造	2014-09	2016-12	63988.48	项目实施完成后，四台机组烟气主要排放物指标情况：烟尘≤5毫克/标准立方米，二氧化硫≤35毫克/标准立方米，氮氧化物≤50毫克/标准立方米
	升压站扩建	2009-08	2010-02	3527.19	增强并提高了金华中西部电网的供电能力，优化了电网结构，并增加出线线路，提高电厂送电可靠性，降低全厂停电风险
	煤场封闭改造项目	2020-01	在建中	25198.00	防风抑尘，节能降耗
台州发电厂	1号汽轮机通流改造	2001-02	2001-05	2050.00	铭牌出力由12.5万千瓦提高至13.5万千瓦，供电煤耗率与厂用电率逐年大幅度下降
	1号、2号卸煤机更新	2000-03	2001-07	1530.00	卸煤能力大幅度增加
	新建燃料综合楼、维护楼等	2001-12	2003-12	1065.00	实现一至四期输煤系统统一程控化，不仅可以提高自动化程度，减轻员工的劳动强度
	Ⅰ—Ⅲ期高压灰管改造	2001-08	2003-05	1230.00	安全运行打下基础
	3号汽轮机通流改造	2002-10	2003-01	2410.00	铭牌出力由12.5万千瓦提高至13.5万千瓦，供电煤耗率与厂用电率逐年大幅度下降
	2号汽轮机通流改造	2002-05	2002-07	2288.00	铭牌出力由12.5万千瓦提高至13.5万千瓦，供电煤耗率与厂用电率逐年大幅度下降
	7号、8号炉电除尘增加干出灰系统	2004-06	2005-09	3980.00	可以让灰、渣综合利用起来，变废为宝，保护了环境，还可以提高机组的经济效益
	4号汽轮机通流改造	2003-11	2004-01	2400.00	铭牌出力由12.5万千瓦提高至13.5万千瓦，供电煤耗率与厂用电率逐年大幅度下降
	4号机自动化改造	2003-11	2004-01	1600.00	提高了机组的自动化程度，减少了员工的工作量。同时，也提高了机组运行的安全性、经济性
	5号汽轮机通流改造	2004-01	2004-04	2610.00	铭牌出力由12.5万千瓦提高至13.5万千瓦，供电煤耗率与厂用电率逐年大幅度下降
	6号炉NID脱硫改造工程	2005-09	2005-12	4100.00	大大减少二氧化硫的排放，改善椒江城区的空气质量
	3号淡水管改造	2004-11	2006-06	1800.00	消除泄漏，减少水量的损失，确保机组运行所需淡水的安全，提高经济效益
	6号发电机组DCS、DEH自动化改造	2005-09	2005-12	1800.00	提高了机组的自动化程度，减少了员工的工作量。同时，也提高了机组运行的安全性、经济性
	4号、5号炉电除尘器安装干出灰系统	2006-02	2006-03	1247.10	提高干出灰的再利用，可作为水泥的掺加剂，变废为宝
	3号淡水管改造（续）	2008-03	2008-10	2256.23	消除泄漏，减少水量的损失，确保机组运行所需淡水的安全，提高经济效益
	7号机凝汽器管板及管束更换	2009-10	2009-12	2850.00	大大地提高了真空度，减少了端差，提高了机组的经济效益

表 2-5-1（续）

单位	技改内容	开工时间（年-月）	完成时间（年-月）	技改投入（万元）	技 改 收 益
台州发电厂	7 号机组 DCS、DEH 改造	2009-10	2009-12	1650.00	提高了机组的自动化程度，减少了员工的工作量。同时，也提高了机组运行的安全性、经济性
	8 号、9 号机组供热改造	2010-03	2011-06	1180.00	降低机组发电煤耗，有效提升当地空气质量
	8 号机组 DCS、DEH 改造	2011-10	2011-12	1450.00	提高了机组的自动化程度，减少了员工的工作量。同时，也提高了机组运行的安全性、经济性
	7 号、10 号机组厂内供热改造	2011-11	2013-10	1130.00	降低机组发电煤耗，有效提升当地空气质量
	10 号机组节能增容改造	2014-01	2014-03	2135.00	30 万千瓦增容至 33 万千瓦，供电煤耗率与厂用电率大幅度下降
	9 号机组节能增容改造	2013-01	2014-12	2135.00	30 万千瓦增容至 33 万千瓦，供电煤耗率与厂用电率大幅度下降
	8 号发电机定子更新改造	2012-10	2012-11	2723.00	提升发电机安全性能
	7 号炉低氮燃烧器改造	2013-04	2013-06	1050.00	炉膛出口氮氧化物从原来的 700 毫克/立方米降到 320 毫克/立方米以下
	8 号机组节能增容改造	2014-04	2014-06	2650.00	33 万千瓦增容至 35 万千瓦，供电煤耗率与厂用电率大幅度下降
	7 号机组节能增容改造	2015-10	2016-01	2453.00	33 万千瓦增容至 35 万千瓦，供电煤耗率与厂用电率大幅度下降
	7 号机组超低排放改造	2015-05	2015-12	12000.00	烟气主要排放物指标情况：烟尘≤5 毫克/标准立方米，二氧化硫≤35 毫克/标准立方米，氮氧化物≤50 毫克/标准立方米
	9 号机组超低排放改造	2016-03	2016-06	11200.00	烟气主要排放物指标情况：烟尘≤5 毫克/标准立方米，二氧化硫≤35 毫克/标准立方米，氮氧化物≤50 毫克/标准立方米
	10 号机组超低排放改造	2016-09	2016-12	6000.00	烟气主要排放物指标情况：烟尘≤5 毫克/标准立方米，二氧化硫≤35 毫克/标准立方米，氮氧化物≤50 毫克/标准立方米
	8 号机组超低排放改造	2017-02	2017-06	10500.00	各项排放物指标均低于二氧化硫浓度 35 毫克/标准立方米、烟尘浓度 5 毫克/标准立方米、氮氧化物浓度 50 毫克/标准立方米的排放标准。通过锅炉升级改造和系统优化，确保氮氧化物排放浓度不超标
	封闭煤场改造项目	2019-01	在建中	7916.00	有效抑制扬尘
浙江浙能温州发电有限公司	1 号汽轮机通流部分改造	2001-02	2001-05	2000.00	12.5 万千瓦增容至 13.5 万千瓦
	计算机网络改造	2001-07	2001-12	1484.00	建立核心主干千兆网络，桌面百兆的网络系统，极大地提高了公司信息化水平
	2 号机通流部分改造	2004-05	2004-07	2710.00	12.5 万千瓦增容至 13.5 万千瓦
	2 号机组 DCS	2004-05	2004-07	1000.00	提高了机组运行的可靠性与安全性
	5 号机汽轮机高中压通流改造	2012-03	2012-06	3500.00	改造后，机组额定出力提高到 33 万千瓦，高压缸效率为 87.31%，中压缸效率不低于 92%

表2-5-1（续）

单位	技改内容	开工时间（年-月）	完成时间（年-月）	技改投入（万元）	技 改 收 益
浙江浙能温州发电有限公司	异地扩容重建化学水处理车间	2012-02	2012-10	6245.00	本工程超滤、反渗透装置建2列，每列产水量116立方/时，2例能单独运行，也可同时运行。离子交换系统每例产水量约220立方/时，满足四期超超临界机组给水采用加氧处理技术时对补给水质量标准的要求以及电厂对外供热要求
	配合四期工程改建办公楼	2012-04	2017-03	6750.00	结成1幢建筑面积为14936平方米的5层楼综合办公楼，使公司职能部门集中办公，提高了管理人员的工作效率，也提升了公司整体形象
	6号机组通流改造	2012-06	2013-12	5070.00	机组额定出力提高到33万千瓦，供电煤耗下降6.51克/千瓦时。机组年收益为1176万元
	厂内运行值班楼迁建	2013-03	2014-05	2570.00	建成2幢6层宿舍楼，建筑面积为12800平方米。解决公司400多名运行人员的住宿舍问题
	温电煤码头加固改造工程	2013-09	2015-11	2611.00	将原有2个2.0万吨级散货泊位加固改造为2个3.5万吨级散货泊位，满足公司扩容改造后1250吨/时卸船机的承载要求
	新建25000立方干灰钢板库	2014-11	2018-05	1101.00	保护环境，减少排放
	5号机低压缸通流改造	2012-05	2012-06	1950.00	改造后，煤耗下降4.5克/千瓦时，同时减少二氧化碳、灰渣量等排放量，机组收益为389万元
	5、6号炉超低排放改造	2015-09	2016-06	17688.00	改造后，烟气主要污染物排放指标均能达到超低排放要求（氮氧化物浓度≤50毫克/立方米，烟尘浓度≤5毫克/立方米，二氧化硫浓度≤35毫克/立方米），实现烟气超低排放的目标
	新运行值班宿舍楼装修	2016-05	2018-07	1900.00	是公司深化人文关爱、推动企业幸福发展的“民心工程”
	燃料煤场全封闭改造	2019-01	2020-06	19617.50	防风抑尘，节能降耗
温州燃机发电有限公司	9E机组油改气工程	2014-02	2014-09	12496.00	修正后，联合循环毛出力为34.2万千瓦，预期出力能提高约5.8%，毛效率为45.86%，热耗降低约6.8%，净出力为33.2万千瓦、净效率为44.52%，实际天然气气耗（毛）为0.229立方/千瓦时，发电标煤耗可降低约20克/千瓦时
萧山发电厂	1号燃煤机组自动化改造	2001-12	2002-01	1507.00	提高了机组的控制水平，实现了生产系统“管控一体化”目标
	1号、2号燃煤机组烟气脱硫改造工程	2003-12	2005-07	18000.00	硫效率为97.6%，除尘脱硫系统总除尘效率大于99.9%
	2号燃煤机组自动化改造	2003-02	2003-04	1276.00	提高了机组的控制水平，实现了生产系统“管控一体化”目标
	1号、2号燃煤机组烟气脱硝改造工程	2013-10	2014-30	8434.00	平均脱硝效率为75.56%和74.60%，每年可减排氮氧化物1726吨
	新增2台15吨/时天然气启动锅炉	2015-01	2016-10	1817.72	保护环境，提高机组运行可靠性

表 2-5-1（续）

单位	技改内容	开工时间（年-月）	完成时间（年-月）	技改投入（万元）	技 改 收 益
浙江浙能常山天然气发电有限公司	1 号燃机燃烧器部件改造	2018-09	2019-11	4098.50	提高机组安全性
浙江浙能金华燃机发电有限责任公司	6 号炉除尘脱硫改造	2007-03	2011-03	1882.30	可以有效降低硫化物排放，做到环境友好型企业
	9E 联合循环油改气工程	2014-03	2015-07	11261.00	燃机油改气后，联合循环修正出力将由 17.5 万千瓦提高到 18.6 万千瓦。联合循环净热耗由改造前的 8400 千焦/千瓦时下降为 7600 千焦/千瓦时
	新建值班楼一栋	2017-05	2018-05	783.60	为公司生产提供生产值班保障
	江边取水管线改造	2015-12	2016-09	731.00	因城市发展外部取水管地面建筑物增加，同时管道口径设计已不能满足公司扩建机组需要，原管道已投运 19 年，本次改造可以改善取水管道的日常维护，满足日后机组扩建需要
	5 号发电机定子线棒升级改造	2016-11	2017-06	839.70	通过改造解决了 5 号发电机定子线棒的安全隐患，提高了设备运行的可靠性、安全性，确保电厂主设备能安全生产
浙能长兴发电有限公司	3 号、4 号机组供热系统及热网改造	2008-04	2008-12	1782.28	增加供热能力 2×50 吨/小时
	城市中水综合利用改造工程（一期）	2008-08	2008-12	1835.98	削减氨氮 321 吨/年，生化需氧量 372 吨/年，化学好氧量 788 吨/年，悬浮物 125 吨/年，总磷 25 吨/年
	3 号机节能改造（主汽轮机通流改造）	2012-09	2012-12	2666.59	增容量 3 万千瓦、高中压缸通流改造节能降耗；供电煤耗率下降约 6.54 克/千瓦时
	3 号炉低氮氧化物煤粉燃烧器改造	2012-09	2012-12	875.29	省煤器出口烟气氮氧化物含量从 480~800 毫克/立方米降低至平均 280 毫克/立方米左右
	中水回用二期	2012-03	2012-11	2110.55	日处理能力为 3.0 万吨，每年可节约地表水资源 2000 万吨，对主要水质污染物 NH3-N、化学需氧量具有显著的削减作用
	1~4 号机组脱硝改造	2012-03	2014-05	24390.82	4 台机组平均脱硝效率达到 70%，排放氮氧化物低于 100 毫克/立方米
	2 号机节能改造	2013-02	2013-05	5131.88	增容量 3 万千瓦、高中低压缸通流改造节能降耗；供电煤耗率下降约 9.44 克/千瓦时
	2 号炉低氮氧化物煤粉燃烧器改造	2013-02	2013-05	1009.99	省煤器出口烟气氮氧化物含量从 480~800 毫克/立方米降低至平均 280 毫克/立方米左右
	4 号机节能改造	2013-10	2013-12	3112.90	增容量 3 万千瓦、高中压缸通流改造节能降耗；供电煤耗率下降约 6.81 克/千瓦时

表 2-5-1（续）

单位	技改内容	开工时间（年-月）	完成时间（年-月）	技改投入（万元）	技 改 收 益
浙能长兴发电有限公司	4 号炉低氮氧化物煤粉燃烧器改造	2013-10	2013-12	947.53	省煤器出口烟气氮氧化物从 430～650 毫克/立方米降低至 280 毫克/立方米
	1 号机节能改造	2014-02	2014-04	1102.99	增容量 3 万千瓦、高中压缸通流改造节能降耗；供电煤耗率下降约 7.23 克/千瓦时
	1 号炉低氮氧化物煤粉燃烧器改造	2014-02	2014-04	825.87	省煤器出口烟气氮氧化物从 430～650 毫克/立方米降低至 280 毫克/立方米
	浙能长电消防安保中心	2015-01	2015-08	3829.50	为公司安全生产经营提供了重要保障
	3 号机组烟气超低排放改造	2015-08	2015-12	7368.80	烟尘≤5 毫克/立方米，二氧化硫≤35 毫克/立方米，氮氧化物≤50 毫克/立方米
	2 号机组烟气超低排放改造	2015-10	2016-06	7878.09	烟尘≤5 毫克/立方米，二氧化硫≤35 毫克/立方米，氮氧化物≤50 毫克/立方米
	4 号机组烟气超低排放改造	2016-05	2016-12	6821.05	烟尘≤5 毫克/立方米，二氧化硫≤35 毫克/立方米，氮氧化物≤50 毫克/立方米
	员工集体宿舍楼购买	2015-06	2016-12	2011.00	解决了职工住宿宿舍租赁困难、集体宿舍统一管理、上下班班车接送等一系列问题
	封闭式储煤场改造	2019-01	在建中	12284.00	防风抑尘，保护环境
浙江浙能镇海发电有限责任公司	新建 3 号灰库	1999-01	2002-06	20000.00	由于 1 号、2 号灰库已满，因此建造 3 号灰库
	5 号炉低温再热器改造	2000-01	2000-12	550.00	提高了再热汽温，减低了烟气流速，从而消除了爆管隐患，使机组能稳定可靠运行
	1 号主变更换	2000-01	2000-12	700.00	空载、负载损耗降低，提高主变压器供电可靠性
	4 号炉空预器改造	2001-01	2001-12	940.00	回转式空预器阻力较小，可降低送、引风机的电耗，年经济效益 250 万元
	6 号机高压缸通流部分改造	2002-01	2003-01	698.64	改造后的 6 号机组额定出力增加到 21.5 万千瓦，相当于比大修前增加容量 0.7 万千瓦，每年可产生的经济效益 743.88 万元
	6 号炉空气预热器改造	2002-01	2003-01	927.67	回转式空预器阻力较小，可降低送、引风机的电耗，年经济效益 250 万元
	全厂消防水系统、杂用水系统改造	2002-01	2002-06	727.49	系统投运后，厂区的消防水压力得到了可靠的保证，正常运行压力稳定在 0.8 兆帕，同时杂用水系统比原先更可靠，杂用水压力也比原先有提高，且由于采用调速运行模式，节能效果也比较明显
	生产区域集中空调改造	2002-01	2002-08	1671.17	空调系统的可靠性大大提高，同时满足环保要求
	干出灰改造工程	2002-10	2003-03	1429.00	系统扩容改造
	化学水处理设施异地改造	2002-12	2004-03	2496.82	系统出力较原先增加了近一倍，系统运行制水时间减少约 1/3
	部分 22 千伏断路器更型改造	2003-04	2003-12	550.31	可靠性比改造前明显提高，检修、维护工作量大大减少
	3 号炉空气预热器及烟、风道改造	2003-03	2003-12	1380.94	回转式空预器阻力较小，可降低电耗，年经济效益 250 万元

表 2-5-1（续）

单位	技改内容	开工时间（年-月）	完成时间（年-月）	技改投入（万元）	技 改 收 益
浙江浙能镇海发电有限责任公司	2 号集中空调系统改造	2003-01	2003-06	1256.27	有利于大气生态保护，有利于员工的身体健康，符合全社会的绿色环保潮流
	Ⅱ期 220 千伏升压站改造	2003-01	2003-10	866.88	提高可靠性
	5 号炉空气预热器及烟、风道改造	2004-02	2004-11	1348.19	改为回转式空预器，阻力较小，可降低送风机、引风机的电耗
	5 号发电机组增容改造总结	2004-09	2004-12	855.30	提高机组出力
	厂级实时监视信息系统	2005-10	2006-12	528.00	达到了生产信息实时化，管理现代化，数据资源共享化的目标
	3～6 号炉点火装置改造总结	2006-12	2007-11	517.87	每台锅炉每年可为电厂节约燃油费用 117 万元，有效降低了锅炉启动初期的污染物排放
	3～6 号机脱硫改造	2007-04	2009-12	33095.50	进行全烟气脱硫后可减排二氧化硫 3.46 万吨/年，有利于缓解宁波市及周边地区日益严重的酸雨污染问题，也有利于企业的可持续发展
	宁波机场路至镇宁路淡水管线移位改造	2006-01	2011-12	5860.00	应政府要求
	宁波绕城机场公路段淡水管线更换改造	2005-01	2011-12	2500.00	应政府要求
	供热改造（厂内部分）及化学炉外水处理系统扩容	2010-01	2010-09	8328.00	符合国家节能政策，又改善当地环保质量
	5 号炉低氮燃烧改造	2012-08	2012-11	608.73	单台锅炉每年氮氧化物的减排量可达 1620 吨
	5 号炉电除尘器提效改造	2012-05	2012-11	791.53	烟尘排放浓度大幅降低
	3～6 号机脱硝改造	2012-04	2014-04	24000.00	氮氧化物排放量降低
	6 号炉低氮燃烧器改造	2013-04	2013-05	579.75	单台锅炉每年氮氧化物的减排量可达 1620 吨
	6 号炉电除尘器提效改造	2013-04	2013-05	845.10	烟尘排放浓度大幅降低
	3 号炉低氮燃烧器改造	2013-09	2013-10	550.80	单台锅炉每年氮氧化物的减排量可达 1620 吨
	3 号炉电除尘器提效改造	2013-09	2013-10	851.55	烟尘排放浓度大幅降低
	4 号炉出口增设低温省煤器	2012-01	2013-06	860.27	增加了机组出力，从而降低了机组热耗率
	4 号炉低氮燃烧器改造	2014-02	2014-04	545.28	单台锅炉每年氮氧化物的减排量可达 1620 吨
	4 号炉电除尘器提效改造	2014-02	2014-04	786.10	烟尘排放浓度大幅降低
	脱硫废水处理改造	2014-06	2015-06	1259.00	处理后的脱硫废水重金属离子含量能够满足达标排放的要求
	ERP 项目建设	2015-01	—	849.00	工作效率提高，管理更为完善
	9F12 号机压气机 PK5 改造	2016-07	2016-12	903.90	提高机组的可靠性和可用率
	9F11 号机压气机 PK5 改造	2017-05	2017-07	940.00	提高机组的可靠性和可用率
	9F11 号机组 DLN2.6+改造	2017-05	2017-07	5789.94	氮氧化物的排放值降低
	9F12 号机组 DLN2.6+改造	2019-04	2019-05	5695.45	提高机组燃料适应性，降低机组维修成本

表2-5-1（续）

单位	技改内容	开工时间（年-月）	完成时间（年-月）	技改投入（万元）	技 改 收 益
浙江浙能镇海联合发电有限公司	9号汽轮机EH控制系统改造项目	2007-09	2017-10	466.00	通过改造工程，解决汽机控制系统与现有DCS通信问题，9号机控制系统的控制功能得到极大完善和优化
	油改气工程	2011-11	2012-05	11700.00	出力提高了1.34万千瓦，热耗率降低1.4%，各项污染物排放均得到大量削减
	8号燃气轮机压气机更新改造项目	2013-07	2013-08	3099.00	改造后机组出力、热耗等各项指标提升，同时使机组的安全性、可靠性得到大幅提高
	7号燃气轮机压气机技术改造项目	2017-12	2018-02	2889.00	改造后机组出力、热耗等各项指标提升，同时使机组的安全性、可靠性得到大幅提高
浙江浙能中煤舟山煤电有限责任公司	增设卸船机1台	2013-06	2014-12	4638.00	确保码头达产营运和电厂投产后燃煤保障供给
	煤炭中转基地供电电源技改	2013-06	2013-12	2227.00	按码头年用电量测算年均节省电费支出约1800万元
	输煤流程改进（增设2台取料机）	2012-01	2013-12	3532.00	改造后年节约电费及推煤柴油费约400万元
	煤场增设防风抑尘网（二期）	2014-01	2015-12	5260.67	每年以吞吐量3000万吨估算，可减少4万吨的煤炭损失，以500元/吨计，每年约可减少煤炭损失约2000万元
	舟山煤炭中转码头前栈桥防护工程	2015-01	2017-06	1492.50	工程为舟山煤炭中转码头前栈桥工程，保障煤炭中转码头工程、煤炭储备基地和六横电厂的正常运转
	脱硝尿素制氨改造项目	2018-01	2019-12	3200.00	主要消除了厂区内“氨区”重大危险源。显著降低安全风险，减少液氨引起的火灾爆炸和急性中毒发生
浙江浙能乐清发电有限责任公司	3号机引风机及烟道改造	2013-01	2013-12	1377.91	消除因增压风机故障停运导致机组停运的安全隐患
	4号机引风机及烟道改造	2014-01	2014-12	1331.00	消除因增压风机故障停运导致机组停运的安全隐患
	1号机组增效扩容改造（适配性改造部分）	2014-01	2014-12	3131.72	60万千瓦负荷下供电煤耗可下降7.2克/千瓦时
	2号机组增效扩容改造（适配性改造部分）	2015-04	2015-07	3227.69	60万千瓦负荷下供电煤耗可下降8.26克/千瓦时
	1号、2号机组烟气超低排放改造	2014-06	2015-07	35544.89	减少二氧化硫、氮氧化物、烟尘排放
	3号、4号机组烟气超低排放改造	2015-01	2016-12	31407.00	减少二氧化硫、氮氧化物、烟尘排放
浙江浙能台州第二发电有限责任公司	1号炉空预器换热元件改造	2019-01	2019-12	1495.00	空预器差压下降，排烟温度降低
	煤场封闭改造	2019-01	2020-12	13771.00	节能降耗，防风防尘
黄岩热电	煤改气项目	2018-03	2018-06	2282.00	减少二氧化硫、氮氧化物的排放，为黄岩区的节能减排作出较大贡献

第二节 锅炉设备技术改造

一、浙江浙能镇海发电有限责任公司3号、4号、5号、6号机组空预器改造项目

自2001年起，浙江浙能镇海发电有限责任公司在机组大修时先后对3~6号炉空预器及烟风道（包括暖风器）进行彻底改造。

2001年6月15日，浙江省电力公司印发浙电发输〔2001〕797号文件，同意开展“4号炉空预器改造”技改项目。

2001年1月14日，浙江浙能镇海发电有限责任公司4号炉空预器改造项目开工。由于浙江浙能镇海发电有限责任公司20万千瓦机组670吨/时锅炉原配置的空气预热器为管式，投产年限长，空预器冷段磨损、堵灰、腐蚀严重，且漏风率高，致锅炉效率下降。此次改造将对炉空预器及烟风道（包括暖风器）进行彻底改造。改造选用豪顿华工程有限公司生产的VN型回转式（二分仓容克式）空气预热器，并对空预器进、出口烟道及风道和进口暖风器也进行改进更换。2001年12月6日，工程完工。

2002年5月23日，浙江省电力公司印发浙电发输〔2002〕567号文件，同意开展“6号炉空气预热器改造”技改项目。

2002年1月17日至2003年1月5日，6号炉空气预热器改造完成。

2003年6月3日，浙江省能源集团有限公司印发浙能生临〔2003〕116号文件，同意开展“3号炉空气预热器及烟、风道改造”技改项目。

2003年3月6日至12月30日，3号炉空气预热器改造完成。

2004年6月3日，浙江省能源集团有限公司印发浙能生〔2004〕200号文件，同意开展“5号炉空气预热器及烟、风道改造”技改项目。

2004年2月21日至11月24日，5号炉空气预热器改造完成。

改造后，空预器漏风率不超过7.0%；烟气侧阻力为1.2千帕，空气侧阻力小于0.62千帕，锅炉整体效率得到提高。累计投入资金约5245.36万元。

二、浙江浙能镇海发电有限责任公司4台21.5万千瓦机组供热改造、化学炉外水处理系统扩容项目

2009年12月14日，浙江省发展和改革委员会印发《省发改委关于镇海电厂4×21.5万千瓦机组供热改造工程项目核准的批复》（浙发改〔2009〕1142号），核准批复浙江浙能镇海发电有限责任公司4台21.5万千瓦机组供热改造工程。

2010年1月22日，工程开工。供热改造厂内工程为基建型技改项目，主要是通过对4台21.5万千瓦燃煤机组热力系统的改造，实现近期400吨/小时的对外供热能力。同时充分考虑供热的可靠性及中期600吨/小时、远期1000吨/小时的对外供热能力。该工程除机组的热力系统改造外，还涉及化学水处理系统扩容、工业水供水系统（大工业水）增容等水系统改造，为对外供热机组必需的大量化补水，提供了必要条件。根据厂外工程的进度情况，厂内工程于2010年8月18日，对3~6号炉再热冷段供热管道实施冲管并顺利完成，9月25日完成了厂外A1线供热管道的冲管工作，并于9月30日实现了A1线供热管道的通汽投产。改造完成后，年供热量高压蒸汽达到48万吨，中压蒸汽达到63万吨，年节约标煤38840吨（发电煤耗减少节约的部分）和6946吨（与85%效率的锅炉供热比较），年节约人民币2426万元。

三、浙江浙能镇海联合发电有限公司油改气项目

2008年1月31日，浙江省人民政府印发《关于印发“811”环境保护新三年行动实施方案的通知》（浙政发〔2008〕7号），2008年8月8日印发《关于印发资源节约和环境保护行动计划的通知》（浙政发〔2008〕52号），要求浙江浙能镇海联合发电有限公司实施脱硫改造。

2011年11月21日，镇海联合油改气工程实施。工程主要项目包括拆除原来的1套燃料系统，新建1套天然气供应系统和相关消防设施，2台燃气轮机组原液体燃烧系统改造为GE公司的DLN1.0型低氮燃烧器，并对原燃机控制系统

进行升级改造，由 MK V 升级为最新的 MK VIe 系统，费用共计约 11700 万元。通过油改气后，联合循环修正出力由 33.06 万千瓦提高到 34.3 万千瓦，年利用小时数从改造前的 1500 小时上升到 3500 小时左右。联合循环热耗由改造前的 7956.48 千焦/千瓦时下降到 7215.1 千焦/千瓦时。

四、浙江浙能镇海发电有限责任公司 4 号炉出口增设低温省煤器项目

2012 年 7 月 20 日，浙江省能源集团有限公司印发浙能生〔2012〕491 号文件，同意开展“4 号炉出口增设低温省煤器”技改项目。

2012 年 1 月 1 日，浙江浙能镇海发电有限责任公司 4 号炉出口增设低温省煤器项目开工。工程将烟气余热省煤器水平布置在引风机与增压风机的水平烟道中。烟气余热省煤器分为高温段、低温段两部分，高温段布置在原主烟道中，设置旁路烟道；低温段布置在高温段后的原主烟道中。烟气余热省煤器采用烟道挡板吹灰形式，其水系统采用并联方式接入回热系统。烟气余热省煤器高温段与 2 号低压加热器并联，其入口水流分别由部分 1 号低压加热器出口凝结水及部分 2 号低压加热器出口凝结水混合而成，经高温段加热后流入 3 号低压加热器入口。烟气余热省煤器低温段入口水流取自 2 号轴封热器入口凝结水，经低温段加热后流入高温段入口。高、低温段进口管道各设置 1 台加压泵，用以克服系统水阻，维持系统压力平衡。

2013 年 5 月 25 日，工程完工，机组热耗率下降 0.57%。以 2012 年全年供电煤耗率 327.0 克/千瓦进行计算，机组供电煤耗率将下降 1.86 克/千瓦。另据测算，由于排烟温度降低，每年节约脱硫冷却水约 5 万吨；由于减少了用煤量，每年减少二氧化碳排放量约 6000 吨。

五、浙江浙能北仑发电有限公司 3 号、4 号、5 号锅炉低氮燃烧器改造项目

2012 年 7 月 20 日，浙江省能源集团有限公司印发《关于下达 2012 年技术改造计划的通知》(浙能生〔2012〕491 号)，同意开展“3 号锅炉低氮燃烧器”技改项目。

2012 年 9 月 30 日，浙江浙能北仑发电有限公司 3 号锅炉低氮燃烧器改造项目开工。改造采用哈工大中心给粉低氮燃烧技术，在原燃烧系统基础上进行低氮燃烧改造。改造后，锅炉仍旧采用前后墙对冲旋流燃烧方式，沿高度方向从下至上形成三大区域，依次为集中氧化燃烧区、集中还原区及燃尽区。通过纵向三区布置，形成纵向分级燃烧，氮氧化物得到极大抑制。将最上层燃烧器移至最下层（相当于将燃烧器整体下移 3.5 米，恢复至基建初始位置）。将最上层燃烧器一次风管道移走，上层二次风风箱及相关平台不变，恢复最下层原一次风管道，最下层增加二次风风箱以及相关平台，同时加装水冷壁开口。二次风箱仍采用分隔风箱结构。将除微油点火燃烧器外其余燃烧器改为新型中心给粉燃烧器，保留原燃烧器二次风箱，点火油枪以及火检。将下层微油点火燃烧器更换为微油点火中心给粉燃烧器，保留其原微油点火装置。改造后燃尽风喷口总数增加 8 个，共有 20 个燃尽风喷口。2012 年 12 月 18 日，改造完成。

2014 年 10 月 30 日，浙江省能源集团有限公司印发《关于下达 2014 年生产性技术改造计划的通知》(浙能生〔2014〕594 号)，同意开展“4 号、5 号炉低氮燃烧器改造”技改项目。

2013 年 11 月 29 日至 2014 年 3 月 31 日，4 号、5 号炉低氮燃烧器改造完成。改造后，在 64 万千瓦负荷时，由改前的 750 毫克/立方左右降低到 282 毫克/立方（氧气为 6%）左右，锅炉氮氧化物排放量降低约 62%，单台机组每年可减少氮氧化物排放量约 4800 吨，每年可节约 SCR 烟气脱硝装置投资、运行费用以及氮氧化物排污费共计约 1133 万元。

六、浙江浙能长兴发电有限公司 2 号、3 号炉低氮氧化物煤粉燃烧器改造项目

2012 年 7 月 20 日，浙能集团印发《关于下达 2012 年技术改造计划的通知》(浙能生〔2012〕491 号)，同意开展“2、3 号炉低氮氧化物煤粉燃烧器改造”技改项目。

2012 年 9 月 25 日，浙江浙能长兴发电有限公司 3 号炉低氮氧化物煤粉燃烧器改造项目开工。该项目低氮燃烧改造采用北京巴布科克·威

尔科克斯有限公司的低氮氧化物燃烧技术。在确保锅炉效率、运行状况、设备安全不受影响的前提下，对燃烧器进行改造需要很高的技术要求。改造工程采用16只AireJetTM型超级低氮氧化物双调风旋流燃烧器和4只与等离子点火相配的DRB-4ZTM型超低氮氧化物双调风旋流燃烧器。工程范围包括锅炉下炉膛水冷壁（前、后墙燃烧器喷口、燃尽风喷口）、燃尽风调风器、煤粉燃烧器、油枪、点火器、煤粉管道、大风箱、燃烧器区域钢构架以及平台扶梯、火检、燃烧器控制的相关设备等。2012年12月14日，工程完工。

2013年2月25日至5月1日，2号炉低氮氧化物煤粉燃烧器改造完成。改造后锅炉设备运行稳定，省煤器出口烟气氮氧化物含量从480~800毫克/标准立方米降低至平均280毫克/标准立方米左右（非考核工况）。在达到相同排放目标100毫克/标准立方米以下的前提下，相比单独进行SCR脱硝改造年综合收益为345万元，经济效益显著。

七、浙江浙能镇海发电有限责任公司3号、4号、5号、6号炉低氮燃烧器改造及电袋复合除尘器改造项目

2011年7月29日发布的国家标准《火电厂大气污染物排放标准》（GB 13223—2011）要求重点地区的火力发电锅炉氮氧化物排放为100毫克/标准立方米，烟尘排放限值重点地区为20毫克/标准立方米。

2012年7月20日，浙江省能源集团有限公司印发浙能生〔2012〕491号文件，同意开展“5号炉低氮燃烧改造”技改项目。

2013年8月9日，浙江省能源集团有限公司印发浙能生〔2013〕423号文件，同意开展“3、6号炉低氮燃烧器改造”技改项目。

2014年10月30日，浙江省能源集团有限公司印发浙能生〔2013〕594号文件，同意开展“4号炉低氮燃烧器改造”技改项目。

2012年8月开始，浙江浙能镇海发电有限责任公司对3~6号机组锅炉低氮燃烧及除尘器进行改造。改造内容主要包括：燃烧器本体部分改造（含微油燃烧器改造更换）；新增燃尽风组件；燃烧器一次风管移位及新增可调缩孔装置；三次风改造优化及新增可调缩孔装置；仪控部分改造等。电除尘改造保留电除尘器进口喇叭、第一电场、钢支架与灰斗，第二、第三、第四3个电场内件全部拆除，在此空间布置多室布袋除尘器。各个滤室都设置进口风门与出口风门，除尘器内布置内置式旁路烟道，以方便维护。过滤区采用错层布置，并布置导流装置，保证除尘区气流的均匀性，提高除尘效率。2014年4月，改造全部完成。

改造后，单台锅炉保守计算每年氮氧化物的减排量可达1620吨左右。烟尘排放浓度大幅降低，从原来的80~130毫克/标准立方米降低至18.3毫克/标准立方米。

八、台州发电厂7号炉低氮燃烧器改造项目

2013年8月9日，浙江省能源集团有限公司印发《关于下达2013年生产性技术改造计划的通知》（浙能生〔2013〕423号），同意开展“7号炉低氮燃烧器改造项目”技改项目。

2013年4月14日，为控制氮氧化物的排放，台州发电厂7号炉低氮燃烧器改造项目开工。该项目采用锅炉低氮燃烧器改造加选择性催化还原法（SCR）脱硝的工艺方案，将燃烧中脱硝技术和燃烧后脱硝技术相结合，将燃烧器改成低氮型燃烧器，同时对二次风进行配比调整，调整上部燃烬风标高及增加燃烬风的比例。通过运行中对空气分级、高位燃烬风、降低燃烧器区域热负荷等技术来实现对氮氧化物的初步脱除，利用SCR脱硝装置进一步脱硝。项目投资为1050万元。锅炉低氮燃烧器改造后采用龙源YTLY-TZ10RGS-02型燃烧器。2013年6月13日，项目完工。通过燃烧器改造，炉膛出口氮氧化物从原来的700毫克/立方米降到320毫克/立方米以下，按运行时间5500小时计算，平均烟气量为100万立方米/小时，一年可减排氮氧化物2090吨。

2013年下半年，电厂利用大、中修机会，相继对9号、10号锅炉进行烟气脱硝设备改造及低氮燃烧器改造，8号炉也在2014年完成改造。

九、浙江浙能乐清发电有限责任公司3号、4号机引风机及烟道改造项目

2013年10月17日，乐清电厂3号机引风机及烟道改造项目开工。该项目将引风机整体更换为动调风机；更换新电机提高电机额定功率，并对基础进行改造。对原引风机出口的挡板进行更换，并配置密封风系统。拆除增压风机，重新设计优化烟道，连通引风机出口尾部至增压风机出口的烟道。2013年11月30日，项目完工。

2014年10月30日，浙能集团印发〔2014〕594号文件，同意开展“4号机引风机及烟道改造”项目。

2014年3月21日至5月8日，4号机引风机及烟道改造项目完成。改造后，消除因增压风机故障停运导致机组停运的安全隐患。

十、浙江浙能金华燃机发电有限责任公司9E联合循环油改气项目

2014年3月20日，浙江浙能金华燃机发电有限责任公司9E联合循环油改气工程开工。9E联合循环机组（S109E型机组）为国家发展改革委核准的天然气机组，发改能源〔2005〕330号文件明确批复“电厂以天然气为发电燃料”。

项目改造拆除了机组原燃油输送及燃烧系统，新增1套天然气供应系统，主要包括1座天然气调压站、天然气前置模块以及模块之间连接的管道。燃机燃烧系统改造为低氮燃烧系统。燃机控制系统升级改造为MARK VIe系统。拆除原MARKV燃机控制系统，升级改造为GE公司最新的MARK VIe系统。对燃机本体、锅炉本体、汽机本体进行改造和优化。

2014年9月9日，项目完工。改造后，该工程在环保和经济效益方面均达到目标要求。机组余热锅炉烟气出口烟尘为3.6毫克/立方米，二氧化硫排放浓度近0，氮氧化物排放浓度≤25 ppm（1 ppm=10^{-6}）(15%氧气）。废水总排口pH值范围为7.26~7.38，污染物的最大日均浓度化学需氧量（COD）为27.1毫克/升、生化需氧量（BOD5）为2.1毫克/升、氨氮为10.8毫克/升，悬浮物、石油类浓度低于检出限，均符合《污水综合排放标准》(GB 8978—1996）一级标准要求。厂界4个噪声监测点昼间监测值范围为57.0~68.4分贝，夜间监测值范围为49.4~53.9分贝，监测点达标。

经过改造，5号燃机发电热耗下降约988.3千焦/千瓦时，节约标准煤耗约23克/千瓦时。联合循环热耗率为6949千焦/千瓦时，联合循环效率达51.8%，比可研7137千焦/千瓦时联合循环效率为50.4%，提高了1.4%。

十一、浙江浙能电力股份有限公司萧山发电厂新增2台天然气启动锅炉项目

浙江浙能电力股份有限公司萧山发电厂1号、2号燃煤发电机组全部关停后，3台燃气机组将因缺乏辅助蒸汽而无法启停。2015年9月29日，浙江浙能电力股份有限公司萧山发电厂新增2台15吨/小时天然气启动锅炉项目（以萧经信技备（2015）69号备案）；2015年10月9日，萧山经信委颁发建字第330109201500286许可证。2016年4月21日，浙能电力印发《关于2015年度生产性技术改造项目及费用变更的批复》(浙能电生〔2016〕108号)，同意浙江浙能电力股份有限公司萧山发电厂启动锅炉技改项目并下达相关费用。

2015年6月，项目正式启动并完成实地技术调研工作和招标书编制、审查；浙江省电力设计院受委托进行设计。该项目建设蒸发量为2台15吨/小时的燃气启动锅炉。2015年7月14日，浙江浙能电力股份有限公司萧山发电厂煤机关停配套新增燃气启动锅炉项目可研报告通过浙江省能源集团有限公司评审。

2016年1月18日开始施工，2016年7月7日启动锅炉进行冲管，2018年8月10移交生产。通过燃气启动锅炉的改造，浙江浙能电力股份有限公司萧山发电厂3台天然气机组完全满足在各种状态下机组启动用汽的需求。浙江浙能电力股份有限公司萧山发电厂2台燃气启动锅炉型号为SZS15-1.0/310-Q，氮氧化物排放按《锅炉大气污染物排放标准》(GB 13271—2014）设计为120毫克/立方米，正常运行时氮氧化物排放量为110毫克/立方米。

十二、浙江浙能兰溪发电有限责任公司1号、2号、3号、4号锅炉低氮燃烧器改造项目

2015年4月29日，浙江浙能电力股份有限公司印发《关于下达2015年生产性技术改造计划的通知》（浙能电生〔2015〕106号），同意开展“1号、4号锅炉低氮燃烧器改造”技改项目。

2015年4月13日，浙江浙能兰溪发电有限责任公司4号锅炉低氮燃烧器改造项目开工。改造内容为更换原有除等离子点火燃烧器外的30只DRB-4Z燃烧器，选用AireJet超低氮氧化物双调风旋流燃烧器；更换原有16只OFA喷口，优化布置位置，新OFA喷口抬高3340毫米，距离上层燃烧器7000毫米；改造OFA风箱、风道，OFA分风道截面由2400毫米×2400毫米改大为3000毫米×3000毫米。2015年10月30日，项目完工。改造前锅炉SCR入口氮氧化物浓度平均约为400毫克/标准立方米，改造后氮氧化物浓度降低至240毫克/标准立方米以下。

2015年9月6日至2016年4月8日，完成1号锅炉低氮燃烧器改造。

2016年2月25日，浙江浙能电力股份有限公司印发《关于下达2016年生产性技术改造计划的通知》（浙能电生〔2016〕35号），同意开展“2号、3号机组低氮燃烧改造”技改项目。

2016年2月19日至12月29日，完成2号机组低氮燃烧改造。

2016年9月15日至2017年5月27日，完成3号机组低氮燃烧改造。

十三、浙江浙能镇海发电有限责任公司9F11号机组DLN2.6+改造项目

2017年5月18日，浙江省能源集团有限公司印发专题纪要〔2017〕44号文件，同意开展“9F11号机组DLN2.6+改造项目”技改项目。

2017年5月23日，浙江浙能镇海发电有限责任公司9F11号机组DLN2.6+改造项目开始实施。项目采用GE公司的DLN2.6+（XD5版）为最终改造方案。DLN2.6+的XD5燃烧系统相对于DLN2.0+系统取消了扩散燃烧管路（D5），从点火到基本负荷全部采用预混燃烧。原来的D5、PM1、PM4燃料管路改为PM1、PM2和PM3燃料管路，仅PM3管路布置了清吹管路。由于XD5版取消了扩散燃烧（D5）天然气管路，使氮氧化物的排放大幅下降。DLN2.6+燃烧系统改造主要包括四部分内容，即DLN2.6+燃烧室本体硬件更换，燃料控制模块更换，天然气管路及辅助部分改造，控制系统及软件升级。

2017年7月1日，项目完工。改造后，机组维修成本降低，原来DLN2.0+的8000点火运行小时或450次启动延长到24000点火运行小时或900次启动。一台机组一个大修期间的小修减少了3次。降低了排放，在启停阶段基本看不到黄烟。

十四、浙江浙能常山天然气发电有限公司1号燃机燃烧器部件改造项目

2018年3月19日，浙江浙能电力股份有限公司印发《关于下达2018年度生产性技术改造及修理、信息化项目计划的通知》（浙能电生〔2018〕54号），同意开展“1号燃机燃烧器部件改造”技改项目。

2018年9月16日，浙江浙能常山天然气发电有限公司1号燃机燃烧器部件改造项目开工。该项目主要是更换1号燃机20只主喷嘴、值班喷嘴、顶环喷嘴和20只燃烧器的内筒、尾筒及相应的装配消耗性材料等。对燃机的20只值班喷嘴重点进行技术升级，即将其由传统型的值班喷嘴改为三菱最新研发的冷却强化型值班喷嘴，有效地避免传统型值班喷嘴可能发生的先端高温氧化现象，从而保证常山1号燃机的长期安全稳定经济运行。

2019年11月30日，项目完工。通过改造，从根本上消除了传统型值班喷嘴先端存在容易析出碳素粒子的隐患，降低了值班喷嘴先端的金属温度，抑制了其高温氧化现象的发生。避免了碳素粒子从值班喷嘴先端脱落导致的对燃机透平二级静叶隔热涂层和母材的侵蚀损伤，从根本上提高了机组运行的安全性和可靠性，有效地提高了燃烧器部件的使用寿命，保证了燃机的正常使用。项目实施后，机组实现一次点火、一次并网发电，机组运行状况稳定，各项参数、排放指标优良。

十五、浙江浙能台州第二发电有限责任公司1号炉空预器换热元件改造项目

2019年3月28日，浙江浙能电力股份有限公司印发《关于2019年度生产性技术改造、修理及信息化项目计划的通知》(浙能电生〔2019〕54号文)，同意开展“1号炉空预器换热元件改造项目”。

2019年1月，为解决浙江浙能台州第二发电有限责任公司锅炉空预器自投产以来一直存在的堵塞问题。1号炉空预器换热元件改造项目正式开工。浙江浙能台州第二发电有限责任公司原空预器换热元件为三层设计，冷、热端吹灰器汽源穿过冷、热端元件后，在跨层空隙空间吹灰能量损耗很大，导致中间层换热元件积灰无法彻底排除。技改项目将空预器换热元件改为两层布置，避免了吹灰能量过早损耗，通过吹灰能够及时有效清除元件内部积灰。

2019年12月，项目完工。改造后，空预器烟气侧平均差压为1.29千帕（设计值为1.25千帕），空预器出口烟气温度折算后平均值为120.6摄氏度（设计值为119摄氏度），有效降低了空预器差压、排烟温度。

十六、浙江浙能嘉华发电有限公司7号炉烟气冷却器改造

2019年2月28日，浙江省能源集团有限公司印发《关于下达2019年生产性技术改造计划的通知》(浙能生〔2019〕110号)，同意开展“7号炉烟气冷却器改造（烟气余热实时深度回收装置研发”技改项目。

2019年4月1日，7号机组停机检修，项目正式开工。该项目主要工作为更换7号炉全部6组烟气冷却器壳体、换热模块，新增后置式冷却器。5月10日，烟气冷却器改造完成，实现通烟气，停机后改造工期约40天。7号机组烟气余热回收系统与烟气冷却器改造同时进行。

2019年10月，项目完成调试和试运，投入正常运行。项目投资2469.9557万元。改造后，7号炉烟气冷却器进出口差压平均下降390帕，最高差压在400帕以下，降低阻力的效果比较明显。

2019年10月，烟气余热回收系统投入运行，烟气加热器出口烟温由87摄氏度降低至74摄氏度，热量回收效果显著。

十七、浙江浙能镇海发电有限责任公司9F12号机组DLN2.6+改造

2019年3月28日，浙江浙能电力股份有限公司印发《关于下达201年生产性技术改造计划的通知》(浙能电生〔2019〕54号)，同意开展“9F12号机组DLN2.6+改造”技改项目。

2019年4月1日，为降低9F12号机组启停阶段的氮氧化物排放、减少黄烟，镇海天然气发电厂9F12号机组DLN2.6+改造项目开工。该项目的改造主要包括DLN2.6+燃烧室本体硬件更换、燃料控制模块更换、天然气管路及辅助部分改造和控制系统及软件升级四部分内容。项目投资为5695.45万元，有关设备均采用美国GE公司的产品。

2019年5月21日，项目完工。通过DLN2.6+改造，机组启停阶段氮氧化物排放值下降，黄烟消失；提高了机组燃料适应性；降低了机组维修成本；新增了燃烧调整自动功能。该项目的成功实施，在满足环保有关要求的同时可节省检修费用1000万元/年。

第三节 汽机设备技术改造

一、台州发电厂12.5万千瓦机组汽轮机通流部分改造项目

2000年3月17日，浙江东南发电股份有限公司印发《关于下达台州发电厂2000年度技术改造项目计划的通知》(东南发电生字〔2000〕0027号)，同意开展“1号汽轮机通流部分改造”技改项目。

2001年12月11日，浙江东南发电股份有限公司印发《关于台州发电厂2000年技改项目的批复》(东南发电生〔2001〕0117号)，同意开展“2、3号汽轮机通流改造”技改项目。

2003年1月24日，浙江东南发电股份有限公司印发《关于台州发电厂2003年度第二批技改项目的批复》(东南发电生〔2003〕14号)，

同意开展“5号汽轮机通流改造”技改项目。

2004年1月12日，浙江东南发电股份有限公司印发《关于2003年#4机及部分技改项目调整的批复》(东南发电生〔2004〕0001号)，同意开展“4号汽轮机通流改造”技改项目。

2000—2005年，利用机组大修机会，台州发电厂原有6台12.5万千瓦中间再热冷凝式汽轮机经过机组技改、扩容，全部由12.5万千瓦机组升级为13.5万千瓦机组，主要包括汽轮机通流部分及发电机增容改造、控制系统自动化改造、锅炉空预器改造等。通过技术改造，机组安全可靠性、经济性均有很大提高，1~6号机组容量由12.5万千瓦提高到13.5万千瓦，供电煤耗大幅下降。

2001年5月2日，1号机组改造完成，通过168小时满负荷试运行。机组型号改为N135-13.24/535/535，制造厂家为上海汽轮机有限公司。

2002年7月25日，2号机组改造完成，通过168小时满负荷试运行。机组型号改为N135-13.24/535/535，制造厂家为北京汽轮电机有限责任公司。

2003年1月17日，3号机组改造完成，通过168小时满负荷试运行。机组型号改为N135-13.24/535/535，制造厂家为上海汽轮机有限公司。

2004年1月31日，4号机组改造完成，通过168小时满负荷试运行。机组型号改为N135-13.24/535/535，制造厂家为北京汽轮电机有限责任公司。

2004年4月16日，5号机组改造完成，通过168小时满负荷试运行。机组型号改为N135-13.24/535/535，制造厂家为上海汽轮机有限公司。

2005年12月18日，6号机组改造完成，通过168小时满负荷试运行。机组型号改为N135-13.24/535/535，制造厂家为南京汽轮机有限公司。其中1号机组通流部分改造项目荣获浙江省电力公司科技成果一等奖。

二、浙江浙能温州发电有限公司1号、2号汽轮机通流部分改造项目

2002年5月31日，浙江浙能温州发电有限公司1号汽轮机通流部分改造项目开工。改造项目由北京全三维动力有限公司承担，汽轮机高中压内、外缸和高中、低压缸隔板及高中、低压转子更换为用北京全三维动力工程有限公司及相关制造厂技术设计的新型高中压内、外缸和隔板及转子（包括动叶)，提高了通流部分效率，同时增加了通流部分静、动部件的强度，改造后机组的经济性、安全性、可靠性大幅提高，机组寿命延长。

2002年7月31日，项目完工。

2004年5月31日至7月，浙江浙能温州发电有限公司2号汽轮机完成通流部分改造。改造后，12号机组额定功率从12.5万千瓦增容至13.5万千瓦。

三、浙江温州特鲁莱发电有限责任公司机组综合升级改造项目

浙江温州特鲁莱发电有限责任公司30万千瓦机组（温州发电厂内编号3号、4号机组）的汽轮机为上海电气电站设备有限公司汽轮机厂生产的30万千瓦亚临界、中间再热、单轴、双缸、双排汽、凝汽式汽轮机，配套蒸发量为1025吨/小时的亚临界、中间再热、强制循环汽包式锅炉及30万千瓦水—氢—氢冷却发电机，机炉热力系统采用单元布置。2台机组分别于2001年4月和9月先后投运。由于受当时设计、制造、安装等方面因素的影响，机组煤耗与目标同类型先进机组存在较大的差距。为进一步挖掘机组节能潜力，提高机组经济性和安全性，公司决定对两台机组进行以汽轮机进行通流提效为主、锅炉和发电机以及主变同步增容为内容的综合升级改造，预计机组供电煤耗降低约9克/千瓦时，机组额定出力由30万千瓦提高至33万千瓦。

2008年1月，公司成立机组节能改造项目组织机构，加快推进技术改造相关准备工作。2008年5月13日，公司邀请西安热工院、浙江省电力设计院、浙江省电力试验研究院及公司各股东方专家对改造方案进行了论证，10月15—16日，委托省电力试验研究院进行锅炉最大出力试验以评估各附属系统设备的适配性。

2010年8月，浙能集团生产安全部组织召开300兆瓦汽轮机通流改造讨论会，会议确定包

括浙江温州特鲁莱发电有限责任公司2台机组在内的集团公司共6台30万千瓦台机组作为第一批进行改造。2010年10月，浙能集团组织召开浙能集团30万千瓦机组节能改造方案审查会，完成可研报告的评审。项目总投资10400万元，其中高中压和增容改造6600万元，低压缸改造3800万元。

改造分两个阶段进行，第一阶段改造汽轮机高中压和配套增容，并根据改造效果分析确定低压缸是否改造。第二阶段确定低压缸通流部分改造的必要性，进行低压缸通流改造，并且结合机组计划检修时间分阶段实施。

第一阶段改造内容为：进行汽轮机高中缸通流部分改造，更换汽轮高中压转子、静叶、高中缸、汽封通部部件，高压缸效率提高至87%以上，中压缸效率提高至92%以上；进行锅炉汽包分离器改造，将锅炉最大蒸发量由1025吨/小时提高至1050吨/小时；对发电机定子线圈端部和连接线加强固定，提高线圈端部电动力承受能力，氢气冷却器容量由2530千瓦增加至2950千瓦，保证机组额定功率增加至33万千瓦后的安全运行；更换主变五组冷却器，经厂家核算后变压器额定容量提高到396000千伏安。2011年10月29日至12月31日，3号机组B修期间完成汽轮机高中压缸通流改造，锅炉、发电机、主变增容改造；2012年10月11日4号至12月6日，4号机组于B修期间完成汽轮机高中压缸通流改造和锅炉、发电机、主变增容改造。

第二阶段低压缸改造主要内容：更换低压缸动叶、静叶和汽封等低压通流部件，将低压缸效率提高至88.5%以上。2014年3月30日至6月16日，3号机组A修期间完成了低压缸改造；2015年4月16日至7月10日，4号机组A修期间完成低压缸改造。

改造后，通过性能试验，且各结果数据均达到保证值，2台机组供电煤耗分别下降了11.72克/千瓦时和11.29克/千瓦时。同时对改造后机组进行了发电机温升和进相试验、AGC调节性能、一次调频功能试验等，结果均符合要求。2012年5月21日，浙江省经信委以浙经信电力〔2012〕313号文批复了3号机组铭牌出力由30万千瓦提高至33万千瓦。2013年8月1日，浙江省经信委以浙经信电力〔2013〕451号文批复了4号机组铭牌出力由30万千瓦提高至33万千瓦。改造后，机组完全达到了节能和增容的目的，经济和社会效益显著。该项目为浙能集团科技项目“基于汽轮机节能评价方法的300MW汽轮机升级改造研究与实践”的主要内容，该科技项目获得了2013年度浙江能源科学技术奖一等奖、浙江电力科学技术奖一等奖、浙江省科技奖二等奖。

四、台州发电厂7号机凝汽器管板及管束更换项目

2009年3月26日，浙江东南发电股份有限公司印发《关于台州发电厂2009年度技改项目及费用的批复》(东南发电生〔2009〕12号)，同意开展“7号机凝汽器管板及管束更换”技改项目。

2009年10月13日，台州发电厂7号机凝汽器管板及管束更换项目开工。12月31日工程全部完工。凝汽器管板及管束进行更换后，解决了7号机凝汽器后水室管板因海草生长茂盛、贝壳等浮游生物多而严重减少了流通截面、循环水冷却效果差等问题，大大地提高了真空度，减少了端差，提高了机组的经济效益。

五、浙江浙能北仑发电有限公司3号、4号、5号机组汽轮机高中压缸通流改造及高压汽门更换项目

2012年7月20日，浙江省能源集团有限公司印发《关于下达2012年技术改造计划的通知》(浙能生〔2012〕491号)，同意开展“3号汽轮机高中压缸通流改造及高压汽门更换”技改项目。

2012年9月30日，浙江浙能北仑发电有限公司3号汽轮机高中压缸通流改造及高压汽门更换实施。该项目采用全新的内缸改造方案对高压缸进行改造，内缸设计与原有的外缸匹配，汽轮机通流部分的调节级采用高效率冲动式设计，其余的压力级采用高效率反动式设计。采用1个新转子和先进的动叶、1个内缸、2个持叶环并装有先进的三维设计静叶，级数增加到15级（1个调节级和14个压力级）。汽轮机中压缸通流

采用先进的反动式设计，采用一个新转子和先进的动叶、持叶环并装有先进的三维设计静叶。采用新的持叶环将容纳 2×11 级。采用扩大通流口径与优化流场为主要手段对高压阀组进行整体优化设计改造，包括高压主汽门、高压调门，高压主汽门执行机构及油动机、高压调门执行机构及油动机。通过对高压阀组进行改造，达到降低高压阀组压损的目的。2012 年 12 月 18 日，项目完工。

2014 年 10 月 30 日，浙江省能源集团有限公司下发《关于下达 2014 年生产性技术改造计划的通知》(浙能生〔2014〕594 号)，同意开展“4 号、5 号汽轮机高中压缸通流改造及高压汽门更换”技改项目。

2013 年 11 月 29 日至 2014 年 3 月 31 日，4 号、5 号汽轮机高中压缸通流改造及高压汽门更换项目完成。

3~5 号机组改造后，机组铭牌由 60 万千瓦增加至 66 万千瓦，供电煤耗下降 6.5 克/千瓦时。根据 2014 年的外部发电条件以及机组运行指标，按负荷 60 万千瓦、利用小时 5500 小时、厂用电率 5%、原煤低位发热量为 22190 千焦/千克（5300 大卡/千克)、含硫量 1%、含灰量 15%、标煤价 720 元/吨计算。单台机组年节约标煤 20377 吨，单机年收益为 1467 万元。每台机组减少二氧化硫排放量 154 吨、灰渣 2497 吨。单机年可多发电量 33000 万千瓦时，单位边际收益按 0.13 元/千瓦时计算，增容增加发电利润 4290 万元。

六、浙江浙能嘉华发电有限公司 4 号机组通流部分增效扩容技术改造

2012 年 6 月，国家发展和改革委员会、国家能源局、财政部联合印发《关于开展燃煤电厂综合升级改造工作的通知》(发改厅〔2012〕1662 号)，要求实施在役煤电机组综合升级改造，着力解决部分机组仍存在的技术粗放、管理不善、能耗偏高等问题，提高能源资源利用效率，推进电力行业加快转变发展方式，建设资源节约型、环境友好型社会。

4 号汽轮机机型属 20 世纪 90 年代初东汽引进日立技术机型。由于受当时设计、制造、安装等方面因素的影响，机组投产后经济性较差，热力性能未达到机组的保证热耗。通过对 4 号汽轮机通流部分进行技术改造，以达到降低机组煤耗、实现机组增容、提高机组安全性能的目的。

2012 年 8 月 30 日，浙能集团生产安全与技术管理部邀请 4 家制造厂家在杭州介绍 60 万千瓦机组亚临界和超临界汽轮机通流改造技术方案，相关单位讨论后一致认为，原则上对嘉华现有 4 台 60 万千瓦亚临界汽轮机改造采用高、中、低压缸全改的方案。

2012 年 12 月 7 日，浙江省能源集团有限公司组织专家组对“浙江浙能嘉华发电有限公司 60 万千瓦（3 号、4 号机）汽轮机增效扩容改造可行性研究报告”进行评审。会议成立了专家组，形成评审意见，确定节能降耗和机组增容目标。

2014 年 10 月 30 日，浙江省能源集团有限公司印发《关于下达 2014 年技术改造计划的通知》(浙能生〔2014〕594 号)，同意开展“嘉华 4 号机组通流部分增效扩容改造”技改项目。

2013 年 1 月 24 日，浙江浙能嘉华发电有限公司启动 4 号机组汽轮机通流改造项目。2013 年 6 月，最终确定阿尔斯通技术服务（上海）有限公司为 4 号汽轮机通流改造厂家并签订改造合同。

4 号汽轮机通流改造采用 alstom 先进的汽轮机通流设计技术，通过对汽轮机通流进行改造，达到提高汽轮机通流效率、增加汽轮机铭牌出力的目的，汽轮机铭牌出力不低于 66 万千瓦。改造时，高中压、低压外缸壳体不变，内缸的原支撑方式不变。各管道接口位置不变，转子跨度、轴系、汽轮机高中压转子与主油泵短轴接口和位置、汽轮机与发电机连接方式和位置、现有的汽轮机基础等不变。改造后对基础负荷无影响。

4 号发电机容量增大后的耗损发热量增大，更换氢冷器，原冷却器为绕片式冷却器，更换为更高效的串片式冷却器，换热功率由 3924 千瓦增加至 4400 千瓦，提高氢气冷却器换热容量，同时额定氢压由 0.4 兆帕升至 0.45 兆帕。

发电机增容后额定励磁电压增至 428 伏，额定励磁电流增至 4697 安培，原励磁变不满足运行要求，更换励磁变。保持原基础和高、低压母线接口尺寸不变，新励磁变仍为三相一体式干式

变，型号为 ZLSCB-9，容量为 6600 千伏安，电压比为 22/0.86 千伏。发电机设备额定功率由 60 万千瓦增加为 66 万千瓦，发电机定子电流由 17495 安培增至 19245 安培，功率因数 0.9（滞后）不变。

4 号机组节能增容改造后，设备运行稳定、满足电网要求，整体经济效益显著，达到改造预期。根据性能考核试验结果，额定负荷供电煤耗下降值为 10.46 克/千瓦时。按照机组容量 60 万千瓦、利用小时 5000 小时、机组年节约标煤 2.99 万吨、2015 年各发电企业标煤价格估算，机组年降耗收益 1799 万元；按照 2015 年各发电企业边际收益、利用小时 5000 小时估算，机组年增容收益 4823 万元。项目实施后，机组年节能增容总收益为 6622 万元。机组投资回收年限为 1.8 年，达到改造预期目标。

七、浙江浙能长兴发电有限公司 1 号、2 号、3 号、4 号机节能改造（主汽轮机通流改造）项目

2012 年 7 月 20 日，浙江省能源集团有限公司印发《关于下达 2012 年技术改造计划的通知》(浙能生〔2012〕491 号)，同意开展“2 号、3 号机节能改造（主汽轮机通流改造）”技改项目。

2013 年 8 月 9 日，浙江省能源集团有限公司印发《关于下达 2013 年生产性技术改造计划的通知》(浙能生〔2013〕423 号)，同意开展“1 号、4 号机节能改造”技改项目。

2012 年 9 月 25 日，为提高机组运行效率、降低机组供电煤耗率、节省火电厂的运营成本，浙江浙能长兴发电有限公司 4 台燃煤机组节能改造（主汽轮机通流改造）项目开始。按照 2012 年 1 台、2013 年 2 台、2014 年 1 台的改造计划，4 台机组先后完成通流改造。改造项目主要由汽轮机高中压缸通流改造增容至 33 万千瓦（其中 2 号机组为高中压及低压通流改造，其他 3 台均为高中压通流改造）、锅炉增容改造、发电机增容改造及主变增容改造等部分组成。主要设备供应商为上海电气集团、北京巴布科克·威尔科克斯有限公司、上海电气电站设备有限公司上海电机厂、常州东芝变压器有限公司。2014 年 4 月 4 日，工程全部完工。4 台机组通流改造全部完成后，公司单机容量达到 33 万千瓦，总装机容量达到 132 万千瓦，在提高发电、供热能力的同时预计降低平均煤耗 6 克/千瓦时以上，公司节能降耗工作取得实质性成果。

八、浙江浙能温州发电有限公司 5 号、6 号汽轮机通流部分改造项目

2011 年 3 月 31 日，浙江省能源集团有限公司印发《关于下达 2011 年技改计划通知》(浙能生〔2011〕232 号)，同意开展“5 号机汽轮机高中压通流改造”技改项目。

2011 年 7 月 25 日至 2012 年 6 月 30 日，浙江浙能温州发电有限公司 5 号汽轮机通流部分改造完成。

2013 年 8 月 9 日，浙江省能源集团有限公司印发《关于下达 2013 年生产性技术改造计划的通知》(浙能生〔2013〕423 号)，同意开展“6 号机组通流改造”技改项目。

2012 年 6 月 20 日至 2013 年 12 月 15 日，浙江浙能温州发电有限公司 6 号汽轮机通流部分改造完成。改造内容为更换高中压转子、高压内缸、中压内缸、高中压部分所有持环和所有通流部件、低压 1 号内缸、低压 2 号内缸、除低压转子外的低压部分所有持环和所有通流部件等，对高中、低压部分的通流设计进行整体优化并对中低压连通管进行改型。

改造完成后，5 号、6 号机组额定功率由 30 万千瓦增容至 33 万千瓦。2 台 30 万千瓦汽轮发电机组供电煤耗下降约 7 克/千瓦时，年节约标煤 2.4 万吨，相当于减少二氧化碳排放 6.24 万吨，减少二氧化硫排放 570 吨。

九、浙江浙能镇海联合发电有限公司 8 号燃气轮机压气机更新改造项目

2013 年 8 月 9 日，浙江省能源集团有限公司印发浙能生〔2013〕423 号文件，同意开展“8 号燃气轮机压气机更新改造”技改项目。

2013 年 7 月 10 日，为解决镇海联合 8 号燃气轮机压气机设备日益老化、作为调峰机组启停频繁运行中易产生自激振动、在多次启停和长期运行后易产生疲劳裂纹等问题，实施 8 号燃气轮

机压气机更新改造项目。项目主要围绕燃机的压气机转子及叶片、燃烧系统检查展开，对燃烧系统和透平部分解体并做全面检查，对各部件可用性做专业评估。对压气机动、静叶进行了更换，可修复的叶片进行了返厂修理；对缸体进行了打磨、清理；更换了压气机转子，换下的转子返厂修理；对燃烧部件进行了检查、修补、更换；对相关的各辅助系统进行了检查。2013 年 8 月 20 日，工程完工。

2017 年 12 月 23 日至 2018 年 2 月 8 日，7 号燃气轮机压气机完成改造。

改造后，机组出力、热耗等各项指标基本达到或超过可研预计值。

十、台州发电厂 9 号、10 号机组节能增容改造项目

2013 年 8 月 9 日，浙江省能源集团有限公司印发《关于下达 2013 年生产性技术改造计划的通知》(浙能生〔2013〕423 号)，同意开展“9 号、10 号机组节能增容改造”技改项目。

2013 年 9 月 20 日，为降低煤耗、提高经济效益，台州发电厂 9 号机组节能增容改造项目开工。该工程主要改造项目为汽轮机高压缸喷嘴组、高压缸第 2~9 级隔板和动叶片进行更换改造，调节级喷嘴通流面积放大，喷嘴只数由 82 只增至 88 只；高压压力级通流面积整体放大，根径不变。汽轮机高、中、低压缸进行汽、轴封结构和径向间隙优化设计改造。12 月 16 日，项目改造完成，总投资 2135 万元。

2014 年 1 月 16—3 月，10 号机组汽轮机通流改造完成。

9 号、10 号机组改造后，从 30 万千瓦增容至 33 万千瓦，供电煤耗从 2014 年的 335 克/千瓦时下降至 2016 年的 316.4 克/千瓦时。

十一、浙江浙能乐清发电有限责任公司 1 号、2 号机组增效扩容改造（适配性部分）项目

2014 年 10 月 30 日，浙江省能源集团有限公司印发〔2014〕594 号文，同意开展“1 号机组增效扩容改造（适配性改造部分）、2 号机组增效扩容改造（适配性改造部分）”项目。

2014 年 9 月 20 日，浙江浙能乐清发电有限责任公司 1 号机组增效扩容改造（适配性改造部分）项目开始实施。改造内容：汽轮机部分更换高中压转子、高中压内缸、低压转子、低压内缸、高中低压缸所有静叶和通流部分，低发对轮螺栓进行扩孔更换。锅炉部分根据上海电气校核计算结果，再热器系统增装了 1 台安全阀，以满足锅炉排放量增加的需要。改造后锅炉最大蒸发量（BMCR）可至 1980 吨/小时，再热器流量由 1642 吨/小时增大到 1652.33 吨/小时。发电机和主变部分为发电机部分改造，更换全部上、下层的定子线棒及连接线，参照引进技术同级电压绝缘厚度改变铜线线规，增大铜线截面积约 8%；更换高换热性能氢冷器（容量由原 4020 千瓦提高到 4600 千瓦），提高氢气压力由 0.4 兆帕调整为 0.5 兆帕。主变部分主要是更换高效冷却器（容量由原 310 千瓦增加到 370 千瓦），更换潜油泵。2014 年 12 月 27 日，项目完工。

2015 年 4 月 14 日至 7 月 18 日，2 号机组增效扩容改造（适配性改造部分）项目完成。

1 号机组通流改造后，60 万千瓦负荷下供电煤耗可下降 7.2 克/千瓦时。2 号机组通流改造后，60 万千瓦负荷下供电煤耗可下降 8.26 克/千瓦时。

十二、浙江浙能兰溪发电有限责任公司 1 号、2 号、3 号、4 号汽轮机增效扩容技术改造项目

2014 年 10 月 30 日，浙江省能源集团有限公司印发《关于下达 2014 年技术改造计划的通知》(浙能生〔2014〕94 号)，同意开展“1 号、2 号、3 号、4 号汽轮机增效扩容技术改造”项目。

2014 年 3 月 22 日，浙江浙能兰溪发电有限责任公司 3 号汽轮机增效扩容技术改造项目开工。改造后采用全新的高中低压内缸及转子：高压缸采用部分进汽方式，使用全新的高强度、阻尼大的自带围带冲动式调节级，最大限度地提高部分负荷效率；高中压缸其余压力级采用高效率反动式设计；高压通流极数增加为 10 级；优化叶片的节圆直径，增大顶部/底部半径比值，叶片更长，效率更高，蒸汽余速也更低；动叶选用更先进的叶型；隔板采用先进的三维型线的静

叶；低压缸采用高性能反动式通流设计，每个流道各增加1级；除了低压末级动叶，其余叶片均采用具有整体围带的全三维设计；除末2级静叶外所有静叶和动叶采用12%~13%的铬合金加工而成，并钎焊巴氏合金，具有极好的抗水蚀性。2014年6月15日改造完成，改造后3号机组在60万千瓦负荷下供电煤耗下降6.7克/千瓦时。按负荷60万千瓦、利用小时5500小时、厂用电率5%计算，年节约标煤21004吨。

2015年4月10日至8月9日，完成4号汽轮机增效扩容技术改造，改造后在60万千瓦负荷下供电煤耗下降7.9克/千瓦时。

2015年9月5日至11月19日，完成1号汽轮机增效扩容技术改造，改造后在60万千瓦负荷下供电煤耗下降8.48克/千瓦时。

2016年2月15日至6月3日，完成2号汽轮机增效扩容技术改造，改造后在60万千瓦负荷下供电煤耗下降8.3克/千瓦时。

十三、台州发电厂7号、8号机组节能增容改造项目

2014年10月30日，浙江省能源集团有限公司印发《关于下达2014年生产性技术改造计划的通知》(浙能生〔2014〕594号)，同意开展“8号机组节能增容改造”项目。

2014年4月1日，台州发电厂8号机组节能增容改造项目开工，改造项目主要为高压缸通流部分改造，中、低压缸通流改造，及高、中、低压缸汽、轴封改造：汽轮机高压缸通流部分优化，高压缸增加一级压力级，原11级增加到12级；高压内缸及汽缸螺栓更换。2014年6月30日，项目完工，投资2650万元。

2015年4月29日，浙江浙能电力股份有限公司印发《关于下达2015年生产性技术改造计划的通知》(浙能电生〔2015〕106号)，同意开展“7号机组节能增容改造”项目。

2015年10月1日至12月30日，7号机组节能增容改造完成。投资2453万元。

改造后，7号、8号机组从33万千瓦增容至35万千瓦，供电煤耗从2014年的335克/千瓦时下降至2016年的316.4克/千瓦时；厂用电率从2014年的6.77%下降至2016年的6.49%。

十四、浙江浙能嘉华发电有限公司4号机组通流部分增效扩容技术改造项目

2012年8月30日，浙能集团生产安全与技术管理部邀请4家制造厂家在杭州介绍60万千瓦机组亚临界和超临界汽轮机通流改造技术方案，相关单位讨论一致认为原则上对浙江浙能嘉华发电有限公司现有4台60万千瓦亚临界汽轮机改造采用高、中、低压缸全改的方案。

2012年12月7日，浙江省能源集团有限公司组织专家组对“浙江浙能嘉华发电有限公司60万千瓦（3、4号机）汽轮机增效扩容改造可行性研究报告”进行评审。会议成立专家组，形成了评审意见，确定了节能降耗和机组增容目标。

2013年1月24日，浙江浙能嘉华发电有限公司以嘉华电生〔2013〕64号文申请立项，启动4号机组汽轮机通流改造项目。2013年6月，最终确定阿尔斯通技术服务（上海）有限公司为4号汽轮机通流改造厂家并签订改造合同。

2014年10月30日，浙江省能源集团有限公司印发《关于下达2014年技术改造计划的通知》(浙能生〔2014〕594号)，同意开展“嘉华4号机组通流部分增效扩容改造”项目。

2014年9月1日，工程开工，工程完成汽轮机通流改造，锅炉、发电机、主变增容改造。2014年12月28日，工程完工。

改造后组铭牌出力从60万千瓦提高到66万千瓦。根据性能考核试验结果，额定负荷供电煤耗下降值为10.46克/千瓦时。按照机组容量60万千瓦，利用小时5000小时，机组年节约标煤为2.99万吨，按2015年各发电企业标煤价格估算，机组年降耗收益为1799万元；按照2015年各发电企业边际收益、利用小时5000小时估算，机组年增容收益为4823万元。

十五、淮浙煤电有限责任公司凤台发电分公司一期机组增容提效改造项目

2014年10月30日，浙江省能源集团有限公司印发《关于下达2014年生产性技术改造计划的通知》(浙能生〔2014〕594号)，同意开展“1号、2号机组增容提效改造（适配性改造部分）”技改项目。

2015年9月22日，为提高机组实际热耗率，淮浙煤电有限责任公司凤台发电分公司一期机组增容提效改造项目开工。主要改造内容包括：1号、2号汽轮机全轴系通流改造以及配套的锅炉、发电机、主变等主机和主要辅机的适配性改造。其中汽轮机通流改造为采用阿尔斯通最新通流设计技术对全轴系的通流部分进行优化设计，整体更换高中压和低压转子、高中低压内缸及隔板等全部的通流部件，从而提高汽轮机效率和出力。2016年11月改造完成。改造后1号机100%负荷、75%负荷、50%负荷对应供电煤耗分别下降6.70克/千瓦时、7.88克/千瓦时和8.68克/千瓦时。2号机100%负荷、75%负荷、50%负荷对应供电煤耗分别下降6.28克/千瓦时、7.35克/千瓦时和7.58克/千瓦时。同时铭牌出力由63万千瓦增容至66万千瓦。

十六、浙江浙能北仑发电有限公司3号、4号、5号机组汽轮机低压缸通流改造项目

2015年4月29日，浙江浙能电力股份有限公司印发《关于下达2015年生产性技术改造计划的通知》(浙能电生〔2015〕106号)，同意开展“三台机组低压缸改造”项目。

2016年6月5日，浙江浙能北仑发电有限公司5号机组汽轮机低压缸通流改造项目开始实施。该项目主要更换了低压缸内缸、隔板、转子。改造后，低压通流由2×7级组成，末级叶片为RS37T的新型高性能叶片。叶片高939.8毫米（37英寸），排汽面积为7.58平方米/流程，末级和次末级静叶材料为球墨铸铁，叶型为弯掠和倾斜设计。低压转子为整锻转子鼓型结构。除了低压末级动叶，其余叶片为具有整体围带的全三维设计叶片。对5~8号轴承进行巴氏合金升级，瓦块宽度由38.1厘米（15英寸）分别改为41.91厘米（16.5英寸）、43.18厘米（17英寸）、43.18厘米（17英寸）、43.18厘米（17英寸），同时在轴向位置增设1只温度探头以监测轴承自位性能。3~5号机组分别于2017年12月8日、2016年12月3日和2016年9月9日完成改造。

改造后，提高了汽轮机在全负荷段，特别是中低负荷段的效率，消除了低压缸六、七抽温度偏高、缸体刚性较差的隐患。在100%、75%、50%THA工况下，供电煤耗分别下降3.48克/千瓦时、6.77克/千瓦时、9.56克/千瓦时，平均下降6.60克/千瓦时。按照平均75%负荷率供电煤耗下降约6.5克/千瓦时、每台机组年发电利用5000小时、厂用电率为5%、标煤价按750元/吨计算，1台机组纯节煤收益为1528万元/年。

十七、浙江浙能镇海天然气发电有限责任公司9F11、12号机压气机PK5升级改造项目

2016年7月18日，浙江浙能镇海天然气发电有限责任公司9F12号机发生跳机事件。事件发生后，对机组进行开缸检查，发现压气机部分叶片受损严重。经GE和浙能技术中心专家进行检查、分析，一致认为该次压气机事件是由R1的1号6动叶片断裂引起，叶片断裂表面呈现高周疲劳特征。仅对已受损的叶片进行修复，无法彻底消除存在的设备重大隐患。只有通过对压气机进行PK5改造，才能彻底消除这一隐患。2016年7月至12月，对9F12机压气机PK5进行了升级改造，2017年5—7月，对9F11号机压气机PK5进行了升级改造。

改造内容主要为增强型Pkg-4压气机升级改造。主要集中在压气机静叶（IGV，S0—S8，S14—S16）、R0动叶的设计改进以及压气机启动控制的优化（STARSS）(Pkg-4升级包未包括对压气机除R0外的其他级动叶的升级改进)。增强型Pkg-5压气机的升级相对于Pkg-4压气机的升级改造，增加了新设计的R1—R8级动叶、优化第14~16级轮盘叶片的气动匹配(Clocking)，增加R0-R3级压气机轮盘榫槽压力面的石墨耐磨涂层。其中，R1-R8级动叶采用全叶身喷丸强化工艺、叶型固有模态优化(Airfoil Tuning)等设计改进，显著提高了转子动叶片的耐疲劳强度。增强型Pkg-5压气机的升级使压气机转子叶片的抗腐蚀能力进一步增强，降低叶片局部所受应力载荷水平，更好地抑制了微观裂纹的萌生和扩展，提高了压气机转子的可靠性和抗击局部损伤的能力。叶型表面强化显著降低叶片表面的应力载荷，延长疲劳寿命；同时，强化后表面的压应力也可抑制表面腐蚀的萌生。

改造后，应用增强型 Pkg-5 压气机，进一步提高了压气机的抗击损伤能力，增强了机组鲁棒性，降低了榫头/榫槽结合面的磨损；新的压气机叶片采用表面强化制造工艺，增强了叶片抵抗腐蚀和抵抗高周疲劳的能力；减少了对压气机进行常规检查的需求（例如 R0 腐蚀检查、R1 超声检查等）；提高了机组的可靠性和可用率。

第四节 电气设备技术改造

一、浙江镇海发电有限责任公司部分 220 千伏断路器更型改造项目

1991 年前，浙江浙能镇海发电有限责任公司升压站配置的 220 千伏断路器大都为 SW6-220IW 型少油断路器（配 CY3-Ⅲ液压操作机构）。该型断路器为 1978—1989 年的产品，运行中常发生因液压操作机构内漏造成压力异常升高或降低、油泵频繁启动等异常运行状况及油泵渗漏油等情况，影响机组和电网安全运行。

2003 年 6 月 3 日，浙江省能源集团有限公司印发浙能生临〔2003〕116 号文件，同意开展“部分 22 千伏断路器更型改造”技改项目。

2002 年 4 月 18 日起，浙江浙能镇海发电有限责任公司对断路器进行逐台改型更换改造。至 2003 年 12 月 30 日，除 9F 燃机部分外，全部更换为西门子 3AQ1-EG（EE）型六氟化硫断路器，其中 EG 型配置三相机械联动操作机构，EE 型配置分相操作机构。改造后，解决了液压操作机构压力异常升高或降低，油泵频繁启动等异常运行状况及油泵渗漏油等缺陷，保障了机组的稳定安全运行。

二、浙江镇海发电有限责任公司二期 220 千伏升压站改造项目

2003 年 6 月 3 日，浙江省能源集团有限公司印发浙能生临〔2003〕116 号文件，同意开展“二期 220kV 升压站改造”技改项目。

2003 年 1 月 15 日，二期 220 千伏升压站改造项目开工。二期 220 千伏升压站原为水泥构架，于 1985 年建成投产。升压站地处沿海，又为露天结构，常年受海风中氯离子侵蚀，加之施工质量、环境等原因，至 2002 年，混凝土结构构件已出现大量保护层剥落、钢筋裸露严重锈蚀等现象，特别是主要结构件存在较宽的纵向裂缝，安全隐患十分严重。此次改造将升压站的 11 个间隔（7~18 轴）由钢筋混凝土构架改建为钢构架。改造主要内容为：拆除 1~4 轴间隔，将 5~7 轴间隔改建为钢构架。同时因油改气工程项目接入系统方案要求，增加二回 220 千伏出线间隔，与升压站构架改造同步进行。12 月 21 日，工程完工。通过改造，解决了护层剥落、钢筋裸露严重锈蚀等问题，特别是主要结构件存在较宽的纵向裂缝，消除了安全隐患。

三、浙江浙能北仑发电有限公司 3 号、4 号、5 号发电机定子线棒整体更换处理工程

2005—2006 年，3 号、4 号机陆续发生发电机定子线棒漏氢现象，5 号发电机定子线棒于 2009 年首次出现漏氢现象。为彻底解决发电机线棒漏氢缺陷，2007 年 8 月 27 日，浙江省能源集团有限公司印发《关于三号发电机定子线棒技术改造项目的批复》（浙能生〔2007〕332 号），同意开展“3 号发电机定子线棒技术改造项目”。

2008 年 3 月 13 日，3 号发电机定子线棒整体更换项目开工。改造中，铁心、支撑环、槽楔等部件的尺寸型号未作改变，主要改造内容为更换定子线棒和槽楔及垫条、波纹板换型、绝缘引水管更换、RTD/TC 更换、发电机端部固定环更换、定转子间隙调节环更换、绝缘盒安装、线棒端部改造等。为提高端部结构的刚度，改善固有频率和振幅，对汽励侧端部进行了改造，主要包括对端部所有引线支架进行重新绑扎加固处理，并且将顶部区域的开口部分新增一个半圆环，将励磁侧端部连接成一个整体的圆环，以提高引线固定结构整体的强度。2008 年 4 月 15 日，项目完工。

2008 年 1 月 9 日，浙江省能源集团有限公司印发《关于下达 2008 年技术改造计划的通知》（浙能生〔2008〕24 号），同意开展“4 号发电机定子线棒整体更换处理”技改项目。

2009 年 1 月 30 日至 3 月 7 日，4 号发电机定子线棒整体更换完成。

2018年3月19日，浙江浙能电力股份有限公司印发《关于下达2018年度生产性技术改造及修理、信息化项目计划的通知》(浙能电生〔2018〕54号)，同意开展“5号发电机定子线棒改造”项目。

2018年4月23日至6月17日，5号发电机定子线棒改造完成。

改造后，彻底解决了发电机定子线棒漏氢的安全隐患，同时对发电机端部结构进行了加固，防止发电机的端部振动，提高发电机的安全性能。

四、浙江浙能兰溪发电有限责任公司升压站扩建项目

2009年4月20日，浙江省能源集团有限公司印发《关于下达2009年技术改造计划的通知》(浙能生〔2009〕161号)，同意开展“升压站扩建”技改项目。

2009年8月20日，因兰溪芝堰变新扩建及浙江浙能兰溪发电有限责任公司出线安全稳定性需要，同时为满足金华中西部供电需求及优化网架结构，促进电网的节能降耗，浙江浙能兰溪发电有限责任公司升压站进行扩建。具体内容为新增两条500千伏出线（兰芝5803/兰堰5804）及新增第四串5041、5042、5043开关。2009年8月20日，项目开工，改造内容分为两部分，一次部分：2条母线扩建、新增2条500千伏出线(兰芝5803/兰堰5804）及安装调试，新增第四串5041、5042、5043开关及安装调试；二次部分：新增2套线路保护、断路器保护、短引线保护、安稳装置等安装、调试。试验项目有主设备GIS安装完毕后按照交接试验规程及预防性试验规程进行500千伏GIS交流耐压试验、局部放电等常规和特殊试验，并进行电气整套启动试验。2010年2月28日，项目完工。改造后，金华中西部电网，尤其是芝堰供区的供电能力得到增强和提高，缓解了双龙变主变超限问题，优化了电网结构。

五、台州发电厂8号发电机定子更新改造项目

2012年10月16日11时44分，8号发电机突然跳闸。经检查，8号发电机差动保护动作，判断8号发电机内部故障。8号发电机变压器组改冷备后，测发电机绝缘为零。10月17日，打开发电机出线小室入孔门，初步检查发现相出线及中性点引线烧熔，B相出线烧损。励端铜屏蔽被电弧烧损，故障点附近绝缘引水管过热成干瘪状。本次改造为发电机转子、定子返厂检修，解决设备设计方面存在的一些缺陷。11月28日21时29分，重新并网运行。

2013年8月9日，浙江省能源集团有限公司印发《关于下达2013年生产性技术改造计划的通知》(浙能生〔2013〕423号)，同意开展“8号发电机定子更新改造”技改项目。

六、浙江浙能中煤舟山煤电有限责任公司煤炭中转基地供电电源技改项目

2013年8月9日，浙江省能源集团有限公司印发〔2013〕423号文件，同意开展“煤炭中转基地供电电源技改”技改项目。

2013年12月15日，浙江浙能中煤舟山煤电有限责任公司“煤炭中转基地供电电源技改”项目开工。该项目通过从每台煤场变高压侧送一路电源至煤炭码头，煤炭码头的供电方式即由单电源供电改为双电源供电方式。2014年9月10日，项目竣工，投资2227万元。改造后，双电源供电方式提高码头供电可靠性，煤炭码头的供电由原社会供电改为电厂供电的效益：按码头现用电量每年3000万千瓦时，厂用电电价和社会电价差0.4元计算，每年可节省电费支出1200万元。

七、浙江浙能兰溪发电有限责任公司4号机组由500千伏改接至220千伏系统项目

2014年10月，根据浙江省能源集团有限公司组织召开的浙江浙能兰溪发电有限责任公司4号机组由500千伏改接至220千伏系统项目可行性研究报告审查会会议纪要（《浙能集团专题纪要〔2014〕122号》)，认为为满足金华中西部供电需求，促进电网节能降耗，同时根据厂内的实际情况，进行4号机组由500千伏改接至220千伏系统项目的实施是可行和必要的，要求浙江浙能兰溪发电有限责任公司与电网公司工作同步协调，按照机组年度检修计划，抓紧开展项目的前期准备工作。

2015年4月29日，浙江浙能电力股份有限公司印发《关于下达2015年生产性技术改造计划的通知》(浙能电生〔2015〕106号)，同意开展“4号机组由500千伏改接至220千伏系统”技改项目。

2016年2月25日，项目开工。改造内容：主变部分，原500千伏主变拆除、新220千伏主变就位及安装调试；GIS部分，户外220千伏GIS设备安装、调试；网控和电缆隧道，新建三层混凝土结构网控楼1座、150米长电缆隧道1座。试验项目：主设备GIS、主变安装完毕后按照交接试验规程及预防性试验规程进行220千伏GIS交流耐压试验、220千伏主变交流耐压试验及局部放电等常规和特殊试验，并进行电气整套启动试验、AVC试验、发电机进相试验、励磁调节器建模及PSS试验。2016年7月13日，项目完工，改造后增强了金华中西部电网尤其是双龙供区的供电能力，缓解双龙变主变超限问题。通过电源分层分压接入，提高电厂送出可靠性，降低全厂停电风险。

八、浙江浙能金华燃机发电有限责任公司5号发电机定子线棒升级改造项目

2017年2月21日，浙江省能源集团有限公司印发浙能生〔2017〕43号文，同意开展“5号发电机定子线棒升级改造”技改项目。

2016年11月5日，浙江浙能金华燃机发电有限责任公司5号发电机定子线棒升级改造项目开工。5号发电机为GE公司设计，委托ELIN公司生产，型号为9A5。原ELIN公司生产的9A5型发电机发生不同程度的侧波纹弹簧板(SRS)移位现象，造成其中部分机组定子线棒磨损绝缘击穿跳机，国内外也有同型号的发电机组因为相间绝缘击穿导致损坏。此次改造主要内容为5号发电机全部定子线棒(144根)拆除、更换新线棒以及安装相配套的辅助绝缘材料(发电机压板，绑扎绳，槽楔等)，拆、装过程中清理、检查并进行最终试验工作(绕组电阻测量、绝缘电阻、极化指数测量、最终耐压试验等)。

2017年6月30日，工程完工。通过改造，解决了5号发电机定子线棒的安全隐患，提高了设备运行的可靠性、安全性，确保电厂主设备能安全生产。

第五节 仪控设备技术改造

一、台州发电厂1~6号机组DCS、DEH改造项目

2000年3月17日，浙江东南发电股份有限公司印发《关于下达台州发电厂2000年度技术改造项目计划的通知》(东南发电生字〔2000〕0027号)，同意开展“1号机组自动化改造”项目。

1999年11月21日，台州发电厂在杭州举行1号机组技改工程签字仪式，开始1号机组自动化改造项目。热工仪表和自动调节设备原为常规仪表和DDZ-Ⅱ型系列自动调节设备。机组控制系统改造为北京和利时系统工程股份有限公司生产的MACSⅡ系列分散控制系统(DCS)系统。汽机控制采用上海新华控制工程有限公司生产的XPPS-ⅢA电液调速控制系统，能实现机组自动升速、自动冲转、自动控制。1~5号机自动化改造随1~5号机组通流改造同步进行。

2005年12月18日，1~5号机自动化改造全完成。经自动化改造后，运行人员可在集控室以显示器及鼠标为主要监控手段，并配以少量常规仪表作为后备监视，实现机炉启停、正常运行及事故处理。

2005年4月15日，浙江东南发电股份有限公司印发《关于台州发电厂2005年度技改项目及费用的批复》(东南发电生〔2005〕20号)，同意开展“6号发电机组DCS、DEH自动化改造”项目。

2005年9月13日至12月18日，6号机组完成自动化改造。

2~6号机组汽轮机数字电液控制系统(DEH)系统有危急跳机控制，1号机组DEH系统没有危急跳机控制。

2002年，1号机组自动化改造获浙江省电力公司科技成果三等奖。

2003年，1号机组改造方案获浙江省电力系统科技成果一等奖。1号机组自动化改造获科技成果三等奖。

二、浙江东南发电股份有限公司萧山发电厂1号、2号燃煤机组自动化改造项目

2001年5月8日，浙江东南发电股份有限公司印发《关于下达2001年“1号机组自动化改造工程”科技项目费用的通知》(东南发电生〔2001〕0056号)，同意开展改造项目。

2001年12月1日，萧山发电厂1号燃煤机组自动化改造项目开始实施。项目主要涉及数据采集系统（DAS)、模拟量控制系统（MCS)、顺序控制系统（SCS)、锅炉炉膛安全监视系统(FSSS)、汽轮机数字电液调节系统（DEH）改造以及与之相关的一次设备的改造，生产实施信息系统（PI）也随之同时改造。DCS系统由上海FOXBORO有限公司中标并实施改造，DEH系统由新华控制工程有限公司中标并实施改造。2002年1月29日，项目完工。

2002年7月30日，浙江东南发电股份有限公司印发《关于下达2002年科技项目费用的通知》(东南发电生〔2002〕59号)，要求开展2号燃煤机组自动化改造。

2003年2月10日至4月20日，2号燃煤机组自动化改造项目完成。改造后，机组监控系统具有DAS、MCS、SCS、FSSS、ETS、ECS、DEH等功能，实现以CRT为中心的单元机组监事和控制，提高了机组的控制水平。其中，1号机项目总费用1507万元，2号机项目总费用1276万元。

三、浙江镇海发电有限责任公司厂级实时监视信息系统项目

2005年7月8日，浙江省能源集团有限公司印发浙能生〔2005〕216号文件，同意开展“厂级实时监视信息系统”技改项目。

2005年10月31日，为增加SIS系统的应用模块，提升系统的应用层次，进一步发挥SIS系统的作用，浙江镇海发电有限责任公司厂级实时监视信息系统项目启动，2006年3月开始实施，主要改造内容为：完成3号机组DCS的接口调试、画面开发和展示，完成4~6号机组DCS以及化学炉外、输煤、化学炉内和NCS的接口调试，并制作完成所有监视画面，开发安装超温超压、自动利用率统计、小指标统计考核、整点分析等应用模块。整个SIS系统于2006年9月8日投入试运行，12月投入运行并于2006年12月19日通过验收。改造后SIS系统应用得到完善，通过优化控制使整个电厂主辅机设备的潜力充分发挥出来，使整个工艺系统的运行保持在最佳、最稳定、最经济的状态。

四、台州发电厂7号、8号机组DCS、DEH改造项目

2009年3月26日，浙江东南发电股份有限公司印发《关于台州发电厂2009年度技改项目及费用的批复》(东南发电生〔2009〕12号)，同意开展“7号机组DCS、DEH改造”项目。

2009年10月14日，台州发电厂7号机组DCS、DEH改造项目开工。该工程为解决原有汽轮机DEH控制系统配置简单、系统没有冗余设计、无法做到任一卡件及任一信号的故障在线更换且不影响机组正常运行、汽机保安系统GSE采用“一对一”保护设计、单个保护测点误动会造成机组跳闸等问题。通过DCS控制系统全面升级改造，将原有系统改为上海艾默生电站过程控制工程公司生产的DCS控制系统(OVATION 3.2.0)，包括数字式电液调节系统(DEH-V)。旁路系统为瑞士苏尔寿产品，选用二级串联装置。具体改造项目为：采用工业以太网和BITBUS工业控制网络，大大提高了系统网络的通信速率和可靠性；跳机逻辑采用三取二方式，跳闸改成四取二串并联相结合方式，有效防止误动及拒动。增加了SOE功能及实现与DEH的一体化；提高了DEH系统的故障监测水平，各种状态过程可视化；具有友好的人机界面和操作方式；多种流行的标准接口，除了实现系统内文件和数据共享，更具备与其他系统通讯功能；控制系统对重要信号三选二设计，相关硬件也三选二，分散布置；采用硬件可靠、先进和标准化。2009年12月30日，工程完工。改造后，机组自动化程度大大提高，首次实现了新华DEH-Ⅴ型控制系统与引进型33万千瓦阿尔斯通

汽轮机本体设备有机结合。

2011年3月17日，浙江东南发电股份有限公司印发《关于台州发电厂2011年度技改项目及费用的批复》(东南发电生〔2011〕6号)，同意开展“8号机组DCS、DEH改造”项目。

2011年10月10日至12月21日，台州发电厂8号机组DCS、DEH改造项目完成。

五、浙江浙能北仑发电有限公司3号、4号、5号机组DCS、DEH、MEH、BPC系统一体化改造项目

2012年7月20日，浙江省能源集团有限公司印发《关于下达2012年技术改造计划的通知》(浙能生〔2012〕491号)，同意开展“3号机组DCS、DEH、MEH、BPC系统一体化改造”技改项目。

2012年9月，浙江浙能北仑发电有限公司3号机组DCS、DEH、小汽轮机数字电液调节系统(MEH)、旁路控制系统（BPC）系统一体化改造实施。该项目把原独立控制的DEH、MEH、旁路及吹灰等系统纳入DCS中，并在原集控室操作台改造的同时，将原电气后备屏、硬报警系统等进行同步改造，也统一纳入DCS控制系统。主要改造内容为整合原系统流程图操作画面，将原来在120幅以上的画面信息整合为70幅左右。燃烧控制方案改为：主燃料跳闸（MFT）继电器柜+FSS+BCS控制，MEH操作由控制柜盘操作改至操作员直接调用操作画面来进行。电气控制系统（ECS）系统中将原报警（GCB）盘上的控制、显示、报警等功能改由DCS的ECS系统实现。2012年12月18日，改造完成。

2013年8月9日，浙江省能源集团有限公司印发《关于下达2013年生产性技术改造计划的通知》(浙能生〔2013〕423号)，同意开展“4、5号机组DCS/DEH/MEH系统一体化改造”技改项目。

2013年11月29日至2014年3月31日，4号、5号机组DCS/DEH/MEH系统一体化改造完成。

改造后，负荷扰动试验下各主要参数的调节品质符合颁布标准；自动投入率为100%；SCS系统、FSSS系统联锁保护投入率为100%，DAS系统信号I/O投入率为100%。

六、浙江浙能嘉兴发电有限公司2号机组分散控制系统（DCS）技术改造项目

2012年7月20日，浙江省能源集团有限公司印发《关于下达2012年技术改造计划的通知》(浙能生〔2012〕491号)，同意开展技改项目。

2012年9月28日，浙江浙能嘉兴发电有限公司2号机组DCS控制系统技术改造项目开工。该项目将原有的Teleperm me系统全部改造为艾默生公司生产的OVATION系统，保留原有信号就地电缆、中间转接柜MC柜。在保持原有基本控制策略基础上，设计新的控制软件和画面。完成新DCS系统的安装，所有信号通道测试、设备调试、DCS系统与其他系统的接口调试以及自动调节系统的整定。将厂用电气监控管理系统(ECS)、小汽轮机电液控制系统（MEH)、脱硝系统、微油点火系统等纳入到新的DCS系统。在操作员控制台上设主燃料跳闸（MFT)、汽机跳闸等10多个性能可靠的紧急操作按钮，并带有防护罩。2012年12月5日，工程完工。改造后，自动发电控制（AGC）调用范围在18万~33万千瓦之间，负荷范围内的负荷变动速率能达到4.5兆瓦/分钟，一次调频能正确有效地响应，满足AGC和一次调频功能的要求。

七、浙江浙能温州发电有限公司3号、4号机组DCS改造项目

2014年3月14日，为解决原有DCS运行年限长、卡件老化现象严重、缺陷多、DCS维护成本快速上升等问题，浙江浙能温州发电有限公司3号机组DCS改造开工。主要改造内容为：拆除全部DCS系统，改造为新的DCS系统。DEH（含MEH和旁路系统）通过改造进入DCS系统，实现一体化设计。取消炉机电控制盘(BTG盘)、炉机电控制台，取消所有硬报警盘，增加大屏幕，通过大屏幕实现硬报警、重要参数显示和工业电视功能。电缆尽量保留，部分会因机柜布置不同和信号设计变化造成长度不够，须加装转接端子排。吹灰系统纳入到新的DCS系统中，原PLC柜拆除，操作面板拆除。电气部

分取消发变组控制台、发变组控制屏、厂用电源屏，相应显示和操作进入 DCS；02 号高备变控制回路进 DCS。

经过招投标，改造设备由艾默生过程控制公司提供，由浙江浙能技术研究院负责实施，采用艾默生 OVATION 系统。

2014 年 6 月 16 日，完成投运，改造费用为 1710 万元。

2015 年 4 月 26 日至 7 月 10 日，4 号机组 DCS 改完成，改造费用为 1695 万元。

机组改造后，自动化程度有一定程度的提高，达到国内先进水平，机组大修后均达到全优，可靠性明显提升。

八、浙江浙能镇海联合发电有限公司 9 号蒸汽轮机控制系统改造项目

2017 年 9 月 8 日，浙江浙能镇海联合发电有限公司 9 号蒸汽轮机控制系统改造项目开工。改造主要为：机务部分，采用数字式电液调节系统，控制介质为 14 兆帕的磷酸酯抗燃油，由一个独立的高压抗燃油供油装置供给整套液压控制系统；每一个进汽阀门均配有一个执行机构以控制开关，其中高压主汽阀油动机，高调节阀油机为连续型伺服式油动机，可以接受±40 毫安的阀位控制信号，控制调节汽阀的开度。高主、高调执行机构均为单侧进油，靠油缸液压力开启阀门，靠弹簧力关闭阀门，旁路阀、旁路减温水油动机为连续型伺服式油动机，但由电磁阀控制其快开快关功能；本机的调节保安系统组成按其功能可分为三大部分，即供油系统部分、执行机构部分、抗燃油超速保护及危急遮断部分。仪控部分，采用贝利公司的 Symphoney 控制系统。在 INFI-90 的工厂控制环网上新增加的 3 个节点，即 DEH、ETS 和 SCS 系统。保留原 DEH 及 TSI 控制功能、保护功能及控制逻辑的基础上，以满足最新汽机控制技术要求和完善保护需要为目的，设计控制系统的调节回路和控制保护逻辑，保留汽机原有的运行方式，补充和完善原有的功能，满足汽机安全和投入机炉协调控制及 AGC 运行的需要。

2017 年 10 月 19 日，工程完工。通过改造工程，解决了汽机控制系统与既有 DCS 通信问题，9 号机控制系统的控制功能得到完善和优化。运行人员对设备的操作和监视手段得到加强。改造后控制系统有较好在线修改、逻辑强制等功能。有较强的历史数据功能以方便事故分析，使得 9 号机控制系统的安全性和可靠性提高。

第六节　环保设备技术改造

一、台州发电厂一、二、三期高压灰管改造项目

2001 年 7 月 17 日，浙江东南发电股份有限公司印发《关于高压灰管、低压灰管及厂区旧建筑物改造项目的批复》(东南发电生〔2001〕0080 号)，同意开展技改项目。

2001 年 8 月 1 日，台州发电厂一、二、三期高压灰管改造项目开工建设。该项目主要是将原有的一、二、三期的 6 根高压灰管按照机组的运行方式进行逐步更换，解决原有灰管因使用年限长、磨损严重、出现大面积泄漏、污染环境、维护费用高起等问题。2003 年 5 月，工程完工。台州发电厂出灰系统正常运行。

二、台州发电厂 7 号、8 号炉电除尘增加干出灰系统项目

2004 年 10 月 12 日，浙江东南发电股份有限公司印发《关于台州发电厂 2004 年第二批技改项目由预批复转正式批复的通知》(东南发电生〔2004〕92 号)，同意开展技改项目。

2004 年 6 月 7 日，台州发电厂 7 号、8 号炉电除尘增加干出灰系统项目开工。该工程建于厂区外东北角，建有干出灰专用的空压机系统、冷却塔、仓泵、储存罐等设备，总投资 3980 万元。2005 年 9 月投产。改造后，年增加干灰 20 万吨，且这些干灰可通过直接装车用于制造水泥时的掺和熟料，让灰、渣得以综合利用，即保护了环境，也提高了机组的经济效益。

2006 年 2 月 13 日至 6 月 26 日，4 号、5 号炉电除尘器安装干出灰系统工程完成改造。标志着台州发电厂 8 台机组所有电除尘器已全部实现了干出灰运行方式，不仅提高了干出灰的再利

用，使灰渣变废为宝，又是一项保护环境的双赢措施。

三、台州发电厂6号炉NID脱硫改造工程

2003年7月，台州发电厂成立烟气治理领导小组。8月，组织对12.5万千瓦机组脱硫调研。11月，完成《台州发电厂6号炉烟气脱硫改造的可行性研究报告》。

2004年6月28日，召开6号炉烟气脱硫工程可行性研究及初步设计方案评审会，确定浙江菲达环保公司新型除尘、脱硫一体化循环半干法脱硫技术方案（NID法）为6号炉烟气脱硫改造首选方案。2004年8月，与浙江菲达环保公司达成《台州发电厂6号炉脱硫除尘改造总技术协议书》。

2005年4月15日，浙江东南发电股份有限公司印发《关于台州发电厂2005年度技改项目及费用的批复》(东南发电生〔2005〕20号)，同意开展技改项目。

2005年9月13日开始建设，12月18日投入试运行，但未达到国家标准。经过菲达环保公司改正、调试，2006年6月17日，台电首台脱硫机组6号炉烟气脱硫工程通过地方环保局“168”试运行验收。10月21日，通过竣工环保验收，脱硫效果明显，投资4100万元。改造后，2006年全年烟尘排量为4021.01吨，比2005年同期减少16.57%；二氧化硫排量为61538.95吨，在燃煤含硫量提高的情况下比2005年同期减少3.63%。

四、萧山发电厂1号、2号燃煤机组烟气脱硫改造工程

2001年11月6日，浙江东南发电股份有限公司印发《关于萧山发电厂脱硫技改工程前期费用的批复》(东南发电办〔2001〕0104号)，同意开展工程前期工作。

2003年12月18日，萧山发电厂1号、2号燃煤机组烟气脱硫改造工程开工。该工程是由浙江天地环保工程有限公司实行工程总承包(EPC)，浙江电力建设监理公司实行全程监理，美国巴威公司（B&G）提供技术支持。工程投入资金由浙江东南发电股份有限公司全资注入。萧山发电厂烟气脱硫工程是浙江省电力“十五”环保重点项目，采用美国巴威（B&W）的石灰石—石膏湿法烟气脱硫工艺对2台13万千瓦燃煤机组进行烟气脱硫。脱硫剂为成品石灰石粉，副新产品为石膏，脱硫系统设计最大处理烟气量为109.40标准立方米/小时，脱硫效率为95%，脱硫装置的可利用率为95%，除尘效率为99%，石膏产量为4.36万吨。脱硫系统由烟气系统、吸收塔系统、氧化风系统、吸收剂储存及制备系统、石膏胶水及储存系统、工艺水系统、废水处理系统、排放系统等组成，控制采用分散控制系统（DCS）。

2005年7月29日，完成168小时满负荷试运行，工程投入资金1.8亿元。改造后，1号、2号燃煤机组烟气脱硫效率为97.6%，除尘脱硫系统总除尘效率大于99.9%，烟气、二氧化硫、氮氧化物的排放浓度及烟气林格曼黑度均达到《火电厂大气污染排放标准》(GB 13223—2003) Ⅱ时段标准。2006年5月，浙江省环境保护局同意烟气脱硫工程通过环保验收。

五、浙江镇海发电有限责任公司3号、4号、5号、6号机脱硫改造项目

浙江镇海发电有限责任公司4台21.5万千瓦燃煤机组烟气脱硫项目于2006年9月获得浙江省环保局的环评批复（浙环建〔2006〕52号)，并于2007年2月获得浙江省发展和改革委员会的核准批复（浙发改能源〔2007〕131号)。2007年2月3日，浙江省能源集团有限公司印发浙能生〔2007〕23号文件，同意开展技改项目。

2007年4月29日，项目开工。项目新增2套43万千瓦烟气脱硫系统，系统采用石灰石—石膏湿法脱硫技术，石灰石—石膏湿法脱硫工艺采用价廉易得的石灰石作脱硫吸收剂。在吸收塔内，吸收剂浆液与烟气接触混合，烟气中的二氧化硫与浆液中的碳酸钙以及鼓入的氧化空气进行化学反应，最终反应产物为石膏。脱硫石膏浆经脱水装置脱水后回收。由于吸收剂浆的循环利用，脱硫吸收剂的利用率很高。2009年12月5日，工程完工。改造后，全厂的二氧化硫排放量减少3.78万吨左右。

六、温州发电有限责任公司二期工程（3号、4号机组）脱硫改造项目

2004年5月25日，根据国家环境保护总局《关于浙江温州电厂三期工程环境影响报告书审查意见的复函》(环审〔2003〕300号）的要求，温州发电厂二期工程机组需配套加装烟气脱硫装置。2004年5月25日，温州发电厂二期工程主业——浙江温州特鲁莱发电有限责任公司以《关于温州发电厂二期2×300MW机组烟气脱硫工程项目立项的报告》(浙温特〔2004〕009号）上报浙江省发展改革委，申请项目立项；同年5月31日，温州特鲁莱发电公司以《关于温州发电厂二期工程2×300MW机组烟气脱硫工程可行性研究报告书的请示》(浙温特〔2004〕010号）上报浙江省发展改革委；2004年6月2日，浙江省发展改革委印发《关于温州发电厂二期工程2×300MW机组烟气脱硫工程可行性研究报告书的批复》(浙发改基础〔2004〕415号)，批准可研报告。

2005年8月29日，工程开工，工期为20个月。该工程动态总概算18000万元（含建设期利息760万元)，工程实际造价16685万元（含建设期利息473万元)，工程单位造价为278元/千瓦。该工程在温州发电厂二期工程的烟囱南面、2号煤场的北面预留的脱硫场地上进行，采用一炉一塔的形式新增湿法脱硫装置，脱硫工艺为石灰石—石膏湿法脱硫，设计保证脱硫效率为91%，单塔处理烟气量为1162700标准立方米/小时。脱硫主体设备为气气换热器、吸收塔、增压风机等，在脱硫岛周围布置有用于设备检修的环行通道，通过原烟气烟道与老烟道连接，脱硫后烟气再通过净烟气烟道排至原烟囱。工艺楼布置在两台吸收塔的中间，石灰石粉仓位于工艺楼的东侧。工艺水箱布置在工艺楼西南面，脱水间布置在工艺楼内，石膏仓紧挨工艺楼布置与其连成一体。事故浆液箱及废水处理设施与三期脱硫工程合用，事故浆液箱布置在三期脱硫岛的西南面，废水处理设施布置在三期脱硫岛的东侧。

2006年10月29日，3号机组脱硫装置完成168小时试运行移交生产，同年11月27日，4号机组脱硫装置完成168小时试运行移交生产。改造后，经环保验收监测，烟尘和二氧化硫排放总量分别为175吨/年、1392吨/年，均低于环评报告中的总量控制指标；废水和厂界噪声均达标排放。根据统计，投产一年内，3号机组和4号机组平均脱硫率为95.21%和94.62%，累计投运率为96.89%和98.43%，累计减排二氧化硫25370吨。

七、金华燃机发电有限责任公司6号炉除尘脱硫改造项目

2007年2月12日，经过金华燃机发电有限责任公司三届三次董事会同意开展该技改项目。(2008年之前金华燃机由金华电业局托管)。

2007年3月16日，金华燃机6号炉除尘脱硫改造开工。项目采用先进的工艺、技术和装备，积极推行清洁生产。金华燃机6号炉除尘脱硫系统采用碱液湿法脱硫工艺，锅炉排烟经过预洗塔水洗进入浆液池，达到烟气除尘目的，烟气中硫化物在脱硫塔中经过多级吸收装置，与碱液反应除去硫化物，脱硫效果达到75%以上。改造主要新增锅炉烟气脱硫（除尘）处理系统、脱硫废水处理系统、旁路烟道、旁路挡板、吸收塔等设备以及配套仪表自控系统和电气控制系统，其中烟气脱硫（除尘）处理系统由吸收塔、烟气吸收系统、吸收液氧化系统、吸收液循环系统、吸收液排污系统、脱硫剂制备供应系统组成；废水处理由脱硫废水处理系统。

2011年3月，改造项目完工，6月完成性能考核试验，配套建设的环境保护设施已与主题工程同时完成施工验收。通过除尘脱硫改造基本解决6号炉烟尘、含二氧化硫量高的问题，有效控制3号联合循环机组烟气排放污染，避免对周边环境污染。

八、浙江浙能温州发电有限公司二期工程（3号、4号机组）脱硝改造项目

2011年6月23日，浙江省发展和改革委印发《项目服务联系单》(浙发改能源函〔2011〕93号)。根据联系单，由温州发电厂二期工程业主单位浙江温州特鲁莱发电有限责任公司开展3号、4号机组脱硝工程项目的可研工作。2012年3月20日，项目通过浙江省发展改革委组织的

可行性研究报告评审。

2012年3月29日，项目开工建设，建设工期要求在2014年6月30日前完成。工程动态总概算16854.32万元，单位造价为280.91元/千瓦。其中脱硝部分投资9552.49万元，单位造价为159.21元/千瓦；改造部分投资6871.52万元，单位造价为114.52元/千瓦。该工程采用选择性催化还原法（SCR）脱硝工艺，脱硝系统容量按2台33万千瓦机组全烟气设计，脱硝装置入口通过低氮燃烧器改造后，保证氮氧化物浓度按不超过300毫克/标准立方米，设计脱硝效率按不低于70%，脱硝装置可利用率不低于98%，按1炉1套SCR装置（2台SCR反应器）设计，单套SCR装置处理烟气量（干基）为1151678标准立方米/小时，烟气氮氧化物排放浓度按小于100毫克/标准立方米设计。脱硝装置布置在锅炉省煤器和空预器之间的位置，加装脱硝装置后，对原有空预器进行改造，取消了脱硫系统的增压风机，对引风机进行扩容改造。脱硝催化剂采用应用最多、模块重量适中的国产蜂窝式催化剂。为节约投资、提高固定资产的使用效率，温州发电厂二期和三期工程共建一个公用的尿素溶液制备区，工程所需的水、电、汽均由本公司主体工程就近直接接入。

2012年12月27日，4号机组脱硝装置通过168小时满负荷试运行移交生产。2014年6月25日，3号机组脱硝装置通过168小时满负荷试运行移交生产。改造后，经性能和环保测试，各项指标好于设计值。按5500小时计算，年减排量（包括低氮燃烧器与SCR）达7094吨。工程投产后至2015年6月，3号、4号机组的平均负荷率分别为66.71%和64.47%，脱硝装置平均投入率分别为99.94%和99.41%，平均脱硝效率分别为74.91%和75.51%；烟囱出口净烟气中的氮氧化物平均排放浓度分别为69.09毫克/标准立方米和80.45毫克/标准立方米，均达到国家现行标准规定的排放浓度限值和设计的要求。

九、浙江浙能长兴发电有限公司机组脱硝改造项目

2012年4月6日，浙江省发展改革委印发《关于浙江浙能长兴发电有限公司烟气脱硝工程项目核准的批复》（浙发改能源〔2012〕380号），同意开展该项目。

2012年3月30日，浙江浙能长兴发电有限公司1~4号机组脱硝改造项目开工。改造内容：工程建设规模为4台30万千瓦燃煤机组烟气脱硝装置，包括4套处理100%锅炉最大连续蒸发量（BMCR）工况烟气量的脱硝装置，4套锅炉钢支架改造、8台空预器改造、8台引风机改造及电仪等辅助配套设施改造。工程采用锅炉低氮燃烧改造加选择性催化还原法（SCR）脱硝的工艺方案，将燃烧中脱硝技术和燃烧后脱硝技术相结合。工艺方案SCR装置前氮氧化物浓度设计值为350毫克/标准立方米，SCR脱硝效率按80%考虑，脱硝还原剂为液氨。该工程首先通过空气分级、高位燃烬风、降低燃烧器区域热负荷等技术来实现对氮氧化物的初步脱除，然后利用SCR脱硝装置进一步脱硝。

2014年5月12日，烟气脱硝改造工程全面完成。该工程投资决算为2.3亿元，比概算节约投资近3000万元。投运后，脱硝系统运行稳定，4台机组平均脱硝效率达到70%，实际平均投运率达到98.77%，各项运行参数均达到国家现行标准规定的排放浓度限值和设计要求。

十、浙江浙能绍兴滨海热电有限责任公司1号机组脱硝技术改造项目

根据《火电厂大气污染物排放标准》（GB 13223—2011）的要求以及浙能集团脱硝“十二五”规划，在2014年底前需全部完成既有燃煤机组脱硝改造。

2012年7月20日，浙江省能源集团有限公司印发《关于2012年技术改造计划的通知》（浙能生〔2012〕491号），同意开展“1号机组脱硝技术改造”项目。

2012年9月30日，浙江浙能绍兴滨海热电有限责任公司1号机组脱硝技术改造项目开工。由于1号机组同步建设了脱硝钢结构、脱硝烟道和SCR反应器，且在1号主体建设时锅炉炉架和空预器的设计已考虑脱硝改造的要求，因此该改造工程是将已运行的1号机组加装SCR脱硝装置的改造工程。改造工程采用SCR脱硝工艺，即向催化剂上游的烟气中喷入氨气作为还原剂，

利用催化剂将烟气中的氮氧化物转化为氮气和水。该工程烟气系统采用高含尘布置方案。烟气在锅炉省煤器出口处被平均分为两路，每路烟气并行进入一个垂直布置的 SCR 反应器里，即每台锅炉配有 2 个反应器。烟气经过均流器后进入催化剂层，然后进入空预器、电除尘器、引风机和脱硫装置后，排入烟囱。在进入烟气催化剂层前设有氨喷射系统，烟气与氨气充分混合后进入催化剂反应，脱除氮氧化物。

2013 年 1 月 15 日，工程完工。改造前，氮氧化物排放浓度为 450 毫克/标准立方米，年排放量约为 2732 吨，改造后氮氧化物排放浓度为 90 毫克/标准立方米，年排放量为 546 吨，SCR 脱硝效率可达 80%。年氮氧化物总消减量为 2186 吨，满足《火电厂大气污染物排放标准》（GB 13223—2011）达标排放要求。

十一、浙江浙能嘉华发电有限公司百万千瓦燃煤机组烟气超低排放环保示范项目

2013 年 8 月 13 日，浙江浙能嘉华发电有限公司在国内率先开展超低排放改造工作，项目在浙江浙能嘉华发电有限公司三期工程 7 号、8 号机组上实施，其中多项新技术、新设备在国内尚属首次应用。

2014 年 10 月 30 日，浙江省能源集团有限公司印发《关于下达 2014 年技术改造计划的通知》(浙能生 (2014) 594 号)，同意开展技改项目。

改造采用高效协同脱除技术，对既有脱硝、脱硫、除尘系统进行提效改造，使烟气主要污染物排放水平达到天然气燃气轮机组的排放标准。主要改造工作为工艺（含工艺结构）专业，包括低氮燃烧器燃烧调整试验、增设新型回热系统、SCR 脱硝装置提效改造、低低温电除尘系统（包括增设管式烟气换热器和低低温静电除尘器的改造）、脱硫系统提效改造、增设湿式静电除尘器系统、增压风机改造等。

2014 年 6 月 18 日，改造完成。改造后，烟囱出口氮氧化物排放浓度不大于 50 毫克/标准立方米（干基，6% 氧气）；烟尘排放浓度不大于 5 毫克/标准立方米（干基，6% 氧气）；二氧化硫排放浓度不大于 35 毫克/标准立方米（干基，6% 氧气），烟气污染物实现超低排放。嘉华电厂每年可减少氮氧化物排放量约 1000 吨、烟尘排放量约 400 吨、二氧化硫排放量约 550 吨。

2014 年 6 月 30 日至 2015 年 12 月 26 日，浙江浙能乐清发电有限责任公司 1 号、2 号机组烟气超低排放改造完成。2015 年 8 月 15 日至 2016 年 11 月 28 日，3 号、4 号机组烟气超低排放改造完成。

2014 年 8 月 28 日至 2017 年 6 月 30 日，浙江浙能绍兴滨海热电有限责任公司 1 号、2 号机组完成超低排放改造。

2014 年 9 月 12 日至 2016 年 12 月 8 日，浙江浙能兰溪发电有限责任公司 1～4 号机组完成烟气超低排放改造。

2014 年 11 月 5 日至 2016 年 12 月 16 日，浙江浙能北仑发电有限公司 3～5 号机组完成烟气超低排放改造。

2014 年 10 月 29 日至 2015 年 7 月 30 日，浙江浙能温州发电有限公司 3 号、4 号机组完成超低排放改造。

2015 年 12 月 25 日，台州发电厂 7 号机组完成烟气超低排放改造。2016 年 6 月 23 日，9 号机组完成烟气超低排放改造。2016 年 12 月 21 日，10 号机组完成烟气超低排放改造。2017 年 6 月 25 日，8 号机组完成烟气超低排放改造。

2015 年 7 月 21 日至 2016 年 6 月 19 日，浙江浙能温州发电有限公司 5 号、6 号机组完成烟气超低排放改造。

2015 年 8 月 7 日至 12 月 27 日，浙江浙能长兴发电有限公司 3 号机组完成烟气超低排放改造。2015 年 10 月 8 日至 2016 年 6 月 24 日，2 号机组完成烟气超低排放改造。2016 年 5 月 16 日至 12 月 22 日，4 号机组完成烟气超低排放改造。2016 年 10 月 18 日至 2017 年 6 月 8 日，1 号机组完成烟气超低排放改造。

2016 年 5 月 20 日至 12 月 1 日，淮浙煤电有限责任公司凤台发电分公司完成 1 号、2 号机组超低排放改造。

2014 年，浙能集团超低排放技术在浙江浙能嘉华发电有限公司成功运用后，迅速推广至集团下属 30 万千瓦以上电厂。

至此，浙能集团所属 30 万千瓦以上燃煤机组全部实现超低排放改造。

十二、萧山发电厂1号、2号燃煤机组烟气脱硝改造工程

2011年12月23日，浙江省能源集团有限公司印发《浙能集团脱硝改造工程专题协调会会议纪要》(〔2011〕82号)，要求加快脱硝改造相关工作。

2013年10月1日，萧山发电厂1号、2号燃煤机组烟气脱硝改造工程开工。该项目2台13万千瓦燃煤机组烟气脱硝系统采用高含尘布置、炉外烟气选择性还原催化反应脱硝工艺，液氨为还原剂，主要由烟气系统、氨稀释与喷射系统、还原剂储存供应系统等组成，设计脱硝效率为80%，脱硝装置可利用率为98%。

2014年3月11日，完成168小时满负荷试运行后投产。项目初步设计批准概算总投资为9928.83万元，实际完成投资8434.06万元。2台13万千瓦燃煤机组烟气脱硝工程投产后至2014年12月运行统计，1号、2号机组的脱硝装置平均投入率分别为99.05%和98.83%，平均脱硝效率分别为75.56%和74.60%，锅炉出口烟气中的氮氧化物排放浓度平均分别为88.46毫克/标准立方米和88.75毫克/标准立方米，按设计参数预测每年可减排氮氧化物1726吨。

十三、浙江浙能嘉华发电有限公司一、二期脱硫废水达标排放处理系统项目

2014年10月30日，浙江省能源集团有限公司印发《关于下达2014年技术改造计划的通知》(浙能生〔2014〕594号)，同意开展“一、二期脱硫废水达标排放处理系统”技改项目。

2014年5月28日，一、二期脱硫废水达标排放处理系统项目开工。该项目主要为新建废水池及工艺楼，工艺系统主要由加药系统、三联箱系统、澄清系统及污泥压滤系统组成。系统设计处理能力为39吨/小时。新建一座脱硫废水处理楼，在脱硫废水处理楼附近布置酸碱槽和澄清器。2015年1月30日，工程完工。嘉兴发电厂一、二期脱硫废水系统的建成后，年处理脱硫废水21.45万吨，脱硫废水处理后水质达到《污水综合排放标准》(GB 8978—1996)一级排放要求。

十四、浙江浙能兰溪发电有限公司净水站排泥水处理系统改造项目

2014年10月30日，浙江省能源集团有限公司印发《关于下达2014年生产性技术改造计划的通知》(浙能生〔2014〕594号)，同意开展“净水站排泥水处理系统改造”技改项目。

2014年8月16日，净水站排泥水处理系统改造项目开工。项目利用两座原污泥预沉池（2×400立方米，含清水区）和1座原污泥沉淀池（1×300立方米，不含清水区）作为污泥调节池。新增圆形辐流式污泥浓缩池3座，对污泥调节池来泥进行浓缩。通过离心脱水机对浓缩后的污泥进行脱水干化处理。脱水后的泥饼外运填埋，滤液则返回澄清池配水井回收利用。

2015年9月15日，工程完工。改造后，净水站排泥水实现零排放，每年减少公司对外废水排放约100万吨，同时每年减少对外取水量100万吨。每年减少取水费约20万元。

十五、淮浙煤电有限责任公司凤台发电分公司脱硫废水处理系统改造项目

2014年10月30日，浙江省能源集团有限公司印发《关于下达2014年生产性技术改造计划的通知》(浙能生〔2014〕594号)，同意开展“脱硫废水处理系统改造”项目。

2014年11月10日，为响应集团公司废水“零排放”、环境“零影响”的目标号召，淮浙煤电有限责任公司凤台发电分公司脱硫废水处理系统改造项目开工，该项目在一、二期原脱硫废水区域设置4套预澄清器系统，每期2套，对脱硫废水进行预沉淀处理后底泥输送回吸收塔，预澄清器上清液通过废水泵排至化学区域进行处理。在化学工业废水区域新建1套50立方每小时的脱硫废水处理系统，主要包括三联箱、澄清器、压滤机、加药系统及废水处理楼等。

2015年6月5日，项目改造完成。改造后，淮浙煤电有限责任公司凤台发电分公司脱硫废水处理后水质达到《污水综合排放标准》(GB 8978—1996)一级排放要求。

十六、浙江浙能中煤舟山煤电有限责任公司煤场增设防风抑尘网（二期）项目

2014年10月30日，浙能集团以〔2014〕594号文同意开展“煤场增设防风抑尘网（二期）”技改项目。

2015年3月19日，浙江浙能中煤舟山煤电有限责任公司“煤场增设防风抑尘网（二期）”项目开工。项目分为防风网主体、管道、绿化三个单位工程的改造。防风网主体工程全长2119米，总高度为18米，防风网板为3毫米厚蝶形网板。安全等级为Ⅱ级，采用桩基、钢筋混凝土承台基础，主体结构为钢结构加防风网板。主体钢结构设计使用寿命为50年，挡风板设计使用年限按20年考虑，相应抗风等级按抵抗本地区50年一遇大风设计，设计基本风压取值为0.85千牛/平方米，抗震设防等级按7度设防。管道改造工程主要对主体工程施工区域内的杂用水管道、喷淋管道管道、消防管道、生活水管道、水库补充水管道临时移位，待主体工程施工完毕后，移至防尘网基础上安装为永久管道。绿化移植工程主要对主体工程区域内的树木、种植土移植移除，待主体及管道工程实施结束后回运复绿。

2015年11月10日，工程竣工，投资5260.27万元。改造后，直接经济效益根据环保部《排污申报登记实用手册》核定煤炭装卸、堆存过程中产生的扬尘等污染物排放量计算，每年以吞吐量3000万吨原煤估算，每年约可减少4万吨的煤炭损失，以500元/吨计，每年可减少煤炭损失约2000万元。

十七、浙江浙能北仑发电有限公司煤场改造工程

2014年1月17日，浙江省下达《浙江省大气污染防治行动计划（2013—2017年）》，要求对露天煤场实施封闭管理。

2016年2月25日，浙江浙能电力股份有限公司印发《关于下达2016年生产性技术改造计划的通知》(浙能电生〔2016〕35号)，同意开展技改项目。

2017年2月23日，煤场改造工程开工。该项目主要对已建的7~12号共6个煤场采用防风抑尘墙实施封闭改造。采用东、南、西三面防风抑尘墙封闭，北面与北仑发电厂一期煤场防风抑尘墙相连，一、二期煤场中间不设挡风抑尘墙。防风抑尘墙整体高度为15米，全长约1000米。在煤场四周布置由10台射程为100米射雾器组成的雾炮系统。本工程工作范围包括土建、钢支架、防风抑尘墙、管道、电气、仪控、照明、风送雾炮的安装和调试等工作。所有钢构件均采用热镀锌防腐；防风板材质采用热固型高分子复合材料；防风网板型为单峰蝶形，开孔率不大于45%，抑尘墙设计效率不小于85%；雾炮系统采用高效远程风送雾炮，并在煤控室设置控制柜。

2017年11月21日，项目完工。改造后满足《浙江省大气污染防治行动计划（2013—2017年）》对露天煤场实施封闭管理的要求。

十八、浙江浙能中煤舟山煤电有限责任公司脱硝尿素制氨改造项目

2018年9月4日，项目开工。该项目新建1套尿素制氨系统，容量可满足舟山煤电2台100万千瓦机组100%BMCR工况下SCR脱硝系统用氨量，尿素溶液储存量不低于10天。本项目采用尿素水解工艺制备SCR脱硝系统还原剂，改造现有稀释风系统、氨喷射系统及相关辅助系统，同时新增2套尿素水解系统、1套尿素溶液制备和存储系统、1套尿素水解系统及相应的辅助系统。

2019年6月25日，工程竣工，投资3200万元。改造后消除了厂区内“氨区”重大危险源，降低安全风险，减少液氨引起的火灾爆炸和急性中毒。同时改善了现有制氨系统在遇到台风、大雾等极端天气时，存在的供给不足的风险，满足2台机组超低排放满负荷运行的脱硝要求。

十九、浙江浙能绍兴滨海热电有限责任公司一期脱硝尿素水解制氨改造项目

2018年3月19日，浙江浙能电力股份有限公司印发《关于下达2018年度生产性技术改造及修理、信息化项目计划的通知》(浙能电生〔2018〕54号文)，同意开展“滨海一期脱硝尿

素水解制氨改造项目”。

2019 年 10 月 18 日，项目正式开工。浙江浙能绍兴滨海热电有限责任公司一期脱硝系统配套的液氨储罐存储量超过 10 吨，构成重大危险源，需依照原国家安全生产监督管理总局《关于开展重大危险源监督管理工作的指导意见》（安监管协调字〔2004〕56 号）的有关规定进行登记、评估和监管，是火力发电厂防火防爆的重点单元。本次改造采用尿素水解制氨技术，即将尿素颗粒运至电厂，通过气力输送至尿素溶解罐，溶解配制出指定浓度（一般重量百分比为 50%）的尿素溶液，通过泵送至尿素溶液储罐储存，再利用尿素溶液循环泵输送至尿素水解系统分解制氨。该工艺不需要存储液氨，可以消除重大危险源。

项目于 2020 年 6 月 28 日改造完成，投资 1400 万元。改造完成后原有“氨区”系统将拆除，符合国家环保政策，有利于降低电厂运行安全风险，消除“氨区”这一重大危险源。

二十、浙江浙能绍兴滨海热电有限责任公司煤场封闭改造项目

2018 年 10 月，浙江省发布《燃煤电厂大气污染物排放标准》（地方标准），要求“储煤场应采用封闭、半封闭料场（仓、库、棚）。半封闭料场应至少两面有围墙（围挡）及屋顶，并对物料采取覆盖、喷淋（雾）等抑尘措施。”已有燃煤电厂自 2020 年 7 月 1 日执行。

2019 年 3 月 28 日，浙江浙能电力股份有限公司印发《关于 2019 年度生产性技术改造、修理及信息化项目计划的通知》（浙能电生〔2019〕54 号文），同意开展“煤场封闭改造项目”。

2019 年 11 月 22 日，项目正式开工。项目改造计划对一期、二期煤场进行封闭改造。一期煤场新建一座干煤棚，总跨度约为 107 米，长约 284 米；二期煤场新建一座气膜式煤场，总跨度约为 102 米，长约 284 米。干煤棚采用自然通风系统，在煤棚纵向的两侧下部设置单层防雨百叶窗自然进风，顶部设置薄型屋顶通风器自然排风。气膜式煤场采用机械通风系统。

项目预计 2020 年 6 月底改造完成，项目计划投资 14719 万元，煤场封闭改造完工后，能保持上仓系统的稳定性，防止带式输送机堵煤、磨煤机堵磨，同时能有效抑制扬尘。该技术在浙能集团下属电厂进行推广。

2019 年 1 月至 2020 年 12 月，浙江浙能电力股份有限公司台州发电厂进行封闭煤场改造项目，预算资金 7916 万元。

2019 年 1 月至 2020 年 12 月，浙江浙能台州第二发电有限责任公司进行封闭煤场改造项目，预算资金 13771 万元。

2019 年 1 月至 2020 年 6 月，浙江浙能温州发电有限公司进行封闭煤场改造项目，预算资金 19617.5 万元。

第七节 其他技术改造

一、浙江东南发电股份有限公司台州发电厂1号、2号卸煤机更新项目

2000 年 3 月 17 日，浙江东南发电股份有限公司印发《关于下达台州发电厂 2000 年度技术改造项目计划的通知》（东南发电生〔2000〕0027 号），同意开展“1 号、2 号卸煤机更新”技改项目。

2000 年，浙江东南发电股份有限公司台州发电厂 1 号、2 号卸煤机更新项目开工建设，以解决 1 号、2 号卸煤机设备老化显现、金属构件腐蚀严重的问题。该项目主要改造内容为：更新 1 号、2 号卸煤机，更新后的设备为长春发电设备厂生产，总投资 1530 万元。

2001 年，工程完工。通过改造更换，更新后的 1 号、2 号卸煤机起重量均为 12.5 吨（含抓斗自重 5.4 吨）。理论计算生产能力每台均为 600 吨/时。卸煤能力大幅度增加，满足 1~6 号机组改造后所需的运煤量。

二、浙江东南发电股份有限公司台州发电厂新建燃料综合楼、维护楼项目

2001 年 7 月 17 日，浙江东南发电股份有限公司印发《关于高压灰管、低压灰管及厂区旧建筑物改造项目的批复》（东南发电生〔2001〕0080 号），同意开展“新建燃料综合楼、维护楼”技改项目。

2001年，浙江东南发电股份有限公司台州发电厂新建燃料综合楼、维护楼项目开工。该项目主要改造内容为：一至三期输煤系统原为中央继电器集中控制。四期输煤系统控制采用程控和就地控制，新建燃料综合楼、维护楼后实现一至四期输煤系统统一程控方式。程控装置为西安通灵公司产品，能实现四期输煤系统所有皮带机、局部辅助设备及煤仓自动配煤控制，同时与实行独立操作的卸煤机、堆取料机、实物校验装置进行部分信号联系，达到集中控制目的。

2002年，投入使用，改造后提高了输煤系统自动化程度，减轻员工的劳动强度，为之后的五期工程节约造价。

三、温州发电有限责任公司计算机网络改造项目

2001年7月1日，温州发电有限公司计算机网络改造项目实施，按照统一规划、分步实施的原则，对整个网络构架总体设计，建立一个以1000兆为主干网络、到桌面为100兆的交换网络系统。改造内容：铺设全厂光缆系统；在中心机房新建以两台思科6509为核心、以集控室和行政楼区域为汇聚中心的全厂网络系统，并将公司各节点交换机进行更新为cisco2980（30台）；建立以两台IBM P660小型机为核心的服务器系统，并匹配IBM存储系统。

2001年12月26日，核心主干千兆网络、桌面百兆的网络系统项目完成，建立了以小型机为核心的软件处理服务器，公司MIS信息管理系统、实时监控系统、工业电视（远程图像监视系统）、视频会议、多媒体教学点播（VOD）系统等系统全面上线，极大地提高了公司信息化水平。

四、浙江镇海发电有限责任公司全厂消防水系统、杂用水系统改造项目

2002年5月23日，浙江省电力公司印发浙电发输〔2002〕567号文，同意开展“全厂消防水系统、杂用水系统改造”技改项目。

2002年1月11日，浙江镇海发电有限责任公司全厂消防水系统、杂用水系统改造项目开工，用以解决公司生活水和消防水合用，消防给水系统投用时间较长，存在的设备陈旧、管道腐蚀易泄漏、自动化程度低、可靠性差以及供水能力不足等问题。本次改造主要内容为：将生活水和消防水系统分开，成为两个完全独立的系统。两个泵房的控制模式都按无人值班设计，系统控制采用PLC控制方式结合工业电视监控。

2002年6月29日，工程完工。改造后，在消防水系统正常的情况下充压运行，由2台稳压泵维持压力，保证厂区内（不包括主厂房）的消防用水需要；杂用水系统主要满足原系统除消防功能以外的用水需要，供水模式效仿城市自来水恒压供水方式。

五、浙江镇海发电有限责任公司化学水处理设施异地改造项目

2002年12月4日，浙江省电力公司印发浙电发输〔2002〕1447号文件，同意开展“化学水处理设施异地改造”技改项目。

2002年12月7日，浙江镇海发电有限责任公司化学水处理设施异地改造项目开工。原化学水处理系统已运行20多年，设备老化，故障频繁发生，且系统出力低，不能满足生产发展需要。此次改造将新建化学水处理设施设计系统总出力3×153吨/小时，系统为一级除盐+混床，二运一备方式，控制系统采用PLC和工控机进行监控。

2004年3月19日，整个改造工程完工，投入运行。改造后，系统出力较原先增加了近一倍，系统运行制水时间减少约三分之一，满足了生产发展需要。

六、台州发电厂3号淡水管改造项目

2007年4月5日，浙江东南发电股份有限公司印发《关于台州发电厂2007年度技改项目及费用的批复》（东南发电生〔2007〕25号），同意开展“3号淡水管改造”技改项目。

2004年11月19日，台州发电厂3号淡水管改造项目开工。工程更换一期工程铺设的两条直径为400毫米、全长13.5千米的自应力钢筋混凝土管和三期的一条直径为400毫米的钢管（3号淡水管）。同时，溪口泵站设备也同步进行扩

建改造。改造完成后，淡水管使用年份长、腐蚀及磨损严重、出现大面积泄漏的问题得以解决，报警系统装置的安装也大大提高了水泵运行的可靠性。

2003 年 7 月 10 日，水灰分场溪口泵站报警装置获浙江省电力公司青年创新创效三等奖。

七、浙江浙能镇海发电有限责任公司宁波机场路至镇宁路淡水管线移位改造及宁波绕城机场公路段淡水管线更换改造工程

2005 年 7 月 8 日，浙江省能源集团有限公司印发浙能生〔2005〕216 号文件，同意开展“宁波绕城机场公路段淡水管线更换改造”技改项目。

2008 年 9 月下旬，浙江浙能镇海发电有限责任公司宁波机场路至镇宁路淡水管线移位改造及宁波绕城机场公路段淡水管线更换改造工程开工。2011 年 11 月中旬，工程完成。一期管道投运后，流量从原来的约 70 立方米/小时提高到 300 立方米/小时，全年可减少沿途淡水损耗约 113.8 万吨。根据 2004 年 11 月外围淡水管线查漏情况，栎社至中塘河段二期淡水管泄漏约 100 立方米/小时，改造后全年可减少沿途淡水损耗约 87.6 万吨。改造后合计全年可减少淡水损耗约 201 万吨，按大工业供水公司供水价格 2.2 元/吨计，全年可节约费用 443.8 万元。另外每年可节约维修及赔偿费用约 60 万元，经济效益十分明显。

八、台州发电厂 8 号、9 号机组供热改造项目

2010 年 3 月 16 日，台州发电厂五期配套工程供热管线项目立项获浙江省发展改革委批复（浙发改能源〔2010〕210 号）。3 月，台州发电厂 8 号、9 号机组供热改造项目开工。该项目在 8 号、9 号机组中间走廊地带建立一个热力站，分别从 8 号、9 号机冷段再热器和热段再热器再抽出部分蒸汽，到热力站供热集箱汇齐，根据医化园区所需的压力要求进行调整后供出，分别有热网禾欣支线和椒江沿海工业功能区块支线。另外，改造热网磨石粉厂支线，将其改造成通过新老管道均可供热。改造后，热网磨石粉厂支线可改由第 2 根新建管道供热。

2011 年 6 月 1 日，项目全部投产，整个项目设计总规模拟建共用管廊及 3 根管线。本期工程建设共用管廊并安装 1 根供热管道，管线以台州发电厂为起点，至浙江省化学原料药基地临海园区，供热管线全长为 15.55 千米，设计供汽压力为 2.2/1.6 兆帕，温度为 310 摄氏度，最大流量为 152 吨/小时，管径为 630 毫米×12 毫米/478 毫米×10 毫米/377 毫米×9 毫米无缝钢管。

九、浙江浙能中煤舟山煤电有限责任公司输煤流程改进项目

2013 年 8 月 9 日，浙江省能源集团有限公司以〔2013〕423 号文同意开展“输煤流程改进（增设 2 台取料机）”项目。

2012 年 1 月 10 日，浙江浙能中煤舟山煤电有限责任公司输煤流程改进（增设 2 台取料机）项目开工。项目增加 2 台悬臂长度不小于 52 米的取料机，分别安装在 C7B 和 C7C 带式输送机轨道上，同时将原来 C7B 带式输送机轨道上的 R2 取料机整机移到 SR2（C6B 输送带）北侧，将 SR2 \ SR3 所在范围的堆场作为电厂的专用堆场，通过 SR2 \ SR3 和原 R2 以及 C8BC 向电厂供煤，SR4 作为补充，满足电厂一期的供煤需要。

2014 年 12 月 4 日，项目竣工，投资 3532 万元。通过改造，每年可减少推煤量约 80 万吨。

十、台州发电厂 7 号、10 号机组厂内供热改造项目

2012 年 3 月 19 日，浙江东南发电股份有限公司印发《关于台州发电厂 2012 年度技改项目及费用的批复》（东南发电生〔2012〕16 号），同意开展“7 号、10 号机组厂内供热改造”项目。

2012 年 3 月 1 日，台州发电厂 7 号、10 号机组厂内供热改造项目开工。此项工程分土建和管道安装两个项目，其中管道安装项目由海天公司承包安装，包括 7 号机组供热管道固定点至供热联箱、9 号机组供热管道固定点至供热联箱、供热站附属设备及连接管道及厂内供热管道四部分。

2012 年 5 月，项目完工，厂内部分投资

1130万元。通过计算供热1000万吨，相比小锅炉供热可节约标煤60万吨，二氧化碳减排220万吨，二氧化硫减排15000吨，二氧化氮减排5000吨，烟尘减排25000吨。

十一、浙江浙能中煤舟山煤电有限责任公司“增设卸船机1台”项目

2013年10月24日，浙江浙能中煤舟山煤电有限责任公司“增设卸船机1台”项目开工。该项目主要在卸船线上增设1台卸载能力为2100吨/小时的卸船机，辅以电气、控制、排水等配套性改造。

2013年12月8日，项目竣工，投资4638万元。改造后，浙江浙能中煤舟山煤电有限责任公司卸煤码头达到1607万吨的年卸煤能力，满足年通过能力1500万吨的要求。

十二、浙江浙能温州发电有限公司煤码头加固改造工程

2014年10月30日，浙江省能源集团有限公司印发《关于下达2014年生产性技术改造计划的通知》(浙能生〔2014〕594号)，同意开展“煤码头加固改造工程”技改项目。

2015年1月29日，浙江浙能温州发电有限公司煤码头加固改造工程开工建设。本次加固改造主要目的是将原有两个2万吨级散货泊位加固改造为两个3.5万吨级散货泊位，同时使煤码头结构能满足1250吨/小时新卸船机的承载要求。加固改造主要内容为：对一期、二期煤码头原有系船柱排架、同时出现两根Ⅱ类桩的排架码头后沿（靠陆侧）增加1根直径为1000毫米灌注桩；对横梁顶部配筋不足的地方增设钢筋，对横梁底部承载力不满足要求的地方粘贴碳纤维布；对码头原有结构破损部分进行修补加固；更换煤码头系船柱、橡胶护舷、钢轨、锚碇装置等辅助构件。

2016年1月13日，改造完成。经浙江交通规划设计研究院按当时运煤船型（载重28000吨）核算，加固改造后的煤码头年设计通过能力可达644万吨，保证了浙江浙能温州发电有限公司四期工程扩建后全厂机组的发电用煤需求。

十三、浙江浙能长兴发电有限公司消防安保中心项目

2015年4月29日，浙江浙能电力股份有限公司印发《关于下达2015年生产性技术改造计划的通知》(浙能电生〔2015〕106号)，同意开展“消防安保中心”技改项目。

2015年3月10日，项目开始主体施工，7月21日，开始场坪施工。总用地面积约30047.32平方米，建筑面积约10311.42平方米，包含两个主体建筑（消防楼、安保楼）及室外场坪工程及相配套的室外道路、足球场、篮球场、室外消防、排水、供水、供电系统等工程，8月30日，完成项目整体施工作业。消防安保中心落成后，成为消防安保各项活动和工作开展的重要基地，促进了消防安保工作的实施和管理，使消防安保人员素质更专业化、管理更规范化、工作开展更全面化，为公司安全生产经营提供了重要保障。

十四、浙江浙能中煤舟山煤电有限责任公司煤炭中转码头前栈桥防护工程项目

2015年4月29日，浙江省能源集团有限公司印发《关于下达2015年生产性技术改造计划的通知》(浙能生〔2013〕106号文)，同意开展“煤炭中转码头前栈桥防护工程”技改项目。

2015年5月1日，舟山煤炭中转码头前栈桥防护工程项目开工。该项目建设地点舟山市普陀区六横镇石柱头，在防撞范围内，沿前栈桥北侧、平行于栈桥设置5个防撞墩和8个防撞桩簇。本项目在距装船码头较近段采用防撞墩与防撞桩簇间隔布置，其墩与簇之间的间距为37.5米；在距装船码头较远段仅采用防撞桩簇布置，其簇与簇之间的间距为30米。防撞墩与防撞桩簇前沿距前栈桥北侧38.25米，与装船码头南端的原防撞墩前沿线平行，防撞墩与防撞桩簇之间以及两个防撞桩簇之间的净距约为25米。防撞墩及部分防撞桩簇上设置太阳能警示信号灯。防撞墩及防撞桩簇顶面标高均为5.2米（国家85高程）。防撞墩采用桩基墩台式结构，墩台平面尺度为20米×5.5米，每个防撞墩下设6根直径为1000毫米钢管桩。防撞桩簇由3根直径为

1000毫米钢管桩组成，桩与桩之间采用双层铁链连接。

2017年6月19日，项目竣工，投资1492.5万元。改造后有利于避免船运事故对栈桥的损坏、减少生命财产损失和降低社会影响。

十五、浙江浙能绍兴滨海热电有限责任公司原水及除盐水系统供热扩容改造工程项目

2015年4月15日，柯桥区印染产业集聚升级工程建设办公室印发《关于要求保证柯桥区滨海印染产业集聚区蒸汽供应的函》，要求至2015年8月底，浙江浙能滨海热电有限责任公司中低压蒸汽供热能力达到340吨。浙江浙能绍兴滨海热电有限责任公司现有除盐系统共4套，设计形式为三用一备。滨海热电阴、阳床为单元制，混床为母管制，进水泵参数为0.43兆帕，额定流量为150立方米/小时。除盐系统正常运行时，由于系统设计问题，无法达到设计出力150立方米/小时，实际运行流量仅为120~130立方米/小时左右，无法满足供热制水要求。

2015年4月29日，浙江浙能电力股份有限公司印发《关于2015年度生产性技术改造项目及费用变更的批复》(浙能生〔2015〕106号)，同意开展“原水及除盐水系统供热扩容改造工程”项目。2015年5月8日，项目召开可行性研究报告审查会。

2015年5月19日，原水及除盐水系统供热扩容改造工程项目开工。项目内容主要包括：引接园区工业水作为原水取水的应急补充水源；新增1套原水预处理系统和除盐水制备系统；优化现有制水系统，消除瓶颈制约，增加系统出力。项目新设1条直径为300毫米补给水管，长度约500米，材质为给水衬塑复合钢管，自厂区附近的园区工业水母管引水注入中水蓄水池，作为电厂原水取水的应急补充水源。为满足增加的除盐水量，原水预处理系统在一期预留位置新增1座600立方米/小时高密度沉淀池、1台350立方米/小时空气擦洗滤池和配套泵阀设备，加药系统基本利旧。除盐水制备系统在预留基础上新增1套出力150吨/小时的超滤和反渗透系统及一级除盐加混床的离子交换系统，达到四运一备配置。

2016年7月18日，项目完工，改造后制水能力达到600吨/小时。

十六、浙江浙能金华燃机发电有限责任公司江边取水管线改造项目

2016年2月19日，浙江省能源集团有限公司印发浙能生〔2016〕66号文件，同意开展“江边取水管线改造”技改项目。

2015年12月20日，浙江浙能金华燃机发电有限责任公司江边取水管线改造项目开工。本次改造为厂区外约2591米，由江边取水泵出口母管至石油新能源围墙内为止。改造后，厂外江边取水管道更换为螺旋焊接钢管，规格直径为406.2毫米×7.1毫米，材质为Q235A，表面采用三PE防腐，防腐性能良好。

2016年9月19日，工程完工。从启动调试现象分析，新管道投入运行后，在江边泵出力不变的情况下，因管道阻力下降，取水流量增加约50吨/小时，节约江边泵用电约33%。基本解决厂外江边取水管道地面被建筑物占压难维护的问题。新管道按3套9E联合循环机组取水量设计，暂时为3号联合循环机组运行提供取水通道。

十七、浙江浙能兰溪发电有限责任公司煤场增设干煤棚项目

2015年4月29日，浙江浙能电力股份有限公司印发《关于下达2015年生产性技术改造计划的通知》(浙能电生〔2015〕106号)，同意开展“煤场增设干煤棚”技改项目。

2016年6月5日，为解决浙江浙能兰溪发电有限责任公司来煤运输距离长、在雨水季节因来煤较湿造成给煤机堵煤、排烟的热损失增加等问题，煤场增设干煤棚项目开工。干煤棚原设计采用空间网架结构，螺栓球节点，屋面板为彩色压型钢板。网架结构跨度约103米，长度为124米，最高点约为46米。鉴于建成以后对干煤棚钢结构进行防腐保养难度较大，因此本工程采用冷喷涂锌+防腐油漆或者热喷涂锌+防腐油漆对网架钢结构进行防腐处理。该技术核心是喷涂锌，可以确保15年无需维护。

2016年12月27日，改造完成。改造后磨

煤机、给煤机的故障率明显降低，机组的调节性能及对负荷的响应能力得到提高。

十八、浙江浙能绍兴滨海热电有限责任公司一期工程去工业化改造项目

2016年2月19日，浙江省能源集团有限公司印发《关于2016年技术改造计划的通知》(浙能生〔2016〕66号)，同意开展“热电一期工程去工业化改造”项目。

2017年1月1日，浙江浙能绍兴滨海热电有限责任公司一期工程去工业化改造项目开工建设。该项目以景观改造为重点，景观设计注重“以人为本”，强调环境的整体和谐，使景观的观赏性与功能性得到最大限度的相互统一。外观设计中采用以乡土树种为主的多物种生态原则，尽可能多的布置多物种的植物群落，从而达到最佳的滞尘、降温、增加湿度、净化空气、吸收噪音、美化环境的作用。做到景观与功能相结合、相统一。改造完成后将改变沿江的景观面貌，改变人们对电厂建筑固有的负面印象与蓝印小镇的建筑规划相契合。

十九、淮浙煤电有限责任公司凤台发电分公司供热系统改造项目

2016年11月28日，浙江省能源集团有限公司印发《关于2016年度生产性技术改造项目及费用变更的批复》(浙能生〔2016〕457号)，同意开展“供热系统一期改造工程”技改项目。

2017年4月5日，淮浙煤电有限责任公司凤台发电分公司一期供热系统改造项目开工建设。该项目厂内改造及厂外土建部分按远期120吨/小时供热建设，厂外管道按照近期供热需求量60吨/小时建设。厂外供热管线主干管总长度为14.62千米。厂内部分对4台机组全部进行供热改造，引出汽源为冷段再热蒸汽，在一期汽机房和二期汽机房各设置1个分汽缸，在厂区设置1个供热分汽缸。供热管道保温采用三层超细玻璃棉保温层+三层铝箔反射层+彩钢板的方案。

2017年12月30日，实现供热管道全线贯通，2018年3月开始向顾北煤矿供热，新用户开拓和供热工作也在快速推进。截止到2018年11月底，已实现对凤台县农业示范园区、凤凰湖新区实现供热。

二十、浙江浙能温州发电有限公司新建25000立方干灰钢板库项目

2014年10月30日，浙江省能源集团有限公司印发《关于下达2014年生产性技术改造计划的通知》(浙能生〔2014〕594号)，同意开展“新建25000立方干灰钢板库”技改项目。

2017年5月19日，浙江浙能温州发电有限公司新建25000方干灰钢板库项目开工。项目建设1个直径为34米的干灰钢板库，库体容积约为25000立方米，一整套完成飞灰储存倒料装车系统，配套库内充气、出料、散装系统，钢板库下料方式采用多点下料，包括库底流化设备、出料设备、提升机、散装库、风机、电动葫芦等。从公司四期除尘器、省煤器等收集的粉煤灰经直接通过气力输送管道送入库内。库内气化气源设备采用罗茨风机，配备电加热装置，温度近100摄氏度。库内粉煤灰经罗茨风机送风流化后，通过双廊道六点落料，进入涌管，在风力的作用下，进入提升机，再进入散装仓；通过散装仓装车完成出库。控制系统对整个干灰钢板库工艺系统进行集中监视、管理和程序控制，并可通过固体废弃物综合利用系统集中控制操作员站实现远方监视和操作，系统采用PLC控制。

2017年12月25日，项目改造完成。干灰钢板库建成后，公司废弃粉煤灰资源得到充分利用，保护环境，促进粉煤灰合理销售，避免淡季低价销售影响经济利益，并推动地方循环经济发展。

二十一、浙江浙能兰溪发电有限责任公司化学水处理系统扩容改造项目

2017年2月21日，浙江浙能电力股份有限公司印发《关于下达2017年生产性技术改造计划的通知》(浙能电生〔2017〕43号)，同意开展“化学水处理系统扩容改造”技改项目。

2018年1月1日，为缓解浙江浙能兰溪发电有限责任公司对外供热制水能力的不足，化学水处理系统扩容改造项目开工。改造内容为原水预处理区域机械搅拌澄清池后增设4座200立方

米/小时的V形滤池。4座V形滤池设置1座反洗水池（容积为350立方米），配套2台反洗水泵、2台反洗用罗茨风机，V形滤池出水进入工业水池。为进一步提高原水系统的处理能力和处理水平，在原有基础上增设1套出力为140立方米/小时的卧式内压式超滤装置和1套处理为125立方米/小时的反渗透装置，增加预脱盐系统的出力，并将原有反渗透保安过滤器进行整体更换，内部滤芯更换成大流量滤芯，拆除原有反渗透加热器，新增2台反渗透加热器，对原制水区域腐蚀、老化严重的加药装置进行整体更换，提高系统可靠性，新增除盐水泵2台、反渗透低压冲洗水泵1台、化水清水泵1台等，进一步提高整个制水能力和设备可靠性、稳定性。改造后可增加每小时100吨左右的除盐水制水能力。

二十二、淮浙煤电有限责任公司凤台发电分公司补给水管道改造项目

2018年3月19日，浙江浙能电力股份有限公司印发《关于下达2018年度生产性技术改造及修理、信息化项目计划的通知》(浙能生〔2018〕54号)，同意开展“补给水管道改造”技改项目。

2018年8月6日，补给水管道改造项目开工。项目内容为：保留原管道从补给水泵站向北引出沿淮河大堤向北至三里沟村后的部分，新建管道沿规划的安置大道北侧绿化带布置，穿越州来路、明珠大道等，在安一路交叉口向西引至安一路与置一路交叉口，沿置一路东侧绿化带向北引至置一路和站前大道交叉口，然后穿越置一路沿站前大道南侧绿化带向西布置与原补给水管连接，原管道穿过淮阜铁路、凤蒙公路后引入淮浙煤电有限责任公司凤台发电分公司。新改造补给水管道仍采用两根D1020x10螺旋缝钢管沿道路绿化带平行直埋敷设，改造管道单管长度约为8200米。第一阶段施工正在紧张进行中。改造后，将降低管线穿越的已建成的城区以及地方政府对相关区域进一步规划时对补给水管道安全运行的影响，有利于机组安全稳定运行。

二十三、长兴发电厂城市中水综合利用改造工程

2009年4月23日，浙能集团印发《关于下达2008年技术改造调整计划的通知》(浙能生〔2009〕160号)，同意开展该技改项目。

2008年8月8日，长兴发电厂城市中水综合利用改造工程（一期）项目开工建设。工程规模为3.0万立方米/天，2008年12月10日完工。2012年3月15日至11月19日，进行了中水二期工程建设。

改造工程完成后，充分利用长兴县兴长污水处理厂排水，通过提升系统及管道输送到长电公司厂内，经过曝气生物流化池工艺（ABFT）深度处理后，补入全厂的工业用水系统，作为电厂循环水系统补充水水源，替代原来从陆汇港的取水水源，实现市政污水循环利用，节约水资源，减轻市政污水处理厂的排水对受纳自然水体的不良环境影响。据测算，二期工程分别可削减氨氮321吨/年，生化需氧量372吨/年，化学耗氧量788吨/年，悬浮物125吨/年，总磷25吨/年。

二十四、浙江浙能绍兴滨海热电有限责任公司输煤上仓系统改造项目

2019年3月28日，浙江浙能电力股份有限公司印发《关于2019年度生产性技术改造、修理及信息化项目计划的通知》(浙能电生〔2019〕54号)，同意开展“输煤上仓系统改造项目”。

2019年12月，项目开工。浙江浙能绍兴滨海热电有限责任公司二期机组上仓系统与一期公用。从二期工程3号机组投产开始，机组用煤上仓耗时、上仓总量逐年增加。2018年6台机组全部投产后，日均上仓用时达到17.54小时，上仓系统运力基本饱和。在雨季等恶劣气象情况下，设备运力下降无法满足一用一备的需求，安全生产可靠性大大下降。本次改造为新增上仓通道，并延长C4B皮带。

项目预计2020年底改造完成。项目计划投资5316万元。改造后，上仓系统运行时可实现二用一备，提升上仓系统可靠性。

第　三　篇

石　　油

浙能集团经过十年坚持不懈的谋划和努力，完成“大能源战略”的一块重要拼图。浙江省石油股份有限公司是1998年国家石油体制改革后由省级地方政府创办的为数不多的省属石油公司。公司主要从事原油贸易、油品储运、燃料油加工加注、成品油销售等业务以及围绕主营业务配套的油库、码头、输油管线和综合供能服务站等基础设施的投资建设。

2017年4月1日，中国（浙江）自由贸易试验区挂牌成立，重点推进以油品全产业链为核心的大宗商品投资便利化贸易自由化，着力建设“一中心三基地一示范区”。2017年5月24日，中共中央、国务院出台《关于深化石油天然气体制改革的若干意见》。2017年7月3日，中共浙江省委财经领导小组决定，由浙能集团牵头组建并控股管理浙江省石油股份有限公司。2017年9月，浙能集团和民营控股的浙江石油化工有限公司分别占股60%和40%，注册资本金为110亿，正式注册成立混合所有制企业——浙江省石油股份有限公司。2017年9月29日，浙江省人民政府在杭州举行浙江省石油股份有限公司揭牌仪式，浙江省委、省政府主要领导为公司成立揭牌。

浙江省石油股份有限公司承担着合理配置浙江省石油产业资源和油品安全稳定供应的任务，努力发展成为具有核心竞争力的石油市场和产业的有力竞争者、激发市场活力的带动者、创建国家清洁能源示范省的先行者、国有企业混合所有制改革的探路者。围绕中国（浙江）自由贸易试验区“一中心三基地一示范区”，全面推进石油储运体系、石油贸易和销售体系、燃料油加工加注体系“三个体系”建设。规划到2025年，建成原油库224万立方米、成品油库119万立方米、原油管道140千米、成品油管道640千米，实现原油贸易2750万吨/年，销售成品油1500万吨/年，年调制生产燃料油600万吨，其中加注量360万吨，批发240万吨。

浙江省石油股份有限公司建立完整的业务组织架构，石油储运体系、石油贸易和销售体系、燃料油加工加注体系等“三个体系”建设深入推进，油品全产业链初见雏形。截至2019年底，浙江省石油股份有限公司实现营业收入187.36亿元，资产总额112.16亿元。“三个体系”建设取得阶段性进展，拥有库容151万立方米的黄泽山油品仓储基地（其中原油储罐容量120万立方米，成品油储罐容量31万立方米，配套建成30万吨级卸船泊位），库容4.95万立方米的台州远洲石化仓库（其中成品油罐容量3.6万立方米，化工罐容量1.35万立方米，配套建成3000吨级码头）。2019年共完成原油贸易量501.8万吨，保税燃料油加注量33万吨。截至2019年12月31日，累计建成172座综合供能服务站，圆满完成2019年浙江省十大民生实事之一——综合供能服务站建设任务。

在打赢石油产业攻坚战的关键时期，浙江省石油股份有限公司牢记使命、不负重托，深入贯彻中央“四个全面”战略布局和习近平能源安全新战略，坚持以习近平新时代中国特色社会主义思想为指导，加快推进“三个体系”建设，努力成为中国（浙江）自由贸易试验区建设的主引擎，合理配置浙江省石油产业资源的主抓手和浙能集团打造“创新型、协同型和服务型现代能源企业”的有力支撑，全力打造成为“引领未来、绿色智慧、国内一流、国际知名”的石油企业。

第一章　机构与规模

第一节　管理体制

2007年10月11日，浙江浙能石油新能源有限公司注册成立。注册资本金4.5亿元，为浙能集团全资子公司。2017年3月27日，浙江浙能石油新能源有限公司在中国（浙江）自由贸易试验区注册成立舟山浙能石油化工有限公司，主营保税燃料油业务。该公司是首批入驻浙江自贸区的十家企业之一，并成功取得舟山市人民政府发放的保税燃料油经营资质。

2017年7月3日，中共浙江省委财经领导小组决定由浙能集团牵头组建浙江省石油股份有限公司。2017年7月13日，浙能集团召开会议，宣布成立浙江省石油股份有限公司筹备组，范小宁任筹备组组长。2017年9月16日，浙江省石油股份有限公司在中国（浙江）自由贸易试验区完成工商登记，注册资本为110亿元，由浙能集团和浙江石油化工有限公司共同出资组建，分别占股60%和40%，构建起混合所有制的管理架构。

2018年1月1日，根据浙能集团第二届第一百八十七次董事会会议决议，浙江浙能石油新能源有限公司管理权从浙江能源天然气集团有限公司调整至浙江省石油股份有限公司。

2018年2月6日，浙江浙石油综合能源销售有限公司正式成立，注册资本金30亿元人民币，是浙江省石油股份有限公司全资子公司。

2018年3月8日，根据浙能集团第二届第一百八十七次董事会会议决议，舟山浙能石油化工有限公司更名为浙江浙石油燃料油销售有限公司，与浙江浙能石油新能源有限公司合署办公，隶属于浙江省石油股份有限公司管理。

2018年4月1日，根据浙江省石油股份有限公司2018年3月30日党委会会议纪要精神，浙江浙能石油新能源公司11家子公司管理关系调整至浙江浙石油综合能源销售有限公司。

2018年7月13日，浙江浙石油贸易有限公司在中国（浙江）自由贸易试验区注册成立，注册资本为10亿元人民币，其中浙江省石油股份有限公司出资71%，嘉能可亚洲控股私人公司出资29%。

2018年7月19日，浙江浙石油储运有限公司成立，作为浙江省石油股份有限公司全资子公司，注册资本金为15亿元人民币，主要负责构建浙江省石油股份有限公司油品储运网络体系，拟在全省投资建设油品储运基地和分销油库、油品运输管道，进一步完善浙江省内油品管道、仓储基础设施建设。

2018年10月22日，浙江省石油股份有限公司与浙江寰宇能源集团有限公司签署黄泽山石油中转储运项目股权转让协议。2018年12月14日，广厦（舟山）能源集团有限公司完成股权变更，注册资本为5亿元人民币，由浙江省石油股份有限公司控股80%、浙江寰宇能源集团有限公司持股19.6%、舟山市经济建设投资公司持股0.4%。

2018年12月25日，浙能集团印发《关于印发〈石油板块管控方案（试行版）〉》的通知（浙能战略〔2018〕662号），明确石油板块的产业经营和发展总部为浙江省石油股份有限公司。浙江省石油股份有限公司作为该板块的板块管理公司，承担石油板块事权管理，全面落实两个主体责任（即板块经营责任、板块投资责任），履行板块内人力资源、党群、监察、审计等管理职能，统筹协调该产业板块内的资源整合和利益关系，切实发挥板块在产业开拓、项目投资开发、经营管理、成本控制、安全生产、风险管控等方面的主体作用，确保实现浙能集团利润最大化和利润质量最优化。

第二节 内设部门

2018年2月2日，浙江省石油股份有限公司印发《关于公司组织机构设置及部门主任任命的通知》(浙石油〔2017〕4号)，设立综合办公室、财务部、投资发展部、资产经营部、安全生产与工程部、党群监审部。

2019年7月8日，经浙江省石油股份有限公司董事会讨论研究决定，增设人力资源部、纪检审计室，党群监审部更名为党群工作部。至此，公司部门设置为综合办公室、人力资源部、财务部、投资发展部、资产经营部、安全生产与工程部、党群工作部、纪检审计室，共计6部2室，相关职责及组织架构见表3-1-1和图3-1-1。

表3-1-1 2019年浙能集团浙江省石油股份有限公司部门名称与职责一览表

序号	部室名称	部室职责
1	综合办公室	系公司"三办"(党委会办公室、董事会办公室、总经理办公室)事务、行政管理(包括保密、档案管理、制度建设等职责)、综合事务管理、信访维稳、公共关系处理等工作的职能部门。并根据集团公司管控权责划分，对所属营运企业相关业务进行审核、指导、协调、监督、考核
2	人力资源部	系公司组织管理、人事管理、教育培训、职称管理、薪酬社保、绩效管理等工作的职能部门。并根据集团公司管控权责划分，对所属营运企业相关业务进行审核、指导、协调、监督、考核
3	财务部	系公司会计核算与规范、全面预算管理、资金管理、财务管理、税务管理等工作的职能部门。并根据集团公司管控权责划分，对所属营运企业相关业务进行审核、指导、协调、监督、考核
4	资产经营部	系公司经营管理、市场营销与价格管理、经营绩效考核、产权管理及"三会"管理等工作的职能部门。并根据集团公司管控权责划分，对所属营运企业相关业务进行审核、指导、协调、监督、考核
5	投资发展部	系公司战略发展、法律事务、项目投资、国际业务、统计管理、外事管理等工作的职能部门。并根据集团公司管控权责划分，对所属营运企业相关业务进行审核、指导、协调、监督、考核
6	安全生产与工程部	系公司安全监督管理、生产管理、项目建设管理、信息化管理、科技项目管理、招投标管理、物资采购等工作的职能部门。并根据集团公司管控权责划分，对所属营运企业相关业务进行审核、指导、协调、监督、考核
7	党群工作部	系公司党建工作、宣传教育、精神文明与企业文化建设、工团建设等工作的职能部门。并根据集团公司管控权责划分，对所属营运企业相关业务进行审核、指导、协调、监督、考核
8	纪检审计室	系公司纪检监察、审计、风控管理等工作的职能部门。并根据集团公司管控权责划分，对所属营运企业相关业务进行审核、指导、协调、监督、考核

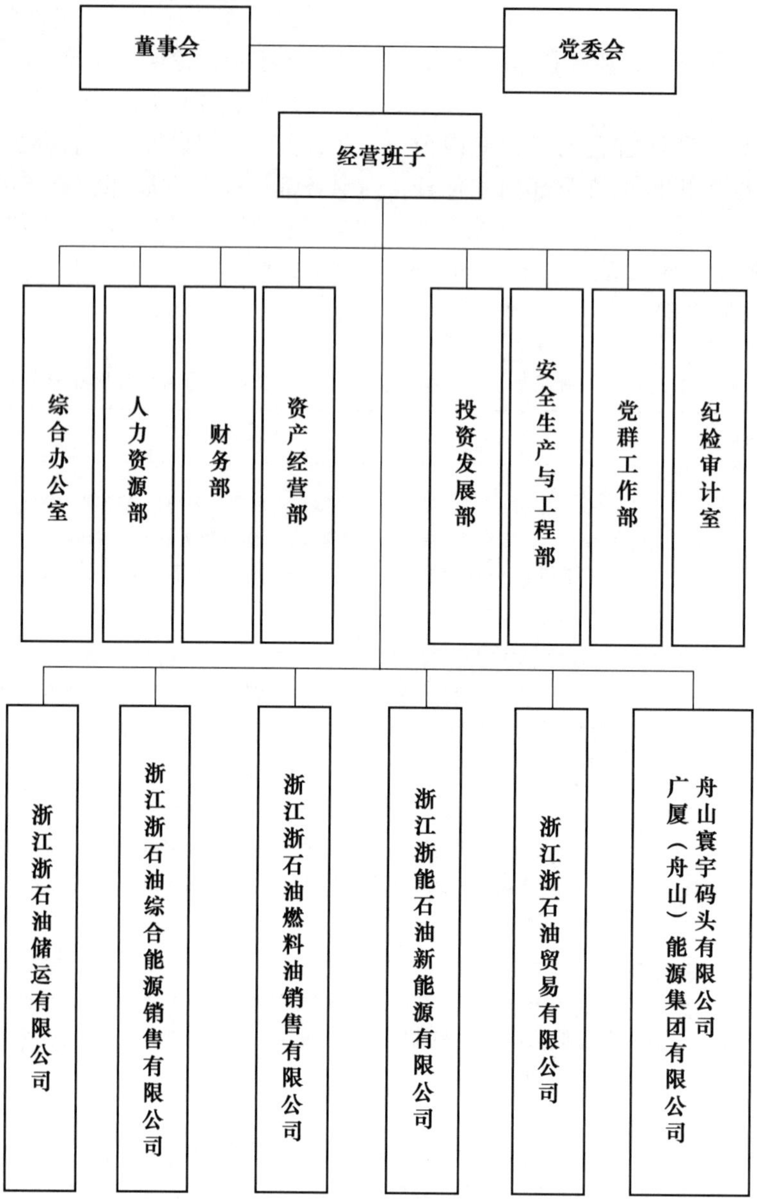

图 3-1-1 2019 年浙能集团石油板块组织架构图

第三节 制度建设

2018 年 3 月 22 日，浙江省石油股份有限公司印发《公司党委议事规则》，规则明确，切实履行公司党委职责，充分发挥党委领导作用，确保公司按照《中华人民共和国公司法》等法律法规依法经营，支持公司按照《浙江省石油股份有限公司章程》及各项规章制度实现科学的决策和管理。

2018 年 5 月 7 日，浙江省石油股份有限公司印发《企业标准化管理办法（试行）》，办法明确，加强和规范公司标准化管理工作，建立健全企业标准化管理制度，明确标准化管理机构，完善标准制度修订流程，对公司标准化管理实施、监督检查和评价提出要求。5 月 16 日，浙江省石油股份有限公司印发《公文处理办法（试行）》等共计 17 项管理制度，涉及公司行政办公、人力资源、工程建设、安全管理等各项业务。

2018 年 6 月 13 日，浙江浙石油综合能源销售有限公司印发《企业标准化管理办法（试行）》，对公司制度的格式、编号、排版等内容有了统一的规定。截至2018年12月底，共制定制度123项，其中办公行政类制度25项，人力资源管理类制度19项，党建政工类制度2项，财务管理类制度12项，资产与计划合同类制度8项，投资类制度7项，生产安全类制度17项，建设管理类制度16项，市场营销类制度7项，物流管理类制度10项。另外，参照执行集团公司制度73项，参照执行省石油公司制度15项。

2018年6月26日，浙江省石油股份有限公司印发《浙江省石油股份有限公司参照执行集团标准目录清单（第一批）》，将该批制度纳入公司制度标准化管理体系，遵照执行。

2018年6月28日，浙江浙石油燃料油销售有限公司标准化委员会成立，委员会下设标准化管理办公室，归口综合办公室，各部门均设1位制度联络员。6月29日发布《企业标准化管理办法》，对公司制度的格式、编号、排版等内容有了统一的规定。截至12月底，共发布84项制度，其中综合性制度（《“三重一大”决策制度实施办法》《重大事项议事决策规则》《党建党风廉政建设责任制实施办法》等）7项，行政办公类制度34项，财务管理类制度14项，采购、招投标类制度13项，安全生产类制度14项，销售类制度2项。同时，公司印发了《浙江浙石油燃料油销售有限公司引用执行集团标准目录清单（第一批）》，共计66项，引用制度均纳入公司制度标准化管理体系，遵照执行。

2018年6月28日，浙江浙能石油新能源有限公司标准化委员会成立，委员会下设标准化管理办公室，归口综合办公室，各部门均设1位制度联络员；6月29日发布《企业标准化管理办法》，对公司制度的格式、编号、排版等内容有了统一的规定。截至12月底，共发布111项制度，其中综合性制度（《“三重一大”决策制度实施办法》《重大事项议事决策规则》《“三重一大”决策考核评价和后评估管理办法（试行）》等）5项，行政办公类制度16项，财务管理类制度14项，采购、招投标类制度13项，安全生产类制度61项，销售类制度2项。同时，公司印发《浙江浙能石油新能源有限公司引用执行集团标准目录清单（第一批）》，共计44项，引用制度均纳入公司制度标准化管理体系，遵照执行。

2018年7月9日，浙江省石油股份有限公司印发《“三重一大”决策制度实施细则（试行）》等35项制度，涉及公司行政办公、党群管理、安全生产、信息化建设等业务事项。2018年8月6日，浙江省石油股份有限公司分别印发《办公用品（低值易耗品）管理办法（试行）》等27项管理制度及《领导人员信访接待日管理办法（试行）》，涉及公司行政办公、财务管理、投资统计、法律事务、业务采购、信访维稳等业务事项。2018年9月7日，浙江省石油股份有限公司印发《标准编写出版规定（试行）》等8项管理制度，涉及制度编制、财务管理、工程建设的业务事项。

2018年9月12日，浙江浙石油储运有限公司首批32项制度发布试行，内容包括基础性制度（《党总支议事规则》《董事会议事规则》《总经理工作规则》及“三重一大”体系等）7项，行政办公类制度11项，财务管理类制度4项，采购、招投标类制度3项，基建管理类制度4项，安全生产类制度3项，同时参照执行浙能集团制度132项，保障公司由筹建期到公司化运作期平稳过渡。

2018年11月30日，浙江省石油股份有限公司印发《所属营运企业绩效考核办法（试行）》等8项制度，涉及薪酬管理、战略研究课题、综合供能服务站投资管理等业务事项。2018年度，浙江省石油股份有限公司完成105项制度的编定发布，并发布参照浙能集团执行目录清单（第一批）132项，构建起共计237项制度清单，有效覆盖公司现阶段开展的各项工作任务。

第四节 发展规划

2017年10月中旬，浙江石油成品油销售有限公司筹建处委托浙江省发展规划研究院启动《全省综合供能服务站建设规划》编制工作。2017年10月20日，浙江浙石油储运有限公司完成《浙石油成品油储运规划（初稿）》编制并通过内部审查。2017年12月28日，浙江浙石油储运有限公司完成《浙石油原油储运规划

（2018—2030 年）》编制并通过内部审查。

2018 年 3 月 20 日，浙江浙石油燃料油销售有限公司召开公司发展规划编制工作启动会，从党建引领、组织架构设立、品牌文化传播、上下游营销工作、安全管理工作等方面入手，系统规划浙江浙石油燃料油销售有限公司未来发展。

2018 年 4 月 23 日，浙江省石油股份有限公司召开公司发展规划编制工作启动会，围绕“三个体系”建设，编制 2018—2030 年公司发展规划，明确发展规划编制工作职责和分工，制定工作进度计划。

2018 年 5 月 4 日，《浙石油成品油储运规划（送审稿）》《浙石油原油储运规划（送审稿）》通过浙能集团投资委员会及专家组评审。成品油储运规划具体内容为初期（到 2022 年）完成台州油库收购；建设温州油库及金华兰溪油库；建设舟山—宁波—绍兴成品油管道，配套建设绍兴油库一期、宁波油库一期；建成绍兴—杭州—湖州成品油管道，配套收购或自建杭湖油库。中期（到 2025 年）建成台州油库二期、金华油库二期、绍兴油库二期、宁波油库二期；通过管道配套库、水运库库容扩建，增加成品油管道输送能力及水运库仓储中转能力。远期（到 2030 年）根据市场情况择期建设绍兴—金华—丽水成品油管道，台州—丽水—衢州成品油管道，增强绍兴南部、金华东部以及丽水地区的成品油保障力度，并与国家油气管网公司合作开发，将油品输送至江西、安徽等周边省份。原油储运规划的主要项目为初期建成黄泽山—鱼山原油管道，建成黄泽山一、二期项目；远期建成黄泽山—漕泾原油管道、“黄小双”三岛互联海底管道，开发黄泽山洞库项目。

2018 年 6 月 28 日，由浙江浙石油综合能源销售有限公司编制的《综合供能服务站建设规范》通过浙江省质监局审查。2018 年 8 月 30 日，浙江省质量技术监督局批准发布了《综合供能服务站建设规范》（DB33/T 2136—2018）省级地方标准，该规范是全国首个省级地方性加油、加气、充电综合供能服务站的省级地方标准。

2018 年 9 月 30 日，经过一年多时间摸排调研、意见征求和反复修改完善后，浙江省发展改革委、浙江省国土资源厅、浙江省建设厅、浙江省交通运输厅、浙江省商务厅五部门联合印发《浙江省综合供能服务站与配套储运设施建设规划》，为综合供能服务站建设提供了规划依据。2018 年 12 月 26 日，浙江省省长袁家军在省委经济工作会议上要求，2019 年，全省建成 300 座综合供能服务站。300 座站点均已列入《浙江省综合供能服务站与配套储运设施建设规划》。

2018 年 12 月 27 日，《浙江石油发展规划（2018—2030 年）》通过浙江省石油股份有限公司党委会审议，规划具体内容为近期（到 2022 年）投资总额力争超过 400 亿元，建成成品油管道 270 千米、原油管道 65 千米、原油仓储设施 500 万立方米、成品油分销油库 65 万立方米、综合供能站 700 座，年营业收入到期末力争达到 1300 亿元。远期（到 2030 年）累计完成投资 765 亿元。建成成品油管道 800 千米，原油管道 175 千米，原油仓储设施 2500 万立方米，成品油分销油库 100 万立方米，综合供能站 1000 座，年营业收入到期末力争达到 2800 亿元。

2019 年 3 月 7 日，浙江浙石油燃料油销售有限公司编制完成《浙江浙石油燃料油销售有限公司发展规划（2018—2030 年）》，规划主要内容为近期（到 2022 年）实现燃料油销售 218 万吨，中期（到 2025 年）实现燃料油销售 600 万吨，远期（到 2030 年）实现燃料油销售 1000 万吨。

2019 年 3 月 18 日，浙江浙石油燃料油销售有限公司组织开展《浙江石油国际海事服务（保税燃料油）基地建设规划》内审会议，对基地规划布局选址、功能定位、规模设想、实施路径等方面内容进行分析和研究。

2019 年 3 月 22 日，浙江浙石油贸易有限公司编制完成《浙江浙石油贸易有限公司发展规划（2018—2030 年）》，规划主要内容为：初创阶段（到 2020 年），实现原油贸易量 1000 万吨，理顺 LNG 贸易业务模式，全力准备成品油出口资质的申请，实现 LNG、燃料油及成品油贸易业务平稳起步；近期阶段（到 2022 年），实现原油贸易量 1500 万吨，燃料油贸易量 100 万吨，LNG 贸易量 50 万吨，成品油贸易量 100 万吨；中期阶段（到 2025 年），力争实现原油贸易量 2500 万吨，燃料油贸易量 200 万吨，LNG 贸易量150万吨，成品油贸易量500万吨。以贸易为依托，结合浙能集团海外项目投资计划及安排，参股1~2个上游资源投资项目。基于国内成品油过剩的局面，在海外1~2个国家布局成品油仓储、批发或零售项目；远期阶段（到2030年），力争实现原油贸易量3000万吨，燃料油贸易量300万吨，LNG贸易量1000万吨，成品油贸易量1000万吨。参股3~5个上游资源投资项目，在海外2~3个国家布局成品油仓储、批发或零售项目。

2019年4月18日，《浙江石油国际海事服务（保税燃料油）基地建设规划》通过浙能集团和浙江省石油股份有限公司的联合审查。

2019年6月27日，《浙江石油国际海事服务（保税燃料油）基地建设规划》通过浙江省石油股份有限公司党委会审议，规划布局建设以黄泽山为中心的“一主多点”的保税燃料油基地。

第二章 油 品 储 运

第一节 管 道 项 目

一、舟山—宁波—绍兴成品油管道工程（海域段）

2017年8月24日，浙江省石油股份有限公司筹备组相关人员赴舟山调研考察，对接浙江浙石油储运有限公司注册和项目前期工作。

2017年9月5日，浙能集团董事长、党委书记、浙江省石油股份有限公司筹备工作领导小组组长童亚辉，浙能集团副总经理、浙江省石油股份有限公司筹备组组长范小宁及筹备组相关人员赴舟山市与舟山市委书记、舟山新区党工委书记、管委会主任、中国（浙江）自由贸易试验区管委会主任俞东来商讨舟山—宁波—绍兴成品油管道项目有关事宜。

2018年5月16日，项目通过浙能集团董事会决议，同意开展前期工作。5月31日，国家海洋局东海分局召开舟山—宁波成品油海底管道工程路由行政协调会，会议原则同意桌面路由方案。

2018年6月12日，浙江石油油品储备贸易有限公司筹建处（2018年7月登记成立为浙江浙石油储运有限公司）与中石化石油工程建设有限公司在杭州共同协商舟山—宁波—绍兴成品油管道前期工作相关事宜，加快推动项目前期工作开展。筹建处主任、副主任，中石化石油工程建设有限公司副总经理及双方相关人员参加会议。

2018年8月13日，舟山—宁波—绍兴成品油管道工程规划选址工作取得突破，慈溪市崇寿镇段管线路由盖章确认工作完成，这标志着该工程取得突破性进展，为慈溪市其余乡镇盖章确认工作起到了示范作用。同月，浙江浙石油储运有限公司向国家海洋局东海分局提交舟山—宁波成品油海底管道工程路由调查勘测申请。

2018年9月7日，经《浙江省石油管网规划（2018—2030年）》专家论证会论证，浙江省石油股份有限公司规划部署的舟山—宁波—绍兴成品油管道工程与绍兴—杭州—湖州成品油管道工程成功纳入《浙江省石油管网规划（2018—2030年）（送审稿）》。

2018年12月21日，浙江浙石油储运有限公司完成舟山—宁波成品油海底管道工程环评报告、安评报告、航评报告、海域使用论证报告、通航安全咨询报告的委托工作。同月26日，召开舟山—宁波成品油海底管道工程可行性研究报告审查会，可研报告通过浙江省石油股份有限公司审查。

2019年4月3日，国家海洋局东海分局印发《关于舟山—宁波成品油海底管道工程路由审查意见的函》（海东管［2019］92号），同意浙江浙石油储运有限公司推荐的路由方案。4月15日，浙江浙石油储运有限公司提交《舟山—

宁波—绍兴成品油管道（海域段）项目申请报告》至浙江省石油股份有限公司。

2019年8月29日，舟山—宁波—绍兴成品油管道（海域段）通过浙江省石油股份有限公司投资审核委员会审查。

2019年9月30日，舟山—宁波—绍兴成品油管道（海域段）取得浙江省发展改革委项目赋码。舟山—宁波—绍兴成品油管道工程（海域段）起于舟山鱼山炼化基地，终于宁波慈溪。管道全长约55千米，输油规模为591万吨/年，设计压力为10兆帕，设计管径为508毫米。

二、舟山—宁波—绍兴成品油管道工程（陆域段）

2018年5月16日，舟山—宁波—绍兴成品油管道工程（陆域段）项目通过浙江省能源集团有限公司董事会决议，同意开展前期工作。2018年8月13日，舟山—宁波—绍兴成品油管道工程（陆域段）规划选址工作取得首个乡镇（慈溪市崇寿镇段）管线路由盖章确认。2018年9月6日，完成舟山—宁波—绍兴成品油管道工程（陆域段）绍兴市上虞区全部乡镇路由选址盖章确认工作。2018年11月7号，完成舟山—宁波—绍兴成品油管道工程（陆域段）余姚市境内全部乡镇路由盖章确认工作。

2018年12月17日，浙能集团总经理柯吉欣一行拜访绍兴市市长盛阅春，协调浙能集团在绍项目推进事宜，明确管道项目配套的绍兴油库选址意向。12月27日，完成舟山—宁波—绍兴成品油管道工程（陆域段）慈溪市境内全部乡镇路由盖章确认工作。

2019年1月4日，绍兴市上虞区政府召开《绍兴油库选址推进工作专题会议》，会议明确绍兴上虞油库选址位于上虞区杭州湾开发区滨海大道东延段以南、上虞区与余姚市交界处以西地块，并于2019年3月7日出具《关于绍兴油库选址推进工作会议纪要》。2019年1月30日，绍兴市上虞区政府召开《上虞区城乡规划委员会2019年第一次主任办公会议》，会议原则同意上虞油库选址方案，并于2019年3月7日出具《关于上虞区城乡规划委员会2019年第一次主任办公会议纪要》。2019年3月20日，浙江浙石油储运有限公司完成舟山—宁波—绍兴成品油管道工程（陆域段）绍兴市越城区境内全部乡镇路由盖章确认工作。

2019年4月15日，浙江浙石油储运有限公司完成舟山—宁波—绍兴成品油管道工程（陆域段）绍兴市滨海新城境内全部乡镇路由盖章确认工作。至此舟山—宁波—绍兴成品油管道工程（陆域段）完成绍兴市境内全部乡镇路由盖章确认工作。4月28日，舟山—宁波—绍兴成品油管道工程（陆域段）配套油库上虞油库取得杭州湾上虞经济技术开发区管委会的规划选址盖章确认。

2019年7月26日，舟山—宁波—绍兴成品油管道工程（陆域段）配套油库上虞油库通过规划选址论证报告评审会。2019年9月30日，舟山—宁波—绍兴成品油管道工程（陆域段）项目取得省发展改革委赋码。舟山—宁波—绍兴成品油管道工程（陆域段）始于宁波慈溪，终于绍兴上虞。管道全长约166千米，沿线配套绍兴上虞油库（库容10万立方米）和宁波慈溪油库（库容5万立方米）。

截至2019年12月31日，舟山—宁波—绍兴成品油管道工程（陆域段）项目已完成慈溪市、余姚市、上虞区、越城区等共16个镇（开发区）已路由（共145千米，占全长85%）盖章确认工作；绍兴段线路部分选址论证报告初稿已完成，安评报告、环评报告已同步启动编制；项目可研报告初稿已基本编制完成。

三、绍兴—杭州—湖州成品油管道工程

2018年5月4日，绍兴—杭州—湖州成品油管道工程项目通过浙江省能源集团有限公司投资委员会决议，同意开展前期工作。2018年9月6日，浙江浙石油储运有限公司完成绍兴—杭州—湖州成品油管道工程绍兴市上虞区全部乡镇路由选址盖章确认工作。5月7日，经《浙江省石油管网规划（2018—2030年）》专家论证会论证，浙江省石油股份有限公司规划部署的舟山—宁波—绍兴成品油管道工程与绍兴—杭州—湖州成品油管道工程成功纳入《浙江省石油管网规划（2018—2030年）（送审稿）》。2018年10月30日，完成绍兴—杭州—湖州成品油管道工程

绍兴市柯桥区全部乡镇路由选址盖章确认工作。

2019年3月27日，浙江浙石油储运有限公司完成绍兴—杭州—湖州成品油管道工程桐乡市境内全部乡镇路由盖章确认工作。2019年9月30日，绍兴—杭州—湖州成品油管道工程取得浙江省发展改革委项目赋码。绍兴—杭州—湖州成品油管道工程始于绍兴上虞，终于湖州德清。管道全长约140千米，沿线配套湖州德清油库（一期库容5万立方米，配套建设3个500吨级泊位）和海宁油库（3万立方米）。

截至2019年12月31日，绍兴—杭州—湖州成品油管道工程项目已完成上虞区、柯桥区及桐乡市乡镇路由盖章（共52千米，占管道全长的43.3%）。

四、黄泽山—鱼山原油海底管道工程

2018年5月31日，国家海洋局东海分局召开黄泽山—鱼山原油海底管道工程路由行政协调会，会议原则同意桌面路由方案。2018年11月23日，黄泽山—鱼山原油海底管道工程经浙能集团董事会决策立项。2018年11月26日，黄泽山—鱼山原油海底管道工程项目通过浙能集团董事会决议，同意开展前期工作。

2019年5月6日，项目取得国家海洋局东海分局关于黄泽山—鱼山原油海底管道工程的路由勘测批复，立即着手路由调查工作。2019年8月28日，取得自然资源部东海局关于黄泽山—鱼山原油海底管道工程路由审查意见的复函。2019年9月16日，浙江浙石油储运有限公司提交《黄泽山—鱼山原油海底管道项目申请报告》至舟山市发展改革委。黄泽山—鱼山原油海底管道工程起于黄泽山石油中转储运基地，终于鱼山绿色石化基地。管道全长约58千米，输油规模为2000万吨/年，设计压力为4兆帕，设计管径为813毫米。

第二节 储 运 项 目

一、台州远洲石化仓储及配套码头收购

2018年9月28日，浙江浙石油综合能源销售有限公司与临海市远洲石化有限公司、远洲房地产开发有限公司签订台州远洲石化仓储及配套码头项目并购合作协议。2018年11月完成远洲石化仓储有限公司工商变更登记、银行印鉴和公章更换，并完成资产清点和管理权交接。项目位于浙江省台州市椒江江畔，设计总罐容为4.95万立方米，配套1个3000吨级石化泊位（结构按靠泊5000吨级船舶设计），年吞吐量可达60万吨。

2019年3月5日，台州远洲石化仓储及配套码头项目土建工程通过初步验收，标志着土建工程初步完成，为后续整体竣工验收打下了坚实基础。3月15日，台州远洲石化仓储有限公司《生产准备大纲》通过浙江省石油股份有限公司审查。2019年5月4日，台州远洲石化仓储有限公司开展三查四定工作，并立即开启相应整改落实工作。

2019年7月4日，台州远洲石化仓储有限公司水联运方案及试生产方案通过专家评审。7月11日，浙能集团党委书记、董事长童亚辉到台州远洲石化仓储有限公司视察，并开展“不忘初心、牢记使命”调研解难题活动，指导项目建设工作。

2019年8月22日，浙江浙石油储运有限公司在台州远洲石化仓储有限公司召开试运投产委员会第一次会议，成立台州远洲石化仓储及配套码头交工验收及试生产组织机构。2019年9月9日，台州远洲石化仓储有限公司与各施工单位签订项目中交验收协议，标志着工程施工安装的正式收尾。9月10日，台州远洲石化仓储有限公司开展水联运调试，并于9月30日完成水联运调试，该工作的完成标志着台州远洲石化仓储及配套码头项目设备设施和生产准备工作已具备进油条件。

二、兰溪油库及配套码头项目

2018年8月27号，兰溪市发展改革局局长专程到杭州与浙江浙石油储运有限公司领导班子交流洽谈。双方围绕兰溪油库工程项目前期工作深入交流，共同探讨项目推进方式。2018年9月29日，兰溪市政府召开兰溪油库选址审查会，出具纪要，明确兰溪油库及配套码头项目选址。兰溪油库及配套码头项目选址于女埠街道后郑花

塘兰江江畔，总罐容为3.3万立方米，配套两个500吨级码头泊位。

2018年11月7日，金华市浙石油储运销售有限公司注册成立。11月22日，兰溪市政府组织召开浙石油兰溪油库规划选址论证报告审查会，同意规划选址方案。2018年12月10日，浙江浙石油储运有限公司取得兰溪市建设局出具的兰溪油库及配套码头项目选址意见书。12月11日，浙江浙石油储运有限公司取得兰溪市国土局出具的用地预审意见批复。12月12日，金华市浙石油储运销售有限公司完成兰溪油库及配套码头项目备案。

2019年7月15日，兰溪油库配套码头取得兰溪市发展改革局出具的核准批复。

2019年10月28日，兰溪油库及配套码头项目通过浙能集团投资决策。

三、温州油库及配套码头项目

2018年12月28日，温州市和洞头区召开温州油库及配套码头项目选址会议并出具会议纪要明确项目选址。温州油库及配套码头项目选址在温州市小门岛石化产业基地，工程拟建设库区储罐总规模为7.4万立方米，设计6座10000方内浮顶油罐、2座5000方内浮顶油罐、2座2000方内浮顶乙醇罐，为二级油库，并配套建设1个10000吨级码头泊位。

2019年5月10日，温州油库及配套码头项目完成浙能集团立项，同意开展项目前期工作。2019年9月17日，浙江浙石油综合能源销售有限公司完成与温州大小门岛投资开发有限公司合资协议的签署，委托浙江浙石油储运有限公司温州油库筹建组全面开展项目建设前期工作。截至2019年12月31日，项目完成油库工程及配套码头工程可行性研究，基本完成前期涉海专题。

四、金华油库接收

2010年11月30日，浙江浙能金华燃机发电有限责任公司一期16000立方米自备油库改造10000立方米成品油库项目技术可行性分析方案通过由金华市国内贸易与粮食局牵头，金华市规划、国土、安监、交通、环保、公安局消防支队等部门参加的联合论证。

2010年12月23日，浙江省商务厅批复将项目纳入浙江省成品油仓储规划库容。2011年，油库改造项目可行性研究报告通过浙能集团内部审查，油库改造项目初步设计报告通过浙能集团内部审查。2011年12月9日，金华市商务局召集金华市相关部门单位，组织召开金华燃机油库改造项目初步设计评审会，原则同意油库改造项目的初步设计报告。

2012年5月24日，浙能集团同意浙江浙能石油新能源有限公司收购浙江浙能金华燃机发电有限责任公司一期油库及相关资产。2012年6月，浙江浙能石油新能源有限公司成功摘牌收购浙江浙能金华燃机发电有限责任公司一期油库及相关资产，与浙江浙能金华燃机发电有限责任公司签署产权交易合同。2012年8月24日，油库改造项目开工。2012年12月19日，改造工程通过金华市商务局主持的竣工综合验收，进入试运行。

2013年5月，金华油库取得商务部核发的成品油批发经营资质。2016年3月10日，浙江浙能石油新能源有限公司对金华油库3号罐区进行改造。2016年5月14日，金华油库3号罐区改造完工。2016年6月16日，浙江浙能石油新能源有限公司对金华油库G201、G201罐组进行改造。2016年7月31日，金华油库G201、G201罐组改造完工。

2018年1月1日，浙江浙能石油新能源有限公司管理权从浙江能源天然气集团有限公司调整至浙江省石油股份有限公司。

2018年2月28日，浙江浙能石油新能源有限公司对金华油库消防水管道进行改造。2018年5月8日，金华油库消防水管道改造完工。2018年11月11日，浙江浙能石油新能源有限公司对金华油库1号罐区，G203、G204罐组及发油台进行改造。2018年12月30日，金华油库1号罐区和G203、G204罐组及发油台改造完工。

截至2019年12月，金华油库库内具备3个罐区：1号罐区包括3个3000立方米油罐；2号罐区包括4个1000立方米油罐；3号罐区包括3个1000立方米油罐，每只油罐拥有独立的收发油设施，总库容为16000立方米，属于三级石油库。

五、黄泽山中转储运项目收购

2011年11月29日，黄泽山中转储运项目一期工程通过国家发展改革委核准（发改基础〔2011〕2610号文），建设规模为1个30万吨级原油泊位、1个8万吨级油品泊位、2个1万吨级成品油泊位和100万立方米原油储罐、51万立方米成品油储罐及相应配套设施，由浙江寰宇能源集团有限公司投资建设。A区块项目二期拟扩建104万立方米油库（原油罐60万立方米、燃料油罐和调和罐44万立方米），工程计划总投资为12.996亿元。B区块规划库容为40万立方米；D区块若能完成海域回填，则C、D区块可整体建设油罐库容478万立方米。B、C、D区块建设投资53.796亿元。E区块为水封洞库，规划库容为670万立方米，建设投资39.016亿元。全岛开发建设完成后，黄泽山中转储运项目的总库容将达到1443万立方米，形成立足长三角、辐射全国、面向国际的一流原油、成品油物流中转、仓储服务基地。

2018年10月22日，浙江省石油股份有限公司与浙江寰宇能源集团有限公司签订黄泽山石油中转储运项目股权转让协议。2018年12月14日，完成广厦（舟山）能源集团有限公司股权工商变更，浙江省石油股份有限公司控股80%、浙江寰宇能源集团有限公司持股19.6%、舟山市经济建设投资公司持股0.4%。2018年12月20日，完成舟山寰宇码头有限公司股权工商变更，由浙江寰宇能源集团有限公司控股100%变更为浙江省石油股份有限公司控股80%、浙江寰宇能源集团有限公司持股20%。

2019年7月24日，浙能集团党委书记、董事长童亚辉赴黄泽山岛，调研考察黄泽山油品储运基地，对其现阶段工程建设、项目推进及远期规划等工作进行全面指导。2019年8月3日，黄泽山中转储运项目一期工程顺利通过安全设施验收。2019年8月13日，黄泽山中转储运项目一期工程通过消防专项现场验收。

2019年10月24日，黄泽山中转储运项目一期工程70项尾工工程全部完成，标志着1个30万吨级原油泊位、1个8万吨级油品泊位、2个1万吨级成品油泊位和120万立方米原油（燃料油）储罐、31万立方米成品油储罐及相应配套设施建设全部完成。2019年10月31日，黄泽山中转储运项目一期工程取得《港口经营许可证》，标志着具备开港试运营的条件。

第三章 油 品 贸 易

第一节 成品油批发

2012年，浙江浙能石油新能源有限公司多次与中国海洋石油集团有限公司、中国海洋石油总公司销售分公司沟通，积极落实浙江省政府与中国海洋石油集团有限公司就浙江省成品油供应合作的会谈纪要，力争取得长期、优惠的成品油供应保障。

2013年，浙江浙能石油新能源有限公司与中国石油化工集团有限公司、中国石油天然气集团有限公司浙江分公司签订战略合作协议、长期框架协议。

2014年，浙江浙能石油新能源有限公司开发了核工业井巷建设集团有限公司、中国能源建设集团浙江火电建设有限公司等甬台温、金丽温天然气管道施工企业；金华油库与金华市龙鼎混凝土有限公司、金华市双星铝圈有限公司等30家客户保持业务往来。

2015年，浙江浙能石油新能源有限公司与核工业井巷建设集团有限公司、中国能源建设集团浙江火电建设有限公司、浙江水利水电第十二工程局有限公司、浙江省华业物流有限公司、衢州千惠物流有限公司等60余家大型工矿、物流企业用户长期保持业务往来。

自取得成品油批发经营资质以来，浙江浙能石油新能源有限公司以金华油库在油库经营及安全运营等方面积累的经验，发挥浙江中部的区域优势，辐射浙江全省，成为具有一定规模和一定影响力的省属成品油经营企业。

第二节 燃料油贸易

一、内贸燃料油

2014 年 12 月，浙江浙能石油新能源有限公司船加油集约化采购供应业务获得浙能集团支持。2015 年 1 月 1 日，浙江浙能石油新能源有限公司正式开始承接宁波江海运输公司船用燃料油集约化业务。2016 年 7 月 1 日，浙江浙能石油新能源有限公司正式开始承接宁波海运股份有限公司、浙江富兴海运公司、浙江浙能通利海运公司的船用燃料油集约化业务。2017 年 1 月 1 日，浙江浙能石油新能源有限公司正式开始承接宁波江海输公司、宁波海运股份有限公司、浙江富兴海运公司、浙江浙能通利海运公司船用燃料油集约化业务。2017 年 7 月 28 日，浙江浙能石油新能源有限公司首次开展市场化船加油业务，为上海瑞宁船舶公司所属船舶加注 180 燃料油 200 吨。2017 年 11 月 3 日，浙江浙能石油新能源有限公司首次开展市场化燃料油贸易业务，完成首次燃料油贸易 3000 吨。

2018 年 1 月 1 日，浙能集团海运企业所有船用燃料油均纳入集约化采购范围。2018 年 6 月 1 日，浙江浙能石油新能源有限公司与中国石化润滑油有限公司浙江销售分公司达成船用润滑油战略合作协议。2018 年 6 月 30 日，浙江浙能石油新能源有限公司与道达尔润滑油（中国）有限公司达成船用润滑油战略合作协议。2018 年 7 月 1 日，浙能集团海运企业所有船用润滑油均纳入集约化采购范围。2018 年 10 月 1 日，浙江浙能石油新能源有限公司完成内贸燃料油高硫油品向低硫油品转换。

2019 年 1 月 1 日，内贸燃料油业务由浙江浙能石油新能源有限公司转移至浙江浙石油燃料油销售有限公司。

自 2015 年 1 月开展首单加注业务至 2018 年底，累计完成各类燃料油加注突破 28 万吨，各类船用润滑油突破 1500 吨，从开展业务以来，未发生安全生产事件、未发生经营风险事故。

二、保税燃料油

2017 年 6 月 8 日，舟山浙能石油化工有限公司首批首家获得舟山市人民政府发放的国际航行船舶保税油经营资质证书。2017 年 8 月 8 日，舟山浙能石油化工有限公司正式取得《港口经营许可证》。

2017 年 8 月 26 日，舟山浙能石油化工有限公司完成首单保税油供油业务。在六横码头为 14.3 万吨巴拿马籍散货船青山轮加注 1600 吨保税燃料油。2017 年 11 月 6 日，舟山浙能石油化工有限公司保税油加注量累计突破 1 万吨大关。2017 年 11 月 14 日，舟山浙能石油化工有限公司完成首单外籍超大型油轮加注工作，与嘉能可新加坡公司自签署合作备忘录以来开展首单业务合作。

2018 年 4 月 9 日，浙江浙石油燃料油销售有限公司开展首单宁波—舟山跨关区保税油加注业务。2018 年 5 月 25 日，浙江浙石油燃料油销售有限公司组织召开《二手加油船舶购置可行性研究报告》内审会议。2018 年 7 月 2—4 日，道达尔海洋燃料私人有限公司（Total Marine Fuels Private Limited）对浙江浙石油燃料油销售有限公司的加油船和保税油库进行考察，并就战略合作方式、低硫燃油资源合作等方面进行了商务洽谈。2018 年 9 月 8 日，浙江浙石油燃料油销售有限公司为停靠在宁波梅山码头的利比里亚籍“CAUQUENES”外轮供应 380 燃料油 3700 吨，是保税燃料油业务开展以来的单笔最大订单。2018 年 10 月 31 日，浙江浙石油燃料油销售有限公司期租的供油船舶——壹鼎 7 轮成功获得 Shell Global 公司的供油认可。2018 年 12 月 31 日，浙江浙石油燃料油销售有限公司 2018 年度加注保税油 27.2 万吨。

2019 年 2 月 28 日，浙江浙石油燃料油销售有限公司完成道达尔（中国）投资有限责任公司入股合作意向书签订工作。2019 年 4 月 8 日，道达尔（中国）投资有限责任公司驻点浙江浙石油燃料油销售有限公司，启动对浙江浙石油燃料油销售有限公司的尽职调查工作。

2019 年 5 月 30 日，中国船级社质量认证公司审核组对浙江浙石油燃料油销售有限公司三体系建立及运行情况进行一阶段审核。2019 年 6 月 17—19 日，中国船级社质量认证公司会同中国合格评定国家认可委员会（CNAS）专家对浙江浙石油燃料油销售有限公司三体系建立及运行情况进行二阶段审核，并一致通过评审，取得三体系认证证书。

2019 年 8 月 25 日，浙江浙石油燃料油销售有限公司在舟山马峙锚地为巴拿马籍“太阳号”货船加注 400 吨低硫燃料油，完成第一单外贸低硫重油加注工作。2019 年 9 月 8 日，浙江浙石油燃料油销售有限公司开始首票对台州跨关区供油业务，在玉环码头为“时代 1”外贸运煤货轮加注 780 吨保税燃料油。

2019 年 9 月 4—5 日，浙江浙石油燃料油销售有限公司在新加坡与道达尔（中国）投资有限责任公司就新设合资公司进行洽谈，主要条款基本达成一致。2019 年 10 月，浙江浙石油燃料油销售有限公司上报拟与道达尔（中国）投资有限责任公司成立的合资公司组建方案及关键协议草案至浙能集团，并于 10 月 12 日通过浙能集团董事会批准。2019 年 10 月 18 日，在第三届世界油商大会上，浙江浙石油燃料油销售有限公司与道达尔（中国）投资有限责任公司签署股权合作协议。

从 2017 年 8 月开展首单加注至 2019 年 12 月，浙江浙石油燃料油销售有限公司累计完成保税燃料油加注 63. 3 万吨。

第三节 原 油 贸 易

2018 年 6 月 25 日，浙江浙石油贸易有限公司获得国家市场监督管理总局反垄断局签发的《经营者集中反垄断审查不实施进一步审查决定书》。2018 年 7 月 27 日，浙江浙石油贸易有限公司取得《中华人民共和国海关报关单位注册登记证书》。2018 年 8 月 23 日，在浙江省委副书记、省长袁家军的见证下，浙江浙石油贸易有限公司与嘉能可亚洲控股私人有限公司成立新加坡公司签署合作协议。

2018 年 12 月 5 日，浙江浙石油贸易有限公司获得浙江省商务厅出具的《企业境外投资证书》，具备了境外投资的资格。同年 12 月 11 日，浙江浙石油贸易有限公司通过浙江发展与改革委员会境外投资备案，并取得《境外投资项目备案书通知书》。

2019 年 2 月，浙江浙石油贸易有限公司完成首单 100 万桶原油贸易业务。2019 年 3 月，浙江浙石油贸易有限公司获得星展银行 3 亿美元授信额度。2019 年 5 月，浙江浙石油贸易有限公司完成首单 3 万吨的石脑油贸易业务。

2019 年 8 月，浙江浙石油贸易有限公司获取新加坡华侨银行 1 亿美元授信额度。2019 年 8 月，浙江浙石油贸易有限公司原油非国营贸易进口资质获浙江省商务厅审核通过。2019 年 9 月，浙江浙石油贸易有限公司获取星展银行追加的 3. 5 亿美元授信及中国建设银行授信额度 1. 35 亿美元，累计获得 8. 85 亿美元银行授信额度。2019 年 10 月 8—17 日，浙江浙石油贸易有限公司申请原油非国营贸易进口资格在国家商务部网站进行公示。

2019 年 11 月，浙江浙石油贸易有限公司完成首单 6. 6 万吨的 LNG 贸易业务。

截至 2019 年 12 月底，浙江浙石油贸易有限公司累计注册交易对手 56 家。

浙江浙石油贸易有限公司 2019 年月度原油贸易量见表 3-3-1。

表 3-3-1 2019 年浙能集团浙江浙石油贸易有限公司月度原油贸易量一览表

时间（年-月）	交易量（吨）
2019-03	129927. 21
2019-04	265315. 86
2019-05	971267. 50

表 3-3-1（续）

时间（年-月）	交易量（吨）
2019-06	1249887.96
2019-07	1385334.09
2019-08	1385334.09
2019-09	2601988.42
2019-10	3158300.00
2019-11	4253483.76
2019-12	5018302.00

第四章　综合供能服务站

第一节　综合供能服务站筹划

2017 年 8—11 月，浙江石油成品油销售有限公司筹建处（2018 年 2 月登记成立为浙江浙石油综合能源销售有限公司）分 5 组在全省开展两轮加油站、加气站选址调研工作，4 个月选址近 1000 座站点。

2017 年 9 月 1 日，浙能集团董事长童亚辉听取浙江石油成品油销售有限公司筹建处综合供能服务站示范站设计方案，明确智能化、标准化、系统化的综合供能服务站定位，明确综合供能服务站形象标识、色彩体系。明确综合供能服务站是一种集加油、充电、加气、加氢为一体，兼具服务驿站功能的新型智慧公共基础服务设施。2017 年 9 月 25 日，浙江省发展改革委主任李学忠听取浙能集团董事长童亚辉专题工作汇报，表示可以参照《天然气“县县通”专项行动方案》，通过由浙江省政府下文的方式，支持浙江省石油公司起步发展。

2017 年 10 月，《全省综合供能服务站及配套储运设施建设专项行动方案（2018—2020 年）》（简称《行动方案》）形成第一版征求意见稿，分别于 2017 年 11 月、12 月和 2018 年 4 月 3 次征求浙江省国土资源厅、浙江省环保厅、浙江省建设厅、浙江省交通运输厅（省公路局、省港航局）、浙江省商务厅、浙江省法制办、浙江省物价局、浙江省质监局、浙江省安监局、浙江省海洋渔业局、浙江省气象局、浙江省公安消防总队、浙江海事局等 12 个省级部门意见，共收到反馈意见上百条。《行动方案》附表中综合供能服务站和配套储运设施项目通过书面和实地调研的方式征询了 11 个市地及所属县（市、区）的意见。根据三轮意见征求获得的反馈意见，浙江浙石油综合能源销售有限公司配合浙江省发改委（省能源局），对《行动方案》进行了反复修改完善。

2017 年 11 月，浙江石油成品油销售有限公司筹建处与衢州市柯城区国有资产经营责任有限公司签署全省第一份综合供能服务站《项目投资合作协议》。2017 年 11 月 2 日，浙江石油成品油销售有限公司筹建处委托镇海石化工程股份有限公司、杭州国美建筑设计研究院有限公司、恒生电子股份有限公司编制的综合供能服务站示范方案通过浙能集团评审。2018 年 1 月 25 日，浙江石油成品油销售有限公司筹建处制作完成综合供能服务站概念推广视频。

2018 年 3 月 8 日，浙江浙石油综合能源销售有限公司以 98674 万元的价格竞得文新单元 XH0704-59（古荡科技园 3 号）地块，用于建设综合能源生产调度研发中心项目。

2018 年 5 月，浙江省能源局组织召开了法律专家咨询意见会，并形成法律专家意见，《行动方案》内容也已按公平竞争审查要求进行公示，网上公示未收到反馈意见。2018 年 5 月 10 日，浙江省发展改革委（能源局）第三次向浙江省政府办公厅上报《行动方案》，请示由浙江省人民政府下发《行动方案》。2018 年 6 月初，浙江省人民政府办公厅回复确定以浙江省政府领导主持召开“全省综合供能服务站建设试点工作推进会”代替浙江省人民政府发文，将综合供能服务站建设工作部署传达至全省各市、县（市、区）。

2018 年 6 月 8 日，由浙江浙石油综合能源销售有限公司牵头编制的综合供能服务站项目投资可行性研究模型全票通过浙能集团投资委员会审议。2018 年 6 月 12 日，浙江浙石油综合能源销售有限公司第一座综合供能服务站衢州通成站开工建设。2018 年 6 月 15 日，浙江省常务副省长冯飞主持召开全省综合供能服务站建设试点工作推进会，浙江省发展改革委主任孟刚等省级相关部门领导、全省 11 个设区市常务副市长、浙能集团董事长童亚辉参加会议。2018 年 6 月 29 日，综合供能服务站项目决策流程优化建议以及投资模型通过浙能集团董事会决策，为浙江浙石油综合能源销售有限公司科学预测站点销量、评估站点价值提供了模型工具，为后续标准化、规模化开展项目前期工作奠定了方法论基础。

2018 年 7 月 27 日，浙江省省长袁家军在省政府第二次全体会议讲话中明确要求浙江省石油股份有限公司、各市县政府要把综合供能服务站作为惠民工程加快布局建设，确保年底前建成 250 座。

2018 年 9 月 10 日，浙江省国土资源厅向浙江省政府办公厅发函，建议按照“一事一议”“特事特办”“严格控制范围”的原则，在浙江省人民政府同意的前提下，对综合供能服务站建设用地，采用国土资源部规定的协议租赁方式实施。2018 年 9 月 28 日，浙江省人民政府研究室在前期调研访谈基础上，上报《关于开展综合供能服务改革试点的建议》，浙江省省长袁家军批示“请发改委阅研”，浙江省常务副省长冯飞批示“请省发改委、能源局、国土厅阅研，要找到破解难题之策”。

2018 年 10 月，浙能集团董事长童亚辉在听取了综合供能服务站非能品牌情况汇报后，确定“能多多”为综合供能服务站非能子品牌。2018 年 10 月 30 日，综合供能服务站工程建设管控模式定稿，明确委托管理和建管处管理相结合的建设管理新模式。2018 年 10 月 30 日，按照站级划分完成综合供能服务站旗舰站、标准站、基本站、保障站的形象设计方案，完成形象设计打样站（通成站）装饰工程施工图编制。

2018 年 11 月 2 日，浙江省煤电油气运协调工作联席会议办公室（浙江省发展改革委）发布《浙江省综合供能服务站建设试点工作责任清单》（浙煤电油气运联〔2018〕1 号），明确三年建设任务，明确浙能集团为项目实施责任主体。2018 年 11 月 5 日，浙江省煤电油气运协调工作联席会议办公室发布《关于要求严格执行〈浙江省综合供能服务站与配套储运设施建设规划〉规划站点实施工作的通知》，要求不得以加油站名义出让《规划》内项目建设用地。2018 年 11 月 8 日，浙能集团建设管理部在杭组织召开综合供能服务站典型设计专家评审会。该典型设计获得与会专家评审通过，意味着浙江浙石油综合能源销售有限公司形成一套完整的具有实际指导意义的建站标准，不同地区和销量的不同站点形成分类分级建站指导体系。

2018 年 12 月 18 日，浙江省发展改革委先后向浙江省政府副秘书长周日星、浙江省常务副省长冯飞报送《关于综合供能服务站建设试点工作用地政策有关问题的报告》，提出供地方式已成为推进项目建设的重要制约因素，在综合浙江省自然资源厅、浙江省司法厅等方面的意见后，建议浙江省政府同意对综合供能服务站项目，在“三严”的前提下，由市县政府以作价出资方式供地。2018 年 12 月 26 日，浙江省省长袁家军在省委经济工作会议上要求，2019 年全省建成 300 座综合供能服务站。2018 年 12 月 29 日，浙江省省长袁家军通过浙江政务网发表《致全省人民的公开信》，邀请全省人民投票选出 10 个实事项目，优先列入 2019 年的浙江省政府工作报告。截至 2019 年 1 月 15 日 24 时，全省共有 426485 人次参与网上投票，其中建成 300 家综合供能服务站获得 186290 票，列第 5 名。

2019年1月16日，沿海高速台州三门蛇蟠岛服务区东西区综合供能服务站（橇装站）亮相营业，标志着浙江浙石油综合能源销售有限公司成立以来第一个综合供能服务站项目建成投运。2019年1月27日，浙江省政府工作报告将“建设300座综合供能服务站”列为浙江省十个方面民生实事项目。

2019年2月19日，浙江省省长袁家军在浙江省政府第三次全体会议上指出，“我们开展综合供能服务站改革试点，今年建成300家综合供能服务站，这是一场油品市场改革、惠民利民工程，为全国油气领域改革探索新路”。2019年2月21日，浙江省人民政府办公厅印发《浙江省人民政府办公厅关于印发2019年政府工作报告重点工作责任分解的通知》，明确浙江省发展改革委、浙江省司法厅、浙江省自然资源厅等9个省级部门以及国网浙江省电力有限公司、浙能集团2家企业作为综合供能服务站事项的责任单位。2019年2月24日、2月26日，浙能集团董事长童亚辉针对综合供能服务站开发、建设等工作中存在的问题进行指导。随后，浙江省石油股份有限公司董事长范小宁在党委理论学习中心组扩大会议上就如何推进下阶段工作进行中心发言。会后，浙江浙石油综合能源销售有限公司组织全体员工学习会议精神。

2019年3月25日，浙江省发展改革委上报《关于综合供能服务站建设试点工作有关情况的汇报》，系统分析当前存在的主要问题以及解决思路，并提出完成民生实事任务的工作方案及有关建议。浙江省常务副省长冯飞批示“同意所报建议，强化协调推动”。

2019年4月1日，在各牵头单位做好任务细化分解工作的基础上，浙江省人民政府办公厅印发《浙江省人民政府办公厅关于印发2019年省政府十方面民生实事分解任务和2019年浙江省政府部门重点工作绩效目标的通知》（浙政办函〔2019〕27号），将民生实事任务分解到各设区市。2019年4月2日，浙江省煤电油气运工作协调联席会议办公室下发《关于贯彻落实2019年建成300座综合供能服务站省政府十方面民生实事任务的通知》（浙煤电油气运联〔2019〕1号），清单化将任务分解到市县，同时细化任务节点，建立工作专班、月度通报等工作机制，为全年工作奠定扎实基础。2019年4月15日，浙江省发展改革委受浙江省人民政府委托，召开2019年全省综合供能服务站建设推进工作视频会议，浙江省能源局局长蔡刚对项目建设工作进行具体部署，浙江省发展改革委主任孟刚作重要讲话。会议要求300座民生实事项目在4月完成红线确定，6月底完成土地收储并全面开工，12月底全部建成。2019年4月16日，浙能集团召开综合供能服务站建设推进工作动员大会，以300座站点在6月底实现全面开工为目标，发布《“奋战60天夺取供能站建设决定性胜利”行动方案》。2019年4月19日，经浙江省政府同意，浙江省发展改革委发文成立由11个责任单位负责人组成的浙江省省级综合供能服务站推进工作专班，浙江省发展改革委主任孟刚任组长，浙能集团董事长童亚辉为专班成员之一。此后，各市、县（市、区）相继成立工作专班，浙能集团均派员参与，形成部门协同、省市县联动的工作体系。2019年4月20日，浙江浙石油综合能源销售有限公司召开“4·15”全省综合供能服务站建设推进会后的首次“周六晨会”，并在今后的每周六早上召开“周六晨会”，每周总结交流经验与做法，比学赶超，统筹协调。2019年4月25日，浙江省发改委副主任杜旭亮召集浙江省自然资源厅、浙江省能源局和浙能集团相关代表讨论研究用地问题解决方案。会议明确先按土地作价出资方式加快推进，同时探索土地租赁的可行性，并建议浙江省能源局将此项工作提交浙江省重大项目协调例会研究解决。

2019年5月14日，浙能集团董事长童亚辉带队赴自然资源厅与黄志平厅长对接综合供能服务站用地政策，浙江省自然资源厅相关处室负责人参加会议。会议建议采用跨省增减挂钩节余指标统筹解决项目指标问题，并支持开辟绿色通道加快审批。

2019年6月4日，浙江省常务副省长冯飞组织召开第九次全省扩大有效投资重大项目协调例会，会议指出当前综合供能服务站项目开工率偏低，要求压实责任、形成合力，确保全省300座站7月底前全面开工。2019年6月27日，浙江省自然资源厅下达了 1481 亩用地指标，强化项目用地保障。

2019 年 7 月 17 日，浙江省政府办公厅上报《关于全省综合供能服务站被投诉情况的说明》，陈述 4—7 月 3 个月时间内，综合供能服务站项目在选址公示、施工建设、土地供应方式等方面累计收到投诉举报 21 次。浙江省常务副省长冯飞批示“要依法依规推进综合供能服务站建设，加强对地方的指导、管理，把工作落实落细”。7 月 18 日，浙江省常务副省长冯飞在《关于 2019 年 1—6 月全省综合供能服务站建设进展情况的通报》上批示，“要依法依规推进建设”。2019 年 7 月 17 日，浙能集团董事长童亚辉与上海土地督察局副局长常嘉兴进行对接，希望支持作价出资这种供地方式。常嘉兴副局长表示不会贸然叫停这种创新的供地模式，但由于接到多起举报，现已行文拟请自然资源部对这种供地方式给予指导。收到该文后，自然资源部部长陆昊批示，“实名举报要认真核查，充分依据有关公认的没有争议的政策，认真严肃处理”。2019 年 7 月中下旬，浙江省政府督查室会同浙江省发展改革委等有关部门，组成 6 个督查组赴全省 11 个设区市实地督查十方面民生实事半年度进展情况。督查后，上报督查报告，指出综合供能服务站建设整体进度缓慢，开工率低。浙江省省长袁家军批示“请进展较慢的事项负责单位及主管副省长研究强化措施”，浙江省常务副省长冯飞批示“进一步加大综合供能服务站建设推进力度，确保如期完成”。截至 7 月底，全省站点开工 141 座；至 9 月底，开工 289 座；至 10 月底，实现全部开工。

2019 年 8 月 9 日，浙能集团董事会第二届第二百三十七次会议对纳入民生实事综合供能服务站建设投资等事项作出决议，同意浙江浙石油综合能源销售有限公司建设全省民生实事综合供能服务站；同意四类型站点建安投资控制原则；同意与地方国资平台组建项目公司作为项目实施主体。2019 年 8 月 12 日，浙江省发展改革委针对投诉举报事件，向浙江省政府办公厅上报了《关于综合供能服务站土地政策有关情况的函》，建议浙江省自然资源厅尽快赴自然资源部汇报争取政策支持，同时表示将进一步向国家发展改革委争取试点政策。对此，浙江省常务副省长冯飞批示“加强与国家有关部委沟通，争取支持。压实责任，确保完成”。8 月 13 日，浙江省自然资源厅副厅长夏晓鸿专程为综合供能服务站实名举报事宜带队赴自然资源部汇报沟通，希望自然资源部支持浙江为加快自贸区和清洁能源示范省建设而采用的供地特殊政策。自然资源部权益司反馈了五条意见，总体上不支持综合供能服务站用地性质为公共设施用地，须按照商务用地性质采取招拍挂方式出让。2019 年 8 月 21 日，浙江省发展改革委向国家发展改革委上报《关于浙江省综合供能服务站项目属性问题的请示》，恳请将浙江省的综合供能服务站作为公共基础服务设施先行先试。2019 年 8 月 28 日，浙江省自然资源厅行文向浙江省人民政府办公厅报告了赴自然资源部的对接情况，建议分类解决综合供能服务站用地问题，鼓励利用存量土地，支持租赁集体建设用地，并鼓励“限地价、竞油价”招拍挂出让方式供地。对此，浙江省常务副省长冯飞批示：“呈请袁省长阅示。拟同意，要做到‘两个确保’，要确保依法推进，确保如期完成。”浙江省省长袁家军批示“做好改革文章”。

2019 年 9 月 5 日，国家自然资源督察上海局向浙江省人民政府办公厅发送了《关于浙江省综合供能服务站建设用地有关问题的函》，指出浙江将综合供能服务站用地认定为公共服务基础设施用地，以及部分市县制定印发作价出资方式供地的优惠政策，违反国家现行法律政策，必须进行纠正，并提出四条整改意见，要求 9 月 30 日前整改到位。2019 年 9 月 9 日，浙能集团董事长童亚辉以亲笔信函的方式上报《关于推进综合供能服务站建设工作情况的汇报》，表达综合供能服务站建设进入关键时期，面对新情况新问题，希望浙江省政府及有关部门大力支持，帮助解决有关问题，其中提到恳请自然资源厅尽早批复土地有条件招拍挂方案。浙江省常务副省长冯飞批示“要抓紧推动，只争朝夕。请日星同志再协调推动一次”。2019 年 9 月 20 日，浙江省发展改革委组织召开全省综合供能服务站建设工作推进会。会上，浙江省自然资源厅副厅长夏晓鸿围绕浙江省常务副省长冯飞提出的“两个确保”目标，就土地出让方式、土规调整、农转用报批、控规局调等事项明确原则，给出指导性意见。2019 年 9 月 27 日，浙江省政府副秘书长周日星召集浙江省发展改革委、浙江省自然资源厅、浙江省能源局、浙能集团等省级有关单位负责人召开会议，专题研究上海督察局提出的有关综合供能服务站用地问题整改和加快推进建设工作。会议要求积极争取上海督察局对浙江省整改落实工作的认可；同时明确有条件的招拍挂供地方式，要求加快落实用地保障，推动存量站点改造提升，强化工作推进机制和进度管理，实现“两个确保”。浙江省政府办公厅上报了会议有关情况，浙江省省长袁家军批示“要全方位跟进，确保年度目标实现”。

2019 年 10 月 10 日，浙江省自然资源厅厅长黄志平召集 11 个地市资规局局长开会，布置项目土地出让的各项工作。11 个地市大部分倾向于挂牌出让，也有部分地区在研究综合招标方案。2019 年 10 月 10 日，浙能集团董事长童亚辉一行到浙江省发展改革委对接工作并召开座谈会，重点围绕供地、停工等影响项目推进的突出问题进行讨论和研究，希望浙江省发展改革委继续给予大力支持。浙江省发展改革委副主任焦旭祥、浙江省能源局副局长季树忠参加会议。2019 年 10 月 10 日，浙江浙石油综合能源销售有限公司与厦门市金水商贸有限公司签订第一单成品油大宗贸易业务购销合同，取得第一笔大宗贸易业务创收款。2019 年 10 月 18 日，该笔购销合同履行，“大庆 737” 船舶抵达浙石化炼厂渔山岛码头，提货常压柴油 3000 吨。2019 年 10 月 15 日，带有加氢功能的浙江石油嘉善客运中心东综合供能服务站投入运营，标志着浙江省首座具备加氢功能的综合供能服务站投营。该站日加氢能力可达 500 千克，可满足 25 辆氢能源公交车的加氢需求。推进了全省氢能交通发展，有效引领氢能源的推广应用和能源品质提升。2019 年 10 月 17 日，浙江省发展改革委（能源局）副局长季树忠召集各市能源处长召开综合供能服务站推进会，协调推进新建站点供地与建设工作，并布置存量加油站改造任务。2019 年 10 月 24 日，浙江省自然资源厅就贯彻落实“要全方位跟进，确保年度目标实现”（家军第 1766 号）批示的情况，向浙江省政府发函作了汇报。浙江省省长袁家军批示“请各市压实责任，加强领导、倒排计划，努力为实现年度目标不拖后腿”，浙江省常务副省长冯飞批示“加大工作推动力度，实现‘两个确保’目标”。2019 年 10 月 28 日，浙江省政府副秘书长周日星在与浙江省发展改革委副主任焦旭祥、浙江省能源局副局长季树忠商讨贯彻落实省政府领导批示的基础上，把工作思路行文呈报浙江省常务副省长冯飞，建议浙江省发展改革委要对进度滞后地区开展约谈，会同浙江省政府督查室进行专项督查，对工作动态实行一旬一报。浙江省常务副省长冯飞批示“要表格化，定期通报，压实责任，确保完成”。

2019 年 11 月 8 日，浙江省常务副省长冯飞主持召开第十二次浙江省重大项目协调例会，专题协调综合供能服务站建设推进有关问题。会议进一步统一思想，为决战最后两个月作了全方位工作部署，明确 2019 年底前建成 150 座以上新建站点、200 座以上改造站点的目标，要求有关单位进一步压实责任，拿出有力措施，切实实现“两个确保”。2019 年 11 月 11 日，国家发展改革委基础设施发展司司长郑剑副带队到浙江调研综合供能服务站规划建设有关情况，赴嘉兴市实地调研，并在杭州召开省级有关单位参加的座谈会。2019 年 11 月 18 日，浙能集团董事会第二届第二百四十九次会议对纳入民生实事的 300 座综合供能服务站土地竞买等事项作出决议，同意土地最高限价测算方式与备案流程；同意按照不亏损、多拿地的原则参与土地竞买；授权浙江省石油股份有限公司负责对每个综合供能服务站的可研报告进行批复并作投资决策。2019 年 11 月 19 日，象山经开区浙石油综合能源销售有限公司拍卖竞得丹城天安路站建设用地。该地块为浙江浙石油综合能源销售有限公司竞得的第一宗土地。2019 年 11 月 29 日，浙石油销售智能信息系统首次上线试运行。

2019 年 12 月 5 日，浙江省发展改革委召集浙江省建设厅、浙江省商务厅、浙江省应急管理厅、浙能集团等省级单位以及有关咨询设计单位，讨论制定综合供能服务站建成核验标准。2019 年 12 月 9 日，浙江省发展改革委向浙江省政府督查室发函，明确以土建实体完工、设备安装就位作为项目建成标准。2019 年 12 月 14 日，综合供能服务站非能品牌“能多多”商标注册成功。

第二节　区域分公司设立

1. 浙江浙石油综合能源销售有限公司杭州分公司

2018 年 6 月 11 日，浙江浙石油综合能源销售有限公司杭州分公司注册成立。2018 年 10 月 15 日，杭州市常务副市长戴建平组织召开杭州市综合供能服务站试点建设工作动员会，宣贯浙江省委省政府战略决策，部署建设工作具体任务，要求规划部门落实好项目选址工作，各部门各司其职，尽快“改造提升一批、试点规划一批、启动前期一批、合作建设一批”，杭州市发展改革、国土、规划、商务等相关部门负责人，各市、县（市、区）负责人参加会议。2018 年 11 月 13 日至 15 日，29 日至 30 日，杭州市发展和改革委员会稽查特派员带队到浙江浙石油综合能源销售有限公司杭州分公司调研，了解综合供能服务站试点工作推进情况，随后分别对建德市、淳安县、桐庐县、富阳区、西湖区、萧山区、余杭区、大江东和杭州市交通投资集团有限公司等区县（单位）综合供能服务站工作开展情况进行检查和指导。

2018 年 12 月 24 日，浙江浙石油综合能源销售有限公司与杭州万丰集团有限公司签署杭州市第一份合作协议。

2019 年 1 月 6 日，杭州分公司第一家合资公司杭州西湖浙石油综合能源销售公司成立。

2019 年 5 月 22 日，浙能集团董事、副总经理、党委委员，浙江省石油股份有限公司董事长、党委书记范小宁宣布，任命居建庆为浙江浙石油综合能源销售有限公司杭州分公司总经理，免去曹纪文浙江浙石油综合能源销售有限公司杭州分公司总经理职务。2019 年 5 月 23 日，杭州市政府办公厅发文成立综合供能服务站建设推进工作专班。杭州市政府副秘书长姚吉锋任组长，杭州市发展改革委党组成员任杭州市专班办公室主任。

2019 年 6 月 3 日，浙江省能源局副局长季树忠带队赴杭州市富阳区、萧山两区调研综合供能服务站建设推进工作。浙江省能源局煤油气处、杭州市发展改革委、浙江浙石油综合能源销售有限公司相关负责人陪同调研。2019 年 6 月 17 日，浙能集团董事、副总经理、党委委员，浙江省石油股份有限公司董事长、党委书记范小宁拜访杭州市委常委、萧山区委书记佟桂莉，推进综合供能服务站建设工作。萧山区常务副区长及发改、规划和自然资源、住建、商务等部门和杭州萧山交通投资集团有限公司主要负责人参加会见，浙江省石油股份有限公司总经理、浙江浙石油综合能源销售有限公司董事长、杭州分公司总经理随同拜访。同日，杭州市常务副市长戴建平召开全市综合供能服务站推进会，相关区（县、市）政府常务副职和发改局分管领导，杭州市直属单位相关部门负责人参加。会上，戴建平与相关区（县、市）政府常务副职签订责任状，分解综合供能服务站建设任务，并要求：一是要提高站位、统一思想认识；二是要明确目标、倒排时间节点；三是要直面矛盾、解决瓶颈问题，尤其是要抓好规划选址，各地要树立优选国有存量建设用地的落地思路，优化供地方式，研究多种供地方案；四是要明确责任、确保任务完成。杭州市政府做好顶层设计、综合协调、督查推进，杭州市发改委总牵头协调问题和困难，各区（县、市）落实主体责任，工作进度要细化到每一个站，杭州市政府每月听一次汇报。

2019 年 6 月 25 日，浙能集团董事、副总经理、党委委员，浙江省石油股份有限公司董事长、党委书记范小宁拜访临安区委常务副区长，推进临安区综合供能服务站建设工作。临安区政府办公室、发展改革局、规划与自然资源局和杭州市临安区交通投资发展有限公司相关负责人参加会见，浙江浙石油综合能源销售有限公司总经理、杭州分公司总经理随同拜访。

2019 年 7 月 4 日，浙能集团董事、副总经理、党委委员，浙江省石油股份有限公司董事长、党委书记范小宁拜访余杭区区长，推进余杭区综合供能服务站建设工作。余杭区政府办公室、发展改革局、商务局、规划与自然资源局、杭州市余杭区交通投资有限公司、供销社相关负责人参加会见，浙江浙石油综合能源销售有限公司总经理、杭州分公司总经理随同拜访。2019

年7月25日，杭州分公司第一个站桐庐新合站开工建设。2019年7月8日，浙能集团副总经理朱松强主持召开浙能集团招标领导小组会，会议决议授权浙江浙石油综合能源销售有限公司负责400万元以上的建筑工程施工标段招标。

2019年8月9日，杭州市常务副市长戴建平实地调研西湖区、萧山区、余杭区综合供能服务站建设情况，并在余杭召开全市综合供能服务站建设工作推进会。杭州市政府副秘书长姚吉锋主持会议，浙江省能源局副局长季树忠，浙能集团董事、副总经理、党委委员，浙江省石油股份有限公司董事长、党委书记范小宁，杭州市综合供能服务站建设推进工作专班各部门、各区（县、市）政府常务副职及发改局分管领导等参加会议。戴建平要求，一是充分肯定6月17日推进会以来的推进情况，各区（县、市）政府高度重视，市级部门主动服务，各地方式有效解决，推进速度明显加快；二是提出各地进度不平衡，部分区域刚明确选址的要求迎头赶上；三是要求各区（县、市）提高站位，压实责任，及时协调，形成合力，加强督查，明确力争8月20日确保8月30日前全面开工、年底30座全部建成目标；四是要及早谋划后续站点，作好专项规划编制。2019年8月20日，实现杭州市30座综合供能服务站开工目标。2019年9月23日，杭州分公司竞得第一宗土地（临安潘山站）。2019年9月30日，浙能集团发文成立综合供能服务站项目专项建设管理工作组，浙能集团建设管理部主任任组长，工作组下设4个工作小组，围绕确保年底建成300座综合供能服务站的目标，协调工程建设管理各项工作。

2019年10月8日，杭州市政府副秘书长姚吉锋组织召开推进综合供能服务站建设专题会议，贯彻落实浙江省省长袁家军“做好改革文章”、浙江省常务副省长冯飞“确保依法依规、确保如期完成”批示，相关部门负责人参加会议。2019年10月12日，杭州市综合供能服务站建设推进工作专班印发《关于加快推进全市综合供能服务站建设的通知》，要求相关区县（市）发改局进一步强化工作推进机制，坚持“两个确保”，做好新建项目推进。2019年10月28日，浙能集团党委副书记、副总经理詹敏拜访建德市委书记童定干，推进建德市综合供能服务站建设工作。建德市常务副市长、市委办市府办、发展改革局、财政局、商务局、规划与自然资源局、建德市交通发展投资有限公司相关负责人参加会见，浙江浙石油综合能源销售有限公司董事长、杭州分公司总经理随同。2019年10月30至31日，浙江省能源局副局长季树忠、运行处处长一行，调研杭州市综合供能服务站建设工作情况，在余杭区召开全市建设推进工作座谈会，并实地调研钱塘新区、富阳区、西湖区、临安区、桐庐县综合供能服务站建设情况。2019年11月28日，杭州市政府督查室主任一行，实地督查西湖区、建德市综合供能服务站建设情况。

2019年12月16日，浙能集团党委副书记、副总经理詹敏对浙江浙石油综合能源销售有限公司杭州分公司作出指示“工程建设一定要抓紧抓紧再抓紧，为完成浙江省政府2019年民生实事工程综合供能服务站项目建设任务多做贡献，取得最好结果”。2019年12月17日，为贯彻落实浙能集团党委副书记、副总经理詹敏12月16日对浙江浙石油综合能源销售有限公司杭州分公司作出的指示，有效推进浙江浙石油综合能源销售有限公司党委“旗帜飘扬”活动的具体实践，全力确保浙江浙石油综合能源销售有限公司完成“2019年12月31日建成150座、2020年1月10日建成200座”建设目标，浙江浙石油综合能源销售有限公司杭州分公司组织开展“党旗引领、全力冲刺”活动，专门成立领导小组和工程建设、采购保障、资金支付、建设保障等四个工作小组，号召全体党员努力做到“五争先”，有效发挥“一个党员一面旗”作用；动员全体员工在活动期间原则上放弃休息，全力保障工程建设、资金支付、合同签订、工程量变更审核等各项工作的高效推进，确保完成“2019年12月31日建成16座，2020年1月10日建成2座”目标。

2019年12月25日，浙江省发展改革委党组副书记、副主任焦旭祥，浙江省能源局副局长季树忠、煤油气处副处长一行赴杭州市富阳区调研综合供能服务站建设情况。焦旭祥对浙能集团积极履行建设主体责任、谋划推进浙江省综合供能服务站建设工作表示肯定；对杭州市政府、富阳区政府坚定不移落实浙江省政府要求，为综合供能服务站给予政策支持和建设保障表示满意；代表浙江省发展改革委，对现场施工人员表示慰问，并送上慰问品。杭州市政府副秘书长姚吉锋、杭州市发改委党组成员，富阳区常务副区长，浙能集团董事、副总经理、党委委员，浙江省石油股份有限公司董事长、党委书记范小宁，浙江省石油股份有限公司总经理，浙江浙石油综合能源销售有限公司杭州分公司总经理等陪同调研。

2019 年 12 月 27 日，浙能集团党委副书记、副总经理詹敏赴杭州市西湖区、富阳区调研综合供能服务站建设情况，了解站点建设进度、安全保障、物资供货等，强调要咬紧 12 月 31 日建成 16 座目标不放松，精心组织施工，全力冲刺；同时要求加强施工现场安全管理，保障各项施工安全措施到位，加强协调物资供应，保障设备材料及时供货到场。浙能集团建设管理部主任、浙江省石油股份有限公司总经理、杭州分公司总经理等陪同调研。

截至 2019 年 12 月 31 日，浙江浙石油综合能源销售有限公司杭州分公司建成 16 座综合供能服务站，并通过浙江省政府民生实事项目督查系统录入和审核。

2. 浙江浙石油综合能源销售有限公司宁波分公司

2018 年 6 月 28 日，浙江浙石油综合能源销售有限公司宁波分公司注册成立。

2018 年 10 月 11 日，浙能集团董事、副总经理、党委委员，浙江省石油股份有限公司董事长、党委书记范小宁带队拜访宁波市常务副市长陈仲朝，双方就推进宁波综合供能服务站试点建设事宜进行会谈。

2018 年 12 月 25 日，浙江省石油股份有限公司总经理带队对北仑区域综合供能服务站点进行现场踏勘，并与北仑区政府各部门领导就综合供能站项目进行会谈。2018 年 12 月 26 日，北仑区副区长主持召开会议，推进北仑区集运中心柴油直供点工作。2019 年 4 月 28 日，宁波市政府召开推进会，宁波地区综合供能站全面启动。

2019 年 5 月 14 日，浙江浙石油综合能源销售有限公司与宁波市海曙国有资本投资经营集团有限公司签署宁波市第一份合作协议。2019 年 5 月 20 日，浙能集团董事、副总经理、党委委员，浙江省石油股份有限公司董事长、党委书记范小宁与余姚市委书记奚明、余姚市常务副市长郑传统商谈余姚市综合供能站建设事宜，推进余姚市综合供能站建设。2019 年 5 月 24 日，宁波市发展改革委、司法局、自然规划资源局、商务局、住建局等部门召开综合供能站专班协调会，加大力度推进综合供能站建设。

2019 年 6 月 1 日，浙能集团董事、副总经理、党委委员，浙江省石油股份有限公司董事长、党委书记范小宁赴宁海县会见宁海县常务副县长，推进宁海县综合供能站建设。2019 年 6 月 11 日，宁波分公司第一家合资公司宁波市镇海区浙石油综合能源销售有限公司成立。2019 年 6 月 28 日，宁波地区第一座站点集运基地综合供能服务站破土动工。2019 年 7 月 17 日，宁波市能源局召开综合供能站推进会，调整 36 座综合供能站具体位置，加大站点推进力度。

2019 年 8 月 5—6 日，浙能集团董事、副总经理、党委委员，浙江省石油股份有限公司董事长、党委书记范小宁分别与宁波市政府、慈溪市政府、奉化区政府召开综合供能站协调会。2019 年 9 月 10 日，宁波市能源局局长一行到浙江浙石油综合能源销售有限公司宁波分公司调研指导综合供能站开发建设工作。

截至 2019 年 10 月，浙江浙石油综合能源销售有限公司宁波分公司与 12 个县（市、区）签署投资协议，共成立合资公司 16 家。2019 年 10 月 29—30 日，宁波市政府副秘书长顾立群带队到鄞州、宁海等县（市、区），重点针对尚未开工的综合供能服务站情况进行巡查，代表宁波市政府督促相关县（市、区）抓紧落实浙江省委省政府民生实事项目开工任务。

2019 年 10 月 31 日，宁波地区所有站点开工。2019 年 11 月 19 日，全省首次综合供能服务站用地公开竞拍，浙江浙石油综合能源销售有限公司宁波分公司一举竞得象山县三宗供能站用地，对供能站建设具有里程碑式的意义。

2019 年 12 月 15 日，宁波分公司第一个站建成（北仑集运基地站）。截至 2019 年 12 月 31 日，浙江浙石油综合能源销售有限公司宁波分公司共建成综合供能站14座分别为东陈综合供能服务站、九顷综合供能服务站、集运基地综合供能服务站、千岙综合供能服务站、大众综合供能服务站、余慈综合供能服务站、商品市场园区综合供能服务站、客运中心站综合供能服务站、西坞金峨综合供能服务站、溪口状元岙综合供能服务站、城西锦奉综合供能服务站、冠庄综合供能服务站、滨海综合供能服务站、唐山综合供能服务站。

3. 浙江浙石油综合能源销售有限公司温州分公司

2018年6月8日，浙江浙石油综合能源销售有限公司温州分公司注册成立。

2018年7月6日，浙能集团党委委员、纪委书记张荣博到浙江浙石油综合能源销售有限公司温州分公司，就执纪监督问责专题进行调研指导。

2018年8月3日，温州市政府召开综合供能服务站建设试点推进会，会议由温州市委副书记、常务副市长陈浩主持召开。2018年8月16日，浙能集团党委书记、董事长童亚辉，浙能集团党委委员、董事、副总经理，浙江省石油股份有限公司党委书记、董事长范小宁与浙江省副省长、温州市委书记陈伟俊在温州市行政中心就综合供能服务站项目责任主体、审批、合作开发等举行会谈。

2018年10月8日，浙江浙石油综合能源销售有限公司与永嘉县国有资产经营有限公司签署温州市第一份合作协议。2018年11月13日，温州分公司第一家合资公司永嘉县浙石油综合能源销售有限公司成立。

2018年11月26日，温州市常务副市长陈建明主持召开温州市政府专题会议，就综合供能服务站建设试点工作和浙江浙石油储运有限公司温州油库及配套码头项目选址有关问题进行协调。2018年12月28日，文成县西坑综合供能服务站在当地发改赋码备案，成为温州地区第一个赋码的站点。

2019年5月29日，随着温州市鹿城区浙江浙石油综合能源销售有限公司登记设立，温州13个区域的合资公司已全部成立。2019年6月14日，瓯江口瓯绣大道综合供能服务站实现场平开工，成为温州区域第一个开工的站点。

2019年6月21日，浙能集团董事、党委副书记陆翔带队赴浙江浙石油综合能源销售有限公司温州分公司，与温州市常务副市长陈建明、温州市发展改革委副主任就温州地区综合供能服务站项目建设推进事宜、供地政策、路径事宜进行洽谈交流。2019年6月25日，浙能集团党委委员、工会主席胡斌一行赴浙江浙石油综合能源销售有限公司温州分公司调研指导，为奋战在综合供能站项目开发建设一线的员工加油鼓劲。

2019年7月31日，浙江浙石油综合能源销售有限公司与温州市高速公路资产经营有限公司签署投资协议，双方将成立浙江浙石油综合能源销售有限公司首个高速合资公司。

2019年8月8日，浙能集团党委委员、副总经理朱松强一行调研温州地区综合供能服务站推进情况，实地检查乐清湾港区综合供能服务站施工现场。2019年8月14日，浙能集团党委委员、董事、副总经理，浙江省石油股份有限公司党委书记、董事长范小宁调研温州分公司，对温州地区综合供能服务站项目进行检查指导。2019年8月14日，浙江省发展改革委副主任、浙江省能源局局长蔡刚一行来到温州督察调研综合供能服务站建设推进情况。截至2019年8月31日，温州地区42座站点实现全面开工。

2019年9月17日，温州油库项目合资签约仪式在温州举行，浙江浙石油综合能源销售有限公司与温州大小门岛投资开发有限公司签署股东协议书。

2019年12月3日，温州分公司竞得第一宗土地（平阳新园站）。2019年12月20日，乐清港区站工程完工，成为温州地区第一个建成的综合供能服务站。截至2019年底，获得温州地区综合供能服务站项目用地21宗，其中合资公司拿地17宗、合作国资平台4宗。

截至2019年底，温州地区完成9座综合供能服务站新建任务并录入浙江省政府督查考核系统。

4. 浙江浙石油综合能源销售有限公司绍兴分公司

2018年6月15日，浙江浙石油综合能源销售有限公司绍兴分公司注册成立。

2018年8月30日，浙江省发展改革委副主任、浙江省能源局局长蔡刚一行赴绍兴市调研综合供能服务站建设试点工作，会见绍兴市常务副市长徐国龙。浙江省能源局综合规划处，浙能集团董事、副总经理、党委委员，浙江省石油股份有限公司董事长、党委书记范小宁，浙江省石油股份有限公司总经理等陪同调研。

2018年10月11日，绍兴市常务副市长徐国龙组织召开全市综合供能服务站及配套油库建设推进会，浙能集团董事、副总经理、党委委员赵建林，浙江省石油股份有限公司总经理参加会议。2018年10月29日，浙能集团与绍兴市人民政府签订合作框架协议。

2018年11月1日、6日、9日、16日、20日及12月13日，浙江省石油股份有限公司分别与新昌县、嵊州市、越城区、柯桥区、上虞区、诸暨市签署合作框架协议。2018年11月14日、12月19日、12月25日、2019年1月11日，浙江浙石油综合能源销售有限公司先后与新昌县、嵊州市、柯桥区、上虞区、越城区等县（市、区）地方国资平台签署投资协议并组建项目公司。

2018年12月17日，浙能集团总经理、党委副书记柯吉欣一行拜访绍兴市市长盛阅春。双方深入交流合作项目推进情况，就综合供能服务站等问题进行讨论。绍兴市常务副市长徐国龙，浙能集团董事、副总经理、党委委员，浙江省石油股份有限公司董事长、党委书记范小宁参加会议。截至2018年底，在绍兴市政府、各县（市、区）和各级部门的重视支持下，越城区、柯桥区、上虞区、绍兴市先后组织召开全市（区县）2019年综合供能服务站建设工作部署推进会，同时完成对各县（市、区）综合功能服务站规划站点的现场踏勘工作。2018年底，蝴蝶谷站结束勘察工作并完成收资及总平面图设计，其余规划站点选址基本完成。

2019年2月20日，绍兴市发展改革委组织召开绍兴市2019年综合供能服务站建设工作部署推进会。2019年6月30日，绍兴地区首座综合供能服务站马汪溇站破土动工。

2019年7月10日，浙江省发展改革委副主任、浙江省能源局局长蔡刚一行赴绍兴市调研综合供能服务站建设推进工作，实地查看上虞区马旺溇站施工现场，并在上虞区召开座谈会。上虞区常务副区长，浙能集团党委委员、董事、副总经理，浙江省石油股份有限公司党委书记、董事长范小宁，浙江省石油股份有限公司总经理等陪同调研。2019年7月31日，绍兴分公司第一个站陶堰站开工建设。

2019年8月8日，浙能集团党委委员、工会主席胡斌一行赴绍兴调研指导综合供能服务站建设工作，并慰问高温天仍奋战在一线的员工。2019年8月22日，完成上虞陈溪站土建招标工作，全部考核站点招标工作完成。

2019年9月11日，浙能集团党委委员、副总经理朱松强一行赴绍兴市调研综合供能服务站建设情况。2019年9月26日，浙能集团党委副书记、副总经理詹敏一行会见上虞区常务副区长，双方就上虞区综合供能服务站建设工作进行沟通。

2019年10月22日，浙能集团党委委员、董事、副总经理，浙江省石油股份有限公司党委书记、董事长范小宁，浙能集团党委委员、副总经理王建堂一行会见上虞区区长，双方就上虞区综合供能服务站建设用地问题进行沟通。

2019年11月7日，浙能集团党委副书记、副总经理詹敏一行拜访绍兴市市长盛阅春。双方深入交流合作项目推进情况，就综合供能服务站等问题进行了讨论。2019年11月18日，浙能集团党委委员、董事孙玮恒带队开展秋季安全大检查。

2019年12月10日，绍兴分公司竞得第一宗土地（嵊州城南站）。2019年12月26日，浙能集团党委委员、董事、副总经理，浙江省石油股份有限公司党委书记、董事长范小宁一行检查绍兴市综合供能服务站建设情况。截至2019年12月31日，在绍兴市政府、各县（市、区）和各级部门的重视支持下，绍兴分公司建成13座综合供能服务站。

5. 浙江浙石油综合能源销售有限公司湖州分公司

2018年6月5日，浙江浙石油综合能源销售有限公司与长兴交通投资集团有限公司签署湖州市第一份合作协议。2018年6月13日，浙江浙石油综合能源销售有限公司湖州分公司注册成立。2018 年 7 月 26 日，湖州分公司第一家合资公司长兴县浙石油综合能源销售有限公司成立。2018 年 8 月 2 日，湖州市召开综合供能服务站建设试点工作推进会。

截至 2018 年底，湖州市各区县已明确地方合作国资平台 7 家，浙能集团下属企业已与湖州各县区国资企业签订投资协议 4 份，注册成立合资公司 4 家，其中吴兴区、长兴县 3 座综合供能站的“场平与围墙工程”开始施工。

2019 年 2 月 21 日，浙江省发展改革委副主任、浙江省能源局局长蔡刚一行到湖州综合供能服务站深入调研开发建设情况，指导推进工作，落实民生实事。

2019 年 6 月 25 日，浙能集团专项督查组一行在组长浙能集团党委委员、纪委书记龚平的带领下深入调研指导湖州综合供能服务站开发建设工作并开展现场督查。2019 年 7 月 23 日，浙江省政府第四督查组一行来到湖州市，对综合供能服务站项目开发建设工作进行督查和指导，深入落实浙江省政府民生实事和富民强省十大行动计划。

2019 年 11 月 3 日，湖州分公司第一个站建成（长兴县图影站）。2019 年 12 月 6 日，在浙江浙石油综合能源销售有限公司湖州分公司的周密安排和指导下，历经五十多天的升级改造，德清县浙能燃气有限公司秋山加气站完成设备和站容站貌的全面升级，成功改造为集加气、充电为一体的综合供能服务站，重新开业。

2019 年 12 月 13 日，浙江省能源局副局长季树忠带队到湖州开展综合供能服务站建设工作专项检查。

截至 2019 年 12 月 31 日，湖州地区开工站点 18 座，其中 15 座为湖州的民生实事考核站点，超额完成 16 座综合供能服务站建成任务。其中吴兴区 4 座（滨湖大道、前村、中兴大道、鹏飞路）；开发区 2 座（环漾大道、康山）；南浔区 2 座（旧馆、嘉业）；长兴县 2 座（画溪、图影）；安吉县 3 座（梅灵路、康山大道、上墅罗村）；德清县 3 座（新市城西、武康煤场、玉屏路）。

6. 浙江浙石油综合能源销售有限公司嘉兴分公司

2018 年 6 月 13 日，浙江浙石油综合能源销售有限公司嘉兴分公司完成工商注册。2018 年 6 月 28 日，嘉兴市常务副市长楼建明专题召开专项会议，部署嘉兴市综合供能服务站建设试点工作。

2018 年 10 月 12 日，浙江浙石油综合能源销售有限公司与桐乡市金凤凰服务业发展集团有限公司签署嘉兴市第一份合作协议。2018 年 10 月 26 日，桐乡市浙石油综合能源销售有限公司完成工商注册，为浙江浙石油综合能源销售有限公司嘉兴分公司首家下属子公司。2018 年 11 月 5 日，海宁市浙石油综合能源销售有限公司完成工商注册。2018 年 12 月 11 日，嘉兴市南湖区浙石油综合能源销售有限公司完成工商注册。2018 年 12 月 28 日，嘉兴港区浙石油综合能源销售有限公司完成工商注册。2019 年 4 月 2 日，嘉兴市秀洲区浙石油综合能源销售有限公司完成工商注册。

2019 年 4 月 3 日，浙江省能源局副局长季树忠调研浙江浙石油综合能源销售有限公司嘉兴分公司，推动综合供能服务站项目开发建设工作。2019 年 4 月 22 日，海盐县浙石油综合能源销售有限公司完成工商注册。2019 年 4 月 26 日，嘉善县浙石油综合能源销售有限公司完成工商注册。

2019 年 5 月 8 日，浙能集团党委书记、董事长童亚辉莅临浙江浙石油综合能源销售有限公司嘉兴分公司，指导部署嘉兴市综合供能服务站开发建设工作。2019 年 5 月 17 日，浙江首座氢电综合供能服务站（业主为嘉善县浙石油综合能源销售有限公司）——嘉善客运中心东供能站正式动工建设。2019 年 5 月 22 日，嘉兴经开区浙石油综合能源销售有限公司完成工商注册。2019 年 5 月 23 日，平湖市浙石油综合能源销售有限公司完成工商注册。浙江浙石油综合能源销售有限公司嘉兴分公司下属各县（市区）共 9 家全部组建完毕。

2019 年 6 月 5 日，浙能集团董事、副总经理、党委委员，浙江省石油股份有限公司董事长、党委书记范小宁对接嘉兴市常务副市长徐淼，就嘉兴地区综合供能服务站项目开发建设工作进行沟通交流。

2019年7月12日，浙能集团党委书记、董事长童亚辉赴嘉兴市政府，与嘉兴市委书记张兵对接交流，推进供能站开发建设工作。2019年7月29日，2019年浙江省政府民生实事嘉兴市综合供能服务站建设站点全面开工。

2019年9月28日，浙能集团党委书记、董事长童亚辉实地勘查平湖东方红综合供能服务站建设情况，指导供能站项目开发建设工作。

2019年10月15日，浙江省首座氢电综合供能服务站——嘉善客运中心东供能站投入试运行。

2019年12月2日，嘉兴分公司竞得第一宗土地。2019年12月19日，浙能集团党委委员、董事、副总经理，浙江省石油股份有限公司党委书记、董事长范小宁与嘉兴市市委常委、常务副市长徐淼进行洽谈，推进项目开发建设工作，检查综合供能服务站施工现场，指导建设工作。

2019年12月21日，浙江浙石油综合能源销售有限公司嘉兴分公司下属站点嘉善客运中心东综合供能服务站，正式为103、226路共计12辆氢能源公交车提供加氢服务，运营首日为5辆进站公交车加氢共50千克。

2019年12月31日，年内计划15座综合供能服务站全部建成，其中秀洲区1座、南湖区2座、平湖市3座、海宁市3座、桐乡市2座、海盐县3座、嘉善县1座。

7. 浙江浙石油综合能源销售有限公司金华分公司

2018年6月27日，浙江浙石油综合能源销售有限公司金华分公司注册成立。

2018年5月14日至12月29日，浙江省石油股份有限公司分别与武义县、浦江县、磐安县、永康市、义乌市、婺城区、兰溪市人民政府及金义都市新区管委会签订框架协议。

2018年7月5日，金华市召开综合供能服务站建设试点工作推进会。2018年8月24日至2019年9月25日浙江浙石油综合能源销售有限公司与金华各县（市、区）完成组建合资公司共15家。2018年9月29日，金华市发改委组织召开金华市能源项目建设推进会，各县（市、区）发改部门，浙江浙石油综合能源销售有限公司金华分公司，国网浙江省电力有限公司金华供电公司等相关负责人参加会议，会议主要盘点金华市能源项目建设进展情况，分析当前工作中存在的问题和困难，明确后续工作重点和努力方向。

2019年4月23日，浙能集团党委委员、副总经理赵建林率队赴金华市，与金华市政府相关部门主要负责人进行座谈、接洽，全面深入、加快推进综合供能服务站建设。2019年4月28日，金华分公司第一个站磐安大盘站开工建设。

2019年5月17日，浙能集团党委委员、副总经理赵建林一行至金华与金华市市政府相关责任部门负责人进行座谈交流，就共同加快推进金华市综合供能服务站建设有关事项进行深入沟通、协商。金华市市政府相关负责人表示金华市将在用地指标、供地方式、土地价格、建设力量等方面进行更多尝试和探索，切实加强工作推进力度、协调沟通力度以及督查力度，合力加快推进综合供能服务站建设。

2019年8月2日，浙江省发展改革委副主任、浙江省能源局局长蔡刚一行对金华市4个县（市、区）的综合供能服务站建设情况进行实地调研指导并组织座谈会，要求金华市创新方法、攻坚克难，加快推进综合供能服务站建设，确保完成年度目标任务。会后，金华市政府办公室会同相关单位及部门，针对确定选址、出具红线、土地预审、土规调整、政策处理和项目审批等工作进行布置，各相关单位及部门要在规定时间内全部完成，并要求各地用好政策、加强协调、狠抓落实，全力推进综合供能服务站建设工作。浙能集团党委委员、董事、副总经理，浙江省石油股份有限公司党委书记、董事长范小宁及浙江浙石油综合能源销售有限公司金华分公司负责人等陪同调研。

2019年9月16日，浙能集团党委委员、副总经理朱松强一行深入金华市调研指导综合供能服务站建设工作，强调要紧密围绕“三个确保”推进综合供能服务站建设管理工作。2019年10月30日，浙江省发展改革委节能处对金华市综合供能服务站建设情况进行实地调研指导。2019年12月6日，金华分公司第一个站建成（磐安沙溪口站）。

截至2019年12月31日，浙江浙石油综合能源销售有限公司金华分公司完成20座综合供能服务站新建任务并录入浙江省政府督查考核系统。

8. 浙江浙石油综合能源销售有限公司衢州分公司

2018年2月9日，浙江浙石油综合能源销售有限公司第一家子公司衢州市柯城区浙石油综合能源销售有限公司注册成立。2018年6月6日，浙江浙石油综合能源销售有限公司衢州分公司注册成立。2018年6月12日，应浙江省集中开工项目统计入库要求，通成站先行开工，成为浙江浙石油综合能源销售有限公司首家完全自主建设开工站点。2018年9月28日，衢州市召开综合供能服务站建设试点工作推进会。

2019年2月14日，通成站取得项目土地权属证明。2019年2月19日—6月13日，浙江浙石油综合能源销售有限公司分别与开化县城市建设投资集团有限公司、衢州绿色发展集团有限公司、江山市畅达交投投资有限公司、衢州市衢江区交通投资发展有限公司、衢州市交通资源投资管理有限公司等成立合资公司，当地合资公司全部组建完成。

2019年2月27日，通成站项目取得建设工程规划许可证和建筑工程施工许可证。2019年5月30日，衢州地区第二座综合供能站——上洋站正式开工建设。2019年6月30日，衢州地区28座综合供能站开工。2019年9月24日，通成站建成。

2019年11月15日，衢州地区21座站点场平工程全部完成，开始地面建筑物施工。2019年12月27日，由合作方（龙游县交通投资集团有限公司）竞得第一宗土地（环西站）。2019年12月31日，浙江浙石油综合能源销售有限公司衢州地区考核20座综合供能服务站全部完工。

9. 浙江浙石油综合能源销售有限公司台州分公司

2018年5月28日，浙江浙石油综合能源销售有限公司台州分公司注册成立。

2018年7月2日，浙江浙石油综合能源销售有限公司台州分公司下属站点椒江公交场站正式对外营业，站点实行站长负责制，运营稳定，有序推进示范站点建设。

2018年8月7日，台州市召开首次综合供能服务站项目推进会。2018年9月28日，浙江浙石油综合能源销售有限公司与台州市椒江江岸加油站有限公司签署台州市第一份投资协议。2018年11月16日，台州分公司第一家合资公司台州市椒江区浙石油综合能源销售有限公司成立。

2018年12月20日，台州分公司沿海高速三门蛇蟠岛服务区（东西区）综合供能服务站（橇装站）开工建设；2019年1月16日，沿海高速三门蛇蟠岛服务区（东西区）综合供能服务站（橇装站）正式对外营业。

2019年4月19日，台州市发展改革委组织召开发改系统推进会。2019年6月6日，在浙江浙石油综合能源销售有限公司台州分公司努力沟通积极争取下，台州市政府再次组织召开综合供能服务站工作部署会。

2019年7月11日，浙能集团党委书记、董事长童亚辉一行拜访台州市委书记陈奕君，商谈项目开工建设、土地获取等关键问题，确保年底圆满完成任务。2019年7月22—24日，浙江省政府第五督查组来台州市开展浙江省政府民生实事督查，针对综合供能站项目，督察组实地督查椒江区综合公交场站、玉环市沙门站等站点，并要求加快建设，务必完成民生实事任务。

2019年9月10日，浙江浙石油综合能源销售有限公司台州分公司已与9个县（市、区）政府签订框架协议，各地均成立综合供能站试点建设领导小组，成立合资公司11家。2019年10月15日，台州市市长张晓强督查综合供能服务站工作。

2019年11月4日，浙能集团党委委员、副总经理王建堂到台州市拜访台州市常务副市长蔡永波，加快推进综合供能服务站建设。2019年11月14日，台州市常务副市长蔡永波带队对路桥、椒江、玉环、温岭四个地区站点进行现场督查。

2019年12月25日，台州分公司竞得第一宗土地（台州市黄岩三江口站）。2019年12月26日，台州市客运中心南站综合供能服务站投运。截至2019年12月31日，浙江浙石油综合能源销售有限公司台州分公司新建站点共计完工17座。

10. 浙江浙石油综合能源销售有限公司丽水分公司

2018 年 6 月 19 日，浙江浙石油综合能源销售有限公司丽水分公司注册成立。

2018 年 7 月 5 日，丽水市常务副市长林亮主持召开丽水市综合供能服务站建设试点工作推进会。浙能集团党委委员、董事、副总经理，浙江省石油股份有限公司党委书记、董事长范小宁，浙江省石油股份有限公司总经理参加会议。

2018 年 9 月 13 日，浙江浙石油综合能源销售有限公司与遂昌县国有资本投资运营集团有限责任公司签署丽水市第一份合作协议。2018 年 9 月 18 日，遂昌县浙石油综合能源销售有限公司注册成立。2018 年 9 月 18 日，云峰综合供能服务站完成项目备案。2019 年 4 月 2 日，东峰综合供能服务站完成项目备案。2019 年 5 月 5 日，应村综合供能服务站完成项目备案。

2018 年 9 月 27 日，丽水市莲都区浙石油综合能源销售有限公司注册成立。2018 年 9 月 27 日，碧湖工业园区综合供能服务站完成项目备案。2018 年 11 月 12 日，高溪综合供能服务站完成项目备案。2019 年 6 月 19 日，岩泉综合供能服务站完成项目备案。2019 年 6 月 24 日，大港头综合供能服务站完成项目备案。2018 年 10 月 31 日，龙泉市浙石油综合能源销售有限公司注册成立。2018 年 11 月 8 日，龙泉市上垟、里下畈综合供能站完成项目备案。2019 年 5 月 16 日，临江综合供能服务站完成项目备案。

2018 年 11 月 1 日，青田县浙石油综合能源销售有限公司注册成立。2019 年 6 月 26 日，北山综合供能服务站完成项目备案。2019 年 6 月 27 日，阜山、山口综合供能服务站完成项目备案。

2018 年 11 月 26 日，丽水南城浙石油综合能源销售有限公司注册成立。2019 年 4 月 8 日，余庄前综合供能服务站完成项目备案。

2018 年 12 月 7 日，景宁畲族自治县浙石油综合能源销售有限公司注册成立。2018 年 12 月 11 日，景宁畲族自治县外舍综合供能服务站完成项目备案。2019 年 3 月 12 日，城南综合供能服务站完成项目备案。

2018 年 12 月 12 日，缙云县浙石油综合能源销售有限公司注册成立。2019 年 5 月 27 日，杜桥综合供能服务站完成项目备案。2019 年 7 月 10 日，白岩综合供能服务站完成项目备案。2019 年 7 月 30 日，胡宅口西综合供能服务站完成项目备案。

2018 年 12 月 27 日，庆元县浙石油综合能源销售有限公司注册成立。2019 年 5 月 16 日，荷地综合供能服务站完成项目备案。2019 年 7 月 10 日，竹口综合供能服务站完成项目备案。

2019 年 1 月 23 日，松阳县浙石油综合能源销售有限公司注册成立。2019 年 4 月 28 日，火车站站、茶香小镇综合供能服务站完成项目备案。2019 年 7 月 11 日，裕溪综合供能服务站完成项目备案。

截至 2019 年 1 月 23 日，云和县浙石油综合能源销售有限公司完成登记注册，丽水地区在全省范围内率先完成全域组建合资公司。2019 年 5 月 7 日，复兴综合供能服务站完成项目备案。2019 年 6 月 3 日，崇头综合供能服务站完成项目备案。

2019 年 1 月 24 日，遂昌县云峰综合供能服务站项目开工。2019 年 7 月 30 日，丽水市松阳县裕溪综合供能服务站项目举行开工仪式，标志着浙江浙石油综合能源销售有限公司丽水分公司率先实现 2019 年民生实事站点的全面开工，实现浙江省政府领导提出的“任务站点必须在七月底实现全部开工”的工作目标。

2019 年 9 月 9 日，浙江浙石油综合能源销售有限公司丽水市中堂综合供能服务站加气部分开始投入试运营。

2019 年 12 月 31 日，浙江浙石油综合能源销售有限公司丽水分公司建成 23 座综合供能服务站，浙江浙石油综合能源销售有限公司丽水分公司超额完成浙江省政府 2019 年民生实事考核目标。

11. 浙江浙石油综合能源销售有限公司舟山分公司

2018 年 6 月 25 日，舟山市常务副市长周伟江主持召开第一次关于综合供能服务站的建设协调会，明确 2018—2020 年综合供能站的建设任务目标，要求各区县积极做好选址，土地供应方式探索和经营资质审批等各项工作。

2018年8月21日，舟山市副市长许小月召开综合供能服务站建设专题会议，要求各部门确定选址红线，同步开展城市总规、土地利用规划、详规的调整，各市区落实参与建设的地方国资平台。

2018年9月，浙江浙石油综合能源销售有限公司舟山分公司邀请宁波中天工程有限公司开始综合供能站选址踏勘并开展总图设计。截至2018年底，基本完成定海小沙、册子、双桥、普陀吴家岙、岱山岱东站的初步设计方案。

2018年9—11月，浙江浙石油综合能源销售有限公司舟山分公司会同舟山市政府各级职能部门开展综合供能服务站选址踏勘，确定2020年前舟山市总规划19座站点地址，其中定海8座，普陀4座，岱山4座，嵊泗3座。

2018年11月1日，浙江浙石油综合能源销售有限公司与舟山市定海区畅道物流有限公司签署舟山市第一份合作协议。2018年11月8日，舟山市定海区浙石油综合能源销售有限公司成立。2018年11月，舟山市常务副市长徐张艳听取综合供能服务站的建设推进情况，要求加快前期工作，加强与浙江省级部门的对接。

2018年12月，定海小沙、册子站完成土地农转用报批工作。2019年1月，取得土地农转用审批。

2019年2月，全省建成300座综合供能服务站列入浙江省2019年十方面民生实事，舟山市任务目标9座。

2019年6月10日，岱山县浙石油综合能源销售有限公司成立。6月20日，嵊泗县浙石油综合能源销售有限公司成立。6月28日，舟山新城浙石油综合能源销售有限公司成立。

2019年6月29日，舟山市民生实事任务册子站率先开工。2019年7—8月，舟山市9座综合供能服务站取得盖章规划红线及项目赋码。2019年7月2日，舟山市普陀区浙石油综合能源销售有限公司成立。7月18日，舟山市六横兴岛浙石油综合能源销售有限公司成立。

2019年8月11日，舟山市民生实事任务最后一座综合供能服务站鲁家峙站开工。2019年8月18日，舟山市普陀鲁家峙浙石油综合能源销售有限公司成立。

2019年9月，舟山市民生实事任务小沙站站房主体率先出零米，10月最后一座站点鲁家峙站站房主体出零米。

2019年11月14日，舟山市常务副市长许小月召开综合供能服务站地块出让专题会议，明确土地供应方式为拍卖出让，各国资平台按各区县常务布置退出合资公司。

2019年12月11日，舟山分公司第一个站建成（嵊泗县青沙站）。截至2019年底，浙江浙石油综合能源销售有限公司舟山分公司新建完成9座综合供能服务站。

2019年12月31日，在各方的共同努力下，浙江浙石油综合能源销售有限公司建成综合供能服务站172座，超额完成浙江省常务副省长冯飞要求的新建150座以上目标任务，并顺利通过浙江省政府督查室年初组织的全省性现场督查核验。2018—2019年浙江浙石油销售有限公司综合供能服务站建成站点情况见表3-4-1。

表3-4-1　2018—2019年浙江浙石油销售有限公司综合供能服务站建成站点情况统计表

序号	地区	目标站点（座）	建成站点（座）
1	杭州	30	16
2	宁波	36	14
3	温州	41	9
4	湖州	15	16
5	嘉兴	16	15
6	绍兴	18	13
7	金华	36	20
8	衢州	28	20
9	舟山	9	9
10	台州	41	17
11	丽水	26	23
	汇总	300	172

第五章 其他油品项目

第一节 油气合建站项目

一、奉化公交总站加油加气站

（一）项目前期

2011年3月，浙江浙能石油新能源有限公司组织编制完成《奉化公交总站加气站工程项目建议书》。同年4月19日，《奉化公交总站加气站工程项目建议书》通过奉化市发展改革局批复，取得项目服务联系单。11月29日，项目可研报告通过浙能集团评审，建设规模为压缩天然气（CNG）20000标准立方米/天。

2012年5月25日，项目通过浙能集团董事会投资决策（〔2012〕8号）。2012年6月9日，奉化市浙能交投油气发展有限公司完成工商注册，公司位于奉化市大成路与西河路交叉口西北侧，注册资本为1000万元，浙江浙能石油新能源有限公司占股51%，奉化市交通投资公司占股49%。2012年11月16日，通过安全评价专家评审，取得设立安全评价专家评审意见。2012年11月23日，通过奉化市发展改革局批复，取得项目服务联系单（奉化发改局〔2012〕12号）。同日，通过奉化市环保局批复，取得环评审批意见（奉环建保〔2012〕207号）。2013年12月17日，通过奉化市发展改革局批复，取得《关于同意奉化公交总站加油加气站项目核准的批复》(奉发改投〔2013〕342号)。2013年12月31日，通过奉化市发展改革局批复，取得《关于同意变更奉化公交总站加油加气站项目主体的批复》(奉发改投〔2013〕354号)。2014年3月17日，通过奉化市规划局批复，取得选址意见书。2014年6月17日，通过奉化市规划局批复，取得建设工程规划许可证。2014年9月19日，通过奉化市住建局批复，取得建设工程施工许可证。2018年4月1日，奉化市浙能交投油气发展有限公司管理关系由浙江浙能石油新能源有限公司划转至浙江浙石油综合能源销售有限公司。

（二）工程建设

2014年9月26日，项目开工。2015年5月31日，项目进气调试。2015年9月28日，通过综合竣工验收。2015年10月20日，取得气瓶充装许可证。2015年10月23日，取得燃气经营许可证。2015年11月9日，项目正式投产，对外营业。2015年售气38.6万标准立方米；2016年售气347.2万标准立方米，售油11.94万升；2017年至6月30日，售气144.4万标准立方米，至7月30日，售油4.91万升。

二、台州市椒江公交综合场站加气(加油)站

（一）项目前期

2013年12月，《台州椒江油气合建站工程项目建议书》通过台州市椒江区发展改革局批复，取得项目服务联系单。2014年12月，台州市浙能油气发展有限公司工商注册成立，注册资本为480万元。浙江浙能石油新能源有限公司占股51%，台州市高速集团有限公司占股30%，浙江宝石投资有限公司占股19%。

2014年7月7日，浙能集团董事会决策同意投资建设台州椒江油气合建站（〔2014〕12号）。

2015年2月28日，《台州椒江油气合建站工程项目可行性研究报告》通过台州市椒江区发展改革局批复，取得项目核准。建设规模为液化天然气（LNG）20000标准立方米/天，液化转压缩天然气（L-CNG）10000标准立方米/天。

2016年8月23日，通过台州市椒江区规划局批复，取得《建设工程规划许可证》。2016年10月28日，通过台州市椒江区住建局批复，取得《建筑工程施工许可证》。2018年4月1日，台州市浙能油气发展有限公司管理关系由浙江浙

能石油新能源有限公司划转至浙江浙石油综合能源销售有限公司。

（二）工程建设

2016年11月8日，项目开工。2018年2月1日，通过土建工程竣工验收。2018年4月12日，取得台州市规划局《规划确认书》。

2018年6月25日，通过台州市椒江区城市管理局批复，取得燃气经营许可证。2018年6月26日，通过浙江省质量技术监督局批复，取得气瓶充装证许可证。

2018年7月2日，椒江公交综合场站加气（加油）站项目对外营业。经过近7个月的运营，截至2019年2月，项目为111辆LNG公交车和近500辆CNG出租车提供加气服务，日均加气量达8吨，并且呈稳步增长趋势。

三、绍兴上虞城北客运加油站

（一）项目前期

2014年2月25日，绍兴上虞城北客运加油站有限公司由浙江省上虞汽车运输有限公司和绍兴市上虞区交通集团有限公司共同出资建设，项目位于上虞市客运中心内，建设规模为35000标准立方米/天。其中绍兴市上虞区交通集团有限公司占股49%，浙江省上虞汽车运输有限公司占股51%。

2014年3月12日，通过绍兴市上虞区发展改革局批复，取得城北客运加油站项目服务联系单（虞发改投〔2014〕45号）。2014年12月8日，项目获得浙江省商务厅的项目批复。2014年12月16日，通过上虞区规划局批复，取得《建设用地规划许可证》。2015年2月3日，取得《危险化学品建设项目安全条件审查意见书》。2015年2月15日，取得《危险化学品建设项目安全设计意见书》。2015年3月4日，通过上虞区环保局批复，获得环境影响评价批复。

2015年7月17日，通过上虞区规划局批复，取得《建设工程规划许可证》。2015年12月8日，通过上虞区住建局批复，取得《建筑工程施工许可证》。

2018年1月5日，浙江浙能石油新能源有限公司与浙江省上虞汽车运输有限公司（交通集团下属子公司）签订股权转让协议。协议将浙江省上虞汽车运输有限公司拥有的绍兴上虞城北客运加油站有限公司51%的1275万元股权正式转让给浙江浙能石油新能源有限公司。2018年4月1日，绍兴上虞城北客运加油站有限公司管理关系由浙江浙能石油新能源有限公司划转至浙江浙石油综合能源销售有限公司。

（二）工程建设

2015年12月8日，绍兴上虞区城北客运加油加气站项目开工建设。2017年1月3日，通过建设工程消防验收。2017年2月13日，完成土建竣工验收。2017年3月24日，通过上虞区建管局竣工验收。2017年5月9日，通过绍兴市国土局批复，取得《不动产权证书》。2017年5月31日，通过绍兴市应急管理局批复，取得《危险化学品经营许可证》。2017年6月9日，通过浙江省质量技术监督局批复，取得《气瓶充装许可证》。2017年6月26日，通过绍上虞区住房和城乡建设局批复，取得《燃气经营许可证》。2017年8月1日，通过浙江省商务厅批复，取得《成品油零售经营批准证书》。2017年8月16日，城北客运加油加气站投入运营。

第二节 清洁油品生产项目

（一）项目前期

2012年6月11日，嘉兴清洁油品生产储运项目通过浙能集团内审，取得可研报告。项目位于浙江省嘉兴市港区，总投资7亿多元，占地15.53公顷，项目包括清洁油品的生产和储运两大部分，生产部分主要以甲醇为原料生产清洁油品即主产为10万吨/年汽油，副产1.439万吨/年液化石油气和1.127万吨/年均四甲苯混合液。储运部分包括11万立方米成品油储罐和6万立方米甲醇储罐，并配套有连接厂区和外海、内河码头的输送管线，用于原料和产品的输送，可年周转70万吨成品油和44万吨甲醇，成品油库建设列入嘉兴市“十二五”成品油中转库容规划。项目生产的汽油是一种无硫、无锰、无铁、无铅、低苯的高清洁汽油，被列为浙江省重点项目的清洁油品项目。

2012年7月，嘉兴浙能石油新能源有限公司完成工商注册，嘉兴市浙能清洁油品生产储运项目由嘉兴浙能石油新能源有限公司投资建设。2012年12月26日，嘉兴清洁油品储运项目通过嘉兴市发改委审核，取得项目备案。

2013年1月21日，项目通过商务厅审批，取得库容指标批复。2013年7月17日，项目通过浙能集团内审，取得初步设计书。2013年8月8日，项目初步设计通过地方政府评审。

（二）工程建设

2012年12月28日，嘉兴清洁油品生产储运项目奠基暨开工。2013年5月28日，项目桩基工程开工。2013年11月5日，嘉兴市委书记鲁俊，市委副书记、市长肖培生视察清洁油品生产储运项目。

2014年5月17日，项目大型设备吊装正式启动。2014年8月8日，项目办公楼、中控室通过主体结构中间验收。2014年10月8日，项目MTG运行规程通过内审。2014年11月28日，项目变电站送电运行。2015年4月1日，项目MTG项目装置管道吹扫正式启动。2015年4月3日，项目综合供水设施投运。2015年4月10日，项目PSA试机成功。2015年4月15日，项目再生空气压缩机空载试车工作顺利完成。2015年4月16日，项目试生产方案通过评审。2015年5月15日，项目循环气压缩机单机试车成功。2015年5月21日，项目完成防雷装置竣工检测。2015年6月10日，项目取得排污许可证。2015年6月12日，项目通过气象、规划、消防的验收。2015年6月18日，项目开工用LPG卸车进罐完成。2015年6月23日，项目通过建筑工程竣工验收。2015年7月7日，项目一次投料试车成功。2015年7月29日，浙江省委常委、常务副省长袁家军调研嘉兴清洁油品生产储运项目。2015年9月21日，项目水土保持设施通过竣工验收。2015年10月10日，项目首次完成从外海管线接收甲醇。2015年11月12日，浙江省国资委副主任朱恒福调研嘉兴清洁油品生产储运项目。2015年11月20日，浙能集团董事长、党委书记吴国潮带队调研指导公司清洁油品生产储运项目。2015年12月4日，嘉兴港区港区管委会主任到嘉兴浙能石油新能源有限公司督查安全生产工作。2015年12月11日，项目合成油反应器首次催化剂再生完成。2015年12月27日，项目MTG装置通过72小时性能考核。

2016年5月9日，项目取得安全生产许可证资质。2016年12月5日，项目取得危险化学品安全生产许可证。2016年12月12日，项目通过综合竣工验收。

第三节 橇装站项目

2011年，浙江浙能石油新能源有限公司开展了《甲醇燃料发展规划》(简称《规划》)的编制，《规划》总结了浙江省推进甲醇燃料试点的经验教训，提出了加大试点推进力度的措施，并分析在全省推广发展甲醇燃料产业的可行性及推广路径等问题。2011年11月24日，《甲醇燃料发展规划》通过浙江省醇汽办组织的相关部门、企业和国内同行业的资深专家参加的评审会。

2013年3月，浙能集团董事会研究决定，同意浙江浙能石油新能源有限公司控股组建合资公司投资车用甲醇燃料项目，构建销售网络，做大做强油品产业。合资公司名为浙江浙能杭湖新能源有限公司。2013年7月，浙江浙能杭湖新能源有限公司利用浙江省车用甲醇汽油试点推广契机而组建成立，经浙江省甲醇汽油试点工作小组办公室批准以撬装站形式进行车用甲醇燃料试点销售业务。

截至2016年12月31日，浙江浙能杭湖新能源有限公司先后投运橇装加油站5座，详细情况见表3-5-1。

表3-5-1 浙能集团浙江浙能杭湖新能源有限公司所属5座橇装站情况一览表

站点名称	项目地址	项目规模	投运时间（年-月）
萧山红山驾校橇装站	杭州市萧山区南阳街道，红山驾校场内	20立方米罐容橇装1台	2013-10
诸暨通达驾校橇装站	诸暨市城西开发区，诸暨通达驾校场内	20立方米罐容橇装1台	2015-02

表 3-5-1（续）

站点名称	项目地址	项目规模	投运时间（年-月）
台州头门港橇装站	头门港港务有限公司装卸码头	20 立方米罐容橇装 1 台	2015-02
嘉兴电厂橇装站	嘉兴市平湖市嘉兴电厂场内	50 立方米罐容橇装 1 台	2015-10
台二电厂橇装站	台州市三门县台二电厂场内	50 立方米罐容橇装 1 台	2016-11

第四篇

煤　　炭

煤炭产业是浙能集团五大基础产业之一，承担着浙能集团电煤保供的重要职能，并在内外两个市场的开拓中，努力打造具有浙能特色的国内一流全产业链煤炭资源服务商。

2004 年，浙江浙能富兴燃料有限公司成立，2008 年浙江富兴海运有限公司纳入集团控股管理序列，2010 年浙江浙能港口运营管理有限公司投产……21 世纪第一个十年结束之际，浙能集团煤炭产业初具雏形，开始形成以煤炭贸易为核心，海运、港口、质检、煤炭金融统筹发展的产业集群。贸易主体依托浙江稳定的煤炭需求市场和煤炭储备能力，充分发挥规模优势，开拓区域性煤炭市场，加强地区煤炭交易市场建设，做细做精常态下的煤炭贸易创办以来，浙能集团煤炭产业不断加大煤炭掺配研发力度，提升煤炭经营和使用的科技含量，进一步加大经济适烧煤的使用，降低成本；依托电力主业和集约化经营模式，科学配置各产业资源，统筹发挥全产业链协同优势，积极探索市场化转型创新发展之路，产业链不断得到完善，产业板块经营规模不断提升，为完成浙能集团所属电厂安全环保发电用煤保障任务，满足区域煤炭产业链的社会需求发挥了重要作用。按照浙能集团“大能源战略”和“四业发展”路径部署要求，浙能集团煤炭产业以煤炭贸易长协、项目合作开发、投资等方式，巩固和深化与神华、中煤、同煤、伊泰等国内大型能源企业长期稳定的购销与合作关系。为优化管控模式，提升产业管理和协同发展效率，浙能集团实行板块化管理改革，2009 年 2 月，煤炭板块成为浙能集团首个板块化改革试点，依托浙江浙能富兴燃料有限公司的机构和人员设立了浙江省能源集团有限公司煤炭及运输分公司具体履行煤炭板块管理职责，成立了浙能集团煤炭板块。浙能集团煤炭板块主要包含浙能集团所属煤炭资源开发、贸易、运输、存储、港口码头、中转、配煤等煤炭相关产业和相关控股（全资）、参股、代管企业，以保障浙能集团煤炭资源安全、经济、稳定供应为核心任务，上游开发落实资源，中游增强煤炭贸易、海运、港口建设，下游开拓市场，提供配套及增值服务，着力打造煤炭投资开发、采购、销售、运输、中转、存储、配煤、检测、期货、电子交易等一体化的“煤炭全产业链”，不断巩固和完善煤炭资源供应保障体系，提高煤炭板块盈利水平和综合竞争能力。经过 10 年的改革发展，浙能集团煤炭板块已经成为浙能集团重要的经营中心和成本控制中心。2019 年，煤炭板块全年销售煤炭 6482 万吨，其中电煤 4450 万吨，市场煤 2032 万吨；自有运力完成系统内一程运量 2855 万吨，六横码头进港量 1306 万吨，开展煤炭检测业务 8629 万吨。2019 年板块全年完成汇总营业收入 388 亿元，截至 2019 年底，板块资产总额 155 亿元，所有者权益 82 亿元，资产负债率 47%。

2014 年 6 月，浙能集团吸收合并浙江长广（集团）有限责任公司。1958 年 8 月，浙江长广煤矿公司成立。1983—1993 年，浙江长广煤矿公司拥有矿井 11 对，煤炭产量从 1983 年起连续 11 年破百万吨。1997 年 11 月，浙江长广煤矿公司改制为国有独资的浙江长广（集团）有限责任公司。2013 年 8 月，长广七矿关闭，浙江长广（集团）有限责任公司结束了采煤历史，55 年间共产原煤 32788446. 33 吨。

第一章 运销机构与规模

第一节 管理体制

2000年12月28日，由多家发电公司和法人实体联合成立的浙江富兴电力燃料有限公司，与浙江省电力燃料总公司合署办公，各大电厂燃煤供需事宜改与浙江富兴电力燃料有限公司联络。

2001年9月5日，经浙江省工商行政管理局核准，浙江省煤炭集团公司变更为浙江省煤炭开发公司。

2003年10月23日，浙江省政府办公厅召开会议，专题研究电厂管理体制改革的有关遗留问题，决定同意浙能集团收购省电力燃料总公司（省电力公司全资子公司）持有的浙江富兴电力燃料有限公司17%的股权并相对控股；同意浙江宏发能源投资有限公司收购省电力燃料总公司所持有的浙江富兴电力燃料有限公司其余3%的股权。

2004年1月31日，浙能集团分别与浙江省电力燃料总公司和浙江宏发能源有限公司签署股权转让协议。同年4月，浙江富兴电力燃料有限公司完成资产和人员全部移交浙能集团。

2004年7月，浙能集团整合浙江富兴电力燃料有限公司和浙江省煤炭开发公司（含浙江省洁净煤中心）资源（不含浙江省煤炭开发公司资产），成立浙江浙能富兴燃料有限公司，承担浙江省属发电企业燃料煤的统一供应。7月16日，浙江兴源投资有限公司与浙江富兴电力燃料有限公司签署协议，共同投资组建浙江浙能富兴燃料有限公司。公司注册资本为8000万元。其中，浙江兴源投资有限公司出资6400万元，占股比的80%，浙江富兴电力燃料有限公司出资1600万元，占股比的20%。7月26日，浙江浙能富兴燃料有限公司在宁波大榭经济开发区正式完成注册。7月30日，浙江浙能富兴燃料有限公司完成了上海神华燃料公司的第一笔4.2万吨神木发往嘉华发电公司的煤炭交易业务。标志着浙江浙能富兴燃料有限公司正式成功投入运营。

2004年9月22日，浙江富兴电力燃料有限公司和浙江浙能富兴燃料有限公司联合向中能电力工业燃料公司行文，要求将“浙江富兴电力燃料有限公司”更名为“浙江浙能富兴燃料有限公司”，并列入煤炭计划和运输户名。从2005年1月1日起，凡涉及原浙江富兴电力燃料有限公司的煤炭采购、运输计划等业务往来，均以浙江浙能富兴燃料有限公司名义出现，收货人同时更名为浙江浙能富兴燃料有限公司。至此，浙江浙能富兴燃料有限公司开始正常经营。

2004年12月20日，浙江浙能富兴燃料有限公司以通信方式召开第一次临时股东会，审议通过了在宁波、上海设立分公司的决议案，分公司名称分别为“浙江浙能富兴燃料有限公司宁波分公司”和“浙江浙能富兴燃料有限公司上海分公司”。

2008年8月1日，内蒙古同煤鄂尔多斯矿业投资有限公司成立，由大同煤业股份有限公司、内蒙古鄂尔多斯投资控股有限公司和浙江省能源集团有限公司分别按51%、30%和19%的比例共同出资建设，公司注册资本金12亿元。

2008年12月，浙江富兴海运有限公司第四次股权转让。股东单位为浙江省能源集团有限公司、浙江省海运集团浙海海运有限公司、浙江宏发能源有限公司、浙江省海运集团温州海运有限公司。2008年12月5日，浙江省国资委出具编号为浙国资企改备〔2008〕26号《浙江省国资委重大投资担保备案及定期报告收文确认单》，对本次股权转让收文备案。

2009年1月19日，根据浙能人〔2009〕76号文件，设立浙能集团煤炭及运输分公司。该公司作为浙能集团煤炭板块管理的实施主体，对板块内的浙江浙能富兴燃料有限公司、浙江富兴海运有限公司、浙江浙能嘉兴港煤炭物流有限公司等9家企业进行归口管理。在浙能集团授权和委托的范围内，负责浙能集团所属煤炭产业相关资源、化工、贸易、运输、存储、港口码头、中转设施等，并对这些相关资源进行投资开发、股权管理、工程建设、生产经营等管理工作；负责做好浙江省煤炭开发公司存续工作及浙能集团交办的其他工作。

2009年4月22日，浙江省能源集团有限公司与嘉兴市人民政府共同发文成立浙能嘉兴独山煤炭中转码头工程筹建工作领导小组，同年6月，嘉兴市府办召开专题会议，协调独山煤炭码头公司注册等有关事项。

2009年8月12日，同煤浙能麻家梁煤业有限公司注册成立，注册资本金18.18亿元，其中同煤集团持股60%，浙能集团持股40%。

2009年10月，浙江富兴海运有限公司第五次股权转让及第二次增资扩股。本次增资完成后，该公司注册资本为20000万元。其中，浙能集团出资10200万元，占公司注册资本的51%，成为实际控制人。

2010年7月22日，浙能集团发文设立浙能新疆能源项目筹建处。

2010年8月1日，根据《浙江省能源集团有限公司煤炭板块管理总体方案》，浙江浙能中煤舟山煤电有限责任公司与浙能集团煤炭与运输分公司双方共同商定，成立码头管理项目部，由浙能集团煤炭与运输分公司履行码头业务调度生产经营管理职责。

2011年8月18日，浙江浙能舟山煤电有限责任公司煤炭物流分公司揭牌，宣告浙江浙能舟山煤电有限责任公司煤炭物流分公司组建成立。

2012年6月21日，浙江浙能通利航运有限公司在舟山市工商行政管理六横分局注册成立。同年8月20日，浙江浙能煤运投资有限责任公司2012年股东会、二届一次董事会和监事会会议在杭州召开，会议同意与洋浦通利船务有限公司合资设立浙江浙能通利航运有限公司，浙江浙能通利航运有限公司注册资本5000万元，浙江浙能煤运投资有限责任公司占其注册资本的60%。

2013年12月2日，浙江省能源集团有限公司煤炭及运输分公司总经理办公会议研究决定，2014年1月1日起，浙江省能源集团有限公司煤炭及运输分公司正式与浙江富兴电力燃料有限公司一体化运行，两家公司合署办公。

2013年12月19日，根据浙江省能源集团有限公司煤炭及运输分公司总经理办公会研究决定筹建港口公司（即浙江浙能港口运营管理有限公司）。2014年1月15日，浙江浙能港口运营管理有限公司注册成立，作为集团系统专业化的煤炭港口统一运营管理主体，全面履行集团控股港口的运营管理责任和安全生产工作。

2014年8月25日，浙能集团印发《关于印发〈宁波海运集团纳入煤炭板块管控操作方案〉的通知》（浙能战略〔2014〕433号）文件，明确宁波海运全面纳入煤炭板块管控序列。

根据浙能集团与浙江省海港投资运营集团有限公司于2015年10月签署的过渡期交接备忘录，2016年1月1日起，浙江浙能嘉兴港煤炭物流有限公司的全部管理由浙江省海港投资运营集团有限公司承接。

2016年4月21日，根据浙江省能源集团有限公司煤炭及运输分公司总经理办公会研究决定，2016年5月，浙能集团煤炭及运输分公司与浙江富兴电力燃料公司独立试运行。

2016年9月，根据浙能集团印发《关于下发浙江省能源集团有限公司创新发展和体制机制改革方案的通知》（浙能战略〔2016〕362号）精神，2016年10月10日起，浙江越华能源检测有限公司管控方式调整为浙江省能源集团有限公司煤炭及运输分公司直接管理的板块二级营运企业，股权关系保持不变；2017年1月1日开始，浙江富兴电力燃料有限公司与浙江浙能富兴燃料有限公司实行“两块牌子，一套班子”管理。

2017年4月1日，浙能集团董事会会议审议通过《煤炭交易平台建设组建方案》，决定组建舟山煤炭交易市场有限公司；同年6月29日，由浙能集团与中国（浙江）大宗商品交易中心共同投资的舟山煤炭交易市场有限公司在舟山市市场监督管理局注册成立，注册资金1亿元，致力于煤炭板块全产业链的有效衔接、功能优势的发挥和市场化业务的拓展。

第二节 内设部门

2010年7月1日，浙能集团煤炭及运输分公司设有办公室、生产安全运营部、计划投资部、财务部、资产管理部、人力资源部、党群监审部。

2010年浙能集团煤炭及运输分公司各部门主要职责见表4-1-1，2010年浙能集团煤炭及运输分公司组织架构如图4-1-1所示。

表4-1-1 2010年浙能集团煤炭及运输分公司各部门主要职责一览表

部门	职责
办公室	负责公司战略、规划、合同管理、外事，政策处理与法律事务，负责档案、信息、文秘、接待与公共关系管理、信访维稳工作，协助分公司领导处理日常行政事务等
生产安全运营部	负责生产、经营计划制订与组织协调，负责公司生产安全与运营管理以及信息开发、综合统计工作
计划投资部	负责公司投资开发项目从前期到设计、实施和竣工的全过程管理
财务部	负责公司财务管理、资金管理、预算管理和税务管理，负责分公司会计核算工作
资产管理部	负责产权管理、资产运作以及经营考核牵头工作
人力资源部	负责劳资、人事、培训工作与绩效管理、考核工作
党群监审部	负责公司党建、党风廉政建设、企业文化建设、监察审计和工会、共青团工作

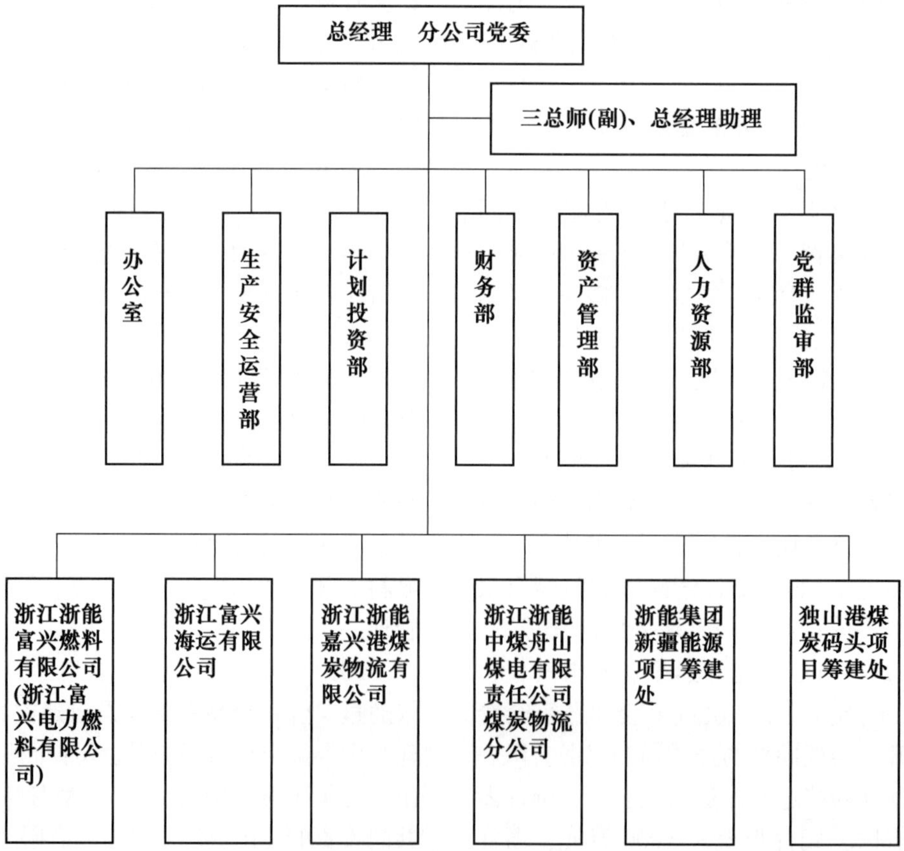

图4-1-1 2010年浙能集团煤炭及运输分公司组织架构图

2011年6月23日，浙能集团煤炭及运输分公司资产管理部更名为资产经营部，生产安全运营部更名为生产安全运行部，同时将经营责任制考核职能由生产安全运行部划转至资产经营部。

2012年2月3日，经浙能集团批复同意，浙能集团煤炭及运输分公司设办公室、人力资源部、财务部、政治工作部、监察审计部、资产经营部、投资开发部、生产安全部，其中办公室、人力资源部、财务部、政治工作部和监察审计部依托板块核心企业浙江浙能富兴燃料有限公司合署办公。撤销原政工监审部、计划投资部、生产安全运行部。

2013年5月16日，浙江省能源集团有限公司煤炭及运输分公司设立法律事务管理办公室，与公司办公室合署办公。

2016年12月16日，浙江省能源集团有限公司煤炭及运输分公司印发《关于分公司本级职能部门设置的通知》(浙能煤炭人〔2016〕84号)，本级部门调整为综合办公室、人力资源部、党群工作部、财务产权部、生产安全部、资源管理部、运营管理部和北方业务部共8个部门。

2016年浙能集团煤炭及运输分公司各部门主要职责见表4-1-2。

表4-1-2　2016年浙能集团煤炭及运输分公司各部门主要职责一览表

部　门	职　　责
综合办公室	行使煤炭板块产业经营总部事务的总协调职能。负责公文管理、外事管理、信访管理、档案管理和保密管理等行政职责，以及制度建设与法律事务管理、公共关系管理、后勤事务管理等相关工作
人力资源部	负责人力资源规划、组织人事管理、职工薪酬与福利管理、绩效考核、职业与岗位（技能）培训等工作，是煤炭板块人力资源的归口管理部门，负责分公司人员安排专项计划的汇总、平衡、上报、下达、监督、调整、考核等工作
党群工作部	负责党支部建设、党支部管理及团组织工作，宣传教育精神文明建设与团建等工作；组织工会委员学习政治、法律和工会业务知识。代表和维护职工的权益。管理工会经费。负责公司退休职工事务管理；作为基层执行单元，贯彻落实浙能集团监审工作各项部署，负责对各项生产经营活动的监督审计工作
财务产权部	作为基层执行单元，贯彻落实浙能集团财务工作各项部署，重点加强对煤炭板块生产经营前端业务的财务精益化管理，是煤炭板块预算和资金计划的归口管理部门，负责分公司及各营运企业对外投资项目的债权投资资金安排、投资项目融资计划审核和协调解决项目融资等需求工作
生产安全部	全面负责本板块安健环、生产、技术、科技、节能、技改、大修、招标等管理工作。生产安全部是煤炭基建生产类专项计划的归口管理部门。负责板块技改、节能、设备检修、环保、科技计划的汇总、平衡、审核、上报、调整及监督实施；负责各营运企业基建项目年度进度计划（包括投产计划）的汇总、审核、监督、调整与考核等工作。负责板块生产性资源的协调、平衡与控制
资源管理部	煤炭板块资源管控部门，是板块资源保障和成本控制核心部门，是板块经营成本控制的重要组成部门。负责煤炭板块投资管理工作，煤炭板块资源类、投资类专项计划的归口管理部门。负责板块煤炭资源采购、库存、投资、项目等计划的汇总、平衡、审核、上报、调整及监督实施
运营管理部	煤炭板块产业经营管理部门，是指导板块有序高效运行的核心部门。承担利润责任中心和风险控制中心职能。运营管理部也是煤炭板块综合计划归口管理部门，具体负责煤炭板块海运运输、港口中转、煤炭检测、煤炭销售、信息化类等运营类专项计划的汇总、平衡、上报、下达、监督、调整、考核。参与其余各专项计划的初审，负责板块综合计划的日常管理
北方业务部	煤炭板块负责联系国家有关部委及相关行业管理机构，以及相关产业政策、行业信息采集的部门，承担集团及板块有关人员赴京开展工作的服务职能

2016年12月16日至2018年底，浙江省能源集团有限公司煤炭及运输分公司部门及职责未发生变化。2019年，根据浙能集团批复的《关于浙江省能源集团有限公司煤炭及运输分公司“三定”方案的批复》(浙能人〔2019〕617号)，浙江省能源集团有限公司煤炭及运输分公司部门调整为办公室、人力资源部、党群工作部、纪检审计室、财务产权部、生产安全部、资源管理部、运营管理部、北方业务部等七部二室（图4-1-2）。

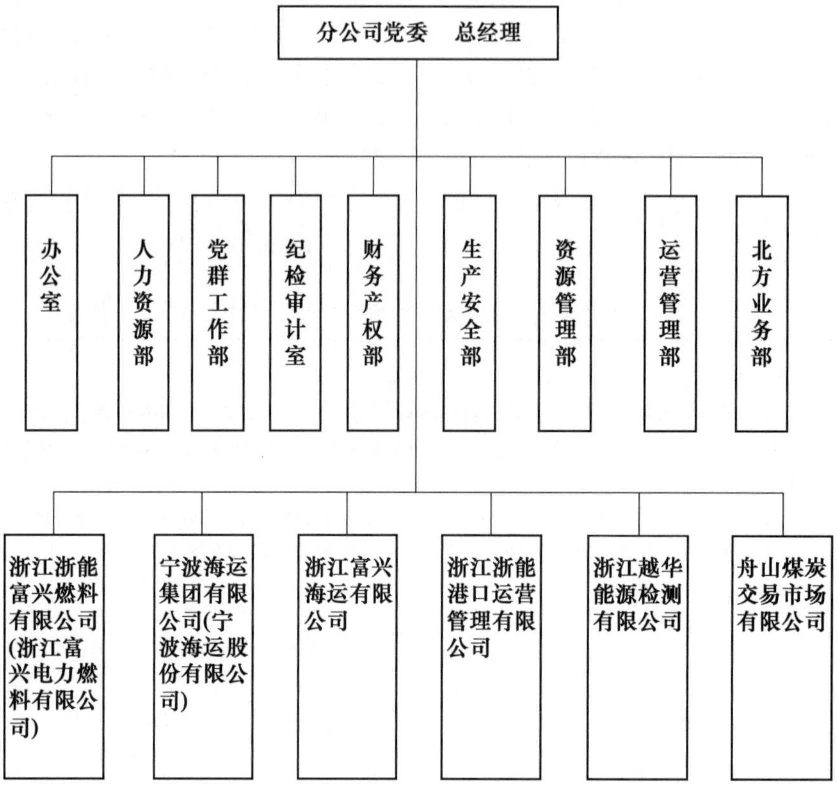

图4-1-2 2019年浙能集团煤炭及运输分公司组织架构图

第三节 业务与规模

2010年，舟山煤炭中转码头1月1日启动商业运行，全年实现吞吐量1478万吨；全年供应电煤3603万吨；社会市场销售煤炭173.9万吨；年度生产运力40.7万吨，实现海运运量1076万吨；煤炭检测业务量达6400万吨；实现销售收入239.81亿元。

2012年，浙江浙能通利航运有限公司6月21日成立，煤炭板块海运运力增加至59.9万吨(截至年底)，当年实现海运运量1188万吨，资产总额101.75亿元，所有者权益21.79亿元，资产负债率78.58%。2012年实现汇总营业收入304.37亿元，利润总额4.32亿元，归属母公司净利润3.23亿元，上缴税金7.93亿元。全年销售电煤3952.9万吨；社会市场销售煤炭759.7万吨；舟山煤炭中转码头实现吞吐量1873万吨；开展煤炭检测业务7786万吨。煤炭板块全年完成投资25.8亿元。

2013年底，煤炭板块汇总资产总额108亿元，所有者权益30亿元，资产负债率72%。全年实现汇总营业收入347.86亿元，利润总额7.38亿元。全年销售电煤4040万吨，自有运力完成系统内一程运量2234万吨，六横码头实现进港量1020万吨，开展煤炭检测业务8205万吨，板块全口径完成市场化煤炭销售2397万吨，销售产值107亿元。

2014年，煤炭板块汇总资产总额163亿元，所有者权益59亿元，资产负债率64%。全年实现汇总营业收入 302 亿元，全年实现利润总额 6.94 亿元。全年销售电煤 3711 万吨，自有运力完成系统内一程运量 2600 万吨，六横码头实现进港量 1175 万吨，开展煤炭检测业务 7227 万吨，板块全口径完成市场煤销售 2076 万吨，销售产值 83.4 亿元。宁波海运正式纳入煤炭板块管理，自有运力已达 175 万吨，六横港口全年完成吞吐量 2360 万吨，成立首年实现经营不亏损。在建的嘉兴港独山煤炭中转码头项目 450 米围堤顺利合龙，陆域形成和软基处理工程全部完成，外海码头与栈桥工程、内河码头与内港池工程通过交工验收，条形料仓基础工程开始施工，斗轮机开始安装。麻家梁煤矿项目取得采矿许可证正本原件，获得了环保专篇、安全专篇、开工报告等批复。全年累计生产原煤 1180 万吨，销售下水煤 731 万吨。参股色连煤矿项目采矿许可证副本已出，林地、建设用地报批。

2015 年，煤炭板块汇总资产总额 154 亿元，所有者权益 73 亿元，资产负债率 53%。全年实现汇总营业收入 233 亿元，全年实现利润总额 14.7 亿元。全年销售电煤 3588 万吨（销售口径），自有运力完成系统内一程运量 2344.2 万吨，六横码头实现进港量 1217.9 万吨，开展煤炭检测业务 6837 万吨，板块实际完成市场煤炭销售量 929.6 万吨，销售产值 28.7 亿元。控股的嘉兴港独山煤炭中转码头项目生产系统全面进入调试、试运行阶段，规程评审工作完成。麻家梁煤矿项目 2015 年全年累计生产原煤 1310 万吨，累计销售商品煤 800 万吨。

2016 年，煤炭板块资产总额 161 亿元，所有者权益 69 亿元，资产负债率 57%。全年完成汇总营业收入 278 亿元，实现利润总额 13.21 亿元，净利润 10.15 亿元。全年销售电煤 4019 万吨（销售口径），自有运力完成系统内一程运量 2437.5 万吨，六横码头实现进港量 1166.3 万吨，开展煤炭检测业务 7107 万吨，板块实际完成市场煤炭销售量 916.05 万吨，销售产值 31.28 亿元。麻家梁煤矿项目生产经营工作有明显改善，2016 年成本控制在 2015 年基础上再节约 2 亿元。

2017 年，煤炭板块资产总额 177 亿元，所有者权益 80 亿元，资产负债率 55%。全年完成汇总营业收入 392 亿元，实现利润总额 15.38 亿元，净利润 11.77 亿元，超年度预算 12%，较 2016 年增长 16%。全年销售煤炭 6052 万吨，其中电煤 4517 万吨，市场煤 1535 万吨；自有运力完成系统内一程运量 2767 万吨，六横码头进港量 1229 万吨，开展煤炭检测业务 7913 万吨。麻家梁煤矿 2017 年累计产出原煤 1190 万吨，下水煤销售 680 万吨，累计实现销售收入 28.5 亿元（不含税）。色连煤矿项目全年完成投资 3872.11 万元，四季度销售商品煤约 50 万吨，实现销售收入约 9400 万元，直接生产成本约 6164 万元，实现边际收益约 3236 万元。

2018 年，煤炭板块资产总额 180 亿元，所有者权益 77 亿元，资产负债率 57%。全年完成汇总营业收入 438 亿元，实现利润总额 13.16 亿元，净利润 9.82 亿元。全年销售煤炭 6639 万吨，其中电煤 4719 万吨，市场煤 1920 万吨；自有运力完成系统内一程运量 2839 万吨，六横码头进港量 1220 万吨，开展煤炭检测业务 9327 万吨。麻家梁煤矿 2018 年累计销售下水煤 774 万吨，累计账面利润 7.26 亿元，累计净利润 1.2 亿元。色连煤矿项目全年完成投资累计销售商品煤约 412 万吨。

2019 年，煤炭板块资产总额 155 亿元，所有者权益 82 亿元，资产负债率 47%。全年完成汇总营业收入 388 亿元，实现利润总额 15.05 亿元，净利润 10.84 亿元。全年销售煤炭 6482 万吨，其中电煤 4450 万吨，市场煤 2032 万吨；自有运力完成系统内一程运量 2855 万吨，六横码头进港量 1306 万吨，开展煤炭检测业务 8629 万吨。麻家梁煤矿 2019 年累计销售下水煤 829 万吨，累计账面利润 7.95 亿元。色连煤矿项目全年完成投资累计产出原煤约 422.84 万吨，销售商品煤 396 万吨，累计实现销售收入（不含税）3.58 亿元。

2011—2019 年煤炭板块的资产、营业收入、利润见表 4-1-3，2009—2019 年煤炭板块主营业务量见表 4-1-4。

表 4-1-3 2011—2019 年煤炭板块的资产、营业收入、利润表 亿元

年份	总资产	净资产	营收	利润总额
2011	108.05		331.84	3.37
2012	101.75	21.79	304.37	4.25
2013	108	30	347.86	7.38
2014	163	59	302	6.94
2015	154	73	233	8.57
2016	161	69	278	13.21
2017	177	80	392	15.38
2018	180	77	438	13.16
2019	155	82	388	15.05

表 4-1-4 2009—2019 年煤炭板块主营业务量 万吨

年份	销售电煤	社会市场销售煤炭	自有船舶一程海运运量	六横港口吞吐	煤炭检测
2009	3244.5	98.4	850.7	992.1	5743
2010	3603	173.9	1076.4	1478.2	7019
2011	4274	361	1065	1555	10433
2012	3952.9	759.7	1188	1873	7786
2013	4040	2397	2234	2211.9	8205
2014	3711	2076	2600	2360	7227
2015	3588	929.6	2344.2	2445.2	6837
2016	4019	916.05	2437.5	2422.2	7107
2017	4517	1535	2767	2385.3	7913
2018	4719	1920	2839	2490	9327
2019	4450	2032	2855	2554	8629

第二章 采 购 与 销 售

第一节 煤 炭 采 购

一、内贸煤采购

2003 年 12 月 3 日，浙江富兴电力燃料有限公司向中能电力燃料公司上报《关于 2004 年煤炭订货计划归口的报告》，申请 2004 年煤炭订货计划仍然归口于中能电力工业燃料有限公司，有关订货计划方案在订货会期间上报给中能电力工业燃料有限公司。同年 12 月 25 日，浙能集团副总经理童亚辉、浙江富兴电力燃料有限公司相关领导参加在福州召开的全国 2004 年度煤炭订货会。并于 12 月 29 日，召开订货内部碰头会，结合订货期间基本情况，确定“不出头，不牵头，先大后小，先难后易”原则，保证签足计划内合同量，适当增加计划外合同量，同时做好相关商务记录。签订年度合同量 2187 万吨（含计划外）。

2004年4月20日，浙能集团副总经理童亚辉召集主持全系统电煤供应和燃煤管理协调会，听取浙江富兴电力燃料公司煤炭供应形势汇报，要求各电厂与浙能富兴落实措施，应对煤质和价格波动，确保电厂燃煤安全和用煤需求。

2004年5月25日，浙能集团总经理吴国潮及浙江浙能富兴燃料有限公司相关领导赴山西拜访大同煤矿集团、平朔工业集团有限责任公司和山西省煤运总公司及所属单位，就企业间进一步加强合作、扩大合作领域等事宜进行洽谈。

2004年9月29日，浙能集团董事长孙永森、副总经理童亚辉一行到浙江浙能富兴燃料有限公司调研，重点检查机构过渡、发展定位、煤炭组织供应、后续企业重点规划等情况，现场分析了煤炭产业的机遇和挑战，明确提出浙能富兴担负系统内电厂电煤供应战略安全的艰巨使命，是实现集团煤炭产业板块大发展的平台和主体的企业定位，并从战略高度提出了该公司发展过程中遵循的原则和方向。

2004年11月23日、12月20日，浙能集团副总经理童亚辉两次主持会议，听取浙江浙能富兴燃料有限公司煤炭供应情况汇报，专题研究2005年度全国煤炭订货会准备工作，有关思路、对策和保障浙江省2005年电煤供应措施。浙江浙能富兴燃料有限公司组织开展2005年度煤炭订货相关工作，沿用《浙江富兴电力燃料有限公司参加全国煤炭订货会议的有关规定（2001版)》，成立煤炭订货领导小组。根据浙江省政府相关部门年度电量预测，及各电厂上报耗煤数量，拟定全年煤炭订货预方案。会前收集全国煤炭订货会议相关政策、产煤省份煤炭预计产量、港口存煤、交通运输等方面信息。参会期间，浙江浙能富兴燃料有限公司根据全国煤炭订货会议分配方案，按照国家电力公司及华东网局分配指标及矿点，逐一和煤矿签订国家煤炭订货标准合同。同时按照国家电力公司有关规定，参照华东邻近省市执行价格，签订供需双方经济合同，会后编写煤炭订货会议总结报告，经“公司订货领导小组”审核后，专题上报浙能集团（2005年同时上报浙江省经贸委)。

2004年12月29日，浙能集团副总经理童亚辉、浙江浙能富兴燃料有限公司相关领导参加在秦皇岛召开的全国2005年度电煤供需衔接会(简称衔接会)。国家出台煤炭订货方式六项改革，矿企掌握电煤订货的数量、流向、价格的主动权，出现了煤矿以价定量、定流向的情况。浙江浙能富兴燃料有限公司与神华煤炭运销公司、大同煤矿集团、中煤和长协供应商反复接触和磋商，签订订货合同总量3993万吨，其中计划内合同3200万吨和计划外供货意向合同700万吨。

2005年1月15日，浙江浙能富兴燃料有限公司向浙江省经贸委呈报《关于2005年浙江电煤订货等情况汇报》。汇报详述订货会合同签订、煤价预期上涨等情况，请求浙江省政府出面协调煤矿、铁路、港口等有关部门，提升重点合同兑现率。同时请求浙江省政府协调安徽省政府、上海铁路局，保障两淮地区发往长兴、钱清两厂铁路直达煤炭供应。

2005年3月23日，浙江浙能富兴燃料有限公司在全省煤电油运协调工作联席会上，汇报全国2005年订货会、煤炭形势、困难，及加快推进麻家梁煤矿项目，秦皇岛港、天津储煤场及专用设施等建设推进情况。

2005年4月13日，浙江浙能富兴燃料有限公司向浙能集团专题汇报关于浙江省电煤供应现状、困难和应对措施，煤炭投资前期项目，浙能集团煤炭计划、价格机制管理建议等方面情况。浙能集团副总经理童亚辉指出，集团公司正在向浙江省政府相关部门协调自备列相关事宜，保障煤炭供应安全是浙能富兴核心任务。

2005年4月15日，浙江浙能富兴燃料有限公司印发《浙江浙能富兴燃料有限公司燃煤供应应急预案（试行)》，该预案以公司总库存量为依据，把电煤供应情况划分为高位库存、正常库存、Ⅲ级警戒、Ⅱ级警戒、Ⅰ警戒五个等级，明确了三个等级警戒应急措施和责任主体。

2005年6月25日，浙能集团与大同煤矿集团公司（简称同煤集团）共同投资合作建设的山西大同麻家梁1000万吨特大型矿井项目在杭州正式签约。浙江浙能富兴燃料有限公司承担该项目合作的各项具体工作。浙江省政府副秘书长王凯捷、同煤集团总经理刘随生、浙能集团总经理吴国潮、副总经理童亚辉及浙能富兴领导参加了仪式。

2005年9月13日，浙能集团首次组织召开年度全系统电厂燃料供应专题会议，浙江浙能富兴燃料有限公司、系统内各发电企业，集团相关部门参加会议，浙能集团副总经理童亚辉听取煤炭供应形势汇报，提出要从战略高度形成电煤供应保障体系，在浙能集团职能部门，浙江浙能富兴燃料有限公司，各电厂之间形成责、权、利互相平衡，互为保障的关系，理顺和完善浙能集团发电燃料管理体制。

2005年12月19日，浙能集团召开关于2006年度订货会准备工作专题会议。浙江浙能富兴燃料有限公司向浙能集团汇报成立订货领导小组，2006年市场形势预判，集团系统需求总量，煤种结构平衡，谈判、定价方案等会前准备工作。同年12月27日，浙能集团印发《关于下达2006年浙江省能源集团有限公司发电燃煤计划订货方案的通知》(浙能计〔2005〕399号)，要求浙江浙能富兴燃料有限公司在2006年全国煤炭产运需衔接会上予以落实计划量3393万吨，计划外订货另行平衡。2006年1月1日，浙能集团总经理吴国潮、副总经理童亚辉及浙能富兴相关领导参加在济南召开的全国2006年度重点煤炭产运需衔接会，煤电双方分歧严重，参会双方重点合同搁置未签。同年3月7日，浙能富兴向浙能集团《关于2006年电煤价格谈判进展情况汇报（二)》。重点汇报2006年度神华煤炭运销公司、大同煤矿集团、中国中煤能源集团有限公司等重点合同签订情况，及浙江浙能富兴燃料有限公司合同谈判设想、措施及方案。浙江浙能富兴燃料有限公司经过5轮的走访洽谈，到同年6月9日，完成2006年度合同订货总量3941万吨。

2006年8月8日，大同煤矿集团有限公司与浙能集团签订三年期《中长期煤炭供需合作协议书》，协议时间自2007年1月1日至2009年12月31日。协议规定供需数量2007年1500万吨，2008年1800万吨，2009年2000万吨，双方在每年12月底前确定次年分月采购数量和次年全年价格及其他未尽事项，签订年度《煤炭买卖合同》作为本协议附件，煤炭价格一年一价，双方应在12月底前根据市场情况商榷次年煤炭价格，并在《煤炭买卖合同》中明确，其价格调整幅度原则上在上一年煤价的±3%。

2006年8月18日，浙能集团印发《关于2006年度发电用煤供应计划的通知》，要求集团系统相关单位，按照浙能集团《发电燃煤供应管理办法》规定的要求，下达2006年度发电用煤供应计划，各发电单位根据下达的用煤计划和《煤炭供应合同》有关条款，按季度和月度提出供煤需求计划，浙江浙能富兴燃料有限公司按照集团下达的计划和各电厂要求做好发电燃煤供应工作。

2006年12月25日，浙江浙能富兴燃料有限公司向浙能集团上报《关于2007年每天计划订货量（预安排）的请示》。浙能集团印发《关于下达2007年煤炭订货方案的通知》，通知要求根据《浙江省能源集团有限公司发电燃煤供应管理办法》(Q/ZN 203005—2005）规定，浙江浙能富兴燃料有限公司要在浙能集团订货领导小组的领导下，严格按照煤炭订货方案（计划订货量5457万吨)，落实具体订货事宜。在订货方案落实过程中，如订货计划调整须经浙能集团领导小组同意。2006年12月27日，全国煤炭产运需衔接会议以电视电话会议形式在北京召开，会议明确延续五十多年由政府集中组织召开形式的煤炭订货会取消，改为衔接会议。2007年1月10—17日，浙江浙能富兴燃料有限公司参加全国煤炭合同汇总会，经与淮南矿业（集团）有限责任公司，神华煤炭运销公司，中国中煤能源集团有限公司等重点企业充分洽谈、协商，共签订重点合同5421万吨（含铁路直达921万吨)，该年度煤炭合同订货价格平均上涨3%~5%。

2007年3月1日，浙能集团董事长、党委书记吴国潮一行走访山西大同煤矿集团，推动煤炭贸易合作，推进麻家梁1200万吨矿井合作项目。

2007年3月26日，浙能富兴向浙能集团上报《关于参与“中国太原煤炭交易中心”的请示》，拟定承诺出资2000万元，占总股本的2%。2007年9月27日，浙能富兴收到浙能集团批复，同意出资1000万元（占股1%）参与中国太原煤炭交易中心建设，以此为平台增强与煤炭富集省份政企合作，探索新的市场交易模式，拓宽市场信息渠道。

2007年5月8日，浙江浙能富兴燃料有限公司召开2007年燃煤工作会议。浙能富兴，系统内各发电企业、集团相关部门参加会议，集团副总经理童亚辉作《实现煤炭板块又好又快发展》的报告，报告指出，煤炭板块在落实“大能源”格局下的发展思路，实现能源产业链两头延伸的发展方向，加快产业升级和绿色能源建设的发展内涵，在发展空间上走出省界，走出国门，形成以做强传统贸易，做实实业投资，规范燃料管理，燃煤保供安全稳定的思路。

2007年9月13日，浙能集团代表团赴山西太原参加首届中国（太原）国际煤炭与能源新产业博览会。浙能集团副总经理童亚辉陪同浙江省经贸委领导出席了有关活动。

2007年9月27—28日，在北京召开的全国煤炭工业先进集体、劳动模范、先进工作者表彰大会上，浙能富兴作为浙江省唯一一家“全国煤炭工业先进集体”接受表彰，受到温家宝总理接见。

2007年11月15日，浙能集团副总经理童亚辉到浙江浙能富兴燃料有限公司调研电煤供应工作，要求立足现在，谋划长远，认真分析（当前）市场不确定因素，采取一切有效措施，提高燃煤库存。同时，要遵循市场规律，处理好效益与保障电煤供应安全的关系。

2007年12月7日，浙江浙能富兴燃料有限公司向浙能集团上报《关于2008年煤炭订货计划安排的请示》。会议期间，经浙能集团、浙江浙能富兴燃料有限公司与神华煤炭运销公司，中国中煤能源集团有限公司，大同煤矿集团等重点供应商多番谈判，签订合同总量5541万吨。同时与各卖方就检验单位选择，检验项目等进行了友好协商，签订了相应的煤炭质检协议。

2008年12月9日，浙江浙能富兴燃料有限公司向浙能集团上报《关于2009年煤炭订货计划安排的请示》，预排2009年煤炭订货量共计4380万吨，将供应商分成中煤、神华等五大供应商1类，其他重点供应商2类，1类供应商事项采用年度合同价，其他合同计划实行协商价或临时采购价。2008年12月21日，“2009年全国煤炭产运需衔接合同汇总会”在福州召开。五大电力集团和大型煤炭生产销售企业在煤炭价格方面存在严重分歧，发电企业要求订货价格较2008年下调50元，关于2009年煤炭订货情况汇报中煤炭企业提出5500大卡煤炭港口平仓价格540~550元/吨要求，最终双方谈判未果，一单未签。浙江浙能富兴燃料有限公司以浙能集团批准下达的2009年订货方案为指导，根据实际谈判情况，及时向集团与会代表进行汇报，进行相应调整，共签订合同量4963万吨（五大供应商占81%）。除神华煤炭运销公司、中国中煤能源集团有限公司、大同煤矿集团等五大供应商执行全年价格外，其余供应商均采取每月协商的方式确定价格。浙能富兴于2009年6月4日，向浙能集团汇报《关于2009年煤炭订货情况》。

2009年12月14日，国家发展改革委印发《国家发展和改革委员会关于完善煤炭产运需衔接工作的指导意见》（发改运行〔2009〕3178号）文件规定，2010年度煤炭订货会国家不再统一组织安排，由供需双方自行协商确定，并要求在指导意见发布后30日内，供需双方协商完成合同签订。政府部门和行业组织均不得规定企业的衔接方式，不得强制企业集中衔接。

2009年12月22日，浙能集团印发《关于成立2010年浙江省能源集团有限公司煤炭订货领导小组的通知》与《关于2010年煤炭订货方案的通知》，成立浙能集团2010年订货领导小组，副总经理童亚辉任组长，指导浙江浙能富兴燃料有限公司2010年煤炭订货工作。浙江浙能富兴燃料有限公司根据《煤炭订货方案通知》要求，订货期间未纳入订货方案供应商的，原则上不予考虑，其他调整须报浙能集团同意，煤炭订货方案经双方衔接确认后，须经集团同意并加盖浙江省能源集团有限公司煤炭计划专用章签订合同，未加盖不得擅自签订合同，2010年计划采购量4390万吨。

2010年1月6—8日，浙能集团首次以电力企业身份自主召开煤炭订货会，会议由浙江浙能富兴燃料有限公司承办，浙能集团副总经理童亚辉代表浙能集团鼓励双方按照国家发展改革委煤炭供需企业签订长期购销合同的指导意见。来自山西、内蒙古、安徽、浙江、陕西等地的近40家煤炭生产、贸易企业负责人和代表参加了订货会。本次订货会除签订经济合同外，浙能富兴与煤炭企业同步签订了廉政合同，以规范、约束供需双方的业务往来过程中的商贸行为。会上，浙江浙能富兴燃料有限公司与神华煤炭运销公司、中国中煤能源集团有限公司、大同煤矿集团、内蒙古伊泰集团有限公司、淮南矿业（集团）有限责任公司签订年度长协合同量2860万吨，实行年度合同价。同时根据近三年合同兑现情况，对31家重点供应商进行合同量调整筛选，签订年度供货量3803万吨，实行每月协商临时定价。

2010年6月1日，浙江浙能富兴燃料有限公司制定实施《特殊时期煤炭采购考核办法（试行）》，办法以“重点合同兑现率”“非重点计划采购价格和供应量”等重点经营指标控制为主要标准，根据集团下达经营成本控制指标，将部门月度奖金与指标挂钩，关联部门连带考核。

2010年7月28日，浙能富兴和秦皇岛港联合主办的秦港二公司专用场地推介会，在内蒙古包头市召开。会上秦港承诺，凡是各供应商给浙能富兴场地交货的，秦港方面都将优先确认、优先接卸、优先靠泊，来自太原局、呼和浩特铁路局及陕西、内蒙古等地50余家供货商，参加了会议。

2010年10月23日，浙能集团副总经理童亚辉、浙江能源副局长陈海涛一行专程赴鄂尔多斯市商谈区域能源合作事项，召开煤电项目领导小组会议，同时考察色连煤矿前期工作和项目建设进展情况。

2010年10月27日，浙江浙能富兴燃料有限公司重点供应商恳谈会在黄山市召开，神华煤炭运销公司、中国中煤能源集团有限公司、内蒙古伊泰集团有限公司、秦皇岛港股份有限公司等重点供应商参加了会议，浙能集团副总经理柯吉欣出席会议，与会单位就2011年合同表达了明确意愿。

2010年12月24日，浙江浙能富兴燃料有限公司上报参会供货商、订货会议小组分工、合同签订流程设置等建议方案。同年12月28日，浙江浙能富兴燃料有限公司在杭州召开2011年煤炭订货会，将供应商划分四个谈判组，分别就订货合同量、质量考核标准、流向、交割方式、定价机制等方面进行单独商谈。会议期间与17家签订年度合同量（自2011年7月起调整为19家）5715万吨，其中神华等长协合同量2360万吨，重点供应商合同量3085万吨。通过采取全新的定量、定价及结算模式，明确月度供应考核计划量，约定合作定价，若需经场地交货方式则必须同时签订2011年度场地确认单。

2011年9月22日，浙江浙能富兴燃料有限公司相关领导参加第三届中国内蒙古国际煤炭暨新能源产业博览会，宣传浙能企业形象。

2011年11月29日，浙江浙能富兴燃料有限公司荣获浙江省商贸业联合会及浙江省物流与采购协会联合颁发的“‘十一五’浙江省商贸百强企业”。

2011年12月22日，浙江浙能富兴燃料有限公司成立2012年煤炭订货工作小组，分赴各地参加大型供货商会议，搜集市场信息，沟通洽谈订货事宜。2011年12月27—28日，浙江浙能富兴燃料有限公司在杭州召开业务座谈会暨2012年度煤炭订货会。会议确定浙江浙能富兴燃料有限公司采取“稳固重点、做大长协、进口补充”的资源采购策略，与供应商采取一对一的洽谈形式，供货价格机制基本延续上一年度，结合上一年度供应商合同履行情况，对合同签订量进行重新调整，共签订2012年度合同量8107万吨，其中与神华煤炭运销公司、中国中煤能源集团有限公司、内蒙古伊泰集团有限公司、大同煤矿集团签订长协合同量2470万吨。

2012年2月23日，浙江浙能富兴燃料有限公司主要领导带队参加中国（太原）煤炭交易中心煤炭现货交易启动仪式，并正式加入了该交易中心，成为首批交易商。

2012年7月19日，浙江浙能富兴燃料有限公司印发《煤炭采购计划管理办法》《供应商管理办法》《煤炭采购价格管理办法》《煤炭市场信息调查、收集及监测管理办法》等煤炭采购方面四个标准，根据市场形势需要，对资源采购计划、供应商、采购价格确定程序、信息收集、监督审批等内容进行了完善明确。

2012年11月12日，浙江省能源集团有限公司煤炭及运输分公司成立2013年煤炭订货工作领导小组，对大同煤矿集团煤炭运销朔州矿业公司、大同晶海达实业有限公司等15家重点供应商进行了会议邀请。2012 年 12 月 7 日，浙江浙能富兴燃料有限公司在杭州召开重点供货商业务座谈会。将 15 家供货商分为三组分别进行了业务洽谈，并就 2013 年煤炭供需数量、定价机制、交货方式（场地交货）等方面进行了商定。浙江浙能富兴燃料有限公司与供应商通过“互保”模式（以低于秦皇岛挂牌价下限一定幅度的价格为基准，量化约定月度煤炭贸易量，明确双方权责的采购模式）签订合同量 1540 万吨。

2012 年 12 月 25 日，国务院办公厅发布《关于深化电煤市场化改革的指导意见》，宣布自 2013 年起，取消重点合同，取消电煤价格双轨制，并继续实施和不断完善煤电价格联动机制。2013 年初，浙江浙能富兴燃料有限公司与神华煤炭运销公司、中国中煤能源集团有限公司、内蒙古伊泰集团有限公司、大同煤矿集团对煤炭订货合同进行了多轮商洽和修订，签订年度合同总量 3160 万吨。

2013 年 5 月 31 日，浙江浙能富兴燃料有限公司对 2013 年 1—4 月 27 家内贸供应商管理情况进行评定、分类，并形成会议纪要。

2013 年 8 月 22 日，浙江浙能富兴燃料有限公司召开 2013 年度神华煤炭运销公司、中国中煤能源集团有限公司、内蒙古伊泰集团有限公司、大同煤矿集团及秦皇岛港股份公司战略供应商座谈会，浙能集团副总经理楼晶、浙江省能源集团有限公司煤炭及运输分公司有关领导参加会议。共同分析煤炭市场走势，寻找深化战略合作途径。

2013 年 12 月 10 日，浙江浙能富兴燃料有限公司成立 2014 年度煤炭订货工作领导小组，进行订货前期准备有关工作。2013 年 12 月 23 日，浙江浙能富兴燃料有限公司在杭州召开了 2014 年度重点供货商业务座谈会，继续实行“互保”合作模式，与 18 家参会重点供货商就 2014 年电煤供需合作进行协商。浙江浙能富兴燃料有限公司根据 2013 年度对各保量供应商考评结果，将原有的保量概念延伸，扩展细分为重点保量供应商和调节保量供应商。重点供应商采购定价机制与 2013 年一致。调节保量供应商的定位是应急保供、库存缓冲和培育作用，即与之签订年度、月度合同量，根据需求按月商定。会议期间，共签订 2014 年保量供应合同 1230 万吨。2014 年初，浙江浙能富兴燃料有限公司基于对市场的研判，确定各战略供应商 2014 年度计划采购量在 2013 年实际供应的基础上进行微调。在具体执行过程中争取战略供应商月度供应量及煤种根据月度需求计划而定。价格机制趋向差异化，签订年度战略合同意向量 3016 万吨。2014 年 6 月 6 日，浙江省能源集团有限公司煤炭及运输分公司收到浙能集团《关于 2014 年度煤炭订货计划方案的批复》，同意浙江省能源集团有限公司煤炭及运输分公司年度合同计划总量的安排，及相关定价机制。

2014 年 6 月 10 日，浙江浙能富兴燃料有限公司为适应煤炭市场形势变化，印发《煤炭采购计划管理办法》《供应商管理办法》《煤炭采购价格管理办法》《煤炭市场信息调查、收集及监测管理办法》等煤炭采购方面四个标准，着重对煤炭采购年、月、旬计划性，供应商评定考核、筛选标准，采购定价机制、信息收集等内容进行了重新细化。

2014 年 12 月 15 日，浙江浙能富兴燃料有限公司向浙江省能源集团有限公司煤炭及运输分公司上报关于 2015 年度订货工作相关思路。2014 年 12 月 24 日至 2015 年 1 月 5 日，浙江浙能富兴燃料有限公司、浙江富兴电力燃料有限公司（2015 年浙江富兴电力燃料有限公司独立运营）联合与 22 家重点内贸煤供应商就 2015 年煤炭供需合同进行谈判，在“质量为先”“以量换价”的合同基础机制策略下，共签订煤炭采购合同量 1500 万吨（含浙江富兴 160 万吨），并对保量长协和调剂量进行调整，计划保量合同 560 万吨，调剂合同量 940 万吨。价格按照秦港挂牌价下限下浮 5~10 元/吨定价。

2015 年 1 月 7 日，浙江省能源集团有限公司煤炭及运输分公司向浙能集团上报关于 2015 年度神华煤炭运销公司、中国中煤能源集团有限公司等战略供应商煤炭订货方案的请示。

2015 年 1 月 23 日，由国家发展改革委牵头召开 2015 年度煤炭衔接会，五大发电集团、神华煤炭运销公司、中国中煤能源集团有限公司、交通运输部等相关单位参加了会议。会议明确年度长协煤炭价格按照 520 元/吨（大客户优惠 10

元/吨）确定，建立按季度调价机制，按照70%比例进行调整（即当季市场价格上涨或下跌时，下一季度价格在当季价格基础上相应调整市场价幅动的70%）。2015年1月27日，根据浙能集团批示，浙江浙能富兴燃料有限公司上报《2015年煤炭订货最新进展及方案修订的汇报》，浙江浙能富兴燃料有限公司签订年度战略合同量2050万吨。

2015年12月24日，浙江浙能富兴燃料有限公司向浙江省能源集团有限公司煤炭及运输分公司上报《关于2016年煤炭订货策略的请示》，提出以电厂安全、经济、环保供应为前提，通过提高资源采购灵活性等手段，以达到效益最大化、成本最优的目标思路，计划预排订货总量3700万吨。2015年12月28—30日，浙江浙能富兴燃料有限公司2016年重点煤炭合同订货洽谈会在杭州召开，来自晋、陕、蒙等地区30余家煤炭供应商应邀与会。浙能富兴按照以“各自报价、竞争谈判、综合评价、个性商定”的方式，经二轮报价，筛选出部分供应商进行个性化商谈，择优议定了680万吨优质低硫、低挥发分大混和性价比较优的煤种年度长协合同量，同时按照年度框架合同或月度合同方式，签订市场采购量110万吨。

2016年11月6日，浙江浙能富兴燃料有限公司向浙江省能源集团有限公司煤炭及运输分公司上报《关于2017年度煤炭订货策略的请示》，计划预排总量6080万吨（其中市场4380万吨，市场销售1700万吨）。2016年12月1日，在秦皇岛召开的“全国煤炭交易会”上，浙江浙能富兴燃料有限公司先与内蒙古伊泰煤炭股份有限公司签署了2017年煤炭长协供需协议；后续与神华煤炭运销公司、中国中煤能源集团有限公司、大同煤矿集团签订年度订货协议，共计签订年度战略供应商合同量3100万吨。2016年12月14—15日，浙能煤炭年度重点供应商业务洽谈会在杭州召开，来自晋、陕、蒙等地区50余家煤炭供应商参会，就2017年煤炭贸易合作展开洽谈，与中煤华昱、深圳前海、瑞茂通等单位签订长协保量合同15份，达成1000余万吨长协订货量，定价机制以CCI下浮和参照神华综合价下浮为主。

2017年11月21—23日，“2018年度全国煤炭交易会”在秦皇岛召开，其间，浙江省能源集团有限公司煤炭及运输分公司和伊泰集团签订了《2018年度煤炭长协供需协议》签订协议量800万吨，后与神华煤炭运销公司、中国中煤能源集团有限公司、大同煤矿集团等反复磋商，共签订战略长协供应合同量3000万吨。2017年12月21日，浙能集团2018年度煤炭重点供应商座谈会在杭州召开，来自蒙、晋、陕、新等地区煤炭供应商代表近50人应邀与会，以“贴近市场、灵活机制、加强兑现”为原则，按照CCI指数定价（即场地交货为CCI-3，平仓交货为CCI-6）为主，其他定价机制为辅的方式，与中煤华昱、大同南郊等16家重点长协供应商签订合同量1960万吨。

2018年1月1日，浙能富兴与伊泰公司签订《2018—2020年长协煤炭购销合同》，合同数量2800万吨，其中国内煤2500万吨，进口煤300万吨。2018年1月11日，与神华煤炭运销公司签订《2019—2021年长协煤炭购销合同》，合同数量1188万吨，月均计划33万吨。2018年4月17日，浙江浙能富兴燃料有限公司强化和战略供应商之间沟通机制（每月定期走访或举行座谈会），施以个性化谈判策略。

2018年1月2日，浙能富兴向浙江省能源集团有限公司煤炭及运输分公司汇报2018年度长协合同总量、定价原则等情况。

2019年1月9日，浙江省能源集团有限公司煤炭及运输分公司上报《关于2019年煤炭订货及运输中转方案的请示》，预排计划量4600万吨（不含新疆、宁夏地区外电煤），市场煤销售目标1900万吨，合计6710万吨，2019年1月15日，请示通过浙能集团董事会批准。长协合同定价方式：平仓基准价格按旬定价，平仓交货部分定价基准参照当旬CCI5500动力煤指数或当旬CCI5000动力煤指数平均值下浮6元/吨执行，场地交货部分定价基准参照当旬CCI5500动力煤指数或当旬CCI5000动力煤指数平均值下浮3元/吨执行，以价格确认单形式进行确认。

2019年11月5日，浙能富兴和郑州商品交易所共同主办“2019年秋季供应商论坛暨动力煤产业基地市场培育会”。2019年浙能富兴以保供和效益并重，“争取战略保障量，落实长协兑现量，灵活市场采购量，推进进口通关量”，夯实资源体系，争取稳定的资源效益，采购布局向陕西外延，与陕西榆林能源集团榆神煤电有限公司签订2019年年度长协合同。

2004—2013年浙江浙能富兴燃料有限公司内贸采购情况见表4-2-1，2014—2019年浙江浙能富兴燃料有限公司内贸采购情况表4-2-2。

表4-2-1 2004—2013年浙江浙能富兴燃料有限公司内贸采购情况一览表

年份	年度签订合同计划量（万吨）			年度实际完成采购量			
	重点合同量	重点计划外合同量	累计	重点合同完成量（万吨）	重点计划外合同完成量（万吨）	累计（万吨）	重点合同兑现率（%）
2004	—	—	—	—	—	2834	—
2005	3993	831	4824	3023	—	3023	75
2006	3941	—	3941	3249	—	3249	82.4
2007	5421	385	5806	2781	573	3354	51.3
2008	2352	2209	4561	1945	1772	3717	82.7
2009	2700	2263	4963	2359	986	3345	87.4
2010	2860	3803	6663	2004	1803	3807	70.1
2011	2360	3085	5715	1744	2834.0	4578	73.9
2012	2470	5617	8107	2082	2021	4116	84.3
2013	3160	1540	4621	2747	1860	4607	86.9

注：1. 2005—2007年重点计划量，即国家重点运力计划（含铁路直达）。
2. 2008—2013年重点合同计划量变为Ⅰ类供应商（神华、中煤、同煤、伊泰、淮南）；同煤朔州、榆林等划为Ⅱ类供应商。

表4-2-2 2014—2019年浙江浙能富兴燃料有限公司内贸采购情况一览表 万吨

年份	年度签订合同计划量				年度实际完成采购量
	战略供应商	保量供应商	临时调剂	累计合同量	
2014	3016	1230		4246	3641
2015	2050	2250		4420	3037
2016	1590	1210	300	3100	4118
2017	3361	1000		4361	5060
2018	3170	1876		5046	5244
2019	3520	2730		6520	5001.5

二、进口煤采购

2004年10月25日，浙江北仑发电有限公司向浙江富兴电力燃料有限公司（实际由浙能富兴负责供应）报送的2005年度供煤计划中，明确了进口煤数量、指标、煤种（俄罗斯煤、澳大利亚煤）等相关信息。进口煤采购计划由浙江浙能富兴燃料有限公司生产调运部依据年度燃煤采购计划、电厂月度燃煤需求、国际煤炭市场状况和未来供煤变化趋势预测等编制，经分管领导审批，报请浙江浙能富兴燃料有限公司计划价格领导小组批准，协同质量安全部等相关部门实施采购。

2005年，浙江浙能富兴燃料有限公司宁波（上海）分公司取得进口煤许可证，7月份开始由该公司负责开展进口煤直接采购业务。在此之前，浙江浙能富兴燃料有限公司的进口煤通过中煤公司、天虹物资公司进行代理采购。

2006年5月9日，浙能富兴召开首次职工代表大会，明确提出依靠国内国外两种资源，将澳大利亚、俄罗斯、印度尼西亚等进口煤作为重要补充煤源。

2008年11月22日至12月2日，为寻求海外稳定的优质动力煤资源作为补充国内优质煤不稳定性及浙能集团新增机组的优质缺口，浙能集团副总经理柯吉欣为团长，赴澳大利亚、南非对煤炭资源、生产企业、港口进行资源商务考察。

2009年3月10日，浙江浙能富兴燃料有限公司向浙能集团资产经营部上报《关于3月份进口煤采购计划的请示》，对进口煤供应资源、约定价格等情况进行了汇报。2009年3月25日，浙江浙能富兴燃料有限公司向浙能集团资产经营部上报关于国际市场疲软、价格出现低谷，建议批准正式与嘉能可公司（Glencore International Plc）进行谈判的请示，获批。与嘉能可公司以51美元/吨的基准价格签订了热值基准5500大卡的100万吨澳大利亚煤采购合同，这是浙江浙能富兴燃料有限公司第一个百万吨级的进口煤采购合同，该合同在2010年初完成兑现，主要流向浙能北仑发电公司和国电北仑电厂，取得预期收益。同年，浙江浙能富兴燃料有限公司还与澳大利亚尤兰矿业公司签订二船约12万吨的进口澳煤采购合同，船上交货价（FOB）合同价格58美元/吨，装运时间为同年6月、7月。

2009年12月9日，浙能集团副总经理童亚辉为团长一行应邀考察美国、加拿大的煤炭资源项目，重点对嘉能可国际贸易有限公司美国分公司、加拿大第一煤炭公司、加拿大三菱商事会进行了走访考察。

2011年11月29日，浙江浙能富兴燃料有限公司成立进口部，负责公司进口煤炭资源的采购、商务谈判、信息收集等日常管理工作。

2012年6月4日，浙江省能源集团有限公司煤炭及运输分公司、浙江浙能富兴燃料有限公司相关领导带队，到印度尼西亚参加第十八届Coattrans亚洲煤炭大会。其间与来宝能源、嘉能可（印尼）公司、博地能源及香港俊安能源就煤炭进口合作进行交流。同年在继续加强与嘉能可、美国博地能源公司（Peabody Energy Corporation）、印尼BUMI公司、西伯利亚煤炭及能源公司（SUEK）等国际大型供应商合作的基础上，进一步拓展、延伸进口煤资源供应补充渠道，与天津俊安煤焦化工有限公司、斯特拉塔（Xstrata）签订贸易合同。其中天津俊安煤焦化工有限公司220万吨，定价参考秦皇岛挂牌价下限，交货方式为CIF（成本加保险费加运费，指定目的港，下同），流向六横；斯特拉塔82万吨，定价方式为固定价格99美元/吨，交货方式为FOB，流向北电；美国博地能源公司110万吨，定价方式为固定价格107.5美元/吨，交货方式为CIF（成本加保险费加运费和DES目的港船上交货），流向六横；摩科瑞能源集团（Mercuria）100万吨，定价方式为固定价格104美元/吨，交货方式为CIF（成本加保险费加运费和DES目的港船上交货），流向六横；浙江物产环保能源股份有限公司80万吨，定价参考秦皇岛挂牌价下限，交货方式为CIF（成本加保险费加运费和DES目的港船上交货），流向六横、北电。

2012年7月19日，浙江浙能富兴燃料有限公司印发《进口煤采购管理办法》，对进口煤采购贸易管理机构、管理职责、管理衔接工作等内容进行进一步明确。

2012年12月27日，浙江浙能富兴燃料有限公司向浙江省能源集团有限公司煤炭及运输分公司上报《关于2013年进口煤采购方案的请示》。根据该方案，2013年，浙江浙能富兴燃料有限公司签订进口煤合同量664万吨，其中香港俊安资源有限公司［General Nice Resources（Hong Kong）LTD.］240万吨，定价参考秦皇岛挂牌价下限，交货方式为到岸交货，流向六横；香港金海湾有限公司（Gold Gulf CO., Limited）200万吨，定价方式为固定价格530元/吨，交货方式为CIF，流向六横、镇海；香港健坤能源有限公司（HK Jiankun Energy CO., Limited）（浙江物产香港公司）104万吨，定价为秦皇岛挂牌价下限下浮20元/吨，交货方式为到岸交货，流向六横、镇海；浙江常能能源有限公司120万吨，定价方式为固定价格606元/吨，交货方式为到岸交货，流向乐清。

2014年5月31日至6月4日，浙江省能源集团有限公司煤炭及运输分公司、浙江浙能富兴燃料有限公司参加第二十届亚洲国际煤炭会议，并与国际煤炭供货商进一步协商2014年下半年的进口煤长协采购事宜。浙能富兴利用浙江富兴电力燃料有限公司和浙能集团（香港）有限公司（2017年更名为浙江能源国际有限公司）境内、境外两个平台共同协作，通过2个币种（人民币和美元）、3种交货方式（FOB离岸价格、CIF成本加保险费加运费和DES目的港船上交货）和2类价格体系（国际指数和国内指数）组成的“232”贸易模式，依托债券融资，煤炭板块内部协作，灵活采购，平抑综合成本。进口煤采购试水境外转口贸易等领域，与国际能源企业及国内终端用户深度合作。全年完成进口煤炭854万吨。主要流向为六横港、镇海港、北仑电厂。

2015年1月27日，浙江省能源集团有限公司煤炭及运输分公司、浙江富兴向浙能集团资产经营部提交《关于2015年进口煤风控体系建设专项汇报》。就进口煤贸易类型、资金、运输、质量等交易环节风险控制措施等进行了详述。

2016年12月，浙江浙能富兴燃料有限公司成为中国进口煤理事会创始单位之一。中国进口煤理事会旨在响应国家关于进口煤的相关政策，由国内重点进口煤终端用户和主力贸易商共同组织成立的战略合作平台。

2017年1月1日，浙江浙能富兴燃料有限公司与浙江富兴电力燃料有限公司合并重组，进口煤业务重新划归浙能富兴资源采购部管理。同年，浙能富兴根据国内外煤炭市场形势，首次以国际煤炭指数（NEWC指数和API5指数）、国内（BSPI环渤海指数等）价格指数为基础，确立年度长协合同定价体系，与嘉能可公司、苏艾科（SUEK）公司等签订年度长协合同量600万吨。其中，苏艾科（SUEK）公司144万吨，俄煤，定价参考环渤海指数，交货方式为人民币完税后交货，流向镇海、北电；必合必拓（BHP）公司156万吨，澳煤，定价参考AP5，交货方式为FOB交货，流向六横；嘉能可公司440万吨，澳煤，定价参考纽卡斯尔指数，交货方式为FOB交货，流向六横，少量连云港；前海广发26万吨，印尼煤，定价参考CCI进口煤3800指数，交货方式为人民币完税后交货，流向六横。

2017年4月7日，浙江浙能富兴燃料有限公司在杭州承办进口煤理事会。会上，各理事单位就后续协同与国际矿商合同谈判、争取中方煤炭采购利益、改善中方在国际贸易上的地位等方面，达成共识。

2018年，浙江浙能富兴燃料有限公司分别与深圳前海、浙江庞鑫电力能源有限公司、嘉能可公司、天津博朗信国际贸易有限公司签订长协合同，合同总量1027万吨，交货方式均为人民币完税后交货。

2019年6月23—25日，浙江省能源集团有限公司煤炭及运输分公司副总经理俞建楠、浙江浙能富兴燃料有限公司董事长周建忠携进口煤业务相关人员参加在印度尼西亚召开的第二十五届亚洲煤炭大会。2019年，国家对进口煤管控趋严，实行严格的通关手续，公司主力煤种的澳洲煤普遍通关时间在70天以上。资源事业部通过六横港口、太仓、如皋、乍浦、可门等港口，创新“一船两卸”的操作模式，择机采购5800大卡哥伦比亚煤、4700大卡特低硫俄罗斯煤等新煤种。2019年签订合同量800万吨，实际兑现676万吨。

2004—2019年浙江浙能富兴燃料有限公司进口电煤情况见表4-2-3。

表4-2-3　2004—2019年浙江浙能富兴燃料有限公司进口电煤一览表　万吨

年份	进口量	年份	进口量
2004	101	2012	521
2005	60	2013	792
2006	54	2014	719
2007	81	2015	750
2008	44	2016	843
2009	207	2017	1005
2010	308	2018	1027
2011	497	2019	676

三、煤炭期货业务

2013年9月，浙江浙能富兴燃料有限公司成立煤期货研究分析领导小组，启动相关研究工作，上报的参与方案获得集团董事会批准。

2014年3月，浙江省能源集团有限公司煤炭及运输分公司成立“期货业务监督审核委员会”，负责板块动力煤期货业务操作方案的审批和期货业务的监管等工作；浙能富兴成立动力煤期货领导小组，负责建立期货业务组织管理构架、员工培训、内控制度、业务流程，制定套期保值、风险防控等工作方案。

2014年12月8日，浙江浙能富兴燃料有限公司与浙商期货有限公司、大地期货有限公司分别签署期货经济合同，浙能富兴动力煤期货业务进入实质操作阶段。

2015年4月，浙江浙能富兴燃料有限公司1.5万吨伊泰3号煤炭“期转现”业务顺利完成，并实现账面盈利，标志试水煤炭期货业务成功运营。

2015年7月，煤炭板块先后颁布《期货业务监督审核制度》和《动力煤期货套期保值业务内部控制管理办法》两大系统性管理制度，对动力煤期货套期保值业务的界定、组织架构的职能、业务审批和授权、业务流程、风险控制、应急处理等做了详细的描述。

2015年12月初，在第11届中国国际期货大会上，浙能富兴被郑州商品交易所授牌为“市场功能‘点基地’”。

2015年，在市场单边下行、期货规则不完善、投机氛围浓厚的条件下，浙能富兴谨慎操作，规避风险，实现期货盘面、现货采购同时盈利。

2017年，浙江浙能富兴燃料有限公司期货业务“套期保值、期现结合”功能得到精准发挥，共起草期货方案17份，操作套保方案10份，实现套期保值数量245万吨，期货盈利10700万元，对应5437万吨煤炭采购量，降低吨煤采购价2元/吨，套期保值收效显著。同年，浙江浙能富兴燃料有限公司创新提出市场煤点价销售模式，与江苏惠本科技有限公司、潮州市亚太能源有限公司、舟山一清能源有限公司等多家煤炭需求商达成合作，共完成期货点价销售51万吨，平均锁定销售利润20元/吨，市场销售价格均低于当月实际煤炭现货价格，惠及下游客户，巩固双方贸易关系。2019年5月，浙江浙能富兴燃料有限公司获批成为郑州商品交易所首批“产业基地”的单位（浙能富兴是获批“产业基地”中唯一的能源电力企业）。全年公司参与ZC901、ZC903、ZC905、ZC907、ZC909、ZC1911、ZC001、ZC003、ZC005等多个合约，完成动力煤期货共计完成下单量826.6万吨，其中参与交割的222万吨。

第二节 煤炭销售

一、电煤供应

2003年11月1日，浙江富兴电力燃料公司划归浙能集团，电煤销售供应沿用浙江省电力燃料总公司《煤炭调运规定（暂行）(2001版)》等相关调运销售细则，与系统内发电企业签订《煤炭供应合同》，由调运部牵头编制供应年、季、月计划，依照电厂煤炭需求，供煤质量、二港及电厂存煤量，组织实施供应。根据货物交接单和检测报告及货物运单，按合同规定计算出结算款，填写结款通知单（铁路直达电厂煤炭的数量、质量以电厂验收为准）。

2004年4月20日，浙能集团副总经理童亚辉召集主持全系统电煤供应和燃煤管理协调会，听取浙江富兴电力燃料公司煤炭供应形势汇报，要求各电厂与富兴落实措施，应对煤质和价格波动，确保电厂燃煤安全和用煤需求。

2004年10月26日，温州发电有限公司等集团所属发电企业向浙江浙能富兴燃料有限公司发送《关于2005年度发电用煤数量及质量指标的函》，对年度用煤量、煤种、煤质等进行详述。浙能富兴根据发电企业上报的煤量，编制年度电煤销售计划，报浙能集团批准后，进行供煤。

2005年6月28日，浙能富兴与嘉兴发电有限公司、浙江北仑发电有限公司等11家发电企业签订《2005年度煤炭供应合同》。合同规定主要包括：内容、数量、品种、煤质指标（硫分、挥发分等）、流向；供应计划以年度计划为基数，在每月20日前以书面形式向浙能富兴提出下月供煤需求计划，明确供应数量、品种及供煤具体时间。数量界定以发运港运单记载的数量作为双方结算吨位数；质量界定以浙江省电力燃料总公司能源检测中心质检结果为结算依据；结算价格按照年度到港基准结算价燃煤销售基准价格测算。浙能富兴和发电企业燃煤销售基准价格以离港燃煤采购指导价加运价与中转费用所得出的购输成本再乘以一加价系数进行测算，双方根据所需数量在基准价格基础上进行协商并签订合同。合同执行过程中，根据燃煤市场价格变化和运输成本的变化一年（或者半年）相应改变离港燃煤采购价格和运价测算值，调整燃煤销售基准价格，经浙能集团审核后调整燃煤销售的合同价。

2005 年 9 月 13 日，浙能集团首次组织召开年度各发电企业燃料供应专题会议，浙能集团副总经理童亚辉听取煤炭供应形势汇报，提出要从战略高度形成电煤供应保障体系，理顺和完善浙能集团发电燃料管理体制，在浙能集团职能部门、浙能富兴、各发电企业之间形成责、权、利互相平衡，互为保障的关系。

2006 年 9 月 26 日，浙能富兴印发《浙江浙能富兴燃料有限公司月度煤炭管理工作会议制度》，制度内容涵盖煤炭市场各类信息、月度计划执行情况、下月计划安排、会议时间每月 25—30 日、会人员及督办等。《浙江浙能富兴燃料有限公司碰头会制度》停止执行。

2006 年 9 月 29 日，浙能集团召开 2006 年燃煤工作会议，浙能集团副总经理童亚辉、浙能富兴及集团各职能部门、电厂参加了会议。议题主要研究新形势下燃料保障战略，推进燃料管理体制改革，要求以浙能集团煤炭管理办法为规范，以燃料成本管理为核心，推进计划管理、价格管理、质量管理、基础管理为主要内容的管理办法，强化浙能集团对燃煤供应工作的管理、协调、监督和服务职能，通过规范二级管理模式实现燃料管理精细化，充分发挥浙能集团、浙江浙能富兴燃料有限公司和用煤企业三者主观能动性，形成关系清晰，职责明确，管理到位，相互配合、促进的科学、高效、完善的管理体系。实现燃料供的上、质量有保障、成本可控制的经营目标。同时，对 2006 年第四季度 2007 年订货会，供方信用档案、制度等具体工作提出六点要求。

2006 年 12 月 12 日，浙江浙能富兴燃料有限公司根据集团生产安全部建议，起草《电厂发电用煤库存和接卸管理办法（讨论稿）》，在征求电厂意见，修改讨论后上报集团生产安全部。

2007 年 10 月 17 日，浙江北仑发电有限公司等发电企业改为向浙能集团上报《关于上报 2008 年发电用煤计划的报告》，内容增加年度电厂发电计划，由浙能集团汇总平衡后下发浙能富兴组织实施。

2009 年 2 月 1 日，浙江浙能富兴燃料有限公司开始编制《浙江浙能富兴燃料有限公司电煤供应动态信息旬报》。内容包含电煤供应、市场行情、电厂互动、生产数据以及电煤供应问题反馈及解决措施等，并通报给浙能集团和各电厂。信息报由总经理工作部牵头编发，每旬 1 期。

2009 年 7 月 10 日，浙江浙能富兴燃料有限公司召开 2009 年半年度电煤销售服务座谈会。浙能集团副总工程师朱松强、资产经营部及各电厂参加了座谈。会议对 2009 年上半年国内煤炭市场行情，浙能富兴实施成本领先战略，优化销售方案，提升销售服务质量等方面进行了交流。

2012 年 7 月 18 日，浙江浙能富兴燃料有限公司修订印发《煤炭调运管理办法》，对电煤销售，到厂接卸衔接等环节进行了进一步修订。

2012 年 9 月 17 日，浙江浙能富兴燃料有限公司组织召开 2012 年发电企业煤炭供销座谈会，通报 1—8 月煤炭经营情况，征求发电企业对富兴燃料公司煤炭供销工作的意见和建议。集团系统 13 家发电企业总经理（厂长）、经营、燃料部门负责人以及集团资产经营部、安全生产部、浙江省能源集团有限公司煤炭及运输分公司有关人员出席会议，浙能集团副总经理毛剑宏出席座谈会并讲话。

2012 年 10 月，浙江浙能富兴燃料有限公司开始参照上市公司运营标准，全面梳理管理流程、完善管理制度、健全管理体系，颁布了一系列制度规范，为浙能电力股份的上市做好相关准备工作。

2013 年 4 月 1 日，浙能集团组织召开 2013 年煤炭购销座谈会，通报 2013 年煤炭订货情况和购销价格方案，征求电厂企业对浙能富兴煤炭供销工作的意见和建议，浙能集团副总经理楼晶出席座谈会并讲话。

2014年初，根据浙能集团要求，浙江浙能富兴燃料有限公司下水煤炭平仓价格以秦皇岛港相应热值当月15日挂牌价上限（如当日秦皇岛港挂牌价更新，则以更新的价格为准）为基准，向系统内发电企业进行价格调整通报，并抄报浙能集团资产经营部、浙江省能源集团有限公司煤炭及运输分公司。

2014年8月25日，浙江浙能富兴燃料有限公司赴长广集团，就向该集团水泥分公司供煤等相关事宜，达成协议，并于同年9月正式向长广集团供煤。

2015年10月，浙能集团完成《2015年度浙江省能源集团有限公司电煤研究报告》，对低热值煤掺烧锅炉效率、实验环保性分析、煤炭热值与经济型关系、边际煤炭单价差值等进行专题研究。

2016年2月1日，浙江浙能富兴燃料有限公司组织召开2016年度电煤销售合同洽谈会，合同洽谈采用“一对一”的方式进行，依照“按质调价”的原则，与集团系统所属电厂就年度的电煤供应数量、质量和计价调价等事项和合同条款进行面对面沟通协商。

2016年5月9日，浙江浙能富兴燃料有限公司按照浙能集团《关于进一步完善杭州G20峰会工作方案落实相关补充措施的通知》及《浙江省能源集团有限公司煤炭及运输分公司重大国际峰会工作方案》要求，印发《关于浙能富兴重大国际峰会工作方案的通知》，对工作目标、组织机构、做好燃煤供应保障等工作，进行了进一步细化，保障峰会期间集团系统内电厂入炉煤硫分不高于0.7%，且决战阶段确保各电厂可用库存天数在10天以上。

2016年10月28日，浙江浙能富兴燃料有限公司正式向浙能集团援疆项目——浙能阿克苏纺织工业城热电厂供煤。

2017年1月17日，浙能集团印发《浙江省能源集团有限公司2017年煤炭订货工作专题会议纪要》和《浙江省能源集团有限公司煤炭经济适烧工作小组第一次会议纪要》指导性文件。推进经济适烧煤种购销工作成为浙能富兴2017年度重点工作之一。2017年共开展了舟山煤电、乐清电厂、台州电厂等9个电厂、19个批次、70个工况的煤种掺烧工作，推广和研究经济煤种燃用项目，审议通过《经济适烧煤炭管理办法》《经济适烧煤炭考核与奖励办法》，完成高硫经济适烧煤炭销售约166.96万吨；非标经济适烧煤炭销售约为132.47万吨，产生效益达6475.08万元（不含税）。

2017年6月8日，浙能集团宁夏枣泉电厂第一批冲管煤进厂，标志着浙江浙能富兴燃料有限公司正式向宁夏枣泉电厂供煤。

2004—2019年浙能集团所属发电企业燃煤供应量见表4-2-4。

二、市场煤销售

2008年12月8日，浙能富兴设立市场营销部，依托电煤资源和物流体系，对场地库存滞销现货煤种进行市场化尝试性销售。

2009年1月12日，浙能富兴与湖州宏鑫燃料有限公司签订了第一份数量为13843吨的平混2号市场煤销售合同。

2009年8月27日，浙能富兴召开市场煤炭营销务需会，讨论通过《市场煤炭营销三年规划（征求意见稿）》，分析市场煤炭经营存在难点，确立“以区划片、以片设点、以点带面”的市场开拓思路，打造市场销售网络体系。

2011年3月18日，浙江富兴设立组织机构，成立综合部、财务部和市场营销部。2011年3月30日，浙江富兴召开运行动员会，决定从当年第二季度起，启动“浙江富兴电力燃料有限公司”牌子，对外开展煤炭采购业务，同时保留“浙能富兴市场营销部”，“二块牌子，一套班子”同时存在、同步运行。市场业务充分授权，煤炭采购、销售、价格制定、财务等方面主要通过下达考核指标进行管理，浙江富兴建立内部管控体系，除业务工作以外的党建、廉政、劳资、监察等纳入浙能富兴管理和监督。年内市场煤销售业务涵盖了全省主要煤炭消费区域，发展了40家煤炭经营龙头企业作为经销合作商，全年实现市场煤实际销售361万吨，同比增长107.5%，销售金额约27亿元，同比增长142%。

表 4-2-4 2004—2019 年浙能集团所属发电企业燃煤供应量一览表

万吨

序号	电厂	2004 年	2005 年	2006 年	2007 年	2008 年	2009 年	2010 年	2011 年	2012 年	2013 年	2014 年	2015 年	2016 年	2017 年	2018 年	2019 年
1	嘉华电厂		4391221	6074545	5646580	5829844	5643293	5664835	7839177	9960693	9280514	7256647	6578244	7470797	8983302	9211055	8755974
2	嘉兴电厂		1699528	1635315	1484903	1423470	1442648	148911	1564062	1414411	1459595	1330662	1080172	889561	1063658	1282292	1227786
3	镇海电厂		2808315	2692182	2471209	2572338	2478736	2613331	2785754	2338992	2456850	2098673	1911199	2051069	2072887	2044830	1376971
4	台州电厂		4524506	4292060	4023680	4641827	4363229	3656315	3421591	2925412	3109220	2645170	2056494	2136248	2745767	2935128	2545244
5	北仑电厂		5116975	4577925	4477747	4713818	3834401	4375672	520655	4294377	4756571	4689084	4179152	3970967	3921020	3727591	3536266
6	温州电厂		2127729	2346668	2256122	2300494	2027791	1830271	1593067	1351395	1449712	1312831	1291165	3417314	3368750	3591006	3370436
7	特鲁莱电厂		1852908	1635315	1559387	1536058	1306083	1483854	1575388	1419076	1586428	1260746	977114	715183	888017	1027932	827591
8	兰溪电厂		0	2080828	5646267	6289869	5199689	5619466	595827	5409462	5525435	4962700	4339901	4224199	4663758	4767755	4375452
9	长兴电厂		1976674	3170033	3325571	3303438	3230025	3234596	3575658	2890962	2931272	2756146	1873107	1877983	2042757	2536232	2109653
10	舟山煤电		0	0	0	0	0	0	0	0	0	2232813	3899845	3387114	4364423	3923874	4042512
11	乐清电厂		0	0	0	1190857	2660831	4638746	6195213	5551932	5744107	5042793	4468667	4391403	5356180	5081758	4796102
12	滨海电厂		0	0	0	0	0	0	588395	1393859	1469224	1261142	1361538	1894281	2252400	3059047	3569362
13	台二电厂		0	0	0	0	0	0	0				957756	3675922	3906435	4004187	3899310
14	萧山电厂		908226	881369	816465	811833	675379	675533	762888	674288	709932	625411	482156				
15	钱清电厂		875556	875409	789267	749088	725582	777473	781368	659899	270645	0					
16	半山电厂		1373867	1334152	1091999	912039	0	0	0	0	0	0	0	0	0	0	
合计		0	27655505	31595801	33589197	36274973	33587687	34719003	31799043	40284758	40749505	37474818	35456510	40102041	45629354	47192687	44432659

2012年7月18日，浙能富兴修订印发《市场营销管理办法》《招投标管理办法》《结算管理办法》《合同管理办法》等管理制度。

2013年6月14日，浙能集团副总经理、党委委员楼晶到浙江省能源集团有限公司煤炭及运输分公司，宣布关于重启“浙江富兴”品牌及相关人事任命的决定。浙江浙能富兴燃料有限公司市场部与浙江富兴市场业务合并，由浙江富兴作为主体从事社会用煤市场业务。浙江富兴下设有浙江富兴市场营销部、进口贸易部、合同结算部三个运营部门，并在市场营销部设立业务部，形成“部长+业务N部”的新管理方式。同年，浙江富兴运营过程中采用港口平仓、场地配煤、场地交割、背靠背购销等多种购销业务交易模式，业务销售范围扩大到上海港、镇海港、六横港等二程港口，并首次涉足进口煤市场销售业务。发展浙江大唐乌沙山发电有限责任公司、广州珠江电力燃料有限公司、北京大唐燃料有限公司、国电宁波燃料有限公司等终端客户6家，初步形成点多、面广、稳定、可靠的营销服务网络。

2014年1月1日，浙江富兴与浙江省能源集团有限公司煤炭及运输分公司合署办公。浙江富兴参照、延续浙能富兴市场业务管理模式独立运行。同年上半年开始，市场价格倒挂，开拓艰难。同年6月，浙江省能源集团有限公司煤炭及运输分公司决定煤炭板块内浙江富兴、浙能富兴、浙江浙能港口公司3家单位从7月1日起，依托北方港口专用场地、舟山港物流仓储优势，协同开展市场销售及物流服务业务。年内完成销售858万吨，同比增长61.77%。其中一程港直销约808万吨，二程港销售约50万吨。

2015年10月15日，浙江富兴在2015年煤炭专场洽谈会上与舟山交易中心、山西世德以及舟山建行四家单位签订“舟交所挂（摘）牌交易四方协议”，借助浙江舟山大宗商品交易平台，正式启动“银承质押”挂摘牌交易模式，并于11月26日完成收单交易。同年，市场煤炭销售业务延续浙江富兴为主，浙能富兴、浙能港口公司为辅的抱团协同营销模式，发展浙江晓森能源有限公司、德清益阳能源有限公司等终端贸易客户5家，巩固潮州市亚太能源有限公司、北京泰博坤科贸有限责任公司等长协销售客户8家。

2015年12月25日，浙江省能源集团有限公司煤炭及运输分公司统筹协调煤炭板块各相关营运企业市场煤业务，印发《关于成立煤炭板块市场煤业务领导小组的通知》（浙能煤炭计〔2015〕95号），决定成立“煤炭板块市场煤业务领导小组”，并对其市场煤业务领导小组工作职责及业务流程进行规范。

2016年7月1日，浙江富兴颁布《市场营销管理办法》《合同管理办法》《客户管理办法》《法律事务管理办法》等业务规章制度。

2016年11月15日，浙能集团印发了《关于推进市场化业务激励机制建设的指导意见》（浙能人〔2016〕440号），该指导意见的颁布明确了集团推进相关业务市场化的方向，对企业参与市场、参与创新，推进企业可持续发展提供机制、体制的保障。

2016年12月9日，浙江省能源集团有限公司煤炭及运输分公司组织召开专题领导班子会议，集中讨论、审议浙能富兴和浙江富兴营运企业“三定”方案，商讨提出指导与修改意见，完善后上报浙能集团。

2017年1月2日，浙能富兴印发《关于浙能富兴、浙江富兴合并重组后组织架构方案》（浙能富燃人〔2016〕58号），重启“二块牌子，一套班子”管理构架，进行市场煤“大销售”业务。

2017年5月1日，浙能富兴（浙江富兴）印发《煤炭销售市场化业务激励与考核办法（试行）》通知，对市场化销售业务采购、调运、销售过程相关人员进行奖励和考核相关内容进行明确细化。

2017年6月1日，浙能富兴（浙江富兴）印发《煤炭销售市场化业务管理细则（试行）》和《市场化销售团队管理实施细则（试行）》通知，对公司计划价格领导小组、市场营销部管理职责、销售团队建设、绩效指标等管理模式进行了进一步明确。

2017年7月3日，浙江省能源集团有限公司煤炭及运输分公司印发《煤炭板块协同推进市场煤销售管理办法（暂行）》，对管理原则、协同机制、风险控制、激励考核标准等进行了明确，实行线上、线下双重合同会签、审批管理措施，采取事前审批报备、事中制约监督、事后报告反馈的廉政操作管理策略，防范经营风险与法律风险。同年，浙能富兴依托板块内营运企业“品种齐全、物流畅通、供应保障、价格领先”的优势，梳理制订了以“互保长协”销售模式为基础，“现货”联储共销，终端销售、点价销售、临时销售、期货交割等多样式的“1+N”全民销售体系。开发推广“富动8”等明星产品，开拓二港、省内市场及沿江销售渠道，成功打入江苏、安徽和福建等区域市场，吸纳巩固客户群达到38家，全年市场煤销售达1508万吨，再创历史新高。

2018年4月25日，浙能富兴召开市场煤重点用户座谈会。浙能富兴与山西世德、天津兴弘等重点用户代表，共同探讨市场走势、年度长协合作机制等。同年，浙能富兴推出联储共销、期现结合、临时销售、顺价销售、自购自销等销售模式，省内外两头延伸，开发推广明星产品，稳步开发客户群体，省内镇海、江苏江阴等二程港销售业务逐个推进，乍浦、头门、镇海、六横等码头地销逐步拉开。省外成功打入江苏、安徽和福建等区域市场，与国投京唐港、日照港、连云港等建立了紧密合作关系，逐步构建起相对成熟的营销网络。通过构建自购自销平台、联储共销平台、产业链协同平台，公司客户群体达到69家（终端客户13家）。

2019年5月20日，浙能富兴与江西新源燃料有限公司签署60万吨煤炭购销合同，销售终端开始向山东、江西等地覆盖，通过区域代理集中用户与中石化、鄂州电、江西新源等优质“国”字号企业达成长期战略伙伴关系，成功吸引17家终端客户开展合作，实现30%终端销售占比。

2008—2019年浙能富兴燃料有限公司（浙江富兴）市场煤销售情况见表4-2-5。

表4-2-5 2008—2019年浙能富兴燃料有限公司（浙江富兴）市场煤销售一览表 万吨

年份	销售量	年份	销售量
2009	103	2015	680
2010	162	2016	1110
2011	497	2017	1508
2012	201	2018	1920
2013	508	2019	2032
2014	857		

第三章 运输与仓储

第一节 水路运输

一、调运管理

2004年，浙江浙能富兴燃料有限公司成立后，沿用《浙江富兴电力燃料有限公司煤炭调运规定（2001版）》《浙江富兴电力燃料有限公司中转港煤炭管理规定》相关制度条款，规定：浙能富兴实行调运计划管理，根据全年订货计划和月度供煤计划分别制定全年运输计划、月度运输计划。季度计划报计划价格领导小组审定，月度计划报分管领导审定。月度调运计划在实施中根据实际生产情况的变化作必要的调整。调整情况反馈计划部。调运部门根据月度供煤计划、电厂需求变动、煤质变动、运力变动等情况，将月度计划分解为旬度计划。

2005年1月，浙江浙能富兴燃料有限公司开始编制《煤炭物流月报》，内容涵盖月度资源与需求匹配，一、二程港口船舶装运等情况。

2006年9月26日，浙江浙能富兴燃料有限公司执行《月度煤炭管理工作协调会制度》，原

《浙江浙能富兴燃料有限公司碰头会制度》，停止执行。

2007年3月20日，浙江浙能富兴燃料有限公司修订《煤炭调运管理办法》，根据实际生产情况变化，重新对调运管理职责范围，实施主体，电煤供应计划审批流程，电煤运输计划（年、月、旬）港口衔接管理，一程、二程港资源、泊位衔接管理及操作，船舶调度，调运质量管理等环节，进行修订补充，增加专用场地调运管理相关环节内容。

2008年1月10日，浙江省经贸委向秦皇岛港务集团有限公司发文《浙江省经济贸易委员会关于紧急请求安排浙能富兴燃料有限公司电煤船优先靠泊的函》，请求秦皇岛港支持，优先靠泊，保障电煤供应。

2011年12月26日，浙江浙能富兴燃料有限公司向浙江省能源集团有限公司煤炭及运输分公司上报《关于2012年浙能富兴电煤运输合同方案的报告》。

2012年7月18日，浙江浙能富兴燃料有限公司印发《关于煤炭调运管理办法的通知》。对调运一港船舶动态表中的船舶信息提供标准、船舶调度过程中流向临时调整、二次装车（水转铁）衔接等环节，进行补充修订明确。

二、运力组织

2005年以前，浙江浙能富兴燃料有限公司沿用浙江富兴电力燃料公司电煤运力管理模式，按照年度煤炭计划内煤炭订货量与船运公司签订匹配年度运力合同（计划内），运力临时缺口，通过一船一议市场招租运力形式补充。年度合同承运单位主要包括浙江富兴海运有限公司、洋浦通利船务有限公司、中海海运等省内外具有一定规模、运力稳定的海运公司。萧山电厂等内河电煤运输，沿用与内河运输公司协商定价签订年度合同的方式执行。

2005年1月1日开始，浙江浙能富兴燃料有限公司为规避运输市场波动风险和应对季节性运力需求大幅变化，与船运公司签订三年期运输合同和一年期运输合同两种形式。三年期合同采用以中海发展2005年运价为基准，辅以燃油附加费调整，船舶滞港时间考核的方式，锁定三年运价（运价高于一年期合同）及运量。承运单位主要包括富兴海运、宁波海运等省内外规模较大，运力稳定的海运公司。部分海运公司除三年期量以外，同时签订一年期合同量。

2005年浙江浙能富兴燃料有限公司一程海运合同量签订明细见表4-3-1。

表4-3-1 2005年浙江浙能富兴燃料有限公司一程海运合同量签订明细表 万吨

项目	中海	宁波海运	富兴海运	温州海运	台州海运	舟山一海
2005年合同运量	300	650	700	260	120	50
项目	通利船务	中昌海运	帝海船务	宁波江海	亿达物流	合计
2005年合同运量	200	135	200	50	150	2815

2005年6月4日，浙能富兴召开6月份电煤运输协调会，中海货运、宁波海运等有关单位出席了会议，讨论拟定《船舶装船预警操作规定》和《船舶调整流向操作规程》，规范电煤运输计划编制和船舶调度操作，完善电煤调运机制。

2007年4月3日，浙能富兴印发《电煤运力准入制度》，规定调运销售部是公司电煤运力计划和在线运力的管理部门，代表浙能富兴与各承运单位签订在线运力年度合同或补充合同。承运单位提供的年度在线运力必须明确船名（不含中海货轮公司），年度在线运力由调运销售部负责调度，未经调运销售部同意，承运单位不得调用上线船舶离线，调运销售部通过月度电煤运输协调会，平衡各电煤承运单位月度上线运力，新增运力由调运销售部根据电煤运力准入原则提出新增运力方案。

2008年2月25日，浙能富兴按照浙能集团相关规定，向浙能集团上报《关于2008年运输合同谈判情况报告》。对中海发展股份有限公司货轮公司、宁波海运股份有限公司等主要承运单位谈判情况进行汇报请示。

2009年6月2日，浙能富兴举行2009年度内河航运合同签订仪式。会议确定2009年内河航运价格维持上一年度平均水平，同时要求航运公司利用GPS定位系统跟踪船舶运输作业过程，提高运输质量。

2011年3月3—4日，浙能集团副总经理毛剑宏调研煤炭物流调运工作，要求浙能富兴要对外加强协调，对内继续挖潜增效，提高船舶运输效率。

2012年初，浙能富兴首次试行招投标形式采购内河运力，主要流向为上海至浙江浙能长兴发电有限公司、浙江浙能电力股份有限公司萧山电厂。

2012年7月18日，浙能富兴发布《电煤海运运力管理办法》，增加进口部为国际电煤运力计划和在线运力的管理部门，国际电煤年度在线运力由进口部负责调度，未经调运销售部或进口部同意，承运单位不得调用上线船舶离线。同时对于承运浙能富兴国际电煤业务的单位，必须由浙能富兴相关领导牵头，以临时谈判小组的形式，会同律师一起参加，经过招标或竞争性商谈等商务程序后确定。

2013年3月28日，浙能富兴决定成立煤炭内河运输服务招投标领导小组。

2014年10月16日，杭甬运河宁波段试航成功，宁波港至滨海电厂的内河运输开通，增加了滨海电厂除汽运方式外的煤炭供应新方式。

2015年1月份开始，浙能富兴一年期运输合同价格采取与上海航交所挂牌价挂钩的方式：上下限+浮动运价，即制定各流向年度运价的上下限范围。以上海航交所发布的秦皇岛至宁波1.5万~2万吨船当月平均运价作为北电、老塘山流向当月市场运价，其余流向市场运价根据运距做相应加减一定的数值。

2015年1月开始，浙能集团对控股海运实行统筹管理，浙能富兴三年期合同全部由集团控股海运公司进行签订，其余海运公司均只签订一年期运输合同，控股海运公司除三年期量以外，也有部分一年期合同量。三年期定价方式为固定流向固定价格，即北方港—宁波港（镇海）、北仑电厂基准运价为45元/吨，其余流向根据距离、船型等在此基础上确定固定价格，合同周期内运价不变。一程运输滞期费、速遣费根据不同的船型进行约定费率，单船留港时间每一季度平均计算，二程运输船舶不计算船舶的滞期时间。燃油附加费按公历季度调整，以当季度上海中燃船舶燃料有限公司发布的（180CST低硫上海港口人民币燃油价格）挂牌收市价平均值（下称平均价）为测算依据，约定基准值，当平均值较基准值每上升（或下降）300元/吨（不含）时，则燃油附加费相应增加（或减少）一档，两档封顶，每档为1元/吨。实行燃油附加费后，运价=基准运价+燃油附加费。二程港中转无燃油附加费。

2015年9月15日，浙能富兴发布《运力供应商管理办法》，规定浙能富兴公司计划价格领导小组是运力供应商管理的领导机构，调运销售部是运力供应商的归口管理部门，负责对原有运力供应商的管理、新增运力供应商信息的收集、汇总、整理、数据库的建立，及相关运输考核工作。党群工作部是运力供应商管理的监督部门，负责对本办法实施过程的监督，确保运力供应商评审工作的公开、公平、公正。

2016年1月开始，浙能富兴一年期运价采取完全挂钩上海航交所挂牌价方式，不再设立上下限范围，运价完全市场化。

2016年4月21日，浙能富兴为接轨航运市场，在2015年探索市场询比价方式采购临时市场运力模式的基础上，发布实行《市场运力采购管理办法》。规定采购评审小组是进行市场运力（包括临时、月度、半年度等短期运力）采购工作的专门机构，负责确定竞标单位短名单，参加密封报价的开标。调运销售部是市场运力采购工作的归口管理部门，市场运力采用密封报价采购方法，计划价格领导小组审议需要采取招标模式采购市场运力的，则参照集团相关招投标管理办法执行。

2017年7月1日，浙能富兴印发《电煤运输考核管理办法》。对指标及方式、月度任务、运输质量等考核内容，电煤运输考核与各承运单位的年度总评和年度运量挂钩，考核结果作为各承运单位年度运量分配和年度总评的重要依据。

2018年1月开始，浙江浙能富兴燃料有限公司与宁波海运、富兴海运、江海公司等集团控股海运公司，及浙江新一海海运有限公司、洋浦通利、舟山中昌海运有限责任公司等13家非自有海运公司签订一年期海运合同，包含一程、二程运力合同。一程运力的运价采取与上海航交所挂牌价挂钩的方式，分大小船型分别定价。大船（3.5万吨及以上）参考上海航交所京唐/曹妃甸至宁波（4万~5万吨船型）挂牌价作为结算基准价，小船（3.5万吨以下）参考上海航交所秦皇岛至宁波（1.5万~2万吨船型）挂牌价作为结算基准价，在基准价的基础上，根据运距以及各港口收取的拖轮费等具体情况，分流向做相应加减。二程运价根据运距、船型不同采取固定价格的方式，全年保持不变。滞期费按装卸两港时间确定，约定船舶一程运输每航次在装载港和目的港合并计算留港时间及因超时应支付的滞期费标准。其中，滞期费率采取与挂牌价挂钩的方式，不同的运价区间采用不同的滞期费率，更加贴合海运市场。装卸时间约定如下：3.5万吨（含）以下144小时（6天），3.5万~5.5万吨（含）168小时（7天），5.5万吨以上192小时（8天）。

2018年初，镇海港—滨海电厂内河运输采用招标形式确定了3家运输单位。至此，浙能富兴所有的内河运输，即乍浦港—长兴电厂、乍浦—滨海电厂、镇海港—滨海电厂流向的内河运力的确定都采用年度招投标的形式确定，每个流向确定3家运输内河运输单位。

2019年3月29日，浙能富兴组织召开2019年电煤运输合同及运输安全座谈会，邀请控股海运公司以及14家年度长协海运公司参会。浙能富兴要求各海运公司加强船舶运输安全管理，督促落实运输合同安全协议及三方《靠离泊稳泊期间安全协议》的签订工作。

2004—2019年浙江省属发电企业煤炭物流一程、二程流向运量分别见表4-3-2、表4-3-3。

表4-3-2 2004—2019年浙江省属发电企业煤炭物流一程流向运量一览表 万吨

流向	2004年	2005年	2006年	2007年	2008年	2009年	2010年	2011年	2012年	2013年	2014年	2015年	2016年	2017年	2018年	2019年
上海	270	250.8	278.3	356.6	259.4	246.9	264.8	386.6	398.8	491.6	421.4	325.0	62	0	0	1.9
乍浦港													204	307	365	135.6
北仑	220.5	192.5	148.3	140.7	225.4	37.5	0	0	0	0	0	0	0	0	0	0
镇海	251	270.4	276.1	331.7	393.8	356.7	364	358.5	223.3	235	424.7	215.7	296	321.3	426.5	411.4
舟山	294.8	351.4	277.2	313.6	347.2	208.4	225.4	202.8	178	211	249.4	203	179	193.8	214.1	62.2
北电	785.5	479.2	405	417.3	474.8	269.9	425.8	505.4	310.5	413	252.7	203	220.1	272.4	246	182.4
嘉电	294.8	619.6	776.8	662.2	727.2	688.7	705.9	957.6	1120.2	1074	854.2	458.3	490.2	978	996.2	990.2
温电	268.3	406.3	378.9	335.1	359.9	318.9	328.1	319.1	274.4	308.1	257.3	226.8	422.0	417.2	441.1	375.5
台电	70	47.1	48.6	28.6	0	0	0	0	0	0	0	0	0	0	0	0
舟电	0	71.4	66.9	0	0	0	0	0	0	0	222.6	277.9	123	63.8	100.6	279.5
乐电	0	0	0	4.8	140.7	223.6	446.6	622.5	544.7	404	452.8	419.6	417.7	493.2	449.7	463.3
嘉兴	0	4.5	4.7	4.7	0	0	0	0	0	0	0	0	0	0	0	0
龙湾	0	0	16.9	101.9	188.9	102.2	57.6	43.2	15	0	1.7	0	0	0	0	0
六横港	0	0	0	0	185.3	281.6	183.7	256.5	229.1	203.2	212.2	131.3	140.4	206.1	174.6	319.0
状元岙	0	0	0	0	0	0	126.3	66.1	33.8	7.7	31.2	12.8	0	0	0	0
七里港	0	0	0	1.4	7.5	0	0	0	0	0	0	0	0	0	0	0
东屿	14.7	15.9	14.6	6.8	0	0	0	0	0	0	0	0	0	0	0	0
张家港	0	0	0	0	1.3	0	0	0	0	0	0	0	0	0	0	0
头门港								0	0	0	2.7	35.7	10.5	0	0	0
太仓	—	—	—	—	—	—	—	—	—	—	—	—	—	—	—	68.1
独山港	—	—	—	—	—	—	—	—	—	—	—	—	—	—	—	146.0
合计	2469.6	2709.1	2692.3	2705.4	3311.4	2734.4	3128.2	3718.3	3327.8	3347.6	3382.9	2509.1	2564.9	3252.8	3413.8	3435.1

表 4-3-3　2004—2019 年浙江省属发电企业燃煤物流二程流向运量一览表　　万吨

发港	流向	2004年	2005年	2006年	2007年	2008年	2009年	2010年	2011年	2012年	2013年	2014年	2015年	2016年	2017年	2018年	2019年
上海港	半山电厂	119.2	115.6	63.1	72.8	46.7	0										1.9
	长兴电厂	50.9	61.0	126.5	198.8	214.3	175.7	219.7	271.4	249.2	270.2	234.1	152	51.8	0		
	萧山电厂	98.1	88.9	89.5	81.0	80.2	67.8	70.1	75.5	66.1	71.9	62.7	48.2	0			
	钱清电厂	19.6	0.7	21.2	0.8	0.1	0	0									
	兰溪电厂	0	0	9.8	40.5	9.8	0	0									
	滨海电厂								35.8	91.9	110.2	114.5	119	15.8	0		
	其他	5.2	1.3	11.9	17.4	0	0	1.5	11.0	3.0	23.0	3.3		3.4	0		
	分计	293.0	267.5	322.0	411.3	351.1	243.5	291.3	393.7	410.2	475.3	414.6	319.2	71	0		1.9
乍浦港	长兴电厂												0	94.1	202	239.1	97.2
	滨海电厂												0	96.3	99.7	148.8	28.6
	分计												0	190.4	301.7	387.9	125.8
镇海港	市场销售	1.8	0	0	0	0	0	1.8	6.3	5.3	4.6	6.9	2.8	17.9	27.2	80.5	59.4
	镇海电厂	193.4	207.5	205.3	188.2	185.1	158.2	156.7	135.8	117.5	96.5	20.6					
	长兴电厂	24.8	10.1	14.9	0.7	7.6	16.0	7.9	2.3			1.3		17.3	0.3	0.5	
	钱清电厂	43.8	35.4	38.0	51.4	51.5	67.1	75.4	75.5	63.1	26.5	0					
	兰溪电厂	0	0	7.6	72.3	149.1	158.2	243.4	316.9	260.5	301.1	263.7	223	198.8	244.1	228.6	220.9
	杭州湾电厂	7.7	13.6	18.1	23.7	18.5	0	0									
	滨海热电								36.1	45.8	32.7	9.3	18.4	77.8	125.3	167.6	184.3
	分计	271.5	266.6	283.9	336.3	411.8	399.5	485.2	572.9	492.2	461.4	301.8	244.2	311.8	396.9	477.2	464.6
六横港	北仓电厂	无					2.9		22.9	24.8	42.7	104.8	209	169.7	83.4	89.5	145.3
	镇海电厂						23.9	0	29.1	21.9	1.3	0		13.2	30.3	4.5	69.3
	台州电厂					1.2	248.2	242.3	250.6	200.7	232.1	21.0	134	204.3	242.1	280.7	249.7
	温州电厂					6.7	12.9	11.2	2.2	2.0	4.5			15.4	6.5	19.5	39.7
	镇海港						37.5		229.2	287.7	194.5	189.2	164.3	58.3	21.1	13.6	11.1
	龙湾港						21.8		80.3	142.1	238.9	207.9	139.9	187.8	187.5	238.8	210.1
	嘉华电厂						8.1	8.6	13.4	2.6	6.8	0		7.4	25.6	469.8	3.6
	乐清电厂						11.1	13.8	18.2	14.3	74.7	41.2	36.2	28.2	10.8	25.6	10.1
	黄岩热电								5.4	4.8	3.2	0.9	6.1		0.8	2	
	其他							204.8						12	8.3	15.5	54.1
	分计	0	0	0	0	7.9	366.4	480.7	651.3	700.9	798.7	565	689.5	696.3	616.4	1159.5	793.0
北仑港	乐清电厂			0	0	9.0	2.6	2.3									
	镇海电厂	30.4	8.3	3.7	8.8	15.4	2.6	0									
	台州电厂	179.2	181.7	157.6	117.7	188.8	29.1	0.4									
	温州电厂	6.0	1.0	9.2	0	25.9	0.5	5.5									
	杭州湾电厂	0	0	0	9.5	4.5		0									
	嘉兴电厂	0	0	0	25.4	18.7	3.2	0									
	龙湾港	0	0	0	0	0	2.7	0									

表4-3-3（续）　　万吨

发港	流向	2004年	2005年	2006年	2007年	2008年	2009年	2010年	2011年	2012年	2013年	2014年	2015年	2016年	2017年	2018年	2019年
北仑港	镇海港	0	0	0	0.2	0	2.4	0									
	其他	4.5	5.3	0	0.9	0	0	0									
	分计		220.1	196.3	170.5	162.5	262.3	43.1	8.2								
舟山港	镇海电厂	69.5	66.5	63.7	49.3	51.5	65.1	106.8	106.2	93.6	149.3	189.5	169.2	172.9	171.1	199.1	72.8
	台州电厂	216.2	228.2	220.6	266.5	277.9	153.0	121.1	101.8	91.8	72.9	55.4	34.8	7	17.4	10.5	5.3
	温电	2.1	3.6	4.0	0.5	4.7	0.5	0	0			0.9					
	舟电物资	0	0	0	1.4	0.9	0	0									
	黄岩热电								1.8	3.1	4.0	3.2					
	市场销售								0.5			0					
	龙湾港	0	0	0	0	0	0.9	0									
	黄岩热电	5.4	10.2	0	0	0	0	1.4						4.1	3.8		
	其他			0.4	0	0	0	0									
	分计	293.2	308.5	288.7	317.7	335.0	219.5	229.3	210.3	188.5	226.2	249	204	184	192.3	209.6	78.1
龙湾港	兰溪电厂	0	0	13.7	105.7	209.1	126.4	215.9	223.0	211.4	248.1	230.1	139.9	187.8	187.5	238.8	234.4
	分计	0	0	13.7	105.7	209.1	126.4	215.9	223.0	211.4	248.1	230.1	139.9	187.8	187.5	238.8	234.4
状元岙	龙湾港	0	0	0	0	0	0	115.6	101.2	50.8	9.0	22.8	12.8				
	温州电厂								1.7			0					
	分计	0	0	0	0	0	0	115.6	102.9	50.8	9.0	22.8	12.8				
太仓	长兴电厂																69.1
	其他																70.7
	分计																139.8
独山港	长兴电厂																35.9
	滨海电厂																106.2
	分计																142.1
二港调运量合计		1077.8	1038.9	1078.8	1333.5	1577.2	1398.4	1826.2	2154.1	2054.0	2218.7	1783.3	1609.6	1641.3	1694.8	2473	1979.7

三、自有运力建设

（一）宁波海运

1. 集团管控沿革

2012年10月22日，宁波海运与浙能集团签订《关于宁波海运集团有限公司之股权转让协议》。宁波海运职工持股会在宁波海运中的33.0367%股权予以转让，其中：24.0367%股权转让给浙能集团；9%股权转让给宁波交投；宁波众和投资有限公司（简称宁波众和投资）在宁波海运中的17.7967%股权转让给浙能集团；蒋宏生等7名自然人在宁波海运中的9.17%股权转让给浙能集团；签订了《关于宁波海运集团有限公司之股权转让协议》。浙能集团出资6120万元，占宁波海运注册资本的51%；宁波交投出资5880万元，占宁波海运注册资本的49%，宁波海运股权变为100%国有股。

2012年10月30日，取得宁波市国资委《关于受让宁波海运集团有限公司职工持股会所持宁波海运集团有限公司9%股权的批复》文件（甬国资改〔2012〕42号）。

2012年11月14日，取得浙江省国资委

《关于同意协议收购宁波海运集团有限公司 51%股权的批复》文件（浙国资产权〔2012〕47 号）。

2012 年 12 月 31 日，经有关主管部门批准宁波海运正式成为由浙能集团控股和宁波交投持股的国有企业。

2013 年 5 月 20 日，浙能集团印发《关于印发〈宁波海运集团管控操作方案〉的通知》（浙能战略〔2013〕257 号）文件，因宁波海运的股权收购工作已完成，浙能集团将全面接管宁波海运。

2013 年 6 月 24 日，宁波海运集团有限公司党工团组织成建制移交给浙江省能源集团有限公司党委管理。

2014 年 8 月 25 日，浙能集团印发《关于印发〈宁波海运集团纳入煤炭板块管控操作方案〉的通知》（浙能战略〔2014〕433 号）文件，自此，宁波海运全面纳入煤炭板块管控序列。

2. 运力与运量

2012 年 3 月 29 日和 8 月 10 日，宁波海运通过运用发行可转债募集资金所建造的 3 艘 4.75 万吨级散货船中的第二、三艘船舶“明州 57”轮、“明州 59”轮按计划相继顺利建成投产。

2012 年 4 月 11 日，根据股份公司船队结构调整计划，宁波海运与自然人郑国明和船舶拆解方江门市中新拆船钢铁有限公司签订《废钢船买卖合同》，报废处置了将于 4 月底到达强制报废期限的 4.1 万吨级散货船“明州 3”轮。

2012 年 6 月 28 日，基于船龄已满 28 年的 6.4 万吨级散货船“明州 28”轮在月底船级证书期满需进行特检维修，而满足该轮的特检至少需投入 400 万元的修船费用这一实际，经综合评估该轮的船况、能耗、效益、营运安全及市场实际等各种因素，宁波海运将这艘虽未到达国家强制规定报废年限的船舶作了提前退役处置。

截至 2012 年 12 月 31 日，宁波海运拥有自有运力计 121 万载重吨，同比增长 4.31%，平均船龄为 11.97 年，比上年底的 12.94 年下降 0.97 年。

截至 2013 年 12 月 31 日，宁波海运拥有总计 32 艘，119.54 万载重吨运力的运输船队。平均船龄为 10.94 年。

2017 年 12 月 31 日，宁波海运自有船舶（含股份、江海、北仑）33 艘，总运力达 134.1 万载重吨；在中国主要航运企业经营的船队规模中名列第十位；在中国主要航运企业经营的国内沿海船队规模中名列第六位（据交通运输部《2017 中国航运发展报告》）。随着富兴海运和浙能通利所属 9 艘船舶委托管理，公司拥有管理船舶数达 42 艘，总运力突破 170 万载重吨。

截至 2018 年 12 月底，宁波海运合并资产总额为 78.76 亿元，净资产 46.29 亿元。企业自有船舶（含股份、江海、北仑、富兴、通利）44 艘，总运力达 185.89 万载重吨。2018 年，公司合并范围内企业累计完成货运量 4738.99 万吨，其中煤炭运输 4550.63 万吨，货运周转量 1111.33 亿吨千米，分别为上年同期的 111.26% 和 108.56%；高速公路进出口车流量日均达到 59440.22 辆次，同比增长 12.16%。完成营业收入 45244.03 万元，同比增长 9.08%，公司 2018 年合并营收为 257113.67 万元，为上年同期的 120.27%，连续 2 年获煤炭板块“优秀企业”。

截至 2019 年 12 月底，公司合并完成货运量 4300.99 万吨、货运周转量 909.82 亿吨千米。公司实现合并营业收入 23.25 亿元，实现利润总额 4.60 亿元，净利润 3.28 亿元。公司资产总额为 75.63 亿元，所有者权益为 48.64 亿元，其中归母公司所有者权益为 12.31 亿元。

宁波海运明州高速公路营运日历天为 365 天。完成进出口车流量 2320.22 万辆，同比增长 6.94%。断面流量（换算成一类车）为 3564.83 万辆，同比增长 11.27%。

宁波海运积极发展成品油水路运输，旨在参与浙江石油股份有限公司油品运输体系建设，提前布局油品运输市场。2018 年 12 月，宁波海运同招商局金陵鼎衡船舶（扬州）有限公司签订了《宁波海运股份有限公司 1 万吨成品油轮建造项目合同书》，船舶于 2019 年 3 月开工建造，2020 年 4 月 18 日建成试航，该船舶命名为“浙能油 1”号，主要尺度及性能参数：船舶总长为 139.98 米，型深为 11.2 米，型宽为 20.2 米，满载吃水为 7.6 米，船舶总吨为 9205 吨，净吨为 5154 吨，载重量为 12097 吨，船舶设计航速为 13.2 节，主机油耗为 13.33 吨/天。

3. 航运组织

2012—2017 年，宁波海运运输业务部负责管理公司航运的综合业务，下辖船调室、市场部，并在运营过程中，逐渐形成一套完备的船舶航运调度指挥体系。宁波海运根据浙能集团下达的指标，并根据市场情况和公司实际，由运输业务部编制和落实公司年度、月度运输生产计划，拟订单船营运计划并组织实施。船调室调度人员实行昼夜值班，主要负责编制昼夜船舶动态表，传达船舶航次指令，参加日常调度会，如遇突发事件第一时间与相关部门联系，上传下达情况，监控船舶动态、跟踪并落实船舶靠离泊计划，提高船舶周转效率。

2017 年 2 月 15 日，为推进船舶市场化业务发展，宁波海运印发《关于成立市场部的通知》（甬海股〔2017〕10 号）文件，成立隶属运输业务部的二级部门市场部，负责市场化业务的开拓、经营。

2012—2018 年宁波海运货运量情况见表 4-3-4。

表 4-3-4 2012—2018 年宁波海运货运量情况

万吨

年度		2012	2013	2014	2015	2016	2017	2018
煤炭		1367.59	1543.88	1439.31	1429.69	1473.12	1656.15	1654.86
其他货运量		42.54	38.65	27.23	58.93	14.28	122.61	180.26
合计		1410.13	1582.53	1466.54	1488.62	1487.4	1778.76	1835.12
其中	内贸	207.76	1439.22	1428.62	1451.52	1461.14	1759.42	1835.12
	外贸	1202.37	143.31	37.92	37.1	26.26	19.34	0

4. 船员管理

2012 年，宁波海运共组织选派 21 名船员到上海等地参加了大副、大管轮级别以上的高级驾、机人员考证培训，且全部获得通过（内含 5 名船长、4 名轮机长）。

2013 年，宁波海运在市港航系统年度安全考评中被评为优秀；海运股份被交通部海事局授予全国“安全诚信公司”称号，并与江海公司双双被宁波海事局评为 2013 年度“安全信用管理 A 级公司”，所辖二艘船舶被评为全国“安全诚信船舶”，8 名船长被评为全国“安全诚信船长”。

2013 年，宁波海运精选 13 名优秀船员参加了各级高级船员考证培训，选派 208 名高级船员参加过渡期适任补差培训。

2014 年，宁波海运全年精选 11 名优秀船员参加了各级高级船员考证培训，一方面增进他们的航海专业知识，另一方面，取得船员适任证书，为公司的快速发展储备船员人才。选派 30 名高级船员参加过渡期适任补差培训。

宁波海运继续被交通部授予“全国 2014 年度安全诚信公司”，“明州 62”轮等 3 艘船舶则被评为“安全诚信船舶”，9 位船长被评为“安全诚信船长”；并连续 8 年被宁波海事局评为船舶安全信用管理 A 级公司。

2015 年，宁波海运调整和修改制定了《船员劳动保护用品管理办法》《技术保障部 2015 年度船舶营运率指标考核办法》《运输业务部 2015 年度自有船舶运输营业额及租船业绩考核办法》等文件。调配 12 名船员组队代表浙江省海运企业参加中国海员技术大比武，并获得了航运企业组团体三等奖的好成绩。

2018 年 12 月 31 日，宁波海运直接调配船员总人数 708 人（不含整船套派外聘船员 198 人），包括自有船员 513 人，散派外聘船员 195 人，除长病及借岸人员等 18 人，实际可用人员 690 人。

宁波海运本部目前管理自有船舶 18 艘，代管船舶 11 艘。代管船舶中，9 艘船舶为整船劳务套派配员，2 艘船舶为公司直接配员，因此，公司直接配员船舶共 20 艘。根据公司船舶定员标准，直接配员船舶，总岗位 461 个，按 1∶1.5 标准比例配备，共需船员 692 人。船舶定员标准见表 4-3-5。

表4-3-5 船舶定员标准

船舶	船长（人）	政工（人）	大副（人）	二副（人）	三副（人）	水手类（人）	厨工（人）	服务员（人）	轮机长（人）	大管轮（人）	二管轮（人）	三管轮（人）	电工（人）	机工类（人）	合计（人）
明州 6	1	1	1	1	1	8	1	1	1	1	1	1	1	4	24
明州 20	1	1	1	1	1	8	1	1	1	1	1	1	1	4	24
明州 25	1	1	1	1	1	8	1	1	1	1	1	1	1	4	24
明州 27	1	1	1	1	1	8	1	1	1	1	1	1	1	4	24
明州 55	1	1	1	1	1	7	1	1	1	1	1	1	1	4	23
明州 57	1	1	1	1	1	7	1	1	1	1	1	1	1	4	23
明州 58	1	1	1	1	1	8	1	1	1	1	1	1	1	4	24
明州 59	1	1	1	1	1	7	1	1	1	1	1	1	1	4	23
明州 62	1	1	1	1	1	7	1	1	1	1	1	1	0	4	22
明州 67	1	1	1	1	1	7	1	1	1	1	1	1	1	4	23
明州 68	1	1	1	1	1	8	1	1	1	1	1	1	1	4	24
明州 76	1	1	1	1	1	7	1	1	1	1	1	1	1	4	23
明州 78	1	1	1	1	1	7	1	1	1	1	1	1	1	4	23
明州 201	1	1	1	1	1	7	1	1	1	1	1	1	0	4	22
明州 202	1	1	1	1	1	7	1	1	1	1	1	1	0	4	22
明州 501	1	1	1	1	1	7	1	1	1	1	1	1	1	4	23
明州 502	1	1	1	1	1	7	1	1	1	1	1	1	1	4	23
明州 503	1	1	1	1	1	7	1	1	1	1	1	1	1	4	23
富兴 21	1	0	1	1	1	7	1	1	1	1	1	1	1	4	22
富兴 22	1	0	1	1	1	7	1	1	1	1	1	1	1	4	22
总岗位（个）	20	18	20	20	20	146	20	20	20	20	20	20	17	80	461

注：水手类包括水手长、木匠、水手，机工类包括机工长、机工。

（二）富兴海运

1. 集团管控沿革

2008 年 11 月 30 日，浙江富兴海运有限公司第四次股权转让。股东单位为浙江省能源集团有限公司、浙江省海运集团浙海海运有限公司、浙江宏发能源有限公司、浙江省海运集团温州海运有限公司。2008 年 12 月 5 日，浙江省国资委出具编号为浙国资企改备〔2008〕26 号《浙江省国资委重大投资担保备案及定期报告收文确认单》，对本次股权转让收文备案。

2009 年 10 月 13 日，浙江富兴海运有限公司第五次股权转让及第二次增资扩股。本次增资完成后，公司注册资本为 20000 万元。其中，浙能集团出资 10200 万元，占公司注册资本的 51%，成为实际控制人。

2017 年 11 月 10 日，浙江富兴海运有限公司股东会作出决议，将船舶委托管理由浙江省海运集团浙海海运有限公司逐步移交给宁波海运股份有限公司。自 2017 年 12 月 26 日至 2018 年 1 月 26 日，安全顺利完成浙江富兴海运有限公司所属 8 艘船舶的管理移交，安全与防污染职责正式由浙江省海运集团浙海海运有限公司转移至宁波海运股份有限公司。

2017 年 12 月 19 日，浙江省温州市中级人民法院出具编号为温法网拍破〔2017〕44 号《拍卖成交确认书》，确认山西神州行通煤炭运销有限公司以拍卖方式获得温州海运持有富兴海运 5% 的股权，成交价为 27601735 元。2018 年 3 月 23 日，浙江富兴海运有限公司作出股东会会议决议，确认山西神州行通煤炭运销有限公司通过拍卖方式受让浙江省海运集团温州海运有限公司持有的公司 5% 的股权，取得股东资格。至此，股东单位为浙江省能源集团有限公司、浙江省海运集团浙海海运有限公司、浙江宏发能源有限公司、山西神州行通煤炭运销有限公司。

2018 年 12 月 5 日，浙江富兴海运有限公司第七次股权转让，变更法人。2018 年 12 月 5 日浙江富兴海运有限公司作出股东会会议决议，确认宁波海运股份有限公司受让浙江省能源集团有限公司持有的公司 51% 的股权，取得股东资格并控股。至此，股东单位为宁波海运股份有限公司、浙江省海运集团浙海海运有限公司、浙江宏发能源投资有限公司、山西神州行通煤炭运销有限公司。

2. 运力

2004 年 6 月中旬，浙江富兴海运有限公司从国外购入富兴 10 轮，该轮系二手进口散货船，1986 年 5 月 28 日由日本 SANOYAS HISHINO EISHO CORP. 船厂建造完工，吨位 43351 吨，购入前为希腊船东，挂利比里亚旗，入 ABS 船级（原按 NK 规范建造）。

2006 年 12 月，浙江富兴海运有限公司从浙江省海运集团浙海海运有限公司购入富兴 12 轮，该轮系二手进口散货船，1986 年 6 月 25 日由日本 MINAMI NIPPON，JAPAN 厂建造完工，吨位 28429 吨。由浙江省海运集团浙海海运有限公司于 2004 年 6 月上旬从国外购入，购入前为希腊船东，挂利比里亚旗，入 ABS 船级（原按 NK 规范建造）。

2006 年 12 月，浙江富兴海运有限公司从浙江省海运集团浙海海运有限公司购入富兴 15 轮，该轮系二手进口散货船，1986 年 11 月 27 日由日本 MINAMI NIPPON，JAPAN 厂建造完工，吨位 28509 吨，由浙江省海运集团浙海海运有限公司于 2004 年 5 月下旬从国外购入，购入前为希腊船东，挂利比里亚旗，入 ABS 船级（原按 NK 规范建造）。

2006 年 12 月，浙江富兴海运有限公司从浙江省海运集团浙海海运有限公司购入富兴 16 轮，该轮系二手进口散货船，1986 年 12 月 1 日由日本 MINAMI NIPPON，JAPAN 厂建造完工，吨位 28509 吨。由浙江省海运集团浙海海运有限公司于 2004 年 5 月下旬从国外购入，购入前为希腊船东，挂利比里亚旗，入 ABS 船级（原按 NK 规范建造）。2017 年 10 月，该轮以市场评估价格转让给浙江浙能通利航运有限公司。

2009 年 9 月中旬，浙江富兴海运有限公司从国外购入富兴 11 轮，该轮系二手进口散货船，1995 年 2 月 5 日由 DANYARD A/S FREDRIK SHAVN DENMARK 船厂建造完工，吨位 50502 吨。购入前为希腊船东，入 LR 船级。

2009 年 11 月中旬，浙江富兴海运有限公司从国外购入富兴 17 轮，该轮系二手进口散货船，1995 年 4 月 12 日由 DANYARD A/S FREDRIK SHAVN DENMARK 船厂建造完工，吨位 50492 吨。购入前为希腊船东，入 LR 船级。

2011 年 9 月 2 日，富兴 21 轮由浙江省海运集团舟山五洲船舶修造有限公司船厂建造完工，吨位 56772.7 吨。

2012 年 2 月 10 日，富兴 22 轮由浙江省海运集团舟山五洲船舶修造有限公司船厂建造完工，吨位 56757.77 吨。

2018 年 6 月上旬，浙江富兴海运有限公司从国外购入浙能 2 轮，该轮系二手进口散货船，2003 年 4 月 3 日由日本 OSHIMA SHIPBUILDING CO. LTD 船厂建造完工，吨位 53035 吨，购入前为英国船东，挂英国旗，入 LR 船级。

2018 年 7 月中旬，浙江富兴海运有限公司从国外购入浙能 1 轮，该轮系二手进口散货船，2001 年 8 月 9 日由韩国 DAEWOO 船厂建造完工，吨位 74085 吨，购入前为希腊船东，挂马绍尔群岛旗，入 LR 船级。

2018 年 7 月中旬，浙江富兴海运有限公司从国外购入浙能 5 轮，该轮系二手进口散货船，2001 年 2 月 9 日由日本 OSHIMA SHIPBUILDING CO.，LTD 船厂建造完工，吨位 50777 吨。购入前为中国香港船东，挂中国香港旗，入 ABS 船级。

截至 2018 年底，浙江富兴海运有限公司拥有“富兴”系列船舶 8 艘，“浙能”系列船舶 3 艘，运力 48.07 万吨。

3. 运量

2004 年，货运量 628.62 万吨，全部为内外贸，全部为自有船舶运量。公司所属 7 艘船舶，全年合计 170 航次。

2005 年，货运量 772.08 万吨。

2006年，货运量719.14万吨，全部为内贸，全部为自有运力运量。公司所属7艘船舶，合计186航次。

2007年，货运量1059.81万吨，全部为内贸，全部为自有船舶运量，其中线内业务1047.93万吨，市场业务11.88万吨。公司所属7艘船舶，全年合计186航次。

2008年，货运量959.46万吨，全部为内贸，全部为自有船舶运量，其中线内业务849.84万吨，市场业务109.63万吨。公司所属10艘船舶，全年合计271航次。

2009年，货运量850.74万吨，全部为内贸，全部为自有船舶运量，货运量为850.74万吨。公司所属11艘船舶，全年合计240航次。

2010年，货运量1076.42万吨，全部为内贸，货运量为1076.42万吨，全部为自有船舶运量。公司所属10艘船舶，全年合计279航次。

2011年，货运量1078.83万吨，全部为内贸，全部为自有船舶运量。公司所属11艘船舶，全年合计285航次。

2012年，货运量1118.82万吨，全部为内贸，货运量为1118.82万吨，全部为自有船舶运量。公司所属12艘船舶，全年合计286航次。

2013年，货运量1143.57万吨，全部为内贸，其中线内业务1068.77万吨，市场业务74.8万吨。公司所属12艘船舶，全年合计290航次。

2014年，货运量844.92万吨，全部为内贸，其中线内业务842.12万吨，市场业务2.8万吨。公司所属11艘船舶，全年合计221航次。

2015年，货运量810.99万吨，全部为内贸，全部为自有船舶运量，其中线内业务781.99万吨，市场业务29.00万吨。公司所属11艘船舶，全年合计207航次。

2016年，货运量886.34万吨，全部为内贸，全部为自有船舶运量，其中线内业务750.52万吨，市场业务135.82万吨。公司所属9艘船舶（其中2艘船舶租给浙能通利），全年合计229航次。

2017年，货运量942.18万吨，全部为内贸，其中自有船舶运量935.09万吨，租船货运量为7.09万吨；其中线内业务858.51万吨，市场业务83.66万吨。公司所属10艘船舶，全年合计251航次。

2018年，货运量1136.41万吨，全部为内贸，其中自有船舶运量882.07万吨，租船货运量为254.34万吨；线内业务1076.96万吨，市场业务59.45万吨。公司所属10艘船舶，全年合计215航次。

2004—2018年公司运力和船舶运量见表4-3-6。

表4-3-6 2004—2018年公司运力和船舶运量表

年份	运力变化	吨位（吨）	总运力（吨）	货运总量（万吨）	船舶运量（万吨）			
					自有	租船	市场	线内
2004	购入富兴10	43351	287097	628.62	628.62	0	0	628.62
2005			287097	772.08				772.08
2006	购入富兴12	28430	372545	719.14	719.14	0	0	719.14
	购入富兴15	28509						
	购入富兴16	28509						
2007			372545	1059.8	1059.81	0	11.88	1047.93
2008	处置富兴1	41070	331475	959.46	959.46		109.63	849.84
2009	处置富兴2	24090	402325	850.74	850.74	0	0	850.74
	购入富兴11	47470						
	购入富兴17	47470						
2010			402325	1076.4	1076.42	0	0	1076.42
2011	投运富兴21	56772.7	459097.7	1078.8	1078.83	0	0	1078.83

表4-3-6（续）

年份	运力变化	吨位（吨）	总运力（吨）	货运总量（万吨）	船舶运量（万吨）			
					自有	租船	市场	线内
2012	投运富兴22	56757.77	515855.47	1118.8	1118.82	0	0	1118.82
2013	处置富兴5	44710	471145.47	1143.6	1143.57	0	74.8	1068.77
2014			471145.47	844.92	844.92	0	2.8	842.12
2015			471145.47	810.99	810.99	0	29	781.99
2016			471145.47	886.34	886.34	0	135.82	750.52
2017	处置富兴7	61751	337502.47	942.18	942.18	0	83.66	858.51
	处置富兴9	43383						
	处置富兴16	28509						
2018	购入浙能1	70922	480695.47	1136.41	882.07	254.34	59.45	1076.96
	购入浙能2	51576						
	购入浙能5	49437						
	处置富兴6	28742						

4. 航运组织

浙江富兴海运有限公司自1994年成立，所属船舶委托浙江省海运集团浙海海运有限公司（原浙江省海运总公司）进行专业船舶管理。1994—2007年，由于专业船舶管理在国内尚处于初始阶段，相关法律法规尚不完善，浙江富兴海运有限公司船舶委托管理工作借鉴项目外包管理，双方签订服务合同，由浙江省海运总公司总体负责。

2007—2013年，国内船舶委托管理相关立法逐步完善，尤其是《中华人民共和国航运公司安全与防污染管理规定》（交通部令〔2007〕6号）颁布实施后，船舶委托管理的法律依据得到保障，浙江富兴海运有限公司与浙江省海运集团浙海海运有限公司签订符合法规要求的《船舶委托管理合同》及《船舶安全与防污染管理协议》，明确双方的权利和义务。作为委托方的浙江富兴海运有限公司审批受托方就托管船舶的管理提交的年度计划及预算；监督和检查受托方安全管理工作及托管船舶的运行、维护和生产管理等工作；负责向受托方及时提供托管船舶档案和图纸，包括船舶技术规范、竣工图纸、手册等受托方履行本合同所需的资料；负责向受托方提供与之履行本合同项下义务相关的合同、文件等资料，避免影响船舶运行；对受托方（在船舶管理中）提供必要的授权，及时明确有关文件资料的移交流程和操作程序等管理制度；组织研究重大技术问题及技术改造方案，并批准技术改造方案；有权检查和审查与船舶运营、维护和生产管理有关的文件、资料、记录。作为受托方的浙江省海运集团浙海海运有限公司是船舶管理人，托管服务范围包括：航运业务管理、船舶机务及燃润料、物料管理、船员配给管理、船舶海务管理、船舶安全管理。

关于船舶的处置、转让及报废：根据委托方要求，浙江省海运集团浙海海运有限公司负责编制受托船舶的处置、转让、报废等事项的方案；负责船舶处置、转让、报废等事项的前期准备及注销等相关后续处理工作；协助委托方做好船舶建造、购置等相关准备工作。

关于燃润料、备配件、供应品等物资采购：根据委托方要求，浙江省海运集团浙海海运有限公司负责托管船舶的燃润料、备配件、供应品等物资采购、到货验收及储存保管等相关工作，保持合理的库存，并对相应物资的采购质量负责。并制定符合委托方要求的物资采购管理制度，规范物资采购工作涉及的招标、密封报价、询价等采购方式及流程，健全相关台账，接受委托方物资管理检查。

关于保险：委托方应在本合同有效期内为托管船舶投保；受托方做好船舶保险日常管理及船舶保险出险报案、协助委托方索赔等工作。在发生事故后，受托方应及时向保险公司报案并通知委托方，协助委托方准备索赔所需要的证据和材料，提出索赔建议，经委托方批准同意后开展索赔工作。

2008年11月30日，浙江省能源集团有限公司成为公司第一大股东，自此浙江富兴海运有限公司纳入浙江省能源集团有限公司管理，履行船东监管职责。

2013年初开始，浙江富兴海运有限公司加大了船东监管力度，加强安全和成本控制，通过修订完善《船舶委托管理合同》，加大考核力度。考核内容包括管理考核和船舶绩效考核。管理考核：考核《船舶委托管理合同》中所托管的航运业务、船舶机务、船员配给、海务管理及船舶安全等五方面工作的完成情况，分安全管理、生产管理、成本控制及专项委托管理工作监督检查四部分进行考核。船舶绩效考核：考核单船安全生产事故（事件）控制情况。

浙江省海运集团浙海海运有限公司负责船舶技术管理、安全管理及船员管理工作，独立承担船舶安全与防污染责任。浙江富兴海运有限公司通过定期上船检查、月度核查及业务协调会、委托管理考核等机制履行船东监管及厂修、技改策划等相关职能，主导船舶燃润料、物资集约化采购工作，审批物资需求，开展采购管理及船用物资库存及使用检查，把控物资采购风险。

2018年初开始，浙江富兴海运有限公司将船舶委托管理职责由浙江省海运集团浙海海运有限公司移交至宁波海运股份有限公司。宁波海运股份有限公司负责船舶技术管理、安全管理、船员管理及物料备件采购工作，独立承担船舶安全与防污染责任。

2014年5月，浙江富兴海运有限公司发布实施《航运管理办法》规定了公司航运业务的基本工作流程、分工和职责等内容，提升船舶营运效率，开拓市场，规避商务风险、船货匹配工作等内容。

2017年6月，浙江富兴海运有限公司发布实施《市场业务管理办法（试行）》，规定了公司开展市场业务的流程、职责分工等内容。

5. 船舶检修

自1994年1月浙江富兴海运有限公司成立，船舶检修主要采用日常维护、自修和航修、厂修相结合的方式进行。

日常维护：每年8月，公司编制下一年度综合计划费用审批表，报上级公司审批。每年10月，各船舶根据设备运行周期、设备实际状况编制下一年度维护保养计划，报船舶管理公司审批。船舶按照管理公司技术保障部的审批意见，执行下一年度的维护保养计划。每月月底，船舶根据实际检修情况编制本月项目完工单及下月维护保养计划，并将保养项目和内容落实到各主管人员，确保年度维护保养计划执行到位。

自修和航修：船舶设备发生故障或到达修理周期时，由船员进行修理，公司为鼓励船员自修，根据船舶自修工程单，给予船舶一定的劳务费用。如受条件和技术力量限制，船员无法进行自修，由船舶管理公司委托有修理资质的修理单位派人员上船进行修理。

船舶厂修：结合中国船级社对船舶换证检验、中间检验及特别定期检验修理要求，编制船舶年度计划及三年滚动计划。船舶管理公司负责船舶厂修招标前期准备工作，及时编制厂修工程单，推荐短名单，参与船舶厂修开标、评标，对船舶修理质量、安全、工期、费用进行控制与管理，派出机务技术人员驻厂监修，负责修理质量检查、验收。浙江富兴海运有限公司通过招投标、竞争性谈判等方法，选定修理船厂，派机务技术人员到厂驻厂监修，完成修理费用结算工作，确保船舶设备保持良好状态，满足国际公约、国内规范和船级社的要求。

（三）浙江浙能通利航运有限公司

2012年6月21日，浙江浙能通利航运有限公司在舟山市工商行政管理局六横分局注册成立，股东单位为浙江浙能煤运投资有限公司、洋浦通利船务有限公司。注册资本1000万元。2012年7月18日，增资。注册资本由1000万元增加至5000万元。

2012年6月，所属船舶新华盛海轮（主要航线为秦皇岛—六横）委托海南通利船务有限公司进行专业船舶管理。

2013年7月，浙江富兴海运有限公司全面接管浙江浙能通利航运有限公司管理工作，实行一体化管理。

2013年8月，新华盛海轮发生主机严重磨损，停泊修理后，为保持浙江浙能通利航运有限公司的正常运营，通过期租和航次租船进行国内沿海煤炭运输。

2014年1月，浙江浙能通利航运有限公司通过期租的方式，租用浙江富兴海运有限公司所属“富兴7”轮用于货物运输。同年5月，浙江浙能通利航运有限公司通过航次租船的方式，租用浙江富兴海运有限公司所属“富兴6”轮用于货物运输。2014年，货运量171.00万吨，全部为内贸，全部为租船运量。公司所属1艘船舶，全年合计0航次。租船2艘，全年36航次。

2014年8月，由于新华盛海轮长时间停泊修理，为降低人工成本在保障船舶停泊期间安全的前提下，减员至6人。

2015年，浙江浙能通利航运有限公司通过期租“富兴7”，航次租船“富兴6”和“富兴22”。全年货运量206.7万吨，其中“富兴7”完成133.5万吨，“富兴6”完成67.7万吨，“富兴22”完成5.5万吨。

2016年6月，新华盛海轮处置，终止海南通利船务有限公司的委托管理。

2016年，浙江浙能通利航运有限公司通过期租“富兴7”和航租“富兴6”，另外通过包运租船，与浙江省海运集团浙海海运有限公司签订租船合同，进行国内货物运输。2016年，全年货运量243.13万吨，全部为内贸，全部为租船运量。公司所属1艘船舶，全年合计0航次。租船7艘，全年58航次。

2017年10月，浙江浙能通利航运有限公司购入“富兴16”。委托管理同浙江富兴海运有限公司。

2017年，浙江浙能通利航运有限公司通过期租“富兴7”，另通过市场询价，与浙江省海运集团浙海海运有限公司和宁波合众海运有限公司签订包运租船合同，进行国内货物运输。2017年，全年货运量169.23万吨，全部为内贸，其中自有运力的运量为11.02万吨，租船运量158.22万吨。所属1艘船舶，全年合计4航次。租船8艘，全年28航次。

截至2018年底，浙江浙能通利航运有限公司仅有“富兴16”散货轮1艘，为小灵便型，载重吨为28509吨。“富兴16”由浙江省海运集团浙海海运有限公司于2004年5月下旬从国外购入，购入前为希腊船东，挂利比里亚旗，入ABS船级（原按NK规范建造），2006年浙江富兴海运有限公司从浙江省海运集团浙海海运有限公司购入“富兴16”。2017年10月，浙江浙能通利航运有限公司从浙江富兴海运有限公司以市场评估价格购入“富兴16”。

2014—2017年浙能通利运量情况见表4-3-7。

表4-3-7 2014—2017年浙能通利运量情况一览表

年份	总量（万吨）	运量分布							
		内贸（万吨）	外贸（万吨）	自有（万吨）	自有权重（%）	租船（万吨）	市场（万吨）	自有船效率	租船效率
2014	171	171	0	0	0	171	0	1艘/0航次/年	2艘/36航次/年
2015	206.66	206.66	0	0	0	206.66	0	1艘/0航次/年	3艘/48航次/年
2016	243.13	243.13	0	0	0	243.13	0	1艘/0航次/年	7艘/58航次/年
2017	169.23	169.23	0	11.02	6.5	158.22	0	1艘/4航次/年	8艘/28航次/年

第二节 铁路运输

2006年5月31日，由浙江浙能兰溪发电有限责任公司、浙江浙能长兴发电有限公司、浙江浙能富兴燃料有限公司、淮南矿业集团、上海铁路运输公司共同出资1.5亿元，组建浙江浙能运输贸易有限公司，购买384辆自备列车（C60车型），由浙能富兴负责经营。浙江浙能兰溪电厂（简称兰溪电厂）是浙江省内最大的内陆电厂，供煤主要依靠铁路运输。同年7月24日，首列自备列车驶进兰溪电厂，正式向该电厂运输煤炭。

2007年，浙江浙能运输贸易有限公司与上海铁路局协商并得到支持，将216辆路用车编入到兰溪电厂运煤自备列车中使用，自备列车数量扩编到600辆。自备列车运输具有可控、可调、定向优势，在2008年初大雪致铁路停滞断运、2月全国性铁路运力抢运粮食、“5·12”汶川地震铁路运力调整，以及迎峰度夏抢运电煤、保奥运运输安全大检查等时段，提供了坚实的运力保障。

自2009年起，受到“皖煤保皖电”“皖煤保皖企”等因素制约，淮南煤炭输出严重受阻，浙能富兴调整资源配置和调运措施，自备列车在淮南—长兴、兰溪电厂和镇海港—兰溪电厂之间运行。截至2014年底，兰溪电厂自备列车运输达28万多车，占兰溪电厂总耗煤量的40%左右。

2016年，因淮南煤炭采购量萎缩，且自备列车日常维修、成本较高，经浙能运贸公司董事会和浙能集团同意，将384辆自备列车经浙江产权交易所分两次挂牌完成拍卖处理。自备列车停运，兰溪电厂供煤改经龙湾和镇海港，通过地方铁路金温线运输。

2017年12月15日，浙江浙能运输贸易有限公司正式获得工商注销批准，历经11年累计完成运输煤炭2539.30万吨。2006—2016年兰溪电厂自备列车运煤量情况见表4-3-8。

表4-3-8　2006—2016年兰溪电厂自备列车运煤量一览表

年份	流向	数量（吨）	合计（吨）
2006	淮南—兰溪	686568	852600
	淮南—长兴	166032	
2007	淮南—兰溪	1912500	2323380
	淮南—长兴	410880	
2008	淮南—兰溪	1807980	2749320
	淮南—长兴	850860	
	庄桥—兰溪	67800	
	庄桥—长兴	22680	
2009	淮南—兰溪	1795620	2480353
	淮南—长兴	613740	
	庄桥—兰溪	70993	
2010	淮南—兰溪	924000	2309473
	淮南—长兴	403320	
	庄桥—兰溪	949213	
	庄桥—长兴	32940	
2011	淮南—长兴	463980	2411363
	淮南—兰溪	612954	
	镇海—兰溪	1334429	
2012	淮南—长兴	406800	2745540
	淮南—兰溪	659460	
	镇海—兰溪	1679280	
2013	淮南—长兴	168360	2584380
	淮南—兰溪	32400	
	镇海—兰溪	2383620	
2014	淮南—长兴	394140	2535480
	淮南—兰溪	60	
	镇海—兰溪	2141280	
2015—2016	淮南—长兴、兰溪	4401200	4401200
	镇海—兰溪		

第三节　港口存储

一、自建港口

（一）浙能舟山煤炭中转码头

1. 项目前期

2004年初，根据浙江省委、省政府指示精神，浙江省能源集团有限公司决策兴建舟山煤电一体化工程。

2004年2月24日，浙江省能源集团有限公司以浙能人〔2004〕40号文件决定，成立浙江舟山煤炭配送基地筹建处。

2004年2月25日，浙江省能源集团有限公司以浙能人〔2004〕41号文件决定，成立浙江舟山煤炭配煤基地建设工作领导小组。

2004年10月28日，浙江省能源集团有限公司以浙能人〔2004〕385号文件决定，成立浙江浙能舟山煤电项目筹建处。

2007年4月24日，浙江省能源集团有限公司与中国中煤能源集团有限公司合作成立浙能中煤舟山煤电有限责任公司，负责浙江舟山煤炭中转码头和浙能六横电厂两个项目建设。

2010年8月1日，根据《浙江省能源集团有限公司煤炭板块管理总体方案》，浙江浙能中煤舟山煤电有限责任公司与浙能集团煤炭与运输分公司双方共同商定，成立码头管理项目部，由浙能集团煤炭与运输分公司履行码头业务调度生产经营管理职责。

2011年8月18日，浙江浙能舟山煤电有限责任公司煤炭物流分公司成立。

2014年3月26日，集团董事会同意组建成立浙江浙能港口运营管理有限公司，作为集团系统专业化的煤炭港口统一运营管理主体，全面履行集团控股港口的运营管理责任和安全生产工作。

截至2018年，浙江浙能港口运营管理有限公司所属六横码头建有20万吨级、5万吨级卸船泊位各1个，5万吨级、2万吨级、5000吨级装船泊位各一个，设计吞吐能力为3000万吨/年，陆域总占地面积114.57公顷，海域用地157.11公顷。

2. 工程建设

2006年8月8日，海堤及排水闸工程开工，海堤、排水闸的防潮标准为五十年一遇，排水闸的排涝标准为二十年一遇。海堤设计总长2008米，由北堤、主堤、南堤组成，其中北堤长239米，主堤长1597米，南堤长172米。海堤围区面积49.98公顷，围区内为陆域堆煤场、生活生产辅助用房及其他设施。2008年11月22日，海堤及排水闸工程完工。

2006年12月1日，卸船码头工程正式开锤，卸船码头建设15万吨级、5万吨级泊位各1个，配置3台桥式抓斗卸船机，轨距30米，公称能力2100吨/(台·小时)。卸船码头由工作平台、辅助平台、系缆墩及皮带机支架平台组成。卸船码头平台612米×36.5米，系缆墩15米×12米，人形联桥27.5米×2.4米，辅助用房平台45米×15米，皮带机支架平台586米×10.5米，T0号转运楼建筑面积约400平方米，5号变电所及候工楼建筑面积约900平方米。2008年2月29日，卸船码头工程完工。

2007年1月10日，大件码头、栈桥工程开工沉桩，前栈桥633米×15米（含输煤通道及高架桥），T1转运楼平台25米×35.5米，后栈桥491米×26.5米（含输煤通道及高架桥），后栈桥重件通道及弯桥197米×8米，卸船皮带机通道及跨海堤高架桥279米×9.5米，大件码头平台116米×17米，系缆墩5.5米×5.5米，至主栈桥的重件联桥96米×8米。2008年2月24日，大件码头、栈桥工程完工。

2007年2月1日，装船码头工程开工，装船码头建设3.5万吨级、2万吨级、5000吨级泊位各1个，装船码头配3台3000吨/小时装船机。卸船码头由工作平台、辅助平台、联桥及皮带机支架平台组成。高桩梁板式结构，码头总长526米、宽24米，共8个分段，每段长59~68米，排架间距9米。2008年4月15日，装船码头工程完工。

2007年7月7日，陆域基础处理工程开工，陆域基础处理工程采用吹填砂、排水板、真空预压、堆载预压进行地基处理。采用真空预压地基处理面积37.6万平方米，真空预压完成后石方回填约110万立方米，陆域堆载预压地基处理面积43.6万平方米。2008年9月20日，陆域基础处理工程完工。

2007年9月20日，附属房建工程开工，附属房建工程包括：综合办公楼、中控楼、食堂、宿舍、生活泵房、机具材料库、机修间、流动机械库、危险品库、货棚、2号及3号及变电所、浴室共12个单体组成。2008年10月1日，附属房建工程完工。

2007年12月6日，输煤栈桥及附属构筑物工程开工，输煤栈桥及附属构筑物由C0AB、C1AB、C2AB、C3AB、C4AB、C5B、C6ABCD、C7ABC、C8ABC、C9、C10ABC、C11ABC皮带输煤栈桥，T0、T1、T2、T3、T4、T5、T6、T7、T8、T9、T10、T11、T12、T13、T14共15个转运楼，1个生产泵房和煤场内杂用清水池及1号、2号、3号、4号煤泥沉淀池构筑物组成。2008年12月26日，输煤栈桥及附属构筑物工程完工。

2008年2月22日，堆场面层、道路及轨道基础工程开工，轨道基础工程包括7条轨道水泥搅拌桩地基处理和上部设备基础，轨道基础工程，2009年6月22日堆场面层、道路及轨道基础工程完工。

2008年3月5日，浙江省交通厅工程质量监督局对吹填砂1个单位工程进行交工质量鉴定，为优良工程；于2009年2月26日通过交工验收。

2008年8月3日，浙江省交通厅工程质量监督局对卸船码头15万吨级（结构兼顾20万吨级）泊位、5万吨级泊位，装船码头5万吨级泊位、3.5万吨级泊位、5000吨级泊位，栈桥、施工（重件）码头等7个单位工程进行交工质量鉴定，鉴定结果为除施工（重件）码头为合格工程，其余6个单位工程均为优良工程；于2009年2月26日通过交工验收。

2009年2月25日，浙江省交通厅工程质量监督局对海堤，排水闸，蓄水河，1号、2号、3号卸船机，1号、2号装船机、R2斗轮取料机、SR2斗轮堆取料机等10个单位工程进行交工质量鉴定，鉴定结果为除蓄水河为合格工程，其余9个单位工程均为优良工程；于2009年2月26日通过交工验收。

2009年6月9日，浙江省交通厅工程质量监督局对陆域输煤及附属建筑物、附属房建、真空预压和堆载预压、SR1斗轮堆取料机、SR3斗轮堆取料机、R1斗轮取料机、3号装船机等7个单位工程进行交工质量鉴定，鉴定结果为除陆域输煤及附属建筑物、附属房建2个单位工程为合格工程，其余5个单位工程均为优良工程；于2010年2月1日通过交工验收。

2009年8月19日，浙江省交通厅工程质量监督局对SR4斗轮堆取料机、R3斗轮取料机、输送机械及附属装置、电气（控制系统）设备安装、管道及设备安装等5个单位工程进行交工质量鉴定，鉴定结果为上述5个单位工程均为优良工程；于2010年2月1日通过交通验收。

2009年8月19日，浙江省交通厅工程质量监督局对港区道路、堆场面层及轨道基础、绿化等3个单位工程进行交工质量鉴定，鉴定结果为上述3个单位工程均为合格工程；于2010年3月17日通过交工验收。

2010年6月18日，通过浙江省交通厅工程质量监督局组织的工程竣工质量检验，评定等级为优良。

2011年12月31日，舟山煤炭中转码头配套技改项目防风抑尘网工程正式开工。工程总投资约6000万元，共分桩基与基础、主体结构（含网板及钢结构）两个标段，计划工期6个月，防风抑尘网全长1830米，高16米，共浇筑基础承台320个，吊装上部结构钢架320榀，安装在主体部分上的高分子复合材料风障网片达27330平方米。2012年6月27日正式投入使用。2015年3月19日，煤炭中转码头防风网二期工程，按重要性分类，本工程安全等级为Ⅱ级，全长2119米。2015年9月30日竣工完成。

2014年3月3日，宁波—舟山港六横港区煤炭中转码头工程结构加固改造工程开工建设。本工程建设内容包括：对15万吨级和5万吨级卸船泊位按靠泊1艘20万吨级散货船舶进行码头结构加固改造；3.5万吨级装船泊位借用2万吨级装船泊位按靠泊5万吨级散货船舶进行码头结构加固改造。原码头规模和功能保持不变。2014年7月15日竣工完成。

2015年10月22日，浙江省交通厅颁发工程竣工验收证书，码头完成升级工作，原15万吨级卸船泊位升级为20万吨级，3.5万吨级装船泊位升级为5万吨级，码头实力逐年提升。

2016年7月10日，浙能舟山煤炭中转码头前栈桥防护工程正式开工。主要建设内容及规模：在距装船码头较近段采用防撞墩与防撞桩簇间隔布置，其墩与簇之间的间距为37.5米；在距装船码头较远段仅采用防撞桩簇布置，其簇与簇之间的间距为30米。防撞墩与防撞桩簇前沿距前栈桥北侧38.25米，与装船码头南端的原防撞墩前沿线平行，防撞墩与防撞桩簇之间以及两个防撞桩簇之间的净距约为25米。防撞墩及部分防撞桩簇上设置太阳能警示信号灯。防撞墩采用桩基墩台式结构，墩台平面尺度为20米×5.5米，每个防撞墩下设6根ϕ1000毫米钢管桩。防撞桩簇由3根ϕ1000毫米钢管桩组成，桩与桩之间采用钢管连接形成整体。防撞墩与防撞桩簇之间、相邻防撞桩簇之间皆采用双层铁链连接。2017年6月19日竣工完成。

3. 港口运营

自2009年6月9日六横港正式运营起，舟山煤炭中转码头生产的管理侧重以电煤保供为主，市场营销为辅，最优保证集团下属六横电厂的电煤上仓作业，其次集团下游电厂的保供任务，辅助以港口自身市场营销任务。侧重于生产计划、管理计划跟踪及统计分析，生产由港口公司全面负责。港口公司通过与船方、货方、一关三检等部门、单位协调完成煤炭装卸作业，具体管理制度由港口公司自行制定。

建港开始，港口公司就确立了港口生产运营模式。商务部负责货运计划的整体协调，制定年度、月度计划，调度中心负责港口生产的整体指挥、协调，保证作业流程顺畅，并实时监控港口生产状态。

建港初期阶段，由浙江浙能中煤舟山煤电有限责任公司牵头，设立生产、运行管理组织机构，制定生产管理制度，包括《浙江舟山煤炭中转码头工程生产准备及实施大纲》《堆场管理制度》《码头靠、离泊作业制度和应急预案》《生产计划和统计管理办法》《浙江舟山煤炭中转码头工程调试大纲》《浙江舟山煤炭中转码头工程调试方案》《浙江舟山煤炭中转码头重载试验方案》《浙江舟山煤炭中转码头工程设备功能考核方案》《浙江舟山煤炭中转码头工程试生产方案》《浙江浙能中煤舟山煤电有限责任公司运行规程》《浙江浙能中煤舟山煤电有限责任公司设备检修规程》《浙江浙能中煤舟山煤电有限责任公司安全生产管理制度》等一系列管理制度。

浙江舟山煤炭中转码头工程从建设初期即开始着手生产准备，组织生产骨干到相关港口调研，熟悉调试、试验、生产各项流程；从系统内抽调人员及向高级技校招生相结合（按港口规模配置），组织生产人员至功能相当港口进行培训，培训期间定期对相关人员进行考试、考核，淘汰部分不符合要求的人员，同时对表现突出者进行奖励，激励、鞭策培训人员主动去学习，尽快掌握生产技能。生产人员培训结束后，即参加设备安装、调试，全方位掌握安装、调试、生产全过程（要领）。外协队伍的选用，按照浙江省能源集团有限公司的一贯要求和规范进行，对人员数量及素质的要求，以合同方式予以明确，确保浙江舟山煤炭中转码头工程调试（联调）、重载试验、功能考核及试生产的顺利进行。所有生产人员和管理人员均通过岗位培训，并具各独立工作能力。

2018 年 4 月 25 日，浙能港口公司成立生产技术部，是公司资产管理、技术管理、技术监督的归口管理部门。负责公司设备资产管理，负责设备大修、重大特殊项目及技改科技项目的管理，科技、节能管理，生产技术管理，土建项目（包括水工设施、所有建构筑物）管理，设备检（维）修、运行的技术支持，设备整治及检修力量的培训管理，信息化项目管理；负责事故备品的归口管理；负责特殊抢修项目（除年度合同外需另签合同的项目）的技术支持。负责上述项目公司年度计划的制订及监督实施。

2018 年 4 月 25 日，浙江浙能港口运营管理有限公司成立操作部，负责港区生产设备、设施（除水工、建构筑物、道路）的检修、维护工作，公司装卸及堆场设备操作和维护、检修等工作，生产作业的具体实施工作，履行公司生产设备的主人职责，执行调度生产指令，优化并合理调配运行、操作和维护力量，确保设备健康安全运行，生产区域的文明生产工作，检修、维保项目等外委单位的归口管理。

2018 年 4 月 25 日，浙江浙能港口运营管理有限公司成立调运部，负责公司船舶的靠离泊计划和六横电厂上仓用煤计划的编制和执行，制订日生产作业计划并督办考核，确定生产作业流程运行方式和组织实施，船舶靠离泊管理，与港调、轮驳公司等单位的联系、协调工作；装、卸船时间及影响作业的检修时间的统计，及作业效率统计分析工作，水尺计量管理，堆场管理。负责电厂上仓、装卸船流程启停、运行状态监控、皮带及辅助设备巡操工作、变电系统及杂用水、消防水、煤污水及生活污水处理等系统的巡操工作。2009 年起，浙能集团港口调度中心负责全港日常生产的组织、指挥、调度、协调；负责港内堆场利用，煤垛监管等综合管理。根据上级商务部门的货运计划、商务管理的指令，管理生产业务，根据公司调度会议的要求编制、审定并下达昼夜生产调度计划，组织、协调全港生产；负责联系海关、商检、边检、海事等口岸部门，协调、沟通船代、货主，加快货物的装卸中转，保证港口生产顺利进行；负责货运交接工作，办理交接手续，登记进出口台账，并妥善保管相关资料；参与船损事故等与船方的联系工作，签证验收，协商解决；参与生产作业质量的分析，总结与考核；负责港口日常生产的快速统计，按上级部门的要求及时准确地上报有关数据。

2009—2018年浙江舟山煤炭中转码头进口煤进港量见表4-3-9。

表4-3-9 2009—2018年浙江舟山煤炭中转码头进口煤进港量

年份	进港量（万吨）	出港量（万吨）	吞吐量（万吨）	进口煤进港量（万吨）	电煤进港量（万吨）	市场煤进港量（万吨）
2009	525.1	467	992.1	217.2	—	—
2010	744.6	733.6	1478.2	537.4	—	—
2011	826.3	728.9	1555.2	531.7	—	—
2012	914.9	965.1	1880	636.5	671.7	243.2
2013	1101.2	1110.7	2211.9	868.7	805.3	295.9
2014	1174.9	1184.8	2359.7	735.8	950.4	224.5
2015	1217.9	1227.3	2445.2	840.5	1061	156.9
2016	1166.2	1256	2422.2	909.8	1038	128.2
2017	1229.2	1156.1	2385.3	950.2	1045.6	183.6
2018	1219.4	1271.8	2491.2	944.2	1147.5	71.9
2019	1305.9	1248.5	2554.4	720.3	1169.8	136

（二）浙能嘉兴独山煤炭中转码头项目

1. 项目前期

2009年4月，浙江省能源集团有限公司与嘉兴市人民政府共同发文成立浙能嘉兴独山煤炭中转码头工程筹建工作领导小组。同年6月，嘉兴市政府办召开专题会议，协调独山煤炭码头公司注册等有关事项。

2010年1月上旬，浙江省交通规划设计研究院编制完成浙能嘉兴独山煤炭中转码头工程可行性研究报告和项目申请报告。2月23日，经浙江省发展改革委转报国家发展改革委，标志着独山码头项目正式进入申报阶段。

2011年5月19日，国家发展改革委以发改基础〔2011〕1040号文件批复核准浙能嘉兴独山煤炭中转码头工程项目。项目投资总概算26.98亿元，设计年通过能力3100万吨，建有3个3.5万吨级（兼靠5万吨）外海卸船泊位和26个装船和待装泊位。该港口煤炭场地面积17.8万平方米，储煤容量85万吨。

2. 工程建设

2010年7月15日，浙能嘉兴港码头项目围堤工程正式开工建设。

2011年7月19日，浙能嘉兴港煤炭码头工程（外海码头）试桩报告通过专家审查，试桩工作顺利结束。

2013年5月15日，内河岛堤土建施工全部结束，标志着工程建设完成重要节点。同年9月24日，公司首批两台卸船机成功实现整机滚装上岸，并安装到位。

2014年1月10日，浙能嘉兴独山煤炭中转码头围堤工程西侧龙口段顺利合龙。9月12日，浙能嘉兴独山煤炭中转码头内港池和内河码头工程完成交工质量鉴定工作；12月18日，浙能嘉兴独山煤炭中转码头海河联运主体工程——外海码头与栈桥工程、内河码头与内港池工程通过交工验收；12月25日，码头首批4台斗轮机开始安装。

2015年4月2日，码头第二批3台卸船机顺利滚装上岸，至此，外海码头5台卸船机已全部安装就位。2015年10月，浙能集团与浙江省海洋港口投资运营集团公司签署过渡期交接备忘录。

2016年1月1日起，独山港的全部管理由浙江省海洋港口投资运营集团公司承接。

（三）头门港

浙江头门港投资开发有限公司成立于2011

年4月25日，是由临海市人民政府、台州市人民政府、浙江省交通投资集团有限公司三方共同组建，投资开发头门港的国有企业，注册资金20亿元，主要从事头门港及临港产业园基础设施投资经营。2014年9月30日，浙江省海洋开发投资集团收购省交通集团所持公司51%股权，开始控股头门港的开发建设。2015年8月，为配合台州港整合需要，台州市政府将持有的公司15%股权置换给浙江省海港集团。至此，合作三方正式变为浙江省海港集团、临海市政府两家，其中浙江省海港集团在公司占股上升到66%，临海市政府在公司继续占股34%保持不变，目前主要负责头门港一期合作范围的开发、建设和经营，并拥有二期合作范围的首先开发权和三期合作范围的开发优先权。一期合作范围包括：北洋涂围垦一期疏港公路以北约2.9万亩海涂的围垦、连接北洋涂和头门岛的疏港公路、头门岛南侧一期3个码头及对应岸线和后方约100公顷陆域。2015年开始，浙能富兴公司在头门港进行部分煤炭中转，主要承接至台州电厂的煤炭中转补充，同时也在头门港开展一部分浙江中南部市场销售业务。

二、中转港口（环渤海湾港口）

（一）北方港口

2005年5月1日，浙江浙能富兴燃料有限公司开始通过租用港口“专用场地”“专用泊位”等港口设施模式，建立北方港口（环渤海湾港口，泛指经由大秦、朔黄、蒙冀等运煤专线下水的秦皇岛、曹妃甸，唐山、天津、黄骅、锦州等主要煤炭输出港，是“北煤南运”通道主要组成部分）自营储运设施，用于日常储煤，交易交割，调节峰谷，加工配送，市场销售，保障供应安全。

2005年5月1日，浙江浙能富兴燃料有限公司采购内蒙古亿德煤炭运销有限公司“准混2号”进入秦皇岛港第二分公司（简称二公司）东扩场地，专用场地模式投入运行。同年7月24日，浙能富兴和秦皇岛港务集团有限公司（简称秦港集团）在杭州会谈，对二公司专场进港资源确认、场地配煤管理、开通班轮等内容签订会谈纪要。年中转意向量800万吨。因二公司场地无法接卸浙能采购C80车型资源，制约专用场地发展和效率，经与秦港集团反复磋商，2006年7月2日，达成在秦皇岛港第七分公司（简称七公司）设立专用场地初步协议，停止运行二公司专场，仓储及运力迁移至七公司。

2006年7月25日，秦港集团副总经理一行走访浙能富兴，并就七公司成立专场事项进行深入探讨。同年8月29日，浙能富兴与七公司就专用场地协议草案达成一致意见。同年9月7日，浙能富兴七公司专用场地先行启动场地交货运行工作。同年9月23日，浙江浙能富兴燃料有限公司和秦皇岛港务集团有限公司（后更名为秦皇岛港股份有限公司）正式签订《专用设施港口作业委托合同》。双方同意，自2006年10月1日起，浙江浙能富兴燃料有限公司固定使用七公司部分设施（共用卸车和专场设备、专用的堆存和泊位），以港内交货的中转方式从事煤炭中转，合同对浙能富兴采购资源到港确认手续办理、堆场规模，库场（仓储）管理，装船作业协同管理，质量、数量对账，港口费用支付标准等进行具体约定。合同期限是2006年10月1日至2016年12月31日。合同规定浙江浙能富兴燃料有限公司专用场地最低年度煤炭中转量考核下限［注：2008年初，秦皇岛港股份有限公司（简称秦港股份）对2008—2016年合同，进行2次协议补充约定］。

2010年6月11日，浙江浙能富兴燃料有限公司和秦港股份就启用二公司专用设施进行商务会谈，就二公司专场中转量、泊位、场地使用及质检设备等达成一致意见。

2010年6月28日，浙江省经济和信息化委员会与河北港口集团有限公司，签订《电煤中转保障合作协议》。约定浙江省鼓励浙江发电企业在河北港口集团所属港区装运，同意浙能富兴为VIP大客户，在浙江电煤供应出现紧急和危机时，由浙江省经信委以电煤告急函形式，向河北港口集团提出申请，由河北港口集团及时安排其相关分、子公司优先靠泊。

2010年6月28日，浙江浙能富兴燃料有限公司与秦皇岛港股份有限公司签订《专用设施合作协议》。协议约定浙能富兴在秦皇岛港第二分公司使用部分煤炭中转设施（简称二公司专场），从事内贸煤炭中转业务，双方确定，2010年7—12月为试运行期，2011年以后为正式运行，签订正式专用设施合同。

2011年1月20日，浙江浙能富兴燃料有限公司、浙江富兴电力燃料有限公司与秦港股份签订《专用设施港口作业合同》，合同期为2011年1月1日至2015年12月31日。合同对专用泊位、配套场地（垛位）数量、年中转合同量、费用标准、生产运行协作方式等进行了条款明确。

2011年10月，浙江浙能富兴燃料有限公司开始调研、组织国投曹妃甸港场地交货相关事宜。2013年1月1日，浙江浙能富兴燃料有限公司与国投曹妃甸港正式签订年度专用设施港口作业合同，年中转协议量300万吨。《年度专用设施合同》每年一签，未将固定专用垛位、专用泊位加以限制，以实际使用为准。

2016年1月1日，浙能富兴在秦皇岛港设立秦港第九分公司等专用场地。协议约定专场拥有垛位10个，标准堆存能力30万吨，卸车线4条，装船作业线4条，专用泊位1个（906号泊位），年中转协议量800万吨（按照秦港股份专场年度协议总基数4000万吨，与秦港二、七公司专场拉通计算）。

2016年6月1日，浙江浙能富兴燃料有限公司在唐山曹妃甸煤炭港务有限公司（简称曹二期）试运行，同年9月1日正式运行，年度中转意向量300万吨，可与国投曹妃甸港移泊拼装装船作业。2018年开始，专场整体规模有所扩大，拥有固定专用垛位7个，堆存能力21万吨，涉及卸车作业线4条，装船作业线4条（专用泊位暂无）。

2018年1月1日，浙江浙能富兴燃料有限公司在国投中煤同煤港口有限公司开设专用场地，根据浙能富兴进港资源情况，提供垛位。暂有固定专用垛位2个，堆存能力6万吨，涉及卸车作业线2条，装船作业线2条（暂无专用泊位），商务手续、生产运行等按照港口标准执行。

2018年10月22日，浙江浙能富兴燃料有限公司在华能曹妃甸港专用场地（简称华能曹妃甸专场）设立专用场地，签订《华能曹妃甸港口作业合同》，暂有固定专用垛位6个，堆存能力18万吨，涉及卸车作业线3条，装船作业线4条（暂无专用泊位），结算、商务手续等按照港口通用标准执行。

截至2018年，浙江浙能富兴燃料有限公司在环渤海港口拥有专用场地7块，合同约定标准垛位92个，专用泊位5个，优先泊位8个，标准总堆存264万吨，日均出港量20万吨的港口通道运输能力。与上海、舟山、北仑、镇海、老塘山等港口共同组成了浙能富兴电煤一、二程港中转仓储运输体系。

2005—2018年浙能富兴北方港口专用设施规模变化见表4-3-10。

表4-3-10　2005—2018年浙能富兴北方港口专用设施规模变化一览表

年份	所在港口	仓储能力		专用场地中转能力		备注
		专用垛位（个）	堆存能力（万吨）	专用泊位（个）	年度中转量（万吨）	
2005	秦皇岛港	10	20	—	637	专场试运行，相对固定垛、泊位
2006	秦皇岛港	10	20	1	843	中转量含二公司518万吨
2007	秦皇岛港	20	60	2	1292	
2008	秦皇岛港	20	60	2	1488	
2009	秦皇岛港	20	60	2	1845	
2010	秦皇岛港	24	80	3	1972	
2011	秦皇岛港	36	120	3	2533	
2012	秦皇岛港	36	120	3	2408	
2013	秦皇岛港	36	120	3	2733	2013年，七公司设备改造，临时开九公司专场，作为运力补偿
	曹妃甸港	13	40	1	409	

表 4-3-10（续）

年份	所在港口	仓储能力		专用场地中转能力		备 注
		专用垛位（个）	堆存能力（万吨）	专用泊位（个）	年度中转量（万吨）	
2014	秦皇岛港	36	120	3	3350	
	曹妃甸港	13	40	1	356	
2015	秦皇岛港	46	150	4	3106	
	曹妃甸港	13	40	1	236	
2016	秦皇岛港	46	150	4	2772	
	曹妃甸港	17	50	1	388	
2017	秦皇岛港	54	150	4	3011	2017 年，秦港七公司专用垛增至 28 个
	曹妃甸港	17	50	1	470	
2018	秦皇岛港	54	150	4		
	曹妃甸港	36	109	1		
	京唐港	2	6	—		

（二）南方港口

浙江浙能富兴燃料有限公司自 2004 年成立以来，除对浙能集团所属 8 家发电企业可以通过北方一程港直达外，其他发电企业所需电煤基本上都需要通过北方港运至浙江或上海沿海二程港口（泛指浙江沿海和上海周边的接卸和中转港口），然后就近通过水路、汽运、铁路等方式，经过二次或者三次中转到达发电企业。浙江浙能富兴燃料有限公司一程煤炭下水运抵二程港口中转，经上海港、乍浦港中转内河运输至发电企业。

2009 年浙能富兴煤炭流通关系如图 4-1-1 所示。

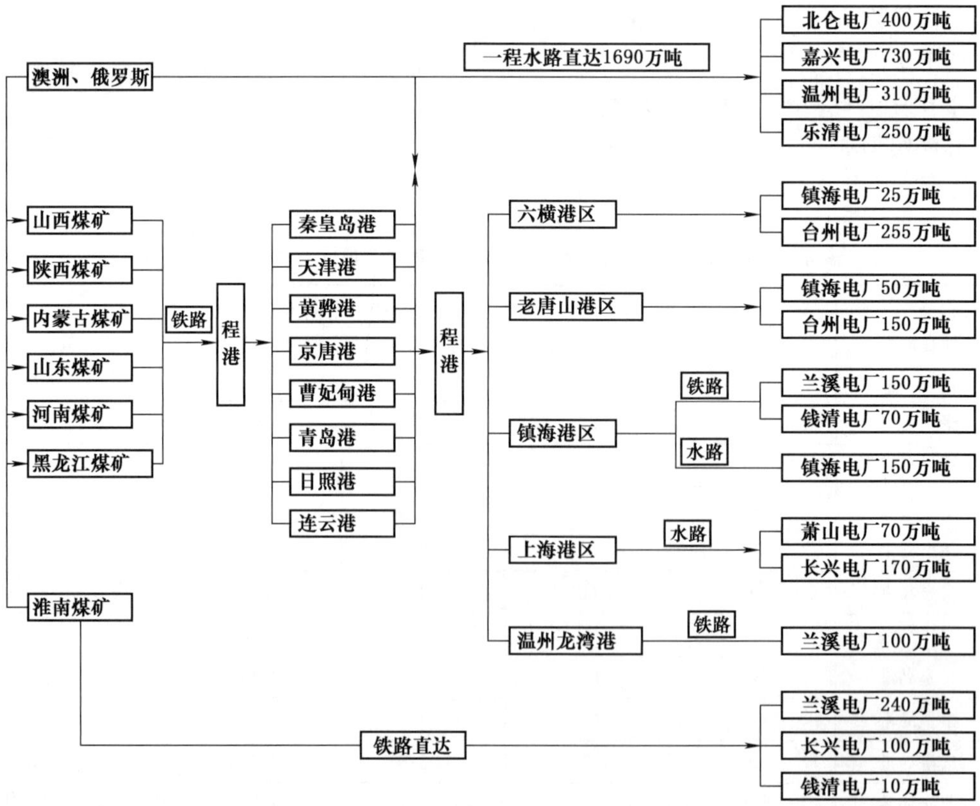

图 4-3-1 2009 年浙能富兴煤炭流通关系图

2008年7月，根据上海世博会的筹建以及环保要求，浙能富兴在北票码头的煤炭中转业务转移至上海朱家门码头和罗泾码头。

2008年底，伴随着六横港的投入使用，北仑港的中转作用逐渐淡出浙能富兴电煤保供的历史舞台，六横港承担起二程中转枢纽的作用，并作为进口煤靠卸的主要港口，台州发电厂的中转重心转到六横港。

2016年5月30日，按照浙能集团要求，上海港（朱家门专用码头）停止煤炭运输，其内河中转功能完全转移到乍浦港，承担长兴电厂、滨海电厂的中转保供功能。

为了保证兰溪电厂450多万吨的年耗煤需求，镇海港铁路运输只能保证一半的运力需求，为此还通过龙湾港转金温铁路至兰电供煤。主要是通过六横水路运至龙湾，再从龙湾经由铁路发运至兰溪电厂。但在当地政府的规划下，龙湾港被纳入科技园区的范围，铁路线将会拆除，港口也将面临搬迁，其功能将由水深条件更好的乐清湾港承担。预计2019年5月份，在乐清湾至兰溪电厂的铁路线完工后，龙湾港的二程中转功能将会转移至乐清湾港，届时，可通过北方港—乐清湾港—兰溪电厂的运输路线保证电厂用煤，大大降低兰溪电厂的运输中转成本。此外，浙江浙能富兴燃料有限公司为了保证浙南片区电厂高峰期用煤需求，将状元岙港、头门港作为电煤中转的补充港口，同时，状元岙港也可以分散六横港进口煤的堆存及通关放行压力。

截至2019年，还在继续承担浙能集团中转功能的南方港口有8个，分别是舟山六横煤炭中转码头、头门港（已经前述）、镇海港、老塘山港、乍浦港、龙湾港、乐清湾港、状元岙。

2005—2019年浙江浙能富兴燃料有限公司二程港口煤炭存储容量和中转量见表4-3-11。

表4-3-11 2005—2019年浙江浙能富兴燃料有限公司二程港口煤炭存储容量和中转量一览表 万吨

项目	上海港	镇海港	老塘山港	乍浦港	独山港	北仑港	龙湾港	乐清湾港	状元岙	头门港	六横港
储煤量	10	22	20	10	—		5	—	10	—	150
2005年	250	270	325	0	0	209	0	0	0	0	0
2006年	278	280	277	0	0	163	18	0	0	0	0
2007年	314	334	314	0	0	169	100	0	0	0	0
2008年	240	396	344	0	0	270	181	0	0	0	12
2009年	245	394	207	0	0	0	126	0	0	0	407
2010年	293	488	238	0	0	0	214	0	0	0	478
2011年	390	578	211	0	0	0	209	0	93	0	714
2012年	413	503	185	0	0	0	210	0	46	0	714
2013年	463	467	228	0	0	0	249	0	8	0	795
2014年	416	292	246	0	0	0	232	0	25	0	720
2015年	320	268	208	0	0	0	179	0	0	37	682
2016年	62	320	179	202	0	0	193	0	0	0	720
2017年	0	396	192	309	0	0	222	31	0	22	639
2018年											

三、控股发电企业自备码头和煤场

（一）北仑电厂

2020年4月，北仑电厂二期自备码头建成，与北仑电厂一期码头相连接，设计靠泊能力5万吨；在煤码头上安装有2台额定出力1650吨/小时的抓斗式卸船机；卸船皮带机出力为3600吨/小时。与码头配套煤场共有6个，煤场长度为422米，堆场长度为360米，单个煤场宽度为39米，煤场容量为60万吨，设计最大堆煤量为42万吨，煤场允许最大堆高为10米。在煤场上安装有3台斗轮机，额定堆料能力3600吨/小时，额定取料能力1800吨/小时。

根据多年的运作和电厂的运输特点，北仑电厂库存应保持在22万吨左右，台风时期应提前做好应急预案，适当增加库存，但不宜超过30万吨，防止堆场塌陷。

（二）嘉兴（嘉华）电厂

嘉兴发电厂一期码头于1994年6月建成，1994年10月18日通过验收，1995年3月投入运行；码头长239.7米，宽27.6米，设计年接卸能力为400万吨；码头引桥长411米，宽20米。可靠泊船型为3.5万吨级煤船，此泊位于2001年3月升级，2006年通过码头靠泊能力核查，可靠泊5万吨级煤船。与该码头相连的综合码头长为78米，宽为20米，可停靠1000吨级油轮；2008年改造后，综合码头延长为103.5米，可停靠2000吨级散货船。

嘉兴发电厂二期码头于2003年3月建成，2004年4月1日投入运行；码头长230米，宽27.6米，设计年卸煤能力440万吨；引桥与一期码头共用，靠泊能力为3.5万吨级（最大允许靠泊5万吨煤船）。

嘉兴发电厂三期码头于2011年5月建成，2011年5月5日通过验收，6月投入运行；码头长240米，宽28米，设计年卸煤能力488万吨。该码头引桥长510米，靠泊能力为3.5万吨级（结构兼靠泊5万吨级），2015年通过靠泊能力论证升级，可靠泊总长不超过200米的5万吨级煤船。

一期共建有4个储煤堆场，每个堆场长250米，宽50米，设计储煤能力25万吨；在1号、2号堆煤场北端设置网壳长度88米，跨度103.5米的干煤棚。二期共建有6个储煤堆场，每个堆场长260米，宽130米，设计储煤能力32.2万吨左右；在9号、10号堆煤场北端设置长度140米，跨度103米的干煤棚。三期共建有4个储煤堆场，每个堆场长202米，宽60米，设计储煤能力25万吨。

一期码头上安装2台起重量为39吨、额定出力为1250吨/小时抓斗式卸船机。一期储煤场安装2台额定堆料能力2500吨/小时、额定取料能力1000吨/小时的斗轮式堆取料机。一期输煤系统设有转运站6个，输煤皮带14条，皮带单程全长3.2千米。二期码头安装有2台起重量为40吨、额定出力为1500吨/小时的抓斗式卸船机。储煤场安装3台额定堆料能力3000吨/小时、额定取料能力1000吨/小时的斗轮式堆取料机。二期输煤系统有转运站7个，输煤皮带30条，皮带单程全长6千米。三期码头安装有2台起重量为40吨、额定出力为1500吨/小时的抓斗式卸船机。储煤场安装2台额定堆料能力3000吨/小时、额定取料能力2000吨/小时的斗轮式堆取料机。三期输煤系统有转运站8个，输煤皮带16条，皮带单程全长约4千米。

一期库存维持在6万吨左右，二期在20万吨左右，三期月15万吨，其中保持神乌混类煤比例在70%左右，要防止神乌混类煤的自燃。

（三）温州（特鲁莱）电厂

温州电厂一期工程1号储煤场于1990年11月27日开始正式进煤。1号煤场为露天布置，面积24000平方米，最大储煤量7.5万吨，配置一台DQL8030.30型斗轮堆取料机。

二期工程2号煤场于2000年12月30日第一船垫底煤炭入场预压，2001年1月13日第二船煤炭进入2号煤场。2号煤场面积17000平方米，最大储煤量4.5万吨，配置一台DQL1000/2000.25型斗轮堆取料机。3号煤场于2001年3月1日第一船垫底煤入场预压，煤场面积21000平方米，最大储煤量8万吨。3号煤场为折返式条形露天煤场，配置一台DQL1000/2000.35型斗轮堆取料机。

三期工程将二期3号煤场向东延伸180米，扩建20000平方米的储煤场，增加储煤量4万吨，同时在3号斗轮堆取料机同轨道的西侧增设一台QL1000.25型斗轮取料机。

具有两个码头，可同时靠泊一条3万吨和一条4.5万吨船舶。

库存基本保持在10天的最高耗煤量，即15万吨左右。由于温州地区经常遭受台风的袭击，在迎峰度夏期间，适当增加库存至18万吨，应对顶峰时期高耗用；台风时期要做好堆场压实、防坍塌工作，库存维持在正常水平即可。

（四）镇海电厂

1984年镇海电厂二期工程基建时，配套建有卸煤码头一个，并于1990年三期工程时进行扩建，码头全长261米、宽19米，共分3个靠泊泊位：1号泊位全长105米，设计吨位为3000吨级；2号泊位全长81米，设计吨位为3000吨级；3号泊位全长75米，设计吨位为2000吨级。该码头配有4台相同型号的桥式抓斗卸煤机。

燃煤系统煤场建设与二期工程建设同步，分1号场、2号场和3号场，地理位置位于烟囱至甬江大堤之间，占地面积18000平方米，贮煤量11万吨，能满足80万千瓦容量约11天的燃煤需要。为减少因煤过湿对机组安全运行产生影响，于1989年11月至1990年5月，在1号、2号煤场西侧新建建筑面积为6088.5平方米的干煤棚，煤棚为三铰拱钢桁架结构，跨距73.8米，长82.5米，棚顶标高为29.14米。1997年，为增加干煤棚内堆煤量及减少煤堆自燃，在干煤棚南侧增设挡煤墙。

三期工程建成投产后，输煤设备主要有1座煤码头、5台桥式卸煤机、2台斗轮堆取料机、2台碎煤机及13条输煤皮带。1989年耗资57.2万元，完成对输煤系统水喷雾、水冲洗、转运站改造，减少系统煤尘污染，改善工作环境。1990年，加装实物标定装置和465型电力皮带秤，提高了输煤计量的准确性，实现了正平衡法计算煤耗率。

1997年11月至1998年1月，燃煤系统煤场新增1套煤污水处理系统；2004年8月，对煤污水系统进行改造性大修，同年12月竣工，改造后成效显著，提高了煤污水处理能力，根除煤污水超标排放，合理回收废水。

发电用煤全部来于水路运输，由于电厂自身场地较小，加之部分场地因重建防腐烟囱而被占用，库存基本维持在5万吨左右。作为电厂后方保障基地的镇海港、舟山的老塘山港和六横港等，发挥着蓄水池功能。老塘山港存煤平均约15万吨，均是作为镇海电厂储备用煤，其余镇海港和六横港也是镇海电厂供煤的中转港口。

（五）台州发电厂

台州发电厂原有3个露天储煤场，其中1号、2号煤场装设部分干煤棚，可存干煤3万吨，总共理论储量为12万吨。

1996年，7~8号机扩建，新增4个储煤场，分别为4号、5（一）号、5（二）号、6号储煤场，理论储量为12万吨，其中4号、5（一）号、一端装设干煤棚，可存干煤2万吨。2008年，9号、10号机投产后，上述煤场作为7~10号机储煤场。2010年8月，因1~6号机关停，停用1号储煤场及部分2号储煤场，2号、3号储煤场作为7~10号机储煤场，2号、3号、4号、5（一）号、5（二）号、6号储煤场理论储量为18万吨。电厂由于有舟山、宁波等补充场地，库存基本维持在10万吨左右。

（六）兰溪电厂

兰溪电厂煤场设施为钢筋混凝土，长380米，宽350米。煤场分为1A、1B、2A、2B、3A、3B共6块煤场，其中1A与1B煤场之间、2A与2B煤场之间、2B与3A煤场之间各架设一台斗轮机。考虑斗轮机轨道平台占地及斗轮机后退行程和堆煤与周边设施的安全间距，6块煤场实际有效储煤面积约57600平方米。

兰溪电厂各皮带机头部漏斗和导料槽处设有收尘队（2号、3号皮带机头）和喷雾装置。翻车机、斗轮机上设喷雾抑尘设施。转运站、碎煤机室各层及皮带机栈桥采用水冲洗。各转运站和碎煤机室、栈桥面水冲洗后的煤泥水将送至煤泥沉淀池，对含煤污水进行处理后回收循环使用。煤仓间皮带机层采用真空吸尘。

从安全性角度看，兰溪电厂库存至少应维持在20万吨以上，因铁路、煤矿等不确定性因素太多，制约着库存的提升。在迎峰度夏等时期应适当提高库存至25万吨。

（七）长兴电厂

煤场由两台并列布置的DQL1000/1500.30型和DQL1000/1500.25型斗轮堆取料机组成的三列式煤场，设置在陆汇港以西，宣杭线与长湖申航道之间。DQL1000/1500.30型斗轮堆取料机煤场设计堆高12米，煤场有效堆长310米，DQL1000/1500.25型斗轮堆取料机煤场设计堆高10米，煤场有效堆长310米，共可贮煤17.9万吨，满足4×330兆瓦机组15天的耗煤量。煤场设置跨度为80.144米、长度为120米的干煤棚，可贮干煤3万吨，满足4台机组满负荷工况下3天的耗煤量。

（八）滨海电厂

滨海热电一期煤场于2011年3月投入使用，总面积为98米×268米，设置一台斗轮机，斗轮机型号为DQL1000/1500.38，堆料出力为1500吨/小时，取料出力为1000吨/小时，堆高14米。1号斗轮机西北侧为1号煤场，1号煤场煤堆的宽度为45.0米，1号斗轮机东南侧为2号煤场，2号煤场煤堆的宽度为42.0米，两个煤堆的总储煤量约为14.538万吨，满足2台300兆瓦机组约26.80天的燃煤量。

滨海热电二期扩建工程煤场于2017年6月投入使用，总面积为90米×268米，设置一台斗轮机，斗轮机型号为DQL1000/1500.30（YD685P），是由北方重工集团有限公司装卸设备分公司设计、制造的，堆料出力为1500吨/小时，取料出力为1000吨/小时，堆高13米。2号斗轮机西北侧为3号煤场，3号煤场煤堆的宽度为40.0米，2号斗轮机东南侧为4号煤场，4号煤场煤堆的宽度为41.0米，两个煤堆的总储煤量约为11.5万吨，满足4台57兆瓦供热机组约25天的燃煤量。

滨海热电一、二期煤场为条形封闭储煤场，相邻并列，全露天布置，共有3台装载量为5吨的装载机，在紧急情况下，通过地下煤斗为一、二期机组提供上仓任务。

（九）新疆阿克苏热电厂

2016年10月，浙能阿克苏电厂煤场投入使用，设计为条形封闭储煤场，呈南北长、东西宽布置，长度为215米，宽度为100米（其中斗轮轨道约10米），储煤场堆高为13.5米，总储煤量约10.5万吨，能满足2×350兆瓦超临界直接空冷发电机组15天的耗煤量。储煤场设计中斗轮轨道上12米，轨道下1.5米。东侧为B储煤场，西侧为A储煤场。储煤场装有1台由湖南长重机器股份有限公司生产的DQL600/1500.35型斗轮机。B煤场东侧布置A、B两台地下事故煤斗，供斗轮机故障时应急上仓用。主要进煤方式为翻车机卸煤，现为汽运进煤（火车铁路线未通），煤场配有推土机2台，5吨装载机1台，3吨装载机1台。

（十）宁夏枣泉电厂

2017年6月，宁夏枣泉电厂堆存场地投入使用，铺设煤矸石厚度30厘米，与新疆阿克苏电厂的煤场设计基本相同，为一座条形封闭储煤场，呈南北长、东西宽布置，长度为210米，宽度为106米（其中斗轮轨道约10米），储煤场堆高为13.8米，其中斗轮轨道上12.9米，轨道下0.9米，分为东、西两侧储煤场。堆存能力最大可以达到12.4万吨，用煤高峰期可用天数在10天左右。储煤场装有1台哈尔滨重型机器有限责任公司生产的DQL1200/1200.35型斗轮机。进煤方式为汽车运输和火车运输两种，配有1台推煤机，2台50吨装载机。

2018年浙能集团发电企业装机容量及存煤量见表4-3-12。

表4-3-12 2018年浙能集团发电企业装机容量及存煤量表

厂名	装机容量		卸煤能力（万吨/天）	堆场面积（平方米）	存煤量（万吨）			
	总容量（兆瓦）	容量（台×兆瓦）			最大	正常	警戒	警戒（台风期）
嘉华发电	2640	4×660			26	20	10	
	2000	2×1000			16	12	8	
嘉兴发电	660	2×330	2		9	6	4	
北仑发电	1980	3×660	2.5		36	22.5	12	
温电发电	1980	2×330 2×660	1.5		20	15	10	
特鲁莱电厂	660	2×330						
台二电厂	2000	2×1000	1.57		30	16.5	11.5	
乐清电厂	2640	2×660 2×660	2.2		30	20	15	

表 4-3-12（续）

厂 名	装机容量		卸煤能力（万吨/天）	堆场面积（平方米）	存煤量（万吨）			
	总容量（兆瓦）	容量（台×兆瓦）			最大	正常	警戒	警戒（台风期）
舟山煤电	2000	2×1000	3		29	20	10	15
镇海发电	860	4×215	1.2		6.5	5.5	4.0	
台州发电	1360	2×330 2×350	1.5		12	10	7	
长兴发电	1320	4×330	1.6		15	12	7	
滨海电厂一期	600	2×300	0.6	23300	14.5	10	7.5	10
滨海电厂二期	228	4×57	0.8	21700	11.5	8	5	8
兰溪电厂	2640	4×660	2.2/1.2		30	20	16	
浙能阿电	700	2×350	0.3		10	7	4.2	6.2
宁夏枣泉	1320	2×660	0.3		12.4	8	5	5

第四章 配煤与检测

第一节 科学配煤

一、煤种掺烧实验

2003年12月24—26日，根据浙能集团提升所属电厂燃煤经济性适烧工作相关要求，由浙江省电力燃料总公司、浙江省电力试验研究院和浙江北仑发电有限公司（简称北仑电厂）人员共同组成试验领导小组，在北仑电厂5号炉进行保德煤/大末煤掺烧对比试验。经过3个工况实验，结果显示：北仑电厂600兆瓦机组锅炉按照保德煤2仓（40%）、大末煤3仓（60%）掺烧，着火性、燃烬性较好，炉膛结渣基本正常，且飞灰含碳量正常，锅炉效率无明显变化，运行安全性和经济性指标良好。

2004年9月2日至11月26日，浙江浙能富兴燃料有限公司、浙江省电力试验研究院和浙江北仑发电有限公司共同完成了木瓜界洗精煤代替保德煤、平混煤掺烧实验。经过20个掺烧试验工况，得出结论：浙江北仑发电有限公司660兆瓦机组锅炉掺烧3仓（60%）木瓜界洗精煤，着火性、燃烬性等运行指标良好，且该煤种煤质含硫较低，按照相应比例掺烧后，锅炉烟气中二氧化硫浓度不会高，这对减少环境污染，降低环保排放费用有重要意义。

2004年10月，浙江浙能富兴燃料有限公司成立技术检测信息部，接转了浙江省煤炭洁净煤技术研发中心有关配煤技术和人员，继续负责开展煤种掺烧和配煤技术研发。

2005年1月6—9日，浙江浙能富兴燃料有限公司、浙江大学热能工程研究所和浙江长兴发电有限责任公司（简称长兴电厂）联合成立试验领导小组，在长兴电厂2号炉进行神榆煤掺烧试验。试验结果显示：锅炉掺烧一台磨（25%）神榆煤，炉内着火、积渣情况基本正常，运行参数无明显变化；进行掺烧两台磨（50%）神榆煤掺烧，因大屏及下层燃烧器等部位存在明显的火焰尾迹晃动现象，可能引起水冷壁等沾污而影响传热，建议进行空气动力场调整试验。

2006年5月6—13日，由浙江浙能富兴燃料有限公司、浙江大学热能工程研究所和兰溪电厂人员组成的试验领导小组，在浙江浙能兰溪发电有限责任公司1号炉组织开展山东煤（兖州煤、肥城煤）掺烧试验，试验了山东煤在370~600兆瓦下锅炉运行的安全性和经济性情况，共分8个掺烧试验工况。试验结果表明：山东兖州煤、肥城煤（穆庄）、肥城煤（湖屯）均可以在浙江浙能兰溪发电有限责任公司660兆瓦机组锅炉掺烧2仓（40%）。掺烧期间安全性情况：锅炉燃用山东煤（兖州、穆庄、湖屯）时运行主要参数及炉内结渣、着火等情况与淮南煤相差不大，可以正常燃用；掺烧期间锅炉主汽及再热蒸汽参数正常、锅炉炉膛温度测试结果正常。经济性情况：锅炉在燃用淮南煤条件下，飞灰平均含碳量处于较高水平（平均值为3.42%），而且不同取样口的含碳量数值相差较大，与各燃烧器风量、煤量匹配不佳有较大关系。反平衡热效率为93.441%（没有考虑化学未完全燃烧损失和炉渣含碳量），低于锅炉设计热效率94.06%。其中排烟损失为4.766%（设计4.74%），机械未完全损失为1.464%（设计0.73%），散热损失为0.329%（设计0.30%）。可见锅炉热效率偏低的原因为飞灰含碳量偏高。

2007年1月10—18日，由浙江浙能富兴燃料有限公司、浙江大学热能工程研究所、浙江省洁净煤技术研究开发中心和浙江嘉华发电有限责任公司人员组成的试验领导小组，在嘉华6号炉组织开展高热值印尼煤（5626大卡）掺烧试验，试验了印尼煤在450~600兆瓦下锅炉运行的安全性和经济性情况，共分6个掺烧试验工况。试验结果表明：高热值印尼煤可以在嘉华电厂660兆瓦机组锅炉掺烧3仓（60%）。掺烧期间安全性情况：掺烧印尼煤后着火点位置有明显变近现象，燃烧器区域煤粉气流温度有明显上升；炉膛各区域受热面均较为干净，出渣机出渣情况正常；投运印尼煤后，为了保证磨煤机安全性，磨煤机出口温度控制在65摄氏度以下，此时磨煤机进口温度基本在170摄氏度以下，相对安全性较好。燃用印尼煤的磨煤机电流有明显上升趋势。燃用印尼煤基本没有石子煤排放。经济性情况：1月18日（BCD三台磨印尼煤）的锅炉热效率最高，达94.929%，其次是1月15日（BD两台磨印尼煤），为94.555%，均高于1月5日（摸底工况）的热效率（94.393%）。燃用三台磨印尼煤时，发电煤耗下降3.54克/千瓦时。

2008年7月11日至8月1日，由浙能富兴、浙江大学热能工程研究所和浙江浙能嘉华发电有限公司（简称嘉华电厂）人员组成的试验领导小组，在嘉华电厂3号、4号、5号、6号炉组织开展布尔台煤掺烧试验，试验了布尔台煤在满负荷600兆瓦下锅炉运行的安全性和经济性情况，共分7个掺烧试验工况。试验结果表明：布尔台煤可以在嘉华电厂660兆瓦机组锅炉只能掺烧到1仓（20%）。掺烧期间安全性情况：机组整体运行情况正常，炉内结渣问题不是很严重，机组可带满负荷，但总用煤量已达245吨/小时，基本达到磨煤机出力极限；由于布尔台煤结渣倾向强烈，仍需长期重点关注锅炉结渣情况，并加强锅炉吹灰，重点监视锅炉减温水、管壁温度等参数，若炉内结渣严重，可考虑掺烧1台磨煤机。试验得出燃烧布尔台煤的主要问题是炉内结渣，特别是大屏结渣较多，试验数据表明上布尔台煤的制粉系统运行安全。经济性情况：试验各项参数变化很小，仔细分析数据发现，上布尔台煤的磨煤机电流还略有降低，经济性略有降低。建议：一台锅炉最好不要长期高负荷烧两台磨的布尔台煤，同时配烧的煤最好为高灰熔点的优混煤。如果有必要长期烧两台磨的布尔台煤，则最好能适当升降负荷和加强吹灰，使炉内结的渣能及时去除。

2009年6月4日至9月5日，由浙江浙能富兴燃料有限公司、浙江大学热能工程研究所和乐清电厂人员组成的试验领导小组，在乐清1号炉组织开展煤种适应性试验，试验煤种为宁煤、优混煤、富动24、神混1号煤、澳煤、平混8号、蒙混、伊泰4号和石炭2号，试验了试验煤种在400~600兆瓦下锅炉运行的安全性和经济性情况，共分9个掺烧试验工况。试验结果，在安全性情况：各试验煤种，锅炉出力、汽压、汽温等主要参数基本正常。水冷壁管、过热器和再热器也没有出现超温点。炉内各部分基本不结渣（包括大屏），锅炉参数都能保持稳定。制粉系统在投入个别煤种（主要是优混煤）时不稳定，出现石子煤量明显增加、磨煤机振动、磨煤机电流晃动、火星增加等问题，有时只能降低给煤量运行，磨煤机出现的不安全因素主要是煤中矸石太多。分析1号炉设计煤种收到基灰分为7%，校核煤种收到基灰分为15%，燃烧灰分大的煤（如部分优混煤灰分接近20%）出渣系统出现问题。试验期间燃烧优混煤时出现过捞渣机跳闸，在燃烧石炭2号煤时更由于灰量太多压死了捞渣机，出渣系统停运近一天。经检查，渣块硬度和大小都正常，不是炉内掉下来的大渣，而是由于灰量太多捞渣机来不及出渣的原因。出渣系统出现的不安全因素主要是煤的灰分太高。经济性情况：试验数据表明燃烧各煤种的满负荷锅炉效率平均为93.77%，略超过设计效率（93.65%），锅炉运行是经济的。各煤种锅炉效率相差不大，最高的锅炉效率比平均值高0.35%，最低的锅炉效率比平均值低0.37%。数据分析可知，1号机组燃烧各煤种平均发电煤耗为293.2克/千瓦时，平均供电煤耗为308.6克/千瓦时，最高值和最低值分别相差2.8克/千瓦时、3.2克/千瓦时。总体上，神混类的煤的供电煤耗较低，优混类的供电煤耗较高。环保性情况：对应国家标准，1号炉烟气排放是相当干净的。建议：根据各煤种试验结果分析，灰分高和石子煤多的煤最不适应，从试验结果分析，燃烧神混1号煤最适合；磨煤机最大给煤量宜控制在50吨/小时以下，防止发生振动等故障。遇到燃烧灰分较高的煤时，及时调整出渣系统，尽力提高出渣量。适当降低SOFA风量，提高下二次风量。尽量保持飞灰含碳量在1%～2%之间，炉渣含碳量在2%左右。

2010年3月14日至12月4日，由浙江浙能富兴燃料有限公司、浙江大学热能工程研究所和兰溪电厂人员组成的试验领导小组，在兰溪2号炉组织开展煤种适应性试验，试验煤种为淮南煤、印尼煤、优混煤、蒙混煤、富动52（哥伦比亚煤和蒙混煤按3∶2掺配）、富动24（澳煤和平6煤按3∶2掺配）、澳煤，试验了试验煤种在满负荷600兆瓦下锅炉运行的安全性和经济性情况，共分8个掺烧试验工况。试验结果，安全性情况：燃烧各个煤种，锅炉出力、汽压、汽温等主要参数基本正常；锅炉燃烧基本不必作专门调整。水冷壁管、过热器和再热器也没有出现超温点。从锅炉运行参数看是安全的。燃烧三磨蒙混煤两磨优混煤的工况时炉内（包括大屏）有结渣增加倾向，到底结渣的影响为何，有待于长时间燃烧运行观察。石子煤排放正常，捞渣机排渣正常。分磨掺烧印尼煤时为保证安全运行，投印尼煤的磨煤机出口温度保持在65摄氏度运行；分磨掺烧澳煤时由于澳煤水分过大，导致磨煤机出口温度只能在70摄氏度以下运行。其余工况均能满足磨煤机出口温度75摄氏度左右运行。经济性情况：试验数据表明燃烧各煤种（除去全烧富动24和3优2澳的工况）的满负荷锅炉效率平均为93.78%，接近设计效率（94.06%），说明在燃烧正常煤种的情况下锅炉运行是经济的。燃烧三磨蒙混煤两磨优混煤的工况锅炉效率最高，达94.25%。2号炉进一步提高锅炉效率的途径是降低飞灰含碳量。采取多烧高比例蒙煤和适当调整配风，保持飞灰含碳量在2%以下，则锅炉效率就可以达到或超过设计效率。数据分析可知，2号机组满负荷运行除去全烧富动24和3优2澳的工况，其他工况的平均发电标煤耗率为287.7克/千瓦时，平均供电标煤耗率为300.7克/千瓦时。而全烧富动24和3优2澳的工况由于澳煤的燃烧着火推迟，使得排烟温度明显升高，因此锅炉效率相对较低（分别为92.54%和92.85%），从而导致发电标煤耗和供电标煤耗都大大提高。从发电和供电标煤耗可知，全烧淮南煤工况不如掺烧印尼煤工况、两磨富动52工况不如三磨富动52工况、两磨蒙混煤工况不如三磨蒙混煤工况。分析可知，燃烧三磨蒙混煤不仅锅炉效率最高，而且发电和供电标煤耗也最低（分别为286.5克/千瓦时和299.2克/千瓦时）。环保排放情况：对应国家标准，2号炉烟气排放是相当干净的。NO_x和SO_2排放浓度远低于国家标准。NO_x的排放浓度与煤种基本无关，与炉膛温度相关。SO_2的排放浓度与煤中含硫量密切相关。建议：根据煤种试验结果分析，多燃用蒙混煤锅炉效率和供电煤耗都具有优势，因此应积极探索增加蒙混煤比例的燃烧方式，尽量多烧蒙混煤。从燃烧富动24和澳煤加优混煤的工况来看，像澳煤和平6掺配好（富动24）还不如澳煤单烧，因为单烧可以选择不同的磨煤机投入澳煤。

2012 年 8 月 22—24 日，由浙江浙能富兴燃料有限公司、浙江省电力试验研究院和浙江浙能绍兴滨海热电有限责任公司（简称滨海电厂）人员组成的试验领导小组，在滨海电厂 2 号炉组织开展澳煤掺烧试验，试验了澳煤在满负荷 300 兆瓦下锅炉运行的安全性和经济性情况，共分 3 个掺烧试验工况。试验结果表明：澳煤可以在滨海电厂 330 兆瓦机组锅炉掺烧 4 仓（100%）。掺烧期间安全性情况：锅炉燃烧情况良好，炉内结渣情况细微，大屏处渣量较少，且较为松散，大屏区域炉膛烟温不高；燃用澳煤的燃烧器喷口着火距离较优混煤长。经济性情况：由于飞灰及炉渣含碳量较高，导致未燃尽碳热损失较高，3 个工况下，锅炉效率均低于 93%，可见掺烧澳煤经济性较差。建议：提高锅炉送风量，适当降低煤粉细度，并提高磨煤机一次风出口风温至 85 摄氏度，以保证澳煤的燃烬性。

2013 年 5 月 15—18 日，由浙江浙能富兴燃料有限公司、浙江大学热能工程研究所和浙江浙能温州发电有限公司（简称温州电厂）人员组成的试验领导小组，在温州电厂 5 号炉组织开展澳煤掺烧试验，试验了澳煤在满负荷 330 兆瓦下锅炉运行的安全性和经济性情况，共分 4 个掺烧试验工况。试验结果表明：澳煤可以在温州电厂 330 兆瓦机组锅炉掺烧 4 仓（100%）。掺烧期间安全性情况：炉内基本不结渣，燃烧稳定。磨煤机石子煤排放、锅炉出渣等与平时运行没有明显变化，锅炉运行安全，制粉系统运行稳定，一次风压无明显波动，没有发生爆燃现象。经济性情况：试验数据表明燃烧试验煤种的锅炉效率较低，试验两个工况的锅炉效率比较低（设计锅炉效率为 93.47%），分别为 91.75% 和 90.67%；澳煤的燃烧特性相对于基础煤种（优混煤）更差，表现在着火推迟，因此炉膛上部温度高、排烟温度高；同时燃烬性也较差，导致锅炉效率降低。两个工况冷风温度统一修正到 20 摄氏度后的估算供电煤耗分别为 314.8 克/千瓦时和 318.3 克/千瓦时。燃烧澳煤比燃烧优混煤供电煤耗高 3.5 克/千瓦时。

2014 年 3 月 3—7 日，由浙江浙能富兴燃料有限公司、浙江大学热能工程研究所、浙江浙能镇海发电有限责任公司（简称镇海电厂）及浙能技术研究院联合组成的麻混煤掺烧小组，完成镇电 5 号、6 号炉麻混煤掺烧的第一阶段试验；同年 3 月 11—13 日，麻混煤现场掺烧试验在兰溪电厂 3 号炉顺利完成；同年 4 月 25 日，完成了在镇海电厂开展的麻混煤掺烧试验，《麻家梁煤特性及其使用过程中若干问题的整体研究》科技项目顺利完成第一阶段现场试验。试验结果显示：与大混煤相比，麻煤的可磨性系数较高，即麻煤更容易磨制成合格的煤粉，随着麻混煤掺配比例的增加，可磨性系数增大，这对于降低磨煤电耗具有重要意义；麻混煤的着火温度高，但燃尽温度低。虽然麻混煤具有着火热较高，但着火后麻混煤燃烧快，热量释放较为集中，易于燃尽，结合电厂燃烧试验而言，掺烧麻混煤喷口带火数量有升高趋势，由于 5 号炉容积热负荷较高，炉内结渣现象一直存在，结渣情况并无明显恶化倾向；专题分析表明飞灰粒度降低引起的电除尘器效率降低，飞灰进入脱硫浆液中是导致改造前掺烧麻煤中毒的主要原因，电除尘改造为电袋除尘器之后，除尘效率得到大幅度提升，掺烧麻煤不会引起脱硫浆液中毒。

2015 年 3 月 11—15 日，由浙江浙能富兴燃料有限公司、浙能技术研究院和北仑电厂人员组成的试验领导小组，在北仑电厂 3 号炉组织开展金优煤掺烧试验，试验了金优煤在满负荷 600 兆瓦下锅炉运行的安全性和经济性情况，共分 5 个掺烧试验工况。试验结果表明：金优煤可在北仑电厂 600 兆瓦机组锅炉掺烧 3 仓（60%）。掺烧期间安全性情况：在北仑电厂 3 号炉进行金优煤、富动 31 煤掺烧能够适应当前锅炉的安全稳定运行，最多进行 3 仓金优煤的分磨掺烧。在试验期间炉膛水冷壁无明显结渣情况，制粉系统也能够安全运行，没有出现堵管和发生爆燃现象。经济性情况：在 3 号炉上，以金优煤代替澳煤进行煤种掺烧试验，经济性无明显变化，其主汽压力和温度、再热蒸汽压力和温度、机组出力均能满足锅炉满负荷安全运行。根据试验期间磨煤机的运行状况，可以考虑抬高磨煤机出口温度运行，这样可以进一步降低排烟温度，提高锅炉效率。环保排放情况：在今后机组若需进行超低排放改造，要考虑金优煤的硫分含量高于澳煤，更高于富动 31（平 3 与麻混按 1∶1 配煤）的情况，因此，机组今后超低排放改造需要考虑煤中的含硫量。

2015 年 7 月 6 日至 2016 年 1 月 7 日，由浙江浙能富兴燃料有限公司、浙能技术研究院和浙江浙能中煤舟山煤电有限责任公司（简称舟山煤电）人员组成的试验领导小组，在舟山煤电 1 号炉组织开展高水澳优掺烧试验，试验了高水澳优在满负荷 1000 兆瓦下锅炉运行的安全性和经济性情况，共分 12 个掺烧试验工况。试验结果表明：高水澳优可在舟山煤电 1000 兆瓦机组锅炉掺烧 3 仓（60%）。掺烧期间安全性情况：锅炉燃烧稳定，运行安全，水冷壁干净，前屏无挂渣与结焦。减温水量正常，过热器、再热器无超温现象。制粉系统的干燥出力方面，四磨运行时（一次风压在 10.0 千帕），给煤量较高的磨煤机的干燥能力接近上限。一次风压提升后，满负荷下干燥能力能满足条件。2 仓高水澳优在 2 号炉掺烧的工况中，过热减温水及再热减温水均较低，未出现再热屏超温等烧普通澳优煤时的滞后燃烧特点。经济性情况：在完成燃烧调整后三仓高水澳优煤掺两仓澳蒙、富动等常用煤种的供电煤耗优势明显，可下降 0.34～0.37 克/千瓦时，达到 279.6 克/千瓦时；与澳优煤掺烧无经济优势。环保排放情况：满负荷下 3 仓高水澳优煤配蒙混、澳蒙、富动产生的 NO_x 含量均在可控范围内；但与澳优煤掺配时，NO_x 含量提升较多，且该工况的总风量偏置较其他工况都低。不建议与澳优煤进行掺配。

2016 年 3 月 20—25 日，由浙江浙能富兴燃料有限公司、浙能技术研究院和浙江浙能台州第二发电有限责任公司（简称台二电厂）人员组成的试验领导小组，在台二电厂 2 号炉组织开展富动 24 掺烧试验，试验了富动 24 在满负荷 1000 兆瓦下锅炉运行的安全性和经济性情况，共分 2 个掺烧试验工况。试验结果表明：富动 24 可在台二电厂 1000 兆瓦机组锅炉掺烧 5 仓（100%）。掺烧期间安全性情况：原煤中灰分的增加短时间运行并不会增加空预器的堵灰，且试验期间未发现炉膛受热面明显结焦情况，但长期运行需要运行人员对空预器差压及炉膛结焦情况进行监视。经济性情况：能够在台二电厂的 2 台机组上正常使用，或与常用的优混煤种进行掺烧，锅炉本体、制粉系统能适应该煤种，且掺烧富动后锅炉效率提升。环保排放方面：掺烧富动 24 环保排放达标。

2016 年 4 月 25 日至 5 月 12 日，由浙江浙能富兴燃料有限公司、浙能技术研究院和北仑电厂人员组成的试验领导小组，在北仑电厂 3 号炉组织开展国能 1 号掺烧试验，试验了国能 1 号在满负荷 600 兆瓦下锅炉运行的安全性和经济性情况，共分 3 个掺烧试验工况。试验结果表明：国能 1 号最多可在北仑电厂 600 兆瓦机组锅炉掺烧 2 仓（40%）。掺烧期间安全性情况：从燃烧角度，国能 1 号可以部分替代常用的澳煤进行掺烧，掺烧国能 1 号煤会使炉内结渣趋势上升。从安全性角度建议掺烧 1 仓国能 1 号煤较为合适，锅炉本体及制粉系统均能适应该煤种，燃用国能 1 号煤后炉内结渣情况有所严重，需要运行人员定期关注。经济性情况：掺烧 1 仓国能 1 号煤锅炉效率有所上升。环保排放情况：燃用国能 1 号煤替代澳煤后 NO_x 和 SO_2 排放均不会上升，脱硫脱硝装置在正常情况下可以达到超低排放的要求。

2017 年 5 月 1—13 日，由浙江浙能富兴燃料有限公司、浙能技术研究院和阿克苏电厂人员组成的试验领导小组，在阿克苏电厂 2 号炉组织开展黑山、乌东煤掺烧试验，试验了黑山、乌东煤在负荷 170～350 兆瓦下锅炉运行的安全性情况，共分 3 个掺烧试验工况。试验结果表明：乌东、黑山煤可以在阿克苏电厂 350 兆瓦机组锅炉分别掺烧 4 仓（100%）、1 仓（25%）。掺烧期间安全性情况：锅炉运行稳定，参数正常，SCR 入口烟温未见升高，过热器、再热器减温水量也无明显变化，基本为全关状态。通过观火孔观火，炉内燃烧器区域、燃尽风区域、前墙分隔屏、侧墙后屏等位置均无结渣。掺烧后对排烟温度几乎无影响，飞灰含碳量可通过合理的磨煤机风煤比、炉膛氧量控制等措施调整，在保证喷口不结渣不烧损的前提下，磨煤机风煤比不要设定过高。环保排放情况：掺烧后对 SCR 入口烟气 NO_x 影响较小，原烟气 SO_2 与全俄霍工况接近，比全乌东明显降低。

2018 年 7 月 12 日，由浙江浙能富兴燃料有限公司、浙能技术研究院和舟山煤电人员组成的试验领导小组，在舟山煤电1号炉组织石炭7号（高硫，干基硫分1.31%）掺烧试验，试验了石炭7号煤在满负荷1000兆瓦下锅炉运行的安全性情况，1个掺烧试验工况。试验结果表明：石炭7号可以在舟山煤电1000兆瓦机组锅炉掺烧1仓（20%）。掺烧期间安全性情况：锅炉运行正常，主再热汽温能够达到设计值，减温水量无明显变化，在正常范围内。本批次石炭煤灰熔点较高，对炉膛结渣情况无明显影响。就地观察SOFA层与前屏侧墙的水冷壁均无明显沾污，屏过区域U型弯连接处有少量浮渣。掺烧石炭煤期间锅炉燃烧稳定，制粉系统可稳定运行，石子煤排放正常。试验发现上仓石炭煤后磨煤机电流增大。环保排放情况：本批次石炭7号煤硫分较高，重点关注掺烧石炭煤后的原烟气SO_2浓度变化。掺烧1仓石炭煤后，原烟气SO_2达到1400毫克/标准立方米，浆液pH略微下降，4台循环泵同时运行，脱硫系统各项运行参数正常。

二、配煤技术研发与应用

2010年1—12月，浙江浙能富兴燃料有限公司开展“浙能系统煤炭完全性价比评价模型研究”项目，通过同类煤种不同煤质的完全性价比评价模型研究，形成煤炭采购原则及浙能集团系统内电厂煤种适应性建议方案，获得浙能集团战略课题一等奖励。

2012年1—12月，浙江浙能富兴燃料有限公司、浙江浙能乐清发电有限责任公司、浙江温州发电有限公司、浙江大学共同开展“浙能电厂掺烧褐煤及低质煤技术经济性研究”专题项目，提出了浙能集团系统内电厂掺烧褐煤及低质煤的技术方案和策略、集团采购褐煤及低质煤的价格控制及掺烧的经济效益核算公式；根据集团各电厂锅炉对煤种煤质的适应能力，提出了集团电厂掺烧褐煤及低质煤的可行性、经济性及掺烧褐煤及低质煤的技术方案建议。同时，对集团近几年掺烧印尼煤的情况进行了总结，得出不同煤质印尼煤的燃烧特性、结渣特性，分析了掺烧印尼煤的安全性和经济性，提出了集团采购和掺烧印尼煤的煤质控制指标及技术方案。

2013年1—12月，由浙江浙能富兴燃料有限公司、浙江浙能兰溪发电有限责任公司、浙江浙能台州发电厂、浙江大学人员组成的科技项目“浙能集团火电机组进口煤适用性研究”，获得浙江省电力学会科技进步三等奖。开展进口煤主要资源、分布及煤质调研情况，进行典型进口煤实验室燃烧特性分析，在台州电厂10号炉开展了掺烧不同性质澳煤的现场对比试验，在温州电厂5号炉开展了掺烧澳煤的现场试验，在兰溪电厂4号炉开展了掺烧俄煤、澳蒙、南非煤的现场试验，系统研究掺烧进口煤对锅炉效率、供电煤耗等经济方面及脱硫、脱硝等环保方面影响。针对性提出了浙能集团系统内电厂掺烧进口煤的技术方案和策略。通过研究，建立进口煤数据库，掌握主要进口煤的常规煤质指标和燃烧特性以及其产地、矿源、规模等信息，对进口煤进行了命名、分类。根据实验室和电厂试验结果，提出进口煤配烧方案及燃烧调整方案。对进口煤安全性、经济性及环保性进行了综合评价。

2017年初，根据历年浙能集团发电机组燃煤情况，浙江浙能富兴燃料有限公司明确经济适烧煤炭分类及指标（表4-1-1）：分为高硫、低热、非标三大类。高硫经济适烧煤炭的硫分$S_{t,d}>1.0\%$；低热经济适烧煤炭的发热量$Q_{net,ar}$小于浙能技术研究院提供的100%负荷下启备用磨时各电厂的最低热值标准；非标经济适烧煤炭：高挥发分的印尼煤、褐煤，低哈氏可磨、低灰熔点进口煤等，其质量指标与常用动力煤指标相差较大但又具有高性价比。

2017年2月7日，根据浙能集团《燃用经济适烧煤炭管理办法》及“煤炭经济适烧限值及相关事项讨论会议”要求，浙江浙能富兴燃料有限公司首次成立经济适烧煤炭购销管理工作领导小组，负责统筹管理相关购销经济适烧煤炭工作。

2017年2月28日，浙江浙能富兴燃料有限公司工作会议提出，加大配煤掺烧技术推广及应用，主推印尼煤等非标煤种全年适烧工作，引导浙能集团系统内电厂自主选择适烧煤种，提升浙能富兴燃料有限公司“个性化”“定制化”的燃煤供应服务水平。

表 4-4-1 2017 年浙能集团燃煤发电企业入炉煤平均限值表

序号	电厂	容量（台×兆瓦）	2016 年供煤情况		经济适烧煤炭限值		
					100%负荷		
			平均热值（千卡/千克）	干基硫分（%）	每 100 千卡/千克对应的平均干基硫分高限（%）	平均热值低限（千卡/千克）/平均干基硫分高限（%）不启备用磨	平均热值低限（千卡/千克）/平均干基硫分高限（%）启备用磨
1	舟山煤电	2×1000	5370	0.50	0.0174	4950/0.86	4600/0.80
2	台二发电	2×1000	5344	0.67	0.0183	4950/0.9	4600/0.84
3	嘉华三期	2×1000	5448	0.51	0.0117	4950/0.58	4600/0.54
4	乐清发电	4×660	5402	0.51	0.0128	5000/0.64	4650/0.6
					0.0217	5000/1.08	4650/1.0
5	兰溪发电	4×660	5322	0.59	0.0159	5000/0.79	4650/0.74
6	浙能北仑	3×660	5180	0.66	0.0192	5000/0.96	4650/0.893
7	嘉华二期	4×660	5448	0.51	0.0137	5000/0.685	4650/0.64
8	嘉兴一期	2×330	5478	0.46	0.0144	5000/0.72	4600/0.66
9	温州发电	4×330	5412	0.62	0.0181	5000/0.905	4600/0.833
		2×660			0.0199	5000/0.995	4600/0.915
10	滨海发电	2×300	5361	0.70	0.0172	5200/0.89	5200/0.89
11	长兴发电	4×330	5318	0.59	0.0166	5000/0.83	4600/0.764
12	台州发电	2×350	5258	0.72	0.0203	5000/1.0	4600/0.934
13	镇海发电	4×215	4792	0.64	0.0185	4700/0.87	4700/0.87
所有机组加权平均值			5329	0.59	0.0169	4975/0.84	4653/0.78

2017 年初开始，根据经济适烧煤炭性价比优先原则。浙江浙能富兴燃料有限公司在浙江浙能中煤舟山煤电有限责任公司、浙江浙能温州发电有限公司、浙江浙能电力股份有限公司台州发电厂等 5 个电厂分别开展相关的掺烧试验，试验情况如下：

2017 年 2 月，在浙江浙能中煤舟山煤电有限责任公司开展高水高挥发分印尼煤掺烧试验，试验结果显示可以在舟山煤电 1000 兆瓦机组锅炉掺烧 3 仓（50%），掺烧过程中输煤系统及制粉系统安全可靠，炉内燃烧稳定、火焰中心略微上移、减温水量可控。掺 3 台印尼煤时 75%以上负荷需启备用磨，最高负荷可带 980 兆瓦左右。

2017 年 2 月，在浙江浙能温州发电有限公司开展富动 56 掺烧试验，试验结果显示可以在温电四期 660 兆瓦机组锅炉掺烧 2 仓（40%），能带满负荷，掺烧 3 仓（50%）带满负荷时需启动备用磨；可以在温电二、三期 330 兆瓦机组锅炉掺烧 2 仓（40%），但带满负荷时需启动备用磨。磨煤机投用富动 56 后，干燥出力下降约 10%，机组发电煤耗及厂用电均有小幅上升。

2017 年 2 月，在浙江浙能电力股份有限公司台州发电厂开展富动 56 掺烧试验，试验结果显示可以在台电四期 330 兆瓦机组锅炉掺烧 2 仓（50%），能带满负荷，锅炉燃烧稳定，NO_x 排放正常，喷氨量正常，SO_2 排放降低明显；可在台电五期 330 兆瓦机组锅炉分别烧掺烧 3 仓（60%）、4 仓（75%），能带满负荷，掺烧期间燃烧稳定，每套制粉系统均可稳定运行。但是由于富动 56 煤水分高，磨机干燥出力受限 15%左右，烧一仓（25%）富动 56 即需启动备用磨，机组带负荷能力受影响。

2017 年 4 月，在浙江浙能中煤舟山煤电有限责任公司开展高水高挥发分印尼煤预混（富动 56）掺烧试验，试验结果显示可以在舟山煤电 1000 兆瓦机组锅炉掺烧 6 仓（100%），能带满负荷，炉膛燃烧稳定、运行安全、水冷壁干净，前屏无挂渣与结焦，未出现超温现象。预混方式（6仓富动56）比分磨方式下（3仓印尼煤）增加煤耗1克/千瓦时。在低负荷时预混方式下的印尼煤消耗量大幅度下降，制粉系统减弱的风险转移至储煤系统，在现有条件下推荐分磨方式。

2017年5月，在浙江浙能中煤舟山煤电有限责任公司开展高水高挥发分俄煤掺烧试验，试验结果显示可以在舟山煤电1000兆瓦机组锅炉掺烧3仓（50%），能长期稳定运行，炉内燃烧稳定、火焰中心略微上移、燃烧特性和印尼煤近似，密度略高于印尼煤；掺3仓俄煤后，入炉热值减少665.9千卡/千克，对应的供电煤耗增加2.52克/千瓦时。掺4仓俄煤后，排烟温度高于130摄氏度、经济性较差；同时，掺4仓俄煤后入炉热值过低，加负荷能力及带满负荷能力不足，建议长期以3仓俄煤方式运行。

2017年6月，在乐清电厂开展高水高挥发分印尼煤掺烧试验，试验结果显示，可以在乐清电厂660兆瓦机组锅炉掺烧2仓（40%），其间锅炉燃烧稳定，运行安全，每套制粉系统均可稳定运行，主要辅机电流无异常，减温水量正常，主再热蒸汽未超温，水冷壁无超温现象，NO_x排放正常，SO_2排放量明显降低，相比于常用煤种降低300~400毫克/标准立方米。4号炉掺烧2仓印尼煤在不启用备用磨时最高只能带至90~600兆瓦负荷。

2017年6月，在浙江浙能嘉华发电有限公司开展富动56掺烧试验，试验结果显示可以在嘉华电厂3号、4号660兆瓦机组分别掺烧3仓（60%）、2仓（40%），其间锅炉燃烧稳定，制粉系统安全可靠，两台机组掺烧富动56后，炉内结渣未见增多。

2017年6月，在浙江浙能嘉华发电有限公司开展高水高挥发分印尼煤掺烧试验，试验结果显示可以在嘉华电厂二期660兆瓦机组锅炉掺烧2仓（40%），三期1000兆瓦机组锅炉掺烧1仓（20%），其间锅炉整体运行正常，主、再蒸汽参数均能达到设计要求，两侧墙水冷壁基本无结渣，水冷壁清晰可见。

2017年8月，浙江浙能富兴燃料有限公司制订《经济适烧煤炭管理办法》，明确公司经济适烧煤炭的管理、界定、各部门的职责、购销工作流程。

2017年10月，在浙江浙能中煤舟山煤电有限责任公司开展高水高挥发分菲律宾煤掺烧试验，试验结果显示可以在舟山煤电1000兆瓦机组锅炉掺烧2仓（40%），运行稳定，炉内燃烧稳定、火焰中心有所上移，再热减温水量上升明显，达到82吨/小时，锅炉效率降低0.57%，入炉热值减少616千卡/千克，对应的供电煤耗增加5.01克/千瓦时。

2017年浙江浙能富兴燃料有限公司经济适烧煤炭销售数量及效益见表4-4-2。

表4-4-2 2017年浙江浙能富兴燃料有限公司经济适烧煤炭销售数量及效益表

电厂名称	煤种	低热煤数量（吨）	效益（万元）（不含税）	合计（万元）	高硫煤数量（吨）	效益（万元）（不含税）	总计（万元）
舟山煤电	印尼煤	519328	2514	3718	18143	7.0	3725.2
	俄煤	151825	801				
	菲律宾煤	54959	403				
台州电厂	印尼煤	90064	439	492	53480	8.8	500.3
	俄煤	52623	53				
乐清电厂	印尼煤	317022	1604	1604	248994	197.2	1801.2
温州电厂	印尼煤	10026	27	27	159247	82.2	109.2
嘉华电厂	印尼煤	101519	477	591	388728	239.5	239.5
	蒙混	27370	114				
嘉兴电厂					4689	0.3	0.3

表 4-4-2（续）

电厂名称	煤种	低热煤数量（吨）	效益（万元）（不含税）	合计（万元）	高硫煤数量（吨）	效益（万元）（不含税）	总计（万元）
台二电厂					260340	61.5	61.5
兰溪电厂	182100	51.6	51.6				
长兴电厂	129393	51.7	51.7				
北仑电厂	258564	106.2	106.2				
温州特鲁莱	22391	3.1	3.1				
合　计		1324736	6432	6432	1726069	809.1	7241.4

2018 年，浙江浙能富兴燃料有限公司完成“煤炭市场大数据分析模型研究”及“宁夏枣泉电厂扩大煤种适应范围研究”科技项目研究，公司“基于经济测算模型的燃料采购辅助决策”项目获得浙江省电力数据价值挖掘大赛三等奖。

三、“富动”系列品牌煤种

（一）富动 10 系列

富动 10 系列主要由不同内贸煤配制而成，属于优混煤性质。

富动 12：2000 年研发，在台州发电厂 7 号、8 号炉试烧，试验结果显示改善了优混煤的结渣特性，提高了电厂用煤的稳定性和燃煤的经济效益。主供用户：浙江北仑发电有限公司、温州发电有限责任公司、浙江浙能乐清发电有限责任公司等 8 家电厂。

富动 13：2000 年开发，属于富动 12 的备用替代煤种，基本配煤方案与富动 12 类似，热值略低（5250～5500 千卡/千克），没有进行试烧试验，主供电厂与富动 12 相同。

富动 17：2002 年开发，2002 年 4 月在温州发电有限责任公司 3 号炉试烧，具有较好的经济性。受资源限制，2006 年配 10 万余吨，主供台州发电厂、温州发电有限责任公司 2～3 期。

富动 18：2002 年开发，相比富动 17，其配煤挥发分相对较低（30%～35%），2002 年 4 月在温州发电有限责任公司 3 号炉试烧，主供电厂与富动 17 相同。

（二）富动 20 系列

富动 20 系列主要属于蒙混煤性质煤种掺配而成。

富动 21：2007 年在浙江浙能乐清发电有限责任公司 1 号炉试烧，试验结果显示结焦性介于蒙煤与富动 24 之间，2009 年又以伊泰 4 号煤为主与大友 1 号煤在乐电试验，试烧情况较好。已配 29 万吨，主供嘉兴发电有限责任公司、浙江嘉华发电有限责任公司、浙江长兴发电有限责任公司等 5 家电厂。

富动 22：2002 年开发，属于富动 24 的备用替代煤种，没有进行试烧试验，燃用电厂与富动 24 类似，经济性稍差。主供用户为 300 兆瓦及以上机组锅炉。

富动 23：2008 年开发，2008 年 10 月在浙江浙能温州发电有限公司 4 号炉和浙江浙能电力股份有限公司台州发电厂 8 号炉试烧，试验结果显示可以保障电厂锅炉正常运行，能够分磨掺烧 1～2 台磨。已配近 14 余万吨，主供台州发电厂 4～5 期和浙江浙能温州发电有限公司 2～3 期。

富动 24：2002 年开发，2002 年 12 月在温州发电有限责任公司 4 号炉试烧，锅炉效率高（达 95% 以上），不易结焦。每年配煤超过 500 万吨，2017 年达到 897 万吨，主供台州发电厂 4～5 期、浙江浙能温州发电有限公司、浙江长兴发电有限责任公司等 7 家电厂。2017 年，根据浙能集团系统内各电厂锅炉设计煤种的不同，开发了富动 24(1) 和富动 24(2) 两个品牌：富动 24(1) 配煤属于蒙混类煤炭，主要供应锅炉设计煤种为蒙混煤的电厂，包括浙江浙能嘉华发电有限公司、浙江浙能嘉兴发电有限公司、浙江浙能中煤舟山煤电有限责任公司等 5 家电厂；富动 24(2) 配煤属于优混类煤炭，主要供应锅炉设计煤种为优混煤的电厂，包括浙江浙能温州发电有限公司 2～3 期、浙江浙能兰溪发电有限责任公司、浙江浙能电力股份有限公司台州发电厂

4~5 期等 6 家电厂。

富动 26：2008 年开发，2008 年 5 月在台州发电厂 8 号炉和浙江浙能温州发电有限公司 4 号炉试烧，试验结果显示布尔台煤与金优 2 号按 1∶1比例配煤发现锅炉严重结渣，停止试验；第二次试验按布尔台煤与平 2 按 2∶3 比例配煤，结渣情况稍好，能掺烧 1~2 台磨。主供浙江浙能电力股份有限公司台州发电厂 4~5 期和浙江浙能温州发电有限公司 2~3 期。

（三）富动 30 系列

富动 30 系列属于大混煤性质。

富动 31：2000 年开发，在不改变大混煤的轻微结渣的特性前提下，经济性较好。2005—2017 年已配 1600 余万吨，主供镇海发电厂、浙江北仑发电有限公司、台州发电厂 1~3 期。

富动 32：2002 年开发，2002 年 12 月在台州发电厂 4 号炉试烧，经济性良好，但要注意喷口带火的问题。2005—2017 年已配 300 余万吨，主供台州发电厂 1~3 期和镇海发电厂。

富动 34：2008 年开发，2008 年 9 月在浙江浙能镇海发电有限责任公司 4 号炉和台州发电厂 4 号炉试烧，经济性较好。受资源限制，共配出 8 万余吨，主供浙江浙能北仑发电有限公司、台州发电厂 1~3 期和镇海发电厂。

富动 35：2007 年开发，2007 年 8 月在浙江镇海发电有限责任公司 4 号炉和台州发电厂 4 号炉试烧，适烧性较差。共配出近 8 万吨，主供台州发电厂 1~3 期和镇海发电厂。

富动 37：2007 年开发，2007 年 8 月在台州发电厂 4 号炉和浙江镇海发电有限责任公司 5 号炉试烧，试验结果显示台电蒙混煤比例控制在 30%~40%，镇电蒙混煤不超过 50%，可保证锅炉的运行安全。2007—2017 年，已配出 500 余万吨，主供浙江镇海发电有限责任公司和台电发电厂 1~3 期，具有良好的经济和环保效益。

（四）富动 40 系列

富动 40 系列掺配煤种主要由进口煤与内贸煤配制而成。

富动 43：2008 年开发，2008 年 6 月在台电 9 号炉和镇电 5 号炉试烧，试验结果显示由于发热量稍低，负荷微带不足，掺烧 2 台磨情况下，需控制配后发热量 5000~5300 大卡。受资源限制，共配 4 万余吨，主供台电 4~5 期，燃用情况正常。

富动 45：2010 年开发，2010 年 6 月在台电 9 号、10 号炉试烧，试验结果显示燃烧富动 45 煤的飞灰含碳量很低，排烟温度正常，锅炉效率较高。主供台电 4~5 期、兰电、乐电、嘉华等电厂。

（五）富动 50 系列

富动 51：2008 年开发，2008 年 3 月在台州发电厂 8 号炉和浙江浙能温州发电有限公司 4 号炉试烧，试验结果显示可以在 300 兆瓦机组锅炉掺烧 2~3 台磨。共配 14 余万吨，主供台州发电厂，少量供浙江浙能温州发电有限公司。

富动 52：2007 年开发，2007 年 1 月在温电 4 号炉试烧，试验结果显示可以在温电 300 兆瓦机组锅炉掺烧 2 台磨，并建议与优混煤间隔，日常燃用仍需注意制粉系统安全。共配 4 万余吨，全供温电。

富动 53：2004 年开发，2004 年 12 月在台州发电厂 7 号炉试烧，经济性较好，共配 29 万余吨，主供台州发电厂，少量供温州发电有限责任公司。

富动 55：2007 年开发，2007 年 3 月在台电 7 号炉试烧，试验结果显示可以在台电四期 300 兆瓦机组锅炉掺烧 2~3 台磨，但经济性有所下降，日常燃用仍需注意制粉系统安全，考虑资源情况，该配煤方案调整为印尼煤与高发热量、中高灰熔点煤配煤。共配 5 万余吨，全供台电。

富动 56：2017 年开发，2017 年 2 月在浙江浙能电力股份有限公司台州发电厂 7 号、9 号、10 号炉和浙江浙能温州发电有限公司 3 号、4 号、5 号、8 号炉试烧，2017 年共配制 36 万吨，主要供应浙江浙能电力股份有限公司台州发电厂，少量供应浙江浙能温州发电有限公司、浙江浙能嘉华发电有限公司等电厂。

（六）富动 80 系列

富动 80 系列属于浙江浙能富兴燃料有限公司对外市场销售配煤系列煤种，一般按照合同约定，由一程港口场地配制完成后，直接供应下游电厂或用户，不再进行专门煤种掺烧试验（该系列煤种，仅要求用户反馈相应燃用意见，因此富动 81—85 的 5 个配煤品牌均没有相应掺烧实验）。

富动81：2017年开发，属于高热优混类动力配煤，主要供应下游水泥厂以及电厂，2017年配煤量为1万吨。

富动82：2017年开发，属于高热蒙混类动力配煤，主要供应下游电厂，2017年配煤量为16万吨。

富动83：2017年开发，属于低热大混类动力配煤，主要供应下游电厂，2017年配煤量为93万吨。

富动84：2017年开发，属于低热蒙混类动力配煤，主要供应下游电厂，2017年配煤量为24万吨。

富动85：2017年开发，属于低热大混类动力配煤，较富动83热值更低，主要供应下游小机组电厂，2017年配煤量为40万吨。

电煤富动系列配煤控制指标见表4-4-3。

表4-4-3 电煤富动系列配煤控制指标

项目	全水分	灰分	挥发分	发热量 $Q_{net,ar}$		硫分	灰熔融温度
	M_t（%）	A_d（%）	V_{daf}（%）	兆焦/千克	千卡/千克	$S_{t,d}$（%）	ST（摄氏度）
富动10系列							
富动12	≤12	≤20	33~39	23~24	5400~5750	≤1.0	≥1350
富动13	≤12	≤20	33~39	22~23	5250~5500	≤1.0	≥1350
富动17	≤10	≤22	33~38	23~24.5	5500~5850	≤0.8	≥1350
富动18	≤10	≤22	30~35	23~24.5	5500~5850	≤0.8	≥1350
富动20系列							
富动21	≤15	≤12	34~39	23~24	5500~5750	≤0.7	≥1250
富动22	≤14	≤20	33~38	22~23	5250~5500	≤0.7	≥1350
富动23	≤15	≤20	30~35	21.5~22.5	5100~5300	≤1.0	≥1350
富动24（1）	≤14	≤20	34~39	22~23.5	5200~5600	≤0.8	≥1300
富动24（2）	≤14	≤20	34~39	22~23.5	5200~5600	≤0.8	≥1350
富动26	≤14	≤20	34~39	21~22	5000~5300	≤0.7	≥1350
富动30系列							
富动31	≤10	≤28	33~38	20~21	4800~5000	≤1.0	≥1350
富动32	≤10	≤26	33~38	21~22	5000~5250	≤1.0	≥1350
富动34	≤14	≤23	32~36	20~21	4800~5000	≤1.0	≥1350
富动35	≤14	≤20	30~35	20~21	4800~5000	≤1.0	≥1400
富动37	≤10	≤20	35~39	20~21	4800~5000	≤1.0	≥1400
富动40系列							
富动43	≤12	≤22	37~42	21~22	5000~5300	≤1.0	≥1400
富动45	≤14	≤15	39~44	22~23	5250~5500	≤1.0	≥1350
富动50系列							
富动51	≤15	≤20	43~47	21~21.75	5000~5200	≤1.0	≥1350
富动52	≤15	≤20	44~48	21.75~22.5	5200~5400	≤1.0	≥1350
富动53	≤10	≤20	40~43	21.75~22.5	5200~5400	≤0.8	≥1350
富动55	≤10	≤20	42~46	22.5~23.5	5400~5600	≤1.0	≥1350
富动56	≤30	≤15	42~46	18.40~19.65	4000~5000	≤0.8	≥1300
富动80系列（市场煤）							
富动81	≤12	≤20	33~39	22.16~23.42	5300~5600	≤1.0	≥1400

表 4-4-3（续）

项目	全水分	灰分	挥发分	发热量 $Q_{net,ar}$		硫分	灰熔融温度
	M_t（%）	A_d（%）	V_{daf}（%）	兆焦/千克	千卡/千克	$S_{t,d}$（%）	ST（摄氏度）
富动 82	≤17	≤17	34~39	22.16~23.42	5300~5600	≤0.8	≥1150
富动 83	≤12	≤28	33~40	20.07~21.33	4800~5100	≤0.8	≥1400
富动 84	≤20	≤20	34~39	20.07~21.33	4800~5100	≤0.8	≥1150
富动 85	≤15	≤32	33~41	17.98~19.65	4300~4700	≤1.2	≥1300

第二节 煤炭检测

一、检测管理

2004 年 9 月 20 日，浙能富兴成立技术检测信息部（洁净煤中心），负责煤炭购销运各个环节的煤炭质量数量监控，质量数量交割纠纷技术支持，煤种适烧，配煤技术研究，检验委托单位监督等工作。沿用浙江富兴电力燃料公司《按质计价和亏吨索赔管理条例》《煤炭调运规定（暂行）(2001 版)》等相关管理流程条例。技术检测信息部（洁净煤中心）负责组织年度和阶段性煤炭质量分析活动，处理煤质异议纠纷处理，组织采、制、化上岗培训，新煤种试烧等工作，调运部全面负责煤炭调运过程质量管理；秦皇岛办事处、天津办事处负责一程港口煤炭质量监控管理工作，宁波、上海分公司负责二程港口煤炭质量监控管理及两港、进出港、出港与到电厂质量偏差监控工作。宁波能检中心负责自行检测工作。

2006 年 3 月 9 日，浙江省电力燃料总公司宁波能源质量检测中心更名为宁波越华能源检测有限公司。

2006 年，宁波越华能源检测有限公司改制为股份制公司，注册资本 1378.754 万元，股东单位分别是浙江省洁净煤技术研究开发中心，投资比例 85%；秦皇岛华正煤炭检验行，投资比例 15%。

2008 年 3 月 17 日，宁波越华能源检测有限公司获得浙江省质量技术监督局颁发的 2008111110G 号《计量认证证书》(CMA)，具备向社会出具具有法律效力的数据和报告的资格后，广泛承接社会煤炭检验委托业务。

2008 年 4 月 18 日，浙能集团印发《关于煤炭质量管理办法的通知》(浙能生〔2008〕134 号)，明确浙能富兴负责对计划、采购、调运、销售等环节实施全过程煤炭质量管理，各中转港口煤炭存量管理及煤质检验工作；落实煤炭质量检验单位，对委托检验单位的检测工作实施监督；负责与政府有关部门、铁路、煤矿进行协调联络，处理有关煤炭数量、质量纠纷，确定向煤炭供应商采购煤炭的合同（简称购煤合同）中有关煤炭质量标准及煤质检验方式等。

2008 年 8 月 1 日，浙能富兴发布实行《煤炭质量管理办法》，对煤炭质量管理工作中技术质量部、调运销售部等部门职责进行明确界定，进一步完善煤炭采购、配煤等相关流程，增加煤炭售前、售后技术服务、煤炭质量事故（异常）调查处理、煤炭质量异议（争议）和质量超差处理等环节管理制度，由技术质量部负责落实。

2013 年 1 月起，浙能富兴开始编制《质检监测月报》，对每月的煤炭质量管理工作进行总结，对购销各环节的质检偏差情况及产生偏差的具体批次均按月进行分析。

2014 年 7 月 4 日，浙能富兴印发《关于煤炭质量管理办法》标准修订的通知。对燃料管理系统（RMIS）运行管理、突发事件应急预案、新煤种试烧管理等工作进行补充修订。

2014 年 11 月 6 日，宁波越华能源检测有限公司更名为浙江越华能源检测有限公司，并在舟山设立分公司。

2016 年 10 月起，浙江越华能源检测有限公司正式管理升格，成为浙能集团二级营运企业。

2017 年 1 月 23 日，浙能集团印发《燃用经济适烧煤炭管理办法》和《燃用高水、高挥发分煤炭安全技术导则》通知，推进煤炭经济适烧工作。

2018年1月10日，浙能集团印发《关于设立浙江越华能源检测有限公司秦皇岛分公司的批复》(浙能资〔2017〕660号)，浙江越华能源检测有限公司在秦皇岛市海港区市场监督管理局注册成立秦皇岛分公司。

2018年1月10日，浙能集团印发《关于设立浙江越华能源检测有限公司秦皇岛分公司的批复》(浙能资〔2017〕660号)，浙江越华能源检测有限公司在秦皇岛市海港区市场监督管理局注册成立秦皇岛分公司。

2018年，为推进企业技术转型，实现检测室升级发展，浙江越华能源检测有限公司启动本部检测大楼扩建项目。10月通过浙能集团审批后，正式组建项目领导小组及工作小组，着手推进公开招投标及建设工程施工许可证报批等各项工作。

2019年4月18日，浙江越华能源检测有限公司新大楼正式开工建设，11月27日完成主体工程中间结构验收。

2019年7月18日，浙江越华能源检测有限公司召开临时股东会，同意变更公司经营范围为：煤炭、石油制品、生物质及天然气的检验、检测及其货物查验；煤炭采制样设备检验鉴定；进出口煤炭检验鉴定；根据客户委托对检验、检测、鉴定过程进行监督；煤炭检测技术咨询及培训服务（依法须经批准的项目，经相关部门批准后方可开展经营活动）。

2019年7月，在浙能集团煤炭及运输分公司支持下，开展曹妃甸分公司组建工作，成立筹建小组赴曹妃甸开展前期调研及相关筹备工作。

2019年12月24日，浙能集团董事会审议通过《浙江省能源集团有限公司煤炭分公司关于浙江越华能源检测有限公司成立曹妃甸分公司的请示》(浙能煤炭运营〔2019〕85号)，同年12月26日，浙江越华能源检测有限公司在曹妃甸临港商务区注册成立唐山曹妃甸分公司。

2019年，浙江越华能源检测有限公司总共完成煤炭检测量8629万吨；其中电煤检测量7096万吨；市场煤检测量（不统计送样检测）1533万吨。水尺计重业务完成业务量5211万吨，其中电煤占3678万吨。

2006—2019年浙江越华能源检测有限公司检测量如图4-4-1所示。

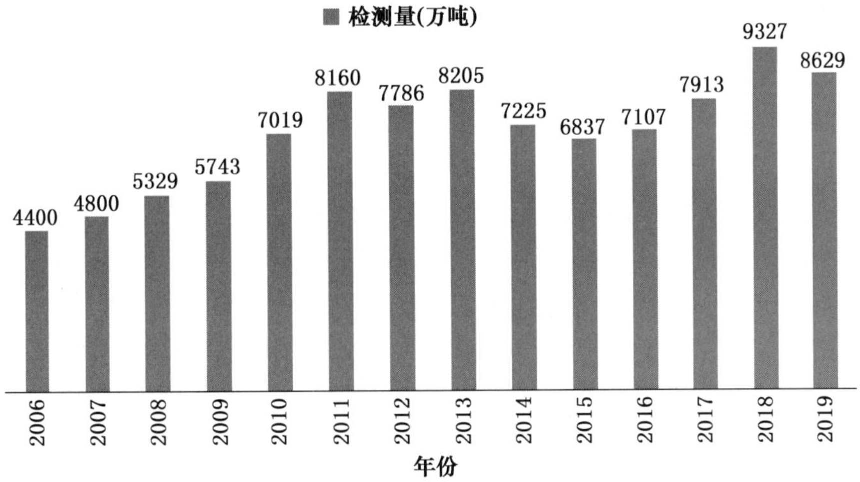

图4-4-1 2006—2019年浙江越华能源检测有限公司检测量表

二、检测技术

2005年12月26日，浙江越华能源检测有限公司取得中国合格评定国家认可委员会颁发的中国实验室认可委员会（CNAL）新版体系认可书中英文各一份，越华公司因改制所进行的实验室认可体系机构更名工作顺利完成。

2008年3月17日，浙江越华能源检测有限公司获得浙江省质量技术监督局颁发的2008111110G号《计量认证证书》(CMA)，具备向社会出具具有法律效力的数据和报告的资格。

2010年5月，浙江越华能源检测有限公司正式发布实施新版《质量手册》。同年10月31日至11月2日顺利通过CNAS的体系复评审。

2010年10月，浙江越华能源检测有限公司与浙江天工自信科技工程有限公司签订了《实验室信息管理系统开发协议书》，开始进行实验室信息管理系统（LMIS）开发工作。

2010年下半年，浙江越华能源检测有限公司对本部实验室进行了全方位的改造，重新布局功能区，按标准要求进行了装修，统一配置了实验台、办公台等设备，并制定相应的管理制度。

2011年，浙江越华能源检测有限公司强化技术创新和应用，重点抓好3个实验室（本部检测室、六横检测室、上海检测室）工作，及时反映实验室的技术水平，采取月报、案例分析、质量差异分析、领导点评等各种措施，逐步提高技术人员的技术分析能力，并持续完善作业指导书的修订。各检测室采用设备间比对、存样再测、人员比对、标准物质校验、期间核查等方法，确保设备的正常可靠。强化了备品备件及易耗品的管理，对各个检测室的备品备件及易耗品进行了一次彻底地归整与清理，对备品备件及易耗品做到了“三清”，即数量清、类别清、规格清，信息全部录入到LMIS中，能及时了解备件的库存和使用情况。

2012年8月4—5日，中国合格评定国家认可委员会组织评审组对浙江越华能源检测有限公司本部检测室、六横检测室进行实验室能力认可（CNAS）的ISO标准扩项评审。10月，通过扩项评审，本部检测室、六横检测室均具备了用ISO标准检测的能力。同时，还取得了货物含水率检测并出具检测报告的资质。

2013年，浙江越华能源检测有限公司启动水尺计重企业资质申请工作（申请文件），3月20日顺利通过宁波出入境检验检疫局专家评审组的现场评审，并于4月30日将全部水尺计重资质申请材料报送国家质检总局批复。2013年10月，浙江越华能源检测有限公司通过实验室认可（CNAS）复评审；12月，浙江越华能源检测有限公司通过计量认证资质复评审及扩项评审，并取得煤炭可磨性指数检测的资质。

2013年4月，浙江越华能源检测有限公司参与浙能集团“煤炭贮存时间与热值损失研究”科技项目，试验选用了澳煤、优混、大混、伊泰4号四个常用煤种，现场工作历时7个月，并于10月顺利完成了项目研究，得出煤炭贮存时间不超过半年情况下最大限度地减少热值损失的有关数据。

2014年，在浙能集团着力推动煤电清洁利用和超低排放改造，浙江越华能源检测有限公司推动检测资质扩项，增加氟和氯微量元素的检测，为电厂煤炭清洁化工作方面提供延伸检测服务并顺利通过浙江省计量认证氟氯项目扩项评审。

2014年5月21—22日，浙江越华能源检测有限公司派员参加由中国质量检验协会举办的2014年中国检验检测机构行业峰会，获取煤炭质量检测领域的最新要求、规范、技术以及市场化等信息。

2015年年中，浙江越华能源检测有限公司获得国家质检总局颁发的进出口商品检验鉴定机构资格证书。

2015年8月6—8日，浙江省质量技术监督局对浙江越华能源检测有限公司舟山分公司进行实验室资质认定评审。9月10日，浙江越华能源检测有限公司舟山分公司获浙江省质量技术监督局颁发的151117340747号《计量认证证书》（CMA），具备向社会出具具有法律效力的数据和报告的资格。

同年，《硬煤 哈氏可磨性指数测定方法》《硬煤筛分粒度分析法》ISO方法发生了变更，越华公司及时进行了相应的标准变更。

2016年，浙江越华能源检测有限公司组织技术人员组成课题研究小组开展实验研究分析，在煤炭科学研究总院主办的《煤质技术》上发表了《关于煤中氟测定方法》的专题论文成果。同年，浙江越华能源检测有限公司根据国家对实验室体系的管理新要求，编制了新版质量手册、程序文件，重新修订了采制化各类作业指导书。

2017年9月20日，浙江越华能源检测有限公司中心实验室成立，开始实施“生产型企业”向“技术服务型企业”的转变，并依托现有完善的煤炭检测分析实验平台和专业的实验操作人才队伍，引进浙能技术研究院具有高新技术研究和开发经验的科研人员，发挥各自优势，实现资源共享，共同开展煤炭课题相关研究工作。重点实验室组织架构包括煤炭检测、油气检测、浙江越华能源检测有限公司-浙能技术研究院中心实验室三个分项实验室。重点实验室功能区划为三个方向，分别是煤炭检测实验室、油气检测实验室和科研实验室。主要下设煤质研究实验室（工业分析室、热量测定室、元素分析室、灰熔融性测定室等）、微量元素分析室、热重-红外分析室、粒度分析室、灰成分分析室等各专业科研实验室，并对各片区和电厂煤炭实验室标准化建设和日常管理进行指导，以及开展燃料油、天然气和生物质的检测分析扩项。

2017 年，国家标准《煤中全水分的测定》发生了变更，浙江越华能源检测有限公司及时进行了相应的标准变更。

2018 年 7 月 11 日，浙江越华能源检测有限公司正式发文（浙江越华技〔2018〕27 号）成立 LMIS 和数据平台项目领导小组及工作小组，8 月 7 日，公司召开 LMIS 和数据平台项目开工会，正式启动该项目建设工作。正式启动 LMIS 系统升级改造项目，并为真正实现水尺计重信息化、系统化管理，同步推进水尺计重信息管理系统开发。

2018 年 8 月，浙江越华能源检测有限公司完成质量体系转版修订，积极开展飞灰炉渣可燃物及石油焦水分测定检测资质扩项工作，并于 12 月 24 日顺利通过资质认定（CMA）扩项，扩项内容包括飞灰炉渣、石油焦采制、总水分和内含水测定。

2018 年，浙能集团发文（浙能信〔2018〕673 号）公布 2018 年度浙能集团重点实验室认定结果，浙江越华能源检测有限公司成功获批成为浙能集团重点实验室；与浙能技术研究院锅炉所合作开展浙能集团科技项目《强还原性气氛下煤灰成分对熔融特性影响规律研究》，合作发表论文 1 篇，1 篇实用新型专利的申报获得受理。

同年，浙江越华能源检测有限公司持续完善实验室质量管理体系。

2019 年 2 月 16—17 日，中国合格评定国家认可委员会组织的评审专家组对浙江越华能源检测有限公司进行了复评审+扩项+变更评审。通过此次评审，浙江越华能源检测有限公司取得了 CNAS 证书的有效延续，并获得飞灰和炉渣可燃物、石油焦采样、制样、总水分、内含水项目的检测资质。此外，根据此次评审提出的改进建议，新增程序文件 1 个，并修订程序文件若干。

2019 年 3 月 1 日，浙江越华能源检测有限公司正式开展样品编盲、样品封装新模式等措施，并配合实验室信息管理系统（LMIS 和数据信息平台）上线，以“互联网+大数据”的形式实现全过程盲样检测，降低化验环节的风险，推动样品溯源的延展建设。7 月，LMIS 和数据信息平台正式上线，主要服务于检验检测及体系管理工作，包含：资源管理模块、质量体系管理模块、水尺计重管理模块、数据查询统计模块、实现仪器数据的自动采集、手机 App 功能模块、客户服务系统模块。

2019 年 5 月 21 日，浙能集团团委下发嘉奖文件，浙江越华能源检测有限公司本部检测室被授予“青年文明号”，舟山分公司被授予“青年安全生产示范岗”。

2019 年 6 月，浙江越华能源检测有限公司获得宁波市首批科技服务业示范企业称号。

2019 年 12 月，浙江越华能源检测有限公司本部检测室通过浙能集团煤炭及运输分公司组织的星级班组现场考评检查，并于当月 16 日获煤炭板块五星级班组称号。

浙江越华能源检测有限公司目前根据 CNAS 及 CMA 评审要求，依据 ISO/IEC 17025：2017《检测和校准实验室能力的通用要求》、CNAS-CL01：2018《检测和校准实验室能力认可准则》、CNAS-CL01-G001：2018《CNAS-CL01〈检测和校准实验室能力认可准则〉应用要求》、CNAS-CL01-A002：2018《检测和校准实验室能力认可准则在化学检测领域的应用说明》、CNAS-CI01：2012《检验机构能力认可准则》、CNAS-CI01-G001：2018《检验机构能力认可准则的应用说明》、《检验检测机构资质认定管理办法》、RB/T 214—2017《检验检测机构资质认定能力评价　检验检测机构通用要求》，建立了实验室管理体系，编写了质量手册、程序文件及采制化各类作业指导书用于指导检测工作开展。

浙江越华能源检测有限公司自升格以来，各项生产经营业务发展迅速，与浙江浙能技术研究院有限公司合作的中心实验室成立后，其煤炭深度研究、扩项（燃料油、天然气）项目已实现实质性推进，随着实验设备不断增加及煤炭检测样品激增，现有实验室规模已无法满足日常工作开展需求，2018 年初，浙江越华能源检测有限公司计划建设油品检测分析实验室；同年 5 月，以《关于浙江越华能源检测有限公司本部实验楼扩建的请示》(浙江越华综〔2018〕15 号）报浙能集团，启动油品检测分析实验楼建设。2018 年 10 月，浙能集团董事会审议通过浙江越华能源检测有限公司扩建实验楼项目，扩建项目进入正式实施阶段，实验室位于宁波镇海庄市街道。2019 年 8 月 28 日，浙江越华能源检测有限公司与浙石油综合能源销售有限公司协商共建油气检测分析实验室，明确定位为石油板块的 A 级质检中心。2020 年 5 月 22 日，油气检测分析实验楼基建竣工；2020 年 7 月 31 日，浙江浙石油综合能源销售有限公司与浙江越华能源检测有限公司联合组建油品检测分析实验室合作框架协议签订，浙江省石油股份有限公司领导和浙能煤炭及运输分公司领导共同为“质检中心”揭牌。

三、检测设备

截至 2019 年，浙江越华能源检测有限公司拥有煤炭采制化仪器设备 178 余台（套），其中部分为目前世界一流的进口仪器设备。主要检验设备为美国、英国、德国进口的煤炭专业检验设备，如美国 Parr 6200 自动量热仪、美国 LECO-Truspec CHNS 联测仪、英国 Carbolite 灰分炉、英国 Carbolite 挥发分炉、德国 Retsch 磨样仪、德国 Retsch 振筛机、德国 Memmert 鼓风干燥箱等。专业水尺鉴定设备 100 余台（套），如准确度为万分之五的铅锤密度计、量水尺、量油尺、温度计、钢卷尺、水下摄影仪等主要水尺鉴定设备，配备设备满足检验鉴定工作的需求。目前，越华公司煤炭机械化采样装置已普遍使用。依据《仪器设备检定和校准程序》，依据法定校验仪器和计量部门检定仪器的检定周期和校验日期，组织实施检定和校准计划。

2019 年浙江越华能源检测有限公司主要仪器设备见表 4-4-4。

表 4-4-4 2019 年浙江越华能源检测有限公司主要仪器设备一览表

序号	仪器名称	规格型号	生产厂家	出厂编号	仪器编号	技术指标		用途	检定周期	购置日期（年-月）	状态
						测量范围	准确度				
1	鼓风干燥箱	LC-223	上海爱斯佩克环境仪器有限公司	201064	ZJYH-JC-013	40~250 摄氏度	±3 摄氏度	测水分	1 年	2001-08	正常
2	灰分测定仪	AAF-1100	英国 CARBOLITE	20-301724	ZJYH-JC-023	0~1100 摄氏度	±1 摄氏度	测灰分	1 年	2003-07	正常
3	挥发分测定仪	VMF-1000	英国 CARBOLITE	20-301725	ZJYH-JC-024	0~1000 摄氏度	±1 摄氏度	测挥发分	1 年	2003-07	正常
4	灰分炉	AAF-1100	英国 CARBOLITE	20-400178	ZJYH-JC-074	0~1100 摄氏度	±1 摄氏度	测灰分	1 年	2003-11	正常
5	鼓风干燥箱	LC-213	上海爱斯佩克环境仪器有限公司	30659	ZJYH-JC-077	40~250 摄氏度	±3 摄氏度	测水分	1 年	1996-07	正常
6	量热仪	5E-KC5410	长沙开元仪器有限公司	A:0241010075 B:0241010082	ZJYH-JC-136	0~33.45 兆焦/千克	±0.05% 苯甲酸	测热量	2 年	2010-12	正常
7	马弗炉	AAF-1100	英国 CARBOLITE	20-702991	ZJYH-JC-137	0~1100 摄氏度	±1 摄氏度	测灰分	1 年	2007-11	正常
8	马弗炉	VMF-1000	英国 CARBOLITE	20-702993	ZJYH-JC-138	0~1000 摄氏度	±1 摄氏度	测挥发分	1 年	2007-11	正常

表 4-4-4（续）

序号	仪器名称	规格型号	生产厂家	出厂编号	仪器编号	技术指标		用途	检定周期	购置日期（年-月）	状态
						测量范围	准确度				
9	制粉机	KER-1/100B	镇江市科瑞制样设备有限公司	7311	ZJYH-JC-141	0.2 毫米	—	制粉	1 年	2007-11	正常
10	智能通氮干燥箱	5E-MIN6150	长沙开元仪器有限公司	1820811023	ZJYH-JC-159	50~200 摄氏度	±1 摄氏度	测水分	1 年	2009-01	正常
11	全自动工业分析仪	5E-MAG6600	长沙开元仪器有限公司	0940901005 940901018	ZJYH-JC-160	0~1000 摄氏度	±1 摄氏度	测水分、灰分、挥发分	1 年	2009-05	正常
12	量热仪	5E-KC5410	长沙开元仪器有限公司	A:0240909014 B:0240909018	ZJYH-JC-161	0~33.45 兆焦/千克	±0.05% 苯甲酸	测热量	2 年	2009-01	正常
13	量热仪	5E-AC/PL	长沙开元仪器有限公司	A:0030904010 B:0030904021	ZJYH-JC-224	0~33.45 兆焦/千克	±0.05% 苯甲酸	测热量	2 年	2009-11	正常
14	测硫仪	5E-IRS Ⅱ	长沙开元仪器有限公司	1310902010	ZJYH-JC-227	0.01%~10%	10 ppm	测硫	1 年	2009-11	正常
15	鼓风干燥箱	MHG6090	长沙开元仪器有限公司	1830905012	ZJYH-JC-230	40~250 摄氏度	±3 摄氏度	测水分	1 年	2009-11	正常
16	鼓风干燥箱	5E-DHG6095	长沙开元仪器有限公司	201011510	ZJYH-JC-271	50~300 摄氏度	±1 摄氏度	测水分	1 年	2010-12	正常
17	元素分析仪	Truspec-CHNS	美国力可公司	CHN：4457	ZJYH-JC-274	C:0.01%~100%	±0.04%或±0.3%	测 CHNS	1 年	2011-01	正常
				S：4363		H:0.01%~100%	±0.02%或±1.5%，±0.0%或±3%				
						N:0.01%~50%	±0.005%或±0.1%S				
						0.01%~99.99%					
18	元素分析仪	Truspec	美国力可公司	CHN：4465	ZJYH-JC-275	C:0.01%~100%	±0.04%或±0.3%	测 CHNS	1 年	2011-01	正常
		-CHNS		S：4366		H:0.01%~100%	±0.02%或±1.5%，±0.0%或±3%				
						N:0.01%~50%	±0.005%或±0.1%S				
						0.01%~99.99%					
19	量热仪	Parr6200	美国帕尔公司	6220-1011-21582	ZJYH-JC-276	0~33.45 兆焦/千克	±0.05% 苯甲酸	测热量	2 年	2011-01	正常
20	灰熔融性测定仪	5E-AF4000	长沙开元仪器有限公司	531104018	ZJYH-JC-289	300~1500 摄氏度	±5 摄氏度	测灰 融点	1 年	2011-05	正常

表 4-4-4（续）

序号	仪器名称	规格型号	生产厂家	出厂编号	仪器编号	技术指标		用途	检定周期	购置日期（年-月）	状态
						测量范围	准确度				
21	全自动工业分析仪	5E-MAG6600	长沙开元仪器有限公司	941104043 941104044	ZJYH-JC-290	0～1000 摄氏度	±1 摄氏度	测水分、灰分、挥发分	1 年	2011-05	正常
22	制粉机	KER-F100A	镇江市科瑞制样设备有限公司	1107003	ZJYH-JC-296	≤0.2 毫米	—	制粉	—	2011-07	正常
23	振筛机	GM/ZTS-7	南昌光明化验设备有限公司	GM11/T130	ZJYH-JC-352	—	—	过筛	—	2011-09	正常
24	哈氏可磨仪	5E-HA60×50	长沙开元仪器股份有限公司	201112242	ZJYH-JC-353	—	—	测可磨性指数	—	2012-01	正常
25	对辊破碎机	5E-DCA	长沙开元仪器股份有限公司	201110135	ZJYH-JC-354	—	—	破碎	—	2012-01	正常
26	通氮干燥箱	5E-MIN6150	长沙开元仪器股份有限公司	1821108023	ZJYH-JC-375	50～200 摄氏度	±1 摄氏度	测水分	1 年	2012-01	正常
27	灰熔融性测定仪	5E-AF4000	长沙开元仪器股份有限公司	531206023	ZJYH-JC-450	300～1500 摄氏度	±5 摄氏度	测灰融点	1 年	2012-06	正常
28	插入度试验仪	MI-1000	深圳国技仪器公司	60100024	ZJYH-JC-468	—	—	测极限水分	—	2012-12	正常
29	元素分析仪	CHN628SC	美国力可公司	CHN：3283	ZJYH-JC-469	C：0.01%～100%	±0.04%或±0.3%	测 CHNS	1 年	2013-05	正常
				S：3073		H：0.01%～100%	±0.02%或±1.5%，±0.0%或±3%				
						N：0.01%～50%	±0.005%或±0.1%S				
						0.01%～99.99%					
30	破碎缩分机	5E-CD180×150	长沙开元仪器股份有限公司	201301013	ZJYH-JC-477	3 毫米	—	制样	2 年	2013-08	正常
31	破碎缩分机	5E-CD250×360	长沙开元仪器股份有限公司	201307004	ZJYH-JC-478	13 毫米	—	制样	2 年	2013-08	正常
32	高温水解炉	HC-GWSJ	北京华源创新科技有限公司	2014060502-003	ZJYH-JC-572	0～1400 摄氏度	—	水解	1 年	2014-07	正常
33	灰熔融性测定仪	5E-AF4000	长沙开元仪器股份有限公司	531406035	ZJYH-JC-578	300～1500 摄氏度	±5 摄氏度	测灰融点	1 年	2014-08	正常

表 4-4-4（续）

序号	仪器名称	规格型号	生产厂家	出厂编号	仪器编号	技术指标		用途	检定周期	购置日期（年-月）	状态
						测量范围	准确度				
34	电位滴定仪	904	瑞士万通公司	966422	ZJYH-JC-580		—	电位	1 年	2014-07	正常
35	超纯水器	UPT-I-20T	四川优普超纯科技有限公司	ZT4092420	ZJYH-JC-581	—	—	净化水	—	2014-08	正常
36	自动进样分样仪	PT100 DT100	德国 RETSCH（莱驰）	1214270833 1214280818	ZJYH-JC-588	—	—	分样	—	2014-11	正常
37	量热仪	Parr6200	美国帕尔公司	6200-1408-31586	ZJYH-JC-591	0~33.45 兆焦/千克	±0.05%（苯甲酸）	测热量	2 年	2014-01	正常
38	智能粉碎机	KER-2000	镇江市科瑞制样设备有限公司	140132	ZJYH-JC-601	0.2 毫米	—	制粉	—	2014-12	正常
39	制粉机	KER-1/100 B 型	镇江市科瑞制样设备有限公司	8040	ZJYH-JC-602	0.2 毫米	—	制粉	—	2008-09	正常
40	电导率仪	DDSJ-308F	上海仪电科学仪器股份有限公司	611400N011 5020027	ZJYH-JC-603	5.00~20.00 兆欧·厘米	—	测电阻率	1 年	2015-05	正常
41	鼓风干燥箱	UF1060 Plus	德国美墨尔特贸易有限公司	B914.0030	ZJYH-JC-604	20~300 摄氏度	—	测水分	1 年	2015-07	正常
42	鼓风干燥箱	UF1060 Plus	德国美墨尔特贸易有限公司	B914.0025	ZJYH-JC-605	20~300 摄氏度	—	测水分	1 年	2015-07	正常
43	振筛机	KER-200B	镇江市科瑞制样设备有限公司	163	ZJYH-JC-606	—	—	过筛	—	2015-08	正常
44	哈氏可磨仪	5E-HA60×50	长沙开元仪器股份有限公司	201503014	ZJYH-JC-607	—	—	测可磨性指数	—	2015-08	正常
45	磨样仪	RS200	德国莱驰公司	1215070915c	ZJYH-JC-627	—	—	制粉	—	2015-11	正常
46	振筛机	AS200 control	德国莱驰公司	1215090930	ZJYH-JC-628	—	—	过筛	—	2015-11	正常
47	马弗炉	VMF 10/6	英国 Carbolite	21-502432	ZJYH-JC-629	0~1000 摄氏度	±1 摄氏度	测挥发分	1 年	2015-11	正常
48	马弗炉	AAF 11/7	英国 Carbolite	21-502431	ZJYH-JC-630	0~1100 摄氏度	±1 摄氏度	测灰分	1 年	2015-11	正常
49	纯水仪	H2O-EDI-2-T	赛多利斯科学仪器有限公司	33406112	ZJYH-JC-635	—	—	净化水	—	2015-12	正常

表 4-4-4（续）

序号	仪器名称	规格型号	生产厂家	出厂编号	仪器编号	技术指标		用途	检定周期	购置日期（年-月）	状态
						测量范围	准确度				
50	鼓风干燥箱	UF260 Plus	德国美墨尔特贸易有限公司	B615. 0467	ZJYH-JC-636	20~300 摄氏度	—	测水分	1 年	2015-12	正常
51	鼓风干燥箱	UF260 Plus	德国美墨尔特贸易有限公司	B615. 0468	ZJYH-JC-637	20~300 摄氏度	—	测水分	1 年	2015-12	正常
52	鼓风干燥箱	UF450 Plus	德国美墨尔特贸易有限公司	B715. 0320	ZJYH-JC-638	20~300 摄氏度	—	测水分	1 年	2015-12	正常
53	鼓风干燥箱	UF450 Plus	德国美墨尔特贸易有限公司	B715. 0321	ZJYH-JC-639	20~300 摄氏度	—	测水分	1 年	2015-12	正常
54	对辊破碎机	5E-DCA250×150	长沙开元仪器股份有限公司	201507093	ZJYH-JC-665	—	—	破碎	—	2016-01	正常
55	智能灰熔融性测试仪	5E-AF4000	长沙开元仪器股份有限公司	531605027	ZJYH-JC-666	300~1500 摄氏度	±5 摄氏度	测灰融点	1 年	2016-01	正常
56	标准振筛机	GM/ZTS-7	江西光明智能科技有限公司	GM16/T116	ZJYH-JC-667	—	—	过筛	—	2016-01	正常
57	量热仪	Parr6200	美国帕尔公司	6200-1609-51069	ZJYH-JC-668	0~33. 45 兆焦/千克	±0. 05%（苯甲酸）	测热量	2 年	2016-01	正常
58	马弗炉	VMF 10/6	英国 Carbolite	21-601813	ZJYH-JC-669	0~1000 摄氏度	±1 摄氏度	测挥发分	1 年	2016-01	正常
59	高温水解炉	HC-GWSJ	北京华创亿源科技开发有限公司	2017100201-022	ZJYH-JC-678	—	—	水解	1 年	2017-11	正常
60	标准振筛机	5E-SSB200	长沙开元仪器股份有限公司	201803078	ZJYH-JC-704	—	—	过筛	—	2018-08	正常
61	马弗炉	VMF 10/6	英国 Carbolite	21-801914	ZJYH-JC-705	0~1000 摄氏度	±1 摄氏度	测挥发分	1 年	2018-09	正常
62	环保制样室除尘系统	FTJC-7500	镇江市丰泰化验制样设备有限公司	2015070	ZJYH-JC-706	—	—	除尘	—	2015-08	正常
63	智能粉碎机	KER-2000	镇江市科瑞制样设备有限公司	180862	ZJYH-JC-711	0. 2 毫米	—	制粉	—	2018-12	正常

第五章　煤炭生产与转型

第一节　管 理 体 制

1958年8月，浙江长广煤矿公司成立。1997年11月，浙江长广煤矿公司改制为国有独资的浙江长广（集团）有限责任公司。

2014年6月6日，浙江省委、省政府决定，浙江省能源集团有限公司吸收式合并重组浙江长广（集团）有限责任公司，将浙江长广（集团）有限责任公司纳入浙能集团管理。在合并重组后的5年多时间里，浙江长广（集团）有限责任公司根据《浙江省能源集团有限公司吸收式合并重组浙江长广（集团）有限责任公司总体方案》，对下属单位通过采取关、停、交、上、并、转等措施，至2019年12月，浙江长广（集团）有限责任公司本部机构和下属单位设置：本部机构设置为综合办公室（党委办公室）、计划经营部、组织（人力资源）部（离退休人员管理中心）、财务部、生产安全部、资产管理部、政治工作部（工会）、监察审计部（纪委）等8个部门，暂时保留临时机构安居工程办公室。下属单位有子公司和分公司共9家，其中6家子公司为浙江长广水泥有限公司、浙江长广生物质发电有限公司、广德长广新型墙体材料有限公司、浙江浙能消防服务有限公司、浙江浙能保安服务有限公司和长兴长广房地产开发有限公司；3家分公司为长广应急救援分公司、长广综合服务与管理中心和长广光伏发电分公司。

2013年、2019年浙江长广（集团）有限责任公司组织架构分别如图4-5-1、图4-5-2所示。

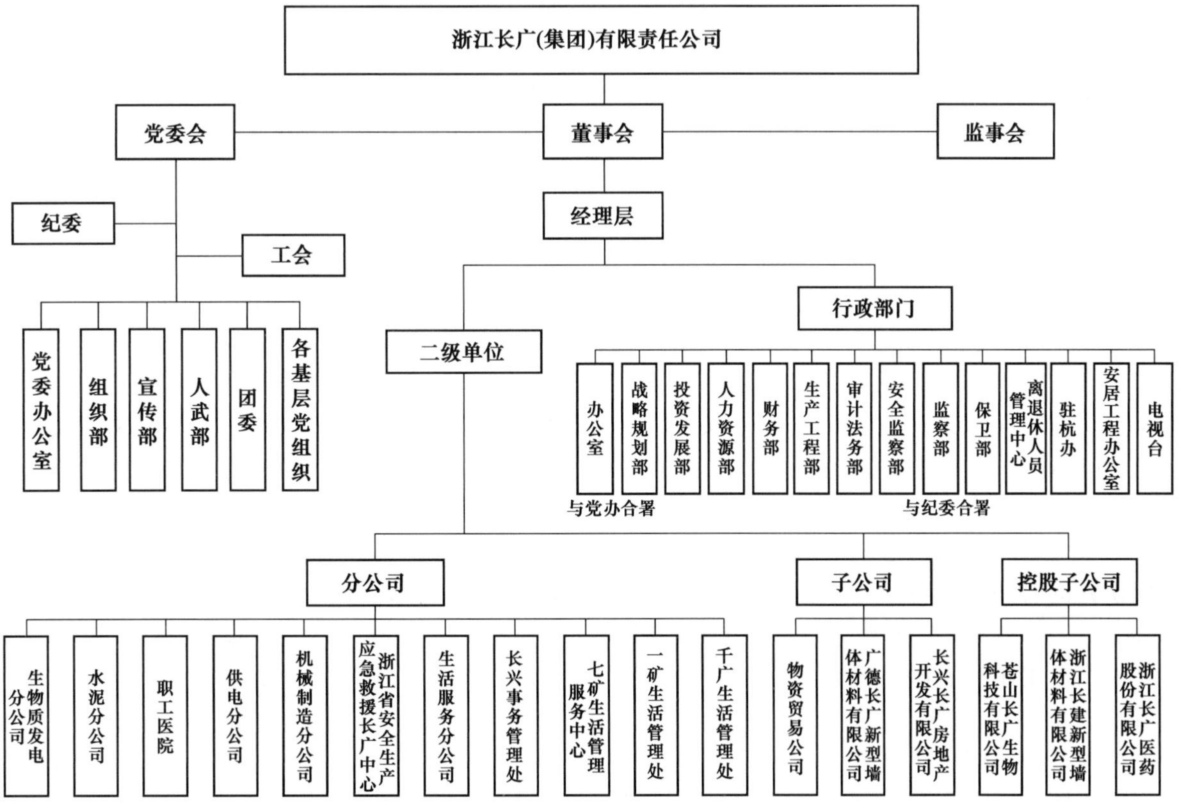

图4-5-1　2013年12月浙江长广（集团）有限责任公司组织架构图

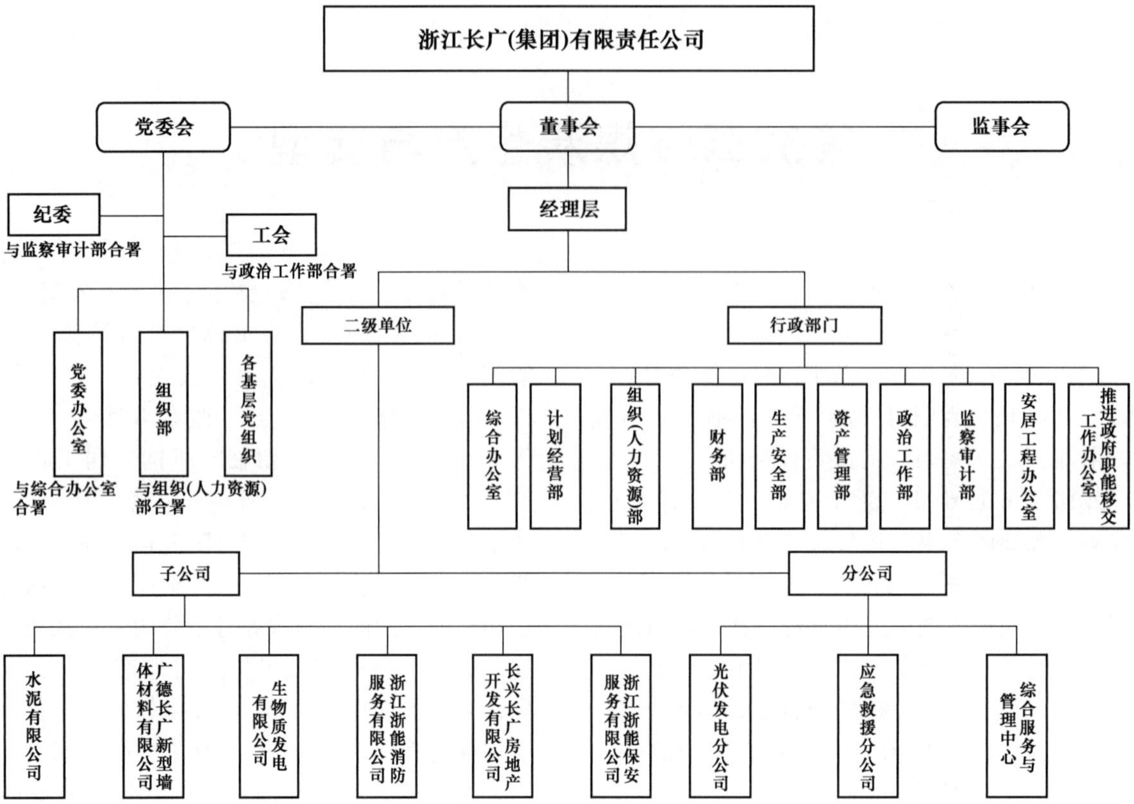

图 4-5-2　2019 年 12 月浙江长广（集团）有限责任公司组织架构图

第二节　煤 炭 生 产

1983—1993 年，浙江长广煤矿公司拥有矿井 11 对，煤炭产量从 1983 年起连续 11 年破百万吨。2013 年 8 月，长广七矿关闭，浙江长广（集团）有限责任公司结束了采煤历史，55 年间共产原煤 32788446. 33 吨。

1997 年 12 月，全国煤炭产量和库存双控制会议后，浙江省关闭了一批不具备生产条件的煤矿。1998 年 11 月 11 日，国务院全国关闭非法和布局不合理煤矿工作会议后，浙江省政府立即部署“关井压产”工作，对各地市、县下达了关闭矿井的时间表。随着“煤炭双控”和“关井压产”工作的深入开展，2000—2006 年间，浙江长广（集团）有限责任公司相继关闭了东风岕矿、小西矿、八矿、大西矿、六矿、新槐矿、查扉矿、一矿（千井湾矿、五矿已在 1997 年以前关闭）等 8 对生产矿井，只剩安徽广德县境内的七矿。

长广七矿位于安徽省广德县流洞镇境内，于 1970 年 12 月 26 日开工建设，设计年产原煤 45 万吨。1988 年 11 月，该矿北翼采区投产。1991 年 10 月，南翼采区生产系统竣工，全面进入生产阶段。七矿为千米深井，地压大、地质构造复杂、地温高、瓦斯涌出量大、发火期短，制约生产的因素较多，随着开采深度的增加，矿井瓦斯涌出量越来越大。2010 年，七矿开展了“瓦斯动力灾害综合防治技术研究”，探索出了深井瓦斯综合防治技术的成功经验。遵照国务院文件要求和国家安全监管总局、国家煤矿安监局的部署，七矿全力推进煤矿监测监控、人员定位、紧急避险、压风自救、供水施救和通信联络等六大系统的建设。2011 年 9 月 1 日，七矿井下人员定位系统投入运行。2013 年 3 月，七矿井下紧急避险系统建设完成。2013 年 8 月 10 日，根据浙江省政府决定，七矿关闭，该矿累计生产原煤 304. 14 万吨。至此，浙江长广（集团）有限责任公司煤矿全部退出煤炭生产。

第三节 关闭与转出

一、水泥

1965 年 6 月，长广煤矿公司水泥厂成立，后续名称陆续变更为长广水泥厂、长广水泥分公司、浙江长广水泥有限公司。浙江长广水泥有限公司的主要生产设施经历了从土窑—机立窑—邗江型五级旋风预热器窑—新型干法窑的发展历程。

截至 2013 年，长广水泥分公司共拥有一条日产 2500 吨新型干法水泥熟料生产线及配套 4.5 兆瓦纯低温余热发电机组、两条 $\phi3.0\times12$ 米水泥磨生产线及葡萄山矿山资源，形成了集矿山开采、熟料生产、粉磨制成为一体的水泥生产企业，设计年生产水泥熟料能力和生产水泥能力分别为 77.5 万吨和 60 万吨，实际最高达到了 107 万吨和 86 万吨。

2016 年 11 月 28 日，注销长广水泥分公司，成立浙江长广水泥有限公司，继续承担长广水泥分公司生产经营管理权。

2017 年 3 月 20 日，根据浙江长广（集团）有限责任公司总经理办公会议决策，浙江长广水泥有限公司对煤山镇白岘乡千井湾的一条 3.0×12 米水泥磨生产线实施关停。2017 年 4 月 24 日，浙江长广水泥有限公司撤销千井湾的水泥磨生产线（制二车间）建制。2018 年 8 月 19 日，经浙江长广（集团）有限责任公司同意，通过公开招投标，对千井湾的水泥磨生产线所有设备物资进行处置，至 2018 年 12 月设备及建筑全部拆除完毕。

2018 年 3 月 23 日，因该公司葡萄山矿资源开采殆尽。长兴县国土局、长兴矿山综合整治办公室下发矿山停产停工通知书。没有了自备矿山，浙江长广水泥有限公司生产主要原料的石灰石向社会购买。

2019 年 10 月 31 日，浙江长广水泥有限公司日产 2500 吨熟料生产线正式停产。浙江长广水泥有限公司另一条位于小浦镇的 $\phi3.0\times12$ 米水泥磨生产线随之停产（2020 年 4 月恢复生产）。

二、新型墙材

（一）广德长广新型墙体材料项目

2009 年 4 月，广德长广新型墙体材料有限公司成立，为浙江长广（集团）有限责任公司全资子公司。该公司设计生产规模为年产非黏土烧结多孔砖、空心砌块、保温砖 1.6 亿块（折标），分二期工程建设，其中一期为 9.2 米一烘一烧隧道窑，年产非黏土烧结多孔砖、空心砌块、保温砖 8000 万块（折标）于 2010 年 3 月建成投产，二期为两条 6.9 米二烘二烧隧道窑，年产非黏土烧结多孔砖、空心砌块、保温砖 8000 万块（折标）于 2012 年 8 月建成投产。

2014 年 6 月前，广德长广新型墙体材料有限公司生产的非黏土烧结多孔砖、非黏土烧结空心砌块已取得了安徽省、江苏省、浙江省的产品证书。2015 年 6 月又取得了安徽省首个非黏土烧结空心砌块生产许可证；2015 年 11 月 4 日，又取得了浙江省非黏土烧结保温砖产品证书。公司产品销往苏浙皖三省，主要销售市场在杭州、嘉兴两地。

2018 年 10 月 28 日，因环保要求广德长广新型墙体材料有限公司停止生产。2019 年 11 月 29 日，浙江长广（集团）有限责任公司与安徽省广德市签订牛头山矿区整体撤出并移交资产协议，同年 12 月该公司随牛头山矿区整体撤出和移交工作一并移交广德市。

2009—2018 年，公司共生产非黏土烧结多孔砖、空心砌块、保温砖等新型墙体材料 131016.015 万块（折标砖），消耗煤矸石 1863185 吨。

（二）浙江长建新型墙体材料项目

2010 年 8 月，浙江长建新型墙体材料有限公司成立。浙江长建新型墙体材料有限公司是由浙江长广（集团）有限责任公司与浙江建设投资集团共同出资建设的新型建筑材料生产企业，注册资本金 6000 万元，其中浙江长广（集团）有限责任公司占 55% 股权，浙江建设投资集团占 45% 股权。

2014 年 6 月 6 日，浙能集团吸收式重组合并浙江长广（集团）有限责任公司之时，浙江长建新型墙体材料有限公司生产经营已步履艰难。2015年6月1日，浙江长广（集团）有限责任公司深化改革领导小组决定浙江长建新型墙体材料有限公司停止生产。

2017年6月，浙江长广（集团）有限责任公司成立浙江长建新型墙体材料有限公司清算小组，同年12月27日完成工商注销登记工作。

三、机械制造

长广煤矿公司机械厂创建于20世纪70年代，1998年11月改制为浙江长广机械制造有限责任公司。

2013年8月，浙江长广机械制造有限责任公司因长期亏损进行清产核销。

2013年10月30日，浙江长广机械制造有限责任公司更名为长广机械制造分公司。

2015年8月，长广机械制造分公司完成清算注销。

2016年6月1日，长广机械制造分公司的资产、人员等并入长广综合服务与管理中心。

四、化工丁醇

2012年4月17日，浙江长广（集团）有限责任公司董事会决定开展纤维素丁醇项目建设的前期工作。同年5月2日，浙江长广（集团）有限责任公司决定成立长广生物丁醇项目组。同年5月16日，浙江长广（集团）有限责任公司与中科院广州能源研究所签订了《5万吨/年农林业废弃物制生物丁醇工业装置建设技术服务合同》。

2013年3月23日，浙江长广（集团）有限责任公司与山东省苍山县政府签订了《年产五万吨纤维素丁醇项目合作协议》及补充协议。同年5月7日，工商注册成立“苍山长广生物科技有限公司”，注册资本为3000万元，其中浙江长广（集团）有限责任公司出资2700万元，占注册资本的90%；苍山县国有资产运营有限公司（国资股东）出资150万元，占注册资本的5%；山东兰陵石膏集团有限公司（民营股东）出资150万元，占注册资本的5%。

2013年6月24日，苍山县发展改革局对该项目进行了立项备案，项目投资总概算为2.8亿元。项目分步实施，其中一期为1.5万吨/年，投资1.3亿元，二期3.5万吨/年，投资1.5亿元。

2013年9月，该项目取得土地使用权证，共180.28亩。

2014年7月，浙能集团组织有关人员对本项目的技术、经济等方面进行了调研。调研组认为，该项目的技术国内没有成功案例，技术不成熟。由于存在技术瓶颈，项目建成后难以达到设计产能，另外石油价格下跌，致使终端产品价格下降，企业将面临亏损。

2014年8月14日，浙江长广（集团）有限责任公司董事会决议终止项目建设并要求做好项目终止善后工作。

2015年8月25日，根据浙江长广（集团）有限责任公司董事会《关于终止山东苍山生物质丁醇项目的决议》《丁醇项目善后处理会议纪要》的精神，浙江长广（集团）有限责任公司本着“合理依规、不留后遗症、努力减少损失”的原则对项目善后事项进行妥善处理，与苍山县政府、开发区、参股股东及外围相关单位商谈处理事项均已处理完结。

2015年8月底，苍山长广生物科技有限公司完成清算审计，以及剩余资产分配、银行销户、工商注销、组织机构代码证废置等全部善后事项。

五、物资贸易

1998年11月，浙江长广物资贸易有限责任公司组建成立。2008年12月29日，浙江长广（集团）有限责任公司对浙江长广物资贸易有限责任公司和浙江长广运输有限责任公司进行整合，重新组建成立浙江长广物资贸易有限责任公司。企业主要经营煤炭批发、金属材料、机电产品、建筑材料、润滑油销售等。

2015年5月，浙江长广物资贸易有限责任公司进行机构改革和人员分流，企业注册资本由5000万元调减至3000万元。

2016年12月，浙江长广物资贸易有限责任公司出资人由浙江长广（集团）有限责任公司变更为浙江浙能石油新能源有限公司，资产和人员划归浙江浙能石油新能源有限公司。

六、转供电

1993 年 3 月，长广供电分公司成立，公司本部位于安徽省广德县新杭镇牛头山村，经营范围为电力工程安装及维修，承担长兴县三个半乡镇（煤山、白岘、新槐和小浦半个）、广德县四个乡镇（新杭、独山、流洞、砖桥）部分工业用户和浙江长广（集团）有限责任公司内部单位的生产用电及职工生活用电。

2016 年 11 月 27 日，国家发展改革委、国家能源局印发《关于规范开展增量配电业务改革试点的通知》，将浙江长广（集团）有限责任公司增量配网作为第一批增量配电业务改革试点项目之一。

2018 年 11 月 21 日，湖州长广配售电有限公司注册成立，注册资本 5000 万元，国网浙江综合能源服务有限公司持股 51%，浙江浙能能源服务有限公司持股 49%，双方出资方式为货币和实物，长广供电分公司的职工全部转入湖州长广配售电有限公司。

第四节 职 工 生 活

一、职工服务

2015 年 4 月，浙江长广（集团）有限责任公司整合生活管理单位和后勤服务资源，组建综合服务与管理中心。该中心主要工作职责：承担对浙江长广（集团）有限责任公司生产经营单位以外的有形资产、关闭矿区的安全工作、离退休（退养）、下岗职工及家属工、工病亡抚恤对象的管理；服务于各关闭矿区生活点及安居小区的长广 18000 多名各类群体对象，并逐步向浙江长广（集团）有限责任公司其他下属企业后勤服务延伸。该中心成立之初设有长兴、牛头山两个分中心，机关本部设办公室、资产管理部、财务劳资部、煤山服务部等三部一室。从 2016 年 4 月起，综合服务与管理中心先后增设了退休人员服务部、党群工作部、安全管理部、信息中心、信访办公室等部门。

2017 年 2 月，综合服务与管理中心制定《危旧房屋治理专项行动方案》，同年 4 月出台《公有住房管理办法》，实施“拆危治违”攻坚战，陆续撤并了东风岕矿、新槐矿、碳素厂、七矿、东工人村等生活点，截至 2018 年底共拆除危旧公有住房 14 万多平方米，清退 1097 户公有住房户。

2017 年 8 月，综合服务与管理中心完成牛头山自来水厂水资源认证和供水系统划归地方供水改造工作，2018 年减少支出 200 多万元。

2018 年 12 月 29 日，浙江长广（集团）有限责任公司与长兴县政府签订了总体移交框架协议，综合服务与管理中心分别与煤山镇、小浦镇、雉城街道办事处签订物业移交协议。2018 年 12 月 31 日为物业管理职能移交基准日。2019 年 1 月 1 日起，物业管理职能由长兴县小浦镇人民政府、煤山镇人民政府、长兴县雉城街道办事处负责履行。

2019 年 6 月 26 日，浙江省人民政府和安徽省人民政府签订《关于长广集团整体撤出牛头山矿区并移交资产及社会管理和服务职能框架协议》。同年 7 月 22 日，经广德县人民政府、长兴县人民政府、浙江长广（集团）有限责任公司三方协商，制定了《关于交接牛头山矿区资产及社会管理和服务职能的实施方案》，该实施方案明确：自两省签订框架协议之日起 3 个月内完成交接，浙江长广（集团）有限责任公司和长兴县有关职能机构人员整体撤出牛关山矿区，矿区国有资产和社会管理、司法、行政管理、公共服务职能全面移交广德县接管。

二、职工住房

2012 年，根据浙江省政府办公厅 2008 年第 19 号《抄告单》精神，浙江长广（集团）有限责任公司开始实施“浙江长广（集团）有限责任公司国有工矿棚户区改造安置房建设工程”，统筹解决长广职工家属住房问题。工程总建设规模 2300 套，分二期建设，一期 1800 套（金和嘉园金鑫苑、金溪苑），二期 500 套（金和嘉园金辉苑）。

2014 年 2 月 27 日，浙江长广（集团）有限责任公司国有工矿棚户区改造工程项目［小区名称：金和嘉园（金溪苑、金鑫苑）］取得浙江省发展和改革委员会《关于浙江长广（集团）

有限责任公司国有工矿棚户区改造工程可行性研究报告的批复》，并被列入“浙江省‘十二五’时期保障性安居工程规划”。项目选址在长兴县煤山镇五通村，占地面积约116029平方米，总建筑面积121205平方米，其中住宅面积118216.44平方米，建成套数1800套，60平方米/套，公建配套及社区服务用房建筑面积2988.56平方米。项目总投资概算25800万元。项目住宅为多层砖混结构，基础为天然条形基础，住宅为地上五层，标准层高为2.8米，另有2.18米非机动车库及坡屋面，其中综合楼用房为三层，其结构形式为框架结构。耐火等级为二级，建筑屋面防水等级为Ⅱ级，按六度抗震设防，设计合理使用年限50年，结构安全等级为二级。

该项目于2012年10月即着手项目建议书的编制和审批工作，以浙江长广（集团）有限责任公司安居办和长兴长广房地产开发有限公司组成了项目工作组开展前期工作。在取得浙江省发展和改革委员会可研批复后，先后完成选址、规划例会、环评、水保、节能、施工图审查、规划许可、国有土地使用证；并完成勘察、设计、监理招标等前期各项工作。由于施工公开招标先后二次流标，在浙能集团的关心和重视下，引进了较有实力的施工企业浙江省二建建设集团有限公司。项目于2014年11月24日由监理单位出具“开工令”。2016年7月8日，该项目完成主体竣工验收，10月19日完成项目备案，11月29日完成住房交付。

2017年2月21日，浙江长广（集团）有限责任公司国有工矿棚户区改造二期工程项目［小区名称：金和嘉园（金辉苑）］取得长兴县发展和改革委员会《关于浙江长广（集团）有限责任公司国有工矿棚户区改造二期工程可行性研究报告的批复》，并被列入“浙江省2017年国有工矿棚户区改造计划”。项目选址在长兴县煤山镇五通村，占地面积约35166平方米，总建筑面积约33819.08平方米，其中住宅面积约33469.32平方米，建成套数500套，60平方米/套，公建配套及社区服务用房建筑面积约349.76平方米。项目核定工程总概算为9445.9243万元。项目住宅为多层砖混结构，基础为天然条形基础，住宅为地上五层，标准层高为2.8米，另有2.18米非机动车库及坡屋面，其中综合楼用房为二层，其结构形式为框架结构。耐火等级为二级，建筑屋面防水等级为Ⅱ级，按六度抗震设防，设计合理使用年限50年，结构安全等级为二级。

该项目于2015年10月即着手项目受理核准和审批工作，以浙江长广（集团）有限责任公司安居办和长兴长广房地产开发有限公司组成了项目工作组开展前期工作。在取得长兴县发展和改革委员会可研批复后，先后完成选址、规划例会、环评、水保、节能、施工图审查、规划许可；并完成勘察、设计、监理招标、施工招标、施工许可等前期各项工作，并在浙江省住房和城乡建设厅规定的时间内如期开工。

项目合同工期550天，于2017年9月22日开工，2018年6月底主体结顶，2019年6月17日完成主体竣工验收，同年9月25日完成住房交付工作。

三、职工医院

长广职工医院前身为长广煤矿职工医院，创建于1960年。2010年1月28日，浙江长广（集团）有限责任公司在长兴县煤山镇的新建医院竣工落成，长广职工医院从安徽省广德县牛头山村搬迁至煤山镇，与地处煤山镇的长广职业病防治所整体迁入医院新址。长广职工医院是一所集综合医疗、职业病康复和精神卫生为一体的二级乙等综合医院，是浙江省工伤统筹、湖州市企业职工医保、长兴县各类医保定点医疗机构单位。医院占地面积31048平方米，医疗建筑面积24350平方米。医院核定床位397张，实际开放床位500张。医院设有行政后勤科室15个、医疗辅助科室15个、门诊医疗科室13个、8大病区。

2016年5月24日，根据浙江省国资委《浙江省国资委关于省医疗健康集团公司组建实施方案的批复》(浙国资企改〔2016〕4号)，浙能集团以所属长广职工医院（含浙江长广医药股份公司）的资产和股权为出资，以持股12%参股浙江省医疗健康集团公司。2016年7月19日，浙能集团根据《浙江省国资委关于省医疗健康集团公司组建实施方案的批复》，印发《关于无偿划转浙江长广医药股份有限公司等相关股权及资产的批复》，先将长广职工医院（含浙江长广医药股份公司）的资产、股权等划转给浙能集团，再由浙能集团将资产、股权、人员等全部从浙能集团划出，并入浙江省医疗健康集团公司，原长广职工医院改名为浙江省医疗健康集团长兴医院。

第五节　新产业园建设

一、建设方案与选址

2016 年，根据浙能集团“大能源”战略，围绕“四业”发展路径，探索浙江长广（集团）有限责任公司转型发展，培育浙能集团新兴产业，浙能集团与长兴县人民政府多次协商达成共识，启动了长兴县境内浙能智慧能源产业园园区开发的前期准备工作。

2017 年 3 月 23 日，浙江长广（集团）有限责任公司向浙能集团上报《长广集团关于浙能智慧能源产业园拟选址建议的请示》(长广政报〔2017〕17 号)，于 4 月 20 日获得浙能集团《关于浙能智慧能源产业园选址的批复》(浙能计〔2017〕227 号)。

2017 年 7 月 7 日，浙能集团董事会研究审议：同意浙能集团与长兴县人民政府签订浙能智慧科技产业园投资合作协议（董事会会议纪要〔2017〕13 号），要求在 7 月底完成协议签订、成立组织机构、明确产业定位、拟定整体规划。

2017 年 7 月 16 日，浙能集团、长兴县人民政府、煤山镇人民政府三方正式签订《浙能智慧能源科技产业园投资合作协议》，并举行了浙能智慧能源科技产业园合作开发签约启动仪式。

2017 年 8 月 29 日，由浙江省发展规划研究院编制的《浙能智慧能源科技产业园发展规划报告》经评审修订完善并定稿。产业园位于长兴县煤山镇国家级绿色制造产业园内，定位为以“高端、智慧、绿色”为特征的能源装备制造园区。产业园规划面积约 1500 亩，到 2020 年完成一期 800 亩土地开发，计划完成投资 26 亿元，实现产值 32 亿元；到 2023 年完成二期 700 亩土地开发，计划投资 55 亿元，实现产值 87 亿元，完成税收 4.1 亿元；预留三期 500 亩拓展空间。该规划报告指出，根据浙能集团“十三五”发展规划和科技规划，新能源电厂（站）领域权益投资接近 200 亿元，一批相关高端能源装备项目正在研发或需要实施产业化。高端装备制造产业的拓展，是浙能集团吸收式合并重组浙江长广（集团）有限责任公司、深化浙江长广（集团）有限责任公司转型发展的重要举措，是完成浙江省委、省政府交给浙能集团改革重组任务的重要抓手。

浙江浙能智慧能源科技产业园园区开发总体定位目标任务见表 4-5-1。

表 4-5-1　浙江浙能智慧能源科技产业园园区开发总体定位目标任务表

序号	定位目标	具体任务
1	国内智慧能源先行区	开展“园区能源管家”服务，培育智慧用能示范园区；发展智慧能源信息产业，力争智慧能源产业化和应用走在全国前列
2	长三角高端绿色制造业集聚区	践行“绿水青山就是金山银山”理论，坚守产业定位，着眼长三角科创产业承接，兼顾本地创新产业孵化，积极融入长三角协同发展，打造富有智慧能源特色的长三角绿色制造业基地
3	省属企业与县域合作开发的样板区	发挥浙能集团科技研发、智慧能源、金融创新等方面优势，以及长兴县在产业培育、营商环境等方面的优势，创建省级创新综合体，打造浙能在浙北的创新创业基地
4	长广集团转型发展试验区	实施长广循环经济产业规划，培育适合长广转型发展的新兴产业，创造就近转岗分流的岗位，提升长广长期盈利能力，打造长广集团转型升级的工业平台

2017 年 9 月 28 日，浙能集团（董事会纪要〔2017〕19 号）明确：原则同意通过浙江浙能智慧能源科技产业园有限公司（筹）提交的发展规划方案的请示。一是规划产业布局框架：按照

园区发展的总体思路、目标定位和产业方向，综合分析区块布局现状特征、布局影响因素和空间开发策略，规划形成“四区、三片”的总体空间布局框架。二是产业方向：面向新能源生产、综合能源供应和服务方向的新能源装备及能源清洁高效利用装备制造业。产业园计划配套建设服务于浙能集团基建生产科研设施和服务入园企业或项目开发的设施，包括园区公共服务设施、创业孵化平台、智能仓储中心、综合能源站等。三是产业园公司经济性分析：根据产业园公司的基本定位，公司收入主要来源包括物业出租、公共服务、土地政策性收益、股权投资收益等，其中物业出租、公用服务属于日常运营收入；物业租赁收入包括园区创业孵化区厂房和公共配套区（商务办公设施等）租赁收入；公用服务收入主要是综合能源供应站为园区内及周边工业区块供电、供气、供热、制冷收入；土地政策性收益为浙江长广（集团）有限责任公司部分土地置换差价返还、浙江长广（集团）有限责任公司部分土地复垦取得的建设用地指标有偿调剂产生的政策性收益，纳入园区投资公司收入；股权投资收益为园区投资公司对优质入园企业股权投资产生的收益。

二、组织机构

2017年8月21日，浙能集团与长兴县人民政府联合印发了《关于成立浙能智慧能源科技产业园管理委员会的通知》(浙能人〔2017〕491号)，由浙能集团与长兴县、煤山镇两级地方政府共同组建浙能智慧能源科技产业园管委会。明确由浙能集团注册成立公司，并负责该产业园管委会及浙能产业园园区内日常招商、建设和运营等具体工作。浙能智慧能源科技产业园管委会是浙能集团和长兴县委、县政府共同领导、协调、推动浙能产业园投资运营以及双方深度开展“地企合作”的工作平台，负责对产业园实行统一领导、统一规划、统一协调。浙能智慧能源科技产业园管委会下设综合办公室、招商办公室、建设办公室和园区服务中心，人员由浙能集团、长兴县共同派驻。

浙能智慧能源科技产业园管委会职责见表4-5-2。

表4-5-2 浙能智慧能源科技产业园管委会职责一览表

序号	职责内容
1	负责对产业园实行统一领导、统一规划、统一协调，在园内履行经济协调、服务企业等职责
2	负责协调、督导产业园管理公司编制产业园发展总体规划、产业发展规划，并组织实施
3	负责贯彻实施有关法律法规和政策，研究提出促进产业园发展的政策建议
4	负责协调产业园平台建设、发展中的重大问题和要素分配
5	负责推进入园项目审批，建设和管理园内各项基础设施、公用事业
6	负责按照长兴县产业准入目录，拟订产业园产业准入标准，负责产业发展项目的准入管理、重大项目的申报和管理
7	负责协调供水、供电、供气、通信、金融等部门和单位
8	负责承办浙能集团、长兴县委政府交办的其他工作

2017年9月1日，浙能集团印发《关于成立浙能智慧能源科技产业园建设领导小组及工作小组的通知》(浙能人〔2017〕487号)，决定成立产业园项目建设领导小组，下设工作小组，浙能集团副总经理赵建林任领导小组组长，副总经理徐小丰任副组长。

2017年9月6日，浙能智慧能源科技产业园管委会组织召开第一次会议。会议明确了管委会机构设置，确定了其下设综合办公室等四个部门的工作职责，对管委会领导进行了具体分工。

2017年9月21日，浙江（长广）集团有限责任公司向浙能集团董事会提出《关于提请审议组建浙能智慧能源科技产业园投资公司的议案》，明确了浙能智慧能源科技产业园投资公司由浙江长广（集团）有限责任公司投资设立及其他有关经营事项。

2017年10月13日，浙能集团董事会同意浙能智慧能源科技产业园投资公司更名为浙江浙能智慧能源科技产业园有限公司。10月15日，浙能集团董事会（纪要〔2017〕20号）明确同意浙江长广（集团）有限责任公司全资设立浙江浙能智慧能源科技产业园有限公司，注册资本金为20000万元，首期到位资金2000万元。

2017年11月1日，浙江浙能智慧能源科技产业园有限公司在浙江省长兴县注册成立。浙能产业园采取“企业建园、企业投资”的运作模式，负责经营管理、基本建设、招商、投资合作、入园企业服务、园区管理、企业党组织建设及入园企业的党建督导等工作，同时负责浙能智慧能源产业园管委会日常工作。

浙江浙能智慧能源科技产业园有限公司部门职责见表4-5-3。

表4-5-3 浙江浙能智慧能源科技产业园有限公司部门职责一览表

序号	部门名称	部门职责
1	办公室	为公司综合行政管理部门，主要负责人力资源、党群、行政后勤等管理工作
2	招商部	为公司的招商和对外市场联络部门，主要负责项目引进、入园企业及客商的协调与服务管理等工作
3	经济合作部	为公司的计划财务管理部门，主要负责财务、投资、计划、合同以及法务管理等工作
4	建设管理部	为公司的基建工程管理部门，主要负责工程基建、安全、招投标以及园区公共设施的建设、运维等工作

2018年5月15日，浙能集团印发《关于部分企业管控关系调整（试行）的通知》（浙能战略〔2018〕49号），明确浙江浙能智慧能源科技产业园有限公司由浙能集团直接管理，公司股权关系维持不变。各业务领域管理职责和界面由浙能集团各归口管理部门按照直管企业相关要求确定。

三、园区建设

2017年9月至2019年6月，由长兴县人民政府指导，由煤山镇人民政府实施，分期对浙能智慧能源科技产业园园区进行了四通一平工作，同步规划的园区一期中心大道及环线道路于2019年底修建完成，2019年秋启动了二期土地的四通一平等基础设施建设工作。

2017年10月29日，浙能智慧能源科技产业园园区举行开园仪式，浙江省副省长高兴夫出席并为产业园揭牌，湖州市委副书记、市长钱三雄，长兴县委书记等地方主要党政领导出席开园奠基仪式。浙能集团总经理柯吉欣出席仪式并致辞。

2018年2月9日，浙江浙能智慧能源科技产业园有限公司向浙能集团提出《关于浙江浙能智慧能源科技产业园有限公司“三定”工作方案的请示》（浙能产〔2018〕7号）。同年3月22日，浙能集团以浙能人〔2018〕118号文件批复，确定了部门设置和定员等具体意见。

2018年6月21日，浙能集团机关党委组织全体党员参观浙江浙能智慧能源科技产业园有限公司园区建设现场，浙能集团党委书记、董事长童亚辉发表讲话并提出建成高端能源装备产业园的希望。

2018年8月29日，由浙能智慧能源科技产业园管委会主办，长兴县煤山镇人民政府和浙江浙能智慧能源科技产业园有限公司承办的“2018浙能智慧能源产业创新论坛”在杭州举办，近20家综合（或行业内）媒体进行了采访和报道。

2018年12月7日，浙能集团党委书记、董事长童亚辉调研浙能智慧能源科技产业园，并与长兴县委书记、县长等领导进行座谈，对浙江浙能智慧能源科技产业园有限公司提出“打造服务品质最好的产业园”的要求。

2019年8月15日，由浙能集团及长兴县人民政府主办，浙能智慧能源科技产业园管委会、浙江浙能技术研究院有限公司和杭州网新睿研科技服务有限公司承办的第二届“浙能杯”智慧能源创新创业大赛在产业园综合展示馆举行启动发布仪式，浙能集团党委副书记陆翔出席致辞。11月20日，大赛初赛在杭州市浙能创业大厦进行。12月17日，大赛决赛在杭州市未来科技城学术交流中心举行，浙能集团党委委员、副总经理朱松强，长兴县委副书记、县长分别代表浙能集团和长兴县人民政府出席决赛并致辞。

2019年12月27日，浙能集团董事长、党委书记童亚辉调研指导产业园工作，并提出“政府推动、企业带动、完备服务、利益共享”

四个启示作为产业园工作的指导思想。

2019 年 12 月，产业园被国家工业与信息化部授予“国家级绿色制造产业园”。

2017—2019 年，浙能集团领导班子成员以及湖州市、长兴县主要领导先后多次调研浙能智慧能源科技产业园，了解各方面工作进展情况，指导园区建设及招商开发工作。

2020 年 1 月 2 日，浙江省委书记车俊赴园区开展“深化‘三服务’、助推开门红”活动，深入现场调研视察并咨询了入园企业爱康光电项目建设进展。

四、浙能集团入园建设项目

（一）综合展示馆及创新工场（一期）项目

2017 年 8 月 23 日，浙江浙能智慧能源科技产业园有限公司投资自建项目——综合展示馆、创新工场（一期）经浙江浙能智慧能源科技产业园有限公司建设领导小组会议，研究决定采用 EPC 形式招标实施。同年 11 月 1 日，孵化园区项目可行性研究报告（修改版）和综合展示馆概念性方案（修改版）经长广集团资产管理部组织内部评审通过。2018 年 3 月 6 日，孵化园区（创新工场）和综合展示馆项目通过浙能集团董事会投资决策，同意建设以上两个项目。2018 年 5 月 17 日，综合展示馆用地完成土地招拍挂工作，签订土地出让协议，7 月 16 日完成土地证办理，7 月 24 日启动一桩一探施工。同年 10 月 12 日，综合展示馆、创新工场（一期）项目同时开工建设。2019 年 6 月综合展示馆交付使用。9 月 23 日，浙江浙能智慧能源科技产业园有限公司位于综合展示馆的新办公室启用。2018 年 6 月 28 日，创新工场（一期）用地完成土地招拍挂工作，签订土地出让协议，并于 8 月 23 日完成土地证办理。2019 年 5 月 2 日，创新工场（一期）顺利结顶，用地面积 15.8 亩，建筑面积 12627.7 平方米，总投资 3600 万元。单层面积达 3000 平方米，建筑层高 4.5 米，内部空间便于入驻企业布局。8 月 26 日，创新工场（一期）主体工程通过竣工验收。

（二）浙能希科姆环保项目

2018 年 4 月 25 日，浙江浙能希科姆科技有限公司组建方案通过浙能集团董事会审批（董事会会议纪要〔2018〕8 号），公司由浙江天地环保科技股份有限公司和以色列 CQM 控股香港公司共同出资成立，公司注册资本 2831 万元人民币，其中中方以现汇方式出资 1415.5 万元人民币，占注册资本的 50%；外方以技术方式出资 1415.5 万元人民币，占注册资本的 50%，并于 2018 年 6 月 22 日完成工商注册。公司投资建设 ATCS 全自动胶球清洗装备和 SRS 全自动零化学水处理装备产业化项目，项目总建筑面积 5412 平方米，总投资 7638 万元，预计 ATCS 装置年产量 102 套，SRS 装置年产量 66 套。2018 年 11 月 13 日，签订土地出让协议，12 月 29 日完成土地证办理。项目于 2019 年 1 月完成建设工程施工合同招标，并签订合同。2019 年 3 月 15 日正式开工，于 2019 年 12 月 30 日通过竣工验收。

（三）长兴智慧仓储项目

浙能集团深入贯彻“十九大”精神、政策和习近平总书记系列重要讲话精神，抢抓机遇，立足优势，坚持特色开发、龙头引领、创新驱动、绿色发展，于 2017 年决定建设浙能智慧能源科技产业园项目，以新能源关键技术研发应用、高端装备制造、智慧仓储物流为主要产业方向，拟规划占地面积 1500 亩，总投资 50 亿元。浙能集团将打造“高端、智慧、低碳”产业园，这对完善产业布局，进军高端装备制造业意义重大。

而由浙江天虹物资贸易有限公司投建的浙能智慧物流中心项目是浙能智慧能源科技产业园项目的重要组成部分，项目公司名称为浙江浙能物流有限公司，目标是建成拥有世界先进水平的自动化仓储物流基地，不仅满足集团系统内部集约化物流管理、联合储备等实际需求，同时还可面向社会进行第三方物流经营。

2017 年 1 月 13 日，浙江天虹物资贸易有限公司根据浙能集团关于利用长广人力资源开展劳动密集型产业的设想，更好地服务项目建设，成立了浙能集团加工及仓储基地项目前期工作组，启动加工及仓储基地项目。

2017 年 7 月 31 日，浙江天虹物资贸易有限公司总经理办公会议决定成立浙能长兴智慧产业园仓储项目筹建处。

2017年8月11日，长兴智慧仓储项目可行性研究报告通过评审，同日，长兴智慧仓储项目获取科技工程与服务产业分公司开展项目前期工作的批复。

2017年9月10日，长兴智慧仓储项目确定用地红线。9月11日，浙能集团董事会通过长兴智慧仓储项目立项申请及设立浙江浙能物流有限公司申请。

2017年10月13日，浙江浙能物流有限公司注册成立，并获得营业执照，注册资金4000万元。公司主营普通货运、仓储、装卸、包装服务（除危险品），货运代理，物业管理，停车服务，机械设备及汽车的租赁；物流信息咨询；钢材、有色金属、润滑油、建材、化工原料（除危险化学品、易制毒化学品及专营产品）、通用机械设备及零配件、电子设备、酒店配套设施、汽车零配件、汽车销售。

2017年10月29日，2017长洽会重大项目集中开竣工暨浙能智慧能源科技产业园项目开工仪式在浙江省湖州市长兴县煤山镇举行。浙江省副省长高兴夫，浙能集团总经理柯吉欣，湖州市委副书记、市长钱三雄等领导为浙能智慧能源科技产业园项目奠基。

2017年11月22日，长兴智慧仓储项目初步设计通过评审。

2018年2月5日，长兴智慧仓储项目签订EPC总包合同。2月6日，长兴智慧仓储项目取得53.53亩土地证。2月10日，长兴智慧仓储项目完成现场爆破。

2018年3月1日，长兴智慧仓储项目取得建设工程规划许可证。2018年4月8日，长兴智慧仓储项目取得节能审查意见书。4月26日，长兴智慧仓储项目取得建设用地规划许可证。2018年7月20日，长兴智慧仓储项目钢结构开始起吊。

2018年9月12日，长兴智慧仓储项目仓储基础工程全部完成。9月29日，长兴智慧仓储项目仓储钢柱钢梁全部吊装完成。2018年12月19日，长兴智慧仓储项目配套用房北楼结顶。

2019年3月15日，长兴智慧仓储项目物流自动化设备开始安装。2019年4月30日，长兴智慧仓储项目物流自动化设备安装基本完成。2019年5月18日，长兴智慧仓储项目配套用房南楼结顶。5月20日，长兴智慧仓储项目物流自动货设备单机调试开始。2019年11月21日，长兴智慧仓储项目物流自动化设备联调联试启动。

（四）创新服务中心项目

2019年8月27日，浙能集团印发《关于同意开展浙能产业园创新服务中心项目前期工作的批复》（浙能计〔2019〕455号），浙江浙能智慧能源科技产业园有限公司启动可研编制等前期准备工作。创新服务中心规划建筑面积10800平方米，总投资8000万元。项目集住宿、配餐、会议、商务等功能于一体，是园区重要的配套建筑。于2019年9月完成可研评审，同年12月6日，项目审查议案通过集团董事会。2020年1月14日，由属地政府组织初步设计评审，并经集团审核批复。2020年2月20日，完成土地招拍挂工作，签订土地出让协议，4月19日完成土地证办理。2020年6月完成EPC合同招标，6月19日签订合同，6月27日正式开工，计划2022年12月交付使用。

2019年底至2020年初，浙江浙能智慧能源科技产业园有限公司全面筹划投资建设以产业园创新服务中心、屋面光伏、综合能源服务等项目为主的其他园区服务设施。

五、招商入园项目

2018年1月5日，龙焱能源长兴碲化镉薄膜太阳能电池组件项目签署三方协议入驻。项目总占地约120亩，项目总投资约12亿元，由龙焱能源科技（杭州）有限公司与浙江浙能智慧能源科技产业园有限公司分别按80%、20%共同出资建设。2019年1月10日，浙江浙能龙焱能源科技有限责任公司注册成立，注册资本16000万元。该项目规划建设2条年产能80兆瓦碲化镉薄膜光伏组件生产线，其中一期建设一条年产80兆瓦碲化镉薄膜光伏组件生产线，计划于2020年底开工建设。

2018年3月12日，长兴永能动力装备项目签署三方协议入驻。2018年4月16日，长兴永能动力科技有限公司注册成立，注册资本5000万元。公司由“南太湖精英”计划领军团队核心成员组成，长期从事燃气轮机、向心透平等动力设备及系统的研发、设计等工作，拥有国内一流的科技实力和丰富的工程业绩。向心涡轮机、小型燃气轮机动力设备研制与产业化项目计划总占地面积约 50 亩，预估项目总投资 2 亿元，项目预计达产后可实现产值 4.5 亿元，年税收约 5400 万元。2018 年 6 月，项目公司正式于南太湖青年科技创业园一期厂房过渡生产。

2018 年 5 月，浙能希科姆环保项目签署三方协议入驻，ATCS 全自动胶球清洗装备和 SRS 全自动零化学水处理装备产业化项目，由浙江天地环保工程有限公司与以色列 CQM 公司联合投资建设。2018 年 6 月 22 日，浙江浙能希科姆科技有限公司注册成立，注册资本 3671 万元。项目总占地面积约 18 亩，项目于 2019 年 1 月开工，2019 年 10 月前建设完成。建成后，将具备年生产电力行业 ATCS 胶球清洗设备 20 台、生产电力行业 SRS 水处理设备 16 台的生产规模，预计可实现年产值 3.7 亿元。

2018 年 6 月 16 日，爱康异质结高效电池及组件项目签署四方协议入驻，浙能产业园管委会、长兴县人民政府、煤山镇人民政府与江苏爱康实业集团有限公司安康高效太阳能电池及组件投资协议。2018 年 7 月 6 日，浙江爱康光电科技有限公司注册成立，注册资本 50000 万元。2018 年 7 月 28 日，项目举行开工仪式启动建设工作。爱康高效太阳能电池及组件项目投资公司是江苏爱康实业集团有限公司，规划建设年产能 5 吉瓦高效异质结（HJT）太阳能电池及组件生产线，为浙江省、湖州市及长兴县重点推进项目。项目总占地面积约 500 亩，总投资约为 106 亿元，项目计划分三期投资建设，三期项目达产后，预计年产值 120 亿元左右，年税收 7 亿元左右。2018 年底，首期用地约 300 亩，已顺利推进土建工程施工，计划投资不少于 15 亿元，2020 年 5 月首条电池组件产线正式试生产。

2018 年 9 月，帝森感应加热焊接一体机项目签署三方协议入驻。2018 年 10 月 24 日，浙江帝森科技股份有限公司注册成立，注册资本 5000 万元。项目总投资为 7500 万元，确定本项目生产规模为年产 500 台智能感应加热设备。项目达产后，预计第一年年产值 1000 万元。公司专业从事数字化固态感应加热电源及便携式同轴变压器开发和生产，自动化感应加热设备等相关领域也遥遥领先国内同行，具有较高的知名度。于 2019 年初，搬迁至南太湖青年科技创业园过渡生产运营，同步启动土地招拍挂，于 2019 年底在产业园开工建设。

2018 年 10 月 24 日，科莱屋顶光伏瓦项目签署三方协议入驻。2018 年 12 月 11 日，长兴博瑞能源有限公司注册成立，注册资本 500 万元。项目生产线从浙江平湖搬迁至煤山镇南太湖青年科技创业园三期厂房，启动过渡生产准备工作。该项目主要生产定制化光伏组件、光伏瓦，其产品主要销往欧美等海外市场。项目于 2019 年初投产运营，后续根据发展需要适时转移至产业园建设厂房扩大产能。

2019 年 6 月 28 日，赫能能源环保在线与过程监测设备项目签署三方协议入驻。2019 年 9 月 3 日，浙江天澜能源环保科技有限公司注册成立，注册资本 1000 万元。该公司成为首家入驻产业园浙能创新工场的项目，是以能源与环保监测为主营业务的技术型公司，是赛默飞世尔科技（Thermo Fisher Scientific）和法国环境（ENVEA）中国区核心集成服务商，一期总投资 1000 万元。

2019 年 11 月 18 日，金瑞泰高速多层涂布（CTP，计算机直接制版，Computer To Plate）生产项目签署三方协议入驻。2020 年 3 月 10 日，浙江金瑞泰新材料有限公司注册成立，注册资本 10000 万元。项目规划建设 8 条运行车速 50 米/分钟的高速多层涂布 CTP 生产线，分 4 期建设。金瑞泰公司主要从事 CTP 版的研发、生产与销售，位居国内行业第 3 位，与德国海德堡印刷机械股份公司、日本富士胶片株式会社、美国伊士曼柯达公司等多个国际品牌合作多年，拥有业内世界一流的研发和生产技术。项目于 5 月正式进场施工建设。

建设、竣工项目情况见表 4-5-4。

截至 2019 年，浙能产业园累计对接项目 165 余个，接洽各类项目人员超 630 人次，考察、调研以及参加行业展会 58 余次。产业项目落地签约 10 个，园区配套基础设施项目完成 2 个，启动 1 个。共计有 6 个项目顺利开工建设，

表4-5-4 浙江浙能智慧能源科技产业园有限公司招商项目建设、竣工项目情况表

建设主体	序号	项 目 名 称	进度情况说明
浙能集团投资建设项目	1	浙江浙能智慧能源科技产业园有限公司综合展示馆及创新工场（一期）项目	已建成投入使用
	2	浙江浙能希科姆科技有限公司 ATCS 全自动胶球清洗装备和 SRS 全自动零化学水处理装备产业化项目	厂房建成通过竣工验收
	3	浙江浙能物流有限公司智慧物流仓储项目	已建成投入使用
	4	浙江浙能智慧能源科技产业园有限公司创新服务中心项目	完成可研评审，项目审查议案通过集团董事会
招商入园集团外投资（或控股）项目	1	浙江浙能龙炎能源科技有限责任公司碲化镉薄膜太阳能电池组件项目	项目前期准备工作
	2	长兴永能动力科技有限公司小型燃气轮机动力设备研制与产业化项目	已投入生产
	3	浙江爱康光电科技有限公司异质结高效太阳能电池及组件项目	设备进场调试、厂房建设中
	4	浙江帝森科技股份有限公司感应加热焊接一体机项目	开工建设中，目前在青创园厂房过渡生产
	5	长兴博瑞能源有限公司屋顶光伏瓦项目	已投入生产
	6	浙江天澜能源环保科技有限公司环保在线与过程监测设备项目	已投入生产
	7	浙江金瑞泰新材料有限公司高速多层涂布 CTP（计算机直接制版）版材生产项目	项目前期准备工作

3 个项目进入建设前期准备阶段，4 个项目暂时在南太湖青创园厂房过渡生产或孵化。园区实现建设投资总额约 6 亿元，去除道路、绿化、护坡等公共区域和公共服务规划区域用地后，已落实项目建设用地约 536 亩，基本完成一期 800 亩土地的开发利用，项目总投资规模超过 125 亿元。产业园管委会及浙能产业园公司编写并正式发布了《招商项目入园标准》等涉及招商、工程建设、党建及行政管理等各项制度共计 97 项。在 2019 年完成二期 200 亩建设用地的基础上，2020 年初启动二期土地的“四通一平”开发和浙能长广氢能产业园的规划工作。

第 五 篇

天 然 气

浙能集团天然气产业起于2001年，历经10余年的发展，现已成为浙能集团“大能源”战略的重要支撑产业，也是浙江省天然气行业的骨干企业。浙能天然气在发展过程中，始终得到了浙江省委、省政府以及浙能集团的高度重视。2003年，浙江省委书记习近平从浙江山多地少、人口密度大、区域经济发展不平衡的客观实际出发，提出了统筹发展浙江省天然气产业的原则意见，明确了“多气源一环网”的建设、运行管理体系和集约化的天然气购销格局；同时强调要加强天然气管道与周边省市的互联互通，指引了浙沪联络线天然气管网建设。履浙期间，习近平同志多次到浙能集团考察，听取天然气建设发展汇报，并做出一系列重要指示，对浙能天然气产业发展起到了十分关键和重要的指导引领作用。

产业机构与规模快步发展。2001年9月浙江省天然气开发有限公司成立，2010年11月浙江省能源集团有限公司天然气石油分公司成立，其间，浙江浙能石油新能源有限公司、浙江省能源集团城市燃气有限公司、浙能天然气运行有限公司、浙江金衢丽天然气有限公司、浙能温州液化天然气有限公司、浙能六横液化天然气有限公司先后建立。2001—2019年浙能天然气产业已有实体企业8家，职工人数1746人，资产总额达207.97亿元，建成投运省级天然气管线1894千米，城燃投运高中低压管线5813.5千米，累计为浙江省供气近766亿立方米（含代输），占浙江省天然气消费总量的83%。2019年浙能天然气板块实现营业收入312.9亿元。

管网建设快速推进。自2002年起，省级长输管网已建成投产杭湖线、杭甬线、杭嘉线、甬台温、金丽温等管线。杭甬线钱塘江定向钻穿越有关工程指标创下世界纪录。2018年11月23日，浙能集团在杭州宣布：浙江省天然气“一环网”供气格局基本形成。截至2019年10月，“县县通”工程建设已建成投产7条支线，总里程256千米，在建工程9条，总里程764.1千米。LNG[①] 接收站建设按计划有序实施。

管道运行，建制度、保供气成绩显著。天然气运行管理从加强制度建设入手，引入“7S”管理模式，提升班组总体建设，站场标准化已达标90%，“智慧管网”科技创新成绩显现。截至2019年，省级管网投入运行的站场已达75座、阀室90座，管道里程1894千米，天然气管网实现安全生产3675天。尤其在重大活动和特殊气候下的保障供气作出重大贡献，受到浙江省委、省政府主要领导和社会的肯定。

销售采购，保气源、增气量并走向国际市场。从2002年“西气东输”天然气进浙江后，先后获得西气、川气、东海气、丽水36-1气、北仑LNG、新疆煤制气八种气源，逐步形成了浙江多气源的格局。从2004年全年向下游销售气量0.3亿立方米到2019年全年销售气量已达117.8亿立方米。2019年浙江省天然气成功开展天然气代购业务，全年累计代购气量4.71亿立方米，疏导高气价成本3.72亿元；并抓住有利时机与中海石油（中国）有限公司进行量价谈判，节省采购成本3.1亿元；全年实现净利润10.2亿元。2019年，浙能天然气与埃克森美孚亚太私人有限公司正式签署合同量100万吨/年、为期20年的LNG购销协议。

城市燃气开拓市场、优化服务，实现利润连续增长。从2002年开始相继组建上虞、平湖、德清、义乌等城市燃气公司，到2010年成立浙江省能源集团城市燃气有限公司，浙能城市燃气通过项目开发、市场拓展、管网建设、客户服务、城燃销售取得了不菲的成绩。2019年，浙能城燃全年销售气量12.14亿立方米，连续4年实现利润增长；浙能城燃资产总额已达28.82亿元；城燃居民用户已达41.4万余户；累计投运高中低压管道5813.5千米；城市燃气实现安全生产3341天；已成立城市燃气子公司27家。

“踏平坎坷方成大道”。在新的征途上，浙能天然气将面对经营困境、供气格局、安全形势、体制改革的严峻挑战，为此提出了打造

① 液化天然气（Liquefied Natural Gas，简称LNG），下同。

"创新型、协同型和服务型现代能源企业"的发展目标，并"坚持稳中求进工作总基调，坚持新发展理念，坚持1565发展战略，抓好四个持之以恒，把正在干的事干得更好，奋战2020，圆满收官'十三五'，为浙能集团公司高速建设发展、高质量增长提供有力支撑。"

第一章 机构与规模

第一节 管理体制

2000年12月21日，浙江省发展计划委员会以浙计基础〔2000〕594号文件对"省天然气管网公司筹组工作"进行批复，浙江省正式启动浙江省天然气开发有限公司筹建工作。2001年9月18日，浙江省天然气开发有限公司经浙江省工商局注册登记。2001年12月26日，浙江省天然气开发有限公司举行挂牌仪式。

2007年10月11日，浙江浙能石油新能源有限公司完成工商注册登记。

2010年11月8日，浙江省能源集团城市燃气有限公司完成工商注册登记。

2010年11月22日，浙能集团发文成立浙江省能源集团有限公司天然气石油分公司。2010年11月25日，浙江省能源集团有限公司天然气石油分公司完成工商注册登记。浙江省能源集团有限公司天然气石油分公司具体履行浙能油气板块管理职能，对板块营运企业进行归口管理。主要包含浙能集团所属省级天然气石油管道、城市燃气、加气站、加油站、成品油码头及油库等基础设施的投资、建设、运营、维护，油气产品经营以及上游资源采购，LNG接收站管理等天然气、石油产业控股、均股、参股、代管企业，以保障全省天然气、石油资源安全、经济、稳定供应为核心任务，深入做好省级天然气管网投资、建设与运营，积极开拓下游城市燃气的加气、加油市场，适时加大上游资源开发，巩固和完善油气资源供应保障体系，提高油气板块的盈利水平和综合竞争能力。

2011年5月18日，浙江浙能天然气运行有限公司完成工商注册登记。

2011年9月9日，浙江金衢丽天然气有限公司完成工商注册登记。

2015年7月20日，浙江浙能燃气有限公司经工商注册。

2016年11月2日，浙能集团发文注销浙江省能源集团有限公司天然气石油分公司。

2017年9月，浙能集团印发《天然气板块管控优化方案（2017年版)》，对天然气板块的界定、公司管理总部与生产经营单位的总体关系、天然气板块的管理细化界面做了明确的规定。其中明确"天然气板块的产业经营和发展的总部为浙能天然气。浙能天然气作为该板块的板块管理公司，承担油气板块事权管理，全面落实两个主体责任（即板块经营责任、板块投资责任)，履行板块内人力资源、党群、监察、审计等管理职能，统筹协调该板块内的资源整合和利益关系，切实发挥板块在产业开拓、项目开发、经营管理、成本控制、安全生产、风险管控等方面的主体作用，确保实现集团公司利润最大化和利润质量最优化。"《天然气板块管控优化方案（2017年版)》同时明确："天然气公司、运行公司、城燃公司、石油新能源公司，该类企业根据浙能集团相关规定，依职权对各自所属企业进行全面管理，是板块内的营运企业。板块营运企业在板块管控框架范围内，具体负责企业日常生产经营活动。浙能集团和浙能天然气之间是战略决策与执行的关系，浙能天然气与板块营运企业是经营性决策与执行的关系。"

2017年11月20日，浙能集团董事会决定：浙江浙能石油新能源有限公司与浙能石油燃料销售有限公司实施合署办公。2018年1月1日起，浙江浙能石油新能源有限公司管理权从浙江浙能燃气有限公司调整至浙江省石油股份有限公司。

2017 年 12 月 28 日，舟山天然气交易市场有限公司工商注册成立。

2018 年 4 月 25 日，浙江浙能燃气有限公司更名为浙江能源天然气集团有限公司。

2018 年 6 月 15 日，浙江浙能温州液化天然气有限公司工商注册成立。

2018 年 10 月 8 日，经工商部门核准：浙江金衢丽天然气有限公司更名为浙江浙能天然气管网有限公司。

2019 年 9 月，浙能集团第二届董事会 242 次会议决议：组建浙江浙能六横液化天然气有限公司。2019 年 10 月 14 日完成工商注册登记。

第二节　内设部门

2011 年 11 月 10 日，浙江省能源集团有限公司天然气石油分公司发文，对浙江省能源集团有限公司天然气石油分公司的机构与职责划分提出：办公室、财务部、资源与市场部和政工部等合署办公部门由浙江省天然气开发有限公司相应部门部室负责人履行管理职责。

2013 年 1 月 18 日，浙江省能源集团有限公司天然气石油分公司发布《关于印发〈分公司各部门职责（试行）〉的通知》，设立资产经营部、计划投资部、生产工程安全部、人力资源部、监察审计部、资源与市场部、办公室、财务部、政治工作部，并制定了各部门工作职责。

2013 年浙江省能源集团有限公司天然气石油分公司组织架构如图 5-1-1 所示，主要部门与职责见表 5-1-1。

2017 年 9 月，浙能集团印发《浙能天然气全资、控股的板块营运企业管理细化界面》，对有关部门职责作了明确规定：“浙能天然气全资、控股的板块营运企业，包括天然气公司、运行公司、城燃公司、石油新能源公司等划归油气板块管理的全资、控股企业。具体管理界面主要按照‘浙能集团全面下放给浙能天然气的职责’‘浙能集团与浙能天然气管理交叉的职责’两个层面进行划分。‘浙能集团全面下放给浙能天然气的职责’指根据实际管理工作的需要，由浙能集团下放给浙能天然气，由浙能天然气全权负

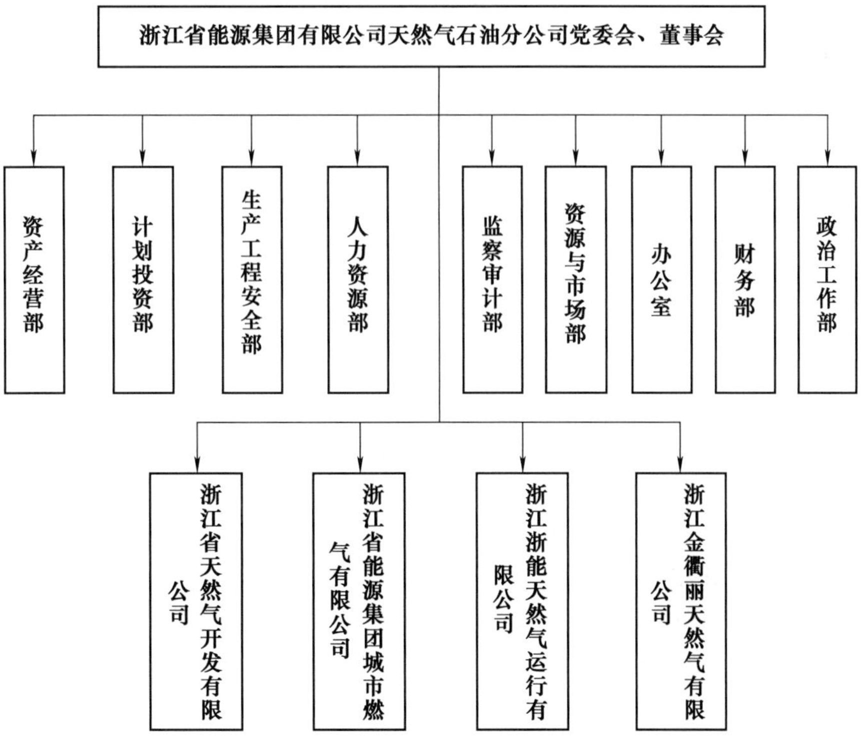

图 5-1-1　2013 年浙江省能源集团有限公司天然气石油分公司组织架构图

表 5-1-1 2013 年浙江省能源集团有限公司天然气石油分公司主要部门与职责

部门	职 责
资产经营部	负责战略规划研究、规章制度体系建设、资产股权管理、对营运企业经营活动监督考核、合同与法律事务管理的职能部门，在集团公司授权范围内行使相关管理职权，对分公司所属营运企业相关业务进行指导、协调、监督、考核
计划投资部	负责投资规划管理、项目投资与后评估管理、计划统计管理的职能部门，在浙能集团授权范围内行使相关管理职权，对分公司所属营运企业相关业务进行指导、协调、监督、考核
生产工程安全部	负责安全监督管理、招投标管理和生产、技术质量、科技、信息化建设、基建项目过程监督或管理的职能部门，在集团公司授权范围内行使相关管理职权，对分公司所属营运企业相关业务进行指导、协调、监督、考核
人力资源部	负责人力资源规划与管理、组织人事管理、出资人代表管理、薪酬保险管理、教培职称管理的职能部门，在集团公司授权范围内行使相关管理职权，对分公司所属营运企业相关业务进行指导、协调、监督、考核
监察审计部	负责纪检、监察和审计管理的职能部门，在集团公司授权范围内行使相关管理职权，对分公司所属营运企业相关业务进行指导、协调、监督、考核
资源与市场部	负责市场资源开发管理与研究、购销计划管理、资源价格管理的职能部门，在集团公司授权范围内行使相关管理职权，对分公司所属营运企业相关业务进行指导、协调、监督
办公室	负责行政管理、办公管理、外事管理、档案管理、保密管理、信访管理的职能部门，在集团公司授权范围内行使相关管理职权，对分公司所属营运企业相关业务进行指导、协调、监督、考核
财务部	负责会计核算与监督管理、资金管理、保险管理、税收管理、资产价值管理及全面预算管理的职能部门，在集团公司授权范围内行使相关管理职权，对分公司所属营运企业相关业务进行指导、协调、监督、考核
政治工作部	负责党建管理、宣传管理、企业文化建设、工团工作的职能部门，在集团公司授权范围内行使相关管理职权，对分公司所属营运企业相关业务进行指导、协调、监督、考核

责相关管理事宜。'浙能集团与浙能天然气管理交叉的职责'指浙能集团与浙能天然气在具体管理职能上存在交集，需共同承担管理职责并按照相关规定分解落实的管理职责。"

2018 年 4 月 23 日，根据浙能集团对部门职责管理的规定，浙江能源天然气集团有限公司发布《关于印发浙江能源天然气集团有限公司〈部门职责〉的通知》，对部门设置及职责进行调整及修订。调整设立的部门有：综合办公室（党委办公室）、财务部、资产经营部、计划发展部、生产安全部、建设管理部、人力资源部（党委组织部）、政治工作部（党委政治工作部）、监察部（纪委办公室）、审计部。

2019 年 12 月 11 日，浙江能源天然气集团有限公司发布《浙江能源天然气集团有限公司企业管理标准》对部门设置及职责进行调整及修订。

2019 年浙江能源天然气集团有限公司组织架构如图 5-1-2 所示，主要部门与职责见表 5-1-2。

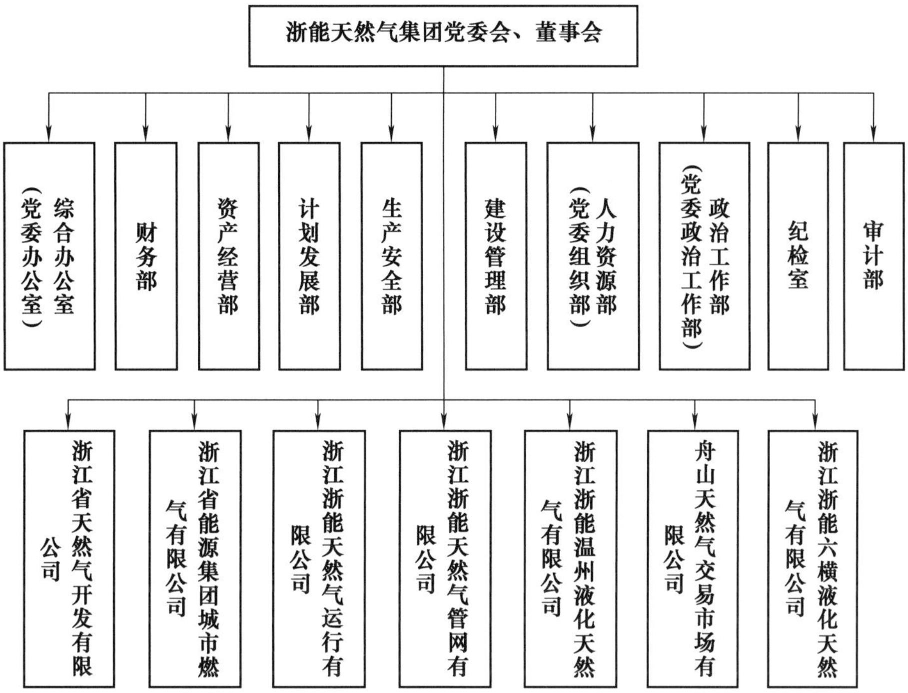

图 5-1-2　2019 年浙江能源天然气集团有限公司组织架构图

表 5-1-2　2019 年浙江能源天然气集团有限公司主要部门与职责

部　门	职　　责
综合办公室（党委办公室）	负责公司行政管理、企业管理、法务与合同管理、综合事务管理、公共关系管理、信息化管理等工作，与党委办公室合署办公，并根据集团公司管控权责划分，对所属营运企业相关业务进行审核、指导、协调、监督、考核
财务部	负责公司全面预算管理、资金管理、会计核算、财务分析与决策服务、财务监督与控制、税收管理等工作，并根据集团公司管控权责划分，对所属营运企业相关业务进行审核、指导、协调、监督、考核
资产经营部	负责资源采购管理、购销计划与价格管理、经营业绩监控与考核管理、资产股权管理、所属营运企业“三会”管理等工作，并根据集团公司管控权责划分，对所属营运企业相关业务进行审核、指导、协调、监督、考核
计划发展部	负责公司项目投资管理；项目前期开发与后评价管理；负责境外项目开发，归口境外项目的前期跟踪、评价、股权谈判、投资和项目实施的全过程管理；招投标与本部合同承办；办公类综合物资及中介服务采购管理；综合计划与统计管理等工作；并根据集团公司管控权责划分，对所属营运企业相关业务进行审核、指导、协调、监督、考核
生产安全部	负责公司安全监督管理、生产管理、环保节能管理、科技管理、技术质量管理、固定资产（生产类）归口管理等工作。作为板块安全生产管理中心，需按照“管行业必须管安全、管业务必须管安全、管生产经营必须管安全”和谁主管谁负责的原则，并根据集团公司管控权责划分，督促、指导本板块各部门及所属企业落实安全生产主体责任
建设管理部	负责公司基建项目建设管理、项目标准化管理等工作，并根据集团公司管控权责划分，对所属营运企业管控范围内的项目业务进行审核、指导、协调、监督、考核

表 5-1-2（续）

部 门	职 责
人力资源部（党委组织部）	负责公司人力资源规划与“三定”工作、招聘调配管理、教育培训管理、薪酬福利管理、劳动关系管理等工作，与党委组织部合署办公，并根据集团公司管控权责划分，对所属营运企业相关业务进行审核、指导、协调、监督、考核
政治工作部（党委政治工作部）	负责公司基层企业党建、支部建设及支部管理、宣传教育、精神文明建设、企业文化建设、工团建设等工作，公司团委、工会办公室与政治工作部合署办公，并根据集团公司管控职责划分，对所属营运企业相关业务进行审核、指导、协调、监督、考核
纪检室	负责公司纪检管理工作，是公司党风廉政建设日常管理的监督机构，并根据集团公司管控权责划分，对所属营运企业相关业务进行审核、指导、协调、监督、考核
审计部	负责公司审计管理工作，并根据集团公司管控权责划分，对所属营运企业相关业务进行审核、指导、协调、监督、考核

第三节 业务与规模

2010 年 11 月，浙江省能源集团有限公司天然气石油分公司成立。其主营业务与经营范围：浙江省省级天然气输送管道、城市燃气、加气站、LNG 接收站等基础设施的投资建设、运营维护，天然气（包括 LNG）的上游资源采购及销售。所属营运企业有浙江省天然气开发有限公司、浙江省能源集团城市燃气有限公司、浙江浙能天然气运行有限公司、浙江金衢丽天然气有限公司、浙江浙能石油新能源有限公司等。截至 2019 年 12 月，浙江能源天然气集团有限公司总资产 207.97 亿元，全资（控股）企业 7 家、参股 3 家，管理城市燃气子公司 27 家。建成投运省级天然气管网 1894 千米，站场 75 座（包含中心站 14 座），阀室 90 座，建成投运高中低压城燃管线 5813.5 千米，城燃站场 112 座。已累计为浙江省供气近 766 亿立方米（含代输）。其中，2019 年全年供气量达 117.85 亿立方米（不含代输），占浙江省天然气消费总量的 80% 以上。

2011—2019 年天然气板块资产、营业收入、利润见表 5-1-3，2004—2019 年天然气板块用户、销售气量、输气量规模见表 5-1-4。

表 5-1-3 2011—2019 年天然气板块资产、营业收入、利润一览表 亿元

年份	总资产	净资产	营业收入	利润总额
2011	53.50	26.15	95.48	5.01
2012	67.99	33.33	104.43	6.07
2013	90.28	42.96	145.79	7.70
2014	112.56	52.89	192.32	8.24
2015	137.79	55.46	170.29	8.19
2016	146.32	61.04	154.93	4.74
2017	175.08	63.87	203.78	-3.58
2018	212.96	55.61	288.11	-11.46
2019	207.97	74.11	312.9	13.07

表 5-1-4 2004—2019 年天然气板块用户、销售气量、输气量规模一览表

年份	直供下游用户数	城燃用户数	销售气量（亿立方米）			输气量（亿立方米）
			城市	电厂	代输	
2004	4	—	0.2	—	—	0.2
2005	8	—	0.9	1.5	—	2.4
2006	18	—	2.2	9.2	0.1	11.0
2007	20	—	4.6	12.9	0.6	18.1
2008	21	—	6.5	10.9	0.3	17.7
2009	22	—	9.5	9.2	0.2	19.1
2010	23	—	13.1	17.6	1.1	31.9
2011	25	—	15.7	25.5	2.0	43.2
2012	31	—	19.7	25.9	1.6	47.1
2013	34	—	23.3	30.2	2.0	55.6
2014	52	124643	28.7	38.1	1.7	68.4
2015	55	161751	30.9	31.8	2.4	65.02
2016	55	196106	38.2	32	2.1	72.1
2017	63	253651	52.2	34.4	2.5	87.1
2018	74	315919	74.5	33.4	2	110.0
2019	77	418260	82.9	32.1	2.8	117.8

第二章 管 网 建 设

第一节 规划与计划

2002 年，《浙江省“十五”能源发展专项规划》第一次将天然气写入浙江能源发展规划。

2005 年，浙江省天然气开发有限公司委托中国石油工程设计有限责任公司西南分公司编制完成《2005 版浙江天然气管网规划》(注：省级管网)。

2007 年 12 月，受浙江省天然气开发有限公司委托，中国石油工程设计有限责任公司西南分公司编制的《浙江省 2015 年天然气管网规划及 2020 年展望》，经浙江省天然气开发有限公司、浙能集团和浙江省发展和改革委员会审查通过。

2008 年 6 月，受浙江省天然气开发有限公司委托，在 2005 年、2007 年省级天然气管网规划的基础上，浙江省经济建设规划院与中国石油工程设计有限责任公司西南分公司编制了《浙江省天然气管网规划（2008—2020 年）》。规划详细阐述了浙江天然气管网总体布局方案，确定了近期（2010 年）、中期（2015 年）和远期（2020 年）目标，对分期建设全省输气干支管

线，逐步形成覆盖全省的天然气输配气管网系统，保障全省各地天然气供应，加强天然气管网等配套工程建设，实现天然气“一环网”，即“多气源一环网”作了明确的规划。“多气源一环网”的投资建设主体由浙江省天然气开发有限公司承担。

依据方案，浙江省天然气供气格局如下：

杭湖线——北起长兴站，南至杭州崇贤末站，接纳西一线的来气；杭嘉线——北起嘉兴秀洲区，南至杭州下沙站，接纳川气来气；杭甬线——西起杭州崇贤末站，东至宁波春晓站，接纳东海天然气和LNG来气，该段管线构成浙江省环网的北段；杭衢温线杭金衢段——北起杭州临浦，南至衢州，接纳西二线来气，该段管线构成浙江省环网的西段；杭衢温线衢丽温段——西起衢州，东至温州，该段管线构成浙江省环网的南段；甬台温线——北起宁波北仑春晓首站，南至温州，该段管线构成浙江省环网的东段；中宅—春晓输气管线——北起中宅LNG接收站，南至春晓站，是接纳进口LNG的主要管线。上述7条干线形成“一环二线”的骨干构架，接纳来自不同方向的气源，通过骨干网上支线的延伸辐射，浙江省天然气管网将基本覆盖全省主要经济区域，最终形成“多气源一环网”的省级天然气管网格局。

2014年1月，根据国家《石油天然气管道保护法》《能源发展“十二五”规划》《天然气发展“十二五”规划》和浙江省“十二五”规划纲要及能源、交通、城镇、土地利用等相关规划、浙江省天然气发展需求，《浙江省天然气管网专项规划（2014年版)》由浙江省天然气开发有限公司委托中国石油工程设计有限责任公司西南分公司编制完成。规划的基准年为2011年，规划时限划分为近期规划为2012—2015年、远期规划为2016—2020年、远景展望为2030年；规划范围为浙江省行政范围，包括杭州、宁波、温州、绍兴、嘉兴、湖州、金华、衢州、丽水、台州、舟山11市及所辖56个县市（不含岱山、嵊泗等海岛县），陆域面积约10万平方千米；规划对象为省级天然气管网，即从承接供浙气源的首站至市县分输站的天然气管网。根据浙江省天然气管网专项规划，按照多气源衔接、周边省市互通、全省覆盖的一张网和满足2020年、2030年天然气发展需求的要求，到2015年，建成甬台温线、金丽温线、西二线金衢地区配套支线，初步形成全省“大环网”格局，管网覆盖除舟山市外的10个设区市，总长达到1900千米，输送能力170亿立方米以上。到2020年，建成西干线、杭甬复线、甬台温复线、甬金线等，基本形成全省“一张网”，管网总长达到4300千米，输送能力400亿立方米以上。到2030年，建成覆盖全省、互通衔接、安全可靠的全省“网格化式”一张网，输送能力700亿立方米以上。

2016年8月，浙能集团及浙能天然气集团根据《浙江省创建国家清洁能源示范省实施方案》《浙江省天然气管道专项规划》，开始实施天然气“县县通”专项行动计划，加快天然气管网基础设施建设。至2020年，建成省级天然气管道项目22个，线路总长1704千米，总投资预计201.7亿元。

2017年8月17日，浙江省能源集团城市燃气有限公司颁布《浙江省能源集团城市燃气有限公司“十三五”发展规划实施方案》，“十三五”期间（2016—2020年)，力争实现投资总额：五年累计投资达到30亿元（含新项目及分布式能源项目投资)，合计新增不少于15个新项目，包括省内的宁波象保合作区天然气有限公司、庆元县天然气有限公司、景宁畲族自治县天然气有限公司、泰顺县天然气有限公司等城市燃气项目，衢州圣效化学等分布式能源项目。

2017年9月，浙江能源天然气集团有限公司制定颁布《浙江能源天然气集团有限公司“十三五”发展实施方案（2016—2020年)》。实施方案的主要内容：积极落实气源；加快管网设施建设；提高管道运营安全水平，增强应急救援能力；拓展下游天然气市场；油品储运、销售和加气站建设等；推进信息化和工业化深度融合；以资本运作拓展发展新模式。

2017年12月，浙能集团、浙江浙能燃气有限公司配合浙江省政府发布了《浙江省天然气发展三年行动计划（2018—2020年)》(简称“三年行动计划”)。计划的主要内容是：

（1）发展目标。“三年行动计划”提出：通过3年时间，在浙江省基本建成保障有力、运行有序、价格平稳、安全高效的天然气利用体系，形成一环网县县通、多气源少层级、统筹规划建设、统筹运行调度、统筹改革推进的天然气发展新格局，实现气贯浙江、普惠民生的发展目标，进一步增强浙江省天然气供应保障能力。具体目标是：2018—2020年浙江省天然气消费量分别达到118亿立方米、140亿立方米、160亿立方米，年均增长16%左右；天然气供应保障能力分别达到118亿立方米、158亿立方米、186亿立方米以上，其中陆上气分别达到50亿立方米、55亿立方米、55亿立方米，东气分别达到10亿立方米、10亿立方米、18亿立方米，丽水气每年达到3亿立方米，液化天然气（LNG）分别达到55亿立方米、90亿立方米、110亿立方米；基本完成省级干线管网建设，实现天然气县县通，城乡居民覆盖率达到40%（其中城市居民覆盖率达到70%，非城市居民覆盖率大幅提高）；健全多层次储气调峰体系，主要供气企业储气能力达到合同气量的10%，全省各地达到平均3天用气量的储气能力。

（2）实施方案。加快管网项目建设，加快推进天然气“县县通”行动计划，形成全省一环网县县通的天然气供气格局。加快推进萧山—义乌输气干线项目，实现一环网闭环。加快建成舟山—宁波输气管道，启动杭甬复线项目，增强LNG管道输送能力。建成浙沪天然气联络线一期，启动二期以及与苏、皖、闽连接项目前期工作，加强省际互联互通，提高浙江省管网安全保供能力。全面推进甬台温、金丽温天然气输气干线沿线各规划支线和联络线建设。建成北仑—大榭、东阳支线、苍南支线、上虞—新昌、下窑—龙游、丽水—龙游（一期）、常山—开化、象山支线、临海—仙居、三门—嵊州、云和—龙泉、东阳—磐安、玉环支线等输气管道项目建设，到2020年，建成省级管网2660千米。持续开展天然气管道安全大排查、大整治专项行动，加强主干管网及配套设施运行维护，加大巡查力度，全面整治重大安全隐患。

根据《浙江省天然气发展三年行动计划（2018—2020年）》要求，由浙江能源天然气集团有限公司及浙江省天然气开发有限公司负责杭州—宁波天然气管道复线工程、萧山—义乌天然气管道工程、浙沪联络线二期天然气管道工程等管线建设任务。

（3）保障措施。加快项目建设。促进重大气源、储运、天然气管网及配套工程等基础设施项目列入重点建设项目。配合各地积极落实土地、资金等项目建设要素，及时落实路由选址，协调解决征地拆迁、移民安置等难点问题，保障重大基础设施项目顺利实施。加强运行管理。加强预警预测，动态跟踪监控供需形势，建立预测、预警体系。加强统筹协调，健全各类能源要素供应协调机制；完善天然气年度计划平衡管理和购销合同管理，强化各方责任和价格约束；进一步实施保障民生用气责任制，完善应急预案，制定全省有序用气相关管理办法，建立健全有序用气机制，确保天然气供应安全。推进各级储气调峰设施信息开放共享，实施应急统一调度。

2018年6月，根据《浙江省天然气发展三年行动计划（2018—2020年）》要求，在浙能集团、浙江能源天然气集团有限公司的配合下，浙江省发展和改革委员会发布了《关于加快推进天然气基础设施建设互联互通重点工程有关事项的通知》，确定了浙江省2018年天然气基础设施建设互联互通重点工程共6个项目，其中包括萧山—义乌天然气管道工程、浙沪联络线二期天然气管道工程、杭州—宁波天然气管道复线工程，以提高浙江省天然气管网的输配能力，实现省级“一环网”闭环和省际天然气管网互联互通。

2019年2月，国家发展和改革委员会在《国家发展改革委办公厅关于加快推进2019年天然气基础设施互联互通重点工程有关事项的通知》基础上，发布了《国家发展改革委办公厅关于加快推进2019年天然气基础设施互联互通重点工程有关事项的补充通知》，将浙能集团所属的浙沪联络线二期天然气管道、杭甬复线天然气管道纳入2019年天然气基础设施互联互通重点工程。以推进天然气产供储销体系建设，消除天然气基础设施输送瓶颈，加快形成全国天然气一张网。

第二节 多气源一环网建设

一、杭州—湖州天然气输气管道工程

2001年，杭州—湖州天然气输气管道工程开始前期工作。2002年10月，浙江省天然气开发有限公司委托中国石油天然气管道工程有限公司编制完成《杭州—湖州天然气输气管道工程可行性研究》。

2002年12月27日，经浙江省重点建设领导小组办公室同意的杭州—湖州天然气输气管道工程试验段开工建设，2003年1月10日，浙江省发展计划委员会批复《关于杭州—湖州长兴天然气管道工程可行性研究报告》，同年3月6日工程初步设计获得批复。

2003年6月，杭州—湖州天然气输气管道工程整体开工建设。杭州—湖州天然气输气管道工程始于长兴首站，经湖州分输站、德清分输阀室，至杭州末站。长兴首站同“西气东输”常州至长兴支干线的长兴末站比邻而建。管线途经长兴县、湖州市、德清县、杭州市4个行政区，包括一条干线（长兴首站—杭州末站）、两条支线（半山电厂支线和德清支线），全长93.85千米，沿线设置4个分输站场、2座阴极保护站、3个截断阀室，干线及半山电厂支线设计压力6.3兆帕，管径为813毫米；德清支线设计压力6.3兆帕，管径为273毫米。设计年输气量为20×10^8标准立方米/年。杭州—湖州天然气输气管道工程由浙江省天然气开发有限公司投资建设，中国石油天然气管道工程有限公司设计，胜利油田胜利建设监理有限公司监理，中国石油天然气第一建设公司、浙江火电建设公司、中国石化集团第三建设公司承担主要施工。项目决算投资额4.27亿元。

2004年1月18日，上游“西气东输”天然气顺利通过常州—湖州支干线的长兴末站进入长兴首站，下午顺利进入杭州末站，标志着杭州—湖州天然气输气管道工程主干线工程建成并具备了投产条件。2004年1月20日向长兴县供气，7月14日向杭州市供气，9月15日向湖州市供气，10月30日，向德清天然气压缩站供气。2005年3月5日，半山支线贯通，标志着杭州—湖州天然气输气管道工程全线贯通。2013年5月29日，杭州—湖州天然气输气管道工程整体竣工验收获得浙江省发展和改革委员会批复。

杭州—湖州天然气输气管线输气站、阀室分布见表5-2-1。

表5-2-1 杭州—湖州天然气输气管线输气站、阀室分布一览表

序号	门站/分输站名称	所属干/支线	所 在 地 区
1	长兴站	杭湖线	湖州市长兴县雉城镇五里桥村冯家湾村
2	湖州站	杭湖线	湖州市吴兴区杨家埠镇芦山村邹家村
3	德清站	杭湖线	湖州市德清县武康开发区长虹东街
4	杭州站	杭湖线	杭州市余杭区崇贤镇四维村
序号	无人值守站名称	所属干/支线	所 在 地 区
1	德能电厂末站	杭湖线德清支线	德清县武康开发区长虹东街德能发电厂
2	紫云站	杭湖线紫云支线	杭州市拱墅区半山街道
序号	阀室名称	所属干/支线	所 在 地 区
1	青山阀室	杭湖线	湖州市吴兴区东林镇南山村
2	塍头阀室	杭湖线	湖州市德清县钟管镇塍头村
3	渔公桥阀室	杭湖线	杭州市余杭区仁和镇渔公桥村
4	沿山港分输阀室	杭湖线	杭州市拱墅区半山镇兴隆园村
5	下沙阀室	杭湖线	杭州市下沙街道幸福南路
6	丁桥阀室	杭湖线	杭州市江干区丁桥镇丁桥村

二、杭州—宁波天然气输气管道工程

2001 年 4 月 26—28 日，浙江省发展计划委员会在杭州召开杭州—宁波天然气输气管道工程预可行性研究报告的审查会。2004 年 4 月，浙江省天然气开发有限公司委托中国石油集团工程设计有限责任公司西南分公司（四川石油勘察设计研究院）编制完成了《杭州—宁波天然气输气管道工程可行性研究》。2004 年 4 月 5 日，浙江省天然气开发有限公司将《关于要求开工建设杭甬线试验段的报告》报浙江省重点建设领导小组办公室并获批准。

2004 年 5 月 31 日，浙江省发展和改革委员会批复《杭州—宁波天然气输气管道工程可行性研究报告》。2004 年 9 月 22 日，浙江省发展和改革委员会批复杭州—宁波天然气输气管道工程的初步设计。

2004 年 11 月，杭州—宁波天然气输气管道工程整体开工建设。杭州—宁波天然气输气管道工程始于东海天然气终端处理厂，天然气输至宁波市北仑区春晓镇三山首站，终于杭州市余杭区杭州末站。大部分管线由东向西途经宁波、余姚、上虞、绍兴、杭州 5 市。干线全长约 251 千米，共 6 条分输支线，分别为萧山支线、国华电厂支线、余姚支线、镇海炼化支线、镇海电厂支线、北仑支线，支线全长约 57.51 千米。干线管径 813 毫米，管道设计压力 6.3 兆帕，设计输气量 35.08×10^8 标准立方米/年。设置输气干线站场 7 座、阀室 19 座；支线站场 7 座，支线阀室 2 座。杭州—宁波天然气输气管道工程由浙江省天然气开发有限公司投资建设，中国石油工程设计有限公司西南分公司设计，辽宁辽河石油工程建设监理有限公司、中油朗威监理有限责任公司、胜利油田胜利建设监理有限责任公司等监理，浙江省火电建设公司、中国石化宁波工程有限公司、中国石油天然气第一建设工程公司、中国石油天然气管道局、中石化胜利油建公司、八方建设集团、浙江东寰建设公司、浙江标力建设公司等主要施工。项目决算投资额 22.4 亿元。

2005 年 12 月 25 日，杭州—宁波天然气输气管道工程以东段顺利投产试运行，并向第一个用户——科丰电厂试通气。2006 年 3 月 24 日，杭州—宁波天然气输气管道工程镇海—绍兴段实施天然气置换、升压工作，3 月 25 日正式向绍兴天然气公司供气。2007 年 3 月 7 日，浙江天然气钱塘江定向钻穿越成功，钱塘江定向钻穿越工程创造了长度和管径综合数据为一体的定向钻穿越世界纪录。2007 年 5 月 13 日，杭州—宁波天然气输气管道工程干线全线贯通。2007 年 5 月 23 日，天然气顺利到达萧山电厂末站，杭州—宁波天然气输气管道工程萧山支线成功投产。同年 7 月 10 日，杭州—宁波天然气输气管道工程与杭州—湖州天然气输气管道工程正式全线贯通。

杭州—宁波天然气输气管线输气站、阀室分布见表 5-2-2。

表 5-2-2 杭州—宁波天然气输气管线输气站、阀室分布一览表

序号	门站/分输站名称	所属干/支线	所 在 地 区
1	萧山站	杭甬线	杭州市萧山区瓜沥镇进化村 9 组
2	绍兴站	杭甬线	绍兴市袍江工业园区西一路荷湖村
3	上虞站	杭甬线	浙江省绍兴市上虞市崧厦镇西华村
4	余姚站	杭甬线	余姚市凤山街道九垒山村
5	镇海站	杭甬线	宁波市镇海区庄市街道光明村
6	春晓站	杭甬线	浙江省宁波市北仑区春晓镇海陆村
序号	无人值守站名称	所属干/支线	所 在 地 区
1	所前站	杭甬线萧山电厂支线	杭州市萧山区所前镇金山村罗家湾
2	萧山电厂站	杭甬线萧山电厂支线	杭州市萧山区临浦镇萧山电厂
3	金盾站	杭甬线金盾支线	上虞市小越镇前田村金盾集团

表 5-2-2（续）

序号	无人值守站名称	所属干/支线	所 在 地 区
4	余姚清管站	杭甬线	余姚市梨洲街道黄箭山村陈巷
5	国华电厂站	杭甬线国华电厂支线	余姚市阳明街道群立村
6	镇海电厂站	杭甬线镇海电厂支线	宁波镇海镇海区蛟川街道镇宁东路 358 号
7	北仑站	杭甬线北仑支线	宁波北仑大碶街道萃岱村
序号	阀室名称	所属干/支线	所 在 地 区
1	龙虎阀室	杭甬线	杭州市萧山区河庄镇龙虎村
2	红垦阀室	杭甬线	杭州市萧山区红垦农场红泰六路
3	杨汛桥分输阀室	杭甬线萧山电厂支线	绍兴县杨汛桥镇河门村
4	临浦阀室	杭甬线萧山电厂支线	杭州市萧山区临浦镇通二村
5	城郊阀室	杭甬线萧山电厂支线	杭州市萧山区兴塘街道下陈村
6	大吉庵阀室	杭甬线	绍兴县孙端镇镇塘殿村
7	壶瓶山分输阀室	杭甬线	柯桥经济开发区朝阳村
8	百官分输阀室	杭甬线	上虞市百官街道南一村
9	西直河阀室	杭甬线	上虞市道墟镇汇联村
10	牛头山分输阀室	杭甬线	余姚市兰江街道夏巷村
11	毛竹山阀室	杭甬线	余姚市梨洲街道三溪村
12	官路沿阀室	杭甬线	余姚市陆埠镇官路沿村
13	江北一号阀室	杭甬线	宁波市江北区慈城镇双顶山村
14	江北二号阀室	杭甬线	宁波市江北区慈城镇白米湾村
15	半江王阀室	杭甬线	宁波市镇海区九龙湖镇长石村
16	龙山分输阀室	杭甬线	宁波市高新区梅墟街道龙兴村
17	钟家沙阀室	杭甬线	宁波市鄞州区五乡镇石三弄村
18	北仑分输阀室	杭甬线	宁波市北仑区大碶街道嘉溪村

三、杭州—嘉兴天然气输气管道工程

2007 年 3 月 15 日，浙江省天然气开发有限公司成立杭州—嘉兴天然气输气管道工程前期工作小组。2007 年 8 月 16 日，浙江省发展和改革委员会以《关于开展杭州—嘉兴天然气输气管道前期工作的函》同意开展杭州—嘉兴天然气输气管道工程项目的有关前期工作。2008 年 1 月，浙江省天然气开发有限公司委托中石化胜利油田胜利工程设计咨询有限公司编制完成《杭州—嘉兴天然气输气管道工程可行性研究报告》。2008 年 7 月 25 日，杭州—嘉兴天然气输气管道工程取得建设项目选址意见书，2008 年 8 月 12 日，取得用地预审意见。

2008 年 2 月 1 日，浙江省发展和改革委员会对杭州—嘉兴天然气输气管道工程试验段（秀洲首站—嘉兴分输站间约 22 千米线路工程）进行批复。同年 2 月 28 日，杭州—嘉兴天然气输气管道工程试验段正式开工，并于 2008 年 11 月 29 日贯通。

2008 年 10 月 27 日，国家发展和改革委员会对杭州—嘉兴天然气输气管道工程项目核准批复。2008 年 12 月 25 日，杭州—嘉兴天然气输气管道工程初步设计获得浙江省发展和改革委员会批复。

2008 年 12 月，杭州—嘉兴天然气输气管道工程主干线工程开工建设，浙江省副省长陈敏尔等领导参加了开工仪式。支线工程于 2009 年 4

月22日开工建设。杭州—嘉兴天然气输气管道工程是接纳川气天然气的重要组成部分，一是主干线工程，起点为嘉兴市秀洲首站，终点为杭州市下沙枢纽站，途径嘉兴、杭州两市，长约86.5千米，管径813毫米，设计输气量27×10^8标准立方米/年。设计压力6.3兆帕，共设站场5座，阀室5座；川气东送连接线为川气东送嘉兴分输站至杭嘉线秀洲首站间的连接线路，全长0.67千米，管径660毫米，输气压力6.3兆帕。二是支线工程，分安吉和南浔两条支线：其中安吉支线全长约52.2千米，均在湖州市境内，管径273毫米，输气压力4.0兆帕，设计输量0.2×10^8标准立方米/年，设站场1座，阀室3座；南浔支线全长约19.4千米，均在湖州市境内，管径273毫米，输气压力4.0兆帕，设计输量0.2×10^8标准立方米/年，设站场1座工艺，阀室1座。杭州—嘉兴天然气输气管道工程由浙江省天然气开发有限公司投资建设，中石化胜利油田胜利勘察设计研究院有限公司设计，中石化胜利油田胜利工程设计有限公司工程监理公司监理，中石油第一建设公司、江汉油田建设有限公司、中石化宁波工程公司、江汉油田建科（武汉）工程有限公司、上海第一电力建设安装有限公司、胜利石油化工建设有限公司、江苏省建筑工程集团公司、浙江省工业设备安装集团有限公司等主要施工。项目决算投资额8.67亿元。

2010年1月14日，杭州—嘉兴天然气输气管道工程全线贯通。2010年1月28日，杭州—嘉兴天然气输气管道工程主干线正式进气，标志川气东送天然气接入浙江省。2011年4月8日，杭州—嘉兴天然气输气管道工程支线工程正式投产试运行，湖州市顺利引入了川气东送天然气。2015年3月25日，杭州—嘉兴天然气输气管道工程整体竣工验收获得浙江省发展和改革委员会批复。

杭州—嘉兴天然气输气管线输气站、阀室分布见表5-2-3。

表5-2-3 杭州—嘉兴天然气输气管线输气站、阀室分布一览表

序号	门站/分输站名称	所属干/支线	所 在 地 区
1	秀洲站	杭嘉线	嘉兴市秀洲区新塍镇南洋村
2	嘉兴站	杭嘉线	浙江省嘉兴市秀洲区王店镇四联村
3	屠甸站	杭嘉线	浙江省桐乡市屠甸镇万星村
4	下沙站	杭嘉线	杭州市江干区下沙经济技术开发区绕城高速出口
序号	无人值守站名称	所属干/支线	所 在 地 区
1	回车岭站	杭嘉线安吉支线	湖州市长兴县和平镇回车岭村
2	徐村湾站	杭嘉线安吉支线	湖州市安吉县徐村湾村
序号	阀室名称	所属干/支线	所 在 地 区
1	徐家洋阀室	杭嘉线	嘉兴市秀洲区新塍镇九里村
2	王店阀室	杭嘉线	嘉兴市秀洲区王店镇建龙村
3	南沈门阀室	杭嘉线	桐乡市高桥镇越丰村
4	章家塔阀室	杭嘉线	桐乡市崇福镇湾里村
5	天明阀室	杭嘉线	海宁市许村镇天明村
6	妙西阀室	杭嘉线安吉支线	湖州市吴兴区妙西镇五星村
7	回车岭阀室	杭嘉线安吉支线	湖州市长兴县和平镇回车岭村
8	群益阀室	杭嘉线南浔支线	湖州市南浔区和孚镇群益村

四、浙江省LNG配套天然气管道工程

2004年12月3日，国家发展和改革委员会发文《关于同意浙江LNG项目开展有关工作的函》，同意开展浙江LNG项目各项前期准备工作。2008年12月，浙江省天然气开发有限公司委托中国石油集团工程设计有限责任公司西南分公司编制完成了《浙江省LNG配套天然气管道工程可行性研究总说明》。2009年11月5日，浙江省LNG配套天然气管道工程取得建设项目选址意见书。

2009年6月29日，浙江省LNG接收站及配套天然气管道工程项目获得国家发展和改革委员会核准。2009年9月16日，浙江省LNG配套天然气管道工程初步设计通过浙江省发展和改革委员会审查。2009年10月29日，浙江省发展和改革委员会批复浙江省LNG配套天然气管道工程的初步设计。浙江省LNG配套天然气管道工程始于宁波市北仑区白峰镇中宅首站，终于宁波市鄞州区瞻岐镇三山末站。管线由北向西南敷设，途径北仑区、鄞州区，全长约33.50千米。管径1016毫米，管道设计压力7.0兆帕，设计年输气量为42×10^8标准立方米/年。设置中宅首站和三山末站共2座工艺站场，郑家堂阀室和下庙阀室共2座阀室。浙江省LNG配套天然气管道工程由浙江省天然气开发有限公司投资建设，中国石油集团工程设计有限责任公司西南分公司设计，胜利油田胜利勘察设计研究院有限公司、杭州亚太建设监理咨询有限公司联合监理，浙江省火电建设公司、浙江省隧道工程公司、中太建设集团股份有限公司、浙江天工自信科技工程有限公司、天津市管道工程集团有限公司等施工。项目决算投资额4.01亿元。

2010年12月27日浙江省LNG配套天然气管道工程马盘岭隧道开工，2011年12月19日场站工程开工。2012年5月31日隧道工程竣工，2012年10月10日两站两阀室竣工。2012年10月19日，浙江省LNG配套天然气管道工程全线贯通，并正式投产试运行。2017年6月26日，浙江省LNG配套天然气管道工程整体竣工验收获得浙江省发展和改革委员会批复。

2011年5月，浙江省天然气开发有限公司与浙江省电力建设有限公司签订浙江省LNG配套天然气管道工程建设管理服务合同，委托浙江省电力建设公司提供建设管理服务。

浙江省LNG配套天然气管线站场、阀室分布见表5-2-4。

表5-2-4 浙江省LNG配套天然气管线站场、阀室分布一览表

序号	场站/阀室	所在地区	备注
1	中宅首站	宁波市北仑区白峰镇中宅村	
2	郑家塘阀室	宁波市北仑区白峰镇马盘村	
3	下庙阀室	宁波市北仑区春晓镇昆亭村	
4	三山末站	宁波市鄞州区瞻岐镇合一村	春晓站内

五、甬台温天然气输气管道工程

2008年12月10日，浙江省发展和改革委员会印发《关于同意甬台温天然气输气管道工程开展前期工作的函》。2010年1月，浙江省天然气开发有限公司委托华东管道设计研究院编制完成了甬台温天然气输气管道工程可行性研究报告。2011年3月10日，甬台温天然气输气管道工程取得建设用地预审意见。

2011年5月，浙江省天然气开发有限公司与浙江省电力建设有限公司签订浙江省甬台温天然气管道工程建设管理服务合同，委托浙江省电力建设公司提供建设管理服务。

2011年12月5日，国家发展和改革委员会对甬台温天然气输气管道项目核准批复。2012年3月19日，甬台温天然气输气管道工程项目初步设计获得批复。

2012年7月19日，甬台温天然气输气管道项目举行开工仪式，浙江省副省长毛光烈等省政府、地方政府领导参加。由于甬台温天然气输气管线与中国石化公司浙江分公司成品油管线部分敷设距离属“同沟敷设”，根据项目安全评审意见，工程成立了由浙江省天然气开发有限公司和中石化浙江分公司组建的“项目部”。甬台温天然气输气管道工程是浙江省天然气管网的重要组成部分，输气管道全长444.78千米，设计输气规模为95×10^8标准立方米/年，站场设计分输规模为50.9×10^8标准立方米/年，设计压力6.3兆

帕，气源为浙江 LNG，西二线天然气和丽水 36-1 气田天然气。工程包括 2 条干线、2 条支线、15 座输气站场、21 座远控线路截断阀室。干线一管径为 813 毫米，全长约 349.18 千米。起自宁波市鄞州区春晓首站，经过宁波市鄞州区、奉化市、宁海县，台州市三门县、临海市、黄岩区、温岭市和温州市乐清市、永嘉县、鹿城区，终点为温州市鹿城区藤桥镇的温州末站，沿途设置 11 座站场。干线二管径为 813 毫米，全长约 54.7 千米。起点为位于温州市乐清市的乐清分输清管站，沿途经过温州市乐清市、龙湾区、瑞安市，终点为位于瑞安市莘塍镇的瑞安分输清管站。沿途设置龙湾分输清管站和瑞安分输清管站共 2 座站场。支线一（龙湾电厂支线）管径为 457 毫米，全长约为 4.9 千米，其中海底管线长约 4.1 千米。起点为位于温州市龙湾区的龙湾分输清管站，终点为位于温州市龙湾区的龙湾电厂。支线二（苍南支线）管径为 813 毫米，全长约为 36 千米，起点为位于瑞安市莘塍镇的瑞安分输清管站，沿途经过瑞安市的平阳县、苍南县，终点为位于苍南县芦浦镇的苍南末站。设置平阳分输站和苍南末站 2 座站场。甬台温工程由浙江省天然气开发有限公司投资建设，设计单位为中石化石油工程设计有限公司；监理单位有中石化石油工程设计有限公司、天津大港油田集团建设监理有限责任公司；主要施工单位有中国石油天然气管道局、中石化胜利油建工程公司、辽河油田建设工程公司、江汉油田建科（武汉）工程有限公司、中国石油天然气第一建设公司、中石化第十建设有限公司、浙江火电建设公司、中石化中原油建工程有限公司、廊坊华元机电工程有限公司、中国石油天然气管道局。项目概算总投资 56.55 亿元。

2014 年 6 月 30 日，甬台温天然气输气管道工程龙湾电厂支线顺利投产试运行，并向第一个用户——龙湾电厂试通气。2015 年 8 月 26 日，甬台温天然气输气管道工程宁海以北段正式通气投产。2017 年 5 月 26 日，甬台温天然气输气管道工程宁海至台州段正式通气投产。同年 6 月 28 日，台州至龙湾分输站段也顺利投产，同时对龙湾—瑞安站段、乐清—永嘉单线段进行充氮置换，在经过红岩头隧道改建之后，乐清—永嘉单线段于 2018 年 6 月 29 日投产；2018 年 12 月，瑞安分输站具备通气条件，至此甬台温天然气输气管道工程除苍南支线在建并纳入天然气“县县通”工程管理外，其余全部贯通。

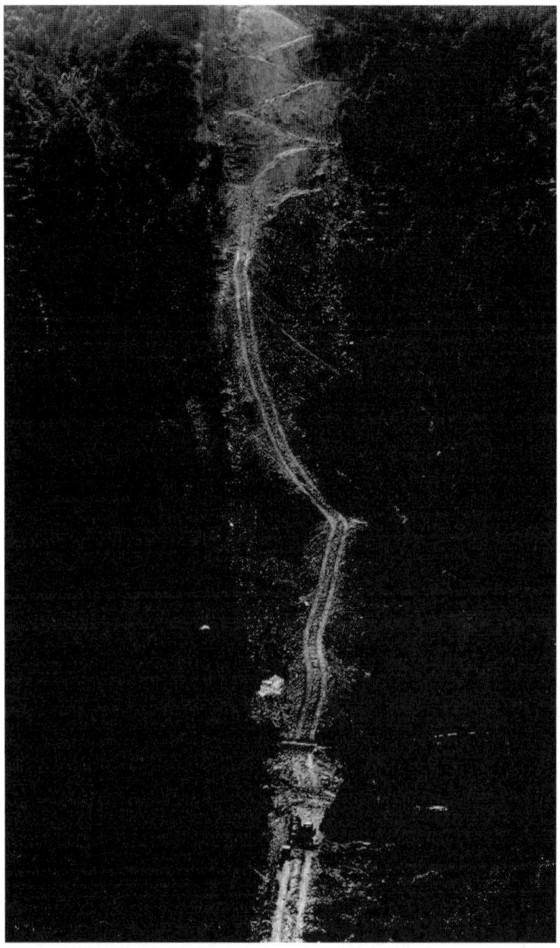

图 5-2-1　2013 年 10 月 26 日，甬台温天然气输气管道干线三门山顶施工现场

甬台温天然气输气管线站场、阀室分布见表 5-2-5。

其中，甬台温天然气输气管道工程瓯江南支穿越工程位于浙江省温州市龙湾区，原设计为海管穿越，但该设计方案投资大、施工周期长，经过先后四次可行性和设计方案审查讨论，最终明确调整为定向钻穿越方案，穿越长度为 3198 米（图 5-2-2）。2015 年 5 月 15 日，瓯江南支穿越工程开工，同年 9 月 5 日一次性回拖成功。

2015 年 9 月 9 日，浙江省委副书记、省长李强到甬台温瓯江南支穿越工程现场检查指导工作。

表5-2-5 甬台温天然气输气管线站场、阀室分布一览表

序号	所属干/支线	场站/阀室	所在地区
1	宁波段	春晓站（改扩建）	浙江省宁波市鄞州区瞻岐镇合一村
2		咸祥阀室	鄞州区咸祥镇里芦浦村
3		松岙阀室	奉化市松岙镇西岙村
4		奉化分输站	奉化市莼湖镇街牌门头村
5		莼湖阀室	奉化市莼湖镇陈三村
6		江瑶阀室	宁海县西店镇海格山村
7		宁海分输站	宁海县桃源街道金山六路
8		岭南阀室	宁海县前童镇岭南村
9		桑洲阀室	宁海县桑洲镇上屋基村
10	台州段	三门分输站	三门县海游街道下谢村
11		汇溪阀室	临海市汇溪镇谷岙村
12		临海分输站	临海市邵家渡街道贤居村
13		长甸阀室	临海市沿江镇马头山村
14		台州分输站	黄岩区新前街道西岙村
15		澄江阀室	黄岩区澄江街道东岙里村
16		院桥阀室	黄岩区院桥镇麻车村
17		温岭分输站	温岭市大溪镇花金村
18	温州段	湖雾阀室	乐清市大荆镇小横浦村
19		清江阀室	清江镇田古墩村
20		乐成阀室	乐清市城东街道新塘村
21		南岳阀室	虹桥镇大崧下岙村
22		乐清分输清管站	乐清开发区东侧堤外滩涂
23		象阳阀室	象阳镇路头石村
24		北白象分输站	北白象镇小港村
25		黄华阀室	乐清市黄华镇长林西村
26		乌牛阀室	乌牛镇横大联村
27		永嘉分输站	瓯北镇江芦田村
28		桥下阀室	桥下镇东山村
29		温州末站	鹿城区藤桥镇枫林岙村
30	温州段	灵昆阀室	龙湾区灵昆镇叶先村
31		永兴阀室	龙湾区永兴街道下兴村
32		龙湾分输站	龙湾区蓝田村
33		瑞安分输清管站	瑞安市町田街道董六村
34	苍南支线	平阳分输站	平阳县海西镇仙口村
35		鳌江阀室	平阳市鳌江镇阳屿村
36		苍南末站	苍南县龙港镇岑浦村

(a)预制好的管线准备回拖

(b)预制好的管线回拖中

(c)即将回拖成功

(d)顺利回拖成功

图5-2-2 瓯江南支管道穿越工程过程图

六、金丽温输气管道工程

2011年3月10日，金丽温输气管道工程取得建设项目选址意见书。2011年6月，浙江省天然气开发有限公司委托中国石油集团工程设计有限责任公司北京分公司编制完成了《浙江天然气南方管网项目金丽温输气管道工程可行性研究报告》。2011年8月25日，金丽温输气管道工程取得建设用地预审意见。

2012年2月，《关于上报金丽温输气管道工程项目申请报告的请示》获国家发展和改革委员会核准批复。2012年5月，《金华—武义试验段初步设计》通过浙江省发展和改革委员会审查，2012年12月开工建设。2013年3月，浙江省发展和改革委员会批复了金丽温输气管道工程的初步设计。

2013年10月，金丽温输气管道工程陆续分段开工。金丽温输气管道工程始于"西气东输"二线金华接收端的金华首站，终点位于甬台温天然气输气管道工程温州站。线路途经金华市金东区、婺城区、武义县、永康市、丽水市缙云县、莲都区、青田县、温州市瓯海区、鹿城区等9个县（区）市。干线全长220.2千米，管径813毫米，设计压力为6.3兆帕。干线设置1座首站（由金衢段配套管道工程建设），新建4座分输站、9座监控阀室。为向丽水市及其下辖部分县市（龙泉、云和、松阳、庆元和景宁）供气，在紫金阀室后设丽水支线。支线长度6.7千米，管径813毫米，设计压力为6.3兆帕。支线新建1座末站。金丽温输气管道工程由浙江金衢丽天然气有限公司投资建设，中国石油工程设计有限公司西南分公司、中石油工程设计有限责任公司北京分公司设计，中石化石油工程设计有限公司监理，中石化第四建设有限公司、中国石油天然气第一建设工程公司、中国石油天然气管道局主要施工。项目概算总投资33.49亿元。

2017年5月9日，金华—缙云站顺利试运投产，同时向第一个用户——缙云城燃供气；同年，向武义城燃、永康城燃供气。2018年1月4日，缙云站至丽水站投产通气，丽水末站同步向下游丽水城燃供气。2018年7月31日，油竹分输站—温州末站投产通气，同步向青田天然气公司供气。2018年10月18日，紫金阀室—油竹分输站投产通气，至此金丽温工程实现全线投产通气。

图5-2-3 2013年9月17日，金丽温输气管道工程干线隧道施工现场

金丽温天然气输气管线站场、阀室分布见表5-2-6。

七、"西气东输"二线浙江绍杭嘉段配套管道工程

2010年5月11日，浙江省天然气开发有限公司以浙天投〔2010〕110号文件申报浙能集团开展"西气东输"二线浙江绍杭嘉段配套管道工程项目前期工作。2010年10月，浙江省天然气开发有限公司委托华东管道设计研究院编制完成了《"西气东输"二线浙江绍杭嘉段配套管道工程可行性研究报告》。2010年11月4日，"西气东输"二线浙江绍杭嘉段配套管道工程取得

表 5-2-6 金丽温天然气输气管线站场、阀室分布一览表

序号	所属干/支线	站场/阀室	市	县/市/区	乡镇（街道）	村
1	金华—武义段	金华首站	金华	金东区	赤松镇	岗上村
2		东孝阀室			东孝街道	毛竹园村
3		澧浦阀室			澧浦镇	宅树塘村
4		履坦阀室		武义县	履坦镇	潘宅村
5	武义—丽水段	武义分输站			白洋街道	牛背金村
6		永康分输站		永康市	江南街道	上把赵村
7		缙云分输站	丽水	缙云县	新碧镇	内孙村
8		七里阀室			七里乡	孙庵村
9		双黄阀室		莲都区	岩泉街道	黄畈村
10		紫金阀室			紫金街道	风化村
11		丽水末站		开发区	南明山街道	中堂村
12	丽水—温州段	海口阀室		青田县	海口镇	高沙村
13		船寮阀室			船寮镇	下七步村
14		青田分输站			章旦乡	朱垟村
15		油竹阀室			油竹街道	麻宅村

建设项目用地的预审意见；2010 年 11 月 5 日，取得建设项目选址意见书。

2011 年 1 月，浙江省发展和改革委员会对“西气东输”二线浙江绍杭嘉段配套管道工程项目进行核准批复。2011 年 3 月，浙江省发展和改革委员会对“西气东输”二线浙江绍杭嘉段配套管道工程初步设计予以批复。

2010 年 4 月，“西气东输”二线浙江绍杭嘉段配套管道工程杭州段工程开工。2013 年 7 月，绍兴段工程开工。“西气东输”二线浙江绍杭嘉段配套管道工程由绍兴段、杭州段、嘉兴段组成。绍兴段主要在诸暨市草塔镇后山芝村建设诸暨分输站 1 座及西二线诸暨分输站—诸暨分输站配套管线 5.6 千米；杭州段主要在萧山区河庄街道三联村建设萧山联络站 1 座及西二线萧山联络站—萧山联络站管道 0.1 千米、萧山联络站—杭甬线管道 0.5 千米；嘉兴段主要在平湖市曹桥街道马厩村建设平湖分输站 1 座及西二线嘉兴站—平湖分输站 0.3 千米。三段管道设计压力均为 6.3 兆帕，其中绍兴段配套管线管径 660 毫米，诸暨分输站设计输气量 12.74×10^8 标准立方米/年；杭州段西二线萧山联络站—萧山联络站管线、萧山联络站—杭州市门站管线管径 610 毫米，萧山联络站—杭甬线管线管径 813 毫米，萧山联络站设计输气量 6.57×10^8 标准立方米/年；嘉兴段配套管线管径 323 毫米，设计输气量 1.8×10^8 标准立方米/年。“西气东输”二线浙江绍杭嘉段配套管道工程由浙江省天然气开发有限公司投资建设，浙江省电力建设有限公司现场管理，中石化石油工程设计有限公司设计，天津大港油田集团建设监理有限责任公司、陕西省工程监理有限责任公司监理，五洋建设集团股份有限公司、中国石油天然气第一建设公司、中石化胜利油建工程有限公司施工。项目概算总投资 2.24 亿元。

2012 年 8 月 17 日，“西气东输”二线浙江绍杭嘉段配套管道工程杭州段实施天然气置换、升压工作并注入杭甬线，顺利完成“西气东输”二线浙江绍杭嘉段配套管道工程与杭州—宁波天然气输气管道工程的连通。2014 年 6 月 10 日，“西气东输”二线浙江绍杭嘉段配套管道工程绍兴段实施天然气置换、升压工作，6 月 11 日正式投产向诸暨门站输送天然气。嘉兴段配套管线及平湖分输站因上游开口问题及下游市场供气格局问题在完成场平施工后暂缓建设。

“西气东输”二线浙江绍杭嘉段配套管线站场分布见表 5-2-7。

表 5-2-7 “西气东输”二线浙江绍杭嘉段配套管线站场分布一览表

序号	所属干/支线	站场名称	所在地区
1	绍兴段	诸暨分输站	绍兴诸暨草塔镇后山芝村
2	杭州段	萧山联络站	萧山河庄镇三联村
3	嘉兴段	平湖分输站	平湖市曹桥街道

八、金丽温省级天然气管道金衢段配套管道工程

2011 年 3 月 1 日，金丽温省级天然气管道金衢段配套管道工程取得建设项目用地的预审意见；2011 年 3 月 10 日，取得建设项目选址意见书。

（一）金华燃机及兰溪支线

2011 年 4 月，浙江省天然气开发有限公司委托胜利油田胜利勘察设计研究院有限公司编制完成了《金丽温省级天然气管道金衢段配套管道工程金华燃机支线及兰溪支线项目可行性研究报告》。

2011 年 6 月 15 日，《金丽温省级天然气管道金衢段配套管道工程金华燃机支线及兰溪支线项目申请报告》获浙江省发展和改革委员会核准。同年 8 月 4 日，浙江省发展和改革委员会批复金丽温省级天然气管道金衢段配套管道工程初步设计。

2012 年 2 月金华燃机支线开工建设，2015 年 5 月 12 日，兰溪支线开工建设。金华燃机及兰溪支线始于“西气东输”二线金华接收端的金华首站，终点位于金华燃机电厂及兰溪城市门站。线路途经金华市金东区、婺城区、兰溪市等 3 个县（区）市。全长 54.3 千米，其中金华燃机支线全长 48.7 千米（包括金华首站至下窑分输站，管线长度 22.1 千米，管径 813 毫米，设计压力为 6.3 兆帕；下窑至燃机电厂段管线长度 20.5 千米、管径 323.9 毫米，设计压力为 6.3 兆帕；金华首站至金华城市门站，管径 355.6 毫米，设计压力为 4.0 兆帕），设置 1 座首站（金华首站），新建 1 座分输站、2 座监控阀室。兰溪支线全长度 5.6 千米，管径 323.9 毫米，设计压力为 4.0 兆帕。向金华市、金华燃机电厂及兰溪市供气。金华燃机及兰溪支线由浙江金衢丽天然气有限公司投资建设，胜利油田胜利勘察设计研究院设计，廊坊中油朗威工程项目管理有限公司监理，上海煤气第二管线有限公司施工。项目概算总投资 4.07 亿元。

2015 年 5 月 15 日，金华燃机支线完工，主体贯通；5 月 28 日，下窑分输站完成静态调试工作，具备通气条件；6 月 19 日，金华燃机支线通气。2016 年 7 月 4 日，兰溪支线主体贯通。2016 年 12 月 21 日，兰溪支线正式通气。

金华燃机及兰溪支线站场、阀室分布见表 5-2-8。

表 5-2-8 金华燃机及兰溪支线站场、阀室分布一览表

序号	所属干/支线	场站/阀室	所在地区
1	金华燃机支线	金华首站	金东区赤松镇小下王村
2		高村阀室	婺城区竹马乡方下店村
3		下窑分输站	婺城区白龙桥镇下窑村
4		古方阀室	婺城区白龙桥镇古方村

（二）浦江支线及东阳支线

2011 年 5 月，浙江省天然气开发有限公司委托胜利油田胜利勘察设计研究院有限公司编制完成了《金丽温省级天然气管道金衢段配套管道工程浦江支线及东阳支线项目可行性研究报告》。

2011 年 6 月 15 日，《金丽温省级天然气管道金衢段配套管道工程浦江支线及东阳支线项目申请报告》获浙江省发展和改革委员会核准。同年 8 月 4 日，与金衢配套 8 条支线合并为 4 个项目一同取得初步设计批复。

2015 年 7 月 15 日，浦江支线正式开工；2016 年 4 月 30 日，东阳支线开工建设。浦江支线及东阳支线始于义乌分输站，负责向浦江及东阳两地输送天然气，其中浦江支线管径 355.6 毫米、东阳支线管径 406.4 毫米，设计压力均为 6.3 兆帕。浦江支线及东阳支线由浙江金衢丽天然气有限公司投资建设，中石化石油工程设计有限公司设计，廊坊中油朗威工程项目管理有限公司监理，上海电力安装第一工程公司、中石化胜利油建工程有限公司主要施工。项目概算总投资 3.47 亿元。

2017 年 4 月 28 日，浦江支线全线贯通投产。

2017年8月24日，浦江支线正式向下游——浙江省浦江高峰管道燃气有限公司供气。东阳支线于2018年8月10日顺利完成义乌市双江湖区域四条连续定向钻作业并正式投产试运；同年9月6日，东阳支线正式向下游用户——东阳市燃气有限公司供气。

浦江支线及东阳支线站场、阀室分布见表5-2-9。

表5-2-9 浦江支线及东阳支线站场、阀室分布一览表

序号	所属干/支线	场站/阀室	所在地区
1	—	义乌分输站（改扩建）	义乌市城西街道石明堂村
2	浦江支线	浦江末站	浦江县潘宅镇石鼓村
3		塘岭阀室	浦江县黄宅镇塘岭村
4	东阳支线	东阳末站	东阳市吴宁街道孙村
5		西坞阀室	东阳市南市街道朱村
6		南王店阀室	义乌市佛堂镇南王店村
7		下金阀室	义乌市稠江街道下金村

（三）义乌支线

2011年4月，浙江省天然气开发有限公司委托胜利油田胜利勘察设计研究院有限公司编制完成了《金丽温省级天然气管道金衢段配套管道工程义乌支线项目可行性研究报告》。

2011年6月15日，《金丽温省级天然气管道金衢段配套管道工程义乌支线项目申请报告》获浙江省发展和改革委员会核准。同年8月4日，与金衢配套8条支线合并为4个项目一同取得初步设计批复。

2011年7月，义乌支线开工建设。义乌支线始于“西气东输”二线金华接收端的金华首站，终点位于义乌分输站。线路途经金华市金东区、义乌市等2个县（区）市。全长33.2千米，管径660毫米，设计压力为6.3兆帕；新建1座分输站（义乌分输站）、1座监控阀室。主要向义乌市供气。义乌支线由浙江金衢丽天然气有限公司投资建设，胜利油田胜利勘察设计研究院设计，中石化石油工程设计有限公司监理，江汉油田建科（武汉）工程有限公司施工。项目概算总投资2.67亿元。

2013年1月30日，义乌支线主体贯通。2013年5月20日，义乌站完成静态调试，具备通气条件。2013年7月20日，金华站完成静态调试，具备通气条件。2015年6月19日，义乌支线通气。

义乌支线站场、阀室分布见表5-2-10。

表5-2-10 义乌支线站场、阀室分布一览表

序号	所属干/支线	场站/阀室	所在地区
1	义乌支线	金华首站	金东区赤松镇小下王村
2		鞋塘阀室	金义都市区鞋塘办事处山头下村
3		义乌分输站	义乌市城西街道石明堂村

（四）常山支线、江山支线及龙游支线

2011年4月，浙江省天然气开发有限公司委托胜利油田胜利勘察设计研究院有限公司编制完成了《金丽温省级天然气管道金衢段配套管道工程常山支线、江山支线及龙游支线项目可行性研究报告》。

2011年6月15日，《金丽温省级天然气管道金衢段配套管道工程常山支线、江山支线及龙游支线项目申请报告》获得浙江省发展和改革委员会核准。同年8月4日，浙江省发展和改革委员会批复金丽温省级天然气管道金衢段配套管道工程及相关支线工程的初步设计。

2012年5月，常山支线、江山支线及龙游支线工程开工建设。常山支线、江山支线及龙游支线均始于衢州接收站，终点分别位于常山末站、江山末站及龙游分输站。沿线涉及衢州市的衢江区、柯城区、常山县、江山市、龙游县等5个县（区）市。工程全长128.6千米，同时新建设常山电厂专线、江山电厂专线、龙游电厂专线，共计51.7千米。管线管径355.6毫米，设计压力为6.3兆帕，沿线设输气站4座，输气末站2座，线路截断阀室5座，其中常山支线2座、江山支线2座、龙游支线1座。年设计输气量3.55×10^8标准立方米/年。常山支线、江山支线及龙游支线由浙江金衢丽天然气有限公司投资建设，胜利油田胜利勘察设计研究院设计，廊坊中油朗威工程项目管理有限公司及胜利油田胜利

勘察设计研究院有限公司监理，上海煤气第二管线有限公司、中国石油管道局工程有限公司、江汉油田建科（武汉）工程有限公司、浙江万里建设工程有限公司施工。项目概算总投资 8.62 亿元。

2013 年 1 月 10 日，江山支线及电厂专线全线贯通；2013 年 4 月 20 日，江山支线及电厂专线正式通气。2014 年 5 月 10 日，常山支线及常山电厂专线工程完工；2014 年 5 月 15 日，常山支线及常山电厂专线正式通气。2014 年 3 月 22 日龙游支线完工，2014 年 4 月 3 日，龙游电厂专线完工；2015 年 4 月 21 日，龙游支线及电厂专线通气。

常山支线、江山支线及龙游支线站场、阀室分布见表 5-2-11。

表 5-2-11 常山支线、江山支线及龙游支线站场、阀室分布一览表

序号	所属干/支线	场站/阀室	所在地区
1	常山支线	塘下阀室	衢州市柯城区航埠镇前坞村
2		五里阀室	常山县辉埠镇久泰弄村
3		常山末站	常山县辉埠镇久泰弄村
1	江山支线	衢州接收站	衢州市衢江区浮石街道新田铺村
2		航埠阀室	衢州市柯城区航埠镇河东村
3		四都阀室	江山市四都镇前岭村
4		江山末站	江山市虎山街道金坞村
1	龙游支线	欧塘阀室	衢州市衢江区高家镇安仁村
2		龙游分输站	龙游县东华街道街路村

九、西二线萧山不停输连头工程

2012 年 5 月 25 日，浙江省能源集团有限公司天然气石油分公司在杭州组织召开西二线接入杭甬线龙虎阀室动火连头方案专题审查会。审查会专家通过“西二线接入杭甬线龙虎阀室动火连头方案”。2012 年 6 月 11 日，浙能集团同意方案并向浙江省重点建设办公室领导小组请示。2012 年 6 月 11 日，浙江省能源局、浙江省重点建设办公室领导小组批示：同意萧山联络站接入杭甬线管道不停输动火连头工程方案。西二线萧山不停输动火连头工程是西二线进入浙江的接口，并在浙江省级管线上首次采取不停输动火连头工程，在国内首创在大管径 813 毫米天然气输气管道进行不停输动火连头作业。

2012 年 6 月 21 日，萧山联络站不停输动火连头工程正式动工。工程由中石油维抢修中心实施，陕西省工程监理有限责任公司担任监理单位，浙江省天然气开发有限公司为业主单位。项目总投资 825.36 万元。

2012 年 7 月 5 日，工程完工，并检测合格成功通气，“西二线”天然气按期进入浙江。

十、萧山—义乌天然气管道工程

2018 年 4 月 12 日，浙江省发展和改革委员会以《关于加快推进萧山—义乌、杭甬复线和浙沪联络线二期等天然气管道工程有关事项的通知》要求加快推进萧山—义乌天然气管道工程前期工作。2018 年 7 月，浙江省天然气开发有限公司委托中国石油工程建设有限公司西南分公司编制完成了《萧山—义乌天然气管道工程可行性研究报告》，2018 年 8 月 6 日，萧山—义乌天然气管道工程取得建设项目选址意见书；2018 年 8 月 27 日，取得建设用地预审意见。2018 年 10 月 17 日，萧山—义乌天然气管道工程项目获得浙江省发展和改革委员会核准批复。

2019 年 3 月 29 日，萧山—义乌天然气管道工程试验段开工建设。萧山—义乌天然气管道工程始于杭甬线萧山支线临浦阀室，途径萧山区、诸暨市、浦江县、义乌市，整体走向呈近北—南西方向，全长 122 千米，项目概算总投资 16.7 亿元，管径 813 毫米，设计压力 6.3 兆帕，设计输气量 45 亿立方米/年。作为浙江省天然气基础设施互联互通重点工程之一，工程建成后可有效解决和满足杨汛桥、临浦、诸暨天然气等新增市场用气需求，缓解萧山电厂支线的输气瓶颈。更重要的是工程具有“承上启下”的重要作用，可将浙江省已建的管线连成一张环网，增强浙江省天然气管网调配气的灵活性和可靠性，破解天

然气基础设施输送瓶颈。同时，工程将首次试点数字化管道建设，采用新的技术创新与智能管网体系，迈出浙江省在长输管道建设领域实践“互联网+”的第一步。

截至2019年12月，试验段塘屏山隧道累计完成2062米，陈溪坞隧道累计完成1684米；普通线路段累计焊接2.7千米。

第三节 “县县通”管线建设

一、建设背景

2016年8月17日，印发《浙江省人民政府办公厅关于实施全省天然气“县县通”专项行动计划的通知》。2016年12月6日、20日、23日，浙能集团先后召开全省“县县通”建设管理专题会议。会议提出：“天然气‘县县通’专项行动计划作为浙江省政府下达的能源基础设施工程、民生工程，浙能集团相关部门和下属各板块、营运企业，必须以高度的责任感和使命感，在充分总结以往工程建设经验和教训的基础上，抓深抓细各项前期工作、优化工程管理模式、加大政策处理力度和行政报批进度，确保在‘十三五’期间如期完成浙江省政府下达的建设任务。根据浙能集团创新发展和体制机制改革方案，天然气‘县县通’工程作为浙能集团管控的重大建设项目，由浙能集团实行两级管理。对于‘县县通’工程的基建管理流程，明确除浙能集团管理制度要求需提请董事会审议的事项由浙江省天然气开发有限公司上报外，其他事项按照职责分工由浙江省天然气开发有限公司或省电建公司直接上报浙能集团。”会议同时对天然气“县县通”工程建设范围、建设模式、责任界面、审批流程和融资模式等事项作出相关决定。至此，天然气“县县通”管线建设开始实施。

二、实施项目

（一）甬台温天然气输气管道工程苍南支线

2011年7月，浙江省天然气开发有限公司委托华东管道设计研究院编制完成了甬台温天然气输气管道工程可行性研究报告。

2011年12月，国家发展和改革委员会核准甬台温天然气输气管道工程（含苍南支线）项目申请报告；2012年3月，浙江省发展和改革委员会批复工程初步设计。2016年12月，浙江省发展和改革委员会《关于甬台温工程苍南支线初设变更的批复》批复工程初步设计变更。

2017年6月18日，甬台温天然气输气管道工程苍南支线开工建设。甬台温天然气输气管道工程苍南支线起于温州市瑞安市瑞安分输站，止于温州市苍南县苍南末站，共途径温州市瑞安市、平阳县和苍南县，管线全长约37千米，管径813毫米，设计压力6.3兆帕，设计年输气量7.03×10^8标准立方米/年；新建2座场站，2座阀室。苍南支线由浙江省天然气开发有限公司投资建设，中石化石油工程设计有限公司设计，天津大港油田集团建设监理有限责任公司为监理，中国石油管道局工程有限公司、中石化江汉油建工程有限公司、核工业井巷建设集团公司等主要施工。项目概算总投资4.82亿元。

2017年12月，浙江省天然气开发有限公司与浙江省电力建设有限公司签订甬台温天然气输气管道工程苍南支线项目管理合同，委托浙江省电力建设有限公司进行建设管理。

截至2019年12月，累计完成焊接31.78千米，平阳分输站、苍南末站全部建设完成，鳌江阀室工艺安装完成98%。

甬台温天然气输气管线苍南支线站场、阀室分布见表5-2-12。

表5-2-12 甬台温天然气输气管线苍南支线站场、阀室分布一览表

序号	所属干/支线	场站/阀室	所在地区
1	瑞安段	瑞安分输站（改扩建）	瑞安市町田街道董六村
2		飞云阀室	瑞安市南滨街道阁二村（应瑞安市要求增设飞云阀室，供地由瑞安市解决）
3	平阳段	平阳分输站	平阳县海西镇仙口村
4		鳌江阀室	平阳县鳌江镇阳屿村
5	苍南段	苍南末站	苍南县龙港镇海城社区岑浦村

（二）北仑—大榭天然气管道工程

2013年4月，浙江省天然气开发有限公司委托胜利油田胜利勘察设计研究院有限公司编制完成了《北仑—大榭天然气管道工程可行性研究报告》。2013年4月22日，北仑—大榭天然气管道工程取得建设项目选址意见书；2013年5月7日，取得建设项目用地的预审意见。

2013年6月15日，北仑—大榭天然气管道工程项目申请报告获浙江省发展和改革委员会核准。2014年5月23日，浙江省发展和改革委员会批复工程初步设计。

2015年1月6日，北仑—大榭天然气管道工程开工建设。北仑—大榭天然气管道工程始于宁波市北仑区郑家塘阀室，终于宁波市大榭经济技术开发区大榭末站。管线由南向北途径宁波市北仑区、大榭经济技术开发区，全长约20.79千米。管线管径813毫米，管道设计压力7.0兆帕，设计年输气量为4.8×10^8标准立方米/年。设置场站2座、阀室1座、扩建阀室1座。北仑—大榭天然气管道工程由浙江省天然气开发有限公司投资建设，中石化石油工程设计有限公司、华东输油管理局华东管道设计研究院联合设计，北京兴油工程项目管理有限公司监理，江汉油田建科（武汉）工程有限公司、浙江省隧道工程公司施工。项目概算总投资3.15亿元。

2015年1月8日，北仑—大榭天然气管道工程黄峙江定向站导向孔开钻，2月8日凌晨完成回拖。2015年1月15日，北仑—大榭天然气管道工程将军山隧道开工爆破。2016年4月，郑家塘阀室扩建、柴桥阀室、化工区分输站、大榭末站施工完成。2016年6月30日，北仑—大榭天然气管道工程施工完成（除芦江河1.5千米因政策处理原因无法进场施工）。

北仑—大榭天然气管线站场、阀室分布见表5-2-13。

表5-2-13 北仑—大榭天然气管线站场、阀室分布一览表

序号	所属干/支线	场站/阀室	所在地区
1	北仑段	郑家塘阀室（改扩建）	宁波市北仑区白峰镇阳东村
2	北仑段	柴桥阀室	宁波市北仑区柴桥街道沙漠村
3	北仑段	化工区分输站	宁波市北仑区柴桥镇大湾村
4	大榭段	大榭末站	宁波市大榭经济开发区大榭石化厂

（三）浙沪天然气联络线一期工程

2014年10月，浙江省天然气开发有限公司委托中石化石油工程设计有限公司编制完成了《浙沪天然气联络线一期工程可行性研究报告》。2014年7月29日，浙沪天然气联络线一期工程取得建设项目用地预审意见；2015年3月9日，取得建设项目选址意见书。

2015年4月，浙沪天然气联络线一期工程项目申请报告获浙江省发展和改革委员会核准。2017年1月，浙江省发展和改革委员会批复工程初步设计。

2017年5月18日，浙沪天然气联络线一期工程开工建设。浙沪天然气联络线一期工程始于杭嘉线屠甸分输站，终点位于海盐县海盐分输站，旨在联通上海，增强省际天然气管网互联互通。线路途经嘉兴市桐乡市、海宁市、海盐县等3个县（区）市。线路全长33.4千米，管径813毫米，设计压力为6.3兆帕。项目新建1座分输站、3座阀室，改扩建屠甸分输站。浙沪天然气联络线一期工程由浙江省天然气开发有限公司投资建设，中国石油工程设计有限公司西南分公司、中石化江苏监理有限公司、中石化宁波工程有限公司等单位参建。项目实际投资3.38亿元。

2018年11月14日，浙沪天然气联络线一期工程全线正式通气投产。12月2日，海盐站向下游海盐县城供气。

浙沪天然气联络线一期站场、阀室分布见表5-2-14。

表5-2-14 浙沪天然气联络线一期站场、阀室分布一览表

序号	所属干/支线	场站/阀室	所在地区
1	桐乡段	屠甸分输站（改扩建）	桐乡市屠甸镇万星村
2	海宁段	殳山阀室	海宁市海昌街道双山村
3	海盐段	百步分输阀室	海盐县百步镇农丰村
4	海盐段	于城阀室	海盐县于城镇吕冢村
5	海盐段	海盐分输站	海盐县武原街道双桥村

图5-2-4 2017年7月10日，浙沪天然气联络线一期工程海盐段线路，浙江省天然气开发有限公司工程管理人员现场政策处理

（四）上虞—新昌天然气管道工程

2015年12月，浙江省天然气开发有限公司委托中国石油天然气管道工程有限公司编制完成《上虞—新昌天然气管道工程可行性研究》。2016年3月21日，上虞—新昌天然气管道工程取得项目用地的预审意见；2016年3月24日，取得建设项目选址意见书。

2016年4月7日，绍兴市发展和改革委员会核准上虞—新昌天然气管道工程项目申请报告。2016年7月15日，绍兴市发展和改革委员会批复上虞—新昌天然气管道工程的初步设计。

2017年4月12日，上虞—新昌天然气管道工程开工建设。上虞—新昌天然气管道工程起于杭甬天然气输气管道上虞分输站，止于嵊州市境内的嵊州分输站，途径上虞区、越城区和嵊州市，管线全长约82千米，管径813毫米，设计压力6.3兆帕，设计年输气量4.275×10^8标准立方米/年。新建2座场站，4座阀室，改造上虞分输站。上虞—新昌天然气管道工程由浙江省天然气开发有限公司投资建设，中国石油管道局工程有限公司设计分公司设计，胜利油田新兴工程监理咨询有限公司、浙江华东工程咨询有限公司监理，辽河油田建设工程公司、中石化第十建设有限公司、中国石油管道局工程有限公司、中国石油天然气第一建设公司、中石化胜利油建工程有限公司、浙江省隧道工程公司等主要施工。项目概算总投资10.88亿元。

2018年12月28日，上虞—新昌天然气管道工程完成管线试压、干燥置换等工作，具备通气条件。当日14时28分，上虞—新昌天然气管道工程正式投产试运行。

上虞—新昌天然气输气管线站场、阀室分布见表5-2-15。

表5-2-15 上虞—新昌天然气输气管线站场、阀室分布一览表

序号	所属干/支线	场站/阀室	所在地区
1	上虞段	上虞站（改扩建）	上虞区崧厦镇西华村
2		曹娥阀室	上虞区曹娥街道沥泗村
3		东关阀室	上虞区东关街道保驾山村
4		汤浦阀室	上虞区街道汤浦镇蒋村
5		上虞南分输站	上虞区章镇镇杭浦村
6	嵊州段	浦口阀室	嵊州市浦口街道东坂庄村
7		嵊州分输站	嵊州市三江街道大菱塘村

（五）国电南浔热电配套天然气管道工程

2016年11月，浙江省天然气开发有限公司委托中石化石油工程设计有限公司编制完成了《国电南浔热电配套天然气管道工程可行性研究报告》。2016年12月20日，国电南浔热电配套天然气管道工程取得建设项目选址意见书；2016年12月21日，取得用地预审意见。

2017年1月5日，《国电南浔热电配套天然气管道工程项目申请报告》获浙江省发展和改

革委员会核准。2017 年 3 月，国电南浔热电配套天然气管道工程试验段开工建设。2017 年 7 月 4 日，浙江省发展和改革委员会批复国电南浔热电配套天然气管道工程初步设计。

2017 年 7 月 25 日，国电南浔热电配套天然气管道工程剩余段开工建设。国电南浔热电配套天然气管道工程始于原杭州—嘉兴天然气输气管道工程南浔末站，终于国电湖州南浔天然气热电有限公司电厂末站。管线主要在湖州市南浔区境内。干线全长约 21.05 千米，管径 406 毫米，管道设计压力 6.3 兆帕，设计年输气量 2.03×10^8 标准立方米/年。全线改扩建南浔末站一座，新建电厂末站一座，新建阀室两座。国电南浔工程由浙江省天然气开发有限公司投资建设，中石化石油工程设计有限公司设计，中石化胜利油建工程有限公司施工建设、胜利油田新兴工程监理咨询有限公司施工监理。项目概算总投资 1.78 亿元。

2017 年 12 月 18 日，国电南浔热电配套天然气管道工程全线贯通。2017 年 12 月 24 日，国电南浔热电配套天然气管道工程完成管线试压、干燥置换等工作，具备通气条件。2017 年 12 月 28 日，国电南浔热电配套天然气管道工程顺利投产，并向国电湖州南浔热电有限公司试通气。

国电南浔热电配套天然气管线站场、阀室分布见表 5-2-16。

表 5-2-16 国电南浔热电配套天然气管线站场、阀室分布一览表

序号	所属干/支线	场站/阀室	所在地区
1	国电南浔	南浔末站（改扩建）	湖州市南浔区和孚镇复乐村
2		双林 1 号	湖州市南浔区双林镇曹桥村
3		双林 2 号	湖州市南浔区双林镇邢窑村
4		电厂末站	湖州市南浔区经济开发区宝山村

（六）丽水—龙游天然气管道一期工程

2016 年 12 月 20 日，丽水—龙游天然气管道一期工程取得建设项目选址意见书；2016 年 12 月 26 日，丽水—龙游天然气管道一期工程（丽水段）取得用地预审意见。2017 年 1 月，浙江省天然气开发有限公司委托中国石油集团工程设计有限责任公司西南分公司编制完成了《丽水—龙游天然气管道一期工程可行性研究报告》。

2017 年 3 月 29 日，丽水—龙游天然气管道一期工程项目申请报告获浙江省发展和改革委员会核准。2017 年 9 月 15 日，浙江省发展和改革委员会批复工程初步设计。

2018 年 1 月 18 日，浙江省天然气开发有限公司与浙江省电力建设有限公司签订丽水—龙游天然气管道一期工程项目管理合同，委托浙江省电力建设有限公司进行建设管理。

2018 年 3 月 13 日，丽水—龙游天然气管道一期工程开工建设。丽水—龙游天然气管道一期工程始于金丽温工程丽水末站，途经丽水市经济开发区，止于遂昌县遂昌分输站。线路全长约 107.13 千米，管道设计压力 6.3 兆帕，设计输气量 7.51×10^8 标准立方米/年。管径分别为 813 毫米和 406 毫米。丽水—龙游天然气管道一期工程新建输气站站场 2 座（松阳分输站、遂昌分输站），新建清管站 1 座，即石塘清管站，新建阀室 4 座。丽水—龙游天然气管道一期工程与金丽温输气管道工程衔接，改扩建紫金阀室，增加发球装置。丽水—龙游天然气管道一期工程由浙江省天然气开发有限公司投资，中国石油集团工程设计有限责任公司设计，中石化石油工程设计有限公司、浙江江南工程管理股份有限公司监理，核工业井巷建设集团公司、浙江省隧道工程公司、浙江省工业设备安装集团有限公司、上海煤气第二管线工程有限公司等主要施工。项目概算总投资 12.30 亿元。

截至 2019 年 12 月，丽水—龙游天然气管道一期工程线路焊接完成 98.6 千米，隧道施工完成。

丽水—龙游天然气管道一期站场、阀室分布见表 5-2-17。

（七）下窑—龙游天然气管道工程

2017 年 1 月，浙江省天然气开发有限公司委托中国石油管道局工程有限公司编制完成了《下窑—龙游天然气管道工程可行性研究报告》。2017 年 1 月 24 日，下窑—龙游天然气管道工程

表 5-2-17 丽水—龙游天然气管道一期站场、阀室分布一览表

序号	所属干/支线	场站/阀室	所在地区
1	丽水莲都段	紫金阀室（改扩建）	莲都区紫金街道风化村
2		南明山阀室	开发区南明山街道下章村
3		大港头阀室	莲都区碧湖镇头嘴村
4	云和县	石塘清管站	云和县石塘镇联合村
5	松阳段	象溪阀室	松阳县象溪镇龙湾村
6		松阳分输站	松阳县望松街道西河村
7		赤寿阀室	松阳县赤寿乡龙下村
8	遂昌段	遂昌分输站	遂昌县云峰街道龙板山工业园区

取得建设项目选址意见书；2007 年 2 月 8 日，取得用地预审意见。

2017 年 3 月 29 日，下窑—龙游天然气管道工程项目申请报告获浙江省发展和改革委员会核准。2017 年 10 月 20 日，浙江省发展和改革委员会批复工程初步设计。

2017 年 12 月 28 日，下窑—龙游天然气管道工程开工建设。下窑—龙游天然气管道工程始于金华市婺城区白龙桥镇的下窑分输站，途经金华市婺城区、兰溪市、金华开发区，止于衢州市龙游县东华街道龙游分输站。线路全长约 40.4 千米，管径 813 毫米，管道设计压力 6.3 兆帕，设计输气量 39×10^8 标准立方米/年。下窑龙游工程新建 2 座分输站（下窑分输站、龙游分输站）和新建 2 座阀室（罗埠阀室、蒲塘阀室）。下窑—龙游天然气管道工程由浙江省天然气开发有限公司投资，中国石油管道局工程设计有限公司设计，中石化石油工程设计有限公司监理，辽河油田建设有限公司、浙江省工业设备安装集团有限公司等主要施工。项目概算总投资 4.75 亿元。

2018 年 2 月 9 日，浙江省天然气开发有限公司与浙江省电力建设有限公司签订下窑—龙游天然气管道工程项目管理合同，委托浙江省电力建设有限公司进行建设管理。

2019 年 7 月 17 日，下窑—龙游天然气管道工程正式通气试运行。

下窑—龙游天然气管线站场、阀室分布见表 5-2-18。

表 5-2-18 下窑—龙游天然气管线站场、阀室分布一览表

序号	所属干/支线	场站/阀室	所在地区
1	金华段	下窑分输站（改扩建）	金华市婺城区白龙桥镇下窑村
2		罗埠阀室	金华市金华开发区罗埠镇弯田村
3	衢州段	蒲塘阀室	衢州市龙游县湖镇镇蒲塘村
4		龙游分输站（改扩建）	衢州市龙游县东华街道街路村

（八）常山—开化天然气管道工程

2017 年 2 月，浙江省天然气开发有限公司委托中国石油集团工程设计有限责任公司西南分公司编制完成了《常山—开化天然气管道工程可行性研究报告》。2017 年 3 月 13 日，常山—开化天然气管道工程取得建设项目选址意见书；2017 年 3 月 22 日，取得用地预审意见。

2017 年 3 月 27 日，常山—开化天然气管道工程项目申请报告获浙江省发展和改革委员会核准。2017 年 7 月 26 日，浙江省发展和改革委员会批复开化县试验先行段初步设计。2017 年 9 月 15 日，衢州市发展和改革委员会批复常山—开化天然气管道工程初步设计。

2017 年 9 月 20 日，常山—开化天然气管道工程开化县试验先行段于开化县华埠镇开工建设。2017 年 12 月 30 日，常山段线路工程开工建设。常山—开化天然气管道工程，起始于常山县辉埠镇的常山末站，止于开化县境内新建开化末站。管线全长约 31 千米，管径为 400 毫米，设计压力 6.3 兆帕，设计年输气量 1.35×10^8 标准立方米/年。项目新建 1 座阀室（高峰阀室），1 座开化末站，改造常山末站。常山—开化天然气管道工程由浙江省天然气开发有限公司投资建设，中国石油工程设计有限公司西南分公司设计，中石化石油工程设计有限公司、浙江江南工程管理股份有限公司监理，中石化胜利油建工程有限公司、中国化学工程第十六建设有限公司、

核工业建设集团公司等主要施工。项目概算总投资3.1亿元。

2018年2月9日，浙江省天然气开发有限公司与浙江省电力建设有限公司签订常山—开化天然气管道工程项目管理合同，委托浙江省电力建设有限公司进行建设管理。

截至2019年12月，常山—开化天然气管道工程线路焊接完成33.35千米，隧道施工完成。

常山—开化天然气管线站场、阀室分布见表5-2-19。

表5-2-19 常山—开化天然气管线站场、阀室分布一览表

序号	所属干/支线	场站/阀室	所在地区
1	常山段	常山末站（改扩建）	常山县辉埠镇久泰弄村
2		高峰阀室	常山县辉埠镇大埂村高峰自然村
3	开化段	开化末站	开化县城关镇泉坑村

（九）宁海—象山天然气管道工程

2017年3月，浙江省天然气开发有限公司委托中国石油集团工程设计有限责任公司西南分公司编制完成了《宁海—象山天然气管道工程可行性研究报告》。2017年3月28日，宁海—象山天然气管道工程取得建设项目选址意见书；2017年4月6日，取得工程项目用地的预审意见。

2017年4月26日，宁海—象山天然气管道工程项目申请报告获浙江省发展和改革委员会项目核准。2017年9月19日，宁波市发展和改革委员会批复工程初步设计。

2018年1月，浙江省天然气开发有限公司与浙江省电力建设有限公司签订宁海—象山天然气管道工程项目管理合同，委托浙江省电力建设有限公司进行建设管理。

2018年1月5日，宁海—象山天然气管道工程开工建设。宁海—象山天然气管道工程始于宁海县西店镇甬台温天然气管道江瑶阀室，终于象山县西周镇的象山末站。沿线经过宁波市宁海县、象山县。管线全长约32千米，设计管径406.4毫米，设计压力6.3兆帕，项目配套新建阀室2座，新建象山末站1座，改扩建江瑶阀室1座，设计输气量1.34×10^8标准立方米/年。宁海—象山天然气管道工程由浙江省天然气开发有限公司投资，中石化石油工程设计有限公司设计，中石化节能环保工程科技有限公司监理，中石化中原油建工程有限公司、中国石油天然气第一建设有限公司承建。项目概算总投资2.68亿元。

截至2019年12月，宁海—象山天然气管道工程线路工程累计焊接完成30.3千米。

宁海—象山天然气管线站场、阀室分布见表5-2-20。

表5-2-20 宁海—象山天然气管线站场、阀室分布一览表

序号	所属干/支线	场站/阀室	所在地区
1	宁海段	江瑶阀室（改扩建）	宁海县西店镇后海格山村
2		桥头胡阀室	宁海县桥头胡街道后浦龙村
3		大佳何阀室	宁海县大佳何镇溪下王村
4	象山段	象山末站	象山县西周镇柴溪村

（十）云和—龙泉天然气管道工程

2017年3月，浙江省天然气开发有限公司委托中国石油集团工程设计有限责任公司西南分公司编制完成了《云和—龙泉天然气管道工程可行性研究报告》。2017年4月20日，云和—龙泉天然气管道工程取得建设项目选址意见书；2017年5月11日，取得工程用地的预审意见。

2017年6月，云和—龙泉天然气管道工程项目申请报告获浙江省发展和改革委员会核准。2017年11月29日，丽水市发展和改革委员会批复工程初步设计。

2018年3月28日，云和—龙泉天然气管道工程开工建设。云和—龙泉天然气管道工程起于拟建丽水—龙游天然气管道一期工程的石塘阀室，经云和县、龙泉市，终于龙泉分输站，线路长度约76.2千米，管径分别为813毫米和406毫米，设计压力6.3兆帕，年设计输气量6×10^8标准立方米/年。云和—龙泉天然气管道工程新建2座场站，3座阀室。云和—龙泉天然气管道工程由浙江省天然气开发有限公司投资，中国石油集团工程设计有限责任公司西南分公司设计，

浙江江南工程管理股份有限公司、浙江明康工程咨询有限公司监理，由辽河油田建设有限公司、上海煤气第二管线工程有限公司、天津海盛石化建筑安装工程有限公司、核工业金华建设集团公司、核工业井巷建设集团公司、浙江省隧道工程有限公司主要施工。项目概算总投资 11.23 亿元。

2018 年 8 月 8 日，浙江省天然气开发有限公司与浙江省电力建设有限公司签订云和—龙泉天然气管道工程项目管理合同，委托浙江省电力建设有限公司进行建设管理。

截至 2019 年 12 月，云和—龙泉天然气管道工程线路工程累计焊接完成 32.89 千米；13 条隧道工程全部贯通。

云和—龙泉天然气管线站场、阀室分布见表 5-2-21。

表 5-2-21 云和—龙泉天然气管线站场、阀室分布一览表

序号	所属干/支线	场站/阀室	所在地区
1	云和段	石塘阀室	云和县石塘镇联合村
2		紧水滩阀室	云和县紧水滩镇石浦村
3		崇头清管站	云和县崇头镇坪背村
4		云和分输站	云和县白龙山街道三门村
5	龙泉段	安仁阀室	龙泉市安仁镇刘坊村
6		龙泉分输站	龙泉市塔石街道上坞村

（十一）东阳—磐安天然气管道工程

2017 年 5 月，浙江省天然气开发有限公司委托中国石油集团工程设计有限责任公司西南分公司编制完成了《东阳—磐安天然气管道工程可行性研究报告》。2017 年 6 月 19 日，东阳—磐安天然气管道工程取得建设项目选址意见书；2017 年 6 月 22 日，取得工程项目用地预审意见。

2017 年 7 月 3 日，东阳—磐安天然气管道工程项目申请报告获浙江省发展和改革委员会核准。2017 年 11 月 6 日，浙能集团完成初步设计审查，经与金华市发展和改革委员会沟通，地方政府将不再次组织召开该项目初步设计审查会及出具相关批复文件。2018 年 6 月 22 日，浙能集团出具《关于东阳—磐安天然气管道工程初步设计的批复》。

2018 年 5 月 30 日，东阳—磐安天然气管道工程开工建设。东阳—磐安天然气管道工程始于金华市东阳市吴宁街道金丽温省级天然气管道金衢段配套管道工程东阳支线东阳末站，管线由北向南途经东阳市城东街道、横店镇、湖溪镇、马宅镇、千祥镇，止于磐安县深泽乡磐安末站。线路全长约 42.1 千米，管径 406.4 毫米，管道设计压力 6.3 兆帕，设计输气量 0.48×10^8 标准立方米/年。东阳—磐安天然气管道工程新建磐安末站 1 座和 3 座阀室，改扩建东阳末站。东阳—磐安天然气管道工程由浙江省天然气开发有限公司投资，浙江省电力建设有限公司代为建设管理，中石化江苏监理有限公司、浙江明康工程咨询有限公司等监理，中石化宁波工程有限公司、核工业金华建设工程公司、中国石油天然气第一建设有限公司等主要施工。项目概算总投资 5.09 亿元。

2019 年 3 月 19 日，浙江省天然气开发有限公司与浙江省电力建设有限公司签订东阳—磐安天然气管道工程项目管理合同，委托浙江省电力建设有限公司进行建设管理。

截至 2019 年 12 月，东阳—磐安天然气管道工程线路工程累计焊接完成 20.17 千米，隧道工程累计完成掘进约 6.5 千米。

东阳—磐安天然气管线站场、阀室分布见表 5-2-22。

表 5-2-22 东阳—磐安天然气管线站场、阀室分布一览表

序号	所属干/支线	场站/阀室	所在地区
1	东阳段	东阳末站（改扩建）	金华市东阳市吴宁街道孙村
2		横店分输站	金华市东阳市横店镇南上湖社区
3		屠梁阀室	金华市东阳市马宅镇马宅村
4		祥旺阀室	金华市东阳市马宅镇祥旺村
5	磐安段	磐安末站	金华市磐安县新渥街道深泽村

（十二）临海—仙居天然气管道工程

2017年5月，浙江省天然气开发有限公司委托中国石油管道局工程有限公司编制完成了《临海—仙居天然气管道工程可行性研究报告》。2017年6月29日，临海—仙居天然气管道工程取得建设项目选址意见书；2017年7月3日，取得工程项目用地的预审意见。

2017年7月17日，临海—仙居天然气管道工程项目申请报告获浙江省发展和改革委员会核准。2017年12月15日，台州市发展和改革委员会批复工程初步设计。

2018年1月17日，临海—仙居天然气管道工程开工建设。临海—仙居天然气管道工程起于甬台温天然气输气管道工程汇溪阀室，止于新建的仙居末站，管道全长49.4千米，设计压力6.3兆帕，管径406.4毫米，设计年输气量0.96×10^8标准立方米/年，新建1座站场（仙居末站）和3座线路截断阀室（河头、永丰、白水洋阀室），并扩建汇溪阀室。临海—仙居天然气管道工程由浙江省天然气开发有限公司投资，中能建浙江省电力设计院有限公司设计，山东胜利建设监理有限公司监理，浙江省工业设备安装集团有限公司、辽河油田建设有限公司、中石化胜利建设工程有限公司、浙江省地矿建设有限公司主要施工。项目概算总投资5.21亿元。

2018年7月2日，浙江省天然气开发有限公司与浙江省电力建设有限公司签订临海—仙居天然气管道工程项目管理合同，委托浙江省电力建设有限公司进行建设管理。

截至2019年12月，临海—仙居天然气管道工程线路工程累计焊接完成48.06千米；隧道工程全部完成。

临海—仙居天然气管线站场、阀室分布见表5-2-23。

表5-2-23 临海—仙居天然气管线站场、阀室分布一览表

序号	所属干/支线	场站/阀室	所在地区
1	临海段	汇溪阀室（改扩建）	临海市汇溪镇谷岙村
2		河头阀室	临海市河头镇前山一村
3		永丰阀室	临海市永丰镇松林村
4		白水洋阀室	临海市白水洋镇上游村
5	仙居段	仙居末站	仙居县下各镇下高村

（十三）三门—嵊州天然气管道工程

2017年6月13日，三门—嵊州天然气管道工程取得建设项目选址意见书；2017年7月11日，取得工程用地的预审意见。2017年7月，浙江省天然气开发有限公司委托中国石油管道局工程有限公司编制完成了《三门—嵊州天然气管道工程可行性研究报告》。

2017年7月18日，三门—嵊州天然气管道工程项目申请报告获浙江省发展和改革委员会核准。2017年9月19日，浙江省发展和改革委员会批复工程初步设计。

2017年12月29日，三门—嵊州天然气管道工程开工建设。三门—嵊州天然气管道工程始于台州市三门县海游街道甬台温输气管线三门分输站，终于绍兴市嵊州市浦口街道嵊州分输站。沿线经过台州市三门县、天台县；绍兴市新昌县、嵊州市。管线全长约115.1千米，设计管径813毫米，设计压力6.3兆帕，项目配套新建阀室6座；新建天台分输站，改扩建三门分输站和嵊州分输站，设计输气量0.86×10^8标准立方米/年。三门—嵊州天然气管道工程由浙江省天然气开发有限公司投资，中石化石油工程设计有限公司设计，中石化江苏监理有限公司、北京兴油工程项目管理有限公司监理，由中国石油天然气第一建设有限公司、四川石油天然气建设工程有限责任公司、中石化胜利油建工程有限公司、浙江省地矿建设有限公司、天津海盛石化建筑安装工程有限公司承建。项目概算总投资12.98亿元。

2018年2月，浙江省天然气开发有限公司与浙江省电力建设有限公司签订三门—嵊州天然气管道工程项目管理合同，委托浙江省电力建设有限公司负责建设管理。

截至2019年12月，三门—嵊州天然气管道工程隧道工程已开工，线路工程累计焊接完成83.66千米，隧道工程完成。

三门—嵊州天然气管线站场、阀室分布见表5-2-24。

表5-2-24 三门—嵊州天然气管线站场、阀室分布一览表

序号	所属干/支线	场站/阀室	所在地区
1	台州段	三门分输站（改扩建）	三门县珠岙镇下榭村
2		洪畴阀室	天台县洪畴镇甲午村
3		三合阀室	天台县三合镇大麦园村
4		始丰阀室	天台县始丰街道磨刀坑村
5		白鹤阀室	天台县白鹤镇上联新村
6		天台分输站	天台县白鹤镇孟家塘村
7	绍兴段	儒岙阀室	新昌县儒岙镇横板桥村
8		羽林阀室	新昌新羽林街道白茅坑村
9		嵊州分输站（改扩建）	嵊州市浦口街道大菱塘村

第四节 液化天然气项目建设

一、温州LNG项目

（一）前期工作

2016年9月26日，温州液化天然气（LNG）项目获得国家能源局核准。工程建设规模为：在温州小门岛东端华尾咀矶头西侧水域，建设15万吨级（GT）LNG码头一座、2000吨级工作船码头一座（兼施工期材料码头）及相应的取排水口设施。近期接卸LNG量为300万吨/年。15万吨级LNG码头的设计主力代表船型为17.5万立方米船舶（满载吃水11.5米），结构兼顾26.6万立方米船舶。码头后方通过开山成陆形成LNG陆域接收站。陆域总占地面积约40公顷，形成的陆域占地面积30公顷（其中滩涂回填面积11.8公顷），开山护坡面积约15公顷，水平投影面积约10公顷。管线自小门岛LNG接收站出站，经海域穿越，在乐清市黄华社区岐头村登陆，线路全长约26千米，其中海底管道8.22千米，陆地管道约18千米。沿线设置前进阀室1座，乐清末站1座。

2017年1月17日（主体）成立浙能液化天然气项目筹建处。2017年9月18日，项目控股权由中石化变更至浙能集团。

2018年6月15日，浙江浙能温州液化天然气有限公司在温州市洞头区登记注册，首期注册资本金3亿元。2018年9月5日，取得国家自然资源部使用林地审核同意书；2018年9月17日取得地方政府《林木采伐作业许可证》。

2019年8月29日，浙能集团公司组织召开项目总平面布置优化方案审查会，取消项目围填海。一期设计LNG接收能力为300万吨/年，建设4座20万立方米的LNG全容罐，预留远期2座20万立方米的全容罐位置。远期规模根据市场供需情况确定。

（二）工程建设

2018年9月18日，举行浙江浙能温州LNG接收站工程开工典礼。2018年12月4日取得采矿许可证。2018年12月27日，项目成功入库国家投资项目统计联网直报平台。

2019年1月19日，8号罐区陆域形成，开山工程开工首爆，2019年4月19日爆破结束，2019年6月12日工程完工验收。2019年6月11日，对项目场平开山及边坡支护工程Ⅰ标段，涉及土石方开挖量约615万立方米，确定中标单位。2019年6月12日，确定接收站基础设计中标单位；2019年6月18日，确定外输管线勘查及设计中标单位；2019年8月，确定码头及陆域形成工程初步设计中标单位。2019年11月16日，完成黄华阀室用地农转用报批工作。2019年11月20日，完成项目整体初步设计浙能集团内部审查。2019年11月22日，项目外输管道（乐清市段）防洪评价通过专家评审。

二、六横LNG项目

2018年12月26日，浙江能源天然气集团有限公司与深圳能源燃气投资控股有限公司签订了《关于舟山六横液化天然气接收站项目的合作框架协议》，并明确由浙江能源天然气集团有限公司项目控股。

2019年5月10日，浙能集团董事会通过舟山六横液化天然气（LNG）接收站项目立项。

2019年9月29日，浙江能源天然气集团有限公司、深圳能源燃气投资控股有限公司、舟山市普陀区六横滩涂围垦开发有限公司共同签署《关于合作建设舟山六横液化天然气接收站项目之投资协议》，明确项目由浙江能源天然气集团

有限公司控股建设。项目拟定建设规模。2019年10月14日，浙江浙能六横液化天然气有限公司注册成立。

2019年12月26日，浙江能源天然气集团有限公司、深圳能源燃气投资控股公司、舟山普陀区六横滩涂围垦开发有限公司与浙江能源国际有限公司、Newton Industrial Limited签订了《关于合作建设舟山六横液化天然气接收站项目之投资协议》，浙江浙能六横液化天然气有限公司变更为外商投资企业。项目按“整体规划、分期实施”的原则展开建设。项目一期工程建设规模为600万吨/年，分两个阶段建设。项目远期根据市场发展需求，接收站规模扩大到1200万吨/年。

第三章　管道运行管理

第一节　调度运行

一、管网调度

（一）调度机构

2003年8月19日，浙江省天然气开发有限公司与中国石油天然气管道局签订《杭州—湖州天然气输气管道工程投产运行委托合同》，委托中国石油天然气管道局负责杭湖线及长兴、湖州、德清、杭州四座输气站的日常调度运行管理。

2004年12月，浙江省天然气开发有限公司发布《关于印发浙江省天然气开发有限公司部门工作职责的通知》，生产安全部调度中心成立，其职责为承担杭湖线管道运行和调度管理工作。调度室（又称调控中心）设在杭州分输站，设主任一名，副主任一名，调度四名，负责调控中心日常管理和调度值班工作。调度中心，依据浙江省天然气开发有限公司的购销合同或协议、输气日计划，指挥和协调管网的运行操作和事故处理。

2005年4月1日，浙江省天然气开发有限公司发布《关于调整机构设置的通知》（浙气人〔2005〕38号），生产安全部更名为生产运行部，调度运行中心归属生产运行部管理。2007年3月5日，浙江省天然气开发有限公司发布《关于成立公司生产技术部的通知》（浙气人〔2007〕23号），撤销生产运行部，成立生产技术部。生产技术部下设调度中心、维抢修中心、运行中心，维抢修中心主要负责管道日常维护、抢修作业，运行中心主要负责输气站场的日常运行操作和值班工作，属于生产技术部管理。2009年2月23日，浙江省天然气开发有限公司印发《关于印发生产技术部、安全监察（治安保卫）部、浙江逸欣天然气有限公司工作职员的通知》，重新调整公司生产技术部职责，由调度中心负责公司生产调度指令的下达和监督执行、管道站场日常运行的指挥、监控和远程操作、上下游间的运行协调及日常运行资料统计和分析。调度室由杭州分输站迁至浙能第二大厦，并兼公司应急值班室。

2011年5月浙江浙能天然气运行有限公司成立，调度运行中心将站场管理纳入调度运行中心统一管理。2012年开始，值班调度增加至10名，每班各配备调度值长1名、调度员1名。2014年8月1日起，调度中心承接了原由浙江省天然气开发有限公司负责的天然气气量周预测和日指定的审批工作。2018年，调度中心队伍进一步扩大，每班增加见习调度1名。

（二）调度模式

2004年1月，随着杭湖线的投产，标志着“西气东输”天然气正式进入省级天然气管网，供气覆盖杭州、湖州地区。杭湖线投运初期，调度中心负责编制月度运行方案，内容主要包括天然气购销计划、输气协调、重点生产活动等。

2005年12月，随着东海春晓油气田天然气的接入，省级天然气管网实现双气源进气，此时杭湖线与杭甬线分段运行。2007 年 5 月，随着杭湖线、杭甬线联网运行，站场和用户数量增加，管网运行压力不断提高。为保障管网安全稳定运行，针对冬季、夏季以及节假日等峰谷差大特殊运行工况，调度中心结合出现的特殊运行情况适时编制特殊运行方案。

2010 年 1 月，川气入浙，杭嘉线并网运行，省级天然气管网形成杭湖、杭甬、杭嘉“Y”字型管网结构。针对管网运行中各气源供气压力差异及管网供气日峰谷差大等特点，调度中心根据管网气源的变化及时调整完善，编制年度运行方案，指导全年管网运行。

2011 年 4 月，湖州联络站作为川气入浙的备用接气点正式投运，管网供气保障能力进一步加强。2011 年 6 月，春晓站三台压缩机并网试运行，管网接纳东海春晓气田天然气能力进一步提高。

2012 年 8 月，萧山联络站接入“西气东输”二线来气。11 月，随着宁波 LNG 进入省级天然气管网，至此浙江省拥有五大气源。为减少各气源混输后热值对燃气机组运行的影响，在日常调度运行中，尽量减少用户在热值波动较大的时间段启、停机。

2013 年 4 月，西二气进入衢州地区。由于衢州地区气源及用户尚未接入环网，且随着新增热电联产用户陆续投运，电网顶峰需求与管网供气能力的矛盾日益突出。2013 年 8 月 30 日浙江管网在线水力仿真系统上线试运行。

2014—2015 年，西二气先后进入诸暨、金华地区，丽水 36-1 气进入甬台温管道，中石油东海气田增产，省级天然气管网输气能力得到提升。因金华、衢州、诸暨未并入省级管网运行，经与上下游沟通协调以及探索总结，调度运行中心以“上能接纳上游供应，下能满足用户需求”为原则组织进气，确定了管网各段运行压力、瞬时流量范围，保障下游平稳输气。

2017 年 6 月，甬台温线并网运行，西二气（金华）、LNG、丽水 361 气进入丽水地区，省级天然气管网“大环网”格局逐渐成形。由于地区性需求差异较大，调度运行中心根据气源和用户供求情况，分别对湖杭甬嘉地区、金衢诸地区、甬台温以及金丽温地区对管道运行压力实行分区分级控制。

2018 年 8 月，金丽温干线投运，杭湖嘉甬—甬台温—金丽温干线并网运行，省级天然气管网“大环网”运行模式日趋成熟。调度运行中心根据管网运行工况，对杭湖嘉甬干线、甬台温—金丽温干线，以春晓站为转输节点分段运行。甬台温—金丽温干线并网运行后，管网接纳 LNG 能力进一步提高。

2019 年，龙游—下窑支线、萧山—义乌管线，衢州、诸暨单点供气地区并入省级天然气管网，“大环网”格局基本形成，宁波 LNG 来气经由甬台温—金丽温干线输送至浙东沿海及西南地区。

(a) 2004年4月，省级管网调度控制中心

(b) 2019年12月，省级管网调度控制中心

图 5-3-1 省级管网调度控制中心

（三）调度规程

2003 年 12 月 8 日，浙江省天然气开发有限公司发布《生产安全管理制度》，对调度管理网络图等调度规程首次作了规定。2004 年 4 月，

浙江省级天然气管网调度中心成立。浙江省级天然气管网调度中心成立之初除执行《生产安全管理制度》中的调度规则外，日常调度主要执行行业规范中的调度管理相关规定，如《天然气管道运行规范》《天然气输送管道系统节能经济运行规范》《石油天然气管道安全规程》《输油输气管道仪表及自动化设施管理规定》《输油气管道通用阀门操作、维护、检修规程》等。

2009年1月，浙江省天然气开发有限公司颁布第一部《浙江省省级天然气管网调度规程》，首部调度规程规定了浙江省省级天然气管道系统运行、操作、事故处理等有关调度管理的内容和要求，明确了调度管理的任务是负责管道运行、操作、事故处理等的指挥和协调。规程同时适用管道下游电厂及城市燃气等用户的调度管理。2012年由浙江浙能天然气运行有限公司对调度规程进行修订。2012年修订后的调度规程主要内容有：范围、编制依据、定义、总则、调度任务、调度管理制度、调度管辖范围、购销计划的调度管理、用户管理、运行方案的编制与管理、设备检修的调度管理、新建改建项目投入运行管理、工艺操作管理、压缩机调度管理、通信与自动化管理、运行异常的调度管理、事故处理等。

2019年4月22日，浙江浙能天然气运行有限公司再次对调度规程进行修订发布。2019年对调度规程进行第三次修订发布，根据调度中心运行管理模式对调度管辖范围、调度任务、调度运行、调度计划及投产试运内容进行调整，并细化异常事故处理方面的内容。

二、站场运行

（一）运行模式

2004年管网投运初期，运行工作根据浙江省发展计划委员会（浙计基础〔2001〕58号）文件的要求，由浙江省天然气开发有限公司负责。2008年12月，浙江省天然气开发有限公司发布《关于成立浙江天然气运营有限公司的通知》(后更名为浙江逸欣天然气有限公司)，输气站场运行工作及线路管理工作由浙江逸欣天然气有限公司具体实施。

2011年1月28日，浙能集团董事会决定成立浙江浙能天然气运行有限公司，并接纳浙江逸欣天然气公司现有全部业务和人员，负责全省天然气管网运行维护的统一管理。

2011年5月浙江浙能天然气运行有限公司成立后，全省管网及各输气场站的调度运行工作全部转由浙江浙能天然气运行有限公司承担。具体包括站场投运前的生产准备、投运操作、运行参数的监控、设备现场巡检、定期试验、设备消缺、维护抢修等日常管理和运行值班工作。

2011年，浙江浙能天然气运行有限公司在上虞站开展标准化站场创建试点工作，制定并发布了《输气站场标准化建设标准》，使站场管理逐步走向标准化、规范化、科学化。2012年，标准化站场创建、验收工作在湖杭甬嘉各站场全面推行，全省17座输气站全部通过标准化验收。2013—2015年继续组织开展每年2次的标准化达标验收与复审工作，站场达标率达到90%。截至2015年，创建三星级班组4个，二星级班组12个，一星级班组11个。2017年，根据浙能集团编制的标准化班组建设的相关标准，以春晓、衢州和嘉兴三个中心站为试点推行班委会管理模式，班组设立了安全员、技术员、培训员、考勤员和物资管理员五个委员，实行轮值主席制，建立班组管理制度，并结合7S班组建设，先行在嘉兴中心站试点班组定置化、目视化管理。

（二）中心站集中监控

2015年，浙江浙能天然气运行有限公司开展了区域集中监控管理模式的试点。2016年，“中心站集中监控”管理试点工作在湖州区域开展，省级管网首个区域中心站在湖州站成立（区域中心站：某一区域中管网上具有枢纽地位的，地理上位于中心地位的站）。湖州区域输气站场根据用户用气与应急特性，以湖州联络站为中心站，并划定相邻的7个站场中心站为其作业管辖区域。2017年，中心站试点范围进一步扩大，在不突破“三定”配置标准的前提下，完成了春晓、镇海、嘉兴、衢州、上虞、金华、萧绍、义乌8座中心站的建设。2018年，先后完成了台州、温州、丽水3座中心站的整合、调试及并入运行管理工作。2019年，杭州、瑞安中心站建成，全省中心站数量达14座，基本实现中心站集中管控全覆盖。

（三）运维一体化

2017 年 3 月，湖州中心站作为开展运维一体化工作的试点，并配备工艺、电气通信、计量仪表和控制四个专业。2017 年 5 月 11 日，浙能集团组织召开省级天然气管网集中管控和运维一体化专题会议，根据会议要求，浙江浙能天然气运行有限公司正式启动运维一体化改革试点工作。运维一体化的要求是：在中心站设立运维组，承担设备维护、维修工作，同时结合任务时间和地点，由中心站统一安排人员开展中心站所辖阀室、无人值守站的巡回检查，配合维抢修中心做好辖区内技改等项目的实施。2018 年，运维一体化工作在嘉兴、上虞、春晓和衢州中心站推广开展。截至 2019 年，全省 14 个中心站已全部组建完成，其中 8 个中心站实行了运维一体化模式，74% 的日常消缺和 90% 的维护工作已基本由区域中心站自行承接。

图 5-3-2 2011 年 1 月 20 日，浙能天然气管道安全人员现场维护安全标志

第二节 设备维护

一、维护维修

（一）体制与职能

2004 年 1 月 16 日，浙江省天然气开发有限公司与浙江省火力发电建设有限公司签订《杭州—湖州天然气管道输配气系统事故抢修与动火作业委托合同》，委托浙江省火力发电建设有限公司负责杭州—湖州天然气输气管道输配气系统的抢修抢险与动火工作。

2004 年 1 月 18 日，随着杭州—湖州天然气输气管道工程的投运，浙江省天然气开发有限公司作为省级天然气管网总建设和运行维护单位，开始全面承担省属管网的运行调度、维护抢修（应急处置）任务。

2005 年 4 月 1 日，浙江省天然气开发有限公司发布《关于调整机构设置的通知》（浙气人〔2005〕38 号），调整机构设置，撤销生产安全部，设立生产运行部、安全监察部，维抢修工作由生产运行部管理。

2007 年 3 月 5 日，浙江省天然气开发有限公司发布《关于成立公司生产技术部的通知》（浙气人〔2007〕23 号），撤销生产运行部，成立生产技术部，下设维抢修中心。同年 7 月 7 日，浙江省天然气开发有限公司与中国石油天然气管道局维抢修分公司签订《浙江省天然气管道及管道设施事故抢险抢修委托合同》，委托中国石油天然气管道局维抢修分公司负责杭州至湖州、杭州至宁波天然气输气管道所有干线、支线、场站、阀室的抢修抢险工作。

2008 年 8 月，浙江省天然气开发有限公司与中国石油天然气管道局维抢修分公司再次续签《浙江省天然气管道及管道设施事故抢险抢修委托合同》。抢险抢修主要委托内容有：当管道本身发生穿孔、爆管、变形等事故时，在管道本体实施的各类抢修作业；当管道所在区域发生山体滑坡、崩塌、河岸边坡失稳等各种威胁管道设施安全运行的状况时，为确保管道安全而进行的各类应急抢险作业，以及对管道设施的修复抢修；当输气站和阀室的设备、设施、装置等发生事故时，为尽快恢复生产而实施的各类抢险抢修作业；完成 1、2、3 条款所列工作量需要配置的抢（维）修设备和器具的日常维护保养；根据不同事故类型，参加由天然气公司组织的各类抢修演练；为保证安全生产的正常运行，由浙江省天然气开发有限公司提出委托的维修、改造等施工作业。

2008 年 12 月 18 日，浙江逸欣天然气有限公司成立，浙江省天然气开发有限公司与其签订《浙江省天然气管道及站场阀室委托运行维护合同》，由该公司负责湖州—杭州—宁波天然气主干管线、相关的管道支线及相应的分输站与阀室的运行、维护、保养等工作。

2010 年 1 月，浙江省天然气开发有限公司与浙江逸欣天然气有限公司续签《浙江省天然气管道及站场阀室委托运行维护合同》，继续由浙江逸欣天然气有限公司负责湖州—杭州—宁波天然气主干管线、杭州—嘉兴天然气主干管线、相关的管道支线及相应的分输站与阀室的运行、维护、保养等工作。

2011 年 5 月，浙江浙能天然气运行有限公司成立，开始负责省级管网的维护维修工作。2012 年，浙江浙能天然气运行有限公司制定出台《浙江省天然气管网维抢修管理构架方案》，全面建立以下沙为中心，镇海、金华、温州为区域基地的“一中心三基地”维抢修管理模式，通过 1.5 小时路程覆盖圈进行区域化管理，建立抢修响应机制。

2017 年 1 月，浙江浙能天然气运行有限公司制定了《省级管网区域中心站集中管控和运维一体化工作方案》。同年 5 月 11 日，浙能集团组织召开了省级天然气管网区域中心站集中管控和运维一体化专题会议。会议对运维一体化工作明确了具体实施步骤和相关要求。

（二）特殊项目维检

2011 年，浙江浙能天然气运行有限公司开展了省内首次大口径管道清管和天然气管道智能内检作业，并于 2012 年完成湖杭甬嘉三条运行管线外防腐检测工作；同年完成“杭甬线改线实施及动火连头作业”“萧山联络站接入杭甬线不停输动火连头项目”“宁波 LNG 管道接入春晓站动火连头作业”“绍兴江滨支线接入杭甬线动火”等 12 个重大改线、连头项目的运行实施工作。

2013 年，浙江浙能天然气运行有限公司累计完成杭甬绍兴段（钱江三通道）改线与动火连头作业在内的 5 个重大项目作业；组织完成金衢配套管道首次并网通气，江山支线及电厂专线进入试运行；顺利完成杭钢亚盛、江山热电、长兴热电、春晓热电等 4 家新增供气点的并网试运。

2014 年，完成诸暨站、龙湾站等 5 座站场的投入运行，以及桐乡热电、江山燃气等 12 家新增供气点的并网试运工作；实现了镇海热电接入杭甬线动火连头作业在内的 7 个重大项目作业安全。

2015 年，浙江浙能天然气运行有限公司成为浙江省内首家获得危险化学品经营许可证的管道企业；实现了“下沙站控楼搬迁”“西二气衢州站动火”“回车岭阀室迁改”等重大项目；实施了龙游热电、金华燃机、宁海燃气等 8 家新增供气点的并网试运。

2016 年，浙江浙能天然气运行有限公司先后攻克了“南浔站发电机喘振”“春晓站发电机起机故障”“镇海电厂站进站阀门卡涩”等多项历史遗留难题。

图 5-3-3 浙江省能源集团城市燃气有限公司运行人员维护设备

二、技术改造

2009年3月，根据浙能集团下达的技改任务，浙江省天然气开发有限公司组织建设春晓压气站35千伏高压配电系统，配套建设春晓压气站三台压缩机的35千伏专线及相应高压配电柜，于2009年底建成投用。

2015年4月，浙能集团批准春晓压气站35千伏高压配电系统再次技术改造。

2016年6月，春晓压气站上游压缩机工程完工，正常投入使用。

2017年10月，春晓压气站35千伏高压配电系统改造完成，正式退出使用，投用10千伏外线。

2001—2011年，浙江省天然气开发有限公司负责浙江省属天然气管网和浙能城市燃气的技术改造项目。2011年，浙江浙能天然气运行有限公司成立后承接浙江省属天然气管网的技术改造项目。

2008—2019年技改项目见表5-3-1。

表5-3-1 2008—2019年技改项目一览表

序号	项目名称	预算（万元）	送审结算（万元）	开工日期（年-月）	完工日期（年-月）	建设依据
1	春晓油气处理厂基础沉降处理工程	125.87		2008-01	2008-12	浙能生〔2009〕160号
2	增设对店口供气系统	300		2010-01	2010-12	浙能生〔2010〕211号
3	杭甬线站场新增组分分析仪	210	274.0188	2011-03	2011-12	浙能生〔2010〕211号/浙能生〔2011〕232号
4	镇海站工艺流程改造	218.6		2011-10	2011-12	浙能生〔2010〕211号/浙能生〔2011〕232号
5	电厂调压系统改造	285	285	2011-10	2012-12	浙能生〔2011〕232号/浙能生〔2012〕491号
6	春晓站增加宁波鄞州供气系统	326.9		2011-11	2012-04	浙能生〔2010〕211号/浙能生〔2011〕232号
7	湖杭甬线通信光缆迁线改造	262.12	173.9318	2012-02	2012-09	浙能生〔2011〕232号
8	萧山电厂站供气扩容改造	200		2012-05	2012-06	浙能生〔2012〕491号
9	徐村湾阀室增加供安吉县城市燃气系统	230	230	2012-06	2013-09	浙能生〔2012〕491号
10	镇海站增加慈东供气系统	351		2012-07	2012-09	浙能生〔2011〕232号/浙能生〔2012〕491号
11	杭州站半山电厂供气扩容改造	700		2012-07	2013-06	浙能生〔2012〕491号/浙能生〔2013〕423号
12	回车岭阀室至长兴县供气改造	350	148.7562	2011-09	2011-12	浙能生〔2011〕232号
13	SCADA历史数据冗余及安全	105		2011-10	2012-12	浙能生〔2011〕232号
14	超声波流量计专用网络建设	238		2012-02	2012-08（软件部分）	浙能生〔2009〕161号/浙能生〔2011〕232号
15	湖杭甬天然气管道阴保系统改造	100	127.3914	2012-09	2013-01	浙能生〔2012〕491号

表 5-3-1（续）

序号	项目名称	预算（万元）	送审结算（万元）	开工日期（年-月）	完工日期（年-月）	建设依据
16	杭湖线通信光缆上改下工程	133.1	121.1606	2012-10	2013-01	浙能生〔2012〕491 号
17	站场防雷系统二期改造	101.63	101.63	2012-11	2012-12	浙能生〔2012〕491 号
18	湖杭甬天然气管道部分站场、阀室、UPS 更换及集中监控改造	101	107.8707	2012-11	2012-12	浙能生〔2012〕491 号
19	杭嘉线排流工程改造	450		2013-01	2013-12	浙能生〔2012〕491 号/浙能生〔2013〕423 号
20	紫云站供下游压气站改造项目	150		2013-02	2013-11	浙能生〔2013〕423 号
21	下沙站供杭天扩容改造系统项目	898.88		2013-06	2013-12	浙能生〔2013〕423 号
22	湖杭甬嘉站场集液系统改造项目	210		2013-11	2014-01	浙能生〔2013〕423 号
23	湖杭甬天然气管道部分站场增设气相色谱分析仪	174.75	80.76	2014-05	2014-12	浙能生〔2014〕594 号
24	春晓油气处理厂内工艺设备迁改	207.9	207.9	2014-05	2014-11	浙能生〔2014〕594 号
25	杭湖线涡轮流量计改造项目	124		2015-09	2015-10	浙能生〔2015〕162 号
26	金衢丽管线部分气液联动阀加装爆管检测装置	126		2015-10	2016-01	浙能生〔2015〕162 号
27	金衢丽站场 SCADA 控制系统标准化改造项目	277.26		2015-10	2016-04	运行公司 2016 年第二次招投标领导小组会议纪要
28	金衢丽地区十处水工保护项目	439.2		2016-07	2016-11	浙能生〔2016〕66 号
29	金衢丽江山支线 2016 年光缆整改项目	313.72		2016-09	2016-11	运行公司 2016 年第 7 次招投标领导小组会议纪要，运行公司 2016 年第十次（A）会议纪要
30	金衢丽常山支线、常山电厂及柯城电厂专线 2016 年光缆整改项目	140.44		2016-09	2016-11	运行公司 2016 年第十次（A）会议纪要
31	屠甸站放空立管改为放空火炬项目	148		2016-09	2016-12	浙能生〔2016〕66 号
32	镇海站放空火炬改地面火炬	490		2016-10	2017-11	浙能生〔2015〕162 号/浙能生〔2016〕66 号
33	下沙枢纽站放空火炬改地面火炬	490		2016-10	2017-11	浙能生〔2016〕66 号
34	省天然气站场 SCADA 控制系统标准化改造三期项目	158.67		2017-11	2018-07	浙能生〔2017〕80 号
35	龙游支线光缆整改	200		2017-11	2018-07	浙能生〔2018〕60 号
36	镇海热电分输末站部分沉降设备设施改造项目	513.125		2018-05	2018-12	浙能生〔2018〕60 号
37	长兴站增供门站扩容改造项目	490.42		2018-01	2019-10	浙能生〔2018〕80 号

表 5-3-1（续）

序号	项目名称	预算（万元）	送审结算（万元）	开工日期（年-月）	完工日期（年-月）	建设依据
38	杭湖线（长兴站、杭州站）收发球筒及相关球阀更新项目	135.1		2018-01	2019-06	浙能生〔2019〕110 号
39	东阳支线下金阀室分输改造项目	352		2018-06	2019-12	浙能生〔2019〕110 号
40	杭甬线部分站场收、发球筒改造项目	320		2013-01	2019-07	浙能生〔2013〕423 号

注：此表选取 100 万元以上已完成技改项目。

2011 年，浙江浙能天然气运行有限公司共承接了浙江省天然气开发有限公司委托的改线项目 24 个（其中包括宁波“五路四桥”改线项目）。管道迁改是为了避免地块开发或铁路公路等基础设施建设规划与管道路由存在交叉的安全隐患，确保管道安全，满足经济建设的需求，经可行性论证后对管道进行改线，均列入技术改造项目。

2009—2019 年管道改线工程建设项目见表 5-3-2。

表 5-3-2 2009—2019 年管道改线工程建设项目一览表

项目名称	开工建设时间(年)	竣工验收时间(年)	设计单位	建设单位	监理单位	建设资金（万元）	概算资金（万元）	建设依据
杭甬线上虞、萧山管道改线	2009		中石油工程设计公司西南分公司	浙江省天然气开发有限公司	胜利设计监理公司			
杭甬干线宁波市庄俞公路—镇洛公路连接段管线迁改工程	2011	2012	胜利油田胜利勘察设计研究院有限公司	浙江省天然气开发有限公司	天津大港油田集团建设监理有限责任公司	992.5917		浙能集团专题会议纪要〔2011〕53 号
杭甬干线宁波市东外环北延河中大河段管线迁改工程	2011	2012	胜利油田胜利勘察设计研究院有限公司	浙江省天然气开发有限公司	天津大港油田集团建设监理有限责任公司	3347.7403		浙能集团专题会议纪要〔2011〕53 号
杭甬干线宁波市北外环立交段管线迁改工程	2011	2012	胜利油田胜利勘察设计研究院有限公司	浙江省天然气开发有限公司	天津大港油田集团建设监理有限责任公司	815.8849		浙能集团专题会议纪要〔2011〕53 号
杭甬干线宁波市江南路立交段管线迁改工程	2011	2012	胜利油田胜利勘察设计研究院有限公司	浙江省天然气开发有限公司	天津大港油田集团建设监理有限责任公司	984.3177		浙能集团专题会议纪要〔2011〕53 号
杭甬干线宁波市通途路立交段管线迁改工程	2011	2012	胜利油田胜利勘察设计研究院有限公司	浙江省天然气开发有限公司	天津大港油田集团建设监理有限责任公司	862.7382		浙能集团专题会议纪要〔2011〕53 号

表 5-3-2（续）

项目名称	开工建设时间(年)	竣工验收时间(年)	设计单位	建设单位	监理单位	建设资金（万元）	概算资金（万元）	建设依据
杭甬干线宁波市宁穿路轨道段管线迁改工程	2011	2012	胜利油田胜利勘察设计研究院有限公司	浙江省天然气开发有限公司	天津大港油田集团建设监理有限责任公司	1384.5005		浙能集团专题会议纪要〔2011〕53号
杭甬线北仑支线段管道迁改迁改工程	2012	2013	胜利油田胜利勘察设计研究院有限公司	浙江省天然气开发有限公司	天津大港油田集团建设监理有限责任公司	757.39		浙能集团专题会议纪要〔2011〕53号
杭甬线杨汛桥阀室迁改工程	2014	2014	中国石油天然气管道工程有限公司	浙江省天然气开发有限公司	中石化石油工程设计有限公司	515.87		浙江省天然气开发有限公司党政联席会会议纪要（党政联席会议纪要〔2014〕25号）
回车岭阀室迁改工程	2015	2015	中国石油天然气管道工程有限公司	浙江省天然气开发有限公司	无	210		关于省天然气支线回车岭阀室搬迁协调会议纪要（长兴发改〔2014〕1号）
杭湖线长兴新农都建设影响段管线迁改工程	2015	2016	中国石油集团工程设计有限公司	浙江省天然气开发有限公司	中石化石油工程设计有限公司	1123.19		浙江新农都长兴农产品物流中心项目对改建后省天然气杭湖线安全影响评估咨询报告
杭甬线绍兴柯桥防洪排涝河道整治一期工程涉及天然气管线迁改工程	2016	2016	中国石油集团工程设计有限公司	浙江省天然气开发有限公司	中石化石油工程设计有限公司	598.07		省天然气杭甬线（绍兴县防洪排涝河道整治一期工程壶瓶山至马鞍横湖陆段河道治理工程影响段）迁改必要性与可行性论证报告
杭甬线镇海金东村段管线迁改工程	2016	2016	中国石油集团工程设计有限公司	浙江省天然气开发有限公司	中石化石油工程设计有限公司		1821.71	浙能集团专题会议纪要〔2011〕53号
杭甬线上虞虞北平原滨江河—沥北河整治工程影响段管线迁改工程	2016	2017	中国石油集团工程设计有限公司	浙江省天然气开发有限公司	胜利油田新兴工程监理咨询有限公司	674.482		上虞市虞北平原（滨江河—沥北河）整治工程涉及杭甬天然气管线迁改的必要性和可行性论证报告

表 5-3-2（续）

项目名称	开工建设时间(年)	竣工验收时间(年)	设计单位	建设单位	监理单位	建设资金(万元)	概算资金(万元)	建设依据
安吉支线申嘉湖高速公路西延伸影响段管线迁改工程	2017	2018	中国石油集团工程设计有限公司	浙江省天然气开发有限公司	胜利油田新兴工程监理咨询有限公司		418.23	省天然气管线（申嘉湖高速公路湖州鹿山至安吉孝源影响段）迁改必要性及可行性论证报告
杭湖线半山电厂支线拱康路以北段改线	2015	2019	中国石油天然气管道工程有限公司	浙江省天然气开发有限公司	中石化石油工程设计有限公司		1479.4	杭州运河新城（拱墅区范围）保障性用房及周边地块与规划天然气半山电厂支线及康桥油库输油管线工程安全咨询评估报告
杭嘉线海宁段杭海城际铁路建设影响段管道迁改工程	2017	2018	四川石达能源发展有限公司	浙江省天然气开发有限公司	浙江南方工程建设监理有限公司		1225.214	杭州至海宁城际铁路与已建高压输气管道交叉段管道迁改论证报告
杭湖线德清雷甸镇临杭工业园区开发建设项目涉及天然气管线迁改工程一期	2017	2019	中国石油集团工程设计有限公司	浙江省天然气开发有限公司	胜利油田新兴工程监理咨询有限公司	1439.89		省天然气杭湖线（德清经济开发区临杭工业区影响段）迁改可行性论证报告
杭湖线德清雷甸镇临杭工业园区开发建设项目涉及天然气管线迁改工程二期	2018	2018	中国石油集团工程设计有限公司	浙江省天然气开发有限公司	胜利油田新兴工程监理咨询有限公司		2908.18	省天然气杭湖线（德清经济开发区临杭工业区影响段）迁改可行性论证报告
杭湖线申嘉湖高速公路西延伸影响段管线迁改工程	2018	2018	中国石油集团工程设计有限公司	浙江省天然气开发有限公司	胜利油田新兴工程监理咨询有限公司		1870.9377	省天然气管线（申嘉湖高速公路湖州鹿山至安吉孝源影响段）迁改必要性及可行性论证报告
杭甬线拱康路改线工程	2018	2018	中国石油集团工程设计有限公司	浙江省天然气开发有限公司	浙江南方工程建设监理有限公司		481.22	省天然气杭甬线（拱康路延伸工程崇杭街—疏港公路影响段）迁改必要性与可行性论证报告

表 5-3-2（续）

项目名称	开工建设时间(年)	竣工验收时间(年)	设计单位	建设单位	监理单位	建设资金（万元）	概算资金（万元）	建设依据
杭甬线鄞州区五乡镇宁波盛光包装印刷有限公司项目涉及天然气管线迁改工程	2019	2019	中石化石油设计有限公司	浙江省天然气开发有限公司	胜利油田新兴工程监理咨询有限公司		800	杭甬天然气管道宁波五乡镇段（通途路—宁东路）迁改必要性与可行性论证报告
金丽温输气管道（金义东市域轨道交通工程建设影响段）管道迁改工程	2019	2019		浙江省天然气开发有限公司	胜利油田新兴工程监理咨询有限公司	358.7		金丽温输气管道（金华—武义—东阳市域轨道交通工程金华南站—塘雅站影响段）迁改必要性与可行性

三、“一中心三基地”模式

（一）杭州—宁波天然气输气管道工程抢修中心项目（下沙枢纽站）(简称下沙抢修中心)

2004 年 5 月，杭甬线可行性研究报告获浙江省发展和改革委员会核准批复，下沙抢修中心是杭甬线建设项目的一部分。

2012 年 10 月，浙江浙能天然气运行有限公司提出建设“一中心三基地”的维抢修模式，并制订《浙江省天然气管网维抢修管理构架方案》，通过建立以下沙为中心，镇海、金华、温州为区域基地的“一中心三基地”维抢修管理模式，以 1.5 小时路程覆盖圈进行区域化管理，做实做细管网与设备维护维修工作，建立高效、合理的抢修响应机制。

2014 年 8 月 18 日，浙能集团经浙江省发展和改革委员会同意，将下沙抢修中心的建设主体由浙江省天然气开发有限公司变更为浙江浙能天然气运行有限公司，同时明确了下沙抢修中心承担省级输气管道应急、维抢修任务，项目建设内容包括二幢建筑物：其中维抢修中心为一幢地上十二层、地下一层车库的建筑楼，抢修车间和维修库房为一幢单层和三层的组合式建筑物。

2015 年 12 月，下沙抢修中心被浙江省发展和改革委员会、浙江省重点建设领导小组增补为浙江省重点建设项目。同月，项目初步设计获得了浙江省发展和改革委员会的同意批复。项目总用地面积为 20588 平方米，建筑面积为 23488.37 平方米。建成后具备应急抢修指挥调度、维抢修物资储备、应急值班、应急物资仓储、办公、试验、检测、教育培训及技能鉴定、员工生活住宿等功能。下沙抢修中心由浙江浙能天然气运行有限公司投资建设，动态投资总额为 12066.84 万元，中国联合工程公司设计，浙江鑫润工程管理有限公司监理，浙江中南建设集团有限公司、浙江龙邦装潢工程有限公司、宁波中淳高科基础工程有限公司等负责施工。

2016 年 3 月 11 日，下沙抢修中心桩基工程正式开工，2016 年 11 月 9 日，整体工程施工。2017 年 10 月 17 日，主体工程结顶。2018 年 9 月，幕墙工程、室内装修基本完工。2018 年 12 月 27 日，工程整体通过验收。

（二）金华、温州、镇海维抢修基地

2013 年 9 月，金丽温输气管道工程初步设计获浙江省发展和改革委员会核准批复。金华维抢修基地是金丽温输气管道工程的一部分。项目总用地面积为 16412 平方米，建筑面积 2183 平方米。2019 年 4 月，金华维抢修基地正式开工。金华维抢修基地由浙江浙能天然气管网有限公司投资建设，建设工程投资总额为 5335.83 万元。2019 年 10 月，主体工程进入验收阶段。

2012 年 3 月，宁波—台州—温州天然气管道工程初步设计获浙江省发展和改革委员会核准批复。温州维抢修基地是宁波—台州—温州天然气管道工程的一部分。项目总用地面积为15401平方米，建筑面积4164平方米。温州维抢修基地由浙江省天然气开发有限公司投资建设，建设工程投资总额为3191.12万元。2016年6月，温州维抢修基地正式开工，2018年6月工程完工。

镇海维抢修基地由于受到宁波地方政府规划的影响，项目暂未实施。

第三节 管道完整性管理

2008年，浙江省天然气开发有限公司在加强天然气管道管理标准工作的同时，开始管道完整性管理。管道完整性管理是指对管道面临的风险因素不断进行识别和评价，持续消除识别到的不利影响因素，采取各种风险消减措施，将风险控制在合理、可接受的范围内，最终实现安全、可靠、经济的运行管理目的的一项重要工作。

2011年3月，浙江省天然气开发有限公司开展省级管网首次智能内检测作业，相继完成了杭湖线、杭嘉线、杭甬线等共计740.6千米管线的检测作业，为省网管线的完整性管理积累了大量数据和基础工作。

2012年，《浙江省天然气长输管道完整性管理体系研究》列入浙能集团科技项目。项目通过对天然气长输管道安全管理的特点和完整性管理的需求分析，形成一套适合于浙江省天然气管道完整性管理的管理文件、技术文件和技术标准。2013年11月，浙江浙能天然气运行有限公司发布《浙江省天然气管道完整性管理体系》文件。

2017年9月，浙江浙能天然气运行有限公司启动管道完整性攻坚战。浙江浙能天然气运行有限公司首先组织成立管道完整性工作小组并对工作小组的任务进行详细划分和明确。工作小组开展了对管理体系整合、融合的专项工作，将完整性管理体系与QHSE体系、企业标准化、安全标准化进行统一梳理、统一谋划，形成符合公司实际，紧密、统一、完整的管理体系。2017年10月，浙江浙能天然气运行有限公司完整性管理体系文件编制完成，通过公司内部的评审、修改，管道完整性评价体系得以发布和实施。

2018年3月23日，浙江浙能天然气运行有限公司参加由国家能源局在广州召开的油气管道完整性管理先进企业建设推广（简称“推先”）第一阶段总结暨第二阶段启动会议。浙江浙能天然气运行有限公司为“推先”第一阶段的优秀企业代表。根据专家评分，“推先”第一阶段共分A、B、C三个档次，浙江浙能天然气运行有限公司获得了A类评级。

2018年3月，浙江浙能天然气运行有限公司同步开展管道高后果区管理模块的开发，并于同年7月完成模块的开发，3月起浙江浙能天然气运行有限公司以GIS机读加现场人工调查的方式，对管道中心线两侧潜在影响区域范围内建筑数据进行采集及信息录入，根据识别准则设定好识别算法，由软件自动开展高后果区识别。

2018年4月，浙江浙能天然气运行有限公司开展“推先”第二阶段工作。在前一阶段良好的基础上，公司开展了管道完整性数据采集、高后果区识别、风险评价系统、完整性评价系统等多模块开发工作。

2018年7月，浙江浙能天然气运行有限公司完成了管道高后果区识别软件的开发，主要开展的工作主要有：所有投产以及部分在建管道数据的整理与导入、高后果区软件功能设计及界面讨论、高后果区识别算法规则制定与结果验证、管道两侧73533幢民居、1637幢公寓以及2443个特定场所数据采集与录入工作、高后果区报告模板编制等。2019年5月，浙江浙能天然气运行有限公司对2019年已在运1766.342千米省级天然气长输管道开展管道高后果区识别工作。经识别，浙江省内管道高后果区总共743段，里程为739.476千米（Ⅰ级483段392.836千米、Ⅱ级233段315.886千米、Ⅲ级27段30.755千米），占已开展管道高后果区识别里程的41.9%。

2018年8月，浙江浙能天然气运行有限公司开启管道完整性风险评价模块的系统开发，2019年6月完成已在运1766.342千米管道风险评价，根据风险评价结果显示，没有高风险管段，较高风险管段共10.5千米，中风险管段共78.57千米，低风险管段共1679.04千米。2019年9月，系统能够解析不同厂家漏磁检测器的内检测数据格式，实现历次内检测数据的对齐、缺陷匹配和比对功能，计算缺陷生长速度和预测缺陷发展趋势。

第四章 城 市 燃 气

第一节 项 目 开 发

2002年10月25日，浙能集团第一届董事会十八次会议根据浙江省天然气开发有限公司有关报告提出：要十分注意开拓下游市场，尽快制定有效市场开发的规划和计划，不失时机地加以推进。这次会议成为浙能集团发展城市燃气项目的起点。

2004年9月8日，浙江省天然气开发有限公司向浙能集团提交了《关于介入城市天然气经营投资的议案》，议案阐述了浙能集团介入城市天然气经营的必要性及可行性，上报浙能集团尽快介入下游优质城市天然气市场的开发经营，抢占优势资源。同年，浙江省天然气开发有限公司与地方合作成立浙江振能天然气有限公司、平湖市天然气有限公司，收购了上虞市天然气有限公司（后更名为绍兴市上虞区天然气有限公司）。

2010年7月8日，浙能集团召开董事会，就调整浙能集团系统城市燃气项目投资主体事宜进行审议，同意以浙能集团为投资主体尽快成立城市燃气投资公司。以浙江省天然气开发有限公司作为投资主体组建的上虞市天然气有限公司、平湖市天然气有限公司、德清县天然气有限公司、义乌市天然气有限公司等4个城市燃气合资公司要尽快办成股权转让工作。

2010年11月8日，浙江省能源集团城市燃气有限公司成立，代替浙江省天然气开发有限公司管理下属4家城市燃气公司。

2014年11月28日，由浙能天然气集团统一部署，成立4家代管企业股权转让工作小组，负责四家所属企业股权转让相关工作。

2010—2019年，浙江省能源集团城市燃气有限公司经历了9年的市场开拓，在浙江省燃气市场的份额快速增长，在项目开发过程中，浙江省能源集团城市燃气有限公司凭借专业化管理经验和注重社会效益的工作理念，采取新的特许经营开发与地方合作相结合的方式，顺利完成27家所属企业的组建与收购，覆盖杭嘉湖、甬台温、金衢丽、绍兴舟山四大区域。

一、杭嘉湖地区

（一）平湖市天然气有限公司

2004年1月20日，平湖市天然气有限公司工商业注册登记，注册资本金3000万元。浙江省天然气开发有限公司占股比51%；嘉兴市燃气集团股份有限公司占股比39%；平湖市城市建设投资有限公司占股比10%。

2013年12月4日，平湖市天然气有限公司与平湖市住房和城乡规划局签署《城市管道特许经营协议》，特许经营协议行使地域为平湖市行政区域（除独山港区和乍浦港区外），有效期30年，有效期限为2004年1月1日至2034年12月31日。

2017年4月28日，浙江省能源集团城市燃气有限公司与浙江省天然气开发有限公司签署《股权转让协议》，以1530万元价格收购其持有的平湖市天然气有限公司51%股权，同月工商注册登记。

2017年12月18日，平湖市天然气有限公司取得由平湖市住房和城乡规划局颁布的《燃气经营许可证》，经营类别为管道燃气（天然气），经营区域为平湖市，有效期为2017年12月18日至2021年12月17日。

（二）浙江振能天然气有限公司

2004年5月12日，浙江振能天然气有限公司首次股东会、董事会、监事会，通过公司章程，并选举产生第一届董事会、监事会成员。2004年6月25日浙江振能天然气有限公司工商注册登记，公司注册资本金2500万元，浙江省天然气开发有限公司出资1000万元，占股比

40%，杭州市燃气（集团）有限公司出资750万元，占股比30%；浙江振能投资有限公司出资750万元，占股比30%。

2008年10月27日，浙江振能天然气有限公司与德清县建设局签署《城市管道特许经营协议》，特许经营协议行使地域为德清县乾元镇、洛舍镇、雷甸镇等现行行政管辖区域内，有效期30年，自2008年10月27日至2038年10月27日。

图5-4-1 2011年1月，浙江遭遇暴雪，浙江振能天然气公司取得交警支持，顶风冒雪向下游用户送气

2018年3月31日，浙江振能天然气有限公司取得由德清县住房和城乡规划局颁布的《燃气经营许可证》，经营类别为管道燃气（天然气），经营区域为德清县乾元镇、雷甸镇、洛舍镇，许可证有效期限为2018年3月31日至2022年3月31日。

（三）德清县天然气有限公司

2010年10月20日，浙能集团与德清县人民政府签署《合作框架协议》，约定由浙能集团（或其控股子公司）与德清县政府下属的国资企业合作，共同组建项目公司，负责投资、建设、运营新安镇等乡镇的天然气利用项目。政府同意授予项目公司相应区域的管道燃气特许经营权。

2010年12月30日，浙能集团第二届四十八次董事会，同意由浙江省能源集团城市燃气有限公司控股组建德清县天然气有限公司，并投资德清县（五镇一区）天然气利用项目。根据项目投资可行性研究报告，项目总投资27181万元。

2011年1月20日，德清县天然气有限公司首次股东会、董事会、监事会，通过公司章程，并选举产生第一届董事会、监事会成员。2011年1月30日德清县天然气有限公司工商注册登记，公司注册资本金5000万元，浙江省能源集团城市燃气有限公司出资2750万元，占股比55%，浙江金帝集团有限公司出资1500万元，占股比30%；德清县新能源投资发展有限公司出资750万元，占股比15%。

2017年12月25日，德清县天然气有限公司与德清县住房和城乡建设局签署《德清县新安镇管道燃气特许经营协议》，特许经营权行使范围为德清县新安镇现行行政管辖区域。协定有效期自2017年12月25日至2047年12月24日。

2018年4月1日，德清天然气有限公司取得由德清县住房和城乡建设局颁布的《燃气经营许可证》，经营类别为管道燃气（天然气），经营区域为德清县新安镇，许可证有效期限为2018年4月1日至2022年3月31日。

（四）安吉县管道燃气有限公司

2009年8月19日，浙江省天然气开发有限公司与安吉县城市管理局签署《安吉县城市燃气项目合作框架协议》，协议约定浙江省天然气开发有限公司控股与安吉县城市管理局指定的国资单位（安吉县资产经营公司）参股共同组建安吉县天然气有限公司，安吉县城市管理局同意将全县行政区域内管道燃气特许经营权授予项目公司。

2011年2月16日，浙能集团第二届三十一次董事会，同意浙江省能源集团城市燃气有限公司以1891.12万元，收购安吉管道燃气有限公司51%股权。根据投资可行性研究报告，项目总投资为38051万元。

2011年2月26日，浙江省能源集团城市燃气有限公司分别与安吉丰陵燃气有限公司、浙江星惠泽置业公司、安吉县资产经营有限公司签署《股权转让协议》，约定分别以778.69万元、741.61万元、370.8万元，收购安吉丰陵燃气有限公司、浙江星惠泽置业有限公司、安吉县资产经营有限公司所持有的安吉县管道燃气有限公司21%、20%、10%股权。2011年2月27日，安吉县管道燃气有限公司分别于2011年2月27日股东会，2011年3月10日董事会、监事会，通过公司章程，选举产生新一届董事会、监事会成员。2011 年 6 月，安吉县管道燃气有限公司变更登记。注册资本金 80 万元，由浙江省能源集团城市燃气有限公司出资 40.8 万元，占股比 51%；安吉县资产经营有限公司出资 16 万元，占股比 20%；安吉丰陵燃气有限公司出资 15.2 万元，占股比 19%；浙江星惠泽置业有限公司出资 8 万元，占股比 10%。

2011 年 6 月 27 日，安吉县管道燃气有限公司与安吉县城市管理局签署《安吉县管道燃气特许经营协议》，特许经营权行使范围为安吉县全市域（即现行行政管辖区域）内。协定有效期自 2011 年 7 月 1 日至 2041 年 6 月 30 日。

2015 年 12 月 20 日，安吉县管道燃气有限公司取得由安吉县城市管理行政执法局颁布的《管道燃气经营许可证》，经营类别为管道（天然气），经营区域为安吉县，有效期限为 2015 年 12 月 20 日至 2019 年 12 月 19 日。

2017 年 11 月，安吉县管道燃气有限公司各股东方按股比增资 2500 万元，注册资本金增至 2580 万元。

2019 年 1 月，安吉县管道燃气有限公司各股东方按股比增资 2220 万元，注册资本金增至 4800 万元。

2019 年 6 月，安吉县管道燃气有限公司各股东方按股比增资 1500 万元，注册资本金增至 6300 万元。

2019 年 12 月 10 日，安吉县管道燃气有限公司取得由安吉县城市管理行政执法局颁布的《燃气经营许可证》，经营类别为管道（天然气），经营区域为安吉县，有效期限为 2019 年 12 月 10 日至 2023 年 12 月 9 日。

（五）杭州市临安区浙能天然气有限公司

2009 年 12 月 29 日，浙江振能天然气有限公司与临安市建设局签署《框架协议》，协议约定由浙能方组建临安市天然气有限公司，投资、建设、经营临安市天然气利用项目。

2011 年 7 月 25 日，浙能集团第二届五十五次董事会，同意由浙江省能源集团城市燃气有限公司出资组建临安市浙能天然气有限公司。根据投资可行性研究报告，项目总投资为 28067 万元。

2011 年 8 月 13 日，临安市浙能天然气有限公司股东决定，通过公司章程，并任命公司执行董事，组建监事会。2011 年 12 月 22 日，临安市浙能天然气有限公司工商注册登记，公司注册资本 2000 万元。由浙能集团出资 2000 万元，占股比 100%。

2016 年 4 月 19 日，临安市天然气有限公司取得临安市规划建设局颁布的《燃气经营许可证》，经营类别为管道燃气（天然气），经营区域为太阳镇、昌化镇、龙岗镇、河桥镇、湍口镇、太湖源镇、岛石镇，许可证有效期为 2016 年 5 月 30 日至 2020 年 5 月 29 日。

2018 年 4 月 17 日，临安市浙能天然气有限公司名称变更为杭州市临安区浙能天然气有限公司。

（六）海盐县天然气有限公司

2010 年 10 月 4 日，浙能集团与海盐县人民政府签署《海盐县天然气项目合作框架协议》，海盐县人民政府指定下属海盐县城市投资集团与浙能集团共同组建海盐县天然气有限公司，投资、建设、经营海盐县天然气利用项目，政府同意将海盐县全县域区域内的管道特许经营权授予该公司。

2011 年 7 月 25 日，浙能集团第二届五十五次董事会，同意浙江省能源集团城市燃气有限公司与海盐县城市投资集团公司组建海盐县天然气有限公司。根据投资性可行性研究报告，项目总投资为 27588.7 万元。

2013 年 6 月 7 日，海盐县天然气有限公司首次股东会、董事会、监事会，通过公司章程，并选举产生第一届董事会、监事会成员。2012 年 6 月 6 日，海盐县天然气有限公司工商注册登记，注册资本金 3000 万元。浙江省能源集团城市燃气有限公司出资 2700 万元，占股比 90%；海盐县城市资产经营管理有限公司出资 300 万元，占股比 10%。

2018 年 6 月 28 日，海盐县天然气有限公司取得由海盐县住房和城乡规划建设局颁布的《燃气经营许可证》，经营类别为管道燃气（天然气），经营区域为海盐县（除武原镇县城区、经济开发区杭州湾大桥新区区域外），许可证有效期限为 2018 年 6 月 29 日至 2018 年 12 月 31 日。

（七）建德市浙能天然气有限公司

2011年12月5日，浙江省能源集团城市燃气有限公司与上海升力工贸有限公司、江阴市南方运输有限公司、自然人杨爱萍、杨树明、谢启兵签署《股权转让意向协议》。同意浙江省能源集团城市燃气有限公司受让上海升力工贸有限公司、江阴市南方运输有限公司、自然人杨爱萍、杨树明、谢启兵所持有的建德市升力管道燃气有限公司52%股权。

2013年3月29日，浙能集团第二届八十次董事会，同意浙江省能源集团城市燃气有限公司以2258.7604万元收购建德市升力燃气有限公司52%股权。根据投资可行性研究报告，项目总投资为17848.98万元。

2013年3月29日，浙江省能源集团城市燃气有限公司分别与上海升力工贸有限公司、江阴市南方运输有限公司、自然人杨爱萍、杨树明、谢启兵签署《股权转让协议》，约定以52.12万元、260.62万元、703.69万元、312.75万元、26.06万元，分别收购上海升力工贸有限公司、江阴市南方运输有限公司、自然人杨爱萍、杨树明、谢启兵所持有的合计建德市升力燃气有限公司2%、10%、27%、12%、1%股份。

2013年8月15日，建德市浙能天然气有限公司（原建德市升力燃气有限公司）收购后首次股东会、董事会、监事会，通过公司章程，并选举产生新一届董事会、监事会成员。同月，公司变更登记。公司注册资本为1000万元，浙江省能源集团城市燃气有限公司出资520万元，占股比52%；江阴天力燃气有限公司出资480万元，占股比48%。2013年7月15日，企业名称由建德市升力管道燃气公司变更为建德市浙能天然气有限公司。

2016年1月26日，建德市浙能天然气有限公司各股东方按股比增资1000万元，注册资本金增至2000万元。

2016年6月7日，建德市浙能天然气有限公司、建德市发展和改革局、建德市住房和城乡建设局签署《建德市管道燃气特许经营协议》，特许经营权地域范围为新安江主城区［新安江街道、洋溪街道、更楼街道（工业区除外）］、下涯镇（不含马目片）和莲花镇行政区域。有效期限为20年，自2016年6月6日至2036年6月6日。

2016年11月8日，建德市浙能天然气有限公司取得建德市住房和城乡建设局颁布的《燃气经营许可证》，经营类别为管道、瓶装燃气（天然气），经营区域为新安江主城区［新安江街道、洋溪街道、更楼街道（工业区除外）］、下涯镇（不含马目片）和莲花镇行政区域，有效期限为2016年11月9日至2020年11月9日。

二、甬台温地区

（一）宁海县天然气有限公司

2010年12月27日，浙能集团与宁海县人民政府、宁海县资产经营管理有限公司、宁海县城市建设投资开发有限公司签署《宁海县管道燃气项目合作意向书》，宁海县人民政府同意浙能集团（或其控股子公司）受让宁海县资产经营管理有限公司、宁海县城市建设投资开发有限公司持有的宁海县管道燃气发展公司的51%股权，宁海县人民政府同意将全县管道特许经营权授予项目公司。

2012年6月19日，浙能集团第二届六十七次董事会，同意浙江省能源集团城市燃气有限公司以3024.35万元收购宁海县管道燃气发展有限公司51%的股权。根据投资可行性研究报告，项目总投资为23754万元。

2012年7月27日，宁海县天然气有限公司转让完成后的首次股东会、董事会、监事会，通过公司章程，选举产生新一届董事会、监事会成员。公司名称变更为宁海县天然气有限公司，2012年8月14日宁海县天然气有限公司工商注册登记，公司注册资本金2000万元。浙能集团出资1020万元，占股比51%；宁海县资产经营公司出资600万元，占股比30%；宁海县城市建设投资开发有限公司出资380万元，占股比19%。

2012年7月31日，浙能集团与宁海县资产经营公司、宁海县城市建设投资开发有限公司共同签署《股权转让协议》，约定以1779.03万元、1245.32万元分别收购宁海县人民政府宁海县资产经营公司、宁海县城市建设投资开发有限公司所持有的宁海县管道燃气发展公司30%、

21%股权。

2013年9月18日，宁海县天然气有限公司各股东方按股比增资4000万元，注册资本金增至6000万元。

2013年11月15日，宁海县天然气有限公司与宁海县住房和城乡建设局签署《宁海县管道燃气特许经营协议》。协议行使地域范围为宁海县县域（除宁海经济开发区东新城、力洋镇、茶院乡、长街镇外）现行行政管辖区域内。协议有效期限为30年，自2013年11月15日至2043年11月15日。

2017年9月4日，宁海天然气有限公司取得由宁海县住房和城乡建设局颁布的《管道燃气经营许可证》，经营类别为管道燃气（天然气）瓶装燃气、燃气汽车加气站、其他燃气相关业务，经营区域为宁海县县域（除宁海经济开发区东新城、力洋镇、茶院乡、长街镇外）现行行政管辖区域内，有效期限为2017年9月4日至2021年9月3日。

（二）宁波象保合作区天然气有限公司

2014年11月25日，浙江省能源集团城市燃气有限公司与宁波象保合作区管委会签署《宁波象保合作区天然气综合利用合作框架协议》，协议约定组建宁波象保合作区天然气有限公司，投资、建设、经营象保合作区天然气利用项目，政府同意将区域内的管道特许经营权授予该公司。

2017年3月24日，浙能集团第二届一百七十一次董事会，同意浙江省能源集团城市燃气有限公司与宁波象保合作区投资开发有限公司在宁波象保合作区组建项目公司，并投资象保合作区天然气利用项目工程。根据投资可行性研究报告，项目总投资为1268万元。

2017年5月16日，宁波象保合作区天然气有限公司首次股东会、董事会、监事会，通过公司章程，并选举产生第一届董事会、监事会成员。2017年5月22日，宁波象保合作区天然气有限公司工商注册登记，注册资本金为500万元，浙江省能源集团城市燃气有限公司出资350万元，占股比70%；宁波象保合作区投资开发有限公司出资150万元，占股比30%。

2017年9月15日，宁波象保合作区天然气有限公司与宁波象保合作管委会签署《象保合作区管道燃气特许经营协议》。协议行使地域范围为宁波象保合作区现行行政管辖区域内，协议有效期限30年，自2017年9月15日至2047年9月14日。

2018年9月10日，宁波象保合作区天然气有限公司取得由象山县住房和城乡规划局颁布的《燃气经营许可证》，经营类别为管道燃气（液化天然气），经营区域为宁波象保合作区，有效期限为2018年9月10日至2022年9月9日。

（三）平阳县天然气有限公司

2014年7月8日，浙江省能源集团城市燃气有限公司与浙江省平阳县人民政府签署《平阳县城市燃气项目合作框架协议》，协议约定组建平阳县天然气有限公司，投资、建设、经营平阳县天然气利用项目，平阳县人民政府同意将平阳县行政区域内（除昆鳌两镇外）的城市管道燃气特许经营权授予该公司。

2015年9月16日，浙能集团第二届一百三十六次董事会，同意由浙江省能源集团城市燃气有限公司与平阳县公用事业集团有限公司共同组建合资公司。根据投资可行性研究报告，总投资控制在6727万元内。

2015年11月7日，平阳县天然气有限公司首次股东会、董事会、监事会，通过公司章程，并选举产生第一届董事会、监事会成员。2015年11月27日，平阳县天然气有限公司工商注册登记，注册资本金3000万元，由浙江省能源集团城市燃气有限公司出资1530万元，占股比51%；平阳县公用事业投资有限公司出资1470万元，占股比49%。

2016年4月12日，平阳县天然气有限公司与平阳县城市建设管理办公室签署《平阳县管道燃气特许经营协议》。协议行使地域范围为平阳县全县城（除平阳县福领天然气有限公司2007年特许经营划定的昆阳、鳌江两镇区域外）。有效期限为30年，自2016年1月1日至2045年12月31日。

2016年8月18日，平阳县天然气有限公司取得由平阳县城市建设管理办公室颁布的《燃气经营许可证》，经营类别为管道燃气（天然气、液化石油气），经营区域为平阳县全县城

(除平阳县福领天然气有限公司2007年特许经营划定的昆阳、鳌江两镇区域外)，许可证有效期限为2016年8月18日至2020年8月17日。

(四) 泰顺县天然气有限公司

2017年10月17日，浙江省能源集团城市燃气有限公司与泰顺县鸣伟管道燃气有限公司东方楼际鸣、楼振宇签署《泰顺县天然气综合利用合作框架协议》，协议约定浙江省能源集团城市燃气有限公司收购泰顺县鸣伟管道燃气有限公司51%股权。

2018年3月15日，浙能集团第二届一百九十八次董事会，同意浙江省能源集团城市燃气有限公司收购泰顺县鸣伟管道燃气有限公司51%股权，股权收购价格为252.65万元（扣除原股东承担的安全整改费）。收购完成后，同意将泰顺县鸣伟管道燃气有限公司注册资本金由452万元提高到1050万元。根据投资可行性研究报告，项目总投资6721.23万元。

2018年3月28日，浙江省能源集团城市燃气有限公司与楼际鸣、楼振宇签署《股权转让协议》，约定以55万元、200万元分别收购楼际鸣、楼振宇所持有的泰顺县鸣伟管道燃气有限公司11%、40%股权。同日，泰顺县鸣伟管道燃气有限公司转让完成后的首次股东会、董事会、监事会，通过公司章程，同意泰顺公司增资，并选举产生新一届董事会、监事会成员。2018年4月4日，原公司完成公司股权转让及增资注册登记，注册资本金1050万元，浙江省能源集团城市燃气有限公司出资535.5万元，占股比51%；楼际鸣出资514.5万元，占股比49%。

2018年5月9日，泰顺县鸣伟管道燃气公司名称变更为泰顺县天然气有限公司。

2018年8月31日，泰顺县天然气有限公司与泰顺县住房和城乡规划建设局签署《管道燃气特许经营协议》。特许经营权行使地域范围为泰顺县现行行政区域内；协议有效期限30年，自2018年9月1日至2048年8月31日。

2017年8月31日，泰顺县天然气有限公司（原泰顺县鸣伟管道燃气有限公司）取得由泰顺县综合行政执法局颁布的《管道燃气经营许可证》，经营类别为管道（天然气），经营区域为泰顺县罗阳镇城关，有效期限为2017年9月1日至2021年8月31日。

三、金衢丽地区

(一) 义乌市天然气有限公司

2008年7月3日，浙江省天然气开发有限公司与义乌市人民政府签署《战略合作协议》，协议约定组建义乌市天然气有限公司，投资、建设、经营义乌市天然气利用项目，政府同意将全县行政区域内的管道特许经营权授予该公司。

2008年7月28日，浙能集团董事会临时会议，同意由浙江省天然气开发有限公司和义乌市国有资产投资控股公司成立合资燃气公司。总投资规模为8000万元。

2008年8月18日，义乌市天然气有限公司首次股东会、董事会、监事会，通过公司章程，并选举产生第一届董事会、监事会成员。2008年8月22日，义乌市天然气有限公司工商注册登记，注册资本金8000万元，由浙江省天然气开发有限公司出资4080万元，占股比51%；义乌市国有资产控股有限公司出资3920万元，占股比49%。

2008年12月26日，义乌市天然气有限公司与义乌市建设局签署《管道燃气特许经营协议》，协议特许经营权行使地域范围为义乌市现行行政区域范围包括一个主城区［含中心区、国际商贸城、江东、北苑、后宅、城西、开发区(三、四期）廿三里等八个分区］和两个副城区含义东北副城区和义西南副城区。有效期限为30年，自2008年12月26日至2038年12月15日。

2016年12月13日，义乌市天然气有限公司取得由义乌市建设局颁布的《燃气经营许可证》，经营类别为管道燃气（天然气），经营区域为义乌市行政区域，许可证有效期限为2016年12月28日至2020年12月27日。

2017年4月28日，浙江省能源集团城市燃气有限公司与浙江省天然气开发有限公司签署《股权转让协议》，以4080万元价格收购其持有的义乌市天然气有限公司51%股权，同月完成工商注册登记。

(二) 缙云县天然气有限公司

2009年9月3日，浙江省天然气开发有限公司与缙云县人民政府签署《缙云县城市燃气合作框架协议》，协议约定组建缙云县天然气有限公司，投资、建设、经营缙云县天然气利用项目，政府同意将全县行政区域内的管道特许经营权授予该公司。

2010年2月5日，浙能集团第二届三十一次董事会，同意由浙江省天然气开发有限公司与缙云县人民政府组建缙云县天然气有限公司，并投资缙云县天然气利用项目。根据投资可行性研究报告，项目一期工程总投资为1656万元。

2010年9月30日，缙云县天然气有限公司首次股东会、董事会、监事会，通过公司章程，并选举产生第一届董事会、监事会成员。2010年11月4日，缙云县天然气有限公司工商注册登记，注册资本金2700万元，由浙能集团公司出资2430万元，占股比90%；浙江缙云城市建设开发有限公司出资270万元，占股比10%。

2011年4月2日，缙云县天然气有限公司与缙云县建设局签署《缙云县管道燃气特许经营协议》。协议行使地域范围为缙云县全县城地域（即现行行政管辖区域内）。协议有效期限为30年，自2011年3月1日至2041年2月28日。

2012年5月2日，浙江省能源集团城市燃气有限公司与浙能集团公司签署《股权转让协议》，以2430万元价格收购其持有缙云县天然气有限公司90%股权，同月完成工商注册登记。

2018年4月21日，缙云县天然气有限公司取得由缙云县住房和城乡建设局颁布的管道燃气经营许可证，经营类别为管道燃气（天然气），经营区域为缙云县县域，许可证有效期限为2018年4月21日至2022年4月20日。

2019年8月，缙云县天然气有限公司各股东方按股比增资753万元，注册资本金增至3453万元。

（三）龙泉市天然气有限公司

2009年11月10日，浙能集团与龙泉市人民政府共同签署《投资意向书》，协议约定组建龙泉市天然气有限公司，投资、建设、经营龙泉市天然气利用项目。

2010年12月30日，浙能集团第二届四十八次董事会，同意由浙江省能源集团城市燃气有限公司控股，龙泉市人民政府指定的国资公司参股，共同组建合资公司。根据投资可行性研究，项目总投资为12932万元。

2011年8月8日，龙泉市天然气有限公司首次股东会、董事会、监事会，通过公司章程，并选举产生第一届董事会、监事会成员。2011年9月28日，龙泉市天然气有限公司工商注册登记，注册资本金4100万元。浙江省能源集团城市燃气有限公司出资3690万元，占股比90%；龙泉市国有资产经营公司出资410万元，占股比10%。

2012年12月29日，龙泉市天然气有限公司与龙泉市人民政府签署《龙泉市管道燃气特许经营协议》。协议行使地域范围为龙泉市全市地域（即现行行政管辖区域内）。协议有效期限为30年，自2012年11月1日至2042年11月1日。

2017年7月4日，龙泉市天然气有限公司取得由龙泉市住房和城乡建设局颁布的《管道燃气经营许可证》，经营类别为管道燃气（天然气）、瓶装燃气、燃气汽车加气站、其他燃气相关业务，经营区域为龙泉市全地域，有效期限为2017年7月4日至2022年7月3日。

（四）常山县天然气有限责任公司

2011年1月17日，浙能集团与常山县人民政府签署《战略合作协议》，双方协定在常山组建常山县天然气有限责任公司，由浙能集团控股，常山县国有资产公司参股，并授予常山县天然气有限责任公司特许经营权。

2011年7月25日，浙能集团第二届五十五次董事会，同意组建常山县天然气有限责任公司。根据投资性可行性研究报告，项目总投资额15750万元。

2011年12月26日，常山县天然气有限责任公司首次股东会、董事会、监事会，通过公司章程，并选举产生第一届董事会、监事会成员，2012年1月17日，常山县天然气有限责任公司工商注册登记，注册资本金3000万元，由浙江省能源集团城市燃气有限公司出资2700万元，占股比90%；常山县城市投资运营有限责任公司出资300万元，占股比10%。

2012年7月18日，浙江省能源集团城市燃气有限公司与常山县人民政府签署《常山县管道燃气特许经营协议》，协议行使区域范围为常山县县城“绿色新城”规划区内，特许经营权有效期为30年，自2012年7月19日至2014年7月20日。

2017年1月1日，常山县天然气有限责任公司取得由常山县人民政府颁布的《燃气经营许可证》，经营类别为管道燃气（天然气），经营区域为常山县县城“绿色新城”规划区内，有效期限为2017年1月1日至2020年12月31日。

（五）青田县天然气有限公司

2011年3月8日，浙能集团与青田县人民政府签署《青田县天然气综合利用项目合作框架协议》，协议约定组建青田县天然气有限公司，投资、建设、经营青田县天然气利用项目，政府同意将青田全县行政区域内的管道燃气特许经营权授予青田县天然气有限公司。

2011年7月25日，浙能集团第二届五十五次董事会，同意由浙江省能源集团城市燃气有限公司和青田县国有资产经营公司组建青田县天然气有限公司。根据投资可行性研究报告，项目总投资为16569万元。

2011年12月26日，青田县天然气有限公司首次股东会、董事会、监事会，通过公司章程，并选举产生第一届董事会、监事会成员。2012年1月18日，青田县天然气有限公司获工商注册登记，注册资本金为5700万元，由浙江省能源集团城市燃气有限公司出资3990万元，占股比70%；青田县国有资产经营有限公司出资1710万元，占股比30%。

2012年9月6日，青田县天然气有限公司与青田县住房和城乡规划局签署《青田县天然气项目特许经营协议》。协议行使地域范围为青田县全县城地域。协议有效期限为28年，自2012年9月6日至2040年9月5日。

2012年9月6日，青田县天然气有限公司取得由青田县住房和城乡规划局颁布的《管道燃气经营许可证》，经营类别为管道燃气（天然气），经营区域为青田县县域。

（六）丽水市天然气有限公司

2011年1月27日，浙能集团与丽水市人民政府签署《项目合作框架协议》，协议约定组建丽水市天然气有限公司，投资、建设、经营丽水市天然气利用项目。

2011年7月25日，浙能集团第二届五十五次董事会，同意浙江省能源集团城市燃气有限公司与丽水市政府认可的企业按照51%：49%股比组建丽水市天然气有限公司。根据投资可行性研究报告，项目近期总投资8558万元。

2012年7月20日，丽水市天然气有限公司首次股东会、董事会、监事会，通过公司章程，并选举产生第一届董事会、监事会成员。2012年8月24日，丽水市天然气有限公司工商注册登记，注册资本金5000万元。浙江省能源集团城市燃气有限公司出资2550万元，占股比51%；浙江井煌投资管理有限公司出资1450万元，占股比29%；丽水市人民政府国有资产监管委员会出资1000万元，占股比20%。

2014年9月1日，丽水市天然气有限公司与丽水住房和城乡建设局签署《丽水市管道燃气特许经营协议》。特许经营地域范围为丽水市除瓯江中线以北、小安溪以东区域外。有效期限为30年，自2014年9月1日至2044年8月31日。

2015年2月15日，丽水市天然气有限公司取得丽水住房和城乡建设局颁布的《燃气经营许可证》，经营类别为管道燃气（天然气），经营区域为丽水市除瓯江中线以北、小安溪以东区域外。许可证有效期限为2015年2月15日至2018年8月31日。

2018年10月16日，丽水市天然气有限公司取得丽水住房和城乡建设局颁布的《燃气经营许可证》，经营类别为管道燃气（天然气），经营区域为丽水市除瓯江中线以北、小安溪以东区域外。许可证有效期限为2018年9月1日至2022年8月31日。

（七）衢州市能源有限公司

2012年2月9日，浙能集团与衢州市人民政府签署《战略合作框架协议》，协议约定组建衢州市能源有限公司，投资、建设、经营衢州市人民政府专题会议纪要〔2014〕4号文件划分经营区域天然气利用项目。

2012年6月26日，浙能集团第二届六十八次董事会，同意由浙江省能源集团城市燃气有限公司投资衢州市城市天然气项目。根据投资可行性研究报告，项目总投资约36435万元。

2012年10月18日，衢州市能源有限公司首次股东会、董事会、监事会，通过公司章程，并选举产生第一届董事会、监事会成员。2012年9月12日，衢州市能源有限公司工商注册登记，注册资本金1亿元，由浙江省能源集团城市燃气有限公司出资4600万元，占股比46%；衢州市国有资产经营有限公司出资3500万元，占股比35%；巨化集团公司出资700万元，占股比7%；衢州市柯城区国有资产经营有限责任公司出资600万元，占股比6%；衢州市衢江区国有资产经营有限公司出资600万元，占股比6%。

2017年2月14日，衢州市能源有限公司取得由衢州市住房和城乡建设局颁布的《燃气经营许可证》，经营类别为管道燃气（天然气），经营区域为衢州市人民政府专题会议纪要〔2014〕4号文件划分经营区域，许可证有效期限为2017年2月14日至2018年2月13日。

2019年8月22日，衢州市能源有限公司取得由衢州市住房和城乡建设局颁布的《燃气经营许可证》，经营类别为管道燃气（天然气），经营区域为衢州市中心城区用地规划区域内，320国道以北的石华线以西区域和320国道以南的乌溪江以西区域，许可证有效期限2019年8月22日至2023年8月21日。

（八）云和县天然气有限公司

2011年5月10日，浙江省能源集团城市燃气有限公司与云和县人民政府签署《云和县综合项目合作框架协议》，协议约定由各方指定的机构共同组建合资公司，投资、建设、经营云和县天然气利用项目，政府同意将全县行政区域内的管道特许经营权授予该公司。

2012年9月26日，浙能集团第二届七十二次董事会，同意由城燃公司投资云和县天然气利用工程项目。根据投资可行性研究报告，项目总首期投资671万元。

2012年11月2日，云和县天然气有限公司首次股东会、董事会、监事会，通过公司章程，并选举产生第一届董事会、监事会成员。2012年11月12日，云和县天然气有限公司工商注册登记，注册资本金700万元。由浙江省能源集团城市燃气有限公司出资630万元，占股比90%；云和县国有资产经营有限公司出资70万元，占股比10%。

2012年11月12日，云和县天然气有限公司与云和县住房和城乡建设局签署《云和县管道燃气特许经营协议》，确定特许经营权行使范围为云和县全县域（即现行行政管辖区域）。有效期限为30年，自2012年11月12日至2042年11月11日。

2015年7月13日，云和县天然气有限公司取得由云和县住房和城乡建设局颁布的《燃气经营许可证》，经营类别为管道燃气（天然气），经营区域为云和县县域，许可证有效期限为2015年7月13日至2019年7月12日。

2019年7月12日，云和县天然气有限公司取得由云和县住房和城乡建设局颁布的《燃气经营许可证》，经营类别为管道燃气（天然气），经营区域为云和县县域，许可证有效期限为2019年7月12日至2023年7月11日。

（九）遂昌县天然气有限公司

2011年5月25日，浙能集团与遂昌县人民政府签署《战略合作协议》，协议约定组建遂昌县天然气有限公司，投资、建设、经营遂昌县天然气利用项目，政府同意将全县域行政区域内的管道燃气特许经营权授予该公司。

2012年9月26日，浙能集团第二届七十二次董事会，同意由浙江省能源集团城市燃气有限公司组建遂昌县天然气有限公司，并投资遂昌县天然气利用工程项目。根据投资可行性研究报告，项目总投资额2197万元。

2012年11月8日，遂昌县天然气有限公司首次股东会、董事会、监事会，通过公司章程，并选举产生第一届董事会、监事会成员。2012年11月22日，遂昌县天然气有限公司工商注册登记，注册资本金1000万元，由浙江省能源集团城市燃气有限公司出资900万元，占股比90%；遂昌县国有资产经营有限公司出资100万元，占股比10%。

2012年12月18日，遂昌县天然气有限公司与遂昌县住房和城乡建设局签署《遂昌县管道燃气特许经营协议》，协议行使地域范围为遂昌县全县域内。协议有效期限为30年，自2012

年12月15日至2042年12月14日。

2017年6月21日，遂昌县天然气有限公司取得由遂昌县住房和城乡建设局颁布的燃气经营许可证，经营类别为管道燃气（天然气、液化石油气以及其他气体燃料），经营区域为遂昌县权限行政区域，许可证有效期限为2017年6月21日至2021年6月20日。

2019年8月，遂昌县天然气有限公司各股东方按股比增资261万元，注册资本金增至1261万元。

（十）开化县天然气有限公司

2013年2月17日，浙能集团与开化县人民政府签署《战略合作协议》，协议约定双方共同设立开化县天然气有限公司，由浙江省能源集团城市燃气有限公司控股，开化县城市建设发展有限公司参股。

2013年12月24日，浙能集团第二届九十二次董事会，同意浙江省能源集团城市燃气有限公司投资开化县天然气利用工程。根据投资可行性研究报告，项目总投资在5721万元以内。

2013年12月30日，开化县天然气有限公司首次股东会、董事会、监事会，通过公司章程，并选举产生第一届董事会、监事会成员。2014年1月6日，开化县天然气有限公司工商注册登记，注册资本金2000万元，浙江省能源集团城市燃气有限公司出资1800万元，占股比90%；开化县城市建设发展有限公司出资200万元，占股比10%。

2016年12月31日，开化县天然气有限公司取得由开化县住房和城乡建设局颁布的《燃气经营许可证》，经营类别为管道燃气（天然气），经营区域为开化县，有效期限为2017年1月1日至2020年12月31日。

（十一）庆元县天然气有限公司

2017年3月30日，浙江省能源集团城市燃气有限公司与庆元县人民政府签署《庆元县天然气综合利用项目合作框架协议》，协议约定组建庆元县天然气有限公司，投资、建设、经营庆元县天然气利用项目，政府同意将全县范围内的管道燃气特许经营权授予该公司。

2017年8月25日，浙能集团第二届一百八十次董事会，同意由浙江省能源集团城市燃气有限公司与庆元县国有资产运营有限公司共同组建庆元县城市燃气项目公司。

2017年9月19日，庆元县天然气有限公司首次股东会、董事会、监事会，通过公司章程，并选举产生第一届董事会、监事会成员。2017年9月20日，庆元县天然气有限公司工商注册登记，注册资本金2000万元，由浙江省能源集团城市燃气有限公司出资1800万元，占股比90%；庆元县国有资产运营公司出资200万元，占股比10%。

2017年12月18日，庆元县天然气有限公司与庆元县住房和城乡建设局签署《管道经营特许经营协议》。协议行使地域范围为庆元县人民政府现行管辖区域内。协议有效期限为30年，自2017年12月15日至2047年12月14日。

2018年7月27日，庆元县天然气有限公司取得由庆元县住房和城乡建设局颁布的《管道燃气经营许可证》，经营类别为管道燃气（天然气），经营区域为庆元县县域，许可证有效期限为2018年7月27日至2048年7月26日。

（十二）景宁畲族自治县天然气有限公司

2012年10月30日，浙江省能源集团城市燃气有限公司与景宁县人民政府签署《合作框架协议》，协议约定组建景宁畲族自治县天然气有限公司，投资、建设、经营景宁畲族自治县天然气利用项目。

2017年8月18日，浙能集团第二届一百八十次董事会，同意浙江省能源集团城市燃气有限公司与景宁畲族自治县国有资产经营有限公司共同组建景宁畲族自治县天然气有限公司。

2017年10月18日，景宁畲族自治县天然气有限公司首次股东会、董事会、监事会，通过公司章程，并选举产生第一届董事会、监事会成员。2017年10月30日，景宁畲族自治县天然气有限公司工商注册登记，注册资本金1000万元。浙江省能源集团城市燃气有限公司出资900万元，占股比90%；景宁畲族自治县国有资产经营有限公司出资100万元，占股比10%。

2018年5月，景宁畲族自治县天然气有限公司与景宁畲族自治县住房和城乡建设局签署《管道燃气特许经营权》，特许经营协议行使地域范围为景宁畲族自治县人民政府现行行政管辖区域（不含正达阳光城小区和金园丽景小区瓶组站管道燃气经营权），协议有效期限为30年，自2018年5月25日至2048年5月24日。

2018年6月22日，景宁畲族自治县天然气有限公司取得由景宁畲族自治县住房和城乡建设局颁布的《燃气经营许可证》，经营类别为管道燃气（天然气），经营区域为景宁畲族自治县人民政府行政管辖区域范围内，许可证有效期限为2018年6月22日至2022年6月21日。

四、绍兴舟山地区

（一）绍兴市上虞区天然气有限公司

2004年3月2日，绍兴市上虞市天然气有限公司工商业注册登记，注册资本金3500万元，由浙江省天然气开发有限公司出资1400万元，占股比40%，浙江绿能投资有限公司出资1330万元，占股比38%，浙江德清九鼎建设工程有限公司出资770万元，占股比22%。

2005年5月9日，原上虞市天然气有限公司与上虞市建设局签署《城市管道特许经营协议》，特许经营协议行使地域为原上虞市行政区域，有效期30年，自2004年3月2日至2034年3月1日。

2009年11月6日，浙江省天然气开发有限公司、浙江绿能投资有限公司、上海和邦投资有限公司、浙江德清九鼎建材有限公司签署《股权转让协议》，同意浙江绿能投资有限公司将持有的公司38%股份（总价1330万元）转让给上海和邦投资有限公司，浙江德清九鼎建材有限公司将其拥有的公司22%股权中的11%转让给浙江省天然气开发有限公司，另11%转让给上海和邦投资有限公司。

2013年2月7日，浙江省天然气开发有限公司出资765万元，上海和邦投资有限公司出资735万元，注册资本金增至5000万元。

2014年5月29日，上虞市天然气有限公司变更为绍兴市上虞区天然气有限公司。

2017年4月19日，浙江省能源集团城市燃气有限公司与浙江省天然气开发有限公司签署《股权转让协议》，以2550万元价格收购其持有的绍兴市上虞区天然气有限公司51%股权，同月完成工商注册工作。

2018年9月5日，绍兴市上虞区天然气有限公司取得由绍兴市上虞区住房和城乡建设局颁布的燃气经营许可证，经营类别为管道燃气（天然气）、瓶装燃气（天然气）、燃气加气站（天然气）、其他（天然气），经营区域为绍兴市上虞区区域，许可证有效期为2018年9月5日至2022年9月5日。

（二）新昌县天然气有限公司

2009年7月10日，浙江省天然气开发有限公司、新昌县人民政府、万丰奥特控股集团有限公司签署《新昌县天然气综合利用合作框架协议》，协议约定浙江省天然气开发有限公司及万丰奥特控股集团有限公司共同组建新昌县天然气有限公司，投资、建设、经营新昌县天然气利用项目，政府同意将全县行政区域内的管道特许经营权授予该公司。

2010年5月18日，浙能集团第二届三十四次董事会，同意由浙江省天然气开发有限公司投资新昌项目组建合资公司，根据投资可行性研究报告，项目总投资为1766万元。

2010年8月3日，新昌县天然气有限公司首次股东会、董事会、监事会，通过公司章程，并选举产生第一届董事会、监事会成员。2010年10月22日，新昌县天然气有限公司工商注册登记，注册资本金为1600万元。由浙江省能源集团城市燃气有限公司出资816万元，占股比51%；浙江万丰科技开发有限公司出资784万元，占股比49%。

2016年6月16日，新昌县天然气有限公司与新昌县住房和城乡建设局签署《管道燃气特许经营协议》，特许经营权行使地域范围为新昌县现行行政区域内除南明街道、七星街道以外的新昌县行政区域和新昌县天然气有限公司在城区现有供气用户（万丰集团、万丰科技、日发酒店、捷昌、中宝等），有效期限4年，自2016年6月16日至2020年6月16日，期后采取自动延续方式。

2016年7月13日，新昌县天然气有限公司取得由新昌县住房和城乡建设局颁布的燃气经营许可证，经营类别为管道燃气（天然气），经营区域为新昌县县域，许可证有效期限为2016年6月16日至2020年6月15日。

（三）绍兴市江滨天然气有限公司

2011年11月28日，浙能集团与绍兴市人民政府签署《绍兴市江滨管道燃气框架协议》，协议约定组建绍兴市江滨天然气有限公司，投资、建设、经营绍兴市江滨天然气利用项目。

2012年6月19日，浙能集团第二届六十七次董事会，同意投资绍兴市滨海新城江滨区天然气利用工程，根据投资可行性研究报告，项目总投资约为28338万元。

2012年8月2日，绍兴市江滨天然气有限公司首次股东会、董事会、监事会，通过公司章程，并选举产生第一届董事会、监事会成员。2012年9月7日，绍兴市江滨天然气有限公司工商业注册登记，注册资本金3000万元，由绍兴市上虞区天然气有限公司出资1830万元，占股比61%，绍兴市燃气产业浙能集团公司出资900万元，占股比30%；浙江省能源集团城市燃气有限公司出资270万元，占股比9%。

2012年12月31日，绍兴市江滨天然气有限公司与滨海新城管委会建设局签署《管道经营特许经营协议》，确定特许经营行使地域范围为绍兴市滨海新城江滨区域范围内。特许经营有效期限为15年，自2012年11月22日至2027年11月21日。

2017年1月31日，绍兴市江滨天然气有限公司取得由绍兴滨海新城管委会建设局颁布的管道燃气经营许可证，经营类别为管道燃气（天然气），经营区域为绍兴市滨海新城江滨区域范围内，有效期限为2017年1月31日至2021年1月31日。

（四）嵊州三界天然气有限公司

2018年12月，浙江省能源集团城市燃气有限公司及自然人傅建红、傅建亚签订了《嵊州市省级高新技术产业园（三界镇）城市燃气项目合作协议》，明确了收购方案以及收购后公司组织结构、注册资本等事宜。

2019年7月17日，该项目集团董事会通过决策，根据项目公司投资可行性研究报告，2019—2020年拟投资金额为3378万元。

2019年8月13日，嵊州市三界天然气有限公司首次股东会、董事会、监事会，通过公司章程，并选举产生第一届董事会、监事会成员。2019年8月28日，嵊州市三界天然气有限公司工商注册登记，注册资本金1000万元。由嵊州市三界天然气有限公司出资510万元，占股比51%，股东傅建红出资490万元，占股49%。

第二节 市场拓展

2004年，浙能天然气开始对城市燃气进行市场拓展。截至2010年，浙江省天然气开发有限公司收购城市燃气公司4家，累计完成城市燃气气量销售42817.5万立方米，开发终端用户50140户，其中居民49794户，非居民346户。

2010年11月8日，浙江省能源集团城市燃气有限公司成立后，设置市场开发部专门负责城市燃气项目开发及市场拓展业务。

2011年，浙江省能源集团城市燃气有限公司组织开展了第一期“城燃之星”的管理培训班，提升所属企业市场开发人才的业务能力及水平。当年浙江省能源集团城市燃气有限公司开发居民用户24500户，公建用户51户，工业用户23户，完成销售气量1.2亿立方米。建成中高压管线115千米，低压管网133千米。

2012年9月19日，浙江省能源集团城市燃气有限公司印发《关于开展“抢市场、争气量、促投资”百日立功竞赛活动的通知》积极组织下属企业开展活动，发挥依托省级管网的管输气气源优势，大力开发大工业用户，在陶瓷、机械加工制造等产业领域推广天然气应用，并提前布局非管输市场，研究非管输气应急保障站点课题，拓展非管输气业务。当年浙江省能源集团城市燃气有限公司开发居民用户18100户，公建用户93户，工业用户46户，完成销售气量1.52亿立方米，其中非管输气19万立方米。完成新建站场4座，高压管线4.1千米，中压管线137千米，低压管线125千米。

2013年，浙江省能源集团城市燃气有限公司指定所属企业在各地召开天然气利用推介会，在化工、玻璃等产业领域的应用取得突破，并借助房地产市场发展的客观优势，在义乌市天然气有限公司、绍兴市上虞区天然气有限公司、平湖市天然气有限公司等区域大规模开展居民楼盘配套业务，居民售气业务增长明显，继续开发非管输市场，开发 LNG 点对点供气项目弥补管网不能覆盖或近期未覆盖区域及产业清洁能源需求的空白，为省级管网通达提前培育市场，当年 14 家所属企业实现向下游销售供气。当年浙江省能源集团城市燃气有限公司开发居民用户 29000 户，公建用户 291 户，工业用户 64 户，完成销售气量 2.44 亿立方米。完成新建高压管线 1.8 千米，中压管线 174 千米，低压管线 253 千米。

2014 年 8 月 29 日，浙江省能源集团城市燃气有限公司组织各所属企业开展配套费、气款回收管理的检查，规范终端市场开发过程中出现的问题。

2014 年 9 月 25 日，浙江省能源集团城市燃气有限公司发布燃气经营业务合同标准版本，统一规范配套建设、供用气及液化天然气采购的合同条款，结合不同用户类型特点进行有针对性的、差别化性的合同条款设计。合同包括《房产居民配套合同》《非居民配套合同》《居民供用气合同（格式合同）》《供用气合同（抄表计费）》《供用气合同（IC 卡表计费）》《LNG 采购合同》。

2014 年 10 月 30 日，浙江省能源集团城市燃气有限公司发布《燃气业务收费管理办法》，明确业务收费项目、价格确定和审批流程等相关内容，从公司可持续发展要求出发制定业务收费和价格策略，在掌握市场需求和发展潜力、分析市场竞争动态的基础上进行业务收费管理。

2014 年 12 月 23 日，浙江省能源集团城市燃气有限公司发布《燃气气量管理》，规定了燃气气量采购及销售体系和管理原则，明确了燃气气量采购及销售管理机构、职责分工及燃气气量购销过程中的计划管理、气源管理、统计管理等具体工作内容及管理要求。

2014 年，浙江省能源集团城市燃气有限公司在大工业用户、房地产市场开发取得良好成效的基础上，抓住各地政府招商引资建设工业园区的发展机遇，开展工业园区用户市场的集中配套，并进一步开发酒店餐饮、学校医院、政府机关等市场的拓展，当年浙江省能源集团城市燃气有限公司 18 家所属企业实现向下游销售供气。在开发下游市场的同时，开展了一系列市场开发规范管理的工作。

至 2014 年，浙江省能源集团城市燃气有限公司开发居民用户 24221 户，公建用户 192 户，工业用户 60 户，完成销售气量 3.2 亿立方米。完成新建高压管线 9 千米，中压管线 170 千米，低压管线 125 千米。

2015 年 3 月 12 日，浙江省能源集团城市燃气有限公司根据《浙江省人民政府办公厅关于进一步加大力度推进燃煤（重油）锅（窑）炉淘汰改造工作的通知》要求，启动“煤改气”市场开发，各所属企业全面开展所属区域燃煤（重油）锅（窑）炉市场调研改造工作。

2015 年 4 月 21 日，浙江省能源集团城市燃气有限公司发布《非管输燃气用户市场开发的指导意见》，从市场调研、找准目标用户、业务模式方面提出指导意见，扎实推进点对点直供体系建设工作。从项目选择、建设方案、审批流程、盈利模式等各个环节逐一进行优化，做到项目选择在经济测算的基础上有取舍标准，项目建设方案在保障安全、合法合规的基础上经济高效，审批流程清晰高效，形成具有浙江省能源集团城市燃气有限公司特色的系统完善、高效可行、经济有利的点对点市场开发模式。指导所属企业加大点对点市场开发力度，提升浙江省能源集团城市燃气有限公司在省内非管输气市场占有率。

2015 年 4 月、11 月，浙江省物价局两次下调非居民天然气省级门站价。浙江省能源集团城市燃气有限公司通过“定策略、盯目标、搭平台”等一系列举措，规范公司市场管理工作，促进年度市场工作目标的分解和达成，仍然实现了销售气量的平稳增长。

2015 年 6 月 5 日，浙江省能源集团城市燃气有限公司组织召开市场开发案例交流会，总结推广所属企业市场开发的成功经验。安吉县管道燃气有限公司的工程市场一体化模式、建德市浙能天然气有限公司的公建市场开发、青田县天然气有限公司点对点开发模式，积极推广谷歌地图（Google earth）应用、燃气空调和地热供气方案、小型燃气设备一体化供气装置等经验在会上做了交流。

2015 年 6 月 8 日，浙江省能源集团城市燃气有限公司修订《燃气业务收费管理》，修订主要内容包括：对职责、燃气业务收费项目的价格确定、定价调整流程、对特殊价格的审批进行了调整；增加所属企业燃气业务价格备案表，删除了所属企业销售价格调整报审表。要求各所属企业根据各自的业务情况，综合考虑公司经营效益、服务民生、社会责任等因素，兼顾城镇差异、气源类型、用户承受能力等因素制定本企业的业务收费价格体系。根据修订后的《燃气业收费管理标准》，各所属企业都建立了燃气业务收费价格体系，条件成熟的区域逐步推行根据用气规模分档优惠管理体系，所属企业的燃气业务收费价格管理更为规范、更有市场竞争力，有效地促进了终端市场开发和气量销售。实现了对核心大用户、重点用户、中小用户的差异化经营。燃气销售价格体系和定价机制逐步规范，对提升浙江省能源集团城市燃气有限公司经营效益，助力市场拓展起到了关键性的作用。

2015 年 7 月 14 日，浙江省能源集团城市燃气有限公司召开会议进一步规范市场管理，强调和重申用户管理、供用气合同、气款结算等有关工作要点，规范公司所属企业购销行为，防范市场风险。

2015 年 10 月 21 日，浙江省能源集团城市燃气有限公司提出《市场开发人员考核激励指引》，指导所属企业结合自身情况出台具体奖励考核细则，应对其他能源及同行业点对点供应商的竞争。激发各所属企业市场开发人员的积极性，真正体现多劳多得的分配原则。

2015 年 11 月 20 日，浙江省能源集团城市燃气有限公司开展“抢市场、争气量、比合同”市场百日竞赛活动，活动历时 100 天，通过比新签配套和供气合同、比新增合同小时流量、比新增气量、比配套费收取、比点对点助力市场开发，形成“全员攻市场、人人争气量”的工作局面。

2015 年 12 月 12 日，浙江省能源集团城市燃气有限公司开展“市场开发之星”评比活动，从业务工作能力和素养、工作实绩等方面进行综合测评，通过评比，促进市场人才队伍建设，初步建立起一支具有开拓精神和竞争意识、懂经营、能专研的市场营销队伍，为专项市场开发提供人力资源保障。

2015 年，浙江省能源集团城市燃气有限公司共开发居民用户 32341 户，公建用户 208 户，工业用户 93 户，完成销售气量 3.57 亿立方米。完成新建高压管线 12.4 千米，中压管线 201.8 千米，低压管线 196.2 千米。

2016 年 3 月 21 日，浙江省能源集团城市燃气有限公司组织召开年度市场工作会议。会议培训“煤改气”相关知识，分析市场开发成功案例，推进年度市场开发的重点工作和目标分解落实。

2016 年 5 月 11 日，浙江省能源集团城市燃气有限公司发布《用户配套项目管理》制度，梳理和规范燃气配套项目的事前、事中及事后全过程管理要求，对燃气配套项目的合同管理、供气方案、项目报价及内部核价等流程的关键节点进行了明确。

2016 年 5 月 27 日，浙江省能源集团城市燃气有限公司组织召开各所属企业供用气合同法律风险防范研讨会，学习行业内其他燃气公司被反垄断调查等相关案例，探讨供用气合同、配套合同模板修订等事项，提出建议和意见，并推行《市场开发记录本》的使用，对配套合同和供气合同洽谈内容进行详细记录，加强所属企业市场开发过程记录，防范市场开发过程中可能存在的违规行为。

2016 年 6 月 24 日，浙江省能源集团城市燃气有限公司发布修订后的市场开发相关的供用气合同、配套合同模板，优化与用户气量结算方式，降低燃气市场管理风险。

2016 年 10 月 26 日，浙江省能源集团城市燃气有限公司组织召开丽水地区所属企业老小区改造讨论会，学习老小区改造经验丰富的经验，探讨解决老小区改造中存在的问题。推进丽水地区老小区改造，增加用户的数量和用气量。

2016 年，浙江省能源集团城市燃气有限公司通过制定“拓思路、分区域、重服务”的市场开发策略，把握政府降本增效政策有利时机，按照“一企一策”的原则，制定针对性的市场开发策略，提升市场覆盖范围。当年 22 家所属企业实现向下游销售供气。共开发居民用户 35400 户，公建用户 255 户，工业用户 207 户，完成销售气量 4.38 亿立方米。完成新建高压管线7.5千米，中压管线187千米，低压管线159千米。

2017年1月20日，浙江省能源集团城市燃气有限公司发布《用户配套项目管理》，这项管理制度在2016年版《用户配套项目管理》的基础上进行了修订。修订主要包括：增加规范性引用文件；调整非居民预埋费的价格确定的相关内容；调整所属企业配套项目报价审批表。

2017年4月28日，浙江省能源集团城市燃气有限公司发文开展“转观念、抢市场、谋发展”为主题的“双标”竞赛活动，活动历时一年，每季度评比一次。通过比新签配套和供气合同、比新增合同小时流量、比销售气量，评选出市场开发标兵及市场开发标杆企业。获得市场开发标杆企业的所属企业在经营分析会上给予表彰并颁发流动红旗，获得市场开发标兵的个人给予表彰并对其市场开发先进事迹进行宣传报道。

2017年5月16日，浙江省能源集团城市燃气有限公司所属企业缙云县天然气有限公司省级管网接通，成为丽水地区首个通管输气的县区，弥补了浙江省南部地区管道天然气供应的空白。缙云县天然气有限公司形成以管输气为主，LNG为应急储备的“双气源”格局。

2017年5月18日，浙江省能源集团城市燃气有限公司开展“我为市场开发献计献策”活动，重点围绕市场开发、工程配套、价格政策、供气保障等各方面提出合理化建议，鼓励职工反映影响市场拓展的“拖后腿”因素、积极思考市场开发新思路、新方法，并提出优化内部管理的建议和意见，对合理有效的建议予以督办落实。

2017年7月5日，浙江省能源集团城市燃气有限公司组织开展市场开发交流会，11家所属企业基层市场开发人员和企业负责人结合自身实际从“煤改气”市场开发、老居民小区改造和市场开发试点、市场化激励方案及效果以及常山县天然气有限责任公司、衢州市能源有限公司分布式能源开发经验等方面做了交流发言，分享市场开拓心得，探讨市场开发中的各类难点和解决办法。

2017年12月21日，浙江省能源集团城市燃气有限公司召开会议提出：在面对全省管输气和LNG供应严重紧张的局面，积极协调争取上游资源，尽可能保证各所属企业有序供气，要求各所属企业采取措施积极应对，进一步梳理细化有序供气方案，积极与政府有关部门沟通，在紧张时段实现有序供气。同时做好用户用气计划协调及用户沟通和舆论宣传。

2017年12月28日，浙江省能源集团城市燃气有限公司所属企业丽水市天然气有限公司省级管网到达。

2017年，浙江省能源集团城市燃气有限公司通过提出“转观念、抢市场、谋发展”的经营要求。具体采取全员营销的市场开发策略，建立市场营销网格化管理，将经营区域分片到人、责任到人。当年浙江省能源集团城市燃气有限公司23家所属企业实现向下游销售供气。实现新签非居民用户967户，新增小时流量25.5万立方米/小时，2017年销售气量7.17亿立方米。开发居民用户64054户，公建用户384户，工业用户382户，完成销售气量7.17亿立方米。完成新建高压管线10.4千米，中压管线255千米，低压管线188千米；21家所属企业实现向下游销售供气，整体综合价差达到0.67元/立方米，实现了良好的销售业绩。

2018年初，浙江省能源集团城市燃气有限公司兑现市场化考核激励奖金1123万元。

2018年3月5日，浙江省能源集团城市燃气有限公司组织召开LNG储气能力规划讨论会，全面规划城燃LNG储气能力安排，探讨LNG储气能力提升等相关问题，保障所属企业气源稳定和用户正常用气。

2018年5月22日，浙江省能源集团城市燃气有限公司修订发布《用户配套项目管理》，制度代替2017年版《用户配套项目管理》。主要修订内容：增加要求所属企业在议事规则中明确各层级的价格决策权限的内容、项目估算表样例、配套合同动态管理台账等内容及附录格式；删减关于站场配套项目的设计、施工管理等技术管理相关内容。

2018年6月7日，浙江省能源集团城市燃气有限公司召开所属企业市场交流会议，通过会议交流，提高所属企业市场开发及管理人员对浙江省天然气市场的整体认识，增强市场快速变化形势下的应对能力，学习市场开拓过程中相关业务的先进经验和方法，对新修订的《用户配套项目管理》进行宣贯，规范所属企业市场开发的过程管理。

2018 年 8 月 6 日，浙江省能源集团城市燃气有限公司发文为落实国家发展和改革委员会关于储气设施建设的要求，组织各所属企业按照统筹规划、分步实施的原则开展储气能力建设工作。在保障居民、公福用户和不可中断的工业用户气量为基础，编制和落实储气设施建设计划，保障气源储气能力不低于三天。

2018 年 8 月 8 日，浙江省能源集团城市燃气有限公司所属企业青田县天然气有限公司省级管网到达接通。管线的到达，为青田天然气市场开发提供了基础条件。

2018 年 10 月 12 日，浙江省能源集团城市燃气有限公司组织开展燃气价格管理案例培训，提高所属企业业务人员对燃气价格管理法律知识及应对法律纠纷的能力，包括以往交易中已经发生的纠纷和未来可能产生的法律风险。

2018 年，浙江省能源集团城市燃气有限公司全年实现销售气量 10.02 亿立方米，已通气居民用户 312390 户、非居民用户 3529 户，投运场站 111 座，累计投产高中低压管线 4849 千米。实现新昌县天然气有限公司、遂昌县天然气有限公司、龙泉市天然气有限公司、云和县天然气有限公司及浙江省能源集团城市燃气有限公司扭亏为赢。

2019 年，浙江省能源集团城市燃气有限公司实现新签非居民用户 854 户，新增小时流量 19 万立方米/小时，2019 年销售气量 12.14 亿立方米。共开发居民用户 10 万余户，公建用户 460 户，工业用户 284 户。完成新建高压管线 250 米，中压管线 379 千米，低压管线 422 千米。

第三节 城燃管网建设

一、规划设计

2009 年 1 月 13 日，绍兴市上虞区天然气有限公司《上虞市天然气发展专项规划（2008—2020）》取得上虞市人民政府批准（虞政发〔2009〕1 号）。

2011 年浙江省能源集团城市燃气有限公司成立后，组织各属企业配合地方政府陆续编制修改燃气专项规划，截至 2019 年 7 月 30 日，26 家公司陆续完成特许经营范围内的燃气专项规划或燃气综合利用规划。

2013 年 7 月 8 日，浙江省能源集团城市燃气有限公司发布了《工程设计管理制度》，制度明确了工程规划可研等相关管理规定。

2017 年 8 月 15 日，浙江省能源集团城市燃气有限公司发布《浙江省能源集团城市燃气有限公司“十三五”发展规划实施方案》，方案明确了公司加快站场及管网设施建设的规划及具体措施，并提出了以下发展目标：一是气量销售，年均销售气量年均复合增长率为 36%，到 2020 年气量销售力争达到 15 亿立方米；二是利润总额，到 2020 年合并利润总额力争达到 2 亿元；三是投资总额，五年累计投资达到 30 亿元（含新项目及分布式能源项目投资）；四是建设目标，“十三五”期间，计划每年建设投运中压管线 200 千米，力争实现已开发市场区域全覆盖。

浙江省能源集团城市燃气有限公司及所属企业所在地燃气专项规划见表 5-4-1。

表 5-4-1 2006—2018 年浙江省能源集团城市燃气有限公司及所属企业所在地燃气专项规划（天然气综合规划）一览表

（燃气专规或综规）规划名称	首次发布时间（年-月）	规划年限（年）	（燃气专规或综规）规划名称	首次发布时间（年-月）	规划年限（年）
宁海县城市燃气专项规划	2006-06	2006—2020	常山县燃气专项规划	2008	2007—2025
安吉县天然气利用规划	2008-09	2007—2020	德清县燃气专项规划	2008-10	2008—2020
上虞市天然气发展专项规划	2009-01	2012—2020	缙云县燃气专项规划	2009-07	2008—2020

表 5-4-1（续）

（燃气专规或综规）规划名称	首次发布时间（年-月）	规划年限（年）	（燃气专规或综规）规划名称	首次发布时间（年-月）	规划年限（年）
平湖市燃气专项规划	2009-07	2009—2020	开化县燃气专项规划	2009-08	2009—2020
浙江省能源集团城市燃气有限公司“十三五”发展规划	2017-07	2016—2020	青田县中心城市燃气专项规划	2018-01	2015—2030
新昌县燃气专项规划	2009-12	2009—2020	平阳县燃气专项规划	2010	2010—2020
龙泉市燃气专项规划	2010-10	2010—2020	绍兴市滨海新城江滨区天然气利用规划	2012-05	2012—2020
海盐县燃气专项规划	2012-08	2012—2020	义乌市天然气利用规划	2013-02	2012—2020
云和县天然气利用综合利用规划	2013-02	2013—2020	衢州市燃气专项规划	2013-06	2011—2020
景宁畲族自治县燃气专项规划	2013-10	2012—2020	临安区燃气专项规划	2013-11	2013—2020
泰顺县天然气综合利用规划	2013-12	2013—2020	遂昌县燃气专项规划	2015-03	2014—2020
丽水市区燃气专项规划修编	2015-09	2013—2020	宁波象保合作区管道燃气专项规划	2016-05	2016—2035
建德市燃气专项规划	2016-12	2016—2020	庆元县燃气专项规划	2018-04	2017—2030

二、工程物资管理

2010 年 11 月 8 日，浙江省能源集团城市燃气有限公司成立起，浙江省能源集团城市燃气有限公司物资采购管理部门与行业内优秀燃气企业就物资采购工作进行多次交流，并实地调研多家物资供应商生产基地，为形成合格供应商目录打下基础。

2012 年 2 月 23 日，浙江省能源集团城市燃气有限公司合格供应商名单初稿经公司总经理工作会议审议通过。

2012 年 3 月 10 日，浙江省能源集团城市燃气有限公司正式发布第一版合格供应商（工程承包、物资采购）目录，确定非公开招标采购项目应在合格供应商中比价选择，进一步优化了物资采购管理工作。

2013 年 7 月 8 日，浙江省能源集团城市燃气有限公司编制发布物资及设备管理制度，包括《工程物资采购、仓储管理办法》等管理制度，提出采购、验收入库、储存、领用出库等方面对工程物资管理的全流程管理要求。

2013 年 12 月 19 日，浙江省能源集团城市燃气有限公司完成首次 PE 管材集中采购工作开始，凭借集约化采购优势，逐步对标准化程度较高的物资实行集约化采购，从源头把控物资及设备质量。

2014 年 6 月 6 日，浙江省能源集团城市燃气有限公司发布《城镇燃气标志桩、警示带技术规定》《区域调压柜（民用）典型性设计》《调压柜（工业用）典型性设计》《调压箱典型性设计》《LNG 瓶组站工艺、自控设备典型性设计》《撬装门站典型性工艺设计》等涉及物资管理的技术文件，用以规范设计，明确质量要求。

2015 年 3 月 13 日，为规范工程物资流通、加强物流基础管理，使物资管理流程更加规范化，浙江省能源集团城市燃气有限公司发布《工程物资采购及仓储管理》《所属企业仓储管理标准化指引（试行）》等管理制度。

截至 2016 年 12 月 26 日，集约化采购的物资类目已扩大到 PE 管材、PE 管件、镀锌管件、燃气表、调压箱等 11 类物资。经统计，集约化采购的中标价较所属企业自行采购降低了 5%～15%。在降低采购成本的同时，浙江省能源集团城市燃气有限公司采取随机抽样送检的方式严格把关到货质量。

2017 年 5 月 25 日，浙江省能源集团城市燃气有限公司结合公司及各所属企业物资采购管理现状，发布《物资采购管理》等制度，并提出物资管理的标准表单，进一步推动物资及设备采购的规范化、标准化、精细化管理。

2018 年 10 月 22 日和 11 月 15 日，浙江省能源集团城市燃气有限公司分别完成燃气调压柜、流量计等物资的集中采购工作，进一步扩大集采类目，提升集约化采购降本增效的成果。

2018 年 11 月 7 日，浙江省能源集团城市燃气有限公司组织完成 13 类集约化采购物资招标文件模板的审查会。2019 年 1 月 31 日，修改完善后的招标文件模板作为范本正式发布实施。

2019 年 7 月 2 日，浙江省能源集团城市燃气有限公司完成燃气用具连接用不锈钢波纹软管、燃气输送用不锈钢波纹软管及管件的集约化采购工作。2019 年 12 月下旬，启动示踪线、警示带等技术要求的编制工作，为持续扩大集采类目做好准备。

三、工程质量控制

2010 年 11 月 8 日浙江省能源集团城市燃气有限公司成立后，一方面借鉴行业内优秀企业的经验着手建设管理制度体系，另一方面加大管理人员培养，于 2011 年 9 月 5 日在浙能集团系统内启动公司中层管理人员公开招聘。

2011 年，浙江省能源集团城市燃气有限公司为了杜绝违法分包和转包行为，确保施工质量，着手收集行业内优质施工单位的资料，并在不断的交流与合作中对意向单位进行深入考察，逐步建立起浙江省能源集团城市燃气有限公司施工服务类合格供应商库。同年 10 月 17—28 日，对在建工程进行质量大检查并对检查结果进行通报，督促相关参建单位限期整改。

2013 年，浙江省能源集团城市燃气有限公司增设工程技术部专门负责工程建设管理业务。2013 年 7 月 8 日，浙江省能源集团城市燃气有限公司发布《工程管理指引》《工程设计管理》等管理制度，逐步构建起浙能城燃系统工程管理的标准体系架构。

2013 年 12 月 17 日，浙江省能源集团城市燃气有限公司发布《供应商管理办法》，明确提出“优胜劣汰、动态调整”的管理原则，并分别在 2014 年 12 月 24 日、2017 年 11 月 1 日对管理办法进行修订，在合格供应商库不断扩充的同时，逐步加大管控力度。

2014 年 4 月 24 日，浙江省能源集团城市燃气有限公司发布《工程开工管理规定》《建设工程规章规范及技术标准管理规定》；2014 年 6 月 6 日，发布《工程质量检查与验收管理规定》《隐蔽工程验收管理规定》；2014 年 9 月 1 日，发布《房屋建筑工程管理》《工程质量管理》；2014 年 12 月 24 日发布《工程施工图设计交底及图纸会审管理》等管理制度，逐渐细化管理要求，使工程质量管理有据可依。

2014 年 9 月 22—26 日，浙江省能源集团城市燃气有限公司选派所属企业工程一线的管理人员参加浙江省特种设备检验研究院组织的承压类特种设备作业人员培训班，促使工程管理人员进一步掌握 PE 管焊接的知识及要求，强化施工现场对施工单位的管理。

2015 年 4 月 28 日，浙能集团发布《基建工程全过程达标投产管理规定》，浙江能源天然气集团有限公司于同年 5 月 6 日印发《关于立即开展基建工程全过程达标投产专项检查的通知》，浙江省能源集团城市燃气有限公司按通知要求组织所属企业开展基建工程全过程达标投产管理要求的学习，并结合城燃工程的特点探讨、细化了达标管理内容。

2015 年 7 月 25 日，浙江省能源集团城市燃气有限公司发布《基建工程全过程达标投产管理规定》，并按照“全面推行，重点达标”的工作思路，在所属企业全面部署实施基建工程全过程达标投产工作。

2015 年 9 月 28 日，根据国家相关焊接规范要求，浙江省能源集团城市燃气有限公司发文要求各施工单位开展 PE 焊接机具校准、检定工作，并对各施工单位的焊接机具进行抽查，严禁使用过期而未校准、检定的焊接机具。同年 11 月 10—11 日，浙江省能源集团城市燃气有限公司组织开展了第一次浙江省能源集团城市燃气有限公司 PE 焊工内部上岗证考试。自 2015 年起，焊机检定及内部取证已成为浙江省能源集团城市燃气有限公司每年的例行工作，从源头保证了焊接质量。

2016年5月30日，浙江省能源集团城市燃气有限公司修编发布《工程开工管理》等标准，进一步规范工程开工管理程序，完善验收的基本条件，落实施工质量的管控力度，从本质上防范工程建设安全、质量事故的发生。

2016年11月10日，浙江省能源集团城市燃气有限公司将“PE管线安装焊接必须采用全自动热熔焊机和全自动电熔焊机进行施工”的要求列入施工类招标文件、合同（中低压开挖）模板，从招标阶段落实了焊接的管理要求。

2017年7月25日，浙江省能源集团城市燃气有限公司修编发布《燃气工程试运投产及验收管理》等标准，按工程项目等级进一步完善验收的基本条件，明确分级管理职责及流程，严格把控工程施工质量验收关，并要求生产运行管理部门提前介入关键环节，以生产运行的标准审视工程建设质量，保证工程“零缺陷”移交。

2018年，浙江省能源集团城市燃气有限公司根据浙能建〔2018〕170号文件的要求，对参建单位主要人员未持证上岗、总包与分包单位质量管理职责不清、材料进场核查检验、质量监督检查整改不及时等问题作为重点，组织所属企业对基建项目管理过程中存在的有关问题进行全面自查并进行抽查，对存在问题的所属企业逐家督促落实整改闭环工作，进一步提高工程质量管理水平。

2019年3月28日，浙江省能源集团城市燃气有限公司组织开展了第五次PE焊工内部上岗证考试。2015—2019年，累计197名施工单位的焊工取得浙江省能源集团城市燃气有限公司PE焊工内部上岗证。同年9月4日，根据浙能建〔2018〕451号文件的要求，组织所属企业开展施工转包及违法分包等行为的专项整治工作，并于10月结合安全评估检查对所属企业整改闭环情况进行现场抽查，确保工作落实到位。

四、建设项目

2010—2019年浙江省能源集团城市燃气有限公司经政府部门核准投资的500万元以上的站场、高压管线类工程共27项，其中25项已完成竣工验收，2项分期建设（一期竣工验收）。

2010—2019年浙江省能源集团城市燃气有限公司投资500万元以上的工程见表5-4-2。

表5-4-2 2010—2019年浙江省能源集团城市燃气有限公司投资500万元以上的工程一览表

序号	工程名称	核准单位	开工时间（年-月）	投资（万元）	备注
1	平湖门站（含办公楼）	平湖市发计局	2010-11	2891	2011年5月门站验收 2017年12月办公楼验收
2	新安门站	德清县发展和改革委员会	2011-07	1350	2012年12月验收
3	新安阀室—新安门站高压管道	德清县发展和改革委员会	2011-07	600	2012年12月验收
4	德清诺贝尔高中压调压站	德清县发展和改革委员会	2012-06	800	2012年12月验收
5	龙泉大沙天然气站	龙泉市发展和改革委员会	2012-09	2364	2014年4月验收
6	义乌夏演门站	义乌市发展和改革委员会	2012-11	2020	2014年12月验收
7	衢州浮石门站	衢州市发展和改革委员会	2013-05	1512	2014年5月验收
8	常山门站	常山县发展和改革委员会	2013-06	2261	2014年6月验收
9	安吉门站一期	浙江省发展和改革委员会	2013-08	1332	2014年6月验收
10	绍兴江滨门站	浙江省发展和改革委员会	2013-11	2873	2014年5月验收

表 5-4-2（续）

序号	工程名称	核准单位	开工时间（年-月）	投资（万元）	备注
11	宁海分输站至大金气源站连接线及高中压调压站	宁海县发展和改革委员会	2013-11	1889	2015 年 5 月验收
12	衢州航埠门站至巨化高压管线	衢州市发展和改革委员会	2014-01	5387	2015 年 7 月验收
13	衢州航埠门站	柯城区发展和改革委员会	2014-10	1383.39	2015 年 10 月验收
14	遂昌县天然气中心气源站	遂昌县发展和改革委员会	2014-12	675	2015 年 12 月验收
15	安吉门站—良朋高中压调压站高压管线	浙江省发展和改革委员会	2016-07	1580	2017 年 5 月验收
16	义乌商城大道加气站	义乌市发展和改革委员会	2016-08	1711	2018 年 2 月验收
17	缙云分输站—缙云门站高压管线及缙云门站	浙江省发展和改革委员会	2016-10	1180	2017 年 5 月验收
18	青田油竹门站	青田县发展和改革委员会	2017-04	1760	2018 年 8 月起试运行
19	安吉良朋高中压调压站	浙江省发展和改革委员会	2017-04	700	2018 年 4 月验收
20	义乌客运西站 LNG 加气站	义乌市发展和改革委员会	2017-07	2624	2018 年 8 月验收
21	海盐门站	浙江省发展和改革委员会	2018-01	2500	2018 年 12 月验收
22	临安太阳镇中心气源站	临安区发展和改革委员会	2018-03	4147	2018 年 12 月验收
23	海盐百步高中压调压站	浙江省发展和改革委员会	2018-04	700	2019 年 3 月验收
24	新昌大市聚 LNG 中心气源站	新昌县发展和改革委员会	2018-05	1051	2018 年 12 月验收
25	嵊州分输站之新昌门站高压管线	绍兴市发展和改革委员会	2018-05	528	2018 年 12 月验收
26	上虞虞北站至龙盛高压管线	上虞区发展和改革委员会	2018-06	1789	2018 年 12 月验收
27	丽水门站（含生产运行中心）	丽水市发展和改革委员会	2018-09	4300	分期建设，生产运行中心在建，高中压调压站部分 2019 年 11 月验收
28	义乌下金高中压调压站及 LNG 应急气源站	义乌市发展和改革委员会	2019	5901.22	分期建设，LNG 应急气源站未建，高中压调压站 2019 年 12 月验收

截至 2019 年，浙江省能源集团城市燃气有限公司共完成 115 座场站建设，其中承担中心气源输出的场站 33 座。

2002—2019 年浙江省能源集团城市燃气有限公司主要站场建设见表 5-4-3。

2009 年 3 月 6 日，浙江振能天然气有限公司取得德清县发展和改革委员会《关于乾元地区天然气工程项目的批复》，同意德清县滕头阀室—乾元经济开发区天然气高（中）压输气管道工程项目的立项申请报告，批准的建设管径为 DN250，设计压力 4.0 兆帕，长度为 5.5 千米的高压管道。2010 年 1 月 18 日，该管线完成竣工验收，实际建设长度为 5.3 千米。

2010—2019 年浙江省能源集团城市燃气有限公司建设高压管线统计见表 5-4-4。

截至 2019 年，浙江省能源集团城市燃气有限公司 27 家所属企业共完成市政中压燃气管线 2616 千米，低压燃气管线(含立管)2955.8 千米。

表 5-4-3 2002—2019 年浙江省能源集团城市燃气有限公司主要站场建设一览表

序号	项目名称	建设地点	竣工时间（年）	序号	项目名称	建设地点	竣工时间（年）
1	LNG 中心气源站	建德	2002	18	佛堂 LNG 加气站	义乌	2015
2	振能 CNG 母站	德清	2004	19	衢州航埠天然气门站	衢州	2016
3	乾元门站	德清	2009	20	遂昌 LNG 中心气源站	遂昌	2016
4	大金 LNG 站	宁海	2010	21	崧厦门站	上虞	2016
5	平湖天然气门站	平湖	2011	22	缙云县天然气门站	缙云	2017
6	新昌县七星天然气站	新昌	2011	23	商城大道加气站	义乌	2017
7	虞北高中压调压站	上虞	2011	24	海盐门站	海盐	2018
8	徐村湾站	安吉	2012	25	百步高中压调压站	海盐	2018
9	新安门站	德清	2012	26	良朋高中压调压站	安吉	2018
10	诺贝尔高中压调压站	德清	2012	27	太阳镇中心气源站	临安	2018
11	夏演门站	义乌	2013	28	油竹门站	青田	2018
12	常山门站	常山	2014	29	客运西站 LNG 加气站	义乌	2018
13	江滨门站	江滨	2014	30	虞北 LNG 加气站	上虞	2018
14	龙泉市大沙 LNG 气化站	龙泉	2014	31	大市聚 LNG 气源站	新昌	2019
15	衢州天然气门站	衢州	2014	32	丽水门站	丽水	2019
16	安吉门站	安吉	2015	33	义乌下金高中压调压站	义乌	2019
17	大金门站	宁海	2015				

表 5-4-4 2010—2019 年浙江省能源集团城市燃气有限公司建设高压管线统计一览表

序号	项 目 名 称	建设地点	竣工时间（年）	长度（千米）	主要供气区域
1	塍头阀室—乾元门站高压管线	德清	2010	5.3	乾元镇区域
2	分输站—虞北站高压管线	上虞	2010	9.0	绍兴市上虞区
3	新安门站高压管道	德清	2011	4.2	新安镇区域
4	诺贝尔高中压调压站高压管道	德清	2012	0.1	乾元镇区域
5	夏演高压管线	义乌	2013	0.3	义乌市域
6	大金门站高压连接线	宁海	2015	2.0	宁海县城市规划区
7	航埠—巨化高压管线工程	衢州	2016	10.0	巨化、高新园区、火车站、廿里等
8	缙云分输站—缙云门站高压管道	缙云	2017	0.7	缙云县域
9	安吉门站—良朋站高压管线	安吉	2018	11.0	安吉天子湖镇
10	虞北站—龙盛高压管线	上虞	2018	6.5	绍兴市上虞区
11	嵊州分输站—新昌门站高压管线	新昌	2019	1.8	新昌县域
合计				50.9	

第四节 加气站建设

一、德清 CNG[①] 加气站

2003 年 10 月，浙江省计划发展委员会受理建设浙江省天然气开发有限公司压缩天然气工程（简称德清加气站）的项目报告书。

2004 年 7 月 7 日，浙江省发展和改革委员会批复德清加气站建设的可行性研究报告。

2004 年 10 月 18 日，浙江省发展和改革委员会批复德清加气站工程的初步设计。

德清加气站总投资为 4699.22 万元，由浙江省天然气开发有限公司投资建设。

2004 年 8 月 6 日，德清加气站工程开工，同年 10 月 15 日项目竣工，成为浙江省第一个天然气加气站。该工程位于浙江省湖州市德清县境内，建设内容主要包括以下三部分：一是进站输气管线，起点为省级管网杭湖线德清分输站，终点为 CNG 加气站，其间经过计量调压站，线路全长约 1.5 千米，管线设计压力 6.4 兆帕，最高工作压力 5.0 兆帕，最低工作压力 3.5 兆帕，材质 L360MB。二是德能电厂调压计量站，德清分输站来气经该站调压计量后，分别向德能电厂和德清加气站供气。工艺管线设计压力 6.4 兆帕，最高工作压力 5.0 兆帕，最低工作压力 3.5 兆帕；设计材质为 20 号。三是压缩天然气（CNG）加气母站，接德能电厂调压计量站来气，经该站调压器调至 3.5 兆帕后，进入压缩机加压至 25 兆帕，再经加气柱分三路为钢瓶加气。工艺管道设计压力分别为压缩机前 6.4 兆帕、压缩机后 25 兆帕，加气柱加气压力 20 兆帕；设计材质压缩机前为 20 号无缝管，压缩机后为 316 升高压不锈钢管。

2004 年 11 月 15 日，德清加气站完成工程竣工验收。德清加气站工程建成后由浙江振能天然气有限公司负责运营。同月，德清加气站作为浙能集团首个城市燃气压缩加气场站投运。项目气源取自杭湖线主干线，分别向安吉、南浔、菱湖、嘉兴、海盐、嘉善、平湖、乍浦、桐乡、海宁、诸暨、绍兴、上虞、慈溪、义乌等城市供气。

2018 年，德清 CNG 加气站供气量 45175 万立方米；2019 年供气量 1089.54 万立方米；建站后累计供气 4.76 亿立方米。

二、丽水中堂 CNG 加气站

2011 年 1 月，浙能集团和丽水市政府签署《丽水市天然气综合利用项目》，协议内容包括开发丽水市市域范围内的加气站项目。浙江浙能石油新能源有限公司依据浙能集团业务分工、对协议内 CNG 汽车加气站开发等条文的规定，启动了市场调研、站点选址、经济测算等一系列工作，并于同年 11 月与丽水市汽车运输集团股份有限公司签署了《关于合资组建天然气加气站项目公司》的框架协议，协议规定股权结构：浙江浙能石油新能源有限公司占 51%，丽水市汽车运输集团股份有限公司占 49%。

2013 年 6 月，根据《丽水市天然气综合利用详细规划》《丽水市天然气加气站布点规划》及加气站项目选址要求，丽水项目公司筹建处启动中堂加气站项目选址工作，并于 2015 年 3 月初向丽水市发展和改革委员会提交了中堂加气站项目开工申请，同年 5 月 12 日取得了丽水市发展和改革委员会出具的中堂加气站项目服务联系单。根据丽水市政府要求，浙江浙能石油新能源有限公司与丽水汽车运输集团股份有限公司共同出资，于 2016 年 3 月 18 日在丽水市水阁开发区正式注册成立丽水市浙能油气发展有限公司，同年 4 月 22 日通过招拍取得该项目用地。项目位于丽水天然气区块，坐落区域相邻地块拟建天然气门站、分输站、加气母站及加气站四个项目，根据丽水市政府《专题会议纪要》（〔2015〕2 号）要求，该区域四个项目土地平整统一实施。

2016 年 11 月 10 日，根据项目进度需要，已完成项目环评、安评报告的编制，并通过了相关审查，取得丽水市发展和改革委员会出具的项目核准批复文件。2017 年 2 月，初步设计通过浙江省能源集团有限公司天然气石油分公司审查。2017 年 5 月，施工图通过丽水当地图审单

① 压缩天然气（Compressed Natural Gas，简称 CNG），下同。

位审查，同年10月，取得建设工程规划许可证。2018年3月，中堂加气站开工，建设内容主要包括以下部分：一是进站输气管线，起点为丽水分输站，终点为中堂加气站，其间经过计量调压站，线路全长约127.7米，管线设计压力6.3兆帕，最高工作压力5.0兆帕，最低工作压力3.0兆帕；材质为20号；二是丽水中心站，丽水中心站来气经该站计量后，经过管道输送至中堂加气站。工艺管线设计压力6.3兆帕，最高工作压力5.0兆帕，最低工作压力3.5兆帕；设计材质为20号。三是中堂加气站，进站管线经过站内调压撬至3.0兆帕以下，进入压缩机加压至25兆帕，再经顺序控制盘至储气瓶组储存，再经过加气机对车辆加气。工艺管道设计压力分别为压缩机前6.4兆帕、压缩机后25兆帕，储气瓶组压力25兆帕，加气机加气压力20兆帕；设计材质压缩机前为20号无缝管，压缩机后为316升高压不锈钢管。

2019年9月，项目已基本完工投入运营，截至2020年3月，丽水中堂加气站CNG加气站供气量150万立方米。

三、上虞汽车东站CNG加气站

2011年初，浙能集团向浙江省发展和改革委员会上报《要求出具浙能上虞汽车东站加气站扩建工程项目服务联系单的请示》(浙能计〔2011〕64号)。2011年3月16日，浙江省发展和改革委员会印发项目服务联系单。项目前期由浙江浙能石油新能源有限公司委托浙江城建煤气热电设计院编制可研报告。2012年2月，设计院编制完成《浙能上虞汽车东站加气站扩建工程投资可行性研究报告》并评审通过。核准批复后，相应完成了工程初步设计、施工图设计。2012年7月13日，项目开工。

2013年3月，汽车东站扩建工程完成当地政府相关职能部门的消防验收、防雷验收，压力容器及管道监检，安全验收等工作。3月28日，项目取得气瓶充装许可证；5月17日，项目通过绍兴市建设局牵头组织的综合竣工验收，在此基础上环保局同意项目开展试生产，同时由上虞市环境监测站开展技术检测。6月1日，东站油气站正式运营。

上虞汽车东站加气站自投运以来，服务全区300余辆出租车与40余辆公交车。2019年东站加气站完成CNG加气量706.05吨。

四、新昌县丽江路CNG加气站

2009年7月，由新昌县政府、浙江省天然气开发有限公司、万丰科技公司签订三方协议，CNG加气站由浙能集团建设。2013年1月，浙江浙能石油新能源有限公司与浙江万丰科技开发有限公司签订协议共同成立新昌县浙能万丰油气发展有限公司，浙江浙能石油新能源有限公司占股51%，万丰科技公司占股49%。2013年6月，丽江路加气站项目先后通过地质勘探、项目安评、项目环评，获得浙江省发展和改革委员会及新昌县发展和改革局项目核准；同年10月取得施工许可证。

丽江路加气站项目工程概算为1346万元，实际完成投资899.69万元。项目占地3290平方米，建筑面积698平方米，包含1个2层站房，1个加气罩棚，4个加气岛，3个CNG储气井，1台CNG压缩机，设计规模为日加气量1.5万/立方米。项目于2013年10月开工建设，2014年3月完成中间结构验收，2014年6月分别完成质监站验收、规划验收、消防验收，2014年7月取得燃气充装许可证，2014年10月取得燃气经营许可证并正式对外营业。2016年初，新昌公司启动L-CNG项目技改，经报浙江浙能石油新能源有限公司同意，2016年7月浙能技改工程开始实施，并于2016年10月完成技改，LNG新设备投入使用。

丽江路加气站在运行期间，2015年3月至2016年7月，加气站由新昌县天然气有限公司兼管。

丽江路加气站自2014年营业以来，为新嵊两地约200辆油气车辆提供燃气充装服务。2019年，新昌县浙能万丰油气发展有限公司全年完成销量1088吨。

五、德清秋山CNG汽车加气站

2011年5月11日，项目取得土地使用权。2011年11月9日，取得项目核准通知。2012年12月1日，项目开工建设。2013年4月21日，工程竣工。2013 年 9 月 30 日，进行进气试验。2013 年 12 月 28 日，取得气瓶充装许可证。2014 年 4 月 20 日，取得燃气经营许可证。2014 年 4 月 20 日，秋山 CNG 汽车加气站正式对外营业。2019 年 10 月 15 日，进行技改工作，于同年 12 月 6 日完工并重新投运。秋山 CNG 汽车加气站改造为集加气、充电为一体的综合供能服务站，加气工艺由 CNG 改为 L-CNG。

六、宁海冠庄 CNG 加气站

2016 年 8 月启动项目设计工作，2016 年 9 月，冠庄加气站初步设计通过浙江浙能石油新能源有限公司审查，2016 年 10 月，施工蓝图设计完成，2016 年 11 月，完成民用建筑节能审查及施工图审查，并取得当地气象局防雷审查合格意见及建设工程规划许可证。

2017 年 4 月 5 日，项目正式动工；9 月 1 日 CNG 工艺设备进场；24 日 CNG 工艺管道强度试验完成；10 月 31 日土建竣工验收；2017 年 11 月 CNG 设备调试完成开始加气；12 月 18 日取得气瓶充装许可证；12 月 26 日取得燃气经营许可证，正式投产运行转入经营期。

项目总投资 1380 万元，其中建筑工程 316 万元，设备采购、安装及迁建 475 万元，土地挂牌 377 万元，其他费用 212 万元。

2018 年 4 月 1 日，宁海油气公司管理关系由浙江浙能石油新能源有限公司划转至浙江浙能石油综合能源销售有限公司。

七、宁海县 CNG 加气母站

宁海县 CNG 加气母站由宁海县浙能油气发展有限公司投资建设。项目占地 11.6 亩，共配有 4 台压缩机、2 套脱水装置、2 套冷却水装置、4 套加气柱等设备，设计供气规模为 15 万标准立方米/天。

2013 年 9 月，项目取得浙江省发改项目服务联系单，经浙能集团、浙江省能源集团有限公司天然气石油分公司及浙江浙能石油新能源有限公司审查，前期工作先后完成安评、环价、能评、职业病危害预评价、社会稳定风险评估、水保登记等一系列工作。

2015 年 3 月 21 日，取得施工许可证，正式开工建设，2015 年 6 月 15 日，母站站房、辅助用房结顶。2015 年 12 月底完成设备单机调试及氮气置换。2016 年 4 月先后通过防雷、规划、消防等专项验收及土建竣工验收，并投入试运行，2016 年 6 月 19 日，经浙江省特种设备检验研究院专家现场评审，通过浙江省质量技术监督局审查，取得移动式压力容器充装许可证。2016 年 7 月 19 日取得燃气经营许可证正式投产，转入经营期。

项目总投资 2480 万元，其中建筑工程、水渠加固、金水西路拓宽和高压管道共 643 万元，设备及安装 950 万元，其他费用 896 万元。

2016 年度，宁海 CNG 加气母站销售 CNG 241 万立方米，LNG 470 吨；2017 年销售 CNG398 万立方米，LNG1319 吨；2018 年销售 CNG973 万立方米，LNG1821 吨；2019 年销售 CNG1015 万立方米，LNG1916 吨。

八、衢州市 CNG 加气母站

2014 年 3 月，浙江浙能石油新能源有限公司委托浙江城建煤气热电设计院完成衢州市 CNG 加气母站项目与投资可行性研究报告，并于 2014 年 7 月 7 日通过浙能集团董事会会议立项决议；2014 年 8 月 5 日，项目获得浙江省发展和改革委员会的批复；2015 年 2 月 12 日，衢州市 CNG 加气母站项目初步设计通过浙江浙能石油新能源有限公司内审；同年 4 月 24 日，取得初步设计核准批复；12 月 11 日取得建筑工程施工许可证；12 月 16 日该项目正式开工建设。

2016 年 1 月 18 日，完成“四通一平”工作；5 月 20 日，主要设备进场接装；7 月 24 日，土建施工完成；10 月 27 日，通过土建综合验收；12 月 19 日，工艺成套设备安装完成，压缩机单体调试工作完成。

2017 年 10 月 16 日，取得气瓶充装许可证；10 月 18 日，取得移动式压力容器操作证；10 月 27 日，开始试运行；2018 年 1 月 25 日取得燃气经营许可证后，正式对外售气。2019 年 6 月底暂停营业。

九、台州市椒江公交综合场站加气(加油)站

台州市椒江公交综合场站加气（加油）站

由台州市浙能油气发展有限公司投资建设。台州市浙能油气发展有限公司成立于2014年12月，公司位于浙江省台州市椒江区下陈街道机场南路1号，注册资本480万元，浙江浙能石油新能源有限公司占股51%，台州市高速集团有限公司占股30%，浙江美雅投资有限公司占股19%。

台州市椒江公交综合场站加气（加油）站项目，总投资1600万元。站址位于椒江区枫南东路以北、二条河以东、太和二路以南、椒金路以西台州市椒江公交综合场站内，占地3.86亩。设计规模为加气量3万立方米/天。主要设备有60立方米立式储罐1只，潜液泵橇1套，柱塞泵橇1套，高压气化器橇1套，程序控制盘1台，2立方米储气井4座，加气机5台。供气市场为椒江公交场站的公交车、城际巴士、载货车、出租车、教练车等。

2015年2月28日，台州市椒江公交综合场站加气（加油）站工程项目初步设计（含总概算）取得台州市椒江区发展和改革局批复。截至2016年10月28日，台州市椒江公交综合场站加气（加油）站工程先后取得《台州市椒江公交综合场站工程项目危险化学品建设项目安全设施设计审查意见书》《建设工程规划许可证》《建设工程消防设计审核意见书》《建筑工程施工许可证》。同年11月8日，台州市椒江公交综合场站加气（加油）站工程开始土建动工。2018年6月19日完成燃气工程综合验收。

2018年6月26日取得气瓶充装许可证和燃气经营许可证，并于7月2日正式对外进行LNG、CNG运营。2019年度销售总量达到3400吨，日加气量在高峰时期突破15吨/日。

第五节 客户服务

一、规章制度

2011年3月21日，浙江省能源集团城市燃气有限公司所属企业浙江振能天然气有限公司印发《居民用户入户检查制度》。

2011年8月29日，浙江省能源集团城市燃气有限公司所属企业浙江振能天然气有限公司印发《CNG市场开发激励办法》。

2013年4月30日，义乌市天然气有限公司发布《气量统计管理制度》，规范收集、整理各气源方气量数据的流程，对各气源方的气量数据进行统计、核对、分析，重点分析大客户用气情况，规范气量统计及分析管理。

2013年4月30日，义乌市天然气有限公司发布《供销差管理制度》，规范计量仪表运行管理、偷盗气管理、奖惩管理等，以控制供销差，降低经营成本，扩展利润空间，更好服务客户。

2013年4月30日，义乌市天然气有限公司发布《居民用户安全检查管理制度》，规范居民用户入户安全检查，及时消除隐患，建立检查档案。

2013年8月22日，绍兴市上虞区天然气有限公司发布《抄表管理办法》，对抄表组组长、组员的职责作了明确的划分，对抄表工作日程作了说明，在措施的制订、落实方面作了具体规定。

2013年8月22日，绍兴市上虞区天然气有限公司发布《非居民用户燃气表管理办法》，规范非居民用户流量仪表管理，确保非居民用户流量仪表准确计量。

2013年8月22日，绍兴市上虞区天然气有限公司发布《户内燃气设施安全检查管理办法》明确了各责任岗位的职责，更新了各类入户安检工单，完善了入户安检流程中的流程描述与管理标准。

2013年8月22日，绍兴市上虞区天然气有限公司发布《客户服务承诺管理办法》明确工作职责及内容，同时推动客户服务承诺工作，为优质客户服务工作保驾护航。

2013年8月22日，绍兴市上虞区天然气有限公司发布《燃气服务热线管理办法》，明确了“以客户为中心”的服务理念，对燃气服务热线工作的职责与分工、管理程序和方法、管理要求、服务质量监督、检查与考核等内容进行了规范。

2013年10月21日，平湖市天然气有限公司发布《燃气服务热线管理办法》，规定了燃气服务热线工作的职责与分工、管理程序和方法、管理要求、服务质量监督、检查与考核等管理内容，保证燃气服务热线的畅通运行，有效监督公司各窗口单位的服务质量。

2013年10月21日，平湖市天然气有限公司发布《客户服务中心规范服务管理办法》，规定了公司客户服务中心的工作流程、职责、服务规范等工作，规范客户服务中心工作程序、明确工作职责、规范业务流程、提高服务水平和办事效率。

2013年10月21日，平湖市天然气有限公司发布《销售价格及配套费管理办法》，规定了公司天然气销售价格及配套费管理工作。

2014年9月23日，浙江省能源集团城市燃气有限公司发布《客户服务承诺监督管理办法》，统一规范各所属企业客户服务承诺内容框架、服务承诺工作程序、明确工作职责及内容，从稳定供气、安全保障、用户安装、管道改造、工程施工、验收及通气、服务质量、客户投诉处理时间、服务热线电话接听等方面，确定客户服务目标，推动客户服务承诺工作。

2014年12月11日，浙江省能源集团城市燃气有限公司发布《客户服务标准化管理手册》。

2015年6月8日，浙江省能源集团城市燃气有限公司发布《燃气业务收费管理》，该制度对2014年发布的《燃气业务收费管理》进行修订。修订主要包括：对职责、燃气业务收费项目的价格确定、定价调整流程、对特殊价格的审批进行了调整；增加所属企业燃气业务价格备案表，删除了所属企业销售价格调整报审表。

2016年4月29日，浙江省能源集团城市燃气有限公司发布《燃气用户设施安检管理办法》，规定燃气用户定期安检工作的基本要求，细化燃气用户设施安检程序、内容、项目和要求，及时消除隐患，建立完整的检查档案，明确管理职责和检查考核办法，达到安全检查规范化和标准化的目的。

2016年5月11日，浙江省能源集团城市燃气有限公司发布《用户配套项目管理》，规定了用户配套项目事前、事中、事后全过程管理的内容及要求。

2016年12月21日，浙江省能源集团城市燃气有限公司修订并发布《客户服务标准化管理手册》，新增服务理念、服务窗口基本要求、岗位作业流程、服务质量监督，调整了服务规范等内容，进一步推进营业厅标准化建设。

2017年1月20日，浙江省能源集团城市燃气有限公司修订发布《用户配套项目管理》。主要修订内容：增加规范性引用文件，调整非居民预埋费的价格确定的相关内容，调整所属企业配套项目报价审批表。

2018年5月22日，浙江省能源集团城市燃气有限公司修订发布《用户配套项目管理》。要求所属企业在议事规则中明确各层级的价格决策权限的内容、项目估算表样例、配套合同动态管理台账等内容及附录格式。

2019年11月6日，浙江省能源集团城市燃气有限公司修订发布《浙能城燃服务标准》。按照浙能集团要求和部署，公司开展“最多跑一次”改革试点工作，争取以浙能速度和服务做浙江省燃气行业领跑者。以服务民生为根本，以客户满意为标准，坚持问题导向、客户导向、目标导向，形成了“521”《浙能城燃服务标准》，包括供气保障、安全保障、便民服务、服务效率、服务质量5个方面，21项具体事项。

二、窗口服务

截至2019年，浙江省能源集团城市燃气有限公司有15家所属企业设立单独的营业厅。

浙江省能源集团城市燃气有限公司营业厅设立情况见表5-4-5。

2014年12月11日，浙江省能源集团城市燃气有限公司发布《客户服务标准化管理手册》，

表5-4-5 浙江省能源集团城市燃气有限公司营业厅设立情况一览表

企业	安吉	上虞	平湖	宁海	江滨	常山	建德	义乌	龙泉	海盐	缙云	青田	德清	振能	平湖（搬迁）
成立时间	2002-06	2004-03	2005-03	2007-08	2013-11	2014-07	2010-06	2010-07	2013-09	2015-09	2015-09	2017-01	2017-09	2017-10	2019-11

统一客户服务理念和价值观，从服务准则、通用服务礼仪规范、岗位服务规范及操作细则、现场管理、管理要求、FAQ（问答系统）等方面，规范业务受理流程及操作标准，通过标准化管理提高客户服务水平和工作效率。服务准则包括：客户优先制、首问责任制、一次告知制、限时办结制、服务承诺制、办事公开制。通用服务礼仪规范主要对服务“三重点”，即履行职责、诚实守信、廉洁自律。服务“四规范”，即举止文明、爱岗敬业、热情服务、台账健全。服务“六必须”，即必须热情面对客户，面带微笑、文明用语；必须耐心面对客户，不与客户发生争论；必须真诚面对客户，站在客户的角度考虑问题；必须重视客户意见，及时解决客户问题；必须注重服务形象，给客户留下美好印象和消费体验；必须注意服务细节，提供规范与专业的服务；营业厅着装规范、仪表规范、行为举止规范、服务语言规范、服务用语规范。岗位服务规范及操作细则主要对客服人员IC卡售气、报装、改道、维修员维修、点火员验收点火、安检员、抄表员、户内工程设计员、咨询、投诉受理员、风险防范、突发事件、应急情况的处理方面做了规范要求。

2015年4月，浙江省能源集团城市燃气有限公司组织两期营业厅客服人员、用户管理员、维修工、点火员、入户安检员培训，从燃气基础知识、相关法律法规、业务流程操作、客户沟通技巧、营业员业务技能等方面进行讲解，提升客户服务人员的业务技能和营销理念。

2015年5月20日，浙江省能源集团城市燃气有限公司提出了对所属企业新设营业厅的指导意见，本着服务民生、经济可行的原则，规范营业厅的设立。

2015年6月1日，浙江省能源集团城市燃气有限公司组织开展客户服务标准化创建工作，推进营业厅整体功能布局标准化，客户服务流程标准化、规范化建设。其中绍兴市上虞区天然气有限公司、安吉县管道燃气有限公司、义乌市天然气有限公司、平湖市天然气有限公司、宁海县天然气有限公司于2015年10月通过营业厅标准化达标工作。

2015年12月12日，浙江省能源集团城市燃气有限公司开展“客户服务之星”评比活动，从业务工作能力和素养、工作实绩等方面综合测评，对获得“市场开发之星”的人员进行相关经验介绍和分享。

2016年8月，浙江省能源集团城市燃气有限公司在杭州临江大厦组织召开了客服管理系统建设启动会，通过综合开展客户档案管理、客户服务流程全过程管理、抄核收管理、第三方公众号管理、知识库、咨询投诉管理等客服管理方面的信息化建设，规范、完善客服管理工作。

2016年12月9日，浙江省能源集团城市燃气有限公司所属建德、海盐、常山公司通过营业厅标准化达标工作。

2016年12月21日，浙江省能源集团城市燃气有限公司重新修订并发布《客户服务标准化管理手册》，新增服务理念、服务窗口基本要求、岗位作业流程、服务质量监督，调整了服务规范等内容，进一步推进营业厅标准化建设，打造具有浙江省能源集团城市燃气有限公司特色的标准化营业厅。

2018年4月1日，浙江省能源集团城市燃气有限公司以开展营业厅对标活动加强营业厅服务标准化管理，落实客户服务准则、加强服务礼仪、岗位规范、操作细则、风险防范、营业厅日常管理、岗位培训等方面的管理。通过培训以及实地调研、定期交流探讨、制定赶超方法和措施，多方面对标，实现业务、管理、服务等方面提升。

2018年6月8日，浙江省能源集团城市燃气有限公司组织营业员营销及礼仪培训，培训主要采用内训及外训的方式对营业员销售能力、仪

图5-4-2　2018年10月26日，浙能城燃宁海天然气公司客户服务窗口

表着装礼仪、沟通礼仪、公务礼仪、交往礼仪等商务礼仪知识、营业厅标准化管理、对标、管理要求、客服系统上线前后的工作事宜进行了宣贯和讲解，并邀请上虞、平湖公司作经验分享。

2019年6月21日，浙江省能源集团城市燃气有限公司发布《客户服务标准化管理手册》，调整了通用礼仪和服务规范所有着装照片、岗位操作细则、营业厅班组管理要求、新增客服班组管理要求，新增了营业厅环境要求及功能分区与设施配置、柜台环境要求及物品摆放定制要求、投诉处理操作规范及细则、服务检查标准和服务大厅负责人、咨询引导员、安保员岗位服务规范，并组织所属企业开展手册宣贯工作。

2019年7月1—5日和7月22—25日，浙江省能源集团城市燃气有限公司分两期举办客服礼仪培训，针对仪容仪表、职业精神、职业礼仪、话务表达等内容开展授课并开展情景模拟演练，提升公司客服岗位人员礼仪形象和服务水平。

三、入户安检

2013年11月18日，浙江省能源集团城市燃气有限公司发布了《浙能城燃安全检查与评价导则》《燃气公司用户定期安检手册》，规范了下属企业对燃气用户定期安检工作的相关要求，使入户工作流程标准化、程序化。为加强燃气用户定期安检管理，制定了严于行业规定的企业标准，各所属企业安检周期为：对商业用户、工业用户、采暖等非居民用户每6个月检查不得少于1次；对居民用户每18个月检查不得少于1次。检查主要包括：现场处理户内违章、燃具隐患、漏气问题；告知用户要求进行整改，发放隐患告知书；整改回访、上门安检复查；对多次到访不遇的用户上报燃气管理处、安监局等政府部门；隐患严重未按规定整改的给予停气处理。

2015年，浙江省能源集团城市燃气有限公司推行入户安检录音，入户安检工作变得有证可查、有据可依，保证用户安全用气，保障公司和员工的利益和安全。

2016年4月29日，浙江省能源集团城市燃气有限公司发布《燃气用户设施安检管理》制度。规定燃气用户定期安检工作的基本要求，细化燃气用户设施安检程序、内容、项目和要求，及时消除隐患，建立完整的检查档案，明确管理职责和检查考核办法，达到安全检查规范化和标准化的目的。

2016年5月17日，浙江省能源集团城市燃气有限公司发布《关于进一步加强燃气用户设施安检管理工作的通知》，要求各所属企业结合本单位所在地区实际情况，在公司发布的制度基础上制订发布相应实施标准，要求对于超出18个月仍未入户安检的用户应合理安排专项安检计划并留下有效记录，填写《超期未入户后期跟踪表》，留下有效记录并拍照保存。

2016年6月6日，浙江省能源集团城市燃气有限公司发布《关于切实加强燃气用户端安全用气管理的通知》，提升管理要求，要求存在超期未入户安检的企业每半月将《超期未入户后期跟踪记录表》报送至浙江省能源集团城市燃气有限公司安全生产部。

2016年6月21日，浙江省能源集团城市燃气有限公司召开视频会对安检工作进行专项培训。2016年6月23日印发《入户安检管理工作补充说明》，对安检工作基础数据的填写进行再次规范和要求。

2017年5月10日，浙江省能源集团城市燃气有限公司客服管理系统上线使用，实现了安检计划制定、安检数据录入、安检隐患处理。

2018年2月7日，浙江省能源集团城市燃气有限公司加强春节假期用户安检管理工作，要求所属企业梳理并制定安检计划，集中解决多次到访不遇的用户，多渠道宣传燃气安全用气常识。

2018年，浙江省能源集团城市燃气有限公司每季度组织安全大检查，对年度入户安检计划执行情况、超期未入户用户专项安检情况进行检查，并形成闭环管理。

2019年9月，浙江省能源集团城市燃气有限公司要求所属企业组织国庆节前专项入户安检。所属企业针对所有非居民用户、居民用户超期未入户以及隐患未闭环等情况进行了专项入户安检检查。

2019年10月18日，浙江省能源集团城市燃气有限公司组织所属企业，参加入户安检法律风险案例及入户安检标准的视频会议学习，强化安检人员入户安检法律意识及操作规范性。

2019年12月5日，浙江省能源集团城市燃气有限公司组织所属企业入户安检技能比武。

2010—2019年浙江省能源集团城市燃气有限公司用户安检入户率见表5-4-6。

表5-4-6 2010—2019年浙江省能源集团城市燃气有限公司用户安检入户率一览表

年份	居民		非居民	
	安检户数	入户率(%)	安检户数	入户率(%)
2010	—	—	—	—
2011	—	—	—	—
2012	—	—	—	—
2013	53606	93	2069	100
2014	37602	90	4567	100
2015	70666	91	5215	100
2016	77499	89	3326	100
2017	99334	90	4345	100
2018	120098	86	7232	100
2019	147536	88	9667	100

四、“最多跑一次”改革

2017年4月，义乌市天然气有限公司实行多项业务一次申请。将踏勘、改装、扫尾入户、增容、装表开通等主要业务表单合并，用户一次办理即可完成全部业务申请。提供电话预约服务。针对因特殊原因导致用户原申请单超期作废的现象，用户只需电话预约即可安排重新上门，无须再次上门申请。针对部分物联网表用户开通微信公众号充值缴费功能，用户关注“义乌天然气”微信公众号后通过智能手机足不出户即可自助实现燃气充值缴费、表具余额查询及气量分析等。开通多渠道非现金缴费业务。通过提供智能移动POS机上门收款、微信二维码扫码收款、支付宝收款等途径，满足用户移动支付的需求，用户能通过以上方式缴费的无须再跑到营业窗口办理。

2017年4月，平湖市天然气有限公司进驻平湖市行政服务中心，方便用户将燃气业务与其他业务一并办理，无须重复往返各单位。2017年5月，平湖市天然气有限公司在用户较为密集区域部署多台燃气卡自助充值机，方便用户24小时就近充值，无须前往营业厅排队。

2017年9月，义乌市天然气有限公司在义乌城乡共20个社区、银行网点安装自助充值机，方便IC卡用户就近充值缴纳燃气费。

2017年12月，义乌市天然气有限公司针对后付费抄表用户开通支付宝生活缴费栏目燃气充值缴费功能，开通建设银行、中信银行燃气费线上代缴绑定功能，进一步增加便民支付渠道。

2018年，平湖市天然气有限公司的“流动营业厅”，开启了将业务办理送到客户家门口的“零距离”服务模式，主动服务、靠前服务，让客户一次都不用跑。

2018年3月，义乌市天然气有限公司为方便用户引进燃气用不锈钢波纹管进行销售，用户在营业厅即可买到放心合格的灶具连接管，减少购买的麻烦。

2018年3月，绍兴市上虞区天然气有限公司与上虞区不动产登记中心、水务集团及电力公司成立水电气联办小组，推出水电气联办业务后，用户只需要在便民中心填写一张联办申请表，窗口通过数据后台系统推送后便可以一站式办理水电气过户联办业务。

2018年7月，义乌市天然气有限公司推动减证便民，针对资料携带不齐全的用户，公司与数管中心积极对接，实现通过义乌市数据共享平台，查询用户信息；对于部分查询不到的信息，采用无产权证书用户承诺书的形式，为用户提供方便，有力推进“减证明”改革。开通微信公众号网上营业厅功能，用户可在网上申请开户、费用缴纳、记录查询、改管、咨询等业务，实现用户“零跑”。

2018年7月15日，绍兴市上虞区天然气有限公司增派营业人员进驻上虞区便民服务中心和崧厦便民中心，并在离市区最远的章镇镇设立了营业厅，极大方便了乡镇用户进行相关业务的咨询及相关疑问的答疑，避免用户多次跑现象的出现。同时制定了“容缺”受理制度，针对用户办理业务时未带齐资料的情况，也在第一时间进行受理，缺少的资料可通过邮寄、微信、传真、外勤工作人员上门转带以及其他方式补正。

2018年8月，义乌市天然气有限公司在开通用户数较多的佛堂镇设置营业所，方便乡镇用户办理业务，实现业务需求快速响应。

2018年8月，绍兴市上虞区天然气有限公司与当地银行、网上缴费平台等积极协商，拓宽了缴费渠道。居民抄表用户缴费代扣办理银行从2家增至3家，还可以通过支付宝平台进行缴费。绍兴市上虞区天然气有限公司还在营业厅内外都购置了IC卡自助充值终端机，改变了以往充值业务只能在柜台办理的模式，缩短了用户的排队等候时间。

2018年12月，义乌市天然气有限公司抄表用户增加农商银行燃气费代缴服务，方便城郊用户办理燃气费代缴绑定。引进燃气灶具代销，增加增值服务内容，方便用户选择。

2018年12月，建德市浙能天然气有限公司在市区设置4处IC卡自助充值终端，方便群众缴费。

2019年3月7日，浙能集团董事、党委副书记陆翔一行前往义乌市天然气有限公司调研指导“最多跑一次”改革工作，并召开座谈会。陆翔肯定了近年来义乌市天然气有限公司在“最多跑一次”改革工作中取得的成效，并就下阶段工作提出了相关要求。

2019年3月12日，浙江省能源集团城市燃气有限公司全面启动“最多跑一次”改革试点工作，成立专项工作领导小组和工作小组。从对内提质增效、对外优化服务两个方面，从本部、所属企业两个层面，对标行业内外优秀企业，开展改革工作。

2019年3月14日，浙能集团董事、党委副书记陆翔一行到浙江省能源集团城市燃气有限公司调研指导“最多跑一次”改革工作，要求浙江省能源集团城市燃气有限公司积极适应新时代服务新要求，坚持树立服务为先、用户为中心、需求为主导；明确目标，查找短板，着力提升客户体验、服务质量，进一步提高安全运行水平；提高数字化、信息化转型，用科技推动发展；优化“最多跑一次”改革工作方案，细化责任，加强落实；加强党建引领“最多跑一次”。

2019年4月15日，浙江省能源集团城市燃气有限公司党委会审议通过《关于浙江省能源集团城市燃气有限公司最多跑一次改革试点实施方案》，明确“四减三提升”的改革工作目标，即“减流程、减环节、减材料、减时间”“提升安全运行水平、提升信息化建设、提升企业服务水平”，明确义乌市天然气有限公司、平湖市天然气有限公司、绍兴市上虞区天然气有限公司、衢州市能源有限公司、丽水市天然气有限公司、宁海县天然气有限公司6家所属企业作为首批试点。

2019年4月25日，浙江省能源集团城市燃气有限公司修订完成《自助充值机采购方案》，确定采购25台IC卡自助充值机。

2019年4月26日，浙江能源天然气集团有限公司与浙江省能源集团城市燃气有限公司联合召开两级党委协同推进会，就“最多跑一次”改革有关工作进行再安排、再部署、再推进，通过共同发力，加强和改进企业作风建设，增强服务意识，提高工作效能；浙江省能源集团城市燃气有限公司成立“最多跑一次”党员志愿者服务队和燃QING助“跑”青年突击队。

2019年5月6日，浙江省能源集团城市燃气有限公司举办“最多跑一次　城燃在行动”承诺倡议活动，并在公司新闻网设立“跑改”专栏，专题报道相关新闻；同时制定“跑改”重大新闻宣传安排表，印发“跑改”一图读懂。

2019年5月10日，浙江省能源集团城市燃气有限公司根据《关于城燃公司最多跑一次改革试点实施方案》的要求，发布提质增效工作计划，推进“放管服”，提高办事效率，简化工作流程。

2019年5月14日，浙江省能源集团城市燃气有限公司启动客服热线中心建设，计划将所属企业分散的服务电话整合升级为全省统一热线号码，实现对客户来电咨询、投诉的导向策略和统一平台处理，多渠道信息接入和城燃公司统一号码拨入拨出。

2019年6月12日，浙江省能源集团城市燃气有限公司在义乌召开“跑改”工作现场推进会，邀请浙能集团机关党委、天然气集团公司领导到场指导工作。会议总结了“跑改”自启动3个月以来的阶段性成效，对下阶段公司和试点单位的“跑改”重点任务进行了部署。

2019年6月25日，浙江省能源集团城市燃气有限公司电票系统上线，开通电子发票业务。

2019年7月10日，浙能集团党委副书记、董事陆翔一行第二次赴义乌调研“最多跑一次”改革情况，现场体验“阶段性”成效。陆翔要求浙江省能源集团城市燃气有限公司以“不忘初心、牢记使命”主题教育为主线，助力“跑改”向纵深推进；突出问题导向，对标一流能源企业，推进数字化转型，不断提升浙能服务品牌；发挥“跑改”撬动作用，对内提质增效、对外优化服务，全方位激发企业活力，促进转型升级和高质量发展。

2019 年 8 月 28 日，浙江省能源集团城市燃气有限公司获得浙江省通信管理局颁发的“967677”的统一客服热线号码，这也是浙能集团所涉行业中首个客户服务热线号码。

2019 年 9 月 24 日，浙江省能源集团城市燃气有限公司客服热线号码“967677”实现义乌市天然气有限公司、绍兴市上虞区天然气有限公司、衢州市能源有限公司、丽水市天然气有限公司、平湖市天然气有限公司、宁海县天然气有限公司 6 家所属企业的本地化转接通话服务。

2019 年 11 月 29 日，“967677”客服热线呼叫平台，经过内部调试，线路错误、逻辑错误的排除，正式上线。

2019 年 12 月 12 日，浙江省能源集团城市燃气有限公司发布关于进一步推进所属企业“最多跑一次”改革工作的通知，在 2020 年全面推广“最多跑一次”改革工作。

图 5-4-3 2019 年 4 月，浙江能源天然气集团有限公司党委、浙江省能源集团城市燃气有限公司党委“跑改”工作联合推进会现场

第五章 采 购 与 销 售

第一节 天 然 气 采 购

一、陆上气源

（一）“西气东输”一线

2002 年，浙江省天然气开发有限公司与中国石油天然气股份有限公司西气东输管道分公司确定供气协定并商定湖州市长兴县为浙江省的西一气接气点。“西气东输”一线天然气（简称西一气），是指产自新疆塔里木盆地、通过“西气东输”一线工程管线输往浙江、上海等地区的天然气。

2004 年 1 月，西一线天然气进入浙江，通过湖州、杭州进入省级管网，开始向湖州市长兴门站①供气。同年 7 月 31 日杭州通气，当年全

① 长兴县用于接收西一气的城市门站。

省供气量为0.19亿立方米。

（二）川气东送

2007年，浙江省天然气开发有限公司和中石化天然气分公司签订供气意向书。川气东送天然气（简称川气）来自四川普光气田，通过川气东送工程管线输送至江苏、上海、浙江等地区。

2010年1月20日，川气东送工程通过浙江省嘉兴市秀洲门站进入浙江省级管网，同年供气量为11.62亿立方米。

2019年5月8日，川气东送工程新增浙江省湖州西湾里阀室供气点，向南浔末站供气。

（三）“西气东输”二线

2007年12月20日，浙江省天然气开发有限公司与中国石油天然气股份有限公司签订《“西气东输”二线天然气买卖与输送框架协议》，协议约定“西气东输”二线天然气工程（简称西二气）投产后向浙江省供气，卖方承诺连续、稳定供气25年。

西二气为中亚进口气源，主气源地位于土库曼斯坦。交气点为杭州市萧山联络站、衢州站、金华站及诸暨站。

2012年“西气东输”二线正式启动，由此西一线供气量与西二线供气量合并管理。

二、海上气源

（一）东海春晓气田

2002年4月20日，浙江省天然气开发有限公司与中海石油东海西湖石油天然气作业公司在杭州签署《东海天然气购销意向书》，约定供气年限不低于20年。

2006年2月28日，东海春晓气田天然气（简称东海气）开始向浙江供气。2007年7月，浙江省天然气开发有限公司与中海石油（中国）有限公司签订购气协议，协定供气量为1.5~1.9亿立方米/年。

（二）丽水36-1气田天然气

2008年10月27日，浙江省天然气开发有限公司与中海石油（中国）有限公司签订《丽水36-1气田天然气销售与购买原则协议》。协议确定，丽水36-1气田主要向浙江省供应天然气，稳定供应7个合同年，年供应量为3亿立方米。稳产期结束后，继续按每一合同年不低于1亿立方米的供气量供气。交气点确定为温州市龙湾区。

2006年，中海石油（中国）有限公司开始进行产能设计，计划年产天然气3亿立方米，生产期15年，其中稳产期7年，2014年6月30日向浙江省级管网供气。

三、进口液化天然气（LNG）

1996年，浙江省人民政府和中海石油（中国）有限公司签订《关于液化天然气项目的合作原则协议》，从国外引进LNG资源，以增加浙江省天然气供气量。

2009年2月27日，浙江省天然气开发有限公司与中海油气电集团国际贸易有限公司签订《天然气销售与购买原则协议》，根据协议，浙江LNG气源来自卡塔尔，于2012下半年开始正式供气。

2012年6月，浙江省天然气开发有限公司和中海石油气电集团责任公司浙江贸易分公司签订《天然气销售与购买原则协议》。2012年11月3日，中海石油气电集团责任公司浙江贸易分

图5-5-1 2012年9月19日，世界最大液化天然气（LNG）船舶“轧尔加”轮成功靠泊中宅LNG码头

公司开始为浙江供气。2013 年 7 月，浙江省天然气开发有限公司和中海石油气电集团责任公司浙江贸易分公司签订《天然气销售合同》，约定供气年限 25 年。

2012 年 9 月 3 日，浙能集团总经理童亚辉随浙江省省长夏宝龙赴澳洲举行经贸会。会上童亚辉代表浙能集团与壳牌（中国）公司签订了液化天然气源合作谅解备忘录。

2018 年 10 月 18 日，浙江能源天然气集团有限公司与埃克森美孚亚太私人有限公司签署液化天然气(LNG)长期供应购销协议框架(HOA)。

2019 年 4 月 22 日，浙江能源天然气集团有限公司和世界能源企业埃克森美孚公司正式签署为期 20 年的 LNG 供销协议，合同量 100 万吨/年。

2019 年，浙能 LNG 第一期采购合同已在洽谈中，浙江浙能温州液化天然气有限公司正式进入商业运行前将落实采购合同。

图 5-5-2　2018 年 10 月 18 日，浙江能源天然气集团有限公司与埃克森美孚公司签署长期供气协议框架

四、串换及反输模式开辟新气源

2018 年 11 月，在浙江与上海两地政府部门的见证下，浙江省天然气开发有限公司顺利实现利用上海洋山港接收站进口境外天然气资源通过中石油管道系统串换至浙江的方案。此次资源串换涉及四家不同的主体之间的商务行为和 LNG 贸易的纸货交易创新模式。利用浙江与上海接壤的区位优势和省际互联互通工程，短时实现增量资源快速调入，为当时全国天然气保供提供跨地区应急互保新样板，广受业界及外界新闻媒体关注与好评。此次浙沪天然气串换，浙江省天然气开发有限公司最终在天然气价格争取、接收站加工费让利和中石油管道代输费减免等方面取得优惠，实现以单价 2.94 元/立方米获得上海天然气共计 8650 万立方米的串换气量，不仅远低于同期资源的市场水平，还实现了代购增利 4840 万元（含税）。

2019 年 6 月，浙江省天然气开发有限公司打通上海洋山 LNG 反输通道，实现 1.79 亿立方米现货增量资源入浙参与迎峰度夏保供。此次上海 LNG 顺利返输入浙，是继 2018 年上海 LNG 通过中石油管道以串换方式入浙后，浙沪省际管网通过中石化管道再次实现天然气资源的实物交割。

图 5-5-3　2019 年 4 月 12 日，浙能集团总经理柯吉欣一行在第十九届国际液化天然气会议上海世博展览馆会见意大利埃尼集团（ENI）天然气 LNG 营销总裁

五、新疆煤制气

2010 年，浙江省人民政府与新疆维吾尔自治区政府签署战略合作协议，在新疆投资建设 100 立方米/年规模的煤制天然气项目，协议明确“十二五”或“十三五”期间向浙江省实现供气。2013 年 6 月 8 日，项目由浙能集团控股管理。2017 年 4 月项目产出煤制气，6 月正式向“西气东输”伊宁首站输气。新疆煤制气的建设，主要为增加浙江省天然气气源保障。2019 年 11 月 1 日，新天煤制气进入浙江衢州、金华、诸暨、萧山，成为浙江第七个气源，直接向浙江省级管网增加日供气量 500 万~600 万立方米。

2004—2019 年浙江省供气量见表 5-5-1。

表 5-5-1 2004—2019 年浙江省供气量一览表

亿立方米

气源 年份	西一气	川气	西气	东海气	丽水 36-1 气	北仑 LNG	新疆煤制气
	气量						
2004	0.19	—	—	—	—	—	—
2005	2.39	—	—	—	—	—	—
2006	11.10	—	—	0.75	—	—	—
2007	16.23	—	—	1.86	—	—	—
2008	16.24	—	—	1.48	—	—	—
2009	17.77	—	—	1.28	—	—	-
2010	18.13	11.62	—	0.96	—	—	—
2011	24.27	13.69	—	3.18	—	—	—
2012	—	15.32	3.37	4.30	—	0.19	—
2013	—	14.47	10.23	3.76	—	11.40	—
2014	—	17.90	13.57	3.97	0.88	17.58	—
2015	—	17.93	10.39	8.97	1.17	13.99	—
2016	—	18.53	12.19	10.36	1.85	18.24	—
2017	—	22.57	11.63	10.52	3.53	30.54	—
2018	—	22.28	24.09	9.5	2.42	51.32	—
2019	—	28.6	19.7	8.7	1.4	55.9	3.5

注：西气包含西一气、西二气。

第二节 销售与价格管理

一、管理机构

2001 年 9 月，根据浙江省人民政府以及浙能集团的授权，浙江省天然气开发有限公司从上游公司（供气方）购买进入浙江市场的全部天然气，并向下游城市、电厂等用户销售天然气。浙江省天然气开发有限公司与用户的天然气购销业务完全遵循双方签署的《天然气销售协议》。浙江省天然气开发有限公司设市场营销部负责全省省级管网天然气的销售管理，其工作内容包括天然气购销的日常管理工作，主要职责包括编制年度、季度、月度购销计划，参与上下游的《天然气销售协议》谈判、签订工作，进行定调价的申报，牵头协调购销争议的处理，负责天然气购销统计、结算，进行用户管理工作，建立天然气用户台账和用户档案，并做好其他管理工作。

2002 年 11 月，浙江省天然气开发有限公司成立市场营销部，市场营销部一项重要工作是：及时掌握气价政策和价格变动信息，配合政府做市场价格调研工作，并根据省价格主管部门的相关政策及合同约定执行各类用户门站销售价格。

二、管理内容

2002 年 12 月 1 日起施行的《浙江省定价目录》(浙价法〔2002〕331 号）规定，浙江省物价局负责制定城市门站到最终用户的天然气销售价格。

2009 年，浙江省天然气开发有限公司成立浙江省天然气价格体制研究小组，对浙江省天然气价格体制及调价现状、价格体系的不足之处做了专门课题研究，并对浙江省天然气价格体制改革提出若干政策建议。其间，浙江省天然气开发有限公司领导多次陪同浙江省物价局进行价格调研工作。

2010 年 2 月，浙江省物价局对浙江省天然气销售价格进行调整，浙江省天然气开发有限公司在接到通知后的第一时间将价格调整信息传达给所有下游用户，同时做好宣传解释工作，并取得各方的理解和支持。同年8月，浙江省天然气开发有限公司组织天然气购销及价格情况会议，向浙江省物价局汇报了LNG资源的需求量、价格情况，为后续价格方案的出台提供有效依据。

2010年9月1日起施行的《浙江省定价目录》(浙价法〔2010〕239号）规定，浙江省内高、中压输气管网天然气的销售价格和省内管道运输价格由浙江省物价局定价，各地市（县）辖区内终端用户中的居民用气由各地市（县）人民政府实施政府定价，各地市（县）辖区内终端用户中的非居民用气由各地市（县）人民政府实施政府指导价。LNG、CNG等非管输天然气价格由市场决定。

2013年1月18日，浙江省能源集团有限公司天然气石油分公司成立资源与市场部，负责浙能天然气市场资源开发管理与研究、购销计划管理、资产价格管理。原浙江省天然气开发有限公司的浙能天然气市场价格等管理职责不变。

2013年4月，浙江省天然气开发有限公司与浙江省物价局成本监审调研组进行沟通，客观反映公司实际情况，为政府科学定价提供基础资料。

2013年12月30日起施行的《浙江省天然气价格管理办法（试行)》(浙价资〔2013〕323号）规定天然气价格按照分类分级管理的原则，分别实行政府定价或者政府指导价。城市门站价格、省管网直供用户销售价格、高压管网管道运输价格、液化天然气气化加工费实行政府定价，具体价格由省价格主管部门制定。市、县高压管网直供用户销售价格实行政府指导价，由市、县人民政府同级定价。终端用户销售价格分为居民用气价格和非居民用气价格，居民用气价格实行政府定价。

2014年2月12日发布的《省级天然气管网价格平衡机制实施办法（试行)》规定每年年初，省级管网销售价格确定由浙江省物价局根据各气源气量和购气价格情况，提出省级天然气管网销售价格意见，报省政府同意后实施。

2014年，由于受宏观经济增速显著放缓和省内电力需求低迷的双重影响，浙江省天然气供需首次出现供过于求的局面。浙江浙能燃气有限公司及浙江省天然气开发有限公司多次与浙江省物价局专题汇报省级管网历年的经营情况及困难。在疏导陆上管道气价格上调的过程中，配合省物价主管部门提供价格方案测算的相关基础数据，最终浙江省物价局在当年12月完成气价调整工作。

2015年，天然气市场复杂多变，工业用气量持续走低，受国家政策影响，上游存量气价上涨，下半年国家下调非居民用气门站价格。面对上下游的双重挤压，浙江能源天然气集团有限公司及浙江省天然气开发有限公司通过提升气量销售、优化购销结构进一步降低采购成本，上游价格谈判取得重大突破。

2016年，浙江省物价局降低非居民和直供电厂门站价格，浙江能源天然气集团有限公司及浙江省天然气开发有限公司面临极为不利的经营局面，经过竭力争取在上游资源方取得气价优惠，节省采购成本超过1.3亿元。

2017年，受宏观经济趋稳向好、国家大气污染防治力度加大、华北煤改气强度加速等因素影响，天然气需求侧出现超预期增长，浙江省天然气开发有限公司全力保障全省供气需求，由于上游涨价成本难以疏导，浙江省天然气开发有限公司承担了巨额涨价成本。

2018年11月，浙江省天然气开发有限公司组织召开全省迎峰度冬保供会议，全省48家管网用户及地方政府主管部门参加，对天然气进入高价阶段及市场化定价趋势进行了深入研讨分析。

2018年，面对严峻的天然气经营形势，浙江能源天然气集团有限公司及浙江省天然气开发有限公司通过与浙江省委省政府、浙江省能源局、浙江省物价局等政府部门的不断沟通、解释，多次完善价格疏导方案，最终先后实现了淡季和冬季资源涨价成本疏导方案的出台，累计疏导涨价成本约23亿元。同年，浙能天然气经多方努力协调，争取到省级非居民门站价格上调0.1元/立方米、冬季涨价及发电增购成本全额疏导等有利政策，顺利完成省政府能源双控任务，增加销售收入约25.09亿元；通过全力争取价格疏导，成功促成省物价部门两次发文疏导涨价成本25.09亿元。

2019年，在浙能集团、浙江能源天然气集团有限公司的支持下，浙江省天然气开发有限公司通过不断优化气源结构，并根据市场供需情况灵活调整谈判策略，累计降低采购成本超2亿元。通过上海LNG接收站采购一船现货，打通川气、上海管网，成功试水国家管网向省级管网公司开放，节约采购成本近2000万元。积极与省价格主管部门沟通、协调，实现全年涨价成本全额疏导21.29亿元。

三、历年门站销售价格

2004—2008年浙江省省级门站销售价格见表5-5-2，2009—2019年浙江省省级门站销售价格见表5-5-3。

表5-5-2 2004—2008年浙江省省级门站销售价格一览表

用户类型	城市（元/立方米）				CNG（元/立方米）	电厂（元/立方米）		代输（元/立方米）	税率（%）
调价时间	杭湖线	宁波、余姚	绍兴、上虞	萧山	杭湖线	半山	镇海、萧山国华		
2004-01-20	1.62	—	—	—	—	—	—	—	13
2004-03-31	1.58	—	—	—	—	—	—	—	—
2005-01-13	—	—	—	—	1.58	—	—	—	—
2005-04-28	1.62	—	—	—	—	—	—	—	—
2005-08-22	—	—	—	—	—	1.355	—	—	—
2006-02-01	1.71	—	—	—	—	1.455	—	—	—
2006-10-22	—	—	—	—	—	—	—	0.3	—
2007-04-09	—	1.85	1.87	1.89	—	—	1.85	—	—
2007-11-10	—	—	—	—	—	1.85	—	—	—
2008-01-01	1.85	—	—	—	—	—	—	—	—
2008-12-01	1.92	1.92	1.92	1.92	—	—	—	—	—

表5-5-3 2009—2019年浙江省省级门站销售价格一览表

用户类型	城市（元/立方米）		电厂（元/立方米）		代输（元/立方米）	税率（%）
调价时间	居民	非居民	半山	其他		
2009-04-01	2.01		1.85	1.94	—	—
2010-02-20	2.09		1.99	2.08	—	—
2011-07-15	2.42		2.32	2.41	—	—
2013-07-10	—		3.13	3.22	—	—
2013-07-20	2.42	2.23	—	—	—	—
2014-12-15	—	3.37	2.27	—	—	—
2015-04-01	—	3.04	2.99	—	—	—
2015-11-20	—	2.29	2.32	—	—	—
2016-04-20	—	2.19	2.22	—	—	—
2017-07-01	—	—		—	—	—
2017-09-01	—	2.09	2.12	2.21	—	11
2018-05-01	—	2.19	2.22	2.31	—	—
2018-10-01	—	—	3.18	3.27	—	10

表 5-5-3（续）

用户类型	城市（元/立方米）		电厂（元/立方米）		代输（元/立方米）	税率（%）
调价时间	居民	非居民	半山	其他		
2018-11-01	—	2.85	—	—	—	—
2019-01-01	—	—	2.88	2.97	—	—
2019-04-01	2.58	—	2.61	2.7	—	—
2019-09-01	2.43	—	—	—	—	11
2019-11-01	2.76	—	2.79	2.88	—	—

第三节 城燃销售

一、主营业务销售

2004年1月，浙江省天然气开发有限公司杭湖线工程正式向湖州市、杭州市供气，以及平湖市天然气有限公司等城燃公司的成立，标志着浙能城市燃气销售业务正式开展。2004年1月至2010年11月，浙江省天然气开发有限公司的城燃销售管理业务由浙江省天然气开发有限公司市场部负责。尤其是平湖市天然气公司、绍兴市上虞市天然气公司、浙江振能天然气公司、义乌市天然气公司在浙能集团以及浙江省天然气开发有限公司城市燃气发展思路的指导下，销售管理工作发展稳定，业绩逐步提高，为浙能城燃的发展夯实了基础。

2010年11月，浙江省能源集团城市燃气有限公司成立，根据浙能集团的授权主管浙能城市燃气的具体销售业务。

2012年，浙江省能源集团城市燃气有限公司发挥依托省级管网的管输气气源优势，大力开发大工业用户，在陶瓷、机械加工制造等产业领域推广天然气应用，并提前布局非管输市场，研究非管输气应急保障站点课题，拓展非管输气业务。当年实现10家所属企业对外销售供气。

2013年，浙江省能源集团城市燃气有限公司继续开发大工业用户市场，在各地政府的支持下多次召开天然气利用推介会，在化工、玻璃等产业领域的应用取得突破，并借助房地产市场快速发展的东风，在义乌、上虞、平湖等区域大规模开展居民楼盘配套业务，居民售气业务增长明显。同时，继续开发非管输市场，开发LNG点对点供气项目弥补管网不能覆盖或短期未覆盖区域及产业清洁能源需求的空白，为省级管网通达提前培育市场。

2014年10月30日，浙江省能源集团城市燃气有限公司发布《燃气业务收费管理办法》，明确业务收费项目、价格确定和审批流程等相关内容，从公司可持续发展要求出发制定业务收费和价格策略，在掌握市场需求和发展潜力、分析市场竞争动态的基础上进行业务收费管理。制定非居民用户阶梯气价实施原则，促进燃气气量销售。

2014年12月23日，浙江省能源集团城市燃气有限公司发布《燃气气量管理》，规定了燃气气量采购及销售体系和管理原则，明确了燃气气量采购及销售管理机构、职责分工及燃气气量购销过程中的计划管理、气源管理、统计管理等具体工作内容及管理要求。

2014年，浙江省能源集团城市燃气有限公司在大工业用户、房地产市场开发取得良好成效的基础上，抓住各地政府招商引资建设工业园区的发展机遇，开展工业园区用户市场的集中配套，并进一步开发酒店餐饮、学校医院、政府机关等细分市场的拓展。在开发下游市场的同时，开展了一系列市场开发规范管理的工作。当年实现18家所属企业对外销售供气。

2015年6月8日，浙江省能源集团城市燃气有限公司修订《燃气业务收费管理》。对职责、燃气业务收费项目的价格确定、定价调整流程、对特殊价格的审批进行了调整；增加所属企业燃气业务价格备案表，删除了所属企业销售价格调整报审表。并组织各所属企业根据各自的业务情况，综合考虑公司经营效益、服务民生、社会责任等因素，兼顾城镇差异、气源类型、用户承受能力等因素制定本企业的业务收费价格体系。各所属企业都建立了燃气业务收费价格体系，条件成熟的区域逐步推行根据用气规模分档优惠管理体系，所属企业的燃气业务收费价格管理更为规范、更有市场竞争力，有效地促进了终端市场开发和气量销售。实现了对核心大用户、重点用户、中小用户的差异化经营。燃气销售价格体系和定价机制逐步规范，对提升公司经营效益，助力市场拓展起到了关键性的作用，当年对外销售供气的 21 家所属企业整体综合价差达到 0.67 元/立方米，实现了良好的销售业绩。

2015—2016 年，国内 LNG 市场供应充足，整体过剩。2015 年 11 月 28 日，杭州市临安区浙能天然气有限公司太阳镇站气源由 LNG 代替 CNG；2016 年 9 月 25 日，杭州市临安区浙能天然气有限公司奥星站气源由 LNG 代替 CNG；2017 年 8 月 15 日，杭州市临安区浙能天然气有限公司太湖源镇站气源由 LNG 代替 CNG。通过主动降低气量采购成本，降低用户的用气成本，提高用气量，实现燃气公司与用户价值的双赢。

2016 年 3 月 21 日，浙江省能源集团城市燃气有限公司组织召开年度市场工作会议，培训“煤改气”相关知识，分析市场开发成功案例，推进年度市场开发的重点工作和目标分解落实。

2017 年 12 月 22 日，浙江省能源集团城市燃气有限公司召开今冬明春气源保供工作讨论会提出：浙江省能源集团城市燃气有限公司要在面对全省管输气和 LNG 供应严重紧张的局面，积极协调争取上游资源，尽可能保证各所属企业有序供气，要求各所属企业采取措施积极应对，进一步梳理细化有序供气方案，积极与政府有关部门沟通，在紧张时段实现有序供气。同时做好用户用气计划协调及用户沟通和舆论宣传。

2018 年 3 月 5 日，浙江省能源集团城市燃气有限公司组织召开 LNG 储气能力规划讨论会，全面规划城燃 LNG 储气能力安排，探讨 LNG 储气能力提升等相关问题，保障所属企业气源稳定和用户正常用气。

2018 年 8 月 6 日，浙江省能源集团城市燃气有限公司发文提出：为落实国家发展和改革委员会关于储气设施建设的要求，组织各所属企业按照统筹规划、分步实施的原则开展储气能力建设工作。在保障居民、公福用户和不可中断的工业用户气量为基础，编制和落实储气设施建设计划，保障气源储气能力不低于三天。

2018 年 8 月 8 日，浙江省能源集团城市燃气有限公司所属企业青田公司省级管网投运，2018 年 12 月 5 日，浙江省能源集团城市燃气有限公司所属企业海盐公司省级管网投运；2018 年 12 月 29 日，浙江省能源集团城市燃气有限公司所属企业新昌公司省级管网投运。预示三家公司正式迈入管输气时代，对浙能城市燃气及当地天然气业务的拓展提供了助力。

2019 年，浙能城燃市场销售气量由 2011 年的 1.14 亿立方米增长到 12.14 亿立方米，利润总额达 2.23 亿元。

2010—2019 年浙江省能源集团城市燃气有限公司供气量见表 5-5-4。

表 5-5-4 2010—2019 年浙江省能源集团城市燃气有限公司供气量一览表

年份	总气量（亿立方米）	气量同期增长（%）
2010	1.14	—
2011	1.24	8
2012	1.52	23
2013	2.44	61
2014	3.2	31
2015	3.6	1
2016	4.38	22
2017	7.17	63
2018	10.02	40
2019	12.14	21

浙江省能源集团城市燃气有限公司各所属企业管输用户燃气销售价严格按照当地物价主管部门所制定的价格执行。非居民管输用户燃气销售价按照当地物价主管部门发布的指导价，制定本企业的内部执行标准。浙江省能源集团城市燃气有限公司本部对各所属企业的非居民用户燃气销售价实行最低价差管理。

浙江省能源集团城市燃气有限公司综合考虑经营效益、服务民生、社会责任等因素，兼顾城镇差异、气源类型、用户承受能力等因素，遵循经济规律，制定不同用气量和性质用户的阶梯式分类定价方式，实现对核心大用户、重点用户、中小用户的差异化经营。

2009—2019年浙江省物价局天然气门站价见表5-5-5。

表5-5-5 2009—2019年浙江省物价局天然气门站价一览表 元/立方米

调价时间（年-月-日）	居民用气门站价	非居民用气门站价
2009-04-01	2.42	2.01
2010-02-10	2.42	2.09
2010-07-15	2.42	2.42
2013-07-10	2.42	3.23
2014-12-15	2.42	3.37
2015-04-01	2.42	3.04
2015-11-20	2.42	2.29
2016-04-20	2.42	2.19
2017-09-01	2.42	2.09
2018-05-01	2.42	2.19
2018-11-01	2.42	2.85
2019-04-01	2.58	2.58
2019-11-01	2.76	2.76

二、非主营业务销售

2011年起，浙江省能源集团城市燃气有限公司在开展城市燃气主营业务的同时，积极延伸燃气销售和服务产业链，拓展燃气周边产品市场。组织各所属企业在城燃公司燃气保险战略合作协议的前提下，充分利用所属企业在当地的影响，推广燃气险气保险业务。鼓励所属企业为公司创收创利，积极拓展其他燃气增值业务。浙江省能源集团城市燃气有限公司已开展的燃气增值业务主要有：燃气保险推介，燃气软管、灶具、热水器、燃气报警器等。其中燃气软管、灶具、热水器、地暖等由在所属企业试点，在营业厅展示，代理销售。

2016年3月11日，浙江省能源集团城市燃气有限公司所属企业义乌市天然气有限公司佛堂LNG加气站通过安全生产验收，成为浙江省能源集团城市燃气有限公司第一个使用LNG出租车加气业务和LNG客车加气业务的加气站。

2016年4月5日，浙江省能源集团城市燃气有限公司所属建德市浙能天然气公司与中国太平洋人寿保险股份有限公司杭州中心支公司签订战略合作协议，开始在建德地区试点燃气保险代售业务。

2017年7月17日，浙江省能源集团城市燃气有限公司与中国太平洋人寿保险股份有限公司浙江分公司展开战略合作，并下发通知，开始在所属企业推广燃气保险代售业务。目前所属企业中已有21家签订了燃气保险推介协议，开展燃气保险业务。

2019年，累计实现燃气利润总额2.23亿元。通过以天然气相关产品销售和服务延伸，增加公司主营业务外收入，使公司的总体效益得到明显的提升。

2011—2019年浙江省能源集团城市燃气有限公司销售规模见表5-5-6。

表5-5-6 2011—2019年浙江省能源集团城市燃气有限公司销售规模一览表

年度	居民用户（户）	非居民用户（家）	销售气量（亿立方米）
2011	—	—	—
2012	—	—	—
2013	—	—	2.44
2014	123426	1217	3.2
2015	160287	1464	3.6
2016	194118	1988	4.38
2017	250876	2775	7.17
2018	312390	3529	10.02
2019	414042	4218	12.14

自2011年起，浙江省能源集团城市燃气有限公司销售规模及营收利润逐年稳步增长。

第四节 交易市场

2017年12月28日，舟山天然气交易市场有限公司注册成立。舟山天然气交易市场有限公司由浙能天然气集团有限公司、新奥燃气发展有限公司和中国（浙江）大宗商品交易中心有限公司合资组建，股比分别为 51%、34% 和 15%，注册资本金为 2 亿元（首期实缴 2000 万元）。舟山天然气交易市场有限公司交易平台近期主要开展管道天然气、液化天然气的现货交易，下一步根据油气体制改革进程和市场需要逐步开展管容交易、罐容交易、仓储及物流服务、供应链金融及天然气价格指数等方面的业务。

2018 年 7 月 30 日，舟山天然气交易市场有限公司电子交易系统正式上线。上线首日，舟山天然气交易市场有限公司完成首单天然气线上交易。本次交易由浙江省天然气开发有限公司作为卖方挂牌 3758.2 万立方米管道天然气，分别由绍兴市上虞区天然气有限公司与湖州新奥燃气发展有限公司作为买方成功摘牌，摘得气量分别为 955 万立方米与 2803.2 万立方米。

截至 2019 年，舟山天然气交易市场有限公司交易平台交易模式有挂牌、竞价。发展交易会员 72 家，包括资源方、城市燃气、加气站、分布式能源等用户，省内主要的城市燃气公司基本入会，累计交易管道天然气 85.76 亿立方米。

第六篇
可再生能源

发展可再生能源是中国推进能源生产和消费革命、推动能源转型的重要措施，是推进生态文明、建设美丽中国的重要保障。浙能集团一贯重视可再生能源投资开发，致力于供给高质量绿色能源，改善能源结构。2001年浙能集团成立之初，投资建设了滩坑水电站、华光潭水电站和洞头风力发电场，为可再生能源发展奠定了基础。

2002年11月25日和2004年11月24日，习近平两次到浙能集团滩坑水电站调研，指出"建造滩坑水电站，是浙南山区人民企盼几十年的大事，是扶贫帮困的德政工程，也是欠发达地区经济新的增长点。施工单位要确保质量，加快进度，把工程建设好。各级党委、政府要认真做好移民工作，大力支持施工单位建设，使电站早日建成，为山区经济社会发展作贡献"。正是在习近平的关心和推动下，滩坑水电站作为全省最大扶贫帮扶致富工程之一，被列入"八八战略"重点工程。该工程的建成投产成为浙江历史上最宏伟的扶贫工程之一，带动了周边的百姓成功脱贫。

2009年，浙能集团根据浙江省委省政府决策，吸收式合并重组浙江省水利水电投资集团有限公司，并将所持有的水电、风电资产注入浙江省水利水电投资集团有限公司，形成集水电、抽水蓄能、风电等为主的可再生能源板块，资产规模87.3976亿元，净资产27.6968亿元，权益装机规模123.26万千瓦。控股参股可再生能源企业共有18家。

2015年后，先后成立浙江浙能长兴新能源有限公司、浙江浙能环亚松阳光伏发电有限公司等6家光伏发电企业，在浙江省建设地面光伏发电和屋顶光伏发电项目6个。成立浙江浙能嘉兴海上风力发电有限公司和浙江浙能国电投嵊泗海上风力发电有限公司，开展装机规模共70万千瓦的省内海上风电项目建设。收购并控股江苏双创新能源开发有限公司，开展装机规模共30万千瓦的江苏盐城地区海上风电项目建设。

2017年起，浙江省水利水电投资集团有限公司开展大规模省外可再生能源项目并购，与正泰新能源、爱康科技等国内光伏龙头企业合作，在西北甘肃、宁夏等地收购共11个光伏企业70.5万千瓦装机。浙能资本控股有限公司也通过成立的绿能基金开展光伏发电项目并购。

至2019年6月底，除原有水力发电外，浙能集团新增控股光伏发电项目46个，项目遍布全国14个省、自治区。此外，浙能集团所属有10家发电企业安装了厂内屋顶光伏，光伏发电装机容量158万千瓦。在建和已核准的大型海上风电项目3个，控股装机容量达100万千瓦。2019年6月，浙江省水利水电投资集团有限公司完成股份制改造，更名为浙江省新能源投资集团股份有限公司，向上海证券交易所申报上市。

可再生能源电站的多样性，也给电站的运行管理与生产安全带来复杂性。浙江省水利水电投资集团有限公司不断加强检修、技改和科技项目投入，加强安全生产管理，持续通过开展"送课下企"、举办水工技能大赛、"安康杯"知识竞赛等，提升各电站的运行、检修、生产安全管理能力。

高质量的能源供给不仅是绿色的，更是高效的。浙能集团可再生能源产业每年都实现可靠的、稳定的收益，为浙能可再生能源产业可持续发展提供了坚实的经济基础。

浙能集团可再生能源企业发挥着助力绿色乡村、美丽中国建设的作用。水电站的防汛防旱功能、"农光互补"推进绿色农业发展、水电站生态效益、产业扶贫等，为项目所在地的绿色发展提供了强力支撑。

第一章 机 构 与 规 模

第一节 管 理 体 制

2002年1月31日，浙江浙能华光潭水力发电有限公司注册成立，注册资金为1.617亿元，由浙江省电力开发公司（股权90%）和杭州市临安区润丰水电有限公司（股权10%）共同投资组建。

2003年7月21日，浙江浙能北海水力发电有限公司在杭州注册成立，注册资本17.02亿元，负责实施滩坑水电站的工程建设和后续生产经营管理工作。公司由浙江省电力开发公司（股权65%）、浙江东南发电股份有限公司（股权25%）和丽水市城市建设投资有限责任公司（股权10%）共同投资组建。

2008年2月21日，浙江浙能洞头风力发电有限公司在洞头县注册成立，注册资本金6000万元，由浙江浙能石油新能源有限公司100%控股，负责浙能温州洞头风电场建设、运营和维护。

2009年10月16日、20日，浙江省人民政府常务会议和中共浙江省委常委会分别对浙江省水利水电投资集团有限公司合并重组改革方案进行了研究，决定由浙能集团采取吸收式合并的方式合并重组浙江省水利水电投资集团有限公司。10月21日，浙江省委常委、副省长葛慧君主持召开浙能集团、浙江省水利水电投资集团有限公司领导班子会议，部署浙江省水利水电投资集团有限公司改革重组相关工作，浙江省政府副秘书长冯波声，浙江省委组织部副部长庄跃成，浙江省国资委主任陈正兴、副主任张效清，浙能集团、浙江省水利水电投资集团有限公司领导班子全体成员参加了会议。10月23日，浙江省水利水电投资集团有限公司召开干部职工大会，浙江省国资委通报了浙江省委、省政府关于浙能集团合并重组浙江省水利水电投资集团有限公司的重大决定，部署启动合并重组工作。

2009年11月24日，浙江省省属国有企业改革领导小组印发《关于浙江省能源集团有限公司合并重组浙江省水利水电投资集团有限公司总体方案的批复》，同意由浙能集团采取吸收合并的方式，合并重组浙江省水利水电投资集团有限公司为浙能集团子公司。

2010年9月14日，浙能集团召开二届四十二次董事会，原则同意《浙江省能源集团有限公司可再生能源板块管理框架方案》，组建成立浙能集团可再生能源分公司，与浙江省水利水电投资集团有限公司实行“一套班子、两块牌子”运行。

2010年11月24日，浙能集团可再生能源分公司正式注册成立。

2011年，浙能集团根据浙江省国资委印发的《关于同意浙江省电力开发有限公司改制上市涉及部分国有产权（资产）、负债无偿划转的批复》，浙能集团、浙江省电力开发有限公司和浙江省水利水电投资集团有限公司之间进行了相关企业国有产权（资产）、负债无偿划转。浙江省水利水电投资集团有限公司完成接收浙江浙能北海水力发电有限公司65%股权、浙江浙能华光潭水力发电有限公司90%股权。

2011年7月，浙江浙能水电管理有限公司注册成立，组建滩坑和华光潭两个项目部，专业承担可再生能源板块内水电站的运行维护。

2011年12月31日，浙江浙能石油新能源有限公司根据浙能集团《关于将浙江浙能石油新能源有限公司所持浙江浙能洞头风力发电有限公司100%股权无偿划转至浙江省水利水电投资集团有限公司的通知》（浙能资〔2011〕798号），将所持浙江浙能洞头风力发电有限公司100%股权无偿划转至浙江省水利水电投资集团有限公司。

2012年1月1日，浙江浙能水电管理有限公司开始承接浙江浙能华光潭水力发电有限公司与浙江浙能北海水力发电有限公司的水电站及水库运行、维护、环保、消防等职能。

2013 年 10 月 31 日，浙能集团印发《关于下达浙江省能源集团有限公司“强总部”建设方案的通知》。根据《可再生能源板块管控操作优化方案》相关要求，浙能集团可再生能源分公司是浙能集团总部生产经营管理的延伸；生产经营单位指的是板块内的营运企业。板块营运企业在板块管控框架范围内，具体负责企业日常生产经营活动。浙能集团总部和可再生能源分公司之间是战略决策与执行的关系，可再生能源分公司与板块营运企业是经营性决策与执行的关系。

2014 年 7 月 22 日，根据浙能集团《关于成立浙能嘉兴 1 号海上风电场项目筹建处及朱永健等任职的通知》，成立浙能嘉兴 1 号海上风电场项目筹建处。

2016 年 9 月，浙能集团印发《浙江省能源集团有限公司创新发展和体制机制改革方案》（浙能战略〔2016〕362 号），可再生能源板块由原先的分公司制改为子公司制管理，浙江省水利水电投资集团有限公司作为可再生能源板块的管理公司与产业经营总部。注销浙能集团可再生能源分公司和浙江浙能水电管理有限公司，由浙江省水利水电投资集团有限公司吸收式合并浙江浙能水电管理有限公司和浙江浙能洞头风力发电有限公司，对浙江浙能华光潭水力发电有限公司和浙江浙能北海水力发电有限公司采取实体化运营。

2016 年 11 月 2 日，浙能集团印发《关于注销浙江省能源集团有限公司可再生能源分公司等事项的通知》。11 月 10 日，浙能集团可再生能源分公司准予注销登记，正式注销。

2016 年 11 月 23 日，浙能集团董事会审议同意，由浙江省水利水电投资集团有限公司全资设立浙江浙能嘉兴海上风力发电有限公司。

2017 年 1 月 1 日，浙江浙能华光潭水力发电有限公司和浙江浙能北海水力发电有限公司正式实现实体化运营，浙江浙能水电管理有限公司不再承担两个公司的运行维护。

2017 年 4 月 10 日，浙江省水利水电投资集团有限公司在平湖市注册成立浙江浙能嘉兴海上风力发电有限公司，注册资本金 17 亿元，具体负责嘉兴 1 号海上风电项目的开发、建设及运营。

2017 年 6 月，浙江省水利水电投资集团有限公司完成对浙江浙能水电管理有限公司及浙江浙能洞头风力发电有限公司吸收合并。

2018 年 10 月 30 日，浙江浙能国电投嵊泗海上风力发电有限公司在嵊泗县洋山镇注册成立，公司注册资本 1 亿元，由浙江省水利水电投资集团有限公司（股权 50%）和国家电投集团浙江新能源有限公司（股权 50%）共同组建，负责嵊泗 2 号 40 万千瓦海上风电场工程建设和运营管理。

2019 年 1 月 5 日，江苏双创新能源开发有限公司股权转让协议签署，浙江省水利水电投资集团有限公司控股江苏双创新能源开发有限公司，股权比例为 51%。同年 2 月 20 日，江苏双创新能源开发有限公司召开股东会，决议由下属全资子公司东台双创新能源开发有限公司出资建设和运营江苏竹根沙（H2#）30 万千瓦海上风电场项目。

2019 年 5 月 27 日，浙能集团印发《关于浙江省水利水电投资集团有限公司股份制改造方案的批复》，同意浙江省水利水电投资集团有限公司整体变更为股份有限公司。

2019 年 6 月 18 日，浙江省水利水电投资集团有限公司完成工商局备案登记，更名为浙江省新能源投资集团股份有限公司，注册资本 18.72 亿元，浙能集团占股 76.92%、浙江新能能源发展有限公司占股 23.08%。

第二节 内设部门

2010 年 2 月 9 日，浙江省水利水电投资集团有限公司第一次党政联席会议决定，公司设立综合办公室、计划发展部、财务管理部、资产经营部、人力资源部、政治工作部、监察审计部、生产安全部、水工管理部（工程部、防汛办）等八部一室。

2011 年 5 月 11 日，浙能集团可再生能源分公司党政联席会议研究决定，分公司设立综合办公室（应急办）、战略发展部、财务管理部、资产经营部、人力资源部、政治工作部、监察审计部、生产安全部（信息中心）、工程部（水工部、防汛办）等八部一室。

2011 年 9 月 9 日，浙能集团可再生能源分公司印发《职能部门岗位职责（暂定）》，详见表 6-1-1。

表 6-1-1 2011 年浙能集团可再生能源分公司部门职责一览表

序号	部门名称	部 门 职 责
1	综合办公室（应急办）	负责协调处理公司日常事务；负责重要工作的落实督办；归口管理公司的行政事务（含物业）、工作联系和接待工作，负责各类应急、维稳、信访工作的管理与协调；负责公司公文、文书和机要文件的日常管理；负责公司的档案、保密工作和公司印鉴的管理；负责公司重大活动和重要会议的组织、服务工作；负责公司公共关系、形象战略、对外信息发布等的归口管理；协同负责公司外事、出国（境）团组的有关工作；负责公司“三项”费用的审核与管理；负责公司车辆、办公用品管理工作；负责公司职工的生活后勤管理
2	战略发展部	负责公司发展战略的研究、制订和管理，负责可再生能源政策研究，负责投资机会研究、调研、评估、审核、报批和后评价等工作，实施项目前期管理工作；负责企业管理、投资计划管理、统计管理，处理经济纠纷和法律事务工作，归口管理公司法律事务工作和合同管理工作
3	财务管理部	负责财务规划、财务预算、成本管理；负责资产、产权、财产保险管理；负责会计核算、报表编制和财务分析；负责财务稽核、风险管控；负责资金管理；负责企业税务核算、申报及管理；负责协调和指导所属公司的财务管理和会计核算工作；配合浙能集团财务管理部开展财务管理工作
4	资产经营部	负责公司资产、资本运营和股权管理；负责经营性项目及重大收购、兼并、重组等事项管理；负责控股公司的年度经营责任制考核管理；负责审核控股公司的年度经营管理费用；负责与控参股企业的业务联系和外派董监高的日常管理工作；负责电力市场、资产经营信息的收集整理工作；负责公司电力市场和价格管理工作
5	人力资源部	负责拟订公司“三定”的建议方案，经批准后组织实施；负责公司干部和员工的日常管理、教育培训管理，负责所属单位之间的用工调配工作，考察、推荐公司派出的出资者代表；负责公司人事管理工作；负责公司劳动工资、保险、福利和专业技术职称管理、职务聘任等工作；负责人事档案管理；配合浙能集团对出国（境）人员的政审、教育工作及护照的管理；负责离退休老干部管理工作
6	政治工作部	负责公司党建工作、党员的教育管理工作和职工思想政治工作；负责公司工会日常工作；负责公司共青团工作；负责指导所属单位的党建工作和工会、共青团工作；负责公司党委会、领导班子民主生活会、公司党委理论中心组学习的计划安排、资料准备和有关服务工作；负责党员干部职工的政治理论学习培训；负责公司的宣传、企业形象塑造和推广工作；负责公司精神文明和企业文化建设，负责扶贫对口支援工作
7	监察审计部	负责公司纪委的日常工作及公司监察、审计管理工作；负责业务范围内违法违纪案件的受理、调查、审理、处分等工作，负责申诉案件的复议复查工作；负责企业内部审计和对控股、参股企业的各类审计工作；组织实施企业效能监察工作，参与并监督公司重大项目招投标及其他重要经济活动；协助党委、纪委做好党风、党纪及反腐倡廉教育工作，保护领导干部依法行使职权
8	生产安全部	负责生产安全管理职能及安全监督体系的建设工作；负责公司安全、生产技术、科技信息管理；负责日常安全检查；负责障碍及以下不安全事件的调查处理；负责召开板块季度安委会会议和安全网会议；监督落实板块安全生产责任；与领导班子非浙能集团管理的板块营运企业签订安全生产责任书并负责考核；负责信息管理工作

表 6-1-1（续）

序号	部门名称	部门职责
9	工程部（防汛办）	履行公司工程管理、防汛管理、水能管理职能；负责公司基建项目、基建性质技改项目的进度、质量、安全、投资控制管理工作；负责基建项目设计、施工、技术等方案和一级网络进度计划审查；负责基建项目质量监督检查、质量事故的调查和处理；负责基建项目的招投标、检查基建项目合同的执行情况，协调开展过程监督，组织基建项目的技经审查与收口、竣工决算等工作；会同项目部（项目公司）组织工程达标投产、各专项验收及竣工验收工作；指导所属水电站的水工观测、水工维护、水库调度等工作

2012 年 11 月 20 日，浙江省水利水电投资集团有限公司党政联席会议决定，公司生产安全部下设信息中心，政治工作部下设新闻中心，综合办公室下设行政事务管理中心、物业管理中心。

2016 年 12 月 1 日，浙能集团印发《关于浙江省水利水电投资集团有限公司“三定”方案的批复》。浙江省水利水电投资集团有限公司设置综合办公室、计划发展部、投资一部、投资二部、投资三部、人力资源部、财务部、生产安全部、建设管理部（防汛办）、资产经营部、科技与信息化管理部、党群工作部、审计部、物业管理部等十三部一室。其中，综合办公室下设行政中心；人力资源部下设外派与离退休人员管理中心；党群工作部下设新闻中心、工会办公室。

2017 年 9 月 30 日，浙能集团印发《关于浙江省水利水电投资集团有限公司审计部更名的批复》，浙江省水利水电投资集团有限公司审计部更名为监察审计部，原属党群工作部的纪检监察职能划归监察审计部。2018 年 1 月 5 日，浙江省水利水电投资集团有限公司撤销物业管理部，其相关职能划归综合办公室。

2018 年 9 月 17 日，浙能集团印发《关于浙江省水利水电投资集团有限公司设立西北事业部等相关事宜的批复》。浙江省水利水电投资集团有限公司设立西北事业部，负责管控中卫正泰等 11 个光伏项目的生产经营及拓展西部新能源项目。西北事业部和 11 个项目公司合署设立综合办公室、财务部、计划经营部、生产安全部等 4 个职能部门。

2019 年 1 月 2 日，浙能集团印发《关于浙江省水利水电投资集团有限公司设立华东事业部等及人员配置的批复》。浙江省水利水电投资集团有限公司设立华东事业部，与浙江浙能长兴新能源有限公司合署办公，负责管理浙赣地区的浙江浙能长兴新能源有限公司、浙江松阳浙源光伏发电有限公司等 9 个公司及所属 10 个光伏项目，受托管理浙能资本控股公司位于东部地区的苏州慧康电力开发有限公司、湖南中康电力开发有限公司等 10 个公司及所属 11 个光伏项目。华东事业部设立综合办公室、财务部、计划经营部、生产技术部、安全监察部等 5 个职能部门。

2019 年 6 月 25 日，浙能集团印发《关于浙江省水利水电投资集团有限公司及部分下属营运企业调整“三定”方案的批复》。浙江省水利水电投资集团有限公司设置综合办公室、计划发展部、项目开发部、市场营销与招投标管理部、人力资源部、财务部、生产安全部、建设管理部（防汛办）、资产经营部、证券事务部、科技与信息化管理部、党群工作部、监察审计与法律事务部等十二部一室。同年 8 月 8 日，根据纪检监察体制改革要求，经浙能集团批复同意，浙江省新能源投资集团股份有限公司（公司股份制改造，同年 6 月由浙江省水利水电投资集团有限公司更名）监察审计与法律事务部更名为纪检审计室。

2019 年 11 月 28 日，浙江省新能源投资集团股份有限公司印发《职能部门职责（试行）》，见表 6-1-2。

2011 年 1 月浙能集团可再生能源分公司管理架构如图 6-1-1 所示，2019 年 6 月浙江省新能源投资集团股份有限公司管理架构如图 6-1-2 所示。

表 6-1-2 2019 年浙江省新能源投资集团股份有限公司部门职责一览表

序号	部门名称	部 门 职 责
1	综合办公室	负责组织落实浙能集团决策指示与公司领导班子工作部署，围绕公司中心工作开展公司日常行政管理，建立并保持公司内外联系，协调公司系统各单位、各部门工作，承担公司行政管理、后勤服务保障、公共关系管理、应急维稳及信访管理、物业管理等具体工作，并根据浙能集团管控权责划分对所属企业办公室业务进行审核、指导、协调、监督、考核
2	计划发展部	负责公司综合计划管理、统计管理、合同管理、法律事务管理等工作；负责可再生能源政策研究分析；负责组织编制公司中、长期发展战略、规划等；负责指导、协调、检查、监督所属企业战略规划、计划统计、合同管理、法律事务管理等工作
3	项目开发部	负责可再生能源开发项目投资决策前的前期工作，参与项目开工前的相关工作；负责公司实业性（建设类）项目收购工作；参与可再生能源项目的投资机会研究
4	市场营销与招投标管理部	负责国家新能源产业市场研究分析，为公司发展提供可行性意见和建议；负责经营性并购项目的信息收集工作；负责管理市场电量交易等营销工作；负责板块招投标业务的归口管理工作；负责公司生产、综合类项目（施工与服务）及中介服务机构采购工作，负责公司生产、综合类项目（物资）采购工作；负责公司供应商管理工作；负责公司基建项目的招投标工作；贯彻落实浙能集团相关工作部署，指导、检查、监督、考核所属企业招投标及采购工作；负责板块废旧物资处置的归口管理工作，负责公司废旧物资处置
5	人力资源部	负责公司人力资源规划与“三定”工作、招聘调配管理、教育培训管理、薪酬福利管理、劳动关系管理、绩效管理等工作，负责公司干部队伍和人才队伍建设的日常管理工作，并根据浙能集团管控权责划分，对所属企业相关业务进行审核、指导、协调、监督、考核
6	财务部	负责建立健全公司财务管理制度，完善会计核算体系，依法实行会计监督；负责公司全面预算管理、财务核算与资金管理工作；贯彻落实浙能集团财务工作各项部署，指导、监督所属企业财务工作
7	生产安全部	负责公司安全管理、技术监督及可靠性管理、设备管理、节能环保监督管理、检修技改管理等工作；行使安全生产监督、检查、考核的职能，指导、协调和监督公司各部门、所属企业的安全工作
8	建设管理部（防汛办）	负责公司及所属企业基建项目、基建性质技改项目的进度、质量、安全、投资控制的监督管理工作；负责公司所属企业防汛防台工作的监督管理；负责公司所属水电站水工安全的监督管理
9	资产经营部	负责公司经营性（非建设类）项目收购和后评价工作；负责公司产权管理、经营管理、关联交易管理、价格管理和财产保险管理等工作；负责公司控股企业的经营责任制考核；负责公司所属企业的三会及出资人代表管理
10	证券事务部	负责筹划并组织实施公司 IPO；负责公司资本市场战略管理、市值管理、证券资产管理、信息披露、监管部门及投资人关系管理；具体经办公司资本市场融资工作；负责组织筹备公司董事会年度及临时股东大会、董事会及其他专门委员会会议；负责办理公司股权登记、限售、变更、股利分配、转增股本等事项

表 6-1-2（续）

序号	部门名称	部门职责
11	科技与信息化管理部	负责公司信息化建设、科技项目等归口管理工作；指导、监督、检查、考核所属企业相关工作
12	党群工作部	负责公司党建日常事务、党支部建设及管理指导、宣传教育、意识形态管理、精神文明建设、企业文化、工团建设等工作；指导、监督所属企业相关工作
13	纪检审计室	负责公司纪检、审计管理工作，是公司纪委和内部审计的日常管理机构，并根据集团公司管控权责划分，对所属企业相关业务进行审核、指导、协调、监督、考核

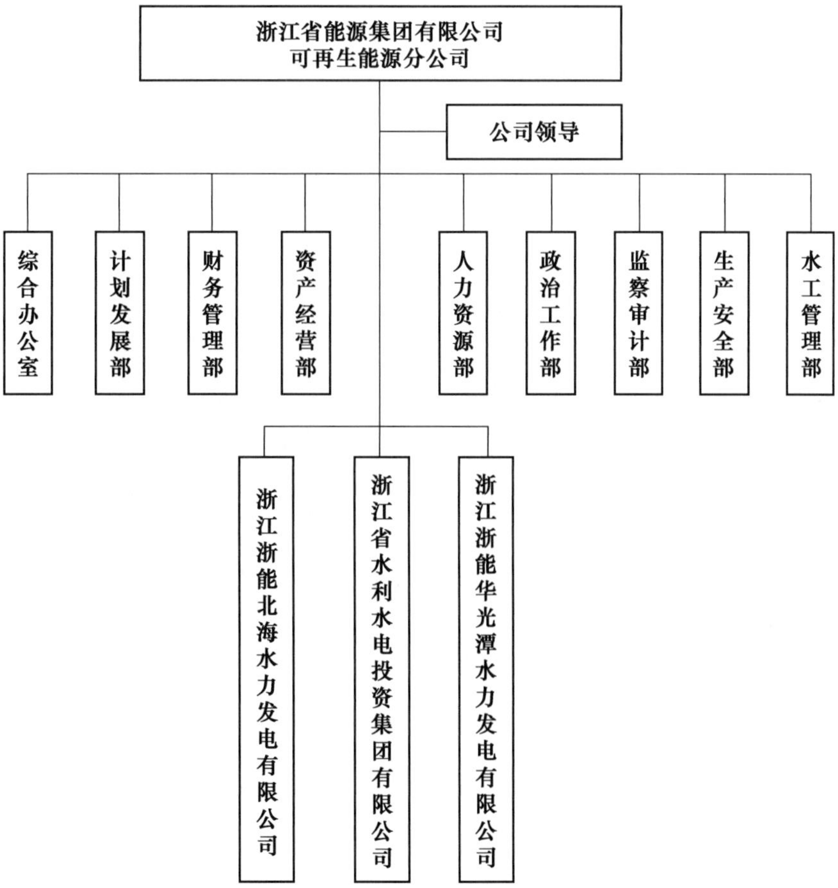

图 6-1-1 2011 年 1 月浙能集团可再生能源分公司管理架构图

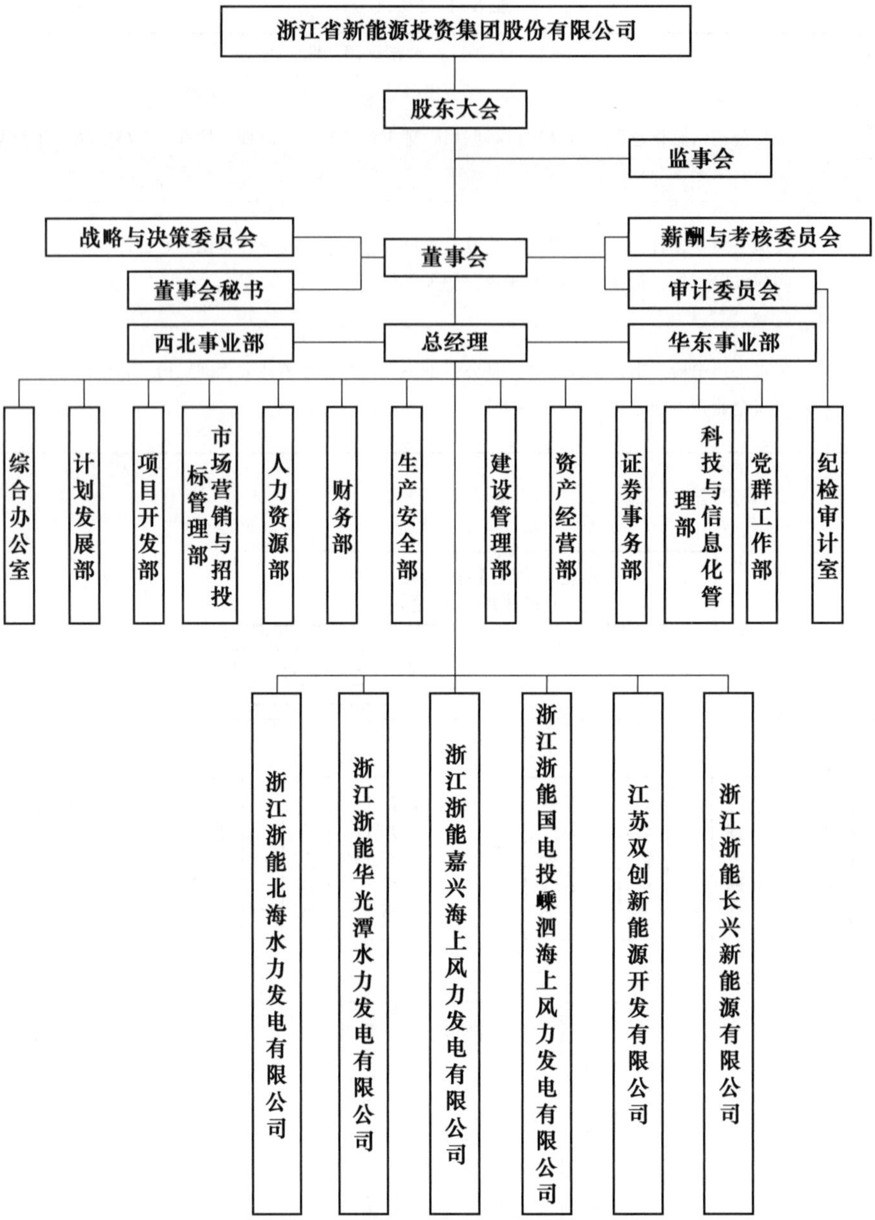

图6-1-2 2019年6月浙江省新能源投资集团股份有限公司管理架构图

第三节 业务与规模

一、主营业务

2004年4月28日，华光潭水电站二级电站并网发电，装机容量2.5万千瓦，为浙能集团第一座可再生能源发电站。2005年7月22日，华光潭水电站一级电站并网发电，装机容量6万千瓦。

2008年8月16日，滩坑水电站1号机组投产发电，装机容量20万千瓦。

2008年11月25日，浙能洞头风电场首台风机成功并网发电，为浙能集团第一个风力发电项目。12月27日，风电场18台中最后一台风机投产发电，装机容量1.35万千瓦，总投资1.55亿元。

2009年2月12日，滩坑水电站2号机组投产发电，装机容量20万千瓦。7月10日，滩坑水电站3号机组投产发电，装机容量20万千瓦。

2011 年，浙江省水利水电投资集团有限公司经营业务范围新增风力发电。

2011 年，浙江省水利水电投资集团有限公司收购景宁畲族自治县大洋水电站开发有限公司 100%股权以及新桥头、毛洋、金坑洋水电站全部资产，总装机容量 1.06 万千瓦，总资产分别为 5217.19 万元、3410.09 万元、973.25 万元。同年 12 月，浙江省水利水电投资集团有限公司根据浙能资〔2011〕798 号文件，无偿接收浙江浙能石油新能源有限公司持有浙江浙能洞头风力发电有限公司 100%股权。

2012 年 8 月 6 日，浙江省水利水电投资集团有限公司通过浙江产权交易所公开竞价，受让龙泉市岩樟溪流域水电开发有限公司 68%股权。该公司装机容量 2.7 万千瓦，总资产 1.70 亿元。

2016 年，浙江省水利水电投资集团有限公司经营业务范围新增太阳能发电。6 月 22 日，浙江省水利水电投资集团有限公司与浙江环亚能源科技有限公司共同投资建设的松阳环亚地面光伏电站正式并网发电，装机容量 3.5 万千瓦，总投资 2.65 亿元。12 月 29 日，浙江省水利水电投资集团有限公司与山东力诺太阳能电力工程有限公司签订股权转让协议，收购衢州力诺天昱阳光能源有限公司 100%股权，该项目为浙江省水利水电投资集团有限公司第一个光伏并购项目，装机容量 2 万千瓦，总资产 2.12 亿元。

2017 年 6 月 28 日，浙江省水利水电投资集团有限公司投资建设的长兴地面光伏电站正式并网发电，装机容量 8.43 万千瓦，总投资 5.55 亿元。9 月，浙江省水利水电投资集团有限公司与苏州中康电力开发有限公司签订股权转让协议收购金昌清能电力公司 51%股权，装机容量 10 万千瓦，总资产 9.26 亿元。12 月，浙江省水利水电投资集团有限公司与浙江正泰新能源开发有限公司签订股权转让协议，收购其下属的 10 家光伏发电公司 51%股权，总计装机容量 60.5 万千瓦，总计资产 56.35 亿元；浙江省水利水电投资集团有限公司投资建设的江西京九分布式光伏电站正式并网发电，装机容量 1.8 万千瓦，总投资 1.28 亿元。

2018 年 5 月 9 日，根据浙能集团〔2017〕19-2 号董事会会议决议，浙江省水利水电投资集团有限公司完成对钱江水利开发股份有限公司增持事宜，总持股比例由 17.98%增至 25.44%，仍为钱江水利第二大股东。

2019 年 12 月 31 日，根据浙能集团批复（浙能资〔2019〕709 号），浙江省新能源投资集团股份有限公司以下属 16 家光伏项目公司对浙江清能能源发展有限公司进行非货币形式增资，并取得其 53.5%股权。浙江清能能源发展有限公司装机容量 53.4 万千瓦，权益装机容量 50.7 万千瓦。

二、经营规模

2010 年，浙江省水利水电投资集团有限公司控股水电站（含北海、华光潭）共计完成发电量 18.5 亿千瓦时，其中上网电量 18.3 亿千瓦时。浙江省水利水电投资集团有限公司、浙江浙能北海水力发电有限公司、浙江浙能华光潭水力发电有限公司实现营业总收入 10.68 亿元，实现利润总额 4.15 亿元。

2011 年，浙江省水利水电投资集团有限公司控股水电站共计完成发电量 13.19 亿千瓦时，其中上网电量 13.02 亿千瓦时。可再生能源板块实现营业总收入 7.5 亿元（其中，控股水电站发电收入 6.8 亿元），实现投资收益 4729 万元，实现利润总额 7156 万元，实现净利润 6309 万元，其中归属母公司净利润 5402 万元。

2012 年，浙江省水利水电投资集团有限公司各电站共完成发电量 17.98 亿千瓦时，其中上网电量 17.77 亿千瓦时。可再生能源板块实现营业总收入 9.38 亿元（其中，控股水电站发电收入 9.16 亿元；控股风电收入 1023 万元）、投资收益 6779 万元、利润总额 2.18 亿元、净利润 1.56 亿元，其中归属母公司净利润 1.05 亿元。

2013 年，浙江省水利水电投资集团有限公司年累计发电量 16.62 亿千瓦时，其中上网电量 16.43 亿千瓦时。可再生能源板块实现营业总收入 9.11 亿元（其中，控股水电站发电收入 8.83 亿元，控股风电收入 914.50 万元）、投资收益 6014.87 万元、利润总额 2.07 亿元、净利润 1.79 亿元，其中归属母公司净利润 1.20 亿元。

2014 年，浙江省水利水电投资集团有限公司年累计发电量 19.44 亿千瓦时，其中上网电量

19.22 亿千瓦时。可再生能源板块实现营业总收入 10.67 亿元（其中，控股水电站发电收入 10.42 亿元，控股风电收入 778.45 万元）、投资收益 7880.85 万元、利润总额 4.09 亿元、净利润 4.05 亿元，其中归属母公司净利润 2.86 亿元。

2015 年底，浙江省水利水电投资集团有限公司年累计发电量 19.24 亿千瓦时，其中上网电量 19.02 亿千瓦时。可再生能源板块实现营业总收入 10.44 亿元（其中，控股水电站发电收入 10.20 亿元，控股风电收入 809.40 万元），投资收益 0.99 亿元，利润总额 4.12 亿元，净利润 3.12 亿元，其中归属母公司净利润 2.33 亿元。

2016 年底，浙江省水利水电投资集团有限公司系统各电站年累计发电量 22.58 亿千瓦时，其中上网电量 22.30 亿千瓦时，绝大多数控股电站均超计划完成发电任务。可再生能源板块实现营业总收入 12.57 亿元（其中，控股水电站发电收入 12.09 亿元，控股风电收入 791.79 万元，控股光伏发电收入 1363.81 万元），投资收益 1.09 亿元，利润总额 6.96 亿元，净利润 5.43 亿元，其中归属母公司净利润 4.01 亿元。

2017 年，浙江省水利水电投资集团有限公司各电站年累计发电量 16.80 亿千瓦时，其中上网电量 16.61 亿千瓦时。可再生能源板块实现营业总收入 9.56 亿元（其中，控股水电站发电收入 8.46 亿元，控股风电收入 725.85 万元，控股光伏发电收入 0.82 亿元），投资收益 1.01 亿元，利润总额 4.15 亿元，净利润 3.27 亿元，其中归属母公司净利润 2.35 亿元。

2018 年，浙江省水利水电投资集团有限公司各电站年累计发电量 19.75 亿千瓦时，其中水电发电量 11.16 亿千瓦时，光伏发电量 8.48 亿千瓦时。可再生能源板块实现营业总收入 12.74 亿元（其中，控股水电站收入 6.25 亿元，控股风电收入 711.40 万元，控股光伏发电收入 6.27 亿元），投资收益 1.20 亿元，利润总额 2.60 亿元，净利润 2.30 亿元，其中归属母公司净利润 1.66 亿元。

第二章 建设项目

第一节 水电项目

一、滩坑水电站

（一）项目前期

1956 年 9 月，水利电力部上海水力发电设计院与浙江省水利厅共同进行了瓯江流域普查工作。1958 年 6 月，完成首次《瓯江流域规划报告》。1980 年，电力工业部华东勘测设计院提出了《瓯江流域规划综合说明》。3 月，瓯江流域规划经浙江省人民政府主持审定，并印发《关于印发瓯江流域规划审查会议纪要的通知》。同年，水利电力部与日本国际协力事业团协商，双方合作进行滩坑工程的可行性研究，并于 12 月开始进行可行性研究阶段的地勘和设计工作。1983 年 7 月，水利水电规划设计管理局会同浙江省计经委对《浙江瓯江滩坑水电站可行性研究补充报告（修正报告）》进行审查，1985 年 2 月 15 日，水利电力部印发《关于浙江省瓯江滩坑水电站可行性研究补充报告（修正报告）的批复》。1999 年 11 月，浙江省电力工业局委托中国水电顾问集团华东勘察设计院有限公司补充修正《浙江省瓯江滩坑水电站可行性研究补充报告（修正报告）》，编制完成《滩坑水电站预可行性研究报告（重编本）》。2002 年 11 月 22—24 日，中国国际工程咨询公司召开滩坑水电站项目建议书评估会议，形成《浙江省瓯江滩坑水电站项目建议书评估意见》。2003 年 3 月，中国水电顾问集团华东勘察设计院有限公司完成了《浙江省瓯江滩坑水电站可行性研究报告》。2003 年 5 月，国务院第八次常务会议审议通过滩坑水电站项目建议书，滩坑水电站项目正式获得国家立项；5 月 23 日，国家发展和改革委员会《印发国家发展改革委关于审批浙江瓯江滩坑水电站项目意见书的请示的通知》，批准滩坑水电站项目建议书。2003年6月17日，浙江省人民政府印发《浙江省“五大百亿”工程实施计划》和《关于实施“五大百亿”工程的若干意见》，滩坑水电站被列为“百亿帮扶致富建设工程”。同月，水利水电规划设计总院会同浙江省发展计划委员会共同主持召开了“滩坑水电站工程可行性研究报告审查会”，该报告获得与会专家审核通过。2003年7月21日，浙江浙能北海水力发电有限公司在杭州注册成立，注册资本17.02亿元，负责实施滩坑水电站的工程建设和后续生产经营管理工作。公司由浙江省电力开发公司（股权65%）、浙江东南发电股份有限公司（股权25%）和丽水市城市建设投资有限责任公司（股权10%）共同投资组建。2004年1月5日，水利水电规划设计总院印发《滩坑水电站可行性研究（等同原初步设计）报告审查意见》。2004年8月6日，国家发展和改革委员会印发了《关于浙江瓯江滩坑水电站项目核准的批复》，标志着滩坑水电工程进入了全面实施阶段。滩坑水电站位于浙江省青田县境内的瓯江支流小溪中游河段，距青田县城西门约32千米，距温州市约92千米，距丽水市约107千米。电站安装3台20万千瓦的混流式水轮发电机组，设计总装机容量60万千瓦，年均发电量为10.35亿千瓦时，水库正常蓄水位160米，死水位120米，总库容41.5亿立方米，调节库容21.2亿立方米。

2001年9月30日，浙江省电力公司印发《关于成立滩坑水电厂建设筹建处的通知》成立滩坑水力发电厂建设筹备处。2002年12月2日，浙江省发展改革委印发《关于组建滩坑水电站项目公司有关事项的批复》同意组建浙江滩坑水力发电有限公司。2003年3月1日，根据省属电厂（项目）管理职能移交工作领导小组办公室《关于省属发电企业（项目）管理职能移交情况的汇报》，滩坑水力发电厂建设筹备处由浙江省电力公司正式移交浙能集团管理。

（二）项目施工

2004年8月1日，滩坑水电站引水工程开工。同日，滩坑水电站发电厂房工程开工，主厂房包括机组段和装配场段，全长114.5米，厂内安装三台200兆瓦立轴混流式水轮发电机组。同年10月31日，滩坑水电站举行主体工程开工典礼，浙江省副省长陈加元出席仪式并下达开工令，开工仪式爆破点——发电厂房爆破一次起爆成功，标志着工程正式开工建设。同日，滩坑水电站拦河坝工程开工及溢洪道开工。

2004年11月24日，中共浙江省委书记、省人大常委会主任习近平视察滩坑水电站工程，慰问工程建设者，并说“建造滩坑水电站，是浙南山区人民企盼几十年的大事，是扶贫帮困的德政工程，也是欠发达地区经济新的增长点。施工单位要确保质量，加快进度，把工程建设好。各级党委、政府要认真做好移民工作，大力支持施工单位建设，使电站早日建成，为山区经济社会发展作贡献”。

2005年10月13日，滩坑水电站举行工程截流仪式，大江截流成功；12月7日，滩坑水电站主体工程大坝开始填筑；12月31日，厂房主体第一块混凝土开盘浇筑。2007年4月14日，滩坑水电站分层取水进水口土建工程开工；4月27日，泄洪洞工程完工；5月12日，取水口第一块混凝土开盘浇筑；10月27日，滩坑水电站一期面板混凝土开仓浇筑。2008年2月12日，滩坑水电站生态供水工程开工；3月22日，大坝及溢洪道土建工程具备下闸蓄水条件，大坝填筑至EL140米节点目标；4月5日，分层取水三条进水口全部达到设计高程171.1米。同年4月29日，滩坑水电站举行工程下闸蓄水仪式，浙江省省长吕祖善参加仪式并宣布下闸；6月30日，溢洪道开挖完成；7月28日，大坝提前33天填筑到顶。同年8月16日，滩坑水电站1号20万千瓦机组顺利完成72小时试运行投入商业运营。2009年2月12日，滩坑水电站2号20万千瓦机组顺利完成72小时试运行投入商业运营；7月10日，滩坑水电站3号20万千瓦机组顺利完成72小时试运行投入商业运营。同年7月28日，大坝及溢洪道工程全部按设计要求完工。

2010年12月4日，浙江省档案局、浙能集团、丽水市档案局等单位组成验收组对浙江省瓯江滩坑水电站工程项目进行了档案专项验收。经验收组综合评议，认为项目档案符合重点建设项目档案专项验收要求，同意通过档案专项验收，得分95.5，等级优良。2011年1月4日，丽水市公安局消防支队对滩坑水电站主、副厂房和开关站建设工程进行了消防专项验收，经资料审查、现场抽样检查和功能测试，综合评定消防验收合格。2012年11月13日，水利部在丽水市主持召开了浙江省瓯江滩坑水电站工程水土保持设施竣工验收会议，同意水土保持设施通过竣工验收。2013年12月22日，水电水利规划设计总院在杭州主持召开了浙江瓯江滩坑水电站枢纽工程专项验收委员会会议，同意通过枢纽工程专项验收。2014年12月18日，水电水利规划设计总院在杭州主持召开了浙江瓯江滩坑水电站工程劳动安全与工业卫生专项验收委员会会议，同意通过劳动安全与工业卫生专项竣工验收。2017年11月28日，浙江浙能北海水力发电有限公司在丽水市青田县主持召开了浙江省瓯江滩坑水电站环境保护设施竣工验收会议并成立了验收工作组，对工程区以及环境保护设施进行了认真查验，听取了建设单位关于工程进展情况、监理单位关于环境监理情况和调查单位关于验收调查情况的汇报后，同意工程通过环境保护设施竣工验收。2018年12月20日，水电水利规划设计总院组织召开了浙江省滩坑水电站工程竣工决算验收会。验收一致认为，滩坑水电站建设符合国家基建项目管理要求，建成投产后经济效益和社会效益良好，通过工程竣工决算验收。

二、华光潭梯级水电站

（一）项目前期

2000年11月，浙江省发展计划委员会印发《关于华光潭梯级水电站工程可行性研究报告书的批复》，原则同意华光潭梯级水电站项目可行性研究报告，设计总装机容量8.5万千瓦，年均发电量1.87亿千瓦时，工程静态投资50422万元，项目正式立项。2001年1月，形成《华光潭梯级水电站接入系统设计（修改版）》《华光潭梯级水电站工程初步设计报告书、附图、概算》。同年7月，浙江省发展计划委员会印发《关于华光潭梯级水电站初步设计的批复》，同意项目工程建设相关规模、水文、工程地质、工程规划、水工、接入系统、机电和金属结构、水库移民、工程概算等设计方案。华光潭一级水电站坝址在昌北区鱼跳乡华光潭村下游2千米，厂址在荞麦岭村的巨溪右岸，距坝址约11千米，距临安城区76千米，距杭州市129千米。电站工程以发电为主，兼有防洪作用。电站装机60兆瓦（2×30兆瓦），多年平均发电量1.27亿千瓦时，水库总库容8257万立方米，拦河大坝为抛物线型混凝土双曲拱坝，最大坝高103.85米。华光潭二级水电站坝址在一级电站厂房下游约1.5千米的田莆前村附近。厂址在其下游童家山村，距大坝约6.5千米，距临安城区66千米左右，距杭州119千米。电站工程任务为发电。电站装机25兆瓦（2×12.5兆瓦），多年平均发电量0.58亿千瓦时，水库总库容341万立方米。发电厂厂址在其下游童家山村，距大坝约6.5千米。主、副厂房、升压站自河道上游往下游呈“一”字形布置。主厂房内安装二台12.5兆瓦水轮发电机组。水轮机安装高程147.0米，水轮机层高程148.9米，发电机层高程156.55米。2002年1月31日，浙江浙能华光潭水力发电有限公司注册成立，注册资金为1.617亿元，由浙江省电力开发公司（股权90%）和杭州市临安区润丰水电有限公司（股权10%）共同投资组建。

（二）项目施工

2002年3月华光潭梯级水电站二级电站工程开工，4月一级电站工程开工，同年9月29日，华光潭梯级水电站工程开工典礼在临安举行，浙江省副省长章猛进、浙能集团领导胡江潮、吴国潮、蔡建平等出席典礼。

2002年3月8日，华光潭梯级水电站二级电站发电引水隧道工程项目部人员进场，3月28日，1号支洞明方开挖施工，二级大坝工程开工。同年4月1日，华光潭梯级水电站一级电站发电引水隧道工程1号支洞明方开挖开始施工，7月1日，一级电站大坝工程开工。2003年2月，华光潭梯级水电站二级电站机电设备安装工程组织人员进场，开始预埋作业。2004年3月31日，华光潭梯级水电站二级大坝下闸蓄水，总工期为735个日历天，4月二级电站通过机组启动验收，5月二级电站工程竣工。同年5月，华光潭梯级水电站一级电站机电设备安装工程组织人员进场，开始预埋作业。2005年5月20日，华光潭梯级水电站一级大坝完工，7月，一级电站通过机组启动验收，9月，一级电站工程完工。华光潭梯级水电站工程实际完成总投资为6.89亿元。

2005年6月24日，华光潭梯级水电站一级厂房通过临安市公安局消防大队现场验收，基本符合国家消防技术标准要求；同年10月25日，华光潭梯级水电站二级副厂房通过临安市公安局消防大队现场验收抽查，基本符合国家消防技术标准要求。2006年5月9日，华光潭梯级水电站通过浙江省档案局、浙江省能源集团公司、杭州市档案局等单位的工程档案专项验收。同年12月10—11日，华光潭梯级水电站通过浙江省水利厅的水土保持设施验收，水土保持设施具备合格条件。2009年9月25日，浙江省环境保护厅组织浙江省环境评估中心，杭州市环境保护局、临安市环境保护局对华光潭梯级水电站进行竣工环境保护检查验收，华光潭梯级水电站基本具备建设项目竣工环境保护验收条件。2010年1月7日，浙能集团组织华光潭梯级水电站竣工决算审计报告的审查验收会，同意通过竣工决算验收。2018年3月20日，杭州市临安区人民政府办公室《关于印发华光潭梯级水电站工程移民安置专项验收意见的通知》，同意临安区华光潭梯级水电站工程移民安置专项通过竣工验收。同年11月23日，浙江省发展和改革委员会在临安区龙岗镇组织召开浙江省华光潭梯级水电站工程竣工验收会议。浙江省水利厅、浙江省移民办公室，杭州市发展和改革委员会、杭州市林业水利局，临安区发展和改革局、临安区水利局、临安区国土资源局、临安区环境保护局、临安区林业局、临安区档案局、临安区供电局，龙岗镇政府，浙江省能源集团，浙江省水利水电投资集团有限公司，浙江浙能华光潭水力发电有限公司及工程各参建单位组成竣工验收委员会。华光潭梯级水电站工程已按批准的设计规模、标准和建设内容完建，质量合格；已通过各阶段验收和专项验收；竣工财务决算已通过审计；运行管理机构、人员、经费均已落实；初期运行正常、效益显著，竣工验收委员会同意浙江省华光潭梯级水电站工程通过竣工验收。

第二节 风电项目

一、浙江浙能洞头风电场工程

（一）项目前期

2007年4月23日，浙能集团中标由浙江省发展和改革委员会委托温州市发展和改革委员会组织的浙江洞头13.5兆瓦风电场业主招标，成为业主单位。

2007年5月21日，浙能集团成立浙能温州洞头风电场项目筹建处。5月22日，浙能集团与华仪电器集团有限公司签订浙江洞头13.5兆瓦风电场项目前期成果转让协议。7月12日，浙能温州洞头风电场项目筹建处在洞头举行揭牌仪式。

2007年7月19日，浙能温州洞头风电场项目获得洞头县国土资源局出具的《关于对洞头县风电场建设项目用地规范内无矿产资源压覆的证明》。

2007年8月21日，项目35千伏配套送出工程初步设计通过温州电业局组织审查。9月23日，项目节能评估报告通过浙江省能源监测中心组织的评审。9月30日，项目选址获核准，取得浙江省建设厅《洞头风电场建设项目选址意见书》。同日，项目可行性研究报告通过了浙江省发展和改革委员会组织的审查。11月9日，项目水土保持报告方案通过浙江省水利厅的审核。12月12日，项目获得浙江省发展改革委的《关于浙能温州洞头风电场项目核准的批复》。

2007年12月15日，项目安全预评价报告通过评审。

2008年1月31日，项目的环境影响补充报告表通过温州市环境保护局审核。2月4日，项目（施工道路）征占用林地同意书通过浙江省林业厅批复。同月27日，项目（风机安装场地和变电所）征占用林地同意书通过浙江省林业厅批复。5月20日，项目初步设计报告通过浙江省发展和改革委员会组织的审查。同日，项目的施工组织设计通过了浙能集团组织的审查。

（二）项目建设

2007年11月29日，浙能温州洞头风电场配套的 35 千伏送出工程开工。2007 年 12 月 13 日，项目与浙江运达风力发电工程有限公司签订风机合同。2008 年 1 月 23 日，浙能温州洞头风电场项目主体工程开工。2008 年 3 月 25 日，浙能温州洞头风电项目筹建处将浙能温州洞头风电场项目前期工作（包括所有未终止合同、前期投资的所有债权债务、所有收益）全部移交给浙江浙能洞头风力发电有限公司，由浙江浙能洞头风电有限公司承担浙能温州洞头风电场建设、运营和维护。

2008 年 8 月 8 日，浙能温州洞头风电场项目首台风机基础环完成吊装定位。8 月 22 日，项目首台风机基础混凝土浇筑完成。10 月 20—22 日，浙能温州洞头风电场项目首台风机完成吊装。

2008 年 8 月 24 日，浙能温州洞头风电场项目配套送出工程 35 千伏专线铁塔组立全部完成。10 月 23—24 日，项目配套 35 千伏送出工程涉网设备通过温州市电力局并网投产前验收。11 月 14 日，项目海上升压站倒送电成功。11 月 20 日，项目首台机组通过了浙江省电力建设工程质量监督中心站组织的启动试运前质量监督检查。11 月 25 日，项目首台风机成功并网发电。12 月 27 日，项目 18 台风机中的最后一台风机顺利完成吊装。

2009 年 1 月 7 日，浙能温州洞头风电场最后一台风机顺利并网发电。3 月 26 日，18 台风机全部完成 240 小时试运行，正式投入商业运行。

2009 年 3 月 13 日，项目通过浙江省电力建设工程质量监督中心站组织整套启动试运前质量监督检查。4 月 2 日，项目职业病防护设施通过浙江省卫生厅组织的验收。5 月 16 日，项目《安全验收评价报告》通过浙江省安全生产协会验收。7 月 1—2 日，项目工程档案通过专项验收。

2010 年 4 月，项目获得浙江省水利厅印发的《浙能洞头风电场水土保持设施验收鉴定书》，工程水土保持设施通过竣工验收。

2013 年 10 月，项目通过项目环境保护竣工验收。

2019 年 7 月 2 日，项目通过项目竣工验收。

二、嘉兴 1 号海上风电场

（一）项目前期

2013 年 12 月，浙江省水利水电投资集团有限公司获悉嘉兴 1 号海上风电场项目存在争取可能性后，取得浙能集团同意，安排力量专项跟踪，争取该项目的开发权。此前，浙江省能源局开展了嘉兴 1 号海上风电项目立塔测风及预可研工作。由华东勘测设计研究院完成的《浙江嘉兴 1 号海上风电 300 兆瓦示范项目工程预可行性研究报告（送审稿）》通过水电水利规划设计总院审查。

2014 年 4 月，浙能集团向浙江省人民政府报送了《关于请求授予浙江省能源集团有限公司嘉兴 1 号海上风电场项目开发权的请示》。同月 24 日，浙江省秘书长李卫宁签示：“按国家要求和我省实际，浙能集团亟需提高新能源发电比重。拟请浙江省发展和改革委员会予以研究。”同月 29 日，浙江省省长李强圈阅同意了该意见。

2014 年 5 月 6 日，浙能集团向浙江省能源局报送《浙江省能源集团有限公司关于请求授予嘉兴 1 号海上风电场项目开发权的请示》，请求浙江省能源局授予浙能集团嘉兴 1 号海上风电场开发权。6 月 16 日，浙能集团与浙江省能源局签订了《浙江嘉兴 1 号海上风电场开发权授予协议》。同月 20 日，浙江省发展和改革委员会以《关于嘉兴 1 号海上风电场项目开发权的批复》同意由浙能集团实施开发嘉兴 1 号海上风电场项目。7 月 22 日，浙能集团发文成立浙能嘉兴 1 号海上风电场项目筹建处，具体负责嘉兴 1 号项目的前期工作，由浙江省水利水电投资集团有限公司总经理朱永健兼任筹建处主任。

2015 年 1 月 5 日，《浙能嘉兴 1 号海上风电场工程场地地震安全性评价报告》取得浙江省地震局批复审定。1 月 23 日，浙能嘉兴 1 号海上风电场工程对钱塘江涌潮影响研究报告通过评审。2016 年 10 月，根据国家海洋局出台的《关于进一步规范海上风电场用海管理的意见》，项目涉海面积由 84 平方千米调整为 48 平方千米。同年 12 月 20 日，工程对钱塘江涌潮影响研究报告（重编）专题通过审查，认为项目对涌潮高度影响小于1厘米（基本没有影响）。

2015年1月27日，浙能嘉兴1号海上风电场项目电力接入系统设计报告通过国网浙江省电力公司组织的评审。5月13日，项目《职业病危害预评价报告》在嘉兴市安全生产监督局备案。

2015年7月2日，浙能嘉兴1号海上风电场项目筹建处与中国人民解放军东海舰队司令部签订嘉兴1号海上风电场建设军地协议。同年7月3日，获得东海舰队的建设支持函。2018年9月26日，上海空军基地出具《关于复浙能嘉兴1号嘉兴海上风电场项目建设意见的函》，原则同意浙能嘉兴1号海上风电场项目建设方案。

2016年11月23日，浙能集团董事会审议同意，由浙江省水利水电投资集团有限公司全资设立浙江浙能嘉兴海上风力发电有限公司。2017年4月10日，浙江浙能嘉兴海上风力发电有限公司完成工商注册，注册资本17亿元，负责嘉兴1号30万千瓦海上风电场工程建设和运营。

2016年12月7日，浙能嘉兴1号海上风电场项目可行性研究报告通过了水电水利规划设计总院组织的审查。2017年2月6日，获得《浙能嘉兴1号海上风电场工程可行性研究报告审查意见》。

2016年12月30日，《浙能嘉兴1号海上风电场项目海缆路由桌面研究报告》通过了平湖市海洋与渔业局及平湖市发展和改革局组织的协调会评审。2017年5月19日，《浙能嘉兴1号海上风电场项目海底电缆路由调查报告》通过国家海洋局东海分局组织的审查。

2017年4月18日，浙能嘉兴1号海上风电场工程项目《水动力及泥沙冲淤数模专题研究报告》《渔业资源与影响评价专题报告》《水下噪声及电磁环境对海洋生物影响专题报告》《鸟类环境现状调查及环境影响评价专题报告》等四个海洋环评子专题报告在杭州通过评审，认为技术路线可行，结论总体可信。4月20日，项目《安全预评价报告》在杭州通过评审。4月24日，项目获得独山港管委会出具的本项目关于社会稳定风险有关意见的函，认为该项目社会稳定风险低且可控。5月21日，项目《出让海域使用论证报告》通过嘉兴市海洋与渔业局组织的评审。8月9日，项目《通航条件影响评价报告》通过浙江省港航管理局组织的评审。2018年2月5日，取得浙江省港航管理局航道通航条件影响评价审核意见。

2017年4月21日，浙能嘉兴1号海上风电场工程项目取得陆上计量站工程建设项目选址意见书。同年5月3日，取得平湖市国土资源局出具的计量站用地预审说明。同年12月26日，陆上集控中心环境影响评价报告表通过审查。2018年2月26日，取得计量站环评报告表批复。同年5月14日，取得项目水土保持方案批复（平水许〔2018〕4号）。同年8月21日，与平湖市国土资源局签订计量站用地出让合同。同年9月5日，取得计量站建设用地使用权不动产权证。

2017年8月14日，浙能嘉兴1号海上风电场项目获得浙江省发展和改革委员会印发《关于浙能嘉兴1号海上风电场工程项目核准的批复》（浙发改能源〔2017〕718号），同意其建设。该项目作为浙江省创建国家清洁能源示范省行动计划（2016—2017）及浙江省“十三五”重点推进的重大清洁能源项目，列入2017年浙江省重点建设项目名单。

2017年8月15日，浙能嘉兴1号海上风电场工程项目《通航安全专题咨询报告》在杭州通过浙江海事局组织的评审。2018年1月30日，该电力接入系统向平湖送出方案通过国网浙江省经济技术研究院组织的评审。2017年11月14日，浙能嘉兴1号海上风电场工程项目海域出让海洋环境影响评价专题材料审查会在平湖召开，会议认为工程建设可行。2018年5月26日，项目海洋环境影响报告通过嘉兴市海洋与渔业局组织的评审。同年9月10日，取得《关于浙能嘉兴1号海上风电场工程海洋环境影响报告书核准意见的函》。

2018年1月31日，浙能嘉兴1号海上风电场工程项目顺利通过了浙能集团董事会投资决策（董事会会议纪要〔2018〕3号）。

2018年2月7日，浙能嘉兴1号海上风电场工程项目海缆路由调查报告取得国家海洋局东海分局批复意见。3月9日，项目取得嘉兴市港务管理局出具的项目海缆路由登陆规划选址意见批复。

2018年2月11日，浙能嘉兴1号海上风电场工程海域使用权出让方案获得嘉兴市人民政府批复同意。4月9日，浙江浙能嘉兴海上风力发电有限公司通过挂牌出让的方式取得海域使用权。同年5月17日，浙江浙能嘉兴海上风力发电有限公司办理完成海域使用权不动产权登记证。

2018年3月15日，浙能嘉兴1号海上风电场项目概念设计通过浙能集团收口审查。2019年7月26日，该项目建设策划获浙能集团批复。2019年9月5日，该项目初步设计获得浙江省发展和改革委员会批复。

2019年7月30日，浙能嘉兴1号海上风电场风机基础施工及风机安装合同签订；9月27日，浙江浙能嘉兴海上风力发电有限公司办理完成宁波海事局出具的水上水下活动许可。

2019年8月23日，浙能嘉兴1号海上风电场海缆敷设施工合同签订。11月12日，项目海缆对输油管道的杂散电流影响报告通过中国石化管道储运有限公司组织的初步评审。9月18日，浙江浙能嘉兴海上风力发电有限公司取得陆上计量站施工许可证。

（二）项目建设

2018年10月12日，浙能嘉兴1号海上风电场项目EPC总承包工程招标公告在浙江省公告资源交易中心发布。同年12月24日，工程EPC总承包合同正式签订。中标方为浙江省电力建设有限公司-中国电建集团华东勘测设计研究院有限公司联合体。12月8日，浙能嘉兴1号海上风电场工程开工仪式在平湖市独山港区举行。

2019年3月28日，浙能嘉兴1号海上风电场陆上计量站场平工程完成。6月28日，项目陆上计量站主体工程开始施工，9月29日无功补偿楼完成结顶，10月6日综合楼完成结顶，11月15日附属楼完成结顶，11月27日生产辅助楼结顶。11月16日，浙能嘉兴1号海上风电场陆上计量站220~35千伏主降变和高压电抗器吊装就位。

2019年4月23日，浙江省水利水电投资集团有限公司董事长吴荣辉与平湖市市长对接项目电力送出事宜。8月19日，浙能嘉兴1号海上风电场工程海上升压站建安工程正式开工，上部组块开始拼装。10月21日，浙能嘉兴1号海上风电场工程海上升压站第一层钢结构安装完成。12月2日，浙能嘉兴1号海上风电场工程海上升压站GIS吊装完成。

2019年10月7日，浙能嘉兴1号海上风电场风机基础首根钢管桩沉桩完成。

2019年11月13日，浙江省新能源投资集团有限公司总经理王树乾视察工程进展，对项目建设存在的困难和问题进行调研。

三、嵊泗1—4号海上风电项目

2012年3月7日，浙江省水利水电投资集团有限公司与嵊泗县人民政府签订《嵊泗县相关海域测风协议书》，开展嵊泗1—4号海上风电项目测风等前期工作。同年，11月27日，浙江省水利水电投资集团有限公司与中国水电顾问集团华东勘测设计研究院签订《嵊泗1号海上风电场项目立塔测风工程设计施工总承包合同》，委托其开展嵊泗1号、2号海上风电场项目的立塔测风工作。2013年5月8日，浙江省水利水电投资集团有限公司与中国水电顾问集团华东勘测设计研究院签订《嵊泗4号海上风电场项目立塔测风工程设计施工总承包合同》，委托其开展嵊泗3号、4号海上风电场项目的立塔测风工作。在取得连续2年测风数据的基础上，2017年2月16日，浙江省水利水电投资集团有限公司委托浙江省气候中心开展了嵊泗1—4号海上风电场项目风能资源评估工作。4月11日，嵊泗1—4号海上风场风能资源评估报告通过专家评审，一致认为该四个风电场风能资源具有较好的开发价值。2017年3月13日，浙江省水利水电投资集团有限公司成立嵊泗海上风电项目部，加快推进前期工作。7月6日，浙江省水利水电投资集团有限公司浙江省水利水电投资集团有限公司与嵊泗县人民政府签订了《浙江省嵊泗县2号海上风电场项目开发协议》和《嵊泗1号、3号、4号海上风电合作开发备忘录》，取得嵊泗2号项目开发权。

2017年3月，浙新能源集团成立了浙能嵊泗海上风电项目部，具体负责项目前期工作。2018年5月17日，浙能集团董事会审议同意嵊泗2号海上风电场项目立项。同年6月29日，浙能集团董事会审议同意浙新能源集团与国家电投集团浙江新能源有限公司合作，共同投资建设嵊泗2号海上风电项目，双方各出资50%。

2017年9月20日，项目《工程预可行性研究报告》通过水规总院组织的评审。2018年1月29日，项目《电力接入系统方案》通过国网浙江经研院组织的初审。8月16日，项目《对通航安全影响研究及风电场对VTS系统影响研究报告》通过上海海事局组织的评审。8月23日，项目《工程可行性研究报告》通过水规总院组织的评审。9月26日，项目《海缆路由桌面研究报告》通过舟山市海洋与渔业局组织的评审。10月31日，项目《海域使用论证报告书》通过舟山市海洋与渔业局组织的评审。11月1日，项目《航道通航条件影响评价报告》通过省港航管理局组织的评审。11月9日，项目《核准申请报告》通过舟山市发展改革委组织的评审。11月15日，项目《社会稳定风险评估报告》完成审查和备案。军事影响相关专题通过军方组织的审查，并取得中国人民解放军东部战区出具的支持性意见。

2018年10月30日，浙江浙能国电投嵊泗海上风力发电有限公司注册成立，具体负责嵊泗2号海上风电场项目建设和运营管理。11月15日，嵊泗县住房和城乡建设局出具《建设项目选址意见书》，嵊泗县国土资源局出具《具体建设项目用地预审意见书》。2018年11月22日，舟山市海洋与渔业局出具《关于嵊泗2号海上风电场工程用海意见的复函》。12月21日，舟山市发展改革委批复核准浙能嵊泗2号海上风电场工程项目。

2019年1月，取得中国人民解放军东部战区出具的支持性意见。

2019年4月26日，浙江省自然资源厅组织召开嵊泗2号海上风电场项目海底电缆路由桌面选址协调会，评审通过海缆路由桌面研究报告，同意预选路由方案。7月16日，项目海域使用论证报告书（舟山嵊泗海域）通过舟山市自然资源和规划局组织的评审。10月31日，项目海域使用论证报告表（嘉兴平湖海域）通过平湖市自然资源和规划局组织的评审。10月29日，项目海底电缆航道通航条件影响评价报告通过浙江省港航管理局组织的评审。

2019年7月11日，水规总院对完成《浙能嵊泗2号海上风电场工程可行性研究报告（审定稿）》进行复核并出具评审意见，认为报告基本满足海上风电场工程可行性研究阶段勘测设计内容和工作深度的要求，同意该报告。7月下旬，项目地震安全性评价报告通过专家评审。

2019年8月7日，《嵊泗2号风电场附近海域海洋生态环境调查报告》和《浙能嵊泗2号海上风电场工程鸟类现状调查及影响评价报告》通过专家评审。10月11日，《浙能嵊泗2号海上风电场工程环境影响报告书》通过舟山市生态环境局和嘉兴市生态环境局联合组织的审查，并取得专家评审意见。11月29日，根据舟山市生态环境局和嘉兴市生态环境局要求，最终形成《浙能嵊泗2号海上风电场工程环境影响报告书（嘉兴部分）》和《浙能嵊泗2号海上风电场工程环境影响报告书（舟山部分）》两个报告。

2019年8月13日，项目概念设计通过集团公司收口审查。12月6日，项目通过浙能集团二届255次董事会投资决策。12月26日，项目《工程初步设计报告》通过浙能集团组织审查。

2019年9月4日，项目安全预评价报告通过专家评审。9月4日，项目职业病危害预评价报告通过专家评审。9月6日，项目钱塘江涌潮影响专题研究报告（数模）通过专家评审。11月1日，项目对滩浒岛客渡船航线通航安全影响专题研究报告通过上海海事局组织的评审。

2019年12月3日，与嵊泗县自然资源与规划局签订海域使用权出让合同。12月27日完成海域使用金支付。12月27日，取得项目航道通航条件影响评价的批复意见。

2019年12月3日，取得项目舟山嵊泗海域使用的批复意见。12月18日，取得首桩工程水上水下活动许可证。

2019年12月28日，项目正式开展首桩试桩工程施工。2020年1月10日，首桩试桩工程6根钢管桩全部顺利沉桩。

四、五家渠浙能新能源六师北塔山牧场100兆瓦风电项目

2019年7月19日，新疆生产建设兵团第六师发展和改革委员会发布关于公开竞选六师北塔

山牧场10万千瓦风电项目建设主体的公告。7月24日，浙江省新能源投资集团股份有限公司递交六师北塔山牧场10万千瓦风电项目建设主体公开竞选申报材料。7月29日，新疆生产建设兵团第六师发展和改革委员会公示浙江省新能源投资集团股份有限公司作为六师北塔山牧场10万千瓦风电项目建设主体的竞选结果。

2019年7月24日，浙江省新能源投资集团股份有限公司全资子公司五家渠浙能新能源有限公司在新疆生产建设兵团第六师市场监督管理局注册成立。8月22日，取得新疆生产建设兵团第六师发展改革委关于变更项目建设主体核准批复文件，项目名称为“五家渠浙能新能源六师北塔山牧场100兆瓦风电项目”，建设主体为“五家渠浙能新能源有限公司”。

2019年8月28日，中国能源建设集团新疆电力设计院就五家渠浙能新能源六师北塔山牧场10万千瓦风电项目场址拟定设计方案。8月30日，取得新疆维吾尔自治区昌吉州奇台县自然资源局关于五家渠浙能新能源六师北塔山牧场10万千瓦风电项目压矿查询回复函。9月4日，取得新疆生产建设兵团第六师北塔山牧场关于五家渠浙能新能源六师北塔山牧场10万千瓦风电项目自然保护区范围、水源保护区范围、林地保护区范围查询及用地初审意见。同月6日，取得新疆维吾尔自治区昌吉州自然资源局关于五家渠浙能新能源六师北塔山牧场10万千瓦风电项目未压覆重要矿产资源情况的函。同月9日，取得五家渠浙能新能源六师北塔山牧场10万千瓦风电项目用地范围内无文物的批复。同月10日，取得五家渠浙能新能源六师北塔山牧场10万千瓦风电项目地灾评估的批复、生态红线查询的批复、非林地证明文件、社稳评估、选址意见、规划设计条件的批复。同月18日，取得五家渠浙能新能源六师北塔山牧场10万千瓦风电项目水土保持方案的批复。10月14日，取得新疆生产建设兵团第六师人武部关于五家渠浙能新能源六师北塔山牧场10万千瓦风电项目是否占用军事设施的函。同月21日，取得新疆生产建设兵团第六师发展改革委关于五家渠浙能新能六师北塔山牧场100兆瓦风电项目场址坐标的复函。同月24日，取得新疆生产建设兵团军事部关于五家渠浙能新能六师北塔山牧场100兆瓦风电项目无军事设施的批复。同月30日，取得新疆生产建设兵团发展改革委关于五家渠浙能新能六师北塔山牧场100兆瓦风电项目调整规划选址的意见。

2019年11月8日，国家新疆电力有限公司经济技术研究院召开五家渠浙能新能六师北塔山牧场100兆瓦风电项目接入系统评审会议。同月15日，项目土地勘界报告通过新疆生产建设兵团第六师自然资源和规划局验收完成。同月18日，取得项目土地预审复函。同月20日，取得项目的环评批复意见。同月22日，项目110千伏送出线路获得六师发展和改革委员会的核准（师发改发〔2019〕310号）。同月26日，项目取得新疆生产建设兵团林草部门关于草原征用使用审核同意书。

2019年12月6日，项目取得建设边报批项目用地的批复（师市发〔2019〕41号）。同月5日，项目投资议案通过浙江省能源集团投委会审议。同月6号，项目投资议案通过浙能集团董事会审议。

第三节 光伏项目

一、松阳地面光伏项目

2016年1月8日，松阳地面光伏项目开工建设，由浙江省水利水电投资集团有限公司控股子公司浙江浙能环亚松阳光伏发电有限公司投资建设。项目位于浙江省丽水市松阳县，占地约1056亩，厂区种植茶叶、油茶、苗木约850亩，水产养殖60余亩，并引入生态土鸡养殖，是浙能集团首个“农光互补”大型地面光伏电站。项目总装机容量35兆瓦，设计寿命25年，设计总发电量80210.1万千瓦时，年均上网电量3208.4万千瓦时。项目动态总投资25103.67万元。项目采用“全额上网”电量消纳模式，采用EPC总承包模式进行建设管理。EPC总承包单位为中国能源建设集团浙江省电力设计院有限公司，监理单位为浙江工程建设监理公司，施工单位为中国电子系统工程第二建设有限公司。

2016年6月24日，项目完成并网验收，当月28日并网发电；2017年9月27日，项目完成竣工验收。

二、浙能长广东风岕地面光伏发电项目

2016年6月28日，浙能长广东风岕地面光伏发电项目正式开工建设，由浙江长广（集团）有限责任公司专门成立光伏发电分公司投资建设。浙能长广东风岕地面光伏发电项目位于长兴县煤山镇东风村（原长广东风岕矿区内），项目建设用地是利用闲置多年的浙江长广（集团）有限责任公司所属关闭煤矿矿井土地，占地面积约235亩。项目初步设计规划装机容量为9.06兆瓦，最终通过设计优化和局部土地调整，实际建设装机容量为10.27兆瓦。项目设计寿命25年，工程项目总投资约7646万元，预计平均年上网发电量约952万千瓦时。

2016年12月23日，项目并网运行；2017年12月15日，项目通过长兴县发展改革委组织的综合竣工验收。

三、长兴地面光伏项目

2016年11月28日，长兴地面光伏项目开工建设，由浙江省水利水电投资集团有限公司全资子公司浙江浙能长兴新能源有限公司投资建设。项目位于浙江省湖州市长兴县泗安镇南湖监狱所属地块，采用“农光互补”模式开发建设，租赁土地面积约2500亩。项目总装机容量为84.3兆瓦，设计寿命25年，设计总发电量196811.86万千瓦时，年均上网电量7710.16万千瓦时。项目动态总投资55483.99万元。项目采用“全额上网”电量消纳模式，采用EPC总承包模式进行建设管理。EPC本项目总承包单位为中能建浙江火电建设有限公司，设计单位为中能建浙江省电力设计院，监理单位为安徽能建工程监理咨询有限公司。

2017年12月12日，项目完成并网验收，当月29日并网发电；2018年10月31日，项目完成竣工验收。

四、江西京九电源项目

2017年11月13日，江西京九电源屋顶光伏发电项目开工建设，由浙江省水利水电投资集团有限公司全资子公司永修县浙源新能源有限公司投资建设。项目位于江西省九江市永修县艾城镇星火工业园内，屋顶使用总面积约17.16万平方米，其中组件使用面积约11.91万平方米。项目总装机容量18兆瓦，设计寿命25年，设计总发电量39578.56万千瓦时，年均上网电量1583.14万千瓦时。项目动态总投资11034.66万元。项目采用“自发自用，余额上网”电量消纳模式，采用EPC总承包模式进行建设管理。EPC总承包和施工单位为中机国能浙江工程有限公司，设计单位为中机国能电力工程有限公司，监理单位为安徽能建工程监理咨询有限公司，厂房屋面承载能力复核单位为慈溪市建筑设计研究院有限公司。

2017年12月28日，项目完成并网验收，当月30日投产发电；2018年12月13日，项目完成竣工验收。

五、余杭梦想小镇分布式光伏项目

2017年11月21日，余杭梦想小镇CIGS光伏发电项目正式开工建设，由浙江省水利水电投资集团有限公司全资子公司杭州浙源新能源有限公司投资建设。项目利用杭州市余杭区梦想小镇部分屋面建设分布式光伏电站。项目总装机容量1.14兆瓦，运用高效刚性和柔性CIGS薄膜组件（铜铟镓硒电池板），设计寿命25年，设计总发电量3135.72万千瓦时，年均上网电量125.43万千瓦时。项目动态总投资1004.60万元。项目采用“自发自用，余额上网”电量消纳模式，采用EPC总承包模式进行建设管理。EPC总承包单位为杭州鸿晟电力设计咨询有限公司，设计单位为中机国能电力工程有限公司，监理单位为安徽能建工程监理咨询有限公司。

2017年12月29日，完成并网验收，投产发电；2018年7月13日，项目完成竣工验收。

六、宁波金田铜业分布式光伏项目

2018年4月18日，宁波金田铜业分布式光伏项目全面开工建设，由浙江省水利水电投资集团有限公司全资子公司宁波江北浙源新能源有限公司投资建设。项目位于浙江省宁波市江北区慈城镇宁波金田铜业（集团）股份有限公司，屋顶及BIPV（光伏建筑一体化）使用总面积约

34.82万平方米。项目总装机容量29.98兆瓦，设计寿命25年，总发电量68302.57万千瓦时，年均上网电量2732.1万千瓦时。项目动态总投资19168.50万元。项目采用“自发自用，余电上网”电量消纳模式，采用EPC总承包模式进行建设管理。EPC总承包和施工单位为浙江正泰新能源开发有限公司，设计单位为中国能建浙江信息产业电子第十一设计研究院科技工程股份有限公司，监理单位为安徽能建工程监理咨询有限公司，厂房屋面承载能力复核单位为慈溪市建筑设计研究院有限公司。

2018年6月15日，项目完成并网验收，投产发电；2019年6月19日，一期项目完成竣工验收。

七、松阳小康光伏项目

2018年4月，松阳小康光伏项目开工建设，由浙江省水利水电投资集团有限公司控股子公司浙江松阳浙源光伏发电有限公司投资建设。项目位于松阳县境内，由赤寿乡石板弄子站、红连子站、大东坝镇仰天堂子站和西屏街道白木山子站四个子站组成，总占地面积约1000亩。项目总装机容量23.5兆瓦，设计寿命25年，设计总发电量55286.71万千瓦时，年均上网电量2211.469万千瓦时。项目动态总投资15472.78万元。项目采用“全额上网”电量消纳模式，采用EPC总承包模式进行建设管理。EPC总承包单位为浙江省工业设备安装集团有限公司，监理单位为安徽能建工程监理咨询有限公司。

2018年6月27—29日，项目4个子站完成并网验收，投产发电；2020年1月2日，项目完成竣工验收。

八、杭州湾金田新材料分布式光伏发电项目

2018年11月30日，杭州湾金田新材料11兆瓦分布式光伏发电项目全面开工建设，由浙江省水利水电投资集团有限公司全资子公司宁波杭州湾新区浙源新能源有限公司投资建设。项目位于浙江省宁波市杭州湾新区宁波金田新材料有限公司，屋顶使用面积约15.55万平方米。项目设计寿命25年，总发电量约为25101.27万千瓦时，年平均上网电量1004.05万千瓦时。工程项目总投资约4652万元。项目采用“自发自用，余电上网”电量消纳模式，采用EPC总承包模式进行建设管理。EPC总承包和施工单位为浙江正泰新能源开发有限公司，设计单位为中国能建浙江信息产业电子第十一设计研究院科技工程股份有限公司，监理单位为安徽能建工程监理咨询有限公司，厂房屋面承载能力复核单位为慈溪市建筑设计研究院有限公司。

2018年12月25日，项目通过并网验收，并网发电。

第四节 生物质项目

一、长兴生物质发电项目

2007年，浙江长广（集团）有限责任公司在考虑燃煤发电生产转型的问题上，结合企业地处浙皖苏三省交界、生物质资源丰富的特点，把目光转向生物质发电的新能源项目。在一年多的时间里，经过对技术、市场、经济效益特别是燃料供应的充分调研后，认为建设生物质发电项目是可行的，符合国家绿色能源产业政策。2×25兆瓦燃煤发电机组关停后，此项工作的进展进一步加快。

2009年3月9日，浙江长广（集团）有限责任公司董事会形成决议，向浙江省发展改革委提交了《关于要求批复长广生物质发电项目的申请报告》(长广报字〔2009〕8号)，2009年3月22日，浙江省发展改革委以浙发改能源〔2009〕202号文件批复，核准了长广生物质发电工程项目，同意在长广煤矿发电厂2台130吨/小时中温中压煤粉锅炉和2台25兆瓦中温中压凝汽式汽轮发电机组拆除后的原址上建设长广生物质发电项目。该项目位于浙江省长兴县城西约9千米的小浦镇（原长广煤矿发电厂厂址内），厂区占地面积224亩。建设规模为2台75吨/小时次高温次高压生物质锅炉和2台15兆瓦次高温次高压抽汽凝汽式汽轮发电机组，核准总投资20113.8万元。主机设备锅炉采用中国科学院工程热物理研究所和长沙锅炉厂有限责任公司研制生产的75吨/小时生物质混合燃料直燃循环流化床锅炉（CSG-75/5.3-J），汽轮机为杭州中能

汽轮动力有限公司生产的15兆瓦次高温次高压抽汽凝汽式汽轮机（C15-4.9/0.98），发电机选择了杭州杭发发电设备有限公司制造的15兆瓦空冷发电机（QF-J15-2）。2009年4月成立长广生物质发电分公司。

该项目分为二期建设，一期工程2号机组（1台75吨/小时锅炉和1台15兆瓦汽轮发电机组）于2009年7月18日开工建设，2010年4月20日通过72小时试运行。二期工程1号机组（1台75吨/小时锅炉和1台15兆瓦汽轮发电机组）于2010年4月8日开工建设，2010年12月24日通过72小时试运行。该项目2012年通过了浙江省环保局组织的环保竣工验收和省经信委组织的资源综合利用认定。

发电机组通过主变升压至110千伏后并入电网，与国网湖州供电公司签订并网调度协议，发电机运行方式及出力受市调管辖。发电所用生物质燃料为本地区及周边区域内的农林废弃物（主要是"三剩物"、次小薪材、稻壳等），由多家供应商各自在原料集中地布点进行收购，再根据实际需要统一运送至电厂，机组年发电量约1.7亿千瓦时，年供热量8万吨，年消耗农林生物质燃料约26万吨。

公司执行的大气污染物排放标准为粉尘30毫克/标准立方米、二氧化硫200毫克/标准立方米、氮氧化物200毫克/标准立方米，烟气排放处设有一套在线监测装置（CEMS型号为岛津NSA-3080A），并与环保局联网。现有的烟气处理环保设施仅在每台锅炉烟道尾部装设了布袋除尘器，没有专门的脱硫脱硝设备设施，但是根据国务院最近印发的《关于印发打赢蓝天保卫战三年行动计划的通知》要求以及浙江省地方标准《燃煤电厂大气污染物排放标准（送审稿）》的规定，2020年将实行超低排放标准，公司已在做相应的前期准备工作。

水处理方面，工业冷却水、锅炉排污水、化学废水等经总排口处理系统（沉淀、过滤）处理后回用于工业冷却水中，除雨天外中水全部回收作循环工业冷却水使用，厂区废水实现零排放，生活污水经生活污水处理设施（采用微动力加多介质系统）处理达标后回用于工业冷却水中。

2015年2月，根据浙能集团的要求，以浙能长兴电厂管理人员为主的管理提升工作组进驻生物质发电公司，从浙能集团文化宣贯、建章立制、隐患排查整治等方面入手，分阶段展开为期6个月的管理提升工作。在工作组的大力支持和帮助下，公司通过举办讲座、组织赴兄弟单位参观学习、完善管理制度、加大设备设施整治等措施，公司运行、检修、设备、安全管理水平得到明显提升。2016年底，公司通过了由浙能技术研究院组织的电力安全生产标准化三级评审。

2014—2018年，公司已实施完成技改项目近40个，投入资金近3000万元，尤其是针对锅炉出力低、稳定性差的情况，先后投入约1500万元先后对1号、2号锅炉实施了技术改造，通过增加过热器及省煤器受热面提升蒸发量、改善尾部受热面布局加大节距缓解积灰等措施，锅炉的平均蒸发量及连续运行水平较前有了明显改善，机组的整体效率也有了明显提高。2017年公司全年完成发电量16949千瓦时，供热80754吨，创生物质发电机组2010年投产以来的最好水平。

2011—2018年，长广生物质发电机组累计发电119274万千瓦时，售汽50.8万吨，消耗生物质燃料197.8万吨（折标煤约69万吨）。

2017年4月，浙江长广生物质发电分公司更名为浙江长广生物质发电有限公司。

2014—2018年长广生物质发电有限公司主要经济指标见表6-2-1。

表6-2-1 2014—2018年长广生物质发电有限公司主要经济指标汇总表

年度	发电量（万千瓦时）	上网电量（万千瓦时）	营业收入（万元）	利润（万元）	售汽量（吨）
2014	12878.89	12753.20	9641.74	21.16	54925
2015	13824.54	13575.36	9751.41	-2043.57	39072
2016	16122.42	15513.42	11664.23	-2029.15	72859
2017	16949.05	16629.05	12465.76	-1503.74	75180
2018	16312.14	16028.29	12120.42	-2145.82	78449

二、龙泉生物质发电项目

2011年11月16日，浙江浙能龙泉生物质发电有限公司注册成立，由浙江兴源投资有限公司、浙江天地环保科技有限公司分别按51%、49%的比例出资组建。该项目坐落在浙江省西南部的龙泉市查田镇，距龙泉市区26千米，是浙能集团为节能减排和优化电源结构，投资兴建的第一个可再生能源综合利用的生物质发电工程。项目于2013年3月18日开工建设，占地面积为280亩，建设规模为2台75吨/小时高温高压循环流化床直燃锅炉、2台15兆瓦纯凝式汽轮发电机组，设计年利用小时6000小时，年发电量1.8亿千瓦时，主要以木屑、竹屑、菌菇棒为燃料，其他农林废弃物为辅助燃料，年消耗生物质燃料折算标煤为6.47万吨，同时减排二氧化碳约12万吨，两台机组分别于2014年11月19日和2014年12月21日通过72+24小时满负荷试运行。工程设计单位为浙江城建煤气热电设计院有限公司和浙江天地环保科技有限公司联合设计，施工总承包单位为浙江省火电建设公司，监理单位为浙江德邻联合工程有限公司。

该项目的锅炉采用生物质循环流化床汽包炉，高温高压参数、自然循环、单炉膛、平衡通风、半露天布置、钢架单排柱悬吊结构、固态排渣；汽轮机采用高压、单轴、单缸、冲动式纯凝机组；汽轮发电机采用隐极式、二极、空冷、三相同步发电机；升压站采用110千伏GIS配电装置，室外布置，共1条出线。

2015年，浙江浙能龙泉生物质发电有限公司建设光伏项目，通过整合资源、利用生物质干料棚棚顶铺设光伏板组件，投资新建了装机容量为1.44兆瓦的分布式光伏发电项目，每年增加发电量约140万千瓦时。至此，浙江浙能龙泉生物质发电有限公司是浙能集团在清洁能源综合利用上的一体化示范工程。

2015—2019年浙江浙能龙泉生物质发电有限公司主要经济指标见表6-2-2。

表6-2-2 2015—2019年浙江浙能龙泉生物质发电有限公司主要经济指标

年度	发电量（万千瓦时）	上网电量（万千瓦时）	营业收入（万元）	利润（万元）
2015	11213.13	9754.008	6322.59	-2816.99
2016	19968.51	17595.006	11393.01	7.89
2017	21250.98	18704.862	12074.3	560.8
2018	18939.75	16851.12	11045.58	632.67
2019年	18611.61	16445.286	10982.82	240.39

第三章 并 购 项 目

第一节 水 电 项 目

一、浙江景宁3个水电项目

2010年10月，浙江省水利水电投资集团有限公司对浙江省丽水市及周边地区待转让水电项目尽职调查等收购前期工作，选定了景宁毛洋水电站、新桥头水电站（黄水二级）和金坑洋水电站三个水电站开展后续并购工作。12月28日，浙江省水利水电投资集团有限公司就三个水电站的转让事宜与转让方代表进行了初次谈判，双方达成转让意向。12月31日，浙江省水利水电投资集团有限公司召开党政联席会议，审议同意采用股权收购方式收购大洋水电开发有限公司100%股权，采用资产收购方式收购新桥头水电站（黄水二级）、金坑洋水电站全部经营性资产。2011年1月31日，浙江省水利水电投资集团有限公司上报了《关于省水利水电集团拟收购毛洋、新桥头及金坑洋水电站相关股权和资产的请示》(浙能水电资〔2011〕7号)。

2011年4月15日，浙能集团以浙能资〔2011〕253号文件批复同意浙江省水利水电投资集团有限公司收购三个电站有关事宜。

2011年3月22日、3月29日和4月15日，浙江省水利水电投资集团有限公司分别与景宁畲族自治县大洋水电站开发有限公司、景宁畲族自治县黄水二级水电开发有限公司就景宁毛洋水电站、新桥头水电站（黄水二级）和金坑洋水电站3个电站签订了股权转让合同和资产买卖合同。

毛洋水电站位于浙江省景宁畲族自治县境内，控制流域面积556.8平方千米，总库容171万立方米。电站设计装机容量0.64万千瓦，设计年利用小时3116小时，设计多年平均发电量1994万千瓦时。电站工程自2003年1月开工建设，2005年8月完工并投入运营。新桥头（黄水二级）水电站位于浙江省景宁县境内，集雨面积39.23平方千米。电站装机容量0.32万千瓦，多年平均发电量967.5千瓦时。电站工程自2002年3月开工建设，2003年5月完工，2005年7月投产发电。金坑洋水电站位于浙江省景宁县境内，集水面积2.35平方千米。水电站装机容量0.1万千瓦，多年平均发电量为285.13万千瓦时，年利用小时2611小时。电站工程自2003年11月开工建设，2005年6月完工。

二、岩樟溪水电站

2012年4月26日，浙江省水利水电投资集团有限公司收到龙泉岩樟溪流域水电开发有限公司股东拟转让其股权的有关信息。5月4日，浙江省水利水电投资集团有限公司向浙能集团上报了《关于启动龙泉市岩樟溪流域水电开发有限公司股权收购相关工作的请示》(浙能水电资〔2012〕43号)，要求启动该股权收购相关工作。6月启动收购相关工作。同年7月5日，浙江省水利水电投资集团有限公司上报了《关于收购正阳电力集团股份有限公司和岩樟溪流域水电开发有限公司股权的请示》(浙能水电资〔2012〕63号)，申请岩樟溪公司收购立项。7月25日，浙江省水利水电投资集团有限公司党政联席会议讨论同意参与岩樟溪流域水电开发有限公司68%股权的竞购报名和竞价会。

2012年8月3日，浙能集团召开临时董事会（董事会会议纪要〔2012〕16号），会议同意浙江省水利水电投资集团有限公司参与竞价受让龙泉岩樟溪流域开发有限公司68%股权及相应债权。

2012年8月6日，浙江省水利水电投资集团有限公司通过浙江产权交易所公开竞价，受让龙泉市岩樟溪流域水电开发有限公司68%股权。

岩樟溪流域水电开发有限公司主要资产为岩樟溪流域梯级电站，电站位于浙江省龙泉市岩樟乡境内，共有2个梯级电站。一级电站水库总库容1143万立方米，装机容量2万千瓦，设计多年平均发电量4165万千瓦时。二级电站水库总库容21.25万立方米，装机容量0.7万千瓦，设计多年平均发电量1453万千瓦时。

第二节 光伏项目

一、衢州力诺项目

2016年8月12日，浙江省水利水电投资集团有限公司知悉山东力诺太阳能电力工程有限公司有意向转让其全资拥有的衢州力诺天昱阳光能源有限公司及其所属华墅农光互补项目。8月24日，浙江省水利水电投资集团有限公司相关人员及外协单位赴项目现场开展踏勘调查等前期工作。8月26日，浙江省水利水电投资集团有限公司向浙能集团上报《关于开展受让衢州华墅农光互补项目相关工作的请示》(浙能可资〔2016〕65号)。9月5日，浙能集团同意衢州力诺农光互补项目立项。11月10日，浙江省水利水电投资集团有限公司经过前期尽职调查后，与山东力诺太阳能电力工程有限公司完成了首次商务谈判，双方对项目收购前提、收购限价、债务及税务处理、员工安置、电价补贴和发电量保证、履约担保等问题基本达成一致意见。11月21日，浙江省水利水电投资集团有限公司与山东力诺太阳能电力工程有限公司进行了二次商务谈判，双方对电价保障及补偿形式、股权质押解除方案等问题进行了探讨，基本达成一致意见。11月28日，浙江省水利水电投资集团有限公司召开总经理办公会议，审议通过收购衢州力诺天昱阳光能源有限公司100%股权议案。12月2日，浙江省水利水电投资集团有限公司向浙能集团上报收购相关董事会议题。

2016年12月26日，浙能集团印发《关于收购衢州力诺天昱阳光能源有限公司100%股权的批复》(浙能资〔2017〕16号)，批准收购衢州力诺天昱阳光能源有限公司100%股权议案。

2016年12月29日，浙江省水利水电投资集团有限公司与山东力诺太阳能电力工程有限公司签署了股权转让协议。12月30日，项目公司工商变更，浙江省水利水电投资集团有限公司正式完成衢州力诺天昱阳光能源有限公司100%股权收购工作。

衢州力诺天昱阳光能源有限公司仅开发柯城区航埠华墅20兆瓦农光互补光伏发电项目。项目位于衢州市柯城区华墅乡华墅村。电站设计总装机容量20兆瓦，概算总投资1.86亿元，设计年平均发电量2100万千瓦时，电价1.1元/千瓦时。该项目于2014年12月30日获得备案，2015年8月开工建设，2016年4月29日通过并网验收，2016年6月27日项目一期15兆瓦通过验收。2017年10月8日，衢州力诺农光互补项目二期5兆瓦开工建设；2017年11月24日和2018年2月8日分批次并网调试运行；2018年4月8日，项目二期5兆瓦通过工程竣工验收。

二、金昌清能项目

2016年9月28日，浙江省水利水电投资集团有限公司应邀赴张家港江苏爱康实业集团有限公司考察，着重就光伏发电项目开展并购合作的可行性进行了交流，并积极探索双方在光伏发电领域的长期、灵活、全方位合作。12月1日，浙江省水利水电投资集团有限公司再次赴江苏爱康实业集团有限公司，就其子公司苏州中康电力开发有限公司下属光伏项目公司股权收购事宜进行收资和调研。2017年3月6日，浙江省水利水电投资集团有限公司总经理办公会议审议同意启动收购金昌清能电力有限公司股权项目相关工作。5月4日，浙江省水利水电投资集团有限公司与苏州中康电力开发有限公司在江苏张家港进行了商务谈判，双方对项目收购前提、收购价款、支付条件、债权债务安排、员工安置等股权协议条款基本达成一致意见。5月12日，浙江省水利水电投资集团有限公司总经理办公会议讨论同意收购金昌清能电力有限公司51%股权，同意上报浙能集团决策批准后实施。

2017年8月18日，浙能集团党委会及董事会审议通过浙江省水利水电投资集团有限公司收购金昌清能项目51%股权议案，要求浙江省水利水电投资集团有限公司做好收购及风险控制工作。

2017年9月12日，浙江省水利水电投资集团有限公司与江苏爱康实业集团有限公司就金昌清能电力有限公司51%股权签署了股权转让协议。2018年1月9日，金昌清能电力有限公司完成工商变更，浙江省水利水电投资集团有限公司正式完成51%股权收购工作。

金昌清能电力有限公司仅开发金昌清能100兆瓦光伏发电项目，项目位于甘肃省金昌市金川西坡光电产业园区。电站设计总装机容量100兆瓦，工程总投资8.78亿元。复核多年平均年上网电量为14545.06万千瓦时，年利用小时数为1454.5小时。该项目于2013年12月6日获得甘肃省发展改革委备案，2014年12月26日正式并网发电。

三、西北正泰10个项目

2016年11月22日，浙江省水利水电投资集团有限公司组织工作组前往宁夏寻求风光电项目开发或并购机会，并与浙江正泰新能源开发有限公司宁夏区域公司进行了对接。11月29日，浙江省水利水电投资集团有限公司相关人员赴正泰新能源公司本部考察参观，并就在甘肃宁夏等弃光限电地区开展光伏项目合作达成了一致意见。双方同意浙江省水利水电投资集团有限公司以控股为主的方式对浙江正泰新能源开发有限公司未装入上市公司的项目开展合作。2017年1月9日，浙江省水利水电投资集团有限公司与浙江正泰新能源开发有限公司就推进甘肃宁夏光伏项目合作事宜进行了商洽，表示将加快推进拟合作项目筛选工作。2月29日，浙能集团领导作出批示，要求浙江省水利水电投资集团有限公司加快西部地区风光收购。3月6日，浙江省水利水电投资集团有限公司总经理办公会审核同意对收购正泰新能源甘肃宁夏11个光伏发电项目立项。3月7日，浙能集团总经理柯吉欣主持召开可再生能源发展工作协调会议，听取了正泰项目收购工作进展情况及下一步工作安排。3月9日，浙江省水利水电投资集团有限公司与浙江正泰新能源开发有限公司举行了合作签约仪式暨尽职调查启动协调会，共同签署战略合作协议及本次收购的转让意向书，确定了尽职调查工作方案。3月16日，浙江省水利水电投资集团有限公司以浙能水电资〔2017〕64号文件向浙能集团报告了启动正泰新能源甘肃宁夏光伏发电项目股权收购尽职调查工作事宜。4月中旬起，浙江省水利水电投资集团有限公司与出让方浙江正泰新能源开发公司就收购价格、支付条款、合作模式等事项展开了十多轮谈判，基本达成一致意见，依据尽调成果编制了各项目收购可行性研究报告、经济测算表等决策材料，上报浙江省能源集团有限公司决策。

2017年11月2日，浙能集团印发批复（浙能资〔2017〕495号），同意浙江省水利水电投资集团有限公司收购浙江正泰新能源开发公司持有的10个光伏项目51%股权。

2017年12月31日，浙江省水利水电投资集团有限公司与浙江正泰新能源开发公司签署9个项目51%股权转让协议，具体情况见表6-3-1。

表6-3-1 浙江省水利水电投资集团有限公司与浙江正泰新能源开发公司项目签署情况表

序号	项目公司名称	股权比例（%）	装机容量（万千瓦）	权益装机容量（万千瓦）	总投资（亿元）	设计利用小时数（小时）	并网时间（年-月）
1	中卫正泰光伏发电有限公司	51	2.00	1.02	1.92	1383	2013-12
2	中卫清银源星太阳能有限公司	51	3.00	1.53	2.42	1500	2014-12
3	金昌帷盛太阳能发电有限公司	51	2.50	1.28	2.56	1430	2014-12
4	民勤县正泰光伏发电有限公司	51	5.00	2.55	5.33	1650	2013-08
5	高台县正泰光伏发电有限公司	51	10.00	5.10	10.03	1650	2013-09
6	嘉峪关正泰光伏发电有限公司	51	3.00	1.53	2.24	1557	2016-06
7	敦煌市天润新能源有限公司	51	3.00	1.53	2.22	1600	2015-01
8	敦煌正泰光伏发电有限公司	51	10.00	5.10	11.26	1565	2013-12
9	瓜州县光源光伏发电有限公司	51	2.00	1.02	1.59	1600	2016-01

2018年9月，浙江省水利水电投资集团有限公司与出让方浙江正泰新能源开发公司签署关于永昌正泰光伏发电有限公司51%股权转让协议。

永昌正泰光伏发电有限公司仅开发永昌河西堡镇一、二期200兆瓦光伏发电项目，项目位于甘肃省金昌市永昌县河西堡镇。一期项目设计总装机容量100兆瓦，概算总投资12.09亿元，设计年平均利用小时为1649.9小时。项目于2012年12月核准，2012年6月开工建设，2013年1月通过并网验收并投入运行。二期项目设计总装机容量100兆瓦，概算总投资10.3亿元，设计年平均利用小时为1649.9小时。项目于2013年8月核准，2013年9月开工建设，2013年12月通过并网验收并投入运行。

四、清能发展项目

2019年10月14日，浙能集团召开专题会议研究浙江省新能源投资集团股份有限公司上市过程中存在的同业竞争问题。会议原则认可上市券商财通证券股份有限公司提出的由浙江省新能源投资集团股份有限公司对浙江清能能源发展有限公司进行增资，并取得清能发展53.5%股权的解决方案。11月26日，增资事宜经浙江省新能源投资集团股份有限公司党委会审议通过后，正式上报浙能集团审批。12月2日，浙江省新能源投资集团股份有限公司2019年第三次临时股东大会通过了《关于对浙江清能能源发展有限公司增资的议案》。

2019年12月23日，浙能集团印发《关于浙江省新能源投资集团股份有限公司向浙江清能能源发展有限公司增资并取得其53.5%股权的批复》，同意浙江省新能源投资集团股份有限公司开展增资相关事宜。浙江省新能源投资集团股份有限公司与浙江清能能源发展有限公司及其股东浙江浙能绿色能源股权投资基金合伙企业（有限合伙）、浙江浙能创业投资有限公司共同签署《股权转让及增资协议》。浙江清能能源发展有限公司增资前持有光伏项目公司19家，未开展实际业务的夹层公司1家，合并总资产52.19亿元、总负债42.54亿元，所有者权益9.65亿元，其持有的19家光伏项目公司主要分布新疆、江苏、湖南等地，电站总装机容量53.4万千瓦，权益装机容量50.7万千瓦。

第三节 风电项目

一、江苏竹根沙(H2#)300兆瓦海上风电场项目

2017年8月31日，浙江省水利水电集团有限公司获悉江苏东台竹根沙（H2#）300兆瓦海上风电场项目信息，公司领导高度重视，要求前期部门密切关注该项目前期工作动态。

2018年6月26日，浙江省水利水电集团有限公司与江苏双创新能源开发有限公司洽谈了江苏竹根沙（H2#）300兆瓦海上风电场项目，初步达成了合作意向。浙江省水利水电集团有限公司派员赴江苏双创新能源开发有限公司，了解竹根沙（H2#）300兆瓦海上风电场项目前期工作开展情况。

2018年8月6日，浙江省水利水电投资集团有限公司召开专题会议，讨论并购江苏双创新能源开发有限公司91%股权项目立项议案和并购项目工作方案。邀请浙江阳光时代律师事务所就项目情况、收购架构的思路、风险和可行性进行咨询。8月8日，浙江省水利水电投资集团有限公司向浙能集团上报《关于并购江苏双创新能源开发有限公司91%股权项目立项的请示》。同月10日，浙能集团批复同意相关请示。

2018年8月15—17日，浙江省水利水电投资集团有限公司组织中介机构浙江阳光律师事务所、浙江天平会计师事务所、银信资产评估有限公司，赴江苏双创新能源开发有限公司开展尽调工作。尽调各工作小组分别进行了项目收资、调查和项目地现场勘察。

2018年8月25日，浙江省水利水电投资集团有限公司印发《并购江苏双创新能源开发有限公司91%股权工作方案的通知》。8月29日，组织尽调工作小组就并购江苏双创新能源开发有限公司91%股权项目法律尽调报告进行内部审核。8月31日，组织尽调工作小组、特邀专家和中介单位就并购江苏双创新能源开发有限公司91%股权项目资产评估报告进行内部审核并召开并购江苏双创新能源开发有限公司91%股权项目前期工作推进专题会议。10月12日，在江苏省国际招标中心通过公开招标确定江苏竹根沙（H2#）300兆瓦海上风电场项目EPC总包单位为中国电建集团华东勘测设计研究院有限公司。10月17日，浙江省水利水电投资集团有限公司派员赴南通就江苏竹根沙（H2#）重点对招投标、EPC合同与出让方进行沟通。

2018年10月18日，浙江省水利水电投资集团有限公司与出让方签署并购江苏双创股权项

目合作框架协议。11 月 19 日，浙江省水利水电投资集团有限公司与中海石油（中国）有限公司在杭州洽谈江苏竹根沙海上风电项目合作，并初步确立合作意向。11 月 23 日，浙江省水利水电投资集团有限公司委托水电水利规划设计总院在北京召开江苏竹根沙（H2#）300 兆瓦海上风电场项目风能资源、发电量、工程造价专项评估会议。

2018 年 11 月 28 日，江苏省发展和改革委员会批复核准江苏竹根沙（H2#）300 兆瓦海上风电场项目（苏发改能源发〔2018〕1182 号）确认项目单位为东台双创新能源开发有限公司。

2018 年 12 月 24 日，浙能集团组织召开审查会就浙江省水利水电投资集团有限公司并购江苏双创 51% 股权项目可研报告组织审查，并形成审查意见。12 月 25 日，浙江省水利水电投资集团有限公司党委会审议通过关于提请审议并购江苏双创股权项目的议案，上报浙能集团决策（浙能水电党委会纪要〔2018〕39 号）。12 月 27 日，江苏双创股权项目的议案经浙能集团实业类项目投资专业委员会审议通过（浙能投委会〔2018〕18 号）。12 月 28 日，浙能集团董事会审议并通过了并购江苏双创股权项目的议案。

2019 年 1 月 5 日，在浙江省水利水电投资集团有限公司签署江苏双创股权转让协议。2 月 1 日完成工商变更等事项。江苏竹根沙（H2#）300 兆瓦海上风电场项目于 2018 年 11 月 28 日通过江苏省发展改革委核准，由江苏双创新能源开发有限公司（浙江省新能源投资集团股份有限公司控股）的全资子公司东台双创新能源开发有限公司出资建设和运营。项目风场位于江苏省竹根沙及北条子泥附近海域（盐城市与南通市交界），风场离岸距离 39 千米，场区形状呈不规则多边形，东西向长约 21 千米，南北向宽约 6 千米，面积约 37 平方千米。项目规划装机容量 300 兆瓦，共布置 50 台 4 兆瓦和 17 台 6 兆瓦风电机组，风机基础均采用单桩基础形式，总工期预计 18 个月。项目工程概算总投资 50.17 亿元，静态总投资 49.11 亿元，年平均上网电量为 86567 万千瓦时，年平均等效满负荷小时数为 2866 小时。

2019 年 1 月 7 日，浙江省水利水电投资集团有限公司将江苏竹根沙（H2#）300 兆瓦海上风电场项目进行投资决策的议案上报浙能集团决策。同月 29 日，江苏竹根沙（H2#）300 兆瓦海上风电场项目投资议案通过浙能集团实业类项目投资专业委员会 2019 年第 1 次会议审议。2 月 2 日，浙能集团董事会通过江苏竹根沙（H2#）300 兆瓦海上风电场项目投资议案决策。2 月 20 日，江苏双创新能源开发有限公司召开股东会，全体股东一致同意投资建设江苏竹根沙（H2#）300 兆瓦海上风电场项目，由下属全资子公司东台双创新能源开发有限公司出资建设和运营管理。3 月 6—7 日，江苏双创新能源开发有限公司委托水电水利规划设计总院在北京组织召开江苏竹根沙（H2#）300 兆瓦海上风电场项目初步设计审查会，项目通过初步设计审查。

2019 年 3 月 21 日，南通海事局审议并通过了对江苏竹根沙（H2#）300 兆瓦海上风电场项目 220 千伏主海缆敷埋涉水工程，风机基础、风机安装及 35 千伏海底电缆敷设，海上升压站基础及上部组块安装工程三个施工期通航安全评估报告。

2019 年 4 月 3 日，江苏双创新能源开发有限公司在上海中海油大厦召开股东会，决定董事会换届、监事会换届、增加公司注册资本金至 96000 万元、修订江苏双创章程。同日，召开二届一次董事会，选举浙江省水利水电投资集团有限公司股东方代表吴荣辉为董事长，聘任公司副总经理、财务负责人，审议通过了公司组织机构设置、公司基本管理制度。

2019 年 4 月 20 日，江苏双创新能源开发有限公司召开江苏竹根沙（H2#）300 兆瓦海上风电场项目应急救援预案专家评审会，江苏省渔业指挥部、南通海事局以及东台市应急管理局等政府相关部门参会。25 日，江苏竹根沙（H2#）300 兆瓦海上风电场项目在东台市应急管理局完成应急救援预案备案。

2019 年 4 月 23 日，江苏竹根沙（H2#）300 兆瓦海上风电场项目接入系统设计报告取得国网江苏省电力有限公司正式评审意见。4 月 24 日，项目取得风机基础、安装及35千伏海缆工程施工水上水下活动许可证。4月25日，项目取得项目陆上集控中心用地规划许可证。

2019年4月28日，江苏竹根沙（H2#）300兆瓦海上风电场项目开工。4月30日，项目开始海上试桩。5月14日，《江苏竹根沙（H2#）300兆瓦海上风电场项目安全管理备案书》通过国家能源局江苏监管办公室备案。5月15日，项目单桩基础专项方案通过专家论证、评审。5月21日，项目风机基础首根钢桩2号钢桩通过出厂验收。5月28日，项目第一回路输电线路220千伏交流海缆交付仪式，项目首回路海缆交付。5月30日，江苏竹根沙（H2#）300兆瓦海上风电场项目首根工程桩（2号桩）于19时开始打桩，于6月1日完成打桩，共2168锤。

2019年6月5日，东台双创新能源开发有限公司召开江苏竹根沙（H2#）300兆瓦海上风电场项目海上升压站建模评审会及升压站设计交底会。6月6日，浙能集团召开江苏竹根沙(H2#)300兆瓦海上风电场工程建设策划评审会议及初步设计收口会议。同日，在南京召开项目通航安全评审会。6月20日，组织召开项目安全预评价专家审查会，并通过评审。

2019年6月25日，江苏省自然资源厅发文对江苏竹根沙（H2#）300兆瓦海上风电场项目用海进行了批复，江苏竹根沙（H2#）300兆瓦海上风电场项目于7月26日取得了江苏省2019年机构改革以来首张海域不动产权证。7月10日，项目取得陆上集控中心建设用地批准书(东国土〔2019〕建字第073号)。7月12日，取得陆上集控中心建设工程规划许可证（集控楼、附属楼、设备楼）。8月1日，江苏竹根沙(H2#)300兆瓦海上风电场项目取得陆上集控中心施工许可证。

2019年8月19日，江苏竹根沙（H2#）300兆瓦海上风电场工程取得220千伏海底电缆敷设、升压站基础及上部组块安装工程施工作业水上水下活动许可证，标志着江苏竹根沙（H2#）300兆瓦海上风电场工程完成全套开工手续办理。

2019年9月11—12日，东台双创新能源开发有限公司组织召开风机安装专项方案内审会、风机安装技术交底会。

2019年9月21日，江苏竹根沙（H2#）300兆瓦海上风电场工程首套塔筒通过多方验收。

2019年9月22日，东台双创新能源开发有限公司完成风机吊装方案的专家评审工作、完成6兆瓦风机技术交底。

2019年10月21日，江苏竹根沙（H2#）300兆瓦海上风电场工程风电机组在江苏竹根沙海域吊装完成。机型为上海电气SWT4.0-146，是浙能集团首台海上风电机组。

2019年12月20日，浙能集团首座海上升压站在江苏竹根沙海域吊装完成。2019年12月26日，江苏竹根沙（H2#）300兆瓦海上风电场远程控制中心启用。

二、青海大柴旦风电项目

2019年7月起，浙江省新能源投资集团股份有限公司与海西华汇化工机械有限公司就青海大柴旦50兆瓦风电项目合作事宜开展多轮对接商谈，双方达成转让意向。同年8月9日，浙江省新能源投资集团股份有限公司召开公司党委会，审议通过青海浙能新能源开发有限公司90%股权并购项目的立项。同年10月28日，经尽职调查后浙江省新能源投资集团股份有限公司召开公司党委会，同意收购青海浙能新能源开发有限公司90%股权并向浙江省能源集团有限公司上报董事会议题。

2019年11月28日，浙江省能源集团有限公司董事会决策批准浙江省新能源投资集团股份有限公司收购青海浙能新能源开发有限公司90%股权。

2019年12月6日，浙江省新能源投资集团股份有限公司与出让方海西华汇化工机械有限公司签署股转协议。青海浙能新能源开发有限公司持有青海大柴旦50兆瓦风电项目，项目位于青海省海西州大柴旦行委锡铁山新能源基地，设计装机容量50兆瓦，由22台2.3兆瓦风力发电机组组成。项目总投资预算3.72亿元，设计年平均上网电量11352.5万千瓦时，年平均利用小时数2243.6小时。

三、宁夏中卫沙坡头风电项目

2019年10月14日，根据《浙江省能源集团有限公司专题会议纪要》(专题纪要〔2019〕99号)，会议原则认可为解决浙江省新能源投资集团股份有限公司上市过程中存在的同业竞争问题，上市券商财通证券股份有限公司提出的由浙江省新能源投资集团股份有限公司收购浙江浙能能源服务有限公司所持的宁夏浙能新能源有限公司100%股权的解决方案。同月28日，浙江省新能源投资集团股份有限公司召开总经理办公会议，同意宁夏浙能新能源有限公司100%股权转让项目立项。同年11月27日，经尽职调查后浙江省新能源投资集团股份有限公司正式向浙江省能源集团有限公司上报关于收购宁夏浙能新能源有限公司100%股权的集团董事会议题。浙能集团启动董事会议题审核流程。

2019年12月6日，浙能集团董事会决策批准浙江省新能源投资集团股份有限公司收购宁夏浙能新能源有限公司100%股权。

2019年12月9日，浙江省新能源投资集团股份有限公司与浙江浙能能源服务有限公司签署了《股权转让协议》。宁夏浙能新能源有限公司持有宁夏中卫沙坡头风电项目，项目位于宁夏回族自治区中卫市沙坡头区，风场面积约82平方千米，项目总装机容量为120兆瓦，由48台2.5兆瓦风力发电机组组成。本项目是浙江省能源集团有限公司首个获得核准的大型陆上风电项目，于2019年10月开工建设。截至2019年底，项目仍处于建设阶段。

第四章　电站运营与管理

第一节　电站运营

一、水电站运营

2005年9月，华光潭水电站机组全部建成投产。华光潭水电站最大坝高103.85米，为引水式电站，总装机容量8.5万千瓦，设计多年平均发电量1.85亿千瓦时，总投资6.89亿元。

2008年8月16日，滩坑水电站1号机（20万千瓦）机组投产发电。滩坑水电站由3台20万千瓦出力的混流式水力发电机组及1台0.4万千瓦的生态小机组组成，总装机容量60.4万千瓦，是浙江省内除新安江水电站外最大的常规水电站。

2009年2月12日，滩坑水电站2号机（20万千瓦）机组投产发电。同年7月10日，滩坑水电站3号机（20万千瓦）机组投产发电。

2011年8月3日，滩坑水电站4号机投产发电。4号机是1~3号机停机时为下游提供生态流量的0.4万千瓦生态机组。浙江省新能源投资集团股份有限公司各控股水力发电企业发电机组情况见表6-4-1。

二、风力发电站运营

2008年1月23日，浙能洞头风力发电场开工。浙能洞头风力发电场是浙能集团实施大能源战略的首个风电项目。该风电场建设规模为18×750千瓦风力发电机组，总装机容量为13.5千瓦，配套建设一座35千伏升压变电站。同年11月25日，浙能洞头风力发电场首台机组并网试运行。

2009年3月26日，浙能洞头风力发电场18台机组全部并网，投入商业试运行。

2019年10月7日，嘉兴1号海上风电首根基础桩的顺利沉桩，标志着嘉兴海上风电项目全面进入工程实施阶段。

2019年12月20日，江苏海上风电场完成海上升压站上部组块吊装，浙能集团首座升压站完成海上主体安装就位。同年12月28日，嵊泗2号海上风电项目海上首桩工程正式开工，工程全面进入实施阶段。

表 6-4-1 浙江省新能源投资集团股份有限公司各控股水力发电企业发电机组情况一览表

序号	公司名称	公司控股比例	电站名称	装机容量（兆瓦）	设计年发电量（万千瓦时）、年利用小时（小时）	引水方式及厂房型式	水轮机型式	机组事故关闭型式	电力生产许可证
1	景宁大洋水电开发有限公司	100%	毛垟	2×3.2=6.4	1901	引水地面式	轴流定浆式	关闭蝶阀	1041710-00660
			新桥头	2×1.6=3.2	961	引水地面式	混流式	关闭蝶阀	1041710-00661
			金坑垟	2×0.5=1.0	286	引水地面式	斜击式	手动关闭闸阀	1041710-00662
2	龙泉市岩樟溪流域水电开发有限公司	68%	一级	2×10=20	4165、2083	引水式地面厂房	立式混流式	球阀	1041707-00052
			二级	2×3.5=7	1453、2076	引水式地面厂房	立式混流式	重锤关闭蝶阀	1041707-00052
3	浙江松阳谢村源水利水电开发有限公司	一级 19.3%，二、三级 66.3%	谢村源一级	2×1.25=2.5	563、2250	有压引水	混流式	重锤关闭蝶阀	1041716-01054
			谢村源二级	2×8=16	3450、2200	通过 3945 米的输水隧洞	混流式	球阀	1041710-00765
			谢村源三级	2×2=4	816、2000	通过 3592 米的输水隧洞	混流式	蝶阀	1041710-00765
4	松阳安民水电站有限责任公司	63%	安民一级	2×6.3=12.6	2450、1945	有压隧洞引水式电站	混流立式	重锤关闭球阀	1041708-00121
			安民二级	2×2=4	1578、2140	有压隧洞引水式电站	混流立式	重锤关闭蝶阀	1041708-00121
5	浙江龙川水利水电开发有限公司	51%	应村	2×16.0=32	7094、2217	隧洞引水坝后式厂房	立式	关闭球阀	1041708-00177
6	杭州武强水电实业有限公司（2019 年 6 月后不再控股）	51%	南庄	2×2.5=5	1221、2440	坝后隧洞引水式、引水地面式	卧轴混流式	重锤式蝶阀	
7	浙江景宁惠宁电力发展有限公司	44.44%	上标二级	2×5=10	2601、2600	引水地面式	混流式	关闭蝶阀	1041708-00154
			雁溪水电站	2×0.63=1.26	300	引水地面式	混流式	关闭蝶阀	
8	临安青山殿水电开发有限公司	35.50%	青山殿	2×20=40	9110、2277	引水式地面厂房	立式轴流转浆式	重锤关闭蝶阀	1041707-00085
9	浙能北海水力发电有限公司	90%	滩坑水电站	3×200+4=604	102300、1693	单洞单机岸边式地面厂房	1 号、2 号、3 号机立式混流式，4 号机卧轴混流式	筒阀	1041708-00203
10	浙能华光潭水力发电有限公司	90%	华光潭一级	2×30=60	12705、2117	引水隧洞式、引水地面式	混流式机组	球阀	1041707-00086
			华光潭二级	2×12.5=25	5804、2346	引水隧洞式、引水地面式	混流式机组	蝶阀	1041707-00086

三、光伏电站运营

2016 年 6 月 28 日，松阳环亚地面光伏电站投产发电。该电站装机容量 3. 5 万千瓦，年均发电量约 3200 万千瓦时，用地约 1056. 92 亩，是一座“农光互补”形式的地面光伏电站。

2017 年 6 月 28 日，长兴地面光伏电站投产发电。该电站装机容量 8. 43 万千瓦，年均上网电量约 7637 万千瓦时，占地约 2500 亩，采用“农光互补”模式建设。

2017 年 9 月 12 日，浙江省水利水电投资集团有限公司收购金昌清能电力有限公司 51% 股权，成为金昌清能的控股股东。金昌清能地面光伏电站，位于甘肃省金昌市金川西坡光电产业园区，装机容量 10 万千瓦，项目于 2014 年 12 月 26 日并网发电。

2017 年 12 月 29 日，余杭梦想小镇分布式 CIGS 光伏发电项目投产发电。该项目装机容量 1. 141 兆瓦。

2017 年 12 月 30 日，江西京九光伏电站正式并网发电。该电站建设总规模约 1. 8 万千瓦，年平均发电量 1583 万千瓦时，采用“自发自用，余额上网”电量消纳模式。

2017 年 12 月 31 日，浙江省水利水电投资集团有限公司收购西北 11 个项目公司 51% 股权，成为各公司的控股股东。这 11 个光伏发电项目备案总装机容量 70. 5 万千瓦，合计造价 66. 59 亿元，主要分布于甘肃中北部、宁夏中部地区，设计年均发电量约 11 亿千瓦时。其中：敦煌天润地面光伏电站，位于甘肃省敦煌市七里镇光电产业园内，装机容量 3 万千瓦，项目于 2015 年 1 月 27 日并网发电。敦煌正泰地面光伏电站，位于甘肃省敦煌市七里镇光电产业园区，装机容量 10 万千瓦，其中一期项目 2012 年 8 月 2 日并网发电，二期项目 2013 年 12 月 29 日并网发电。高台正泰地面光伏电站，位于甘肃省张掖市高台县高崖子滩光伏产业园，装机容量 10 万千瓦，项目于 2013 年 9 月 8 日并网发电。瓜州光源地面光伏电站，位于甘肃省酒泉市瓜州县柳园镇黑山口地区，装机容量 2 万千瓦，项目于 2015 年 12 月 28 日并网发电。嘉峪关正泰地面光伏电站，位于甘肃省嘉峪关市工业园区嘉西光伏产业园，装机容量 3 万千瓦，项目于 2017 年 7 月 26 日并网发电。金昌帷盛地面光伏电站，位于甘肃省金昌市金川区西坡光伏园区，装机容量 2. 5 万千瓦，项目于 2014 年 12 月 31 日并网发电。民勤正泰地面光伏电站，位于甘肃省民勤县红沙岗工业园内，装机容量 5 万千瓦，项目于 2013 年 8 月 25 日并网发电。永昌正泰地面光伏电站，位于甘肃省金昌市永昌县河西堡镇河清公路 23 千米处，装机容量 20 万千瓦，其中一期项目 2013 年 2 月并网发电，二期项目 2013 年 12 月并网发电。中卫清银源地面光伏电站，位于宁夏中卫市镇罗镇金鑫工业园南侧，装机容量 3 万千瓦，项目于 2014 年 12 月 31 日并网发电。中卫正泰地面光伏电站，位于宁夏中卫市沙坡头区迎水桥镇迎闫公路以东，装机容量 2 万千瓦，项目于 2013 年 12 月 30 日并网发电。

2018 年 6 月 20 日，宁波金田铜业分布式光伏电站并网发电。该电站建设规模总容量为 29. 98 兆瓦，总投资约为 1. 98 亿元，屋顶使用总面积约 35 万平方米。电站设计寿命 25 年，总发电量约为 67985. 4 万千瓦时，年平均上网电量 2719. 41 万千瓦时，年平均有效利用小时数 910 小时，项目采用“自发自用，余电上网”电量消纳模式。

2018 年 6 月 27—29 日，松阳光伏小康电站全部四个子站分别通过启动验收，并网发电。该电站装机容量 23. 5 兆瓦，由 4 个子站组成，分别为赤寿乡石板弄子站、红连村子站、大东坝镇子站和西屏街道子站。在不更改土地性质的前提下，该项目采用“一地两用”“农光互补”的开发模式，提高土地利用率，走出一条深化节能减排的绿色之路。

2018 年 12 月 25 日，杭州湾金田新材料分布式光伏发电项目完成 1 号、3 号厂房并网工作。该电站是由浙江省水利水电投资集团有限公司投资新建的分布式光伏电站，建设规模总容量为 11 兆瓦。项目所在地位于浙江省宁波杭州湾新区滨海四路 636 号，屋顶使用总面积约 15. 55 万平方米。电站设计寿命 25 年，总发电量约为 25101. 27 万千瓦时，年平均上网电量 1004. 05 万千瓦时，年平均有效利用小时数 912. 6 小时。项目采用“自发自用，余电上网”电量消纳模式。

2018 年 12 月 28 日，舟山中远海运重工有限公司19.9兆瓦屋顶分布式光伏发电项目通过并网验收。舟山中远海运重工有限公司19.9兆瓦屋顶分布式光伏发电项目位于浙江省舟山市普陀区六横镇龙山西浪咀，利用舟山中远海运重工有限公司屋顶建设光伏电站，屋顶使用总面积约19.5万平方米，采用BIPV型式安装。电站装机容量19.9兆瓦，设计寿命25年，总发电量约为46086.99万千瓦时，年平均上网电量1843.47万千瓦时，年平均有效利用小时数925.2小时。项目采用“自发自用，余电上网”电量消纳模式。项目总投资9861.58万元，由浙江省水利水电投资集团有限公司和浙江浙能中煤舟山煤电有限责任公司按51%和49%比例共同投资。

四、电站运行管理

（一）运行组织

2006年以来，浙江浙能北海水力发电有限公司和浙江浙能华光潭水力发电有限公司自电站建成投产后，运行管理实行总经理负责制，建立以分管副总和总工程师为首的生产指挥系统，实行公司、部门、班组三级管理。运行部门下设值，现场运行由值长统一指挥。浙江浙能北海水力发电有限公司根据运行人员上岗技能水平及人员调整等因素，先后采用了“五值三班倒”“四值两班倒”。浙江浙能华光潭水力发电有限公司根据实际情况，对一级站和二级站采用“四值三班倒”“四值、两大组对倒”等运行方式。遇重大操作时，对白班值增设人手，协助当班值开展工作。

2011年下半年，浙能可再生能源分公司成立浙江浙能水电管理有限公司。从2012年开始，浙江浙能北海水力发电有限公司和浙江浙能华光潭水力发电有限公司的生产运行管理委托浙江浙能水电管理有限公司进行。浙江浙能水电管理有限公司在滩坑水电站和华光潭电站现场设立了滩坑电站项目管理部和华光潭电站项目管理部，开展电站的日常生产运行管理，实行公司、项目管理部、部门、班组四级管理。初步建立起一整套较完善的多电站生产管理模式，电站安全生产态势平稳。

各电站均采用在线监测系统对发电设备运行的集中监视和控制。运行人员严格执行“两票三制”，按照要求记录设备运行方式、主要运行参数；接受调度命令及上级指示，调整设备运行工况，处理设备异常、事故，并做好记录；依时间顺序，记录设备检修，维护各项事件的开始和终结。运行管理人员根据运行记录、仪表指示、设备巡查和操作情况等，分析安全、可靠性变化趋势，对运行设备进行有针对性的分析，找出运行生产存在的问题和薄弱环节，提出改进运行管理工作的措施和对策，并为制定设备检修项目提供依据。

2017年起，浙江浙能水电管理有限公司撤销，恢复浙江浙能北海水力发电有限公司和浙江浙能华光潭水力发电有限公司的实体化运行，实行公司、部门、班组三级管理。

2018年起，浙江省水利水电投资集团有限公司在原有传统水电和三家地面光伏电站运行管理的基础上，增加了省外大型地面光伏电站和屋顶光伏电站的运行管理工作，增量电站的所有资产均对外委托运行维护。

2010年12月24日，长兴生物质发电项目通过72小时试运行投产后，机组的日常运行管理工作由公司自己组织开展，主要由运行部承担，采用“五班三倒”工作制，运行人员共分五个值，每值由一名值长及机、炉、电、燃各专业值班员组成。

（二）运行制度

投产前，浙江浙能北海水力发电有限公司和浙江浙能华光潭水力发电有限公司分别制定了运行、检修管理制度、两票三制管理制度、运行规程、检修规程和各级运行人员工作标准等。之后各电站定期对管理制度及规程进行修订完善，每三年对运行管理制度进行一次全面修订，每年复查一次现场运行规定及系统图纸。

2012年，浙江浙能水电管理有限公司按照“专业化、精细化、标准化”的管理要求，水电管理公司制定并汇编发布《各级人员、各部门安全生产责任制》《操作票、工作票管理规定》《安全生产例行工作规定》等规章制度20余项。

2017年，浙江浙能北海水力发电有限公司和浙江浙能华光潭水力发电有限公司恢复实体化运行后，分别制订了《电能质量技术监督实施细则》《运行值班管理标准》《运行岗位培训管理标准》《运行规程管理标准》《防止人员误操作管理标准》《反事故预想、反事故演习管理标准》《运行分析管理标准》《防误闭锁装置解锁钥匙管理标准》《临时用电管理标准》《运行交接班管理标准》《设备定期试验和切换管理标准》《电力可靠性管理标准》《防止全厂停电事故措施》等规章制度10多项。

第二节 设备技术管理

一、管理制度

2012年1月1日，浙江浙能水电管理有限公司开始正式承接滩坑水电站和华光潭水电站的运行维护工作。浙江浙能水电管理有限公司组织专业技术人员，相继编制并发布《起重机具和起重作业管理标准》《承试工作暂行管理办法》等49项安全生产专业管理制度。同期，为适应板块管理需要，浙江省能源集团有限公司可再生能源分公司编制并发布了《生产性技术改造管理实施细则》《信息化工作管理办法》等6项生产管理制度。

2017年6月28日，浙江省水利水电投资集团有限公司正式吸收式合并浙江浙能水电管理有限公司。通过逐步梳理完善，结合控股企业以水电为主的特点，浙江省水利水电投资集团有限公司编制并发布《职业病防治工作管理办法》《承发包工程（项目）安全管理规定》等19项安全管理制度，以及《水电厂安全生产对标工作管理办法》《组建设管理标准》等17项生产技术管理制度。

二、机组检修

2012年10月，浙江省水利水电投资集团有限公司开始全面对各控股水电站下一年度检修费用进行审批。

2013—2019年浙江省水利水电投资集团有限公司设备检修费用见表6-4-2。

2011年1月，浙江浙能北海水力发电有限公司改变检修对外委托模式，与衢州乌溪江水电工程有限公司签订检修委托协议，将滩坑水电站发电机组C修全部外包变为部分独立承担。2011年3月开始，发电机组C修中的电气二次专业工作主要由浙江浙能北海水力发电有限公司自主承担。2013年10月开始，发电机组C修中机械专业工作主要由浙江浙能北海水力发电有限公司自主承担。2014年3月开始，发电机组C修中的电气一次专业工作主要由浙江浙能北海水力发电有限公司自主承担。2015年底，原协助开展发电机组检修工作的乌溪江水力发电厂生产技术人员全部退出浙江浙能华光潭水力发电有限公司，华光潭水电站发电机组C修、D修工作于2016年起由浙江浙能华光潭水力发电有限公司自主培养的生产技术人员承担。

表6-4-2 2013—2019年浙江省水利水电投资集团有限公司设备检修费用情况表 万元

年份	2013	2014	2015	2016	2017	2018	2019
检修发生费用	2886.60	2973.00	3107.70	2481.08	2917.77	2930.26	4264.22

注：2019年浙江省水利水电投资集团有限公司名称变更为浙江省新能源投资集团股份有限公司。

三、技术改造

浙江浙能北海水力发电有限公司于2014年至2015年开展了“开关站增设独立直流系统改造项目”。该项目计划总投资200万元。项目的完成有效提升了有关设备电源可靠性。2015年，开展了“滩坑水电站营地安防监控系统高清改造项目”。该项目计划总投资240万元。项目的实施有效增加了视频监控范围，提高了电站安防监控质量。2019—2021年，计划开展“滩坑水电站计算机监控系统改造项目”。该项目计划总投资750万元，计划全面改造已运行超过十年的滩坑水电站计算机监控系统，提高设备稳定性。截至2019年，项目已完成滩坑水电站上位机及3号机组现地设备改造工作。

浙江浙能华光潭水力发电有限公司于2016年至2017年开展了“计算机监控系统改造项目”。该项目计划总投资490万元。项目对已运行十余年的计算机监控系统作了整体更换，提高了系统可靠性。2019—2020年，计划开展“华光潭二级电站蝶阀改造项目”。该项目计划总投资240万元。通过更换已运行十多年的两台发电机组主阀，提高发电机组运行与检修的安全性。

浙江松阳安民水电站有限公司于2017年至2019年开展了“梯级电站自动化改造项目”。该项目计划总投资280万元。项目通过改造计算机监控系统及有关自动化设备，同时增加视频监控系统，实现了梯级电站的少人值守。

龙泉市岩樟溪流域水电开发有限公司于2013年开展了“岩樟溪一级电站引水隧洞进水口改造项目”。该项目计划总投资60万元。项目完成后，岩樟溪一级电站进水口垃圾堵塞情况明显改善，引水效果显著提升。

2013—2019年浙江省水利水电投资集团有限公司生产性技术改造完成情况见表6-4-3。

表6-4-3 2013—2019年浙江省水利水电投资集团有限公司生产性技术改造完成情况统计表

年份	2013	2014	2015	2016	2017	2018	2019
生产性技术改造发生费用（万元）	5387.50	4810.00	1570.67	2779.96	1455.21	1688.06	3092.54
生产性技术改造完成项目数（个）	24	44	55	40	37	38	111

注：2019年浙江省水利水电投资集团有限公司名称变更为浙江省新能源投资集团股份有限公司。

四、技术监督管理

2012年，浙江浙能水电管理有限公司承接滩坑水电站和华光潭水电站的运行维护工作后，根据相应的组织架构和人员情况，于2012年8月9日成立以总经理为组长的技术监督领导小组和以各级生产管理人员、技术人员为骨干的三级技术监督网络。在技术监督领导小组的统一领导下，技术监督网络定期召开分析会，总结各专业技术监督工作情况，督促落实消缺整改措施，交流滩坑和华光潭电站项目部在技术监督工作中的经验。同时，组织编制并于2012年8月14日发布《技术监督管理标准》，明确职责分工与报表管理等内容。

2016年5月19日，浙江省能源集团有限公司可再生能源分公司发文成立技术监督领导小组，健全技术监督板块化管理组织架构。根据《浙能集团创新发展和体制机制改革方案》（浙能战略〔2016〕362号）关于浙江省水利水电投资集团有限公司开展吸收式合并浙江浙能水电管理有限公司的工作安排，2016年12月14日，浙江省水利水电投资集团有限公司发文成立技术监督领导小组，在继续统筹管理滩坑水电站和华光潭水电站技术监督工作的前提下，邀请公司系统内其他电站公司参加定期召开的技术监督总结会，交流学习技术监督工作经验。同时，开始探索在光伏电站中开展光伏发电、绝缘和电气二次等专业的技术监督管理。

浙江省水利水电投资集团有限公司在吸收合并浙江浙能水电管理有限公司后，组织编制并于2017年2月8日发布《发电企业技术监督管理标准》，规范公司系统技术监督管理，明确费用预算等内容。

2018年1月18日，根据《浙江省能源集团有限公司董事会会议纪要》（〔2018〕2-1号）文件原则要求，浙江浙能技术研究院开始全面独立承接浙能集团系统内电站技术监督服务工作。滩坑水电站和华光潭水电站在发电机组故障检测等方面开始逐步深化与浙江浙能技术研究院的合作。根据浙江省能源集团有限公司生产安全监察部印发的《关于转发集团董事会对发电企业技术监督和技术服务工作相关要求的通知》要求以及生产实际需要，浙江省水利水电投资集团有限公司编制并于2018年7月7日发布《水力发电厂金属监督标准》《水力发电厂化学监督标准》《水力发电厂电测与热工计量监督标准》《水力发电厂绝缘监督标准》《水力发电厂监控自动化及励磁监督标准》《水力发电厂继电保护及安全自动装置监督标准》《水力发电厂电能质量监督标准》等7项技术监督管理制度，细化生产管理中的技术指标要求。同时，开始探索编制光伏发电企业技术监督管理有关办法。滩坑水电站和华光潭水电站根据电站现场实际，编制并发布水电站现场技术监督管理细则。

2019年5月21日，浙江省新能源投资集团股份有限公司调整技术监督领导小组，加入光伏电站有关管理人员，扩大技术监督管理范围。浙江省新能源投资集团股份有限公司为提高光伏电站企业生产管理规范水平，组织编制并于2019年5月22日发布《光伏发电企业技术监督管理办法》，明确光伏电站技术监督内容包括光伏发电、绝缘和电气二次。

第五章 社 会 效 益

第一节 流 域 防 汛

一、滩坑水电站防汛

2008—2019年，滩坑水电站共发生3次泄洪。

2016年受台风“鲇鱼”外围影响，9月27日13时至9月30日11时，流域过程降雨量达302.0毫米。洪水总入库水量为8.4265亿立方米，同时段总出库水量为6.3054亿立方米，其中泄洪水量为3.4868亿立方米，实测最高库水位为160.61米。

2008—2019年滩坑水电站防洪情况见表6-5-1。

二、华光潭梯级水电站防汛

2019年受超强台风“利奇马”影响，8月10日16时27分，一级水库发生蓄水以来最大洪水洪峰瞬时流量2312.9立方米/秒。8月10日19时18分，一级水库水位达历史最高水位445.88米。

2007—2019年华光潭水电站一级大坝泄洪情况见表6-5-2。

2019年受超强台风“利奇马”影响，8月10日18时，二级水库发生蓄水以来最大洪水洪峰瞬时流量1720立方米/秒。8月10日18时46分，二级水库水位达历史最高水位229.72米。

2006—2017年华光潭水电站二级大坝泄洪情况见表6-5-3。

表6-5-1 2008—2019年滩坑水电站防洪情况一览表

年度	洪水次数	最大洪水3小时入库洪峰（立方米/秒）	弃水情况
2008	1	3450	最大泄洪流量1130立方米/秒
2009	1	4650	未发生弃水
2010	2	2980	泄洪流量709立方米/秒
2011	2	1133	未发生弃水
2012	4	1410	未发生弃水
2013	6	4380	未发生弃水
2014	5	3600	未发生弃水
2015	3	7490	未发生弃水
2016	4	8400	泄洪流量2570立方米/秒
2017	4	1520	未发生弃水
2018	2	1770	未发生弃水
2019	7	1820	未发生弃水

表 6-5-2 2007—2019 年华光潭水电站一级大坝泄洪情况一览表

时　　间	最大下泄流量（立方米/秒）	弃水量（万立方米）
2007 年 10 月 8 日 03:00—9 日 17:45	280(8 日 04:35)	1490
2008 年 6 月 17 日 18:40—18 日 20:30	300(18 日 02:10)	1310
2009 年 2 月 27 日 14:15—21:40	50	133.5
2009 年 8 月 10 日 14:45—13 日 14:01	500(10 日 15:31)	2517
2009 年 8 月 13 日 19:31—15 日 21:41	26(13 日 21:10)	140
2010 年 3 月 5 日 15:00—6 日 22:00	170(5 日 20:55)	998.4
2011 年 6 月 14 日 12:00—15 日 23:03	232(15 日 01:30)	1703.3
2011 年 6 月 17 日 15:15—19 日 18:56	200(18 日 20:43)	1690
2012 年 8 月 9 日 17:00—11 日 09:17	33(9 日 17:00)	295.5
2015 年 7 月 23 日 22:01—24 日 23:13	29(24 日 18:24)	146
2016 年 7 月 3 日 18:31—11 日 09:34	73(5 日 07:55)	1633
2019 年 8 月 10 日 17:15—11 日 16:46	1140(10 日 19:30)	2735

表 6-5-3 2006—2017 年华光潭水电站二级大坝泄洪情况一览表

时　　间	最大下泄流量	弃水量（万立方米）
2006 年	无泄洪	
2007 年	2 次	2443.8
7 月 10 日 08:50—13:36	110 立方米/秒(10 日 09:00)	119.2
10 月 7 日 16:51—9 日 18:42	470 立方米/秒(8 日 05:11)	2324.6
2008 年	8 次	3182.8
6 月 10 日 11:00—11 日 21:00	200 立方米/秒(10 日 14:30)	770.8
6 月 14 日 07:00—22:30	20 立方米/秒(14 日 07:30)	102.2
6 月 17 日 14:27—18 日 22:30	450 立方米/秒(18 日 02:47)	1893.7
6 月 19 日 18:00—21 日 08:20	16 立方米/秒(19 日 21:00)	114.9
6 月 27 日 16:30—28 日 06:50	16 立方米/秒(27 日 16:30)	55.8
7 月 19 日 14:50—23:31	230 立方米/秒(19 日 15:20)	217
7 月 21 日 17:15—19:13	10 立方米/秒(21 日 17:15)	7.1
7 月 31 日 09:30—15:25	10 立方米/秒(31 日 09:30)	21.3
2009 年	6 次	4970.1
2 月 25 日 11:15—26 日 13:54	14 立方米/秒(25 日 11:15)	119.5
2 月 27 日 08:55—28 日 07:28	66 立方米/秒(27 日 16:11)	261.4
2 月 28 日 15:55—3 月 1 日 07:38	9 立方米/秒(28 日 15:55)	49.2
7 月 30 日 15:11—31 日 07:00	113 立方米/秒(30 日 16:03)	184.9
8 月 10 日 03:30—13 日 14:40	759 立方米/秒(10 日 16:10)	3914.1
8 月 13 日 18:00—15 日 22:16	55 立方米/秒(13 日 20:20)	440.9

表 6-5-3（续）

时　　间	最大下泄流量	弃水量（万立方米）
2010 年	1 次	
3 月 3 日 09:20—8 日 08:47	256 立方米/秒(3 月 5 日 22:30)	2308
2011 年	7 次	6893.8
6 月 10 日 15:46—12 日 17:30	50 立方米/秒(12 日 03:17)	350.3
6 月 13 日 19:33—16 日 15:55	420 立方米/秒(15 日 02:35)	3110
6 月 17 日 19:50—20 日 07:40	350 立方米/秒(18 日 21:41)	2759
6 月 25 日 16:47—26 日 20:54	40 立方米/秒(25 日 17:04)	177
6 月 28 日 23:15—30 日 21:41	33 立方米/秒(28 日 23:42)	273
7 月 16 日 20:20—23:00	55 立方米/秒(16 日 20:40)	32.8
7 月 19 日 08:30—20 日 09:00	50 立方米/秒(19 日 09:10)	191.7
2012 年	4 次	2383.8
6 月 27 日 07:34—18:41	83 立方米/秒(27 日 10:30)	219.8
8 月 8 日 10:01—11 日 09:25	380 立方米/秒(8 日 14:23)	2091.8
8 月 28 日 00:30—06:11	30 立方米/秒(28 日 00:30)	61.4
11 月 19 日 13:00—14:25	40 立方米/秒(19 日 14:20)	10.8
2013 年	2 次	817.9
6 月 7 日 09:33—23:00	253 立方米/秒(28 日 00:30)	546.8
6 月 26 日 22:30—28 日 08:09	78 立方米/秒(19 日 14:20)	271.1
2014 年	2 次	455.3
7 月 24 日 18:40—25 日 16:30	39 立方米/秒(25 日 06:40)	215
7 月 27 日 15:30—29 日 08:30	100 立方米/秒(27 日 16:04)	240.3
2015 年	8 次	2796.3
3 月 18 日 06:15—09:30	83 立方米/秒(18 日 06:45)	48.2
4 月 7 日 14:15—8 日 10:00	26 立方米/秒(7 日 14:15)	121.5
6 月 23 日 16:51—24 日 05:51	300 立方米/秒(23 日 17:16)	317
7 月 11 日 11:00—12 日 17:00	114 立方米/秒(11 日 21:56)	684.3
7 月 23 日 13:34—24 日 23:54	53 立方米/秒(23 日 14:38)	347.5
8 月 10 日 07:51—11 日 00:11	26 立方米/秒(10 日 07:51)	135
8 月 22 日 11:32—24 日 17:03	58 立方米/秒(22 日 22:42)	383.9
12 月 9 日 18:03—13 日 10:12	26 立方米/秒(10 日 10:40)	758.7
2016 年	5 次	2862.4
4 月 7 日 04:31—22:45	73 立方米/秒(7 日 05:31)	329.5
4 月 21 日 10:35—24 日 12:05	26 立方米/秒(21 日 10:52)	268
5 月 18 日 9:23—12:25	40 立方米/秒(18 日 10:27)	38.2
5 月 29 日 00:30—08:41	5 立方米/秒(29 日 00:30)	14.7
7 月 3 日 05:15—11 日 09:01	121 立方米/秒(5 日 11:01)	2212

表6-5-3（续）

时　间	最大下泄流量	弃水量（万立方米）
2017年	1次	
6月24日08:00—25日20:30	235立方米/秒(24日08:30)	796.9
2018年	1次	2735
8月10日17:15—11日16:46	1140立方米/秒(10日19:30)	2735
2019年	4次	7163
5月26日07:00—27日07:18	100立方米/秒(17日12:12)	159.3
7月12日23:17—14日06:37	50立方米/秒(26日16:18)	277
8月10日03:02—15日21:27	360立方米/秒(13日07:32)	814
11月4日06:55—5日17:52	5立方米/秒(4日06:55)	1

注：其中2012年11月19日、2016年5月18日、2019年11月4—5日为水库下游供水而泄洪。

第二节　生态保护

一、滩坑水电站生态保护

2004年2月13日，国家环保总局印发《关于浙江省瓯江水电站工程环境影响报告书审查意见的复函》（环审〔2004〕62号），明确为满足下游河道取水和生态用水要求，滩坑水电站需建设生态供水工程，以满足下泄最小流量每秒4立方米的要求。

2007年7月7日，水利水电规划设计总院印发《浙江省瓯江水电站引水发电进水口分层取水和生态供水工程设计专题报告审查意见》（水电规水工〔2007〕0017号），批复同意建设引水发电进水口分层取水和生态供水工程。

2008年5月31日，进水口分层取水工程完工。

2011年3月31日，浙江省发展和改革委员会印发《关于滩坑水电站生态供水发电机组工程项目核准的批复》（浙发改能源〔2011〕249号）。同意建设滩坑水电站生态供水发电机组。

2011年8月3日，滩坑水电站1号0.4万千瓦机组顺利完成72小时试运行投入商业运营。

2014年1月，滩坑水电站水生生物增殖放流站开工建设，增殖放流对象为大鲵、香鱼和黄颡鱼。

2015年2月，滩坑水电站水生生物增殖放流站正式建成投运。电站于2009—2012年、2014年、2015年、2019年共实施了7期香鱼增殖放流，共放流3~6厘米鱼苗240万尾，促进了香鱼陆封种群的形成。

2015年6月29日，青田县鼋省级自然保护区管理处将鼋寄养在水生生物增殖放流站，并开展鼋增殖保护技术研究。

二、华光潭水电站生态保护

2002年2月，浙江华光潭水力发电有限公司委托浙江省水利水电勘测设计院开展《浙江省华光潭梯级水电站工程水土保持方案报告书》的编制工作，2003年6月5日浙江省水利厅主持审查，于2003年7月29日以浙水政〔2003〕65号文件对水土保持方案进行了批复。根据批复，建设单位委托设计单位对水土保持工程进行了专项施工图设计，开展了水土保持监测、监理工作，水土保持工程实施均进行了专项招标，以确保各项水土保持措施与主体工程同步进行实施，在工程建设期间，浙江省、杭州市、临安市的水行政主管部门对水土保持工作进行了监督检查和指导。水土保持工程分为6个单位工程（防治区），即一级坝区防治区、一级厂区防治区、二级坝区防治区、二级厂区防治区、施工支洞防治区、料场防治区，16个分部工程163个单元工程。实际投资1148.8万元，工程各项水土流失防治指标达到了水土保持方案及批复的水土保持防治目标要求。

电站工程项目环保投资1720.8万元，占总投资的2.5%。工程施工期生活区都设置了简易厕所，食堂在隔油池砂石料加工、混凝土搅拌和装置区域设置了沉淀池，生活区配备了垃圾桶、洒水车定期洒水降尘等；工程运行期主要采取了施工场地植被恢复、厂区绿化、弃渣场、取料场、公路等水土保持措施、生态流量泄防措施及生活污水处理措施。公司成立了环保管理委员会，下设办公室负责环保相关事务。公司注重环保宣传和环保教育工作，建立并完善了环境保护工作管理实施细则，落实环保管理责任，管理机构健全，规章制度完善。

施工期间未发现银杏、南方红豆杉、银楼梅等国家保护植物。工程占地和水库淹没占地用了当地居民部分山核桃林地，工程予以了经济补偿。

华光潭水电站水库高程比野生梅花鹿活动区域低350~1000米，距离野生梅花鹿活动范围4.5千米以上，项目建设期和运行期未对华南梅花鹿、金钱豹等国家珍稀保护物种产生明显影响。

电站正常运行时会有发电下泄流量，不会对电站下游城镇用水产生影响，非正常运行时一、二级大坝设置了放水管，放水量1立方米/秒，可保障下游用水要求及生态流量。

第三节　水库移民与企地共建

一、水库移民

（一）滩坑水电站

1999年9月30日，浙江省委书记张德江作了重要批示："权衡利弊，根据专家和省计经委意见，看来此项目早上、快上是上策。如果朝这个方向努力，还有许多工作要做。其中最重要的还是移民的安置问题，一定要抓实通过电站建设，使移民改善生产生活条件"。

2003年4月22日，浙江省人民政府与宁波、绍兴、金华、台州和丽水市人民政府在杭州签订了《滩坑水电站库区农村移民安置工作目标管理责任书》，明确了移民安置任务、职责和目标管理责任。滩坑水电站建设征地影响青田、景宁两县的11个乡镇83个行政村，其中青田县北山镇和景宁县渤海镇2个建制镇所在地，青田县岭根乡和景宁县陈村乡、大顺乡、金钟乡、外舍乡等乡政府驻地被水库淹没。移民安置实施阶段安置人口52481人，各类房屋建筑物总面积190.66万平方米，各类土地89209亩，其中耕地24033亩，园地2328亩，林地47085亩，建设用地3649亩，未利用地12114亩。

2003年8—12月，浙江省移民办和浙江省发展改革委牵头组织并负责协调，在现场查看丽水市内各农村移民安置点、走访库区部分移民户、多次召开座谈会和讨论会的基础上，编制完成了《浙江省瓯江滩坑水电站建设征地移民安置实施规划及年度计划工作大纲》以及《浙江省瓯江滩坑水电站丽水市内移民动迁安置实施规划》《浙江省瓯江滩坑水电站库区集城镇迁建实施规划》和《浙江省瓯江滩坑水电站水库库周专业项目复建实施规划方案》，并于2004年1月得到了浙江省人民政府的批准。

2007年12月，在浙江省移民办的协调下，滩坑水电站基本完成了三个水平年的移民动迁安置任务，北山镇于2006年1月投入使用，岭根乡于2007年1月投入使用，九龙乡于2007年1月投入使用，渤海镇于2007年11月投入使用，四个集（城）镇的相关乡镇机关事业单位已迁入新址履行职能，日常工作运行正常。同月，滩坑水电站开始了蓄水阶段移民验收工作。

2008年4月，滩坑水电站蓄水阶段（140米水位线以下）移民验收顺利通过。

2009年4月，滩坑水电站二期蓄水移民验收顺利通过。

滩坑水电站移民安置实施情况见表6-5-4。

（二）华光潭水电站

2001年，华光潭水电站工程移民安置前期工作启动，4月成立华光潭水库工程指挥部。

2003年9月，华光潭水电站移民安置完成实物详查，同年底开始实施。

2005年5月26日，临安市发展和改革局印发《关于华光潭水库移民安置地工程的批复》（临发改〔2005〕142号），原则同意岛石、大峡谷等镇提出的以现有行政村为基点，结合新农村建设和相对集中安置方案。确定大峡谷镇设坞

表 6-5-4 滩坑水电站移民安置实施情况汇总表

项目		丽水市	台州市	宁波市	绍兴市	金华市	合计
一、移民安置情况							
1. 安置村（个）		143	62	301	108	105	719
2. 移民动迁安置人数（人）		38746	998	5986	4023	2013	51766
其中：农村移民动迁安置人数（人）		36537	985	5893	3945	1979	49339
二、移民资金情况							
移民资金总额（万元）		190519.45	2213.87	13080.80	8774.50	4419.56	219008.18
其中	农村移民资金（万元）	166674.23	2213.87	13080.80	8774.50	4419.56	195162.96
	其他补偿补助资金（万元）	23845.22	0	0	0	0	23845.22
备注		1. 资金总额中不含省本级的 1359.45 万元。 2. 其他补偿补助资金包含园地、林地、集体房屋及附属建筑物、乡村企业单位、迁坟、库底清理、集城镇迁建补偿费。 3. 本表中数据包含概算调整后的资金					

口、兔川、鱼跳、下山、石浪等 5 个安置点；岛石镇设江川、龙山、呼日、株川等 4 个安置点；昌化镇设后营外迁移民安置点。

2010 年 12 月，华光潭水电站移民安置完成搬迁补偿安置和专项复建工作。

2018 年 1 月 15 日，华光潭梯级水电站工程竣工阶段成立移民安置验收委员会，根据《大中型水利水电工程建设征地补偿和移民安置条例》《大中型水利水电工程移民安置验收管理暂行办法》《华光潭水库工程淹没实物补偿办法》《华光潭水库移民安置及集体财产补偿的若干政策》等有关法律法规的规定，结合本工程建设实际，对华光潭水库移民安置工程的建设征地补偿和移民安置、移民工程专项复建等各项工作进行实地检查、踏勘。根据移民安置规划，447 米水位线以下淹没影响区范围的 1008 户居民及工矿企业于 2010 年 12 月全部迁移完毕，共拆除建筑物 22 万平方米，搬迁部门及单位 10 家，工矿企业 3 家，动迁三线三杆 1938 杆，光电缆及导线 161.43 千米，拆迁中小学 2 所涉及师生近千人，拆迁乡镇卫生院 1 所，迁移坟墓 1251 穴，新建跨库人行悬索桥（混凝土桥）6 座，开通库区环库生产便道 17.65 千米。至 2013 年底，由华光潭水库工程指挥部支出的各类移民经费 1.69 亿元，其中征用土地林木补偿费 8607.19 万元，房屋及附属建筑物补偿费 6371.95 万元，库区村公共设施补偿 17.45 万元，移民搬迁补偿费 1051.38 万元，移民搬迁奖金 145.11 万元，移民搬迁过渡房租费 571.67 万元，库区 1008 户移民的淹没实物补偿和各项补助全部兑现补偿到位。

2018 年 3 月 20 日，杭州市临安区人民政府办公室印发《关于印发华光潭梯级水电站工程移民安置专项验收意见的通知》，验收结论为：华光潭梯级水电站工程移民安置已按《华光潭水库工程淹没实物补偿办法》规定的补偿标准补偿到位；水库移民已按《华光潭水库移民安置及集体财产补偿的若干政策》完成安置，后续扶持政策已落实；遗留问题已由临安区人民政府负责落实解决。同意临安区华光潭梯级水电站工程移民安置专项通过竣工验收。

二、村企共建

（一）浙江浙能北海水力发电有限公司

2005 年 9 月 1 日，受强台风影响，小溪流域发生了超过 50 年一遇标准的洪水，滩坑水电站坝址所在的范村、湖云一带上涨的河水漫过沿河两岸居民的房屋，浙江浙能北海水力发电有限公司对湖云村村民进行紧急营救，营救工作从 9 月 1 日深夜至次日凌晨共 4 个小时，共营救村民 36 人至安全地带。

2009 年 8 月，浙江浙能北海水力发电有限公司给青田县北山镇张坪村的全体青少年送去乒乓球桌、书籍、学习用品等。

2010 年 2 月，浙江浙能北海水力发电有限公司开展春节走访、慰问活动，为当地贫困家庭及困难党员送去大米、食用油等生活物资。2010—2019 年，共走访、慰问贫困村民 30 余户次，每年帮助巨浦村安装、维修路灯。

2011 年 2 月 20 日，浙江浙能北海水力发电有限公司举办“情系滩坑感恩社会”浙江小百花越剧团慰问库区越剧专场演出，邀请电站库周近千名群众观看演出。

2012 年 3 月 12 日，浙江浙能北海水力发电有限公司受山体滑坡影响，出行受阻，食品采购困难，湖云村支部书记送来新鲜的农家猪肉 300 余斤，蔬菜、豆腐等食品。4 月 16 日，浙江浙能北海水力发电有限公司为巨浦乡中心小学贫困学生送上了 2 万元的助学金。

2012—2019 年，浙江浙能北海水力发电有限公司每年通过青田县慈善总会以定向捐赠方式，给予巨浦乡人民政府补助 20 万元，用于新农村建设，已累计补助 160 万元。

2013 年 6 月，浙江浙能北海水力发电有限公司为湖云村和巨浦村捐助图书，解决农村青少年和儿童“买书难、借书难、看书难”问题。同年，因湖云村 1500 名居民生活用水短缺，实地勘察后，公司资助湖云村修建临时抽水泵房，缓解了当地居民生活用水短缺难题。

2016 年 7 月 26 日，浙江浙能北海水力发电有限公司赴巨浦村开展“送知识　送安全　送文化”村企共建宣教活动。

2017—2019 年，每年春节，浙江浙能北海水力发电有限公司值班均受巨浦乡邀请参加当地举办的“拔河迎新春”活动。

（二）华光潭水电站

2012 年 5 月 29 日，浙江浙能华光潭水力发电有限公司党支部派员到大峡谷镇中心小学和呼日小学（这两所小学属于库区移民学校）慰问，与两所学校的负责人就“构建社企和谐”活动交流了意见。11 月，浙江浙能华光潭水力发电有限公司与龙岗镇龙井村签署为期 5 年的《结对共建文明协议书》。

2013 年 1 月 22 日下午，浙江浙能华光潭水力发电有限公司党支部与临安市龙岗镇龙井村党支部开展了“村企结对共建”活动，签订“生活水源互为备用”的协议。1 月 29 日，浙江浙能华光潭水力发电有限公司开展“村企结对共建”送温暖活动，走访慰问了临安市龙岗镇龙井村 16 户困难党员、群众及部分高龄老人。5 月 20 日，浙江浙能华光潭水力发电有限公司组织职工和龙井村村民共计 14 人开展无偿献血活动。5 月 30 日，浙江浙能华光潭水力发电有限公司党支部到大峡谷镇中心小学和呼日小学慰问，表示将根据双方的实际情况，组织联谊和帮扶活动。8 月 9 日，浙江浙能华光潭水力发电有限公司打开龙井村备用生活水源阀门，为龙井村 50 多户、160 多名村民提供紧急生活用水，及时履行了国有企业的社会责任。

2014 年 1 月 27 日，浙江浙能华光潭水力发电有限公司组织开展“五水共治”捐款活动，并组织慰问龙井村困难户。5 月 29 日，浙江浙能华光潭水力发电有限公司慰问临安市大峡谷镇中心学校和临安市呼日小学学生。

2015 年 2 月 5 日，浙江浙能华光潭水力发电有限公司到龙井村送温暖，慰问当地的困难群众和困难党员。5 月 13 日，浙江浙能华光潭水力发电有限公司团总支联合龙岗镇团委、岛石镇团委组织开展“青春同行，让垃圾分开旅行”为主题的志愿服务公益环保活动。5 月 20 日，浙江浙能华光潭水力发电有限公司党支部联合项目党支部、龙井村党支部开展无偿献血活动。

2016 年 7 月 30 日，浙江浙能华光潭水力发电有限公司打开与龙井移民村互为备用的生活水源阀门，为该村的 56 户、160 余名村民提供紧急生活用水，及时解决他们的用水困难。2017 年 5 月 31 日，浙江浙能华光潭水力发电有限公司联合龙岗镇人民政府到华光潭库区大峡谷中心学校开展“六一”慰问活动。7 月 5 日，浙江浙能华光潭水力发电有限公司工会联合团总支组织党员、团员青工开展“我为‘七一’献热血”无偿献血活动。7 月 25 日，浙江浙能华光潭水力发电有限公司打开生活水源阀门，为龙井移民村的 56 户、160 余名村民解决了用水困难。

2018 年 1 月 16 日，浙江浙能华光潭水力发电有限公司党委和机关一支部联合龙井村党支部开展了“村企共建”送温暖活动，走访慰问了龙井村贫困老人。

2019年1月15日，浙江浙能华光潭水力发电有限公司党总支、工会携手龙岗镇龙井村党支部，开展“村企结对共建”送温暖活动，走访慰问龙岗镇龙井村孤寡空巢老人。

三、消防救援

2010年12月31日，浙江浙能北海水力发电有限公司专职消防队正式成立，隶属浙江浙能北海水力发电有限公司，位于青田县巨浦乡范村，主要负责滩坑水电站的日常消防安全工作，并配合公安消防队伍处置地方灭火救援工作。2012年，被浙江省公安消防总队授予“先进志愿消防队”，在浙江省“清缴火患”战役中，被浙江省公安厅授予“成绩突出专职消防队”。2016年入围“浙江首届119消防奖”先进集体候选名单。

2011年10月20—21日，在丽水地区召开的第一届全市专职消防队比武竞赛中，专职消防队取得了团体总分第二名，个人总分第二名和第六名的好成绩。

2012年9月11日，专职消防队获得丽水市企业专职消防队业务技能比武竞赛冠军。

2014—2018年浙江浙能北海水力发电有限公司消防救援情况见表6-5-5。

表6-5-5 2014—2018年浙江浙能北海水力发电有限公司消防救援情况表

时间（年-月-日）	消防救援内容	地点
2014-03-21	扑灭农房火灾	巨浦乡欠寮高山村
2014-07-10	营救车祸受困的伤员	青景庆线仁宫乡彭湖村
2014-12-20	扑灭居民楼火灾	巨浦乡湖云村
2015-02-19	扑灭民房火灾	巨浦乡梧桐坑
2015-06-21	扑灭变压器火灾	巨浦乡巨浦村
2015-08-09	协助公路客车救援	巨浦乡范村
2016-01-03	协助救助受困险境学生	北山沙石料场
2016-02-23	扑灭民房火灾	巨浦乡驮垅村
2016-04-12	车祸现场防火救援	青景庆线
2016-08-13	深山救援	北山镇
2016-08-16	扑灭民房火灾	北山镇上垟村
2016-08-28	扑灭民房火灾	巨浦乡驮垅村
2016-09-15	抗台救援	巨浦乡下湾村
2016-10-14	扑灭民房火灾	巨浦乡巨浦村
2016-12-13	救援被困人员	湖云村头施工桥
2017-10-31	扑灭民房火灾	仁宫乡朱山村过海
2018-02-06	扑灭山火	北山镇

四、扶贫结对

2008年，浙江省水利水电投资集团有限公司根据浙江省委、省政府扶贫有关安排，与松阳县开展了两期，每期五年的结对帮扶活动。每年向松阳县8个结对帮扶村提供各5万元扶贫资金，支持乡村扶贫和主题活动（基础建设工程）。公司花费三年时间，对结对帮扶的寺口村、白角外村、庄门村开展低收入农户情况调查，于2011年形成调研情况报告，确保扶贫结对项目落到实处。总计提供扶贫资金234.5万元。2个乡的重点扶贫项目主要涵盖了防洪堤、灌溉水渠、饮用水工程、沼气池，以及乡村道路建设等农村基础设施；新处乡外石塘村2万株香榧种植等经济扶贫；新处乡中心小学教学条件改造，古市镇寺口村老年公寓等社会服务设施完善。同年及次年，松阳县开展主题教育活动，浙江省水利水电投资集团有限公司额外提供20万扶贫资金给2个乡镇。

2009年，浙江省水利水电投资集团有限公司额外向新村乡提供1.5万元帮扶资金，资助乡中心小学改善教学环境。

2010—2012年，浙江省水利水电投资集团有限公司组织“扶贫考察组”走访松阳县，不在扶贫点吃饭、不开座谈会，实地走访年初落实的扶贫项目，年末回访进展情况。2012年3月，走访新处乡中心小学，看望山区的孩子们并捐送课外书。

2011年2月，公司获中共浙江省委、浙江省人民政府“2010年度‘低收入农户奔小康工程’结对帮扶工作先进单位”。2014年，根据浙江省委办公厅《关于做好新一轮扶贫结对帮扶工作的通知》和浙江省水利水电投资集团有限公司党委会议纪要，浙江省水利水电投资集团有限公司开展对丽水市松阳县 2 个乡（板桥畲族乡、裕溪乡）8 个村的扶贫结对帮扶工作，每年支出扶贫资金 40 万元。2014—2019 年，总计资助 200 万元。水利工程方面，建设结对村的 750 米防洪堤、2500 米农田灌溉水渠，修复水毁工程，修建生活污水处理终端 3 个，收益农户 1198 人；道路建设方面，建设结对村机耕路工程，村庄道路 12 余千米，道路硬化 2300 余米；公共设施方面，完善村庄公共绿地 600 余平方米，建成长 70 米、高 3 米的文化墙和 3000 平方米的文化广场，结合古村落新建占地 45 平方米的仿古垃圾房和建筑面积 35 平方米的公厕，安置地质灾害农户 7 户，新建安置点 1 处，修建休憩小广场及周边仿古护栏等。社会事业方面，修缮板桥畲族乡桐榔村居家养老服务照料中心，修缮了裕溪乡徐山村祠堂，改造留守儿童暑假读书室等。

第七篇
金　　融

应内部金融市场需求，2006年，浙能集团成立了浙江省第一家国有控股的金融类财务公司，优化配置内部资金要素，搭建集团资金成本控制平台和资金风险控制平台。之后逐步设立浙江浙能资产经营管理有限公司、浙江浙能融资租赁有限公司，参股浙商银行股份有限公司、浙商财产保险股份有限公司等。2016年11月，浙能集团以原有金融类金融资产为基底，全资设立浙能资本控股有限公司，注册资本金100亿元，定位为产业投融资平台、金融资产投资管理平台和金融服务平台。

成立以来，浙能资本控股有限公司主动对接“金融强省”建设和钱塘江金融港湾建设规划，紧扣“大能源战略”和“四业”发展思路，着力构建具有较高盈利能力、功能丰富且兼具浙能特色的“能源金融”体系，为把浙能打造成为具有国际竞争力的一流综合能源服务商提供强大的金融支撑。

按照“存量+增量”的战略目标，浙能资本控股有限公司全面服务能源产业链建设，打造集增量投资平台、大项目孵化培育平台、金融伙伴的资源互动平台为一体的产业投资“大平台”。2017年5月25日，发起浙江浙能绿色能源股权投资基金（简称绿能基金），计划基金总规模500亿元，首期规模150亿元。绿能基金以绿色金融推动绿色产业，布局能源清洁高效利用和天然气绿色能源项目，拓展风、光电等可再生能源及分布式能源项目，聚焦能源新技术、新装备、新材料等战略性新兴产业。参与增资入股浙江省新能源投资集团股份有限公司，助力集团资产证券化。投资江苏爱康科技股份有限公司旗下503.53MW光伏项目及中机国能龙游30MW光伏项目，参与中国三峡新能源有限公司增资引战项目，为后续产业协同奠定坚实基础。发起设立浙江浙晶光伏股权投资合伙企业（有限合伙）专项基金，完成晶科电力有限公司旗下203.3兆瓦光伏电站的收购，充分发挥专项子基金在风控、机制等方面的优势，力争成为引领绿色能源发展的重要力量。

紧紧围绕能源产业链上下游，浙能资本控股有限公司深化存量企业转型升级，与各产业板块及能源、金融等领域的专业机构紧密协作、合纵连横，打造产融协同的合作平台，在能源产业链的每个环节，渗透优质金融配套服务，实现以融促产、以产兴融。浙能财务公司围绕司库管理职能，充分利用金融牌照优势，发挥集团资金集中管理的主抓手和集团“内部银行”作用，为集团成员企业提供专业化、差异化的金融服务，促进集团资源配置更加优化、财务成本更加节约、资金保障更加安全。浙能（璞能）融资租赁着眼于系统企业固贷和流贷市场，帮助主业企业盘活资产、增加效益，同时配合并购投资业务开展投贷联动，积极开拓市场化项目。浙江省浙能房地产有限公司在金融地产新格局下，以不动产经营和开发代建为发展主线，拓展地产基金、未来社区等创新业务，全力打造具有浙能地产金融特色的房产公司。浙能资产（碳资产）在做好集团金融资产托管、系统内不良资产管理与处置等业务的同时，积极发展碳资产管理服务业务，以及积极拓展产权交易服务等专业化中介业务。

浙能资本控股有限公司抢抓机遇，适时布局银行、证券、保险、信托等核心金融牌照，充分发挥所投金融资产的业务协同优势，打造高效、高质、专注、专业的“金融总部”。联合浙江能源国际有限公司完成股份交割，成为浙商银行股份有限公司第二大股东。受托管理浙商财产保险股份有限公司。成功参与东方证券股份有限公司A股定增，以发行底价获配约2.1亿股，持股比例2.98%，获配金额29.66亿元。

新时代赋予新使命，新征程需要新作为。浙能资本控股有限公司继续秉持服务实业初心，肩负“金融富业”使命，坚定不移推进能源金融事业高质量发展，全力构建以私募股权基金管理、金融牌照运营、能源融资租赁、资产管理、能源供应链金融服务、能源金融咨询“六大业务”为主要动力，党建党风、机制改革、企业治理“三大支撑”为根本保障的“6+3”能源金融服务体系，为浙能集团打造技术型、协同型、服务型现代能源企业提供强大金融支撑。

第一章 机构与规模

第一节 管理体制

2004年11月12日，根据浙江省人民政府国有资产监督管理委员会《关于国信控股集团公司整体资产划转的通知》(浙国资法产〔2004〕83号) 精神，浙江国信控股集团有限责任公司实施改革重组，浙江国信控股集团有限责任公司的所有资产（资产、负债、所有者权益）划归浙江省能源集团有限公司管理。

2006年8月17日，中国银行业监督管理委员会批准浙江省能源集团财务有限责任公司开业，批准浙江省能源集团财务有限责任公司注册资本为8.0174亿元人民币（含500万美元）。股东结构为浙能集团86%，西门子财务服务有限公司5%，浙江浙能北仑发电有限公司3%，浙江浙能嘉兴发电有限公司2%，浙江浙能镇海发电有限责任公司2%，浙江省电力建设有限公司2%。

2008年4月28日，根据浙能集团的工作部署，浙江国信控股集团有限责任公司与浙江省浙信房地产有限公司合署办公，实行“一套班子、两块牌子”的管理体制，并明确了以房地产开发经营为主业的企业发展战略这一科学定位。

2010年10月25日，根据浙能集团〔2010〕50号专题会议纪要精神，将浙江浙水房地产开发有限公司全部股份划转至浙江省浙信房地产有限公司。同年11月19日，浙江浙能资产经营管理有限公司工商注册登记成立，注册资本金1亿元人民币，是浙能集团全资控股企业，主要负责国有产（股）权经营管理（含收购、管理、受托处置等)，实业投资、风险投资、管理资本运作，以及与企业改革重组有关的产权经纪、投资中介、咨询服务等业务。

2011年7月12日，浙江省能源集团财务有限责任公司董事会审议通过《关于浙江省能源集团有限公司受让西门子财务服务有限公司所持有的公司5%的股权的议案》，同意由浙能集团根据《股权转让协议》受让西门子财务服务有限公司所持有的公司5%的股权。同年8月5日，浙江省国资委同意浙能集团以590万美元受让西门子财务服务有限公司所持有的浙江省能源集团财务有限责任公司5%的股权。同年8月19日，经浙江银监局审核，同意浙江省能源集团财务有限责任公司变更股权结构。本次股权转让后80174万元人民币注册资本金不变，股东结构为浙能集团91%，浙江浙能北仑发电有限公司3%，浙江浙能嘉兴发电有限公司2%，浙江浙能镇海发电有限责任公司2%，浙江省电力建设有限公司2%。

2012年6月14日，浙江省能源集团财务有限责任公司董事会审议通过《关于增加公司注册资本的议案》，同意将公司2011年度可供股东分配的利润中的16900万元按股东出资比例转增实收资本，公司注册资本变更为97074万元。同年9月20日，中国银监会浙江监管局同意上述事项。

2013年5月27日，浙江浙能融资租赁有限公司工商注册登记成立，注册资本20000万元人民币。同年9月，浙江浙能融资租赁有限公司由商务部及国税总局联合审批（商流通函〔2013〕755号)，成为第十一批内资融资租赁试点企业，为浙能资本控股有限公司的全资控股企业。经营范围包含设备租赁、金融咨询、商业保理、资产运作和管理等创新产品和服务。

2013年10月16日，浙能集团批复同意浙江省浙信房地产有限公司注册资本金从30000万元人民币扩增至80000万元人民币（浙能资〔2013〕513号)。同月17日，浙江省浙信房地产有限公司更名为浙江省浙能房地产有限公司。

2014年9月23日，上海璞能融资租赁有限公司工商注册登记成立，在上海自由贸易试验区正式成立，注册资本 29900 万美元。上海璞能融资租赁有限公司由浙能集团（香港）有限公司全资组建，公司坚持“立足集团，面向市场，做大做强融资租赁业务”的发展思路，以传统能源设备租赁为基础，积极推进光伏、天然气及其他新能源、清洁能源设备，节能环保和基础设施等领域的融资租赁业务。

2016 年 10 月 11 日，浙能集团成立浙江浙能资本控股有限公司筹建处。同年 11 月 1 日，浙能资本控股有限公司工商注册登记成立，注册资本金 100 亿元，由浙能集团全资设立，定位为金融资产投资与管理的专业机构和金融服务平台、投融资平台，经营范围包括股权投资、实业投资、投资管理、资产管理、投资管理咨询等。同年 12 月 7 日，根据浙能集团浙能资〔2016〕453 号文件通知要求，将浙江国信控股集团有限公司所持有的浙能租赁 100% 股权无偿划转给浙能资本控股有限公司持有，划转基准日为 2015 年 12 月 31 日。

2017 年 1 月，浙江浙能融资租赁有限公司与上海璞能融资租赁有限公司正式实行“一套班子、两块牌子”的一体化管理，主要从事机械设备和车辆的融资租赁和保理业务。同年 3 月 8 日，浙能资本控股有限公司党委会（纪要〔2017〕6 号）审议同意将浙江国信创业投资有限公司（2003 年 3 月 11 日完成工商注册登记）更名为浙江浙能创业投资有限公司。2017 年 4 月 1 日，浙能集团董事会议决议通过浙能资本控股有限公司全资设立浙能股权投资基金管理有限公司，注册资本 5000 万元。同年 6 月，浙能股权投资基金管理有限公司工商注册登记成立，为浙能资本控股有限公司的全资控股企业，注册资本 5000 万元。旗下发起设立“浙能绿色能源股权投资基金”并担任基金管理人，基金总规模 500 亿元，Ⅰ期规模 150 亿元，打造省级绿色能源投融资主平台，并作为母基金下设市场主导的子基金和产业专项基金，主要投资市场主导的能源类项目。同年 10 月 16 日，浙江浙能碳资产管理有限公司工商注册登记成立，注册资本金 1000 万元人民币，由浙江浙能资产经营管理有限公司出资 75%、浙江兴源节能科技有限公司出资 25% 共同组建。公司与浙江浙能资产经营管理有限公司合署办公，由浙能资本控股有限公司实际管理。专业从事碳资产管理、碳减排咨询、碳金融交易和碳履约服务等碳资产业务的经营运作。浙江浙能碳资产管理有限公司集中管理浙能集团所属控排企业的碳资产，并负责集团系统可再生能源的 CCER 开发、节能减排项目运作等相关业务。

2018 年 11 月 23 日，浙能集团《关于同意浙江浙能创业投资有限公司增资的批复》(浙能资〔2018〕642 号）同意浙能资本控股有限公司向浙江浙能创业投资有限公司增资 5000 万元，增资完成后浙江浙能创业投资有限公司注册资本金为 1 亿元。浙江浙能创业投资有限公司为浙能资本控股有限公司的全资控股企业，重点关注与浙能集团产业发展有一定协同的高新科技企业。同月 30 日，浙江浙能融资租赁有限公司由原注册资本 20000 万元人民币增资至 50000 万元人民币（浙能资〔2018〕155 号）。

2019 年 3 月 25 日，浙能集团二届董事会二百二十五次会议审议决定，将财务公司的管理方式明确为浙能集团直属企业。

2020 年 1 月 20 日，根据浙江省能源集团有限公司《关于调整浙江浙能天颐投资有限公司管控关系的通知》(浙能战略〔2020〕28 号）要求，将浙江浙能天颐投资有限公司管理权从科服分公司划归浙能资本控股有限公司。各业务领域管理职责和界面参照浙能资本控股有限公司所属营运企业相关规定执行。

第二节 内设部门

2016 年 12 月 19 日，浙能资本控股有限公司上报《关于上报浙能资本控股有限公司“三定”方案的请示》(浙能人〔2016〕11 号)，“三定”方案，设置综合管理部、投资管理部、研究发展部、计划财务部、风险控制部、人力资源部和党群工作部等 7 个部门，部门岗位编制总数控制在 25 人以内（不含浙能集团管理的领导人员职数）。2017 年 2 月 10 日，根据浙能集团《关于浙能资本控股有限公司“三定”方案的批复》(浙能人〔2017〕81 号）的相关精神，浙能集团同意上述人员设置请求，其中部门正副职领导职数控制在13人以内。

2017年3月，浙能资本控股有限公司印发《关于印发浙能资本控股有限公司部门工作职责的通知》(浙能资本控股有限公司人〔2017〕10号)，设置综合管理部、投资管理部、研究发展部、计划财务部、风险控制部、人力资源部、党群工作部等7个部门（表7-1-1和图7-1-1）。

表7-1-1 2017年浙能资本控股有限公司部门设置及部门职责表

部门设置	部 门 职 责
综合管理部	负责公司办公行政、信访维稳、会务和信息等工作
投资管理部	负责公司投资计划的拟定、投资方案的设计和投资项目的跟进等工作
研究发展部	负责市场分析、行业和业务研究工作
计划财务部	负责公司财务、资金和预算工作
风险控制部	负责公司全面风险管理工作
人力资源部	负责公司人力资源管理工作
党群工作部	负责公司党务、纪检监察、宣传、企业文化和群团相关工作

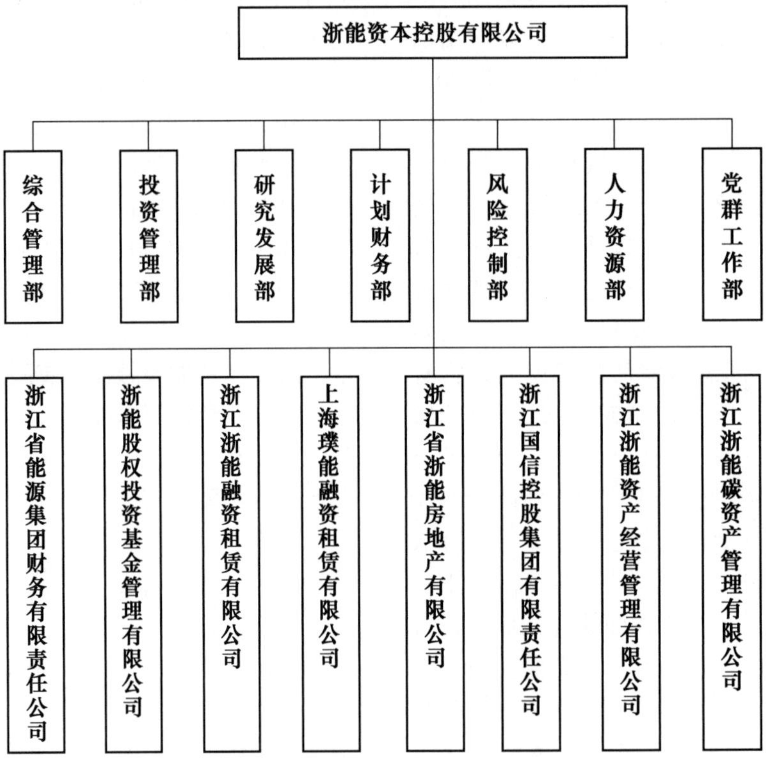

图7-1-1 2017年浙能资本控股有限公司组织架构图

2018年，为加强金融板块党建工作力量，浙能资本控股有限公司对“三定”方案进行调整，过渡期增加党建宣传专职1人，成熟期增加党群工作部副主任和党建宣传专职各1人。调整后的“三定”方案过渡期定员26人（部门正副职领导职数不超过9人），成熟期定员37人（部门正副职领导职数不超过14人）。同年7月17日，集团批复同意浙能资本控股有限公司“三定”调整方案（浙能人〔2018〕368号）。

2019年，为贯彻落实集团《关于推进企业纪检监察体制改革的实施方案》的相关要求，进一步完善金融板块纪检监察机构设置和人员配备，经党委会审议通过，成立浙能资本控股有限公司纪检审计室，与党群工作部合署办公（表7-1-2和图7-1-2）。

表7-1-2 2019年浙能资本控股有限公司部门设置及部门职责表

部门设置	部门职责
综合管理部	负责公司办公行政、信访维稳、会务和信息等工作
投资管理部	负责公司投资计划的拟定、投资方案的设计和投资项目的跟进等工作
研究发展部	负责市场分析、行业和业务研究工作
计划财务部	负责公司财务、资金和预算工作
风险控制部	负责公司全面风险管理工作
人力资源部	负责公司人力资源管理工作
党群工作部（纪检审计室）	负责公司党务、纪检监察、宣传、企业文化和群团相关工作

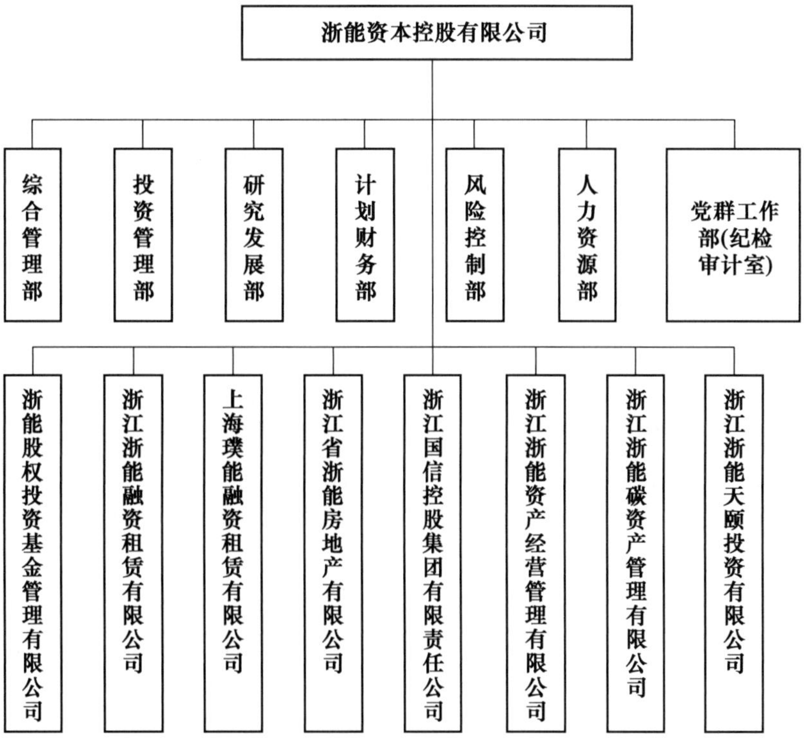

图7-1-2 2019年浙能资本控股有限公司组织架构图

金融板块所属营运企业浙江浙能（上海璞能）融资租赁有限公司、浙江国信控股集团有限责任公司、浙江省浙能房地产有限公司、浙江浙能资产经营管理有限公司自成立以来也都设置和建立了公司职能部门及职责。

第三节 业务与规模

浙能资本控股有限公司主要从事股权投资、资产并购、融资租赁、资产管理、碳交易、金融地产等能源特色金融产业。截至2019年底，浙能资本控股有限公司控股、管理浙能股权投资基金管理有限公司、浙江浙能创业投资有限公司、浙江浙能投资管理有限公司、浙江浙能融资租赁有限公司、上海璞能融资租赁有限公司、浙江国信控股集团有限责任公司、浙江省浙能房地产有限公司、浙江浙能资产经营管理有限公司、浙江浙能碳资产管理有限公司、浙江浙能天颐投资有限限公司等10家企业，并参股浙商银行股份有限公司、东方证券股份有限公司、浙商财产保险股份有限公司、三峡新能源等13家主体，发起成立了浙江省首支绿色能源投资基金。截至2019年底，金融板块总资产351.86亿元，净资产235.44亿元（表7-1-3），管理口径累计实现利润总额55.63亿元。

表7-1-3 2016—2019年金融板块资产经营规模情况

亿元

年份	资产总额	净资产	营业收入	利润总额
2016	479.45	129.59	39.40	11.53
2017	505.23	175.08	62.89	9.68
2018	564.01	218.97	47.06	14.99
2019	351.86	235.44	11.56	13.71

第二章 金融与产业投资

第一节 金融资产投资

一、商业银行

2017年2月20日，浙能资本控股有限公司通过增持浙商银行股份有限公司股权事宜，并报送浙能集团。同月17日，浙能集团董事会议决议通过增持浙商银行股份有限公司股权事宜。根据浙能集团2017〔3〕号董事会纪要精神，同意由浙江能源国际有限公司按照不超过6000万美元的规模增持浙商银行股份有限公司H股方案；同时，授权浙能资本控股有限公司牵头浙江能源国际有限公司、浙江省能源集团财务有限责任公司完善具体操作办法，并做好实施工作。2017年3月21日，浙能资本控股有限公司联合浙江能源国际有限公司，以大宗交易的方式增持浙商银行股份有限公司H股5882.3万股。增持后，浙能集团（集团合并口径）持有浙商银行股份有限公司总股本的5.01%。

2017年9月8日，浙能集团董事会议决议通过再次增持浙商银行股份有限公司股权事宜。根据浙能集团2017〔17〕号董事会纪要精神，同意购买浙商银行股份有限公司H股5.87亿股，其中：浙能资本控股有限公司增持4.32亿股，浙江能源国际有限公司增持1.55亿股。

2017年9月15日，浙能资本控股有限公司联合浙江能源国际有限公司完成股份交割。增持后，浙能集团持有浙商银行股份有限公司共1486885752股，占浙商银行股份有限公司总股本的8.28%，成为浙商银行股份有限公司第二大股东。

二、财产保险

2010年，浙能集团成为浙商财产保险股份有限公司股东，出资2亿元。2012年2月16日、2017年6月20日分别对其增资1亿元、3亿元，增资后，成为浙商财产保险股份有限公司第三大股东，出资6亿元，持股20%。

浙能资本控股有限公司成立后，对浙商财产保险股份有限公司履行相关管理职能，积极做好投后管理工作。2016年12月7日，浙商财产保险股份有限公司20%股权无偿划转至浙能资本控股有限公司。2016—2017年，共计审查浙商财产保险股份有限公司“三会”议题224个。2017年，应浙江省国资委《关于浙商财产保险股份有限公司增资扩股事项意见的函》的要求，根据浙能集团〔2017〕11号董事会纪要精神，同意向浙商财产保险股份有限公司增资3亿元，增资后集团公司持股比例保持不变（20%）。

三、证券公司

2017年11月24日，浙能资本控股有限公司通过参与东方证券股份有限公司A股定增项目的投资方案，并报送浙能集团；同月28日，浙能集团同意对参与东方证券股份有限公司A股定增立项。

2017年11月27日，浙能集团董事会决议通过参与东方证券股份有限公司A股定增投资事宜。根据浙能集团〔2017〕24号董事会纪要精神，同意浙能资本控股有限公司参与投资东方证券股份有限公司A股定增项目，认购股份不超过东方证券股份有限公司本次定增后总股本的3%，认购价格不高于本次定增基准日前20个交易日均价的95%，认购总金额不超过30亿元；同时将本次投资事项按投资管理规定上报省国资委，履行相应程序；要求浙能资本控股有限公司确保尽快拿到东方证券股份有限公司董事席位，并通过公司治理和业务层面加强与东方证券股份有限公司及申能集团的交流合作，推动集团公司金融板块和相关产业持续健康发展。

2017年12月13日，按照浙能集团董事会二届一百八十九次审议的方案要求，浙能资本控股有限公司成功参与东方证券股份有限公司A股定增，以发行底价获配约2.1亿股，持股比例2.98%，获配金额29.66亿元；同月28日，本次定增完成股份登记工作。

第二节　基金平台搭建

一、绿能基金

2017年3月29日，浙能资本控股有限公司通过绿能基金成立事项，并报送浙能集团。同年4月1日，浙能集团董事会议决议通过关于浙能资本控股有限公司发起设立绿能基金事宜，同意浙能资本控股有限公司提出的绿能基金设立方案；同意浙能资本控股有限公司全资设立浙能股权投资基金管理有限公司，注册资本5000万元；同意浙能资本控股有限公司与北京文化全资子公司上海文心智合企业发展有限公司合资设立浙江浙能投资管理有限公司，作为绿能基金普通合伙人。

2017年5月25日，由浙能资本控股有限公司发起，联合国内投资及金融机构共同组建的国内首支绿色能源产业基金——“浙江浙能绿色能源股权投资基金”在杭州举行签约仪式，基金目标规模500亿元，首期规模150亿元。该基金致力于聚焦能源产业链投资，以绿色金融推动绿色能源发展，服务“两美”浙江建设，助力创建“国家清洁能源示范省”。浙江省副省长朱从玖，省政府副秘书长陆建强，省国资委主任周日星，省金融办主任张雁云，省发展改革委副主任、省能源局局长吴胜丰，省属国有大型企业、基金投资及金融机构相关领导出席发布会。省国资委主任周日星、省能源局局长吴胜丰、浙能集团董事长童亚辉和基金合伙人代表致辞，浙能集团总经理柯吉欣主持发布会。

2017年6月7日，浙能股权投资基金管理有限公司工商注册登记成立，注册资本5000万元人民币。

2017年11月6日，浙能股权投资基金管理公司于中国证券投资基金业协会完成私募基金管理人登记，担任浙江浙能绿色能源股权投资基金管理人。

2018年7月12日，因政策《关于规范金融机构资产管理业务的指导意见》变化，浙能股权投资基金管理公司进行资料更新完善，完成私募基金管理人二次登记，登记编码为P1068647。

2018年9月26日，浙江浙能绿色能源股权投资基金于中国证券投资基金业协会私募完成私募基金产品备案，登记编码为SCU511。

二、其他子基金

2017年10月9日，浙江省发布凤凰计划，不断提高直接融资的比重，目标5年内实现省内上市公司倍增，到2020年争取达到1000家；到2020年，60%以上的上市公司开展并购重组，年均并购重组金额达到800亿元以上，主要并购标的为高端技术等。为抓住省内这一政策利好窗口，浙能资本控股有限公司联合省内知名PE投资机构浙商创投股份有限公司共同设立浙江泽海基金管理有限公司，由富海公司发起设立湖州泽源投资合伙企业（投资基金）。

2017年9月8日，浙能集团董事会决议同意与浙商创投股份有限公司合作设立基金管理公司并发起设立湖州泽源投资合伙企业（投资基金）。

2017年9月起，浙能资本控股有限公司向23家机构投资者进行基金路演。2018年3月14日，完成最终募集工作。

2018年1月18日，浙能资本控股有限公司通过湖州泽源投资合伙企业（投资基金）事项，并报送浙能集团。

2018年3月29日，浙能集团董事会通过设立湖州泽源投资合伙企业（投资基金）事项，根据浙能集团〔2018〕7号董事会纪要精神，同意浙江泽海基金管理有限公司注册资本维持1000万元，浙能资本控股有限公司对其出资比例调整至35%（3500万元），并按上述方案完成工商登记备案工作；同意基金方案，由浙江泽海基金管理有限公司发起设立湖州泽源投资合伙企业（投资基金）；同意浙能资本控股有限公司及浙江浙能创业投资有限公司作为湖州泽源投资合伙企业（投资基金）LP，Ⅰ期认购规模2亿元，由浙能资本控股有限公司及浙江浙能创业投资有限公司分别认购1亿元。

2018年7月17日，湖州泽源投资合伙企业（投资基金）完成有限合伙企业签署及工商注册。湖州泽源投资合伙企业（投资基金）总规模10亿元，其中Ⅰ期规模5亿元。基金依托集团公司产业优势，抓住“凤凰行动”计划机会，重点投资绿色能源、节能环保、高端制造和其他新兴产业等领域的Pre-IPO项目，形成“PE基金+上市公司并购退出”的并购投资模式。

第三节 能源产业投资

一、可再生能源项目

（一）爱康科技500MW光伏项目

2018年8月31日，浙能集团董事会审议通过了浙江浙能电力股份有限公司提交的收购爱康光伏项目议案，由浙能资本控股有限公司或绿能基金（或其下属投资主体）与中康电力分别签署各标的公司的《股权转让协议》。

2018年9月3日，浙能资本控股有限公司投资管理委员会审议同意收购爱康光伏项目立项。同日，浙能资本控股有限公司投资管理委员会审议同意绿能基金设立SPV公司收购爱康光伏项目议案。2018年9月7日，浙能资本控股有限公司通过该事项，并报送浙能集团。

2018年9月19日，绿能基金通过收购爱康光伏项目事项。同月21日，浙能集团董事会审议通过浙能资本控股有限公司提交的爱康光伏项目并购实施方案。

2018年9月27日，完成了14个项目公司的《股权转让协议》，保证合作、运维框架协议的签订。同年10月，陆续开展了宿州恒康、四子王旗、新疆博州、新疆博乐等项目的工商变更和现场接收工作。

（二）中机国能龙游30MW光伏项目

2018年1月17日，浙能资本控股有限公司投资管理委员会审议同意收购中机国能电力集团有限公司持有项目公司100%股权的投资方案立项。同年3月30日，浙能资本控股有限公司投资管理委员会审议同意中机国能电力集团有限公司持有项目公司100%股权的投资方案。

2018年4月28日，浙能资本控股有限公司通过收购中机国能龙游30MW光伏项目事宜，并报送浙能集团。中机国能龙游30MW光伏项目是中机国能龙游新能源有限公司投资开发的农光互补光伏电站，位于浙江省衢州市湖镇镇客路村，占地面积669亩，备案装机容量30兆瓦，实际装机容量28.16兆瓦。

2018年5月17日，浙能集团董事会审议通过收购中机国能电力集团有限公司持有项目公司100%股权的投资方案。

2018年10月19日，绿能基金投资决策会审议通过了浙江清能能源发展有限公司收购中机国能电力集团有限公司持有项目公司90%股权议案，股权款5226万元。

2018年12月19日，浙江清能能源发展有限公司与中机国能电力集团有限公司签署了《股权转让协议》。

2018年12月21日，中机国能龙游新能源有限公司完成股权变更、工商变更和法定代表人变更。

（三）三峡新能源项目

中国三峡新能源有限公司是中国长江三峡集团有限公司的新能源产业平台，该公司围绕“风光三峡”和“海上风电引领者”战略目标，发挥产业协同优势，积极开发海上风电，大力发展陆上风电、光伏发电，推进光热发电，稳健发展中小水电业务，形成风电、太阳能、中小水电、股权投资四大板块业务格局。

2017年9月25日，浙能资本控股有限公司投资管理委员会审议同意中国三峡新能源有限公司增资引战项目立项；27日，浙能资本控股有限公司党委会通过该事项，并报送浙能集团；28日，浙能集团董事会决议同意该事项立项。

2017年11月5日，浙能资本控股有限公司投资管理委员会审议通过中国三峡新能源有限公司增资引战项目；6日，浙能资本控股有限公司党委会通过该事项，并报送浙能集团。

2017年11月20日，浙能集团总经理柯吉欣率队拜访中国长江三峡集团有限公司，积极推进浙能集团与中国长江三峡集团有限公司在新能源、资本、海上风电等领域的合作。

2017年11月27日，浙能集团董事会审议通过中国三峡新能源有限公司增资引战项目，同意浙能资本控股有限公司按照不超过2.21元/股的价格（投前估值288.87亿元）进行报价，投资规模不超过20.43亿元，对应持股比例不高于5%。

2018年2月11日，北京产权交易所发布择优结果通知书，确认浙能资本控股有限公司投资资格，获配4.99%的股权，投资金额19.54亿元，获配价格2.10元/单元注册资本。

2018年3月23日，浙能资本控股有限公司与中国三峡新能源有限公司签署《增资扩股协议》。

2018年3月31日，浙能集团董事会审议通过绿能基金间接投资中国三峡新能源有限公司项目立项。同年5月11日，浙能集团批复《关于同意浙能资本控股有限公司向绿能基金以类可交换债券形式融资的批复》（浙能〔2018〕551号），同意实施项目方案。

2018年10月30日，中国三峡新能源有限公司增资后工商变更完成。

2019年1月17日，绿能基金投决会表决通过绿能基金间接投资中国三峡新能源有限公司项目，同意绿能基金按投资方案投资三峡新能源股权项目，投资金额约16亿元；同意绿能基金与浙能资本控股有限公司签署并执行相关协议。

2019年1月21日，绿能基金与浙能资本控股有限公司就间接投资中国三峡新能源有限公司项目签署《可换股融资协议》，投资金额15.9286亿元。

（四）水电集团增资项目

2018年8月10日，浙能资本控股有限公司通过绿能基金参与浙江省水利水电投资集团有限公司增资扩股事宜，并报送浙能集团。

2018年8月，浙能资本控股有限公司与浙江省水利水电投资集团有限公司联合提交了与增资扩股相关的一系列议案，上报浙能集团审批。同年9月21日，浙能集团董事会议决议通过浙江省水利水电投资集团有限公司增资扩股事宜，同意由绿能基金下设的投资平台以非公开协议方式参与浙江省水利水电投资集团有限公司增资扩股，增资完成后绿能基金持有浙江省水利水电投资集团有限公司不超过25%的股权；同意绿能基金与浙江浙能创业投资有限公司分别出资99.99%和0.01%合资设立投资平台，作为上述增资浙江省水利水电投资集团有限公司的主体，新设公司注册资本为25亿元。

2018年10月19日，绿能基金投决会审议通过了绿能基金参与浙江省水利水电投资集团有限公司增资的议案。

2018年12月7日，浙江新能能源发展有限公司与浙能集团、浙江省水利水电投资集团有限公司签署了增资协议，增资后将持有浙江省水利水电投资集团有限公司23.08%的股权。

2018年12月21日，浙江省水利水电投资集团有限公司完成注册资本金和股权信息工商变更。

二、能源科技类项目

2017年2月17日，浙能集团董事会审议通过以浙江浙能创业投资有限公司为主体投资龙焱能源科技（杭州）有限公司（简称龙焱能源）20%股权。

2017年3月，浙能资本控股有限公司联合浙能技术研究院，以浙江浙能创业投资有限公司为主体投资龙焱能源科技（杭州）有限公司20%股权，成功完成浙能集团首个创业投资类项目。

2017年11月，浙能集团董事会决议通过增资龙焱能源1340万元，保持20%股比不被稀释，根据浙能集团〔2017〕号董事会纪要精神，相关增持工作于2018年2月完成。

第三章　司　库　管　理

第一节　资金集中管理

2006年，在浙能集团的大力支持和成员单位[①]的积极配合下，浙江省能源集团财务有限责任公司把抓资金归集工作作为重中之重，积极与成员单位进行沟通，加强业务联系、完善各项服务，与上市公司东南发电公司签订《金融服务合作协议》，顺利完成了该公司及其控股公司的资金上收工作。2006年末，浙江省能源集团财务有限责任公司开立结算账户40家，资金归集率达81.58%。

2007年，浙江省能源集团财务有限责任公司对成员单位资金账户开始采用“收支两条线”管理模式，即明确划分收支账户，实行收支分离，收入账户只收不支，支出账户只支不收，严禁跨账户收支，努力实现“成立一家，归集一家”的资金归集管理目标，减少资金在系统外部游离，稳步提升资金归集率。浙江省能源集团财务有限责任公司开立结算账户共计51家，有42家成员单位采用浙能集团“收支两条线”的资金管理模式，资金归集率达92%。

2008年，成员单位资金归集的管理模式逐步趋于稳定，年初将国信控股纳入“收支两条线”管理，资金归集面进一步加强。截至2008年底，共有57家成员单位在浙江省能源集团财务有限责任公司开立结算账户，浙江省能源集团财务有限责任公司全年综合资金归集率达90.53%。

2009年末，累计共有55家成员单位在浙江省能源集团财务有限责任公司开立结算账户，40家成员单位纳入“收支两条线”，浙江省能源集团财务有限责任公司全年综合资金归集率达89.78%，资金归集率处于较高水平。

2010年，浙江省能源集团财务有限责任公司的资金归集面进一步扩大。截至2010年底，共有63家成员单位在浙江省能源集团财务有限责任公司开立结算账户，41家成员单位纳入“收支两条线”，资金归集率达89.13%。

截至2012年，浙能集团共有129家成员单位在浙江省能源集团财务有限责任公司开立结算账户，其中有96家实行“收支两条线”的资金管理模式，银监会口径资金归集率74.6%，剔除浙能集团同意暂缓归集因素后约90%。

截至2013年，浙能集团共有143家成员单位在浙江省能源集团财务有限责任公司开立结算账户，其中有102家实行“收支两条线”的资金管理模式，资金归集率83.87%，剔除浙能集团同意暂缓归集因素后达96.17%。

截至2015年，浙能集团共有183家成员单位在浙江省能源集团财务有限责任公司开立结算账户，其中有126家实行“收支两条线”的资金管理模式，年平均资金归集率达76.49%。

截至2016年，浙能集团共有191家成员单位在浙江省能源集团财务有限责任公司开立结算账户，其中有133家实行“收支两条线”的资金管理模式，资金归集率达89.61%。

截至2017年，浙能集团共有222家成员单位在浙江省能源集团财务有限责任公司开立结算账户，较年初新增31家，其中150家成员单位实现“收支两条线”的资金管理模式，年内资金归集率维持在85%以上。

截至2018年，浙能集团共有267家成员单位在浙江省能源集团财务有限责任公司开立结算账户，较年初新增45家，其中159家成员单位

① 成员单位：根据中国银监会颁布的《企业集团财务公司管理办法》中的定义，成员单位包括集团公司及其控股51%以上的子公司（简称子公司）；母公司、子公司单独或者共同持股20%以上的公司，或者持股不足20%但处于最大股东地位的公司；母公司、子公司下属的事业单位法人或者社会团体法人。

实现“收支两条线”的资金管理模式，银监会口径资金归集率 87.70%，剔除不可归集因素后达 98.83%。

第二节 融资集中管理

2012 年，间接融资方面，在浙能集团财务部的指导下，浙江省能源集团财务有限责任公司开始协助成员单位制定融资方案，开展集团融资集中管理工作；截至 2012 年底，浙江省能源集团财务有限责任公司参与了萧山等地的天然气热电项目，以及金丽温管线、甬台温管线等抢建项目，签订银行合同约 40 亿元；直接融资方面，浙江省能源集团财务有限责任公司协助浙能集团发行 1 笔短融和 1 笔中票，总计 35 亿元。

2013 年，间接融资方面，浙江省能源集团财务有限责任公司积极配合集团财务部实施融资集中管理，全年完成集团在建项目固定贷款签约合同金额 155.86 亿元，完成银行固定资产贷款提款 65.34 亿元；直接融资方面，浙江省能源集团财务有限责任公司协助浙能集团发行 2 笔短融和 2 笔中票，总计 111 亿元。

2014 年，间接融资方面，浙江省能源集团财务有限责任公司按成员单位实际资金需求落实各项贷款共 33.97 亿元；舟山煤电完成提款 15.2 亿元，常山天然气完成提款 8.5 亿元；在落实宁夏枣泉和新疆阿克苏等重大项目的融资工作上取得了突破；直接融资方面，浙江省能源集团财务有限责任公司协助浙能集团发行 1 笔短融和 1 笔中票，总计 50 亿元，并协助集团以维好方式，以浙能香港公司为发行主体，成功发行 3 亿美元债券，票面利率 2.3%，资金全额回流。

2015 年，间接融资方面，浙江省能源集团财务有限责任公司按成员单位实际资金需求落实各项贷款共 15.0 亿元，基本解决了镇海动力中心、嘉兴独山港和小洋山项目等工程的资金需求；直接融资方面，浙江省能源集团财务有限责任公司被接收为中国银行间市场交易商协会会员，此外协助浙能集团发行 4 笔超短融，总计 40 亿元。

2016 年，间接融资方面，浙江省能源集团财务有限责任公司助力集团下属成员单位完成银行提款 43.32 亿元，完成阿克苏电厂提款 16.1 亿元；直接融资方面，浙江省能源集团财务有限责任公司协助浙能集团发行 9 笔超短融，总计 130 亿元。

2017 年，间接融资方面，浙江省能源集团财务有限责任公司创新融资工作模式，统一整合集团信贷资源，继续发挥“总对总”优势，有效解决了玉环 PPP 项目、明州高速固贷置换等集团重点项目融资难题。助力集团下属成员单位完成银行提款 52.55 亿元，完成明州高速提款 13.86 亿元，滨海二期提款 6.9 亿元。当年，浙江省能源集团财务有限责任公司协助浙江能源国际有限公司提取海外银团贷款 3 亿美元，用于偿还到期美元债。直接融资方面，浙江省能源集团财务有限责任公司协助浙能集团成功注册自动储架发行债务融资工具 DFI、成功获得中国证券监督管理委员会关于核准浙能集团公开发行 50 亿元额度公司债券的批复，并协助浙能集团成功发行 8 笔超短融，总计 200 亿元。

2018 年，间接融资方面，浙江省能源集团财务有限责任公司继续发挥“总对总”优势，统一整合集团信贷资源，助力集团下属成员单位完成集团第一笔并购贷款合同的签约，并完成银行提款 69.84 亿元，其中固定资产贷款 59.02 亿元（其中新天煤化工项目 40 亿元），流动资金贷款 7.09 亿元，并购交易贷款 3.73 亿元；直接融资方面，浙江省能源集团财务有限责任公司协助浙能集团成功发行 30 亿元公司债，发行利率为 2018 年初至发行当日交易所债券市场 5 年期（不含权）可比规模公司债券最低，系浙能集团首次发行公司债券，并协助浙能集团成功发行 6 笔超短融，4 笔中票，1 笔公司债，总计 240 亿元。

第三节 支付集中管理

2012 年 2 月 6 日，浙江省能源集团财务有限责任公司召开总经理办公会议。审议通过《关于开展代理成员单位集中对外支付平台建设的议题》，浙江省能源集团财务有限责任公司的支付集中管理就此拉开了序幕。

2012 年，浙江省能源集团财务有限责任公司专门成立课题小组，对国内多家不同类型的财务公司进行了深入调研和审慎论证，并与浙能集团财务部和成员单位进行了广泛的沟通和讨论，提出了代理支付的具体实施方案。在此基础上对原有业务系统进行了升级改造。同年 12 月 10 日新业务系统如期上线，12 月 17 日代理支付试点工作正式实施，开启了浙能集团的第一笔代理支付业务。

2012 年，浙江省能源集团财务有限责任公司对业务系统进行了新一轮优化升级，新增资金预算模块和合同备案模块，并对原有功能模块进行优化。2013 年 9 月新系统上线运行。浙江省能源集团财务有限责任公司编写了集中代理支付业务操作手册和系统操作手册，为集中代理支付在浙能集团全面推广实施打下了基础。

2014 年 1 月起，浙江省能源集团财务有限责任公司采取“分批实施、稳步推进”的方式，分三阶段在浙能集团逐步推广集中代理支付业务。

2015 年，浙江省能源集团财务有限责任公司继续推进集中代理支付，强化资金管控职能，支付集中管理能力持续提升。截至 2015 年 12 月，111 家集中代理支付成员单位合同备案共计 1838 份；通过浙江省能源集团财务有限责任公司对外支付 69964 笔，金额总计 694.14 亿元，其中：金额百万元以上对外支付 4273 笔，总计 642.58 亿元。夯实了资金集中管理基础，稳步推进司库型浙江省能源集团财务有限责任公司建设。

2016 年，浙江省能源集团财务有限责任公司推广上线单位 37 家，年末代理支付上线单位达到 145 家。截至 2016 年 10 月，108 家集中代理支付成员单位合同备案共计 1856 份；通过浙江省能源集团财务有限责任公司对外支付 69548 笔，金额总计 585.16 亿元，其中：金额百万元以上对外支付 4067 笔，总计 534.74 亿元。

2017 年，浙江省能源集团财务有限责任公司继续稳步推进集中代理支付工作，新增 30 家成员单位上线。截至 2017 年末，已经有 172 家成员单位纳入集中代理支付上线范围，基本覆盖了全部二级单位和重点三级单位，为全面把控集团资金支出末端风险夯实了基础。全年合同备案共计 2513 份；通过浙江省能源集团财务有限责任公司对外支付 12.20 万笔，金额总计 1066.15 亿元，其中：金额百万元以上对外支付 6842 笔，总计 986.52 亿元。

2018 年，浙江省能源集团财务有限责任公司通过大额支付合同备案、资金支出代理支付等手段，落实浙能集团对下属单位的重大财务事项知情权。集中对外支付结算量从 2017 年的 12.20 万笔增长到 2018 年的 15.79 万笔，结算金额从 2017 年的 1066.15 亿元增长到 2018 年的 1405 亿元，增幅达 30%。172 家集中代理支付成员单位合同备案全年共计 1709 份，金额百万元以上对外支付 8016 笔，总计 1317.04 亿元，结算能力大幅提升。

第四节 资 金 运 用

一、信贷业务

2015 年 6 月 11 日，浙能集团同意浙能浙江省能源集团财务有限责任公司上报的 2015 年度最高综合授信计划，授信客户单位 72 家，综合授信总额 193.88 亿元。

2016 年 4 月 26 日，浙能集团同意浙能浙江省能源集团财务有限责任公司上报的 2016 年度最高综合授信计划，授信客户单位 77 家，综合授信总额 286.13 亿元。

2017 年 10 月，浙江省能源集团财务有限责任公司向浙能集团申请开展《企业集团浙能财务延伸产业链金融服务试点议案》，获得浙能集团同意。2018 年 3 月，浙江省能源集团财务有限责任公司延伸产业链金融服务试点获得浙江银监局备案通过。2018 年 8 月 3 日成功放置第一笔产业链金融。

二、同业业务

2008 年，浙江省能源集团财务有限责任公司与浙商银行签订了 4 亿元信贷资产回购式转让合同，使得浙江省能源集团财务有限责任公司流动性得到进一步加强，拓宽了浙江省能源集团财务有限责任公司同业合作渠道。

2009 年，中国人民银行上海总部批准浙江省能源集团财务有限责任公司进入全国银行间同业拆借市场，开展同业拆借业务。浙江省能源集团财务有限责任公司获得并维持工商银行、建设银行、农业银行等机构同业拆借授信额度。同年，浙江省能源集团财务有限责任公司顺利在全国银行间债券市场备案，成为全国银行间债券市场成员，开展债券质押式回购及现券买卖业务。

2016年，浙江省能源集团财务有限责任公司申购兴业银行发行的3个月期限同业存单。

截至2019年，浙江省能源集团财务有限责任公司同业业务主要包括同业协议存款、票据转贴现、同业存单、质押式回购、信贷资产转让等业务，涵盖票据市场、货币市场、信贷市场的主要品种。2018年、2019年，浙江省能源集团财务有限责任公司同业资金业务综合收益率分别为3.74%、3.36%，均高于同期货币市场基金加权平均收益率。

第四章 融 资 租 赁

第一节 租 赁 业 务

一、直租项目

（一）舟山煤电直租项目

2014年1月15日，浙江浙能融资租赁有限公司与浙江浙能中煤舟山煤电有限责任公司、浙江浙能中煤舟山煤电有限责任公司物流分公司达成2100吨/小时桥式抓斗卸船机融资租赁协议，由浙江浙能融资租赁有限公司向设备制造商上海振华重工（集团）股份有限公司购置卸船机设备，出租给浙江浙能中煤舟山煤电有限责任公司、浙江浙能中煤舟山煤电有限责任公司物流分公司使用。同年2月10日，与上海振华重工（集团）股份有限公司就购销合同三方协议达成共识。2014年3月14日和17日，分别正式签订《融资租赁合同》和《购销合同转让协议》，租赁期限5年，合同金额4450万元（含税），在2015年12月投放完毕。该项目是浙江浙能融资租赁有限公司第一单业务。

（二）滨海热电二期直租项目

2016年9月，浙江浙能融资租赁有限公司与浙江浙能绍兴滨海热电有限责任公司二期项目签订《融资租赁合同》，与总承包方电建公司签订《租赁物购货合同》。该项目融资总金额3.99亿元，租赁期限8年，租赁物为电厂核心生产设备，并在2016年底开始投放。

（三）镇海电厂直租项目

2017年9月30日和11月30日，浙江浙能融资租赁有限公司与浙江浙能镇海发电有限责任公司共签订8个合同，合同总金额约11.8亿元，租赁期限15年，租赁物主要为电厂主要通用机械设备。2018年8月，由上海璞能融资租赁有限公司和浙江浙能融资租赁有限公司作为共同出租人，与浙江浙能镇海发电有限责任公司及浙江省电力建设有限公司签订补充协议，由上海璞能融资租赁有限公司和浙江浙能融资租赁有限公司共同投放，浙江省电力建设有限公司根据各单位投放金额开具相应发票。截至2018年12月31日，投放金额合计1.72亿元，未投放金额为10.08亿元。

（四）舟山煤电光伏直租项目

2017年9月，浙江浙能融资租赁有限公司与浙江浙能中煤舟山煤电有限责任公司签订舟山煤电光伏直租项目，合同金额1.52亿元，租赁期限8年，租赁物主要为光伏设备组件，当月投放完毕。

二、售后回租项目

（一）新天煤售后（五年期）回租项目

2014年4月28日，浙江浙能融资租赁有限公司与伊犁新天煤化工有限责任公司成功签订浙能新天煤售后（五年期）回租项目，且为第一单售后回租合同，也为系统内最大单融资额度3.5亿元，于2014年8月25日正式起租，租赁物主要为天然气能源加工设备，租赁期限5年，并于2015年投放完毕。

（二）华能大坝四期设备回租项目

2015年12月15日，浙江浙能融资租赁有限公司签订合同，首笔业务本金2亿元，是第一笔准市场化业务，从2015年12月18日起租，租赁物主要为工业设备，租赁期限5年。

（三）兰溪发电售后回租项目

2014年12月8日，上海璞能融资租赁有限公司与浙江浙能兰溪发电有限责任公司签订5.1亿元售后回租合同，租赁期限3年。

（四）远洲售后回租项目

2018年10月，浙江浙能融资租赁有限公司与台州远洲石化仓储有限公司签订远洲售后回租合同，租赁期限3年，合同金额合计2.4亿元（含税）。浙江浙能融资租赁有限公司提前介入远洲油库项目，替换承租人原有债务，为石油板块顺利收购远洲油库做好协助工作。

（五）九州博乐售后回租项目和伊阳能源售后回租项目

2018年10月，上海璞能融资租赁有限公司分别与九州方园博乐市新能源有限公司、新疆伊阳能源科技有限公司签订九州博乐售后回租合同和伊阳能源售后回租合同，租赁期限3年，租赁物主要为光伏设备组件，合同金额合计7.14亿元（含税），为浙江浙能融资租赁有限公司配合绿能基金收购江苏爱康科技一期光伏电站的第一单；浙江浙能融资租赁有限公司提前介入替换承租人原有债务，并以创新的业务模式——浙商银行应收款链投放，顺利配合绿能基金完成收购爱康科技一期光伏电站资产。

（六）黄泽山回租项目

2018年10月22日，上海璞能融资租赁有限公司与浙江寰宇能源集团有限公司签订了《股权转让协议》。23日，上海璞能融资租赁有限公司收到通知：原股东方资金紧张，黄泽山石油中转储运项目急需一笔资金支付工程尾款，用于冬季炸礁工程、关键性单项工程扫尾验收等工作。由于炸礁要求水位低，适宜炸礁的时间短，上海璞能融资租赁有限公司收到通知后，迅速成立专项小组开展尽调，并于11月10日签署售后回租合同，额度为5000万元；于11月14日放款，租赁期限10个月，租赁物主要为输油管道。上海璞能融资租赁有限公司与浙江省石油股份有限公司联动合作，不仅确保了黄泽山项目工程的顺利推进，而且大幅降低了浙江省石油股份有限公司的收购风险。2018年12月20日，浙江省石油股份有限公司顺利完成对黄泽山项目的股权转让，开启了浙江省能源集团在石油领域的新篇章。

第二节 融资业务

2013—2017年，浙江浙能融资租赁有限公司主要的融资还是依存于集团委贷、浙能财务流贷、银行流贷、保理等较传统的模式。银行流贷、保理需要穿透到项目层，对提款条件要求较高，且投放使用是定向的，无法解决短期流动性的问题；而集团内部支持均为一年期短期借款，与项目时间错配，每年的续贷价格又不确定，无法锁定项目利润。为解决时间错配和流动性问题，公司一方面在探索直接融资项下的ABS和ABN等创新发债模式，解决资金期限错配问题；另一方面积极尝试银行新的信贷品种。通过前期与浙商银行的积极对接，对其自主开发的应收账款链产品进行了专门研究。2018年10月28日，顺利完成该笔创新业务的办理（金额约6.63亿元），首次通过类票据形式进行了融资，且无须穿透到租赁项目层，极大地补充了租赁公司流动性且融资成本也较有优势；此外，上海璞能融资租赁有限公司积极发挥在自贸区的外商优势，2018年11月20日，通过澳新银行以美元外债形式融入5000万美元，配套CCS和IRS交易，锁定融资成本。通过与外资行的业务合作，不但拓宽了公司的对外融资渠道，也极大保障了年底项目的顺利投放。

第五章 房地产开发

第一节 自主操盘项目

一、平湖东湖雅苑项目

2007年11月29日，浙江省浙信房地产有限公司竞得平湖项目地块，地块面积63311.8平方米，土地出让金为2.39亿元。

2008年1月，浙江省浙信房地产有限公司出资成立平湖浙能置业有限公司，注册资本5000万元，负责开发平湖项目地块，案名为东湖雅苑。

项目总建筑面积为14.7万平方米，分二期开发。2009年12月，一期6幢高层6万平方米开工建设；2012年12月交付。2011年1月，二期7幢高层8.7万平方米开工建设，2014年7月交付。项目可售面积11.4万平方米，其中：住宅766套，面积10.6万平方米；商铺44套，面积0.8万平方米；车位635个。2010年9月开盘销售。2018年10月售罄，总计实现销售收入10.2亿元。2010年，获得亚洲人居环境协会颁发的“亚洲绿色人居奖”。2018年12月，平湖浙能置业有限公司完成注销。

图7-5-1 浙能·东湖雅苑中心景观鸟瞰图

二、镇江上河御府项目

2012年11月7日，镇江项目获得核准项目开发批文（镇发改投资发〔2012〕578号）。2013年8月7日，获得项目用地批复（镇国土资挂〔2013〕第40号），用地面积64200万平方米。2005年11月，镇江浙信房地产开发有限公司成立，注册资本1000万元。镇江浙信房地产开发有限公司系浙江省浙能房地产有限公司全资子公司，负责开发镇江项目地块，项目案名为上河御府。

图7-5-2 镇江上河御府鸟瞰图

项目总建筑面积157690平方米，由3幢高层、10幢洋房、2幢独立商业用房及商业群房、1所配套幼儿园等组成。2013年11月23日，开工建设。2017年4月27日，批准交付。项目可售住宅面积为108638平方米、洋房46810平方米、商业5897平方米。2014年12月6日，首次开盘。截至2019年12月，高层和洋房住宅全部售罄；33间（3213.25平方米）商铺及部分地下停车位、储藏室在售。计划于2020年底清盘后办理项目注销。

三、长兴阳光天地项目

2001年12月6日，浙江浙水房地产开发有限公司（2010年划归浙江省浙能房地产有限公司）与长兴县人民政府签订项目《投资协议书》取得地块开发权。由浙江浙水房地产开发有限公司长兴分公司负责开发阳光天地项目地块。

项目总建筑面积约18万平方米，由联排、叠排、多层公寓、电梯洋房、高层和沿街商住楼等多种建筑形态组成，位于长兴主城西部的门户区域。2003年2月18日，项目正式动工建设。2016年12月，全部交付使用。2019年底，商品房全部售罄。计划于2020年完成项目公司注销。

图7-5-3 长兴阳光天地园区效果图

四、长兴龙山雅苑项目

2005年2月，浙江省浙信房地有限公司出资成立长兴国兴置业有限公司，注册资本金1000万元，浙江省浙能房地产有限公司（原浙江省浙信房地有限公司）持股53.91%。龙山雅苑项目地块，土地面积220078平方米，土地价29200万元，由长兴国兴置业有限公司负责开发。

项目总建筑面积36.72万平方米，项目位于浙江省长兴县龙山大道，2005年9月开工，2012年9月竣工交付。2013年，项目完成全部工程结算。2016年，项目完成清盘。2017年1月，长兴国兴置业有限公司完成工商注销。

图7-5-4 长兴龙山雅苑园区鸟瞰图

五、柳州凤起新都项目

2003年4月，由原浙江省浙信房地产有限公司、柳州市金罡钢材进出口有限公司、柳州市华盛房地产投资有限公司及自然人股东边利明共同出资组建柳州市国盛房地产开发有限公司，公司注册资本金1500万元。2003年5月，柳州市国盛房地产开发有限公司竞得凤起新都项目地块，用地面积278432.96平方米，土地总价15330万元。

项目总建筑面积59.4万平方米，容积率1.7，由住宅、商业中心、小学、幼儿园等多种建筑形态组成。2004年9月15日开工建设，一期9栋多层建筑，二期18栋多层建筑、1所幼儿园，三期11栋小高层建筑、1所小学，四期25栋多层建筑和小高层建筑。截至2019年12月底，除商业中心外住宅及公建开发完成。

图7-5-5 长兴龙山雅苑园区鸟瞰图

项目获得多项荣誉。2005年9月，获“广西房地产十年（1996—2005）房地产开发综合效益突出企业”称号。2007年1月，获广西房地产业协会“2005—2006年度先进单位”称号。2012年10月，项目三期二组团获国家建设部颁发的国家“AAA级安全文明标准化工地”称号。2013年12月，获“2013年广西地产金砖奖——人居经典大奖”。2019年11月，项目53~61号楼及10号地下室工程荣获2019中国土木工程詹天佑奖优秀住宅小区表彰项目单项优秀（工程质量）奖。

六、舟山浙能·蓝庭、蓝园项目

2011年，浙江省浙信房地产有限公司和东港投资集团有限公司联合竞得舟山东港新区二期35-1和35-2地块。2011年7月，浙江省浙能房地产有限公司（原浙江省浙信房地产有限公司）和东港投资发展集团有限公司按60%和40%的股比共同出资成立舟山浙能置业有限公司，注册资本1亿元，负责开发浙能·蓝庭、浙能·蓝园两个项目。

浙能·蓝庭项目用地面积54439.84平方米，总建筑面积109488.13平方米，地上建筑面积76211.18平方米，地下建筑面积33276.95平方米。2012年12月28日开工建设，2015年12月交付使用。项目可售住宅55807.17平方米，可售商铺19011.32平方米，车位681个。截至2019年12月，住宅售罄。

浙能·蓝园项目用地面积48819.33平方米，总建筑面积143144.92平方米，地上建筑面积107332.79平方米，地下建筑面积35812.13平方米。2013年8月15日开工建设，2016年12月交付使用。可售住宅105553.29平方米，截至2019年12月，住宅售罄。计划于2020年实现项目清盘注销。

项目获得多项荣誉。2014年，浙能·蓝庭项目荣获“2014年度浙江舟山群岛新区最佳品质人居楼盘”称号。2015年12月，浙能·蓝庭项目被评为“浙江省建筑安全文明施工标准化工地”。2016年，浙能·蓝园项目荣获“2016年度盛典匠心楼盘”称号。2018年3月，浙能·蓝园项目被评为“浙江省建筑安全文明施工标准化工地”。

图7-5-6 舟山东港蓝庭园区效果图

图7-5-7 舟山蓝园园区效果图

七、新疆浙能俪都钱塘项目

2014年8月8日，为建设浙能准东煤制气项目配套生活基地，浙江省浙能房地产有限公司与浙能集团新疆准东能源化工有限公司联合竞得俪都钱塘项目地块，地价5600万元。地块总面积62353平方米，1<容积率≤1.8。同年9月16日，浙江省浙能房地产有限公司与浙能集团新疆准东能源化工有限公司按80%和20%的股比组建浙能集团新疆准东房地产有限公司，注册资金6000万元，负责项目开发管理。后因环评审批等因素，准东煤制气项目推进存在较大不确定性，作为煤制气项目配套生活基地的俪都钱塘项目建设计划暂缓实施。2018年2月27日，浙能集团同意以市场化方式开发浙能俪都钱塘项目。

项目总建筑面积81888平方米，容积率1.18，由14幢叠墅、5栋电梯洋房和2幢高层建筑组成。2018年9月18日，一期工程开工建设。2019年12月27日，一期工程竣工交付。2019年6月25日，二期工程开工建设。截至

2019 年 12 月，二期部分楼幢完成主体封顶。2019 年 1 月，项目首次推盘销售。同时项目成交均价创当地同类商品房最高价。三期开发计划根据一、二期销售情况推进实施。

图 7-5-8 新疆浙能俪都钱塘园区鸟瞰图

八、杭州东尚国际寓所项目

2002 年 4 月 17 日，浙江浙水房地产开发有限公司下沙分公司（2010 年划归浙江省浙能房地产有限公司）成立，负责开发浙水·东尚国际寓所项目。项目位于杭州市下沙经济技术开发区 14 号大街，地块总面积 48294.78 平方米，总建筑面积 95140.72 平方米，宗地用途为工业用途（生活配套设施），土地使用权出让年期为 50 年。可面向区内企业销售，分层或分幢办理总证。

图 7-5-9 浙水·东尚国际寓所鸟瞰图

项目分期建设。2004 年 1 月 19 日，一期 10 幢多层建筑开工建设，2005 年按精装标准交付。2008 年 5 月 25 日，过渡期 5 幢多层建筑开工建设，2010 年按毛坯标准交付。因项目用地性质特殊，销售对象及产证分割受限，一期和过渡期房源主要以“以租代售”的方式完成销售。2011 年，因政策变化，二期开发受限，项目暂停。2014 年 11 月，二期前期工作取得突破。二期地上建筑面积 54362.79 平方米，作为自持长租公寓出租运营。2016 年 11 月 8 日，二期开工建设。2019 年 11 月，二期毛坯工程完成竣工备案。2019 年 8 月 1 日，二期第一阶段 1 号、2 号、4 号楼精装修工程进场施工，计划于 2020 年下半年完工后投入出租运营，同步实施 3 号、5 号楼装修工程。

第二节 合作开发项目

一、杭州西溪诚园项目

2008 年 5 月，由浙江省浙信房地产有限公司和绿城房地产集团有限公司按 51% 和 49% 的持股比例共同出资组建成立杭州浙能绿城置业有限公司，注册资金 30000 万元。2008 年 7 月，杭州浙能绿城置业有限公司竞得规划蒋村 B-14、B-16 地块（杭政储出第〔2008〕7 号地块），占地面积 94.45 亩，地价 10.58 亿元，位于杭州市西湖区。

项目总建筑面积 19.66 万平方米，地上面积 12.34 万平方米，地下面积 7.32 万平方米。涵盖小高层建筑、酒店式公寓和商铺三种业态。总可售面积 12.34 万平方米，车位 933 个。项目分二期开发。一期西溪诚园明礼苑项目占地面积 4.15 万平方米，建筑面积 11.32 万平方米，可售面积 8.17 万平方米，2010 年 4 月开工建设，2010 年 7 月开盘，2013 年 6 月 28 日交付。2010 年 10 月，项目荣获全国人居经典建筑规划设计方案竞赛综合大奖（中国建筑学会、环境保护部环境发展中心、中国建筑文化研究会颁发）。二期西溪诚园诚公馆项目占地面积 2.14 万平方米，建筑面积 6.7089 万平方米，可售面积 4.25 万平方米，2010 年 11 月开工建设，2011 年 5 月 28 日开盘，2013 年 12 月 28 日交付使用。计划于 2020 年完成税务清算注销。

图 7-5-10　杭州西溪诚园园区效果图

二、台州玉兰广场项目

2008 年 1 月，浙江省浙信房地产有限公司和绿城房地产集团有限公司联合竞得台州玉兰广场项目地块，地价 98000 万元，用地面积 140669 平方米。同月，浙江省浙能房地产有限公司（浙江省浙信房地产有限公司）和绿城房地产集团有限公司按 51% 和 49% 的持股比例共同出资成立台州浙能绿城置业有限公司，注册资本金 30000 万元，开发台州玉兰广场项目。

项目总建筑面积 36.6 万平方米，由住宅、购物中心、五星级酒店、写字楼组成。2009 年 3 月 18 日，台州玉兰广场项目开工建设，一期住宅蕙兰园于 2011 年交付，获 2011—2012 年度“广厦奖”；二期住宅芳树园于 2017 年 11 月 24 日交付。截至 2019 年底，累计合同销售额 31.7 亿元，计划 2021 年清盘。购物中心青悦城于 2018 年 12 月 30 日开业，希尔顿酒店于 2019 年 2 月 1 日开业，是台州第一个国际化一站式购物中心和五星级酒店。

图 7-5-11　台州玉兰广场鸟瞰图

三、台州紫薇花园项目

2009 年 9 月 26 日，绿城房地产集团有限公司竞得紫薇花园项目地块，地价 15.2 亿元。2009 年 11 月，浙江省浙信房地产有限公司和绿城房地产集团有限公司签订《合作协议书》，决定合作开发紫薇花园项目地块。2009 年 11 月 6 日，浙江省浙信房地产有限公司和绿城房地产集团有限公司按 51% 和 49% 的股比出资成立台州绿城能源房地产有限公司，注册资本金 10000 万元，开发紫薇花园项目。2012 年 5 月 28 日，根据关于同意转让出资的股东会决议，浙江省浙能房地产有限公司受让绿城房地产集团有限公司所持有的 39% 股权，持股比例增加至 90%。

项目总建筑面积 36.6 万平方米，由 14 栋 15~22 层城市精装景观大宅组成。2010 年 12 月 31 日开工建设，2016 年 9 月 29 日竣工交付，2018 年 6 月 30 日交付使用。2012 年 6 月开盘，计划于 2020 年清盘。

图 7-5-12　台州紫薇花园园区实景图

四、台州海棠花苑项目

2009 年 11 月 13 日，浙江省浙信房地产有限公司竞得海棠花苑项目地块，地价 11.3 亿元。项目中标后，浙江省浙能房地产有限公司（原浙江省浙信房地产有限公司）放弃入股。2009 年 11 月 26 日，经台州市椒江区政府同意由绿城房地产集团有限公司为主设立台州绿城房地产有限公司负责开发海棠花苑项目，注册资本金 10000 万元。2012 年 5 月 28 日，浙江省浙信房地产有限公司受让绿城房地产集团有限公司所持有的台州绿城房地产有限公司 39% 股权，成为台州绿城房地产有限公司股东。

台州海棠花苑项目用地面积 144175 平方米，总建筑面积 399550 平方米，地上建筑面积 288517 平方米，容积率 2.0，建筑密度 25%。项目建筑类型包括高层住宅、法式合院、1 所配套幼儿园、商铺等。2012 年 1 月 12 日开工建设，2015 年 2 月 28 日工程竣工，2015 年 3 月 10 日交付使用。2012 年 4 月 6 日开盘，计划于 2020 年清盘。

图 7-5-13　台州海棠花苑园区鸟瞰图

五、杭州锦润公寓项目

2011 年 7 月 14 日，浙江省浙信房地产有限公司与广宇集团股份有限公司联合竞得杭政储出〔2011〕20 号地块，地价 96000 万元。2011 年 8 月，双方按 51% 和 49% 的股比投资成立浙江信宇房地产开发有限公司，注册资本 30000 万元，负责锦润公寓项目的开发建设。

图 7-5-14　锦润公寓实景图

项目总用地面积 30196 平方米，容积率 2.4，绿地率 30%，建筑密度 28%，建筑限高 50 米。总建筑面积 99283.8 平方米，由 10 幢小高层建筑组成。其中：住宅面积 65387.62 平方米，商业面积 5946.39 平方米，地下室建筑面积 26768.51 平方米，车位 560 个。2013 年 1 月 24 日开工建设，2015 年 12 月 31 日交付使用。计划于 2020—2021 年清算注销。

第三节　代 建 项 目

一、鼎信冠苑项目

冠苑即省直专用房“三坝村”项目，位于杭州市西湖区，由原浙江省浙信房地产有限公司下属全资子公司浙江鼎信房地产开发公司负责代建。

图 7-5-15　鼎信冠苑实景图

项目总建筑面积约 101296.88 平方米，其中：住宅 520 套、建筑面积 54838.28 平方米，公建配套（包括商铺）23988.99 平方米，地下建筑面积 20794 平方米，车位 347 只。项目由 13 个建筑单体及 1 个集中地下室组成，建筑高度控制在 36 米以内。工程结构按照抗震设防等级 6 度设计，结构安全等级为二级，耐火等级为一级，设计使用年限为 50 年。2007 年底开工建设，2012 年 12 月工程竣工。2012 年 12 月，省直专用房交付。2013 年 4 月，拆迁户用房交付。

二、综合能源大厦项目

浙能集团综合能源生产调度研发中心项目总

体定位为“生产、调度、新能源研发”为一体的中高端多功能综合楼。项目坐落于西湖区紫荆花路与古莲街交叉口，占地面积24102平方米，总建筑面积137262平方米。地上10层，建筑面积79536平方米；地下3层，建筑面积57726平方米。项目总投资241993万元。

2017年12月20日，浙能集团二届一百九十一次董事会审议通过了由浙江省石油股份有限公司参与古科园3号地块竞拍，建设浙江石油大厦。2018年3月22日，浙能集团二届一百九十八次董事会同意组建浙江浙能综合能源技术研发有限公司进行项目开发建设。2018年4月27日，该项目在西湖区发改局完成备案。2019年9月，浙能集团批复了项目初步设计及概算总投资。

项目概念性方案设计单位为英国百殿建筑设计咨询（上海）有限公司，方案设计及初步设计单位为浙江大学建筑设计研究院有限公司，EPC工程总承包单位为浙江省建工集团有限责任公司。项目于2019年5月31日取得建筑工程施工许可证并正式开工，计划于2022年3月竣工，2022年6月交付使用。

图7-5-16 综合能源大厦南立面效果图

第六章 资 产 管 理

第一节 存量资产管理

一、自有资产管理

（一）股权

2012年6月11日，浙江浙能资产经营管理有限公司与浙江省国信企业（集团）公司签订《关于浙江农村经济投资股份有限公司的国有产权无偿划转协议》，双方同意将浙江省国信企业（集团）公司所持有的3.33%农经投资股权以2011年12月31日为划转基准日无偿划转给资产公司持有。

2012年6月11日，浙江浙能资产经营管理有限公司与浙江省国信企业（集团）公司签订《关于杭州迪佛通信股份有限公司的国有产权无偿划转协议》《关于杭州小型轧钢股份有限公司的国有产权无偿划转协议》及《关于杭州香格里拉饭店有限公司的国有产权无偿划转协议》，双方同意将浙江省国信企业（集团）公司所持有的2.69%迪佛通信、4%杭钢小轧及5%杭州香格里拉饭店有限公司的股权以2011年12月31日为划转基准日无偿划转给资产公司持有。2015年11月3日，为促进省属酒店的统一经营与管理，浙江浙能资产经营管理有限公司和浙江省旅游集团有限公司签订《关于杭州香格里拉饭店有限公司5%国有股权无偿划转协议》，将所持有的5%股权无偿划转给浙江省旅游集团有限公司持有（划转基准日为2014年12月31日）。

2012年6月11日，浙江浙能资产经营管理有限公司与浙江省国信企业（集团）公司、浙江国信控股集团有限责任公司签订《关于浙江国信控股集团上海有限公司的国有产权无偿划转协议》，双方同意将浙江省国信企业（集团）公司持有的83.33%和浙江国信控股集团有限责任公司所持有的16.67%浙江国信控股集团上海有限公司股权以及浙江省国信企业（集团）公司所持有的95%和浙江国信控股集团有限责任公司所持有的5%信鸿实业有限公司股权以2011年12月31日为划转基准日无偿划转给浙江浙能资产经营管理有限公司持有。

2014年9月18日，根据浙能资〔2014〕517号文件，将浙能集团所持有的鸿程公司31.63%股权无偿划转至浙江浙能资产经营管理有限公司。

2015年，浙江浙能资产经营管理有限公司完成杭州小型轧钢股份有限公司、杭州迪佛通信股份有限公司、浙江农村经济投资股份有限公司股权转让的预公告工作，就杭州小型轧钢股份有限公司股权转让事宜与杭州钢铁集团有限公司谈判，股权转让方案已获浙能集团同意。

2016年，杭州小型轧钢股份有限公司、杭州迪佛通信股份有限公司、浙江农村经济投资股份有限公司在浙江产权交易所进行了转让预公告挂牌，并多渠道发布相应信息。

2017年11月17日，杭州钢铁集团有限公司拟以1.2元/股回购浙江浙能资产经营管理有限公司持有的杭州小型轧钢股份有限公司4%股权。经过沟通谈判，浙江浙能资产经营管理有限公司与杭州钢铁集团有限公司就《股权转让协议》具体条款取得一致意见。

2018年，浙江浙能资产经营管理有限公司根据同年4月27日浙能集团《关于同意浙能资产向杭州钢铁集团有限公司转让杭州钢铁厂小型轧钢股份有限公司4%股权的批复》(浙能资〔2018〕234号)精神，于5月10日与杭州钢铁集团有限公司完成了《股权转让协议》的签订，并于5月14日收到相应转让款1200万元，基本完成杭州小型轧钢股份有限公司4%股权退出工作。

（二）房产及其他资产

1. 浙江省煤炭开发公司及其所属房产、企业管理

2011年6月20日，浙江浙能资产经营管理有限公司与浙江省能源集团有限公司煤炭与运输分公司签订《关于浙江省煤炭开发公司管理权移交协议》，完成管理权移交。同年10月31日前，浙江省煤炭开发公司下属企业清理工作、财务、实物资产、劳动人事等方面的交接工作已基本完成。

2013年，浙江浙能资产经营管理有限公司配合浙能集团办公室完成了浙江省煤炭开发公司单身公寓的重新调整分配工作，日常物业管理工作有序展开。同年，以公开招投标的方式完成了浙江省煤炭开发公司所属城南家园四套房产的装修，并作为浙能集团单身公寓安排入住。

2016年4月19日，为迎接G20峰会召开并根据浙能集团〔2016〕35号专题纪要精神，浙江省煤炭开发公司根据浙能集团指示精神启动煤开大楼改造工作。同年4月21日，浙江省煤炭开发公司与浙江东都建筑设计研究院有限公司签订煤开大楼改造工程总承包合同，对大楼进行外立面修缮，要求于同年6月30日前竣工。2016年12月19日，煤开大楼通过竣工验收。同年，浙江省煤炭开发公司制定《煤开大楼物业管理办法》，对公司房产开展合同化管理，并将租金调整为公允价格，做到各项工作规范化、精细化。

2017年8月11日，根据浙江省深化国有企业改革工作领导小组《关于印发全面完成省属企业子企业公司制改制工作实施方案的通知》(浙企改发〔2017〕3号)及浙江省国资委《关于进一步规范省属企业改制方案审批程序的通知》(浙国资企改〔2017〕19号)要求，浙江浙能资产经营管理有限公司启动对浙江省煤炭开发公司进行公司制改制。同年12月19日，浙江浙能资产经营管理有限公司获得浙能集团的批复——《关于浙江省煤炭开发公司改制方案的批复》(浙能资〔2017〕708号)。

2018年1月2日，浙江省煤炭开发有限公司取得省工商局于2017年12月28日颁发的营业执照，浙江省煤炭开发公司的工商变更登记事宜已全部完成。

2. 板桥路11号房产拆迁回迁补偿安置

2003年6月6日，浙江省煤炭开发公司与三位自然人签订了《股权转让协议》，浙江省煤炭集团物业管理有限公司全部股权作价4368514.74元转让给三位自然人，并将板桥路11号房产（又称新声综合四分场）交托经营，随后，三位自然人成立了杭州广源物业管理有限公司。同年7月，杭州广源物业管理有限公司挂牌成立。

2010年1月19日，因该地块项目建设需要，杭州市湖滨地区商贸旅游特色街居建设整治

指挥部作为拆迁方发布包括板桥路 11 号房产所在地块的拆迁公告。同年 12 月 22 日，浙江省煤炭开发公司与拆迁方签订了《城镇房屋拆迁补偿安置框架性协议》。2011 年 9 月 20 日，板桥路 11 号房产正式办理移交浙江浙能资产经营管理有限公司托管。公司成立专项小组与拆迁方就回迁房安置要求达成共识。为积极配合拆迁方加快推进拆迁工作，双方在 2012 年 11 月 30 日前对拆迁补偿金额基本达成一致，于同年 12 月 12 日签订拆迁安置补偿协议。

2013 年上半年，浙江省煤炭开发公司协助杭州广源物业管理有限公司及拆迁方进行商户腾退谈判工作，6 月 30 日完成全部商户的腾退工作。同年下半年，浙江省煤炭开发公司与湖滨地区商贸旅游特色街居建设政治指挥部就签订《拆迁补偿安置协议》展开谈判，至同年 12 月 31 日前，双方在拆迁安置面积、补偿差价、车位配比、相邻面积优先购买权等四方面达成一致。

2014 年 3 月 31 日，浙江省煤炭开发公司与杭州市湖滨地区商贸旅游特色街居建设整治指挥部达成《城市房屋拆迁补偿安置协议》。同年 10 月 22 日，浙江省煤炭开发公司上报杭州市国土资源局，并获批同意办理煤炭开发公司所有的板桥路 11 号土地证的注销登记手续。

3. 浙江国信控股集团上海有限公司资产管理及上海外高桥保税区房产出租管理

2013 年 12 月 31 日前，浙江浙能资产经营管理有限公司完成了浙江国信控股集团上海有限公司注册地变更工作，将原来的虚拟地址变更至外高桥自有房屋，节省了房屋租赁费用，同时，增加了公司自有房屋租赁的经营范围；通过与当地税务部门的多次沟通、交涉，妥善处理了浙江国信控股集团上海有限公司 2006—2013 年的房产税、营业税欠缴工作，以最小的税负取得了圆满结果。

2014 年 12 月 31 日前，浙江浙能资产经营管理有限公司基本完成《关于浙江国信控股集团上海有限公司处置的设想》，并在公司内部进行论证。

2016 年 12 月 31 日前，浙江浙能资产经营管理有限公司在浙江国信控股集团上海有限公司与外高桥房产物业管理单位重新签订《委托租赁协议》的基础上，建立《国际商贸大厦房屋租赁合同》格式模板，强化房产管理规范，并做好了老客户续租及维护工作。同时，公司通过浙江产交所挂牌、外部中介机构协助等手段，积极做好房产出租工作，提高闲置资产经营收益。

4. 浙江黄岩热电有限公司留守处相关管理

2011 年 1 月 5 日，浙能集团印发《关于黄岩热电相关股权和资产接收管理的通知》(浙能资〔2010〕596 号)，按 2010 年 1 月 1 日为基准日，接收黄岩电力公司持有的浙江黄岩热电有限公司 60.57%股权和黄岩热电厂、黄岩马鞍山发电厂的整体产权，形式股东和投资人职责，黄岩热电股权和资产仍按原有管理模式委托台州发电厂管理。

2011 年 4 月 27 日，浙江浙能资产经营管理有限公司与台州发电厂签订了《委托管理协议》，并配合浙能集团、台州发电厂做好浙江黄岩热电有限公司发电业务停止后的人员分流、队伍稳定等工作。公司积极配合做好财务报表合并工作，并配合电力板块推进黄岩热电及两家留守处股权退出工作。

5. 托管资产管理

2017 年 11 月 2 日，浙江浙能资产经营管理有限公司经过前期政策研究和市场调研，向浙能集团上报了《关于开展转融券出借业务的请示》(浙能资产〔2017〕20 号)。

2018 年 5 月 9 日，根据浙能集团董事会上会意见及《关于同意浙江浙能资产经营管理有限公司开展转融券出借业务的批复》(浙能资〔2018〕252 号)，浙江浙能资产经营管理有限公司启动转融券出借业务，并完成指定转融券业务操作细则、操作策略和实施方案，积极协调浙江国信控股集团、浙江省国信企业（集团）公司进行前期券商注册工作，做好场外融券业务对接工作，并于同年 10 月起正式开展转融券业务操作。

二、资产处置

（一）金融资产处置

2011 年 6 月，被社保基金冻结待无偿划转的480万股三维通信国有股获中国财政部批准（财企〔2011〕102号）得以成功豁免无偿划转。2013年，根据浙能集团金融资产处置小组2013年1号抄告单指令，顺利完成了三维通信4次大宗交易，共卖出三维通信1700万股，均价7.68元/股，总交易金额为13063万元。2014年，完成浙能集团金融资产处置小组指令，通过大宗交易、集合竞价两种方式共减持三维通信2050万股，成交均价6.688元，收回现金1.37亿元。

2015年，根据浙能集团金融资产处置工作小组指令，完成小商品城8800万股股票减持，累计成交金额14.43亿元。截至2018年12月31日，按浙能集团金融资产处置小组指令，共减持小商品城1425万股。

（二）债权催讨

1. 上海威利投资管理有限公司债权催讨诉讼

2007年7月10日，浙江国信控股集团与上海威利投资管理有限公司协商签订了还款协议书。还款协议就上海威利投资管理有限公司所欠浙江国信控股集团200901972.85元本金及3327138股大红鹰（股票代码600830）股票等债务的归还进行约定，还款到期日为2013年末。同年，浙江国信控股集团与上海威利投资管理有限公司、北京亿富商贸有限公司和签订了附生效条件的担保合同。2012年3月23日，浙能集团印发《关于将集团系统相关债权无偿划转至浙能资产的通知》（浙能资〔2012〕174号），将浙江国信控股集团有限责任公司所持有的上海威利投资管理有限公司债权115774994.78元（已全额提取减值准备）债权无偿划转至浙江浙能资产经营管理有限公司持有。还款协议签订生效后，上海威利投资管理有限公司未能按期履行还款义务。

2014年6月5日，根据浙能集团指示精神，浙江浙能资产经营管理有限公司与上海威利投资管理有限公司就结欠款项签订了两份还款协议书和一份担保合同。还款协议书签订后，上海威利投资管理有限公司仅于2014年8月归还了100万元。

2016年6月3日，经浙能集团批准，浙江浙能资产经营管理有限公司与浙江京衡律师事务签订《委托代理合同》，对上海威利投资管理有限公司提起了诉讼。

2016年6月和7月，浙江浙能资产经营管理有限公司分别向杭州市下城区人民法院和杭州市中级人民法院提起了诉讼，诉讼标的分别为433万元和1.56亿元。

2017年8月16日及10月25日，杭州市中级人民法院和杭州市下城区人民法院分别作出一审判决，支持公司全部诉求。担保方不服一审判决，同年1月21日向浙江省高级人民法院提起上诉。但受财通证券股份有限公司诉上海威利投资管理有限公司案等影响，浙江省高级人民法院二审虽支持浙江浙能资产经营管理有限公司对上海威利投资管理有限公司债权事实的确认，但驳回了一审“上海威利债务担保方担保即时生效”的判决。

2018年10月19日，浙江浙能资产经营管理有限公司在杭州市中级人民法院顺利申请立案执行。同年12月向杭州市中院提起代位权诉讼。2019年8月26日，杭州市中院作出判决驳回浙江浙能资产经营管理有限公司的诉讼请求。

2. 兰溪市中辉家纺有限公司、兰溪市金艺进出口贸易公司等企业债权催讨

2011年10月，浙江浙能资产经营管理有限公司完成了与浙江省水利电力物资总公司商谈签订相关《债权委托管理协议》，受托接管了其对兰溪市中辉家纺有限公司、兰溪市金艺进出口贸易公司等企业的债权。2011年12月31日前，经催讨协商收回兰溪市中辉家纺有限公司现金21万元，受让法院可执行债权51万余元。同年，浙江浙能资产经营管理有限公司对兰溪市中辉家纺有限公司提起诉讼，通过采取诉讼保全，查封了债务方部分有效资产，债务方承诺至2012年6月底前分批归还全部剩余债权（215万余元），其中依据调解协议先收回47万元，累计收回68万元现金。

2012年3月23日，浙能集团印发《关于将集团系统相关债权无偿划转至浙江浙能资产经营管理有限公司的通知》（浙能资〔2012〕174号），将浙江省水利电力物资总公司所持有的兰溪市中辉家纺有限公司1383511.01元（已全额

提取减值准备）债权无偿划转至浙江浙能资产经营管理有限公司持有。2012 年 3 月 31 日前，先期收回债权款 83 万元，剩余债权款债务方已于 6 月 15 日前提前完全偿还，累计收回债权共 138.35 万元（二年累计收回全部债权 215.35 万元）。

兰溪市金艺进出口贸易公司于 2008 年被吊销营业执照（注册资金仅 50 万元），已无可追索资产且还款保证形同虚设，为维护委托方权益并争取尽可能减少损失，2011 年浙江浙能资产经营管理有限公司在前期完善固定相关证据材料的基础上，对债务方提起诉讼，在法庭审理过程中，追加自然人股东为当事人，并采取有效谈判策略，迫使自然人股东签署具有法律效力的民事调解书，债务方承诺自 2013 年起至 2014 年底分批还清全部所欠债务 115 万余元，并由自然人股东负连带清偿责任，最大限度地维护了委托方的利益。

2012 年 3 月 23 日，浙能集团印发《关于将集团系统相关债权无偿划转至浙江浙能资产经营管理有限公司的通知》(浙能资〔2012〕174 号)，将浙江省水利电力物资总公司所持有的兰溪市金艺进出口贸易有限公司 1283879.68 元（已全额提取减值准备）债权无偿划转至浙江浙能资产经营管理有限公司持有。2012 年 6 月 27 日，浙江浙能资产经营管理有限公司与浙江省水利电力物资总公司签订《关于兰溪市金艺进出口贸易有限公司及金根福的债权划转协议》，双方同意将浙江省国信企业（集团）公司所持有的 5% 兰溪市金艺进出口贸易公司的股权以 2011 年 12 月 31 日为划转基准日无偿划转给浙江浙能资产经营管理有限公司持有。

2013 年 12 月 31 日前，兰溪市金艺进出口贸易公司 50 万元债权第一期到期债务 20 万元及第二期 30 万元债权催收到账。2014 年，兰溪市金艺进出口贸易公司分上下半年两笔还清 65 万余元所欠债务。

3. 杭州昌盛实业有限公司、杭州凯利达控股有限公司债权催讨

2011 年，浙江浙能资产经营管理有限公司与浙江省浙信房地产有限公司商谈并签订了《债权委托管理协议》，接管了浙江省浙信房地产有限公司所持有的杭州昌盛实业有限公司、杭州凯利达控股有限公司的债权。通过审查证据、调查取证等措施收集完整相关书面证据材料，并交由委托方按规定程序办理报损手续。

2012 年 3 月 23 日，浙能集团印发《关于将集团系统相关债权无偿划转至浙江浙能资产经营管理有限公司的通知》(浙能资〔2012〕174 号)，将浙江省浙信房地产有限公司所持有的杭州昌盛实业有限公司 4562774.64 元（已全额提取减值准备）和杭州凯利达控股有限公司 4108818.5 元（已全额提取减值准备）债权无偿划转至浙江浙能资产经营管理有限公司持有。2012 年，根据浙江省国资委《关于浙江省浙信房地产有限公司应收款项损失财务核销的批复》，杭州昌盛实业有限公司 456.27 万元债权和杭州凯利达控股有限公司 410.88 万元债权同意核销。

（三）不良资产管理及处置

1. 浙江东都建筑设计研究院有限公司管理及产权无偿划转

2013 年 12 月 31 日前，浙江省煤炭开发公司所属浙江东都建筑设计研究院有限公司交由浙江浙能资产经营管理有限公司管理后，根据集团人力资源部的有关要求，完成了浙江东都建筑设计研究院有限公司 100 余名退休职工 2012 年 7 月至 2013 年 6 月生活补贴的审核、拨付工作。

2014 年 6 月 17 日，浙能集团印发《关于重新明确浙江东都建筑设计研究院管理关系和同意杭州瑞丰建筑施工图设计咨询部增资的批复》(浙能资〔2014〕301 号)，重新明确了浙江浙能资产经营管理有限公司为浙江东都建筑设计研究院有限公司的管理主体。2014 年 9—10 月，经沟通落实具体对接事宜，浙江浙能资产经营管理有限公司提出浙江东都建筑设计研究院有限公司管理思路和主张。

2016 年 11 月 2 日，浙能集团印发《关于无偿划转浙江东都建筑设计研究院 100% 股权的通知》(浙能资〔2016〕387 号)，要求按照新一轮改革要求，浙江浙能资产经营管理有限公司积极配合浙江省电力建设有限公司做好浙江东都建筑设计研究院有限公司的划转工作。同月 15 日，浙江省煤炭开发公司与浙江省电力建设有限公司

签订《产权无偿划转协议》，将浙江东都建筑设计研究院100%股权无偿划转至浙江省电力建设有限公司（划转基准日为2015年12月31日）。

2017年12月28日前，浙江浙能资产经营管理有限公司配合浙江省电力建设有限公司向工商部门提交全部登记注册资料，并取得公司营业执照，完成公司制改制工作。

2. 长兴小浦机械厂剥离非经营性资产及提留资产移交

2013年9月15日，浙江浙能资产经营管理有限公司赴长兴小浦机械厂就整体移交事宜与该公司领导进行了深入沟通，并向浙江省国资委、长兴县国资局提交了《关于将原浙江小浦煤矿机械厂剥离非经营性资产及提留资产移交地方统一管理的基本情况说明》。

2015年11月30日，浙江浙能资产经营管理有限公司委托浙江东都建筑设计研究院有限公司开展危房检测鉴定工作。

2016年4月19日，浙江省煤炭开发公司与浙江省电力建设有限公司签订《关于原浙江小浦煤矿机械厂生活区危房加固修缮项目的施工总承包合同》。同年底，原浙江小浦煤矿机械厂危房加固修缮项目顺利完成验收。

2017年全年，浙江浙能资产经营管理有限公司按照2017年1月23日浙能集团与长兴县政府签署的《框架协议》中“整体搬迁、统一安置”的原则，推进长兴小浦机械厂所有资产、人员的社会化管理职能整体移交地方政府工作，一揽子解决历史遗留问题。

2018年7月31日，浙江省副省长朱从玖在长兴县政府就长兴小浦机械厂整体移交公司召开信访协调会，浙能集团董事长童亚辉、长兴县政府党委书记周卫兵带队出席，会上明确了“长兴县牵头、浙能集团配合”的原则。2019年1月9日，浙江浙能资产经营管理有限公司完成长兴小浦机械厂整体移交工作的基础信息摸排工作。同年3月26日，完成长兴小浦机械厂整体移交工作的维稳评估工作。同年5月23日，浙能集团与长兴县政府已完成《移交协议》及《关于整体解决小浦厂历史遗留问题的实施方案》签订。同年6月17日，浙江浙能资产经营管理有限公司按协议约定将相关资料移交县国资局，完成改制剥离资产移交。2020年5月31日起，安置工作进入政策处理阶段，由安置领导小组办公室公布了安置办法、职工意向选择书、信息调查表等文件，并通过媒体公告、张贴告示等方式进行告知。2020年8月10日，长兴小浦机械厂解危安置领导小组办公室在前期对安置对象申请材料多次审核的基础上，就初步审核通过的对象情况进行了第一次公示。

3. 杭州富阳富信公路建设开发公司37.5%股权处置

2012年6月11日，浙江浙能资产经营管理有限公司与浙江省国信企业（集团）公司签订《关于杭州富阳富信公路建设开发公司的国有产权无偿划转协议》，双方同意将浙江省国信企业（集团）公司所持有的37.5%富信公路股权以2011年12月31日为划转基准日无偿划转给浙江浙能资产经营管理有限公司持有。

2013年，浙江浙能资产经营管理有限公司完成富阳富信公路建设开发公司股权划转变更资料的准备工作，同年9月，浙江浙能资产经营管理有限公司就要求清算的函送至对方。2014年与富阳市国资办就妥善处置浙江浙能资产经营管理有限公司在富阳富信公路建设开发公司中的权益问题达成了一致意见。

2014年4月11日，浙江浙能资产经营管理有限公司根据浙能集团向富阳市政府印发的《关于要求尽快推动处置浙能资产经营管理有限公司在320国道杭富段公路投资权益的函》（浙资资〔2014〕1号）精神，要求对富阳富信公路建设开发公司进行法定清算，或根据富阳富信公路建设开发公司现有账面价值，以对方收购投资等其他方式，落实公司投资的公平、合理退出。同年11月，富阳市国资委在2014年度第三次会议中行程由富阳方面以账面投资额870万元收购浙江浙能资产经营管理有限公司37.5%股权的会议纪要。

2015年5月25日，浙江浙能资产经营管理有限公司与富阳方面签订《关于解决富阳富信公路建设开发公司投资遗留问题的协议》，并成功收回全部投资款人民币870万元，至此拖延十余年而未能解决的股权处置问题得以圆满解决。

4. 浙江省信鸿实业有限责任公司吸收合并

2013年9月25日，浙江浙能资产经营管理有限公司与浙江省信鸿实业有限责任公司签订合并协议，并就合并总体方案达成共识，双方应于2014年2月28日前完成合并及所有相关变更（注销）手续。

经过前期的持续努力，在提交完整全面的相关材料后，浙江省工商局经过审核、公告，于2014年1月17日核准办理了企业注销登记。至此，浙江省信鸿实业有限责任公司吸收合并的法定程序已经完成，并于同年1月28日，顺利完成对浙江省信鸿实业有限责任公司两项主要资产（新安股份流通股、杭州银行股权）的承继工作。

5. 核销原浙江省煤炭工业总公司及其下属公司财政周转金借款

2011年12月23日，浙江浙能资产经营管理有限公司上报浙能集团《关于申请核销原省煤炭公司及其下属公司财政周转金借款的报告》，由于历史原因经营不善以致资不抵债或早已被吊销营业执照，特向省财政厅申请核销原浙江省煤炭工业总公司及其下属公司所欠浙江省财政厅财政周转金2900万元。

2012年6月13日，浙能集团收到浙江省财政厅《关于核销省财政周转金借款的通知》（浙财企〔2012〕173号），同意核销浙江省煤矿机械制造公司于1997—1998年750万元、浙江省煤炭工业总公司1250万元、浙江省煤炭运销公司700万元、浙江省石煤综合利用公司150万元，合计财政周转金本金2850万元。

2013年9月9日，浙能集团收到浙江省财政厅《浙江省财政厅关于浙江省煤炭开发公司财政周转金借款转增国有资本公积金的通知》（浙财企〔2013〕283号），同意将浙江省煤炭开发公司承接浙江小浦煤矿机械厂改制时所欠的省财政周转金债务余额200万元转增为浙能集团国有资本公积金，至此，浙江省煤炭开发公司财政周转金借款问题已全部妥善解决。

2016年9月21日，浙江浙能资产经营管理有限公司上报浙能集团《关于浙江省煤炭开发公司下属两家运销公司清算工作的指示》（浙资资〔2016〕34号），拟采用破产清算方式对托管企业浙江省煤炭开发公司下属浙江省煤炭运销公司、浙江省煤炭集团运销有限公司启动清算工作。

2017年3月22日，浙江浙能资产经营管理有限公司对浙江省煤炭开发公司下属浙江省煤炭运销公司、浙江省煤炭集团运销有限公司风险情况、存货情况进行系统细致的梳理，完成了《关于煤炭开发公司下属两家运销公司清算面临的风险分析及建议》等专题报告。

三、浙江省煤炭开发公司及下属公司改制

（一）浙江省煤矿机械制造公司

1991年8月16日，浙江省劳动厅以浙劳人力函〔1991〕19号文件批复，同意浙江省煤炭工业总公司核定浙江省煤矿机械制造公司为全民所有制公司编制，其内设5个科室，定员40人。

1996年12月，浙江省建立现代企业制度试点工作协调小组印发《关于同意浙江小浦煤矿机械厂建立现代企业制度试点方案的批复》，同意浙江省煤炭工业总公司所属浙江小浦煤矿机械厂与浙江省煤矿机械制造公司联合组建浙江煤矿工程机械有限公司。

1997年5月，浙江省煤炭工业总公司决定，对浙江小浦煤矿机械厂实施现代企业制度试点方案，浙江小浦煤矿机械厂与浙江省煤矿机械制造公司联合，进行资产重组，改组为浙江煤矿工程机械有限公司；成立浙江煤矿工程机械有限公司董事会和监事会。1999年1月，浙江省煤炭集团公司决定，调整浙江省煤矿工程机械有限公司董事会和监事会。同年，浙江省煤矿机械制造公司注销。

2000年6月，浙江省煤炭集团公司同意恢复浙江小浦煤矿机械厂的法人体制，实行经济独立核算。浙江煤矿工程机械有限公司为浙江省煤炭集团公司资产的二级授权管理经营主体，承担所授权管理经营范围内的国有资产保值增值责任。

2000年10月9日，浙江煤矿工程机械有限公司以浙煤机〔2000〕017号文件，决定浙江省煤矿机械制造公司本部与浙江煤矿机械物资供应站改制组建浙江东方煤矿工程机械有限公司（简称新公司）。浙江煤矿机械物资供应站（简

称供应站）是由浙江煤矿工程机械有限公司与中国煤矿机械装备公司共同出资成立的经营性公司，供应站注册资金60万元。该方案规定：凡男满55周岁、女满45周岁（计算到2000年12月底止），经本人申请，单位同意，可以办理离岗退养手续。对不符合离岗退养条件或虽符合离岗退养条件，但本人不愿意离岗退养的原固定制职工，均按产权制度改革的有关精神实行身份转换和经济补偿金；供应站职工和浙江煤矿工程机械有限公司本部在杭州的职工可以通过认购新公司股份和将职工身份转换金转作公司股份，成为新公司持股人；职工股东由于死亡或退休离开企业的，可转让给新公司内其他职工或由新公司回购配售给其他股东。同时，杭州塞特电子公司（成立于1993年）的职工转换劳动关系，实行经济补偿可与浙江煤矿工程机械有限公司本部职工同办法、同步进行；离岗退养和身份转换办法按浙江煤矿工程机械有限公司的统一办法办理。退休和内退职工的提留金由新公司管理，专款专用，并接受浙江省煤炭集团公司的监督。新公司成立后，被新公司录用的职工，其社保关系全部转入新公司，浙江煤矿工程机械有限公司本部经营部门相关的流动资产和债权债务等，全部划入新公司，由新公司承接。2000年11月7日，浙江煤矿机械物资供应站改制方案经原浙江省煤炭集团公司批复。

2001年6月25日，浙江省财政厅以浙财国资字〔2001〕155号文件，同意浙江煤矿工程机械有限公司本部与浙江煤矿机械物资供应站改制组建浙江东方煤矿工程机械有限公司的方案。同年8月，浙江东方煤矿工程机械有限公司挂牌。公司总股本120万元，其中国有法人股36万元由浙江省煤炭集团公司持有，占总股本的30%；职工6人出资84万元，占总股本的70%。其国有法人股于2003年全部转让给职工。

2003年2月24日，上报浙能集团《关于上报浙江煤矿机械物资供应站劳动关系转换方案的报告》，主要内容：一是变更新公司的股本结构，由省煤炭开发公司出资的36万股全部退出，转让给新公司经营者；二是明确了劳动关系转换基准日及劳动关系转换提留费用。2003年5月9日，浙江省劳动和社会保障厅印发《浙江省劳动和社会保障厅关于浙江煤矿机械物资供应站劳动关系转换实施方案审核意见的复函》，原则同意浙江煤矿机械物资供应站劳动关系转换实施方案，所属21名职工的经济补偿金等费用按409750元计提。

（二）浙江小浦煤矿机械厂

1991年，浙江小浦煤矿机械厂是浙江省煤炭工业总公司直属全民所有制企业，也是中国统配煤矿总公司业务归口领导的54个重点煤机厂之一。

1997年5月，浙江省煤炭工业总公司依照浙江省建立现代企业制度试点工作协调小组印发《关于同意浙江小浦煤矿机械厂建立现代企业制度试点方案的批复》，决定由浙江小浦煤矿机械厂与浙江省煤矿机械制造公司联合成立浙江煤矿工程机械有限公司。

1999年，浙江小浦煤矿机械厂油泵分厂和铸钢分厂先后完成改制，分别成立长兴精盛液压有限公司和长兴小浦铸钢有限公司。

2000年6月，浙江省煤炭集团公司党委决定，恢复中共浙江小浦煤矿机械厂委员会建制，恢复浙江小浦煤矿机械厂的法人体制，实行经济独立核算。

2001年8月，浙江小浦煤矿机械厂提交整体改制方案，后于同年8月9日、11月1日经职代会审议后，经浙江省煤炭开发公司转报浙能集团。

2002年1月17日，浙能集团同意浙江小浦煤矿机械厂改制方案，即浙江小浦煤矿机械厂按国有股全部退出的形式实施改制。同年2月，浙江小浦煤矿机械厂组织实施改制方案。同年6月，完成了劳动关系转换工作。同年8月，以浙江小浦煤矿机械厂主体部分改制，成立长兴小浦机械制造有限公司。

2002年9月23日，按照浙能集团浙能资〔2002〕3号文件精神和要求，浙江省煤炭开发公司以浙煤开综〔2002〕32号文件委托浙江五联资产评估有限公司，对浙江小浦煤矿机械厂2001年12月31日止的全部资产及负债进行评估。另委托长兴中地地产评估有限公司对浙江小浦煤矿机械厂生产经营性六宗土地（包括一宗商住地）进行评估。

2002年10月8日，浙江省劳动和社会保障厅同意浙江小浦煤矿机械厂劳动关系转换方案，对447名职工经济补偿金等费用按11977532元计提；要求认真做好劳动关系转换工作，维护职工的合法权益，为“双缴”和自谋职业的职工做好社会保险衔接工作，依法支付经济补偿金及生活补助费，发给有关证明。

2002年10月10日，浙能集团上报浙江省财政厅关于《浙江小浦煤矿机械厂改制资产处置方案的》的请示。同年12月13日，浙江省财政厅以浙财企一字〔2002〕98号文件，同意浙江小浦煤矿机械厂资产处置的有关问题，主要内容：一是浙江小浦煤矿机械厂以2001年12月31日为基准日，由浙江五联资产评估有限公司对浙江小浦煤矿机械厂总资产进行评估。二是按照浙江省财政厅关于《省属国有企业事业单位核销资产管理暂行办法》精神，同意不良资产划转至浙江省发展资产管理有限公司。三是同意该厂剥离非经营性资产。四是该厂资产处置后，净资产为3866338.34元。五是按照浙江省劳动和社会保障厅浙劳社医〔2002〕52号文件规定，同意提留3名离休干部医药保障经费、提留退休职工医药费和抚恤金。按照浙江省政府办公厅浙政办函〔2001〕86号文件精神和浙江省劳动和社会保障厅浙劳社函〔2002〕154号文件批复，对浙江小浦煤矿机械厂现有的447名职工进行身份转换，并支付转换职工身份经济补偿金等费用。六是提留的资产由浙能集团与改制后企业签订协议，实施专项管理，报浙江省财政厅备案，提留资产应逐步变现，转由社保机构统一管理。

2004年4月15日，浙江省煤炭开发公司上报浙江省能源集团《关于小浦厂改制人员社保关系全部移交地方的请示》，主要内容：浙江省煤炭开发公司在4月底前将离退休、“双缴”及内退人员共405人的社保关系移交给长兴县社保局，从5月1日起所有移交人员纳入长兴县社保管理，并相应一次性趸缴费用1298.42万元。

2004年11月18日，成立清算小组对浙江小浦煤矿机械厂进行注销。

（三）浙江煤山矿灯厂

浙江煤山矿灯厂的前身是上海麟记蓄电池厂和上海矿灯厂。1970年搬迁至浙江省长兴县煤山镇，更名为浙江煤山矿灯厂。浙江煤山矿灯厂于1987年正式搬迁至浙江省嘉兴市嘉善县。

1998年，煤炭工业部撤销，浙江煤山矿灯厂正式下放至浙江省归地方管理。

2003年，决定对浙江煤山矿灯厂实施改制。同年6月8日，浙江煤山矿灯厂改制工作正式启动。同年12月5日，浙江煤山矿灯厂四届六次职代会审议通过《浙江煤山矿灯厂改制方案》。同年12月22日，由浙江省煤炭开发公司上报浙能集团《关于上报〈浙江煤山矿灯厂改制方案〉的报告》，主要内容：一是同意浙江煤山矿灯厂按国有股权全部退出的方式实施改制，改制后企业按经营者和经营班子持大股的原则设置股权，按现代企业制度建立健全法人治理结构；二是报告劳动关系转换方案；三是对按浙财工〔1999〕89号文件、浙国资企〔1999〕34号文件要求，评估后的净资产全部用于劳动关系转换支出和提留，现有债权债务由改制后企业承接。

2004年1月18日，浙能集团印发《关于同意浙江煤山矿灯厂改制方案的批复》给浙江省煤炭开发公司，主要内容：一是原则同意浙江省煤炭开发公司提出的浙江煤山矿灯厂改制方案，该厂按国有股权全部退出的方式实施改制；二是改制后，浙江煤山矿灯厂现有的债权债务由改制后企业承接等。同年2月27日，上报浙能集团《关于矿灯厂改制问题的请示》，主要内容：希望根据国有资产监督管理委员会发布的《关于规范国有企业改制工作的意见》、国有资产监督管理委员会与财政部联合发布的《企业国有产权转让管理暂行办法》，在浙江省改制政策的规范内，根据实际情况开展资产转让和新的经营者的选择工作，制定《煤山矿灯厂国有产权转让实施办法》和有关招标文件，并以适当的方式在一定范围公开发布招标信息，形成公平竞争的局面。同年3月23日，上报浙能集团《关于要求转报浙江煤山矿灯厂改制资产处置方案的请示》，其中报告了浙江五联资产评估有限公司对浙江煤山矿灯厂截至2003年12月31日的全部资产及负债进行的评估结果。

2004年3月10日，由浙江省煤炭开发公司转报浙能集团《关于上报浙江煤山矿灯厂劳动关系转换方案的报告》。同年4月20日，浙江省劳动和社会保障厅以浙劳社厅字〔2004〕109号文件，原则同意浙江煤山矿灯厂劳动关系转换方案，所属359名职工的经济补偿金等费用按8722333元计提。同年4月30日，浙江省财政厅印发《关于浙江煤山矿灯厂改制资产处置有关问题的复函》。

（四）浙江省煤炭集团物业分公司

浙江省煤炭集团物业分公司前身为浙江省煤炭工业总公司生活服务中心。1996年4月17日，浙江省煤炭工业总公司生活服务中心成立。1997年11月17日，浙江省煤炭集团物业分公司成立。

1999年4月2日，浙江省煤炭集团公司董事会决定，浙江省煤炭集团物业分公司改为浙江省煤炭集团物业管理有限责任公司（简称物业公司）。1999年9月，浙江省煤炭集团物业管理有限责任公司组建成立。

2001年3月6日，召开物业公司一届二次职代会；2001年12月27日，召开物业公司一届三次职代会；2002年7月3日，物业公司全体职工大会审议通过物业公司改制方案。

2002年5月，物业公司提交要求改变浙煤物业公司资本注册方式的请示。同年7月29日，浙能集团印发《关于同意改变浙煤物业公司资本注册方式的批复》，明确浙江省煤炭开发公司下属公司——物业公司变更资本注册方式，将原实物资产注册变更为资金注册；协助物业公司抓紧办理变更手续，并及时上报办理结果；物业公司正处于改制阶段，对换资注入资金由浙江省煤炭开发公司进行有效控制和管理；物业公司在资本注册方式改变后，抓紧开展改制工作。2002年9月10日，上报浙能集团《关于调整物业公司改制提留的补充报告》，对因医保接轨、人员增加等原因造成的改制费用提留有所增加作出具体说明。同年11月18日，浙能集团印发《关于煤炭开发公司所属物业公司改制方案的批复》，同意物业公司改制方案，要求物业公司抓紧做好改制的实施工作。

2003年2月24日，浙江省煤炭开发公司上报浙能集团《关于上报浙江省煤炭集团物业管理有限责任公司劳动关系转换方案的报告》，按照国有股权全部退出的形式进行改制，梳理明确了劳动关系转换涉及费用及内退、退休人员医疗费及丧葬抚恤金等提留费用。同年4月23日，浙能集团以《关于上报〈浙江省煤炭集团物业管理有限责任公司劳动关系转换方案〉的请示》（简称《请示》）上报省劳动和社会保障厅，请予审示。《请示》共有8个附件：一是浙江省煤炭开发公司《关于上报浙江省煤炭集团物业管理有限责任公司劳动关系转换方案的报告》；二是省属企业建立新型劳动关系实施方案审核表；三是浙江省煤炭集团物业管理有限责任公司职代会及全体职工大会对改制方案的审议意见；四是物业公司身份置换人员提留表；五是物业公司双缴人员提留表及55%统筹计算表；六是物业公司内退人员提留表及医疗费用等提留表；七是精简下放人员提留表；八是物业公司退休人员提留表。

2003年5月9日，浙江省劳动和社会保障厅印发《浙江省劳动和社会保障厅关于浙江省煤炭集团物业管理有限责任公司劳动关系转换实施方案审核意见的复函》，主要内容：根据浙江省政府办公厅浙政发〔2000〕178号文件、浙政办函〔2001〕86号文件和浙江省劳动和社会保障厅浙劳社劳薪〔2001〕20号文件等精神，原则同意浙江省煤炭集团物业管理有限责任公司劳动关系转换实施方案，所属48名职工的经济补偿金等费用按1526986元计提。

2003年3月26日，上报浙能集团《关于要求转包浙江省煤炭集团物业管理有限责任公司改制资产处置方案的报告》。同年5月26日，浙江省财政厅印发《关于浙江省煤炭集团物业管理有限公司改制资产处置的复函》，同意浙江省煤炭集团物业管理有限公司改制资产经浙江五联资产评估有限公司评估的结果，要求按改制方案依此进行资产处置。

2003年6月，浙江省煤炭开发公司与三位自然人签订了《股权转让协议》，将浙江省煤炭集团物业管理有限公司全部股权作价4368514.74元转让给三位自然人出资成立的杭州广源物业管理有限公司。同年7月，杭州广源物业管理有限公司挂牌成立。

2005年1月11日，浙江省煤炭开发公司印发《关于同意浙江省煤炭集团物业管理有限公司进行注销申报的批复》，主要内容：根据《清算报告》意见，浙江省煤炭集团物业管理有限公司已具备注销申报的各项条件，同意向浙江省工商行政管理局申报注销。同年7月，浙江省煤炭集团物业管理有限公司被注销。

（五）浙江省煤炭运销公司

随着改革的深入，从1985年起国家允许统配煤矿超产的煤炭由企业加价或议价自销。在这种形势下，浙江省煤炭工业总公司经省计经委批准，于同年5月成立了公司经理部，从事计划外煤炭运销业务，利用行业优势，与兄弟省煤炭运销部门或局、矿合作，按市场经济原则建立起省际调剂原煤余缺的渠道。

1987年，经浙江省计经委、省体改办同意，省煤炭工业总公司经理部、供销处（包括局仓库）合并成立浙江省煤炭工业协作供销公司。该公司属经营服务性全民所有制企业，自1987年7月1日起，实行独立核算，自负盈亏，成为浙江省煤炭工业主管部门直属的第一个纯商业机构。

1990年，浙江省煤炭工业协作供销公司改称为浙江省煤炭工业供销公司，第二名称为浙江省煤炭运销公司。至1994年，该公司在各市、县设有运销处16处。至1999年，因债务问题，该公司成立清欠工作领导小组。2000年，该公司整体进入清欠与职工分流安置运行之中，此项工作于2001年基本结束。

（六）浙江省煤炭开发公司

浙江省煤炭开发公司由浙江省煤炭集团公司改制而成，于2002年4月登记注册，注册资金1亿元，由其管理原省煤炭集团公司所属资产并开展煤炭经营工作，公司经营范围为煤炭行业投资，技术咨询服务，自有房屋出租，建筑工程设计、管理。其煤炭经营工作至2004年7月浙江浙能富兴燃料有限公司成立后停止。2011年6月底，浙江浙能资产经营管理有限公司和浙江省煤炭开发公司签订移交协议，完成管理权移交。同年，积极推进浙江省煤炭开发公司在杭房产的各项清理管理工作，完成浙江省煤炭开发公司本级房产清理。2013年，完成了浙江省煤炭开发公司剩余200万元财政周转金借款的核销工作（转增国有资本公积金），妥善解决了财政周转金借款问题。

2017年，根据浙江省深化国有企业改革工作领导小组《关于印发全面完成省属企业子企业公司制改制工作实施方案的通知》（浙企改发〔2017〕3号）及浙江省国资委《关于进一步规范省属企业改制方案审批程序的通知》（浙国资企改〔2017〕19号）要求，对浙江省煤炭开发公司进行公司制改制。2017年12月8日，浙江浙能资产经营管理有限公司上报浙能资本控股有限公司《关于浙江省煤炭开发公司公司制改制方案的请示》，拟以2016年12月31日为基准日对浙江省煤炭开发公司进行公司制改制，并同步申请将股东变更为浙江浙能资产经营管理有限公司。2017年12月15日，浙能资本控股有限公司上报浙能集团《关于浙江省煤炭开发公司改制方案的请示》，建议同意浙江省煤炭开发公司的改制方案，并将其100%股权同步划转至浙江浙能资产经营管理有限公司名下。2017年12月19日，浙江省能源集团印发《关于浙江省煤炭开发公司改制方案的批复》，同意上报的公司制改制方案，以2016年12月31日为基准日，改制为一人有限责任公司，改制后公司名称为浙江省煤炭开发有限公司（暂定名，以工商登记最终核定为准），由浙能资产持有改制后公司100%股权。要求抓紧办理章程修订、工商税务及秃顶名称变更、产权登记等工作。2017年12月，出台《浙江省煤炭开发有限公司章程》。2018年1月12日，浙江省煤炭开发有限公司取得浙江省工商行政管理局于2017年12月28日颁发的浙江省煤炭开发有限公司营业执照。至此浙江省煤炭开发有限公司的工商变更登记事宜全部完成。

第二节 碳资产管理

一、浙能集团内碳资产管理

2018年3月31日前，帮助浙能集团下属24家控排企业完成2016年度、2017年度温室气体排放报告及监测计划。

2018年3月31日前，完成了浙能集团内部24家控排企业温室气体排放数据库的收集工作，并整理形成了数据库，并结合外部数据，于同年10月15日形成《集团内部温室气体排放规律及特点初析》战略课题。

2018年9月20日，浙能集团发布了《浙江省能源集团有限公司碳资产管理办法》。

2018年12月31日前，浙江浙能碳资产管理有限公司与浙能集团系统内24家电厂签订《碳排放与碳资产管理委托服务合同》工作。

二、信息化管理系统开发

2018年，浙江浙能碳资产管理有限公司梳理分析了浙能集团控排企业碳排放特性，开展浙能集团温室气体碳排放及碳交易应对策略研究。同年2月20日，浙江浙能碳资产管理有限公司根据浙能集团科信部委托，召开碳资产管理信息系统可研评审，审议通过《浙能集团温室气体排放及碳交易应对策略研究》《浙能碳资产管理体系研究报告》《浙能集团碳资产管理平台项目可行性研究报告》，成功建立浙能集团碳资产管理“三级管理”体系。同年3月12日，正式开展浙能集团碳资产管理信息系统平台招标工作，启动碳资产管理信息系统平台实质性建设。

三、碳资产交易业务

2018年，浙江浙能碳资产管理有限公司积极参与国内碳交易试点地区碳资产交易业务，主动与碧辟（BP）、壳牌等机构开展碳交易业务。同年12月31日前，经前期调研及洽谈，与相关机构参形成初步意向，参与广州碳交易市场的CCER交易业务，并在集团内部电厂开展碳资产融资进行节能改造的试点项目。

第八篇
能源服务产业

浙能集团一直重视企业发展战略的引领，从“以电为主，多业发展”战略到“能源立业、科技兴业、金融富业、海外创业”“四业”发展，努力打造技术型、协调型、服务型“三型”现代能源企业发展战略，浙能集团企业发展的顶层设计有效突破了企业发展瓶颈，抓住了企业发展机遇。而能源服务产业是浙能集团产业链的重要组成部分。2003年8月，浙江兴源投资有限公司成立，秉持服务立业理念，按照“以投资为主体，以实业为基础，以电力为主业，多业共同发展”的战略定位，2003—2010年，在收购浙江天地环保工程有限公司从事环保产业的基础上，先后完成对浙江天虹物资贸易有限公司、杭州梅苑股份有限公司等企业的投资管理，产业扩大至物流、酒店及综合服务等领域，企业逐步壮大，功能齐全的能源服务产业体系日趋完整。

2010年11月，浙能集团实行板块化管理改革试点，依托浙江兴源投资有限公司的机构和人员设立，对板块内的浙江兴源投资有限公司、浙江省电力建设有限公司进行归口管理，浙江省能源集团有限公司科技工程与服务产业分公司成立，具体履行能源服务板块管理职责，为浙能集团“大能源战略”提供功能完备的服务支撑体系。

自2010年成立至2019年底，浙江省能源集团有限公司科技工程与服务产业分公司立足能源行业全产业链综合服务商的战略定位，已形成了环保、节能和清洁能源、物流供应链、工程建设及咨询、酒店及培训综合服务等产业，下属拥有浙江浙能兴源节能科技有限公司、浙江省电力建设有限公司、浙江天地环保科技有限公司、浙江天虹物资贸易有限公司、浙江梅苑酒店管理有限公司、浙江浙能天颐投资有限公司、浙江浙能企业管理培训服务有限公司等7家公司。

物流供应链产业，具备电力专业物资采供配送全程服务能力，集物资采购供应、进出口贸易、物流配送等为一体，着力打造一条快捷、透明、稳定和成本领先的先进供应链。顺利完成了浙能集团重大电源项目和天然气管道建设项目物资采购与招标代理服务。

工程建设及咨询产业，承建国内外电站工程项目30余个，全力推进“县县通”天然气官网建设工程，积累了丰富的电力机组和天然气管网建设管理经验。积极开展海外电力市场的研究、跟踪、开发，为“海外创业”打下了坚实的基础。

酒店及综合服务产业，“梅苑”品牌输出卓有成效，开发物业管理项目近20个，并积极介入精品酒店、生态农庄、养生养老等产业。浙能创业大厦荣获浙能集团在民建领域的首座“鲁班奖”。大力发展教育管理与培训产业，打造“一个培训中心+多个基地”及“浙江能源学院”“浙能党校（浙能行政学院）”“浙能网络学院”四大产业体系。

培训服务产业已形成课程体系建设、教材体系建设、教学管理服务体系建设及网络平台建设“三体系一平台”。编制了《浙江省能源集团有限公司关键岗位课程体系建设方案》，形成了综合素养、专业技能、领导力三大类课程体系框架；利用浙能学院网络平台课件和实体教材，形成了线上、线下学习相结合的教材体系，完成网络平台课件数量超过1000个，内容涵盖综合素养类、领导力类通用型课程及安全生产、人力资源等专业型课程；挂牌成立浙江能源学院，采用“双元制”教学模式，校企合作培养技术型人才。

浙江省能源集团有限公司科技工程与服务产业分公司通过自主创新和科技合作，形成一批拥有自主知识产权的核心关键技术。累计获得授权发明专利43项，授权实用新型专利164项，软件著作权47项，主持或参与制定国家标准3项、行业标准12项。2019年，浙江省能源集团有限公司科技工程与服务产业分公司实现营业收入83.7亿元，同比增长24%，市场化业务收入17.9亿元，同比增长68.8%。截至2019年底，资产总额107.11亿元，净资产57.20亿元。

第一章 机构与规模

第一节 管理体制

2003年8月15日，浙江兴源投资有限公司在浙江省工商管理局完成工商注册，注册资本金2亿元，是浙能集团按照“以投资为主体，以实业为基础，以电力为主业，多业共同发展”的战略定位设立的全资子公司。

2003年9月15日，浙江天地环保工程有限公司股东签订协议，浙江兴源投资有限公司控股浙江天地环保工程有限公司，占注册资本金2160万元的35.44%，从事电源企业脱硫脱硝环保业务。

2003年9月17日，浙江兴源投资有限公司注册成立浙江天虹物资贸易有限公司，承担浙能集团物流集约化管理的职能。

2004年6月11日，浙江兴源投资有限公司注册成立浙江天达建材资源开发公司，从事粉煤灰综合开发利用，提高粉煤灰产品的附加值。

2005年3月10日，浙能集团印发《关于杭州梅苑股份有限公司管理职能移交的通知》，浙江兴源投资有限公司接管由浙江省煤炭开发公司所持有的杭州梅苑股份有限公司股份，从事酒店管理业务。

2007年1月8日，浙江兴源投资有限公司收购浙江国信房产集团有限公司拥有的镇江国际饭店置业有限公司80%股权（浙能集团〔2007〕2号董事会纪要）。

2007年3月7日，浙江省能源集团有限公司发布《关于成立浙江省能源集团有限公司物流管理中心的通知》，物流管理中心成立，工作机构设在浙江兴源投资有限公司。

2008年5月26日，浙能集团董事会决定浙江兴源投资有限公司所属浙江天达建材资源开发公司为上市培育产业和上市实体，同意浙江天达建材资源开发公司即日起全面启动上市筹备工作。

2008年7月20日，浙江兴源投资有限公司出资5122.01万元收购镇江国际置业有限公司20%股权及部分债权，实现对镇江国际置业有限公司100%控股（2008年7月20日镇江国际置业有限公司股东会决议）。

2008年10月15日，浙江天地环保工程有限公司注册资本金变更为10000万元，经股东签订协议，浙江兴源投资有限公司控股浙江天地环保工程有限公司，占注册资本金的70.5131%，从事环保产品及技术开发等业务。

2009年2月18日，浙江兴源投资有限公司收购杭州萧山临江工贸有限公司所持浙江天工科技有限公司7.63%股权及湖州风华投资有限责任公司所持浙江天工科技有限公司5.72%股权（2009年2月18日浙江天工科技有限公司股东会决议）。同年5月，浙江天达建材资源开发公司更名为浙江天达环保有限公司。同年11月，浙能集团出具《关于同意浙江天达环保有限公司改制设立股份有限公司的批复》，浙江天达环保有限公司更名为浙江天达环保股份有限公司。

2010年6月2日，浙能集团印发《关于浙江省水利物资总公司管理职能移交的通知》，浙江兴源投资有限公司接受由浙江省水利电力物资总公司划转至浙江兴源投资有限公司的资产、负债及权益。

2010年11月22日，浙能集团印发《关于成立浙江省能源集团有限公司科技工程与服务产业分公司的通知》，成立科技工程与服务产业分公司，实施管理流程的优化与再造，推行专业化管理，为其提供一个功能相对完备的支持性系统，打造现代能源服务产业（科技工程与服务产业分公司成立时注册地址为杭州市华浙广场1号楼111室）。

2010年11月22日，浙能集团印发《关于成立浙江省能源集团有限公司科技工程与服务产业分公司的通知》，浙能集团管控的浙江省电力建设有限公司归口浙江省能源集团有限公司科技工程与服务产业分公司管理，承担浙能集团的电力建设与管理。

2011 年 11 月 29 日，浙能集团印发关于《浙能集团总部与能源服务板块管控操作方案》，板块营运企业包括浙江兴源投资有限公司、浙江省电力建设有限公司、浙能技术中心、浙江天达环保股份有限公司、浙江天地环保工程有限公司、浙江天虹物资贸易有限公司。能源服务板块主要包括浙能集团所属的工程环保、物流贸易、电力建设与管理、电厂技术监督、电力服务、新型建材、技术研发及消费服务等相关产业。

2012 年 1 月 10 日，浙能集团印发《关于推荐浙江天地环保工程有限公司总经理等人选的函》及《关于推荐浙江天达环保股份有限公司总经理等人选的函》，将浙江兴源投资有限公司管控的企业升格为浙能集团管控的二级企业。

2012 年 6 月 25 日，浙江天地环保工程有限公司股东签订协议，浙能集团控股浙江天地环保工程有限公司，占注册资本金的 80.0132%。

2013 年 12 月 31 日，浙能集团印发《关于建立浙江省能源集团有限公司技术中心的通知》，浙能技术中心工商注册更名为浙江浙能技术研究院有限公司。

2015 年 1 月，浙能集团印发《关于上报浙江浙能节能科技有限公司"三定"调整方案的请示》，将浙江兴源投资有限公司所持有的浙江浙能节能科技有限公司（100%）股权划转至浙能集团持有，由科技工程与服务产业分公司直接管理。

2015 年 4 月 21 日，浙能集团印发《关于无偿划转浙江天地环保工程有限公司股权至浙江长广集团有限责任公司的通知》，将浙能集团所持有的浙江天地环保工程有限公司 80.0131% 股权无偿划至浙江长广集团有限责任公司，浙江天地环保工程有限公司的管理关系不变，仍由浙江省能源集团有限公司科技工程与服务产业分公司负责管控。2016 年 1 月 7 日，经浙江天地环保工程有限公司股东签订协议，浙江长广集团有限责任公司占注册资本金的 96.330%。同年 4 月 15 日，浙江天地环保工程有限公司工商登记更名为浙江天地环保科技有限公司。

2016 年 4 月 19 日，浙江浙能天颐投资有限公司在萧山区市场管理局完成工商注册。

2016 年 5 月 30 日，浙江省能源集团有限公司科技工程与服务产业分公司印发《关于同意浙江天地环保工程有限公司更名的批复》，浙江天地环保工程有限公司吸并浙江天达环保股份有限公司并更名为浙江天地环保科技有限公司。

2016 年 9 月 30 日，浙能集团印发《关于下发浙江省能源集团有限公司创新发展和体制机制改革方案的通知》，浙能技术研究院划归浙能集团直接管理。

2016 年 9 月 30 日，浙能集团印发《关于下发浙江省能源集团有限公司创新发展和体制机制改革方案的通知》，对浙江省能源集团有限公司科技工程与服务产业分公司及所属营运企业层面进行调整，科技工程与服务产业分公司人员的劳动合同关系直接与科技工程与服务产业分公司签署，浙能集团直接拨付管理费用，科技工程与服务产业分公司管理人员总数按照 35 人的标准进行配备。

2016 年 9 月 30 日，浙能集团印发《关于下发浙江省能源集团有限公司创新发展和体制机制改革方案的通知》，浙江兴源投资有限公司与浙江浙能节能科技有限公司进行合并重组，成立浙江浙能兴源节能科技有限公司，将浙江兴源投资有限公司所持有的浙江浙能节能科技有限公司（100%）股权划转至浙能集团直接持有，将浙江兴源投资有限公司所持有的所属浙江浙能德清分布式能源有限公司（100%）、浙江天音管理咨询有限公司（100%）、浙江浙能天工信息科技有限公司（78%）、浙江浙能龙泉生物质发电有限公司（51%）、浙江长兴捷通物流有限公司（51%）和浙江长广生物质发电有限公司（100%）股权划转至浙江浙能节能科技有限公司持有，将浙江浙能科服能源技术有限公司管理权划归浙江浙能节能科技有限公司。

2016 年 9 月 30 日，浙能集团印发《关于下发浙江省能源集团有限公司创新发展和体制机制改革方案的通知》，将浙江兴源投资有限公司所持有的杭州梅苑酒店管理公司（100%）股权划转至浙能集团持有，由科技工程与服务产业分公司直接管理，并将浙江兴源投资有限公司所持有的镇江国际饭店（100%）、杭州梅苑股份有限公司（63.58%）和浙江天颐投资有限公司（50%）股权划转至杭州梅苑酒店管理公司持有。

2016年9月30日，浙能集团印发《关于下发浙江省能源集团有限公司创新发展和体制机制改革方案的通知》，将浙江兴源投资有限公司所持有的镇江浙信房地产开发有限公司（20%）股权划转至浙能房地产公司持有；将浙江兴源投资有限公司所持有的浙江浙能催化剂技术有限公司（51%）、浙江浙能玉环环保水务有限公司（90%）和浙江东发环保工程有限公司（90.65%）股权划转至浙江天地环保科技有限公司持有；将浙江兴源投资有限公司所持有的浙江天达环保股份有限公司（92%）股权、浙能石油新能源公司所持有的浙江天达环保股份有限公司（5%）股权划转至浙江天地环保工程有限公司持有；将浙江兴源投资有限公司所持有的浙江省水利电力物资总公司（100%）股权划转至浙江天虹物资贸易有限公司持有。

2017年9月，浙江天达环保有限公司股东出具《关于同意浙江天地环保科技有限公司与浙江天达环保有限公司合并的决定》，同意浙江天地环保有限公司吸收合并浙江天达环保有限公司的方案。同年12月，浙江天达环保有限公司完成税务注销。

2018年11月9日，浙江天地环保科技有限公司经工商登记变更，注册资金变更为30000万元，浙江长广集团有限责任公司控股100%。

2019年1月25日，浙能集团印发《关于调整浙江浙能企业管理培训服务有限公司管控关系的通知》，将浙江浙能企业管理培训服务有限公司划转至科技工程与服务产业分公司管理。

2020年1月20日，浙能集团印发《关于调整浙江浙能天颐投资有限公司管控关系的通知》，浙江浙能天颐投资有限公司划转至浙能资本控股有限公司。

2020年7月，浙江天地环保科技有限公司工商注册，更名为浙江天地环保科技股份有限公司。

第二节 内设部门

2011年12月21日，科技工程与服务产业分公司印发《关于科技工程与服务产业分公司内设机构设置的通知》（浙能科服人〔2011〕2号），内设机构：计划投资部、生产工程安全部、资产经营部和监察审计部4个独立部门，办公室、人力资源部、财务部和政工部4个独立部门依托所属核心企业合署办公。核定计划投资部、生产工程安全部、资产经营部和监察审计部4个独立部门的人员总编制数为26人。

2013年12月12日，科技工程与服务产业分公司印发《关于科技工程与服务产业机构设置调整的通知》（浙能科服人〔2013〕154号），科技工程与服务产业分公司本级职能部门设置综合办公室、财务产权部、生产工程安全部、投资发展部、人力资源部和党群工作部6个部门，核定科技工程与服务产业分公司司本级定员35人（不含三副总师及以上领导人员）。

2019年11月19日，科技工程与服务产业分公司印发《关于科技工程与服务产业分公司组织机构调整的通知》（浙能科服人〔2019〕210号），科技工程与服务产业分公司原五部一室（财务产权部、投资发展部、人力资源部、生产工程安全部、党群工作部、办公室）调整为财务产权部、投资发展部、人力资源部、生产与环境安全部、建设管理部、党群工作部、办公室、纪检审计室等六部二室。

2011年、2019年科技工程与服务产业分公司部门与职责分别见表8-1-1和表8-1-2；2011年、2019年科技工程与服务产业分公司组织架构分别如图8-1-1和8-1-2所示。

表8-1-1 2011年科技工程与服务产业分公司部门与职责一览表

部门	职 责
办公室	负责科技工程与服务产业分公司“两办”（党办、总经办）事务管理、行政管理、综合事务管理；负责在浙能集团授权范围内行使相关管理职权，以及对科技工程与服务产业分公司所属营运企业相关业务进行指导、协调、监督、考核

表 8-1-1（续）

部门	职责
财务部	负责科技工程与服务产业分公司全面预算管理、会计核算、财务决算管理与监督考核、财务分析与财务信息汇总；负责资金管理、保险管理、税收管理；负责在浙能集团授权范围内行使相关管理职权，负责对科技工程与服务产业分公司所属营运企业相关业务进行指导、协调、监督、考核
资产经营部	负责科技工程与服务产业分公司及营运企业的产权管理；负责科技工程与服务产业分公司企业管理、经营管理、经营活动的考核监督；负责在浙能集团授权范围内行使相关管理职权，以及对科技工程与服务产业分公司所属营运企业相关业务进行指导、协调、监督、考核
人力资源部	负责科技工程与服务产业分公司人力资源规划、组织人事、出资人代表、薪酬社保、教培职称、离退休人员等管理；负责在浙能集团授权范围内行使相关管理职权，以及对科技工程与服务产业分公司所属营运企业相关业务进行指导、协调、监督、考核
生产工程安全部	负责科技工程与服务产业分公司安全生产、职业健康、节能环保、科技创新、技术监督、班组建设等管理工作；负责科技工程与服务产业分公司工程质量控制、进度控制、投资控制等建设管理工作；负责在浙能集团授权范围内行使相关管理职权，以及对科技工程与服务产业分公司所属营运企业相关业务进行指导、协调、监督、考核
政工部	负责科技工程与服务产业分公司党建、支部建设及管理、宣传教育、精神文明建设、企业文化建设与团建工作；负责科技工程与服务产业分公司工会网络体系建设、组织协调工会相关事宜与活动的开展、工会相关政策法规的具体执行，以及指导营运企业工会的组织建设工作；负责在浙能集团授权范围内行使相关管理职权，以及对科技工程与服务产业分公司所属营运企业相关业务进行指导、协调、监督、考核
监察审计部	负责科技工程与服务产业分公司纪检监督、反腐倡廉、信访与效能监察以及纪检监督体系建设；负责科技工程与服务产业分公司财务收支审计、专项审计、经济责任审计以及内审体系建设；负责在浙能集团授权范围内行使相关管理职权，以及对科技工程与服务产业分公司所属营运企业相关业务进行指导、协调、监督、考核
计划投资部	负责科技工程与服务产业分公司计划、合同、统计管理以及招投标管理；负责科技工程与服务产业分公司发展战略、规划，法律事务；负责项目规划、投资与后评估管理；负责在浙能集团授权范围内行使相关管理职权，以及对科技工程与服务产业分公司所属营运企业相关业务进行指导、协调、监督、考核

表 8-1-2 2019 年科技工程与服务产业分公司部门与职责一览表

部门	职责
办公室	负责科技工程与服务产业分公司“两办”（党办、总经办）事务管理、行政管理、综合事务管理；负责在浙能集团授权范围内行使相关管理职权，以及对科技工程与服务产业分公司所属营运企业相关业务进行指导、协调、监督、考核
财务产权部	负责科技工程与服务产业分公司企业管理、经营管理、经营活动的考核监督；负责科技工程与服务产业分公司全面预算管理、会计核算、财务决算管理与监督考核、财务分析与财务信息汇总；负责科技工程与服务产业分公司及营运企业的“三会”管理、产权管理、资金管理、保险管理、税收管理；负责在浙能集团授权范围内行使相关管理职权，以及对科技工程与服务产业分公司所属营运企业相关业务进行指导、协调、监督、考核
投资发展部	负责科技工程与服务产业分公司发展战略、规划，法律事务；负责项目规划、投资与后评估管理；负责计划、合同、统计管理以及招投标管理；负责在浙能集团授权范围内行使相关管理职权，以及对科技工程与服务产业分公司所属营运企业相关业务进行指导、协调、监督、考核
人力资源部	负责科技工程与服务产业分公司人力资源规划、组织人事、出资人代表、薪酬社保、教培职称、离退休人员等管理；负责在浙能集团授权范围内行使相关管理职权，以及对科技工程与服务产业分公司所属营运企业相关业务进行指导、协调、监督、考核
生产与环境安全部	负责科技工程与服务产业分公司安全生产、职业健康、节能环保、科技创新、技术监督、班组建设等管理工作；负责与锦江环境公司的安全生产管理工作对接，对锦江环境的安全生产、环境保护等工作监督指导，对相关制度、标准的制定与完善提出意见和建议；负责在浙能集团授权范围内行使相关管理职权，以及对科技工程与服务产业分公司所属营运企业相关业务进行指导、协调、监督、考核

表 8-1-2（续）

部门	职　　责
建设管理部	负责科技工程与服务产业分公司工程质量控制、进度控制、投资控制等建设管理工作；负责在浙能集团授权范围内行使相关管理职权以及对科技工程与服务产业分公司所属营运企业相关业务进行指导、协调、监督、考核
党群工作部	负责科技工程与服务产业分公司党建、支部建设及管理、宣传教育、精神文明建设、企业文化建设与团建工作；负责科技工程与服务产业分公司工会网络体系建设、组织协调工会相关事宜与活动的开展、工会相关政策法规的具体执行，以及指导营运企业工会的组织建设工作；负责在浙能集团授权范围内行使相关管理职权，以及对科技工程与服务产业分公司所属营运企业相关业务进行指导、协调、监督、考核
纪检审计室	负责科技工程与服务产业分公司纪检监督、反腐倡廉、信访与效能监察以及纪检监督体系建设；负责科技工程与服务产业分公司财务收支审计、专项审计、经济责任审计以及内审体系建设；负责在浙能集团授权范围内行使相关管理职权，以及对科技工程与服务产业分公司所属营运企业相关业务进行指导、协调、监督、考核

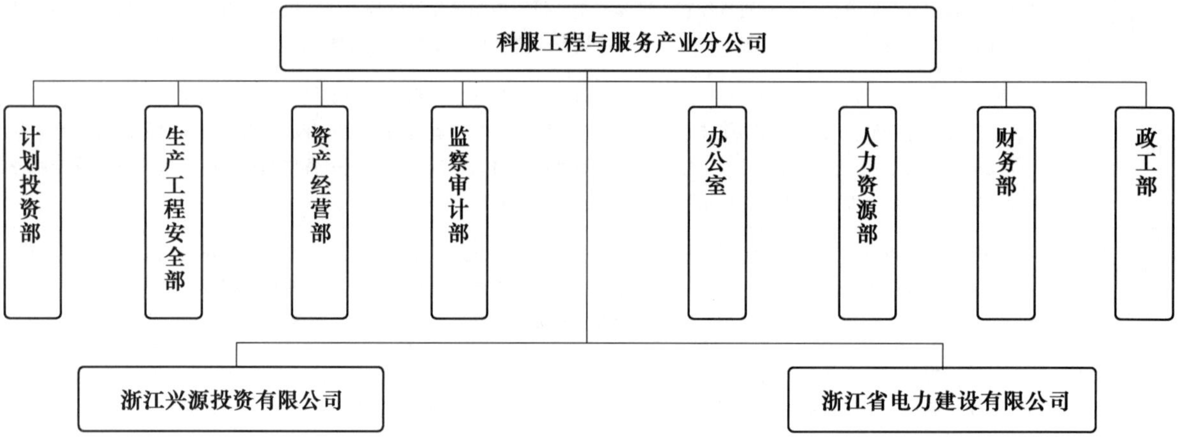

图 8-1-1　2011 年科技工程与服务产业分公司组织架构图

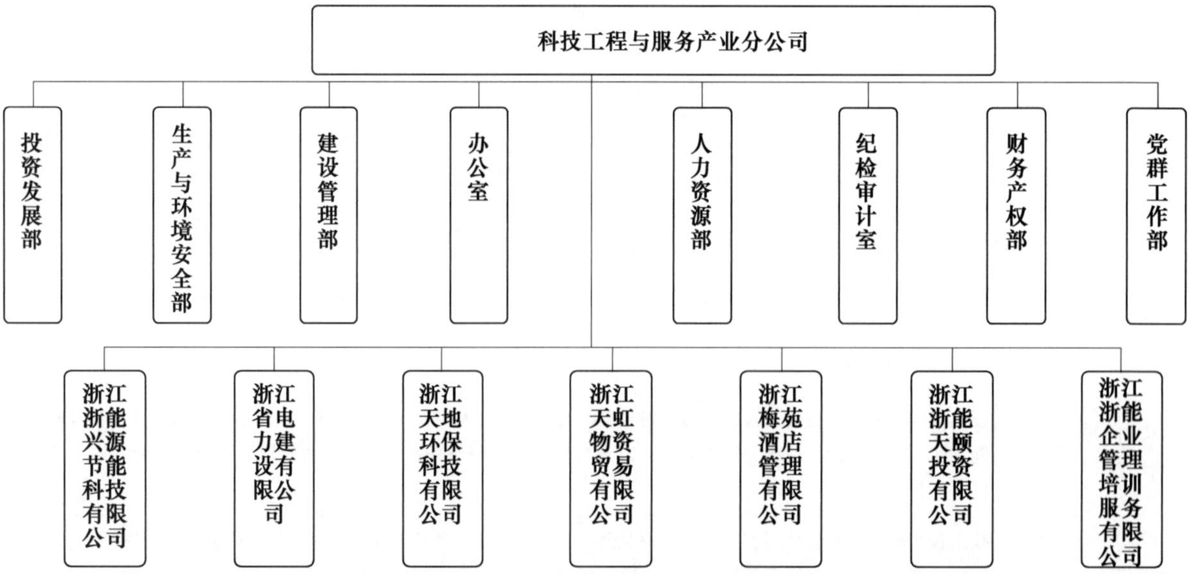

图 8-1-2　2019 年科技工程与服务产业分公司组织架构

第三节　业务与规模

2011年，科技工程与服务产业分公司固废处理业务援疆项目加气砌块投产。同年，科技工程与服务产业分公司全年完成营业收入近60亿元，其中，物流产业累计完成销售收入超过30亿元，市场化业务收入超过17亿元，实现利润总额2.9亿元，净利润2.1亿元。截至2011年12月底，科技工程与服务产业分公司总资产58亿元，净资产30.12亿元。核心企业浙江兴源投资有限公司获“省国资委优秀基层党组织”和“2011年度浙能集团优秀企业”等荣誉称号。

2012年，科技工程与服务产业分公司电力工程建设数量和规模达到双高峰，脱硝催化剂项目投入商业运行，滨海电厂两台机组脱硫装置相继与主体同步投产，脱硫电价申请获得批准，BOT运作走上正轨。全年完成投资5.8353亿元，实现营业收入85.86亿元，利润总额3.2亿元，净利润2.1亿元。截至2012年12月31日，总资产74.9亿元，净资产37.09亿元。

2013年，科技工程与服务产业分公司全年累计实现营业收入92.57亿元，利润总额4.7亿元，净利润3.4亿元。截至2013年12月31日，总资产73亿元，净资产40.41亿元。

2014年，科技工程与服务产业分公司销售石灰石36万吨、石灰石粉10.5万吨，投资合同能源管理项目23个，总投资10.6亿元。全年营业收入63.37亿元，全年利润总额4.6亿元，净利润3.5亿元。截至2014年12月31日，总资产72亿元，净资产38亿元。

2015年，科技工程与服务产业分公司中标玉环县玉坎河水系水环境综合整治PPP项目，实现了水务投资产业新突破。龙泉生物质电厂正式投入商运，截至12月底累计发电量11272.71万千瓦时，平均发电利用小时3757.57小时。位于龙泉生物质电厂内1.44兆瓦分布式光伏项目成功投运，实现两种清洁能源的创新结合，成为浙能集团首个兆瓦级分布式光伏项目。全年实现营业收入56.14亿元，利润总额4.2亿元，净利润3.4亿元。截至2015年12月31日，总资产80亿元，净资产45亿元。

2016年，科技工程与服务产业分公司全年实现营业收入58.80亿元，其中累计销售粉煤灰578万吨、石膏109万吨、加气砌块62.45万立方米，实现营业收入4.9242亿元。催化剂全年产量5040立方米，首个再生及宽温催化剂项目完成生产并交付使用。全年实现利润总额4.5亿元，净利润3.6亿元。截至2016年12月31日，总资产80亿元，净资产45亿元。

2017年，科技工程与服务产业分公司全年实现营业收入63.8亿元，其中全年累计销售粉煤灰504万吨、石膏120万吨、加气砌块63万立方米。全年累计生产催化剂4641立方米、再生催化剂2896立方米。龙泉生物质电厂全年累计发电2.1万千瓦时，发电单耗1.31千克/千瓦时，同比下降8.2%，实现净利润560.8万元。全年实现利润总额5.9亿元，净利润4.7亿元。截至2017年12月31日，总资产106亿元，净资产51亿元。

2018年，科技工程与服务产业分公司全年实现营业收入58.9亿元，其中全年累计销售粉煤灰594.2万吨、缓凝剂6万吨、加气砌块66.989万立方米。全年累计生产催化剂3099.49立方米、再生催化剂2672.24立方米。合同能源管理项目年累计实现营业收入2.1亿元，同比增长7.8%，全年累计实现节能22.56万吨标准煤，同比增长1.63万吨。全年实现利润总额7.4亿元，市场化业务收入10.6亿元，同比增长10.5%。截至2018年12月31日，总资产106.13亿元，净资产56.40亿元。

2019年，科技工程与服务产业分公司全年实现营业收入83.7亿元，其中完成12艘船的船舶脱硫改造并交付。完成衢州市、桐庐县两个农村污水处理示范项目。全年实现利润总额5.7亿元，市场化业务收入17.9亿元，同比增长68.8%。截至2019年12月31日，总资产107.11亿元，净资产57.20亿元。

第二章 工 程 服 务

第一节 火 电 工 程

一、温州发电有限责任公司三期工程

2003年12月，浙江省电力建设总公司与业主温州发电有限责任公司签订合同，以工程总承包模式承建。温州发电有限责任公司三期工程建设2台30万千瓦亚临界燃煤发电机组，该工程脱硫装置与发电设备同步建设，同步投入运行。工程竣工投资总额为249332.35万元。工程采用“业主、监理、管理承包商”管理模式。

2003年7月17日，工程开工，开始“四通一平”工程。2005年1月17日，5号机组首次并网；3月25日，5号机组完成168小时满负荷试运行。2005年5月19日，6号机组首次并网；7月14日，6号机组完成168小时满负荷试运行，烟气脱硫系统同步投入运行。

温州发电有限责任公司三期工程荣获2006年中国电力建设优质工程、国家优质工程银质奖。

二、浙江长兴发电有限责任公司一、二期工程

2000年8月，浙江省电力建设总公司与业主浙江长兴发电责任有限公司签订合同，以工程总承包模式承建。浙江长兴发电责任有限公司技术改造工程（即一期工程）是新建电源项目，建设2×300兆瓦级亚临界国产燃煤发电机组，同时预留再扩建场地。工程动态总投资23.9亿元。

2000年8月18日，浙江长兴发电责任有限公司一期工程主厂房桩基工程正式开工。同年10月24日，主厂房区域桩基工程完工。同年12月30日，现场举行主厂房开挖仪式。2001年11月13日，浙江省最大的冷却塔（1号冷却塔，5500平方米淋水面积）结顶。2002年9月29日4时42分，一期工程1号机组并网成功；12月15日，一期工程1号机组通过168小时满负荷试运行。2003年3月28日17时23分，一期工程2号机组并网发电成功；5月22日，一期工程2号机组通过168小时满负荷试运行。工程实际总投资22.86亿元，单位千瓦造价3810元。

浙江长兴发电责任有限公司二期工程为扩建电源项目，在一期工程基础上建设2×300兆瓦级亚临界国产燃煤发电机组，不再预留扩建场地。工程动态总投资26.8亿元。2004年12月，浙江省电力建设总公司与业主浙江长兴发电有限责任公司签订合同，以工程总承包模式承建。

2004年2月18日，浙江长兴发电责任有限公司二期工程举行主厂房开挖仪式。同年5月7日，浙江长兴发电责任有限公司二期工程烟囱提前68天顺利竣工。同年6月25日，脱硫工程开工。2005年10月24日，二期工程3号机组并网；11月28日，二期工程3号机组通过168小时满负荷试运行。2006年5月8日，二期工程4号机组并网；31日，二期工程4号机组通过168小时满负荷试运行。工程实际总投资24.1亿元，单位千瓦造价4017元。

浙江长兴发电责任有限公司一期工程是浙江省最大的“以大代小”技改项目，荣获2003年度浙江省质量最高奖——“钱江杯”，全国电力行业优质工程第一名，国家建筑行业最高奖——“鲁班奖”。

三、嘉兴发电有限责任公司二期工程

2002年2月，浙江省电力建设总公司与业主浙江嘉兴发电有限责任公司签订合同，以工程总承包模式承建嘉兴发电厂二期工程建设4台60万千瓦亚临界燃煤火力发电机组。

2002年1月16日，浙江嘉兴发电有限责任

公司二期工程主厂房开挖。2004 年 7 月 8 日，首台 3 号机组通过满负荷 168 小时运行正式投产。同年 12 月 22 日，4 号机组通过 168 小时满负荷试运行投产。2005 年 5 月 13 日，5 号机组通过 168 小时满负荷试运行投产。同年 10 月 18 日，6 号机组通过 168 小时满负荷试运行投产。至此，规模为 4 台 60 万千瓦装机容量的二期工程全部建成，比原计划整整提前 10 个月投产。项目总投资 87.38 亿元，单位千瓦造价 3634 元。

2006 年 2 月，浙江嘉兴发电有限责任公司二期 3~6 号机组通过中国电力建设企业协会组织的“基建移交生产达标”考评。同年 4 月 25 日，浙江嘉兴发电有限责任公司二期工程在中国优质工程电力工程复验中被评审小组认定为“上好”工程。

四、浙能阿克苏热电有限公司纺织工业城热电工程

2014 年 5 月，浙江省电力建设有限公司与业主浙能阿克苏热电有限公司签订合同，以建筑安装施工总承包形式承建。浙能阿克苏热电有限公司纺织工业城热电工程是热电厂联产项目，拟建设 2×350 兆瓦级超临界热电联产机组和配套管网，并同步建设脱硫脱硝设施，同时预留再扩建场地。浙能阿克苏热电有限公司纺织工业城热电工程动态总投资 28.7 亿元。

2014 年 7 月 10 日，该项目“四通一平”工程开工。2015 年 5 月 18 日，1 号机组锅炉钢结构开吊。2015 年 6 月 30 日，1 号机组脱硫系统土建工程开工。2015 年 7 月 16 日，2 号机组锅炉钢结构开吊。2016 年 9 月 20 日，2 号机组脱硫系统土建工程开工。2016 年 12 月 31 日，1 号机组通过 168 小时满负荷试运行。2017 年 5 月 24 日，2 号机组通过 168 小时满负荷试运行。项目总投资 287000 万元，单位千瓦造价 4100 元。

浙能阿克苏热电有限公司纺织工业城热电工程脱硫区域布置与常规布置不同，位置从烟囱后区域改为在烟囱两侧布置，该区域受烟囱外筒施工进度影响，脱硫工程施工受其影响较大。因工期原因存在不可避免的交叉作业，提前完善危险源意识及针对性预防措施，经业主单位、建设管理单位协调签订交叉施工安全协议，安排专人进行监护，落实各项安全措施，加强与烟囱作业面的协调，错开烟囱施工时间，在能够保证安全的前提下开阵施工，保障主线施工进度符合机组投产要求。

浙能阿克苏热电有限公司纺织工业城热电工程于 2018 年 4 月公示为新疆维吾尔自治区优质工程获奖项目，并于同年 7 月 23 日获得奖牌、奖杯及证书。

五、宁夏枣泉发电有限责任公司一期工程

2015 年 6 月，浙江省电力建设有限公司与业主宁夏枣泉发电有限责任公司签订合同，以工程总承包模式承建。宁夏枣泉发电有限责任公司一期工程建设两台 660 兆瓦超超临界燃煤空冷发电机组，由浙江省能源集团有限公司（51%）与国家电投宁夏能源铝业集团有限公司（49%）分别出资建设，由浙江省能源集团有限公司控股管理。

2015 年 9 月 16 日，宁夏枣泉发电有限责任公司一期工程主厂房首方混凝土浇筑完成，工程正式开工。2016 年 10 月 28 日，1 号机组 DCS 临时受电一次成功；2017 年 1 月 14 日，1 号机组倒送电完成。2016 年 12 月 25 日，2 号机组 DCS 临时受电一次成功；2017 年 3 月 18 日，2 号机组倒送电完成。2017 年 11 月 30 日 23 时 59 分，1 号机组经过 168 小时满负荷试运行后，正式投产发电。2017 年 12 月 2 日，2 号机组发电机首次并网。2017 年 12 月 21 日 3 时 18 分，2 号机组完成 168 小时满负荷试运行后投入商业运营。1 号机组从首次并网到投产历时 20 天，2 号机从首次并网到投产历时 19 天，1 号、2 号机组投产间隔时间为 21 天。两台机组从开工到建成投产，历时 27 个月零 5 天，经历两个冬歇期。

宁夏枣泉发电有限责任公司一期工程是宁东至浙江±800 千伏特高压直流输电工程 6 个配套电源项目中第四个开工的项目，实现了两台机组锅炉水压试验、汽机扣缸和并网发电等重要节点目标，成为 6 个电源项目中第二个竣工投产的项目，标志着浙江在宁夏控股投资建设的首座绿色环保电厂全部建成投产。

宁夏枣泉发电有限责任公司一期工程是浙能集团顺应党的十九大绿色环保发展理念，在宁夏

投资兴建的首个控股火力发电厂。工程以建设“区域内综合效益最佳的绿色环保电厂”为目标，同时设计、同时施工、同时投运烟气超低排放、烟塔合一技术和水资源综合利用等多项国际或国内领先的环保技术、设施，各项性能指标和环保指标均达到或优于设计值。排放指标优于当地空气指标，1号、2号机组在168小时满负荷试运行期间NO_x、SO_2、烟尘指标分别在20毫克/标准立方米、10毫克/标准立方米、1毫克/标准立方米左右。

六、浙江浙能绍兴滨海热电有限责任公司二期扩建工程

2015年10月，浙江省电力建设有限公司与浙江浙能绍兴滨海热电有限责任公司签订合同，以总承包模式承建，工程动态总投资30.94亿元。

浙江浙能绍兴滨海热电有限责任公司二期扩建工程是柯桥区印染产业集聚升级的重要配套项目，拟建设4×57兆瓦高温高压国产燃煤热电联产发电机组，并同步建设脱硫脱硝设施，同时预留再扩建场地。

2015年12月28日，该项目“四通一平”工程开工。2016年2月29日，烟囱桩基工程完工。2016年4月28日，第一方混凝土浇筑。2017年4月22日，3号机组通过96小时满负荷试运行。2017年6月27日，滨海二期配套码头工程通过交工验收。2017年7月20日，4号机组通过96小时满负荷试运行。2017年12月5日，5号机组通过96小时满负荷试运行。2018年4月24日，6号机组分别通过96小时满负荷试运行。工程动态总投资30.94亿元，单位千瓦造价13570元。

浙江浙能绍兴滨海热电有限责任公司二期扩建工程于2019年5月16日荣获“2019年度浙江省优秀安装质量奖”。

七、七平湖独山港环保能源有限公司公用热电联产项目

2017年10月，浙江省电力建设有限公司和浙江天地环保科技有限公司组成的联合体与业主平湖独山港环保能源有限公司签订合同，以EPC总承包模式承建。

平湖独山港环保能源有限公司公用热电联产项目厂址建设规模为3台15兆瓦级的高温高压CB15型抽汽背压式热电机组，配置3台出力为180吨/小时的高温高压（9.81兆帕/540摄氏度）燃煤循环流化床锅炉，同步建设脱硫脱硝。该项目主要为独山港石化产业园兴港路以东区块用热用户集中供热。工程动态总投资6.5亿元。

2017年10月30日，该项目“四通一平”工程开工。2018年5月29日，桩基工程开工。2018年9月26日，主厂房土方开挖。2019年8月19日，1号、2号机组及公用DCS系统完成临时受电。2019年9月24日，厂用受电一次成功。2020年9月，1号机组投入商业试运行。工程静态总投资64201万元，动态投资65620万元，单位千瓦造价14721元。

八、浙江浙能镇海发电有限责任公司燃煤机组搬迁改造工程

2016年11月，浙江省电力建设有限公司与业主浙江浙能镇海发电有限责任公司签订合同，以总承包模式承建。浙江浙能镇海发电有限责任公司燃煤机组搬迁改造工程系镇海电厂现有4台215兆瓦燃煤机组产能置换项目，工程建成运营后关停4台215兆瓦燃煤机组，新建2台660兆瓦国产超超临界燃煤发电机组。同步建设高效除尘、脱硫脱硝和超低排放等环保设施及2000吨级3泊位煤码头一座。工程投资概算（动态）人民币约为53460万元。

2017年11月28日，工程开始“四通一平”施工。2018年9月，开始主体工程建设。2019年7月18日，排水隧道盾构掘进施工。2019年11月18日，1号机组及公用DCS系统临时受电一次成功。工程计划于2020年10月30日前投产。

2000—2019年浙江省电力建设有限公司火电基建——国内总承包项目见表8-2-1。

表 8-2-1　2000—2019 年浙江省电力建设有限公司火电基建——国内总承包项目一览表

序号	工程名称	工程规模（台×兆瓦）	机组类型	开工时间	竣工时间	概算投资（万元）	承建模式
1	浙江北仑发电有限公司二期工程	3×600	亚临界燃煤发电机组	1996-06	2000-09	1221801	工程总承包
2	浙江钱清发电有限责任公司工程	1×125+1×135	汽包炉压临界机组	1998-06	2002-06	101349	工程总承包
3	浙江温州发电有限责任公司二期工程	2×300	亚临界燃煤发电机组	1999-03	2001-09	348500	工程总承包
4	浙江长兴发电有限责任公司一期工程	2×300	亚临界燃煤发电机组	2000-12	2003-05	239253	工程总承包
5	浙江嘉兴发电有限责任公司二期工程	4×600	亚临界火力发电机组	2002-04-24	2005-10	894170	工程总承包
6	浙江温州发电有限责任公司三期工程	2×300	亚临界燃煤发电机组	2003-07	2005-07	241000	工程总承包
7	浙江长兴发电有限责任公司二期工程	2×300	亚临界燃煤发电机组	2004-02	2006-05	268033	工程总承包
8	台州发电厂五期扩建工程	2×300	燃煤机组	2006-04	2008-04	261163	项目管理
9	淮浙煤电有限责任公司凤台发电分公司一期工程	2×600	燃煤机组（超临界）	2006-09	2008-09	477829	项目管理
10	浙江北仑发电有限公司三期工程	2×1000	燃煤机组	2006-12	2009-06	842000	项目管理
11	浙江浙能嘉兴发电有限公司三期工程	2×1000	燃煤机组	2008-11	2011-10	698000	项目管理
12	浙江浙能镇海发电有限责任公司二期工程	1×300	燃煤机组	2009-02	2010-10	159857	土建总承包、项目管理
13	浙江浙能绍兴滨海热电有限责任公司工程	2×300	燃煤机组	2009-07	2011-10	282002	项目管理、监理
14	浙江浙能镇海发电有限责任公司工程	2×1000	燃煤机组	2011-08	2014-09	809863	项目管理
15	淮浙煤电有限责任公司凤台发电分公司二期工程	2×660	燃煤机组	2012-05	2013-12	420200	项目管理
16	浙江浙能温州发电有限公司四期工程	2×660	燃煤机组	2013-03	2015-12	473379	项目管理
17	浙江浙能台州第二发电有限责任公司工程	2×1000	超超临界燃煤发电机组	2013-08	2015-12	829200	项目管理
18	伊犁新天煤化工有限责任公司热电工程	3×50	燃煤机组	2014-03	2016-04	145775	项目管理

表 8-2-1（续）

序号	工程名称	工程规模（台×兆瓦）	机组类型	开工时间	竣工时间	概算投资（万元）	承建模式
19	浙能阿克苏热电有限公司工程	2×350	燃煤热电	2015-03	2017-05	309192	施工总承包
20	宁夏枣泉发电有限责任公司一期工程	2×660	燃煤机组	2015-09	2017-12	504856	总承包
21	浙江浙能绍兴滨海热电有限责任公司二期扩建工程	4×57	高温高压国产燃煤热电联产发电机组	2015-12-28	2018-04-24	309400	总承包
22	平湖独山港环保能源有限公司公用热电联产项目	3×15	热电联产机组	2017-10-30	计划 2020 年 11 月底投产	66248	工程总承包
23	浙江浙能镇海发电有限责任公司燃煤机组搬迁改造工程	2×660	燃煤机组	2018-09	计划 2020 年 10 月底投产	534600	工程总承包

第二节 天然气工程

一、管理内容

2010 年，浙江省电力建设有限公司与天然气基建项目业主浙江省天然气开发有限公司先后就天然气南方管网输气管道工程，甬台温、西二线、LNG 配套天然气管道工程，天然气“县县通”工程签订了工程项目管理合同，就管理界面进行划分。

2010 年 11 月，浙江省电力建设有限公司与浙江省天然气开发有限公司签订了《浙江省天然气南方管网输气管道工程建设管理服务合同》，明确浙江省电力建设有限公司协助、配合、参与项目前期工作，协助业主进行投资控制。在业主授权范围内，负责工程施工过程中有关安全、进度、质量的技术决策，负责现场物资管理，组织单位工程验收。

2011 年 5 月，浙江省电力建设有限公司与浙江省天然气开发有限公司签订了《浙江省甬台温、西二线、LNG 配套天然气管道工程建设管理服务合同》，明确浙江省电力建设有限公司协助、配合、参与项目前期工作，协助业主进行投资控制。在业主授权范围内，负责工程施工过程中有关安全、进度、质量的技术决策，负责现场物资管理，组织单位工程验收。

2016—2019 年，浙江省电力建设有限公司与浙江省天然气开发有限公司陆续签订了关于天然气“县县通”工程 9 条支线的工程项目管理合同，分别为苍南支线、下窑龙游支线、丽水龙游支线、常山开化支线、宁海象山支线、临海仙居支线、三门嵊州支线、云和龙泉支线、东阳磐安支线。合同明确“县县通”的建设模式为项目建设全方位管理，浙江省电力建设有限公司负责从项目初步设计批准至项目完工验收结束之日止的建设全过程工程管理（PM）。

二、工程状况

根据浙江省电力建设有限公司与浙江省天然气开发有限公司的工程项目管理合同约定，2010—2019 年浙江省电力建设有限公司先后完成了浙江 LNG 配套天然气管道工程、甬台温天然气输气管道工程、浙江省天然气南方管网输气管道工程建设，在建工程包括浙江省天然气管网“县县通”工程 9 条支线（苍南支线、下窑龙游支线、丽水龙游支线、常山开化支线、宁海象山支线、临海仙居支线、三门嵊州支线、云和龙泉支线、东阳磐安支线）、温州液化天然气（LNG）接收站工程。

2010—2019 年天然气基建项目签订合同时间见表 8-2-2，2011—2018 年天然气基建完工项目见表 8-2-3，2017—2020 年天然气基建在建项目见表 8-2-4。

表 8-2-2 2010—2019 年天然气基建项目签订合同时间

序号	工 程 名 称	签订合同时间
1	浙江省天然气南方管网输气管道工程	2010-11
2	浙江省甬台温、西二线、LNG 配套天然气管道工程	2011-05
3	浙江省天然气管网“县县通”工程甬台温天然气输气管道工程苍南支线	2017-12
4	浙江省天然气管网“县县通”工程丽水—龙游一期天然气管道工程	2018-03
5	浙江省天然气管网“县县通”工程常山—开化天然气管道工程	2018-03
6	浙江省天然气管网“县县通”工程宁海—象山天然气管道工程	2018-03
7	浙江省天然气管网“县县通”工程三门—嵊州天然气管道工程	2018-03
8	浙江省天然气管网“县县通”工程下窑—龙游天然气管道工程	2018-03
9	浙江省天然气管网“县县通”工程云和—龙泉天然气管道工程	2018-06
10	浙江省天然气管网“县县通”工程临海—仙居天然气管道工程	2018-06
11	浙江省天然气管网“县县通”工程东阳—磐安天然气管道工程	2019-04
12	温州液化天然气（LNG）接收站工程	2019-11

表 8-2-3 2011—2018 年天然气基建完工项目一览表

序号	工程名称		总长（千米）	管径（毫米）	开工时间	竣工时间	总投资(亿元)	承建模式
1	浙江 LNG 配套天然气管道工程		33.5	1016	2011-05-18	2017-06-26	4	项目管理
2	甬台温天然气输气管道工程		444.78	813	2012-07-19	2017-06	56.55	项目管理
3	浙江省天然气南方管网输气管道工程	义乌支线	33.2	660	2011-07-31	2018-07-30	2.68	项目管理
4		金华燃机及兰溪支线、金华首站至门站管线	54.3	323.9/355.6	2012-02		4.07	项目管理
5		常山支线、江山支线及龙游支线	128.6	355.6	2012-05		8.62	项目管理
6		浦江支线及东阳支线	78.7	355.6/406.4	2015-07		3.47	项目管理

表 8-2-4 2017—2020 年天然气基建在建项目一览表

序号	工程名称		总长（千米）	管径（毫米）	开工时间	计划投产时间	总投资(亿元)	承建模式
1	浙江省天然气管网“县县通”工程	甬台温天然气输气管道工程苍南支线	37	813	2017-06-18	2019-12	4.82	项目建设全方位管理
		常山开化支线	31	400	2017-09-20	2019-12	3.1	
		下窑龙游支线	41.4	813	2017-12-28	2019-07（已投产）	4.75	
		三门嵊州支线	115.1	813	2017-12-29	2020-09	12.98	
		宁海象山支线	32	406.4	2018-01-05	2019-12	2.68	
		临海仙居支线	49.4	406.4	2018-01-17	2020-03	5.21	
		丽水龙游支线	107.13	800/400	2018-03-13	2020-05	12.30	
		云和龙泉支线	76.2	800/400	2018-03-28	2020-09	11.23	
		东阳磐安支线	42.1	406.4	2018-05-30	2020-09	5.09	

表 8-2-4（续）

序号	工程名称	总长（千米）	管径（毫米）	开工时间	计划投产时间	总投资(亿元)	承建模式
2	温州液化天然气（LNG）接收站工程	14.65（外输管线长度）	1016	2018-09-18	2022-12	90.38（接收站及外输管线工程总概算）	项目管理

第三节 检修工程

一、机构

1992 年 3 月，宁波发电工程有限公司成立，隶属浙江浙能镇海发电有限责任公司，注册资本 521 万元。2003 年，通过中国质量认证中心 ISO 9001 质量管理体系、ISO 14001 环境管理体系和 GB/T 28001 职业健康安全管理体系三个体系整合型认证。2006 年，被中国质量评价中心评为 AAA 级中国质量信用企业。2009 年，取得电力设施承装（修、试）许可证（承修二级、承试二级、承装四级），发电设备 60 万千瓦及以下机组检修一级企业资质，2.5 万千瓦及以下发电机组安装资质，锅炉修理改造一级资质。2012 年，注册资本变更为 3000 万元。2013 年 11 月，取得压力管道（GB2 级）安装资质。2014 年，开展首次 60 万千瓦（乐电，上汽）机组通流改造。2016 年，开展首次 100 万千瓦（舟山煤电，东汽）机组通流改造。

2002 年 1 月，台州市海天电力工程有限公司注册成立，注册资本 300 万元，由台州市丰源工贸发展有限公司（出资占比 90%）、台州市新开源建材开发有限公司（出资占比 10%）共同投资组建。2004 年，公司注册资本增至 1000 万元，为台州市丰源工贸发展有限公司（出资占比 10%）、台州市新开源建材开发有限公司（出资占比 90%）。2007 年 2 月，公司两股东按比例（台州市新开源建材有限公司占 90% 股份，台州市丰源工贸发展有限公司占 10% 股份）出资 1000 万元，注册资本增至 2000 万元。2008 年 12 月，公司注册资本变更为 2500 万元，浙江东南发电股份有限公司全额出资。2013 年 2 月，浙江东南发电股份有限公司与浙江浙能电力股份有限公司签订换股吸收合并协议，4 月签订换股吸收合并补充协议。2015 年 3 月，完成工商变更，股东变更为浙江浙能电力股份有限公司，注册资本 2500 万元。公司是一家承揽发电厂机组设备、机电设备安装、检修、修造，安全工器具和电动工器具检测，机械配件加工、焊接技术培训、特种设备安装改造维修的有限责任公司。公司具有安全生产许可证、建筑机电安装工程专业承包二级；2002 年通过质量管理体系、环境管理体系和职业健康安全管理体系认证；2007 年取得电力设施承装修试许可证（承修二级、承试二级、承装四级）；2010 年取得特种作业维修许可证（起重机械）桥式、门式、门座式起重机维修 A 级；2011 年取得特种作业维修许可证（压力管道安装）许可证 GB2、GC1、GD1 级。

2004 年 3 月，乐清市瓯越电力工程检修有限公司在乐清市工商行政管理局注册登记，注册资金 100 万元。2005 年 4 月，组织参加萧山发电厂 1 号炉 2 台球磨机标准性大修和浙江北仑发电有限公司 2 号机（60 万千瓦）电气、热工、汽机中修工程，迈出了温州发电有限公司赴外出检修的第一步。2006 年，乐清市瓯越电力工程检修有限公司注册资本变更为 150 万元。同年，公司获得“中国电力工程行业顾客满意 AAA 级企业”“中国质量信用企业 AAA 级”称号。2009 年 9 月成为浙江浙能温州发电有限公司的全资子公司，公司注册资本 500 万元。2014 年，经乐清市瓯越电力工程检修有限公司股东决定，同意增资 700 万元，公司注册资本增加到 1200 万元。

2017 年 4 月 23 日，浙江省能源集团有限公司召开董事会，会议决议成立检修公司（浙江省能源集团有限公司董事会会议纪要〔2017〕8 号）。2017 年 9 月 5 日，浙能集团根据“四业”发展路径，整合重组宁波发电工程有限公司、台州市海天电力工程有限公司、乐清市瓯越电力工程检修有限公司三家检修公司，成立浙江浙能电力工程技术有限公司，注册资本1.1亿元人民币，2017年10月31日揭牌，2018年1月1日独立运营。

浙江浙能电力工程技术有限公司主要承担浙能电力板块内发电机组A、B、C级检修工程的承包与分包及科技技改等项目，为省内电力检修市场提供一流电力工程检修服务。同时辐射电力板块外部市场，深耕供热、新能源系统的安装检修及电力工程技术的开发应用领域，全方位服务浙能集团“四业”发展各个新兴项目。

浙江浙能电力工程技术有限公司从事具体事务有：承装、承修、承试电力设施，电力设备、机电设备运行维护，特种设备安装、改造、修理，安全工器具和电动工器具检测，防腐保温、环保、节能、电力工程的承包、设计、施工及技术开发、咨询、服务，供热、机电设备的安装、维修及技术开发、咨询、服务等。

浙江浙能电力工程技术有限公司通过了质量、环境、职业健康安全三大管理体系认证，具备建筑业企业机电设备安装工程专业承包二级、承装（修、试）电力设施许可（承修二级、承试二级、承装四级）、起重设备安装及维修、压力管道安装及维修等资质。2019年取得中国合格评定国家认可委员会颁发的CNAS实验室认可证书，具备电力安全工器具、电动工具、接地装置等多个领域的检测能力。

浙江浙能电力工程技术有限公司以集团“四业”发展路径为指引，主动参与天地环保、城市燃气、天然气运行、水电、光伏电站等运维检、电气预试及工程类项目。承接长电、台二电脱硫废水零排放改造项目建安部分、长兴天达2018—2019年辅助运行及维护检修项目，拓展华能玉环电厂C级检修项目、长兴洪桥光伏电站检修项目，外派15名员工至浙江浙能城市燃气有限公司担任工程管理工作。2018年，公司市场化业务产值共3877万元。2019年，市场化业务产值2591万元。

2018—2019年，浙江浙能电力工程技术有限公司为系统内13家发电企业的33台次机组提供了春节期间机组调停服务保障，得到各发电企业的好评和上级单位的认可。

二、工程项目

2006年1月，浙江浙能电力工程技术有限公司与浙江嘉华发电有限责任公司签订嘉兴发电厂2006年5号机组大修合同，承接金额2200140元。主要涉及机、电、炉、热、环保和化水专业工程。

2006年9月，浙江浙能电力工程技术有限公司与浙江东发环保工程有限公司签订镇海电厂燃油改建燃气发电工程厂区噪声治理工程——吸音板及消声器加工合同（合同编号DFHB2006-027），承接金额2895000元。主要涉及机、电、炉、热、环保和化水专业工程。

2007年2月，浙江浙能电力工程技术有限公司与福建太平洋电力有限公司签订福建太平洋电力有限公司湄洲湾电厂1号、2号汽机本体与油系统及发电机励磁机检修合同（合同编号2007-OW-WB-55），承接金额1249920元。主要涉及机、电、炉、热、环保和化水专业工程。

2008年4月，浙江浙能电力工程技术有限公司与华能国际电力股份有限公司玉环电厂签订玉环电厂1号机组B级检修D标合同（合同编号HTDL-CB-200804-019），承接金额4631102元。主要涉及机、电、炉、热、环保和化水专业工程。

2009年11月，浙江浙能电力工程技术有限公司与浙江浙能钱清发电有限责任公司签订1号机组A修——机电炉化合同（合同编号HTDL-CB-200911-033），承接金额3847440元。主要涉及机、电、炉、热、环保和化水专业工程。

2010年1月，浙江浙能电力工程技术有限公司与浙江东发环保工程有限公司签订台州发电厂废水处理维护委托协议（合同编号HTDL-CB-201001-022），承接金额1950000元。主要涉及机、电、炉、热、环保和化水专业工程。

2010年2月，浙江浙能电力工程技术有限公司与淮浙煤电有限责任公司签订输煤系统运行及维护合同（合同编号HTDL-CB-201004-008），承接金额12500000元。主要涉及机、电、炉、热、环保和化水专业工程。

2010年7月13日，浙江浙能电力工程技术有限公司与浙江浙能中煤舟山煤电有限责任公司签订浙江舟山煤炭中转码头生产运行和维护委托服务合同（合同编号 ZSMD/MY - FW - 003 - 2010），承接金额 13400000 元。主要涉及机、电、炉、热、环保和化水专业工程。

2010 年 9 月，浙江浙能电力工程技术有限公司与国电浙江北仑第一发电有限公司签订 2010 年 1 号机组大修 C 标段施工承包合同（合同编号 HTDL - CB - 201009 - 028），承接金额 1080571 元。主要涉及机、电、炉、热、环保和化水专业工程。

2011 年 3 月，浙江浙能电力工程技术有限公司与淮浙煤电有限责任公司签订淮浙煤电有限责任公司凤台发电分公司 2 台 63 万千瓦超临界燃煤机组输煤系统运行及维护合同（合同编号 HTDL- CB - 201103 - 017），承接金额 36870000 元。主要涉及机、电、炉、热、环保和化水专业工程。

2011 年 11 月，浙江浙能电力工程技术有限公司与浙江浙能乐清发电有限责任公司签订 3 号机组 A 修机 1 项目检修合同（合同编号 ZNYD · HT-SCGC2011 - 088），承接金额 3939300 元。主要涉及机、电、炉、热、环保和化水专业工程。

2011 年 12 月，浙江浙能电力工程技术有限公司与浙江浙能中煤舟山煤电有限责任公司煤炭物流分公司签订浙江舟山煤炭中转码头生产运行和维护委托服务合同（合同编号 ZSMD/MY - FW-043 - 2011），承接金额 19724500 元。主要涉及机、电、炉、热、环保和化水专业工程。

2012 年 6 月，浙江浙能电力工程技术有限公司与温州燃机发电有限公司签订 3 号机组中修标准项目及技改项目施工合同（合同编号 HTDL-CB-201206-019），承接金额 5453800 元。主要涉及机、电、炉、热、环保和化水专业工程。

2013 年 3 月，浙江浙能电力工程技术有限公司与浙江浙能兰溪发电有限责任公司签订 2 号机组 A 级检修合同（合同编号 NF2013 - 002），承接金额 6777253 元。主要涉及机、电、炉、热、环保和化水专业工程。

2013 年 9 月，浙江浙能电力工程技术有限公司与浙江浙能兰溪发电有限责任公司签订浙江浙能兰溪发电有限责任公司 1 号机组 A 级检修合同（合同编号 HTDL-CB-201309-034），承接金额 7132413 元。主要涉及机、电、炉、热、环保和化水专业工程。

2014 年 1 月，浙江浙能电力工程技术有限公司与浙江浙能镇海联合发电有限公司签订 300 兆瓦燃气-汽机联合循环发电机组生产承包合同（合同编号 NF2014 - 003），承接金额 17000000 元。主要涉及机、电、炉、热、环保和化水专业工程。

2014 年 1 月，浙江浙能电力工程技术有限公司与淮浙煤电有限公司签订淮浙煤电有限公司凤台发电分公司输煤系统运行维护合同（合同编号 HTDL - CB - 201401 - 006），承接金额 20144000 元。主要涉及机、电、炉、热、环保和化水专业工程。

2014 年 9 月，浙江浙能电力工程技术有限公司与温州燃机发电有限公司签订 2014 年生产委托合同（合同编号 HTDL-CB-201410-042），承接金额 20000000 元。主要涉及机、电、炉、热、环保和化水专业工程。

2015 年 3 月，浙江浙能电力工程技术有限公司与温州燃机发电有限公司签订 2015 年生产委托合同（合同编号 HTDL-CB-201502-011），承接金额 19200000 元。主要涉及机、电、炉、热、环保和化水专业工程。

2015 年 4 月 2 日，浙江浙能电力工程技术有限公司与浙江浙能乐清发电有限责任公司签订 2 号机组 2015 年 A 修机 1 项目合同（合同编号 NF2015-011），承接金额 5499875 元。主要涉及机、电、炉、热、环保和化水专业工程。

2015 年 5 月，浙江浙能电力工程技术有限公司与中国能源建设集团浙江火电建设有限公司签订浙江浙能嘉华发电有限公司 5 号机组烟气超低排放项目脱销系统、湿电除尘器改造部分合同（合同编号 JX - FB - 2015 - 102 - 034），承接金额 1904986 元。主要涉及机、电、炉、热、环保和化水专业工程。

2016 年 1 月 5 日，浙江浙能电力工程技术有限公司与浙江浙能中煤舟山煤电有限责任公司签订 2016 年 2 号机组 A 修汽机 1 包项目合同［合同编号 NF2016（收）- 001］，承接金额 5490694 元。主要涉及机、电、炉、热、环保和化水专业工程。

2016年10月，浙江浙能电力工程技术有限公司与浙江浙能台州第二发电有限责任公司签订2016年台二2号机组A修项目合同（合同编号HTDL-CB-201610-050、051、052、053、054、055），承接金额10582423元。主要涉及电气、仪控、汽机、炉管阀、辅机、化学、除灰专业工程。

2017年5月，浙江浙能电力工程技术有限公司与浙江浙能绍兴滨海热电有限责任公司签订1号机组A级检修合同（合同编号HTDL-CB-201705-016、017、018、019、020、021、022），承接金额5005990元。主要涉及汽机本体、机炉汽水系统阀门、凝汽器补水增容改造、电气、锅炉本体、锅炉风机、热控（主机部分）专业工程。

2017年6月1日，浙江浙能电力工程技术有限公司与浙江浙能镇海联合发电有限公司签订7号、8号机组B修，9号机组A修，公用系统检修及技改项目施工合同（合同编号NF500.083.023-2017），承接金额9851729元。主要涉及机、电、炉、热、环保和化水专业工程。

2017年8月，浙江浙能电力工程技术有限公司与浙江浙能乐清发电有限责任公司签订2017年1号机组A级检修合同（合同编号HTDL-CB-201708-038、039、040），承接金额3101987元。主要涉及电气、汽机、仪控专业工程。

2018年1月5日，浙江浙能电力工程技术有限公司与浙江浙能绍兴滨海热电有限责任公司签订3号机组A修总承包合同（合同编号ZNGCJS-07CB-2018008），承接金额3809700元。主要涉及机、电、炉、热、环保和化水专业工程。

2018年2月23日，浙江浙能电力工程技术有限公司与浙江浙能绍兴滨海热电有限责任公司签订4号机组A修总承包合同（合同编号ZNGCJS-07CB-2018017），承接金额2671550元。主要涉及机、电、炉、热、环保和化水专业工程。

2018年4月1日，浙江浙能电力工程技术有限公司与浙江浙能绍兴滨海热电有限责任公司签订2号机组A修总承包合同（合同编号ZNGCJS-07CB-2018026），承接金额8900010元。主要涉及机、电、炉、热、环保和化水专业工程。

2018年5月11日，浙江浙能电力工程技术有限公司与浙江浙能镇海发电有限责任公司签订4号机组A级检修1号标段合同（合同编号ZNGCJS-06CB-2018028），承接金额4499900元。主要涉及机、电、炉、热、环保和化水专业工程。

2018年7月26日，浙江浙能电力工程技术有限公司与浙能阿克苏热电有限公司签订2号机组A修总承包合同（合同编号ZNGCJS-07CB-2018033），承接金额8980000元。主要涉及机、电、炉、热、环保和化水专业工程。

2018年9月17日，浙江浙能电力工程技术有限公司与浙江浙能温州发电有限公司签订5号机组A级总承包合同（合同编号ZNGCJS-08CB-2018027），承接金额8600000元。主要涉及机、电、炉、热、环保和化水专业工程。

2018年12月4日，浙江浙能电力工程技术有限公司与浙江浙能镇海燃气热电有限责任公司签订22号汽轮机A级检修工程合同（合同编号ZNGCJS-06CB-2018043），承接金额1389410元。主要涉及机、电、炉、热、化水专业工程和天然气设备工程。

2019年2月1日，浙江浙能电力工程技术有限公司与浙江浙能绍兴滨海热电有限责任公司签订5号机组A修外包施工项目合同（合同编号ZNGCJS-07CB-2018058），承接金额6949913元。主要涉及机、电、炉、热、环保和化水专业工程。

2019年4月1日，浙江浙能电力工程技术有限公司与台州发电厂签订9号机组A修外包施工项目合同（合同编号ZNGCJS-07CB-2019011），承接金额13800000元。主要涉及机、电、炉、热、环保和化水专业工程。

2019年9月9日，浙江浙能电力工程技术有限公司与浙江浙能温州发电有限公司签订6号机组A级检修合同（合同编号ZNGCJS-08CB-2019015），承接金额13785077元。主要涉及机、电、炉、热、环保和化水专业工程。

2019年9月10日，浙江浙能电力工程技术有限公司与浙江浙能镇海发电有限责任公司签订6号机组A级检修1号标段合同（合同编号ZNGCJS-06CB-2019034），承接金额4499751元。主要涉及机、电、炉、热、环保和化水专业工程。

2019年10月22日，浙江浙能电力工程技术有限公司与浙江浙能绍兴滨海热电有限责任公司签订6号机组A修总承包合同（合同编号ZNGCJS-07CB-2019013），承接金额6770174元。主要涉及机、电、炉、热、环保和化水专业工程。

2019年12月22日，浙江浙能电力工程技术有限公司与浙江浙能嘉兴发电有限公司签订1号机组A修总承包合同（合同编号ZNGCJS-06CB-2019054），承接金额10991597元。主要涉及机、电、炉、热、环保和化水专业工程。

第四节 其他工程

2011年8月，中交第三航务工程勘察设计院有限公司编制完成了浙江浙能洋山建设开发有限公司《小洋山配套开发海堤工程一期工程（南区）初步设计调整报告》报批稿。一期工程动态总投资16.4亿元。

2012年2月，浙江省电力建设有限公司与业主浙江浙能洋山建设开发有限公司签订C1标施工承包合同，合同金额1.2亿元。浙能小洋山围垦一期工程位于浙江省嵊泗县境内、小洋山岛至薄刀嘴之间的海域，地处上海国际航运中心洋山深水港区北侧。该工程东以大指头岛为天然边界，西以小洋山岛山体为天然边界，南以洋山深水港区浙沪两地签订的协议线为边界，北侧以本工程拟建的北海堤为界。新隔堤是该工程南区的北侧过渡性边界，东接已建2号堤，西接大指头岛，全长3.59千米。其轴线位置位于小洋山北侧陆域综合开发规划确定主干道位置。

2012年5月9日，工程正式开工。2015年4月29日，工程完工；5月19日通过工程完工验收。2018年7月18日，通过小洋山围垦一期工程竣工验收。

2016年10月，浙江省电力建设有限公司与业主浙江浙能中煤舟山煤电有限责任公司签订合同，总承包厂内光伏发电项目。六横电厂光伏电站工程位于浙江省舟山市第三大岛六横岛的东北岸。该装机容量为32.9兆瓦，投资约2.4亿元，占地面积44万平方米，利用厂内二期预留土地、灰库及周边空地安装光伏组件。2016年12月6日动工兴建，2017年5月30日全面并网投运，2017年9月23日通过竣工验收。

2006—2015年交通水利工程基建项目见表8-2-5，2004—2014年燃气发电基建项目见表8-2-6，2000—2008年水电基建项目见表8-2-7，2004—2017年环保及新能源基建项目见表8-2-8。

表8-2-5 2006—2015年交通水利工程基建项目一览表

序号	工程名称	工程规模	工程类型	开工时间（年-月）	竣工时间（年-月）	概算投资（万元）	承建模式
1	舟山煤炭中转码头工程	年设计吞吐量3000万吨	码头工程	2006-12	2009-06	287227	项目管理
2	浙能小洋山围垦一期工程（C1标）	1800米	隔堤工程	2012-03	2015-05	12082（合同金额）	施工承包
3	浙能嘉兴独山煤炭中转码头工程	年设计吞吐量3000万吨	码头工程	2012-04	2016-09	348300	项目管理

表 8-2-6 2004—2014 年燃气发电基建项目一览表

序号	工程名称	工程规模（台×兆瓦）	机组类型	开工时间（年-月）	竣工时间（年-月）	概算投资（万元）	承建模式
1	华电浙江半山天然气发电工程	3×390	燃气-蒸汽联合循环发电机组	2004-03	2005-12	400000	项目管理
2	浙江萧山天然气发电工程	2×350	燃气-蒸汽联合循环发电机组	2005-12	2008-04	238537	项目管理
3	浙能萧山天然气热电联产工程	1×400	燃气-蒸汽联合循环热电联产机组	2011-06	2012-08	142971	土建总承包、项目管理
4	浙能长兴天然气热电联产工程	2×400	燃气-蒸汽联合循环热电联产机组	2012-07	2013-12	223478	项目管理
5	浙能常山天然气热电联产工程	1×400	燃气-蒸汽联合循环热电联产机组	2012-10	2014-07	142476	项目管理

表 8-2-7 2000—2008 年水电基建项目一览表

工程名称	工程规模（台×兆瓦）	机组类型	开工时间（年-月）	竣工时间（年-月）	概算投资（万元）	承建模式
浙江桐柏抽水蓄能电站工程	4×300	抽水蓄能机组	2000-12	2008-05	419300	项目管理

表 8-2-8 2004—2017 年环保及新能源基建项目一览表

序号	工程名称	工程规模（台×兆瓦）	机组类型	开工时间（年-月）	竣工时间（年-月）	概算投资（万元）	承建模式
1	长兴发电厂二期脱硫工程	4×300	燃煤机组脱硫工程	2003-11	2005-11	38523	项目管理
2	温州发电厂三期脱硫工程	2×300	燃煤机组脱硫工程	2004-01	2005-07	24542	项目管理
3	北仑发电厂一、二期脱硫工程	5×600	燃煤机组脱硫工程	2004-11	2007-07	78000	项目管理
4	安徽凤台电厂脱硫工程	2×300	燃煤机组脱硫工程	2006-05	2008-04	14987	项目管理
5	乐清电厂二期脱硝工程	2×660	燃煤机组脱硫工程	2006-09	2010-08	11000	项目管理
6	嘉兴二期脱硝改造工程	4×600	燃煤机组脱硫工程	2007-08	2009-09	35107	项目管理
7	六横电厂光伏电站工程	32.9	光伏发电工程	2016-12	2017-05	23857	总承包

第三章 技术服务与教育培训

第一节 技术服务

浙能集团技术服务包括信息系统维保、电厂机组检修监理、云平台服务等。由浙江浙能天工信息科技有限公司主要负责承接相关业务。其中，电厂机组检修监理业务自 2004 年开展，2016 年退出。包括浙能集团大部分机组、其他电力集团部分机组的检修监理工作，经检修监理的机组检修。

2013 年，根据能源行业的发展趋势和浙能集团“数字浙能”战略，浙能集团指派浙江浙能天工信息科技有限公司领导和专业人员参与规划编制工作和后期的“集团信息运维中心”的筹建工作。

2015 年，浙能集团提出“建立一支专业、专注、专心的信息化服务团队”方针，通过公开竞聘的方式从浙江浙能天工信息科技有限公司选拔了 30 多名员工组建“集团信息运维中心”的核心团队，负责集团核心信息系统维保服务。

2016 年，浙江浙能天工信息科技有限公司信息系统维保服务基本覆盖了浙能集团及所属企业所有的信息软件、硬件系统，以及部分工控、安防系统。同年，浙江浙能天工信息科技有限公司在海创园进行了 BOO 模式的科服数据中心投资试点，为入园企业提供 IaaS、SaaS、PaaS 等增值服务，为浙江浙能天工信息科技有限公司提供大数据、云平台等新技术研究基础。

2011—2018 年软件开发实施类项目见表 8-3-1，2009—2018 年硬件系统集成类项目见表 8-3-2。

表 8-3-1 2011—2018 年软件开发实施类项目一览表

序号	项目名称	项目时间	业主单位
1	EAM 系统建设项目	2005	浙能集团下属单位
2	党建 MIS 系统建设项目	2008	浙能集团下属单位
3	生产安全监控管理平台项目	2009	浙能集团下属单位
4	故障预警项目	2011-03	嘉兴、兰溪、乐清、长兴、北仑、台州、凤台等 10 个电厂 31 台发电机组
5	OA 系统建设项目	2012	浙能集团下属单位
6	物资管理系统开发	2012-11-01	浙江浙能中煤舟山煤电有限责任公司煤炭物流分公司
7	企业信息门户项目	2012-11-05	滨海热电厂
8	火电厂环境保护信息管理系统开发	2012-11-15	浙江浙能镇海发电有限责任公司
9	发电设备远程在线集中诊断系统	2012-12-04	浙江浙能温州发电有限公司
10	2012 年温电公司新闻中心网页改造	2012-12-13	浙江浙能温州发电有限公司
11	鼎闻企业新闻管理系统 V2.0 软件研发	2013-03-12	浙江浙能乐清发电有限责任公司
12	浙江省电力运行管理系统软件系统开发设计	2013-03-15	浙江省经济和信息化委员会

表 8-3-1（续）

序号	项目名称	项目时间	业主单位
13	基建招标业务管理系统开发	2013-04-14	浙江天音管理咨询有限公司
14	甬台温天然气和成品油管道联合建设项目 MIS 管理信息系统开发	2013-04-27	浙江省天然气开发有限公司中石化销售有限公司华东分公司
15	浙能集团电子党务管理系统三期开发	2013-05-15	浙江省能源集团有限公司
16	煤炭板块信息门户开发	2013-05-17	浙江浙能富兴燃料有限公司
17	廉政建设信息服务平台	2013-08-02	浙江省能源集团有限公司
18	浙能电子工会管理系统开发	2013-08-02	浙江省能源集团有限公司
19	浙能职工之家开发项目	2013-08-02	浙江省能源集团有限公司
20	基于 SIS 系统的电力可靠性管理信息系统	2013-09-27	萧山发电厂
21	宁波越华实验室信息管理系统二期	2013-10-22	宁波越华能源检测有限公司
22	党建文化网、工团建设网和纪检监察网网站建设	2013-10-23	浙江省电力建设有限公司
23	行政审批平台	2013-11-27	浙江浙能长兴天然气热电有限公司
24	企业门户信息系统	2013-11-27	浙江浙能长兴天然气热电有限公司
25	富兴 RMIS 系统软件开发	2014-01-05	浙江浙能富兴燃料有限公司
26	公司人事薪酬信息系统开发	2014-01-20	浙江浙能镇海发电有限责任公司
27	办公综合审批系统开发	2014-01-23	浙江浙能嘉华发电有限公司
28	北方港管理信息系统开发	2014-05-19	浙江浙能富兴燃料有限公司
29	生产实时管理系统	2014-08-20	浙能集团下属单位
30	物资集中采购管理信息系统二期	2014-08-25	浙江天虹物资贸易有限公司
31	过渡期设备管理信息系统	2014-10-08	浙江浙能台州第二发电有限责任公司
32	浙能集团电子招标投标交易平台开发	2014-10-30	浙江天音管理咨询有限公司
33	值长日志管理系统	2014-11-18	浙江浙能绍兴滨海热电有限责任公司
34	科服分公司与兴源公司经营管理和统计分析系统开发项目	2014-12-05	浙江兴源投资有限公司
35	科服分公司与兴源公司经营管理和统计分析系统开发	2014-12-05	浙江兴源投资有限公司
36	移动办公平台建设项目	2014-12-10	嘉兴发电厂
37	浙能环保管理系统推广应用	2015-07-13	浙江浙能金华燃机发电有限责任公司
38	浙能集团应急指挥及板块生产安全系统研发	2015-09-23	浙江省能源集团有限公司
39	浙江浙能嘉兴发电有限公司鼎闻企业新闻管理系统	2015-11-01	浙江浙能嘉华发电有限公司
40	煤炭板块生产安全与经营对标管理系统	2015-11-11	浙江富兴电力燃料有限公司
41	办公用品管理及人力资源管理系统建设	2015-11-15	浙江省电力建设有限公司

表 8-3-1（续）

序号	项目名称	项目时间	业主单位
42	阿克苏电厂管理信息区域网络系统	2016-03-25	浙能阿克苏热电有限公司
43	海创园大数据分析展示平台建设项目	2016-12-01	浙江天虹物资贸易有限公司
44	嘉华智能电厂管理平台建设	2017-01-30	浙江浙能嘉华发电有限公司
45	浙能集团电子招标交易平台	2017-05-25	浙江天音咨询管理有限公司
46	天然气运行标准化管理系统开发项目	2017-05-26	浙江浙能天然气运行有限公司
47	舟山煤炭交易平台开发项目	2017-09-15	舟山煤炭交易市场有限公司
48	天然气运行调度生产日志系统建设	2018-01-10	浙江浙能天然气运行有限公司
49	浙能集团应急调度指挥中心建设项目生产数据接入及治理	2018-12-21	浙江省能源集团有限公司

表 8-3-2 2009—2018 年硬件系统集成类项目一览表

序号	项目名称	项目时间	业主单位
1	浙江舟山煤炭中转码头工程码头生产期 MIS 网络系统	2009-02-12	浙江浙能中煤舟山煤电有限责任公司
2	镇海电厂 2 套 430 兆瓦烟气脱硫工程脱硫烟囱项目烟气连续监测系统（CEMS）	2009-05-29	浙江天地环保工程有限公司
3	温州电厂全厂水务控制进入辅控系统工程	2009-07-29	浙江浙能温州发电有限公司
4	辅助厂房监控系统	2009-10-22	舟山朗熹发电有限责任公司
5	二次系统安全防护	2009-11-12	浙江浙能北海水力发电有限公司
6	化学（水处理）控制系统改造项目	2009-12-17	温州燃机发电有限公司
7	嘉华电厂烟气脱硫工程 CEMS 及脱硝工程烟气分析系统	2010-07-07	浙江浙能嘉华发电有限公司
8	温州电厂灰渣系统进入全厂辅控网络工程	2010-07-15	浙江浙能温州发电有限公司
9	凤台电厂智能安防系统整改	2010-07-20	淮浙煤电有限责任公司凤台发电分公司
10	发电机设备远程在线集中诊断系统	2010	浙江浙能乐清发电有限责任公司、浙江浙能长兴发电有限公司、浙江浙能北仑发电有限公司、淮浙煤电有限责任公司凤台发电分公司
11	天虹物资集中采购管理信息系统	2010-11-08	浙江天虹物资贸易有限公司
12	浙江浙能绍兴滨海热电厂 2×300 兆瓦机组烟气脱硫脱硝工程 CEMS 与烟气测量系统	2010-11-11	浙江浙能滨海热电有限责任公司
13	浙江省能源集团有限公司发电计划管理信息系统	2010-11-22	浙江省能源集团有限公司
14	滨海热电厂管理信息系统（MIS）	2010-11-22	浙江浙能绍兴滨海热电有限责任公司
15	活动目录基础架构集成项目	2011	浙能集团下属单位
16	集团流媒体系统项目	2011	浙能集团下属单位

表 8-3-2（续）

序号	项目名称	项目时间	业主单位
17	远程在线集中诊断项目运行优化管理系统	2011-03-21	浙江浙能乐清发电有限责任公司
18	全厂围墙电子围栏报警系统改造工程	2011-10-25	浙江浙能温州发电有限公司
19	浙江省 LNG 配套天然气管道工程、西气东输二线浙江绍杭嘉段配套管道工程 SCADA（站控）系统	2011-11-10	浙江省天然气开发有限公司
20	生产安全信息管理信息系统	2011-11-21	浙江省天然气开发有限公司
21	安防监控系统及输煤工业电视改造整合（135+11.8501）	2011-12-12	浙江浙能长兴发电有限公司
22	温州燃机油罐油位测量系统改造项目	2010-12-20	温州燃机发电有限公司
23	浙能萧山天然气热电联产工程烟气连续监测系统	2011-12-31	萧山发电厂
24	移动办公系统	2012-05-23	浙江浙能兰溪发电有限责任公司
25	服务器虚拟化改造	2012-05-23	浙江浙能嘉兴发电有限公司
26	烟气脱硝工程 CEMS	2012-06-11	浙江天虹物资贸易有限公司
27	办公楼智能信息工程施工合同	2012-07-30	浙江省电力建设有限公司
28	台州电厂四期 2×330 兆瓦和五期 2×300 兆瓦燃煤机组脱硝改造工程烟气分析系统	2012-12-17	浙江天虹物资贸易有限公司
29	北仑电厂 3×600 兆瓦机组脱硝改造工程烟气分析系统	2012-12-17	浙江天虹物资贸易有限公司
30	场景及门禁安防系统（DEMS）	2013-02-04	浙江浙能长兴天然气热电有限公司
31	金丽温省级天然气管道金衢段配套管道工程、热电联产配套天然气管道工程项目及杭州调控中心安防系统	2013-02-15	浙江金衢丽天然气有限公司
32	浙能宁波镇海动力中心天然气热电联产工程企业资产管理信息系统（EAM）实施	2013-05-31	浙江浙能镇海燃气热电有限责任公司
33	厂级监控信息系统（SIS）合同	2013-06-27	浙江浙能中煤舟山煤电有限责任公司
34	办公大楼建筑智能化弱电系统	2013-08-13	浙江省水利水电投资集团有限公司
35	浙能常山天然气热电联产工程场景及安防系统	2013-09-02	浙江浙能常山天然气发电有限公司
36	PI 系统建设项目	2013-09-27	浙江浙能镇海天然气发电有限责任公司
37	浙能宁波镇海动力中心天然气热电联产工程管理大区数据中心	2013-12-02	浙江浙能镇海燃气热电有限责任公司
38	信息网络及主机系统	2014-03-13	浙江浙能中煤舟山煤电有限责任公司
39	报告厅多媒体及远程通讯系统	2014-03-18	浙江浙能镇海燃气热电有限责任公司
40	场景监视和周界防越报警系统改造项目	2014-04-30	浙江浙能金华燃机发电有限责任公司

表 8-3-2（续）

序号	项目名称	项目时间	业主单位
41	浙江台州第二发电厂“上大压小”新建工程化学实验室分析仪器、试验台（柜）	2014-07-04	浙江浙能台州第二发电有限责任公司
42	新天公司伊犁 20 亿 Nm^3/a 煤制天然气项目泵站综合自动化监控系统	2014-07-16	伊犁新天煤化工有限责任公司
43	生产实时信息系统合同	2014-12-11	浙江浙能天然气运行有限公司
44	甬台温天然气输气管道工程安防、网络系统	2015-04-01	浙江省天然气开发有限公司
45	金丽温输气管道工程站场控制系统	2015-04-23	浙江金衢丽天然气有限公司
46	金丽温输气管道工程网络及安防系统	2015-09-15	浙江金衢丽天然气有限公司
47	温州燃机工业监控系统改造项目	2015-10-20	温州燃机发电有限公司
48	浙江省海港投资运营集团有限公司高清视频会议系统	2015-12-14	浙江省海港投资运营集团有限公司
49	海创园视频会议室屏幕系统	2016-12-24	浙江浙能富兴燃料有限公司
50	浙能绍兴滨海热电厂二期扩建工程门禁系统	2017-02-27	浙江浙能绍兴滨海热电有限责任公司
51	滨海热电厂二期扩建工程厂级监控信息系统（SIS）	2017-03-09	浙江浙能绍兴滨海热电有限责任公司
52	浙江省能源集团有限公司数据中心资源建设项目	2017-04-21	浙江省能源集团有限公司
53	浙江天地环保有限公司视频会议系统	2017-05-31	浙江省水利电力物资有限公司
54	龙泉生物质电厂 SIS 项目	2017-11-01	浙江浙能龙泉生物质发电有限公司
55	2017 年海创园 BOO 运维	2017-11-06	浙江浙能兴源节能科技有限公司
56	长广生物质发电厂级生产实时监控系统	2017-12-15	浙江长广生物质发电有限公司
57	热网监控系统网络建设	2018-07-12	浙江浙能绍兴滨海热力有限公司
58	浙江浙能电力股份有限公司服务器虚拟化	2018-11-01	浙江浙能电力股份有限公司

第二节 教育培训

2016 年 9 月，浙能集团启动创新发展和管理体制改革，培训作为重要保障机制，同年 10 月浙能培训部成立，承担为改革保驾护航、构建集团人力资本及其价值提升的长效机制、强化优化人力资本开发与管理的重任。

2017 年 6 月，浙能集团针对教育培训工作提出了“高、远、特、准”的战略导向，“产业化、职业化、网络化、社会化”的要求，明确“一个上市公司、一个职业学院、一个营销体系、一个教学培训体系”的目标，并要求将“基地建设、系统建设、机制建设、队伍建设”作为培训工作的重点。

2017 年 11 月，浙能学院网络学习平台上线运行。2018 年 12 月，浙能学院网络学习平台课件数量超过 1000 个，内容涵盖综合素养类、领导力类通用型课程及安全生产、人力资源等专业型课程。

2018 年 3 月，浙能集团发布《浙江省能源集团有限公司教育培训产业化发展规划》，以教育培训科学化为出发点，明确了浙能教育培训产业化道路的总体定位、业务举措和发展模式。

2018年6月，为推进集团教育培训产业化发展，成立浙江浙能企业管理培训服务有限公司，致力于打造中国能源行业教育培训产业化发展第一品牌，建成知识型、技能型、创新型人才孵化和升级基地。

2018年6—12月，浙江浙能企业管理培训服务有限公司紧扣“四业”，开展延伸培训服务关键项目，策划组织了以《油气行业市场动态分析》为主题的中高层领导力提升培训、石油及金融板块税务培训、项目管理及科技创新方法研究培训等项目，开展了新能源投资方向的金融资本财智论坛。全年完成了管理类、技术类及浙能集团“四业”发展相关专项培训51项，培训3000余人次。

2018年6—12月，浙江浙能企业管理培训服务有限公司举办了2018年度浙能集团ERP系统关键用户大赛、浙能集团工业信息安全技能大赛、浙江省发电企业水生产处理工技能大赛，组织浙能集团各单位参加了浙江省大数据挖掘大赛、浙江省10千伏开关柜运维大赛、全国集控运行大赛、全国网络信息安全大赛。

2018年12月5日，浙江能源学院正式挂牌成立。浙江能源学院是浙能集团与浙江机电集团在浙江机电职业技术学院发起成立的二级学院，采用“双元制”教学模式，校企合作培养技术型人才。

2018年，浙江浙能企业管理培训服务有限公司编制《浙江省能源集团有限公司关键岗位课程体系建设方案》，形成了综合素养、专业技能、领导力三大类课程体系框架。同时启动教材体系建设，利用浙能学院网络平台课件和实体教材，形成线上、线下学习相结合的教材体系。

2018年、2019年浙能集团培训业务见表8-3-3和表8-3-4。

表8-3-3 2018年浙能集团培训业务一览表

序号	培训班名称	培训内容	参训人数	培训时间及地点	主办单位
1	浙能电力领导力提升班（第一期）	1. 个人能力认知和提升； 2. 管理沟通与组织建设； 3. 新时代下电力企业转型升级与创新； 4. 新趋势新技术新管理新思维推动新电力发展等	40	5月28日至6月1日，镇江国际饭店	浙江浙能企业管理培训服务有限公司
2	浙能电力领导力提升班（第二期）	1. 个人能力认知和提升； 2. 管理沟通与组织建设； 3. 新时代下电力企业转型升级与创新； 4. 新趋势新技术新管理新思维推动新电力发展等	53	7月23—27日，镇江国际饭店	浙江浙能企业管理培训服务有限公司
3	浙能集团纪检干部培训班	1. 新形势下如何当好纪委书记； 2. 当代中国纪检监察制度改革和实践； 3.《监察法》解读	57	7月30日至8月2日，浙江省委党校	浙江浙能企业管理培训服务有限公司
4	支部书记培训班第一片区第一期	1. 新环境新时代下基层党支部书记素养提升要点解读； 2. 在互联网时代大数据思维下做好基层党支部党建工作； 3. 基层党支部党的群众路线的理论与实践； 4. 参观其他国企，学习、交流党建工作经验，开拓思路、视野	43	7月31日至8月3日，浙江浙能乐清发电有限责任公司	浙江浙能企业管理培训服务有限公司

表8-3-3（续）

序号	培训班名称	培训内容	参训人数	培训时间及地点	主办单位
5	支部书记培训班第一片区第二期	1. 新环境新时代下基层党支部书记素养提升要点解读； 2. 在互联网时代大数据思维下做好基层党支部党建工作； 3. 基层党支部党的群众路线的理论与实践； 4. 参观其他国企，学习、交流党建工作经验，开拓思路、视野	54	8月7—10日，浙江浙能乐清发电有限责任公司	浙江浙能企业管理培训服务有限公司
6	支部书记培训班第二片区第一期	1. 新环境新时代下基层党支部书记素养提升要点解读； 2. 在互联网时代大数据思维下做好基层党支部党建工作； 3. 基层党支部党的群众路线的理论与实践； 4. 参观其他国企，学习、交流党建工作经验，开拓思路、视野	47	8月21—24日，浙江省委党校	浙江浙能企业管理培训服务有限公司
7	支部书记培训班第二片区第二期	1. 新环境新时代下基层党支部书记素养提升要点解读； 2. 在互联网时代大数据思维下做好基层党支部党建工作； 3. 基层党支部党的群众路线的理论与实践； 4. 参观其他国企，学习、交流党建工作经验，开拓思路、视野	53	8月26—31日，浙江省委党校	浙江浙能企业管理培训服务有限公司
8	支部书记培训班第三片区第一期	1. 新环境新时代下基层党支部书记素养提升要点解读； 2. 在互联网时代大数据思维下做好基层党支部党建工作； 3. 基层党支部党的群众路线的理论与实践； 4. 参观其他国企，学习、交流党建工作经验，开拓思路、视野	60	8月6—9日，浙江省委党校	浙江浙能企业管理培训服务有限公司
9	支部书记培训班第三片区第二期	1. 新环境新时代下基层党支部书记素养提升要点解读； 2. 在互联网时代大数据思维下做好基层党支部党建工作； 3. 基层党支部党的群众路线的理论与实践； 4. 参观其他国企，学习、交流党建工作经验，开拓思路、视野	71	9月4—7日，浙江省委党校	浙江浙能企业管理培训服务有限公司

表 8-3-3（续）

序号	培训班名称	培训内容	参训人数	培训时间及地点	主办单位
10	浙能石油板块中高层管理人员培训	1. 油气行业产业链解析，各个业务模块发展前景； 2. 油气行业变革与发展趋势； 3. 油气业务国内市场布局、国外简介； 4. 油气行业国内竞争对手优劣势分析（重点在油品的储运分销环节）等	74	8 月 4 日，浙能创业大厦	浙江浙能企业管理培训服务有限公司
11	浙能集团新员工入职培训	《新员工入职导训》《浙江省能源集团有限公司管控及产业介绍》《浙江省能源集团有限公司企业文化建设》《阳光心态与高品质沟通》《员工职业生涯规划》《新员工职业形象塑造和职场礼仪修炼》《新员工入职安全教育》	89	8 月 5—10 日，梅苑悦居酒店	浙江浙能企业管理培训服务有限公司
12	电力系统大数据技能赛前培训	电力系统大数据管理及技能提升	30	8 月 20 日，梅苑宾馆	浙江浙能企业管理培训服务有限公司
13	浙能集团科技创新培训	科技创新与产业发展	52	8 月 21 日，浙能创业大厦	浙江浙能企业管理培训服务有限公司
14	注册安全工程师执业资格考前辅导培训	注册安全工程师资格考试专题辅导	66	8 月 22—26 日，梅苑悦居酒店	浙江浙能企业管理培训服务有限公司
15	浙能石油金融板块税务培训	税收基本常识、基本办税流程、网上办税实务操作	54	8 月 28 日，百瑞运河大酒店	浙江浙能企业管理培训服务有限公司
16	浙能集团职工代表培训班	1. 贯彻十九大战略决策，推进职工之家建设； 2. 职工代表和工会组织规范化； 3. 中医治未病与现代保健，阳光心态等	76	9 月 3—6 日，镇江国际饭店	浙江浙能企业管理培训服务有限公司
17	浙能集团 2018 年团委书记培训班	《提高人际沟通舒适度“五策”》《如何当好国有企业团委书记》《不忘初心跟党走，青春建功新时代——共青团十八大精神解读》	51	9 月 12—14 日，宁波金港酒店	浙江浙能企业管理培训服务有限公司
18	浙能技术研究院领导力提升班	1. 数据驱动和数据挖掘技术——从智能电网到能源互联网； 2. 互联网时代的企业战略管理等	16	9 月 10—14 日，镇江国际饭店	浙江浙能企业管理培训服务有限公司
19	浙能党群部门负责人培训	党群部门负责人党务业务知识	68	9 月 18—20 日，百瑞教工路大酒店	浙江浙能企业管理培训服务有限公司
20	浙能集团 2018 年法律事务管理培训	1. 集团法律事务知识； 2. 法律风险防控等	101	9 月 25—26 日，梅苑宾馆	浙江浙能企业管理培训服务有限公司
21	浙能集团 2018 年基建系统技经管理培训	1. 工程总承包模式解读； 2. 政府投资项目审计； 3. 全过程工程咨询政策解读与趋势分析	157	9 月 25—27 日，百瑞运河大酒店	浙江浙能企业管理培训服务有限公司
22	浙能集团“新声音”选手集训	对“新声音”选手进行专业辅导训练	42	9 月 25—26 日，金华国贸剧院	浙江浙能企业管理培训服务有限公司

表8-3-3（续）

序号	培训班名称	培训内容	参训人数	培训时间及地点	主办单位
23	金融财智论坛	当前能源发展新机遇能源布局的关注要素及投融资策略、资产组合理论与能源投资、新能源汽车产业链及发展趋势分析、浙能集团投融资工具简介——资产证券化业务套期保值与量化对冲、新能源投资策略与案例	98	10月10日，浙江省建科设计院	浙江浙能企业管理培训服务有限公司
24	浙能集团战略研究课题研讨暨专题培训	集团战略发展解析及案例说明	67	10月15日，梅苑宾馆	浙江浙能企业管理培训服务有限公司
25	浙能电力班组长培训（第一期）	班组团队管理	44	10月15—19日，萧山凯豪酒店	浙江浙能企业管理培训服务有限公司
26	浙能电力班组长培训（第二期）	班组团队管理	53	10月29日至11月2日，萧山凯豪酒店	浙江浙能企业管理培训服务有限公司
27	安全生产管理人员初训	安全生产管理人员取证知识培训	176	10月24—26日，百瑞运河大酒店	浙江浙能企业管理培训服务有限公司
28	安全生产管理人员复训	安全生产管理人员复证知识培训	142	10月31日至11月1日，纳德酒店	浙江浙能企业管理培训服务有限公司
29	浙能集团2018年全面预算管理系统培训第一期	预算管理系统基础操作、Smartview详解、预测实际数源查找及上机训练指导	76	10月22—24日，浙能创业大厦	浙江浙能企业管理培训服务有限公司
30	浙能集团2018年全面预算管理系统培训第二期	预算管理系统基础操作、Smartview详解、预测实际数源查找及上机训练指导	71	10月24—26日，浙能创业大厦	浙江浙能企业管理培训服务有限公司
31	计划发展制度宣贯与项目开发实务培训	项目开发投资合同谈判与法律风险控制	186	11月13—16日，梅苑悦居酒店	浙江浙能企业管理培训服务有限公司
32	浙能集团涉税事项专题培训	税收基本常识、基本办税流程、网上办税实务操作、纳税人权利和义务等纳税人应知应会内容	82	11月12—15日，梅竺饭店	浙江浙能企业管理培训服务有限公司
33	电力市场报价业务培训	1. 通过电力现货市场的基础知识讲解，建立电力市场的基本理论体系； 2. 通过国内外电力市场介绍、广东省和浙江省电力市场的对比分析，理解和掌握电力现货市场的运行规则，加深对电力现货市场的深层次认识	55	11月13—16日，梅苑宾馆	浙江浙能企业管理培训服务有限公司
34	入党积极分子培训班	1. 中国共产党的性质，指导思想和宗旨； 2. 习近平新时代中国特色社会主义思想的中国智慧； 3. 会谈学习贯彻维护好《中国共产党章程》，切实树立党员意识	99	11月7—9日，梅竺饭店	浙江浙能企业管理培训服务有限公司

表 8-3-3（续）

序号	培训班名称	培训内容	参训人数	培训时间及地点	主办单位
35	煤炭分公司项目投资管理培训	未来煤炭形式分析等	35	11 月 12—13 日，浙能创业大厦	浙江浙能企业管理培训服务有限公司
36	浙能集团浙江能源形势分析专家论坛	解读《2018 年浙江能源形式分析》报告	20	11 月 14 日，梅苑宾馆	浙江浙能企业管理培训服务有限公司
37	石油公司国际石油贸易知识培训	国际石油贸易理论知识与实务	35	11 月 23 日，嘉业大厦	浙江浙能企业管理培训服务有限公司
38	凤台发电分公司安全生产继续教育培训	1. 施工用电、动火作业和受限空间作业的常见违章与防范措施； 2. 起重作业、高处作业中常见违章与防范措施	60	11 月 29—30 日，凤台发电公司	浙江浙能企业管理培训服务有限公司
39	2018 年内训师培训第一期	1. 帮助内训师了解自身职责与角色，培养内训师的责任感和认同感； 2. 帮助内训师了解训练教案的主要结构，正确组织训练教学内容； 3. 帮助内训师学会必要的课堂表达技巧，克服不良习惯和畏怯心理，提高课程表达效果； 4. 帮助内训师学会多媒体课件制作技巧，提升课堂的充实度和吸引力； 5. 帮助内训师掌握教育心理学相关知识	48	12 月 3—7 日，杭州	浙江浙能企业管理培训服务有限公司
40	2018 年内训师培训第二期	1. 帮助内训师了解自身职责与角色，培养内训师的责任感和认同感； 2. 帮助内训师了解训练教案的主要结构，正确组织训练教学内容； 3. 帮助内训师学会必要的课堂表达技巧，克服不良习惯和畏怯心理，提高课程表达效果； 4. 帮助内训师学会多媒体课件制作技巧，提升课堂的充实度和吸引力； 5. 帮助内训师掌握教育心理学相关知识	52	12 月 10—14 日，杭州	浙江浙能企业管理培训服务有限公司
41	2018 年内训师培训第三期	1. 帮助内训师了解自身职责与角色，培养内训师的责任感和认同感； 2. 帮助内训师了解训练教案的主要结构，正确组织训练教学内容； 3. 帮助内训师学会必要的课堂表达技巧，克服不良习惯和畏怯心理，提高课程表达效果； 4. 帮助内训师学会多媒体课件制作技巧，提升课堂的充实度和吸引力； 5. 帮助内训师掌握教育心理学相关知识	39	12 月 10—14 日，杭州	浙江浙能企业管理培训服务有限公司

表 8-3-3（续）

序号	培训班名称	培训内容	参训人数	培训时间及地点	主办单位
42	2018 年内训师培训第四期	1. 帮助内训师了解自身职责与角色，培养内训师的责任感和认同感； 2. 帮助内训师了解训练教案的主要结构，正确组织训练教学内容； 3. 帮助内训师学会必要的课堂表达技巧，克服不良习惯和畏怯心理，提高课程表达效果； 4. 帮助内训师学会多媒体课件制作技巧，提升课堂的充实度和吸引力； 5. 帮助内训师掌握教育心理学相关知识	36	12 月 10—14 日，杭州	浙江浙能企业管理培训服务有限公司
43	浙能集团碳资产交易培训	1. 碳交易市场政策解读； 2. 碳交易市场原理机制分析； 3. 应对碳排放报告现场核查要点； 4. 入炉煤元素分析方法介绍	45	12 月 13—14 日，梅苑悦居酒店	浙江浙能企业管理培训服务有限公司
44	浙能电力安全主任培训	电力生产安全管理知识	48	12 月 17—19 日，溪尚酒店	浙江浙能企业管理培训服务有限公司
45	集控值班员岗位中、高级工技能培训鉴定	集控值班员技能鉴定知识培训	22	12 月 10—16 日，桔子酒店	浙江浙能企业管理培训服务有限公司
46	浙能电力 ERP 联储管理平台培训	1. 联储物资需求提报、公司间买卖相关业务培训； 2. 联储物资库存管理相关业务培训	52	12 月 19—21 日，浙能创业大厦	浙江浙能企业管理培训服务有限公司
47	工控网络安全竞赛赛前培训	网络安全竞赛知识点分析、操作技能训练	28	8 月 27—31 日，浙能应急救援中心	浙江浙能企业管理培训服务有限公司
48	浙能氢能利用培训班	未来氢能资源发展及应用实践	23	5 月 22 日，浙能创业大厦	浙江浙能企业管理培训服务有限公司
49	ERP 大赛赛前培训	针对 ERP 大赛相关内容进行针对性训练	128	8 月 1—3 日，浙能创业大厦	浙江浙能企业管理培训服务有限公司
50	工控网络安全竞赛	完成工控网络安全竞赛	27	9 月 12—14 日，浙能应急救援中心	浙江浙能企业管理培训服务有限公司
51	浙江省发电企业水生产处理工技能大赛	完成浙江省发电企业水生产处理工技能大赛	48	11 月 5—9 日，台州电厂	浙江浙能企业管理培训服务有限公司

表 8-3-4 2019 年浙能集团培训业务一览表

序号	培训班名称	培训内容	参训人数	培训时间及地点	主办单位
1	第一期管理人员 PPT 制作能力提升培训	PPT 版式总体设计、幻灯片内容编辑和设计要领、动画效果的设计与制作、PPT 的专业与美观程度提升的要诀	46	1 月 9 日，浙能第二大厦	浙江浙能企业管理培训服务有限公司

表 8-3-4（续）

序号	培训班名称	培训内容	参训人数	培训时间及地点	主办单位
2	发电厂热控可靠性与智能电厂技术专题培训	1. 提高热能转换效率，保障机组的安全、经济、环保运行等； 2. 智慧电厂、数字化设计、可视化培训、智能传感、远程诊断、设备故障预警、发电设备点检及状态检修管理、发电设备状态分析及异常诊断技术、故障预警典型案例、能效诊断技术、风光水智能运维平台	49	1 月 21—24 日，西苑宾馆	浙江浙能企业管理培训服务有限公司
3	电力股份 ERP 联储管理系统培训（第二轮）	企业资源规划 ERP、合同管理系统、全面预算系统、财务共享平台系统应用培训	39	1 月 16—18 日，梅苑悦居酒店	浙江浙能企业管理培训服务有限公司
4	继电保护培训（第 1 期）	继电保护基础及原理、继电保护与励磁限值配合、发变组保护整定计算及注意事项、继电保护反事故策略要求解读	48	3 月 6—8 日，梅苑悦居酒店	浙江浙能企业管理培训服务有限公司
5	天虹合同协同商务平台培训	1. 平台总体介绍与功能讲解、系统展示等； 2. 移动应用安装与用户设置、需求单位业务操作培训	68	3 月 14 日，浙江省建筑科学设计研究院	浙江浙能企业管理培训服务有限公司
6	估值建模培训	国内新能源项目投资机遇和风险解析、海外和国内投资项目市场分析、海外和国内投资项目投融资解析、并购估值建模专题分析解读与实操	45	3 月 26—29 日，西溪开元颐居	浙江浙能企业管理培训服务有限公司
7	安全生产管理人员取证	1. 安全生产法律法规、集团公司安全生产管理制度、安全技术； 2. 电气安全、机械安全、工程安全、消防安全、交通运输安全、应急救援	135	3 月 26—29 日，梅苑宾馆	浙江浙能企业管理培训服务有限公司
8	安全生产管理人员复证		17	3 月 27—29 日，梅苑宾馆	浙江浙能企业管理培训服务有限公司
9	集团女职工工作培训	1. 习近平新时代中国特色社会主义思想和党的十九大精神学习宣贯； 2. 工会女职工工作思考； 3. 巾帼宣讲	77	3 月 25—27 日，海月山庄	浙江浙能企业管理培训服务有限公司
10	“新浙能”展厅讲解员培训	“新浙能”展厅讲解员业务培训，主要培训内容为现场礼仪、讲解技巧	27	3 月 11—13 日，浙能集团本部	浙江浙能企业管理培训服务有限公司
11	集团入党积极分子、发展对象培训	学习贯彻党的十九大精神、《中国共产党章程》解读、培育和践行社会主义核心价值观、国有企业基层党组织及党员作用发挥、建设现代化经济体系	92	3 月 27—29 日，台州海逸大酒店	浙江浙能企业管理培训服务有限公司
12	碳排放权培训第一期	碳交易理论与碳市场发展、控排企业参与碳交易和温室气体管理体系建设、碳资产管理实践、碳市场金融创新与实践等	40	5 月 29 日，浙能创业大厦	浙江浙能企业管理培训服务有限公司
13	汽机数字电液控制系统培训（“1+N”项目）	汽机设备及系统、汽机设备与运行、汽机运行工况与优化调整、汽机电液调速系统、汽机设备异常分析与处理等	57	4 月 8—12 日，上海闵行饭店	浙江浙能企业管理培训服务有限公司

表8-3-4（续）

序号	培训班名称	培训内容	参训人数	培训时间及地点	主办单位
14	岗位经验内化培训第一期（天虹）	教练技术、课程开发与课程课件制作等	24	4月8—12日，梅苑海月山庄	浙江浙能企业管理培训服务有限公司
15	天然气运行公司转岗人员培训（再起航）	天然气场站设备运行与维护、天然气数质量管理、天然气场站控制系统设计与优化调整	24	4月22日至5月24日，品江商务酒店	浙江浙能企业管理培训服务有限公司
16	骨干通讯员培训第一期（滨电、兰电、金华、培训公司）	现场摄影指导与交流、新闻摄影技巧与图像处理、新媒体制作与运用、新闻捕获与写作技法	59	4月10—12日，建德凯越大酒店	浙江浙能企业管理培训服务有限公司
17	新能源公司所属企业中层管理轮训（1）	经济学基础、财务分析、人力资源、管理信息系统、优秀企业管理经验交流、项目管理、营销管理、品牌管理、系统思维与决策、管理哲学、员工关系管理、组织绩效管理、平台与战略管理等	22	5月20—24日，桐庐巴比松酒店	浙江浙能企业管理培训服务有限公司
18	新能源公司所属企业中层管理轮训（2）		29	5月27—31日，桐庐巴比松酒店	浙江浙能企业管理培训服务有限公司
19	新能源公司所属企业中层管理轮训（3）		39	6月10—14日，桐庐巴比松酒店	浙江浙能企业管理培训服务有限公司
20	新能源公司所属企业中层管理轮训（4）		39	6月17—21日，桐庐巴比松酒店	浙江浙能企业管理培训服务有限公司
21	干部档案管理培训	人事档案管理、新政解读、人事档案专项审核、干部档案管理实务	67	4月15—17日，西溪开元颐居	浙江浙能企业管理培训服务有限公司
22	职工代表培训第一期（研究院、天虹）	贯彻两会精神、学习习近平总书记关于工人阶级和工会工作的重要论述、宣贯企业民主与职代会制度、当好新时代职工代表、基层工会规范化建设与工会劳动保护工作、加强人文关怀、疏解工作压力	49	4月23—24日，临安青荷酒店	浙江浙能企业管理培训服务有限公司
23	加油站站长培训（石油公司）	1. 加油加气综合素养、专业技术、技能培训； 2. 团队建设、时间管理、营销能力等经营管理能力提升培训	38	3月31日至4月4日，梅苑悦居酒店	浙江浙能企业管理培训服务有限公司
24	台二电厂中层干部培训第一期	经济学基础、财务分析、人力资源、管理信息系统、优秀企业管理经验交流、项目管理、营销管理、品牌管理、系统思维与决策、管理哲学、员工关系管理、组织绩效管理、平台与战略管理等	40	4月15—19日，桐庐巴比松酒店	浙江浙能企业管理培训服务有限公司

表 8-3-4（续）

序号	培训班名称	培训内容	参训人数	培训时间及地点	主办单位
25	台二电厂一般管理人员培训第一期	《赋能管理》《六维管理力》《变革时代的横向管理之法》	32	4 月 8—12 日，浙江海洋大学	浙江浙能企业管理培训服务有限公司
26	电力二票三制旁站培训（共 10 期）	1. 安全生产法律法规、集团公司安全生产管理制度、安全技术； 2. 电气安全、机械安全、工程安全、消防安全、交通运输安全、应急救援	780	4 月 8 日至 6 月 8 日，台州电厂	浙江浙能企业管理培训服务有限公司
27	台二电厂中层干部培训第二期	经济学基础、财务分析、人力资源、管理信息系统、优秀企业管理经验交流、项目管理、营销管理、品牌管理、系统思维与决策、管理哲学、员工关系管理、组织绩效管理、平台与战略管理等	40	4 月 22—26 日，桐庐巴比松酒店	浙江浙能企业管理培训服务有限公司
28	电力股份电气技术骨干培训（第一期）	继电保护基础知识、继电保护选择及配置原则、发电厂设备继电保护整定计算、继电保护动作分析、继电保护装置故障分析、检修调试及保护检验、励磁系统基础知识、励磁系统运行、检修及设备管理、继电保护、励磁系统标准及反事故措施	36	4 月 25—27 日，电力职工大学	浙江浙能企业管理培训服务有限公司
29	集团税务专题培训	会计税收的再认识及税收新政简析、税务稽查原因及应对措施、个税政策与个税征管新趋势及应对、增值税改革对企业的影响	130	4 月 22—24 日，文华大酒店	浙江浙能企业管理培训服务有限公司
30	大宗商品创新业务与期货实务培训	期货会计实务、期货创新业务与实践、企业套保业务合规审计等	25	5 月 6—10 日，溪尚酒店	浙江浙能企业管理培训服务有限公司
31	氢能综合利用技术培训	制氢储氢技术、氢液化技术、氢能装备检测和安全应用等关键技术研究	19	5 月 28—30 日，百瑞教工路大酒店	浙江浙能企业管理培训服务有限公司
32	信息安全专题培训（第一期）	信息安全基础、信息安全算法、计算机病毒、个人隐私保护、信息安全攻防演练	81	5 月 15—17 日，桐庐巴比松酒店	浙江浙能企业管理培训服务有限公司
33	长兴电厂工会工作培训	工会工作新理论、职场压力调节	47	4 月 25 日，长兴电厂	浙江浙能企业管理培训服务有限公司
34	浙能集团海外能源投资和风险防范研讨	1. 国际业务实务、国际业务制度宣贯； 2. 投资计划管理； 3. 企业内控要素和方法、内控实施、案例研究等，完善企业内部控制措施，防范企业经营风险	78	4 月 16 日，浙能创业大厦	浙江浙能企业管理培训服务有限公司
35	集团消防安全培训（第一期）	1. 安全生产法律法规、集团公司安全生产管理制度、安全技术； 2. 电气安全、机械安全、工程安全、消防安全、交通运输安全、应急救援	89	4 月 24—26 日，萧山宾馆	浙江浙能企业管理培训服务有限公司
36	集团消防安全培训（第二期）	1. 安全生产法律法规、集团公司安全生产管理制度、安全技术； 2. 电气安全、机械安全、工程安全、消防安全、交通运输安全、应急救援	93	5 月 5—7 日，梅苑悦居酒店	浙江浙能企业管理培训服务有限公司

表 8-3-4（续）

序号	培训班名称	培训内容	参训人数	培训时间及地点	主办单位
37	继电保护培训（第2期）	1. 典型发电厂故障实例分析； 2. 发电机、主变压器主要继电保护原理与配置、互感器位置与整定配合难点简介； 3. 发电厂厂用变压器、异步电动机整定计算实例讲解	26	5月20—24日，南京	浙江浙能企业管理培训服务有限公司
38	继电保护培训（第3期）	1. 变压器保护原理（含主保护、后备保护等； 2. 变压器保护装置硬件及回路介绍、波形阅读与故障分析； 3. 二次回路、仪器使用、变压器保护调试大纲； 4. 变压器保护调试系统搭建、调试操作	21	5月27—31日，南京	浙江浙能企业管理培训服务有限公司
39	台州电厂风电培训	风、光电场运营管理，设备维护，典型故障处理等	25	4月22—26日、5月5—10日、5月13—17日，台州/洞头	浙江浙能企业管理培训服务有限公司
40	骨干通讯员培训第二期（嘉电）	现场摄影指导与交流、新闻摄影技巧与图像处理、新媒体制作与运用、新闻捕获与写作技法	40	5月30—31日，嘉兴	浙江浙能企业管理培训服务有限公司
41	浙能电力电气专业骨干第三期培训	线路保护装置介绍及问题处理、纵联距离保护功能校验、发变组保护装置介绍及问题处理、母线保护装置介绍及问题处理	36	6月26—29日，武汉	浙江浙能企业管理培训服务有限公司
42	热工计量培训	温度、压力、流量标准宣贯与校验校准实操培训	47	7月8—12日，台州新港国际酒店	浙江浙能企业管理培训服务有限公司
43	水、煤、油分析培训	发电企业汽水、压力油、润滑油、煤炭的取样与分析	75	7月1—5日，台州新港国际酒店	浙江浙能企业管理培训服务有限公司
44	嘉电一般管理人员培训（第一期）	《金字塔原理-逻辑思维与高效表达》《高效时间管理技巧》《目标设定与计划管理》	39	6月10—13日，镇海九龙山庄	浙江浙能企业管理培训服务有限公司
45	集团党组织负责人政治素养提升培训（第一期）	1. 加强党的组织建设； 2.《共产党宣言》和《中国共产党章程》《党政领导干部选拔任用工作条例》《党政领导干部考核工作条例》等党内法规制度学习	190	6月4—6日，梅苑悦居酒店	浙江浙能企业管理培训服务有限公司

表 8-3-4（续）

序号	培训班名称	培训内容	参训人数	培训时间及地点	主办单位
46	电力股份综合能源服务站站长任职资格专项培训（1）	1. 综合能源供应站的系统方案、配置方案、营运模式； 2. 综合能源系统的技术路线、设备配置、运行方式等； 3. 综合能源的优化调度技术等	77	6 月 10—13 日，梅苑悦居酒店/浙江海洋大学	浙江浙能企业管理培训服务有限公司
47	电力股份综合能源服务站站长任职资格专项培训（2）		77	6 月 14 日至 7 月 30 日，梅苑悦居酒店/浙江海洋大学	浙江浙能企业管理培训服务有限公司
48	萧山电厂一般管理人员培训（第一期）	公文管理及实际应用能力提升、国学智慧与职业素养、高效办公技能总结与提升、宏观经济形势与国家政策解读	19	6 月 10—14 日，紧水滩招待所	浙江浙能企业管理培训服务有限公司
49	纪检监察审计实务培训（科服）	以风险为导向的内部审计实践与创新、企业采购监督工作实践分析、企业内部审计实务案例分析与交流	48	6 月 13—14 日，海创园	浙江浙能企业管理培训服务有限公司
50	集团劳动保护与职业健康管理培训	1.《职业病防治法》《女职工劳动保护规定》等劳动保护法规解读； 2.《工会劳动保护监督检查员工作条例》等三个条例解读与工会劳动保护职责与权利； 3. 职业健康管理	61	6 月 17—19 日，建德国瑞大酒店	浙江浙能企业管理培训服务有限公司
51	萧山电厂一般管理人员培训（第二期）	公文管理及实际应用能力提升、国学智慧与职业素养、高效办公技能总结与提升、宏观经济形势与国家政策解读	29	6 月 17—21 日，紧水滩招待所	浙江浙能企业管理培训服务有限公司
52	集团党组织负责人政治素养提升培训（第二期）	1. 不忘初心、牢记使命，强化政治建设，坚决打赢防范化解重大风险攻坚战； 2. 学习贯彻习近平新时代中国特色社会主义思想专题； 3. 加强党的纪律建设，推进“清廉国企”建设和监察体制改革	149	6 月 17—19 日，梅苑悦居酒店	浙江浙能企业管理培训服务有限公司
53	集团党组织负责人政治素养提升培训（第三期）	1. 加强党的作风建设，推进集团“最多跑一次”改革； 2. 加强国企意识形态建设； 3. 研学《共产党宣言》及《中国共产党章程》	200	6 月 19—21 日，梅苑宾馆	浙江浙能企业管理培训服务有限公司
54	集团党组织负责人政治素养提升培训（第四期）	1. 如何做好基层党组织理论研究； 2. 加强党的组织建设，推动落实《党政领导干部选拔任用工作条例》《党政领导干部考核工作条例》等党内法规制度	134	6 月 24—26 日，梅苑悦居酒店	浙江浙能企业管理培训服务有限公司

表 8-3-4（续）

序号	培训班名称	培训内容	参训人数	培训时间及地点	主办单位
55	集团应急管理培训	应急救援体系建设与应急预案编制、应急预案评审与应急预案演练等	40	6月26—28日，桔子酒店	浙江浙能企业管理培训服务有限公司
56	科服分公司中层管理轮训第七期	经济学基础、财务分析、人力资源、管理信息系统、优秀企业管理经验交流、项目管理、营销管理、品牌管理、系统思维与决策、管理哲学、员工关系管理、组织绩效管理、平台与战略管理等	75	7月15—19日，临安	浙江浙能企业管理培训服务有限公司
57	科服分公司中层管理轮训第八期		77	7月22—26日，海月山庄	浙江浙能企业管理培训服务有限公司
58	科服分公司青年骨干培训第一期	自我效能提升、情绪管理、时间管理、管理沟通、组织行为、创新能力提升、系统思维与系统决策、项目管理、团队建设管理、执行力	36	8月12—16日，海月山庄	浙江浙能企业管理培训服务有限公司
59	金融板块中层与青年骨干（第一期）	1. 传统能源的转型之路与新能源的发展趋势； 2. 科创板开通后能源企业的投资机会； 3. 管理人员的领导力、协调力、沟通力培训	37	7月3—6日，海月山庄	浙江浙能企业管理培训服务有限公司
60	金融板块中层与青年骨干（第二期）		36	7月30日至8月2日，海月山庄	浙江浙能企业管理培训服务有限公司
61	2019年财务部门负责人培训	1. 大型集团（企业）财务管控与财务管理创新等内容； 2. 财务转型及财务管控	65	7月22—25日，镇江国际饭店	浙江浙能企业管理培训服务有限公司
62	温州发电中层干部培训（第五期）	经济学基础、财务分析、人力资源、管理信息系统、优秀企业管理经验交流、项目管理、营销管理、品牌管理、系统思维与决策、管理哲学、员工关系管理、组织绩效管理、平台与战略管理等	37	8月12—16日，桐庐巴比松酒店	浙江浙能企业管理培训服务有限公司
63	温州发电中层干部培训（第六期）		35	8月19—23日，桐庐巴比松酒店	浙江浙能企业管理培训服务有限公司
64	浙能集团2019年职工代表培训（第二期）（乐电）	贯彻两会精神、宣贯企业民主与职代会制度、当好新时代职工代表、基层工会规范化建设与工会劳动保护工作、加强人文关怀、疏解工作压力	47	7月15—17日，梅苑宾馆	浙江浙能企业管理培训服务有限公司
65	集团第十二期职工文化大讲堂	企业素质提升：丝路起源与中国话语	74	7月18日，浙能第二大厦	浙江浙能企业管理培训服务有限公司

表 8-3-4（续）

序号	培训班名称	培训内容	参训人数	培训时间及地点	主办单位
66	集团班组长培训（第一期）	1. 班组管理的艺术、语言与表达艺术、公文基本写作技巧； 2. 班组建设通用标准解读及现场管理研讨等	91	8 月 19—23 日，杭州	浙江浙能企业管理培训服务有限公司
67	集团班组长培训（第二期）		86	8 月 26—30 日，杭州	浙江浙能企业管理培训服务有限公司
68	集团班组长培训（第三期）		80	9 月 2—6 日，杭州	浙江浙能企业管理培训服务有限公司
69	天然气运行公司班组长培训（第四期）		38	7 月 23—26 日，杭州	浙江浙能企业管理培训服务有限公司
70	天然气运行公司班组长培训（第五期）		40	7 月 30 日至 8 月 2 日，杭州	浙江浙能企业管理培训服务有限公司
71	长兴电厂班组长培训（第六期）		67	8 月 8 日，长兴	浙江浙能企业管理培训服务有限公司
72	嘉兴电厂班组长培训（第七期）		29	8 月 29—30 日，杭州	浙江浙能企业管理培训服务有限公司
73	嘉兴电厂班组长培训（第八期）		28	9 月 4—6 日，杭州	浙江浙能企业管理培训服务有限公司
74	天然气运行公司运维一体化培训	天然气场站设备运行与维护、天然气数质量管理、天然气场站控制系统设计与优化调整	50	7 月 22 日至 11 月 24 日，杭州	浙江浙能企业管理培训服务有限公司
75	城市燃气中层轮训（第九期）	经济学基础、财务分析、人力资源、管理信息系统、优秀企业管理经验交流、项目管理、营销管理、品牌管理、系统思维与决策、管理哲学、员工关系管理、组织绩效管理、平台与战略管理等	55	8 月 5—9 日，镇江国际饭店	浙江浙能企业管理培训服务有限公司
76	城市燃气中层轮训（第十期）		57	8 月 12—16 日，镇江国际饭店	浙江浙能企业管理培训服务有限公司
77	浙能电力电气专业骨干第四期培训	1. 励磁系统现场试验与试验标准、励磁技术监督与标准规范； 2. 调节器回路设计与整定、励磁系统主环与辅环功能设计、调差与电力系统稳定的关系； 3. 发电机励磁系统的设计、运行、检修与维护，典型故障案例	36	7 月 24—27 日，镇江国际饭店	浙江浙能企业管理培训服务有限公司
78	温州燃机发电有限公司后备骨干综合素质测评、提升培训	当前宏观经济金融形势分析、浙江国企改革发展与转型升级案例分析、中高层管理者理念变革与创新思维	40	5 月 13—15 日，温州	浙江浙能企业管理培训服务有限公司

表 8-3-4（续）

序号	培训班名称	培训内容	参训人数	培训时间及地点	主办单位
79	集团新员工培训	集团企业文化教育、安全教育、新员工入职心理辅导、职业生涯规划、综合素养提升、商务礼仪等	80	8月18—24日，梅苑悦居酒店	浙江浙能企业管理培训服务有限公司
80	安全生产继续教育培训	1. 安全生产法律法规、集团公司安全生产管理制度、安全技术； 2. 电气安全、机械安全、工程安全、消防安全、交通运输安全、应急救援	2087	7月30至9月30日，浙能集团	浙江浙能企业管理培训服务有限公司
81	营运企业中层管理培训（第十一期）	经济学基础、财务分析、人力资源、管理信息系统、优秀企业管理经验交流、项目管理、营销管理、品牌管理、系统思维与决策、管理哲学、员工关系管理、组织绩效管理、平台与战略管理等	23	8月26—30日，安吉天池宾馆	浙江浙能企业管理培训服务有限公司
82	集团建设项目开发业务培训	项目可研数据调查与可研报告编制基本要求、项目风险管理、项目投资估算与财务评价	103	8月12—14日，梅苑宾馆	浙江浙能企业管理培训服务有限公司
83	浙能集团纪检业务培训班	共产党人的初心和使命专题学习、信访举报工作实务、案件审查调查工作实务、审查调查业务案例式教学	151	8月13—16日，西苑宾馆	浙江浙能企业管理培训服务有限公司
84	电气骨干专业人员（第五期）	1. 励磁介绍调试与实操； 2. 小电流试验、阶跃试验、录波及波形查看分析； 3. 功率柜风机及阻容回路检查、功率柜小电流试验、电阻柜非线性电阻测试、电阻柜过压回路检测； 4. 调节器模拟量校验、开关量校对、功能模拟	36	8月28—31日，江苏南京兰瑞公司	浙江浙能企业管理培训服务有限公司
85	集团工会干部培训	新时代浙江产业工人队伍建设改革讲座、基层工会规范化建设、基层工会经费收支管理、互联网时代的信息传播和舆情应对、工会创新工作交流	132	9月10—12日，浦江檀宫酒店	浙江浙能企业管理培训服务有限公司
86	乐清中层管理培训	经济学基础、财务分析、人力资源、管理信息系统、优秀企业管理经验交流、项目管理、营销管理、品牌管理、系统思维与决策、管理哲学、员工关系管理、组织绩效管理、平台与战略管理等	25	9月9—12日，温州雪山饭店	浙江浙能企业管理培训服务有限公司
87	管理人员信息系统应用暨 ERP 系统（第一期）	企业资源规划 ERP、合同管理系统、全面预算系统、财务共享平台系统应用培训	104	9月2—6日，云鲤悦酒店	浙江浙能企业管理培训服务有限公司
88	信息系统应用暨 ERP 系统（第一期）		82	9月2—7日，云鲤悦酒店	浙江浙能企业管理培训服务有限公司

表 8-3-4（续）

序号	培训班名称	培训内容	参训人数	培训时间及地点	主办单位
89	营运企业中层管理培训（第十二期）	经济学基础、财务分析、人力资源、管理信息系统、优秀企业管理经验交流、项目管理、营销管理、品牌管理、系统思维与决策、管理哲学、员工关系管理、组织绩效管理、平台与战略管理等	33	9 月 2—6 日，安吉天池宾馆	浙江浙能企业管理培训服务有限公司
90	天然气运行中层培训（第一期）		32	9 月 2—6 日，镇江国际饭店	浙江浙能企业管理培训服务有限公司
91	天然气运行中层培训（第二期）		35	9 月 16—20 日，镇江国际饭店	浙江浙能企业管理培训服务有限公司
92	集团职工代表提案工作培训	新时代浙江产业工人队伍建设改革	100	8 月 12 日，浙能创业大厦	浙江浙能企业管理培训服务有限公司
93	集团摄协培训	摄影技术技艺	44	6 月 2—3 日、8 月 1 日，青田、杭州	浙江浙能企业管理培训服务有限公司
94	集团青年财务骨干培训	大型集团（企业）财务管控与财务管理创新等内容；财务转型及财务管控	98	9 月 9—12 日，梅苑悦居酒店	浙江浙能企业管理培训服务有限公司
95	班组长第九期——乐清班组长	1. 班组管理的艺术、语言与表达艺术、公文基本写作技巧； 2. 班组建设通用标准解读及现场管理研讨等	26	8 月 26—30 日，台州花园山庄	浙江浙能企业管理培训服务有限公司
96	淮浙煤电招投标与合同管理培训	招投标管理、谈判技巧、工程造价管控与合同管理、法律法规知识、集团制度学习	27	9 月 16—17 日，百瑞运河大酒店	浙江浙能企业管理培训服务有限公司
97	中级注安师考试科目专项培训	学习解读《安全生产法律法规》《安全生产管理》《安全生产技术基础》《安全生产专业实务》	105	10 月 16—21 日，博京酒店	浙江浙能企业管理培训服务有限公司
98	执行机构培训	1. Rotork、Sipos、Raga 品牌为主的电动执行机构结构与性能； 2. 电动执行机构解体维修； 3. 电动执行机构常见故障分析、处理方法	34	8 月 26—30 日，台州电厂	浙江浙能企业管理培训服务有限公司
99	集团信息系统应用暨 ERP 系统培训（第二期）	企业资源规划 ERP、合同管理系统、全面预算系统、财务共享平台系统应用培训	27	9 月 8—12 日，百瑞运河大酒店	浙江浙能企业管理培训服务有限公司
100	大变局下的国际能源合作与投资新格局研讨会	1. 国际业务实务、国际业务制度宣贯； 2. 投资计划管理； 3. 助力“国际化”行动计划推进，以拓宽领导人员国际视野，提升开拓跨国业务和参与国际竞争能力为目标，开展跨国企业管理、国际投资与管理、国际风险管理、国际资本与金融及跨国企业参访学习等课程	115	9 月 6 日，百瑞运河大酒店	浙江浙能企业管理培训服务有限公司
101	浙能集团 2019 年融资租赁业务培训	1. 增值税改革及税务处理； 2. 融资租赁创新业务介绍； 3. 金融工具及金融衍生工具； 4. 融资租赁、保理等会计核算	53	9 月 23—25 日，百瑞运河大酒店	浙江浙能企业管理培训服务有限公司

表 8-3-4（续）

序号	培训班名称	培训内容	参训人数	培训时间及地点	主办单位
102	职工文化大讲堂第十三期	企业素质提升：音乐与人生	33	8 月 30 日，华光潭电厂	浙江浙能企业管理培训服务有限公司
103	2019 年浙能集团综合计划与统计系统应用培训	综合计划业务介绍、系统功能介绍、综合计划编制流程演示、综合计划完成情况流程演示、用户模拟练习	52	9 月 19—20 日，浙能创业大厦	浙江浙能企业管理培训服务有限公司
104	2019 年度浙能集团基建系统技经管理人员实务培训	1. 基建管理制度、行业新标准等的宣贯培训； 2. 技经专业理论及实务、新实施计价依据使用等	130	9 月 23—25 日，百瑞运河大酒店	浙江浙能企业管理培训服务有限公司
105	融资租赁公司团队建设培训	1. 国内外时政分析、大型企业集团总部管理及团队培训等； 2. 团队建设、项目经验分享、团队决策与沟通	30	9 月 26—27 日，桐庐巴比松酒店	浙江浙能企业管理培训服务有限公司
106	天虹公司采购管理培训	1. 采购的本质及采购技巧； 2. 采购谈判策略与技巧供应商报价拆分与采购成本控制； 3. 采购成本对企业财报影响	50	9 月 25—27 日，桐庐巴比松酒店	浙江浙能企业管理培训服务有限公司
107	电力股份电气骨干培训（第六期）	1. 励磁调试安全注意事项、励磁系统运行维护与故障处理； 2. 调节器模拟量校验、开关量校对、功能模拟试验； 3. 功率柜风机及阻容回路检查、功率柜小电流试验、电阻柜非线性电阻测试、电阻柜过压回路检测； 4. 励磁系统联调学习	23	9 月 17—20 日，南京爱丁堡酒店	浙江浙能企业管理培训服务有限公司
108	集团环保管理培训	CEMS 运行环保管理要求（以火电业为例）、集团应急调度指挥中心系统环保模块开发及应用	49	9 月 25—26 日，金苑宾馆	浙江浙能企业管理培训服务有限公司
109	融资租赁财务分析培训	1. 大型集团（企业）财务管控与财务管理创新等内容； 2. 财务、税务专业技能	23	10 月 17—18 日，欧美中心	浙江浙能企业管理培训服务有限公司
110	浙能创业大厦应急救护培训	应急救援体系建设与应急预案编制、应急预案评审与应急预案演练等	40	9 月 25 日，浙能创业大厦	浙江浙能企业管理培训服务有限公司
111	那曲市国资国企代表团学习班	国有企业创新发展、新时代下国有企业公司治理与集团化管控水平	32	10 月 16—28 日，梅苑悦居酒店	浙江浙能企业管理培训服务有限公司
112	2019 年集团全面预算管理系统培训（第一期）	预算管理系统基础操作、系统功能介绍及上机训练指导	79	10 月 21—23 日，桔子精选、梅苑悦居酒店、浙能创业大厦	浙江浙能企业管理培训服务有限公司

表 8-3-4（续）

序号	培训班名称	培训内容	参训人数	培训时间及地点	主办单位
113	金融、石油、可再生并购业务培训	并购估值建模、上市公司估值定价模型、并购重组中的估值与定价、现金流测算与分析、投资并购中的交易结构设计、企业并购法律要点与风险防范、并购重组中税务筹划与应用实务	40	10月24日，梅苑宾馆	浙江浙能企业管理培训服务有限公司
114	梅苑“青苗计划”培训	高效沟通管理、团队管理、业务提升	40	12月9—13日，海月山庄	浙江浙能企业管理培训服务有限公司
115	营运企业中层管理轮训（第十八期）——长兴发电（第一期）	经济学基础、财务分析、人力资源、管理信息系统、优秀企业管理经验交流、项目管理、营销管理、品牌管理、系统思维与决策、管理哲学、员工关系管理、组织绩效管理、平台与战略管理等	22	10月23—25日，海月山庄	浙江浙能企业管理培训服务有限公司
116	营运企业中层管理轮训（第十九期）——长兴发电（第二期）		19	10月30日至11月1日，海月山庄	浙江浙能企业管理培训服务有限公司
117	乐清电厂中层轮训（第十七期）		21	10月14—17日，温州瑶溪王朝大酒店	浙江浙能企业管理培训服务有限公司
118	浙能电力办公室系统综合业务培训	档案管理实务、档案保密、公文写作	43	10月24—25日，金苑宾馆	浙江浙能企业管理培训服务有限公司
119	新能源投资集团青年骨干培训班	自我效能提升、情绪管理、时间管理、管理沟通、组织行为、创新能力提升、系统思维与系统决策、项目管理、团队建设管理、执行力	50	10月30日至11月1日，杭州	浙江浙能企业管理培训服务有限公司
120	碳排放权培训第二期	碳交易理论与碳市场发展、控排企业参与碳交易和温室气体管理体系建设、碳资产管理实践、碳市场金融创新与实践等	30	10月31日至11月1日，杭州百瑞运河大酒店	浙江浙能企业管理培训服务有限公司
121	新疆板块一般管理人员培训（二十期）	1. 创新思维与创新能力提升； 2. 有效沟通、高效协作； 3. 团队建设与高效执行力塑造	63	10月31日至11月2日，新疆新天煤化工公司	浙江浙能企业管理培训服务有限公司
122	新疆板块一般管理人员培训（二十一期）		69	11月3—5日，新疆新天煤化工公司	浙江浙能企业管理培训服务有限公司
123	集团全面预算管理系统培训（第二期）	预算管理系统基础操作、系统功能介绍及上机训练指导	65	10月23—25日，桔子精选、浙能创业大厦	浙江浙能企业管理培训服务有限公司
124	集团党务及文秘业务知识专题培训班	1. 形势任务、党务知识、心理疏导、企业文化、沟通艺术等； 2. 公文处理、文秘培训	39	11月27日至12月27日，桔子酒店	浙江浙能企业管理培训服务有限公司

表 8-3-4（续）

序号	培训班名称	培训内容	参训人数	培训时间及地点	主办单位
125	淮浙煤电工会业务培训	依法做好工会维权工作、工会会计制度和工会经费收支管理、基层工会干部素质与业务能力提升、基层工会组织建设与职工民主管理	37	10月22—25日，绍兴开元大酒店	浙江浙能企业管理培训服务有限公司
126	金融板块PPT培训	PPT版式总体设计、幻灯片内容编辑设计与制作、PPT的专业与美观程度提升的要诀	15	10月25日、11月7日，浙能资产经营管理公司	浙江浙能企业管理培训服务有限公司
127	浙能集团2019年入党积极分子（第二期）	学习习近平新时代中国特色社会主义思想、《中国共产党章程》解读、国有企业基层党组织及党员作用发挥、党性修养及党风廉政建设	144	11月13—15日，百瑞运河大酒店	浙江浙能企业管理培训服务有限公司
128	集团审计人员培训	外部审计形势、审计政策法规、审计案例分析、审计实务等	150	11月6—8日，梅苑悦居酒店	浙江浙能企业管理培训服务有限公司
129	石油板块党务培训	形势任务、党务知识、心理疏导、企业文化、沟通艺术等	40	11月10—12日，百瑞运河大酒店	浙江浙能企业管理培训服务有限公司
130	节能管理人员取证培训	1.《发电企业技术监督管理办法》《节能技术监督管理办法》《热工技术监督管理办法》宣贯； 2. 能源与能量转换基础知识； 3. 节能基础知识； 4. 火电厂能源监督节能管理标准； 5. 锅炉节能知识； 6. 燃机节能知识； 7. 汽机节能知识； 8. 汽机专业标准； 9. 锅炉专业标准； 10. 燃机专业标准	40	11月4—8日，桐庐巴比松酒店	浙江浙能企业管理培训服务有限公司
131	热工监督人员取证培训	温度、压力、流量标准宣贯与校验校准实操培训	39	11月4—8日，桐庐巴比松酒店	浙江浙能企业管理培训服务有限公司
132	金属监督人员取证培训	无损检测基本知识、金属监督管理、焊接与热处理、锅炉压力容器法规、钢的基本知识与火电厂耐热钢、电站金属部件主要失效形式与案例、锅炉汽机技术介绍、材料科学与热处理基础	34	11月25—29日，桐庐巴比松酒店	浙江浙能企业管理培训服务有限公司

表 8-3-4（续）

序号	培训班名称	培训内容	参训人数	培训时间及地点	主办单位
133	集团 7S 管理培训（一）	企业推行 7S 的价值和意义、7S 基础知识、推进重点以及不同性质企业推行 7S 的内容与价值点	55	11 月 13—15 日，梅苑悦居酒店	浙江浙能企业管理培训服务有限公司
134	集团 7S 管理培训（二）	7S 推进组织和方法、7S 的考核和评价、7S 案例分享和提问答疑互动	62	11 月 18—20 日，浙能创业大厦	浙江浙能企业管理培训服务有限公司
135	集团 7S 管理培训（三）	企业推行 7S 的价值和意义、7S 推进组织负责人角色认知、7S 基础知识、推进重点以及不同性质企业推行 7S 的内容与价值点、7S 推进组织和方法、7S 推进工作经验分享	105	11 月 21—23 日，浙能创业大厦	浙江浙能企业管理培训服务有限公司
136	集团 7S 管理培训（四）	7S 推进技巧秘笈、7S 的考核和评价、7S 案例分享和提问答疑互动	123	11 月 25—27 日，浙能创业大厦	浙江浙能企业管理培训服务有限公司
137	财务公司产业链金融培训	1. 大型集团（企业）财务管控与财务管理创新等内容； 2. 财务转型及财务管控； 3. 财务、税务专业技能	31	11 月 25 日，梅苑宾馆	浙江浙能企业管理培训服务有限公司
138	工会经费审查委员会培训	工会财务知识、审计业务等	118	11 月 25—27 日，梅苑宾馆	浙江浙能企业管理培训服务有限公司
139	集团 2019 年战略研究课题研讨暨专题培训	战略研究课题写作实务	47	11 月 15 日，梅苑宾馆	浙江浙能企业管理培训服务有限公司
140	石油公司资产租赁、处置及资本运作培训	资产处置、资产评估、资产租赁、公司战略与资本运作、风险控制与绩效研究、财务税务安排、并购案例解析	50	9 月 23—25 日，桔子酒店	浙江浙能企业管理培训服务有限公司
141	集团新任领导人员培训（一）	领导力架构与提升、政治理论、时间管理、管理者的高效沟通技能、团队管理、执行力、情境领导与员工发展、激励手段优化等课程	53	11 月 18—23 日，百瑞运河大酒店	浙江浙能企业管理培训服务有限公司
142	工会干部培训（萧山空管局）	“不忘初心，牢记使命”——新时代工人队伍建设改革、工会组织建设与民主管理工作、基层工会经费收支规范化管理	50	11 月 20—22 日，桐庐巴比松酒店	浙江浙能企业管理培训服务有限公司
143	团干部培训（萧山空管局）	《五四精神与当代青年的使命担当》《手机摄影技巧及案例分析》	15	11 月 21—22 日，桐庐巴比松酒店	浙江浙能企业管理培训服务有限公司
144	科服分公司资金与财务风险管控培训	1. 大型集团（企业）财务管控与财务管理创新等内容； 2. 财务、税务专业技能	67	11 月 13 日，线上钉钉培训群	浙江浙能企业管理培训服务有限公司
145	集团信访维稳培训	信访维稳工作形势与实务	77	11 月 29 日，紫云饭店	浙江浙能企业管理培训服务有限公司
146	综合统计与统计系统应用培训（第二期）	综合统计业务介绍、“集团 CPSM 系统”统计功能介绍、“集团 CPSM 系统”统计功能操作演示、用户用历史数据进行模拟实操	144	11 月 27—29 日，百瑞运河大酒店	浙江浙能企业管理培训服务有限公司

表 8-3-4（续）

序号	培训班名称	培训内容	参训人数	培训时间及地点	主办单位
147	集团新任领导人员培训（第二期）	领导力架构与提升、政治理论、时间管理、管理者的高效沟通技能、团队管理、执行力、情境领导与员工发展、激励手段优化等课程	51	11 月 25—30 日，百瑞运河大酒店	浙江浙能企业管理培训服务有限公司
148	新天煤化工 7S 管理培训（2 期）	企业推行 7S 的价值和意义、企业现场提升点解析及兄弟单位现状对比、7S 基础知识和推行重点、7S 组织和推进方法、7S 推进技巧秘笈、设备目视化及办公室 7S 专项讲解、7S 的考核和评价、7S 案例分享和提问答疑互动	50	12 月 8—12 日，新天煤化工公司	浙江浙能企业管理培训服务有限公司
149	石油公司青年骨干培训	自我效能提升、情绪管理、时间管理、管理沟通、组织行为、创新能力提升、系统思维与系统决策、项目管理、团队建设管理、执行力	50	11 月 20—22 日，桔子酒店	浙江浙能企业管理培训服务有限公司
150	大师工作室领办人及专家专题研讨	技能大师工作室考核办法解读、优秀“导师”素养能力提升、团队创新管理及技能人才“新政”等内容	33	12 月 11—12 日，灵隐宾馆	浙江浙能企业管理培训服务有限公司
151	分布式能源运维技术培训	分布式能源电站的状态监测与运行管理，设备维护与典型故障案例等	24	12 月 18—20 日，梅苑宾馆	浙江浙能企业管理培训服务有限公司
152	天然气运行公司心理疏导员培训	职场自我心理疏导调解、员工常见心理问题识别与干预、心理咨询技术：“专业”学、“有效”用、心理减压与情绪调节、阳光心态与压力管理调适	23	12 月 17—19 日，浙能创业大厦	浙江浙能企业管理培训服务有限公司
153	创新创业专题培训	围绕科技项目管理、科技研发、科技成果的市场化转化等开设专题	50	12 月 17—20 日，百瑞运河大酒店	浙江浙能企业管理培训服务有限公司
154	安全生产管理人员初训培训班	1. 安全生产法律法规、集团公司安全生产管理制度、安全技术；2. 电气安全、机械安全、工程安全、消防安全、交通运输安全、应急救援	112	12 月 16—20 日，百瑞运河大酒店	浙江浙能企业管理培训服务有限公司
155	安全生产管理人员复训培训班	1. 安全生产法律法规、集团公司安全生产管理制度、安全技术；2. 电气安全、机械安全、工程安全、消防安全、交通运输安全、应急救援	107	12 月 17—20 日，百瑞运河大酒店	浙江浙能企业管理培训服务有限公司
156	青年培训师教学技能竞赛选拔赛前培训	教育心理学等理论与方法、课程开发、PPT 课件设计制作	67	5 月 9—13 日，梅苑悦居酒店	浙江浙能企业管理培训服务有限公司
157	综合管理知识竞赛（初赛）	人力资源管理专业、资产管理专业、财务管理专业竞赛	268	5 月 28 日，梅苑悦居酒店	浙江浙能企业管理培训服务有限公司
158	综合管理知识竞赛（决赛）	人力资源管理专业、资产管理专业、财务管理专业竞赛	30	8 月 8 日，浙能集团 5 楼会议室	浙江浙能企业管理培训服务有限公司
159	青年培训师教学技能竞赛选拔赛	青年培训师课程设计、课程制作、表达能力、临场表现竞赛	46	6 月 3—6 日，维也纳酒店	浙江浙能企业管理培训服务有限公司

表 8-3-4（续）

序号	培训班名称	培训内容	参训人数	培训时间及地点	主办单位
160	青年培训师教学技能竞赛选拔赛集训	青年培训师课程设计、课程制作、表达能力、临场表现竞赛	6	7月15日至8月10日，嘉兴电厂	浙江浙能企业管理培训服务有限公司
161	青年培训师教学技能竞赛选拔赛决赛	青年培训师课程设计、课程制作、表达能力、临场表现竞赛	6	8月10—13日，苏州技术培训中心	浙江浙能企业管理培训服务有限公司
162	热工大赛赛前培训	热控自动调节、执行机构、测量系统实操与理论知识培训	70	7月8—12日，桐庐巴比松酒店	浙江浙能企业管理培训服务有限公司
163	热工大赛赛前培训	热控自动调节、执行机构、测量系统实操与理论知识培训	64	8月21—24日，下沙曙江酒店	浙江浙能企业管理培训服务有限公司
164	继电保护赛前培训	发电机组继电保护、励磁系统设计安装与调试，运行与维护，典型故障分析与处理培训	62	9月24日至10月16日，浙能创业大厦C座3楼	浙江浙能企业管理培训服务有限公司
165	继电保护赛前现场培训	发电机组继电保护、励磁系统设计安装与调试，运行与维护实操培训	62	11月23—26日，国网电力培训中心	浙江浙能企业管理培训服务有限公司
166	网络信息安全技能竞赛赛前培训	1. 信息安全基础、信息安全算法、计算机病毒、个人隐私保护、信息安全攻防演练； 2. 政策法规及工控网络基础、工控网络全风险评估及防御体系、安全运维及应急响应等内容、工控网络等保技术	41	10月14—18日，浙能天然气运行公司下沙站	浙江浙能企业管理培训服务有限公司
167	网络信息安全技能竞赛		40	10月30日至11月1日，浙能天然气运行公司下沙站	浙江浙能企业管理培训服务有限公司
168	发电企业热工仪表与自动装置工职业技能竞赛赛后培训	1. 职业技能竞赛比赛相关知识与新技术新标准培训； 2. 温度、压力、流量标准宣贯与校验校准实操培训； 3. 热控测量与仪表，DCS\DEH\PLC等控制系统运行与维护，现场执行机构运行运行与维护，自动与保护控制系统，自动控制原理等	26	11月13—15日，应急救援中心	浙江浙能企业管理培训服务有限公司
169	继电保护工职业技能竞赛	职业技能竞赛比赛相关知识与新技术新标准培训	69	11月27—29日，浙能创业大厦/国网电力中心	浙江浙能企业管理培训服务有限公司
170	浙能集团液压传动技术（汽机数字电液控制）	汽机设备及系统、汽机设备与运行、汽机运行工况与优化调整、汽机电液调速系统、汽机设备异常分析与处理等	564	4月10日至6月5日，线上钉钉培训群	浙江浙能企业管理培训服务有限公司
171	信息安全在线学习与认证	信息安全基础、信息安全算法、计算机病毒、个人隐私保护、信息安全攻防演练	130	5—11月，线上钉钉培训群	浙江浙能企业管理培训服务有限公司

表8-3-4（续）

序号	培训班名称	培训内容	参训人数	培训时间及地点	主办单位
172	金融学在线培训	货币时间价值、投资决策、融资决策、债券股票、NPV、IRR、股票融资IPO、项目投资评估方法、基金等投资公司介绍、资产组合理论与模型、金融衍生品	182	4月29日至7月30日，线上钉钉培训群	浙江浙能企业管理培训服务有限公司
173	继电保护专业在线学习与认证	电力系统继电保护基础知识、电流电压保护、输电线路的距离与纵联保护、电力变压机保护	175	4月29日至6月15日，线上钉钉培训群	浙江浙能企业管理培训服务有限公司
174	工程项目管理在线学习与认证	工程项目组织、工程项目概预算、投资控制、进度控制、质量控制和安全管理、工程管理项目信息化、工程管理项目的新发展、城市燃气工程项目管理	325	6—8月，线上钉钉培训群	浙江浙能企业管理培训服务有限公司
175	管理沟通在线学习与认证	管理沟通概论、管理沟通的理论前提、管理沟通的行为学原理、管理沟通的策略及演讲技巧提升、倾听与非言语沟通技巧、笔头沟通技巧与中国传统文化中的沟通理念、群体沟通技巧、面谈技巧与如何成为沟通能手、会议与谈判技巧	439	5—11月，线上钉钉培训群	浙江浙能企业管理培训服务有限公司
176	绩效管理在线学习与认证	围绕《关于改革国有企业工资决定机制的意见》培训收入分配改革理论知识、薪酬绩效改革方案设计与操作实务、法律风险防范等	128	5—11月，线上钉钉培训群	浙江浙能企业管理培训服务有限公司
177	公文写作（综合办）	公文处理、文秘培训	355	5月15日至6月15日，线上钉钉培训群	浙江浙能企业管理培训服务有限公司
178	管理会计（综合办）	管理会计学总论、本量利分析、成本特性和变动成本法、短期经营决策分析、长期投资决策、全面预算、标准成本系统、责任会计	217	5月15日至6月15日，线上钉钉培训群	浙江浙能企业管理培训服务有限公司
179	集团新任领导人员培训	领导力架构与提升、政治理论、时间管理、管理者的高效沟通技能、团队管理、执行力、情境领导与员工发展、激励手段优化等课程	53	11月18—23日，百瑞运河大酒店	浙江浙能企业管理培训服务有限公司
180	集团新任领导人员培训（第二期）		51	11月25—30日，百瑞运河大酒店	浙江浙能企业管理培训服务有限公司
181	大师工作室领办人及专家专题研讨	技能大师工作室考核办法解读、优秀“导师”素养能力提升、团队创新管理及技能人才“新政”等内容	33	12月11—12日，灵隐宾馆	浙江浙能企业管理培训服务有限公司
182	创新创业专题培训	围绕科技项目管理、科技研发、科技成果的市场化转化等开设专题	50	12月17—20日，百瑞运河大酒店	浙江浙能企业管理培训服务有限公司
183	安全生产管理人员初训培训班	1. 安全生产法律法规、集团公司安全生产管理制度、安全技术； 2. 电气安全、机械安全、工程安全、消防安全、交通运输安全、应急救援	112	12月16—20日，百瑞运河大酒店	浙江浙能企业管理培训服务有限公司
184	安全生产管理人员复训培训班		107	12月17—20日，百瑞运河大酒店	浙江浙能企业管理培训服务有限公司

表 8-3-4（续）

序号	培训班名称	培训内容	参训人数	培训时间及地点	主办单位
185	天然气运行公司运维一体化培训	天然气场站设备运行与维护、天然气数质量管理、天然气场站控制系统设计与优化调整	50	7月22日至11月24日，天然气运行公司	浙江浙能企业管理培训服务有限公司
186	梅苑“青苗计划”培训	博弈论与创新思维、有效沟通与高效合作、班组管理能力提升、团队建设与执行力、浙能集团法律智慧	40	12月9—13日，海月山庄	浙江浙能企业管理培训服务有限公司
187	新天煤化工 7S 管理培训（2期）	企业推行 7S 的价值和意义、企业现场提升点解析及兄弟单位现状对比、7S 基础知识和推行重点、7S 组织和推进方法、7S 推进技巧秘笈、设备目视化及办公室 7S 专项讲解、7S 的考核和评价、7S 案例分享和提问答疑互动	50	12月8—12日，新天煤工公司	浙江浙能企业管理培训服务有限公司
188	天地环保项目开发工作	项目前期开发工作基础知识、项目前期开发实践	43	11月28日，浙能创业大厦	浙江浙能企业管理培训服务有限公司
189	分布式能源——光伏	分布式能源电站的状态监测与运行管理，设备维护与典型故障案例等	24	12月18—20日，梅苑宾馆	浙江浙能企业管理培训服务有限公司
190	2019 年浙能集团区块链技术专题培训	区块链技术、云计算、金融科技及信息安全	176	12月23日，浙能集团 5 楼会议室	浙江浙能企业管理培训服务有限公司

第四章　物资采购与供应

第一节　基建物资供应

2003 年 12 月 15 日，浙江天虹物资贸易有限公司开始为浙江浙能兰溪发电有限责任公司、浙江浙能北海水力发电有限公司、浙江浙能长兴发电有限公司、浙江浙能乐清发电有限责任公司 4 个项目提供钢材、水泥、土工布、排水板及四大管道的供应工作。

2006 年 2 月，浙江天虹物资贸易有限公司成立浙江浙能中煤舟山煤电有限责任公司项目部，材料供应着手启动。

2006 年 10 月 15 日，浙江天虹物资贸易有限公司以投标者的身份参加了浙江国华浙能发电有限公司二期 2×1000 兆瓦扩建工程四大管道管件项目的投标，本次是公司首次参加外部市场的重大投标活动。

2007 年，浙江天虹物资贸易有限公司通过不断强化内部管理，通过“两市”并驱，转型建制，使经营工作取得了飞速发展，实现营业收入 11.09 亿元。

2007 年，浙江天虹物资贸易有限公司对电缆采供开展了大量的市场调研等前期工作，面对工作量大、专业要求高、工作细碎的特点，实行精细化管理，全面承接浙江浙能乐清发电有限责任公司、淮浙煤电有限责任公司、浙江浙能中煤舟山煤电有限责任公司项目的电缆供应。

2007 年 4 月 25 日，浙江天虹物资贸易有限公司与中国水利电力物资有限公司签订了浙能乐清 2×660 兆瓦发电工程四大管道合同，合同总金额1.63亿元，本次物资供应浙江天虹物资贸易有限公司不仅保证了标的的质量和交货期，同时也为业主单位节省了1000多万元投资成本。

2008年，浙江天虹物资贸易有限公司强化内部管理，调整经营思路，同时不断加大外部市场拓展力度，切实提高企业综合实力，加快推进物流实体化建设，为拓展市场夯实基础。

2008年，浙江天虹物资贸易有限公司利用专业优势，及时把握市场行情，与浙江金洲管道工业有限公司签订了天然气管道采购合同，合同总金额1.31亿元，为工程节约资金近200万元；通过集体通力合作，圆满完成国华宁海四大管道管件的供应工作。

2008年5月，浙江天虹物资贸易有限公司与浙江浙能绍兴滨海热电有限责任公司项目签订了物资供应框架协议。

2008年12月，浙江天虹物资贸易有限公司与浙江嘉华发电有限责任公司就浙江浙能嘉兴发电有限公司三期工程2×1000兆瓦机组项目工程物资供应达成合作意向。

2009年，浙江天虹物资贸易有限公司紧紧围绕“做实内部市场，做稳外部市场”的企业定位，多管齐下，全面提升服务质量，企业综合实力和核心竞争力进一步加强，全年实现营业务收入（不含税）16.71亿元。

2009年1月8日，浙江天虹物资贸易有限公司与浙江浙能嘉华发电有限责任公司签订浙江浙能嘉兴发电有限公司三期工程2×1000兆瓦机组项目工程物资供应合作协议。

2009年7月24日，浙江天虹物资贸易有限公司与中国水利电力物资有限公司签订四大管道供货合同，合同金额1.49亿元，与同类机组相比为工程节约资金5000万元以上。

2009年12月25日，浙江天虹物资贸易有限公司与北京国电富通科技有限公司签订高温高压管件供货合同，合同金额3380万元，为工程造价节约资金近2000万元。浙江浙能乐清发电有限责任公司二期的高强永磁净化器材采购通过公开招投标方式节约资金近百万元。

2009年，在百万千瓦机组浙江浙能嘉兴发电有限公司三期工程的钢材供应中，浙江天虹物资贸易有限公司通过比质比价的方式严格控制采购成本，有效降低了浙江浙能嘉兴发电有限公司三期项目的工程造价。针对浙江浙能嘉兴发电有限公司三期工程四大管道的高温高压管道管件采购，浙江天虹物资贸易有限公司事先提前做好市场调研分析，实时掌握原材料市场动态及生产厂家加工能力，把握采购最佳时期，通过公开招投标，采取严格的资格候审条件，最终管道中标价格1.5亿元、管件中标价格3380万元，远远低于市价，相比同类工程节约资金7000余万元。

2010年，浙江天虹物资贸易有限公司积极贯彻落实浙能集团“大能源战略”和浙江兴源投资有限公司“五个一”目标，着力加强规范化、集约化、精细化建设，不断规范经营管理，各方面都取得了稳步发展，全年完成营业收入18.09亿元。

2010年，浙江天虹物资贸易有限公司基建物资采供主要做好浙江浙能嘉兴发电有限公司三期、浙江浙能绍兴滨海热电有限责任公司、浙江浙能镇海发电有限责任公司热网改造等相关项目。通过公开招标方式采购的浙江浙能绍兴滨海热电有限责任公司高温高压管件，最终中标价格580万元，与市场均价700万元相比，为工程节约投资百万元左右。浙江天虹物资贸易有限公司通过积极与浙能集团相关部门、项目单位、设计院等加强沟通交流，认真开展供应商资格审查和评价管理工作，浙江浙能嘉兴发电有限公司三期工程四大管道的支吊架最终采用了公开招投标、资格后审方式，推荐中标单位的价格为798万元（百万千瓦机组四大管道的支吊架价格一般都在1000万元以上），有效降低了采购成本。浙江天虹物资贸易有限公司通过市场调研，及时掌握原材料市场价格及生产厂家加工能力，在原材料处于低位的最佳时期，以3500万元的价格签订了百万千瓦机组烟囱钛钢复合板合同，既降低了浙江浙能嘉兴发电有限公司三期工程烟囱钛钢复合板的造价，又确保了工程质量。

2011年，浙江天虹物资贸易有限公司紧紧围绕“建立一个体系、实现二个突破、拓展三大资源、培养四大能力”企业目标，以人才开发为根本，以服务系统为基础，以开拓市场为准绳，以绩效管理为效益提升，进一步加强计划管理、动态跟踪和量化考核，全年完成营业收入

30.8 亿元。

2011 年，浙江天虹物资贸易有限公司重点做好嘉兴三期、浙江浙能绍兴滨海热电有限责任公司项目的甲供材料供应，省 LNG 配套天然气管道供应和南方管网金丽温项目试验段管道的物资供应，积极跟踪省天然气甬台温项目试验段管道和淮浙煤电有限责任公司二期、浙江浙能台州第二发电有限责任公司、浙江浙能中煤舟山煤电有限责任公司的进展情况。浙江浙能嘉兴发电有限公司三期项目四大管道的招标，经过多方努力引入厂家投标，最终成交价与同类机组相比，下降幅度明显。

2011 年上半年采购的浙江浙能中煤舟山煤电有限责任公司百万千瓦项目的塑料排水板在集团工程部的技术指导下，采用国产滤膜后，通过公开招投标，采取严格的资格后审方式，最终为工程节约投资近 300 万元左右。为确保浙能集团首台超超临界机组（浙江浙能乐清发电有限责任公司 3 号机组）的首次大修物资供应，浙江天虹物资贸易有限公司开展了“提升服务质量，确保物资供应”的服务示范点活动，落实急件物资采购近百起，保证了检修进度的顺利推进。

2012 年，浙江天虹物资贸易有限公司在以服务浙能集团为基础，以做稳市场为准绳，以强化管理为抓手，企业发展取得长足进步，全年完成营业收入 27.60 亿元。

2012 年 4 月 10 日，浙江天虹物资贸易有限公司顺利保供萧山发电厂燃机抢建项目高温高压管道、管件、配管等物资，确保安装工作顺利进行，确保萧山发电厂在迎峰度夏前顺利发电。

2012 年 5 月，浙江天虹物资贸易有限公司在浙江浙能长兴发电有限公司、浙江浙能常山天然气发电有限公司抢建项目中将钢材、管道等物资进行了捆绑招标，既确保了工程节点，又节省了成本（约 250 万元）。

2012 年 6 月，浙江天虹物资贸易有限公司在金丽温与甬台温输气管道工程中，对直缝埋弧钢管进行了捆绑招标，与市场同类产品同期相比，平均每吨造价降低了 650 元，为工程节约造价成本约 1700 万元。

2013 年，浙江天虹物资贸易有限公司把握浙能集团集约管控、坚持业态一体化的机遇，扎实工作，切实提高公司的核心竞争力，全年完成营业收入 24.17 亿元。

2013 年 4 月，浙江天虹物资贸易有限公司实施甬台温项目 25177 吨和金丽温项目 16687 吨天然气管道两个项目的天然气管道的打捆招标，并取得了较好的效果，对比同型号管道，本次招标采购价格较上次打捆招标采购价格下降了 100~300 元/吨，共降低采购成本约 900 余万元。

2013 年 5 月 28 日，由浙江天虹物资贸易有限公司采供的嘉兴石油新能源有限公司清洁油品生产储运项目东侧区域第一批管桩交货到现场，经过试桩检测合格。

2013 年 6 月，浙江天虹物资贸易有限公司实施的嘉兴石油新能源项目钢板招标项目节省采购成本约 130 万元。

2013 年 6 月 10 日，浙江天虹物资贸易有限公司本年集约化招标采购的第一批天然气钢管到货，助力集团天然气输气管道工程建设。

2013 年 6 月 21 日，由浙江天虹物资贸易有限公司供应的温州发电公司四期工程第一批甲供材料（规格为 ϕ3040 毫米×18 毫米卷板钢管的循环水管道）运抵温州发电有限公司四期施工工地并顺利移交施工单位。浙江天虹物资贸易有限公司温电四期项目部甲供物资工作正式启动。

2013 年 8 月，浙江天虹物资贸易有限公司实施的浙江浙能台州第二发电有限责任公司和浙江浙能温州发电有限公司四期两个项目的钢筋打捆招标项目中标价比当时市场价约低 680 万元。

2013 年 10 月 1 日前后，浙江天虹物资贸易有限公司在浙江遭遇两次台风的情况下，确保浙能中煤舟山煤电有限责任公司水泥正常供应。

2013 年 12 月上旬，浙江天虹物资贸易有限公司人员多次赶赴浙江浙能台州第二发电有限责任公司项目的大方量浇筑施工现场，在年底全省节排减排要求全省水泥企业停产 10 天、水泥价格一个月内上涨 20% 以上的情况下，最终在市场调货、增加运力、供货与施工密切配合的多重措施下，保证了大方量浇筑期间的水泥供应，确保了工程顺利进行。

2014 年，浙江天虹物资贸易有限公司以电力物资经营为主导，推进集约化采购，逐步完成向“全方位、一体化”供应链服务商的转型，全年完成营业收入 14.92 亿元。

2014 年 4 月 17 日，浙江天虹物资贸易有限公司采购的独山港第一批超大口径输水钢管和拍门到货。

2014 年 6 月 5 日，浙江天虹物资贸易有限公司负责采供的伊犁新天煤化工有限责任公司烟囱内筒板开始卷板，浙江天虹物资贸易有限公司与伊犁新天煤化工有限责任公司签订物资供应合作协议后采购的首批物资投入使用。

2014 年，浙江天虹物资贸易有限公司在基建物资集约化采购过程中充分发挥优势，降低了采购成本。浙江天虹物资贸易有限公司采购的浙江浙能台州第二发电有限责任公司物资较项目概算降低了 17506 万元。此外，浙江天虹物资贸易有限公司对嘉兴热网、浙江浙能石油新能源有限公司、浙江天地环保工程有限公司超低排放电缆、浙江浙能台州第二发电有限责任公司与伊犁新天煤化工有限责任公司公司消防车等物资进行打捆招标等，均取得了较好的降低成本的效果。

2015 年，浙江天虹物资贸易有限公司努力降低物资采供成本和费用，不断提升服务质量和效率，全年实现营业收入 16.39 亿元。

2015 年，浙江天虹物资贸易有限公司为集团浙江浙能台州第二发电有限责任公司工程、浙江浙能温州发电有限公司四期工程、天然气工程、煤制气工程等 20 个项目供应了基建所需物资，供应物资涵盖土工材料、管桩、钢筋、水泥、电厂四大管道、天然气输气管道、供热管道、电缆、部分设备等。

2015 年，浙江天虹物资贸易有限公司全年保障了浙江浙能台州第二发电有限责任公司、浙江浙能温州发电有限公司四期两个项目的物资供应，确保该两个项目实现双投。完成了新疆浙能阿克苏热电有限公司、宁夏枣泉发电有限责任公司两个项目开工急需物资的保供，并与宁夏枣泉发电有限责任公司电厂一期、浙江浙能绍兴滨海热电有限责任公司二期项目签订了甲供物资采供协议。浙江天虹物资贸易有限公司通过与浙江省发展改革委重点办反复汇报沟通，取得了省发展改革委关于省重点建设项目甲供物资采购方式的批复文件，同意公司成为浙能集团基建项目甲供物资招标采购主体，为今后公司开展系统内新的基建项目物资供应业务提供了政策保障。

2016 年，浙江天虹物资贸易有限公司坚持物资采供“生命线”，强力推行“提质增效”，着力打造一条快捷、透明、稳定和成本领先的先进供应链，全年完成营业收入 9.96 亿元。

2016 年 5 月 10 日，浙江天虹物资贸易有限公司成立天然气“县县通”工程工作小组，更好地服务集团天然气管网建设。

2016 年 5 月 24 日，浙江天虹物资贸易有限公司利用竞争性谈判完成了宁波海运集团江海公司明州 36 号货轮的一批船用油漆采购。这是公司首次在油漆类物资采购中采用竞争性谈判的方式，此次物资采购价格相比对应品牌市场价下浮约 30%。

2016 年 11 月 30 日，浙江天虹物资贸易有限公司成立光伏项目工作小组，紧密跟踪推进电厂光伏项目，完成第一批浙江浙能中煤舟山煤电有限责任公司、浙江浙能嘉兴发电有限公司、浙江浙能乐清发电有限责任公司、浙江浙能温州发电有限公司 4 个电厂光伏项目的组件、支架及逆变器的招标工作。

2016 年，浙江天虹物资贸易有限公司顺利完成了宁夏枣泉发电有限责任公司项目、浙能阿克苏热电有限公司项目、浙江浙能绍兴滨海热电有限责任公司二期项目、天然气金丽温和甬台温项目的物资供应工作，保障了工程顺利推进。

2017 年，浙江天虹物资贸易有限公司顺利完成了浙江浙能中煤舟山煤电有限责任公司、浙江浙能乐清发电有限责任公司、浙江浙能嘉兴发电有限公司、浙江浙能温州发电有限公司、淮浙煤电有限责任公司、浙江浙能长兴发电有限公司、诺力智能装备股份有限公司等 8 个单位光伏项目（累计 117.5 兆瓦），浙江浙能绍兴滨海热电有限责任公司二期、宁夏枣泉发电有限责任公司电厂、浙能阿克苏热电有限公司等三个集团主要基建项目的物资采供，镇海迁建项目 DCS、磨煤机、斗轮机设备采供也有条不紊按期推进。面对天然气“县县通”项目工期紧张，所需物资的种类多且招标周期长等困难，浙江天虹物资贸易有限公司将保供方案细化到过程管理、现场紧急计划的执行、到货验收安装等环节，密切跟进工程进度，第一时间提供高质量服务。

2018年7月，浙江天虹物资贸易有限公司根据浙江省委省政府“千企结千村，消灭薄弱村”专项行动，紧跟浙能集团步伐，第一时间做好预案，全面打响“保供”战役，较好地完成了常山县鳙辂村、茶源村、对坑村、郭塘村等4个光伏消薄项目物资供应任务。与此同时，不断加大协调力度，做到供货质量与供货速度并重，确保镇海迁建项目现场供桩、打桩如期推进。

2018年，浙江天虹物资贸易有限公司顺利实现了“县县通”工程物资采购工作全覆盖，完成11条在建线路的保供工作。通过实地走访调研，积极对接前期各项准备工作，为系统内光伏项目（浙江浙能北仑发电有限公司、浙江浙能兰溪发电有限责任公司、浙江浙能嘉兴发电有限公司等厂内项目）以及系统外长兴新农都、紫琅衬布屋顶光伏发电等3个光伏项目的顺利并网发电提供了坚强的物资保障。

2019年，浙江天虹物资贸易有限公司完成了镇海迁建项目四大管道支吊架、6千伏电缆、烟囱钛钢复合板等物资的招标工作。积极应对天然气“县县通”11条在建线路庞大而艰巨的保供任务，制定具体细致的工作方案，紧盯到货验收、施工质量等各个环节，有条不紊地完成保供任务。与业主共同研究制定采购工作方案，提前做好招标采购前期工作，圆满完成作为浙江省民生工程的浙石油综合能源站项目全年供货任务。在浙石油综合能源站项目采购中，将150座能源站的物资进行打捆采购，下半年综合能源站的年内建设计划由150座增加至300座，通过合同续签谈判，争取优惠价，全年累计招标金额3.5亿元，节约成本约4500万元。

第二节　生产物资供应

一、浙能集团内物资供应

2007年，浙江天虹物资贸易有限公司以电力基建材料采供为基点，逐步实现了向生产性物资贸易转型。公司主动到浙江浙能长兴发电有限公司、浙江浙能嘉兴发电有限公司和萧山发电厂等单位上门服务和合作，完成了20余批次的备品配件销售业务，备品配件销售正以点带面，逐步展开。进出口业务部门积极参与配合脱硫减排工作，完成了台四、凤台脱硫进口设备免税工作，克服了脱硫设备进口报关、货运等多点同时进行的困难，具备了进口报关、货运长线多点同时进行的操作能力。完成报关进口货物总值3091万美元；全年办理进口设备免税总额约1200万元人民币。

2008年，浙江天虹物资贸易有限公司通过前期的市场调研和分析，确立了建立市场供应链，走品牌代理的发展思路。

2008年，浙江天虹物资贸易有限公司在浙能集团物流中心的支持帮助下，相继赶赴北京、长沙和上海，与厂家洽谈合作意向和协议，及时与湖南长沙水泵厂签订了循环水泵成套设备、备品配件合作代理协议，并被授权为浙江地区总代理；与北京电力设备厂和上海重型机器厂取得了意向性的合作。全年签订合同8800余万元，销售额近4000万元，为下一步的发展奠定了良好的基础。

2008年，浙江天虹物资贸易有限公司脱硫工程进口设备采供已成为稳定业务且具备了一定的专业能力，已完成了淮浙煤电有限责任公司、浙江浙能镇海发电有限责任公司、浙江浙能嘉兴发电有限公司等电厂的脱硫设备进口和国电北仑脱硝设备进口；配合完成浙江国华浙能发电有限公司四大管道管件的采供工作；受托浙江浙能兰溪发电有限责任公司、浙江浙能乐清发电有限责任公司、淮浙煤电有限责任公司等电厂做好进口设备代理工作；受省天然气开发公司的委托，配合做好杭甬线压缩机合同执行、跟踪和调整工作；同期还跟踪了安徽铜陵电厂进口免税服务，据此推进更广泛的合作。

2008年7月30日，浙江天虹物资贸易有限公司顺利成为中华人民共和国杭州海关A类企业。全年累计实现进口货物总值1.5亿美元，其中进口设备8849万美元。

2009年，浙江天虹物资贸易有限公司通过对浙能集团下属各电厂生产物资备品配件及供应商的相关情况进行调研，针对系统内使用频率高、品牌集中的备品备件，加大品牌代理工作的拓展力度，在保证产品及服务质量的同时，有效降低了采购成本。

2009年，浙江天虹物资贸易有限公司与诸暨菲达公司、牡丹江龙电电力技术研究所、哈尔滨新华工程有限公司、江苏耐尔集团有限公司、河北京良电力设备有限公司、颇尔过滤器（北京）有限公司上海办事处等多家单位签订了代理合作协议，协议后价格较产品原价格平均下降10%以上，有效推进了集团集约化进程。

2009年，浙江天虹物资贸易有限公司新增代理合同额达2000万元，直接降低采购成本近200万元。在保质保量的情况下，确保了工期，得到了业主的深度好评。

2009年6—11月，浙江天虹物资贸易有限公司同时为浙江浙能乐清发电有限责任公司、淮浙煤电有限责任公司两家电厂A修期间采购新增大修物资（含大修期间的生产物资采购计划）近4500项；采购合同（含订单）1000余个，合同金额近7000万元。

2010年，浙江天虹物资贸易有限公司顺利完成了浙江浙能乐清发电有限责任公司、淮浙煤电有限责任公司、浙江浙能中煤舟山煤电有限责任公司三家协议单位和其他部分电厂生产维修等物资的采购，圆满完成了浙江浙能乐清发电有限责任公司和淮浙煤电有限责任公司A修物资的供应工作，尤其是保证了浙江浙能乐清发电有限责任公司3号机组临时抢修工作的胜利完成。同时，浙江天虹物资贸易有限公司积极寻求业主方的支持不断拓展业务范围，与浙江浙能嘉兴发电有限公司签订了生产物资代理采购协议，继续推进与电厂备品配件优秀供应商的战略合作步伐，除维持与河北京良电力设备有限公司、浙江菲达环保科技股份有限公司等多家公司的代理合作协议外，还与东汽公司取得合作意向，争取了更优惠的条件，签订战略协议后的价格较产品原价格下降10%左右，有效推进了集团集约化进程。

2010年5月起，浙江天虹物资贸易有限公司受浙江天达环保股份有限公司委托为其采购其所有生产所需的备品备件及部分工程项目，累计物资金额2000余万元。根据浙江兴源投资有限公司系统内集约化管理要求，浙江天虹物资贸易有限公司承担了兴源系统内（主要是浙江天地环保工程有限公司和浙江东发环保工程有限公司）集中采购业务及物流、贸易服务。全年合计完成浙江天地环保工程有限公司公司嘉兴三期2×1000兆瓦脱硫脱硝项目，浙江浙能嘉兴发电有限公司二期2×600兆瓦脱硝改造项目，浙江浙能嘉兴发电有限公司250吨/日污泥干化项目、滨海脱硫脱硝项目，嘉兴磨石粉厂改扩建项目，共约130批次设备的采供任务，累计采购合同金额约1.2亿元；完成浙江东发环保工程有限公司24个项目，合计签订合同约200个，累计采购合同金额3000万元。

2010年，浙江天虹物资贸易有限公司完成了浙江浙能乐清发电有限责任公司二期脱硫脱硝侧入式搅拌器、除雾器、母管、喷嘴、循环浆液泵、旁路挡板门、球阀、声波吹灰器、催化装置9套设备的进口清关工作，做好了杭甬线天然气输气管道工程压缩机组设备的售后服务，还完成了浙江恒通能源发展有限公司涂料、杭州宏祥电力技术开发有限公司KSB备件的代理进口业务，以及湖南鲤鱼江电厂2批安达克阀芯组件的进口销售工作。

2011年，浙江天虹物资贸易有限公司新增浙江浙能嘉华发电有限公司的物资采购工作。浙江天虹物资贸易有限公司一直积极致力于与优秀供应厂商建立友好战略合作关系，全年新增品牌代理合作单位5家［伯创尼克贸易（上海）有限公司、上海松源艾普工业电子有限公司、青年汽车集团有限公司、上海罗富蒂曼国际贸易有限公司、陶氏化学（中国）投资有限公司等］，公司代理的品牌已经有13个。

2011年11月，逢浙能集团首台超超临界机组首次大修（浙江浙能乐清发电有限责任公司3号机组），浙江天虹物资贸易有限公司为保障大修物资的顺利供应，开展了“提升服务质量、确保物资供应”示范服务活动。

2011年，浙江天虹物资贸易有限公司在浙江兴源投资有限公司系统内项目全年完成含税销售额2.2亿元（不包含浙江天达环保股份有限公司的物资销售服务），实现毛利989.63万元。其中：完成浙江天地环保工程有限公司公司物资销售额1.66亿元，完成浙江东发环保工程有限公司物资销售额3286.7万元。

2011年，浙江天虹物资贸易有限公司进出口业务除为浙江浙能乐清发电有限责任公司、浙江润丰能源有限公司、上海韬宁阀门有限公司等提供进口代理业务外，还与香港安达克公司合作投标并中标重庆铝业集团一个扩建项目的进口CV调节阀，标的约128万元。

2012年，累计完成含税销售额3.69亿元，实现含税毛利2716.21万元。其中：浙江浙能乐清发电有限责任公司、淮浙煤电有限责任公司、浙江浙能中煤舟山煤电有限责任公司三家协议单位销售额分别为8225.5万元、3894.38万元、1932.82万元，其他单位销售总计9345.07万元，嘉兴分公司（负责浙江浙能嘉兴发电有限公司、浙江浙能嘉华发电有限公司项目的生产物资采购）销售收入总计为13514.92万元。全年生产物资方面新签代理合作协议5家公司，有17家战略合作伙伴，通过与相应品牌的优质上游生产厂商、代理商签订框架协议，在集团范围内实现集约化采购4980.81万元，为浙能集团节省624.31万元的采购成本。

2012年5月，浙江天虹物资贸易有限公司通过参与非协议电厂的密封报价等市场竞争手段寻找销售机遇，中标包括浙江省电力建设有限公司空调系统（中标金额511万元）等项目，年度总中标金额为2149.52万元，创造利润200多万元。

2012年，浙江天虹物资贸易有限公司累计完成浙江省能源集团有限公司科技与服务产业分公司系统内项目含税销售收入1.58亿元，其中：浙江天地环保工程有限公司1.50亿元，浙江东发环保工程有限公司505.03万元，浙江浙能天工信息科技有限公司235.05万元。此外，还完成浙江天达环保股份有限公司前期物资采购约571万元（不计入销售额）。

2012年，浙江天虹物资贸易有限公司加强了市场业务风险评估，在稳步缩减市场化业务规模的情况下，钢材、电解铜、煤炭等大宗物资贸易业务累计完成含税销售收入约21.92亿元。

2013年，浙江天虹物资贸易有限公司生产物资合作的集团系统内协议单位由3家增至6家，共与12家战略合作伙伴签订合作意向。

2013年，浙江天虹物资贸易有限公司与上海重型机器备件有限公司签订了上重磨煤机配件的集约化采购框架协议，与上海风火轮传动技术有限公司签订了FAG轴承框架采购协议。此外，还签订了北方大客车、罗斯蒙特变送器、ROTORK执行机构的战略合作协议。

2013年，浙江天虹物资贸易有限公司在进出口业务方面签署了7份框架协议。其中：3份为货运代理协议，以固定报关、报检、仓储、运输等单位价格的形式，与3家长协单位签订年度框架协议，在稳定货代价格的同时，也为确定货代单位的流程提供了依据。另外，又与进口品牌厂商（VEGA、小松、VULCANIC、FLEXCO）签订了4份框架协议，与金衢丽天然气有限公司签订了金丽温输气管道项目的设备进口代理协议，与浙江浙能台州第二发电有限责任公司签订了进口旁路的设备进口代理协议，从而有效地缩短了供应链环节，节约了成本。

2013年，浙江天虹物资贸易有限公司针对浙江浙能嘉兴发电有限公司、淮浙煤电有限责任公司凤台发电分公司、浙江浙能乐清发电有限责任公司A修B修，提升服务质量，开展“上门服务”，保障物资供应，及时做好质量回访，得到了业主的充分肯定。

2013年，浙江天虹物资贸易有限公司累计完成浙江省能源集团有限公司科技与服务产业分公司系统内项目含税销售收入2.16亿元。其中：完成浙江天地环保工程有限公司物资销售额1.53亿元，完成浙江浙能催化剂技术有限公司物资销售额5868.7万元。

2014年，浙江天虹物资贸易有限公司新增生产类战略合作协议9份，分别为NSK轴承、瑞基执行机构、湘潭电机、青岛橡六胶带产品、章鼓氧化风机、江苏声学声波吹灰器、浙江海丰织物补偿器、英格索兰空压机配件、上海克莱德吹灰器配件。续签框架协议5份、代理协议3份。签订的生产类战略合作协议单位中，有20家为生产厂家，10家为中国总代或大区总代，其余为地区性代理，极大地缩短了采购供应链，价格优势明显。

2014年，浙江天虹物资贸易有限公司进行模拟量招标3批次，分别是国产油漆、中档钢丝带、中档EP带。同年，浙江天虹物资贸易有限公司中标浙江浙能台州第二发电有限责任公司

"上大压小"仪表成套招投标项目（中标金额1070万元）、浙江浙能兰溪发电有限责任公司超级304炉管等项目（中标金额8052万元），为集团之后技改项目提供了新的操作模式，大大降低了采购成本。

2014年，浙江天虹物资贸易有限公司新增进口类战略合作协议10份，分别为ABB贝利DCS产品、GE新华DCS产品、ABBCEMS产品、培瓦克链条、小松工程机械备件、TIMKEN轴承、吸收塔喷淋母管、吸收塔喷嘴、进口蝶阀、水平烟道除雾器；新增代理协议2份，分别为Proton制氢机和博格斯疏水泵。

2014年，浙江天虹物资贸易有限公司抓住台州发电厂、浙江浙能嘉华发电有限公司、浙江浙能乐清发电有限责任公司批量采购推耙机的契机，以基建投标价格为指导，积极与厂商谈判，争取更优惠的价格，最终采购的7台推耙机价格与同期市场价格相比下浮254万元，降幅达到20%。

2014年9月，在进口蝶阀模拟量招标项目上，浙江天虹物资贸易有限公司通过将浙能集团未来两年超低排放以及生产维护用的所有进口蝶阀需求进行模拟量打捆招标，统一进行竞争性谈判，最终价格降幅达到48%~59%。

2015年，浙江天虹物资贸易有限公司与通用电气（中国）有限公司、小松（中国）投资有限公司等优质供应商新签订战略合作协议14份、代理协议2份，协议价格较集团历史采购价平均下降10%以上，较市场价格下降10%~60%不等。

2015年，浙江天虹物资贸易有限公司通过投标的形式参与了浙江浙能北仑发电有限公司、浙江浙能嘉华发电有限公司、温州特鲁莱公司烟气超低排放改造项目就地测量仪表设备，浙江浙能镇海联合发电有限公司生产调度楼空调改造、整修、维护，以及浙江浙能北海水力发电有限公司承修测量及试验仪器等多个招标项目并成功中标。

2015年，浙江天虹物资贸易有限公司利用打捆招标或模拟量打捆竞争性谈判的方式采购了烟气子站项目、低电压穿越装置、输煤带式输送机、烟尘仪、推煤机、油漆、燃机进气过滤器等物资，累计节约成本3200万元，集约化成效显著。

2015年，浙江天虹物资贸易有限公司将集团系统内生产、综合类的输煤带式输送机物资需求进行模拟量打捆后，通过竞争性谈判，采购价格与历史采购价相比下降了20%；将浙能集团烟气子站改造项目的需求进行一次性全部打捆招标，有效降低采购成本70%，为浙能集团实现超过700万元的集约化效益，充分体现了以量换价的"团购"优势。

2015年，浙江天虹物资贸易有限公司将嘉兴独山港与浙江浙能温州发电有限公司四期两个项目的推耙机打捆进行国际公开招标，采供价格在原历史采购最低价的基础上再次下降了10%；浙能阿克苏热电有限公司进口阀门国际招标，采购价格较同期、同档次阀门的国内市场价格约下降了30%；宁夏枣泉发电有限责任公司电厂一期工程汽轮机旁路系统国际招标，采购价格较集团近年来同类型机组的采购价格下降了20%。

2016年，浙江天虹物资贸易有限公司与浙江浙能兰溪发电有限责任公司、浙江浙能温州发电有限公司等12家浙能集团系统内业主单位签署了年度框架协议，大大简化了日常合同工作量，推进了集约化采购进程。浙能集团系统集中采购比例平均达到58.3%，同比上升26.54个百分点。

2016年，浙江天虹物资贸易有限公司提交了成都电力机械厂风机配件等一系列固定品牌物资的战略合作申请，完成了EPRO、ABB贝利协议续签以及托辊、带式输送机、压力变送器及压力表等设备的模拟量招标工作，签订了上重磨煤机配件的长期战略合作协议，全年新增战略合作协议21个，更新和续签战略合作协议4份，共涉及物资20种。

2016年，浙江天虹物资贸易有限公司通过集约化采供的生产、综合类物资总金额为52874.90万元，形成集约化效益近8000万元，成本节约比例约为13.04%，特别对轴承、油漆等进行了模拟量的集约化采购，签署了长期采购供应协议，与原采购价格相比降幅为20%~45%，集约化效益更加明显。

2017年，浙江天虹物资贸易有限公司提前制定年度集约化采购计划，使得公司的物资集约化采购的幅度、深度和水平得到不断的深化和提高；同时，综合利用战略合作协议、打捆招标、国际招标，多管齐下降低采购成本。全年新增战略合作协议 54 份，新签战略合作协议 38 份，续签战略合作协议 16 份。

2017 年，浙江天虹物资贸易有限公司利用自身的进出口资源优势，面临集团内仅在浙江浙能常山天然气发电有限公司有 1 台三菱燃气机组，战略合作协议谈判筹码严重不足的不利局面下，预先筹谋、主动出击、充分调研，最终与三菱签署了最优的长期战略合作协议。

2018 年，浙江天虹物资贸易有限公司加强与业主单位的沟通，积极走访各家业主单位，收集意见与建议，对合同执行、到货等环节不断改进完善，切实提高合同履约质量。全年合同物资到货及时率均保持在 90% 以上，年底达到 96% 左右，平均寻源周期少于 15 天。此外，从供应商入网审核、动态管理、监督考核、淘汰机制等方面入手，定期分析供应商管理工作现状，科学高效地加强全流程管理，竭力打造安全、稳定的供应商队伍，全年审核入库的集团一级库供应商已增加至 3616 家，天虹二级库供应商增至 524 家。

2019 年，浙江天虹物资贸易有限公司生产综合类物资全年集采率为 73.53%；全年共签订集约化协议 66 个，在执行协议共计 111 个，协议采购量达到 33914.49 万元，占生产综合类物资采购量的 27% 左右；协议采购集约化效益为 5338.69 万元，占生产综合类物资采购集约化效益的 57% 左右；在保质保量的前提下尽量缩短采购周期，2019 年浙江天虹物资贸易有限公司平均寻源时间达到 12 天。根据集团整个物资采供业务流程，将内部人员按照“计划审核分配、寻源、合同签署、合同跟踪执行、结算支付”进行业务分工，并按照各自的权责范围与相关的上级部门、客户及供应商形成联动机制，定期向各业主单位反馈计划执行情况、定期对物资采购合同执行情况进行统计分析，合同当月到货及时率进一步提升，2019 年到货及时率稳定在 93% 左右，12 月份达到 97.2% 以上。重新梳理供应商处罚处理流程，启动一级库供应商年审工作，查找出疑似“僵尸供应商”787 家，进一步规范了供应商信息。

二、市场化物资供应

2007 年 6 月，浙江天虹物资贸易有限公司利用物资贸易经验的优势，加大拓展外部市场及跨行业业务力度，与意大利 ITM 公司进行深度合作，获得了该公司管道管件的国内代理资格，与浙江国华宁海电厂签订了总额为 6070 万元的管件供货合同。

2007 年 7 月，浙江天虹物资贸易有限公司参与市政建设大型项目和房地产开发项目，与浙江华元建设置业有限公司签订了杭州丁桥经济适用房大型居住区 R21-07 号地块项目的钢材等材料供应合同。

2007 年 9 月，浙江天虹物资贸易有限公司与长兴凯得金属有限公司签订了电解铅供货合同，这是公司涉足有色金属行业的一次新尝试。

2007 年，浙江天虹物资贸易有限公司市场化业务完成营业收入 2.9 亿元，占公司总营业收入的 26.15%。

2008 年 2 月，浙江天虹物资贸易有限公司与中国（上海）安达克工程有限公司签订了长期合作协议。

2008 年 4 月，浙江天虹物资贸易有限公司以授权招标人的身份，参与了江苏徐矿发电有限责任公司 2×300 兆瓦循环流化床机组工程韩国“三信”阀门项目投标，并成功中得该项目抽汽锻造进口电动闸阀标段，中标金额为人民币 160 万元，这是浙江天虹物资贸易有限公司首次在外部市场以投标人的身份招标。

2008 年，浙江天虹物资贸易有限公司先后与浙江省建设集团有限公司、浙江宝业建设集团有限公司签订了杭州机场二期航站楼项目、中国湿地博物馆项目、小和山和家园等项目的钢材供应合同，协议计划供应钢材约 3 万吨，合同金额达 1.7 亿元。

2008 年，浙江天虹物资贸易有限公司市场化业务范围由原先的钢材供应扩大到煤炭、有色金属的采供，通过积极的市场拓展策略和有效的运营，全年共销售煤炭 7.78 万吨，实现销售额 4173 万元；共销售电解铜 1704 吨，实现销售额

1.03亿元。

2009年1月，浙江天虹物资贸易有限公司与浙江浙能中煤舟山煤电有限责任公司签订了生产备品配件仓库管理合同，4月10日正式接手新建的浙江浙能中煤舟山煤电有限责任公司物资仓库的仓储管理工作。

2009年3月，浙江天虹物资贸易有限公司首次尝试出口业务，向韩国联亚公司出口履带板，完成销售额约人民币300多万元。

2009年5月，浙江天虹物资贸易有限公司在煤炭贸易方面取得新的突破，与山东纵驰商贸有限公司签订标的为2800万元的煤炭购销协议。

2009年9月，浙江天虹物资贸易有限公司取得南非国家标准局（简称SABS）水泥认证证书，成为中国第二家具备向南非出口水泥资质的公司，为开拓南非水泥市场打下了基础。全年累计供应双狮水泥约7000吨。

2009年，浙江天虹物资贸易有限公司与中国煤炭工业秦皇岛进出口有限公司签订了5万吨煤炭的销售合同，年内实际完成47733吨煤炭的销售任务。

2009年，浙江天虹物资贸易有限公司充分利用国家产业振兴、加大基础建设的大好时机，积极与国家重点工程高铁项目进行合作，参与杭甬客运专线等的物资供应，并与中铁五局集团四公司建立了友好互信的合作关系。全年高铁项目钢材销售累计1021吨，实现销售收入482.4万元。

2009年，浙江天虹物资贸易有限公司取得了意大利迪芬巴赫废水压滤机江浙沪三地的代理权，PALL滤油机浙能集团内的代理权、德国蒂森电梯浙江范围的代理权、青年汽车浙能集团内的代理权等，同时进入其他电力集团物资设备供应，为国电泰州发电有限责任公司废水压滤机备件、国电蚌埠电厂变频器改造等项目签订合同金额1200余万元。

2010年，在确保资金安全的前提下，浙江天虹物资贸易有限公司进一步拓展了钢铁、电解铜贸易、煤炭贸易，其中在煤炭的自营业务中有了历史性的突破，销售额首次突破1亿元，为后续煤炭市场开拓积累了宝贵经验。另外钢铁贸易完成销售额7.07亿元，电解铜贸易完成销售额2.3亿元。

2010年，浙江天虹物资贸易有限公司负责青年汽车集团客车零部件贸易业务，全年共签订合同金额1.4亿元，完成销售额1.53亿元，在客车、小轿车等板块，扩大并拓展新业务合作点及合作模式。完成武警医院9台蒂森电梯的销售，实现销售收入600万元。

2010年，浙江天虹物资贸易有限公司通过浙能集团系统内一系列工程与国内最大的四大管道供应商——中国水利电力物资有限公司的紧密合作，在由浙江省电力建设有限公司作为锅炉BOP合同分包商的越南瓮安电厂项目上，顺利中标该项目的三大管道。

2011年，浙江天虹物资贸易有限公司全年煤炭贸易完成销售收入1.2亿元。全年新增嘉兴德明贸易有限公司钢材的购销业务、上海国能钢材的购销业务、上海国网铝锭的购销业务、浙江海能贸易有限公司电解铜的购销业务以及龙游恒盛热力有限公司煤炭的购销业务。

2012年，浙江天虹物资贸易有限公司加强了市场业务风险评估，在稳步缩减市场化业务规模的情况下，钢材、电解铜、煤炭等大宗物资贸易业务累计完成含税销售收入约21.92亿元。

2013年10月，浙江天虹物资贸易有限公司代理的COPES-VULCAN调节阀成功中标华能集团重庆两江新区天然气冷热电三联供工程燃气联合循环机组工程项目，完成合同谈判并签署了销售合同及技术协议。

2017年，浙江天虹物资贸易有限公司所属浙江省水利电力物资有限公司（简称水利物资公司）累计销售副产品5.26万吨，总金额达6669万元。同时努力研究副产品深加工方案，研究“粗酚精制”工作，以达到“变废为宝”的增值目的，调研脱硫催化剂销售市场，努力推进建立脱销催化剂销售业务。

2018年7月，浙江天虹物资贸易有限公司所属水利物资公司与成都鲁大师金属材料有限公司成功签订了催化剂销售合同，实现了脱硝催化剂销售的零突破，催化剂销售经验逐步积累。

2018年8月，浙江天虹物资贸易有限公司所属水利物资公司与美国康美泰克公司成功签订

3份原材料出口供货合同，为后续的出口贸易工作打下了良好的基础。

2018年，浙江天虹物资贸易有限公司所属水利物资公司累计销售各类煤化工副产品共计12.6万吨，总金额21925.31万元，完成市场化业务营业收入1.74亿元。

2019年，浙江天虹物资贸易有限公司所属水利物资公司在塑料化工业务、钢材业务、原材料出口方面持续加大开拓市场的力度。2019年实现市场化业务销售收入1.75亿元；不断深化新天煤化工副产品销售服务，全年累计销售各类副产品共计28.6万吨，总金额3.68亿元。在脱硝催化剂销售业务方面，积极主动了解市场需求信息，有针对性地走访客户，推介品牌，寻求销售机会，全年共计完成24次客户拜访及18个项目的投标工作。

第三节　危化品采购

2009年8月18日，浙江浙能石油新能源有限公司油品集约化采购供应业务获得浙能集团批示支持。

2010年12月，浙江浙能石油新能源有限公司与中国石油化工股份有限公司浙江石油分公司签署战略合作协议。

2012年1月19日，浙能集团专题会议确定浙江浙能石油新能源有限公司承担危险化学品集约化采购供应服务。

2012年开始危险化学品集约化采购供应业务，2013年基本覆盖浙能集团系统内所有单位。浙江浙能石油新能源有限公司危险化学品业务主要供给集团系统内各单位，包括浙江、安徽、新疆等地区，主要经营品种为液氨、尿素、盐酸、液碱、次氯酸钠等，2019年采购供应量约9万吨，供应区域主要集中在浙江省内。

浙江浙能石油新能源有限公司油品业务分成品油业务和润滑油业务，主要供给集团系统内各单位，同时也对外销售。浙江浙能石油新能源有限公司业务范围涉及浙江、安徽、宁夏、新疆等区域，自公司筹建油品业务起，浙能集团系统内各电厂已陆续由公司负责集中采购供应。

第四节　招投标代理

2004年2月，浙江天音管理咨询有限公司成立，由浙江天虹物资贸易有限公司和浙江兴源投资有限公司共同出资组建，其中浙江天虹物资贸易有限公司出资80%，浙江兴源投资有限公司出资20%。业务范围为工程咨询、招标代理和管理咨询业务。2012年11月，经浙能集团批复由浙江天虹物资贸易有限公司所持的浙江天音管理咨询有限公司80%股份转让给浙江兴源投资有限公司，浙江天音管理咨询有限公司成为兴源公司全资子公司。2019年1月，浙江天音管理咨询有限公司股东由浙江兴源投资有限公司变更为浙江浙能兴源节能科技有限公司。2019年，浙江天音管理咨询有限公司注册资本金为1000万元，主要为浙能集团所属各板块、各单位提供工程、货物、服务等的专业招标代理服务，是浙能集团所属的唯一一家招投标代理服务公司。招标代理标段从年均200~300个增至2018年的1300余个，代理金额从年均10亿元增至2018年的130亿元。实现项目年均节资率10%~15%。

2012年8月，浙江天音管理咨询有限公司获“浙江省招标代理机构诚信创优十佳单位”称号。

2013年6月，浙江天音管理咨询有限公司开发上线业务管理系统，同时通过对浙能商务网门户改造，由业务管理系统将项目公告、开标结果、中标候选人公示等信息推送至浙能商务网，将招标公告、询价信息、开标结果、中标候选人公示等重要信息对外公开。

2014年1月，浙江天音管理咨询有限公司招标会议中心成立并开展集中开评标工作。会议中心参照浙江省交易中心模式建设，设立门禁系统、监控系统、网络安全防护系统，并对评标区域实现封闭化管理。同年12月，浙江天音管理咨询有限公司获全国招标代理机构诚信创优5A级先进单位荣誉。

2017年10月，由浙江天音管理咨询有限公司建设开发的浙能电子招标投标交易平台通过国家检测认证，上线运行并开展全流程电子招标，是省属国有企业中首个成功运行的企业级电子招标平台。2018年5月，再次蝉联浙江省诚信创优5A级先进单位。

2019年2月，浙江天音管理咨询有限公司获批国家档案局《企业电子文件归档和电子档案管理》第二批试点单位。浙江天音管理咨询有限公司业务范围从电力板块大型基建项目逐步扩展到电力能源、石油、天然气、水利港口、金融中介等领域，招标代理内容从基建、生产物资逐步扩展到生产综合类施工、服务等。

第五章 酒店与物业管理

第一节 酒店管理

一、杭州梅苑股份有限公司

1990年4月1日，由全国煤炭系统36家矿务局和部分省（区）煤炭主管部门用自有资金集资建设的杭州煤矿工人大厦试营业。1992年3月26日，按浙江省煤炭工业总公司《关于杭州煤矿工人大厦同意“杭州梅苑股份有限公司”为第二名称的批复》（浙煤办〔1992〕29号），杭州煤矿工人大厦以“杭州梅苑股份有限公司”为第二名称注册。同年10月26日，按浙江省旅游局《关于同意杭州梅苑股份有限公司列为旅游涉外饭店的批复》（浙旅〔1992〕管理字第398号），杭州梅苑股份有限公司成为旅游涉外饭店。

1992年7月，杭州梅苑股份有限公司实行全员劳动合同制、干部聘任制、岗位（职务）工资制度三项制度的改革，由事业单位改制为企业，实行工效挂钩，成为独立核算，自负盈亏的经济实体。同年12月，按浙江省股份制试点工作协调小组《关于同意设立杭州梅苑股份有限公司的批复》（浙股〔1992〕59号），采取定向募集方式，经浙江省体改委批准改制为股份制企业，于1993年8月14日在浙江省工商行政管理局登记注册，注册资本4000万元。1994年，宾馆被评为浙江省涉外三星级饭店。1995—1998年，杭州梅苑股份有限公司连续4年被评为浙江省“十佳饭店”和“最佳星级饭店”。

1996年6月13日，根据杭州梅苑股份有限公司第三次股东大会决议，报经浙江省经济体制改革委员会《关于同意杭州梅苑股份有限公司增资扩股和调整股本结构的批复》（浙经体改〔1996〕54号）扩股增资，总股本增加到5200万元，并变更注册资本金为5200万元。其中：法人股出资人民币4893.79万元，占注册资本金的94.11%，职工个人股出资人民币306.2098万元，占注册资本金的5.89%，为国有股份制企业。

1999年，杭州梅苑股份有限公司被评为浙江省“绿色饭店”，并通过ISO 9002国际质量认证。

2001年，杭州梅苑股份有限公司成为国际金钥匙组织中国饭店金钥匙组织会员。

2003年10月，杭州梅苑股份有限公司的土地性质由行政划拨改为出让，同年，公司投入约2000万元对杭州梅苑股份有限公司客房、餐厅、健身俱乐部、咖啡厅、宽带电脑系统及管道系统更新等14个项目进行了改造，加层扩建了560平方米的三楼四季厅。同年，宾馆被授予省级“青年文明号”荣誉称号。2003年，杭州梅苑股份有限公司加盟“最佳西方国际集团”，成为美国最佳西方国际集团在华东地区的成员酒店。

2004年，杭州梅苑股份有限公司被评为四星级饭店，并被杭州市旅游委员会评选为杭州市2004年度“十佳星级饭店”。

2005年3月15日，为适应浙能集团对下属煤炭产业进行优化整合的需要，根据《关于杭州梅苑股份有限公司管理职能移交的通知》（浙能资〔2005〕39号），杭州梅苑股份有限公司管理职能由浙江省煤炭开发公司转移至浙江省能源管理有限公司下属浙江兴源投资有限公司。2005年，杭州梅苑股份有限公司荣获由国际金钥匙组织颁发的服务“钻石奖”。

2006年，杭州梅苑股份有限公司获得杭州市旅游委员会组织评选的“百佳诚信旅游企业”荣誉称号。

2007年9月7日，杭州梅苑股份有限公司在杭州市人事局和杭州市旅游委员会组织的评选中荣获“杭州市旅游行业先进集体”称号。同年底，杭州梅苑股份有限公司按照国有资产转让程序完成了装饰公司、杭州快餐、浙江快餐、物业公司四家控股企业的改制工作，退出了所持有的股份。2007年度，宾馆被杭州市旅游委员会评为“十佳星级饭店”。

2008年，杭州梅苑股份有限公司获得浙江省总工会、浙江省安全监督管理局、浙江省卫生厅联合组织的“安康杯”竞赛优胜单位，在浙江省旅游局组织的评比中获得“浙江省最佳品质饭店”荣誉称号。

2009年，杭州梅苑股份有限公司被评为杭州市优秀星级饭店，并获最佳西方国际集团“全球品质奖”。

2010年，杭州梅苑股份有限公司获“打造旅客满意旅游目的地”贡献奖，被评为杭州市优秀星级饭店及2010年度“平安单位”。

2011年，杭州梅苑股份有限公司被评为全市旅游行业质监网络建设先进单位。

2012年，杭州梅苑股份有限公司投入2830.11万元，实施了宾馆整体改造，除六、七楼客房，以及餐厅部分区域外，宾馆其他区域均进行了改造。同年7—10月封闭改造，11—12月半营业改造。宾馆整体改造项目获“二〇一三年度杭州市建设工程‘西湖杯’（装饰优质奖）”，2013年杭州梅苑股份有限公司被评为杭州市优秀星级饭店、中国饭店业协会“全国饭店业优秀企业”。2013年被评为最佳西方国际集团“倍优客会员最青睐的酒店”。

2013年，杭州梅苑股份有限公司被评为杭州市优秀星级饭店，并获杭州市旅游饭店服务技能竞赛团体一等奖。

2016年12月，根据《关于无偿划转浙江浙能节能科技有限公司100%股权等事项的通知》（浙能资〔2016〕383号），浙江兴源投资有限公司将所持有的梅苑64.36%股权无偿划转至浙江梅苑酒店管理有限公司持有。

2017年，杭州梅苑股份有限公司获最佳西方国际集团“全球质量 & 服务品质奖”。

2018年，杭州梅苑股份有限公司蝉联最佳西方国际集团“全球质量 & 服务品质奖”，被评为杭州市文明单位、国家银叶级绿色饭店，并荣获2018年度杭州市“优秀”星级（旅游）饭店称号。

2019年，杭州梅苑股份有限公司第三次连续蝉联最佳西方国际集团“全球质量 & 服务品质奖”，再次荣获2019年度杭州市“优秀”星级（旅游）饭店称号。同年，完成“红咖啡馆”党群服务中心建设。

截至2019年12月，杭州梅苑股份有限公司共计员工186人。宾馆设市场营销部、餐饮部、前厅部、管家部、工程部、保安部、物资供应事业部、人力资源部、计划财务部、综合办10个部门。

2007—2010年杭州梅苑股份有限公司营运管理项目见表8-5-1。

表8-5-1　2007—2010年杭州梅苑股份有限公司营运管理项目一览表

年份	2007	2008	2009	2010
项目	镇江国际饭店	镇江国际饭店、清源翠谷度假酒店、平阳国际大酒店及安吉百汇大酒店	清源翠谷度假酒店和兰溪今朝酒店	清源翠谷度假酒店、兰溪今朝酒店、安吉百汇大酒店、山东梅苑珍珠大酒店、江山国际大酒店

二、镇江国际饭店

1995年，镇江国际饭店（由镇江市供销合作总社投资近6亿元）开始兴建。1997年9月30日，镇江国际饭店正式开业。1999年6月，镇江国际饭店成为国际金钥匙组织中国饭店金钥匙组织会员。同年12月9日，经国家旅游局审核，镇江国际饭店被评为四星级饭店。镇江国际饭店位于镇江市解放路 218 号。

2004 年 2 月 14 日，镇江市供销合作总社受镇江市人民政府委托与浙江省国际信托投资有限责任公司签订了关于镇江国际饭店及运河路土地捆绑项目的资产转让合同；转让价为人民币 24000 万元。2004 年 6 月 4 日，注册成立镇江国际饭店置业有限公司，注册资本金 5000 万元，杭州钱塘经济开发有限公司占 42% 的股份，浙江省国际信托投资有限责任公司占 40% 的股份，个人股占 18% 的股份。2004 年 12 月 28 日，浙江省国际信托投资有限责任公司将所占镇江国际饭店 40% 的股权转让给浙江国信房产集团有限公司，杭州钱塘经济开发有限公司将所占镇江国际饭店 17% 的股权转让给浙江国信房产集团有限公司，陈志军将所占镇江国际饭店 10% 的股权转让给浙江国信房产集团有限公司，裘秀群将所占镇江国际饭店 8% 的股权转让给浙江国信房产集团有限公司。转让后，浙江国信房产集团有限公司在镇江国际饭店中占股 75%，杭州钱塘经济开发有限公司在镇江国际饭店中占股 25%。

2005 年 3 月 23 日，杭州钱塘经济开发有限公司将所持有的镇江国际饭店 5% 的股权转让给浙江国信房产集团有限公司。转让后，浙江国信房产集团有限公司在镇江国际饭店中占股 80%，杭州钱塘经济开发有限公司在镇江国际饭店中占股 20%。

2007 年 1 月 15 日，浙江国信房产集团有限公司将所持有的镇江国际饭店 80% 的股权转让给浙江省国信企业（集团）公司。转让后，浙江省国信企业（集团）公司在镇江国际饭店置业有限公司中占股 80%，杭州钱塘经济开发有限公司在镇江国际饭店中占股 20%。同年 4 月 29 日，浙江省国信企业（集团）公司将所持有的 80% 股权转让给浙江兴源投资有限公司。转让后，浙江兴源投资有限公司在镇江国际饭店置业有限公司中占股 80%，杭州钱塘经济开发有限公司在镇江国际饭店置业有限公司中占股 20%。

2007 年 10 月 26 日，镇江国际饭店加盟美国最佳西方国际酒店集团。

2008 年 7 月 20 日，镇江国际饭店股权调整，杭州钱塘经济开发有限公司将所持有的镇江国际饭店 20% 股权转让给浙江兴源投资有限公司。镇江国际饭店正式成为浙江兴源投资有限公司下属全资子公司。

2010 年 8 月 18 日，镇江国际饭店获得全国旅游星级饭店评定委员会五星批复。同年 9 月 28 日，镇江国际饭店举行五星级旅游饭店挂牌庆典。同年 12 月 27 日，镇江国际饭店获 2007—2009 年度江苏省旅游行业文明单位的荣誉称号。

2011 年 9 月 17 日，镇江国际饭店接待中国国民党荣誉主席连战并获好评。

2012 年 1 月 4 日，镇江国际饭店荣获 2011 年度江苏省“诚信计量示范餐饮饭店”。

2013 年 4 月 19 日，镇江国际饭店获得“江苏省用户满意服务单位”称号。同年 10 月 11 日，镇江国际饭店通过镇江市安全标准化三级评定。2013 年 10 月 17 日，镇江国际饭店获得“全国饭店业关系和谐企业”荣誉称号。

2014 年 8 月 6 日，镇江国际饭店通过五星级评定复核。

2015 年 6 月，镇江国际饭店实施外墙改造。

2016 年 9 月 18 日，镇江国际饭店完成浙能集团转型发展大会暨 G20 杭州峰会平安护航表彰大会。同年 11 月底，镇江国际饭店通过三级安全达标复评。同年 12 月 12 日，浙江兴源投资有限公司将所持有的镇江国际饭店 100% 股权转让给浙江梅苑酒店管理有限公司。镇江国际饭店正式成为浙江梅苑酒店管理有限公司下属全资子公司。

2017 年 4 月 25 日，镇江国际饭店与镇江汇景饭店正式签订咨询管理协议，这是饭店首个管理输出项目。

2018 年 4 月，镇江国际饭店餐饮部厅面接待组获得浙能集团“巾帼文明岗”荣誉称号。同年 8 月，镇江国际饭店成为浙江省省部属企事业单位职工疗休养基地。

2019 年，镇江国际饭店对 4 楼原有党群综合体重新进行规划，完成“红咖啡馆”及劳模工作室建设。同年 3 月，镇江国际饭店餐饮部厅面组荣获镇江市唯一国字号“全国五一巾帼标兵岗”称号。同年，先后荣获全球酒店业最佳商务酒店“金樽奖”、“江苏餐饮业品牌标杆”、携程口碑榜商务类“最受欢迎酒店”、“镇江市工会工作先进集体”“江苏省高级服务技师”“镇江市五一技术标兵”等称号。

截至2019年12月，镇江国际饭店共计员工226人；饭店共分为十一部一室，分别为营销部、大堂副理部、前厅部、管家部、餐饮部、采供部、安保部、工程部、财务部、人力资源部、招租物业管理部和办公室。

三、其他酒店

2011年12月，浙江梅苑酒店管理有限公司凤起路分公司承接首个酒店管理委托项目——清源翠谷酒店项目，地点为杭州市临安区华光潭水电站内，拥有13间客房、1幢度假楼。

2015年5月，浙江梅苑酒店管理有限公司凤起路分公司承接首个租赁经营项目——梅苑悦居凤起店项目，自租赁经营，拥有28间客房，并同步注册了“梅苑悦居”商标。

2017年2月，浙江梅苑酒店管理有限公司余杭分公司承接梅苑悦居杭州师范大学店，与杭州师范大学资产经营公司签订承包经营协议，同年11月正式对外经营。酒店拥有110间客房，以及拾月餐厅、中餐厅及鱼悦书吧。

2017年3月，浙江梅苑酒店管理有限公司承包经营海盐南北湖海月山庄酒店，并于同年5月正式营业。海月山庄位于浙江省嘉兴市海盐县南北湖三湾景区内，拥有67间客房。

第二节 物业管理和服务

2015年10月12日，浙江梅苑酒店管理有限公司凤起路分公司成立，设有两部一室，分别为营运管理部、财务部和综合办公室。截至2019年12月底，所辖项目职工达156人。凤起路分公司所辖项目除梅苑悦居凤起店、清源翠谷酒店外，还包括独山港后勤物业项目、嘉华发电公司宿舍楼管理项目、嘉兴电厂前区物业管理项目、城市燃气公司员工食堂项目、天音公司招标中心办公物业管理服务项目5个项目。

2016年4月5日，浙江梅苑酒店管理有限公司舟山分公司成立，设有两部一室，分别为营运管理部、财务部和综合办公室。截至2019年12月底，所辖项目职工达221人。舟山分公司所辖项目有舟山煤电厂前区物业管理项目（含综合检修楼）、浙能港口运行公司后勤物业管理项目、宁波海运食堂物业管理服务项目、神华国华（舟山）发电厂前区（含食堂）后勤物业管理服务项目4个物业项目。

2016年4月7日，浙江梅苑酒店管理有限公司长兴分公司成立，设有两部一室，分别为营运管理部、财务部和综合办公室。截至2019年12月底，所辖项目职工达100余人。长兴分公司所辖项目有长兴发电物业管理项目，同步协助长广集团推进长兴东风芥小镇、长兴现代农业示范园项目。

2016年4月13日，浙江梅苑酒店管理有限公司伊犁分公司成立，设有一部一室，分别为营运管理部和综合办公室。截至2018年12月底，所辖项目职工达230余人。伊犁分公司所辖项目有新疆伊犁新天煤化工物业管理服务项目、宁夏枣泉发电后勤物业管理项目、阿克苏援疆指挥部后勤项目。

2016年4月14日，浙江梅苑酒店管理有限公司台州分公司成立，设有两部一室，分别为营运管理部、财务部和综合办公室。截至2019年12月底，所辖项目职工达230余人。台州分公司所辖项目有：台州第二发电厂物业管理服务项目、三门市机关事务局食堂管理项目、北海水力发电物业管理项目、滨海热电（员工餐厅）咨询管理合同、三门高温堆电站有限公司办公及生活场所租赁物业项目、催化剂技术有限公司后勤服务项目等6个项目。2018年开始推进三门梅苑悦居木构酒店项目，该项目地块位于浙江省台州市三门县浦坝港镇草头村，原为台州第二发电厂临时办公区及生活区所在地，由两栋楼组成。拥有配置客房146间、餐饮包厢4个、会议室1个、食堂1个。该项目定位为三门首家高星级度假酒店，主要目标群体为休闲度假市场、商务会议培训市场及职工疗休养市场，于2018年7月通过浙能集团科服分公司可研评审会。

2016年4月，浙江梅苑酒店管理有限公司温州分公司成立，设有两部一室，分别为营运管理部、财务部和综合办公室。截至2019年12月底，所辖项目职工达68人。温州分公司所辖项目有温州发电厂前区物业管理项目、乐清发电职工食堂物业管理项目、温州发电厂共享单车调度及维保项目3个项目。

2017年2月20日，浙江梅苑酒店管理有限公司余杭分公司成立，设有营运管理部、财务部、综合办公室、前厅客服部、管家部、出品部、餐饮部、工程部、安全部9个部门。截至2019年12月底，在职人数达156人。负责浙能创业大厦综合物业项目及杭师大梅苑悦居酒店的管理。其中浙能创业大厦占地面积79000余平方米，共计入驻9家业主公司，服务职工1200余人，主要提供客户服务中心、管家保洁、餐饮会议、工程维修、安全保卫等服务内容。

2015—2019年浙江梅苑酒店管理有限公司营运物业项目见表8-5-2。

表8-5-2 2015—2019年浙江梅苑酒店管理有限公司营运物业项目一览表

年份	2015	2016	2017	2018	2019
项目内容	台二电厂物业，伊犁新天煤化工物业，舟山煤电厂前区物业，嘉兴电厂运行检修公寓物业，天音会议中心服务，舟山煤电检修楼服务	浙能港口公司物业后勤管理、天地环保员工食堂管理、城燃项目、嘉华电厂厂前区物业管理、宁夏枣泉电厂后勤物业管理、温州电厂厂前区物业管理、长兴电厂物业管理、台二电厂物业管理、国信房产大厦员工食堂管理、华光潭水电清源翠谷宾馆服务、温州燃机食堂管理、伊犁新天煤化工物业管理、舟山煤电厂前区物业管理、嘉兴电厂运行检修公寓管理、天音会议中心服务、舟山煤电检修楼服务、新矿职工食堂	催化剂后勤服务、独山港物业后勤管理服务、阿克苏浙江省援疆指挥部食堂餐饮、乐清电厂物业管理、浙能创业大厦物业管理、浙能港口公司物业后勤、城燃项目、嘉华发电有限公司厂前区物业管理、宁夏枣泉电厂后勤管理、温州电厂厂前区物业管理、长兴电厂物业管理、台二电厂物业、华光潭水电清源翠谷宾馆服务、伊犁新天煤化工物业管理、舟山煤电厂前区物业管理、嘉兴电厂运行检修公寓物业管理、天音会议中心服务、新矿职工食堂	神华国华电厂职工食堂、神华电厂厂前区后勤管理、催化剂公司后勤服务、独山港物业后勤管理、阿克苏浙江省援疆指挥部食堂、乐清电厂物业管理、浙能创业大厦物业管理、浙能港口公司物业后勤管理、城燃项目、嘉华发电有限公司厂前区物业管理、宁夏枣泉后勤物业管理、温州电厂厂前区物业管理、长兴电厂物业管理、台二电厂物业、华光潭水电清源翠谷宾馆服务、伊犁新天煤化工物业管理、舟山煤电厂前区物业管理、嘉兴电厂运行检修物业管理、天音会议中心服务、新矿职工食堂	滨海热电后勤管理、北海水电物业管理、三门县机关食堂服务、神华国华电厂职工食堂服务、神华电厂厂前区后勤管理、催化剂公司后勤服务、独山港物业后勤管理、阿克苏浙江省援疆指挥部食堂餐饮、浙能创业大厦物业管理、城燃项目、嘉华发电有限公司厂前区物业管理服务、宁夏枣泉后勤物业管理、温州电厂厂前区物业管理、长兴电厂物业管理服务、台二电厂物业、华光潭水电清源翠谷宾馆、伊犁新天煤化工物业管理、嘉兴电厂运行检修公寓管理、天音会议中心服务

第六章 环保产业

第一节 组织机构

一、浙江天地环保科技有限公司

2002年10月，浙江天地环保工程有限公司在杭州注册成立，注册资本金为1200万元，注册地为杭州市文三路253号401室。公司股东结构组成：杭州能达华威设备有限公司持股32%，宁波华业电力工程有限公司持股32%，杭州华隆投资有限公司持股36%。

2003年5月15日，浙江天地环保工程有限公司股东结构进行调整，浙江兴源投资有限公司占股35.44%。同年10月22日，浙江天地环保工程有限公司注册资本金变更为2160万元，公司股东结构组成：浙江兴源投资有限公司持股26%，杭州华隆投资有限公司持股20%，浙江华业电力工程股份有限公司（2003年9月15日，宁波华业电力工程有限公司更名为浙江华业电力工程股份有限公司）持股17.78%，杭州能达华威设备有限公司持股17.78%，浙江省环境保护科学设计研究院持股3.50%，个人持股14.94%。

2004年12月8日，经工商登记变更，浙江天地环保工程有限公司住所由杭州市文三路253号401室变更为杭州市华星路99号（杭州东软创业大厦）。

2008年10月15日，浙江天地环保工程有限公司注册资本金为10000万元，浙江兴源投资有限公司持股70.51%，浙江天达建材资源开发有限公司持股12.50%，杭州华隆投资有限公司持股7.55%，杭州能达华威设备有限公司持股2.88%，浙江华业电力工程股份有限公司持股2.88%，浙江省环境保护科学设计研究院持股1.75%，个人持股1.93%。

2012年2月1日，《关于将浙江兴源投资有限公司所持浙江天地环保工程有限公司70.51%股权无偿划转至浙江省能源集团有限公司的通知》（浙能资〔2012〕65号），按照浙江省国资委关于压缩管理层级、提高省属企业管控能力的要求，以及浙能集团能源服务板块管理框架的整体部署，将浙江兴源投资有限公司所持浙江天地环保工程有限公司70.51%股权，以2011年12月31日为基准日无偿划转至浙能集团持有，浙江天地环保工程有限公司升格为浙能集团科工服板块运营企业。

2012年6月25日，浙江天地环保工程有限公司股东结构调整后股比组成：浙能集团持股83.01%，杭州华隆投资有限公司持股7.55%，浙江省环境保护科学设计研究院持股3.67%，杭州能达华威设备有限公司持股2.88%，浙江华业电力工程股份有限公司持股2.88%。

2015年6月2日，浙能集团将所持浙江天地环保工程有限公司83.01%股份转给浙江（长广）集团有限责任公司。股东结构调整后股比组成：浙江（长广）集团有限责任公司持股83.01%，杭州华隆投资有限公司持股7.55%，浙江省环境保护科学设计研究院持股3.67%，杭州能达华威设备有限公司持股2.88%，浙江华业电力工程股份有限公司持股2.88%。

2016年1月7日，浙江天地环保工程有限公司股东结构调整后，浙江（长广）集团有限责任公司占股96.33%，浙江省环境保护科学设计研究院持股3.67%。同年4月15日，浙江天地环保工程有限公司更名为浙江天地环保科技有限公司。同年9月30日，浙能集团印发《关于下发浙江省能源集团有限公司创新发展和体制机制改革方案的通知》，为整合优化环保业务，实现统筹管理，浙江天地环保科技有限公司吸收合并浙江天达环保股份有限公司。

2017年3月3日，浙江天地环保科技有限公司股东结构调整后，浙江省环境保护科学设计研究院不再持股，浙江（长广）集团有限责任公司占股100%。

2018年11月9日，浙江天地环保科技有限公司注册资金变更为30000万元。

2020年7月，浙江天地环保科技有限公司更名为浙江天地环保科技股份有限公司，注册资金变更为37500万元。

二、杭州东发环境保护工程有限公司

2002年4月，杭州东发环境保护工程有限公司注册成立，注册资本金为554.8万元。其中：台州新开源投资有限公司持股72.10%，杭州萧山临江工贸有限公司持股27.04%，个人持股0.86%。

2003年5月，杭州东发环境保护工程有限公司注册资本金变更为1315.38万元。其中：台州新开源投资有限公司持股60.82%，杭州萧山临江工贸有限公司持股22.81%，湖州风华投资有限责任公司持股13.03%，个人持股3.34%。

2004年7月，杭州东发环境保护工程有限公司注册资本金变更为2684.449万元。其中：浙江振源投资有限公司持股22.64%，浙江兴源投资有限公司持股30%，台州新开源投资有限公司持股29.80%，杭州萧山临江工贸有限公司持股11.18%，湖州风华投资有限责任公司持股6.38%。

2005年7月，杭州东发环境保护工程有限公司注册资本金变更为3209.449万元。其中：浙江兴源投资有限公司持股30%，台州新开源投资有限公司持股24.93%，乐清市嘉隆投资有限公司持股12.15%，浙江天地环保工程有限公司持股9.35%；杭州萧山临江工贸有限公司持股9.35%，湖州风华投资有限责任公司持股5.34%；浙江振源投资有限公司持股4.68%，杭州电力设备安装有限公司持股4.21%。

2005年8月17日，杭州东发环境保护工程有限公司更名为浙江东发环保工程有限公司。

2006年9月，浙江东发环保工程有限公司股权变更，浙江兴源投资有限公司持股34.68%，台州新开源建材开发有限公司持股24.93%，乐清市嘉隆投资有限公司持股12.15%，浙江天地环保工程有限公司持股9.35%，杭州萧山临江工贸有限公司持股9.35%，湖州风华投资有限责任公司持股5.34%，杭州电力设备安装有限公司持股4.21%。

2009年4月，浙江东发环保工程有限公司股权变更，浙江兴源投资有限公司持股100%。

2010年3月，浙江东发环保工程有限公司股权变更，浙江兴源投资有限公司持股90.65%；浙江天地环保工程有限公司持股9.35%。

2011年9月，浙江东发环保工程有限公司资本金增至5000万元，股权不变。

2017年3月，浙能集团印发《关于无偿划转浙江浙能催化剂技术有限公司51%股权等事项的通知》(浙能资〔2017〕130号)。根据文件要求，浙江兴源投资有限公司将持有的浙江东发环保工程有限公司90.65%股权无偿划转给浙江天地环保科技有限公司，划转基准日为2016年12月31日。股权划转后，浙江天地环保科技有限公司持有浙江东发环保工程有限公司100%股权，浙江东发环保工程有限公司成为浙江天地环保科技有限公司的全资子公司。

三、浙江天达环保有限公司

2004年6月，浙江天达建材资源开发有限公司注册成立，注册资金1000万元。其中：浙江兴源投资有限公司持股90%，浙江省电力开发公司持股10%。浙江天达建材资源开发有限公司从事粉煤灰综合开发利用，提高粉煤灰产品的附加值。

2007年3月28日，浙江天达建材资源开发有限公司在浙江省工商行政管理局办理了工商变更登记手续，注册资金变更为2000万元，股权不变。

2008年2月26日，浙能集团出具《关于将浙江省电力开发公司所持浙江天达建材资源开发有限公司10%股权无偿划转至浙江兴源投资有限公司的批复》，同意自2008年1月1日起，浙江省电力开发公司所持有的浙江天达建材资源开发有限公司10%股权无偿划转至浙江兴源投资有限公司。同年3月24日，浙江天达建材资源开发有限公司在浙江省工商行政管理局办理了工商变更登记手续。本次变更后，浙江兴源投资有限公司持股100%。同年5月，浙江天达建材资源开发有限公司注册资金增加至10000万元，股权不变。

2009年5月，浙江天达建材资源开发有限公司更名为浙江天达环保有限公司。同年8月26日，浙能集团出具《关于兴源公司将所持天达环保5%股权无偿划转至浙能石油新能源公司的批复》，同意以2008年12月31日为划转基准日，将浙江兴源投资有限公司所持有的浙江天达环保有限公司5%股权无偿划转至浙江浙能石油新能源有限公司。本次变更后，浙江兴源投资有限公司持股95%，浙江浙能石油新能源有限公司持股5%。同年11月26日，注册资金变更为16000万元，股权不变。同年11月30日，浙江天达环保有限公司更名为浙江天达环保股份有限公司。

2011年12月29日，浙江省国资委出具《关于浙江天达环保股份有限公司国有股权转让事项的批复》，浙江兴源投资有限公司将所持有的浙江天达环保股份有限公司3%股权转让给浙江省二轻集团公司。浙江天达环保股份有限公司股权变更后，浙江兴源投资有限公司持股92%，浙江浙能石油新能源有限公司持股5%，浙江省二轻集团公司持股3%。

2016年9月30日，浙能集团印发《关于下发浙江省能源集团有限公司创新发展和体制机制改革方案的通知》，将浙江兴源投资有限公司所持有的浙江天达环保股份有限公司92%股权、浙江浙能石油新能源公司所持有的浙江天达环保股份有限公司5%股权划转入浙江天地环保科技有限公司，同时推进浙江省二轻集团公司退出浙江天达环保股份有限公司，将其所持有的3%股权转让至浙江天地环保科技有限公司，再由浙江天地环保科技有限公司吸收合并浙江天达环保股份有限公司，浙江天地环保科技有限公司继续由浙江（长广）集团有限责任公司持有（100%）股权。

2017年6月29日，浙江省二轻集团公司将浙江天达环保股份有限公司3%股权转让给浙江兴源投资有限公司，评估基准日为2016年12月31日。股权变更后，浙江兴源投资有限公司持股95%，浙江浙能石油新能源有限公司持股5%。

2017年8月，浙江天达环保股份有限公司更名为浙江天达环保有限公司。

2017年9月13日，浙江兴源投资有限公司将浙江天达环保有限公司95%股权转让给浙江天地环保科技有限公司，浙江浙能石油新能源有限公司将浙江天达环保有限公司5%股权转让给浙江天地环保科技有限公司。股权变更后，浙江天地环保科技有限公司持股100%。

2017年9月20日，浙江天达环保有限公司股东出具《关于同意天地公司与天达公司合并的决定》，同意浙江天地环保科技有限公司吸收合并浙江天达环保有限公司的方案，合并完成后浙江天达环保有限公司同时注销。同年12月4日，国家税务局拱墅分局核发浙江天达环保有限公司清税证明，至此浙江天达环保有限公司顺利完成税务注销。

2005—2015年浙江天达环保股份有限公司分、子公司结构及业务分布见表8-6-1。

表8-6-1 2005—2015年浙江天达环保股份有限公司分、子公司结构及业务分布

公司名称	经营场所	业务范围	成立时间
长兴天达环保建材有限公司	浙江省长兴县迎宾大道888号长兴发电有限公司内	蒸压加气混凝土砌块、粉煤灰（渣）、脱硫石膏、脱硫剂加工	2005-09-27
兰溪天达环保建材有限公司	浙江省兰溪市灵洞乡浙江浙能兰溪发电有限责任公司内	蒸压加气混凝土砌块、粉煤灰（渣）、脱硫石膏（含水泥缓凝剂）、脱硫剂加工	2005-10-28
台州天达环保建材有限公司	浙江省台州市椒江区前所街道建电路1号（台州发电厂老行政楼）	粉煤灰（渣）、脱硫石膏（含水泥缓凝剂）、脱硫剂加工	2006-07-18
浙江天达环保股份有限公司乐清分公司	浙江省乐清市南岳镇虹南大道8866号（浙江浙能乐清发电有限公司内）	粉煤灰（渣）、脱硫石膏、脱硫剂加工	2007-12-13
宁波市镇海天达环保建材有限公司	浙江省宁波市镇海区镇宁东路455号	粉煤灰（渣）、脱硫石膏、脱硫剂加工	2008-07-22
浙江天达环保股份有限公司嘉兴分公司	浙江省平湖市乍浦镇六里湾嘉兴电厂二期0号门内	粉煤灰（渣）、脱硫石膏、脱硫剂加工	2009-03-02
新疆天达环保有限公司	新疆维吾尔自治区阿克苏地区阿克苏市西工业园区	蒸压加气混凝土砌块的生产和服务	2010-10-18
浙江天达环保股份有限公司绍兴滨海分公司	浙江省绍兴市柯桥区滨海工业区九七丘	粉煤灰（渣）、脱硫石膏的生产和服务	2011-03-15
宁夏天达环保有限责任公司	宁夏回族自治区青铜峡市新材料基地	蒸压加气混凝土砌块、粉煤灰（渣）、脱硫石膏的生产和服务	2011-12-15
舟山天达环保建材有限公司	浙江省舟山市六横镇舟山煤电火电宿舍一号楼	粉煤灰（渣）、脱硫石膏、脱硫剂加工	2012-01-17

表 8-6-1（续）

公司名称	经营场所	业务范围	成立时间
三门天达环保建材有限公司	浙江省台州市三门县涅浦镇草头村台州第二发电厂内	粉煤灰（渣）、脱硫石膏的生产和服务	2013-12-03
新疆天达环保有限公司伊犁分公司	新疆维吾尔自治区伊宁市巴彦岱镇火龙洞新天煤化工有限责任公司内	粉煤灰（渣）、脱硫石膏的生产和服务	2015-06-09
新疆天达环保有限公司纺织城分公司	新疆维吾尔自治区阿克苏市纺织工业城（开发区）多浪路	粉煤灰（渣）、脱硫剂加工、脱硫石膏的生产和服务	2015-09-15

四、浙江浙能催化剂技术有限公司

2011 年 5 月 27 日，浙江浙能催化剂技术有限公司注册成立，注册资本金 3500 万元。其中：浙江兴源投资有限公司占股比 51%，浙江天地环保工程有限公司占股比 49%。2012 年 3 月 12 日，浙江浙能催化剂技术有限公司变更注册资本金为 5000 万元，股权不变。

2015 年 12 月 1 日，浙江浙能催化剂技术有限公司注册资本金增加到 6197.2 万元，股权不变。

2017 年 3 月，浙能集团印发《关于无偿划转浙江浙能催化剂技术有限公司 51% 股权等事项的通知》(浙能资〔2017〕130 号)。根据文件要求，浙江兴源投资有限公司将所持浙江浙能催化剂技术有限公司 51% 股权无偿划转给浙江天地环保科技有限公司，划转基准日为 2016 年 12 月 31 日。2017 年 5 月 17 日，完成股权工商变更手续，浙江天地环保工程有限公司持股 100%，浙江浙能催化剂技术有限公司成为浙江天地环保科技有限公司的全资子公司。

五、浙江天创环境科技有限公司

2015 年 8 月 26 日，浙江天创环境科技有限公司在长兴县工商行政管理局登记成立，注册地为浙江省湖州市长兴县煤山镇白岘工业园区。注册资本 3800 万元，其中：浙江天地环保工程有限公司占股比 40%，浙江德创环保科技股份有限公司占股比 40%，中国能源建设集团浙江火电建设有限公司占股比 20%。浙江天创环境科技有限公司主要从事高端环保、节能设备的研发、设计、制造和工程总承包。

六、浙江浙能玉环环保水务有限公司

2016 年 4 月 5 日，浙江浙能玉环环保水务有限公司通过玉环市市场监督管理局核准注册成立，注册资本金为 18000 万元，浙江兴源投资有限公司持股 90%，钱江水利开发股份有限公司持股 10%。浙江浙能玉环环保水务有限公司主营业务包括污水处理及其再生利用、国家法律法规和政策允许的水利基础设施投资业务、水利工程设计及施工。

2016 年 9 月 30 日，浙能集团印发《关于下发浙江省能源集团有限公司创新发展和体制机制改革方案的通知》，决定将浙江兴源投资有限公司所持有的浙江浙能玉环环保水务有限公司 90% 股权划转至浙江天地环保科技有限公司。2017 年 9 月 29 日，浙江兴源投资有限公司将浙江浙能玉环环保水务有限公司 90% 股份的 16200 万元股无偿划转给浙江天地环保科技有限公司，钱江水利开发股份有限公司股权不变。

2018 年 6 月 22 日，浙江天地环保科技有限公司追加 1760 万元资本金，浙江浙能玉环环保水务有限公司注册资本金变更为 19760 万元。其中：浙江天地环保科技有限公司持股 90.89%，钱江水利开发股份有限公司持股 9.11%。

2019 年 2 月 27 日，钱江水利开发股份有限公司退出股份，浙江浙能玉环环保水务有限公司成为浙江天地环保科技有限公司的全资子公司，注册资本金变更为 17960 万元。同年 5 月 14 日，浙江天地环保科技有限公司追加投资 6246 万元，浙江浙能玉环环保水务有限公司注册资本金变更为 24206 万元。同年 12 月 6 日，浙江浙能玉环环保水务有限公司经营范围变更为污水处理及其再生利用、国家法律法规和政策允许的水利基础设施投资业务、环保工程设计及施工、环保设备设施及化工产品的技术研发与销售。

七、浙江浙能迈领环境科技有限公司

2018年6月，浙江浙能迈领环境科技有限公司组建成立，由浙江天地环保科技有限公司出资60%，迪钴（杭州）海事有限公司出资40%。浙江浙能迈领环境科技有限公司开展技术研发和市场营销工作，致力于船舶脱硫塔装置的设计研发与销售，主攻国际船舶脱硫市场。

八、浙江浙能希科姆科技有限公司

2018年6月22日，浙江浙能希科姆科技有限公司正式注册成立，注册资本2831万元，其中，浙江天地环保科技有限公司占注册资本的50%，CQM（CHN）公司占注册资本的50%（以其拥有的与ATCS全自动胶球清洗装备和SRS全自动零化学水处理装备相关的知识产权出资），注册地在长兴县煤山镇的浙能智慧能源科技产业园。公司主要从事胶球清洗、零加药废水处理等环保产品的研发制造销售。

2020年8月，浙江浙能希科姆科技有限公司完成增资，注册资本3671万元，浙江天地环保科技有限公司占注册资本的50%，CQM（CHN）公司占注册资本的50%（以其拥有的与ATCS全自动胶球清洗装备和SRS全自动零化学水处理装备相关的技术使用权出资）。

第二节 产 业 项 目

一、大气污染治理项目

（一）脱硫工程

2005年11月22日，浙江天地环保工程有限公司与华能国际电力股份有限公司长兴电厂签订华能长兴电厂2×135兆瓦机组烟气脱硫工程总承包合同。该工程是浙江天地环保工程有限公司第一个市场化脱硫项目。工程于2006年5月开工，2007年4月投运，总装机容量270兆瓦。本项目为华能长兴电厂2×135兆瓦机组配套烟气脱硫装置，采用湿式石灰石—石膏法脱硫工艺。项目实现锅炉100%BMCR工况全烟气量脱硫。脱硫效率按不小于95%设计，设计工况下保证FGD出口的烟温不低于80℃。脱硫副产品石膏脱水后含湿量不大于10%。脱硫设备年利用小时按5500小时考虑。装置可用率不小于95%，服务寿命为30年。

2005年12月，浙江天地环保工程有限公司与湖南益阳发电有限责任公司签订湖南益阳发电有限责任公司一期2×300兆瓦机组烟气脱硫工程合同。该工程于2005年12月开工，2007年10月全部投运，总装机容量600兆瓦。本项目为益阳发电有限责任公司一期2×300兆瓦机组配套烟气脱硫装置的改造。采用湿式石灰石—石膏湿法脱硫工艺。本项目为100%BMCR工况下全烟气量脱硫，设计含硫量为1.2%，脱硫效率按不小于95%设计。燃用校核硫分煤种（含硫量1.6%）时，烟气脱硫装置能够安全运行，且脱硫效率不小于90%。脱硫副产品——石膏脱水后含湿量≤10%，石膏含量>90%（干基）；干燥后含湿量≤3%，按综合利用考虑。脱硫装置年利用小时按5500小时考虑。FGD装置可用率不小于95%，装置服务寿命为30年。

2007年9月，浙江天地环保工程有限公司、北京龙源环保工程有限公司与舟山朗熹发电有限责任公司签订舟山朗熹发电有限责任公司一期海水烟气脱硫工程总承包合同。该工程于2007年10月开工，是浙江天地环保工程有限公司第一个海水脱硫项目。工程于2008年9月全部投运，总装机容量260兆瓦。本项目采用海水脱硫工艺，是公司承接的首个海水脱硫项目。本项目为100%BMCR工况下全烟气量脱硫，设计含硫量为0.8%，脱硫效率按不小于90%设计。脱硫装置年利用小时按5500小时。FGD装置可用率不小于95%，装置服务寿命为30年。

2008年4月，浙江天地环保工程有限公司与陕西渭河发电有限公司签订陕西渭河发电有限公司三期2×300兆瓦亚临界燃煤发电机组烟气脱硫工程合同。该工程于2008年6月开工，2009年10月全部投运，总装机容量600兆瓦。本项目采用湿式石灰石—石膏湿法脱硫工艺。本项目为100%BMCR工况下全烟气量脱硫，设计含硫量为1.14%，脱硫效率按不小于95%设计。

脱硫副产品——石膏脱水后含湿量≤10%，石膏含量>90%（干基）；干燥后含湿量≤3%，按综合利用考虑。脱硫装置年利用小时按5500小时考虑。FGD装置可用率不小于95%，装置服务寿命为30年。

2009年5月，浙江天地环保工程有限公司与武汉东湖高新集团股份有限公司签订芜湖发电厂五期“上大压小”2×660兆瓦超超临界机组石灰石—石膏湿法烟气脱硫项目总承包合同。该工程于2009年7月开工，2011年5月全部投运，总装机容量13200兆瓦。本项目为芜湖发电厂五期上大压小新建工程。本项目采用湿式石灰石—石膏湿法脱硫工艺。本项目为100% BMCR工况下全烟气量脱硫，设计含硫量为1.0%，脱硫效率按不小于95%设计。脱硫副产品——石膏脱水后含湿量≤10%，石膏含量>90%（干基）；干燥后含湿量≤3%，按综合利用考虑。脱硫装置年利用小时按5500小时考虑。FGD装置可用率不小于95%，装置服务寿命为30年。本项目与主体工程芜湖发电厂五期“上大压小”工程获得中国电力优质工程奖。

2012年6月，浙江天地环保工程有限公司与武汉光谷环保科技股份有限公司合肥分公司签订合肥发电厂6号600兆瓦机组扩建工程烟气脱硫项目EPC总承包合同。该工程于2012年5月开工，2013年6月全部投运，总装机容量600兆瓦。采用湿式石灰石—石膏湿法脱硫工艺。本项目为100% BMCR工况下全烟气量脱硫，设计含硫量为0.5%，脱硫效率按不小于96%设计。脱硫副产品——石膏脱水后含湿量≤10%，石膏含量>90%（干基）。脱硫装置年利用小时按8000小时考虑。FGD装置可用率不小于95%，装置服务寿命为30年。

截至2019年12月，浙江天地环保科技有限公司已建和在建石灰石—石膏湿法和海水脱硫项目32个，总装机容量3115.5万千瓦；已投产脱硫机组67台，装机容量3045.5万千瓦。

2004—2019年浙江天地环保科技有限公司典型脱硫工程见表8-6-2。

表8-6-2 2004—2019年浙江天地环保科技有限公司典型脱硫工程一览表

序号	项目名称及规模	脱硫工艺和设计效率（%）	工程起止时间
1	国电浙江北仑第一发电有限公司2×600兆瓦烟气脱硫工程	湿法、90	2004年11月至2007年6月
2	湖南益阳发电有限责任公司一期2×300兆瓦机组烟气脱硫工程	湿法、95	2005年12月至2007年10月
3	华能长兴电厂2×135兆瓦机组烟气脱硫工程总承包	湿法、95	2006年5月至2007年4月
4	华能海南发电股份有限公司华能海口电厂三期（2×125兆瓦）烟气脱硫工程	湿法、95	2006年12月至2008年4月
5	舟山朗熹发电有限责任公司一期（1×125兆瓦+1×135兆瓦）海水烟气脱硫工程	ALSTOM海水脱硫技术、90	2007年10月至2008年9月
6	陕西渭河发电有限公司三期2×300兆瓦亚临界燃煤发电机组烟气脱硫工程	湿法、95	2008年6月至2009年10月
7	芜湖发电厂五期“上大压小”2×660兆瓦超超临界机组石灰石—石膏湿法烟气脱硫项目	湿法、95	2009年7月至2011年5月
8	合肥发电厂6号600兆瓦机组扩建工程烟气脱硫项目	湿法、96	2012年5月至2013年6月

（二）脱硝工程

2006年10月，浙江天地环保工程有限公司与国电浙江北仑发电有限责任公司签订国电浙江北仑发电有限责任公司三期扩建工程（2×1000兆瓦）7号机组烟气脱硝工程。该工程是浙江天地环保工程有限公司第一个脱硝项目，与主体工程同步施工建设。2009 年 3 月，浙江天地环保工程有限公司承建的首个烟气脱硝工程国电浙江北仑发电有限责任公司三期扩建工程（2×1000 兆瓦）7 号机组投运，2010 年 10 月获国家优质工程金质奖。

2010 年 12 月 16 日，浙江天地环保工程有限公司与北京巴布科克·威尔科克斯有限公司在北京签署了山西神头电厂 2×600 兆瓦超临界空冷机组脱硝技术协议。该工程是浙江天地环保工程有限公司获得的省外首个脱硝工程。中国电力神头发电有限责任公司 2×600 兆瓦燃煤机组位于山西省朔州市境内。该工程设计装设两台 600 兆瓦燃煤汽轮发电机组，锅炉为超临界参数变压直流炉、一次再热、平衡通风、紧身封闭布置、固态排渣、全钢构架、前后墙对冲燃烧方式、全悬吊结构 Π 型锅炉。锅炉尾部采用选择性催化还原脱硝工艺（SCR）。每台机组设一套 SCR 脱硝装置，SCR 反应器直接布置在外拉布置的回转式空预器上方、锅炉构架内。在设计煤种及校核煤种、锅炉最大工况（BMCR）、处理 100% 烟气量、两层催化剂全部投运条件下脱硝效率不小于 80%，预留第三层空间。空气预热器为全拉出布置。1 号机组于 2012 年 7 月投产发电，2 号机组于 2012 年 9 月投产发电。

截至 2019 年 12 月，浙江天地环保科技有限公司已建和在建烟气脱硝项目 26 个，总装机容量 2911 万千瓦；已投产脱硝机组 54 台，装机容量 2841 万千瓦。

2008—2019 年浙江天地环保科技有限公司典型脱硝工程见表 8-6-3。

表 8-6-3 2008—2019 年浙江天地环保科技有限公司典型脱硝工程一览表

序号	项目名称及规模	脱硝工艺和设计效率（%）	工程起止时间
1	国电北仑三期扩建工程 2×1000 兆瓦超超临界 7 号机组烟气脱硝工程	SCR（液氨）、60	2008 年 7 月至 2009 年 3 月
2	山西神头发电有限责任公司“上大压小”工程 2×600 兆瓦机组烟气脱硝工程	SCR（液氨）、65	2010 年 12 月至 2012 年 9 月
3	粤电广东红海湾发电有限公司 1 号、2 号机组 2×600 兆瓦脱硝工程	SCR（液氨）、80	2013 年 2 月至 2013 年 12 月
4	大唐内蒙古多伦煤化工有限责任公司动力锅炉（5×420 吨/小时）脱硝改造工程	SCR（液氨）、80	2013 年 3 月至 2014 年 12 月
5	漳州旗滨玻璃有限公司一线脱硝冷修改造合同（非电领域烟气处理项目）	SCR（液氨）、85	2017 年 10 月至 2019 年 10 月
6	漳州旗滨玻璃有限公司二线脱硝冷修改造合同	SCR（液氨）、85	2017 年 10 月至 2019 年 10 月

（三）超低排放工程

1. 工程实施

2016 年 6 月，浙江天地环保工程有限公司与深能合和电力（河源）有限公司签订广东河源电厂超超临界 2×600 兆瓦机组 1 号机超净排放脱硫提效项目总承包合同。该工程于 2016 年 9 月项目开工，2017 年 2 月投运，总装机容量 1320 兆瓦。本项目对原有机组脱硫系统进行改造提效。本项目实后，设计煤种及校核煤种下，二氧化硫浓度不超过 32 毫克/标准立方米，达到超低排放指标。超低排放装置设计寿命为 30 年，系统可用率≥98%，年运行小时数 6500 小时。

截至 2019 年 12 月，浙江天地环保科技有限公司超低排放改造项目已建在建共计 40 台，新建项目已建在建共计 14 台，总装机容量 2776 万千瓦。

2015—2019 年浙江天地环保科技有限公司典型超低排放工程见表 8-6-4。

表 8-6-4 2015—2019 年浙江天地环保科技有限公司典型超低排放工程一览表

序号	工程项目名称	机组容量	开工时间	投产时间
1	广东河源电厂超超临界 2×600 兆瓦机组 2 号机超净排放脱硫提效项目	2×600 兆瓦	2015-11	2016-04
2	湛江电力有限公司 4×330 兆瓦机组脱硫管式烟气换热器改造采购合同	4×330 兆瓦	2016-09-05	2017-05
3	广东河源电厂超超临界 2×600 兆瓦机组 1 号机超净排放脱硫提效项目	2×600 兆瓦	2016-09	2017-02
4	江苏国信连云港发电有限公司 15 号、16 号机组超低排放改造工程 MGGH 换热系统改造总承包（EPC）工程	2×330 兆瓦	2016-11	2017-10
5	鄂州电厂二期 2×650 兆瓦机组超低排放改造工程烟气脱硫提效改造 EPC 总承包	2×650 兆瓦	2016-12	2018-02
6	酒泉卫星发射中心脱硫脱硝除尘系统采购工程合同		2018-07-28	2020-09
7	衢州元立钢铁公司焦炭炉“湿烟羽”综合治理项目合同		2018-11	2020-09
8	内蒙古锦联铝材有限公司四号机组湿法脱硫超低排放改造项目合同		2019-06	2019-11
9	惠州塔牌水泥有限公司 2×4500 吨/日熟料线湿法脱硫+脱白系统工艺技改及施工工程	2×4500 吨/日	2019-10	在建

2. 技术推广与成果

2011 年，由浙能集团首次在全国提出“超低排放”理念。2012 年，浙能集团着手广泛调研国内外燃煤机组污染物治理的先进技术。

2013 年，浙能集团在全国率先启动了“燃煤机组烟气超低排放”项目建设。浙江天地环保工程有限公司联合浙江大学共同研发了“多种污染物高效协同脱除集成系统技术”，并以 EPC 总承包方式承建了全国首套超低排放项目“嘉华百万千瓦燃煤机组烟气超低排放改造工程”的建设。同年 7 月 19 日，浙能集团“燃煤机组烟气超低排放”项目可行性研究报告得到浙江省环境保护厅、浙江省经济和信息化委员会、嘉兴市环境保护局等单位组织的审查通过。对于燃煤电厂大气污染物超低排放的定义，最初存在多种表述共存，“近零排放”“趋零排放”“超低排放”“超洁净排放”“低于燃机排放标准排放”等，有业内人士认为，燃煤机组排放水平达到“超清洁”“近零”状态的难度非现有工程技术所能实现（大规模推广难度大），“超低排放”从排放标准角度界定概念，叫法更加科学。超低排放是指火电厂燃煤锅炉在发电运行、末端治理等过程中，采用多种污染物高效协同脱除集成系统技术，使其大气污染物排放浓度基本符合燃气机组排放限值，达到天然气燃气轮机组标准的排放限值，即烟尘、二氧化硫、氮氧化物排放浓度（基准含氧量 6%）分别不超过 5 毫克/立方米、35 毫克/立方米、50 毫克/立方米，比《火电厂大气污染物排放标准》（GB 13223—2011）规定的燃煤锅炉重点地区特别排放限值分别下降 75%、30%、50%，是燃煤发电机组清洁生产水平的新标杆。浙能集团燃煤电厂超低排放指标见表 8-6-5。

表 8-6-5 浙能集团燃煤电厂超低排放指标　　毫克/标准立方米

污染物项目 排放限值	燃煤锅炉	燃煤锅炉重点地区	天然气燃气轮机组	浙能集团燃煤锅炉 超低排放值
烟尘	30	20	5	<5
二氧化硫	100（新建） 200（现有）	50	35	<35
氮氧化物	100	100	50	<50
汞及化合物	30	30	40	<3

2014年3月，国家环境保护部复函浙江省环境保护厅关于将浙江浙能嘉兴发电有限公司百万千瓦燃煤机组烟气超低排放改造工程列入燃煤机组高效污染治理技术示范项目的报告，明确支持超低排放技术的试验与开发。

2014年6月20日，浙江省省长李强就专报信息《国内首套燃煤机组烟气超低排放装置在浙能嘉兴发电厂投运》作出批示："这是一件大好事。请省环保厅组织力量评估，要大力推广。"

2014年6月27日，国家能源局印发《关于下达2014年煤电机组环保改造示范项目的通知》，浙江浙能嘉华发电有限公司8号机组、浙江浙能乐清发电有限公司1号机组超低排放改造项目成为国家煤电机组环保改造示范项目。

2014年7月21日，浙能集团在杭召开超低排放项目成果发布座谈会，中国环境监测总站等权威检测机构在会上公布全国首个燃煤机组超低排放项目的烟气污染物检测数据，浙江浙能嘉兴发电有限公司7号、8号机组在不同工况时，烟囱总排口烟尘、二氧化硫、氮氧化物三项主要烟气污染物的排放数据分别为不超过3.08毫克/立方米、15.1毫克/立方米、23.67毫克/立方米，明显优于天然气燃气轮机组排放标准，达到国际先进水平，标志着燃煤发电机组清洁化排放开启新时代。

2014年8月1日，主题为"协同创新，应对挑战——京津冀在行动"全国科技专题展在河北省秦皇岛市开幕。经国家科学技术部遴选并邀请，浙能集团所属浙江天地环保工程有限公司会同浙江大学参加了本次展览。

2014年9月24日，由浙江省环保产业协会主办的2014中国（浙江）国际环保产业博览会暨中国浙江国际环保技术交流会在宁波国际会展中心隆重开展，作为浙江省环保产业骨干企业，浙江天地环保工程有限公司携超低排放技术受邀参展。

2014年9月，国家发展改革委、环保部、国家能源局联合印发《煤电节能减排升级与改造行动计划》(简称《计划》)。《计划》要求：新建机组应同步建设先进高效脱硫脱硝和除尘设施，东部地区新建机组基本达到燃机排放限值，中部地区原则上接近或达到燃机排放限值，鼓励西部地区接近或达到燃机排放限值。同时，稳步推进东部地区现役燃煤发电机组实施大气污染物排放浓度基本达到燃机排放限值的环保改造。

2014年10月22日，由中国电力企业联合会主办的第十五届中国国际电力设备及技术展览会在北京市中国国际展览中心开幕，浙江天地环保工程有限公司携超低排放技术参展，得到了来自国内外同行及参观者的密切关注。

2014年11月13—15日，中国动力工程学会（环）在嘉兴市组织召开了燃煤电厂"超低排放"新技术交流研讨会。浙江天地环保工程有限公司作为全国首套燃煤机组烟气超低排放装置改造成功的总承包方，应邀参加本次会议并作专题报告。

2015年2月5—6日，浙江省经济和信息化委员会在嘉兴组织召开"全省燃煤机组清洁排放技术装备现场会"。会议要求，全面贯彻落实"浙江省力争在2017年完成所有燃煤机的清洁排放改造工作"的目标，为浙江省创建全国清洁能源示范省奠定坚实的基础。截至2014年底，全省统调燃煤机组已启动清洁排放改造22台，完成投运9台，浙江省清洁排放工作走在了全国前列。浙江省政府相关部门、各市经信委、统调燃煤电厂、地方燃煤热电及相关环保设备制造企业参加会议。会议由浙能集团协办，浙江天地环保工程有限公司承办，浙江省经济和信息化委副主任蔡刚主持会议，浙能集团总经理童亚辉在会上致辞。

2015年3月1日，由浙江天地环保工程有限公司组织牵头编制的《燃煤电厂烟气超低排放工程技术培训教材》出版，这是浙江天地环保工程有限公司首次从总承包角度全面系统地介绍整个超低排放项目技术管理特点、重点、难点及亮点。该套培训教材，以已投运的乐清、嘉兴等超低排放项目为基础，从工程技术路线、工艺设备、工程量清单、施工难点、安全管理、质量管理、进度管理等方面，用图文相间的方式，直观地总结介绍各工程在设计、采购、施工、调试过程中提炼出的建设经验和技术优化总结，为浙江天地环保工程有限公司同类工程建设提供了示范与参考。

2015年3月，国务院总理李克强在十二届全国人大三次会议上作《政府工作报告》，明确要求“推动燃煤电厂超低排放改造”。报告中指出，2015年，二氧化碳排放强度要降低3.1%以上，化学需氧量、氨氮排放都要减少2%左右，二氧化硫、氮氧化物排放要分别减少3%左右和5%左右。深入实施大气污染防治行动计划，实行区域联防联控，推动燃煤电厂超低排放改造，促进重点区域煤炭消费零增长。“超低排放”由浙能集团在国内首创并在全国电力行业率先成功推行的燃煤机组清洁化生产新技术，迅速席卷全国，成为燃煤发电行业深入实施大气污染防治行动计划的“新常态”。面对新形势，浙能集团提出大力推进“超低排放”技术优化和工程实施，继续保持浙能集团在该领域领先优势的总要求，同时要求宣传方面也要凝聚力量、整合资源、找准焦点，在国内电力行业“竖起一面旗帜”，为浙能集团“大能源战略”的深入推进提供良好的舆论支持。

2015年4月28日，由中国电力发展促进会主办的“2015中国电力发展论坛”在北京召开。中国电力发展论坛上，国电科学研究院燃机研究所所长刘志坦，在经过大量对比和数据分析后得出结论：“要实事求是、科学命名。‘近零排放’‘超净排放’和‘燃机排放’等概念不严谨、不科学，建议使用‘超低排放’概念。”

2015年5月16日，由浙江省科技厅、省委宣传部、省科协主办，科技金融时报承办的2015年浙江省科技（科普）活动周在浙江科技大市场隆重开幕，浙江天地环保工程有限公司应邀作为协办单位携超低排放技术参展。其间，中国工程院院士、中国运载火箭技术研究院运载火箭系列总设计师、国家月球探测工程副总设计师龙乐豪在浙江天地环保工程有限公司副总经理的指引下，听取超低排放项目运行效果、技术原理和技术路线介绍。

2015年5月，启动由浙能集团、浙江大学、浙江天地环保工程有限公司和浙江浙能技术研究院有限公司联合申报的“燃煤机组超低排放关键技术研发及产业化”，2016年11月荣获2016年度浙江省科学技术进步奖一等奖。

2015年5月，浙江天地环保工程有限公司与舟山煤电及省电力设计院联合申报的“新建百万千瓦燃煤机组烟气超低排放技术研究与应用”获中国电力建设企业协会2015年度电力建设科学技术进步一等奖，浙江天地环保工程有限公司研发并申报的“提高脱硫系统浆液与烟气接触反应效率研究”获2015年度电力建设QC成果一等奖。

2015年6月9日，第十四届中国国际环保展览会（CIEPEC 2015）于北京市中国国际展览中心正式拉开帷幕。浙江天地环保工程有限公司作为浙能集团超低排放的践行者携超低排放技术参展，环境保护部部长陈吉宁到展厅现场听取超低排放技术研发和工程实施情况的详细介绍。

2015年10月14日，第十届上海国际电力设备及技术展览会在上海世博展览馆开幕，浙能集团携浙江天地环保工程有限公司亮相展会。国家能源局副局长郑栅洁、中国电力联合会常务副理事长孙玉才等领导，在浙能集团总工程师朱松强的陪同下来到浙江天地环保工程有限公司展厅，浙江天地环保工程有限公司副总经理介绍了浙能超低排放技术路线、项目建设情况和运行效果，并现场演示了已投产燃煤电厂超低排放项目的主要大气污染物排放指标及减排效果。

2015年11月17—20日，浙江天地环保工程有限公司应邀出席2015年中国电机工程学会年会。浙能集团联合浙江大学首创的烟气污染物超低排放技术入围“十二五”电力科技20项重大技术进展，浙江天地环保工程有限公司撰写的《低低温电除尘对烟气烟尘脱除的研究》一文入选年会论文集。

2015年11月19日，浙江天地环保工程有限公司携燃煤机组超低排放技术，应邀出席在南京国际博览中心举行的2015江苏环保新技术交流洽谈暨产品展示会。

2015年11月26日，浙江天地环保工程有限公司被国家知识产权局授予“多种污染物高效协同脱除集成系统”的发明专利证书，同时该技术入围中国电机工程学会评选的“十二五”电力科技20项重大技术进展。

2015年12月11日，“超低排放”百度百科专属词条正式上线，浙能集团在国内“超低排放”领域的首创地位和领先优势，获全球最大中文百科平台的权威认证。

2016年1月15日，国家能源局、国家发展改革委、环境保护部召开加快推进全国超低排放和节能改造动员大会，国家发展改革委副主任、国家能源局局长与环境保护部部长陈吉宁参加会议。各省市自治区发展改革委、能源局和环保部门在分会场参会。浙能集团总经理童亚辉在主会场向大会详细介绍了浙能超低排放和节能改造经验，并获得与会代表的高度肯定和密切关注。

2016年3月29日，“中国清洁能源‘十二五’成果总结与‘十三五’发展展望专题活动”暨第八届中国国际清洁能源博览会（CEEC 2016）在北京市中国国际展览中心开幕。浙江天地环保工程有限公司、浙江浙能节能科技有限公司、浙江兴源投资有限公司等组团亮相展会。国家能源局副局长王晓林在浙能集团总工程师朱松强陪同下到浙能集团展区，听取浙能集团在“十二五”期间能源清洁化利用方面取得的成就介绍。

2016年3月，浙江天地环保工程有限公司申报的“燃煤电厂烟气超低排放技术”及“1000兆瓦燃煤机组烟气超低排放改造工程（即浙江浙能嘉华发电有限公司7号机组烟气超低排放改造工程）”双双入选2015年国家重点环境保护实用技术及示范工程名录。

2017年6月9日，浙能集团“超低排放”代表中国最新能源领域创新成果，亮相阿斯塔纳世博会中国馆，获得国家主席习近平的高度赞誉。

2017年12月，浙能集团与浙江大学产学研用合作项目“燃煤机组超低排放关键技术研发及应用”荣获国家技术发明一等奖。

（四）船舶脱硫工程

图8-6-1 2019年8月6日，中国首套自主研发的混合式船舶脱硫系统在外籍船舶成功投运

2018年10月31日，浙江浙能迈领环境科技有限公司与印度五星公司签订关于MAHA ANOSHA 17万吨散货船船舶脱硫项目合同。该船于2019年3月16日靠泊舟山，3月19日开工，4月22日完成海试，并成功移交船东运行，成为浙能集团首个完成脱硫改造的好望角外轮。

2018年11月24日，浙江浙能迈领环境科技有限公司与地中海航运公司签订关于MSC BANU、MSC ELBE等48艘船舶脱硫项目合同。其中：2019年5月19日，MSC BANU集装箱船靠泊张家港并开工，8月6日船舶脱硫圆满完成海试，并取得国际权威的挪威德国船级社现场签证确认；2019年9月30日，MSC ELBE集装箱船靠泊土耳其Gemak船厂并开工，并于12月25日圆满完成试航。由此浙能迈领成为中国首家在国外改造安装船舶脱硫的中国企业。

截至2019年底，浙江浙能迈领环境科技有限公司共取得了110余艘船舶脱硫项目累计4亿美元订单，订单总金额位居国内前列，特别是混合式脱硫订单位居世界前列，实际交付31套脱硫装置，交付量位居世界前三。

（五）挥发性有机物（VOCs）治理

2018年6月，浙江天地环保科技有限公司与台州科瑞印务有限责任公司签订VOCs治理合同并开工建设，2019年5月竣工。2018年12月，浙江天地环保科技有限公司与珠海飞扬新材料有限责任公司签订VOCs治理合同并开工建设，2019年10月竣工。在做好工程建设的同时，浙江天地环保科技有限公司还积极与高校产学研合作，研制具有行业针对性的VOCs治理技术。

二、水污染治理项目

2007年3月，浙江东发环保工程有限公司与宁波众茂杭州湾热电有限公司签订宁波众茂杭州湾热电有限公司化学预处理系统工程合同，2007年4月开工，2007年10月全部投运，总处理能力700吨/小时。宁波众茂杭州湾热电有限公司位于慈溪市杭州湾新区，一期工程总投资2.7亿元人民币，装有2台75吨/小时循环流化床锅炉、1套12兆瓦抽凝汽轮发电机组，配套辅助系统有综合水泵房、循环水泵房、岸边水泵房和化学水处理系统等；二、三期工程规模为3×130吨/小时循环流化床锅炉。宁波众茂杭州湾热电有限公司化学预处理系统工程一期处理能力为400吨/小时，二期处理能力为300吨/小时。采用网格絮凝沉淀池+彗星纤维过滤器处理工艺，进水为开发区内污染河道水源，后期改为开发区污水厂出水。来水通过加絮凝剂混合，在网格絮凝沉淀池絮凝混合反应后，形成大颗粒的矾花。矾花在沉淀区经斜管的加速沉淀，出水得到净化。出水通过提升泵将经过彗星纤维过滤器过滤后，出水进清水池。该清水作为电厂锅炉补给水处理系统来水。

图8-6-2 宁波众茂杭州湾热电有限公司化学预处理系统工程絮凝沉淀池

2007年6月，浙江东发环保工程有限公司与国电长源荆门发电有限公司签订国电长源荆门发电有限公司脱硫系统废水处理EPC总承包工程合同，2007年12月开工，2008年6月全部投运，总处理能力15吨/小时。国电长源荆门发电有限公司位于湖北省荆门市城东工业区，始建于1976年，1983年建成投产。装机容量184万千瓦，是国家大型一类企业，华中电网的骨干电厂之一。荆门电厂脱硫废水处理系统EPC总承包工程，主要收集来自脱硫岛的脱硫工艺废水，废水汇集后集中处理，处理后出水达到排放标准外排。处理产生的沉泥经压滤机压滤后由运输车运到灰场。该工程设计处理能力15吨/小时，采用三联反应箱化学加药→澄清池→酸碱调节工艺，去除脱硫废水中重金属、悬浮物，降低COD，出水达到国家二级排放标准以综合利用。废水经中和箱、沉降箱、絮凝箱处理后进入澄清池，澄清池具有絮凝、澄清、污泥浓缩作用，澄清后的上清液进入出水箱，出水箱内清水经过自动加酸调整pH值后用清水排放泵输送进入渣水系统，作为渣水系统的补水进行回用。中和箱、絮凝箱、沉淀箱设计水力停留时间为1小时，出水箱水力停留时间2小时，澄清池水力停留时间为16小时。

2009年11月，浙江东发环保工程有限公司与江苏翔盛粘胶纤维股份有限公司签订江苏翔盛粘胶纤维股份有限公司宿迁二期综合水处理项目合同，2010年1月开工，2011年3月投运，废水总处理能力2.5万吨/日，净水总处理能力4万吨/日。江苏翔盛粘胶纤维股份有限公司厂区位于江苏宿迁经济开发北区，新沂河南侧。江苏翔盛粘胶纤维股份有限公司由浙江翔盛集团有限公司在江苏省宿迁市投资设立，是翔盛集团控股的一家股份制企业。宿迁二期综合水处理项目包含净水厂、污水处理厂、软化水站及除盐水站。废水处理站的规模为2.5万吨/日，经过酸化解析+平流沉淀+CASS等工艺有效去除废水中有机物、悬浮物、重金属离子等污染物，出水水质达到国家一级排放标准。CODcr或BOD5的主要控制单元是酸化解析池，其次是CASS生化池；Zn^{2+}的主要控制单元是平流沉淀池；S^{2-}的主要控制单元是中和池，其次是平流沉淀池。净水厂处理规模为4万吨/日，采用絮凝沉淀+虹吸滤池工艺有效去除水中悬浮物、浊度，出水达到一种使用要求。选用高锰酸钾作为灭藻剂，可以有效地去除藻类、微量有机污染物和降低致突变活性，对于水中的天然有机物、藻类、产生色度以及嗅、味的其他有机物，改变有机物结构，还可以一定程度强化后续的混凝—沉淀和过滤等过程。

2016年12月，浙江东发环保工程有限公司与浙江浙能玉环环保水务有限公司签订玉环市坎门污水处理厂提标改造工程合同，2017年2月开工，2018年6月投运，总处理能力6万吨/日。2016年，浙江天地环保科技有限公司投资成立首个城市污水PPP项目公司——浙江浙能玉环环保水务有限公司。项目合作范围包括3座污水处理厂（坎门污水处理厂、大麦屿污水处理厂、干江污水处理厂）及干江污水处理厂的配套管网泵站。2017年，该项目增加投资，合作范围新增1座污水处理厂（滨港工业城污水处理厂）及4座污水处理厂的提标改造项目。投资总额约8.9亿元，项目特许经营期限30年。玉环市坎门污水处理厂投资1.1157亿元用于经营权接收，设计处理能力6万吨/日。原污水处理排放标准执行《城镇污水处理厂污染物排放标准》(GB 18918—2002) 一级B标准。提标改造工程投资1.359亿元，设计出水水质除总氮达到《城镇污水处理厂污染物排放标准》(GB 18918—2002) 一级A标准外，其余指标达到《地表水环境质量标准》(GB 3838—2002) 四类水体标准。设计处理能力：6万吨/日。工艺流程：二沉池来水→中间提升泵房→高密度沉淀池→反硝化深床滤池→超滤系统→消毒池→出水。

图8-6-3 玉环市坎门污水处理厂提标改造工程

2017年5月，浙江东发环保工程有限公司与浙江浙能玉环环保水务有限公司签订玉环市滨港工业城污水处理厂提标改造工程合同，2017年5月开工，2018年10月投运，总处理能力1.0万吨/日。玉环市滨港工业城污水处理厂设计处理规模2万吨/日，其中一期为1万吨/日。处理后的尾水达到《城镇污水处理厂污染物排放标准》(GB 18918—2002) 一级B标准后深海排放。提标改造工程投资0.49亿元，预计出水水质除总氮达到《城镇污水处理厂污染物排放标准》(GB 18918—2002) 一级A标准外，其余达到《地表水环境质量标准》(GB 3838—2002) 四类水体标准。设计处理能力：1万吨/日。工艺流程：A^2O生化池出水→MBR池→臭氧氧化池→达标排放。

2017年5月，浙江东发环保工程有限公司与浙江浙能玉环环保水务有限公司签订玉环市大麦屿污水处理厂提标改造工程合同，2017年5月开工，2018年10月投运，总处理能力1.5万

图8-6-4 玉环市滨港工业城污水处理厂提标改造工程

吨/日。玉环市大麦屿污水处理厂投资1.48亿元用于经营权接收，设计处理规模3万吨/日，一期处理能力为1.5万吨/日，污水来源为大麦屿街道内全部生活污水、大麦屿工业园区和港口工业废水，原出水执行一级B标准排入河道。提标改造工程投资0.49亿元，出水水质达到《地表水环境质量标准》(GB 3838—2002) 四类水体标准。最终出水排至古顺防洪河道，远期可全部作为再生水回用，主要用于景观补充水、市政及工业用水，减少了水资源的用量，达到节能减排的目的。设计处理能力:1.5万吨/日。工艺流程：二沉池来水→中间提升泵房→磁混凝沉淀池→反硝化深床滤池→二氧化氯消毒池→达标排放。

2017年5月，浙江东发环保工程有限公司与浙江浙能玉环环保水务有限公司签订玉环市干江污水处理厂及配套管网工程合同，2017年7月开工，2019年1月投产，总处理能力3万吨/日。玉环市干江污水处理厂及配套管网工程投资约3.96亿元，设计处理规模为12万吨/日，一期工程建设规模3万吨/日，配套管网按排水能力满足12万吨/日的规模设计。污水来源为玉环

图8-6-5 玉环市大麦屿污水处理厂提标改造工程

市清港镇、楚门镇、干江镇和龙溪乡的污水以及预留漩门三期污水。设计出水水质达到除总氮达到《城镇污水处理厂污染物排放标准》(GB 18918—2002) 一级A标准外，其余达到《地表水环境质量标准》(GB 3838—2002) 四类水体标准后排入大海。设计处理能力：3万吨/日。工艺流程：市政污水来水→粗格栅→细格栅及旋流沉砂→水解酸化池→交替式 A^2O 池→二沉池→中间提升泵房→高密度沉淀池→反硝化深床滤池→紫外消毒池→达标排放。

图8-6-6 玉环市干江污水处理厂及配套管网工程

2017年8月3日，浙江天地环保科技有限公司与衢州市衢江区高家镇人民政府签订项目合作协议。2017年9月10日，高家镇欧塘村生活污水处理示范项目开工，2018年1月8日项目竣工投产。项目引进以色列MABR水处理技术，项目投资约92万元，设计处理水量40吨/日，出水水质达到《城镇污水处理厂污染物排放标准》(GB 18918—2002) 中一级A的要求。

2019年1月，浙江天地环保科技有限公司与桐庐县人民政府桐君街道办事处签订桐庐县梅蓉村生活污水处理示范项目合同。2019年1月20日，桐庐县梅蓉村生活污水处理示范项目开工建设。该项目采用曝气膜生物反应器（MABR）主工艺技术，处理规模100吨/日，占地面积160平方米，出水水质执行《城镇污水处理厂污染物排放标准》(GB 18978—2002) 一级A标准。项目投资约188万元，最大受益达350户。该项目于2019年3月中旬完工并投运，总处理能力100吨/日。2019年3月20日，杭州市农村生活污水治理设施提升改造工作现场推进会在杭州市桐庐县召开。由浙江天地环保科技有限公司承接建设的梅蓉村生活污水处理示范项目现场吸引了到访200多名政府代表和专家的驻足、点赞。天地公司做好现场展板布置、LED屏展播、现场宣传等工作，积极配合做好桐庐农村污水项目现场会准备工作，开拓农村污水治理市场。

2019年7月，浙江天地环保科技有限公司与杭州市桐庐县人民政府桐君街道办事处签订桐庐县农村生活污水处理示范项目，该项目7月开工并于同年9月竣工，总处理能力100吨/日。

2019年11月，浙江天地环保科技有限公司与杭州市临安区清凉峰人民政府签订临安区清凉峰镇白果村MABR农村生活污水处理示范项目，该项目于2020年7月全部投运，总处理能力600吨/日。

图8-6-7 临安区清凉峰镇MABR示范项目现场

2019年11月，浙江天地环保科技有限公司与杭州市临安区岛石镇人民政府签订临安区岛石镇农村污水设施抢险救灾工程总承包项目，该项目于2020年8月28日综合验收，处理规模共计24个站点（设计规模5~50吨/日不等）。

图8-6-8 临安区岛石镇农村污水设施抢险救灾项目

2007—2019年浙江天地环保科技有限公司废水处理工程见表8-6-6，2007—2011年浙江东发环保工程有限公司锅炉补给水处理及海水淡化工程见表8-6-7。

表8-6-6 2007—2019年浙江天地环保科技有限公司废水处理工程一览表

序号	项 目 名 称	开工时间	投产时间	处理规模
1	宁波众茂杭州湾热电有限公司化学预处理系统工程	2007-04	2007-10	700吨/小时
2	国电长源荆门发电有限公司脱硫废水处理EPC工程	2007-06	2008-06	15吨/小时
3	江苏翔盛粘胶纤维股份有限公司一期粘胶纤维污水处理工程	2008-05	2008-11	730吨/小时
4	江苏翔盛粘胶纤维股份有限公司宿迁二期综合水处理项目	2010-01	2011-03	2708吨/小时（废水/净水）
5	杭州萧山经济技术开发区热电有限公司排泥水处理项目	2015-07	2016-02	12吨/小时
6	内蒙古锦联铝材有限公司一期电厂废水处理系统整体优化改造EPC总承包项目	2015-11	2016-05	70吨/小时
7	高家镇欧塘村生活污水处理示范项目	2017-09	2018-01	40吨/日
8	巨化集团有限公司公用热电厂含煤废水处理系统改造工程	2018-03	2018-10	200吨/小时
9	桐庐县农村生活污水处理示范项目	2019-07	在建	100吨/日
10	临安区清凉峰镇白果村MABR农村生活污水处理示范项目	2019-11	2020-07	600吨/日
11	临安区岛石镇农村污水设施抢险救灾工程总承包项目	2019-11	在建	24个站点（设计规模5~50吨/日不等）

表8-6-7 2007—2011年浙江东发环保工程有限公司锅炉补给水处理及海水淡化工程一览表

吨/小时

序号	工 程 名 称	开工时间	投产时间	处理规模
1	宁波众茂杭州湾热电有限公司锅炉补给水系统一期工程	2007-09	2008-04	200
2	浙江巨石集团有限公司中水回用站项目设计	2007-11	2008-06	300
3	宁波众茂杭州湾热电有限公司锅炉补给水系统二期工程	2009-01	2009-06	200
4	江苏翔盛粘胶纤维股份有限公司除盐水站建设项目	2009-12	2010-06	220
5	江苏翔盛粘胶纤维股份有限公司软化水站建设项目	2009-12	2010-06	720
6	浙江恒逸己内酰胺有限公司年产2×10万吨己内酰胺工程动力站超滤反渗透项目	2010-05	2010-11	430
7	宁波众茂杭州湾热电有限公司锅炉补给水系统三期工程	2010-07	2011-01	100

三、固体废弃物治理项目

2011年2月25日，衢州天达巨泰环保有限公司与衢州巨宏热电有限公司签订关于固体废弃物无害化处理服务之合作协议，衢州天达巨泰环保有限公司负责无害化处置衢州巨宏热电有限公司产生的粉煤灰、脱硫石膏、灰渣等固体废弃物。2016年1月28日，衢州天达巨泰环保有限公司更名为衢州天达巨宏环保有限公司，2019年9月2日注销。共计粉煤灰治理82万吨。

2012年7月5日，永济天达环保建材有限公司与山西漳泽电力股份有限公司蒲州发电分公司签订关于固体废弃物无害化处理服务之合作协议，永济天达环保建材有限公司负责无害化处置山西漳泽电力股份有限公司蒲州发电分公司产生的粉煤灰、脱硫石膏、灰渣等固体废弃物。永济天达环保建材有限公司于2020年6月29日注销。共计粉煤灰治理129万吨，脱硫石膏40万吨。

2011年12月至2017年12月，宁夏天达环保有限责任公司与青铜峡铝业发电有限公司与之签订固体废弃物处置合同，为青铜峡铝业发电有限公司2×330兆瓦发电机组进行固废服务，粉煤灰年处置量50万~60万吨，脱硫石膏年处置量10万~12万吨。由于2017年12月未中标，终止与电厂合作。截至2019年，粉煤灰累计治理228万吨，脱硫石膏累计治理14.7万吨。

2005—2011年浙江天达环保股份有限公司分、子公司蒸压加气混凝土砌块生产线分布见表8-6-8。

2010—2015年浙江天达环保股份有限公司加气砌块生产线项目见表8-6-9。

2014—2019年浙江天地环保科技有限公司各

表8-6-8 2005—2011年浙江天达环保股份有限公司分、子公司蒸压加气混凝土砌块生产线分布

序号	公司名称	成立时间	业务范围	经营场所
1	长兴天达环保建材有限公司	2005-09-27	蒸压加气混凝土砌块、粉煤灰（渣）、脱硫石膏、脱硫剂加工	浙江省长兴县迎宾大道888号长兴发电有限公司内
2	兰溪天达环保建材有限公司	2005-10-28	蒸压加气混凝土砌块、粉煤灰（渣）、脱硫石膏（含水泥缓凝剂）、脱硫剂加工	浙江省兰溪市灵洞乡浙江浙能兰溪发电有限责任公司内
3	新疆天达环保有限公司	2010-10-18	蒸压加气混凝土砌块的生产和服务	新疆阿克苏地区阿克苏市西工业园区
4	宁夏天达环保有限责任公司	2011-12-15	蒸压加气混凝土砌块、粉煤灰（渣）、脱硫石膏的生产和服务	宁夏回族自治区青铜峡市新材料基地

图8-6-9 加气混凝土砌块

表8-6-9 2010—2015年浙江天达环保股份有限公司加气砌块生产线项目

名　　称	开工时间	竣工时间	投产时间
兰溪年产20万立方米粉煤灰蒸压加气砖生产线	2010-05-01	2011-04-14	2011-10-01
新疆天达年产40万立方米加气砌块及配套4万吨砂浆项目	2010-08-30	2012-03-30	2012-07-03
宁夏天达青铜峡燃煤发电厂年产20万立方米固体废弃物综合利用项目一期工程加气混凝土砌块生产线	2013-05	2014-06	2014-12
长兴粉煤灰及脱硫石膏综合利用项目二期工程20万立方米加气混凝土砌块生产线项目	2014-06-11	2015-02-05	2015-08-21

生产线蒸压加气砌块生产情况见表 8-6-10。

截至 2019 年 12 月，浙江天地环保科技有限公司年处理固体废弃物 844 万吨，累计处理固体废弃物 8544 多万吨。

2014—2019 年浙江天地环保科技有限公司脱硫剂加工量见表 8-6-11，2014—2019 年浙江天地环保科技有限公司各生产线脱硫石膏销售数据汇总见表 8-6-12，2014—2019 年浙江天地环保科技有限公司固体废弃物处理业务营业收入、利润总额及净利润情况见表 8-6-13。

表 8-6-10 2014—2019 年浙江天地环保科技有限公司各生产线蒸压加气砌块生产情况一览表

单位	项目名称	年份					
		2014	2015	2016	2017	2018	2019
宁夏天达环保有限责任公司	生产量（立方米）	—	38944.52	78622.36	115136	167078.53	230594.29
	营业收入（元）	—	5214936	10440905	16293542	24510624	35451858.3
长兴天达环保建材有限公司	生产量（立方米）	—	7440.68	88783.78	147794.74	147798	183959.69
	营业收入（元）	—	1242839	15601986	28741603	36187340	48591762
兰溪天达环保建材有限公司	生产量（立方米）	357801.5	331619.35	279888.87	214421.57	195459	211135.04
	营业收入（元）	76763484	65005117	51258722	40548758	48527722	56999970
新疆天达环保有限公司	生产量（立方米）	171668.3	148554.71	177249.16	149212.068	143893.19	130201.59
	营业收入（元）	25638439	20084076	23325383	31373217.5	38591575	36595452.5

注：2014—2016 年为浙江天达环保股份有限公司生产数据，2017—2019 年为并入浙江天地环保科技有限公司以后的生产数据。

表 8-6-11 2014—2019 年浙江天地环保科技有限公司脱硫剂加工量

项目名称	年份					
	2014	2015	2016	2017	2018	2019
脱硫剂加工量（万吨）	52	48	62	68	67	68
营业收入（万元）	5202	4884	6464	6953	6970	7043

注：2014—2016 年为浙江天达环保股份有限公司脱硫剂加工数据，2017—2019 年为并入浙江天地环保科技有限公司以后的脱硫剂加工数据。

图 8-6-10 脱硫剂加工服务

图 8-6-11 2019 年 12 月，舟山天达环保建材有限公司脱硫剂加工（湿磨）

图 8-6-12 2019 年 12 月，浙江天地环保科技有限公司嘉兴分公司脱硫剂加工（干磨）

表 8-6-12 2014—2019 年浙江天地环保科技有限公司各生产线脱硫石膏销售数据汇总表

单 位	项目名称	年 份					
		2014	2015	2016	2017	2018	2019
长兴天达环保建材有限公司	销售量（吨）	61260.83	61410.58	54386.74	71057.86	99788.28	87373.12
	金额（元）	5328083.7	3927997.9	2736513.7	4403104	7024528	6552984.00
兰溪天达环保建材有限公司	销售量（吨）	13808.81	45807.37	69590.06	72595	75848.78	70284.30
	金额（元）	1001392	3159279	4047678	4484744	5207666	5678989.35
舟山天达环保建材有限公司	销售量（吨）	44172.04	102733.8	91351.58	90938.14	91899.28	118957.82
	金额（元）	4814752	8833608	4571915	4092216	6432950	8327047.40
宁波市镇海天达环保建材有限公司	销售量（吨）	84530.2	61781.74	68088	64410.48	66032.51	37564.88
	金额（元）	5379988	4550698	3501578	3027293	3417215	2178763.04
浙江天地环保科技有限公司乐清市分公司	销售量（吨）	213342	177140	236208	250925	292303	298448
	金额（元）	10251179	13472540	12427721	12838868	15982347	16481072
台州天达环保建材有限公司	销售量（吨）	24046.98	18039.54	54342.14	54225.78	126503	99647.32
	金额（元）	1190974	1010060	2899068	2847816	6594019	5361685.00
新疆天达环保有限公司	销售量（吨）	—	—	—	17817.71	20858.16	24969.38
	金额（元）	—	—	—	172080	377196.65	507687.62

注：2014—2016 年为浙江天达环保股份有限公司销售数据，2017—2019 年为并入浙江天地环保科技有限公司以后的销售数据。

表 8-6-13 2014—2019 年浙江天地环保科技有限公司固体废弃物处理业务营业收入、利润总额及净利润情况表

万元

年 份	2014	2015	2016	2017	2018	2019
主营业务收入	62325	53053	50980	59042	77351	98963
利润总额	27157	18301	10597	17372	36339	52156
净利润	20760	14439	8008	12468	31062	46166

注：2014—2016 年为浙江天达环保股份有限公司业务经营数据，2017—2019 年为并入浙江天地环保科技有限公司以后的业务经营数据。

四、催化剂生产与销售

（一）催化剂生产项目建设

2011 年 4 月 12 日，浙能集团组织相关专家在杭州审查通过了浙江兴源投资有限公司《关于新建年产 6000 m^3 及年再生 5000 m^3SCR 脱硝催化剂项目可行性研究报告书》。2011 年 4 月 20 日，浙能集团董事会讨论并通过了脱硝催化剂建设项目。2011 年 5 月 11 日，宁海县发展和改革局以宁发投资〔2011〕106 号文件批复《项目建议书》。2011 年 5 月 16 日，催化剂项目投资签约仪式在宁海举行，浙能集团总经理童亚辉出席签约仪式。

2011 年 5 月 27 日，浙江浙能催化剂技术有限公司注册成立，注册资本 6200 万元。一期工程投资 2.26 亿元，设计年产 6000 立方米蜂窝式 SCR 脱硝催化剂，于 2012 年 12 月底成功投产；二期工程投资 0.6 亿元，设计年再生 5000 立方米蜂窝式 SCR 脱硝催化剂，于 2016 年 10 月底成功投产。

2011 年 5 月，浙江浙能催化剂技术有限公司与美国 Cormetech 公司正式签署《催化剂技术许可协议》，引进了具有世界先进水平的蜂窝式催化剂全套技术和设备，是当前国内脱硝催化剂行业的一流企业。

2011 年 7 月 13 日，宁海县环境保护局批复了《建设项目环境影响报告表》。同年 8 月 25 日，宁波市经济和信息化委员会批复了《项目

节能评估报告书》。同年 12 月 16 日，催化剂建厂项目项目场平正式开工。

2012 年 5 月，浙江浙能催化剂技术有限公司投资近 2000 万元建成了国内一流催化剂研发实验室，拥有 X 射线荧光光谱仪、X 射线衍射仪、激光粒度分析仪等进口设备，方便各类研发工作的开展，并于 2016 年通过国家认可委员会（CNAS）认可。催化剂公司经营范围包括不同类型脱硝催化剂研究、开发、设计、生产、试验、检验、销售、服务、配套安装调试、再生处理、循环再利用、技术成果转让及技术咨询服务。

2016 年 11 月，根据科技工程与服务产业分公司产业条块管理要求，浙江浙能催化剂技术有限公司从浙江浙能兴源节能科技有限公司划入浙江天地环保科技股份有限公司管理。

（二）催化剂销售

截至 2019 年 12 月，浙江浙能催化剂技术有限公司共销售催化剂累计 42158.28 立方米，其中浙能集团外催化剂供应项目 75 个，合计 8949.77 立方米。累计为近 100 台发电机组提供脱硝催化剂，总装机容量 39674 兆瓦。

2012—2019 年浙江浙能催化剂技术有限公司经营指标见表 8-6-14。

表 8-6-14 2012—2019 年浙江浙能催化剂技术有限公司经营指标

序号	经营指标	年份							
		2012	2013	2014	2015	2016	2017	2018	2019
1	产量（立方米）	—	5372（集团内新增）	5517.22（集团内新增）	5003.82（集团内新增）	5098.52（其中：集团内新增 3671.52，集团外新增 1427）	9080.08（其中：集团内新增 4298.26，集团内再生 2810.82，集团外新增 1971）	6152.59（其中：集团内新增 169.35，集团内再生 3184.40，集团外新增 2798.84）	5934.05（其中：集团内新增 1437.68，集团内再生 1743.44，集团外新增 2464.43，集团外再生 288.5）
2	资产总额（万元）	18693.10	29712.55	31768.65	35264.41	32400.62	27818.52	24671.52	23043.59
3	净资产（万元）	5001.18	6132.14	7893.46	11531.36	12036.90	12175.42	12213.91	13006.76
4	营业收入（万元）	6543.42	16570.45	19755.30	18021.99	10180.16	11269.31	9483.06	8552.78
5	利润总额（万元）	8.75	1434.77	2422.96	2930.14	779.90	245.85	49.27	841.42

五、噪声污染治理项目

2011 年 3 月，浙江东发环保工程有限公司与金华电业局签订 500 千伏双龙变直流融冰系统降噪处理工程合同，2011 年 4 月 2 日开工，2011 年 4 月 23 日完成竣工移交投运。500 千伏双龙变电站内东侧厂界附近融冰兼动补装置区域噪声较大，造成厂界噪声超标。本工程确保东侧厂界达标，对 500 千伏双龙直流融冰系统换热风扇区域进行封闭治理，在 12 台换热风扇区域设置尺寸为 10510 毫米×5620 毫米×2660 毫米的可拆卸式隔声罩，隔声罩配套照明系统、通风散热系统及日常巡检用的检修通道；在出风消声器下新增混流段及帆布软连接，确保热风直接排放到隔声罩外。隔声罩整体隔声量≥20 分贝，治理后的声源设备对东侧厂界的影响达到《工业企业厂界环境噪声排放标准》（GB 12348—2008）的 2 类标准，即昼间≤60 分贝，夜间≤50 分贝。

2013 年 3 月，浙江东发环保工程有限公司与浙江省火电建设公司签订长兴燃机项目全厂噪声治理工程（A 标段）合同，2013 年 3 月开工，2014 年 1 月完成竣工移交投运。长兴天然气热电联产工程装机规模为 2×400 兆瓦级燃气蒸汽联合循环机组，由 2 台 400 兆瓦级（9F）型燃气轮发电机组、2 台余热锅炉、2 台抽凝式汽轮发电机组组成。本工程对长兴热电联产工程冷却塔区域、调压站区域、主变区域及厂界区域的噪声进行治理，主要治理工艺包括：采用消声导流片工艺对冷却塔噪声进行治理，1号冷却塔消声导流片包络角度108°，2号冷却塔消声导流片包络角度165°，高降噪区LIL>13分贝，低降噪区LIL>11分贝；采用声屏障工艺对主变噪声进行治理，声屏障高为9米，RW>25分贝；采用声屏障工艺对天然气调压站噪声进行治理，声屏障高6米（含底部砖墙），RW>25分贝；同时在南侧、东侧及北侧设置高7米的厂界声屏障，RW>25分贝。通过以上噪声治理措施，确保厂界噪声达到《工业企业厂界环境噪声排放标准》（GB 12348—2008）的3类标准，即昼间≤65分贝，夜间≤55分贝；厂界外敏感点噪声达到《声环境质量标准》（GB 3096—2008）的2类标准，即昼间≤60分贝，夜间≤50分贝。

2013年9月，浙江东发环保工程有限公司与浙江省火电建设公司签订宁波镇海动力中心天然气热电联产项目1号、2号主厂房噪声治理工程合同，2013年11月开工，1号主厂房于2014年2月完成竣工移交投运，2号主厂房于2014年7月完成竣工移交投运。宁波镇海动力中心天然气热电联产工程为宁波石化经济技术开发区配套的热电联产项目，本工程对1号、2号主厂房噪声进行治理。治理工艺包括：在主厂房壁面内增设复合吸隔声墙体，主厂房壁面降噪量≥20分贝；在通风百叶处增设进风消声器，进风消声器减噪量LNR≥20分贝；采用消声器对屋顶风机及涡轮风机进行噪声治理，消声器减噪量LNR≥20分贝。

2014年7月，浙江东发环保工程有限公司与杭州萧山交通投资集团基础设施建设指挥部签订03省道萧山东复线延伸线（新街至红垦）改建工程隔声屏障工程合同，2014年7月开工，2014年12月完成竣工移交投运。本工程是在盛东村农居点施工图桩号K2+600～K4+300（对应工可报告中起点桩号K4+200～K5+900）范围内，离公路较近（如20米之内），住户相对集中，沿公路分布较长的村庄处的高架桥左侧护栏上设置隔声屏障。具体桩号为K2+700～K4+100，总长1400米。声屏障设计上采用微弧形、吸隔音声屏障，上下均为百叶吸声板，中部为透明隔声板，上部带小弧形，声屏障总高3.5米（含护栏基础高度1米），声屏障隔声量≥12分贝。

2006—2014年浙江东发环保工程有限公司噪声处理市场工程业绩见表8-6-15。

表8-6-15 2006—2014年浙江东发环保工程有限公司噪声处理市场工程业绩汇总表

序号	项目名称	合同签订时间	开工时间	竣工时间
1	浙江天基水泥有限公司厂区噪声治理项目	2006-01	2006-01	2006-04
2	杭州全顺纺织有限公司空压站噪声治理项目	2008-04	2008-04	2008-05
3	兰溪市党政中心中央空调机房、冷却塔噪声治理工程	2008-06	2008-06	2008-07
4	中石化南京扬子石油化工有限公司烯烃厂空压站噪声治理项目	2008-09	2008-09	2008-11
5	杭州中浙房产杭州滨江太阳国际2号公寓楼地下层变压器降噪工程	2009-01	2009-01	2009-04
6	浙江顺泰木业有限公司厂区噪声治理工程	2009-06	2009-06	2009-06
7	宁波钢铁有限公司一次除尘风机房噪音治理工程	2009-07	2009-09	2010-01
8	国电长源荆门发电有限公司一次风机降噪工程	2009-10	2009-12	2010-01
9	金华电业局500 kV双龙变直流融冰系统降噪处理工程	2011-03	2011-04	2011-04
10	长兴燃机项目全厂噪声治理工程A标段项目	2013-03	2013-03	2014-01
11	宁波镇海动力中心天然气热电联产项目1号、2号主厂房噪声治理工程 1号、2号主厂房噪声治理工程	2013-09	2013-11	2014-07
12	03省道萧山东复线延伸段（新街至红垦）改建工程隔声屏障工程	2014-07	2014-07	2014-12

六、垃圾发电项目

2017年6月30日，开化天汇环保能源有限公司注册成立，注册资本金5880万元，由浙江浙能兴源节能科技有限公司独资成立。开化天汇环保能源有限公司位于衢州市开化县华埠镇杨村工业园区，建设规模为生活垃圾处理能力600吨/日（2×300吨/日），农林废弃生物质处置能力200吨/日，城镇污水厂污泥干化处理能力40吨/日，餐厨垃圾处理能力20吨/日。一期工程建设规模为生活垃圾处理能力300吨/日，城镇污水厂污泥干化处理能力20吨/日，餐厨垃圾处理能力10吨/日。本工程实行一次供地、分期建设、分期验收。2017年8月1日，取得《关于开化县生活垃圾焚烧发电项目核准的批复》（开发改核准〔2017〕2号）；2017年6月22日，浙能集团董事会同意投资本项目（〔2017〕11号董事会会议决议）；2018年6月12日，项目初步设计通过科技工程与服务产业分公司及浙江浙能兴源节能科技有限公司联合审查（浙能科服专题纪要〔2018〕58号）。监理合同于2018年3月27日签订（KHTH-GCHT-2018-001），EPC总承包合同于2018年5月15日签订（KHTH-GCHT-2018-002）。2018年6月11日，项目开始基础开挖。2018年10月31日，锅炉钢结构正式开吊。2019年7月18日完成了锅炉水压试验，9月12日完成了汽轮机扣盖，9月24日完成了厂用电系统受电，10月22日完成了化水系统制水，10月28日首车垃圾进厂，10月31日完成低温烘炉，12月25日实现了首次并网发电。

七、污泥发电项目

2016年11月7日，绍兴市柯桥区政府组织会议研商，明确由浙能集团及其所属企业开展日处理2500吨的印染污泥清洁化项目的前期及建设运营工作。同年12月8日，浙能集团批复同意项目立项。项目位于绍兴市柯桥滨海工业区内，是滨海工业区印染企业集聚后的污泥处置配套服务类工程项目，拟建污泥处置能力2500吨/日，分期建设。

2017年4月1日，项目预可研报告通过柯桥区政府组织评审；26日，柯桥区政府组织专题会议，明确污泥来源、热负荷去向、项目用地、排放总量、规划符合性和股权问题，提出参股比例浙江浙能兴源节能科技有限公司不超过80%、绍兴柯桥水务集团不超过20%。同年12月，浙江浙能电力股份有限公司印发《关于同意滨海热电灰库土地分割用于滨海污泥清洁化处置示范项目的批复》（浙能电生〔2017〕532号）。

2018年6月1日，浙能集团董事会审议成立项目公司事宜，同意由浙江浙能兴源节能科技有限公司80%、绍兴柯桥水务集团有限公司20%股比设立公司共同投资本项目；20日，浙江浙能兴源节能科技有限公司与绍兴柯桥水务集团有限公司签署《合作框架协议》；29日，浙能集团董事会再次审议成立项目公司事宜，同意由浙江浙能兴源节能科技有限公司60%、绍兴柯桥水务集团有限公司20%、绍兴市公用事业集团有限公司20%股比组建项目公司。同年7月17日，项目公司——浙江浙能滨海环保能源有限公司注册成立，注册资本金16000万元。同年8月6日，绍兴市柯桥区发展和改革局组织项目可研报告审查会议。同年11月26日，柯桥区发展和改革局印发《关于绍兴滨海污泥清洁化处置示范项目核准的批复》（绍柯审批投〔2018〕403号），新建1台130吨/小时高温高压循环流化床污泥焚烧锅炉，1台25兆瓦抽凝式汽轮机及相关配套设置，形成规模为2500吨/日的污泥处置能力，项目总投资79219万元。

2019年7月5日，绍兴市柯桥区行政审批局批复项目初步设计，核定投资概算为78557.52万元。2019年4月完成场地土方填筑，4月30日开始桩基工程打桩工作，8月28日完成主厂房第一方混凝土浇筑，10月15日锅炉钢结构开吊，11月29日锅炉大板梁就位，12月28日锅炉汽包就位。计划投产时间为2020年11月30日。

八、掺烧污泥热电联产项目

2017年6月27日，平湖独山港环保能源有限公司注册成立，其中：浙江浙能兴源节能科技有限公司占股70%，新凤鸣集团湖州中石科技有限公司占股30%。掺烧污泥热电联产项目建设规模为3×180吨/小时高温高压循环流化床锅炉和3×15兆瓦（级）高温高压抽背式汽轮发电机组，以及500吨/日湿污泥处置系统。项目计划总投资66248万元，项目资本金为20000万元。项目施工总承包单位为浙江省电力建设有限公司和浙江天地环保科技有限公司，设计单位为浙江省电力设计院，监理单位为浙江智慧城建监理有限公司。

本项目是浙能集团首个掺烧污泥的热电联产项目，位于平湖市独山港开发区，项目投产后开发区内50多家企业的自备燃煤或燃油锅炉均逐步被淘汰，这有利于改善区域投资环境，促进地方经济社会的持续发展，大大提高开发区的生态环境。

项目于2016年12月28日取得嘉兴经济和信息化委关于项目核准的批复（嘉经信电力〔2016〕178号）；2018年5月29日桩基工程开工，12月27日1号锅炉钢结构开始吊装；2019年8月30日完成1号锅炉水压试验，9月24日厂用电受电。2020年7月5日，1号机组并网发电；2020年8月29日，2号机组并网发电。

第七章 其他服务

第一节 港口服务

一、浙能长兴铁公水码头项目

浙江长兴捷通物流有限公司成立于2004年12月15日，是由浙江兴源投资有限公司、浙江浙能长兴发电有限公司和浙江浙能富兴燃料有限公司共同出资组建而成。捷通物流公司注册资金为12700万元，主要经营范围为货运配载、仓储理货等货运站（场）经营；在港区内提供货物装卸、仓储服务，为船舶提供码头设施；煤炭批发；水陆、陆路国际货物运输代理及代办财务结算服务、场地租赁等物流服务领域。2005年9月，长兴县第一张港口经营许可证落户捷通物流公司，同年取得了AAA的资质信用证书。

浙江长兴捷通物流有限公司位于长兴县画溪街道318国道雉洲大道浙北大桥西侧，处于G50（沪渝）高速和G25（长深）高速，318国道和104国道及长湖申线的黄金交会点，集水路、铁路、公路于一体，拥有得天独厚的交通区位优势。码头区域占地387.24亩。

2018年底，浙江长兴捷通物流有限公司港口货物年装卸量约为300万吨。拥有165米×62米开挖式港池1个，300吨级（兼靠500吨级）泊位13个，500吨级（兼靠1000吨级）泊位2个，总岸线约1.5千米；机械设备包括300吨/小时装卸桥4台，800吨/小时堆料机1台，100吨/小时固定式电动抓斗起重机4台，多用途轨道式龙门吊2台，正面吊2台，堆高机1台，带式输送机输送系统1.3千米；物流仓库6690平方米，露天堆场34560平方米。

2005年6月26日，一期项目开工，投资4827.17万元，历经7个月的施工、安装，主体土建工程于2006年1月通过验收，主设备系统工程于2006年4月验收，配套工程于2006年8月完工，2006年12月1日，整体工程通过湖州市发展改革委组织的竣工验收。一期拥有165米×62米开挖式港池1个，500吨级泊位8个，总岸线750米。机械设备包括300吨/小时装卸桥2台，800吨/小时堆料机1台，100吨/小时固定式电动抓斗起重机4台，叉车2台。带式输送机输送系统1.3千米，配套永久性散货堆场17283平方米，月平均装卸量超过10万吨。除确保浙江浙能长兴发电有限公司电煤中转的同时，还担负着长兴地区矿产资源和生产、生活物资的中转、储运任务。

2009年11月30日，二期项目开始打桩动工，2011年10月19日交工验收并进入试运行。扩建工程建设征用土地195亩，项目投资

15254.66 万元，新建 3 个 300 吨级煤炭泊位、2 个 500 吨级（兼靠 1000 吨级）多用途泊位及一处锚地，同时为 2 个 300 吨级件杂货泊位，配置装卸设备，形成电煤中心、物流中心及锚泊区。

2013 年 11 月，浙江长兴捷通物流有限公司开通长兴至乍浦的集装箱内河运输航线；2014 年 6 月，长兴—乍浦—宁波外贸海河联运通道首次试航成功。集装箱码头内外贸航线的开通，填补了长兴县集装箱水路运输的空白。

2016 年 7 月，浙江长兴捷通物流有限公司开通长兴捷通—上港宜东集装箱运输航线，实现了“黄金水道”起点和终点码头的直接对接，形成以长兴捷通港为集装箱集散中心、宜东码头为中转枢纽的水水转运快速发展模式。

2016 年 10 月，浙江长兴捷通物流有限公司开通长兴捷通—江苏太仓集装箱运输航线，从而形成以长兴捷通港为集装箱集散中心，乍浦港、上海港、太仓港为中转枢纽的水水转运全覆盖。同月，捷通物流公司与江苏太仓港合作，开辟了长兴至太仓港的集装箱内河运输航线。捷通物流公司集装箱航线已覆盖“长三角”全部出海港口，捷通内河集装箱运输框架已构筑完成。

2017 年，浙江长兴捷通物流有限公司连续 3 个月突破 4000 标箱，12 月散货中转量达 6.3 万余吨，创下了单月历史最高纪录。

2018 年，浙江长兴捷通物流有限公司全年完成营业收入 5791.51 万元，实现利润总额 1083.78 万元，净利润 809.83 万元。总资产 20610.4 万元，净资产 14314.36 万元。

2005—2018 年浙江长兴捷通物流有限公司财务状况明细见表 8-7-1。

表 8-7-1 2005—2018 年浙江长兴捷通物流有限公司财务状况明细表 万元

序号	项目	年份													
		2005	2006	2007	2008	2009	2010	2011	2012	2013	2014	2015	2016	2017	2018
1	营业收入	1793	4029	3666	4823	14522	6176	9575	11506	24417	7093	6960	3549	4531	5792
2	利润总额	-1060	1237	1125	660	940	506	307	70	505	575	268	193	916	1084
3	净利润	-1060	1000	646	475	701	384	226	29	349	398	197	141	687	810
4	资产总额	11491	11579	10779	15622	19362	21518	26248	25700	23764	22872	21527	19525	19400	20610
5	负债总额	7851	6939	5493	5984	5353	7125	11629	11051	9427	8136	6595	4452	3640	6296
6	净资产	3640	4640	5286	9638	14009	14393	14619	14649	14337	14736	14932	15073	15760	14314

二、浙能小洋山围垦项目

2009 年 6 月 12 日，浙江省省长吕祖善实地考察了小洋山北侧围垦项目区，并就推进该区域的围垦和开发问题作了重要指示。此后，省政府印发了小洋山北侧围垦专题会议的会议纪要（浙江省人民政府专题会议纪要〔2009〕40 号），为加快推进小洋山北侧建设开发，进一步明确了围垦成陆后的功能定位、产业布局规划的深入研究及以浙能集团牵头主导围垦等重大事项。

2009 年 11 月 19 日，浙江浙能洋山建设开发有限公司在舟山嵊泗县揭牌成立。浙能集团总经理沈志云和嵊泗县委书记、县人大主任为浙江浙能洋山建设开发有限公司揭牌，浙能集团公司副总经理童亚辉、嵊泗县县长等出席揭牌仪式。

2009 年 11 月 19 日，浙江浙能洋山建设开发有限公司第一次股东会暨一届一次董、监事会议在嵊泗顺利召开。会议由浙能集团公司副总经理童亚辉主持，经全体股东审议并签署了《股东协议》《公司章程》，浙江浙能洋山建设开发有限公司由浙江省能源集团有限公司出资 90%、嵊泗县国有资产投资经营有限公司出资 10% 组建设立，注册资本金 5 亿元。会议选举了董事成员、监事成员，并成立公司第一届董事会及监事会。

2010 年 1 月 12 日，浙江浙能洋山建设开发有限公司和浙江洋山经济联合开发有限公司签订意向书，浙江洋山经济联合开发有限公司同意提供小洋山北侧围垦区域内的围垦项目相关资料，并配合浙江浙能洋山建设开发有限公司开展尽职调查。

2010年6月24日，嵊泗县小洋山薄刀嘴西区围填海工程可行性研究报告获浙江省发展改革委批复（浙发改农经〔2010〕592号）。批复的项目建设开发主体为浙江浙能洋山建设开发有限公司。

2010年7月1日，国家海洋局以《关于浙江小洋山北侧综合开发二期区域建设用海规划审查意见的函》(海管函〔2010〕190号）致函浙江省海洋与渔业局，并附上海市海洋局《关于对〈浙江小洋山北侧综合开发二期区域建设用海规划（2010—2015)〉意见的复函》(沪海洋〔2010〕25号)。

2010年9月6日，经浙江省政府协调，浙江省海洋与渔业局以《关于浙江小洋山北侧综合开发二期区域建设用海规划有关情况的报告》(浙海渔管〔2010〕55号）上报国家海洋局。

2010年11月8日，浙江省副省长龚正一行到浙江嵊泗县小洋山调研，在考察洋山保税港区后专程到小洋山北侧了解小洋山围垦项目的进展情况。龚正指出，小洋山围垦项目应满足浙、沪两省市确定的总体规划，加快推进项目的开工建设，进一步完善港区各项功能，推动航运市场的繁荣，服务长江三角洲和地方经济发展。

2011年7月15日，浙江省发展改革委在杭州组织召开小洋山港区配套开发海堤一期工程(南区）初步设计调整审查会。

2011年11月30日，《小洋山港区配套开发海堤工程一期工程（南区）调整环境影响报告书》通过浙江省海洋与渔业局在杭州召开的技术审查会。

2011年12月14日，浙江浙能洋山建设开发有限公司与浙江洋山经济联合开发有限公司举行股权转让合同签字仪式，浙能洋山公司收购浙江洋联公司100%股权。

2012年1月11日，《小洋山围垦一期工程[小洋山港区配套开发海堤工程一期工程（南区)］初步设计调整报告》获得浙江省发展改革委批复（浙发改设计〔2012〕4号)。

2012年3月13日，上海海事局在沪主持召开《小洋山围垦一期工程新隔堤工程通航安全评估报告》专家评审会。会议评审通过小洋山一期新隔堤工程通航安全评估报告。3月28日，嵊泗县人民政府以嵊规划办〔2012〕8号批准了由浙江浙能洋山建设开发有限公司组织编制的《小洋山北侧陆域综合开发规划》。

2012年4月26日，小洋山围垦一期工程C1标段工程正式开工，标志着小洋山北侧围垦工程建设正式拉开了序幕。

2012年5月8日，国家海洋局印发《同意浙江省海洋与渔业局对小洋山北侧综合开发二期区域建设用海规划进行论证和听证的函》(海管函〔2012〕136号)，同意开展海域使用论证。这标志着小洋山北侧围垦二期项目的用海申请前期审批工作进入正常轨道。5月9日，获得浙江省围垦局《关于小洋山围垦一期工程开工报告的批复》(浙围建〔2012〕7号)。

2012年9月11日7时50分，随着第一块充灌砂被缓缓划入小洋山海面，标志着小洋山围垦一期工程水下作业全面进入常态化施工。

2012年12月3日，浙江省海洋与渔业局在杭州市主持召开了《浙江小洋山北侧综合开发二期区域建设用海总体规划环境影响环评篇章》评审会。会议就二期区域围垦对海洋环境保护角度考虑，认为该区域用海规划的实施可行，同意通过评审。

2013年1月22日，浙江省海洋与渔业局以《关于要求审查浙江小洋山北侧综合开发二期区域建设用海规划环境影响篇章的请示》(浙海渔〔2013〕5号）上报国家海洋局。

2013年2月25日，浙江省副省长、舟山市委书记孙景淼调研小洋山一期围垦工程。2月26日，国家海洋局海洋环境保护司以《关于〈浙江小洋山北侧综合开发二期区域建设用海规划环境影响篇章〉有关问题的函》(海环函〔2013〕64号）致函浙江省海洋与渔业局，根据函件要求及《关于进一步加强海洋工程建设项目和区域建设用海规划环境保护有关工作的通知》(海环字〔2013〕196号）精神，浙能洋山公司组织有关单位对环境影响篇章进行了补充完善。

2013年5月27日，浙江省海洋与渔业局以《关于重新报送浙江小洋山北侧综合开发二期区域建设用海规划环境影响篇章送审稿的函》(浙海渔环〔2013〕23号）上报国家海洋局环保司。

2013年6月20—21日，由国家海洋局海洋咨询中心组织的《浙江小洋山北侧综合开发二期区域建设用海规划环境影响篇章》及《浙江小洋山北侧综合开发二期区域建设用海规划海域使用论证报告书》评审会分别在北京召开，会议通过评审并分别形成了专家评审意见。

2013年7月3日，国家海洋局海域管理司以《国家海洋局海域管理司关于修改完善浙江小洋山北侧综合开发二期区域建设用海规划海域使用论证报告书和规划文本的函》（海管函〔2013〕275号）致函浙江省海洋与渔业局，根据函件要求，浙能洋山公司组织有关单位对海域使用论证报告书及规划文本进行了补充完善。7月30日，浙江省委副书记、省长李强一行赴浙能小洋山项目现场考察，在大指头山上俯视小洋山北侧围垦项目全景并听取现场汇报。副省长、舟山市委书记孙景淼，浙能集团董事长吴国潮陪同考察。

2013年12月20日，小洋山港区配套开发海堤工程一期工程（北区）调整初步设计报告，通过了浙江省发展改革委组织的技术审查。同日，小洋山北侧薄刀嘴西区围填海工程初步设计报告，通过了浙江省发展改革委组织的技术审查。

2014年3月24日，浙江省围垦局出具了《小洋山港区配套开发海堤工程一期工程（北区）调整初步设计报告审查意见的函》（浙围函〔2014〕3号）、《小洋山北侧薄刀嘴西区围填海工程初步设计报告审查意见的函》（浙围函〔2014〕4号），由于“二期区域建设用海规划”未得到国家海洋局的批复，因此初步设计批复进入等待。

2014年8月22日，浙江省副省长朱从玖赴浙能小洋山围垦项目调研工作。省政府副秘书长陆建强、浙能集团董事长吴国潮、嵊泗县委书记徐张艳等陪同调研。同月30日，随着最后一个挡水砂袋充填完毕实现截流，浙能小洋山围垦一期工程新隔堤顺利合龙，浙能洋山公司领导与现场施工人员一起见证了这个里程碑式的工程节点。

2014年12月5日，浙能集团将所持洋山公司90%股权注入浙江省海洋开发投资集团有限公司，洋山公司控股股东由浙能集团变更为浙江省海洋开发投资集团有限公司，洋山公司完成相关的工商变更登记。

2015年3月9日，经浙江省海洋与渔业局审查及浙江省人民政府审核后的《浙江小洋山北侧综合开发二期区域建设用海规划拟入驻项目报告》，由浙江省海洋与渔业局以《浙江省海洋与渔业局关于浙江小洋山综合开发二期和宁波市北仑区梅山七姓涂等2个区域建设用海规划拟入驻项目审查情况的报告》（浙海渔〔2015〕3号）上报国家海洋局。

2015年5月19日，小洋山围垦一期工程新隔堤工程顺利通过单位工程及合同工程完工验收。验收工作组由舟山市水利围垦工程质量监督站、浙能洋山公司及设计、监理、施工、监测单位的相关负责人组成。验收组专家认为工程已按照合同完成了全部建设内容，工程及外观质量符合设计优良等级，资料完备、清晰、规范，对历次检查的问题已经得到整改，一致同意新隔堤单位工程及合同工程通过完工验收。

2015年6月25日，国家海洋局发布公告《国家海洋局关于非行政许可审批事项调整为政府内部审批事项的公告》，其中“区域用海规划审批”非行政许可调整为政府内部审批事项。至此浙江小洋山北侧综合开发二期区域建设用海规划进入国家海洋局政府内部审批，审批时限不受行政审批时限限制。6月30日，浙江省委常委、常务副省长袁家军深入小洋山，调研围垦工程有关建设情况。浙江省政府副秘书长夏海伟、舟山市市长周江勇、舟山市及嵊泗县有关领导，浙能集团总经理、浙海投集团董事长童亚辉，浙海投集团副总经理倪成钢，以及浙能洋山建设开发公司领导陪同调研。

2015年8月7日，浙江省委根据中央精神和浙江省实际，提出整合全省沿海港口及有关涉海涉港资源和平台，组建省海洋港口发展委员会和省海港投资运营集团有限公司。8月21日，浙江省海洋开发投资集团有限公司更名为浙江省海港投资运营集团有限公司。

2015年9月1日，由舟山市水利围垦工程质量监督站、浙能洋山公司及设计、监理、施工及监测单位的相关负责人组成的验收小组对小洋山围垦一期工程吹填砂施工（C4 标）单位工程及合同工程进行了完工验收，这也是洋山工程首个吹填砂施工标的完工验收。验收组成员对完工资料及工程实体进行检查，认为工程实体质量及观感质量符合设计和规范要求，相关资料齐全，一致同意该项目通过验收。

2015 年 12 月 18 日，根据浙能洋山公司的申请，由舟山市海洋与渔业局组织的验收组对“小洋山北侧物流配送中心项目填海工程（A8）竣工海域使用”进行了验收，并于 12 月 31 日，出具了竣工海域使用的批复文件（舟海渔〔2015〕227 号）。

2015 年 12 月，根据浙江省常委会议纪要〔2015〕25 号、浙江省政府专题会议纪要精神，浙能集团对海港集团公司资产进行整合。浙能集团代省政府所持有的浙江浙能嘉兴港煤炭物流有限公司 90% 股权、浙江浙能洋山建设开发有限公司 90% 股权、东港建设投资发展有限公司 46. 15% 股权、现金 54. 63 亿元注入浙江省海洋开发投资集团有限公司。

2016 年 2 月 24 日，浙江省海洋开发投资集团有限公司变更为浙江省海港投资运营集团有限公司。

2016 年 8 月 16 日，浙江浙能洋山建设开发有限公司更名为浙江海港洋山投资开发有限公司。

第二节　分布式能源

2015 年 7 月 16 日，浙江浙能德清分布式能源有限公司注册成立，位于浙江省德清县莫干山高新区，负责建设和运营浙能德清天然气分布式能源项目，是国内首家服务于通信运营商大型数据中心的天然气分布式能源公司，浙江浙能德清分布式能源有限公司以冷、电联供的方式，为中国联通德清云数据中心提供能源服务。浙江浙能德清分布式能源有限公司始建于 2016 年，项目总投资约 5. 7 亿元，由浙能集团所属浙江浙能兴源节能科技有限公司为响应国家及省政府关于节能减排以及“创建清洁能源示范省”的号召全资投建。该项目主要设备装机规模为 7×4275 千瓦级燃气内燃发电机组，配套 7×4330 千瓦烟气-热水溴化锂机组、10×4571 千瓦离心式电制冷冷水机组及 11×1800 千瓦应急柴油发电机组。设计满负荷年发电量 22588 万千瓦时，年供冷量 23782 万千瓦时，发电效率≥42. 5%，余热制冷效率≥100%，能源综合利用效率≥86. 3%。

浙能德清天然气分布式能源项目由中国能源建设集团浙江省电力设计院有限公司负责设计，浙江省二建建设集团有限公司承担建筑工程，中国能源建设集团浙江火电建设有限公司承担设备安装工程，杭州意能电力技术有限公司承担整体调试工作。浙江浙能德清分布式能源有限公司于 2015 年 7 月 16 日注册登记，注册资金 15500 万元，是浙江浙能兴源节能科技有限公司全资子公司。

能源站以天然气作为一次能源，其一氧化碳（CO）、二氧化碳（CO_2）、二氧化硫（SO_2）排放较少，并且在国内同类型项目中第一个安装并投用烟气脱销装置，进一步削减 NO_x 排放量至 50 毫克/标准立方米（5% O_2）以内。项目全部建成达产后，可减排二氧化碳（CO_2）约 5. 0 万吨/年、二氧化硫（SO_2）约 353. 1 吨/年、NO_x 约 113. 7 吨/年、烟尘约 75. 8 吨/年。按 7 套内燃机组的年利用小时数 3570 小时计算，相比燃煤火电厂 300 兆瓦纯发电机组的平均供电标准煤耗率 0. 305 千克/千瓦时，采用天然气分布式能源项目后，可节约社会标准煤 19663 吨/年，节能减排效果非常明显。

工程自 2016 年 7 月 28 日桩基工程开工建设，2018 年 3 月第一单元 5 台电制冷机组投运，2018 年 4 月柴油发电机组黑启动试验完成，2018 年 9 月首台燃气内燃发电机组并网发电，2019 年 3 月第二单元 5 台电制冷机组投运，2019 年 5 月第一单元 4 台燃气内燃发电机组、烟气-热水溴化锂机组 72 小时+24 小时连续满负荷试运完成，2019 年 8 月第二单元 3 台燃气内燃发电机组、烟气-热水溴化锂机组 72 小时+24 小时连续满负荷试运完成，2019 年 12 月正式投产。

截至 2019 年 12 月，浙江浙能德清分布式能源有限公司制冷机组运行小时数合计 14154 小时，累计完成供冷 7029 万千瓦时，累计消耗电量1571万千瓦时，平均冷电比为4.4742；内燃机运行小时数合计1390小时，上网电量440万千瓦时，累计用气量144万标准立方米，综合气耗约0.3273标准立方米/千瓦时。

第三节 养 老 服 务

2016年9月4—5日，G20峰会在杭州召开。为落实G20峰会环境保障计划，浙能集团根据省市政府决策部署，2015年12月7日永久关停了下属萧山发电厂的2台燃煤机组。作为关停补偿及解决关停后续问题，萧山区政府与浙能集团商定将原萧山发电厂灰库地块及周边土地转性经营性开发用地后出让，用于建设养老养生项目。一方面响应国家大力发展养老养生产业的号召，提升周边区域环境品质，履行国有企业社会责任；另一方面也是以此为契机，试水养老养生产业，拓展产业蓝海，实现国有资产保值增值。

2016年4月19日，浙江浙能天颐投资有限公司正式注册成立。7月19日，浙江浙能天颐投资有限公司董事会、监事会成立。7月29日，浙能集团与萧山区政府签订关停萧电煤机补偿协议和配套养老养生项目投资协议。

2017年6月9日，成立中共浙江省能源集团有限公司科技工程与服务产业分公司天颐党支部委员会。7月19日，浙江浙能天颐投资有限公司成立浙江省能源集团有限公司科技工程与服务产业分公司工会工作委员会天颐分工会。

2018年5月2日，浙江浙能天颐投资有限公司完成董事会、监事会成员变更。

养生养老项目位于杭州市萧山区南部，临浦镇三峰村与义桥镇联三村交界处；在杭州绕城南线以南，临浦快速路木尖山隧道出口以西。离杭州绕城南线1.8千米，离杭州市中心约20千米。项目总投资约为15亿元，总规划用地面积约305亩（包括原萧山发电厂灰库地块265亩及建材厂地块40亩，）目标（核心）地块约为250亩（包括灰库地块210亩及建材厂地块40亩，如图8-7-1所示）。容积率1.0~1.3，总建筑面积约16万平方米项目将利用周边绝美的生态和湿地景观，打造一个集养老医疗、休闲生活、高端居住、综合配套、颐养结合的高端养生养老小镇。

项目定位方向：以养老为主题，同时接驳规模社区开发，打造全龄生活住区，主要针对杭州市及周边地区城市精英及追求生活品质、注重养生保健等的中高端人群，营造舒适、养生氛围。本项目养老模式采取销售加持有的模式，以持有养老物业经营展现养老主题特色，同时以适老化设计公寓销售补充养老主题内容。

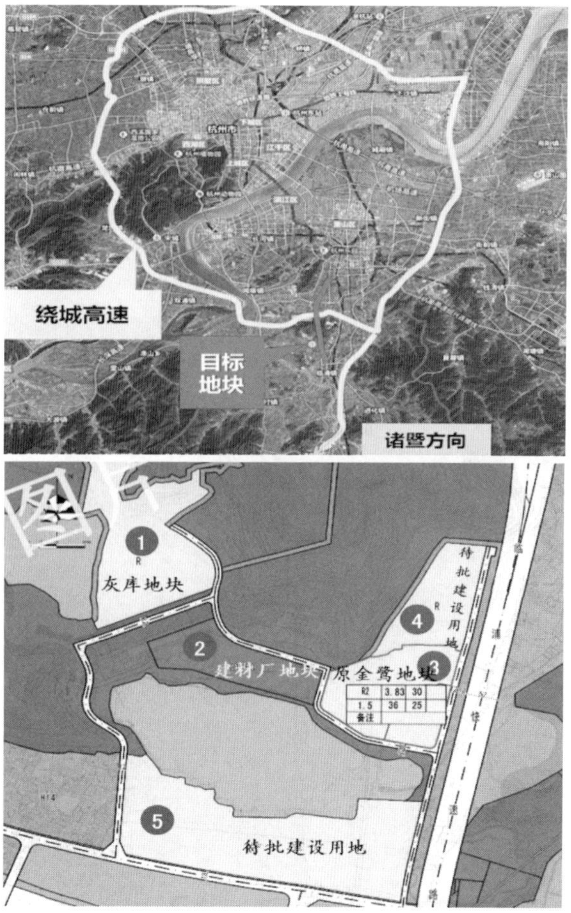

图8-7-1 浙江浙能天颐投资有限公司养生养老项目总规划用地图

第 九 篇

对外投资与合作

21世纪初，随着浙江省社会经济持续高速发展，能源供需矛盾日益突出，已成为制约经济发展的瓶颈。浙能集团作为浙江省政府对外合作主平台和能源安全保障主力军，以“八八战略”为统领，实施“大能源战略”“走出去战略”，坚持“四业”发展路径。

浙能集团成立之前浙江省电力开发公司就与电力部下属央企及地方企业合作，建设半山、钱清、嘉兴、镇海、台州、北仑、温州、金华等火电工程。2002年“厂网分开”，浙能集团组织设计单位对全省电源点调研复勘，提出开发方案。并与央企集团、地方企业合资合作，参股投资大唐乌沙山、国华宁海、温州燃机、温州特鲁来、苍南华润等火电项目，控股建设六横电厂、乐清电厂、镇海燃机和动力中心等火电项目。浙江火电布局逐渐形成。

2004年2月，根据浙皖两省政府决定，浙能集团和淮南矿业（集团）有限责任公司合资共建4台60万千瓦等级的凤台发电厂和年产600万吨煤炭的顾北煤矿，所发电量全部送往浙江消纳。这是一起成功载入史册的煤电一体化项目。2005年，浙能集团与大同煤矿集团有限责任公司合作，以40%股比参与麻家梁煤矿建设，生产煤炭全部供应浙能系统燃煤电厂。2008年，浙能集团与山西省大同煤业、鄂尔多斯投资控股集团合作，参股内蒙古色连煤矿建设。“十一五”以来，浙能集团紧跟省委省政府赴新宁晋蒙等资源富裕地区寻找能源项目与合作伙伴，先后设立了鄂尔多斯、安徽刘庄、陕蒙晋、宁夏、准东、阿克苏等项目筹建处，开展前期工作，努力创建新的能源基地。2019年，浙能集团安排工作组进驻榆林现场，进行煤电联营、特高压送浙合作开发。

浙江一次能源资源匮乏，“缺煤、少气、贫油”，浙能集团在“十二五”发展规划中提出“走出去”“以市场换资源”战略思想，响应“西电东送”“西气东输”。2012年4月，宁浙两省区政府签署《关于共同推进产业合作的协议》，加快推进宁浙特高压输电工程和配套电源建设。浙能集团立即组成工作组，与中国电力投资集团公司、中国铝业集团有限公司、中国华能集团有限公司、中国国电集团公司、神华集团有限责任公司等中央企业集团商谈合作，经过5年艰苦努力，终于实现对宁东电源基地的枣泉、方家庄、银星、大坝、国华宁东、鸳鸯湖等6个火电项目共928万千瓦机组的“一控五参”，圆满完成省委省政府交办的任务。2011年12月，浙能集团与中国石油化工集团有限公司合作，参股建设国家核准的大型能源项目——新粤浙天然气管道工程，并协议明确浙能集团在新疆生产天然气通过该管送往浙江。2013年6月8日，浙能集团与新汶矿业集团有限责任公司签署投资协议与章程，控股建设新疆伊犁新天煤化工年产20亿立方米煤制天然气项目、参股伊犁新矿煤业有限责任公司（年产600万吨四号矿），从此浙能走进煤化工领域。2013年9月22日，浙能新疆准东年产20亿立方米煤制天然气项目取得国家发展改革委同意开展前期工作的复函，项目列入国家专项规划、战略储备。2017年5月24日，浙江对口援疆的最大项目——阿克苏2×35万千瓦热电厂及热网工程建成投产，为新疆地区经济建设和社会安稳提供有力支持。2017年以来，浙能集团积极响应国家“发展绿色低碳能源”、提高非化石能源占比目标，奔赴大西北，与当地政府合作开发新能源。通过竞标优选，核准建设宁夏中卫、新疆北塔山、青海大柴旦约30万千瓦风电项目；与正泰等民企合作，收购控股宁夏、甘肃、青海、江苏等地近100万千瓦光伏与风电项目。优化了浙能系统的能源结构，提高了浙江省非水可再生能源的占比。

浙江是中国大陆核电事业的摇篮，核电是我国电力发展的必经阶段，也是浙江省打造清洁能源示范省的重要抓手，浙能集团一直将核电作为产业发展的重点方向。20世纪80年代起，与中核集团合作，陆续投资建设秦山、三门、徐大堡等核电项目。“十二五”来，以大股比与核电央企合作，开发高温堆、行波堆、海洋核动力、海岛核电等现代核能项目，在核能领域取得战略性的突破进展。2020年，浙能集团与中广核集团签署投资协议，共同建设我国自主研发的“华龙一号”三代核电技术的苍南（三澳）核电工程。

2004年8月，浙能集团在中国香港注册成立香港兴源投资贸易有限公司，后更名为浙江能源国际有限公司，借助境外公司平台，充分发挥国际资源市场和资本市场优势，在国际贸易及对外经济合作领域谋求突破。浙江能源国际有限公司承担着浙能集团的“境外投资平台”“境外融资平台”“境外贸易平台”和“境外资产管理平台”的重要功能，自成立以来，在投资领域广开项目来源渠道，与国家电力投资集团海外投资有限公司合作取得了巴西圣西芒水电站30年特许经营权，完成了对中国锦江环境有限公司股权的收购，完成了17.6万吨二手散货船购置；发挥香港国际金融中心优势，完成3亿美元债发行、3亿美元银团贷款和20亿美元中期票据计划设立；秉持国际资源为浙江所用原则，煤油气资源贸易全面铺开，共完成进口煤3578万吨、液化天然气20万吨、燃料油16.37万吨。

2019年以来，企业的外部环境发生了深刻变化，“走出去”面临新挑战。浙能集团以“四个革命、一个合作”[①]能源安全战略为指引，谋划新阶段“四业”发展路径新内涵。发挥舟山自贸区优势，构建全省油气煤电全产业链；广泛深化合作，创建区外新能源基地；紧跟国家“一带一路”发展战略，走国际化道路，加大海外实业投资力度，让更多的精品项目精准落实。

第一章 省内投资合作

第一节 核能项目[②]

一、秦山核电基地

1989—1992年，浙江省电力开发公司[③]为秦山核电工程建设累计借款出资1.9亿元。秦山核电厂基地位于浙江省海盐县长川坝（现名为秦山镇），总装机657.4万千瓦，分三期建设，中国核工业集团公司控股建设，浙能集团（浙江省电力开发公司）分别参股一期工程28%、二期工程20%、三期工程10%。

（一）秦山核电一期工程

1982年11月，国家经委批复同意核电厂址定在浙江海盐县秦山。2008年9月4日，浙江省人民政府和中国核工业集团公司专题会谈，就秦山核电一期扩建（方家山项目）投资建设等核能事项达成共识，形成纪要。

2011年12月，浙江省人民政府与中国核工业集团公司协商明确秦山核电厂扩建项目（方家山核电工程）股权结构。2012年2月，浙能集团与中国核工业集团公司双方各自成立工作组，商谈浙能集团参股方家山核电项目工程方案和投资协议、公司章程，并达成一致。2013年4月22日，浙能集团董事会审议通过投资建设方家山核电项目议案，同意以“增资扩股”方式，由浙江浙能电力股份有限公司认购秦山核电有限公司28%的股份，参加秦山核电厂和扩建项目（方家山核电工程）的建设运营。2013年11月24日，秦山核电有限公司首届股东会、董事会、监事会（简称“三会”）召开，会议审议通过了公司章程，明确了公司机构设置，选举产生了公司董事会、监事会、经理班子成员。其中，浙能集团2名董事（其中1名为副董事长）、1名监

① 2014年6月13日，习近平总书记在主持召开的中央财经领导小组第六次会议上，提出推动能源消费、能源供给、能源技术和能源体制的“四个革命”和全方面加强国际合作的能源战略思想。

② 省外的徐大堡核电、海洋核动力、行波堆研发等3个项目，为便于总体反映浙能集团参与核能事业开发，故均编入此章节。

③ 浙江省电力开发公司，1985年5月设立，由浙江省计划经济委员会管理，实行单独核算。2001年2月，经浙江省人民政府批准，以原浙江省电力开发公司和浙江省煤炭集团公司为基础组建浙江省能源集团有限公司。

事（监事会主席），聘任浙能集团委派副总经理1名。

秦山核电厂（一期）工程建设规模1台31万千瓦压水堆机组，是我国第一座自主开发、自行设计、自行建造和自主运营的核电机组。1985年3月20日工程正式开工建设，1991年12月15日首次并网，1994年4月1日进入商业运行。1994年6月30日，中国核工业集团公司独资设立秦山核电公司，负责秦山核电厂工程建设运营。2008年11月12日，国务院核准秦山核电厂扩建项目（方家山核电工程），建设规模2×108.9万千瓦压水堆机组。2008年12月25日，国家核安全局批准颁发方家山核电工程建造许可证，2015年1月12日方家山核电工程全部建成投产。至2019年，秦山核电有限公司的股权结构为：中国核能电力股份有限公司72%、浙江浙能电力股份有限公司28%。

（二）秦山核电二期工程

1988年7月20日，秦山核电二期项目业主单位核电秦山联营有限公司成立。浙江省电力开发公司参股20%。工程建设规模4台65万千瓦压水堆（CP650机组），是国家“九五”期间唯一采用“以我为主、中外合作”方式建设的国产化核电项目，一次规划分期建设。1987年10月，国务院批准秦山核电二期项目建议书。1992年7月，国家计划发展委员会（简称国家计委）批复二期工程可行性研究报告。1995年12月15日，国家计委正式批准二期工程开工建设。2004年5月3日，二期工程2台65万千瓦机组建成投入商业运行。2005年10月17日，国家发展改革委印发秦山二期扩建工程项目核准文件。2012年4月8日，二期扩建工程2台66万千瓦机组建成投入商业运行。截至2019年，核电秦山联营有限公司股权结构为：中国核能电力股份有限公司50%、浙江浙能电力股份有限公司20%、申能股份有限公司12%、江苏省国信资产管理集团有限公司10%、上海禾曦能源投资有限公司6%、安徽省皖能股份有限公司2%。

（三）秦山核电三期工程

1997年1月31日，秦山核电三期项目业主单位秦山第三核电有限公司成立。浙江省电力开发公司参股10%。工程建设规模2×72.8万千瓦重水堆机组，为中国与加拿大两国合作建设的迄今最大项目。工程采用CANDU6商用核电技术，由加拿大原子能有限公司总承包。1996年2月6日，国家计委批准秦山三期（重水堆）核电站工程项目建议书。1997年1月31日，国家计委批复工程项目可研报告。1998年6月8日，国家核安全局批准颁发秦山第三核电厂建造许可证。2003年7月24日，秦山核电三期工程建成投入商业运行。截至2019年，秦山第三核电有限公司股权结构为：中国核能电力股份有限公司51%、上海禾曦能源投资有限公司20%、浙江浙能电力股份有限公司10%、申能股份有限公司10%、江苏省国信资产管理集团有限公司9%。

二、三门核电项目

1999—2004年，根据浙江省人民政府部署和省计委指示，浙江省电力开发公司为三门核电项目发起人之一，与中国核工业集团公司商谈出资比例、协议章程和管理模式，协调相关部门推进“四通一平”工作，垫付前期费用。2000年12月，中国核工业集团公司和浙江省人民政府联合向国家计委上报《浙江三门国产化百万千瓦级核电站项目建议书》。2001年2月21日，中国核工业集团公司和浙江省人民政府高层会谈形成《关于共同做好浙江三门核电工程立项工作的会谈纪要》；22日，中国核工业集团公司与浙江省电力开发公司签署投资意向书。同年6月22日，三门核电项目筹备处在海盐召开了第一次工作会议。2003年3月，中国国际工程咨询有限公司对项目建议书进行评估。2004年8月5日，中国核工业集团公司、浙江省人民政府就浙江核电等核能项目建设与发展商谈形成专题会议纪要，明确加紧公司组建工作，中国核工业集团公司和浙能集团投入前期经费经审计评估，作为资本金纳入总概算。

2004年7月21日，国务院批准三门核电一期工程立项；9月1日，国家发展改革委批复三门核电一期项目建议书。2005年1月20日，浙能集团董事会审议通过三门核电项目投资及股比调整方案。2005年4月，三门核电项目业主单位三门核电有限公司成立，浙江省能源集团有限公司参股20%。

2007年5月，国家核电自主化工作领导小组印发《关于确定三代核电自主化依托项目首台机组建设厂址的函》(国核技发〔2007〕50号)，同意首台AP1000机组在三门核电厂址建设。三门核电项目位于浙江省台州市三门县健跳镇猫头山，规划建设6台125万千瓦级核电机组，是国务院批准实施的首个国家核电建设自主化依托项目。1～4号机组采用世界先进AP1000第三代压水堆核电技术，单机容量为125万千瓦。2004年9月1日，国家发展改革委批复三门核电一期（1号、2号机组）工程项目建议书。2007年10月29日，三门核电一期工程可研报告通过审查。2009年3月20日，国家核安全局批准颁发三门核电一期工程建造许可证。2009年4月19日，经国务院核准开工。1号、2号机组分别于2018年9月21日、11月5日通过168小时试运转考核。

2009年4月13日，国家发展改革委批复同意三门核电二期工程（3号、4号机组）开展项目前期工作。2013年8月26日，浙能集团董事会审议通过三门核电3号、4号机组项目投资议案。2017年10月，三门核电3号、4号机组项目申请报告通过中国国际工程咨询有限公司组织的核准评估。

截至2019年，三门核电有限公司股权结构为：中国核能电力股份有限公司51%、浙江浙能电力股份有限公司20%、中国电力投资集团公司14%、华电福新能源股份有限公司10%、中核投资有限公司5%。

三、徐大堡核电项目

2009年4月29日，浙能集团董事会审议通过徐大堡核电项目投资议案。2009年3月27日，徐大堡核电项目业主单位中核辽宁核电有限公司成立。浙江省电力开发有限公司参股10%。徐大堡核电项目位于辽宁省兴城市徐大堡村，规划建设6台100万千瓦级核电机组。项目一期（1号、2号机组）建设2×125万千瓦（AP1000）自主化核电机组。2007年4月，项目初步可行性研究报告通过电力规划设计总院组织评审。2010年12月，国家发展改革委复函同意一期项目开展前期工作。2011年3月11日日本福岛发生核事故，根据国务院“国四条”① 规定，项目暂停现场工作。2016年10月，国家发展改革委委托中咨公司组织项目申请报告的核准评估。2019年，中核辽宁核电有限公司股权结构为：中国核能电力股份有限公司50%、中国大唐集团有限公司24%、江苏省国信资产管理集团有限公司12%、浙江浙能电力股份有限公司10%、中核投资有限公司4%。

2019年6月5日，中国核工业集团公司与俄罗斯国家原子能公司签署《徐大堡3号、4号机组总合同》，计划两台机组分别在2021年10月和2022年8月开工建设。徐大堡核电站3号、4号机组股权结构同一期，浙江浙能电力股份有限公司参股10%。

四、苍南核电项目

2009年2月，受浙江省能源局委托，浙能集团组织浙江省电力设计院、浙江省交通设计院、浙江省水利河口研究院等单位对浙江省沿海火电、核电厂址进行普查比选。

2009年4月23日，浙江省人民政府与中国广核集团有限公司（简称中广核集团）签署能源战略协议，浙能集团与中广核集团开启合作商谈。2010年3月19日、6月2日，浙能集团副总经理童亚辉与中广核集团新项目开发部总经理李晓学一行，先后两次在浙能大厦就合作开发浙南沿海核电项目股权结构、筹建处等事宜进行商谈，形成纪要。明确计划部门为日常协调机构，商谈协议推进有关工作。

2011年12月，在浙江省发展改革委指导下，中广核集团与浙能集团就苍南核电一期工程合作框架协议基本达成一致②。

2012年2月24日，中广核集团副总经理张

① 2011年3月16日，针对福岛核事故，国务院常务会议作出重大决策：立即组织对我国核设施进行全面安全检查。切实加强正在运行核设施的安全管理。全面审查在建核电站。严格审批新上核电项目。

② 2011年12月，国务院国资委与浙江省人民政府组织央企与省企的合作对接会，商谈签署合作协议。本项目合作协议，因福岛核事故影响，未在会上签署。

炜清拜会浙江省人民政府副省长毛光烈，就加快推进核电项目建设事宜举行会谈。毛光烈提出中广核集团与浙能集团组建海西公司投资苍南核电、宁德核电项目。根据会谈精神，浙江省能源局、浙能集团分别造访福建省能源局、宁德核电项目公司。2012 年 3 月至 2013 年 6 月，浙能集团与中广核集团就共同投资浙江苍南、福建宁德核电项目的战略合作框架协议，进行多轮会商谈判。

2014 年 12 月 24 日，浙江省发展改革委、中广核集团联合上报苍南核电一期工程项目建议书和厂址保护开展相关论证请示。2015 年 5 月，国家能源局批复同意苍南核电项目开展厂址保护及相关论证工作。苍南核电拟选厂址温州市苍南县马站镇三澳村，规划建设 6 台 100 万千瓦级核电机组。2016 年 9 月，浙能集团呈报浙江省人民政府《关于请求支持浙能集团尽早获得核电投资主体资质的请示》。2017 年 6 月，浙能集团向浙江省发展改革委提出《关于与中广核合资成立苍南核电公司的意见建议》。2017 年 11 月 10 日，浙江省能源局主持召开三澳（苍南）核电股比专题协商会，传达省政府领导指示精神，明确股比分配及治理结构原则。会议确定三澳核电股份由中广核集团 46% 相对控股，浙能集团 34%，温州（含苍南）20%。会议明确组建各股东方派员参加的合资协议谈判小组。浙能集团授权由集团计划发展部、战略管理与法律部、浙江浙能电力股份有限公司组成商务谈判小组。

2018 年 1 月 3 日至 2019 年 12 月，中广核集团、浙能集团、浙江浙能电力股份有限公司、温州市及苍南县政府各方委派代表，就苍南核电项目的合资协议与公司章程进行多轮会商谈判。

2020 年 1 月 8 日，在国家能源局见证下，中广核集团、浙能集团在北京签订《关于三澳核电项目合资谈判谅解备忘录》。同年 3 月 30 日，浙江省发展改革委印发《关于三澳核电股比调整事宜的函》，吉利科技集团有限公司（杭州麦捷投资有限公司）作为浙江省民营资本代表入股三澳核电，占股 2%。同年 4 月 13 日，股东代表在苍南三澳核电现场举行会议，草签投资协议、公司章程，完成工商变更。同年 9 月 2 日，国务院常务会议核准三澳核电一期工程，明确采用“华龙一号”三代核电技术，三澳核电成为首个民营资本参股投资的核电项目。

五、研发高温堆电站项目及选址

2016 年 5 月 20 日，浙能集团与中国核工业建设集团公司签订战略合作框架协议，决定在浙江联合开展高温堆替代火电建设项目研究。中国核工业建设集团公司指定核能产业化部为日常协调机构，浙能集团指定计划发展部作为日常协调机构，负责落实协议内容，推进有关工作。

2016 年 3 月 23 日、11 月 4 日，2017 年 1 月 3 日，中国核工业建设集团公司三次组织专家考察台州地区潜在厂址，浙能集团配合协调。2016 年 8 月，中国核工业建设集团公司委托中核能源科技有限公司开展台州高温堆项目初步可行性论证工作。2017 年 3 月 30 日，中国核工业建设集团公司总经理顾军、浙能集团董事长童亚辉向浙江省委书记车俊汇报高温堆项目拟落户浙江情况，浙江省委书记车俊书指示要做好项目前期论证工作。2017 年 4 月，台州市人民政府分别与浙能集团、中国核工业建设集团公司签订合作协议，支持开发高温堆项目开发。

2017 年 6 月 5 日，浙能集团董事会审议通过组建高温堆公司投资议案，股权结构为中国核建高温堆控股有限公司 51%、浙江浙能电力股份有限公司 49%。2017 年 9 月 14 日，公司首届股东会、董事会、监事会在北京召开，会议审议通过公司章程、第一届董事会、监事会组成人选和聘任公司高管。其中，浙能电力 2 名董事（1 名副董事长），1 名监事（监事会主席），聘任浙能集团委派的公司副总经理 1 名。公司根据实际业务需求，合理利用浙能方有关电厂人才资源。9 月 28 日，浙江三门高温堆电站有限公司注册成立。2017 年 9 月 7—8 日，电力规划设计总院在杭州市组织召开浙江三门高温气冷堆电站项目初步可行性研究报告审查会，12 月 28 日出具审查意见。2018 年 1 月，完成项目建议书编制，启动可行性研究工作。

六、参股中国海洋核动力

2017 年 6 月 23 日在浙能大厦，中国核工业集团公司副总经理俞培根就海洋核动力平台等核能项目同浙能集团董事长童亚辉进行交流会谈。根据会谈精神，浙能集团计划发展部立即与中国核工业集团公司市场部衔接，并会同浙江浙能电力股份有限公司设立工作组，委托浙江省电力设计院，一起开展项目投资可行性研究工作。

2017年6月30日、7月13日，浙能集团分别与中国核能电力股份有限公司、中国核工业集团公司在海盐、北京对接商谈合作事宜。2017年8月4日，浙能集团会同浙江浙能电力股份有限公司在上海组织专家召开参股海洋核动力项目初步可行性分析报告论证会议，随后在杭州组织海洋核动力项目投资专题会议。同年8月9日，浙能集团董事会审议通过浙江浙能电力股份有限公司参股中国海洋核动力发展有限公司议案，股比9%。

2017年8月11日，中核海洋核动力发展有限公司首届股东会、董事会、监事会在上海召开，股权结构为中国核能电力股份有限公司51%、上海国盛（集团）有限公司20%、江南造船（集团）有限责任公司10%、上海电气集团股份有限公司10%、浙江浙能电力股份有限公司9%。

七、参股行波堆研发

2017年7月21日，中国核工业集团公司（中国核能电力股份有限公司）邀请浙能集团参股研发核电行波堆。根据浙能集团领导指示和部署，集团计划发展部会同浙江浙能电力股份有限公司成立工作组，开展项目投资可行性研究工作。

2017年8月22日，中国核能电力股份有限公司在北京组织召开行波堆项目股东高层交流会议，讨论项目股权框架、协议章程原则及工作安排。2017年9月1日，浙能集团计划发展部会同浙江浙能电力股份有限公司组织召开参股行波堆项目投资可行性研究评审会议，形成纪要；9月8日，浙能集团董事会审议通过浙江浙能电力股份有限公司参股中核行波堆投资公司、参股项目公司的议案，参股股比均为10%。2017年9月20日，中核行波堆科技投资（天津）有限公司和中核河北核电有限公司的首届股东会、董事会、监事会先后在北京召开。

2017年11月2日，中核行波堆科技投资（天津）有限公司与美国泰拉行波堆能源发展有限公司按均股设立中外合作经营企业环球创新核能技术有限公司。2020年8月19日，中国核能电力股份有限公司召开董事会，审议通过《关于解散中核行波堆投资（天津）有限公司的议案》和《关于解散中核河北核电有限公司的议案》。

八、共同开发保护龙游核电厂址、金七门核电厂址

2004年8月5日，浙江省人民政府和中国核工业集团公司就浙江核电建设与发展专题会谈、签署纪要，开启浙西核电规划选址工作。2006年6月7日，浙江省发展改革委印发《关于委托开展我省浙西核电项目前期工作的函》，明确浙能集团和中国核工业集团公司（秦山核电有限公司）共同开展前期工作，所需前期工作经费由中国核工业集团公司和浙能集团各承担50%。2006年8月17日，浙江省发展改革委批复同意成立浙西核电项目筹备处（浙发改能源〔2006〕603号）；9月19日，浙西核电项目筹备处第一次会议在杭州召开，组织机构、工作计划等达成共识，形成纪要。

2007年12月6日，电力规划设计总院与华东电网有限公司联合主持召开浙西核电工程初可研报告审查会。拟选厂址位于金华市龙游县团石镇，规划建设4台百万千瓦级核电机组。2008年，龙游核电项目气象观察站建成投运。2008年9月4日，浙江省人民政府与中国核工业集团公司高层会谈，“浙江龙游核电项目”列入《国家核电中长期发展规划》，争取“十二五”初开工建设。龙游县人民政府印发《关于加强浙西核电团石厂址规划保护的通知》。2009年7月，浙西项目筹建处与龙游县交通局签订《龙游320国道至团石公路工程委托建设合同》；12月21日，浙江省发展改革委批复龙游县平山桥至团石公路工程可行性研究报告，进场道路开工建设。2009年10月19日，浙江省发展改革委印发《关于深化浙江龙游核电项目前期工作的函》。2011年3月11日，日本福岛发生核事故，按国务院“国四条”规定，暂停与工程相关工作。

2013年12月11日，中国核能电力股份有限公司、浙能集团与龙游县政府就进场道路后续建设、厂址保护举行会谈达成共识；24日，浙能集团董事会审议通过龙游核电项目进场道路竣工结算和厂址保护协议议案。

2013年4月9日，中国核能电力股份有限公司、浙能集团签署《核电及相关领域合作协议》，近期成立项目公司，以大力推进金七门和龙游核电项目开发。同年10月18日，中国核能电力股份有限公司、浙能集团双方进一步签署《浙江核电及能源相关项目投资合作协议》，明确均股设立中核浙能能源有限公司作为项目开发平台，负责金七门、龙游核电项目前期工作。2014年1月3日，中核浙能能源有限公司首届股东会、董事会、监事会在杭州召开，会议审议通过公司章程、第一届董事会和监事会组成人选和聘任公司高管。其中：浙能集团1名董事（副董事长）、1名监事（监事会主席），聘任浙能集团委派的公司副总经理1名、公司总会计师1名。同年2月，中核浙能能源有限公司注册成立。

根据股东会议决议，中核浙能能源有限公司接管龙游核电项目，委托国浩律师所、中汇会计所对浙西核电项目筹建处进行法律尽职调查和财务审计。2014年4月，中国核能电力股份有限公司、浙能集团与中核浙能能源有限公司签订《浙西核电项目筹建处移交协议》。2016年，浙江省能源局将龙游核电项目上报列入国家《核电中长期发展规划（2011—2020年调整）》。

2014年10月，金七门核电项目初可研报告通过电力规划设计总院组织审查。金七门项目位于宁波市象山县南部的鹤浦镇（南田岛），规划建设6台百万千瓦级核电机组。2015年1月，金七门核电工程现场气象塔建成投运。金七门核电项目进入国家核电厂址保护规划，列入浙江省“十三五”规划纲要。

2019年12月，中核浙能能源有限公司与三门核电有限公司签订《企业托管经营协议》，决定委托三门核电有限公司继续推进金七门项目厂址保护和开发工作管理。

九、海岛核电厂址研究

2012年6月4日，根据浙江省委省政府部署，浙能集团召开临时董事会，原则同意浙江浙能电力股份有限公司全资设立浙江浙能核能发展有限公司（简称浙能核能）；29日，浙能核能正式成立。2012年10月至2013年7月，浙能核能组织浙江省电力设计院等单位，对浙江沿海地区的温州、台州、宁波、舟山等近海31个岛屿，以及杭州、金华、衢州、丽水等地区的核电可能厂址进行踏勘、普选和复核，形成《浙江省核电厂址普选报告》《浙江省海岛核电开发研究课题》。

2013年9月4日，中国电力投资集团公司和浙能集团签署《浙江核电深化前期研究及核电新技术开发合作协议书》，研究海岛核电可行性和项目公司方案。

2014年4月25日、10月28日，浙江省能源局、国家能源局先后组织专家对《浙江省海岛核电开发研究课题》进行评审。同年12月，浙江省能源局向国家能源局申请将海岛核电列入国家核电“十三五”发展规划。

2015年8月27日，浙能集团副总经理范小宁率计划发展部等与国家电力投资集团公司规划发展部主任陈燕一行，在浙能大厦就设立合资公司、海岛核电规划以及下阶段的工作进行商谈，形成纪要。

2015年11月3日，经浙江省国资委同意，国家电力投资集团有限公司（简称国家电投）与浙能集团签署合作协议，以浙能核能为基础，增资扩股、均股组建国核浙能核能有限公司，共同开展浙江海岛核电项目前期工作。

2015年12月20日，国核浙能核能有限公司首届股东大会、董事会、监事会在杭州召开。会议审议通过修改公司章程、授予董事会权限、2016年度综合计划、选举产生董事会监事会等议案，聘任公司高管。其中：浙能集团1名董事（副董事长）、1名监事（监事会主席），聘任浙能集团委派的公司副总经理1名、总会计师1名。国核浙能核能有限公司在杭州注册成立，首期注册资本金1亿元，公司总经理为法定代表人。浙能集团推荐外派人员担任了公司总经理工作部、计划部等部门负责人。

2016年9月，《浙江省电力发展“十三五”规划》提出“深化海岛核电研究”。同年10月，电力规划设计总院在台州组织召开海岛核电初步可行性研究报告评审会。2017 年 6 月 20 日，国家电投向国家能源局上报开展浙江海岛核电项目前期工作请示。

2018 年 1 月 25 日，国核浙能核能有限公司委托电力规划设计总院在北京主持召开浙江海岛核电项目建设规模论证会。

第二节 火电项目

一、杭州半山发电厂

2000 年 1 月，杭州华电半山发电有限公司改制成立，由中国华电集团有限公司 64%、浙江省电力开发公司 36% 共同出资组建，为杭州市提供主要保安电源。半山发电厂位于在杭州市拱墅区北郊大运河畔，始建于 1959 年 3 月。20 世纪 60 年代、70 年代、90 年代，先后建成投产 1 台 12 兆瓦、2 台 50 兆瓦和 2 台 125 兆瓦燃煤发电机组。1999 年 6 月，主动关停高煤耗高污染的 1 号 12 兆瓦燃煤发电机组。2001 年，2 台 125 兆瓦燃煤发电机组烟气脱硫工程投入运行，为我国首批引进脱硫技术机组。

2005—2006 年，响应“西气东输”3 台 390 兆瓦级 9F 燃气蒸汽联合循环热电机组建成投产，我国第一台 9FA 重型燃气轮发电机组诞生。2007 年 6 月，响应国务院节能减排、“上大压小”号召，关停 2 号、3 号 50 兆瓦燃煤发电机组。

2012 年 6 月 19 日，浙能集团董事会审议同意按杭州华电半山发电公司股比（华电国际电力股份有限公司持股 64%，浙江浙能电力股份有限公司持股 36%）投资华电半山天然气热电联产项目。项目建设 3 台 415 兆瓦级 9F 燃气蒸汽联合循环热电机组，计划总投资 40.403 亿元，为《浙江省天然气热电联产项目抢建行动计划》项目。2012 年 6 月 6 日，浙江省发展改革委印发《关于杭州华电半山天然气热电联产工程项目核准的批复》(浙发改能源〔2012〕645 号)。2013 年，3 台机组全部建成投产。

为了备战 G20 峰会，建设“无煤化”杭州，2014 年 7 月、2015 年 12 月分别关停了 4 号、5 号 125 兆瓦燃煤发电机组。截至 2019 年，半山电厂燃机总装机容量 2424 兆瓦，全面迈入纯天然气发电时代，也是国内规模最大的燃气电厂。

二、宁波北仑发电厂

北仑发电厂项目厂址位于宁波市北仑港区算山，总装机容量 500 万千瓦，分三期建设，为当时全国最大的火电厂基地，是我国第一个利用世界银行贷款和中央与地方合资建设的大型火力项目。1994 年 11 月，一期工程 2×60 万千瓦亚临界燃煤机组建成投产。2000 年 9 月，二期工程 3×60 万千瓦亚临界燃煤机组建成投产。2009 年 6 月，三期工程 2×100 万千瓦超超临界燃煤机组建成投产。

1989 年 8 月，北仑港发电厂成立。1998 年 12 月，北仑发电厂一期工程实行公司制改革，变更为有限责任公司，2003 年，“厂网分开”划归中国国电集团公司管理，2004 年 7 月，国电浙江北仑第一发电有限公司成立，股权结构为中国国电集团公司 70%、浙江省电力开发公司 30%。2007 年 6 月，转由国电电力发展股份有限公司控股。

1997 年 4 月 18 日，北仑电厂二期工程业主——浙江北仑发电有限公司成立，股权结构为国电电力发展股份有限公司 47%、浙江省电力开发公司 34%，浙江省电力公司 19%。2002 年 3 月 12 日，浙能集团董事会审议通过收购北仑电厂二期项目 17% 股份，浙江省电力开发公司持股 51% 取得绝对控股地位。此后，机组运行和维护治理委托国电浙江北仑第一发电有限公司。2019 年，浙江北仑发电有限公司股权结构为浙江浙能电力股份有限公司 51%、国电电力发展股份有限公司 49%。

2006 年 3 月 21 日，中国国电集团公司、浙能集团、宁波开发投资集团有限公司签署《合作建设国电北仑电厂三期扩建工程投资协议》。2006 年 12 月 31 日，国电浙江北仑第三发电有限公司成立，浙能集团参股 40%。2005 年 9 月 14 日，三期项目初可研报告通过华东电网组织审查。同年 10 月 30 日，三期工程可研报告通过电力规划设计总院组织审查。2006 年 7 月 14 日，三期项目工程获得国家发展改革委核准批复。2006年12月15日，工程开工。2009年6月2日，全部建成投产。

截至2019年，国电浙江北仑第三发电有限公司股权结构为：中国国电集团公司50%、浙江浙能电力股份有限公司40%、宁波开发投资集团有限公司10%。

三、国华宁海强蛟电厂

2002年6月10日，浙能集团董事会审议通过与国华电力合作开发建设宁海（强蛟）电厂的议案，股权结构为北京国华电力有限责任公司60%、浙江省电力开发公司40%。2002年6月19日，浙江省计委、浙江省电力公司、北京国华、浙能集团签订《关于合作建设浙江沿海电厂的原则协议》。同年7月25日，浙江国华浙能发电有限公司成立。项目位于浙江宁波市宁海县强蛟镇，一期建设规模4×60万千瓦亚临界燃煤发电机组，是浙江“五大百亿”工程之一。2003年11月27日一期工程开工，2005年12月31日，4台机组全部建成投产。

2005年9月14日，浙能集团临时董事会审议通过国华宁海电厂二期工程投资建设议案。二期工程建设规模2×100万千瓦超超临界燃煤发电机组。2005年10月，二期工程可研报告通过电力规划设计总院组织审查。2005年12月15日，浙能集团和中国神华能源公司签订《出资协议书》。2006年4月，国家发展改革委批复二期工程可研报告。2006年8月31日，二期项目获得国家发展改革委核准批复。2006年12月28日，工程开工。2009年10月，二期工程建成投产。

截至2019年，浙江国华浙能发电有限公司股权结构为：北京国华60%、浙江浙能电力股份有限公司40%。

四、舟山朗熹发电厂

2003年8月2日，舟山市电力公司、浙江省电力开发公司、北京华凯投资集团公司三方按照42%、40%、18%的股比投资并组建舟山朗熹发电有限责任公司，负责舟山发电项目的建设、经营和管理。舟山发电厂位于舟山市定海区白泉镇外山咀，一期工程2台12.5万千瓦级燃煤机组分别于1997年、2004年建成投产。2007年6月，国家发展改革委复函同意二期3号30万千瓦燃煤发电机组按“上大压小”开展项目前期工作；2008年12月3号机组项目获得国家发展改革委核准批复，2010年建成投产。2011年9月，国家发展改革委复函同意二期4号35万千瓦燃煤发电机组按“上大压小”开展项目前期工作；2014年5月4号机组项目获得国家发展改革委核准批复，6月项目建成投产。

2011年8月，舟山朗熹发电有限公司股权重组，由北京国华电力有限责任公司持股51%，项目业主更名为神华国华（舟山）发电有限责任公司。2019年公司股权结构为：北京国华电力有限责任公司51%、浙江浙能电力股份有限公司40%、舟山海洋综合开发投资有限公司9%。

五、大唐乌沙山电厂

2003年9月26日，浙江省在省重大交易中心举行乌沙山电厂项目业主公开招标会议，最后中国大唐集团公司取得项目开发权。大唐国际发电股份有限公司（简称大唐国际）具体开展筹建工作。根据浙江省政府的部署，浙能集团等其他参股方与大唐国际就投资协议、公司章程等事项进行多轮谈判，2007年1月基本达成一致。2007年4月5日，浙江省发展改革委组织专题协调会，确定乌沙山发电项目总投资；28日，浙能集团董事会（二届三次）审议通过投资大唐乌沙山发电厂项目议案。同年5月，项目业主单位浙江大唐乌沙山发电有限责任公司成立，浙江省电力开发公司参股35%。乌沙山发电项目位于宁波市象山县境象山县西周镇，一期工程建设4×60万千瓦国产超临界燃煤发电机组，是浙江“五大百亿”工程之一。2005年8月11日，项目获得了国家发展改革委核准批复。2003年10月，工程开工。2006年11月8日，一期工程4台机组全部建成投产。2007年7月31日至8月2日，二期工程初可研报告通过华东电网组织审查。2011年4月，大唐国际发电股份有限公司与浙能集团签约按股权比例出资建设电厂二期项目及海水淡化工程。2012年8月30—31日，中咨公司在宁波市主持召开大唐乌沙山发电厂二期扩建工程可研报告审查会。2013年2月25

日，国家能源局批复同意二期项目以“上大压小”开展前期工作。

2019年，浙江大唐乌沙山发电有限责任公司股权结构为：大唐国际发电股份有限公司51%、浙江浙能电力股份有限公司35%、宁波市电力开发公司10%、象山东方能源投资有限公司4%。

六、华润苍南电厂

2008年3月14日，华润电力控股有限公司独资设立业主公司——华润电力（温州）有限公司。2009年3月，国家能源局批复同意项目开展前期工作。2010年3月5日，浙江省发展改革委以浙发改能源〔2010〕159号文件上报项目申请报告。2011年12月19日，国家发展改革委批复核准项目。项目位于浙江苍南县巴艚镇，建设规模2×100万千瓦超超临界燃煤机组。2012年9月26日，浙江省发展改革委印发《关于尽快组建浙江华润苍南电厂项目公司的函》。2013年6月13日，浙能集团董事会审议通过浙江浙能电力股份有限公司收购股权投资议案，浙江浙能电力股份有限公司拟参股10%；19日，华润电力（温州）有限公司在上海联合产权交易所公开挂牌转让其25%的股权，浙江浙能电力股份有限公司、南亚洲能源投资有限公司、温州电力投资有限公司摘牌成功。股东各方签署产权交易合同、合资经营合同和公司章程。2014年5月31日，工程全部建成投产。

2019年，华润电力（温州）有限公司股权结构为：华润电力控股有限公司75%、浙江浙能电力股份有限公司10%、南亚洲能源投资有限公司10%、温州电力投资有限公司5%。

第三节 大型天然气项目

一、新粤浙煤制气管道

2010年12月，中国石油化工集团公司、新疆投资发展（集团）有限责任公司、浙江省人民政府联合向国家发展改革委上报新疆煤制天然气外输管道工程（简称新粤浙管道工程）项目建议书。2011年12月26日，中国石油化工集团公司、新疆投资发展（集团）有限责任公司、浙能集团签署项目合作框架协议，协议规定按中国石化90%、新投集团5%、浙能集团5%的出资比例，先期推进在新疆乌鲁木齐市合资成立业主公司。2012年10月18日，国家发展改革委批复同意新粤浙管道工程开展前期工作。2015年4月，项目业主——中国石化新疆煤制天然气外输管道股份有限公司正式转换成立。

新粤浙管道工程是国家规划建设的大型能源项目。年输气能力为300亿立方米，管道工程总长8372千米，其中干线4159千米，干线起点为新疆昌吉木垒县，终点为广东韶关，项目总投资1322亿元。2015年9月30日，国家发展改革委正式核准新粤浙管道项目。2018年3月24日，浙能集团将股权划转至浙江能源天然气集团有限公司。

2017年9月26日，新粤浙天然气管道项目潜江—韶关段在湖南长沙举行开工。

二、中海浙江宁波液化天然气

2004年2月6日，浙江省人民政府与中国海洋石油总公司（简称中海油）联合上报宁波液化天然气（LNG）项目建议书。2004年5月，中海油、浙能集团、宁波电力开发公司联合组建项目执行办公室。2005年3月22日，中海浙江宁波液化天然气有限公司成立，股权结构为中海石油气电集团有限责任公司51%、浙能集团29%、宁波开发投资集团有限公司20%。2005年9月27日，浙能集团董事会审议通过宁波液化天然气项目投资议案。项目位于宁波市北仑区，是浙江省首个液化天然气接收站。一期建设规模为300万吨/年液化天然气接收站。2004年12月3日，国家发展改革委复函同意项目开展前期工作。2005年10月19日，中国远洋运输（集团）总公司、招商局集团有限公司、中海油签署了《运输安排原则协议》。2009年6月29日，项目获得国家发展改革委正式核准批复。2009年12月18日工程开工，2017年5月建成投产。

宁波液化天然气二期扩建工程建设3座16万立方米液化天然气储罐及相关配套设施。2012年3月2日，浙江省发展改革委批复同意二期工程开展项目前期工作。2013年12月6日，国家发展改革委批复核准二期扩建项目。2015 年 11 月 27 日二期工程开工，2018 年 2 月建成投产。

2018 年 3 月 24 日，浙能集团将股权划转至浙江能源天然气集团有限公司。2019 年公司股权结构为：中海石油气电集团有限责任公司 51%、浙江能源天然气集团有限公司 29%、宁波开发投资集团有限公司 20%。

第四节　可再生项目

一、天荒坪抽水蓄能电站

1988 年 7 月，华东三省一市（浙江、江苏、安徽和上海）在杭州签署《关于集资建设天荒坪抽水蓄能电站协议书》。1998 年 12 月，按照国家鼓励多家办电、集资办电精神，按认缴资本金比例国家电力公司华东公司 5/12、申能股份有限公司 1/4、江苏省投资公司 1/6、浙江省电力开发公司 1/9、安徽省能源投资总公司 1/18 共同出资成立华东天荒坪抽水蓄能有限责任公司，负责项目的建设与经营。

天荒坪抽水蓄能电站位于浙江省湖州市安吉县。项目建设规模 6 台 30 万千瓦抽水蓄能发电机组，属日调节纯抽水蓄能电站。水库上下落差 607 米，是当时世界上落差水位最高的电站，也是世界第二、亚洲第二大抽水储能电站。1986 年，项目可行性研究报告通过电力规划设计总院、华东电业管理局、浙江省计经委组织的审查。1991 年 8 月，国家计委批复天荒坪抽水蓄能项目建议书。1993 年 11 月，国家计委正式批准建设项目。1993 年国家计委批准利用世行贷款 3 亿美元采购设备。1994 年 3 月 1 日工程正式动工，1998 年 9 月 30 日 1 号机组建成投产，2000 年 12 月底全部竣工投产。

2019 年，华东天荒坪抽水蓄能有限责任公司股权结构为：国网新源控股有限公司 5/12、申能股份有限公司 1/4、江苏省国信资产管理集团有限公司 1/6、浙江省水利水电投资集团有限公司 1/9、安徽省皖能股份有限公司 1/18。

二、桐柏抽水蓄能电站

2000 年 8 月 15 日，国家电力公司华东公司、浙江省电力公司、上海市电力公司、申能股份有限公司、浙江省电力开发公司、天台水电综合开发公司签署《浙江桐柏抽水蓄能发电有限责任公司合资合同》《浙江桐柏抽水蓄能发电有限责任公司章程》，按股比 10%、25%、17%、20%、23%、5% 共同投资建设桐柏抽水蓄能电站（4×300 兆瓦）项目。同年 12 月，浙江桐柏抽水蓄能发电有限责任公司注册成立。桐柏抽水蓄能电站位于浙江省台州市天台县百丈溪，项目建设规模 4 台 30 万千瓦可逆式抽水蓄能机组，在华东电网中承担调峰填谷，调频调相及紧急事故备用。1987 年 6 月，浙江省电力局正式启动电站项目初步可行性研究。1996 年 9 月、10 月，项目环境影响报告和移民安置规划报告先后完成审查。1999 年 5 月，国家计委批复项目建议书。2000 年 12 月 31 日，国家计委批复项目可行性研究报告。2001 年 12 月 31 日，国家计委正式批准项目开工，确定项目总投资 41.93 亿元。2005 年 12 月 20 日首台机组并网发电，2006 年 12 月 27 日最后一台机组成功投入商业运行。2019 年，华东桐柏抽水蓄能发电有限责任公司股权结构为：国网新源 52%、申能股份有限公司 25%、浙江省水利水电投资集团有限公司 23%。

三、衢江抽水蓄能电站

2018 年 10 月 24 日，浙能集团董事会审议通过《关于提请审议省水电集团参股投资开发衢江抽水蓄能项目的议案》。2018 年 11 月 7 日，浙江衢江抽水蓄能有限公司成立，股权结构为：国网新源 40%、国网浙江省电力公司 30%、浙江省水利水电投资集团有限公司 15%、申能股份有限公司 15%。衢江抽水蓄能项目作为国家电网公司混合所有制改革试点。

衢江抽水蓄能项目厂址位于浙江省衢州市衢江区境，建设规模 4 台 30 万千瓦单级单转速立轴混流可逆式蓄能机组。调节库容 1088 万立方米，日蓄能量约 803 万千瓦。2013 年 4 月，国家能源局以国能新能〔2013〕167 号文件批复选点规划报告，确定长龙山、宁海、缙云、磐安和衢江为浙江省 2020 年新建抽水蓄能电站推荐站点。2015 年 1 月，衢江抽水蓄能项目预可研报告通过水规总院组织审查。2016 年 1 月，衢江区政府与国网新源签订项目合作协议。2017 年 10 月，环境影响评价报告书通过审查，建设征地移民安置规划报告通过浙江省水库移民安置办公室组织的专家评审。2017 年 11 月 22—24 日，项目可行性研究报告通过水规总院组织审查。2018 年 8 月 27 日，国家电网有限公司批复项目可行性研究报告。2018 年 12 月 4 日，项目获得浙江省发展改革委核准批复（浙发改能源〔2018〕597 号）。2019 年 1 月 8 日，项目正式开工建设。

第二章 省外投资合作

第一节 皖蒙晋项目

一、淮浙煤电一体化合作项目

（一）开发与建设

2003 年 8 月，浙皖两省发展改革委在杭州就两省建立长期能源合作关系达成了框架协议，并议定由浙能集团和淮南矿业集团就合作建设淮南煤电基地凤台项目（建设一对年产 600 万吨煤炭的顾北煤矿和一座装机容量 4×600 万千瓦的燃煤电厂）的事宜进行研究。2004 年 2 月 12 日，浙能集团和淮南矿业集团签署合作意向书，决定联合在淮南共同开发建设煤电一体化凤台项目，所发电量全部供给浙江省；合作模式采用煤电一体化制，双方均股组建煤电公司；电厂选址凤台县境内，配套顾北煤矿。

2004 年 2 月 20 日，浙江省副省长王永明率省有关部门负责人赴安徽，与安徽省副省长黄海嵩及有关部门负责人就进一步加强两省的能源合作进行了会谈，签署会议纪要。会议议定：双方同意浙能集团和淮南矿业集团公司合资成立煤电一体化合作项目公司，同步建设一对年产 600 万吨煤炭的矿井和一座装机容量 4×600 万千瓦的发电厂，其中发电厂所发电量全部供给浙江省；双方投资股比均等。会议确定浙皖两省政府设立协调工作小组。2004 年 3 月 2 日，浙能集团设立浙能淮南煤电项目筹建处。同年 4 月 20 日，浙能集团总经理吴国潮带队赴安徽与淮南矿业集团董事长王源作进一步的商谈，达成加快推进凤台煤电项目的共识，并实地踏勘了厂址和矿址。同年 5 月 18 日，浙能集团就项目前期进展情况，向浙江省省长吕祖善、副省长王永明作了专题汇报。

2004 年 5 月 21 日，淮南煤电基地凤台项目领导小组第一次会议在杭州召开，会议讨论项目管理模式和工作计划，决定成立凤台电厂筹建处和顾北煤矿筹建处；成立项目资源作价、公司章程和股东协议起草两个工作小组，进行商务谈判。同年 7 月 5 日，淮南煤电基地凤台项目领导小组第二次会议在合肥召开。2014 年 7 月 9 日，皖浙两省政府协调工作小组在合肥市召开第一次协调会议。同年 9 月 18 日，《淮浙煤电有限责任公司采矿权作价协议》在杭州草签。

2004 年 10 月 25 日，浙能集团董事会讨论审议投资建设淮南煤电基地凤台项目，形成纪要。会议认为该项目是浙江省政府为确保浙江省能源安全，与安徽省政府商量合作的项目，投资建设该项目具有一定的经济效益和社会效益，投资该项目是可行的，可按纪要精神进一步开展工作。同年 12 月 23 日，淮浙煤电有限责任公司的股东协议、公司章程、采矿权作价协议签字仪式在杭州举行。公司首届股东大会、董事会、监事会召开。会议审议通过了公司章程、公司机构设置，选举产生了公司董事会、监事会、经理班子成员。同日，浙皖两省政府协调小组第二次会议在杭州召开。会议就凤台电厂的建设规模、土地、环保、水源、送出等问题进行协调，形成会议纪要。

2005 年 1 月 28 日，顾北煤矿举行开工仪式；6 月 28 日，淮浙煤电有限责任公司在淮南市工商局正式登记注册；7 月 28 日，淮浙煤电有限责任公司凤台发电分公司在凤台县工商行政管理局获准注册；8 月 12 日，淮浙煤电有限责任公司决定成立凤台电厂二期前期工作领导小组和办公室，启动二期前期准备工作。

2006 年 7 月 17 日，国家发展改革委以发改能源〔2006〕1404 号文件批复核准淮浙煤电凤台电厂一期（2×600 兆瓦机组）工程项目；25 日，浙能集团、淮南矿业集团公司在杭州召开会议，对淮浙煤电凤台电厂一期工程加快建设进程、力争 2008 年上半年首台机组生产发电、启动凤台电厂二期工程核准程序等目标达成一致意见。同年 9 月 20 日，浙煤电凤台电厂一期工程开工，安徽省委常委常务副省长任海深、浙江省副省长王永明参加开工典礼。同年 12 月 28 日，安徽省省长王金山率省直有关部门人员到淮浙煤电凤台电厂视察。

2007 年 4 月 2 日，国家发展改革委印发《国家发改委关于安徽淮南矿业集团公司顾北矿井及选煤厂项目核准的批复》(发改能源〔2007〕689 号)。顾北煤矿位于安徽省淮南市凤台县顾桥镇境内，开采范围是原顾桥井田的浅部资源。顾北井田地质储量 6.81 亿吨，可采储量 2.86 亿吨。矿区煤质稳定，具有“三低”（低硫、低磷、中低灰）和“四高”（高挥发分、中高发热量、高灰熔点、高黏结性），是良好的动力用煤和炼焦配煤。

2007 年 7 月 20 日，顾北煤矿首次外销煤炭 3 万吨。同年 8 月 2 日，顾北煤矿选煤厂进入了联合试运转。2007 年 12 月 28 日顾北煤矿一期工程顺利实现矿井联合试运转，2008 年 8 月 26 日通过国家发展改革委竣工验收，设计生产能力为 300 万吨/年。

2008 年 3 月 18 日，凤台电厂铁路专用线全线贯通；4 月 12 日，凤台电厂首列电煤 3000 吨通过铁路专用线，由顾北煤矿运抵电厂。2008 年 8 月 6 日，凤台电厂 1 号机组顺利通过 168 小时满负荷试运行，正式投入商业运行。同日，浙皖合作煤电一体化凤台电厂投产暨向浙江输电新闻发布会在淮南举行，来自新华社、人民日报等 20 多家媒体的记者到现场采访。2008 年 8 月 7 日，浙江省委常委、常务副省长陈敏尔，安徽省委常委、常务副省长孙志刚出席在凤台电厂举行的浙皖合作煤电一体化凤台电厂投产暨向浙江输电仪式。同年 9 月 29 日，凤台电厂 2 号机组顺利通过 168 小时满负荷试运行，正式投入商业运行。

2008 年，浙江省遭遇了一场严重的冰雪极端天气，燃煤告急。顾北煤矿及时发运 100 多万吨煤炭，支援浙能长兴电厂和兰溪电厂，缓解了燃煤短缺之急。

2011 年 6 月 14 日，安徽省发展改革委以《关于“皖电东送”二期工程有关问题的意见》（皖发改能源〔2011〕702 号）上报国家能源局，建议先行启动具备条件的凤台电厂二期（2×660 兆瓦）等 4 个项目建设。同年 9 月 26 日，国家能源局印发《关于同意安徽凤台电厂二期扩建项目开展前期工作的复函》。凤台电厂二期工程符合“十二五”“皖电东送”规划布局，项目列入国务院批准的安徽省《皖江城市带承接产业转移示范区规划》。

2012 年 7 月 23 日，皖浙两省发展改革委以《关于要求核准淮南凤台电厂二期 2×66 万千瓦扩建工程项目申报报告的请示》(皖发改能源〔2012〕688 号）联合上报国家发展改革委。同年 12 月 31 日，国家发展改革委印发《国家发展改革委关于安徽凤台电厂二期扩建工程项目核准的批复》(发改能源〔2012〕4117 号)。

2013 年 12 月 9 日，凤台电厂二期扩建工程 3 号机组通过 168 小时满负荷试运行，动态移交生产，进入商业运营；23 日，凤台电厂二期扩建工程 4 号机组通过 168 小时满负荷试运行，动态移交生产，投入商业运营。

2014 年，顾北煤矿扩建工程通过安徽省经信委验收，设计生产能力提升至 400 万吨/年。

2008—2014 年顾北煤矿煤炭产量、2008—2019 年凤台电厂发电量见表 9-2-1 和表 9-2-2。

表 9-2-1 2008—2019 年顾北煤矿煤炭产量一览表 万吨

年份	2008	2009	2010	2011	2012	2013	2014	2015	2016	2017	2018	2019
产量	432	482	362	347	397	417	345	367	379	395	399.9	400

表9-2-2 2008—2018年凤台电厂发电量一览表

年份	装机容量（万千瓦）	发电量（亿千瓦时）	供电煤耗（克/千瓦时）	综合厂用电率（%）	设备平均利用小时数（小时）
2008	120	26.62	318.31	5.67	6742.17
2009	126	66.77	313.87	5.97	5564.31
2010	126	70.56	309.96	5.64	5600.00
2011	126	81.03	305.03	5.3	6430.88
2012	126	77.01	304.84	5.0	6112.00
2013	258	80.53	301.05	5.03	6119.00
2014	258	127.93	291.32	4.32	4958.00
2015	258	110.64	293.96	4.54	4194.00
2016	258	108.91	292.37	4.21	4221.20
2017	258	124.38	291.35	4.23	4820.92
2018	258	138.7	290.9	4.29	5377.81
2019	258	137.2	290.2	4.30	5318.29

（二）生产运营管理

1. 运行理念

淮浙煤电有限责任公司自2008年10月全面进入生产运营期。按照“技术要算账，经营要调控，管理要创新”的管理要求，坚持推行安全生产技术经济一体化，管生产必须管安全，管生产必须管成本，管生产必须管人力资源控制；坚持在协调中扎实推进各项工作，衔接和处理好与政府、股东、职工、农民等各方面的关系，实现了确保安全、确保稳定、确保发展。

2. 制度建设

淮浙煤电有限责任公司于2005年6月至2005年12月，第一次汇编适合基建期的管理制度。2007年下半年，针对即将进入生产运营期，制定14项基本管理制度。2009年，按照“衔接市场、组织创新、制定制度、服务监管”指导思想，编制出台100个管理办法、55个核心流程、28个部门（岗位）职责（标准），形成了《公司规章制度汇编》《公司核心流程手册》《本部规章制度手册》《本部（岗位）职责手册》，建立起管理制度框架体系。之后，重视制度建设的闭环管理，每一次新制度出台，都组织力量对公司相关人员进行制度宣贯，做到制定制度、熟悉制度、执行制度。2013年6月4日，淮浙煤电有限责任公司印发《淮浙煤电公司企业文化建设方案（2013—2015年）》。

3. 运行机制

一是在机构设置上，按照精干高效原则，公司本部为三部一室（财劳部、综合管理部、政工部、办公室），不设专业技术部门，实行安全生产技术委托管理；二是在约束监督机制上，资金支付实行股东双方代表联签制，公司高管定期互换制以及部门正职负责制与正副职交叉协商制相结合；三是在物资保供上，煤矿、电厂所需物资原则上委托两家股东集团物流中心采购，利用规模采购优势，降低综合成本；四在人力资源管理上，实行多种用工形式；五在煤炭销供上，实行委托销供。公司不专设销售机构和人员，利用股东集团公司销售网络平台，将富余的煤炭及煤泥副产品及时销售出去，及时回笼资金。

4. 经济效益社会效益

淮浙煤电有限责任公司为安徽省直接解决就业人员5000人以上，并帮助凤台县当地农村建设道路、电力、供水等基础设施。凤台电厂一期工程于2009年1月通过中国电力建设企业协会组织的基建达标复检，获“中国电力优质工程奖”，同年12月获得国家工程建设质量奖审定委员会颁发的“2009年度国家优质工程银质奖”。1号机组被授予国家电监会“2009年度全国发电可靠性金牌机组”和中电联“2009年全国600兆瓦级机组年度竞赛优胜机组”称号。顾北煤矿被中国煤炭工业协会授予“特级高产高效矿井”称号。2012年2月23日，安徽省人民政府国资委授予凤台电厂“第三届安徽省省属企业文明单位”荣誉称号。2012年7月3日，凤台发电分公司以总分并列第一的成绩荣获“2011年度华东电网调度自动化专业劳动竞赛先进单位”称号，这是凤台发电分公司连续第三年获此殊荣。2013年12月18日，在2013年度华东电网调度运行管理年会上，凤台发电分公司被授予华东电网“最佳调度运行管理奖”荣誉称号，为华东地区唯一获此殊荣的发电企业，这也是凤台发电分公司继2011年之后再次获此殊荣。2014年5月30日，中国电力企业联合会和中国能源化学工会主办的2013年度全国火电600兆瓦级机组能效对标及竞赛结果揭晓，凤台电厂一期两台机组均入选优胜机组。2号机组获600兆瓦级超临界机组竞赛一等奖，1号机组获600兆瓦级超临界机组竞赛三等奖。2014年，顾北煤矿被中国煤炭工业协会授予“特级高产高效矿井”称号。安徽省质量技术监督局组织专家组评价确认凤台发电分公司为“AAAA级标准化良好行为企业”。

二、山西省大同麻家梁煤矿合作项目

2005年1月20日，浙能集团董事会审议通过山西麻家梁煤矿项目投资议案。同年6月25日，浙能集团与大同煤矿集团有限责任公司在杭州正式签订了麻家梁合作投资协议。同年10月28日，大同煤矿集团有限责任公司与浙能集团在太原经贸洽谈会上正式签署了投资协议，确定股比为大同煤矿集团有限责任公司51%、浙能集团49%，约定麻家梁矿井生产的煤炭全部供应浙能集团所属电厂用煤的需要。麻家梁煤矿位于山西省朔州市南部，交通方便，煤炭地质储量26.46亿吨。该煤矿项目是国家煤炭工业“十一五”规划和山西省煤矿重点工程建设项目，2004年12月项目获得核准。麻家梁煤矿于2006年底获得探矿权许可证，2007年6月取得国土资源部颁发的井田划界证书。矿井设计生产能力为1200万吨/年，设计服务年限82年，可采储量18.32亿吨。地面建设同等规模的选煤厂和铁路专用线。2007年7月25日，国土资源部印发《国土资源部划定矿区范围批复》(国土资矿划字〔2007〕21号)，同意麻家梁煤矿项目建设规模调整为年产1200万吨、2008年开工，纳入山西省2008年省级重点工程项目。2007年9月2日，麻家梁煤矿“四通一平”工程动工建设。

2007年9月1日，双方正式签署股东协议和公司章程，明确麻家梁煤矿按照大同煤矿集团有限责任公司51%、浙能集团49%的股比共同投资建设，矿井建成投运后，大同煤矿集团有限责任公司转让10%、浙能集团转让9%给大同煤矿集团轩岗煤电有限责任公司。同月16日，同煤浙能麻家梁煤业有限责任公司召开第一次股东会和一届一次董事会。

2008年6月18日，国家发展改革委印发《关于朔南矿区麻家梁煤矿开展前期工作的咨询复函》(能煤函〔2008〕74号)。2008年8月26日，同煤浙能麻家梁煤业有限责任公司成立，同月矿井开工建设。2008年9月24日，国土资源部印发《大同煤矿集团有限责任公司麻家梁矿井项目建设用地预审意见的复函》(国土资预审字〔2008〕309号)。同年12月2日，麻家梁矿井项目正式开始施工。

2009年2月20日，山西省政府发布《山西省人民政府办公厅关于印发2009年全省重点工程项目的通知》(晋政办发〔2009〕30号)。麻家梁矿井项目列入山西省2009年13项煤矿重点工程。

2009年8月12日，同煤浙能麻家梁煤业有限责任公司成立。股权结构为：大同煤矿集团有限责任公司60%、浙能集团40%。

2011年7月12日，麻家梁矿井项目通过国家发展改革委核准批复。

2011年11月1日，同煤浙能麻家梁煤业有限责任公司召开股东会议审议通过《关于2012年度资本金出资计划的方案》。2013年1月10日，同煤浙能麻家梁煤业有限责任公司召开股东会审议，并通过增加注册资本议案。

2012年8月麻家梁矿井试生产，2013年12月达到设计生产能力1200万吨/年。

2012—2019年麻家梁煤矿煤炭产量见表9-2-3。

表 9-2-3 2012—2019 年麻家梁煤矿煤炭产量一览表 万吨

年份	2012	2013	2014	2015	2016	2017	2018	2019
原煤	352.8	1238	1180	1306	1135	1196	1300	1201

三、内蒙古色连煤矿项目

内蒙古大同煤矿鄂尔多斯色连矿业投资有限公司于 2008 年 8 月 1 日成立，由山西省大同煤业股份有限公司、鄂尔多斯投资控股集团有限公司和浙能集团三方按股比 51%、30%、19%共同出资建设，注册资本金为 12 亿元。色连煤矿一号井位于鄂尔多斯市东胜区罕台镇，是高头窑矿区总体规划之中的 4 个矿井之一。井田总体面积 89.51 平方千米，获得探矿权面积 35.476 平方千米，地质储量为 7.42 亿吨，属侏罗纪煤层，以不黏煤为主，长焰煤次之，井田共有可采煤层 11 层，主采煤层 5 层；煤层厚度平均 2~4 米，最厚 6 米。矿井设计能力 500 万吨/年，矿井服务年限为 55.2 年，同时配套建设一座选矿能力 500 万吨/年的选煤厂。概算总投资为 41 亿元。2007 年，国家发展改革委印发《内蒙古色连一号井田为国家煤炭工业发展“十一五”规划内项目批复》(发改委能源〔2007〕69 号)。

2008 年 12 月 17 日，国家发展改革委印发《国家能源局关于内蒙古鄂尔多斯色连一号煤矿开展前期工作的复函》(国能局煤炭函〔2008〕14 号)，同意该项目开展前期工作。

2009 年，浙能集团和鄂尔多斯市政府签署能源战略合作框架协议，6 月 18 日色连煤矿举行奠基仪式，10 月工程开工建设。

2011 年 7 月，浙能集团和鄂尔多斯市政府再次签署能源项目投资合作协议，协议结合煤矿、电厂、输电通道、电力市场“四位一体”发展新模式，确定了浙能集团在鄂尔多斯市投资建设煤电项目，通过特高压输电通道送电力的合作战略，协议明确鄂尔多斯市政府支持浙能集团在鄂尔多斯市建设规模为 4×100 万千瓦的电厂(分二期建设)。同时，为电厂项目配置 9 亿吨煤炭资源建设相应的配套煤矿，另外配置 11 亿吨煤炭资源作为商品煤煤矿。同年 8 月，浙江省政府和内蒙古自治区政府签署两省区经济社会发展战略框架协议。

2012 年 2 月底，色连一号井田首采工作面设备全部安装完成。同年 3 月，取得了内蒙古自治区准格尔旗政府和各相关部门所有支持性文件。

2013 年 2 月，国家发展改革委核准内蒙古高头窑矿区色连一号煤矿项目。矿井建设规模为 500 万吨/年，配套建设相同规模的选煤厂。项目总投资 28.34 亿元。同年 3 月，首个综采工作面试生产。

2014 年 7 月 7 日，内蒙古自治区煤炭工业局印发《关于色连一号井及选煤厂建设项目联合试运转的批复》，矿井和选煤厂进入试生产阶段。2018 年煤炭产量为 412 万吨，2019 年煤炭产量为 422 万吨。

第二节 新疆项目

一、新疆伊犁新天煤制气合作项目

(一) 项目前期

2009 年 2 月 8 日，“新汶矿业集团（伊犁）年产 20 亿标准立方米煤制天然气项目”在新疆维吾尔自治区发展和改革委员会登记备案，备案证编码 20091001。同年 12 月 31 日，新疆维吾尔自治区环保厅出具《关于新汶矿业集团（伊犁）年产 20 亿 Nm^3煤制天然气项目环境影响报告书的批复》(新环评函〔2009〕139 号)。

2010 年 4 月 20 日，伊犁新天煤化工有限责任公司在伊犁州工商局注册成立，注册资本金 5 亿元人民币，公司位于新疆维吾尔自治区伊宁市巴彦岱镇。伊犁能源公司持有 55%股份，北京天瑞宏成公司持有 45%股份。2010 年 11 月 7 日，伊犁能源公司向伊犁州发展改革委递交了《关于新汶矿业集团（伊犁）年产 20 亿标准立方米（简称为 Nm^3）煤制天然气项目备案单位和项目名称变更的申请》，申请将项目申请备案单位由新汶矿业集团伊犁能源开发有限责任公司变更为伊犁新天煤化工有限责任公司；将项目名称由“新汶矿业集团（伊犁）年产 20 亿标准立方米煤制天然气项目”变更为“伊犁新天年产20亿标准立方米煤制天然气项目”。

2013年6月8日，浙江省能源集团有限公司与山东能源新矿集团开展伊犁新天年产20亿标准立方米煤制天然气项目合作，浙江省能源集团有限公司与新汶矿业集团举行新疆伊犁煤化工项目合作签约仪式，浙江省能源集团有限公司董事长、党委书记吴国潮同新矿集团董事长李希勇签订合作协议。2013年9月18日，伊犁新天煤化工有限责任公司2013年度第一次股东大会暨二届一次董事会、二届一次监事会在伊宁市召开。由浙江省能源集团有限公司和山东能源新汶矿业集团有限责任公司共同投资成立伊犁新天煤化工有限责任公司。浙江省能源集团有限公司占股55%，山东能源新汶矿业集团占股45%。2013年9月26日，注册资本金增至20亿元人民币；2015年1月9日，注册资本金增至30亿元人民币，2019年5月29日；注册资本金增至48.28亿元人民币。

伊犁新天煤化工有限责任公司煤制天然气项目，建设规模为年产20.4亿标准立方米煤制天然气，工程总投资176.86亿元人民币。项目位于新疆维吾尔自治区伊宁市巴彦岱镇，厂址占地面积290.15公顷；距配套资源煤矿（伊犁4号矿）直线距离3.5千米，设计年耗煤量638万吨；距水源地伊犁河直线距离15千米，设计年耗水量1185万立方米；距“西气东输”伊宁首站11千米。项目主产品天然气送至伊宁—霍尔果斯输气管道伊宁首站，通过“西气东输”二、三线管道输送至浙江。副产品为轻烃、混合烃、重芳烃、混合酚和硫铵等，实行就地销售。

2016年12月7日，环境保护部出具《关于伊犁新天煤化工有限责任公司年产20亿立方米/年煤制天然气项目环境影响报告书的批复》(环审〔2016〕162号)。

2017年5月16日，国家发展改革委出具《关于伊犁新天煤化工有限责任公司年产20亿标准立方米煤制天然气示范项目核准的批复》(发改能源〔2017〕940号)，要求项目承担固定床碎煤加压气化废水高效处理、国产甲烷化催化剂工业化应用、重大装备自主化等示范任务。至2019年，固定床碎煤加压气化废水高效处理示范任务已经完成；重大装备自主化示范任务已经完成，装备国产化率达到96.28%。

（二）工程建设

2009年6月30日，项目奠基开工。

2011年1月20日，中国化学与伊犁新天煤化工有限责任公司举行总承包合同签约；1月27日，中国化学与各装置院签订项目委托书；5月10日，项目全面开工；5月14日，甲烷化装置破土开工；7月2日，空分装置破土开工；8月7日，净化装置破土开工；8月15日，气化装置破土开工。

2015年7月，各装置陆续完成中间交接；12月16日，110千伏输变电工投用。同年12月，供水工程投用，为装置区试车提供水源条件。

2016年1月26日，热电1号发电机首次并网；3月29日，空分B系列完成试车任务，生产出合格氧气及氮气产品；4月1日，热电2号发电机首次并网；4月7日，低温甲醇洗装置A系列水联动一次试车成功；5月3日，热电4台锅炉全部投运，开始试生产运行；5月6日，甲烷化装置联动试车工作圆满结束。2017年3月6日，A系列气化炉投料点火调试；3月19日，产出成品合格天然气，历时14天，A系列流程全线打通，项目投料试车首战告捷，创造了煤制气行业投料产出合格天然气用时最短纪录；3月29日，输气工程系统正式投运，成品天然气成功接入西气东输伊宁首站；6月1日，B系列投料试车；6月4日，产出的成品合格天然气成功接入西气东输伊宁首站，标志着伊犁新天煤化工有限责任公司工艺流程全部贯通。

2017年6月16日，工程建设进入试生产期。2018年1月1日，工程建设转为生产期。

（三）运营管理

2014年6月1日，发布执行《生产准备工作大纲》，完成以生产运行部、设备部、工艺车间、检修车间组成的生产管理机构组建，组织开展工艺规程、安全技术规程、应急管理、环境管理等170多项试车所需生产性技术资料的编制和发布，并以车间、班组为单位，开展以理论培训、专业知识培训、工厂实习、现场及OTS仿真等多种方式，对生产人员开展生产和安全技术培训，2016年底完成各级生产人员培训考核和定岗工作。

2015年3月13日，《项目总体试车方案》通过专家审查。编制发布《生产安全事故应急预案》《调度手册》《设备检修规程》等生产技术文件。同年9月30日，成立由项目启动管理委员会、试车指挥部、专业组（9个）、车间试车组（11个）组成的项目试车组织机构。并设立技术专家顾问组和开车指导组，明确了试车组织机构中各成员的职责分工，规定了试车期间的指令下达程序和工作协调程序。

2016年，完成公用系统联动试车并稳定运行，生产装置A系列具备投料条件，并通过“三查四定”查找系统隐患，持续优化工程设计。同时通过导师带徒、班前培训、编制岗位练兵卡、完善培训教材等措施，加强人员实操能力培训，提高工艺人员操作能力，为投料试车做好人员准备。

2017年6月4日，双系列投产后，着手建立生产、安全、经营考核体系，开展员工操作行为的规范化及技术创新和技术优化工作，提高设备运行可靠性，开展节能降耗各项工作。逐步建立金属、化学、节能、环保、热控等技术工作小组，通过技术监督平台，交流技术，规范管理，实现系统运行稳定、安全可靠，最终实现经济效益可持续增长。

2018年建立执行化工工艺操作票管理制度，按集团管理理念开展设备可靠性管理工作，推动缺陷、设备异动、工单常态化管理，建立节能管理和对标组织机构，明确消耗指标并细化落实。新增14项环保设施稳步推进，实现废气基本达标排放、废水零排放、废固妥善处置。实现国内首例酸性气引入锅炉掺烧项目，节省了备用硫回收装置较大投资。

2019年以18亿立方米计划产气量为目标，开展生产设备和运行管理的系统集中整治，克服中石油限产、煤炭供应不足、设备可靠性低等多重困难，达到年产16.37亿立方米天然气量，创造国内煤制气产能的新标杆。完成蓄热式氧化处理设施、热电超低排放第二阶段的改造，规划碳汇林一期建设，为青山碧水蓝天承担起企业的责任。通过综合治理，完成浓盐水结晶、污泥干化等项目的改造实施，解决水处理对系统生产瓶颈限制，极大提高生产能力和系统的稳定性。完成安全生产许可证的合法化手续，取得安全生产标准化二级达标工作，为公司的安全生产能力奠定良好基础。

（四）生产经营

2018年，消耗原料煤212.24万吨、燃料煤169.67万吨，生产主产品天然气8.04亿标准立方米，生产副产品重芳烃4.71万吨、多元烃3.10万吨、轻烃1.67万吨、混合酚1.42万吨、硫酸铵1.6万吨、氨水1.01万吨、重芳烃4.67万吨、多元烃3.22万吨、轻烃1.75万吨、混合酚1.42万吨、硫酸铵1.62万吨、氨水1.01万吨。

2019年，消耗原料煤431.81万吨、燃料煤207.86万吨，生产主产品天然气16.37亿标准立方米，生产副产品重芳烃8.64万吨、多元烃7.22万吨、轻烃3.90万吨、混合酚2.77万吨、硫酸铵5万吨、氨水5.98万吨、重芳烃8.43万吨、多元烃7.35万吨、轻烃3.93万吨、混合酚2.72万吨、硫酸铵4.72万吨、氨水5.89万吨。

2019年10月31日，伊犁新天煤化工有限责任公司同中石油管道公司签订《新天煤制气管输服务协议》，成为全国首家实现管道公平开放市场化运营的企业。随着国家管道公司成立，天然气“代输”管理模式落实到，对企业效益会有进一步提高。

二、新疆阿克苏纺织工业城项目

（一）项目前期

2010年3月12日新疆维吾尔自治区人民政府与浙江省人民政府签订《能源合作协议》和7月10日新疆阿克苏地区行政公署与浙能集团在杭州签订《合作框架协议》，建设浙能阿克苏纺织工业城热电厂，从事电力投资、热力供应、煤炭及天然气开发利用的综合能源开发投资企业。项目以煤炭为主要原料，主要生产电力、工业蒸汽、热水等产品，是浙江省在疆建设的最大产业援疆项目，也是新疆最环保的火力发电企业。

浙能阿克苏纺织工业城热电厂位于新疆维吾尔自治区阿克苏纺织工业城东北部，占地30.829公顷，项目总投资30.3亿元。工程建设2台350兆瓦超临界双抽凝汽式汽轮机组，配2

台1173吨/小时超临界煤粉炉。年取水量约394万立方米，水源取自阿克苏市污水处理厂的城市中水。机组投产后，年需设计燃煤168万吨，设计煤种以徐矿集团俄霍布拉克煤矿动力煤为主，采用铁路运输进厂，所排灰渣全部综合利用，事故备用灰场布置在电厂东南侧，距电厂约35米。环保工程采用石灰石—石膏湿法脱硫、低氮燃烧及SCR烟气脱硝、双室五电场低温静电除尘器除尘工艺，实行烟气超低排放。配套建设1座条形封闭煤场、供排水系统、直接空冷系统灰场等公用辅助系统。生产用水水源为阿克苏市污水处理厂再生水，生活用水水源来自城市自来水。

本工程是阿克苏市城南分区和纺织工业城规划的唯一热电联产热源点，工程建成后关停拆除供热范围内全部126台燃煤小锅炉，项目配套建设供热管网，对阿克苏纺织工业城园区热用户供热。

2010年4月，新疆维吾尔自治区温宿县人民政府与浙能集团签订投资合作意向书，就投资建设2×30兆瓦火电厂及2×125兆瓦园区自备热电厂项目达成合作意向。

2010年7月，阿克苏地区行政公署与浙能集团签订《合作框架协议》，就阿克苏纺织工业城3×135兆瓦（一期）燃煤发电供热机组项目，拜城县2×600兆瓦（一期）、2×1000兆瓦（二期）燃煤发电机组项目，新型建材开发项目，污水处理厂项目等达成框架协议。

2010年8月，阿克苏地区行政公署与浙能集团签订《浙江省—阿克苏地区经贸洽谈投资项目协议书》，就阿克苏纺织工业城热电厂的投资建设规模达成协议。

2010年12月7日，西北电网有限公司发布《关于印发〈浙能新疆阿克苏纺织工业城热电厂工程初步可行性研究报告审查意见〉的通知》（西北电网发展〔2010〕820号）。

2011年1月，阿克苏地区发展改革委发布《关于新疆华孚纺织有限公司100万锭色纺及配套电厂项目核准的通知》，明确配套电厂由浙江东南发电股份有限公司建设。

2011年5月10日，阿克苏地区行政公署召开由阿克苏地区行政公署、浙江省援疆指挥部、浙能集团参加的项目推进会，会议决定：根据国家相关政策要求，同意将浙能阿克苏纺织工业城热电厂建设规模由1×80兆瓦背压机组+2×135兆瓦燃煤抽凝供热机组改为2×350兆瓦抽凝供热机组。

2011年6月30日，浙能集团董事会审议通过由浙江省电力开发公司80%、浙江东南发电股份有限公司20%的股比组建阿克苏热电项目公司，投资建设2×35吨/小时燃气炉、热网管道，拟建2×350兆瓦热电项目。

2011年7月28日，电力规划设计总院出具《关于印发浙能新疆阿克苏纺织工业城热电厂工程"2×350MW"抽凝供热机组可行性研究报告审查会议纪要的通知》（电规发电〔2011〕219号），通过工程可研报告。

2014年2月8日，国家能源局出具《关于同意浙能阿克苏纺织工业城热电新建项目纳入2014年度新疆火电建设规划的复函》（国能电力〔2014〕75号），同意浙能新疆阿克苏纺织工业城热电新建项目开展前期工作。

2014年11月21日，国家电网出具《关于新疆浙能集团阿克苏纺织工业城热电厂新建项目接入电网意见的函》（国家电网发展函〔2014〕63号），原则同意浙能新疆阿克苏纺织工业城热电厂工程2×350兆瓦抽凝供热机组接入电网。

2014年12月10日，环境保护部出具《关于浙能阿克苏纺织工业城热电新建项目环境报告书的批复》（环审〔2014〕340号）。

2014年12月26日，工程可行性研究报告收口，电力规划设计总院出具《关于浙能新疆阿克苏纺织工业城热电厂"2×350MW"抽凝供热机组工程可行性研究报告的审查意见》（电规发电〔2014〕1270号）。

2015年1月13日，新疆维吾尔自治区人民政府出具《关于浙能阿克苏纺织工业城热电厂新建工程项目核准的批复》（新政函〔2015〕11号）。同年2月2日，《浙能新疆阿克苏纺织工业城热电厂"2×350MW"配套热网工程可行性研究报告》（代项目建议书）获得阿克苏地区发展改革委同意建设的批复。

（二）项目建设

2014年7月16日，浙能阿克苏纺织工业城热电厂新建工程项目"四通一平"工程开工。

2015 年 3 月 28 日，浙能阿克苏纺织工业城热电厂新建工程项目主体工程浇筑第一方混凝土；5 月 18 日，浙能阿克苏纺织工业城热电厂新建工程项目 1 号锅炉钢结构起吊。

2016 年 4 月 28 日，浙能阿克苏纺织工业城热电厂新建工程铁路专用线正式开工建设；12 月 31 日，1 号机组通过 168 小时试运行，转入商业运行。

2017 年 5 月 24 日，浙能阿克苏纺织工业城热电厂新建工程 2 号机组通过 168 小时试运行，转入商业运行。

2019 年 5 月 4 日，浙能阿克苏纺织工业城热电厂新建工程铁路专用线正式运营。

供热管网工程根据园区供热需求，实施分期建设，工程总投资 2.1 亿元。热网一期工程，供热管道总长约 19 千米，总投资 7221 万元。自 2016 年 10 月 8 日开始建设，2017 年 10 月 23 日工程完工，已投入运营。热网二期工程，供热管道总长约 32 千米，投资 1.38 亿元，2019 年 8 月 26 日开始建设。

2019 年 6 月 24 日，浙能集团新疆分公司在阿克苏组织召开《浙能阿克苏纺织工业城热电厂“2×350MW”新建工程项目后评价报告》审查会，会议同意北京中咨信合工程咨询有限公司出具的项目后评价报告书，8 月 16 日，取得了浙能集团浙能计〔2019〕442 号文件批复。

（三）生产经营

2018 年，累计发电量 185941.20 万千瓦时，上网电量 172910.10 万千瓦时，发电利用小时数 2656.30 小时，累计供热 99.33 万吨，其中：供蒸汽 48.58 万吨，热水 46.53 万吨。

2019 年累计发电量 238995.60 万千瓦时，上网电量 223957.80 万千瓦时，发电利用小时数 3414.22 小时，累计供热 112.07 万吨，其中：供蒸汽 54.32 万吨，热水 57.75 万吨。

2019 年，通过与新浙两省区各级政府沟通，有关基数电量、援疆电量、援疆电价、援疆电量自主交易权、供热气价等有利政策顺利落地。后续基数电量由 1150 小时提升到 2500 小时。2020 年，援疆电量由 13 亿千瓦时提升至 31 亿千瓦时，援疆电价由 206.2 元/千千瓦时提升至 226.89 元/千千瓦时，成功取得援疆电量自主交易权。

三、准东能源项目前期

2009 年 11 月，根据浙江省政府指示，浙江省经信委组织浙能集团、浙江东南发电股份有限公司等对新疆地区煤炭生产和火电项目开发进行考察。

2010 年 3 月 12 日，浙江省人民政府与新疆维吾尔自治区人民政府在北京签署《能源战略合作协议》，支持浙能集团在新疆投资建设年产 100 亿立方米煤制天然气、燃煤电厂及配套煤矿等一批能源项目。同年 3 月 21—27 日，浙江省能源局局长陈智伟、浙能集团副总经理童亚辉等一行赴新疆对接能源合作项目，到昌吉、和田、伊犁等地区进行实地调研，探索项目资源落实情况。

2010 年 7 月 22 日，浙能新疆能源项目筹建处成立，统筹开展新疆地区煤电、煤制天然气等能源项目前期工作。

2011 年 3 月 14 日，新疆维吾尔自治区发展改革委为浙能准东煤制气项目下发项目登记备案证。

2011 年 6 月 19 日，中国新疆 2011 产业转移系列对接活动，浙能集团与昌吉州人民政府签署《能源开发合作协议》，明确在准东五彩湾开发区规划选址建设百万千瓦级火力项目，争取纳入“疆电外送”特高压输电工程配套电源，在准东煤田西黑山矿区，规划建设年产合成天然气 20 亿立方米煤制天然气项目。

2011 年 11 月 23 日 10 时，浙能集团在新疆准东煤田大井矿区一号井田成功开钻第一孔。同年 12 月 29 日，浙能集团董事会审议同意成立浙能集团新疆准东煤业有限公司。

2011 年 12 月 26 日，中石化、浙能集团、新疆投资发展集团签订《关于新疆煤制天然气外输管道工程合作框架协议》。协议明确中国石化、新投集团、浙能集团按 90∶5∶5 出资比例，设立业主公司，建设新疆煤制天然气外输管道工程。项目列入国家天然气“十二五”专项规划，于 2015 年 9 月获得国家发展改革委核准。

2012 年 7 月 6 日，中石油集团和化学工业规划院组织审查《浙能集团准东煤制气项目可研报告》；7 月 23 日，出具浙能准东煤制气项目评估报告。

2013 年 9 月 22 日，国家发展改革委下印发《关于同意新疆准东煤制气示范项目开展前期工作的复函》(发改办能源〔2013〕2309 号)，浙能新疆准东 20 亿立方米煤制天然气项目纳入国家专项规划。该项目在准东煤田西黑山矿区，规划建设年产合成天然气 20 亿立方米。同年 11 月，浙能准东煤制气项目筹建处成立。

2013 年 10 月 30 日，浙能集团新疆分公司在乌鲁木齐注册成立，孙玮恒兼总经理，统筹管理浙能集团在新疆项目。

2014 年 4 月 18 日，浙能准东年产 20 亿立方米煤制天然气项目奠基仪式在昌吉回族自治州奇台县西黑山厂址举行。同年 6 月 3 日，浙能集团新疆准东能源化工有限公司在昌吉回族自治州奇台县成立。按国家能源发展“十三五”规划对煤炭深加工项目要求，国家将准东煤制气项目列为储备项目，暂停推进核准工作。2015 年 6 月，浙能集团董事会明确暂停实施该项目。

2014 年 8 月 26 日，国家能源局印发《关于同意新疆准东煤电基地外送项目建设规划实施方案的复函》，明确配套电源点为五彩湾北电厂 7 个（共 1320 万千瓦），文中没有浙能项目。浙能集团研究决定中止准东煤电项目前期工作。

第三节 宁夏项目

一、宁东煤电基地前期开发

2011 年 7 月，国家能源局以国能电力〔2011〕196 号文件批复同意宁夏至浙江±800 千伏特高压直流输电工程（简称宁浙特高压输电工程）开展前期工作，工程配套建设宁东能源基地约 900 万千瓦煤电机组项目。同月，浙能集团总经理童亚辉陪同浙江省常务副省长陈敏尔赴宁夏银川，与宁夏回族自治区常务副主席齐同生，就宁浙特高压输电工程合作及配套电源点建设模式进行会晤。2012 年 9 月 10 日，国务院批复《宁夏内陆开放型经济试验区规划》，再次明确宁东基地为国家重要的“西电东送”火电基地。

2011 年 12 月，浙能集团与中电投集团签署《能源项目合作战略框架协议》，推进宁东积家井电厂、红墩子煤炭的初步可行性研究工作。

2012 年 4 月 26 日，宁浙两省区政府签署《关于共同推进产业合作的协议》，提出加快推进宁浙特高压工程建设。同年 5 月 4 日，浙江省能源局牵头与浙能集团成立宁夏项目前期工作小组，专程协调落实两省区政府有关指示精神。浙能集团副总经理范小宁亲自挂帅，集团计划发展部牵头会同法律、财务、资产等部门及国浩律师事务所等单位组成前期工作小组，进行项目前期论证和商务谈判工作。

2012 年 5—9 月，浙能集团赴宁夏银川等地，调查研究，与宁夏回族自治区发展改革委能源处、宁夏发电集团、华能宁夏公司、国电宁夏公司、中电投宁夏公司、京能宁夏公司、华电宁夏公司衔接交流，并就宁东电源点投资合作进行商谈。

2012 年 9 月 20 日，在宁夏回族自治区政府主持见证下，浙能集团分别与中国电力投资集团公司、中国华能集团公司签署能源项目合作协议，明确浙能集团以 51% 股份控股枣泉电厂（2×660 兆瓦），以 49% 股份参股华能大坝电厂四期（2×660 兆瓦）。2012 年 10 月 25—26 日，浙能集团分别与中国国电集团公司、中国华电集团公司、宁夏京能宁东发电有限责任公司在银川签订项目合作协议，均以占股份 49% 开发国电方家庄电厂（2×1000 兆瓦）、华电永利电厂（2×660 兆瓦）及京能水洞沟电厂二期（2×660 兆瓦）。浙江省委书记赵洪祝为此作了批示：浙能集团做得很好，既支持了宁夏少数民族地区建设，又可实现自身发展。

2012 年 10 月 24 日，浙能集团决定在银川市正式成立浙能宁夏电源项目筹建处，统筹调度域内人财物等资源，加快宁东电源点项目前期开发进度。

2013 年 5 月，宁夏回族自治区能源局召集浙能集团、中电投集团、华能集团等投资主体通报招商条件。

2013 年 5 月 21 日，浙江省发展改革委以《关于宁东输浙特高压及配套电源项目安排意见的函》致宁夏回族自治区发展改革委，要求支持浙能集团按“控股一个、其余参股”的原则参与宁东电源项目的投资建设。

2013年5月28日，浙能集团副总经理范小宁再次赴银川与宁夏回族自治区发展改革委、能源局交流。

2013年6月26日，宁夏回族自治区常务副主席袁家军专程来杭州与浙江省常务副省长龚正会谈。双方达成“同意由浙能集团控股的枣泉电厂列入配套电源项目盘子，两省区政府创造条件，积极支持浙能集团大股比参与其他配套电源项目投资建设”共识。宁浙两省区政府签署《关于加快推进宁东至浙江特高压直流输电工程及配套电源项目的合作协议》。2013年9月10日，宁夏回族自治区发展改革委向国家能源局提交《关于上报宁东煤电基地科学开发规划的请示》。2014年2—8月，浙能集团先后与中铝宁夏能源集团签署银星电厂项目投资协议，与国电集团有限公司签署方家庄项目投资协议，与华能集团签署大坝电厂四期项目投资协议，进一步明确股权结构。

2014年5月13—17日，中国国际工程咨询公司受国家能源局委托，组织专家对宁东煤电基地进行调研，并在银川召开评估会。2014年7月1日，中国国际工程咨询公司出具《关于宁东煤电基地科学开发规划的咨询评估报告》(咨能发〔2014〕1604号)，建议将《宁东煤电基地科学开发规划》中电源项目7个共1000万千瓦调整为6个共928万千瓦。

2014年7月18日，宁浙两省区政府达成一致意见，宁夏回族自治区能源局上报国家能源局《关于尽快批复宁东煤电基地开发规划的请示》。2014年7月31日，国家能源局印发《关于同意宁夏煤电基地外送项目建设规划实施方案的复函》，明确枣泉电厂（2×660兆瓦）、银星电厂(2×660兆瓦)、大坝电厂四期（2×660兆瓦)、方家庄电厂（2×1000兆瓦)、国华宁东二期(2×660兆瓦)、鸳鸯湖电厂二期（2×1000兆瓦）等6个共928万千瓦煤电项目作为宁浙特高压输电工程配套电源，浙能集团的所占股比分别为51%、49%、49%、49%、33.33%及5%。

2015年1月，浙能枣泉电厂、国电方家庄电厂、中铝银星电厂、华能大坝电厂四期、国华宁东二期、神华鸳鸯湖电厂二期等6个电源项目全部获得宁夏回族自治区发展改革委核准批复。2012年4月至2016年8月，浙能集团在宁浙两省区政府和各级主管部门的关心支持、相关部门单位的协同下，完成宁东能源基地6个电源项目公司的协议与章程的商务谈判，项目公司全部成立运营，圆满完成浙江省委省政府交付的“控股一个，其余参股”的任务。

二、枣泉电厂项目

2012年9月20日，浙能集团、中国电力投资集团签署《能源项目合作协议书》，决定优势互补、合作共赢，由浙能集团51%控股开发宁夏枣泉一期火电项目，由中国电力投资集团51%控股开发长兴天然气热电联产项目。枣泉电厂项目位于宁东能源化工基地灵州综合项目区，一期建设2×660兆瓦超超临界燃煤机组。项目业主宁夏枣泉发电有限责任公司于2009年12月18日成立，注册资本6000万元，原由宁夏发电集团有限公司、中电投宁夏青铜峡能源铝业集团有限公司均股设立。2005年10月，电规总院组织枣泉电厂一期工程可研报告审查会议。2011年，电规总院组织补充可研报告审查会议。

2012年11月27日，浙能集团董事长吴国潮赴北京与中国电力投资集团公司总经理陆启洲就进一步落实“9月协议”进行了会谈，双方对深化战略合作达成高度共识。同年12月28日，浙能集团与宁夏发电集团有限公司、中电投宁夏青铜峡能源铝业集团有限公司签订《宁夏枣泉发电有限责任公司股权转让协议》，浙能集团受让宁夏发电集团有限公司所持有的50%股权。

2013年9月4日，浙能集团董事长吴国潮与中国电力投资集团公司总经理陆启洲在京举行会谈。会上，浙能集团、中电投宁夏青铜峡能源铝业集团有限公司签署《宁夏枣泉发电有限责任公司之增资扩股协议》《宁夏枣泉发电有限责任公司章程》。双方共同对项目公司进行增资，以使股权结构为浙能集团51%、中电投宁夏青铜峡能源铝业集团有限公司49%。

2013年11月5日，宁夏枣泉发电有限责任公司首届股东大会、董事会、监事会召开，会议审议通过浙能集团以51%股比控股宁夏枣泉发电有限责任公司。浙能集团正式接管宁夏枣泉发电有限责任公司，全面推进枣泉电厂前期工作。2013年11月13日，工商局完成更换企业法人营业执照，注册资本1亿元。

2014年9月至2015年1月，宁夏枣泉发电有限责任公司先后取得：电规总院印发的《宁夏枣泉电厂一期工程补充可行性研究报告审查会议纪要的通知》(电规发电〔2014〕878号)，宁夏回族自治区住建厅印发的《建设项目选址意见书》(宁建选字92号)，国土资源厅印发的《关于枣泉电厂项目建设用地预审意见的函》(宁国土资预审字〔2014〕132号)，宁夏回族自治区发展改革委印发的《关于宁夏枣泉电厂一期2×660MW工程节能评估报告的审查意见（宁发改环资〔2014〕726号)，环境保护部印发的《关于宁夏枣泉电厂一期工程环境影响报告书的批复》(环审〔2015〕26号)。2015年1月28日，宁夏回族自治区发展改革委印发的《关于宁夏枣泉电厂项目核准的批复》(宁发改审发〔2015〕9号)，明确工程建设2台66万千瓦超超临界间接空冷燃煤机组，工动态总投资52.2亿元，资本金占20%。

2015年2月11—13日，宁夏枣泉电厂一期工程初步设计审查会在银川召开，《宁夏枣泉电厂一期工程初步设计方案》通过电力规划设计总院组织审查。工程建设条件基本具备。

（一）工程建设

2015年3月23日，宁夏回族自治区党委书记李建华到宁东基地调研宁浙特高压输电工程及配套电源项目进展情况，并宣布宁夏枣泉电厂一期工程等配套电源项目开工建设。

2015年3月28日，宁夏枣泉电厂一期工程举行场地平整及主厂房区域地基处理工程开工仪式。同年4月18日，宁夏枣泉电厂一期工程主厂房基础正式开挖。

2015年8月4日，浙能集团印发《关于宁夏枣泉电厂一期工程开工的批复》(浙能建〔2015〕430号)。同年9月16日，宁夏枣泉电厂一期工程举行主厂房第一方混凝土浇筑仪式，标志着项目正式开工建设。

2017年6月11日，宁夏枣泉电厂一期工程1号锅炉首次点火一次成功；11月6日，宁夏枣泉电厂一期工程2号锅炉首次点火成功；11月10日，宁夏枣泉电厂一期工程1号机组实现首次并网一次成功；11月28日，宁夏枣泉电厂一期工程2号机组汽轮机冲转一次成功，顺利达到额定转速3000转1分钟并成功定速。

2017年11月30日，宁东至浙江特高压直流输电工程重要配套项目——宁夏枣泉电厂一期工程1号66万千瓦超超临界空冷机组经过168小时满负荷试运行后，正式投产发电；12月21日，宁夏枣泉电厂一期工程2号机组完成168小时满负荷试运行后投入商业运营。

（二）生产经营管理

宁夏枣泉发电有限责任公司组织机构设办公室、人力资源部、财务产权部、计划营销部、物资采购部、党群工作部（工会办)、安健环部、运行部、设备管理部、工程管理部、燃料部、行政事务中心。在册员工217人。

2014年3月2日，浙能集团副总经理范小宁专程到宁夏拜访了宁夏回族自治区发展改革委、能源局，就宁夏枣泉电厂一期工程建设问题进行了沟通。

2015年1月18日，宁夏枣泉电厂《质量、职业健康安全、环境和安全生产标准化整合管理体系　管理手册》《质量、职业健康安全、环境和安全生产标准化整合管理体系　程序性文件》和《质量、职业健康安全、环境和安全生产标准化整合管理体系　支持性文件》正式发布实施。

2017年6月16日，由宁夏回族自治区环境保护厅组织的区内首批火电企业排污许可证发放仪式在宁夏回族自治区政务服务大厅举行，宁夏枣泉发电有限责任公司获得宁夏首批环境保护部审核的具有全国统一编码的“一证式”排污许可证。

2017年7月26日，宁夏枣泉发电有限责任公司与浙能融资租赁公司签订了额度为4亿元的融资租赁合同。

2018年3月7—8日，浙能集团董事长、党委书记童亚辉专程拜会了宁夏回族自治区党委常委、常务副主席张超超，以及自治区发展改革委领导，在宁期间还走访了宁夏区内煤炭企业，检查指导公司工作，慰问集团在宁干部员工。

2018年8月3日，宁夏枣泉电厂一期工程顺利通过两台机组项目档案专项验收。同年12月20日，宁夏枣泉电厂一期工程完成竣工决算报告编制工作。

三、银星电厂项目

2013年10月29日，浙能集团与中铝宁夏能源集团有限公司在宁夏签订能源项目合作协议，确定在投资开发、建设运行2×660兆瓦银星电厂项目燃煤发电机组。

2014年2月13日，浙能集团与中铝宁夏能源集团有限公司签署《关于设立中铝宁夏银星发电有限责任公司之投资协议》，确定股权结构为中铝宁夏能源集团有限公司51%、浙能集团49%。

2015年1月6日，宁夏回族自治区发展改革委印发《关于中铝宁夏银星电厂项目核准的批复》(宁发改审发〔2015〕3号)，工程建设2台66万千瓦超超临界间接空冷燃煤机组，工程动态总投资46.73亿元，资本金占20%。同年2月14日，浙能集团与中铝宁夏能源集团有限公司签署《宁夏银星发电有限责任公司章程》；15日，宁夏银星发电有限责任公司首次股东大会、董事会、监事会“三会”在银川召开。根据公司章程和“三会”审议通过，浙能集团出任3名董事（其中1名副董事长）、1名监事（监事会主席），委派公司副总经理1名、公司总会计师1名。2015年3月3日，宁夏银星发电有限责任公司在宁夏回族自治区灵武市成立，注册资本80000万元。

中铝银星电厂项目为宁浙特高压直流输电工程配套电源点之一。厂址位于宁夏回族自治区灵武市白土岗乡，宁东能源基地马家滩工业发展后备园区，燃煤由银星一矿及灵武矿区供应。2015年5月10日工程开工建设，2017年1月12日、2月15日两台机组分别投入商业运营，竣工结算投资造价为39.26亿元。

四、大坝电厂四期项目

2012年9月20日，华能宁夏能源有限公司、浙能集团在银川签署《项目合作协议》，由华能宁夏能源公司与浙能集团按51%、49%的股比组建项目公司，投资开发、建设运行宁夏大坝电厂四期项目。2013年1月28日，浙能集团与华能宁夏能源有限公司草签项目公司投资协议与章程，约定在项目获国家规划批复后正式签署。2014年8月，中国华能集团公司、浙能集团签署《项目合作协议》，原投资主体华能宁夏能源有限公司变更为中国华能集团公司。2014年12月，中国华能集团公司、浙能集团签署《华能宁夏大坝电厂四期发电有限公司之投资协议》，明确由中国华能集团公司、浙能集团按51%、49%的股比组建华能宁夏大坝电厂四期发电有限公司。

2015年1月21日，宁夏回族自治区发展改革委印发《关于华能宁夏大坝电厂四期项目核准的批复》(宁发改审发〔2015〕11号)，明确项目建设2台66万千瓦超超临界间接空冷燃煤机组，动态总投资49.92亿元，资本金占20%。

2015年2月16日，中国华能集团公司、浙能集团签署《华能宁夏大坝电厂四期发电有限公司章程》。同年3月31日，华能宁夏大坝电厂四期发电有限公司首次股东大会、董事会、监事会“三会”在银川召开。根据公司章程和“三会”审议通过，浙能集团出任3名董事（1名副董事长）、1名监事（监事会主席），委派1名公司副总经理、1名公司总会计师，参与公司治理和经营管理。2015年4月16日，华能宁夏大坝电厂四期发电有限公司注册成立，注册资本5000万元。

宁夏大坝电厂四期项目为宁浙特高压直流输电工程配套电源项目之一。厂址位于青铜峡市，大坝电厂三期北侧扩建端，紧靠包兰铁路西侧和青铜峡煤炭加工储配中心，燃煤由神华宁煤灵武矿区的清水营、红柳、麦垛山等煤矿经铁路专用线供应。宁夏大坝电厂始建于1988年，是宁夏地区首座百万千瓦级火力发电厂，电厂一、二期工程（4×330兆瓦）于1991年、1997年建成投产，由华能宁夏能源有限公司管理；电厂三期工程（2×600兆瓦）于2009年建成投产，由大唐集团和中铝宁夏能源集团有限公司均股管理。

2015年11月7日，宁夏大坝电厂四期项目开工建设，2018年10月21日、2019年4月30日两台机组分别通过168小时试运行后进入商业运行。四期工程静态投资39.64亿元，动态投资

41.32 亿元。

五、方家庄电厂项目

2012 年 10 月 25 日、2014 年 3 月，中国国电集团公司宁夏分公司、浙能集团签署先后签署《项目合作协议书》《国电宁夏方家庄发电有限公司投资协议》，明确以 51%、49% 的股比共同投资开发建设运营方家庄电厂 2×1000 兆瓦级煤电项目。

2015 年 1 月 28 日，宁夏回族自治区发展改革委印发《关于国电宁夏方家庄电厂项目核准的批复》(宁发改审发〔2015〕4 号)，明确项目建设 2 台 100 万千瓦超超临界间接空冷燃煤机组，动态总投资 76.86 亿元，资本金占 20%。

2015 年 7 月 27 日，中国国电集团公司宁夏分公司、浙能集团、国电英力特能源化工集团股份有限公司签署《宁夏国电方家庄项目投资协议之补充协议》，同意投资主体中国国电集团公司宁夏分公司变更为国电英力特能源化工集团股份有限公司。国电英力特能源化工集团股份有限公司、浙能集团签署《国电浙能宁东发电有限公司章程》。2015 年 8 月 24 日，国电浙能宁东发电有限公司首次股东大会、董事会、监事会“三会”召开。同年 8 月 27 日，国电浙能宁东发电有限公司注册成立，注册资本 140000 万元。根据公司章程和“三会”审议通过，浙能集团出任 2 名董事（其中 1 名副董事长）、1 名监事（监事会主席）和 1 名公司副总经理，参与公司治理和经营管理。

国电宁夏方家庄电厂项目为宁浙特高压直流输电工程配套电源项目之一。厂址位于银川灵武市马家滩工业发展后备园区，煤源采用鸳鸯湖、灵武及马家滩矿区混煤。2015 年 8 月 28 日，工程开工建设。2017 年 9 月 26 日，国家发展改革委、国资委、国家能源局印发《关于印发 2017 年分省煤电停建和缓建项目名单的通知》(发改能源〔2017〕1727 号)，将项目列入缓建项目之列。2019 年 2 月，国家发展改革委、国家能源局印发《关于公布河北等省（区）煤电应急调峰储备电源的通知》(发改能源〔2019〕265 号)，项目 2 号机组被列为煤电应急调峰储备机组。2019 年 7 月 8 日、12 月 29 日，2 号、1 号机组分别通过 168 小时满负荷试运行。

六、鸳鸯湖电厂二期项目

2015 年 1 月 6 日，宁夏回族自治区发展改革委印发《关于神华国能鸳鸯湖电厂二期项目核准的批复》(宁发改审发〔2015〕2 号)，项目建设规模为 2 台 100 万千瓦超超临界间接空冷燃煤机组，动态总投资 72.26 亿元，资本金占 20%。项目厂址位于银川鸳鸯湖矿区神华国能鸳鸯湖电厂扩建端。燃煤主要由神华国能所属甜水河煤矿和李家坝煤矿通过自建铁路专用线供应。

2015 年 8 月，神华国能集团有限公司、宁夏宁东开发投资有限公司、浙能集团签署《神华国能宁夏鸳鸯湖发电有限公司之投资协议》《神华国能宁夏鸳鸯湖发电有限公司章程》，确定神华国能集团有限公司、宁夏宁东开发投资有限公司、浙能集团以 56%、39%、5% 的股比出资设立神华国能宁夏鸳鸯湖发电有限公司，共同投资建设运营宁夏鸳鸯湖电厂二期工程。同年 8 月 18 日，神华国能宁夏鸳鸯湖发电有限公司成立，注册资本 145000 万元。

2015 年 10 月 23 日，神华国能宁夏鸳鸯湖发电有限公司首次股东大会、董事会、监事会召开。根据公司章程和“三会”审议通过，浙能集团出任 1 名董事、1 名监事，参与公司治理。公司与神华国能宁夏煤电有限公司（一期工程）实行“一套班子、两块牌子”管理模式。鸳鸯湖电厂二期工程于 2015 年 5 月 26 日开工建设，2019 年 12 月 7 日全部建成投产。

七、国华宁东电厂二期项目

2015 年 1 月 28 日，宁夏回族自治区发展改革委印发《关于神华国华宁东电厂二期项目核准的批复》(宁发改审发〔2015〕10 号)，明确项目建设 2 台 66 万千瓦超超临界间接空冷燃煤机组，由神华北京国华电力股份有限责任公司、浙能集团、神华宁夏煤业集团有限责任公司按 56.67%、33.33%、10% 的股比出资，动态总投资 50.44 亿元，资本金占 20%。

2016 年 8 月，神华北京国华电力有限责任公司、浙能集团、神华宁夏煤业集团有限责任公司签署《合资协议》《神华国华宁东发电有限责任公司章程》。2016 年 8 月 24 日，神华国华宁东发电有限责任公司首届股东大会、董事会、监事会召开。根据公司章程和“三会”审议通过，浙能集团出任 1 名董事、1 名监事（监事会主席），委派 1 名公司副总经理，参与公司治理和经营管理。同年 10 月，神华国华宁东发电有限责任公司提出投资主体变更、关联方股比调整议案，股东各方一致同意。股权结构调整为：中国神华能源股份有限公司 56.77%、浙能集团 33.33%、神华宁夏煤业集团有限责任公司 9.9%。

国华宁东电厂二期项目为宁浙特高压直流输电工程配套电源项目之一。厂址位于宁东煤炭基地鸳鸯湖矿区马家滩镇，国华宁东一期矸石电厂扩建端。燃煤由宁夏煤业鸳鸯湖矿区红柳煤矿、麦垛山煤矿供给。2015 年 9 月 6 日，工程开工建设，两台机组分别于 2017 年 8 月 31 日、12 月 26 日完成 168 小时试运行后投入商业运营。工程动态投资 41.31 亿元。

八、西北等地风电光伏项目

2016 年 10 月 31 日，浙能集团副总经理范小宁率集团计划发展部、浙江浙能电力股份有限公司、浙江省水利水电投资集团有限公司拜访浙江省经信委，就特高压外来电和新能源开发进行座谈交流。双方认为，浙江非水可再生能源占比较低，急需优化结构，建议尽快布局开发西北风光电项目，通过特高压输送浙江。会后，浙江浙能电力股份有限公司、浙江省水利水电投资集团有限公司，积极组织到西北调研风光电资源。

2017 年 3 月 7 日，浙能集团总经理柯吉欣主持召开可再生能源发展工作协调会议，听取收购正泰项目工作进展情况及下一步工作安排，要求浙江省水利水电投资集团有限公司加快西部地区风光收购。

2017 年 8 月初，根据国家利用特高压配输风光电政策和浙江省能源局的建议，集团计划发展部牵头成立工作组，进驻宁夏开展风光资源调研活动，9 月完成预定目标形成调研报告。报告建议依托灵绍线有利条件，争取在宁夏开发一批风电项目，提高浙能集团非水可再生能源占比。浙江省水利水电投资集团有限公司、浙江浙能电力股份有限公司赴宁夏、甘肃等地，与正泰新能源、爱康科技等光伏龙头企业商谈合作。浙能资本通过绿能基金开展光伏项目并购活动。

2017 年 11 月 2 日，浙能集团以浙能资〔2017〕495 号文件批复，同意浙江省水利水电投资集团有限公司收购浙江正泰新能源开发公司持有的 10 个光伏项目 51% 股权。同年 12 月 31 日，浙江省水利水电投资集团有限公司收购西北正泰、爱康科技等 11 个光伏发电项目公司 51% 股权，成为其控股股东。该 11 个光伏发电项目备案总装机容量 70.5 万千瓦，总投资约 67 亿元，主要分布于甘肃中北部、宁夏中部地区，设计年均发电量约 11 亿千瓦时。浙江省水利水电投资集团有限公司设立西北事业部负责光伏项目的生产经营活动。

2018 年 1 月 15—20 日，浙能集团副总经理赵建林带队赴新疆、宁夏、陕西调研新能源项目，与地区能源局及潜在合作方进行对接商谈。浙江浙能电力股份有限公司分别与华仪风能、华电宁夏分公司等签订了合作框架协议。集团计划发展部与浙江浙能电力股份有限公司一行就新能源项目开发到新疆调研。

2018 年 3 月 23 日，电规总院组织浙能新疆哈密 100 兆瓦塔式光热发电工程可行性研究报告评审会议。

2018 年 12 月 28 日，浙能集团董事会审议通过浙江省水利水电投资集团有限公司并购江苏双创新能源有限公司 51% 股权项目议案。该项目为江苏竹根沙 H2 号海上风电，装机规模 300 兆瓦，2018 年 12 月获得江苏省发展改革委核准，计划 2021 年建成投产。

2019 年 6 月，浙江省水利水电投资集团有限公司转型为浙江省新能源投资集团股份有限公司（简称浙新能源集团）。8 月 1 日，浙新能源集团取得新疆生产建设兵团第六师（简称六师）发展改革委北塔山牧场 100 兆瓦风电项目中标复函。8 月 22 日，六师发展改革委印发《关于变更中电投五家渠新能源六师北塔山牧场 100MW 风电项目核准的批复》，确定浙新能源集团为投资主体。项目总投资约 7.7 亿元。9 月 30 日，浙能集团投委会审核项目立项。10 月 11 日，浙能集团董事会审议通过项目立项议案。10 月 12

日，浙新能源集团组织项目可研报告评审会议。12月5日，浙能集团投委会审核项目投资议案。12月6日，浙能集团董事会审议通过项目投资建设议案。该项目为准东至皖南±1100千伏特高压直流输电工程配套新能源项目，计划2020年4月30日开工，11月30日全部风电机组建成投产。

2018年8月9日，浙江浙能电力股份有限公司与中卫市沙坡头区人民政府签订风电项目投资开发协议，参与宁夏风电项目申报竞标。2月17日，宁夏回族自治区发展改革委发布竞争配置评优结果，浙江浙能电力股份有限公司申报的中卫香山风电项目入选其中。11月19日，中卫香山风电工程可研报告通过审查。项目位于宁夏回族自治区中卫市沙坡头区，风场面积约82平方千米，总装机容量120兆瓦，由48台2.5兆瓦风力发电机组组成，估算总投资8.4亿元。12月31日，项目获得宁夏回族自治区发展改革委核准批复。2019年2月27日，浙能集团董事会审议通过成立中卫香山风电项目业主公司议案，由浙能能源服务有限公司出资建设。该项目是浙能集团首个获得核准的大型陆上风电项目。同年3月21日，宁夏浙能中卫新能源有限公司注册成立。同年10月28日项目开工建设，计划2020年底建成投产。

2019年6月20日，浙能集团副总经理赵建林带队赴海西州参加青海绿色发展投资贸易洽谈会，与海西州人民政府签署战略框架合作协议，规划建设风光储多能互补清洁能源基地，研究“青电送浙”可行性。同年11月28日，浙能集团董事会审议通过浙江省新能源投资集团股份有限公司收购青海浙能新能源开发有限公司90%股权，投资建设海西华汇大柴旦50兆瓦风电项目。项目位于青海省海西州大柴旦行委锡铁山新能源基地，设计装机容量50.6兆瓦，由22台2.3兆瓦风力发电机组组成。项目总投资预算3.72亿元，设计年平均上网电量11352.5万千瓦时，年平均利用小时数2243.6小时。该项目是浙能集团在青海省首个风电项目，具有重要示范意义，2019年10月17日第一台风机基础开始浇筑，计划2020年底全部建成投产。

第四节　江 西 项 目

一、项目筹建

2016年11月4日，浙能集团与江西省能源集团有限公司（简称江能集团）正式签署战略合作框架协议。浙能集团董事长童亚辉、江能集团董事长徐开云出席签约仪式。协议明确双方将建立全面合作伙伴关系，以浙能集团49%、江能集团51%的股比成立合资公司——江西省赣浙能源有限公司，实现资源共享、共同发展。

2016年12月19日，江西省赣浙能源有限公司召开第一次股东会暨一届一次董事监事会。会议审议并通过公司章程和合作协议，聘任江能集团余子兵为公司董事长、浙能集团陶建根为公司副董事长、浙能集团边加浩为公司总经理。

2016年12月27日，江西省赣浙能源有限公司在南昌赣江新区登记注册，公司注册资金为30亿元。

2017年1月7日，浙能集团开拓江西能源市场的主平台——江西省赣浙能源有限公司在江西南昌揭牌成立。

2017年2月20日，浙能集团董事长童亚辉在杭州会见江能集团董事长徐开云一行，双方就全面深化合作、推进江西省赣浙能源有限公司发展进行深入交流。

2017年6月16日，江西省赣浙能源有限公司与江西银行总行正式签署授信总额为30亿元的全面战略合作协议。

2018年6月2日，浙能集团董事长童亚辉、副总经理范小宁等与江西省国资委主任陈德勤、江能集团董事长曾昭和、江能集团常务副总经理林绍华等在南昌进行会晤，共商江西能源合作及江西省赣浙能源有限公司发展事宜。会上浙能集团董事长童亚辉主笔拟稿给省长的一封信，对江西能源产业提出发展建议。

2018年6月14日，江西省发展改革委组织召开江西省赣浙能源有限公司发展座谈会。江西省发展改革委主任张和平，省发展改革委党组成员、省能源局局长郑沐春，浙能集团董事长童亚辉，副总经理赵建林、孙玮恒，江能集团董事长曾昭和、常务副总经理林绍华等参加会议。

2018年12月28日，江西省委第91次常委会召开，会议审议并原则通过《省投资集团和省能源集团战略重组方案》。

2019年3月14日，新组建的江投集团董事长揭小健、总经理曾昭和与浙能集团董事长童亚辉、副总经理孙玮恒等在北京就赣浙能源定位和今后发展方向进行了会谈。双方于2019年6月正式签订《合作备忘录》。

2019年9月17日，江投集团和浙能集团主要领导在井冈山进行会谈，共商赣浙能源发展工作。江投集团党委书记、董事长揭小健，党委副书记、副董事长、总经理曾昭和，党委委员张惠良，财务总监李松，浙能集团党委书记、董事长童亚辉，党委副书记、副总经理赵建林等参加本次会谈。

二、运营管理

江西省赣浙能源有限公司自成立以来，牢牢树立“项目为王”的中心思想。从两家股东单位择优组建高效精干的管理团队，高起点、高标准练好企业管理内功。公司日常经营管理引入浙能集团的标准化、规范化、精细化管理理念，以浙能为模板，融合属地要求加以完善。一是建立完善公司议事规则，截至2019年12月，公司已制定70多项管理标准，确立了公司党委会、董事（股东）会、总经理办公会等决策平台，并建立了工作例会、月度计划会、经营分析会等工作机制，成立了招投标领导小组及预算管理委员会，明确了程序流程。二是逐步完善线上办公管理体系，公司本部及所属单位均完成办公自动化系统搭建，涵盖计划、财务、合同、人资、综合等主要方面。三是公司本部30余人完成了赣浙能源与信丰发电公司初期两级公司的管理，保证了两级公司的正常运转，提高了企业劳动生产力；萍乡、景德镇两个光伏公司采取扁平化、集约化、标准化管理模式，提高了管理效率，降低了管理成本。四是两个光伏公司的经营班子以萍乡公司为班底，将景德镇公司的管理纳入其管理范畴，同时强化三项责任制考核及年度全面预算管理，保证了光伏公司年度工作的有序性。

遵循“精简高效”原则，截至2019年12月，江西省赣浙能源有限公司本部设有五部一室，共有正式员工23人，其中，浙能集团外派员工9人。

江西省赣浙能源有限公司拥有景德镇江能光伏电业有限公司、萍乡江能光伏电业有限公司以及赣浙国华（信丰）发电有限责任公司等三家控股管理公司。

三、项目开发

（一）萍乡煤电油多联产示范项目

萍乡煤电油多联产示范项目于2016年12月被列入国家《能源发展“十三五”规划》。项目建设2台100万吨/年规模的煤炭快速热解装置耦合2台660兆瓦超超临界发电机组。

2017年2月23日，萍乡煤炭分质利用2×66万千瓦机组建设必要性内部讨论会在浙能集团召开。同年3月2日，萍乡市湘东区政府、江西省赣浙能源有限公司、北京神雾集团三方在北京签署萍乡煤电油多联产项目合作框架协议。同年8月23日，萍乡市委常委、常务副市长陈云实地调研萍乡煤电油项目。同年12月4—6日，江西省能源局副局长刘静、江西省赣浙能源有限公司总经理边加浩一行前往国家能源局就项目申报审批及示范专题事宜进行专题汇报。鉴于北京神雾集团的煤炭分质梯级利用热解技术尚不成熟，其稳定性、可靠性、工业化还需验证，项目暂缓。

（二）赣浙国华信丰电厂项目

赣浙国华信丰电厂项目是国家能源局贯彻落实中央扶贫开发战略思想和决策部署，对口支援革命老区江西信丰经济和社会发展的重大能源项目。由赣浙能源与国华电力合资成立的赣浙国华（信丰）发电有限责任公司投资建设。

项目规划建设2×660兆瓦+2×1000兆瓦级超超临界燃煤发电机组。一期工程建设2×660兆瓦级国产高效超超临界燃煤发电机组，同步建设烟气脱硫和脱硝装置，并留有扩建条件。项目静态投资461778万元，动态投资482544万元。

2018年5月10日，江能集团董事长曾昭和，浙能集团总经理柯吉欣，江西省赣浙能源有限公司董事长余子兵、总经理边加浩一行在北京拜访北京国华电力有限责任公司董事长肖创英等。国华方面明确表示神华集团和国电集团重组后的国家能源集团将不再牵头投资建设信丰电厂。江能集团董事长曾昭和、浙能集团总经理柯吉欣均表示，神华方面明确不牵头投资建设信丰项目，江西省赣浙能源有限公司愿意接盘该项目，并希望北京国华电力有限责任公司继续保留部分股份，共同推进项目核准、开工事宜。此次会谈为江西省赣浙能源有限公司控股建设信丰电厂项目奠定了基础。

2018年7月19日，江西省能源局副局长刘静一行赴国家能源局协调信丰电厂项目容量指标和核准事宜。

2018年7月31日，江西省能源局致函国华电力、江能集团，明确由江西省赣浙能源有限公司接手信丰电厂项目前期工作，牵头推进后续建设。

2018年8月27日，江西省赣浙能源有限公司与信丰县人民政府举行信丰电厂投资协议签约仪式。

2018年9月3日，信丰县政府收到国家能源集团关于支持信丰电厂项目建设有关事项的函（国家能源函〔2018〕417号）。国家能源集团决定由国华电力保留信丰电厂10%股份，并同意由与信丰电厂开展外购煤长协合作。

2018年12月，经多轮谈判，江西省赣浙能源有限公司与北京国华电力有限责任公司就合资协议、公司章程等事项达成一致。

2019年1月31日，江西省赣浙能源有限公司与北京国华电力公司在南昌正式签订信丰电厂项目合资协议。协议明确由赣浙能源90%、国华电力10%共同组建赣浙国华（信丰）发电有限责任公司。

2019年3月18日，神华销售集团与江西赣浙国华信丰电厂筹建处签署供煤意向协议，为项目经济性提供了有效保障。

2019年4月26日，赣浙国华（信丰）发电有限责任公司注册成立。公司注册资本金10亿元。

2019年5月18日，赣浙国华信丰电厂新建工程项目获江西省发展改革委核准批复。

2019年5月20日，国家能源局党组书记、局长章建华一行到赣浙国华信丰电厂调研指导。

2019年6月3日，赣浙国华信丰电厂新建工程可行性研究报告（修编稿）审查会在信丰顺利召开。

2019年6月25日，赣浙能源信丰电厂新建工程项目取得国开行江西省分行出具的融资承诺函，为项目融资工作奠定了基础。

2019年7月22日，浙能集团投资委员会全票通过信丰电厂新建工程投资议案。

2019年8月2日，信丰电厂新建工程项目通过江投集团投资决策。

2019年8月9日，信丰电厂新建工程项目通过浙能集团董事会投资决策。

2019年9月16日，国家能源局煤炭司司长鲁俊岭一行莅临信丰电厂项目厂址现场调研。

2019年11月20日，信丰电厂新建工程场平工程正式开工。

2019年12月9日，信丰电厂接入系统方案通过评审。

2019年12月18日，信丰电厂新建工程建设动员会在信丰顺利召开。

2019年12月19日，江西省能源局副局长刘静一行前往信丰发电公司督导检查安全生产工作。江投集团党委委员张惠良，赣浙能源党委书记、董事长余子兵参加现场督导检查和座谈会。

2019年12月25—26日，信丰电厂新建工程初步设计审查会在南昌顺利召开。赣州市政协副主席肖明华、江投集团党委委员张惠良、浙能集团副总经理朱松强、赣浙能源及信丰发电公司高管参加会议和讨论。

（三）光伏项目

1. 景德镇江能光伏电业有限公司

乐平无家山光伏项目位于景德镇市乐平市涌山镇，设计装机容量15兆瓦，实际总投资约1.088亿元。项目由江西省赣浙能源有限公司控股子公司景德镇光伏公司建设，项目公司注册资本2500万元。

2017年6月28日，乐平无家山15兆瓦光伏项目并网一次成功，圆满完成“6·30”并网发电目标。

2. 萍乡江能光伏电业有限公司

萍乡江能光伏电业有限公司成立于2015年8月26日，注册资本4375万元。截至2018年底，已建成高坑 20 兆瓦光伏发电站和分宜杨桥 2 兆瓦屋顶光伏电站。

2018 年 9 月 28 日，萍乡江能光伏电业有限公司股东会暨二届一次董事会、监事会在江西省赣浙能源有限公司召开。江能集团与江西省赣浙能源有限公司签署了萍乡光伏 65% 股权转让协议书，江西省赣浙能源有限公司全面接手萍乡江能光伏电业有限公司。

3. 江西丰城和美、唯美陶瓷公司屋顶分布式光伏项目

2018 年 1 月 5 日，江西省赣浙能源有限公司与江西丰城和美、唯美陶瓷公司就建设 65 兆瓦屋顶分布式光伏项目，签订合同能源管理节能服务协议。

2019 年 4 月 11 日，项目完成政府备案。同年 5 月 31 日，国家发展改革委、财政部、国家能源局发布《关于 2018 年光伏发电有关事项的通知》，受行业政策重大变化影响，江西省赣浙能源有限公司对该项目重新进行全面评估后决定放弃投资。

（四）售配电项目

2017 年 4 月 7 日，江西省赣浙能源有限公司股东会决议通过关于变更公司营业执照经营范围的临时议案，同意增加售电服务。同年 6 月，公司正式取得售电资质。2019 年，公司共开展了江铃底盘等 8 家用户售电代理，全年售电量 1.63 亿千瓦时。

2017 年 11 月 24 日，江西省赣浙能源有限公司与萍乡矿业集团合作推进的萍矿集团增量配电网项目成功列入国家第二批增量配电业务改革试点。

2019 年，江西省赣浙能源有限公司重点推进上栗赣湘合作试验区增量配网项目。该项目已纳入国家第二批增量配电业务改革试点，园区总规划面积 30 平方千米，一期规划面积 10 平方千米。公司已完成项目电网专项规划、综合能源规划报告、投资建设方案和初步经济分析报告。

（五）燃气项目

2017 年 12 月 4 日，江西省赣浙能源有限公司与寻乌国发燃气公司在南昌签订《寻乌县城市燃气项目合作签订意向协议》。

2018 年 1 月 26 日，江西省赣浙能源有限公司与安福一通天然气有限公司签署了《安福县燃气项目合作意向协议》。

2018 年 4 月 17 日，江西省赣浙能源有限公司组织对寻乌国发燃气合作项目的中介咨询服务报告进行内审。同年 6 月，因公司发展规划调整，暂停燃气项目投资。

（六）垃圾发电项目

2017 年 12 月 21 日，江西省赣浙能源有限公司与浙能兴源节能公司共同派员前往安福县，就安福垃圾发电项目与县政府主要领导对接，落实项目实施方案和资格预审公告事宜。2018 年 3 月 20 日，安福垃圾焚烧发电项目两评估一方案获安福县政府批准。

2018 年 3 月 26 日，浙能集团组织召开安福垃圾发电项目协调会。同年 8 月，根据江西省统筹部署及江西省赣浙能源有限公司发展实际，暂缓项目推进。

（七）央企合作及其他项目

1. 华能瑞金电厂项目

华能瑞金电厂项目一期建设 2×330 兆瓦超临界机组，总投资约 24.5 亿元，2008 年底投产，二期建设 2×1000 兆瓦超超临界机组总投资约 65 亿元，已取得核准。

2017 年 9 月 7 日，华能江西分公司副总经理赵建勇一行与江西省赣浙能源有限公司就华能瑞金电厂项目合作事宜进行洽谈。双方初步拟定将华能瑞金电厂一期纳入合作范围。

2. 川电入赣项目

2018 年 4 月 17 日，公司总经理边加浩一行拜访四川省能源局电力处主要领导，就“川电入赣”特高压事宜进行了交流，并初步了解配套电源点情况。2019 年 8 月 23 日，国家发展改革委核准雅中—江西±800 千伏特高压直流输电工程，标志着该工程正式进入建设实施阶段。江西省赣浙能源有限公司一直跟踪工程进展情况，与雅砻江流域水电开发有限公司等相关单位进行了对接，实地考察了雅砻江流域水电资源情况和四川送出端换流站附近光伏资源情况，对投资雅中水电站的理由、模式、切入点和路径等问题进行了研究和分析，并形成报告上报江投集团。

3. 大唐新余项目

大唐新余二期2×1000兆瓦煤电项目于2015年12月获核准，工程动态总投资约65亿元。2018年2月26日，江西省赣浙能源有限公司董事长余子兵等一行赴大唐新余电厂调研，就项目合作事宜进行商谈。2019年11月1日，原江西省能源集团正式致函大唐江西分公司，提请将其持有的新余二期35%股份转让给赣浙能源。

第三章 海外投资合作

第一节 机 构

一、浙江能源国际有限公司

2004年3月1日，浙能集团向浙江省人民政府提交了关于在中国香港设立投资贸易公司的请示（浙能办〔2004〕29号），提出由浙能集团或其子公司在中国香港投资设立香港兴源有限责任公司，并由浙能集团直接管理。

2004年6月22日，《中华人民共和国商务部关于同意设立“香港兴源投资贸易有限公司”的复函》(商合批〔2004〕293号)，同意浙江兴源投资有限公司在中国香港独资设立香港兴源投资贸易有限公司，注册资本与总投资均为200万美元，现汇投资，经营期限20年，经营范围为进出口贸易。

2004年8月11日，经香港公司注册处批准，香港兴源投资贸易有限公司正式成立。公司初始注册资本为1560万元港币，由浙江兴源投资有限公司全资出资，公司经营范围为：进出口贸易、投资咨询、对外经济合作等。2010年12月，公司增资至2000万美元。

2011年6月3日，因贸易开展需要，经浙能集团董事会同意，浙江浙能富兴燃料有限公司以增资扩股方式定向增持香港兴源投资贸易有限公司40%股权，并于2011年12月31日签订了增资扩股协议。2012年5月7日，香港兴源投资贸易有限公司获得浙江省商务厅颁发的变更后的企业境外投资证书，公司增资股权变更后投资总额为4706.84万美元，股权结构为浙江兴源投资有限公司占股60%，浙江浙能富兴燃料有限公司占股40%。

2014年2月5日，香港兴源投资贸易有限公司更名为浙能集团（香港）有限公司。

2015年4月16日，香港兴源投资贸易有限公司获得浙江省商务厅颁发的变更公司名及股权划转后的企业境外投资证书，浙江兴源投资有限公司所持浙能集团（香港）有限公司60%股权无偿划转至浙能集团。2017年5月2日，浙能集团（香港）有限公司通过香港公司注册处登记正式更名为浙江能源国际有限公司。

2018年7月6日，浙能集团董事会（二届二百零五次）审议通过，浙江浙能富兴燃料有限公司向浙能资本控股有限公司协议转让其持有的浙江能源国际有限公司40%股权。2019年6月28日，浙江能源国际有限公司通过香港公司注册处完成股权结构调整，股权结构调整为浙能集团占股60%，浙能资本控股有限公司占股40%。

二、宁波海运（新加坡）有限公司

宁波海运（新加坡）有限公司于2009年10月20日成立，注册资本金10万美元，该公司由宁波海运集团有限公司全资控股，负责下属宁波创新船务有限公司和宁波先锋船务有限公司两家单船公司具体业务的开展。宁波先锋船务有限公司作为“先锋”轮的注册船东于2010年7月14日在中国香港注册成立，注册资本1万元港币，由宁波海运（新加坡）有限公司全资控股。宁波创新船务有限公司作为“创新”轮的注册船东于2011年5月23日在中国香港注册成立，注册资本4.1万美元，由宁波海运（新加坡）有限公司全资控股。

三、浙江浙石油贸易(新加坡)有限公司

浙江浙石油贸易（新加坡）有限公司于2018年7月13日成立，注册资本金10亿元人民币，该公司由浙江省石油股份有限公司控股，浙江能源天然气集团有限公司、嘉能可亚洲控股私人有限公司参股，股比分别为51%、20%、29%。浙江浙石油贸易（新加坡）有限公司于2018年12月12日在中国香港注册成立，系浙能集团与嘉能可亚洲控股私人有限公司在境内设立合资公司浙江浙石油贸易有限公司在新加坡的全资子公司，注册资本金1250万美元。

四、浙江能源巴西控股有限公司

2019年3月，浙江能源巴西控股有限公司在巴西注册成立，股权结构为浙江能源国际有限公司99.9%，善高投资有限公司0.1%。为浙能集团在巴西成立的区域投资和管理平台公司。

第二节 项 目

一、建设工程

（一）越南瓮安电厂一期工程

2009年8月，越南瓮安电厂一期工程举行开工仪式；12月1日，基础开挖。越南瓮安电厂总投资约16亿美元，项目业主单位为越南油气总公司（PVN），EPC总承包商为越南机械安装总公司利拉马公司（LILAMA）。

越南瓮安（Vung Ang 1）电厂一期工程建设两台600兆瓦亚临界燃煤机组，电厂位于越南河静省奇英区肯塔基莱公社海防村东面，瓮安港口工业区内，离国道1号A公路8~9千米，地理坐标为北纬18°05′~18°10，东经106°22′~106°30′。

2010年5月16日，1号机组锅炉钢结构开吊；7月28日，2号机组锅炉钢结构开吊。2013年2月21日，1号机组完成锅炉水压；7月12日，2号机组完成锅炉水压。2013年12月27日，1号机组并网发电。2014年8月7日，1号机组首次达到满负荷。2014年11月10日，2号机组顺利并网。2015年1月15日，1号机组通过720小时试运行；5月27日，2号机通过720小时试运行。项目总投资16亿美元，单位造价1330美元/千瓦。

（二）越南沿海电厂一期工程

2010年9月17日，越南沿海电厂一期工程举行开工仪式。越南沿海电厂一期（2×622.5兆瓦）工程为沿海电力中心一期项目，项目新建两台亚临界622.5兆瓦燃煤机组，同步建设海水脱硫和脱硝装置。东方电气公司（DEC）和广东省电力设计研究院（GEDI）组成的联合体中标一期项目的EPC合同。

2011年3月9日，浙江省电力建设有限公司在成都与东方电气公司签订越南沿海电厂一期工程项目管理服务合同，项目管理模式为EPC合同下的项目管理，并于2011年5月成立越南沿海电厂一期工程项目部。工程EPC合同工程总价1274935874美元。2011年11月开始试桩与桩基工程。

2012年5月9日，浙江省电力建设有限公司与东方电气公司签订主厂区施工承包合同。2012年11月25日，1号机组浇筑第一方混凝土。2015年1月，1号锅炉首次并网。2016年1月4日，1号锅炉完成可编程自动化控制（PAC）。2015年4月，2号机组完成首次并网。2016年1月18日，2号机组完成可编程自动化控制。

2009—2016年浙江省电力建设有限公司火电基建——海外项目见表9-3-1。

表9-3-1 2009—2016年浙江省电力建设有限公司火电基建——海外项目一览表

序号	工程名称	工程规模（台×兆瓦）	机组类型	开工时间	竣工时间	概算投资（万元）	承建模式
1	越南瓮安电厂一期工程	2×600	亚临界	2009-08	2015-05	1600000	锅炉BOP
2	越南沿海电厂一期工程	2×622.5	亚临界一次再热	2010-11	2016-01	127493.6	总承包管理

二、资源贸易

(一) 煤炭贸易

浙江能源国际有限公司资源贸易工作主要以进口煤业务工作为主，自2012年开始第一船进口煤业务，经过多年的研究操作进口煤业务已较为成熟，趋于平稳运行。

浙江能源国际有限公司煤炭贸易主要供货商为嘉能可（澳煤）、苏艾克（俄煤）、安达鲁（印尼煤）等公司，贸易方式分为FOB（离岸交货）和CIF（到岸交货），所购进口煤均销售至浙能集团系统内燃料公司。

2012—2019年浙江能源国际有限公司进口煤情况见表9-3-2。

(二) 天然气贸易

浙江能源国际有限公司自2017年起开始进口液化天然气业务，发挥公司作为浙能集团国际贸易平台功能，国际贸易业务由单一进口煤炭向多元化拓展，提升公司作为浙能集团境外贸易平台的效用。

截至2019年底，浙江能源国际有限公司共完成三船液化天然气现货业务，均在2017年进行，气源均来自澳大利亚昆州柯蒂斯液化天然气项目，共计采购液化天然气20万吨。

浙江能源国际有限公司天然气采购情况见表9-3-3。

(三) 燃料油贸易

2017年11月，继煤炭和液化天然气业务之后，浙江能源国际有限公司开始开展燃料油业务。

2017年，浙江能源国际有限公司完成燃料油业务共1次，数量4000吨。

2018年，浙江能源国际有限公司完成燃料油业务共18次，数量7.33万吨，其中第10次和第16次为纯市场化业务。

2019年，浙江能源国际有限公司完成燃料油业务共12次，数量8.65万吨。

浙江能源国际有限公司燃料油贸易情况见表9-3-4。

表9-3-2 2012—2019年浙江能源国际有限公司进口煤情况表

年份	总量（万吨）	FOB（万吨）	CIF（万吨）	澳煤（万吨）	印尼煤（万吨）	俄煤（万吨）	销售额（亿美元）
2012	175	80	95	175	0	0	12.6
2013	298	0	298	298	0	0	16
2014	332	25	307	332	0	0	15.2
2015	393	212	181	393	0	0	15.5
2016	619	469	150	594	7	18	24.3
2017	632	595	37	568	41	23	34
2018	787	776	11	767	9	11	36.3
2019	342	283	59	280	0	62	19

表9-3-3 浙江能源国际有限公司天然气采购情况表

时间	船名	气种	卸港热量（百万英热）	销售结算总金额（万美元）
2017-05	CESI QINGDAO	煤层气	3632976	2272.68
2017-06	GASLOG SYDNEY	煤层气	3259728	2811.87
2017-08	GASLOG SYDNEY	煤层气	3033278	2608.62

注：1英热=1055.06焦。

表 9-3-4 浙江能源国际有限公司燃料油贸易情况表

序号	年份	数量(吨)	销售结算总金额(万美元)
1	2017	4000	148.62
2	2018（第一船）	4802.55	186.55
3	2018（第二船）	4805.46	186.67
4	2018（第三船）	5001.98	183.96
5	2018（第四船）	46.00	3.08
6	2018（第五船）	713.86	27.55
7	2018（第六船）	558.33	21.55
8	2018（第七船）	693.82	27.89
9	2018（第八船）	4791.79	208.02
10	2018（第九船）	6957.77	311.92
11	2018（第十船）	535.00	26.16
12	2018（第十一船）	9800.00	454.11
13	2018（第十二船）	9883.20	462.01
14	2018（第十三船）	861.11	41.73
15	2018（第十四船）	15978.46	734.30
16	2018（第十五船）	695.00	32.46
17	2018（第十六船）	1145.70	54.92
18	2018（第十七船）	991.92	50.49
19	2018（第十八船）	4993.91	233.34
20	2019（第一船）	5498.08	223.70
21	2019（第二船）	19963.98	881.93
22	2019（第三船）	378.60	16.28
23	2019（第四船）	1075.00	46.23
24	2019（第五船）	19997.29	761.55
25	2019（第六船）	4992.30	188.31
26	2019（第七船）	4297.69	161.64
27	2019（第八船）	18974.92	831.76
28	2019（第九船）	762.01	36.20
29	2019（第十船）	4491.93	191.96
30	2019（第十一船）	3090.20	160.01
31	2019（第十二船）	2986.61	138.84

三、实业投资开拓

（一）巴西圣西芒水电项目

圣西芒（Sao Simao）水电站是巴西第九大水电站，位于米纳斯吉拉斯州圣维多利亚城巴拉那伊巴河流域，处在巴西电力负荷中心地带。1978 年 12 月，该水电站完成建设，总装机容量 171 万千瓦。该水电站资产为巴西国有，水电站特许经营权为巴西国企 CompanhiaEnergética de Minas Gerais 公司持有，特许经营权 2018 年 5 月到期。

2017 年 5 月 12 日，因特许经营权即将到期，巴西国家能源政策理事会发布 12 号法案（Resolution No. 12），决定对圣西芒水电站在运资产进行 30 年特许经营权的全球公开招标①。国家电力投资集团有限公司获悉 12 号法案后，邀请浙能集团共同参与项目竞标。综合考虑装机规模、投运时间及投标现场决策，最终国家电力投资集团有限公司的境外平台公司国家电力投资集团海外投资有限公司和浙能集团以高出最低限价 6.5% 的价格中标圣西芒水电站项目，获得该项目 30 年特许经营权，总金额 71.8 亿雷亚尔。

2017 年 9 月 29 日，浙能集团经过前期多轮会商，与国家电力投资集团海外投资有限公司正式签署《国家电力投资集团海外投资有限公司和浙江省能源集团有限公司关于共同参与巴西 JSM 水电特许经营权项目之联合体协议》，同时启动立项和决策程序。

2017 年 10 月 15 日，浙能集团董事会原则同意通过浙江能源国际有限公司出资参股巴西圣西芒水电站 30 年特许经营权项目。圣西芒水电能源股份有限公司由国家电力投资集团海外投资有限公司占 51% 股权，浙江能源国际有限公司占 35% 股权，中拉基金和中葡基金各占 7% 股权共同在巴西组建，项目投资总额为 25.24 亿美元（折合人民币约 167.29 亿元），其中注册资本金 29.12 亿雷亚尔，浙江能源国际有限公司投入

① 根据巴西法律规定水资源开发权属于联邦政府，水电站项目全部采用特许经营权模式运营，政府通过公开招标方式确定特许经营权的持有者。在一个特许经营期结束后，政府将回收水电资产并为下一个特许经营期进行再招标。在巴西，水电站的特许经营权期限一般为 30 年。

10.19亿雷亚尔（折合人民币约21.36亿元）资本金，资金来源为公司境内股东资本金出境。

2017年11月28日，巴西圣西芒水电站完成特许经营权协议签署（巴西联邦政府与国家电力投资集团海外投资有限公司签订），这标志着浙能集团海外创业实现了零的突破。

2018年5月10日，巴西圣西芒水电站运维商的特许经营时间终止。巴西圣西芒水电站正式由巴西圣西芒水电能源股份有限公司接管，实行自主运维。

2019年3月，浙江能源巴西控股公司接收浙江能源国际有限公司持有的巴西圣西芒水电能源股份有限公司35%股权。

（二）锦江环境股权收购

中国锦江环境控股有限公司于2010年9月在开曼群岛注册，2016年8月在新加坡主板上市，主营业务为垃圾发电，截至2018年，在全国12个省、自治区和直辖市有已投运垃圾电厂20个，装机容量达574兆瓦，垃圾处理能力29240吨/日，行业排名第二，拥有在建项目6个，垃圾处理能力8670吨/日，筹建项目18个，垃圾处理能力16250吨/日，另外在印度、印度尼西亚、巴西有5个项目正在开发中。

2019年2月27日，浙能集团二届二百二十四次董事会审议通过中国锦江环境股权收购项目立项事宜，原则同意对收购中国锦江环境控股权项目予以立项。同年，6月10日签署股权收购协议，浙能集团通过浙江能源国际有限公司收购中国锦江环境控股有限公司29.79%的股份，交易金额约为16.34亿元人民币。同年8月21日，浙江能源国际有限公司全资子公司浙江能源香港控股有限公司获得中国锦江环境控股有限公司29.79%股份登记，成为中国锦江环境控股有限公司第一大股东。同年11月25日，中国锦江环境控股有限公司更名为浙能锦江环境控股有限公司。

（三）散货船舶购置

2018年12月3日，浙能集团董事会通过了浙江能源国际有限公司关于购置散货船舶的议案，并成立了购船工作小组。随后，浙江能源国际有限公司按照购船领导小组工作要求，持续关注国际航运和二手船市场，寻找合适购船窗口期和合适标的。

2019年8月20日，购船工作小组召开会议，结合航运市场情况，确定先购置一艘散货船，并对标的船舶进行技术、法律尽调和资产评估。同年9月10日，签署散货船舶购置合同，船舶总价为2390万美元，该船为海岬型散货船，由中国外高桥船厂于2011年1月制造完成，载重量17.6万吨。同年9月30日，浙江能源国际有限公司在新加坡注册成立了全资单船公司浙能国际新加坡第一船务有限公司，注册资本10万美元（折合人民币约70万元），专门负责该船的资产管理，命名该船舶名为“浙能海1号”，并在10月28日完成了船舶交割后，与宁波海运股份有限公司签署了光租协议，由宁波海运股份有限公司负责船舶的日常运营和维护。2019年12月10日，“浙能海1号”轮成功靠泊六横煤炭码头，顺利完成澳大利亚纽卡斯尔港至舟山的首航。

（四）其他重点跟踪项目

1. 越南龙富煤电项目

2017年底，浙能集团收到越南维英公司推荐的越南龙富3×660兆瓦超超临界燃煤电厂项目，该项目位于越南朔庄省龙富市南部的电力综合体区域内。项目原开发商越南油气集团（PVN）因为效益下降，无力继续投资该项目，已向越南政府报告退出该项目，越南政府拟寻求新的投资方。

2018年上半年，浙能集团与越南维英公司开展多次互访，并初步确立了由浙江能源国际有限公司、中电顾问集团公司、越南维英公司、越南第一建筑公司和越南电力第一设计院组成联合体，共同开展项目的前期工作，并以五方联合体形式于2018年2月向越南工贸部递交投资建议书，项目计划以IPP（独立发电厂）模式进行投资建设，总投资约35亿美元。但在提交投资建议书后，因越南电力规划更改，导致该项目无限期延迟。

2. 孟加拉吉大港煤电项目

浙江金盾集团借助其在孟加拉国的资源网络，欲联合浙能集团共同参与孟加拉吉大港煤电项目的投资，该项目拟建设2×660兆瓦超超临界燃煤机组，位于孟加拉国吉大港市Mirsharai

经济区，总投资约25亿美元，浙能集团拟控股该项目80%股权。

2017年底，孟加拉吉大港煤电项目通过浙能集团立项审议，并编制完成投资意向书，计划在完成电价调整方案后上报孟加拉国主管当局，但由于浙江金盾集团出现债务危机，内部出现重大调整，导致项目无法继续获得推进。

3. 蒙古巴格诺尔煤电项目

蒙古巴格诺尔煤电项目由中核建二十二公司在蒙古国开发，项目位于乌兰巴托市巴格诺尔区，距乌兰巴托约150千米，拟建设2台350兆瓦超临界供热燃煤机组，燃煤由距电厂约2千米的巴格诺尔露天煤矿供应。电站采用BOT模式（建设—运营—移交），特许经营期25年，其中包括建设期4年及运营期21年。预计项目静态投资8.081亿美元，单位静态投资1154.42美元/千瓦。

2018年7月，浙能集团董事会通过了该项目的立项议案，并与项目合作方共同组建了工作组开展前期工作，其间对项目EPC造价、燃煤供应、设备采购等重大事项进行了深入研究，后因项目配套电网迟迟未能获批而搁置。

4. 以色列燃机电厂私有化项目

2019年3月，KPMG以色列合伙人向浙江能源国际有限公司介绍了以色列燃机电厂私有化项目，该项目于2019年7月启动。2019年6月初，浙江能源国际有限公司就该项目组团前往以色列进行实地考察，考察后向浙能集团提交了《关于参加以色列燃机电厂出售项目买方资格预审的报告》，获得浙能集团的批示同意。2019年11月初，浙江能源国际有限公司、浙江浙能电力股份有限公司与以色列两家竞标合作方共同向卖方以色列国家电力公司IEC提交了以色列燃机项目买方资格预审文件。同年11月29日，该项目通过浙能集团董事会决议，拟由浙江浙能电力股份有限公司和浙江能源国际有限公司成立联合体进行投标，并正式立项。同年12月8日，浙能集团方收到以色列国家电力公司进入第二轮竞标的确认函。

2019年12月至2020年1月期间，浙能集团方就Term Sheet（投资条款清单）与以色列竞标合作方展开多次谈判，但最终考虑投标时间紧迫，且与以色列竞标合作方就投资条款清能就Term Sheet（投资条款清单）未能达成一致意见，未来合作存在不确定因素，最终决定终止推进该项目。

5. 埃塞—吉布提油气全产业链项目

2019年6月28日，浙能集团与中交产业投资控股有限公司、浙江能源国际有限公司与保利协鑫天然气集团有限公司共同签署合作备忘录，计划合作推进埃塞—吉布提油气全产业链项目。该项目包含埃塞境内的油气田，贯穿埃塞和吉布提的输送管道，以及位于吉布提港口的液化工厂。项目一期计划建成液化天然气产量300万吨/年的液化工厂，副产品液化石油气18.2万吨/年、凝析油4.3万吨/年，同时建设1个液化天然气船泊位及工作船码头，可停靠6万~17.5万立方米液化天然气船。

2019年10月30日，浙能集团董事长童亚辉带队前往项目驻地，与保利协鑫天然气集团有限公司、中交产业投资控股有限公司高层进行会谈，并表示该项目的实施将有利于浙江省能源安全保障，同时可以利用浙能集团在浙江境内正在建设的液化天然气接收站接收该项目所产天然气，形成较强的互补性。

2019年底，浙能集团聘请第三方专业机构对该项目资源储量进行复核，发现实际可采储量远低于原规划设计，所得回报无法覆盖全产业链总投资额。

6. 澳大利亚Infigen能源公司股权收购项目

2019年10月，浙江能源国际有限公司从澳大利亚市场上收集到当地上市公司澳洲Infigen能源公司主要股东有意出售股权的信息。该公司是一家从事清洁电力能源供应的公司，在澳大利亚可再生能源电力供应中，该公司占有23%的份额。该公司的资产主要包含自有风场项目（总计669.8兆瓦）和保障型电源项目（总计268兆瓦），总装机容量为937.8兆瓦，共包含10个电源项目。

2020年初，浙能电力股份有限公司与浙江能源国际有限公司组团派员前往澳大利亚与Infigen能源公司管理层展开会晤，了解澳大利亚新能源市场的发展趋势，并表达了浙能集团投资澳大利亚新能源项目的意愿。同时对该项目进行了详细分析，并制定了收购方案，初步确定了收购价格，但受制于疫情影响，未能及时向澳洲Infigen能源公司提交收购报价，被其他外国投资商捷足先登。

7. 巴西Alupar电力资产包项目

2019年上半年，浙江能源国际有限公司从市场上收集到巴西Alupar水电资产包项目的出售信息，该项目卖方巴西Alupar投资公司为当地上市公司，资产包包含5个在运发电资产股权，包括4个水电及小水电项目（401.4兆瓦），1个风电项目（98.7兆瓦），总装机容量约500兆瓦。经过浙江能源国际有限公司开发团队的努力，2019年5月顺利通过了该项目的第一轮非约束性报价。

2019年5月8日，巴西Alupar电力资产包项目通过浙能集团投资委员会立项审议，并于5月10日通过浙能集团董事会立项审议。

2019年9月，浙能集团派遣两个团组对Alupar投资公司进行了首次管理层访谈，并对所有拟交易资产进行了实地考察，通过聘请第三方顾问对项目标的范围内的资产进行了尽职调查。同时，浙能集团与中拉合作基金、中葡合作发展基金展开合作谈判。后因浙能集团海外投资开发模式发生转变，最终未对该项目进行约束性报价。

四、金融业务开拓

（一）融资情况（资金管理）

1. 日常融资业务

浙江能源国际有限公司作为浙能集团主要海外融资平台，与海外多家金融机构密切合作，主要业务往来银行分别有渣打银行、星展银行、大华银行、德意志银行、澳新银行、建银亚洲、工银亚洲等。

截至2019年12月底，浙江能源国际有限公司在各家银行流动性贷款授信额度为13.95亿港元，贸易融资授信额度（信用证、进口押汇及发票融资）为40.30亿港元。

2. 2014年3亿美元债发行

2013年12月24日，浙能集团董事会会议纪要〔2013〕19号审议同意香港兴源投资贸易有限公司在中国香港发行美元债券方案，发行额不超过3亿美元，期限3年。

浙能集团（香港）有限公司于2014年全面启动浙能集团海外评级和浙能集团美元债发行工作，最终浙能集团主体获得了穆迪为A1、惠誉为A的评级结果。

浙能集团（香港）有限公司于2014年9月30日成功发行了3亿美元、3年期的美元债券，该债券的穆迪和惠誉债项评级均为A，创下了中国电力企业及国内地方国企海外发债最高评级及最低2.351%的到期收益率。

2017年9月30日，浙江能源国际有限公司完成该美元债券的赎回。

3. 2017年银团贷款项目

2017年3月24日，浙能集团董事会审议同意浙江能源国际有限公司进行3亿美元银团贷款，用于兑付2017年9月到期的3亿美元债券。

浙江能源国际有限公司于2017年9月27日完成发行3亿美元3年期美元银团贷款，较当时国内市场同期限贷款利率5.00%低约195个基准点，年利率为3个月Libor+0.8%P.A.（3个月伦敦同业拆借利率+0.8%每年）。浙江能源国际有限公司对该笔银团贷款进行了利率掉期，将浮动利率3个月Libor+0.8%P.A.固定为年利率2.77%。

2020年9月22日，浙江能源国际有限公司完成了该笔银团贷款的还本付息。

（二）光大华融安心债券联接基金

2017年以来，浙江能源国际有限公司有意在债券基金市场上寻求投资机会，并于2017年6月向浙能集团提请参与申购光大控股华融安心债券联接基金投资光大控股安心债券基金。

2018年6月1日，浙能集团董事会审议同意浙江能源国际有限公司申购光华基金优秀级份额（优先2），金额不超过2000万美元，要求浙江能源国际有限公司根据该联接基金、低层基金的实际业绩及运行情况，满一年后选择续期或赎回。2018年7月3日，浙江能源国际有限公司成功购买光大控股华融安心债券联接基金2000万美元，期限为1年。

浙江能源国际有限公司于2019年6月6日正式向中国光大资产管理有限公司提交基金的赎回申请，同年7月18日顺利完成交割并收回本金2000万美元。在投资光大控股华融安心债券联接基金的一年时间里，该债券分红准时，在债权存续期间按季度分红4次，到期日分红1次，共分红5次，累积分红金额为89万美元，实际投资回报年化利率为4.45%。

（三）股票

1. 秦港H股基石投资

2013年11月18日，经浙能集团董事会审议同意通过香港兴源投资贸易有限公司以基石投资者身份参与秦港股份的H股发行认购，认购金额为3000万美元。2013年12月，香港兴源投资贸易有限公司完成投资秦皇岛港股份有限公司（简称“秦港股份”）H股4430.3万股购买，投资金额为3000万美元（约2.33亿元港币），该股票于2014年6月12日解禁流通。解禁后，浙能集团（香港）有限公司经浙能集团公司审批，于2014年8月20日以该日收盘价（4.10元港币）的九五折（3.895元港币/股）出售该股票。

2. 中能建H股基石投资

2015年10月28日，经浙能集团董事会审议同意浙能集团（香港）有限公司为投资主体，作为中国能源建设股份有限公司的基石投资者参与认购中能建H股发行，并授权浙能集团（香港）有限公司与中国能源建设股份有限公司、中国国际金融香港证券有限公司等签署投资协议。

2015年12月10日，浙能集团（香港）有限公司以单价1.59元港币/股，购买中能建H股股数2.44亿股，申购资金为3.88亿元港币。截至2019年末，浙江能源国际有限公司共持有中国能源建设股份有限公司H股2.44亿股，股票价格0.91元港币/股，市值账面价值2.22亿元港币。

3. 浙商银行H股

2017年2月17日，浙能集团董事会会议决定，原则同意浙能资本控股公司提出的由浙能集团（香港）有限公司按照不超过6000万美元的规模增持浙商银行股份有限公司H股方案，增持价格按增持前最新审计的每股净资产1.1倍设置上限。

2017年3月21日，浙江能源国际有限公司购买浙商银行股份有限公司H股，以单价3.95元港币/股，购买股数0.59亿股，申购资金2.32亿元港币。

2017年9月8日，浙能集团董事会审议通过浙江能源国际有限公司增持浙商银行股份有限公司H股股份；9月11日，浙江能源国际有限公司增持浙商银行股份有限公司H股，单价4.32元港币/股，股数6.70亿股，申购资金6.71亿元港币。

2018年3月6日，浙能集团董事会审议通过浙江能源国际有限公司再次增持浙商银行股份有限公司H股股份；3月29日，浙江能源国际有限公司再次增持浙商银行股份有限公司H股，单价4.82元港币/股，股数3.19亿股，申购金额3.19亿元港币。

截至2019年末，浙江能源国际有限公司共持有浙商银行股份有限公司H股2.80亿股，股票价格为4.13元港币/股，市值账面价值11.57亿元港币。

第十篇

安全生产

浙能集团自成立以来，始终把安全生产作为企业发展的永恒主题。认真执行《安全生产法》及相关的法律法规，坚持“安全第一，预防为主，综合治理”的方针和“管行业必须管安全、管业务必须管安全、管生产经营必须管安全”的原则，层层落实安全生产责任制，不断完善安全生产保证体系和监督体系，一贯坚持事故“事前预防”的管理理念。重视企业安全文化建设，打造了国内领先的安全管理体系，构建了国际领先的本质安全型能源企业。

强化安全生产监督管理，落实安全生产责任。集团公司、板块公司、下属营运企业成立了安全生产委员会或安全生产领导小组，健全安全生产管理机构、配备专职或兼职安全管理人员，建立健全一系列安全生产规章制度，全面落实一岗双责责任制，明确各个岗位各级人员的安全生产职责，始终将安全生产工作纳入规范化、制度化、常态化管理。高度重视安全生产及职业健康费用的投入，新建、改造、更新、完善安全生产基础设施，提高基础设备设施的安全可靠性，保证“两措”及“二十五项”反措计划的有效实施。开展噪声、粉尘治理，改善作业环境。

完善和创新安全监督检查机制。在强化安全生产监督，发挥职能部门的专（兼）职安全监察人员的作用，开展综合性、专项性及日常安全检查的同时，集团公司于2016年11月成立了安全稽查队，不定期地对集团系统所属企业开展安全稽查，建立了完善的全员参与群治群防的安全管理体系，实现了对安全生产全员、全过程、全天候、全方位监督检查，筑起了安全生产的牢固防线。

加强安全生产宣传教育培训。开展“安康杯”“安全月”活动，不断强化全体员工安全意识和自我保护意识，提高员工安全素质。实施安全文化创建工作，建立安全文化长廊，开展群众性的安全知识竞赛、安全演讲、典型事故展览、安全警句征集等活动，形成了浓厚的安全文化氛围。

加强班组建设，夯实安全生产基础。全面推行班组“7S”建设，适时开展星级班组评选活动，以评促建，推动班组整体管理水平的提升。

深化职业健康安全管理体系（OHSMS）建设，开展安全生产标准化达标评级工作。各企业为不断适应市场，积极开展《职业健康安全管理体系》贯标认证工作，运用国际先进的安全管理方法，促进安全生产管理的标准化、规范化建设，全面提升企业的管理水平。

第一章 安 全 管 理

第一节 组 织 机 构

一、领导机构

2003年3月13日，浙能集团印发《关于成立浙江省能源集团有限公司防汛领导小组及防汛办公室的通知》（浙能生临〔2003〕32号）。防汛领导小组组长为毛剑宏，小组成员为各部门负责人。小组下设防汛办公室，办公室职责：具体部署、执行省防汛抗旱指挥部和集团防汛领导小组下达的防汛抗台工作，协调下属各单位的防汛抗台工作。

2003年4月16日，浙能集团印发《关于成立浙江省能源集团有限公司安全生产委员会的通知》（浙能生监〔2003〕57号）。安全生产委员会（简称安委会）主任由集团公司总经理吴国潮担任，党委副书记蔡建平、主管生产的副总经理毛剑宏任副主任，各职能部室负责人为委员。安委会下设办公室，主任由安全生产基建管理办公室主任担任。

2003年8月8日，浙能集团印发《关于成立浙江省能源集团有限公司交通安全委员会的通知》(浙能生〔2003〕220号)。组长由副总经理毛剑宏担任，党委委员工会主席卢嘉三、副总经理范小宁、生产安全部主任任副组长，相关职能部室负责人任委员。交通安全委员会下设办公室，安全生产基建管理办公室副主任任办公室主任。

2003年8月8日，浙能集团印发《关于成立浙江省能源集团有限公司防火安全委员会的通知》(浙能生〔2003〕221号)。浙能集团总经理吴国潮任主任，主管生产的副总经理毛剑宏、工会主席卢嘉三任副主任，相关职能部室负责人任委员。交通安全委员会下设办公室，安全生产基建管理办公室主任任办公室主任。

2005年6月8日，浙能集团印发《关于调整浙江省能源集团有限公司安全生产委员会成员的通知》(浙能生〔2005〕168号)。

2006年11月28日，浙能集团印发《关于成立全员安全培训活动领导小组的通知》(浙能生〔2006〕370号)。浙能集团总经理吴国潮任组长，蔡建平任副组长，领导小组成员由相关职能部室负责人组成。旨在加强对公司全员安全培训工作的领导，确保安全培训工作正常开展、有序开展。

2007年2月13日，浙能集团印发《关于调整公司安全生产委员会的通知》(浙能生〔2007〕35号)。由于人事变动，调整后的安委会主任由浙能集团总经理沈志云担任，副主任为蔡建平、毛剑宏，浙能集团相关领导及各部室负责人任委员。安委会在生产安全部下设办公室，主任由生产安全部主任兼任，具体负责安委会日常工作。

2009年2月16日，浙能集团印发《关于调整公司安全生产委员会委员及其办公室成员的通知》(浙能生〔2009〕29号)。调整后的安委会主任由浙能集团总经理沈志云担任，副主任为蔡建平、毛剑宏，浙能集团相关领导及各部室负责人任委员。安委会在生产安全部下设办公室，主任由生产安全部主任兼任，具体负责安委会日常工作，包括生产、消防、交通等大安全范畴的监督管理工作。

2007年7月23日，浙能集团印发《关于成立浙江省能源集团有限公司网络与信息安全领导小组的通知》(浙能生〔2007〕277号)。由毛剑宏任组长，朱松强任副组长，在生产安全部下设办公室。

2011年12月1日，浙能集团印发《关于调整浙江省能源集团有限公司网络与信息安全领导小组的通知》(浙能生〔2011〕744号)。因人员变动，调整浙能集团网络与信息安全领导小组成员，浙能集团副总经理孙玮恒任网络与信息安全领导小组组长，总工程师朱松强任副组长，领导小组成员由与网络信息安全相关的部室负责人组成。并同时增设电力二次系统安全防护工作小组。

2012年1月9日，浙能集团印发《关于调整公司安全生产委员会委员及其办公室成员的通知》(浙能生〔2012〕9号)。调整后的安委会主任由浙能集团总经理童亚辉担任，副总经理蔡建平、孙玮恒任副主任，浙能集团相关领导及各部室负责人任委员。安委会在生产安全部下设办公室，主任由生产安全部主任兼任，具体负责安委会日常工作。

2014年4月8日，浙能集团印发《关于调整公司安全生产员会委员及其办公室成员的通知》(浙能生〔2014〕82号)。调整后的安委会主任由浙能集团总经理童亚辉担任，副总经理耿平、朱松强任副主任，浙能集团相关领导及各部室负责人任委员。安委会在生产安全与技术管理部下设办公室，主任由生产安全与技术管理部主任兼任，具体负责安委会日常工作，包括生产、消防、交通、信息安全等大安全范畴的监督管理工作。

2015年7月20日，浙能集团印发《关于调整公司安全生产员会委员及其办公室成员的通知》(浙能生〔2015〕395号)。调整后的安委会主任由浙能集团董事长吴国潮担任，总经理童亚辉任第一副主任，副总经理耿平、朱松强任副主任，浙能集团相关领导及各部室负责人任委员。第一次明确安委会主要职责：按照上级统一部署，贯彻落实并协调全公司安全生产工作；定期分析集团系统安全生产形势，研究并协调解决安全生产工作中的重大问题；研究决策集团系统安全生产重大事项；审核批准安全生产奖惩决定和年度安全生产考核结果。安委会在生产安全与技术管理部下设办公室，主任由生产安全与技术管理部主任兼任，具体负责安委会日常工作。

2015 年 11 月 4 日，浙能集团印发《关于成立集团公司重大国际峰会工作领导小组的通知》（浙能生〔2015〕546 号）。浙能集团董事长吴国潮任主任，总经理童亚辉任副主任，领导小组成员由浙能集团相关领导及各部室负责人组成。主要职责：贯彻落实上级关于重大国际峰会各项工作的部署，审核浙能集团重大国际峰会工作方案。定期听取各工作小组的汇报，协调相关小组工作。研究解决重大国际峰会各项保障工作重大问题。领导小组下设工作小组。

2016 年 8 月 26 日，浙能集团印发《关于调整浙江省能源集团有限公司安全生产委员会成员的通知》（浙能生〔2016〕308 号）。调整后的安委会主任由浙能集团董事长童亚辉担任，总经理柯吉欣担任第一副主任，浙能集团党委副书记耿平、总工程师朱松强任副主任，浙能集团相关领导及各部室负责人任委员。安委会在生产安全与技术管理部下设办公室，主任由生产安全与技术管理部主任兼任，具体负责安委会日常工作。

2016 年 8 月 26 日，浙能集团印发《关于调整集团公司重大国际峰会工作领导小组的通知》（浙能生〔2016〕313 号）。因人员变动及工作需要，对浙能集团重大国际峰会工作领导小组成员进行调整，主任由董事长童亚辉担任，副主任由总经理柯吉欣担任，领导小组成员由浙能集团相关领导及各部室负责人组成。领导小组及各工作小组的工作职责不变。

2017 年 1 月 17 日，浙能集团印发《关于调整浙江省能源集团有限公司安全生产委员会成员的通知》（浙能生〔2016〕560 号）。调整后的安委会主任由浙能集团董事长童亚辉担任，总经理柯吉欣担任第一副主任，浙能集团党委副书记耿平、总工程师朱松强任副主任，浙能集团相关领导及各部室负责人任委员。安委会在生产安全与技术管理部下设办公室，主任由生产安全与技术管理部主任兼任，具体负责安委会日常工作。

2017 年 12 月 18 日，浙能集团印发《关于成立今冬明春浙江省能源集团有限公司天然气保供领导小组的通知》（浙能生〔2017〕699 号）。浙能集团副总经理朱松强担任组长，领导小组在浙能集团生产安全监察部下设办公室。

2018 年 1 月 15 日，浙能集团印发《关于调整浙江省能源集团有限公司安全生产委员会成员的通知》（浙能生〔2017〕737 号）。调整后的安委会主任由浙能集团董事长童亚辉担任，总经理柯吉欣担任第一副主任，党委副书记陆翔、副总经理朱松强任副主任，浙能集团相关领导及各部室负责人任委员。安委会在生产安全监察部下设办公室，主任由生产安全监察部主任兼任，具体负责安委会日常工作。

2019 年 12 月 19 日，浙能集团印发《关于调整浙江省能源集团有限公司安全生产委员会成员的通知》（浙能生〔2019〕537 号）。调整后的安委会主任由浙能集团董事长童亚辉担任，詹敏担任第一副主任，党委副书记陆翔、副总经理朱松强任副主任，浙能集团相关领导及各部室负责人任委员。安委会在生产安全监察部下设办公室，主任由生产安全监察部主任兼任，具体负责安委会日常工作。

二、安全监督机构

2003 年 2 月 17 日，浙能集团召开党政联席会议，决定成立安全生产基建管理办公室，作为过渡的职能部门，负责各发电企业的安全生产和电源在建项目的日常管理。根据电力改革精神，省属各发电企业的安全生产管理职能于 2003 年 3 月 1 日起移交浙能集团。

2003 年 8 月 20 日，浙能集团印发《关于调整浙江省能源集团有限公司内设机构的通知》（浙能人〔2003〕244 号），决定调整浙能集团内设机构，设立生产安全部，撤销安全生产基建管理办公室。同年 8 月 27 日，浙能集团印发《浙江省能源集团有限公司部门职能（试行）》，其中生产安全部主要负责集团公司层面上的安全生产监督工作，下属各企业均设立专职的安全生产监督管理部门，负责本企业的安全生产监督管理工作。

2013 年 10 月，浙能集团印发《“强总部”

建设方案》《板块管控操作优化方案》，2014年1月开始按方案要求实施。生产安全与技术管理部主要职责为负责生产类计划、安全监督、环保监督、节能管理、技改管理与科技管理等工作。

2013年11月14日，浙能集团印发《关于调整浙江省能源集团有限公司机构设置调整的通知》(浙能人〔2013〕570号)，决定调整生产安全部为生产安全与技术管理部，职能不变。

2014年10月20日，浙能集团生产安全与技术管理部向集团公司领导提出组建集团公司安全生产稽查组（安全稽查队的前身）的请示，经董事长、分管领导批准后，2014年12月3日编制了《集团公司安全生产稽查组工作方案》，并于2014年12月18日印发了《关于推荐集团公司安全生产稽查组成员人选的通知》，于2014年12月30日成立了浙能集团安全稽查组。

2016年9月30日，浙能集团印发《关于调整集团本部组织机构的通知》(浙能人〔2016〕363号)，决定调整生产安全与技术管理部为生产安全部，职责不变。同时按二级部门性质设置安全稽查队，由调整后的生产安全部直接管理，其职责主要负责对浙能集团所属单位贯彻执行有关安全法律法规制度和依法依规履行安全管理职责的情况进行监督检查，并负责督促整改、落实处罚。

2017年7月7日，浙能集团召开董事会，审议通过《浙江省能源集团有限公司管控优化方案（2017年版)》。该方案明确了生产安全监督稽查管理权责，由浙能集团负责集团整体生产安全监督稽查，指导板块及营运企业生产安全工作；板块管理公司负责组织实施板块管理公司本级及所属企业的生产安全工作。

2017年9月1日，浙能集团印发《关于调整浙江省能源集团有限公司机构设置调整的通知》(浙能人〔2017〕433号)，调整生产安全部为生产安全监察部，生产安全监察部职责定位包括负责生产管理与协调、安全监督、环保监督、节能管理、技改检修管理、技术监督、日常安全稽查及班组建设管理等工作。

第二节 规章制度

一、安全管理制度

2004年3月17日，浙能集团颁布《安全生产工作规定》（Q/ZN 201001—2004)、《安全生产监督规定》(Q/ZN 201004—2004)。2011年3月，浙能集团整合了上述两个规定，重新发布《安全生产监督管理办法》(Q/ZN 201001—2011)，替代《安全生产工作规定》（Q/ZN 201001—2004)、《安全生产监督规定》(Q/ZN 2010004—2004)。2019年1月，浙能集团对《安全生产监督管理办法》进行了第二次修订，该办法自2019年1月7日起实施。新修订的《安全生产监督管理办法》(Q/ZN 201001—2019）是集团系统安全生产工作纲领性文件，规定了集团系统安全生产的基本原则、基本条件及管理内容和要求，明确了安全生产工作监督管理机构及其职责。

2004年3月17日，浙能集团发布实施《安全生产工作奖惩规定》(Q/ZN 201002—2004)。随着浙能集团体制机制改革和安全生产法律法规的颁布和重新修订，浙能集团于2011年、2014年、2017年、2018年分别对《安全生产工作奖惩规定》进行了4次修订。《安全生产工作奖惩规定》(Q/ZN 201002—2018）规定了集团系统安全生产工作评先评优必备的安全业绩以及生产安全事故（事件）和违法违纪相关责任人的企业内部行政惩戒标准；规定了安全生产约谈和安全隐患说清楚的具体要求。

2004年3月17日，浙能集团发布《消防安全管理办法》(Q/ZN 201005—2004)。随着浙能集团业务多元化、扩大化，本办法在2008年、2014年、2019年进行了3次修订。本办法规定了浙能集团各级单位消防组织机构、消防安全责任制、动火管理、消防安全重点部位管理、火灾火险报告、调查等内容。旨在进一步提高集团系统的消防安全管理总体水平，预防火灾和减少火灾危害，确保消防安全。

2004年3月17日，浙能集团发布《事故统计上报规定》(Q/ZN 201007—2004)。该制度自发布以来，于2011年、2013年、2014年、2017年、2019年进行了5次修订，制度名称经历了由原来的《事故统计上报规定》到《生产事故报告和调查处理暂行规定》到《生产事故（不安全事件）调查处理规定》到《生产事故（事件）调查处理规定》(Q/ZN 201007—2019）的变更。本规定明确集团系统各类生产事故（事件）的调查处理原则、定性分级标准、调查处理程序和统计上报要求。旨在规范集团系统生产事故的报告和调查处理，认真吸取事故教训，研究总结事故规律，采取有效防范措施，防止和减少事故的发生。

2004年3月17日，浙能集团发布《电力锅炉压力容器安全监督管理办法》(Q/ZN 201008—2004)。根据国家最新相关法律法规有关规定要求，浙能集团2011年3月对本办法进行了修订。本办法规定了集团系统火力发电锅炉、压力容器和承压汽、水管道及部件等（简称电力锅炉压力容器）的安全监督和管理工作程序，明确了电力锅炉压力容器的设计审查、性能检验等具体办法。

2004年3月17日，浙能集团发布《建设项目劳动安全卫生预评价及验收管理办法》(Q/ZN 201009—2004)。浙能集团于2011年3月对本办法进行了修订，并改名为《建设项目安全与职业卫生管理办法》(Q/ZN 201009—2011)；随着国家职业卫生工作由卫生部划归国家安全监管总局管理后，根据2016年修改后的《职业病防治法》和2017年《建设项目职业病防护设施“三同时”监督管理办法》等规章制度要求，集团公司分别于2014年、2017年对该办法进行了两次修订，形成《职业病防治工作管理办法》(Q/ZN 201009—2017)。新办法主要规定了集团系统职业病防治工作的管理分工、管理要求和管理程序。本办法的贯彻、实施，进一步规范了集团公司职业卫生管理工作，预防职业病发生，保障集团系统员工的职业安全与健康，提高集团系统的职业病防治工作水平。

2004年3月26日，浙能集团发布《电力安全生产监管办法》(浙能生〔2004〕153号)。《电力安全生产监管办法》初步规范了电力企业的监管原则，明确了电力企业“谁主管、谁负责”的主体责任，明确了涉及电网安全、稳定的重大设备缺陷的处理方式及信息报送规定。

2005年3月1日，浙能集团印发《关于执行电力生产事故调查暂行规定的通知》(浙能生〔2005〕71号)，明确集团系统电力企业执行《电力生产事故调查暂行规定》(国家电力监管委员会第4号令)。

2005年2月1日，浙能集团颁布《生产安全突发事件应急救援预案》(Q/ZN 201043—2005)，包含1个综合预案和11个专项应急预案，于2005年2月首次发布并实施，2010年9月进行了第一次修订完善，2019年9月进行了第二次修订完善，并于2019年9月25日正式发布实施。本次修订增加了《危化品泄漏应急预案》《天然气断供应急预案》《反恐怖袭击应急预案》《道路交通事故应急预案》《水上交通事故应急预案》等5个专项预案，修编后的《生产安全突发事件应急预案》(Q/ZN 201043—2019）包含1个综合预案和16个专项应急预案；补充了煤制气、石油、天然气、海运等行业的应急内容；并按照《生产经营单位安全生产事故应急预案编制导则》要求修改了预案整体结构。

2006年6月15日，浙能集团发布《关于参照执行国家电网公司电力安全工作规程（变电站和发电厂电气部分）的实施意见》。对照《电力安全工作规程　发电厂和变电站电气部分》条款在集团系统钱清电厂进行了试行，基本能满足日常安全工作的需要，因此决定集团系统电气安全工作参照执行《电力安全工作规程　发电厂和变电站电气部分》。

2008年4月8日，浙能集团发布《安全生产责任制考核办法（暂行）》(Q/ZN 201048—2008)。随着集团产业的不断扩张，与集团签订安全生产责任书的板块、直管企业不断增加，本考核办法于2011年、2013年、2014年、2015年、2016年、2017年、2018年、2019年进行了8次修订。旨在有效发挥年度《安全生产责任书》应有的激励和约束作用，确保集团系统总体安全生产目标的最终实现。

2008年9月2日，浙能集团发布《消防安全管理办法》(Q/ZN 201005—2008)，自发布之日起实施。本办法在2014年、2018年进行了2

次修订。本办法规定了浙能集团各级单位消防组织机构、消防安全责任制、动火管理、消防安全重点部位管理、火灾火险报告、调查等内容。

2011 年 3 月 23 日，浙能集团发布《交通安全管理办法》(Q/ZN 201003—2011)，自发布之日起实施。随着国家现行交通安全法律法规的更新出台，结合集团板块化管理要求及工作实际，集团公司于 2014 年 12 月 30 日重新修订发布《交通安全管理办法》(Q/ZN 201003—2014)。本办法规定了集团系统交通安全管理的内容和要求，明确了交通安全管理部门其及职责。旨在进一步严格集团系统交通安全管理，促进和提高集团系统交通安全水平，预防和减少交通事故的发生。

2011 年 3 月 23 日，浙能集团发布《外包单位安全资质管理办法》(Q/ZN 201004—2011)，自发布之日起实施。本办法旨在强化外包单位安全资质的动态管理，把好外包工程安全生产关，促进外包工程安全生产的长期稳定。

2013 年 4 月 30 日，浙能集团发布《安全生产信息报告暂行规定》(Q/ZN 201075—2013)，自发布之日实施。结合集团公司板块化管理及强总部方案要求，2014 年 7 月对该办法进行第一次修改；根据国家有关事故调查及统计上报的规定要求，2019 年 1 月 7 日，对该办法进行第二次修订，形成《安全生产信息报告管理办法》(Q/ZN 201075—2019)。本办法主要规定了集团系统各企业发生各类生产安全事故（包括不安全事件，下同）时，必须执行即时报告和定期上报制度的具体要求和操作程序，明确了哪些事故信息需即时上报和定期上报，以及即时上报和定期上报的形式、主要内容、上报期限、审批权限等内容；规定了集团系统向政府部门的信息报告流程。旨在全面、及时、准确地掌握集团系统各单位安全生产情况，加强安全生产信息交流，规范事故调查及统计上报工作。

2013 年 7 月 1 日，浙能集团发布《生产、综合类项目施工及服务外包管理办法》，自发布之日实施。本办法旨在进一步规范并加强浙江省能源集团有限公司生产、综合类项目包括检(维）修、技改、科技研发、物业、保洁、绿化等施工和勘察、设计、监理、调试、技术监督等服务的外包管理工作，有效控制企业生产经营成本。

2014 年 6 月 3 日，浙能集团印发《发电厂烟气系统消防安全补充规定》(浙能生〔2014〕287 号)，旨在确保发电厂烟气系统施工（检修）及运行安全。

2014 年 6 月 24 日，浙能集团印发《实行施工总承包模式的技术改造（检修）项目各方安全职责补充规定》(浙能生〔2014〕335 号)，旨在进一步规范集团系统实行总承包模式的技术改造（检修）项目各方安全职责。

2014 年 7 月 10 日，浙能集团发布《安全生产督查管理办法》(Q/ZN 201080—2014)，自发布之日起实施。2017 年，浙能集团组建安全稽查队，本办法修订为《安全生产稽查管理办法》(Q/ZN 201080—2017)。规定了集团公司安全生产稽查重点、稽查形式、稽查流程及发现问题的整改闭环和落实处罚等方面的内容与要求。旨在加强集团系统各单位安全生产合法合规性，督促企业严格履行安全生产法定责任，建立健全自我约束、持续改进的内生机制，做到安全责任、管理、投入、培训和应急救援“五到位”，及时消除安全生产隐患，防止各类事故的发生。

2014 年 7 月 10 日，浙能集团发布《安全生产费用提取和使用管理办法》(Q/ZN 201081—2014)，自发布之日起实施。2019 年 9 月 25 日，集团公司对该制度进行修订，形成《安全生产费用提取和使用管理办法》(Q/ZN 201081—2019)。本办法规定了集团系统安全生产费用的提取标准、使用范围及管理要求，明确了安全生产费用提取和使用标准。

2014 年 12 月 30 日，浙能集团发布《安全教育培训管理办法》(Q/ZN 201082—2014)。本办法规定了集团系统安全教育培训管理工作的职责分工、培训对象、培训内容及培训要求。旨在加强和规范集团系统安全教育和培训工作，提高从业人员安全素质，防范伤亡，减轻职业危害。

2014 年 12 月 30 日，浙能集团发布《安全生产法律法规和标准规范识别、获取、更新、发布管理办法》(Q/ZN 201083—2014)，自发布之日起实施。本办法规定了集团系统安全生产(含消防、保卫、交通，下同)、技术、环境、职业健康、信息安全、反恐等适用的相关的法律法规和标准（指国家标准或行业标准，下同）规范的识别、获取、更新、发布工作的职责分工、工作内容、工作要求和工作程序。通过本办法的贯彻、实施，进一步规范集团系统安全生产法律法规和标准规范的识别、获取、更新、发布工作，促进安全生产合法化水平的提高。

2014年12月30日，浙能集团发布《安全生产标准化及安全绩效评定管理办法》(Q/ZN 201084—2014)，自发布之日起实施。本办法规定了集团公司安全生产标准化及安全绩效评定工作的职责、管理内容与要求。通过本办法的贯彻、实施，进一步规范集团公司本部及下属企业安全生产标准化工作，建立健全安全生产绩效评定管理，完善安全生产长效机制。

2014年12月30日，浙能集团发布《安全生产事故隐患排查治理暂行管理办法》(Q/ZN 201085—2014)，自发布之日起实施。本办法规定了集团公司生产安全事故隐患排查治理的基本要求和管理程序，明确了生产安全事故隐患排查治理信息报送的相关要求。旨在建立和规范集团公司生产安全事故隐患排查治理长效机制，强化安全生产主体责任，及时消除事故隐患，有效防范和减少事故。

2015年8月3日，浙能集团发布《安全生产责任制》(Q/ZN 201086—2015)，该办法自发布之日起实施。随着集团组织机构的变动和领导班子重新调整，本标准在2017年进行了第一次修订，在2019年进行了第二次修订。《安全生产责任制》(Q/ZN 201086—2019) 主要规定了浙江省能源集团有限公司各级领导、成员，以及各职能部门、各板块管理公司及营运企业、集团直管企业的安全生产职责。

2016年4月13日，浙能集团发布《大楼消防安全管理规定》(Q/ZN 201090—2016)，自发布之日起实施。本办法规定了集团公司大楼消防管理基本要求，通过本办法的贯彻、实施，将进一步提高集团系统的消防安全管理总体水平，预防火灾和减少火灾危害，确保消防安全。

2017年1月1日，浙能集团发布《承发包工程（项目）安全管理规定（试行）》(Q/ZN 201044—2017)，自2017年1月10日起实施。根据国家最新文件要求，集团公司于2019年1月7日对该规定进行了修订，并改名为《承发包工程（项目）安全管理办法》(Q/ZN 201044—2019)。本办法明确了集团系统承发包工程（项目）的安全管理原则、相关方管理职责、管理内容和基本要求。旨在规范集团系统承发包工程（项目）的安全管理工作，促进集团系统各单位严格履行安全生产主体责任，认真落实各级人员安全责任制，切实加强承发包工程（项目）的安全管理和监督，保证从业人员生命安全和身体健康，防止生产安全事故的发生。

2019年9月25日，浙能集团发布《天然气输气管道安全工作规程》(Q/ZN 201109—2019)，自发布之日起实施。本规程规定了浙能集团所属输气管道调度、运行、维（检、抢）修、检测、检验、试验、技术改造和改（扩）建施工等工作的基本安全要求和行为准则。旨在保证浙江省能源集团有限公司天然气输气管道设备设施上工作人员的人身安全，防止发生输气中断和设备设施损坏事故。

二、生产技术管理标准

2004年3月17日，浙能集团发布《发电企业运行管理办法》(Q/ZN 201011—2004)。本办法于2016年4月18日进行了修订。

2005年3月1日，浙能集团印发《关于浙江省能源集团有限公司印发生产安全管理标准的通知》(浙能生〔2005〕8号)，共包含21个生产技术标准：《变压器类设备专业工作管理办法》(Q/ZN 201022—2005)、《发电机组检修后评价工作管理办法》(Q/ZN 201023—2005)、《电测监督工作实施细则》(Q/ZN 201024—2005)、《电能质量监督管理实施细则》(Q/ZN 201025—2005)、《发电机励磁系统专业工作管理办法》(Q/ZN 201026—2005)、《发电机设备专业工作管理办法》(Q/ZN 201027—2005)、《高压开关设备专业工作管理办法》(Q/ZN 201028—2005)、《锅炉专业工作管理办法》(Q/ZN 201029—2005)、《化学监督工作实施细则》(Q/ZN 201030—2005)、《环保监督工作实施细则》(Q/ZN 201031—2005)、《技术监督与技术服务考核办法》(Q/ZN 201032—2005)、《继电保护监督工作实施细则》(Q/ZN 201033—2005)、《节能监督工作实施细则》(Q/ZN 201034—2005)、《金属监督工作实施细则》(Q/ZN 201035—2005)、《绝缘监督工作实施细则》(Q/ZN 201036—2005)、《燃料专业工作管理办法》(Q/ZN 201037—2005)、《热工监督工作实施细则》(Q/ZN 201038—2005)、《热工专业工作管理办法》(Q/ZN 201039—2005)、《汽轮机专业工作管理办法》(Q/ZN 201040—2005)、《水轮机专业工作管理办法》(Q/ZN 201041—2005)、《技术改造项目考核工作管理办法》(Q/ZN 201042—2005)。

2005 年 9 月 5 日，浙能集团发布《发电企业技术监督考核实施细则》，旨在加强集团系统的技术监督与技术服务管理工作，提高技术监督水平和提高设备的可靠性，适应集团对技术监督与技术服务工作的管理要求。

2007 年 4 月 30 日，浙能集团印发《关于浙江省能源集团有限公司印发〈提高 TSI 装置可靠性若干技术要求〉的通知》(浙能生〔2007〕161 号)，旨在提高 TSI 系统运行的可靠性。

2011 年 3 月 23 日，浙能集团印发《关于浙江省能源集团有限公司印发生产安全管理标准的通知》(浙能生〔2011〕205 号)，共包含 5 个生产技术标准：《生产性技术改造管理办法》(Q/ZN 201013—2011)、《科技管理办法》(Q/ZN 201014—2011)、《电力可靠性管理办法》(Q/ZN 201017—2011)、《电力锅炉压力容器安全监督管理办法》(Q/ZN 201008—2011)、《燃煤机组运行竞赛办法》(Q/ZN 201021—2011)。

2016 年 4 月 18 日，结合集团公司燃煤机组脱硝及超低排放改造的实际情况，重新修订编制《燃煤机组运行竞赛办法》(Q/ZN 201021—2016)，将 NO_x 及烟尘的排放与原 SO_2 排放一并纳入环保考核指标，并增加了考核权重。

2016 年 10 月 13 日，浙能集团发布《光伏发电站设计规范（试行）》(Q/ZN 201091—2016)，自发布之日起实施。本规范规定了集团公司及其全资、控股子公司投资建设的光伏发电站的设计规范，旨在规范集团公司光伏发电站的可研、设计等工作。

2017 年 1 月 3 日，浙能集团发布《燃煤电厂 SCR 脱硝催化剂性能检测评估技术规范》(Q/ZN 201092—2016)，自 2017 年 1 月 1 日起实施。本规范规定了浙江省能源集团有限公司脱硝催化剂性能检测评估的技术规范，明确了脱硝催化剂初装、运行、再生、报废等环节的技术要求，旨在规范浙江省能源集团有限公司燃煤电厂脱硝催化剂全寿命周期的性能检测评估工作，提高脱硝催化剂运行的安全性和经济性。

2017 年 1 月 23 日，浙能集团发布《燃用经济适烧煤炭管理办法（试行)》(Q/ZN 201100—2017)，自发布之日起实施。本办法旨在规范浙江省能源集团有限公司燃用经济适烧煤炭工作，在安全、环保的前提下，确保适烧工作有效开展。

2017 年 1 月 23 日，浙能集团发布《燃用高水、高挥发分煤炭安全技术导则（试行)》(Q/ZN 201101—2017)，自发布之日起实施。旨在加强对燃用高水、高挥发分煤炭的管理，防止锅炉结焦，水冷壁高温腐蚀，制粉系统、输煤系统发生着火、爆炸等异常及事故，保障设备及人身安全，确保机组安全稳定运行。

第三节 安全培训

一、全员安全培训

2004 年 12 月 20—24 日，浙能集团组织第一期各企业新任生产领导安全知识培训班，培训对象为自 2003 年 3 月 1 日以来新任或转岗至副总工程师及以上生产领导岗位的人员（原已在副总工程师及以上生产领导岗位的人员除外)。

2006 年 6 月 15 日，浙能集团印发《关于开展全员安全培训活动的通知》(浙能生〔2006〕201 号)。明确集团系统全员安全培训活动由集团公司生产安全部牵头组织实施，并负责指导和检查各单位全员安全培训活动的开展；明确各单位副总工程师（包括副总经济师、副总会计师、总经理助理）及以上领导干部，由集团公司组织培训，其他人员的培训由各单位自行组织。

2006 年，浙能集团全员安全培训工作情况：集团系统在册人数为 10792 人，6—12 月，完成全员安全培训共 6982 人，占集团公司总人数的

65%。已经完成全员培训工作的单位共5个。

浙能集团自2006年6月开展全员培训工作以来，经过16个月的培训，2007年10月全面完成了集团系统全员安全培训工作。集团系统在册人员共11000多人，本次全员安全培训工程共培训13470人，其中外聘人员（含临时工）2120人。全部培训人员均建立了培训档案，并持有培训登记卡。

2006年11月28日，浙能集团印发《关于成立全员安全培训活动领导小组的通知》(浙能生〔2006〕370号)。旨在加强对公司全员安全培训工作的领导，组长为吴国潮，副组长为蔡建平，成员由集团公司相关领导及相关部室负责人组成。全员安全培训工作领导小组办公室由安委会办公室兼任，负责具体培训、组织和协调工作。

2012年6月26日，浙能集团在集团系统内组织安规调考，本次调考内容为通用安全生产法律、法规、文件，安全规程规范，集团安全管理制度等。本次调考从各电力企业（包括发电企业、电力建设企业、电力环保企业共计23家单位）的各级生产人员中抽调203人，调考对象涉及的岗位包括生产副总经理、总工程师、部门中层领导、技术专工、运行人员、检修人员。

2013年8月1日，浙能集团印发《关于贯彻落实浙江省安委会办公室关于深化全员安全培训工程实施方案的意见》(浙能生〔2013〕417号)。要求各单位要牢固树立安全培训不到位是重大安全隐患的理念，高度重视安全培训工作，把安全培训纳入企业发展规划，健全落实以“一把手负总责、领导班子成员一岗双责（即履行本岗位职责的同时履行安全管理职责）”为主要内容的安全培训责任体系。

2016年8月5日，浙能集团组织新员工入职三级安全教育培训。从为什么要进行新员工入职安全教育，安全生产基本知识，加强安全生产管理的紧迫性、必要性，从业人员的安全生产权利和义务，浙能集团概况，浙能集团安全生产特点和风险，浙能集团安全管理现状，浙能安全文化8个方面展开培训。

浙能集团自2012年开始，连续8年在集团系统内组织了安规抽考，旨在加强职工对安全生产法律法规的学习，掌握本岗位的安全知识和技能，取得了很好的效果。2012—2019年浙能集团安规抽考情况统计表见表10-1-1。

表10-1-1 2012—2019年集团公司安规抽考情况统计表

年份	抽考单位个数	抽考人数	平均分数	优秀率（%）
2012	23	203	89.5	58.5
2013	21	108	88	60
2014	23	256	89	63.3
2015	25	266	91.84	70.3
2016	22	156	94.13	75.2
2017	27	329	91.5	73.7
2018	30	529	90.9	67.1
2019	30	443	91.6	70.2

二、取证与复训

2004年7月1日，浙能集团印发《关于举办“企业注册安全主任、安全监督”资格取证培训班的通知》(浙能生〔2004〕226号)，旨在对从事安全生产管理工作的专职安监人员进行培训。培训内容：安全生产管理概论、安全生产的法律法规、系统安全分析理论、企业安全生产管理、事故管理与安全统计分析、防止生产事故的技术措施、工业卫生与防护知识等。

2004年8月26日，浙能集团印发《关于举办新华控制系统培训班和PLC技术介绍会的通知》(浙能生会〔2004〕21号)。要求各单位安排从事该项工作的热工专业2人、汽机专业1人参加培训。培训内容：GE-PLC技术介绍，新华控制工程公司XDPF-400+和DEH-Ⅲ控制系统技术培训。

2004年10月22日，浙能集团印发《关于组织2004年焊工调考的预通知》(浙能生〔2004〕349号)。为保证发电设备安全运行，提高经济效益，促进岗位技能练兵和不断提高焊工技术素质，同时也为检验持证焊工的技能稳定程度，参照《焊工（生产系统）调考规则》，决定组织集团系统持证焊工进行调考。

2005年8月19—22日，浙能集团组织安全管理人员、生产副总参加国家安全监管总局开办的安全质量标准化及事故处理与经济赔偿培训班。

2006年6月25日至7月6日、7月10—24日，浙能集团组织两期安监人员取证培训班，培训对象为集团系统各企业新上岗安监人员取证培训，确保各企业新上岗安监人员具备所需的安全监督知识和安全管理能力，并做到合法持证上岗。

2007年6月12日，浙能集团印发《关于转发〈开展信息网络安全专业技术人员继续教育工作〉的通知》(浙能生〔2007〕228号)。根据通知要求，集团公司于8月份组织集团系统网络与信息安全专业人员的集中教育培训。2007年7月24—30日、8月27日至9月2日，浙能集团组织各单位分管安全生产的领导和专职安监人员(各1名)参加两期“事故应急救援预案及重大危险源辨识与控制”培训班的培训。

2007年11月22—26日、2008年1月17—21日，浙能集团连续举办两期企业主要负责人和安全生产管理人员安全合格证取证培训班。培训对象为生产经营单位主要负责人［是指有限责任公司或者股份有限公司的董事长、总经理，其他生产经营单位的厂长、经理、(矿务局)局长、矿长(含实际控制人)等］和生产经营单位安全生产管理人员(是指生产经营单位分管安全生产的负责人、安全生产管理机构负责人及其管理人员，以及未设安全生产管理机构的生产经营单位的专、兼职安全生产管理人员)。

2012年4月10—14日，浙能集团组织参加电机学会开办的电力安全工器具使用管理培训。

2012年9月10—14日，浙能集团组织参加电力工程建设项目安全生产标准化评审员培训班取证培训。

2013年6月5—8日，浙能集团组织企业主要负责人、安全管理人员上岗资质取证(复证)培训，集团系统共计114人参与。

2014年3月2—5日，浙能集团组织企业主要负责人、安全管理人员上岗资质取证(复证)培训，集团系统共计120人参与。2014年3月10—11日，集团公司组织4人参与《电力行业反恐怖防范标准(试行)》宣贯培训班。

2014年10月25—26日，浙能集团组织安全管理复证继续教育培训，集团系统共计196人参与。其中：A证取证5人，复证10人；B证取证115人，复证66人。

2015年4月27—29日，浙能集团组织安监人员能力再教育培训班，重点培训法律法规知识、脚手架及高处作业安全、临时用电安全、起重管理、危险化学品安全管理、受限空间作业安全等内容，旨在提高安监人员的业务能力。

2015年10月26—27日，浙能集团举办交通、消防安全培训班。交通安全培训主要内容包括交规培训、集团制度、案例分析等，消防安全培训内容主要包括建筑消防设计防火规范、高层建筑消防要求、集团制度等。本次培训消防管理人员147人、交通管理人员151人，共计298人参加。

2015年12月15—18日，浙能集团组织安全管理复证继续教育培训，集团系统共计150人参与。其中：A证取证5人，复证9人；B证取证66人，复证70人。

2016年4月28日，浙能集团组织举办超低排放改造专题安全培训班，旨在进一步提高集团系统超低排放改造项目的安全生产管控能力，确保超低排放改造工作能按计划安全顺利完成，本次培训共计63人参与。

2016年5月24—27日，浙能集团组织人员参加浙江省安全生产宣教中心举办的主要负责人、职业卫生管理人员培训班，旨在不断提升用人单位主要负责人、职业卫生管理人员的职业病危害防治意识和管理水平。

2016年7月7—9日、11—13日，浙能集团举办两期职业安全卫生管理人员业务培训班。旨在提高集团系统各企业职业卫生管理部门专(兼)职管理人员的专业知识，使其了解我国职业卫生形势、任务及对策，学习职业卫生法律法规知识，具备职业病危害预防与控制及职业病危害因素识别与分析的能力，为企业的职业卫生监管工作提供保障和支持。

2017年1月15—18日，浙能集团组织参加浙江省安全生产宣教中心举办的生产经营单位安全管理培训班，本次培训共计320人参加。其中：新取证 149 人，A 证复证 19 人，B 证复证 152 人。

2017 年 10 月 10 日，浙能集团在杭州组织了《承发包工程（项目）安全管理规定》《安全生产工作奖惩规定》《生产事故（事件）调查处理规定》等 7 个安全管理制度的解读和宣贯会，集团系统各营运企业的 83 位安监主任参加了会议。

2018 年 3 月 5—9 日，浙能集团组织一期安全生产管理人员取、复证培训班。

2018 年 6 月 26—29 日，浙能集团组织一期职业卫生管理人员专题培训班，培训内容为职业病防治法律、法规、标准，职业病防治基础知识，职业卫生档案管理实务等。

2018 年 10 月 23—26 日，浙能集团组织一期安全生产管理人员取证培训班；10 月 30 日至 11 月 1 日，浙能集团组织安全生产管理人员复证培训。

第四节 监 督 检 查

一、综合（季节）性检查

浙能集团自 2003 年成立集团公司以来，每年按规定组织春季、秋季安全大检查，详见表 10-1-2 和表 10-1-3。

表 10-1-2 2003—2018 年浙能集团春季安全大检查抽查情况统计表

年份	春季检查时间	春季抽查单位个数	查出的问题条数	春查通知（文号）
2003	3 月 1 日至 4 月 15 日	18	213	浙能生临〔2003〕17 号
2004	4 月 8 日至 5 月 8 日	18	111	浙能生〔2004〕64 号
2005	5 月 15 日至 6 月 15 日	17	92	浙能生〔2005〕139 号
2006	5 月 10 日至 6 月 10 日	13	113	浙能生〔2006〕149 号
2007	5 月 15 日至 6 月 15 日	21	124	浙能生〔2007〕165 号
2008	4 月 15 日至 5 月 15 日	8	118	浙能生〔2008〕209 号
2009	5 月 8 日至 5 月 25 日	11	140	浙能生〔2009〕181 号
2010	4 月 15 日至 5 月 15 日	8	71	浙能生〔2010〕155 号
2011	5 月 18 日至 6 月 10 日	10	76	浙能生〔2011〕342 号
2012	5 月 25 日至 6 月 25 日	15	107	浙能生〔2012〕344 号
2013	4 月 20 日至 5 月 25 日	18	63	浙能生〔2013〕221 号
2014	5 月 26 日至 6 月 30 日	20	184	浙能生〔2014〕274 号
2015	6 月 1 日至 6 月 30 日	22	288	浙能生〔2015〕233 号
2016	5 月 23 日至 6 月 22 日	30	344	浙能生〔2016〕174 号
2017	5 月 23 日至 6 月 22 日	22	255	浙能生〔2017〕308 号
2018	5 月 13 日至 6 月 14 日	23	248	浙能生〔2018〕406 号

表 10-1-3 2003—2019 年浙能集团秋季安全大检查抽查情况统计表

年份	秋季检查时间	秋季抽查单位个数	查出的问题条数	秋查通知（文号）
2003	9 月 19 日至 10 月 15 日	8	195	浙能生临〔2003〕318 号
2004	11 月 10 日至 11 月 25 日	12	105	浙能生〔2004〕334 号
2005	11 月 15 日至 11 月 25 日	9	88	浙能生〔2005〕315 号
2006	11 月 20 日至 12 月 11 日	22	139	浙能生〔2006〕353 号
2007	11 月 15 日至 12 月 10 日	16	115	浙能生〔2007〕436 号

表 10-1-3（续）

年份	秋季检查时间	秋季抽查单位个数	查出的问题条数	秋查通知（文号）
2008	11 月 1 日至 11 月 25 日	8	98	浙能生〔2008〕377 号
2009	11 月 5 日至 12 月 5 日	10	60	浙能生〔2009〕418 号
2010	11 月 5 日至 12 月 10 日	22	126	浙能生〔2010〕500 号
2011	11 月 28 日至 12 月 20 日	22	76	浙能生〔2011〕740 号
2012	10 月 22 日至 12 月 7 日	27	141	浙能生〔2012〕642 号
2013	11 月 5 日至 12 月 5 日	18	125	浙能生〔2013〕559 号
2014	11 月 10 日至 12 月 12 日	20	171	浙能生〔2014〕607 号
2015	11 月 9 日至 12 月 11 日	18	315	浙能生〔2015〕545 号
2016	11 月 14 日至 12 月 12 日	19	202	浙能生〔2016〕701 号
2018	11 月 5 日至 12 月 7 日	22	255	浙能生〔2018〕616 号
2019	11 月 11 日至 11 月 29 日	14	209	浙能生〔2019〕17 号

二、专项检查

2003 年 6 月 17 日，浙能集团印发《关于转发国家能源局综合司电力安全生产大检查的通知》(浙能生〔2003〕353 号)，集团公司从 2003 年 6 月中旬起开展了安全生产大排查大整治专项行动，并于 7 月 1—15 日组织 5 个督查组，对集团下属电力、可再生能源、煤炭及运输、天然气石油、科工与服务等 5 个板块的大排查大整治专项行动开展情况进行了督查。

2003 年 7 月 31 日，浙能集团印发《关于浙江省能源集团有限公司安全生产大排查大整治专项行动督查情况的通报》（浙能生〔2003〕413 号)。

2004 年 4 月 9 日，浙能集团印发《关于开展重大事故隐患排查与整改工作的通知》(浙能生〔2004〕118 号)。

2004 年 4 月 22 日，浙能集团印发《关于开展电气专业互查的通知》(浙能生字〔2004〕19 号)，旨在进一步了解集团公司发电企业电气设备的状况，总结 2003 年及 2004 年 1—4 月电气设备的运行状况。

2004 年 9 月 2 日，浙能集团印发《关于组织基建工程安全检查的通知》，分两个检查组，于 9 月 7—17 日对嘉兴发电有限责任公司二期工程等 5 个基建项目开展专项检查。

2004 年 12 月 22 日，浙能集团印发《关于立即开展安全生产大检查的通知》(浙能生〔2004〕463 号)。浙江省安全生产委员会根据 2004 年 12 月 14 日全国安全生产电视电话会议部署和浙江省副省长金德水在会议结束后的讲话要求，决定在全省范围开展安全生产大检查，确保冬季用电、用气高峰期间的安全生产。

2006 年 6 月 7 日，浙能集团印发《关于落实电力建设施工安全专项整治方案的通知》(浙能工〔2006〕186 号)。同年 7 月，浙江省电力建设总公司、浙江乐清发电有限责任公司、金华燃机发电有限责任公司等 9 家单位开展自查自纠。

2007 年 11 月 2 日，浙能集团印发《关于开展公司系统发电企业电力二次防护系统安全大检查的通知》(浙能生字〔2007〕29 号)。各有关电力企业按照国家电监会和杭州电监办的要求，加强领导、抓紧落实、组织力量，认真做好电力二次系统安全防护的自查、整改和总结工作，堵住漏洞、消除隐患，进一步提升本企业的电力二次系统安全防护水平，确保电力系统安全稳定运行。

2008 年 4 月 30 日，浙能集团印发《关于认真做好北京奥运会期间安全保卫工作的通知》，传达了浙江省政府要求治安保卫重点单位奥运期间“不出事情”的安全保卫目标，提出“在抓好传统安全保卫工作的基础上，重点抓好反恐反暴、防止外来侵袭”的工作要求。集团公司于 2008 年 8 月 12—14 日组织检查组，重点检查各单位安保力量配置情况，安保制度及执行情况，重点部位安保措施落实情况，防恐怖袭击和蓄意破坏，技防设施维护，危险化学品、剧毒物品、爆炸品管理情况，安全信息定期报送情况，信息网络安全等8个方面。

2009年5月21日，浙能集团印发《关于深化反违章治隐患活动推进安全生产“三项行动”的通知》(浙能生〔2009〕184号)。通过开展安全生产“三项行动”，强化安全生产基础管理，构建安全生产长效机制，有效防范和遏制生产安全事故。

2011年8月3日，浙能集团印发《安全专项检查活动实施方案》(浙能生〔2011〕535号)，成立以浙能集团总经理童亚辉为组长的活动领导小组，重点检查危险化学品及易燃易爆品存储及使用管理、消防、交通、基建、食品安全等。

2011年8月29日至9月1日，浙能集团随同浙江省能源局对全省能源重点项目建设情况进行安全检查，检查包括浙江浙能长兴发电有限公司、浙江浙能中煤舟山煤电有限责任公司、浙江浙能天然气运行有限公司、浙江浙能镇海发电有限责任公司等有关省重点建设项目。

2011年9月5日，浙能集团印发《关于转发开展全省安全生产大检查（省重点建设工程）的紧急通知》(浙能生〔2011〕590号)。结合前一阶段省重点工程安全生产专项检查和集团公司建设工程预防安全事故专项整治工作，按照紧急通知中10项具体检查内容认真做好自查、整改和总结，努力保障各项建设工程安全竣工。

2011年10月13日，浙能集团印发《关于2011年安全生产专项检查抽查情况的通报》(浙能生〔2011〕642号)。浙能集团于2011年9月中下旬组织了3个检查组，分别对下属煤运、油气、科工服板块等共19家单位进行专项抽查，共计抽查出问题59项。

2012年5月21日，浙能集团印发《关于转发工程建设领域预防施工起重机械脚手架等坍塌事故专项整治工作方案的通知》(浙能生〔2012〕349号)。对工程建设领域预防施工起重机械脚手架等坍塌事故专项整治活动进行了总体布置，从2012年5月下旬起，各单位按照集团公司的要求，对工程建设领域预防施工起重机械脚手架等坍塌事故专项整治活动进行了专项检查，共发现施工脚手架、起重机械管理和使用中各类一般隐患26项，并已进行整改。

2012年7月23日，浙能集团印发《关于转发2011年度电力行业重要管理信息系统安全等级保护监管通报的通知》(浙能生〔2012〕494号)。转发国家电监会《关于2011年度电力行业重要管理信息系统安全等级保护监管的通报》，要求各单位对照文件指出的问题，结合本单位实际情况，举一反三，认真组织排查和整改，切实提高信息安全防护水平。

2012年8月6日，浙能集团印发《关于开展2012年网络与信息安全检查的通知》(浙能生〔2012〕521号)。检查目的：通过开展网络与信息安全检查，全面掌握重要网络与信息系统的基本情况，分析面临的安全威胁和风险，评估安全防护水平，查找突出问题和薄弱环节，有针对性地采取防范对策和改进措施，加强网络与信息系统安全管理、技术防护和人才队伍建设，促进安全防护能力和水平提升，预防和减少重大信息安全事件的发生。

2013年3月22日，浙能集团印发《防范人身伤亡事故专项行动方案》(浙能生〔2013〕146号)，明确专项行动的开展范围、时间安排，以及安全生产管理、现场作业行为、设备设施、人员防灾避险等4个方面、30项主要内容的检查重点。在此次防范人身伤亡专项行动中，共发现各类隐患2543项，已完成整改2259项，整改完成率88.8%，未完成整改的284项均按整改计划有序进行整改。

2013年8月7日，浙能集团印发《关于开展信息安全检查工作的通知》(浙能生字〔2013〕21号)。通过检查，掌握集团所属发电公司（厂）、天然气公司等重要信息系统的安全防护情况，分析面临的安全威胁和风险，查找存在的主要问题和薄弱环节，有针对性地采取管理和技术措施，促进安全防护能力和水平的提升，预防和减少重大信息安全事件的发生，切实保障电力、天然气等营运企业网络与信息系统的安全。

2013年12月25日，浙能集团印发《关于继续开展天然气等危险化学品储运管道等安全生产专项检查的通知》(浙能生〔2013〕697号)。

2013年12月2—15日，集团公司开展危险化学品等储运管道专项检查，结合企业实际从7个方面、40项具体要求开展检查。共发现各类问题及隐患201项，能够立即整改的42项均已完成整改，其余159项各单位也按照“五同时”（时间、责任人、措施、资金、预案）的原则制定了整改计划。

2014年1月10日，浙能集团印发《关于开展安全生产大检查“回头看”工作的通知》（浙能生〔2014〕17号）。本次安全生产大检查“回头看”工作共发现234项需整改项目，其中100项已整改，还有134项不能立即整改，对不能立即整改的项目已采取临时防范措施，并制定了整改计划，落实了责任人、期限、资金和应急预案。

2014年4月1日，浙能集团印发《关于开展消防安全专项检查的通知》（浙能生〔2014〕184号）。重点检查并落实以下措施：各电厂应仔细核实生产现场建（构）筑物，当处于消防栓保护范围之外时，消防车喷射高度是否能够达到建（构）筑物最高点。如消防车喷射高度不能达到建（构）筑物最高点，必须在建筑物上增设消防栓，并保证消防水全覆盖；尚在建设的新建电厂应针对本次火灾事故，对各项目的消防工程设计进行核查，进一步补充完善消防设施配置。

2014年4月10日，浙能集团印发《关于立即开展“落实安全责任、强化安全意识、重拳打击违章”专项行动的通知》（浙能生〔2014〕195号）。通过广泛开展“落实安全责任、强化安全意识、重拳打击违章”专项行动，整风肃纪，整顿安全生产作风，形成浓厚的安全生产氛围。

2015年1月5日，浙能集团印发《关于立即开展安全生产专项检查的通知》（浙能生〔2015〕6号）。根据本单位《防范重特大事故工作措施》，全面检查各项措施是否真正落实。各基建工程及重大技改项目重点检查触电、高空坠落、高处落物、有限空间中毒等人身事故，以及脚手架坍塌、大型施工机具倒塌等各类事故防范措施是否真正落实。

2015年2月11日，浙能集团印发《春节前安全督查方案》，集团公司分两个组，由浙能集团党委副书记耿平、总工程师朱松强分别担任组长，重点检查浙江浙能天然气运行公司、浙江浙能城市燃气有限公司、浙江浙能石油新能源有限公司下属场站、油库、加油站、加气站，宁波海运集团有限公司、浙江富兴海运有限公司下属船舶等单位隐患排查开展情况。

2016年1月8日，浙能集团印发《关于贯彻落实中央领导安全生产重要指示及全国安全生产电视电话会议精神重视加强春节前安全大检查工作的通知》（浙能生〔2016〕9号）。全面检查集团系统生产经营中的薄弱环节，尤其是危险化学品生产及储存、天然气、城市燃气、电力、工程建设、消防、交通运输（包括海运、陆上交通）等重点行业和领域，坚决消除各类安全隐患，采取各项防范和应急措施，确保春节、元宵节期间安全生产。

2016年4月13日，浙能集团印发《关于2016防汛防台安全抽查工作的通知》。集团公司于2016年4月19—22日，对浙江浙能北海水力发电有限公司等四家水电站防洪度汛落实情况进行了专项抽查。

2016年5月24日，浙能集团印发《关于组织平安护航G20大会战安全生产及维稳工作专项检查暨2016年春季安全大检查抽查的通知》。根据浙江省委、省政府平安护航G20大会战“三个确保”“四个满意”总体要求，以及集团公司G20峰会工作部署，集团公司组织6个检查组于2016年5月23日至6月22日对集团系统30家单位平安护航G20大会战安全生产及维稳工作开展情况暨2016年春季安全大检查自查情况进行了抽查。本次抽查的重点：各单位G20峰会保供、治安反恐、环境质量保障、维稳等方面工作开展情况；各单位领导干部下基层、现场带班、值班情况，各单位生产现场安全管理及反违章工作开展情况。本次抽查共发现问题344项。

2017年1月3日，浙能集团印发《“除隐患、保安全、促转型”治危拆违攻坚战行动方案的通知》（浙能生〔2016〕541号）。要求各单位对办公、住宿、出租房屋的结构、消防等方面的安全隐患进行全面排查；对新竣工交付使用的房屋和历史排查中遗漏的房屋要实行动态更新，及时建立相关档案。

2017年8月3日，浙能集团印发《安全生产大检查实施方案的通知》(浙能生〔2017〕429号)。重点检查各单位现场安全防护措施是否落实到位，尤其是有限空间作业、地质条件复杂区域作业、动火作业、高处或临边等高风险作业防护措施是否落实；施工起重机械和脚手架等设备设施准入、验收、检查是否正常开展，是否做到安全使用；浙江浙能电力股份有限公司下属发电厂、新疆伊犁新天煤化工有限公司的甲醇制汽油和浙江浙能城市燃气有限公司等单位重大危险源的风险辨识、监控预警是否正常开展，安全防范措施是否严格执行等。

三、安全稽查

2016年，浙能集团安全稽查队对集团系统内18家单位（35个生产、基建现场）的安全生产情况进行了专项检查，发现问题181项，下发督查通知书23份，其中现场临时用电不规范，工作票制度执行不严格，风险辨识及作业前安全技术交底不到位，现场交叉作业管控措施不落实，以及高空作业、脚手架搭拆和有限空间作业违章等方面问题占比69%；工作票签发许可环节把关不严格、专项施工方案及人员质审查不严谨、对外包单位安全监督管理不到位等问题占比31%。

2017年，浙能集团安全稽查队以防人身伤亡、防重大事故为目标，围绕集团公司年度安全工作要点，针对管理薄弱环节、重大风险管控、各级岗位责任制落实、法律法规及安全规章制度执行等方面对23家营运企业开展29轮次安全专项稽查，稽查发现问题211项，下达稽查整改通知书23份。其中，制度规程、安全协议和安全交底、分工分界、教育培训、风险管控等管理性问题占72%。

2018年，浙能集团安全稽查队以防人身伤亡、防重大事故为目标，重点对天然气、煤炭、电力、科工服、水利水电集团及石油等6个板块下属25家运营企业（项目部）开展了防重特大事故安全管理专项稽查。稽查共发现问题52项，涉及新公司管理体系（制度）建立滞后、安全责任落实不到位、安全交底针对性不强、工作票执行不严、基建现场风险辨识和隐患排查治理工作不全面、消防管理及应急演练过于形式化等六大方面，下达稽查整改通知书14份。

2019年，浙能集团安全稽查队对石油、电力、科工服、天然气、浙新能源等板块的35家企业（或基建项目）共开展各类安全稽查（含计划内、事故事件类专项稽查次数）40次，开出了18张稽查通知单，共查出107项问题，考核责任人107人次。

2016—2019年浙能集团安全稽查情况统计表见表10-1-4。

表10-1-4 2016—2019年浙能集团安全稽查情况统计表

年份	稽查单位数量（家）	稽查通知单数（份）	稽查发现的问题数（个）
2016	18家（共35个生产、基建现场）	23	181
2017	23	23	211
2018	25	14	120
2019	35	18	107

注：问题数指的是扣分项，每一扣分项包含一个及以上问题。

第五节 目标与评价

一、安全目标管理

2004年1月12日，浙能集团印发《浙江省能源集团有限公司2004年安全工作要点的通知》(浙能生〔2004〕1号)。明确2004年安全生产总体目标：不发生人身死亡事故，不发生特别重大设备事故，不发生集团系统电厂责任引发的重大电网事故，不发生有人员责任的重大设备事故，不发生有人员责任的重大火灾事故，不发生本集团负主要责任的特大交通事故，不发生大坝崩溃、水淹厂房事故。

2005年2月6日，浙能集团印发《浙江省能源集团有限公司2005年安全工作要点的通知》(浙能生〔2005〕1号)。

2006年2月6日，浙能集团印发《浙江省能源集团有限公司2006年安全工作要点的通知》（浙能生〔2006〕1号）。

2007年2月14日，浙能集团印发《浙江省能源集团有限公司2007年安全工作要点的通知》（浙能生〔2007〕1号）。

2008年2月4日，浙能集团印发《浙江省能源集团有限公司2008年安全工作要点的通知》（浙能生〔2008〕1号）。随着天然气管网的建成投入营运，以及国家对环保的要求，浙能集团2008年度安全目标增加了两条，具体如下：不发生人身死亡事故，不发生有人员责任的重大及以上设备事故，不发生负主要责任的重大及以上电网事故，不发生天然气管网泄漏爆炸和大范围停气事故，不发生水淹厂房、大坝垮塌事故，不发生重大及以上火灾事故，不发生负主要责任的特大交通事故，不发生重大偷盗、破坏等严重影响安全生产的刑事案件，不发生特大环境污染事故。

2009年2月11日，浙能集团印发《浙江省能源集团有限公司2009年安全工作要点的通知》（浙能生〔2009〕1号）。

2010年1月27日，浙能集团印发《浙江省能源集团有限公司2010年安全工作要点的通知》（浙能生〔2010〕1号）。

2012年1月20日，浙能集团印发《浙江省能源集团有限公司2012年安全生产目标及工作要点的通知》（浙能生〔2012〕1号）。

2013年1月17日，浙能集团印发《浙江省能源集团有限公司2013年安全工作要点的通知》（浙能生〔2013〕1号）。随着国家对环保的要求日趋严格，浙能集团针对电厂污染排放物进一步作具体的目标管控，对2013年的个别目标进行微调，具体如下（其中“以上”均含本数）：不发生人身死亡事故；不发生由重伤构成的较大以上人身伤害事故；不发生较大以上设备事故；不发生泄漏爆炸和大范围停气等造成重大社会影响的天然气管网、城市燃气管网事故；不发生水淹厂房、大坝垮塌事故；不发生较大以上火灾事故；不发生负主责以上由人员伤亡构成的特大交通事故；不发生重大偷盗、破坏等严重影响安全生产的刑事案件；不发生较大以上环境污染事件，确保发电厂粉尘、二氧化硫、氮氧化物等达标排放。

2014年1月3日，浙能集团印发《浙江省能源集团有限公司2014年安全工作要点的通知》（浙能生〔2014〕1号）。

2015年1月7日，浙能集团印发《浙江省能源集团有限公司2015年安全工作要点的通知》（浙能生〔2015〕1号）。

2015年12月31日，浙能集团印发《浙江省能源集团有限公司2016年安全工作要点的通知》（浙能生〔2016〕1号）。

2016年12月29日，浙能集团印发《浙江省能源集团有限公司2017年安全工作要点的通知》（浙能生〔2017〕1号）。为了凸显全口径人员管理目标的实现，2017年的年度安全目标将人身伤害和重伤以上的目标合二为一，因此2017年的安全目标共计8项，具体如下（其中“以上”均含本数）：不发生人身死亡事故和由重伤构成的较大以上人身伤害事故，不发生较大以上设备事故，不发生危险化学品泄漏爆炸、大范围停供等造成重大社会影响的化工装置、天然气管网、城市燃气管网事故，不发生水淹厂房、大坝垮塌事故，不发生较大以上火灾事故，不发生负主责以上由人员伤亡构成的特大交通事故，不发生重大偷盗、破坏等严重影响安全生产的刑事案件，不发生较大以上环境污染事件。

2018年2月1日，浙能集团印发《浙江省能源集团有限公司2018年安全工作要点的通知》（浙能生〔2018〕1号）。

2019年1月2日，浙能集团印发《浙江省能源集团有限公司2019年安全工作要点的通知》（浙能生〔2019〕1号），要求各单位根据浙能集团年度安全工作要点，做好工作任务分解，进一步细化目标任务和工作措施，做到有计划、有措施、有责任人、有完成时限、有跟踪检查。2019年底，集团公司组织年终责任制落实情况考评，纳入安全生产评价体系管理，通过以下措施、确保高效优质完成年度目标任务：注重齐抓共管，压实安全生产责任；坚持安全风险源头防控，持续深化风险分级管控机制；持续开展常态化的隐患排查治理工作，实现安全隐患排查治理科学化、规范化；深入推进班组建设和安全生产标准化工作，强基固本，进一步夯实安全生产基础；抓关键、抓难点，开展重点产业、重点领域的治理攻坚；加强消防、交通安全管理，严防群死群伤事故发生加强火灾源头管控，开展消防安全评估，提升消防管理能力；强化交通安全管理，严防事故发生；优化安全稽查体系，创新稽查方式方法；完善集团系统预案体系，持续强化应急能力建设；开展安全生产宣传教育培训，提升全员安全意识和技能。

二、班组安全建设

2012年6月15日，浙能集团印发《关于贯彻落实国家电监会关于加强电力企业班组安全建设的指导意见的通知》（浙能生〔2012〕391号）。该指导意见从高度重视企业班组安全建设工作、落实班组安全生产责任、落实班组安全规章制度和措施、加强班组安全宣传教育和培训、提高班组应急能力等5个方面提出了18项加强班组安全建设的具体要求。

2012年8月2日，浙能集团颁布《发电企业班组建设考评标准》，旨在进一步推进发电企业班组建设，强化班组规范管理，夯实企业管理基础，提升职工素质，增强班组的凝聚力和整体执行力。

2016年5月9日，浙能集团印发《关于成立集团班组建设提升工作组织机构的通知》（浙能生〔2016〕185号）。组长为童亚辉，副组长为耿平、朱松强、许强，成员由各相关部室负责人组成。旨在对集团系统班组建设工作进行全面梳理、提升。职责：听取工作小组的汇报，协调工作小组工作推进过程中的重大问题，审定《浙江省能源集团有限公司班组建设通用标准》《浙江省能源集团有限公司班组建设评价办法》等标准。集团班组建设提升工作小组职责：组织开展对浙能集团下属企业班组建设情况的调研，会同咨询单位建立集团班组建设发展规划及纲要，编制《浙江省能源集团有限公司班组建设通用标准》《浙江省能源集团有限公司班组建设评价办法》等标准；协调咨询单位完成二级实体企业标准化样板班组的实施，指导后续样板班组的推广工作；协调咨询单位做好浙能集团安健环系统班组管理模块的实施配合，提供班组标准化管理方案，做好班组管理模块蓝图设计。

2017年1月16日，浙能集团印发了《关于发布班组建设系列管理标准的通知》（浙能生〔2017〕27号）。包含1个通用标准和6个行业分类标准：《班组建设通用管理标准（试行）》（Q/ZN 201093—2017）、《电力行业班组建设管理标准（试行）》（Q/ZN 201094—2017）、《油气行业班组建设管理标准（试行）》（Q/ZN 201095—2017）、《煤炭运输行业班组建设管理标准（试行）》（Q/ZN 201096—2017）、《煤化工行业班组建设管理标准（试行）》（Q/ZN 201097—2017）、《建材行业班组建设管理标准（试行）》（Q/ZN 201098—2017）、《新能源行业班组建设管理标准（试行）》（Q/ZN 201099—2017）。

2018年11月7日，浙能集团整合班组建设系列管理标准，形成1个综合标准《班组建设管理标准》（Q/ZN 201093—2019），其余6个标准作为附件形式体现。规定了集团公司、板块公司、营运企业三方职责：集团公司班组建设领导小组是班组建设的领导组织，负责组织制定《浙江省能源集团有限公司班组建设管理标准》，协调班组建设推进过程中的重大问题。集团班组建设提升工作小组是班组建设的统筹者，负责完成班组建设工作的顶层设计，建立集团班组建设发展规划及纲要，制定集团班组建设通用标准及评价办法。集团生产安全监察部为班组建设的牵头部门，集团组织（人力资源）部、政治工作部、工会办公室为班组建设的协同部门，共同负责开展班组建设工作的年度评价、考核及标杆班组的创建；集团各板块管理公司是班组建设的组织者、搭台者，负责板块及所属行业班组建设分类指导标准的协同制定与应用落地，对下级单位的班组建设工作进行组织统筹和过程指导。必须落实一个牵头管理部门，负责开展班组建设的推动和年度考评工作，每年评定所属有关行业的星级班组，向集团推荐标杆班组；营运企业是班组建设的推进者、实施者，负责落实班组建设各项资源投入保障，完善班组长队伍建设，推动安全、质量、环保、节能、效率等各项核心管理的有效提升。必须落实一个牵头管理部门，负责组织班组开展达标班组建设、评定工作，将评审结果报送至板块管理公司，并向各板块管理公司推荐星级班组。营运企业下属班组是班组建设的执行者、实践者，要全面落实班组建设各项管理要求和具体内容。

三、安全文化管理

（一）安全文化建设

2007年12月，浙能集团首次颁布《企业文化建设规划（2006—2020）》。

2013年5月14—16日，浙能集团赴山东能源集团、北京国华电力公司、北京华能电力集团进行企业安全文化建设调研，其间听取第三方机构捷盟咨询公司的介绍。

2013年7月4日，浙能集团发布《安全文化建设工作方案》，成立以童亚辉总经理为组长的领导小组，下设工作小组负责具体事务。提出了通过打造具有浙能特色的企业安全文化，实现员工安全意识进一步增强、企业安全机制进一步健全、企业安全水平进一步提升的“三个一”总体目标。内容涵盖“安全战略、安全理念、安全机制、安全活动、安全氛围”等5个方面，提出了3个方面的工作要求。

2013年8月23日，浙能集团印发《关于开展浙江省能源集团有限公司企业安全文化理念提炼、征集活动的通知》（浙能生〔2003〕444号）。截至2013年9月29日，集团系统共计29家单位参与本次活动，共征集190条安全文化理念。

2013年8月23日，浙能集团印发《浙江省能源集团有限公司安全文化规划设想》《浙江省能源集团有限公司安全文化建设之必要性》《浙江省能源集团有限公司安全文化建设之方面》《浙江省能源集团有限公司安全文化建设之探讨》。

2013年9月11日，浙能集团转发《浙江省安全文化建设示范企业创建活动指导意见》（浙能生〔2003〕488号），进一步推进浙能集团安全文化建设示范企业创建活动。

2014年，构建了“3313”浙能安全文化体系，并将其列为企业文化的亚文化之一，汇编成《浙江省能源集团有限公司安全文化手册》，作为浙能集团各级组织、机构和全体员工在安全生产方面的思想引领、文化要求和行动指南。“3313”体系由3个核心要素、3类行为准则和13项工作原则构成。3个核心要素是指“以人为本、安全为天”的安全生产核心理念、“安全第一、预防为主、齐抓共管”的安全生产方针和“保障员工生命健康、提供稳定可靠能源”的安全生产目标；3类行为准则是指决策层安全行为准则、管理层安全行为准则和执行层安全行为准则；13项工作原则是指涵盖了目标管理、组织机构和职责、安全生产投入、法律法规和管理制度、培训教育、生产设备和设施、作业安全、隐患排查和治理、重大危险源监控、职业健康、应急救援、事故报告和调查处理、绩效评定和持续改进等13项安全生产标准化工作要求的安全工作原则。

2015年5月11日，浙能集团推荐浙江浙能兰溪发电有限责任公司参与中国安全生产协会2015年全国安全文化建设示范企业评选。2016年1月，浙能兰溪发电有限责任公司获评“全国安全文化建设示范企业”称号。

2015年10月15日，浙能集团参与浙江省安全生产宣教中心2015年全省安全文化建设示范企业的推荐评选工作，并获得“浙江省安全文化建设示范企业”称号。

2016年3月4日，浙江浙能天然气运行有限公司通过省级安全文化建设示范企业评审组的评审，成为全省27家获得“浙江省安全文化建设示范企业”称号的企业之一。

2015年11月，浙能集团创作的《大型能源集团安全文化建设》荣获2015年全国电力行业企业管理创新成果二等奖。

2019年4月17日，浙能集团印发《关于开展电力安全文化建设年活动的通知》，成立以朱松强副总经理为组长的领导小组，下设工作小组，负责具体活动开展。围绕“创建电力安全文化示范企业、开展电力安全文化建设征文活动、举办‘安全文化　筑梦电力’宣讲活动、举办电力安全文化论坛、举办电力安全文化新媒体产品展、建设全方位电力安全培训体系”等内容展开。

2019年4月24日，浙能集团印发《关于开展安全文化建设年活动的通知》，在电力安全文化建设年活动的基础上延伸到集团全系统单位，旨在发挥安全文化在保障和促进企业安全生产管理中的积极作用。

（二）安全生产月与安全生产年活动

1. 安全生产月活动

2004年5月20日，浙能集团印发《关于认真开展2004年“安全生产月”活动的通知》(浙能生〔2004〕174号)。要求各单位围绕“以人为本，安全第一”的活动主题，认真开展好本单位的各项活动。

2005年6月7日，浙能集团印发《关于认真开展2005年“安全生产月”活动的通知》(浙能生〔2005〕171号)。要求各单位围绕“遵章守法，关爱生命”的活动主题，认真开展好本单位的各项活动。

2006年5月15日，浙能集团印发《转发关于开展2006年“全国安全生产月”活动的通知》(浙能生〔2006〕161号)。各单位紧紧围绕“安全发展，国泰民安”的活动主题，组织开展安全知识竞赛、技术比武、文艺演出、宣传教育、全员培训、安全教育等多种形式的活动，营造“关爱生命，关注安全”的企业氛围。

2007年6月4日，浙能集团印发《转发关于开展2007年“全国安全生产月”活动的通知》(浙能生〔2007〕195号)。各单位紧紧围绕“综合治理，保障平安”的活动主题，结合国务院新近颁布的《生产安全事故报告和调查处理条例》，做好宣贯工作，积极配合集团公司开展《浙江省安全生产条例》知识竞赛，动员全体电力员工积极参加“浙电杯”企业安全生产基础知识竞赛等活动，通过宣传、教育、培训，加强广大干部职工的法制意识、安全意识和安全技能。

2008年6月13日，浙能集团印发《关于认真开展2008年“安全生产月”活动的通知》(浙能生〔2008〕238号)。各单位紧紧围绕“治理隐患，防范事故”的活动主题，结合当前奥运会维护稳定和安全保卫工作、隐患排查治理、迎峰度夏、防汛抗台等工作开展“安全生产月”活动，做到“安全月工作”活动贴近实际、贴近职工、贴近生活，吸引广大职工共同参与活动，共同关注安全，共同推动安全生产各项工作的落实。

2009年6月3日，浙能集团印发《关于2009年“安全生产月”活动实施意见的紧急通知》。集团系统各级围绕“关爱生命，安全发展”的活动主题，按照国家六部委和国家电监会通知中提出的活动时间、具体要求，根据党、政、工、团齐抓共管、分工负责的原则，明确任务，落实责任，有计划、有步骤地开展“安全生产月”各项活动。

2010年5月28日，浙能集团印发《关于认真开展2010年“安全生产月”活动的通知》(浙能生〔2010〕226号)。各单位紧紧围绕“安全发展，预防为主”的活动主题，认真开展本单位的各项活动。

2011年5月23日，浙能集团印发《关于2011年“安全生产月”活动实施意见的通知》(浙能生〔2011〕363号)。集团系统各级围绕“安全责任，重在落实”的活动主题，按照国家七部委通知中提出的活动时间、具体要求，根据党、政、工、团齐抓共管、分工负责的原则，明确任务，落实责任，有计划、有步骤地开展“安全生产月”各项活动。

2012年5月28日，浙能集团印发《关于开展2012年“安全生产月”活动的通知》(浙能生〔2012〕361号)。集团系统各级要围绕“科学发展 安全发展”的活动主题，结合当前正在开展的“安全生产年”、隐患排查治理、“打非治违”专项行动，以及“学安规、守安规、反违章”等活动认真开展好“安全生产月”活动。

2013年5月28日，浙能集团印发《关于开展2013年“安全生产月”活动的通知》(浙能生〔2013〕310号)。明确“安全生产月”活动的具体要求：公司系统各级要围绕“强化安全基础，推动安全发展”的活动主题，结合当前正在开展的隐患排查治理、防范人身事故专项行动、反违章、安全生产标准化等工作认真开展好“安全生产月”活动。

2014年5月19日，浙能集团印发《关于发布2014年“安全生产月”活动实施方案的通知》(浙能生〔2014〕255号)。各单位紧紧围绕“强化红线意识、促进安全发展”活动主题开展好“安全生产月”活动。

2015年5月22日，浙能集团印发《关于发布2015年“安全生产月”活动实施方案的通知》(浙能生〔2015〕234号)。紧紧围绕“加强安全法制，保障安全生产”活动主题开展好“安全生产月”活动。

2016年5月13日，浙能集团印发《关于发布2016年“安全生产月”活动实施方案的通知》(浙能生〔2016〕194号)。各单位按照集团公司的统一部署，紧紧围绕“强化安全发展观念，提升全民安全素质”活动主题，制定本单位“安全生产月”活动实施方案，并开展好“安全生产月”活动。

2017年5月26日，浙能集团印发《关于开展2017年“安全生产月”活动实施方案的通知》(浙能生〔2017〕323号)。各单位围绕“全面落实企业安全生产主体责任”活动主题，制定本单位活动方案，并开展好“安全月活动”。“安全生产月”期间，集团系统各单位开展了形式多样的宣传活动，共悬挂标语673条，张贴宣传画4178张，参观图片展览13596次，开展“安全生产月”咨询日活动148次，发放宣传资料30348份，共有153位主要负责人宣讲安全生产主体责任167场，共观看警示教育275场，受教育10799人，开展安全知识竞赛127场，培训员工累计达到18737人次，组织开展应急演练324次。

2018年5月25日，浙能集团印发《2018年“安全生产月”活动实施方案的通知》(浙能生〔2018〕292号)。紧紧围绕“生命至上、安全发展”的活动主题，以增强员工应急知识、提升员工安全素质、提高防灾减灾救灾能力、遏制重特大生产安全事故为目标，开展一系列安全生产宣传教育培训活动，促进集团安全形势好转。

2019年6月11日，浙能集团印发《2019年“安全生产月”活动实施方案的通知》(浙能生〔2019〕293号)。紧紧围绕“防风险、除隐患、遏事故”活动主题，牢固树立安全发展理念，以防范化解重大风险、及时消除安全隐患、有效遏制生产安全事故为目标，增强员工安全生产意识，提升安全素质，推动各级严格安全管理，落实安全生产责任，突出问题整改、典型宣传、隐患曝光、网络宣传、知识普及等内容，开展既有声势又有实效的宣传教育活动，促进安全生产水平提升和安全生产形势持续稳定好转，不断增强广大干部职工获得感、幸福感、安全感，为新中国成立70周年营造良好的安全生产环境。

2. 安全生产年活动

2009年4月9日，浙能集团印发《2009年“安全生产年”活动实施方案的通知》(浙能生〔2009〕146号)。通过查处以作业性违章、装置性违章和管理性违章重点的各种形式的“安全生产年”活动，深入开展隐患排查治理工作，进一步巩固安全生产基础，提高安全生产水平。

2011年4月29日，浙能集团印发《关于继续深化“安全生产年”活动的通知》(浙能生〔2011〕341号)。继续深化企业主体责任落实、深化依法监管、深化专项整治，推进科技进步、推进安全达标、推进长效机制建设，坚持“安全第一，预防为主，综合治理”的方针，以积极的态度、务实的作风，继续深化“安全生产年”活动。

2012年4月5日，浙能集团印发《2012年“安全生产年”活动实施方案的通知》(浙能生〔2012〕206号)。通过大力开展安全生产宣传教育活动，深入推进浙能特色的企业安全文化建设；组织开展“学安规、守安规、反违章”专项活动，着力巩固和提高全体干部员工的安规知识；以春查、秋查和迎峰度夏、防汛抗台等专项检查为抓手，认真开展隐患排查治理活动；开展安全生产合法化专项整治，进一步落实企业安全生产主体责任；强化基层基础建设，进一步夯实安全生产基础；及时修订应急预案，完善应急预案体系，进一步深入开展“安全生产年”活动。

（三）安全性评价

2003年10月12—18日，浙能集团开展对浙江台州发电有限责任公司的首轮安全性评价，依据《火力发电厂安全性评价标准》及查评依据分生产设备、劳动安全、作业环境、安全管理等专业组开展安全性评价，排查出各类问题和隐患共计208项，按照“资金、人员、期限”三落实原则予以整改闭环，顺利通过首次安全性评价。

2004年4月24—30日，浙能集团开展对浙江钱清发电有限责任公司的首轮安全性评价，查评共分汽机、电气、锅炉燃灰、热工、化学、劳动安全和作业环境、安全管理7个专业组，依据《火力发电厂安全性评价标准》(浙江省电力公司修订版)，通过查资料、跑现场、座谈交流、抽考提问等形式，对浙江钱清发电有限责任公司生产设备、劳动安全和作业环境、安全管理情况进行了全面查评，在专家组全体成员的共同努力和电厂广大干部职工的积极配合下，各项查评工作已圆满完成。

2004年6月13—20日，浙能集团开展对浙江镇海发电有限责任公司的首轮安全性评价，查评共分汽机、电气、锅炉燃灰、热工、化学、劳动安全和作业环境、安全管理7个专业组，依据《火力发电厂安全性评价标准》(浙江省电力公司修订版)，通过查资料、跑现场、座谈交流、抽考提问等形式，对浙江镇海发电有限责任公司进行了全面查评，取得圆满成功。

2006年10月8日，浙能集团印发《关于转发华东区域发电厂并网安全性评价管理暂行办法的通知》(浙能生〔2006〕317号)。

2007年5月21—25日，浙能集团开展对浙江温州燃机发电有限公司的首轮安全性评价，本次评价标准采用集团公司组织编写的《燃机电厂安全性评价标准（试行)》，对照该标准，在评价中共发现问题269项，要求按照“三定”原则于2007年7月30日前全部落实整改，完成首轮安全性评价。

2007年7月29日至8月3日，浙能集团组织专家组对浙江镇海发电有限责任公司首轮安全性评价整改情况进行了复查，并在此基础上，对3~6号机组设备及全公司劳动安全与作业环境、安全管理情况进行了第二轮安全性评价。

2007年9月17—24日，浙能集团组织专家组对浙江嘉兴发电有限责任公司一期工程首轮安全性评价整改情况进行了复查，并在此基础上对一期工程机组设备进行了第二轮评价，对二期工程机组设备进行了首轮评价，同时对全厂劳动安全与作业环境、安全管理现状进行了全面查评。

2007年10月15—22日，浙能集团组织专家组对浙江台州发电有限责任公司首轮安全性评价整改情况进行了复查，并在此基础上，对6台135兆瓦机组、2台330兆瓦机组设备，以及全厂劳动安全与作业环境、安全管理现状进行了第二轮安全性评价。

2007年12月10—14日，浙能集团组织专家组对浙江镇海燃气热电有限责任公司进行了首轮安全性评价，专家组对照评价标准，发现各类问题180项，其中，扣分项172项，重点问题29项，2008年1月20日全部完成整改闭环。

2008年2月24—29日，浙能集团组织专家组对浙江钱清发电有限责任公司首轮安全性评价整改情况进行了复查，并在此基础上，对生产设备、劳动安全与作业环境、安全管理现状进行了第二轮全面查评。

2008年11月24—30日，浙能集团组织专家组对浙江浙能长兴发电有限责任公司1号、2号机组首轮安全性评价整改情况进行复评的基础上，对生产设备及劳动保护与作业环境、安全管理现状进行了第二轮安全性全面评价。

2009年10月19—25日，浙能集团组织专家组对浙江浙能兰溪发电有限责任公司进行了首轮安全性评价。专家组通过听取汇报、询问交流、查阅资料和现场检查等方式，对照《火力发电厂安全性评价标准》，对生产设备、劳动安全与作业环境、安全管理现状进行了全面查评，并完成评价报告。

2009年12月14—18日，浙能集团组织专家组对浙江浙能温州发电有限公司生产设备劳动安全与作业环境、安全管理现状进行了第二轮重新评价。

2011年3月28日至4月2日，浙能集团组织专家组对浙江浙能乐清发电有限责任公司1号、2号机组进行了首轮安全性评价。专家组通过听取汇报、询问交流、查阅资料和现场检查等方式，对照《火力发电厂安全性评价标准》，对生产设备、劳动安全与作业环境、安全管理现状进行了全面查评，并完成评价报告。

2011年10月17—21日，浙能集团组织专家组对浙江浙能华光潭水电站一、二级电站进行了首轮安全性评价。专家组通过听取汇报、询问交流、查阅资料和现场检查等方式，对照《水力发电厂安全性评价标准》，对生产设备、劳动安全与作业环境、安全管理现状进行了全面查评，并完成评价报告。

2011年11月14—18日，浙能集团组织专家组对浙江浙能北海水力发电有限公司进行了首轮安全性评价。专家组通过听取汇报、询问交流、查阅资料和现场检查等方式，对照《水力发电厂安全性评价标准》，对生产设备、劳动安全与作业环境、安全管理现状进行了全面查评，并完成了评价报告。

2012年4月22—28日，浙能集团组织专家组对浙江浙能北仑发电有限公司一期（1号、2号组）、二期（3~5号机组）进行了第四轮安全性评价。专家组通过听取汇报、询问交流、查阅资料和现场检查等方式，对照《火力发电厂安全性评价标准》，对被评机组的生产设备、劳动安全与作业环境、安全管理现状进行了全面查评，并完成评价报告。

2012年9月24—27日，浙能集团组织专家组对温州燃机发电有限公司进行了第二轮安全性评价。专家组通过听取汇报、询问交流、查阅资料和现场检查等方式，对照《火力发电厂安全性评价标准》，对被评机组的生产设备、劳动安全与作业环境、安全管理现状进行了全面查评，并完成评价报告。

2012年12月17—24日，浙能集团组织专家组对浙江浙能长兴发电有限公司进行了1号、2号机组第三轮安全性评价和3号、4号机组第二轮安全性评价。专家组通过听取汇报、询问交流、查阅资料和现场检查等方式，对照《火力发电厂安全性评价标准》，对被评机组的生产设备、劳动安全与作业环境、安全管理现状进行了全面查评，并完成评价报告。

2013年3月1日，浙能集团实行板块化管理后，电力安全性评价转由浙江浙能电力股份有限公司自行组织。

（四）安全评估

2009年4月13—16日，浙能集团组织有关专业技术人员和安全管理人员对浙江省天然气开发有限公司进行安全评估。同年6月22日，浙能集团印发《关于浙江省天然气开发有限公司安全评估报告的通知》（浙能生〔2009〕230号）。

2009年6月22—25日，浙能集团组织有关人员对浙江国信控股集团有限责任公司、浙江省浙信房地产有限公司进行安全评估。同年7月16日，浙能集团印发《关于浙江国信控股集团有限责任公司、浙江省浙信房地产有限公司安全评估报告的通知》（浙能生〔2009〕264号）。

2009年7月20—24日，浙能集团组织有关人员对浙江兴源投资有限公司能源服务行业进行安全评估。同年8月11日，浙能集团印发《关于浙江兴源投资有限公司能源服务行业安全评估报告的通知》（浙能生〔2009〕295号）。

四、专项行动

（一）“打非治违”与大排查大整治专项行动

2004年4月9日，浙能集团印发《关于开展重大事故隐患排查与整改工作的通知》（浙能生〔2004〕118号），要求各单位开展重大事故隐患的排查和整改，集团公司于2004年10月组织了检查验收。

2011年9月5日，浙能集团印发《关于转发开展全省安全生产大检查（省重点建设工程）的紧急通知》（浙能生〔2011〕590号），浙能集团随同浙江省能源局对全省能源重点项目建设情况进行安全检查，检查了浙江浙能长兴发电有限公司、浙江浙能镇海发电有限责任公司、浙江浙能中煤舟山煤电有限责任公司等有关省重点建设项目。

2012年5月21日，浙能集团印发《安全生产“打非治违”专项行动实施方案的通知》（浙能生〔2012〕347号）。2012年5月10日，集团公司召开安全生产视频会议，集团公司副总经理孙玮恒传达国务院、国家电监办“打非治违”相关文件精神，并对集团公司“打非治违”专项行动进行了动员和部署。2012年5月10日至6月5日为自查阶段，6月5日至9月5日为整改落实阶段。

2012年5月21日，浙能集团印发《关于转发工程建设领域预防施工起重机械脚手架等坍塌事故专项整治工作方案的通知》（浙能生〔2012〕349号），要求各单位结合“打非治违”、隐患排查工作等活动，开展施工起重机械脚手架等坍塌事故各项检查。

2012年5月30日，浙能集团印发《关于做好汛期安全生产工作的通知》（浙能生〔2012〕366号），要求各单位做好汛期安全生产工作。

2012年7月10日，浙能集团印发《转发省发改委关于进一步加强省重点建设工程安全生产工作集中开展“打非治违”专项行动的通知》（浙能生〔2012〕463号），要求各省重点工程建设单位认真开展“打非治违”自查自纠及整改工作，浙江省电力建设有限公司要协助建设单位开展好“打非治违”专项行动。

2012年7月27日，浙能集团印发《关于集中开展电力建设项目防灾避险防止重大人身伤亡事故专项行动的通知》（浙能生〔2012〕501号），要求各单位开展自查自纠工作，并做好电监会及电监会派出机构的迎检工作。

2012年8月23日，浙能集团印发《关于深化“打非治违”专项行动开展安全生产大检查大整治活动的紧急通知》（浙能生〔2012〕549号）。重点针对道路交通、消防、建筑施工和非煤矿山、水上交通、危险化学品、酒店宾馆等领域再开展一次专项安全检查，各单位要结合前一阶段“打非治违”专项行动，做到全体动员、全员参与、悉数全查、不留死角。2012年5—8月“打非治违”专项行动中发现各类问题344项，截至12月20日，已经完成整改315项，整改完成率为91.6%，尚未完成整改的项目已落实计划，责任人限期整改。

2012年11月13日，浙能集团转发上级关于开展“打非治违回头看”活动相关文件，并对集团系统做好“打非治违回头看”活动进行了统一部署和安排。通过检查，共发现各类安全隐患141条。截至2012年12月10日，已经完成整改72条，整改完成率51.1%。

2013年6月13日，浙能集团印发《关于立即开展安全生产大排查大整治专项行动的通知》（浙能生〔2013〕344号）。并专门召开视频会议进行了再布置、再强调。

2013年7月1日，浙能集团印发《关于开展安全生产大排查大整治专项行动督查的通知》（浙能生〔2013〕380号）。由集团董事长、总经理、有关副总经理、总工程师带队的5个督查组，于2013年7月1—10日对下属企业安全生产大排查大整治专项行动开展情况进行了督查。集团系统共发现安全隐患及问题236项，完成整改111项，其余125项因一时无法整改，均采取了临时防范措施，并制定整改计划，落实责任、期限、资金和应急预案。

2013年12月25日，浙能集团印发《关于继续开展天然气等危险化学品储运管道等安全生产专项检查的通知》（浙能生〔2013〕697号）。要求在集团系统内开展天然气等危险化学品储运管道等安全生产专项检查活动。

2014年4月10日，浙能集团印发《关于立即开展“落实安全责任、强化安全意识、重拳打击违章”专项行动的通知》（浙能生〔2014〕195号）。在集团系统内开展“落实安全责任、强化安全意识、重拳打击违章”专项行动及专项检查。

2015年8月13日，浙能集团印发《关于开展安全生产大检查暨深化“打非治违”专项行动的通知》（浙能生〔2015〕442号）。以问题为导向，通过对集团系统依法治安工作情况、危险化学品、基建工程等重点领域的排查，暴露并整治生产经营中存在的不合法、不合规行为以及安全生产隐患，有效防范生产安全事故，确保安全生产形势稳定。

2016年1月8日，浙能集团印发《关于贯彻落实中央领导安全生产重要指示及全国安全生产电视电话会议精神重视加强春节前安全大检查工作的通知》（浙能生〔2016〕9号）。集团系统各单位全面检查了生产经营中的薄弱环节，尤其是危险化学品生产及储存、天然气、城市燃气、电力、工程建设、消防、交通运输（包括海运、陆上交通）等重点行业和领域，采取各项防范和应急措施，消除了各类安全隐患，确保春节、元宵节期间安全生产。

2017年8月3日，浙能集团印发《关于下发〈安全生产大检查实施方案〉的通知》（浙能生〔2017〕429号）。结合浙能集团正在开展的危险化学品安全综合治理、消防安全隐患排查整治专项行动、天然气管道隐患整治专项行动和网络与信息安全检查等工作，重点检查防人身伤亡事故方面、防重大设备事故方面、消防安全方面、安全生产管理责任落实情况、安全生产管理制度建立和执行情况、安全风险管控情况、隐患排查治理情况、应急管理情况、“四不放过”原则执行情况、防暑降温工作落实情况、职业病防治落实情况、基建工程安全管理情况、网络与信息安全等13个方面安全管理情况。

(二) 重大活动保供专项行动

2010年1月29日，浙能集团印发《浙江省能源集团有限公司保证2010年上海世博会电力安全工作方案》(浙能生〔2010〕28号)。成立组织机构，制定保电方案，分解落实责任，进一步细化完善相关应急预案和应急措施。在2010年3月召开的年度安全生产工作会议上，浙能集团提出了“主动服务和对接上海世博会，踏踏实实做好世博会期间各项安全生产工作”的要求，对世博会期间安全生产和保电工作提前作出布置和安排；4月底，在世博会开幕前夕，又专门组织召开了全系统视频动员大会，公司总经理作专题动员，对集团制定的保电工作实施方案进行逐条分解，要求各发电企业特别是通过500千伏并网的保电重点单位对照集团方案对本单位实施方案再作一次全面审查、完善，确保方案准确无误、措施切实可行。5月，随着世博会的开幕，集团公司又再次召开视频会议，听取各单位第一阶段世博保电工作情况的汇报，对下一阶段工作作进一步布置和落实，及时提醒和督促各级人员时刻绷紧世博保电这根弦，保持高压态势不松劲，认认真真做好每一项工作。

2011年7月20日，浙能集团印发《关于转发切实做好第26届大运会电力安全保障工作的通知》(浙能生〔2011〕483号)。在大运会保电工作中，各发电企业结合2010年上海世博会成功保电的经验，认真落实责任，在切实做好迎峰度夏的各项工作的同时，按照大运会电力安全保障工作的六项要求，保障人身和设备安全，保证网络信息安全。

2012年9月，浙能集团组织开展“国庆节及十八大期间保发电、保供气应急准备工作”专项检查，重点检查了设备设施是否存在隐患及缺陷、应急管理各项工作开展情况、消防安全、交通安全、治安保卫及维稳等。截至2012年9月28日，集团系统各单位均完成此次专项检查工作，共发现各类隐患及问题435项，并全部完成整改。

2012年10月22日，浙能集团印发《关于浙江省能源集团有限公司贯彻落实电监会〈保证十八大电力安全工作方案〉实施意见》(浙能生〔2012〕653号)。旨在做好保证十八大期间的电力安全工作，确保十八大期间电力系统安全稳定运行和电力可靠供应。10月29日，集团公司专门召开了保证十八大期间安全生产及维稳工作视频会议，对贯彻落实十八大安全生产及维稳工作进行再动员、再部署。从10月30日开始至11月15日，集团公司及各单位均安排了24小时应急值班，严格执行电监会“零报告”要求，每天17时，集团系统各单位及时向集团公司汇报当天安全生产、维稳情况。浙能集团将信息汇总后及时向浙江电监办汇报当天安全生产情况。

2016年2月6日，浙能集团印发《关于转发国家能源局综合司〈关于煤电超低排放和节能改造安全生产座谈会议纪要〉的通知》(浙能生〔2016〕57号)。本次座谈会旨在加强集团系统超低排放和节能改造项目安全管理，要求各单位要高度重视煤电超低排放和节能改造项目风险管控工作，并突出重点做好6个方面工作，严格外包单位准入资质管理。

2016年5月24日，浙能集团印发《关于转发省国资委“平安护航G20”省属企业安全生产综合整治专项行动方案的通知》(浙能生〔2016〕213号)。保供电情况：G20峰会决战阶段，浙能集团煤机日平均备用容量525.2万千瓦，占全省统调煤机备用容量的58%；集团管理电厂累计发电28.08亿千瓦时，占全省统调发电量（含外购电）的36.7%，扣除外购电27.76亿千瓦时，集团占比48.62%；集团统调煤机发电26.3亿千瓦时，占全省统调煤机发电的56.46%；发电机组安全启停107次。保供气情况：G20峰会决战阶段，浙能集团管理的省级天然气管线安全、平稳供气1.02亿立方米（其中，向杭州地区供气3598万立方米），供气对象涉及全省30个城市燃气用户、13个电厂用户（其中，杭州地区有3个电厂，1个CNG汽车加气母站，1个涉及100万居民用户、4000户工业和公建用户的城市燃气公司）；浙江浙能城市燃气有限公司实现安全、平稳供气615.95万立方米。保供煤情况：G20峰会决战阶段，浙能集团向省内电厂供应煤炭80.3万吨（平均含硫量0.587%），集团管理的省内发电厂消耗低硫煤99.9万吨，入炉煤平均干基硫分0.566%。安保总体情况：G20峰会决战阶段，浙能集团各单位严格按照预定要求，实施最高等级安保反恐措施，技防、物防设备设施全面投入运行，通过严防死守，其间未发生各类遭恐怖袭击和设备设施遭破坏事件。

2017年9月18—29日，浙能集团组织6个检查组对集团系统各有关单位安全生产大检查、平安护航党的十九大等工作开展情况进行抽查。本次抽查重点检查了各单位安全生产大检查、平安护航十九大安全保障工作开展情况，年度安全生产责任制安全指标落实情况，历次安全检查、稽查发现问题的整改闭环情况，治安保卫、信访维稳工作等情况。同时，还对消防、危险化学品、外包项目、基建施工安全管理等情况进行了专项检查。本次检查发现问题242项。

2017年11月29日，浙能集团印发《关于切实做好第四届世界互联网大会期间安全生产工作的通知》(浙能生〔2017〕670号)。集团公司就做好本届大会提出了六点工作要求。按照“外圈（全省范围）保内圈（杭绍湖范围）、内圈保核心圈（嘉兴范围）”原则要求浙江浙能嘉兴发电有限公司“守土有责，守土尽责”，继续发扬不怕疲劳、连续作战的精神，以高标准、高站位把各项工作做深、做细、做实，集团公司副总经理孙玮恒在互联网大会期间赴嘉兴电厂督查。同年12月1—6日，各板块安排公司领导及维稳、安全生产相关职能部门人员实行24小时在岗值班，及时处理、汇报本公司突发事件，并做好每日信息报送工作。

2018年10月12日，浙能集团印发《关于切实做好第五届世界互联网大会 首届联合国地理信息大会安全保障工作方案的通知》(浙能生〔2018〕558号)。第五届世界互联网大会于2018年11月7—9日在嘉兴乌镇举行，首届联合国世界地理信息大会于2018年11月19—21日在湖州德清举行。

2019年10月14日，浙能集团印发《关于做好第六届世界互联网大会期间安全生产工作的通知》。集团公司为做好本届大会提出了三大点要求。围绕“三个确保”和“四个满意”要求，细致谋划、超前部署、自我加压，按照集团公司“打起十二分精神、采取十二分措施、做出十二分努力”要求，有力、有序、有效地做好第六届互联网大会的各项工作。

（三）隐患排查与治理专项行动

2007年4月30日，浙能集团印发《关于集团公司2007年深化建筑施工安全专项整治工作方案的通知》(浙能生〔2007〕166号)。

2008年4月8日，浙能集团印发《关于开展安全生产隐患排查治理年活动的通知》(浙能生〔2008〕136号)。

2008年5月15日，浙能集团印发《关于开展生产安全事故隐患排查治理知识竞赛的通知》(浙能生〔2008〕210号)。结合全国“安全生产隐患排查治理年”，深入宣传、贯彻安全生产隐患排查治理工作，集团公司组织隐患排查与治理知识竞赛。

2009年5月21日，浙能集团印发《关于深化反违章治隐患活动推进安全生产“三项行动”的通知》(浙能生〔2009〕184号)。决定在集团系统全面开展以“反违章、治隐患”为重点的安全生产执法、治理、宣传教育“三项行动”，并制定深化反违章治隐患活动推进安全生产“三项行动”实施方案。

2011年8月16日，浙能集团印发《关于安全专项检查活动实施方案的通知》(浙能生〔2011〕535号)。

2012年5月9日，浙能集团印发《2012年安全生产隐患排查与治理工作方案》，重点对照《电力安全事故应急处置和调查处理条例》事故等级风险，结合安全生产标准化达标和迎峰度夏，集中排查治理电力设备事故隐患，防止机组非计划停运和全厂停电，排查治理电力二次设备和系统安全隐患，防止因二次系统隐患管控不当引发的电力安全事故。

2013年2月1日，浙能集团部署2013年安全隐患排查治理工作相关要求。结合季节性安全检查、日常安全检查及巡查、安全生产标准化等工作，全面发动广大员工从安全管理、设施设备、技术工艺、行为规范等各个环节认真细致地进行事故隐患排查，深入分析企业安全生产所面临的形势和问题，全面查找安全生产存在的缺陷和隐患，落实安全生产隐患治理措施，加大安全生产隐患治理的资金投入，将企业的安全生产主体责任落到实处。全年系统内各单位共查找一般事故隐患4600条，整改4537条，整改完成率98.6%，无重大事故隐患。

浙能集团自2014年始每年均按照安全生产隐患排查治理工作要求组织开展相关的隐患排查与治理工作。2014—2019年浙能集团安全生产隐患排查情况统计表见表10-1-5。

表10-1-5 2014—2019年浙能集团安全生产隐患排查情况统计表

年份	重大事故隐患（项）	一般事故隐患（项）	已整改数量（项）	整改完成率（%）
2014	0	6144	5722	93.1
2015	0	701	666	95.0
2016	0	1059	1022	96.5
2017	0	3181	3120	98.1
2018	0	1839	1698	92.3
2019	0	12818	12459	97.2

2016年5月20日，浙能集团印发《关于引进型机组隐患排查工作要求的通知》(浙能生〔2016〕205号)。各单位高度重视电力设备安全问题，做好引进型机组隐患排查和治理工作，防范各类电力事故发生。全面排查高温部位管道、阀门隐患，各发电企业根据文件要求，针对本企业及相关企业已发生的隐患以及可能存在的风险，进行全面梳理和评价，并形成风险及隐患清单，根据风险及隐患清单，制定设备运行监控方案；严密监控劣化趋势；加强检修管理，落实整治措施。

2016年11月28日，浙能集团印发《关于遏制重特大事故构建双重预防机制的通知》(浙能生〔2016〕474号)。明确了构建安全风险分级管控和隐患排查治理双重预防机制的工作目标、总体思路，通过推行安全风险分级管控、隐患排查与治理、安全生产标准化建设等工作推进事故预防，把风险控制在隐患形成之前、隐患消灭在事故之前。

五、考核奖励

为鼓励先进、褒奖典型，更好地发挥榜样的示范激励作用，进一步调动广大干部职工的积极性和创造性，浙能集团每年都组织开展安全生产先进单位和先进个人的评比表彰工作，2011—2019年浙能集团安全生产先进个人和先进集体统计表见表10-1-6。

表10-1-6 2011—2019年浙能集团安全生产先进个人和先进集体统计表

年份	先进单位（个）	先进个人（人）	文件名称和文件号
2011	6	26	《关于表彰2010年度安全生产先进单位和先进个人的通知》(浙能生〔2011〕130号)
2012	6	39	《关于表彰2011年度安全生产先进集体和先进个人的通知》(浙能生〔2012〕118号)
2013	5	45	《关于表彰2012年度安全生产先进集体和先进个人的通知》(浙能生〔2013〕72号)
2014	6	48	《关于表彰2013年度安全生产先进集体和先进个人的通知》(浙能生〔2014〕69号)
2015	6	60	《关于表彰2014年度安全生产先进单位和先进个人的通知》(浙能生〔2015〕75号)
2016	8	70	《关于表彰2015年度安全生产先进单位和先进个人的通知》(浙能生〔2016〕65号)
2017	8	70	《关于表彰2016年度安全生产先进单位和先进个人的通知》(浙能生〔2017〕94号)
2018	8	70	《关于表彰2017年度安全生产先进单位和先进个人的通知》(浙能生〔2018〕97号)
2019	5	50	《关于表彰2018年度安全生产先进单位、班组建设先进单位和先进个人的通知》(浙能生〔2019〕58号)

第二章　事故防控与应急救援

第一节　事 故 防 控

2003年12月8日，浙能集团组织召开安全生产会议，浙能集团总经理吴国潮、副总经理毛剑宏参加会议，下属各单位行政正职参加。会议旨在落实“修必修好，试必试全，发必稳发”，以缓解供电紧张的压力。

2004年8月10日，浙能集团印发《转发省政府关于切实做好安全生产工作防止重特大火灾事故的紧急通知》(浙能生〔2004〕281号)。旨在落实各级防火安全责任制，促进单位、部门、班组防火安全机制的形成和健全。

2004年10月10日，浙能集团在杭州召开重大危险源监督管理工作会议，重点对发电厂的油罐区、锅炉及其压力容器、制氢系统的制氢罐、氢气管道；浙江能源天然气集团公司的天然气管道等的介质容量、压力，以及危险化学品(如液氯等)的种类、储存量进行一次普查核对，对构成重大危险源的，按规定填写相应的申报表进行申报、登记。

2005年1月11日，浙能集团印发《关于认真落实国务院安委会通知精神切实做好当前安全生产工作的通知》(浙能生〔2005〕6号)。就当前安全形势，集团公司提出了5个方面的具体要求，要求各单位结合春节前的安全检查，继续抓紧抓好，并认真做好检查的整改工作，切实做到闭环管理。

2005年8月17日，浙能集团印发《关于编制(修编)防止全厂停电事故措施及事故处理预案的通知》(浙能生〔2005〕236号)。要求各火力发电企业参照浙能集团《防止全厂停电事故措施及事故处理预案汇编》(2003年编制)，对本单位的《防止全厂停电事故措施及事故处理预案》进行编制或修改。

2006年7月7日，浙能集团印发《转发关于进一步加强危险化学品安全监管工作的通知》(浙能生〔2006〕224号)。要求浙江省天然气开发有限公司和浙江浙能电力股份有限公司下属发电单位必须强化危险化学品的安全监管工作，认真对照本单位重大危险源普查情况采取相应措施加强监管，严格按照“三同时”的规定落实监督管理工作，加强员工培训提高人员素质，切实完善应急预案，全方位做好危险化学品的安全监管工作。

2006年10月12日，浙能集团印发《关于转发加强电力建设起重机械安全管理的通知》(浙能生〔2006〕318号)。要求各单位认真贯彻执行，严格按照集团公司有关安全生产管理制度加强承发包工程的安全管理，保障建设工程安全施工，严防事故。

2006年12月14日，浙能集团印发《关于转发国家电监委加强火电厂电除尘器安全管理要求的通知》(浙能生〔2006〕399号)。要求各发电企业要对本企业的电除尘器、除灰系统、脱硫系统的钢结构等进行一次全面的安全检查，特别是对2003年以来投运和在建的电除尘器、脱硫系统的钢结构要按国家和行业的有关标准进行强度的校核和检测，并针对钢结构存在的设计裕度不足、施工质量缺陷等问题，组织有关单位立即采取补强加固措施。

2006年12月14日，浙能集团印发《关于转发加强在建及运行电厂高温高压管道安全管理的通知》(浙能生〔2006〕395号)。要求各单位切实按照通知提出的四点要求进行仔细认真的自我检查，同时还应检查安装期间对高温高压管道所进行的监造、安全性能检验、安装监督检验中有关的材质资料、光谱、硬度等见证和检测纪录，确保所用材料的质量。

2006年12月19日，浙能集团印发《转发关于加强冬季大负荷期间供电供暖安全工作的紧急通知》(浙能生〔2006〕421号)。要求各单位在迎峰度冬期间，认真吸取新疆苇湖梁电厂结焦停炉造成停暖事件的教训，切实贯彻紧急通知的五点要求，不断完善应急预案，确保安全运行，保障冬季大负荷期间稳定发电和供暖、供气。

2006年12月31日，浙能集团印发《转发关于对假冒国外锅炉钢管使用情况进行检查消除隐患的通知》(浙能生〔2006〕423号)。要求浙江浙能兴源节能科技有限公司及所属浙江天虹物资贸易有限公司要积极配合集团公司开展的全面调查工作，并在今后管道采购方面严格把好进货关口。

2007年3月13日，浙能集团印发《关于转发山西神头第二发电厂主蒸汽管道爆裂事故情况通报的通知》(浙能生〔2007〕89号)。要求各发电企业高度重视电厂高温高压管道爆裂事故的严重危害性，从基建到生产切实加强过程监督，严格按照锅炉压力容器及压力管道安全监督管理的要求，落实安全责任，扎扎实实开展工作，发现问题及时处理，重大问题及时上报。

2007年3月13日，浙能集团印发《关于转发天津斯曼特钢管有限公司伪造进口P91钢管造成电站锅炉主蒸汽管道爆裂事故通报的通知》(浙能生〔2007〕91号)。要求各发电企业再次对电厂锅炉等主设备进行专项检查，详细掌握钢材的原产地、经销商、加工厂等有关情况，杜绝由天津斯曼特钢管有限公司生产、中国水利水电物质上海公司等单位销售、由“SMANT TUBES公司，美国制造”标志的P91等材质的钢管的流入和使用。

2008年，浙能集团面对突如其来的冰雪灾害，一方面与浙能富兴燃料公司多层面深入煤炭供应企业寻求煤源，主动放弃春节休假抓全国抢运电煤机遇，全力提升电煤库存；另一方面全面落实各项确保机组可靠稳定的组织、技术、安全等措施，确保机组稳定运行，为全省社会稳定和经济发展发挥了积极作用。

2008年11月，浙能集团高度重视浙江浙能华光潭水电站一级厂房后边坡出现坡面裂缝的问题，组织编制了《一级厂房后边坡地质灾害评估可行性论证勘察大纲》及《一级厂房后边坡应急加固工程实施方案》，实施完成了后边坡地质勘察工作和新设排水平洞、坡脚锚固等应急加固工程工作，通过实施坡面排水系统重构整理、坡脚锚固、建排水平洞等应急加固工程，使华光潭水电站一级厂房后边坡安全度汛。

2008年12月10日，浙能集团召开了浙江浙能天然气运行有限公司“12·7”宁波江北区天然气管道爆燃事故紧急响应会议，要求天然气公司对已经投入正常运营的杭湖线、杭甬线全面开展安全隐患排查工作。

2009年2月17日，浙能集团转发浙江省消防工作联席会议《关于深入开展“三合一”场所消防安全综合整治工作意见的通知》。要求各单位结合春季安全大检查、隐患排查治理工作，深入开展“三合一”场所火灾隐患排查工作，做到横向到边、纵向到底、不留死角。

2009年5月21日，浙能集团印发《关于深化反违章治隐患活动，推进安全生产“三项行动”的通知》，决定从5—12月，在全系统全面开展以“反违章、治隐患”为重点的安全生产执法、治理、宣传教育“三项行动”，提高安全生产治理行动的质量和水平。

2011年8月16日，浙能集团印发《安全专项检查活动实施方案》，通过安全专项检查，进一步落实企业安全生产主体责任，认真解决安全生产上存在的突出问题和薄弱环节，彻底排查治理事故隐患，促进安全生产主体责任的落实，促进事故防范能力的提高，促进安全生产基础工作，确保2011年集团公司安全生产目标的实现。

2011年9月5日，浙能集团印发《关于转发开展全省安全生产大检查（省重点建设工程）的紧急通知》(浙能生〔2011〕590号)。要求各单位结合前一阶段省重点工程安全生产专项检查和集团公司建设工程预防安全事故专项整治要求，认真做好工程建设领域自查、整改和总结工作，保障各项建设工程安全竣工。

2012年5月11日，浙能集团印发《转发国家电监会关于近期三起电网安全事件情况的通报》(浙能生〔2012〕327号)。介绍了3起不安全事件基本情况，指出了事件暴露的安全问题和隐患，并就加强电力安全生产工作提出了六点措施和要求。

2012年5月21日，浙能集团印发《关于转发工程建设领域预防施工起重机械脚手架等坍塌事故专项整治工作方案的通知》(浙能生〔2012〕349号)，对工程建设领域预防施工起重机械脚手架等坍塌事故专项整治活动进行了总体布置，要求结合当前“打非治违”专项行动、隐患排查工作等，开展施工起重机械脚手架等防坍塌事故各项检查，对于发现的安全隐患要及时整改，防止施工起重机械脚手架等各类事故的发生。

2013年6月13日，浙能集团印发《关于在公司系统立即开展安全生产大排查大整治专项行动的通知》(浙能生〔2013〕344号)。对火力发电企业、水力发电企业、天然气运营企业、海运企业、基建工程、酒店、宾馆等人员密集场所、高层办公楼及其消防重点单位开展好本次大排查大整治工作作出了部署，要求各单位根据检查重点，开展认真细致的排查，确保生产经营活动合法合规，安全生产处于受控状态。

2013年10月14日，浙能集团印发《转发省安办关于坚决遏制较大事故多发进一步深入开展安全生产大排查大整治工作的通知》(浙能生〔2013〕523号)。要求各单位结合实际和正在开展的秋季安全大检查活动，按照“全覆盖、零容忍、重实效、抓落实”的原则，深入检查，坚决消除各类安全隐患，防止类似事故在集团系统重复发生。

2013年12月2日，浙能集团印发《关于立即开展天然气等危险化学品储运管道安全生产专项检查的紧急通知》(浙能生〔2013〕620号)。要求各有关单位立即组织开展天然气等危险化学品储运管道安全生产专项检查，全面排查治理高压输气管道、城市燃气管道、燃气电厂天然气管道、加气站、加油站、危险化学品储运设施及管道（含管道附属设施）安全生产隐患。

2013年12月25日，浙能集团印发《关于继续开展天然气等危险化学品储运管道等安全生产专项检查的通知》(浙能生〔2013〕697号)。要求集团系统围绕国务院及浙江省安委会要求，结合企业实际从7个方面40项具体要求着手开展检查，特别是上一轮检查范围未列入的检查项目要重点检查，确保检查工作取得实效。

2014年3月13日，浙能集团印发《关于组织开展船舶“防碰撞、防人伤、防污染”专项检查的通知》(浙能生〔2014〕113号)。对集团系统海运企业开展船舶“防碰撞、防人伤、防污染”专项检查，重点检查船舶靠离泊等航行安全操作规程制度执行情况、防人身伤亡及防污染措施落实情况、船舶设备安全状况、码头调度装备配备及管理制度执行情况。

2014年4月1日，浙能集团印发《关于开展消防安全专项检查的通知》(浙能生〔2014〕184号)。要求集团系统各单位立即开展一次消防专项检查，进一步消除消防安全管理方面存在的薄弱环节，从源头预防火灾事故的再次发生。针对火灾事故暴露的问题，制定了《浙江省能源集团有限公司对消防专项检查发现的主要问题的整改意见》《发电厂烟气系统消防安全补充规定》《浙江省能源集团有限公司实行施工总承包模式的技术改造（检修）项目各方安全职责补充规定》等一系列规定。

2014年4月10日，浙能集团印发《关于立即开展“落实安全责任、强化安全意识、重拳打击违章”专项行动的通知》(浙能生〔2014〕195号)，要求各单位深刻吸取事故教训，加强现场管理和末端控制，从严整治违章行为及各类隐患，杜绝事故的发生。

2014年8月4日，浙能集团印发《浙江省能源集团有限公司安全生产大排查专项行动实施方案》。组织集团各部门、各板块分公司领导参加专题紧急会议，对有关事故防范工作作出布置和安排，并结合国务院、省安委会关于“六打六治”“打非治违”专项行动部署。

2015年1月5日，浙能集团印发了《关于立即开展安全生产专项检查的通知》(浙能生〔2015〕6号文)。决定在集团系统开展一次安全生产专项检查，确保春节、元宵节期间安全生产。重点检查了消防安全、交通安全、安全生产、基建工程、应急管理等方面，进一步落实责任，严防事故发生。

2015年7月21日，浙能集团印发《关于深入开展天然气管道隐患整治攻坚战实施方案的通知》(浙能生〔2015〕442号)。决定在集团系统内深入开展天然气管道隐患整治攻坚战。

2015年8月5日，浙能集团转发国家能源局《关于深入开展电力行业防范粉尘爆炸安全大检查的通知》。要求各单位要充分认识粉尘爆炸的严重危害性，认真分析安全风险，完善防范措施，火力发电企业、港口运营公司、头门港公司要对煤场、输煤系统、制粉系统等粉尘作业过程和场所进行重点检查，长广集团公司生物质电厂要对燃料储运、加工及供应系统进行重点检查。

2015年8月13日，浙能集团印发《关于开展安全生产大检查暨深化“打非治违”专项行动的通知》(浙能生〔2015〕442号)。对集团系统依法治安工作情况、危险化学品、基建工程等重点领域进行排查，有效防范生产安全事故，确保安全生产形势稳定。

2015年8月17日，浙能集团印发《关于立即开展涉危设施及涉危作业大排查的通知》(浙能生〔2015〕455号)，要求各企业必须从该起事故中清醒地认识到危险化学品生产、运输、储存、经营安全生产的极端重要性，牢固树立危机意识，彻底摸清底数，排查并消除存在的隐患，确保涉危设施安全运行。

2015年9月11日，浙能集团在湖州市安吉县召开了浙江浙能城市燃气有限公司安吉分公司“9·4”中压燃气管道挖破泄漏事件现场会，就如何加强天然气管道保护工作作了具体工作部署。

2016年2月6日，浙能集团印发《关于转发国家能源局综合司〈关于煤电超低排放和节能改造安全生产座谈会议纪要〉的通知》，并就加强集团系统超低排放和节能改造项目安全管理、落实本次会议精神，提出严格落实主体责任、严格外包单位资质管理、明确参建各方安全责任、规范外包项目安全技术交底、加强重要环节、高风险施工现场的管控和监督等工作要求。

2016年5月6日，浙能集团起草了《关于要求尽快组织召开全省石油天然气管道安全保护联席会议的请示》。向省政府提请召开一次省石油天然气管道安全保护工作联席会议，对全省天然气管道保护工作进行专题研究和部署，避免天然气管道发生破坏、损坏导致泄漏、爆燃的事件发生。

2016年5月20日，浙能集团印发《关于引进型机组隐患排查工作要求的通知》(浙能生〔2016〕205号)。要求各电厂全面排查高温部位管道、阀门隐患，加强隐患设备运行监控管理，加强检修管理，落实整治措施，提高防范意识，制定落实应急预案。

2016年11月28日，浙能集团印发《浙江省能源集团有限公司关于遏制重特大事故构建双重预防机制的通知》(浙能生〔2016〕474号)。提出遏制重特大事故，构建安全风险分级管控和隐患排查治理双重预防机制。

2016年11月29日，浙能集团印发《关于立即开展安全生产大检查的紧急通知》。要求各单位要针对教训查、突出重点查、抓住问题查，全面摸清安全隐患和薄弱环节，落实检查整改责任和措施。并从工程建设、技术改造施工、危险化学品、消防、交通等方面对检查工作提出了要求。

2017年1月3日，浙能集团印发《关于转发〈浙江省人民政府办公厅关于印发全省“除隐患、保安全、促转型”治危拆违攻坚战行动方案的通知〉的通知》(浙能生〔2016〕541号)。决定从2017年初至年底，在集团系统开展治危拆违攻坚战，从根本上消除各类房屋安全隐患，保障职工生命财产安全。

2017年2月7日，浙能集团印发《关于立即开展消防安全大检查、危房治理及剿灭劣V类水专项行动的通知》。要求各单位将开展消防安全大检查与“两会”保供安全生产检查工作紧密结合，确保各项事故防范措施落实到位。

2017年3月28日，浙能集团印发《浙江省能源集团有限公司危化品综合治理实施方案的通知》(浙能生〔2017〕208号)。决定从2017年3月至2019年11月，在集团系统开展危险化学品综合治理工作，进一步夯实危险化学品安全管理基础，提高应急处置能力，确保危险化学品事故得以防止。

2017年5月10日，浙能集团印发《关于落实码头作业安全责任、加强船舶靠离泊及稳泊期间作业安全管理的通知》(浙能生〔2017〕303号)，进一步明确码头靠离泊作业管理关系，落实各方安全责任，确保安全措施落实到位。由集团生产安全监察部组织浙能煤炭运输分公司、浙能电力股份有限公司、浙江浙能嘉兴发电有限责任公司、宁波海运集团公司等单位编制了码头方、船舶方、系解缆及清舱作业方的《船舶靠离泊及稳泊期间作业三方安全协议》(范本)。

2018 年 4 月 9 日，浙能集团印发《浙江省能源集团有限公司燃气管道安全运行大排查实施方案》。要求 2018 年 4 月 9 日至 9 月 20 日在城镇管道燃气领域集中开展行业大排查，全面梳理下属浙江浙能城市燃气有限公司经营的燃气设施安全运行、燃气工程项目竣工验收备案、应急保障等各方面情况，有效管控风险，彻底整治安全隐患，构建安全高效的天然气保供体系。

2018 年 6 月 4 日，浙能集团印发《浙江省能源集团有限公司建设工程施工安全专项治理行动实施方案》(浙能生〔2018〕314 号)。决定于 2018 年 6 月 4 日至 12 月，在集团系统内开展建设工程施工安全专项行动，进一步规范集团系统建设工程施工安全管理，落实企业主体责任，切实做好建设工程施工安全工作，有效防范和坚决遏制重特大事故。

2018 年 9 月 25 日，浙能集团印发《浙江省能源集团有限公司电力安全检查工作实施方案》(浙能生〔2018〕535 号)。从电力建设安全、电力建设工程质量监督管理、电力系统运行安全、电力行业危险化学品安全 4 个方面对安全检查工作进行了部署。

2019 年 4 月 10 日，浙能集团印发《浙江省能源集团有限公司涉危设施安全生产隐患专项大排查实施方案》(〔2019〕193 号)。在全集团系统开展设施安全生产隐患专项大排查工作，使集团系统各单位涉危管理主体责任进一步得到落实，危险化学品风险得到有效管控，涉危安全管理基础进一步夯实，应急处置能力进一步提高，安全保障水平进一步提升，危险化学品事故得以防止。

2019 年 5 月 10 日，浙能集团印发《浙江省能源集团有限公司“防风险、保平安、迎大庆”消防安全专项检查行动方案》。明确了重点岗位人员消防责任是否落实、消防设施是否损坏停用等九方面的重点检查内容，有效防范化解重大安全风险，杜绝群死群伤火灾事故。

2019 年 7 月 3 日，浙能集团印发《浙江省能源集团有限公司电力建设工程施工现场安全专项监管工作方案》。在集团系统内开展电力建设工程施工现场安全专项监管工作。

2019 年 12 月 13 日，浙能集团印发《浙江省能源集团有限公司安全生产集中整治工作实施方案》(浙能生〔2019〕694 号)。从 2019 年 12 月至 2020 年 2 月，在集团系统以危险化学品、长输天然气管道（城镇燃气管道)、电力、船舶运输、建设施工（含技改、检修)、消防交通等行业领域安全为整治重点，开展为期 3 个月的安全生产集中整治工作。通过开展集中整治，彻底排查、暴露并整治生产经营中存在的不合法合规行为以及安全生产隐患，有效防范生产安全事故，坚决遏制人身死亡事故和重特大设备事故，确保安全生产形势稳定。

第二节　防护设施

一、安全防护设施

2003 年 7 月 14 日，浙能集团印发《关于加强劳动防护用品监督管理工作的意见》(浙能生临〔2003〕179 号)，要求各单位整顿和规范劳动防护用品的采购、验收、保管、发放、使用、更换和报废等各个环节的管理工作，坚决杜绝由于忽视从业人员个人防护，不按规定配备、使用劳动防护用品而造成的人身事故，确保生产经营活动的安全正常进行。

2003 年 9 月 12 日，浙能集团在浙江镇海发电有限责任公司组织召开 125 机组主厂房设备拆除方案安全措施专题审查会。会议要求镇海发电公司一是要进一步完善方案，特别是对重大施工方案作进一步的论证和履行必要的审批手续，确保方案周全无误，符合程序要求；二是对方案中的安全措施要切实加以落实，不能纸上谈兵；三是要做好现场文明施工措施，在任务重、时间紧的情况下，尤其要做到忙而不乱、井然有序，划定施工区和生产区，为安全施工创造良好的作业环境。

2004 年 1 月 9 日，浙能集团印发《关于加强建设项目安全设施“三同时”工作的通知》(浙能生〔2004〕9 号)，强调各单位在电源建设项目进行初步设计审查前要开展安全预评价，在电源建设项目竣工时要进行安全设施验收。

2006年6月29日，浙能集团印发《关于审核浙江绍兴滨海电厂专用码头安全预评价报告的请示》(浙能生〔2006〕215号)，报请浙江省安全生产监督管理局对该安全预评价报告进行审核。

2006年7月24日，浙能集团起草了《关于浙江长兴发电厂二期扩建项目环保设施竣工验收的请示》(浙能生〔2006〕250号)，呈请国家环境保护总局组织有关技术部门进行有关技术指标的监测并组织有关专家进行项目环保设施的竣工验收。

2006年10月17日，浙能集团起草了《关于浙江浙能兰溪发电厂一期工程环保设施竣工验收的请示》(浙能生〔2006〕332号)，呈请国家环境保护总局组织有关技术部门进行相关技术指标监测，并组织有关专家进行项目环保设施的竣工验收。

2007年4月30日，浙能集团印发《关于提高TSI装置可靠性若干技术要求的通知》(浙能生〔2007〕161号)，要求各单位根据要求，结合本企业现状，认真组织学习，查找薄弱环节。

2008年9月8日，浙能集团印发《关于加强灰渣库管理的通知》，要求集团系统山谷筑坝型灰渣库的建设、改造及运行管理要严格执行《尾矿库安全监督管理规定》和《尾矿库安全技术规程》，并提出了7项具体工作要求。

2010年5月17日，浙能集团印发《浙江浙能镇海发电有限责任公司两套430兆瓦烟气脱硫工程安全设施竣工验收意见》(浙能生〔2010〕205号)。集团公司于2010年4月12日组织有关专家和专业技术人员对浙江浙能镇海发电有限责任公司两套430兆瓦烟气脱硫工程安全设施“三同时”实施情况进行了竣工验收。

2012年1月17日，浙能集团组织召开浙江浙能嘉兴发电有限责任公司二期2×600MW燃煤机组脱硝改造工程项目（含二、三期合用氨区）安全设施竣工验收会，对该公司二期2×600MW燃煤机组脱硝改造工程项目进行了安全设施竣工验收。并印发了《嘉兴发电厂二期2×600MW燃煤机组脱硝改造工程项目安全设施竣工验收意见的通知》(浙能生〔2012〕96号)。

二、消防设施

2003年3月9日，浙能集团组织相关单位对浙江长兴发电有限责任公司四期工程（技改项目）的整体消防进行了验收。同年4月4日，浙能集团组织相关单位对浙江钱清发电有限责任公司脱硫项目的消防进行了检查。

2004年1月19日，浙能集团组织相关单位对浙江华光潭梯级水电站工程二级电站消防施工图进行审查，提出6项整改意见。

2004年5月11日，浙能集团印发《关于浙江省能源集团有限公司印发温州电厂三期工程消防施工图审查会议纪要的通知》(浙能生〔2004〕130号)。

2010年12月10日，浙能集团根据《消防法》规定，印发《关于浙江浙能北海水力发电有限公司组建专职消防队的批复》，同意该公司组建专职消防队，要求其规模、配置及组织机构参照《城市消防站建设标准》确定，并及时与当地消防机构联系，办理相关手续。

三、职业病防护设施

2004年2月20日，浙能集团组织有关人员对浙江钱清发电有限责任公司2号机组工程的劳动安全卫生设施进行竣工验收。

2004年10月10日，浙能集团印发《关于要求审核浙能乐清电厂2×600MW超临界燃煤机组新建工程职业病危害预评价报告书的请示》(浙能生〔2004〕346号)。

2004年11月9日，浙能集团印发《关于要求审核浙江浙能兰溪发电厂工程（2×600MW）职业病危害预评价报告书的请示》(浙能生〔2004〕407号)。

2005年7月13日，浙能集团印发《关于要求审核浙江台州发电厂五期扩建工程职业卫生专题报告的请示》(浙能生〔2005〕224号)。

2006年3月24日，浙能集团印发《转发关于台州发电厂五期扩建工程职业卫生防护设施设计的批复》(浙能生〔2006〕67号)。

2006年5月19日，浙能集团印发《关于要求审核浙江绍兴滨海电厂工程职业病危害预评价报告书的请示》(浙能生〔2006〕173号)。

2012年2月15日，浙能集团印发《嘉兴发电厂二期2×600MW燃煤机组脱硝改造工程项目安全设施竣工验收意见》(浙能生〔2012〕96号)。对二期2×600MW燃煤机组脱硝改造工程项目进行安全设施竣工验收。

2012年4月6日，浙能集团印发《关于请求审核浙江浙能温州发电有限公司烟气脱硝项目职业病危害预评价报告书的函》(浙能生〔2012〕210号)、《关于请求审核浙江温州特鲁莱发电有限责任公司烟气脱硝项目职业病危害预评价报告书的函》(浙能生〔2012〕211号)，报温州市卫生局对上述两家公司的职业病危害预评价报告及相关资料进行审核批复。

2012年5月21日，浙能集团印发《关于要求审查浙江浙能台州第二发电厂“上大压小”新建项目职业病防护设施设计（送审稿）的请示》(浙能生〔2012〕345号)，报国家安全生产监督管理总局进行审查批复。

2012年6月11日，浙能集团印发《关于申请浙江浙能嘉兴发电有限责任公司三期“上大压小”扩建工程建设项目职业病防护设施竣工验收批复的请示》(浙能生〔2012〕392号)，报国家安全生产监督管理总局对该单位职业病防护设施竣工验收进行批复。

2012年10月30日，浙能集团印发《关于申请浙江浙能滨海热电厂新建工程项目职业病危害防护设施竣工验收的请示》(浙能生〔2012〕674号)，报国家安全生产监督管理总局对该项目职业病危害防护设施竣工验收。

第三节 应急救援

一、应急救援组织体制

2004年4月30日，浙能集团印发《关于目前燃煤紧缺形势下做好应急处理的通知》(浙能生〔2004〕140号)，对规范各发电企业做好燃煤库存低的应急行为提出七点处理意见。

2004年4月，浙能集团制定《浙江省能源集团有限公司生产安全突发事件应急救援预案》(以下简称《预案》)。2005年2月1日首次正式发布实施了浙能集团《预案》(Q/ZN 201043—2005)。随着集团业务的扩张，先后于2009年、2019年对应急预案进行了修编并重新发布实施。

2005年7月13日，浙能集团印发《关于转发浙江省化学事故应急救援预案的通知》(浙能生〔2005〕225号)，转发《浙江省人民政府办公厅关于印发浙江省化学事故应急救援预案的通知》(浙政办发〔2005〕49号)。要求各单位认真组织学习，按照浙江省化学事故应急救援预案的要求，完善本单位的有关事故应急救援预案，使之能相互衔接，最大限度地发挥应急救援预案的效能。

2005年8月17日，浙能集团印发《关于转发浙江省特大（特别重大）生产安全事故应急救援预案的通知》(浙能生〔2005〕242号)。要求各单位认真组织学习，掌握该预案组织体系中各相关部门和组织职责、应急救援的程序。

2005年8月17日，浙能集团印发《关于编制（修编）防止全厂停电事故措施及事故处理预案的通知》(浙能生〔2005〕236号)。要求各火力发电企业对本厂的《防止全厂停电事故措施及事故处理预案》进行编制或修改。

2006年5月19日，浙能集团印发《关于转发国家防汛抗旱总指挥部水库防汛抢险应急预案编制大纲的通知》(浙能生〔2006〕156号)。

2007年8月27日，浙能集团印发《关于认真做好安全生产事故应急预案管理工作的通知》(浙能生〔2007〕329号)，转发国家安全生产监督管理总局《国家安全监管总局关于切实做好安全生产事故应急预案管理工作的通知》(安监总应急〔2007〕88号)。要求各单位认真贯彻执行，并按照集团公司下发的应急预案清单，2007年11月完成制定、补充、修订本单位各项安全生产应急预案。

2009年10月27日，浙能集团印发《关于认真做好突发事件应对法贯彻实施情况专项检查迎检工作的通知》(浙能生〔2009〕395号)。

2010年9月16日，浙能集团印发《关于转发工矿企业生产安全事故应急救援体系建设意见的通知》(浙能生〔2010〕416号)。对各单位生产安全事故应急救援体系建设提出“横向到边、纵向到底”的总体要求，并对应急队伍建设、应急预案管理和应急装备器材配备等方面提出指导性意见。

2010 年 10 月 26 日，浙能集团印发《关于下达公司系统各电力企业应急预案备案登记工作实施计划的通知》(浙能生〔2010〕487 号)，就集团系统电力企业开展该项工作提出了实施计划，要求 2011 年 1 月底前，各发电企业应将本单位应急预案评审申请上报集团公司生产安全部，生产安全部将据此制定评审计划，统一组织安排评审；2011 年 5 月底前，集团公司根据计划，逐个安排对各发电企业应急预案的评审工作；2011 年 6 月底前，各发电企业按要求将报备资料报集团公司预审后，正式报浙江电监办备案登记，完成集团系统浙江省内所有发电企业应急预案备案登记工作。

2011 年 8 月 17 日，浙能集团印发《关于转发〈电力安全事故应急处置和调查处理条例〉及〈关于做好电力安全信息报送工作的通知〉的通知》。要求各单位认真组织宣贯，并做好本单位事故报告及调查处理、应急预案等相关安全管理制度的修订工作。

2013 年 2 月 5 日，浙能集团印发《关于转发浙江省自然灾害救助应急预案的通知》(浙能生〔2013〕35 号)。要求公司各单位认真组织学习，要根据实际对本单位相关预案进行修订、完善。

2015 年 5 月 15 日，浙能集团印发《关于要求变更省安全生产应急救援长广中心名称的请示》(浙能生〔2015〕204 号)。浙江省安全生产应急救援长广中心（简称长广中心）是根据《浙江省安全生产应急救援体系建设方案》(浙安监管科技〔2008〕148 号）和《浙江省安全生产应急救援体系建设专项资金使用管理办法》(浙财建〔2008〕131 号）的精神，于 2011 年 12 月 8 日经贵局批准组建，并于 2014 年 1 月 7 日被贵局及省财政厅联合发文列入浙江省第一批安全生产应急救援专业骨干机构。2015 年 9 月 25 日，浙能集团印发《转发省安监局关于同意浙江省安全生产应急救援长广中心更名的批复》(浙能生〔2015〕500 号)。经浙江省安全生产监督管理局研究批复，同意了浙江长广（集团）有限责任公司所属的浙江省安全生产应急救援长广中心进一步拓展职能和业务，使用“浙能”字号，并更名为浙江省安全生产应急救援浙能中心（简称浙能应急救援中心）。

2016 年 5 月 25 日，浙能集团印发《转发浙江省安全生产监督管理局关于进一步加强生产安全事故应急预案管理工作的通知》(浙能生〔2016〕216 号)。要求各单位认真组织学习，并对照文件要求及新《安全生产法》有关规定，查漏补缺，切实加强应急管理工作。

二、应急救援保障体系

2006 年 4 月 18 日，浙能集团印发《关于上报滩坑水电站 2006 年防洪度汛方案的请示》(浙能生〔2006〕124 号)。浙江北海水力发电有限公司完成滩坑水电站 2006 年防洪度汛方案，并形成正式报告文件。

2007 年 12 月 20 日，浙能集团印发《关于转发加强基础应急管理工作实施意见和做好生产安全事故应急救援预案编制和报送工作的通知》(浙能生〔2007〕486 号)。要求各单位认真组织学习，深刻领会精神，切实贯彻落实，并对应急预案进行全面排查，不断完善。

2020 年 8 月 16 日，浙能集团印发《转发省政府办公厅关于加强全省基层应急队伍建设的意见》(浙能生〔2010〕344 号)。要求各单位认真组织学习，领会精神实质，并从如何积极配合当地政府抓好基层应急队伍建设、加强本单位内部各专业应急力量及与当地社会应急力量形成有效对接等方面迅速开展相关工作，确保该意见精神得到切实贯彻落实。

2010 年 9 月 16 日，浙能集团印发《关于转发工矿企业生产安全事故应急救援体系建设意见的通知》(浙能生〔2010〕416 号)。提出了“横向到边、纵向到底”的总体要求，并对应急队伍建设、应急预案管理和应急装备器材配备等方面提出了指导性意见。

2013 年 2 月 8 日，浙能集团印发《关于认真贯彻落实加强科学施救提高生产安全事故应急救援水平指导意见的通知》(浙能生〔2013〕60 号)。要求各单位结合本单位实际，加强集团系统各级应急管理工作，提高应急救援能力。

2016 年 4 月 9 日，浙能应急救援中心联合长兴金盾保安有限公司，承担浙北商业广场

“2016 大事件建材家居”重大活动安保服务。是浙能应急救援中心首次最大规模地承担社会安保业务。标志着浙能应急救援中心安保服务具备了承担社会安保的能力，是走出浙能，面向社会化服务、走向市场的开始。

2017 年 7 月 21 日，浙能应急救援中心消防绍电中队接到柯桥消防大队报警电话，帮助浙江众华化工有限责任公司处置危险品罐泄漏起火事故。

2018 年 8 月 21 日，浙能集团转发国家能源局印发的《电力行业应急能力建设行动计划（2018—2020 年）》。要求浙江浙能电力股份有限公司、浙江省水利水电投资集团有限公司及各发电企业在前期开展电力应急能力评估工作的基础上，结合本单位实际制定实施方案，分解建设任务，有序推进电力应急能力体系建设。

三、应急演练与事故救援

2005 年 12 月 29 日，浙能集团联合浙江温州发电有限责任公司、温州燃机发电有限责任公司、浙江台州发电有限责任公司组织一次抗台应急救援联合演习。既检验了各参演单位防汛抗台预案的正确性、可行性，也锻炼和考验了各参演单位演习人员应急响应、应急救援能力，对进一步完善各级应急救援预案，提高应急救援实战水平，起到了积极的促进作用。

2010 年 6 月 17 日，浙能集团与浙江浙能温州发电有限责任公司联合开展“2010 年防汛抗台联合演习”活动，以检验浙江浙能温州发电有限责任公司防汛抗台应急救援的真实水平。

2013 年 6 月 24 日，浙能集团举行杭甬天然气长输管道破损应急演练，演练采取桌面演练方式进行。

2014 年 8 月 15 日，由宁波市人民政府、浙江省发展和改革委员会、浙江省安全生产监督管理局、浙能集团主办，宁波市北仑人民政府协办，浙江浙能天然气运行有限公司承办的省级天然气管道应急演练在宁波市北仑区春晓镇隆重举行。演练检验了浙江省政企应急联动机制的响应效果和响应程序的可行性。

2015 年 8 月 11 日，浙能集团本部开展消防应急演练，检验集团公司《浙能大厦火灾应急预案》的实用性、完整性和协调性，职工面对突发事故的紧急应变能力，以及配合消防队力量进行共同作战的协作能力。

2016 年 7 月 7 日，浙江省能源局和浙能集团在杭州市萧山区临浦镇举行了“2016 年度省级天然气管道应急演练活动”，旨在进一步提高各级政府和企业应对天然气管道突发事件的应急处置能力和安全生产意识，为 G20 峰会的顺利召开“保驾护航”。

2016 年 11 月 23 日，“浙能杯”全省危险化学品安全生产应急救援技能竞赛在湖州市拉开帷幕。竞赛旨在推进全省危险化学品应急处置建设，提高危险化学品应急救援队伍实战能力，考验全省危险化学品救援指战员综合素质。

2019 年 7 月 17 日，由浙江省安全生产委员会、嘉兴市人民政府主办，浙江省应急管理厅、浙江省市场监督管理局、嘉兴市安全生产委员会、嘉兴港区管委会承办，浙能集团协办的 2019 年危险化学品事故应急演练在嘉兴浙能石油新能源有限公司厂区内成功举行。演练旨在认真吸取江苏响水“3・21”特别重大爆炸事故的经验教训，全面检验高风险化工园区应急准备和应急处置能力实际状况。

2019 年 9 月 10 日，由绍兴市人民政府、浙江省发展和改革委员会、浙江省能源局、浙能集团主办，浙江浙能天然气运行有限公司联合浙江浙能天然气开发有限公司承办的浙江省天然气长输管道突发事件应急演练在绍兴市上虞区成功举办。演练旨在进一步提高各级政府和企业应对天然气长输管道突发事件的应急处置能力，增强地方政府与油气管道“政企应急联动”。

第三章 安全生产标准化

第一节 标 准 宣 贯

2006年9月，浙能集团起草《安全生产标准化管理办法》，2007年2月初步形成征求意见稿，经过讨论修改，2007年8月形成试行稿，经集团系统各发电企业试行，并征集试行反馈意见再次修改后，通过初审、会审，并由集团公司领导审定、批准后发布。

2009年7月16日，浙能集团印发《关于开展安全生产指标对标管理工作的通知》(浙能生〔2009〕265号)。旨在进一步强化各发电企业安全生产的精细化管理，夯实安全基础，提升市场竞争力，为“大能源战略”深入实施固本强基。

2010年12月10日，浙能集团印发《关于开展〈电力企业安全生产管理规范（火力、水力发电厂部分)〉贯标工作的通知》(浙能生〔2010〕546号)。决定在兰溪发电厂先期试点的基础上，从2011年开始，在集团系统全面开展该规范的贯标工作。

2011年10月31日，浙能集团印发《浙江省能源集团有限公司电力企业安全生产标准化工作实施方案的通知》(浙能生〔2011〕681号)。通过持续深入地开展安全生产标准化建设，进一步夯实安全生产基础，提升安全管理水平。

2012年2月21—24日，浙能集团根据《浙江省能源集团有限公司电力企业安全生产标准化工作实施方案》(浙能生〔2011〕681号）的布置和安排，在绍兴组织开展了一期电力安全生产标准化工作培训班。培训的主要内容：国家电监会、国家安全监管总局《关于深入开展电力安全生产标准化工作的指导意见》(电监安全〔2011〕21号)，国家电监会《电力安全生产标准化达标评级管理办法》《电力安全生产标准化达标评级实施细则》《发电企业安全生产标准化规范及达标评级标准》，浙能集团电力企业安全生产标准化达标工作总体安排和要求等。

2012年8月10日，浙能集团印发《关于转发〈电力工程建设项目安全生产标准化规范及达标评级标准（试行)〉的通知》(浙能生〔2012〕538号)。要求凡施工工期两年以上（以可研确定的工期为准）的电力建设项目，建设单位应按要求启动安全生产标准化达标工作。

2013年4月23日，浙能集团印发《关于全面开展公司系统非电行业企业安全生产标准化达标创建工作的通知》(浙能生〔2013〕242号)。要求2013年4月25日起至2015年12月31日，全面开展集团系统非电行业企业安全生产标准化创建工作，进一步加强非电行业企业安全生产基层基础，提高安全生产水平，持之以恒、注重实效，为浙能集团安全生产长治久安作出新的贡献。

2013年5月28日，浙能集团根据《关于全面开展公司系统非电行业企业安全生产标准化达标创建工作的通知》(浙能生〔2013〕号)，在杭州举办了非电行业企业安全生产标准化创建工作培训班，培训《企业安全生产标准化基本规范》(AQ/T 9006)，集团公司标准化达标工作总体安排和要求等相关内容。

2015年7月14日，浙能集团印发《转发国家安监总局、省安监局关于深化工贸行业企业安全生产标准化建设的通知》(浙能生〔2015〕394号)，转发国家安全监管总局《关于深化工贸行业企业安全生产标准化建设的通知》(安监总管四〔2015〕55号）及浙江省安全生产监督管理局浙安监管综〔2015〕71号文件，要求各单位认真组织学习、严格执行，提高对安全生产标准化建设工作的认识。

第二节 达 标 评 价

2012年，浙江浙能北仑发电有限公司、浙江浙能兰溪发电有限责任公司、浙江浙能嘉华发电有限公司、浙江浙能嘉兴发电有限公司、长兴天达环保建材有限公司等5家单位积极开展安全生产标准化达标评级工作。

2013年，浙江浙能中煤舟山煤电有限责任公司、浙江浙能长兴发电有限公司、浙江浙能乐清发电有限责任公司、浙江浙能镇海发电有限责任公司、浙江浙能镇海天然气发电有限责任公司、浙江浙能镇海联合发电有限公司、淮浙煤电有限责任公司凤台发电分公司、台州发电厂、浙江浙能温州发电有限公司、浙江温州特鲁莱发电有限责任公司、浙江浙能金华燃机发电有限责任公司、温州燃机发电有限公司、浙江浙能绍兴滨海热电有限责任公司、浙江浙能富兴燃料有限公司、浙江浙能北海水力发电有限公司、浙江浙能华光潭水力发电有限公司等16家单位积极开展安全生产标准化达标创建工作。

2014年9月22日，浙能集团印发《关于印发集团公司总部安全生产标准化达标评级工作方案的通知》(浙能生〔2014〕506号)，决定2014年下半年全面启动集团本部安全生产标准化达标评级工作。通过开展安全生产标准化达标评级工作，进一步落实安全生产管理责任，健全完善安全管理规章制度，全面规范各部门安全生产管理行为，有效提升安全生产管理水平，并于2017年12月19日顺利通过安全生产标准化二级复审工作。

2014年，浙江浙能石油新能源有限公司、宁波海运明州高速公路有限公司、宁波江海运输有限公司、浙江富兴海运有限公司、浙江省浙能房地产有限公司等5家单位积极开展安全生产标准化达标创建工作。

2015年，浙江浙能中煤舟山煤电有限责任公司、浙江浙能镇海燃气热电有限责任公司、浙江浙能台州第二发电厂、上虞市浙能汽运油品天然气有限公司、新昌县浙能万丰油气发展有限公司、浙能通利海运公司、宁波海运股份有限公司、浙江浙能港口运营管理有限公司、浙江越华能源检测有限公司、常山县天然气有限责任公司、浙江省电力建设有限公司、浙江浙能技术研究院有限公司等单位积极开展安全生产标准化达标创建工作。

2016年，浙江浙能电力股份有限公司、浙江浙能乐清发电有限责任公司、淮浙煤电有限责任公司凤台发电分公司、浙江浙能常山燃机发电有限责任公司、浙江浙能台州第二发电厂、宁夏枣泉发电有限责任公司、德清县浙能燃气有限公司、浙江浙能富兴燃料有限公司、宁波海运明州高速公路有限公司、浙江金衢丽天然气有限公司、海盐县天然气有限公司、德清县天然气有限公司、遂昌县天然气有限公司、安吉县管道燃气有限公司、丽水市天然气有限公司、浙江龙川水利水电开发有限公司应村水电站、浙江松阳谢村源水利水电开发有限公司谢村二级水电站、浙江松阳谢村源水利水电开发有限公司谢村三级水电站、浙江松阳安民水电站有限公司一级水电站、浙江松阳安民水电站有限公司二级水电站、浙江天地环保工程有限公司、浙江天达环保股份有限公司乐清分公司、台州天达环保建材有限公司、三门天达环保建材有限公司、浙江天达环保股份有限公司绍兴滨海分公司、宁波市镇海天达环保建材有限公司、兰溪天达环保建材有限公司、浙江浙能催化剂工程有限公司、浙江天虹物资贸易有限公司、浙江省水利电力物资有限公司、镇江国际饭店置业有限公司、杭州梅苑股份有限公司、浙能阿克苏热电有限公司、长广生物质电厂、浙江省能源集团财务有限责任公司、浙江浙能融资租赁有限公司、浙江浙能资产经营管理有限公司等37家单位积极开展安全生产标准化达标评审及复评工作。

2017年，浙江浙能兰溪发电有限责任公司、浙江浙能嘉华发电有限公司、浙江浙能嘉兴发电有限公司、浙江浙能镇海发电有限责任公司、浙江浙能镇海天然气发电有限责任公司、嘉兴浙能石油新能源有限公司、浙江能源天然气集团有限公司、浙江浙能天然气运行有限公司、浙江省天然气开发有限公司、上虞市天然气有限公司、缙云县天然气有限公司、义乌市天然气有限公司、龙泉市天然气有限公司、临安市浙能天然气有限公司、绍兴市江滨天然气有限公司、衢州市能源有限公司、浙江省水利水电投资集团有限公司、浙江天工自信科技工程有限公司、浙江天音管理咨询有限公司、新疆天达环保有限公司、新疆天达环保有限公司、长广集团、长广综合服务分公司、长广集团物贸分公司等24单位积极做好安全生产标准化复评工作。

2018年，浙江浙能长兴发电有限公司、浙江浙能镇海联合发电有限公司、萧山发电厂、浙江浙能温州发电有限公司、浙江温州特鲁莱发电有限责任公司、浙江浙能金华燃机发电有限公司、温州燃机发电有限公司、浙江浙能绍兴滨海热电有限责任公司、浙江富兴海运有限公司、浙能通利海运公司、浙江浙能港口运营管理有限公司、浙江越华能源检测有限公司、青田县天然气有限公司、浙能建德市天然气有限公司、宁海县天然气有限公司、浙江浙能华光潭水力发电有限公司二级站、临安青山殿水电开发有限公司、浙江景宁惠宁电力发展有限公司、杭州武强水电实业有限公司、景宁畲族自治县大洋水电开发有限公司、龙泉市岩樟溪流域水电开发有限公司、浙江浙能兴源节能科技有限公司、浙能长兴捷通物流有限公司、浙江浙能科服能源技术有限公司、舟山天达环保建材有限公司、宁夏天达环保有限公司、浙江梅苑酒店管理有限公司、浙江浙能技术研究院有限公司等30余家单位积极开展安全生产标准化达标创建及复评工作。

2019年，台州发电厂、宁波海运明州高速公路有限公司、新昌县天然气有限公司、浙江浙能龙泉生物质发电有限公司、浙江浙能玉环水务有限公司、伊犁新天煤化工有限责任公司、浙江省浙能房地产有限公司等7家单位做好安全生产标准化达标创建及复评工作。

浙能集团本部安全生产标准化达标情况见表10-3-1，下属板块公司（含营运企业）安全标准化达标情况见表10-3-2至表10-3-10。

表10-3-1 浙能集团本部安全生产标准化达标情况一览表

序号	单位	达标级别	证书编号	发证日期	证书颁发单位
1	浙江省能源集团有限公司	二级企业（其他工贸）	浙AQBGM Ⅱ 201400063	2014-12	浙江省安全生产监督管理局
		二级企业（其他工贸）	浙AQBGM Ⅱ 201700041	2017-12	浙江省安全生产监督管理局

表10-3-2 浙能集团电力板块安全生产标准化达标情况一览表

序号	单位	达标级别	证书编号	发证日期	证书颁发单位
1	浙能电力股份有限公司	电力安全生产标准化二级企业	浙AQBGM Ⅱ 201600045	2016-12-31	浙江省安全生产监督管理局
2	浙江浙能北仑发电有限公司	电力安全生产标准化一级企业	F1QG0004	2012-09-05	国家电力监管委员会
		电力安全生产标准化一级企业		2017	
3	浙能兰溪发电有限责任公司	电力安全生产标准化一级企业	FIQG0009	2012-09-05	国家电力监管委员会
		电力安全生产标准化一级企业	FICE000024	2017-11-18	中国电力企业联合会
4	浙江浙能嘉华发电有限公司	电力安全生产标准化一级企业	F1QG0015	2012-10-16	国家电力监管委员会
		电力安全生产标准化一级企业	F1CEC0021	2017-10-20	中国电力企业联合会

表 10-3-2（续）

序号	单位	达标级别	证书编号	发证日期	证书颁发单位
5	浙江浙能嘉兴发电有限公司	电力安全生产标准化一级企业	F1QG0014	2012-10-16	国家电力监管委员会
		电力安全生产标准化一级企业	F1CEC0020	2017-10-20	中国电力企业联合会
6	浙江浙能中煤舟山煤电有限责任公司	电力安全生产标准化一级工程建设项目	J1QG10007	2013-12-01	国家能源局浙江监管办公室
		电力安全生产标准化一级企业		2015-12-01	
7	浙江浙能长兴发电有限公司	电力安全生产标准化二级企业	F2ZJ0005	2013-04-23	国家电力监管委员会浙江省电监办
		电力安全生产标准化一级企业		2018-03-30	
8	浙能乐清发电有限责任公司	电力安全生产标准化二级企业	F2ZJ0006	2013-04-23	国家电力监管委员会浙江省电监办
		电力安全生产标准化一级企业	F1CEC005	2016-03-28	中国电力企业联合会
9	浙江浙能镇海发电有限责任公司	电力安全生产标准化二级企业	F2ZJ0001	2013-04-23	国家电力监管委员会浙江省电监办
		电力安全生产标准化二级企业	F2CEC0025	2017-12-01	中国电力企业联合会
10	浙江浙能镇海天然气发电有限责任公司	电力安全生产标准化二级企业	F2ZJ0002	2013-04-23	国家电力监管委员会浙江省电监办
		电力安全生产标准化二级企业	F2CEC0026	2017-12-01	中国电力企业联合会
11	浙江浙能镇海联合发电有限公司	电力安全生产标准化二级企业	F2ZJ0003	2013-04-23	国家电力监管委员会浙江省电监办
		电力安全生产标准化二级企业		2018-10-25	
12	淮浙煤电有限责任公司凤台发电分公司	电力安全生产标准化二级企业	F2HD0016	2013-04-28	国家电力监管委员会华东监管局
		电力安全生产标准化一级企业	F1CEC0004	2016-03-28	中国电力企业联合会
13	萧山发电厂	电力安全生产标准化二级企业	F2ZJ0015	2013-12-20	国家电力监管委员会浙江省电监办
		电力安全生产标准化二级企业	F1CEC00038	2018-12-01	中国电力企业联合会

表 10-3-2（续）

序号	单位	达标级别	证书编号	发证日期	证书颁发单位
14	台州发电厂	电力安全生产标准化二级企业	F2ZJ0009	2013-12-20	国家能源局浙江监管办公室
		电力安全生产标准化二级企业	F1CEC0046	2019-06-18	中国电力企业联合会
15	浙江浙能温州发电有限公司	电力安全生产标准化二级企业	F2ZJ0011	2013-12-20	国家能源局浙江监管办公室
		电力安全生产标准化一级企业		2018-08-31	中国电力企业联合会
16	浙江温州特鲁莱发电有限责任公司	电力安全生产标准化二级企业	F2ZJ0012	2013-12-20	国家能源局浙江监管办公室
		电力安全生产标准化二级企业		2018-08-31	中国电力企业联合会
17	浙江浙能金华燃机发电有限责任公司	电力安全生产标准化二级企业	F2ZJ0014	2013-12-20	国家能源局浙江监管办公室
		电力安全生产标准化一级企业		2018-08-02	中国电力企业联合会
18	温州燃机发电有限公司	电力安全生产标准化二级企业	F2ZJ0016	2013-12-20	国家能源局浙江监管办公室
		电力安全生产标准化二级企业		2018-12-14	
19	浙江浙能绍兴滨海热电有限责任公司	电力安全生产标准化二级企业	F2ZJ0013	2013-12-20	国家能源局浙江监管办公室
		电力安全生产标准化二级企业		2018-11-30	中国电力企业联合会
20	浙江浙能镇海燃气热电有限责任公司	电力安全生产标准化二级企业		2015-10-01	
21	浙江浙能常山燃机发电有限责任公司	电力安全生产标准化一级企业	F1CEC0007	2016-03-28	中国电力企业联合会
22	浙江浙能台州第二发电厂	电力安全生产标准化一级工程建设项目		2015-04-18	
		电力安全生产标准化一级达标项目		2016-12	
23	宁夏枣泉发电有限责任公司	电力安全生产标准化一级工程建设项目	ZAZH-DJ-2016-008	2016-11-01	北京中安质环技术评价中心有限公司

表 10-3-3 浙能集团石油板块安全生产标准化达标情况一览表

序号	单位	达标级别	证书编号	发证日期	证书颁发单位
1	浙江浙能石油新能源有限公司	三级（危险化学品）	AQBⅢWH（杭）201400008	2014-02-26	杭州市安全生产监督管理局
		三级（危险化学品）	AQBⅢWH（杭）201700006	2017-03-25	杭州市安全生产监督管理局
2	嘉兴浙能石油新能源有限公司	三级（危险化学品）	嘉 AQBGMⅢ 201700531	2017-03-13	嘉兴市安全生产监督管理局
3	上虞市浙能汽运油品天然气有限公司	三级（危险化学品）	SXWAB-15015	2015-01-13	绍兴市安全生产监督管理局
4	新昌县浙能万丰油气发展有限公司	三级（危险化学品）	新 AQBQT Ⅲ 201500091	2015-12-02	新昌县安全生产监督管理局

表 10-3-4 浙能集团煤炭板块安全生产标准化达标情况一览表

序号	单位	达标级别	证书编号	发证日期	证书颁发单位
1	浙江浙能富兴燃料有限公司	二级（商贸）	AQBⅡSM（浙）201300012	2013-12-31	浙江省安全生产监督管理局
		二级（商贸）	AQBSMⅡ201600010	2016-12-30	浙江省安全生产监督管理局
2	宁波海运明州高速公路有限公司	三级	2013-12-020214	2014-01-06	宁波市交通运输委员会
		二级（其他）	2016-12-503163	2016-12-08	浙江省高速公路行业协会安全生产标准化信用评价机构
3	宁波江海运输有限公司	三级（水路普通货物运输）	2014-12-020058	2014-12-01	宁波市交通运输委员会
4	浙江富兴海运有限公司	二级（水路普通货物运输）	2014-12-002010	2014-11-06	浙江省交通运输厅
		二级	2018-12-100782	2018-01-16	浙江交通职业技术学院
5	宁波海运股份有限公司	二级	2015-12-002037	2015-01-21	浙江省交通运输厅
6	浙能通利海运公司	二级	2015-12-002042	2015-01-31	浙江省交通运输厅
		二级	2018-12-501676	2018-12-27	浙江交通职业技术学院
7	浙江浙能港口运营管理有限公司	三级（散货码头）	2015-12-141026	2015-06-23	舟山市港航管理局
		一级（港口普通货物营运）	2018-01-500832	2018-12-10	中华人民共和国交通运输部
8	浙江越华能源检测有限公司	二级（其他工贸）	AQBⅡGM（浙）201500062	2015-12-29	浙江省安全生产监督管理局
		二级（其他工贸）	浙 AQBGM Ⅱ 201800034	2018-12-31	浙江省应急管理厅

表 10-3-5 浙能集团天然气板块安全生产标准化达标情况一览表

序号	单位		达标级别	证书编号	发证日期	证书颁发单位
1	浙江能源天然气集团有限公司		二级（其他工贸）	（浙）AQBGMⅡ 201700046	2017-12	浙江省安全生产监督管理局
2	浙江浙能天然气运行有限公司		二级（危险化学品）	（浙）AQBWⅡ 201700024	2017-08-01	浙江省安全生产监督管理局
3	浙江省天然气开发有限公司		二级（其他工贸）	（浙）AQBGMⅡ 201700043	2017-12	浙江省安全生产监督管理局
4	浙江金衢丽天然气有限公司		三级	杭 AQBQTⅢ 201601046	2016-12-20	杭州市安全生产监督管理局
5	浙江省能源集团城市燃气有限公司		二级（其他工贸）	浙 AQBGMⅡ 201800029	2018-12-31	浙江省应急管理厅
6	浙江浙能城市燃气有限公司下属公司	浙江振能天然气有限公司	三级（危险化学品）	AQBⅢWH（浙） 201900010	2019-04-03	湖州市应急管理局
7		上虞市天然气有限公司	二级（其他工贸）	AQBGMⅡ（浙） 201700002	2017-07	浙江省安全生产监督管理局
8		平湖市天然气有限公司	二级（其他工贸）	浙 AQBGMⅡ 201800032	2018-12-31	浙江省应急管理厅
9		海盐县天然气有限公司	三级（工贸）	AQBGMⅢQT 浙 201600907	2016-12-16	嘉兴市安全生产监督管理局
10		缙云县天然气有限公司	三级	AQB331122WHⅢ 2017000069	2017-09	丽水市安全生产监督管理局
11		义乌市天然气有限公司	二级	浙 AQBⅡ201700016	2017-12	浙江省安全生产监督管理局
12		龙泉市天然气有限公司	三级	AQB331181WHⅢ 2017000071	2017-12	丽水市安全生产监督管理局
13		临安市浙能天然气有限公司	三级（其他工贸）	AQBQTⅢ（杭） 201700911	2017-07	杭州市安全生产监督管理局
14		德清县天然气有限公司	三级（其他）	AQBⅢQT（浙湖） 20151001	2016-01	湖州市安全生产监督管理局
15		安吉县管道燃气有限公司	三级（其他）	AQBⅢQT（浙湖） 201530002	2016-03	湖州市安全生产监督管理局
16		青田县天然气有限公司	三级（危险化学品）	AQB331121WHⅢ 2018000083	2018-12-26	丽水市应急管理局
17		浙能建德市天然气有限公司	三级	杭 AQBQTⅢ 201800381	2018-03-22	杭州市安全生产监督管理局
18		绍兴市江滨天然气有限公司	三级	浙（绍）AQBⅢ 20170109	2017-12-20	绍兴市安全生产监督管理局

表 10-3-5（续）

序号	单位		达标级别	证书编号	发证日期	证书颁发单位
19	浙江浙能城市燃气有限公司下属公司	宁海县天然气有限公司	二级（其他工贸）	浙 AQBGM Ⅱ 201800048	2018-12-31	浙江省应急管理厅
20		新昌县天然气有限公司	三级	新 AQBGM Ⅲ 201900081	2019-01-17	新昌县应急管理局
21		常山县天然气有限责任公司	三级	AQBQTⅢ（衢）201500003	2015-11-15	衢州市安全生产监督管理局
22		衢州市能源有限公司	二级	浙 AQBGM Ⅱ 201700025	2017-12	浙江省安全生产监督管理局
23		遂昌县天然气有限公司	三级	AQB331123WH Ⅲ2016000059	2016-12	丽水市安全生产监督管理局
24		丽水市天然气有限公司	三级	AQB331102WH Ⅲ2016000056	2016-12	丽水市安全生产监督管理局

表 10-3-6　浙能集团新能源板块安全生产标准化达标情况一览表

序号	单位	达标级别	证书编号	发证日期	证书颁发单位
1	浙江省水利水电投资集团有限公司	安全生产标准化二级企业	浙 AQBGM Ⅱ 201700047	2017-12	浙江省安全生产监督管理局
2	浙江浙能北海水力发电有限公司	电力安全生产标准化二级企业	F2ZJ0007	2013-12	国家能源局浙江监管办公室
3	浙江浙能华光潭水力发电有限公司二级站	农村水电站安全生产标准化一级单位	水安标 Ⅰ SD20180023	2018-03	水利部办公厅
4	浙江浙能华光潭水力发电有限公司	电力安全生产标准化二级企业	F2ZJ0008	2013-12	国家能源局浙江监管办公室
5	临安青山殿水电开发有限公司	农村水电站安全生产标准化一级单位	水安标 Ⅰ SD20180021	2018-03	水利部办公厅
6	浙江龙川水利水电开发有限公司应村水电站	农村水电站安全生产标准化一级单位	水安标 Ⅰ SD20160003	2016-04	水利部办公厅
7	浙江松阳谢村源水利水电开发有限公司谢村二级水电站	农村水电站安全生产标准化一级单位	水安标 Ⅰ SD20160005	2016-04	水利部办公厅
8	浙江松阳谢村源水利水电开发有限公司谢村三级水电站	农村水电站安全生产标准化一级单位	水安标 Ⅰ SD20160006	2016-04	水利部办公厅
9	浙江松阳安民水电站有限公司一级水电站	农村水电站安全生产标准化一级单位	水安标 Ⅰ SD20160012	2016-04	水利部办公厅
10	浙江松阳安民水电站有限公司二级水电站	农村水电站安全生产标准化一级单位	水安标 Ⅰ SD20160013	2016-04	水利部办公厅

表 10-3-6（续）

序号	单位	达标级别	证书编号	发证日期	证书颁发单位
11	浙江景宁惠宁电力发展有限公司	农村水电站安全生产标准化二级单位	浙水电安标 20150099	2018-08	浙江省水利厅
12	杭州武强水电实业有限公司	农村水电站安全生产标准化二级单位	浙水电安标 20150004	2018-08	浙江省水利厅
13	景宁畲族自治县大洋水电开发有限公司	农村水电站安全生产标准化二级单位	浙水电安标 20150105	2018-08	浙江省水利厅
14	龙泉市岩樟溪流域水电开发有限公司	农村水电站安全生产标准化二级单位	浙水电安标 20150138（一级站）	2018-08	浙江省水利厅
			浙水电安标 20150139（二级站）	2018-08	

表 10-3-7 浙能集团科工服板块安全生产标准化达标情况一览表

序号	单位	达标级别	证书编号	发证日期	证书颁发单位
1	浙江浙能兴源节能科技有限公司	二级（其他工贸）	浙 AQBGM Ⅱ 201800021	2018-12-31	浙江省应急管理厅
2	浙江浙能龙泉生物质发电有限公司	三级（其他工贸）	AQBⅢQT 浙 201900023	2019-01-16	丽水市应急管理局
3	浙江天工自信科技工程有限公司	三级（其他工贸）	杭 AQBQT Ⅲ 201700333	2017-04-05	杭州市安全生产监督管理局
4	浙江天音管理咨询有限公司	三级（其他工贸）	AQBⅢQT（杭）201701627	2017-12-18	杭州市安全生产监督管理局
5	浙能长兴捷通物流有限公司	二级（港口普货作业）	2018-12-100783	2018-01-16	浙江省港航管理局
6	浙江浙能科服能源技术有限公司	三级	浙 AQBGM Ⅱ 201800022	2018-12-31	浙江省应急管理厅
7	浙江省电力建设有限公司	一级	ZDXH-2015-001-SGQY	2015-11-27	南京中电学汇电力安全评价有限公司
8	浙江天地环保工程有限公司	二级（其他工贸）	浙 AQBGM201600031	2016-12-30	浙江省安全生产监督管理局
9	浙江天达环保股份有限公司乐清分公司	三级（建材）	AQBⅢJC 温 20160387	2016-11-11	温州市安全生产监督管理局
10	台州天达环保建材有限公司	二级（其他工贸）	浙 AQBGMⅡ 201600043	2016-12-30	浙江省安全生产监督管理局
11	三门天达环保建材有限公司	二级	浙 AQBGMⅡ 201600042	2016-12-01	浙江省安全生产监督管理局
12	新疆天达环保有限公司	三级（建材）	（阿克苏）AQBⅢ JC2017 00012	2017-09-01	阿克苏地区安全生产监督管理局

表 10-3-7（续）

序号	单位	达标级别	证书编号	发证日期	证书颁发单位
13	浙江天达环保股份有限公司绍兴滨海分公司	三级（建材）	浙 AQBJCⅢ 201600003	2016-12-01	绍兴市柯桥区安全生产监督管理总局
14	舟山天达环保建材有限公司	二级（其他工贸）	浙 AQBGMⅡ 201800047	2018-12-31	浙江省应急管理厅
15	宁波市镇海天达环保建材有限公司	三级（建材）	ABQⅢJC 甬 K2015001	2016-02-04	宁波市安全生产监督管理局
16	兰溪天达环保建材有限公司	三级（冶金等工贸行业）	（金）AQBF201600330	2016-12-27	金华市安全生产监督管理局
17	浙江天达环保股份有限公司嘉兴分公司	三级（工贸）	嘉 AQBGM Ⅲ 201601331	2016-12-30	嘉兴市安全生产监督管理局
18	宁夏天达环保有限公司	二级		2018-01-31	宁夏回族自治区安全生产监督管理局
19	长兴天达环保建材有限公司	三级（综合类）	ABQⅢJC 浙湖免 201520014	2012-09-01	湖州市安全生产监督管理局
20	浙江浙能催化剂工程有限公司	三级（轻工）	AQBⅢQG 浙 201602630	2016-12-05	宁波市安全生产监督管理局
21	浙江浙能玉环水务有限公司	三级	AQBⅢQG 台 201900008	2019-03-01	台州市应急管理局
22	浙江天虹物资贸易有限公司	二级（商贸-仓储物流）	浙 AQBSM Ⅱ 201600004	2016-12-07	浙江省安全生产监督管理局
23	浙江省水利电力物资有限公司	三级（商贸）	AQBⅢSM（杭）201600524	2016-12-01	杭州市安全生产宣传教育中心
24	浙江梅苑酒店管理有限公司	三级（其他工贸）	杭 AQBQT Ⅲ 201800917	2018-07-31	杭州市安全生产监督管理局
25	镇江国际饭店置业有限公司	三级（商贸酒店业）	苏 AQB3211SMⅢ 201600007	2016-12-30	镇江市安全生产监督管理局
26	杭州梅苑股份有限公司	三级（商贸）	杭 AQBSM Ⅲ 201600766	2016-12-02	杭州市安全生产监督管理局

表 10-3-8　浙能集团新疆板块安全生产标准化达标情况一览表

序号	单位	达标级别	证书编号	发证日期	证书颁发单位
1	浙能阿克苏热电有限公司	安全生产标准化二级达标（基建）	评审报告，无证书	2016-06-16	
		安全生产标准化二级达标（电力）	第三方评审报告，无证书	2018-05-16	
2	新疆天达环保有限公司	安全生产标准化三级达标（建材）	阿克苏 AQBJC Ⅲ 201700012	2017-12	阿克苏城区安全生产监督管理局

表 10-3-9 浙能集团长广集团安全生产标准化达标情况一览表

序号	单位	达标级别	证书编号	发证日期	证书颁发单位
1	长广集团	二级	浙 AQBGM201700010	2017-07-27	浙江省安全生产监督管理局
2	综合服务分公司	二级	浙 AQBGM201700011	2017-07-27	浙江省安全生产监督管理局
3	物贸分公司	三级（工贸）	GFHSM 长兴 20170001	2017-12-14	长兴县安全生产监督管理局

表 10-3-10 浙能集团金融板块及直管企业安全生产标准化达标情况一览表

序号	单位	达标级别	证书编号	发证日期	证书颁发单位
1	浙江省浙能房地产有限公司	二级（商贸-商场）	AQBSM（浙）201400002	2014-06-26	浙江省安全生产监督管理局
2	浙江省能源集团财务有限责任公司	二级（其他工贸）	浙 AQBGM Ⅱ 201600022	2016-12	浙江省安全生产监督管理局
3	浙江浙能融资租赁有限公司	二级（其他工贸）	浙 AQBGM Ⅱ 201600030	2016-12-01	浙江省安全生产监督管理局
4	浙江浙能资产经营管理有限公司	二级（其他工贸）	浙 AQBGM Ⅱ 201600030	2016-12-01	浙江省安全生产监督管理局
5	浙江浙能技术研究院有限公司	二级（其他工贸）	浙 AQGBM Ⅱ 2015000191	2015-10-29	浙江省安全生产监督管理局
		二级（其他工贸）	浙 AQBGM Ⅱ 201800023	2018-12-31	浙江省应急管理厅

第十一篇

科技与信息化

科技创新是企业发展的不竭动力，信息化是企业发展的必由之路。浙能集团始终坚持将科技创新与信息化工作摆在企业发展的重要位置，通过不断完善工作体制机制，着力加强基础能力建设和资金投入，持续推进能源领域科技创新和企业信息化建设。2016 年，面对能源革命和经济进入新常态带来的深刻变化，浙能集团适时提出了“大能源战略”下的“能源立业、科技兴业、金融富业、海外创业”的“四业”发展路径，加强科技创新、加快信息化建设成为浙能集团实现转型升级发展的重要战略任务，浙能集团科技创新和信息化工作进入了新的高速发展阶段。

科研主体培育是企业自主创新能力提升的重要途径。“十二五”之初，浙能集团率先申报建设了院士专家工作站和博士后工作站，作为高层次产学研合作和科研人才培养的主平台。“十三五”时期，浙能集团科研平台建设进入了高速发展的快车道，先后获批建设了“工业信息工程省级重点企业研究院”“火力发电高效节能与污染物控制技术省级重点实验室”“烟气多污染物控制技术与装备省级工程实验室”“低品位能源利用国际联合实验室”等多个省级重点科技创新平台，在工业信息化、节能环保、低品位能源利用等方向形成了引领企业技术研发的第一梯队。同时，浙能集团通过资金、人才、政策等多方面支持，强化企业整体科技创新能力提升，先后将浙江浙能技术研究院有限公司、浙江天地环保科技有限公司等 5 家企业培育打造为国家高新技术企业，树立了浙能集团科技创新的排头兵。

为充分发挥产学研协同优势，加速企业科技创新步伐，浙能集团始终坚持开放创新理念，积极与国内外一流科研院所开展各种形式的交流合作。在国内，先后与浙江大学、华北电力大学、中科院上海硅酸盐研究所、中科院宁波材料所、航天六院 101 所等科研院所深度合作，以共建联合研发中心为载体，围绕光伏发电、先进储能、环保、大数据及工业互联网等方向开展前沿技术攻关。面向国际方面，加入了美国斯坦福大学能源 3.0 计划，与英国诺丁汉大学、德国弗劳恩霍夫协会等机构达成战略合作，紧密跟踪国际前沿技术发展。

在科技项目攻关方面，浙能集团历年来累计投入科研经费超过 35 亿元，实施科技项目 1000 余项，研发领域涉及火力发电、节能环保、油气储运、可再生能源、新能源等多个领域。通过持续的科技研发，掌握了一批具有自主知识产权的核心技术，环保、储能、光伏发电等部分技术取得了重大突破，形成了国内甚至国际领先的技术成果，解决了多项制约产业发展的核心问题。截至 2019 年底，浙能集团累计取得专利等知识产权 600 余项，参与制定各类标准 60 余项，其中国际标准 3 项，国家标准 11 项，行业标准 38 项，获得市局级以上各类科技成果奖项近 300 项，其中省部级奖项 89 项，“燃煤机组超低排放关键技术研发及应用”获得 2017 年度国家技术发明奖一等奖。

信息化工作方面，浙能集团累计投入专项资金超过 22 亿元，实施各类信息化项目 4000 余项，其中 ERP 系统、合同管理系统、安健环及技术管理信息系统、应急调度指挥中心平台等覆盖全集团层面的各类业务应用系统超过 20 个。同时，建设了浙能大厦和海创园双数据中心，有效保障了集团各项信息系统的安全性和可靠性。在已完成的各项信息化项目中，ERP 系统、企业资产管理系统、发电设备故障预警系统、发电厂工控网络和信息安全智能防护系统等多个项目获得了国家级、省级和行业级等各类奖项 9 项。

当前，新一轮科技革命和产业变革迅猛发展，重大颠覆性创新不断出现。浙能集团科技创新与信息化工作任重道远，使命光荣。站在新的历史起点上，进一步加强科技创新和信息化工作已成为浙能集团主动适应经济发展新常态、培育发展新动能的内在要求。浙能集团将继续牢牢把握习总书记提出的“创新是引领发展的第一动力”这一重大论述，继续深入实施创新驱动发展战略，加强信息化建设，通过进一步加大投入、加强创新要素保障、强化创新载体支撑，使浙能集团的科技创新与信息化工作迈上新的台阶。

第一章 科 技 管 理

第一节 管 理 机 构

一、管理机构

2003 年 8 月 4 日，浙能集团印发《关于印发浙江省能源集团有限公司领导分工的通知》（浙能办〔2003〕216 号），由集团副总经理毛剑宏分管公司技术进步、信息化管理与开发等工作。

2003 年 8 月 20 日，浙能集团印发《关于调整浙江省能源集团有限公司内设机构的通知》（浙能人〔2003〕244 号），设立生产安全部。集团科技、信息化管理工作由集团生产安全部负责。

2007 年 3 月 28 日，浙能集团印发《关于成立浙江省能源集团有限公司信息中心的通知》（浙能人〔2007〕106 号），浙能集团信息中心成立，作为二级部门归口集团生产安全部，主要负责集团信息系统建设及运维工作。

2010 年 8 月，浙能集团印发《信息化工作管理办法》《网络与信息安全管理办法》《信息化项目管理办法》等 24 项信息化管理制度，有效提高了浙能集团信息化工作管理规范化水平。

2011 年 3 月 1 日，浙能集团印发《关于浙江省能源集团有限公司经营班子分工的通知》（〔2011〕80 号），由集团副总经理孙玮恒分管公司科技与信息化管理等工作，分管生产安全部（信息中心）。

2011 年 10 月 28 日，浙能集团印发《关于浙江省能源集团有限公司经营班子分工的通知》（〔2011〕672 号），由集团副总经理孙玮恒分管公司信息化管理等工作，总工程师朱松强分管公司科研、技术管理等工作。

2013 年 11 月 14 日，浙能集团印发《关于浙江省能源集团有限公司机构设置调整的通知》（浙能人〔2013〕570 号），设立信息化管理部，负责信息化规划、信息化标准体系建设、网络与信息安全管理、信息化项目建设与管理、信息运维等工作。

2014 年 4 月 11 日，浙能集团印发《关于调整集团公司领导班子成员分工的通知》（浙能办〔2014〕202 号），由集团副总经理柯吉欣负责公司信息化规划、信息化标准体系建设、网络与信息安全管理、信息化项目建设与管理等工作，分管信息化管理部。

2015 年 9 月 10 日，浙能集团印发《关于秦刚华等职务任免的通知》（浙能人〔2015〕492 号），聘任秦刚华为浙能集团信息（IT）总监。

2016 年 8 月 28 日，浙能集团印发《关于浙江省能源集团有限公司领导班子成员分工的通知》（浙能办〔2016〕309 号），由集团总工程师朱松强负责浙能集团信息化管理、科研、技术管理与技术监督，分管信息化管理部。

2016 年 9 月 30 日，浙能集团印发《关于调整集团本部组织机构的通知》（浙能人〔2016〕363 号），将原生产安全与技术管理部的科技管理职能划入原信息化管理部，成立科技与信息化管理部。

2017 年 3 月 22 日，浙能集团印发《关于秦刚华等职务任免的通知》（浙能人〔2017〕166 号），聘任秦刚华为浙能集团科技总监，同时免去信息（IT）总监职务。

2018 年 2 月 19 日，浙能集团印发《关于浙江省能源集团有限公司领导班子成员分工调整的通知》（浙能办传〔2018〕2 号），由集团副总经理、董事赵建林分管科技与信息化管理部，负责浙能集团科技项目开发与管理、科学研究工作。

2019 年 7 月 2 日，浙能集团印发《关于集团领导班子成员分工调整的通知》（浙能办传〔2019〕3 号），由集团副总经理朱松强分管科技与信息化管理部，负责集团科技项目开发与管理、科学研究、信息化管理工作。

2019年8月1日，浙能集团印发《关于成立浙江省能源集团有限公司科学技术委员会的通知》（浙能信〔2019〕391号），浙能集团首届科学技术委员会正式成立。科学技术委员会是浙能集团开展科技创新咨询、论证和评估的高层次咨询顾问机构，负责向董事会提供专业化审核意见，并根据董事会授权履行相应的审核和决策职责。首届科学技术委员会由13位委员组成，集团副总经理朱松强担任主任委员，科学技术委员会下设办公室，办公室设在集团科技与信息化管理部。

二、科研机构

（一）重点科技创新平台

1. 浙能集团院士专家工作站

2011年10月，浙能集团与浙江大学岑可法院士及其团队签署了联合建设院士工作站的合作框架协议，浙能集团院士专家工作站正式成立。工作站创新团队中，院士团队有7人，浙能集团配套团队人员13人，主要围绕可再生能源开发与利用、生物质能利用、洁净煤燃烧与气化技术、能源利用过程中多种污染物协同脱除等领域开展战略决策咨询、项目合作、人才培养与团队建设等方面的合作。2013年8月，浙能集团院士专家工作站被认定为“浙江省院士专家工作站”。

2015年12月，浙能集团进一步与浙江大学孙优贤院士及其团队签署了联合建设院士工作站的合作框架协议。该创新团队中，院士团队有7人，浙能集团配套团队人员15人，主要围绕能源互联网、智能电厂、能源大数据等领域开展项目研发及人才培养等方面的合作。2017年11月，浙能集团院士专家工作站通过全国院士专家工作站平台的认定。2019年5月，在浙江省院士专家工作站周期性（2016—2018年度）绩效考核中，浙能集团院士专家工作站在全省50家省级工作站中脱颖而出，获得省级“优秀”评定。

2. 浙能集团博士后工作站

2013年8月，国家人力资源和社会保障部、全国博士后管理委员会联合发文通知（人社部发〔2013〕61号），批准浙能集团成为博士后工作站设站单位。

通过博士后工作站，搭建起了浙能集团对高学历创新型人才的引进及培养平台，经过博士后工作站培养出站的人员已成长为浙能集团科技创新骨干人才和相关领域的技术带头人。

截至2019年12月，浙能集团博士后工作站已先后与浙江大学、上海交通大学、中国石油大学、中科院宁波材料所等高等院校的博士后流动站签署了协议，共联合培养博士后9名，已出站4人。

3. 浙能工业信息工程省级重点企业研究院

浙能工业信息工程省级重点企业研究院于2016年8月获得省政府授牌，下辖锅炉技术研发中心、汽机技术研发中心、电气技术研发中心、环保技术研发中心、控制技术研发中心、工业信息技术研发中心、信息安防实验测试中心和专家委员会。

重点企业研究院主要开展智能电厂、数字化天然气管道、数字化煤场，以及发电设备远程诊断及状态评估等关键技术研究，以提升传统能源行业的工业信息化水平，促进“两化深度融合”。

截至2019年底，重点企业研究院共拥有科技开发人员近60人、研发场地6300余平方米、科研设备原值总额达到3500万元，累计完成科技投入近4000万元。

4. 浙江省火力发电高效节能与污染物控制技术重点实验室

以国家及浙江省委、省政府持续推进企业节能减排为契机，浙能集团持续加大火电机组节能及环保领域的科技研发与投入力度，于2016年6月成立了“火力发电高效节能与污染物控制技术重点实验室”。

2017年7月，“火力发电高效节能与污染物控制技术重点实验室”被认定为浙能集团重点实验室，2017年9月被浙江省科技厅授予“省重点实验室”称号，并于2018年4月获省科技厅授牌。重点实验室主要依托浙江浙能技术研究院有限公司建设，专业涵盖汽机、锅炉、材料、环保、化学等多个方向，主要围绕火电机组高效节能、污染物减排控制、机组可靠性提升等方向开展技术研发、高层次人才培养、科研成果孵化及技术标准研究制定等工作。

5. 烟气多污染物控制技术与装备省级工程实验室

2016年9月，浙江天地环保工程有限公司联合浙江浙能技术研究院有限公司、浙江德创环保科技股份有限公司申报了“烟气多污染物控制技术与装备省级工程实验室”。2016年12月，浙江省发展改革委《省发展改革委关于同意建设烟气多污染物控制技术与装备等10个浙江省工程实验室（工程研究中心）的复函》（浙发改函〔2016〕358号）中批准同意建设。

实验室围绕我国大气治理环保装备产业发展需求，主要职责为建设加工工艺研究、加工装备、系统集成优化、测试评价分析等研究相关试验设施，打造先进的烟气多污染物控制技术与装备及公共服务平台。实验室主要功能包括：

（1）研发任务平台。通过实验室建设，承担国家和行业的研发任务，突破一批关键共性技术并实现产业化，促进环保产业的快速发展。

（2）公众服务平台。通过实验室建设，建立健全烟气多污染物控制技术与装备研发服务平台，面向全行业开放，为企业提供定制化技术开发服务，有针对性地帮助企业解决研发、生产中存在的技术难题。

（3）技术交流平台。通过实验室建设，构建与国内外先进环保技术交流的平台，成为烟气多种污染物控制技术与装备对外交流的窗口，借鉴国内外的先进技术，加快产业技术提升，同时为产业相关技术和装备向国内外推广创造条件。

实验室采取理事会领导下的实验室主任负责制，下设综合办公室、烟气多污染物控制技术开发及系统集成实验室、烟气多污染物控制装备和材料开发实验室、测试中心等部门。

6. 浙江省低品位能源利用国际联合实验室

2019年5月，受浙江省“一带一路”国际联合实验室专项资助，并获浙江省科技厅批准，浙江浙能技术研究院有限公司、浙能兴源节能科技有限公司联合浙江工业大学、芬兰拉普兰塔理工大学、印尼万隆理工学院等7家国内外知名高校，规划组建“浙江省低品位能源利用国际联合实验室”。

实验室的主要职责是推动“一带一路”国家的科技合作，共同开展低品位能源利用技术相关领域的联合科研开发，开展优秀科技成果转化，致力于低值燃料高值利用、余热深度回收和能源梯级优化利用等技术联合攻关与产业转化。

（二）高新技术企业

1. 浙江浙能技术研究院有限公司

浙江浙能技术研究院有限公司（简称浙能技术研究院）前身为浙江浙能能源技术有限公司，成立于2009年10月，2013年12月定名重组。2016年12月，浙能技术研究院通过国家重点领域高新技术企业认定，2019年12月通过复评。

浙能技术研究院是浙能集团直管并全资拥有的企业研究院，主要业务涵盖电力、油气、可再生能源、新能源、分布式能源和能源化工等领域的科技研发、技术服务、信息情报和政策研究等。浙能技术研究院以建设成为浙能集团科技研发中心、技术服务中心、科技孵化中心、科技情报中心以及人才培养基地为目标，以能源高效利用、节能环保和工业信息化等领域为主要研究方向，持续加强科技人才培养及科研平台建设，不断提升科技创新能力。

截至2019年12月，浙能技术研究院员工总数达到192人，其中博士研究生26人，硕士研究生88人，具有高级技术职称50人，获评浙能集团三级及以上人才15人，国家“千人计划”2人，浙江省“千人计划”2人、中科院“百人计划”2人，“长江计划”特聘专家1人，浙江省“151”第二层次人才1人。科技创新平台方面，浙能技术研究院获批建设浙江省火力发电高效节能与污染物控制技术重点实验室、浙江省重点企业研究院、浙江省低品位能源利用国际联合实验室等省级科创平台，以及海创园高效发电节能环保研发中心、长兴节能环保中试基地和萧山新能源研发中试基地等多个企业研发中心（基地），为企业的创新发展提供了坚实支撑。

2. 浙江天地环保科技有限公司

浙江天地环保工程有限公司成立于2002年10月，是浙能集团投资管理的环保高科技工程公司。2016年，经浙江省工商行政管理局核准，原“浙江天地环保工程有限公司”正式更名为“浙江天地环保科技有限公司”。浙江天地环保科技有限公司于2002年通过浙江省高新技术企业认定，2008年通过国家重点领域高新技术企业认定，相继于2011年、2014年、2017年通过高新技术企业每3年一次的重新认定。

浙江天地环保科技有限公司专注于环保领域的技术开发及工程化应用，是拥有多项环保核心技术、工程EPC能力、环保设备制造、环保产品开发及生产、环保项目BOT/PPP运营的综合型环保科技企业。经过多年的发展，浙江天地环保科技有限公司已建设形成了以大气、固废、水务、噪声等污染治理为主的四大环保业务板块。通过引进升级与自主创新，相继开发了燃煤电厂烟气脱硫、脱硝、超低排放、挥发性有机物（VOCs）处理、脱硫剂生产、环保装置制造、废水处理、固废处理与综合利用、畜禽粪污处置等多项核心技术，在国内拥有已建及在建环保工程项目100余个，遍布10余个省市区。

截至2019年底，浙江天地环保科技有限公司共拥有科技研发人员110人，硕士以上49人，占45%，高级职称以上36人，占33%；拥有研发场地面积超过3300平方米；拥有各类研发设备138台（套），科研仪器设备原值超过1800万元。公司设有设计研究院和科技信息部等科技研发部门，负责公司环保技术研发和公司科技与信息化管理工作；设有大气处理事业部、固废处理事业部、水务处理事业部、VOCs业务部、废弃物资源综合利用业务部等部门，负责环保技术的应用和市场推广工作，此外还设有办公室、资产经营部、计划发展部、市场营销中心等部门。

浙江天地环保科技有限公司先后申报建设了杭州市工业企业信息化应用试点企业、市级高新技术研究开发中心、脱硫脱硝技术及其产业化科技创新团队、浙江省创新型示范企业、省级高新技术企业研究开发中心、浙江省重点工程实验室、浙江省国家科技成果转移转化示范区首批示范单位、杭州市专利试点企业等多个科技创新平台，通过科技创新资源的有效整合助推企业创新发展。

3. 浙江东发环保工程有限公司

浙江东发环保工程有限公司成立于2002年4月，是由浙能集团所属浙江兴源投资有限公司、浙江天地环保工程有限公司共同出资的全资国有企业。2017年，由浙能集团统一调整，浙江兴源投资有限公司所占浙江东发环保工程有限公司股权划归浙江天地环保科技有限公司，浙江东发环保工程有限公司由浙江天地环保科技有限公司全资控股。2008年，浙江东发环保工程有限公司首次通过国家重点领域高新技术企业认定。

浙江东发环保工程有限公司主要业务涵盖海水淡化、废水处理及噪声治理等多个方面。公司依托行业领先的专业技术和丰富的工程管理经验，成功开辟出“产品+服务”的业务开拓模式，面向社会提供工业废水、生活污水处理、降噪治理等工程的设计、施工及技术咨询等服务，在行业获得了良好声誉。

截至2019年底，浙江东发环保工程有限公司共拥有科技研发人员40余人，其中硕士以上10人，高级职称以上10人；拥有研发场地约100平方米。公司同时拥有房屋建筑工程施工总承包资质、安全生产许可证等多项资质证书。为提升企业科技创新能力，公司获批建设浙江省级高新技术企业研究开发中心，同时被评为浙江省创新型示范和试点企业。

4. 浙江浙能催化剂技术有限公司

浙江浙能催化剂技术有限公司成立于2011年5月，是由浙能集团所属浙江兴源投资有限公司、浙江天地环保工程有限公司共同出资的全资国有企业。2017年，由浙能集团统一调整，浙江兴源投资有限公司所占浙江浙能催化剂技术有限公司股权划归浙江天地环保科技有限公司，浙江浙能催化剂技术有限公司由浙江天地环保科技有限公司全资控股。2017年11月，浙江浙能催化剂技术有限公司首次通过国家级高新技术企业认定。

浙江浙能催化剂技术有限公司以各类新型节能环保催化材料的研究、开发、设计、生产、试验、检验、销售、服务、配套安装调试、再生处理、循环再利用、技术成果转让及技术咨询服务为主要业务。截至2019年底，浙江浙能催化剂技术有限公司共拥有科技研发人员16人，其中硕士以上3人；拥有研发场占地约700平方米；拥有各类研发设备80余台（套），科研仪器设备原值超过1200万元。公司设有综合办公室、财务部、采供部、技术研发部、市场部、制造部、设备部、安健环部、质检部等业务及管理部门，建设有宁波市企业工程技术中心等科技创新平台，公司下设的检测中心获得国家CNAS认证。

5. 浙江浙能天工信息科技有限公司

2008 年 10 月，原杭州市自信科技有限公司与浙江天工科技工程有限公司正式合并成为浙江天工自信科技工程有限公司。2015 年 3 月，公司更名为浙江浙能天工信息科技有限公司。2006 年 10 月，公司通过国家重点领域高新技术企业认定。

浙江浙能天工信息科技有限公司是浙能集团旗下从事信息化业务的专业公司，公司以“云、大、物、移”技术为支撑，主要业务为能源领域大数据开发及应用、软件研发、信息系统集成及维保服务、安防监控系统建设、工业控制系统建设等。截至 2019 年 12 月，天工信息公司共拥有各类专业技术人员及研发人员 76 名，其中包括多名国家、省级技术能手和高级职称专业人员，先后取得了几十项科技创新成果，为浙能集团信息化建设提供了可靠的技术及服务保障。

第二节 管理制度

2003 年 12 月，浙能集团印发《浙江省能源集团有限公司信息化发展规划（2003—2007）》，提出了浙能集团信息化建设的指导思想、基本原则和总体目标，对信息网络建设、应用系统建设、信息化保障体系建设进行了详细规划。

2004 年 3 月，浙能集团印发《浙江省能源集团有限公司信息管理办法》，对浙能集团信息化工作的指导方针、基本原则、组织机构、管理内容与方法、检查与考核等进行了规范。

2009 年 2 月，浙能集团印发《浙江省能源集团有限公司信息化发展规划（2008—2012）》，对资源整合和信息一体化、重点业务系统深度开发应用、信息化保障体系建设等内容进行了详细规划。

2011 年 2 月，浙能集团印发《网络与信息安全管理办法》等 24 项信息化管理制度，覆盖了信息技术基础、信息网络、信息应用、信息安全、管理与服务五个方面的管理，初步形成了浙能集团信息管理制度体系。

2011 年 3 月，浙能集团印发《科技管理办法》，规范了浙能集团科技项目立项申请、合同签订、执行、验评及成果转化等各个环节的管理。

2012 年 3 月，浙能集团印发《浙江省能源集团有限公司信息安全检查规范（试行）》，促进网络与信息安全检查工作的规范化和标准化。

2013 年 1 月，浙能集团印发《科技创新考核与奖励办法》，规定了浙能集团科技创新考核与奖励的标准和方法。

2013 年 10 月，浙能集团印发《浙江省能源集团有限公司科学和技术发展规划（2013—2020）》。规划以近期 2015 年为重点，远期展望到 2020 年，面向浙能集团产业发展方向确定了重大科技专项和前沿跟踪技术，提出了科技创新体系、人才队伍培养和科技投入等一系列科技发展的保障性措施。

2014 年 8 月，浙能集团印发《浙江省能源集团有限公司信息化规划（2014—2018）》，提出实施“ERP 大集中”为核心的“ZN163”工程，构筑浙能集团纵向贯通、横向集成的一体化企业级信息平台，形成战略决策、计划投资、经营管理、综合管理、专业运营、生产监控六大类业务应用系统，构建 IT 组织、标准、绩效三项信息化管控保障体系。

2014 年 8 月，浙能集团对《科技管理办法》和《科技创新考核与奖励办法》进行了修订，增加了科技统计报告、科技预算管理、浙江能源科学技术奖评审流程和评审指标等相关内容。

2015 年 3 月，浙能集团对《网络与信息安全管理办法》进行了修订，进一步明确了集团公司、各板块管理公司和营运企业的网络安全管理职责。

2017 年 3 月，浙能集团印发《关于加强科技创新的指导意见》。指导意见提出深化科技创新管理机制改革、着力建设科技创新人才队伍、强化科技创新平台建设与资源共享、完善科技创新激励机制等方面的工作要求。

2017 年 3 月，浙能集团根据科技创新面临的新形势和新要求，对集团《科技管理办法》《科技创新考核与奖励办法》进行了修订，优化了集团科技项目、科技成果、科技考核奖励等相关管理流程，加大了科技创新考核奖励力度；制定印发《科技研究开发费用管理办法》，提出了科研经费全集团统筹调配的工作流程，对浙能集团科研经费的统筹与使用进行了规范。

2018年2月，浙能集团印发《浙江省能源集团有限公司2018—2022年及中长期科技创新规划》。规划围绕浙能集团“能源立业、科技兴业、金融富业、海外创业”的发展思路，深刻分析了浙能集团科技创新现状，明确了2018—2022年及中长期浙能集团科技创新工作的指导思想、基本原则、发展目标、工作任务和重大举措。

2019年3月，根据实际管理需要，浙能集团对《信息化工作管理办法》《网络与信息安全管理办法》《信息化项目管理办法》《科技管理办法》《科技研究开发费用管理办法》等科技与信息化管理制度进行了修订，对网络安全与信息化规范管理、科技平台、科技项目与成果、研发经费统筹等方面的管理进行进一步的完善。

2019年7月，浙能集团印发《关于集团领导班子成员分工调整的通知》(浙能办传〔2019〕3号)，由集团副总经理朱松强分管科技与信息化管理部，负责集团科技项目开发与管理、科学研究、信息化管理工作。

2019年8月，浙能集团印发《关于成立浙能集团有限公司科学技术委员会的通知》(浙能信〔2019〕391号)，浙能集团首届科学技术委员会正式成立。科学技术委员会是浙能集团开展科技创新咨询、论证和评估的高层次咨询顾问机构，负责向董事会提供专业化审核意见，并根据董事会授权履行相应的审核和决策职责。首届科学技术委员会由13位委员组成，集团副总经理朱松强担任主任委员，科学技术委员会下设办公室，办公室设在集团科技与信息化管理部。

第二章 技 术 研 发

第一节 电力技术研发

一、融入城镇化进程的机组供热关键技术研究与应用

2011年3月，浙能集团印发《关于下达2011年度科技项目的通知》(浙能生〔2011〕134号)，“融入城镇化进程的机组供热关键技术研究与应用”项目由浙能集团正式立项。项目由浙江浙能镇海发电有限责任公司负责，浙江浙能技术研究院等单位共同承担，主要针对大型凝汽式发电机组在融入城镇化进程中的供热关键技术进行研究。

2012年底，项目完成各项研发工作，取得的主要研究成果包括：

(1) 制定了符合长距离、末端大用户支撑的供热管网优化设计方案。

(2) 通过研究试验和改造，实现“停机不断汽、停炉缓断汽”目标，提高机组供热可靠性。

(3) 通过试验验证增大再热器减温水量方法的可行性并加以实施，以解决由于供热电负荷下降、再热器超温及锅炉磨损等影响锅炉设备安全的问题。

(4) 通过计算，以在汽轮机中压转子叶轮上堵平衡孔的方法来增加机组的正向轴向推力，解决机组由于供热后轴向推力超标问题。

(5) 通过优化再热冷段碟阀控制措施，保证高压排汽压力在合理范围内，从而确保汽轮机高压缸末级的运行安全。

(6) 通过调整机组抽汽调节阀控制策略，解决多台机组供热抽汽母管同时向一个集箱供热时，控制信号发生耦合，相互牵制的问题，保证供热集箱压力稳定。

(7) 通过研究城市中水深度处理系统，解决供热后机组化学补充水备用来源问题。

(8) 通过脱硫、脱硝和电除尘提效改造，改进环保设施，以满足融入城镇化进程对节能减排与环保的要求。

项目实施后，浙江浙能镇海发电有限责任公司机组供电与发电煤耗率分别下降了18.45克/千瓦时和20.28克/千瓦时，2011—2013年，年

均新增经济效益约为1.38亿元，累计减少二氧化硫（SO_2）排放量3300吨，减少烟尘排放量6429吨，减少二氧化碳（CO_2）排放量100万吨，具有显著的经济效益和社会效益，为国内同类型机组的供热改造提供了成功样板。2014年1月，项目通过浙江省电力学会组织的成果鉴定，荣获2014年度浙江电力科学技术奖一等奖等奖项。

二、进口亚临界600兆瓦汽轮机性能诊断和增效扩容改造技术研究

2011年10月，“进口亚临界600兆瓦汽轮机性能诊断和增效扩容改造技术研究”由浙能集团正式立项。项目由浙江浙能北仑发电有限公司负责，主要针对进口亚临界600兆瓦汽轮机实施高中压通流技术研究及应用。

2012年底，项目顺利完成各项研发和改造工作，取得的主要研究成果包括：

（1）通过理论分析，找出了原机型高中压缸级负荷分配过大、隔板变形严重、通流效率低的原因，对高压缸采用高效率的冲动式+反动式优化组合设计，对中压缸采用具有先进的空气动力学特性的反动双流设计，替代原冲动式设计，显著提升了汽轮机通流部分效率。

（2）通过流场数值模拟，明确高压阀组进汽压损失大的原因，采取优化通道型线及控制方式，将三阀改两阀运行以减少节流损失。改进阀杆漏汽多级回收技术以减少热能损失，提高了机组运行的经济性。

（3）针对原轴承存在负载大、自位能力差等问题，通过计算分析，优化了轴承的压比，提高了轴系运行的稳定性和安全性。

（4）该成果形成高压导汽管进汽密封、斜置预紧力中压密封板、汽封优化等13项创新技术，可为后续同类型机组改造提供技术支持。

（5）总结制定了《现役火力发电机组升级改造管理导则》，为后续机组增效扩容改造的规范化、系统化提供指导。

项目实施后，浙江浙能北仑发电有限公司3号机组汽轮机高压缸效率（包括高压阀组压损）由81.4%提升至89.6%，中压缸效率由88.1%提升至92.0%，高压阀组压损由7%~8%下降至3.07%，机组铭牌出力增加至660兆瓦，机组供电煤耗下降了8克/千瓦时，节能减排效益明显。2014年1月，项目成果通过浙能集团组织的成果鉴定，荣获2014年度中国电力科学技术奖三等奖、浙江电力科学技术奖一等奖。

三、提高中速磨煤机出口温度研究及应用

2012年3月，浙能集团印发《关于下达2012年度科技项目的通知》（浙能生〔2012〕406号），“提高中速磨煤机出口温度研究及应用”项目由浙能集团正式立项。项目由浙江浙能温州发电有限公司负责，主要针对中速磨煤机提高出口温度开展理论与应用研究，以期降低锅炉排烟温度，从而实现提高锅炉效率、降低发电煤耗的目标。

2012年底，项目完成各项研发工作，取得的主要研究成果包括：

（1）在热分析、红外分析、热平衡计算和数值模拟等研究的基础上，结合磨煤机内温度场测试，首次提出了将一氧化碳（CO）开始析出温度作为磨煤机进口热风温度的安全性指标参数。

（2）通过对磨煤机内温度场分布与热交换过程的理论与试验研究，得出了煤粉颗粒所能达到的最高温度范围及其粒径、比例分布，为提高磨煤机出口温度提供了理论支持。

项目成果先后在浙能集团所属9个电厂24台大型燃煤发电机组上推广应用，磨煤机出口温度提高到95~100℃，排烟温度下降6~7℃，平均降低机组发电煤耗约1克/千瓦时，经济效益和社会效益可观。项目成果促进了国家相关标准的修订，标准中已取消了对磨煤机出口温度的限制，使得项目成果在全国范围内得到广泛的间接应用。2013年2月，项目通过浙能集团组织的成果鉴定，荣获2013年度浙江电力科学技术奖一等奖及全国电力职工技术成果奖二等奖。

四、火电厂热控系统防雷与抗干扰能力的研究及应用

2012年3月，浙能集团印发《关于下达2012年度科技项目的通知》（浙能生〔2012〕406号），“火电厂热控系统防雷与抗干扰能力的研究及应用”项目由浙能集团正式立项。项目

由浙江浙能乐清发电有限公司负责，主要针对电厂遭受雷电及电磁干扰引起设备损坏、控制系统运行异常，及机组跳闸等不安全事件，研究发电厂热控系统抗干扰技术。

2013年底，项目完成各项研发工作，取得的主要研究成果包括：

（1）系统性地开展热控系统防雷与抗干扰技术研究，提出了“发电厂热控系统硬软件抑制干扰信号的方法与预控措施”，为发电厂提高热控系统防雷与抗干扰能力提供了解决方案。

（2）研发了针对火电厂干扰信号特征与现场环境的“可编程多功能干扰防护器”“屏蔽电缆现场侧瞬间接地连接器”等干扰防护器，解决了热控设备抗雷击和强电磁干扰等难题。

（3）采用非电磁测量机理，研发了激光液位、光纤振动和温度传感器，提高了测量设备的抗干扰能力。

（4）系统性开展了火电厂热控系统防雷与抗干扰技术理论研究，编写出版了《火电厂热控系统反隔离与抗干扰技术》专著一部。

项目成果提高了发电厂DCS控制系统的防雷击与抗干扰水平，确保设备在复杂电磁环境下可靠运行，减少热控系统非计划停运次数，以及有效指导了发生干扰故障后，如何快速分析查找和处理。2015年1月，项目通过浙能集团组织的成果鉴定，荣获2015年度浙江电力科学技术进步奖一等奖、中国自动化学会科学技术一等奖等奖项。

五、大型内陆电厂冷端系统综合治理及优化

“大型内陆电厂冷端系统综合治理及优化”科技成果源于浙江浙能兰溪发电有限公司解决大型内陆电厂冷端系统（包括汽轮机低压缸、凝汽器、凝汽器抽真空系统等主要设备）缺陷及其经济运行问题的研究及实践，通过对占整机热量比例达50%以上的机组冷端损失的理论研究以及大量现场试验，获得了内陆电厂机组冷端系统优化技术及方案。

2015年6月，项目完成各项研发工作，取得的主要研究成果包括：

（1）首次采用细分区间统计方法开展大型内陆电厂冷端设备变工况运行特性研究，形成冷端系统优化改造判据，进行改造效果定量考评。

（2）首次采用大数量集中喷射清洗球的凝汽器清洗系统改造方法，该系统清洗球与喷射泵不直接接触，单次喷射约覆盖一半冷凝管数量，确保凝汽器长周期清洁运行。

（3）采用冷端设备耦合优化方法，实施冷却塔改造、循环水泵改造、凝汽器清洗系统改造，实现了内陆电厂冷端系统综合治理及优化，冷却塔改造可平均降低出塔水温约0.6℃，循环水泵改造后的冷端优化可降低供电煤耗约0.7克/千瓦时，凝汽器清洗系统改造可降低供电煤耗0.6~0.7克/千瓦时。

项目成果先后在浙能集团所属多个电厂共10台机组上推广应用，节省燃料成本6600余万元。2016年2月，项目成果通过浙能集团组织的成果鉴定，荣获2016年度浙江电力科学技术进步奖一等奖。

六、纯凝机组高品质工业供汽协同优化改造技术研究

2013年起，台州发电厂与浙江浙能技术研究院有限公司合作共同开展纯凝机组高品质工业供汽协同优化改造技术相关研究工作，项目以实现纯凝机组高品质供汽为目的，研究再热冷段、热段及主蒸汽三种抽汽供热，制定多汽源协同供热策略。

2016年底，项目完成各项研发工作，取得的主要研究成果包括：

（1）研究开发基于膜处理技术的节能型凝补水除氧装置，首次成功应用于凝汽器化学补水系统，解决了大型纯凝工业供汽机组溶氧偏大的问题。

（2）率先提出并实现利用供汽管网蓄热能力提升纯凝工业供汽机组AGC和一次调频性能品质。

（3）首次提出增设二级再热器减温系统，解决主蒸汽大流量抽汽引起锅炉再热器超温等问题，实现多点热源协同供热，提高纯凝机组供热灵活性及可靠性。

（4）通过对高压缸末级叶片强度与再热段供热能力的研究，采用增加高压缸末级叶片轴向宽度等措施，提高纯凝机组再热冷段、热段供热

能力，进一步提高机组热经济性。

项目成果应用在台州发电厂四台 300MW 等级纯凝发电机组，单台机组最大供热能力由 130 吨/小时提升至 330 吨/小时。通过大流量高品质供热，使台州发电厂全厂供电煤耗降低了 7.25 克/千瓦时，实现全厂平均供汽 120 万吨/小时，每年供热直接增加利税超 4000 万元。通过大型发电厂集中供热替代周边分散小锅炉，减少社会燃烧 14.96 万吨标准煤，减少排放 1224 吨二氧化硫、2634 吨粉尘以及 872 吨氮氧化物（NO_x）等污染物，经济效益突出，环保效益明显，极大提升周边空气质量。2017 年 2 月，项目顺利通过浙江省电力学会组织的成果鉴定，荣获 2017 年度浙江省科学技术进步奖二等奖。

七、斗轮机集中自动控制系统研发与应用

2014 年 3 月，浙能集团印发《关于下达 2014 年度科技项目的通知》(浙能生〔2014〕204 号)，“斗轮机集中自动控制系统研发与应用”项目由浙能集团正式立项。项目由浙江浙能乐清发电有限责任公司负责，主要针对燃煤电厂智能燃料技术开展斗轮机集中自动控制系统关键技术研发及示范应用。

2014 年底，项目完成各项研发工作，取得的主要研究成果包括：

（1）建立了以激光扫描系统三维数据为基础之一的煤垛模型。

（2）实现了斗轮机皮带煤流量的实时准确监测，作为堆取煤控制调节参数。

（3）实现了斗轮机大车及斗轮位置的三维空间定位，解决了编码器运行过程中烦琐的复位以及稳定性问题。

（4）实现了单台斗轮机堆取煤过程的远程全自动控制。

（5）建立了多台斗轮机的远程集中自动控制平台，为实现全厂斗轮机自动控制以及为建立数字化煤场奠定了基础。

项目实施后，有效提高了浙江浙能乐清发电有限责任公司斗轮机自动化水平，减轻了司机劳动强度，改善了工作环境，提升了工作效率，同时提升了电厂的节能降耗、绿色安全运行水平，每年为电厂节约人工成本 250 万元，电耗成本 108 万元。项目可复制性强，具有规模效益，已先后推广至全国二十几家电厂 53 台斗轮机。2015 年 2 月，项目通过浙能集团组织的成果鉴定，荣获 2017 年度浙江电力科学技术进步奖一等奖、中国电力创新奖二等奖等奖项。

八、超临界机组深度节能控制的关键技术及应用

2015 年起，浙江浙能中煤舟山煤电有限责任公司联合国网浙江省电力科学研究院、浙江大学等单位，开展超临界机组深度节能控制关键技术相关研究。项目主要针对在线煤种识别及燃烧优化、多元负荷激励的抽汽调度及复合调频、节能协调控制等一系列技术难题开展攻关，在兼顾调峰调频能力的同时，提高燃煤机组的运行经济性。

2017 年底，项目完成各项研发工作，取得的主要研究成果包括：

（1）针对锅炉煤种复杂多变、难以在线测量的现状，首次提出了基于碱金属元素火焰特征光谱的煤种辨识方法，并开发了相应的在线煤种辨识系统，实现了高准确率的燃煤识别，根据辨识结果优化机组的配风、给粉、协调控制，有效提高了煤种频繁切换过程中的控制品质和燃烧效率。

（2）针对超临界机组汽轮机调门调节能力和节流损失之间的矛盾，首次提出了多元负荷激励和复合调频方法，以频差及负荷为判据，针对系统的差异，同步控制系统中凝泵频率、除氧器上水阀门、前置蒸汽冷却器给水偏置、给水旁路阀门、补汽阀、高压调门等多个耦合对象，实现多元负荷激励的抽汽调度及复合调频，在兼顾机组负荷调节与一次调频性能的同时，降低常态运行时汽轮机的节流损失，提高机组运行的经济性。

（3）针对超临界机组气压、气温调节的大惯性、长迟延的自身控制难点，攻关常规预测控制模型辨识要求高、工况适应性差等难点，提出了带扰动与参考模型的广义预测控制方法、带导前扰动模型的预测函数控制方法，改善机组气温与协调控制品质与工况适应性，提高机组运行平均气温，扩大了 AGC 可用范围。

项目成果结合预测控制的调门滑压优化技术和采用复合抽汽调频激励技术，在满足 6% Pe 最大调频要求的同时，避免了将汽轮机调门长期运

行在35%~38%开度以下，降低了机组的节流损失，折算后平均可降低机组发电标准煤耗0.8~2.0克/千瓦时。2017年底，项目通过中国电机工程学会组织的验收，荣获2018年度浙江省科学技术进步奖二等奖等奖项。

九、发电厂控制与管理系统信息安全防护关键技术及应用

2016年起，浙能台州第二发电有限责任公司、浙能技术研究院有限公司等单位开展联合攻关，开展发电厂控制和管理系统信息安全防护相关关键技术的研究工作。

2017年底，项目完成各项研发工作，取得的主要研究成果包括：

（1）基于网络流量的协议格式，首次实现了Ovation DCS网络私有协议的逆向解析，采用网络威胁深度检测技术，开发了国内第一套针对电厂DCS专用的工控威胁感知系统，实现电厂控制网络运行状况实时检测，及时发现网络异常行为。

（2）基于沙箱重定向和文件过滤驱动技术，创新发明了沙箱快速恢复和智能检测方法，开发了国内第一套针对电厂控制与管理系统的APT攻击预警平台，在生产控制大区和管理大区成功应用，提升了电厂对未知病毒的攻击预警与防护能力。

（3）提出了最小工控安全域划分方法，实现网络安全威胁量化评估和纵深防御体系，开发了国内第一套火电厂控制与管理系统信息安全态势感知平台，通过电厂全网安全信息的实时监控与统一管理，提高电厂网络安全防护能力。

项目成果先后在浙能集团所属多家电厂推广应用，为浙能集团新增产值约1.2亿元，新增利税3000余万元。基于项目成果，出版了国内首部电厂信息安全著作《发电厂控制与管理系统信息安全》，制定了电力行业团体标准《发电厂监控系统信息安全评估导则》，参与制定了《信息安全技术 工业控制系统安全管理基本要求》和《信息安全技术工业控制网络监测安全技术要求及测试评价方法》2项国家标准。2018年1月，项目通过中国自动化学会组织的成果鉴定，荣获2018年度浙江电力科学技术进步奖一等奖、中国电力科学技术进步奖三等奖等奖项。

十、大型发电厂高压母线电压控制技术研究和工程应用

2016年3月，浙能集团印发《关于下达2016年集团科技项目计划的通知》（浙能生〔2016〕103号），“大型发电厂高压母线电压控制技术研究和工程应用”项目由浙能集团正式立项。项目由浙江浙能技术研究院有限公司负责，浙江浙能温州发电有限公司等单位参与，主要针对大电网动态无功储备日益减少和电压稳定性面临威胁的情况下，大型发电厂高压母线电压控制理论、技术及应用问题的研究。

2018年底，项目完成各项研发工作，取得的主要研究成果包括：

（1）提出了一种AVC与PSVR协调控制方法，使AVC能根据电网运行状态实时控制PSVR投退，动态调整PSVR系统电压给定值，实现了发电机机端电压和系统母线电压的协调控制，提高了机组无功功率储备水平和电力系统电压稳定性。

（2）提出了多算法同向标幺化评价的智能电压控制及优化方法和基于算子变量递归识别技术的复合表达式智能解析方法。在AVC软件开发中引入图形化逻辑组态方法，实现了一种AVC系统同时适用于可再生能源和传统能源发电厂。

（3）从理论上研究了PSVR的机理，揭示了PSVR对发电厂高压母线电压稳定性及机组动态无功功率的影响规律。

（4）基于研究成果研发了PSX800发电厂AVC系统和PCS9410-PSVR装置，完成了RTDS实时数字仿真试验、物理动模试验和现场试验，并在多个发电厂广泛应用。

项目实施后，PSVR装置在台州发电厂等国内18台发电机投入运行，PSX800发电厂AVC控制系统已在温州电厂等国内26个火电厂和45个新能源电站投入运行，项目成果产品销售产生的直接经济效益达2871万元。项目提出的PSVR数学模型已被中国电力科学研究院采用列入电力系统分析综合程序7.4版动态元件模型库，并已写入国家标准《同步电机励磁系统—电力系统研究用模型》最新修订文件，推动了新一代电压控制技术创新与发展。2019年1月，项目通过浙江省电力学会组织的科技成果鉴定，

荣获2019年度浙江电力科学技术进步奖一等奖等奖项。

截至2019年，浙能集团电力领域重点在研项目见表11-2-1。

表11-2-1 浙能集团电力领域重点在研项目汇总表

序号	项目名称	负责单位	经费（万元）
1	智能电厂研究示范	浙江浙能台州第二发电有限责任公司	15300
2	大规模电力储能电站关键技术研究	萧山发电厂	1030
3	300MW抽凝机组供热灵活性研究和示范	浙江浙能绍兴滨海热电有限责任公司	9100
4	1000MW超超临界燃煤机组灵活性调峰技术研究	浙江浙能台州第二发电有限责任公司	4100
5	燃煤电厂燃料全流程精准控制	浙江浙能兰溪发电有限责任公司	2200
6	基于一二次风精准测量的智能风粉调平及燃烧优化系统的研究应用	淮浙煤电有限责任公司凤台发电分公司	1300
7	小汽轮机+双级动叶可调轴流式引风机的应用研究	淮浙煤电有限责任公司凤台发电分公司	1100
8	火电厂制粉系统整体提效节能技术的研究与应用	浙江浙能乐清发电有限责任公司	2000

第二节 煤炭技术研发

一、浙能集团燃煤电厂汞输入和大气汞排放数据库及系统

2012年3月，浙能集团印发《关于下达2012年度科技项目的通知》（浙能生〔2012〕406号），“浙能集团燃煤电厂汞输入和大气汞排放数据库及系统”项目由浙能集团正式立项。项目由浙江浙能富兴燃料有限公司负责，浙江浙能嘉华发电有限公司、浙能技术中心共同承担，主要针对燃煤电厂的大气汞排放情况，开展在线大气汞排放研究及数据库建立。

2012年底，项目完成各项研发工作，取得的主要研究成果包括：

（1）建立了浙能集团燃煤汞数据库及燃煤机组大气汞排放的数据库。

（2）建立了浙能集团典型燃煤机组汞排放清单的计算模型。

（3）提出了大气汞监测的方式方法。

2014年2月，项目通过浙能集团组织的验收，荣获2014年度浙江电力科学技术奖三等奖。

二、环保配煤技术研究

2012年3月，浙能集团印发《关于下达2012年度科技项目的通知》（浙能生〔2012〕406号），“环保配煤技术研究”项目由浙能集团正式立项。项目由浙江浙能富兴燃料有限公司负责，主要针对不同煤种特性，开展环保配煤的技术方案及安全措施研究。

2013年底，项目完成各项研发工作，取得的主要研究成果包括：

（1）获得了典型煤种掺烧试验相关数据。

（2）提出了掺烧褐煤及低质煤的环保控制指标。

（3）提出了浙能集团进口原煤的掺烧方案。

2014年2月，项目通过浙能集团组织的验收。

三、浙能电厂掺烧褐煤及低质煤技术经济性研究

2012年3月，浙能集团印发《关于下达2012年度科技项目的通知》（浙能生〔2012〕406号），“浙能电厂掺烧褐煤及低质煤技术经济性研究”项目由浙能集团正式立项。项目由浙江浙能富兴燃料有限公司负责，浙江浙能乐清发电有限责任公司、浙江浙能温州发电有限公司、浙江省洁净煤技术研究开发中心等单位作为共同承担。主要针对褐煤和低质煤煤质特性及配煤特性，及其对磨煤机干燥出力、制粉系统出力、带负荷能力、锅炉燃烧、锅炉尾部传热，结渣、排渣安全性、环保排放（包括 SO_2、NO_x）的影响进行研究，制定浙能电厂掺烧褐煤及低质煤的技术方案及安全措施，保证电厂燃烧安全和燃料供

应安全。

2012年底，项目顺利完成各项研发工作，取得的主要研究成果包括：

（1）提出了安全经济掺烧褐煤及低质煤的煤质控制指标。

（2）提出了浙能集团燃煤电厂（300MW及以上机组主要典型锅炉）掺烧褐煤及低质煤的技术和安全措施方案。

（3）提出掺烧褐煤及低质煤的安全、经济性评价规范，为浙能集团煤炭采购提供了重要参考。

2013年2月，项目通过浙能集团组织的验收。

四、进口煤的燃烧特性、分类及其适烧性试验研究

2013年3月，浙能集团印发《关于下达2013年度科技项目的通知》（浙能生〔2013〕468号），“进口煤的燃烧特性、分类及其适烧性试验研究”项目由浙能集团正式立项。项目由浙江浙能富兴燃料有限公司负责，浙江浙能兰溪发电有限公司、浙江浙能台州发电有限公司等单位共同承担，主要针对进口煤的燃烧特性和分类，开展燃煤机组适烧性试验和研究。

2013年底，项目完成各项研发工作，取得的主要研究成果包括：

（1）提出安全经济掺烧褐煤及低质煤的煤质控制指标。

（2）提出了浙能电厂300MW及以上机组主要典型锅炉掺烧褐煤及低质煤的技术方案和安全措施。

（3）提出掺烧褐煤及低质煤的安全、经济性评价方法，为煤炭采购、掺烧提供依据。

2014年2月，项目通过浙能集团组织的验收，荣获2014年度浙江电力科学技术奖三等奖。

五、煤炭贮存时间与热值损失的研究

2013年3月，浙能集团印发《关于下达2013年度科技项目的通知》（浙能生〔2013〕468号），“煤炭贮存时间与热值损失的研究”项目由浙能集团正式立项。项目由浙江浙能富兴燃料有限公司负责，浙能集团煤炭分公司、浙江越华能源检测有限公司等单位共同承担，主要针对典型煤种热损规律，开展煤炭贮存时间与热值损失研究。

2013年底，项目完成各项研发工作，取得的主要研究成果包括：得出煤炭贮存时间与热值损失的定量关系，为煤炭科学经济调运、煤炭场地堆存损失计算提供了理论依据，为集团所属电厂煤场科学、经济堆放提供重要的参考。

2014年2月，项目通过浙能集团组织的验收。

六、浙能集团燃用动力煤中微量元素及其燃烧过程中释放规律研究

2015年3月，浙能集团印发《关于下达2015年度科技项目计划的通知》（浙能生〔2015〕86号），“浙能集团燃用动力煤中微量元素及其燃烧过程中释放规律研究”项目由浙能集团正式立项。项目由浙江浙能富兴燃料有限公司负责，浙江浙能技术研究院有限公司共同承担，主要针对燃煤电厂环保控制要求，开展燃用动力煤中微量元素及其燃烧过程中释放规律研究。

2017年底，项目完成各项研发工作，取得的主要研究成果包括：

（1）建立了集团采购的内贸和进口煤主要煤种有害微量元素数据库。

（2）得到了有害微量元素对燃煤电厂超低排放系统运行的影响规律。

（3）建立了有害微量元素的风险评估方法。

2018年1月，项目通过浙江省电力学会组织的成果鉴定，荣获2018年度浙江电力科学技术奖二等奖。

七、斗轮机配煤用变角度电子皮带秤的研究

2015年3月，浙能集团印发《关于下达2015年度科技项目计划的通知》（浙能生〔2015〕86号），“斗轮机配煤用变角度电子皮带秤的研究”项目由浙能集团正式立项。项目由浙江浙能港口运营管理有限公司负责，主要针对斗轮机的悬臂角度改变造成无法正确配煤等问题，开展斗轮机配煤用变角度电子皮带秤研究并建立电子皮带秤自动修正数学模型。

2017年7月，项目完成各项研发工作，取得的主要研究成果包括：

（1）消除了斗轮机悬臂倾角变化对电子皮带秤计量准确性造成的影响。

（2）实现了斗轮机作业过程中两台电子皮带秤实时比对等功能。

（3）建立了电子皮带秤故障自动诊断，提高了电子皮带秤工作的可靠性，为煤场智能化建设提供了基础。

（4）减少由于取煤超载引起的设备频繁启停，延长了机械设备的使用寿命。

2017年7月，项目通过浙能集团组织的验收，荣获2018年度浙江电力科学技术进步奖优秀奖。

八、火力发电厂煤炭分质分级利用多联产技术研究

2016年3月，浙能集团印发《关于下达2016年集团科技项目计划的通知》（浙能生〔2016〕103号），“火力发电厂煤炭分质分级利用多联产技术研究”项目由浙能集团正式立项。项目由浙江浙能技术研究院有限公司负责，主要针对火力发电厂典型煤种的煤质特性分析和对应半焦的各种特性，开展煤炭分质分级利用多联产技术研究。

2017年底，项目完成研发工作，取得的主要研究成果包括：

（1）形成了集团内典型煤种的煤质特性分析和对应半焦的各种特性研究报告。

（2）基于当前超临界循环流化床锅炉技术及大型烟煤循环流化床多联产技术发展现状，论证了火力发电煤炭分质分级利用多联产技术的可行性。

（3）基于典型煤种，提出了350兆瓦和660兆瓦超临界循环流化床热解燃烧分级转化热电煤气焦油多联产装置方案，进行了系统模拟和初步的经济性分析。

2017年12月，项目通过浙能集团组织的验收。

九、智慧燃料信息平台建设

2017年3月，浙能集团印发《关于下达2017年集团科技项目计划的通知》（浙能信〔2017〕107号），“智慧燃料信息平台建设”项目由浙能集团正式立项。项目由浙江浙能富兴燃料有限公司负责，浙江浙能技术研究院有限公司共同承担，主要针对煤炭的采购和调运决策优化，开展智慧燃料信息平台系统开发。

2017年底，项目完成各项研发工作。取得的主要研究成果包括：

（1）建立了《智慧燃料信息平台》系统。

（2）进行煤种流向节约成本最优方案选择和排序，指导经济调运。

（3）利用煤种热值、硫分及价格数据进行性价比预测，指导新煤种的采购。

2017年12月，项目通过浙能集团组织的验收。

十、印尼褐煤储运过程中的热损与自燃问题研究

2018年3月，浙能集团印发《关于下达2018年集团科技项目计划的通知》（浙能信〔2018〕103号），“印尼褐煤储运过程中的热损与自燃问题研究”项目由浙能集团正式立项。项目由浙江浙能港口运营管理有限公司负责，主要针对印尼煤在储运过程中热损快、易自燃的问题，开展储运过程中的热损与自燃问题研究。

2019年底，项目完成各项研发工作，取得的主要研究成果包括：

（1）提出了实现阶梯式堆煤法的建议。

（2）确定了印尼褐煤的风险温度及合理的煤场巡检测温。

（3）提出了处理冒烟点的方法。

（4）初步建立了印尼褐煤煤堆氧化模型。

（5）编制了《六横港口印尼褐煤储运过程中的热损与自燃问题研究报告》。

2019年12月，项目通过浙能集团煤炭分公司组织的验收。

截至2019年底，浙能集团煤炭及运输领域重点在研项目见表11-2-2。

表11-2-2 浙能集团煤炭及运输领域重点在研项目汇总表

序号	项目名称	负责单位	经费（万元）
1	大型煤炭中转码头散料装船系统智能协同控制技术研究	浙江浙能港口运营管理有限公司	600
2	煤炭业务内外部大数据分析及辅助决策研究	浙江浙能富兴燃料有限公司	600

第三节 油气技术研发

一、杭甬天然气管道工程钱塘江水平定向钻穿越工程的研究

2003年9月，“杭甬天然气管道工程钱塘江水平定向钻穿越工程的研究”科技项目由浙能集团正式立项。项目由浙江省天然气开发有限公司、中石油管道局穿越公司等单位共同承担。该项目同时也是中石油“十一五”重大科研项目——滩海油气管道长距离穿越的依托工程。

项目对钱塘江穿越位置、行洪过坝、定向钻与顶管盾构不同穿越施工方案进行了研究比选；开展了钱塘江过江点河床冲刷模型研究；在潮汐河流铺设水下交流线圈，采用探地雷达对丁字坝进行过坝沉石深度探测。项目实现了先进定向钻对接技术、长距离套管施工、水平定向钻首次使用压力传感器、实时监测钻杆内及环行空间的泥浆压力等多项技术创新，取得了一系列设计、钻探、施工等领域的突破。

2006年9月，杭甬天然气管道工程钱塘江水平定向钻穿越工程开工。2007年3月，成功穿越。该项定向钻工程的穿越长度位居世界第二，创造了管径×长度综合规模最大的定向钻新的世界纪录，对于国内天然气管道长距离、大口径穿越具有重要的借鉴意义。

二、浙江省天然气长输管道安全监控关键技术研究

2006年6月，由浙江省天然气开发有限公司联合浙江省特种设备检验研究院、浙江大学等单位共同承担的“浙江省天然气长输管道安全监控关键技术研究”项目由浙江省科技厅正式立项。该项目也是浙江省第一个涉天然气安全类重大科技攻关项目。

2009年，完成项目全部研发工作，取得的主要研究成果包括：

（1）基于对土壤与管道耦合分析，在国内外首次建立了适用于水网地区软土环境下施工的天然气管道沉降量、飘浮量、偏移量的失效判据和相应的设计准则，并提出综合考虑土壤和管道相互作用的天然气长输管道敷设施工技术。

（2）针对浙江省天然气长输管道沿线地形特点，引入“特征地形”概念，将复杂的实际地形状况用几种典型的特征地形来代替，利用这些特征地形进行多种条件下的扩散数值模拟计算，并探索建立包含特种地形和特种气象条件的天然气泄漏扩散的数学模型和数据库。利用SCADA系统的实时数据，选用合适的火灾模型和合适的伤害评价准则来预测火灾的危害范围，提出了天然气泄漏事故危害程度预测和评估方法。

（3）完成光纤预警、双层压力管道实时监控、顶管穿越箱涵部位检漏的全天候监测报警、压力管道腐蚀的超声导波检测等天然气长输管道安全监控关键技术的研究，并开发出具有我国自主知识产权的全新的天然气管道箱涵检漏装置，综合形成天然气长输管道泄漏实时安全监控技术。

（4）在天然气管道实时检测系统和泄漏扩散模型的基础上，基于遥感影像（RS）、地理信息系统（GIS）、全球定位系统（GPS）的3S技术，研发了具有我国自主知识产权的基于GIS的天然气长输管道泄漏扩散模拟系统、事故应急救援指挥联动决策系统。在国内外首次实现了气象数据网络和现场采集、管道SCADA系统的实时数据、IP无线视频、抢修车辆定位、IP电话和短信网关、GPRS区域广播、三维立体空间仿真技术等天然气长输管道应急管理技术的集成应用。

（5）完成浙江省天然气管道及储罐活性缺陷（腐蚀、泄漏、断裂）的检测方法和评价技术的研究，并提出了声发射检测、漏磁检测、超声波干耦合自动检测应用于天然气管道及储罐活性缺陷检测的方法集成，解决了工程中对腐蚀、泄漏、断裂等活性缺陷检测的难题。

项目的部分成果应用于浙江省天然气管道调控中心和应急指挥中心的建设，建立了配备以GIS技术为核心的，具有信息处理、检索、分析等强大功能的调度和应急指挥系统，为天然气管道的规划决策、应急救援指挥提供技术支撑，对提高浙江省天然气长输管道的安全运行，确保能源安全稳定供应，推动经济和社会的和谐发展具

有重要意义。

三、天然气管网压力能回收综合利用技术研究及示范工程

2015年3月，浙能集团印发《关于下达2015年度科技项目计划的通知》(浙能生〔2015〕86号)，“天然气管网压力能回收综合利用技术研究及示范工程”由浙能集团正式立项。项目由浙江浙能兴源节能科技有限公司负责、浙能集团城市燃气有限公司共同承担。项目通过天然气压力能综合利用技术的设计研究与计算，开发高效的天然气压力能利用技术，解决低温天然气的补热及工艺安全稳定性等问题，实现高效经济的天然气压力能综合利用。

2017年底，项目完成各项研发工作，取得的主要研究成果包括：

(1) 创新性地提出了一种城镇燃气管网天然气压力能高效综合利用的技术及工艺路线，高效回收天然气管网压力能以实现膨胀发电和冷能制冰，并打破了传统天然气场站及调压站的调压方式和天然气预加热工艺，为天然气场站及调压站提供了一种集经济效益、社会效益和环境效益为一体的节能型调压工艺。

(2) 打破了螺杆膨胀机单机单级膨胀的技术瓶颈，独创性采用两级膨胀+分级补热工艺，成功解决单级膨胀时膨胀压比过大导致的轴封泄漏问题、单级膨胀时天然气温降过大导致的水合物析出及天然气预处理问题，提高了天然气膨胀后的最低温度，大幅降低了螺杆膨胀机组的制造难度，有效降低了制造成本。

(3) 创新性地引入热泵技术，成功解决了天然气膨胀后的分级补热问题，并结合热泵制冰工艺，创造性地解决了天然气压力能利用的经济效益问题。

(4) 独创性地提出了冷量传递介质的概念，选用高效的低温载冷剂作为天然气膨胀过程中的冷量传递介质，分级回收天然气膨胀后的冷能，既保证了天然气调压站的安全稳定性，同时能有效提高制冰效率，降低厂用电率。

项目研究成果在衢州市天然气浮石门站内示范应用，示范工程机组额定输送流量9800标准立方米/小时机组额定输出功率为286千瓦，额定净输出电功率为108千瓦，制冰机额定出力为2.5吨/小时。示范项目余压利用后上网电能收入和节约能耗费用共计43万元/年，项目副产制冰年收入为115万元，年可节约标煤480吨，减少温室气体CO_2排放约1346吨/年，具有良好的经济和社会效益。项目荣获2018年度浙江电力科学技术进步奖一等奖。

四、可控速管道机器人开发与应用

2015年3月，浙能集团印发《关于下达2015年度科技项目计划的通知》(浙能生〔2015〕86号)，“可控速管道机器人开发与应用项目”项目由浙能集团正式立项。项目负责单位为浙江浙能天然气运行有限公司，主要针对天然气管道内检测开发具备可控速的管道内检测机器人进行开发与应用研究。

2018年12月，项目顺利完成各项研发工作，取得的主要研究成果包括：

(1) 完成了国内外可控速管道机器人调研报告一份。

(2) 完成了可控速管道机器人技术方案论证。

(3) 研制了第一代可控速管道机器人样机。

(4) 在第一代可控速管道机器人样机的基础上，完成了第二代样机的研制。

(5) 完成了可控速管道机器人在管道中可通过性测试。

(6) 开发了可通过性计算软件一套，授权发明专利一项。

项目研究了管道机器人的速度调控和管道通过性等关键技术问题，应用项目研究成果构建了油气长输管道高效、高精度内检测装备基础，实现了天然气长输管道完整性管理，提高了管道内检测数据的采集优化，实现了管道全生命周期管理。2018年12月，项目通过浙江浙能天然气运行有限公司组织的验收，荣获2019年度浙江电力科学技术进步奖二等奖。

五、管道内检测数据管理与比对分析

2016年3月，浙能集团印发《关于下达2016年集团科技项目计划的通知》(浙能生〔2016〕103号)，“管道内检测数据管理与比对

分析”项目由浙能集团正式立项。项目由浙江浙能天然气运行有限公司负责，主要针对天然气管道内检测历次数据比对及管理进行研究。

2019年7月，项目顺利完成各项研发工作，取得的主要研究成果包括：

（1）提出管道内检测数据管理及比对的技术方法。

（2）根据管道内检测数据管理需要，建立数据库，完成管道内检测数据管理与比对分析系统的开发。

（3）完成了PC端软件的开发，掌握了源代码。

项目研究成果应用于浙江浙能天然气运行有限公司管道内检测历史数据分析和历次管道内检测数据对比分析，提升管道完整性管理水平。2017年10月，项目通过浙江浙能天然气运行有限公司组织的验收工作，荣获2018年度浙江电力科学技术进步奖三等奖。

六、深埋天然气管道位置探测方法及三维轨迹重构理论研究

2016年3月，浙能集团印发《关于下达2016年集团科技项目计划的通知》（浙能生〔2016〕103号），“深埋天然气管道位置探测方法及三维轨迹重构理论研究”项目由浙能集团正式立项。项目由浙江省天然气开发有限公司负责，主要针对深埋天然气管道位置探测方法及三维轨迹重构进行研究。

2018年底，项目完成各项研发工作，取得的主要研究成果包括：

（1）该项目提出一种光纤陀螺捷联惯性导航进行深埋油管道位置探测的方法。

（2）提出了管道爬行机器人、传感器保持架及缆线拖曳机构组建的管道探测机器人系统。

（3）开展管道三维轨迹重建及交叉工程安全位置计算。

2018年12月，项目通过浙江省天然气开发有限公司组织的项目验收工作。

七、天然气输气站场冗余控制逻辑系统开发

2017年3月，浙能集团印发《关于下达2017年集团科技项目计划的通知》（浙能信〔2017〕107号），“天然气输气站场冗余控制逻辑系统开发”项目由浙能集团正式立项。项目负责单位为浙江浙能天然气运行有限公司，主要针对天然气站场控制系统进行研究，开发具备冗余控制的站控系统。

2018年12月，项目顺利完成各项研发工作，取得的主要研究成果包括：

（1）开发了基于自诊断的支路冗余控制逻辑功能。

（2）开发了基于模糊算法的增量型PI控制器调压功能。

（3）建立了流量计故障模型和报警分类。

（4）优化了站控冗余信号。

（5）开发了一整套PLC逻辑标准化功能。

（6）升级了上位机操作画面。

（7）提出了高性价比的无人站工控安全防护措施。

（8）在湖州中心站实现了调压、计量等支路的冗余控制。

项目实施后，提高湖州中心站场输配的自动化水平和系统的可靠性，实现了计量、调压之路的冗余控制，提供了有力的技术保障。对我国实现天然气站场无人化进程提供了示范案例和技术支撑，在行业内具有极高的推广价值。2018年12月，项目通过浙江浙能天然气运行有限公司组织的项目验收工作，荣获2019年度浙江电力科学技术进步奖二等奖、2019年浙江能源科技技术三等奖。

八、基于无人机技术实现对管道的智能化巡检

2017年3月，浙能集团印发《关于下达2017年集团科技项目计划的通知》（浙能信〔2017〕107号），“基于无人机技术实现对管道的智能化巡检”项目由浙能集团正式立项。项目负责单位为浙江浙能天然气运行有限公司，主要针对无人机自主巡线及野蛮机械AI图像识别问题开展应用研究。

2017年12月，项目顺利完成各项研发工作，取得的主要研究成果包括：

（1）无人机飞行PC软件及源代码一套。

（2）无人机机载控制系统一套。

（3）完成了山区段无人机试飞工作。

（4）实现了挖机AI设备技术的初次应用。

2017年12月，项目通过浙江浙能天然气运行有限公司验收。

九、城镇燃气用户端调压器智能维护保养系统

2018年3月，浙能集团印发《关于下达2018年集团科技项目计划的通知》（浙能信〔2018〕103号），“城镇燃气用户端调压器智能维护保养系统”项目由浙能集团正式立项。项目由浙能集团城市燃气有限公司负责，主要针对小区调压器维护保养过程中的人工测量误差大、检测烦琐、工作量大等问题，研究降低城市燃气终端调压器维护保养过程中的人力物力损耗。

2018年5月，项目完成各项研发工作，取得的主要研究成果包括：

（1）开发了一套具有地图、监控中心、隐患管理、工作管理、调压器管理、系统管理六大功能模块的管理平台，可实现智能化下发任务、员工操作轨迹查询、任务闭环等管理。

（2）开发了具有发现隐患、通知消息、维护保养、调压器管理、NFC识别等功能模块的手机App，有效实现终端与平台数据连接。

（3）开发形成了一套燃气调压器智能维护保养终端仪器，仪器测量范围分别为0~7千帕和0~100千帕两种型号，满足对民用中低压调压器和绝大部分工商用户用调压器的调压和测试。

项目解决了调压器传统维护保养过程中的数据准确性问题和工作量大的问题，填补了国内调压器维护保养检测管理的空白。2018年6月，项目通过浙能集团城市燃气有限公司组织的验收。

十、LNG加气站BOG回收工艺技术经济性研究及应用

2018年3月，浙能集团印发《关于下达2018年集团科技项目计划的通知》（浙能信〔2018〕103号），“LNG加气站BOG回收工艺技术经济性研究及应用”项目由浙能集团正式立项。项目由浙江浙能石油新能源有限公司负责，浙江浙能兴源节能科技有限公司共同承担，主要针对LNG加气站气损较大的问题，开展BOG回收工艺技术经济研究。

2018年12月，项目完成相关研究分析工作，取得的主要研究成果包括：

（1）形成了《LNG加气站BOG回收工艺技术经济性研究报告》。

（2）通过对BOG再液化、再压缩、气化输出三种回收方式的技术优缺点研究分析，可针对加气站现场实际选择合适的BOG回收方式。

（3）通过对奉化加气站改造的投资估算及财务评价，可选择有经济性的改造方式来实现一定的经济效益。

项目研究成果可作为加气站建站设计、改造的指导性文件，在加气站点设计时一并考虑BOG回收工艺，减少后期对站点正常运行的影响。2018年12月，项目通过浙江浙能石油新能源有限公司组织的验收。

截至2019年底，浙能集团油气领域重点在研项目见表11-2-3。

表11-2-3 浙能集团油气领域重点在研项目汇总表

序号	项目名称	负责单位	经费（万元）
1	智能天然气管网研究及应用	浙江浙能天然气运行有限公司	3400
2	天然气流量计实流检定站研究及建设	浙江浙能天然气运行有限公司	3500
3	天然气压差径向透平发电技术研究及装备	浙江浙能天然气运行有限公司	1500
4	天然气工程上下游一体化建设研究及推广	浙江能源天然气集团有限公司	4300
5	综合供能站信息系统研究开发	浙江浙石油综合能源销售有限公司	2500

第四节　环保技术研发

一、脱硫副产物制备高强度 α-半水石膏中试装置的建设及运行

2007 年 4 月，浙江天地环保工程有限公司作为浙江大学的共同承担单位，正式负责“脱硫副产物制备高强度 α-半水石膏中试装置建设及运行”项目的研发工作，该项目是浙江大学承担的国家“十一五”863 计划资源环境技术领域 2006 年度专题课题项目“脱硫副产物制备高强度 α-半水石膏中试装置的研究与开发”的子课题。项目主要针对国内对缺乏相应的具有自主知识产权的规模化生产技术和设备，无法提供大量价格适中的高强度 α-半水石膏等问题，开展了对钙法烟气脱硫产物，运用石膏产品的生产技术、研发针对性技术及工程化研究。

2009 年 12 月，项目顺利完成各项研发工作，取得的主要研究成果包括：

（1）通过研究开发和工程实践总结出了钙法烟气脱硫产物制备高强度 α-半水石膏工艺的适用范围。

（2）通过自主创新、技术集成，建立了规模为 500~1000 千克/釜的中试装置，实现了连续稳定运行。

（3）形成了利用常压盐溶液法将脱硫石膏制成 α-半水石膏粉的工业化装置设计和图纸。

项目实施后，为脱硫石膏的综合利用提供了一个新的方向，提出了工业化装置的初步设计，为今后采用盐溶液法制备高强度的工业化生产奠定了技术基础。2010 年 5 月，浙江天地环保工程有限公司顺利完成了所承担的子课题“脱硫副产物制备高强度 α-半水石膏中试装置建设及运行项目”的全部研究工作，作为“脱硫副产物制备高强度 α-半水石膏中试装置的研究与开发”项目的重要组成部分，顺利通过国家科学技术部验收，荣获 2012 年度浙江电力科学技术奖二等奖。

二、利用城市中水作为发电厂循环水补水的技术研究

2008 年 3 月，浙能集团印发《关于印发 2008 年度集团科技项目的通知》（浙能生〔2008〕112 号），“利用城市中水作为发电厂循环水补水的技术研究”项目由浙能集团正式立项。项目由浙江浙能长兴发电有限公司负责，煤炭科学研究总院杭州环境保护研究院作为共同承担单位。项目着重从工程应用方面来研究直接以城市污水作为补充水，对凝汽器及其他工业冷却水系统的影响和控制。

2009 年 9 月，项目顺利完成各项研发工作，取得的主要研究成果包括：

（1）通过进行城市中水直接作为循环冷却水补水可行性的研究，城市中水直接作为循环冷却水补水不可行，中水需经脱氮处理后才能用作循环冷却水的补充水。

（2）掌握 Nitrobacteria-Ⅱ硝化菌扩培技术，系统地获得硝化反硝化工艺控制要点、处理设备及构筑物设计参数，形成成熟的硝化反硝化深度脱氮技术体系。

（3）在常温和低温以及进水 pH 中性条件下，通过控制影响 Nitrobacteria-Ⅱ硝化菌在载体填料中固着并迅速繁殖的工艺要点，稳定实现工艺系统出水 NH_3-N<1.0 毫克/升。

（4）本项目开发的 NC-5ppi 型专用填料，固定化微生物后密度接近于水的密度，比表面积为 23.3 立方米/克，微生物量高达 10~18 克/升。

（5）建立 60000 立方米/天城市中水综合利用工程，实现市政污水资源化目标，工程出水 NH_3-N<1.0 毫克/升，COD_{cr}<20.0 毫克/升。

项目实施后，从根本上解决了浙江浙能长兴发电有限公司的水资源安全问题。2010 年 1 月，项目通过浙能集团组织的鉴定，荣获 2010 年度浙江电力科学技术奖一等奖。

三、600MW 机组 NO_x 排放和锅炉安全及经济性关系的研究

2011 年 3 月，浙能集团印发《关于下达 2011 年度科技项目的通知》（浙能生〔2011〕134 号），“600MW 机组 NO_x 排放和锅炉安全及经济性关系的研究”项目由浙能集团正式立项。项目由浙江浙能兰溪发电有限责任公司负责，浙江浙能乐清发电有限公司、浙江浙能技术研究院

有限公司等单位而共同承担。项目主要针对火力发电机组锅炉 NO_x 排放浓度、锅炉效率、水冷壁高温腐蚀倾向性进行研究，综合评判锅炉低 NO_x 燃烧的安全性、环保性、经济性三者之间的关系及其平衡点，实现锅炉协调优化运行。

2011 年 12 月，项目顺利完成各项研发工作，取得的主要研究成果包括：

（1）通过理论分析研究，首次提出了环保性、安全性、经济性三维耦合分析的方法来实现锅炉运行协调优化。

（2）采用锅炉水冷壁矩阵式烟气成分测量方法，首次建立了 CO、硫化氢（H_2S）、氧气（O_2）对高温腐蚀倾向性的判断准则。

（3）发现对于旋流前后墙对冲燃烧锅炉，CO 排放浓度较高，对锅炉效率有较大影响。

采用锅炉三维耦合分析方法协调优化后，浙江浙能乐清发电有限公司发电煤耗降低约 2.3 克/千瓦时，兰溪发电有限责任公司夏季发电煤耗降低约 2.09 克/千瓦时，综合每年节约可计算成本 3630 万元，经济效益明显。同时，项目成果应用有助于避免锅炉高温腐蚀问题，从而对降低锅炉水冷壁的维护成本，提升机组运行经济性起到促进作用。2012 年 2 月，项目通过浙能集团组织的验收，荣获 2012 年度浙江电力科学技术奖一等奖。

四、无旁路的脱硫装置工程化设计与应用

2011 年 3 月，浙能集团印发《关于下达 2011 年度科技项目的通知》（浙能生〔2011〕134 号），“无旁路的脱硫装置工程化设计与应用”项目由浙能集团正式立项。项目由浙江天地环保工程有限公司负责。项目主要针对取消脱硫旁路后脱硫系统设计关键技术进行研究。

2012 年 12 月，项目顺利完成各项研发工作，取得的主要研究成果包括：

（1）提出了全新的锅炉和脱硫装置相互交叉启停控制顺序。

（2）编制了《火电厂无旁路烟气脱硫（石灰石-石膏湿法）设计导则》（企业标准）。

（3）提出了一种适用于火力发电厂湿法脱硫系统的湿法脱硫浆液致盲预防及处理方法。

（4）提出了增压风机旁路的设计方案。

（5）针对新建和改造项目的不同特点，研究了无旁路脱硫装置的施工、调试、运维等方面的技术，形成相应的技术方案。

利用项目成果，浙江天地环保工程有限公司新签订合同额达 5 亿多元，实现利润 1000 余万元。项目成果的应用推进了无旁路烟气脱硫装置的建设，减少运行费用，大幅度削减二氧化硫、含浆液雾滴等污染物的排放，改善了生态环境，具有很高的社会和环境效益。2012 年 10 月，项目通过浙能集团组织的验收，荣获 2013 年度浙江电力科学技术奖一等奖。

五、燃煤电站锅炉氟、汞排放及影响研究

2011—2014 年，浙能集团先后立项开展了“浙能集团燃煤机组汞排放强度评估及控制策略研究”“燃煤氟元素测定及影响研究”等科技项目。项目由浙江省洁净煤技术研究开发中心负责，台州发电厂、浙江浙能镇海发电有限责任公司、浙江天地环保工程有限公司作为共同承担单位。项目针对燃煤电站锅炉氟、汞等微量元素排放规律、对机组运行的影响及机组“超低排放”改造对氟、汞等微量元素排放的影响等进行了系统研究。

2014 年 12 月，项目顺利完成各项研发工作，取得的主要研究成果包括：

（1）通过现场实测掌握了电站燃煤氟和汞含量的范围；分析了目前燃煤机组氟和汞排放的分布情况及污染物控制装置的氟、汞脱除效率；研究了“超低排放”技术对汞脱除的效果。

（2）创新建立了智能的汞排放预测系统平台，可预测汞排放状况，预测燃煤机组“气态汞排放速率”“气态汞排放量”“固态汞排放量”和“总汞排放量”等多项环保指标。

（3）通过对煤中氟、铝等元素迁移规律和氟铝络合物引起吸收塔浆液中毒机理的研究，首次研究并提出了脱硫浆液中毒的判定准则，自主创新建立了脱硫浆液中毒分析预测模型，解决了浆液中毒的预防和控制问题，并提出浆液中毒的处理方法，对实现脱硫系统的高效可靠运行提供了切实有效的保障。

（4）对氟化物对电厂烟囱（内衬钛板）的腐蚀影响进行研究，得出了其使用寿命的预测。

通过一系列的调研、研究、工程应用，项目共申请发明专利2项和实用新型专利2项。其中，授权发明专利和实用新型专利技术各1项，计算机软件著作权1项，发表各类论文7篇，对燃煤电站氟和汞的排放和影响进行了较为完整及系统的研究。项目实施后，研究成果已在1000MW级等多台燃煤电站锅炉得到应用，总装机容量达4060兆瓦，机组数量达到10台，为企业和用户创造效益达5557万元/年，累计减少汞排放1.44吨，节能减排效果显著。本项目成果可应用于各种采用湿法脱硫的电站锅炉，具有良好的推广应用前景。2015年3月，项目顺利通过浙江省电力学会组织的鉴定，荣获2015年度浙江电力科学技术进步奖一等奖、2015年度浙江省科学技术进步奖三等奖等奖项。

六、燃煤机组超低排放关键技术研发及应用

2014年3月，浙能集团印发《关于下达2014年度科技项目的通知》(浙能生〔2014〕204号)，“燃煤机组超低排放关键技术研发及应用”项目由浙能集团正式立项。同年该项目获批成为浙江省重大科技专项重点社会发展项目。项目由浙江天地环保工程有限公司负责，主要针对我国燃煤电厂烟气污染物排放标准日益提高，燃煤电厂环保压力大的问题，开发适合中国国情的大型燃煤机组烟气污染物超低排放技术。

2016年底，项目顺利完成各项研发工作，取得的主要研究成果包括：

（1）在国内率先完成燃煤电厂烟气超低排放整体技术路线研发，形成燃煤电厂烟气主要污染物高效协同脱除集成技术，可实现燃煤机组烟气污染物（粉尘、SO_2、NO_x）排放指标全面优于天然气机组排放标准。

（2）开发了适用于燃煤发电机组烟气超低排放条件下三氧化硫（SO_3）的在线监测方法和设备。

（3）在浙能集团嘉华电厂8号机组上建设了国内首台百万千瓦燃煤机组烟气污染物超低排放示范工程并成功投运，被国家能源局授予“国家节能减排示范电站”。

（4）在首套超低排放系统成功示范基础上，该项技术进一步在国内50台大型燃煤机组上完成了产业化推广，新增销售109.6亿元以上。

该项技术的成功研发及推广应用为我国18亿吨电煤清洁利用提供了解决方案。项目荣获2016年度浙江省科学技术进步奖一等奖、2017年度国家技术发明奖一等奖。

七、SCR脱硝催化剂原材料国产化应用研究

2014年3月，浙能集团印发《关于下达2014年度科技项目的通知》(浙能生〔2014〕204号)，“SCR脱硝催化剂原材料国产化应用研究”项目由浙能集团正式立项。项目由浙江浙能催化剂技术有限公司负责，浙江浙能技术研究院有限公司、浙江兴源投资有限公司作为共同承担单位。项目主要针对SCR脱硝催化剂原材料国产化应用课题的关键技术进行研究。

2014年12月，项目顺利完成各项研发工作，取得的主要研究成果包括：

（1）建立了一套小型SCR催化剂研究评价平台，通过研究平台数据与实际生产数据的对应关系，开发出了一套原材料评价体系。

（2）系统研究了钛白粉中各指标对于使用性能的影响，创新性地研究了硫酸根含量、形态及钛白粉吸水量对催化剂混合泥料的影响，提出了适用于薄壁脱硝催化剂生产的钛白粉技术规范，对于今后催化剂产业的继续发展奠定了理论基础。

（3）首次研究了黏结剂的黏度对于生产使用性能的影响，确定了能够满足薄壁催化剂生产的合适黏度范围，可对今后国内开展该类研究提供参考数据。

（4）基于国产原材料，对薄壁催化剂配方进行了深入研究，探明了主要原材料的加入量对生产工艺的影响，并形成了一套基于国产原材料的薄壁催化剂生产配方体系，对今后原材料开发，特别是催化剂新产品、新技术开发奠定了基础。

项目实施后，可同时满足薄壁和厚壁催化剂生产工艺需求。全部采用国产原材料及配方体系生产的薄壁脱硝催化剂，在26个电厂投入使用，各项性能指标优良，每年可节约生产成本超过50%。按照产能设计，每年可为公司节省生产成

本近6000万元，为燃煤电厂节约了脱硝系统改造成本，具有极高的推广价值，推广应用前景良好。同时有利于推进国家的燃煤电厂超低排放政策的实施，进而为国家的环保事业贡献力量，社会和环境效益显著。2016年2月，项目顺利通过浙能集团组织的验收，荣获2016年度浙江电力科技进步奖一等奖。

八、燃煤脱硝失活SCR催化剂再生技术开发及应用

2015年3月，浙能集团印发《关于下达2015年度科技项目计划的通知》(浙能生〔2015〕86号)，“燃煤脱硝失活SCR催化剂再生技术开发及应用”项目由浙能集团正式立项。项目由浙江浙能催化剂技术有限公司负责，清华大学、浙江浙能技术研究院有限公司作为共同承担单位。项目主要针对燃煤失活脱硝催化剂的再生技术及其工业转化的关键技术进行研究。

2016年12月，项目顺利完成各项研发工作，取得的主要研究成果包括：

(1) 系统研究了不同失活类型的催化剂再生方法及洗液配方。

(2) 系统研究了再生工艺技术。

(3) 设计开发了高效再生装备。

项目实施后，完成了9个项目共计近1900立方米催化剂的再生生产，累计创收达2200余万元。同时有效提高了催化剂的利用率，减少了新催化剂的采购量，有效降低了失活催化剂的处理量，减少了催化剂采购费用及固体危险废物处理费用，节省大量环保投入。较好地解决了失活催化剂再生问题，并可有效降低燃煤电厂的脱硝成本，降低环境二次污染风险，具有较好的社会、经济及环保效益。2017年12月，项目顺利通过浙江省电力学会组织的科技成果鉴定，荣获2018年度浙江电力科学技术进步奖一等奖。

九、燃煤电厂末端废水调质与干化技术研发及零排放工程示范

2016年3月，浙能集团印发《关于下达2016年集团科技项目计划的通知》(浙能生〔2016〕103号)，“燃煤电厂末端废水调质与干化技术研发及零排放工程示范”项目由浙能集团正式立项。项目由浙江浙能长兴发电有限公司负责，浙江浙能技术研究院有限公司、浙江大学作为共同承担单位。项目主要针对燃煤电厂高盐末端废水零排放关键技术及装备进行研究，并开展工程示范及应用。

2016年12月，项目顺利完成各项研发工作，取得的主要研究成果包括：

(1) 研究高盐废水雾化及干燥过程传质传热机理。

(2) 建立高盐末端废水液滴干化轨迹数学模型。

(3) 提出了耦合调质减量的末端废水旋转雾化烟气蒸干工艺路线。

(4) 研制了热风分布器、雾化装置等烟气蒸干关键设备，开发了烟气干燥塔。

(5) 形成了末端废水旁路蒸干工艺包，发明了末端废水调质耦合及烟气干化成套技术。

(6) 建成了国内首台末端废水调质及干化示范工程，低成本实现末端废水零排放，建立了全新的基于烟气旁路蒸干的全厂废水零排放技术体系。

项目有效解决了燃煤电厂长期面临的高盐废水零排放处置的关键性、共性技术难题，低成本、高可靠性地实现了废水零排放。依托项目技术，建设了国内首座高盐末端废水旁路烟气蒸干装置。项目专利技术成果以许可形式向第三方转让实施，已在1000MW、660MW、300MW等不同容量机组上实施应用15套，年末端废水零排放处理量超过30万吨，年减排化学需氧量(COD) 30吨、氨氮4.5吨，节约原水、淡水等70万吨，从源头消减工业对水环境的污染，有效改善周边地下水环境和地表水环境质量。专利成果产业化应用后，取得明显经济效益。截至2018年底，专利成果通过技术许可方式，产生直接经济效益7576万元，间接经济效益6.15亿元。项目技术引领了国内燃煤电厂高盐末端废水处理技术的发展方向，推动了污染治理技术进步，在行业内具有广泛的影响力，对国内火电机组废水零排放具有重要指导意义。项目提出的技术和装备入选了国家科学技术部及工业和信息化部两部委联合发布的《国家鼓励发展的重大环保技术装备目录(2017年版)》、环境保护部

2017发布的《火电厂污染防治技术政策》。专利技术的应用，有力地促进了水环境保护，服务于浙江“五水共治”行动，助力美丽浙江建设，对践行绿水青山就是金山银山理念和促进生态文明建设具有重要意义。

2018年1月，项目顺利通过浙江省电力学会组织的科技成果鉴定，鉴定结论为国际领先水平。项目荣获2019年度浙江电力科技进步奖一等奖、中国电力科技进步三等奖等奖项。

十、SCR脱硝催化剂宽温改性技术开发及示范应用

2017年3月，浙能集团印发《关于下达2017年集团科技项目计划的通知》(浙能信〔2017〕107号)，“SCR脱硝催化剂宽温改性技术开发及示范应用”项目由浙能集团正式立项。项目由淮浙煤电有限责任公司凤台发电分公司负责，浙江浙能催化剂技术有限公司作为共同承担单位。项目主要针对解决供电不足、深度调峰引起的机组低负荷下氮氧化物排放不达标问题进行研究。

2018年12月，项目顺利完成各项研发工作，取得的主要研究成果包括：

(1) 研发了宽温度高效脱硝催化剂制备技术。

(2) 揭示了平衡表面酸性和氧化还原性等提高催化剂低温性能的关键问题，基于选择性催化还原反应机理设计了以二氧化铈、三氧化钨为助剂的低钒或无钒薄壁催化剂，突破传统催化剂的300℃喷氨限制，解决了传统催化剂低温活性差、硫酸氢铵易沉积等问题，可在全负荷范围内持续稳定运行。

(3) 研发了高活性组分含量催化剂的成型技术，开发了活性组分浅层均质植入技术，解决了高活性组分含量催化剂挤出成型过程中泥料润湿性、吸水性差的问题。

项目实施后，完成了近20个机组约3000立方米宽温改性催化剂的供货，其中浙江省宽温改性催化剂推广使用量高达2500立方米，新增销售3200余万元，新增利税1550万元，削减氮氧化物约4.5万吨/年。有效解决燃煤机组低负荷氮氧化物超标排放、硫酸氢铵沉积问题，降低了机组全负荷脱硝的投资、运行、维护成本，累计节省近1.36亿元/年，填补了同领域该类型产品空白，引领了燃煤机组脱硝催化剂技术发展新方向，对于国家及浙江省脱硝减排、超低排放的实施具有重要战略意义。

2019年1月，项目顺利通过浙江省电力学会组织的科技成果鉴定，荣获2019年度浙江电力科学技术进步奖一等奖等奖项。

截至2019年，浙能集团环保领域重点在研项目见表11-2-4。

表11-2-4　浙能集团环保领域重点在研项目汇总表

序号	项目名称	负责单位	经费（万元）
1	有机废水高效复合催化降解关键技术与设备开发	浙江浙能技术研究院有限公司	1250
2	1000MW燃煤机组废水零排放关键技术研究及工程示范	浙江浙能台州第二发电有限责任公司	4400
3	硫酸钙资源化利用关键技术研究	浙江浙能技术研究院有限公司	950
4	MABR技术在国内河道污水治理中的应用研究与示范	浙江天地环保科技有限公司	500
5	CO_2捕集与综合利用	浙江天地环保科技有限公司	1000
6	环境友好型高性能SSZ-13沸石分子筛SCR脱硝技术及示范应用研究	浙江天地环保科技有限公司	1870
7	畜禽养殖废弃物处置与资源化利用相关技术研究及示范	浙江天地环保科技有限公司	1500
8	船舶尾气非硫主要污染物协同控制技术及应用	浙江天地环保科技有限公司	2100
9	催化剂再生废水零排放技术的研究与示范	浙江天地环保科技有限公司	1060

第五节 可再生能源及新能源技术研发

一、滩坑水电站发电机中性点设备及保护改造研究与应用

2014年3月，浙能集团印发《关于下达2014年度科技项目的通知》(浙能生〔2014〕204号)，“滩坑水电站发电机中性点设备及保护改造研究与应用”项目由浙能集团正式立项。项目由浙江浙能北海水力发电有限公司负责，主要针对传统发电机主保护因匝间短路导致灵敏度不足的问题进行研究。

2016年12月，项目完成各项研发工作，取得的主要研究成果包括：

（1）提出了一种适用于水电站发电机主保护定量化改造方法，并完成了滩坑水电站2号机组发电机保护改造工作。

（2）研发了一种基于发电机分支电流的相位比较式差动保护方法。

项目实施后，滩坑水电站2号机组发电机主保护不能动作故障数减少了156种，占内部故障总数的1.4%。该项目的成功实施，促进了发电机保护技术的发展，为国内一批大中型水轮发电机的改造升级工作提供了样板。2016年12月，项目通过浙江省电力学会组织的鉴定，荣获2018年度浙江电力科学技术进步奖二等奖。

二、基于状态监测数据的故障诊断模型分析与建立

2015年3月，浙能集团印发《关于下达2015年度科技项目计划的通知》(浙能生〔2015〕86号)，“基于状态监测数据的故障诊断模型分析与建立”项目由浙能集团正式立项。项目由浙江浙能北海水力发电有限公司负责，主要目标是通过提取和分析滩坑水电站TN8000状态监测数据，应用现代故障模型建模方法建立滩坑水电站3台机组的实时状态模型，实现水力发电机组的运行状态分析，为机组安全稳定运行奠定基础。

2017年12月，项目完成各项研发工作，取得的主要成果包括：

（1）搭建了开机样本数据库、故障征兆数据库、诊断样本数据库，将机组不同运行过程状态监测数据分类存储，形成机组运行过程中征兆数据及异常状态诊断分析数据的稳定性样本。

（2）提出尾水管涡带压力脉动状态综合评价方法，建立了相应的综合评价模型，实现了对尾水管涡带压力脉动稳定性的实时监测、分析和评价。

（3）建立了基于状态监测征兆驱动专家推理的水电机组轴承状态实时诊断模型，提出了轴承轴瓦间隙分析方法，为机组检修提供了有效指导。

2017年12月，项目通过了浙能集团组织的验收。

三、滩坑水库多时间尺度多模式协同优化调度研究

2015年3月，浙能集团印发《关于下达2015年度科技项目计划的通知》(浙能生〔2015〕86号)，“滩坑水库多时间尺度多模式协同优化调度研究”项目由浙能集团正式立项。项目由浙江浙能北海水力发电有限公司负责，主要针对水库调度图问题开展研究。

2017年12月，项目顺利完成各项研发工作，取得的主要研究成果包括：

（1）优化了水库调度图，提炼了水库优化调度规则。

（2）确定了七种水文年最佳发电量和最优控制水位区间。

（3）完成了各旬月水位控制区间合理性分析和弃水风险分析。

（4）建立了长中短期多时间尺度套接的水库优化调度模型，编制了水库优化调度决策支持软件系统。

项目成果实施应用后，滩坑水电站当年度共计增发0.41亿千瓦时的清洁电量，相较于常规调度图发电量增发率3.50%，增加的经济效益达2700万元，经济效益与社会效益显著。2018年1月，项目通过浙江省电力学会组织的鉴定。

四、低风速风电机组选型匹配研究

2017年3月，浙能集团印发《关于下达

2017 年集团科技项目计划的通知》(浙能信〔2017〕107 号),“低风速风电机组选型匹配研究”项目由浙能集团正式立项。项目由浙江省水利水电投资集团有限公司负责,主要开展低风速风电机组关键部件选型研究和洞头风电场运行评价与分析。

2018 年 10 月,项目完成各项研发工作,取得的主要成果包括:

(1)制定了《低风速风电机组选型导则》。

(2)针对洞头风电场发电量低和效益不理想的情况,重新进行了风资源分析评估及机型选型,形成《浙能洞头风电场风资源及机组选型分析》。

(3)通过对洞头风电场近几年运行状态及发电生产情况运行评估分析,提出一系列提效措施,形成《浙能洞头风电场项目后评估报告》。

2018 年 10 月,项目通过了浙能集团组织的验收。

五、水电站无人值守技术研究与应用示范

2017 年 3 月,浙能集团印发《关于下达 2017 年集团科技项目计划的通知》(浙能信〔2017〕107 号),“水电站无人值守技术研究与应用示范”项目由浙能集团正式立项。项目由浙江浙能华光潭水力发电有限公司负责,主要开展水电厂设备状态监测趋势分析及预警技术、IT 设备运行状态智能监管技术、水电厂移动智能终端一体化应用技术、公用辅机控制系统数字化技术应用、全感知交互式监控技术等水电站无人值守核心技术的研究开发。

2019 年 10 月,项目完成各项研发工作,取得的主要成果包括:

(1)建立了以水电厂设备状态监测趋势分析预警技术、IT 设备运行状态智能监管技术、水电厂移动智能终端一体化应用技术为核心所开发的三个应用系统,实现了智能诊断分析及移动信息查询、数据预警等功能。

(2)建立了基于数字化技术的公用辅机控制系统,实现了公用辅机控制系统与计算机监控系统双网互联、远程智能控制等功能。

(3)实现了全感知交互式监控功能,采用各类新型传感器感知电厂运行环境,通过计算机监控系统报警信息与工业电视系统形成智能联动、智慧视频监控。

(4)开发了综合展示平台,实现了梯调监控信息系统一体化及相关系统报警联动功能。

2019 年 10 月,项目通过了浙能集团组织的验收。

六、水系金属基储能电池样机研制

2018 年 3 月,浙能集团印发《关于下达 2018 年集团科技项目计划的通知》(浙能信〔2018〕103 号),“水系金属基储能电池样机研制”项目由浙能集团正式立项。项目由浙江浙能技术研究院有限公司负责,针对新型水系锌(离子)储能电池样机开展研发工作。

2019 年 4 月,项目顺利完成各项研发工作,取得的主要研究成果包括:

(1)成功研制了容量为 10~30 安培小时的水系锌(离子)电池实验室样机。

(2)形成了一套水系锌(离子)电池的实验室样机结构体系,优化了储能电池中金属锌的稳定性。

(3)申请相关专利 15 项(13 项发明专利,2 项实用新型专利)。

2019 年 4 月,项目通过浙能集团组织的验收。该项目的实施,形成了一批专利和技术秘密,内容涉及核心材料的设计与制备、电池的组装及测试等,初步构建了后续中试放大乃至产业化所需的核心自主知识产权体系。经评估,该组专利及专有技术价值 6000 万元。

截至 2019 年,浙能集团可再生能源及新能源领域重点在研项目见表 11-2-5。

表 11-2-5 浙能集团可再生能源及新能源领域重点在研项目汇总表

序号	项目名称	负责单位	经费(万元)
1	风电、光伏、水电集中监控平台	浙江浙能北海水力发电有限公司	2400
2	氢能技术引进及示范	浙江浙石油综合能源销售有限公司	6000

表 11-2-5（续）

序号	项目名称	负责单位	经费（万元）
3	1 m^3/h 氢液化系统关键技术研究及示范	浙江省新能源投资集团股份有限公司	8000
4	高比能超级电容电池研发及应用-基于交错延伸结构的高比能超级电容器及其在储能系统的示范应用	浙江浙能技术研究院有限公司	960
5	退役动力电池梯级利用研究及示范工程	浙江浙能技术研究院有限公司	1500
6	高安全型水系锌（离子）储能电池中试与系统应用推广	浙江浙能中科储能科技有限公司	6900
7	维抢修中心项目（下沙枢纽站）分布式能源项目	浙江浙能天然气运行有限公司	1700
8	钙钛矿太阳能电池稳定性攻关与示范应用	浙江天地环保科技有限公司	3000
9	石墨烯薄膜及其在超级电容的应用	浙江浙能技术研究院有限公司	1800
10	高效叠层太阳能电池技术研发	浙江浙能技术研究院有限公司	1200

第六节 煤化工技术研发

一、利用副产物直接生产硫铵工艺

2015 年 3 月，浙能集团印发《关于下达 2015 年度科技项目计划的通知》(浙能生〔2015〕86 号)，“利用副产物直接生产硫铵工艺”项目由浙能集团正式立项。项目由伊犁新天煤化工有限责任公司单位负责，主要针对高危险性的液氨产品转化为非危险化学品化肥硫铵转化的问题，开展煤制天然气克劳斯-斯科特硫回收、氨回收、湿法硫酸、饱和器硫铵生产等关键技术研究。

2015 年 12 月，项目完成各项研发工作，取得的主要研究成果包括：硫铵回收环节改造为“克劳斯”及“电厂烟气脱硫”相结合的新型生产工艺，具有工艺简单、投资较小、产品市场好等优点。原工艺液氨精馏消耗蒸汽，改造后的硫铵回收工艺副产蒸汽，降低了生产能耗。2016 年 3 月，项目通过浙能源集团新疆分公司组织的验收。

二、煤制天然气副产煤焦油加氢工艺

2015 年 3 月，浙能集团印发《关于下达 2015 年集团科技项目计划的通知》(浙能生〔2015〕86 号)，“煤制天然气副产煤焦油加氢工艺”项目由浙能集团正式立项。项目由伊犁新天煤化工有限责任公司单位负责，主要针对附加值低的煤焦油转化为附加值高的轻质油的问题，开展煤焦油在特定温度、压力条件下与氢气在特定催化剂上反应改善油品的稳定性、颜色、气味、燃烧性能等关键技术研究。

2015 年 12 月，项目完成各项研发工作，取得的主要研究成果包括：

(1) 研究后该项目可以采用成熟、先进的加氢法和产品精制组合的清洁生产工艺，对劣质、廉价的 20 万吨/年煤焦油完成加氢改质。

(2) 生产当地或周边市场紧缺的清洁能源。

(3) 选择厂址无不利建设条件，其公用工程、辅助设施能够完全依托现有煤化工装置提供，项目功能区设置充分考虑与总体工程中功能区的联合与协调。

(4) 各功能区采用先进的节能、节水技术降低能耗和水耗，工程方案充分考虑消防、环保、安全、职业卫生措施，废水基本实现了零排放、废气达标排放、废固（渣）由原制造商回收。

2016 年 3 月，项目通过浙能源集团新疆分公司组织的验收。

三、基于固定床煤气化技术的粗酚精制

2016 年 3 月，浙能集团印发《关于下达 2016 年集团科技项目计划的通知》(浙能生〔2016〕103 号)，“基于固定床煤气化技术的粗酚精制”项目由浙能集团正式立项。项目由伊犁新天煤化工有限责任公司单位负责，主要针对粗酚精制油品分析、可行性研究、精制的工艺路

线等关键技术开展研究。

2019 年 12 月，项目完成各项研发工作，取得的主要研究成果包括：项目通过分析原料组分特点，提出了 5 塔连续精馏工艺，拟对整个流程的换热网络进行优化和对主体设备进行选型计算。利用 Aspen Plus 对各精馏塔的塔顶采出量、理论塔板数、进料位置、适宜的回流比和塔顶操作压力进行计算，得到各塔适宜的工艺参数，为伊犁新天煤化工有限责任公司混合酚加工工艺提出了非常有参考价值的加工建议和方案。

四、固定床加压气化煤锁气充泄压系统工艺优化的技术研究

2017 年 3 月，浙能集团印发《关于下达 2017 年集团科技项目计划的通知》（浙能信〔2017〕107 号），“固定床加压气化煤锁气充泄压系统工艺优化的技术研究”项目由浙能集团正式立项。项目由伊犁新天煤化工有限责任公司单位负责。项目开发了一种高效节能的煤锁气回收新工艺，降低公司煤制气煤锁气回收系统的改造和运行费用，提高气化炉系统的工况稳定性。

2018 年 12 月，项目完成各项研发工作，取得的主要研究成果包括：完成了碎煤加压气化充泄压优化的可行性研究，制定详细的工艺技术方案；确定了详细工艺流程方案；完成了控制系统的改造和优化；缓冲设备及液压系统的选型确定。

2019 年 1 月，项目通过浙能源集团新疆分公司组织的验收。2019 年 5 月，通过浙能源集团新疆分公司组织的科技成果鉴定。

五、煤化工系统供电电源突发脱网下的安全运行

2017 年 3 月，浙能集团印发《关于下达 2017 年集团科技项目计划的通知》（浙能信〔2017〕107 号），“煤化工系统供电电源突发脱网下的安全运行”项目由浙能集团正式立项。项目由伊犁新天煤化工有限责任公司单位负责，浙江浙能技术研究院有限公司参与研发。项目主要研究新天煤化工电站在与电网解列（以下称“电站脱网”）时能确保其中一台或几台机组可靠稳定地运行、确保化工生产线一套稳定运行或实现安全停机功能所需要解决的技术难点并加以实施。

2019 年 9 月，项目完成各项研发工作，取得的主要研究成果包括：本项目实现了新天煤化工生产及供电系统在各工况下，特别是与电力系统脱网引起较大功率缺额下，通过装置实现快速调节或切除相应用电、用汽负荷以及切除运行机组等，达到新功率平衡下的化工及电热系统的安全稳定运行，提高化工区生产系统及热电系统在电网事故情况下的安全稳定运行，防止非正常停电事故，提高热电系统及化工区生产系统的快速恢复能力。该系统的研发成功，较好地实现了设立该项目的初衷，解决了突发脱网、孤网下的机组及化工生产系统的安全问题，达到了提高整个煤化工企业生产安全风险管控能力的预期目标，在行业内具有广泛的推广应用价值。

第七节　科　技　投　入

浙能集团持续加大科技创新及信息化投入，截至 2019 年，浙能集团合计投入科技研发经费约 35.5 亿元，信息化项目开发建设经费约 22 亿元。

2004—2019 年浙能集团科技项目资金投入情况见表 11-2-6，2001—2019 年浙能集团信息化项目资金投入情况见表 11-2-7。

表 11-2-6　2004—2019 年浙能集团科技项目资金投入情况一览表

年份	投入经费（万元）	年份	投入经费（万元）
2004	5159	2013	14285
2005	7132	2014	54176
2006	2559	2015	23930
2007	1612	2016	37700
2008	3545	2017	26708
2009	2557	2018	52095
2010	5522	2019	105680
2011	6150	合计	354591
2012	5781		

表 11-2-7 2001—2019 年浙能集团信息化项目资金投入情况一览表

年份	投入经费（万元）	年份	投入经费（万元）
2001	3514	2011	9387
2002	1670	2012	7476
2003	3046	2013	5704
2004	5344	2014	2109
2005	7183	2015	17092
2006	7156	2016	24248
2007	6160	2017	26026
2008	13689	2018	28327
2009	10282	2019	34377
2010	7333	合计	220123

第三章 科技交流与合作

第一节 科技交流

2014 年 3 月 14 日，浙江兴源投资有限公司接待清华大学长三角研究院代表到访，浙能集团组织（人力资源）部长黄伟建出席座谈。双方就智慧电厂、脱硝催化剂再生研究与应用、环保水务产业研究等领域的项目合作和人才引进进行了洽谈。

2014 年 8 月 26 日，浙能集团总工程师朱松强接待深圳能源集团股份有限公司代表到访，双方就燃煤电厂超低排放技术、废水零排放技术以及火电厂运行管理优化等方面进行交流探讨。

2014 年 9 月 11—12 日，浙能集团总经理童亚辉出席国有投资公司节能减排及超低排放技术专题研讨会并致欢迎辞。会议由中国投资协会国有投资公司专业委员会组织召开。会议针对我国节能减排政策及产业发展现状，主要围绕煤炭清洁高效利用和超低排放技术的推广应用进行深入探讨和交流。

2015 年 7 月 15—16 日，浙能集团应邀出席燃煤发电厂“超低排放”烟气治理技术及脱硫、脱硝、除尘技术改造经验交流研讨会，会议由中国电机工程学会热电专业委员会组织召开。浙江浙能电力股份有限公司、浙江浙能技术研究院有限公司、浙江天地环保工程有限公司、浙能集团所属电厂代表参加了会议。会议邀请了环境保护部环境与经济政策研究中心、各大发电集团、环保企业、科研院所的相关领导、专家、学者，就超低排放面临的环保政策、技术发展现状及未来发展趋势等进行研讨交流。

2015 年 9 月 8 日，浙能集团与浙江大学联合举办的“能源科技创新与产业发展战略合作论坛”在杭州举行。浙能集团董事长吴国潮、总经理童亚辉、中国工程院院士岑可法及浙江大学相关专家学者出席了论坛，论坛由浙能集团总工程师朱松强主持。此次论坛以“能源科技创新与产业发展”为主题，分别从能源生产革命和能源消费革命方面对国内外新兴技术和能源科技发展趋势进行了探讨。

2015 年 11 月 24 日，浙能集团副总经理范小宁会见江西省能源集团公司副总经理张慎勇一行，双方就煤炭分质分级利用、新能源开发等科技示范项目合作及浙能集团“大能源战略”创新发展经验等方面进行交流与探讨。

2016 年 4 月 19 日，浙能集团总工程师朱松强接待中科院宁波材料所代表到访，双方就创新平台建设、能源技术开发、项目产业化等内容进行了交流。

2016年9月10日，浙能集团总工程师朱松强在杭州会见以色列CQM公司总裁一行，双方就加强节能环保、新能源等领域的技术合作进行交流探讨。

2016年9月23日，浙能集团董事长童亚辉、总经理柯吉欣在浙能大厦会见GE发电集团副总裁一行，双方就煤电智能化、新能源技术开发、海外项目合作等进行了洽谈，浙能集团总工程师朱松强参加会谈。

2016年12月12日，浙能集团董事长童亚辉在浙能大厦会见全国政协常委、浙江省工商联主席、正泰集团股份有限公司董事长南存辉一行。双方就加强科研合作等进行了洽谈。浙能集团公司副总经理范小宁、总工程师朱松强，及正泰集团相关领导参见了会谈。

2017年5月16日，浙能集团接待苏伊士新创建有限公司代表到访。双方围绕两段式污泥干化技术和热脱附、固化稳定化、化学淋洗等土壤修复技术进行了交流。浙江天地环保科技有限公司、浙江浙能兴源节能科技有限公司、浙江省电力设计院等单位的领导及专业技术人员参加了交流活动。

2017年6月9日，浙能集团董事长童亚辉参加阿斯塔纳世博会中国馆开馆仪式，并向来宾们介绍浙能集团在绿色能源领域中的实践与做法。世博会上，中国馆浙能集团超低排放展区接待了国家主席习近平与哈萨克斯坦总统纳扎尔巴耶夫一行，浙能集团董事长童亚辉向习近平主席汇报了关于超低排放的技术成效及推广应用情况。

2017年10月17日，浙能集团总经理柯吉欣、副总经理朱松强在杭州会见浙江省交通投资集团总经理一行。双方就科技创新与信息化工作进行了探讨。浙能集团科技与信息化管理部、浙江省交通投资集团相关人员参加会议。

2018年2月8日，浙能集团在杭州举办“未来能源发展”院士专家论坛。论坛邀请了张泽、邹志刚、郭烈锦三位院士分别作了“能源动力装备用高温合金发展现状及趋势”“太阳能光催化制氢及氢能的高效利用”“超临界水蒸煤制氢发电多联产技术”主题报告。浙能集团副总经理赵建林和中科院院士张泽教授主持论坛，浙能集团董事长童亚辉作总结发言。

2018年5月7日，浙能集团副总工程师、浙江浙能技术研究院有限公司院长接待上海交通大学密西根学院代表到访。双方围绕新能源、分布式能源和新材料等领域开展了技术交流。

2018年8月25—28日，浙能集团董事长童亚辉一行前往日本考察调研氢能相关技术。童亚辉一行先后到岩谷公司、丰田公司、川崎重工等公司进行了实地考察，调研了制氢、液氢储运、氢气加注、天然气混氢等技术的发展情况。浙能集团董事、副总经理范小宁，浙能集团副总工程师等领导参加了调研活动。

2018年11月13日，浙能集团总经理柯吉欣在浙能大厦会见以色列驻华大使何泽伟先生一行，双方就节能环保技术及设备的引进、海外项目的投资合作、清洁能源产业等方面的合作进行了交流。浙能集团国际业务部、科技与信息化管理部、浙江浙能技术研究院有限公司等相关人员参加了会议。

2018年12月3日，浙能集团董事长童亚辉一行到中科院宁波材料所进行调研，双方就高效太阳能电池、高温燃料电池等技术进行了交流。浙能集团总法律顾问、浙能资本控股有限公司董事长，浙能集团副总工程师、浙江浙能技术研究院有限公司院长及浙能集团相关部门负责人参加了调研。

2019年3月7日，浙能集团-东方电气集团综合能源技术交流会在浙能创业大厦召开，会上双方就垃圾衍生燃料（RDF）前处理技术、二噁英排放控制等技术进行了交流。

2019年5月18—21日，浙能集团在杭州举办首届科技周活动，活动设有院士论坛、研究院科技成果展、国际联合实验室揭牌、专家讲座等内容。浙江省外国专家局局长厉勇、浙能集团副总经理朱松强、余杭区科技局相关领导等到现场交流指导，浙能集团系统内专家及科技爱好者300多人参加活动。

2019年5月29日，浙能集团副总经理朱松强、副总经理王建堂在浙能大厦会见北京航天试验技术研究所党委书记李水华一行，双方围绕氢能业务合作、氢能全产业链的投资、资本运作和终端市场开发等进行了交流。

2019年9月18日，浙能集团董事长童亚辉在北京会见航天推进技术研究院（中国航天科技集团第六研究院）党委书记周利民一行，双方就发挥各自优势，全方位开展氢能领域合作进行了交流。

2019年11月6日，浙能集团团委、科技与信息化管理部相关人员赴国网浙江省电力有限公司双创中心，就国网浙江电力有限公司青工创新创效、青年科技人才培养、创新成果营销转化等工作开展调研交流。

2019年12月4日，浙能集团董事长童亚辉与以色列创新署主席、以色列经济与产业部首席科学家阿米·艾派博姆博士在上海举行会谈，双方就合作开展技术应用、示范及产业化，为合作项目提供政府支持以外的设备、技术力量支持，共建离岸创新中心及科技创新国际合作机制、合作方式等进行了交流。浙能集团副总经理朱松强主持交流会。

第二节 科技合作

2008年4月15日，浙能集团与中国建材股份有限公司在杭州签订战略合作框架协议。浙江省委常委、副省长葛慧君，浙能集团董事长吴国潮，中国建材股份有限公司董事长宋志平等出席签字仪式。根据协议，浙能集团和中国建材公司将在电厂粉煤灰、脱硫石膏等资源综合利用以及环保、节能减排等领域不断深化战略合作。

2011年11月28日，浙能集团与浙江大学在杭州签订战略合作框架协议。浙江省委常委、副省长葛慧君，浙江省国资委主任、党委书记陈正兴出席仪式并讲话。浙能集团董事长吴国潮、总经理童亚辉、副总经理毛剑宏、副总经理孙玮恒、副总经理楼晶、总工程师朱松强等出席签字仪式。根据协议，双方将紧紧围绕国家和浙江省能源发展战略，充分发挥浙江大学在技术、人才及信息等方面的优势和浙能集团在产业、环境及资金等方面的优势，在科技创新、成果转化、资源共享、人才培养及学术交流等方面开展全方位合作。

2017年10月16日，浙能集团与中科院上海硅酸盐研究所在上海举行“新能源技术联合研发中心”合作协议的签约暨揭牌仪式。浙能集团董事、副总经理赵建林，中科院上海硅酸盐研究所所长宋力昕，上海市嘉定区科学技术委员会相关领导出席仪式。“新能源技术联合研发中心”主要职责是围绕浙能集团战略发展规划，重点在新能源技术、新材料技术等领域开展技术预研和小试研发工作，同时为浙能集团提供技术咨询、科技情报、人才培养等多种支撑。

2017年12月5日，浙能集团与美国斯坦福大学签订关于加入能源3.0计划的合作协议。浙能集团副总工程师、浙江浙能技术研究院有限公司院长秦刚华，浙能集团科技与信息化管理部、组织（人力资源）部、浙江浙能技术研究院有限公司相关人员参加本次签约。斯坦福能源3.0计划由斯坦福大学普雷科特能源研究院主办，旨在促进学术研究和企业产业紧密联系。

2018年12月17日，浙能集团与中科院宁波材料所联合组建研发中心。浙能集团董事、副总经理赵建林，中科院宁波材料所副所长、宁波市科技局等单位领导出席揭牌仪式。此次合作是浙能集团与中科院上海硅酸盐研究所成功合作模式的推广，为新能源、新材料等领域实现重大关键技术的快速突破提供了重要的技术支撑。

2019年3月20日，浙能集团与英国诺丁汉大学能源技术研究所在浙能大厦签订科技和人才培养合作意向书（MOU）。浙能集团董事陆翔与英国诺丁汉大学能源技术研究所所长 Gavin Walker 教授一行出席签订仪式。仪式后，浙能集团副总工程师、浙江浙能技术研究院有限公司院长秦刚华带领 Gavin Walker 教授一行参观浙江浙能技术研究院材料、石墨烯制备及环化实验室，双方在能源科研领域合作的契合度很高，希望进一步加强沟通，增进了解，扩大合作领域。

2019年9月2日，浙能集团与中科院上海硅酸盐研究所在杭州签订《共同投资设立浙江浙能中科储能科技有限公司合作协议》。浙能集团董事长童亚辉，中科院上海硅酸盐研究所所长宋力昕等领导出席签约仪式。此次签约标志着浙能集团将与中科院上海硅酸盐研究所联合组建首家储能电池初创公司，开展以产品定型、工艺技术为主的中试研发，该电池具有安全环保、成本低廉、运维简单等优势，具有广阔市场前景。

2019 年 10 月 20 日，浙能集团与航天推进技术研究院（中国航天科技集团公司第六研究院）在北京签署战略合作协议，共同合资成立氢能工程公司并合建氢能研发技术中心。浙能集团董事长童亚辉，航天推进技术研究院党委书记周利民，浙能集团副总经理赵建林、朱松强等领导出席签约仪式。

第四章　科　技　成　果

第一节　技 术 标 准

浙能集团积极参与各类技术标准制定工作。截至 2019 年，浙能集团共计参与制定国际、国家、地方、行业及企业标准 60 项。

浙能集团参与制定各类技术标准统计见表 11-4-1，技术标准清单见表 11-4 -2。

表 11-4-1　2008—2019 年浙能集团技术标准统计表

年份	标准级别						合计
	国际标准	国家标准	行业标准	地方标准	团体标准	企业标准	
2008	0	1	0	0	0	0	1
2009	0	0	0	0	0	0	0
2010	0	0	2	1	0	0	3
2011	0	0	0	0	0	0	0
2012	0	1	6	0	0	1	8
2013	0	0	0	0	0	0	0
2014	0	0	5	0	0	0	5
2015	0	0	4	0	1	0	5
2016	0	1	4	0	0	1	6
2017	0	6	1	0	0	1	8
2018	0	1	12	0	2	0	15
2019	3	1	3	0	1	1	9
合计	3	11	38	1	2	4	60

表 11-4-2　2008—2019 年浙能集团技术标准清单

序号	标准编号	标准名称	参与起草单位	标准级别	发布时间
1	GB/T 21509—2008	燃煤烟气脱硝技术装备	浙江天地环保工程有限公司	国家标准	2008-03-12
2	HJ 562—2010	火电厂烟气脱硝工程技术规范 选择性催化还原法	浙江天地环保工程有限公司	行业标准	2010-02-03
3	HJ 563—2010	火电厂烟气脱硝工程技术规范 选择性非催化还原法	浙江天地环保工程有限公司	行业标准	2010-02-03

表 11-4-2（续）

序号	标准编号	标准名称	参与起草单位	标准级别	发布时间
4	DB 33/787—2010	电力企业安全生产管理规范（火力、水力发电厂部分）	浙江浙能兰溪发电有限责任公司、浙江浙能温州发电有限公司	地方标准	2010-07-19
5	DL/T 775—2012	火力发电厂除灰除渣控制系统技术规程	浙江浙能兰溪发电有限责任公司	行业标准	2012-04-06
6	DL/T 261—2012	火电厂热工自动化系统可靠性技术评估导则	浙江浙能温州发电有限公司	行业标准	2012-04-06
7	DL/T 261—2012	火电厂热工自动化系统可靠性技术评估导则	浙江浙能温州发电有限公司	行业标准	2012-04-06
8	JB/T 11265—2012	燃气余热锅炉烟气脱硝技术装备	浙江天地环保工程有限公司	行业标准	2012-05-24
9	Q/ZD F001—2012	自然通风冷却塔用消声导流装置	浙江东发环保工程有限公司	企业标准	2012-08-17
10	DL/T 485—2012	电力企业标准体系表编制导则	浙江浙能兰溪发电有限责任公司	行业标准	2012-08-23
11	DL/T 800—2012	电力企业标准编制导则	浙江浙能兰溪发电有限责任公司	行业标准	2012-08-23
12	GB/T 19229. 3—2012	燃煤烟气脱硫设备第 3 部分：燃煤烟气海水脱硫设备	浙江天地环保工程有限公司	国家标准	2012-11-05
13	DL/T 1320—2014	电力企业能源管理体系实施指南	浙江浙能兰溪发电有限责任公司	行业标准	2014-03-18
14	DL/T 1382—2014	电力企业信用评价指标体系分类及代码	浙江浙能乐清发电有限责任公司	行业标准	2014-10-15
15	DL/T 1383—2014	电力行业供应商信用评价规范	浙江浙能乐清发电有限责任公司	行业标准	2014-10-15
16	DL/T 1383—2014	电力行业供应商信用评价规范	浙江浙能乐清发电有限责任公司、浙江浙能温州发电有限公司	行业标准	2014-10-15
17	DL/T 1391—2014	数字式自动电压调节器涉网性能检测导则	浙江浙能技术研究院有限公司	行业标准	2014-10-15
18	JB/T 12130—2015	烟气脱硝液氨供应系统设计规程	浙江天地环保工程有限公司	行业标准	2015-05-11
19	JB/T 12131—2015	燃煤烟气净化 SCR 脱硝流场模拟试验技术规范	浙江天地环保工程有限公司	行业标准	2015-05-11
20	DL/T 774—2015	火电厂热工自动化系统检修运行维护规程	浙江浙能绍兴滨海热电有限责任公司	行业标准	2015-07-01
21	JB/T 12534—2015	选择性催化还原法（SCR）烟气脱硝气态氨喷射装置	浙江天地环保工程有限公司	行业标准	2015-10-10
22	T/CIE 004—2015	电子皮带秤在线期间核查技术规范	浙江浙能温州发电有限公司	团体标准	2015-11-24

表 11-4-2（续）

序号	标准编号	标准名称	参与起草单位	标准级别	发布时间
23	DL/T 1505—2016	大型燃气轮发电机组继电保护装置通用技术条件	萧山发电厂	行业标准	2016-01-07
24	DL/T 986—2016	湿法烟气脱硫工艺性能检测技术规范	浙江浙能技术研究院有限公司	行业标准	2016-01-07
25	DL/T 362—2016	火力发电厂环保设施运行状况评价技术规范	浙江浙能技术研究院有限公司	行业标准	2016-02-05
26	JB/T 12911—2016	选择性非催化还原剂烟气脱硝装置喷射系统	浙江天地环保工程有限公司等	行业标准	2016-10-22
27	Q/GDW 11460—2015	水电站励磁系统检修试验导则	浙江浙能技术研究院有限公司	企业标准	2016-11-01
28	GB/T 33456—2016	工业企业供应商管理评价准则	浙江浙能温州发电有限公司	国家标准	2016-12-30
29	Q/GDW 11631—2016	数字式励磁调节器辅助限制电力系统研究用模型	浙江浙能技术研究院有限公司	企业标准	2017-07-31
30	GB/T 34152—2017	工业企业循环经济管理通则	浙江浙能乐清发电有限责任公司	国家标准	2017-09-07
31	GB/T 34578—2017	火力发电厂热工仪表与执行装置运行维护与试验技术规程	浙江浙能温州发电有限公司	国家标准	2017-09-29
32	GB/T 34339—2017	燃煤烟气脱硝喷氨混合系统	浙江天地环保工程有限公司等	国家标准	2017-10-14
33	DL/T 1767—2017	数字式励磁调节器辅助控制技术要求	浙江浙能技术研究院有限公司	行业标准	2017-11-15
34	GB/T 35729—2017	火力发电厂汽轮机数字电液控制系统运行维护与试验技术规程	浙江浙能温州发电有限公司	国家标准	2017-12-29
35	GB/T 35731—2017	火力发电厂分散控制系统运行维护与试验技术规程	浙江浙能温州发电有限公司	国家标准	2017-12-29
36	GB/T 15498—2017	企业标准体系基础保障	浙江浙能兰溪发电有限责任公司	国家标准	2017-12-29
37	DL/T 485—2018	电力企业标准体系表编制导则	浙江浙能兰溪发电有限责任公司	行业标准	2018-04-03
38	DL/T 1834—2018	电力市场主体信用信息采集指南	浙江浙能乐清发电有限责任公司	行业标准	2018-04-03
39	DL/T 800—2018	电力企业标准编写导则	浙江浙能兰溪发电有限责任公司	行业标准	2018-04-03
40	HJ 2053—2018	燃煤电厂超低排放烟气治理工程技术规范	浙江天地环保科技有限公司	行业标准	2018-04-08
41	JB/T 13414—2018	燃煤烟气脱硝催化装置	浙江天地环保科技有限公司	行业标准	2018-04-30
42	JB/T 13415—2018	湿式电除尘器安装技术规范	浙江天地环保科技有限公司、浙江省能源集团有限公司	行业标准	2018-05-08
43	DL/T 1004—2018	电力企业管理体系整合导则	浙江浙能温州发电有限公司	行业标准	2018-06-06

表11-4-2（续）

序号	标准编号	标准名称	参与起草单位	标准级别	发布时间
44	DL/T 1231—2018	电力系统稳定器整定试验导则	浙江浙能技术研究院有限公司	行业标准	2018-06-06
45	DL/T 1870—2018	电力系统网源协调技术规范	浙江浙能技术研究院有限公司	行业标准	2018-06-06
46	GB/T 36323—2018	信息安全技术　工业控制安全管理基本要求	浙江浙能台州第二发电有限责任公司	国家标准	2018-06-07
47	T/CEC 180—2018	发电厂监控系统信息安全评估导则	浙江浙能台州第二发电有限责任公司	团体标准	2018-07-03
48	JB/T 13561—2018	选择性催化还原法烟气脱硝装置用尿素水解制氨设备	浙江天地环保科技有限公司、浙江省能源集团有限公司	行业标准	2018-08-24
49	T/CEC 195—2018	凝汽器蒸汽喷射抽真空系统	浙江浙能技术研究院有限公司	团体标准	2018-11-16
50	DL/T 1949—2018	火力发电厂热工自动化系统电磁干扰防护技术导则	浙江浙能技术研究院有限公司、浙江浙能温州发电有限公司	行业标准	2018-12-25
51	DL/T 1915—2018	火力厂低浓度颗粒物测试技术规范-重量法	浙江浙能技术研究院有限公司	行业标准	2018-12-25
52	Q/ZNGK 220011—2019	舟山六横煤炭中转码头运行规程分册　上仓线运行规程	浙江浙能港口运营管理有限公司	企业标准	2019-02-20
53	DL/T 1990—2019	火电厂烟气中 SO_3 测试方法控制冷凝法	浙江浙能技术研究院有限公司	行业标准	2019-06-04
54	JB/T 13735—2019	管式烟气换热器调试技术规范	浙江天地环保科技有限公司、浙江省能源集团有限公司	行业标准	2019-08-27
55	GB/T 37953—2019	信息安全技术　工业控制网络监测安全技术要求及测试评价方法	浙江浙能台州第二发电有限责任公司	国家标准	2019-08-30
56	DL/T 2064—2019	电子皮带秤在线期间核查技术规程	浙江浙能温州发电有限公司	行业标准	2019-11-04
57	IEEE P1865	火力发电厂分散控制系统运行维护与试验技术条件：定义与总则	浙江浙能技术研究院有限公司	国际标准	2019-11-07
58	IEEE P1865. 1	火力发电厂分散控制系统运行维护与试验技术条件：检修与试验	浙江浙能技术研究院有限公司	国际标准	2019-11-07
59	IEEE P1865. 2	火力发电厂分散控制系统运行维护与试验技术条件：运行与维护	浙江浙能技术研究院有限公司	国际标准	2019-11-07
60	T/CEC 255—2019	光伏发电有功功率自动控制技术规范	浙江浙能嘉华发电有限公司	团体标准	2019-11-21

第二节 知 识 产 权

浙能集团始终坚持“科技兴业”发展思路，高度重视知识产权相关工作，鼓励各板块公司、营运企业积极申报专利、软件著作权等各类知识产权。截至2019年，浙能集团共计获得专利授权501项，其中发明专利83项，实用新型专利418项；获得软件著作权101项。

2007—2019年浙能集团获各类知识产权授权情况见表11-4-3，浙能集团获国家发明专利授权清单见表11-4-4。

表11-4-3 2007—2019年浙能集团获知识产权授权统计表

年份	知识产权类型			合计
	发明专利	实用新型专利	软件著作权	
2007	0	0	1	1
2008	0	0	8	8
2009	0	2	0	2
2010	1	3	4	8
2011	6	6	3	15
2012	3	10	9	22
2013	6	39	2	47
2014	2	51	9	62
2015	9	41	6	56
2016	9	50	11	70
2017	12	54	11	77
2018	19	92	17	128
2019	16	70	20	106
合计	83	418	101	602

表11-4-4 2007—2019年浙能集团获国家发明专利授权清单

序号	专利编号	专利名称	单位名称	授权公告日
1	ZL201010132797.2	一种新的给水泵汽轮机高压气源控制方法	浙江浙能乐清发电有限责任公司	2010-09-01
2	ZL200910100889.X	一种轻质高强新型蒸压加气混凝土砌块及其制造方法	浙江天地环保科技有限公司	2011-04-06
3	ZL200810120860.3	可整体拆卸式脱硫烟囱	浙江天地环保科技有限公司	2011-05-18
4	ZL200910098248.5	抑制双碱法烟气脱硫浆液中有效脱硫组分催化氧化的方法	浙江天地环保科技有限公司	2011-06-01
5	ZL200810163519.6	发电厂生产实时参数分类报警和识别辅助方法	浙江浙能嘉兴发电有限公司	2011-06-15
6	ZL200810122306.9	氨-硫铵湿法烟气脱硫并诱导结晶回收硫酸铵的工艺	浙江天地环保科技有限公司	2011-06-29
7	ZL200910097993.8	一种二水石膏在盐溶液中制备a-半水石膏的控制方法	浙江天地环保科技有限公司	2011-07-13
8	ZL200910155268.1	以铝土矿与脱硫石膏为基料的自流平材料及其制造方法	浙江天地环保科技有限公司	2012-06-27

表11-4-4（续）

序号	专利编号	专利名称	单位名称	授权公告日
9	ZL201210068455.8	煤粉锅炉水冷壁烟气组分分布矩阵式监测装置及方法	浙江浙能兰溪发电有限责任公司、浙江浙能乐清发电有限责任公司	2012-08-22
10	ZL201110132810.9	一种中性清洗剂及其在GGH硬垢清洗中的应用	浙江浙能技术研究院有限公司	2012-11-07
11	ZL201110160730.4	提高粉煤灰活性的复合激活方法	浙江天地环保科技有限公司	2013-02-06
12	ZL201010295266.5	利用烟气废热产生的低温低压蒸汽进行海水淡化系统	浙江天地环保科技有限公司	2013-05-01
13	ZL201210099333.5	一种全自动锅炉给水加氧装置及方法	浙江浙能技术研究院有限公司	2013-07-31
14	ZL201210223826.5	一种全自动加热器疏水加氧装置及方法	浙江浙能技术研究院有限公司	2013-07-31
15	ZL201110432323.4	SBR工艺处理粘胶纤维废水时活性污泥的快速培养方法	浙江东发环保工程有限公司	2013-09-18
16	ZL201210290973.4	一种膜法海水淡化预处理系统	浙江东发环保工程有限公司	2013-11-20
17	ZL201210139077.8	一种基于烟气脱硫脱硝工艺优化的深度节能系统	浙江浙能节能科技有限公司	2014-06-04
18	ZL201210547354.9	一种烟气脱硝喷氨装置	浙江天地环保科技有限公司	2014-12-17
19	ZL201210175264.4	一种供机械检修用的拉马	浙江浙能嘉兴发电有限公司	2015-01-21
20	ZL201310208979.7	脱硫塔出口烟道除雾装置	浙江天地环保科技有限公司	2015-07-15
21	ZL201310252065.0	脱硫吸收塔增效装置	浙江天地环保科技有限公司	2015-09-02
22	ZL201410188833.5	多种污染物高效协同脱除集成系统	浙江天地环保科技有限公司	2015-09-09
23	ZL201410091131.5	一种发电机注入式定子接地保护方法和保护装置	浙江浙能乐清发电有限责任公司	2015-09-16
24	ZL201310057873.1	湿法脱硫浆液致盲预防及处理方法	浙江天地环保科技有限公司	2015-09-30
25	ZL201410050182.3	一种确定湿法脱硫排烟适宜加热温度的装置和方法	浙江浙能温州发电有限公司	2015-11-25
26	ZL201310685568.7	一种实腹式斜撑与格构式钢柱的连接方法	浙江天地环保科技有限公司	2015-11-25
27	ZL201310501534.8	一种自动分析和诊断设备故障的方法	浙江浙能技术研究院有限公司	2015-12-09
28	ZL201410025606.0	一种既有梁与缀条式格构钢柱相碰节点的补强方法	浙江天地环保科技有限公司	2016-01-20
29	ZL201310057872.7	无旁路湿法脱硫系统启停控制方法	浙江天地环保科技有限公司	2016-01-20
30	ZL201310149185.8	一种改性复配粉煤灰用于水泥制备的方法	浙江天地环保科技有限公司	2016-03-02
31	ZL201410060885.4	防止和应涌流导致发电机和变压器差动保护误动的方法	萧山发电厂	2016-05-25
32	ZL201510005279.7	判断A13+引起的石灰石浆液中毒的方法	浙江省洁净煤技术研究开发中心、台州发电厂	2016-06-08

表 11-4-4（续）

序号	专利编号	专利名称	单位名称	授权公告日
33	ZL2015100519253	预防汽轮机汽流激振引起的跳机事故的控制方法	浙江浙能中煤舟山煤电有限责任公司	2016-07-06
34	ZL201410185615.6	一种供大型抓斗检修用的梯子	浙江浙能嘉兴发电有限公司	2016-08-24
35	ZL201510552302.4	一种保温型吸收塔防腐及渗漏检测结构	浙江天地环保科技有限公司	2016-08-31
36	ZL201410624242.8	一种疏通蜂窝式再生 SCR 催化剂孔道的装置	浙江浙能催化剂技术有限公司	2016-09-14
37	ZL201510391885.7	一种基于湿法脱硫系统的废水处理装置	浙江天地环保科技有限公司	2017-04-19
38	ZL201610133978.4	一种湿电预放电装置的支承绝缘子密封系统	浙江天地环保科技有限公司	2017-04-19
39	ZL201510487604.8	一种天然气管网压力能回收综合利用系统	浙江浙能节能科技有限公司	2017-06-16
40	ZL201510394154.8	一种湿式静电除尘除雾装置	浙江天地环保科技有限公司	2017-06-20
41	ZL201510880377.5	一种换热器蒸汽吹灰器	浙江天地环保科技有限公司	2017-07-21
42	ZL201510687926.7	一种塑料模具钢以及塑料成型用模具	浙江浙能催化剂技术有限公司	2017-07-28
43	ZL201510565232.6	补给水氧气及二氧化碳去除装置	浙江浙能技术研究院有限公司	2017-07-28
44	ZL201610256903.5	一种提升机组 AGC 和一次调频品质的装置	浙江浙能技术研究院有限公司	2017-08-04
45	ZL201610134314.X	一种卧式湿电高效放电极及其框架结构	浙江天地环保科技有限公司	2017-08-11
46	ZL201510022454.3	一种利用火电厂废热的节能型烟气污染物处理系统	浙江浙能节能科技有限公司	2017-10-10
47	ZL201510559139.4	SCR 脱硝催化剂再生孔道的清灰装置	浙江浙能催化剂技术有限公司	2017-10-20
48	ZL201610278666.2	一种热媒水管道防腐系统及方法	浙江天地环保科技有限公司	2017-12-26
49	ZL201710010175.4	一种防止电除尘结焦堵塞的控制方法	浙江浙能嘉华发电有限公司	2018-02-13
50	ZL201710010441.3	一种湿电后段喷淋程控优化节水方法	浙江浙能嘉华发电有限公司	2018-03-16
51	ZL201610648802.2	一种基于燃煤特性的低低温电除尘安全高效运行方法	浙江浙能技术研究院有限公司	2018-04-06
52	ZL201610576418.6	一种基于运行数据统计分析的凝汽器换热性能评价方法	浙江浙能技术研究院有限公司	2018-05-11
53	ZL201610585519.X	一种集成式的湿式电除尘器绝缘装置	浙江天地环保科技有限公司	2018-05-22
54	ZL201610738022.7	大中型防腐蚀箱罐基础及底板间隙控制结构及方法	浙江天地环保科技有限公司	2018-05-22
55	ZL201610893349.1	一种湿电高频电源绝缘子室保压密封结构的控制方法	浙江天地环保科技有限公司	2018-05-22
56	ZL201610116413.5	一种混合式烟气蒸干脱硫废水装置及方法	浙江浙能技术研究院有限公司	2018-06-07
57	ZL201510244269.9	一种发电厂电力系统的继电保护整定计算方法	浙江浙能技术研究院有限公司	2018-06-15

表 11-4-4（续）

序号	专利编号	专利名称	单位名称	授权公告日
58	ZL201610658828.5	一种带内外缸夹层密封件的高中压合缸机组	浙江浙能技术研究院有限公司	2018-07-11
59	ZL201610554442.X	一种火电机组高效低负荷脱硝装置以及控制方法	浙江浙能技术研究院有限公司	2018-07-20
60	ZL201610070483.1	一种热媒水管式换热器控制系统和方法	浙江天地环保科技有限公司	2018-08-14
61	ZL201610766742.4	一种背压式汽轮机补水预加热系统	浙江浙能节能科技有限公司	2018-08-14
62	ZL201610873396.X	一种超细粉煤灰填充的丁苯橡胶及其制备方法	浙江天地环保科技有限公司	2018-09-07
63	ZL201610872308.4	一种超细粉煤灰增强的丁苯橡胶及其制备方法	浙江天地环保科技有限公司	2018-09-07
64	ZL201510610148.1	一种减少凝结水精处理再生系统混脂的方法	浙江浙能嘉华发电有限公司	2018-09-14
65	ZL201610874130.7	一种超细粉煤灰填充的天然橡胶及其制备方法	浙江天地环保科技有限公司	2018-10-02
66	ZL201610545432.X	一种从废旧 SCR 脱硝催化剂中回收钒、钨、钛的方法	浙江浙能催化剂技术有限公司	2018-10-09
67	ZL201610586695.5	一种臭氧氧化双塔氨法脱硫脱硝工艺及其系统	浙江天地环保科技有限公司	2018-11-27
68	ZL201610388659.8	一种基于改进 EMD 分解的尾水管压力脉动综合评价方法	浙江浙能北海水力发电有限公司	2019-01-18
69	ZL201610537011.2	基于发电机分支电流的相位比较式差动保护方法及系统	浙江浙能北海水力发电有限公司	2019-02-05
70	ZL201610470567.4	一种差异化配置末级叶片模块的低压缸改造方法	浙江浙能技术研究院有限公司	2019-02-15
71	ZL201610604946.8	一种适用于对冲型燃煤锅炉的脱硝精细化控制方法	浙江浙能技术研究院有限公司	2019-02-15
72	ZL201510566934.6	煤炭制样系统	浙江越华能源检测有限公司	2019-02-21
73	ZL201610747969.4	一种换热器烟温自动调节系统与控制方法	浙江天地环保科技有限公司	2019-02-26
74	ZL201710470606.5	基于一级过热器全负荷段特性的汽温控制系统参数整定方法	浙江浙能乐清发电有限责任公司	2019-03-01
75	ZL201610569572.0	一种绝缘栅双极型晶体管退化的在线监测方法	浙江浙能技术研究院有限公司	2019-03-08
76	ZL201710615654.9	用于提高 SCR 脱硝装置入口烟温的烟气系统及方法	浙江浙能兰溪发电有限责任公司	2019-05-31
77	ZL201710009625.8	一次风系统中一次风机失速的预防方法	浙江浙能中煤舟山煤电有限责任公司	2019-06-12

表 11-4-4（续）

序号	专利编号	专利名称	单位名称	授权公告日
78	ZL201611057799. 3	一种网源在线监测数据统一采集和分析处理方法	浙江浙能北仑发电有限公司	2019-07-23
79	ZL201510449911. 7	物理掩蔽失活 SCR 脱硝催化剂再生方法	浙江浙能催化剂技术有限公司	2019-08-13
80	Zl2016105787173	一种低压缸通流改造节能效果的评价方法	浙江浙能技术研究院有限公司	2019-08-23
81	ZL201710613306. 8	一种凝结水精处理系统	浙江浙能绍兴滨海热电有限责任公司	2019-09-26
82	ZL201610742506. 9	一种两段多级曝气大型气升平板式光生物反应器	浙江天地环保科技有限公司	2019-10-18
83	ZL201810390471. 6	一种天然气管道机器人支撑及里程测量装置	浙江浙能天然气运行有限公司	2019-11-01

第三节　科 技 奖 励

浙能集团始终坚持以“高起点、重创新、大投入、求实效”为科技创新方针，以深入实施创新驱动发展为主线，加快提升企业自主创新能力。2002—2019 年共取得市局级以上科技奖项 295 项，包括国家级奖项 1 项，省部级奖项 89 项，市局级奖项 205 项。其中，“燃煤机组超低排放关键技术研发及应用”于 2017 年荣获国家技术发明奖一等奖，开创了国内燃煤机组超低排放先河。

2002—2019 年浙能集团科技获奖统计见表 11-4-5，省部级以上主要获奖情况见表 11-4-6。

表 11-4-5　2002—2019 年浙能集团科技获奖统计表

年份	奖励级别		
	省部级及以上	市局级	合计
2002	0	4	4
2003	1	0	1
2004	1	0	1
2005	3	11	14
2006	2	10	12
2007	1	7	8
2008	0	8	8
2009	1	10	11
2010	2	8	10
2011	0	6	6
2012	6	11	17
2013	8	16	24
2014	6	11	17
2015	18	21	39
2016	16	21	37
2017	12	18	30
2018	6	31	37
2019	7	12	17
合计	90	205	295

表 11-4-6　2002—2019 年浙能集团省部级以上主要获奖情况一览表

序号	获奖单位	科技成果名称	获奖名称及等级	授奖单位	获奖年份
1	浙江浙能嘉兴发电有限公司	直吹式制粉系统一次风优化分配及在线监测技术研究开发	中国电力科学技术奖二等奖	中国电力企业联合会	2003

表11-4-6（续）

序号	获奖单位	科技成果名称	获奖名称及等级	授奖单位	获奖年份
2	浙江浙能嘉兴发电有限公司	以可靠性为中心的电站风机状态检修技术研究	国家电网公司科学技术进步奖三等奖	国家电网公司	2004
3	浙江浙能嘉兴发电有限公司	300MW汽轮机组本体及热力系统优化	浙江省科学技术奖二等奖	浙江省人民政府	2005
4	浙江天地环保工程有限公司	改进的石灰石-石膏湿法烟气脱硫技术工程化的研究	中国电力科学技术奖三等奖	中国电机工程学会	2005
5			浙江省科学技术奖三等奖	浙江省人民政府	2005
6	浙江浙能长兴发电有限公司	基于OPC技术的PI接口开发与应用	中国电力科学技术奖三等奖	中国电机工程学会	2006
7	浙江天地环保工程有限公司	改进的石灰石-石膏湿法烟气脱硫技术工程化研究与应用	环境保护科学技术奖二等奖	国家环境保护局	2006
8	浙江浙能温州发电有限公司	电站锅炉微油点火技术	浙江省科学技术奖二等奖	浙江省人民政府	2007
9	浙江浙能乐清发电有限责任公司	超临界机组无电泵给水系统运行可靠性试验研究	全国电力职工技术成果奖三等奖	中国电力企业联合会	2009
10	浙江天地环保工程有限公司	燃煤烟气脱硫脱硝系列国家标准及应用	中国机械工业科学技术奖一等奖	中国机械工程学会	2010
11	浙江省天然气开发有限公司	天然气长输管道泄漏建模和GIS应急指挥系统	地理信息科技进步奖三等奖	国家测绘局	2010
12	浙江浙能嘉华发电有限公司、浙江浙能能源技术有限公司、浙江浙能嘉兴发电有限公司、浙江省能源集团有限公司	超（超）临界机组智能控制精确加氧工艺技术	中国电力建设科学技术成果奖二等奖	中国电力建设企业协会	2012
13	浙江浙能镇海发电有限责任公司	大型燃气轮机振动试验研究	中国电力科学技术奖三等奖	中国电机工程学会	2012
14			浙江省科学技术奖三等奖	浙江省人民政府	2012
15	浙江天地环保工程有限公司	塔顶可整体拆卸式非金属脱硫临时烟囱	全国电力职工技术成果奖二等奖	中国电力企业联合会	2012
16	浙江浙能能源技术有限公司、浙江省能源集团有限公司、浙江浙能嘉兴发电有限公司、浙江浙能温州发电有限公司、浙江浙能长兴发电有限公司	超（超）临界机组锅炉启动系统研究	中国施工企业管理协会科学成果二等奖	中国施工企业管理协会	2012
17			中国电力建设科学技术成果奖二等奖	中国电力建设企业协会	2012

表 11-4-6（续）

序号	获奖单位	科技成果名称	获奖名称及等级	授奖单位	获奖年份
18	浙江浙能能源技术有限公司、浙江省能源集团有限公司、浙江浙能嘉兴发电有限公司、浙江浙能温州发电有限公司、浙江浙能长兴发电有限公司	基于汽轮机节能评价方法的300MW汽轮机升级改造研究与实践	全国电力职工技术成果奖三等奖	中国电力企业联合会	2013
19			浙江省科学技术奖二等奖	浙江省人民政府	2013
20	浙江浙能嘉兴发电有限公司、浙江浙能嘉华发电有限公司、浙江浙能能源技术有限公司	1000MW超超临界发电机组热控系统基建生产无缝对接的研究	中国施工企业管理协会科技成果二等奖	中国施工企业管理协会	2013
21			中国电力建设科学技术成果奖二等奖	中国电力建设企业协会	2013
22	浙江浙能乐清发电有限责任公司、浙江浙能能源技术有限公司	基于状态融合策略的智能控制系统在超临界直流锅炉中的应用研究	全国电力职工技术成果二等奖	中国电力企业联合会	2013
23	浙江浙能温州发电有限公司	中速磨煤机风煤混合温度场分布研究	全国电力职工技术成果二等奖	中国电力企业联合会	2013
24	浙江天地环保工程有限公司	无旁路的脱硫装置工程化设计与应用	浙江省科学技术奖二等奖	浙江省人民政府	2013
25	浙江天达环保股份有限公司	石灰石粉活性激发剂的开发与实验研究	中国资源综合利用协会科学技术奖二等奖	中国资源综合利用协会	2013
26	淮浙煤电有限责任公司凤台发电分公司、华东电力设计院、浙江浙能技术研究院有限公司	大型电站锅炉余热回收利用联合设计的研究	电力建设科学技术进步奖一等奖	中国电力建设企业协会	2014
27	淮浙煤电有限责任公司凤台发电分公司	基于回热驱动装置理论创新的回热式汽动引风机及其控制集成技术的研究与应用	电力建设科学技术进步奖三等奖	中国电力建设企业协会	2014
28	淮浙煤电有限责任公司凤台发电分公司	励磁系统专用高灵敏度发电机PT断线监测装置研制	电力建设科学技术进步奖三等奖	中国电力建设企业协会	2014
29	浙江浙能温州发电有限公司	热控系统过程可靠性状态评估平台开发	全国电力职工技术成果奖二等奖	中国电力企业联合会	2014
30	浙江天地环保工程有限公司、淮浙煤电有限责任公司凤台发电分公司	燃煤电厂“脱硫塔出口烟道除雾装置”开发与工程化应用	全国电力职工技术成果奖三等奖	中国电力企业联合会	2014
31	浙江浙能镇海发电有限责任公司、浙江浙能技术研究院有限公司	融入城镇化进程的机组供热关键技术研究与应用	浙江省科学技术进步奖三等奖	浙江省人民政府	2014
32	淮浙煤电有限责任公司凤台发电分公司	SRS电解装置在大型循环冷却水处理中的应用研究	电力建设科学技术进步奖二等奖	中国电力建设企业协会	2015

表11-4-6（续）

序号	获奖单位	科技成果名称	获奖名称及等级	授奖单位	获奖年份
33	淮浙煤电有限责任公司凤台发电分公司	循环水泵多速系统在火力发电厂应用	电力建设科学技术进步奖三等奖	中国电力建设企业协会	2015
34	淮浙煤电有限责任公司凤台发电分公司	火力发电厂通过脱硫设计优化改进消除湿式烟囱石膏雨排放的研究及应用	电力建设科学技术进步奖三等奖	中国电力建设企业协会	2015
35	淮浙煤电有限责任公司凤台发电分公司	永磁调速装置在给煤机低电压穿越中的研究应用	电力建设科学技术进步奖三等奖	中国电力建设企业协会	2015
36	淮浙煤电有限责任公司凤台发电分公司	脱硫废水处理优化整治	电力建设科学技术进步奖三等奖	中国电力建设企业协会	2015
37	淮浙煤电有限责任公司凤台发电分公司	降低ZGM123N大型中速磨煤机石子煤含煤量的技术研究	电力建设科学技术进步奖三等奖	中国电力建设企业协会	2015
38	浙江浙能嘉兴发电有限公司	燃烧过程的场参数实时检测、在线诊断和优化控制技术	浙江省科学技术进步奖一等奖	浙江省人民政府	2015
39	浙江浙能嘉兴发电有限公司	发电厂并网运行和辅助服务智能能预测分析决策管理	全国电力行业企业管理创新成果奖一等奖	中国电力企业联合会	2015
40	浙江浙能嘉兴发电有限公司	发电企业知识管理体系建设与实施	全国电力行业企业管理创新成果奖二等奖	中国电力企业联合会	2015
41	浙江浙能乐清发电有限责任公司	环保智能监控评估系统的开发	全国电力职工技术成果奖三等奖	中国电力企业联合会	2015
42	浙江浙能乐清发电有限责任公司	火电厂热控系统防雷与抗干扰能力的研究及应用	CAA科学技术进步奖一等奖	中国自动化学会	2015
43			全国电力职工技术成果奖一等奖	中国电力企业联合会	2015
44	浙江浙能温州发电有限公司	300MW机组燃用低灰熔点煤降低NO_x与预防结渣试验研究	全国电力职工技术成果奖二等奖	中国电力企业联合会	2015
45	浙江浙能中煤舟山煤电有限责任公司、浙江天地环保工程有限公司	新建百万燃煤机组烟气超低排放技术研究与应用	电力建设科学技术进步一等奖	中国电力建设企业协会	2015
46	浙江省洁净煤技术研究开发中心、台州发电厂、浙江浙能镇海发电有限责任公司、浙江天地环保工程有限公司	燃煤电站锅炉氟、汞排放及影响研究	浙江省科学技术进步奖三等奖	浙江省人民政府	2015

表 11-4-6（续）

序号	获奖单位	科技成果名称	获奖名称及等级	授奖单位	获奖年份
47	浙江浙能技术研究院有限公司、浙江天工自信科技工程有限公司、浙江省能源集团有限公司	基于 C&S 技术的集团级发电设备故障预警与优化系统的研究应用	中国电力科学技术进步奖二等奖	中国电力企业联合会	2015
48			浙江省科学技术进步奖二等奖	浙江省人民政府	2015
49	浙江浙能乐清发电有限责任公司、浙江浙能技术研究院有限公司	超（超）临界发电机组高压加热器汽液相变区氧化性处理技术研究	浙江省技术发明奖三等奖	浙江省人民政府	2015
50	浙江浙能嘉兴发电有限公司	燃煤机组 SO_2、烟尘超低排放运行优化技术	全国电力职工技术成果奖二等奖	中国电力企业联合会	2016
51	浙江浙能嘉兴发电有限公司	管式热媒水烟气换热系统性能提升研究与应用	全国电力职工技术成果奖三等奖	中国电力企业联合会	2016
52	浙江浙能乐清发电有限责任公司	电厂输出线路输送能力实时保护系统	全国电力职工技术成果奖二等奖	中国电力企业联合会	2016
53	浙江浙能台州第二发电有限责任公司	岸高风压复杂地质区超大型海水加肋冷却塔结构优化研究	电力建设科学技术进步奖一等奖	中国电力建设企业协会	2016
54	浙江浙能台州第二发电有限责任公司、浙江天地环保工程有限公司	新建百万燃煤电厂多种烟气净化装置协同脱汞技术的研究与工程化应用	电力建设科学技术进步奖一等奖	中国电力建设企业协会	2016
55	浙江浙能台州第二发电有限责任公司	宽负荷高效回热系统研究与应用	电力建设科学技术进步奖二等奖	中国电力建设企业协会	2016
56	浙江浙能台州第二发电有限责任公司	滩涂围海回填区 CFG 桩复合地基的技术应用	电力建设科学技术进步奖二等奖	中国电力建设企业协会	2016
57	浙江浙能台州第二发电有限责任公司	全厂直流系统保护电器全选择性配合方案研究	电力建设科学技术进步奖三等奖	中国电力建设企业协会	2016
58	浙江浙能台州第二发电有限责任公司	超超临界百万机组高效调频策略研究与应用	电力建设科学技术进步奖二等奖	中国电力建设企业协会	2016
59	浙江浙能台州第二发电有限责任公司	燃煤机组大型冷却塔进风导流设施研究与应用	电力建设科学技术进步奖三等奖	中国电力建设企业协会	2016
60	浙江浙能温州发电有限公司	电子皮带秤在线远程自动校验与诊断系统研究与开发	全国电力职工技术成果奖一等奖	中国电力企业联合会	2016
61			CAA 科学技术进步奖二等奖	中国自动化学会	2016
62	浙江浙能催化剂技术有限公司、浙江浙能技术研究院有限公司、浙江兴源投资有限公司	SCR 脱硝催化剂原材料国产化应用研究	中国电力创新奖三等奖	中国电力企业联合会	2016
63			浙江省科学技术进步奖三等奖	浙江省人民政府	2016

表 11-4-6（续）

序号	获奖单位	科技成果名称	获奖名称及等级	授奖单位	获奖年份
64	浙江省能源集团有限公司浙江大学、浙江天地环保工程有限公司、浙江浙能技术研究院有限公司、浙江浙能嘉兴发电有限公司	燃煤机组超低排放关键技术研发及产业化	浙江省科学技术进步一等奖	浙江省人民政府	2016
65	浙江浙能技术研究院有限公司、浙江浙能兰溪发电有限责任公司、台州发电厂	发电集团网格化继电保护整定及管控系统研究开发	全国电力职工技术成果奖一等奖	中国电力企业联合会	2016
66	淮浙煤电有限责任公司凤台发电分公司	7S+管理在大型火力发电企业的应用	中国电力创新奖三等奖	中国电力企业联合会	2017
67	浙江浙能嘉兴发电有限公司	基于SAW传感器的导体无线无源测温系统	电力建设科学技术进步奖三等奖	中国电力建设企业协会	2017
68	浙江浙能嘉兴发电有限公司	低低温电除尘器的排放特性研究	电力建设科学技术进步奖三等奖	中国电力建设企业协会	2017
69	浙江浙能乐清发电有限责任公司	斗轮机集中自动控制系统研发与应用	中国电力创新奖二等奖	中国电力企业联合会	2017
70	台州发电厂、浙江浙能技术研究院有限公司	纯凝机组高品质工业供汽协同优化改造技术研究	浙江省科学技术进步奖二等奖	浙江省人民政府	2017
71	浙江浙能台州第二发电有限责任公司	基于顺控的保安电源控制系统的设计及应用	电力建设科学技术进步奖三等奖	中国电力建设企业协会	2017
72	浙江浙能台州第二发电有限责任公司	能效分析和管理系统在火电厂的应用研究	电力建设科学技术进步奖二等奖	中国电力建设企业协会	2017
73	浙江浙能温州发电有限公司	中速磨煤机风煤混合温度场分布研究	中国电力创新奖二等奖	中国电力企业联合会	2017
74	浙江浙能温州发电有限公司、浙江浙能技术研究院有限公司	火电厂热控技能实训与评价系统的研发与应用	全国电力职工技术成果奖二等奖	中国电力企业联合会	2017
75	浙江浙能镇海发电有限责任公司	融入城镇化进程的机组供热关键技术研究与应用	中国电力创新奖二等奖	中国电力企业联合会	2017
76	浙江天地环保科技有限公司	燃煤机组超低排放关键技术研发及应用	国家技术发明奖一等奖	中华人民共和国国务院	2017
77	浙江浙能嘉华发电有限公司、浙江浙能技术研究院有限公司	低低温电除尘器排放特性及运行优化策略研究	电力建设科学技术进步奖三等奖	中国电力建设企业协会	2017
78	浙江浙能嘉兴发电有限公司	液态恒值加氧技术在超超临界燃煤机组的应用	发电行业水处理技术创新成果奖一等奖	中国电力市场协会	2018

表 11-4-6（续）

序号	获奖单位	科技成果名称	获奖名称及等级	授奖单位	获奖年份
79	浙江浙能中煤舟山煤电有限责任公司	超临界机组深度节能控制的关键技术及应用	中国电力科学技术进步奖二等奖	中国电机工程学会	2018
80	浙江浙能催化剂技术有限公司、浙江浙能技术研究院有限公司	燃煤脱硝失活 SCR 催化剂再生技术开发及应用	中国电力创新奖一等奖	中国电力企业联合会	2018
81	浙江浙能台州第二发电有限责任公司、浙江浙能技术研究院有限公司	发电厂控制与管理系统信息安全防护关键技术及应用	中国电力科学技术进步奖三等奖	中国电机工程学会	2018
82			CAA 科学技术进步奖二等奖	中国自动化学会	2018
83	浙江浙能中煤舟山煤电有限责任公司	大型汽轮发电机组突发性振动识别技术与治理策略	浙江省科学技术进步奖二等奖	浙江省人民政府	2018
84	浙江浙能催化剂技术有限公司、浙江浙能技术研究院有限公司	燃煤脱硝失活 SCR 催化剂再生技术开发及应用	浙江省科学技术进步奖二等奖	浙江省人民政府	2019
85	浙江浙能乐清发电有限责任公司	智慧燃料	火电燃料管理职能化创新优秀成果优秀奖	中国电力技术市场协会	2019
86	浙江浙能嘉华发电有限公司	基于“消白烟技术”的烟气余热实时深度回收技术及应用	火电企业超低排放及节能改造创新成果奖一等奖	中国电力技术市场协会	2019
87	浙江浙能技术研究院有限公司、浙江浙能长兴发电有限公司	燃煤电厂末端废水调质与干化技术研发及零排放工程应用	中国电力科学技术进步奖三等奖	中国电机工程学会	2019
88	浙江浙能温州发电有限公司	燃煤机组脱硝精细化控制技术研发及应用研究	电力科技创新奖二等奖	中国电力企业联合会	2019
89	浙江浙能嘉华发电有限公司	基于 NetCAMS 的大型机械安全及健康评价研究	全国电力职工技术创新奖二等奖	中国电力企业联合会	2019
90	浙江浙能温州发电有限公司、浙江浙能技术研究院有限公司	沿海（江）燃煤机组开式循环冷端系统可靠性及运行优化研究	全国电力职工技术创新奖三等奖	中国电力企业联合会	2019

第五章 信息化建设与管理

第一节 基础设施建设

一、基础网络建设

（一）集团城域网和广域网

2003 年，浙能集团实施了本部局域网改造和广域网建设项目，在杭州市拱墅区环城北路 1 号华浙广场大楼 8 楼建设了计算机房（约 25 平方米），采购了交换机和路由器等网络设备，建成了浙能集团城域网和广域网，实现了浙能集团本部与所属分、子公司信息网络的互联互通。其中，城域网通过百兆裸光纤连接浙江东南发电股份有限公司、浙江省天然气开发有限公司、浙江省煤炭开发公司等在杭子公司。广域网利用浙江电力调度通信 SDH（同步数字序列）传输网络，通过星形网络连接浙江北仑发电有限责任公司、嘉兴发电有限责任公司、浙江镇海发电有限责任公司、台州发电厂、萧山发电厂、温州发电有限责任公司、浙江钱清发电有限责任公司、浙江长兴发电有限责任公司、浙江镇海联合发电有限责任公司 9 家发电厂，网络带宽为 2 Mbps。浙能集团城域网和广域网的建设，打通了浙能集团与所属企业的数据神经网络通道，并以此为起点，开启了浙能集团信息化建设之路。

2006 年 5 月，杭州市西湖区天目山路 152 号浙能大厦信息机房建成投用，浙能集团信息机房从华浙广场搬迁至浙能大厦。浙能集团本部局域网主干升级为万兆以太网，广域网带宽扩容至 2×2 Mbps，重要网络设备、主干链路均采用冗余配置。

2007 年 11 月，浙能集团租用了中国铁通 8 MMSTP（多业务传送平台）链路，建成了广域网备份链路。

2015 年，浙能集团对广域网链路进行扩容改造，浙江省内链路带宽升级至 100 Mbps，接入路由器采用冗余配置，广域网链路带宽有了质的提升。

2017 年，为建设“ZN163”信息化工程，支持 ERP、合同管理等核心应用系统建设，浙能集团启动浙能大厦和杭州市余杭区余杭塘路 2159 号浙能创业大厦双活数据中心网络建设。双数据中心网络通过 40Gbps 波分复用 WDM 光纤链路互联，采用 VXLAN、EVPN 技术实现网络大二层。并将原有广域网星型网络结构改为分层结构，各板块管理公司新增骨干路由器，使用 BGP 等互联网协议，接入双中心并实现流量分担。

（二）天然气管网通信网络

1. 光纤以太网

2003 年开始，浙江省天然气管网利用天然气管道同沟敷设的直埋光缆，采用 IP 通信方式完成输气管道 SCADA 系统的数据传输、天然气生产调度和行政管理话音通信以及工业电视监视图像通信，并利用电信公网的移动电话解决管道巡线和应急抢险通信。

2011—2012 年，浙江浙能天然气运行有限公司逐步将杭湖线上的架空光缆改为水底光缆（与杭甬线、杭嘉线过河方式相同），基本采用定向钻孔施工方式，降低天然气沿线架空光缆遭破坏的次数，提高了天然气沿线光缆的可靠性。2011 年迁改长度约 10.8 千米，2012 年迁改长度为 9.271 千米。

2. 光同步传输网

2004 年 2 月，《杭州—宁波天然气输气管道工程可行性研究——通信篇》提出租用电信公网电路组网、VSAT（微型地球站）卫星、光纤通信三种方式进行通信，并在杭州—宁波天然气管道工程调度中心确定使用 SDH 光传输，2009 年 9 月投入使用。

2016 年初，浙江浙能天然气运行有限公司委托中国石油天然气管道工程公司，开始编制工程技术标准化，修订通信专业的光缆、安防、网络、SDH、会议系统等技术规格书标准版和施工要求统一规定。同年，浙江浙能燃气有限公司组织编制了《浙江省天然气管网 SDH 规划建设方案》，2016 年 6 月通过评审。

2017 年 4 月 28 日，《浙江省天然气管道 SDH 通信网规划 2017—2020》正式发布，为天然气后续光传输建设提供了技术依据。规划保留天然气管网光缆随管道同沟敷设的方式，根据现状及未来的建设规划，2016—2020 年通信网的建设能够完成由链型结构逐步向环形结构的转变，解决存在的网络单点故障问题，同时根据天然气管网的远景规划以同沟敷设光缆的方式逐步丰富光缆路由，为网络网格化（MESH）演进做好准备。

2018 年 9 月，浙能集团天然气管网 SDH 系统现状为天然气甬台温、金丽温和杭甬线干线构成浙江省天然气光传输通信网。网络布局如图 11-5-1 所示。

二、浙能集团本部办公大楼智能化及数据中心建设

2006 年 5 月，浙能大厦智能化弱电系统建设投用，该系统主要包括综合布线系统、楼宇控制、智能照明、闭路电视、防盗报警系统、一卡通、背景音乐及紧急广播系统、多媒体会议室系统、机房工程、系统集成十项子系统。浙能大厦信息机房占地面积约 190 平方米，安装部署了集团本部所有的网络及安全设备、小型机及服务器设备、存储设备，配置了 UPS 电源、视频监控、环境监测、气体消防、网络管理以及 KVM 集中控制系统。

2014 年 4 月，浙能大厦数据中心机房实施了改造工程，新增了部分机柜、冷水机组空调和备用 UPS 电源，改造了机房综合布线系统，实现了机房容量的扩容和持续运行能力的提升，满足了 ERP 等业务系统的运行环境要求。

2015 年 4 月，浙能创业大厦数据中心项目

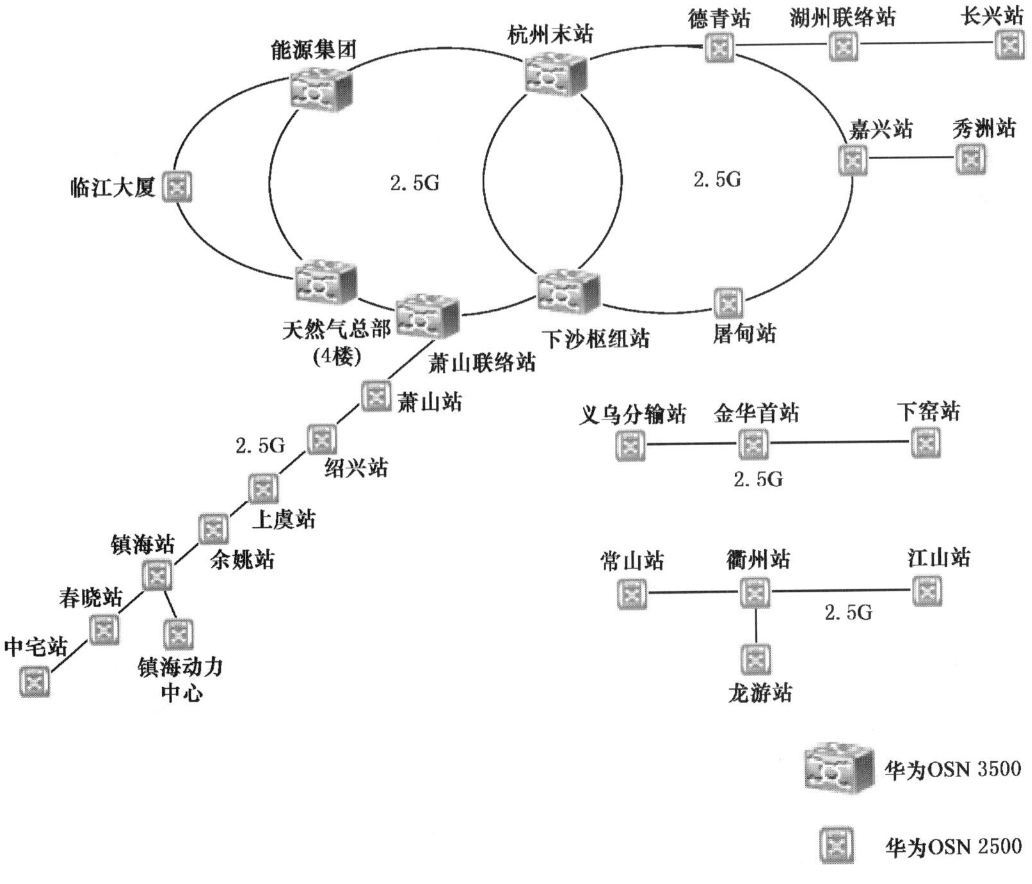

图 11-5-1　浙能集团天然气管网光传输通信网

建设启动，该项目是浙能集团“同城双中心”互备容灾建设的关键工程。浙能创业大厦数据中心按照国家A级标准机房进行设计，占地面积约1100平方米，共135个机柜，可支撑总负载达700千瓦的IT设备运行，满足浙能集团中长期信息化建设的需要。

2015年12月，浙能创业大厦数据中心机房基础环境设施投入试运行。

2016年底，浙能创业大厦数据中心完成了数据中心装饰、冷水机组、低压配电系统、弱电系统、UPS系统、机柜系统、柴油发电机组等建设任务。

2017年6月，浙能创业大厦数据中心完成了机房网络、计算资源池、存储资源池、安全防护设备等建设任务。

2017年9月23日，浙能集团成功将ERP系统、供应商管理系统（SRM）和合同管理等信息系统从浙能大厦数据中心迁移至浙能创业大厦数据中心，实现了核心业务系统的应用级“双活”容灾。

2018年，浙能集团对浙能大厦数据中心机房进行了电力、机柜和综合布线系统的改造，提升了本部数据中心机房的运行水平。在“同城双中心”的基础上，浙能集团开展了IT资源平台的建设，构建了“两个中心一朵云”的资源管控能力，实现了两个中心私有云资源的统一管理，标志着浙能集团具备了“同城双中心”的容灾能力和“浙能云平台”服务能力，信息化建设迈上了新台阶。

2019年9月，浙能创业大厦数据中心通过国家权威机构中国质量认证中心（CQC）测评，荣获国家A级机房认证。

第二节 应用系统建设

一、集团统建系统

（一）办公自动化（OA）系统

2004年5月，浙能集团OA系统建设项目启动。OA系统是浙能集团首个建设的业务应用系统，基于IBM Domino 6.5软件，采用C/S架构，分布式部署，浙能集团所属发电企业OA系统Domino网络域重建工作同步展开。

2004年9月，浙能集团OA系统实施完成并投入应用，实现了浙能集团各单位OA系统的互联互通。

2012年5月，浙能集团OA系统升级改造项目启动。该系统基于IBM Domino8.5软件开发，采用B/S架构。其中，OA公文采用集中式部署，OA邮件采用分布式部署。该系统集成了电子印章功能，并与电子传真、短信等系统相集成，通过集团门户系统实现单点登录。2012年9月，该系统开发完成并投入应用。

（二）生产安全管理平台

2003年，浙能集团开发了发电机组生产实时数据系统，数据来源于浙江电力调度中心SCADA系统。通过该系统，浙能集团能实时了解和掌握发电机组的运行状况。

2005年7月，浙能集团开发了生产安全管理平台，以满足生产管理需要。该平台具有生产实时数据展示、生产日报、机组竞赛等功能。

2009—2010年，浙能集团对生产安全管理平台进行了升级开发，功能包括生产实时数据展示、生产安全管理、安全生产对标管理、发电计划管理、远程视频监控系统等功能。

（三）企业资产管理（EAM）系统

2005年3月10日，浙能集团生产安全部组织召开了企业资产管理（EAM）系统建设项目启动会，EAM系统在浙能集团本部、嘉兴发电有限责任公司、浙江嘉华发电有限责任公司、浙江钱清发电有限责任公司统一实施。浙能集团EAM系统选用IBM Maximo企业资产平台，实施范围涵盖了设备、工单、采购、库存、预防性维护、资源、项目管理等内容。EAM系统是按照浙能集团信息化发展规划（2004—2008）建设的第一个大型信息化项目。

2005年8月，嘉兴发电有限责任公司EAM系统首先成功上线，于2005年11月通过验收。

2005年10月，浙江钱清发电有限责任公司EAM系统上线投入运行，于2006年3月通过验收。

2005年11月，浙江嘉华发电有限责任公司EAM系统上线投入运行，于2006年6月通过验收。

2006年9月，浙能集团本部KPI及综合查询系统通过项目竣工验收。

2007年6月，浙能集团董事长吴国潮主持召开了EAM、财务管理信息系统（FMIS）推广实施和深化应用工作会议，成立了由浙能集团总经理沈志云为主任，毛剑宏、柯吉欣、朱松强为副主任的EAM、FMIS项目指导委员会，建立了项目协调小组。各推广实施单位成立了EAM、FMIS项目领导小组，建立了项目的管理组、质量保证组、业务组和技术组，EAM、FMIS推广实施工作全面提速、同步展开。EAM系统推广实施分三批进行，截至2009年10月，共完成浙能集团所属13家生产型企业的EAM推广实施。

2009年，作为创新试点，浙能集团以浙江长兴发电有限责任公司、嘉兴发电有限责任公司为试点，基于EAM平台开发燃煤、燃油库存的流程化管理，实现了对燃煤数量、质量、价格信息实时监控。项目试点成功后，统一推广至所属发电企业。

2009年10月，浙能集团基于EAM平台完成了物流管理信息系统的开发，实现了集团虚拟联合仓储，促进物资集约化管理再上新台阶。系统包含物资计划管理、招标（询价）管理、物资合同管理、合格供应商管理、废旧物资管理、统计分析和报表七大功能模块，并建立了与各电厂EAM项目单位的物资计划、合同接口，实现采购业务流程电子化及数据资源共享，提高物流系统运作效率，降低运作成本。

2010年6月，浙能集团“EAM企业资产管理信息系统”项目荣获中国电力企业联合会颁发的2009—2010年度优秀电力信息化成果一等奖。

（四）财务管理信息（FMIS）系统

2001—2005年，浙能集团所属企业财务管理软件、财务电算化软件自行选用，主要采用用友、金蝶软件等。

2005年7月8日，FMIS系统在浙能集团本部和嘉兴发电有限责任公司启动试点实施，浙能集团成立FMIS项目实施组织机构，由浙能集团副总经理毛剑宏担任项目指导委员会主任。成立项目经理部，下设应用小组和技术小组。FMIS系统选用Oracle EBS 11i商务套件，该系统采用分布式部署，涵盖总账、应收账款、应付账款、项目会计、固定资产等管理功能。

2005年9月，完成项目前期的业务调研分析和财务业务流程梳理。

2005年10月底，完成实施方案的设计和测试，完成实施方案初稿以及部分静态数据的收集。

2005年11月底，完成系统软硬件安装调试、实施方案细化与修改，召开了专门会议讨论并确认了系统的总体设计及各个主要模块的实施方案。

2005年12月上旬，完成了系统基础数据的初始化以及各模块之间的数据核对和校验，按照数据转换方案导入系统并核对一致，主要模块完成上线切换，系统正式进入双轨运行阶段。

2006年6月，经历半年多双轨运行的FMIS系统正式进入单轨运行阶段。

2006年11月29—30日，浙能集团组织有关专家作为集团财务管理信息系统软件（FMIS）项目评审组，对试点单位的嘉兴发电有限责任公司的财务信息软件（FMIS）项目进行了竣工验收前的全面测试和评审。

2007年1月，嘉兴发电有限责任公司FMIS试点项目通过验收。

2007年6月，FMIS系统的推广实施工作全面展开，覆盖了浙能集团本部及下属37家单位，基本覆盖了浙能集团二级单位。在FMIS系统实施和推广过程中，建立起了浙能集团统一的财务核算和管控框架，在发电企业端实施了FMIS系统与EAM系统的数据接口，使物资采购、库存、项目等业务信息与财务信息相同步。

2008年4月，浙能集团统一建设推广财务报表系统，系统采用分布式部署，共上线单位150多家，基本覆盖了浙能集团所有三级单位和大部分四级单位。

2008年12月，在Oracle EBS（Oracle企业商务套件）平台上，浙能集团以浙能集团财务公司为依托，通过与浙能集团财务公司的九恒星业务系统的集成，搭建了统一的资金管理平台。浙能集团各单位通过该平台报送各类月、周资金计划及相关资金信息，实现集团对资金的集中管理和监控。

2009年，完成了全部二级单位及部分三级单位共43家企业的实施部署。

2010年6月，“FMIS财务管理信息系统”项目荣获中国电力企业联合会颁发的2009—2010年度优秀电力信息化成果一等奖。

（五）人力资源管理（HR）信息系统

2007年9月，浙能集团HR信息系统试点建设项目启动。HR信息系统在浙能集团本部、嘉兴发电有限责任公司、浙江兴源投资有限公司进行试点，采用分布式部署。HR信息系统具有人事管理、薪酬福利、招聘管理、绩效管理、培训管理等功能。

2008年9月，HR信息系统试点上线运行。

2009年6月，HR信息系统全面推广。

2012年7月，根据管理需要，HR信息系统调整为“大集中”部署方式并成功投入应用。HR信息系统覆盖了浙能集团本部及所有二级单位，HR信息系统的实施，规范了浙能集团人事管理信息，实现了浙能集团人力资源信息的共享。

（六）建设（基建）项目管理信息系统

2005年，基建项目管理信息系统在浙江浙能兰溪发电有限责任公司进行试点，该系统涵盖工程管理和技经管理两大部分，包括概预算、计划、合同、物资、质量、竣工决算等功能模块。

2005年8月，项目经过8个月的实施和4个月的试运行通过验收。基建项目管理信息系统的成功应用，实现了浙江浙能兰溪发电有限责任公司基建过程无纸化办公。

2006年，浙江浙能乐清发电有限责任公司基建项目管理信息系统上线运行，该公司一、二期项目通过基建项目管理信息系统完成竣工结算。

2011年12月，浙能集团本部建设项目管理信息（PMIS）系统启动建设，于2012年8月投入试运行。

2012年，以浙江浙能镇海天然气有限责任公司、浙江浙能台州第二发电有限责任公司、浙江浙能温州发电有限公司四期等项目单位为试点，开发实施了项目层PMIS系统。项目层PMIS系统具有质量、安全、投资、合同、变更管理和资料管理等功能模块，合同、联系单等实现了流程化管理，实现了与集团公司本部PMIS系统的数据接口。此后，继续开展PMIS系统的深入开发应用，将招标管理有关内容纳入PMIS中，实现了基建项目招标上会的无纸化管理。

2016年，浙能集团积极推进PMIS系统与ERP财务管理的整合，开发了项目层PMIS系统与ERP系统的数据接口，实现了业务与财务一体化管理。根据浙能集团信息化建设规划以及PMIS系统“二级部署、三级应用、多项目管理”的原则，从2016年开始，在集团各板块管理层推广实施PMIS系统，并持续开展PMIS系统的深化应用和开发完善，有序推进“新小项目”PMIS系统的应用，确保基建项目PMIS系统与ERP系统同步上线。

（七）综合计划与统计系统

2006年10月，浙能集团综合计划与统计系统建成投用，系统采用分布式部署，具有对浙能集团生产、经营和投资数据的汇总统计和报表功能。

2009年，浙能集团对综合计划与统计系统进行了升级改造，实现了与财务报表系统的数据接口。

2019年3月，浙能集团综合计划与统计系统建设项目（一期）启动。一期建设目标为电力板块综合计划整体功能上线，电力产业综合统计整体功能上线。综合计划涵盖集团投资、检修、发电量、技改、科技、信息化、煤炭购销和天然气等专项计划，具有年度计划编制报表及汇总统计分析等功能。综合统计涵盖集团电力产业综合统计、生产统计和投资统计，具有统计台账、统计报表、统计分析、统计年鉴等功能。浙能集团综合计划与统计系统采用大集中部署方式，系统平台采用业务中台、技术中台、数据中台“三中台”架构，具有快速开发、扩展性强、并发能力强等优势。系统开发遵循浙能集团信息化系统开发实施规范，实现与浙能集团统一认证平台、统一权限平台、统一待办中心的集成，并实现了与全面预算管理系统的数据接口对接。

2019年7月8—25日，浙江浙能电力股份有限公司及下属单位和浙江省新能源投资集团股份有限公司及下属单位共计27家企业关键用户在浙能集团集中办公梳理集团统计业务。

2019年7月30日，综合计划需求设计方案通过评审。

2019年9月30日，综合计划功能在电力板块正式上线应用。

2019年12月26日，综合统计功能在电力板块上线应用，系统一期实现了综合计划与全面预算管理系统的集成，达到“计划指导预算”的管理要求。

（八）发电设备故障预警系统

2008年1月，浙能集团发电设备故障预警系统建设项目启动。项目首先在浙江浙能嘉兴发电有限公司1号机组（300MW）、浙江浙能嘉华发电有限公司3号机组（600MW）进行试点实施。项目选用美国SmartSignal公司软件平台进行开发实施，算法模型涵盖发电厂主、辅设备，包括发电机、汽轮机、燃气轮机、风机、泵、磨煤机、加热器、锅炉水冷壁、过热器、再热器、凝汽器、空预器等。

2009年9月，试点项目通过了验收。此后，浙能集团开展了分批推广实施工作。

2014年，浙江浙能技术研究院有限公司根据浙能集团生产管理要求和预警系统实际情况，对发电设备故障预警系统进行了全面升级改造，实现了故障模式诊断和业务协同处理。

2015年，该系统荣获中国电力科技进步奖二等奖、浙江省科技进步奖二等奖。

2016年，该系统荣获中国智慧电厂联盟创新成果奖。

2019年，发电设备故障预警系统已覆盖浙能集团17家发电企业的49台发电机组，对发现汽轮机轴承振动异常、轴承温度异常、高加泄漏、凝汽器脏堵，对锅炉受热面壁温异常、空预器堵塞、风机振动异常、风机轴承温度高、发电机氢冷器进空气等异常状况均能及时发现，起到预警作用。

（九）浙能集团党建系统和流媒体系统

2007年，浙能集团流媒体系统（浙能网络电视台）开始建立，基于“分布部署，管理统一”的架构，具有直播、点播、媒体分发等功能。通过该系统，公司员工可以即时点播视频新闻、宣传教育资料片等。

2009年，浙能集团党建系统开发完成并投入应用。浙能集团党建系统集新闻系统、电子党务、青字号网站等功能于一体，是浙能集团新闻宣传和政治思想工作的信息化平台，该系统由浙能天工科技有限公司开发。

2014年，经多次升级改造，浙能集团党建系统升级至4.0版本，功能不断丰富完善，并具有台账记录、统计报表、在线检查考核、网络学习等功能。

（十）全面预算管理系统

2012年6月7日，浙能集团财务部组织召开全面预算管理系统信息化相关事宜讨论会，对浙能集团全面预算管理现状、存在的问题进行讨论，初步明确对集团全面预算管理信息化的推进计划。

2013年3月18日，浙能集团印发《关于成立浙江省能源集团有限公司财务信息化建设专项工作组的通知》（浙能财〔2013〕132号），成立集团财务信息化建设专项攻关工作机构，由财务部主任担任组长。工作组分设两个专项小组，财务信息化业务框架完善及预算信息化工作小组、FMIS及报表系统梳理完善专项工作小组。

2014年2月21日，浙能集团印发《关于成立浙江省能源集团有限公司全面预算信息化管理实施领导小组及工作小组的通知》（浙能财〔2014〕76号），成立浙能集团全面预算信息化管理实施工作领导小组及工作小组。

2014年3月19日，浙能集团召开全面预算信息化管理实施启动会议，标志着浙能集团预算信息化建设项目正式启动。

2014年底，浙能集团全面预算管理系统正式上线，覆盖范围包括浙能集团本部各部门、板块公司及三级管理营运企业，对浙能集团本部和电力核心板块完成了深入设计及具体实施，以浙江浙能嘉兴发电有限公司和浙江浙能长兴发电有限公司作为试点进行推广，对实施存在问题和建议及时调整并优化到系统设计中，并保持不断完善。浙能集团各部门、下属各板块、子公司顺利利用此信息化平台完成2015年度集团预算编制工作。

2015年6月24—25日，浙能集团召开集团全面预算信息化管理项目第一阶段验收暨第二三阶段启动视频会议。

2015年10月21—27日，浙能集团全面预算管理系统数据测试工作完成。

2015年10月23—27日，浙能集团开展全面预算信息化项目最终用户培训，推进预算系统全面推广使用。

（十一）ERP系统

2015年5月8日，浙能集团总经理童亚辉主持召开了浙能集团ERP系统建设项目（一期）启动会，集团系统ERP项目建设正式拉开了序幕。ERP一期项目覆盖集团本部及电力板块所属各企业，ERP系统采用SAP软件，业务范围涵盖人资管理、财务管理、物资管理、项目管理、生产管理、燃料管理、销售管理、采购寻源与供应商管理八个功能模块。在项目实施前，浙能集团开展了业务流程梳理优化、岗位标准化和统一物资编码等项目前期准备工作，为项目实施创造了条件。为确保项目顺利实施，浙能集团组建了近150人的联合开发团队，分为各业务模块、一体化技术平台等共13个工作小组。ERP系统是浙能集团“ZN163”信息化工程的核心。ERP系统的建设开启了浙能集团新一轮的信息化、数字化转型升级。

2015年8月10日，浙能集团本部、浙江浙能电力股份有限公司及浙江浙能兰溪发电有限责任公司、浙江浙能台州第二发电有限责任公司、淮浙煤电有限责任公司凤台发电分公司五家试点单位的ERP系统同步上线试运行。ERP项目建设得到了集团领导的高度重视和大力支持，浙能集团董事长吴国潮多次听取汇报并作出重要指示，浙能集团总经理童亚辉多次主持领导小组会议并赴项目组现场慰问和指导工作，浙能集团董事柯吉欣多次参加项目例会协调工作。

2015年11月5日，浙能集团董事柯吉欣主持召开了电力板块ERP推广动员视频会议，集团ERP系统在成功完成试点阶段建设后，正式开始向电力板块进行全面推广。

2016年2月3日，浙能集团董事柯吉欣主持召开电力板块ERP推广上线动员会。

2016年2月18日，电力板块第一批推广电厂上线试运行。

2016年3月6日，电力板块第二批推广电厂上线试运行，比原计划提前2个月实现了电力板块ERP系统的全覆盖。

2016年6月22日，浙能集团董事柯吉欣主持召开了ERP系统电力板块推广阶段初步验收会，总结了ERP系统的实施情况，肯定了ERP系统的建设成果。

2016年7月6日，ERP二期项目启动，二期项目覆盖煤炭运输、油气和可再生能源板块。浙能集团组成了由信息运维中心牵头集团相关部门及煤炭、天然气、可再生能源三个板块单位共同参与的200多人的ERP项目二期联合实施团队。

2017年1月，ERP二期完成上线试运行。

2017年2月28日，ERP三期项目启动，三期项目覆盖能源服务板块、金融地产板块、浙江长广（集团）有限责任公司、浙江浙能技术研究院有限公司等18家单位。

2017年5月，ERP三期完成上线试运行。

2017年10月，ERP系统四期项目启动，由浙能集团信息运维中心负责。四期项目范围覆盖石油板块、新成立二级单位和各板块公司的三级单位。

截至2019年底，完成了浙江省石油股份有限公司、浙江浙石油储运有限公司、浙江浙石油贸易有限公司、浙江浙石油综合能源销售有限公司、浙江浙能温州液化天然气有限公司、浙江浙能能源服务有限公司、浙能资本控股有限公司、浙江省能源集团城市燃气有限公司、浙江天地环保科技有限公司、浙江浙能兴源节能科技有限公司子公司共10批次项目实施，并同步完成了与财务共享服务平台的集成。

（十二）合同管理系统

2015年7月，在浙能集团本部、浙江浙能电力股份有限公司、浙江浙能兰溪发电有限责任公司、浙江浙能台州第二发电有限责任公司、淮浙煤电有限责任公司凤台发电分公司、浙江浙能镇海发电有限责任公司和浙江浙能温州发电有限公司等单位试点实施，2015年试点单位成功上线。合同管理系统是浙能集团“ZN163”信息化工程中的重要内容，与ERP系统同步推进、同步实施。

2016年3月，完成了电力板块的推广实施。

2017年2月，启动了能源服务板块、金融地产板块、浙江长广（集团）有限责任公司、浙江浙能技术研究院有限公司合同管理系统建设工作。

2017 年 6 月，完成了集团二级企业的上线试运行，基本实现了在集团二级企业的全覆盖。

2017 年 10 月，合同管理系统四期推广实施工作与 ERP 系统同步启动，由浙能集团信息运维中心负责。四期项目范围覆盖石油板块、新成立二级单位和各板块公司的三级单位。

截至 2019 年底，完成了浙江省石油股份有限公司、浙江浙石油储运有限公司、浙江浙石油贸易有限公司、浙江浙石油综合能源销售有限公司、浙江浙能温州液化天然气有限公司、浙江浙能能源服务有限公司、浙能资本控股有限公司、浙江省能源集团城市燃气有限公司、浙江天地环保科技有限公司、浙江浙能兴源节能科技有限公司子公司共 10 批次项目实施，并同步完成了与财务共享服务平台的集成。合同管理系统的实施，统一了浙能集团各级合同归口管理职责，统一了集团合同分类和编码规则，统一规范了浙能集团各级单位合同签订、审批、履行和关闭流程，实现了浙能集团各类经济合同全口径管理以及合同过程的全生命周期管理，实现了与 ERP 系统及财务支付系统的全集成。

（十三）安健环及技术管理信息系统（QHSE 系统）

2015 年 3 月，启动项目前期准备安健环及技术管理系统是浙能集团“ZN163”信息化工程的核心系统。

2016 年 3 月，完成招投标进入实施阶段。

2016 年 4 月 15 日，浙能集团召开 QHSE 系统建设动员视频会，全面启动该系统建设工作，浙能集团总工程师朱松强参加会议并作动员讲话。项目在浙能集团本部、浙江浙能电力股份有限公司、浙江浙能兰溪发电有限责任公司电厂、浙江浙能嘉华发电有限公司、浙江浙能燃气有限公司、浙江浙能天然气运行有限公司六家单位进行先行试点。QHSE 系统涵盖安全与健康管理、环保管理、技术管理、网络安全管理四大部分。浙能集团成立了以总工程师朱松强为组长的领导小组，并从系统各单位抽调各专业骨干，成立了安全健康、环保管理、技术监督、信息安全、软件开发配合、咨询配合 6 个工作小组，组成了约 130 人的项目开发实施咨询团队。考虑到浙能集团系统业态复杂多样、地域分布较广，项目组先后选取了 25 家具有代表性的企业及试点单位进行重点调研，充分了解各板块、各行业业务现状和需求。

2016 年 12 月，QHSE 系统上线试运行。

2017 年，QHSE 系统推广实施工作全面展开。

2017 年 11 月 9 日，完成了浙能集团本部、电力板块、可再生能源板块、油气板块等 23 家单位的项目初步验收工作。

2017 年 12 月 21 日，完成了煤炭板块、科服板块、新疆板块、金融板块、直属企业等 38 家单位的项目初步验收工作。

2018 年 12 月 5 日，浙能集团生产安全监察部主持召开了 QHSE 系统开发实施项目最终验收会，宣布项目在集团本部、电力板块、煤炭板块、天然气板块、可再生能源板块、科服板块、新疆板块、金融板块、直属企业等 61 家单位通过最终验收。QHSE 系统为浙能集团安健环及技术管理管理提供了一个信息集成平台、管理工作平台和风险预警平台。通过实施 QHSE 系统，浙能集团规范、统一了安健环管理业务的标准和流程，实现了从浙能集团本部、板块管理公司直至营运企业基层班组的安健环及技术管理业务的高效运转和协同，满足了浙能集团多产业、多层级安健环一体化管理和垂直监督的需要。

（十四）财务共享服务平台

2017 年 4 月 24 日，浙能集团印发《关于设立浙江省能源集团有限公司财务共享服务中心筹建办的通知》（浙能办〔2017〕260 号），启动财务共享服务中心建设，设立财务共享服务中心筹建办，下设于浙能集团财务部，负责财务共享服务中心建设过程中各项具体工作。

2017 年 4 月 21 日，浙能集团财务部组织召开了联合项目组内部启动会，财务转型及财务共享服务中心建设项目咨询阶段正式启动。项目在开发、建设过程中得到了浙能集团领导的高度重视和集团各部门、各试点单位的全力配合，组建了由财务共享服务中心、信息运维中心及各实施商近 70 人组成的项目组。

2017 年 4 月 24 日至 5 月 14 日，财务共享服务中心项目组进行了为期三周的浙能集团整体财务情况调研。访谈集团领导及各部门领导，包括董事长、总经理、分管副总，涵盖财务部、科技与信息化管理部、组织（人力资源）部、资产经营部等。同时，走访调研各板块典型企业，了解财务各具体流程，覆盖各个板块共计15家单位，组织30余场现场访谈，涉及100余人次，同时开展80余次电话沟通。为了深入了解集团财务管理现状、存在的问题、管理难点和改进需求，发放6大类问卷，收集资料超过100份。

2017年6月初，财务共享服务中心项目组开始对财务共享服务中心顶层设计展开多轮研讨，涉及财务人员转型、财务共享服务中心建设、组织、人员及选址规划方案，累计开展20余次各项专题研讨。撰写完成财务转型整体规划建议，包括战略要求、转型愿景、财务管理现状、改进方向等五大方向；撰写完成财务共享服务中心整体规划建议，包括服务范围、推进策略、人员配置、选址分析、组织架构、汇报关系、系统架构七大部分。

2017年7月初，浙能集团依据财务共享服务中心整体规划方案进行首批上线单位的详细方案设计。累计进行20余场项目组内部讨论，与集团内各分子公司、试点单位进行多轮沟通，确定方案的适用性；累计完成流程设计50余条，涵盖采购到付款、销售到收款、员工报销及借款、资产管理、总账管理、资金管理六大业务，完成相关文档500余页。

2017年9月，系统开发团队陆续进场。为保证系统建设与前期咨询工作的连续性，浙能集团组织了共享服务中心业务组、咨询团队、实施团队进行了业务需求与系统需求的对接工作，开展财务共享服务平台建设团队的系统需求分析、设计工作。针对前期咨询工作输出的业务流程，累计设计系统流程40余支、用户功能点10余个、绘制用户操作原型界面200余张。

2017年9月15日，浙能集团召开集团财务共享服务中心建设项目启动会议，标志着集团财务共享服务中心建设项目正式启动。浙能集团董事长童亚辉出席会议并作重要讲话。

2017年11月，浙能集团财务共享服务平台一阶段需求封版。先后组织20余场系统流程图、业务规则、系统配置的方案确认会议。按照敏捷开发、快速迭代的系统建设方法，浙能集团及时组织系统需求方案的确认、评审，实现了系统流程确认一支、开发一支、测试一支、验收一支的滚动模式。先后进行了30余次概要设计确认和需求方案确认会议，保障了共享平台一阶段试点上线。

2017年12月初，按照项目计划，浙能集团财务共享服务平台逐步开始了用户测试验收工作，累计进行了两轮用户测试验收，覆盖了流程正向、逆向和异常情况下的处理，累计安排测试超过300人天。同时，按照集团统一要求，进行了系统压力测试，各项测试累计提单超过29000单。充分的验收测试确保了流程的稳定，对后续顺利上线奠定了基础。

2018年1月4日，浙能集团财务共享服务平台完成了所有业务模块基本功能的开发测试工作。

2018年1月5—8日，完成系统上线切换，实现财务共享服务平台、SAP系统、合同管理系统、基建管理系统、九恒星系统等的正式对接。

2018年1月8日，浙能集团财务共享服务平台在浙能集团本部、浙江浙能天然气运行有限公司、浙江省水利水电投资集团有限公司、浙江浙能北海水力发电有限公司、浙江浙能华光潭水力发电有限公司五家单位同步上线试运行。

2018年5月初，浙能集团财务共享服务平台在经过第一阶段试点单位运行、优化后，进一步补充资产类、税金类等系统流程。

2018年5月7日，浙能集团财务共享服务平台在天然气板块和电力板块的9家成员单位进行第二阶段试点上线。各阶段试点上线工作，均预留约2周时间进行上线单位用户培训、财务关键用户培训工作。

2018年7月，浙能集团财务共享服务平台进行浙能集团内其他单位的推广。

2018年7月9日，浙能集团财务共享服务平台在电力板块第一批14家单位推广上线运行。

2018年8月7日，浙能集团财务共享服务平台第二批推广单位共16家上线运行。

2018年10月9日，浙能集团财务共享服务平台第三批共计11家推广单位上线运行。

2018年12月31日，浙能集团财务共享服务平台在第四批共计13家推广单位上线全部功能和流程。

2019年3月5日，共享平台采购发票入账流程实现上线，并根据用户需求完成权限配置，正式投入使用。

2019年3月8日，浙能集团财务共享服务中心与信息运维中心及外部银行等多方联合开发的薪酬直连支付功能上线试运行成功，随后在浙能集团财务共享服务平台上线单位全面推广运行。

2019年3月，定期计提、摊销功能在共享平台试运行上线，该功能主要针对按期发生、账务分录固定，或者存在规律性的经济事项，用于解决复杂、烦琐但同时具有规律性的会计业务事项入账问题。

2019年4月，浙能集团财务共享服务平台在共享平台移动端陆续上线试运行零星支付（含预付）流程、零星发票报账流程、公务交通费报销流程。

2019年4月10日，针对“纳税人购进国内旅客运输服务，其进项税额允许从销项税额中抵扣”政策，浙能集团财务共享服务平台正式上线国内旅客运输服务进项税计算抵扣功能。

截至2019年12月31日，浙能集团财务共享服务平台已完成237家单位上线工作，涵盖了浙能集团本部、电力板块38家、石油板块127家、天然气板块14家、可再生能源板块3家、煤炭运输板块14家、科服板块28家、金融板块6家、新疆板块2家、直属企业4家等启用SAP系统的二级单位以及部分三级单位，报表口径覆盖人数2.1万人。

（十五）应急调度指挥中心平台

2018年1月，浙能集团按照“项目建设，咨询先行”的原则，启动了应急调度指挥中心平台建设项目咨询设计项目。

2018年5月，完成了“一级调度多级联动”的一体化调度指挥体系方案设计，明确了“构建1个平台、打造2个应用”的建设目标。“1个平台”即数据和应用支撑平台（工业互联网平台），“2个应用”分别为生产安全监控系统和应急指挥系统。

2018年8月，成立了以浙能集团副总经理朱松强为组长的浙能集团应急调度指挥中心开发实施领导小组，建立了生产工作小组、安全工作小组和IT技术工作小组，项目实施正式启动。

2019年5月，浙能集团应急调度指挥中心平台上线试运行。

2019年12月16日，项目通过初步验收。浙能集团应急指挥中心安装了视频显示系统、数字会议系统、无纸化会议系统、多媒体应急指挥系统等先进设备设施，具有应急调度指挥和视频会议等功能。在防御2019年5号台风“丹娜丝”期间，浙能集团应急调度指挥中心平台正式投入应用。

（十六）视频会议系统

2007年4月，浙能集团视频会议系统建成投用。系统采用华为标清视频会议设备，覆盖了27家单位，会议带宽达到2Mbps，图像质量达到4CIF25帧/秒，并具有双流功能。

2011年11月，浙能集团对视频会议系统进行高清改造，选用宝利通（Policom）高清视频会议系统，会议带宽达到4Mbps，具有1080P清晰度和高品质声音，并具有会议录播功能和PSTN电话应急备份功能，连接了本部和下属30多家单位。

2015年，浙能集团对视频会议系统进行了扩容，实现了80家单位同时召开视频会议的要求。

2017年，浙能集团对视频会议系统进行升级改造，选用华为高清视频会议系统，采用数字高清接口和混合高清矩阵，连接了86家单位的193个会场。同时，集团各单位开展统一要求对视频会议室进行了标准化改造。

二、各产业业务应用系统

（一）发电企业厂级监控系统（SIS系统）

从1997年开始，各发电企业陆续通过引进PI、IH实时数据库，采集发电机组实时信息，建设SIS系统，为专业技术人员获取生产信息、分析数据提供手段。并以此为基础，进行二次开发，实现性能计算、耗差分析、运行优化等高级应用，极大地提高了设备管理和运行管理水平。各发电企业SIS系统应用情况见表11-5-1。

表 11-5-1 各发电企业 SIS 系统应用情况

单位名称	投用时间（年）	主要功能
萧山发电厂	1997	辅助监测、整点分析、小指标统计、超温超压统计、自动利用率统计、性能计算、耗差分析、运行优化、智能操作票等
嘉兴发电有限责任公司	1998	
浙江浙能温州发电有限责任公司	2004	
台州发电厂	2004	
浙江浙能长兴发电有限责任公司	2005	
浙江浙能兰溪发电有限责任公司	2005	
淮浙煤电有限责任公司凤台发电分公司	2008	
浙江浙能镇海发电有限责任公司	2005	
浙能中煤舟山煤电有限责任公司	2014	
浙能阿克苏热电有限公司	2017	

（二）发电企业管理信息系统（MIS 系统）

从 20 世纪 90 年代末开始，各发电企业开发各类管理信息系统，利用信息化手段提升企业生产和经营管理，具体应用情况见表 11-5-2。

表 11-5-2 各发电企业 MIS 系统应用情况

单位名称	投用时间（年）	信息系统名称
萧山发电厂	2003	ERP 电子商务套件
	2012	一次热电联产项目管理信息系统
	2013	厂网综合门户管理平台
台州发电厂	2004	ERP 电子商务套件
	2004	工作票管理系统
	2005	图档信息管理系统
	2006	工作票操作票系统、一卡通系统、医保系统
	2014	企业门户网站
	2015	粉煤灰计量数据监管审计系统
	2019	移动平台、刷卡考勤核查系统
浙江浙能嘉兴（嘉华）发电有限责任公司	2004	运行管理系统、统计管理系统、工作票管理系统
	2005	生产视频监控系统、安全管理系统、点巡检管理系统、操作票管理系统、燃料管理系统
	2012	电厂环保管理信息系统
	2019	智能电厂管理平台、移动平台
浙江浙能兰溪发电有限责任公司	2008	报表管理系统、金智能考试系统、数据采集及分析系统（小神探点检系统）
	2008	发电设备故障诊断预警系统
	2011	人力资源金蝶 K3 系统
	2015	职工网络学习平台（E-learning）系统
浙江镇海发电有限责任公司	2006	华东电力市场发电企业配套系统、报价辅助决策系统
	2012	企业门户网站

表 11-5-2（续）

单位名称	投用时间（年）	信息系统名称
浙江浙能长兴发电有限公司	2010	企业门户网站
	2013	生产管理系统
浙江浙能绍兴滨海热电有限责任公司	2012	企业门户网站
	2014	火电厂环境保护信息管理系统
	2015	粉煤灰计量数据监管审计系统
	2019	安全绩效管理系统
温州发电有限责任公司	2007	金思维企业资源管理系统
	2019	线上安全审计系统
浙江浙能乐清发电有限责任公司	2008	图档信息管理系统
	2010	生产辅助系统
	2013	企业网盘系统
	2015	粉煤灰计量数据监管审计系统
	2019	生产现场管理平台
淮浙煤电有限责任公司凤台发电分公司	2012	门户管理系统、小神探点检系统
	2013	对标生产管理系统、安全管理平台
	2014	移动应用平台
	2015	费用分析系统
浙江浙能台州第二发电有限责任公司	2012	图档系统
	2019	环保智能监视评估系统、移动办公系统
宁夏枣泉发电有限责任公司	2014	公司内网门户系统、标准网、档案管理（SEAS）系统
	2017	壁温管理系统
浙江浙能中煤舟山煤电有限责任公司	2016	企业门户网站
	2019	标准信息平台

（三）浙江煤炭交易网

2017 年 4 月 1 日，浙能集团董事会审议通过《煤炭交易平台建设组建方案》。

2017 年 4 月 21 日，浙能集团参加中国（浙江）自由贸易试验区建设对接会，浙能集团煤炭与运输分公司与中国（浙江）大宗商品交易中心签署合作框架协议，共同投资组建舟山煤炭交易市场有限公司。

2017 年 9 月，舟山煤炭交易市场有限公司研究确定浙江浙能天工信息科技有限公司作为交易平台系统开发商，开展交易平台系统开发建设工作。

2017 年 11 月末，“浙江煤炭交易网”正式上线运行，平台设计了三种交易模式，分别为摘挂牌、询价、竞价。

2017 年 12 月 13 日，“浙江煤炭交易网”挂摘牌系统建设完成，实现功能为由卖方（或买方）确定交货地点、交收的商品质量、意向价格等交易信息，在交易平台上进行挂牌交易，在限定时间内，最先摘牌者为最终成交者。

2018 年 2 月 1 日，舟山煤炭交易市场有限公司提出在“浙江煤炭交易网”开设“浙能集团内部煤炭购销专区”。专区集电煤采购、销售、海运、质检和物流等信息于一体，服务集团内部电煤的购、销、储、运等业务。该专区于 2018 年 4 月开始需求调研，5 月初步完成了整体框架搭建、界面设计和功能布局，9 月 6 日完成开发并投入运营。

2018 年 5 月 31 日，“浙江煤炭交易网”竞价系统项目建设正式启动。

2018 年 6 月 6 日，“浙江煤炭交易网”询比价（买）系统完成业务模拟操作环节，询比价

（买）系统顺利通过最终测试，正式具备上线运行资格，实现功能为由卖方（或买方）确定交货地点和交收商品质量，在交易平台上发布信息进行询盘，由卖方（或买房）在限定时间内进行报盘，由卖方（或买方）确定交易对象并取得成交。

2018年6月22日，“浙江煤炭交易网”竞价系统通过最终测试，实现功能为由卖方（或买方）确定交货地点和交收商品质量，在电子交易平台上进行竞价交易，在限定时间内，以最高价（或最低价）取得成交。“浙江煤炭交易网”三大交易系统建设完毕，平台具备市场化交易业务上线条件。

2018年6月28日，“浙江煤炭交易网”平台上线仪式在中国（浙江）大宗商品交易中心一楼大厅启动，首单线上市场煤销售业务通过交易平台完成交易，“浙江煤炭交易网”三大交易系统全面建成并投入运营。

2018年12月25日，“浙江煤炭交易网”手机App专家评审会在杭州召开，会议通过了“浙江煤炭交易网”手机App项目的验收，并发布上线。

2018年底，启动了“浙煤网海运物流平台”的开发工作。该平台构建是以“船找货”和“货找船”为基础的海运物流平台，同时满足船运公司和货主双方的需求，实现船舶运力线上“公平、公正、公开”的平台化交易模式。该平台由资讯中心、运力租赁、会员中心、后台管理四大模块构成，并以船盘和货盘信息为基础，提供发布和报价功能，发挥“互联网+”的优势。

2019年6月11日，舟山煤炭交易市场有限公司在宁波组织召开了“浙煤网海运物流平台”研讨会暨初审会。会议对平台的现状、功能、流程作了介绍及演示，在页面设计、流程优化、填写表式的调整等多个方面进行了讨论，提出了意见和建议。

2019年6月21日，“浙煤网海运物流交易平台”在杭州通过专家评审，国内海运行业的专家参加了评审。

2019年6月28日，舟山煤炭交易市场有限公司在舟山召开“浙煤网海运物流交易平台”试运行启动仪式暨推介会。

2019年8月6日，浙江富兴海运有限公司在“浙煤网海运物流交易平台”完成线上运力采购工作，以市场化公允价格成功完成8月9—11日船期由北方港至嘉电航线的市场化租船业务，标志着“浙煤网海运物流交易平台”完成首单市场化租船业务。截至2019年底，“浙江煤炭交易网”实现煤炭平台交易总量6998.79万吨，“浙煤网海运物流交易平台”交易总量250万吨，平台用户数共计227家。

（四）燃料管理信息系统（RMIS系统）

2008年9月1日，浙江浙能富兴燃料有限公司RMIS系统开发工作正式启动。RMIS系统是基于MAXIMO软件平台，通过实施RMIS系统，提高燃料的流程化和规范化管理，整合业务管理流程，提高煤炭经营管理效率与经营效益，实现企业从“企业信息化”向“信息化企业”转变。

2009年3月，浙江浙能富兴燃料有限公司RMIS系统功能模块的开发及流程配置基本完成。RMIS系统共开发了125个应用程序，配置了52个流程，设计了116张报表，实现了煤炭采购、调运、销售业务的自动流转，并自动创建质量化验单、收货单、销售交割单等单据功能，通过流程任务将单据发送给相关业务人员。

2009年7月15日，浙江浙能富兴燃料有限公司RMIS系统投入上线试运行。RMIS系统以燃料调运为主线，整合计划、合同、质量、采购、调运、库存、销售、结算等各个业务管理功能。同时，基于GIS平台，开发了燃料调运动态地理信息管理系统（GIS），实现对船舶、港口、电厂有关信息的可视化管理。RMIS系统的实施，实现了煤炭燃料采、供、销业务的流程化、规范化和标准化管理，提高了业务运转效率，为企业经营管理发挥了重要作用。

2010年1月8日，浙江浙能富兴燃料有限公司RMIS系统通过了浙能集团组织的验收。

2014年4月28日，燃料管理信息系统（RMIS系统）通过国家版权局认证，获得计算机软件著作权登记证书。

2016年7月1日，浙江浙能富兴燃料有限公司启动了ERP燃料管理系统的开发实施。ERP燃料管理系统是基于SAP软件平台开发，系统具有需求计划、合同管理、采购计划、调运计划、装运通知、装载作业、运输管理、到货验收、入库暂估、质量控制、采购结算、库存管理、销售发货、销售结算等功能，并实现与SAP财务功能模块、采购寻源与供应商管理系统、合同管理系统的集成以及电厂燃料管理业务的集成。

2017年1月，ERP燃料管理系统上线试运行。

2017年5月，ERP燃料管理系统通过了初步验收。

2018年6月，ERP燃料管理系统通过最终验收。

（五）天然气管网视频及通信系统

2004年1月，天然气管道沿线阀室和站场建设使用了视频监控系统（IP视频系统），采用模拟视频信号，监控杭湖线所辖所有阀室站场。监控中心设在杭州崇贤调度中心。

2008年1月，杭州—宁波天然气输气管道沿线阀室、站场视频监控系统投入运行，采用模拟视频信号，硬盘录像机通过视频网络连接到杭州调度中心视频监控平台。

2009年，浙能第二大厦浙江省天然气省级管网调度控制中心投入运行，监控中心设置在杭州浙能第二大厦四楼全省天然气调度中心，监控范围从12座输气站、阀室增加到43座。

2018年1月，浙江能源天然气集团有限公司印发《关于印发设备标准化规格书（修订版）和站场阀室建筑标准化图集的通知》，规定了视频监控系统数字化的配置技术要求。随着天然气县县通项目的建设，视频监控系统采用数字化摄像头，提高了监控视频图像的分辨率，实现了视频监控摄像头的智能化（越界划线报警等）。

2019年10月，天然气所有阀室站场视频监控实现了数字化。

截至2019年12月，浙江省级天然气管网通信系统提供的业务见表11-5-3。

表11-5-3 浙江省级天然气管网通信系统提供业务情况

业务种类	基本要求
SCADA数据	双向传输，安全可靠，畅通
生产管理语音	对管线各站场的生产管理和指挥，及时准确、畅通可靠
行政管理语音	调度控制中心与管线各站场之间的行政管理和日常联系，畅通可靠
工业电视监视图像	监视管理管线各重要站场，本地监视为主，图像可远传至调度控制中心
会议电视图像	调度控制中心与管线各有人站场间的生产会议、行政会议、技术交流等
应急、巡线通信	为管线巡线、应急抢险救灾提供语音通信
防爆扩音通信	为压气站生产管理提供防爆扩音通信

（六）天然气管网市场营销及地理信息系统（GIS系统）

2006年，浙江省天然气开发有限公司开发了市场营销系统，该系统具有用气计划申报、计量管理、结算和报表等模块，覆盖杭湖、杭甬沿线20多个城市用户和电厂用户。

2008年该系统进行了第二期开发。

2008年，浙江省天然气长输管道泄漏建模和GIS应急指挥系统投用，包括GIS系统、光缆预警检漏系统、箱涵检漏系统、泄漏扩散和爆炸危害模型、通信指挥系统。同年，浙江省天然气开发有限公司以管道完整性管理为目标，构建管道地理信息系统（GIS）。采用ArcGIS Server 9.3为地理信息平台，购置了分辨率0.6米快鸟遥感卫星影像，覆盖杭湖、杭甬和杭嘉管线，完成了天然气管道环境基础地理信息库。

2009年，参照国内外管道数据模型，建立了浙江省天然气管线模型业务数据库ZJAPDM1.0。在此基础上陆续开发了管道巡线系统、车辆监控系统，并将站场视频监控、短信系统等集成到地理信息系统中。

（七）城市燃气客服系统

2017年3月，浙江省能源集团城市燃气有限公司客服系统进入测试阶段。客服系统上线后实现了从用户申请、报装、安检、维修等业务流程的全过程信息化管理，挂表、改管、通气等外勤业务数据可通过移动 App 现场录入，业务流转实现了无纸化办公，减小了数据统计及人工传送流转等工作量。同时客服系统对各所属企业主要的表具系统进行了整合，打破了各个表厂系统的信息孤岛，实现了各类表具充值用气数据共享。对于抄表用户，实现了银行在线代扣，提高客服人员工作效率。

2018 年 12 月 6 日，浙能城燃客服管理系统软件平台通过验收评审。

截至 2019 年 12 月 25 日，浙江省能源集团城市燃气有限公司所属 26 家企业客服管理系统陆续投入使用。

2019 年 6 月 28 日，浙江省能源集团城市燃气有限公司启动客服管理系统新增功能开发，满足各地政府"最多跑一次"改革的推进要求，对接政府浙里办、一户通等系统，实现用户业务的多渠道办理。

2019 年 9 月 18 日，浙江省能源集团城市燃气有限公司微客服系统在平湖市天然气有限公司首先上线使用。

截至 2019 年 12 月 20 日，微客服系统在 26 家所属企业陆续投入使用。微客服系统与客服管理系统软件平台进行数据交互，实现燃气用户通过微信公众号和支付宝生活号可进行咨询互动、业务办理。

（八）浙能电子商务网及电子招投标平台

2005 年，浙能电子商务网开始建设，2006 年 5 月，浙能电子商务网正式上线运行，包含供应商管理、询报价管理等功能，全年完成 1127 个批次设备及物资招标和采购，累计金额 13.6 亿元。

截至 2006 年底，入库供应商 800 多家，其中已达成意向及已签订合同成为年度会员的超过 20 家。

2011 年 7 月，浙能电子商务网平台新增网上超市采购模块和供应商注册申报模块，加强小金额通用物资采购及供应商管理。

2013 年 9 月，浙能集团启动科技项目——电子招投标平台研究与开发，旨在建立一套满足集团公司物资招投标、询价、网上采购等业务需求的电子招投标系统。通过信息技术手段建立集团招标以及物资采购监督管理综合信息系统，实现招标采购过程规范化、科学化、现代化。

2014 年 10 月，电子招投标平台正式开始建设。浙能集团响应"阳光工程"建设的各项要求，积极落实"阳光工程"的各项措施。并完成浙能电子商务网的"阳光公示"改造工作。公开招标项目在浙能商务网和中国采购与招标网同步公开发布信息，主动接受来自全社会的监督，公开招标过程信息（招标公告、开标结果、中标候选人等信息），实现了招投标过程的阳光操作。

2015 年 6 月，浙能集团电子招投标平台主体框架基本搭建完成，并同步开展数据测试、模拟运行，对平台的功能、安全性等进行测试分析。

2016 年 10 月 25 日，浙能集团电子招投标平台完成建设，上线试运行。电子招标平台与浙能电子商务网完成资源整合，合并为统一的平台。2016 年共开展电子发标标段 209 个，注册供应商 1018 家，为实现传统招标模式向电子招标的平稳过渡打下良好基础。

2017 年 4 月 17 日，浙能集团电子招投标平台正式上线运行，是浙江省属国有企业中首个成功运行的企业级电子招标平台，有效降低招投标成本。

2017 年 10 月 19 日，浙能集团电子招投标平台通过中国信息安全认证中心认证，生产综合类物资项目以及具备条件的施工服务类项目招标均已在交易平台上实行电子化招标。

2018 年 10 月 16 日，浙能集团启动远程评标试点工作，选定伊犁新天煤化工有限责任公司、浙江浙能中煤舟山煤电有限责任公司、淮浙煤电有限责任公司凤台发电分公司三家单位开展远程评标试点工作。

2019 年 4 月，浙能集团电子招投标平台完成与评标专家语音抽取系统对接，电子招投标平台实现评标专家随机抽取功能。同年 8 月，浙能集团电子招投标平台完成评标专家请假管理模块开发，实现评标专家在线出勤管理功能。同年 12 月，浙能集团电子招投标平台完成竞争性谈判、询价、SRM 公开采购和浙能集团招投标电子档案系统开发工作，非招标项目和基建项目实现全流程电子方式招标采购。

2019年8月，浙能集团远程评标试点单位完成远程评标工作室联调测试工作。

2019年10月10日，浙能集团首次远程异地评标在浙江浙能中煤舟山煤电有限责任公司顺利完成。

第三节　运行维护

2015年，浙能集团成立了信息运维中心，承接浙能集团核心信息系统的开发、建设、运行和维护工作。

2016年，浙能集团信息运维中心按照“反应灵敏、协调有序、运转高效”的要求，建立健全了运维管理体系、运维技术体系、运维安全体系、运维服务体系。利用BMC运维监控平台、ITIL运维管理平台，建立了标准化运维流程，实现了问题、请求的闭环管理，建立并完善了操作票、工作票和日常巡检汇报制度，开展了主动性运维工作，建立了数据中心24小时值班制度。

2019年3月，浙能集团信息运维中心顺利通过国家认证机构ITSS（信息技术服务标准）符合性评估专家组现场评审，获得了ITSS-信息技术服务运行维护标准符合性证书。

第四节　网络安全

2004年，浙能集团所属发电企业编制电力二次系统安全防护实施方案，成立电力监控系统安全防护领导小组，按照“安全分区、网络专用、横向隔离、纵向认证”总体原则要求，落实各项安全防护措施，包括安装部署横向物理隔离装置、纵向加密装置、防火墙及入侵检测系统等。

2007年7月，浙能集团成立网络与信息安全领导小组，组长由浙能集团分管副总经理担任，成员由各部门、各板块负责人组成。各单位按照要求建立了网络与信息安全领导小组。

2008年2月，浙能集团引入第三方网络安全专业化服务，开展网络安全检测、风险评估、安全加固、应急响应等工作。此后，网络安全服务工作每年持续开展，服务内容进一步拓展，涵盖新建系统上线测评、互联网网站渗透测试等内容。

2008年11月，浙能集团统一组织开展了信息系统安全等级保护定级备案和等级测评工作，落实国家网络安全等级保护制度。截至2019年，浙能集团共有148个信息系统完成了定级备案和等级测评，其中3级系统61个，二级系统87个。

2009年8月，浙能集团统一规划部署了AD活动目录，并利用组策略，加强主机安全管理。

2009年12月，浙能集团获浙江省网络与信息安全信息通报中心颁发的“2009年度浙江省信息安全等级保护工作先进集体”。

2011年，浙能集团制定印发《网络与信息安全管理办法》《计算机病毒防治管理规定》《信息系统的账号与口令管理办法》等21个网络安全管理标准。

2012—2019年，浙能集团每年组织开展网络与信息安全检查活动，通过检查，以查促改，做到网络安全隐患早发现、早处置。

2016年，G20峰会在杭州召开，为确保峰会期间网络安全，浙能集团编制了网络安全保障工作方案，细化了保障措施。集团各单位加强了网络安全实时监测，落实24小时值班值守和信息报送制度，圆满完成了保障工作任务。

2017年，浙江浙能台州第二发电有限责任公司开展了“发电厂工控网络和信息安全智能防护系统研究与应用”科技项目，获得浙能集团浙江能源科技进步一等奖、浙江省电力学会浙江电力科技进步奖一等奖、中国电机工程学会中国电力科技进步奖三等奖、中国自动化学会CAA科技进步奖二等奖。

2018年7月，浙能集团举办了首届网络安全技能竞赛，全集团有20家单位参加了比赛。

2018年11月，浙能集团组队参加全国第四届工控系统信息安全攻防竞赛，取得了第六名的好成绩。

2018年，浙能集团以淮浙煤电有限责任公司凤台发电分公司、浙江浙能中煤舟山煤电有限责任公司为试点单位，开展发电企业工控网络安全综合防护研究。“大型火电厂网络安全综合防护研究与实践”项目获得2019年全国电力行业两化融合推进会暨全国电力企业信息化大会优秀解决方案奖。

2019 年 3 月，浙能集团对《网络与信息安全管理办法》《网络与信息安全专项应急预案》等 10 项管理制度进行了修订，编制《互联网网站安全管理办法》，促进网络安全管理工作更加规范化、标准化。

2019 年 4 月，浙能集团印发《关于进一步加强网络安全工作的意见》，明确党委对本企业网络安全工作负主体责任，企业主要负责人是网络安全第一负责人。将网络安全工作全面融入生产安全管理体系，在集团本部及各发电企业、浙江浙能天然气运行公司、新天煤化工等生产性企业设立首席网络安全官，建立健全网络安全监督体系。并将网络安全纳入年度生产责任制考核范围，充分发挥所属各单位网络安全工作的积极性和主动性。

2019 年 7 月，浙能集团组织所属企业参加浙江省公安厅组织的“护网 2019”网络安全实战攻防演练，应急处置工作得到了浙江省网络安全信息通报中心的肯定。

2019 年 11 月，浙能集团举办了第二届网络安全技能竞赛，30 家单位的 43 名选手参加比赛。

浙江省能源集团志

（2001—2019）

下　册

《浙江省能源集团志》编纂委员会　编

应急管理出版社

·北　京·

目　录

上　册

第四篇 煤 炭

第五篇 天 然 气

第六篇 可 再 生 能 源

第七篇　金　融

第八篇　能源服务产业

第九篇　对外投资与合作

第十篇　安　全　生　产

第十一篇 科技与信息化

下 册

第十二篇 节能与环保

第十三篇 企业管理

第十四篇　企业党建与思想政治工作

第十五篇　企业文化与群团建设

人物与荣誉

所属单位简介

附　录

第十二篇
节能与环保

浙能集团自2001年成立以来，一直秉承绿色生态环境保护的理念，坚持发展与节能环保同步、开发与节约并举的方针，在肩负保障国家能源供应重任的基础上，始终将节能降耗、生态环境保护作为企业绿色健康发展的核心内容，坚持资源开发与生态环境保护同步的方针，自觉承担社会责任，追求经济、社会和环境的和谐与可持续发展。

浙能集团以产业结构调整为依托，积极引进和推广节能新技术、新工艺，强化目标责任管理，节能降耗工作取得了显著成效。截至2019年底，浙能集团火电机组完成供电标准煤耗297.18克/千瓦时，与2003年相比，集团火电机组供电煤耗下降达37.32克/千瓦时，相当于每年节约标煤520.61万吨以上，为浙江省能源消费总量控制作出了重大贡献。浙能集团还积极响应国家发展改革委2014年9月发布的《煤电节能减排升级与改造行动计划（2014—2020年）》，共投资25.5亿元进行节能技术改造，重点规划开展30万千瓦及以上现役汽轮机通流改造工作。浙能集团于2017年全面完成所有29台在役的30万千瓦亚临界、60万千瓦亚临界和超临界机组汽轮机通流改造，成为国内首次成功应用国内、国外技术进行60万千瓦亚临界、超临界汽轮机通流节能改造的发电集团，也是在全国首次提出将提高部分负荷区效率作为改造重点指标的发电集团。通过改造，共增加发电容量118万千瓦，年节约标煤50万吨以上，取得了良好的经济效益和社会效益。

浙能集团积极响应国家节能减排"上大压小"和浙江省委、省政府有关部署，积极落实淘汰落后产能、关停小机组工作。2003年以来，先后主动关停台州发电厂6台135兆瓦燃煤机组、金华燃机2台55兆瓦燃油机组、钱清发电厂1台125兆瓦燃煤机组和1台135兆瓦燃煤机组、萧山发电厂2台130兆瓦燃煤机组、镇海电厂2台215兆瓦燃煤机组。小机组关停后，实现浙能集团全年减少二氧化硫排放5.58万吨，减少氮氧化物排放7.21万吨，有力地促进了污染物的减排工作，对浙江省完成节能目标和主要污染物排放总量控制、建设环境友好型和资源节约型社会具有深远的意义。此外，浙能集团还对镇海联合、金华燃机、温州燃机实施9E燃机油改气工程。改造后的机组大气污染物及废水排放大大减少，可直接减少污水排放量约17.5万吨。

浙能集团充分认识到，推行绿色生产方式，促进能源可持续发展，既是供给侧结构性改革需要解决的突出问题，也是全社会的重要关切。2002年10月成立的浙江天地环保科技股份有限公司，已发展成为火电厂大气污染治理的骨干企业，是浙能集团环保产业主力军。经过多年发展，浙江天地环保科技股份有限公司已逐步形成了以大气、固废、水务、噪声等污染物治理为主的四大环保产业板块，并通过引进升级与自主创新，相继开发了以烟气脱硫、脱硝、脱白、超低排放、VOCs处理、脱硝催化剂生产及再生、脱硫剂生产、环保装备制造等为核心的大气治理技术，以及固废处理与综合利用、废水处理、海水淡化、新型建材等多项技术和产品。

随着产业链逐步延伸到石油、煤炭、港口、天然气、煤化工、航运，浙能集团的生态环境保护工作也延伸到各大产业板块。截至2019年底，浙能集团累计投入近160亿元用于脱硫、脱硝、除尘环保设施和超低排放改造，浙能集团超低排放改造的燃煤机组平均单位电量二氧化硫、氮氧化物、烟尘排放量分别为70毫克/千瓦时、128毫克/千瓦时和7毫克/千瓦时，减排幅度达到75.01%、83.80%和90.12%，各项指标均处于国内领先水平，超额完成了国家"十五""十一五""十二五"节能减排考核任务。首创的超低排放关键技术先后荣获2014年和2016年浙江省科学技术奖一等奖，2016年入选国家"十二五"科技创新成就展，"超低排放"连续3年被写入中国政府工作报告，受到了党和国家各级领导的高度重视，成为国家层面全面实施的绿色行动。2017年6月，"超低排放"代表中国最新能源领域创新成果亮相阿斯塔纳世博会中国馆，获得国家主席习近平的高度赞誉。2018年1月，燃煤机组超低排放关键技术研发及应用荣获2017年度国家技术发明奖一等奖。2018年6月，浙能集团所属浙江天地环保科技股份有限公司控股成立的浙江浙能迈领环境科技有限公司，成立仅半年订单金额达到2.1亿美元，成功跻身全球船舶脱硫同行前列。截至2019年底，共取得了110余艘船舶脱硫累计4亿美元订单，订单总金额位居国内前列，混合式脱硫订单位居世界前列。

第一章 机构与制度

第一节 组织机构

2003年8月20日，浙能集团印发《关于调整浙能集团内设机构的通知》(浙能人〔2003〕244号)，决定调整集团内设机构，设立生产安全部，负责节能和环保管理。

2008年10月7日，浙能集团印发《关于成立节能减排领导小组的通知》(浙能生〔2008〕349号文)，决定成立浙能集团节能减排领导小组，领导小组下设节能减排办公室，设在生产安全部，主要负责领导小组的日常工作。

2011年6月24日，浙能集团印发《关于成立浙能集团脱硝改造实施领导小组的通知》(浙能生〔2011〕441号文)，决定成立集团公司脱硝改造实施领导小组，领导小组下设脱硝改造实施办公室，设在生产安全部，主要负责领导小组的日常工作。

2012年4月24日，浙能集团印发《关于调整浙江省能源集团有限公司节能减排领导小组成员的通知》(浙能生〔2012〕208号文)，根据人员变动情况和工作需要，决定对浙能集团节能减排领导小组成员进行调整，领导小组下设节能减排办公室，设在生产安全部，主要负责领导小组的日常工作。

2015年8月24日，浙能集团印发《关于调整超低排放技术研究及工程实施领导小组的通知》(浙能生〔2015〕456号文)，决定调整超低排放技术研究及工程实施领导小组，增设办公室兼对外联络、技术研究和工程实施三个工作组，分别负责日常具体工作，领导小组全面负责超低排放技术研究及工程实施各项工作，负责审批超低排放重大技术方案和工程项目安排，办公室兼对外联络组负责对外沟通联系，负责超低排放技术研究及工程实施相关会议、活动的具体策划，技术研究组负责超低排放技术研究，负责整理、总结、优化和完善超低排放主要技术路线，负责更新和推广超低排放先进技术，工程实施组负责超低排放相关工程具体实施，负责超低排放工程的安全、质量、进度和投资的全面控制。

2017年4月25日，浙能集团印发《关于调整浙江省能源集团有限公司节能减排领导小组成员的通知》(浙能生〔2017〕232号文)，根据人员变动情况和工作需要，决定对浙能集团节能减排领导小组成员进行调整。领导小组下设节能减排办公室，设在生产安全部，主要负责领导小组的日常工作。

2017年7月7日，浙能集团召开董事会，审议通过《浙能集团管控优化方案（2017年版)》。该方案明确了环保监督管理权责，由生产安全监察部负责集团整体环保监督，指导板块及营运企业环保工作；板块管理公司负责组织实施板块管理公司本级及所属企业的环保管理工作。生产安全监察部职责定位包括负责生产管理与协调、安全监督、环保监督、节能管理、技改检修管理、技术监督、日常安全稽查及班组建设管理等工作。

第二节 规章制度

一、管理标准及制度规范

2005年3月1日，浙能集团以浙能生〔2005〕8号文件印发《化学监督工作实施细则》(Q/ZN 201030—2005)、《环保监督工作实施细则》(Q/ZN 201031—2005)、《节能监督工作实施细则》(Q/ZN 201034—2005)，规定了浙能集团的化学监督、环保监督和节能监督的组织结构、工作职责和主要工作内容，明确了化学、环保和节能技术监督管理的原则。

2005 年 9 月 5 日，浙能集团以（浙能生〔2005〕258 号）文件印发《发电企业技术监督考核实施细则》(Q/ZN 201044—2005）和《技术监督异常告警及处理制度》(Q/ZN 201045—2005)。第 5.4 条为化学监督，第 5.5 条为环保监督，第 5.8 条为节能监督。其中化学监督安全生产 20 分、技术管理 20 分、化学技术监督指标考核 55 分、重点工作 5 分；环保监督安全生产 20 分、指标考核 50 分、技术管理 20 分、重点工作 10 分；节能监督指标考核 70 分、监督技术管理考核 20 分、重点工作 10 分。

2008 年 4 月 8 日，浙能集团印发《安全生产责任制考核办法（暂行）》(Q/ZN 201048—2008）（浙能生〔2008〕135 号）。第 4.5.5 条规定有关环境污染事故的定性、等级划分按照《报告环境污染与破坏事故的暂行办法》(国家环境保护局 1987 年 9 月 10 日颁布实施）执行。2012 年 1 月 21 日，对《安全生产责任制考核办法》(Q/ZN 201048—2012）进行了修订（浙能生〔2012〕62 号）；2014 年 12 月 8 日，对《安全生产责任制考核办法》(Q/ZN 201048—2014）进行了修订（浙能生〔2014〕639 号），其中附件 2 为《环保控制指标、管理指标考核标准》，附件 3 为《节能控制指标、管理指标考核标准》；2015 年 12 月 31 日，对《安全生产责任制考核办法》(Q/ZN 201048—2015）进行了修订（浙能生〔2015〕666 号）；2016 年 12 月 15 日，对《安全生产责任制考核办法》(Q/ZN 201048—2016）进行了修订（浙能生〔2016〕502 号）；2017 年 5 月 25 日，对《安全生产责任制考核办法》(Q/ZN 201048—2017）进行了修订（浙能生〔2017〕314 号）；2018 年 5 月 21 日，对《安全生产责任制考核办法》(Q/ZN 201048—2018）进行了修订（浙能生〔2018〕270 号），节能与环保考核指标包含在第 4 条款考核标准内；2019 年 9 月 25 日，对《安全生产责任制考核办法》(Q/ZN 201048—2017）进行了修订（浙能生〔2019〕511 号）。

2010 年 9 月 15 日，浙能集团印发《生产安全突发事件应急预案》(Q/ZN 201043—2010)（浙能生〔2010〕412 号），要求公司系统各单位认真组织学习和宣贯工作，并对照预案要求，梳理、修订本单位预案体系，做到预案体系与集团公司预案有效衔接，附件 9 为《环境污染事件应急预案》。

2016 年 7 月 25 日，浙能集团印发《浙江省能源集团有限公司 G20 峰会环境质量保障工作方案》（浙能生〔2016〕265 号），要求各板块管理公司认真学习并贯彻执行，全力做好 G20 峰会期间环境质量保障工作。

2017 年 1 月 3 日，浙能集团印发《燃煤电厂 SCR 脱硝催化剂性能检测评估技术规范》(Q/ZN 201092—2016)（浙能生〔2016〕557 号），要求各板块管理公司按照规范要求，结合本单位实际，做好燃煤电厂脱硝催化剂管理工作。

2018 年 3 月 9 日，浙能集团印发《节能工作管理办法》(Q/ZN 201106—2018)（浙能生〔2018〕124 号），规定了节能工作的管理内容及工作要求，明确了各级、各部门的职责。

2018 年 11 月 7 日，浙能集团印发《环境保护管理办法》(Q/ZN 201019—2018)（浙能生〔2018〕612 号），规定了环境保护的管理内容及工作要求，明确了环境保护各级、各部门的职责。

二、节能环保目标指标

2010 年 8 月 27 日，浙能集团印发《关于 2010 年节能降耗目标任务分解的通知》(浙能生〔2010〕362 号文），要求各单位根据分解目标，进一步落实节能降耗措施，确保公司省内管理电厂完成供电煤耗较上年同比下降 10 克以上的目标任务。

2013 年 4 月 26 日，浙能集团印发《关于下达 2013 年集团公司燃煤发电企业环保目标和措施的通知》(浙能生〔2013〕256 号文)。

2014 年 2 月 13 日，浙能集团印发《2014 年节能工作要点》（浙能生〔2014〕62 号），要求各板块公司结合本单位工作实际，认真分解落实好各项工作，制定相应的计划和措施，确保 2014 年度集团各项节能目标和要求顺利完成。2015 年 2 月 17 日，印发《2015 年节能工作要点》（浙能生〔2015〕64号）。2016年3月8日，印发《2016年节能工作要点》（浙能生〔2016〕98号）。2017年3月28日，印发《2017年节能工作要点》（浙能生〔2017〕199号）。2018年3月10日，印发《2018年节能工作要点》（浙能生〔2018〕112号）。2019年3月26日，印发《2019年节能工作要点》（浙能生〔2019〕168号）。每年的节能工作要点中，都明确了全年公司节能工作目标，下达了平均供电煤耗指标限值。

2014年2月13日，浙能集团印发《2014年环保工作要点》（浙能生〔2014〕64号），要求各单位按照要点要求，结合本单位实际，制定切实可行的计划，认真做好2014年环保工作。2015年2月6日，印发《2015年环保工作要点》（浙能生〔2015〕44号）。2016年4月27日，印发《2016年环保工作要点》（浙能生〔2016〕177号）。2017年3月28日，印发《2017年环保工作要点》（浙能生〔2017〕190号）。2018年4月4日，印发《2018年环保工作要点》（浙能生〔2018〕156号）。2019年3月15日，印发《2019年环保工作要点》（浙能生〔2019〕149号）。每年的环保工作要点都明确了全年公司环保工作目标，下达了平均单位电量二氧化硫、氮氧化物、烟尘排放量限值。

2015年6月15日，浙能集团印发《关于组织开展2015年全国节能宣传周和全国低碳日活动的通知》（浙能生〔2015〕329号文）。2016年6月14日，印发《关于组织开展2016年全国节能宣传周和全国低碳日活动的通知》（浙能生〔2016〕236号文）。2019年3月15日，印发《关于组织开展2019年全国节能宣传周和全国低碳日活动的通知》（浙能生字〔2019〕79号文）。每年的全国节能宣传周和低碳日活动通知都要求各单位围绕宣传主题，积极开展节能宣传周配套活动。

第二章 节能

第一节 节能专项资金管理

浙能集团自始至终高度重视节能降耗工作。

2005年11月4日，浙能集团印发《关于转发浙江省节能、工业节水财政专项资金管理暂行办法的通知》（浙能生〔2005〕334号），要求各单位按文件要求，将较大的节电、工业节水和清洁生产项目的相关资料，在本月底前报公司生产安全部。

2005年12月2日，浙能集团印发《关于申报2005年节能和工业节水财政专项资金项目的请示》（浙能生〔2005〕357号），推荐台州发电厂六号汽轮机通流改造、台州发电厂八号炉一次风机变频调速改造、台州发电厂废水处理站、浙江镇海发电有限责任公司燃机进气冷却改造4个项目为浙能集团2005年节能和工业节水财政专项资金项目。

2005年12月19日，浙能集团印发《关于申报国家2006年环境和资源节约综合利用备选项目的请示》（浙能生〔2005〕371号），拟定浙江舟山煤炭中转码头工程项目、浙江北仑发电有限公司三号机主汽轮机高压阀门压损过大改造项目、PG9171E型燃汽轮机加装进气喷雾冷却系统工程项目、浙江镇海发电有限责任公司燃油改建燃气发电工程项目等4个项目作为浙能集团上报项目。

2008年9月27日，浙能集团印发《关于申报2008年浙江省节能与工业循环经济专项资金项目的请示》（浙能生〔2008〕351号），申报浙能集团2008年节能与工业循环经济专项资金项目。2009年10月10日，浙能集团印发《关于申报2009年浙江省节能与工业循环经济专项资金项目的请示》（浙能生〔2009〕378号）。2010年8月12日，浙能集团印发《关于申报2010年浙江省节能与工业循环经济专项资金项目的请示》(浙能生〔2010〕342号)。2011年8月15日，浙能集团印发《关于申报2011年浙江省节能专项资金项目的请示》(浙能生〔2011〕526号)，其中浙江浙能北仑发电有限公司电机变频改造项目包括3号机、5号机共4台引风机电机变频改造，每台变频器容量为3900千瓦。原引风机设计为工频定速运行。实施电机变频改造后，两台机组年节电约1911.4万千瓦时，折合标煤约6690吨。浙江浙能嘉华发电有限责任公司5号、6号机凝泵变频改造项目。在采用变频运行后，两台机组每年可节省用电758万千瓦时，折合标煤2425.6吨。台州发电厂高压电机变频改造项目包括9号、10号机凝泵A电动机、9号炉一次风机A/B电动机以及10号机一次风机永磁调速改造。改造后，每年可节省用电1252万千瓦时，折合标煤4169吨。

2012年11月20日，浙能集团印发《关于申报2012年国家燃煤电厂综合升级改造节能专项资金项目的请示》(浙能生〔2012〕731号)，浙江浙能北仑发电有限公司和浙江浙能嘉兴发电有限公司的汽机通流改造项目被列为燃煤电厂综合升级改造示范项目，并经省经信委转报国家发展改革委环资司。

第二节　节能设备改造

2003年5月6日，浙能集团印发《关于镇海发电有限责任公司2×125MW燃油机组拆除的请示》(浙能生临〔2003〕107号)，浙江镇海发电有限责任公司两台125兆瓦燃油机组分别于1975年和1976年制造与安装，于1978年12月和1979年9月投产发电。为落实浙江省计委《2003年全省天然气工作要点》提出的确保油改气工程年内开工的要求，保证油改气工程与东海天然气工程的进度相接，保证浙江镇海发电有限责任公司125兆瓦燃油机组和全厂的安全生产，积极推进油改气工程建设的顺利进行，2003年9月，将浙江镇海发电有限责任公司两台125兆瓦燃油机组停役，并开始进行拆除，以确保东海油气工程顺利进行。

2003年6月3日，浙能集团印发《关于下发2003年技术改造计划的通知》(浙能生临〔2003〕116号)。2004年6月3日，浙能集团印发《关于下达2004年技术改造计划的通知》(浙能生〔2004〕200号)，包括台州发电厂4号、5号、6号循环水泵改型、6号炉脱硫工程、钱清发电厂1号机组凝泵变频改造及疏水泵变频改造等节能减排技改项目。2005年7月8日，浙能集团印发《关于下达2005年技术改造计划的通知》(浙能生〔2005〕216号)，包括台州发电厂6号汽轮机通流改造、6号炉脱硫工程、Ⅰ~Ⅲ期灰水系统改造等节能减排技改项目。2006年4月21日，浙能集团印发《关于下达2006年技术改造计划的通知》(浙能生〔2006〕134号)，包括浙江北仑发电有限公司脱硫工程、Ⅰ~Ⅲ期灰水系统改造、浙江镇海联合发电有限公司燃机进风冷却改造等节能减排技改项目。2007年2月7日，浙能集团印发《关于下达2007年技术改造计划的通知》(浙能生〔2007〕37号)，包括浙江北仑发电有限公司5号机组凝泵高压电机变频改造、台州发电厂1号、3号、5号炉微油冷炉点火及低负荷稳燃技术改造和7号、8号机凝结水泵变频调速改造等节能减排技改项目。2008年1月9日，浙能集团印发《关于下达2008年技术改造计划的通知》(浙能生〔2008〕24号)，包括浙江浙能嘉兴发电有限责任公司1号、2号汽轮机本体优化改进、浙江浙能嘉华发电有限责任公司4号、5号炉微油点火改造项目、浙江浙能北仑发电有限公司5号炉燃烧器降低氮氧化物改造等节能减排技改项目。2009年4月20日，浙能集团印发《关于下达2009年技术改造计划的通知》(浙能生〔2009〕161号)，包括浙江浙能兰溪发电有限责任公司4号机凝泵变频改造、浙江浙能嘉华发电有限公司4号机凝泵变频改造等节能减排技改项目。2010年5月22日，浙能集团印发《关于下达2010年技术改造计划的通知》(浙能生〔2010〕211号)，包括浙江浙能嘉华发电有限公司煤场增设防风抑尘网、浙江浙能嘉兴发电有限公司污泥干化焚烧改造、浙江浙能长兴发电有限公司1号、2号机组电除尘节能改造等节能减排技改项目。2011年3月31日，浙能集团印发《关于下达2011年技术改造计划的通知》(浙能生〔2011〕232号)，包括浙江浙能兰溪发电有限责任公司

3A、3B、4A、4B循泵电机双速改造、浙江浙能嘉兴发电有限公司1号机组汽轮机本体通流部分改造等节能减排技改项目。2012年7月20日，浙能集团印发《关于下达2012年技术改造计划的通知》(浙能生〔2012〕491号)，包括浙江浙能北仑发电有限公司供热系统扩容改造、浙江浙能嘉兴发电有限公司一期煤场增设挡风抑尘墙、浙江浙能长兴发电有限公司2号、3号炉低氮氧化物煤粉燃烧器改造等节能减排技改项目。2013年8月9日，浙能集团印发《关于下达2013年生产性技术改造计划的通知》(浙能生〔2013〕423号)，包括浙江浙能乐清发电有限责任公司3号机引风机及烟道改造、浙江浙能兰溪发电有限责任公司3号汽轮机增效扩容技术改造等节能减排技改项目。2014年10月30日，浙能集团印发《关于下达2014年生产性技术改造计划的通知》(浙能生〔2014〕594号)，包括台州发电厂8号、9号、10号炉电除尘高频电源改造高频电源改造、汽轮机增效扩容技术改造等节能减排技改项目。2015年4月20日，浙能集团印发《关于下达2015年生产性技术改造计划的通知》(浙能生〔2015〕162号)，其中合同能源管理项目总投资10.04亿元，当年度安排资金5.43亿元；科技推广项目总投资8.15亿元，当年度安排资金4.58亿元，包括浙江浙能乐清发电有限责任公司2号机组增效扩容改造及1号、2号机组烟气超低排放改造等节能减排技改项目。2016年2月19日，浙能集团印发《关于下达2016年生产性技术改造计划的通知》(浙能生〔2016〕66号)，其中合同能源管理项目总投资2.95亿元，当年度安排资金1.79亿元；科技推广项目总投资7.86亿元，当年度安排资金4.95亿元，包括浙江浙能兰溪发电有限责任公司2号、淮浙煤电有限责任公司凤台发电分公司1号和浙江浙能长兴发电有限公司1号、4号汽轮机低压缸通流改造等节能减排技改项目。2017年2月13日，浙能集团印发《关于下达2017年生产性技术改造计划的通知》(浙能生〔2017〕80号)，包含已纳入投资计划的节能公司5项合同能源管理项目。该5项项目总投资8478.2万元，当年度安排资金6693.4万元。包括淮浙煤电有限责任公司凤台发电分公司1号、2号机组超低排放改造、供热系统一期改造工程、浙江浙能北仑发电有限公司3台机组低压缸改造等节能减排技改项目。2018年2月8日，浙能集团印发《关于下达2018年生产性技术改造计划的通知》(浙能生〔2018〕80号文)，其中包括浙江浙能兰溪发电有限责任公司废水零排放、浙江浙能绍兴滨海热电有限责任公司一期循环水余热利用等节能减排技改项目。2019年2月28日，浙能集团印发《关于下达2019年生产性技术改造计划的通知》(浙能生〔2019〕110号)，计划中包含了已通过集团董事会审议的集团2019年度第一季度实施技改项目45项，总费用10332.7万元，当年安排资金10258.2万元。其中包括淮浙煤电有限责任公司凤台发电分公司1号、2号机组超低排放改造、供热系统一期改造工程、浙江浙能北仑发电有限公司3台机组低压缸改造等节能减排技改项目。其中包括7号、8号机组增容提效改造、浙江浙能绍兴滨海热电有限责任公司煤场封闭改造项目等节能减排技改项目。

2003年6月6日，浙能集团印发《关于印发〈温州燃机技改项目评审会议纪要》的通知〉(浙能生临〔2003〕141号)，根据当时余热锅炉3台给水系的使用状况、备品配件供应状况及国内给水泵的制造能力，对3台给水系进行国产化改造。文件要求温州燃机发电有限公司组织有关单位做好设备的选型及改造工作。

2005年12月6日，浙能集团印发《关于下达2005年技术改造调整计划的通知》(浙能生〔2006〕364号)，明确2005年技术改造调整计划已经研究讨论通过，要求各单位根据调整计划，组织力量实施。2006年12月29日，浙能集团印发《关于下达2006年技术改造调整计划的通知》(浙能生〔2006〕425号)。2009年7月27日，浙能集团印发《关于报请落实台州发电厂6台135MW燃煤机组关停计划的请示》(浙能生〔2009〕279号)。浙能集团研究认为在2009年12月底前对6台135兆瓦燃煤机组进行全部关停是可行且必要的。请浙江省发展改革委尽快组织研究并确定台州发电厂6台135兆瓦燃煤机组关停计划。并按照国家发展改革委对“上大压小”项目替代关停容量指标的规定要求，请浙江省发展改革委考虑补充和安排浙能台州第二发电厂替代关停容量指标。

2011年10月15日，浙能集团印发《关于同意浙江黄岩热电有限公司终止一号锅炉技术改造项目的批复》(浙能生〔2011〕652号)，研究同意浙江黄岩热电有限公司终止一号锅炉循环流化床技术改造项目。

2012年11月21日，浙能集团印发《关于报请落实钱清电厂两台燃煤机组关停计划的请示》(浙能生〔2012〕734号)。根据浙江省副省长毛光烈在《绍兴市人民政府关于要求搬迁浙能钱清发电有限责任公司的请求》函上的批示意见，浙能集团认为有必要关停钱清电厂机组。与绍兴市、县政府就浙江浙能钱清发电有限责任公司关停问题进行了多次深入洽谈，各方基本达成一致意见，同意按照绍兴市政府的要求对钱清电厂机组实施关停并签署了相关协议。浙江浙能钱清发电有限责任公司完成机组关停实施方案。请浙江省经信委尽快组织研究确定浙江钱清发电有限责任公司两台（共260兆瓦）燃煤机组关停计划，并根据《浙江省人民政府关于关停小火电机组的实施意见》，落实3年替代发电计划指标，将关停的容量指标优先用于浙能集团后续电源项目的建设。

2013年1月30日，浙能集团印发《关于报请黄岩热电有限公司三台抽凝发电机组关停计划的请示》(浙能生〔2013〕33号)。浙能集团计划于2013年关停黄岩热电发电业务，关停一号、二号锅炉及一号、二号、三号汽轮发电机组，暂时保留三号、四号锅炉运行作为集中供热站，以满足过渡期内对周边热用户的供热需求。请浙江省经信委同意黄岩热电三台抽凝发电机组（共36兆瓦）于2013年关停发电业务计划，同时根据《浙江省人民政府关于关停小火电机组的实施意见》，落实3年替代发电计划指标，并将关停的容量指标优先用于浙能集团后续电源项目的建设。

2013年3月25日，浙能集团印发《关于申报2013年低碳技术创新及产业化示范工程项目备选项目的请示》(浙能生〔2013〕156号)。浙能集团经认真审核，申报2013年低碳技术创新及产业化示范工程项目。

2013年11月13日，浙能集团印发《浙江省能源集团有限公司关于申报机组节能增容改造项目的请示》(浙能生〔2013〕569号)。为切实推进电力行业节能减排，缓解浙江省电力供需紧张，浙能集团自2010年起逐步实施以汽轮机通流改造为主的节能增容改造工作，至2013年11月已累计完成1台60万千瓦发电机组和7台30万千瓦发电机组的改造，平均每年可节能量在10万吨标煤以上，增加发电能力27万千瓦时。浙能集团经过认真研究，对公司所属其余尚未改造的300兆瓦亚临界、600兆瓦亚临界及600兆瓦超临界机组实施节能增容改造。其中2013年下半年至2014年计划对浙江浙能嘉华发电有限公司、浙江浙能北仑发电有限公司、浙江浙能兰溪发电有限责任公司等电厂共12台机组进行技术改造工作。

2014年4月9日，浙能集团印发《关于申报2014年浙江省节能与工业循环经济重点项目计划的请示》(浙能生〔2014〕193号)，结合浙能集团节能工作计划，申报浙能集团2014年节能与工业循环经济重点项目计划。

2015年9月30日，浙能集团印发《关于报请明确萧山发电厂1号燃煤机组关停时间的请示》(浙能生〔2015〕517号)，根据《杭州市大气污染防治行动计划2014—2017》和G20峰会筹备办要求，浙江浙能电力股份有限公司萧山发电厂于2015年6月底前关停1台燃煤机组，在2015年年底前再关停1台。1号燃煤机组已按要求于2013年6月30日停运，并做好了关停的准备工作。浙能集团坚决贯彻执行浙江省政府关停萧山燃煤机组的指示，经浙江省经信委批准，于2015年9月关停。

第三章 环境保护

第一节 环保管理

一、环保设施“三同时”管理

2003年7月28日，浙能集团印发《关于要求进行浙江长兴四期（技改）工程环保设施竣工验收的请示》（浙能生临〔2003〕187号）。浙江长兴发电有限责任公司四期（技改）工程切实执行环保设施与主体工程同时设计、同时施工、同时投产的“三同时”制度，严格按照环境影响报告书批复意见和初步设计的要求进行环保设施的建设，完成了210米高烟囱、四电场电除尘器、废水集中处理系统、灰处理系统和其他环保设施的安装和调试，各项设施的性能均达到设计要求。同时在本期工程中按照国家环保局批复的要求，预留由脱硫场地，计划再拟建的二期工程项目中实施，在脱硫项目尚未实施前，电厂已采取有效措施，采用燃烧低硫煤，严格控制了二氧化硫的排放量，选用低氮燃烧器，减少氮氧化物的排放量。

2003年9月23日，浙能集团印发《关于浙江钱清发电有限责任公司2号机组环保设施竣工验收的请示》（浙能生〔2003〕314号）。浙江浙能钱清发电有限责任公司2号机组（135兆瓦）脱硫工程配套建设的环保设施现已投入运行，浙能集团委托浙江省环境监测中心站对该工程脱硫、除尘、废水处理、噪声进行竣工验收测试，结果符合国家有关的标准。

2006年7月24日，浙能集团印发《关于浙江长兴发电厂二期扩建项目环保设施竣工验收的请示》（浙能生〔2006〕250号）。浙江长兴发电有限责任公司二期扩建工程2×300兆瓦燃煤发电机组分别于2005年11月28日和2006年5月31日投入商业运行，同步建设的4套脱硫工程分别于2005年11月、2006年1月、4月和5月31日投入运行。二期工程中的环保设备和设施运行正常，脱硫效率达到设计值。一期环境保护工程验收遗留的煤场厂界噪声超标的问题，已得到有效的治理，经浙江省环境保护监测中心站测定，结果符合国家有关的标准，并通过了浙江省环境保护局组织的项目验收。

2006年10月19日，浙能集团印发《关于浙能兰溪发电厂一期工程环保设施竣工验收的请示》（浙能生〔2006〕332号）。浙江浙能兰溪发电有限责任公司一期工程2×600兆瓦超临界燃煤发电机组分别于2006年4月19日和8月23日投入商业运行，同步建设的两套脱硫工程分别于2006年5月31日和8月23日投入运行。一期工程环保设备和设施运行正常，脱硫除尘效率达到设计值。

2007年11月27日，浙能集团印发《关于浙能兰溪发电厂二期环保设施竣工验收的请示》（浙能生〔2007〕464号）。浙江浙能兰溪发电有限责任公司二期工程建设2×600兆瓦超临界燃煤发电机组，配套建设石灰石—石膏湿法烟气脱硫和高效静电除尘设施。该项目经国家发展改革委批准（发改能源〔2007〕1359号），于2004年6月15日开工建设，脱硫、除尘等环保设施同步建成并投入运行。两台机组已完成整套调试，并分别于2006年12月28日和2007年5月22日投入商业运行。该工程的环保设备和设施运行正常，脱硫、除尘效率达到设计值，符合国家标准。

2007年12月3日，浙能集团印发《关于镇海电厂燃油改建燃气发电工程项目环保设施竣工验收的请示》（浙能生〔2007〕473号）。浙江镇海发电有限责任公司燃油改建燃气发电工程项目2×350兆瓦级（十一号、十二号）机组分别于2007年6月9日和7月28日通过168小时可靠性运行，其配套的环境保护设施也同步投入使用。该工程所涉及的环境噪声、废水及烟气中污染物排放数据均符合达标要求，具备环境保护竣工验收条件。

2008年7月8日，浙能集团印发《关于要求对萧山发电厂天然气发电工程环境保护进行竣工验收的请示》(浙能生〔2008〕267号)。萧山发电厂天然气发电工程建设两台350兆瓦级燃气-蒸汽联合循环发电机组，工程环境影响报告书于2003年11月26日由国家环保总局以环审〔2003〕313号文批复。该项目于2005年3月8日获国家发展改革委核准，于2005年12月28日正式开工建设。2007年10月16日和2008年4月14日，两台机组分别通过168小时满负荷试运行。该项目环境影响评价报告书及环保设施设计文件中要求的各项措施已全部落实，各类环保设施已经按"三同时"的要求投入生产，使用情况良好。

2008年10月27日，浙能集团印发《关于浙能乐清电厂一期工程环保竣工验收的请示》(浙能生〔2008〕373号)，浙江浙能乐清发电有限责任公司一期工程建设2×600兆瓦超临界燃煤发电机组，配套建设湿法烟气脱硫和高效静电除尘等环保设施，于2005年10月16日开工建设。两台机组已完成调试等各项工作，一号、二号机组分别于2008年9月9日和2008年9月10日投入商业运行，脱硫、除尘等环保设施同步建成并投入运行。该工程的脱硫、除尘、废水处理等环保设备和设施运行正常，各项指标均达到设计值，符合国家标准。

2008年11月24日，浙能集团印发《关于申请台州发电厂五期扩建工程环境保护竣工验收的请示》(浙能生〔2008〕408号)。台州发电厂五期扩建工程建设规模为两台300兆瓦发电兼供热机组，2006年4月开工建设。工程两台机组连同脱硫装置等分别于2007年12月20日和2008年4月4日同步通过168小时满负荷试运行并移交商业运行。该工程已全部落实环境影响评价报告书及环保设施设计文件、审批文件中要求的各项措施，且各类环保设施已按"三同时"的相关要求投入生产，使用情况良好。

2009年4月3日，浙能集团印发《关于温州发电厂一期烟气脱硫工程环保验收的请示》(浙能生〔2009〕135号)。浙江浙能温州发电有限公司一期2×135兆瓦机组烟气脱硫工程2007年12月18日开工，经各参建单位的努力，于2008年12月22日通过168小时满负荷试运行。该工程各类环保设备和设施运行正常，各项指标均达到设计值，符合国家标准。

2010年8月12日，浙能集团印发《关于浙能乐清电厂二期工程环保竣工验收的请示》(浙能生〔2010〕343号)。浙江浙能乐清发电有限责任公司二期（2×660兆瓦）超超临界燃煤发电机组工程经国家发展改革委核准建设（发改能源〔2009〕752号)。该工程两台机组分别于2010年3月30日和7月25日投入商业运行。其配套建设的脱硫、脱硝和除尘等环保设施已按国家环境保护部环审〔2008〕481号环评批复要求同步建成，并投入运行。该工程的环保设备和设施运行正常，各项指标均达到设计值，符合国家相关标准。

二、环保设备运维及监督管理

2010年8月18日，浙能集团印发《关于进一步加强环保设施运行和维护工作的通知》(浙能生〔2010〕348号)。文件要求各企业党政一把手要亲自抓各类环保检查的迎检和接待工作，认真组织专业人员迎检，并按检查组提出的整改要求落实整改措施，做好有效的记录与存档工作。各企业要加强同各级环保部门的联系，做好检查前、检查后有关设备和环保情况的沟通，做好有关技术问题及电力安全生产要求的解析工作，有争议的问题要做好书面报告并进行更深入的技术论证。各企业要严格执行集团公司关于环境保护工作的有关规定，环保设施和相关仪表有问题要书面报告各级环保部门，并作记录和存档。要组织力量对最近一年的有关环保历史数据进行梳理，对有问题的数据要进行分析，并编制好有关情况的报告备查。在日常工作中要指定专人负责对环保的有关数据进行定期分析，提出书面分析报告。

2012年5月8日，浙能集团印发《关于浙江省2012年主要污染物总量减排计划意见征求函反馈意见的报告》(浙能生〔2012〕318号)。浙能集团于2011年制定了《浙江省能源集团有限公司2011—2015年燃煤电厂烟气脱硝专题规划》。由于浙江省“十二五”期间严峻的“保发电”形势和浙江电网电力供需平衡的要求，浙能集团在报告中请浙江省环境保护厅予以综合考虑和安排。建议利用脱硝改造较长的机组停役时间，对FGD系统进行相应改造，在确保脱硫设施可靠性的前提下，同时实施脱硫烟气旁路取消工作。

2012年5月28日，浙能集团印发《关于浙江省能源集团有限公司2012年主要污染物总量减排项目安排情况的报告》(浙能生〔2012〕360号)。浙能集团积极支持浙江省主要污染物总量减排工作，对所属现役燃煤机组烟气脱硝改造时间作了统一安排。由于机组脱硝改造时间的安排必须考虑区域的用电需求和整个电网的供需平衡，最终根据浙江省电网机组检修计划要求进行，请浙江省环境保护厅在制定全省减排计划时，结合考虑浙能集团的燃煤机组脱硝改造及取消脱硫旁路烟道计划。

2014年5月27日，浙能集团印发《关于嘉兴发电厂2号机组电除尘提效改造有关情况的报告》(浙能生〔2014〕285号)。浙江浙能嘉兴发电有限公司2号机组C级检修拟推迟至迎峰度夏后进行，造成相关后续改造工作不能按期开展。嘉兴发电全力加强2号机组的设备全时段运行维护工作，防止两台及以上电场同时停运等情况发生，做好脱硫吸收塔和GGH可靠运行、煤种合理调配和负荷合理控制等工作，保证在后续改造开展前2号机组烟尘排放达标。

2015年3月3日，浙能集团印发《关于同意公开〈浙能舟山六横电厂工程环境影响报告书〉的复函》(浙能生〔2015〕76号)。根据环境保护部2015年2月4日印发的《关于要求公开〈浙能舟山六横电厂工程环境影响报告书〉意见的函》，经浙能集团审慎研究，拟同意公开《浙能舟山六横电厂工程环境影响报告书》。

2015年7月13日，浙能集团印发《关于进一步做好火电厂环保工作的通知》(浙能生〔2015〕370号)。通知要求浙能电力和各火力发电企业，响应国家和地方生态文明建设，贯彻执行新的《环境保护法》，适应环保工作新常态，深刻认识当前环保工作的严峻性，加强环保管理队伍建设，强化环保管理力量。严格落实环保工作一把手负责制，健全各级责任体系，把环保监督管理、环保设施运维检修管理等工作层层分解，落实到责任人。制订环境监测管理制度，确保监测数据的准确性和有效性。制订环保检查管理制度。完善环境污染事件应急预案及应急体系。完善环保设备、设施类技改项目管理，明确环保监管部门与项目实施部门的职责。完善环保信息管理制度。加强环保设备、设施运行维护管理，严格控制污染物排放。加大环保工作奖惩考核力度。

2016年7月25日，浙能集团印发《浙能集团G20峰会环境质量保障工作方案》(浙能生〔2016〕265号)，要求各板块管理公司认真学习并贯彻执行，全面落实各项工作要求。

2016年10月19日，浙能集团印发《关于召开大型发电集团公司2016年环保联系会的通知》(浙能生〔2016〕13号)。浙能集团承办2016年大型发电集团公司环保联系会，会议介绍火电厂综合排放标准编制思路、框架及内容，火电厂排污许可“一证式”管理思路及建议，研讨大型发电集团下一步电力行业环保工作的重点。

2017年5月8日，浙能集团印发《关于立即做好迎接浙江省环境保护专项检查和迎接中央环保督察工作的紧急通知》(浙能生〔2017〕313号)。通知中就做好迎接浙江省环境保护专项检查和迎接中央环保督察工作，要求系统各单位要立即对照浙江省政府办公厅紧急通知和董事长童亚辉批示精神及总经理柯吉欣和副总经理朱松强的指示，开展自查自纠，重点对重点排污单位污染物排放情况、水污染防治工作情况、大气污染防治工作情况、土壤污染防治工作情况、环评及“三同时”制度执行情况、生态保护情况、环境安全隐患情况、环境信访等情况进行排查，逐项查找薄弱环节和存在问题，并对自查发现的问题立即安排整改。

2017年5月27日，浙能集团印发《浙能集团关于贯彻落实浙江省大气污染防治“十三五”规划重点工作任务的通知》(浙能生〔2017〕325号)，就做好浙江省大气污染防治“十三五”规划重点工作任务提出发展清洁高效煤电、发展清洁能源、完成电力行业烟气超低排放改造、开展重点工业行业废气清洁排放改造、工业锅炉废气清洁排放改造、推进煤改气、煤改电、发展清洁交通、推广应用新能源、清洁能源船舶和港作机械等10项工作。

2017年6月20日，浙能集团印发《黄岩热电供热锅炉达到特别排放限值技术改造专题讨论会纪要》(专题纪要〔2017〕55号)。讨论会就黄岩热电供热锅炉达到特别排放限值技术改造工作安排进行了讨论，认为对现有锅炉炉后环保设施改造是可行的方案，投资估算约2000万元。

2017年7月21日，浙能集团印发《关于印发浙江省能源集团有限公司迎接中央环保督察工作方案的通知》(浙能生〔2017〕409号)，决定成立浙能集团“迎接中央环境保护督察工作”领导小组，贯彻落实省政府迎接中央环境保护督察部署会议精神，做好迎接中央环境保护督察有关工作。

2017年8月9日，浙能集团印发《关于全力以赴做好迎接中央环保督察组的通知》(浙能生〔2017〕447号)，就做好迎接中央环保督察组有关工作，要求系统各单位高度重视，充分认识此次中央环保督察的重要性和紧迫性，全面进入战时状态，强化政治意识，坚持底线思维。按照总经理柯吉欣指示，做到“三个千万不能”，即千万不能抱有侥幸心理搞选择性整改；千万不能因为浙能集团没有涉及中央和省里督办的突出环境问题而麻痹大意；千万不能被动应付，弄虚作假，弄巧成拙。努力实现“三个确保”，即确保各单位环保设施稳定运行和污染物达标排放，不发生在全省有影响的环保事件；确保中央环保督察组转办地方涉及集团所属单位的环境信访投诉问题全部整改销号；确保顺利通过中央环境保护督察。

2018年4月8日，浙能集团生产安全监察部印发《关于立即做好迎接2018年“蓝天保卫”1号专项执法行动省级督察的通知》，要求系统各单位确保企业环保设施稳定达标排放，确保持证排污，自动监控设施符合新颁布标准的要求，并对照此次环保专项执法行动省级督察要点，编制环保检查迎检方案，明确迎接环保专项执法行动省级督察的工作程序和内容，做好迎检组织、环保台账及资料准备、结果跟踪、闭环整改等方面的管理要求。

2018年9月12日，浙能集团生产安全监察部印发《关于立即做好迎接2018年省级环境保护督察的通知》，要求浙能集团系统各板块管理公司、各企业做好迎接2018年省级环境保护督察各项工作。

2018年10月30日，浙能集团生产安全监察部印发《关于做好中国国际进口博览会煤电机组运行信息报送的通知》，要求浙能集团各单位贯彻落实上级部门要求，进一步做好中国国际进口博览会期间煤电机组运行信息报送工作。

2018年11月7日，浙能集团生产安全监察部印发《关于做好省内燃煤电厂煤场封闭初步方案上报的通知》，要求电力股份组织所属相关燃煤电厂，认真做好相关测算及工作安排，制定煤场封闭实施方案。

三、环保专项资金、排污费（环境保护税）及排污权管理

2003年8月18日，浙能集团印发《关于2003年环保贷款项目和资金安排的报告》(浙能生〔2003〕241号)。浙能集团在调查研究的基础上结合所属企业污染治理计划和迫切需要解决的实际环保问题，进行了污染治理技术研究方案的编制，并组织有关专家进行技术评审，初步拟定有关项目和费用，报请省环保局批准。

2003年9月4日，浙能集团印发《关于要求我公司控股发电企业排污费集中由省级环境保护行政主管部门负责征收的请示》(浙能生〔2003〕271号)，要求将浙能集团控股发电企业（或装机容量在250兆瓦以上的发电企业）的排污费全部集中由省级环境保护行政主管部门负责集中统一征收，以便浙能集团能集中排污费返还款进行已建电厂脱硫项目。

2004年6月16日，浙能集团印发《关于要求转报北仑电厂氮氧化物减排可行性研究项目的报告》(浙能生〔2004〕210号)。浙能集团向美国贸易发展署（US TDA）申请“浙江北仑发电有限公司氮氧化物减排可行性研究”项目。在美国能源部（US DOE）的推荐及支持下，该项目已获美国贸易发展署初步认可。根据美国贸易发展署与我国商务部的合作协议要求，该项目需向商务部报批备案。

2004年10月27日，浙能集团印发《关于要求使用2004年省环境保护专项资金的请示》（浙能生〔2004〕357号）。浙能集团要求所属企业按省环境保护局有关通知的要求认真申报浙江省环境保护专项资金项目，提交了台州发电厂6号炉烟气脱硫等项目给浙江省财政厅和浙江省环境保护局有关处室的领导与有关专家作进一步的评审。

2004年11月19日，浙能集团印发《关于台州发电厂6号炉烟气脱硫改造工程费用的批复》（浙能生〔2004〕419号），原则同意台州发电厂6号炉烟气脱硫工程采用半干法脱硫工艺方案，工程总费用估算为4100万元（其中电除尘器改造费用879万元），费用由技术改造资金列支（脱硫技改项目）。

2008年10月21日，浙能集团印发《关于申请省级环保专项资金的请示》（浙能生〔2008〕370号）。浙能集团下属电厂脱硫脱硝项目可列为环保专项资金项目，向浙江省环境保护局申请省级环境保护专项资金。

2008年11月7日，浙能集团印发《关于申请国家2009年资源节约与环境保护第一批备选项目资金的请示》（浙能生〔2008〕394号）。台州发电厂的高压电机变频项目被列入2009年资源节约和环境保护第一批中央预算内投资备选项目计划（序号为210），项目总投资为1882万元。

2009年9月28日，浙能集团印发《关于申请浙江省能源集团环保专项资金的请示》（浙能生〔2009〕375号），浙能集团下属电厂脱硫脱硝项目为列为申请环保专项资金项目，向浙江省财政厅申请省级环境保护专项资金12800万元。

2010年8月26日，浙能集团印发《关于申请环保专项资金的请示》（浙能生〔2010〕357号），浙江浙能嘉华发电有限公司二期两台机组脱硝改造工程已完成初步设计并经浙江省发展改革委核准，另有浙江浙能嘉兴发电有限公司一期低氮燃烧改造工程、污泥干化处置项目及浙江浙能镇海发电有限责任公司供热改造工程正在进行中，这些工程的实施将进一步降低氮氧化物、二氧化硫和二氧化碳的排放，向浙江省环境保护厅申请省级环境保护专项资金19800万元。

2011年9月5日，浙能集团印发《关于申请浙江省能源集团环保专项资金的请示》（浙能生〔2011〕587号）；9月9日，印发《关于申请浙江省能源集团环保专项资金的请示》（浙能生〔2011〕593号）。浙江浙能嘉华发电有限公司二期两台机组脱硝改造工程已投运，运行正常。另有浙江浙能嘉兴发电有限公司一期低氮燃烧改造工程、浙江浙能镇海发电有限责任公司燃机油改气工程及浙江浙能长兴发电有限公司脱硝换热器改造工程正在进行中，向浙江省环境保护厅申请省级环境保护专项资金11400万元。

2012年9月7日，浙能集团印发《关于申请浙江省省级环境保护专项资金的请示》（浙能生〔2012〕576号）和《关于申请浙江省省级环境保护专项资金的请示》（浙能生〔2012〕575号）。浙能集团所属多家发电企业已启动烟气脱硝改造项目，2012年年底前将改造完成8台机组，申请省级环境保护专项资金4900万元。

2013年8月28日，浙能集团印发《浙江省能源集团有限公司关于申请环保专项资金的请示》（浙能生〔2013〕450号）和《浙江省能源集团有限公司关于申请环保专项资金的请示》（浙能生〔2013〕451号）。浙能集团所属多家发电企业烟气脱硝项目已启动，2013年底前省内发电企业将完成脱硝改造15台机组，向浙江省环境保护厅和浙江省财政厅申请省级环境保护专项资金6200万元。

2015年4月24日，浙能集团印发《关于萧山发电厂初始排污权购买工作的批复》（浙能生〔2015〕171号），同意浙江浙能电力股份有限公司萧山发电厂燃机的初始排污权量按二氧化硫214.55吨，氮氧化物1072.75吨申报。要求浙能电力及萧山发电根据相关文件、政策要求，按70%的优惠幅度购买二氧化硫、氮氧化物初始排污权，完成全厂排污权的初始登记。

第二节 固体废弃物治理

2008年5月26日，淮浙煤电有限责任公司凤台发电分公司与淮南天达龙升建材资源开发有限公司签订关于固体废弃物无害化处理服务之合作协议。淮南天达龙升建材资源开发有限公司负责无害化处置淮浙煤电有限责任公司凤台发电分公司产生的粉煤灰、脱硫石膏、灰渣等固废物。2014 年 12 月 11 日，浙江天达环保股份有限公司退出，股份转让给凤台县友旺商贸有限责任公司。截至 2014 年，淮南天达龙升建材资源开发有限公司共计治理粉煤灰 384 万吨，脱硫石膏 17 万吨。

2008 年 7 月 18 日，浙江温州特鲁莱发电有限责任公司与浙江天达环保股份有限公司乐清分公司签订关于固体废弃物无害化处理服务之合作协议。2008 年 12 月 20 日，浙江浙能镇海发电有限责任公司与宁波市镇海天达环保建材有限公司签订关于固体废弃物无害化处理服务之合作协议。浙江天达环保股份有限公司乐清分公司为浙江浙能乐清发电有限责任公司 2×600 兆瓦及 2×660 兆瓦机组进行固废综合利用及脱硫剂加工业务，主要负责粉煤灰、脱硫石膏等固废物综合治理销售，以及脱硫剂加工生产销售等业务。截至 2019 年，浙江天地环保科技有限公司乐清市分公司粉煤灰累计治理 1034 万吨，脱硫石膏累计治理 261 万吨。

2008 年 12 月 20 日，浙江浙能长兴发电有限责任公司与长兴天达环保建材有限公司签订关于固体废弃物无害化处理服务之合作协议。长兴天达环保建材有限公司为浙江浙能长兴电厂有限公司 2×330 兆瓦机组提供脱硫剂和处理固废产品，主要负责粉煤灰、脱硫石膏（含水泥缓凝剂）等固废物综合治理销售，加气混凝土砌块和脱硫剂加工生产销售等业务。截至 2019 年，粉煤灰累计治理 281 万吨，脱硫石膏累计治理 60 万吨，加气混凝土砌块累计生产销售 41 万方。

2008 年 12 月 20 日，浙江浙能兰溪发电有限责任公司与兰溪天达环保建材有限公司签订关于固体废弃物无害化处理服务之合作协议。兰溪天达环保建材有限公司为浙江浙能兰溪发电有限公司 2×600 兆瓦机组进行固废处理，主要负责粉煤灰、脱硫石膏（含水泥缓凝剂）等固废物综合治理销售，加气砌块和脱硫剂加工生产销售等业务。截至 2019 年，粉煤灰累计治理 775 万吨，脱硫石膏累计治理 68 万吨，加气混凝土砌块累计生产销售 191 万立方米，水泥缓凝剂累计生产销售 101 万吨。

2008 年 12 月 20 日，台州发电厂与台州天达环保建材有限公司签订关于固体废弃物无害化处理服务之合作协议。台州天达环保建材有限公司为台州发电厂 2×330 兆瓦机组服务，主要负责粉煤灰、脱硫石膏（含水泥缓凝剂）等固废物综合治理销售、脱硫剂加工生产销售等业务。截至 2019 年，台州天达粉煤灰累计治理 508 万吨，脱硫石膏累计治理 47.6 万吨。

2008 年 12 月 20 日，浙江浙能镇海发电有限责任公司与宁波市镇海天达环保建材有限公司签订关于固体废弃物无害化处理服务之合作协议。宁波市镇海天达环保建材有限公司为 2 台燃油机组及燃煤机组进行固废处理，主要负责粉煤灰、脱硫石膏等固废物综合治理销售以及脱硫剂加工生产销售等业务。截至 2019 年镇海天达粉煤灰累计治理 267 万吨，脱硫石膏累计治理 78.7 万吨。

2008 年 12 月 20 日，浙江浙能嘉兴发电有限公司、浙江嘉华发电有限公司分别与浙江天达环保股份有限公司嘉兴分公司签订关于固体废弃物无害化处理服务之合作协议。浙江天达环保股份有限公司嘉兴分公司先后为一期 2×300 兆瓦、二期 4×600 兆瓦、三期 2×1000 兆瓦机组进行固废治理，主要负责粉煤灰、脱硫石膏等固废物综合治理销售以及脱硫剂加工生产销售等业务。截至 2019 年，粉煤灰累计治理 913 万吨，脱硫石膏累计治理 230 万吨。

2011 年 6 月 29 日，浙江浙能绍兴滨海热电有限责任公司与浙江天达环保股份有限公司绍兴滨海分公司签订关于固体废弃物无害化处理服务之合作协议。浙江天达环保股份有限公司绍兴滨海分公司为滨海电厂一期 2×300 兆瓦机组、二期 4×50 兆瓦机组进行固废处置，主要负责粉煤灰、脱硫石膏等固废物综合治理销售。截至 2019 年，粉煤灰累计治理 268 万吨，脱硫石膏累计治理 45 万吨。

2014 年 6 月 25 日，浙江浙能中煤舟山煤电有限责任公司与舟山天达环保建材有限公司签订关于固体废弃物无害化处理服务之合作协议。舟山天达环保建材有限公司为浙江浙能中煤舟山煤电有限责任公司 2×100 兆瓦机组进行固废服务，主要负责粉煤灰、脱硫石膏等固废物进行综合治理销售业务。截至 2019 年，粉煤灰累计治理 197 万吨，脱硫石膏累计治理 49.2 万吨。

2015 年 7 月 1 日，伊利新天煤化工有限责任公司与新疆天达环保有限公司伊犁分公司签订关于固体废弃物无害化处理服务之合作协议，主要对新天煤化工传统固废（粉煤灰、炉渣、石子煤）销售和处置。截至 2019 年粉煤灰累计治理 33 万吨。

2015 年 7 月 30 日，浙江浙能台州第二发电有限责任公司与三门天达环保建材有限公司签订关于固体废弃物无害化处理服务之合作协议。三门天达环保建材有限公司为浙江浙能台州第二发电有限责任公司 2×1050 兆瓦机组进行固废处置，主要负责粉煤灰、脱硫石膏等固废物综合治理销售业务。截至 2019 年粉煤灰累计治理 242 万吨，脱硫石膏累计治理 43 万吨。

2016 年 8 月 22 日，浙能阿克苏热电有限公司与新疆天达环保有限公司纺织城分公司签订关于固体废弃物无害化处理服务之合作协议。新疆天达有限公司纺织城分公司为浙能阿克苏热电有限公司 2×35 兆瓦机组进行固废服务，主要负责粉煤灰、脱硫石膏等固废物综合治理销售以及脱硫剂加工生产销售等业务。截至 2019 年，粉煤灰累计治理 27 万吨，脱硫石膏累计治理 6.4 万吨。

2016 年 8 月 22 日，浙能阿克苏热电有限责任公司与新疆天达环保有限公司签订关于固体废弃物无害化处理服务之合作协议。新疆天达环保有限公司主要负责蒸压加气混凝土砌块的生产和销售。截至 2019 年，粉煤灰累计治理 27 万吨，脱硫石膏累计治理 6.4 万吨。

2017 年 12 月 1 日，宁夏枣泉电厂与宁夏天达环保有限责任公司签订关于固体废弃物无害化处理服务之合作协议。宁夏天达环保有限责任公司主要负责粉煤灰（渣）、脱硫石膏等固废物综合治理销售，加气砌块生产销售等业务。根据固体废弃物无害化处理服务之合作协议，2017 年 12 月 1 日至 2018 年 11 月 31 日，宁夏天达环保有限责任公司为枣泉电厂 2×660 兆瓦机组进行固废处置服务，粉煤灰年处置量为 78 万吨，脱硫石膏年处置量为 20 万吨。截至 2019 年，粉煤灰累计治理 228 万吨，脱硫石膏累计治理 14.7 万吨，加气砌块累计生产销售 40 万立方米。2009—2019 年浙能集团所属企业固废治理情况见表 12-3-1。

表 12-3-1 2009—2019 年浙能集团所属企业固废治理量统计表 万吨

治理量	2009 年	2010 年	2011 年	2012 年	2013 年	2014 年	2015 年	2016 年	2017 年	2018 年	2019 年
粉煤灰	401	399	538	571	553	545	432	494	554	594	565
灰渣	56	55	60	110	77	68	65	61	61	64	59
脱硫石膏	84	75	93	110	87	85	89	109	120	132	130
合计	541	529	691	791	717	698	586	664	735	790	754

第三节 大气污染治理

一、脱硫工程

2001 年 6 月 14 日，浙江钱清发电有限责任公司与浙江省电力设计院签订钱清热电厂四期扩建 2 号机组脱硫工程建设管理服务合同并开工建设。2003 年 4 月 29 日，钱清热电厂四期 2 号机组脱硫工程举行启动验收委员会会议。2003 年 7 月 2 日下午 3 时，钱清热电厂四期 2 号机烟气脱硫工程顺利通过 168 小时满负荷试运行，标志着中国大型烟气脱硫工程国产化目标取得突破性进展。该工程采用石灰石—石膏湿法工艺，脱硫率达 90%以上，每年可减少二氧化硫排放量 6000 多吨，脱硫装置的可利用率不低于 95%，环境效益非常显著。该工程为浙江省首例脱硫国产化示范工程。2003 年 10 月，美国能源部副部长率领代表团参观该工程，对该工程的成功给予高度评价，称其为“中美合作的典范之作”（图 12-3-1）。

图 12-3-1 美国能源部副部长率领代表团参观钱清热电厂四期 2 号机烟气脱硫工程，称其为“中美合作的典范之作”

2003 年 8 月 8 日，浙江东南发电股份有限公司与浙江天地环保工程有限公司签订萧山发电厂（2×125 兆瓦机组）烟气脱硫工程总承包合同。2003 年 12 月，工程开工，2005 年 7 月投运，装机容量为 260 兆瓦。该项目为萧山发电厂 2×125 兆瓦机组配套烟气脱硫装置，采用湿式石灰石—石膏法脱硫工艺。项目实现锅炉 100% BMCR（BMCR 为锅炉设计连续最大蒸发量）工况全烟气量脱硫，设计含硫 0.99%。脱硫效率按不小于 95% 设计，设计工况下保证 FGD（烟气脱硫）出口的烟温不低于 80 ℃。脱硫副产品石膏脱水后含湿量不大于 10%，氯离子含量不超过 100×10^{-6}（100 ppm）。脱硫设备年利用小时按 5500 小时考虑。装置可用率不小于 95%，服务寿命为 30 年。

2004 年 6 月 16 日，浙江天地环保工程有限公司中标浙能兰溪电厂4×600 兆瓦机组脱硫项目。2004 年 10 月 10 日，浙江浙能兰溪发电厂与浙江天地环保工程有限公司签订浙江浙能兰溪电厂（4×600 兆瓦机组）烟气脱硫工程总承包合同。该工程于 2005 年 3 月开工，2007 年 5 月投运，总装机容量为 2400 兆瓦。本项目为兰溪发电厂 4×600 兆瓦机组配套烟气脱硫装置，采用湿式石灰石—石膏法脱硫工艺。本项目实现锅炉 100% BMCR 工况全烟气量脱硫，设计含硫 0.7%。脱硫效率按不小于 95% 设计，设计工况下保证 FGD 出口的烟温不低于80 ℃。脱硫副产品石膏脱水后含湿量不大于 10%，氯离子含量不超过 100 ppm。脱硫设备年利用小时按 5500 小时考虑。装置可用率不小于 98%，服务寿命为 30 年。

2004 年 12 月 27 日，浙江浙能乐清发电有限责任公司与浙江天地环保工程有限公司签订浙能乐清电厂（4×600 兆瓦机组）烟气脱硫工程总承包合同。该工程于 2006 年 7 月开工，2010 年 7 月全部投运，总装机容量为 2400 兆瓦。本项目为乐清发电厂 4×600 兆瓦机组配套烟气脱硫装置，采用湿式石灰石—石膏法脱硫工艺。本项目实现锅炉 100% BMCR 工况全烟气量脱硫，设计含硫 0.7%。脱硫效率按不小于 95% 设计，设计工况下保证 FGD 出口的烟温不低于80 ℃。脱硫副产品石膏脱水后含湿量不大于 10%，氯离子含量不超过 100 ppm。脱硫设备年利用小时按 5500 小时考虑。装置可用率不小于 98%，服务寿命为 30 年。

2005 年 5 月 28 日，浙江温州特鲁莱发电有限责任公司与浙江天地环保工程有限公司签订温州发电厂二期脱硫工程总承包合同。2005 年 8 月，温州发电厂二期 2×300 兆瓦机组烟气脱硫工程开工，2006 年 10 月投运，总装机容量为 600 兆瓦。本项目为温州发电厂二期 2×300 兆瓦机组配套烟气脱硫装置，采用湿式石灰石—石膏法脱硫工艺。本项目实现锅炉 100% BMCR 工况全烟气量脱硫，设计含硫 0.85%。脱硫效率按不小于 91% 设计，设计工况下保证 FGD 出口的烟温不低于80 ℃。脱硫副产品石膏脱水后含湿量不大于 10%，氯离子含量不超过100 ppm。脱硫设备年利用小时按 5500 小时考虑。装置可用率不小于 95%，服务寿命为 30 年。

2005 年 12 月 17 日，淮浙煤电有限责任公司与浙江天地环保工程有限公司签订淮浙煤电凤台发电厂一期 2×600 兆瓦机组烟气脱硫工程合同。该工程于 2007 年 5 月开工，2008 年 9 月投运，总装机容量为 1200 兆瓦。本项目为淮浙煤电凤台发电厂一期 2×600 兆瓦超临界机组工程配套烟气脱硫装置，采用湿式石灰石—石膏法脱硫工艺。本项目实现锅炉 100% BMCR 工况全烟气量脱硫，设计含硫 0.37%。脱硫效率按不小于 95% 设计，设计工况下保证 FGD 出口的烟温不低于 80 ℃。脱硫副产品石膏脱水后含湿量不大于 10%，氯离子含量不超过100 ppm。脱硫设备年利用小时按 6500 小时考虑。装置可用率不小于 95%，服务寿命为 30 年。

2007 年 12 月，浙江浙能温州发电有限公司与浙江天地环保工程有限公司签订温州发电厂一期 2×135 兆瓦机组烟气脱硫工程总承包合同。该工程于 2007 年 12 月开工，2008 年 12 月投运，总装机容量为 270 兆瓦。本项目为温州发电厂一期2×135 兆瓦机组配套烟气脱硫装置，采用湿式石灰石—石膏法脱硫工艺。本项目实现锅炉 100% BMCR 工况全烟气量脱硫，设计含硫 1.1%。脱硫效率按不小于 95% 设计，设计工况下保证 FGD 出口的烟温不低于 80 ℃。脱硫副产品石膏脱水后含湿量不大于 10%，氯离子含量不超过100 ppm。脱硫设备年利用小时按 6500 小时考虑。装置可用率不小于 95%，服务寿命为 30 年。该工程的完成标志着浙能集团所有大型燃煤机组均已完成脱硫改造工作，是浙能集团环保建设历史上的重要标记。

2009 年 11 月，浙江浙能滨海发电有限公司与浙江天地环保工程有限公司签订浙江浙能绍兴滨海热电厂 2×300 兆瓦机组烟气脱硫工程总承包合同。该工程于 2009 年 12 月开工，2011 年 10 月两台机组全部投运，总装机容量为 600 兆瓦。本项目为滨海热电厂一期 2×300 兆瓦超临界机组工程配套烟气脱硫装置，采用湿式石灰石—石膏法脱硫工艺。本项目实现锅炉 100% BMCR 工况全烟气量脱硫，设计含硫 1.1%。脱硫效率按不小于 95% 设计，设计工况下保证 FGD 出口的烟温不低于 80 ℃。脱硫副产品石膏脱水后含湿量不大于 10%，氯离子含量不超过 100 ppm。脱硫设备年利用小时按 6500 小时考虑。装置可用率不小于 95%，服务寿命为 30 年。

2013 年 7 月，浙江浙能台州第二发电有限责任公司与浙江天地环保工程有限公司签订浙江浙能台州第二发电厂 2×1000 兆瓦机组“上大压小”新建工程烟气脱硫装置总承包合同。该工程于 2013 年 8 月开工，2015 年 12 月全部投产，总装机容量为 2000 兆瓦。本项目为浙能台州第二发电厂 2×1000 兆瓦机组配套烟气脱硫装置，采用湿式石灰石—石膏法脱硫工艺。本项目实现锅炉 100% BMCR 工况全烟气量脱硫，设计煤种含硫 0.85%，校核煤种含硫 1%。脱硫效率按不小于 98.5% 设计，脱硫副产品石膏脱水后含湿量不大于 10%，氯离子含量不超过8100 ppm。脱硫设备年利用小时按 5500 小时考虑。装置可用率不小于 98%，服务寿命为 30 年。

2004—2019 年浙能集团所属企业典型脱硫治理工程情况见表 12-3-2。

表 12-3-2 2004—2019 年浙能集团所属企业典型脱硫治理工程一览表

序号	项目名称及规模	脱硫工艺和设计效率	工程起止时间（年-月）	备注
1	浙江东南发电股份有限公司萧山发电厂 2×125 兆瓦烟气脱硫工程	湿法，95%	2003-12 至 2005-07	
2	温州发电厂三期 2×300 兆瓦扩建项目烟气脱硫工程	湿法，95%	2003-08 至 2005-07	天地公司第一个脱硫项目
3	浙江浙能兰溪发电厂 4×600 兆瓦烟气脱硫工程	湿法，95%	2004-08 至 2007-06	
4	淮浙煤电有限责任公司凤台发电厂一期 2×630 兆瓦超临界机组烟气脱硫工程	湿法，95%	2006-08 至 2008-09	
5	浙江北仑发电有限公司 3×600 兆瓦烟气脱硫工程	湿法，90%	2004-11 至 2007-07	
6	浙能嘉华发电有限责任公司 4×600 兆瓦烟气脱硫工程	湿法，95%	2007-08 至 2009-09	
7	浙能乐清电厂 4×600 兆瓦烟气脱硫工程	湿法，95%	2006-07 至 2010-08	
8	浙江东南发电股份有限公司台州发电厂四期 2×330 兆瓦机组烟气脱硫工程	湿法，95%	2006-06 至 2008-01	

表 12-3-2（续）

序号	项目名称及规模	脱硫工艺和设计效率	工程起止时间（年-月）	备注
9	浙江东南发电股份有限公司台州发电厂五期 2×300 兆瓦机组烟气脱硫工程	湿法，95%	2006-06 至 2007-12	
10	浙江嘉兴发电有限责任公司 2×300 兆瓦烟气脱硫项目	湿法，95%	2007-09 至 2009-08	
11	浙江浙能绍兴滨海热电厂 2×300 兆瓦机组烟气脱硫工程	湿法，95%	2009-12 至 2011-10	
12	镇海发电厂 2 套 430 兆瓦烟气脱硫工程	湿法，95%	2007-04 至 2008-11	
13	温州发电厂 2 套 135 兆瓦烟气脱硫工程	湿法，95%	2007-12 至 2008-12	
14	淮浙凤台电厂二期扩建工程 2×660 兆瓦超超临界机组烟气脱硫装置总承包工程	湿法，96.5%	2012-10 至 2013-12	
15	浙能温州电厂四期“上大压小”工程 2×660 兆瓦超超临界机组烟气脱硫工程	湿法，98.4%	2013-08 至 2015-12	
16	浙江浙能嘉华发电有限公司 2×1000 兆瓦烟气脱硫项目	湿法，95%	2010-03 至 2011-10	
17	浙江浙能六横电厂新建工程 2×1000 兆瓦烟气脱硫总承包	湿法，98%	2012-07 至 2014-07	
18	浙江浙能台州第二发电厂 2×1000 兆瓦机组“上大压小”新建工程脱硫装置总承包	湿法，97.42%	2013-08 至 2015-12	
19	浙江浙能长兴发电有限公司 3 号炉脱硫废水烟气旁路蒸发技术改造总承包合同		2018-03 至 2018-06	
20	浙江浙能长兴发电有限公司 4 号炉脱硫废水烟气旁路蒸发技术改造总承包合同		2019-01 至 2019-06	

二、脱硝工程

2008 年 10 月，浙江浙能乐清发电有限责任公司与浙江天地环保工程有限公司签订了浙江浙能乐清电厂二期 2×660 兆瓦机组烟气脱硝工程总承包合同。2008 年 12 月，浙江浙能乐清电厂二期 2×660 兆瓦机组烟气脱硝工程开工，2010 年 7 月全部投运，总装机容量为 1320 兆瓦。脱硝工艺采用 SCR 法（选择性催化还原技术），脱硝催化剂层数按 2+1 设置。系统不设置烟气旁路和省煤器高温旁路系统。脱硝双反应器布置在锅炉省煤器和空预器之间。还原剂采用纯氨。在锅炉 50% THA～100% BMCR（THA 为热耗率验收，BMCR 为锅炉设计连续最大蒸发量）负荷时，脱硝系统入口烟气中氮氧化物含量为 450 毫克/标准立方米（6% 含氧，干基），烟气含尘量不大于 15 克/标准立方米（6% 含氧，干基），氨气或氮氧化合物（NH_3/NO_x）摩尔比不超过 0.664，在催化剂寿命期内（化学寿命不低于 24000 小时），脱硝系统出口烟气氨的逃逸率不大于 3×10^{-6}（3 ppm），二氧化硫或三氧化硫（SO_2/SO_3）转化率不大于 1%，氮氧化物脱除率不小于 65%（按脱除效率 80% 规划脱硝装置尺寸及荷载）。脱硝设备年利用小时按 5500 小时考虑。脱硝系统可用率不小于 95%。装置服务寿命为 30 年。本项目的投产标志着浙能集团首套脱硝装置的投运，是浙能集团环保史上新纪元的开始。

2010 年，浙江浙能嘉华发电有限公司与浙江天地环保工程有限公司签订浙江嘉兴发电厂二期（2×600 兆瓦）5 号、6 号机组烟气脱硝工程总承包合同。该工程于 2010 年 8 月开工，2011 年 7 月全部投运，总装机容量为 1320 兆瓦。本项目为嘉兴发电厂二期 2×600 兆瓦机组配套烟气脱硝装置，采用 SCR 脱硝工艺。该装置设计寿命为 30 年，系统可用率不小于 98%，年运行小时数为 5500 小时。

2011 年 9 月，浙江浙能中煤舟山煤电有限责任公司与浙江天地环保工程有限公司签订浙江浙能六横发电厂新建工程（2×1000 兆瓦）烟气脱硝总承包合同。该工程于 2013 年 1 月开工，2014 年 9 月全部投运，总装机容量为 2000 兆瓦。本项目为六横发电厂 2×1000 兆瓦机组配套烟气脱硝装置，采用 SCR 脱硝工艺。工程共设置两套 SCR 脱硝装置，单套 SCR 脱硝装置处理能力按一台锅炉 100% BMCR 工况烟气量设计，以液氨气化成氨气作为脱硝还原剂。本项目实施烟气脱硝改造后，氮氧化物排放浓度由原来的 350 毫克/立方米降低至 100 毫克/立方米以下，SCR 脱硝效率为 80%，二氧化硫或三氧化硫转换率不大于 1%，氨逃逸率不大于 3×10^{-6}（3 ppm）。该装置设计寿命为 30 年，系统可用率不小于 98%，年运行小时数为 6500 小时。

2012 年 6 月，淮浙煤电有限责任公司与浙江天地环保工程有限公司签订淮浙煤电凤台电厂一期 2×630 兆瓦机组脱硝改造总承包工程合同。该工程于 2012 年 6 月开工，2013 年 5 月全部投运，总装机容量为 1260 兆瓦。本项目为凤台电厂一期 2×630 兆瓦机组配套烟气脱硝装置，采用 SCR 脱硝工艺，工程共设置两套 SCR 脱硝装置。本项目实施烟气脱硝改造后，氮氧化物排放浓度由原来的 400 毫克/立方米降低至 100 毫克/立方米以下，SCR 脱硝效率为 80%，二氧化硫或三氧化硫转换率不大于 1%，氨逃逸率不大于 3×10^{-6}（3 ppm）。该装置设计寿命为 30 年，系统可用率不小于 98%，年运行小时数为 5500 小时。

2012 年，浙江温州特鲁莱发电有限责任公司与浙江天地环保工程有限公司签订浙江温州特鲁莱发电有限责任公司（2×300 兆瓦机组）烟气脱硝总承包合同。该工程于 2012 年 3 月开工，2014 年 6 月投运，总装机容量为 600 兆瓦。本项目 2 台机组实施烟气脱硝，电厂将对锅炉燃烧器进行改造，改造后省煤器出口氮氧化物保证浓度为 300 毫克/标准立方米（干基，6% 氧气）。本项目 SCR 脱硝效率按 70% 考虑，出口浓度不超过 100 毫克/标准立方米（干基，6% 氧气）。设计寿命为 30 年，系统可用率不小于 98%，年运行小时数为 5000 小时。浙江温州特鲁莱发电有限责任公司原规模为 2×300 兆瓦，经改造后机组规模增容至 2×330 兆瓦，脱硝项目按照机组增容后 2×330 兆瓦考虑，安装两套处理 100% 烟气量的脱硝装置。脱硝项目采用高含尘布置方案，每台锅炉配有两个反应器。本项目实施烟气脱硝改造后，氮氧化物排放浓度由原来的 300 毫克/立方米降至 100 毫克/立方米以下，SCR 脱硝效率不小于 70%，二氧化硫或三氧化硫转换率不大于 1%，氨逃逸率不大于 3 ppm。该装置设计寿命为 30 年，系统可用率不小于 98%，年运行小时数为 5000 小时。本项目的投运标志着浙能集团所有大型燃煤机组均已完成脱硝改造。

2012 年，浙江浙能兰溪发电有限责任公司与浙江天地环保工程有限公司签订浙江浙能兰溪发电有限责任公司（4×600 兆瓦机组）烟气脱硝总承包合同。该工程于 2012 年 4 月开工，2014 年 6 月全部投运，总装机容量为 2400 兆瓦。本项目为兰溪发电厂 4×600 兆瓦机组配套烟气脱硝装置，采用 SCR 脱硝工艺。共设置 4 套 SCR 脱硝装置，单套 SCR 脱硝装置处理能力按一台锅炉 100% BMCR 工况烟气量设计，以液氨气化成氨气作为脱硝还原剂。本项目实施烟气脱硝改造后，氮氧化物排放浓度由原来的 450 毫克/立方米降至 100 毫克/立方米以下，SCR 脱硝效率为 80%，二氧化硫或三氧化硫转换率不大于 1%，氨逃逸率不大于 3×10^{-6}（3 ppm）。该装置设计寿命为 30 年，系统可用率不小于 98%，年运行小时数为 5000 小时。

2012 年，浙江浙能乐清发电有限责任公司与浙江天地环保工程有限公司签订浙江浙能乐清发电厂一期 2×600 兆瓦机组（烟气）脱硝工程总承包合同。该工程于 2012 年 5 月开工，2013 年 7 月全部投运，总装机容量为 1200 兆瓦。该项目为乐清发电厂一期 2×600 兆瓦机组配套烟气脱硝装置，采用 SCR 脱硝工艺。工程共设置两套 SCR 脱硝装置，单套 SCR 脱硝装置处理能力按一台锅炉 100% BMCR 工况烟气量设计，以液氨气化成氨气作为脱硝还原剂。本项目实施烟气脱硝改造后，氮氧化物排放浓度由原来的 320 毫克/立方米降至 100 毫克/立方米以下，SCR 脱硝效率为 70%，二氧化硫或三氧化硫转换率不大于 1%，氨逃逸率不大于 3×10^{-6}（3 ppm）。该装置设计寿命为 30 年，系统可用率不小于 98%，年运行小时数为 5000 小时。

2012 年，浙江浙能北仑发电有限公司与浙江天地环保工程有限公司签订浙江浙能北仑发电有限公司 3×600 兆瓦燃煤机组烟气脱硝改造工程总承包合同。该工程于 2012 年 9 月开工，2014 年 4 月全部投运，总装机容量为 1800 兆瓦。该项目为浙江北仑发电厂二期 3×600 兆瓦机组配套烟气脱硝装置，采用 SCR 脱硝工艺，共设置两套 SCR 脱硝装置，单套 SCR 脱硝装置处理能力按一台锅炉 100% BMCR 工况烟气量设计，以液氨气化成氨气作为脱硝还原剂。项目实施烟气脱硝改造后，氮氧化物排放浓度由原来的 400 毫克/立方米降至 100 毫克/立方米以下，SCR 脱硝效率为 75%，二氧化硫或三氧化硫转换率不大于 1%，氨逃逸率不大于 3×10^{-6}（3 ppm）。该装置设计寿命为 30 年，系统可用率不小于 98%，年运行小时数为 5000 小时。

2012 年 10 月，淮浙煤电有限责任公司与浙江天地环保工程有限公司签订淮浙煤电凤台发电厂二期扩建工程 2×660 兆瓦超超临界机组烟气脱硫脱硝装置总承包工程合同。该工程于 2012 年 11 月开工，2013 年 12 月全部投产，总装机容量为 1320 兆瓦。项目为凤台发电厂二期 2×660 兆瓦机组配套烟气 SCR 脱硝装置、湿式石灰石—石膏法脱硫装置。项目共设置两套 SCR 脱硝装置，单套 SCR 脱硝装置处理能力按一台锅炉 100% BMCR 工况烟气量设计，以液氨气化成氨气作为脱硝还原剂。本项目实现脱硝系统能在锅炉 50% THA ~ 100% BMCR 负荷范围内正常运行，SCR 脱硝效率按不小于 80% 设计，二氧化硫或三氧化硫转换率不大于 1%，氨逃逸率不大于 3×10^{-6}（3 ppm）。脱硝设备年利用小时按 6500 小时考虑，装置可用率不小于 98%，服务寿命为 30 年。该项目实现锅炉 100% BMCR 工况全烟气量脱硫，设计煤种含硫 1%。脱硫效率按不小于 95.2% 设计，脱硫副产品石膏脱水后含湿量不大于 10%，氯离子含量不超过 100×10^{-6}（100 ppm）。脱硫设备年利用小时按 6500 小时考虑，装置可用率不小于 98%，服务寿命为 30 年。

2013 年 8 月，浙江浙能温州发电有限公司与浙江天地环保工程有限公司签订浙能温州电厂四期“上大压小”工程（2×660 兆瓦超超临界机组）烟气脱硫、脱硝工程总承包合同。该脱硝工程于 2014 年 5 月开工，8 号机组于 2015 年 11 月 18 日通过 168 小时试运，7 号机组于 2015 年 12 月 19 日通过 168 小时试运。项目为浙江浙能温州电厂四期“上大压小”工程 7 号、8 号机组配套烟气 SCR 脱硝装置、石灰石—石膏湿法烟气脱硫装置。脱硝工艺采用 SCR 法。项目脱硫装置采用石灰石—石膏湿法烟气脱硫工艺，一炉一塔的布置方案，设置湿式电除尘器、管式烟气换热器，不设增压风机，不设烟气旁路。脱硝装置入口氮氧化物浓度按 300 毫克/立方米、脱硝效率按不小于 84% 设计，氨的逃逸率不大于 3×10^{-6}（3 ppm），二氧化硫或三氧化硫转化率小于 1%。脱硝系统能在机组 40% THA ~ 100% BMCR 负荷范围内正常运行。脱硝装置可用率不小于 98%。脱硝设备年利用小时按 6500 小时考虑，年可用小时数不小于 7800 小时。脱硝装置可用率不小于 98%，装置服务寿命为 30 年。脱硫设计煤种含硫量为 0.85%，校核煤种含硫量为 1.0%。在煤种含硫量不高于 1.0% 的所有工况下，要求脱硫后排出的二氧化硫浓度不高于 35 毫克/立方米。脱硫装置的可利用率不小于 98%，运行负荷范围 0 ~ 100% BMCR。副产品石膏达到商品级质量标准，含水率不大于 10%，氯离子含量不大于 100×10^{-6}（100 ppm）。

2013 年 9 月，萧山发电厂与浙江天地环保工程有限公司签订萧山发电厂 2×130 兆瓦机组烟气脱硝工程总承包工程，该合同的签订标志着浙能集团所有大型燃煤机组均已按计划开始脱硝改造。该工程于 2013 年 9 月开工，2014 年 3 月全部投产，总装机容量为 1320 兆瓦。该项目为萧山发电厂一期 2×135 兆瓦机组配套烟气 SCR 脱硝装置。项目共设置两套 SCR 脱硝装置，单套 SCR 脱硝装置处理能力按一台锅炉 100% BMCR 工况烟气量设计，以液氨气化成氨气作为脱硝还原剂。本项目实现脱硝系统能在锅炉 50% THA ~ 100% BMCR 负荷范围内正常运行，SCR 脱硝效率按不小于 80% 设计，二氧化硫或三氧化硫转换率不大于 1%，氨逃逸率不大于 3×10^{-6}（3 ppm）。脱硝设备年利用小时按 6500 小时考虑，装置可用率不小于 98%，服务寿命为 30 年。

2013 年 9 月，浙江浙能台州第二发电有限责任公司与浙江天地环保工程有限公司签订浙江台州第二发电厂“上大压小”新建工程（2×1000兆瓦级超超临界机组）烟气脱硝系统总承包合同。该工程于2013年9月开工，2015年12月投产。项目为台州第二发电厂2×1000兆瓦机组配套烟气脱硝装置，采用SCR脱硝工艺。共设置两套SCR脱硝装置，单套SCR脱硝装置处理能力按一台锅炉100%BMCR工况烟气量设计，以液氨气化成氨气作为脱硝还原剂。项目实施烟气脱硝改造后，氮氧化物排放浓度由原来的330毫克/立方米降至100毫克/立方米以下，SCR脱硝效率为80%，二氧化硫或三氧化硫转换率不大于1%，氨逃逸率不大于3×10^{-6}（3 ppm）。该装置设计寿命为30年，系统可用率不小于98%，年运行小时数为6500小时。

2007—2019年浙能集团所属企业典型脱硝治理工程情况见表12-3-3。

表12-3-3 2007—2019年浙能集团所属企业典型脱硝治理工程一览表

序号	项目名称及规模	脱销工艺和设计效率	工程起止时间（年-月）
1	浙江浙能乐清发电厂二期2×600兆瓦机组烟气脱硝工程	SCR（液氨），65%	2008-12至2010-07
2	浙江嘉兴发电厂二期2×600兆瓦机组烟气脱硝工程（5号、6号机）	SCR（液氨），65%	2010-08至2011-07
3	嘉兴三期2×1000兆瓦机组烟气脱硝工程	SCR（液氨），80%	2010-05至2011-11
4	浙江浙能温州发电有限责任公司温州三期2×300兆瓦烟气脱硝工程	SCR（液氨），80%	2012-02至2013-12
5	浙江浙能长兴发电有限责任公司4×300兆瓦烟气脱硝工程	SCR（液氨），80%	2012-03至2014-05
6	浙江浙能兰溪发电有限责任公司4×600兆瓦机组烟气脱硝工程	SCR（液氨），80%	2012-06至2014-06
7	浙江浙能乐清发电厂一期2×600兆瓦机组烟气脱硝工程	SCR（液氨），70%	2012-05至2013-07
8	淮浙煤电凤台发电厂一期2×630兆瓦机组烟气脱硝工程	SCR（液氨），80%	2012-06至2013-05
9	浙能温州电厂四期“上大压小”工程2×600兆瓦超超临界机组烟气脱硝工程	SCR（液氨），80%	2014-05至2015-12
10	浙江嘉兴发电厂二期2×600兆瓦机组烟气脱硝工程（3号、4号机）	SCR（液氨），80%	2012-12至2013-07
11	浙江浙能北仑发电有限公司3×600兆瓦机组烟气脱硝总承包合同	SCR（液氨），80%	2012-09至2014-04
12	淮浙煤电凤台发电厂二期2×660兆瓦机组烟气脱硝工程	SCR（液氨），80%	2012-11至2013-12
13	台州发电厂四期、五期烟气脱硝工程	SCR（液氨），80%	2013-05至2014-06
14	萧山发电厂2×130兆瓦机组烟气脱硝工程脱硝总承包工程	SCR（液氨），80%	2013-09至2014-03
15	浙江浙能六横电厂2×1000兆瓦机组烟气脱硝工程	SCR（液氨），85%	2013-01至2014-09
16	浙江台州第二发电厂“上大压小”新建（2×1000兆瓦）工程烟气脱硝系统	SCR（液氨），84%	2013-09至2015-12
17	浙江浙能中煤舟山煤电有限责任公司脱硝尿素制氨改造项目总承包合同	尿素水解制氨	2018-08-13至2019-04
18	浙江浙能温州发电有限公司6号机组脱硝热解系统节能改造项目总承包合同	尿素热解制氨	2019-08至2019-11
19	滨海一期脱硝尿素水解制氨改造项目总承包合同	尿素水解制氨	2019-09至2020-06

三、超低排放工程

2013年8月，浙江浙能嘉华发电有限公司与浙江天地环保工程有限公司签订浙江浙能嘉华发电有限公司百万燃煤机组烟气清洁排放示范改造项目总承包合同。该工程2013年8月开工，2014年6月全部投运，总装机容量为2000兆瓦。该项目为百万燃煤机组烟气清洁排放示范项目，对嘉华发电2×1000兆瓦（7号、8号）机组进行烟气脱硝、湿式石灰石—石膏法脱硫、低低温除尘、湿电除尘的超低排放改造。项目配套管式换热器系统，并对增压风机进行改造。本项目烟气脱硝采用低氮燃烧器改造和SCR脱硝提效的组合方式。低氮燃烧器燃烧调整通过在不同负荷下调整锅炉二次风量、一次风量、周界风风门开度、燃尽风风门开度及组合方式、二次风配风方式、煤粉细度等参数，密切观察不同工况下SCR入口烟温及氮氧化物含量，尽量降低SCR入口处氮氧化物含量。通过调整试验，实现在50%THA以上负荷保证SCR入口氮氧化物浓度不大于250毫克/立方米；在35%BMCR~50%THA负荷下SCR入口氮氧化物浓度不大于300毫克/立方米。原SCR脱硝装置，每台锅炉配两个反应器，以液氨气化成氨气作为脱硝还原剂。脱硝超低排放改造在反应器内第三层预留层增加一层新的催化剂，相应增加一层吹灰系统。并对催化剂进行改性，使其能够将游离汞氧化成二价汞，以便于后续设施对汞的脱除。本项目原脱硫系统，每台吸收塔设置三层标准喷淋层，配套三台浆液循环泵，脱硫超低排放改造每台炉增设一台浆液循环泵，喷淋层改为两层交互式喷淋。并采用两层均流增效板，对塔内均流增效板开孔率进行调整。该项目除尘超低排放采用低低温静电除尘器和湿式电除尘器的组合方式。改造已有的干式静电除尘器为低低温静电除尘系统，同时将原除尘器工频电源改造为高频电源。并在吸收塔烟气出口增加一电场的湿式静电除尘器。该项目配套管式烟气换热系统。管式烟气冷却器设置在干式电除尘器入口，以降低干式电除尘器的运行温度至87摄氏度左右，实现低低温除尘的目的。同时在湿电出口设置管式烟气加热器，管式烟气冷却器从烟气中回收的热量通过热媒水将热量传递给管式烟气加热器，除尘净化后的烟气由管式烟气加热器升温至80摄氏度后通过烟囱排放。烟气系统的SCR脱硝装置改造、脱硫装置改造、新增管式烟气换热器等设备后，烟气系统阻力上升，原有增压风机出力不足。项目对增压风机进行改造。通过低低温电除尘系统、湿法脱硫系统和湿式电除尘器的协同脱除，机组外排烟气中的三氧化硫浓度小于5毫克/立方米。SCR催化剂更换为新型改性催化剂，大幅提高汞的氧化率。通过低低温电除尘、湿法脱硫系统和湿式静电除尘器协同控制作用，机组外排烟气中的汞及其化合物浓度可降低至3微克/标准立方米以下。项目通过脱硝、除尘和脱硫系统提效改造，烟囱出口氮氧化物排放浓度不大于50毫克/立方米，烟尘排放浓度不大于5毫克/立方米，二氧化硫排放浓度不大于35毫克/立方米，达到超低排放要求。项目于2014年7月8日通过中国环境监测总站的监测，监测结果表明其大气污染物排放浓度优于天然气燃气轮机组排放标准，整体技术处于国际先进。环境保护部环境工程评估中心对该项目的污染物控制技术进行了环保性能评估："该工程采用的超低排放技术达到国际先进水平，运行可靠，具有较好的可复制性和推广价值。"

2015年，浙江浙能温州发电有限公司与浙江天地环保工程有限公司签订浙江浙能温州发电有限公司（三期）2×330兆瓦（5号、6号）机组烟气超低排放改造工程总承包合同。该工程于2015年7月开工，2016年6月全部投运，总装机容量为660兆瓦。该项目为浙江浙能温州发电有限公司2×330兆瓦机组烟气SCR脱硝、湿式石灰石—石膏法脱硫、管束式除尘的超低排放改造。项目配套管式换热器系统。项目实施烟气脱硝提效后，氮氧化物排放浓度由原来的300毫克/立方米降至50毫克/立方米以下，SCR脱硝效率为85%。项目实施烟气脱硫改造后，脱硫效率按不小于98.1%设计，二氧化硫排放浓度降低至35毫克/立方米以下。项目实施烟气湿电除尘改造后，综合除尘效率按不小于87.5%设计，粉尘排放浓度不超过5毫克/立方米以下。超低排放出口的烟温不低于80摄氏度。超低排放装置设计寿命为30年，系统可用率不小于98%，年运行小时数为5000小时。

2015年12月，浙江浙能嘉兴发电有限公司与浙江天地环保工程有限公司签订浙江浙能嘉兴发电有限公司1号、2号（2×330兆瓦）机组烟气超低排放改造项目总承包合同。该工程于2015年12月开工，2016年12月全部投运，总装机容量为660兆瓦。该项目为浙江浙能嘉兴发电有限公司2×330兆瓦机组烟气SCR脱硝、湿式石灰石—石膏法脱硫、湿电除尘的超低排放改造。项目配套卧式湿式电除尘装置以及管式换热器系统。本项目实施脱硝超低排放改造后，氮氧化物排放浓度由改造前的90毫克/立方米降至50毫克/立方米以下。SCR脱硝效率为83%，二氧化硫或三氧化硫转换率不大于1%，氨逃逸率不大于3 ppm。项目实施脱硫超低排放改造后，二氧化硫排放浓度由改造前的110毫克/立方米降至35毫克/立方米以下，脱硫效率不小于97.8%。项目实施烟气湿电除尘后，湿电除尘效率按不小于75%设计，粉尘排放浓度不超过5毫克/立方米。项目增设管式烟气换热器后，烟囱入口烟温不低于80摄氏度。超低排放装置设计寿命为30年，系统可用率不小于98%，年运行小时数为5000小时。

2016年1月，宁夏枣泉发电有限责任公司与浙江天地环保工程有限公司签订宁夏枣泉电厂一期2×660兆瓦工程烟气超低排放工程总承包合同。该工程于2016年5月项目开工，2017年12月全部投运，总装机容量为1320兆瓦。项目为宁夏枣泉电厂一期2×660兆瓦机组配套烟气SCR脱硝装置、湿式石灰石—石膏法脱硫装置和卧式湿式电除尘装置。项目共设置两套SCR脱硝装置，单套SCR脱硝装置处理能力按一台锅炉100%BMCR工况烟气量设计，以液氨气化成氨气作为脱硝还原剂。项目实施烟气脱硝后，氮氧化物排放浓度由原来的250毫克/立方米降至35毫克/立方米以下，SCR脱硝效率为85%，二氧化硫或三氧化硫转换率不大于1%，氨逃逸率不大于3×10^{-6}（3 ppm）。项目实施烟气脱硫后，脱硫效率按不小于99.2%设计。脱硫副产品石膏脱水后含湿量不大于10%，氯离子含量不超过100×10^{-6}（100 ppm）。项目实施烟气湿电除尘后，除尘效率按不小于71%设计，粉尘排放浓度不超过5毫克/立方米以下。超低排放装置设计寿命为30年，系统可用率不小于98%，年运行小时数为5500小时。

2016年3月，淮浙煤电有限责任公司与浙江天地环保工程有限公司签订凤台电厂一期（2×630兆瓦）1号、2号机组超低排放项目总承包合同。该工程于2016年4月开工，12月全部投运，总装机容量为1260兆瓦。凤台电厂一期1号、2号机组共装设2台630兆瓦超临界燃煤机组，1号机组于2008年8月建成投产，2号机组于2008年12月建成投产，每台机组同步配套干式静电除尘器和烟气脱硫装置。1号、2号机组分别于2012年12月和2013年6月完成了脱硝系统改造。两台机组运行稳定，在超低排放改造期间对机组进行扩容改造，改造后机组规模由2×630兆瓦扩容至2×660兆瓦。项目按机组扩容后的烟气量对凤台电厂一期1号、2号机组实施烟气SCR脱硝、湿式石灰石—石膏法脱硫、管束式除尘的超低排放改造。项目配套低温省煤器系统。本项目脱硝提效改造后，氮氧化物排放浓度由原来的80毫克/立方米降至50毫克/立方米以下，SCR脱硝效率为87%，二氧化硫或三氧化硫转换率不大于1%，氨逃逸率不大于3×10^{-6}（3 ppm）。项目脱硫提效改造后，二氧化硫排放浓度由原来的200毫克/立方米降至35毫克/立方米，脱硫效率按不小于98.1%设计。项目除尘提效改造后，脱硫系统入口粉尘浓度不大于60毫克/立方米时烟囱入口粉尘浓度不大于10毫克/立方米，入口粉尘浓度不大于40毫克/立方米时烟囱入口粉尘浓度不大于5毫克/立方米。装置的设计寿命为30年，设备年利用小时数为5000小时，各装置的可利用率不小于98%。

2013—2018年浙能集团所属企业典型超低排放工程情况见表12-3-4。

表 12-3-4 2013—2019 年浙能集团所属企业典型超低排放工程一览表

序号	工程项目名称	机组容量	开工时间（年-月）	投产时间（年-月）	荣誉
1	浙江浙能六横电厂新建工程（2×1000 兆瓦）烟气脱硫、脱硝总承包工程	2×1000 兆瓦	2013-01	2014-09	
2	浙江浙能嘉华发电有限责任公司百万燃煤机组烟气清洁排放示范改造项目总承包工程	2×1000 兆瓦	2013-08	2014-06	天地公司第一个投产超低排放项目，该项目同时也是浙江省示范工程
3	浙江浙能台州第二发电有限责任公司 2×1000 兆瓦机组烟气脱硫工程	2×1000 兆瓦	2014-01	2015-12	
4	浙江浙能嘉华发电有限责任公司 3 号、4 号机组烟气排放改造工程总承包工程	2×600 兆瓦	2014-03	2014-09	
5	浙江浙能乐清发电有限责任公司 1 号、2 号机组烟气排放改造工程总承包工程	2×600 兆瓦	2014-06	2015-07	
6	浙江浙能绍兴滨海热电有限公司 2×300 兆瓦机组烟气排放改造工程总承包工程	2×300 兆瓦	2014-08	2015-11	
7	浙江浙能兰溪发电有限责任公司超低排放改造工程总承包工程	4×600 兆瓦	2014-10	2016-12	
8	浙江温州特鲁莱发电有限责任公司 2×330 兆瓦机组烟气排放改造工程总承包工程	2×330 兆瓦	2014-11	2015-07	
9	浙江浙能北仑发电有限责任公司 3 号、4 号、5 号机组烟气排放改造工程总承包工程	3×600 兆瓦	2014-11	2016-12	
10	浙江浙能嘉华发电有限责任公司 5 号、6 号机组烟气排放改造工程总承包工程	2×600 兆瓦	2015-04	2015-12	
11	浙江浙能长兴发电有限公司 1~4 号机组烟气排放改造工程总承包工程	4×330 兆瓦	2015-05	2017-06	
12	台州发电厂 7~10 号机组烟气排放改造工程总承包工程	2×300 兆瓦 2×330 兆瓦	2015-05	2016-06	
13	浙江浙能乐清发电有限责任公司 3 号、4 号机组烟气排放改造工程总承包工程	2×600 兆瓦	2015-08	2016-11	
14	温州发电厂三期 2×330 兆瓦机组烟气排放改造工程总承包工程	2×330 兆瓦	2015-07	2016-06	
15	淮浙煤电有限公司凤台发电厂二期 2×660 兆瓦机组烟气超低排放工程	2×660 兆瓦	2015-09	2015-12	
16	浙能绍兴滨海电厂二期扩建工程烟气超低排放工程建设管理服务合同	4×50 兆瓦	2016-03	2017-12	
17	淮浙煤电有限公司凤台发电厂一期 2×630 兆瓦机组烟气超低排放工程	2×630 兆瓦	2016-04	2016-12	

表 12-3-4（续）

序号	工程项目名称	机组容量	开工时间（年-月）	投产时间（年-月）	荣誉
18	宁夏枣泉电厂一期 2×660 兆瓦机组烟气超低排放工程	2×660 兆瓦	2016-05	2017-12	
19	浙能新疆阿克苏纺织工业城热电厂 2×350 兆瓦机组烟气脱硫脱硝工程	2×350 兆瓦	2016-06	2017-04	
20	平湖独山港环保能源有限公司公用热电联产超低排放项目 EPC 总承包		2017-09-28	在建	
21	浙能镇海电厂燃煤机组搬迁改造项目烟气超低排放工程		2017-11	在建	
22	伊犁新天煤化工有限责任公司 20 亿标准立方米/年煤制天然气项目 4×480 吨/小时锅炉超低排放改造项目工程总承包	4×480 吨/小时	2018-03-01	2019-03	
23	伊犁新天煤化工有限责任公司 20 亿标准立方米/年煤制天然气项目热电装置超低排放增容改造 EPC 总承包	20 亿标准立方米/年	2019-07	在建	
24	浙能绍兴滨海热电厂三期扩建工程项目烟气超低排放工程设计、采购、建安管理		2019-12	在建	

图 12-3-2 长兴发电厂 30 万千瓦燃煤机组超低排放改造工程（国家能源局超低排放环保示范改造项目）

图 12-3-3 嘉华发电厂百万千瓦燃煤机组超低排放改造工程（国家能源局超低排放环保示范改造项目）

图 12-3-4 浙江浙能台州第二发电厂 2×1000 兆瓦新建工程主体与氨区全景图（国家优质工程金质奖）

图 12-3-5 温州发电厂三期 2×300 兆瓦脱硫工程竣工全景图（国家优质工程银质奖）

图 12-3-6 乐清发电厂 60 万千瓦燃煤机组超低排放改造工程（国家能源局超低排放环保示范改造项目）

四、挥发性有机物（VOCs）治理

2017 年，浙江天地环保科技有限公司引进西班牙 VOCs 治理技术，至此进入 VOCs 治理市场。针对 VOCs 排放种类繁多、组成复杂、行业众多、排放源小而分散的特点，浙江天地环保科技有限公司自主拥有国内领先的 RTO 技术，并于 2017 年 12 月成功在伊犁新天煤化工有限公司低温甲醇洗尾气蓄热热氧化项目上实施。

2017 年 12 月 15 日，伊犁新天煤化工有限责任公司与浙江天地环保科技有限公司签订伊犁新天煤化工有限责任公司 20 亿标准立方米/年煤制天然气项目新增蓄热式热氧化工程总承包合同。该工程是浙江天地环保科技有限公司第一个煤化工领域 VOCs 处置项目，是我国规模最大的蓄热式热氧化项目，同时也是国内首个煤化工蓄热式热氧化项目。

该项目建两个系列蓄热式废气处理系统，每系列系统处理气体量约 17.8 万标准立方米/小时（包括低温甲醇洗尾气、二氧化碳产品气），同时利用烟气余热副产 1.5 兆帕（表压）、240 摄氏度等级的过热蒸汽。每系列蓄热式废气处理系统包括蓄热式氧化系统、余热回收系统和烟气排放系统。蓄热式热氧化系统是将低温甲醇洗装置两个系列的低温甲醇洗尾气和二氧化碳产品气分别收集，在进入蓄热式热氧化装置前，低温甲醇洗尾气、二氧化碳产品气及稀释风应充分混合，废气经蓄热式热氧化装置处理后，经钢制烟囱排大气。在混合废气不能进入蓄热式热氧化系统的情况下，通过旁路烟道排放到烟筒。余热回收系统是将蓄热式氧化装置高温烟气经过烟管余热锅炉、过热器和省煤器换热生产过热蒸汽进行利用。锅炉采用烟管式布置，锅炉水循环为自然循环。烟气排放系统是 RTO（蓄热式氧化炉）炉底部出口管道以及经高温旁通至余热锅炉系统的烟气汇合后，通过烟囱排放大气。

该工程于 2018 年 4 月 8 日 RTO 项目开工，2019 年 1 月 27 日首次投料试车成功，2019 年 7 月 16 日整套启动，开始投运，现根据环保要求更换出口烟囱至 100 米。

第四节 水污染治理

一、废水治理工程应用

2003 年 1 月，台州发电厂与杭州东发环境保护工程有限公司签订台州发电厂厂区废水综合治理工程合同，2003 年 3 月开工，2003 年 11 月全部投运，总处理能力为 400 吨/小时。台州发电厂装机容量：四期为 2×350 兆瓦机组，五期为 2×330 兆瓦机组。台州发电厂对临海市国家级化工园区、椒江沿海工业功能区块的用热企业提供高品位的蒸汽。台州发电厂废水综合处理站分为四期废水处理站和老厂煤泥废水处理站。四期废水站设计处理能力为 400 吨/小时，主要回用于工业冷却水系统。采用反应沉淀、溶气气浮、无阀滤池处理工艺，废水处理后达到工业冷却水水质标准并补给到冷却塔。老厂煤泥废水处理站设计处理能力为 300 吨/小时，主要回用于生产生活杂用水。采用初沉、反应沉淀、溶气气浮和V型滤池处理工艺，废水经过处理后达到生活杂用水水质标准并补充到煤场冲洗水、厂房冲洗水及其他补水点。排放口设置监测仪表，实现自动检测。台州发电厂废水处理站设计要求达到全部系统工艺均实现自动化控制，控制系统采用可编程序控制器进行顺序控制。废水站采用了一个中央控制室同时控制两个废水站的模式，采用工业以太网经光缆连接实现远程通信。煤泥废水处理站设远程I/O站，通过触摸屏实现该站的监控。

图12-3-7 台州发电厂厂区废水综合治理工程反应沉淀池

2008年8月，浙江浙能长兴发电有限公司与浙江东发环保工程有限公司签订浙江浙能长兴发电有限公司城市中水综合利用工程合同，2008年9月开工，2009年1月全部投运，总处理能力为450吨/小时。浙江浙能长兴发电有限公司是隶属浙江省能源集团有限公司的一家大型国有发电企业，是浙北地区重要支撑电源、浙江省第一座装机容量超百万千瓦的全脱硫绿色环保电厂。城市中水综合利用工程布置在3号冷却塔以东约80米处，该工程设计处理能力3万吨/天，进水为长兴污水处理厂出水，处理后出水达到循环水系统补充水水质要求，用于循环冷却系统补水。该工程主要采用ABFT（曝气生物流化池）+混凝沉淀处理工艺，主要去除氨氮含量，出水氨氮小于1毫克/升。ABFT反应器是综合传统活性污泥法与生物膜法优点的双生物反应器。利用城市污水处理厂出水经曝气生物流化床处理后，出水作为电厂冷却循环系统的补水，替代原来从陆汇港取水的二期净水系统，实现市政污水循环利用。

2013年9月，淮浙煤电有限责任公司凤台

图12-3-8 浙江浙能长兴发电有限公司城市中水综合利用工程ABFT池

发电分公司与浙江东发环保工程有限公司签订淮浙煤电有限责任公司凤台发电分公司循环水旁流石灰处理系统签订合同，2013年10月开工，2014年2月全部投运，总处理能力为900吨/小时。淮浙煤电有限责任公司凤台发电分公司循环水旁流石灰处理系统设计处理能力为2×450吨/小时，主要功能是运用慢速脱碳工艺处理循环水部分回水，使之达到标准后流回循环水池循环继续使用，提高循环水系统的浓缩倍率，减少循环水补充，有效减少水资源的消耗。从3号和4号回水管分别接出一路DN300管路，引至该系统。主要污染物为浊度、暂时硬度和碱度。系统流程：循环水回水管来水→高密度澄清池→混合池→变孔隙滤池→出水渠→循环冷却水系统。整套水处理控制系统采用PLC程序控制，并设有以太网冗余通信接口，通过分支交换机接入化水控制室，实现集中监控。

2014年8月，浙江浙能兰溪发电有限责任公司与浙江东发环保工程有限公司签订浙江浙能兰溪发电有限责任公司排泥水处理工程合同，2014年9月开工，2014年11月投运，总处理能力为450吨/小时。排泥水处理工程对全厂净水站排泥水进行处理，经过脱水的泥饼外运填埋，滤液返回净水站配水井重复使用。本工程设计处理能力为3×150吨/小时，采用污泥调节+污泥浓缩+污泥平衡+离心脱水处理工艺。主要工艺设备采用重力浓缩池、离心脱水机，单台重力浓缩池处理能力为150吨/小时，离心脱水机进水污泥量为30吨/小时。浓缩池出水作为预处理系统进水，底部污泥通过离心脱水后压滤外运。

2014年，浙江浙能长兴发电有限公司与浙

江东发环保工程有限公司签订浙江浙能长兴发电有限公司含煤废水处理工程签订合同，2014 年 9 月开工，2015 年 5 月投运，总处理能力为 200 吨/小时。长兴电厂原有含煤废水处理系统存在已有处理系统出水效果较差、处理能力不够等问题，需对原有含煤废水处理系统进行改造。含煤废水处理工程设计处理能力为 200 吨/小时，工艺流程：废水→混合→网格絮凝沉淀池→无阀滤池→清水池→回用。主要去除含煤废水中的悬浮物，出水水质满足回用要求，同时大大提高了出水水质的稳定性。

图 12-3-9 浙江浙能长兴发电有限公司含煤废水处理工程网格絮凝沉淀池和无阀滤池

2014 年 9 月，淮浙煤电有限责任公司凤台发电分公司与浙江东发环保工程有限公司签订淮浙煤电有限责任公司凤台发电分公司脱硫废水、排泥水处理系统扩容改造工程签订合同，2014 年 11 月开工，2015 年 12 月投运，脱硫废水总处理能力为 50 吨/小时，排泥水总处理能力为 30 吨/小时。脱硫废水、排泥水处理系统扩容改造工程将脱硫废水、排泥水处理系统合建在一块场地，公共辅助设施公用，大大减少了占地面积。脱硫废水预澄清器一期、二期各设置两座，有利于系统运行，加药装置、污泥压滤系统、设备间合建公用。脱硫废水处理系统采用预澄清器+三联箱+澄清器+过滤器处理工艺，设计处理能力为 2×25 吨/小时。污泥采用板框压滤机进行压滤，泥饼外运处置。开创性的在传统三联箱工艺基础上增设预澄清及过滤工艺，处理效果、稳定性得到进一步提升。保证了系统长期、稳定、高效运行。排泥水处理系统采用重力浓缩处理工艺，设计处理能力为 2×15 吨/小时。排泥水来源主要为雨水排泥水、电解排泥水以及石灰旁流排泥水。污泥采用板框压滤机进行压滤，泥饼外运处置。

图 12-3-10 淮浙煤电凤台发电厂脱硫废水、排泥水处理系统

二、污水处理厂提标处理工程

2007 年 10 月，浙江浙能中煤舟山煤电有限公司与浙江东发环保工程有限公司签订舟山煤炭中转码头污水处理工程合同，2008 年 1 月开工，2008 年 6 月投运，总处理能力为 100 吨/小时。舟山煤炭中转码头污水处理工程包括含煤污水处理系统、生活污水处理系统。该项目包含各专业工作内容，综合性较强。含煤污水处理系统包含 4 座含煤污水处理站，每个站设计处理能力为 100 吨/小时。含煤污水悬浮物、浊度、色度等高，全固形物含量较高，采用高效澄清器处理工艺，该设备将物理处理和化学处理机组合一体，包括混凝反应、重力沉降、离心分离、动态过滤、污泥浓缩等五过程。出水经处理后回用于厂区杂用水。生活污水处理工程包含 3 座生活污水处理站，每个站设计处理能力分别为 3 吨/小时、1 吨/小时、1 吨/小时。采用 A/A/O 处理工艺，

图 12-3-11 舟山煤炭中转码头污水处理工程高效澄清器

有效去除生活污水中的有机物、悬浮物、氨氮、总磷等污染物。出水经处理后回用于厂区杂用水。

2014年6月，浙江浙能嘉兴煤炭物流有限公司与浙江东发环保工程有限公司签订嘉兴独山煤炭中转码头项目水处理系统合同，2015年1月开工，2015年6月投运。嘉兴独山煤炭中转码头项目水处理系统包含给水处理系统、含煤废水处理系统、含油污水处理系统、生活污水处理系统。给水处理系统设计处理能力为2×200吨/小时，采用一体化全自动净水器设备，减少占地面积，减少投资费用。源水中投加絮凝剂、助凝剂以及消毒剂，通过一体化絮凝、反应、沉淀、过滤工艺，出水达到工业用水要求。含煤废水处理系统设计处理能力为4×30吨/小时，采用一体化高效澄清器，内含混凝反应、重力沉降、离心分离、动态过滤、污泥浓缩等五步骤；出水用于煤场喷淋、栈桥冲洗，污泥自流到煤泥沉淀池。含油污水处理系统设计处理能力为1吨/小时，通过隔油池、二级油水分离，将油去除，出水自留到煤场边沟。生活污水处理系统共3套，设计处理能力分别为1吨/小时、1吨/小时、0.5吨/小时，采用A/A/O处理工艺，去除生活污水中有机物、悬浮物、氨氮、总磷等污染物，出水经消毒后，作为杂用水。该工程给水处理系统设计处理能力为2×200吨/小时，含煤废水处理系统设计处理能力为4×30吨/小时，含油污水处理系统设计处理能力为1吨/小时，生活污水处理系统设计总处理能力为2.5吨/小时。

三、锅炉补给水处理工程

2015年10月，宁夏枣泉发电有限责任公司与浙江东发环保工程有限公司签订宁夏枣泉发电厂一期2×660兆瓦工程全膜法制水系统（EDI）合同，2016年7月开工，2017年8月投运，总处理能力为3360吨/日。该工程采用超滤+反渗透+EDI的全膜法制水系统，具有稳定可靠、环境友好等特点。设计处理能力：3360吨/日。工艺流程：自清洗过滤器→超滤→双级反渗透→EDI。

2015年3月，浙能新疆阿克苏能源开发有限责任公司与浙江东发环保工程有限公司签订浙

图12-3-12 宁夏枣泉发电厂一期2×660兆瓦工程全膜法制水系统（EDI）

能新疆阿克苏热电厂2×350兆瓦超临界机组锅炉补给水处理系统合同，2015年11月开工，2017年9月投运，总处理能力为15840吨/日。该项目为公司首个采用浮动床工艺的锅炉补给水项目。浮动床具有出力大，容易再生等特点，在大型锅炉补给水项目中应用较多。该项目设计出力达到15840吨/日，水源为城市再生水，原水经超滤反渗透处理后进入浮动床设备，出水达到锅炉用水水质标准。中水回用于生产，承担了项目建设的社会责任。设计处理能力为15840吨/日，工艺流程：自清洗过滤器→超滤→反渗透→离子交换。

图12-3-13 浙能新疆阿克苏热电厂2×350兆瓦超临界机组锅炉补给水处理系统

2016年3月，浙江浙能绍兴滨海热电有限责任公司与浙江东发环保工程有限公司签订滨海热电厂项目2×300兆瓦锅炉补给水系统工程合同。该工程于2017年5月开工，其中采用超滤反渗透离子交换工艺设备的制水能力为14400吨/日，采用超滤双级反渗透EDI工艺设备的制水能力为10800吨/日。设计处理能力为25200

吨/日，工艺流程：盘滤→超滤→反渗透→离子交换；盘滤→超滤→双级反渗透→EDI。该工程第三次扩容于2016年5月签订合同，2017年5月开工，2017年7月投运，第三次扩容后总处理能力为25200吨/日。

图12-3-14 浙能滨海热电厂2×300兆瓦锅炉补给水系统

2018年2月，台州发电厂与浙江东发环保工程有限公司签订台州发电厂化水扩容改造项目合同，2018年2月开工，2018年12月投运，总处理能力为3600吨/日。该项目采用MFEDI工艺。原水经超滤与双级反渗透处理后出水电导率通常小于等于5微秒/厘米，二级RO进水中加入适量氢氧化钠，提高碳的去除效率，以减小二氧化碳及碳酸盐对后续MFEDI系统运行的影响。无离子交换膜的电去离子技术及装备，简称MFEDI（又称电混床）。与EDI和传统混床设备相比，MFEDI产品具有环境友好、投资小、操作简便、水质稳定等系列优势。设计处理能力为3600吨/日，工艺流程：超滤→一级反渗透→加碱→二级反渗透→MFEDI。

图12-3-15 台州发电厂化水扩容改造项目

四、海水淡化工程

2006年7月，浙江浙能乐清发电有限公司与浙江东发环保工程有限公司签订2×600兆瓦海水淡化项目合同，2006年10月开工，2007年9月投运，总处理能力为21600吨/日。项目采用反应沉淀池去除海水浊度，经微滤进一步除浊度，使浊度小于0.1NTU后，进入海水反渗透装置脱盐，在脱除99.3%的盐分后转化成淡水，供应厂内生产和生活用水。设计处理能力为21600吨/日，工艺流程：盘滤→微滤→双级反渗透。

图12-3-16 浙能乐清发电厂2×600兆瓦海水淡化项目

2011年7月，浙江浙能中煤舟山煤电有限责任公司与浙江东发环保工程有限公司签订浙江浙能六横电厂新建工程（2×1000兆瓦）超超临界燃煤机组反渗透海水淡化系统设备采购合同，2012年10月开工，2013年9月投运，总处理能力为24000吨/日。该项目总出力达到24000吨/日，设计处理能力为24000吨/日，工艺流程：

图12-3-17 浙江浙能台州第二发电厂“上大压小”新建工程海水淡化设备供货项目

自清洗过滤器→超滤→双级反渗透。

2013 年 5 月，浙江浙能台州第二发电有限责任公司与浙江东发环保工程有限公司签订浙江浙能台州第二发电有限责任公司“上大压小”新建工程海水淡化设备供货项目合同，2014 年 1 月开工，2014 年 6 月投运，总处理能力为 18000 吨/日。该项目设计制水能力为 18000 吨/日，预处理采用了高密度沉淀池和 V 形滤池组合工艺，使海水预处理水质非常稳定，为后续超滤反渗透稳定运行提供保障。设计处理能力为 18000 吨/日，工艺流程：自清洗过滤器→超滤→双级反渗透。

2002—2019 年浙能集团所属企业废水处理工程见表 12-3-5，2006—2019 年浙能集团所属企业锅炉补给水处理及海水淡化工程见表 12-3-6。

表 12-3-5 2002—2019 年浙能集团所属企业废水处理工程一览表

序号	项 目 名 称	开工时间（年-月）	投产时间（年-月）	处理规模（吨/小时）
1	台州发电厂厂区废水综合治理工程	2003-03	2003-11	400
2	萧山发电厂废水处理系统运行、维护托管项目	2002-11	2003-05	
3	浙江浙能兰溪发电有限责任公司化学药品	2005-06	2006-01	
4	萧山发电厂废水处理改造安装工程	2006-10	2007-04	
5	浙江浙能金华燃机发电有限责任公司 9E 化学水处理系统大修项目	2008-01	2008-08	
6	浙江长兴发电有限责任公司二期排泥水及含煤污水处理及回用工程	2008-03	2008-10	
7	浙江长兴发电有限责任公司城市中水综合利用工程	2008-09	2009-01	450
8	浙江浙能中煤舟山煤电有限责任公司综合污水处理工程	2008-07	2008-12	210
9	浙江浙能金华燃机发电有限责任公司全厂雨水处理回用改造工程	2009-01	2009-07	
10	浙江浙能绍兴滨海热电有限责任公司工业废水处理系统	2009-07	2010-01	100
11	萧山发电厂废水零排放污水处理项目	2009-12	2010-05	
12	浙江浙能嘉华发电有限公司三期 2×1000 兆瓦超超临界机组含煤废水处理系统	2010-03	2010-09	40
13	浙江浙能绍兴滨海热电有限责任公司 2×300 兆瓦燃煤供热发电机组含煤废水处理系统	2010-04	2010-10	20
14	浙江浙能绍兴滨海热电有限责任公司 2×300 兆瓦燃煤供热发电机组烟气脱硫工程废水处理系统项目	2010-04	2010-10	14
15	浙江浙能嘉华发电有限公司 2×1000 兆瓦烟气脱硫工程废水处理系统项目	2010-04	2010-11	23
16	台州发电厂凝结水精处理系统项目	2010-06	2010-11	
17	浙江浙能中煤舟山煤电有限责任公司宿舍楼工程生活污水处理设备项目	2010-07	2011-01	
18	兰溪天达环保建材有限公司生产及生活废水处理工程	2010-09	2011-03	3
19	淮浙煤电有限责任公司凤台分公司二期 2×659 兆瓦超超临界机组工程循环水旁流石灰处理系统工程	2013-10	2014-02	900
20	淮浙煤电有限责任公司凤台分公司渣水系统增设带式脱泥设备技术改造工程	2013-09	2014-02	40

表 12-3-5（续）

序号	项 目 名 称	开工时间（年-月）	投产时间（年-月）	处理规模（吨/小时）
21	浙江浙能温州发电有限公司煤污水处理及回用系统大修项目	2013-09	2014-02	2×600
22	浙江浙能温州发电有限公司脱硫废水装置	2014-04	2014-12	16
23	浙能嘉兴独山港中转码头项目水处理系统设备	2014-07	2015-06	523.5
24	浙江浙能镇海发电有限责任公司脱硫废水处理系统改造项目清水池与中间水池施工工程承包项目	2014-07	2015-05	25
25	浙江浙能兰溪发电有限责任公司净水站排泥水处理工程	2014-09	2014-11	450
26	浙江浙能温州发电有限公司 2014 年原水预处理排泥系统改造工程	2014-09	2014-11	20
27	浙江浙能北仑发电有限公司脱硫废水处理系统完善化改造工程设备	2014-10	2014-12	50
28	浙江浙能镇海发电有限责任公司中塘河含泥废水处理改造工程	2014-07	2014-12	
29	浙江浙能镇海发电有限责任公司清水浦泵站无阀滤池排污水改造工程	2014-07	2014-11	
30	萧山发电厂含煤废水收集及处理系统改造工程	2014-10	2015-11	40
31	萧山发电厂全厂排泥水处理系统改造工程	2014-10	2015-11	40
32	萧山发电厂废水零排放整改系统改造工程	2014-10	2015-11	100
33	浙江浙能镇海发电有限责任公司脱硫废水处理系统改造工程	2014-11	2016-05	25
34	浙江浙能兰溪发电有限责任公司油污水处理工程	2014-11	2015-12	20
35	浙江浙能金华燃机发电有限责任公司机加池排泥水处理工程	2014-11	2015-06	10
36	台州发电厂工业废水及煤泥废水改造工程	2014-11	2015-04	200
37	浙江浙能温州发电有限公司脱硫废水排水管位移位工程	2014-11	2014-11	16
38	浙江浙能镇海发电有限责任公司生活污水处理系统改造工程	2014-11	2015-07	25
39	淮浙煤电有限责任公司凤台发电分公司排泥水处理系统、脱硫废水处理系统扩容改造工程	2014-11	2015-12	80
40	浙江浙能嘉兴发电厂二期含煤废水处理系统工程	2014-11	2015-06	100
41	淮浙煤电有限责任公司凤台发电分公司（2×630 兆瓦超临界燃煤机组）机加池及配套系统总承包（工业废水改造项目）	2014-11	2015-12	100
42	浙江浙能嘉华发电有限公司 5 号、6 号机组烟气超低排放改造工程废水系统设备	2015-04	2015-07	20
43	浙江浙能兰溪发电有限责任公司生活污水处理系统改造工程	2015-09	2015-12	40
44	浙江浙能长兴发电有限公司废水深度处理工程	2015-11	2016-11	
45	浙江浙能温州发电有限公司废水深度处理工程	2015-11	2017-07	200
46	浙江温州特鲁莱发电有限责任公司废水深度处理工程	2015-11	2017-12	200
47	浙江浙能温州发电有限公司生活污水处理系统改造工程	2015-09	2017-02	

表 12-3-5（续）

序号	项 目 名 称	开工时间（年-月）	投产时间（年-月）	处理规模（吨/小时）
48	宁夏枣泉电厂一期 2×660 兆瓦工程临设区域生活污水处理系统工程设计	2015-11	2016-03	2×3
49	浙能绍兴滨海热电厂二期扩建工程原水预处理及锅炉补给水处理工程建设管理服务项目	2016-01	2016-05	
50	台州发电厂脱硫废水、化学再生酸碱废水处理改造项目	2016-07	2017-12	42.5
51	淮浙煤电有限责任公司凤台发电分公司含煤废水处理改造工程	2016-08	2017-03	100
52	浙江浙能科服能源技术有限公司余政储出（2011）80 号地块办公楼及地下室项目水处理设备	2016-09	2017-02	5
53	浙江浙能中煤舟山煤电有限责任公司舟山六横煤炭码头生活污水处理系统改造	2016-11	2017-01	8
54	浙江浙能嘉兴发电有限公司含煤废水处理系统改造	2016-12	2016-12	2×40
55	浙江浙能兰溪发电有限责任公司工业废水分类收集改造工程	2016-12	2017-07	146
56	浙江浙能台州第二发电有限责任公司原水预处理扩容总承包项目	2017-01	2017-03	2×800
57	浙江浙能温州发电有限公司二三四期煤污水处理系统整治工程	2017-04	2017-06	
58	浙江浙能长兴发电有限公司中水紫外线消毒装置设备	2017-07	2017-12	834
59	浙江浙能北海水力发电有限公司营地 30 吨/日生活污水处理装置工程设备	2017-08	2018-03	1.25
60	浙江浙能兰溪发电有限责任公司（4×600 兆瓦超临界燃煤机组）雨水收集回用项目	2017-07	2018-11	146
61	萧山发电厂中心刮泥装置组件、浓缩机斜管等销售	2017-07	2017-09	
62	浙江浙能温州发电有限公司四期炉底冲洗水收集工程施工	2017-12	2018-07	30
63	浙江天达环保股份有限公司乐清分公司冲洗水回用项目	2017-09	2017-12	50
64	浙江浙能乐清发电有限责任公司反应沉淀池系统改造项目	2017-11	2018-04	3×800
65	台州发电厂生活污水处理系统改造工程雨污分流管网恢复项目	2017-08	2018-06	2×10
66	浙江浙能台州第二发电有限责任公司原水预处理增设排泥池项目	2017-09	2018-07	2×100
67	浙江浙能温州发电有限公司二、三期生活水地下管网改造工程	2018-05	2019-01	380
68	浙能镇海电厂燃煤机组搬迁改造项目工业废水集中处理系统设备	2018-01	2018-07	60
69	浙能镇海电厂燃煤机组搬迁改造项目含油污水处理系统设备	2018-01	2018-07	5

表 12-3-6 2006—2019 年浙能集团所属企业锅炉补给水处理及海水淡化工程一览表

序号	工程名称	开工时间（年-月）	投产时间（年-月）	处理规模（吨/小时）
1	浙能乐清发电有限责任公司海水淡化项目	2006-10	2007-09	900
2	浙江浙能绍兴滨海热电有限责任公司锅炉补给水系统设备	2009-04	2009-10	2×300
3	浙江浙能嘉华发电有限公司三期 2×1000 兆瓦超超临界机组锅炉补给水处理项目（离子交换）	2009-10	2010-04	150

表 12-3-6（续）

序号	工程名称	开工时间（年-月）	投产时间（年-月）	处理规模（吨/小时）
4	萧山发电厂 2×130 兆瓦燃煤发电机组供热改造工程超滤反渗透设备采购想买	2010-03	2010-10	270
5	萧山发电厂 2×130 兆瓦燃煤发电机组供热改造化学水处理系统工程	2010-06	2010-12	270
6	浙江萧山发电厂锅炉补给水处理系统设备项目	2010-06	2010-12	2×300 兆瓦机组
7	浙江浙能六横电厂新建工程（2×1000 兆瓦）超超临界燃煤机组反渗透海水淡化系统设备	2012-10	2013-09	24000
8	浙江浙能温州发电有限公司锅炉补给水系统总承包工程	2012-01	2012-07	230
9	台州发电厂四期化学水处理设备扩容改造项目	2012-05	2012-11	100
10	浙能常山天然气热电联产工程原水预处理系统设备	2012-10	2013-05	2×600
11	浙江浙能台州第二发电厂 2×1000 兆瓦机组“上大压小”新建工程海水淡化设备	2014-01	2014-06	750
12	台州发电厂工矿产品购销项目（化学水处理系统扩建一套 1×100 吨/小时制水设备）	2014-08	2015-01	100
13	浙能新疆阿克苏纺织工业城热电厂 2×350 兆瓦超临界机组锅炉补给水处理系统设备	2015-11	2017-09	660
14	台州发电厂四期化学预处理设备扩容改造设备采购合同	2015-08	2016-09	100
15	浙江绍兴滨海热电原水及除盐水系统供热扩容改造工程锅炉补给水系统设备	2015-11	2016-05	150
16	宁夏枣泉发电有限责任公司一期 2×660 兆瓦工程全膜法制水系统（EDI）采购合同	2016-07	2017-08	140
17	浙江浙能长兴发电有限公司厂超滤系统改造项目	2015-10	2016-07	120
18	浙江浙能绍兴滨海热电有限责任公司锅炉补给水系统 150 吨/小时除盐水扩容工程	2015-12	2016-03	150
19	浙江浙能绍兴滨海热电有限责任公司二期扩建工程原水处理及锅炉补给水处理工程项目	2016-01	2016-05	1580
20	萧山发电厂增设除盐水系统项目	2016-06	2016-11	200
21	浙能滨海热电厂 2×300 兆瓦锅炉补给水系统	2017-05	2017-07	1050
22	浙江浙能嘉兴发电有限公司化学反渗透系统增容改造项目	2016-08	2017-02	130
23	浙江浙能兰溪发电有限责任公司化水扩容改造项目	2017-12	2019-09	125
24	台州发电厂化水扩容改造项目	2018-01	2018-12	150
25	嘉兴平湖独山港环保能源有限公司公用热电联产项目锅炉补给水处理系统设备供货项目	2018-03	2018-08	372
26	浙江浙能中煤舟山煤电有限责任公司海淡系统化学清洗服务	2018-04	2018-10	

第五节 噪声污染防治

一、火电企业噪声治理工程

2005 年 5 月，浙江长兴发电有限责任公司与浙江东发环保工程有限公司签订浙江浙能长兴发电有限公司翻车机房隔音降噪工程合同。工程于 2005 年 5 月开工，2005 年 9 月竣工投运。该工程主要根据翻车机作业过程中产生的声源分布特性，在翻车机房东侧、北侧设置声屏障，北侧声屏障延伸至空车线尽头，声屏障高 6 米，总长 550 米；在翻车机房开口两端 6 米高度以上装设吸隔声板，增加翻车机房内吸隔声量；在推车机上加装变频控制和距离检测装置，降低推车机与空车厢的撞击声。本工程整体降噪量大于等于 14 分贝，本工程实施后，翻车机房对应厂界噪声达到《工业企业厂界噪声标准》(GB 12348—1990）Ⅲ类标准，即昼间噪声小于等于 65 分贝，夜间噪声小于等于 55 分贝；敏感点噪声达到《城市区域环境噪声标准》(GB 3096—93）Ⅲ类标准，即昼间噪声小于等于 65 分贝，夜间噪声小于等于 55 分贝。

2006 年 4 月，浙江浙能兰溪发电有限责任公司与浙江东发环保工程有限公司签订浙能兰溪发电有限公司冷却塔降噪工程签订合同。工程于 2006 年 5 月开工，2006 年 12 月竣工投运。为解决浙江浙能兰溪发电有限责任公司冷却塔噪声对厂界及敏感点的影响，该工程在 1 号、2 号冷却塔朝向厂界及敏感点的方向沿冷却塔进风口安装高 11.8 米的消声导流片，1 号冷却塔消声导流片总长 180.8 米，在 2 号冷却塔消声导流片总长 212.35 米；在 1 号冷却塔和 2 号冷却塔之间距离导水渠 5 米处设立 12 米高的声屏障。该项目消声导流片插入损失 24 分贝，通过治理，厂界噪声达到《工业企业厂界噪声标准》(GB 12348—1990）Ⅲ类标准，即昼间噪声小于等于 65 分贝，夜间噪声小于等于 55 分贝；敏感点噪声达到《城市区域环境噪声标准》(GB 3096—93）Ⅲ类标准，即昼间噪声小于等于 65 分贝，夜间噪声小于等于 55 分贝。本工程首次将消声导流片工艺成功地应用到大型逆流式自然通风冷却塔噪声治理中，填补了国内对大型逆流式自然通风冷却塔噪声治理的一项空白。

2006 年 9 月，浙江浙能兰溪发电有限责任公司与浙江东发环保工程有限公司签订浙江浙能兰溪发电厂项目——1A 送风机、1A 一次风机降噪项目合同。项目于 2006 年 9 月开工，2007 年 1 月竣工投运。该项目对传统的风管保温工艺进行改进，提出阻尼吸隔声包扎工艺，并自主研发了 DPDF 系列阻尼材料。阻尼吸隔声包扎工艺包括：在一次风机、送风机风管金属壁面铺贴 8～12 毫米厚阻尼层，减少管道振动；在阻尼层外侧包扎 50 毫米厚、48 千克/立方米的离心玻璃棉和 50 毫米厚、100 千克/立方米的岩棉，起到吸隔声作用；在吸隔声层外侧包扎一层钢丝网结构，对吸隔声层加以保护及固定；在最外层采用 0.5 毫米厚压型彩钢板进行护面。通过阻尼吸隔声包扎工艺对风机及风管进行治理，使得风机及风管外 1 米处噪声低于 85 分贝。

2006 年 8 月，浙江镇海发电有限责任公司与浙江东发环保工程有限公司签订浙江镇海发电有限责任公司油改气项目厂区噪声治理项目合同，2006 年 9 月开工，2007 年 5 月竣工投运。浙江镇海发电有限责任公司燃油改建燃气发电工程装机容量为 2×390 兆瓦，装机型式为 9FA 燃气—蒸汽联合循环发电机组。该项目对镇海电厂燃油改建燃气发电工程主厂房壁面、主厂房门窗、主厂房屋顶风机、无电机涡轮排风机、燃机排气冷却风机、燃机透平冷却风机以及余热锅炉区域进行噪声治理。主要治理措施包括：在主厂房彩钢板壁面内增加复合吸隔声体，用压型吸声孔板覆面保护，并在顶层安装空间吸声体；将主厂房的普通单层窗改为双层窗，门改成隔声门；在主厂房屋顶风机、无电机涡轮排风机、燃机排气冷却风机和燃机透平冷却风机的风口加装消声器，消声器消声量为 15 分贝；利用综合管架框架、锅炉本体以及主厂房设置吸声隔声间，将凝结水循环泵、高中压给水泵等噪声源设置在隔声间内，隔声间配套隔声门、隔声窗以及自然进风强制排风式通风系统，隔声间的隔声量大于 20 分贝。通过以上措施的实施，使得治理后的设备对厂界的影响低于《工业企业厂界噪声标准》GB 12348—90 的三类标准；并最大限度地降低厂区及作业环境的噪声级，保护作业工人的身体健康，从而提高企业的职业健康水平。

2007年6月，萧山发电厂与浙江东发环保工程有限公司签订萧山电厂2号冷却塔噪声治理项目合同。项目于2007年11月开工，2008年3月竣工投运。该项目在2号冷却塔朝向东南侧厂界及敏感点的方向沿冷却塔进风口安装高6.5米的消声导流片，消声导流片总长62.4米，消声导流片插入损失大于等于12分贝；为了防止冷却塔噪声的绕射，在消声导流片东北方向及西南端切线方向加设声屏障，东北侧声屏障连接长57.5米、高7米的声屏障，声屏障距离池边6米，西南端声屏障高7米、长7.5米，声屏障降噪量大于等于12分贝。通过消声导流片结合声屏障工艺对2号冷却塔噪声进行治理后，厂界噪声达到《工业企业厂界噪声标准》(GB 12348—1990) Ⅲ类标准，即昼间噪声小于等于65分贝，夜间噪声小于等于55分贝；敏感点夜间噪声小于等于54分贝。

2010年12月，浙江浙能兰溪发电有限责任公司与浙江东发环保工程有限公司签订浙江浙能兰溪发电有限责任公司脱硫氧化风机房噪声治理工程合同。工程于2011年3月开工，2011年12月竣工投运。该工程主要治理措施包括：在氧化风机房内安装了吸隔声吊顶及壁面，内填吸隔声棉，增强墙体的吸隔声性能；对氧化风机房原有的通风系统进行改造，在解决氧化风机房散热问题的同时增加降噪效果，消声器消声量大于等于20分贝；将氧化风机房原有的门改成隔声门，隔声量大于等于20分贝；将原有的氧化风机隔声罩更换为模块式可拆卸隔声罩，隔声罩配备隔声门、隔声窗以及通风散热系统，隔声罩整体隔声量大于等于20分贝。通过以上治理措施，氧化风机隔声罩外噪声值低于85分贝，氧化风机房内的整体噪声值低于90分贝。

2010年12月，浙江浙能兰溪发电有限责任公司与浙江东发环保工程有限公司签订浙江浙能兰溪发电有限责任公司脱硫集控室噪声治理工程签订合同。工程于2011年2月开工，2011年12月竣工投运。该工程将吸声、隔声、减振等降噪工艺与集控室内部装修相结合，具体工艺包括：在集控室内四周壁面内先铺贴一层阻尼隔声毡，再做吸隔声处理，壁面表面采用陶铝复合吸音板，即具有良好的降噪防火性能又美观大方；将原有石膏板吊顶改为吸隔声吊顶，每块吸隔声吊顶的吊杆处配套减振吊钩；将原有PVC地板上铺设更换为隔声地板；将原有的普通门窗更换为隔声门窗。

2013年4月，浙江浙能嘉华发电有限公司与浙江东发环保工程有限公司签订嘉兴发电厂二期、三期噪声污染综合控制项目签订合同。该项目于2013年4月开工，2012年12月完成合同范围治理内容实施，2016年10月竣工移交投运。项目主要治理内容包括：二期、三期主厂房区域阻尼吸隔声壁面；二期、三期主厂房进风消声百叶；二期、三期锅炉区域吸隔声围护结构；西侧14米高厂界声屏障；三期冷一次风管阻尼吸隔声包扎；二期氧化风机隔声罩；三期励磁机与发电机联轴器隔声罩；三期高压缸排气管道阻尼吸隔声包扎；三期闭冷泵管道阻尼吸隔声包扎；2号水处理站、3号净水站罗茨风机房、三期综合泵房隔声门窗改造；三期虹吸井消声器等等。通过以上噪声治理措施，使得厂界达到《工业企业厂界环境噪声排放标准》(GB 12348—2008)的3类标准，即昼间小于等于65分贝，夜间小于等于55分贝；厂界外敏感点噪声达到《声环境质量标准》(GB 3096—2008) 的2类标准，即昼间小于等于60分贝，夜间小于等于50分贝。

2014年3月，台州发电厂与浙江东发环保工程有限公司签订台州发电厂脱硝改造工程噪声污染综合控制项目合同。项目于2014年2月开工，2014年4月完成竣工移交投运。项目对台州发电厂五期工程脱硝改造后噪声超标现象进行治理，主要治理工艺包括：四期、五期主厂房吸隔声壁面，扫描风机隔声罩治理，10号机组一次风机进风口消声器治理，冷一次风管阻尼吸隔声包扎，脱硝空压机房隔声门窗及散热系统改造，锅炉吸隔声围护结构通风消声百叶改造。通过以上措施的治理，使得厂界噪声符合《工业企业厂界环境噪声排放标准》(GB 12348—2008) 中的3类标准，即昼间小于等于65分贝，夜间小于等于55分贝；敏感点噪声符合《声环境质量标准》(GB 3096—2008) 中的2类标准，即昼间小于等于60分贝，夜间小于等于50分贝。

2018年10月，浙江浙能兰溪发电有限责任公司与浙江东发环保工程有限公司签订浙江浙能兰溪发电有限责任公司4×660兆瓦超临界燃煤机组3号、4号冷却塔噪声治理项目合同。项目于2018年10月开工，2019年6月完成合同范围治理内容实施。该项目采用消声导流片工艺对3号、4号冷却塔进行噪声治理，3号冷却塔消声导流片包络弧度约120°，总长度为134.4米，安装高度为11.99米，顶部覆盖宽度为8.6米的复合吸隔声板，消声量大于等于15分贝；4号冷却塔消声导流片包络弧度约120°，总长度为136.1米，安装高度为11.99米，顶部覆盖宽度为8.9米的复合吸隔声板，消声量大于等于25分贝。通过消声导流片的治理，确保3号、4号冷却塔对应北侧厂界实体围墙外1米、离地1.5米高处的厂界测点噪声达到《工业企业厂界环境噪声排放标准》(GB 12348—2008) 3类声环境功能区标准限值，即昼间小于等于65分贝，夜间小于等于55分贝。

二、天然气热电噪声治理工程

2012年5月，浙江省电力建设有限公司与浙江东发环保工程有限公司签订浙能萧山天然气热电联产工程噪声治理工程合同。工程于2012年5月开工，2012年8月完成竣工移交投运。该工程采用消声导流片工艺对3号、4号、5号冷却塔进行噪声治理，具体工艺为：5号冷却塔消声导流片包络弧度约245°，总长度为174.0米，安装高度为7.6米，顶部加盖宽度为6.8米的复合吸隔声板，消声量大于等于28分贝；4号冷却塔消声导流片包络弧度约180°，总长度为124.8米，安装高度为6.57米，顶部加盖宽度为5.9米的复合吸隔声板，消声量大于等于18分贝；3号冷却塔消声导流片包络弧度约180°，总长度为122.5米，安装高度为6.57米，顶部加盖宽度为5.9米的复合吸隔声板，消声量大于等于13分贝。同时采用隔声间工艺对给水泵进行治理。通过以上治理措施，5号冷却塔西侧厂界区域噪声控制在夜间小于等于60分贝，其余厂界达到《工业企业厂界环境噪声排放标准》(GB 12348—2008）的3类标准，即昼间小于等于65分贝，夜间小于等于55分贝；厂界外敏感点临浦镇初级中学噪声达到《声环境质量标准》(GB 3096—2008）的2类标准，即昼间小于等于60分贝，夜间小于等于50分贝。

2005—2017年浙能集团所属企业噪声处理情况见表12-3-7。

表12-3-7 2005—2017年浙能集团所属企业噪声处理情况汇总表

序号	项目名称	合同签订时间（年-月）	开工时间（年-月）	竣工时间（年-月）
1	浙江浙能长兴发电有限公司翻车机房隔音降噪工程	2005-05	2005-05	2005-09
2	浙江浙能兰溪发电有限公司冷却塔降噪工程	2006-04	2006-05	2006-12
3	浙江镇海发电有限责任公司油改气项目厂区噪声治理工程	2006-08	2006-09	2007-05
4	浙江浙能兰溪发电厂项目——1A送风机、1A一次风机降噪项目	2006-09	2006-09	2007-01
5	萧山发电厂2号冷却塔噪声治理项目	2007-06	2007-11	2008-03
6	浙江萧山发电厂天然气发电工程项目（2×350兆瓦级燃气-蒸汽联合循环发电机组）余热锅炉A侧的给水泵、除氧泵区域降噪设备	2007-07	2008-03	2008-06
7	浙江浙能温州发电有限责任公司5号炉一次风机、送风机降噪项目	2008-05	2008-06	2008-08
8	浙江浙能温州发电有限公司6号炉送风机、一次风机噪音整治	2009-08	2009-09	2009-10
9	萧山发电厂氧化风机房降噪、通风整改工程	2009-09	2009-10	2009-12

表 12-3-7（续）

序号	项目名称	合同签订时间（年-月）	开工时间（年-月）	竣工时间（年-月）
10	浙江浙能中煤舟山煤电有限责任公司北侧皮带机电机、转运楼及皮带噪声治理项目	2009-11	2009-11	2010-01
11	浙能乐清发电有限责任公司3号、4号送风机、一次风机及冷风管道降噪项目	2009-12	2019-12	2010-06
12	浙江浙能温州发电有限公司二期3号炉一次风机消音器更换项目	2010-04	2010-06	2010-09
13	浙江浙能长兴发电有限公司翻车机房声屏障修复项目	2010-04	2010-04	2010-06
14	浙能乐清发电有限责任公司生活区2号楼降噪项目	2010-05	2010-06	2010-07
15	台州发电厂四期环境降噪改造工程	2010-11	2011-06	2011-12
16	浙江浙能长兴发电有限公司1号输煤皮带西侧降噪改造工程	2010-11	2011-02	2011-08
17	浙江浙能中煤舟山煤电有限责任公司煤炭中转码头隔音墙项目	2010-11	2010-11	2010-12
18	浙江浙能兰溪发电有限责任公司脱硫氧化风机房噪声治理工程	2010-12	2011-03	2011-12
19	浙江浙能兰溪发电有限责任公司脱硫集控室噪声治理工程	2010-12	2011-02	2011-12
20	浙江长兴捷通物流有限公司7号转运楼降噪工程	2011-05	2011-06	2011-08
21	嘉华二期、三期通道降噪工程	2011-12	2011-12	2012-02
22	台州发电厂7号机组磨煤机隔声改造工程	2012-01	2012-01	2012-02
23	浙能萧山天然气热电联产工程噪声治理工程施工承包合同	2012-05	2012-05	2012-08
24	浙能兰溪电厂冷却塔消声导流片维护项目合同	2012-12	2012-12	2013-03
25	浙江浙能金华燃机发电有限责任公司6号机冷却塔四台风机电机隔音罩更换项目施工	2013-01	2013-03	2013-04
26	长兴燃机项目全厂噪声治理工程A标段项目	2013-03	2013-03	2014-01
27	浙江浙能嘉华发电有限公司二、三期噪声污染综合控制项目	2013-04	2013-04	2016-10
28	金华燃机5号燃机底部隔音罩及安装项目	2013-06	2014-03	2014-03
29	浙江浙能宁波镇海动力中心1号、2号主厂房噪声治理工程	2013-09	2013-11	2014-07
30	浙江浙能嘉兴发电有限公司风机消音器设备采购项目	2013-10	2013-10	2014-04
31	浙江浙能嘉华发电有限公司一次风机消音器设备采购项目	2013-10	2013-10	2013-11
32	淮浙煤电有限责任公司凤台分公司二期2×660兆瓦超超临界机组工程冷却塔噪声治理工程	2013-10	2013-12	2014-01
33	台州发电厂脱硝改造工程噪声污染综合控制项目	2014-03	2014-02	2014-04
34	浙江浙能温州发电有限公司3号机组风机降噪工程	2014-04	2014-06	2014-12
35	淮浙煤电有限责任公司凤台分公司二期工程——3号机组一次风机、送风机降噪工程	2014-04	2014-04	2014-05
36	淮浙煤电有限责任公司凤台分公司二期2×660兆瓦超超临界机组工程锅炉、除尘区域吸隔声围护项目	2014-04	2014-04	2014-05

表 12-3-7（续）

序号	项目名称	合同签订时间（年-月）	开工时间（年-月）	竣工时间（年-月）
37	淮浙煤电有限责任公司凤台分公司二期 2×660 兆瓦超超临界机组工程 4 号机组一次风机、送风机降噪工程	2014-07	2014-04	2014-05
38	浙江浙能长兴发电有限公司 7AB 号皮带机小室噪声治理项目	2014-10	2014-11	2014-12
39	浙江浙能中煤舟山煤电有限责任公司西北侧厂界声屏障工程	2015-05	2015-05	2015-11
40	浙江浙能兰溪发电有限责任公司冷却塔降噪设施加固整治工程	2015-08	2015-11	2015-12
41	浙江浙能中煤舟山煤电有限责任公司工业废水罗茨风机噪声治理项目	2015-10	2015-12	2015-12
42	浙江浙能长兴发电有限公司 2AB 号汽泵组加装隔音罩工程	2016-02	2016-05	2016-08
43	浙江浙能乐清发电有限责任公司 3 号、4 号炉送风机、一次风机吸声片采购项目	2016-03	2016-04	2016-10
44	浙江天达环保股份有限公司台二电厂风机降噪工程	2016-04	2016-05	2016-05
45	浙江浙兰溪发电有限责任公司 1 号值班楼热水泵房噪声治理项目	2016-05	2016-07	2016-07
46	浙江浙能台州第二发电有限责任公司 2 号冷却塔降噪设施安装项目	2016-06	2016-06	2016-10
47	浙能绍兴滨海热电厂二期扩建工程噪声控制设备及材料供货项目	2016-09	2016-11	2017-11
48	浙江浙能长兴发电有限公司 3 号机组超低供汽噪声治理工程	2016-11	2016-12	2016-12
49	浙江浙能温州发电有限公司 3 号、5 号机消声器采购	2016-11	2016-12	2016-12
50	浙江浙能温州发电有限公司 4 号、6 号机消声器采购	2016-12	2017-01	2017-03
51	浙江浙能温州发电有限公司四期化学控制室噪音治理工程	2016-12	2017-03	2017-05
52	萧山发电厂 3 号、4 号、5 号冷却塔消声导流片整修项目	2017-06	2017-07	2017-09
53	浙江天达环保股份有限公司乐清分公司固废中心噪声污染治理项目	2017-07	2017-08	2017-12
54	浙江浙能兰溪发电有限责任公司（4×660 兆瓦超临界燃煤机组）1 号、2 号冷却塔消声导流片维修项目	2017-12	2018-02	2018-04
55	浙能兰溪发电厂项目 4×660 兆瓦超临界燃煤机组 3 号、4 号冷却塔噪声治理项目	2018-10	2018-10	2019-05

第十三篇

企业管理

浙能集团组建成立以来，按照能源产业管理的性质特点，着力打造一流的管控模式，坚持精干高效、效能优先的管理方针，不断调整完善集团公司本部管控部门设置；着力打造决策中心、资源配置中心、投融资中心、风险控制中心。不断完善管控运行方案，切实发挥集团本部职能作用。

在决策上，以科学发展观为指导，超前谋划集团发展规划、发展目标，明确集团政策与关键策略，妥善掌控所属企业的市场环境、行业发展趋势，正确指导所属企业的发展方向。对集团重大投资、重大人事任免、重大经营活动等事项进行决策；对企业收购、合并、撤销、上市等重大资产活动进行决策。通过年度综合计划和预算管理，监督战略的落实并及时调整。通过组织绩效管理引导各板块业务发展方向及年度重点工作。

在规划发展上，以“八八战略”为统领，坚持“发展能源为浙江”，通过4个“五年发展规划”的制定与执行，与时俱进的引领产业布局、项目开发、结构优化，全面建设全省能源安全保障体系，企业自身也发展壮大。“十五”末，提前完成总资产、销售收入、电力装机“三个翻一番”规划目标，在全省能源产业初显国有经济的主导作用。“十一五”末，实现“总资产超千亿元”“电力装机超两千万”，形成以电为主，煤炭、天然气、可再生能源和能源服务为辅的“一主四辅”格局。“十二五”末，浙能集团总资产近1800亿元，利润总额连续三年登“百亿”台阶，电力装机破3000万千瓦，开发了安徽、宁夏、新疆等能源基地，构建了具有浙能特色的电力、煤炭及运输、天然气石油、可再生能源、能源化工五大产业板块和能源服务、金融房产两大行业的“5+2”产业板块体系。“十三五”时期开始，根据“四个革命、一个合作”能源安全新战略，提出“整合优化”“转型升级”“创新发展”的新浙能规划，构建以“电力、油气、能源服务”三大产业为基础的新格局。

在资源配置掌控上，对集团人力、资金、物资优化配置，提供人力、财务、资金、物资、信息化等方面的共享服务，实现跨板块协调管理。努力发挥规模效应，实施物流集约化采购管理，从规模中求效益，从管理中求效率，以集团利益最大化为原则，完善制度建设，规范采购流程，扩大集采规模，强化监督考核。

在投融资管理上，严格制定年度投资计划，监督投资计划情况，根据投资计划协调安排资金计划和融资方案。秉持集约化管理理念，持续加强会计核算管理、全面预算管理、成本费用管理、资产价值管理、资金管理、税务管理等工作，不断夯实资金管理基础，提升管控体系水平，加强资金保障力度与精细化管理。切实加强重大项目建设成本管理，通过不断创新基建管理模式和加强项目建设策划，加强进度管控力度，积极推进建设项目“全过程达标”活动，使工程项目管理始终处于受控状态，取得了明显的经济社会效益。

在风险控制上，不断完善管理标准和监督管理体系建设，建立并完善经营评价体系，实施有效的激励机制和考核体系，不断强化监督检查职能，有力地促进了企业管理的改善与风险防范。

坚持创新与发展理念，以提高集团管理效率、优化管控模式、提升专业化管理水平和增强集团发展后劲为根本目标，切实加强集团本部建设，优化本部组织框架和部门职责，创新管理流程和方式，力争将集团本部打造成为管理先进、执行有力、科学高效、富有创新的管理机构。

第一章 行 政 管 理

第一节 行政办公

一、组织机构

2001年5月16日，浙能组〔2001〕1号文决定集团公司经营层设党委办公室、综合办公室（总经理工作部）。

2003年8月20日，浙能人〔2003〕244号文决定设立办公室，撤销党委办公室、综合办公室（总经理工作部）。

2006年7月24日，浙能集团本部行政服务管理中心成立，隶属集团公司办公室管理。

2017年9月1日，浙能集团开展围绕集团总部组织机构及职责调整、板块管理框架及主体责任完善、集团管控操作界面再优化三条主线进行管理提升。重新梳理后办公室职责主要包括“三办”事务管理、行政管理、综合事务管理和公共关系管理。

办公室设部门正职、董事会秘书、部门副职、行政服务管理中心主任。

二、“三办”事务

2001年3月19日，浙能集团首任董事长胡江潮提议召开第一届董事会第一次例会会议，会议决议通过了关于聘任吴国潮同志为浙能集团总经理的议案。

2001年4月30日，浙能集团首任党委书记胡江潮组织召开公司第一次党委会，吴国潮、卢嘉三参加会议，会议讨论了集团各部门暂定编制人数和领导职数，确定了中层干部拟任人选及相关事宜。

2001年5月16日，浙能集团完成公司部门设置，决定浙能集团经营层设党委办公室、综合办公室（总经理工作部），并聘任董事会秘书一职（部门副职），明确了由综合办公室兼任董事会办公室、总经理办公室（当时称总经理工作部）的日常管理职责。2003年8月20日，浙能集团印发《关于调整浙江省能源集团有限公司内设机构的通知》(浙能人〔2003〕244号)，撤销党委办公室、综合办公室（总经理工作部），设立办公室，由办公室统一负责“三办”事务管理。

2001年6月11日，浙能集团首任总经理吴国潮组织召开了公司第一次总经理办公会，会议要求尽快制定总经理办公会议的工作规则。

2001年11月21日，浙能集团董事会印发《董事会工作条例》(浙能董干〔2001〕7号文)，对董事会的组成、董事会的责任、董事会的职权、董事会的议事规则和表决方式、董事长的职权和对董事的奖惩等进行了详细规定，规范了董事会的运作。

2002年4月19日，浙能集团向浙江省国资委提交批准公司章程的请示。章程规定董事会的职权、总经理的职权、定期组织会议的相关规定。

2003年8月5日，浙能集团发布了《重大事项议事决策规则》的通知，明确了浙能集团重大事项议事决策的基本原则及基本形式、主要内容、程序要求和决策行文。同时，发布了《党委议事规则》，对党委会研究决定的主要内容、会议决策程序和决策执行、督办与监督进行了规定。

2012年11月2日，浙能集团对《重大事项议事决策规则》作了重新修订，增加了党委会、董事会有关决策事项的法律审查、社会稳定风险评估等程序。同时，《党委议事规则》和《董事会工作条例》也同步进行了修订，增加了法律审查、社会稳定风险评估等相关内容。

2018年1月9日，《党委议事规则》重新修订，明确了党委书记和董事长原则上由一人担任，在党委会主要职权内容中增加了参与企业重大决策相关事项。

2018年9月2日，《董事会工作条例》重新修订，增加了党委会研究讨论作为董事会重大问题的前置程序。

2001—2019 年党委会、董事会、总经理办公会次数见表 13-1-1。

表 13-1-1 2001—2019 年党委会、董事会、总经理办公会次数 次

年份	党委会	董事会	总经理办公会	年份	党委会	董事会	总经理办公会
2001	17	10	4	2011	18	20	8
2002	15	9	4	2012	19	24	10
2003	8	5	8	2013	22	19	9
2004	9	6	9	2014	23	24	9
2005	19	20	3	2015	34	28	10
2006	24	30	0	2016	22	21	7
2007	8	30	8	2017	29	27	10
2008	8	26	6	2018	31	28	10
2009	10	26	0	2019	30	32	6
2010	13	31	0				

三、公文管理

2001 年 3 月 23 日，浙能集团行文省委办公厅、省政府办公厅要求成为省委、省政府发文单位，并获得批复同意。

2001 年 10 月 25 日，浙能集团综合办公室发布《公司行政文件收发工作流程》暂行稿，作为公司公文处理办法出台前的过渡，对收发文的办理、传递、归档等进行了详细规定，这也是浙能集团首个公文处理工作标准。

2003 年 5 月 31 日，浙能集团签订办公自动化应用系统技术服务合同，同年协同办公系统（OA 系统）投用，浙能集团进入办公自动化时代。

2004 年 6 月 3 日，浙能集团办公室组织开展年度信息和文秘业务知识培训班，邀请了浙江省政府办公厅信息处处长及省政府办公厅秘书处副处长进行授课培训，交流座谈信息及文秘业务工作经验。

2012 年，浙能集团信息化工作专题会议上，集团总经理童亚辉对集团信息化工作提出了“凡可纳入信息系统的数据都要纳入，凡可网上办的业务都要上网”的要求。随着浙能集团管控模式的变化，协同办公系统改造迫在眉睫。

2004 年 10 月 20 日，办公室制定《公文处理办法》（Q/ZN 205001—2004），明确了公司的管理职能、管理内容和要求，以及收文、发文和公文格式的具体要求，使集团系统公文处理工作走向规范化、制度化、科学化。

2012 年初，浙能集团办公室、信息中心、下属单位相关部门成立联合项目小组，在公司相关领导的直接领导下，正式启动办公自动化系统调研工作。

2012 年上半年，在浙能集团领导、办公室领导、信息中心领导带领下完成了建设协同办公系统的整理方案、技术规范以及整体规划，最终确定以“主体集中式”方案建设协同办公系统。

2013 年 1 月，协同办公系统以集团本部及浙江浙能兰溪发电有限责任公司为试点单位先后投入正式使用。

2013 年 7 月，浙能集团、各处级单位（共近 60 家单位）在集团本部通过视频会议召开“浙能集团新协同办公系统推广启用会议”，标志着浙能集团新协同办公系统系统的全面推广工作正式开始。

2013 年 8 月 12 日，浙能集团印发《关于进一步明确公文办理时限的通知》（浙能办〔2013〕429 号），结合“八项规定”，对发文、收文及特殊事项的办理时限进行了规定。

2014 年 12 月，浙能集团主要单位的协同办

公系统建成，系统用了最新版的 domino 8.5 产品平台进行开发，包括个人常用、公文管理、个人邮件、信息共享、公共事务、个人事务、系统管理七大板块，形成了全集团统一的协同办公系统基础架构。在为各单位协同办公系统的建设提供统一标准的基础上，充分考虑了各单位自身的特点，建立了与各单位管理及业务特色相匹配的办公系统，提高了企业间文件、信息传递效率，加强了集团内部文件管理，提升了文件传递的安全性、及时性。最终，建成以集团办公系统为核心的、覆盖全集团各级分支机构的协同办公系统。截至 2018 年，浙能集团各营运企业都完成协同办公系统上线覆盖。系统登录页面、主界面如图 13-1-1 所示。

图 13-1-1　系统登录页面、主界面

2015 年 1 月 7 日，办公室发布新修订的《公文处理办法》，在收文办理中增加了“答复”流程，在发文办理中增加了“核签”和“校对”流程，并对发文办理各过程的时限进行了详细规定。

2019 年 1 月 15 日，办公室发布新修订的《公文处理办法》，明确了所有收文由办公室统一办理，同时增加了公文办理人员 AB 角工作规定要求。

四、信息管理

2001 年 9 月 1 日，根据浙能集团发布的《浙能信息》创办方案，明确由综合办公室牵头定期出版（初期未不定期）发放。刊物主要内容为传达省委、省政府以及相关部门有关指示和精神；发布集团公司重大决策、工作思路和要求；报道集团公司重大活动，公司董事会及经理层活动，集团公司各部室工作动态。刊物针对省政府、省长、主管副省长、省国资委等主要政府部门，公司各部室、下属企业及新闻媒体等宣传机构发放。

2001 年 10 月 25 日，浙能集团印发《浙江省能源集团有限公司信息工作管理制度》，规范了公司及各营运企业信息收集、传递、审核及发布的工作规则。

2001 年 11 月 26 日，出版第一期《浙能信息》。

2005 年，浙能集团印发《浙能公司政务信息管理办法》规定了办公室是公司信息工作的归口管理部门，负责信息的收集、处理、编写、报送工作以及对信息工作进行考核和评比，《浙能信息》《浙能信息专报》为主要载体。办法对紧急信息的报送提出了相关要求。

2006 年 3 月 29 日，浙能集团获得省国资委颁发的信息工作先进单位三等奖，公司一名职工获信息工作先进个人。浙能集团信息收集报送工作得到主管部门的肯定。

2011 年 8 月 24 日，浙能集团发布《关于进一步加强信息工作的通知》对信息服务提出更高的要求，同时明确了《浙能信息》由纸质形式印发改为集团门户网站发送。

五、会议管理

2006 年 6 月 30 日，浙能集团成立视频会议系统招投标领导小组。

2007 年 7 月 30 日，浙能集团完成视频会议系统的采购并在本部上线。

2008 年 8 月 4 日，浙能集团印发《浙江省能源集团有限公司视频会议系统暂行管理办法的通知》，明确了视频系统技术维护管理、视频会议审批调度等相关职责和分工。同时，对各单位视频会议系统的保障、会议室的环境布置和设计装修规范提出了统一的要求。

2011 年 2 月 21 日，浙能集团发布实施《会议管理办法》，办法规定了集团本部会议管理程序，明确了会议审批、会议流程、会议预算经费等工作，适用会议地点在集团公司本部及以外召开的各类工作会议。

2012 年 5 月 2 日，浙能集团对《会议管理办法》进行第一次修订，对会议的分类、不同标准的会议预算经费进行了规定。

2014年浙能集团对《会议管理办法》进行第二次修订，调整了会议费开支范围，并对开支范围内的各项费用进行了详细说明。

2018年8月30日，浙能集团发布《关于印发〈关于进一步加强作风建设的实施细则〉的通知》(浙能党〔2018〕86号)，要求改进会风，对会议相关管理制度进行了更加严格的规定。如年度工作会议实行清单制，除职代会、党代会、领导干部会议等涉及集团全局性工作的会议外，年度各专业工作会议（除党风廉政建设、安全生产、组织人事、法律培训外）采用电视电话会议形式召开。各专业会议根据与会范围、形式内容按程序报批。电视电话会议需由下属企业副总参加的，应由集团分管领导审批，需党委书记或总经理参加的，应由集团总经理审批，要集中开大会的报董事长审批。细则规定各板块公司一年召开一次年度工作会议，不得再以板块为单位召开现场集中的专业工作会议，各专业布置落实的工作要在板块年度工作会议上一并部署。精简各类评估评审、研讨交流、论坛等会议活动，原则上会期不超过半天，参会人员超过50人的报集团分管领导批准。未经集团党委批准，集团班子成员及各部门负责人不参加基层单位举办的剪彩、奠基、庆祝会、纪念会、表彰会、博览会、交流论坛等活动。上级要求集团承办的会议，根据集团《会议管理办法》执行。

六、综合事务管理

（一）办公楼建设

1. 浙能大厦

浙能大厦是浙江省能源集团有限公司的总部办公大楼，坐落于杭州市天目山路浙江大学西溪校区旁，占地面积5599平方米，建筑面积316000平方米。2003年4月，省发展改革委批复同意浙能大厦建设项目建议书。2003年6月20日，浙能集团一届二十二次董事会审议《合作建设浙能大厦协议书》及相关支撑性文件。董事会同意建设浙能大厦，并授权冯运涛董事签署《合作建设浙能大厦协议书》，授权总经理专题会议决定大厦装修方案的提出和实施。2003年11月，省发展改革委批复了工程初步设计，核定总概算27351万元，所需资金由浙江能源集团有限公司解决，同年被列为省重点建设项目。

由于该项目所用地块已由浙江火炬置业有限公司以综合用地取得开发权，2004年10月，浙能集团与火炬置业有限公司签订合同。该项目的土建安装、智能化设计工作委托中国联合工程公司承担，室内装修工程设计工作委托武林建筑公司承担，外立面装修工程设计工作委托中国美院风景院承担。

2003年7月，该项目取得施工许可证并开工建设。2004年10月，主体结顶。2006年5月，项目竣工并交付使用。2007年8月，7楼两侧露台进行改造，增加篮球场和绿化休闲露台，让员工们在闲暇之余，多了一个休闲活动的去处。2011年3月，车库进出口通道加盖玻璃雨棚，既解决了噪声问题，也避免了坡道雨天路滑的安全隐患。2012年3月，大楼空调系统进行变频升级改造，既提高了运行的可靠性，又降低了空调能耗。2014年5月，大楼监控系统进行数字化监控改造，大大地提高了监控系统的运行稳定性和监控画面质量。2015年4月，空调冷却塔进行更换。2016年10月，报告厅会议音视频系统进行升级改造，提升会议音视频质量，确保会议使用需求。

浙能大厦分别于2008年、2009年获得“杭州市物业管理优秀示范大厦”“浙江省物业管理示范大厦”荣誉称号，并于2012年被评选为“全国物业管理示范大厦”，该荣誉是目前国内物业管理行业内最高荣誉。

2. 浙能第二大厦

浙能第二大厦位于杭州市滨江区滨盛路1751号，建筑面积25964.85平方米。其中，大楼地上部分建筑面积20827.42平方米，地下部分面积5137.43平方米。

2003年5月，浙江富兴电力燃料有限公司通过杭州市国土资源局挂牌出让形式购得杭州高新技术开发区滨江4号地块的土地开发使用权。后经集团董事会同意，由浙江富兴电力燃料有限公司、浙江省天然气开发有限公司、浙江浙能富兴燃料有限公司和浙江省电力建设有限公司四家公司共同出资组建杭州浙能工程建设项目管理有限公司，作为项目公司负责实施。

2006年3月28日，浙江富兴电力燃料有限公司与浙江省电力建设总公司签订了《浙能第二大厦工程项目建设管理服务合同》，约定委托浙江省电力建设总公司作为工程项目建设管理方。后续因公司变更，浙江富兴电力燃料有限公司所享有的权利和承担的义务，转移至杭州浙能工程建设项目管理有限公司。

2006年5月23日，杭州高新技术产业开发区发展改革和经济局与杭州市滨江区发展改革和经济局联合下文，同意项目建设。2006年11月16日，项目开工建设。2007年11月16日大楼主体结顶。2009年4月23日项目通过竣工验收，并于2009年9月交付使用。

3. 浙能创业大厦

浙能创业大厦坐落于杭州市余杭区余杭塘路，位于杭州未来科技城（海创园）区块，占地面积约30亩，总建筑面积78835.43平方米，其中地上建筑面积：50228.58平方米，地下建筑面积28606.85平方米。主体建筑层数由南向北依次升高，为7~11层，地下室2层，建筑高度44.8 m。

2011年8月29日，浙能集团二届五十六次董事会同意投资建设。2011年12月29日，通过土地公开挂牌出让方式，成功取得地块土地使用权。2012年1月8日，浙江天地环保工程有限公司、浙江浙能能源技术有限公司、浙江浙能节能科技有限公司组成的联合体与杭州市国土资源局余杭分局签订《余杭区国有建设用地使用权出让合同》。2012年4月6日，浙能集团二届六十四次董事会同意由浙江天地环保工程有限公司、浙江浙能能源技术有限公司、浙江浙能节能科技有限公司分别以60%、30%和10%的股比组建项目公司开展该项目开发建设的前期工作。

2012年9月，浙能创业大厦建设项目通过余杭区发展和改革局立项备案（余发改备〔2012〕138号）。2012年11月，项目初步设计方案通过余杭区发展和改革局批复（余发改投纪要〔2012〕44号）。2013年6月，浙能集团批复浙能创业大厦项目投资概算59799万元（浙能工〔2013〕376号）。

2013年4月，浙能创业大厦项目取得施工许可证并正式开工。该项目设计单位为中南建筑设计院股份有限公司，施工单位为浙江长城建设集团股份有限公司，监理单位为浙江省工程咨询有限公司，同年被列为省重点建设项目。2014年9月主体结构结顶。2016年9月，项目顺利通过竣工验收。2016年底，项目正式投入使用。2017年11月，浙能创业大厦被中国建筑业协会评选为2016—2017年度中国建设工程鲁班奖（国家优质工程）。

4. 浙能集团综合能源生产调度研发中心项目

浙能集团综合能源生产调度研发中心项目总体定位为“生产、调度、新能源研发”为一体的中高端多功能综合大厦，坐落于杭州市西湖区紫荆花路与古莲街交叉口，占地面积24102平方米，总建筑面积137262平方米。地上10层，建筑面积79536平方米；地下3层，建筑面积57726平方米。项目总投资241993万元。

2017年12月20日，浙能集团二届一百九十一次董事会审议通过了由浙江省石油股份有限公司参与古科园3号地块竞拍。2018年3月22日，浙能集团二届一百九十八次董事会同意组建浙江浙能综合能源技术研发有限公司进行项目开发建设。2018年4月27日，该项目在西湖区发改局完成备案。2019年9月，浙能集团批复了项目初步设计及概算总投资。

该项目概念性方案设计单位为英国百殿建筑设计咨询（上海）有限公司，方案设计及初步设计单位为浙江大学建筑设计研究院有限公司，EPC工程总承包单位为浙江省建工集团有限责任公司。

2019年5月31日，项目取得建筑工程施工许可证并正式开工，计划2022年3月竣工，2022年6月交付使用。

（二）食堂管理

2006年5月，浙能集团机关食堂作为浙能大厦配套用房同时落成并投入使用。食堂运行初期，由集团所属梅苑宾馆代为管理，2007年由行政中心全部收回自主管理。食堂餐厅面积按当时办公人数设计并留有裕量，餐厅原有就餐座位105个。除餐厅外，设操作室、仓库，配备了冰柜、和面机、豆浆机、消毒柜等现代化厨房设备，为员工提供品种丰富、搭配合理的各类餐食。机关食堂实行独立核算，配有会计、出纳、仓管、采购员，推行成本核算，坚持日清、月结。

2011 年 7 月起，食堂兼营小超市业务，向广大员工销售粮油米面、小零食等食品。严格审核供货商资质及产品质量，根据员工反馈适时调整食品种类，满足各类型消费需求。

随着浙能大厦办公人员数量的不断增加，机关食堂在工作日期间需保障日均千余人次的就餐，中餐平均就餐人数在 500～600 人次，给食堂正常运行带来了较大压力。食堂通过错峰就餐，优化设备、餐具布局，增加工作人员数量，添置就餐座位（增加至 142 个）等措施较好地满足了员工分时就餐的需求。通过食堂全体人员努力，获得“浙能集团行政服务先进集体”（2016 年）、“浙能集团工会健康食堂”（2018 年）等荣誉称号。

（三）公寓（宿舍）管理

2008 年起，浙能集团陆续对员工宿舍“煤炭招待所”“江韵园”等进行了改造和装修，配备了电视机、衣柜、餐桌及简易用品，并配专人为职工打扫卫生。届时汇编公寓（宿舍）管理制度，并于同年发布管理办法。

2009 年起，各单位对单身宿舍实行公寓化管理。新建员工公寓内按照标准配备了各种设施，设有卫生间，参考杭州市市区公有住房租金标准向员工收取房租费用。建立健全了完善的管理制度和卫生、治安、消防等制度。

（四）车辆管理

2001 年初，以浙江省电力开发公司小车班为基础，组建了浙能集团本部小车班。小车班目前由集团办公室行政中心统一管理，设小车班正、副班长，负责集团本部所属车辆的调度运行、维护保养、事故处理、报废更新等事宜。

2001 年 10 月 25 日，浙能集团发布《浙江省能源集团有限公司本部车辆管理办法》，规定了公司成立初期办公车辆的日常管理。

2003 年 8 月 8 日，浙能集团成立了公司交通安全委员会，下设办公室，安全生产分管领导任组长。

2007 年 4 月 30 日，浙能集团发布了《关于公司系统公务用车配备使用管理有关问题的意见》，明确了公司系统用车配置标准，并提出了专职驾驶员及严禁公车私用的要求。

2007 年 11 月，双三角能源企业会议在杭州召开，浙能集团作为承办方承担会务保障工作，小车班为与会人员提供接送站、走访调研及临时性事务等交通保障服务。

2011 年 5 月，浙能集团成立十周年系列庆祝活动在杭州举行，小车班圆满完成嘉宾、演职人员接送及设备材料运输等保障工作。

2018 年 1 月 8 日，浙能集团发文成立公务用车制度改革工作领导小组，负责集团系统公务用车制度改革工作的推进及相关工作方案的制定、报审和实施。改革后，取消、处置近半数公务用车，分流安置约三分之一司勤人员。在车辆及驾驶员大量裁减的条件下，通过合理调度、优化管理，基本满足本部因公出行的用车需求。

七、公共关系管理

浙能集团在组建初期急需跟同行交流学习、探讨分享，从而获取更多的管理经验及行业信息。2006 年 11 月 1 日，浙能集团凭借行业的地位和较高威望选举成为中国电力企业联合会副理事长单位。浙能集团加入行业组织情况见表 13-1-2。

表 13-1-2 浙能集团加入行业组织情况一览表

序号	题名	发文单位	载体形成时间	载体形式
1	浙江省煤炭行业协会会长单位	浙江省民政厅	2001-03-02	证书
2	中国电力企业联合会副理事长单位	中国电力企业联合会	2006-11-01	证书
3	《中国电力企业管理》编辑指导委员会常务委员单位	中国电力企业联合会、中国电力企业管理杂志社	2008-04-30	证书

表 13-1-2（续）

序号	题名	发文单位	载体形成时间	载体形式
4	浙江省企业家协会第六届理事会常务副会长单位理事	浙江省工业经济联合会、浙江省企业联合会、浙江省企业家协会	2008-07-31	证书
5	浙江省"三会"第六届理事会常务副会长单位	浙江省工业经济联合会、浙江省企业联合会、浙江省企业家协会	2010-10-28	其他类
6	中国电力发展促进会副会长单位	中国电力发展促进会	2011-08-26	证书
7	浙江省能源业联合会常务副会长单位	浙江省能源业联合会	2013-09-30	证书/奖牌
8	中国煤炭工业协会副会长单位	中国煤炭工业协会	2017-10	证书
9	中国电力发展促进会第四届理事会副会长单位	中国电力发展促进会	2017-10	奖牌

第二节 档 案 管 理

一、组织机构

2003年12月，浙能集团印发《关于成立档案工作领导小组和档案管理网络的通知》(浙能办〔2003〕236号)，成立了以集团副总经理任组长，各个部门负责人为组员的集团系统档案工作领导小组。下设档案管理网络，由各部门兼职档案员组成。

2011年11月，浙能集团印发《关于调整档案工作领导小组的通知》(浙能办〔2011〕702号)，调整了档案工作领导小组，由副总经理范小宁任组长，各个部门负责人为组员。下设档案管理网络，由各部门兼职档案员组成。

2011年11月，浙能集团印发《关于成立档案信息化和登记备份工作机构的通知》(浙能办〔2011〕703号)，成立了以副总经理范小宁任组长，各个部门负责人为组员的集团公司档案信息化和登记备份领导小组。下设档案信息化和登记备份办公室。

2014年11月，浙能集团印发《关于调整档案工作领导小组和档案工作网络小组的通知》(浙能办〔2014〕419号)，调整了档案工作领导小组，由副总经理范小宁任组长，各个部门负责人为组员。下设档案工作网络小组，由各部门专兼职档案员组成。

2018年7月，浙能集团印发《关于调整档案工作领导小组和档案工作网络小组的通知》(浙能办〔2018〕366号)，调整了档案工作领导小组，由副总经理范小宁任组长，各个部门负责人为组员。下设档案工作网络小组，由各部门专兼职档案员组成。

2018年7月，浙能集团印发《关于成立档案鉴定工作领导小组和档案鉴定工作小组的通知》(浙能办〔2018〕367号)，成立了以范小宁任组长、来郁郁任副组长，各个部门负责人为组员的集团公司档案鉴定工作领导小组。下设档案鉴定工作小组，由各部门专兼职档案员组成。

二、标准体系

2001年10月，浙能集团制定《档案管理办法》(浙能综〔2001〕26号)，对集团档案工作中的收集、整理、立卷、归档、保存、借阅、销毁等环节的工作内容作了详细规定。

2008年9月，根据国家档案局8号令和浙江省档案局的要求，浙能集团制定《机关文件材料归档范围和文书档案保管规定》(浙能办〔2008〕326)，报送浙江省档案局审批。

2010年3月，浙能集团制定《关于印发基建管理标准汇编（试行）的通知》(浙能工〔2010〕85号)，档案方面制定了《工程项目竣工档案管理规定》《工程项目档案资料管理规定》《工程项目文件资料编码导则》《特种载体档案管理规定》四项制度，对基建项目管理中的工程项目文件资料、档案资料、文件编码和特种载体的管理职责、归档范围、保管期限、整理移交、保管要求等工作内容作了详细规定。

2011年3月，浙能集团制定《档案管理办法》《会计档案管理办法》(浙能办〔2011〕81号)，对集团文书档案、会计档案的管理职责、归档范围、保管期限、整理移交、保管要求、库房管理等工作内容作了详细规定。

2014年12月，根据国家档案局10号令和浙江省档案局的要求，浙能集团制定《管理类文件材料归档范围和档案保管期限表》(浙能办〔2014〕683号)，报送浙江省档案局审批。

2015年3月，浙能集团制定《档案管理办法》《会计档案管理办法》《特种载体档案管理办法》(浙能办〔2015〕3号)，对集团文书档案、会计档案、特种载体档案的管理职责、归档范围、保管期限、收集分类、整理移交、保管要求、库房管理、统计工作、电子文件归档管理、档案信息化建设、开发与利用、安全与保密、考核与检查等工作内容作了详细规定。

三、档案工作电子化、信息化

2002年，率先执行国家新的档案立卷改革，实行文件级管理模式，即以“件”为文件的保管单位进行归档，采用“年度-保管期限-机构”的分类方法。

2003年，启用协同办公系统，产生电子文件，在协同办公系统内进行归档。纸质文件同步进行整理归档。

2004年，对办公自动化前（2001—2002年）的纸质档案进行数字化转换，实现了文书档案的全数字化应用。

2008年，采用东软SEAS档案软件系统进行档案管理。

2012年，浙能集团成为省属企业中首家完成年度档案登记备份的单位。

2017—2018年，浙能集团在国家级档案电子文件试点项目的基础上，对电子文件归档科技项目课题进行了探索与实践，精准地契合了国家电子文件的要求，亦结合了浙能集团“ZN163”信息化工程要求，即构建了浙能集团档案系统、业务系统集成的更加广阔的档案管理系统平台，并编制了一套标准规范，不仅在集团系统内部试行和推广，而且对于今后ERP系统物资、生产、销售、采购供应等的业务系统档案管理上起到示范引领作用。同时，电子文件归档科技项目课题还有望推进省属、全国企业的电子文件归档和电子档案管理的研究和推广，并为今后档案共享利用提供了理论探索和强大的实践基地。

四、档案工作荣誉与成绩

1. 综合档案室建设

2006年12月，浙江省档案局发文（浙档田法章〔2006〕83号)，浙能集团被评为省直单位档案工作先进单位。

2008年3月，浙能集团档案室被浙江省档案局认定为“企业档案工作省级优秀等级”。

2011年3月，浙江省档案局发文（浙档发〔2011〕9号)，浙能集团被评为省直单位档案工作先进集体。

2011年12月，浙江省档案局发文（浙档发〔2011〕37号)，浙能集团被命名为“示范数字档案室”。

2016年1月，浙江省档案局发文（浙档发〔2016〕2号)，浙能集团被命名为我省省直单位首批14家“规范化档案室”之一。

2. 科技项目研究和档案编研成果

2009年7月，科技项目“浙能集团档案信息共享和联合服务开发项目”获浙江省电力科学技术奖三等奖（浙档发〔2009〕011号)。

2010年11月，浙能集团和浙江省档案局合作的科技项目“集团化企业档案信息资源广域共享研究”获国家档案局优秀科技成果奖三等奖（档函〔2010〕250号)。

2012年6月，档案编研项目“记录辉煌 展望未来——浙能集团10周年集萃”获全省档案部门第十一次优秀编研成果三等奖（浙档发〔2012〕32号)。

2012年5月，档案战略课题“浙能集团档案分布式异构数据库集成与共享战略研究”获集团战略研究课题特别奖（浙能战略〔2012〕353号)。

3. 国家试点项目电子文件归档管理成果

2016年，浙能集团申报国家档案局和国家发展改革委在全国范围内开展企业电子文件归档与电子档案管理试点单位，经过省档案局推荐，公司被列入全国首批33家试点项目之一（浙江省唯一一家）。经过两年多的试点和研究，2018年1月24日，试点项目通过国家档案局经科司组织的验收，浙能集团成为全国第一家完成合同系统与CAD系统电子文件归档集成、第二家完成大数据利用分析的单位。

2017年，秉承试点项目，浙能集团申报了课题“企业重要业务平台电子文件归档与电子档案集成研究”，被列入国家档案局科技项目计划课题。2018年同步开展并完成档案科技项目研究。同年11月27日，项目通过国家档案局技术部组织的科技项目验收，并获得专家好评，认为研究成果在全国范围具有可适用性、可操作性和可复制性。

2001—2018年浙能集团归档指标情况见表13-1-3，2013—2018年浙能集团系统汇总归档指标表13-1-4。

表13-1-3 2001—2018年浙能集团归档指标一览表

年度	文书档案（件）			会计档案（册）	声像档案（张）	实物档案（件）
	永久	长期（定期）30年	短期（定期）10年			
2001	170	52	36	15	6	1
2002	197	40	113	35	28	2
2003	542	312	191	68	34	2
2004	122	381	586	142	65	10
2005	254	332	418	111	115	8
2006	170	538	907	142	266	16
2007	245	534	1341	219	267	13
2008	148	360	1515	247	206	32
2009	129	288	1499	255	145	18
2010	127	512	1866	290	165	27
2011	189	440	2325	347	322	50
2012	157	644	2449	190	159	32
2013	172	578	2283	289	324	28
2014	130	549	1945	312	296	16
2015	179	711	1832	322	327	27
2016	224	345	1711	330	145	21
2017	162	788	1601	316	207	24
2018	171	638	1729		229	14

表13-1-4 2013—2018年浙能集团系统汇总归档指标一览表

年度	全宗（个）	文书（科档）档案（卷）	文书（科技）档案（件）	照片档案（张）	影像档案（张）	实物档案（件）
2013	42	271231	728371	167421	537	8897
2014	45	297696	957815	191385	669	10273
2015	47	347495	1015645	222367	715	13360
2016	49	377755	1102839	256128	828	17694
2017	49	388047	1188014	272604	1108	21383
2018	53	398350	1269183	292731	1430	26283

注：结合省档案局年报要求，2013年开始集团将档案工作统计年报的范围调整为整个集团所有单位，故从2013年起档案工作年报统计整个集团系统档案库存量的汇总数。

第三节 保 密 工 作

一、工作机制

2001年10月25日，浙能集团发布《浙江省能源集团有限公司保密制度》，规定了浙能集团保密工作的原则和基本要求，对保密管理的主要内容、密级划分和具体措施等进行了详细说明。

2002年1月15日，浙能集团成立保密委员会，下设办公室署理日常事务。之后因人员变化，组织机构进行了多次调整。2005年8月19日，发文明确保密办公室挂靠公司办公室。

2004年，浙能集团制定《浙江省能源集团有限公司保密工作管理办法》，对浙能集团国家秘密事项范围、商业秘密事项范围、工作秘密事项范围进行了详细说明，对各要害部门的保密措施、机要文件的管理程序进行了规定。

2006年9月18日，浙能集团首次组织系统各单位召开保密工作会议，会议通报了当下保密工作的形势，并对日后的保密工作提出了更高更严密的要求，同时邀请了省保密局领导进行了教育授课。

2008年9月16日，浙能集团首次组织系统各单位进行保密培训，提高公司内部人员的保密意识及工作技能。

2008年，为进一步加强信息安全保密制度建设，浙能集团制定《计算机信息系统安全保密管理暂行办法》《计算机信息系统用户管理办法》《计算机系统防病毒管理办法》《信息系统口令管理暂行规定》《计算机中心机房管理制度》等一系列管理制度，对计算机用户行为、防病毒管理、口令管理、计算机房管理等作了具体、明确的规范要求。

2009年5月27日，浙能集团组织公司五类人签订保密承诺书，要求系统各单位层层签订，层层落实保密责任，一年一签，形成常态化工作机制。

2010年，浙能集团制定《浙江省能源集团有限公司秘密事项范围》。

2011年2月，浙能集团重新修订《浙江省能源集团有限公司保密工作管理办法》，增加了对涉密计算机的管理规定。

2015年，浙能集团重新修订《浙江省能源集团有限公司保密工作管理办法》，增加了保密宣传、教育与培训相关内容，以及责任追究和奖惩措施的具体规定。

二、主要工作

2006—2007年，集团系统各单位结合企业实际开展了两次保密自查工作，并进行整改。浙能集团保密办有针对性地挑选了浙江浙能镇海发电有限责任公司、浙江浙能北仑发电有限公司、浙江浙能钱清发电有限责任公司等五家单位进行检查。

2007年5月，以领导干部、涉密人员为重点，浙能集团保密办认真开展“传达中央领导讲话、通报泄密案件、组织观看保密教育片”为主要内容的保密“三项教育”。在集团第一届一次党代会上，组织一百多名领导干部观看保密教育片《警钟长鸣》。各单位保密委通过观看警示片、座谈交流、参加保密竞赛等多种多样形式开展丰富多彩的宣传教育活动，对泄密案件给国家、企业、个人造成的严重危害有了进一步深刻认识，对现实工作、生活中容易造成失泄密的原因和途径有了新的认识，极大地提高了大家的防范意识和抵抗能力。

2008年，浙能集团根据浙江省国家保密局、浙江省电监会的要求，多次对集团计算机信息网络系统进行检查。从检查结果来看，集团本部计算机信息网络系统配备了防火墙、防毒墙、IDS等安全防护设备，部署了防病毒软件，基本做到了办公网络的相对安全。各发电企业通过实施二次系统安全防护，实现了生产控制网络与办公网络的物理隔离，保证了生产控制网络的安全运行。对应用信息系统（如OA系统、MS系统等）进行了各级权限设置，保证了使用的安全性。对与省政府相连的终端计算机，实行物理隔离，做到专人负责，专机专用，设有执行口令，并已经安装违规上互联网监管软件。办公设备除专用传真机外，打印机、多功能一体机没有与普通电话连接，且数码多功能一体机实行使用登记手续。

2009年，浙能集团保密办通过各种途径督促各单位加大投入力度，主要完善“三铁一器”（铁窗、铁门、铁柜、警报器）等硬件设施。把涉密人员纳入监管范围，同年集团公司根据上级保密部门的精神和要求，在全系统范围内开展保密承诺书的签订工作，各单位都进行了宣传和动员，公司系统共签承诺书 2720 份，发放保密宣传资料 2781 份。

2010 年，浙能集团保密办重点抓好领导干部和涉密人员保密教育。通过组织学习、发放《保密技术防范常识》等手段进一步抓好涉密人员素质教育，强化内部管理。利用《中华人民共和国国家保密法》修订实施之际，组织全系统 3520 名保密承诺书签订人员参加保密知识竞赛。同时，和公司普法办一起，充分运用视屏、报刊、宣传栏等形式，积极宣传《中华人民共和国国家保密法》知识，进一步营造浓厚的保密宣传氛围。

2014 年 5 月，浙能集团保密办订购了《中华人民共和国保守国家秘密法实施条例》《中华人民共和国保守国家秘密法实施条例解读》《中华人民共和国保守国家秘密法实施条例》宣传挂图（各 20 份），向系统各单位发放书籍和挂图，宣传新的保守国家秘密法实施条例。

2014 年 9 月 10—11 日，由集团办公室、宣传与思想工作部联合主办的《浙能集团 2014 年舆情应对和新闻培训班》在省委党校举行，集团办公室邀请省保密局局长杜德荣进行了保密工作的知识培训，来自集团所属企业的 150 余名办公室和政工系统人员参加培训。集团党委副书记耿平出席会议，并为参训人员进行保密专题党课授课。

2015 年 10 月 26 日开始，浙能集团保密办在集团本级开展一次内网计算机保密检查活动，本次检查覆盖集团本部 14 个部门 140 余人。经过本次内网计算机保密检查活动，增强了全体员工的保密意识、责任意识，提高做好保密工作的主动性和自觉性。组织开展“保密宣传月”活动，开展保密图片展。在集团公司一楼大厅开展以《中华人民共和国保守国家秘密法实施条例》挂图、《手机使用安全保密须知》和《互联网计算机使用安全保密须知》为主要内容的保密图片展，党员领导干部、涉密人员和集团本级工作人员统一学习了《党政干部和涉密人员保密常识必知必读》和《中华人民共和国保守国家秘密法实施条例解读》。

2016 年，浙能集团保密办认真落实省保密局国有企业保密管理专项检查整改工作，加强移动存储介质管理。在省保密局的指导下，精心配置“三合一”保密综合防护系统。持续开展集团本级内网计算机保密自查活动，杜绝使用非涉密计算机、非涉密存储设备存储、处理国家秘密信息，确保“上网信息不涉密、涉密信息不上网”，从源头上杜绝了涉密文件泄密现象的发生。

2017 年，浙能集团保密办认真做好浙江省国家保密局要求的保密自查自评工作，严格规范自查自评工作程序，保证检查内容全面到位。认真组织集团领导班子成员参加省保密局开展的保密轮训。健全集团外网信息发布登记制度，集团开展了外网信息是否涉密的自查工作，对发布在集团外网、微信公众号上的信息逐条审核，未发现涉密泄密情况。加强机要文件和涉密文件的保密管理，办公室为集团领导配备好专用的文件存放保险箱。

2018 年 5 月 29 日，浙能集团召开 2018 年保密工作会议，集团各部门、公司系统各单位保密工作主要负责人和具体工作人员参加会议。会议传达了集团保密委员会今年重点工作任务和要求，并签订了保密责任书。会议上，邀请省保密局副局长朱方洲到会作专题培训，集团各部门、公司系统各单位保密工作主要负责人和具体工作人员都普遍接受了一次增强保密意识和增长保密业务知识的教育。在集团领导班子集中学法会议上，浙能集团办公室和战略管理与法律部联合邀请阳光时代律师事务所执行主任为集团党委班子领导讲解了《中华人民共和国国家保密法》及实施条例。根据浙江省国家安全厅指示要求，在集团党委领导下，配合做好建立健全集团党委反间谍安全防范责任制、成立国家安全人民防线建设小组、开展 2018 年浙江省反间谍法宣传周活动等多项反间防谍工作。在集团保密委员会部署下，开展反间防谍教育，集团各部门负责人和相关业务部门全体职工都收看形势教育宣传片，增强了反间防谍的意识。

第四节 信访维稳

一、工作机制

2003年9月15日，浙能集团发布《关于切实加强和改进信访维稳工作的通知》，要求系统各单位建立和完善信访工作制度，并实行信访工作领导负责制，明确单位领导抓信访工作的实绩作为考核领导班子的一项重要内容。

2004年9月20日，浙能集团成立稳定工作领导小组，全面领导集团内部信访、突出问题和群里性信访事件的处理。

2007年7月11日，浙能集团成立维稳、信访和综治领导小组，扩大了信访维稳工作的组织机构和工作职能。

2011年2月21日，浙能集团印发《重要事项（情况）请示、报告制度》，对重要事项（情况）请示、报告过程中的程序进行了规范，对重大突发事项报告及处置事项提出规范要求。

2012年11月7日，浙能集团印发《信访工作管理办法》，规范了群众来信处理、来访接待程序和管理方法，明确了各级领导及工作人员的职责，并提出了处理信访事项的基本要求，规范了信访突发事件处理程序。

2012年11月7日，浙能集团印发《重大决策社会稳定风险评估实施细则》，提出坚决贯彻“谁主管谁负责、谁评估谁负责、谁决策谁负责”的原则，明确提出直接关系人民群众切身利益且牵涉面广、容易引发社会稳定问题的重大决策事项必须进行社会稳定风险评估，从源头上预防和化解社会矛盾，维护社会和谐稳定。

2015年6月9日，浙能集团印发《突发重大网络舆情应急处置预案管理办法》，明确提出各部门职责及相关管理内容和方法，指导各级领导及职能部门及时有效处置公司系统突发重大网络舆情。

2017年3月22日，浙能集团发布《关于贯彻落实〈浙江省信访工作责任制实施细则〉的通知》（简称《实施细则》），组织系统各单位认真学习《实施细则》和信访相关条例文件精神，提高认识，增强责任感和自觉性。

2018年8月30日，浙能集团印发《领导人员信访接待日管理办法》，明确集团公司领导班子成员、相关部门的工作职责，明确领导班子成员每季至少参加一次接待群众来访的要求，并对接访安排、接访重点和接访遇到问题的处理提出了管理要求和规定。

2019年1月15日，浙能集团对《信访工作管理办法》《重要事项（情况）请示、报告制度》《突发重大网络舆情应急处置预案管理办法》等工作制度进行了修订，按照上级文件要求对相关条款内容进行了修改完善。

二、主要工作

2011年，浙能集团根据《信访条例》和上级相关规定，按照“属地管理，分级负责；谁主管，谁负责；依法、及时、就地解决问题与疏导教育相结合”的原则，所属单位统一建立了“一把手负总责，分管领导具体抓，其他领导一岗双责”的信访工作领导机制，充实各级信访维稳力量，逐步建立了信访维稳网格化管理体系。

2016年6月14—15日，浙能集团在杭州组织召开2016年信访维稳培训会议，旨在加强集团系统信访维稳队伍建设，切实提高工作效率，全力维护企业和谐稳定良好局面，万无一失做好G20峰会前期准备工作。各单位办公室负责人、信访维稳工作主管100余人参加了培训。

2016年7月14日，浙能集团召开浙江浙能钱清发电有限责任公司资产处置纠纷维稳信访协调专题会议，要求浙江浙能钱清发电有限责任公司积极引导江苏华能按照“法定途径优先”原则合法解决合同争议，尽量降低矛盾激化程度，确保G20峰会期间的社会稳定。

2016年7月20日，浙能集团召开浙江小浦煤矿机械厂改制历史遗留及信访维稳工作专题协调会议，提出对浙江小浦煤矿机械厂改制历史遗留及信访维稳工作要求，即急事急办、特事特办、长事快办。

2017年1月18日，中共浙江省委、省人民政府发文《关于增补杭州钢铁集团公司和浙江浙能电力股份有限公司萧山发电厂为服务保障G20杭州峰会作出突出贡献集体的通知》，对浙江浙能电力股份有限公司萧山发电厂顾全大局，甘于奉献，主动关停燃煤火电机组，为保障峰会期间的环境质量作出了突出贡献，浙江省委、省政府决定给予表扬。

2017年9月15日，浙能集团2017年信访维稳培训会议在杭州召开。本次培训旨在加强集团系统信访维稳队伍建设，平安护航党的十九大信访维稳工作，提高集团信访维稳工作效率，确保集团系统不出事、没有事，以平安和谐的良好环境迎接党的十九大胜利召开。集团系统各单位办公室负责人、信访维稳工作主管100余人参加培训。

2017年，在浙江举行的重大会议不断。浙能集团为此编制了《重大活动期间安全、环保、信访维稳等工作标准》，规范了各项工作措施，并按照上级要求，在重大活动和会议期间，严格落实领导带班和24小时值班值，加强维稳形势的分析研判，全力化解矛盾纠纷，妥善处理信访问题，确保集团系统不发生各类维稳事件，有力保障和谐稳定大局。

2018年7月20日，浙能集团党委组织召开集团退役军人工作推进专题会议，会议传达了浙江省委、省政府关于进一步深化退役士兵社会化服务工作通知文件，以及省政府、省国资委对企业退役军人工作的具体要求。浙能集团党委副书记陆翔结合上级文件、讲话精神和浙能集团董事长童亚辉批示意见，对推进集团系统退役军人相关工作作专题讲话，要求各单位进一步提高思想认识，进一步强化责任落实，高质量完成退役军人工作任务。办公室主任还对摸排方式方法等具体事项进行了布置，系统内各单位分管领导68人参加了本次会议。

2018年12月17—18日，浙能集团承办省国资委组织的省属企业重大决策社会稳定风险评估工作研讨推进会，省国资系统16家企业30余人参加了本次培训及交流。

第二章 法律事务管理

第一节 机构与制度

2003年8月20日，浙能集团印发《关于调整浙江省能源集团有限公司内设机构的通知》（浙能人〔2003〕244号），决定调整浙能集团内设机构，设立战略研究与法律事务部，作为法律风险防范工作、学法普法工作牵头部门。

2004年3月12日，浙能集团印发《浙江省能源集团有限公司战略研究与法律事务部部门职能（试行）》（浙能人〔2004〕63号文），进一步明确部门法律事务管理职能范围。

2004年7月5日，浙能集团印发《浙江省能源集团有限公司合同管理办法（试行）》（浙能战略〔2004〕211号），形成合同管理制度化规定。

2004年10月21日，浙能集团聘请成立了企业律师顾问团，加强法律风险管理力量支撑。

2006年11月13日，浙能集团印发《关于成立"五五"普法领导小组的通知》（浙能战略〔2006〕307号），成立了以总经理为组长的普法领导小组，下设普法办公室，日常机构设在战略研究与法律事务部，配备专职普法联络员。根据集团公司的统一部署，各所属企业均成立了"五五"普法工作领导小组。

2010年7月2日，浙能集团印发《法律事务管理办法》（浙能战略〔2010〕277号）及《外聘律师事务所和法律顾问法律服务与考核管理办法》（浙能战略〔2010〕278号），构建法律事务管理架构和法律风险防范体系，标志着浙能集团法律事务工作走向规范化、制度化。

2010年10月11日，浙能集团印发《关于要求批准浙江省能源集团有限公司章程的请示》（浙能战略〔2010〕488号），请示省国资委批准浙能集团公司章程修订案。

2010年11月16日，浙能集团印发《浙江省能源集团有限公司“三重一大”决策制度实施办法（试行）和《浙江省能源集团有限公司重大事项议事决策规则》（浙能战略〔2010〕518号），对“三重一大”决策制度和重大事项议事决策作出明确制度规定。

同日，浙能集团印发《关于贯彻落实“三重一大”决策制度进一步推动规章制度体系建设的指导意见》（浙能战略〔2010〕521号），要求所属企业进一步开展自查，推进规章制度体系建设工作。

同日，浙能集团印发《浙江省能源集团有限公司外聘律师事务所和法律顾问资料档案库》（浙能战略〔2010〕522号），加强对外聘律师资源优化配置和动态考核。

2011年6月3日，浙能集团印发《关于成立“六五”普法领导小组的通知》（浙能战略〔2011〕391号），正式成立浙能集团“六五”普法领导组织。

2011年8月3日，浙能集团印发《关于印发浙江省能源集团有限公司“六五”普法规划的通知》（浙能战略〔2011〕501号），正式发布浙能集团“六五”普法规划。

2011年8月30日，浙能集团印发《商标管理办法》（浙能战略〔2011〕570号），统筹商标管理事项，加强商标保护和利用。

2011年11月30日，浙能集团印发《法律风险管理与控制基本规范》（浙能战略〔2011〕746号），明确法律风险防控制度依据。

2012年3月2日，浙能集团发布《关于进一步落实“三重一大”决策制度加强规章制度示范点建设的通知》（浙能战略〔2012〕130号），确立浙江浙能温州发电有限公司、浙江兴源投资有限公司作为规章制度示范点单位。

2012年11月2日，浙能集团修订《“三重一大”决策制度实施办法》《重大事项议事决策规则》，新增法律风险审查、社会稳定风险和安全风险评估等程序。细化“三重一大”决策程序，规范决策行为，进一步提高企业集体决策、科学决策、民主决策、依法决策的能力和水平。

2012年12月31日，浙能集团累计汇编发布7册《浙江省能源集团有限公司规章制度汇编》，包含基础性、综合性、专项性规章制度及管理标准合计293项。

2013年11月14日，浙能集团印发《关于浙江省能源集团有限公司机构设置调整的通知》（浙能人〔2013〕570号），决定调整战略研究与法律事务部为战略管理与法律部，明确战略管理与法律部是浙能集团法律风险防范、法律事务管理的归口管理部门。

2014年3月18日，浙能集团印发浙能人〔2014〕181号）文件，在集团总部层面建立了总法律顾问制度。

2015年8月26日，浙能集团印发《关于进一步规范集团公司各部门重要归口管理事项决策流程的意见》（浙能战略〔2015〕434号），共梳理列明13个职能部门135项重要归口管理事项涉及的决策环节和决策权限。

2017年10月30日，浙能集团向浙江省国资委上报《关于要求批准〈浙江省能源集团有限公司章程〉的请示》（浙能战略〔2017〕592号），请示省国资委批准浙能集团公司章程修订案。

2017年11月22日，浙江省国资委批复同意浙能集团修订的公司章程。浙能集团同步修订了党委议事规则，落实了党建入章程工作要求。

2018年3月27日，浙能集团印发《关于开展管理制度梳理工作的通知》（浙能战略〔2018〕129号），正式启动全系统第四轮大规模的规章制度“立、改、废”工作。全年集团总部新增制度28项、修订50项、废止17项，总部规章制度和管理标准总数达364项。

2018年9月20日，浙能集团印发修订后的《董事会工作规则》《总经理工作规则》（浙能战略〔2018〕461号），重点优化法人治理机构的职权组成、议事规则和表决方式。

2019年1月15日，浙能集团印发《合规管理办法》《企业主要负责人履行推进法治建设第一责任人职责及领导干部集中学法实施办法》《合同管理办法》（浙能战略〔2019〕17号），将企业主要负责人履行依法治企的职责及领导干部集中学法形成制度化成果，浙能集团依法治企水平迈上新台阶。

第二节 法律风险管控

2007年5月25日，浙能集团举行律师顾问团座谈会，律师顾问团成员所（浙江阳光律师事务所、上海锦天城律师事务所杭州分所、浙江天册律师事务所和浙江京衡律师事务所）的主任律师、合伙人、联络人参加会议，会议加强了沟通协作，形成了良性互动。

2007年8月24日，浙能集团召开法律事务工作座谈会，会议强调了法律顾问和法律事务工作的重要性，指出了企业法律风险防范最重要的是建立和规范程序，明确了法律风险防范的基本方向和目标，要求继续深入开展企业法律风险防范体系建设研究。

2012年5月21日，浙能集团首次发布《集团本级法律风险控制清单》（2012年度），通过开展日常法律风险的排查和识别工作，共排查潜在的法律风险因素155项，并制定468项风险控制措施，基本覆盖集团各个部门和各个业务领域，之后每年度定期排查更新。

2012年8月10日，浙能集团印发《关于进一步加强法律风险管控工作的意见》（浙能战略〔2012〕537号），进一步推进企业法律风险管控工作。

2013年9月4日，浙能集团根据省国资委《关于开展2013年度企业法律顾问职业岗位等级资格评审工作的通知》（浙国资法规〔2013〕8号）要求，组织开展浙能集团首次企业法律顾问职业资格岗位等级评审推荐工作。

2015年6月3日，浙能集团印发《关于全面开展职权梳理，推行权力清单的通知》（浙能战略〔2015〕300号），全面开展权力清单梳理编制工作。

2015年7月20日，浙能集团正式启动合同管理信息化项目，建立了与ERP系统相集成的唯一合同线上管理平台，统一会签审批程序、归口管理部门、各类标准表单等内容，实现合同管理的全覆盖，规范了企业合同的全生命周期管理。

2015年8月10日，浙能集团印发《关于进一步规范中介机构服务采购工作的意见》（浙能战略〔2015〕435号），成立统一的中介服务采购领导小组作为中介机构选聘工作的集体领导和决策机构，进一步规范中介服务采购行为，建立透明、高效的服务采购制度。

2015年12月15日，浙能集团印发《关于公布集团公司本级权力清单的通知》（浙能战略〔2015〕639号），发布集团总部集体权力清单和个人权力清单共计74张，所属企业共形成权力清单1100张，以制度的笼子规范了权力的行使。严格实施法律审核制度，严格落实法律“三项审核”（经济合同法律必审、重大决策法律必审、规章制度法律必审），以上三类法律审核率达到100%。

2016年12月9日，浙能集团根据《关于进一步加强省属企业法律风险防范机制建设的指导意见》及《浙江省国资委关于全面推进省属企业法治建设的指导意见》的精神，将依法治企纳入责任制考核。

截至2017年，浙能集团累计65人取得企业法律顾问执业资格、法律职业资格以及律师资格，企业法律事务工作人员专职率进一步提升。

2018年6月4日，浙能集团印发《关于进一步加强集团系统法律风险管控的指导意见》（浙能战略〔2018〕323号），要求所属企业以服务集团重大战略和重大项目为中心，以完善法务机构人员配备、加强合同全流程监管为抓手，大力推动企业法律风险管控能力现代化，从制度层面加强法律风险管控，以适应集团转型升级和“四业”发展的新形势新需要。

2019年5月9日，浙能集团印发《关于进一步做好集团系统法律风险管控工作的通知》（浙能战略〔2019〕213号），进一步完善依法治企工作。

2019年5月10日，浙能集团印发《2019年依法治企工作要点》和《2019年依法合规治企工作重点任务清单》（浙能战略〔2019〕226号），突出合规管理导向。

第三节 学法普法

一、学法普法活动

（一）领导干部带头学法

2007年，浙能集团开展新任领导人员上岗前法律知识的学习与培训，全年共组织四期培训班。

2012 年 5 月 30 日，浙能集团邀请锦天城律师事务所资深律师从刑法修正案（八）、国有企业领导人员法律风险控制内容作法制讲座，通过案例剖析国有企业领导人员履职过程中的法律风险及教训。

2014 年 11 月 5 日，浙能集团召开党委中心组学习会议，全面传达学习十八届四中全会精神，要求以法治精神、法治要求全面推进企业发展。

2018 年 1 月 9 日，浙能集团印发《关于建立法治宣传教育责任清单和全面加强依法治企工作的通知》（浙能战略〔2017〕644 号），构建普法学法防风险长效机制。对企业领导人员学法用法要求升级，同步下发《关于建立法治宣传教育责任清单和全面加强依法治企工作的通知》文件，明确要求所属企业领导班子建立集中学法制度，每年集中学法不少于四次。实践证明，经过十多年坚持不懈的学法普法，浙能集团企业领导人员都基本养成了运用法治思维和法治方式抓改革、谋发展、促稳定的思想自觉和行动自觉。

2019 年 1 月 15 日，浙能集团印发《企业主要负责人履行推进法治建设第一责任人职责及领导干部集中学法实施办法》（Q/ZN 204011—2019），建立企业领导班子集中学法制度。明确要求集团所属企业主要负责人要切实履行推进企业法治建设第一责任人的职责，把法治建设纳入全局工作统筹谋划。明确规定了集团领导班子集中学法的内容、方法、考核方式等，并要求企业领导班子每年安排四次法律学习。

2019 年，浙能集团领导班子率先垂范，先后举行宪法、合规、保密、主要负责人履行法治建设第一责任人四个主题的集中学法活动。依法治企工作在集团首次成为继安全、党建后的“一把手”工作，法治建设工作要求提升到了新高度，浙能集团依法治企水平迈上新的台阶。

（二）年度法治工作会议暨厂长经理法制讲座

2004 年 8 月 18 日，浙能集团召开首届厂长经理法制讲座，集团副总经理童亚辉主持会议，会议邀请知名律师以《中华人民共和国公司法》《中华人民共和国合同法》为内容，对集团各部门负责人和所属企业主要负责人进行培训。

2005 年 5 月 27 日，浙能集团在杭州举办第二次厂长经理法制讲座。讲座内容关于关联交易问题分析及《中华人民共和国可再生能源法》，集团各部门负责人及所属企业主要负责人参会。

2008 年 1 月 25 日，浙能集团在杭州举办第四次厂长经理法制讲座。国家发展改革委能源局副局长吴贵辉出席并作我国能源形势和能源政策的主题报告。集团副总经理童亚辉主持论坛并作重要讲话。京衡律师集团事务所、浙江天册律师事务所律师分别从大型企业的法律风险防范以及理论与实践的角度作了企业法律风险管理方面的讲座。

2008 年 11 月 26 日，浙能集团在杭州举办第五次厂长经理法制讲座。以国有企业法人治理机制及风险防范、《中华人民共和国企业国有资产法》解读、国有企业如何预防职务犯罪和经济犯罪三方面内容开展讲座。集团各部门负责人及所属企业主要负责人参加会议。

2010 年 8 月 10—11 日，浙能集团在杭州举办第六次厂长经理法制讲座暨第二届法律事务工作座谈会，集团副总经理童亚辉主持会议并发表讲话。会议邀请专家分别就企业清算、工程建设领域等方面的法律实务和案例进行授课。

2011 年 9 月 6 日，浙能集团召开“六五”普法启动大会暨第七次厂长经理法制讲座，集团副总经理童亚辉发表讲话，回顾并总结了浙能“五五”普法经验，部署“六五”普法依法治企工作。同时，邀请知名律师作《国有企业知识产权战略与保护》知识讲座。

2012 年 5 月 31 日，浙能集团召开第八次厂长经理法制讲座，集团副总经理楼晶主持并发表讲话，本次厂长经理法制讲座以“刑法修正案（八）和国有企业领导人员法律风险控制”为主题。四个板块公司就贯彻落实集团《法律风险管理与控制基本规范》等风险管控标准的情况，以及在法律风险防范机制建设方面的做法、经验在会上作了交流。

2013 年 5 月 7 日，浙能集团第九次厂长经理法制讲座暨 2013 年法制工作会议在杭州召开，会议强调要依法治企，要求转变观念、围绕中心，构建起全局型风险管控模式。集团副总经理楼晶出席会议并发表讲话。本次厂长经理法制讲座以“国有企业领导人员如何正确行使权力，避免失职与越位”为主题。

2014 年 5 月 26 日，浙能集团召开第十次厂长经理法制讲座暨 2014 年法制工作会议，本次厂长经理法制讲座以“混合所有制下的企业法律风险防范”为主题。集团副总经理楼晶作《完善顶层设计　加强末端控制　全面推动集团法律风险管控能力迈向更高水平》讲话，提出要严格贯彻落实省国资委关于加强省属企业法律风险防范机制建设的决策部署，积极构建具有浙能特色的法律风险管控体系。

2015 年 4 月 27 日，浙能集团召开第十一次厂长经理法制讲座暨 2015 年法制工作会议，并作公司法律文书写作培训，为“建法治浙能、促科学发展”主题征文比赛颁奖，本次厂长经理法制讲座以“新常态下能源企业法律风险管控”为主题。

2016 年 3 月 21 日，浙能集团召开 2016 年经营工作会议、法制工作会议暨第十二次厂长经理法制讲座。集团总经理童亚辉参加厂长经理法制讲座，集团副总经理黄伟建作 2015 年经营工作和法制工作报告。集团法务总监、战略管理与法律部主任夏晶寒主持会议。本次厂长经理法制讲座以“投资并购模式的创新与风险控制”为主题，为集团“双新双创”工作的开展提供了思路。

2017 年 5 月 5 日，浙能集团在杭州召开 2017 年法制工作会议暨第十三次厂长经理法制讲座，本次讲座以“能源企业争议案件的预防与处理实务”为主题。集团副总经理赵建林作《专业引领　规范管控以现代法治建设促集团创新发展》讲话。集团各部门、各板块管理公司、所属企业等 180 余人参加会议。

2018 年 3 月 30 日，浙能集团召开 2018 年法制工作会议暨第十四次厂长经理法制讲座，集团副总经理赵建林作《深化合同管理　落实责任担当　为“新浙能”提供全面法律保障》讲话。本次厂长经理法制讲座以“国有企业‘走出去’建设‘一带一路’的法律保障”为主题。

2019 年 4 月 2 日，浙能集团召开 2019 年法治工作会议暨第十五次厂长经理法治讲座，集团副总经理赵建林作《全面推进依法合规治企　为打造“三型”现代能源企业再立新功》讲话。本次厂长经理法制讲座以“智慧能源的基本制度及风险规制”为主题。战略管理与法律部宣贯解读了《企业主要负责人履行推进法治建设第一责任人职责及领导干部集中学法实施办法》《合同管理办法》《合规管理办法》等制度，并对《打造“新浙能”五年发展规划（2018—2022)》进行了解析。为适应全面推进依法治国总体战略的新形势，本次会议正式将会议名称中的“法制”改为“法治”。

（三）法务培训及普法教育

2004 年 7 月和 9 月，浙能集团举办两次合同管理培训。

2007 年 1 月 5 日，浙能集团印发《浙江省能源集团有限公司“五五”普法规划》（浙能战略〔2006〕308 号），正式发布浙能集团“五五”普法总体规划。

2007 年 1 月 11 日，浙能集团印发《关于“五五”普法工作指导意见的通知》（浙能战略〔2007〕3 号），指导所属企业开展相关工作。

2007 年 2 月 12 日，浙能集团印发《关于表彰“四五”普法先进集体和先进个人的通知》（浙能办发〔2007〕2 号），对“四五”普法先进集体和个人进行表彰。

2007 年 7 月，浙能集团举办了工程管理类法律法规学习研讨会。会议邀请资深律师分别就《中华人民共和国物权法》出台对能源工程项目建设中征地拆迁等方面的影响、工程招投标相关法律法规等进行详尽的讲解。同月，举办了《分期缴纳注册资本中股权转让问题》《将他人的商标注册为企业字号是否构成侵权》两期“以案释法”活动。

2009 年 10 月 13 日，浙能集团“五五”普法联络员会议在长兴召开，会议对浙能集团“五五”普法工作进行了阶段总结。

2010 年 4 月 1 日，浙能集团举办招投标法律法规知识讲座，主要内容为《浙江省人民政府关于严格规范国有投资工程项目招标投标活动的意见》（浙政发〔2009〕22 号文）解读和集团基建管理标准招投标部分和投资管理部分内容宣讲。

2011 年 4 月 13 日，浙能集团在杭州召开第一次公司系统法律事务管理人员实务培训。对集团制度建设情况、集团发展战略及“十二五”发展规划进行宣贯，对“六五”普法工作进行指导，对《法律事务管理办法》《合同管理办法》《外聘律师事务所和法律顾问法律服务与考核管理办法》解读及实务指导。

2011 年 4 月 14 日，浙能集团在杭州召开第三届法律事务工作座谈会，所属企业汇报制度修订工作进展，对存在问题进行交流分析。

2011 年 8 月 3 日，浙能集团印发《浙江省能源集团有限公司“六五”普法规划》（浙能战略〔2011〕501 号）。相关要求参照《省委、省政府转发〈省普法教育领导小组关于在全省公民中开展法制宣传教育的第六个五年规划〉的通知》和省国资委《关于在国资委系统开展法制宣传教育的第六个五年规划》精神执行。

2012 年 7 月 18 日，浙能集团召开第二次公司系统法律事务管理人员的实务培训和座谈会，战略研究与法律部主任夏晶寒主持会议并讲话。浙江阳光时代律师事务所律师分别对《中华人民共和国招投标法实施条例》和“国有企业法律风险防范”作实务解读和案例分析。针对部分单位在贯彻落实《法律风险管理与控制基本规范》中的疑问，会议中特别安排了关于基本规范的培训内容。

2014 年 11 月 26 日，浙能集团召开《中华人民共和国安全生产法》《中华人民共和国环境保护法》宣贯培训电视电话会议。会议邀请浙江大学光华法学院教授宣讲新《中华人民共和国安全生产法》《中华人民共和国环境保护法》要点。

2017 年 1 月 10 日，浙能集团印发《浙江省能源集团有限公司系统开展法治宣传教育第七个五年规划（2016 年—2020 年）》（浙能战略〔2017〕19 号），加强了对所属企业普法工作的指导。所属企业相继制定“七五”普法规划，建立相应的工作机构，落实普法工作人员。同时，将法治宣传教育相关工作经费纳入财务预算，切实予以保障，并建立动态调整机制，保证法治宣传教育工作有效开展。

2017 年 12 月 15 日，浙能集团组织开展 2017 年度法律事务管理培训，以《中华人民共和国民法总则》解读为主题召开法律专题讲座。会议还邀请省国资委监管系统法律事务管理模块项目组技术人员为所属企业法务开展模块培训。

2018 年 12 月 4 日，浙能集团在“首个宪法宣传周”“12·4 国家宪法日”期间，制定《“弘扬宪法精神、践行‘四业’发展之路”主题宣传教育活动方案》，部署开展“宪法法律进企业”活动。

2018 年，浙能集团共组织法务培训三次，组织参加国资委“法治讲堂”培训六次。联合举办了五次合同管理业务培训，参训人员超过 173 人。

（四）刊物

2007 年 7 月 23 日，浙能集团第一期《浙能普法动态》印发，建立普法工作信息报送制度，及时通报和交流了企业内部的普法工作情况。截至 2018 年 7 月 1 日，《浙能普法动态》共发布 94 期。

2008 年 6 月 26 日，浙能集团门户网站开创“学法园地”板块，同时开办《浙江能源报》“普法园地”栏目，对最新的法律法规进行宣贯和普及。截至 2018 年底，发布普法内容 135 条。

2008 年 8 月 13 日，浙能集团门户网站开创“法律实务”板块，同时在《浙江能源》杂志发表“法治浙能”栏目。该栏目主要通过剖析发生在系统内外的典型司法案例，揭示争议背后的法律规则以及所隐藏的法律风险等。截至 2018 年底，发布法律实务 188 条。

2010 年 12 月 15 日，《法制浙能宣传资料》第一期刊发。截至 2019 年底，共编印十六期。《法制浙能宣传资料》内容针对实际工作中容易碰到的法律问题，重点突出，解答通俗易懂，方便普及。

2018 年 12 月 18 日，浙能集团启动“互联网+法治宣传”，在持续编印《法治浙能》《浙能普法动态》等法治宣传资料的基础上，利用网站、微信公众平台号、网络电视台、微视频等新媒体手段，开展多样法治宣传。

截至 2019 年 12 月 31 日，浙能集团已形成稳定的法治宣传阵地，打造具有浙能特色的普法品牌，其中，既有《浙江能源报》“普法园地”、《浙江能源》杂志“法治浙能”栏目、《浙能普法动态》《法治浙能》等纸质阵地，也有集团网站、微信公众平台、网络电视台、法律援助热线等新媒体平台。

（五）考试竞赛

2004年5月，浙能集团根据省普法办的要求，组织所属企业参加省委宣传部、省司法厅和省普法教育领导小组办公室联合举办的浙江省“移动杯”《宪法》知识竞赛活动。

2005年10月17日，浙能集团印发《关于举办“浙能杯”法制演讲比赛的通知》（浙能战略〔2005〕298号），召开首次“浙能杯”法制演讲比赛。

2006年11月13日，浙能集团普法领导小组办公室响应司法部、国务院新闻办、全国普法办联合印发的在全国部署开展“百家网站法律知识竞赛”活动的通知要求，组织所属企业广大干部职工参加竞赛活动。

2007年7月，浙能集团举办大型安全生产知识竞赛，全集团25家企业组队参加。竞赛活动使《中华人民共和国安全生产法》《浙江省安全生产条例》《中华人民共和国工会法》《中华人民共和国劳动法》《企业安全生产基础建设知识》等与职工生产生活安全相关的法律知识得到广泛地宣传与普及。

2009年9—12月，浙能集团组织开展“浙能杯”学法用法征文活动，征文活动设个人一等奖、二等奖、三等奖和单位组织奖，其中，个人一等奖2名，二等奖5名、三等奖10名，单位组织奖2名。对于评选出的获奖个人和单位给予表彰奖励，获奖征文在《浙江能源》杂志、《浙江能源报》刊登。

2009年10月13日，浙能集团“五五”普法联络员会议在长兴召开，会议布置了2009年学法用法征文比赛活动和参加浙江省企业经营管理人员法律知识竞赛工作。

2011年1月13日，浙能集团组织开展《“三重一大”决策制度实施办法》宣贯知识竞赛活动。

2012年6月14日，浙能集团根据省委宣传部、省司法厅、浙江省银监局、省普法办联合发出的《关于开展“全省金融法律知识竞赛”的通知》文件要求，组织所属企业参加金融法律知识竞赛活动。

2014年6月16日，浙能集团为贯彻落实省委省政府“五水共治”决策部署，组织所属企业开展“五水共治”法律知识竞赛活动，同时推荐职工参加省普法办、省治水办组织开展的“五水共治”法律知识竞赛活动。

2015年6月1日，浙能集团印发《关于举办浙江省能源集团有限公司法务管理知识竞赛的通知》（浙能战略〔2015〕294号），举办了首届法务管理知识竞赛，以竞赛促培训，以竞赛提技能，进一步提升集团系统法务管理人员的业务能力。

二、学法普法成果

2006年，浙能集团荣获2006年“全省普法依法治理信息工作先进单位”。

2007年10月12日，浙江省普法教育领导小组办公室印发《关于表彰全省普法依法治理信息工作先进单位和优秀信息员的通知》（浙普办〔2007〕19号），浙能集团荣获2007年“全省普法依法治理信息工作先进单位”。

2007年，浙江省省直属单位普法依法治理工作会议上，浙能集团受邀作为普法先进单位发言。

2008年，全省国资系统普法依法治理经验交流会上，浙能集团受邀作为普法先进单位发言。

2008年12月23日，浙江省普法教育领导小组办公室印发《关于表彰全省优秀普法报刊的决定》（浙普办〔2008〕18号），浙能集团《浙能普法动态》荣获全省优秀普法信息简报荣誉称号。

2008年度、2009年度省管领导干部学法考试中，浙能集团班子成员均积极参加，并获得了优秀。

2009年，浙能集团选送的三篇作品在省国资委举办的“企业国有资产法”征文比赛中获奖。

2010年8月24日，在全省国资系统“五五”普法验收总结大会上，浙能集团受邀作为普法先进单位发言并荣获“浙江省国资系统

‘五五’普法先进集体”称号，集团公司战略研究与法律事务部1名职工荣获“浙江省国资系统‘五五’普法先进个人”。

2011年5月27日，浙能集团在浙江省国资委举办的“5.27国资监管法律知识竞赛”中荣获先进集体称号。

2012年2月，浙能集团荣获2011年“全省普法依法治理信息工作先进单位”。

2015年，浙能集团工会女职工委员会荣获“女职工维权行动月”法律知识竞赛优秀组织单位。

同年，浙能集团被评为全国职工新《中华人民共和国安全生产法》知识普及竞赛活动最佳组织单位，并在2015年“贯彻实施新安法，严格落实各项法律责任”知识竞赛中荣获三等奖。

2019年，浙能集团《宪法与红咖啡馆》视频作品获评浙江省普法办公室颁发的“我与宪法”微视频征集优秀作品奖。

第四节 知识产权管理

一、商标字号管理

2006年，浙能集团向国家工商总局商标局提起商标全类注册的申请，分别以“浙能”“能浙”“浙能集团”“ZHENENG”“ ”5个商标在45大类商品和服务中申请全类保护注册。

2011年8月1日，浙能集团印发《关于成立浙江省能源集团有限公司商标领导小组的通知》（浙能战略〔2011〕496号），专门成立了企业商标领导小组和工作小组，对内强化企业的商标规范使用与管理，对外保护企业商标专用权免受侵害。

2011年8月5日，经坤元资产评估有限公司评估，浙能集团持有的“浙能集团”等商标无形资产价值超4亿元人民币。

2011年8月30日，浙能集团印发《商标管理办法》（浙能战略〔2011〕570号），并于2014年3月26日修订，强化对商标等无形资产利用保护。

2012年1月1日，“浙能集团”“ZHENENG”“ ”商标被浙江省工商行政管理局认定为浙江省著名商标。

2013年1月15日，浙江省工商行政管理局正式发布公告，浙能集团所拥有的“浙能”商号被认定为“浙江省知名商号”（有效期6年），2019年1月17日成功续展。

2013年7—10月，国家商标总局商标评审委员会支持浙能集团商标注册申请，先后驳回了嘉兴嘉澳环保科技股份有限公司针对我方的6项商标异议复审请求，涉及多项核心业务领域的商标注册获得核准，商标保护工作取得重大进展。

截至2014年12月31日，浙能集团获得国家工商总局商标局核准授予注册商标专用权证224件，商标全类注册保护工作基本完成。

2015年1月1日，浙能集团第40类核心商标“浙能”被浙江省工商行政管理局新认定为“浙江省著名商标”，“浙能集团”“ZHENENG”“ ”三件商标被延续认定为“浙江省著名商标”。

截至2015年12月31日，浙能集团拥有省著名商标5件，省知名商号1件。

2016年3月31日，浙能集团第40类的“浙能”商标获得了杭州市政府针对“省著名商标”的专项财政奖励5万元人民币。

2017年5月，浙能集团完成商标全类补充注册工作，收到国家商标总局颁发的商标权证，包括“浙能集团”“浙能”“ZHENENG”“ ”四件商标共计57个大类634个小项，涵盖了金融、核能、煤化工、新能源、技术研究等产业。

2018年6月，浙能集团被国家知识产权局（国务院知识产权战略实施工作部际联系会议办公室）授予“国家知识产权战略实施工作先进集体”荣誉称号。

2019年7月4日、8月16日，浙能集团向国家知识产权局商标局递交了“浙石油”文字商标、“浙江石油”组合商标的商标注册申请，推进浙江地方石油品牌建设。

2019年10月16日，浙江省人民政府向国家知识产权局出具了《浙江省人民政府关于商请支持浙江省能源集团有限公司“浙江石油”等商标注册工作的函》（浙政函〔2019〕121号）。

2019 年 11 月 12 日，浙江省知识产权局向国家知识产权局报送了《浙江省知识产权局关于请求支持浙江省能源集团有限公司“浙江石油”等商标注册的报告》（浙知〔2019〕9 号）。2020 年 7—12 月，浙能集团先后获得“浙江石油”5 个核心类别的商标专用权证，为大力发展地方石油品牌、推动浙江自贸区全油品产业链建设打下坚实品牌基础。

2019 年，浙能集团分两批完成了 224 件有效期即将届满商标的到期续展，及时延续了商标有效期。

截至 2019 年 12 月 31 日，浙能集团的商标全类注册覆盖了《类似商品和服务区分表》中 45 个大类的商品与服务，共拥有注册商标 288 件，基本实现了企业商标的全类别主动保护。新增商标冲突案明显减少，集团品牌战略和无形资产价值得到大力提升。

二、著作权及专利权管理

2012 年 8 月 13 日，浙能集团印发《关于开展知识产权权属情况专项调查的通知》（浙能战略〔2012〕541 号），对集团知识产权权属情况进行摸底。

2017 年 6 月，浙能集团参加阿斯塔纳世博会，将超低排放技术展现在世界面前。在展览现场该技术得到了习近平主席的肯定和国内外专家的赞扬。

截至 2017 年底，浙能集团已获专利授权 311 件，其中 90% 以上的专利已实现了产业化推广。累计获得国家及省部级科技奖励 12 项，获得社会力量设奖奖励 138 项，经济效益和社会效益显著。

2018 年 1 月，浙能集团首创的燃煤火电机组超低排放技术获国家技术发明一等奖，这是浙江省自新中国成立以来首次获得该奖项。针对燃煤电厂多污染物排放高的难题，该技术破解了我国大气污染和能源安全的双重挑战，实现了煤炭在电厂的清洁利用，围绕该技术形成了超低排放技术“专利群。依托该技术成果，浙能集团牵头或参与了 15 项国家标准和机械行业标准的制定，这些标准全面规范和促进了燃煤污染治理技术及装备水平的提高。

第三章 计划与发展

第一节 组织机构

2001 年 5 月 16 日，浙能集团印发《关于明确集团各部门和天然气开发筹建处负责人的通知》（浙能组〔2001〕1 号）决定设置投资开发部，作为浙能集团投资计划与项目开发的归口管理部门。

2003 年 8 月 20 日，浙能集团印发《关于调整集团内设机构的通知》（浙能人〔2003〕244 号），投资开发部更名为计划发展部。

2003 年 8 月 27 日，浙能集团印发浙能人〔2003〕265 号文件，明确计划发展部职责，负责中长期规划、项目发展规划、投资项目前期开发管理、项目投资报批、项目后评价、投资计划、综合统计、项目筹备处的业务组建与考核。

2008 年 4 月，浙能集团根据项目开发需要成立电力项目前期办进驻北京，作为计划发展部前期工作的延伸。2018 年 9 月 14 日，电力项目前期办更名为项目前期办。

2013 年 9 月，《浙江省能源集团有限公司“强总部”建设方案》实施，浙能集团计划发展部调整优化职责，新增年度综合计划、实业性收购（建设项目类）、投资监督管理等职能。中长期规划管理职能调整为战略研究与法律事务部归口管理。

2017 年 9 月，浙能集团发布《关于印发浙江省能源集团有限公司管控优化方案（2017 年版）的通知》（浙能战略〔2017〕488 号），调整集团管控架构、强化板块主体责任。计划发展部职能调整为负责项目发展规划、国内投资项目的前期开发管理、集团本部投资的项目投资报批、项目后评价、投资监督管理、综合计划与统计管理等工作。涉及国际业务由新建立的国际业务部归口管理。

第二节 规划与产业布局

一、规划

（一）“十五”发展规划研究

2001年12月29日，浙能集团一届十次董事会审议通过浙能集团《中长期战略发展规划编制办法》。

2003年7月24日，浙能集团召开党委理论学习中心组学习会，认真分析集团公司现状，形成了“以投资为主体，以实业为基础，以电力为主业，多种产业共同发展”的战略思路，制定了未来五年总资产、销售收入和电力装机“三个翻一番”的战略目标。

2004年8月27日，浙能集团董事会决定制定一整套改革发展规划体系，统一发展目标、统一发展思路、统一发展战略、统一发展措施。这套改革发展规划体系由一个“纲要”、四个“专项规划”和若干子规划组成。

（二）“十一五”发展规划

2005年起，根据浙能集团部署，计划发展部在分析宏观环境形势及自身发展能力的基础上，按照浙江省委、省政府重大战略部署和全省经济工作会议精神，依据《浙江省国民经济和社会发展“十一五”规划纲要》《浙江省省属国有企业“十一五”发展规划》，围绕“建设和谐浙能，打造百年浙能”的基本方略，开始编写《浙江省能源集团有限公司发展战略与“十一五”发展规划》(简称“十一五”发展规划)。

2006年5月31日，浙能集团董事会临时会议对“十一五”规划初稿有关数据指标情况进行研讨。

2007年1月30—31日，浙能集团召开2007年度工作会议。会议确立“大能源格局下以电为主业，多业发展”战略，讨论通过了浙能集团“十一五”发展规划，提出了五年后发展目标：成为总资产超千亿元、控股管理的电力装机容量超两千万千瓦，具有核心竞争能力与持续赢利能力的浙江“国企航母”。

浙能集团“十一五”发展总体目标见表13-3-1。

表13-3-1 浙能集团“十一五”发展总体目标

项目名称	2005年实绩	2010年目标
总资产（亿元）	557	1000
销售收入（亿元）	234	400
利润总额（亿元）	35.5	50
净利润（亿元）	12.3	20
净资产（亿元）	192	280
控股管理装机容量（万千瓦）	1080	2000
年电煤采购量（万吨）	3142	4500
天然气干线长度（千米）	275	400
年天然气销售量（亿立方米）	2.27	30
单位发电量 SO_2 排放量（克/千瓦时）	4.4	0.808

（三）“十二五”发展规划

2010年，根据“十一五”发展规划评估与实际执行情况，浙能集团滚动编制《浙江省能源集团有限公司发展战略与“十二五”发展规划》(简称“十二五”发展规划)。

2010年12月31日，浙能集团二届四十八次董事会审议同意“十二五”发展规划。

2011年3月15日，浙能集团正式发布实施“十二五”发展规划。“十二五”发展目标为2015年实现销售收入超1000亿元，总资产1860亿元、净资产750亿元、资产负债率60%，利润总额超过80亿元。完成天达环保、电力板块上市，资产证券化率58.7%左右。控股管理发电装机2900万千瓦，供电煤耗310克/千瓦时。年煤炭采购量6000万吨，其中市场煤1000万吨，电煤40%以上可通过煤矿投资实现自给，海运运力100万吨。全省新建成省级输气管线800千米，年销售天然气98亿立方米，新增控股、管理城市燃气项目10家以上。

浙能集团“十二五”发展总体目标见表13-3-2。

表 13-3-2 浙能集团“十二五”发展总体目标

项目名称	2010 年实绩	2015 年目标
总资产（亿元）	1058.94	1860
销售收入（亿元）	468.33	1000
利润总额（亿元）	52.87	80
净利润（亿元）	41.79	60
净资产（亿元）	498.97	750
资产负债率（%）	52.90	60
控股管理装机容量（万千瓦）	1940.72	2900
供电煤耗（克/千瓦时）	317.36	310
年电煤采购量（万吨）	3827	5000
天然气干线长度（千米）	414	1200
年天然气销售量（亿立方米）	31	98
海运运力（万吨）	0	100

（四）“十三五”发展规划

2015 年 3 月 20 日，浙能集团召开“十三五”规划编制工作启动会，提出“分散与集中相结合”的工作方式和“适度超前、互动推进”的工作原则。

2015 年 12 月 28 日，浙能集团董事会审查工作原则同意并送提交职代会审议。

2016 年 1 月 18 日，浙能集团召开一届四次职工代表大会暨 2016 年度工作会议，全面总结了集团“十二五”规划执行情况，深刻分析集团当前面临的形势，明确提出集团发展的总体目标为打造国内一流、国际先进现代综合型能源供应商，成为优秀国企的先进范例和行业中的“百年明星企业”，并讨论审议通过该规划。

2017 年 1 月 17 日，《浙江省能源集团有限公司“十三五”发展规划》（浙能计〔2016〕520 号）正式发布。指导思想为按照中央“四个全面”战略布局、浙江省“八八战略”部署要求，主动适应经济新常态和产业转型新格局，深入实施“大能源战略”，紧扣“能源立业、科技兴业、金融富业、海外创业”的发展思路，加快推进“加工型向综合型、实业型向产融型、传统型向现代型”的转变。通过模式创新和机制创新，增添新的动力，激发新的活力，进一步提升产业结构和资产质量，以传统发展体系和新发展方式“双轮驱动”相结合，实现浙能集团“二次创业”。“十三五”发展目标为投资总额力争超过 600 亿元，通过产业基金收购或股权投资，期望达到、甚至超过 1000 亿元。营业收入达到 1000 亿元，利润总额力争到 150 亿元。总资产力争达到 3000 亿元，其中净资产接近 1500 亿元。金融产业对净利润的贡献度力争达到 25%。集团控股管理的总资产，证券化率力争达到 75%。可再生能源发电占集团控股管理发电装机超过 6%，争取发电量占比达到 4%。效益绩效、管理水平方面位列全国能源企业前茅。创新能力位列省属能源企业前茅。在全国范围内率先完成超低排放改造，纳税总额位列全省前茅。企业各方面软实力位列全国能源系统前茅。浙能集团“十三五”发展主要目标指标见表 13-3-3。

表 13-3-3 浙能集团“十三五”发展主要目标指标

项目名称	2015 年实绩	2020 年目标
营业收入（亿元）	620	990
资产总额（亿元）	1791	2391
净资产（亿元）	950	1000
利润总额（亿元）	145	119.3
净利润（亿元）	115	95.4
资产负债率（亿元）	47	59
投资总额（亿元）	—	累计 600
资本市场融资总额（亿元）	—	65
国有资产证券化率（%）	60	75
控股上市公司数量（家）	2	4
供电煤耗（克/千瓦时）	299.34	295
控股管理装机容量（万千瓦）	3067	3500
60 万千瓦及以上燃煤发电机组占总燃煤发电机组比重（%）	64%	75%
煤炭购销（万吨）	4592	5000
天然气干线长度（千米）	1036	2500
天然气销售量（亿立方米）	65	150
运力（万吨）	120	141
可再生能源装机容量（万千瓦）	86.65	200

2018 年 9 月 20 日，根据浙江省国资委（浙国资企改〔2018〕24 号）文要求，浙能集团对

“十三五”发展规划作了中期评估，并编制完成《浙江省能源集团有限公司“十三五”发展规划中期评估报告》上报浙江省国有资产监督管理委员会。浙能集团在充分分析世情、国情、省情的变化、企业面临的发展机遇和风险挑战后，对“十三五”规划目标作了以下调整。

营业收入到期末力争达到1313亿元（上调323亿元），力争实现总资产2856亿元（上调465亿元）、净资产1245亿元（上调245亿元）；利润总额达到82亿元（下调37.3亿元）、净利润62亿元（下调33.4亿元）、资产负债率56.4%（下调2.6个百分点）、净资产收益率5.1%（下调2.47个百分点）；投资总额力争超过1056亿元（上调456亿元）、资本市场融资规模力争达到300亿元（上调235亿元）、资产证券化率75%。新增国家级行业标准30个，发明专利60个，各类创新平台7个。

控股管理发电装机容量约3400万千瓦（下调100万千瓦），煤电资产占总资产的比重下降到40%左右（变“电力资产”为“煤电资产”）；天然气销售量争取达到150亿立方米（不调），管网在全省范围内形成“一张网”格局，基本实现“县县通”；煤炭购销超过7000万吨（上调2000万吨），其中电煤约5000万吨原煤（上调1000万吨），市场煤销售超过2000万吨（上调1000万吨）。新增：新建500座左右综合供能站，新建、收购125万立方米原油库，新建、收购40万立方米成品油库，建成100千米成品油管道，销售成品油400万吨，销售燃料油60万吨，原油贸易量达到600万吨。浙能集团“十三五”发展规划中期评估主要指标情况及调整目标见表13-3-4。

表13-3-4 浙能集团“十三五”发展规划中期评估主要指标情况及调整目标

指标名称	2020年规划目标	2015年实绩	2017年底实绩	调整后2020年底
营业收入（亿元）	990	680	813	1313
资产总额（亿元）	2391	1796	1927	2856
净资产（亿元）	1000	949	1039	1245
国有净资产（亿元）	737	644	721	871
利润总额（亿元）	119.3	146	71	82
净利润（亿元）	95.4	115	57	62
资产负债率（%）	59	12.78	46.10	56.4
总投资规模（亿元）	600		338.74	1056.51
资本市场融资规模（亿元）	65	131	101	300
资产证券化率（%）	75	66	74	75
研发投入强度（年净利润或销售额）（%）	5或1	2.4或0.4	9.7或0.8	5或1
国家级行业标准（个）	—	19	26	30
发明专利数（个）	—	21	33	60
各类创新平台（个）	—	0	4	7

注：2015年、2017年年中均为实际完成指标。

（五）“新浙能”五年发展规划

2018年11月，浙能集团编制出版《打造“新浙能”五年发展规划》（简称“新浙能规划”）。新浙能规划以浙江省的国民经济和社会发展第十三个五年规划纲要、能源发展“十三五”规划、天然气发展三年行动计划（2018—2020年）、推进企业上市和并购重组“凤凰行动”计划以及浙能集团的第二次党代会报告、“十三五”发展规划等为依据，以2017年为基期，规划期为2018—2022年，是未来五年浙能集团发展的总体蓝图和行动纲领。新浙能规划提出“新远景”，即“打造具有全球竞争力的世界一流综合能源服务商”。其中2018—2022年为转型升级阶段，在公司成立20周年之际进入世界500强。新浙能规划提出“新产业”，即在浙能集团“5+2”产业体系的基础上，通过产业整合优化提升，构建以“电力、油气、能源服务”三大产业为基础的新格局。

新浙能规划主要经济指标：到2022年，实现总资产、年营业收入和年利润总额比2017年翻一番，其中总资产3860亿元（三大产业占比[①] 52.1%、15.8%、32.1%）；净资产1450亿元（三大产业占比80.1%、15.3%、4.6%）。年营业收入2100亿元（三大产业占比38.3%、55.7%、6.0%）。年利润总额达到145亿元（三大产业占比70.3%、7.6%、22.1%），人均产值增长至840万元/(人·年)，人均利润增长至58万元/(人·年)。截至2022年，新增投资2200亿元（三大产业占比40%、25%、35%）。浙能集团《打造“新浙能”五年发展规划》主要指标见表13-3-5。

表13-3-5 浙能集团《打造“新浙能”五年发展规划》主要指标

项目名称	年份					
	基准年2017	2018	2019	2020	2021	2022
营业收入（亿元）	813	829	1409	1606	1857	2100
资产总额（亿元）	1927	2373	2881	3302	3636	3860
净资产（亿元）	1039	1083	1219	1310	1388	1450
利润总额（亿元）	71	67	94	114	134	145
净利润（亿元）	57	47	72	89	104	111
净资产收益率（%）	5.50	4.30	6.20	7.10	7.70	7.80
资产负债率（%）	46.10	54.40	57.70	60.30	61.80	62.40
主业净资产（亿元）	1039	1083	1219	1310	1388	1450
权益投资总额（亿元）	210.55	237.8	468.7	547.2	429.3	253.9
资本市场融资总额（亿元）	75	185	233	188	167	149
国有资产证券化率（%）	70	71	73	75	75	75
控股上市公司数量（家）	2	2	2	3	3	3
研发投入/营业收入占比（%）	1	1	2	4	4	4
科技（行业）领军人才（人）	32	35	40	43	47	52
省级著名商标（个）	6	6	6	6	6	6
每万人发明专利数（个）	8	10	15	40	45	50

二、产业布局

（一）火电等常规电源项目

1. 集资办电

1985年11月，根据《国务院关于江苏、浙江、安徽省和上海市集资办电问题的批复》，浙江省电力开发公司开始征收管理地方电力建设基金，参与镇海、半山、长兴、嘉兴以及秦山等电厂项目的拨款出资。

1992年3月14日，浙江省电力开发公司换发企业法人营业执照，增加注册资金至25.45亿元，与浙江省电力公司合署办公，管理秦山核电及天荒坪、桐柏抽蓄项目的出资，组织对钱清、北仑、嘉华、滩坑、华光潭等电站项目的可行性研究和项目报批。

2001年1月，浙江省电力工业局、浙江省电力开发公司在临安主持召开《华光潭梯级水电站初步设计》审查会。

2001年12月29日，浙能集团董事会审议通过华光潭水电站投资议案，同意由浙江省电力

① 三大产业占比指：电力产业、油气产业、能源服务产业依次分别占总量之比。

开发公司投资开发并组建项公司。

2002年，浙能集团组织浙江省电力开发公司、浙江省电力设计院等单位，普查调研全省的电源点厂址，分析建设条件，提出电源项目开发方案，为省政府和主管部门对电力产业布局决策提供依据。

2. “五大百亿”工程

2003年1月17日，浙江省十届人大一次会议提出“五大百亿”工程为2003—2007年浙江省基本建设的重中之重。

2003年6月17日浙江省人民政府印发《关于实施“五大百亿”工程的若干意见》《浙江省“五大百亿”工程实施计划》。浙能集团积极响应，加快电源项目布局建设，为社会经济发展提供原动力。浙能集团控股管理的滩坑水电3×20万千瓦、兰溪电厂4×60万千瓦、乐清电厂4×60万千瓦、嘉兴电厂二期4×60万千瓦、温州电厂三期2×30万千瓦等燃煤发电机组，镇海电厂油改气2×35万千瓦、萧山电厂2×35万千瓦等燃气-蒸汽联合循环发电机组，共8个项目列入“五大百亿工程”建设序列。

3. “上大压小”项目

2007年2月，《国务院批转发展改革委、能源办关于加快关停小火电机组若干意见的通知》，开启全国“上大压小”工作。

2007年3月，国家发展改革委与浙江省政府签订关停小火电327.8万千瓦责任书。2007年6月，浙江省政府印发《关于关停小火电机组的实施意见》，部署“十一五”时期全省关停小火电机组的目标任务。

2007年5月21日，浙能集团董事会审议项目前期工作重点，提出抓住“上大压小”机遇，增强工作力量、加大工作力度，加快推进乐清、嘉兴、六横等电力前期项目的进度，争取实现电力产业的升级换代。调派专业人员全程配合浙江省经信委关停小火电、浙江省发展改革委“上大压小”工作。

2007年11月，国家发展改革委电力司派专员到浙江调研小火电关停情况，浙江省经信委、浙能集团配合，交流浙能系统“上大压小”项目方案。2008年2月20日，为推进浙江省关停小火电工作，浙能集团向浙江省人民政府提出关停小火电机组容量首先用于“上大”项目、对提供“上大”项目替代容量的企业给予适当的一次性经济补偿建议被省政府采纳①。2007—2010年，国家发展改革委、国家能源局先后10次组织对浙江省小火电机组关停核查，浙江省经信委、浙江省电力局、浙能集团等全程配合。2008年3月26日至4月10日，国家发展改革委组织5个核查组对浙江省除舟山地区之外的10市77县约2000家企业的油机进行大规模关停核查。浙能集团高度重视部署，集团计划发展部负责调集“上大”项目等专业人员全力配合。2010年12月，国家发展改革委核查确认浙江省关停小火电442.4万千瓦，圆满完成关停任务。浙能集团完成替代关停小火电机组容量报告，为“上大”项目报批提供前提条件②。

2009—2019年，浙能集团通过“上大压小”途径开展前期工作，替代关停省内小火电机组512万千瓦（其中浙能133万千瓦），取得了乐清电厂二期2×66万千瓦、嘉兴电厂三期2×100万千瓦、台州第二电厂2×100万千瓦、六横电厂一期2×100万千瓦、温州电厂四期2×66万千瓦、镇海电厂产能置换2×66万千瓦等大型现代煤电项目和绍兴滨海热电联产4×5.7万千瓦背压机组的核准建设。乐清电厂三期2×100万千瓦项目纳入国家火电建设规划，2020年9月获得浙江省发展改革委核准。

截至2019年12月，浙能集团燃煤发电机组总装机容量达2804.8万千瓦，其中60万千瓦及以上大型清洁机组占74%。

4. 天然气热电联产抢建行动

2011年6月，根据浙江省政府第67次常务会议精神，浙江省发展改革委、省能源局制定《浙江省天然气热电联产项目抢建行动计划》，

① 《浙江省关停小火电机组容量费收缴使用管理办法》(浙财企字〔2008〕78号)：给予替代压小企业以并网机组100万元/万千瓦、不并网机组70万元/万千瓦的经济补偿。

② “上大压小”项目报批前置条件是其替代关停小火电机组容量达到规定标准。企业建设单机30万千瓦、60万千瓦、100万千瓦，替代关停机组的容量达到自身容量80%、70%、60%。

以缓解“十二五”期间浙江省电力供应的紧张局面。计划两年时间在杭州、宁波、萧绍、湖州、金华、镇海等地共抢建9F级天然气热电联产机组项目14个、总装机容量约800万千瓦。

为优化系统电源结构，浙能集团组织项目可行性研究，进行厂址比选、市场与资源的论证分析。将萧山电厂三期1×40万千瓦、长兴电厂二期2×43.5万千瓦、镇海动力中心3×35万千瓦、常山电厂一期1×45.8万千瓦等燃气-蒸汽联合循环供热机组（9F）项目4个共278万千瓦纳入行动计划。

2015年1月27日，浙能集团根据市场实际情况，向浙江省发展改革委请示要求停止建设镇海动力中心第三套9F燃机及相应热网管道。2015年3月25日，浙江省发展改革委批复同意。

至2019年12月，浙能集团天然气发电机组总装机容量达405.65万千瓦。

5. 热电联产与集中供热

2001年11月14日，国家计委批准《浙江省化工原料药基地总体发展规划》落地临海园区，浙能集团立即研究布局，向临海市政府建议由台州电厂向园区集中供热。

2002年6月，绍兴市政府成立滨海工业园区集聚印染纺织企业，浙能集团抓住机遇，针对园区三期开展热电联产和热网管道前期论证。

2006年，浙能集团首个“五年规划”提出发展热电联产、热电冷联产和热电煤气多联供计划。所属发电企业根据浙江省能源（电力）发展规划和城市发展总体规划、区域热力规划和产业集聚规划等，有序依托大型电厂技改建设集中供热管网，为热用户提供动力和资源，推动当地社会经济发展，同时关停小火电，优化人居环境。2001—2019年，浙能集团开发了绍兴滨海热电一期2×300兆瓦和二期4×57兆瓦+4×510吨/小时项目、嘉兴独山港热电一期2×15MW+2×180吨/小时项目、阿克苏纺织工业城热电2×300MW项目、台州黄岩热电2×50吨/小时天然气快装炉项目及其配套热网工程。浙能集团控股管理的台州、镇海、嘉兴、长兴、温州、乐清、北仑等火力发电企业共建设供热管网主干线300多千米。绍兴滨海热电三期项目获得核准。镇海电厂与宁波镇海炼化厂签署供热协议。截至2019年，浙能集团供热机组达2042万千瓦，2019年供热量2281万吨。

2017年11月15日，浙能集团总经理柯吉欣主持召开电改小组会议，提出30万千瓦煤电机组的企业可持续发展问题。集团计划发展部组织召开浙能系统30万千瓦煤电机组现状与发展探索会，到台州等地电厂调研，撰写《绍兴纺织印染业之“滨海模式”》报告，为同类项目开发参考借鉴。

2018年9月，浙能集团组织召开“优化热力供给方式促进区域产业升级”专题报告会议。为打赢蓝天保卫战、加强能源“双控”推动高质量发展，30万千瓦煤电机组及热电企业的生命力在于与现代城乡经济发展、人居环境优化的和谐适应。会议提出“高效替代小炉小机”“电厂辐射半径产业集聚”“新增高效综合能源动力中心”等途径。

（二）可再生新能源项目

浙江省电力开发公司早在“集资办电”时期，就出资开发滩坑3×20万千瓦、华光潭8.5万千瓦等水电站机组项目。2001年，浙能集团成立后，直接管理建设华光潭水电站项目。2003年7月，滩坑水电项目业主浙江北海水力发电有限公司成立。

浙能集团早期关注非水可再生能源开发。2007年4月，通过政府业主招标获得洞头风电1.35万千瓦机组项目开发权；2011年11月，与龙泉市政府订立框架协议开发龙泉3万千瓦生物质发电机组；2014年6月，与浙江省能源局签订开发权授予协议，开发嘉兴1号30万千瓦海上风电场；2015年4月7日，董事会审议通过松阳光伏35兆瓦投资议案。

2010年9月14日，浙能集团董事会审议通过组建可再生能源分公司，与浙江省水利水电投资集团有限公司“一套班子、两块牌子”运行，全面负责可再生能源项目开发。滩坑与华光潭水电站、洞头风电场等资产无偿划转浙江省水利水电投资集团有限公司。浙江省水利水电投资集团有限公司收购管理景宁、龙泉、临安、松阳等地小水电站共15.7万千瓦。截至2019年，浙能集团控股管理水电等可再生装机容量共84.65万千瓦。

2016年5月13日，中国电力企业联合会在北京组织召开发电企业座谈会。其间，浙能、申能等绝大部分代表对国家能源局“征求建立燃煤火电机组非水可再生能源发电配额考核制度”由煤电企业承担配额反映强烈。会议委托由浙能集团为主开展“非水可再生能源发电配额制对地方发电企业的影响”专题研究。同年6月，中国电力企业联合会在杭州组织专题研讨会。同年8月，中国电力企业联合会、浙能集团联合署名《非水可再生能源发电配额考核制度对燃煤发电机组影响专题调研报告》提交国家能源局。经多次论证，2019年5月10日，国家发展改革委、国家能源局印发《关于建立健全可再生能源电力消纳保障机制的通知》(发改能源〔2019〕807号)，决定改由各省级政府承担可再生能源电力消纳权重责任，建立健全可再生能源电力消纳保障机制。

2016年5月13日，浙能集团可再生能源发展现场推进会在嘉兴发电厂召开。会议号召重视非水可再生能源占比，各发电企业“守土有责”积极行动起来，建设与风光电互融为一体的绿色电厂。同年9月，浙江省发展改革委首次开展全省普通光伏电站建设竞争性分配。浙能集团组织指导所属发电企业响应投标。利用厂区闲置地、建筑屋顶建设分布式光伏，采用农光互补、渔光互补建设地面光伏，共建成投运光伏电场85万千瓦。浙能集团研究国家能源政策导向，与主管部门、地方政府沟通协调、加快开发海上风电项目。嘉兴1号、嵊泗2号共70万千瓦海上风电项目获得核准。

2016年10月31日，浙能集团副总经理范小宁率集团计划发展部、浙江省水利水电投资集团拜访浙江省经信委，就特高压外来电和新能源开发进行座谈交流。双方一致认为浙江非水可再生能源占比较低，需尽快布局西北开发风光电，通过特高压输送浙江。会后，浙能集团立即组织可再生能源分公司和电力股份公司到西北调研。

2017年8—10月，集团计划发展部牵头成立工作组，进驻宁夏开展风光资源调研活动并形成报告，向集团领导建议依托灵绍线，快速在宁夏投资风电项目。浙江省水利水电投资集团有限公司、浙江浙能电力股份有限公司多次组织赴宁夏、甘肃等地商谈合作、推动项目开发。

2018年3月23日，电力规划设计总院组织浙能新疆哈密10万千瓦塔式光热项目可研报告评审会。2019年6月20日，浙能集团副总经理赵建林带队参加青海绿色发展投资贸易洽谈会，与海西州政府签署战略框架合作协议，规划建设风光储多能互补清洁能源基地，研究“青电送浙”可行性。2016—2019年，浙江省水利水电投资集团收购西北正泰等10个光伏项目70.5万千瓦装机容量51%股权，核准建设江苏竹根沙、新疆北塔山、青海大柴旦以及宁夏中卫共计55万千瓦省外风电。

截至2019年底，浙能系统可再生能源装机容量313万千瓦。其中，非水可再生装机容量148万千瓦，核准在建可再生能源装机容量150.5万千瓦，都为非水可再生项目。

（三）核电项目

1982年6月，浙江省人民政府、核工业部正式上报《关于请示批准30万千瓦核电站厂址定在浙江省海盐县秦山的报告》。

1989—1992年，浙江省电力开发公司为秦山核电站工程建设累计借款出资1.9亿元。1988—2019年，浙能集团（浙江省电力开发公司）参股秦山核电工程二期20%、三期10%、一期及方家山扩建项目28%，参股建设三门核电工程项目20%，参股徐大堡核电项目10%，参股中核海洋核动力项目9%，参股中核行波堆项目10%、行波堆项目公司10%，参股广核苍南核电项目34%。委派高管担任秦山、三门、苍南（三澳）、海岛等核电公司副总经理，直接参与核电项目公司治理和经营管理。

2006年，浙能集团与中国核工业集团公司共同组织浙西核电处，费用均摊。

2007年以来，浙能集团一直坚持以大股比投资核电工程和项目开发，委派高管、专业干部全程参与核电站的开发建设、经营管理，培养人才、积累经验，争取早日取得控股主体资格。

2009年2月，浙能集团组织设计单位对浙江省电源厂址进行勘察调研形成报告，上报浙江省能源局。

2012年6月，浙能集团独资成立浙江浙能核能发展有限公司，组织调研浙江沿海岛屿厂址，形成普选报告和海岛开发研究课题，通过浙江省能源局和国家能源局组织的评审。

2014年1月，浙能集团与中国核工业集团公司均股设立中核浙能能源有限公司，共同开发（保护）金七门与龙游核电项目厂址。

2015年11月，浙江浙能核能发展有限公司以增资扩股吸收国家电力投资集团有限公司，以浙江浙能电力股份有限公司49%、国家电力投资集团有限公司51%股比成立国核浙能核能有限公司，共同开发海岛核电。

2016年9月，浙能集团呈报浙江省人民政府《关于请求支持浙能集团尽早获得核电投资主体资质的请示》。

2016年10月，浙能集团向国务院法制办《核电管理条例（送审稿）公开征求意见》提出意见建议。

2017年9月，浙江浙能电力股份有限公司占股49%、中国核工业建设集团有限公司占股51%成立浙江三门高温堆电站有限公司，共同开发高温气冷堆项目。

（四）煤炭中转运输项目

2004年初，为破解“煤荒”“电荒”之困，浙能集团向浙江省发展改革委提交《关于要求将舟山煤炭配送基地项目纳入长江三角洲经济发展圈国家港口建设规划的请示》。同年7月，浙江省政府确定在舟山市六横岛建设煤电一体化工程。2006年3月22日，国家发展改革委印发《关于舟山港六横港区煤炭中转码头项目核准的批复》(发改交运〔2006〕476号)。

2004年11月18日，为解决长兴电厂电煤运输且综合开发物质集散浙能集团董事会审议同意收购长兴铁公水码头项目。2004年12月15日，浙江长兴捷通物流有限公司注册成立，“铁公水”更名为长兴捷通码头。2008年7月28日，浙能集团董事会审议同意投资建设长兴捷通码头扩建项目。2009年3月9日，浙江省发展改革委印发《关于浙江长兴捷通物流有限公司码头扩建工程项目核准的批复》(浙发改交通〔2009〕160号)。

2009年4月22日，嘉兴市人民政府、浙能集团联合发文成立独山港煤炭中转码头项目筹建工作领导小组。2010年7月8日，浙能集团董事会审议同意投资建设嘉兴独山煤炭中转码头项目。2011年5月19日，国家发展改革委以（发改基础〔2011〕1040号）文批复核准。2015年，根据浙江省政府决定，项目公司资产及管理无偿划归浙江省海港集团管理。

（五）天然气项目

1. 天然气长输管线项目

2001年8月29日，浙能集团以（浙能综〔2001〕18号）文向省计委请示要求成立浙江省天然气开发有限责任公司，积极运作开发建设接纳天然气配套管线项目。2002年，《浙江省“十五”能源发展专项规划》第一次将天然气写入浙江能源发展规划。为接纳西气东输建设，开发建设浙江省第一条天然气长输管道杭州至湖州输气管线，2003年1月10日项目获得浙江省计委核准批复。为接纳东海天然气及进口LNG资源，开发建设杭州至宁波输气管线，2004年5月31日项目获浙江省发展改革委核准批复。为接纳川气东送资源开发建设杭州至嘉兴输气管线，2008年10月31日项目获得国家发展改革委核准批复。为接纳进口LNG资源开发建设浙江北仑LNG配套项目，2009年6月29日项目获得国家发展改革委核准批复。为顺利接纳西二气资源开发建设西二线绍杭嘉配套项目，2011年1月19日项目获得浙江省发展改革委核准。

2008年6月，浙能集团委托编制《浙江省天然气管网规划（2008—2020年)》，谋划省级天然气“一环网”总体布局方案。2011年12月5日，甬台温输气管线项目获得国家发展改革委批复。2012年3月2日，金丽温输气管线项目获得国家发展改革委核准批复。2018年10月16日萧山—义乌天然气管线项目获得浙江省发展改革委核准批复。

2011年，实现省级天然气管道工程向金华、丽水等浙江中南部地区输送天然气的重要任务，浙能集团积极开发建设金丽温省级天然气管道金衢段配套管线项目。2011年6月15日，《金丽温省级天然气管道金衢段配套管道工程金华燃机支线及兰溪支线项目申请报告》《金丽温省级天然气管道金衢段配套管道工程浦江支线及东阳支线项目申请报告》《金丽温省级天然气管道金衢段配套管道工程义乌支线项目申请报告》《金丽温省级天然气管道金衢段配套管道工程常山支线、江山支线及龙游支线项目申请报告》分别获得浙江省发展改革委核准。

2016年，为加快我省天然气管网基础设施建设提高我省天然气在全省经济社会发展和民生领域的利用水平，浙能集团积极配合省发展改革委、省能源局制定天然气管网“县县通”方案。

2016年8月17日，浙江省人民政府办公厅印发《关于实施全省天然气“县县通”专项行动计划的通知》。浙能集团作为最主要的项目实施单位，负责北仑—大榭天然气管道、兰溪支线、浦江支线、东阳支线、苍南支线、上虞—新昌天然气管道、浙沪一期联络线、常山—开化天然气管道、东阳—磐安天然气管道、象山支线、玉环支线、临海—仙居天然气管道、三门—嵊州天然气管道工程、云和—龙泉天然气管道、龙游—丽水天然气管道、下窑—龙游天然气管道、龙泉—庆元天然气管道、云和—泰顺天然气管道、北仑—镇海天然气管道共计19个项目建设工作任务。

2017年3月24日，根据《浙江省发展改革委关于印发全省天然气“县县通”专项行动2017年年度建设计划的通知》，将国电南浔天然气管道纳入“县县通”建设任务中。

2019年6月25日，《浙江省发展改革委关于印发浙江省天然气“县县通”专项行动和互联互通重点工程2019年、2020年建设计划的通知》（浙发改能源〔2019〕280号）中提到，根据《浙江省人民政府办公厅关于实施全省天然气“县县通”专项行动计划的通知》（浙政办函〔2016〕60号）和《浙江省人民政府办公厅关于印发浙江省天然气发展三年行动计划（2018—2020年）的通知》（浙政办发〔2017〕151号）要求，经省政府同意，龙泉—庆元、云和—景宁—文成—泰顺、建德—淳安3个输气管道项目暂缓实施，待建设条件成熟后再启动；玉环支线采取大麦屿能源（LNG）中转储运项目配套外输管道北线路方案，责任主体为玉环市政府。

2. 城市燃气项目

2002年10月，浙能集团一届十八次董事会确定“开拓下游市场、尽快制定有效的市场开发规划和计划，不失时机地加以推进”城市燃气市场。

从2002年开始浙能集团开展城市燃气项目产业布局和项目开发，截至2019年，浙能集团已顺利完成27家城市燃气项目（公司）开发。

3. LNG项目

2016年9月26日，温州液化天然气（LNG）接收站项目获得国家能源局核准批复。2018年5月，浙江能源天然气集团有限公司、中国石化天然气有限责任公司、温州大小门岛投资开发有限公司签署合作协议，由浙江能源天然气集团有限公司控股（占比51%）、中国石化天然气有限责任公司（占比41%）、温州大小门岛投资开发有限公司（8%）合资组建项目公司。至此，浙能集团开始控股温州LNG项目。

2019年，浙能集团积极落实加快推进天然气产购销体系建设，积极谋划宁波舟山LNG登陆中心建设。2019年9月1日，协助浙江省发展和改革委员会发布《宁波舟山LNG登陆中心建设发展规划（2019—2035）》，并开展宁波穿山北LNG接收站、舟山六横LNG接收站以及配套杭甬天然气复线工程，甬绍天然气管线工程等项目前期工作。

（六）石油项目

2007年初，浙能集团研究提出《推进我省石油储备体系建设 加快组建地方石油公司的建议》，浙江省省长吕祖善、副省长金德水作了重要批示。

2007年4月，浙能集团成立浙江省地方石油公司筹建处。

2007年11月，浙江浙能石油新能源有限公司注册成立，开展奉化公交总站加油加气站、台州市椒江公交综合场站加气（加油）站、绍兴上虞城北客运加油站、嘉兴清洁油品生产储运项目、宁海CNG加气母站、衢州CNG加气母站等石油项目开发工作。

2014年3月27日，时任浙江省省长李强在能源工作汇报会上作出“谋划省级石油公司建设”的决策，浙江省商务厅向省政府主要领导作了专项（方案）汇报。李强省长和朱从玖副省长作了重要批示，原则同意商务厅方案。

2017年7月3日，浙江省委财经领导小组决定由浙江省能源集团有限公司牵头组建浙江省石油股份有限公司。2017 年 9 月 16 日，浙江省石油股份有限公司组建完成。

2018 年 2 月 6 日，浙能集团成立浙江浙石油综合能源销售有限公司，全力开展综合供能服务站项目开发。截至 2019 年底，浙能集团按省政府的建成核验标准，实际建成 172 座综合供能服务站。

2018 年 7 月 19 日，浙能集团成立浙江浙石油储运有限公司，负责舟山—宁波—绍兴成品油管道工程、绍兴—杭州—湖州成品油管道工程等油品储运项目开发。2018 年 10 月 22 日，浙江省石油股份有限公司收购黄泽山石油中转储运项目。

（七）能源科工服务项目

2003 年 8 月 15 日，浙能集团按照“以投资为主体，以实业为基础，以电力为主业，多业共同发展”的战略定位设立浙江兴源投资有限公司，开始开展能源科工服务项目开发。

2011 年 11 月，浙能集团成立浙江浙能龙泉生物质发电有限公司，开发建设集团首个生物质发电项目——龙泉生物质发电。

2015 年 7 月 16 日，成立浙江浙能德清分布式能源有限公司，开发建设集团首个天然气分布式能源项目——德清天然气分布式能源项目。

2016 年 4 月 5 日，浙能玉环环保科技有限公司注册成立，开发建设首个玉环污水 PPP 项目——玉环干江污水处理厂及配套管网工程。

2017 年 6 月 27 日，成立平湖独山港环保能源有限公司，开发建设首个污泥掺烧热电联产项目——平湖独山港公用热电联产项目。

2017 年 6 月 30 日，成立开化天汇环保能源有限公司，开发建设首个生活垃圾焚烧发电项目——开化生活垃圾焚烧发电项目。

2018 年 6 月 22 日，成立浙江浙能滨海环保能源有限公司，开发建设浙能集团首个污泥焚烧发电资源综合利用项目。

（八）能源新业态

2017 年 8 月 8 日，浙能集团总经理柯吉欣主持召开综合能源专题会议，明确将综合能源定位为集团战略转型的发展方向，明确综合能源发展要通过示范项目来进行，逐步形成以我为主的规划、设计、建设、经营团队。

2018 年 7 月 12 日，浙能集团与国网浙江省电力公司签署综合能源服务业务合作框架协议。

2018 年 9 月下旬，成立浙能集团综合能源开发建设领导小组、氢能技术引进和应用领导小组，数字浙能开发建设领导小组。

2018 年 12 月 25 日，浙能集团董事长童亚辉组织召开了五大示范项目专题推进会议。会议明确氢能、储能、智慧电厂、综合能源、循环经济符合能源发展新业态，是集团转型升级的重点方向，是实现新浙能的重要举措。

2019 年围绕五大示范性项目推进，浙能集团与浙江省发展改革委等部门对接省级示范项目申报，同时积极谋划相关产业规划布局和发展工作，相关责任单位积极推进五大示范项目的落地工作。截至 2019 年底，嘉兴港区-独山港区综合能源项目、液氢全产业链开发应用示范项目、浙能集团智慧电厂项目已向浙江省发展改革委正式提交省级示范项目申报材料，并同步开展项目实施。其他项目也在积极推进项目前期工作。

浙能系统历年控股管理项目审批、核准（备案）情况见表 13-3-6。

表 13-3-6 浙能系统历年控股管理项目审批、核准（备案）情况表

火电项目				
序号	项目	批复时间（年-月-日）	批复单位	批复文号
1	镇海电厂扩建烧煤机组代替烧油机组（2×200 兆瓦）	1981-07-11	国家计划委员会	计燃〔1981〕428 号
2	镇海电厂第三期扩建工程（2×200 兆瓦）	1986-02-25	国家计划委员会	计燃〔1986〕211 号
3	嘉兴电厂一期工程（2×300 兆瓦）	1991-11-05	国家计划委员会	计能源〔1991〕1843 号

表13-3-6（续）

火 电 项 目				
序号	项　　目	批复时间（年-月-日）	批复单位	批复文号
4	台州发电厂技改项目（1×300兆瓦）	1993-07-21	国家经济贸易委员会	国经贸〔1993〕222号
5	台州电厂扩建（1×300兆瓦）项目建议书	1993-02-27	国家计划委员会	计能源〔1993〕242号
6	温州电厂二期扩建工程（2×300兆瓦）	1998-03-06	国家计划委员会	计能源〔1998〕335号
7	长兴电厂技改工程（2×300兆瓦）	2001-05-30	国家电力公司	国电电规〔2001〕328号
8	嘉兴发电厂二期扩建工程（4×600兆瓦）	2002-11-07	国家发展计划委员会	计基础〔2002〕2349号①
9	温州发电厂二期脱硫工程	2004-06-02	浙江省发展改革委	浙发改基础〔2004〕415号
10	长兴电厂二期扩建工程（2×300兆瓦）	2004-08-04	国家发展改革委	发改能源〔2004〕1572号
11	温州发电厂三期工程可（2×300兆瓦）	2004-10-12	国家发展改革委	发改能源〔2004〕1862
12	镇海电厂油改气项目（2×350兆瓦）	2005-02-04	国家发展改革委	发改能源〔2005〕225号
13	萧山天然气发电工程（2×350兆瓦）	2005-03-08	国家发展改革委	发改能源〔2005〕345号
14	兰溪电厂一期工程（2×600兆瓦）	2005-04-08	国家发展改革委	发改能源〔2005〕586号
15	乐清电厂一期工程（2×600兆瓦）	2005-04-12	国家发展改革委	发改能源〔2005〕602号
16	台州电厂五期工程（2×300兆瓦）	2006-02-14	国家发展改革委	发改能源〔2006〕235号
17	凤台电厂一期工程（2×600兆瓦）	2006-07-17	国家发展改革委	发改能源〔2006〕404号
18	镇海电厂两套430兆瓦烟气脱硫工程	2007-02-16	浙江省发展改革委	浙发改能源〔2007〕131号
19	兰溪电厂二期工程（2×600兆瓦）	2007-06-21	国家发展改革委	发改能源〔2007〕1359号
20	镇海电厂（4×215兆瓦）机组供热改造项目	2007-09-18	浙江省发展改革委	浙发改能源〔2007〕652号
		2009-12-14		浙发改能源〔2009〕1142号
21	嘉兴电厂一期脱硫工程	2007-09-27	浙江省发展改革委	浙发改能源〔2007〕695号
22	嘉兴电厂二期脱硫工程	2007-09-27	浙江省发展改革委	浙发改能源〔2007〕695号
23	温州电厂一期烟气脱硫工程	2007-12-27	浙江省发展改革委	浙发改能源〔2007〕1012号
24	萧山电厂（2×130兆瓦）燃煤机组供热改造项目	2008-11-14	浙江省发展改革委	浙发改能源〔2008〕798号
25	乐清电厂二期工程（2×660兆瓦）	2009-03-20	国家发展改革委	发改能源〔2009〕752号
26	嘉兴电厂三期扩建工程（2×1000兆瓦）	2009-05-25	国家发展改革委	发改能源〔2009〕1338号
27	绍兴滨海电厂工程（2×300兆瓦）	2009-07-13	国家发展改革委	发改能源〔2009〕1830号
28	温州电厂供热改造项目	2010-05-20	乐清市发改局	乐发改投资〔2010〕233号
29	台州发电厂五期配套工程供热管线项目	2010-03-16	浙江省发展改革委	浙发改能源〔2010〕210号
30	嘉兴电厂二期脱硝技改工程	2010-06-22	浙江省发展改革委	浙发改能源〔2010〕578号

① 2002年11月7日国家发展计划委员会《关于调整嘉兴发电厂二期扩建工程建设方案的批复》（计基础〔2002〕2349号），同意嘉兴发电厂二期扩建工程由原来中外合作改为国内企业建设，项目总投由原来的142.1亿元调整为102.8亿元。

表 13-3-6（续）

火 电 项 目				
序号	项　　目	批复时间（年-月-日）	批复单位	批复文号
31	舟山六横电厂项目（2×1000 兆瓦）	2011-01-05	国家发展改革委	发改能源〔2011〕44 号
32	兰溪发电有限公司供热改造项目	2011-04-14	兰溪市发展和改革局	兰发改投〔2011〕16 号
33	阿克苏纺织工业城集中供热工程（一期）	2011-06-02	阿克苏地区发展改革委	阿地发改工〔2011〕528 号
34	嘉兴电厂供热改造项目	2011-10-10	平湖市经贸局	平经贸投资〔2011〕161 号
35	萧山天然气热电联产项目（1×40 兆瓦）	2012-03-15	浙江省发展改革委	浙发改能源〔2012〕258 号
36	兰溪电厂脱硝改造项目	2012-03-30	浙江省发展改革委	浙发改能源〔2012〕365 号
37	乐清电厂一期脱硝改造项目	2012-04-05	浙江省发展改革委	浙发改能源〔2012〕377 号
38	长兴电厂脱硝改造项目	2012-04-06	浙江省发展改革委	浙发改能源〔2012〕380 号
39	温州电厂烟气脱硝工程	2012-05-16	浙江省发展改革委	浙发改能源〔2012〕522 号
40	镇海动力中心天然气热电联产项目（3×350 兆瓦）	2012-05-21	浙江省发展改革委	浙发改能源〔2012〕547 号
41	镇海电厂 4×215 兆瓦脱硝改造项目	2012-05-25	浙江省发展改革委	浙发改能源〔2012〕617 号
42	嘉兴发电厂一期脱硝改造项目	2012-06-15	浙江省发展改革委	浙发改能源〔2012〕660 号
43	长兴天然气热电联产工程项目（2×435 兆瓦）	2012-06-25	浙江省发展改革委	浙发改能源〔2012〕734 号
44	温州电厂二期烟气脱硝改造项目	2012-06-25	浙江省发展改革委	浙发改能源〔2012〕741 号
45	台州第二电厂（2×660 兆瓦）	2012-08-16	国家发展改革委	发改能源〔2012〕2487 号
46	常山天然气热电联产项目（1×458 兆瓦）	2012-09-25	浙江省发展改革委	浙发改能源〔2012〕1189 号
47	台州发电厂四、五期脱硝改造工程	2012-09-25	浙江省发展改革委	浙发改能源〔2012〕1194 号
48	北仑电厂二期 3×600 兆瓦机组烟气脱硝改造项目	2012-09-26	浙江省发展改革委	浙发改能源〔2012〕1195 号
49	滨海电厂一号机脱硝改造项目	2012-12-13	浙江省发展改革委	浙发改能源〔2012〕1441 号
50	嘉兴电厂二期 2×600 兆瓦机组烟气脱硝项目	2012-12-13	浙江省发展改革委	浙发改能源〔2012〕1439 号
51	凤台电厂二期扩建工程（2×660 兆瓦）	2012-12-31	国家发展改革委	发改能源〔2012〕4117 号
52	北仑春晓天然气热电机组（6B）	2013-01-30	浙江省发展改革委	浙发改能源〔2013〕84 号
53	萧山电厂一期脱硝改造项目	2013-07-05	浙江省发展改革委	浙发改能源〔2013〕717 号
54	温州燃机油改气工程（9E）	2013-09-18	浙江省发展改革委	浙发改能源函〔2013〕251 号
55	温州电厂四期“上大压小”扩建项目（2×660 兆瓦）	2014-05-08	国家发展改革委	发改能源〔2014〕866 号
56	新疆阿克苏纺织工业城热电厂项目（2×350 兆瓦）	2015-01-13	新疆维吾尔自治区人民政府	新政函〔2015〕11 号
57	宁夏枣泉电厂项目（2×660 兆瓦）	2015-01-28	宁夏回族自治区发展改革委	宁发改审发〔2015〕9 号

表 13-3-6（续）

火电项目				
序号	项目	批复时间（年-月-日）	批复单位	批复文号
58	绍兴滨海热电二期项目（4×50 兆瓦，供气 1300 吨/小时）	2015-07-30	绍兴柯桥市发展和改革局	绍柯发改投〔2015〕308 号
59	镇海电厂燃煤机组搬迁改造项目（2×660 兆瓦）	2016-04-01	浙江省发展改革委	浙发改能源〔2016〕179 号
60	平湖独山港环保能源项目（3×180 吨/小时+3×15 兆瓦）	2016-12-28	嘉兴市经济和信息化委员会	嘉经信电力〔2016〕178 号
61	乐清电厂集中供热项目	2017-01-24	乐清市发展和改革局	乐发改投资〔2017〕17 号
62	台州电厂五期配套工程供热管线二期项目	2017-02-16	台州市发展改革委	台发改备〔2017〕07 号
63	兰溪电厂集中供热管线项目	2017-02-27	兰溪市发展和改革局	兰发改核〔2017〕2 号
64	温州电厂磐石镇重石集中供热项目	2017-05-11	乐清市发展和改革局	2017-330382-44-03-020376-000
65	凤台电厂周边三个园区集中供热项目	2017-06-27	凤台县发展改革委	凤台发改投资〔2016〕292 号
66	开化生活垃圾焚烧发电项目（1×6 兆瓦）	2017-08-01	开化县发展和改革局	开发改核准〔2017〕2 号
67	黄岩热电燃气锅炉替代燃煤锅炉技改项目（50 吨/小时）	2017-09-07	台州市黄岩区经信局	330000170824099654A
68	乐清电厂 160 吨/小时燃煤耦合污泥技改项目	2017-09-07	乐清市发展和改革局	2017-330382-44-03-053380-000
69	嘉兴平湖独山港环保能源配套热网工程项目	2018-01-18	平湖市发展和改革局	2018-330482-44-03-004401-000
70	绍兴滨海热电集中供压缩空气工程项目	2018-05-14	柯桥区行政审批局	绍柯审批投〔2018〕172 号
71	长兴电厂污泥干化掺烧项目	2018-07-16	长兴县发展改革和经济委员会	2018-330522-77-03-05079-000
72	镇海电厂燃煤机组搬迁改造项目厂外热网配套工程	2018-09-07	宁波石化开发区经发局	2018-330211-44-03-067114-000
73	嘉兴电厂 250 吨/小时燃煤耦合污泥发电项目	2018-09-27	嘉兴市嘉兴港区管委会	2018-330400-44-03-072398-000
74	绍兴滨海污泥清洁化处置示范项目（130 吨/小时+25 兆瓦）	2018-11-26	柯桥区行政审批局	绍柯审批投〔2018〕403 号
75	绍兴滨海热电厂三期扩建项目（500 吨/小时+57 兆瓦）	2018-11-29	柯桥区行政审批局	绍柯审批投〔2018〕419 号
76	绍兴滨海热电集中供压缩空气项目	2019-01-15	绍兴市柯桥区行政审批局	绍柯审批投〔2019〕16 号
77	江西信丰电厂新建工程项目（2×660 兆瓦）	2019-05-18	江西省发展和改革委员会	赣发改能源〔2019〕438 号

表 13-3-6（续）

天然气项目				
序号	项目	批复时间（年-月-日）	批复单位	批复文号
1	杭州—湖州天然气管道工程	2003-01-10	浙江省计委	浙计基础〔2003〕17 号
2	杭州—宁波天然气管道工程	2004-05-31	浙江省发展改革委	浙发改基础〔2004〕410 号
3	杭州—嘉兴天然气输气管道工程	2008-10-31	国家发展改革委	发改能源〔2008〕2879 号
4	LNG 配套管线工程	2009-06-29	国家发展改革委	发改能源〔2009〕1698 号
5	甬台温天然气输气管道工程黄岩试验段	2009-11-30	浙江省发展改革委	浙发改能源〔2009〕1094 号
6	西气东输二线浙江绍杭嘉段配套管道工程	2011-01-19	浙江省发展改革委	浙发改能源〔2011〕21 号
7	金丽温省级天然气管道金衢段配套管道工程金华燃机支线及兰溪支线项目	2011-06-15	浙江省发展改革委	浙发改能源〔2011〕603 号
8	金丽温省级天然气管道金衢段配套管道工程浦江支线及东阳支线项目	2011-06-15	浙江省发展改革委	浙发改能源〔2011〕604 号
9	金丽温省级天然气管道金衢段配套管道工程义乌支线项目	2011-06-15	浙江省发展改革委	浙发改能源〔2011〕606 号
10	金丽温省级天然气管道金衢段配套管道工程常山支线、江山支线及龙游支线项目	2011-06-15	浙江省发展改革委	浙发改能源〔2011〕607 号
11	甬台温天然气管道工程	2011-12-05	国家发展改革委	发改能源〔2011〕2862 号
12	浙能上虞汽车东站加气站扩建工程	2012-02-27	上虞市发展改革委	虞发改投〔2012〕21 号
13	龙泉城燃项目一期	2012-02-27	龙泉市发展改革委	龙发改许可〔2012〕2 号
14	金丽温输气管道工程	2012-03-02	国家发展改革委	发改能源〔2012〕544 号
15	琥珀安吉热电配套天然气管线工程	2012-04-05	浙江省发展改革委	浙发改能源〔2012〕379 号
16	大唐江滨热电配套天然气管线工程	2012-06-20	浙江省发展改革委	浙发改能源〔2012〕727 号
17	常山热电配套天然气管道工程	2012-06-28	常山县发展和改革局	常发改投资〔2012〕76 号
18	华电龙游热电配套天然气管道工程	2012-06-28	龙游县发展和改革局	龙发改〔2012〕43 号
19	衢州城燃项目门站	2012-08-02	衢州市发展改革委	衢发改投资〔2012〕189 号
20	长兴热电配套天然气管线工程	2012-08-07	浙江省发展改革委	浙发改能源〔2012〕957 号
21	镇海热电配套天然气管道工程	2012-09-07	浙江省发展改革委	浙发改能源〔2012〕1120 号
22	临安城燃项目	2012-10-29	临安市发展改革委	临发改〔2012〕286 号
23	义乌城燃项目	2012-10-30	浙江省发展改革委	浙发改能源〔2012〕1258 号
24	常山城燃项目	2012-11-10	常山县发展和改革局	常发改投资〔2012〕114 号
25	安吉县天然气利用工程	2013-01-17	浙江省发展改革委	浙发改能源〔2013〕40 号
26	云和城燃项目	2013-02-06	云和县发展和改革局	云发改投〔2013〕10 号
27	绍大线改扩建项目	2013-05-06	绍兴市发展改革委	绍市发改中心〔2013〕42 号
28	北仑—大榭天然气管道工程	2013-06-15	浙江省发展改革委	浙发改能源〔2013〕621 号

表 13-3-6（续）

序号	项　目	批复时间（年-月-日）	批复单位	批复文号
	天 然 气 项 目			
29	华能桐乡热电配套天然气管道工程	2013-06-19	浙江省发展改革委	浙发改能源〔2013〕638 号
30	新昌加气站项目	2013-06-28	新昌县发展和改革局	新发改高新〔2013〕21 号
31	裕民路注气站项目	2013-07-22	绍兴市镜湖新区经发局	绍镜经〔2013〕24 号
32	云东路注气站项目	2013-08-23	绍兴高新区经贸局	绍高新经贸〔2013〕35 号
33	遂昌县天然气利用工程一期	2013-11-20	遂昌县发展和改革局	遂发许〔2013〕9 号
34	奉化加油（气）站项目	2013-12-17	奉化市发展和改革局	风发改投〔2013〕342 号
35	遂昌县天然气利用工程一期项目	2014-03-13	遂昌县发展和改革局	遂发许〔2014〕2 号
36	上虞天然气项目虞北天然气加气站	2014-04-11	绍兴市上虞区发展和改革局	虞经开发基投〔2014〕11 号
37	青田县城市天然气利用工程	2014-04-16	青田县发展和改革局	青发改审〔2014〕34 号
38	云和县城市天然气利用工程	2014-06-25	云和县发展和改革局	云发改投〔2014〕187 号
39	遂昌 LNG/L-CNG 加气站工程	2014-08-11	遂昌县发展和改革局	遂发许〔2014〕60 号
40	杭州-宁波天然气管线输气管道工程抢修中心项目（下沙枢纽站）	2014-08-18	浙江省发展改革委	浙发改能源〔2014〕710 号
41	宁海县 CNG 加气母站工程	2014-09-03	浙江省发展改革委	浙发改能源〔2014〕774 号
42	龙泉市中心城区中压天然气管道二期工程	2014-12-04	龙泉市发展和改革局	龙发改许可〔2014〕360 号
43	衢州市压缩机天然气加气母站工程	2015-01-15	浙江省发展改革委	浙发改能源〔2015〕17 号
44	温州龙湾 CNG 加气母站工程	2015-02-26	浙江省发展改革委	浙发改能源〔2015〕113 号
45	台州市椒江公交综合场站加气（加油）站项目	2015-02-28	台州市椒江区发展和改革局	椒发改综〔2015〕3 号
46	上虞城北客运加气站项目	2015-03-09	绍兴上虞区发展和改革局	虞发改投〔2015〕24 号
47	海盐县县域天然气输配工程	2015-04-07	浙江省发展改革委	浙发改能源〔2015〕188 号
48	浙沪天然气联络线一期工程	2015-04-29	浙江省发展改革委	浙发改能源〔2015〕246 号
49	上虞天然气门站迁建项目	2015-05-04	浙江省发展改革委	浙发改能源〔2015〕260 号
50	德清分布式能源项目	2015-06-09	德清县发展改革委	德发改开备〔2015〕4 号
51	丽水市南城区块天然气利用工程（一期）项目	2015-07-14	丽水市发展改革委	丽发改模审〔2015〕1 号
52	义乌市商城大道加气站	2015-11-11	义乌市发展改革委	义发改投〔2015〕188 号
53	衢州市天然气利用工程市政中压管网项目	2015-12-17	衢州市发展改革委	衢市发改中〔2015〕38 号
54	裕民路天然气注气站扩建项目	2015-12-30	绍兴市镜湖新区管委会经发局	绍镜经〔2015〕145 号
55	宁海县冠庄加气站（原铁路加气站）工程	2015-12-29	宁海县发展和改革局	宁发改投资〔2015〕282 号

表 13-3-6（续）

天 然 气 项 目				
序号	项 目	批复时间（年-月-日）	批复单位	批复文号
56	宁海县冠庄加气站	2015-12-29	宁海县发展和改革局	宁发改投资〔2015〕282 号
57	裕民路天然气注气站扩建项目	2015-12-30	绍兴市镜湖新区管委会经发局	绍镜经〔2015〕145 号
58	缙云县天然气门站及门站至分输站高压管道工程	2016-01-22	浙江省发展改革委	浙发改能源〔2016〕29 号
59	上虞-新昌天然气管道工程	2016-04-07	绍兴市发展改革委	绍市发改中心〔2016〕7 号
60	缙云县中压燃气输配管网工程	2016-05-25	缙云县发展和改革局	缙发改投资〔2016〕89 号
61	平湖市天然气利用工程（二期）	2016-08-04	平湖市发展和改革局	平发改投备〔2016〕41 号
62	振能天然气利用工程（二期）	2016-09-27	德清县发展改革委	德发改备〔2016〕92 号
63	新昌县上游管道气接气配套管线及大市聚 LNG 气源站工程	2016-10-28	新昌县发展和改革局	新发改审〔2016〕277 号
64	丽水市中堂加气站项目	2016-11-29	丽水市发展改革委	丽发改能源〔2016〕389 号
65	国电南浔热电配套天然气管道工程	2017-01-05	浙江省发展改革委	浙发改能源〔2017〕3 号
66	临安市七镇天然气利用工程中压管线项目	2017-03-13	临安市发展和改革局	临发改投〔2017〕3 号
67	丽水—龙游天然气管道一期工程	2017-03-29	浙江省发展改革委	浙发改能源〔2017〕260 号
68	下窑—龙游天然气管道工程	2017-03-29	浙江省发展改革委	浙发改能源〔2017〕261 号
69	常山—开化天然气管道工程	2017-03-27	浙江省发展改革委	浙发改能源〔2017〕262 号
70	宁海—象山天然气管道工程	2017-04-26	浙江省发展改革委	浙发改能源〔2017〕351 号
71	浙能德清天然气分布式能源项目配套天然气管道工程	2017-04-26	浙江省发展改革委	浙发改能源〔2017〕352 号
72	云和—龙泉天然气管道工程	2017-06-09	浙江省发展改革委	浙发改能源〔2017〕530 号
73	东阳—磐安天然气管道工程	2017-07-03	浙江省发展改革委	浙发改能源〔2017〕581 号
74	临海—仙居天然气管道工程	2017-07-19	浙江省发展改革委	浙发改能源〔2017〕627 号
75	三门—嵊州天然气管道工程	2017-07-19	浙江省发展改革委	浙发改能源〔2017〕628 号
76	杭州—宁波天然气输气管道抢修中心项目（下沙枢纽站）分布式能源项目	2017-08-01	杭州经济技术开发区经济发展局	杭经开经能源备〔2017〕1 号
77	长兴和平镇工业园区天然气分布式能源站项目	2017-09-24	长兴县发展和改革局	2017-330522-44-03-055326-000
78	缙云县壶镇镇天然气利用工程	2017-10-10	缙云县发展改革委	缙发改投资〔2017〕259 号
79	平阳县天然气利用工程（一期）项目	2017-10-17	平阳县发展和改革局	平发改投资〔2017〕146 号
80	开化县天然气输气管网建设工程项目	2017-11-24	开化县发展和改革局	开发改核准〔2017〕3 号
81	滨海新城江滨区天然气中低压管线一期工程	2017-12-21	绍兴滨海新城管委会经发局	绍宾经预核字〔2017〕1 号

表 13-3-6（续）

序号	项　目	批复时间（年-月-日）	批复单位	批复文号
天 然 气 项 目				
82	云和县城市天然气利用工程建设内容调整	2018-01-12	云和县发展改革委	云发改投〔2018〕7 号
83	宁波保税区管委会关于宁波象保合作区天然气利用一期工程项目的立项批复	2018-03-07	宁波保税区管理委员会	甬保税项〔2018〕1 号
84	义乌市城市燃气输配管网工程项目	2018-04-12	义乌市发展改革委	义发改投〔2018〕37 号
85	义乌市稠江下金、苏溪高中压调压及应急储备站工程项目	2018-06-29	义乌市发展改革委	义发改投〔2018〕56 号
86	滨海新城江滨区天然气中低压管线一期工程项目	2018-06-04	绍兴滨海新城管委会经发局	绍滨经核〔2018〕2 号
87	萧山—义乌天然气管道试验段工程	2018-07-23	浙江省发展改革委	浙发改能源〔2018〕384 号
88	宁海县天然气利用工程二期项目	2018-08-13	宁海县发展和改革局	宁发改投资〔2018〕346 号
89	萧山—义乌天然气管道工程	2018-10-16	浙江省发展改革委	浙发改能源〔2018〕503 号
90	变更云和县城市天然气利用工程项目	2018-10-19	云和县发展和改革局	云发改投〔2018〕227 号
91	遂昌县天然气利用工程二期项目	2018-10-29	遂昌县发展和改革局	遂发投〔2018〕115 号
92	义乌市稠江下金、苏溪高中压调压及应急储备站工程项目	2018-12-18	义乌市发展改革委	义发改投〔2018〕96 号
93	缙云县门站（新碧）至壶镇高压管道项目	2019-01-09	缙云县发展和改革局	缙发改投〔2019〕5 号
94	泰顺县城市天然气利用工程	2019-02-02	泰顺县发展和改革局	泰发改审〔2019〕7 号
95	建德市浙能天然气利用工程	2019-05-08	建德市发展和改革局	建发改核准〔2019〕7 号
96	嵊州省级高新技术产业园区（三界镇）天然气利用工程-主干管道	2019-05-13	嵊州市发展改革委	嵊发改中投〔2019〕41 号
97	丽水市天然气利用工程（二期）项目	2019-05-20	丽水市发展改革委	丽发改能源〔2019〕157 号
98	庆元县城市天然气利用工程	2019-07-01	庆元县发展和改革局	庆发改投〔2019〕78 号
99	西店门站及莼湖阀室至西店门站高压连接线项目	2019-07-12	宁波市发展改革委	甬发改审批〔2019〕304 号
100	滨海新城江滨区天然气综合利用工程-江滨门站二期工程项目	2019-09-20	绍兴市发展改革委	绍滨经核〔2019〕3 号
101	浙沪天然气联络线二期试验段工程	2019-09-27	嘉兴市发展改革委	嘉发改〔2019〕211 号
102	龙泉市天然气利用工程三期项目	2019-11-27	龙泉市发展和改革局	龙发改许可〔2019〕301 号
可再生新能源项目				
序号	项　目	批复时间（年-月-日）	批复单位	批复文号
1	华光潭梯级水电站工程（84 兆瓦）	2000-11-27	浙江省发展计划委员会	浙计技〔2000〕542 号
2	瓯江滩坑水电站项目（3×200 兆瓦+1×4 兆瓦）	2004-08-06	国家发展改革委	发改能源〔2004〕1614 号
3	温州洞头风电场项目（13.5 兆瓦）	2007-12-11	浙江省发展改革委	浙发改能源〔2007〕963 号
4	长广东风芥地面光伏项目［9.06 兆瓦（MWp）］	2015-08-31	长兴县发展改革委	长发改备案〔2015〕90 号

表 13-3-6（续）

可再生新能源项目				
序号	项　目	批复时间（年-月-日）	批复单位	批复文号
5	松阳地面光伏发电项目（35 兆瓦）	2015-09-29	松阳县发展和改革局	松发改备案〔2015〕35 号
6	嘉兴电厂厂内光伏项目［30 兆瓦（MWp）］	2016-04-18	嘉兴港区管委会	嘉港区〔2016〕27 号
7	六横电厂厂内光伏项目［33 兆瓦（MWp）］	2016-05-24	舟山群岛新区六横管委会	备案编号 163309034419102
8	乐清电厂厂内光伏项目［25 兆瓦（MWp）］	2016-06-02	乐清市发展和改革局	乐改备〔2016〕37 号
9	长兴（南湖农场）光伏发电项目［84 兆瓦（MWp）］	2017-09-20	长兴县发展和改革局	长兴改备案〔2016〕93 号①
10	凤台电厂厂内光伏发电项目	2016-06-16	淮南市发展改革委	淮发改审批〔2016〕260 号
11	温州电厂厂区光伏发电项目	2016-07-05	乐清市发展和改革局	乐改备〔2016〕39 号
12	长兴发电厂厂内光伏发电项目	2016-09-28	长兴县发展和改革局	长发改备案〔2016〕151 号
13	台州发电厂厂外东海翔屋顶光伏发电项目	2016-10-20	临海市发展和改革局	临发改光伏〔2016〕7 号
14	长兴发电厂厂外诺力屋顶光伏发电项目	2016-11-10	长兴经济技术开发区管委会	长开发区备案〔2016〕74 号
15	兰溪电厂灰库光伏项目	2016-11-18	兰溪市发展和改革局	2016-330781-44-03-028107-000
16	台州第二发电厂厂区光伏发电项目	2017-01-08	三门县发展和改革局	三发改审〔2017〕28 号
17	余杭梦想小镇屋顶分布式光伏项目［1.14 兆瓦（MWp）］	2017-05-23	余杭区发展和改革局	2017-330110-44-03-022925-000
18	京九电源分布式光伏项目［20 兆瓦（MWp）］	2017-08-02	永修县发展改革委	永发改审字〔2017〕108 号
19	北仑电厂分布式光伏发电项目［5.85 兆瓦（MWp）］	2017-08-10	北仑发展和改革局	2017-330206-44-03-005582-000
20	浙能嘉兴 1 号海上风电场项目（300 兆瓦）	2017-08-14	浙江省发展改革委	浙发改能源〔2017〕718 号
21	黄山歙县博鑫 3.3 兆瓦分布式光伏发电项目	2017-08-17	黄山市发展改革委	2017-341021-44-03-020585
22	黄山歙县博升一期 5.2 兆瓦分布式光伏发电项目	2017-08-17	黄山市发展改革委	2017-341021-44-03-020586
23	黄山歙县博升二期 5.3 兆瓦分布式光伏发电项目	2017-08-17	黄山市发展改革委	2017-341021-44-03-020588
24	黄山歙县博晶 3.6 兆瓦分布式光伏发电项目	2017-08-17	黄山市发展改革委	2017-341021-44-03-020587
25	长兴新农都屋顶光伏项目	2017-11-17	长兴县发展和改革局	2017-330522-44-03-074227-000
26	青海大柴旦风电项目（50 兆瓦）	2017-11-24	海西州能源局	西能源〔2017〕134 号
27	长兴瑞丝贝屋顶光伏发电项目	2017-11-28	长兴县发展和改革局	2017-330522-44-03-077530-000

① 长兴县发展和改革局 2016 年 9 月 28 日备案建设规模 93.4 兆瓦，2017 年 6 月 20 日变更为 84 兆瓦。

表 13-3-6（续）

可再生新能源项目				
序号	项　　目	批复时间（年-月-日）	批复单位	批复文号
28	宁波象山保税区生产力中心与邻里中心光伏项目	2017-12-09	宁波象保经发局	甬保经发备〔2017〕17 号
29	宁波金田铜业分布式光伏一、二期［29.98 兆瓦（MWp）］	2017-12-26	宁波市江北区发展和改革局	北区发改备〔2017〕144 号
30	松阳光伏小康项目	2017-12-27	松阳县发展和改革局	备案号 20173311244403088492000
31	景宁上山头陆上风电项目	2017-12-30	景宁县发展和改革局	景发改基综〔2017〕70 号
32	新昌展望屋顶光伏项目	2018-01-30	新昌县发展和改革局	2018-330624-44-03-006997-000
33	长兴田川物流屋顶光伏发电项目	2018-01-31	长兴县发展改革和经济委员会	2018-330522-44-03-007537-000
34	紫琅衬布光伏项目	2018-01-31	长兴县发展改革和经济委员会	2018-330522-44-03-007537-000
35	长兴三晶照明屋顶光伏发电项目	2018-01-31	长兴县发展改革和经济委员会	2018-330522-44-03-007537-000
36	长兴晨天纺织屋顶光伏项目	2018-03-19	长兴县发展改革和经济委员会	2018-330522-44-03-015723-000
37	长兴泽源植物一期屋顶光伏项目	2018-04-17	长兴县经济开发区管委会	2018-330522-44-03-023854-000
38	衢州鲟鱼养殖基地 7.4 兆瓦分布式光伏项目	2018-04-24	衢州市柯城区发展和改革局	2018-330802-44-03-025788-000；2018-330802-44-03-025789-000；2018-330802-44-03-025790-000
39	长兴加力仓储 1300 千瓦（kWp）屋顶光伏发电项目	2018-04-24	长兴县发展改革和经济委员会	2018-330522-44-03-025603-000
40	镇海燃气热电屋顶光伏项目［1.63 兆瓦（MWp）］	2018-05-02	宁波市宁波石化开发区经发局	2018-330200-44-03-027796-000
41	能长兴圣戈班屋顶光伏发电项目	2018-05-04	长兴县发展改革和经济委员会	2018-330522-44-03-028708-000
42	川汇分布式光伏项目	2018-05-14	衢州市衢江区发展和改革局	2018-330803-44-03-031771-000
43	逐光能源 1.5 兆瓦（MWp）屋顶分布式光伏项目	2018-05-15	衢州市集聚区经发局	2018-330800-44-03-032217-000
44	衢州开化龙翔 50 兆瓦地面光伏项目	2018-05-15	开化县发展和改革局	2018-330824-44-03-032125-000
45	能绍兴滨海热电厂区光伏项目［1.5246 兆瓦（MWp）］	2018-06-04	柯桥区行政审批局	2018-330603-44-01-037886-000

表 13-3-6（续）

可再生新能源项目				
序号	项目	批复时间（年-月-日）	批复单位	批复文号
46	长兴爱卫蓝屋顶光伏发电项目	2018-10-23	长兴县发展和改革局	2018-330522-44-03-078326-00
47	长兴新立汽车屋顶光伏发电项目	2018-10-25	长兴县开发区投资服务分局	2018-330522-44-03-079495-000
48	松阳光伏小康项目［23.5 兆瓦（MWp）］	2018-03-21	浙江省发展改革委	浙发改能源〔2018〕143 号
49	杭州湾金田新材料分布式光伏发电项目［11 兆瓦（MWp）］	2018-04-28	浙江政务服务网投资项目在线审批监管平台	2018-330200-44-03-027641-000
50	舟山中远海运重工有限公司 19.9 兆瓦（MWp）屋顶分布式光伏发电项目	2018-05-02	六横委经发局	2018-330903-44-03-028168-000
51	桐乡市屠甸镇 14 兆瓦“渔光互补”光伏发电项目	2018-05-21	桐乡市发展和改革局	2018-330483-44-03-033919-000
52	常山县东案乡 45 兆瓦（MWp）农光互补光伏发电项目	2018-05-31	常山县发展和改革局	2018-330822-44-03-037274-000
53	大洋山渔光互补光伏发电项目	2018-09-04	嵊泗县发展和改革局	2018-330922-04-03-0066024-000
54	江苏竹根沙（H2 号）300 兆瓦海上风电场项目	2018-11-28	江苏省发展改革委	苏发改能源发〔2018〕1182 号
55	嵊泗 2 号海上风电项目（400 兆瓦）	2018-12-24	舟山市发展改革委	舟发改审批〔2018〕133 号
56	宁夏中卫香山风电项目（120 兆瓦）	2018-12-31	宁夏回族自治区发展改革委	宁发改审发〔2018〕118 号
57	台州利丰洁具厂区屋面分布式光伏发电项目	2019-03	椒江区发展改革委	2018-331002-44-03-034636-000
58	台州东海翔二期光伏项目	2019-06-21	临海市发展和改革局	2019-331082-44-03-039638-000
59	新疆五家渠浙能新能源六师北塔山牧场 100 兆瓦风电项目	2019-08-22	第六师发展改革委	师发改发〔2019〕210 号

石油项目				
序号	项目	批复时间（年-月-日）	批复单位	批复文号
1	黄泽山石油中转储运项目一期（1×30 万吨级原油泊位、1×8 万吨级油品泊位、2×1 万吨级成品油泊位和 100 万立方米原油储罐、51 万立方米成品油储罐）	2011-11-29	国家发展改革委	发改基础〔2011〕2610 号
2	浙能综合服务驿站（柯城区七里乡普通公路服务站、衢州市上洋汽车综合服务区油气电综合供能站、柯城区通成普通公路服务站）	2017-09-15	柯城区发展和改革局	2017-330802-52-03-055841-000
3	金华兰溪油库及配套码头	2018-12-12	兰溪市发展和改革局	2018-330781-59-03-083774-001

表 13-3-6（续）

序号	项　　目	批复时间（年-月-日）	批复单位	批复文号
	石　油　项　目			
4	宁波海运 1 万吨级成品油船项目	2018-11-19	国家交通运输部	交通行政许可决定书（编号：SYJD2018-21066）
5	金华兰溪油库及配套码头（码头部分）	2019-07-15	兰溪市发展改革局	兰发改核〔2019〕5 号
6	综合供能服务站（319 个，其中考核民生实事 297 个）	2019-04-02	浙江省煤电油气运协调工作联席会议办公室	浙煤电油气运联〔2019〕1 号
	煤炭及运输项目			
序号	项　　目	批复时间（年-月-日）	批复单位	批复文号
1	舟山港六横港区煤炭中转码头项目（年通过能力 3000 万吨）	2006-03-22	国家发展改革委	发改交运〔2006〕476 号
2	淮浙煤电顾北煤矿及选煤厂工程（年生产能力 300 万吨）	2007-04-02	国家发展改革委	发改能源〔2007〕689 号
3	长兴捷通码头扩建工程（3×300+2×500 吨级）	2009-03-07	浙江省发展改革委	浙发改交通〔2004〕160 号
4	浙能嘉兴独山煤炭中转码头工程项目（年通过能力 3100 万吨）	2011-05-19	国家发展改革委	发改基础〔2011〕1040 号
5	温州发电厂煤码头加固改造项目	2014-07-28	浙江省发展改革委	浙发改交通〔2014〕649 号
	其他项目			
序号	项　　目	批复时间（年-月-日）	批复单位	批复文号
1	三门疏港公路连接线项目	2010-04-01	三门县发展和改革局	三发改审〔2010〕57 号
2	伊犁新天煤化工年产 20 亿立方米煤制气项目	2017-05-16	国家发展改革委	发改能源〔2017〕940 号
3	镇海天达脱硫剂加工及固废综合利用项目	2018-01-31	镇海区发展和改革局	2016-330211-42-03-002792-000
4	东风岕改造项目（长广煤矿文化园）	2018-08-02	长兴县煤山镇	2018-330522-61-03-056137-000
5	长兴县域内建设用地复垦项目（煤山镇区块）	2018-09-12	长兴县国土局	长土整复字〔2018〕4 号
6	船舶柴油机尾气脱硫项目	2018-06-28	长兴县商务局	湖外资长兴备 201800017

第三节　计 划 管 理

一、综合计划管理

2001 年 12 月 10 日，浙能集团总经理办公会审议审定浙能集团《年度投资计划编制管理办法》，并于 2002 年 1 月正式印发《年度投资计划编制管理办法（试行）》，规定由投资开发部指导与审查下属单位编报年度投资资金计划，要求所有投资项目一律实行“静态控制、动态管理”，严格按批准概算控制投资，提高投融资效率，投资计划由集团董事会进行年度审查，年中根据情况适当调整。

2002 年 1 月 30 日，浙能集团董事会审议同意集团公司 2002 年度投资计划。

2003—2006 年集团董事会对当年投资计划审议及部分项目投资计划调整审议通过后

实施。

2006年，浙能集团按照“归口管理，分头编制，统一下达”的思路，在进一步强化投资（资金）计划、煤炭采供计划、天然气购销计划、前期工作计划等计划管理的基础上，构建公司系统综合计划管理体系，并于2006年12月27日下达《2006年浙能公司发电燃煤计划订货方案（国家重点计划）》《浙江省天然气购销计划管理办法》。

2007—2013年，浙能集团按照“归口管理，一个口径对外”原则，燃煤订货计划、天然气购销计划均由计划发展部统一归口管理。

2014年1月14日，浙能集团董事会审议原则同意集团公司2014年综合投资计划（包括投资资金计划、生产类专项计划、人员安排计划等）。这是浙能集团首个年度综合计划。

2014年5月19日，根据浙能集团“强总部”建设方案，浙能集团印发试行《综合计划管理办法》（浙能计〔2014〕251号），集团本部增设年度综合计划的汇总职能，由计划发展部归口管理，负责汇总、平衡、报批，并与财务部预算对接。

2015—2018年，浙能集团董事会对当年的年度综合计划审议通过后实施。

2002—2019年浙能集团投资计划情况见表13-3-7。

表13-3-7　2002—2019年浙能集团投资计划情况一览表

年份	投资计划（亿元）	董事会审议时间（年-月-日）	调整情况/备注
2001	74.50		浙江省电力开发公司投资项目基建计划
2002	72.18	2002-01-30	2002年是浙能集团成立后第一次编制预算，也是集团实行全面预算管理的第一年。10月25日，董事会审议2002年预算调整和2003年预算编制原则
2003	72.38	2003-04-16	8月29日，同意调整兰溪、乐清等电源项目2003年度投资计划
2004	117.13	2004-03	8月27日，同意调整凤台电厂2004年度投资计划
2005	216.77	2005-01-20	11月30日，同意调整镇海电厂油改气、萧山电厂天然气发电、乐清电厂、杭甬天然气管线、凤台电厂、台州电厂五期、舟山煤炭中转码头、钱清电厂滨海扩建和浙能培训中心等10个项目的年度投资（资金）计划
2006	233.24	2006-02-09	12月15日，同意调整部分投资项目即萧山电厂、凤台电厂、LNG电厂、舟山煤炭中转码头、滨海电厂、LNG接收站年度投资（资金）计划
2007	230.09	2007-01-12	4月28日，同意调整三门核电项目2007年度投资（资金）计划。10月30日，董事会审议通过秦山核电二期资本金出资计划调整
2008	307.32	2008-01-30	2008年及以前均为投资出资计划
2009	272.29	2009-02-10	2009年起为投资（资金）计划
2010	477.92	2010-01-28	5月31日，同意将台州电厂五期配套工程供热管线项目8000万元年度投资增列入集团2010年度投资（资金）计划
2011	336.58	2011-12-30	8月29日，董事会同意增补2011年度北仑发电有限公司6000兆瓦汽轮机节能改造项目总投资控制在7000万元以内，本年度发生费用2000万元
2012	362.35	2012-01-09	11月26日，同意浙能嘉华发电公司3号、4号机组脱硫系统增设GGH及除雾器改造项目列入2013年技术改造计划，总投资暂按8500万元计列
2013	453.70	2013-01-18	6月21日，同意由浙能电力股份按年度投资（资金）计划确定的资本金（2.5亿元）全额拨付长兴天然气热电联产项目
2014	481.30	2014-01-14	2014年起为综合投资计划
2015	351.12	2015-01-30	12月7日，同意三门核电项目2015年投资资金计划由451000万元调整为495475万元，资本金出资由88570万元调整为98000万元

表 13-3-7（续）

年份	投资计划（亿元）	董事会审议时间（年-月-日）	调 整 情 况/备 注
2016	375.06	2016-01-13	11 月 23 日，同意调整徐大堡核电项目 2016 年投资（资金）计划
2017	359.90	2017-01-16	9 月 8 日，同意增补浙能电力上半年新增技改项目 19 项，其中重大以下项目共 18 项，总投资 2477 万元，当年投资 2477 万元；重大项目 1 项，投资 5600 万元
2018	571.04	2018-01-31	8 月 31 日调整投资计划
2019	400.32	2019-02-27	9 月 20 日调整投资计划和生产性技改计划

2018 年 10 月 12 日，浙能集团印发《综合计划管理办法》，进一步明确管理要求和程序：每年 9 月份初，由集团计划发展部下达综合计划编制通知，各专项计划归口管理部门分别下达编制要求。每年 10 月 15 日前，板块管理公司向归口管理部门上报本板块初审汇总后的各专项计划。各归口管理部门负责对有关专项计划进行审核反馈。板块管理公司修改后，分别行文上报各归口管理部门。各归口管理部门于 10 月底前将审核汇总后的专项计划初稿报集团计划发展部。集团计划发展部汇总编制综合计划，11 月底前将经分管领导审阅后的专项计划报计划部汇总、平衡。汇总平衡后的综合计划经集团分管计划领导、总经理、董事长审核同意后上报集团董事会审议。

二、投资计划的信息报送

浙能集团成立以来，根据有关规定和要求编制各类报表，报送政府主管部门。报告项目投资计划完成情况、存在问题和建议，为政府协调决策提供依据。每年（季、月）定期或不定期的主要报表包括：

（1）向浙江省发展改革委报送《浙江省“4+1”重大项目建设计划》《省市县长项目最新情况进展》《年度全省重大项目前期攻坚计划》《年度浙江省央企合作项目计划表》《浙江省五个千亿投资工程计划》。

（2）向浙江省能源局报送《年度浙江省能源发展计划》。

（3）向浙江省国资委报送浙能集团整个投资计划，按月在国资委报表系统中报送月度完成情况以及上半年度、年度分析报告。

（4）向国家能源局浙江省能监办报送《浙能集团新建能源项目建设情况》。

第四节　项 目 管 理

一、前期开发

2001 年 12 月，根据国家投资项目审批制度和公司成立实际情况，浙能集团印发试行《项目前期和建设工作管理办法》《本部直接投资项目前期和建设费用管理办法》。明确集团投资开发部负责集团公司产业结构调整研究、投资项目立项报批、项目可行性研究、审查上报董事会议案，指导监督项目单位开展前期工作。并对项目前期开发工作的基本程序、组织机构、报告制度、资金拨付等作了规定。

2003 年 2 月 17 日起，浙能集团控股的 10 家原由浙江省电力公司管理的发电企业（北仑、嘉兴、温州、镇海、镇海联合、钱清、台州、萧山、长兴、嘉华）、参股的温州电厂二期、温州燃机等移交浙能集团管理，在建的长兴四期、嘉兴二期，以及镇海油改气、温州三期和丽水滩坑水电等前期项目移交浙能集团管理，其中计划发展部负责 3 个前期项目的代管代培和报批工作。

2006 年 1 月，根据国家投资项目审批制改为核准制要求，浙能集团印发试行《前期工作管理手册》。手册包括《电源项目前期工作管理标准》《天然气项目前期工作管理标准》《煤炭项目前期工作管理标准》《多种产业项目前期工作管理标准》《投资项目组建有限责任公司章程指引》5 个管理标准。进一步规范前期工作，提高项目开发效率。明确集团计划发展部直接负责或组织项目前期工作，包括规划立项、可行性研究、审查报批、合资谈判以及公司组建。

2008年1月，集团计划发展部编辑出刊首期《计划发展部月度工作动态》。内容包括电力类、天然气类、煤炭类、油品类、能源服务业类、综合类等各大板块的项目规划、前期工作最新进展、领导批示反馈、节点性会议、重大结论性意见、下一步工作安排、突发性事件。使集团领导及时了解和掌握各规划、前期项目最新动态，从而及时指示部署，有效推进各项工作进展。

2014年8月，随着浙能集团“大能源战略”扩展，板块（分）公司设立，浙能集团对原管理标准进行修订升版，印发试行《电源项目前期工作管理办法（试行）》《石油天然气项目前期工作管理办法》《煤炭及煤制气项目前期工作管理办法》《能源服务业项目前期工作管理办法》《项目前期工作考核管理办法（试行）》。进一步明确前期工作的报告制度、相关部门和单位的职责与分工，明确集团内部立项，项目核准或可研批复是项目投资决策的前提条件，明确前期费用“依法合规、专款专用专管、节约控制原则”。板块管理单位具体负责板块内项目的具体业务，集团计划发展部负责指导监督相关工作，并负责集团直接投资的项目开发管理。浙能集团与浙江浙能电力股份有限公司签订《关于电厂前期项目之代为培育协议》，部分重大电力项目仍由浙能集团负责前期报批工作。

2003—2017年，浙能集团先后设立浙能兰溪电厂筹建处、浙能乐清电厂筹建处、浙江舟山煤炭配送基地筹建处、浙能淮南煤电项目筹建处、凤台电厂筹建处、浙能舟山煤电项目筹建处、浙能宁波LNG项目筹建处、浙能绍兴滨海热电项目筹建处、浙江省地方石油公司筹建处、浙能温州洞头风电项目筹建处、浙能杭州湾风力发电有限公司筹建处、浙能台州第二发电厂筹建处、浙能新疆阿克苏电厂项目筹建处、浙能新疆能源项目筹建处、浙江天然气南方管网项目筹建处、浙能安徽刘庄煤电一体化项目筹建处、浙能宁夏电源项目筹建处、浙能蒙陕晋能源项目筹建处、浙能准东煤制气项目筹建处、浙江省海洋开发投资集团有限公司筹建工作组、浙能嘉兴1号海上风电场项目筹建处、金塘项目前期工作小组等，并负责上述项目的代管代培工作。项目筹建（备）处作为集团计划发展部前期工作的延伸，由集团计划发展部负责管理其业务开展、指导并考核其前期工作。

2017年1月，集团计划发展部通过“两周部务会”“前期工作月度联络会”“前期工作双月发展会”，进一步掌握项目动态、协调项目进程，控制项目投资。其中“前期工作双月发展会”，由集团分管副总经理主持，集团部门负责人、板块公司分管领导、项目单位负责人参加，会后印发纪要、敦促执行落实。及时滚动编制《项目督查表和地企对接表》、梳理项目库。通过上述会议，按月对照项目进度计划进行督查，尤其是重点项目。

2017年3月22日，浙能集团董事会审议通过《项目开发考核奖励管理办法》（Q/ZN 203017—2017）。

2017年9月起，根据《浙江省能源集团有限公司管控优化方案》，突出板块公司投资责任主体职责并负责相应的项目前期工作，有关管理制度由板块（分）公司制定，集团计划发展部强化督查指导职责。

2018年10月12日，浙能集团印发《境内建设项目投资管理办法》等规定，明确板块分公司为项目前期开发责任主体单位，相应项目前期工作由板块分公司直接负责，集团计划发展部负责督查指导。《电源项目前期工作管理办法（试行）》《石油天然气项目前期工作管理办法》《煤炭及煤制气项目前期工作管理办法》《能源服务业项目前期工作管理办法》等同步废止，由相关板块分公司另行制定报集团公司备案。

二、项目投资

2001年1月，浙能集团制定试行《本部直接投资项目前期和建设费用管理办法》《投融资管理办法》等管理制度，规范集团所属子公司投融资行为，建立风险约束防范机制，提高效率和经济性，形成科学决策制度。

2008年9月25日，浙能集团印发试行《建设项目投资管理办法》，明确集团系统投资项目审批流程，实行先论证后决策，统一审批、统一管理。

2014 年 5 月 19 日，根据《浙江省能源集团有限公司“强总部”建设方案》《浙江省能源集团有限公司关于进一步规范集团各部门重要归口管理事项决策流程的意见》相关要求，浙能集团修订《建设项目投资管理办法》、编制印发试行《投资监管管理办法》，强化集团对子公司的投资管理，对项目投资的程序、标准作出规定，进一步明确集团审核监管企业发展战略规划及投资方向、年度投资计划的职能。

2014 年 7 月 10 日，浙能集团印发《投资项目前期费用管理办法（试行）》。2015 年 12 月 31 日，在项目前期费用管理办法试行一年基础上，修订印发《浙江省能源集团有限公司投资项目前期费用管理办法》，进一步明确合法合规，计划管理与分级管理相结合的原则，合理安排、提高资金使用效益，降低投资机会研究成本，把项目不成立的风险降至最低。

2016 年 9 月，浙能集团管理流程优化，改由板块公司负责向集团董事会汇报项目投资议案，集团计划发展部负责主审。

2018 年 1 月 12 日，浙能集团设立投委会，聘请行业专家对将上集团董事会的重大投资议案进行审查或评估。

2018 年 10 月 12 日，根据《浙江省能源集团有限公司管控优化方案》《浙江省省属企业投资监督管理办法》浙能集团印发《投资管理规定》《境内建设项目投资管理办法》《境内实业性（建设类）并购项目投资管理办法》《建设类项目开发暂停、终止管理办法（试行）》《境内投资机会研究管理办法》《境内建设类项目前期费用管理办法》等新版投资管理体系。集团新一轮投资管理架构基本形成，包括制度体系、决策体系及监管体系，突出板块公司投资责任主体职责。实行投资计划报备管理，未纳入投资计划的项目原则上不得投资。严控管理层级，原则上不超过三级。列入省国资委发布负面清单的投资项目一律不得投资。严控非主业项目，年度投资计划中非主业投资总额不得高于省属企业前 3 个年度平均实际投资额的 10% 且不高于当年计划投资总额的 10%。提出项目投资预期收益率要求、参股项目及外派高管选派要求、定期反馈考核要求。整个投资管理工作进一步细化实行事前、事中及事后管理。

浙能集团投资决策流程如图 13-3-1 所示。

2001—2019 年浙能集团系统项目投资实际完成情况见表 13-3-8。

三、项目后评价

2001 年 12 月 19 日，浙能集团印发《投资项目后评价工作管理办法》，明确对建成投运的项目运用系统工程方法对其前期决策时预期目标、工程准备、建设实施、竣工投产、经济效益等方面进行全面的比价分析和评价，形成后评价报告，及时反馈到集团系统决策层，作为新项目立项评估基础和集团系统调整投资规划与投资策略的依据。浙能集团计划发展部牵头组织重大项目的项目后评价大纲评定、评价报告评审、向集团董事会报告，部分项目还需向省国资委备案。

2005 年 12 月 23 日，浙能集团在杭州组织召开《浙江钱清发电有限公司 1#、2#机组工程项目后评价报告》评审会。这是浙能集团首个后评价项目，评估单位为浙江大学管理学院。

2006—2008 年，浙能集团计划发展部牵头组织开展浙江长兴发电厂四期工程、浙江嘉兴电厂二期工程、浙江温州发电厂三期工程项目相关项目后评价工作。

2008 年，浙能集团根据产业发展情况和《中央政府投资项目后评价管理办法》（发改投资〔2008〕2959 号），对项目后评价管理办法进行修订完善，强调后评价要与投资决策经济性作比较。按照该管理办法，2009—2014 年浙能集团计划发展部牵头组织浙江浙能绍兴滨海热电有限责任公司烟气脱硫特许经营项目、缙云县天然气利用工程中心气源站及配套管线项目、浙能舟山六横煤炭中转码头一期工程等项目后评价工作。

2014 年 4 月 28 日，根据《浙江省能源集团有限公司“强总部”建设方案》《浙江省能源集团有限公司关于进一步规范集团各部门重要归口管理事项决策流程的意见》相关要求，修订的《项目后评价管理办法》通过浙能集团董事会审议，明确了集团本部与板块公司职责。集团计划

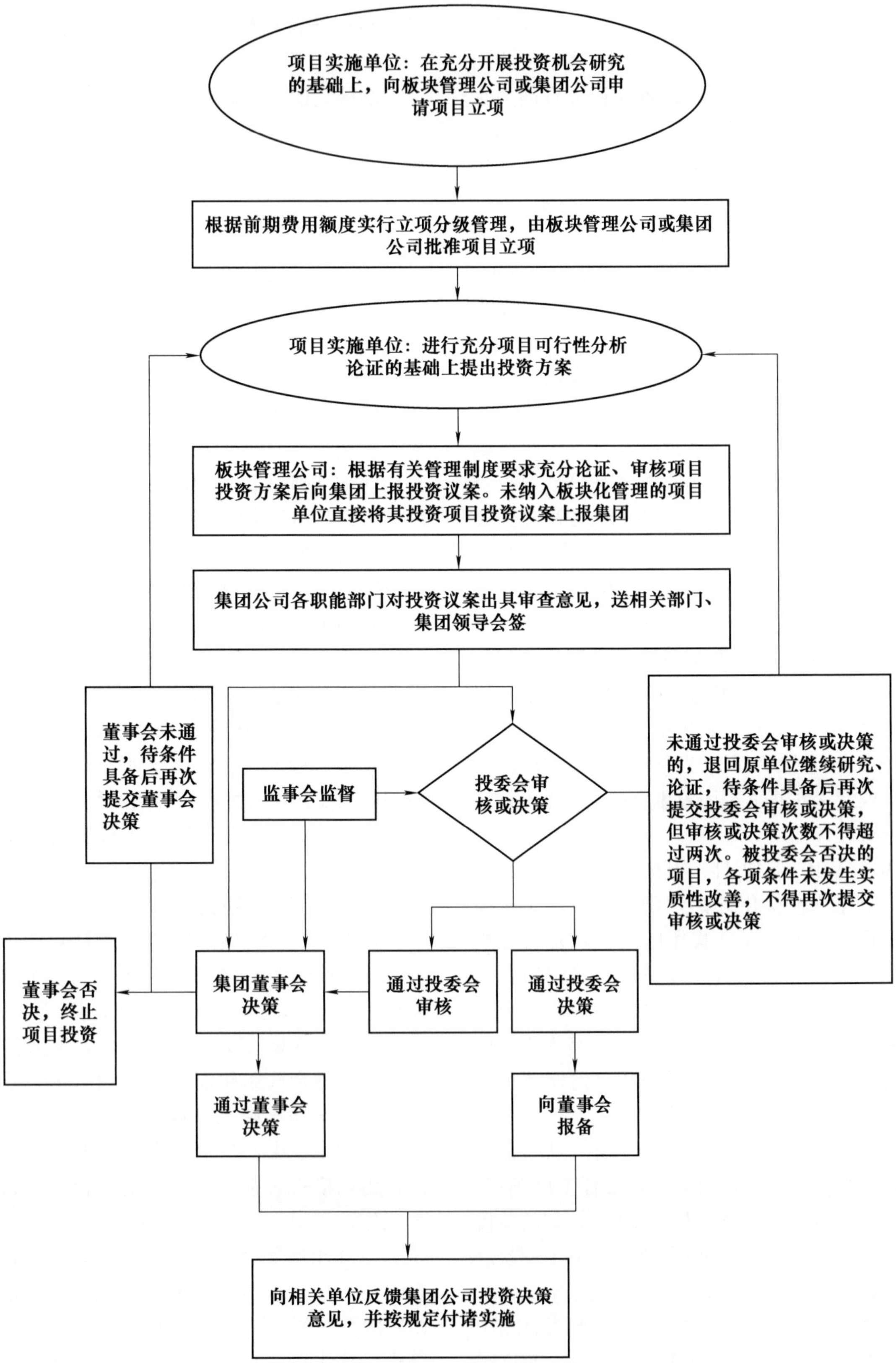

图 13-3-1 浙能集团投资决策流程示意图

表 13-3-8　2001—2019 年浙能集团系统项目投资实际完成情况汇总表

亿元

序号	项目	2001	2002	2003	2004	2005	2006	2007	2008	2009	2010	2011	2012	2013	2014	2015	2016	2017	2018	2019
1	电力项目	75.1	70.1	62.0	148.2	181.7	182.0	201.1	195.6	157.7	198.2	168.8	161.8	259.6	195.3	193.3	198.9	175.4	130.7	95.61
	其中控股	3.1	22.5	30.4	76.4	96.8	90.9	101.3	61.3	39.5	57.5	56.6	87.2	97.3	80.0	56.9	43.0	57.1	28.4	30.69
2	新疆能源化工														51.5	25.6	27.0	23.7	4.8	5.46
	其中控股														32.3	25.6	27.0	23.7	4.8	5.46
3	煤运板块	0.0	0.0	0.0	0.2	0.3	12.3	10.4	10.8	11.0	26.1	33.1	29.2	99.4	8.7	2.7	1.9	2.0	2.4	1.30
	其中控股				0.2	0.3	10.6	8.9	8.4	3.6	5.4	4.1	7.1	94.8	4.7	1.5	1.9	1.6	2.4	1.30
4	天然气	0.0	0.0	0.0	3.5	8.8	8.1	3.0	3.8	9.4	8.6	23.0	33.2	26.2	23.1	24.2	20.0	22.0	71.6	51.56
	其中控股				3.5	7.1	6.4	2.4	3.3	8.0	1.9	11.4	17.7	20.7	21.6	21.6	20.0	21.8	27.9	22.78
5	可再生能源	0.0	0.0	0.0	0.0	0.0	0.0	0.0	0.0	0.0	0.0	2.0	1.8	4.3	3.8	2.6	2.6	6.7	16.9	36.80
	其中控股											2.0	1.8	4.3	3.8	2.6	2.6	6.7	16.9	31.71
6	能源服务	0.0	0.0	0.0	1.5	1.2	9.5	0.0	0.8	0.1	1.9	3.8	4.6	4.9	9.8	9.7	6.8	4.9	5.4	8.63
	其中控股				1.5	1.2	9.5		0.8	0.1	1.9	3.8	4.6	4.9	9.5	7.5	6.8	4.9	5.4	8.63
7	金融地产	0.0	0.0	0.0	2.3	0.3	0.2	0.3	18.7	35.4	17.6	40.1	41.5	59.8	41.6	35.7	13.4	61.2	47.5	24.55
	其中控股				2.3	0.3	0.2	0.3	17.4	25.4	17.6	26.5	24.5	24.1	24.6	17.3		10.6	10.6	4.83
8	海投集团														25.5	0.0				
	其中控股														11.6					
9	长广集团																0.5	0.5	0.4	0.64
10	石油公司																	0.0	14.4	25.70
	其中控股																	0.0	14.4	25.70
11	赣浙能源																	1.1	1.8	3.26
12	浙能国际																	31.1	1.3	17.24
13	集团本级																			8.60
其中控股项目合计		3.1	22.5	30.4	83.9	105.6	117.6	112.9	91.2	76.6	84.3	104.5	142.9	246.2	187.9	135.1	115.3	127.0	111.7	157.58
其中参股项目合计		72.0	47.6	31.5	71.8	86.6	94.5	101.8	138.4	137.0	168.0	166.4	129.2	208.1	171.2	158.5	155.9	201.8	186.1	121.36
集团系统投资合计		75.1	70.1	62.0	155.8	192.2	212.1	215.2	229.6	213.6	252.3	270.9	272.0	454.3	359.2	293.7	271.1	328.7	297.8	279.34

注：（1）参股=总投资—控股。
（2）电力项目不含可再生能源项目。
（3）2007 年完成 4000 万元预备项目投资。
（4）浙江省海港投资运营集团有限供公司成立时带走资产 157 亿元。

发展部负责下达计划、审定后评价结果、报经集团董事会批准以及省国资委备案，板块公司负责具体项目后评价的组织评审工作。进一步强调对项目产生的实际效果与前期决策的预期目标等进行客观的比较分析、评价及预测，指导集团系统未来的投资计划和项目管理。

2014 年 6 月 4 日，浙能集团在杭州组织召开《浙江浙能嘉华发电有限公司 2×1000MW 超超临界机组工程后评价报告》评审会议。评估单位为浙江浙能技术研究院有限公司、北京航空航天大学，形成并印发会议纪要。同年 8 月 19 日，后评价报告上报浙江省国资委备案。

2014—2018 年，浙能集团组织了台州电厂五期工程配套供热管线工程、绍兴滨海热电厂一期工程、乐电二期“上大压小”工程、台州第二电厂一期“上大压小”工程、镇海供热改造工程、凤台电厂二期扩建工程、六横电厂“上大压小”新建工程、舟电一期“上大压小”项目、凤台电厂二期扩建工程、台二电一期“上大压小”项目、缙云县天然气利用工程中心气源站及配套管线、新昌县天然气利用工程一期、平湖市天然气利用工程、德清县塍头阀室——乾元经济开发区天然气高（中）压输气管道工程(振能一期)、安吉管道燃气收购、嘉兴清洁油品生产储运、杭嘉线、上虞加气站、松阳 35MW 地面光伏项目、绍兴滨海热电烟气脱硫特许经营、龙泉生物质发电、兰溪新型建材、宁海脱硝催化剂、浙江浙能嘉兴清洁油品生产储运项目、浙江浙能杭湖新能源有限公司项目、奉化公交总站加油加气站工程等项目后评价。

2018 年 10 月 12 日，浙能集团再次修订印发《建设项目后评价管理办法》(浙能计〔2018〕524 号)，强调投资机会研究、市场分析、计划管理、风险评价、敏感性分析等过程管理，强调后评价的全覆盖、时限约束、分层管理要求，以及根据外部条件变化的项目中间评估。随着集团“四业”发展不断深入，新行业、新能源及市场化项目越来越多，项目开发边界条件不断变化，项目后评价尤显重要。根据浙江省国资委要求，浙能集团常态化的组织开展项目后评价工作。

2019 年 6 月 14 日，浙江省国资委印发《关于建立省属企业投资后评价制定并开展相关工作的通知》。浙能集团根据通知要求，对近年来完成项目进行梳理，上报了新疆阿克苏热电厂项目、绍兴滨海热电厂二期项目、长兴地面光伏项目以及巴西圣西芒水电站并购项目为本年度后评价项目。巴西圣西芒水电站项目由浙江省国资委直接组织评审。2020 年 1 月 2 日，浙能集团以(浙能计〔2019〕753 号）文向浙江省国资委上报了投资项目后评价报告。

第五节 统 计 管 理

一、统计管理

2001 年 10 月 31 日，浙能集团总经理工作会议审议通过《统计管理办法》，明确统计工作由浙江省电力开发公司计划投资部负责，并配备专职统计人员负责电力项目的统计管理工作。

2003 年 8 月，浙江省电力开发公司归入浙能集团，与浙能集团合署办公，浙能集团配备专职统计人员开展工作。浙能集团实行统计职能归口管理，各专业部门分工负责的统计管理体制。浙能集团各职能部门负责各相关专业统计工作，集团计划发展部负责组织、协调、指导，制定管理制度，规范统计工作标准体系，组织完成统计调查任务，对集团系统计划执行情况和经济运行情况进行统计分析并作出预测，收集整理、编制、保存集团系统的统计调查资料，完成浙江省统计局、省国资委布置的统计调查任务。

2004 年 3 月 16 日，浙能集团印发《统计管理办法》《统计考核评比办法》《综合统计报表制度》。作为企业标准之一，对统计机构与统计人员、统计调查与统计制度、统计资料的管理与公布、统计分析与人员培训、检查与监督、奖励与惩罚都作了明确规定。

2005 年，浙能集团对《统计管理办法》进行修订完善，并完成 2005 年《综合统计报表制度》编制。此后，鉴于统计信息报告的特殊性，根据政府主管部门和中国电力企业联合会行业有关要求，以及浙能集团系统企业实际情况，每年均完成一次浙能集团《综合统计报表制度》的编制，以指导集团系统的统计信息编报工作。

2007 年 9—10 月，浙能集团首次组织完成对集团系统 29 家控股管理企业的统计对口检查交流活动。通过检查各单位统计法规和制度的执行情况，数据上报的准确、及时性等情况，同年 11 月，浙能集团以《关于统计工作对口检查交流活动情况的通报》（浙能计〔2007〕472 号）反馈给了各单位，促使各单位进一步提高统计工作质量，建立健全统计法规制度。

2008 年 10 月 27—30 日，浙能集团组织对集团系统所属 4 家子公司（浙江浙能金华燃机发电有限责任公司、浙江天地环保工程有限公司、浙能北海水力发电有限公司、浙江省浙信房产集团有限公司）的统计对口交流抽查工作。检查结果，由集团计划发展部以业务抄告单的方式反馈给各单位。

2009 年，浙能集团印发《基建统计工作管理规定》，这是浙能集团企业标准《统计工作管理手册》中基建部分的体现。

2014 年 5 月 19 日，根据《浙江省能源集团有限公司“强总部”建设方案》，浙能集团修订印发《统计管理办法》，明确集团与板块分公司以及各成员企业之间的管控界面，明确了职责分工。各版块公司及运营企业、直属公司均设置了统计职能部门，负责该公司的统计工作，组织实施浙能集团及上级部门布置的各项统计调查任务，对各公司计划执行情况和经济运行分析情况进行统计分析，并作出相关预测，管理统计资料。

2018 年 10 月 12 日，浙能集团修订印发《统计管理办法》（浙能计〔2018〕524 号），强化板块作为集团内行业管理部门应该承担的责任，为进一步规范统计管理流程，明确各层级横向和纵向的统计管理职责，完成了全系统的宣贯工作。

二、统计信息报送及配合经济普查

浙能集团成立以来，根据有关规定和要求编制各类报表，每月、每年向中国电力企业联合会行业报送《电力工业生产经营部分》《电力工业固定资产投资部分》月报、年度快报、年报以及《电力行业燃料统计月报》；每月、每季、每年向国家能源局电力监管机构报送生产、财务、成本、价格、节能减排等报表；每月、每年向国务院国资委的国家能源安全智慧信息平台报送电力生产、清洁、低碳、安全、高效的指标报表。向华东电监局、华东电网公司、浙江省电监办、中国投资协会、浙江省国资委、浙江省统计局、国家统计局杭州企调队、浙江省经贸委、杭州市统计局、省电力公司上报月报、季报、年报；向浙江省发展改革委上报浙能集团重大基建投资项目的工程月报、季报；向集团领导报送各控股电厂的煤炭存量周报。统计报表报送情况表 13-3-9。

2005 年，根据《全国经济普查条例》(国务院 415 号令）及《国务院关于开展第一次全国经济普查的通知》要求，浙能集团积极配合地方统计局完成了第一次全国经济普查工作。

2009 年，根据《全国经济普查条例》(国务院 415 号令）及《国务院关于开展第二次全国经济普查的通知》要求，浙能集团各单位积极配合地方统计局完成第二次全国经济普查工作。

三、统计资料(年鉴)的编制

浙能集团自成立以来，每月编制《浙江省能源集团有限公司统计月报》，内容涉及集团各板块的主要生产和经营指标、固定资产投资项目和前期项目的投资完成数量及项目进展情况、集团各相关部门如财务部、国际部的相关内容。

相关内容涉及按月度关键指标及综合性叙述电力、石油、煤炭、天然气、煤制气产业生产经营情况，科服板块、金融、财务公司的等产业信息，长广集团的生产经营以及科技成果、国际贸易等相关领域的信息，全社会用电量的分析，中国境内的投资在建和前期项目，以及集团境外项目的发展情况等相关内容具体附表目录见表 13-3-10 至表 13-3-13。

2005 年 12 月，浙能集团首期《综合统计年鉴》(一级报表体系）以及集团系统《统计二级报表体系》编制出版，分公司概况、基本建设、生产销售、金融财务、人力资源、安全生产、科技信息、外事活动及附录九个部分。

表13-3-9 统计报表报送情况表

报送国务院国资委	报送国家能源局	报送中电联	报送中国投资协会
1. 生产指标表	1. 基本信息表	1. 电力工业生产经营部分	1. 年度基本情况统计表
2. 清洁指标表	2. 重点发电企业生产情况表	1-1 发电、用电、燃料、供热、生产能力、分布式情况表	2.《中国电力年鉴》编纂素材。其中包含：企业概况、战略引领、领导班子、组织机构、主要事件、企业管理、安全管理、经营管理、社会责任、电力建设、科技创新、国际业务、节能减排、人力资源管理、工会工作、党建工作16部分
3. 低碳指标表	3. 发电企业财务月度快报	1-2 电厂情况、发电设备、机组运行表	
4. 安全指标表	4. 发电企业价格收入情况表	1-3 生产年度快报	
5. 高效指标表	5. 发电企业成本明细表	2. 电力工业固定资产投资部分	
	6. 火电企业节能减排情况表	2-1 电源投资完成、建设规模和新增能力	
	7. 发电企业基本情况表	2-2 电源投资完成、新增能力、计划投产情况年度快报	
	8. 电价执行情况报告	3.《中国电力行业年度发展报告》编纂素材——年度企业生产经营数据及相关内容	

表13-3-10 综合指标及电力产业部分附表目录

1. 集团主要参数表	7. 公司投资电厂生产用电情况	13. 公司投资电厂发电厂发电、供热耗用生物质量情况
2. 全社会用电量情况	8. 公司投资电厂供热生产情况（本月）	14. 公司投资电厂发电厂发电、供热耗用生物质量情况
3. 公司投资电厂发电量情况	9. 公司投资电厂供热生产情况（累计）	15. 公司投资电厂发电厂发电、供热耗用垃圾量情况
4. 公司投资电厂上网电量情况	10. 公司投资电厂发电厂发电、供热耗用煤量情况	16. 公司投资电厂发电生产能力平衡情况（实际）
5. 公司投资火电厂供电标准煤耗率情况	11. 公司投资电厂发电厂发电、供热耗用燃油量情况	17. 各板块拥有的控股发电规模情况
6. 公司投资火电厂发电标准煤耗率情况	12. 公司投资电厂发电厂发电、供热耗用天然气情况	

表13-3-11 石油、煤炭、天然气、煤制气产业附表目录

石油	煤炭	天然气	煤制气
1. 油、气品采购情况表	1. 浙能富兴计划资源采购月度明细表	1. 天然气供售情况	1. 煤制气产品生产情况表
2. 油、气品销售情况表	2. 煤炭销售统计表（统计口径）	2. 参股项目 LNG 接收站采购与销售表	2. 煤制气产品销售情况表
3. 油品运输表	3. 市场煤炭销售情况表	3. 参股均股天然气供售情况	

表 13-3-11（续）

石油	煤炭	天然气	煤制气
4. 石油板块新增能力平衡情况（加气站）	4. 煤炭中转码头运输报表	4. 天然气管网建设长度统计表	
	5. 物流运输情况报表	5. 城燃公司建设情况汇总表	
	6. 各控股电厂煤炭存量月情况表	6. 天然气直供管用户数	
	7. 煤炭检测统计报表		
	8. 均股、参股煤炭生产企业煤炭产量表		

表 13-3-12　科服、金融与财务、长广集团、浙能国际、科学技术研究院产业附表目录

科服	金融与财务	长广集团与浙能国际	科技研究院
1. 科技工程与服务产业产值完成情况汇总表	1. 金融板块营运企业主要经营指标	1. 长广集团主要产品产量汇总表	1. 浙江浙能技术研究院在研科技项目信息汇总表
2. 科服板块主要商品贸易量汇总表	2. 房地产开发项目投资基本情况表	2. 长广集团主要经营指标报表	2. 浙能技术研究院授权的知识产权清单
3. 科服板块捷通集装箱码头吞吐量月报表	3. 浙能财务公司金融类主要经营指标	3. 浙能国际公司商品贸易情况	3. 科技成果情况报表
4. 分布式供冷生产情况表			

表 13-3-13　浙能集团在境内投资前期和在建项目、境外项目发展情况附表目录

境内	境外
1. 浙能集团系统项目投资情况汇总表	1. 浙能集团海外跟踪投资合作重点跟踪项目信息表—电力类（国际部）
2. 集团投资项目主要节点完成情况	2. 浙能集团海外跟踪投资合作重点跟踪项目信息表—资源类（国际部）
3. 基建及前期项目基本情况汇总表	3. 浙能集团海外跟踪投资终止项目信息表（国际部）
4. 新成立与收购公司情况	

2006 年 12 月，浙能集团编制出版 2006 年《综合统计年鉴》；同时还在 2005 年集团系统《统计二级报表体系》基础上继续编制出版了《统计二级报表体系（补充部分）》，内容上增加 2005 版未涉及的党、团、纪检、监察、审计、信访及离、退休干部等方面的统计表式。

2007 年起，每年完成编制出版浙能集团《综合统计年鉴》。

2014 年起，浙能集团每年参与中国电力发展促进会《中国电力年鉴》的编撰工作。

2015 年起，浙能集团每年参与中国电力企业联合会《中国电力行业年度发展报告》资料、数据的汇编工作。

2017 年起，浙能集团每年参与中国电力发展促进会《中国电力工业统计资料汇编》浙能集团部分的编纂工作。每年参与浙江省能源局《浙江

省能源发展报告》浙能集团部分的编纂工作。

四、统计信息现代化

2006年，浙能集团计划发展部及集团各下属单位配合杭州天丽科技有限公司完成了浙能集团综合计划统计信息管理系统的研制开发工作。完成了MIS系统的报表配置、上线调试、试运行及程序验收等工作。

2009年，根据浙能集团信息一体化工作要求，计划发展部参与大唐新竹软件公司开发的集计划、财务、统计数据为一体的浙能集团统计报表体系中计划统计报表系统的研究开发工作。当年年底完成了计划统计报表系统的软件开发、调试、培训工作及第一阶段的试运行工作。2014年底完成了计划统计系统的验收工作。

2018年10月，浙能集团开展集团系统综合统计信息化系统的建设准备工作，完成统计信息系统的软件开发需求报告初稿。2019年3月12日，通过招标确定华中科技开发有限责任公司为系统开发商。截至2019年，完成电力产业基层侧的开发，并于2019年12月26日上线试运行。

第四章 国际业务管理

第一节 管理制度

2004年3月1日，浙能集团印发《浙江省能源集团有限公司因公出国（境）管理办法》，促进公司因公出国（境）工作的规范化、标准化管理。

2011年9月1日，浙能集团修订《浙江省能源集团有限公司因公出国（境）管理办法》，对出国事项的审批材料和程序、团组各项费用标准等内容进行了调整。

2013年9月1日及2014年11月7日，根据浙江省外事办公室、浙江省财政厅等上级主管单位发布的相关文件要求，对《浙江省能源集团有限公司因公出国（境）管理办法》进行了修订。

2017年3月28日，浙能集团印发《浙江省能源集团有限公司外事接待管理办法》，促进公司外事接待工作的规范化、标准化管理。

2017年9月1日，浙能集团对《浙江省能源集团有限公司因公出国（境）管理办法》进行了修订。

2017年11月16日，浙能集团印发《浙江省能源集团有限公司境外存量资产投资管理办法》。本办法系统规定了境外存量资产的兼并、收购、投资行为的工作原则、职责分工、工作流程等。

2018年12月25日，浙能集团对《浙江省能源集团有限公司外事接待管理办法》进行了修订，对外事接待的审批流程和管理标准等内容进行了调整。

2019年8月9日，浙能集团对《浙江省能源集团有限公司境外存量资产投资管理办法》进行了修订，对存量资产投资的程序、核准、备案、风控等具体内容进行了修订。同日，浙能集团印发《境外绿地项目投资管理办法》。本办法系统规定了境外绿地项目投资行为的职责分工、开发程序、决策和监管体系、受理与考核机制等。

2019年9月9日，浙能集团根据上级主管单位的最新规定对《浙江省能源集团有限公司因公出国（境）管理办法》进行了修订。

2019年10月22日，浙能集团收到外交部《关于同意授予浙江省交通投资集团有限公司等3家国有企业一定的出访来访外事审批权的函》，这意味着除公司领导班子成员因公出国外，集团可在本公司业务范围内，根据人事隶属关系和人员管理权限，自行审批本公司及所属分公司、子公司人员因公出国和邀请外国相关业务人员来华事项。

第二节 外事活动

一、外事出访

2002年11月1日，浙能集团总经理吴国潮率团前往泰国、新加坡进行天然气管网项目调研。

2003年10月8日，浙能集团董事长孙永森率团前往中国香港、新加坡、韩国、日本、英国、美国进行路演活动。

2003年11月2日，浙能集团总经理吴国潮率团前往埃及、瑞士、德国，与埃及PGESCO发电工程公司、瑞士ABB公司、德国三井公司进行业务洽谈。

2006年2月1日，浙能集团总经理吴国潮参加王永明副省长团组出访澳大利亚、印度尼西亚、卡塔尔，与西澳州州政府、印尼中海油东南亚公司、卡塔尔壳牌公司进行了商务会谈。

2006年6月16日，浙能集团总经理吴国潮参加浙江省政府团组赴俄罗斯进行港口、煤炭项目洽谈。

2007年5月2日，浙能集团董事长吴国潮率团出访美国、加拿大，与美国GE公司、加拿大WESTSHORE TERMINAL公司就节能及环保技术的合作进行了交流。

2007年5月12日，浙能集团总经理沈志云参加王永明副省长团组出访英国、法国、日本，与英国约克恒勃大区发展署、法国道达尔公司、日本东京燃气工程株式会社进行了合作洽谈。

2007年9月1日，浙能集团总经理沈志云率团出访德国、瑞士，与德国西门子财务服务有限公司、瑞士UBS投资银行进行了合作洽谈。

2008年3月31日，浙能集团董事长吴国潮率团出访中国香港，参加香港兴源投资贸易有限公司董事会。

2008年11月1日。浙能集团总经理沈志云率团访美国、墨西哥，与美国SARGENT&LUNDY公司、墨西哥GELOSA公司就脱硝改造技术进行了合作交流。

2009年6月29日，浙能集团董事长吴国潮参加浙江省商务厅团组赴尼日利亚、埃及、土耳其进行经贸、投资洽谈。

2010年11月7日，浙能集团董事长吴国潮参加浙江省商务厅团组出访印度尼西亚、柬埔寨、越南开展投资贸易项目对接活动。

2011年9月1日，浙能集团总经理童亚辉参加陈敏尔副省长团组出访以色列、土耳其、英国进行能源项目投资交流。

2013年6月23日，浙能集团董事长吴国潮率团赴南非、以色列、法国，与南非SASOL公司、以色列AST公司、法国ALSTOM公司就煤制气、水处理、燃气电厂项目进行了交流。

2014年9月7日，浙能集团总经理童亚辉率团赴中国香港、新加坡、英国进行美元债巡回路演。

2017年4月25日，浙能集团总经理柯吉欣率团赴中国香港参加香港中国企业协会浙江企业分会成立第一届理事会就职典礼，并与渣打银行、大华银行、汇丰银行进行了业务洽谈。

2017年6月10日，浙能集团董事长童亚辉率团赴哈萨克斯坦参加了阿斯塔纳世博会。

2017年7月24日，浙能集团董事长童亚辉率团赴中国香港进行境外银团贷款路演。

2018年6月10日，浙能集团总经理柯吉欣参加浙江省商务厅团组赴津巴布韦、南非、毛里求斯进行能源项目对接。

2018年8月21日，浙能集团董事长童亚辉率团赴新加坡、日本与道达尔公司、嘉能可公司等洽谈石油、天然气、大宗商品物流业务，并与日本煤炭能源中心、东芝公司、日本川崎重工业公司就氢能源的合作进行了洽谈。

2018年11月26日，浙能集团总经理柯吉欣率团赴美国、加拿大与美国切尼尔能源公司、摩科瑞能源公司、加拿大威尔豪斯等公司就液化天然气贸易、天然气发电项目合作、物流及港口运营情况进行了交流。

2019年5月23日，浙能集团董事长童亚辉参加浙江省商务厅团组赴捷克、匈牙利、德国进行能源业务交流与能源项目对接。

2019年10月29日，浙能集团董事长童亚辉率团赴埃塞俄比亚、沙特阿拉伯、瑞士与道达尔公司、嘉能可公司、沙特阿美公司等洽谈石油、天然气业务，并对埃塞俄比亚液化天然气项目进行了实地考察。

2003—2019年浙江省能源集团有限公司外事出访情况见表13-4-1。

表13-4-1 2003—2019年浙江省能源集团有限公司外事出访情况统计表

年份	团组数量（个）	出访人数（人次）
2003	27	80
2004	74	362
2005	84	591
2006	75	342
2007	73	375
2008	36	189
2009	42	207
2010	51	261
2011	57	268
2012	38	220
2013	18	92
2014	15	71
2015	8	33
2016	23	108
2017	46	226
2018	53	257
2019	59	250

二、外事接待

2005年6月16日，澳大利亚西澳大利亚州工业资源部副部长埃尔·艾克西克拉夫一行拜访了浙能集团，与集团总经理吴国潮就煤炭资源开发、煤炭贸易等事宜进行了探讨。

2006年10月10日，浙能集团总经理吴国潮在浙能大厦会见了来访的GE能源集团总裁兼首席执行官约翰·克雷尼奇一行，双方对可再生能源、节能及环保等方面的合作进行了洽谈。

2007年6月4日，浙能集团董事长吴国潮会见了挪威ALSTOM公司专家艾力克·欧德和拉斯·昂达，双方就海水脱硫技术进行了交流。

2008年3月31日，浙能集团董事长吴国潮会见了壳牌（中国）有限公司主席林浩光一行，双方就天然气、石油、石化领域的合作进行了洽谈，并签署了战略合作意向书。

2009年11月3日，浙能集团董事长吴国潮、副总经理童亚辉在浙能大厦会见了土耳其HATTAT公司董事局副主席赛丁·西塔库格鲁一行，双方就土耳其煤电投资项目共同关心的问题进行了深入的沟通和交流。

2011年4月20日，印度尼西亚中华总商会主席、印度尼西亚达尼多煤矿集团（Tanito Group）总裁纪辉琦先生、印尼PT Almas Indo公司董事长李铭秀先生、印尼PT. Famatex董事长杨后发先生一行拜访浙能集团，集团总经理童亚辉、副总经理毛剑宏、范小宁接待了来访贵宾，双方就煤矿开发、煤炭贸易等事宜进行了探讨。

2013年1月5日，浙能集团总经理童亚辉、副总经理楼晶会见了来访的渣打东北亚企业银行总裁黎达诗一行，双方就金融业务方面进一步开展合作等内容进行了深入的交流。

2013年6月28日，浙能集团董事长吴国潮、副总经理毛剑宏在浙能大厦会见了来访的加拿大纽芬兰与拉布拉多省省长凯西·邓德代尔一行，双方就未来能在能源领域方面进行合作会谈。

2014年4月29日，浙能集团副总经理楼晶会见了加拿大不列颠哥伦比亚省政府亚洲特使本·斯图尔特及加拿大不列颠哥伦比亚省液化天然气铁路直运公司总裁兼首席执行官克里斯·希利亚德一行。双方围绕天然气资源开发、运输及液化天然气进出口业务等方面的合作可能性进行了沟通和交流。

2016年9月23日，浙能集团董事长童亚辉、总经理柯吉欣在浙能大厦会见了GE发电集团副总裁兼中国区总裁杨丹一行，双方就煤电智能数字化、新能源及科技开发、海外项目合作等领域进行了洽谈。

2016年11月28日，浙能集团总经理柯吉欣在浙能大厦会见了来访的捷克总统特命代表、捷克总理中国事务全权代表、捷中友好合作协会主席雅罗斯拉夫·德沃吉克先生一行，双方就煤电清洁化利用、新能源开发、核电开发、新技术合作、金融等领域的合作进行了交流。

2017年1月6日，浙能集团董事长童亚辉、副总经理范小宁在浙能大厦会见了壳牌中国集团执行主席张新胜一行，双方就石油贸易及储备、天然气市场开发、LNG项目等合作事宜进行了洽谈交流。

2017年5月10日，浙能集团董事长童亚辉在浙能大厦会见了土耳其伊尔集团首席财务官艾弗兰和能源公司首席执行官泰莫一行，双方就加强合作进行了友好座谈，并就土耳其煤电项目合作展开了初步对接。

2017年5月15日，浙能集团董事长童亚辉、副总经理范小宁会见了嘉能可亚太区总裁郭进展一行，双方就共同开发舟山自贸区保税船加油业务以及寻求油气领域更多合作机会进行了深入交流。

2017年9月18日，浙能集团总经理柯吉欣会见了法国燃气苏伊士集团高级副总裁、新加坡国际LNG贸易公司总经理丹尼斯·博诺姆一行，双方团队就液化天然气贸易业务合作开展了对接洽谈。

2017年9月19日，浙能集团董事长童亚辉会见了美国埃克森美孚亚太区副总裁吉米·昂鲁、埃克森美孚中国区天然气营销公司总裁梁美宝一行，双方团队就天然气接收站建设、液化天然气贸易等业务合作开展了初步对接洽谈。

2017年9月19日，浙能集团总经理柯吉欣会见了美国切尼尔能源公司执行副总裁、首席商务官阿纳托·费根一行，双方就液化天然气贸易业务开展了对接洽谈。

2017年9月19日，浙能集团总经理柯吉欣会见了美国埃森哲公司全球副总裁、大中华区联合副主席吴琪一行。双方就推进浙能集团各产业信息整合，开展大数据分析，未来建立综合能源服务站等内容开展了洽谈。

2018年1月18日，浙能集团董事长童亚辉在杭州会见了嘉能可集团油气业务首席执行官阿莱士·比尔德一行，双方就煤炭贸易及近期燃料油加注业务等方面的合作进行了洽谈。

2018年1月22日，浙能集团董事长童亚辉会见了摩科瑞能源集团董事、亚洲区总裁韩进一行，双方就煤炭、金融、石油、天然气等领域的合作进行了交流。

2018年10月17日，浙能集团董事长童亚辉会见嘉能可集团油气业务首席执行官Alex Beard、亚太区董事总经理郭进展、亚太区原油总经理韩冬一行，双方团队就原油贸易业务合作模式开展了对接洽谈。

2018年10月17日，浙能集团董事长童亚辉会见了法国道达尔公司贸易和供应板块全球总裁托马斯·韦梅尔一行，双方就燃料油加注、加工生产、贸易以及石油天然气开采、加工、中转等领域的合作进行了会谈。

2018年10月17日，浙能集团总经理柯吉欣会见了俄罗斯环境、技术与原子能监察署署长阿廖申一行，双方就天然气管网运行和安全管理等进行了深入交流。

2018年11月13日，浙能集团总经理柯吉欣在浙能大厦会见了以色列驻华大使何泽伟先生一行，双方就节能环保技术及设备的引进、海外项目的投资合作、清洁能源产业等内容进行了交流。

2018年12月20日，浙能集团董事长童亚辉在浙能大厦会见了渣打集团董事会主席韦浩思、渣打银行中国有限公司行长张晓蕾一行，双方就拓展合作领域、开展深度合作进行了交流洽谈。

2019年7月18日，浙能集团董事长童亚辉在浙能大厦会见了嘉能可全球油气总裁阿莱士·塞纳一行，双方就现阶段在油气领域已取得的合作成果及深化后续合作等内容进行了交流。

2019年8月29日，浙能集团董事长童亚辉在浙能大厦会见了沙特阿美石油公司亚洲区总裁安沃·汉志一行，双方就浙能集团与沙特阿美在油气项目上的合作前景进行了交流。

2019年10月17日，浙能集团董事长童亚辉在第三届世界油商大会期间会见了埃克森美孚全球LNG市场营销总裁阿莱士·沃克夫一行，双方就现有合作项目、未来合作机会等交换了意见。

2019年10月17日，浙能集团董事长童亚辉在第三届世界油商大会期间会见了嘉能可全球油气总裁阿莱士·塞纳，双方探讨了在油品贸易合作的基础上进行更深层次合作的相关事宜。

2019年10月17日，浙能集团董事长童亚辉在第三届世界油商大会期间会见了托克集团董事长杰里米·韦尔，双方就建立油气领域的长期稳定的合作进行了洽谈。

2019年10月17日，浙能集团董事长童亚辉在第三届世界油商大会期间会见了彭博新能源财经亚太区及全球大宗商品研究负责人阿谢希·塞西亚，双方就能源专项研究、新能源等领域的合作进行了交流。

2003—2019年浙江省能源集团有限公司外事接待情况见表13-4-2。

表13-4-2 2003—2019年浙江省能源集团有限公司外事接待情况统计表

年份	团组数量（个）	接待人数（人次）
2003	5	21
2004	15	64
2005	11	52
2006	5	18
2007	10	37
2008	11	75
2009	10	60
2010	10	60
2011	12	70
2012	29	83
2013	5	36
2014	17	47
2015	18	51
2016	21	91
2017	24	11
2018	22	07
2019	16	74

第三节 海 外 业 务

一、实业项目前期开展情况

2016年，浙能集团跟踪的海外项目10余个。项目所在国家包括巴西、哈萨克斯坦、孟加拉国、越南、印度尼西亚等。

2017年，浙能集团跟踪的海外项目30余个。项目所在国家包括巴西、澳大利亚、印尼、孟加拉国、柬埔寨、缅甸、菲律宾、越南、哈萨克斯坦、土耳其、英国、西班牙、蒙古等。业务涉及LNG、煤矿、煤电、水电、风光电、垃圾发电、金融等领域。既有存量资产收购项目，也有绿地项目。其中6个项目通过集团董事会立项审议，巴西圣西芒水电站项目完成交割，成为浙能集团历史上第一个海外投资项目。

2018年，浙能集团开展了40余个海外项目的前期工作。项目所在国家包括巴西、智利、蒙古、罗马尼亚、土耳其、巴布亚新几内亚、澳大利亚、美国、加拿大、南非、越南、菲律宾等。业务涉及煤矿、天然气、煤电、水电、风电、光伏、电网、产业园、综合资产包、煤制气等领域。其中4个项目通过集团投委会立项审议，蒙古巴格诺尔2×350兆瓦火电项目、巴西里约能源风电2个项目完成集团董事会立项审议。

2019年，浙能集团开展了70余个海外项目的前期工作。项目所在国家包括巴西、阿根廷、俄罗斯、罗马尼亚、葡萄牙、德国、土耳其、奥地利、以色列、巴布亚新几内亚、澳大利亚、美国、加拿大、日本、泰国、印度尼西亚、柬埔寨、南非、埃塞俄比亚、加纳等。业务涉及煤矿、天然气、石油、煤电、燃机、水电、风电、光伏等领域。其中8个项目通过集团投委会立项审议，巴西Alupar新能源资产包项目、以色列Ramat Hovav燃机2个项目完成集团董事会立项审议。

二、圣西芒水电站项目

2017年4月，巴西联邦政府宣布当年下半年将组织四个水电项目的特许经营权招标。圣西芒水电站位于巴西米纳斯吉拉斯州，由6台285兆瓦的水轮机组组成，总装机容量1710兆瓦，为巴西装机容量第九大水电站。特许经营期内所发电量的70%将获得固定收入，每年按通货膨胀调增，30%发电量可在自由市场或者现货市场出售。

2017年9月27日，国家电力投资集团与浙能集团联合参与项目竞标，以高于招标限价6.5%的价格顺利竞得圣西芒水电站的特许经营权。

2017年9月28日，浙能集团董事会原则同意圣西芒水电站特许经营权项目立项事宜。

2017年10月15日，浙能集团董事会原则同意浙江能源国际有限公司出资参股巴西圣西芒水电能源股份有限公司，持有35%股份，国家电力投资集团投持有65%的股份。

2017年10月19日，商务部向国家电力投资集团与浙能集团颁发了企业境外投资证书。

2017年11月6日，浙能集团上报《关于决策投资巴西圣西芒水电项目的备案报告》通过了浙江省国资委审核。

2017年11月10日，巴西圣西芒水电站与巴西电力监管局签署了项目30年特许经营权协议。

2017年11月11日，巴西圣西芒水电站董事会通过决议，浙能集团通过增资扩股参与该项目。

2017年11月24日，浙能国际公司完成资本金换汇，并于11月27日顺利将资本金注入项目公司账户。

根据协议，水电站原运维商的服务截止到2018年5月10日。巴西时间2018年5月10日，巴西圣西芒水电站由巴西圣西芒水电能源股份有限公司接管，实行自主运维。巴西圣西芒水电站特许经营权项目是浙能集团的第一个海外投资项目。

第四节 国际会务

一、阿斯塔纳世博会

2017年6月10日至9月10日，阿斯塔纳世博会在哈萨克斯坦召开，浙能集团在世博会中国馆内设置了展台，向世界展示了领先的煤电烟气“超低排放”技术。浙能集团董事长童亚辉在世博会期间向习近平总书记、国家能源局努尔白克力等领导汇报了煤电烟气“超低排放”技术，以及取得的社会经济效应，积极呼吁应给予煤电发展客观评价，得到了习近平总书记和其他国家领导人的一致肯定和赞赏。

浙能的“超低排放”展台接待了近50万名观众，派发了近万份宣传册。哈萨克斯坦总统纳扎尔巴耶夫、中国人大副委员长沈跃跃、哈萨克斯坦下议院议长尼格马图林、中国商务部部长钟山、哈萨克斯坦驻华大使沙赫拉特·努雷舍夫、中哈贸促会会长哈纳特、国际热核聚变实验堆（ITER）计划负责人伯纳德·贝格斯等在内多名中外国家元首、政要、知名企业家参观了浙能展台。央视新闻联播、人民日报、浙江日报、人民网等主流媒体对公司参加阿斯塔纳世博会进行了详细报道，大大提高了浙能集团的知名度和品牌影响力。哈萨克斯坦投资发展部、哈萨克斯坦能源部、纳扎尔巴耶夫大学等部门、单位，以及数十家哈萨克斯坦能源企业与浙能集团建立了联系。

2017年6月23日，在中国馆“浙江日”上，浙能集团与新疆广汇集团就哈萨克斯坦油气开发等签订了战略合作协议。

二、油商大会

2017年9月17—19日，首届世界油商大会在杭州召开，会议的主题是“开放、创新、合作——油品全产业链投资便利和贸易自由”。本次油商大会共邀请了40个国家和地区的400多名海内外嘉宾出席，浙能集团邀请的有8家公司，37位嘉宾。会议期间，浙能集团与中国石油化工集团有限公司就液化天然气项目合作签署了框架协议，并与英国国家石油公司（BP）签署了战略合作协议。

2018年10月17—19日，第二届世界油商大会在舟山召开，会议的主题是“开放包容、互利共赢——推动‘一带一路’油气产业合作愿景与行动”。本次油商大会共邀请了34个国家和地区的800多名海内外嘉宾出席，浙能集团邀请的有7家公司，49位嘉宾。会议期间，浙江能源天然气集团有限公司与埃克森美孚亚太私人有限公司正式签署液化天然气（LNG）长期供应购销协议框架（HOA）。浙江省石油股份有限公司与道达尔贸易亚洲私人有限公司签署了开展燃料油业务的合作项目框架协议。浙江省石油股份有限公司与广厦控股集团有限公司和舟山寰宇码头有限公司签署了黄泽山石油中转储运项目并购框架协议。

2019年10月17—19日，第三届世界油商大会在舟山召开，会议的主题是“共商油气、共享机遇、共谋发展”。本次油商大会共邀请了251家国内外能源企业嘉宾出席，浙能集团邀请的有9家公司，53位嘉宾。会议期间，浙江能源天然气集团有限公司与埃克森美孚液化天然气亚太部签署了天然气贸易合作协议。浙江浙能石油新能源有限公司与道达尔（中国）投资有限责任公司签署了燃料油股权合作协议。浙江浙能六横液化天然气有限公司与浙江舟山群岛新区六横管理委员会签署了舟山六横 LNG 接收站项目合作协议。浙能集团与俄罗斯诺瓦泰克公司签署了液化天然气的合作框架协议。

三、中美油气工业论坛

2017 年 11 月 15 日，第十七届中美油气工业论坛在宁波召开，来自中美各界的 150 余名代表参加了会议。论坛由美国能源部、中国国家能源局、中国商务部联合举办，浙能集团作为协办单位配合开展会议的组织、接待等工作。会议期间，浙能集团与埃克森美孚、雪弗龙、切尼尔能源、康菲石油等国际公司就液化天然气接收站建设、提升液化天然气溢价、石油天然气技术合作等方面开展了深入洽谈。

四、“一带一路”能源部长会议

2018 年 10 月 18 日，“一带一路”能源部长会议在江苏省苏州市召开。会议邀请了全球 76 个国家的能源部长和 14 个国际能源组织的负责人参会。浙能集团总经理柯吉欣代表集团参加了会议，并与越南代表团就电力项目投资合作进行了会谈。

五、中国国际进口博览会

2018 年 11 月 5—10 日，首届中国国际进口博览会在上海召开，浙能集团总经理柯吉欣带队参加了本次会议。

2019 年 11 月 5—10 日，第二届中国国际进口博览会在上海召开。在浙江省属企业交易分团采购成交集中签约仪式上，浙江能源国际有限公司与瑞士苏艾科公司签署了煤炭贸易合作谅解备忘录，合同金额超过 4000 万美元。博览会期间，浙江能源国际有限公司还与澳大利亚必和必拓公司签订了煤炭采购合同，合同金额 8500 万美元。

六、中俄能源商务论坛

2018 年 11 月 29 日，浙能集团董事长童亚辉在北京参加首届中俄能源商务论坛，并在大会上发表题为《合作共享中国（浙江）自贸区国际油气全产业链战略机遇》演讲。本次论坛由国家能源局主办，国家主席习近平同俄罗斯总统普京分别向中俄能源商务论坛致贺信。中共中央政治局常委、国务院副总理韩正出席本次论坛并致辞。包括中石油、中石化、浙能集团、俄罗斯石油公司、俄罗斯天然气工业股份公司在内的约 80 家中俄能源企业参加。

七、国际液化天然气会议

2019 年 4 月 2—5 日，第十九届国际液化天然气会议在上海世博展览馆举行。浙能集团总经理柯吉欣带队参加了会议，向参会油气企业介绍了浙能天然气业务经营情况和愿景规划，分享了浙江省天然气消费市场的现状和走势，并与壳牌、道达尔、卡塔尔、诺瓦泰克、艾尼、三菱等国际知名能源企业开展了双边交流。

八、世界浙商大会

2019 年 11 月 13 日，第五届世界浙商大会在杭州国际博览中心开幕，浙能集团董事长童亚辉参加了会议，并代表浙能集团领取了“高质量发展领军企业”奖项。

第五章　人力资源管理

第一节　组织机构

2001 年 5 月 16 日，浙能集团印发《关于明确浙江省能源集团有限公司各部门和天然气开发公司筹建处负责人的通知》(浙能组〔2001〕1 号)，经浙能集团党委研究决定，先行明确浙能集团党委会、董事会、经营层的工作部门和部门负责人，确保公司尽快进入正常运转。浙能集团党委会设立了组织部、老干部处等部门，浙能集团经营层设立了人力资源部等部门，并聘用了上述部门的负责人。

2003 年 2 月 25 日，厂网分开，浙江省政府组织召开省属发电企业（项目）管理职能移交大会。2 月 26 日，浙能集团在杭州召开发电企业（项目）管理职能接收工作会议。3 月 1 日，省属发电企业（项目）管理职能实现移交，集团人事、劳动工资管理业务大量增加。

2003 年 8 月 20 日，浙能集团印发《关于调整浙江省能源集团有限公司内设机构的通知》（浙能人〔2003〕244 号），对集团内设机构进行了调整，具体设置组织（人力资源）部、老干部处等 11 个部室，撤销了党委办公室等 5 个部室。

2003 年 8 月 27 日，浙能集团印发《浙江省能源集团有限公司部门职能（试行）》（浙能人〔2003〕265 号），明确了组织（人力资源）部的管理职能。组织（人力资源）部的主要职责是：负责浙能集团管理的领导班子、领导人员的日常管理工作；指导所属单位的干部工作、干部队伍建设；负责拟订浙能集团组织设置、机构设置、职能配置和定员管理的建议方案；负责浙能集团的人事管理、劳动工资、保险福利、教育培训、人事档案管理工作；负责对浙能集团机关人员的日常管理工作；负责办理浙能集团机关员工、所属单位领导班子成员的退休审批手续。

2017 年 9 月，浙能集团印发《浙江省能源集团有限公司管控优化方案》，明确集团组织（人力资源）部部门职责定位是负责人力资源规划、组织人事管理、职工薪酬与福利管理（保障）、薪酬绩效考核、职业与岗位（技能）培训管理等工作，负责浙能培训部的业务指导与考核管理。

第二节 劳动管理

一、劳动用工体制

2005 年 9 月 15 日，浙能集团印发《发电企业优化人力资源配置改革指导意见》（浙能人〔2005〕250 号），逐步推进所属发电企业内部改革，优化配置人力资源。改革的目标是通过三年左右的时间对发电企业当时的资源进行整合，理顺并重新构建发电企业的生产管理体制与机制，规范经营行为，加大人员分流力度，减人增效，增强企业的市场竞争力，以达到管理科学、高效、精干的要求，实现国有资产保值增值和提高员工整体收入水平的目标。按照“积极稳妥、分步实施”的原则，对各发电企业当时的检修队伍和检修力量进行改造和整合，逐步成立依托老厂的专业化、集约化的综合性检修公司和专业性检修公司。

2007 年 9 月，浙能集团印发《劳动合同法实施的影响及对策》和《浙江省能源集团有限公司社会化用工管理办法》。根据浙能集团关于本级工资分配制度改革的重大部署，对浙能集团本部员工按照双向选择原则，按照部门定岗定员情况进行了重新聘任。

2010 年 10 月，浙能集团印发《职工奖惩管理办法》，明确了职工奖惩的原则及类别等。

2011 年 5 月 11 日，浙能集团印发《浙江省能源集团有限公司人力资源调配管理暂行办法》，明确规定了统一审批、备案管理等情况，规定了总量控制、计划管理要求，对招聘录用、系统内调配、减员等管理流程进行了规定。浙能集团本部人员总量按浙能集团领导班子审定的职能部门编制数控制，浙能集团所属企业人员总量在满足改革发展需要的前提下，实行总量控制的分类管理。

2011 年 11 月 7 日，浙能集团印发《外派人员管理办法（试行）》，对外派人员资格条件、外派程序、外派期间的待遇、外派期限、外派人员的管理等进行了规定。2014 年，对外派期间的待遇进行了修订，并更名印发《异地工作人员管理办法》。2017 年，再次就外派期限及回浙安排等进行修订。为适应“海外创业”需要，2018 年制定发布了《派驻海外机构工作员工管理办法（试行）》。

2012 年 12 月 3 日，浙能集团印发《浙江省能源集团有限公司所属企业劳动用工制度改革试点办法（试行）》，对试点单位用工进行分类管理，拉开了集团用工改革序幕。

2014年3月3日，浙能集团印发《浙江省能源集团有限公司劳动用工管理办法（试行）》（简称《用工办法》）。《用工办法》是浙能集团规范所属企业劳动用工的基本制度，规定了浙能集团及所属企业的岗位管理、人员招聘及其动态管理等管理程序，明确了有关管理权限和职责。对岗位管理标准化体系建设、规范劳务派遣用工管理等作出了明确要求。

2017年1月19日，浙能集团印发《人才市场化选聘工作方案（试行）》，对市场化选聘人才的范围、职责、程序、薪酬考核等进行了明确。

2018年4月10日，浙能集团印发《浙能电力所属火力发电企业劳动定员标准》，立足发电企业当前用工实际，参照国内先进发电企业标准，采用模块化定员思路，对各模块分别进行定员，以便不同类型电厂套用定员。针对不同单位同类业务单元外包、劳务派遣人数差异较大现状，对外包、劳务派遣人员的用工人数作了统一，明确了总体定员控制水平基准。

2019年9月23日，浙能集团修订发布《劳动用工管理办法》，完善人员招聘录用机制，全面实施劳动合同契约化管理。

二、劳动用工管理

自2001年，浙能集团严格遵照国家劳动法律和制度进行劳动力招收工作。始终贯彻实施《中华人民共和国劳动法》和《中华人民共和国劳动合同法》，实行全员劳动合同制。在劳动力管理上，按照浙能集团要求进行劳动力总量控制，实行分级管理、下管一级的劳动力管理办法。同时，规范所属企业劳动用工管理行为，通过编制用工计划，明确缺编岗位和定员，认真审核劳动用工计划，并下发到所属企业。截至2018年底，浙能集团共有职工21488人。其中，本部146人，占职工人数的0.68%。

2004—2018年人员用工结构及素质情况见表13-5-1，集团及板块用工总量分布情况见表13-5-2。

第三节 干部管理

一、管理制度

2007年3月7日，根据中央、省委有关领导干部个人有关事项报告的规定，制定《浙江省能源集团有限公司企业领导人员报告个人有关事项实施办法》，用以及时了解掌握浙能集团系统各级企业领导人员的情况，加强对领导人员的管理和监督。

2008年7月，浙能集团印发《浙江省能源集团有限公司领导人员管理办法（试行）》，办法规定了领导人员的任职条件与资格、职数配备、任用方式与使用范围、组织考察、讨论决定、任职期限、考核、诫勉、监督和奖惩、交流与回避、免职辞职降职、激励、退休与返聘、教育与培训、后备人才队伍建设等方面内容。

2010年7月23日，根据浙江省委和有关部门的相关文件和会议精神，经浙能集团党委研究，浙能集团印发《关于提高选人用人工作满意度的实施意见》和《关于报告领导人员选拔任用工作并接受民主评议的实施办法》。

2010年11月17日，根据《中共中央关于加强和改进新形势下党的建设若干重大问题的决定》《中国共产党党内监督条例（试行）》《浙江省党内监督十项制度实施办法（试行）》等要求，浙能集团印发《浙江省能源集团有限公司关于开展领导人员年度述职述廉工作的实施办法（试行）》《浙能集团所属企业领导人员一报告两评议的实施方案》，并修订完善《领导人员管理办法》。

2011年5月11日，根据《党政领导干部选拔任用工作条例》等规定，结合集团公司实际，浙能集团印发《浙江省能源集团有限公司竞争性选拔领导人员实施办法（试行）》《关于进一步规范所属企业选人用人工作的意见》和《后备领导人员管理办法（试行）》。

2015年4月10日，结合人才队伍的实际情况，浙能集团印发《外派参股企业高级管理人员管理暂行办法》，规定了浙能集团对外派参股企业高级管理人员的管理办法，明确了管理职

表 13-5-1　2004—2018 年人员用工结构及素质情况一览表

个

年份	用工总量	用工结构分布			文化程度分布				专业技术人员分布				技术工人分布						
		在岗职工	劳务派遣	其他从业人员	本科及以上	大专	中专技校及高中	初中及以下	专业技术人员	高级	中级	初级	技术工人	高级技师	技师	高级工	中级工	初级工	其他在生产操作岗位人员
2004	11060	11026	0	34	1610	2649	4050	2751	4071	328	1462	2281	2462						
2005	11130	11095	0	35	1972	3238	4079	1841	3980	381	1580	2019	3541						
2006	10928	10904	0	24	2152	3516	3545	1715	4102	406	1620	2076	3803						
2007	10941	10920	0	21	2445	3706	3172	1618	3019	294	1363	1362	5818						
2008	11096	11048	0	48	3006	3748	2812	1530	2654	216	1175	1263	6134	0	141	1714	1521	954	1804
2009	13305	11641	1631	33	3834	4105	3342	2024	3118	248	1341	1529	6264	0	170	1870	1626	530	2068
2010	13851	11779	1990	82	4360	4181	3327	1983	3139	278	1312	1549	7188	0	211	1888	1469	2081	1539
2011	15076	12036	2902	138	5018	4224	3568	2266	2809	306	1326	1177	7289	17	209	2627	1601	447	2388
2012	15944	12535	3194	215	5922	4367	3409	2246	3438	576	1673	1189	8091	22	240	1974	1659	1205	2991
2013	17585	14213	3214	158	6916	4734	3659	2276	3829	664	1761	1404	8824	104	317	2000	1556	1643	3204
2014	18846	15760	2945	141	7913	5290	3595	2048	4368	709	1948	1711	9912	101	279	2060	1521	1598	4353
2015	20390	17754	2060	576	8597	5639	3853	2301	4873	820	2189	1864	10810	121	304	1802	1423	1384	5776
2016	25722	21727	3528	467	10292	7549	5023	2858	5606	858	2377	2371	11000	168	368	1935	1608	1835	5086
2017	25168	21102	2680	1386	10536	7416	4627	2589	5592	908	2401	2283	10044	159	329	1920	1299	1122	5215
2018	24467	20267	2704	275	10945	7355	6167		5741	894	2484	2363	10072	132	299	1913	1401	859	5468

表 13-5-2 2004—2018 年集团及板块用工总量分布情况表

个

年份	用工总量	业务板块															
		本部	电力	煤炭	天然气	石油	可再生	金融地产	科工服务	新疆板块	长广集团	直属企业				外派	其他
												浙能技术研究院	浙能国际	浙能产业园	浙能培训		
2004	11060	96	10255	623	65	—	—	—	—	—	—	—	—	—	—	—	21
2005	11130	104	10397	419	87	—	—	—	—	—	—	—	—	—	—	—	123
2006	10928	101	10238	96	94	—	—	—	—	—	—	—	—	—	—	—	399
2007	10941	114	10424	106	101	—	—	—	—	—	—	—	—	—	—	—	196
2008	11096	120	10496	144	117	—	—	—	—	—	—	—	—	—	—	—	219
2009	13305	156	10810	300	176（石油、天然气）		776（水电）	—	—	—	—	—	—	—	—	—	1087
2010	13851	157	11495	311	212（石油、天然气）		278（水电）	—	—	—	—	—	—	—	—	—	1398
2011	15076	117	11552	156	445（石油、天然气）		302	—	2035	—	—	—	—	—	—	—	469
2012	15944	116	11800	455	655（石油、天然气）		311	—	2122	—	—	—	—	—	—	—	485
2013	17602	179	11682	1192	779（石油、天然气）		348	—	2197	599	—	—	—	—	—	—	609
2014	18846	187	11528	1399	917（石油、天然气）		324	—	2141	1665	—	—	—	—	—	—	685
2015	20390	196	11595	1447	1020（石油、天然气）		339	263	1391	2174	1965	—	—	—	—	—	—
2016	25324	185	12253	1791	2264（石油、天然气）		530	668	3432	2155	1484	118	—	—	—	—	444
2017	24773	181	11337	1607	3010（石油、天然气）		603	66	4514	1868	1401	138	23	—	—	—	25
2018	24467	195	11495	1925	2124	681	650	710	3056	1838	1192	148	26	—	—	—	427

注：（1）2004—2008 年其他为非能源类企业用工人数。

（2）2009—2010 年其他为能源服务业企业用工人数。

（3）2011—2012 年其他为浙能财务公司、浙能资产公司、浙信房产公司、浙能洋山建设开发公司、浙江国信控股浙能集团、浙江黄岩热电公司、黄岩热电留守处、黄岩马鞍山发电厂留守处用工人数。

（4）2013 年其他为浙能财务公司、浙能资产公司、浙能房产公司、浙能洋山建设开发公司、浙江国信控股浙能集团、浙江黄岩热电公司、浙江东都建筑设计研究院、宁夏枣泉发电公司用工人数。

（5）2014 年其他为浙能财务公司、浙能资产公司、浙能房产公司、浙江国信控股浙能集团、浙江黄岩热电公司、浙江东都建筑设计研究院、浙能融资租赁公司、浙能（香港）公司及海投集团（114 人）用工人数。

（6）2016 年其他为淮浙煤电有限责任公司、浙能集团（香港）有限公司用工人数。

（7）2017 年其他为浙江省洁净煤技术研究开发中心用工人数。

（8）2018 年其他为浙江省洁净煤技术研究开发中心、赣浙能源、凤台发电用工人数。

责、管理内容和要求，适用于浙能集团对派出参股企业任职的高级管理人员的管理。

2017年4月25日，根据中共中央办公厅印发《推进领导干部能上能下若干规定（试行）》《浙江省推进领导干部能上能下实施细则（试行）》等有关规定，结合实际，浙能集团印发《浙江省能源集团有限公司领导人员能上能下实施办法（试行）》，适用于浙能集团管理领导人员。并修订发布《浙江省能源集团有限公司后备领导人员管理办法》，适用于选拔浙能集团管理的全资、控股、参股（管理）企业和集团本部中层领导职位的后备人员。办法规定了后备领导人员的条件和资格、数量及结构、选拔的方式及程序、培养、管理、任用、组织领导等内容。印发《职业经理人管理办法（试行）》，规定了职业经理人选聘和管理等相关内容，主要规定了管理权限和职责分工、选聘条件、任期、选聘方式和程序、考核评价、薪酬、激励及约束、福利待遇、职业发展、退出等内容。领导班子非集团管理的所属企业因工作需要拟选聘职业经理人的，参照本办法执行。

2018年5月21日，依据浙江省选拔任用党政领导干部等五个办法、《浙江省能源集团有限公司章程》等有关规定，浙能集团修订发布《浙江省能源集团有限公司领导人员管理办法》，规定了集团管理领导人员范围、任职条件与资格、职数配备、选拔任用等要求。

二、领导人员管理

2003年9月15日起，浙能集团对管理的全资、控股、代管共20家企业（项目）的领导班子及其成员进行全面考察。10月28日，召开总结汇报会议，浙能集团领导到会听取工作汇报，并就集团所属企业领导班子建设、干部管理等内容与全体考察组成员进行了座谈研讨。会后，浙能集团对部分企业领导班子作了相应的调整。

2005年11月28日，浙能集团印发《浙江省能源集团有限公司“四好”领导班子创建活动实施方案》，在浙能集团开展以“政治素质好、经营业绩好、团结协作好、作风形象好”为主要内容的“四好”领导班子创建活动。方案明确了开展“四好”领导班子创建活动的指导思想和总体目标、基本要求、考核办法及组织领导要求。

2006年，浙能集团先后委托浙江省委党校、浙江大学经济学院组织开办领导人员培训班两期、中青年干部培训班一期，培训现职领导人员56名、后备干部55名。

2006年8月25日至11月初，先后对所属27家下属企业（项目）的领导班子及其130位成员，集团本部26名中层领导人员进行了全面考察。该项工作与公司2006年党风廉政责任制考核工作同时进行。2006年，对部分领导班子进行调整充实，涉及集团管理领导人员65人次。

2007年2—3月，浙能集团在浙江省委党校举办了三期领导人员学习贯彻党的十七大精神集中轮训班。2007年3—5月，浙能集团党委以选拔德才兼备的年轻干部为重点，通过提拔、交流、轮岗等方式，充实、调整集团职能部门和所属企业领导干部队伍，分两批予以实施并完成，涉及集团管理领导人员86人。

2008年，浙能集团对部分领导班子作了调整充实，共涉及12家所属单位，涉及集团管理领导人员41人。

2009年，根据《浙江省能源集团有限公司领导人员管理办法（试行）》的规定，按照浙能集团对部分新建项目（公司）的管理模式和机构设置方案要求，结合浙能集团年内部分新建项目（公司）的工程进展需要和人事相宜原则，对浙江浙能石油新能源有限公司、浙能集团煤炭及运输分公司、浙江浙能绍兴滨海热电有限责任公司、浙江浙能洋山建设开发有限公司、浙江富兴海运有限公司的班子开展组建和调整工作。年内对部分领导班子作了调整充实，共涉及所属单位18家，涉及集团管理领导人员28人。

2009年10月12日开始，由集团领导担任组长的五个考察小组在一个多月时间内对集团管理的28家所属企业领导班子和180余名领导人员进行2007—2009年度全面考察。与上海电力学院、上海国家会计学院合作，各开办一期为期10天的生产（基建）类领导人员培训班、党政类领导人员培训和经营类领导人员培训班，共培训现职及后备领导人员128人。与上海国家会计学院合作，开办了一期总会计师、财务总监及财务部门负责人专题培训班，共培训学员41人。与浙江大学继续开展校企合作，开办为期一个月的中青年后备干部培训班两期，共培训企业中青年后备干部57人。

2010年，浙能集团先后完成浙江浙能资产经营管理有限公司筹建组、新疆能源项目筹建处、东南阿克苏电力项目筹建处、天然气南方管网项目筹建处以及浙能城市燃气公司等前期项目（公司）机构成立和班子组建工作，明确新建各项目（公司）的职能定位和工作开展要求。按照浙能集团各产业布局调整、板块业务发展和资产并购重组的需要，结合2007—2009年度全面考察结果，调整充实部分领导班子，共涉及集团本部9个部门和所属18家企业，涉及集团管理领导人员100人。根据浙江省国资委要求，结合管控企业董事会任期届满调整人选时机，集团领导逐步退出兼任所属相关企业的出资人代表职务。在集团范围内，按规定程序组织开展五个副职领导岗位的竞争性选拔工作，共有来自集团本部和所属企业的156名职工参加笔试；29名职工入围面试；最终选出5名目标职位人选。组织参与全省竞争性选拔领导干部工作。集团作为浙江省属企业副总经理目标职位招考单位，配合省委组织部和省国资委做好目标职位的笔试题库参考资料提供整理、目标职位面试考场落实准备以及集团系统群众评委推荐等具体工作。公司系统共有17名符合条件的本部和所属企业领导人员报名参加笔试，其中7人进入面试，2人入围组织考察，1人最终获得任职资格。

2010年，与上海电力学院、国家（上海）会计学院合作，举办现职领导人员和后备领导人员培训班四期，共培训学员173人。

2011年，调整充实部分领导班子，共涉及集团本部4个部门和所属26家企业，涉及集团管理领导人员52人。根据党委部署安排，选人用人工作向党建领域全面渗透，在所属企业党支部“公推直选”试点工作取得经验基础上，以所属企业党委换届为试点，组织并完成浙江浙能镇海发电有限责任公司党委的“公推直选”换届选举工作。按规定程序组织完成4个专业7个副职领导岗位的竞争性选拔工作。共有来自集团本部和所属企业的220名职工报名，207人通过资格审查进入笔试，34人入围面试，21人进入考察阶段。组织参与浙江省国资委牵头组织的省属企业中层管理人员联合公选工作。集团推出浙江省水利水电投资集团有限公司财务总监、浙能新疆煤制气项目筹建处副主任职位参与联合公选，分别面向全省、全国招考，共吸引48人报考，经资格审查后，共30人参加笔试，12人进入面试，6人入围组织考察阶段，最终2人获得任职资格。

2012年，浙能集团共选拔任用集团管理领导人员35名、交流48人次，开展4个中层副职竞争性选拔。10月11日，浙能集团召开2012年度所属企业领导班子和领导人员全面考察工作培训会议，对开展所属企业领导班子和领导人员全面考察工作进行了动员和工作布置。12月，领导人员全面考察工作完成。

2013年，浙能集团共选拔任用集团管理领导人员39名、交流73人次，开展6个中层副职和1个中层正职竞争性选拔，引入差额选拔机制，进行省外项目干部人才选派。

2014年，浙能集团共选拔任用集团管理领导人员39名、交流65人次，推荐9位省属企业后备领导人员。

2015年，浙能集团积极开展“三严三实、履职尽职”专题教育，深化从严治党。重点策划开展了“加强党员修养，提升党员素质”、领导人员“守纪律、讲规矩”及领导人员“履职尽责”三大专项行动。组织开展集团内党员领导干部党章党规党纪轮训，共轮训118人。顺利完成对所属全资、控股、代管企业（项目）共59个领导班子、295名领导人员的2013—2015年度全面考察。全年共选拔任用集团管理领导人员47人，交流79人，举办两期中青年干部培训班，择优遴选了40名“80后”年轻干部，分三批开展为期一年的挂职锻炼。

2016年，浙能集团共选拔任用集团管理领导人员46人，交流89人。开展人事档案专项整治，严格核查党员身份信息，逐一审核367卷干部档案。启动新一轮次领导人员轮训工作，加强优秀青年骨干的培养、选拔和储备工作，完成三批40名“80后”挂职年轻干部的考核工作。

2017年，浙能集团所属企业领导班子基本实现“双向进入，交叉任职”，42家所属企业实行党组织书记、董事长一人担任或总经理兼任党组织书记，8家所属企业配备专职党组织副书记。组织年轻中层干部到地方政府部门挂职锻炼，第一批12名人员正式到位。根据《职业经理人管理办法（试行）》,金融板块引入4名职业经理人。举办所属企业新任党委书记、董事长、总经理专题研讨培训班。

三、人才队伍管理

2008年，围绕浙能集团发展战略和“十一五”发展规划，结合集团人力资源管理现状，制定《浙江省能源集团有限公司2008—2010年人力资源规划纲要》。

2009年，浙能集团起草修订专家分级管理办法。浙能集团先后与浙江大学及上海国家会计学院合作，分两批组织35周岁以下的青年技术及管理骨干报考两所院校2010年度的动力工程专业硕士研究生和会计专业硕士学位研究生的学习。报考工作按照所在单位推荐、浙能集团审核、统一参加入学测试等程序严格进行，浙能集团共有近130名青年骨干参与报考。

2010年，浙能集团开展首次援疆干部人才选派工作，结合援疆干部选派职位任职要求，按照干部管理权限，分别实行提职选派和定向推荐。对实行提职选派担任新疆农一师电力公司副总经理的选派工作，在组织宣传发动的基础上，系统共37名符合条件的人选参与竞争。按照文件规定进行严格资格审查、统一面试、确定考察人选、组织考察、量化综合评价等工作程序，经集团党委研究讨论后确定上报。开展集团本部管理岗位的上挂下派工作，经个人申报、单位推荐、部门比选，选调所属9家企业的12名年轻业务骨干到集团8个职能部门挂职锻炼。同时，集团本部3名职员分别到所属企业下派任职，实行双向动态管理。

2010年4月，浙能集团与浙江大学合办的MBA班60名学员已全部完成专业课程学习任务，部分学员已完成毕业论文答辩工作。通过3年的专业教育和工作实践，MBA班学员已成为各单位生产经营管理骨干，其中有6名优秀学员于2010年下半年走上企业领导岗位。与浙江大学合作培养的动力工程专业硕士学位研究生的83名学员，已完成专业课程学习任务，根据教学计划安排，进入论文写作实践阶段。委托上海会计学院培养的首批会计专业硕士学位研究生的18名学员已开展专业课程学习。

2010年12月，浙能集团董事会审议通过设立浙江能源集团高校奖学（助学）金制度，原则同意从2011年起以“浙能集团”名义在电力、金融、管理等专业综合水平较高的浙江大学、华北电力大学、东北电力大学、上海电力学院、西南财经大学、中国石油大学、中国矿业大学7所高校设立“浙能奖学金或助学金”，每所高校120万元，分四年，总额840万元。

2011年，浙能集团在专家人才工作上取得突破。1人通过2010年度国务院政府特殊津贴申报工作（全省共16人），2人获得浙江省首席技师荣誉称号（全省共50人），国家及省级高技能专家人才实现了零的突破。省财政厅、省国资委下文专项核定2011年度浙能集团人才专项工作资助经费15万元，实现人才专项经费申请零的突破。推荐生产一线优秀高技能人才出国深造。根据省“金蓝领”培训工程计划安排，通过与省人力资源和社会保障厅积极沟通，经浙能集团推荐，所属企业4名优秀高技能焊工人才获得首期赴德国培训资格（全省共25名），在德国接受28天的专业培训。

2012年，浙能集团“十二五”人力资源发展规划编制完成。全年吸收高校应届毕业生650人，人才结构逐步优化。为规范招投标管理，切实做好招评标工作，通过建立评标专家库，确保评标活动公正、公平、科学、廉洁。同时，充分发挥集团系统各类专业人员的专业优势，以选取质优价低的工程、货物、服务的供应商。制定发布了《评标专家库管理实施细则》，规定了浙江省能源集团有限公司工程、货物、服务等评标专家库管理程序，明确了评标专家的条件与产生、权利与义务、抽取与回避、管理与考核等内容。浙能集团人力资源部作为评标专家委员会的常设机构。2018年，评标专家委员会的常设构转由集团招投标管理部归口。

2013年1月，经浙江省人力资源和社会保障厅批准，浙能集团获批省博士后工作站试点单位。8 月，浙能集团的院士专家工作站被浙江省人才工作领导小组办公室认定为浙江省院士专家工作站。10 月，经人力资源和社会保障部、全国博士后管理委员会批准，浙能集团正式设立博士后科研工作站。11 月 28 日，浙能集团院士专家工作站、博士后科研工作站正式挂牌成立。浙能集团在两站建设的基础上，进一步整合集聚浙能技术中心等集团所属科技创新平台资源，组建浙江省浙能能源技术研究院，致力为浙江省能源产业布局规划、建设和安全生产提供强大的技术支持。

2013 年，浙能集团全年共接收高校应届毕业生 525 人，社会化引进人才 14 人，优化人力资源增量，加快人才队伍结构性补充。启动浙能集团技能训练基地建设前期工作，推进职工网络学习平台项目开发，强化教育培训。认真开展职称评审和技能鉴定工作，完善高技能人才开发与评价体系，不断推进高技能人才队伍建设。取得省级行业技能大赛主办权，浙能集团系统省级技能大师工作室达到 4 家。

2014 年 5 月，浙能集团印发《特殊人才引进管理办法（试行）》，用于应对浙能集团省外异地企业和多元化业务拓展过程中部分高端紧缺岗位的应急用人需要，填补阶段性、周期性的人才缺口。标准规定了特殊人才的引进流程、议薪定薪和绩效考核等管理程序，明确了特殊人才引进的原则、工作机构、对象条件和使用形式。浙能集团成立特殊人才引进工作领导小组，由浙能集团领导担任组长，相关职能部门负责人担任小组成员，并适当借助社会专业人才咨询机构力量，负责对各类特殊人才的引进的必要性和经济性进行甄别。领导小组下设特殊人才引进办公室，日常办事机构设在浙能集团人力资源部，具体负责浙能集团特殊人才引进相关工作的日常管理和协调。

2014 年 10 月，浙能集团印发《人才发展管理办法（试行）》，规定了浙能集团管理、技术、技能三条人才发展通道及各级人才选拔、考核、培训等管理程序。明确了人才发展通道设置及人才权利与义务、职业发展等管理规定，适用于浙能集团及下属企业的人才工作。

2015 年 9 月，以浙能集团首届劳模姓名命名的工作室在浙江浙能技术研究院有限公司揭牌成立，这也是集团内首个劳模创新工作室。

2015 年，浙能集团加强人才队伍建设，实施《人才发展管理办法》，进一步拓展人才发展通道，在浙能集团科技工程与服务产业分公司进行了试点。继续完善所属企业用工机制建设，完成劳务派遣骨干批量转录 349 人，录用应届生 1152 人，完成系统内人才调配 393 人，引进外部各类管理和技术人才 24 人，完成浙江长广（集团）有限责任公司、黄岩热电厂人员分流工作。

2015 年 12 月 21 日，浙能集团与浙江大学在 2015 年省属企业产学研对接会上签约 2 个项目，浙能集团总工程师朱松强和孙优贤院士签约共建院士工作站。

2016 年，浙能集团编制完成“十三五”人力资源规划。全年系统内人才调配 296 人，推进内部人才挖潜。完成首次管理、技术、技能人才评选工作。

2016 年 3 月 7 日，浙能集团首批博士后通过出站考核。

2017 年 8 月，浙能集团印发《浙江省能源集团有限公司三级及以上人才考核管理办法（试行）》，适用于浙能集团在聘的管理、技术和技能通道三级及以上人才的考核管理工作。办法规定了三级及以上人才考核内容、考核方式及程序等，自 2017 年 9 月 1 日起实施。

2017 年，浙能集团所属单位 8 位职工、19 对师徒被命名为省部属企事业工会“能工巧匠”和“名师高徒”称号。

2018 年 4 月，浙能集团总工程师朱松强当选第五批浙江省特级专家，浙能集团特级人才项目实现突破。

第四节 绩效与薪酬管理

一、绩效管理

2001 年，浙能集团按照浙江省劳动和社会保障厅关于省属企业工资总额与经济效益挂钩的有关规定执行对所属企业实施工效挂钩考核。

2001 年 12 月，浙能集团发布并实施《浙江省能源集团有限公司党风廉政建设责任制考核和责任制追究实施办法》，并于2004年、2006年、2011年、2014年、2017年进行修订。

2005年，浙能集团发布并实施《浙江省能源集团有限公司所属企业经营者责任制考核办法》。

2006年12月15日，召开董事会临时会议，审议通过在2005年工效挂钩单位的基础上，新增浙能集团本部和浙江浙能华光潭水力发电有限公司。

2007年，浙能集团印发《浙江省能源集团有限公司所属企业经营者责任制考核办法》补充意见，并于2010年、2012年、2014年、2016年、2017年进行修订。

2008年4月，浙能集团发布并实施《浙江省能源集团有限公司安全生产责任制考核办法（暂行）》，并于2011年、2013年、2014年、2015年、2017年、2018年、2019年进行修订。

2008年8月22日，浙能集团印发《浙江省能源集团有限公司本部绩效管理办法（试行）》（浙能人〔2008〕300号），2009年9月1日起实施。2010年，浙能集团结合管控模式的调整变化，推进分层分类的考核评价与激励约束机制建设。

2013年，浙能集团调整考核管理机制，实施分级考核，分产业确定关键性考核指标，强调预算目标与考核目标相分离，增加预算偏差度考核。

2014年，浙能集团完善激励约束机制，实行不同企业安全、经营责任“差异化”权重和关键指标的考核方法，强化分类考核、分层考核体系。

2016年11月14日，浙能集团印发《关于推进市场化业务激励机制建设的指导意见》（浙能人〔2016〕440号），通过改革形成有效的分配激励与约束机制和工资能增能减机制，鼓励所属企业积极参与市场竞争，激发创新创业原动力。

2017年，浙能集团开展经营激励约束机制改革，着重构建企业工资总额与经营业绩充分挂钩的工资效益同向联动机制、职工薪酬水平与岗位绩效、劳动力市场相适应的薪酬分配体系，形成分配激励与约束机制。按照鼓励创新、权责对等、依法合规、一企一策的原则，分行业、分类别推行激励考核措施，以企业性质与行业属性为划分依据，对集团完全市场化企业、非完全市场化企业的市场化业务以及非市场化企业采取分类考核机制，突出激励与约束的对等，风险与收益的匹配。

2018年3月，浙能集团印发《浙江省能源集团有限公司绩效考核办法（试行）》（浙能人〔2018〕82号），明确绩效考核的具体内容和计分办法、绩效考核的管理程序，自2018年1月1日起实施，原《浙江省能源集团有限公司所属企业经营责任制考核办法》自行废止。

2019年8月28日，浙江省国资委印发《浙江省国资委关于同意浙江浙能迈领环境科技有限公司开展员工持股试点的批复》（浙国资企〔2019〕5号），批准浙能集团实施混改员工持股试点工作。9月20日，浙能集团印发《关于同意浙江浙能迈领环境科技有限公司开展员工持股试点的批复》（浙能人〔2019〕486号），正式批复浙江浙能迈领环境科技有限公司按照混改员工持股方案开展员工持股试点。

二、工资管理

2001年6月6日，浙能集团印发《浙江省能源集团有限公司工资分配暂行办法》（浙能人〔2001〕9号），明确浙能集团系统工资分配的原则。

2002年8月26日，浙能集团召开党政联席会议暨董事会一届十七次会议，会议审议通过了浙能集团工资分配办法。同日，总经理办公会议讨论、审议通过了浙能集团工资、保险方案。

2005年，按照浙江省政府领导对省属企业工资总额（包括工效挂钩）管理协调意见，浙能集团工资总额（包括工效挂钩）管理机构由浙江省劳动保障厅变更为浙江省人民政府国有资产监督管理委员会。当年企业工资总额管理仍沿用原工效挂钩办法。

2006年，浙能集团会同浙江大学课题组完善集团本部的薪酬和绩效考核方案、下属单位的薪酬分配指导方案。

2008年8月22日，浙能集团印发《浙江省能源集团有限公司本部薪酬管理办法（试行）》（浙能人〔2008〕300号），2008年8月1日起实施。

2010年10月29日，浙能集团印发《浙江省能源集团有限公司职工奖惩管理办法》（Q/ZN 206002—2010）。

2011年，按照浙江省国资委《省属企业工资总额预算管理暂行办法》要求，浙能集团开展工资总额预算管理工作。

2013年，浙能集团开展薪酬及分配机制改革，建立企业工资总额差异化初始分配导向，完善以岗位绩效为主体的企业二次分配，完善人工成本预算内控机制。加快推进检修公司体制改革，逐步实现检修公司独立运作。

2014年，浙能集团制定《浙江省能源集团有限公司所属企业工资总额预算管理办法》，规范所属企业工资总额预算管理的范围、原则、程序与流程，并明确所属企业工资总额的核定办法。

2018年3月12日，浙能集团印发《企业经营者薪酬管理办法（试行）》《所属企业工资总额管理办法（试行）的通知》（浙能人〔2018〕82号），规定了所属企业工资总额管理职责和工作程序、工资总额的构成与核定的方式、工资总额预算管理的要求和流程，规定了企业经营者薪酬的构成、薪酬核定的管理程序、薪酬与绩效考核挂钩的方式等内容。

三、福利管理

2017年3月，浙能集团印发《员工带薪年休假管理办法》，规定了浙能集团员工享受年休假条件、年休假天数、年休假待遇及请假要求等管理内容和相关管理程序，适用于与浙能集团本部及所属各单位签订劳动合同的在岗职工。

2018年8月，浙能集团印发《职工福利费管理办法（试行）》，规范了福利费使用项目、范围、标准及管理责任部门，适用浙能集团本部及所属各单位。

四、基本社会保险和公积金

2001年2月，浙能集团成立初期，所属省内发电企业社会保险管理职能仍由省电力公司代管。

2003年4月，浙江省劳动和社会保障厅发文批复同意浙能集团管理的发电企业社会保险管理职能由省电力公司移交浙能集团管理，继续执行原电力行业养老保险政策，享受原行业养老保险待遇。

2003年6月，浙能集团成立保险管理监督委员会和社会保险事业管理中心。浙能集团社保中心作为结算单位，按规定汇总、统计系统内行业参保单位基本养老保险、工伤保险、生育保险金额，由省地税统一托收。

浙能集团行业统筹单位，其基本养老保险、工伤保险、生育保险纳入省本级统筹。后续收购企业和部分三级企业作为非行业统筹单位其基本养老保险、工伤保险、生育保险执行属地参保。

浙能集团系统各单位失业保险、医疗保险、公积金实行属地参保、属地管理，根据地方社保政策规定缴纳保险基金、申报保险待遇。

2004年、2009年浙能集团分别合并重组国信控股集团、浙江省水利水电投资集团后，其所属企业社保关系维持不变，原在省社保中心参保的，纳入浙能集团行业统筹。

2014年浙能集团吸并重组长广集团后，其仍作为省社保中心独立参保结算单位，社会保险独立运作管理。

2003—2019年浙能集团统筹参保单位参保情见表13-5-3。

表13-5-3 2003—2019年浙能集团统筹参保单位参保情况一览表

参保时间	参保单位数量（个）	参保人数（人）
2003-12	18	10127
2004-12	28	10708
2005-12	29	10787
2006-12	31	10755
2007-12	31	10805
2008-12	33	10873
2009-12	35	10977
2010-12	39	11114
2011-12	42	11248

表 13-5-3（续）

参保时间	参保单位数量（个）	参保人数（人）
2012-12	46	11642
2013-12	46	12070
2014-12	49	12532
2015-12	49	12985
2016-12	51	13068
2017-12	53	12979
2018-12	61	12783
2019-12	64	12574

五、企业年金

2003 年 7 月，浙能集团接手管理首批 16 家移交发电企业的企业年金。移交前积累的基金，由浙江省电力公司在移交前分两次以团体退休金投资联结保险的形式交由平安保险公司管理。

2004 年，《企业年金试行办法》（中华人民共和国劳动和社会保障部令第 20 号）颁布以后，经与浙江省劳动和社会保障厅、省国资委沟通协调，浙能集团按原电力系统所制定的方案（即 1992 年 1 月起建立企业补充养老保险制度，2002 年 1 月起更名为企业年金）执行。

2011 年，浙能集团在对各单位年金数据梳理和资金核对基础上，建立集中统一的企业年金管理平台。

2016 年，浙能集团实施新的《企业年金方案》，采用法人受托模式。受托人为中国人寿养老保险股份有限公司，托管人为中国工商银行股份有限公司，账户管理人为中国建设银行股份有限公司，5 名投资管理人分别为南方基金管理有限公司、泰康资产管理有限责任公司、平安养老保险股份有限公司、工银瑞信基金管理有限公司、中国人保资产管理股份有限公司，首轮合同期为 3 年，移交后首笔年金资金于 2016 年 6 月 29 日开始投资运作。

2017 年，浙江省海洋开发投资集团有限公司、浙江浙能洋山建设开发有限公司、浙江浙能嘉兴港煤炭物流有限公司 3 家单位的企业年金整体移交浙江省海港投资运营集团有限公司管理。

2018 年，根据人社部发〔2016〕8 号文件，中国建设银行股份有限公司账户管理业务移交给建信养老金管理有限责任公司。根据人社部函〔2018〕64 号文件，中国人保资产管理股份有限公司将投资管理机构资格转移给中国人民养老保险有限责任公司。

2019 年，浙能集团根据《企业年金办法》（中华人民共和国人力资源和社会保障部令第 36 号）和《浙江省国资委关于省属企业规范实施企业年金的意见》（浙国资发〔2019〕1 号）修订《企业年金方案》，自 2019 年 3 月 1 日起实施。根据集团企业年金计划管理首轮合同到期考核结果，与南方基金管理有限公司不予续聘，与其他投资管理人续聘。另通过竞争性谈判选取易方达基金管理有限公司、海富通基金管理有限公司为备选投资管理人。

六、补充医疗保险

根据财政部、劳动保障部《关于企业补充医疗保险有关问题的通知》（财社〔2002〕18 号）、浙江省劳动和社会保障厅、浙江省财政厅《关于建立企业补充医疗保险的意见》（浙劳社医〔2002〕149 号），浙能集团所属效益较好企业已陆续建立起适合本单位情况的补充医疗保险制度。截至 2019 年，浙能集团所属单位已建补充医疗保险主要有三种形式，一是参照基本医疗保险参保地公务员补助方式；二是企业内部建立补充医疗保险制度，并自行组织实施；三是委托商业保险公司进行管理。

第五节　教育与培训

一、培训制度建设

2008 年，浙能集团印发《浙江省能源集团有限公司 2008—2010 年教育培训规划纲要》《浙江省能源集团有限公司专家选聘管理实施办法（试行）》。

自 2009 年起，浙能集团依托部分电力单位在技能人员培训资源及经验上的优势，着手公司系统技能培训示范基地建设工作。开展企业内部培训师资库建设，逐步建立浙能集团公司系统的培训联系网络。

2009年3月31日，浙能集团印发《关于2009年度教育培训工作安排的通知》(浙能人〔2009〕137号)，要求公司各部门、各单位应及时做好培训项目的效果跟踪评估及员工培训记录的归档管理工作。构建教育培训信息与资源共享及区域协作机制。在浙能集团统筹的基础上，以单位属地区域为划分原则，初步构建浙北区域(属地在淮南、湖州、嘉兴、杭州、绍兴)、浙东区域（属地在宁波、台州、舟山)、浙南区域(属地在金华、温州、丽水）三个教育培训工作协作区，建设区域交流协作为常态的教育培训工作机制。提出分级管理、分层实施的原则，浙能集团重点负责企业现职领导、后备领导人员、高级专业技术人才及高级技能人才教育培训计划的制定及组织实施工作。所属各单位的年度教育培训计划在上报浙能集团备案后自行组织实施，不再另行审批。

2010年3月16日，浙能集团印发《关于2010年度教育培训工作安排的通知》(浙能人〔2010〕92号)，明确自2010年起将对浙能集团原三个教育培训工作协作区域缩减为浙北、浙南两个区域，原浙东区域合并到浙南区域。自2010年起倡导并组织单位将月、季度有关培训计划及项目在浙能集团人力资源管理信息系统主页上公布。要求各单位教育培训工作人员要适时关注培训动态，结合实际工作需要以委托培训或合作办班的方式进行合作，提升培训工作的集约化水平。

2011年4月20日，浙能集团印发《关于2011年度教育培训工作安排的通知》(浙能人〔2011〕279号)，明确将进一步完善所属企业领导人员及后备干部轮训机制，参照省属企业领导人员培训学分制有关规定，完善领导人员教育培训档案管理及学分制度。结合板块化管理改革，推进教育培训工作板块、区域协作机制建设，打造培训资源共享平台，并开展浙能集团网络培训(E-learning）系统建设相关试点工作。

二、培训机构

2003年12月12日，浙能集团印发《关于建立浙江省能源集团有限公司培训中心筹建处及边加浩等职务聘任的通知》(浙能人〔2003〕410号)，决定建立浙江省能源集团有限公司培训中心筹建处。

2016年1月21日，浙能集团印发《教育培训管理办法（试行)》，明确浙能集团成立职工教育培训工作领导小组，负责审定集团系统教育培训工作的重要方案、规章制度，批准浙能集团教育培训工作中长期规划，研究制定有关教育培训的保障措施。浙能集团组织（人力资源）部是浙能集团教育培训工作的归口管理部门。

2016年10月，根据《浙江省能源集团有限公司创新发展和体制机制改革方案》精神，浙能培训部在浙江浙能技术研究院正式成立。浙能培训部主要负责浙能集团教育培训规划、年度培训计划的具体落实工作，协助集团组织（人力资源）部做好浙能集团职工培训管理工作，承接集团内的培训、技能比武大赛，网络学习平台建设，培训方案的策划、培训组织的实施等工作。

2018年5月11日，浙能集团撤销浙能培训部，成立浙江浙能企业管理培训服务有限公司。

三、培训成果

2006年11月，浙能集团选派16位选手参加在山东威海举行的2006年中央企业职工技能大赛火电机组集控运行值班员决赛，并在大赛中获得了二银二铜的优异成绩。浙江浙能兰溪发电有限责任公司及台州发电厂各一位获奖选手同时被授予“中央企业技术能手”的光荣称号。

2008年11月，浙能集团选派16位选手代表浙江省国资委代表队，在2008年中央企业职工技能大赛火电机组集控运行值班员决赛中获得了2金1银3铜的优异成绩。

2010年，组织开展集团系统首届化水专业技能大赛。积极联系省人保厅相关职能部门，争取竞赛评优认定的政策支持，所属12家发电企业的36名选手组队参加。

2013年，浙能集团成功承办全省电力行业起重和热工仪表职业技能大赛，并包揽两个大赛前六名，荣获“浙江省岗位能手”称号。

2014年，成功举办全省发电企业化学环保专业、集控值班员两项技能竞赛，组队参加全国电力行业热控职业技能竞赛，获个人第一名、团体第二名的好成绩。参赛选手均获“电力行业技术能手”称号。电力行业技能人才鉴定培养基地建设积极启动，油气板块首个国家级职业技能鉴定站正式投运。

2016年，推进职工素质工程，获“全国电力行业技术能手”荣誉称号1人、“全国电力行业优秀选手”2人。

第六节　职业技能鉴定与职称评聘

一、职业技能鉴定

（一）管理机构

2006年2月，浙能集团以《关于开展技师、高级技师评聘工作的请示》（浙能人〔2006〕14号）向浙江省劳动和社会保障厅请示浙能集团高级技师（技师）考评委员会建立、具体考聘工作的实施等有关事宜，拟建立特有技术工种高级技师（技师）考评委员会，具体负责公司系统的技师、高级技师的考评和指导下属单位的有关聘任工作。高级技师（技师）考评委员会受浙江省劳动和社会保障厅业务指导，其主要职责是确定年度高级技师（技师）考评计划、制定考评办法、修改制订相关考核标准、聘用专家组成员、监督检查考评的工作过程、召开相关评审会议等。2006年3月1日，省劳动和社会保障厅发出同意复函（浙劳社厅字〔2006〕31号）。

2006年4月，浙能集团印发《关于成立技师（高级技师）资格考评委员会的通知》（浙能人〔2006〕146号），决定成立技师（高级技师）资格考评委员会，下设技师（高级技师）资格考评委员会办公室。公布了技师（高级技师）资格考评委员会人员名单和考评委办公室人员组成名单，明确了公司技师（高级技师）资格考评委员会办公室设在人力资源部，是考评委员会的日常办事机构，具体负责公司系统技师（高级技师）资格考评的日常事务工作。

2012年6月，浙能集团印发《关于成立第二届技师（高级技师）资格考评委员会的通知》（浙能人〔2012〕409号），对原技师（高级技师）考评委员会进行了调整。根据《浙江省能源集团有限公司技师、高级技师考评及职务聘任实施办法（试行）》规定，成立第二届技师（高级技师）资格考评委员会，公布了第二届技师（高级技师）资格考评委员会主任、副主任及委员名单。要求公司系统各单位根据《浙江省能源集团有限公司技师、高级技师考评及职务聘任实施办法（试行）》的要求，建立或完善相关组织结构，做好本单位技师和高级技师资格申报推荐工作。

（二）管理制度

2005年12月，浙能集团印发《关于印发技师、高级技师考评及职务聘任等实施办法（试行）的通知》（浙能人〔2005〕381号），制定发布了《浙江省能源集团有限公司技师、高级技师考评及职务聘任实施办法（试行）》《浙江省能源集团有限公司技师、高级技师资格考评个人工作业绩考核实施办法（试行）》《浙江省能源集团有限公司技师、高级技师资格考评技能鉴定实施办法（试行）》《浙江省能源集团有限公司技师、高级技师资格考评潜在能力考核实施办法（试行）》《浙江省能源集团有限公司技师、高级技师资格考评综合评审实施办法（试行）》五个实施办法。

2014年6月，浙能集团印发《关于2014年度技师、高级技师职业资格考评工作的通知》（浙能人〔2014〕308号），对技师、高级技师综合考评办法进行了修订与发布。主要修订了技师申报条件条款，调整考评各环节分数在综合考评成绩中的权重，调整了新的综合考评成绩计分方式，修订完善技师、高级技师资格申报表格式。

二、专业技术职称评聘

2006年，浙能集团组织开展工程、政工等专业任职资格评审。完成工程技术专业职称评审108人、推荐上报高级33人；完成政工专业职称评审中级15人、推荐上报高级8人。完成其他专业层次推荐18人，其中教授级高级工程师5人，高级经济师8人。

2008年，浙能集团组织开展工程、政工等各专业任职资格评审。完成工程技术专业职称评审75人、推荐上报高级42人；完成政工专业职称评审中级20人、推荐上报高级9人。其他专业委托评审 19 人，其中教授级高级工程师 3 人、高级经济师 10 人、高级统计师 1 人、副研究馆员 2 人、馆员 3 人。

2009 年，浙能集团组织开展工程、政工等各专业任职资格评审。完成工程技术专业职称评审 116 人，推荐上报高级（含正高）27 人；完成政工专业职称评审 24 人，推荐上报高级 9 人；完成经济类专业高级职称申报 15 人；完成档案类专业初级职称申报 2 人、中级 2 人、高级 1 人。

2010 年，浙能集团开展专业技术资格考评。完成工程技术专业职称评审 139 人，推荐上报高级（含正高）61 人；完成政工专业职称评审 12 人，推荐上报高级 6 人；完成经济类专业高级职称申报 12 人；完成档案类专业高级职称申报 1 人。

2011 年，浙能集团开展参评职工专业技术的申报指导和服务工作。完成工程技术专业职称评审 129 人，推荐上报高级（含正高）28 人；完成政工专业职称评审 13 人，推荐上报高级 7 人；完成经济类专业高级职称申报 7 人；完成档案类专业高级职称申报 2 人；完成统计类专业高级职称申报 1 人。

2018 年，浙能集团先后开展工程、政工 2 个专业系列职称的初定评审工作及政工、工程 2 个系列职称的中高级专业技术资格申报推荐工作。

第七节 离退休人员管理

一、管理机构

2001 年，由浙能集团老干部处负责离退休管理工作。

2009 年，浙能集团组织（人力资源）部接收老干部处的离退休管理职能。

2018 年 5 月，由浙能集团老干部处负责离退休管理工作。

二、离退休人员管理

2001 年起，浙能集团严格根据上级规定和政策落实生活待遇，按时发放离休费、退休人员生活补贴，及时按规定报销医药费等。每年及时传达国家和浙江省离休人员福利待遇调整文件精神，认真落实退休人员养老金待遇的调整，指导行业单位做好各年度退休人员的待遇核定工作。按照国家政策和上级文件规定，落实浙能集团所属企业新中国成立前老工人的待遇调整工作。2009 年，对所属企业的离休人员福利待遇执行情况作了全面的调查了解。2010 年，会同浙江省电力公司一起做好原有行业特殊工种退休人员的一次性补贴争取工作。

2005 年起，浙能集团做好离退休老同志常态化服务管理工作：①建立慰问机制，浙能集团领导于新春前夕对集团离退休老同志进行慰问，并开展重大节日慰问、高温慰问、生日慰问、住院慰问等慰问工作；②按规定落实离退休干部阅读文件、听报告、参加重要会议和重大活动等制度，适时组织老干部老同志开展走访所属企业等实践活动；③开展丰富多彩的活动，组织新春团拜会、重阳节户外行、钓鱼和书画等兴趣小组活动，丰富离退休同志的老年生活；④关注离退休人员的健康状况，每年组织离退休人员进行全面健康体检，对生病的老同志做到及时探望、对年内去世的老同志前往慰问家属并协助料理丧葬和善后事宜；⑤开展特困离休干部及遗属帮扶工作，帮助符合条件的离休干部及遗属获得困难补助；⑥建立老年活动中心，在老年活动中心增添一批报纸杂志，对老干部活动中心设施设备进行改造，设立党建园地、活动休闲等区域。同时，浙能集团开展离退休党支部建设，所属企业根据离退休党员情况进行支部建设，按规定进行离退休党支部班子换届。截至 2018 年底，共有 57 个离退休党支部；坚持老干部学习制度，每年定期安排集体学习活动，组织老干部认真学习党重要会议精神及有关读本，针对离退休干部党员年龄大、行动不便等情况，采取家访慰问、送发资料、上门宣讲等形式开展学习活动。开展党支部活动，每年举行离退休党员迎“七一”主题党日活动，邀请离退休党支部班子成员上党课等，并积极动员老干部参加省委老干部局组织的相关活动。

2008 年，浙能集团与浙江省劳动和社会保障厅、省社保中心多次沟通协商，向浙江省政府领导专题请示汇报后，与浙江国信控股集团有限责任公司离退休老同志就待遇问题达成了较好的处理方案。

2009年，经过与浙江省劳动和社会保障厅、省社保中心汇报和沟通，完成煤炭建筑设计院改制工作的社保转接工作。

2011年，浙能集团配合浙江省人保厅对浙能集团职工退休审批权限进行调整，印发《关于转发原行业统筹企业职工退休、退职办理工作有关问题的通知》，对行业统筹范围的职工正常退休报批有关工作进行了规范。编制了《企业职工办理退休相关政策资料汇编》，为职工退休工作查找相关制度依据提供方便。结合行业统筹参保企业职工退休审批规范工作新要求，与社保中心协商，每年按季度（半年度）邀请社保工作人员上门集中审批下季度（半年度）退休人员。

2018年，根据浙江省人社厅、财政厅关于事改企前保留事业单位养老待遇的已退休人员参加机关事业单位养老保险的工作要求，浙能集团所属3家事业单位退休人员从省企业养老保险中心转入省机关事业养老保险中心管理。

第六章　财　务　管　理

第一节　组 织 机 构

2001年5月16日，浙能集团印发《关于明确浙江省能源集团有限公司各部门和天然气开发公司筹建处负责人的通知》(浙能组〔2001〕1号)，明确公司部门设置，财务产权部正式设立。

2001年9月20日，浙能集团召开总经理办公会议，会议讨论、审议、审定集团职能部门岗位配置定级方案和部门职责。

2003年8月20日，浙能集团印发《关于调整浙江省能源集团有限公司内设机构的通知》(浙能人〔2003〕244号)，决定调整浙能集团内设机构，设立财务部，撤销财务产权部。

2003年8月27日，浙能集团印发《浙江省能源集团有限公司部门职能（试行)》，其中财务部职责主要为财务审核、资金管理、财务会计信息管理、预算管理、财务分析、会计核算、银行账户管理、资产评估报告的核备及转报核准等。

2010年11月5日，浙能集团印发《分公司财务管理办法（试行)》，明确了浙能集团实行目标控制管理、分公司具体控制管理的分级财务管理体系。该办法从职责与分工、资金管理、预算管理、财务会计管理、税务管理、其他管理等方面对分公司的财务管理的职责、内容与要求进行了规范。

2013年9月，浙能集团印发《浙江省能源集团有限公司“强总部”建设方案》《板块管控操作优化方案》，2014年1月开始按方案要求实施。财务部主要职责为负责预算编制与管理、资金（计划）管理、财务决算、财务分析与财务信息汇总、财务考核与监督等工作。

2014年10月8日，浙能集团按照管控方案，正式发布《重点企业财务部门负责人管理办法（试行)》及附则《重点企业财务部门负责人考核细则（试点)》《重点企业财务部门负责人报告管理实施细则（试行)》，用以加强财务管理，规范财务行为，深化浙能集团财务管理体制改革。办法明确了浙能集团与重点企业财务管理职责权限，浙能集团对重点企业财务部门负责人的任免、调遣、考核、奖惩、工资薪酬待遇进行统一管理。

2017年4月15日，浙能集团召开董事会，同意设立集团财务共享服务中心筹建办，下设于财务部，负责集团财务共享服务中心建设过程中的各项具体工作。

2017年4月21日，浙能集团组织召开了联合项目组内部启动会，财务转型及财务共享服务中心建设项目正式启动。

2017 年 4 月 25 日，浙能集团修订发布《分公司财务管理办法》，调整了职责分工，明确集团相关部门在归口费用支出预算审核与管理工作上的责任，调整了制度的内容结构，增加工作报告制度、责任追究等管理要求，完善财务会计管理、资金管理、税务管理等内容，取消了分公司借款统借统还的规定。

2017 年 7 月 7 日，浙能集团召开董事会，审议通过《浙江省能源集团有限公司管控优化方案（2017 年版）》，该方案明确了决算管理权责，由浙能集团负责集团整体财务决算安排，指导板块及营运企业财务决算工作；板块管理公司负责组织实施板块管理公司本级及所属企业的财务决算工作。财务部职责定位包括负责会计核算与规范、全面预算管理、资金管理、财务管理、税务管理等工作。

2017 年 7 月 7 日，浙能集团召开董事会，审议通过成立浙能财务共享服务中心事宜。财务共享服务中心下设于集团财务部，相关业务管理、业务发展、管理提升、组织建设、人才培养等工作由集团财务部统一指导。

2017 年 7 月 25 日，浙能集团正式成立浙江省能源集团有限公司财务共享服务中心。财务共享服务中心以“风险管控中心”“人才培养中心”双中心打造作为发展目标，通过承接集团所属单位核算业务，旨在助力集团财务管理转型升级。财务共享服务中心对成员单位各项业务进行集中审核处理、集中账务核算、集中资金支付，借助集成化、信息化、自动化手段提高处理效率，强化风险管控，提升经济效益。通过流程持续优化和信息系统自动化持续提高，不断扩充服务范围，为战略财务和业务财务提供高质量的财务数据支持。

第二节 预 算 管 理

一、制度规范

2002 年 1 月 29 日，浙能集团印发试行《全面预算管理暂行办法》。全面预算管理暂行办法初步规范了全面预算管理的原则、预算的内容、预算的管理与职责分工、预算的编制和调整、预算的执行和检查、预算审计和报告等内容。

2002 年 3 月 1 日，浙能集团总经理吴国潮召集并主持召开总经理办公会议。会议讨论了年度预算实施方案以及监管机制的建立，并布置落实有关工作。

2007 年 12 月 29 日，浙能集团修订发布《全面预算管理办法（试行）》（浙能财〔2007〕500 号），该办法自 2008 年 1 月 1 日起实施。新修订的《全面预算管理办法（试行）》规定了浙能集团预算组织机构及预算编制、执行、分析、监督、考核等管理程序，明确了系统各单位、各部门在全面预算管理中的职责及管理内容与要求。浙能集团预算管理施行分级管理、归口负责的责任体系，由公司经营班子及各主要部门负责人组成预算管理委员会，负责预算管理工作，由公司董事会审议决策，省国资委依法审核。预算编制一般遵循“自上而下、自下而上、上下结合、分级编制、逐级审核汇总、合并，先单项业务计划后财务预算”的编制程序进行。

2019 年 2 月 3 日，浙能集团修订发布《全面预算管理办法》，进一步明确全面预算管理各部门职责划分，增加了预算追加相关内容和流程。

二、预算编制

（一）公司年度预算

2002 年 1 月 30 日，浙能集团召开董事会，审议通过浙能集团 2002 年财务预算，这是浙能集团成立后第一次编制预算。同年 3 月 12 日，浙能集团财务部印发《关于下达浙江省能源集团有限公司 2002 年度预算的通知》，将经集团董事会审议的 2002 年度公司预算予以印发，要求各子公司加强对预算的考核、执行和监督。

2002 年 10 月 25 日，浙能集团召开董事会，审议通过浙能集团 2003 年预算编制原则意见。同年 11 月 6 日，浙能集团印发《关于下达 2003 年浙江省能源集团有限公司预算编制原则意见的通知》，明确 2003 年预算编制需坚持以效益为中心，以“科学、精确、全面、准确”为要求。

2003 年 4 月 16 日，浙能集团召开董事会，审议通过浙能集团 2003 年度公司预算。同年 5 月 20 日，浙能集团财务部印发《关于下达浙江省能源集团有限公司2003年度预算的通知》(浙能财〔2003〕92号),要求各部室及各子公司加强对预算的考核、执行和监督,并对预算执行情况及时进行反馈与定期书面报告。

2003年10月14日,浙能集团印发《关于编制2004年预算的通知》(浙能财〔2003〕338号),根据国资委新的考核办法和浙能集团管理要求,采用“二上二下”程序,对2004年预算的编制内容、表格样式进行调整。2004年3月29日,浙能集团印发《关于下达浙江省能源集团有限公司2004年度预算的通知》(浙能财〔2004〕85号)。

2005年5月9日,浙能集团董事会审议通过2005年度公司预算,2005年度净利润计划目标11.81亿元,利润总额32.86亿元。

2006年2月9日,浙能集团董事会审议通过2006年度公司预算,2006年度计划实现利润总额32.26亿元,净利润指标12.4亿元。同年3月7日,财务部通过《关于下达2006年度预算指标的通知》将年度预算指标下发系统各单位。

2006年9月14日,浙能集团印发《关于做好2007年浙江省能源集团有限公司预算编制工作的通知》(浙能财〔2006〕297号),明确2007年预算编制工作的要求、编报程序与时间安排。

2007年1月12日,浙能集团董事会审议通过2007年预算(草案),2017年度计划实现利润总额41.3亿元,净利润18.87亿元。同年2月26日,浙能集团向省国资委提交《关于上报2007年度财务预算的报告》(浙能财〔2007〕61号)。

2007年10月24日,浙能集团印发《关于做好2008年预算编制工作的通知》(浙能财〔2007〕422号),要求按照“上下结合、横向沟通、分级编制、逐级汇总”的预算编制程序,做好2008年预算草案编制。

2008年1月30日,浙能集团董事会审议通过2008年预算(草案),2008年度预算利润总额为50.93亿元,净利润为28.84亿元。同年2月29日,浙能集团向省国资委提交《关于上报2008年度财务预算的报告》(浙能财〔2008〕63号)。

2009年3月23日,浙能集团向省国资委提交《关于2009年度全面预算的报告》(浙能财〔2009〕103号),浙能集团2009年度预算利润总额为30.1亿元,净利润22.93亿元。

2009年11月6日,浙能集团印发《关于做好浙江省能源集团有限公司2010年度全面预算管理工作的通知》。

2010年1月28日,浙能集团董事会审议通过2010年公司预算,2010年度预算利润总额为32.1亿元,归属母公司净利润为20.2亿元。同年3月16日,浙能集团向省国资委提交《关于2010年度全面预算的报告》(浙能财〔2010〕89号)。

2010年10月27日,浙能集团印发《关于做好浙江省能源集团有限公司2011年度全面预算管理工作的通知》(浙能财〔2010〕489号)。同年12月30日,浙能集团董事会审议通过2011年公司预算以及相关计划,2011年度预算利润总额为38.6亿元,归属母公司净利润为23.8亿元。

2011年3月1日,浙能集团向省国资委提交《关于上报浙江省能源集团有限公司2011年度全面预算的报告》(浙能财〔2011〕111号)。

2011年9月29日,浙能集团2011年预算工作会议在杭州召开,会议分析了以前年度预算工作存在的主要问题和当前面临的新形势及新挑战,并对落实浙能集团2012年度预算工作提出要求。同年10月22日,浙能集团印发《关于做好浙江省能源集团有限公司2012年度全面预算管理工作的通知》(浙能财〔2011〕665号)。

2012年1月9日,浙能集团董事会审议通过2012年公司预算以及相关计划,2012年度预算合并利润总额55.34亿元,归属母公司净利润32.72亿元。同年2月28日,浙能集团向省国资委提交《关于上报浙江省能源集团有限公司2012年度全面预算的报告》(浙能财〔2012〕124号)。

2012年11月23日,浙能集团在杭州召开2013年度预算工作启动会议,对2013年度预算工作作出总体部署,对2013年预算编制工作进行了具体说明,并组织有关单位交流预算编制经验。同日,浙能集团印发《关于做好浙江省能源集团有限公司2012年度全面预算管理工作的通知》(浙能财〔2012〕735 号)。

2013 年 1 月 18 日，浙能集团董事会审议通过 2013 年公司预算与投资计划，2013 年度预算合并利润总额 70.2 亿元，归属母公司净利润 44.7 亿元。同年 3 月 5 日，浙能集团向省国资委提交《关于上报浙江省能源集团有限公司 2013 年度全面预算的报告》(浙能财〔2013〕77 号)。2013 年 3 月 22 日，浙能集团将 2013 年度主要预算指标下达系统各单位。

2013 年 11 月 25 日，浙能集团召开 2014 年度预算工作启动视频会议，部署安排 2014 年度预算编制工作，要求全面落实“强总部”方案，满足预算管控新要求。2013 年 11 月 28 日，浙能集团印发《关于做好浙江省能源集团有限公司 2014 年度全面预算管理工作的通知》(浙能财〔2013〕610 号)。

2014 年 1 月 14 日，浙能集团董事会审议通过 2014 年财务预算计划，2014 年度预算合并利润总额 100 亿元，归属母公司净利润 55 亿元。同年 3 月 4 日，浙能集团向省国资委提交《浙江省能源集团有限公司关于上报 2014 年度全面预算的报告》(浙能财〔2014〕84 号)。

2014 年 11 月 14 日，浙能集团召开 2015 年度财务预算工作启动视频会议，要求集团全体上下要统一思想，进一步增加有效投资，保证集团持续平衡发展。2014 年 11 月 17 日，浙能集团印发《关于做好浙江省能源集团有限公司 2015 年度全面预算管理工作的通知》(浙能财〔2014〕620 号)，首次使用全面预算信息化管理系统进行预算编制与填报。

2015 年 1 月 30 日，浙能集团董事会审议通过 2015 年度公司预算计划，2015 年度预算合并利总额 100.8 亿元，归属母公司净利润 58.5 亿元。同年 2 月 28 日，浙能集团向省国资委提交《浙江省能源集团有限公司关于上报 2015 年度全面预算的报告》(浙能财〔2015〕68 号)。

2015 年 11 月 13 日，浙能集团召开 2016 年度预算管理工作启动视频会议，全面部署集团 2016 年预算管理工作。2015 年 11 月 19 日，浙能集团印发《关于做好浙江省能源集团有限公司 2016 年度全面预算管理工作的通知》(浙能财〔2015〕586 号)。

2016 年 1 月 8 日，浙能集团董事会审议通过 2016 年度公司预算计划，2016 年度预算合并利润总额 106.6 亿元，归属母公司净利润 60 亿元。同年 2 月 28 日，浙能集团向省国资委提交《浙江省能源集团有限公司关于上报 2016 年度全面预算的报告》(浙能财〔2016〕76 号)。

2016 年 11 月 3 日，浙能集团印发《关于做好集团 2017 年度全面预算管理工作的通知》(浙能财〔2016〕419 号)。

2017 年 1 月 16 日，浙能集团董事会审议通过 2017 年度公司预算，2017 年预算合并利润总额 80.2 亿元，归属母公司净利润 40 亿元。

2017 年 11 月 28 日，浙能集团印发《关于做好集团 2018 年度全面预算管理工作的通知》(浙能财〔2017〕643 号)。

2018 年 2 月 8 日，浙能集团董事会审议通过 2018 年度公司预算，预算利润总额 75 亿元，归属母公司净利润 41 亿元。同年 3 月 16 日，浙能集团向省国资委提交了《浙江省能源集团有限公司关于上报 2018 年度全面预算的报告》(浙能财〔2018〕116 号)。

2018 年 11 月 16 日，浙能集团印发《关于做好集团 2019 年度全面预算管理工作的通知》(浙能财〔2018〕634 号)。

2019 年 1 月 11 日，浙能集团董事会审议通过 2019 年度公司预算，预算利润总额为 65.1 亿元，归属于母公司净利润 36.5 亿元，2019 年全年预算营业收入 1180 亿元。

2019 年 11 月 18 日，浙能集团印发《关于做好集团 2020 年度全面预算管理工作的通知》(浙能财〔2019〕663 号)，正式启动 2020 年预算工作，要求充分发挥全面预算在企业战略引领、资源配置、经营管控和风险防范等方面的作用。

（二）国有资本经营预算

2008—2019 年，从浙江省试行国有资本经营预算开始，浙能集团每年根据要求按时上缴国有资本经营收益，上缴比例从 2008 年的 5% 上升为 2019 年的 30%，累计上缴利润 90.26 亿元，同时每年积极申请国有资本经营预算资金用于集团发展重要项目。

2009 年 5 月 25 日，浙能集团向省国资委、财政厅提交《关于要求在国有资本经营预算中优先安排脱硫减排、节能降耗和“上大压小”项目资金的报告》，恳请在安排国有资本经营支出预算时，将浙能集团上缴的2008年度利润全额用于浙能集团脱硫减排、节能降耗和“上大压小”项目的实施，以缓解浙能集团资本金不足及节能减排高成本的压力。

2009年5月26日，省财政厅《关于印发浙江省省本级国有资本经营预算管理试行办法的通知》，对省本级国有资本经营预算的编制、执行、监督等作出规定。

2009年8月17日，浙能集团向省国资委提交《关于申报2009年度国有资本经营预算资金的请示》(浙能财〔2009〕304号)，申请2009年度国有资本经营预算研发性资金38192.77万元和资本性资金101216万元。同年12月28日，省国资委以《关于省能源浙能集团2009年国有资本经营预算的批复》(浙国资预考〔2009〕38号)，同意2009年省本级国有资本经营预算中，增加浙能集团资本公积1600万元用于嘉兴电厂二期脱硫改造项目的研发资本性支出。

2009年12月27日，浙能集团向省国资委提交《关于申报2010年国有资本经营预算资金的请示》(浙能财〔2009〕408号)，申请2010年度国有资本经营预算研发性资金4.47亿元和资本性资金17.03亿元。2011年9月26日，浙能集团取得省国资委《关于省能源浙能集团国有资本经营预算支出的批复》(浙国资考核〔2011〕81号)，同意浙能集团国有资本经营预算支出31867.21万元，其中2010年度已安排未下达资金26500万元，超预算收入追加5367.21万元，用于建设滩坑电站等电力建设以及洋山围垦等项目资本性支出。

2010年10月21日，浙能集团向省国资委、省财政厅提交《关于申报2011年度国有资本经营预算资金的请示》，申请2011年度国有资本经营预算研发性资金29537.6万元和资本性资金199115.81万元。2011年8月16日，浙能集团取得省国资委《关于省能源集团2011年国有资本经营预算的批复》(浙国资考核〔2011〕75号)，2011年省本级国有资本经营预算中，增加浙能集团资本公积10000万元，用于嘉兴电厂二期脱销工程改造项目研发性（资本性）支出。

2012年2月27日，省国资委印发《关于追加省能源浙能集团2011年国有资本经营预算的批复》(浙国资考核〔2012〕16号)，2011年国有资本经营预算追加支出中，增加浙能集团资本公积3250万元，其中1750万元用于天达环保公司阿克苏加气块项目的研发性支出，1500万元用于嘉兴电厂1号机组汽轮机通流改造项目的研发性支出。

2011年11月10日，浙能集团向省国资委、财政厅提交《关于申报2012年度国有资本经营预算资金的请示》，申请2012年度国有资本经营预算资本性资金97685.355万元。2012年7月12日与8月9日，省财政厅、省国资委下达批复意见，2012年省本级国有资本经营预算中，增加浙能集团资本公积16000万元，其中11000万元用于舟山煤电一体化项目资本性支出，5000万元用于龙泉生物质发电工程项目研发性（资本性）支出。

2012年10月10日，浙能集团向省财政厅、国资委提交《关于申报2013年度国有资本经营预算资金的请示》，申请2013年度国有资本经营预算资金93275万元，其中资本性资金83559万元，研发性资金9716万元。2013年6月21日与8月26日，省国资委、省财政厅下达批复意见，2013年省本级国有资本经营预算支出中，安排浙能集团甬台温天然气输气管道工程项目资本性支出10300万元，北仑电厂通流改造项目研发性（资本性）支出6046万元，大型燃煤电厂高效节能直供热技术应用（兰溪、嘉兴项目）研发性（资本性）支出3670万元，共增加浙能集团资本公积20016万元。2013年12月24日与2014年1月6日，省财政厅、省国资委先后下达批复意见，2013年省本级国有资本经营预算支出中追加安排浙能集团浙能台州第二发电厂工程项目资本性支出9338万元。

2013年11月5日，浙能集团向省国资委、省财政厅提交《浙江省能源集团有限公司关于申报2014年度国有资本经营预算资金的请示》，申请2014年度国有资本经营预算资本性资金137078万元。2014年7月15日与8月19日，省国资委、省财政厅先后下达批复意见，2014

他费用等。

2013年8月27日，浙能集团发布《发票查验管理办法（试行）》，基于普通发票与增值税专用发票规定了浙能集团、分公司及所属企业发票管理的职责、管理原则、管理内容与方法。

2018年2月18日，浙能集团修订发布《费用开支管理办法》，对费用审批流程与开支办法、开支标准予以明确。同日，浙能集团印发《差旅费开支管理办法（试行）》《公务交通费用使用管理办法（试行）》《职工福利费管理办法（试行）》。其中，《差旅费开支管理办法（试行）》从职责分工、管理内容等方面规范了集团差旅费开支，以保障出差人员基本需要，加强差旅费开支管理。《公务交通费用使用管理办法（试行）》从职责分工、管理内容等方面规范了公务交通费用开支管理，以保障公务用车改革后集团公务交通费用管理和财务报销工作有序进行。《职工福利费管理办法（试行）》梳理了职工福利费项目，从职责分工、列支范围与标准等方面明确了职工福利费管理办法，以规范职工福利费使用，维护职工合法权益。

2018年11月7日，浙能集团修订发布《对外捐赠、赞助管理办法》，规范了浙能集团对外捐赠、赞助的审批程序，增加信息公开相关条款。

浙能集团历年来持续加强集约化财务成本费用管理，2001—2019年浙能集团成本费用发生情况见表13-6-1。

表13-6-1 2001—2019年浙能集团成本费用发生情况表 亿元

年份	营业成本	销售费用	管理费用	财务费用
2001	58.29	—	2.04	1.12
2002	80.76	0.00	4.35	3.47
2003	97.68	0.02	4.08	3.41
2004	144.38	0.20	7.84	2.56
2005	187.80	0.24	10.06	3.10
2006	218.99	0.78	11.73	6.75
2007	256.71	0.85	11.94	9.40
2008	340.31	0.95	13.12	20.37
2009	325.81	1.34	15.46	18.38

表13-6-1（续） 亿元

年份	营业成本	销售费用	管理费用	财务费用
2010	392.33	1.74	17.45	16.16
2011	515.95	1.98	19.53	16.57
2012	564.48	2.01	22.98	20.29
2013	628.05	2.27	26.50	21.25
2014	580.34	2.60	25.58	21.56
2015	525.17	2.94	29.41	20.42
2016	529.02	3.04	28.24	14.68
2017	709.31	3.38	36.34	15.56
2018	854.00	3.78	31.73	29.10
2019	983.03	6.52	36.86	30.70

第四节 资产管理

2001年10月25日，浙能集团印发试行《固定资产管理办法》。固定资产管理办法对固定资产进行了界定，明确财务产权部是固定资产的最终价值管理部门，应设有专职（或兼职）的固定资产管理岗位，主要职责包括固定资产核算与折旧计提、固定资产清产核资、年终盘点与价值重估等。

2004年11月15日，浙能集团发布《票据管理办法》，规定了浙能集团票据的签发、使用及保管要求，明确了银行票据管理的职责要求、各类票据的使用原则，规范银行票据、发票收据、有价证券、内部票据的开具、签发、使用、保管与注销。

2006年2月28日，浙能集团印发《固定资产目录》，从2006年1月1日起在公司系统各单位执行，代管企业参照执行。固定资产目录明确固定资产的登记对象、固定资产的分类、折旧年限和净残值率，用以如实反映固定资产价值，加强固定资产管理。浙能集团固定资产分为发电企业专用设备及工器具、天然气企业专用设备及工器具、通信线路及设备、自动化控制设备、运输设备、房屋、建筑物、办公设备及器具八大类。

2006年12月31日，浙能集团印发《企业资产减值准备财务核销管理办法（试行）》，办法规定了浙能集团资产减值准备和资产损失财务核销工作的有关原则，对核销依据及核销程序等进行规范，明确了职责分工、有关工作责任以及审批权限。

2010年6月21日，浙能集团按照省国资委的要求，印发《关于转发开展省属企业往来账款检查的通知》(浙能财〔2010〕264号)，组织系统各单位彻底清查各种往来款项，及时查清重大异常原因并采取有效措施，进一步加强往来账款管理。

2011年3月10日，浙能集团修订发布《票据管理办法》，对办法依据进行更新完善，根据国税总局《增值税专用发票使用规定》等规章制度对票据管理办法进行了修订与完善，增加《发票管理办法实施细则》相关的要求。

2014年5月19日，浙能集团修订发布《企业资产减值准备管理办法》，替代《企业资产减值准备财务核销管理办法（试行)》，修订后的办法明确界定资产减值损失，明确公司资产减值准备管理谨慎性、一惯性、客观性、及时性、责任追究的管理原则，调整职责分工，新增资产减值准备的计提管理内容并分类进行明确，细化了工作程序。

2014年10月16日，浙能集团修订发布《集团本部固定资产管理办法》，调整职责分工，细化实务管理过程。

2015年，集团监事会对集团固定资产内控制度建设及执行、资产存量及使用、重大资产处置等情况进行了检查，形成了《关于能源集团固定资产管理情况专项检查的报告》。2015年12月24日，浙能集团召开专题会议，就集团监事会出具的固定资产管理情况专项检查报告进行专题讨论。

2016年1月25日，浙能集团印发《关于开展对监事会固定资产管理情况专项检查相关问题进行整改的通知》(浙能财〔2016〕40号)，组织集团系统各单位以点带面，从制度建设与执行、固定资产基础管理、资产出租与资产权证等方面对重点问题和普遍性问题进行了排查梳理与统一整改，进一步强化固定资产管理。

2016年12月5日，根据财政部《企业会计准则》和浙能集团《会计核算办法》，结合浙能集团信息化建设统一规范要求，浙能集团印发《关于修订固定资产分类的通知》(浙能财〔2016〕489号)，修订内容涉及电力、煤炭、可再能、油气板块营运企业的生产设施等，修订后的固定资产分类适用于浙能集团所属企业。

2018年2月18日，浙能集团发布《基本建设项目财务管理办法（试行)》，从基本建设项目范围，基建财务管理基本原则、职责分工、组织管理等几个方面规范了集团基建财务管理，以提高基本建设项目资金使用效率、保障资产安全。

2018年2月18日，浙能集团发布《应收款项管理办法（试行)》，从应收款项范围和管理目的、管理职责分工、管理内容等几个方面规范了集团应收款项的日常管理，以进一步加强企业内部控制，保证资金回笼安全，防范坏账风险。

2019年2月3日，浙能集团修订发布《票据管理办法》，增加电子票据管理内容以及发票查验相关规定。

2019年3月初，浙能集团印发《关于进一步做好清理拖欠民营企业中小企业账款工作的通知》。同年11月12日，浙能集团印发《关于进一步做好清理拖欠民营企业中小企业账款工作的补充通知》(浙能财〔2019〕645号)，明确清欠工作是一项重要的政治任务，要求坚决做好清欠工作，查漏补缺，完善台账管理。

2001—2019年浙能集团固定资产、无形资产情况见表13-6-2。

表13-6-2 2001—2019年浙能集团固定资产、无形资产表 亿元

年份	固定资产原值	固定资产折旧	固定资产净值	无形资产净值
2001	147.82	64.43	83.39	3.24
2002	260.73	94.93	165.32	3.27
2003	268.98	112.21	156.16	3.13
2004	328.56	129.71	198.63	3.85
2005	412.66	153.55	258.90	3.89
2006	508.21	184.55	323.44	3.57
2007	560.61	224.15	336.44	6.08

表 13-6-2（续） 亿元

年份	固定资产原值	固定资产折旧	固定资产净值	无形资产净值
2008	757.43	261.07	496.35	13.66
2009	824.89	295.74	527.67	14.50
2010	871.69	336.37	532.82	15.30
2011	931.82	370.59	560.68	13.23
2012	962.70	414.14	545.50	20.86
2013	1,034.18	458.78	574.07	64.04
2014	1,175.86	503.35	671.53	65.00
2015	1,312.27	556.20	754.40	66.80
2016	1,344.50	606.14	736.38	67.73
2017	1,623.25	670.68	951.60	70.16
2018	1,741.44	753.17	986.47	86.32
2019	1,878.91	839.22	1,035.91	133.80

第五节 资金管理

一、制度规范

2002 年 8 月 22 日，浙能集团印发《资金管理暂行规定》，对资金管理事宜进行规范。

2004 年 10 月 10 日，浙能集团印发《项目投资款项支付管理办法》，规定浙能集团项目投资款项支付的管理程序，明确了项目投资款项支付的工作流程、内容、支付条件和方法，该办法适用于浙能集团所需支付的项目资本金、项目股东融资款、项目前期费等款项支付的管理。

2007 年 4 月 5 日，浙能集团印发《浙能财务公司账户和资金运作管理办法（试行）》，该办法适用于浙能集团总部、各分（子）公司及其所属单位，明确了财务公司对成员单位实行“收支两条线”的资金运作管理模式，资金管理遵循依法合规、统分结合、互惠互利、有利于提高资金使用效率和方法资金管理风险的原则。

2009 年 1 月 6 日，浙能集团向省国资委提交《关于要求批准〈浙江省能源集团有限公司担保管理办法（试行）〉的请示》（浙能财〔2009〕3 号），同年 2 月 23 日取得省国资委同意批复。2009 年 3 月 15 日，浙能集团正式印发《担保管理办法（试行）》，用以规范公司系统的担保行为，防范经营风险。《担保管理办法（试行）》规定了浙能集团及所属企业担保管理职责、原则和工作要求，明确了所属企业担保事项的审批程序和权限。

2010 年 11 月 5 日，浙能集团正式印发《资金管理办法》，替代 2002 年 8 月 22 日发布的《资金管理暂行规定》。该办法从职责与分工、资金管理原则和要求、资金管理内容和方法、资金信息报告制度等方面对企业资金管理进行了规范。浙能集团资金管理内容主要包括资金预算管理、筹融资管理、银行账户管理与资金信息报告制度管理。

2011 年 2 月 11 日，浙能集团修订印发《投资款项支付管理办法》，自 2011 年 2 月 1 日起执行。该办法对原有办法进行了修订与完善，扩大了投资款项范围，增加债券投资（委贷）、固定资产投资和金融投资所需支付的投资款项，细化了管理分工与内容。

2012 年 11 月 2 日，浙能集团印发《银行间债券市场信息披露事务管理制度》，对浙能集团银行间债券市场信息披露行为与事务进行了规范，明确了信息披露的内容及披露标准、信息披露责任人的职责、信息披露的程序、信息披露事务管理、保密措施、信息披露责任的追究及处罚。

2014 年 5 月 19 日，浙能集团修订发布《担保管理办法（试行）》，修订了担保审批权限，对担保管理要求进一步细化明确。

2014 年 5 月 19 日，浙能集团发布《债券发行事项管理工作规范》，对公司债券发行的主体范围、发行流程、文件要求及相关事务管理进行了规范，明确了集团其他债权发行主体的职责和权限，用以规范债券发行行为，防范和控制债务风险。

2014 年 7 月 7 日，浙能集团修订发布《浙能财务公司账户和资金运作管理办法》，对原制度结构进行调整，明确规范性引用文件，增加集中代理支付模式、直连银行等事项及管理内容，修订增加资金预算管理、融资管理内容，细化考核内容与考核方式。

2014 年 7 月 7 日，浙能集团发布《短期资金运营管理办法（试行）》，对浙能集团本部短期资金运营管理的职责、管理原则、管理内容与方法进行了规范，明确短期资金运营管理的业务流程、配比原则、风险控制，用以规范和加强浙能集团资金管理，提高资金运作效率，控制短期资金运营风险。

2014 年 12 月 2 日，浙能集团再次修订发布《投资款项支付管理办法》，对投资款项职责分工进行修订，新增板块管理公司职责，新增信息网络设备等固定资产投资款项管理职责分工，明确浙能电力投资款项支付流程。

2017 年 4 月 5 日，浙能集团发布《资金竞争性存放管理办法（试行）》，办法规定了浙能集团资金竞争性存放的管理程序，明确了资金竞争性存放的职责与分工、管理原则和要求、内容和方法，用以提高资金使用效益，防止利益冲突和利益输送。

2018 年 2 月 18 日，浙能集团修订发布《资金管理办法》，将财务公司信贷发放纳入浙能集团日常资金管理范围。

2018 年 11 月 7 日，浙能集团修订发布《担保管理办法》，将担保事项纳入浙能集团全面预算管理，规范了担保事项审批程序。

2019 年 2 月 3 日，浙能集团修订发布《投资款项支付管理办法》，进一步明确各部门投资款项管理职责划分，调整了投资款的支付方式。

二、资金及账户管理

2003 年 9 月 26 日，浙能集团印发《关于成立浙江省能源集团有限公司资金管理中心的通知》(浙能财〔2003〕324 号)，明确浙能集团成立资金管理中心，作为集团财务部内设机构，负责集团筹融资管理与资金收支运作，为资金安全、有序运作提供保障。

2011 年 9 月 8 日，浙能集团印发《关于进一步做好资金归集及账户管理工作的通知》(浙能财〔2011〕588 号)，为进一步推进资金集约化管理，提高浙能集团资金使用效率和综合效益，规定集团系统所属企业原则上均应纳入集团财务公司收支两条线管理，开立银行账户均应执行审批制度。财务部组织集团各单位对当前的资金归集和账户情况进行了自查与重点整改。

2013 年 5 月 22 日，浙能集团按照省国资委《关于开展省属企业资金管控情况专项检查的通知》要求印发《关于开展资金管控情况专项检查的通知》(浙能财〔2013〕296 号)，组织集团系统各企业从资金管理制度建设及执行情况、偿债能力和资金使用效率情况等方面做好自查工作。

2016 年 6 月 28 日，浙能集团按照省国资委《浙江省国资委关于加快推进省属企业资金竞争性存放管理工作的通知》要求印发《关于填报〈省属企业规范资金管理情况调查表〉的通知》，在集团系统内开展规范资金存放管理进展情况调查。2016 年 8 月 3 日，浙能集团向省国资委提交《关于浙江省能源集团有限公司资金存放管理工作情况的报告》(浙能财〔2016〕279 号)，截至 2016 年 6 月 30 日，浙能集团货币资金已纳入竞争性存放管理的占比 97.53%，整改后可纳入竞争性存放管理的占比 2.47%，系统内货币资金均可纳入竞争性存放管理。

2018 年 5 月 25 日，浙能集团召开浙能集团资金会议，梳理公司资金情况，以更好地应对去杠杆、严监管政策下复杂的外部市场环境。

2018 年 8 月 8 日，浙能集团根据《浙江省国资委关于开展省属企业债务风险排查的通知》要求，向省国资委提交《浙江省能源集团有限公司债务风险排查分析报告》(浙能财〔2018〕425 号)，对集团资金及债务情况进行了深度梳理，对集团债务规模、偿债能力、资金信用运作情况、债务风险、重大风险事项等进行了排查分析。

2019 年 7 月 10 日，浙能集团财务部印发《关于开展集团全系统账户清理及试行资金滚动预算管理方案的通知》，系统性开展资金账户和资金存放专项自查，精简冗余账户，重申支出户资金余额限制，减少体外沉淀。同时，优化实施资金滚动预算管理方案，维持全级次资金流平稳紧凑，各成员单位统一通过财务公司业务系统报送资金滚动预算，设置资金预算追加的刚性审批，减少请款下拨和自主支付比例，控制本地财务支付结算的操作风险。

三、筹融资管理

2005年12月20日，浙能集团召开董事会临时会议，审议通过发行2005年浙江省能源集团有限公司公司债券事宜。2006年1月20日，经浙江省人民政府（浙政发〔2001〕6号）文与国家发改委（发改财金〔2006〕93号）文件批准，浙能集团在杭州举行首次发行公司债券——“06浙能债”发行仪式，宣布该债券当日正式在全国范围内向社会公开发行。这是国家批准的2006年第一批43家债券中首只公开发行的公司债券。此次发行债券，债券期限十年，票面利率4.3%，募集资金15亿元全部用于浙能兰溪发电厂新建工程、滩坑水电站、浙江镇海电厂燃油改建燃气发电工程和浙能乐清电厂一期项目。

2006年10月17日，浙能集团召开董事会临时会议，审议通过集团总部发行短期融资券事宜。2006年10月27日，浙能集团向省国资委提交《关于发行短期融资券的请示》(浙能财〔2006〕340号)，申请集团本部发行额度为20亿元的2006年浙能集团短期融资券。2006年12月5日，浙能集团取得浙江省国资委《关于同意省能源集团申请发行短期融资券的批复》(浙国资法产〔2006〕155号)，同意浙能集团向中国人民银行申请20亿元短期融资券额度，并择机发行。2006年12月7日，浙能集团向中国人民银行提交《关于发行短期融资券的请示》(浙能财〔2006〕386号)，2007年3月26日，根据中国人民银行印发的《中国人民银行关于浙江省能源集团有限公司发行短期融资券的通知》(银发〔2007〕91号文)，浙能集团获发行最高余额为20亿元的短期融资券获得批准，该限额有效期至2008年3月底。

2007年3月29日，浙能集团董事会审议通过公司2007年第一期融资券募集说明书。2007年4月5日，浙能集团成功发行首笔2007年第一期短期融资券，发行规模5亿元，实际到位资金48260万元，贴现发行利率为3.6055%，资金于2007年4月9日到位，起止息日期为2007年4月9日至2008年4月7日，还款兑付日期为2008年4月8日。

2008年5月4日，浙能集团董事会审议通过公司申请发行中期票据事宜。2008年5月6日，浙能集团向省国资委提交《关于浙江省能源集团有限公司发行中期票据的请示》(浙能财〔2008〕194号)，申请发行待偿还金额不超过30亿元的中期票据，用于满足集团电力、天然气、煤炭投资项目的建设资金需求以及补充营运资金。2008年5月，省国资委同意并批复了浙能集团申请注册30亿元中期票据的报告。2008年6月，中国人民银行叫停中期票据注册发行，后于2008年10月份重新开启。

2008年7月18日，浙能集团董事会对发行企业债券的必要性、可行性等方面对公司发行债券项目进行了审议，同意向国家发展和改革委员会申请发行50亿元人民币企业债券。同日，浙能集团向省国资委提交《关于发行2008年公司债券的请示》(浙能财〔2008〕280号)，2008年7月21日，浙能集团取得省国资委《关于同意浙江省能源集团有限公司申请发行企业债券的批复》(浙国资法产〔2008〕47号)。2009年1月8日，浙能集团向国家发展和改革委员会财政金融司提交《关于2008年浙江省能源集团有限公司公司债券募集资金投资项目说明的报告》(浙能财〔2009〕4号)，就发行47亿元人民币企业债券的募集资金投资项目进行汇报。

2009年3月2日，浙能集团47亿元“09浙能债”成功发行，创当时浙江省国有企业债券市场融资规模之最，也是进入新世纪后，我国发行规模最大的地方企业债券，省委常委、常务副省长陈敏尔出席发行仪式。“09浙能债”信用等级为AAA，为五年期固定利率品种，票面年利率3.98%，采取通过上交所交易系统网上网下和承销团网点公开发行相结合的方式发行，募集资金主要用于电力能源类重点项目建设等用途。

2009年5月13日，浙能集团董事会审议通过公司发行中期票据的议案，重启中期票据申报工作。2009年5月25日，浙能集团向省国资委提交《关于浙江省能源集团有限公司发行中期票据的请示》(浙能财〔2009〕198号)，申请发行待偿还金额不超过40亿元的中期票据。2009年6月19日，浙能集团向中国银行间交易市场商协会提交《浙江省能源集团有限公司关于发行2009年度中期票据的注册报告》(浙能财〔2009〕233号)，申请注册发行总规模不超过40亿元人民币的中期票据，用于煤炭采购、电力生产以及替换银行贷款优化负债结构。2009年10月，集团本部发行了三年期中期票据10亿元，且首次尝试了浮动利率的发行方式，以一年期上海银行间同业拆借利率为基准，即期发行利率为3.35%。

2011年1月26日，浙能集团向省国资委提交《关于浙江省能源集团有限公司增发短期融资券请示》(浙能财〔2011〕32号)，申请增发短期融资券40亿元，同年1月30日，取得《关于同意浙江省能源集团有限公司申请发行短期融资券的批复》(浙国资产权〔2011〕5号)。2011年2月25日，浙能集团向中国银行间市场交易商协会提交《关于浙江省能源集团有限公司发行短期融资券注册的报告》(浙能财〔2011〕84号)，申请待偿还余额为人民币40亿元的短期融资券发行额度。2011年3月29日，浙能集团取得中国银行间市场交易商协会《接受注册通知书》(中市协注〔2011〕CP50号)，接受浙能集团短期融资券注册，浙能集团发行短期融资券注册金额为40亿元。

2012年7月11日，浙能集团董事会就开展香港市场本外币债券发行的相关前期工作进行审议，同意开展香港市场本外币债券发行的相关前期工作。2012年7月23日，浙能集团向省发改委提交《关于浙江省能源集团有限公司到香港发行人民币债券的请示》(浙能财〔2012〕488号)，申请赴香港发行20亿元规模、期限不长于5年的人民币企业债券满足投资和贸易需求，部分用于海外煤炭采购，部分用于购买散货船只。

2013年12月24日，浙能集团董事会就香港公司申请在香港发行美元债券事宜进行审议，同意香港兴源在香港发行美元债券方案，发行不超过3亿美元，期限3年。

2014年3月24日，浙能集团董事会就浙能电力发行可转换公司债券事宜进行审议，同意浙能电力上报的可转债发行方案。2014年4月9日，浙能集团向省国资委提交《浙江省能源集团有限公司关于浙江浙能电力股份有限公司申请发行可转债的请示》(浙能财〔2014〕196号)，浙江浙能电力股份有限公司申请发行不超过100亿元的可转债，期限6年。

2014年4月28日，浙能集团董事会就浙能集团本部注册发行超短期融资券事宜进行审议，同意集团本部尽快启动超短期融资券注册工作。2014年5月20日，浙能集团向省国资委提交《浙江省能源集团有限公司关于注册发行超短期融资券的请示》(浙能财〔2014〕277号)，申请注册100亿元超短期融资券发行额度，视集团资金情况灵活发行。

2014年9月9日，浙能集团董事会就香港公司发行美元债券事宜进行审议，同意香港公司在9月份发行3亿美元债券，期限为3年。

2014年9月16日，浙能香港公司发行的三年期美元债券通过彭博社向全球的投资人公告，开始香港、新加坡和伦敦的路演，并在9月下旬获得了穆迪、惠誉两大国际评级公司给予浙能集团A1与A的主体评级。

2014年9月30日，浙能集团海外成功发行3亿美元债券，公司首笔3亿元美元债券最终以2.351%的到期收益率发行，创历史上国内企业三年期美元债券最低发行利率，进一步增强集团国际影响力。

2014年10月13日，浙能集团旗下上市公司浙能电力100亿元可转换公司债券成功发售。基金、保险、券商等各类投资者申购的资金总额超过1.15万亿元人民币，达到发行数量的115倍，申购中签率仅为0.86%，是2014年1—10月中国资本市场最大规模的融资。

2016年11月23日，浙能集团董事会就浙能集团本部注册银行间债务融资工具（DFI）事宜进行审议，按照“四业发展”发展思路，同意集团本部尽快启动DFI注册工作和超短期融资券注册到期无缝对接。同年12月20日，浙能集团向省国资委提交《关于浙江省能源集团有限公司注册债务融资工具（DFI）的请示》(浙能财〔2016〕523号)。2017年2月，浙能集团成功注册DFI。

2017年9月8日，浙能集团就集团以浙能电力股票为标的发行可交换公司债券事宜进行审议，同意集团公同以浙能电力股票为标的发行非公开可交换公司债券的方案，发行规模不越过100亿元。2018年1月25日，集团发行可交换债79亿元（18浙能EB），票面利率1%，期限3年。

2018年9月28日，浙能集团董事会就集团本部设立储架式公司债、储架式企业债的事宜进行审议，同意启动储架式公司债与企业债申报相关工作，申报额度均为150亿元，适时选择配套债务融工具，每期发行金额和期限视浙能集团资金情况灵活安排。

2019年3月4日，浙能集团的债务融资工具DFI通过中国银行间市场交易商协会注册会议审议。同年3月12日，浙江省能源集团财务有限责任公司成功在线领取了中国银行间交易商协会颁发的浙能DFI接受注册通知书。浙能集团在后续两年可以继续灵活地在银行间市场选择不同品种的债务融资工具来获取市场资金。

2019年3月11日，浙能集团以浙能国际为主体，在港交所成功设立20亿美元（多币种）中期票据计划，进一步拓宽了集团公司海外融资渠道。

2019年4月1日，浙能集团收到国家发改委《企业借用外债备案登记证明》(发改办外资备〔2019〕263号)，浙能集团境外公司拟境外发行不超过4.5亿美元（等值）外币债券获得备案登记，募集资金主要用于公司境内外业务发展等，外债本息由发行人负责偿还。

2019年4月3日，浙能集团取得浙江省国资委《关于同意省能源集团公司申请储架式公司债额度的批复》(浙国资产权〔2019〕8号)，同意浙能集团申请储架式公司债额度150亿元。

2019年10月10日，浙能集团收到《关于浙江省能源集团有限公司发行公司债券核准批复的通知》(发改企业债券〔2019〕133号)，国家发展改革委已核准浙江省能源集团有限公司发行公司债券不超过150亿元人民币。该债券采取实名制记账式发行，一次核准，可分期发行。

2019年12月9日，浙能集团择机发行超短融10亿元，期限88天。通过大额分拆发行方式，浙能集团建立不同承销商之间的良性竞争机制，该笔超短融发行利率达到1.99%，创同期同类同期限最低水平。

2006—2019年浙能集团融资工具发行情况见表13-6-3，历年发行债券均按时兑付本息，无逾期现象，信用记录良好。2019年，浙能集团中诚信主体评级、储架式公司债和储架式企业债均获得最高等级AAA评级，同时国际评级维持穆迪A2、惠誉A、标普A-的评级结果。

表13-6-3 2006—2019年浙能集团融资工具发行情况表

序号	债券简称	发行起始日	实际发行量（亿元）	付息方式	参考收益率（%）	债券期限
1	06浙能债	2006-01-20	15	附息式固定利率	4.3	10年
2	07浙能源CP01	2007-04-05	5	贴现式	3.6055	365天
3	07浙能源CP02	2007-06-07	10	贴现式	3.6369	365天
4	07浙能源CP03	2007-09-03	5	贴现式	4.004	273天
5	08浙能源CP01	2008-09-17	20	贴现式	4.712	365天
6	08浙能源CP02	2008-10-24	10	贴现式	4.0691	365天
7	09浙能债	2009-03-02	47	附息式固定利率	3.98	5年
8	09浙能源MTN1	2009-10-16	10	附息式浮动利率	3.35	3年
9	09浙能源CP01	2009-11-24	15	贴现式	2.6084	180天
10	10年浙能CP01	2010-04-27	15	贴现式	2.73	365天
11	10浙能源MTN1	2010-04-19	15	附息式固定利率	3.87	3年

表 13-6-3（续）

序号	债券简称	发行起始日	实际发行量（亿元）	付息方式	参考收益率（%）	债券期限
12	10 年浙能 CP02	2010-08-10	15	贴现式	2. 7	270 天
13	10 浙能源 MTN2	2010-10-13	15	附息式固定利率	3. 56	3 年
14	11 年浙能 CP01	2011-04-07	20	附息式固定利率	4. 49	366 天
15	11 年浙能 CP02	2011-07-20	20	附息式固定利率	5. 2	366 天
16	12 年浙能 CP01	2012-04-27	20	附息式固定利率	4. 4	365 天
17	12 年浙能 MTN1	2012-06-21	15	附息式固定利率	4. 27	5 年
18	13 年浙能 CP01	2013-01-30	20	附息式固定利率	4. 15	365 天
19	13 年浙能 MTN1	2013-03-18	41	附息式固定利率	4. 88	5 年
20	13 年浙能 MTN2	2013-09-04	30	附息式固定利率	5. 63	7 年
21	13 浙能源 CP002	2013-11-26	20	附息式固定利率	6	365 天
22	14 浙能源 CP001	2014-02-14	20	附息式固定利率	5. 8	365 天
23	14 年浙能 MTN1	2014-02-21	30	附息式固定利率	5. 87	5 年
24	15 浙能源 SCP001	2015-04-27	10	附息式固定利率	4	90 天
25	15 浙能源 SCP002	2015-09-29	10	附息式固定利率	3. 15	180 天
26	15 浙能源 SCP003	2015-11-05	10	附息式固定利率	2. 99	180 天
27	15 浙能源 SCP004	2015-12-22	10	附息式固定利率	3. 02	180 天
28	16 浙能源 SCP001	2016-01-19	15	附息式固定利率	2. 65	90 天
29	16 浙能源 SCP002	2016-03-18	15	附息式固定利率	2. 65	90 天
30	16 浙能源 SCP003	2016-04-14	15	附息式固定利率	2. 81	180 天
31	16 浙能源 SCP004	2016-04-28	10	附息式固定利率	2. 99	180 天
32	16 浙能源 SCP005	2016-06-14	10	附息式固定利率	2. 9	30 天
33	16 浙能源 SCP006	2016-06-14	15	附息式固定利率	2. 9	30 天
34	16 浙能源 SCP007	2016-09-13	15	附息式固定利率	2. 69	180 天
35	16 浙能源 SCP008	2016-10-11	15	附息式固定利率	2. 72	120 天
36	16 浙能源 SCP009	2016-12-02	20	附息式固定利率	3. 71	210 天
37	17 浙能源 SCP001	2017-03-09	25	附息式固定利率	3. 98	120 天
38	17 浙能源 SCP002	2017-06-12	20	附息式固定利率	4. 5	130 天
39	17 浙能源 SCP003	2017-07-05	25	附息式固定利率	4. 2	130 天
40	17 浙能源 SCP004	2017-09-13	20	附息式固定利率	4. 49	120 天
41	17 浙能源 SCP005	2017-10-12	30	附息式固定利率	4. 48	155 天
42	17 浙能源 SCP006	2017-10-30	30	附息式固定利率	4. 61	210 天
43	17 浙能源 SCP007	2017-11-08	20	附息式固定利率	4. 32	93 天
44	17 浙能源 SCP008	2017-12-18	30	附息式固定利率	5	71 天
45	18 浙能 EB	2018-01-25	79	附息式固定利率	1	3 年
46	18 浙能源 SCP001	2018-02-12	15	附息式固定利率	4. 73	65 天
47	18 浙能源 SCP002	2018-03-09	20	附息式固定利率	4. 4	89 天

表 13-6-3（续）

序号	债券简称	发行起始日	实际发行量（亿元）	付息方式	参考收益率（%）	债券期限
48	18 浙能源 SCP003	2018-03-14	25	附息式固定利率	4.69	150 天
49	18 浙能源 MTN001	2018-03-14	20	附息式固定利率	5.3	5 年
50	18 浙能源 MTN002	2018-04-16	20	附息式固定利率	4.95	5 年
51	18 浙能源 MTN003	2018-09-13	20	附息式固定利率	4.69	5 年
52	18 浙能 01	2018-04-26	30	附息式固定利率	4.88	5 年
53	18 浙能源 SCP004	2018-05-14	20	附息式固定利率	4.28	130 天
54	18 浙能源 SCP005	2018-06-04	20	附息式固定利率	4.64	226 天
55	18 浙能源 SCP006	2018-08-07	25	附息式固定利率	3.38	220 天
56	18 浙能源 MTN004	2018-12-12	25	附息式固定利率	4.07	5 年
57	19 浙能源 SCP001	2019-01-11	20	附息式固定利率	3.18	210 天
58	19 浙能源 SCP002	2019-02-13	30	附息式固定利率	2.95	154 天
59	19 浙能源 SCP003	2019-02-18	20	附息式固定利率	2.80	120 天
60	19 浙能源 SCP004	2019-07-15	10	附息式固定利率	2.65	99 天
61	19 浙能源 SCP005	2019-07-22	10	附息式固定利率	2.60	120 天
62	19 浙能源 SCP006	2019-08-01	10	附息式固定利率	2.65	165 天
63	19 浙能源 SCP007	2019-08-05	10	附息式固定利率	2.70	198 天
64	19 浙能源 SCP008	2019-08-27	10	附息式固定利率	2.48	105 天
65	19 浙能源 SCP009	2019-09-02	10	附息式固定利率	2.49	177 天
66	19 浙能源 SCP010	2019-11-08	10	附息式固定利率	2.17	165 天
67	19 浙能源 SCP011	2019-12-05	10	附息式固定利率	2.20	175 天
68	19 浙能源 SCP012	2019-12-09	10	附息式固定利率	1.99	88 天
69	19 浙能源 SCP013	2019-12-19	10	附息式固定利率	2.30	267 天
70	19 浙能源 SCP014	2019-12-23	10	附息式固定利率	1.99	88 天

第六节 会 计 核 算

一、制度规范

2002 年 1 月 29 日，浙能集团印发试行《财务管理办法》，从资金筹集、流动资产、固定资产、无形资产和其他资产、长期投资、成本和费用、收入、利润及利润分配、企业清算、财务报告等方面对公司财务管理各项活动进行了规范，同时明确了固定资产分类折旧年限表。办法规定公司所属全资子公司从 2002 年 1 月 1 日起统一执行财政部〔2000〕25 号文件，实行新的企业会计制度。

2004 年 11 月 15 日，浙能集团印发《重大财务事项报告管理办法》，对浙能集团重大财务事项报告的管理程序进行了规范，明确了重大财务事项报告内容、时间、方式和责任。

2006 年 2 月 28 日，浙能集团印发《会计核算办法》(浙能财〔2006〕19 号)，会计核算办法从 2006 年 1 月 1 日起在公司系统各单位执行，代管企业可参照执行。

2008 年 1 月 15 日，根据省国资委《关于省属企业执行〈企业会计准则〉有关事项的通知》(浙国资统评〔2007〕49 号）的要求，浙能集团对原《浙江省能源集团有限公司会计核算办法》进行了修订，发布《关于印发会计核算办法的通知》(浙能财〔2008〕30 号）要求系统内各单位遵照执行。新的会计核算办法于2008年1月1日起执行，基于会计法与企业会计准则，从会计政策与会计估计、会计科目、会计核算工作规则等模块对会计核算进行明确，按照资产、负债、所有者权益、成本、费用、损益、外币核算、会计调整、或有事项、关联交易等十七个分类对核算进行详细规范。

2010年11月5日，浙能集团正式印发《重大财务事项报告制度》，对原有制度进行了细化与修订，规定了浙能集团及所属企业重大财务事项的范围、分类和管理要求，明确了重大财务事项监督管理的职责和报告程序，旨在切实有效地防范和控制财务风险，深入推进“集约化、规范化、精细化”管理。办法对重大财务事项进行了界定，从浙能集团重大财务事项、所属企业重大财务事项、监督管理职责、报告程序与管理要求、责任追究等方面对重大财务事项报告作出规范。

2018年7月6日，浙能集团印发《关于成立浙江省能源集团有限公司会计核算手册编制工作小组的通知》(浙能财〔2018〕386号)，成立浙能集团会计核算手册编制工作小组，开展会计核算手册编制工作。

2019年2月3日，浙能集团修订发布《浙江省能源集团有限公司重大财务事项报告制度》，调整扩大重大财务事项涵盖范围，优化管理程序及报告要求。同日，浙能集团发布《会计核算办法（总册)》，对原2008年版会计核算办法进行全面重新修订，新修订会计核算办法采用“总分式”结构，包括集团总册、行业分册两部分。在“1+N”式财务标准化体系下，集团总册适用集团所有公司，具体内容包括总则、会计政策、通用经济业务核算规则、会计科目核算、财务会计报告、关联方交易、附录（含会计科目清单、固定资产目录和金融工具新准则）七部分，从2019年1月1日起开始执行。行业分册根据各板块业务特点编写，浙能集团2019年召开20余次专题研讨会，完成9本行业分册并根据修订进度发布执行。

二、核算管理

2001年12月29日，浙能集团召开董事会，同意从2002年1月1日开始在浙能集团本部和所属子公司执行《企业会计制度》，以统一浙能集团的会计核算。

2001年12月30日，浙能集团向省财政厅提交《关于要求执行〈企业会计制度〉的请示》，申请从2002年1月1日起在浙江省能源集团有限公司本部及其所属子公司实行《企业会计制度》。2002年2月5日，省财政厅印发《关于浙江省能源集团有限公司执行〈企业会计制度〉的复函》，同意浙能集团从2002年1月1日起执行《企业会计制度》。2002年2月25日，浙能集团印发《关于执行〈企业会计制度〉的通知》(浙能财〔2002〕8号)，要求浙能集团各所属子公司从2002年1月1日起执行《企业会计制度》，子公司所属的全资及其控股公司原则上也参照执行。

2006年12月15日，浙能集团董事会就调整水电站大坝和天然气管线折旧事宜进行了审议，同意自2007年1月1日起浙能集团对所属水电企业大坝折旧年限由30年调整为45年；对所属天然气企业管线折旧年限由14年调整为20年。

2014年7月7日，浙能集团董事会就浙能集团船舶固定资产折旧年限会计估计变更事宜进行审议。为保证浙能集团海运企业资产整合后折旧政策的统一性，同意对浙能集团船舶固定资产的折旧年限作如下调整：船舶的折旧年限为5~25年，残值率为固定资产原值的5%；新建造船舶以及购入船龄在5年以内（含5年）的船舶按年限25年计提折旧；购入船龄在5年以上的船舶，折旧年限不得低于5年，最高不超过25年，折旧年限由煤炭分公司根据船舶实际情况确定后报浙能集团备案。

2015年11月16日，根据省国资委《关于开展省属企业财务内控体系建设情况检查评价工作的通知》要求，浙能集团印发《关于开展财务内控体系建设情况检查评价工作的通知》(浙能财〔2015〕576号)，对公司系统全级次183家单位的财务内控体系建设情况开展了自查工作，梳理财务内控体系建设的工作开展、取得成效与存在问题，对照三大类9方面重点检查现有财务内控体系存在的问题及潜在风险，进一步提出改进建议。

2018 年 10 月 19 日，浙能集团董事会就城市燃气公司申请变更居民配套建设项目会计核算政策事宜进行审议，同意城市燃气公司变更居民配套建设项目会计核算政策，由资产型递延摊销变更为收益型按完工进度一次性确认，同时对相关合同条款予以调整。

2019 年 2 月 2 日，浙能集团董事会就浙能电力所持上市公司股票会计处理方法选择事宜进行审议，同意浙能电力股份公司对持有的上市公司股票划分为“以公允价值计量且其变动计入其他综合收益的金融资产”。

2019 年 5 月 21 日，浙能集团召开董事会，审议同意省水利水电公司作为拟 IPO 公司，从 2019 年 1 月 1 日起执行新金融工具准则，并采用财政部最新财务报表格式要求编制财务报表。

三、财务决算与财务报告

2003 年 4 月 9 日，浙能集团财务部印发《关于编报 2003 年主要财务指标快报的通知》（浙能财〔2003〕50 号），系统各有关单位自此开始每月 6 日前将上月末止的财务指标快报至集团财务部，并对财务状况发生重大变化事项作出说明。

2004 年 12 月 28—29 日，浙能集团在宁波召开 2004 年度财务决算报表会议，总结 2004 年度财务报表工作，布置 2004 年度财务决算报表和 2005 年定期财务会计报表填报工作，进一步加强了集团财务管理和规范会计核算。

2005 年 6 月 22 日，浙能集团财务部印发《关于进一步做好财务报表（快报）工作的通知》，指出集团财务报表（快报）工作中存在的问题，要求集团系统各单位加强管理，确保财务报表（快报）数据的真实性、全面性、准确性和时效性，加大财务分析力度，进一步规范编报范围、报送内容与报送方式，并对会计政策、会计估计、填报口径等进行明确。

2005 年 11 月 11 日，浙能集团总经理吴国潮召集并主持总经理办公会议，就公司报表体系编制情况进行审议。

2005 年 12 月 20—21 日，浙能集团在杭州召开 2005 年度财务决算工作会议，总结 2005 年度财务各项工作，研究 2006 年财务工作，布置 2005 年度财务决算报表和 2006 年度财务月报（快报）等工作，对财务报表工作先进进行表彰。

2006 年 2 月 8 日，浙能集团向省国资委提交《浙江省能源集团有限公司关于上报 2005 年度财务决算有关备案事项的报告》。2006 年 5 月 9 日，浙能集团召开董事会，同意批准经审计的浙能集团 2005 年度财务决算报告。2006 年 6 月 7 日，浙能集团向省国资委提交《浙江省能源集团有限公司关于 2005 年度财务决算报告的请示》（浙能财〔2006〕185 号），上报公司 2005 年度财务决算报告。2006 年 8 月 23 日，浙能集团收到省国资委《关于浙江省能源集团有限公司 2005 年度财务决算的批复》（浙国资统评〔2006〕42 号），浙能集团 2005 年度财务绩效等级为 PRB+—良。

2006 年 12 月 21—22 日，浙能集团在杭州召开 2006 年度财务决算工作会议，总结 2006 年财务情况，部署 2007 年财务工作。会议要求集团系统各单位进一步提高财务信息的及时性、全面性、准确性；细化预算管理，提升全面预算管理的科学性；发挥集团财务公司作用，提高资金使用效益；加强新《企业会计准则》学习，增强财务人员的综合业务素质。

2007 年 4 月 28 日，浙能集团召开董事会，同意将经审计后的 2006 年度浙能集团财务决算上报省国资委。2007 年 5 月 17 日，浙能集团向省国资委上报《浙江省能源集团有限公司关于 2006 年度财务决算报告的请示》（浙能财〔2007〕162 号）。2007 年 9 月 26 日，浙能集团收到省国资委《关于浙江省能源集团有限公司 2006 年度财务整改意见的通知》（浙国资统评〔2007〕58 号）。浙能集团按要求对存在的会计核算规范性、坏账准备计提政策统一性等问题进行整改规范。

2007 年 12 月 12 日，浙能集团召开 2007 年度财务决算工作会议，集团总经理沈志云进一步强调加强并规范财务管理，指出了今后财务工作的重点内容和主要方向。

2008 年 6 月 23 日，浙能集团向省国资委提交《浙江省能源集团有限公司关于2007年度财务决算报告的请示》(浙能财〔2008〕241号)。2008年9月9日，浙能集团收到省国资委《关于浙江省能源集团有限公司2007年度财务整改意见的通知》(浙国资统评〔2008〕35号)。浙能集团按要求对财务管理问题进行规范，包括长期停业子公司清算问题、投资性项目出资同步到位问题、长期股权投资权益法核算问题。

2009年6月17日，浙能集团向省国资委提交《浙江省能源集团有限公司关于2008年度财务决算报告的请示》(浙能财〔2009〕232号)。2009年7月24日，浙能集团收到省国资委《关于浙江省能源集团有限公司2008年度财务管理意见的通知》，浙能集团2008年度财务绩效评价等级为PRB—良。浙能集团针对应收款性清理问题、投资项目管理问题、房产企业财务核算问题等进一步加强了财务管理。

2009年12月16—18日，浙能集团在杭州召开2009年度财务决算工作会议，总结2008年度情况，对2009年度工作进行了布置。

2010年4月23日，浙能集团董事会对2009年浙能集团财务决算报告进行了审议。2010年5月24日，浙能集团向省国资委提交《浙江省能源集团有限公司关于2009年度财务决算情况的报告》(浙能财〔2010〕207号)。2010年8月3日，按照省国资委《关于浙江省能源集团有限公司2009年度财务决算评价的意见》(浙国资财评〔2010〕13号)，浙能集团2009年度财务绩效评价等级为PRA—优，文件肯定了浙能集团在整合优化内部资源、清理历史遗留问题、融资、担保等方面做出的成绩，要求进一步加大内部往来核对、预期应收款项清理及停歇业企业清算力度，加强对外投资管理。

2010年12月21—22日，浙能集团召开2010年度财务决算工作会议，全面总结回顾浙能集团2010年的经济运行情况和经营财务管理工作，布置落实浙能集团2010年度财务决算工作，分析预判2011年经营形势及对预算目标的初步考虑。

2011年4月20日，浙能集团董事会审议通过浙能集团2010年财务决算。2011年5月9日，浙能集团向省国资委提交《关于浙江省能源集团有限公司2010年度财务决算情况的报告》(浙能财〔2011〕344号)。2011年5月30日，浙能集团取得省国资委《关于浙江省能源集团有限公司2010年财务决算与2011年全面预算的评价意见》(浙国资财评〔2011〕18号)，浙能集团2010年在内部板块整合、财务资本运作、管理级次压缩、历史遗留问题清理、对外投资和关联交易管理，以及财务预决算工作上的成绩得到肯定。2011年8月30日，浙能集团印发《关于落实浙江省能源集团有限公司2010年财务决算评价意见和进一步加强企业财务管理工作指导意见的通知》(浙能财〔2011〕566号)，组织全面学习省国资委关于浙能集团财务监管整改意见的要求，专题研究整改落实措施。2011年11月10日，浙能集团向省国资委提交了《关于落实浙江省能源集团有限公司2010年财务决算与2011年全面预算评价意见的报告》。

2011年12月15日，浙能集团召开2011年度财务决算报表布置会议。会议对推进板块化财务建设、深化推进全面预算管理、落实集团2011年度财务决算进行了部署。

2012年5月7日，浙能集团董事会审议通过浙能集团2011年财务决算，并要求高度重视财务决算工作，积极运用决算成果，切实解决决算中发现的问题。同月，浙能集团向省国资委提交《关于浙江省能源集团有限公司2011年度财务决算情况的报告》。2012年6月21日，浙能集团取得省国资委《关于浙江省能源集团有限公司2011年财务决算和2012年全面预算的评价意见》，浙能集团在加强资金和担保管理、提高资金使用效率、保障资金安全，建立健全预算管理配套制度、有效控制费用增长，以及推进浙能股份改制上市等方面的成绩得到肯定。2012年8月30日，浙能集团印发《关于落实浙江省能源集团有限公司2011年财务决算评价意见和进一步加强企业财务管理工作的通知》(浙能财〔2012〕554号)，组织系统有关单位进一步加强新购企业财务管理，继续改进和完善集团内部交易及往来款项管理工作。2012年9月27日，浙能集团向省国资委提交《关于落实浙江省能源集团有限公司2011年财务决算与2012年全面预算评价意见的报告》。

2012年12月20日，浙能集团在杭州召开2012年度财务决算工作会议，传达2012年度省国资委财务决算会议精神，布置2012年度财务决算工作与年报审计相关工作。会议新增交流发言环节，系统各单位就财务管理工作进行经验分享。

2013年4月22日，浙能集团董事会就公司2012年财务决算事宜进行审议。2013年4月24日，浙能集团向省国资委提交《浙江省能源集团有限公司关于2012年度财务决算情况的报告》。

2013年12月24日，浙能集团召开2013年度财务决算工作会议，全面回顾2013年度的经营情况和财务管理工作，布置落实浙能集团2013年度财务决算工作。会议强调进一步提升会计信息质量，加强财务管控。

2014年5月30日，浙能集团董事会审议通过2013年度财务决算报告。同月，浙能集团向省国资委提交《浙江省能源集团有限公司关于2013年度财务决算情况的报告》。

2014年12月24日，浙能集团召开2014年度财务决算工作会议，全面回顾总结了浙能集团2014年度的经营情况和财务管理工作，对2015年度的财务工作重点及2014年度财务决算工作安排进行了布置落实，并着重对浙能集团财务管控体系的建设提出了要求。

2015年4月30日，浙能集团向省国资委提交《浙江省能源集团有限公司关于2014年度财务决算情况的报告》(浙能财〔2015〕187号)。2015年5月26日，浙能集团董事会就2014年度财务决算情况进行审议，同意浙能集团2014年度财务决算报告。

2015年12月22日，浙能集团召开2015年度财务决算工作会议，回顾总结了2015年财务工作的开展情况和取得实效，对2016年度的财务工作计划和重点工作进行了布置说明。会议着重对集团2015年度财务决算工作安排及下一步ERP信息化建设财务工作提出了具体要求。

2016年2月28日，浙能集团向省国资委提交《浙江省能源集团有限公司关于上报2015年度财务决算相关情况的备案报告》。2016年4月29日，浙能集团向省国资委提交《浙江省能源集团有限公司关于2015年度财务决算情况的报告》(浙能财〔2016〕181号)。2016年6月6日，浙能集团董事会审议通过2015年度财务决算报告。

2016年12月22日，浙能集团在杭州召开2016年度财务决算工作会议，会议从推动财务管理提升、做优全面预算管理、深化财务信息化建设等六方面总结了集团2016年主要财务工作，并对2017年财务工作做出部署。

2017年5月5日，浙能集团向省国资委提交《浙江省能源集团有限公司关于上报2016年度财务决算情况的报告》(浙能财〔2017〕285号)。2017年6月5日，浙能集团董事会审议通过2016年度财务决算报告。其后，按照省国资委《关于2016年度省能源浙能集团财务决算的意见》(浙国资财评〔2017〕21号)针对长期挂账应收款项清理、前期项目管理、亏损低效资产提质增效、战略性投资项目风险管控等问题进行了专题研究，制定相关实施措施并加快执行。2017年12月28日，浙能集团向省国资委提交《浙江省能源集团有限公司关于落实整改2016年度财务决算意见的报告》(浙能财〔2017〕675号)。

2017年12月27日，浙能集团在杭州召开2017年度财务工作会议，会议对集团2017年度财务工作进行了总结，并从推进共享服务中心建设、构建完善分析体系、推进管理转型升级等方面对2018年财务工作任务进行了部署。

2018年3月29日，浙能集团向省国资委提交《浙江省能源集团有限公司关于上报2017年度财务决算情况的备案报告》。2018年5月16日，浙能集团向省国资委提交了《浙江省能源集团有限公司关于上报2017年度财务决算情况的报告》(浙能财〔2018〕235号)。2018年6月11日，浙能集团董事会审议通过了集团2017年度财务决算报告。

2018年12月26日，浙能集团在杭州召开2018年度决算工作部署会议，传达了省国资委财务监督工作会议精神，对2018年决算、年度审计等工作进行布置，对集团制定的会计核算手册进行了宣贯培训，就集团财务共享服务中心的建设推广与深化应用进行了讨论。

2019年7月5日，浙能集团召开董事会审议通过2018年度财务决算，并要求进一步提高经营质量，做好提质增效、降成本等工作，提升企业核心竞争力；加强工资管理，调整优化收入分配结构；加强对资金安全的管控，把握好投资节奏，做好现金流、应收账款等方面的管理工作。

2005—2019年，自《浙江省省属国有企业财务决算报告制度》执行以来，浙能集团连续数年多次被评为年度企业财务快报先进单位、国有资产统计（财务决算）报表先进单位、企业会计决算报表先进单位。2018年12月19日，浙能集团荣获2017年省属企业财务决算工作表现突出集体称号。

第七节 税务管理

一、纳税情况

自2001年成立至2019年12月31日，浙能集团缴纳各类税费共计866.13亿元，缴纳税种包括增值税、企业所得税、营业税、城市维护建设税、教育费附加、房产税、土地使用税、水利建设专项资金、土地增值税、资源税、环境保护税、关税、代扣代缴个人所得税、印花税等。

2019年2月3日，浙能集团制定发布《税务管理办法（试行）》，从职责分工、税务登记、发票管理、纳税申报、税务重大事项等方面规范了集团税务管理工作，以明确税务管理流程，合理控制税务风险、防范税务违法行为。

2001—2019年浙能集团纳税情况见表13-6-4，2011—2019年分税种缴纳情况见表13-6-5。

表13-6-4 2001—2019年浙能集团支付的税费总额表 亿元

年份	支付税费总额	年份	支付税费总额
2001	18.37	2011	43.50
2002	21.61	2012	48.89
2003	27.93	2013	70.82
2004	27.10	2014	68.17
2005	31.79	2015	76.33
2006	44.31	2016	65.06
2007	49.13	2017	50.29
2008	38.47	2018	49.80
2009	39.34	2019	53.26
2010	41.97		

表13-6-5 2011—2019年浙能集团分税种缴纳情况表 亿元

税种	年份								
	2011	2012	2013	2014	2015	2016	2017	2018	2019
增值税	23.82	25.88	35.44	34.05	35.88	31.17	30.50	24.04	25.02
营业税	3.17	0.17	2.89	2.89	3.13	1.38	-0.01	—	0.00
企业所得税	10.23	10.85	22.68	23.58	29.47	24.39	14.24	16.16	19.16
城市维护建设税	1.77	1.82	2.35	2.21	2.43	2.05	1.92	1.67	1.42
房产税	0.64	0.69	0.84	0.78	1.34	1.08	1.17	1.34	1.31
土地使用税	0.48	0.63	0.69	0.79	1.03	0.94	0.92	1.29	1.34
个人所得税	1.25	1.17	1.78	1.89	2.78	2.48	2.50	2.31	1.13
教育费附加	1.37	1.44	1.87	1.78	1.88	1.60	1.53	1.32	1.20
水利基金	0.56	0.57	0.68	0.65	0.79	0.77	0.09	0.00	0.00
土地增值税	0.97	0.45	1.16	0.93	0.49	1.12	0.95	0.58	1.04
其他	0.96	1.41	1.75	1.17	1.65	1.32	0.86	1.10	1.62

二、税收优惠

自2001年成立至2019年12月31日，浙能集团共计取得所得税、增值税等各类税收优惠共计42.19亿元。2001—2019年税收优惠明细见表13-6-6。

表13-6-6 2001—2019年浙能集团税收优惠统计表 万元

年份	取得税收优惠	年份	取得税收优惠
2001	1,469	2011	6,462
2002	1,441	2012	21,293
2003	1,956	2013	27,672
2004	990	2014	35,911
2005	928	2015	30,342
2006	1,388	2016	46,753
2007	1,576	2017	52,108
2008	6,558	2018	66,690
2009	8,340	2019	103,153
2010	6,861		

2001—2003年，浙江浙能镇海联合发电有限公司因享受外商投资企业所得税优惠“两免三减半”事项分别取得税收优惠1285万元、1255万元与1734万元。

2008年2月1日，浙江富兴海运有限公司因突出贡献取得税收优惠1000万元。2009年3月5日、2010年4月15日、2011年6月20日、2012年5月4日，浙江富兴海运有限公司因物流补助分别取得税收优惠4584万元、2813万元、2538万元与1653万元。

2012年5月17日，浙江浙能富兴燃料有限公司收到宁波大榭开发区管理委员会本年所交增值税和所得税一定比例税收返还14391万元。

2013年5月8日，浙江浙能富兴燃料有限公司收到宁波大榭开发区管理委员会本年所交增值税和所得税一定比例税收返还13697万元，同日，浙江富兴海运有限公司因物流补助取得税收优惠1741.5万元。2013年8月20日，宁波海运集团有限公司因符合服务业产业政策取得税收优惠1491万元。2013年12月26日，浙江浙能北海水力发电有限公司因企业所得税“三免三减半”政策取得税收优惠1000万元。

2014年4月28日，浙江浙能富兴燃料有限公司收到宁波大榭开发区管理委员会本年所交增值税和所得税一定比例税收返还14814万元。2014年7月08日，浙江富兴海运有限公司因现代物流补助取得税收优惠1062万元。2014年9月24日，宁波海运集团有限公司因符合服务业产业政策取得税收优惠1579万元。2014年12月24日，浙江浙能北海水力发电有限公司因企业所得税“三免三减半”政策取得税收优惠7728万元。

2015年5月29日，浙江富兴海运有限公司因现代物流补助取得税收优惠1000万元。2015年6月11日，宁波海运集团有限公司因符合服务业产业政策取得税收优惠1476万元。2015年7月9日，舟山富兴电力燃料有限公司收到舟山群岛新区六横管理委员会财政局拨付的财政补助资金500万元。2015年8月13日，浙江浙能富兴燃料有限公司收到宁波大榭开发区管理委员会本年所交增值税和所得税一定比例税收返还13600.62万元。2015年8月25日，浙江省天然气开发有限公司因申报大宗交易减免水利基金取得税收优惠1116万元。2015年9月9日、2015年10月13日，舟山富兴燃料有限公司收到舟山群岛新区六横管理委员会财政局拨付的财政补助资金1000万元和657万元。

2016年3月29日，浙江浙能富兴燃料有限公司收到宁波大榭开发区管理委员会本年所交增值税和所得税一定比例税收返还14850万元。同日，宁波富兴电力燃料有限公司取得大榭财政局发放的促进企业经营结构优化的专项资金5031万元。2016年3月30日，浙江富兴海运有限公司因现代物流补助取得税收优惠1863万元。2016年5月10号，舟山富兴燃料有限公司收到舟山群岛新区六横管理委员会财政局拨付的财政补助资金2177万元。2016年5月16日，宁波海运集团有限公司因符合服务业产业政策取得税收优惠2304万元。2016年8月15日，浙江省天然气开发有限公司因申报大宗交易减免水利基金取得税收优惠1009万元。2016年12月13日，上海璞能融资租赁有限公司因即征即退事项取得税收优惠1294.93万元。2016年，浙江浙能兴源节能科技有限公司因合同能源管理项目减免所得税事项税收优惠1100万元，浙江天地环保科技有限公司因高新企业所得税优惠取得税收优惠2202.78万元。

2017年2月，浙江浙能富兴燃料有限公司收到宁波大榭开发区管理委员会本年所交增值税和所得税一定比例税收返还13049万元。2017年3月22日，宁波富兴电力燃料有限公司取得大榭税务局发放的2017年度企业发展专项资金1396万元。2017年3月29日，浙江富兴海运有限公司因现代物流补助取得税收优惠1500万元。2017年4月27日，舟山富兴燃料有限公司收到舟山群岛新区六横管理委员会财政局拨付的财政补助资金2420万元。2017年6月28日，宁波海运集团有限公司因符合服务业产业政策取得税收优惠1986万元。2017年11月，浙江浙能富兴燃料有限公司收到宁波大榭开发区管理委员会本年所交增值税和所得税一定比例税收5600万元。2017年12月31日，浙江浙能温州发电有限公司因节能设备（四期蒸汽锅炉）抵免企业所得税取得税收优惠5267万元。2017年，浙江天地环保科技有限公司因高新企业所得税优惠取得税收优惠2618万元，浙江浙能中煤舟山煤电有限公司因节能环保设备减免事项取得税收优惠2587万元。

2018年3月21日，浙江富兴海运有限公司因物流补助取得税收优惠2350万元。2018年7月23日，宁波海运集团有限公司因符合服务业产业政策取得税收优惠1174万元。2018年10月15日，舟山富兴燃料有限公司收到舟山群岛新区六横管理委员会财政局拨付的财政补助资金3635.47万元。2018年，浙江天地环保科技有限公司因研发费用加计扣除取得税收优惠1115万元，因高新企业所得税优惠取得税收优惠4380万元；浙江浙能中煤舟山煤电有限公司因节能环保设备减免事项取得税收优惠2549万元；浙江浙能富兴燃料有限公司分三次收到宁波大榭开发区管理委员会本年所交增值税和所得税一定比例税收返还共计30733万元。

2018年，浙能集团全年共计取得了6.67亿元的税收优惠，其中煤炭板块3.85亿元、电力板块1.22亿元、科服板块0.54亿元、可再生板块0.32亿元、天然气板块0.23亿元、金融板块0.22亿元、直管企业0.18亿元、集团本部0.1亿元。各项税收优惠形式中以政府补助形式返回的税收优惠为主有3.91亿元，占比59%；光伏、资源综合利用等项目取得的增值税所得税优惠1.13亿元，占比17%；因增值税税率下调可增加集团利润总额0.97亿元，占比14%；固定资产一次性税前扣除可递延缴纳增值税0.2亿元，占比3%；研发费用加计扣除取得所得税优惠0.13亿元，占比2%；高新企业取得所得税优惠0.1亿元，占比1%，其他各税种优惠0.23亿元，占比4%。

2019年，浙能集团积极跟进国家减税降费系列政策，优化生产经营安排，组织对浙能国际股权划转、赣浙能源股权整合等重大并购重组项目的税务筹划。同时，煤炭板块对宁波海运收购富兴海运、江海运输与浙能通利股权项目积极开展税务筹划，合理节税401万元。浙能集团全年共计取得各类减税和税收优惠10.3亿元，电力板块4.17亿元、煤炭板块3.03亿元、科服板块1.12亿元、天然气板块0.89亿元、可再生板块0.64亿元、石油板块0.06亿元、金融板块0.03亿元、直管企业0.33亿元。各税种中，增值税减税5.7亿元。

2001—2019年浙能集团各板块取得的税收优惠金额见表13-6-7。

表13-6-7 2001—2019年浙能集团各板块税收优惠情况表 万元

年份	板块						
	电力	煤炭	油气	可再生	科工服	金融	其他
2001	1469						
2002	1441						
2003	1956						

表 13-6-7（续） 万元

年份	板块						
	电力	煤炭	油气	可再生	科工服	金融	其他
2004	939				51		
2005	309				618		
2006	588		71		730		
2007	389		191		996		
2008	2588	2227	178		1205		360
2009	2112	4584	109		1002		532
2010	1678	2813	156	76	1665		472
2011	1159	2544	12	47	2069		632
2012	1939	16044	0	75	2409		826
2013	2726	16965	940	3134	2441		1465
2014	3024	18305	1242	8382	3292		1666
2015	1740	19804	1658	1377	3433	12	2317
2016	5739	27558	1474	1842	6096	1297	2747
2017	12285	26351	723	3329	5951	30	3439
2018	12219	38503	2343	3244	5353	2193	2835
2019	41657	30268	9526	6448	11634	283	3337

第七章 基本建设管理

第一节 管理体制

一、组织机构

2003 年 2 月 19 日，浙能集团党政联合会议决定成立安全生产基建管理办公室，作为过渡的职能部门，负责各发电企业的安全生产和电源在建项目的日常管理。

2003 年 8 月 20 日，浙能集团发布《关于调整集团公司内设机构的通知》（浙能人〔2003〕244 号），设立工程部，撤销安全生产基建管理办公室。

2013 年 11 月 14 日，浙能集团发布《关于浙江省能源集团有限公司机构设置调整的通知》（浙能人〔2013〕570 号），将工程部调整为建设管理部。

2016 年 9 月 30 日，浙能集团发布《关于调整集团本部组织机构的通知》（浙能人〔2016〕363 号），成立招投标管理部，招投标管理职能从建设管理部剥离。

二、管控模式

2003 年起，浙能集团基建项目管理沿用传统的集团公司-营运企业的二级管理模式。

2011 年 11 月 24 日至 12 月 6 日，浙能集团发布了油气、煤炭、能源服务、可再生能源四个板块的管控方案，文件明确这四个板块的管控操作方案于 2012 年 1 月 1 日起实施。除电力板块外，其余板块均实行集团公司-板块公司-营运企业的三级管理模式。

2012年12月23日，浙能集团发布《关于印发〈电力板块管控操作方案〉的通知》(浙能战略〔2012〕718号)，明确对电力板块的基建项目管理仍实行集团公司-营运企业的二级管理模式。

2013年10月24日，浙能集团发布《关于下达浙江省能源集团有限公司“强总部”建设方案的通知》(浙能战略〔2013〕532号)，方案于2014年1月1日正式实施，明确浙能集团对不同产业板块项目的基建管理继续实行差别化管理方式。

2015年12月8日，浙能集团发布《关于调整集团公司与板块管理公司基建项目管控界面的通知》(浙能建〔2015〕606号)，对三级管理的界面进行了调整。对集团重大项目，集团公司主要把握项目开局、收尾阶段的管理和建设过程的监督检查；对非集团重大项目，所有建设管理工作由板块公司负责。

2016年9月30日，浙能集团发布《关于下发浙江省能源集团有限公司的创新发展和体制机制改革方案的通知》(浙能战略〔2016〕362号)，方案对基建工程管理模式进行调整，对国家重点、省重点和集团重点项目以及投资总额在2亿元以上的建设项目，或浙能集团董事会投资决策时明确由集团管控的建设项目实行“两级管理”，即浙能集团直管。其他基建项目由板块管理公司负责管理；电力板块所有基建项目(包括招投标管理)由集团公司实行“两级管理”，电力股份作为上市公司做好衔接工作。

2017年9月1日，浙能集团发布《关于印发浙江省能源集团有限公司管控优化方案(2017年版)的通知》(浙能战略〔2017〕448号)。集团基建项目管理模式调整为二级管理，管理采用分级管控，重大建设项目由浙能集团直管，其他基建项目由板块公司管理。

三、制度建设

2004年7月13日，根据集团(总经理办公会议〔2004〕3号)决定发布生产、工程、计划投资部分的28个管理标准，其中工程建设管理包括工程预备费、工程招投标、火力发电厂基本建设工程启动及竣工验收3个管理办法。

2005年9月23日，浙能集团发布《关于印发工程管理手册(试行)的通知》(浙能工〔2005〕166号)，手册由十二部分内容组成，包括总则、工程技术管理办法、工程安全管理办法、建设工程质量管理办法、工程进度管理办法、工程造价管理办法、工程执行概算管理办法、工程预备费管理办法、工程招标管理办法、火力发电厂基本建设工程启动和竣工验收管理办法、水电站基本建设工程启动规程和水电站基本建设工程验收管理办法。

2010年3月23日，浙能集团发布《关于印发基建管理标准汇编(试行)的通知》(浙能工〔2010〕85号)，对基建系统管理标准体系进行了全面梳理，修编完成了93项管理制度。

2012年5月2日，浙能集团发布《关于印发火力发电机组达标投产管理规定的通知》(浙能工〔2012〕296号)。根据国家能源局发布的《火电工程达标投产验收规程》(DL 5277—2012)，以及浙能集团实行板块化管理的思路及近几年相关法规、标准要求，浙集团工程部组织有关单位对原火力发电机组达标投产管理规定进行了修订。调整了火电项目达标投产考核工作的程序，进一步明确项目公司作为项目达标投产的责任主体地位及全过程达标的要求。调整充实了脱硫、脱硝、空冷等火电机组达标投产考核项目和相关内容。结合《电力工程达标投产管理办法》(2006版)和中国电力企业联合会2011年《火电工程达标投产验收规程》，达标投产考核按职业健康安全与环境管理，建筑工程质量与工艺，安装工程质量与工艺，机组调整试验、性能试验和主要技术指标，工程综合管理与档案五个部分规定的内容进行。调整、修订了机组达标投产考核权重和必备条件，取消了对工程质量优良率、预检查的要求。

2013年10月25日，浙能集团发布《关于印发〈大型火力发电厂集中控制室标准化设计指导原则〉的通知》(浙能工〔2013〕529号)，根据浙能集团大型火力发电厂“安全可靠、成熟先进、节能环保、以人为本”的基建方针，对电厂集中控制室推行标准化设计，以使电厂集控室在使用功能、布置格局和建筑装修上基本实行统一规范和标准。

2013年10月28日，浙能集团发布《关于印发〈港口工程建设管理程序〉的通知》(浙能工〔2013〕538号)，出台了港口工程建设管理程序，明确了港口工程建设管理程序和相关要求，确保港口工程建设管理工作的高效、有序进行。

2014年9月1日，浙能集团发布《关于印发〈项目建设策划管理规定〉等十四项管理制度的通知》(浙能建〔2014〕465号)，主要是根据浙能集团“强总部”建设方案及板块管控操作方案的要求，修订出台了十四项管理制度：《项目建设策划管理规定》《工程建设信息公开管理规定》《工程质量管理规定》《工程质量事故调查处理及责任追究管理规定》《港口工程试运行及验收规定》《火力发电厂供热改造工程达标投产管理规定》《烟气脱硝改造工程达标投产管理规定》《建设工程法律法规及技术标准管理办法》《火电工程重要控制节点应具备的基本条件管理办法》《单位（分部）工程划分及质量检验计划管理办法》《工程建设标准强制性条文管理办法》《施工测量及大型建（构）筑物基础沉降观测管理办法》《工程项目施工监理管理办法》和《调试大纲编制管理办法》。

2015年3月19日，浙能集团发布《关于印发〈工程安全文明施工标准化管理办法〉等二十八项基建管理制度的通知》(浙能建〔2015〕84号)，修订内容如下：《工程安全文明施工标准化管理办法》《工程施工用电管理办法》《工程危险物品管理办法》《工程现场交通管理办法》《工程安健环台账管理办法》《单位（分部）工程开工管理办法》《隐蔽工程质量检验管理办法》《工程监理旁站项目管理办法》《工程质量检查与验收管理办法》《火电工程基建焊接材料及焊接管理办法》《超临界、超超临界机组锅炉水压、酸洗、冲管质量管理办法》《火电工程质量控制点管理办法》《工程质量台账管理办法》《烟气脱硫工程达标投产管理规定》《基建移交生产火电机组安全设施导则》《水电站基本建设工程启动验收规定》《风力发电工程启动及竣工验收管理规定》《烟气脱硫改造工程启动及竣工验收管理规定》《房地产建筑工程施工管理办法》《钢结构施工质量管理办法》《工程后期工作管理办法》《施工用水管理办法》《施工总平面管理办法》《施工组织设计（施工技术文件）编制管理办法》《工程项目文件资料编码办法》《工程项目文件管理规定》《工程项目竣工档案管理规定》《工程项目特种载体档案管理规定》等。

2015年3月30日，浙能集团发布《关于印发〈火力发电厂基本建设工程启动及竣工验收管理规定〉等制度的通知》(浙能建〔2015〕129号)，在2010版有关基建管理制度的基础上，对火力发电厂基本建设工程启动及竣工验收管理规定、港口工程建设管理程序和工程设备材料现场管理办法进行了修订。

2015年4月28日，浙能集团发布《关于印发〈基建工程全过程达标投产管理规定〉的通知》(浙能建〔2015〕173号)，发布了基建工程全过程达标投产管理规定。在整合原有火力发电机组、水力发电工程、天然气输气管道工程和港口工程等达标投产管理规定基础上，编制了基建工程全过程达标投产管理规定。管理规定涵盖火电、水电、天然气管道、港口、风电场、煤制气六类工程的达标投产管理及相应的达标投产考核标准。根据“强总部”建设方案及板块管控操作优化方案，明确了集团公司与板块管理公司之间的管理职责，强化了工程达标的过程检查，进一步突出了过程达标的理念。同时，强调了浙能集团工程管理制度的贯彻执行，将浙能集团工程管理制度中的有关要求纳入达标考核的检查项目。

2015年5月14日，浙能集团发布《关于印发〈项目开工管理规定〉的通知》(浙能建〔2015〕201号)，本规定是对2014版项目开工管理暂行规定的修订。主要修订内容包括针对不同项目类型，明确了项目现场开工的定义；按照企业内部管理和合法合规要求分别对开工条件作了详细规定；进一步完善了浙能集团相关部门职责，以及项目开工审批的有关程序和备案要求。

2015年7月6日，浙能集团发布《关于印发〈工程施工与服务招标管理办法〉和〈工程设备与材料招标管理办法〉的通知》(浙能建〔2015〕345号)，结合“强总部”建设方案和板块化管理的要求，修订工程施工与服务招标管理办法和工程设备与材料招标管理办法。

2015年12月8日，浙能集团发布《关于调整集团公司与板块管理公司基建项目管控界面的通知》(浙能建〔2015〕606号)，对工程质量管理规定等十五项管理制度进行了修订。主要修订内容为一是招投标管理按（浙能建〔2015〕345号）执行，对集团管控招标项目和非集团管控招标项目实行分级管理，明确各级的管理权限。二是其他管理事项，对集团重大建设项目按照“强总部”建设方案和板块管控操作优化方案明确的界面实行“三级管理”，其他非集团重大建设项目，所有建设管理工作由板块管理公司负责。相关基建管理制度为《工程质量管理规定》《项目建设策划管理规定》《项目开工管理规定》《基建工程全过程达标投产管理规定》《工程前期阶段投资估算和初步设计概算管理规定》《工程概算年度分析报告编制细则》《工程执行概算管理规定》《基建项目合同管理规定》《概算外项目和工程变更管理规定》《工程预备费管理办法》《工程竣工决算报告管理办法》《工程建设信息公开管理规定》《水电站基本建设工程启动验收规定》《风力发电工程启动及竣工验收管理规定》和《天然气管道工程投产试运及验收管理规定》。

2015年12月14日，浙能集团印发《关于印发〈基建项目考核管理办法（试行）〉的通知》(浙能建〔2015〕601号)。办法根据“强总部”建设方案和板块管控操作优化方案，结合已发布的《基建工程全过程达标投产管理规定》，在2012版考核管理办法基础上，对年度考核和最终考核的有关内容进行了修订。

2016年12月7日，浙能集团发布《关于印发〈工程建设安全管理规定〉的通知》（浙能建〔2016〕442号)，制度根据国家新近出台的有关安全生产、职业健康和环境保护的法规、标准，以及因集团部门设置及管控界面的调整引起的职责改变作了修订。

2017年3月3日，浙能集团发布《关于印发〈工程质量管理规定〉等十六项基建管理制度的通知》(浙能建〔2017〕137号)，本次修订的主要内容包括：一是对“集团重大建设项目”重新进行定义，由原来的“项目总投资在5亿元及以上的建设项目，或集团公司董事会投资决策时明确由集团管控的建设项目”修改为“省级及以上政府部门核准的省重点建设项目，或投资总额在2亿元以上的建设项目（建设周期超过5年以上的规划类建设项目除外)，或集团公司董事会投资决策时明确由集团管控的建设项目，以及电力板块所有建设项目”，由集团公司负责直接管理；二是“其他建设项目”，由板块管理公司负责直接管理；三是对于浙能集团二级营运企业下属的项目公司，由二级营运企业承担管理职责。相关制度为《工程竣工决算报告管理办法》《风力发电工程启动及竣工验收管理规定》《概算外项目和工程变更管理规定》《工程概算年度分析报告编制细则》《工程建设信息公开管理规定》《工程联系单管理规定》《工程前期阶段投资估算和初步设计概算管理规定》《工程预备费管理办法》《工程执行概算管理规定》《工程质量管理规定》《火力发电建设工程启动及竣工验收管理规定》《基建工程全过程达标投产管理规定》《基建项目合同管理规定》《水电站基本建设工程启动验收规定》《项目建设策划管理规定》和《项目开工管理规定》等。

2019年1月15日，浙能集团发布《关于印发〈工程建设安全管理规定〉等十九项基建管理制度的通知》(浙能建〔2019〕12号)，对《工程建设安全管理规定》等制度进行了修订，集团重大建设项目的术语定义增加了短周期项目（建设周期在一年以内）的概念。相关制度为《工程建设安全管理规定》《工程质量管理规定》《水电站基本建设工程启动验收规定》《风力发电工程启动及竣工验收管理规定》《火力发电建设工程启动试运及验收管理规定》《港口工程试运行及验收管理规定》《港口工程建设管理程序》《基建工程全过程达标投产管理规定》《天然气管道工程投产试运及验收管理规定》《工程项目进度计划管理规定》《工程前期阶段投资估算和初步设计概算管理规定》《基建项目合同管理规定》《工程竣工决算报告管理办法》《概算外项目和工程变更管理规定》《工程执行概算管理规定》《项目建设策划管理规定》《项目开工管理规定》《基建项目考核管理办法》和《工程专项验收及竣工验收管理规定》。

2004—2019年浙能集团发布的有关基建项目管理制度的文件见表13-7-1。

表 13-7-1 2004—2019 年浙能集团基建项目管理制度文件一览表

序号	文件号	管理制度文件名称
1	总经理办公会议〔2004〕3 号	生产、工程、计划投资部分 28 个管理标准
2	浙能工〔2005〕166 号	《关于印发工程管理手册（试行）的通知》
3	浙能工〔2010〕85 号	《关于印发基建管理标准汇编（试行）的通知》
4	浙能工〔2011〕58 号	《关于印发基建项目评标示范办法和供热改造工程达标投产管理办法的通知》
5	浙能工〔2012〕296 号	《关于印发火力发电机组达标投产管理规定的通知》
6	浙能工〔2012〕329 号	《关于印发烟气脱硝改造工程达标投产管理规定的通知》
7	浙能工〔2013〕152 号	《关于印发〈新建电站项目辅助生产、生活设施设计控制指标〉的通知》
8	浙能工〔2013〕471 号	《关于修改〈火力发电厂色彩体系管理办法〉烟囱色标的通知》
9	浙能工〔2013〕529 号	《关于印发〈大型火力发电厂集中控制室标准化设计指导原则〉的通知》
10	浙能工〔2013〕538 号	《关于印发〈港口工程建设管理程序〉的通知》
11	浙能建〔2013〕644 号	《关于印发天然气输气管道工程达标投产管理规定的通知》
12	浙能建〔2014〕465 号	《关于印发〈项目建设策划管理规定〉等十四项管理制度的通知》
13	浙能建〔2014〕490 号	《关于印发基建项目有关投资控制八项管理制度的通知》
14	浙能建〔2015〕84 号	《关于印发〈工程安全文明施工标准化管理办法〉等二十八项基建管理制度的通知》
15	浙能建〔2015〕129 号	《关于印发〈火力发电厂基本建设工程启动及竣工验收管理规定〉等制度的通知》
16	浙能建〔2015〕173 号	《关于印发〈基建工程全过程达标投产管理规定〉的通知》
17	浙能建〔2015〕201 号	《关于印发〈项目开工管理规定〉的通知》
18	浙能建〔2015〕345 号	《关于印发〈工程施工与服务招标管理办法〉和〈工程设备与材料招标管理办法〉的通知》
19	浙能建〔2015〕601 号	《关于印发〈基建项目考核管理办法（试行）〉的通知》
20	浙能建〔2015〕606 号	《关于调整集团公司与板块管理公司基建项目管控界面的通知》
21	浙能建〔2016〕6 号	《关于印发〈施工方案管理办法〉的通知》
22	浙能建〔2016〕442 号	《关于印发〈工程建设安全管理规定〉的通知》
23	浙能建〔2017〕137 号	《关于印发〈工程质量管理规定〉等十六项基建管理制度的通知》
24	浙能建〔2019〕12 号	《关于印发〈工程建设安全管理规定〉等十九项基建管理制度的通知》

第二节 项目管理与建设成果

一、安全管理

（一）管理制度

2005 年 9 月 23 日，浙能集团发布《关于印发工程管理手册（试行）的通知》（浙能工〔2005〕166 号），出台工程安全管理办法，全面规范和统一了浙能集团工程建设项目的安全管理行为。

2010 年 3 月 23 日，浙能集团发布《关于印发基建管理标准汇编（试行）的通知》（浙能工〔2010〕85 号），出台《工程建设安全管理规定》《工程安全文明施工管理实施细则》《工程安全文明施工设施标准化实施细则》《工程施工管理规定》《工程危险物品管理规定》《工程消防管理规定》《工程劳动保护用品管理实施细则》《工程职业健康保护管理规定》《工程现场保卫管理规定》《工程现场交通管理规定》《工程车辆及交通安全管理细则》《项目公司、监理公司、施工单位安健环台账目录管理规定》等安全管理制度，对工程建设安全管理的各个方面作了详细规定。

2015 年 3 月 19 日，浙能集团发布《关于印发〈工程安全文明施工标准化管理办法〉等二十八项基建管理制度的通知》（浙能建〔2015〕84 号），对 2010 版《工程安全文明施工设施标准化实施细则》《工程危险物品管理规定》《工程现场交通管理规定》和《工程安健环台账管理办法》作了修改。其中对《项目公司、监理公司、施工单位安健环台账目录管理规定》中的工程安健环台账按各参建单位重新进行了划分和调整，并将标准名称修改为《工程安健环台账管理办法》；将《工程安全文明施工管理实施细则》《工程消防管理规定》《工程劳动保护用品管理实施细则》《工程职业健康保护管理规定》《工程现场保卫管理规定》制度划归集团生产安全管理部管理，《工程车辆及交通安全管理细则》划归集团办公室管理。

2016年12月7日，浙能集团发布《关于印发〈工程建设安全管理规定〉的通知》(浙能建〔2016〕442号)，对工程建设安全管理规定进行了修订。制度根据国家近几年出台的有关安全生产、职业健康和环境保护的法规、标准，以及因集团部门设置及管控界面的调整引起的职责改变作了修订。

2019年1月15日，浙能集团发布《关于印发〈工程建设安全管理规定〉等十九项基建管理制度的通知》(浙能建〔2019〕12号)，出台了修订后的《工程建设安全管理规定》。规定对集团生产安全监察部、项目公司的关于安全设施、职业病防护设施、环境保护、消防的专项验收的职责作了调整。浙能集团生产安全监察部职责中删除“配合政府有关部门开展对工程建设安全设施、职业病防护设施、环境保护、消防设施等的审查、验收工作。”增加项目公司职责：“负责组织做好本工程安全设施、职业病防护设施、环保设施及特殊单项工程外的其他项目消防工程的验收工作。”

（二）安全专项文件及专项检查

2003年9月4日，浙能集团印发《关于执行〈浙江省特种设备安全管理条例〉的通知》(浙能生〔2003〕273号)，在嘉兴发电厂进行试点，完成试点工作并总结经验后在集团系统各单位全面展开。

2004年4月9日，浙能集团印发《关于开展重大事故隐患排查与整改工作的通知》(浙能生〔2004〕118号)，要求各单位开展重大事故隐患的排查和整改，浙能集团于2004年10月份组织了检查验收。

2006年6月7日，浙能集团印发《关于落实电力建设施工安全专项整治方案的通知》(浙能工〔2006〕186号)，要求各工程建设单位按《电力建设施工安全专项整治方案》的目标、重点和检查内容开展自查自纠工作。

2008年11月19日，浙能集团印发《关于转发吸取杭州地铁“11·15”坍塌事故教训开展省重点工程安全生产复查活动的紧急通知》(浙能工〔2008〕412号)，转发（浙安委办明电〔2008〕4号）和（浙重建办〔2008〕34号）文件，要求各重点工程项目单位按照紧急通知的要求，认真贯彻落实。各单位应加强日常安全管理，确保工程项目的安全建设。

2011年9月5日，浙能集团印发《关于转发开展全省安全生产大检查（省重点建设工程）的紧急通知》(浙能生〔2011〕590号)，浙能集团随同浙江省能源局对全省能源重点项目建设情况进行安全检查，检查包括浙能集团长兴、六横、天然气、镇海等有关省重点建设项目。

2012年5月21日，浙能集团印发《关于转发工程建设领域预防施工起重机械脚手架等坍塌事故专项整治工作方案的通知》(浙能生〔2012〕349号)，要求各单位结合“打非治违”，隐患排查工作等活动，开展施工起重机械脚手架等坍塌事故各项检查，对发现的安全隐患要及时进行整改，防止施工起重机械脚手架等各类事故发生。

2012年7月10日，浙能集团印发《转发省发改委关于进一步加强省重点建设工程安全生产工作集中开展“打非治违”专项行动的通知》(浙能生〔2012〕463号)，要求各省重点工程建设单位认真开展“打非治违”自查自纠及整改工作。浙江省电力建设有限公司要协助建设单位开展好“打非治违”专项行动。

2012年7月27日，浙能集团印发《关于集中开展电力建设项目防灾避险防止重大人身伤亡事故专项行动的通知》(浙能生〔2012〕501号)，要求各单位开展自查自纠工作，并做好电监会及电监会派出机构的迎检工作。

2013年1月18日，浙能集团转发《关于加强电力行业地质灾害防范工作的指导意见》(电监安全〔2013〕6号)，要求各项目公司从地质灾害危险性评估、强化勘察设计、建设工程生活办公营地选择及施工现场防范措施等方面做好建设工程地质灾害防范工作。

2013年6月13日，浙能集团印发《关于在公司系统立即开展安全生产大排查大整治专项行动的通知》(浙能生〔2013〕344号)，要求深刻吸取“6·3”吉林德惠市宝丰禽业有限公司一起造成120人死亡特别重大事故的教训，以此为戒，开展隐患排查治理，坚决防范重特大事故的发生。浙能集团专门召开了视频会议进行了再布置、再强调，组织开展了安全生产大排查大整治专项行动。

2013年7月5日，浙能集团转发《国家能源局综合司关于印发电力安全生产联合督查工作方案的通知》(国能综电安〔2013〕211号)。

2014年1月26日，浙能集团转发《关于组织开展省重点建设项目安全生产专项检查活动的通知》(浙重建办〔2014〕3号)。

2014年3月8日，浙能集团转发《国家能源局综合司关于开展电力行业工程建设领域预防坍塌事故专项整治“回头看”的通知》(国能综安全〔2014〕283号)。

2014年4月10日，浙能集团印发《关于立即开展“落实安全责任、强化安全意识、重拳打击违章”专项行动的通知》(浙能生〔2014〕195号)，在集团系统内开展“落实安全责任、强化安全意识、重拳打击违章”专项行动及专项检查。

2014年4月30日，浙能集团转发《国家能源局综合司关于印发〈2013年防范电力人身伤亡事故专项工作通报〉的通知》(国能综安全〔2014〕326号)。

2014年5月8日，浙能集团转发《国家能源局综合司关于深刻吸取近期事故教训进一步加强电力建设工程施工安全工作的紧急通知》(国能综安全〔2014〕392号)。

2015年4月13日，浙能集团发布《关于印发〈浙江省能源集团有限公司基建项目落实施工方案专项行动实施方案〉的通知》(浙能建〔2015〕144号)，要求各基建项目责任主体组织开展基建项目落实施工方案专项行动。

2015年9月7日，浙能集团发布《关于印发〈基建项目落实施工方案专项行动和电力工程质量专项行动督查报告〉的通知》(浙能建字〔2015〕85号)。根据国家能源局综合司《关于开展电力建设工程落实施工方案专项行动的通知》和国家能源局《关于印发2015年电力工程质量等四个专项监管工作方案的通知》的精神，浙能集团建设管理部先后在2015年4月和6月，在集团基建系统组织开展了基建项目落实施工方案专项行动和电力工程质量专项行动。在随后的基建工程全过程达标检查、春季安全大检查及专项行动督查中，对部分基建项目开展上述两个专项行动情况进行了督查，形成了督查报告。针对报告中提出的问题，要求各项目单位举一反三，整改落实，切实保障工程建设安全和质量。

2016年5月31日，浙能集团印发《关于组织平安护航G20大会战安全生产及维稳工作专项检查暨2016年春季安全大检查抽查的通知》(浙能生〔2016〕210号)。浙能集团分六个组对包括基建项目在内的公司系统各有关单位平安护航G20大会战安全生产及维稳工作暨2016年春季安全大检查自查情况进行抽查。

2016年11月28日，浙能集团发布《关于深刻汲取事故教训做好基建安全工作的紧急通知》(浙能建字〔2016〕83号)，文件要求各项目公司立即开展安全专项检查工作，在各项目公司自查的基础上，浙能集团于12月开展了安全生产大检查督查工作。

2017年6月14日，浙能集团发布《关于继续开展电力建设工程落实施工方案专项检查的通知》(浙能建字〔2017〕53号)，要求各项目公司根据国家能源局通报的“电力建设工程落实施工方案专项监督报告及回头看检查情况”及浙能集团施工方案管理办法要求，结合工程实际，继续开展施工方案专项检查工作。

2017年6月20日，浙能集团发布《关于开展“电力建设工程施工安全年”活动的通知》(浙能建〔2017〕359号)，制定了浙能集团电力建设安全年活动实施方案，在集团基建系统内开展了为期一年的以“落实责任、强化管理、防范事故”为主题的安全检查整治活动。

2017年7月25日，浙能集团发布《关于切实做好高温天气期间防暑降温工作的紧急通知》

（浙能建字〔2017〕65 号），要求各项目公司根据浙江省人民政府办公厅通知和集团领导指示精神，落实各工程建设项目防暑降温措施，确保广大建设者健康安全。

2017 年 8 月 3 日，浙能集团发布《关于印发〈浙江省能源集团有限公司安全生产大检查实施方案〉的通知》(浙能生〔2017〕429 号)。结合浙能集团正在开展的危险化学品安全综合治理、消防安全隐患排查整治专项行动、天然气管道隐患整治专项行动和网络与信息安全检查等工作，重点检查防人身伤亡事故方面、防重大设备事故方面、消防安全方面、安全生产管理责任落实情况、安全生产管理制度建立和执行情况、安全风险管控情况、隐患排查治理情况、应急管理情况、“四不放过”原则执行情况、防暑降温工作落实情况、职业病防治落实情况、基建工程安全管理情况、网络与信息安全方面十三方面安全管理情况。

2018 年 6 月 4 日，浙能集团发布《关于印发〈浙江省能源集团有限公司建设工程施工安全专项治理行动实施方案〉的通知》(浙能生〔2018〕314 号)。根据国务院安委会办公室关于开展建筑施工安全专项治理行动的通知要求和国家能源局、浙江能监办的工作部署，进一步规范集团系统建设工程施工安全管理。浙能集团从 2018 年 6—12 月开展了为期半年的建设工程施工安全专项行动。

2019 年 7 月 30 日，浙能集团发布《关于印发〈浙江省能源集团有限公司电力建设工程施工现场安全专项监管工作方案〉的通知》(浙能建〔2019〕398 号)。按照国家能源局综合司关于开展电力建设工程施工现场安全专项监管工作的通知要求，进一步加强浙能集团建设工程施工现场安全监管，有效防范建设工程安全风险，防止各类安全事故的发生。2019 年 8—12 月，浙能集团依据工作方案对在建基建项目开展了现场安全专项监管工作。

二、质量管理

（一）管理制度

2004 年 7 月 13 日，经浙能集团（总经理办公会议〔2004〕3 号）决定发布生产、工程、计划投资部分的 28 个管理标准，发布了《火力发电厂基本建设工程启动及竣工验收管理办法》。

2005 年 9 月 23 日，浙能集团发布《关于印发工程管理手册（试行）的通知》(浙能工〔2005〕166 号)，出台了建设工程质量管理办法，规范和明确了集团系统建设工程质量管理的内容和要求。

2010 年 3 月 23 日，浙能集团发布《关于印发基建管理标准汇编（试行）的通知》(浙能工〔2010〕85 号)，与质量管理相关制度 15 项。其中，《工程质量管理规定》明确了浙能集团全资、控股和委托管理单位建设工程质量管理工作的基本要求、工作程序和管理职责与关系；《建设工程规章规范及技术标准管理规定》明确了浙能集团及项目公司在工程建设有关规章、规范及技术标准管理上的职责和管理内容；《工程质量事故调查处理及责任追究管理规定》规定了工程质量事故发生后，从事故报告、事故调查处理到责任追究的管理程序，明确了工程质量事故调查人员的构成原则、事故调查的基本内容和事故处理的原则要求；《隐蔽工程质量检验管理规定》规定了隐蔽工程质量检验的管理程序，明确了有关参建单位在隐蔽工程质量检验中的职责；《施工测量及大型建（构）筑物基础沉降观测管理规定》规范基建项目在控制测量、施工测量、收方测量、沉降观测等工作中各参建单位的测量行为，明确各自的职责；《钢结构施工质量管理规定》规范基建项目在钢结构采购、施工过程的质量要求，明确各自的职责；《单位（分部）工程划分及质量检验计划管理规定》规定了单位工程划分及质量检验计划管理的基本要求，明确了有关工程管理单位在单位工程划分及质量检验计划管理方面的相关职责；《工程质量检查及验收管理规定》规定了施工质量检查与验收的管理程序，明确了参加质量检查与验收活动的各方职责；《落实工程建设标准强制性条文管理规定》规定了落实工程建设标准强制性条文的各项管理规定，明确了工程各参建单位的相关职责；《基建机组油系统质量管理规定》规定了基建机组油系统安装及调试的工作程序，明确了油系统质量管理的主要内容和要求；《火电工程基建焊接材料及焊接管理规定》规定了火电工程基建焊接材料及焊接管理的程序，明确了项目公司及有关参建单位在焊接材料及焊接管理中的工作职责；《超临界、超超临界机组锅炉水压、化学清洗、冲管质量管理规定》针对超临界、超超临界机组锅炉水压试验、化学清洗、冲管质量控制作出了管理规定，提出了质量验收标准；《火电工程质量控制点管理规定》规定了火力发电工程质量控制点管理程序，明确了质量控制点的设置原则、策划与实施要求；《工程质量台账目录管理规定》规定了基建项目质量管理台账的范围，明确了各参建单位的职责；《房地产建筑工程施工管理规定》规定了浙能集团房地产建筑工程施工管理工作的基本要求、工作程序和管理职责与关系。

2014 年 9 月 1 日，浙能集团发布《关于印发〈项目建设策划管理规定〉等十四项管理制度的通知》(浙能建〔2014〕465 号)，根据“强总部”建设方案及板块管控操作优化方案的要求，对工程质量管理、工程质量事故调查处理及责任追究管理规定、港口工程试运行及验收规定、单位（分部）工程划分及质量检验计划管理办法、工程建设标准强制性条文管理办法和施工测量及大型建（构）筑物基础沉降观测管理办法七项制度进行了修订。

2015 年 3 月 19 日，浙能集团发布《关于印发〈工程安全文明施工标准化管理办法〉等二十八项基建管理制度的通知》(浙能建〔2015〕84 号)，涉及质量管理的有：《隐蔽工程质量检验管理办法》《工程质量检查与验收管理办法》《火电工程基建焊接材料及焊接管理办法》《超临界、超超临界机组锅炉水压、酸洗、冲管质量管理办法》《火电工程质量控制点管理办法》《工程质量台账管理办法》《房地产建筑工程施工管理办法》《钢结构施工质量管理办法》《水电站基本建设工程启动验收规定》《风力发电工程启动及竣工验收管理规定》《施工组织设计（施工技术文件）编制管理办法》。其中，《工程质量台账目录管理规定》，对建立工程质量台账的范围按项目公司、监理单位、施工单位进行了重新划分和调整，并将标准名称修改为《工程质量台账管理办法》；《水电站基本建设工程启动验收规定》《风力发电工程启动及竣工验收管理规定》对成立启委会和试运指挥部的程序作了修订。其余制度都为规范项目公司层面的管理行为，因此仅对原标准中的规范性引用文件进行了更新，对有关名称及部分文字进行了更正，具体管理内容未作实质性修改。

2015 年 12 月 8 日，浙能集团发布《关于调整集团公司与板块管理公司基建项目管控界面的通知》(浙能建〔2015〕606 号)，修订出台工程质量管理规定。规定对涉及集团公司与板块管理公司之间的项目管控界面进行了调整，由原来的“省级及以上政府部门核准的省级重点建设项目或集团本级出资的建设项目”调整为“项目总投资在 5 亿元及以上的建设项目，或浙能集团董事会投资决策时明确由集团管控的建设项目”，其他管理职责、要求和程序不变。

2017 年 3 月 3 日，浙能集团发布《关于印发〈工程质量管理规定〉等十六项基建管理制度的通知》(浙能建〔2017〕137 号)，修订发布工程质量管理规定。制度根据《浙能集团创新发展和体制机制改革方案》中有关对建设项目管控界面的调整情况，对涉及板块管理公司的相关管理职责、要求与流程进行了调整和修订。

2019 年 1 月 15 日，浙能集团发布《关于印发〈工程建设安全管理规定〉等十九项基建管理制度的通知》(浙能建〔2019〕12 号)，涉及质量管理的制度有《工程质量管理规定》《水电站基本建设工程启动验收规定》《风力发电工程启动及竣工验收管理规定》《火力发电建设工程启动试运及验收管理规定》《港口工程试运行及验收管理规定》《天然气管道工程投产试运及验收管理规定》《港口工程建设管理程序》《基建工程全过程达标投产管理规定》和《工程专项验收及竣工验收管理规定》等。修订主要内容包括：集团重大建设项目的定义增加了短周期项目的概念；工程专项验收和竣工验收的责任主体作了修改，原来由政府有关部门负责组织验收改为专项验收由项目公司自行组织，竣工验收由浙能集团或板块管理公司组织；将火力发电厂供热改造工程达标投产管理规定纳入基建工程全过程达标投产管理规定，并对供热改造工程六个考核项目按照基建工程全过程达标投产管理规定的四个考核项目进行整合、修改，增加了招投标管理部职责；简化短周期集团重大建设项目的管理程序，主要对初步设计、建设管理策划审查、执行概算的编制及全过程达标等要求和程序作了简化。

（二）质量文件及专项检查

2004年7月13日，浙能集团印发《关于转发火力发电厂质量检验与评定统一表格的通知》（浙能工〔2004〕233号），根据中国电力企业联合会标准化中心《关于试用火力发电厂质量检验与评定统一表格的通知》精神，以及浙江省电力建设工程质量监督中心站发文提出的试用范围与要求，要求各项目根据火电建设工程特点遵照执行。

2006年8月18日，浙能集团印发《关于进一步加强建设工程质量管理工作的通知》（浙能工〔2006〕268号），转发《关于印发〈电力建设房屋工程质量通病防治工作规定〉的通知》（电建质监〔2004〕18号文），要求进一步加强集团系统内建设工程的质量管理工作，妥善处理好当前建设工程质量管理工作中存在的问题。

2015年5月14日，浙能集团转发《国家能源局关于印发2015年电力工程质量等四个专项监管工作方案的通知》（国能安全〔2015〕156号）。

2015年6月9日，浙能集团发布《关于印发〈电力工程质量专项行动方案〉的通知》（浙能建〔2015〕324号），转发国家能源局《电力建设工程质量专项监管报告》（国家能源局监管公告2015年第3号），以及浙江监管办《关于转发国家能源局2015年电力工程质量等四个专项监管工作方案的通知》（浙监能安全〔2015〕7号），要求各有关单位高度重视工程质量专项行动，结合本单位建设工程的实际，制订详细自查计划，全面、深入地开展自查工作。

2016年9月28日，浙能集团转发《国家能源局综合司关于开展〈电力工程质量专项监管报告〉披露问题整改情况“回头看”检查的通知》（国能综安全〔2016〕592号）。

2018年1月17日，浙能集团转发《国务院关于加强质量认证体系建设促进全面质量管理的意见》。

2018年2月14日，浙能集团转发《国家能源局关于印发进一步加强电力建设工程质量监督管理工作意见的通知》（国能发安全〔2018〕21号）。

2019年5月5日，浙能集团转发中国水利电力质量管理协会文件《关于组建电力设备质量安全风险监测站的通知》（水利电力质〔2019〕14号）。

2019年6月3日，浙能集团转发中国电力企业联合会文件《中电联关于发布第一批涉电力领域重点关注对象名单的通知》（中电联评询〔2019〕111号）。

2019年8月27日，浙能集团印发《关于进一步整治集团公司系统项目转包及违法分包等行为的通知》（浙能建〔2019〕451号）。在各项目公司自查基础上，浙能集团建设管理部、战略管理和法律部、审计部及招投标管理部对在建及已建成未结算工程项目联合开展了施工转包及违法分包等行为的专项整治行动。

三、进度管理

（一）管理制度

2005年9月23日，浙能集团发布《关于印发工程管理手册（试行）的通知》（浙能工〔2005〕166号），出台了建设工程进度管理办法，本办法规范和明确了浙能集团建设工程进度管理的内容和要求。

2010年3月23日，浙能集团印发《关于印发基建管理标准汇编（试行）的通知》（浙能工〔2010〕85号），修编发布了工程项目进度计划管理规定，本规定根据浙能集团“规范化、集约化、精细化”的管理要求，更好地贯彻执行浙能集团基本建设的方针和目标，打造优质精品工程，促进建设工程项目进度计划管理，对项目公司建设工程项目进度计划管理行为进行了规范。

2019年1月15日，浙能集团发布《关于印发〈工程建设安全管理规定〉等十九项基建管理制度的通知》（浙能建〔2019〕12号），其中工程项目进度计划管理规定根据浙能集团创新发展和体制机制改革方案的要求，调整了浙能集团建设项目管控界面，修订了板块管理公司的相关管理职责、要求与流程。

（二）进度批复

2004年1月6日，浙能集团以《关于上报滩坑水电站工程一级网络进度计划的报告》（浙能工〔2003〕437号）上报浙江省发展计划委员会滩坑水电站工程一级网络计划。2004年4月8日，浙江省重点办以《关于上报印发滩坑水电站工程一级网络进度计划的通知》（浙重建办〔2004〕16号），批复滩坑水电站工程一级网络计划。要求本工程主体工程施工于2004年8月1日进点，2008年7月底第一台机组发电，2009年7月底全部工程完工，总工期为5年。

2005年8月5日，浙能集团以《浙江萧山发电厂天然气发电工程网络进度计划审查会议纪要》（专题会议纪要〔2005〕32号）同意萧山发电厂天然气发电工程于2005年10月20日主厂房浇筑第一方混凝土，2007年3月25日3号机组完成168小时满负荷试运行。2006年9月13日，浙能集团发布《关于萧山发电厂天然气发电工程进度计划调整的批复》（浙能工〔2006〕295号），同意调整萧山发电厂天然气发电工程进度。2007年7月31日，3号机组完成168小时满负荷试运行。

2007年7月12日，浙能集团以《关于淮浙煤电有限责任公司凤台电厂一期工程里程碑进度调整的批复》（浙能工〔2007〕253号）同意调整凤台电厂一期工程里程碑进度。1号机组于2008年8月底完成168小时满负荷试运行，2号机组间隔3个月。

2007年8月7日，浙能集团以《关于杭甬天然气春晓压缩机站建设进度调整的批复》（浙能工〔2007〕304号）同意春晓压缩机站建设进度调整，三台压缩机分别于2008年6月、7月、8月底安装调试完成。

2008年1月9日，浙能集团以《关于萧山发电厂天然气发电工程调整进度计划的批复》（浙能工〔2007〕484号）调整萧山发电厂天然气发电工程4号机组于2008年4月30日完成168小时满负荷试运行。

2008年11月19日，浙能集团以《关于调整2008年度省天然气公司基建进度考核节点的批复》（浙能工〔2008〕411号）同意调整2008年度省天然气公司基建进度部分考核节点。春晓压缩机站2008年10月30日开工，2009年3月30日具备工艺安装条件；杭嘉线2009年6月30日具备同步接纳川气条件（试验段投产）；湖州联络站2009年6月30日投产；杭嘉线主干线2009年10月30日投产；安吉南浔二支线2009年12月30日投产。

2010年10月25日，浙能集团以《关于温州发电厂供热改造工程建设计划调整的批复》（浙能工〔2010〕483号）同意调整温州发电厂供热改造工程工期。投产时间调整为2011年10月31日。

2013年9月11日，浙能集团以《关于调整2013年度平湖市滨海区域一期供热管线项目进度计划的批复》（浙能工〔2013〕473号）同意平湖市滨海区域一期供热管线项目调整进度计划。

2014年12月8日，浙能集团以《关于温州发电厂“上大压小”扩建工程建设进度计划调整的批复》（浙能建〔2014〕643号）同意调整温州发电厂“上大压小”扩建工程建设进度计划，8号和7号机组完成168小时满负荷试运行试验进入商业运行时间分别由2015年7月和11月调整为2015年9月和12月。

2015年5月28日，浙能集团以《关于宁夏枣泉电厂一期2×600MW工程项目建设策划书的批复》（浙能建〔2015〕244号）同意宁夏枣泉电厂一期2×600MW工程1号、2号机组分别在2017年6月和9月完成168小时满负荷试运行，移交生产。

2015年6月19日，浙能集团以《关于浙能新疆阿克苏纺织工业城热电厂工程项目建设策划书的批复》（浙能建〔2015〕336号）同意浙能新疆阿克苏纺织工业城热电厂工程1号、2号机组分别在2016年12月和2017年3月完成168小时满负荷试运行，移交生产。

2015年12月21日，浙能集团以《关于浙能绍兴滨海热电厂二期扩建工程项目建设策划书的批复》（浙能建〔2015〕641号）同意浙能绍兴滨海热电厂二期扩建工程3号、4号和5号、6号机组分别在2017年3月、5月和12月完成“72+24小时”满负荷试运行，移交生产。

2016年7月5日，浙能集团以《关于浙能德清天然气分布式能源项目建设策划书的批复》（浙能建〔2016〕246号）同意浙能德清天然气分布式能源项目2017年10月第一批4台机组完成96小时试运行。

2016年12月7日，浙能集团以《关于六横电厂光伏发电项目建设策划的批复》（浙能建〔2016〕490号）同意六横电厂光伏发电项目于2017年6月并网发电。

2017年2月15日，浙能集团以《关于浙能长兴地面光伏电站项目建设策划的批复》（浙能建〔2017〕85号）同意长兴地面光伏电站项目于2017年6月并网发电。

2017年3月1日，浙能集团以《关于浙能长电厂区光伏项目、诸力光伏项目建设策划的批复》（浙能建〔2017〕115号）同意长电厂区光伏项目、诸力光伏项目于2017年6月并网发电。

2017年3月1日，浙能集团以《关于浙能嘉兴发电厂光伏发电项目建设策划的批复》（浙能建〔2017〕116号）同意浙能嘉兴发电厂光伏发电项目于2017年6月并网发电。

2017年3月3日，浙能集团以《关于浙江浙能温州发电有限公司光伏发电项目建设策划的批复》（浙能建〔2017〕138号）同意温州发电有限公司光伏发电项目于2017年6月并网发电。

2017年3月14日，浙能集团以《关于凤台发电分公司厂内光伏发电项目建设策划的批复》（浙能建〔2017〕152号）同意凤台发电分公司厂内光伏发电项目于2017年6月并网发电。

2017年3月14日，浙能集团以《关于浙江浙能乐清发电有限公司25兆瓦光伏发电项目建设策划的批复》（浙能建〔2017〕153号）同意乐清发电有限公司25MW光伏发电项目于2017年6月并网发电。

2017年3月20日，浙能集团以《关于台州发电厂东海翔集团工业园区屋顶光伏发电项目建设策划的批复》（浙能建〔2017〕157号）同意台州发电厂东海翔集团工业园区屋顶光伏发电项目于2017年6月并网发电。

2017年5月15日，浙能集团以《关于天然气“县县通”工程项目及苍南支线项目建设策划的批复》（浙能建〔2017〕300号）同意天然气“县县通”工程项目及苍南支线项目于2018年10月底通气，丽水—龙游一期工程、下窑—龙游、常山—开化、象山支线2017年12月底开工。

2017年7月12日，浙能集团以《浙能镇海电厂燃煤机组搬迁改造项目建设策划的批复》（浙能建〔2017〕389号）同意浙能镇海电厂燃煤机组搬迁改造项目里程碑进度计划。工程计划于2017年6月桩基工程开工，二台机组分别于2020年9月和12月通过168小时满负荷试运行，移交生产。

2017年9月14日，浙能集团以《关于干江污水处理厂及配套管网工程项目建设策划的批复》（浙能建〔2017〕510号）同意干江污水处理厂及配套管网工程于2018年8月开工，2019年3月完成试运行。

2017年11月6日，浙能集团以《关于宁海—象山天然气管道工程、常山—开化天然气管道工程、下窑—龙游天然气管道工程及丽水—龙游天然气管道一期工程项目建设子策划的批复》（浙能建〔2017〕609号）同意宁海—象山天然气管道工程于2017年12月开工，并于2018年12月具备通气条件；常山—开化天然气管道工程于2017年12月开工，并于2019年2月完工；下窑—龙游天然气管道工程于2017年12月开工，并于2019年6月完工；丽水—龙游天然气管道一期工程于2017年12月开工，并于2019年12月完工。

2017年11月22日，浙能集团以《关于台州五期配套工程管线第二期项目建设策划的批复》（浙能建〔2017〕642号）同意台州五期配套工程管线第二期项目于2018年10月15日投产使用。

2017年12月14日，浙能集团以《关于浙江兰溪热力有限公司兰溪市上华至诸葛集中供热管线建设策划书的批复》（浙能建〔2017〕691号）同意兰溪市上华至诸葛集中供热管线项目于2017年12月开工，并于2018年12月底投产通汽。

2017年12月19日，浙能集团以《关于安徽浙能州来能源发展有限公司集中供热项目建设策划的批复》（浙能建〔2017〕701号）同意安徽浙能州来能源发展有限公司集中供热项目于2017年12月开工，并于2018年8月底投产使用。

2018年2月1日，浙能集团以《关于云和—龙泉、东阳—磐安、临海—仙居、三门—嵊州四个天然气管道工程项目建设策划的批复》（浙能建〔2018〕45号）同意云和—龙泉天然气管道工程于2018年3月开工，并于2020年4月具备通气条件；东阳—磐安天然气管道工程于2018年3月开工，并于2019年10月完工；临海—仙居天然气管道工程于2018年3月开工，并于2019年6月完工；三门—嵊州天然气管道工程于2018年3月开工，并于2019年9月完工。

2018年3月19日，浙能集团以《关于台二发电公司厂区光伏发电项目建设策划的批复》（浙能建〔2018〕122号）同意台二发电公司厂区光伏发电项目于2018年3月开工，并于2018年6月底前建成投产。

2018年11月22日，浙能集团以《关于浙江浙能温州发电有限公司重石集中供热项目策划的批复》（浙能建〔2018〕418号）同意重石集中供热项目于2018年9月开工，并于2018年12月底投产使用。

2018年12月29日，浙能集团以《关于平湖独山港环保能源项目配套管网工程项目建设策划的批复》（浙能建〔2018〕711号）同意平湖独山港环保能源项目配套管网工程项目于2019年1月高压管线开工，并于2020年12月四条供热管线全部建成。

2019年2月18日，浙能集团以《关于浙江浙能智慧产业园有限公司孵化园区（1号厂房）和综合展示馆项目建设策划的批复》（浙能建〔2019〕26号）同意浙江浙能智慧产业园有限公司孵化园区（1号厂房）和综合展示馆项目于2018年9月开工，并分别于2019年8月和6月投入使用。

2019年3月19日，浙能集团以《关于温州液化天然气项目场平开山工程项目建设策划的批复》（浙能建〔2019〕150号）同意温州液化天然气项目场平开山工程项目开工。

2019年7月9日，浙能集团以《关于江苏竹根沙（H2号）300MW海上风电场项目建设策划的批复》（浙能建〔2019〕341号）同意江苏竹根沙（H2号）300MW海上风电场项目于2019年7月开工，并于2020年9月底投产发电。

2019年7月16日，浙能集团以《关于浙江浙能嘉兴发电有限公司燃煤耦合污泥发电项目建设策划的批复》（浙能建字〔2019〕93号）同意嘉兴电厂污泥耦合项目于2019年7月开工，并于2019年11月前建成投产。

2019年7月22日，浙能集团以《关于浙江浙能长兴发电有限公司燃煤耦合污泥发电项目建设策划的批复》（浙能建字〔2019〕94号）同意长兴电厂污泥耦合项目于2019年7月开工，并于2019年12月前建成投产。

2019年7月26日，浙能集团以《关于浙能嘉兴1号海上风电场工程建设策划的批复》（浙能建〔2019〕399号）同意项目于2019年4月开工，2019年底完成首批机组并网发电，2020年底完成全部机组并网发电。

2019年9月6日，浙能集团以《关于综合能源生产调度研发中心项目建设策划的批复》（浙能建〔2019〕476号）同意综合能源生产调度研发中心项目于2019年9月开工，并于2022年6月前建成投入使用。

2019年9月18日，浙能集团以《关于浙能绍兴滨海热电厂三期扩建工程及浙能绍兴滨海热电集中供压缩空气工程项目建设策划的批复》（浙能建〔2019〕502号）同意绍兴滨海热电厂三期扩建工程及浙能绍兴滨海热电集中供压缩空气工程于2019年10月开工，并于2021年3月前投产发电。

2019年9月20日，浙能集团以《关于浙能镇海电厂燃煤机组搬迁改造项目厂外热网配套工程建设策划的批复》（浙能建〔2019〕515号）同意镇海电厂燃煤机组搬迁改造项目厂外热网配套工程于2019年10月开工，并于2020年12月前建成。

2019年10月24日，浙能集团以《关于浙江浙能滨海环保能源有限公司绍兴滨海污泥清洁化处置示范项目建设策划的批复》（浙能建〔2019〕594号）同意滨海污泥项目于2019年

10月开始钢结构吊装，并于2020年6月完成机组调试，视市场情况按要求投入生产。

2019年12月19日，浙能集团以《关于萧山—义乌天然气管道工程建设策划的批复》（浙能建〔2019〕695号）同意萧山—义乌天然气管道工程于2021年9月完工。

四、投资管理

（一）管理制度及管理活动

2004年8月18—19日，浙能集团召开电源建设技经工作会议，对电力体制改革以后，电源建设技经工作作了重要部署。

2005年9月23日，浙能集团发布《关于印发工程管理手册（试行）的通知》（浙能工〔2005〕166号），出台《工程造价管理办法》《工程执行概算管理办法》和《工程招标管理办法》三项工程投资控制标准，明确和规范了浙能集团建设项目投资管理行为。

2008年12月10日，浙能集团发布《工程概算年度分析报告编制细则》（浙能工〔2008〕449号），对工程概算动态管理提出新的要求。

2010年3月23日，浙能集团发布《关于印发基建管理标准汇编（试行）的通知》（浙能工〔2010〕85号）。修编发布了《工程前期阶段投资估算和初步设计概算管理规定》《工程概算年度分析报告编制细则》《工程执行概算管理办法》《工程预备费管理办法》《基建统计管理规定》《基建项目投资计划管理办法》《基建项目合同管理规定》《月度完成工作量签证管理规定》《工程结算管理规定》《工程竣工决算报告编制办法》和《建设项目后评价管理办法》11项工程投资管理相关标准。制度根据浙能集团基建工作向多产业领域发展的需要，对原有基建管理标准体系进行了梳理，以适应新环境下的管理要求。

2012年5月26日，经浙能集团工程部的争取，中国电力企业联合会、电力工程造价管理与定额总站为浙能集团单独设立了2012年度电力工程造价专业资格认证考试考场，集团系统包括发电建筑、电气与机务等造价管理专业在内的28名考生参加了考试。这是浙能集团成立以来，首次单独设立考场且参加人数最多的一次电力造价专业资格认证考试。

2012年5月30日，浙能集团发布《关于转发浙江省建设工程造价管理办法的通知》（浙能工〔2012〕369号），转发浙江省人民政府于2012年4月2日以第296号令发布的《浙江省建设工程造价管理办法》，要求认真组织学习，并积极按要求做好正式实施后的准备工作。

2013年5月16—17日，浙能集团工程部组织举办了2013版《建设工程工程量清单计价规范》培训班，来自集团系统39个二级或三级单位，从事与工程造价、招投标管理工作有关的概预算、项目管理人员及部分单位分管领导共180余人参加培训。本次培训对提高项目公司技经管理人员业务能力起到促进作用。

2014年9月3日，浙能集团发布《基建项目有关投资控制八项管理制度》（浙能建〔2014〕490号），包括《工程前期阶段投资估算和初步设计概算管理规定》《工程执行概算管理规定》《工程概算年度分析报告编制细则》《概算外项目和工程变更管理规定》《工程预备费管理办法》《基建项目合同管理规定》《工程联系单管理规定》及《工程竣工决算报告管理办法》八项基建项目投资控制相关管理制度。制度依据浙能集团"强总部"建设方案及板块管控操作优化方案，对集团公司、板块管理公司及项目公司三个层级的管理职责和流程进行了修订。

2014年10月25日，经浙能集团建设管理部争取，中国电力企业联合会、电力工程造价管理与定额总站为浙能集团单独设立了2014年度电力工程造价专业资格认证考试考点，集团系统包括发电建筑、电气与机务等造价管理专业在内的33名考生参加了本次考试。这也是继2012年后再次在浙能集团单独设立考点。

2015年7月8日，浙能集团建设管理部印发《关于进一步明确基建工程施工与服务类项目招标及相关投资控制工作流程的通知》，明确基建工程施工与服务类项目招标及相关投资控制工作流程和要求。

2015年12月8日，浙能集团发布《关于调整集团公司与板块管理公司基建项目管控界面的通知》（浙能建〔2015〕606号），结合浙能集团"强总部"建设方案和板块管控操作优化方案，修订了15项基建管理制度，其中包括《工程前期阶段投资估算和初步设计概算管理规定》《工程执行概算管理规定》《工程概算年度分析报告编制细则》《概算外项目和工程变更管理规定》《工程预备费管理办法》《基建项目合同管理规定》及《工程竣工决算报告管理办法》七项投资控制相关制度。

2016 年 7 月 14—15 日，浙能集团在宁波组织举办基建系统“营改增”实务培训暨工程造价控制与管理交流研讨会，来自集团系统 36 个二级或三级公司，从事与工程造价、招投标、合同管理有关的概预算等方面专业管理人员及部分单位分管领导共 150 余人参加培训及交流研讨。

2016 年 8 月 31 日，浙能集团建设管理部以视频会议形式举办关于概算、合同、变更管理等基建管理标准的宣贯。

2017 年 3 月 3 日，浙能集团发布《关于印发〈工程质量管理规定〉等十六项基建管理制度的通知》(浙能建〔2017〕137 号)，修订出台《工程前期阶段投资估算和初步设计概算管理规定》《工程执行概算管理规定》《工程概算年度分析报告编制细则》《概算外项目和工程变更管理规定》《工程预备费管理办法》《基建项目合同管理规定》《工程联系单管理规定》及《工程竣工决算报告管理办法》八项基建项目投资控制相关管理制度。制度根据《浙能集团创新发展和体制机制改革方案》的相关要求，以及浙能集团对建设项目管控界面的调整情况，对涉及板块管理公司的相关管理职责、要求与流程作相应调整和修订，重新定义了“集团重大建设项目”和“其他建设项目”，进一步明确了集团公司和板块管理公司对基建项目的管控范围。同时，强调浙能集团二级营运企业需担负起下属项目公司的管理职责。

2018 年 9 月 26—27 日，浙能集团建设管理部在杭州组织举办 2018 年度基建系统技经管理人员实务培训，集团基建系统从事工程造价、合同管理、工程管理等相关工作的专业管理人员及部分单位分管领导共 160 余人参加了培训。

2019 年 1 月 15 日，浙能集团发布《关于印发〈工程建设安全管理规定〉等十九项基建管理制度的通知》(浙能建〔2019〕12 号)，修订出台《工程前期阶段投资估算和初步设计概算管理规定》《基建项目合同管理规定》《工程竣工决算报告管理办法》《概算外项目和工程变更管理规定》及《工程执行概算管理规定》五项基建项目投资控制相关管理制度。制度根据《浙能集团创新发展和体制机制改革方案》的相关要求，结合浙能集团对建设项目管控的实际情况，对相关管理职责、要求与流程作相应调整和修订。《工程前期阶段投资估算和初步设计概算管理规定》增加了对“其他建设项目”初步设计及概算审查情况进行核查的相关要求；《基建项目合同管理规定》调整了质量保证金比例，补充增加了设备类合同和服务类合同签订补充协议额度的相关规定；《工程竣工决算报告管理办法》增加了对“其他建设项目”竣工决算报告审查情况进行核查的相关要求；《概算外项目和工程变更管理规定》修改了重大设计变更的定义，将油气管道项目需报集团审批重大设计变更额度调整为 200 万元；《工程执行概算管理规定》补充了集团内总承包单位的投资控制目标相关要求，明确短周期项目可不编制工程执行概算。

2019 年 9 月 24—25 日，浙能集团建设管理部在杭州举办基建系统技经管理人员实务培训，集团基建系统从事工程造价、招投标、合同管理、工程管理等相关工作的管理人员共 130 余人参加了培训。

（二）执行概算管理

执行概算是将工程初步设计概算与主要工程项目招标成果、合同执行情况相结合，并依据初步设计概算口径编制的用于浙能集团内部投资管理、考核的一种工程概算体系，既是项目公司的工程实施概算，也是浙能集团对项目公司进行考核的指标。2006 年，浙能集团编制并发布了《工程执行概算管理办法》，并经多次修订。管理办法规定了工程执行概算的管理程序，统一工程执行概算的编制原则、内容和要求，提高了浙能集团基建项目的投资控制与造价管理水平。

自《工程执行概算管理办法》发布实施起至 2019 年，浙能集团批复执行概算情况见表13-7-2。

表 13-7-2　2006—2019 年浙能集团批复执行概算情况表

序号	项目名称	批复文件	批复时间	批复初设概算（万元）		批复执行概算（万元）		执行概算-初设概算（万元）	
				静态投资	动态投资	静态投资	动态投资	静态投资	动态投资
1	华光潭梯级水电站工程	浙能工〔2006〕20 号	2006-03-06	64918	68968	64204	68496	-714	-472
2	浙能兰溪发电厂 4×600MW 工程	浙能工〔2006〕41 号	2006-03-24	905156	977723	866807	927059	-38349	-50664
3	长兴发电厂二期 2×300MW 工程	浙能工〔2006〕48 号	2006-03-24	251486	268033	243292	257392	-8194	-10641
4	温州电厂三期 2×300MW 工程	浙能工〔2006〕415 号	2007-01-11	249391	259755	246377	256541	-3014	-3214
5	台州发电厂五期 2×300MW 扩建工程	浙能工〔2007〕60 号	2007-02-25	244221	259841	230855	236475	-13366	-23366
6	淮浙煤电凤台电厂 2×600MW 一期工程	浙能工〔2007〕62 号	2007-03-13	467714	498070	420198	440854	-47516	-57216
7	镇海电厂燃油改建燃气发电项目	浙能工〔2007〕179 号	2007-05-21	230009	241744	220056	235809	-9953	-5935
8	萧山发电厂天然气热电联产工程	浙能工〔2007〕180 号	2007-05-21	225398	238537	218418	226620	-6980	-11917
9	浙能乐清发电厂一期 2×600MW 工程	浙能工〔2007〕226 号	2007-06-12	550466	579953	517346	555462	-33120	-24491
10	舟山煤炭中转码头工程	浙能工〔2008〕66 号	2008-03-03	275558	287227	238524	252878	-37034	-34349
11	杭嘉线天然气管道工程	浙能工〔2010〕24 号	2010-01-22	103978	106925	92858	94412	-11120	-12513
12	浙能乐清电厂二期 2×660MW 扩建工程	浙能工〔2010〕72 号	2010-03-01	442612	472862	386816	416731	-55796	-56131
13	浙能绍兴滨海热电厂一期 2×300MW 工程	浙能工〔2010〕490 号	2010-10-27	269190	282002	256782	271096	-12408	-10906
14	宁波镇海发电厂供热改造工程	浙能工〔2010〕491 号	2010-10-27	38435	39388	38335	39270	-100	-118
15	浙能嘉兴发电厂三期 2×1000MW “上大压小” 扩建工程	浙能工〔2010〕492 号	2010-10-27	713696	742971	650253	677563	-63443	-65408
16	浙江省液化天然气（LNG）配套天然气管道工程	浙能工〔2012〕582 号	2012-09-13	54768	56696	42181	42922	-12587	-13774
17	浙能长兴天然气热电联产工程	浙能工〔2013〕330 号	2013-06-06	239395	250894	216528	223478	-22867	-27416
18	浙能六横电厂 2×1000MW “上大压小” 新建工程	浙能工〔2013〕459 号	2013-09-03	748184	810755	753450	809863	5266	-892
19	凤台电厂二期 2×660MW 扩建工程	浙能工〔2013〕461 号	2013-09-03	444892	470701	398719	421997	-46173	-48704

表 13-7-2（续）

序号	项目名称	批复文件	批复时间	批复初设概算（万元）		批复执行概算（万元）		执行概算-初设概算（万元）	
				静态投资	动态投资	静态投资	动态投资	静态投资	动态投资
20	浙能常山天然气热电联产 1×458MW 工程	浙能工〔2013〕614 号	2013-12-03	164663	171138	154138	159476	-10525	-11662
21	浙能宁波镇海动力中心天然气热电联产 2×350MW 工程	浙能建〔2013〕716 号	2014-01-02	417159	435112	379334	395951	-37825	-39161
22	浙能温州电厂四期 2×660MW “上大压小” 扩建工程	浙能建〔2015〕331 号	2015-06-17	444506	466558	417575	437030	-26931	-29528
23	浙能台州第二发电厂 2×1000MW “上大压小” 新建工程	浙能建〔2015〕332 号	2015-06-17	790551	837081	781584	829173	-8967	-7908
24	嘉兴独山港煤炭中转码头工程	浙能建〔2015〕333 号	2015-06-17	253150	269872	237936	260063	-15214	-9809
25	小洋山围垦一期工程	浙能建〔2015〕334 号	2015-06-17	153619	164358	114575	122388	-39044	-41970
26	金丽温天然气输气管道工程	浙能建〔2015〕504 号	2015-09-23	318725	334453	283371	293665	-35354	-40788
27	甬台温天然气输气管道工程	浙能建〔2015〕505 号	2015-09-28	531116	565511	450237	468697	-80879	-96814
28	浙能阿克苏纺织工业城热电厂 2×350 MW 工程	浙能建〔2016〕234 号	2016-06-15	296416	309192	294463	304874	-1953	-4318
29	浙能绍兴滨海热电厂二期 4×57MW 扩建工程	浙能建〔2016〕484 号	2016-12-05	293863	307387	259690	267754	-34173	-39633
30	宁夏枣泉电厂一期 2×660MW 工程	浙能建〔2016〕485 号	2016-12-05	484395	508747	453470	469950	-30925	-38797
31	伊犁新天年产 20 亿立方米煤制天然气项目	浙能建〔2017〕720 号	2017-12-26	—	1768597	—	1767234	—	-1363
32	镇海电厂燃煤机组搬迁改造项目	浙能建〔2019〕684 号	2019-12-06	509677	534752	473415	494014	-36262	-40738
33	上虞—新昌天然气管道工程	浙能建〔2019〕685 号	2019-12-06	104077	105911	63497	64566	-40580	-41345
34	丽水—龙游天然气管道（一期）工程	浙能建〔2019〕686 号	2019-12-06	110323	114714	105196	109627	-5127	-5087
35	三门—嵊州天然气管道工程			116096	120531	100182	103977	-15914	-16554

五、建设主要成果

（一）电力工程

2001年9月14日，浙江温州发电厂二期（2×300兆瓦）工程建成投产。工程采用“小业主、大监理、总承包”三元格局管理模式。工程于2003年12月荣获“国家优质工程银质奖”。同时，工程先后获得“全国电力建设优质工程”和浙江省“钱江杯”优质工程奖。项目业主为浙江温州特鲁莱发电有限责任公司，由浙江省电力建设总公司总承包建设。

2003年5月22日，浙江长兴发电厂四期（技改）（2×300兆瓦）工程建成投产，有力改善了浙北地区的用电状况。工程先后荣获2004年度浙江省“钱江杯”优质工程奖、“全国电力行业优质工程奖”和“中国建筑工程鲁班奖（国家优质工程）”。项目业主为浙江长兴发电有限责任公司，由浙江省电力建设总公司总承包建设。

2005年7月14日，浙江温州发电厂三期（2×300兆瓦）工程投产，该工程脱硫装置与发电设备同步运行，采用“业主、监理、管理承包商”管理模式，是浙能集团接管电源项目建设后组织实施的第一个新开工项目。工程先后荣获2006年度浙江省“钱江杯”优质工程奖、“中国电力优质工程奖”和“国家优质工程银质奖”。项目业主为浙江温州发电有限责任公司，由浙江省电力建设总公司总承包建设。

2005年9月，华光潭梯级水电站工程投产发电。电站容量85兆瓦，总库容8257万立方米，是分水江流域综合治理开发的龙头电站，是浙能集团成立后控股并建设管理的首座水电站，有利于治理分水江主源的水患，提高了下游的防洪能力。同时，也是杭州电网进行“黑启动”的首选电源，承担着杭州地区电网调峰和电源保障任务。工程由浙江浙能华光潭水力发电有限公司负责建设。

2005年10月18日，浙江嘉兴发电厂二期（4×600兆瓦）扩建工程建成投产，比原计划提前317天全部建成。总投资达102.77亿元的二期工程是国家“十五”计划的重点电源建设项目，也是当时单期容量最大的电厂项目和浙江省新一轮三个“一千万”电源建设项目之一。项目建成极大缓解了当时全省电力紧缺的局面，有效改善整个华东电网的网架结构，确保电网的安全和经济运行。浙能集团控股的装机发电容量也由此突破1000万千瓦。工程先后荣获2006年度浙江省“钱江杯”优质工程奖、“中国电力优质工程奖”和“中国建筑工程鲁班奖（国家优质工程）”。项目业主为浙江嘉华发电有限责任公司，由浙江省电力建设总公司总承包建设。

2006年5月31日，浙江长兴发电厂二期（2×300兆瓦）工程（3号、4号机组）全面建成投产。工程为浙江省“十五”电源建设抢建项目。与此同时，长电公司4台300兆瓦燃煤机组脱硫工程全部建成投产，成为同期浙江省最大的“绿色电厂”。项目业主为浙江长兴发电有限责任公司，由浙江省电力建设有限公司总承包建设。

2006年8月23日，浙江浙能兰溪发电厂一期（2×600兆瓦）工程全面建成投入生产，改写了浙中大地无大型火电厂的历史。2007年11月，工程荣获“中国建筑工程鲁班奖（国家优质工程）”。同时，工程先后荣获浙江省“钱江杯”优质工程奖和“中国电力优质工程奖”。2007年5月22日，浙江浙能兰溪发电厂二期（2×600兆瓦）工程全面建成投产。一期、二期工程均由浙江浙能兰溪发电有限责任公司负责建设。

2008年4月4日，浙江台州发电厂五期（2×300兆瓦）扩建工程建成投产。该项目于2006年4月28日正式开工，其中9号机组创造了浙江省30万千瓦燃煤机组建设工期仅601天的最新纪录。五期工程的建设，缓解了区域用电紧张的形势，为浙江和台州的经济发展作出了重要贡献。工程荣获2009年度浙江省“钱江杯”优质工程奖。项目由台州发电厂负责建设。

2008年8月16日，滩坑水电站工程首台机组投产发电。2009年7月10日3号机组投产。同年7月28日，大坝及溢洪道工程全部按设计要求完工。标志着一座以发电为主，兼顾防洪及其他综合利用效益的大型水电站成功建成。该工程是浙江省委、省政府提出的“五大百亿”工程中“百亿帮扶致富”的一项重要工程，是一项扶贫工程、德政工程、民心工程。电站总装机60.4万千瓦，单机20万千瓦机组是浙江省单机容量最大的常规水电机组。电站大坝为混凝土面板堆石坝，坝顶高程 171 米，最大坝高 162 米，为华东第一高坝。工程建设中首开国内“分层取水”技术先河，并建设生态小机组以及水生生物增殖放流站，工程的成功建设是“八八战略”在浙江的成功实践，是丽水作为“绿水青山就是金山银山”理论萌发地的生动体现。工程由浙江浙能北海水力发电有限公司负责建设。

2008 年 9 月 10 日，浙江浙能乐清电厂一期（2×600 兆瓦）工程全面建成投产。工程采用无电泵冲管技术、小汽机弹簧隔振基础等多项自主创新技术，加快了工程进度，节约了投资。采用海水淡化技术节约淡水资源。工程先后荣获 2009 年度“中国电力优质工程奖”和“中国建筑工程鲁班奖（国家优质工程）”。工程由浙江浙能乐清发电有限责任公司负责建设。

2008 年 9 月 29 日，浙皖两省首个大型能源合作项目淮浙煤电凤台发电厂一期（2×600 兆瓦）正式建成投产。项目是由浙江省能源集团有限公司和淮南矿业（集团）有限责任公司均股投资兴建的大型煤电一体化项目，是浙能集团首个省外能源基地项目，工程于 2006 年 9 月 20 日开工建设。建设过程中首次在国内引水管中采用小口径（1.4 米）和长距离（1300 米）管道顶管施工技术。工程荣获 2009 年度“中国电力优质工程奖”和“国家优质工程银质奖”。工程由淮浙煤电有限责任公司凤台发电分公司负责建设。

2009 年 1 月 7 日，浙能洞头风电项目最后一台 750 千瓦风机成功并网，至此，该工程 18 台风机全部并网试运行。同年 3 月 26 日，项目完成 240 小时试运行后正式投产，这标志着浙能集团在风电领域的发展实现了零的突破。浙能洞头风电项目总投资 17672.85 万元，建设规模为 18 台 750 千瓦风力发电机组，总装机容量为 13.5 兆瓦。该项目的建成进一步改善了洞头县的用电状况。工程由浙江浙能洞头风力发电有限公司负责建设。

2010 年 7 月 25 日，浙江浙能乐清发电厂二期工程（2×660 兆瓦）全面建成投产，工程在设备选型及系统设计上体现了 600 兆瓦机组的成熟水平。率先采用选择性催化还原（SCR）脱硝技术，成为浙能集团首家安装烟气脱硝装置的建设工程。2011 年 6 月，工程荣获浙江省“钱江杯”优质工程奖。工程由浙江浙能乐清发电有限责任公司负责建设。

2011 年 10 月 18 日，浙江嘉兴发电厂三期（2×1000 兆瓦）“上大压小”扩建工程 8 号机组通过 168 小时满负荷试运，投入生产，至此三期工程全面建成。三期工程建设总工期为 26 个月，其中 7 号机组工期仅为 22 个月零 7 天，创国内百万千瓦机组建设工期新纪录，并赶在夏季用电高峰之前投入生产，为缓解浙江省用电紧张局面作出了重大的贡献。浙江嘉兴发电厂三期工程 7 号机组是浙江省能源集团控股管理总装机容量跃上 2000 万千瓦的标志性机组，引领了浙能集团的产业升级。工程先后荣获 2012—2013 年度“中国电力优质工程奖”和“国家优质工程金质奖”。工程由浙江浙能嘉华发电有限公司负责建设。

2011 年 10 月 18 日，浙能绍兴滨海热电厂一期工程（2×300 兆瓦）全部建成投产。该项目为浙江省“十一五”期间重点建设工程，同时也是浙江省最大热电联产项目。工程由浙江浙能绍兴滨海热电有限责任公司负责建设。

2012 年 5 月 28 日，浙江浙能镇海联合发电有限公司 300 兆瓦燃气-蒸汽联合循环发电机组 9E 燃机油改气项目完成。该项目于 1999 年 4 月 21 日投产，是浙江省最早运行的重型燃气-蒸汽联合循环项目。改造工程自 2011 年 10 月 21 日开始，也是集团系统首例实施的燃机机组油改气工程。改造后，联合循环总出力由 330.6 兆瓦提高到 343 兆瓦，年节约标煤 1.2 万吨。项目由浙江浙能镇海联合发电有限公司负责建设。

2012 年 8 月 6 日，浙能萧山天然气热电联产工程燃气-蒸汽联合循环发电机组完成 168 小时联合试运，正式投入商业运行。工程为浙江省抢建的一批天然气热电联产项目之一，项目用时仅 265 天，工程进度创造了当时国内同类型机组建设的新纪录，缓解了浙江省“十二五”期间电力供需矛盾，同时也缓解了环保压力。工程由萧山发电厂负责建设。

2013 年 12 月 23 日，淮浙煤电凤台发电厂二期（2×660 兆瓦）扩建工程正式建成投产。工程先后荣获 2014—2015 年度“中国建设工程鲁班奖（国家优质工程）”和“中国电力优质工程奖”。工程由淮浙煤电有限责任公司凤台发电分公司负责建设。

2014年7月22日，单机容量当时为国内最大的9F级燃气-蒸汽联合循环机组浙能常山天然气热电联产项目（1×458兆瓦）1号机组建成投产。该机组配备三菱M701F4改进型燃机，配套相应的余热锅炉、蒸汽轮机和发电机，自动化程度极高，实现了一键启停，并配备仿真机系统。自启停控制系统成果整体达到国内先进水平，关键技术达到国内领先水平。该工程位于衢州绿色产业集聚区常山片区，是“优质环保绿色工程”。工程由浙江浙能常山天然气发电有限公司负责建设。

2014年9月17日，国内首座“离岸式”海岛百万级火力发电厂浙江浙能六横电厂（2×1000兆瓦）“上大压小”新建工程全面建成投产。该工程总投资81.08亿元，是全国首家新建机组实施“超低排放”的绿色环保电厂。长达36.5千米的500千伏送出线和就地气体绝缘变电站（GIS）设备一次受电成功，实现了“海岛大跨越”送电。工程先后荣获浙江省“优秀安装质量奖”、中国电力优质工程奖和2014—2015年度“国家优质工程金质奖”。工程由浙江浙能中煤舟山煤电有限责任公司负责建设。

2014年9月30日，浙能宁波镇海动力中心天然气热电联产工程投产，工程属于浙江省政府2012年“天然气热电联产项目抢建行动计划”的项目，建设规模为2套350兆瓦级燃气-蒸汽联合循环热电联产机组，同步建设2台110吨/时快速启动燃气锅炉及配套热网。工程由浙江浙能镇海燃气热电有限责任公司负责建设。

2014年12月21日，浙江浙能龙泉生物发电有限公司2×15兆瓦生物质发电项目投产发电。该项目是浙能集团为节能减排和优化电源结构投资兴建的第一个可再生能源综合利用的生物质发电工程，项目被列为浙江省重点工程和龙泉市“411”重大项目，同时也是国内最早成功实现生物质能源与光伏发电两种清洁能源相结合的示范单位。项目的建成投运标志着浙能集团在新能源发电领域的新突破。工程由浙江兴源投资有限公司投资建设。

2015年12月14日，浙江浙能台州第二发电厂（2×1000兆瓦）“上大压小”新建工程全面建成投产。工程通过实现对空、对海、对地全方位“超低排放”，被评为环保信用最高等级“绿色”企业，并使用国内首创采用高效回热技术和高效一次调频技术，在国内率先实现全负荷脱硝，成为浙江省首个百万机组深度调峰改造试点。该工程采用的“超低排放”技术代表中国高效清洁煤电的尖端技术参加2017年阿斯塔纳世博会。工程荣获2016年度浙江省“优秀安装质量奖”和2016—2017年度“国家优质工程金质奖”。工程由浙江浙能台州第二发电有限责任公司负责建设。至此，浙能集团装机容量突破3000万千瓦，达3016万千瓦，装机规模位居全国地方发电集团之首。

2015年12月19日，浙江浙能温州发电厂四期（2×660兆瓦）“上大压小”扩建工程全面建成投产。该工程是浙能集团第一个原拆原建“上大压小”扩建工程，具有高、低、小的鲜明特点。也是浙能集团第一个采用侧煤仓布置的火电工程。工程由浙江浙能温州发电有限公司负责建设。

2017年5月24日，浙能新疆阿克苏纺织工业城热电厂（2×350兆瓦）工程建成投产。该项目是浙江省迄今为止最大的产业援疆项目，是阿克苏纺织工业城的重大配套基础设施，具备每小时700吨供工业蒸汽能力和600万平方米供暖能力。在新疆区域率先采用“超低排放”技术，大大减少了大气污染物的排放。工程荣获2017年度新疆建筑工程“天山奖”（自治区优质工程）。项目业主为浙能阿克苏热电有限公司，由浙江省电力建设有限公司施工总承包建设。

2017年5月31日，浙江浙能六横电厂光伏电站项目全面建成并网发电。该项目占地面积约44万平方米，装机容量32.9兆瓦，投资约2.4亿元，每年可生产3123.70万千瓦时的清洁能源，是浙能集团电厂内光伏电站第一家，也是舟山市第一个大型地面光伏电站。工程由浙江浙能中煤舟山煤电有限责任公司负责建设。

2017年6月28日，浙能长兴地面光伏电站投产发。项目装机容量84.3兆瓦，年均上网电量约7662万千瓦时，总投资5.5亿元。工程于2016年11月28日开工建设，不改变农业农地性质，采用“一地两用”的“农光互补”形式开发建设，是浙能集团最大的“农光互补”地面光伏电站。工程由浙江浙能长兴发电有限公司负责建设。

2017 年 12 月 21 日，宁夏枣泉电厂一期（2×660 兆瓦）工程建成投产。该项目的全面建成，成为宁东至浙江±800 千伏特高压直流输电工程 6 个配套电源项目中第二个竣工投产的项目，也是浙江在宁夏控股投资建设的首座绿色环保电厂。项目同步建设烟气脱硫、脱硝装置，烟塔合一，采用超低排放等国内外先进技术。项目业主为宁夏枣泉发电有限责任公司，由浙江省电力建设有限公司总承包建设。

2018 年 4 月 24 日，全国最大绿色环保热电联产项目——浙能绍兴滨海热电二期（4×57 兆瓦）扩建工程全面建成投产。至此，全厂（一期、二期）最大供热量达 2100 吨/小时，为亚洲地区最大的印染纺织行业集散地——绍兴滨海工业区提供稳定优质的热能保障。项目业主为浙江浙能绍兴滨海热电有限责任公司，由浙江省电力建设有限公司总承包建设。

2019 年 5 月 27 日，国内首个通信运营商大型云数据中心应用天然气分布式能源项目——浙能德清天然气分布式能源项目第一单元 4 台燃气内燃发电机组通过（72+24）小时连续满负荷试运行考核投产发电。同年 8 月，第二单元内燃机发电组通过（72+24）小时连续满负荷试运行考核投产发电。该项目是浙江省首个大容量的天然气分布式能源项目，也是中国首个采用燃气冷热电三联供技术方案（CCHP 系统）为通信运营商大型数据中心提供能源支持的天然气分布式能源项目，积极推动清洁能源与互联网数据中心（IDC）产业的结合。项目建成后，年发电量达 2.2 亿千瓦时，年供冷达 2.3 亿千瓦时，能源综合利用率高达 86%，可实现二氧化硫的超低排放，粉尘排放相对燃煤锅炉减少 95% 以上，也是国内首个率先实现天然气分布式全负荷脱硝的工程。项目由浙江浙能兴源节能科技有限公司投资建设。

2019 年 11 月 18 日，年设计处理污泥干化能力超 7 万吨的嘉兴发电厂燃煤耦合污泥发电二期工程建成投产。该项目被列入国家能源局、生态环境部燃煤耦合生物质发电技改试点项目，也是在浙江省试点单位中首家建成投产的项目。工程由浙江浙能嘉华发电有限公司负责建设。

2019 年 12 月 30 日，年设计处理污泥干化能力 7 万吨的浙能长兴发电有限公司燃煤耦合污泥发电工程正式投入运行。该工程是国家级燃煤耦合生物质发电技改试点工程，使用蒸汽干化污泥后耦合发电，并利用超低排放装置进行气体净化，达到源头削减和全过程控制，每天可处理污泥 200 吨。工程由浙江浙能长兴发电有限公司负责建设。

（二）天然气工程

2004 年 1 月 18 日，杭州—湖州天然气输气管道工程（简称杭湖线）主干线顺利贯通。2005 年 3 月 5 日，半山支线贯通，标志着浙能集团第一条干线全长约 79.72 千米、支线全长约 14.13 千米、设计输气量为 20×10^8标准立方米/年的天然气管线杭湖线工程全线贯通。工程由浙江省天然气开发有限公司负责建设。

2007 年 5 月 13 日，杭州—宁波天然气输气管道工程（简称杭甬线）干线全线贯通。同年 7 月 10 日，杭甬线正式全线贯通，标志着干线全长约 250.78 千米、支线 57.69 千米、设计输气量 35.08×10^8标准立方米/年的杭甬线全面建成。工程由浙江省天然气开发有限公司负责建设。

2010 年 1 月 14 日，干线约 83.85 千米，支线约 71.6 千米、设计输气量为 27×10^8标准立方米/年的杭州—嘉兴天然气输气管道工程全线贯通。工程由浙江省天然气开发有限公司负责建设。

2012 年 8 月 17 日，西气东输二线（简称西二线）浙江绍杭嘉段配套管道工程杭州段实施天然气置换、升压工作并注入杭甬线，顺利完成西二线与杭甬线的连通。2014 年 6 月 10 日，西二线绍兴段实施天然气置换、升压工作，6 月 11 日正式投产向诸暨门站输送天然气。至此，西二线绍杭嘉配套管道工程除嘉兴段暂缓建设外其余全线建成。工程由浙江省天然气开发有限公司负责建设。

2012 年 10 月 19 日，全长约 37 千米、设计输气量为 42×10^8标准立方米/年的浙江液化天然气（LNG）项目配套天然气管道工程全线贯通。工程由浙江省天然气开发有限公司负责建设。

2013 年 4 月 20 日，江山支线（55 千米）通气；2014 年 5 月 15 日，常山支线（44 千米）通气；2015 年 4 月 21 日龙游支线（32.6 千米）通气；2015 年 6 月 19 日，全长 33.2 千米的义乌支线通气；2016 年 12 月 21 日全长 54.3 千米的金华燃机及兰溪支线通气；2018 年 8 月 10 日，全长约 72 千米的浦江及东阳支线通气。至此，金丽温省级天然气管道金衢配套管道工程全线通气。工程由浙江金衢丽天然气有限公司负责建设。

2015 年 5 月 6 日，全长 34.52 千米、设计输气量为 4.345×10^8 标准立方米/年的华能桐乡热电配套天然气管道工程全线贯通，同年 12 月工程投产，工程由浙江省天然气开发有限公司负责建设。

2017 年 5 月 9 日，金华—缙云顺利试运投产，缙云县通气；同年，武义、永康实现通气。2018 年 1 月 4 日，缙云—丽水投产通气，丽水末站同步向丽水供气，标志着丽水市区自此迈入管道天然气时代。2018 年 7 月 31 日，油竹分输站—温州末站投产通气，同步向青田天然气公司供气。2018 年 10 月 18 日，紫金阀室—油竹分输站投产通气，至此，干线全长 220.2 千米的金丽温输气管道工程实现全线投产通气，工程由浙江金衢丽天然气有限公司负责建设。

2017 年 6 月 28 日，全长 458.7 千米的甬台温天然气输气管道工程除苍南支线外全部贯通，2018 年 12 月工程投产。其中，甬台温工程瓯江南支线定向钻穿越工程，于 2015 年 9 月 5 日一次性回拖成功，管道管径为 0.813 米，穿越长度为 3198 米，创下了当时同管径大型定向钻穿越的最长世界纪录。工程由浙江省天然气开发有限公司负责建设。

2017 年 12 月 18 日，全长约 21.05 千米、设计输气量 2.03×10^8 标准立方米/年的国电南浔热电配套天然气管道工程全线贯通。工程由浙江浙能天然气管网有限公司负责建设。

2018 年 11 月 14 日，全长 33.4 千米的浙沪天然气联络线一期工程全线正式开始通气投产。该工程对保障嘉兴地区天然气能源供应安全，推动我省天然气“一张网”供气格局具有重大意义。工程由浙江浙能天然气管网有限公司负责建设。

2018 年 12 月 28 日，全长约 81.2 千米、设计年输气量 4.275×10^8 标准立方米/年的上虞—新昌天然气管道工程投产试运。工程由浙江浙能天然气管网有限公司负责建设。

2019 年 7 月 17 日，总长约 40.4 千米、设计年输气量 39×10^8 标准立方米/年下窑—龙游天然气管道工程实现投产试运。工程由浙江浙能天然气管网有限公司负责建设。

2019 年 12 月 17 日，全长约 37 千米、设计年输气量 7×10^8 标准立方米/年的甬台温天然气输气管道工程苍南支线具备通气条件。其中，飞云江定向钻穿越工程，穿越长度为 3315 米，于同年 7 月 1 日回拖成功，刷新了 800 毫米以上管径大型定向钻穿越长度世界纪录。工程由浙江省天然气开发有限公司负责建设。

（三）其他工程

2009 年 6 月 30 日，浙江舟山煤炭中转码头工程投入试运行。该码头工程为新建 15 万吨级、5 万吨级卸船泊位各一个（结构兼顾 20 万吨级），3.5 万吨级、2 万吨级和 5000 吨级装船泊位各一个和 3000 吨级大件码头一个。建设陆域煤炭堆场 1441 米×565 米，单条煤场宽度为 57 米（6 条）和 46 米（2 条），堆垛长度 1280 米，堆场最大堆存煤量 310 万吨。陆域总占地面积 114.57 万平方米，设计年吞吐量为 3000 万吨（进港 1500 万吨、出港 1500 万吨），总投资 28.72 亿元。舟山煤炭中转码头工程符合国家对长三角地区的港口建设规划、符合浙江省政府的能源安全储备战略部署，是解决浙江能源“瓶颈”制约、保障浙江省能源安全的重要举措，是充分发挥舟山港口资源优势、实施浙江省海洋经济强省战略和发展舟山地方经济的需要。建设舟山煤炭中转码头有利于实现浙江省煤电一体化战略，依托煤炭堆存场地配套建设“海上坑口电厂-六横发电厂”。工程由浙江浙能中煤舟山煤电有限责任公司负责建设，由浙江浙能港口运营管理有限公司负责运营管理。

2012 年 5 月 9 日，小洋山围垦一期开工建设，2017 年 6 月完工。该项目位于浙江省嵊泗县境内，小洋山岛至大指头岛之间的海域，地处洋山深水港区北侧。工程建设内容是为小洋山北侧陆域综合开发提供建设用地，建设规模：新建隔堤 3539 米，新建防护促淤潜堤 2877 米，并在新建海堤以南吹填成陆 217 万平方米，工程总投资 14.28 亿元，由浙能集团控股建设。该项目的建成为配合上海国际航运中心洋山深水港建设和嵊泗县港口相关产业的发展创造必备的基础条件。项目于2016年1月1日起移交浙江省海港投资运营集团有限公司。

2014年12月18日，浙能嘉兴独山煤炭中转码头海河联运主体工程——外海码头与栈桥工程、内河码头与内港池工程通过交工验收。2015年4月2日，外海码头卸船机全部安装完成。项目建设规模为3个3.5万吨级海运煤炭接卸泊位（水工结构均按靠泊5万吨级船舶建设）、18个500吨级内河装船和待装泊位（水工结构均按靠泊1000吨级内河船舶建设）以及相应配套设施，码头长694米，设计年通过能力为3100万吨，工程总投资约为22.58亿元。该项目是浙江省海河联运基础设施建设的标志性工程，投运后煤炭可由外海码头通过条形仓堆场和内河港池直接转驳，对加快发展浙江省海河联运、振兴内河水运具有重要意义。该项目于2016年1月1日起移交浙江省海港投资运营集团有限公司。

2016年9月20日，浙能创业大厦工程通过竣工验收。12月19日随着浙能科技工程与服务产业分公司等第一批企业的入驻，标志着总投资4.84亿元，总建筑面积78835.43平方米的浙能创业大厦正式投入使用。工程占地约2万平方米，采用了SMW工法桩、数字化建筑信息模型（BIM）等一系列新工艺、新技术，并获"一种型钢插入定位装置"及其施工方法两项施工技术专利和国家住建部"绿色施工科技示范工程"称号。2017年7月，工程获得"钱江杯"优质工程奖。2017年11月，工程荣获2016—2017年度"中国建设工程鲁班奖（国家优质工程）"，是浙能集团首家获得"鲁班奖"的民建工程。

2017年6月16日，新疆伊犁新天煤化工有限责任公司年产20亿立方米标准煤制天然气示范项目开始试生产。项目由浙能集团控股建设，是"十二五"煤炭深加工国家示范项目，也是浙能集团实施大能源战略，走出浙江积极参与新疆能源项目建设，努力为"一带一路"注入浙江动力的生动篇章之一。项目总投资超过176.862亿元，年产纯净天然气20亿立方米，副产轻烃3.1万吨、重芳烃10万吨、多元烃8.4万吨、多元酚2.5万吨、硫胺11.6万吨。项目每年可将677万吨煤炭转化成20亿立方米天然气送往浙江。其中，固定床气化废水处理及利用关键技术与示范被列为国家"863"研究课题，整个项目共完成22项重大技术、装备及材料国产化任务，国产化率超过96.28%，打破国外技术的垄断，且多项指标居于世界领先水平。分项投资超过20亿元的环保设施保证了全厂废水全部循环利用，实现了零排放，全厂工业尾气实现了超低排放，所有环保排放指标均达到国家标准。工程由新疆伊犁新天煤化工有限责任公司负责建设。

2018年10月22日，浙能集团下属浙江省石油股份有限公司与广厦控股集团旗下浙江寰宇能源公司签署黄泽山石油中转储运项目股权转让协议，由浙江省石油股份有限公司受让80%股权。项目建设规模为储罐151万立方米，其中10万立方米原油储罐10个，10万立方米燃料油储罐2个，2万立方米成品油储罐15个，1万立方米成品油储罐1个。同时，建有30万吨级原油泊位码头1座，8万吨级原油泊位码头1座，1万吨级成品油泊位码头2座。2019年8月3日，黄泽山石油中转储运工程项目通过安全设施专项验收，同年10月30日取得港口经营许可证。工程由广厦（舟山）能源集团有限公司负责建设。

2001—2019年浙能集团电力工程、2002—2019年浙能集团天然气工程、2009—2019年浙能集团其他工程情况见表13-7-3至表13-7-5。

表13-7-3 2001—2019年浙能集团电力工程一览表

序号	工程名称	工程规模（台×兆瓦）	机组类型	移交商业运行时间（年-月）	项目总投资（亿元）	备注
1	浙江温州发电厂二期工程	2×300	亚临界燃煤发电机组	2001-09	33.39	国家优质工程银质奖、全国电力建设优质工程、"钱江杯"优质工程奖

表 13-7-3（续）

序号	工程名称	工程规模（台×兆瓦）	机组类型	移交商业运行时间（年-月）	项目总投资（亿元）	备注
2	浙江长兴发电厂四期（技改）工程	2×300	亚临界燃煤发电机组	2003-05	22.86	鲁班奖、全国电力行业优质工程奖、钱江杯
3	浙江温州发电厂三期工程	2×300	亚临界燃煤发电机组	2005-07	25.98	国家优质工程银质奖、中国电力优质工程奖、“钱江杯”优质工程奖
4	浙江嘉兴发电厂二期扩建工程	4×600	亚临界燃煤发电机组	2005-10	102.77	鲁班奖、中国电力优质工程奖、“钱江杯”优质工程奖
5	浙江长兴发电厂二期工程	2×300	亚临界燃煤发电机组	2006-05	26.80	
6	浙江浙能兰溪发电厂一期工程	2×600	超临界燃煤发电机组	2006-08	97.77	鲁班奖、中国电力优质工程奖、“钱江杯”优质工程奖
7	浙江浙能兰溪发电厂二期工程	2×600	超临界燃煤发电机组	2007-05	25.98	
8	浙江台州发电厂五期扩建工程	2×300	亚临界燃煤发电机组	2008-04		“钱江杯”优质工程奖
9	浙江浙能乐清发电厂一期工程	2×600	超临界燃煤发电机组	2008-09	57.99	鲁班奖、中国电力优质工程奖
10	淮浙煤电凤台发电厂一期工程	2×600	超临界燃煤发电机组	2008-09	49.81	国家优质工程银质奖、中国电力优质工程奖
11	浙江浙能乐清发电厂二期工程	2×660	超超临界燃煤发电机组	2010-07	47.29	“钱江杯”优质工程奖
12	浙江嘉兴发电厂三期“上大压小”扩建工程	2×1000	超超临界燃煤发电机组	2011-10	74.30	国家优质工程金质奖、中国电力优质工程奖
13	浙能绍兴滨海热电厂一期工程	2×300	燃煤热电联产机组	2011-10	28.20	
14	淮浙煤电凤台发电厂二期扩建工程	2×660	超超临界燃煤发电机组	2013-12	42.07	鲁班奖、中国电力优质工程奖
15	浙江浙能六横电厂“上大压小”新建工程	2×1000	超超临界燃煤发电机组	2014-09	81.08	国家优质工程金质奖、中国电力优质工程奖、省优秀安装质量奖
16	浙江浙能台州第二发电厂“上大压小”新建工程	2×1000	超超临界燃煤发电机组	2015-12	83.71	国家优质工程金质奖、省优秀安装质量奖
17	浙江浙能温州发电厂四期“上大压小”扩建工程	2×660	超超临界燃煤发电机组	2015-12	46.66	
18	浙能新疆阿克苏纺织工业城热电厂工程	2×350	超临界燃煤热电机组	2017-05	30.92	天山杯

表 13-7-3（续）

序号	工程名称	工程规模（台×兆瓦）	机组类型	移交商业运行时间（年-月）	项目总投资（亿元）	备注
19	宁夏枣泉电厂一期工程	2×660	超超临界燃煤发电机组	2017-12	50.87	
20	浙能绍兴滨海热电二期扩建工程	4×57	高温高压燃煤热电联产机组	2018-04	30.74	省优秀安装质量奖
21	金华燃机电厂扩建工程	1×175	燃气-蒸汽联合循环热电联产	2005-04	5.85	省优秀安装质量奖
22	浙江镇海电厂燃油改建燃气发电工程	2×350	燃气-蒸汽联合循环机组	2007-07	24.38	省优秀安装质量奖
23	浙能萧山发电厂二期工程（浙江萧山发电厂天然气发电安装工程）	2×350	燃气-蒸汽联合循环热电联产	2008-04	23.85	省优秀安装质量奖
24	浙江浙能镇海联合发电有限公司燃油改建燃气发电工程	343	燃气-蒸汽联合循环热电联产	2012-05	24.17	
25	浙能萧山天然气热电联产工程	400	燃气-蒸汽联合循环热电联产	2012-08	14.41	
26	浙能长兴天然气热电联产工程	2×435	燃气-蒸汽联合循环热电联产	2013-12	25.09	
27	浙能常山天然气热电联产工程	458	燃气-蒸汽联合循环热电联产	2014-07	17.11	
28	浙能宁波镇海动力中心天然气热电联产工程	2×350	燃气-蒸汽联合循环热电联产	2014-09	43.51	
29	华光潭梯级水电站工程	85（总装机）	水电	2005-09	6.90	
30	滩坑水电站工程	3×200	水电	2008-08	60.91	
31	浙能洞头风电项目	18×750kW	风电	2009-03	1.76	
32	浙能六横电厂光伏电站项目	32.9	太阳能	2017-05	2.40	
33	浙江浙能长兴地面光伏电站	84.3	太阳能	2017-06	5.50	
34	浙江浙能龙泉生物发电有限公司生物质发电项目	2×15	生物质	2014-12	2.96	
35	浙能德清天然气分布式能源项目	7×4300kW	分布式能源	2019-08	4.99	
36	浙能嘉兴发电厂燃煤耦合污泥发电二期工程	7万吨（污泥干化）	污泥发电	2019-11	0.47	
37	浙能长兴发电有限公司燃煤耦合污泥发电工程	7万吨（污泥干化）	污泥发电	2019-12	0.54	

表 13-7-4 2002—2019 年浙能集团天然气工程一览表

序号	工程名称		工程规模（千米）	输气量（亿立方米/年）	开工时间（年-月）	投运时间（年-月）	项目总投资（亿元）	备注
1	杭州—湖州天然气输气管道工程		干线 79.72，支线 14.13	20	2002-12	2005-03	5.24	
2	杭州—宁波天然气输气管道工程		干线 250.78，支线 57.69	35.08	2004-11	2007-07	20.40	
3	杭州—嘉兴天然气输气管道工程		干线 83.85，支线 71.6	27	2009-01	2010-01	12.57	
4	浙江液化天然气（LNG）项目配套天然气管道工程		37	42	2011-05	2012-10	5.67	
5	西二线浙江绍杭嘉段配套管道工程		5.6	12.2	2012-03	2014-06	2.24	
6	金丽温省级天然气管道金衢配套管道工程	义乌支线	33.2	22.63	2011-07	2015-06	2.67	
		金华燃机及兰溪支线	54.3	5.54	2012-03	2016-12	4.07	
		常山支线、江山支线及龙游支线	131.6	26.61	2012-05	2015-04	6.01	
		常山热电	7.5	4.97	2012-09	2014-05	0.59	
		琥珀柯城热电	9.9	2.57	2012-06	2013-04	0.40	
		龙游热电	23.2	4.4	2012-09	2015-06	0.98	
		江山热电	21	2.57	2012-07	2014-06	0.73	
		浦江及东阳支线	72	8.65	2014-07	2018-08	3.47	
7	金丽温输气管道工程		干线 220.2，支线 6.7	45	2012-09	2018-10	33.45	
8	甬台温天然气输气管道工程		458.7	95	2012-07	2018-12	56.55	
9	华能桐乡热电配套天然气管道工程		34.52	4.345	2014-03	2014-12	3.21	
10	国电南浔热电配套天然气管道工程		21.05	2.03	2017-07	2017-12	1.78	
11	浙沪天然气联络线一期工程		34.4	6.75	2017-05	2018-11	4.22	
12	上虞—新昌天然气管道工程		81.2	4.275	2017-04	2018-12	10.88	
13	下窑—龙游天然气管道工程		40.4	39	2017-12	2019-07	4.74	
14	甬台温天然气输气管道工程苍南支线		37	7	2017-06	2019-12	4.82	

表 13-7-5 2009—2019 年浙能集团其他工程一览表

序号	工程名称	工程规模	行业类型	投运时间（年-月）	项目总投资（亿元）	备注
1	浙江舟山煤炭中转码头工程	年吞吐量为3000万吨	港口	2009-06	28.72	
2	小洋山围垦一期工程	吹填217万平方米	围垦	2017-06	14.28	2016年1月1日起移交浙江省海港投资运营集团有限公司

表 13-7-5（续）

序号	工 程 名 称	工程规模	行业类型	投运时间（年-月）	项目总投资（亿元）	备 注
3	浙能嘉兴独山煤炭中转码头工程	年通过能力3100 万吨	港口	2014-12 交工验收	22. 58	2016 年 1 月 1 日起移交浙江省海港投资运营集团有限公司
4	浙能创业大厦工程	建筑面积78835. 43 平方米	建筑	2016-09	4. 84	鲁班奖、钱江杯
5	新疆伊犁新天年产 20 亿立方米标准煤制天然气示范项目	20 亿立方米/年	煤化工	2017-06	176. 86	
6	黄泽山石油中转储运工程	储罐 151 万立方米	石油储运	2019-10	26. 69	

第三节 全过程达标

一、全过程达标发展过程

火电机组达标投产是原电力工业部自 1995 年发布《火电机组移交生产达标考核评定办法（试行）》以来机组投产之前必须进行的工作。2010 年前，浙能集团建设工程达标考核标准采用原国家电力公司发布的 2001 版和中国电力建设企业协会（中电建协）发布的 2004 版《火电机组达标投产考核标准》《火电机组达标投产动态考核办法》。

2010 年 3 月至 2013 年 12 月，浙能集团根据中电建协 2006 版《电力工程达标投产管理办法》，结合产业布局和发展情况，先后编制发布了火力发电机组、水力发电机组、烟气脱硫工程、港口工程、火力发电厂供热改造工程、烟气脱硝改造工程和天然气输气管道工程等一系列达标投产管理规定（办法）。为强调达标投产过程检查的要求，根据国家能源局发布的《火电工程达标投产验收规程》（DL 5277—2012），其间对火力发电机组达标投产管理规定进行了修订。对考核通过的机组或工程授予“达标投产机组（或工程）”称号。

2015 年 4 月，结合浙能集团“强总部”建设方案及板块管控操作优化方案，贯彻过程达标的思想，浙能集团对火力发电机组、水力发电机组、天然气输气管道工程和港口工程等达标投产管理规定进行整合，编制发布了涵盖火电、水电、天然气管道、港口、风电场、煤制气六类工程的《基建工程全过程达标投产管理规定》。在随后的 2017 年和 2019 年，对全过程达标投产管理规定进行了两次修订，并将火电厂供热改造工纳入其中。经浙能集团检查考核，符合达标投产考核标准的工程，按总得分情况分别授予“集团 AAA、AAAA、AAAAA 达标投产工程”称号，统一颁发证书、奖牌。

二、工程达标

2003 年 7 月 29—30 日，浙能集团组织对长兴发电厂四期（技改）工程 1 号机组进行达标投产复检，发布《关于命名长兴发电厂四期（技改）工程 1 号机组为“基建移交生产达标投产机组”的通知》（浙能工〔2003〕238 号），授予该工程 1 号机组为“基建移交生产达标投产机组”称号。

2004 年 1 月 12—13 日，浙能集团组织对长兴发电厂四期（技改）工程 2 号机组达标投产进行复检，并发布《关于命名长兴发电厂四期（技改）工程 2 号机组为“基建移交生产达标投产机组”的通知》（浙能工〔2004〕37 号），授予该工程 2 号机组为“基建移交生产达标投产机组”称号。

2005 年 11 月 29—30 日，浙能集团组织对温州发电厂三期工程进行达标投产预检查，并下发《关于印发温州发电厂三期工程五号机组达标投产预检查意见的通知》（浙能工〔2005〕389

号）。

2006年3月6—8日，浙能集团组织对华光潭梯级水电站进行达标投产（预）复检，并下发《关于授予华光潭梯级水电站工程达标投产机组称号的通知》（浙能工〔2006〕126号），授予该工程机组为“达标投产机组”称号。

2006年8月3—4日，浙能集团组织对长兴发电厂二期工程三号机组进行达标投产（预）复检，并下发《关于印发长兴发电厂二期工程三号机组达标投产预（复）检查报告的通知》（浙能工〔2006〕284号）。

2006年12月26—28日，浙能集团组织对嘉兴发电厂二期工程三号机组进行达标投产预检查，并下发《关于印发嘉兴发电厂二期工程三号机组达标投产预检查意见的通知》（浙能工〔2006〕23号）。

2006年12月26—27日，浙能集团组织对长兴发电厂二期工程四号机组进行达标投产（预）复检。浙能集团发布《关于印发长兴发电厂二期工程四号机组达标投产预（复）检查报告的通知》（浙能工〔2007〕12号）。

2007年12月19—21日，浙能集团组织对浙江浙能兰溪发电厂二期工程进行达标投产复检。浙能集团发布《关于授予浙能兰溪发电厂二期工程3号、4号机组“达标投产机组”称号的通知》（浙能工〔2008〕32号），授予该工程3号、4号机组为“达标投产机组”称号。

2007年12月27—28日，浙能集团与国电集团联合对北仑发电厂5×600兆瓦机组烟气脱硫工程进行达标投产复检。2008年1月31日，浙能集团发布《关于授予北仑发电厂烟气脱硫工程1号至5号机组“达标投产机组”称号的通知》（浙能工〔2008〕46号），授予该工程1号至5号机组为“达标投产机组”称号。

2008年11月3—4日，浙能集团组织对浙江镇海电厂燃油改建燃气发电工程进行达标投产（预）复检。浙能集团发布《关于授予镇海电厂燃油改建燃气发电工程十一号、十二号机组“达标投产机组”称号的通知》（浙能工〔2009〕20号），授予该工程十一号、十二号机组为“达标投产机组”称号。

2009年1月7—8日，浙能集团组织对萧山发电厂天然气发电工程3号、4号机组进行达标投产（预）复检。浙能集团发布《关于授予萧山发电厂天然气发电工程3号、4号机组“达标投产机组”称号的通知》（浙能工〔2009〕19号），授予该工程3号、4号机组为“达标投产机组”的称号。

2009年4月21—22日，浙能集团组织对台州发电厂五期（9号、10号机组）扩建工程和四期（7号、8号机组）烟气脱硫工程进行了达标投产复检。浙能集团发布《关于授予台州发电厂五期扩建工程和四期脱硫改造工程“达标投产机组”称号的通知》（浙能工〔2009〕167号），授予台州发电厂五期扩建工程9号、10号机组和四期扩建工程7号、8号机组为“达标投产机组”称号。

2009年11月11—12日，浙能集团组织对温州发电厂一期烟气脱硫改造工程进行达标投产（预）复检。浙能集团发布《关于授予温州发电厂一期烟气脱硫改造工程“达标投产工程”称号的通知》（浙能工〔2009〕469号），授予该工程为“达标投产工程”称号。

2009年12月21—22日，浙能集团组织对嘉兴发电厂一期烟气脱硫改造工程一号、二号机组（含磨石粉车间）进行了达标投产复检。浙能集团发布《关于授予嘉兴电厂一期烟气脱硫工程一号、二号机组“达标投产机组”称号的通知》（浙能工〔2010〕26号），授予该工程一号、二号机组为“达标投产机组”称号。

2009年12月21—22日，浙能集团对嘉兴发电厂二期烟气脱硫改造工程三至六号机组进行了达标投产复检。浙能集团发布《关于授予嘉兴发电厂二期烟气脱硫工程三至六号机组“达标投产机组”称号的通知》（浙能工〔2010〕35号），授予该工程三至六号机组为“达标投产机组”称号。

2010年6月12—13日，浙能集团组织对该镇海发电厂2×430兆瓦烟气脱硫工程进行达标投产（预）复检。浙能集团发布《关于授予镇海电厂2×430MW烟气脱硫工程“烟气脱硫达标投产工程”称号的通知》（浙能工〔2010〕282号），授予该工程为“达标投产工程”称号。

2010年8月24—25日，浙能集团组织对舟山煤炭中转码头工程进行达标投产（预）复检。浙能集团发布《关于授予舟山煤炭中转码头工程“达标投产工程”称号的通知》(浙能工〔2010〕435号)，授予该工程为“达标投产工程”称号。

2010年12月22—23日，浙能集团组织对滩坑水电站工程进行达标投产（预）复检。浙能集团发布《关于授予滩坑水电站工程三台机组“达标投产机组”称号的通知》(浙能工〔2011〕11号)，授予该工程三台机组为“达标投产机组”称号。

2011年3月3—4日，浙能集团组织对乐清电厂二期工程3号、4号机组进行了达标投产（预）复检。浙能集团发布《关于授予乐清电厂二期工程三号、四号机组达标投产机组称号的通知》(浙能工〔2011〕194号)，授予该工程三号、四号机组为“达标投产机组”称号。

2011年9月8—9日，浙能集团组织对镇海电厂4×21.5万千瓦机组供热改造工程进行达标投产（预）复检。浙能集团发布《关于授予镇海电厂4×21.5万千瓦机组供热改造工程达标投产工程称号的通知》(浙能工〔2011〕606号)，授予该工程为“达标投产工程”称号。

2012年3月10—12日，浙能集团组织对嘉兴发电厂三期工程七号、八号机组进行了达标投产复检。浙能集团发布《关于授予浙江嘉兴发电厂三期工程七号、八号机组“达标投产机组”称号的通知》(浙能工〔2012〕407号)，授予该工程七号、八号机组为“达标投产机组”称号。

2012年6月20—21日，浙能集团组织对浙江浙能绍兴滨海热电工程进行了达标投产复检。浙能集团发布《关于授予浙江浙能绍兴滨海热电工程一号、二号机组“达标投产机组”称号的通知》(浙能工〔2012〕449号)，授予该工程一号、二号机组为“达标投产机组”称号。

2012年9月10—11日，浙能集团组织对嘉兴发电厂二期烟气脱硝工程五号、六号机组进行了达标投产复检。浙能集团发布《关于授予嘉兴发电厂二期烟气脱硝工程五号、六号机组“达标投产机组”称号的通知》(浙能工〔2012〕593号文)，授予该工程五号、六号机组为“达标投产机组”称号。

2012年10月15—16日，浙能集团组织对浙江长兴捷通物流有限公司码头扩建工程进行了达标投产（预）复检。浙能集团发布《关于授予浙江长兴捷通物流有限公司码头扩建工程“达标投产工程”称号的通知》(浙能工〔2012〕696号)，授予该工程为“达标投产工程”称号。

2013年2月22日，浙能集团组织对温州发电厂供热改造工程进行了达标投产复检。浙能集团发布《关于授予温州发电厂供热改造工程（五、六号机组）“达标投产工程”称号的通知》(浙能工〔2013〕102号)，授予该工程为“达标投产工程”称号。

2013年3月25日，浙能集团组织对浙能萧山天然气热电联产工程进行了达标投产复检。浙能集团发布《关于授予浙能萧山天然气热电联产工程五号机组“达标投产机组”称号的通知》(浙能工〔2013〕215号)，授予该工程五号机组“达标投产机组”称号。

2013年6月28日，浙能集团组织对浙江浙能兰溪发电厂有限责任公司供热改造工程进行了达标投产复检。浙能集团发布《关于授予浙江浙能兰溪发电厂有限责任公司供热改造工程“达标投产工程”称号的通知》(浙能工〔2013〕392号)，授予该工程为“达标投产工程”称号。

2014年6月12—13日，浙能集团组织对长兴天然气热电联产工程进行达标投产复检。浙能集团发布《关于授予长兴天然气热电联产工程一号、二号机组“达标投产机组”称号的通知》(浙能建〔2014〕338号)，授予该工程一号、二号机组为“达标投产机组”称号。

2014年8月20—22日，浙能集团组织对淮浙煤电凤台电厂二期扩建工程进行了达标投产复检。浙能集团发布《关于授予淮浙煤电凤台电厂二期扩建工程三号、四号机组“达标投产机组”称号的通知》(浙能建〔2014〕501号)，授予该工程三号、四号机组为“达标投产机组”称号。

2014年8月21—22日，浙能集团组织对淮浙煤电凤台电厂一期脱硝改造工程进行了达标投产抽查复核，不再对“达标投产脱硝装置”进行命名和授牌。

2015年1月6—7日，浙能集团组织对浙能兰溪发电厂烟气脱硝改造工程进行了达标投产抽查复核，不再对“达标投产脱硝装置”进行命名和授牌。

2015年1月8—9日，浙能集团组织对浙能常山天然气热电联产工程进行了达标投产复检。浙能集团发布《关于授予浙能常山天然气热电联产工程一号机组“达标投产机组”称号的通知》(浙能建〔2015〕243号)，授予该工程一号机组为“达标投产机组”称号。

2015年4月16—17日，浙能集团组织对浙能宁波镇海动力中心天然气热电联产工程进行了达标投产复检。浙能集团发布《关于授予浙能宁波镇海动力中心天然气热电联产工程两台机组“达标投产”称号的通知》(浙能建〔2015〕176号)，授予该工程“达标投产机组”称号。

2015年5月21—22日，浙能集团组织对浙江浙能六横电厂新建工程进行了达标投产复检。浙能集团发布《关于授予六横电厂新建工程一号、二号机组“达标投产机组”称号的通知》(浙能建〔2015〕322号)，授予该工程一号、二号机组为“达标投产机组”称号。

2015年4月13—15日、2016年8月10—12日，浙能集团先后分二次组织对浙江台州第二发电厂“上大压小”新建工程达标投产工作进行了阶段性过程达标检查和末次检查。浙能集团发布《关于授予浙江台州第二发电厂新建工程“集团AAAA达标投产工程”称号的通知》(浙能建〔2016〕501号)，授予该工程为“集团AAAA达标投产工程”称号。

2015年5月6—8日、2016年12月14—16日，浙能集团先后分二次组织对浙江浙能温州电厂“上大压小”扩建工程达标投产工作进行了阶段性过程达标检查和末次检查。浙能集团发布《关于授予浙江浙能温州电厂“上大压小”扩建工程达标投产工作“集团AAAA达标投产工程”称号的通知》(浙能建〔2017〕5号)，授予该工程为“集团AAAA达标投产工程”称号。

2015年7月16—17日、2016年4月13—14日、2016年10月18—19日、2017年12月5—6日，浙能集团先后分四次组织对浙能阿克苏纺织工业城热电厂新建工程达标投产工作进行了阶段性过程达标检查和末次检查。浙能集团发布《关于授予浙能阿克苏纺织工业城热电厂新建工程“集团AAAA达标投产工程”称号的通知》(浙能建〔2017〕710号)，授予该工程为“集团AAAA达标投产工程”称号。

2015年10月27—30日、2016年5月25—27日、2016年11月16—18日、2017年11月14—16日和2018年8月7—8日，浙能集团先后分五次组织对宁夏枣泉电厂一期2×660兆瓦工程达标投产工作进行了阶段性过程达标检查和末次检查。浙能集团发布《关于授予宁夏枣泉电厂一期2×660MW工程“集团AAAA达标投产工程”称号的通知》(浙能建〔2018〕459号)，授予该工程为“集团AAAA达标投产工程”称号。

2016年4月27—28日、2016年12月19—20日、2017年10月10—11日和2018年12月27—28日，浙能集团先后分四次组织对浙能绍兴滨海热电厂二期扩建工程达标投产工作进行了阶段性过程达标检查和末次检查。浙能集团发布《关于授予浙能绍兴滨海热电厂二期扩建工程“集团AAAA达标投产工程”称号的通知》(浙能建〔2018〕713号)，授予该工程为“集团AAAA达标投产工程”称号。

2016年12月13日、2017年8月31日、2018年12月11—12日和2019年12月11—12日，浙能集团先后四次组织对浙能德清天然气分布式能源项目达标投产工作进行了阶段性检查和末次检查。经检查总结，项目达到基建工程全过程达标投产管理规定的AAAA标准。

2017年12月12—13日和2019年12月24—26日，浙能集团分二次组织对浙江玉环干江污水处理厂及配套管网工程达标投产工作进行了阶段性过程检查和末次检查。经检查总结，项目达到基建工程全过程达标投产管理规定的AAA标准。

2019年12月2—3日，浙能集团于组织对兰溪市上华至诸葛集中供热管线项目达标投产工作进行了检查。经检查总结，项目达到基建工程全过程达标投产管理规定的AAAA标准。

第八章 资产经营管理

第一节 制度建设

一、产权管理制度

2001 年，浙能集团发布并实施《浙江省能源集团有限公司出资人代表管理暂行办法》，并于 2004 年 11 月 1 日进行修订。2010 年 12 月 17 日，浙能集团发布并实施《浙江省能源集团有限公司出资人代表管理办法》，本办法为规范浙能集团及其所属全资、控股（含代管）公司对其派出的出资人代表管理，参与投资公司的重大决策时，保证浙能集团所投资公司资产的保值增值及股东的权益，维护浙能集团合法权益而制定。

2010 年，浙能集团发布并实施《浙江省能源集团有限公司产权变动管理办法》，本办法为规范浙能集团改制重组、产权转让与划转、兼并收购、企业清理等产权变动行为，维护浙能集团系统产权完整和资产安全，保障国有产权权益，有效实现国有资产保值增值而制定，并于 2019 年 1 月 25 日进行修订。

2010 年 12 月 6 日，浙能集团发布并实施《浙江省能源集团有限公司金融资产管理办法》，本办法为进一步规范浙能集团金融资产投资、处置和日常监督管理，防范和控制金融资产相关风险，有效实现国有资产保值增值而制定，并于 2014 年 9 月 23 日、2019 年 1 月 25 日进行修订。

2011 年，浙能集团发布并实施《浙江省能源集团有限公司国有企业改制管理办法》，本办法为保证浙能集团系统的国有企业改制工作健康有序地进行，进一步规范改制工作流程，简化程序而制定，并于 2019 年 1 月 25 日进行修订。

2011 年，浙能集团发布并实施《浙江省能源集团有限公司收购兼并实施管理办法》，本办法为规范浙能集团系统收购兼并工作，合理配置资本，有效实现国有资产保值增值，以及保障国有产权权益、避免国有资产流失，根据《浙江省省属企业投资监督管理办法》《浙江省省属国有企业并购监督管理暂行办法》等法律法规及浙能集团有关规定而制定，并于 2012 年、2014 年、2019 年进行修订。

2011 年 3 月 2 日，浙能集团发布并实施《浙江省能源集团有限公司国有产权无偿划转管理办法》，本办法为规范浙能集团系统的国有产权无偿划转行为，防止国有资产流失，根据中共中央办公厅、国务院办公厅《关于进一步推进国有企业贯彻落实“三重一大”决策制度的意见》《企业国有产权无偿划转管理暂行办法》（国资发产权〔2005〕239 号）、《浙江省能源集团有限公司产权变动管理办法》等有关规定，结合实际而制定。

2011 年 3 月 2 日，浙能集团发布并实施《浙江省能源集团有限公司国有产权转让管理办法》，本办法现已废止，其管理内容转至《浙江省能源集团有限公司国有资产交易管理办法》。

2011 年，浙能集团发布并实施《浙江省能源集团有限公司专项审计、评估、财务尽调等社会中介机构选聘管理办法（试行）》，并于 2015 年 8 月 26 日进行修订，本办法现已废止，其管理内容转至由浙能集团招投标管理部制定。

2013 年 4 月 1 日，浙能集团发布并实施《浙江省能源集团有限公司外派参股企业高级管理人员报告制度》，本办法为规范浙能集团外派参股企业高级管理人员履职行为，保障浙能集团与参股企业之间信息渠道畅通，维护浙能集团权益而制定。

2016 年 11 月 21 日，浙能集团发布并实施《浙江省能源集团有限公司国有资产交易管理办法》，本办法为规范浙能集团所属企业国有资产交易行为，加强国有资产交易监督管理，防止国有资产流失，根据《中华人民共和国公司法》

《中华人民共和国企业国有资产法》《企业国有资产交易监督管理办法》等有关国家法律法规而制定，并于2019年1月25日进行修订。

2019年1月，浙能集团发布并实施《浙江省能源集团基金投资管理办法（试行）》，本办法为浙能集团系统投资基金、基金对外投资，基金管理权限、管理要求等进行了规范及明确。

二、经营管理制度

2001年，浙能集团发布并实施《浙江省能源集团有限公司价格管理办法》，并于2004年11月1日、2016年10月10日进行修订。本办法为加强浙能集团价格管理，进一步规范集团所属企业的价格行为，建立健全内部价格市场机制，根据实际情况而制定。

2005年，浙能集团发布并实施《浙江省能源集团有限公司所属企业经营责任制考核办法》。2007年，浙能集团印发《浙江省能源集团有限公司所属企业经营责任制考核办法》补充意见，并于2010年、2012年、2014年12月8日、2016年3月18日和2017年3月6日进行修订，本办法现已废止，2018年3月12日由浙能集团人力资源部与资产经营部共同制定了《浙江省能源集团有限公司绩效考核办法》。

2008年，浙能集团发布并实施《浙江省能源集团有限公司天然气购销管理办法》。2014年9月25日，本办法为适应天然气行业发展新变化，满足浙能集团板块化管理新要求，明确集团相关职能部室和油气分公司的工作职责，进一步加强天然气购销管理而进行修订。

2011年2月25日，浙能集团发布并实施《浙江省能源集团有限公司煤炭购销管理办法》，本办法为进一步加强集团系统煤炭购销工作的科学决策，理顺煤炭购销相关业务单位之间的关系，落实责任，有效控制燃料采购成本，保证整体利益的最优化，根据浙能集团“强总部”方案和“三重一大”决策制度相关要求，同时为顺应煤炭供应形势及电煤价格并轨改革的变化情况而制定，并于2014年9月5日进行修订。

2018年9月20日，浙能集团发布并实施《浙江省能源集团有限公司碳资产管理办法》，本办法为加强浙能集团碳资产管理工作，促进碳资产管理工作的规范化、标准化，确保碳资产管理工作的顺利开展，根据国家有关规定精神，结合浙能集团实际情况而制定。

2019年1月25日，浙能集团发布并实施《浙江省能源集团有限公司经营类项目后评价管理办法》，本办法根据国家有关项目管理规定，为进一步加强浙能集团经营类投资项目的管理，建立和完善投资项目后评价制度，不断调整和优化浙能集团投资方向，规范项目后评价工作，根据省国资委相关法律、法规精神而制定。

2019年1月25日，浙能集团发布并实施《浙江省能源集团有限公司资本运作与经营性投资项目考核奖励管理办法》，本办法为推进浙能集团资本运作与经营性投资工作，提高资产证券化水平，拓展延伸集团产业链，创造新的利润增长点，推进企业高质量发展而制定。

第二节　资本运作

一、企业上市及股票债券发行

（一）浙江浙能电力股份有限公司上市

2012年9月26日，浙能集团董事会二届七十二次审议，浙江浙能电力股份有限公司引进北京航天产业投资基金、中国信达资产管理股份有限公司、河北港口集团有限公司三家单位为战略投资者，北京航天产业投资基金出资37996.77万元，认购浙能电力9523万股；中国信达资产管理股份有限公司出资29996.82万元，认购浙能电力7518万股；河北港口集团有限公司出资65009.07万元，认购浙能电力16293万股，共计出资133002.66万元，认购浙能电力33334万股股份，占增发后浙能电力总股份数的4.15%。

2013年3月29日，浙能集团董事会二届八十次审议，同意浙江浙能电力股份有限公司首次公开发行暨换股吸收合并浙江东南发电股份有限公司方案，浙江浙能电力股份有限公司发行价格对应市盈率为13.43倍，（根据可比公司的平均估值水平15.17倍下降相应折扣11.45%），发行价为5.53元/股、换股比例为0.886，发行股数10.72亿股、发行比例为11.77%，上市后浙能集团合计持有浙江浙能电力股份有限公司

84.60%股份。同时浙能集团出具增持浙能电力股票承诺函。

2013 年 12 月 19 日，浙江浙能电力股份有限公司在上海证券交易所正式挂牌上市，成为中国资本市场第一家通过吸收合并 B 股（东南 B 股）实现上市的公司。

2015 年 7 月 9 日，浙能集团董事会二届一百三十一次审议，根据 7 月 8 日中国证监会出台的《关于上市公司大股东及董事、坚实、高级管理人员增持本公司股票相关事项的通知》精神，以 2015 年 7 月 8 日浙能电力收盘价 7.16 元为基准，增持浙能电力。

（二）浙江天达环保股份有限公司上市工作

2008 年 5 月 13 日，浙能集团董事会二届十一次审议，浙江兴源投资有限公司上报了《关于浙江天达建材资源开发有限公司上市并进行业务重组的请示》，浙江天达建材资源开发有限公司在进行业务重组和整改后基本具备上市条件，浙江天达建材资源开发有限公司全面开展上市各项筹备工作。

2012 年 6 月 19 日，浙能集团董事会二届六十七次审议，浙江兴源投资有限公司和浙江浙能石油新能源有限公司系浙江天达环保股份有限公司国有股东，根据（财企〔2009〕94 号）文，就浙江天达环保股份有限公司首次公开发行股票 A 股并上市事宜履行国有股转持义务。同意天达环保 A 股首发上市国有股转持方案，即按浙江天达环保股份有限公司公开发行 5335 万股 A 股，浙江兴源投资有限公司划转 506 万股，浙江浙能石油新能源有限公司划转 27.5 万股，合计 5335 万股全部划转社保基金会。

2014 年 3 月 9 日，浙能集团董事会二届九十六审议，证监会重启 IPO 工作，浙江天达环保股份有限公司上市进入攻坚阶段，浙江兴源投资有限公司在天达环保公开发行时发售不超过 900 万股天达环保股份。最终没有通过证监会发审委审核。

（三）浙江省新能源投资集团股份有限公司上市工作

2018 年 9 月 21 日，浙能集团董事会二届二百一十一次审议，浙能集团实施“凤凰行动”计划，同意浙江省水利水电投资集团有限公司启动上市整体方案，以浙江省水利水电投资集团有限公司为平台，以水电、风电和光伏发电为业务范围，启动和推进 A 股 IPO 上市的相关工作。

2019 年 5 月 21 日，浙能集团董事会二届二百三十次审议，同意浙江省水利水电投资集团有限公司提出股份制改造方案，将浙江省水利水电投资集团有限公司整体变更为股份有限公司，变更基准日为 2019 年 1 月 31 日，新公司名称拟定为“浙江省新能源投资集团股份有限公司”（暂定名），由浙能集团和浙江新能能源发展有限公司共同发起设立。浙江省新能源投资集团股份有限公司总股本设置为 187200.00 万股，其中浙能集团持有 144000.00 万股，持股比例为 76.92%，浙江新能能源发展有限公司持有 43200.00 万股，持股比例为 23.08%；每股面值人民币 1 元，187200.00 万股总股本对应注册资本为人民币 187200.00 万元，公司净资产超过注册资本部分全部计入股份公司资本公积。

2019 年 12 月 6 日，浙能集团董事会二届二百五十五次审议，浙能集团实施“凤凰行动”计划，同意浙江省新能源投资集团股份有限公司提出的《首次公开募股发行方案》并按此方案申报上市。

（四）浙江天地环保科技有限公司上市工作

2019 年 8 月 9 日，浙能集团董事会二届二百三十七次审议，浙能集团实施“凤凰行动”计划，同意浙江天地环保科技有限公司启动上市工作，上市路径优先选择 A 股科创板。

（五）浙能集团天然气资产上市工作

2015 年 4 月 13 日，浙能集团董事会二届一百二十四次审议，要求按照 H 股首发上市并适时回归 A 股的上市方案全面启动浙能集团天然气资产上市工作，以将成立的浙江浙能燃气集团有限公司作为上市平台；油气分公司（浙能燃气）成立天然气资产上市工作小组开展各项准备工作，包括土地出让手续及项目审批规范、筹募资金用途核查、业绩改善可行性研究及与有关政府部门的沟通等。

（六）浙江浙能电力股份有限公司发行可转债

2014 年 3 月 24 日，浙能集团董事会二届九十七审议，同意浙江浙能电力股份有限公司上报的可转债发行方案。

2014 年 10 月 13 日，浙江浙能电力股份有限公司发行可转换公司债券，发行金额人民币 100 亿元，期限 6 年，本次可转债阶梯形票面利率分别为 0.5/0.7/0.9/1.1/1.3/1.5%，到期补偿利率设定在 6.55%，成为 2014 年以来中国资本市场最大规模的融资。

2015 年实现转股，转股完成后浙江浙能电力股份有限公司总股本增加至 136 亿股，浙能集团合计持股比例降至 73.65%。

（七）浙能集团发行可交债

2017 年 9 月 8 日，浙能集团董事会二届一百八十二次审议，浙能集团持有浙江浙能电力股份有限公司股比较高，浙能集团以浙能电力股票为标的发行可交换公司债券，以浙能集团为发行主体向合格投资者非公开方式发行，发行规模不超过 100 亿元，债券期限为不超过 3 年。2018 年 1 月完成发行，实际融资规模 79 亿元。

2018 年 5 月 11 日，浙能集团董事会二届二百零二次审议，追加 5.4 亿股浙能电力股票用于维持浙能集团可交债质押担保比例。

二、金融资产投资管理

（一）配股

2010 年 3 月 4 日，浙能集团董事会二届三十二次审议，浙江东南发电股份有限公司参与招商银行和兴业银行配股，招商银行按发布的配股价 8.85 元/股实施配股，浙能集团全额参与兴业银行配售。

2010 年 4 月 23 日，浙能集团董事会二届三十三次审议，浙江省电力开发公司和浙江东南发电股份有限公司所持的交通银行股票全额参与交通银行配股。

2012 年 3 月，浙江东南发电股份有限公司持有 6062 万股招商银行股份公司（600036）股票，招商银行按照 10 股配 2.1 股的比例参与配股，配股价格为 7.72 元/股。浙能集团董事会二届六十三次审议，同意浙江东南发电股份有限公司参与招商银行配股，配股资金由浙江东南发电股份有限公司通过二级市场减持招商银行股票筹集，减持股票总数 825 万股，配股完成后，浙江东南发电股份有限公司持有 6336.39 万股招商银行股票。

2013 年 7 月 23 日，证监会核准招商银行 2013 年 2 月提交的配股申请，配股价格为 9.29 元/股。2013 年 10 月 17 日，浙能集团董事会二届八十八次审议，同意浙江东南发电股份有限公司按调整后的价格（9.29 元/股）参与招商银行配股。

2017 年 3 月 16 日，浙能集团董事会临时会议二届一百七十次审议，浙江浙能电力股份有限公司参与光大银行可转债配售，参与配售金额为 1.3 亿元，并在可转债上市首日出售所获配的光大银行可转债。

2019 年 4 月 11 日，浙能集团董事会二届二百二十七次审议，浙江浙能电力股份有限公司按股比参与中国核电公司可转债的配售，配售投资金额约 2.02 亿元，最终投资金额根据发行日浙能电力股份公司所持中国核电公司股比确定。

（二）战略投资

1. 兴业银行 A 股

2007 年 1 月 8 日，浙能集团董事会临时会议审议，浙能集团作为战略投资者按兴业银行股份有限公司首次公开 A 股发行价 13 元/股左右价格认购兴业银行战略配售 3000 万股，资金约 4 亿元人民币。

2007 年 1 月 22 日，浙能集团董事会临时会议审议，浙能集团已向兴业银行出具申购意向书，并签订申购协议。兴业银行确定本次发行数量为 10.01 亿股，其中向战略投资者定向配售 30000 万股，占本次发行数量的 29.97%。浙能集团作为战略投资者按《兴业银行股份有限公司首次公开发行 A 股网下发行公告》中的发行价区间上限 15.98 元/股价格认购兴业银行战略配售 1500 万股，资金共计 2.397 亿元。

2. 东南公司

2009 年 4 月 29 日，浙能集团董事会审议，浙能集团以香港兴源投资有限公司为主体，准备在二级市场以不超过 0.50 美元/股的价格增持浙江东南发电股份有限公司不超过 2% 的股份，后由于股价高于设定价格，2009 年 8 月实际仅增持浙江东南发电股份有限公司 0.02% 的股份，为 345600 股，占 39.82%。

2010 年浙江东南发电股份有限公司股价大

幅回落，高于0.50美元/股，但低于其每股净资产值较多。2010年4月29日，浙能集团董事会临时会议审议，浙江东南发电股份有限公司股价大幅回落每股净资产值大幅增长，浙能集团以香港兴源投资有限公司作为增持主体，在2010年8月24日之前通过二级市场增持浙江东南发电股份有限公司股价大幅回落不超过总股本2%（含2009年8月25日增持的股份）的股份，增持价格控制在每股0.60美元以内。

3. 秦港股份H股

2013年11月18日，浙能集团董事会二届八十九次审议，浙能集团作为基石投资者参与秦港股份H股发行认购，认购金额为3000万美元，认购主体为香港兴源公司。

2013年12月，浙能集团（香港）有限公司作为基石投资者参与购买秦皇岛港股份有限公司H股在港上市的股份，浙能香港以秦港股份发行价格5.25港币/股购入4430.3万股，共使用资金234935264.76港币。

2014年7月7日，浙能集团董事会二届一百零四次审议，浙能集团（香港）有限公司所持秦港股份4430.3万股H股在解禁后进行减持。

4. 钱江水利

2013年6月13日，浙能集团董事会二届八十三次审议，浙江省水利水电投资集团有限公司参与钱江水利非公开发行股票，同意钱江水利增发方案在中国水务投资有限公司认购1000万股增发股票前提下，浙江省水利水电投资集团有限公司按持股同比参与认购674.902万股。

2017年9月28日，浙能集团董事会二届一百八十四次审议，同意浙江省水利水电投资集团有限公司先行增持不超过钱江水利总股本的4.13%的股权；同意浙江省水利水电投资集团有限公司在2017年7—8月期间完成增持操作，增持数量为7505058股，增持均价为10.72元/股，增持股比为2.12%。

2017年9月28日，浙能集团董事会二届一百八十四次审议，浙江省水利水电投资集团有限公司为钱江水利第二大股东，持股比例为17.97%。浙江省水利水电投资集团有限公司根据市场情况采用二级市场竞价购买、大宗交易、协议受让等方式继续增持钱江水利不超过7.47%的股权，后续增持资金4亿元左右，买入均价控制在14.30元/股左右。2018年上半年增持完成，浙江省水利水电投资集团有限公司持股比例增加至25.44%。

5. 中国能源建设H股

2015年10月28日，浙能集团董事会二届一百三十八次审议，浙能集团（香港）有限公司为投资主体，作为中国能源建设股份有限公司的基石投资者参与认购H股发行，认购金额为0.5亿元，并授权浙能集团（香港）有限公司与中国能源建设有限公司、中国国际金融香港证券有限公司等签署投资协议。

6. 中国核电

2017年4月1日，浙能集团董事会二届一百七十二次审议，浙江浙能电力股份有限公司以长期股权投资为目的，投资入股中国核能电力股份有限公司，股比占中国核能电力股份有限公司总股本5%~10%左右，总投资额不超过100亿元，确保浙江浙能电力股份有限公司获得中国核能电力股份有限公司一个董事席位。浙江浙能电力股份有限公司成立专门的操作团队以二级市场购买为主，同时视条件通过向老股东协议受让、定向增发等方式投资中国核能电力股份有限公司，购买股价不超过7.9元/股。

7. 东方证券

2017年11月27日，浙能集团董事会二届一百八十九次审议，浙能资本控股有限公司参与投资东方证券A股定增，认购股份不超过定增后总股本的3%，认购价格不高于本次定增基准日前20个交易日均价的95%，认购总金额不超30亿元。

8. 浙商银行H股

2017年2月17日，浙能集团董事会二届一百六十八次审议，浙能集团为浙商银行第10大股东，持股4.68%，同意浙能资本控股公司提出的由浙能香港公司按照不超过6000万美元的规模增持浙商银行H股方案，增持价格按增持前最新审计的每股净资产1.1倍设置上限。

2017年9月，浙能集团共持有浙商银行5.01%股份，浙商银行A股IPO后，浙能集团持股比例跌破5%，增持后，浙能集团在浙商银行持股比例上升为8.28%，成为银行第二大股东。2017年9月8日，浙能集团董事会二届一百八十二次审议，同意浙能集团下属浙能资本控股有限公司购买深圳前海冠宁投资有限公司及其管理基金公司持有的浙商银行H股58688.5万股，交易价格为4.32港币/股，折算人民币3.64元/股，其中由浙江能源国际有限公司在境外通过大宗交易方式使用港币增持15508.3万股，由浙能资本控股公司在境内利用金融机构的三个专项通道（QDII资管计划、信托计划和人民币国际投贷基金），通过协议安排认购43180.2万股。

2018年3月6日，浙能集团董事会二届一百九十七次审议，金融机构的三个专项通道于2018年3月到期，同意聚信海荣3号、聚信海荣10号通道暂时续期一年，华宝外贸信托通道到期拆除，一次性向浙江能源国际有限公司转让该等浙商银行H股。

9. 锦江环境

2019年6月6日，浙能集团董事会二届二百三十一次审议，同意由浙江能源国际有限公司设立境外SPV公司，按3.801元/股的价格，出资16.34亿元人民币协议收购中国绿能有限公司持有的4.3亿股锦江环境股票，占比约29.79%。交易款支付币种为美元，汇率按中国人民银行公布的付款日前一日美元兑人民币汇率中间价确定。浙能集团、浙能资本公司按60%与40%的持股比例向浙江能源国际有限公司共同增资9亿元，并由浙江能源国际有限公司实施境外发债筹措其余资金，共同用于股权款、交易费用等支付。

10. 安心债投资

2018年6月1日，浙能集团董事会二届二百零四次审议，浙江浙能国际有限公司参与申购光大安心债券开展境外金融投资，浙江浙能国际有限公司申购光华基金优先级份额，金额不超过2000万美元。浙能国际根据该联结基金、底层基金的实际业务及运行情况，满一年后选择续期或赎回。

11. 浙江省能源集团财务有限责任公司证券投资业务开展

2007年11月27日，浙能集团董事会临时会议审议，浙江省能源集团财务有限责任公司经银监会批准具备有价证券投资业务资质。过新股和可转债的申购及投资研发决策系统的试运行，逐步完善了有价证券投资业务风险控制体系，具备了开展有价证券投资业务的条件。浙江省能源集团财务有限责任公司在中国国际金融有限公司上海陆家嘴环路营业部开立上海和深圳交易所证券交易股东账户，财务公司余款用于申购新股，其中，中签认购的新股股价高于发行价的情况下，在上市首日悉数抛售。

浙能集团于2012年同意浙江省能源集团财务有限责任公司开展有价证券投资的二级市场业务。浙江省能源集团财务有限责任公司先期用于有价证券投资（含固定收益产品、一级市场及二级市场产品等）的资金总额为1亿元（其中用于二级市场投资的原则上不超过30%，其余主要进行一级市场或固定收益产品的投资）封闭操作。

2014年，浙江省能源集团财务有限责任公司一级市场和二级市场的有价证券投资规模总额不超过8亿元，其中二级市场有价证券投资的资金总额为1亿元。

2016年1月13日，浙能集团董事会二届一百四十六次审议，浙江省能源集团财务有限责任公司在满足监管要求和风险可控前提下多维度拓展资金投资业务，开展固定收益率和权益类投资业务。在原有股权类和货币基金基础上，增加投资额度8.3亿元，总计不超过13.17亿元（注册资本70%）。其中，低风险固定收益类3亿~5亿元，权益类中二级市场股票投资从原1亿元增加到3亿元（含沪港通等），适当参与中等风险固定收益和量化对冲产品，额度分别为0.5亿~1亿元，同业存单业务根据头寸安排灵活开展。

（三）套期保值业务

2014年5月30日，浙能集团董事会二届一百零一次审议，浙江浙能富兴燃料有限公司作为动力煤期货套期保值业务主体，逐步买入动力煤期货合约，每年投资总额不超过3300万元。

2017年8月18日，浙能集团董事会二届一百八十次审议，煤炭板块每年动力煤期货套期保值业务总量不超过1000万吨，并同意在浙江浙能富兴燃料有限公司的基础上增加舟山富兴燃料有限公司、浙江富兴电力燃料有限公司和其子公司宁波大榭开发区富源燃料有限公司作为新的套期保值业务主体。

2019年3月15日，浙能集团董事会二届二百二十五次审议，浙江浙石油贸易（新加坡）有限公司以保证金余额不超过4亿元人民币为限度开展期纸货套期保值业务，并同意其在国内外主要油品期货交易所开立期货账户。

三、金融资产处置管理

2000年12月，浙江东南发电股份有限公司投入南方证券2.2亿元，取得2亿股份，持股比例为5.78%，由于南方证券财务资金状况持续恶化，浙江东南发电股份有限公司对该项投资提取了减值准备。2008年7月，浙江东南发电股份有限公司对南方证券投资进行核销。

2006年7月14日，浙能集团董事会一届三十七次审议，浙江省国际信托投资有限责任公司适当减持所持有的大红鹰、飞亚达、东风科技等股票。

2007年7月9日，浙能集团董事会临时会议审议，浙江国信控股公司及所属企业持有的一部分证券资产通过二级市场减持。股权分置改革后，浙能集团所属企业的股票逐步解禁流通，浙江国信控股公司继续现价减持拖拉机账户上的东风科技及其他零星股票。

2008年1月，浙能集团持有投资成本约8亿元的证券资产，经过股权分置改革和证券市场发展，市值较投资原值大幅增长，且在2008年上半年均可解禁上市流通，适当减持浙能集团系统所拥有的股票。浙能集团成立由集团资产经营部牵头，财务部、财务公司有关负责人组成的金融资产处置工作小组来具体操作，授权处置证券资产。

2008年1月30日，浙能集团董事会二届九次审议，浙能集团金融资产处置小组将浙江国信创业投资公司所持1200万股三维通信国有法人股列入减持。2008年2月15日，该法人股解禁为流通股。截至2008年4月28日，浙江国信创业投资公司已减持三维通信股票累计150.825股，余1049.175万股。2008年4月29日，三维通信每10股转增5股，浙江国信创业投资公司持有三维通信股票账面数为1573.7625万股。2008年5月30日，浙能集团董事会二届十一次审议，浙江国信创业投资公司对三维通信进行减持。

2014年5月30日，浙能集团董事会二届一百零一次审议，浙江浙能资产经营管理有限公司抛售浙江国信创业投资有限公司所持三维通信400万股股票，抛售价格不低于6元/股。

2015年5月26日，浙能集团董事会二届一百二十八次审议，由浙江浙能资产经营管理公司处置浙江国信集团公司所持小商品城可流通股票9000万股，处置价格不低于13元/股。

2015年6月29日，浙能集团董事会二届一百三十次审议，由浙江省能源集团有限公司煤炭及运输分公司和宁波富兴公司处置宁波富兴电力燃料有限公司所持富春环保股票不超过3650万股。浙能集团和宁波富兴分别通过大宗交易方式转让不超过655万股兴业银行和100万股富川环保股票至浙能集团财务公司。

2017年3月24日，浙能集团董事会二届一百七十一次审议，浙能集团（香港）有限公司所持中国能源建设H股已过解禁期，同意浙能集团（香港）有限公司不低于持股成本（1.606港元/股）对中国能建H股进行减持。

2018年5月11日，浙能集团董事会二届二百零二次审议，浙江能源国际有限公司不低于持股成本（1.606港元/股），通过二级市场、大宗交易等手段择机对中国能源建设H股进行全部减持。

2018年10月14日，浙能集团董事会二届二百一十四次审议，浙江浙能电力股份有限公司按照市场价格处置不超过4500万股招商银行股票和不超过7500万股兴业银行股票，由浙江国信控股集团公司按照市场价格负责处置所持全部小商品城5283万股股票，由浙江省能源集团有限公司煤炭及运输分公司每年按照市场价格处置不超过894万股富春环保股票。

2019年6月6日，浙能集团董事会二届二百三十一次审议，浙江省能源集团财务有限责任公司按照市场价格处置655万股兴业银行股票，处置价格不低于浙江省能源集团财务有限责任公司平均持股成本。

四、基金运作

2017 年 4 月 1 日，浙能集团董事会审议，同意浙能资本控股有限公司设立浙能绿色能源基金，基金首期规模为 150.01 亿元。2017 年 5 月 25 日，由浙能集团发起，联合国内投资及金融机构共同组建的国内首支绿色能源产业基金——“浙江浙能绿色能源股权投资基金”在杭州举行签约仪式，基金目标规模 500 亿元，基金首期规模为 200 亿元。浙能资本控股有限公司全资设立浙能基金管理有限公司，注册资本 5000 万元。浙能资本控股有限公司与北京文化全资子公司上海文心智合企业发展有限公司合资设立浙江浙能投资管理有限公司作为基金的普通合伙人，注册资本 1000 万元，浙能资本控股有限公司出资 49%。

2018 年 3 月 6 日，浙能集团董事会二届一百九十七次审议，浙江浙能电力股份有限公司与浙江浙商产融资产管理有限公司合作设立产业并购基金。

2018 年 4 月 5 日，浙能集团董事会二届一百九十九次审议，由浙江泽海基金管理有限公司发起设立浙江泽海投资基金，浙能资本控股有限公司及浙江浙能创业投资有限公司作为其基金有限合伙人（LP），一期认购规模为 2 亿元，由浙能资本控股有限公司及浙江浙能创业投资有限公司分别认购 1 亿元。

2018 年 5 月 17 日，浙能集团董事会二届二百零三次审议，浙能资本控股有限公司向绿色能源基金（简称绿能基金）以可交换债形式融资 15.86 亿元，参与投资三峡新能源公司。2018 年 9 月 21 日，浙能集团董事会二届二百一十一次审议，绿色能源基金与浙江浙能创业投资有限公司分别出资 99.99% 和 0.01% 设立合资公司，注册资本 25 亿元，作为增资主体参与浙江省水利水电集团有限公司增资扩股，增资完成后绿能基金持有浙江省水利水电集团不超过 25% 股权。

2019 年 4 月 15 日，浙能集团董事会二届二百二十八次审议，浙能资本控股有限公司参与投资“双百行动”发展基金，作为该发展基金的有限合伙人（LP）向该基金出资 7 亿元。浙能集团向浙能资本控股有限公司拨付资本金 7 亿元，实际根据双百基金投资进度拨付。

2019 年 5 月 10 日，浙能集团董事会二届二百二十九次审议，浙能资本控股有限公司与其他省属企业共同参与出资设立国改双百发展基金管理有限公司（“双百基金”管理），出资额 334 万元，占比 3.34%。

2019 年 6 月 6 日，浙能集团董事会二届二百三十一次审议，浙江浙能电力股份有限公司与普华资本、管理团队分别出资 45%、35% 和 20% 设立浙能普华基金管理有限公司（暂定名），注册资本 1000 万元。设立浙能产业并购基金，基金总规模 50 亿元，首期规模 10 亿元。浙能普华基金管理有限公司为基金的普通合伙人（GP）。同意浙江浙能电力股份有限公司作为基金的有限合伙人（LP）首期认缴出资 3 亿元，普华资本首期认缴出资 1.5 亿元，其余 5.4 亿元由普华资本及管理团队负责募集。基金首期实缴出资不低于认缴出资的 30%，即不低于 3 亿元。

2019 年 6 月 28 日，浙能集团董事会二届二百三十三次审议，浙能资本控股有限公司上报的专项基金设立及 SPV 设立方案，基金规模不超过 8 亿元，由绿能基金、浙江省新能源投资集团股份有限公司作为专项基金有限合伙人（LP）。其中，绿能基金认购规模不超过 25%，浙江省新能源投资集团股份有限公司认购规模不超过 5%，浙江制造基金不低于 20%，剩余 50% 由晶科电力出资。

2019 年 7 月 17 日，浙能集团董事会二届二百三十五次审议，浙能集团以所持浙能电力股票换购汇添富基金发行的长三角 ETF 基金，换购总额为 2 亿股浙能电力股票（占其总股本的 1.47%）。

2019 年 7 月 17 日，浙能集团董事会二届二百三十五次审议，浙江省新能源投资集团股份有限公司在杭州设立全资子公司，注册资本金 1000 万元，并担任并购专项基金普通合伙人。

2019 年 10 月 28 日，浙能集团董事会二届二百四十七次审议，绿能基金（或新设 SPV 公司）参与青海黄河引战项目，按不超过 465 亿元的投前估值报价，总投资额不超过 15 亿元（不含交易相关税款及费用），最终所占股比不超过 5%。

2019 年 11 月 13 日，浙能集团董事会二届二百四十八次审议，浙能资本控股有限公司作为有限合伙人（LP）出资1亿元参与组建中国国际金融有限公司旗下的中金共赢启江基金。

2019年12月6日，浙能集团董事会二届二百五十五次审议，绿能基金、浙江省新能源投资集团股份有限公司作为光伏建投专项基金有限合伙人（LP）参与投资，基金规模2.25亿元。其中，绿能基金认购规模不超过25%，浙江省新能源投资集团股份有限公司认购规模不超过5%，浙江制造基金不低于20%，剩余50%由晶科电力出资。

第三节 产 权 管 理

一、企业改制重组

（一）浙江天达环保有限公司改制

2009年8月21日，浙能集团董事会审议，根据浙江兴源投资有限公司提交的《关于浙江天达环保有限公司上市改制相关事宜的请示》，原则同意浙江天达环保有限公司先进行股份制改制，下一步再寻找合适的战略投资者。

2009年8月31日，浙江天达环保有限公司整体变更为股份有限公司，股份公司总股本16000万元人民币，公司注册资本为16000万元人民币。其中，浙江兴源投资有限公司以其在原有限公司中的股权所对应的净资产认购152000万股，占股本总额95%；浙江浙能石油新能源有限公司以其在原有限公司中的股权所对应的净资产认购800万股，占股本总额5%。

（二）浙江省水利电力物资总公司改制

2011年6月3日，浙能集团董事会二届五十四次审议，同意浙江省水利电力物资总公司改制总体方案。浙江省水利电力物资总公司改制为一人有限责任公司，其资产、负债及权益划转至浙江兴源投资有限公司，由兴源公司持有其100%股权，公司注册资本为5000万元。其中浙江兴源投资有限公司现金出资1000万元，水电物资净资产4000万元作为注册资本。

（三）浙江国信控股集团有限公司下属企业改制

2006年3月29日，浙能集团董事会临时会议审议，同意浙江新华期货经纪有限公司国有股权转让总体方案、浙江国信典当有限责任公司改制总体方案、浙江国信拍卖行有限责任公司改制总体方案。2006年6月，浙江国信控股集团有限公司下属浙江新华期货经纪有限公司改制。

2006年4月30日，浙能集团董事会临时会议审议，同意浙江国信控股集团有限责任公司下属上海怡美物业管理有限公司改制总体方案。2007年4月28日，浙能集团董事会二届三次审议，浙江国信控股集团有限责任公司下属怡美物业管理有限公司改制总体方案符合国有产权转让及企业改制有关规定，并根据浙能集团（董事会临时会议决议〔2006〕6号）精神，同意浙江国信控股集团有限责任公司下属怡美物业管理有限公司改制方案。

2007年10月30日，浙能集团董事会临时会议审议，浙江国信控股集团有限公司所属香港鸿发集团有限公司所持浙江大之医药胶囊有限公司56%股权转让。2012年5月7日，浙能集团董事会二届六十五次审议，浙江国信控股集团有限公司对浙江大之医药胶囊有限公司56%国有股权实施退出。2012年12月17日，浙能集团董事会二届七十六次审议，浙江国信控股集团有限公司对浙江大之医药胶囊有限公司56%国有股权挂牌转让。

2007年，浙能集团房地产板块有浙江国信房产集团有限公司、浙江省浙信房地产公司和浙江省荣信实业开发有限公司三家房地产公司。2007年11月9日，浙能集团董事会临时会议审议，同意《关于浙江国信房产集团有限公司、浙江省浙信房地产公司资产整合、公司化改制的总体方案》（浙国信房〔2007〕51号），浙江省浙信房地产公司改制变更为浙江省浙信房产有限公司，同时吸收、合并国信、荣信房产，资产整合后的浙江省浙信房地产公司为浙能集团直属全资的有限责任公司。

浙江省国信企业集团的全资子公司浙江省国际物业租赁公司为全民所有制企业。2013年浙江省国际物业租赁公司完成公司制改制，改制后将浙江省国信企业集团所持租赁公司100%股权无偿划转至浙江浙能资产经营管理公司。

2017年12月25日，浙能集团董事会审议，同意浙江省国信企业（集团）公司改制方案。

以2016年12月31日为基准日，浙江省国信企业（集团）公司改制为一人有限责任公司，由集团三级企业改制为集团全资企业，改制后公司名称为浙江浙信有限公司，注册资本为13亿元，由浙江国信控股集团有限责任公司持有改制后公司100%股权。

2017年12月25日，浙能集团董事会审议，同意浙江国信物业管理部改制方案。以2016年12月31日为基准日，浙江国信物业管理部改制为一人有限责任公司，由集团四级企业改制为集团全资企业，改制后公司名称为浙江浙信物业管理有限公司，注册资本为490万元，由浙江浙信有限公司持有改制后公司100%股权。

（四）浙江省电力开发公司改制

2009年11月27日，浙能集团董事会二届二十六次审议，同意浙江省电力开发公司以2008年12月31日为基准日，整体改制为一人有限责任公司，更名为浙江省电力开发有限责任公司，注册资本保持不变。同时，建立浙能集团电力资产整体资本运作平台，并向省国资委上报《浙江省电力开发公司改制总体方案》。根据浙江省国资委文件（浙国资企改〔2009〕19号）已同意浙江省电力开发公司整体改制为一人有限责任公司。

2009年12月25日，浙能集团董事会审议，同意《浙江省电力开发公司改制实施方案》，改制后电开有限公司延续原电开公司所持有的相关业务资质，电开资产全部进入电开有限公司，注册资本保持不变，并上报省国资委。

2010年5月18日，浙能集团董事会二届三十四次审议，同意浙江省电力开发公司整体改制准备设立股份公司，电开公司的资产全部进入电开有限公司。利用浙江省电力开发有限公司作为平台，整合浙能集团电力主业资产，优化股权结构。

2011年9月28日，浙能集团董事会二届五十七次审议，根据省电力开发公司改制上市工作的总体部署及省国资委的有关批复，同意以2011年6月30日为改制基准日，浙江省电力开发有限公司整体变更为浙能电力股份有限公司，注册资本为770000万元。其中，浙能集团出资折股731500万股，占股份公司注册资本的95%，浙江兴源投资有限公司出资折股38500万股，占股份公司注册资本的5%。

（五）浙江省煤炭开发公司及下属企业改制

2001年12月29日，浙能集团董事会一届十次审议，同意浙江省煤炭开发公司提出的其下属浙江省小浦煤矿机械厂有关改制方案，国有股全部退出，以经营者和管理者持股为主。2002年，浙江省财政厅批复同意浙江省小浦煤矿机械厂改制为浙江小浦煤矿机械有限公司，原企业的债权债务由改制后的新企业承接，非经营性资产委托改制后的新企业租赁经营。

2002年10月25日，浙能集团董事会一届十八次审议，同意浙江省煤炭开发公司下属煤机公司国有股退出方案和物业管理有限责任公司改制方案。

2003年8月29日，浙能集团董事会一届二十三次审议，同意浙江省煤炭开发公司提出的其子公司浙江煤山矿灯机械厂改制工作计划。

2006年2月9日，浙能集团董事会一届三十四次审议，同意浙江兴源投资有限公司所属杭州梅苑股份有限公司控股的杭州梅苑快餐公司、梅苑装饰装潢有限公司进行产权制度改革。

2006年4月30日，浙能集团董事临时会议审议，同意杭州梅苑股份有限公司上报杭州梅苑快餐公司和梅苑装饰装潢有限公司改制总体方案。

2006年11月17日，浙能集团董事临时会议审议，同意浙江兴源投资有限公司上报的改制实施方案，对杭州梅苑股份有限公司控股的浙江梅苑快餐有限公司、杭州梅苑国际旅行社有限公司、杭州梅苑物业管理有限公司三家公司进行改制。杭州梅苑股份公司下属企业改制总体方案符合国有产权转让及企业改制有关规定，并根据浙能集团（董事会会议纪要〔2006〕28号）精神，2007年4月9日，浙能集团董事会二届二次审议，同意浙江兴源投资有限公司关于杭州梅苑物业管理有限公司和浙江梅苑快餐有限公司的改制总体方案。2007年10月30日，浙能集团董事会临时会议审议，同意杭州梅苑物业管理有限公司和浙江梅苑快餐有限公司的改制实施方案。

2007年4月9日，浙能集团董事会二届二

次审议，同意浙江省能源集团建筑设计院改制方案，并上报浙江省属事业单位领导改革小组审批。浙江省能源集团建筑设计院是浙江省煤炭开发公司下属单位，性质为自收自支事业单位。改制后浙江省能源集团建筑设计院注册资金为600万元，企业组织形式为有限责任公司，由浙江省煤炭开发公司持有全部股份。

2013年12月2日，浙能集团董事会二届九十次审议，以2013年12月31日为基准日对浙江省煤炭开发公司进行改制，并同步将浙江省煤炭开发公司股东由浙能集团变更为浙能资产经营管理有限公司。2017年11月，浙江省深化国有企业改革工作领导小组印发了《关于印发全面完成省属企业子企业公司制改制工作实施方案的通知》(浙企改发〔2017〕3号)，要求省属企业子企业在2017年底前全面完成公司制改制工作。

2017年12月25日，浙能集团董事会审议，同意浙江省煤炭开发公司改制方案。以2016年12月31日为基准日，浙江省煤炭开发公司改制为一人有限责任公司，由浙能集团二级企业改制为集团全资三级企业，改制后公司名称为浙江省煤炭开发有限公司，注册资本为1亿元，由浙能资产经营管理有限公司持有改制后公司100%股权。

2017年12月25日，浙能集团董事会审议，同意杭州瑞丰建筑施工图设计咨询部改制方案。以2016年12月31日为基准日，杭州瑞丰建筑施工图设计咨询部改制为一人有限责任公司，由集团四级企业改制为集团全资企业，改制后公司名称为杭州瑞丰建筑施工图设计咨询部有限公司，注册资本为426.27万元，由浙江东都建筑设计研究院持有改制后公司100%股权。

2017年12月25日，浙能集团董事会审议，同意浙江东都建筑设计研究院改制方案，以2016年12月31日为基准日，浙江东都建筑设计研究院改制为一人有限责任公司，由集团三级企业改制为集团全资企业，改制后公司名称为浙江东都建筑设计研究院有限公司，注册资本为2221.77万元，由浙江省电力建设有限公司持有改制后公司100%股权。

2019年6月6日，浙能集团董事会二届二百三十一次审议，原则同意整体解决原浙江小浦煤矿机械厂历史遗留问题的实施方案，由浙能集团与长兴县人民政府签订协议，由浙能资产管理公司（煤炭开发公司）与长兴县人民政府指定部门或乡镇（街道）进行具体交接。将浙江省财政厅（浙财企一字〔2002〕98号）批准的位于长兴县小浦镇原浙江小浦煤矿机械厂改制剥离非经营性资产（包括职工宿舍、变电所、水厂等25项资产，资产总额12231034元），按现状无偿划转给长兴县人民政府；将登记在煤炭开发公司名下的地质队厂房土地一并无偿移交长兴县人民政府。浙能资产管理公司（煤炭开发公司）再次计提资金977.59万元（社会救济、优抚等费用342.37万元，统筹外社会互助费用635.22万元)，并通过原渠道继续发放。原小浦煤矿机械厂棚户区改造配套资金按《移交协议》的约定由浙能集团或煤炭开发公司拨付至长兴县人民政府，并由长兴县人民政府包干使用。

二、公开挂牌转让

2005年7月15日，浙能集团董事会关于浙江国信控股集团有限公司有关股权及资产处置的临时会议审议，浙江国信控股集团有限公司将持有的浙江省浙信房地产公司持有的浙江新鸿物业管理公司100%国有产权和浙江省国信企业公司持有的浙江国信工程监理有限责任公司51%国有产权公开挂牌转让。

2006年2月9日，浙能集团董事会一届三十四次审议，浙江省煤炭开发公司将煤山矿灯机械厂改制中部分抵债资产挂牌出让。

2006年7月10日，浙能集团董事会临时会议审议，同意浙江国信控股集团有限公司上报的《关于〈浙江国信拍卖行有限公司77.78%国有股权转让实施方案〉的请示》和《关于〈浙江国信典当有限责任公司77.78%国有股权转让实施方案〉的请示》的股权转让实施方案，并公开挂牌转让。

2006年7月10日，浙能集团董事会临时会议审议，浙江国信控股集团有限公司下属浙江省国信企业（集团）公司持有的浙江国信投资管理公司35%国有股权转让。

2006年7月14日，浙能集团董事会一届三十七次审议，浙江省国际信托投资有限责任公司

100%股权进行转让。

2006年11月17日，浙能集团董事临时会议审议，浙江中油华电能源有限公司14.39%的国有产权公开挂牌转让；浙江兴源投资有限公司转让杭州梅苑股份公司所持有的全部股权。

2007年3月12日，浙能集团董事会临时会议审议，浙江国信控股集团有限公司所属浙江新华期货经纪有限公司100%国有股权转让。

2017年4月28日，浙能集团董事会第二届第三次审议，将浙江国信控股集团有限公司所属浙江国信控股集团上海有限公司持有的上海怡美物业管理有限公司50%股权委托上海市产权交易所挂牌转让。

2007年8月23日，浙能集团董事会二届六次审议，浙江镇海发电有限责任公司占招宝山饭店增资后注册资本的1.48%，浙江镇海发电有限责任公司转让所持宁波镇海招宝山饭店19万元优先股股权；浙江省电力开发公司将其持有的台州发电厂剥离资产60.88%份额挂牌转让。

2007年10月30日，浙能集团董事会临时会议审议，浙江兴源投资有限公司转让21世纪保险经纪公司49%股权；浙江兴源投资有限公司转让杭州梅苑物业管理有限公司90%股权和浙江梅苑快餐有限公司60%股权。

2007年11月27日，浙能集团董事会临时会议审议，浙江兴源投资有限公司挂牌转让杭州康明石油化工公司21.1%股权。

2008年5月30日，浙能集团董事会二届十一次审议，浙江省电力建设有限公司公开挂牌转让所持有的宁波三鼎钢管工程有限公司24.5%股权。

2009年8月31日，浙能集团董事会二届二十三次审议，浙江国信控股集团有限公司转让浙江省国信企业（集团）公司持有的浙江国信投资管理有限公司35%国有股权。

2009年9月18日，浙能集团董事会二届二十四次审议，浙江富兴电力燃料有限公司所持的浙江天基实业有限公司6.67%国有股权公开挂牌转让。

2009年11月27日，浙能集团董事会二届二十六次审议，浙江浙能嘉兴发电有限公司挂牌转让灰渣磨细装置资产。

2010年1月28日，浙能集团董事会二届三十次审议，浙江省水电集团公开挂牌转让所持有的上海邦泰公司40%国有股权和湖州太湖山庄有限公司14.91%股权。

2011年11月29日，浙能集团董事会二届五十九次审议，浙江浙能温州发电有限公司关停机组脱硫设备转让。

2012年7月25日，浙能集团董事会二届七十次审议，安徽兴皖矿业有限公司公开挂牌转让所持繁昌县荣华石灰石矿有限公司100%股权。

2013年1月11日，浙能集团董事会二届七十八次审议，浙能运输贸易公司挂牌转让384辆铁路自备车。

2013年3月12日，浙能集团董事会二届七十九次审议，浙江省电力建设有限公司公开挂牌转让其所持有的电力建设监理公司33.33%股权。

2013年6月13日，浙能集团董事会二届八十三次审议，浙江省能源集团有限公司煤炭及运输分公司和浙江富兴海运有限公司委托浙江船舶交易市场有限公司公开挂牌转让“富兴5”轮资产。

2013年9月23日，浙能集团董事会二届八十七次审议，宁波海运股份公司在浙江船舶交易市场有限公司公开挂牌转让“明州29”和“明州30”两艘散货船。

2014年1月14日，浙能集团董事会二届九十四次审议，钱清电厂关停机组资产分为三个资产包在浙江省产权交易所挂牌转让。

2014年5月30日，浙能集团董事会二届一百零一次审议，浙江浙能金华燃机发电有限责任公司转让一期关停机组资产；宁波海光公司将所拥有的新江厦2轮公开挂牌转让。

2014年9月1日，浙能集团董事会二届一百零八次审议，浙江天达环保公司通过浙江产权交易所挂牌转让所持淮南天达51%股权。

2014年11月17日，浙能集团董事会二届一百一十三次审议，宁波海运集团有限公司所属宁波江海运输有限公司在浙江产权交易所公开挂牌转让“明州19”轮。

2015年4月13日，浙能集团董事会二届一百二十四次审议，浙江天虹物资贸易有限公司在浙江产权交易所挂牌转让所持上海国能物流有限公司51%股权。

2015年6月29日，浙能集团董事会二届一百三十次审议，浙江浙能长兴发电有限公司公开挂牌转让二期干灰库用地和出灰港池资产，浙江天达环保公司摘牌受让该资产。

2015年7月9日，浙能集团董事会二届一百三十一次审议，浙江长兴捷通物流有限公司挂牌转让总面积为2292.6平方米土地使用权，浙江浙能长兴发电有限公司参加摘牌。

2015年9月16日，浙能集团董事会二届一百三十六次审议，浙江长建新型墙体材料有限公司挂牌转让33139平方米部分土地使用权，浙江天创公司参与竞拍。

2015年12月7日，浙能集团董事会二届一百四十一次审议，浙江浙能嘉兴发电有限公司在浙江产权交易所挂牌转让“嘉电壹号”拖轮资产。

2015年12月28日，浙能集团董事会二届一百四十四次审议，浙江长建新型墙体材料有限公司在浙江产权交易所公开挂牌转让829台生产线机器设备。浙能房地产有限公司以4.2亿元为底价挂牌转让所持青岛嘉凯城公司35%股权，将青岛嘉凯城房产项目转让。

2016年5月20日，浙能集团董事会二届一百五十二次审议，同意浙江浙能通利航运有限公司“新华盛海”轮以不低于评估价挂牌转让。

2016年12月13日，浙能集团董事会二届一百六十四次审议，萧山发电厂关停机组资产通过浙江省产权交易所公开挂牌转让。

2017年4月15日，浙能集团董事会二届一百七十三次审议，浙江富兴海运有限公司在浙江产权交易所挂牌转让“富兴7”轮资产。

2017年9月8日，浙能集团董事会二届一百八十二次审议，浙江省浙能房地产有限公司挂牌出售龙山雅苑部分未销售房产。

2017年11月27日，浙能集团董事会二届一百八十九次审议，浙江富兴海运有限公司挂牌转让“富兴9”轮资产。

2017年12月20日，浙能集团董事会二届一百九十一次审议，浙江天地环保科技有限公司挂牌转让所持浙江清新天地环保技术有限公司全部35%股权。

2018年1月18日，浙能集团董事会二届一百九十四次审议，浙江国信控股集团有限公司下属公司浙江浙信控股有限公司将所持杭州建新浮法玻璃工业有限公司6.868%股权，香港鸿发集团有限公司将所持杭州建新浮法玻璃工业有限公司20.514%股权公开挂牌转让。

2018年5月25日，浙能集团董事会二届二百零三次审议，浙江省天然气开发有限公司单独挂牌转让春晓压气站35千伏配电线路资产和打包转让其余相关资产，向浙江省天然气运行公司协议转让制溴机一台。

2018年6月29日，浙能集团董事会二届二百零五次审议，浙江富兴海运有限公司挂牌转让“富兴6”轮。

2018年12月20日，浙能集团董事会二届二百一十七次审议，浙江浙能石油新能源有限公司以2018年10月31日为基准日将2018年6月13日借款给嘉兴浙江浙能石油新能源有限公司形成的债权本金总额26900万元转换为股权，浙江浙能石油新能源有限公司完成债转股后的股权评估值27391.60万元为底价，并以受让方同步归还嘉兴浙江浙能石油新能源有限公司相关债务为受让条件，将嘉兴浙江浙能石油新能源有限公司100%股权挂牌转让。

2019年2月2日，浙能集团董事会二届二百二十二次审议，浙江浙能兴源节能科技有限公司所持温岭、嘉兴两地房产以评估价值为底价，委托浙江省产权交易所进行公开挂牌转让。

2019年4月11日，浙能集团董事会二届二百二十七次审议，浙江浙能富兴燃料有限公司所持浙能国际公司股权资产以2018年12月31日为基准日（所有者权益账面价值为3060989370.69元，评估价值为3065993478.15元，评估增值5004107.46元）的评估价为基准，在扣减分红款后确定股权转让价格，与浙能资本控股公司以协议方式所持股权。浙江富兴海运有限公司将“富兴10”“富兴12”轮以2019年1月15日为基准日评估价格为底价，在浙江产权交易所以公开挂牌方式进行船舶转让交易。宁波海运股份有限公司将“明州6”轮以2019年1月31日为基准日的评估价格为底价，在浙江产权交易所以公开挂牌方式进行船舶转让交易。

2019年5月21日，浙能集团董事会二届二百三十次审议，杭州武强水电实业有限公司以2019年2月28日为评估基准日，所有者权益账面值为2510.40万元，股东全部权益评估值为3310.00万元，增值率31.85%。浙江省水利水电集团公司以不低于评估值的价格将所持杭州武强水电实业有限公司10%股权通过浙江产权交易所公开挂牌处置。

2019年6月6日，浙能集团董事会二届二百三十一次审议，宁波海运集团有限公司所持宁波交通房产公司35%股权以不低于股权评估值在浙江产权交易所挂牌转让。

2019年8月9日，浙能集团董事会二届二百三十七次审议，浙江浙能杭湖新能源有限公司以评估价为底价在浙江产权交易所分别挂牌转让11台撬装设备资产。

2019年8月9日，浙能集团董事会二届二百三十七次审议，浙江省浙能房地产有限公司对长兴龙山雅苑14套普通住宅和4套商铺，以2019年4月4日为基准日评估价人民币4048.35万元为底价在浙江省产权交易所公开挂牌出售。

2019年8月12日，浙能集团董事会二届二百三十八次审议，浙江省水利电力物资有限公司将所持浙江华盟股份有限公司0.0395%股权以2018年12月31日为评估基准日的评估价格通过浙江产权交易所公开挂牌处置。

2019年9月20日，浙能集团董事会二届二百四十一次审议，浙江富兴电力燃料有限公司所持大同中新能源有限公司15%股权以不低于股权评估价值（即1359224.37元）在浙江产权交易所挂牌转让。

2019年10月23日，浙能集团董事会二届二百四十五次审议，浙江富兴海运有限公司将“富兴15”轮以2019年4月30日为基准日的评估价格为底价，在浙江产权交易所公开挂牌处置。浙江浙能通利航运有限公司将“富兴16”轮以2019年4月30日为基准日的评估价格为底价，在浙江产权交易所公开挂牌处置。

三、协议转让

2003年4月16日，浙能集团董事会一届二十次审议，浙江省电力开发公司受让国电华东公司和浙江省电力公司在嘉兴二期项目所拥有的28%出资，出让在长兴电厂四期项目20%的出资给浙江省电力公司下属的宏发能源公司；浙能集团将其在浙江省天然气开发公司37%的出资转由中海石油天然气及发电有限责任公司。

2003年5月20日，浙能集团董事会一届二十一次审议，舟山市电力公司将其拥有的舟山郎溪发电的60%股份中的15%～18%转让给中国电力企业联合会下属的华凯集团公司。浙江省电力开发公司拥有东南公司39.8%的股份上划浙能集团并签订股权转让协议书。

2003年8月12日，浙能集团总经理办公会议审议，浙江省煤炭开发公司持有的29.3%的汇明公司的股份转让给浙江省物产集团。

2004年5月14日，浙能集团董事会一届二十七次审议，浙江长兴发电有限责任公司股东向长兴经济投资公司转让5%股权（其中浙江宏发能源投资有限公司和浙江省电力开发公司各出让2.5%的股权）。转让后，浙江长兴发电有限责任公司股比为东南发电公司65%，宏发公司17.5%，浙江省电力开发公司12.5%，长兴经济投资公司为5%。

2004年8月3日，浙能集团董事会一届二十九次审议，浙江省电力开发公司向浙江东南发电股份有限公司转让浙江北海水力发电有限公司25%股权。

2005年6月，浙能集团董事会临时会议审议，浙江国信控股集团有限公司6月16日与中信证券股份有限公司签署的《关于转让金通证券股份有限公司的框架协议》，将国信系统内所持金通证券的全部股份转让给中信证券有限公司。

2005年7月15日，浙能集团董事会关于浙江国信控股集团有限公司有关股权及资产处置的临时会议审议，浙江国信控股集团有限公司将持有的浙江天堂硅谷创业投资有限公司19.13%股权（3000万股）全部转让给浙江省水利水电投资集团有限公司实际管理下的国有控股上市公司钱江水利开发股份有限公司，出让价格为3000万元。

2005年7月15日，浙能集团董事会关于浙江国信控股集团有限公司有关股权及资产处置的临时会议审议，浙江国信控股集团有限公司将全资子公司香港鸿发集团公司持有的香港宏盟国际有限公司12%的股权协议转让给香港嘉银集团，出让价格8000万元人民币。

2006年2月28日，浙能集团董事会临时会议审议，浙江省国信企业公司所持浙江农村经济投资股份有限公司200万股的股权按协议方式以每股1元价格转让给浙江省农村发展集团公司的全资子公司浙江润和房地产开发有限公司。

2006年8月23日，浙能集团董事会一届三十八次审议，认可浙江省国际信托投资有限责任公司将其所持有的国泰基金管理公司20%协议股权转让给万联证券有限责任公司。

2006年9月6日，浙能集团董事会临时会议审议，浙江省国信企业集团与国兴进出口公司的民营股东签订股权转让协议，由浙江省国信企业集团按照1∶1的价格将161万元股权转让给国兴进出口公司的民营股东。

2009年4月29日，浙能集团董事会二届十九次审议，浙江兴源投资有限公司全资子公司浙江天达建材资源开发有限公司将持有的荣华矿业51%股权协议转让给安徽兴皖矿业公司、将持有的安徽兴皖矿业公司10%股权转让给浙江天虹物资贸易有限公司，将持的浙江天虹物资贸易有限公司30%股权转让给浙江兴源投资有限公司。浙能集团向淮南矿业协议转让浙能兰溪发电有限公司25%股权（其中浙能集团21%股权，东南发电公司4%股权），转让后浙能集团仍持有浙能兰溪发电有限公司51%股权。

2009年6月23日，浙能集团董事会二届二十一次审议，浙江天地环保工程有限公司将其拥有的浙江东发环保工程有限公司9.3474%股权以2008年9月30日为转让基准日协议转让给浙江兴源投资有限公司。

2010年4月23日，浙能集团董事会二届三十三次审议，浙能集团所持浙江省天然气公司13%股权及浙江东南发电股份有限公司所持10%股权协议转让给中国石油化工股份有限公司。

2011年3月22日，浙能集团董事会二届五十二次审议，电开股改涉及相关电厂土地分割转让：浙江浙能嘉兴发电有限公司名下的三宗土地分割变更至浙江浙能嘉华发电有限公司；浙江浙能镇海发电有限责任公司将其名下二宗土地分割转让给镇海天然气发电有限责任公司；浙江浙能北仑发电有限公司所占用的一宗土地由国电浙江北仑第一发电有限公司变更至浙江浙能北仑发电公司名下。

2011年11月29日，浙能集团董事会二届五十九次审议，浙江兴源投资有限公司将浙江天达环保公司3%股权协议转让给浙江省二轻集团公司。

2012年4月9日，浙能集团董事会二届六十四次审议，宁波越华能源监测有限公司85%股权转让给浙江省洁净煤技术研究开发中心。

2012年5月7日，浙能集团董事会二届六十五次审议，浙江天达环保公司将所持天地环保12.5%股权协议转让给浙能集团。

2012年11月26日，浙能集团董事会二届七十五次审议，淮浙煤电有限责任公司50%股权通过协议转让方式由浙能集团转让至浙能电力股份有限公司，淮浙富兴所持浙江长兴捷通物流有限公司6%股权通过协议转让方式转让至浙江兴源投资有限公司，其持有的长兴捷通物流有限公司股权增至51%。

2012年12月17日，浙能集团董事会二届七十六次审议，浙江天虹物资贸易有限公司将其持有的浙江天音管理咨询有限公司80%股权协议转让给浙江兴源投资有限公司。

2013年11月18日，浙能集团董事会二届八十九次审议，浙能集团将所持浙江浙能宁波天然气发电公司（宁波LNG电厂）11%股权和宁波电开所持部分股权协议转给中海油气电集团公司，由宁波LNG接收站吸收合并宁波LNG电厂。

2013年12月13日，浙能集团董事会二届九十一次审议，浙能电力股份有限公司以协议方式转让浙能长兴天然气发电51%股权。

2014年5月30日，浙能集团董事会二届一百零一次审议，将其所属宁波北岸财富中心办公用房、车位及车辆设备等资产协议转让给宁波海运集团有限公司。

2015年3月6日，浙能集团董事会二届一百二十一次审议，浙江省海洋开发投资集团所持浙江富兴100%股权、浙江浙能港口运营管理有限公司85%股权、长兴捷通51%股权及财务公司30%股权以协议转让方式划回浙能集团。

2015年5月26日，浙能集团董事会二届一百二十八次审议，浙江浙能嘉华发电有限公司与浙江浙能嘉兴发电有限公司进行整合，浙能嘉兴发电持有的平湖市滨海热力有限公司90%股权、浙江嘉源电力工程有限公司100%股权转让给浙能嘉华发电公司。

2015年9月1日，浙能集团董事会二届一百三十五次审议，浙能资产经营管理公司向杭钢集团协议转让所持杭钢小轧4%股份。

2015年12月28日，浙能集团董事会二届一百四十四次审议，浙江天虹物资贸易有限公司将所持江西格美科技股份有限公司债权以46928251.5元的价格转让给中国华融资产管理股份有限公司上海市分公司。

2017年3月24日，浙能集团董事会二届一百七十一次审议，浙江省天然气开发有限公司向城市燃气公司协议转让所持四家城市燃气子公司股权，分别为绍兴市上虞天然气有限公司51%股权、平湖市天然气有限公司51%股权、浙江振能天然气有限公司40%股权和义乌市天然气有限公司51%股权。浙能城燃公司收购四家城市燃气子公司股权并向城燃公司增资1.2亿元。

2017年5月16日，浙能集团董事会二届一百七十四次审议，浙江浙能水电管理有限公司转让196.87万元固定资产给浙江浙能北海水力发电有限公司，转让172.49万元给浙江浙能华光潭水力发电有限公司。

2017年6月22日，浙能集团董事会二届一百七十六次审议，浙江富兴海运有限公司“富兴16”轮协议转让给浙能通利航运有限公司。

2017年9月8日，浙能集团董事会二届一百八十二次审议，台州发电厂协议转让所持凤凰山庄14.29%股权给台州市椒江城市发展投资集团有限公司。

2017年12月15日，浙能集团董事会二届一百九十次审议，由浙能天然气公司与中石化方签署的《浙江省能源集团城市燃气有限公司股权转让框架协议》，转让浙能集团城市燃气有限公司25%股权给中国石化天然气有限责任公司。

2018年4月20日，浙能集团董事会二届二百次审议，浙江浙能资产经营管理有限公司将所持杭州钢铁厂小型轧钢股份有限公司4%股权以1.2元/股总计1200万元协议转让给杭钢集团。

2018年6月29日，浙能集团董事会二届二百零五次审议，浙能富兴公司向浙能资本控股公司协议转让其持有的浙能国际40%股权。

2018年9月28日，浙能集团董事会二届二百一十一次审议，浙江浙能富兴燃料有限公司和嘉兴发电有限公司、温州发电有限公司、北仑发电有限公司、镇海发电有限责任公司4家电厂所持合计48%股权协议转让至浙能集团。

2018年10月10日，浙能集团董事会二届二百一十二次审议，浙江浙能绍兴滨海热电有限责任公司将约83640平方米灰库土地协议转让给滨海环保公司。

2018年11月26日，浙能集团董事会二届二百一十六次审议，浙能阿克苏热电有限公司将13959.63平方米土地使用权协议转让给新疆天达环保有限公司纺织城分公司。

2019年2月2日，浙能集团董事会二届二百二十二次审议，浙江长广（集团）有限责任公司将长广供电分公司供电资产以评估价格2349.99万元协议转让给浙江浙能能源服务有限公司。

2019年7月15日，浙能集团董事会二届二百三十五次审议，浙江长广（集团）有限责任公司煤山镇两宗工业土地交由煤山镇政府收储，原则同意长广集团与长兴县煤山镇签订收储协议，该宗土地的收储价格为8209万元。

2019年10月11日，浙能集团董事会二届二百四十四次审议，浙石油公司按评估价向浙能天然气集团协议转让所持浙石油贸易公司20%股权，即转让价格为1906.43万元。

2019年12月6日，浙能集团董事会二届二百五十五次审议，浙能能服将所持宁夏浙能新能源100%股权按评估值转让给浙新能源集团；浙能能服将所持山西广灵风电35%股权按评估值转让给浙新能源集团和浙能能服将所持山西阳高风电35%股权按评估值转让给浙新能源集团。

四、无偿划转

2002年4月19日，浙能集团董事会一届十三次审议，浙江省电力开发公司持有的成屏电站相对应资产无偿转让给浙江省遂昌县人民政府。

2002年5月13日，浙能集团董事会一届十四次审议，华能国际电力公司将其所属镇海电厂2×12.5万千瓦燃油机组无偿转让给镇海发电公司。

2005年12月31日，浙能集团董事会临时会议审议，浙江省电力开发公司所持有的长广煤矿发电厂股权权益（8735万元）及债券（2078.8万元）全部无偿划转给浙江长广集团公司。

2006年2月9日，浙能集团董事会一届三十四次审议，浙江省煤炭开发公司持有的杭州梅苑股份公司12.04%的股权划转至浙江兴源投资有限公司。

2006年7月10日，浙能集团董事会临时会议审议，浙江国信控股集团有限公司持有的浙江省国兴进出口有限公司国有股本共计1496万元，所对应的国有产权净资产1801.14万元整体划转至浙江中大集团控股有限公司。

2006年10月17日，浙能集团董事会临时会议审议，浙江兴源投资有限公司所持浙能富兴燃料有限公司95%股份中的80%部分股权无偿划转浙能集团。股权结构变更为浙能集团持股80%，浙江兴源投资有限公司持股15%和浙江浙能富兴燃料有限公司持股5%。

2006年12月15日，浙能集团董事会临时会议审议，浙江省电力开发公司持有的部分非主业资产按2006年6月30日的账面权益净资产无偿划转至浙江兴源投资有限公司（杭州康明石油化工股份有限公司21.106%股权、椒江大桥14.4%股权、浙江景宁惠宁电力发展有限公司44.44%股权、石塘电站26.6%股权）。

2007年11月9日，浙能集团董事会临时会议审议，浙江国信房产集团有限公司对外投资股权无偿划转给浙江省浙信房地产公司。浙江省浙信房地产公司拥有国信房产相应的债券无偿划转给浙江国信房产集团有限公司。

2008年1月30日，浙能集团董事会二届九次审议，浙江省电力开发公司持有的10%的浙江天达建材资源开发有限公司的股权无偿划转给浙江兴源投资有限公司，天达公司并从未分配利润中转增股本人民币8000万元。

2008年12月31日，浙能集团董事会二届十六次审议，浙江兴源投资有限公司拥有的浙江天澜贸易有限公司56.5%股权无偿划转给浙江浙能石油新能源有限公司。

2009年4月29日，浙能集团董事会二届十九次审议，兰溪嘉丰环保材料有限公司持有的金华市宏厦建筑材料有限公司、兰溪市新亚铝粉有限公司的100%股权以2008年12月31日为基准日无偿划转至浙江省天达建材资源开发有限公司。

2009年9月18日，浙能集团董事会二届二十四次审议，浙江省国际物业租赁公司将其持有的浙江国信物业管理部100%股权以2009年1月1日为划转基准日无偿划转至浙江省国信企业（集团）公司；浙江兴源投资有限公司持有的浙江天达建材资源开发有限公司5%股权以2008年12月31日为基准日无偿划转给浙江浙能石油新能源有限公司。

2010年4月23日，浙能集团董事会二届三十三次审议，浙江天虹物资贸易有限公司持有的浙能商务网电子交易平台全部资产无偿划转给浙江天音管理咨询有限公司。

2010年10月29日，浙能集团董事会二届四十五次审议，根据浙江省人民政府专题会议纪要精神和浙江省财政厅批复文件（浙财企〔2010〕263号），黄岩电力公司持有的浙江黄岩热电有限公司60.57%股权和黄岩热电厂、黄岩马鞍山发电厂的资产无偿划转至浙能集团；浙江省国信企业（集团）公司持有的浙江浙信有限公司80%股权无偿划转给浙江国信控股集团有限责任公司。

2011年6月3日，浙能集团董事会二届五十四次审议，浙江龙川水电公司、松阳谢村源公司、松阳安民水电公司无偿移交在丽水电业局变电所内的间隔资产。

2013年10月17日，浙能集团董事会二届八十八次审议，浙能技术中心升格为浙能技术研究院，并将浙江省电力建设有限公司所持技术中心100%股权划转至浙能集团，技术中心成为全资子公司。

2013年11月18日，浙能集团董事会二届八十九次审议，同意香港公司重组方案，香港善高股权无偿划转至浙江兴源投资有限公司。

2013 年 12 月 2 日，浙能集团董事会二届九十次审议，浙江省煤炭运销公司及浙江省煤炭集团运销有限公司 53.125% 股权从浙江省煤炭开发有限公司无偿划转至浙江浙能资产经营管理有限公司。

2014 年 1 月 7 日，浙能集团董事会二届九十三次审议，浙江兴源投资有限公司所持香港兴源投资贸易有限公司 60% 股权无偿划转至浙能集团；香港善高股权划转至浙江兴源投资有限公司的操作停止执行。

2014 年 8 月 11 日，浙能集团董事会二届一百零七次审议，浙能集团所持浙江鸿程计算机系统有限公司 31.63% 股份划转至浙江浙能资产经营管理有限公司，将浙能集团所持浙商银行 5.5% 股份托管至浙江浙能资产经营管理有限公司，托管费率由 0.3% 提高至 0.5%。

2015 年 4 月 7 日，浙能集团董事会二届一百二十三次审议，浙能集团持有的浙江天地环保科技股份有限公司 83.0131% 股权无偿划转至浙江长广（集团）有限责任公司；浙能集团将所持的浙江省天然气开发有限公司 40%、浙江省能源集团城市燃气有限公司 100%、浙江金衢丽天然气有限公司 100%、浙江浙能天然气运行有限公司 100%、浙江中石化浙能油气发展有限公司 50% 以及中海浙江宁波液化天然气有限公司 29% 六家公司股权以 2014 年 12 月 31 日为基准日无偿划转至新组建的浙江浙能燃气有限公司。

2015 年 8 月 14 日，浙能集团董事会二届一百三十四次审议，浙江省国有资本运营有限公司所持浙江长建新型墙体材料有限公司 55% 股权以 2014 年 12 月 31 日为基准日无偿划入浙江长广（集团）有限责任公司。

2015 年 10 月 14 日，浙能集团董事会二届一百三十七次审议，浙江浙能资产经营管理有限公司所持香格里拉饭店 5% 股权无偿划转至浙江省旅游集团有限责任公司。

2016 年 1 月 8 日，浙能集团董事会二届一百四十五次审议，浙江长广（集团）有限责任公司下属生物质发电分公司资产、负债和业务转入新设的长广生物质发电有限公司。浙江长广（集团）有限责任公司持有的长广生物质发电有限公司 100% 股权无偿划转至浙江兴源投资有限公司。浙江长广（集团）有限责任公司持有的浙江长广（集团）有限责任公司物贸公司 100% 股权无偿划转至浙江浙能石油新能源有限公司。

2016 年 11 月 23 日，浙能集团董事会二届一百六十二次审议，以 2015 年 12 月 31 日为交易基准日，浙江省环境保护科学设计研究院所持浙江天地环保科技有限公司 3.6692% 股权无偿划转至浙江长广（集团）有限责任公司。浙江兴源投资有限公司所持浙江浙能兴源节能科技有限公司 6.8932% 股权无偿划转至浙江省环境保护科学设计研究院。

2018 年 6 月 1 日，浙能集团董事会二届二百零四次审议，浙能集团持有的浙江省医疗健康集团有限公司的 12% 股权无偿划转到浙江省旅游集团有限公司。

2018 年 9 月 28 日，浙能集团董事会二届二百一十一次审议，浙江省水利水电投资集团将所持有的上城区共计 39 套非住宅无偿划转给浙江国信控股集团有限责任公司；将持有的萧山区临浦镇新港村的 2999.15 平方米土地及地上房产资产、富阳区横凉亭路 17 号不动产资产和景宁畲族自治县大白坑电站 14.8% 股份无偿划转给浙江浙能资产经营管理有限公司；浙江省电力建设有限公司和浙江兴源投资有限公司所持的浙江浙能煤运投资有限责任公司合计 30% 股权无偿划转至浙能集团。

2019 年 6 月 25 日，浙能集团董事会二届二百三十二次审议，浙江浙能乐清发电有限责任公司将所持乐清湾 5 万～10 万吨级航道 17 座航标资产份额无偿移交给温州市港航管理局。消耗的备品器材折算费用 31.372 万元和过渡期维护费 41.34 万元一并支付给温州航标处。

2019 年 8 月 9 日，浙能集团董事会二届二百三十七次审议，浙江浙能兴源节能科技有限公司和浙江天虹物资贸易有限公司分别将持有的 78%、22% 浙江浙能天工信息科技有限公司股权，以 2018 年 12 月 31 日为基准日，无偿划拨给浙能技术研究院。

2019 年 9 月 20 日，浙能集团董事会二届二百四十一次会议审议，浙江长广（集团）有限责任公司将牛头山矿区相关建筑物、设备设施等共计7137.45万元资产，1123项无账面记录的资产，以及约3250230平方米土地移交至广德市人民政府。最终移交范围以长广集团和广德市人民政府协商一致的结果为准。

五、三供一业

2018年3月22日，经浙能集团董事会审议，按照国家、浙江省“三供一业”分离移交相关政策，同意台州发电厂将台州新村供电资产、碧海明珠幼儿园资产分别无偿移交至台州市椒江区供电有限公司、台州市椒江区教育局；2018年6月29日，台州发电厂以2018年3月31日为基准日将台电新村物业管理社会职责及相应资产移交至台州市椒江区人民政府前所街道办事处。

2018年6月29日，浙能集团董事会二届二百零五次审议，同意浙江浙能嘉兴发电有限公司以2018年3月31日为基准日将嘉电新村供电、供水、物业管理社会职能及相应资产分别移交至国网浙江省电力有限公司嘉兴供电公司、嘉兴市港区供水有限责任公司、乍浦镇人民政府；将云洲苑物业管理社会职能及相应资产移交至南湖区南湖街道，移交实施及协议签订后，按照《关于转发（国资厅发改革〔2018〕7号）文件做好省属企业职工家属区“三供一业”分离移交工作有关事项的通知》上报资料。

2018年6月29日，浙能集团董事会二届二百零五次审议，同意浙江浙能镇海发电有限责任公司以2018年5月31日为基准日将职工家属区供电、供水社会职能及相应资产分别移交至国网浙江省电力有限公司宁波供电公司和宁波市自来水有限公司，移交实施及协议签订后，按照《关于转发（国资厅发改革〔2018〕7号）文件做好省属企业职工家属区“三供一业”分离移交工作有关事项的通知》上报资料。

2018年12月20日，浙能集团董事会二届二百一十七次审议，浙江浙能镇海发电有限责任公司将物业相关资产包括社会物业管理、经营、服务、生活配套、社区活动房产共3571.77平方米及土地使用权33441.61平方米无偿移交至镇海区人民政府。资产移交后，相关权利、责任、风险、义务等同步转出。

2018年12月28日，浙能集团董事会二届二百二十次审议，浙江长广（集团）有限责任公司与长兴县人民政府签订移交协议，浙江长广（集团）有限责任公司按5164.32万元承担移交费用（包括“三供一业”移交地方3984.32万元以及老旧工矿区房改房拆迁补偿费用1180万元）。

六、股权收购与兼并

2002年3月12日，浙能集团董事会一届十二次审议，浙江省电力开发公司以5.1341亿元收购北仑电厂二期项目17%股权转让，浙江省电力开发公司总共持有51%股份，取得绝对控股地位。

2002年10月25日，浙能集团董事会一届十八次审议，浙江省电力开发公司以1600万元收购镇海发电公司1%股份，收购后股比提高到51%，取得绝对控股地位。

2004年1月，浙能集团以7692万元收购浙江富兴燃料有限公司17%股份。7月将17%股权注入浙江兴源投资有限公司。

2004年4月12日，浙能集团董事会一届二十六次审议，根据王永明副省长4月8日对《关于收购浙江省电力建设总公司有关事项的请示》的批示精神，同意收购浙江省电力建设总公司方案，浙能集团收购除文昌大酒店外的浙江省电力建设总公司的全部资产。

2005年6月9日，浙能集团董事会临时会议审议，合并镇海燃机四个项目公司即浙江镇海第一、第二、第三和第四联合发电公司。

2006年6月9日，浙能集团董事会一届三十五次审议，国兴进出口公司持有的金通证券0.56%的股份由国信控股集团按原始投资600万元价格收购，后统一转让给中信证券公司。

2006年10月17日，浙能集团董事会临时会议审议，浙江兴源投资有限公司受让浙江电力富兴燃料有限公司持有的浙江浙能富兴燃料有限公司15%股权，股权结构变更为浙江兴源投资有限公司持股95%和富兴公司持股5%。

2007年8月23日，浙能集团董事会二届六次审议，浙江省电力开发公司收购金华电开控股股东——浙江宏发能源投资公司间接持有的金华燃机 36% 的股权。

2007 年 11 月 27 日，浙能集团董事会临时会议审议，浙江兴源投资有限公司收购安徽荣华公司 100% 股权及配套码头。

2007 年 11 月 27 日，浙能集团董事会临时会议审议，同意浙能集团资产部提出的天达公司股权整合方案，由天达公司收购电厂三产企业所持的平湖嘉丰粉煤灰综合利用开发有限公司、兰溪金丰粉煤灰综合利用开发有限公司、兰溪嘉丰环保材料有限公司、长兴恒隆物资综合利用有限公司、长兴嘉丰环保材料有限公司、台州嘉丰环保材料有限公司和温州嘉丰环保材料有限公司七家企业的股份。浙江兴源投资有限公司将所持七家企业的股份划转至天达公司，并将股权整合后的七家公司变更为浙江天达建材资源开发有限公司的分公司。

2008 年 1 月 30 日，浙能集团董事会二届九次审议，浙江兴源投资有限公司收购戴豪波名下 7.5% 的天地公司职工股。

2008 年 5 月 13 日，浙能集团董事会二届十一次审议，同意浙江兴源投资有限公司提出浙江天工科技工程有限公司吸收合并杭州自信科技有限公司方案。

2008 年 6 月 11 日，浙能集团董事会二届十二次审议，浙江兴源投资有限公司下属浙江天虹物资贸易有限公司注资重组上海国能物流有限公司，收购其 51% 股份；浙能集团收购兰溪市电力发展投资公司持有的浙能兰溪发电厂 8% 股权，并增资 1.2108 亿元。

2008 年 7 月 28 日，浙能集团董事会临时会议审议，浙能集团收购浙江振源持有的浙江富兴海运有限公司 17% 股权；浙江兴源投资有限公司收购杭州钱塘经济开发有限公司持有的镇江国际饭店及镇江浙信房产各 20% 股权，兴源公司成为镇江国际饭店的单一股东。

2008 年 8 月 4 日，浙能集团董事会临时会议审议，浙江富兴燃料公司收购大同市南郊城区发煤站 49% 的股份。

2008 年 9 月 11 日，浙能集团董事会二届十三次审议，将镇海发电公司所属宁波发电工程有限公司和台州发电厂所属台州市海天电力工程有限公司进行整合，组建集团系统检修公司。镇海发电公司收购宁波众茂集团公司持有的宁波发电工程公司 51% 股权，收购后增资，注册资本由 521 万元增至 2000 万元；东南发电公司收购宁波丰源工贸公司持有的海天公司 10% 股权、新开源建材持有的海天公司 90% 股权，完成收购后，东南公司对海天公司进行增资，注册资本由 2000 万元增至 2500 万元。浙江兴源投资有限公司收购浙江振源投资有限公司持有的浙江景宁云雁电力有限公司 18.4% 和瑞安市高湖水电有限公司 14% 的股权。浙能集团对浙江富兴海运有限公司股权进行重组整合，收购浙江富兴电力燃料有限公司（占 10%）、平湖市群悦投资有限公司（占 8%）、乐清市嘉隆投资有限公司（占 7%）持有的浙江富兴海运 25% 股权。

2009 年 4 月 29 日，浙能集团董事会二届十九次审议，浙江省天然气公司收购德清九鼎公司持有的上虞天然气有限公司 11% 的股权，收购价以 2008 年 12 月 31 日为基准日确定的权益净资产评估值（684.0141 万元）。

2009 年 4 月 29 日，浙能集团董事会二届十九次审议，浙能集团收购浙江宏发能源投资有限公司持有的 9% 的浙江富兴海运有限公司股权、浙江富兴电力燃料有限公司 13% 股权和浙能长兴发电有限公司 17.5% 股权。

2009 年 11 月 27 日，浙能集团董事会二届二十六次审议，浙能集团认购浙江鸿程计算机系统有限公司增资扩股中的 1283 万股（31.632% 股权）；东南公司按资产评估值价格收购临江工贸所持华隆电力公司 100% 股权、临江工贸持有的两宗土地资产和临江工贸持有的供热管网资产。

2010 年 3 月 4 日，浙能集团董事会二届三十二次审议，浙江天达建材资源开发有限公司收购嘉兴发电公司灰渣磨细装置资产。

2010 年 12 月 17 日，浙能集团董事会二届四十七次审议，浙江兴源投资有限公司收购同煤集团所持杭州梅苑股份公司 8.69% 股份，协议收购同煤集团职工持有的杭州梅苑股份公司 1.59% 股份；浙江省电力建设有限公司收购宁波永耀公司所持浙电监理公司 16.667% 股权。

2011 年 2 月 16 日，浙能集团董事会二届五十次审议，台州第二电厂项目筹建处以 522.48 万元收购浙江省发展资产经营有限公司名下原三门牛山涂火电厂址围堤工程建设项目资产；浙能城市燃气公司收购丰陵燃气所持 21%股权、浙江星惠泽置业公司所持 20%股权、安吉房屋建设公司所持 10%股权，共计 51%安吉管道燃气公司股权；浙江省水电集团收购大洋公司（毛洋水电站）100%股份、浙江省水电集团通过大洋公司收购新桥头和金杭洋水电站全部经营性资产。

2011 年 4 月 20 日，浙能集团董事会二届五十三次审议，浙江浙能镇海发电有限责任公司控股的热力公司收购久丰热电公司至宁波化工区内湾塘片区金海德旗部分热供管线（9300 米）资产产权。

2011 年 7 月 7 日，浙能集团董事会临时会议审议，浙江兴源投资有限公司收购杭州意能电力技术有限公司持有的浙江天工自信科技工程有限公司 34.28%股权。

2011 年 7 月 25 日，浙能集团董事会二届五十五次审议，2006 年 6 月浙能集团与西门子财务公司签订《股权转让协议》，公司工商登记满 5 年受让股权。浙能集团以 590 万美元价格收购西门子财务公司持有的浙能财务公司 5%股权，西门子公司不再享有浙能财务公司的固定回报与权益分配。

2011 年 10 月 17 日，浙能集团董事会二届五十八次审议，浙江省电力开发公司收购舟山中昌海运公司所持舟山煤电 3500 万股权。

2011 年 11 月 29 日，浙能集团董事会二届五十九次审议，浙江兴源投资有限公司收购神华宁夏煤业集团公司（占 2.77%）和新疆煤炭设计研究院（占 0.24%）所持杭州梅苑股份公司共计 3.01%股权；浙能洋山公司收购浙江洋山经济联合公司 100%股权。

2012 年 4 月 6 日，浙能集团董事会二届六十四次审议，浙江浙能石油新能源有限公司收购浙江浙能金华燃机发电有限责任公司转让的一期油库等资产；浙江省浙信房地产公司受让绿城台州紫薇花园 39%股权、海棠花苑 35%机器相关债权。

2012 年 6 月 19 日，浙能集团董事会二届六十七次审议，浙能城市燃气公司以 3024.35 万元协议收购宁海县管道燃气发展有限公司 51%股权。

2012 年 6 月 26 日，浙能集团董事会二届六十八次审议，长兴天达环保建材有限公司收购华信实业所持华兴公司 20%股权。浙能通利航运有限公司以 11128 万元购买洋浦通利公司拥有的“新华盛海”号船舶。

2012 年 8 月 3 日，浙能集团董事会临时会议审议，浙江省水电集团收购龙泉市岩樟溪流域水电开发公司 68%股权。

2012 年 7 月 20 日，浙能集团董事会临时会议审议，浙能集团启动收购宁波海运集团有限公司 60%控股权。

2012 年 9 月 26 日，浙能集团董事会二届七十二次审议，浙能集团收购宁波海运集团有限公司非国有股东所持合计 51%股权，包括蒋宏生等七个自然人股东所持 9.1667%股权，众和投资所持 17.7967%股权及海运集团职工持股会所持 24.0367%股权。

2012 年 11 月 26 日，浙能集团董事会二届七十五次审议，浙江兴源投资有限公司收购繁昌县荣华石灰石矿有限公司 100%股权。

2012 年 12 月 17 日，浙能集团董事会二届七十六次审议，长兴天然气热电公司收购捷通物流公司土地；浙能集团受让浙江省财务开发公司持有的浙商银行股份公司 6.32%股权。

2013 年 1 月 11 日，浙能集团董事会二届七十八次审议，浙能集团按权益净资产评估值加溢价的价格收购宁发集团持有的宁夏枣泉公司 50%股权，收购后以增资扩股方式将浙能集团所持股权比例增至 51%。

2013 年 3 月 29 日，浙能集团董事会二届八十次审议，浙能城市燃气收购建德市升力燃气公司 52%股权。

2013 年 6 月 13 日，浙能集团董事会二届八十三次审议，浙江浙能电力股份有限公司以 7695.20 万元收购华润电力（温州）有限公司 10%股权。

2013 年 8 月 5 日，浙能集团董事会二届八十五次审议，浙能洋山公司整体吸收合并嵊泗县盛洋围垦开发公司。浙江兴源投资有限公司收购兖矿集团有限公司等 8 家企业所持杭州梅苑股份公司共计 20.21%股权。

2013 年 8 月 26 日，浙能集团董事会二届八十六次审议，浙江兴源投资有限公司收购温州发电、乐清发电、北仑发电、东南股份以及长兴发电公司五家煤电企业所持安徽兴皖矿业有限公司 90%股权及天虹公司所持有的安徽兴皖矿业有限公司 10%股权（共计 100%股权）。

2013 年 11 月 21 日，浙能集团董事会临时会议审议，香港兴源投资贸易有限公司以 65468063.77 万元价格收购南亚洲能源（香港）投资有限公司所持华润电力（温州）有限公司 5%股权。

2013 年 11 月 18 日，浙能集团董事会二届八十九次审议，浙能集团以增资扩股方式收购青铜峡能源铝业公司所持枣泉公司 1%股权，浙能集团出资 2100 万元。同意浙能资产管理公司提出的以 2013 年 8 月 31 日为基准日吸收合并信鸿公司方案。

2014 年 6 月 30 日，浙能集团董事会二届一百零三次审议，浙江省电力建设有限公司摘牌收购浙江省电力物资供应公司所持的浙江浙电设备监理公司 49%股权。

2014 年 9 月 25 日，浙能集团董事会二届一百一十次审议，浙江省海洋开发投资集团以 12.44 亿元收购浙江省交通投资集团所持头门港公司 51%股权。

2014 年 10 月 15 日，浙能集团董事会二届一百一十一次审议，浙能房地产有限公司吸收合并荣信公司，荣信公司全部资产、债权债务及经营业务并入浙能房地产有限公司。

2014 年 11 月 17 日，浙能集团董事会二届一百一十三次审议，浙江国信创业投资有限公司按评估价即 36217067.04 元回购家景房产所持股权。

2014 年 12 月 29 日，浙能集团董事会二届一百一十六次审议，江滨公司收购繁荣路等十条城市燃气管线资产。

2015 年 3 月 6 日，浙能集团董事会二届一百二十一次审议，浙江浙能资产经营管理有限公司将其持有的富阳富信公司 37.5%股权由富阳市公路发展有限公司以 870 万元回购，资产公司退出富阳富信公司。

2015 年 5 月 26 日，浙能集团董事会二届一百二十八次审议，宁海城市燃气公司收购宁海公司经营范围内的七个小区燃气管线资产；浙江兴源投资有限公司收购多家单位所持杭州梅苑股份公司合计 18.67%股权（其中开滦公司和淮南矿业所持 12.65%股权和淮北矿业、福建能源两家单位及其他个人股东持有的合计 6.02%股权）。

2015 年 6 月 29 日，浙能集团董事会二届一百三十次审议，浙江天地环保工程有限公司与大唐科技组建合资公司，该合资公司以 2014 年 12 月 31 日为基准日（21379.57 万元）协议收购大唐乌沙山电厂烟气脱硝设施资产。

2015 年 7 月 29 日，浙能集团董事会二届一百三十三次审议，浙江长广（集团）有限责任公司以参与竞价摘牌方式收购华业电力公司所持浙江天地环保工程有限公司 2.883845%股权、以协议方式收购华隆公司所持天地环保公司 7.550%股权和能达华威公司所持浙江天地环保工程有限公司 2.883845%股权。

2015 年 8 月 14 日，浙能集团董事会二届一百三十四次审议，浙能集团无偿接收浙江物产新疆有限公司所属浙江物产新疆物流有限公司，浙江物产新疆物流有限公司资产由浙能资产管理公司接收。

2015 年 10 月 28 日，浙能集团董事会二届一百三十八次审议，浙江长广（集团）有限责任公司以 2015 年 6 月 30 日为基准日协议方式收购浙江省建设投资集团所持浙江长建新型墙材材料有限公司 45%股权，长建墙材成为长广集团全资子公司。

2015 年 12 月 18 日，浙能集团董事会二届一百四十三次审议，浙江浙能嘉兴发电有限公司收购嘉兴市群悦技术服务公司房产（含土地）。房产建筑面积 3116.78 平方米，土地使用权面积 739.6 平方米。

2016 年 1 月 8 日，浙能集团董事会二届一百四十五次审议，原则同意浙江长广（集团）有限责任公司收购省环科院所持有的浙江天地环保工程有限公司 3.6692%股权，浙江天地环保工程有限公司成为浙江长广（集团）有限责任公司全资子公司。浙江天地环保工程有限公司在长兴县设立全资子公司承接原浙江长广（集团）有限责任公司水泥分公司资产、负债和业务。

2016年2月1日，浙能集团董事会二届一百四十七次审议，同意浙江浙能长兴发电有限公司收购位于长兴发电厂区内原浙江浙能长兴天然气热电有限公司行政办公大楼，资产账面值为1511000元。

2016年8月23日，浙能集团董事会二届一百五十七次审议，同意浙江浙能石油新能源有限公司投资收购绍兴上虞城北客运加油站有限公司的51%股权。

2016年11月23日，浙能集团董事会二届一百六十二次审议，浙江天地环保科技有限公司全资子公司浙江浙能天地环境技术有限公司协议收购六横电厂脱硫脱硝资产和台州第二发电厂脱硝资产并以特许经营模式运营管理。

2016年11月23日，浙能集团董事会二届一百六十二次审议，浙江兴源投资有限公司收购浙江省环境保护科学设计研究院所持节能科技公司6.8932%股权。

2016年12月26日，浙能集团董事会二届一百六十五次审议，浙江省水利水电投资集团有限公司收购衢州力诺天昱阳光有限公司100%股权，并向其增加注册资本金2000万元。

2017年3月24日，浙能集团董事会二届一百七十一次审议，浙江省天然气开发有限公司收购独山港平湖中油昆仑燃气有限公司高压管道和设施资产。

2017年6月22日，浙能集团董事会二届一百七十六次审议，同意浙江天达环保股份有限公司参股的联辉公司和磨石粉公司吸收合并方案；浙江浙能兴源节能科技有限公司收购浙江省二轻集团公司所持浙江天达环保股份有限公司3%股权资产，浙江天达环保股份有限公司成为浙能集团全资企业。

2017年8月8日，浙能集团董事会二届一百八十次审议，浙江省水利水电投资集团收购正泰新能源所属甘肃宁夏10个光伏项目51%股权，股权收购价为8.109亿元，收购金昌清能公司51%股权，股权收购价为1.7亿元。

2018年1月，浙能集团董事会二届一百九十四次审议，宁波海运向浙能集团发行股份收购浙能集团及下属公司所持浙江富兴海运有限公司51%股权、向煤炭投资发行股份购买其持有的浙江浙能通利航运有限公司60%股权、向海运集团发行股份购买其持有的宁波江海运输有限公司77%股权。同时，以现金方式收购宁波江海运输有限公司职工所持的宁波江海运输有限公司23%股权。

2018年3月22日，浙能集团董事会二届一百九十八次审议，浙能城市燃气公司以255万元股权收购价格收购泰顺县鸣伟燃气管道有限公司51%股权。

2018年5月17日，浙能集团董事会二届二百零三次审议，绿色能源基金收购中机国能龙游新能源有限公司100%股权。

2018年8月3日，浙能集团董事会二届二百零七次审议，浙江浙能能源服务有限公司收购山西华电广灵风力发电有限公司、阳高风电各35%股权。

2018年9月28日，浙能集团董事会二届二百一十一次审议，绿色能源基金和浙能创业投资有限公司合作成立的浙江清能能源发展有限公司收购中康电力所持江苏爱康科技股份有限公司的14家光伏发电项目公司的全部股权资产、战略入股爱康科技；浙江浙石油综合能源销售有限公司收购台州远洲石化仓储有限公司80%股权并将注册资本金从5000万元增加至1.2亿元。

2018年10月20日，浙能集团董事会二届二百一十三次审议，浙江省石油股份有限公司收购浙江寰宇能源集团有限公司持有的广厦（舟山）能源集团有限公司和舟山寰宇码头有限公司两家公司各80%股权，股权转让款为245.95万元。

2018年12月28日，浙能集团董事会二届二百二十次审议，浙江省水利水电集团以2308.49万元（基准日股权审计转让价）加过渡期（基准日至交接完成日之间）账面净资产变化值受让江苏双创新能源开发有限公司51%股权。12月，浙江富兴协议收购浙江联业所持的宁波大榭开发区富源燃料公司10%股权。

2019年2月2日，浙能集团董事会二届二百二十二次审议，浙江浙能能源服务有限公司以评估价格2349.99万元收购长广供电分公司供电相关资产。

2019年3月15日，浙能集团董事会二届二

百二十五次审议，原则同意浙江天地环保科技有限公司吸收合并东发环保公司。

2019年4月11日，浙能集团董事会二届二百二十七次审议，由浙能资本控股公司代表浙能集团作为出资主体，零对价受让杭州江瀚企业管理合伙企业所持之江新实业有限公司2%的股权。浙能资本控股公司认缴的10亿元出资通过浙能集团拨付资本金解决。

2019年4月11日，浙能集团董事会二届二百二十七次审议，浙能资本控股有限公司在扣减分红款后，确定股权受让价格，并以协议方式受让富兴燃料有限公司所持浙能国际公司股权。

2019年6月6日，浙能集团董事会二届二百三十一次审议，由浙能国际设立境外SPV公司，按3.801元/股的价格，出资16.34亿元人民币协议收购中国绿能有限公司持有的4.3亿股锦江环境股票，占比约29.79%。

2019年7月5日，浙能集团董事会二届二百三十四次审议，浙江天地环保科技有限公司以零对价受让浙江一海自然人股东王海瑛、龚贤杰转让的40%股权，完成工商变更。在股权转让条件触发后，浙江天地环保科技有限公司以1254.2万元进行浙江一海40%股权实缴出资及增资扩股。增资扩股完成后，合计取得浙江一海51%的股权。

2019年7月15日，浙能集团董事会二届二百三十五次审议，浙江省能源集团城市燃气有限公司收购嵊州市省级高新技术产业园（三界镇）内已有燃气经营企业嵊州市三界天然气有限公司51%的股权，股权收购款为880251.46元（股东全部权益评估价值为1725983.25元）。在股权收购完成后，由浙江省能源集团城市燃气有限公司与原股东按股比同步向三界天然气公司增资至1000万元。其中，浙江省能源集团城市燃气有限公司按股比出资420.75万元。

2019年7月15日，浙能集团董事会二届二百三十五次审议，浙江长广集团以2018年7月31日为基准日的评估价245.84万元回购湖州长广配售电有限公司安徽境内供电资产。

2019年8月9日，浙能集团董事会二届二百三十七次审议，浙石油销售公司通过公开摘牌方式按不高于评估价收购杭湖公司6台撬装设备及附属设施。

2019年8月30日，浙能集团董事会二届二百三十九次审议，浙江浙能创业投资有限公司按照评估价格即小试技术成果估值为6000万元收购水系锌离子储能电池项目20%小试成果，并作价投入入股浙能中科储能科技有限公司。

2019年9月20日，浙能集团董事会二届二百四十一次审议，浙能资本公司受让浙江浙能投资管理有限公司28.37%股权。

2019年10月11日，浙能集团董事会二届二百四十四次审议，浙能天然气集团按评估价收购浙石油公司所持浙石油贸易公司20%股权，即收购价格为1906.43万元。

2019年11月29日，浙能集团董事会二届二百五十三次审议，浙江浙能电力股份有限公司收购力勤投资所持浙江浙能中煤舟山煤电有限责任公司7%股权。

2019年12月6日，浙能集团董事会二届二百五十五次审议，浙新能源集团以零对价收购浙能创投持有的清能发展0.01%股权，并按绿能基金实缴清能发展资本金比例实缴相应资本金，增资后浙新能源集团占股53.5%。

2019年12月6日，浙能集团董事会二届二百五十五次审议，浙新能源集团按评估值受让浙能能服所持宁夏浙能新能源100%股权；浙能能服所持山西广灵风电35%股和其所持山西阳高风电35%股权。

七、注销清算

2005年7月15日，浙能集团董事会审议，宁波保税区永宁实业公司1998年变更为浙江省电开开发公司全资子公司后，未修订公司章程、未改组董事会、未开展经营业务，实质已处于停业状态，注销此公司。

2007年10月30日，浙能集团董事会临时会议审议，清算关闭杭州天朗旅行社有限公司，浙江兴源投资有限公司做好杭州天朗旅行社有限公司关闭工作。

2013年8月，浙能集团董事会二届八十五次审议，浙能洋山公司依法注销盛洋公司。

2013年11月18日，浙能集团董事会二届八十九次审议，注销香港善高公司，清理香港鸿发在国内的名义投资并注销，以整合浙能集团境内境外企业资源。

2014年10月15日，浙能集团董事会二届一百一十一次审议，浙能房地产有限公司吸收合并荣信公司，荣信公司全部资产、债权债务及经营业务并入浙能房地产有限公司，同时注销荣信公司。

2014年11月17日，浙能集团董事会二届一百一十三次审议，江北海投、朗博船务长期处于停业状态，由宁波海运对两家子公司实施清算注销工作。

2015年6月29日，浙能集团董事会二届一百三十次审议，浙江浙能水电管理公司吸收合并洞头风电，注销洞头风电。

2016年12月13日，浙能集团董事会二届一百六十四次审议，同意科服分公司提出的宁海天达资产处置方案，天地（天达）环保公司清算注销宁海天达环保建材有限公司

2016年12月26日，浙能集团董事会二届一百六十五次审议，浙江省电力建设有限公司全资子公司宁波文昌酒店管理咨询公司于2013年底歇业，进行债务重组，并由浙江省电力建设有限公司自行清算注销宁波文昌酒店管理咨询公司。

2017年6月22日，浙能集团董事会二届一百七十六次审议，萧山发电厂已于2015年关停，注销浙江天达环保股份有限公司杭州萧山分公司。联辉公司和磨石粉公司吸收合并后磨石粉公司注销，联辉公司承继磨石粉公司资产及负债。香港善高投资有限公司继续存续运营，注销香港鸿发集团有限公司，香港鸿发集团有限公司债务划转给香港善高投资有限公司。

2017年11月27日，浙能集团董事会二届一百八十九次审议，根据浙江省国资委《关于确定省能源集团所属“僵尸企业”名单有关事项的通知》确定浙江长建新型墙体材料有限公司为“僵尸企业”，与浙江省国资委、浙江省建投集团沟通决定以债务豁免方式进行清算注销，公司剩余部分土地及建筑物由浙江长广集团承接处置。

2018年8月10日，浙能集团董事会二届一百八十九次审议，浙江浙能富兴燃料有限公司上海分公司和宁波分公司不履行电煤保供职能，电煤主业已歇业，无实质性经营内容，浙能富兴燃料有限公司以吸收合并模式注销两家分公司；宁波海运集团公司物业分公司实际已无经营业务和管理职能，同意注销宁波海运集团公司物业分公司。

2019年1月11日，浙能集团董事会二届二百二十一次审议，浙能科技工程与服务产业分公司清算注销浙江省水电建设有限公司。

2019年7月5日，浙能集团董事会二届二百三十四次审议，解散注销临海市头门港浙石油综合能源销售有限公司。

2019年7月15日，浙能集团董事会二届二百三十五次审议，浙江长广集团吸收合并广德长广新型墙体材料有限公司，承接长广墙材资产及债权债务，妥善安置职工，并注销该公司。

八、增资

2002年3月12日，浙能集团董事会一届十二次审议，浙江省电力开发公司对钱清发电有限公司增加资本金3061.032万元，占增资后注册资本的14.54%，完成增资扩股后，电开股比增加为65.54%。

2002年4月19日，浙能集团董事会一届十三次审议，浙能集团增加实收资本，相应增加浙江省电力开发公司实收资本5.93718462亿元。

2003年8月29日，浙能集团董事会一届二十三次审议，浙能集团对浙江省天然气开发公司资本金增资3亿元。

2004年6月3日，浙能集团董事会审议，浙江兴源投资有限公司在股东出资比例不变的前提下，增加注册资本1.5亿元。其中，浙能集团增资1.35亿元，浙江省电力开发公司增资1500万元。

2005年6月1日，浙能集团董事会临时会议审议，浙能集团和浙江省电力开发公司增加注册资本，将浙能集团的注册资本由35亿元调整为100亿元，浙江省电力开发公司的注册资本由25.45万元调整为33亿元，注册资本与实收资本之间的差额通过资本公积转增。

2005年12月12日，浙能集团董事会临时会议审议，浙江省电力开发公司、浙江国信控股

集团有限公司向浙江省国际信托投资有限责任公司共同认缴增资5亿元人民币。其中，浙江省电力开发公司认缴增资4.75亿元，占增资总额的95%；浙江国信控股集团有限公司认缴增资0.25亿元，占增资总额5%。

2006年10月17日，浙能集团董事会临时会议审议，浙能集团和浙江兴源投资有限公司对浙江浙能富兴燃料有限公司增资1亿元，使之注册资本达到3亿元；浙江兴源投资有限公司向股东预分利润1亿元，另1亿元未分配利润转增盈余公积；浙能集团和浙江省电力开发公司按股比对浙江兴源投资有限公司增资1.8亿元；浙江兴源投资有限公司对香港兴源增加注册资本790万美元。

2006年12月15日，浙能集团董事会临时会议审议，浙江天达建材资源开发有限公司在2005年度可分配利润中提取1000万元用于增加注册资本，使之注册资本金达到2000万元，股权结构不变。

2007年3月20日，浙能集团董事会临时会议审议，浙江省电力建设有限公司对浙江省电力建设监理有限公司增资120万元，浙江省电力建设有限公司仍占有15%的股权，资本金从30万元增加到150万元。

2008年7月28日，浙能集团董事会临时会议审议，浙江兴源投资有限公司以7905万元的价格对天地环保实施定向增资5000万元，增资后浙江兴源投资有限公司持股比例达到66.76%。浙能集团对浙江兴源投资有限公司增加资本金8000万元。

2008年8月4日，浙能集团董事会临时会议审议，浙能集团对浙江浙能石油新能源有限公司增资5000万元，增资后浙江浙能石油新能源有限公司注册资本金为1亿元。

2009年1月23日，浙能集团董事会二届十七次审议，浙江省水电建设公司的注册资本由5100万元增加至8000万元，所需增资额2900万元通过该公司上年未分配利润转赠。

2009年5月13日，浙能集团董事会二届二十次审议，浙江天工自信科技工程有限公司增资300万元，未分配利润转增100万元，资本公积转增200万元；浙江天达建材资源开发有限公司对长兴恒隆物资综合利用有限公司增资2900万元，其中700万元由长兴恒隆物资综合利用有限公司未分配利润转增，2200万元由浙江天达建材资源开发有限公司现金投入；浙江天达建材资源开发有限公司对兰溪天达环保建材有限公司增资3000万元，其中2000万元由兰溪天达环保建材有限公司未分配利润转增，1000万元由浙江天达建材资源开发有限公司现金投入。

2009年6月23日，浙能集团董事会二届二十一次审议，浙江富兴海运有限公司的注册资本金由4664万元增加到30000万元。

2009年8月31日，浙能集团董事会二届二十三次审议，浙能集团向浙江浙能石油新能源有限公司增资4500万元，增资后浙江浙能石油新能源有限公司注册资本金为14500万元；浙信房地产公司向平湖浙能置业有限公司增资1900万元，增资后平湖浙能置业有限公司注册资本金为5000万元。

2010年4月23日，浙能集团董事会二届三十三次审议，浙江浙能长兴发电有限公司以其拥有的2号热网主管线（实物资产）对长兴东南热力公司增资。

2010年5月18日，浙能集团董事会二届三十四次审议，浙能集团缴付500万元注册资本金在浙江浙能中煤舟山煤电公司，出资比例由43%调整为43.625%。

2010年8月29日，浙能集团董事会二届四十次审议，浙江天虹物资贸易有限公司的注册资本金由4580万元增加至1亿元，所需资金先通过浙江天虹物资贸易有限公司未分配利润转增，不足部分由浙江兴源投资有限公司增加出资；台州市联源热力公司增加注册资本3000万元，其中东南发电公司按股比增资2850万元。

2010年9月14日，浙能集团董事会二届四十二次审议，北海水电公司对北海滩坑水电站按照调整概算增加投资18.6692亿元的30%，即约增加5.6亿元资本金。

2010年10月29日，浙能集团董事会二届四十五次审议，浙能集团向浙江兴源投资有限公司增资2亿元人民币。

2010年12月17日，浙能集团董事会二届四十七次审议，浙能集团增加500万元资本金出资对浙江浙能中煤舟山煤电公司，持股比例由43.625%调增为44.11%。

2011年2月16日，浙能集团董事会二届五十次审议，浙江省水电集团收购大洋公司后将注册资本金从1600万元增加至3500万元。

2011年4月20日，浙能集团董事会二届五十三次审议，宁波发电工程公司的注册资本金由2000万元增加至3000万元。

2011年6月3日，浙能集团董事会二届五十四次审议，浙能集团向淮浙煤电公司现金增资18498万元，向滨海发电公司追加资本金23760万元，向浙江东发环保工程公司增加注册资本金5000万元；浙江天音管理咨询公司的注册资本金增加至1000万元，所需资金由浙江天音管理咨询公司未分配利润转增。

2011年8月29日，浙能集团董事会二届五十六次审议，浙江省电力开发公司对浙能中煤舟山煤电公司资本金出资14000万元，在该公司比例相应增至52.96%；浙能集团向浙能城市燃气有限公司增加注册资本金2亿元；浙能富兴燃料有限公司以增资扩股方式定向增持香港兴源公司40%股权。

2011年10月17日，浙能集团董事会二届五十八次审议，浙江浙能富兴燃料有限公司增加注册资本金1亿元。

2012年2月13日，浙能集团董事会二届六十二次审议，浙商保险增加资本金5亿元，从目前的10亿元增加到15亿元，浙能集团按持股比例同比例增资。

2012年6月26日，浙能集团董事会二届六十八次审议，浙能镇海燃气热电有限公司年度资本金增加6000万元，其中浙能电力股份有限公司按股比增加出资3600万元。

2012年11月2日，浙能集团董事会二届七十四次审议，浙江信宇房地产开发有限公司注册资本金由1亿元增资至3亿元，浙江省浙信房地产有限公司公司按股比向其增资1.02亿元；舟山浙能置业有限公司注册资本金由1亿元增资至3亿元，浙江省浙信房地产有限公司按股比向其增资1.2亿元。

2012年11月26日，浙能集团董事会二届七十五次审议，浙能集团向浙江浙能石油新能源有限公司增资5500万元；浙能集团增加浙江省洁净煤中心开办资金1680万元。

2013年3月12日，浙能集团董事会二届七十九次审议，镇江浙信房地产开发公司的注册资本金由3200万元增加到1亿元，由浙江省浙信房地产有限公司和浙江兴源投资有限公司按股比现金出资，即浙江省浙信房地产有限公司出资5440万元，浙江兴源投资有限公司出资1360万元。

2013年5月10日，浙能集团董事会二届八十一次审议，浙江浙能富兴燃料有限公司、浙江富兴公司、浙江省天然气公司及浙江省电力建设有限公司四家股东按出资比例对浙能第二大厦项目公司增补注册资本金。

2013年6月13日，浙能集团董事会二届八十三次审议，浙能集团向浙能城市燃气公司增资1.5亿元。

2013年9月23日，浙能集团董事会二届八十七次审议，浙江省浙信房地产有限公司更名为浙江省浙能房地产有限公司，并将注册资本从3亿元增加至8亿元，其中浙江国信控股集团有限公司增加出资4.2亿元，占股60%；国信企业公司增加出资0.8亿元，占股40%。

2013年11月18日，浙能集团董事会二届八十九次审议，浙江浙能科服能源技术有限公司增加注册资本金7000万元，由浙江天地环保工程有限公司、浙能能源技术有限公司和浙江浙能节能科技有限公司分别按原比例认缴；浙能集团按股比对内蒙色连煤矿项目出资3800万元。

2014年2月17日，浙能集团董事会二届九十五次审议，浙江浙能节能科技有限公司2014年一次性增资1亿元，2015年一次性增资1亿元。

2014年5月30日，浙能集团董事会二届一百零一次审议，东都设计院对瑞丰公司进行增资，注册资本金由100万元增加至300万元。

2014年6月30日，浙能集团董事会二届一百零三次审议，浙能集团向浙江浙能石油新能源有限公司增资2亿元。

2014年7月7日，浙能集团董事会二届一百零四次审议，浙江天工自信科技工程有限公司的注册资本由1000万元增加至5000万元。新增

4000 万元中，1000 万元由浙江天工自信科技工程有限公司未分配利润转增，3000 万元由浙江兴源投资有限公司和浙江天虹物资贸易有限公司两家股东分别出资 2340 万元和 660 万元。

2014 年 9 月 1 日，浙能集团董事会二届一百零八次审议，浙江兴源投资有限公司向镇江饭店增资 2 亿元。

2014 年 10 月 23 日，浙能集团董事会二届一百一十二次审议，浙江金衢丽天然气公司增加注册资本金 9000 万元。

2014 年 11 月 17 日，浙能集团董事会二届一百一十三次审议，乐清市瓯越电力工程检修公司增资 700 万元，从 500 万元增资到 1200 万元，资金来源为瓯越公司未分配利润转赠。

2015 年 3 月 6 日，浙能集团董事会二届一百二十一次审议，浙江省海洋开发投资集团有限公司注册资本金由 64 亿元增加至 100 亿元，浙能集团和浙江省金融控股有限公司按股比出资，新增加的 36 亿元注册资本金中，浙能集团出资 23.4 亿元，浙江省金融控股有限公司出资 12.6 亿元。

2015 年 5 月 5 日，浙能集团董事会二届一百二十六次审议，浙江浙能科服能源技术有限公司各股东方对其增加注册资本金；浙江金衢丽天然气公司增加注册资本金 12000 万元。

2015 年 6 月 8 日，浙能集团董事会二届一百二十九次审议，关于新疆奇台俪都钱塘项目，淮东能化公司与浙能房地产有限公司按股比比例（80%：20%）向淮东房产公司注入资本金 8000 万元，其中淮东能化公司按股比出资 6400 万元，浙能房地产有限公司按股比出资 1600 万元。

2015 年 6 月 29 日，浙能集团董事会二届一百三十次审议，浙江省水利水电集团向水电管理公司增资 1 亿元。

2015 年 8 月 14 日，浙能集团董事会二届一百三十四次审议，建德市浙能天然气有限公司增加注册资本金 1000 万元，其中浙江省能源集团城市燃气有限公司以其自有资金按股比出资 520 万元。

2015 年 10 月 14 日，浙能集团董事会二届一百三十七次审议，浙江浙能龙泉生物质发电有限公司增加注册资本金至 2 亿元，增加的 1.294 亿元资本金由浙江兴源投资有限公司和浙江天地环保工程有限公司按股比出资。

2016 年 10 月 14 日，浙能集团董事会二届一百六十次审议，浙江天达环保股份有限公司对宁波市镇海天达环保建材有限公司增资 700 万元；浙能集团向长广集团增加资本金 3.7 亿元，分两次到位。其中，2016 年增资 2 亿元，2017 年增资 1.7 亿元。

2016 年 12 月 26 日，浙能集团参与华融信托增资项目，由浙能集团出资不超过 16 亿元参与增资扩股，持有不超过 13.48% 股权。

2017 年 1 月 6 日，浙能集团董事会二届一百六十六次审议，浙能技术研究院有限公司将未分配利润 3000 万元转增股本，浙能集团向浙能技术研究院有限公司增加注册资本金 7000 万元。

2017 年 2 月 17 日，浙能集团董事会二届一百六十八次审议，浙江国信创业投资有限公司以增资扩股方式出资 1750 万美元等值人民币持有龙焱能源公司 20% 股权。2017 年 12 月 25 日，浙江国信创业投资有限公司对龙焱能源公司增资 1339.6 万元人民币，增资后股权比例 20% 维持不变。

2017 年 4 月 1 日，浙能集团董事会二届一百七十二次审议，浙江浙能资产经营管理有限公司对参股企业浙江鸿程计算机公司增加注册资本金从 4056 万元增加至 8112 万元。

2017 年 6 月 22 日，浙能集团董事会二届一百七十六次审议，浙能集团向浙商保险增资 3 亿元作为保牌的临时性措施。

2017 年 7 月 7 日，浙能集团董事会二届一百七十八次审议，浙江兰能热力有限公司增加注册资本金 3700 万元，浙江浙能兰溪发电有限责任公司按股比认缴出资，出资后浙江兰能热力有限公司注册资本金为 7000 万元。

2017 年 8 月 8 日，浙能集团董事会二届一百八十次审议，浙能电力股份有限公司参股中国海洋核动力发展有限公司 9% 股份，按股比出资 9000 万元。

2017 年 9 月 8 日，浙能集团董事会二届一百八十二次审议，浙能电力股份有限公司参股中核河北核电有限公司，股比为 10%，按股比注资 3600 万元；浙能燃气公司增加资本金 2 亿元，浙能燃气公司按年度计划向浙能城市燃气公司增加资本金6100万元。

2017年10月30日，浙能集团董事会二届一百八十六次审议，浙江浙能富兴燃料有限公司按股权比例向浙能国际增资21203万美元、14136万美元，浙能电力股份有限公司向浙江浙能富兴燃料有限公司增资94000万元。

2017年12月15日，浙能集团董事会二届一百九十次审议，浙能资本控股公司对浙江国信创业投资有限公司增资1500万元，同时将浙江国信创业投资有限公司351.85万元未分配利润转增资本金，浙江国信创业投资有限公司资本金增加至5000万元。

2018年3月22日，浙能集团董事会二届一百九十八次审议，浙能城市燃气有限公司按股比对泰顺县鸣伟燃气管道有限公司增资230.52万元。

2018年3月29日，浙能集团董事会二届一百九十九次审议，浙能资本控股有限公司向浙能融资租赁公司增资3亿元；浙能资本控股有限公司向浙江浙能创业投资有限公司再次增资1亿元。

2018年6月29日，浙能集团董事会二届二百零五次审议，浙江能源天然气集团有限公司向浙江浙能天然气运行有限公司增加注册资本金4800万元。

2018年7月6日，浙能集团董事会二届二百零六次审议，浙江能源天然气集团有限公司向浙江省能源集团城市燃气有限公司增加注册资本金20000万元；浙能资本控股有限公司向浙江浙能投资管理有限公司增资167.5万元，国新国同（浙江）投资基金合伙企业增资242.5万元，增资后浙江浙能投资管理有限公司注册资本增加至1410万元，股权比例调整为浙能资本控股持46.43%；浙能综合能源技术研发有限公司增资1.2222亿元。

2018年8月3日，浙能集团董事会二届二百零七次审议，浙江浙能电力股份有限公司向浙江浙能能源服务有限公司增加注册资本金1亿元。

2018年8月31日，浙能集团董事会二届二百零九次审议，浙江长广（集团）有限责任公司增加注册资本金2亿元。

2018年9月21日，浙能集团董事会二届二百一十一次审议，浙江浙能温州发电有限公司通过实物出资和货币出资相结合的方式向乐清市嘉隆供热有限公司增加注册资本金1000万元。

2018年10月10日，浙能集团董事会二届二百一十二次审议，浙江长广（集团）有限责任公司以浙江天地环保科技有限公司未分配利润转增资本金方式向浙江天地环保科技有限公司注册资本金2亿元。

2018年11月26日，浙能集团董事会二届二百一十六次审议，浙能集团向浙能天然气集团公司增加资本金5.5亿元。

2018年12月25日，浙能集团董事会二届二百一十九次审议，浙能资本控股有限公司向浙江富浙投资有限公司出资4.86亿元；浙能电力股份有限公司向浙江富浙投资有限公司出资3.24亿元。

2019年2月20日，浙能集团董事会二届二百二十三次审议，伊犁新矿煤业有限责任公司注册资本金由目前的36363.6364万元增加至138600万元，其中浙能集团以现金方式认缴新增的注册资本46006.3636万元，伊犁能源以债转股方式认缴新增的注册资本56230万元。

2019年2月25日，浙能集团董事会二届二百二十三次审议，浙能科服能源技术有限公司将注册资本金从59799万元调减至45200万元。

2019年3月29日，浙能集团董事会二届二百二十六次审议，浙江能源天然气集团有限公司向浙江浙能天然气管网有限公司一次性增资132635万元。

2019年3月29日，浙能集团董事会二届二百二十六次审议，浙能集团向浙江能源天然气集团有限公司增资132635万元。

2019年5月21日，浙能集团董事会二届二百三十次审议，浙能电力股份有限公司向浙能阿克苏热电有限公司增资2亿元。

2019年6月6日，浙能集团董事会二届二百三十一次审议，浙能集团、浙能资本控股有限公司按60%与40%的持股比例向浙能国际有限公司共同增资9亿元。

2019年6月28日，浙能集团董事会二届二

百三十三次审议，浙能集团向浙江长广（集团）有限责任公司增资2.2亿元。

2019年8月30日，浙能集团董事会二届二百三十九次审议，浙能资本控股有限公司以自有资金向浙江浙能创业投资有限公司增资1200万元。

2019年8月30日，浙能集团董事会二届二百三十九次审议，浙江浙能电力股份有限公司将台州发电厂东海翔分布式光伏项目（一期）资产，按评估值4697万元注资至浙江浙能能源服务有限公司。

2019年10月23日，浙能集团董事会二届二百四十五次审议，浙江浙能电力股份有限公司将原海天公司在用的台州发电厂99项资产，按评估值140.3万元注资至浙能工程技术有限公司。

九、日常产权管理

（一）管理信息系统

1. 浙江省国有资产监督管理信息系统

2017年，浙能集团全面启动浙江省国有资产监督管理信息系统，各企业单位及时录入国有资产交易信息，依照产权登记管理信息系统中的相关信息，对浙能集团系统企业的产权转让、增资扩股、资产转让、资产租赁、企业并购事项涉及的资产交易进行管理和评估管理。实时履行监督审批职责，确保国有资产不流失。

2. 国家出资企业产权登记管理信息系统

2012年，在浙江省国资委的统一部署下，浙能集团系统建立了新的产权登记数据系统——国家出资企业产权登记管理信息系统，对浙能集团系统企业的产权占有、变动及注销事项进行登记，各子企业按照股权关系逐级向上做好本单位的登记工作，并及时录入、维护相关信息，完善产权工作数据库，并按要求定期对系统内产权交易情况进行自查，确保产权登记数据的及时性、完整性、真实性和准确性。浙能集团不定期举办集团产权登记管理信息系统培训，对相关工作人员进行讲解开展软件实务操作培训。为有效贯彻落实《浙江省企业国有资产监督管理办法》及有关国资监管规定，浙能集团召开国资法专题讲座、编辑《法治浙能》宣传手册、组织开展企业国有资产监督管理知识竞赛等活动，使相关国有资产管理规定深入基层。

（二）三会管理

浙能集团充分发挥三会信息化管理系统作用，指导所属企业利用专门系统进行三会上报审核工作，并适时开展相关培训，使三会审批流程更加规范。加强对浙能集团所属企业和参股企业的股东会、董事会、监事会三会管理，板块分公司、营运企业逐级审核管理，对重大问题及时向集团领导汇报并做好部门之间的沟通工作。

为规范董事会管理，浙能集团制定了《董事会工作规则》《出资人代表管理办法》《“三重一大”决策制度实施办法》《重大事项议事决策规则》《控股企业董事会会议运作管理办法》等制度，规定了重大决策事项的内容、流程、表决、行文，派出董事的资格、产生、权责、考核，董事会会议的筹备、召开、表决、记录等。按照公司章程及有关制度规定，企业按期换届。设立董事会的企业规范召开了董事会会议，浙能集团本级董事会会议严格遵循集团决策、民主决策原则，在充分听取并综合与会人员意见后，董事长最后发表结论性意见；非董事领导人员、监事会成员列席会议，并视议题内容吸收有关职能部门、所属企业负责人列席会议。董事会现场会议均有详细的会议记录、标注会议届次并董事签名的会议纪要、书面议案，录音资料均归档留存。

针对参股企业经营、投资存在重大问题或事项，及时牵头或协调召开专题会议进行研究，确保浙能集团准确掌握信息，维护集团利益。针对外派参股企业董事、监事、经营人员与集团、板块联络不畅的情况，建立微信群作为外派高管、集团和板块项目联系人联络平台。针对连续多年亏损或不分红的参股企业，要求各投资主体逐步退出。

第九章 内 部 审 计

第一节 机构与制度

一、组织机构

2003年8月20日，浙能集团签发《关于调整集团公司内设机构的通知》（浙能人〔2003〕244号），在调整原部室的基础上成立了监察审计部。监察审计部编制共3人，配备了部门主任、监察人员及审计人员，以监察纪检为重心，同步根据国家有关规定和内部管理需要，逐步开展以经济责任审计、财务收支审计为主的日常审计工作。浙能集团下属主要企业也相继成立了监审部门（2019年更名为纪检审计室）或党群部，配备相应的专兼职内审人员，负责企业的内部监督检查工作。

2012年1月10日，浙能集团根据外部形势的变化和企业快速发展的内在需求，为进一步加强内部审计监督作用发挥，董事会决定在集团层面上将纪检监察和审计工作分线运作。浙能集团签发《关于设立浙江省能源集团有限公司监察部、审计部及赉建政等职务聘任的通知》（浙能人〔2012〕15号），独立设置审计部，确立了“要人给人、要枪给枪”，人员编制上不封顶的建部思路，部门人员由原先合署3人扩充到单部室10人，并以“三必审”即“离任必审、三年必审、集团重大决策决定的执行情况必审”为工作指导理念，再造更新审计业务流程，独立开展审计项目。

2013年2月1日，随着内审工作开展，浙能集团提出了“五个必审”的重要指导理念，即“离任必审、三年必审、集团重大决策决定的执行情况必审、发现问题苗头的必审、上级有要求的必审”。浙能集团内部审计工作通过摸索已基本形成了适合自身特点的统一管理、分级负责、有序联动的工作模式，即集团审计部统筹审计力量全面推进板块分公司、二级企业主要领导的经济责任审计，有针对性开展专项审计调查，对基建项目实施中介机构跟踪审计等；板块分公司、二级企业结合本单位实际情况，开展对本级或下属单位的审计项目。

2013年11月14日，浙能集团印发《关于浙江省能源集团有限公司机构设置调整的通知》（浙能人〔2013〕570号）文件，监事会工作部挂牌审计部，审计部更名为审计部（监事会工作部），实行一套机构，两块牌子管理模式。监事会工作部主要职责是对所属企业监事会工作的管理、对外派监事进行管理和工作指导以及配合集团人力资源部对外派监事进行考核等工作。

截至2019年12月底，浙能集团本级、浙江浙能电力股份有限公司、浙江省能源集团财务有限责任公司设置独立内审机构，另有浙江浙能水利水电投资集团有限公司、浙江浙能天然气集团有限公司等58家下属分（子）公司设置相对独立的内审机构。浙能集团共配备专（兼）职内部审计人员114人，其中专职审计人员58人，具有中级职称29人、高级职称8人、注册会计师6人、国际注册内审师3人。集团审计部共计10人，高配主任（兼任集团副总经济师）1名，副主任1名、主任会计师1名，审计、工程、财务、金融等专业专职内审人员7名。

二、制度建设

2005年9月28日，浙能集团制定《内部审计实施办法》，对内审体系和审计程序进行了系统的规范，包括对浙能集团及所属企业的内部审计机构及人员、主要职责及权限、内审工作程序和方法、被审计单位的责任和义务、内审人员职业道德准则和奖惩等作出规定。同时，制定发布《基本建设投资项目审计实施办法》，明确了浙能集团及所属企业的基本建设投资项目内部审计的范围、内容、程序和方法等。此后浙能集团分别于2011年3月1日和2014年5月19日，对上述制度进行修订后重新颁布，主要因浙能集团职能部门更名、“强总部”建设方案及板块管控操作优化方案等施行要求，对原制度进行了更新、调整。

2011 年 3 月 1 日，根据国家有关规定，结合企业实际情况，为服务集团中心工作，浙能集团对内部审计流程、制度进行梳理，制定发布了《企业领导人员任期内经济责任审计管理办法》《内部控制制度审计管理办法》《联合审计管理办法》《委托社会中介机构审计管理办法》《工程建设项目跟踪审计管理办法》五个制度，进一步明确了企业领导人员任期经济责任审计、内部控制评价审计以及多个股东方联合发起专项审计（调查）的管理程序，同时也对工程建设项目跟踪审计的管理流程进行了系统的规范。

2012 年 11 月 12 日，浙能集团为进一步提高审计质量，结合《审计署关于内部审计工作的规定》等规定，重新梳理内部审计流程，制定发布了《内部审计操作规程（试行）》，从审计计划、审计内容、审计准备、审计实施、审计报告及审计销号等方面进行了系统性规范。2014 年 5 月 19 日，根据浙能集团管控方案对集团审计部、板块分公司及营运企业的职责定位，重新对前述制度进行了修订。

2018 年 9—12 月，根据浙江省政府、省国资委等新出台的《浙江省审计整改责任追究办法（试行）》《浙江省国资委关于进一步加强省属企业内部审计工作的通知》等文件精神和相关规定，结合浙能集团的内部管理需求，重新组织研究、修订《内部审计管理办法》《企业领导人员任期经济责任审计办法》《基本建设投资项目审计办法》《工程建设项目跟踪审计管理办法》四项制度。此外，根据集团公司对监事会管理要求，新制定《所属企业监事会及派出监事管理办法》，对所属企业监事会管理工作进一步规范。

2019 年 5 月 10 日，为建立健全有效的内部审计监督体系，确保国有资产保值增值，根据《浙江省省属国有企业内部审计管理暂行办法》《浙江省能源集团有限公司设备检修管理办法》，结合集团公司实际情况，新制定并颁布实施了《设备大修工程审计办法（试行）》《设备技术改造工程审计办法（试行）》《科技项目审计办法》三项制度，强化了对集团各单位内部审计机构对大修工程、技术改造工程、科技项目全过程的真实性、合法合规性、效益性的审查监督与评价，加强了对项目费用控制的监督与检查。截至 2019 年底，浙能集团内部审计机构、制度及人员统计见表 13-9-1。

表 13-9-1 浙能集团内部审计机构、制度及人员统计表

项目	集团本级	下属单位
一、设置独立或相对独立内审机构（户）	1	60
其中：独立设置内部审计机构的企业户数（户）	1	2
与纪检监察、党群等部门合署的企业户数（户）	—	58
二、已建立审计制度个数（个）	10	147
三、企业内部审计人员（人）	10	104
其中：专职审计人员人数（人）	10	48
其中：中级职称人数（人）	6	23
高级职称人数（人）	3	5
国际注册内部审计师人数（人）	—	3
注册会计师人数（人）	2	4

三、综合管理

（一）工作年度会议与专业培训

2010 年 3 月 9 日，浙能集团 2010 年纪检监审工作会议在杭州召开。集团公司副董事长、党委副书记、纪委书记蔡建平在会议中发表讲话，肯定了集团监察审计部开展的“严格控制职务消费，积极降低管理成本”专项审计活动。

2010年9月9日，浙能集团纪检监审业务流程研讨会在杭州召开，会议研讨了如何加强纪检监审制度建设。

2010年10月18日，集团公司董事长吴国潮及纪委书记张荣博出席浙能集团第三期纪检监审人员培训班，并做了讲话。董事长吴国潮肯定了纪检监审队伍是一支“讲政治、守纪律、业务熟、作风实”的好队伍，在提升企业内部审计工作水平等方面取得了一些成绩，初步形成了一些具有浙能集团特色的、切实可行和对推进工作起到较好作用的思路、制度和方法。

2011年2月24日，浙能集团2011年度纪检监审工作会议在杭州召开。集团公司董事长吴国潮，总经理童亚辉出席会议并分别作重要讲话，纪委书记张荣博同志主持会议并作工作报告。会议对2009—2010年度纪检审计先进单位人员、先进个人进行了表彰。

2012年2月9日，浙能集团2012年纪检监审工作会议在杭州召开。浙能集团董事长吴国潮及纪委书记张荣博分别在会议上讲话。董事长吴国潮提出“我们的事业拓展到哪里，纪检监审工作就要深入到哪里”，审计工作要确立集团、板块分公司和各所属单位“三级审计”体制，突出联合审计，积极发挥中介机构作用，坚持“明确分工、上下联动、内外结合、审监协作、讲求实效”的审计工作方针，加大企业内部审计工作力度，深化审计内容和范围，积极配合和保证集团公司各项经营目标和基建任务的完成。

2013年2月1日，浙能集团2013年纪检监察与审计工作会议在杭州召开，集团纪委书记张荣博发表题目为《完善体系　防控并重　阳光规范　落实效能　为集团公司科学发展提供坚强保证》讲话。张荣博强调去年省审计厅共对集团公司开展了经济责任审计、嘉兴三期竣工审计、对接央企合作项目跟踪专项审计三个审计项目，共涉及28家单位，提出145个审计问题。系统各单位要以专项业务检查和领导人员经济责任审计为重点，积极开展审计工作，同时按照集团领导“审计一个、整改一片”的要求，针对审计问题较为集中的领域，努力从源头上防范风险的发生，进一步加强审计的监督和服务，提升集团系统的“免疫功能”。

2014年10月23—24日，集团公司举办了2014年纪检监审业务培训班。集团公司纪委书记张荣博为培训班授课。集团审计部副主任从外部审计形势分析、审计政策和法规解读、审计案例分析以及工作体会等方面就内部审计业务进行了专项辅导。

2015年9月14—15日，集团公司举办了为期两天的2015年纪检监审业务培训班。集团公司纪委书记张荣博为培训班作了开班动员，并做了专题报告。

2016年9月22—23日，集团公司举办了为期两天的2016年纪检监察与审记业务培训班。集团公司纪委书记张荣博围绕纪检监察工作历史沿革及纪检监审干部素质要求进行了专题讲课。

2017年10月18—20日，为期三天的集团2017年纪检监察与审计业务培训班在杭州举办。集团公司纪委书记张荣博发表讲话，对审计人员提出了要培养忠贞之气、浩然正气、昂扬锐气、蓬勃朝气和过人才气的五点要求。

2018年9月20—21日，集团公司2018年度内部审计业务培训在镇江开班。集团公司纪委书记张荣博作开班讲话，并邀请浙江省内审协会副会长甘伟军及省审计厅经贸处处长杜良文到会授课。

2018年11月13日，由浙江省内部审计协会主办的“内部审计成果转化与价值提升班”在杭州顺利召开，集团公司纪委书记、省内部审计协会副会长张荣博受邀为来自全省各行业的100余名学员授课。

2019年11月7—8日，集团公司在杭州举办2019年审计业务培训班，邀请了原浙江省审计厅厅长陈荣高、省审计科学研究所培训部主任何志方、浙江大学经济学院党委书记蒋岳祥就国家最新的审计政策、审计创新与实务技巧、大数据背景下的思维与审计等内容进行授课。

（二）内审指导工作

2011年3月9日，集团纪委副书记、监察审计部主任一行到富兴海运公司开展集团新组建单位纪检监审工作专项调研。

2011年3月21日，集团监察审计部副主任一行到浙能技术中心开展集团新组建单位纪检监审工作专项调研。

2011年3月22日，浙能集团纪委副书记、监审部主任一行到浙能新疆阿克苏电厂项目筹建处，就筹建处的纪检监察审计工作进行调研指导。

2012年3月15—21日，集团公司纪委书记张荣博一行先后到浙能可再生能源分公司、煤炭及运输分公司、科技工程与服务产业分公司、天然气石油分公司，就板块化改革推进过程中的党风廉政和纪检监审工作进行调研指导。集团公司审计部主任等随同调研。

2013年3月19日，集团公司纪委书记张荣博在集团审计部主任、副主任等一行的陪同下，到镇电公司调研镇海动力中心天然气热电联产工程跟踪审计项目实施情况，突显审计工作由“事后审计”向“事前介入、事中跟踪”转变，能充分发挥审计的预防和监督职能，有效地防控各类风险。

2013年3月20日，浙能集团公司审计部副主任一行到浙能嘉兴港煤炭物流有限公司调研该公司码头建设工程跟踪审计工作实施情况。

2013年3月21日，集团审计部副主任一行到浙江浙能洋山建设开发公司调研审计工作开展情况。

2013年4月23日，集团公司纪委书记张荣博书记率队到国控房产公司调研内审等工作。集团公司审计部主任等一同调研。

2013年5月8日，集团公司纪委书记张荣博一行到淮浙煤电凤台发电公司，对风电二期工程建设、工程进展、工程质量等情况进行了实地调研，并详细了解风电二期工程跟踪审计工作开展情况。

2013年10月22日，浙能集团审计部主任一行到天达公司调研指导内审工作。集团审计部主任会计师随同调研。

2013年11月18日，集团公司审计党支部召开了党的群众路线教育实践活动专题组织生活会，深入查摆剖析“四风”问题，认真开展批评和自我批评，进一步兴学风、转作风、树新风。

2014年3月4日，集团审计部主任一行到舟山煤电公司开展审计调研。

2014年3月12日，由集团公司审计部、监察部有关人员组成的审计工作组到宁波越华能源检测有限公司，开展集团三级公司管控情况专项审计调查。

2014年3月13—14日，集团公司审计部、监察部组成的审计组对浙江天地环保工程有限公司及其下属绍兴市分公司进行了管控情况专项审计调查。

2015年6月25日，浙能集团财务部总监、审计部主任、副主任一行到台州第二发电公司，对正在开展的审计工作进行了指导。

2015年9月24日，浙能电力股份有限公司副总经理，浙能集团财务管理总监、审计部主任一行到浙能阿克苏热电有限公司，现场考察指导审计工作。

2017年9月26日，集团公司审计部受邀进疆，为新疆板块职工开展了题目为《内部审计技巧与实务案例分析》技术讲座。

2018年8月20日，浙能集团副总经济师、审计部（监事会工作部）主任一行到科服分公司调研指导审计工作。

2018年8月21日，浙能集团副总经济师、审计部（监事会工作部）主任一行到镇海联合发电公司，对该公司审计工作进行调研指导。

2018年8月22日，浙能集团副总经济师、审计部（监事会工作部）主任一行到北仑发电公司调研指导审计工作。

2018年10月16日，浙能集团纪委书记张荣博一行到浙能新疆分公司，就新疆板块项目跟踪审计以及党风廉政建设工作进行调研指导。集团副总经济师、审计部主任陪同调研。

2019年2月20日，浙能集团召开项目启动会正式启动数字化风控平台建设。浙能集团总经理柯吉欣作动员讲话，纪委书记张荣博、副总经理朱松强出席会议。柯吉欣指出，新形势下从中央到省里都高度重视风险管理，集团公司改革发展，特别是向新业态推进过程中，要将风控工作放到更加重要的位置，风控工作要充分利用信息化手段，从传统监管模式向数字化转变。项目建设要对标先进、务求实效，真正起到实时风险防范和持续效益提升的作用。项目实施与使用中，要主动融入、各司其职、紧密协作，努力实现风控和数字化的有机结合。

2019年8月9日，浙能集团副总经理徐小丰一行前往伊犁新天煤化工有限责任公司就内部审计工作开展情况进行调研。集团副总经济师、审计部主任陪同调研。

2019年9月26日，浙能集团副总经理徐小丰一行前往宁夏枣泉发电有限责任公司就内部审计工作开展情况进行调研。集团副总经济师、审计部主任陪同调研。

2019年11—12月，浙能集团副总经理徐小丰一行前往北京向国家电力投资集团有限公司、国家电网有限公司、中国国航中国国际航空股份有限公司、广州深圳能源集团股份有限公司、广东能源集团有限公司就全面风控体系建设先进经验、内部审计工作先进做法开展调研。

（三）外部调研

2011年8月29日，浙江省审计厅厅长陈荣高一行在浙能集团纪委书记张荣博以及丽水市、青田县有关党政领导陪同下来到滩坑水电站视察。陈荣高指出，北海水电公司在浙能集团的领导下认真做好审计工作，一如既往地管好权、管好钱、管好事，一步一个脚印把工作做好，达到最大程度地服务发展大局、最大幅度地提升社会效应的工作目标。

2012年7月5日，浙江省审计厅固定资产投资审计处处长白剑峰一行到浙能龙泉生物质发电工程进行调研，实地了解该工程进展情况。

2012年7月11日，浙江省审计厅派出以周如苗为组长的审计组，对浙江集团吴国潮同志任浙能集团董事长期间的经济责任开展审计。

2012年8月9日，省审计厅经贸处林呈焕任组长的经济责任审计组一行到省天然气公司对吴国潮任浙能集团董事长期间的经济责任开展延伸审计工作。

2013年6月8日，浙江省审计厅党组成员、省经济责任审计工作联席会议办公室主任高占江来浙能集团调研内部审计工作。省审计厅经济责任审计一处处长王家华、审计干部培训中心主任刘祝华随同调研。浙能集团公司纪委书记张荣博，副总经理楼晶及各部门相关负责人参与调研。高占江充分肯定了浙能集团内部审计工作，他认为，浙能集团探索并实践一条以控制为主线、以治理为目标、以增值为目的内部审计工作新思路非常好，内部审计工作开展自主性非常强，具有很强的浙能集团内部审计工作特色，值得其他省属国有企业借鉴学习。

2013年11月12日，浙江省审计厅固定资产投资审计一处副处长高安秀一行来到舟山煤电公司进行调研指导。

2013年11月14—15日，浙江省审计厅固定资产投资审计一处副处长高安秀与浙能集团审计部副主任参观考察了天然气管道工程衢州接收站及浙能常山天然气热电厂的相关情况。

2013年11月15日，浙江省审计厅固定资产投资审计一处副处长高安秀一行在浙能集团审计部副主任陪同下参观调研了长兴天然气热电联产工程，并对该工程审计工作提出相关要求。

2013年12月20日，巨化集团公司监察审计法务部副部长一行到浙能集团审计部交流学习。双方就内部审计工作的经验、做法进行了探讨交流。

2014年4月16日，浙江省审计厅厅长徐宇宁一行在浙能集团纪委书记张荣博陪同下，赴滩坑水电站调研。可再生能源分公司党委书记倪晓岚和丽水、青田两级政府相关领导陪同调研。

2014年11月25日，中国内审协会会长、原审计署副审计长余效明一行到浙能集团进行调研。浙江省审计厅副厅长、省内审协会会长陈焕昌，浙能集团董事长吴国潮，总经理、副董事长童亚辉，纪委书记张荣博等领导陪同调研。调研中，余效明充分肯定了浙能集团内部审计工作取得的成绩，并对下一步审计工作的开展给予指导。陈焕昌副厅长也结合省审计厅对浙能集团的历次审计情况，对浙能集团公司治理、内部管理、内审作用发挥等情况作出了肯定。

2015年1月9日，浙江省审计厅调研员廖友军一行来到浙能常山天然气发电有限公司，现场了解该工程预算执行审计工作的整改落实情况。浙能集团审计部副主任陪同走访。

2015年1月9日，浙江省审计厅副厅长谢永刚、经贸处处长杜良文一行4人到浙能集团进行调研。浙能集团总经理、副董事长童亚辉，纪委书记张荣博，副总经理、长广集团副董事长楼晶，副总经理黄伟建等领导陪同调研。谢永刚认真听取了黄伟建关于2014年浙能集团经营情况、楼晶关于长广集团改革工作推进情况以及张荣博关于内审工作开展情况等汇报。谢永刚充分肯定了浙能集团2014年的经营成绩以及长广集团改革推进等工作，并对今后的内审工作开展给予指导。

2015年8月25日，浙江省审计厅厅长徐宇宁一行在临海市委常委、常务副市长张招金及头门港公司领导陪同下调研头门港。

2015年11月21日，中华人民共和国审计署驻上海特派员办事处叶任昀一行来到舟山煤电公司，考察调研该公司电厂工程建设、企业经营管理和监察审计等工作的开展情况。集团公司审计部主任会计师等陪同调研。

2016年3月9日，浙江省审计厅经贸处处长杜良文一行3人来到集团公司开展对董事长、总经理任期经济责任审计的审前调研。集团公司董事长吴国潮，副董事长、总经理童亚辉，董事、副总经理范小宁，纪委书记张荣博，副总经理黄伟建等领导陪同调研。

2016年3月31日，浙江省审计厅派出以杜良文为组长的审计组，对吴国潮同志、童亚辉同志任浙能集团董事长、总经理期间的经济责任开展审计。

2016年4月14日，省国资委副主任沈建平等一行四人来浙能集团就内部审计工作开展情况进行调研。集团公司副董事长、总经理童亚辉，纪委书记张荣博陪同调研。沈建平充分肯定了浙能集团内部审计工作取得的成绩，他表示，浙能集团作为省属国有企业中的排头兵，领导高度重视内部审计，内审工作开展的较为不错，富有特色。同时，希望浙能集团进一步利用好内部审计规范企业经营管理，积极探索内审创新，努力实现内部审计工作的转型。

2017年3月2日，浙江省审计厅厅长徐宇宁一行到浙能集团调研。集团公司董事长童亚辉，纪委书记张荣博，副总经理黄伟建陪同调研。

2018年11月16日下午，浙江省审计厅厅长、党组书记朱忠明一行到浙能集团调研集团公司内部审计工作情况。浙江省审计厅副厅长(巡视员)、省内审协会会长陈焕昌，集团公司董事长童亚辉，纪委书记张荣博等陪同调研。

2018年11月26日，浙江省属国企审计工作专题会议在浙能集团五楼会议厅召开。会议由省国资委、省审计厅联合举办，旨在贯彻落实习近平总书记关于审计工作重要讲话精神和省委、省政府加强内审工作部署及“清廉国企”建设，进一步强化省属企业审计机构建设和审计工作推进。省国资委副主任、党委副书记陈月亮主持会议，省国资委副主任沈建平，省审计厅副厅长（巡视员）陈焕昌出席会议并作讲话。26家省属企业及有关单位领导参加会议。浙能集团公司董事长童亚辉出席会议并致辞，他表示，浙能集团始终把审计工作放在重要位置，新形势下审计工作要适应新挑战，更好地为集团健康发展保驾护航。浙能集团公司纪委书记张荣博代表浙能集团作内审工作经验交流。沈建平就省属企业内审工作情况作专题讲话。陈月亮作总结讲话与工作部署。他强调，各省属企业要及时传达、组织学习宣贯本次会议精神与省属企业内审工作优秀经验，尤其是浙能集团的做法；要着力解决好对内审工作的认识问题，抓紧健全内部审计机构，找准内审工作定位；要高质量抓好审计工作，积极探索内审工作新模式；要强化审计成果的运用与转化，促进长效机制形成。

2019年5月9日，浙江省担保集团有限公司来到浙能集团审计部调研内部审计工作，就内部审计机构设置、人员配备、运行机制、工作内容等方面进行了深入探究。

2019年11月6日，浙能集团审计部参加浙江省内部审计协会在杭州举办“‘科技强审’提升内部审计服务水平”专题交流会，围绕“如何‘科技强审’提升内部审计服务水平”作了主题交流发言。

（四）队伍建设

2012年1月10日，（浙能人〔2012〕15号）文件，宣布聘任毛申良为浙能集团有限公司审计部副主任。

2012年2月21日，（浙能人〔2012〕107号）文件，宣布聘任王莉娜为浙能集团有限公司审计部主任。

2013年1月21日，（浙能人〔2013〕23号）文件，宣布因工作变动，调整周海平职务，聘任为浙能集团有限公司审计部主任师。2015年5月，提拔为浙能集团有限公司审计部（监事会工作部）副主任。

2015年11月3日，为进一步加强集团公司审计部的管理力量，集团公司纪委书记张荣博一行到审计部，宣布充实审计部领导人员的决定，聘任程向华为浙江省能源集团有限公司审计部主任会计师。

2016年2月24日，集团公司纪委书记张荣博一行在浙能大厦召开人事任免会议，宣布对审计部（监事会工作部）副主任调整的决定，聘任徐晓剑同志为集团审计部（监事会工作部）副主任，免去周海平同志上述职务。

2018年6月29日，（浙能人〔2018〕382号）文件，聘任孙朝阳为浙能集团有限公司副总经济师、审计部（监事会工作部）主任。

（五）审计部党支部共建交流

2017年8月，浙能集团审计部党支部与省审计厅处室党支部开展纪念建军90周年主题党日活动。

2018年11月2日，浙能集团副总经济师、审计党支部书记、审计部主任，审计党支部副书记、审计部副主任等与水电集团开展以“结对共赢”为主题的党建交流活动。

2019年3月22日，浙能集团审计部党支部与省审计厅企业处党支部、浙江省水利水电投资集团有限公司机关二支部开展西源村红色文化教育活动。

2019年12月6日，浙能集团审计部党支部与浙江省国资国企改革发展研究中心党支部开展建国70周年庆主题党日活动。

四、审计理论与研究

浙能集团审计部为提升审计质量，除了日常开展各类审计项目以外，持续抓好实践总结和理论研究工作，进一步促进审计成果转化。以每年的优秀项目评选标准为目标，规范、严谨地做好审计底稿、取证、报告、整改、档案等系列流程，提升审计质量。浙能集团审计部（监事会工作部）相关材料作为业内优秀典范在2015年第6期《中国内部审计》、2017年第四期《浙江内部审计》等杂志选登宣传。

2015年7月，《中国内部审计》杂志2015年第6期以浙能集团董事长吴国潮作为封面人物，并进行了专题报道，公开发表了题目为《强化内审监督　助力浙能升级——访浙能集团董事长、党委书记吴国潮》的文章。

2016年9月，浙能集团审计部撰写的《经济新常态下内部审计服务和保障企业转型发展——浙能集团内审工作的实践与思考》论文荣获浙江省内部审计协会评比的浙江省2016年度优秀内部审计论文二等奖；撰写的《工程投标人是活雷锋吗？——追踪疑点查出投标人参与行贿设计人员》荣获浙江省内部审计协会评比的浙江省2016年度优秀内部审计案例一等奖。

2017年10月，浙能集团审计部撰写的《浙能煤电机组财产保险专项审计调查》荣获浙江省内部审计协会评比的浙江省2017年度内部审计案例三等奖。

2018年10月，浙能集团审计部撰写的《“蛀虫”现形记——巧用数据分析查出合作方房企高管谋私利》荣获浙江省内部审计协会评比的浙江省2018年度内部审计案例一等奖。

2019年10月，浙能集团审计部撰写的《基于DBSCAN聚类分析的物资采购审计研究及实现》荣获浙江省内部审计协会评比的浙江省2019年度内部审计论文二等奖；《扒开深藏的猫腻——数据分析在工程审计中的应用实例》荣获浙江省内部审计协会评比的浙江省2019年度内部审计案例三等奖。

2019年12月，浙能集团审计部撰写的《基于DBSCAN聚类分析的物资采购审计研究及实现》荣获中国内部审计协会评比的2019年内部审计理论研讨提名奖。

五、审计荣誉

浙能集团审计部加强实践总结，积极参加三年一次的全国及省的内审先进集体评选，系统梳理近年来浙能集团内审工作开展情况，对标一流，以评促建。

2014年7月17日，在浙江省内部审计协会召开的四届四次理事大会上，浙能集团审计部获得“2011—2013年浙江省内部审计先进集体”表彰，并被推荐参评全国内部审计先进集体。

2014年10月16日，在北京召开的全国内部审计先进集体和先进工作者表彰大会上，浙能集团审计部获得“2011—2013年全国内部审计先进集体”荣誉，是浙江省唯一获此殊荣的省属国有企业。

2015 年 10 月，浙江省能源集团有限公司审计部实施的对长广集团审计项目荣获浙江省内部审计协会 2014 年度内部审计优秀项目。

2016 年 10 月 9 日，浙江省内部审计协会发文（浙内审协〔2016〕15 号）对 2015 年度内部审计 35 个优秀项目和 45 个表彰项目进行了通报。其中，宁波海运新加坡公司内部控制审计项目获得浙江省内部审计协会 2015 年度内部审计优秀项目。

2017 年 1 月，浙能集团审计部（监事会工作部）被评为浙能集团 2016 年度优秀部室。

2017 年 8 月，浙能集团审计部（监事会工作部）被浙江省审计厅评为“2014—2016 年度浙江省内部审计先进集体”。

2017 年 10 月，浙江省能源集团有限公司审计部实施的对浙江富兴海运有限公司经营管理专项审计项目荣获浙江省内部审计协会 2016 年度内部审计优秀项目。

2018 年 10 月，浙江省能源集团有限公司审计部实施的对浙江浙能科服能源技术有限公司海创园项目审计项目荣获浙江省内部审计协会 2017 年度内部审计优秀项目。

2019 年 10 月，浙江省能源集团有限公司审计部实施的浙江浙能绍兴滨海热电有限责任公司综合审计项目荣获浙江省内部审计协会 2018 年度内部审计优秀项目。

第二节 项 目 审 计

一、经济责任审计

2011 年，浙能集团制定发布《企业领导人员任期内经济责任审计管理办法》，规定浙能集团所属板块分公司、所属全资、控股（含代管）等企业领导人员离任、离职、任期届满，或者任期内办理调任、免职、辞职、退休等事项时，应当按国家相关规定及本管理办法进行审计。经济责任审计按照干部管理权限，实行统一管理、分级负责的制度。浙能集团审计部负责对集团管理的所属企业领导人员的经济责任审计，所属企业管理的领导人员根据管理权限和产权关系由其内审机构或委托社会中介机构进行审计。

浙能集团审计部根据“五个必审”的要求，准确把握“离任”“三年”两个时点，通过全面开展离任经济责任审计，合理安排任中经济责任审计，实现对所属企业的主要领导干部经济责任的全方位审计监督。检查内容以领导干部履行经济责任为主线，以所在单位财务收支以及有关经济活动的真实、合法和效益为基础，梳理内控制度的健全性和有效性，重点关注重大经济决策执行、资金管控、业务经营风险等重点领域和关键环节。2012—2019 年，集团审计部（监事会工作部）完成电力板块、天然气板块、可再生板块、金融地产板块、新疆板块、石油板块、煤炭板块等下属单位经济责任审计项目 80 项，基本已经完成两轮三年必审。通过审计发现、揭示所属单位在招投标管理、营销管理、工程现场管理、资产管理、财务管理、对下属企业管控等方面存在的疏漏和不足。在审计指出相关问题并提出建议后，被审计单位按期完成了整改。

2012 年，浙能集团审计部开展了浙江浙能镇海发电有限责任公司、淮浙煤电有限责任公司、浙江浙能北仑发电有限公司、浙江省能源集团有限公司科技工程与服务产业分公司、浙江省水利水电投资集团有限公司 5 家单位经济责任审计。

2013 年，浙能集团审计部开展了浙江富兴海运有限公司、浙江浙能富兴燃料有限公司、浙江浙能富兴电力有限公司、浙江浙能技术研究院、浙江浙能温州发电有限公司、浙江浙能镇海联合发电有限责任公司、温州燃机发电有限公司、浙江浙能嘉华发电有限公司、浙江浙能电力股份有限公司台州电厂、浙江浙能嘉兴发电有限公司、浙江省浙能房地产有限公司、浙江浙能北仑发电有限公司 12 家单位的经济责任审计。

2014 年，浙能集团审计部（监事会工作部）开展了浙江浙能长兴发电有限公司、浙江浙能资产经营管理有限公司、浙江浙能兰溪发电有限责任公司、浙江东南发电股份有限公司、浙江浙能港口运营管理有限公司、浙江浙能乐清发电有限责任公司、温州燃机发电有限公司、浙江浙能金华燃机发电有限责任公司、浙江浙能电力股份有限公司萧山发电厂、浙江省能源集团财务有限责任公司10家单位的经济责任审计。

2015年，浙能集团审计部（监事会工作部）开展了浙江浙能北海水力发电有限公司、浙江能源国际有限公司、浙江浙能富兴燃料有限公司、浙江省电力建设有限公司、浙江浙能华光潭水力发电有限公司、浙江浙能水电管理有限公司、浙江浙能兴源投资有限公司、浙江浙能镇海发电有限责任公司8家单位经济责任审计。

2016年，浙能集团审计部（监事会工作部）开展了浙江能源国际有限公司、浙江省能源集团城市燃气有限公司、浙江浙能融资租赁有限公司、浙江浙能嘉兴发电有限公司、浙江温州特鲁莱发电有限责任公司、浙江富兴海运有限公司、浙江天地环保工程有限公司、浙江省能源集团有限公司可再生分公司、浙江浙能镇海发电有限责任公司、浙江浙能水电管理有限公司、浙江浙能北海水力发电有限公司、浙江省水利水电投资集团有限公司、浙江浙能华光潭水力发电有限公司13家单位的经济责任审计。

2017年，浙能集团审计部（监事会工作部）开展了浙江浙能电力股份有限公司萧山电厂、浙江省浙能房地产有限公司、浙江能源天然气集团有限公司、温州燃机发电有限公司、浙江浙能富兴燃料有限公司、宁波海运集团有限公司、浙江能源国际有限公司、淮浙煤电有限责任公司、淮浙煤电有限责任公司凤台发电分公司9家单位的经济责任审计。

2018年，浙能集团审计部（监事会工作部）开展了浙江浙能兴源节能科技有限公司、浙江浙能北仑发电有限公司、浙江天地环保科技有限公司、浙江浙能镇海联合发电有限责任公司、浙江梅苑酒店管理有限公司、浙江浙能兰溪发电有限责任公司、浙江浙能乐清发电有限责任公司、浙江天虹物资贸易有限公司8家单位的经济责任审计。

2019年，浙能集团审计部（监事会工作部）开展了浙江省电力建设有限公司、浙江省能源集团财务有限责任公司、浙江浙能长兴发电有限公司、浙江长广（集团）有限责任公司应急救援分公司、浙江浙能消防服务有限公司、浙江浙能保安服务有限公司、浙江浙能电力股份有限公司台州发电厂、浙江浙石油燃料油销售有限公司、浙江浙能金华燃机发电有限责任公司、浙江浙能常山天然气发电有限公司、浙江浙能中煤舟山煤电有限责任公司、浙江浙能港口运营管理有限公司、伊犁新天煤化工有限责任公司、浙能阿克苏热电有限公司、浙江浙能台州第二发电有限责任公司、宁夏枣泉发电有限责任公司、浙江浙能技术研究院有限公司、浙能资本控股有限公司、浙能股权投资基金管理有限公司、浙江浙能融资租赁有限公司20家单位的综合审计。

二、基本建设审计

根据《浙江省能源集团有限公司基本建设投资项目审计办法》规定，凡集团公司所属全资、控股、代管企业的基本建设投资项目应接受集团公司审计部的内部审计。检查内容主要包括建设项目的审批手续、建设机构、建设资金、工程概预算及调整、建设合同、管理制度、工程结算以及设备、材料采购及管理情况等内容。2012—2019年，浙能集团审计部完成了电力板块、煤炭板块、天然气板块等17个基本建设项目审计。审计中发现基建项目招投标管理不细致、施工现场管理不严、工程签证及结算审核把关不严、工程分包管理不到位等问题。通过加强对基建项目建设的过程性监督，及早发现问题和管理漏洞，提醒项目公司做好应对措施和风险防范。对基建审计过程中一些普遍性、典型性问题及整改措施进行分析和总结，监督所属单位对照自查自纠，促进项目规范管理。其中，助推嘉兴发电厂三期、舟山六横电厂、台州第二发电厂三个百万千瓦机组燃煤发电工程荣获“国家优质工程金质奖”，淮浙煤电凤台电厂二期扩建工程、浙能创业大厦获得“中国建设工程鲁班奖”。

2013年，浙能集团审计部开展了宁波LNG配套管线工程基建审计。

2014年，浙能集团审计部（监事会工作部）开展了浙江浙能嘉兴港煤炭物流分公司独山煤炭中转码头项目、浙江浙能中煤舟山煤电有限责任公司基建工程、浙江小洋山围垦工程项目、金衢丽金华燃机支线工程、凤台电厂基建竣工决算、浙江浙能龙泉生物质发电有限公司基建工程6个项目基建审计。

2015年，浙能集团审计部（监事会工作部）开展了浙江浙能石油新能源有限公司嘉兴清洁油品项目、浙江浙能台州第二发电有限责任公司基建工程、浙能阿克苏热电有限公司基建项目、浙江省天然气开发有限公司甬台温项目4个基建项目审计。

2016年，浙能集团审计部（监事会工作部）开展了金衢丽金华燃机支线项目基建审计。

2017年，浙能集团审计部（监事会工作部）开展了浙江浙能节能环保技术研发基地海创园基建项目、浙江浙能温州发电有限公司“上大压小”四期基建工程、浙江省天然气开发有限公司甬台温天然气管线、宁夏枣泉发电基建工程4个基建项目审计。

2018年，浙能集团审计部（监事会工作部）开展了浙江浙能绍兴滨海热电有限公司二期基建工程项目审计。

三、专项审计调查

浙能集团内审按照“五个必审”要求，坚持以风险为导向，紧紧把握上级政策、监管要求等关键点，每年按照省审计厅、省国资委要求，做好三公经费专项审计，并及时将审计报告报送省国资委。同时，根据浙能集团战略发展及重大决策，围绕企业主要风险领域及动态风险点变化，有针对性、有重点地组织开展各类专项审计调查。2012—2019年，浙能集团审计部完成了集团参股企业专项审计调查、宁波海运集团经营管理情况专项审计调查、集团所属末端公司管控情况专项审计调查、长广集团经营管理情况专项审计调查等15个专项审计调查。

2012年，为保障浙能集团在参股企业的股东利益，实施了集团系统60家参股企业经营状况的专项审计调查，督促集团相关部门研究出台了《外派参股企业高级管理人员报告制度》，进一步规范了外派高管的履职行为，促进参股企业信息的畅通，更好地维护了集团利益。

2013年，为进一步了解浙能集团新收购单位的情况，开展了宁波海运专项审计调查，通过对已收购资产状况、近两年经营管理中的主要风险情况、财务管理等情况的检查，协助集团领导进一步了解海运集团收购后的运营状况。

2014年，为进一步加强浙能集团对所属企业特别是三级及以下管理层级较低单位的管控，浙能集团审计部（监事会工作部）组织实施集团所属末端公司管控情况专项审计调查，就发现的部分管控上的不足和疏漏提出了优化建议，督促相关企业落实责任、优化管控、防范风险。为对煤化工项目有基本的了解与判断，开展了浙能集团新疆准东能源化工有限公司专项审计调查。同年，还开展了公务支出公款消费专项审计调查。

2015年，为配合浙能集团吸收合并长广集团工作有序推进，开展专项审计调查，挖掘长广集团在内部控制、经营风险、财务管理等多方面存在的薄弱环节和根源，强力推进长广集团规范经营管控和建章立制等工作，有效落实50余项审计整改措施，助力完成吸收合并工作。

2015—2017年，根据省国资委要求，浙能集团审计部（监事会工作部）对集团本级及下属企业开展三公经费专项审计。通过连续三年对因公出国境、公务车购置及运行维护、业务接待、会议及培训情况的审计检查，规范浙能集团相关业务管理及费用开支，促进厉行节约。

2017年，浙能集团审计部（监事会工作部）开展了浙能准东煤制气筹建处专项审计。

2018年，浙能集团审计部（监事会工作部）开展了所属企业监事会及派出监事管理情况专项调查。

2019年，浙能集团审计部（监事会工作部）开展了科技、大修及技改支出专项审计调查、监事会工作专项调查、审计理论研究与经验总结。跟踪审计专项调查、试用信息化平台开展招投标及采购管理领域专项调查。

2012—2019年浙能集团内部审计项目统计见表13-9-2。

表13-9-2 2012—2019年浙能集团内部审计项目统计表

年份	审计项目（个）	提出审计建议（条）	审计促进节约资金（万元）
2012	88	177	18383
2013	155	216	1452
2014	121	202	17435

表 13-9-2（续）

年份	审计项目（个）	提出审计建议（条）	审计促进节约资金（万元）
2015	125	152	7806
2016	152	182	9327
2017	170	284	19259
2018	149	495	24570
2019	160	320	8141
合计	1120	2028	106373

第三节 跟 踪 审 计

一、工作机制

2011 年 3 月，浙能集团印发《工程建设项目跟踪审计管理办法》，主要针对集团投资的省重点项目引入跟踪审计，将审计重心提前至事前、事中环节，强化项目建设全过程监督，进一步促进项目推进规范、投资控制有效。浙能集团审计部负责跟踪审计工作的具体组织管理、业务协调和督促检查等相关工作。跟踪审计招标领导小组以集团分管领导为组长，集团相关业务部门负责人等为成员。跟踪审计服务名单库以省审计厅和省国资委认定的中介机构为基础，着重于中介机构的专业声誉、团队支持及同类业绩。

2011—2019 年，浙能集团审计部（监事会工作部）聘请浙江万邦工程管理咨询公司、浙江天平投资咨询公司、浙江耀信工程咨询公司、宁波科信建设工程造价咨询公司、建设银行浙江省分行、浙江建正工程咨询有限公司 6 家省内优秀中介机构，先后对集团所属 28 个重点工程项目实施跟踪审计。集团跟踪审计由中介机构驻点项目现场实施，一般安排土建、安装及财务 3 名专业人员驻点参与有关项目招投标、合同谈判、设计变更、工程结算等重要会议。审核招标文件及工程量清单、合同条款、工程进度款、工程联系单及签证、零星工程预算，并对建设程序、招投标、项目实施、内部控制和财务收支等进行审计，重大疑难事项则依靠中介机构的团队力量协助完成。在建筑安装单项工程完工后，由中介机构根据送审的工程结算资料进行复核，并出具工程结算审核报告。

同时，集团审计部（监事会工作部）要求中介机构每半年以书面形式报送跟踪审计报告，披露跟踪审计工作实施情况、下阶段工作计划、以往提出建议的采纳情况、本期发现问题及建议，并要求中介机构填制附表细化工作内容，具体反映工作成果。集团审计部在分析中介报告、实地走访建设项目、梳理业务内容等基础上，进一步强化建设项目跟踪审计工作的过程管理、业务检查及联系和督促整改等一系列工作。

二、跟踪审计项目

2011—2019 年，集团公司审计部（监事会工作部）开展跟踪审计项目共 28 个，分别为浙能嘉兴电厂（三期）2×1000 兆瓦工程建设投资管理项目、浙江浙能绍兴滨海热电厂工程、浙江天然气南方管网项目金丽温省级天然气管道金衢段配套管道工程项目、浙江浙能六横电厂工程项目、浙江小洋山围垦工程项目、浙能嘉兴独山煤炭中转码头工程项目、淮浙煤电有限责任公司凤台发电厂二期 2×660 兆瓦超超临界燃煤机组工程项目、浙能萧山天然气热电联产工程项目、浙能温州发电厂“上大压小”扩建工程项目、浙江浙能节能环保技术研发基地项目、浙能长兴天然气热电联产工程项目、浙江浙能常山天然气热电联产工程、浙江浙能台州第二发电厂 2×1000 兆瓦机组“上大压小”新建工程项目、浙能宁波镇海动力中心天然气热电联产工程项目、浙能新疆阿克苏纺织工业城（2×350 兆瓦）热电厂工程项目、伊犁新天煤化工有限责任公司 20 亿标准立方米/年煤制天然气项目、宁夏枣泉电厂一期工程项目、浙江浙能绍兴滨海热电厂二期扩建工程项目、浙能镇海电厂燃煤机组搬迁改造项目、浙能嘉兴 1 号海上风电场工程、江苏竹根沙海上风电项目、宁夏中卫风电项目、温州液化天然气（LNG）接收站项目、滨海三期扩建及空气压缩工程、滨海污泥清洁化处置示范项目、萧山-义乌天然气管道工程、平湖独山港热电联产项目、浙能嵊泗 2 号海上风电场工程。

三、跟踪审计成效

2011—2019 年，浙能集团审计部（监事会工作部）参与的全过程跟踪审计项目投资金额为1050亿元，送审项目金额237.29亿元，占投资额的22.6%，累计核减27.53亿元，核减率达11.6%，累计提出各类审计意见建议986条，较为有效地防范了工程和财务管理风险。

第十章 招投标管理

第一节 管理制度

2007年4月30日，浙能集团印发《关于实施物流集约化管理的通知》（浙能办〔2007〕131号），编制并印发《物流集约化管理实施办法（试行）》《物资招标投标管理办法（试行）》《物资计划管理实施细则（试行）》三个采购管理办法，规定物流集约化工作实行"统一计划管理、统一采购管理、统一组织管理"的模式，由物流管理中心履行物流集约化管理职能，负责物资供应链的计划、采购、招标、仓储、配送等组织管理工作。浙江天音管理咨询有限公司作为招标代理机构负责执行招标活动的具体实施工作。集团公司所属各单位物资管理部门纳入物流管理体系，业务上接受物流管理中心领导。浙能集团物资计划包含基建物资计划和生产物资计划，分为年度计划、月度计划、急用物资计划。每年12月25日前上报次年基建物资年度计划；每月25日前上报次月基建物资及生产物资月度计划；急用物资计划可随时报送。计划由各单位通过浙能商务网上报物流管理中心，经审批后分类实施。通过规范管理，提高了物流系统运作效率，降低物流采购成本。

2010年3月23日，浙能集团《供应商管理办法》正式实施，规定了采用邀请招标方式，为基建项目提供服务的各类供应商的管理程序，并对《合格供应商名录》的建立与评定、变更、使用、管理等内容作了详细规定。

2010年12月24日，浙能集团印发《关于印发〈生产、综合类物资集约化采购实施细则（试行）〉的通知》（浙能物〔2010〕575号），印发《生产、综合类物资集约化采购实施细则（试行）》，具体规定生产、综合类物资采购计划的编报、分类、实施、评审等工作流程以及检查与考核，进一步贯彻落实《关于实施物流集约化管理的通知》（浙能办〔2007〕131号）的要求，加强对浙能集团生产物资实施集约化管理。

2011年3月21日，浙能集团印发《关于印发浙江省能源集团有限公司生产、综合类物资采购管理办法的通知》（浙能物〔2011〕197号）。2011年3月30日，浙能集团发布《关于印发浙能集团备品配件管理办法等六个管理标准的通知》（浙能物〔2011〕198号），编制并集中发布《生产、综合类物资采购管理办法》《备品配件管理办法》《废旧物资处置管理办法》《网上采购管理办法》《物流管理检查与评价办法》《物资战略合作采购管理办法》《物资虚拟联合仓储管理办法》七个管理办法，涵盖物资集约化采购、仓储、废旧物资处理、物流管理检查等方面内容，实行分类管理和指导；编制基建项目的甲供材料如电缆、钢管的技术商务标书的标准文本；制定生产物资招标综合评估法的五种评标办法，提高评标科学性，进一步规范浙江省能源集团有限公司及所属企业生产、综合类物资采购行为和管理。

2011年9月22日，浙能集团印发《关于发布生产、综合类物资定向采购及合同续签审批流程的通知》（浙能物〔2011〕617号），在《生产物资集约化采购实施细则》的基础上进一步细化，对定向采购、合同续签的申报与审批程序作了详细规定。

2013年5月27日，浙能集团印发《关于印发生产、综合类物资采购招评标程序等四个管理标准的通知》（浙能物〔2013〕66号），新制定《生产、综合类物资采购招评标程序》《小金额物资采购管理标准》《生产、综合类物资竞争性谈判审批流程》三个管理办法，并对《生产、综合类物资定向采购及合同续签审批流程》进行修订，进一步规范物资采购，细化管理标准和操作流程。

2013 年 6 月 6 日，浙能集团印发《关于印发废旧物资处置管理办法的通知》(浙能物〔2013〕306 号)，对原《废旧物资处置管理办法》进行重新修订后发布，细化管理标准和操作流程，进一步规范废旧物资处置。

2014 年 12 月 11 日，浙能集团印发《关于下发浙能集团集约化采供与招标代理机构检查和评价办法（试行）的通知》，明确物资集约化采供及招标代理工作检查、评价及考核方面的职责，加强对专业化采购供应及招标代理工作的规范管理。

2017 年 11 月 16 日，浙能集团印发《关于印发集团公司招投标及物流管理等十一个管理办法的通知》(浙能招〔2017〕547 号)；修订并集中发布《工程设备与材料招标管理办法》《工程施工与服务招标管理办法》《生产、综合类项目（施工与服务）及中介服务机构采购管理办法》《生产、综合类项目（物资）采购管理办法》《生产、综合类及中介机构服务项目招投标管理办法》《采购与物流检查评价办法》《废旧物资处置管理办法》《供应商管理办法》《物资集约化采供与招标代理工作检查与评价管理办法》《物资计划管理办法》《物资虚拟联合仓储管理办法》11 个管理办法。浙能集团根据采购工作实际需要对部分管理制度进行合并。其中《生产、综合类项目（施工与服务）及中介服务机构采购管理办法》由《生产、综合类项目施工及服务外包管理办法》《专项审计、评估、财务尽调等社会中介机构选聘管理办法》合并修订；《生产、综合类项目（物资）采购管理办法》由《生产、综合类物资集约化采购实施细则》《生产、综合类物资定向采购及合同续签审批流程》《网上采购管理办法》《物资战略合作采购管理办法》《生产、综合类物资竞争性谈判审批流程》《小金额物资采购管理标准》及《邀请招标投标人短名单管理办法》部分内容合并修订；《生产、综合类及中介机构服务项目招投标管理办法》由《物资招标投标管理办法（试行）》《生产、综合类物资采购招评标程序》合并修订。进一步贯彻落实浙江省能源集团有限公司创新发展和体制机制改革方案。

2018 年 8 月 9 日，浙能集团印发《关于印发集团公司招投标及物流管理等十二个管理办法的通知》(浙能招字〔2018〕27 号)，针对浙江省委巡视组巡查发现的问题结合日常管理工作的实际情况，修订并集中发布《工程设备与材料招标管理办法》《工程施工与服务招标管理办法》《生产、综合类项目（施工与服务）及中介服务机构采购管理办法》《生产、综合类项目（物资）采购管理办法》《生产、综合类及中介机构服务项目招投标管理办法》《采购与物流检查评价办法》《废旧物资处置管理办法》《供应商管理办法》《物资集约化采供与招标代理工作检查与评价管理办法》《物资计划管理办法》《评标专家库管理实施细则》11 个管理办法，主要是对采购限额、采购方式、各职能部门职责等内容进行修订。浙能集团新制定《可出租不动产招租管理办法》，对可出租不动产招租行为的工作职责及工作流程作了详细规定。

2018 年 8 月 21 日，浙能集团印发《关于上报招投标及物流管理制度的通知》(浙能招字〔2018〕69 号)，要求系统各单位结合业务实际，完成对现有管理制度、工作流程梳理修订，进一步加强制度体系建设，促进招投标及物流管理工作规范化、标准化、专业化。

2018 年 9 月 19—26 日，浙能集团组织相关单位对各板块管理公司及运营企业现行的管理标准进行讨论和交流，对板块管理公司、运营企业的招投标相关制度编制提出具体要求，细化采购权限及采购方式，规范定向采购及合同续签的范围，新增 SRM 公开采购方式，形成《生产综合类（施工与服务）及中介机构服务采购管理》等四个招投标制度的修订建议版。9 月 27 日，浙能集团印发《关于下发招投标相关制度修订建议版的通知》(浙能招字〔2018〕82 号)，制度修订建议版正式下发各单位。

第二节 采 购 管 理

2007 年 3 月 20 日，浙能集团召开物流集约化工作座谈会，浙能集团职能部门负责人、部分单位物资分管领导和物资部门负责人参加会议，主要对《浙江省能源集团有限公司实施物流集约化管理的意见》《浙江省能源集团有限公司物流集约化管理实施办法》《浙江省能源集团有限公司物资招标投标管理办法》《浙江省能源集团有限公司物资计划管理实施细则》进行讨论，推进物流集约化工作。

2007年4月30日，浙能集团印发《关于实施物流集约化管理的通知》(浙能办〔2007〕131号)，规定物流集约化工作实行“统一计划管理、统一采购管理、统一组织管理”的模式，由物流管理中心履行物流集约化管理职能，负责物资供应链的计划、采购、招标、仓储、配送等组织管理工作。

2007年6月8日，浙能集团召开物流集约化管理工作会议，浙能集团董事长吴国潮、总经理沈志云、副书记蔡建平、副总经理范小宁参加会议并讲话。会议要求按照“全面规划、分步实施、先试点、再推广”的原则和“高起点规划、高标准建设、高标准管理”的要求，认真做好浙能集团物流集约化组建和启动工作，加快推动集团公司系统物资管理由粗放型、分散式向精细型、集约化转变。浙能集团职能部门负责人、部分单位物资分管领导和物资采购部门、设备管理部门负责人参加会议。

2007年7月10日，浙能集团印发《关于印发集团公司领导在物流集约化管理工作会议上讲话的通知》(浙能办〔2007〕262号)，贯彻物流集约化管理工作会议的精神，积极推进物流集约化管理工作。

2007年7月12日，浙能集团召开物流集约化管理专题会议，进一步贯彻落实物流集约化工作会议精神，确定工作方案，对生产物资20万元以上采购实施集约化管理并布置下一阶段的物流管理工作。

2008年11月27日，浙能集团印发《关于建立事故备品清册的通知》(浙能物〔2008〕409号)，要求下属各发电企业每月5日前，填报事故备品清册，实时掌握各发电企业事故备品状况，增强集约化管理。

2008年度，浙能集团累计完成生产物资采购7.8亿元，其中集约化采购生产物资1.52亿元，节约采购成本1935万元，集约化采购率19.43%。基建项目完成工程、施工服务物资等共59批次采购，金额68.62亿元。

2009年5月9日，浙能集团召开2009年度物流工作会议，浙能集团副总经理范小宁出席会议并讲话。会议贯彻浙能集团2009年工作会会议精神，回顾总结2008年物流集约化管理的工作情况。会议要求2009年进一步推进集约化管理，优化管理体制，完善管理流程，加大集约化采购力度，建立物资供应商名录及拓展浙能商务网功能，实现集团物资采购中等集约化程度。会议专题介绍2009年重点项目“虚拟仓储”工作方案。

2009年度，浙能集团物流管理系统基础平台审核和处理生产物资计划49453条，涉及总金额5.29亿元，其中竞争性谈判物资640.18万元，通过浙能商务网采购1.7亿元，集约化采购率58%。年度签订磨煤机钢球、奥迪汽车、Pall公司产品及配件的战略框架协议，协议后价格较产品原价格平均下降10%以上。

2010年3月4日，浙能集团印发《关于物流管理检查的通知》(浙能物〔2010〕74号)。3月17—29日首次组织对各单位物流管理工作的检查。检查各单位物资管理制度、物流标准化信息化建设、物资计划采购管理、备品配件及仓储管理、废旧物资处理等内容，提升物流管理水平。4月14日，浙能集团印发《关于表彰2009年度物流管理工作先进单位的通知》(浙能物〔2010〕136号)，表彰“浙江浙能温州发电有限责任公司”等6家单位为2009年度物流管理工作先进单位，鼓励先进、褒奖典型。

2010年3月19日，浙能集团举办物流管理信息系统操作培训会，培训内容是基于EAM的物流管理系统的运用、物流管理虚拟仓储系统的运用以及浙能商务网电子商务运用，下属各单位相关人员参与培训。

2010年4月15日，浙能集团召开2010年度物流工作会议，浙能集团副总经理范小宁参加会议。会议贯彻浙能集团2010年工作会会议精神，回顾总结2009年物流集约化管理的工作情况，并对2010年虚拟联合仓储、物流信息系统、集约化采购等工作提出具体要求。

2010年11月2日，浙能集团印发《关于成立浙能金华燃机油改气工程设备询价采购评议领导小组的通知》(浙能物〔2010〕508号)，依据浙能集团物资采购管理相关规定，推进金华燃机油改气工程设备规范采购工作。11月9日，浙能集团印发《关于成立浙江省能源集团有限公司300MW机组汽轮机通流部分改造工程设备询价采购评议领导小组的通知》(浙能物〔2010〕509号)，推进300兆瓦机组汽轮机通流部分改造工程设备规范采购工作。

2010年12月10日，浙能集团印发《关于成立浙江省能源集团有限公司评标专家管理领导小组的通知》(浙能物〔2010〕543号)，浙能集团副总经理柯吉欣担任领导小组组长，评标专家管理领导小组负责专家库的组建、专家的聘用、调整与考核工作，科学规范管理评标专家库。下设评标专家管理办公室，负责评标专家库日常管理。

2010年12月24日，浙能集团印发《关于填报进口物资采购情况的通知》(浙能物〔2010〕562号)，调研下属各单位进口物资采购情况，加强进口物资采购集约化管理。

2010年度，浙能集团累计利用物流管理系统基础平台审核和处理生产物资计划62444多条，总金额10.022亿元。其中，按协议或合同续签等集约采购物资5542.7万元，竞争性谈判4591万元，通过浙能商务网采购2.39亿元，集约化采购率55%；集团基建设备材料的招标215项，金额13.85亿元。

2011年4月21日，浙能集团召开2011年度物流工作会议，浙能集团副总经理柯吉欣出席会议并作工作报告。会议贯彻浙能集团2011年工作会会议精神，回顾总结2010年物流集约化管理的工作情况，并对2011年制度建设、扩大和主要设备及重要辅机备品配件制造厂家战略合作、虚拟联合仓储、网上超市等工作提出具体要求。

2011年4月26日，浙能集团印发《关于成立北仑600MW机组汽轮机通流、高压汽阀改造工程设备询价采购评议领导小组的通知》(浙能物〔2011〕304号)，成立北仑600兆瓦机组改造工程设备询价采购评议领导小组，负责设备采购决策事宜，浙能集团副总经理柯吉欣任组长。领导小组授权评议委员会开展具体工作，形成委员会意见后报领导小组决定。同日，浙能集团印发《关于成立镇海联合油改气调压站等改造工程设备询价采购评议领导小组的通知》(浙能物〔2011〕305号)，成立镇海联合油改气调压站等改造工程设备询价采购评议领导小组，负责设备采购决策事宜，浙能集团副总经理柯吉欣任组长。领导小组授权评议委员会开展具体工作，形成委员会意见后报领导小组决定。

2011年5月4日，浙能集团印发《关于成立浙江省能源集团有限公司生产、综合类物资招标领导小组的通知》(浙能物〔2011〕343号)，成立生产物资招标领导小组及相关机构，浙能集团副总经理柯吉欣任招标领导小组组长。领导小组负责审定限额以上生产、综合类物资采购入围短名单、重大评标原则、决标原则和其他原则性意见，审核批准限额以上生产、综合类物资采购的招标工作计划和评标、决标报告。授权生产、综合类物资招标委员会所管辖范围内采购方式、采购范围、标段（包）划分、工作计划以及资格审查标准和方法、入围投标人、招标文件、评标标准、评标方法和决标报告。

2011年8月26日，浙能集团组织对现有评标专家库进行扩充，对申报专家信息进行评审。2012年1月，通过审核的专家入库，共计入库329人。根据浙江省政府279号令《浙江省综合性评标专家库管理办法》的要求，浙能集团将库内652名专家申报合并入浙江省招标中心专家库。

2011年12月28日，浙能集团启动主要设备与大宗物资招标文件（范本）编制工作。浙能集团副总经理柯吉欣担任范本编制工作领导小组组长，领导小组下设汽机组、锅炉组、土建组、电气组、仪控组、输煤出灰组、化学环保组、商务组八个专业组，按照拟定的工作计划组织开展本专业组的各项活动。

2011年12月31日，浙能集团印发《关于成立浙江省能源集团有限公司脱硝改造项目招标领导小组的通知》(浙能物〔2011〕794号)，根据浙能集团与浙江省政府签订的《省能源集团有限公司“十二五”二氧化硫和氮氧化物总量消减目标责任书（2011—2015）》，浙江省内的现役燃煤机组须在2014年前基本完成脱硝改造。浙能集团于2012年开始逐步实施脱硝改造工作。浙能集团脱硝改造项目招标领导小组负责领导和监督脱硝改造项目的设计、工程和设备等招标工作，副总经理柯吉欣担任领导小组组长。

2011年度，浙能集团累计利用物流管理系统基础平台审核和处理生产物资计划80670条，总金额12.7亿元。其中，由集团组织物资招标（询价）金额逾1.8亿元，按协议或合同续签等集约采购物资9564.7万元，竞争性谈判逾1.9亿元，通过浙能商务网采购达2800条，金额7118万元。集团基建设备材料的招标297项，金额97.19亿元。

2012年3月28日，浙能集团召开招投标创新工作专题会议，会议由浙能集团副总经理柯吉欣主持，工程部、生产部、战略研究与法律事务部、人力资源部、监察部、物流中心、天音公司等部门相关人员参加会议。《浙能集团招投标创新工作专题会议纪要》（专题会议纪要〔2012〕28号）明确了各部门分工：工程部负责基建领域的招标管理工作，负责招标文件范本编制、基建管理制度中有关招投标制度的梳理和修订工作；物流中心负责生产领域的招标管理工作，负责电子招标前期准备和合格供应商库工作；组织（人力资源部）部牵头负责评标专家库管理考核；战略研究与法律事务部负责集团招标评标工作的法律支持和咨询服务；监察部负责对集团招标评标工作的监督监管职责。会议确定战略研究与法律事务部委派的法律顾问参与集团层面直接管理的工程、生产领域招投标全过程。同时，会议还对电子招投标解决方案、供应商管理、集约化采购协同合作等方面内容作了具体要求。

2012年3月31日至4月1日，浙能集团公司和浙江省招投标协会在杭州联合举办《招标投标法实施条例》培训班，中国招标投标协会常务副秘书长李小林主讲。集团公司副总经理柯吉欣、纪委书记张荣博，浙江省招标投标协会会长吴华海等领导出席了开班仪式。集团所属各单位负责招投标工作的分管领导及相关部门负责人220余人参加培训，全面贯彻落实《招标投标法实施条例》。

2012年4月12日，浙能集团召开2012年度物流工作会议，浙能集团副总经理柯吉欣出席会议并作工作报告，浙能集团纪委书记张荣博作廉政专题讲话，总工程师朱松强出席会议。会议贯彻浙能集团2012年工作会会议精神，回顾总结2011年物流集约化管理的工作情况，并对采购流程规范化管理、火电机组联合储备、电子招标、党建廉政教育等工作提出具体要求。

2012年7月11日，浙能集团印发《关于化学品集约化采购分类的通知》，根据《浙能集团公司系统化学品集约化管理专题会议纪要》（浙能物〔2012〕24号），浙能集团明确对21类普通化学品和24类危险化学品实施集约化采购管理。

2012年8月13日，浙能集团印发《关于水务物资集约化采购的通知》，明确对13类水务物资实施集约化采购管理，并制定定价机制。

2012年11月6日，浙能集团印发《关于转发省国资委进一步强化省属企业大宗商品贸易风险管控的通知》（浙能物〔2012〕688号），转发浙江省国资委《关于进一步强化省属企业大宗商品贸易风险管控的通知》（浙国资企改〔2012〕21号），落实大宗商品贸易风险管控事宜。

2012年度，浙能集团全年累计利用物流管理系统基础平台审核和处理生产物资计划76703条，总金额16.40亿元。其中，由集团组织招标（询价）金额2.60亿元，按战略合作协议集约采购物资金额2.0亿元，竞争性谈判1.6亿元，通过浙能商务网采购901个项目，金额1.60亿元。集团基建设备材料的招标461项，金额121.70亿元。

2013年3月6日，浙能集团印发《关于加强物资计划申报管理的通知》，推行物资年度需求计划申报，规范月度零星物资计划申报。制定集约化采购策略，同类物资以集中招标或战略协议的方式采购，降低采购成本。

2013年5月6日，浙能集团召开2013年度物流工作会议，浙能集团纪委书记张荣博出席会议并作廉政专题讲话。会议贯彻浙能集团2013年工作会会议精神，回顾总结2012年物流集约化管理的工作情况，并对年度计划管理、战略合作协议、进口物资集约化、供应商分级管理、招标会议中心建设、反腐倡廉建设、建立阳光采购平台等工作提出具体要求。

2013年9月5日，浙能集团印发《关于调整浙江省能源集团有限公司生产、综合类物资招标领导小组的通知》(浙能物〔2013〕416号)，调整部分人事调动的领导小组成员名单，浙能集团副总经理柯吉欣任招标领导小组组长。

2013年度，浙能集团全年累计利用物流管理系统基础平台审核和处理生产物资计划93079条，总金额26.42亿元。其中，由集团组织招标(询价)金额5.47亿元，竞争性谈判2.25亿元；通过浙能商务网采购1252个项目，金额0.97亿元；通过战略合作采购37816万元，节约资金3922万元，节省比率为10.37%。

2014年2月14日，浙能集团召开物流管理工作调研座谈会，浙能集团副总经理柯吉欣、总工程师朱松强参加。会议听取物流管理中心、天虹物资公司、石油新能源公司、天音咨询管理公司和东发环保公司等单工作汇报，并对物流规范化集约化信息化管理、小金额物资采购管理及评标专家库管理提出具体要求。

2014年2月28日，浙能集团印发《关于调整浙江省能源集团有限公司生产、综合类物资招标领导小组的通知》(浙能物〔2014〕65号)，调整部分人事调动的领导小组成员名单，浙能集团副总经理柯吉欣任招标领导小组组长。

2014年3月，借鉴省公共资源交易中心的会场管理模式，浙能集团招标会议中心正式运行，进一步规范评标程序和专家行为，为集团施工工程、物资采购的依法合规评标提供了保障。

2014年4月22日，浙能集团印发《关于生产、综合类物资集中采购供应目录（第一批）征求意见的通知》，印发《生产、综合类物资集中采购供应目录》征求意见稿，并根据各单位反馈意见调整目录范围。

2014年4月30日，浙能集团召开2014年度物流工作会议，浙能集团总经理童亚辉出席会议并讲话，副总经理柯吉欣作2014年度物流工作报告，纪委书记张荣博作廉政教育讲话，集团公司总工程师朱松强出席会议。会议贯彻浙能集团2014年工作会会议精神，回顾总结2013年物流集约化管理的工作情况，结合浙能集团“强总部”建设，对物资集约化规范化管理，合格供应商库、评标专家库管理，战略合作和年度模拟量招标、物流廉政建设等方面提出具体要求。

2014年6月23日，浙能集团印发《关于发布生产、综合类物资集中采购供应目录（第一批）的通知》(浙能物〔2014〕270号)，发布《生产、综合类物资集中采购供应目录》(第一批)，推进物资集约化采购工作，明确集团物资集中采供的范围、方式和程序，积极稳妥地推广更加科学高效的采购方式。

2014年度，浙能集团全年累计处理物资采购计划107287条，总金额75.09亿元（其中包括超低排放总承包项目27.64亿元，通流增容项目8.91亿元，散货船采购项目5.1亿元，其他采购项目33.44亿元)。由集团组织招标（询价）金额39.29亿元，竞争性谈判涉及金额9.28亿元；通过浙能商务网询价物资1448项，累计采购金额5173.98万元；通过战略协议方式采购累计金额达32704.64万元，节约资金3770.65万元，节约比例为10.34%；2014年物资集采率27.13%。开展集团系统单位物流管理制度和执行情况的摸底调研工作，对调研中发现的问题及时提出了整改建议，并将整改工作纳入年度物流管理工作考核中。

2015年1月5日，浙能集团印发《关于调整浙江省能源集团有限公司生产、综合类物资招标领导小组的通知》(浙能物〔2014〕702号)，调整部分人事调动的领导小组成员名单，浙能集团副总经理柯吉欣任招标领导小组组长。3月24日，浙能集团印发《关于调整浙江省能源集团有限公司生产、综合类物资招标领导小组的通知》(浙能物〔2015〕93号)，调整部分人事调动的领导小组成员名单，浙能集团副总经理孙玮恒任招标领导小组组长。

2015年4月20日，浙能集团召开2015年度物流工作会议，浙能集团副总经理孙玮恒出席会议并作工作报告，纪委书记张荣博出席会议并作廉政专题讲话，总工程师朱松强出席会议。会议贯彻浙能集团2015年工作会会议精神，回顾总结2014年物流集约化管理的工作情况，并对标准化和信息化建设、阳光采购平台建设、集约化采购、廉政建设等工作提出具体要求。

2015年6月8日，浙能集团组织召开入库专家资格评审会议，确定具备入库资格专家578人。2015年12月，浙能集团联合省招标投标办公室、浙江省发展改革委培训中心组织两期入库评标专家业务素质培训班，提高评标专家对招投标法律法规的认知程度和评标业务水平。2016年3月14日，完成578名专家的入库工作。

2015年12月31日，浙能集团印发《关于发布生产、综合类物资集中采购供应目录（第二批）的通知》(浙能物〔2015〕662号)；在《生产、综合类物资集中采购供应目录（第一批)》的基础上发布《生产、综合类物资集中采购供应目录（第二批)》，对集约化采购供应商选择和供货期作具体要求，进一步扩大浙能集团物资集中采供的范围。

2015年度，浙能集团全年累计处理物资采购计划124640条，总金额45.21亿元（含超低排放总承包项目16.12亿元)。由集团组织招标（询价）金额34.68亿元（含超低排放总承包及通流改造项目16.04亿元)。其中，邀请招标金额20.82亿元；公开招标金额0.49亿元；竞争性谈判金额2.53亿元；定向采购金额3.60亿元；询比价金额3.25亿元；协议采购金额3.99亿元。协议采购节约资金6166.37万元，节约比例为13.38%。2015年物资集采率31.76%。

2016年3月14日，浙能集团印发《关于调整浙江省能源集团有限公司生产、综合类物资招标领导小组的通知》(浙能物〔2016〕99号)，调整部分人事调动的领导小组成员名单，浙能集团副总经理孙玮恒任招标领导小组组长。

2016年3月29日，浙能集团召开2016年度物流工作会议，浙能集团副总经理孙玮恒出席会议并作工作报告，纪委书记张荣博出席会议并作廉政专题讲话。会议贯彻浙能集团2016年工作会会议精神，回顾总结2015年物流集约化管理的工作情况，并对采购计划管理、物资仓储管理、专业服务平台、阳光采购平台、人才队伍建设以及廉政风险防范等工作提出具体要求。浙能集团首次将“生产、综合类物资集约化率”列入经营考核指标，核心目标是物资集约化率提升至50%以上。

2016年9月30日，浙能集团印发《关于调整集团本部组织机构的通知》(浙能人〔2016〕363号)，根据《浙江省能源集团有限公司创新发展和管理体制改革方案》总体要求，进一步优化浙能集团总部组织架构和部门职责，成立招投标管理部，撤销物流中心，物资管理职能划入招投标管理部，统一归口管理浙能集团设备物资、生产服务、基建工程及中介服务采购的对外招投标和物资管理标准化与物资供应链管理工作，促进规范化、精细化管理。

2016年度，浙能集团全年累计开展基建类、生产综合类项目采购940个标段，累计采购金额114亿元；其中生产、综合类物资采购金额为24.75亿元（含超低排放总承包项目和废水处理项目4.58亿元)；通过战略合作协议采购4.82亿元，节约资金0.73亿元，节约比为13.11%。限额以上的打捆采购项目36个，采购金额1.94亿元，节约资金0.32亿元，节约比为16.6%。通过集中方式采购11.76亿元，集中采购率为58.3%，完成集团50%的经营考核指标。

2017年1月23日，浙能集团印发《关于调整和增补浙江省能源集团有限公司各基建项目招标领导小组成员名单的通知》(浙能招〔2017〕61号)，按照《浙江省能源集团有限公司创新发展和管理体制改革方案》要求，基建工程招投标管理职能划入招投标管理部；对各基建项目部分人事调动的领导小组成员名单进行调整以及增补新建基建项目领导小组，浙能集团副总经理朱松强任各基建项目招标领导小组组长。同日，浙能集团印发《关于调整浙江省能源集团有限公司供应商管理委员会的通知》(浙能招〔2017〕62号)，调整部分人事调动的委员会成员名单，浙能集团副总经理朱松强任委员会主任。同日，浙能集团印发《关于调整浙能集团中介机构服务类采购领导小组的通知》(浙能招〔2017〕63号)，调整部分人事调动的领导小组成员名单，浙能集团副总经理朱松强任领导小组组长。同日，浙能集团印发《关于调整浙能集团粉煤灰处置工作领导小组成员名单的通知》(浙能招〔2017〕64号)，调整部分人事调动的领导小组成员名单，浙能集团副总经理朱松强任领导小组组长。同日，浙能集团印发《关于调整浙江省能源集团有限公司生产、综合类项目采购领导小组的通知》(浙能招〔2017〕65号),调整部分人事调动的领导小组成员名单,浙能集团副总经理朱松强任领导小组组长。

2017年2月15日,浙能集团印发《关于发布生产、综合类物资集中采购供应目录的通知》(浙能招〔2017〕84号),对原发布的《生产、综合类物资集中采购供应目录(第一批)和(第二批)》进行重新梳理,颁布《浙江省能源集团有限公司生产、综合类物资集中采购供应目录》,大力推进集中采购工作,充分发挥集约化采购的优势,降本增效。

2017年2月24日,浙能集团上报浙江省发展改革委《浙江省能源集团有限公司关于天然气"县县通"工程招标事宜的请示》(浙能招〔2017〕98号),根据2016年8月17日省政府印发的《关于实施全省天然气"县县通"专项行动计划的通知》(浙政办函〔2016〕60号),浙能集团须在四年内新建天然气管线1480千米,建设任务艰巨,工期紧张。为推进天然气管线工程建设,结合浙能集团在天然气管道工程招标工作中遇到的问题,对招标投标交易场所、项目勘察设计招标、施工招标评分办法、控制性工程施工招标、工程物资集约化采购等方面提出若干建议请示。3月20日,浙江省发展改革委复函浙能集团《关于天然气"县县通"工程招标事宜的复函》(浙发改基综函〔2017〕167号),对招标投标交易场所、项目勘察设计招标、控制性工程施工招标及工程物资集约化采购等方面批复意见。

2017年3月14日,浙能集团召开2017年度物流工作会议,浙能集团副总经理朱松强出席会议并作工作报告,纪委书记张荣博作廉政专题讲话。会议回顾总结2016年物流集约化管理的工作情况,要求围绕浙能集团创新发展,规范制度建设,扩大集约化采购范围,加强廉政风险防控,为浙能集团创新发展转型升级提供有力保障和专业服务。

2017年3月29日,浙能集团印发《关于规范生产、综合类项目(施工与服务)及中介机构服务项目采购计划申报要求的通知》(浙能招字〔2017〕34号),对生产、综合类项目(施工与服务)及中介机构服务项目采购计划申报提出具体要求。4月1日起,浙能集团实现生产综合类物资、生产综合类施工与服务(ERP上线单位)、中介服务等采购计划的全口径管理。

2017年11月7日,浙能集团印发《关于成立进口液化天然气长协资源采购工作领导小组的通知》(浙能招〔2017〕602号),决策进口液化天然气(LNG)长协资源采购相关事宜,浙能集团副总经理朱松强任领导小组组长,加快推进进口液化天然气(LNG)长协资源采购谈判与落实。

2017年11月16日,浙能集团印发《关于调整浙江省能源集团有限公司中介机构服务类采购领导小组成员名单的通知》(浙能招〔2017〕551号),调整部分人事调动的领导小组成员名单,浙能集团副总经理朱松强任领导小组组长。同日,浙能集团印发《关于调整浙江省能源集团有限公司粉煤灰处置工作领导小组成员名单的通知》(浙能招〔2017〕552号),调整部分人事调动的领导小组成员名单,浙能集团副总经理朱松强任领导小组组长。同日,浙能集团印发《关于调整浙江省能源集团有限公司生产、综合类项目采购领导小组的通知》(浙能招〔2017〕553号),调整部分人事调动的领导小组成员名单,浙能集团副总经理朱松强任领导小组组长。同日,浙能集团印发《关于调整浙江省能源集团有限公司供应商管理委员会的通知》(浙能招〔2017〕554号),调整部分人事调动的委员会成员名单,浙能集团副总经理朱松强任委员会主任。

2017年度,浙能集团管控项目累计开展采购473个标段,累计招标金额64.66亿元。全年生产、综合类物资采购金额20.26亿元,集中采购率74.53%,降低采购成本1.52亿元。基建项目集约化采购工作累计降低采购成本0.5亿元。将原营运企业自行采购的中介机构服务项目进行统一策划、统一要求、统一采购,形成规模效益。其中,财产保险采购总金额1.28亿元,保险费率与上年度同比下降13.5%。浙能集团年度新增以及续签战略合作协议29项,先后与上海电气集团、艾默生公司等主要主辅机厂家及常用知名品牌厂商签署战略合作协议。全年协议采购量5.95亿元，通过协议采购降低成本0.74亿元。

2018年1月9日，浙能集团印发《关于成立浙江省能源集团有限公司项目前期服务采购领导小组的通知》(浙能招〔2017〕651号)，浙能集团副总经理朱松强任项目前期服务采购领导小组组长，领导小组负责浙能集团项目前期服务采购相关事宜的决策，进一步规范浙能集团项目前期采购工作行为，加强项目前期采购活动的管理和监督，营造公开、公平、公正的采购环境。

2018年2月1日，浙能集团印发《关于调整浙江省能源集团有限公司生产、综合类项目采购领导小组的通知》(浙能招〔2018〕29号)，调整部分人事调动的领导小组成员名单，浙能集团副总经理朱松强任领导小组组长。同日，浙能集团印发《关于调整浙江省能源集团有限公司供应商管理委员会的通知》(浙能招〔2018〕30号)，调整部分人事调动的委员会成员名单，浙能集团副总经理朱松强任委员会主任。2月18日，浙能集团印发《关于调整和增补浙江省能源集团有限公司各基建项目招标领导小组成员名单的通知》(浙能招〔2018〕35号)，对各基建项目部分人事调动的领导小组成员名单进行调整以及增补新建基建项目领导小组，浙能集团副总经理朱松强任各基建项目招标领导小组组长。

2018年2月18日，浙能集团上报浙江省发展改革委《浙江省能源集团有限公司关于浙能嘉兴1号海上风电场工程招标事宜的请示》(浙能招〔2018〕38号)，申请浙能嘉兴1号海上风电场工程建设采用EPC总承包模式，工程招标试点采用“评定分离”的招标方式。4月2日，浙江省发展改革委复函浙能集团，《省发张改革委关于浙能嘉兴1号海上风电场工程招标事宜的复函》(浙发改基综函〔2018〕201号)，同意浙能嘉兴1号海上风电场工程建设采用EPC总承包模式，并同意工程招标试点采用“评定分离”的方式确定EPC总承包单位，同时要求浙能集团按照试点要求设计“评定分离”方案与条款并做好报备工作。9月28日，浙能集团上报浙江省发展改革委《浙江省能源集团有限公司关于报备〈浙能嘉兴1号海上风电场工程EPC总承包招标“评定分离”试点方案〉的报告》(浙能招〔2018〕532号)，完成EPC总承包招标“评定分离”试点方案报备工作，EPC总承包试点“评定分离”招标工作正式启动。

2018年3月21日，浙能集团召开2018年度招投标及物流工作会议，浙能集团副总经理朱松强出席会议并作工作报告，纪委书记张荣博作廉政专题讲话。会议回顾总结2017年物流集约化管理的工作情况，要求强化招投标和采购的规范性，加强制度建设、制度执行，提升采购的规模效应，加强评标专家管理，做好廉政风险防控。

2018年4月8日，浙能集团印发《关于成立集团公司招标文件（范本）修编工作领导小组的通知》(浙能招〔2018〕151号)，负责决策和协调基建、生产综合类主要设备与大宗物资招标文件（范本）修编过程中的重大问题，浙能集团副总经理朱松强担任范本修编工作领导小组组长，领导小组下设基建类和生产类工作组，负责根据领导小组的要求，组织修编招标文件（范本）审查稿及重要原则，向领导小组汇报有关情况等。4月27日，浙能集团正式启动招标文件范本修编工作。

2018年6月6日，浙能集团上报浙江省发展改革委《浙江省能源集团有限公司关于萧山—义乌天然气管道工程、杭州—宁波天然气管道复线工程和浙沪天然气联络线二期工程招标事宜的请示》(浙能招〔2018〕315号)，对萧山—义乌、杭甬复线以及浙沪二期天然气管线工程相关招标投标交易场所、项目勘察设计招标、施工招标评分办法、控制性工程施工招标、工程物资集约化采购等方面提出若干建议请示。7月25日，浙江省发展改革委复函浙能集团，《省发展改革委关于萧山—义乌天然气管道工程、杭州—宁波天然气管道复线工程和浙沪天然气联络线二期工程招标事宜的复函》(浙发改基综函〔2018〕647号)，对招标投标交易场所、控制性工程施工招标及工程物资集约化采购等方面批复意见。

2018年6月15日，浙能集团印发《关于进一步规范评标现场管理的通知》(浙能招字〔2018〕49号)，对评标现场管理工作提出具体要求，进一步提高评标环节的严肃性和规范性。

2018年8月8日，浙能集团上报浙江省发展改革委《浙江省能源集团有限公司关于开展温州液化天然气（LNG）项目场平开山及边坡支护工程相关招标工作的请示》（浙能招〔2018〕426号），申请场平开山及边坡支护工程在取得初步设计批复后可立即开展项目工程施工、施工监理、爆破监理等相关招标工作。场平开山及边坡支护工程施工招标申请采用“公开招标、进场交易、综合评估法（技术打分制）”的方式进行。9月14日，浙江省发展改革委复函浙能集团，《关于温州液化天然气项目场平开山及边坡支护部分先行实施的复函》，同意场平开山及边坡支护工程按专家审查意见明确的规模、方案先行实施；同意场平开山及边坡支护工程施工招标申请采用“公开招标、进场交易、综合评估法（技术打分制）”的方式。

2018年8月28日，浙能集团印发《关于做好浙江省能源集团有限公司评标专家库扩库及更新工作的通知》（浙能招字〔2018〕70号），继续开展评标专家库扩库工作；11月1日完成新入库专家188人。本次入库工作完成后，浙能集团评标专家库达到1613人，包含浙能集团外单位专家169人。

2018年8月30日，浙能集团印发《关于调整浙江省能源集团有限公司基建项目招标领导小组成员名单的通知》（浙能招〔2018〕472号），对基建项目部分人事调动的领导小组成员名单进行调整，浙能集团副总经理朱松强任基建项目招标领导小组组长。同日，浙能集团印发《关于调整浙江省能源集团有限公司生产、综合类项目采购领导小组的通知》（浙能招〔2018〕473号），调整部分人事调动的领导小组成员名单，浙能集团副总经理朱松强任领导小组组长。同日，浙能集团印发《关于调整浙江省能源集团有限公司项目前期服务采购领导小组成员名单的通知》（浙能招〔2018〕474号），调整部分人事调动的领导小组成员名单，浙能集团副总经理朱松强任领导小组组长。

2018年11月7日，浙能集团印发《关于成立浙江省能源集团有限公司不动产招租工作领导小组的通知》（浙能招〔2018〕571号），决策可出租不动产招租工作相关事宜，进一步规范浙能集团可出租不动产招租行为，加强不动产招租工作的管理和监督，促进国有资产保值增值。浙能集团副总经理朱松强任领导小组组长。

2018年11月7日，浙能集团印发《关于成立浙能嘉兴1号海上风电场项目EPC总承包“评定分离”试点招标工作领导小组的通知》（浙能招〔2018〕595号），主要负责浙能嘉兴1号海上风电场项目EPC总承包“评定分离”试点招标相关事宜决策，规范有序推进“评定分离”招标试点工作，浙能集团副总经理朱松强任领导小组组长。领导小组下设监督工作小组和应急工作小组，其中监督工作小组负责对定标备选人员库组建、定标人员抽取、定标会议召开等进行过程监督，要求定标委员会严格按照招标文件规定的定标办法组织实施；应急工作小组负责项目招标、评标、定标、中标公示等期间出现的投诉、举报、信访、信息泄露等情况的应急处理工作。11月22日，浙能嘉兴1号海上风电场项目EPC总承包“评定分离”试点招标完成定标，浙江省首个工程建设领域“评定分离”试点招标工作顺利完成，为浙江省启动“评定分离”改革提供实践经验。

2018年度，浙能集团系统（含集团、板块公司、营运企业）共完成采购1261个标段，累计采购金额130亿元。其中，基建项目98.04亿元，生产项目24.08亿元，中介服务类和项目前期7.88亿元。生产综合类物资集约采购金额20.75亿元，集中采购率70.1%。浙能集团2018年度基建、生产、中介等项目累计降低采购成本约1.6亿元。

2019年1月14日，浙能集团印发《关于调整浙江省能源集团有限公司基建项目招标领导小组成员名单的通知》（浙能招〔2019〕23号），对基建项目部分人事调动的领导小组成员名单进行调整，浙能集团副总经理朱松强任基建项目招标领导小组组长。同日，浙能集团印发《关于调整浙江省能源集团有限公司生产、综合类项目采购领导小组的通知》（浙能招〔2019〕24号），调整部分人事调动的领导小组成员名单，浙能集团副总经理朱松强任领导小组组长。同日，浙能集团印发《关于调整浙江省能源集团有限公司粉煤灰处置工作领导小组成员名单的通知》（浙能招〔2019〕25号），调整部分人事调动的领导小组成员名单，浙能集团副总经理朱松强任领导小组组长。

2019年1月15日，浙能集团召开2019年集约化采供暨大宗物资结算交流会议，对危险化学品、石灰石、石灰石粉、催化剂等大宗物资集约化采供、结算工作提出具体要求。

2019年1月30日，浙能集团印发《关于下发集团公司生产、综合类项目招标文件（范本）的通知》（浙能招〔2019〕13号），生产、综合类项目招标文件（范本）修编完成，主要设备与大宗物资、保险等招标文件（范本）涉及11个专业共100项，包括技术规范书、招标主要原则与要求、商务文本等内容，进一步推进浙能集团招投标工作标准化建设。

2019年2月3日，浙能集团上报浙江省发展改革委《浙江省能源集团有限公司关于温州液化天然气（LNG）接收站项目招标事宜的请示》（浙能招〔2019〕73号），申请温州液化天然气（LNG）接收站项目接收站工程、码头及陆域形成工程和输气管线工程等相关招标工作按照国家能源局核准批复（国能油气〔2016〕263号）文方式进行。浙江省发展改革委同意按照国家能源局核准批复（国能油气〔2016〕263号）文方式进行。

2019年3月8日，浙能集团召开2019年度基建暨招投标工作会议，浙能集团副总经理朱松强出席会议并作工作报告，纪委书记张荣博作廉政专题讲话。会议回顾总结2018年基建和招投标管理的工作情况，要求强化工程建设安全、工程和招投标廉政、工程和招投标依法合规方面的风险管控。

2019年4月23日，浙能集团印发《关于收集整理生产、综合类及中介机构服务项目"集采目录"的通知》（浙能招字〔2019〕54号），开展收集整理生产、综合类及中介机构服务项目"集采目录"工作。同年11月15日，浙能集团印发《关于发布生产、综合类施工与服务项目集中采购供应目录的通知》（浙能招〔2019〕650号），颁布《浙江省能源集团有限公司生产、综合类施工与服务项目集中采购供应目录》，包含性能试验、特种设备检验、消防安保等21项服务内容，简化采购流程，提高采购效率。

2019年6月11日，浙能集团印发《关于调整浙江省能源集团有限公司生产、综合类项目采购领导小组的通知》（浙能招〔2019〕305号），调整部分人事调动的领导小组成员名单，浙能集团副总经理孙玮恒任领导小组组长。同日，浙能集团印发《关于调整浙江省能源集团有限公司中介机构服务类采购领导小组成员名单的通知》（浙能招〔2019〕306号），调整部分人事调动的领导小组成员名单，浙能集团副总经理孙玮恒任领导小组组长。同日，浙能集团印发《关于调整浙江省能源集团有限公司粉煤灰处置工作领导小组成员名单的通知》（浙能招〔2019〕307号），调整部分人事调动的领导小组成员名单，浙能集团副总经理孙玮恒任领导小组组长。同日，浙能集团印发《关于调整浙江省能源集团有限公司项目前期服务采购领导小组成员名单的通知》（浙能招〔2019〕308号），调整部分人事调动的领导小组成员名单，浙能集团副总经理孙玮恒任领导小组组长。同日，浙能集团印发《关于调整浙江省能源集团有限公司基建项目招标领导小组成员名单的通知》（浙能招〔2019〕309号），对基建项目部分人事调动的领导小组成员名单进行调整，浙能集团副总经理孙玮恒任基建项目招标领导小组组长。同日，浙能集团印发《关于调整浙江省能源集团有限公司不动产招租工作领导小组的通知》（浙能招〔2019〕310号），调整部分人事调动的领导小组成员名单，浙能集团副总经理孙玮恒任领导小组组长。同日，浙能集团印发《关于调整浙江省能源集团有限公司供应商管理委员会的通知》（浙能招〔2019〕311号），调整部分人事调动的委员会成员名单，浙能集团副总经理孙玮恒任委员会主任。

2019年7月2日，浙能集团印发《关于2019年度脱硝催化剂采购价格控制的通知》（浙能招字〔2019〕86号），发布浙能集团系统内脱硝催化剂结算控制价格。

2019年7月11日，浙能集团印发《关于下发集团公司基建项目招标文件范本的通知》（浙能招〔2019〕332号），基建项目招标文件（范本）修编完成，主要设备与大宗物资涉及9个专业共133项，包括技术规范书、招标主要原则与要求、商务文本等内容，进一步推进浙能集团招投标工作标准化建设。

2019年8月20日，浙能集团印发《关于成立赣浙国华信丰电厂新建工程招标领导小组的通知》(浙能招〔2019〕438号)，根据工程进展情况，成立赣浙国华信丰电厂新建工程项目招标领导小组，浙能集团副总经理孙玮恒任基建项目招标领导小组组长。

2019年8月20—30日，浙能集团开展四期新入库评标专家及库内评标专家业务素质培训班，对482名考核合格的评标专家发放评标专家证书。12月，浙能集团开展评标专家库清库工作，对109名长期不参与评标的集团外单位专家和集团内退休、离职专家作退库处理。

2019年度，浙能集团（含集团、板块公司、营运企业）共完成采购1719个标段，累计采购金额278亿元。其中，基建项目226.86亿元，生产项目48.48亿元，中介服务类和项目前期2.66亿元。全年集约化采购效益3.18亿元，集中采购率达到73.5%。

第三节 物资仓储管理

2008年5月，浙能集团与东方汽轮机厂及长沙水泵厂签订了备品配件联合储备协作网合作协议。

2009年10月，浙能集团企业资产管理系统增加物资虚拟联合仓储功能，火电、水电公司共17家单位的物资库存信息共享，初步完成虚拟仓储的建立，为库存结构的分析、减少总体库存打下良好的基础。

2009年12月，浙能集团调研完成《拓展浙能商务网功能——建立网上超市研究》方案，以批量多、单批价值低的物资为目标，逐步实现通用性物资的网上采购及零库存。

2011年5月4日，浙能集团组织各项目单位编制完成事故备品和轮换备品储备定额，明确备品配件范围、储备定额制定原则以及定额要求；对照定额分析库存结构，平衡利库。浙能集团印发《关于编制备品配件储备定额的通知》(浙能物〔2011〕337号)，实现燃机主要备品配件联合储备。8月24日，浙能集团召开燃机备品联合储备定额会议，以温州燃机、镇海联合和金华燃机三个燃机电厂作为试点，专题研究燃机备品储备定额制定、范围、数量与可修复备件清单相关事宜，探索联合仓储模式，制定联合储备方案。

2011年9月22日，浙能集团印发《关于进一步规范物资虚拟联合仓储数据的通知》(浙能物〔2011〕616号)，要求各单位按照（浙能生〔2009〕305号）文中关于EAM系统中物资信息规范化的要求进行全面自查，规范物资虚拟联合仓储数据。

2012年5月17日，浙能集团召开第二次燃机备品联合储备定额会议，正式启动燃机联合储备工作。根据联合储备清单，制定各燃机单位备品储备清单。对燃机配件国产化工作内容与步骤开展专题讨论。

2012年7月23日，浙能集团成立联合储备研究领导小组和300兆瓦、600兆瓦级火电厂机组联合储备工作组。研究、整理300兆瓦、600兆瓦级火电厂机组联合储备清单。领导小组负责审批定额标准、储备方式、调用方案，并协调各工作组开展工作。工作组在领导小组指导下具体开展联合储备工作，编制联合储备定额、制定定额标准、编制联合储备物资调剂方案。为充分利用现有资源，合理优化库存结构，实现生产物资储备现代化管理，共享储备资源打下基础。

2012年8月23日，浙能集团组织召开仓储管理经验交流会，各单位仓储管理人员参加经验交流，为做好仓储管理工作建言献策。

2015年6月，浙能集团组织召开两次仓储管理模式专项研讨会，针对集团主业发展现状，就如何推动集团物资内部联合储备，与外部供应商联合储备，以及库存物资的结构合理性等问题进行研究和探讨。天虹公司积极探索备品备件集中仓储和打造物资采供一体化平台，形成备品备件集中仓储的初步方案，确定了SRM外网开发先行、SRM目录商城开发适时跟进的一体化平台开发路径，网络化、信息化、智能化推进企业转型升级。

2016年10月17日，“浙能目录商城”正式上线。该功能的上线是“互联网+”思维在采购业务领域的创新应用，通过物资标识搜索完成“一键式”下单，可以省略询比价流程，而供应商可以通过 SRM 系统接收到的订单信息直接送货，实现“电商化”的便捷服务，大幅提升物资采购效率。

2016 年 12 月，浙能集团开发完成可调剂（闲置）物资信息查询库，为系统内部单位的物资调剂、降低库存创造了条件，也为闲置库存消纳提供了途径。联合虚拟仓储实现镇海联合发电与温州燃机发电关于 GE 燃机通用备件的联合储备，兰溪发电与乐清发电的部分物资联合储备，金华燃机与兰溪发电的库存柴油相互调剂等。

2017 年 1 月 13 日，浙能集团仓储基地项目启动，项目位于浙江长兴浙能智慧能源科技产业园内，目标是建成拥有世界先进水平的自动化仓储物流基地，满足集团系统内部集约化物流管理、联合储备等实际需求，同时可面向社会进行第三方物流经营。

2017 年 9 月，浙能集团以电力生产物资库存为突破口，推行 9E 燃机和光伏生产物资联合仓储管理试点工作，不断优化集团库存结构，推动火焰筒等联储物资调剂交易，全年共计降低库存 2000 万元。

2018 年 4 月，浙能集团启动“生产物资联合仓储平台研发与实施”科技项目，策划信息平台建设，编制定额联储物资清单及非定额联储物资清单。

2019 年 1 月 7 日，“生产物资联合仓储平台研发与实施”项目非定额联储物资清单导入联储管理平台。1 月 28 日，定额联储物资清单导入联储管理平台，完成系统平台开发。同日，联储管理平台上线试运行，依托 ERP 系统实现联储物资平衡利库、工厂间转让、财务结算等功能。

2019 年 8 月 20 日，浙能集团京东企业购正式上线运行，由浙能集团专业化采供公司统一结算，各项目单位分别开通京东平台企业账号，小五金、小家电、办公设备等日常消耗品实现网络便捷、快速采购。截至 2019 年 12 月，累计采购金额 1590.58 万元。

2019 年 11 月 15 日，浙能集团仓储基地项目与浙江长兴浙能智慧能源科技产业园签订协议，为园区企业提供仓储一体化服务。同年 12 月，浙能集团仓储基地自动化仓储设备调试完成，进入试运行阶段。该项目作为浙能集团物流集约管理平台的切入点，推进联储联备优化工作。

第四节　供应商管理

浙能集团供应商管理包含供应商注册申请、审核评估通过后准入浙能集团合格供应商名录，供应商的动态过程评价，供应商的资格年审，合格供应商的退出管理，供应商信息维护，临时供应商管理，供应商不良行为处理，以及供应商的选择和使用等供应商全生命周期管理。

2009 年 3 月 4 日，浙能集团印发《关于建立浙江省能源集团有限公司合格供方名录的通知》（浙能物〔2009〕78 号），启动合格供应商名录的编制工作；7 月 28 日，浙能集团印发《关于提供企业基本情况资料的通知》，收集各项目单位合格供方基本情况、股本结构证明、营业执照等相关资料，按照各专业类别筛选整理。

2010 年 3 月 23 日，浙能集团发布《供应商管理办法》，对《合格供应商名录》的建立与评定、变更、使用、管理等内容作了详细规定。

2010 年 3 月 18 日，浙能集团印发《关于建立不合格供应商名录的通知》（浙能物〔2010〕96 号），规定可列入不合格供应商名录的供应商 11 种不良行为，严格限制有不良记录的不合格供应商参与浙能集团招投标活动。

2010 年 6 月 4 日，浙能集团印发《关于征求合格供应商名录意见的通知》（浙能物〔2010〕237 号），以滨海热电项目、嘉兴电厂三期项目供应商为蓝本，梳理完成供应商名录初稿，涵盖材料、设备备品、工程以及服务等类别近 2000 家，在集团范围内征求合格供应商名录初稿意见，为首批浙能集团合格供应商名录的确定打下基础。

2011 年 5 月 18 日，浙能集团印发《关于补充企业基本情况资料的通知》。7 月 26 日，浙能集团印发《关于提供企业基本情况资料的通知》，要求供应商提供相关资料，收集完善合格供应商名录信息。

2011 年 8 月，浙能集团设计完成供应商准入评价模型，开发实施供应商申请的平台网站

(浙能集团供应商管理平台)，从质量、服务、交易记录、公共记录等要素对供应商名录初稿实施了调查和评审，形成了评审结果初稿。

2012 年 1 月 12 日，浙能集团印发《关于成立浙江省能源集团有限公司供应商管理委员会的通知》(浙能物〔2012〕16 号)，供应商管理委员会负责对《合格供应商名录》和黑名单的审批，以及对供应商管理的重大问题进行协调和决策。供应商管理委员会下设工作组，负责供应商日常管理工作。

2012 年 5 月 4 日，浙能集团印发《关于公布浙江省能源集团有限公司合格供应商名录的通知》(浙能物〔2012〕292 号)，完成首批浙能集团合格供应商入库，包含 988 家合格供应商，处理 16 家不合格供应商。同时，对合格供应商申报条件和申报方式作具体要求。12 月 7 日，浙能集团印发《关于公布集团第二批合格供应商名录的通知》(浙能物〔2012〕762 号)，完成第二批浙能集团合格供应商入库，包含 117 家合格供应商，处理 2 家不合格供应商。EAM 系统供应商管理模块正式上线，《合格供应商名录》、不良情况信息库以及黑名单库同步到 EAM 生产物资计划申报信息系统中，实现供应商信用调查流程前置，有效规避采购风险。

2012 年 11 月 12 日，浙能集团印发《关于完善供应商不良行为信息库的通知》(浙能物〔2012〕699 号)，进一步明确 11 个方面的供应商不良行为，要求各下属单位及时反馈供应商不良行为，共同参与供应商管理。

2013 年 3 月 28 日，浙能集团印发《关于公布集团第三批合格供应商名录的通知》(浙能物〔2013〕155 号)，完成第三批浙能集团合格供应商入库，包含 328 家合格供应商，处理 7 家不合格供应商。

2013 年 8 月 19 日，浙能集团印发《关于调整浙江省能源集团有限公司供应商管理委员会的通知》(浙能物〔2013〕415 号)，调整部分人事调动的委员会成员名单，浙能集团副总经理柯吉欣任供应商管理委员会主任。同日，浙能集团印发《关于公布集团第四批合格供应商名录的通知》(浙能物〔2013〕428 号)，完成第四批浙能集团合格供应商入库，包含 233 家合格供应商，处理 2 家不合格供应商。12 月 3 日，浙能集团印发《关于公布集团第五批合格供应商名录的通知》(浙能物〔2013〕580 号)，完成第五批浙能集团合格供应商入库，包含 270 家合格供应商。

2014 年 1 月 17 日，浙能集团印发《关于公布集团第六批合格供应商名录的通知》(浙能物〔2014〕22 号)，完成第六批浙能集团合格供应商入库，包含 112 家合格供应商。

2014 年 1 月 17 日，浙能集团印发《关于供应商信息维护管理的通知》，要求各单位对供应商信息变更及临时供应商申请严格审核，避免因市场不规范出现的假冒资质、业绩造假、山寨厂商等现象，保证采购过程信息对称，确保《合格供应商名录》中数据信息及时性、准确性，加强供应商动态管理。同月，浙能集团编制完成《供应商管理动态评价体系方案》，方案将合同与物资编码绑定，对供应商进行动态绩效考核，实现对供应商分类分级管理。

2014 年 2 月 17 日，浙能集团印发《关于调整浙江省能源集团有限公司供应商管理委员会的通知》(浙能物〔2014〕66 号)，调整部分人事调动的委员会成员名单，浙能集团副总经理柯吉欣任供应商管理委员会主任。

2014 年 4 月 9 日，浙能集团印发《关于公布集团第七批合格供应商名录的通知》(浙能物〔2014〕203 号)，完成第七批浙能集团合格供应商入库，包含 82 家合格供应商。7 月 16 日，浙能集团印发《关于公布集团第八批合格供应商名录的通知》(浙能物〔2014〕374 号)，完成第八批浙能集团合格供应商入库，包含 110 家合格供应商。10 月 10 日，浙能集团印发《关于公布集团第九批合格供应商名录的通知》(浙能物〔2014〕559 号)，完成第九批浙能集团合格供应商入库，包含 228 家合格供应商。

2014 年 11 月 3 日，浙能集团印发《关于进一步重申生产、综合类物资采购招标工作的通知》，明确物资计划申报、标书审查、招标工作计划审批、决标审批、招标失败、重新招标等管理流程，规范生产、综合类物资采购招评标程序。

2015 年 1 月 5 日，浙能集团印发《关于调整浙江省能源集团有限公司供应商管理委员会的通知》(浙能物〔2014〕701 号)，调整部分人事调动的委员会成员名单，浙能集团副总经理柯吉欣任供应商管理委员会主任。

2015 年 1 月 16 日，浙能集团印发《关于公布集团第十批合格供应商名录的通知》(浙能物〔2015〕23 号)，完成第十批浙能集团合格供应商入库，包含 171 家合格供应商。

2015 年 1 月，浙能集团开展合格供应商库信息复核专项工作，历时 4 个月，复核供应商主数据 2151 条。实施寻源及供应商管理系统(SRM)，建设供应商门户网站“浙能寻源及供应商管理系统门户网站”并于 11 月正式上线。建立供应商动态绩效评价体系，通过供应商多维动态绩效管理模型和“一单一评”操作，实现供应商的自动分类分级管理。供应商相关数据完成由供应商管理平台向 SRM 系统的迁移工作。供应商实施分库级管理模式（一级库为集团合格供应商，二级库为项目单位合格供应商)。11 月，浙能集团组织开展四期供应商培训工作，针对 SRM 供应商报价系统进行培训，共有 150 家单位参加。

2015 年 3 月 24 日，浙能集团印发《关于调整浙江省能源集团有限公司供应商管理委员会的通知》(浙能物〔2015〕94 号)，调整部分人事调动的委员会成员名单，浙能集团副总经理孙玮恒任供应商管理委员会主任。

2015 年 4 月 17 日，浙能集团印发《关于公布集团第十一批合格供应商名录的通知》(浙能物〔2015〕151 号)，完成第十一批浙能集团合格供应商入库，包含 171 家合格供应商。8 月 24 日，浙能集团印发《关于公布集团第十二批合格供应商名录的通知》(浙能建〔2015〕427 号)，完成第十二批浙能集团合格供应商入库，包含 141 家合格供应商。

2015 年 12 月 7 日，浙能集团印发《关于公布集团第十三批合格供应商名录的通知》(浙能物〔2015〕608 号)，完成第十三批浙能集团合格供应商入库，包含 117 家合格供应商。

2016 年 2 月 1 日，浙能集团印发《关于公布集团第十四批合格供应商名录的通知》(浙能物〔2016〕45 号)，完成第十四批浙能集团合格供应商入库，包含 81 家合格供应商。

2016 年 3 月 14 日，浙能集团印发《关于调整浙能集团供应商管理委员会的通知》(浙能物〔2016〕100 号)，调整部分人事调动的委员会成员名单，浙能集团副总经理孙玮恒任供应商管理委员会主任。

2016 年 5 月 12 日，浙能集团印发《关于公布集团第十五批合格供应商名录的通知》(浙能物〔2016〕192 号)，完成第十五批浙能集团合格供应商入库，包含 167 家合格供应商。8 月 17 日，浙能集团印发《关于公布集团第十六批合格供应商名录的通知》(浙能物〔2016〕299 号)，完成第十六批浙能集团合格供应商入库，包含 101 家合格供应商。11 月 3 日，浙能集团印发《关于公布集团第十七批合格供应商名录的通知》(浙能物〔2016〕417 号)，完成第十七批浙能集团合格供应商入库，包含 82 家合格供应商。

2016 年 5 月 13 日，浙能集团组织开展浙能寻源与供应商管理平台（SRM 系统）的供应商联系人员培训，浙能集团各 ERP 使用单位供应商联系人参加，对供应商日常管理工作、供应商询报价操作等系统内容进行了针对性的指导。2016 年度，整理《合格供应商名录》中“僵尸用户”供应商 526 家，审核维护供应商信息 1800 条，数据迁移供应商信息 2667 家，实现外部供应商可通过 SRM 门户系统自主进行信息维护、合格供方申请、报价等活动。

2017 年 3 月 23 日，浙能集团印发《关于公布集团第十八批合格供应商名录的通知》(浙能招〔2017〕194 号)，完成第十八批浙能集团合格供应商入库，包含 84 家合格供应商。6 月 7 日，浙能集团印发《关于公布集团第十九批合格供应商名录的通知》(浙能招〔2017〕335 号)，完成第十九批浙能集团合格供应商入库，包含 92 家合格供应商。8 月 18 日，浙能集团印发《关于公布集团第二十批合格供应商名录的通知》(浙能招〔2017〕455 号)，完成第二十批浙能集团合格供应商入库，包含 72 家合格供应商。11 月 27 日，浙能集团印发《关于公布集团第二十一批合格供应商名录的通知》(浙能招〔2017〕650 号)，完成第二十一批浙能集团合格供应商入库，包含87家合格供应商，处理2家不合格供应商。

2017年4月，浙能集团启动合格供应商（一级库）的年审工作，对288家供应商相关信息进行整理和更新。开发并使用《供应商绩效评价报表》《供应商动态评价得分汇总表》《供应商邀标、投标统计》以及《绩效评估默认率统计表》等，推进集团合格供应商动态评价机制建设。11月，浙能集团结合浙能创新发展和体制机制改革方案以及ERP-SRM系统修订发布《供应商管理办法》，新增供应商分库级管控，评价评级等管理内容。委托审计、资产评估、法律服务等中介机构服务供应商统一纳入《合格供应商名录》。

2017年12月，浙能集团完成供应商协同系统开发、金税系统与ERP接口开发与应用，做到合同履约节点信息实时共享，物流和信息流同步；2018年8月，一期电力企业上线供应商协同系统。

2018年2月23日，浙能集团印发《关于公布集团第二十二批合格供应商名录的通知》（浙能招〔2018〕78号），完成第二十二批浙能集团合格供应商入库，包含80家合格供应商，处理2家不合格供应商并同意2家已工商注销的供应商退库。5月24日，浙能集团印发《关于公布集团第二十三批合格供应商名录的通知》（浙能招〔2018〕302号），完成第二十三批浙能集团合格供应商入库，包含68家合格供应商，处理2家不合格供应商。8月8日，浙能集团印发《关于公布集团第二十四批合格供应商名录的通知》（浙能招〔2018〕433号），完成第二十四批浙能集团合格供应商入库，包含99家合格供应商，处理3家不合格供应商并同意1家已工商注销的供应商退库。浙能集团推进合格供应商（一级库）的年审工作，全年审核供应商信息变更752起，年审审批412起，一级库供应商信息复核611家。

2018年9月，浙能集团供应商多维动态绩效管理模型获浙江省电力数据价值挖掘大赛银奖。9月17日，浙能集团印发《关于调整浙江省能源集团有限公司供应商管理委员会的通知》（浙能招〔2018〕477号），调整部分人事调动的委员会成员名单，浙能集团副总经理朱松强任委员会主任。

2019年1月31日，浙能集团印发《关于公布集团第二十五、二十六批合格供应商名录的通知》（浙能招〔2019〕55号），完成第二十五、二十六批浙能集团合格供应商入库，其中第二十五批93家合格供应商，第二十六批50家合格供应商，两批共处理6家不合格供应商并同意2家已工商注销的供应商退库。4月10日，浙能集团印发《关于公布集团第二十七批合格供应商名录的通知》（浙能招〔2019〕192号），完成第二十七批浙能集团合格供应商入库，包含77家合格供应商。7月8日，浙能集团印发《关于公布集团第二十八批合格供应商名录的通知》（浙能招〔2019〕338号），完成第二十八批浙能集团合格供应商入库，包含95家合格供应商，处理2家不合格供应商。11月26日，浙能集团印发《关于公布集团第二十九批合格供应商名录的通知》（浙能招〔2019〕670号），完成第二十九批浙能集团合格供应商入库，包含106家合格供应商，处理3家不合格供应商。

2019年4月10日，浙能集团开展疑似“僵尸户”供应商清库工作，要求787家信息不完善且未参与报价的供应商及时进行信息维护。

2019年11月11日，浙能集团启动1000家合格供应商年审工作。

第 十 四 篇

企业党建与思想政治工作

浙能集团党委把坚持党的领导、加强党的建设作为企业的“根”和“魂”，按照“党要管党、全面从严治党”的方针，坚持党对国有企业的领导不动摇，坚持服务生产经营不偏离，发挥企业党组织的领导核心和政治核心作用，把党的领导融入浙能集团治理各环节，强化党组织在浙能集团法人治理结构中的地位和作用。

加强和改进领导班子建设，深化和完善“双向进入、交叉任职”的企业领导体制，构建“大党建”格局，实施“五大工程”，严格执行党委理论中心组学习制度和民主生活会制度，从严落实党委及班子成员工作责任清单要求，确保党委书记的第一责任及班子成员“一岗双责”履行到位，建强“四好”领导班子；加强党组织和党员队伍建设，通过“五好党支部”创建，实行党组织建设“星级管理”，堡垒指数、先锋指数量化，建立健全党内激励、关怀、帮扶机制，为不断推进浙能集团改革创新和“四业”发展筑牢坚强的基层堡垒，建设充满生机活力的党员队伍；加强党风廉政建设，进一步完善党风廉政建设领导体制和工作机制，深化“四责协同”，持续推动全面从严治党向纵深发展。加强意识形态及思想政治工作，严格落实意识形态工作责任制，重视企业对内对外宣传，注重新媒体的开发和应用，把握正确舆论导向，讲好浙能故事，着力思想政治工作及理论研究；加强精神文明建设，开展文明单位创建活动，重视职工的合理诉求，注重人文关怀和心理疏导，积极推进心灵港湾工作坊建设等思想政治工作手段和方法创新，推进企地共建，营造安定和谐的企业发展环境，文明创建成果丰硕。

通过“五加强”，将党的政治优势、组织优势转化为推动工作、服务群众、凝聚力量、促进和谐的综合优势，发挥了党组织的“把方向、管大局、保落实”作用，团结和带领浙能集团广大党员干部和员工，发扬“让事业精彩、让生命闪光”的“浙能人”精神，全力以赴把浙能集团建设成为浙江省委、浙江省政府能源产业发展的主抓手、能源合作的主平台、能源供应的主渠道、能源安全保障的主力军和环境保护的主战场，实现企业可持续发展。

第一章 党委班子建设

第一节 民主集中制和党委集体领导

2001年7月8日，浙能集团党委印发《关于印发〈中共浙江省能源集团有限公司委员会工作条例〉及相关制度的通知》，制定了《中共浙江省能源集团有限公司委员会工作条例》《浙江省能源集团有限公司党委会议制度》《浙江省能源集团有限公司党委书记主要职责及工作流程》《浙江省能源集团有限公司民主生活会制度》《浙江省能源集团有限公司党委理论学习中心组制度》5项工作制度。制度规定：浙能集团党委作为浙能集团的政治核心，负责贯彻执行党的基本路线，监督、保证党和国家的方针政策的贯彻执行；对浙能集团资本营运、生产经营等方面的重大问题提出意见和建议，参与重大问题决策；负责浙能集团党的组织建设和党员队伍的管理，加强浙能集团各级党组织的思想、作风和制度建设，充分发挥基层党组织的战斗堡垒作用和共产党员的先锋模范作用；坚持党管干部的原则，认真贯彻干部队伍“四化”方针和德才兼备的要求，依法参与公司的人事管理工作，监督、保证党的干部路线、方针、政策的贯彻执行；领导浙能集团的思想政治工作和精神文明建设，努力营造奋发向上的企业精神和团结协作的工作氛围，培养一支有理想、有道德、有文化、有纪律的职工队伍；领导工会、共青团等群众组织，支持群

备；每次学习拟选1~2个专题，并安排若干名同志作重点发言。学习也可适当采取组织收看录像、听辅导讲座或开展读书会等形式。该制度还明确学习要求和学习纪律等。

2013年3月29日，浙能集团党委召开2013年第一季度党委理论中心组学习会，进一步学习贯彻落实《十八届中央政治局关于改进工作作风、密切联系群众的八项规定》、国务院第一次廉政工作会议精神和浙江省委“六个严禁”要求及浙江省国资委党委相关文件精神，从浙能集团实际出发，对如何加强作风建设，保障和推动浙能集团改革发展进行专题研讨。6月27日，浙能集团党委召开2013年第二季度党委理论中心组学习会，学习贯彻落实浙江省委《关于进一步加强和改进县以上党委（党组）中心组学习的意见》和浙江省委第十三届三次全会精神，结合当前面临的形势，从浙能集团实际出发，对如何加强科技创新、管理创新，走浙能特色企业发展之路进行专题研讨。7月16日、17日，浙能集团党委召开党的群众路线教育实践活动理论中心组专题学习会，学习贯彻落实中共中央、浙江省委关于开展党的群众路线教育实践活动的有关要求，浙江省委《关于进一步加强和改进县以上党委（党组）中心组学习的意见》和浙江省委第十三届三次全会精神，结合当前面临的形势，从浙能集团实际出发，对如何落实开展党的群众路线教育实践活动，加强科技创新、管理创新，走浙能特色企业发展之路进行专题研讨。8月1日，浙能集团党委理论中心组举行专题学习会，认真学习领会习近平总书记在河北调研指导党的群众路线教育实践活动时的重要讲话精神，围绕开展党的群众路线教育实践活动主题，进一步强化理论武装，深化思想认识，扎实开展活动，不断把教育实践活动引向深入。10月9日，浙能集团党委召开理论中心组“三思三观”专题学习会，深入学习《中共中央关于在全党深入开展党的群众路线教育实践活动的意见》和习近平总书记一系列重要讲话精神，开展马克思主义群众观和党的群众路线学习讨论，围绕“三思三观”，思考“与百姓的感情深不深、与百姓的距离远不远、百姓在心中的分量重不重”，探讨如何进一步树立人民创造历史的唯物史观，以人为本、人民至上的价值观，立党为公、执政为民的执政观，在企业各项工作中贯彻落实好党的群众路线。11月18日，浙能集团党委召开党委理论中心组学习会，传达学习党的十八届三中全会精神，学习了习近平总书记重要讲话、《中共中央关于全面深化改革若干重大问题的决定》及浙江省委书记夏宝龙传达党的十八届三中全会精神的讲话，以“四个真正”把党的十八届三中全会精神贯彻落实到企业的各项工作中去。12月27日，浙能集团党委召开党委理论中心组学习（扩大）会，专题学习党的十八届三中全会精神，听取浙江省委党校教授专题讲座。

2014年2月13日，浙能集团党委召开2014年第一季度党委理论中心组学习会，学习中央纪委十八届三次全会精神、浙江省纪委十三届三次全会精神。6月30日，浙能集团党委召开2014年第二季度党委理论中心组学习会，学习贯彻落实《党政领导干部选拔任用工作条例》、浙江省委十三届五次全会精神、夏宝龙书记讲话及浙江省纪委相关文件精神；结合浙能集团当前面临的形势任务及“生存与发展”大讨论活动前期研讨情况，围绕“浙能能走多远”主题，对如何提振干部员工精气神、如何实现管理成本最优、如何进一步优化发展战略等内容进行专题讨论。

2014年7月2日，浙能集团党委修订印发《浙江省能源集团有限公司党委中心组学习制度》。修订主要内容包括5个方面：一是增设党委中心组副组长，由分管宣传思想工作的党委副书记担任，负责配合组长抓好学习的组织协调等工作。组长因故不能出席学习会时，由副组长主持。负责宣传思想工作的部门负责人担任学习秘书。二是学习内容增加了对“中国特色社会主义理论体系的领会与掌握”等方面的要求。三是明确学习方法，要求党委中心组学习采取集中学习与自学相结合的方式进行，以自学为基础。每次集中学习须有专题、中心发言人，一般至少提前5天通知中心发言人做好发言准备。四是建立党委中心组成员学习联系点。每位党委中心组成员确定1~2个所属单位（部门）作为学习联系点，担任联系点单位（部门）党组织中心组学习的指导员，对二级单位（部门）党组织中心组学习进行帮学促学。每位党委中心组成员要结合调研、督查等工作，每年到基层作宣讲、上党课不少于1次，面对面与群众交流学习心得，检验学习成效。五是增加了检查与考核。党委中心组集中学习原则上每季度不少于1次，集中交流学习次数应占全年集中学习次数的三分之一以上。集中学习时要严格执行签到程序，个人参学率全年不低于80%。党委中心组组长每年度中心发言不少于3次，党委中心组成员每年度个人发言不少于2次。加强学习成果的运用，通过企业报纸、杂志、网络等载体及时通报党委中心组学习的情况，宣传党委中心组学习所取得成果，并推动成果的转化和运用。每年至少发表一篇以党委中心组署名的理论文章或调研报告；党委中心组成员在接受组织考察时要汇报学习情况，在领导班子民主生活会上要查找学习差距，在年终述学述职述廉活动中要评述学习成效。

2014年7月15日，浙能集团党委召开2014年第三季度党委理论中心组学习会，学习习近平总书记在中央政治局第十六次集体学习时的重要讲话精神。11月5日，浙能集团党委召开2014年第四季度党委理论中心组学习会，学习贯彻落实十八届四中全会精神、《中央党的群众路线教育实践活动领导小组印发〈关于中共中央政治局常委同志第二批党的群众路线教育实践活动联系点工作情况的报告〉的通知》《中央人才工作协调组关于学习贯彻习近平总书记对人才工作重要批示精神的通知》及浙江省委关于进一步深化国企改革的意见，结合浙能集团依法治企、改革发展实际等内容进行专题讨论。12月22日，浙能集团党委召开党委理论中心组学习会。学习贯彻落实中央经济工作会议精神及浙江省委有关要求，结合浙能集团改革发展实际进行专题讨论。

2015年1月8日，浙能集团党委召开第一季度党委理论中心组学习（扩大）会。听取浙江省纪委常委、中央纪委监察委员会杭州培训中心主任丁世明就如何进一步贯彻落实十八届四中全会精神、牢固树立法治理念、用法治思维和法治方式应对和解决腐败问题等内容的讲课。4月16日，浙能集团党委召开第二季度党委理论中心组学习（扩大）会，学习贯彻落实2015年两会精神及“四个全面”任务要求，围绕浙能集团2015年各项工作开展务虚讨论。6月5日，浙能集团党委召开党委理论中心组学习（扩大）会，学习传达习近平总书记在浙江考察时的重要讲话精神，学习贯彻夏宝龙书记在浙江全省领导干部会议上的讲话精神，并结合具体工作开展讨论。6月30日，浙能集团党委召开“严以修身，加强党性修养”专题党委理论中心组学习（扩大）会，重点学习研讨以下内容：如何坚定马克思主义信仰和中国特色社会主义信念，增强道路自信、理论自信、制度自信；如何站稳党和人民立场，牢固树立正确的世界观、人生观、价值观和公私观、是非观、义利观，忠于党、忠于国家、忠于人民；如何保持高尚道德情操和健康生活情趣，自觉远离低级趣味，树立良好家风，坚决抵制歪风邪气，坚守共产党人精神家园。重点围绕浙江省委组织部《关于严格落实“三会一课”制度》文件要求，研究如何进一步严肃党内政治生活，提高党员干部党性修养；结合浙能集团各产业发展实际及人才需求现状，讨论如何加强年轻干部的选拔培养。9月15日，浙能集团党委召开“严以律己”专题党委理论中心组学习会，重点学习研讨如何严格遵守党章党规党纪，落实习近平总书记在十八届中央纪委五次全会上提出的“五个必须”要求，自觉维护中央权威，任何时候任何情况下都做到在思想上政治上行动上同以习近平同志为核心的党中央保持高度一致；要无条件地遵守政治纪律、组织纪律、廉洁纪律、群众纪律、工作纪律和生活纪律；维护党的团结，做老实人、说老实话、干老实事，不搞团团伙伙，不搞任何形式的派别活动；遵循组织程序，不超越权限办事，不搞先斩后奏；服从组织决定，不跟组织讨价还价，不欺骗组织、对抗组织；管好亲属和身边工作人员，不让他们擅权干政，不让他们利用特殊身份谋取非法利益。重点学习《领导干部违纪违法典型案例警示录》《四风百相》《中央关于三严三实专题教育的八项指示》；研究进一步深化落实中央八项规定、浙江省委“28条办法”“六项禁令”及浙能集团“七严禁、六规范”“十表率”公开承诺要求，重点解决“四风”顽疾，加强正风肃纪，以严和实的举措抓好党风廉政建设；自主学习

《浙能文化手册》，加强浙能“3C”行为准则的全面实践。11月13日，浙能集团党委召开“严以用权”专题党委理论中心组学习（扩大）会，重点学习研讨以下内容：如何坚持用权为民，自觉遵守法律法规和党的纪律，按规则、按制度、按法律行使权力，敬法畏纪，为政清廉，任何时候都不搞特权、不以权谋私；如何坚持民主集中制，自觉接受监督，不搞大权独揽、独断专行；如何坚持从实际出发谋划事业、推进工作，敢于担责、“为官有为”，围绕“大能源战略”“新、强、精”方针，克服短板，推动改革发展，努力创造经得起实践、人民、历史检验的实绩。重点讨论解决浙能集团各级领导人员如何落实安全生产“一岗双责”，形成全系统各级干部对安全生产零容忍的局面；研究如何在实际工作中体现和落实廉洁、严谨、负责担当的要求，强化政治责任大于政治觉悟的意识，加强领导人员权力清单的执行与监督，确保依法合规开展各项工作。11月23日，浙能集团党委召开党委理论中心组学习会，学习党的十八届五中全会精神体会，解读“十三五”规划。

2016年2月2日，浙能集团党委召开2016年第一季度党委理论中心组学习会，学习贯彻落实习近平总书记在十八届中央纪委六次全会上的重要讲话，王岐山同志代表中央纪委常委会所作的《全面从严治党，把纪律挺在前面，忠诚履行党章赋予的神圣职责》工作报告及《中国共产党第十八届中央纪律检查委员会第六次全体会议公报》等有关文件精神。4月25日，浙能集团党委召开2016年第二季度党委理论中心组学习会，传达落实中共中央、浙江省委关于开展“两学一做”学习教育的文件要求，研讨浙能集团“两学一做”学习教育具体安排。5月9日，浙能集团党委召开党委理论中心组学习会议，传达贯彻落实夏宝龙书记在省属国有企业主要负责人座谈会上的讲话精神，结合浙能集团实际找差距、补短板，实现企业新一轮转型升级。6月24日，浙能集团党委召开“两学一做”中心组专题学习讨论会，结合学习党章和习近平总书记系列重要讲话精神，研讨如何强化政治意识、大局意识、核心意识、看齐意识，始终坚守共产党人的理想信念，始终对党忠诚老实，做政治上的明白人。7月8日，浙能集团党委召开2016年党委理论中心组专题学习会，学习贯彻习近平总书记在庆祝中国共产党成立95周年大会上的讲话。8月19日，浙能集团党委召开党委理论中心组学习会，学习贯彻落实《中国共产党问责条例》。9月9日，浙能集团党委召开党委理论中心组学习会，专题传达学习全文传达《中共中央关于辽宁拉票贿选案查处情况及其教训警示的通报》及浙委办传〔2016〕25号文件的有关精神。11月3日，浙能集团党委召开党委理论中心组学习会，专题学习贯彻落实党的十八届六中全会精神。11月17日，浙能集团党委召开“两学一做”学习教育集中研讨暨党委理论中心组学习会，主题一：根据“两学一做”学习教育整体安排，学习党规党纪，研讨如何自觉践行社会主义核心价值观，正确处理公与私、义与利、个人与组织、个人与群众的关系。学习“四个全面”战略布局、五大发展理念，研讨如何积极贯彻落实国有企业改革要求，推动浙能集团实现新一轮发展。主题二：学习贯彻落实党的十八届六中全会精神、《关于新形势下党内政治生活的若干准则》《中国共产党党内监督条例》，研讨如何在企业生产经营和个人生活中始终做到知敬畏、明底线、守纪律、讲规矩。主题三：学习贯彻落实全国国有企业党的建设工作会议精神等，研讨如何进一步改进和加强党的领导，全面推进浙能集团改革创新发展各项任务。

2017年1月24日，浙能集团党委召开2017年第一次浙能集团党委理论中心组学习会，学习传达贯彻习近平总书记重要讲话和十八届中央纪委七次全会精神。6月19日，浙能集团党委召开2017年第二次浙能集团党委理论中心组学习会，学习中国共产党浙江省第十四次代表大会精神。7月3日，浙能集团党委召开2017年第三次浙能集团党委理论中心组学习会，学习贯彻浙江全省国企党建工作会议精神。7月20日，浙能集团党委召开2017年第四次浙能集团党委理论中心组学习会，“学讲话摆问题找出路”，积极推进“四业”发展。

2017年8月29日，浙能集团党委发布《关于印发〈浙江省能源集团有限公司党委中心组学习制度〉等制度的通知》。修订发布了《浙江省能源集团有限公司党委中心组学习制度》，修订主要内容包括5个方面：一是该版制度由“标准化”改为章节式；二是学习内容中增加了“习近平总书记系列讲话重要内容和治国理政新理念新思想新战略”“社会主义核心价值观”等；三是将学习形式明确为“集体学习研讨、个人自学、专题调研”三类，并分类描述学习要求；四是进一步明确党委书记是中心组学习第一责任人要求；五是增加了“每位党委中心组成员每年要撰写1篇以上对分管工作有指导意义的调研报告或体会文章”的工作要求。

2017年9月28日，浙能集团党委召开2017年第五次浙能集团党委理论中心组学习会，深入学习贯彻习近平总书记在省部级主要领导干部“学习习近平总书记重要讲话精神，迎接党的十九大”专题研讨班上的重要讲话精神；《中国共产党巡视工作条例》及其配套制度解读；学哲学用哲学。11月1日，浙能集团党委召开2017年第六次浙能集团党委理论中心组学习会，深入学习贯彻党的十九大精神，深刻领会习近平新时代中国特色社会主义思想，进一步提高认识，统一思想，勇于担当，全面开启“新浙能”的建设之路，开创浙能工作新局面。12月15日，浙能集团党委召开2017年第七次浙能集团党委理论中心组学习会，传达学习《中共浙江省委办公厅关于贯彻落实〈党委（党组）网络意识形态工作责任制实施细则〉的意见》，结合浙能集团实际，讨论网络意识形态工作，维护意识形态安全。12月26日，浙能集团党委召开2017年第八次浙能集团党委理论中心组学习会，结合浙能集团实际，进一步学习宣传贯彻党的十九大精神；传达学习《中共中央办公厅印发〈习近平总书记关于进一步纠正“四风”、加强作风建设重要批示〉的通知》，并结合实际，对浙能集团存在的作风建设问题进行梳理剖析；学习《实践论》《矛盾论》哲学内涵及其历史背景、理论来源、现实意义等相关内容。

2018年1月31日，浙能集团党委召开2018年第一次浙能集团党委理论中心组学习会，学习中共中央及浙江省委经济工作会议精神，为谋划浙能集团全年经营发展工作提供了政策遵循及理论基础。5月17日，浙能集团党委召开2018年第二次浙能集团党委理论中心组学习会，学习博鳌主旨演讲精神，为浙能集团深入推动“四业”发展，加快转型升级、创新发展打开了思路。7月18日，浙能集团党委召开2018年第三次浙能集团党委理论中心组学习会，专题学习“八八战略”，为浙能集团编制“新浙能”五年发展规划提供思想理论基础和马克思主义思想的方法论。8月9日，浙能集团党委召开2018年第四次浙能集团党委理论中心组学习会，传达学习浙国资党委发函〔2018〕13号文件精神，同时对组织传达学习相关精神提出具体要求，要求党员干部充分认清中美贸易摩擦的实质，正确认识，妥善应对。此外，还根据文件要求，通过机要件的形式，发至各处级单位，严格遵守保密规定，做好文件分发工作的同时，要求各处级单位党委通过理论学习中心组的形式做好学习宣贯。10月25日，浙能集团党委召开2018年第五次浙能集团党委理论中心组学习会，传达学习全国、浙江全省宣传思想工作会议精神，《习近平新时代中国特色社会主义思想三十讲》第十九讲及《中国共产党纪律处分条例》等；结合浙能集团实际，研究讨论如何抓好宣传思想工作、维护意识形态工作安全，如何抓好《中国共产党纪律处分条例》学习宣贯，深入推进清廉浙江、清廉浙能建设，为打好转型升级攻坚战保驾护航。

2018年7月11日，浙能集团党委修订发布《党委理论学习中心组学习制度》。修订主要内容包括3个方面：一是根据党的十九大以来一些新思想、新理论对制度条款中的一些表述进行了修订。如增加了“习近平新时代中国特色社会主义思想”及“政治建设”等有关表述；增加“中央部署开展的主题教育内容”“中华优秀传统文化”“企业党的建设”等内容；增加“坚持读原著、学原文、悟原理”及党的十九大报告提出的“八大本领”的要求；增加“将深入学习贯彻习近平新时代中国特色社会主义思想作为学习的重中之重”。二是根据浙江省委及浙江省国资委有关要求，增加了对浙能集团所属各单位党委理论中心组的管理条款，切实履行浙能集团党委对浙能集团理论学习中心组学习的主体责任。如增加有关学习秘书要求，明确学习秘书由政治工作部（党群工作部）、党委办公室、组织部或者机关党委等机构负责人担任，由负责宣传思想工作的部门负责人牵头；增加有关党委中心组成员和学习秘书名单按管理层级报备要求；增加有关党委中心组学习选题会商机制的要求；增加有关年度学习计划报备、年度学习情况报送，浙能集团党委对中心组学习情况督查考核、通报及问责等要求，明确建立学习档案要求；增加有关对中心组学习秘书及相关工作人员培训的要求。三是对照上级制度，结合浙能集团实际运行情况，对制度中一些条款进行修订，做到既与上级要求保持一致，又提高实效。如删除“个人自学”中有关“根据学习内容制定自学计划”的要求；党委中心组组长每年度中心发言次数修改为不少于2次，党委中心组成员每年度中心发言或专题发言次数修改为不少于1次；增加“每次集体学习的出席率不低于80%”的要求；增加“每位党委中心组成员每年到联系点参加学习、专题调研、指导工作不少于1次”，建议与“每年到基层作宣讲、上党课不少于1次”结合开展。

2018年12月11日，浙能集团党委召开2018年第六次浙能集团党委理论中心组学习会，传达学习习近平总书记在民营企业座谈会上的讲话，浙江省纪委书记任振鹤、常务副省长冯飞等领导调研浙能集团时的讲话精神；结合浙能集团实际，研究讨论如何更好地贯彻落实，谋划好浙能集团工作。

2019年1月，浙能集团党委制定《浙江省能源集团有限公司党委中心组2019年学习计划》，明确本年度学习的主要内容和专题设置。截至2019年底，采购并发放了《习近平关于“不忘初心、牢记使命”重要论述选编》《习近平新时代中国特色社会主义思想学习纲要》等理论学习资料；并围绕习近平重要讲话精神，学习《关于加强党的政治建设的意见》《关于解决形式主义突出问题为基层减负的通知》《中国共产党宣传工作条例》等党内法规制度；组织学习党的十九届四中全会、浙江全省宣传思想工作会议、浙江省委十四届五次全体（扩大）会议、浙江全省深化国资国企改革座谈会、浙江全省深化国有企业改革工作领导小组会议和省属企业党的建设工作座谈会等上级有关会议精神；开展主题教育“八个专题”研讨，围绕企业改革发展等组织开展了8次中心组学习，11位党委班子成员结合实际作中心发言或专题发言。

2019年2月2日，浙能集团党委召开2019年第一次集团党委中心组学习会，学习习近平总书记重要讲话精神，传达十九届中央纪委三次全会、中央和浙江省委经济工作会议、浙江省纪委十四届四次全会、浙江全省宣传思想工作会议、省属企业党的建设工作座谈会等上级有关会议精神；结合浙能集团实际，研究讨论如何更好地贯彻落实，谋划好浙能集团工作。

2019年5月10日，浙能集团党委召开2019年第二次集团党委中心组学习会，学习习近平总书记重要讲话精神，学习《中共中央关于加强党的政治建设的意见》《党政领导干部选拔任用工作条例》《党政领导干部考核工作条例》等党内法规制度，学习浙江全省深化国资国企改革座谈会等精神；结合浙能集团实际，研究讨论如何更好地贯彻落实，不断提升国企党的建设工作质量，推进浙能高质量发展。

2019年7月5日，浙能集团党委召开2019年第三次集团党委中心组学习会，深入学习领会习近平总书记关于党的初心和使命的重要论述，重点围绕“党的政治建设”“全面从严治党”两个方面的专题进行交流研讨。

2019年7月24日，浙能集团党委召开2019年第四次集团党委中心组学习会，传达学习《正确认识中美经贸斗争集中精力办好自己的事》；深入学习贯彻习近平总书记在中央政治局第十五次集体学习时重要讲话，重点围绕“理想信念”“宗旨性质”“担当作为”3个方面的专题进行交流研讨；深入理解“共产党人的初心和使命”，找准发力点，推进企业转型升级。

2019年7月30日，浙能集团党委召开2019年第五次集团党委中心组学习会，集体学习观看以“增强忧患意识·防范风险挑战”为主要内容的内部警示教育片（2019版），进一步增强党员领导干部忧患意识，提高防范化解风险的能力。

2019年8月6日，浙能集团党委召开2019年第六次集团党委中心组学习会，集体学习习近平总书记在中央和国家机关党的建设工作会议，以及在内蒙古考察指导开展“不忘初心、牢记使命”主题教育等重要讲话精神；深入学习贯彻习近平总书记在中央政治局第十五次集体学习时重要讲话，重点围绕“政治纪律和政治规矩”“党性修养”“廉洁自律”3个方面的专题进行交流研讨，树立“力戒形式主义、官僚主义”的务实工作作风，锤炼忠诚干净担当的政治品格，推进企业转型升级、创新发展。

2019年9月20日，浙能集团党委召开2019年第七次集团党委中心组学习会，学习《中国共产党宣传工作条例》《中国共产党问责条例》《中国共产党统一战线工作条例（试行）》《中国共产党党内法规执行责任制规定（试行）》等党内法规，压实政治责任，提高思想认识，把握工作要求，结合实际抓好贯彻落实，做好浙能集团宣传思想文化、意识形态及统战工作，为浙能转型升级、创新发展打牢思想舆论基础、营造良好氛围、提供精神文化动力。

2019年11月15日，浙能集团党委召开2019年第八次集团党委中心组学习会，学习宣传贯彻党的十九届四中全会精神，深入学习领会习近平总书记在出席庆祝中华人民共和国成立70周年活动时的讲话、在中央政治局第十七次集体学习时的讲话等，推动企业治理体系和治理能力现代化建设。

2019年12月23日，浙能集团党委召开2019年第九次集团党委中心组学习会，深刻学习领会习近平总书记在中央政治局第十八次集体学习时的讲话精神；学习区块链技术，提高对区块链技术的认识和应用能力，为集团转型升级、创新发展发挥更好的作用。

第三节　主体责任落实

2014年9月1日，浙能集团党委印发《浙江省能源集团有限公司贯彻落实党风廉政建设主体责任实施办法》，明确浙能集团党委担负的选好用好干部、抓好作风建设、领导和支持查办案件、强化权力制约和监督、科学有效预防腐败、加强班子自身建设等方面职责，浙能集团党委书记是集团党风廉政建设第一责任人。

2016年1月8日，浙能集团党委发布《关于印发〈浙江省能源集团有限公司领导人员联系群众制度〉的通知》。

2017年2月15日，浙能集团党委发布《关于印发〈浙江省能源集团有限公司党委及其成员党建工作责任清单〉的通知》，明确党委及其成员党建工作责任内容，加大对落实党建工作责任的经常性检查督办力度，及时解决问题，促进整改提升。

2017年3月6日，浙能集团印发《关于党委会、安委会定期分析研究安全生产情况的有关规定》，明确浙能集团党委每年至少1次分析研究安全生产情况，并形成会议纪要。研究讨论内容主要包括：涉及安全生产机制体制、企业安全发展的重大事项；各级安全生产责任制落实情况，党政同责、一岗双责、失职追责落实情况；安全生产制度建设、组织机构建设、安全投入等保障措施落实情况；安全生产工作思路、目标任务及相应的保障措施等情况；上次会议布置任务的落实情况。

2017年6月29日，浙能集团党委召开了板块党委书记抓基层党建工作述职大会。大会由浙能集团党委副书记耿平主持。浙能集团党委领导班子成员、浙能集团在杭州单位党委（总支）负责人、集团本部党员、部分年度党内先进代表参加会议。会上，8位板块党委书记（副书记）代表板块党委就履行党建工作第一责任人责任、抓基层党建工作情况、存在薄弱环节和工作打算等方面依次做了述职汇报。浙能集团党委书记、董事长童亚辉在听取了各板块党委的述职汇报后，对各板块公司党委结合板块行业特点开展党建工作，党组织领导核心和政治核心作用发挥给予了肯定的评价，强化了浙能集团各板块党委书记抓基层党建工作主体责任，持续推动全面从严治党向基层延伸。

2017年6月28日，浙能集团党委在本部大楼召开首轮巡察工作动员部署会，全面推进中共中央、浙江省委巡视要求在浙能基层的落地延伸。党委书记、董事长童亚辉出席会议并作动员讲话。党委委员、纪委书记张荣博作具体工作部署。党委副书记耿平主持会议。

2017年12月29日，根据党委班子成员调整，浙能集团党委发布《关于修订印发〈浙江省能源集团有限公司党委及其成员党建工作责任清单〉的通知》。

第四节 “消薄”专项行动

2018年4月，浙江省落实党中央关于推动乡村振兴的重大决策部署，开展“千企结千村，消灭薄弱村”（简称“消薄”）专项行动。浙能集团与集体经济薄弱村进行结对，以实际行动助力乡村振兴。

2018年5月8日，浙能集团党委会、董事会专题研究郭塘村光伏发电“消薄”项目，把它作为打赢脱贫攻坚战、推进乡村振兴战略、决胜全面建成小康社会和“六个浙江”建设的重要内容抓好抓紧，形成党委书记亲自抓、专职党委副书记具体抓的工作机制。

2018年5月10日，浙能集团主要领导会同常山县委县政府召开现场会，第一时间推动常山县郭塘村“消薄”帮扶项目落地。10月22日，经过百日奋战，常山县郭塘村户用光伏发电“消薄”项目（总装机容量1.028兆瓦）全部实现并网发电，成为浙江全省国资系统中实现“项目落地、资金到位、投产见效”最快的项目，总投资600万元左右。截至2019年底，郭塘村光伏“消薄”项目发电量近110万千瓦时，总收益近60万元。郭塘村光伏“消薄”项目每年预期收益将稳定在50万元以上，收益期在20年以上，实现当年帮扶、当年建成、当年见效的计划目标。

2018年7月中旬，浙江浙能北仑发电有限公司与常山县新昌乡茶源村正式结对，启动茶源村“消薄”帮扶工作。茶源村“消薄”项目以农光互补的方式，利用该村空置园地建设集中布置0.895兆瓦光伏电站，占地面积8亩，总投资约490.5万元。11月19日，茶源村“消薄”项目正式开工建设。12月17日，茶源村“消薄”项目光伏电站整体并网投产。截至2019年底，已累计发电121万千瓦时，总收益近50.25万元。后续预计年发电量能达到84.62万千瓦时，25年总发电量为2115.51万千瓦时。根据上网电价0.4153元/千瓦时，省补0.1元/千瓦时，补贴20年计算，年均村集体收入预计在36万元左右。

2018年11月12日，浙江浙能中煤舟山煤电有限责任公司与常山县新昌乡輶輅村结对的光伏发电项目开工建设。12月4日，首户用户率先并网，累计共建成0.8兆瓦容量的屋顶光伏项目。截至2019年底，已累计发电94.4万千瓦时，总收益近50.4万元。

2018年11月21日，浙江浙能嘉兴发电有限公司与常山县新昌乡对坑村结对的光伏发电项目开工建设。对坑村光伏发电项目主要利用面积约5000~6000平方米的山塘及村委办公楼建设分布式光伏发电。设计总装机容量为0.7兆瓦，设计寿命25年，年均利用934.3小时，按无补贴的上网电价测算，投资约400万元，年发电收入大于20万元。12月14日，首个屋面光伏项目并网发电。截至2018年12月底，水塘分布式光伏发电项目全部建成并网发电。截至2019年底，已累计发电84.4万千瓦时，总收益近37.8万元。

2019年4月3日，省属企业“千企结千村、消灭薄弱村”专项行动现场推进会在浙能集团结对的衢州市常山县新昌乡郭塘村举行。浙江省国资委党委副书记、副主任陈月亮，衢州市人民政府副秘书长颜雪高，12家省属企业党委专职副书记或分管领导，结对县乡镇党委负责人等出席了会议。浙能集团党委副书记、董事陆翔参加了会议。在本次省属企业“千企结千村、消灭薄弱村”专项行动中，浙能集团结对的4个村的光伏项目是浙江全省项目落地最快、投产见效最快、效益最好的项目之一，累计总投资1872万元，发电装机容量3423千瓦，4个村每年可累计为村集体创收130万元，收益期在20年以上。

第五节 党建职能部门

2001年5月16日，浙能集团印发《关于明确浙江省能源集团有限公司各部门和天然气开发公司筹建处负责人的通知》，设立党委办公室、组织部、监督审计部、老干部处。

2001年7月8日，浙能集团党委印发《关于印发〈中共浙江省能源集团有限公司委员会工作条例〉及相关制度的通知》，明确按照精干、高效的原则，设置浙能集团党的工作机构，承担党委会的日常事务。

2003 年 8 月 20 日，浙能集团印发《关于调整浙江省能源集团有限公司内设机构的通知》，成立政治工作部。

2003 年 8 月 27 日，浙能集团印发《关于浙江省能源集团公司部门职能（试行）的通知》，明确政治工作部职能，负责党建工作和党员的教育管理工作，负责共青团工作，拟订党建工作、共青团工作的意见和有关工作的规章制度；指导所属单位党建工作和工会、共青团的工作；负责思想政治工作，贯彻落实党委关于思想政治工作的部署和要求；负责领导班子民主生活会的有关服务工作；参与、指导所属单位领导班子民主生活会；负责宣传教育及党员、干部、职工政治理论的学习培训工作；指导所属单位理论学习和宣传教育工作；负责党委理论学习中心组的学习计划安排及相关学习内容与资料的准备工作；检查、指导所属单位党委理论学习中心组的学习；负责精神文明和企业文化建设，拟订并组织实施精神文明建设和企业文化建设规划、计划及考核管理办法，建立健全精神文明建设的相关制度和机制，做好所属单位精神文明和企业文化建设工作的检查考核与指导；负责机关党委的日常工作，做好机关党员的发展和日常管理工作。

2013 年 11 月 22 日，浙能集团“政治工作部”更名为“宣传与思想工作部”。

2017 年 7 月 25 日，浙能集团“宣传与思想工作部”更名为“政治工作部”。政治工作部的职能定位与原宣传与思想工作部相同，负责基层企业党建、党支部建设及党支部管理、宣传教育、精神文明建设、企业文化建设、团建等工作。

第二章　基层党组织和党员队伍建设

第一节　制 度 建 设

2001 年 7 月 8 日，浙能集团党委印发《关于印发〈中共浙江省能源集团有限公司委员会工作条例〉及相关制度的通知》，明确子公司党委和机关总支不设专门的工作机构，子公司设一名专职副书记负责日常工作，机关总支由委员兼任相应的工作。

2004 年 5 月 8 日，浙能集团党委印发《关于下发〈浙江省能源集团公司基层党支部建设实施细则〉的通知》《关于开展争创“五好”党支部活动的实施意见》，明确党支部建设的指导思想、任务、目标和工作内容，制定了《浙江省能源集团有限公司“五好”党支部考评标准》，提出了加强党支部工作的意见和措施，为进一步规范和激励基层企业的党支部建设创造了条件。

2007 年 3 月 14 日，浙能集团党委印发《关于印发〈党建・党风廉政建设责任制考核办法（试行）〉的通知》，明确考核对象及期限、主要考核内容、考核组织实施、考核评定标准、考核结果的应用等内容。

2007 年 10 月 8 日，浙能集团党委印发《关于印发〈浙江省能源集团有限公司“五好”党支部考评办法和标准〉的通知》，明确《浙江省能源集团有限公司“五好”党支部考评办法》《浙江省能源集团有限公司“五好”党支部考评标准（生产型）》《浙江省能源集团有限公司“五好”党支部考评标准［管理（基建）型］》。

2008 年 6 月 16 日，浙能集团党委发布《关于印发〈中共浙江省能源集团有限公司委员会党费收缴、使用和管理办法〉的通知》，规范各级党组织党费收缴、使用和管理。

2009 年 8 月 18 日，浙能集团党委印发《关于印发〈浙江省能源集团有限公司“五好”党支部创建工作管理办法〉的通知》。

2010 年 6 月 11 日，浙能集团党委印发《关于印发〈党建党风廉政建设责任制考核办法（试行）〉的通知》。

2010年12月23日，浙能集团党委印发《浙江省能源集团有限公司党内关爱基金管理办法（试行）》，健全党内关怀机制，明确对系统内身患重症和生活困难的党员进行关爱帮扶的标准。

2011年1月21日，浙能集团党委印发《关于印发〈党建工作创新奖评选办法等党建制度〉的通知》，制定发布了《党建工作创新奖评选办法（试行）》《企业领导人员基层联系点制度（试行）》《基层企业职工思想动态预控制度（试行）》《党员组织关系管理办法（试行）》《发展党员工作管理办法（试行）》5项制度。

2011年3月4日，浙能集团党委印发《实行党建党风廉政建设责任制的规定（试行）》和《党建党风廉政建设责任制考核办法（试行）》，明确党建党风廉政建设责任制的责任内容、检查考核与监督、责任追究等内容。

2011年3月23日，浙能集团党委印发《浙江省能源集团有限公司基层党支部“公推直选”换届选举工作实施意见》。

2011年9月30日，浙能集团党委印发《关于深入开展创先争优活动进一步深化服务型基层党组织建设的意见》。

2011年10月19日，浙能集团党委印发《党务公开工作实施办法》。《党务公开工作实施办法》适用于浙能集团各级党组织，规定了党务公开的内容、形式、时限、程序和组织领导等。

2012年4月10日，浙能集团党委印发《关于开展基层组织建设年推进服务型党组织建设的实施意见》。

2014年4月4日，浙能集团党委发布《关于印发〈实行党建党风廉政建设责任制的规定〉等制度的通知》，印发了《浙江省能源集团有限公司关于实行党建党风廉政建设责任制的规定》和《浙江省能源集团有限公司党建党风廉政建设责任制考核办法》。

2014年9月1日，浙能集团党委印发《浙江省能源集团有限公司贯彻落实党风廉政建设主体责任实施办法》，明确二级企业（领导班子集团管理的企业）党政主要负责人是本企业的党风廉政建设“第一责任人”，对重要工作要亲自部署、重大问题要亲自过问、重点环节要亲自协调、重要案件要亲自督办。

2014年10月10日，浙能集团党委印发《关于加强基层服务型党组织建设的实施意见》。

2014年12月5日，浙能集团党委发布《关于印发〈中共浙江能源集团有限公司委员会发展党员工作管理办法〉等制度的通知》，制定了《发展党员工作管理办法》《党员组织关系管理办法》《星级党支部（含“五好”党支部）创建管理办法》《浙能集团星级党支部（含“五好”党支部）考评标准》4项管理制度。《星级党支部（含“五好”党支部）创建管理办法》规定了星级党支部和“五好”党支部创建工作的管理程序，明确党支部评星定级以及争创“五好”党支部的职责、内容、目标、方法、考核激励等。

2015年6月2日，浙能集团党委转发浙江省委组织部《关于进一步落实“三会一课”制度严格党内组织生活的指导意见》。

2015年12月28日，浙能集团党委印发《关于开展党员政治生日活动的通知》。

2015年12月30日，浙能集团党委对《浙江省能源集团有限公司党内关爱基金管理办法》进行修订。

2016年7月1日，浙能集团党委发布《关于成立中共浙江省能源集团有限公司委员会网上党校及印发〈网上党校工作暂行条例〉的通知》，规定了网上党校工作的指导思想、目标任务，对网上党校的设置和领导体制、教学工作、执行与监督等作出了规定，为推动党员理论学习，提高广大干部党员的思想政治素质提供制度保证。

2016年11月4日，浙能集团党委印发《关于印发实行〈党建工作创新奖、党建工作示范点评选管理办法〉等制度的通知》，印发了《党建工作创新奖、党建工作示范点评选管理办法》《基层组织星级管理实施办法》2项制度。《基层党组织星级管理实施办法》对浙能集团各单位开展星级党组织创建的职责、目标、考评标准、否决条件、考评方法、考核与激励等作出明确规定，指出浙能集团党建品牌——“五好”党支部建设结合星级党支部评选工作开展，在五星级党支部基础上选树党建标杆，授予“五好”党支部称号。

2017年1月5日，浙能集团党委发布《关于印发实行〈基层党支部建设管理办法〉的通知》，明确基层党支部建设的指导思想、主要任务、组织设置、职责分工、党支部分类管理、严格组织生活、党员教育、管理和监督等内容。

2017年1月20日，浙能集团党委印发《关于建立健全党内激励、关怀、帮扶和党员志愿服务机制的实施办法》。

2017年3月6日，浙能集团印发《关于党委会、安委会定期分析研究安全生产情况的有关规定》，明确板块管理公司和营运企业党委每半年至少1次听取安全生产汇报，并形成会议纪要。

2017年8月29日，浙能集团党委发布《关于印发〈浙江省能源集团有限公司关于实行党建党风廉政建设责任制的规定〉及〈浙江省能源集团有限公司党建党风廉政建设责任制考核办法（试行）〉的通知》。

2017年8月29日，浙能集团党委发布《关于印发〈浙江省能源集团有限公司党委中心组学习制度〉等制度的通知》，制定发布了《中共浙江省能源集团有限公司委员会党费收缴、使用和管理办法》等制度。

2017年9月20日，浙能集团党委发布《关于印发〈改革创新容错免责实施办法（试行）〉的通知》和《关于印发〈不担当不作为问责实施办法（试行）〉的通知》。

2017年11月16日，浙能集团党委发布《关于转发省委组织部〈关于进一步深化支部主题党日活动的指导意见〉的通知》。

2018年12月10日，浙能集团党委发布《关于印发〈浙江省能源集团有限公司关于实行党建党风廉政建设责任制的规定〉及〈浙江省能源集团有限公司党建党风廉政建设责任制考核办法（试行）〉的通知》。

第二节　基层党组织建设

一、党组织设置

2001年6月3日，浙能集团党委印发《关于建立中共浙江省煤炭开发公司委员会及童亚辉等同志任职的通知》，建立中共浙江省煤炭开发公司委员会。同日，浙能集团党委印发《关于建立中共浙江省电力开发公司委员会及沈志云等同志任职的通知》，建立中共浙江省电力开发公司委员会。

2001年6月15日，浙能集团党委印发《关于建立中共浙江省能源集团有限公司机关党总支部委员会的通知》，建立中共浙江省能源集团有限公司机关党总支部委员会。

2001年7月8日，浙能集团党委印发《关于印发〈中共浙江省能源集团有限公司委员会工作条例〉及相关制度的通知》，规定各子公司设党委，子公司总部设机关总支，子公司党委和机关总支可根据各自实际下设党的支部委员会。子公司党委会和机关总支委员会由党员大会（党员代表大会）选举产生或由上级党委任命，原则上设委员3~5名，其中书记1名。支部委员会由党员大会选举产生或由上级党委任命，原则上设委员3名，其中书记1名；不设委员会的支部，设书记1名。

2001年12月19日，浙能集团党委印发《关于建立中共浙江省天然气开发有限公司委员会及童亚辉等同志任职的通知》，建立中共浙江省天然气开发公司委员会。

2003年3月1日，浙能集团接管了浙江全省15家发电企业党组织。15家发电企业包括浙能集团控股的10家发电企业（浙江北仑发电有限公司、嘉兴发电有限责任公司、温州发电有限责任公司、浙江浙能镇海发电有限责任公司、浙江镇海联合发电有限公司、浙江钱清发电有限责任公司、台州发电厂、萧山发电厂、浙江长兴发电有限责任公司、嘉华发电有限责任公司）、参股的温州发电有限责任公司二期、温州燃机发电有限公司等移交浙能集团管理，浙江长兴发电有限责任公司四期、嘉兴发电有限责任公司二期2个在建项目，以及浙江镇海发电有限责任公司油改气、温州发电有限责任公司二期和丽水滩坑电站3个前期工作项目。

2003年6月10日，浙能集团党委发文，建立中共浙能兰溪电厂筹建处总支部委员会。

2003年7月30日，浙能集团党委发文，撤销中共浙江省电力开发公司委员会。

2003年8月11日，浙能集团党委发文，建立中共浙能乐清湾电厂筹建处总支部委员会。

2003年8月29日，浙能集团党委印发《关于建立中共浙江省能源集团有限公司机关委员会的通知》，建立中共浙江省能源集团有限公司机关委员会。

2003年11月1日，根据《省能源集团公司、省电力公司就上标电站等5家企业移变工作商议备忘录》，上标电站、马鞍山电厂、黄岩电厂、江口电厂4家省属发电企业和浙江富兴电力燃料有限公司党组织管理职能移交浙能集团党委。

2004年4月23日，浙江省电力建设总公司党组织的管理职能移交给浙能集团党委。

2004年7月16日，浙能集团党委发文，建立中共浙江浙能富兴燃料有限公司委员会，撤销中共浙江浙能富兴燃料有限公司总支部委员会。同日，浙能集团党委发文，撤销中共浙江省煤炭开发公司委员会。

2004年10月28日，浙能集团党委发文，建立中共浙江浙能宁波LNG项目筹建处总支部委员会。同日，浙能集团党委发文，建立中共浙江浙能舟山煤电项目筹建处总支部委员会。同日，浙能集团党委发文，建立中共浙江浙能兰溪发电有限责任公司委员会，撤销中共浙能兰溪电厂筹建处总支部委员会。

2004年10月30日，浙江国信控股集团有限责任公司党组织划归浙能集团党委管理。

2005年9月6日，浙能集团党委发文，建立中共浙江浙能乐清发电有限责任公司委员会，撤销中共浙能乐清湾电厂筹建处总支部委员会。同日，浙能集团党委发文，建立中共浙江浙能宁波天然气发电有限责任公司委员会，撤销中共浙江浙能宁波LNG项目筹建处总支部委员会。

2007年4月18日，浙能集团党委发文，建立中共浙江能源集团财务有限责任公司总支部委员会。

2007年8月1日，浙能集团党委发文，建立浙江省地方石油公司筹建处临时支部委员会。

2008年5月14日，浙能集团党委发文，建立中共浙江浙能金华燃机发电有限责任公司总支部委员会。

2008年11月24日，浙能集团党委发文，建立中共浙江浙能石油新能源有限公司总支部委员会，撤销中共浙江省地方石油公司筹建处临时支部委员会。

2008年12月31日，浙能集团共有党组织209个，其中党委23个，党总支11个，党支部175个，实现企业组建和党的组织设置同步，建立了目标明确、责权分明、关系协调、渠道畅通的企业党组织建设管理体制和运行机制。

2009年1月19日，浙能集团党委发文，建立中共浙江省能源集团有限公司煤炭及运输分公司委员会。

2009年10月16日，浙能集团吸收合并重组浙江省水利水电投资集团有限公司，浙江省水利水电投资集团有限公司党组织移交浙能集团党委管理。

2010年9月13日，浙能集团党委发文，建立中共浙江富兴海运有限公司总支部委员会。

2010年9月14日，浙能集团党委发文，建立中共浙江浙能嘉兴港煤炭物流有限公司总支部委员会。

2011年2月21日，浙能集团党委发文，建立中共浙能台州第二发电厂筹建处总支部委员会。同日，浙能集团党委发文，建立中共浙江浙能洋山建设开发有限公司总支部委员会。同日，浙能集团党委发文，建立中共浙江省能源集团有限公司浙江天然气南方管网项目筹建处总支部委员会。

2011年2月25日，浙能集团党委决定，建立中共浙江省能源集团有限公司天然气石油分公司委员会。

2011年4月27日，浙能集团党委发文，建立中共浙江省能源集团城市燃气有限公司总支部委员会。同日，浙能集团党委发文，建立中共浙江省能源集团有限公司科技工程与服务产业分公司委员会。同日，浙能集团党委发文，建立中共浙江浙能水电运行公司筹建处委员会。同日，浙能集团党委印发《关于建立中共浙江省能源集团有限公司技术中心总支部委员会及谢尉扬等同志任职的通知》（浙能党〔2011〕45号），建立中共浙江省能源集团有限公司技术中心总支部委员会。同日，浙能集团党委发文，建立中共浙江浙能绍兴滨海热电有限责任公司委员会。同日，浙能集团党委发文，建立中共浙江浙能天然气运行有限公司总支部委员会。

2011年5月6日，浙能集团党委发文，建立中共浙江省能源集团有限公司可再生能源分公司委员会。

2011年12月13日，浙能集团党委发文，建立中共浙能新疆阿克苏联合总支部委员会，负责统一协调推进浙能集团在新疆阿克苏地区筹建、在建或运营的各相关项目的党务和群团工作。

2012年1月9日，浙能集团党委发文，中共浙江浙能水电运行公司筹建处委员会更名为中共浙江浙能水电管理有限公司委员会。同日，浙能集团党委发文，撤销中共浙江浙能北海水力发电有限公司委员会。同日，浙能集团党委发文，撤销中共浙江浙能华光潭水力发电有限公司总支部委员会。同日，浙能集团党委发文，中共浙江省能源集团有限公司浙江天然气南方管网项目筹建处总支部委员会更名为中共浙江金衢丽天然气有限公司总支部委员会。

2012年1月16日，浙能集团党委发文，建立中共浙江天虹物资贸易有限公司总支部委员会。

2012年2月21日，浙能集团党委发文，建立中共浙江浙能资产经营管理有限公司总支部委员会。

2012年4月13日，浙能集团党委发文，建立中共浙江省能源集团城市燃气有限公司委员会，撤销中共浙江省能源集团城市燃气有限公司总支部委员会。同日，浙能集团党委印发《关于建立中共浙江浙能电力股份有限公司委员会及吴国潮等同志任职的通知》，建立中共浙江浙能电力股份有限公司委员会，吴国潮任书记。

2012年5月11日，浙能集团党委发文，建立中共浙江浙能天然气运行有限公司委员会，撤销中共浙江浙能天然气运行有限公司总支部委员会。

2012年12月28日，浙能集团党委发文，建立中共浙江浙能台州第二发电有限责任公司委员会，撤销中共浙能台州第二发电厂筹建处总支部委员会。

2013年3月12日，浙能集团党委发文，建立中共浙江浙能嘉兴（嘉华）发电有限公司委员会，撤销中共浙江浙能嘉兴发电有限公司委员会、中共浙江浙能嘉华发电有限公司总支部委员会。

2013年5月13日，浙能集团党委发文，建立中共浙江温州特鲁莱发电有限责任公司总支部委员会。

2013年10月17日，浙能集团党委发文，建立中共浙江省能源集团有限公司新疆分公司委员会。

2013年11月22日，浙能集团党委发文，中共浙江省浙信房地产有限公司委员会更名为中共浙江省浙能房地产有限公司委员会。

2013年11月25日，浙能集团党委发文，建立中共宁夏枣泉发电有限责任公司委员会。同日，浙能集团党委发文，建立中共浙江浙能港口运营管理有限公司总支部委员会。

2013年11月26日，浙能集团党委发文，建立中共浙能准东煤制气项目筹建处总支部委员会。

2013年12月9日，浙能集团党委发文，建立中共伊犁新天煤化工有限责任公司委员会。同日，浙能集团党委印发浙能党〔2013〕58号文，决定中共浙江省能源集团有限公司技术中心总支部委员会更名为中共浙江浙能技术研究院有限公司总支部委员会。

2014年6月6日，浙能集团吸收合并重组浙江长广（集团）有限公司，浙江长广（集团）有限公司党委及其下辖7个基层党委、6个党总支、1个直属党支部移交浙能集团党委管理。

2014年6月17日，浙能集团党委发文，建立中共浙江浙能石油新能源有限公司委员会，撤销中共浙江浙能石油新能源有限公司总支部委员会。

2014年7月8日，浙能集团党委发文，建立中共浙能集团新疆准东能源化工有限公司委员会，撤销中共浙能准东煤制气项目筹建处总支部委员会。

2014年7月9日，浙能集团党委发文，建立中共浙江浙能港口运管管理有限公司委员会，撤销中共浙江浙能港口运营管理有限公司总支部委员会。同日，浙能集团党委发文，建立中共浙能新疆阿克苏电厂项目筹建处委员会，撤销中共浙能新疆阿克苏联合总支部委员会。

2014 年 11 月 11 日，中共浙江头门港投资开发有限公司委员会党组织隶属关系由浙江省交通投资集团有限公司调整转入至浙能集团。

2014 年 12 月 23 日，浙能集团党委发文，撤销中共浙江东南发电股份有限公司委员会。同日，浙能集团党委发文，建立中共浙江浙能资产经营管理有限公司委员会，撤销中共浙江浙能资产经营管理有限公司总支部委员会。

2015 年 4 月 13 日，浙能集团党委发文，建立中共浙江长广（集团）有限责任公司综合服务与管理中心委员会。

2015 年 5 月 15 日，浙能集团党委发文，建立中共浙江天虹物资贸易有限公司委员会，撤销中共浙江天虹物资贸易有限公司总支部委员会。同日，浙能集团党委发文，建立中共浙能新疆阿克苏能源开发有限公司委员会，撤销中共浙能新疆阿克苏电厂项目筹建处委员会。

2015 年 5 月 27 日，浙能集团党委发文，建立中共浙江省海洋开发投资集团有限公司委员会。同日，浙能集团党委发文，建立中共浙江浙能燃气有限公司委员会。

2015 年 7 月 2 日，浙能集团党委发文，建立中共浙江浙能节能科技有限公司总支部委员会。

2015 年 9 月 17 日，浙能集团党委发文，中共浙能新疆阿克苏能源开发有限公司委员会更名为中共浙能阿克苏热电有限公司委员会。

2015 年 10 月 23 日，浙能集团党委发文，建立中共浙江浙能金华燃机发电有限责任公司委员会，撤销中共浙江浙能金华燃机发电有限责任公司总支部委员会。同日，浙能集团党委发文，建立中共浙江富兴电力燃料有限公司总支部委员会。

2015 年 12 月 11 日，浙能集团党委发文，建立中共浙江天地环保工程有限公司委员会，撤销中共浙江天地环保工程有限公司总支部委员会。

2016 年 9 月 23 日，浙能集团党委发文，中共浙江天地环保工程有限公司委员会更名为中共浙江天地环保科技有限公司委员会。

2016 年 10 月 27 日，浙能集团党委发文，建立中共浙江浙能北海水力发电有限公司委员会。同日，浙能集团党委发文，建立中共浙江浙能华光潭水力发电有限公司委员会。同日，浙能集团党委发文，撤销中共浙江省能源集团有限公司天然气石油分公司委员会。同日，浙能集团党委发文，撤销中共浙江省能源集团有限公司可再生能源分公司委员会。同日，浙能集团党委发文，撤销中共浙江浙能水电管理有限公司委员会。同日，浙能集团党委发文，建立中共浙江越华能源检测有限公司总支部委员会。

2016 年 11 月 9 日，浙能集团党委发文，建立中共浙能资本控股有限公司委员会。

2016 年 11 月 14 日，浙能集团党委发文，建立中共浙江天地环保科技（天达环保）有限公司委员会，撤销中共浙江天地环保科技有限公司委员会、中共浙江天达环保股份有限公司总支部委员会。

2016 年 11 月 15 日，浙能集团党委发文，建立中共浙江梅苑酒店管理有限公司委员会。同日，浙能集团党委发文，建立中共浙江兴源投资（节能科技）有限公司委员会，撤销中共浙江兴源投资有限公司委员会、浙江浙能节能科技有限公司总支部委员会。

2016 年 12 月 29 日，浙能集团党委印发浙能党〔2016〕100 号文，建立中共浙江浙能技术研究院有限公司委员会，撤销中共浙江浙能技术研究院有限公司总支部委员会。

2017 年 1 月 17 日，浙能集团党委发文，建立中共宁波海运股份有限公司委员会。

2017 年 1 月 23 日，浙能集团党委发文，建立中共浙江浙能融资租赁有限公司总支部委员会。

2017 年 3 月 22 日，浙能集团党委发文，撤销中共宁波海运集团有限公司委员会。同日，浙能集团党委发文，中共萧山发电厂委员会更名为中共浙江浙能电力股份有限公司萧山发电厂委员会。

2017 年 5 月 3 日，浙能集团党委发文，建立中共浙江浙能资产经营管理有限公司总支部委员会，撤销中共浙江浙能资产经营管理有限公司委员会。

2017年7月21日，浙能集团党委发文，撤销中共浙江浙能钱清发电有限责任公司委员会。同日，浙能集团党委发文，撤销中共浙江富兴电力燃料有限公司总支部委员会。同日，浙能集团党委发文，撤销中共浙江金衢丽天然气有限公司总支部委员会。同日，浙能集团党委发文，撤销中共浙江国信控股集团有限责任公司委员会。

2017年10月31日，浙能集团党委发文，中共浙江浙能燃气有限公司委员会更名为中共浙江能源天然气集团有限公司委员会。同日，浙能集团党委发文，建立中共浙江浙能电力工程技术有限公司委员会。同日，浙能集团党委发文，建立中共浙江浙能智慧能源科技产业园投资有限公司总支部委员会。

2017年11月21日，浙能集团党委发文，建立中共浙江浙石油燃料油销售有限公司委员会，撤销中共浙江浙能石油新能源有限公司委员会。

2017年12月11日，浙能集团党委发文，建立中共浙江浙能能源服务有限公司总支部委员会。同日，浙能集团党委发文，建立中共浙江浙石油综合能源销售有限公司委员会。

2018年2月1日，浙能集团党委发文，建立中共浙江省石油股份有限公司委员会。

2018年4月8日，浙能集团党委发文，建立中共浙江浙能北海水力发电有限公司总支部委员会，撤销中共浙江浙能北海水力发电有限公司委员会。同日，浙能集团党委发文，建立中共浙江浙能华光潭水力发电有限公司总支部委员会，撤销中共浙江浙能华光潭水力发电有限公司委员会。同日，浙能集团党委发文，建立中共浙江浙能港口运营管理有限公司总支部委员会，撤销中共浙江浙能港口运营管理有限公司委员会。同日，浙能集团党委发文，建立中共浙江长广（集团）有限责任公司应急救援分公司总支部委员会，撤销中共浙江长广（集团）有限责任公司应急救援分公司委员会。同日，浙能集团党委发文，撤销中共浙能集团新疆准东能源化工有限公司委员会。同日，浙能集团党委发文，建立中共广德长广新型墙体材料有限公司总支部委员会。同日，浙能集团党委发文，建立中共长广生物质发电有限公司总支部委员会。同日，浙能集团党委发文，撤销中共浙江浙能资产经营管理有限公司总支部委员会。同日，浙能集团党委发文，撤销中共浙江浙能融资租赁有限公司总支部委员会。

2018年5月2日，浙能集团党委发文，建立中共浙江浙能金华燃机发电有限责任公司总支部委员会，撤销中共浙江浙能金华燃机发电有限责任公司委员会。

2018年5月11日，浙能集团党委发文，建立中共浙江浙石油贸易有限公司委员会。

2018年6月29日，浙能集团党委发文，建立中共浙江浙石油储运公司总支部委员会。

截至2019年，浙能集团共有基层党组织458个，其中集团所属党委44个，党总支38个，党支部375个，形成了板块分公司、营运企业两个层级，包括电力、石油、煤炭及运输等十大板块（或区域）管理的党组织架构。各基层党组织中，淮浙煤电有限责任公司和淮浙煤电有限责任公司凤台发电分公司党组织实行属地管理，业务上由地方上级党组织和浙能集团党委双重领导；浙江能源国际有限公司党组织隶属中央政府驻香港联络办公室（中国共产党香港工作委员会）下属浙江省窗口企业富春有限公司公司党委，实行香港属地党组织和浙能集团党委双重领导；江西省赣浙能源公司党组织实行属地管理。

二、党组织换届

2001年7月8日，浙能集团党委印发《关于印发〈中共浙江省能源集团有限公司委员会工作条例〉及相关制度的通知》，规定子公司党委会和机关总支委员会每届任期三年，支部委员会每届任期两年。

2004年5月8日，浙能集团党委发布《关于下发〈浙江省能源集团有限公司基层党支部建设实施细则〉的通知》。建立基层党支部定期改选制度，各支部委员会每届任期两年，到期按时召开党员大会，进行改选。如因特殊情况提前或延期改选，须经上级党组织批准。

2010年6—7月，浙能集团在浙江全省国资系统中率先开展了基层党支部换届“公推直选”的试点工作。浙能集团先后在所属浙江浙能嘉兴发电有限公司、浙江浙能兰溪发电有限责任公司、台州发电厂3家单位4个基层党支部进行换届“公推直选”试点。选举方式有先直选委员再直选书记、一票直选委员和书记、先直选书记再直选委员3种。浙能集团基层党支部“公推直选”的实践做法，先后在新华社《浙江领导参考》(2010年第7期)、浙江省“之江先锋”创新争优网站、浙江省思想政治工作研究会《思想工作与企业文化》(2010年第5期)、浙江省国资委《创先争优活动简报》(第74期)等媒体刊物上刊出。2011年3月，浙能集团开展了基层党支部组织状况的摸底统计和梳理等工作，总结试点工作经验，发布《浙江省能源集团有限公司基层党支部“公推直选”换届选举工作实施意见》，明确要求在浙能集团全面推行以“公推直选”的方式开展党支部换届选举工作，推进浙能集团党内基层民主建设。2017年1月，《浙江省能源集团有限公司基层党支部“公推直选”换届选举工作实施意见》废止，党支部“公推直选”相关规定依据《基层党支部建设管理办法》执行。

2016年7月31日，浙能集团党委根据浙江省委组织部及浙江省国资委的要求，开展基层党组织换届情况自查摸底，推进基层党组织换届工作。截至2016年11月24日，浙能集团党委下属共有基层党委49个，党总支18个，党支部318个。多数党组织严格按照《中国共产党章程》规定进行换届改选工作，但仍有95个党组织存在到期未换届情况，占党组织总数的21.4%，其中党委20个，党总支9个，党支部66个。为此，浙能集团结合企业改革工作实际，成立了换届选举工作机构，制定了《基层党组织换届整改工作实施意见》，分类分步有序地推进换届工作。截至2017年3月底，浙能集团共有党委52个，党总支18个，党支部329个，到期未换届党组织下降到23个，占党组织总数的5.7%。浙能集团继续跟踪未按期换届党组织整改情况，截至2018年10月9日，督导完成浙江浙能镇海发电有限责任公司、浙江省能源集团有限公司科技工程与服务产业分公司、浙江省能源集团有限公司煤炭及运输分公司、浙江浙能富兴燃料有限公司4家单位的换届整改；于2018年12月底前完成浙能电力公司党委班子调整；组建浙能国际公司（香港）临时党支部，加强对驻港工作人员的组织管理；完成机关党委所属11个党支部换届。

三、党建责任制

2002年12月27日，浙能集团党委印发《2002年子公司党委工作考核意见》，对各子公司党组织实施党建责任制考核，对考核内容、考核办法、考核程序、考核奖励等内容作出了具体规定。

2007年3月14日，浙能集团党委印发《党建·党风廉政建设责任制考核办法（试行)》，明确对各级党组织实施党建责任制，对考核期限、主要考核内容、考核组织实施、考核评定标准、考核结果的应用等内容作出了具体规定。建立了浙能集团党建工作领导体制和工作机制，把党的建设纳入企业领导班子、领导人员目标管理，与企业稳定发展、经营管理、安全生产和其他业务工作紧密结合，一起部署、一起落实、一起检查、一起考核，每年组织签订责任书，明确责任目标、措施，层层传递压力，落实主体责任。

2008年6月30日，浙能集团党委印发《关于进一步加强和改进企业党建工作的指导意见》，按照“目标明确、全面融入，责任到位、运作顺畅，平台宽泛、互促共赢，机制健全、奖惩有力”的原则，构建浙能集团“大党建”格局。健全和完善企业党建工作责任制，由上级党务工作部门牵头组织检查考核。党委书记是党建工作的第一责任人，要把党建工作状况作为考核企业党委工作业绩的主要内容和党委书记任免奖惩的重要依据。兼任党内职务的企业负责人要坚持“一岗双责”，积极支持党委的工作，在抓好业务工作的同时，抓好党建工作。党建工作责任制的考核奖惩，不仅要与党委书记挂钩，还要与党委班子其他成员挂钩。企业党组织要坚持党建工作与经营管理工作同步规划、同步部署、同步检查、同步考核，使党建工作目标和经营管理目标紧密结合在一起，一同落到实处。

2010年6月11日，浙能集团党委对《党建·党风廉政建设责任制考核办法（试行）》进行了修订。

2011年3月4日，浙能集团党委对《党建·党风廉政建设责任制考核办法（试行）》进行了再次修订的同时，印发《关于实行党建党风廉政建设责任制的规定》，明确党建责任制的责任内容、检查考核与监督、责任追究等内容，把领导人员执行党建责任制的情况，列为民主生活会和述职述廉报告的一项重要内容。

2014年4月4日，浙能集团党委修订印发《浙江省能源集团有限公司关于实行党建党风廉政建设责任制的规定》及《浙江省能源集团有限公司党建党风廉政建设责任制考核办法（试行）》，改进和完善了党建责任制及其考核内容。

2017年8月29日，浙能集团党委相继修订印发《浙江省能源集团有限公司关于实行党建党风廉政建设责任制的规定》及《浙江省能源集团有限公司党建党风廉政建设责任制考核办法（试行）》，改进和完善了党建责任制考核内容，如实施党组织负责人落实党建工作述职评议制度和党组织班子成员向本级党组织报告履行党建工作责任制度。

2017年9月20日，浙能集团党委发布《关于印发〈改革创新容错免责实施办法（试行）〉的通知》和《关于印发〈不担当不作为问责实施办法（试行）〉的通知》，制定并严格执行《不担当不作为问责实施办法》，对于在履行职责、推进浙能集团决策部署和重点工作中，面对困难矛盾风险，该抓的不抓、该管的不管、该改的不改、该闯的不闯或者被动应付、不推不动、缺乏开拓创新动力，严重影响企业生产经营或改革发展的，列为不担当不作为的问责范围，形成齐心协力抓党建的浓厚氛围。

2018年12月10日，浙能集团党委修订印发《浙江省能源集团有限公司关于实行党建党风廉政建设责任制的规定》及《浙江省能源集团有限公司党建党风廉政建设责任制考核办法（试行）》，改进和完善了党建责任制考核内容。领导班子主要负责人作为党建第一责任人，坚持重要工作亲自部署、重大问题亲自过问、重点环节亲自协调等。领导班子其他成员根据工作分工，对职责范围内的党建工作负主要领导责任。领导班子成员职责范围交叉的，依据其职责权限及工作分工的实际情况，确定其应承担党建的领导责任。结合领导班子和领导人员目标考核、年度考核、民主评议、民主测评领导人员等工作，开展党建责任制执行情况检查考核，广泛听取所在单位职工群众的意见。

四、星级（五好）党支部建设

2004年5月8日，浙能集团党委印发《基层党支部建设实施细则》《关于争创“五好”党支部活动的实施意见》，明确党支部建设的指导思想、任务、目标和工作内容，制定了《浙江省能源集团有限公司“五好”党支部考核标准》，提出了加强党支部工作的意见和措施，为进一步规范和激励基层企业的党支部建设创造了条件。“五好”党支部是指导达到“支部班子好、党员队伍好、基础建设好、思想工作好、发挥作用好”标准的党支部。

2005年12月，浙能集团组织对系统内的20家单位共76个申报“五好”党支部的基层党支部进行了首次考评验收。考核组通过听取被考核单位党委（党总支）关于开展“五好”党支部创建活动的情况汇报、组织对基层党支部满意度民意测评、召开小型职工座谈会及查阅有关资料台账等形式，对各单位自2004年以来开展“五好”党支部创建情况进行了检查验收。最后，共有19个单位42个党支部获评浙能集团首批“五好”党支部。通过此次创评活动，进一步提高党支部建设水平，激发党支部的内在活力。此后，浙能集团“五好”党支部每两年评定一次，稳步推进，不断拓宽“五好”党支部创建工作的覆盖面，指导和帮助新建单位、党建基础薄弱单位完善组织机构，全面推进浙能集团系统内基层党组织建设。

2006年7月，浙能集团表彰了首批42个“五好”党支部。

2007年10月，浙能集团党委制定《浙江省能源集团有限公司“五好”党支部考评办法》，修订《浙江省能源集团有限公司“五好”党支部考评标准》，形成目标明确、内容具体、程序严谨、操作规范、动态管理、滚动提高的党支部创建机制。通过开展争创“五好”党支部活动，使浙能集团多数党支部达到“支部班子好、党员队伍好、基础建设好、思想工作好、发挥作用好”的标准。2009年、2014年，浙能集团党委相继对《浙江省能源集团有限公司“五好”党支部考评办法》《浙江省能源集团有限公司“五好”党支部考评标准》进行了修订，推进各党支部的工作更加规范化、制度化。

2008年11月，浙能集团党委创建“五好”党支部成果获得“全省国资和国企系统党建工作创新奖”，是获评的15个创新成果之一。创建“五好”党支部成果是浙能集团党委在系统内开展的以“支部班子好、党员队伍好、基础建设好、思想工作好、发挥作用好”为主要内容的“五好”党支部争创活动。为确保创建活动的顺利推进、取得实效，建立了分层管理、逐级负责的工作机制，形成了从上到下的垂直责任体系；量化考核，严格检查，实行每两年考核评定一次的动态管理模式，达到“五好”标准的可以保持称号，达不到“五好”标准的取消称号；注重对考核结果的综合运用，对“五好”党支部的检查考评结果，一方面作为基层党组织评优评先的必要条件，另一方面实行考核奖惩挂钩。通过四年多的实践，浙能集团系统内绝大多数党支部在支部班子建设、制度建设、党员教育管理等方面不断取得进步，支部班子整体力量得到提升。

2009年5月，浙能集团召开“五好”党支部创建工作现场指导会。浙能集团11家单位的政工部门负责人及部分拟申报创建“五好”党支部的负责人20余人参加会议。会议采取现场介绍创建工作经验、提问解答互动、交流创建工作台账的方式进行。通过交流探讨，切实解决部分新建支部和困难支部在创建工作中的薄弱点和难点问题，以此提高浙能集团各党支部的整体创建水平。此次现场指导会也是浙能集团政治工作部在开展深入学习实践科学发展观活动中，深入基层，服务企业，切实解决企业实际问题的具体实践。

2010年10月，浙能集团组织首期50余个基层“五好”党支部的支部书记，在湖州市德清县接受了为期五天综合素质的封闭式培训。培训形式和内容：通过“公推直选”方式产生临时党支部的模拟实践、组织专题形势讲座、开展党支部实务工作培训、进行浙能集团示范点建设工作经验交流、组织主题研讨等。通过培训，使党支部书记们对“五好”党支部的内涵、要求和工作地位有了更深的认识，对如何有效推进浙能集团创先争优活动、进一步创新党建工作开拓了新思路，同时增强党支部书记做好工作的责任感和使命感。

2014年12月5日，根据中央组织部《关于建立基层党组织晋位升级长效机制的指导意见》和浙江省委组织部《关于推行五星级管理深化基层服务型党组织建设的指导意见》等有关规定，浙能集团党委印发《星级党支部（含“五好”党支部）创建管理办法》，规定了星级党支部和“五好”党支部创建工作的管理程序，明确党支部评星定级以及争创“五好”党支部的职责、内容、目标、方法、考核激励等，使党支部工作更加规范化、系统化、科学化。

2016年4月11—23日，按照以板块为主自查自评及查评组现场查评的方式，浙能集团分4个小组在所属企业组织开展了2014—2015年度星级暨“五好”党支部创建工作检查考评。共有136个党支部申报“五好”党支部，其中申评五星级党支部38个。经听取情况介绍、现场查评、满意度测评、党建MIS线上查阅台账及组织座谈等方式，对电力板块和集团直管企业申评的四星级和五星级党支部进行了全查；对煤炭、油气、可再生、科工服板块申评的五星级党支部进行了全查，同时抽查了13个板块查评后建议为四星的党支部。4月27日，组织召开了查评工作汇总会，以考核的正导向推动党支部既强化自身建设又注重作用发挥与工作创新。

2016年11月4日，根据浙江省国资委党委关于创建“四强”党组织的有关要求，浙能集团党委修订印发《基层党组织星级管理实施办法》，对浙能集团各单位开展星级党组织创建的职责、目标、考评标准、否决条件、考评方法、考核与激励等作出明确规定，指出浙能党建品牌——“五好”党支部建设结合星级党支部评选工作开展，在五星级党支部基础上选树党建标杆，授予“五好”党支部称号。

2017年1月5日，根据浙江省委和浙江省国资委党委的有关要求，结合浙能集团实际，浙能集团党委印发《基层党支部建设管理办法》，明确基层党支部建设的指导思想、主要任务、组织设置、职责分工、党支部分类管理、严格组织生活、党员教育、管理和监督等内容。

2017年6月28日，浙能集团党委印发《关于评定浙江省能源集团有限公司2016年度四星、五星级党组织及授予嘉兴（嘉华）发电公司设备党支部等为“五好”党支部的通知》，评定14个基层党委（总支）、40个党支部为集团五星级党组织，评定13个基层党委（总支）、84个党支部为集团四星级党组织，授予16个党支部为“五好”党支部。

2018年3—5月，浙能集团党委组织开展2017年度星级党支部查评工作，对各板块推荐的54个申报五星级党支部建设情况进行复核并命名，开展“五星带三星”和“四星带二星及以下党支部”的支部结对共建工作。5月29—30日，浙能集团召开申报五星级党支部书记答询会，检验考察党支部“带头人”的理论水平、组织管理能力、应变能力，了解掌握各板块所推荐申报五星级党支部的党建工作实效，尤其是党建工作与生产经营工作的融合度。各单位申报2017年度五星级党支部的党支部负责人在各自企业通过视频会议形式参加答询。此次答询会既考察了答询人的理论基础知识，又检验了综合实践能力，切实起到了以考促学、以考代训的成效。

2018年7月20日，浙能集团召开党建工作基础实务视频培训会，邀请集团两位五星级党支部书记讲解了《党支部基础实务工作梳理》《浙江省能源集团有限公司党建MIS操作规范》。浙能集团各单位党组织负责人、分管领导，党群部门负责人、党建专职，全体党支部书记、副书记及组织委员参加本次培训。浙能集团政治工作部还把培训会进行了全程录像，并在会后制作成“党支部基础实务工作梳理”“浙江省能源集团有限公司党建MIS操作规范”两个视频课程，在集团新闻网视频教育培训栏展播，方便系统各单位人员学习。

2018年9月28日，浙能集团召开基层党支部经验交流会，来自10个单位业态各异、地域不同、代表性强的基层党支部以PPT的形式围绕“党建工作与生产经营深度融合”“打造生产型、学习型、服务型党支部”“助力人才队伍培养”“加强员工思想建设”“党建工作新模式新载体运用”等内容作了经验介绍，以基层党支部间相互探讨的方式，进一步推广先进经验，发挥示范引领，全面提升集团基层党组织抓党建的责任感和战斗力。浙能集团党委副书记陆翔参加交流会并作点评。浙能集团各级党组织的党建工作分管领导、党群部门负责人和党支部书记共400余人分别以现场和视频的方式参加了交流会。

2018年12月19日，浙能集团召开基层党支部书记座谈研讨会，专题谋划2019年度基层党支部工作，了解基层党支部建设中存在的问题，交流相关工作经验，并对浙能集团党委《基层党支部建设管理办法（修订稿）》进行了意见征求。12家基层单位的党委委员、支部书记代表参加座谈会。

五、基层党组织建设活动

2002年4月，浙能集团召开党员代表大会，选举产生浙能集团出席浙江省第十一次党代会的代表。

2004年6月23日，浙能集团党委发文表彰了2003年度浙能集团10个先进党支部、20名优秀共产党员和11名优秀党务工作者。

2006年6月29日，浙能集团党委发文表彰了2004—2005年度浙能集团4个先进党委、10个先进党支部、20名优秀共产党员和10名优秀党务工作者。

2007年7月27日，浙江省委组织部、浙江省国资委党委联合组成省属企业党建与领导班子建设调研组，对浙能集团和所属企业的党建工作和领导班子建设进行调研检查。调研组认为：浙能集团党建工作以党建责任制为龙头，以“五大工程”为抓手，坚持以构建“大党建”工作格局为指导，为企业的各项生产经营工作发挥了党组织政治核心和战斗堡垒作用，走出了一条富有浙能特色的党建之路。

2008年1月，浙能集团开展党建质量管理体系试点工作，确定浙江长兴发电有限责任公司和温州发电有限责任公司作为两个试点单位，依据《质量管理体系 要求》(GB/T 19001—2000)建立党建质量管理体系，总体策划党建工作质量管理体系。2008 年 1 月，浙江长兴发电有限责任公司在党建工作中率先导入 ISO 9000 体系，制定《推行党建质量管理体系年度工作计划》，推进工作开展。按照“大党建”的理念，以“目标明确，全面融入；责任到位，运作和谐；平台宽泛、互促共赢；机制健全、奖惩有力”为总体要求，从工作对象、工作主体、工作载体、工作机制 4 个方面入手构建党建质量管理体系。在管理模式上，实现“五项建设”（思想建设、组织建设、制度建设、作风建设、防腐倡廉建设）与“五大工程”（领导班子“四好工程”、党支部“堡垒工程”、党员“亮化工程”、职工“素质工程”、企业“文化工程”）的“五个结合”。2008 年 4 月 10 日，浙江浙能温州发电有限公司党委成立了党建质量管理体系工作领导小组和工作小组；6 月 6 日，浙江浙能温州发电有限公司党委召开了建立党建质量管理体系动员会，明确“体系策划、文件编写、体系运行及认证”4 个阶段的工作任务；10 月 16 日，浙江浙能温州发电有限公司党委召开党建质量管理体系文件发布暨运行大会，党建质量管理体系正式发布实施，开始试运行。2009 年 1 月，浙江浙能长兴发电有限公司党建质量管理体系通过华夏认证中心的现场考核，获得了浙江省首张党建工作的认证证书。2009 年 3 月 30 日，浙江浙能温州发电有限公司党委获得华夏认证中心有限公司颁发的党建质量管理体系认证证书。体系运行以来，浙江浙能温州发电有限公司党建工作严格按照党建质量管理体系要求开展，并通过内审、管理评审、监督审核等，保持持续改进的态势，逐步趋向标准更完善、程序更严谨、过程更精细、工作质量更高的目标，取得了“创新方法、提升质量、服务中心、促进发展”的成效。2010 年 7 月 8 日，浙江浙能兰溪发电有限责任公司党建质量管理体系文件正式发布实施。同年 8 月，浙江浙能兰溪发电有限责任公司获得 ISO 9001：2008 党建质量管理体系认证证书，成为浙能集团第三家获得党建质量管理体系认证的单位。2011 年 12 月，浙江浙能长兴发电有限公司党委被浙江省国资委党委评为基层党建工作示范点。2011 年，在客观分析浙江浙能长兴发电有限公司、浙江浙能温州发电有限公司党建工作质量管理体系建设试点工作情况的基础上，浙能集团利用杂志、网站等对其经验进行了宣传和推介，印发《浙江省能源集团有限公司党建工作质量管理体系试点单位运行成果及改善路径》，对该工作进行阶段性总结，并提出改善路径，推动和促进浙能集团党建工作的规范性、实效性进一步提升。

2008 年 6 月 25 日，浙能集团党委对系统 2006—2007 年度“两先两优”活动的先进集体和个人进行了表彰。

2008 年 9 月，浙能集团 10 项基层党建特色经验被浙江省国资委公开发行的《党建巡礼》一书收录。浙能党建特色经验通过有形载体的传播，对弘扬浙能精神、广泛交流党建经验、进一步启迪党建思路起到积极的作用。

2010 年 3 月 1 日，浙能集团选择在浙江浙能嘉兴发电有限公司、台州发电厂、浙江浙能镇海发电有限责任公司 3 家单位开展党务公开试点工作。

2010 年 6 月 30 日，浙能集团党委发文表彰了 2008—2009 年度浙能集团 8 个先进党委、15 个先进党支部、25 名优秀共产党员和 15 名优秀党务工作者。

2010 年 11 月 10 日，浙能集团召开党务公开经验交流会，总结交流党务公开经验，研究部署在全系统全面推行党务公开。

2011 年 3 月 17 日，浙能集团党委组织开展“服务型党组织建设”论坛，就党建工作如何做好“传承与创新、需求与服务、难点与对策”三大方面的焦点话题展开研讨，各板块党委书记、总经理参与论坛互动。这一党建工作新形式得到了浙江省国资委党建处处长俞滨局的较高评价。

2011 年 10 月 11 日，浙能集团党务公开网站建成并投入运行。

2012 年 9 月 24 日，浙能集团党委印发《关于表彰 2010—2011 年度“两先两优”的决定》，表彰了 2010—2011 年度浙能集团 7 个先进党委，11 个先进党支部、30 名优秀共产党员和 14 名优秀党务工作者。

2013年，浙能集团基层党组织开展学习交流、帮带共建活动，结对93对，开展各类共建活动243次，活跃了基层党建活动。

2014年7月8日，浙能集团党委印发《关于表彰浙江省能源集团有限公司2012—2013年度党内“一先两优”的决定》，表彰了2012—2013年度浙能集团19个先进基层党组织，20名优秀共产党员和12名优秀党务工作者。

2016年3月，根据浙江省委组织部《关于推选宣传浙江省第二批“千名好支书”和“万名好党员”的通知》要求，浙能集团开展浙江省第二批“千名好支书”和“万名好党员”推荐选树活动，浙江浙能温州发电有限公司、浙江浙能电力股份有限公司台州发电厂各1名党支部书记荣获浙江省“千名好支书”称号；浙江浙能技术研究院有限公司、宁波海运集团有限公司、浙江浙能燃气有限公司、浙江浙能长兴发电有限公司、浙江浙能兰溪发电有限责任公司各1名党员荣获浙江省“万名好党员”称号，通过选树先进典型，带动基层党组织和广大党员学优看齐、对标赶超。

2016年6月27日，浙能集团党委印发《关于表彰浙江省能源集团有限公司2014—2015年度党内“两先两优”的决定》，表彰了2014—2015年度浙能集团5个先进党委、20个先进党支部、26名优秀共产党员和18名优秀党务工作者。

2017年6月28日，浙能集团党委印发《关于表彰浙江省能源集团有限公司2016年度党内“两先两优”的决定》，表彰了2016年度浙能集团5个先进党委、20个先进党支部、32名优秀共产党员和16名优秀党务工作者。

2016—2017年，浙能集团开展党建工作“网格化管理、组团式服务”试点工作，浙江浙能温州发电有限公司和浙江浙能中煤舟山煤电有限责任公司作为2家试点单位，积极探索工作手段和方法创新，做好对热点、敏感问题的引导，及时化解矛盾，切实维护党员职工的合法权益，努力营造安定和谐的企业发展环境。2016年3月30日，浙江浙能温州发电有限公司党委发布《关于开展“网格化管理、组团式服务”工作的通知》，启动“网格化管理、组团式服务”试点工作，设立领导小组及办公室，在4个一线生产部门设立11个网格，建立“全面了解、服务一线”的新平台。5月30日，组织召开“网格化管理、组团式服务”推进会，发放《网格化管理、组团式服务指导手册》。2016年8月，开发引进“温电网格”App，设置心声、任务、月报、签到等几大应用模块，结合后台系统组成一体化的信息搜集和处理软件平台，促进联动式服务。2017年2月，出台《“网格化管理、组团式服务”工作考核办法》，进一步保障网格工作有序开展。2017年，实施“党建网格与文明生产网格融合”工作，促进企业文明生产水平的提升。2017年6月30日，浙江浙能温州发电有限公司党委“网格化管理、组团式服务”被浙能集团党委评为2016年度基层党建工作示范点。

2017年，浙能集团梳理系统内党组织建设、党的工作机构及党务工作者配备情况。截至2017年10月底，浙能集团内共有基层党组织（含党委、党总支）412个，覆盖全体9367名党员。

2018年6月4日，2018年度省属企业和中央所属在浙企业第一片区第一次党建工作片会在浙能集团举行。会议旨在贯彻落实浙江全省基层党建工作重点任务推进会精神，进一步加强沟通交流，统筹推进省属企业和中央所属在浙企业党建工作深入开展，推动国有企业党建工作实现高质量发展。浙能集团党委书记、董事长童亚辉出席会议并致辞，浙能集团党委副书记陆翔主持会议，浙江省国资委党建处副处长赵刚、副调研员陈友海到会指导并作工作部署，第一片区的5家省属企业及12家中央所属在浙企业的党委分管副书记、党群工作部门负责人参加会议并作交流发言。

2018年6月12日，浙能集团组织开展了新时代浙江省“千名好支书”和“万名好党员”推选工作。在各单位、各板块层层推选的基础上，经征求相关部门意见，拟确定浙江浙能嘉兴发电有限公司、浙江省能源集团城市燃气有限公司2位同志为新时代浙江省“千名好支书”推荐人选，浙江浙能绍兴滨海热电有限责任公司、浙江浙石油综合能源销售有限公司、浙江天地环保工程有限公司、浙江浙能长兴新能源有限公司、浙江浙能技术研究院有限公司5人为新时代浙江省“万名好党员”的推荐人选，并予以公示。

2019年1月16日，浙能集团党委召开2018年度板块、直属单位党组织书记抓基层党建述职评议大会，贯彻落实党的十九大精神和全国国有企业党的建设工作会议精神。浙能集团各板块、直属企业和机关党委等13位党组织书记（副书记）围绕抓基层党建的工作思路、主要措施和成效、存在的薄弱环节及努力方向和举措等方面依次作述职汇报。

2019年1月24日，浙能集团党委书记、董事长童亚辉陪同浙江省国资委党委书记、主任冯波声等省属企业、省直有关部门负责人一行40余人，在浙能创业大厦观摩考察浙能集团基层党建工作。

2019年4月3日，浙能集团党委书记、董事长童亚辉在中共中央党校厅局级现代化经济体系研究专题班上，给学员作题为《八八战略：习近平新时代中国特色社会主义思想的萌发与实践》专题讲座，得到了授课教师和学员的广泛好评与赞扬。

2019年6月6日，浙能集团基层党组织负责人政治理论素养培训圆满结课。本次培训是浙能集团“不忘初心，牢记使命”主题教育的重要内容之一，浙能集团党委书记、董事长童亚辉等领导和省内专家授课，浙能集团所属各板块管理公司的党委书记、党委副书记、党群部门负责人，浙能集团直属企业、各板块营运企业党组织负责人、党群部门负责人，浙能集团五星级党支部书记近200人全程参训。

2019年8月8日，浙能电力基层班组政治宣传员宣讲比赛在宁波市北仑区开赛。来自浙能集团电力板块的14家单位的15名选手，首次通过比赛舞台向大家展示了基层班组政治宣传员如何用更接地气、更易理解的方式将党的基本理论、基本路线、基本方略传递至班组前沿，搭建沟通桥梁，打通政治宣讲“最后一米”。

2019年9月29日，浙能集团召开年度党建试点工作推进会，会议听取了各单位党建试点工作情况汇报，动员部署了下一阶段工作任务。会上，参与党建试点的单位各自从党委、党支部作用发挥，意识形态，清廉国企和人才工作等5个方面汇报了试点工作的具体做法及取得的阶段性成效。

2019年12月24日，浙能集团党委召开2019年度板块、直属企业及集团机关党组织书记抓基层党建述职评议大会，集团党委领导班子成员、集团各部门负责人参加会议并对述职情况进行民主测评，各营运企业党政负责人、纪委负责人等210余人视频参加了大会，强化各党组织书记抓党建第一责任人意识，推进全面从严治党向基层延伸。

第三节 党员队伍建设

一、发展党员

2004年3月29日，浙能集团党委专题向浙江省委组织部报告2001—2003年发展党员工作自查情况。报告指出，2001—2003年，浙能集团共发展新党员303人，其中35岁以下的有204人，占总人数的67.3%；大专及以上学历的有189人，占总人数的62.4%；各类专业技术、生产一线人员203人，占总人数的67%。新党员趋于年轻化，大多数新党员具备较高学历，党员队伍年龄结构不断得到改善，大多数新党员来自生产岗位，党员分布更趋合理，有利于党组织在企业生产中充分发挥战斗堡垒作用。截至2003年底，浙能集团设党委15个，党总支2个，党支部84个，党员人数达到2363人，其中正式党员2237名、预备党员126名；另有入党积极分子148人，发展对象56名。

2004年5月8日，浙能集团党委建立组织发展制度，要求各级党组织每年制定发展党员计划和培养、教育、考察积极分子的措施。每季度对积极分子和预备党员进行一次考核、鉴定、写实；对递交入党申请书的，支部成员或指定专人，在递交入党申请书后两周内找其谈话；被列入计划的发展对象，必须政审合格，经过规定时间的培养考察。积极分子调转，应将其情况和材料及时通过组织部门转递新单位。

2004年9月29日，浙能集团党委专题向浙江省委组织部报告党建工作情况的汇报。报告指出，浙能集团各级党组织十分重视源头管理，加强对入党积极分子的培训培养，通过党校、党章学习小组，积极分子参加组织活动，先进事迹学习等多种形式进行党的理论和典型教育。通过党员联系人制度、党员责任区制度、党团共建等多种渠道加强入党对象的跟踪培养。同时，始终坚持党员标准，严格履行发展程序，建立和推行了入党前公示和党员表决制度，加强党内外监督，确保发展党员质量。部分企业还实行入党票决制，从推选重点培养对象到发展预备党员及转正，全程实行无记名投票，使党员的民主权利和本人意志得到充分体现。同时，积极探索发展党员工作的新方法、新途径，充分利用现代科技、信息资源等创新发展党员工作载体，在浙能集团党建管理信息系统中建立发展党员管理子模块，系统设计规范了发展党员管理流程，可根据需要随时分析党员队伍状况、把握动态信息，有效地防止了发展程序方面的问题。2001 年至 2004 年 9 月，浙能集团所属企业年均发展新党员人数 100 余名，为党的队伍充实了新鲜血液，壮大了力量。

2008 年 6 月 30 日，浙能集团党委印发《中共浙江省能源集团有限公司委员会关于进一步加强和改进企业党建工作的指导意见》，规定各级党组织要做好发展党员工作，加强入党积极分子的源头建设，严格执行入党积极分子培养教育考察程序，规范积极分子培训、推优制度，及时调整充实积极分子队伍，推行入党“一推三公示”（35 周岁及以下的青年入党一般要经过共青团组织推荐，确定入党积极分子、吸收预备党员和正式党员转正必须进行事前公示）和“票决制”，严把党员“入口关”。注重培养吸收优秀专业技术人员、生产业务骨干，特别是优秀青年职工入党，进一步改善党员队伍的结构和分布。截至 2010 年底，浙能集团已拥有党委 25 个，党总支 13 个、党支部 179 个，党员 3983 名，其中在职党员 3391 名，占在职员工的 30. 55%。

2011 年 1 月 21 日，浙能集团党委印发《发展党员工作管理办法（试行）》，要求各级党组织各级党组织严格按照“坚持标准、保证质量、改善结构、慎重发展”的方针，坚持按“成熟一个、发展一个”的原则，规范做好组织发展工作，注重发展对象的教育培养、教育和考察，注重在一线工人中发展党员，使党员队伍不断发展壮大。

2014 年 1 月 7 日，浙能集团党委对《中国共产党入党志愿书》实行编码管理，严格按照浙江省国资委党委分配的发展党员指标名额开展发展党员工作，加强总量调控和督促检查，做到发展党员工作既不突破计划数，又不浪费发展指标，从源头上把住发展党员入口关。

2014 年 12 月 5 日，浙能集团党委修订《中共浙江能源集团有限公司委员会发展党员工作管理办法》，要求各级党组织在发展党员工作中要坚持“总量控制、优化结构、提高质量、发挥作用”的总要求，坚持党章规定的党员标准，始终把政治标准放在首位；坚持慎重发展、均衡发展，有领导、有计划地进行，进一步规范各级组织的发展党员工作，把好“入口关、质量关”，建设一支素质优良、结构合理、规模适度、作用突出的党员队伍。

2016 年 11 月 9 日，浙能集团网上党校浙江浙能嘉华发电有限公司教学点开班，30 多名浙能集团的入党积极分子、发展对象齐聚一堂接受党的知识洗礼，提升他们的理论修养。

2016 年 11 月 18 日，浙能集团网上党校伊犁新天煤化工有限责任公司教学点开班，来自伊犁新天煤化工有限责任公司的 57 名入党积极分子、发展对象经过两天的集中学习，进一步提升其党的理论知识水平和党性修养。

截至 2019 年，浙能集团共有党员 9655 名，其中预备党员 264 名。

二、党员教育

2004 年 5 月 8 日，浙能集团党委发布《浙江省能源集团有限公司基层党支部建设实施细则》，明确要求党支部加强党员教育，以增强党性、提高素质、发挥作用为目的，定期组织党员学习理论和科学文化业务知识；根据不同时期党的中心工作和形势任务，确定党员教育的内容和主题，增强党员教育的针对性。改进党员教育方法，注重教育效果，提高教育质量；采取上党课、进党校、电化教育、专题讨论交流等形式，有系统、分层次进行；利用“三会一课”，组织党员学习，在党员中开展教育活动。同日，浙能集团党委建立民主评议党员制度，要求党支部每半年对党员的表现情况进行一次分析，每两年至少进行一次民主评议党员，向上级党组织推荐表彰优秀党员，严肃处置不合格党员。

2005—2006 年，浙能集团各级党组织在全体党员中开展保持共产党员先进性教育活动。为配合保持共产党员先进性教育活动，浙能集团各子（分）公司党委为下属党支部配备党员活动室，购置电视机、影碟机、音响等多媒体设备，购买党员教育书籍，并制定培训计划，对党员领导干部、党支部书记、党员进行培训。

2010—2011 年，浙能集团开展创先争优活动。各级党组织和全体党员按照集团部署和要求，坚持活动与中心工作和企业特点紧密融合，活动的重点体现在服务型党组织建设上，浙能集团新建党员责任区 29 个，新增党员示范岗 105 个，建立党员志愿者服务队 97 支，组织开展各类服务活动 1500 多人次。

2012 年 7 月 1 日，浙能集团宣传与思想工作部编发《浙能党建手机报》。《浙能党建手机报》面向全体党员，以“宣传浙能党建、弘扬浙能文化、报道浙能发展、展示浙能成就”为根本宗旨，每月不定期编发。

2013 年 8 月 27 日，浙能集团党委书记、董事长吴国潮以视频方式为浙能集团广大党员干部上了一堂题为《聚力——“严纪律正作风作表率”在浙能》的党课。

2015 年 5 月 20 日，浙能集团党委书记、董事长吴国潮在“三严三实”专题教育视频会上，作“三严三实、履职尽责”的专题党课。随后，集团党委及 38 家下属企业党委（总支）均以党委（总支）书记上党课的形式启动部署领导人员“三严三实、履职尽责”专项行动，为专题教育开好头、谋好篇。

2016 年，浙能集团按照《关于开展党员政治生日活动的通知》要求，在全系统开展党员“政治生日”活动，让党员自觉重温入党誓词，回忆党组织的培养历程，强化党员宗旨意识，帮助党员解决党性观念淡化、组织观念淡薄等实际问题。同时，把党员“政治生日”活动作为一种人性化的教育方式，凝聚人心，体现党组织的关心关怀。活动中，各级党组织均建立党员“政治生日”册，开展重温入党誓词等活动，让党员加深理解入党誓词的内涵和意义。各级党委向当月过政治生日的党员赠送礼物，发送生日祝福短信，表达对过“政治生日”党员的祝贺、希望和要求。

2016 年 7 月 1 日，浙能集团成立网上党校，并制定《网上党校工作暂行条例》，为加强对浙能集团网上党校规范化建设、及时解决网上党校建设中存在的问题和困难提供制度遵循。

2016—2017 年，浙能集团党委高度重视，精细谋划部署“两学一做”学习教育。其间，浙能集团党委书记吴国潮讲“两学一做”专题党课。党课以视频方式进行，浙能大厦设主会场，集团领导班子全体成员、部门副职及以上中层领导人员、集团本部党员职工，板块公司党委书记，在杭州单位党委书记在主会场聆听党课，所属各单位设分会场，各单位领导班子成员、党群相关部门负责人及各党支部负责人在分会场聆听党课。

2016 年 9 月 18 日，浙能集团董事长、党委书记童亚辉为领导干部上党课，强调集团各级领导干部要增强党性修养，提振务实干事的精气神，以一名合格共产党员的优秀品格和模范行动，担负起企业改革发展的重任，再续浙能辉煌。

2017 年 1 月 5 日，浙能集团党委印发《基层党支部建设管理办法》，明确党支部每年进行一次民主评议党员，开展批评和自我批评，向上级党组织推荐表彰优秀党员，处置不合格党员。此后，浙能集团党委每年印发有关民主评议党员的安排意见，对民主评议党员工作进行部署，并根据形势确定评议内容、方法，提出具体要求。

2017 年 6 月 29 日，浙能集团党委书记、董事长童亚辉上专题党课。童亚辉根据本人学习浙江省十四次党代会精神及浙江省委书记车俊的署名文章《不忘初心　勇担使命》的心得体会，给与会党员上了一堂生动的党课。他介绍了近年来浙江在政治、经济、社会、文化等方面所取得的巨大成就，回顾了浙能集团发展壮大的历程；并结合浙江当前所处的历史方位，分析浙能集团当前面临的形势以及自身的优势劣势；同时，他还通过剖析今后五年浙江省委要履行的四大任务，为浙能集团践行“四业”发展路径进一步明确目标和方向。他要求浙能集团各级党组织要以纪念建党96周年为契机，认真组织学习浙江省十四次党代会精神和车书记的署名文章，以学促用，推动集团事业不断创新发展。浙能集团党委领导班子成员，浙能集团在杭州单位党委（总支）负责人，“两先两优”“五好”党支部获奖集体代表及获奖个人，集团本部党员及部分离退休党员代表在集团本部主会场聆听了党课，浙能集团各单位相关党员通过视频直播在各分会场聆听党课。

2017年8月9日，浙能集团党委转发浙江省国资委《关于认真组织开展省属企业党支部主题党日活动的通知》，要求基层党组织全面推行党支部主题党日活动。

2017年11月2日，浙能集团召开学习党的十九大精神宣贯会。集团党委书记、董事长童亚辉作了题为《只有社会主义才能救中国，只有中国特色社会主义才能发展中国》的党课，推动党的十九大精神在浙能集团落地生根。

2017年11月16日，浙能集团党委印发《关于转发省委组织部〈关于进一步深化支部主题党日活动的指导意见〉的通知》，对基层党组织开展支部主题党日活动提出指导意见。要求各级党组织根据文件精神和企业实际，按照功能突出、主题鲜明、时间固定、全员参与的要求，组织开展内容切实、形式多样、程序规范的主题党日活动，并做好闭环管理，严格落实活动纪实和工作保障，重点加强常态督导考评工作，促进“两学一做”学习教育和党内组织生活常态化制度化开展，推动基层党组织战斗堡垒和党员先锋模范作用充分发挥，更加有力有效地服务中心大局。

2017年12月11日，浙能集团党委组织开展“千名书记带你学”党的十九大精神专题党课视频展播活动，组织浙能集团所属各单位党委（总支）书记、党支部书记等讲十九大精神专题党课，并录制成视频进行展播。

2018年4月12日，浙能集团党委向浙江省国资委专题报告系统党支部主题党日开展情况报告，各党支部已建立的党建活动阵地169个，通过政治理论学习、进纪念馆接受革命教育、开展志愿服务等方式，并结合企业实际开展活动，落实佩戴党员徽章、交纳党费等规定动作，除可不列入人员外，党员参与率达100%。

2018年6月4日，浙能集团选派的两位选手在浙江省国资委主办的“弘扬红船精神，走好新时代的长征路”国有企业微型党课比赛中分别获得一等奖、三等奖。

2018年6月27日，浙能集团选派的选手在浙江省第九届微型党课大赛决赛中获得二等奖。

2018年8月9日，浙能集团印发《关于认真组织学习〈习近平新时代中国特色社会主义思想三十讲〉和习近平总书记重要指示精神的通知》，要求各单位各级党组织把学习贯彻习近平新时代中国特色社会主义思想作为首要政治任务，将《习近平新时代中国特色社会主义思想三十讲》与习近平总书记重要指示精神作为党委（总支、支部）理论学习中心组重要学习内容，将《习近平新时代中国特色社会主义思想三十讲》作为各单位读书活动的必读书目，纳入广大党员日常学习范围，开展专题学习、研讨交流，同时通过“微党课”“支部书记讲师团”等形式组织好各类宣讲活动。

2018年10月31日，浙能集团举办首届微型党课竞讲比赛。从浙能集团各板块党课比赛中脱颖而出的12名宣讲员，宣讲他们对新时代“红船精神”的独到见解。比赛通过浙能网络电视台、浙能集团各单位视频会议室分会场以及微信平台直播。浙能集团各基层单位党员通过视频点播等方式，进一步深入学习贯彻习近平新时代中国特色社会主义思想和党的十九大精神，大力弘扬“红船精神”，践行“八八战略”，坚持“大能源战略”引领下的“四业”发展路径，为浙能集团打赢转型升级攻坚战，造就具有国际竞争力的一流综合能源服务商而努力奋斗。

截至2018年10月，浙能集团2018年累计集中培训各类党建专职工作人员超过800人，入党积极分子、发展对象230余人，全体党员均按要求完成网上党校24学时学习。

2019年6月5日，浙江省国有企业“礼赞新中国·奋斗新时代”微型党课比赛在杭州举办。比赛由浙江省国资委主办，省属国有企业的44名选手同台竞技。浙能集团两名参赛选手分别获得二等奖与三等奖。

三、党员管理

2004年5月8日，浙能集团党委发布《浙江省能源集团有限公司基层党支部建设实施细则》，明确要求党支部加强党员管理，组织、督促党员参加党的组织生活，履行党员义务。对无故不参加组织生活、不履行党员义务的进行批评教育；对不合格党员应限期改正，不能改正的应劝其退党，劝而不退的应予除名。对违反党的纪律的，按照《中国共产党纪律处分条例（试行）》的规定进行处理。凡党员提出退党，应当经支部大会讨论后宣布除名，并报上级党组织备案。严格执行党章规定，党员凡自行脱党，一律予以除名。党支部要加强对离退休（含内部退养）党员的管理，结合实际，建立相应的管理制度，并认真抓好落实。

2008年5—6月，浙能集团组织动员广大党员交纳“特殊党费”。全系统共有3297名党员自愿交纳“特殊党费”，共计238.405万元，为灾区人民献上爱心。

2010年12月23日，浙能集团设立党内关爱基金，制定《浙江省能源集团有限公司党内关爱基金管理办法》，在系统内各个单位均设立党内关爱工作联络员，实现浙能集团党员关爱网络全覆盖，建立起党内关爱长效机制，为疾病、受灾、残疾等原因，导致生活困难、迫切需要救助和关怀的困难党员送上组织的温暖和关爱。

2015年12月，浙能集团党委对《浙江省能源集团有限公司党内关爱基金管理办法》进行修订，明确对两大类共五种情形的特别困难党员进行补助，其余类型的一般困难党员由所在单位党组织视情况给予补助；对接工会困难补助标准，适当下调每项的补助金额，使资助总费用基本控制在基金总额内。

2016年，浙能集团党委组织开展党员组织关系排查及档案核查梳理工作。截至2016年11月25日，与党组织失去联系的114名党员中，经多方联系查找后仍无法取得联系党员共10名；参教信教党员2名，均已做劝退处理；困难党员67名；“口袋”党员69名中4人已落地；党员档案全无的共608名，部分因部队转业无档案移交，部分因党组织关系结转过程中遗失；党员档案部分缺失的共3647人，其中缺少入党申请书的共1257人，缺少转正申请书的1151人；同时，502名《入党志愿书》缺失的党员已经开始档案补录工作。此外，按照保密工作要求，集团层面统一开展浙江全省“无主档案”党员的核对，初步核查出6名无主档案对应人员。通过组织排查工作，对浙能集团党员档案、党籍及党性意识进行一个“大体检”，既整肃了纪律，处理清退了不合格党员，又掌握了长期失联党员的具体情况，夯实党员管理的基础性工作。

2016年11月，浙能集团党委组织开展党费收缴使用管理的检查工作，先后召开三次推进会进行重点布置和督促。截至2016年11月25日，浙能集团各单位党组织均建立有独立的党费账户，每年度定期公开党费收缴和使用情况。

2017年7月20日，浙能集团根据浙江省国资委的要求，开展省企业党组织和党员基本信息采集工作。

2017年10月，浙能集团党委下拨基层党组织活动经费293.22万元。

2018年2月8日，浙能集团党委印发《浙江省能源集团有限公司2018年党建工作要点》，明确要在浙能集团内探索建立基层党组织、党员积分管理制度，选好示范点，采取以动态争分、持续积分、亮化评分等方法，做到党员评价有指标、教育有载体、创先有动力。

2018年4月，浙能集团组织开展党员档案核查工作。截至2018年9月，除部分入党志愿书遗失需向浙江省国资委申请补办外，其他党员档案查缺补漏工作基本完成；明确要求各级党组织进一步强化对转入党员档案核查的要求，所有转入党员均按要求严格核对党员档案清单，对于档案不全的党员要求转出单位补齐或出具证明后接收。

2018年4月10日，浙能集团党委确定在浙江浙能电力股份有限公司台州发电厂、浙江浙能嘉兴发电有限公司、浙江省能源集团城市燃气有限公司、浙江天地环保工程有限公司4家单位全面推行党组织、党员积分制管理试点工作，探索有效方式进一步激发党支部战斗堡垒作用及党员先锋模范作用。

2018 年 4 月 16—20 日，浙能集团组织人员到浙江浙能电力股份有限公司台州发电厂、浙江浙能嘉兴发电有限公司、浙江省能源集团城市燃气有限公司、浙江天地环保工程有限公司开展积分制管理工作调研。

2018 年 6 月 11 日，浙能集团组织各试点单位及相关工作人员讨论基层党支部、党员积分制考评相关细则。

截至 2019 年，累计发放党内关爱金达 180.7 万元，共计 443 人次的困难党员同志得到资助，激发基层组织内动力，增强党组织的感召力和凝聚力，较好地推进“和谐浙能”的建设。

第四节　阵地建设

一、党建 MIS 管理系统

2008 年 12 月，浙能集团启动首个党建信息化项目——电子党务管理系统开发工作。电子党务管理系统由浙能集团政治工作部（新闻中心）和浙江天工自信科技公司联合开发。

2009 年 10 月，浙能集团初步完成电子党务管理系统（V1.0）的开发目标。建立浙能集团首个党建信息化网络平台，包括党组织管理、党员信息管理、重要记录信息管理、党费管理、高级查询管理、系统维护管理、报表统计管理等功能模块，解决因集团各基层党组织遍布浙江全省，党建信息上传下达的难题，降低党务信息传递的效率和成本，减轻基层党组织管理组织、党员的工作量，实现各级党委对所辖基层党组织工作的远程查评，促进党建工作科学化、规范化、高效化。项目建设费用 49.82 万元。

2011 年 3—7 月，浙能集团完成电子党务二期开发项目（V2.0），扩展了系统软件功能，建立了浙能集团党委、二级单位党委、基层党支部三个管理层级的党建管理网络；开发了党员在线教育系统，包括资料上传、题库维护、资料库、党员在线学习、自动评分、学习感言、学时统计分析等功能模块，为广大党员学习党史、党的知识及上级党组织重要会议精神等提供学习平台，为党员间实时互动提供交流渠道，解决了浙能集团 4000 多名党员分散、党员学习不规范、组织生活开展困难等问题。项目建设费用 49.6 万元。

2013 年 9—12 月，完成了浙能集团电子党务三期项目（V3.0）。系统改名为党建 MIS，项目优化升级内容主要包括组织机构动态调整、系统首页优化、业务单据审核流程体系、党员转移流程、星级考评流程、考题上传流程、发展党员流程等，用流程化解决了有的党组织工作不够规范的问题。同时，随着浙能集团业务拓展和管控模式调整，构建了电力板块、煤炭板块、天然气板块、可再生板块、科服板块等党组织板块化管理体系，且层级管理可根据实际情况动态调整，配合流程审核引擎自动生成层级审核路径。由线下审核升级为线上审核，提升管理效率，使新加入党务工作的人员可以更快地融入工作。项目建设费用 35 万元。

2014 年 2 月至 2015 年 5 月，实施党建 MIS（V4.0）升级项目。党建 MIS（V4.0）升级按照工作“办公自动化、管理信息化、决策科学化”的理念，进行了信息化集成、数据综合分析、业务流程再造、检查考评记录、操作界面优化、美工调整优化等方面 80 余项提升，实现浙能集团党委精准掌握下属 400 多个基层党组织的工作动态，党组织负责人及时了解党员的思想动态和需求，党支部书记可掌握集团、公司党委最新精神和工作安排，党员和党组织之间实现良好互动。项目建设费用 89.4 万元。

2018 年 6 月，启动党建 MIS（V5.0）项目开发。结合“最多跑一次”改革，对当前浙能集团党建 MIS 功能进行了调研排查，加强过程管控，取消不常用的记录功能 9 项，整合冗余功能 7 项，优化常规功能 5 项，优化一级菜单 10 项，最大程度降低基层企业在台账记录方面的负担，进一步实现精细化、高效化、清晰化，推进党建工作数字化转型；开发积分管理体系，包括党员先锋指数和党组织堡垒指数；同时，着手研究解决党建 MIS 与全国党员管理系统对接问题。同年 10 月，党建 MIS 积分管理体系已在浙江浙能电力股份有限公司台州发电厂、浙江浙能嘉兴发电有限公司、浙江省能源集团城市燃气有限公司、浙江天地环保工程有限公司 4 家试点单位党组织中通过试运行。

2018 年 12 月 31 日，浙能集团党组织和党员注册登录党建 MIS 的覆盖率达到 100%，实现了对基层党组织、党员工作的全面指导和督促，累计访问量达到 748901 人次，日均访问量近 1000 人次，已积累了逾 120G 的数字化党建资料。

2019 年 4 月 23 日，浙能集团党建信息管理系统 5.0 版本正式上线，并召开了系统升级培训会。党建 MIS 5.0 版本引入了基层党组织、党员积分管理机制，以积分为标尺将堡垒指数、先锋指数量化，形成党支部工作“动态争分、持续积分、亮化评分”的评价激励机制。

二、初心长廊

2017 年 4 月，浙能集团党建阵地之“初心长廊”初步建成，并于 2018 年 6 月再次完善。“初心长廊”党建阵地以习近平新时代中国特色社会主义思想和党的十九大精神为主要内容，结合浙能集团、浙能天然气集团有限公司和浙江浙能天然气运行有限公司党建新成果，展示基层企业党组织和党员新风貌。“初心长廊”位于浙能第二大厦 4 楼，浙江省天然气调度控制中心四周，周长近 60 米，由十九大精神宣讲、支部党建、先进典型、荣誉展示、清廉浙江建设等模块组成，综合运用了现代化视、听手段，可播放集团、天然气板块、浙江浙能天然气运行有限公司宣传视频，可阅览政治理论书籍，领略集团天然气发展成就。“初心长廊”不但设置了“不忘初心，牢记使命”党建宣传栏，还展示了入党誓词、党的初心和使命、党务公开等内容，让每一位党员干部及群众受到党建氛围的熏陶，激励党员干部积极进取、砥砺奋进。

2018 年 11 月 14 日，浙江省委常委、浙江省纪委书记、浙江省监委代主任任振鹤参观指导了浙江浙能天然气运行有限公司基层党建阵地“初心长廊”，并予以充分肯定。

三、青春驿站

2017 年 9 月 30 日，浙能集团党建阵地之“青春驿站”开馆。“青春驿站”坐落在浙江浙能电力股份有限公司台州发电厂职工公寓，以“青春”为主题，由基层企业职工自己动手利用废旧仓库改造而成。从需求调研到功能布局再到施工跟进，基层企业青年党团员们利用自己的业余时间，付出了许多辛劳，也贡献了很多有创意的点子。“青春驿站”设综合室、悦读吧、活动室、健身房和多功能厅五大功能区，后期增设的青年党员加油站，涵盖了会议、展厅、观影、借阅、健身等 10 余项功能，为企业职工打造了一个健康成长、自我提升、共享共进的平台。

2017 年 9 月 30 日，“青春驿站”启动仪式和喜迎十九大浙江浙能电力股份有限公司台州发电厂团史图片展同步开幕。

2017 年 10 月 18 日，“青春驿站”同步设立了观看点，召集基层企业党员、团员青年一起收看中国共产党第十九次全国代表大会开幕式，聆听习近平总书记代表第十八届中央委员会向大会作题为《决胜全面建成小康社会　夺取新时代中国特色社会主义伟大胜利》的报告。

2018 年 1 月 16 日，“青春驿站”增设红色“加油站”功能区，并正式投入使用，为浙江浙能电力股份有限公司党建阵地注入了红色基因。

2018 年 6 月 25 日，浙能集团团委“源仔卡通旗舰店”首次亮相浙江浙能电力股份有限公司台州发电厂“青春驿站”，驿站成为卡通形象“源仔”周边推广的线下平台。

截至 2018 年 12 月，“青春驿站”陆续接待了来自台州市、绍兴市等地党团组织，以及联通公司、中小学校夏令营等各类交流参观 300 余人次，基层企业职工、青年党团员结合工作、节日，定期开展“青讲堂”“我们的节日”“集体生日会”“联谊交友”“重要体育赛事观赛”等系列活动。

四、基层企业文化中心

2017 年 12 月 11 日，浙能集团党建阵地之基层企业文化中心建成。基层企业文化中心坐落在淮浙煤电有限责任公司凤台发电分公司厂区东南角，包括企业文化展厅、党团员活动阵地、职工活动区域，是党团员学习活动的主阵地，也是职工教育培训、阅读交流、休闲娱乐、健身锻炼等活动的重要场所。基层企业文化中心一楼为基层企业文化展厅，集基层企业各项发展工作情况和科技普及于一体，全面展示基层企业文明建设成果；展厅共设文化似水、发展之道、关怀如春、安全为天、未来之路、使命如山、管理如器、信仰如磐、清廉如风、锦上之花10个板块，还配套建设了一组基层企业全景沙盘和一组生产流程模型；二楼设置有企业文化展厅、党员活动室、青春驿站、多功能厅、健身活动区等。各基层企业各级党、工、团组织在企业文化中心开展了形式多样的交流活动和文化活动。先后接待各级领导嘉宾参观600余人次，为基层企业职工构建了精神家园的同时，让特色企业文化得到有效传承。

五、红咖啡馆

2018年1月5日，浙能集团党建阵地之“红咖啡馆”开馆。“红咖啡馆”以“红船”为主题，英文名MarxistCoffee，位于浙能创业大厦B座1楼的科服分公司。“红咖啡馆”分为红色书吧、红色网吧、红色影厅、红色展厅几大区域，通过线上线下、室内户外等多种方式实现多功能互动，将浙能集团及其下属的几十家单位党建资源集中于咖啡馆内，使党员足不出户即可学习各类党建知识。

2018年4月25日，浙能集团宣传骨干培训班120余名学员参观“红咖啡馆”。5月18日，浙江省温州市苍南县国资办参观“红咖啡馆”。5月23日，由浙江省国资委牵头，浙江省属国有企业在杭州单位的党委副书记、党群工作部门负责人等30余人参观“红咖啡馆”。

2018年11月30日，浙江省委常委、常务副省长冯飞来到浙能海创园参观“红咖啡馆”，对浙能集团在基层党建工作上讲政治、有创新，充分运用“开放、共享”的思维和“互联网+”的手段，增强党员凝聚力、提升基层党组织影响力表示充分肯定，认为“红咖啡馆”彰显了浙能集团国有企业党建辐射的政治属性。

截至2018年，“红咖啡馆”陆续接待了来自湖州市、绍兴市、衢州市、温州市、台州市等地区国资系统近500余名领导和来宾。

六、党建文化长廊

2018年12月，浙能集团党建阵地之“党建文化长廊”初步建成。“党建文化长廊”位于浙能创业大厦A座7楼，以“党建引领、科技创新、绿色发展”为主题，由上级精神宣贯、浙能企业文化、党组织建设、“两学一做”专题活动、“党建+”特色、清风天地、专利展示、荣誉展示、业务布局等模块组成，是提高党员政治意识、向外展示形象和拓展业务的重要窗口。

第五节 建设成果

一、入选中共中央党校基层党建工作案例

2007年12月，浙能集团独创的“大党建格局”和“五大工程”建设作为浙江省属国企创新经验，入选中共中央党校基层党建工作案例。浙能集团党建工作坚持以党建、党风廉政建设责任制为龙头，以“五大工程”为抓手，以构建“大党建”工作格局为指导，围绕中心抓党建，抓好党建促发展，党政工团齐抓共管，各种资源得到有效整合与利用，各方力量得到进一步凝聚，极大地保障与推进了企业的健康稳定快速发展，走出了一条富有浙能集团特色的党建之路。“五大工程”为：领导班子“四好工程”、党支部“堡垒工程”、党员“亮化工程”、职工“素质工程”和企业“文化工程”。《人民日报》、新华社、中央电视台等多家中央新闻媒体对浙能集团党建文化和思想政治工作经验予以报道。

二、《浙能脊梁——浙能集团基层党建工作特色经验汇编》

2008年6月，浙能集团印发《浙能脊梁——浙能集团基层党建工作特色经验汇编》。该书汇集了浙能系统68个基层党建工作的特色经验，其中有28个基层党建工作经验和40个基层党支部建设特色经验，凝聚着浙能系统广大党务工作者多年基层党建和支部特色创新工作的实践智慧和经验总结。

三、党建区域共建

2008年11月，浙能集团党委“党建区域共建”成果获得“全省国资和国企系统党建工作创新奖”，是获评的15个创新成果之一。党建

区域共建成果是根据近年来浙能集团快速发展，经营规模不断扩大，受宏观经济形势的影响，所面临新的严峻挑战，为突破发展瓶颈，浙能集团全面实施“大能源战略”，大力推进企业战略转型。浙能集团党委积极围绕中心工作，探索党建工作新方法，根据企业所处地理位置，将所属单位分为浙东、浙南、浙北、浙中4个片区，按照“开放互联、携手共建、活跃基层、整体提升”的总体思路，实施各单位以片区为单位在党组织建设、企业文化建设、精神文明建设、思想政治工作等方面分区域互助合作、共建共享，促进浙能集团基层党建水平的整体提升，推进“大党建”格局的建立，努力为“大能源战略”的深入实施提供精神动力和智力支持。浙能集团通过开展党建文化区域共建活动，为浙能集团各单位党组织在党建工作、企业文化建设、群团工作等方面的交流与合作搭建了一个便捷的平台。各单位在平等开放的环境下共同协商、自主活动，使活动更富创意与激情。大家通过对一些热点、焦点、难点问题的探讨，相互学习、相互启发，深化了对党建文化工作规律的认识，同时在交流与互助中彼此增进了了解和团结，理念日益趋同，对于浙能文化的融合与重塑起到了积极作用。

四、浙能党建工作示范点和创新奖

2010年11月，为深入开展创先争优活动，引导和促进浙能集团各级党组织创新党建工作，打造党建品牌，以点带面地推动浙能集团党建水平整体提升，浙能集团制定《浙江省能源集团有限公司关于开展基层党建工作示范点创建活动的方案》，开启首批基层党建工作示范点培育工作。

2010年12月，各单位党委（总支）在分析本单位的党建工作情况的基础上，明确创建目标，研究创建工作思路和措施，制定创建示范点实施计划，报浙能集团政治工作部。

2011年1月，在梳理本企业党建工作的特色做法和成功经验的基础上，浙能集团各单位党委（总支）对照标准要求，突出重点，开展示范点的培育。其间，浙能集团党委组织力量对所属企业示范点创建情况进行督查和指导。

2011年1月21日，为积极探索新时期党建工作规律，激发企业党建工作活力，创新党建工作方式，开创集团党建工作新局面，浙能集团党委印发《党建工作创新奖评选办法》。《党建工作创新奖评选办法》规定：创新奖设理论创新、制度创新、内容创新、方式创新、载体创新五大类，具备把握正确方向、富有时代气息、体现浙能特色、具有推广价值、取得实际效果等条件，按照单位申报、专家评选、组织审定、表彰推广的程序评定。

2011年3月，浙能集团政治工作部组织开展了首批党建示范点的申报工作，共有15家单位申报了25个党建示范点争创项目。

2011年6月，浙能集团按照“板块有典型、单位有示范、支部有特色”的示范点选树原则，以及“有貌可观，有点可挖，有为可示，有经可取”评选要素，经实地调研、浙能集团各单位投票及专家评审，产生5个党委层面、7个党支部层面共12个项目作为浙能集团首批基层党建工作示范点，经浙能集团党委讨论通过，予以公示。

2011年7月，浙能集团表彰了首批12个项目作为浙能集团基层党建工作示范点。浙能集团首批基层党建工作示范点已成为创先争优活动的一大亮点。

2012年1月，浙能集团5个党建工作示范点获评省属企业基层党建工作示范点，分别为：浙江省能源集团有限公司党建信息化管理系统项目、浙江浙能嘉兴发电有限公司党委、浙江浙能兰溪发电有限责任公司党委、浙江浙能长兴发电有限公司党委和浙江浙能富兴燃料有限公司秦京津党支部。

2012年7月，浙能集团党委制定了《党建示范点创建动态管理办法》，按照“成熟一批，表彰一批；选树一批，带动一批”的思路，抓好党建示范点的后续创建及已命名示范点的复查与考评，推动其不断改进。开展示范点“手拉手”共建和示范点创建实地调研和评估，推动了党建对标创标，推进了该项工作的规范化和长效化建设。

2012年9月，浙能集团选树了5个党委层面、3个党支部层面共8个项目作为第二批“基层党建工作示范点”。

2014年6月17日，浙能集团党委印发《关于表彰浙江省能源集团有限公司基层党建工作示范点和2012—2013年度党建工作创新奖的决定》，对3个浙江省级党建工作示范点、6个浙江省国资委党建工作示范点、18个浙能集团党建工作示范点和16个浙能集团党建工作创新奖予以表彰。3个浙江省级党建工作示范点是：浙江浙能兰溪发电有限责任公司党委为省级“心灵港湾工作坊”示范点，浙江浙能镇海发电有限责任公司党委和台州发电厂党委为省级“廉政文化进企业”示范点。6个浙江省国资委党建工作示范点是：嘉兴（嘉华）发电公司党委（“闪光”文化建设）、浙江浙能兰溪发电有限责任公司党委（学习型党组织建设）、浙江浙能长兴发电有限公司党委（党建质量管理体系建设）、浙江浙能富兴燃料公司秦京津党支部（物流链支部共建）为省属企业基层党建工作示范点，浙江浙能富兴燃料公司党委、兴源投资公司党委为省属企业廉洁文化创建示范点。

2017年6月28日，浙能集团党委印发《关于表彰浙江省能源集团有限公司基层党建工作示范点和2016年度基层党建工作创新奖的决定》，对30个党建工作示范点和21个党建工作创新奖予以表彰。

五、获评全国先进基层党组织

2011年7月1日，浙江浙能兰溪发电有限责任公司党委获评“全国先进基层党组织”，成为浙能集团首家获得该类国家级荣誉称号的企业党组织。浙江浙能兰溪发电有限责任公司党委全面贯彻落实科学发展观，本着改革创新精神，积极探索新形势下国有企业党组织发挥政治核心作用的新途径、新方法，努力打造符合国企特点、具有自身特色、反映时代特征的党建模式，以民主型、学习型、创新型、服务型组织建设推进党的先进性建设，以党的先进性建设推动企业先进性建设，有力保障并推动了企业转型升级和科学发展，走出了一条以党的先进性推动企业先进性建设的党建创新之路。

2016年7月1日，中共中央印发《关于表彰全国优秀共产党员、优秀党务工作者和先进基层党组织的决定》，浙江省受表彰的先进基层党组织一共13个，嘉兴（嘉华）发电公司党委名列其中，被中共中央授予“全国先进基层党组织”荣誉称号。嘉兴（嘉华）发电公司党委在浙能集团党委的正确领导下，根据浙江省委组织部印发《关于做好全国优秀共产党员、优秀党务工作者、先进基层党组织推荐工作的通知》，认真做好申报工作，撰写推荐材料，推荐材料《“1235闪光党建”提升品牌活力》几易其稿，并拍摄了典型事迹片《闪光在党旗下》，最终形成上报材料。

六、列入全国基层党建理念创新与实践专题案例库

2011年7月1日，浙江浙能嘉兴发电有限公司党建“闪光工程”列入“全国基层党建理念创新与实践专题案例库”，作为新时期国企党建的一个典型案例在全国性平台上进行经验交流。党建“闪光工程”是浙江浙能嘉兴发电有限公司在多年国企党建工作实践基础上，结合自身实际的特色创新。在企业的发展历程中，浙江浙能嘉兴发电有限公司确立了“让每一处都闪光”的企业精神，逐步形成了具有自身特色的“闪光”文化。党建“闪光”工程积极运用“闪光”这一企业多年积累和特有的宝贵精神财富，以“闪光”核心价值理念为主线，以强化党员职工闪光意识、闪光能力、闪光作用为抓手，三位一体提升党建闪光价值并延伸覆盖到企业各领域，有力助推了企业科学发展和创造“闪光”绩效，持续提升党建优势。

七、《浙能党务工作手册》

2015年12月，浙能集团党委编印浙能特色的党建工具书——《浙能党务工作手册》。手册内容涵盖基层党建、反腐倡廉、企业文化、思想政治、精神文明建设、宣传与舆情、群团组织工作等方面，为进一步推进浙能集团党委、党支部工作的制度化和规范化建设，对各级党委更好地履行好主体责任，严格按党的制度和规定办事，将党组织建设成政治引领力强，推动发展力强，改革创新力强，凝聚保障力强的“四强”党组织发挥作用。该书一经印发，就受到了广大基层

党务工作者的一致欢迎与认可，首次印刷的1000册书更是供不应求，该书同时也获得了浙江省国资委相关领导的肯定。

八、《浙能党建工作法》

2016年4月，浙能集团成立《浙能党建工作法》编撰工作组，召开专题讨论会议，明确初步分工，作出编撰进度安排。5月中旬，结合党建与宣传工作研讨会，有关企业党委、党支部就党建工作方面的一些特色做法进行汇报，开展了专题座谈讨论。7月，经多次讨论确定了工作法的基本框架和分目录，就具体编撰工作进行了明确。8月，编撰工作全面铺开。10个编撰工作小组开展调研，通过各种渠道收集基层党建的特色做法。经过三下三上，到9月底，累计完成了包括党的组织建设、干部管理、党员管理、党员教育、组织活动、党风廉政、意识形态、企业文化、党内关爱帮扶、群团工作10个篇目80个工作法，编撰工作取得了阶段性成果。11月，100个浙能集团党建工作法全部定稿，交付印刷。

2017年1月，《浙能党建工作法》印发。《浙能党建工作法》从各基层党组织党建工作方法中总结提炼，坚持严肃性与活泼性相结合，突出原创性、可复制性，内容涵盖十章100个基层党建工作法。该书的印发，让浙能集团十六年党建工作经验“能复制、可推广”，让党务工作“新手”拿来就能学着做，为保持浙能集团党建工作始终走在省属国企的前列提供支持。

第三章 党风廉政建设

第一节 组织机构

一、纪检监察机构及职责

2001年12月，中共浙江省能源集团有限公司纪律检查委员会成立，受浙江省纪委和浙江省能源集团有限公司党委双重领导。

2002年4月，经中共浙江省委研究决定，以浙干任〔2002〕25号文任命蔡建平同志为中共浙江省能源集团有限公司党委委员、副书记，纪律检查委员会委员、书记。

2002年6月，经浙江省纪委、省监察厅同意，浙能集团成立监察室，纳入党委办公室归口管理。

2003年8月，浙能集团根据新的战略定位和发展目标，对内设机构进行调整，成立监察审计部，撤销党委办公室。

2008年6月，中共浙江省能源集团有限公司第一次代表大会以无记名投票方式选举蔡建平、朱松强、楼晶等7名同志为中共浙能集团第一届纪律检查委员会委员；经中共浙能集团第一届纪律检查委员会第一次全体会议选举，并报中共浙能集团第一届委员会第一次全体会议同意，蔡建平同志当选为中共浙能集团纪律检查委员会书记。

2010年10月，经中共浙江省国资委党委研究决定，以浙国资党委任〔2010〕6号文任命张荣博同志任中共浙江省能源集团有限公司委员会委员，纪律检查委员会委员、书记；免去蔡建平同志的中共浙江省能源集团有限公司纪律检查委员会书记、委员职务。

2012年1月，根据浙能集团事业发展和推进板块化管理的总体方案，为切实发挥集团总部风险管控中心的功能，经浙能集团研究决定，以浙能人〔2012〕15号文撤销监察审计部，设立监察部、审计部。

2018年4月，中共浙江省能源集团有限公司第二次代表大会以无记名投票方式选举张荣博等9名同志为中共浙能集团第二届纪律检查委员会委员；经中共浙能集团第二届纪律检查委员会第一次全体会议选举，并报中共浙能集团第二届委员会第一次全体会议同意，张荣博同志当选为中共浙能集团纪律检查委员会书记。

2019年3月25日，经中共浙江省纪委研究决定，以浙委干〔2019〕66号文任命龚平同志为中共浙江省能源集团有限公司纪律检查委员会委员、书记；免去张荣博同志的中共浙江省能源集团有限公司纪律检查委员会书记、委员职务。

2019年4月30日，经中共浙江省纪委研究决定，以浙纪监干〔2019〕37号文任命龚平同志为浙江省监察委员会驻浙江省能源集团有限公司监察专员。

纪委主要职责：

（1）维护《中国共产党章程》和其他党内法规，检查党的路线方针政策和决议的执行情况；在浙能集团党委的领导下，建立党政齐抓共管、纪委组织协调、部门各负其责、群众积极参与的反腐败领导体制和工作机制；贯彻落实党风廉政建设的监督责任，协助党委加强党风建设，组织协调反腐败工作，预防腐败现象的发生。

（2）从加强思想政治建设入手，对广大党员特别是领导干部进行党风党纪教育和廉政教育，对其行使职权进行监督。

（3）采取日常监督和定期检查相结合的方法，对浙能集团各级党组织和党员干部执行党的政策、决议及遵纪守法情况进行有效监督检查。

（4）按照《中国共产党章程》《中国共产党党内监督条例》《中国共产党廉洁自律准则》《中国共产党纪律处分条例》规定，受理浙能集团党组织、党员和群众在党的纪律和党风方面的检举、控告、申诉及建议和反映；严格行使立案权、处分权，检查、处理浙能集团党组织和党员、党员领导干部违反党纪的案件，并按照职权范围决定或改变对党员的处分。

（5）协助党委制定公司的党风廉政建设规划；督促、会同有关部门建立和完善有关党风廉政建设方面的规章制度；提出党风廉政建设的意见和建议；参加对党员干部的选拔、任用、评议和考核；督促、检查党风廉政建设规章制度和措施的落实，纠正处理浙能集团出现的不正之风。

（6）切实加强对领导干部特别是主要领导干部遵守政治纪律、组织纪律、廉洁纪律、群众纪律、工作纪律和生活纪律等情况的监督，教育和引导领导干部自觉服从党组织监督、企业内部监督、法律监督、行政监督、社会监督；建立和完善领导干部述廉、评廉、重大事项报告、诫勉谈话制度以及任职回避制度。

（7）加强对重点环节和部位的监督，特别是加强对决策、财务管理、销售和物资采购、工程招标和在建项目管理、企业改组改制和产权变更与交易、选人用人等重要环节的监督。

（8）保障党员按照党章规定享有的权利和其他合法权益，支持党的组织和党员同违法乱纪行为和各种腐败现象作斗争。

（9）领导浙能集团所属党组织的纪检工作，指导下级党组织专、兼职纪检干部开展工作；对纪检干部进行整治、业务培训，不断提高纪检干部队伍素质。

（10）组织协调监事会、工会、审计、风险管理与控制等部门的监督工作。

（11）负责浙能集团效能监察的组织与实施，对效能监察对象的工作效能、工作质量、履行职责的效果进行综合性的监督监察。

（12）承办上级纪检监察机关和浙能集团党委交办的其他事项。

纪检监察部门主要职责：

（1）负责监督检查所属单位党组织和领导人员对党的路线、方针、政策和决议的执行情况、对党章党规党纪的遵守情况，以及对集团党委重大决策部署的落实情况。

（2）贯彻落实中央、省委、省纪委和省国资委党委及集团党委关于加强党风廉政建设的各项要求，负责指导督促所属单位党风廉政建设工作。

（3）负责制定党建党风廉政建设责任制中党风廉政建设部分的考核办法，会同相关部门具体组织实施对所属单位党组织党建党风廉政建设责任制执行情况的检查考核，协助集团党委完成责任制全闭环管理。

（4）负责对集团各所属单位领导班子“三重一大”决策制度执行情况进行监督，牵头考核、监察与评价。

（5）负责集团限额以上招投标项目及其他重要经济活动的再监督工作。

（6）负责协助集团党委开展对所属单位的全面（专项）巡察工作，推动全面从严治党向基层延伸。

（7）负责严把集团管理领导人员选拔任用“党风廉政意见回复关”。

（8）负责接待、调查和处理集团管理的干部在党的纪律和党风方面的检举、控告和申诉，并指导和督促所属企业的纪律审查工作。

（9）负责对违反党章和其他党内法规、不履行或不正确履行职责的所属单位党组织和领导班子成员予以问责。

（10）根据审计部提供的审计报告，跟进审计发现的问题，提出相关处理意见。

（11）负责职责范围内的招投标投诉受理和处置工作。

（12）负责廉洁风险防控，开展廉洁从业教育和廉洁文化建设。

（13）负责按规定对集团管理领导人员实施廉政谈话。

（14）负责督促所属单位建立健全廉洁风险防控体系。

（15）负责建立并组织开展纪检监察“三级”联动机制，构建大监督格局，实现监督关口前移。

（16）负责组织开展集团本级的效能监察工作，拟定并组织实施相关标准与制度，监督所属单位效能监察工作的有效开展。

（17）负责正风肃纪，牵头开展正风肃纪专项督查，运用监督执纪“四种形态”严肃查处各类违纪违规问题。

（18）负责协助集团党委具体组织实施集团改革创新容错免责工作。

（19）负责纪检监察组织队伍建设，协助集团纪委抓好“三转”“两个为主”等工作。

（20）指导所属单位建立健全纪检监察组织、抓好纪检监察队伍建设。

（21）负责对所属单位纪检监察工作进行推优评优。

（22）完成上级组织及领导交办的其他工作。

二、二级单位纪检机构及职责

浙能集团所属各单位严格按照《中国共产党章程》要求逐步建立完善纪检监察机构。截至2019年12月，浙能集团直接管理的全资或控股二级单位64家，其中，党委建制41家，占比64.06%；党总支建制14家，占比21.88%；党支部建制9家，占比14.06%。41家党委建制企业中，成立纪委40家，设置独立纪检监察部门22个，与其他部门合署或合并办公的纪检监察部门19个。14家党总支建制的单位中，设置独立纪检监察部门1个，与其他部门合署或合并办公的纪检监察部门13个；9家党支部建制单位中，均设置了与其他部门合并办公的纪检监察部门。

各级纪检机构主要职责：主要履行党的纪律检查职能和行政监察职能，对本单位党委和行政负责。具体包括：

（1）贯彻执行上级纪检监察组织、本单位党委和行政关于纪检监察工作的指示、决定，领导和指导基层单位的纪检监察工作。

（2）协助本单位党委、行政抓好党风建设和反腐倡廉工作。

（3）负责查处所属基层单位党组织、党员及领导人员违反党纪、政纪的案件，指导所属基层单位的案件查处工作。

（4）宣传纪检监察工作的方针、政策，指导所属基层单位对党员干部进行党性、党风、党纪、政纪的教育。

（5）做好信访举报工作，接待群众的来信来访；办理上级批转的信访案件。

（6）围绕生产经营中心，开展效能监察，对企业经营管理重大决策的执行情况进行监察，提出建议和改进措施。

（7）负责制定、修改和解释本单位纪检监察工作的规章、办法和有关文件。

（8）对所属基层单位纪检监察组织的设置以及主要领导人员的配备、任免、调整提出意见和建议。

（9）负责反腐倡廉的调研工作。

（10）完成本单位党委、行政交办的其他任务。

第二节 制度建设

2001年12月，根据党的十五大精神和中共中央、国务院有关要求，浙能集团制定《党风廉政建设责任制考核和责任制追究实施办法》

《关于领导干部报告个人重大事项的规定》以及《纪检监察信访工作程序》。

2002年，为进一步加强浙能集团纪委和纪检监察部门建设，严肃政治纪律和工作纪律，浙能集团制定《中共浙江省能源集团有限公司纪律检查委员会工作条例（试行）》《中共浙江省能源集团有限公司纪律检查委员会关于加强自身建设的意见》。为加强企业领导人员廉洁自律建设，浙能集团制定《出资人代表廉洁自律规定》。

2004年2月，为加强浙能集团党风廉政建设，根据党中央、国务院《关于实行党风廉政建设责任制的规定》和浙江省委、省政府《关于落实党风廉政建设责任制的实施办法》的要求，浙能集团制定《党风廉政建设责任制实施办法（试行）》《党风廉政建设责任追究办法（试行）》《领导人员廉政档案实施办法（试行）》《党风廉政建设责任制考核办法（试行）》。同年7月，为进一步加强和规范招投标监督管理工作，浙能集团制定《招标投标监督办法（试行）》。同年12月，为深入开展浙能集团党风廉政建设和反腐败工作，根据《浙江省反腐倡廉防范体系实施意见》要求，浙能集团制定《反腐倡廉防范体系实施意见（试行）》。

2005年9月，为加强对浙能集团各级企业领导人员的管理和监督，浙能集团制定《企业领导人员任期内经济责任制审计实施办法》；为规范浙能集团内部审计行为，制定《内部审计实施办法》；为加强浙能集团基本建设开工、在建、竣工决算全过程的管理，浙能集团制定《基本建设投资项目审计实施办法》。同年11月，浙能集团制定《关于贯彻执行〈国有企业领导人员廉洁从业若干规定（试行）〉的实施意见》。

2006年9月，为进一步加强党风廉政建设水平，浙能集团修订印发《党风廉政建设责任制实施办法（试行）》《党风廉政建设责任制考核办法（试行）》。

2007年3月，根据党中共中央、浙江省委有关领导干部个人有关事项报告的规定，浙能集团制定《企业领导人员报告个人有关事项实施办法》；为确保党建党风廉政建设责任制的贯彻落实，浙能集团制定印发《党建・党风廉政建设责任制考核办法（试行）》。同年7月，为加强企业纪检监察信访管理，进一步建立畅通、有序、务实、高效的纪检监察信访工作秩序，浙能集团制定《纪检监察信访工作管理办法（试行）》。

2008年1月，为加强和规范浙能集团效能监察工作，依据《中华人民共和国行政监察法》及有关规定，浙能集团制定《企业监察办法》《效能监察办法》。同年2月，为加强招标投标活动的监督管理，依据《中华人民共和国招标投标法》《国家重大建设项目招标投标监督暂行办法》等有关规定，浙能集团制定《招投标监督办法》。

2009年8月，根据《浙江省人民政府关于严格规范国有投资工程建设项目招标投标活动的意见》的有关精神，浙能集团对基建工程及生产物资招投标项目试行招投标监督票制度。

2010年6月，为了确保党建党风廉政建设责任制的贯彻落实，根据《关于进一步加强和改进企业党建工作的指导意见》和《党风廉政建设责任制实施办法（试行）》及有关规定，浙能集团修订印发《党建党风廉政建设责任制考核办法（试行）》。

2011年2月，为加强企业反腐倡廉建设，促进领导人员廉洁从业，规范决策行为，浙能集团制定《“三重一大”决策回避规定（试行）》《“三重一大”决策考核评价和后评估管理办法（试行）》《“三重一大”决策失误纠正和责任追究办法（试行）》。同年3月，依照《中华人民共和国审计法》及浙江省有关制度规定要求，浙能集团制定《工程建设项目跟踪审计管理办法》《内部控制制度审计管理办法》《联合审计管理办法》《委托中介机构审计管理办法》《基本建设投资项目审计管理办法》《企业领导人员任期内经济责任审计管理办法》《关于实行党建党风廉政建设责任制的规定（试行）》《党建党风廉政建设责任制考核办法（试行）》。同年4月，浙能集团修订印发《企业监察办法》《效能监察办法》《领导人员及重要岗位人员廉洁从业承诺制度》《纪检监察信访工作管理办法》。同年5月，为充分发挥纪检监察信访监督作用，浙能集团制定《纪检监察信访约谈制度》。同年6月，浙能集团制定《关于全面推进廉政风险防控机制建设工作方案》。

2014年4月，浙能集团修订印发《关于实行党建党风廉政建设责任制的规定》《党建党风廉政建设责任制考核办法》。同年5月，浙能集团修订印发《企业监察工作制度》《效能监察办法》。同年9月，浙能集团制定《贯彻落实党风廉政建设主体责任实施办法》。同年10月，浙能集团制定《中共浙江省能源集团有限公司纪律检查委员会贯彻落实党风廉政建设监督责任实施办法》《党风廉政建设组织领导与责任分工》。

2016年2月，为进一步加强企业国有资产管理，控制经营管理风险，浙能集团制定《违反经营管理规定行为处理暂行办法》。同年9月，浙能集团修订印发《党风廉政建设组织领导与责任分工》。

2017年5月，为全面贯彻落实党的有关会议精神，推动全面从严治党向基层延伸，浙能集团制定《纪检监察工作例会制度》。同年8月，浙能集团修订印发《关于实行党建党风廉政建设责任制的规定》及《党建党风廉政建设责任制考核办法（试行）》《党风廉政建设工作监督联席会议制度》。

2018年11月，浙能集团修订印发《招投标监督管理办法》《廉洁风险防控管理办法》《党风廉政建设谈话制度实施办法》《廉洁从业承诺管理办法》《领导人员廉政档案管理办法》《纪检监察信访工作管理办法》。

2019年9月，根据浙江省纪委关于加强监督执纪“四种形态”规范运用的有关要求，浙能集团制定《关于落实全面从严治党主体责任运用监督执纪“第一种形态”的实施办法（试行）》。

第三节 党风廉政责任制

一、惩防体系建设

2005年，浙能集团根据浙江省委印发的《浙江省反腐倡廉防范体系实施意见（试行）》及省纪委有关文件精神，结合实际制定发布了《反腐倡廉防范体系》，明确提出了“构建与现代企业制度相适应的具有企业自身特点的教育、制度、监督并举的反腐倡廉防范体系”的建设目标，坚持以五条防线构筑浙能集团反腐倡廉“安全网”。

2006年，浙能集团进一步健全完善企业反腐倡廉防范体系，坚持在领导分工上以权力分置、相互制衡为基础，在制度建设上以程序规范、权力监控为重点，在监督机制上以厂务公开、群众公认为路径，不断加大源头预防和治理腐败力度。

2007年，浙能集团在浙江省纪委和浙江省国资委纪工委的指导下，紧紧围绕“大能源战略”和生产经营中心，以落实党风廉政建设责任制为抓手，以开展“作风建设年”活动为载体，全面推进加强教育、制度、监督并举的惩治和预防腐败体系建设。

2008年，浙能集团认真学习贯彻中共中央印发的《建立健全惩治和预防腐败体系2008—2012年工作规划》，并根据浙江省委、省国资委有关建立健全惩治和预防腐败体系的工作要求，浙能集团制定了《建立健全惩治和预防腐败体系2008—2012年工作规划及实施细则》。

2009年，在浙江省委、浙江省纪委的坚强领导下，浙能集团结合企业面临的严峻经营形势和经营压力，紧扣企业生产经营中心工作，以推进惩防体系五年规划和实施细则、落实党建党风廉政责任制为龙头，以“七大监管”为重点，在深化作风、落实责任、强化监督、加强审计、规范信访和队伍建设6个切实采取有力措施推进反腐倡廉建设。

2010年，浙能集团扎实推进《2008—2012年惩防体系工作规划和实施细则》，结合企业纪检监审工作实践对制度建设的需求，按照“围绕中心、分类架构，突出重点、严密配套，着眼实际、简洁管用”的方针，归纳整理出浙能集团《反腐倡廉制度体系目录》。同年3月，浙江省委常委、省纪委书记任泽民在省纪委副书记王海超、省国资委主任陈正兴等陪同下到浙能集团视察，专题调研反腐倡廉建设工作，高度肯定了浙能集团9年来的发展业绩。

2011年3月，浙能集团组建联合调研组，对浙能集团下属13家新建、筹建单位开展惩防体系建设专项调研，加强新投资领域源头防腐和基础性防控意识建设。同年4月，结合企业实际制定浙能集团本部中层及以上领导人员廉洁从业“十不”承诺、重要岗位人员“五不”承诺内容，并组织本部全体在岗人员签订廉洁从业承诺书。同年6月，召开全系统全面推进廉政风险防控机制建设工作电视电话会议，成立浙能集团廉政风险防控机制建设领导小组，印发《浙江省能源集团有限公司关于全面推进廉政风险防控机制建设工作方案》，进一步完善廉政预警和内控防范机制。浙能集团系统下属47家企业，3136名领导人员及重要岗位人员参与此次廉政风险排查，共计排查出廉政风险点11937个，制定防控措施12014条，整改措施78条，开展廉政风险教育84场次，健全完善规范性文件792个，编制业务流程图165份。

2012年4月，浙能集团根据浙江省委、省纪委及省国资委有关加强反腐倡廉建设的决策部署，把严明纪律、作风建设、惩治和预防腐败体系建设、着力解决反腐倡廉建设中群众反映强烈的突出问题等作为重点，开展惩防体系建设调研，浙能集团下属10家单位157人参加问卷调查，总结形成了浙能集团公司惩防体系建设课题调研成果，获省国有企业监察协会一等奖。同年5月，浙能集团确定浙江浙能兰溪发电有限责任公司、浙江浙能乐清发电有限责任公司为廉政风险防控机制建设示范点，温州发电有限责任公司、兴源公司为“三重一大”制度建设示范点，并提出了目标、措施、要求等具体指导意见。

2013年1月，《中国纪检监察报》第四版整版以《浙能集团：积聚反腐倡廉建设“正能量”》为题，报道了浙能集团反腐倡廉建设工作。报道刊发后，浙江省委常委、纪委书记任泽民对此报道作重要批示：“今后就是要多策划一些有分量的宣传文章，这篇报道很好。”浙江省国资委党委委员、纪工委书记陈松根批示：“请能源集团纪委以任书记的批示和《中国纪检监察报》专题报道为契机，切实推进能源集团反腐倡廉工作上新台阶。”浙能集团公司党委书记、董事长吴国潮批示：“以任泽民书记等领导的指示为动力，激励浙能集团系统更加认真、更加严谨、更加有效地抓好反腐倡廉各项工作，并请抓好传达工作。”同年3月，浙能集团党委向全系统印发了《关于深入推进“阳光工程”建设的实施意见》，进一步强化权力运行的监督和制约。同年6月，浙江省委书记、省人大常委会主任夏宝龙在新华社题为《高速发展下何以能保持清廉风气——国企预防腐败的“浙能现象”调查》上作出重要批示：“在国企预防腐败上，‘浙能’做得好”。

2014年，浙能集团党委印发《关于贯彻落实中央和省委、省国资委建立健全惩治和预防腐败体系有关要求的实施意见》，进一步明确浙能集团2013—2017年惩防体系建设的具体工作要求。

2015年，浙能集团纪委围绕《企业文化建设规划（2014—2020）》，大力宣贯廉洁子文化体系，促使“清廉立身、阳光从业”的廉洁文化核心理念和“三不三慎”的员工行为准则更加深入人心。在浙能集团公司母文化的大背景下，浙能集团所属各单位的子文化建设异彩纷呈：浙江浙能兰溪发电有限责任公司发布了“三园”文化建设五年规划；浙江省天然气开发有限公司引入社会责任进一步提升“135蓝光文化”；浙江省能源集团财务有限责任公司不断丰富“合规”文化内容；浙江浙能中煤舟山煤电有限责任公司制定了本质廉洁型企业规划；浙江浙能长兴发电有限公司、浙江浙能北仑发电有限公司等认真编制实践手册，促使浙能廉洁文化的落地生根。

2016年，浙能集团党委紧盯“七大监管重点”和重要岗位、敏感岗位“两类人员”开展廉政风险防控排查，浙能集团系统各单位先后排查人员3041人，查找廉政风险点22390个，制定风险防控措施29477项。

2017年，浙能集团党委在推动企业改革深化和快速发展的进程中，始终坚持以党的建设为统领，深化党风廉政建设和反腐败工作，一以贯之执行党风廉政建设责任制，坚持严明政治纪律不松劲，坚持强化执纪问责不手软，坚持深化作风建设不停步，突出“关键少数”“七大监管重点”和“两类人员”监督，以“永远在路上”的执着和韧劲保障了浙能集团改革转型和稳定发展。

2018年，浙能集团党委在党中央，浙江省委、浙江省纪委、浙江省国资委党委及驻省国资委纪检组的坚强领导下，始终坚持牢固树立“四个意识”，以保障国有资产保值增值为先导，不断压紧压实管党治党政治责任，全面净化党内政治生态，持之以恒高压正风倡廉，构建巡视巡察联动监督网，深化细化“四种形态”运用，推进清廉国企建设向基层延伸，持续推进浙能集团党风廉政建设和反腐败斗争持续向纵深发展。

2019年，浙能集团党委在党中央，浙江省委、浙江省纪委及浙江省国资委党委的坚强领导下，牢固树立“四个意识”，切实增强“四个自信”，坚决做到“两个维护”，以党的政治建设为统领，立足“清廉浙能”建设主线，坚守监督执纪问责主业，围绕政治生态建设、作风建设、纪律建设、廉洁建设、铁军建设“五大建设”，一体推进不敢腐、不能腐、不想腐机制构建，持续健全完善企业内部监督体系，推动党风廉政建设和反腐败斗争向深入发展。

二、反腐倡廉教育

2003年9月，浙能集团组织开展纪委书记理论学习班，紧扣“三个代表”重要思想理论和纪检工作专业知识进行集中学习。浙能集团纪委印发有关党风廉政建设的文件和规定，开展浙能集团中层管理人员廉洁自律知识测试活动和系统纪检监察干部专业知识测试工作。

2004年4月，浙能集团举办《中国共产党党内监督条例（试行）》和《中国共产党纪律处分条例》学习知识竞赛，浙能集团系统3598名党员和管理人员参加了竞赛。同年5—8月，组织浙能集团系统25名审计人员参加浙江省审计学会举办的专业培训。同年6月，举办浙能集团系统新任领导干部党风党纪培训班，浙能集团系统33名新任领导干部参加培训。同年10月，举办“反腐倡廉书画展”征选活动，43幅优秀作品中20幅作品被选送浙江省纪委评选，4幅获奖。

2005年5月，浙能集团邀请阳光律师事务所所长给所属企业主要领导作了关联交易法律讲座。浙能集团下属浙江兴源投资有限公司特邀请中央纪委监察部杭州培训中心培训处处长、反腐败研究所所长作了一场反腐倡廉专题报告会。

2006年3月，浙能集团召开纪检监察审计工作会议，邀请浙江省检察院副处长为参加会议的代表主讲了“反商业贿赂”的课程，中央纪委监察部杭州培训中心陈明武处长上了反腐倡廉的专题课。同年9月，组织浙能集团本部及在杭部分单位的党员和干部近400人前往浙江展览馆参观“浙江省反腐倡廉成果展览”。

2007年2月，浙能集团纪委向集团系统100多名领导人员的家属发出慰问信和贺卡，向他们致以节日的祝福和诚挚的问候。同年4月，浙能集团党委委员、工会主席、机关党委书记卢嘉三与30多名党员一起，来到杭州云居山浙江革命烈士纪念碑悼念革命先烈，接受了爱国主义和革命传统教育。同年5月，浙能集团“作风建设年”警示教育活动（浙南片）在浙江省第五监狱举行，浙南片区70余名领导人员参加了警示教育活动。同月，浙东片区60余名领导人员赴宁波余姚黄湖监狱开展警示教育活动。同年6月，浙能集团党委以电视电话会议形式，传达贯彻《中共中央纪委关于禁止利用职务上的便利谋取不正当利益的若干规定》（中纪发〔2007〕7号）的文件精神。浙能集团下属长兴发电公司推出了“流动警示教育”活动，舟山煤电项目筹建处邀请中央纪委监察部杭州培训中心培训处处长讲授廉政建设专题讲座，浙能台州发电厂举办“预防职务犯罪”专题形势报告会，全厂近500余人参加会议。

2008年，浙能集团在企业刊物《监察审计信息》上开辟“纪委书记谈反腐倡廉”专栏，10余名所属单位纪委书记（分管领导）撰写发表了体会文章。组织浙能集团领导班子成员参加浙江省国资委组织召开的省属国有企业领导人员警示教育大会等反腐倡廉教育活动。浙能集团下属浙江浙能乐清发电有限责任公司召开廉政文化建设推进会，撰写廉政警句180余条，浙能台州发电厂开展“强化作风、廉洁从业、构建和谐”主题教育，浙江浙能镇海发电有限责任公司职工方宏创作的诗歌获中国（宁波）廉政诗歌大奖赛优胜奖，浙江浙能嘉兴发电有限公司等单位开展“算七笔账”等教育活动，有效增强干部职工廉洁自律意识。

2009年，浙能集团反腐倡廉教育继续坚持以领导人员为重点，推进“廉洁诚信、依法经营”的企业廉洁文化建设。同年11月中旬，浙能集团加强领导人员廉洁从业经验在全省国有企业反腐倡廉建设工作会议上作了典型发言。浙能集团下属浙能台州发电厂开展了“抓作风、强管理、促廉洁，切实提高执行力”主题活动，组织管理人员到法院旁听领导干部违法案审理、发“同心倡廉卡”；浙江浙能镇海发电有限责任公司在“两节期间”给干部家属写廉政信；浙江浙能乐清发电有限责任公司连续多年给全体职工发送廉政短信；浙江浙能嘉兴发电有限公司开展“读廉政书，做廉洁人”主题活动，收集各类反腐倡廉书籍170余册，光盘20余盘，以支部为单位建立“廉政书屋”；浙江浙能长兴发电有限公司、浙江省电力建设有限公司、淮浙煤电有限责任公司多家单位以纪委领导上党课、反腐形势分析会、案例通报会等多种形式，引导干部员工算好政治、经济、亲情3笔账。

2010年，浙能集团以领导人员为重点开展反腐倡廉教育，组织浙能集团领导人员学习《中国共产党党员领导干部廉洁从政若干准则》《党员领导干部违反规定插手干预工程建设领域行为适用〈中国共产党纪律处分条例〉若干问题的解释》等文件。浙能集团下属电建公司开展“六廉四进”廉洁文化建设活动；浙江省天然气开发有限公司邀请杭州市检察院反贪局副局长钟发根作“慎用权利、远离腐败”的廉洁自律教育讲座。浙能台州发电厂、浙江浙能镇海发电有限责任公司、浙江浙能温州发电有限公司、浙江浙能乐清发电有限责任公司等单位充分利用企业报刊、网站、宣传栏等媒体开展“廉洁文化进企业”活动。

2011年4月，浙能集团组织本部及浙江省天然气开发有限公司、浙江省浙信房地产有限公司、浙江省水利水电投资集团有限公司、浙江东南发电股份有限公司等在杭州单位的部分领导人员和重要岗位人员前往浙江省人民大会堂，参观以“法治与责任”为主题的全国检察机关惩治和预防渎职侵权犯罪巡回展览。浙能集团所属北仑发电有限公司、浙江浙能镇海有限责任公司联合等10余家单位按计划参加了宁波、金华、台州、温州、绍兴等分展区展览。同年9月，浙能集团纪委邀请浙江省纪委原副秘书长、中央纪委监察部杭州培训中心客座教授李洁等为系统内纪检监察人员讲授反腐倡廉专题教育课。同年11月，组织浙能集团本部和在杭州单位的干部员工来到浙江图书馆展厅，参观“廉洁救灾・阳光重建——图片展浙江巡展”。浙能集团下属浙江浙能富兴燃料有限公司、浙江浙能金华燃机发电有限公司等单位组织家庭助廉活动，浙江浙能乐清发电有限责任公司开展“学法规　防风险　促和谐”主题教育，浙江浙能兰溪发电有限责任公司开展“风清气正促发展”反腐倡廉教育专项行动，浙江浙能镇海发电有限责任公司联合组织全体员工赴区级廉政文化教育基地的现场教育，浙江浙能洋山建设开发有限公司举办“工程招投标法律实务与风险防范”培训班。

2012年，浙能集团认真组织学习中央纪委印发的《违反〈国有企业领导人员廉洁从业若干规定〉行为适用〈中国共产党纪律处分条例〉的解释》和《违规发放津贴补贴行为适用〈中国共产党纪律处分条例〉若干问题的解释》2个文件，编印印发浙能集团《领导人员廉洁从业学习手册》，以建设“廉洁企业”为主题，在全系统组织开展以“六个一”为主要内容的廉政风险警示月活动。同年5月，浙能集团安排下属浙江浙能兴源节能科技有限公司、浙江浙能富兴燃料有限公司等4家单位开展廉政文化示范点建设工作。浙能集团下属浙江浙能台州第二发电厂筹建处建立移动“廉政课堂”；浙江浙能中煤舟山煤电有限责任公司等单位组织开展法庭审理旁听活动；浙江浙能电力股份有限公司萧山发电厂举办廉政风险警示教育图片展；浙江浙能富兴燃料有限公司创作编写《清风廉影、阳光富兴》专辑，开辟网上“廉政书屋”；浙江省水利水电投资集团有限公司组织观看《远离商业贿赂》警示教育片；浙江浙能兴源节能科技有限公司编撰“两个解释”案例读本，以普通员工为主体开展廉政文化宣讲活动。

2013年，浙能集团积极构建反腐倡廉“大宣教”工作格局，坚持党委亲自抓，主要领导带头抓，以“贯彻落实中央八项规定”“守纪律、正作风、促廉洁”为主旋律，以报、刊、“浙能清风”网站为主平台，广泛开展讲（讲廉课）、学（学典型）、看（看廉片）、读（读廉书）等宣传教育活动，并在全系统深入推广浙江浙能镇海发电有限责任公司、浙江台州发电厂、浙江浙能富兴燃料有限公司、浙江浙能兴源节能科技有限公司等单位的“廉政文化进企业”经验。

2014年，浙能集团总结提炼了由“一个核心理念、两类行为准则、三大支撑体系”组成的具有浙能特色的“123”廉洁文化体系，并组织编写了《廉洁文化手册》。浙能集团下属浙江浙能乐清发电有限责任公司、浙江浙能绍兴滨海热电有限责任公司编制的“利用职权之便受贿操纵招标过程”和“利用职权采购低规格花木谋取不正当利益”2个案例在全省廉政风险防控教育情景案例征集评选中分获一等奖和三等奖。

2015年5—6月，浙能集团组织10名新任纪委书记分批参加中央纪委“国企纪检监察干部培训班”，同时选派2名纪检监察人员参加中央纪委监察部杭州培中心“国企纪检监察信访举报业务培训班”及6人次参与浙江省审计厅组织的重大项目审计工作。浙能集团系统各单位开展反腐倡廉建设课题调研20余项，形成论文、报告十余篇。浙能集团下属浙江浙能镇海发电有限责任公司职工自编自演廉政情景剧，宁夏枣泉发电有限责任公司开展“廉政法规知识答题”，淮浙煤电有限责任公司组织“实现廉洁发展”专题教育，还有一月一廉课、监狱庭审现场教育等，促进了廉洁理念的广泛传播。

2016年，浙能集团党委结合“两学一做”，印发了《关于在全系统开展“廉洁国企”建设专题教育的通知》，组织开展了“六个一”活动。同年9月，浙能集团纪委围绕纪检监察工作历史沿革、准则、条例解读、审计案例分析以及执纪审查工作开展等方面内容，组织系统内100余名纪检监审工作人员开展集中培训。浙能集团下属宁夏枣泉发电有限公司组织全体员工进行廉洁从业宣誓；浙江省电力建设有限公司发动员工参加“廉洁准则知识闯关”；浙江浙能兰溪发电有限责任公司汇编《守纪律、讲规矩》速查手册；浙江浙能镇海发电有限责任公司在门户网站开辟“以案释纪”专栏。

2017年，浙能集团以关键少数和“两类人员”为重点，贴近中心开展形势任务教育；组建浙能集团党风廉政建设讲师团，以“巡回式授课”和“菜单式点课”相结合的方式“送课下企”7场次，预约点课30余场，参训人员1500多人次。全年系统各单位组织廉洁教育活动700余场次，廉课70余次，受众4万余人次，围绕责任落实、效能监察等方面形成高质量微经验成果74个。

2018年，浙能集团高点对标“铁军”要求，组织送课下企7次，编制印发《党风廉政建设微经验》手册，区分纪检监察与审计监督开展差异化培训，累计外送参培16人，上派以干代训4人，以审代培52人次，以案代培13人次，内培3次覆盖360余人次。

2019年，浙能集团党委、纪委认真落实浙江省纪委关于加强党员领导干部警示教育的有关要求，组织召开浙能集团系统内党员领导干部警示教育大会，发放浙江省纪委下发的《警示教育录》，组织400余名处级以上领导人员集中观看专题警示教育片《以案为鉴　警钟长鸣》，浙能集团领导干部及下属单位100余人赴省法纪教育基地参观警示教育图片展，筑牢拒腐防变思想防线。在活动期间，全系统集中学习案例255次，对照查摆问题近600项；召开警示经验会议213场，现场参观法纪教育基地、旁听庭审96次，覆盖7000余人。

三、党风廉政建设责任制

浙能集团始终坚持健全完善党风廉政建设责任制，从构筑惩防并举体系到“大党建服务大能源”，从老虎苍蝇一起打到保障“四业”发展，浙能集团党风廉政建设责任制考核工作伴随着企业成长整整近二十年，虽然浙能集团资产总额、基建投资、物资采购及管控的数量都在成倍增长，但未发现一起重大腐败案件，被新华社、《中国纪检监察报》称为国企防腐的“浙能现象”。

2003年10月，浙能集团结合领导班子考察工作，对系统20家企业进行年度党风廉政建设责任制执行情况进行了专项考评，其中评定优秀单位6家，良好单位12家，存在突出问题单位2家。

2004年11月29日至12月15日，浙能集团党委、纪委专门抽调力量，组成3个检查考核小组，分赴浙能集团所属23个全资、控股、代管企业（项目）开展2004年度企业党风廉政建设责任制和反腐败工作的全面检查考核。

2005年2月，浙能集团党委与所属单位党政一把手签署了《党风廉政建设责任书》，系统内各单位层层签订了《党风廉政建设责任书》。同年4月，浙江省纪委、省国资委一行5人在浙江省国资委纪委书记楼仁良的带领下，对浙能集团党风廉政建设和纪检监察工作进行专项检查，并抽查了浙能集团所属企业浙江浙能嘉兴发电有限公司的纪检监察工作。

2006年8月，浙能集团2006年党风廉政责任制考核工作启动，该项工作与2006年所属企业领导班子和领导人员考察工作一并开展。同年12月，浙江省国资委省属企业领导人员廉洁从业情况检查组一行3人在组长王肖华的带领下，对浙能公司2005年、2006年领导人员廉洁从业、领导班子及成员贯彻落实党风廉政建设责任制、企业惩治和预防腐败体系建设、纪检监察工作等情况开展全面检查。

2007年，浙能集团按照党委“大党建格局”服务“大能源战略”的工作思路，建立了“党建·党风廉政建设”责任体系。同年12月，浙江省国资委企业领导人员廉洁从业情况检查组一行4人在组长吴宪钢的带领下，对浙能集团2007年领导人员廉洁从业情况进行了全面检查

2008年5月，中央纪委第一监察室综合处副处长毛新腾带领党风廉政调研组到浙江浙能兰溪发电有限责任公司调研党风廉政建设工作，毛新腾在听取工作汇报后，充分肯定了浙能集团和浙江浙能兰溪发电有限责任公司在党风廉政建设方面所做的工作。同年7月，浙能集团党委组成检查组，对所属10家企业上半年度工作情况进行了抽查。同年12月，浙能集团党委组建4检查考核小组对所属27家企业开展2008年度《党建·党风廉政建设责任制》执行情况的检查考核。检查考核中共召开座谈会38个，333名干部职工参加了座谈，个别谈话145人次，所属单位中层以上干部、职工代表（职工）及党员代表共1729人参加了问卷调查。

2009年6月，根据浙江省国资委纪工委推荐意见，浙能集团党委书记、董事长吴国潮同志在全省落实党风廉政建设责任制电视电话会议上作了交流发言。同年7月，浙能集团党委按照“自查为主、抽查为辅、掌握动态、重点调研”的要求，组织检查组对下属9家单位开展了半年度党风廉政建设责任制检查，同步对整治多经企业及其关联交易专项工作后期有关问题和废旧物资处理情况作了专题调研。同年10—11月，浙能集团党委组织了对所属29家单位年度党建党风廉政建设责任制执行情况的全面检查考评，29家单位调查问卷综合满意率均值为96.11%，综合考核得分均值为91.91。

2010年，浙能集团与所属单位签订了《2010年度党建党风廉政建设责任书》，形成横向到边、纵向到底的责任体系。同年11月，浙能集团启动2010年度党建党风廉政建设责任制执行情况检查考评，浙能集团党委组建4个检查小组分赴系统34家单位，采取听汇报、群众测评、召开座谈会和个别谈话、查阅台账资料、核实有关情况等方式开展全面检查，并同时开展2010年度所属单位领导人员述职述廉、中层领导人员选拔任用工作“一报告两评议”工作。

2011年2月23日，浙能集团领导班子与所属36家单位及11个部门签订了《2011年度党建党风廉政建设责任书》。同年11月，浙能集团2011年党建党风廉政建设责任制执行情况检查考评工作正式启动，4个考评组分赴浙能集团所属45家单位开展党建党风廉政建设责任制全面检查，同时开展2011年度所属单位领导人员述职述廉、中层领导人员选拔任用工作“一报告两评议”工作。

2012年3月，浙江省国资委业绩考核与分配处处长刘盛辉带队的第二考核组到浙能集团，对2011年度党风廉政建设责任制落实情况进行检查考核。同年4—6月，浙能集团开展“领导人员下基层调研”专项活动，浙能集团领导先后76人次分别到52家所属二、三级单位开展调研。同年10—11月，结合浙能集团所属单位领导班子三年全面考察工作，浙能集团党委组织7个考评组对43家所属单位年度责任制落实情况作了检查考评，系统内各单位2457人参加民主测评，综合满意率平均值达98.95%，同比2011

年提高0.35%。

2013年1月，浙江省国资委考核组对浙能集团2012年度党风廉政建设责任制落实情况进行检查考核，浙江省国资委监察专员办副主任、考核组组长薛兆对浙能集团本次迎检准备工作予以充分肯定，认为浙能集团党风廉政建设责任制工作始终走在省属国有企业前列，亮点纷呈，具有很好的示范作用。同年2月，浙能集团领导班子与46家单位及12个职能部门签订了责任书，分解落实年度党风廉政建设具体任务。同年11—12月，组织7个考评组对48家所属单位年度党建党风廉政建设责任制落实情况进行检查考评，系统各单位2743人参加民主测评，综合满意率平均值达98.90%。

2014年2月，浙能集团在对系统内48家单位进行2013年度党建党风廉政建设责任制考核的基础上，浙能集团党委与下属54家单位签订了2014年度党建党风廉政建设责任书。同年7月，浙能集团党委组织3个检查组，对所属21家单位责任制执行情况作了抽查。同年11月，浙能集团党委8名班子成员带队8个检查考评小组对集团所属的54家企业开展了年度党建党风廉政责任制考评工作。检查考评与2014年度领导人员述职述德、中层领导人员选拔任用“一报告两评议”、企业职工权益保障现场评估等工作一并进行。

2015年2月，浙能集团党委同36家所属企业签订了《2015年度党建党风廉政建设责任书》。同年3月，浙能集团纪委对上一年度责任制检查排名靠后和不合格单位的主要负责人进行了约谈。同年7月，浙能集团各板块浙江浙能资产经营管理有限公司、浙江省海洋开发投资集团有限公司、浙江长广（集团）有限责任公司牵头开展了对所属营运企业责任制落实情况的抽查工作。同年11月，浙能集团9位领导成员分别带队前往35家所属企业开展年终考核。

2016年2月，浙能集团纪委对2015年度责任制考核排名靠后的6家单位主要负责人，以及存在问题较为集中的5家单位党组织和纪检监察机构负责人分别进行约谈，对2016年度存在违规违纪问题的14家单位作了直扣分处理。浙能集团党委与30家单位和13个部门签订了《2016年度党建党风廉政建设责任书》。同年7月，浙能集团党委派出检查组对5家板块管理公司和9家营运企业落实年度责任目标的情况作了抽查。同年12月，浙能集团领导班子成员及各板块管理公司主要负责人坚持目标导向、问题导向和绩效导向，亲自带队前往50家二级单位开展了全面考核工作。

2017年3月，浙能集团纪委针对2016年责任制考核排名靠后、发现问题较为集中的企业党委、纪委负责人开展约谈31人次，面对面指出问题、传导压力、强化担当。同年6—7月，浙能集团与板块管理公司对38家下属企业半年度责任制落实情况进行联合检查，并召开党风廉政建设分析会，通报典型问题。同年11月，浙能集团党委启动年度责任制检查考评，对58家所属基层党组织进行全面“体检”，对症下药，查漏补缺。

2018年3月，浙能集团纪委及时约谈2017年责任制考评中排名靠后、信访举报和违规问题多发的7家单位党委、纪委负责人。同年7月，浙能集团党委派出检查组对煤炭及运输分公司等5家板块管理公司及1家直属企业就落实2018年上半年党建党风廉政建设责任制情况进行现场检查。同年10月底，浙能集团党委全面启动年度责任制检查与考核工作，协助板块承接考核责任，完成责任制闭环管理。

2019年1月，浙能集团党委与各板块管理公司、直属企业及机关党委签订了《2018年度党建党风廉政建设责任书》。同年4月，浙能集团纪委针对2018年责任制考核排名靠后、发现问题较为集中的企业党委、纪委负责人开展约谈6人次。同年10月底，浙能集团党委全面启动年度责任制检查与考核工作，组建2个考评组对下属8个板块、5家直属企业及本部机关党委开展年度责任制查评。

第四节 监督检查

一、效能监察

2006年，浙能集团以“基建项目招投标、大宗物资采购、废旧物资处理、大型技改维修项目、关联交易、产权交易”为重点，坚持“旗帜鲜明、全程监控、有案必查、严肃处理”的方针督促所属企业开展效能监察。浙能集团系统内18家单位围绕大修技改、物资管理、基建工程招投标等领域开展效能监察25项，有效完成17项。

2007年，浙能集团根据近年煤炭质量存在的热值不理想等情况，重点对煤炭采购质量立项开展了效能监察工作。同年9月，浙能集团下属浙江浙能嘉兴发电有限公司、浙江浙能镇海发电有限公司、浙江浙能长兴发电有限公司、浙江浙能钱清发电有限责任公司等单位在大修技改、物资管理、基建工程招投标、到厂煤炭质量、车辆管理等领域开展了效能监察工作，取得较好成效。

2008年，浙能集团加强对招投标的管理和监督，修订完善并发布了《招投标监督办法》，浙能集团纪委全面参与了六横电厂、滨海热电、嘉兴三期项目等工程和生产物资招标的监督工作。同年3月，浙能集团纪委对浙江省天然气开发有限公司等7家单位2006年、2007年公务车购置、维修、保险、驾驶员聘用情况进行了专项调查，提出降低管理成本、防范漏洞的建议。浙能集团下属浙江浙能温州发电有限公司、浙江浙能长兴发电有限公司、浙江浙能镇海发电有限公司、萧山发电厂等单位开展燃煤管理效能监察工作，浙江浙能台州发电厂、浙江浙能嘉兴发电有限公司分别对检修楼和单身公寓楼建造开展效能监察。

2009年，浙能集团纪委对乐清二期、嘉兴三期、滨海热电、天然气杭嘉线输气等工程项目以及生产物资招标实行了全过程监督，并会同浙能集团工程部、生产安全部、浙江浙能天音咨询管理有限公司等对规范招标工作作了专题调研。同年3月，浙能集团在浙江浙能富兴燃料有限公司召开煤炭采购流程及监管制度效能监察首次会议，启动煤炭采购效能监察工作。同年12月，组织召开2009年安全生产反违章效能监察研讨会，就安全生产反违章效能监察试点工作开展情况进行了全面总结。

2010年，浙能集团严抓乐清二期、嘉兴三期、滨海热电、舟山煤电、天然气LNG配套等工程项目以及生产物资的招标监督，协调解决招标中出现的问题，确保重点建设工程的规范有序进行。浙能集团下属萧山发电厂以“反违章”为主题全面启动年度效能监察工作，推动企业进一步加强反违章管理。下属其他单位纪委根据本单位生产经营工作实际，开展了安全生产、工程建设、物资库存管理、制度修订及执行情况等方面的效能监察。

2011年，浙能集团以“煤炭采购流程及监管制度效能监察”为主题开展课题调研并形成了调研报告。浙能集团纪委、监审部会同工程部、物流管理中心等对机电设备国际招标、招标澄清、招标投标投诉处理等进行研究，会同生产安全部调查所属发电企业机组检修维护费用情况，进一步规范流程。同年9月，浙江省纪委原副秘书长、中央纪委监察部杭州培训中心客座教授李洁就效能监察等工作程序与要求作了现场授课，进一步提升了浙能集团系统效能监察工作水平。

2012年，浙能集团组织开展小额通用物资采购的效能监察，对浙能集团下属7家发电企业17大类共524项小额通用物资采购价格进行了核实、比对，分析形成价格差异原因，提出意见建议形成了监察建议书，并督促整改落实。联合浙江浙能富兴燃料有限公司开展煤炭内河运输（上海—萧山发电厂段）服务采购的效能监察，首次在煤炭内河运输服务采购领域引入竞争性机制，直接节约费用255.78万元。全年，浙能集团纪委参与六横电厂、台州第二电厂、凤台电厂二期、温州电厂四期等工程建设项目以及生产物资采购过程监督337项次，涉及金额近98亿元，并根据生产经营和投资发展特点，对监管重点作了重新梳理，初步形成“四大重点领域、四大关键环节”。浙能集团下属37家单位开展效能监察项目37个，提出效能监察建议61条，整改落实42条。下属浙江浙能镇海发电有限责任公司开展供热管理效能监察，提升了消除缺陷管理的精细化水平；浙江浙能长兴发电有限公司开展环保减排效能监察，促进了设备管理水平的有效提升；浙江浙能金华燃机发电有限公司开展废旧物资处理效能监察，规范了管理程序。

2013年上半年，浙能集团纪委开展对台州第二发电厂、长兴天然气发电厂、镇海天然气发电厂、温州电厂四期、浙能集团所属电厂环保脱硫脱硝等工程建设项目以及生产物资采购的招标评标过程的监督。组建专项效能监察小组，加快甬-台-温、金-丽-温天然气管线等省重点工程进度，协调解决项目推进过程中遇到的问题。全年，浙能集团纪委共参与招标、询价和竞争性谈判监督541项，涉及标的金额110亿元。系统效能监察共立项35个，提出监察建议54条，落实整改32条。

2014年上半年，浙能集团纪委紧紧围绕“七大监管重点”，针对浙能集团系统内基建工程、生产物资集约化采购等环节，先后参与限额以上招标、询价和竞争性谈判监督共304项，涉及标的金额约72亿元。同年8月，浙能集团监察部对2013年以来系统各单位执行生产物资集约化采购管理制度情况开展了效能监察，12月启动了浙能集团本部公文办理效能情况的专项督查。全年，浙能集团系统新立效能监察项目35个，提出效能监察建议61条，作出效能监察决定5个。浙能集团下属浙能台州发电厂、浙江浙能富兴燃料有限公司围绕企业中心，分别开展外包项目合同管理效能监察和中转港库存管理效能监察。

2015年，浙能集团开展物资库存管理和安全生产培训制度落实情况2个效能监察项目。全年，浙能集团系统各单位累计使用监督票4709张，开展重点领域、关键环节过程监督14974次；系统内各单位效能监察立项57个，提出监察建议131条，作出监察决定18个，节约资金359.09万元。浙能集团下属浙江省水利水电投资集团有限公司围绕浙江浙能北海水力发电有限公司生产综合类物资采购、项目施工及服务外包、合同管理执行情况效能监察，浙能新疆伊犁新天煤制天然气项目的蒸发塘项目效能监察，浙江绍兴滨海热电有限责任公司的后勤、土建及零星维修项目效能监察工作取得突出实效。

2016年，浙能集团完成安全生产培训制度执行情况和物资库存专项管理2个效能监察项目，发现安全生产培训制度执行方面问题38项，物资库存管理方面问题24项。全年参加招标、询价和竞争性谈判监督320余项，收到招标投标相关投诉4份，发出整改建议书3份，告知函1份，督促完成整改闭环。

2017年，浙能集团坚持突出“七大监管重点”和“两类人员”等关键领域环节，全面推进“经营性项目并购”和“小型生产、综合类项目实施及服务采购”2个年度效能监察项目，累计发出监察建议书13份。组织编印《浙能集团2017年效能监察相关工作说明》，对系统内效能监察的立项等工作进行指导。浙能集团系统各单位结合自身实际依规开展效能监察，作出效能监察建议70余项。

2018年，浙能集团纪委紧扣年度党风廉政建设工作目标，强化政治监督职责，围绕浙能集团2018年制定的116项重点工作组织开展重点工作推进情况效能监察，实现116项重点工作按计划完成102项，完成率为87.93%；183项董事会决议事项，基本落实完成180项，完成率98.36%。全年，浙能集团纪委参加集团层面招投标监督750余次，分两轮对下属14家单位开展招投标及采购规范性巡回检查，针对发现的163条问题下发清单明确整改要求。浙能集团下属浙江浙能电力股份有限公司围绕安全生产及重点工作推进情况开展年度效能监察。

2019年3月，浙能集团纪委紧扣集团党委重大决策部署及2019年重点工作任务推进落实情况开展效能监督，全年完成四个季度监督检查。同年5月，根据浙能集团党委部署，浙能集团纪委制定并组织实施《300座综合供能服务站建设推进情况专项督查工作方案》，分区域同步指导10个监督检查工作小组深入现场开展效能监督，推进专项工作任务落实。

二、纪检监察专项检查

2006年4月，浙能集团召开治理商业贿赂专项工作动员部署会。同年5月16日，浙江省检察院副检察长钱中贤一行莅临浙江浙能兰溪发电有限责任公司，调研该公司与兰溪市人民检察院共同开展预防职务违法违纪工作两年来所取得的成效和经验，要求浙江浙能兰溪发电有限责任公司以治理商业贿赂工作为契机，进一步打造“百亿廉洁”工程。同年6月1—9日，浙能集团治理商业贿赂专项工作领导小组办公室对浙江兴源投资有限公司、浙江浙能富兴燃料有限公司、浙江浙能嘉兴发电有限公司等9家单位开展治理商业贿赂专项工作情况进行调研。同年6月22日，浙能集团党委副书记、纪委书记、副董事长，治理商业贿赂领导小组组长蔡建平在集团所属各单位主要负责人参加的大会上，重点强调了下一步开展治理商业贿赂专项工作的有关要求。同年8月9日，浙江省电力行业治理商业贿赂领导小组到浙能集团进行专题调研，所属23家单位的有关人员汇报了自查自纠工作的开展情况。

2007年3月22日，浙能公司召开“作风建设年”动员大会，全面部署“作风建设年”活动各项工作。会上，印发了浙能集团党委《关于开展“作风建设年”活动的实施意见》。同年4月27日，浙江省国资委“作风建设年”活动督导组组长褚国庆一行来到浙能集团调研，充分肯定了浙能集团第一阶段活动开展情况。同年5—6月，浙能集团“作风建设年”活动领导小组组织督导组对系统内28家单位“作风建设年”活动情况进行调研督导，浙江省国资委“作风建设年”活动督导组组长褚国庆等参加了杭州片会。同年7月17日，浙能集团召开“作风建设年”活动第二阶段工作电视电话会议，总结回顾前期工作情况，部署安排下一步工作。同年8月29日，浙能集团“作风建设年”活动领导小组召开电视电话会议，全面传达浙江省纪委、省国资委关于开展警示教育的有关精神和要求。

2008年3月，浙能集团纪委参加浙江国信房产集团有限公司招投标工作研讨会，在对当前房地产行业招投标工作全面分析的基础上，提出具体管理要求。同年5月，浙能集团纪委调研物流中心，就改进物流中心业务流程、提高物资集中采购服务水平，更好地发挥物流中心集中采购优势和监管平台作用提出了改进意见。

2009年，浙能集团根据中共中央和浙江省委、浙江省政府总体部署，结合实际研究确定《浙江省能源集团有限公司工程建设领域突出问题专项治理工作方案》，并组织召开了专题视频会议，全面部署专项治理工作。

2010年，浙能集团纪委根据浙江省国资委《关于认真做好廉政风险排查工作的通知》的要求，按照动员部署、摸底排查和整改完善3个阶段，在全系统启动了廉政风险排查工作。浙能集团本部及所属单位共排查出廉政风险部门152个、廉政风险点242个、廉政风险人员846人、廉政风险主要表现301类，提出防范措施340项。同年1—4月，浙能集团组织监察审计部、工程部和专业人员组成2个督查组，对系统内15家有工程建设任务的单位重点排查《工程建设领域突出问题专项治理工作方案》确定的项目招标和过程管理18个环节，共抽查了21个项目的205个合同，并对检查中发现的六类问题下发了整改通知单。

2011年，浙能集团根据中央和浙江省政府意见组织开展了“小金库”专项治理复查工作。同年8月，浙能集团组织力量抽查了所属21家企业贯彻“三重一大”决策制度、党建党风廉政建设责任制落实和廉政风险防控机制建设工作。同年9月16日，浙江省国资委对浙能集团三项工作落实情况以听汇报、查台账和到个别二级单位考察等方法作了检查并给予较高评价。同年10月下旬，浙能集团纪委书记受集团主要领导委托在全省“两长（检察长、董事长）论坛”会议上作了关于开展检企联防工作的经验介绍。

2012年上半年，浙能集团纪委会同战略研究与法律事务部对7家所属单位、2家所属单位子公司开展合同管理专项检查，有关情况在厂长经理法制座谈会上作了通报。同年7月16—27日，浙能集团组织对14家有基建任务所属单位贯彻落实党建党风廉政建设责任制、“三重一大”决策制度、廉政风险防控机制建设、基建管理标准执行等情况作了半年检查，把基建管理标准执行情况等纳入重点检查内容，分析评估全系统工作状况。

2013年，浙能集团成立正风肃纪工作小组，制定行动方案和实施计划，对系统内执行劳动纪律、业务招待规定等情况开展专项督查14次，发出正风肃纪督查通报3份。同年6月28日，浙能集团召开“七个严禁”“六个规范”专项治理工作会议，浙能集团领导带队7个检查组对所属46家单位开展作风建设、执行纪律、贯彻落实浙能集团关于规范企业内控管理要求等专项监督检查，共确定整改任务78项，系统各级党委按照边查边改原则制订整改措施783条，解决实际问题507个，制定、修改长效机制167项。同年8月，浙能集团纪委按照浙江省国资委要求组织开展了“三公经费”使用大清查、经营风险大排查、历史遗留问题大处理、执行规章制度大检查、逐个企业大体检等“六大专项行动”。同年9月，对系统各单位2012年以来的新购车辆使用情况以及新提拔、交流领导人员车辆配置情况进行调查摸底，对其中的不规范行为落实了限期整改措施。

2014年，浙能集团纪委对18家三级企业和9家“三新”企业分别进行了调研走访，针对发现的问题，提出了15条改进建议。全年，浙能集团系统纪检监察机构开展正风肃纪专项行动253次，出动检查人员878人次，检查单位（部门）510个，发出通报41份。

2015年8月，针对前期基建、监察、审计等方面发现的问题，浙能集团专门印发了《关于开展整改落实情况“回头看”工作的通知》，并在各单位认真自查的基础上，派出3个检查组抽取9家单位进行“回头看”专项督查。全年，浙能集团系统累计使用监督票2000余张，开展重点领域、关键环节过程监督7000余次，开展专项正风肃纪行动185次，出动人员577人次，检查单位124个次、部门528个次。

2016年，浙能集团针对工程、采购等重要领域专业管理岗位的廉洁从业风险呈现出的上升趋势，及时组织开展专项排查，涉及重要岗位人员3041人，重新梳理的廉洁从业风险点及其对应的防控措施同比增加28%和30%。全年，浙能集团系统各单位累计开展正风肃纪督查453次，检查单位278个次，发现违规问题13人次，通报曝光8起。

2017年，浙能集团纪委紧密围绕党风廉政建设工作目标和28项重点工作部署，深入石油公司组建等多个项目开展现场督办，累计走访调研基层单位23个，发现党建党风廉政建设短板8项，提出合理化建议19条，有效变被动监督为主动监督。全年，浙能集团系统各单位开展正风肃纪督查300余次，发现问题5人次，坚持对发现的“四风”问题案例先于其他问题查处和通报，不断巩固作风建设成果。

2018年，浙能集团对照浙江省委巡视标准和清廉浙江、清廉国企建设要求，认真组织开展“清廉浙能”建设全面对照检查活动，全系统累计发现自查问题120余条。浙能集团纪委组织相关职能部门分两批次对所属14家单位开展采购规范性巡回检查，全年累计开展集团层面招投标监督670余次；对照形式主义、官僚主义“十种表现”开展自查自纠，对发现的3个方面13类“四风”问题督促有效闭环。浙能集团系统各级纪检监察机构开展正风肃纪专项督查350余次，实现对所属单位全覆盖。

2019年4—8月，浙能集团纪委对下属29家企业推进落实浙能集团重点工作任务情况进行现场督查督办。同年5—7月，浙能集团纪委对近年巡视巡察、专项检查、效能监督等渠道发现的问题进行梳理并制定问题整改“回头看”方案，完成所属12家单位整改情况分批次现场抽查。同年8—10月，浙能集团纪委结合“不忘初心、牢记使命”主题教育调研，对下属近20家单位开展“作风建设实施细则”落实情况监督检查。

第五节　执纪问责

在浙能集团党委领导下，浙能集团纪委始终保持反腐败高压态势，严格按照干部管理权限和办案程序，注重发挥浙能集团各级纪检机构办案积极性。对一些涉案人员少，违纪金额比较小的案件，主要以基层纪检机构负责查处为主，浙能集团纪委加强对其业务指导和督促检查。对群众反映强烈或者案情比较复杂、涉案金额比较大、基层纪检机构不便查处的案件，由浙能集团纪委组织专门调查组调查核实。浙能集团各级纪检机构坚持持续拓宽、畅通信访举报渠道，不断加大办案力度，重点查处了科级及以上领导人员贪污、受贿等案件，在企业重组改制、破产并购和产权变更、交易过程中隐匿、侵吞、转移国有资产的案件，违反“三重一大”集体决策规定、失职渎职给企业造成重大经济损失或国有资产流失的案件，违反企业领导人员廉洁自律有关规定的案件，违反国家招投标法律法规和浙能集团招投标规章制度的案件，违规投资、兼职取酬、从事营利性经营活动的案件，以及严重侵犯职工合法权益的案件。在查办案件的过程中，浙能集团各级纪检机构严格履行办案程序，坚持依规依纪依法办案，切实做到事实清楚、证据确凿、定性准确、处理恰当、手续完备、程序合法。通过建立健全纪检机构主要负责人总管，分管领导、办案部门负责人、案件调查组负责人和调查人员分解负责办案工作责任制，把依纪依法办案的要求落实到查办案件的各个环节。

2003 年，根据群众举报，浙能集团纪委严肃查处了原温州特鲁莱发电有限责任公司总经理助理兼办公室主任严重违纪一案，并依据《中国共产党纪律处分条例》第六十一条、第一百三十四条之规定，给予其开除党籍的处分。

2005 年，浙能集团纪委查处了浙江钱清发电有限责任公司多经企业遗留“小金库”问题，涉案金额 571.64 万元。浙能集团纪委报经浙能集团党委同意，给予浙江钱清发电有限责任公司原党委书记、总经理党内严重警告处分，原党委委员、工会主席撤销党内职务处分。同时，于 2005 年 4 月 4 日以浙能纪〔2005〕4 号文件在浙能集团系统对浙江钱清发电有限责任公司多经企业遗留“小金库”问题处理的决定进行了通报，进一步加强了警示教育。

2007 年，浙能集团纪委严肃查处了浙能集团所属浙江东南发电股份有限公司委派的兼任浙江省创业投资集团有限公司董事职期间违规购买公司股份收取回报案件，并根据浙江省国资委纪检组处理意见，给予其相应党内处分。根据浙江省台州市椒江区人民法院关于对浙能集团下属浙江省天然气开发有限公司原党委副书记、董事长、总经理赵元飞受贿罪的判决书，浙能集团党委给予赵元飞开除党籍处分，浙能集团给予赵元飞开除行政职务处分。

2009 年，浙能集团纪委严肃查处原浙江浙能钱清发电有限公司党委书记、总经理任期期间利用职务之便为其专职驾驶员等人在本单位经营粉煤灰业务，获取高额利润打招呼和提供便利，并收受其驾驶员及相关业务关系老板所谓理财收益之案。浙能集团纪委报经浙能集团党委同意，给责任人留党一年察看处分，并收缴违规收益人民币 30 万元。

2013 年，浙能集团纪委协助司法机关，严肃查处了淮浙煤电凤台发电分公司原人力资源部主任邵旌受贿案。邵旌因受贿罪被安徽省淮南市八公山区人民法院判处有期徒刑十一年零八个月。淮浙煤电凤台发电公司党委报请浙能集团党委、纪委批准，给予邵旌开除党籍处分，淮浙煤电凤台发电公司给予邵旌撤销行政职务处分。

2014 年，浙能集团纪委共受理信访 36 件，立案 2 件，办结 36 件，给予党纪政纪处分 2 人次。在加大办案力度的同时，注重发挥查办案件的治本功能，对浙江省电力建设有限公司全资子公司浙江省水电建设有限公司 2007—2011 年期间出借资质对外承接施工项目引起重大经营风险问题作了专项调查，并根据调查结果给予浙江省水电建设有限公司时任党委班子成员相应党内处分；严肃查处了原浙能集团城市燃气公司下属衢州市能源有限公司总经理、党支部书记违反生活纪律问题，并给予相关人员党内纪律处分。

2015 年，浙能集团纪委共受理信访 48 件，立案 1 件，办结 48 件，给予党纪政纪处分 1 人次。严肃查处了原浙江浙能金华燃机发电有限公司总经理、党总支书记违反生活纪律及公车私用问题，并报经浙能集团党委同意，给予其撤销党内职务处分。

2016 年，浙能集团纪委共受理信访 45 件，立案 5 件，办结 45 件，给予党纪政纪处分 7 人次。浙能集团下属企业纪委严肃查处了违反中央八项规定精神、设立和使用“小金库”、招投标违规、二级企业中层干部违反生活作风等案件，并根据案件调查结果，给予相关责任人党纪处分。

2017 年，浙能集团纪委共受理信访 42 件，立案 3 件，办结 42 件，给予党纪政纪处分 3 人次。浙能集团纪委协助司法机关严肃查处了浙江省能源集团有限公司新疆分公司党委书记、总经理金利勤利用职务之便，多次非法收受他人财物案，涉案金额 60 余万元。根据浙江省安吉县人民法院刑事判决结果，浙能集团纪委报经浙能集团党委同意，给予金利勤开除党籍处分，浙能集团公司给予金利勤撤销行政职务处分。浙能集团下属企业纪委还严肃查处了企业违规在主业中列支多经企业费用、企业领导人员违反中央八项规定精神、企业中层干部违反廉洁纪律等多个案件，并根据《中国共产党纪律处分条例》相关规定，给予相应责任人员党纪处分。

2018 年，浙能集团纪委共受理信访 63 件，立案 7 件，办结 63 件，给予党纪政纪处分 24 人次。浙能集团纪委还严肃查处了中层管理领导人员违反廉洁纪律、下属企业违规低价出售出租企业房产资源、违规招投标及企业领导人员未履职尽责等问题，并结合调查核实结果，按照《中国共产党纪律处分条例》相关规定，报经浙能集团党委批准，给予相应责任人员党纪处分，浙能集团给予相应责任人员政纪处分。

2019 年，浙能集团纪委共受理信访件 45 件次，初核问题线索 38 件，了结 42 件（含 2018 年 12 件），立案 4 件，给予党纪处分 6 人次，政纪处分 8 人次。对 2018 年责任制考核排名靠后、问题较多的 4 家单位党政主要负责人及纪委书记、2019 年 14 家被巡察单位党组织负责人及招投标采购分管领导共 22 人进行约谈，压实全面从严治党责任。

第六节 巡视巡察

一、省委巡视情况

2012 年 5 月 8 日至 6 月 20 日，根据浙江省委统一部署，省委第四巡视组对浙能集团党委进行了巡视。

2012 年 9 月 11 日，浙江省委巡视工作领导小组听取了省委第四巡视组关于浙能集团党委巡视情况和反馈意见的汇报。

2012 年 9 月 28 日，根据浙江省委意见，省委第四巡视组以浙巡办通〔2012〕42 号文对浙能集团党委进行了巡视情况书面意见反馈。

2012 年 12 月 5 日，浙能集团党委根据浙巡办《印发〈关于对浙江省能源集团有限公司巡视情况反馈意见〉的通知》（浙巡办通〔2012〕42 号）的文件精神，认真研究制定了整改方案，并以浙能党〔2012〕65 号文向浙江省委巡视工作领导小组作了专题书面汇报。

2014 年 3 月 17 日、18 日，浙江省委第四巡视组对浙能集团党委 2012 年巡视整改工作进行了回访检查。

2014 年 3 月 24 日，浙江省委第四巡视组进行了回访检查意见及建议反馈，对浙能集团落实巡视建议的情况给予了肯定，同时也客观地指出了浙能集团在党风廉政建设、作风建设和队伍建设中存在的不足，并提出了 3 个方面的工作建议。

2014 年 4 月 11 日，浙能集团党委根据浙江省委巡视组回访检查反馈问题的意见和建议，认真制定了省委巡视组回访检查反馈意见整改方案，并以浙能党〔2014〕15 号文向省委第四巡视组作了专题书面汇报。

2017 年 3 月 1 日，浙江省纪委、省委组织部联合下发《关于限时报结省委巡视组反馈意见落实情况的通知》，要求浙能集团等单位在 1 个月内报结巡视整改工作落实情况。

2017 年 9 月 15 日，浙能集团党委对巡视整改遗留问题的整改情况以书面专题报告方式向浙江省委巡视工作领导小组办公室作了汇报。对遗留的“条件不成熟，仅靠企业自身力量很难解决的问题”从成因、解决该历史遗留问题开展的工作和面临的现实困难以及下一步工作计划等方面进行了详细说明。

2018 年 1 月 3 日至 2 月 2 日，根据浙江省委统一部署，省委第八巡视组对浙能集团党委进行了专项巡视。

2018 年 3 月 20 日，根据浙江省委意见，省委第八巡视组对浙能集团党委专项巡视情况进行了反馈。

2018 年 3 月 29 日，浙能集团党委根据省委巡视组巡视反馈意见，认真研究制定了整改方案，并以浙能党〔2018〕40 号文向省委巡视工作领导小组作了专题书面汇报。

2018 年 5 月 20 日，浙能集团党委以浙能党〔2018〕77 号文向浙江省委巡视工作领导小组，针对省委巡视反馈意见整改落实情况作了专题书面汇报。

2018 年 8 月 10 日，经浙江省委巡视工作领导小组办公室批准，浙能集团党委以浙能党〔2018〕80 号文针对省委巡视反馈意见整改情况向集团各级党组织和全体党员进行了全面通报。

2018 年 8 月 13 日，经浙能集团党委批准，对外宣传官网在重大事项公开栏目中，正式将浙能集团党委巡视反馈意见整改情况向干部职工及社会公布。网址：http：//www. zjenergy. com. cn/jtww/zdxx/20180813/6630. html。

2018 年 8 月 14 日，浙江省纪委网站以“中共浙江省能源集团有限公司委员会关于巡视整改情况的通报”为标题，正式通报集团党委省巡视反馈意见的整改情况。网址：http：//www. zjsjw. gov. cn/ch112/system/2018/08/14/031075486. shtml。

2018 年 10 月 9—12 日，根据浙江省委巡视工作统一部署，省委第八巡视组对浙能集团党委开展巡视整改情况回访检查。

2018 年 12 月 29 日，以浙巡办通〔2018〕101 号文向浙能集团党委反馈了回访检查意见。

2019 年 8 月 20 日，浙能集团党委向浙江省委巡视工作领导小组办公室针对省委巡视整改回访检查反馈意见的整改情况进行了书面汇报。

二、集团党委巡察情况

2016 年 12 月，根据《中国共产党章程》《中国共产党巡视工作条例》以及《中国共产党浙江省委员会巡视工作实施办法》等规定，浙能集团党委着手起草《浙江省能源集团有限公司党委巡察工作办法（试行）》初稿。

2017 年 3 月 28 日，浙能集团党委以浙能党〔2017〕17 号文正式印发《中共浙江省能源集团有限公司委员会巡察工作办法（试行）》。同时，成立浙能集团党委巡察工作领导小组，在浙能集团党委的领导下开展工作。领导小组组长、副组长由浙能集团党委领导担任，成员由浙能集团纪委、监察部、组织（人力资源）部等有关部门负责人担任。

2017 年 6 月 21 日，浙能集团巡察工作办公室以浙能巡办通〔2017〕1 号文建浙能集团党委 2017 年巡察组。

2017 年 6 月 28 日，浙能集团公司党委召开委 2017 年度巡察工作动员部署暨培训会，正式启动对浙能燃气有限公司、浙江省天然气开发有限公司、浙能富兴燃料有限公司、浙能港口运营管理有限公司、浙江天地环保科技有限公司、浙能兴源节能科技有限公司、浙江省水利水电投资集团有限公司、浙能嘉华（嘉兴）发电有限公司、浙江长广（集团）有限责任公司 9 家单位的全面巡察工作。

2017 年 7 月，浙能集团公司党委巡察组完成对浙江浙能兴源节能科技有限公司、浙江长广（集团）有限公司、浙江浙能富兴燃料有限公司、浙江浙能燃气有限公司四家单位的进驻及检查。

2017 年 8 月，浙能集团党委巡察组完成对浙江浙能港口运营公司、浙能嘉华（嘉兴）发电有限公司、浙江省天然气开发有限公司、浙江天地环保科技有限公司 4 家单位的进驻及检查。

2017 年 9 月，浙能集团党委巡察组完成对浙江省水利水电投资集团有限公司的进驻及检查。

2017 年 11 月 3 日，浙能集团巡察工作办公室以浙能巡办通〔2017〕3 号文组建浙能集团党委 2017 年专项巡察组。浙能集团党委召开 2017 年度专项巡察工作动员部署会，正式启动对浙江省天然气开发有限公司、浙江浙能石油新能源有限公司、浙江浙能技术研究院有限公司、浙江长广（集团）有限责任公司、浙江省能源集团财务有限责任公司、浙能集团机关党委 6 家单位的专项巡察工作。

2017 年 11 月，浙能集团党委专项巡察组完成对集团机关党委、浙能技术研究院有限公司、浙江浙能石油新能源有限公司、浙江长广（集团）有限责任公司 3 家单位的专项巡察工作。

2017 年 12 月，浙能集团党委专项巡察组完成对浙江省天然气开发有限公司的专项巡察工作。

2018 年 4 月 24 日，浙能集团巡察工作办公室以浙能巡办通〔2018〕1 号文组建浙能集团党委 2018 年巡察组，开展第一批单位巡察工作。

2018 年 4 月 28 日，浙能集团公司党委召开 2018 年度第一批次巡察工作动员部署暨培训会，正式启动对浙江浙能镇海发电有限责任公司、浙江浙能绍兴滨海热电有限责任公司、浙江浙能温州发电有限公司、浙江浙能兰溪发电有限责任公司、浙江省能源集团城市燃气有限公司、浙江浙能天然气运行有限公司 6 家单位的全面巡察工作。

2018 年 5 月，浙能集团党委巡察组完成对浙江浙能镇海发电有限责任公司、浙江浙能新疆阿克苏热电有限公司 2 家单位的全面巡察工作。

2018 年 6 月，浙能集团党委巡察组完成对浙江浙能温州发现有限公司、伊犁新天煤化工有限责任公司 2 家单位的全面巡察工作。

2018 年 7 月，浙能集团党委巡察组完成对浙江浙能绍兴滨海热电有限责任公司、浙江浙能北海水力发电有限公司 2 家单位的全面巡察工作。

2018 年 8 月 9 日，浙能集团巡察工作办公室以浙能巡办通〔2018〕3 号文组建浙能集团党委 2018 年巡察组，开展第二批单位巡察工作。

2018 年 8 月 13 日，浙能集团党委召开 2018 年度第二、三批次巡察工作动员部署暨培训会，正式启动对浙江省电力建设有限公司、宁波海运股份有限公司、浙江富兴海运有限公司、浙江浙能北海水力发电有限公司、浙江省浙能房地产有限公司、浙江浙能资产经营管理有限公司、伊犁新天煤化工有限责任公司、浙能新疆阿克苏热电有限公司 8 家单位的全面巡察工作。

2018 年 8 月，浙能集团党委巡察组完成对浙江浙能天然气运行有限公司、宁波海运股份有限公司 2 家单位的全面巡察工作。

2018 年 10 月，浙能集团党委巡察组完成对浙江富兴海运有限公司、浙江浙能兰溪发电有限公司 2 家单位的全面巡察工作。浙能集团党委专项巡察组完成对浙江省水利水电投资集团有限公司、浙江浙能智慧能源科技产业园有限公司 2 家单位的专项巡察工作。

2018 年 10 月 12 日，浙能集团巡察工作办公室以浙能巡办通〔2018〕5 号文组建浙能集团党委 2018 年专项巡察组，正式启动对浙江省水利水电投资集团有限公司、浙江省石油股份有限公司、浙江浙能智慧能源科技产业园有限公司、浙江天虹物资贸易有限公司 4 家单位的专项巡察工作。

2018 年 11 月，浙能集团党委巡察组完成对浙江浙能资产经营管理有限公司、浙江省能源集团城市燃气有限公司、浙江省浙能房地产有限公司 3 家单位的全面巡察工作。浙能集团党委专项巡察组完成对浙江天虹物资贸易有限公司、浙江省石油股份有限公司 2 家单位的专项巡察工作。

2019 年 3 月 15 日，浙能集团党委召开开 2019 年度巡察工作动员部署会，正式启动 2019 年全面巡察和专项巡察工作。

2019 年 3 月，浙能集团党委巡察组完成对浙江浙能长兴发电有限公司的全面巡察工作。

2019 年 4 月，浙能集团党委巡察组完成对浙江浙能北仑发电有限公司的全面巡察工作，以及对浙江浙能兰溪发电有限公司、浙江梅苑酒店管理有限公司 2 家单位的专项巡察工作。

2019 年 5 月，浙能集团党委巡察组完成对浙江浙能镇海联合发电有限公司、浙江浙能乐清发电有限公司、浙江浙能中煤舟山煤电有限责任公司 3 家的全面巡察工作，以及对浙江浙能电力股份有限公司台州发电厂的专项巡察工作。

2019 年 6 月，浙能集团党委巡察组完成对淮浙煤电有限责任公司凤台发电分公司的全面巡察工作，以及对浙江省能源集团城市燃气公司的专项巡察工作。

2019 年 7 月，浙能集团党委巡察组完成对温州燃机发现有限公司、宁夏枣泉发电有限责任公司 2 家单位的全面巡察，以及对浙江省电力建设有限公司、浙江天地环保科技有限公司 2 家单位的专项巡察。

2019 年 9 月，浙能集团党委巡察组完成对浙江浙能电力股份有限公司萧山发电厂、浙江浙能电力股份有限公司台州第二发电有限公司 2 家单位的全面巡察工作。

2019 年 10 月，浙能集团党委巡察组完成对浙江浙能金华燃机发电有限责任公司、浙江浙能融资租赁有限公司 2 家单位的全面巡察工作。

2019 年 11 月，浙能集团党委巡察组完成对浙江越华能源检测有限公司、浙江浙能华光潭水力发电有限公司 2 家单位的全面巡察。

2019 年 11 月 23 日，浙能集团党委召开巡察反馈问题整改工作集体约谈会对上半年 14 个被巡察党组织主要负责人进行了约谈。

第四章　思想政治工作

第一节　落实意识形态责任制

2016年7月1日，浙能集团党委发布《关于印发〈中共浙江省能源集团有限公司委员会意识形态工作责任制实施细则〉的通知》，明确各级党组织领导班子、领导人员的意识形态工作责任，规定了加强意识形态的引导和管理，巩固发展健康向上的主流舆论，牢牢掌握意识形态工作的领导权、主动权的具体措施，并将意识形态工作纳入党建责任制考核，明确各级党组织每半年须向上级党委专题汇报意识形态工作机制。

2017年12月15日，浙能集团党委召开党委会专题研究意识形态工作，强调浙能集团各级党组织要进一步高度重视意识形态工作，切实履行好意识形态主体责任，系统谋划，定期评估、检查、分析、研究意识形态工作，重点做好日常思想政治工作，确保全浙能集团内意识形态安全。浙能集团党委领导班子对《浙江省能源集团有限公司党委网络意识形态工作责任制实施方案》进行了审议，对浙能集团意识形态工作进行了讨论研究。浙能集团党委书记、董事长童亚辉在总结讲话中指出，从整体态势而言，浙能集团意识形态总体平稳、可控。

2017年12月29日，浙能集团党委发布《关于修订印发〈浙江省能源集团有限公司党委及其成员党建工作责任清单〉的通知》，进一步明确浙能集团党委履行意识形态工作主体责任。建立健全党委意识形态工作责任制，加强和改进企业宣传思想政治工作。坚持依法治企与以德治企相结合，深入开展社会主义核心价值体系教育，用社会主义核心价值观引领企业文化建设，为企业发展提供精神动力。注重社会主义精神文明建设，善于用文化纽带把职工的思想凝聚到推进企业改革发展上。领导企业统一战线工作，充分发挥统一战线法宝作用；党委书记、董事长童亚辉落实意识形态工作第一责任人责任。加强和改进企业宣传思想政治工作，加强精神文明建设和企业文化建设。重视维稳工作，确保企业和谐稳定；党委副书记、董事、总经理柯吉欣对浙能集团日常生产（安全）经营管理工作中的意识形态工作负领导责任。确保意识形态安全，企业氛围向上，社会形象全面提升；党委副书记、董事耿平认真履行意识形态工作直接责任，协助党委书记抓好统筹协调指导工作。落实企业宣传工作、思想政治工作、企业文化建设和维稳工作的直接领导责任；其他党委成员对职责范围内的意识形态工作负领导责任。抓好分管部门、领域的意识形态工作，确保意识形态安全。

2018年1月8日，浙能集团党委发布《关于印发〈中共浙江省能源集团有限公司委员会网络意识形态工作责任制实施方案〉的通知》，明确各级党组织领导班子、领导干部的网络意识形态工作责任，推行网评员队伍建设，强化网评员素质技能培训等工作举措，建立健全长效机制，推动网络意识形态工作责任制落到实处。

2018年10月12日，浙能集团党委印发《关于成立浙江省能源集团有限公司意识形态试点工作领导小组的通知》，成立浙能集团意识形态试点工作领导小组，由党委书记童亚辉为组长，党委副书记、总经理柯吉欣及党委副书记陆翔为副组长，其他党委委员为成员，负责贯彻落实党中央和上级党委关于意识形态工作的决策部署及指示精神，召开专题会议研究分析新形势下企业意识形态工作新情况、新问题，制定集团意识形态试点工作具体实施举措，统一部署和指导落实、组织推进浙江省国资委党委部署地意识形态试点工作。同时，下设意识形态试点工作办公室，负责处理日常意识形态工作，协调督促集团各部门、各板块公司及相关单位落实领导小组决定事项、工作部署和有关要求；负责领导小组的日常联络、会议组织、信息报送等工作。意识形态试点工作办公室设在浙能集团政治工作部。

2018年12月28日，浙能集团党委召开党委会专题研究讨论《〈打造“立心铸魂”工程推动改革创新发展〉试点工作实施方案》，要求以此作为2019年浙能集团思想政治工作的重要平台和抓手，系统地、全面地、协调地推进意识形态领域各项工作，力求形成具有浙能特色的阶段性成果。

2019年9月30日，浙能集团党委发布《关于印发〈浙江省能源集团有限公司党委意识形态工作责任制实施方案（试行）〉等10项制度的通知》，包括《中共浙江省能源集团有限公司委员会意识形态工作责任制实施方案（试行）》《中共浙江省能源集团有限公司委员会意识形态责任制考核指标体系》《中共浙江省能源集团有限公司委员会基层党委（总支）意识形态工作实施方案（试行）》《中共浙江省能源集团有限公司委员会基层党支部意识形态工作实施方案（试行）》《中共浙江省能源集团有限公司委员会关于加强理论学习的实施细则》《中共浙江省能源集团有限公司委员会关于加强凝心聚力工程的实施细则》《中共浙江省能源集团有限公司委员会关于加强意识形态阵地建设与管理的实施细则》《中共浙江省能源集团有限公司委员会关于加强舆情监测、处置及预案管理的实施细则》《中共浙江省能源集团有限公司委员会关于加强宣传思想和意识形态工作队伍建设的实施细则》《浙江省能源集团有限公司党内关爱基金管理办法》10项制度，分层建立意识形态工作党委、党支部责任清单，形成了“1+3+*N*”意识形态工作制度体系，深化党委对意识形态工作的领导。（“1+3+*N*”意识形态工作制度体系：“1”是浙能集团党委意识形态工作的总体方案；“3”是3个暂行办法，包括意识形态责任制落实，党委、党支部的意识形态暂行办法；“*N*”是意识形态工作相关方面的具体办法，主要包括理论学习、阵地建设、思想文化道德建设、舆情监控、队伍建设等方面。）

2019年10月22日，浙能集团党委意识形态工作经验在“2019之江国企党建论坛”上正式发布，并入选浙江国企党建工作“十大样本”系列丛书，为新时代地方国企党建工作树立了新标杆。

第二节 思想政治教育

一、理论学习教育

2003年2月18日，浙能集团党委印发《浙江省能源集团有限公司党的十六大精神主题教育计划》。同年3月14日，浙能集团党委印发《关于在各发电企业（项目）开展党的十六大精神主题教育的通知》，建立胡江潮同志任组长、蔡建平同志任副组长的领导小组，领导小组下设办公室，办公室设在浙能集团党委办公室，分层次组织学习。同年4月2日，浙能集团党委理论中心组学习会举行扩大会议，开展党的十六大精神主题教育宣讲。此外，浙能集团各级党组织通过党委、党总支中心组集中学习、“三会一课”等多种形式，开展党的十六大精神学习，突出党的理想、信念、宗旨教育。在学习方式上，运用电化教育、警示教育等手段，推进党建工作信息化，开拓网上党校新途径，建立了浙能集团“党建·企业文化”网站，使其成为学习党的理论知识和路线方针政策的良好便捷的课堂。

2007年11月2日，浙能集团党委印发《关于深入学习宣传贯彻党的十七大精神的通知》，部署党的十七大精神宣贯工作。2008年2月21日，浙能集团党委部署开展党的十七大精神主题宣传教育活动。宣传教育活动的主题为“高举旗帜推动实践，发展浙能服务浙江”，分为3个阶段，组织开展了两级党委理论中心组学习，对领导人员和政工部门主任进行了集中轮训。同时，通过组织开展中心组学习、专题研讨、学习论坛、辅导讲座等，分层次、多渠道地抓好领导干部、党员以及职工的理论学习，使全体干部职工进一步深化了对十七大精神的理解，激发了他们贯彻与实践十七大精神的热情和动力。2008年3月26日，浙能集团第三期学习贯彻党的十七大精神集中轮训班在中共浙江省委党校结束。至此，浙能集团管理的领导人员分三批全部按要求完成学习。浙能集团党委书记、董事长吴国潮，浙能集团党委副书记、纪委书记、副董事长蔡建平为学员们进行上课辅导，学员们遵守学习纪律，认真听课，考试成绩全部合格，得到了浙江省国资委跟班领导的肯定。宣传教育活动至2008年6月底结束。

2012年11月22日，浙能集团党委印发《关于认真学习宣传贯彻党的十八大精神的通知》，宣传十八大精神，部署将党的十八大精神传达到基层和每一个党员。随后，浙能集团订购《党的十八大精神辅导读本》《中国共产党章程》（2012年修正）等学习图书，在2012年11月底前陆续以党支部为单位发放，为大家提供必要的学习辅导材料。同年11月27日，浙能集团组织部分领导人员参加浙江省国资委举办的党的十八大精神学习报告会。同年12月5—7日，浙能集团领导相继到基层单位，通过听取汇报、进行交流座谈等方式调研了天达环保公司党总支、浙江浙能嘉兴发电有限公司党委、萧山发电厂党委学习宣贯党的十八大精神情况。同年12月11日，浙能集团以视频会议形式举办党的十八大精神报告会，邀请浙江省委宣讲团成员作专题宣讲，浙能集团本部全员、浙能集团所属在杭州单位班子成员参加杭州主会场会议，浙能集团所属各单位中层及以上领导人员、各支部委员参加分会场视频会。共有260多个党组织近1500人参加学习。同年12月19日，浙能集团各单位通过中心组学习会、十八大精神专题学习会、宣传窗、网络专栏、党建手机报等各种形式和渠道学习宣传党的十八大精神。浙能集团所属45家二级单位的党委、党总支都已通过中心组学习会、专题学习会等形式进行了学习，210多个党支部也都开展了各种形式的党的十八大精神学习活动。2013年1月7日，浙能集团政治工作部根据党委的要求与部署下发通知，要求浙能集团各单位党组织认真贯彻落实中央组织部办公厅《关于组织开展学习党的十八大报告和党章知识竞赛活动的通知》和浙江省委组织部办公室相关通知精神，组织全体员工参加学习党的十八大报告和党章知识竞赛活动。随后，各单位认真做好组织动员工作，在本单位党建网站、新闻网站、门户网站上建立相应链接，方便员工参加竞赛。浙能集团全体党员、入党积极分子参加十八大报告知识竞赛和十八大党章知识竞赛；普通员工参加十八大报告知识竞赛。同年5月6—23日，浙能集团分三批对所有中层正职管理人员进行党的十八大精神轮训。同年8月31日，浙能集团组织开展党的十八大精神征文活动。

2017年10月18日，中国共产党第十九次全国代表大会在北京人民大会堂隆重开幕，浙能集团党委组织所属各部门、各单位党员干部员工通过电视、广播、网络等多种途径，收看、收听大会开幕会直播，共同聆听习近平总书记代表十八届中央委员会所作的报告。10月31日，浙能集团党委印发《关于深化学习宣贯党的十九大精神的通知》，要求系统各级党组织根据浙能集团党委的部署要求，加强组织领导、提出具体要求，制定科学合理的学习计划，有重点、分步骤、多层次开展学习活动，将党的十九大精神的学习纳入“两学一做”学习教育常态化制度化和各单位党委（总支）理论中心组学习中去，兴起学习党的十九大精神的热潮。各单位党员领导干部特别是主要领导干部要身体力行、率先垂范，带头学习和领会掌握党的十九大精神，党委书记要带头讲党课，其他分管领导要到分管领域讲党课；要组织党的十九大精神学习巡回宣讲，把党的十九大精神传达到基层每个党组织、每名党员，让全体干部员工听得懂、能领会、可落实；要把党的十九大精神纳入干部培训的重要内容，邀请党校老师进行党的十九大精神宣贯授课，做好党员干部的轮训。截至2017年10月底，浙能集团本级及下属各单位多次开展党的十九大精神宣讲活动，在新闻中心网站开辟“党的十九大专题系列报道”专栏，共收到党员、干部职工学习十九大体会感悟174篇，刊发相关新闻报道133篇、干部职工体会感悟117篇。“浙江能源”微信公众号刊发7期，发布十九大相关信息14条。《浙能新闻联播》播出十九大专题视频新闻报道2期。同年11月13日，浙能集团党委组织开展党的十九大精神宣讲活动，由浙能集团党委书记童亚辉带队，遴选22名政治素质好、理论业务精、宣讲水平高的领导干部和优秀基层宣讲员组建浙能集团党的十九大宣讲团，经过集中培训和备课后，制定宣讲服务菜单，为系统内各单位开展党的十九大精神学习教育提供宣讲服务，满足基层党组织的学习需求。同年12月11日，浙能集团党委组织开展“千名书记带你学”党的十九大精神专题党课视频展播活动。截至2018年12月，“浙江能源”微信公众号刊发党的十九大精神宣贯信息10期51条。《浙能新闻联播》播出十九大专题视频新闻报道3期，共收到党员、干部职工学习十九大体会感悟235篇，刊发相关新闻报道203篇、干部职工体会感悟181篇，其中党委书记童亚辉关于大力培育新动能的十九大报告学习体会文章在《浙江国资》发表，并被《党的建设与思想政治工作优秀成果汇编》大型文献史册收录。“千名书记带你学”党的十九大精神专题党课视频展播活动共选取了330个优秀党课在浙能集团新闻中心、浙能集团网上党校等平台进行展播。此外，各级党组织还通过支部学习、培训交流、理论研讨、主题宣讲等系列活动，推动党的十九大精神进企业、进部门、进班组。

二、主题教育实践

（一）“三个代表”重要思想学习教育活动

2001年5月30日，浙能集团党委按照中央精神和浙江省委的要求，认真研究和部署“三个代表”学习教育活动，结合企业实际，制定了学习教育活动方案。

2001年7月16日，浙能集团党委召开领导班子成员及所属子公司领导班子成员和中层以上干部“三个代表”学习教育活动动员会，党委书记、董事长胡江潮就进一步落实“三个代表”学习教育活动作了动员讲话，就全面深入开展“三个代表”学习教育活动提出了意见和要求，浙江省委督查组的同志出席会议并作了指导。

2001年7月17日，浙能集团党委印发《关于兴起学习贯彻“三个代表”重要思想新高潮的通知》，对“三个代表”重要思想学习宣贯工作作出具体部署，按照理论学习、收集反馈意见、整改提高3个阶段开展活动，提出了具体要求，明确各级责任人，浙能集团党委还明确分管领导，落实工作机构，制定学习计划，编制学习简报。

2001年7月17日，浙能集团邀请浙江省国有资产监督管理办公室有关同志就省级国有资产运营机构的定位、资本经营与资产重组、加快企业经营机制转换、国有资产监管等内容作了专题讲座，丰富了“三个代表”学习教育活动的内容，紧密结合企业改革与发展的实际，使“三个代表”教育活动落到推动企业发展上。浙能集团“三个代表”学习教育活动征求意见表已全部发放到位，开启广泛征求意见工作。

2001年7月23日，浙能集团召开了党政班子成员、子公司班子成员和浙能集团中层干部会议，党委书记、董事长胡江潮同志对浙能集团领导班子“三个代表”重要思想学习教育的前期进展情况和浙能集团初步形成的改革发展思路作了通报，党委副书记、副董事长、总经理吴国潮同志主持会议。

2001年8月7日，浙能集团党委通过发放征求意见表、分批分片召开电力开发公司、煤炭开发公司、天然气开发公司筹建处和浙能集团职能部门中层干部参加的座谈会等方式，了解和掌握企业发展动态及存在的困难和问题，共征集到意见建议91条，主要涉及3个方面：一是对浙能集团领导班子进一步加强思想政治建设，增强凝聚力提出的期望和要求；二是对浙能集团三大产业链的协调发展、子公司的改革和对下属单位改制等提出意见和建议；三是对母子公司体制、企业运行机制的建立和完善提出意见和建议。

2001年8月10日，浙能集团党委书记胡江潮同志主持召开党委会，对历时1个月的浙能集团领导班子成员“三个代表”重要思想学习教育活动进行了认真总结，原则通过了浙能集团的改革发展思路、领导班子集体总结和整改方案。对91条意见和建议，进行了认真的分析研究，提出整改意见。

2001年8月22日，浙能集团党委印发《〈以“三个代表”重要思想为指导，理清改革发展思路，促进浙江省能源集团有限公司全面发展〉和〈浙江省能源集团有限公司“三个代表”学习教育活动整改意见〉的通知》，明确努力方向，不断总结提高。

2001年12月4日，浙能集团党委以浙能党〔2003〕34号文件的形式，向浙江省经贸委党的十六大主题教育领导小组作了关于浙江省能源集团有限公司兴起学习贯彻“三个代表”重要思想新高潮的情况汇报，全面总结了浙能集团开展“三个代表”重要思想学习教育活动，用“三个代表”重要思想指导企业实践，解决企业问题，推动企业发展的情况。在活动期间，浙能集团共举办各种理论学习培训班30期，各级党委理论中心组学习次数达83次，处级以上干部培训近100人，党员干部培训人数近2100人，宣讲骨干培训达到469名。

（二）保持共产党员先进性教育活动

2005年7月13日，根据浙江省委关于第二批保持共产党员先进性教育活动的一系列指示精神，浙能集团党委召集所属部分生产、基建、多种经营等领域的企业党委书记及浙能集团本部有关职能部门的主要负责人，专门就浙能集团如何开展保持共产党员先进性教育活动进行了充分的座谈和讨论。会上代表们发言踊跃，集思广益，提出了许多值得借鉴的建议和意见，为浙能集团更好地制定切合企业实际的先进性教育活动实施方案奠定了良好的基础。

2005年7月15日，浙能集团召开党委扩大会议，就保持共产党员先进性教育活动进行了专题学习和讨论。会议传达了浙江省国资委主任、省属企业保持共产党员先进性教育活动领导小组组长陈正兴在动员培训会议上的讲话精神；研究讨论并形成了《浙江省能源集团有限公司保持共产党员先进性教育活动实施方案》。会上，还专门就先进性教育活动的3个阶段的每项主题活动内容进行了领导分工和责任明确，研究决定了浙能集团保持共产党员先进性教育活动领导机构及成员。同日，浙能集团党委召开保持共产党员先进性教育活动动员培训大会，在系统内全面部署先进性教育活动。浙能集团成立先进性教育活动领导小组，除了组织开展本身的教育活动外，负责指导协调所属24家企业开展先进性教育活动。浙能集团所属企业的先进性教育活动，由各企业党委全面负责，党委主要负责同志是第一责任人，亲自抓，把足够的时间和精力放到先进性教育工作中；分管领导具体抓，其他党员领导干部结合分工协助抓，基层党组织负责人直接抓，形成一级抓一级，层层抓落实的工作局面。浙能集团保持共产党员先进性教育活动围绕“为党旗增辉，建百年浙能”这一主题，紧密结合企业改革和发展的实际，突出重点，做好“三结合、四注重、五检查”。

2005年7月22日，浙能集团各单位，成立了组织机构，拟订了实施方案，组织了骨干培训，召开了动员大会，各项工作有条不紊有序推进，所属24家单位的动员培训工作全部结束。

2005年7月25日，浙能集团先进性教育活动领导小组办公室专门召开宣传工作会议，总结前阶段先进性教育活动的宣传工作，部署下阶段宣传工作要点，要求系统各单位高度重视宣传工作，努力营造良好的舆论氛围，促进教育活动深入开展并取得实效。

2005年7月26日、27日，浙江省委保持共产党员先进性教育活动督导组到温州发电有限责任公司、浙江浙能乐清发电有限责任公司检查指导先进性教育活动。在听取工作汇报后，督导组充分肯定了2家单位在开展先进性教育活动中所作的努力，认为2家单位领导重视、准备充分、安排周密、目标科学，强调国有企业要按照浙江省委对开展保持共产党员先进性教育活动的总体要求，切实做到群众满意、走在前列、确有实效。

2005年7月28日，浙能集团党委委员、副总经理沈志云、毛剑宏分别到萧山发电厂、浙江浙能兰溪发电有限责任公司巡视指导先进性教育活动，要求各级党组织把先进性教育活动与企业的发展紧密结合起来，力求在取得实效并形成特色中下功夫；把国有企业思想政治工作的优势转化为企业核心竞争力，为打造“百年浙能”作出应有的贡献。

2005年7月29日，浙能集团建立系统各单位保持共产党员先进性教育活动分阶段工作汇报制度，制定《先进性教育活动信息报道计分考核和评比办法》，及时了解掌握各单位先进性教育活动的开展情况，加强企业间先进性教育工作的交流、沟通，挖掘先进性教育活动中的先进典型、先进做法和成功经验，推动先进性教育活动扎实有效开展。

2005年8月1—4日，浙能集团优秀共产党员先进事迹报告会分别在台州发电厂、浙江镇海发电有限责任公司、浙能集团本部举行。浙能集团所属24家单位的1500余名党员参加了报告会。浙能集团4位同志分别以“为了心中光明的事业”“共产党员要在自己的岗位发挥模范作用”“当一名好工人”“信念与追求”讲述了

“浙能人”生命不息，奋斗不止；扎根一线，踏实工作；立足岗位，拼搏奉献；锐意创新，勇攀高峰的先进业绩。

2005 年 8 月 4 日，浙能集团党委在杭州举办了保持共产党员先进性教育活动专题辅导报告会，邀请浙江省委组织部副部长、浙江省委保持共产党员先进性教育活动领导小组办公室常务副主任作专题辅导报告。来自浙能集团及所属 15 家企业的 540 余名党员聆听了讲座。

2005 年 8 月 4—6 日，浙能集团启动防汛抗台应急预案，各单位快速行动，广大党员干部充分发挥先锋模范作用，走在前列，干在实处，团结带领广大职工，全力以赴，全面做好抗击“麦莎”台风的各项工作，所属 952 万千瓦发电机组安然无恙，取得了抗台的全面胜利。

2005 年 8 月 19 日，浙能集团 19 个党委、8 个党总支、136 个党支部、2788 名党员完成学习动员阶段的各项任务，经浙江省委先进性教育活动督导组的审核批准，保持共产党员先进性教育活动顺利转入分析评议阶段。

2005 年 9 月 1 日，浙能集团所属各级党组织和广大党员推出“五个一”：发放一份书面征求意见表；分别召开一次党员干部和一般职工恳谈会；设置一个征求意见箱；利用网络信息开设一个网上信箱；组织一次领导下基层走访活动，征求职工群众意见，解决职工关注的热点、难点问题，使党员受到教育的同时，维护职工的根本利益。

2005 年 9 月 1—5 日，浙江省委保持共产党员先进性教育活动督导组到嘉兴发电有限责任公司、嘉华发电有限责任公司、浙江浙能长兴发电有限公司检查指导先进性教育活动，对各单位开展先进性教育活动给予较高评价，认为领导重视、责任明确、组织到位、认识到位、做法实际，坚持边学边改，活动开展得有声有色并富有成效。

2005 年 9 月 12 日，浙江省国资委党委书记、主任、省属企业保持共产党员先进性教育活动领导小组组长陈正兴率队到浙能集团考察调研，检查指导先进性教育活动开展情况和企业改革发展推进情况。浙能集团党委书记、董事长孙永森首先在汇报会上就浙能集团的先进性教育活动和企业改革工作谈了自己的体会。浙能集团总经理吴国潮、副总经理沈志云重点汇报了浙能集团改革的基本设想。浙能集团党委副书记蔡建平汇报了先进性教育活动分析评议阶段工作的开展情况及下步工作安排。在听取有关情况汇报后，考察调研组充分肯定浙能集团先进性教育活动，强调下阶段工作要做到弘扬抗台精神，加强分类指导，建立长效机制。同日，浙能集团开展“共产党员建一言”活动，广大党员围绕党员如何开展好先进性教育活动和保持先进性建言献策。

2005 年 9 月 23 日，经浙江省委督导组同意，浙能集团党委召开先进性教育活动转段动员会，浙能集团先进性教育活动分析评议阶段工作已结束，顺利进入第三阶段——整改提高阶段。

2005 年 10 月 24 日，浙能集团党委在杭州召开保持共产党员先进性教育活动总结大会。浙江省委先进性教育活动企业第三督导组组长罗香波出席会议并讲话，浙能集团党委书记、董事长孙永森作总结报告，浙能集团党委副书记、总经理吴国潮对创建“四好”领导班子活动作动员讲话，浙能集团党委副书记蔡建平主持大会并宣读了《关于表彰先进性教育活动基层党组织优秀奖的通知》《关于表彰先进性教育活动信息工作先进集体、个人的通知》。浙能集团领导、浙江省委先进性教育活动企业第三督导组全体成员，浙能集团本部中层干部及全体党员，所属各单位的党政主要领导、先进性教育活动办公室主任共 130 余人参加了大会。会议认为，经过 3 个多月的保持共产党员先进性教育活动，浙能集团较好地完成了学习动员、分析评议、整改提高各阶段的任务，有效促进了各项工作的开展，总体上达到了预期的目的。在活动期间，浙能集团及所属企业共组织培训 79 次，参加培训人数达 3790 人，各级党员领导上党课 51 次，参加党课人数 2642 人，邀请其他人宣讲 13 次，参加人数 2453 人。全系统共设立意见箱 120 多个，下发书面征求意见表 6882 份，举办各类座谈会 216 个，征求意见面占职工人数的 80% 以上，还向 77 个与企业有业务联系的单位征求了意见。全系统共征求到意见 3200 多条，梳理后的意见条数 2067 条。各级党组织相继开展了群众满意度测评，共有25家单位的2068人参加测评。经过测评，对浙能集团党委的满意率为99.5%（其中，满意票率83.1%），对所属企业党委的平均满意率为99%（其中，满意票率82.3%），浙江省委先进性教育活动企业第三督导组和广大职工群众对浙能集团先进性教育活动所取得的成果给予了充分肯定。

2005年12月9日，经浙江省委、浙江省国资委和浙能集团党委批准同意，国信控股集团及下属企业参加第三批保持共产党员先进性教育活动。根据浙江省委的统一部署和浙能集团的指导意见，国信控股集团先进性教育活动动员培训大会在杭州召开。国信控股集团在杭党员、外地支部书记和浙能集团督导组成员等共159人出席了大会。按照国信控股集团公司先进性教育活动实施方案，国信控股集团共有21个党支部的246名党员参加先进性教育活动。

2006年2月6日，浙能集团先进性教育办公室编印《浙能先锋——“我身边的共产党员”先进事迹汇编》一书。该书共汇编了奋战在浙能集团系统各条战线上的120多位共产党员的先进事迹，用身边的人和事教育广大党员干部和职工群众，展现“浙能人”的先锋形象。

2006年3月8日，浙江国信控股集团有限公司党委在杭州召开先进性教育活动总结表彰大会。浙江国信控股集团有限公司保持共产党员先进性教育活动经过3个多月的努力，完成了学习动员、分析评议、整改提高各阶段的任务，促进了企业的改革重组工作，达到了预期目的。

（三）深入学习实践科学发展观活动

2009年3月13日，浙能集团召开深入学习实践科学发展观活动动员大会，会议对全系统开展该项活动作了部署。与会人员认真学习贯彻中央、浙江省委关于开展深入学习实践科学发展观活动的一系列重要指示精神，党委书记、董事长吴国潮对浙能集团开展深入学习实践科学发展观活动进行全面动员与部署。深入学习实践科学发展观活动分学习调研、分析检查、整改落实3个阶段共11个环节。随后，浙能集团所属28家单位先后召开动员大会，层层启动学习实践活动。

2009年3月18日，浙能集团相继完成学习调研、分析检查2个阶段的工作，全面启动了以“深入实施‘大能源战略’，加快推进战略转型，着力建设综合型现代能源企业”为实践载体的学习实践科学发展观活动。

2009年4月28日，浙能集团组织“解放思想大讨论”专题学习会，90余名与会的浙能集团各单位党政负责人，围绕浙能集团一次能源发展、二次能源发展、能源服务业发展、企业管理创新、人才机制建设和企业文化建设6个专题，以中心发言与互动点评相互交错的方式，开展讨论，为下一步谋求浙能集团科学发展新思路提供了许多启示。在活动期间，集团层面和系统各单位共举办学习培训班372期，邀请各级各类专家学者为党员干部作科学发展观专题辅导报告会117场，召开专题研讨会267次，培训党员干部12000余人次；举办解放思想专题讨论会87场，参与讨论的干部职工6000余名。

2009年6月10日，浙能集团召开专题民主生活会，班子全体成员围绕“深入学习实践科学发展观，推进集团科学发展上水平”这一主题，认真开展批评与自我批评，深刻剖析思想根源，明确解决办法和改进措施，进一步明确科学发展的思路和举措，形成了浙能集团领导班子贯彻落实科学发展观分析检查报告。浙江省委学习实践活动第六指导检查组组长陈卫东、浙江省委组织部干部三处处长施建荣等领导对集团班子民主生活会质量给予了较高的评价，认为会议体现了浙江省委提出的查找问题要认真、敢动真的要求。浙能集团所属单位的领导班子切实按照“四个一”要求，先后召开了专题民主生活会，基本都做到了问题查找准、原因分析透、整改措施实、努力方向明，取得了良好效果。

2009年7月21日，浙能集团党委制定《浙江省能源集团有限公司领导班子深入学习实践科学发展观的整改落实方案》和《浙江省能源集团有限公司领导班子深入学习实践科学发展观整改落实方案实施明细表》。

2009年8月14日，浙能集团召开学习实践科学发展观活动总结大会，总结学习实践活动工作成果和经验，并就进一步巩固和扩大学习实践活动成果、抓好整改落实进行部署。浙江省委指导检查组第6组组长、副组长和指导检查组成员到会指导。浙能集团本部和所属单位的23个党委、11个党总支、175个党支部、182名领导人员、3551名党员（含党员领导人员）参加本次活动，7400余名职工参与了相关的意见征集、民主恳谈等活动。在学习实践活动期间，浙能集团党委及二级企业党委（总支）共组织集中学习106次，其中浙能集团党委理论中心组召开专题学习会5次。浙能集团两级领导班子到基层开展专题宣讲186人次，其中集团领导班子成员到基层联系点专题宣讲30余人次。党员领导干部撰写学习体会127篇，领题开展课题调研、形成调研报告92篇，推动了学习实践活动的开展。《人民日报》、新华社等多家中央媒体以及《浙江日报》等省内4家媒体对浙能集团学习实践活动的特色做法和取得的成效进行采访报道。浙能集团“以科学发展观助推企业转型升级，积极应对金融危机挑战”的经验和做法在中央电视台《新闻联播》专题报道。职工群众对浙能集团学习实践活动满意率达100%，其中满意的占98.45%，比较满意的占1.55%。

（四）创先争优活动

2010年6月7日，浙能集团党委召开“浙能先锋”创先争优活动视频动员会议，启动深入开展以学习实践科学发展观建设服务型基层党组织为主要内容的“浙能先锋”创先争优活动。会议学习传达了中央关于在党的基层组织和党员中深入开展创先争优活动的精神，以及浙江省委组织部、浙江省国资委党委开展“转型发展先锋”创先争优活动动员会的部署要求，对浙能集团深入开展“浙能先锋”创先争优活动进行动员和具体部署。为保障此项活动的顺利实施，浙能集团党委成立了创先争优活动领导小组和工作机构，结合实际制定并印发了《关于深入开展以学习实践科学发展观、建设服务型基层党组织为主要内容的“浙能先锋”创先争优活动的实施意见》，明确整个活动的指导思想、基本原则、主要目标、工作措施和基本安排。

2010年6月15日，浙能集团各单位全面启动创先争优活动，制定实施意见或方案，层层开展动员部署。浙能集团创先争优活动开局良好、氛围浓郁。

2010年6月25日，浙能集团每个党员结合岗位职责和工作任务，制定参加活动的具体打算，以适当方式进行公布，作出承诺，主动听取群众意见，接受监督。其中，浙江浙能兰溪发电有限责任公司将各级党组织及全体党员的打算汇编成《我们的打算》一书，分发到各班组、全体党员，让党组织、党员的承诺接受全体员工的监督和评价，同时也勉励和提醒广大党员要“言必行、行必果”，兑现承诺，作出实际成效。

2010年6月30日，浙能集团党委发文表彰了2008—2009年浙能集团8个先进党委、15个先进党支部、25名优秀共产党员和15名优秀党务工作者。

2010年6月到7月，浙能集团党委先后在嘉兴发电有限责任公司、浙江浙能兰溪发电有限责任公司、台州发电厂3家单位选取了4个任期届满的党支部开展了“公推直选”成功试点，推进企业基层党组织建设、加强企业党内民主建设。

2010年7月5—8日，浙能集团党委副书记、副董事长、创先争优活动领导小组副组长蔡建平先后到台州发电厂、浙江浙能兰溪发电有限责任公司、浙江浙能金华燃机发电有限责任公司和浙江浙能嘉兴发电有限公司，调研指导创先争优活动。

2010年8月9日，浙能集团建立创先争优活动领导小组成员联系点。随后，各成员分别到联系点点评指导工作。各所属企业也相继建立联系点，点评和指导活动在浙能集团各单位开展。截至2011年1月，浙能集团及所属企业已有76名领导参加点评，78个基层党组织受到点评，已接受点评的党员总数有872人。浙能集团各级党组织和广大党员通过领导点评和党员评议活动，找差距、明方向，对深入推进创先争优活动增添了新动力。

2010年11月10日、11日，浙能集团在嘉兴召开党务公开经验交流会暨创先争优活动推进会，总结浙能集团前阶段创先争优活动情况，交流党务公开和创先争优活动经验，研究部署创先争优活动下阶段工作。

2010年12月，浙能集团组织开展全系统党建责任制检查考评，其中创先争优活动的群众满意度测评达到98.37%，居15个单项测评内容的第二位。自活动开展以来，浙能集团各级领导班子组织集体学习 275 次，解决改革发展问题 92 个，帮助职工解决实际困难 119 个；各级领导干部联系基层单位、部门、班组 818 次，帮助解决问题 233 个。开展城乡党组织结对活动，帮扶 36 次，资助 160 多万元。成立浙能集团党内关爱基金，首次资助共涉及 8 家单位的 16 位特困党员，发放关爱基金共 8 万元，为特困党员送去了党组织的温暖和关爱。浙能集团创先争优活动得到了浙江省委领导、浙江省委活动督查组以及浙江省国资委领导的充分肯定。浙江省委常委、组织部部长蔡奇在调研浙能集团创先争优活动时，对活动的开展形式和内容给予了充分肯定，浙江省委督查组在抽查浙能集团并赴浙江浙能嘉兴发电有限公司、浙江浙能兰溪发电有限责任公司实地抽检后，认为浙能集团的创先争优活动“围绕中心做足了‘结合’的文章，活动开展定位科学、切入准确、抓手过硬，避免了‘两张皮’现象”，陈正兴主任也在听取相关汇报后对浙能集团的创先争优活动给予了较高的评价。有 15 篇浙能集团的创先争优活动报道稿件被浙江省委“之江先锋”网站和浙江省国资委网站录用，新华社浙江分社也报道了浙能集团在创先争优活动中的一些新做法。创先争优活动一方面增强基层党组织和广大党员的争先意识、服务意识，同时也带动了职工群众和其他组织的创先争优，对企业的改革发展稳定起到了积极的推动和保障作用。

同月，浙能集团印发了《关于开展“浙能先锋·创先争优闪光言行”展示评选活动的通知》，开启了“浙能先锋·创先争优闪光言行”展示评选活动，以进一步激发基层党组织和党员干事创业的热情和动力，助推企业转型升级、科学发展，形成创先进、争优秀的浓厚氛围。

2011 年 1 月，浙江省委创先争优活动第三督查组对浙江浙能嘉兴发电有限公司、浙江浙能兰溪发电有限责任公司创先争优活动开展情况进行督查点评。督查组肯定浙能集团创先争优活动开展以来取得的成效，认为浙能集团开展创先争优活动，领导高度重视，组织有力到位，氛围浓厚向上，对活动“融入中心起实效，创新载体增活力”的良好态势给予了高度评价，为浙能集团及所属企业进一步深入推进创先争优活动指明了方向。

2011 年 1 月，“浙能先锋”创先争优闪光言行专题网站开通，陆续展示各单位推荐的闪光言行。同年 6 月，浙能集团组织开展“创先争优闪光言行”评比。经创先争优活动领导小组成员讨论，由浙能集团党委研究确定 20 例闪光言行，并在浙能集团新闻中心网站公示后，进行了通报表彰。其中，有 7 例入选浙江全省“闪光言行”，有 3 例入围浙江全省“闪光言行”，推进了创先争优活动不断深化。

2011 年 4 月 14 日，浙能集团党委印发《关于开展向潘世岳同志学习活动的通知》，在浙能集团开展向潘世岳同志学习的活动，以此为契机，加大宣传弘扬先进典型的力度。

2011 年 4 月 22 日，浙能集团与秦皇岛港股份公司在杭州举行共建工作交流研讨会。这是双方党组织在几年来友好共建基础上，深入开展创先争优活动，对国有企业跨区域跨行业开展共建结对活动，全面提升企业党建工作的一次阶段性回顾和总结。通过此次研讨，进一步明确共建目标，拓展了共建内容，服务于企业发展。

2011 年 6 月 14 日，浙能集团举行潘世岳同志先进事迹报告会。报告会采用视频会议方式进行，主会场设在浙能大厦报告厅，各单位均设立了分会场，浙能集团本部全体人员、所属单位全体干部和部分党员认真聆听了事迹报告会。随后，各级党组织通过撰写的感言和体会等各种形式，继续深入宣传潘世岳同志的先进事迹和优秀品格，组织研讨其精神品格的意义和本质所在，让更多的职工受到感染和鼓舞，在全系统形成崇尚先进、学习先进、争当先进的良好氛围。

2011 年 7 月 1 日，浙江浙能兰溪发电有限责任公司党委获评“全国先进基层党组织”，成为浙能集团首家获得该类国家级荣誉称号的企业党组织；浙江浙能嘉兴发电有限公司党建“闪光工程”入选全国基层党建理论创新与实践案例。这两项荣誉是浙能集团在以“浙能先锋”为实践主题的创先争优活动中所取得的党建工作之丰硕成果。

2012 年，浙能集团创作编排了潘世岳事迹情景剧，作为浙江省国资系统唯一一个选送节目参加浙江全省“创先争优群英盛典”主题晚会。

（五）党的群众路线教育实践活动

2013 年 7 月 8 日，浙能集团党委召开会议，筹备组建党的群众路线教育实践活动领导机构和工作机构。浙能集团党委书记、董事长吴国潮任党的群众路线教育实践活动领导小组组长，领导班子成员为组员，把好活动方向、抓好协调统筹。领导小组下设活动办公室，具体负责教育实践活动各环节的任务落实、过程监督和信息汇集工作。随后，浙能集团下属各单位也相应成立了组织机构，企业党政一把手作为活动主要责任人，高标准、严要求开展教育实践活动。

2013 年 7 月 11 日，浙能集团党委召开党的群众路线教育实践活动动员大会，印发《关于深入开展党的群众路线教育实践活动的实施方案》，明确党的群众路线教育实践活动的目标要求、方法步骤等内容。会后，浙能集团所属 46 家单位相继召开教育实践活动工作会议和形势任务教育会议，全面开展思想动员。

2013 年 7 月 16 日、17 日，浙能集团党委召开首次党的群众路线教育实践活动专题理论中心组学习扩大会议，组织领导班子全体成员开展集中专题学习，并针对上半年企业经济运行情况、创新驱动发展战略进行深入探讨。

2013 年 7 月 23 日，浙能集团召开“四风”专题讨论会，就如何结合本单位实际破“四风”、转作风、促发展进行深度研讨，制定《全面推进浙江省能源集团有限公司“四风”问题整改工作的方案》《“六大专项行动”中发现主要问题整改方案》《进一步规范经营管理的工作任务分解》3 个方面 91 项整改内容，做到“五明确一公开”，即明确整改落实方案、明确整改落实目标、明确整改落实措施、明确整改落实时限、明确整改落实责任，对各项整改落实工作向职工群众公开。

2013 年 7 月 29 日、30 日，浙江省委第二十三督导组到浙能集团进行检查指导，开展个别谈话，听取意见，共向浙能集团领导班子、所属企业领导人员 95 人听取了意见建议。

2013 年 8 月 16 日，浙能集团党委向全系统职工作出“十表率”公开承诺，为全系统广大干部职工作出表率，接受广大干部群众监督。

2013 年 8 月 26—30 日，浙能集团浙北片区、浙南片区和浙中片区 3 个片区陆续召开党建对标交流学习会。浙北片区交流会还开通了浙能浙北交流平台新浪微博，对会议进程进行现场直播。

2013 年 8 月 27 日，浙能集团党委书记、董事长吴国潮带头上党课，开启浙能集团“大家都来上党课”活动。活动共征集到 43 部“微党课”视频作品，内容涵盖“三型”党组织建设、群众路线解读、企业管理、人才培养、形势任务等方面。优秀党课作品分批在浙能集团新闻中心展播。浙能集团各单位党委（总支）已陆续组织党支部和广大党员积极开展学习收看“微党课”，累计观看 6273 次。活动经验《引领基层党员教育“微时代”——浙能集团 43 个视频“微党课”贴近实际引人入胜》相继在浙江在线和浙江省国资委网站发表交流。

2013 年 9 月 4 日，浙能集团浙东片区 9 家企业在舟山六横召开党建对标经验交流会。与会各单位互相交流、互学经验、互授机宜，推进了浙东片区群众路线教育实践活动向纵深发展。至此，浙能集团党建对标交流学习会 4 个片区交流已全面完成，23 个党委（总支）和 21 个基层党支部介绍了党建工作经验，基层党组织通过签订协议等方式结对共建，互学互促，共同提升党建工作水平。

2013 年 9 月 5 日，浙江省委在杭召开教育实践活动第一批单位工作交流会。浙能集团党委书记、董事长吴国潮同志作了题为《抓重点、动真格、转作风——为推进集团可持续发展添动力》的大会交流发言。

2013 年 10 月 15 日、16 日，浙能集团党委班子召开专题民主生活会，深入查找“四风”问题，以整风精神开展批评和自我批评。浙江省国资委纪工委书记、监察专员、党委委员陈松根肯定了浙能集团的专题民主生活会，认为会议做到了思想上高度重视，组织上精心策划，工作上统筹推进，实现了教育实践活动和推进工作两促进。浙江省委第二十三督导组组长姚炳甫指出，浙能集团党委这次专题民主生活会是一次严肃认真、实事求是、民主团结的民主生活会，达到了“团结-批评-团结”的目的，质量高，效果好。

随后，浙能集团各单位专题民主生活会陆续召开，7个督导组全程参加指导。

2013年12月12日，浙能集团党的群众路线教育实践活动领导小组召开整改落实专题会议，学习贯彻习近平总书记在听取河北省委党的群众路线教育实践活动总体情况汇报时的讲话精神和刘云山同志在党的群众路线教育实践活动工作座谈会上的讲话精神，抓好教育实践活动各项整改工作，抓住重点领域和关键环节，清理不适宜的规范性文件156件，改进不完善政策制度或做法858件，叫停不符合上级精神的政策制度做法27件，新建立的制度规范634件。已完成整改落实的395个，活动结束前需完成整改落实的430个，需要长期整改落实的267个，以实际成效取信于职工群众。

2014年1月17日，浙能集团将教育实践活动中查摆的主要问题进行了汇总，并逐项制定整改措施，并在网上进行公布部分整改举措，接受党员群众监督。共形成78项整改任务，已安排限时整改的44项，属于常态化工作的21项，需浙江省委、浙江省国资委协调解决的6项，需持续关注的7项。

2014年2月12日，浙能集团党的群众路线教育实践活动总结大会在杭州举行。会议深入学习贯彻习近平总书记关于党的群众路线教育实践活动的重要指示，全面回顾总结浙能集团党的群众路线教育实践活动情况，对下一步巩固提高教育实践活动成果进行部署。截至2014年2月，在学习教育方面，集团本级、分公司和所属营运企业领导班子及其成员，开展党委理论中心组学习172次，集中学习155.5天，支部集中学习讨论587次，组织4870多名党员以个人自学、网上培训、QQ视频学习等方式学习党的群众路线教育实践活动有关会议、文件精神，召开专题研讨会201次，举办各类专题辅导会166次，组织党员集中学习交流11160人次。在听取意见方面，通过开展“一看两听三问”和“360度群众意见扫描”等活动，建立领导人员联系点560个，开展调研走访881次，召开浙能集团本部职能部门和所属企业领导人员座谈会，以及所属企业中层、员工座谈会276次，参加座谈人员8114人次。通过设置意见箱、电话征询、发放问卷表、开通董事长网上信箱、个别谈话等方式，充分调动职工群众的积极性，面对面、背靠背，多渠道广开建言之门。累计发放征求意见表5159份，征求意见建议1299条。在整改落实方面，浙能集团党委以查摆出来的问题为重点，结合专项行动，逐项制定整改措施，形成78项整改任务，落实责任人和整改时限。系统各级领导班子制定整改措施1353条，领导干部个人制定整改措施3736条，开展专项整治活动309项。浙能集团较上年会议减少21.14%，发文减少13.49%，评比达标表彰项目减少25.79%。在宣传引导方面，运用网站、报纸、杂志等宣传媒体，持续深入推进活动的宣传报道。在党的群众路线教育实践活动期间，累计编排浙能集团所属单位开展群众路线活动集锦45期，编发教育实践活动专题手机报26期，宣传“最美浙能人”稿件74篇，先进事例稿件33篇，“美丽浙能”手机摄影微电影大赛作品1000余张、微电影21部，推选的“最美青工”有1人入围全国“最美青工”展示。累计在国家、省、市各级宣传平台刊登专题文章90余篇，形成了较好的宣传效果。在成果展示方面，编辑出版《浙能集团党的群众路线教育实践活动汇编》《最美浙能人》两本书，印制《大家都来上党课》《美丽浙能》手机摄影、微电影优秀作品光盘，汇聚全员寻美正能量，进一步提高教育实践活动的影响力。组织开展党的群众路线教育实践活动图片、视频、手机报、报表、文件等各项基础性档案资料的整理归档，确保活动各个环节、各个时段的工作有据可查。认真做好规章制度的废、改、立工作，对不合时宜的立即废止，对不健全的及时完善，对缺失的加紧研究制定。累计清理不适宜的规范性文件297件，改进不完善政策制度或做法904件，叫停不符合上级精神的政策制度做法17件，新建立制度规范759件，推进作风建设常态化，确保党的群众路线教育实践活动长效化。

（六）“三严三实”专题教育

2015年5月19日，浙能集团制定印发《关于深入开展领导人员“三严三实、履职尽责”专题教育的通知》，明确专题教育的实施方案。

2015年5月20日，浙能集团召开视频会议正式启动部署专题教育活动。党委书记、董事长吴国潮在会上讲“三严三实、履职尽责”专题党课，指出在抓落实上，把抓好专题教育和干好企业重点工作结合起来，做到专题教育与日常工作有机结合、相互促进，力求形成在党为党、履职尽责、立规执纪、服务基层的自觉，保障浙能集团各项改革发展工作任务圆满完成。在活动安排上，把“三严三实、履职尽责”专题教育与深入实施“大能源战略”，打造浙能升级版等中心工作紧密结合，与完成年度目标任务和履行岗位职责紧密结合，做到专题教育与日常工作有机融合、相互促进，两手抓、两不误。随后，浙能集团党委及38家下属企业党委（总支）均以党委（总支）书记上党课的形式启动部署领导人员“三严三实、履职尽责”专项行动。

2015年6月5日，浙能集团党委制定了《“三严三实、履职尽责”中心组学习方案》，明确学习时间、学习主题、专题发言主题、中心发言人、学习方式及学习材料，提前半个月要求参会人员先以自学的方式加强思考和研读。同年6月30日、9月15日、11月13日浙能集团党委分别以“严以修身”“严以律己”“严以用权”主题召开中心组学习扩大会议，以个人自学、集中学习、专题发言、座谈讨论相结合的方式，围绕主题开展学习讨论。在理论联系实际方面，先后结合浙能集团内部分党员干部党性弱化、信仰缺失等情况，研究了如何加强教育引导，促进集团党员干部修身立德，履职尽责；结合如何在实际工作中体现和落实廉洁、严谨、负责担当的要求，研究如何进一步加强领导人员权力清单的执行与监督，确保依法合规开展各项工作；另外还重点讨论研究了浙能集团各级领导人员如何落实安全生产“一岗双责”，加快形成全系统各级干部对安全生产事故零容忍局面等问题，通过思想碰撞将学习研讨工作落到实处、促进了企业中心工作的开展与难点问题的解决。活动过程中，浙能集团党委班子成员到联系点单位或在各类培训班上讲党课共计8人次，在三次学习会上作专题发言共计19人次。浙能集团二级企业党委（总支）也相继按要求按时完成3个专题中心组学习。与此同时，还开展了“加强党员修养，提升党员素质”、领导人员“守纪律、讲规矩”及领导人员“履职尽责”三大专项行动。浙能集团下属28家单位以班子名义向职工发出“守纪律、讲规矩”承诺书，在系统内营造了遵纪守规的良好风气。分三批组织开展浙能集团党员领导干部党章党规党纪轮训，共轮训118人。在党员提素方面，结合建党94周年，积极开展了党员读书荐书、党风廉政专题教育、重学党章、困难职工帮扶、社会公益等党员“七个一”活动，浙能集团所属部分单位还结合中心工作实际开展了“实”字工程建设、“党旗耀工程”、项目大党建、“当先锋树品牌创双优”等服务中心工作的党员实践活动。

2016年1月21日，浙能集团党委班子召开浙能集团“三严三实、履职尽责”专题民主生活会。浙能集团党委书记、董事长吴国潮主持会议并代表党委班子作对照检查。班子成员逐一发言，并互相开展批评帮助。浙江省国资委有关同志到会指导，充分肯定了浙能集团开展“三严三实”活动取得的成效，指出此次会议准备工作充分，过程紧扣“三严三实”主题，达到了“团结-批评-团结”的目的，制定了今后整改的方向和措施，民主生活会效果较好。浙能集团领导班子是一个好班子，一直是省属企业的标杆。班长坚强有力，核心作用非常明显，班子每位同志各司其职、工作努力。整个班子政治上坚定，改革发展思路清晰，深入实施大能源战略，在重大任务面前敢于担当，带领企业在经济指标、企业管理、党的建设、企业文化等方面均走在全国同行前列。同时，对浙能集团提出了希望，强调浙能集团后续要加强形势分析和强化市场研判，加快转型升级，进一步强化浙能集团管控，全面从严治党，依规管人管事，努力寻找改革发展机遇，坚定走绿色发展道路，要持续走在能源行业的前列。吴国潮代表党委班子表态，要针对各项问题，制定整改任务时间表，扎实落实整改措施。

2016年2月，浙能集团针对活动中查找出来的“不严不实”问题的整改情况，建制度立规矩，强化刚性执行。坚持个性问题立即改、共性问题专项改，列出问题清单、即知即改；对反映比较集中、影响较大的问题开展专项整治，严格正风肃纪；对存在“不严不实”问题的领导人员，立足于教育提高，促其改进；对群众意见大、不能认真查摆问题、没有明显改进的，进行组织调整；发挥舆论监督作用，对“不严不实”问题及时曝光整改；针对“不严不实”问题，按照深化党的建设制度改革工作的要求，结合企业实际，建制度立规矩，强化刚性执行，推动践行“三严三实、履职尽责”要求制度化、常态化、长效化。

（七）“两学一做”学习教育

2016年5月5日，浙能集团“两学一做”专题党课暨学习教育部署会在杭州举行。浙能集团党委书记吴国潮作专题党课，党委副书记耿平对学习教育作出部署。

2016年5月13日，浙能集团制定印发《关于在全集团系统党员中开展“学党章党规、学系列讲话，做合格党员”学习教育的实施方案》和《关于成立浙江省能源集团有限公司“两学一做”学习教育协调小组的安排》。随后，浙能集团各级党委制定相应的实施细则，形成一级抓一级，层层抓落实的良好局面。

2016年6月2日，浙能集团召开“两学一做”学习教育推进会，专题听取集团各板块公司和直属企业“两学一做”学习教育开展情况汇报，对下阶段学习教育重点工作进行讨论、部署。

2016年6月7日，浙能集团召开“两学一做”学习教育督导等相关工作部署会，讨论通过《浙江省能源集团有限公司“两学一做”学习教育督导工作方案》和《浙江省能源集团有限公司“两学一做”学习教育宣传报道方案》。

2016年6月15—17日，浙能集团“两学一做”学习教育督导组分别到浙江浙能绍兴滨海热电有限责任公司、浙江浙能电力股份有限公司萧山发电厂、浙江浙能兰溪发电有限责任公司、浙江浙能金华燃机发电有限责任公司，就“两学一做”学习教育开展情况进行督导。

2016年6月22日，浙江省委“两学一做”学习教育协调小组督导三组到浙能集团，就“两学一做”学习教育情况进行现场督导，先后两次抽查7家基层单位“两学一做”学习教育开展情况，以“听”“查”“问”结合的方式，对“两学一做”动员部署、计划安排、特色做法、“三会一课”、党员学习笔记等作了书面查询，向基层党员抽问了应知应会内容。督导组肯定了浙能集团“两学一做”学习教育工作，认为浙能集团“两学一做”学习教育组织到位情况好、规定动作完成好、自选动作创新好、与企业中心结合好，强调要继续做好回头看、往前走、见长效工作，切实解决党员在思想政治层面的问题，确保学习教育取得实效。

2016年7月11日，浙能集团“支部书记讲师团”在浙江浙能嘉华发电有限公司开启首场“两学一做”学习教育专题宣讲会。来自浙能集团各单位的4名讲师团成员，结合自身经历及工作、生活、学习感悟为浙江浙能嘉华发电有限公司干部党员讲述了“怎样做一名合格的共产党员”“怎样紧抓身边‘两学一做’”“作为一名党员，你有哪些权利”“如何从传统文化看廉洁自律准则”。截至2016年7月底，以党委书记带头上党课、讲师团专题上党课等形式，推动“千场党课在支部”工作取得实效，过程中全系统累计发放《习近平总书记系列重要讲话读本》等学习书籍9708本，139名浙能集团中层副职以上领导人员到基层上党课，389个基层党支部书记带头上党课。各板块分公司、各基层党委累计培训党务骨干800多人次。同时，积极推动边学边查边改，浙能集团层面班子成员联系党支部，二级单位党委建立联系点416个，浙能集团党委成立督导组2个，已到下属党组织督导36次，下属单位党委成立督导组40个，开展督导132次，已有117个党支部列出问题355条、整改举措384条、明确责任362项。

2016年8月16—19日，浙能集团在金华兰溪举办党群部门负责人培训班。浙能集团所属企业的50余名党群部门负责人等参加培训。本次培训班是浙能集团党委深入推进“两学一做”学习教育，切实落实基层党务骨干培训工作的重要举措，旨在进一步提高浙能集团党务工作者整体工作水平，加强队伍建设和工作交流，推进企业基层党建工作。

2016年8月18日，浙能集团党建工作创新与示范点建设交流会在浙江浙能兰溪发电有限责任公司召开。2014—2015年度浙能集团先进党委、部分板块和营运企业党委等8家单位党组织作交流发言，分享党建工作经验与体会。

2016年9月13日，浙能集团“两学一做”学习教育知识竞赛在浙能大厦报告厅精彩落幕。浙能集团各板块共10支参赛队展开了激烈角逐，浙能电力浙江浙能温州发电有限公司代表队最终摘得桂冠。此次活动既是对浙能集团学习教育的阶段性成效的检验，也进一步增强党员干部们的理想信念，加深了对党规党章的了解。

2016年9月18日，浙能集团党委书记、董事长童亚辉在领导干部会议上讲了“对党忠诚、恪尽职守，做一名合格的共产党员”的主题党课，强调浙能集团各级领导干部要增强党性修养，提振务实干事的精气神，以一名合格共产党员的优秀品格和模范行动，担负起企业改革发展的重任，再续浙能辉煌。

2016年10月13日，浙能集团召开“两学一做”学习教育推进会。党委书记、董事长童亚辉参加会议并强调，要认真贯彻习近平总书记在全国国有企业党的建设工作会议上的重要讲话精神，积极发挥党委政治核心作用，紧扣中心从严治党，开创国有企业党的建设新局面。

截至2016年12月，浙能集团“两学一做”学习教育召开了3个专题学习讨论、一次专题组织生活会，党员参与学习教育的覆盖面达到了100%，刊发各类新闻报道及学习资料812篇，刊发报纸专版5期，编发学习简报20期，浙能集团领导班子成员到联系点以听取汇报、专项调研、参加学习讨论、列席组织生活会、讲专题党课等方式参与学习教育，全系统党组织负责人共计讲党课840多次，784名党务骨干参加轮训，编印《浙能党建工作法》，全面完成“两学一做”学习教育各项任务。

2017年6月27日，浙能集团印发《关于推进“两学一做”学习教育常态化制度化的实施方案》，各级党组织和党员把习总书记系列重要讲话作为“两学一做”学习教育常态化制度化的重要内容，以“三会一课”、领导班子民主生活会、组织生活会、党员民主评议、“主题党日”等活动为平台，全面系统学、深入跟进学，注重加强学习成果转化，持续发挥理论指导工作、推动实践的创造性作用。

（八）“不忘初心，牢记使命”主题教育

2019年6月11日，浙能集团党委印发《关于开展“不忘初心、牢记使命”主题教育的实施方案》，明确“七个新”目标方向，成立主题教育领导小组，组建11个主题教育巡回指导组，以“1+11”的模式强化组织保障。

2019年6月12日，浙能集团党委召开“不忘初心、牢记使命”主题教育工作部署会，紧扣“七个新”目标以国企排头兵的政治自觉高质量开展主题教育。浙能集团党委书记、董事长童亚辉主持会议并作部署动员讲话，浙江省委第十八巡回指导组组长谢力群作讲话，巡回指导组全体同志出席会议。

2019年6月27日，浙能集团第五期“不忘初心、牢记使命”主题教育读书班暨基层党组织负责人政治理论素养培训班圆满结束。此次读书班共开展了五期，浙能集团党委班子成员和省内专家现场授课，培训共覆盖浙能集团管理领导人员、党群部门负责人、基层党组织负责人近800人。浙江省委“不忘初心、牢记使命”主题教育第十八巡回指导组对本次培训进行了指导。

2019年7月1日，浙能集团党委召开“不忘初心、牢记使命”主题教育学习交流暨“七一”表彰会议，邀请了中共中央党校原副校长、全国政协常委、国内著名的理论专家李君如教授作题为《中国共产党成立时的“初心”和“使命”》专题党课。现场和视频参会人数达到1200余人。

2019年7月18日上午，浙能集团党委召开“不忘初心、牢记使命”主题教育巡回指导组第二次工作汇报会，对主题教育调研和巡回指导中发现的问题进行专题交流研究。浙能集团党委领导班子成员、主题教育领导小组部分成员、各巡回指导组组长，浙能集团本部各党支部书记参加会议。

2019年8月5日，浙能集团党委召开“不忘初心、牢记使命”主题教育专项整治工作推进会和巡回指导组第三次汇报交流会，要求在主题教育期间能够解决的问题，立查立改、即知即改；对一时解决不了的，制定阶段目标，盯住不放，持续整治，做到问题不解决不松劲、解决不彻底不放手，确保专项整治工作取得实效。

2019年8月6日，浙能集团党委召开主题教育调研成果汇总交流会和检视问题专题会，浙江省委第十八巡回指导组组长谢力群到会指导，浙能集团党委领导班子成员围绕调研情况作交流发言，对照党章党规找差距，将主题教育成效转化为企业发展的强劲推力。

2019年8月，浙能集团党委主题教育基本结束。浙能集团领导班子深入下属单位调研64次，形成了11张问题清单，查找分析了230个问题，书面征集和网上意见箱等形式收集问题51个。经过梳理后汇集为120项问题，分成9个类别，有针对性地提出了对策措施，其中75项为立行立改问题，已落实完成整改，其余问题要求限期内全部完成整改闭环。收集习近平总书记8次调研指导浙能集团的音像视频文字材料，研究、梳理习总书记能源安全新战略在浙江的探索与实践。系统各单位领导人员共开展调研1109次，收集问题数1703条，已解决问题1058个，形成调研报告186个，开展了调研成果交流219场次，并推动调研成果的应用转化。浙能集团共落实解决民生实事227件，职工群众的获得感、幸福感不断提升。

浙能集团始终把加强思想政治工作作为凝心聚力、汇集正能量的巨大动力，作为一切工作的生命线来抓，发挥国企特有的政治优势，在不同的历史时期，审时度势，开展有针对性的思想政治教育。浙能集团发放了《习近平谈治国理政（第一卷）》《习近平谈治国理政（第二卷）》《习近平新时代中国特色社会主义思想三十讲》等理论学习资料，利用党委理论中心组学习、“三会一课”、党内政治生活等；认真组织党员干部学习党中央及浙江省委历次党代会精神，“七一”讲话精神，党章党史，党规党纪及习近平总书记系列重要讲话，全国、浙江全省国有企业党建工作会议精神，学哲学用哲学等内容，深刻领会中国特色社会主义理论体系，加强学习宣贯党中央、国务院和浙江省委、浙江省政府其他各项决策部署及指示精神；坚决维护党中央和浙江省委权威，确保在思想上、政治上、行动上同党中央和浙江省委保持高度一致，按照“大学习大调研大抓落实”的要求强化理论学习，以思想武装头脑指导实践，加快推进各项任务落地。

第三节 新闻宣传工作

一、机构与制度

2004年8月24日，浙能集团党委印发《关于印发〈《浙江能源报》稿酬管理办法〉的通知》，明确发放程序、发放办法、稿费标准等内容，提出加强稿酬管理的具体措施。

2007年3月28日，浙能集团新闻中心成立，归口浙能集团政治工作部管理。

2010年12月16日，浙能集团制定《浙江省能源集团有限公司新闻宣传工作管理办法》，规定了浙能集团新闻宣传工作指导思想、基本原则、机构与职责、管理内容与方法、责任与考核等，建立了“维护新闻宣传工作的规范性、严肃性和权威性，推动企业改革发展稳定工作，树立优良品牌形象”的长效机制。

2015年4月24日，浙能集团发布《关于印发〈浙江省能源集团有限公司新闻宣传工作管理办法〉的通知》，规范宣传工作程序和内容，推进宣传工作制度化、规范化、高效化。

2015年6月9日，浙能集团发布《关于印发〈突发重大网络舆情应急处置预案管理办法〉的通知》。

2017年8月29日，浙能集团党委发布《关于印发〈浙江省能源集团有限公司新闻宣传工作管理办法〉等制度的通知》，修订了《浙江省能源集团有限公司新闻宣传工作管理办法》，出台了《浙江省能源集团有限公司新媒体建设管理办法》，明确管理机制、管理内容、网站宣传要点、微信微博宣传要点等内容，为进一步规范浙能集团新媒体建设与管理，促进其健康有序发展，提升新媒体的宣传效果，形成规范化、程序化的运作机制提供遵循。

2019年3月29日，浙能集团党委发布通知，修订完善《浙江省能源集团有限公司宣传工作管理办法》。《浙江省能源集团有限公司宣传工作管理办法》整合原《浙江省能源集团有限公司新闻宣传工作管理办法》《浙江省能源集团有限公司新媒体建设管理办法》等制度相关内容，明确宣传工作总则、职责分工，进一步规范主要工作、媒体建设、工作要求、队伍建设、责任考核等条款，扩展的宣传工作范围，推行宣传工作积分制考核管理，引导各级组织落实责任，提高认识，改变“狭义宣传”思维，系统性做好企业“大宣传”工作，增强宣传工作引导力、传播力、影响力、公信力。

二、宣传阵地

（一）网站

1. 浙能集团内部网站（浙能集团新闻中心网站）

2004年5月9日，浙能集团党建·文化网站开通。网站主要体现“新闻信息快、学习资料全、工作指导强、文学艺术美”的特点和优势，具有互动交流的功能和管理手段，更新快、功能强、分级管理，是一个综合性的党建、文化网站。网站由浙能集团政治工作部主办，组织（人力资源）部、监察审计部、浙能集团工委、浙能集团团委协办，主要分设阅读中心、投稿中心、留言中心、图片中心、交流中心、下载中心等版块，涵盖《浙江能源报》网络版、视频新闻、领导讲话、浙能党建、企业文化、人力资源、廉政建设、工会建设、共青风华、政研在线、时事精选、五彩生活、投稿中心、图片更新、下载中心、留言系统、调查系统、广告系统等内容。网址：http://10.150.0.19/zgb/。

2009年6月，浙能集团新闻中心网站V1.0版（又名鼎闻新闻管理系统V1.0版）开发完成，在浙能集团内网正式上线运行。鼎闻新闻管理系统由浙能集团政治工作部（新闻中心）和浙江天工自信科技公司联合开发，研发投入23万元，实现了新闻在线采编一体化管理，并具备功能强大的新闻发布系统，提高了新闻宣传工作效率和宣传效果，在浙江全省企业报系统和企业内部新闻网站中具有先进地位。

2010年3月，鼎闻新闻管理系统因其创新性、实用性，通过浙江省科技厅专家委员会的科技成果鉴定，获得浙能集团2010年科技成果一等奖。同年4月，鼎闻新闻管理系统获浙江省电力科技项目评比三等奖。鼎闻新闻管理系统在浙能集团内分步推广应用，产品化后具有一定的对外有偿推广价值。

2010年7月9日，浙能集团发文，要求在所属单位中做好鼎闻新闻管理系统的推广应用工作。截至2018年11月27日，浙能集团内部已有39家单位使用鼎闻新闻管理系统，组成了浙能集团新闻中心网站群，打通了浙能集团与所属企业的新闻流通流程。

2011年5月，浙能集团对新闻中心网站进行了改造升级，内容包括页面美工重新设计实现、栏目权限根据实际情况重新调整、转向链接功能优化和前后台文章联合查询优化等。在此基础上系统升级为V2.0版本，本次升级改版投入费用11万元左右。

2012年4月26日，浙能集团召开鼎闻新闻管理系统升级研讨会，针对板块化管理改革对新闻宣传工作提出的新要求、鼎闻新闻管理系统运行三年来存在的问题进行研讨，确定下一步升级方向和具体功能方案。2012年，随着浙能集团板块化管理的实施，网站进行了重新改版，除加大浙能要闻比重外，将综合新闻分为电力板块、煤炭板块、油气板块、可再能板块、科工服板块、其他板块、媒体报道，充分发挥各板块新闻宣传的自主性和宣传合力。

2013年7月，浙能集团对新闻中心网站进行了改造升级，内容包括网页整体美工改版、来源管理优化、稿件复制功能开发、编辑页面重新开发、去格式功能开发等，同时对栏目进行调整。在此基础上系统升级为V3.0版本，本次升级改版投入费用12万元左右。

2014年9月，浙能集团对新闻中心网站进行了改造升级，内容包括文字合并功能优化、作者管理功能优化、稿件多版本管理功能开发、稿费管理重新开发、原图挂载功能优化等。在此基础上系统升级为V4.0版本，本次升级改版投入费用15万元左右。

2017年4月，浙能集团对新闻中心网站进行了改版，内容包括网页整体美工改版、文章栏目调整和文章推送功能优化、要闻互动显示功能开发等。本次升级改版投入费用10万元左右。

2018年5月，浙能集团对新闻中心网站进行了改版，内容包括网页整体页面改版、友情链接显示优化、文章投稿统计及评分系统重新开发等。本次升级改版投入费用12万元左右。浙能集团新闻中心网站运行稳定，是浙能集团内部信息发布、新闻宣传、资料共享、信息系统入口的重要平台。网址：http://news. zhenergy. com. cn/。

2. 浙能集团外部网站

2013年1月6日，浙能集团外部网站经过一个阶段上线试运行后，正式对外发布，网址：http://www. zjenergy. com. cn。

外部网站设“公司概况、企业新闻、企业文化、人才招聘、社会责任报告、联系我们”等栏目，作为浙能集团的对外宣传窗口，在扩大企业社会影响力、展示企业良好形象和员工风采、提升企业品牌价值等方面发挥重要作用，同时也为浙能集团提供了一个利用互联网收集发布信息、开展对外交流的良好平台。

2016年10月，浙能集团对外部网站进了整体改版。整个网站从首页、栏目页、内容页到各专题页，从前台显示到后台管理功能，全部重新设计开发。

2017年2月，浙能集团外部网站整体开发工作完成。重新设计后的浙能集团外部网站分为首页、走进浙能、新闻资讯、聚焦四业、企业文化、社会责任、重大信息公开、人才招聘8个栏目，同时增加了人文浙能、善美浙能等专题栏目，更好地发挥了网站的信息发布和新闻宣传的作用。

（二）《浙江能源报》

2004年3月，浙能集团企业报《浙江能源报》创刊，党委书记、董事长孙永森题写报名和创刊词，浙能集团政治工作部负责编辑出版。报纸为4开4版彩报，内部资料准证号：浙企准字第S038号，每年出版24期左右，印数8000份。其中一、四版为要闻，二、三版为综合新闻。《浙江能源报》是宣传贯彻党的路线、方针、政策的重要窗口；贯彻实施浙江省委、浙江省政府的战略决策，成为推进浙江能源事业发展的重要阵地；是统一认识、统一行动，成为探索企业经营管理具体措施的重要载体；把握主方向、唱响主旋律，外树形象、内强素质，成为创建浙能集团企业文化的重要平台。

2004年5月，《浙江能源报》网络版开通。

2004年9月，《浙江能源报》由原四版改为八版，其中一版为要闻，二、三版为综合新闻，四至七版为专版，八版为文化副刊，更好地宣传浙能集团的决策部署、展示企业的好经验与好做法，增强《浙江能源报》的可读性、影响力。

2004年12月25日，《浙江能源报》加入浙江省企业报协会，成为其会员单位。

2006年3月，《浙江能源报》刊出第50期，内部资料准证号变更为浙企准字第S031号。

2007年3月，《浙江能源报》办报三周年，形成了风格和特色，具有一定的办报水准，成为浙江省企业报协会常务理事单位。共出刊75期，发行量达到8000余份。在浙能集团内部整合了新闻宣传力量，营造了很好的舆论氛围；对外树立浙能集团很好的形象，扩大了知名度。《浙江能源报》不仅成为记录浙能集团发展历史的重要资料，而且成为浙江省领导、浙江省有关部门以及国家电力监管委员会等了解浙能集团发展过程和日常工作动态的主要载体。王永明副省长抗台期间曾指示《浙江能源报》大力弘扬抗台精神和广大浙能系统干部员工顽强拼搏、艰苦奋斗的精神。《浙江能源报》被评为“浙江省双十佳企业报”，荣获“全国优秀企业报刊一等奖”。

2008年3月，《浙江能源报》出刊100期。《浙江能源报》创办四年来，唱响主旋律，把握主方向，坚持“三贴近”，成为宣传贯彻党的路线、方针、政策的重要窗口；成为推进浙江能源事业发展的重要阵地；成为统一思想认识和行动举措的重要载体；成为打造新型管理体系和创建特色企业文化的重要平台。同年4月16日，编辑部专门刊出了《浙江能源报》出刊100期特刊。

2010年1月，《浙江能源报》新版数字报刊投入运行，系统采用方正多媒体数字报刊系统。

2012年，《浙江能源报》数字报刊全线上网，方便了职工上线浏览查询，读者通过点击数字报刊区域可查看《浙江能源报》创刊至最新一期的全部报纸内容。

2015年9月，《浙江能源报》获得“2015年中国能源企业传播大奖优秀内刊奖”。

2016年11月，《浙江能源报》由原来八版改为四版。

截至2019年底，《浙江能源报》发行385

期，成为浙能集团档案库的重要素材，也是修志的重要依据。《浙江能源报》开展年度好新闻、副刊好作品评比，共评出各年度好新闻、副刊好作品504件，其中特等奖10篇、一等奖43篇、二等奖73篇、三等奖145篇、优秀奖153篇、副刊好作品80件。编辑部选送参加浙江省企业报好新闻奖共有44余篇获奖。《浙江能源报》为凝聚企业力量、树立企业形象发挥积极作用。

（三）《浙江能源》杂志

2003年7月，《浙江煤炭》杂志正式更名为《浙江能源》杂志。《浙江能源》杂志由浙能集团、浙江省煤炭行业协会与浙江省煤炭学会联合办刊，为双月刊。

2003年11月，浙能集团发文启用《浙江能源》杂志编辑委员会和编辑部印章。《浙江能源》杂志编辑部设在杭州市莫干山路583号浙江省煤炭行业协会。

2004年1月，首期《浙江能源》杂志（2004年第1期，总第68期）出刊。刊物由半年刊改为双月刊，由48页面增加到64页面，全彩印，准印证号：浙内准字第0077号，由浙能集团战略研究和法律事务部负责编辑出版。《浙江能源》杂志以学术研究为主，充分反映能源领域科学研究、政策法规、企业生产、经营管理、企业党建、文化建设以及调查研究等方面的成果和企业风貌，是面向浙江省能源领域服务的省级综合性期刊。开设专题策划、特别报道、浙能视点、企业风采、专家论坛、行业透视、科技平台、管理实践、企业文化、干部任免10个栏目。每期赠阅3600册。

2007年7月，《浙江能源》杂志管理职能移交浙能集团政治工作部，编辑部办公地址变更为杭州市天目山路152号。

2007年9月，《浙江能源》杂志荣获“全国优秀企业报刊特等奖”。

2008年1月，《浙江能源》杂志每期赠阅量调整为5000册。

2008年，浙江省煤炭学会、浙江省煤炭行业协会、浙江省能源集团有限公司和煤炭科学研究总院杭州环境保护研究所联合，共同完成2008年《能源环境保护》（增刊）的编辑出版发送工作，为行业科技推广和交流搭建了平台，营造良好的行业学术研究氛围。

2017年1月，浙江浙能技术研究院有限公司开始参与《浙江能源》杂志办刊工作，对刊物栏目和内容做了相应调整，杂志内容以技术性分析、实务性研究为主。

2017年9月，《浙江能源》杂志改由浙能集团政治工作部（新闻中心）指导，浙江浙能技术研究院有限公司承办，在杭州余杭区五常街道余杭塘路2159-1号浙能创业大厦C座5楼分设编辑部。

2018年1月，《浙江能源》杂志每期赠阅量调整为3700册。

截至2019年底，《浙江能源》杂志编辑部完成2019年第4期（总第156期）杂志的编辑、出刊、发送工作，共赠阅831600册。

（四）网络电视台

2004年7月，浙能集团拍摄完成首期视频节目《立志高远争先创优》。

2006年9月，首期《浙能视频报道》在浙能集团党建·文化网站播出，为不定期视频节目，重点报道浙能集团要传达的重要精神和重大新闻事件，较好地顺应了全媒体时代新闻宣传工作要求，促进各宣传载体优势互补。

2006年10月至2007年3月，为贯彻落实好浙江省委书记习近平视察浙能集团时提出的“希望浙能集团带头践行循环经济发展之路”的指示精神，浙能集团政治工作部组织人员赴有关单位进行采访、拍摄，推出了浙能集团大力实施绿色能源计划系列专题片，反映浙能集团所属各单位大力实施绿色能源计划方面的具体举措、取得实效和经验，在浙能集团内外形成大力实施绿色能源计划的浓厚舆论氛围。

2008年6月，摄制完成了浙能集团党建巡礼专题电视片《聚能》，向浙能集团首次党代会献礼，并经改编在由浙江省委组织部电教中心主管的浙江卫视的《先锋栏目》中公开播放，再现了浙能集团成立七年来所取得的成就，宣传了浙能党建工作和大量先进人物。

2010年6月，在信息网络支撑和流媒体技术构架的升级下，浙能集团网络电视台建立雏形。节目内容涵盖浙能视频报道、重要新闻专题节目、专题策划纪录片、企业形象介绍片、教育培训学习资料，以及文艺活动等各类节目。由于受到网速限制，浙能网络电视台节目仅对浙能集团本部和部分在杭州单位开放。

2010年12月，浙能集团组织人员进行浙能司歌音乐片的拍摄，积累了大量的视频素材，提高摄像、摄影通讯员的技术水平，培养了视频宣传工作队伍。

2011年4月，浙能集团建成了由本部和所属的浙江浙能嘉兴发电有限公司、浙江浙能温州发电有限公司、浙江浙能兰溪发电有限责任公司、浙江省天然气开发有限公司、浙江富兴电力燃料有限公司、浙江兴源投资有限公司等12家主播单位组成的流媒体系统，浙能网络电视台正式全线开通。浙能集团所属单位均可以点播观看视频节目。

2012年3月，浙能集团《浙能视频报道》更名为《浙能新闻联播》。

2015年11月，浙能集团委托浙江天工自信科技公司完成了浙能网络电视台流媒体二期项目改造，建立了浙能集团流媒体资源的分布式部署和集中式管理的流媒体平台，改造后的系统具有各单位之间的媒体分发、就近点播、级联直播等功能，解决了网络电视台视频播放速度比较慢等问题。

2017年12月，浙能网络电视台组织实施了浙能集团历史上最大规模的一次党课展播活动，即浙能集团“千名书记带你学”党的十九大精神专题党课网上展播。活动从收集制作的浙能集团各级党委书记、党委副书记、纪委书记、支部（总支）书记、团委书记宣讲的960多个专题党课中，挑选其中比较优秀的330个党课在浙能网络电视台进行展播，在浙能集团中营造了比学赶超良好氛围，让学习贯彻党的十九大精神有了新载体。

2018年5月，浙能网络电视台首次自主成功完成浙能集团运动会开幕式微信电视直播，探索和积累了电视直播的经验，也锻炼了电视直播队伍。

2019年11月，浙能集团融媒体演播中心正式投入使用。《浙能新闻联播》第204期节目在该演播中心内完成录制。浙能集团新闻中心主档新闻宣传栏目《浙能新闻联播》首次实现双人对播的新形式，为全体“浙能人”带来视觉新体验。本次结合融媒体演播中心的建设使用，《浙能新闻联播》节目同步改版创新。新版《浙能新闻联播》充分发挥融媒体演播中心特点，放大电视新闻类节目的内容优势，配以全新的包装呈现，进一步提升浙能集团新闻报道的立体效果。

截至2019年，浙能集团网络电视台拍摄、保存了时任浙江省委书记的习近平等省部级以上领导来浙能集团参观考察指导的珍贵录像、视频资料，以及浙能集团对外交往、项目合作、公众展示和内部接待等方面的重要影像素材。浙能集团网络电视台已播出《浙能新闻联播》207期，相继推出了《聚力》《天山脚下的浙能人》《温电踏上绿色发展的康庄大道》《善美在浙能》《浙能集团变“输血”为“造血”光伏帮扶助农增收》等一批高质量的视频报道和专题片，其中《浙能集团国内首创超低排放成果正式发布》《走在全国发电安全生产管理最前列》《浙能集团全面完成G20能源保障任务》《新时代、新浙能》等41个视频作品在“中电传媒杯”视频作品评选中获奖，《我们的梦想》等4个视频作品在首届全国职工微电影大赛中获奖。2019年，微视频《一张蓝图、一片蓝天》作为浙江全省“不忘初心、牢记使命”主题教育首批8个视频教材之一，在浙江省委组织部微信公众号“浙江组工”发布，并获中央组织部组织的第十五届全国党员教育电视片优秀作品评选活动二等奖。随着企业发展的需要，拍摄制作了10多个版本，6个语种（中文、英语、俄语、西班牙语、土耳其语、蒙古语）的浙能集团形象宣传片。

（五）微信公众号

2014年6月30日，浙能集团运用微信公众平台增强企业文化宣传力影响力，注册微信公众号（微信号为“znwenhua”，命名为“浙能文化”），并推送了第1期信息。该阶段推送的微信公众号内容主要为浙能文化解读、企业文化建设等情况，以及国学、历史、艺术等各类文化信息。

2016年12月30日，微信公众号中文名称由“浙能文化”改名为“浙江能源”，微信号仍为“znwenhua”。推送内容扩展到企业新闻动态等各类信息。

2017年1月6日，浙能集团依托团委成立浙能青年新媒体工作室，并招募确定了首批14名成员，作为“浙江能源”微信公众号的运维团队，负责微信公众号内容的策划、编辑和制作。

2017年6月24日，浙能集团将“浙江能源”微信公众号申请主体变更为浙江省能源集团有限公司。至此，“浙江能源”微信公众号真正成为浙能集团官方微信公众号。

2017年9月，“浙江能源”微信公众号全新改版。由政治工作部（新闻中心）负责维护管理，设置浙能头条、浙能要闻、善美浙能、媒体报道、学习时刻、转载等常规固定栏目。开辟“浙能微信馆”收纳浙能集团各单位官方微信公众号，发挥微信矩阵作用，增强微信公众号的传播覆盖面和影响力。“浙能微信馆”收纳了19个下属单位的官方微信公众号。开发“浙能·爱”快拍投稿平台，增强微信公众号互动性。同时，明确内容编排规范，实行每个工作日定期更新发布，使微信公众号的运营和管理走上正规化常态化道路。

2018年1月，“浙江能源”微信公众号结合浙能集团阶段性重点工作任务，相继开辟浙能特刊、浙能党建特色工作、浙能党建阵地巡展、浙能故事、经验交流、浙能新视界、浙能周讯等栏目，增强内容的丰富性和形式的多样性；尝试对重大活动的微信直播，为进一步增强宣传影响力发挥了积极的作用，如浙能集团首届微型党课竞讲比赛、浙能集团第一届职工运动会开幕式、浙能集团首届“新声音”职工歌手大赛决赛等。其中，浙能集团“浙江能源”微信公众号以每日一讲、听读结合的方式推出《习近平新时代中国特色社会主义思想三十讲》音频，方便党员群众随时随地学习的举措得到了浙江省国资委的肯定。

2018年8月30日，浙能集团组织召开微信公众号运营与管理研讨会，对前一阶段浙能集团各单位官方微信公众号的运营和管理工作进行总结分析，对下一步工作进行研讨，更好地发挥微信公众号宣传平台的作用，提升微信平台的宣传成效。会议要求浙能集团各微信公众平台要坚持政治性、思想性、新闻性、功能性、原创性，发挥“上传下达”作用，更好将企业的信息进行提炼、整合传播，对内凝聚人心，对外展示企业良好形象。同时，要处理好“吸引与迎合”“引导与需求”“传播与互动”“内容与点击”“管理与策划”的关系，进一步通过做实专题策划，提升内容、增强标题吸引力等加强微信公众号管理，强化微信公众平台的对外宣传效力。

2019年10月2日，在新中国成立70周年之际，浙能集团在公众号平台筹划开办“浙能印记”系列历史影像微信图片展，通过新旧图片今昔对比方式，记录浙能多年发展历程，此外还在浙能集团新闻网站等媒体平台同步播发。

2019年11月7日，《浙能集团2020年应届生招聘开启!》一文发布，当天阅读量达28439人次，创下“浙江能源”微信公众号开办以来的历年新高。

2019年11月9日，浙能集团新媒体（微信客户端）研讨会在杭州召开，会议讨论了浙能集团微信矩阵发布及传播信息规范工作，联合浙能集团所属各单位做好微信号整合工作，规范微信公众号外宣的审批工作，研究了“浙江能源”微信公众号提升方案。

2019年12月17日，浙能集团首本故事型书籍《浙能好故事》正式发布，70篇匠心打造的好故事合力讲述了新时代浙江国企排头兵的发展故事。为推广此书，浙能集团政治工作部设计了书签等书籍衍生文化产品，并利用微信公众号、网易云音乐等新媒体平台宣传推广《浙能好故事》。首次实现线上线下“有文、有图、有声”的随身数字化资讯阅读服务，发出国企文化传播新声音。

截至2019年底，“浙江能源”微信公众号目前关注总人数达28612人，超过浙能集团职工总人数，居浙能集团微信矩阵第一，全年开设出“浙能新鲜事”等14个全新专栏，文章传播范围、点击量等均有显著提升。“浙江能源”微信号经不断探索已形成权威、严谨、大气、稳重的风格特征，并承担了浙能集团官方信息发布、重要工作情况公布、重要基层动态展示的职能，逐步做到重大事件不漏报，发布内容严谨规范，策划专题佳作不断。“浙能微信馆”收纳的下属单位的官方微信公众号增加到 27 个，成为网络阵地上重要的对外展示窗口。

三、内部宣传

2001—2005 年，浙能集团内部宣传以报道基层单位上报的重要信息和各部门撰写的浙能集团领导活动、讲话精神、重要来访、大项目建设等内容为主，相继建立了《浙江能源报》《浙江能源》杂志、浙能集团内部网站、浙能网络电视台等新闻宣传阵地，坚持优势互补、扬长避短，协同发挥作用。组建了专职新闻采编队伍，完成了“为浙江经济腾飞插上翅膀”“保持共产党员先进性教育”“浙能集团工作会议精神”“迎峰度夏”“防汛抗台”“浙能人”等浙能集团重要宣传工作任务。2004 年 7—9 月，浙能集团组织“‘战高温、保发电’迎峰度夏小分队”，到浙江钱清发电有限责任公司等多家基层单位采访，深度挖掘广大干部员工冒炎热、流大汗，以自己辛勤的劳动确保安全生产的生动素材，宣传各单位战高温、斗酷暑、抗台风，周密部署、克服困难，保障浙江电力的可靠供应的情况。此后，每年“迎峰度夏”和“防汛抗台”期间，组织小分队深入一线采访报道，不仅积累了大量图片、视频和文档信息和素材，而且通过专版、专栏宣传，“迎峰度夏”过程中的先进管理经验，讴歌一线职工为保证机组稳发满发的精神风貌，鼓舞了广大“浙能人”的士气，也使“浙能人”高度的社会责任感和拼搏精神得到宣扬。此外，通过召开宣传工作座谈会，听取一线通讯员对政工部门工作的意见、建议，了解所属企业新闻宣传工作的情况；组织小分队成员为通讯员队伍现场上新闻专业课程等形式对基层通讯员开展培训活动，提高了通讯员队伍尤其是宣传骨干队伍的素质，起到了较好的培训效果，也受到了基层单位和通讯员的好评。2005 年 3 月，浙能集团政治工作部对新闻宣传工作方面的 8 个先进集体和 28 名先进个人予以表彰奖励，鼓励各特约记者站积极主动组织稿件，加强网络队伍建设，推进宣传工作。此后，此项工作每年开展，到 2018 年底，共评出年度宣传工作先进集体 140 余个，年度宣传工作先进个人 280 余名，以鼓励先进，更好地推进工作。

2006—2010 年，围绕“大能源战略”和“十一五”发展规划的宣传贯彻，浙能集团做好专题策划，《浙江能源报》、网站、浙能网络电视台连续刊发历次浙能集团领导访谈录和所属单位负责人工作思路，对战略与规划进行解读，跟踪报道战略与规划的实践动态，营造了很好的舆论氛围。围绕“企业文化建设年”和“作风建设年”活动、安全生产、节能减排、重点工程建设、经营管理、迎峰度夏、防汛抗台、党建文化等重大题材和重点工作、突击工作，大力开展宣传报道工作。大力宣传“绿色能源计划”，特别是节能减排工作，调动工作积极性，推动任务顺利完成。2006 年 5 月，浙能集团成立五周年，浙能集团举行了系列庆祝活动，政治工作部进行了大篇幅的宣传报道，使得喜庆气氛更加浓厚，大大鼓舞了人心。2006 年 9 月份开始，根据浙能集团掀起的带头践行节能减排、循环经济发展之路，大力实施“绿色能源计划”的工作部门，政治工作部周密部署，成立采访组，深入一家家单位进行采访活动，在报纸、网站开辟专版专栏进行宣传报道，介绍经验、特色、具体举措和长远规划，起到了非常好的效果，受到了各家单位的欢迎和系统内外的一致好评。《浙江能源报》每月在头版发布“浙能集团火电机组竞赛龙虎榜”，对促进生产经营管理也发挥了一定的作用。2007 年编印《“大能源战略”宣传手册》《浙能集团形象宣传画册(2007 版)》。2008 年 2 月，及时组织力量报道浙能集团在抗击冰雪灾害中所做的工作，刊出《浙能集团确保所属机组安全稳定发电》《浙能集团全力保障电煤供应》《浙能集团打赢抗雪灾保发电攻坚战纪实》《省委、党政府主要领导作出重要批示，充分肯定浙能集团在抗雪救灾中所作贡献》《关键时刻，他们冲在前抢在先》等文章。2008 年 6—8 月，着力抓好浙能集团第一次党代会相关宣传工作。会前，通过组织系列的宣传报道，特别是报道基层党建工作的新鲜经验、做法与实践，发生在身边的普通共产党员的先进事迹，为第一次党代会营造了良好的舆论氛围。会中，制作了迎接党代会召开图片展览，共推出 14 块展板。会后，迅速组织对浙能集团第一次党代会精神的学习、解读、宣传，及时报道各部门、各单位学习贯彻党代会精神的动态情况，有力推动了浙能集团首次党代会精神在基层的贯彻落实。2009 年 11 月，浙能集团政治工作部（新闻中心）组织编发《编通往来》第 1 期，重点部署了浙能集团新闻宣传报道阶段工作要点，加强浙能集团采编业务管理与沟通。此后，每年定期编发，到 2018 年 12 月已刊发了《编通往来》28 期，内容扩展到上级对新闻宣传工作的要求、浙能集团近期重点报道新闻线索和新闻宣传报道要点，所属单位来稿统计、稿件点评以及通讯员培训知识和技巧等，为所属公司开展新闻宣传工作指明了方向。2009 年，围绕“大能源战略”下各个产业和板块的蓬勃发展开展主题、专题宣传，对金融危机下浙能集团“化危为机”、各所属企业科学发展、主导产业升级、金牌机组经验总结、挖潜增效、扭亏增盈等专题进行了特别报道。2010 年 3 月，编辑出版了由董事长题写书名的《浙能名片》一书。书中收录了浙能集团成立以来，被中央媒体采用的新闻稿件 17 篇，被省级媒体采用的新闻稿件 187 篇，被行业媒体采用的新闻稿件 148 篇，通过媒体的窗口，宣扬和展示浙能精神、浙能文化。2010 年，还开展企业转型升级、创先争优、回眸“十一五”展望“十二五”、企业文化建设等重大主题宣传报道。

2011—2015 年，重点对浙能集团历年工作会议、安全生产工作会议、党风廉政工作会议、党建工作现场会等重大会议进行了全面报道；对宣贯“十二五”规划、庆祝浙能集团成立十周年、大项目建设、实施绿色能源计划、能源清洁化战略、“超低排放”战略、“走出去”战略、挺进新疆看浙能、“三严三实”专题教育、天然气供应、迎峰度夏保发电等内容进行了系列报道；做到重要新闻及时发布，后续通讯报道迅速跟进，及时传达了浙能集团中心工作与任务，并对各基层单位落实浙能集团会议精神所采取的措施给予重点关注，进行了不同侧面的报道；先后开辟了“浙能视觉”“标杆管理”“节能减排”“重点能源项目巡礼”“寻找最美浙能人”“班组里的新鲜事”等专栏，鼓励员工畅所欲言，为不同层面、不同岗位搭建沟通与交流的平台。2011 年 4 月，举办了 2011 年度“大项目”建设专题宣传会议，全年《浙江能源报》共刊出“大项目”建设专版 18 期，深入一线报道项目进度、建设情况、基建人员的鲜活事件。2011 年 3—9 月，开展“我与浙能几多往事”征稿活动，在浙能集团 25 个单位中征集到作品 243 篇，收到 11 个单位的照片 100 余幅。此基础上评出特等奖 1 篇，一等奖 3 篇，二等奖 5 篇，三等奖 10 篇，鼓励奖 20 篇；评出优秀老照片 5 幅，较好地展现浙能集团改革发展十周年所取得的成绩，展示了“浙能人”的风采，弘扬优秀企业文化。2012 年，为适应板块化管理的需要，浙能集团新闻中心充实调整新闻宣传网络队伍，调整后设有特约记者站 54 个，聘任特约评论员 26 人、特约记者 67 人、特约通讯员 155 人、特约网管员 56 人、特约校对员 39 人。通过外送培训、送课下基层、“上挂培训”、刊发《编通往来》等多种途径组织开展通讯员专业培训，年度培训人员达 400 余人。2015 年 7 月，浙能集团开展“一线工程师故事”活动，各部门、公司系统各单位特约记者站做好“一线工程师故事”的征集、精选、整理工作。同年，开展“善美行动在浙能”宣传活动，通讯员踊跃投稿，截至 10 月 20 日，浙能集团上下组织“善美”文章多达 594 篇，涌现出了一批读者喜闻乐见的优秀稿件，同时也为各项工作添砖加瓦、鸣锣开道。

2016—2018 年，浙能集团根据工作重点，组织开展了“十九大精神宣传”“聚焦四业发展”“抓落实、补短板、见实效”“提质增效、比学赶超”“善美行动在浙能”“班组里的新鲜事”“新抓手新班组”“两先两优事迹展示”“迎峰度夏保障能源供应”“浙能集团第二次党代会”“超低排放”“阿斯塔纳世博会”等大型主题宣传活动。2017 年 2 月，开展“浙能工匠”专题宣传活动，共征集到优秀稿件 105 篇，并结集出版，较好地宣传了“工匠”兢兢业业的工作精神，鼓舞激励广大专业技术人员刻苦钻研、勇攀科技高峰，引领广大干部员工在改革发展、转型升级中撸起袖子加油干。2017 年，策划“展示新成就、迎接十九大”系列报道，筹办“丝路行、援疆情”专题报告会。2018 年 3—5 月，着力抓好浙能集团第二次党代会相关宣传工作。会前，推出“喜迎浙能集团第二次党代会系列报道”“浙能党建阵地巡展”“浙能党建特色工作展播”“喜迎集团党代会今昔十年对比照”“展示新业绩·喜迎党代会图片展”等，展示浙能集团各级党组织党建阵地建设情况、党建工作特色、亮点、成效和“浙能人”的奋斗精神，向第二次党代会献礼。会中，组织开幕式、闭幕式报道，各单位组织收看开幕会实况的消息组稿、党代会精彩瞬间、视频直播、网络电视台实况直播等，及时报道党代会精神的动态和党代表的风采。会后，组织对党代会精神的学习、解读、宣传，及时报道各部门、各单位学习贯彻党代会精神的动态情况，有力地推动了浙能集团第二次党代会精神在基层的贯彻落实。通过专稿或经验介绍等形式推介各单位宣贯浙能集团第二次党代会精神的典型案例及成效，营造比学赶超的良好氛围。

四、外部宣传

2003年8月21日，《浙江日报》报道浙能集团签下22.5亿元订单为筹建中的浙江浙能兰溪发电有限责任公司订购主设备。9月11日，《浙江日报》报道浙能集团签下22.97亿元订单为筹建中的浙江浙能乐清发电有限责任公司订购发电设备，为浙江电力建设提速开锣鸣道。

2004年7月9日，浙能集团在杭召开新闻发布会，通报嘉兴发电有限责任公司二期工程首台机组正式投产的消息，来自中央、省、市的22家新闻媒体到会。浙能集团董事长孙永森、副董事长蔡建平、副总经理毛剑宏等参加发布会，并就记者提出的有关电源建设、电源结构、煤炭储备、天然气供应、嘉兴发电有限责任公司二期工程质量等问题作出解答。7月9—13日，新华网、《人民日报》等媒体相继报道浙能集团所属的浙江嘉兴发电有限责任公司二期工程3号机组暨首台60万千瓦机组提前7个多月正式投入商业运行新闻。

2005年5月2日，《浙江日报》报道浙江浙能兰溪发电有限责任公司建设者们加班加点加快工程建设。10月21日，国务院国资委网站报道浙能集团所属嘉兴发电有限责任公司二期最后一台60万千瓦机组投入商业运营。10月25日，《浙江日报》以《不走过场干在实处》为题报道浙能集团将先进性教育活动贯穿在实际工作中。

2006年5月30日，《浙江日报》报道浙能集团成立五周年来取得的业绩。

2007年5月24日，《浙江日报》专版报道浙能集团获评“浙江省最具社会责任感企业”，全面展示浙能集团在全力保障浙江省电力供应、电煤供应、天然气产业实现零突破，环保减排节能工作卓有成效，壮大实力贡献社会，肩负责任化解风险，奉献爱心倾情回报等方面业绩。8月17日，《浙江日报》专版报道浙能集团脱硫减排工作纪实，宣传浙能集团面对基础设施薄弱，尤其是安装脱硫装置工期紧、资金紧缺、无预留场地等重重困难，以高度的社会责任感，主动承担社会责任，投入50多亿巨资，大力实施“绿色能源计划”。这个计划一方面对所有老火电进行烟气脱硫改造，至2009年提前一年实现所有燃煤机组全脱硫；另一方面，用工程总投资的10%实施新建电厂烟气脱硫设施“三同时”（与电厂主体设备同步设计、同步建设、同步投运）。10月，人民日报出版社编印的《和谐中国系列之——走向辉煌》一书中同时刊发了《浙能集团形象介绍》《浙能集团大力推进脱硫减排工作纪实》。11月30日，《浙江日报》报道浙能集团“工作要做到员工心坎里”的思想政治工作经验。12月5日，《浙江日报》报道浙能集团获评浙江省节能减排“十大标杆企业”，宣传了浙能集团调整电厂脱硫规划、力争脱硫项目提前投产、源头控制减少电煤硫分等各种脱硫减排措施和取得的成效。

2008年4月7日，《浙江日报》、中国电力新闻网等媒体报道浙能集团所属的嘉兴发电有限责任公司5号机连续运行750天创全国纪录。6月26日，《浙江日报》专版刊发《与浙江经济一起成长》一文，报道浙能集团成立七年来，为浙江的社会经济快速发展提供长期、安全、稳定能源保障的同时，圆满完成浙江省委、浙江省政府关于做强做大做优国有企业和国有企业保值增值的目标。8月6日，组织淮浙煤电一体化项目开始投产新闻发布会。12月18日，《浙江日报》专版特写宣传浙能集团推进转型升级的三部曲，成为同行业的佼佼者；同日，《浙江日报》专版刊发《能源行业的“全能好手”》一文，报道浙能集团成立七年来，已发展成为净资产达374亿元、总资产850亿元的大型综合性能源企业。《全国五一劳动奖状文献画册》《创业创新在浙江》等相继专版刊发文章，宣传浙能企业形象。

2009年4月21—29日，中央电视台、《人民日报》、新华网、《经济日报》等多家主流媒体报道浙能集团把应对国际金融危机冲击、克服经济发展困难，作为深入开展学习实践科学发展观活动最大的实践、最重要的实际、最需要取得的实效，通过实施“大能源战略”，加快推进战略转型，着力建设综合型现代能源企业。5月9日，《浙江日报》专版报道浙能集团与浙江经济发展风雨同舟。5月11日，《中国能源报》报道浙能集团将电厂生产监控系统植入手机，成功开发出全国领先的掌上SIS。5月13日，《浙江日报》专版报道浙能集团在浙江全省116家候选企业中历经抽样调查、读者代表与专家评委评定，作为20家单位之一，获评“第二届浙江省最具社会责任感企业”，成为《浙江日报》60年新闻报道中的企业典型，展示良好企业形象。6月9日，人民网、新华网、《浙江日报》专版报道浙能集团控股建设的浙江舟山煤炭中转码头开港，将为浙江煤炭能源安全保障和社会经济发展发挥重要作用。7月11日，《浙江日报》报道滩坑水电站3台机组全部投产发电，成为浙江第二大常规水电站。电站的建设带动了浙西南5万移民下山脱贫，解决了浙江电网电力电量供需不平衡和调峰容量短缺的突出矛盾，改善了浙江电网系统的运行条件。同时，结合河道整治，使得位于电站下游的青田县城防洪标准由原来的3年一遇提高到20年一遇，对青田、景宁乃至整个浙西南地区的社会经济发展具有重要的意义。9月3日，新华网、《浙江日报》、浙江卫视等主流媒体报道浙能集团控股的台州发电厂4台135兆瓦机组冷却塔成功爆破拆除，浙江电力能源结构优化、节能减排、转型升级的步伐再次提速。9月14日，《中国能源报》刊发《“大能源战略”促浙能做大做强》一文，宣传浙能集团在努力扩大电力主业规模和竞争力的基础上，大力发展煤电一体化、天然气、核能、水电等能源产业，向能源综合型企业转型。12月，浙江省天然气开发有限公司受到中国文化管理学会办公室表彰，获得“中国企业媒体贡献一等奖”。

2010年1月11日，《中国能源报》报道浙能集团舟山中转码头向浙江紧急供煤270万吨，有效缓解浙江全省电煤供应紧张。1月11日，《中国能源报》报道浙能集团开建浙江省最大热电联产项目——浙江浙能绍兴滨海热电有限责任公司。2月3日，《浙江日报》报道浙能集团面临金融危机的挑战，依然取得了良好业绩，营业收入达600亿元，利润总额达55.7亿元，占省属国企利润总额30.9%，效益领跑省属国企。3月1日，《中国能源报》报道浙能集团2009年度实现利润总额超过55亿元，占浙江省属国企利润总额的近三分之一。12月22日，《浙江日报》专版发表长篇通讯，报道浙能集团肩负浙江省能源供应和安全的神圣职责，领跑节能减排，建设绿色能源，在深入实施“大能源战略”中转型升级。

2011年1月25日，在浙江省宣传思想工作会议上，浙能集团获得“2009—2010年度浙江省思想政治工作先进单位”荣誉称号，受到浙江省委表彰。1月31日至2月1日，新华网、凤凰网、《中国日报》等主流媒体报道了浙能集团优秀共产党员潘世岳同志先进事迹。3月18日，《浙江日报》报道浙能集团连续三届获评“浙江最具社会责任感企业”荣誉称号。5月6日，《浙江日报》专版报道浙能集团获评“首届浙江和谐企业”，宣传企业先进事迹和取得的丰硕成果，全力保障浙江能源安全，造福浙江人民。5月27日，《浙江日报》专版报道浙能集团创业十周年来承载着“为发展提供动力，为社会创造财富”的光荣使命，取得的辉煌业绩。

2012年8月，浙能集团政治工作部（新闻中心）组织开展“挺进新疆看浙能”的专题宣传活动。组织《中国经济时报》《浙江日报》等媒体记者到浙能集团所属新疆企业进行了深入采访和调研，形成了9篇“挺进新疆看浙能”的系列报道，在《中国经济时报》《浙江日报》、新华网浙江频道等媒体刊发后，在浙能集团内外引起了强烈反响。特别是新闻社浙江分社记者采写的《“浙江精神”引领“走出去”，“大能源战略”开辟新空间——浙能集团援疆两年初创合作共赢局面的启示》一文，浙江省委书记赵洪祝作出批示，给浙能集团的工作给予充分肯定。

副省长陈加元在此文上批示指出：建议多宣传国企大力参与对口支援实现互补共赢的典型。

2013年5月，新华社在内参上刊发《高速发展下何以能保持清廉风气——国企预防腐败的“浙能现象”调查》，浙江省委书记夏宝龙在该文上作出重要批示：“在国企预防腐败上，浙能做得好”。7月15日，《中国电力报》发电周刊报道，浙能集团在2012年度电力可靠性指标发布会上，5台机组荣获“全国火力发电可靠性金牌机组”称号，至此浙能集团历年来获金牌机组总数达22台次，管理机组获奖比例居全国发电集团首位。8月11—16日，针对2013年遇到百年一遇的高温，浙能集团连续在《浙江日报》，新华网、《中国电力报》等进行系列报道，刊登《浙能集团所属发电机组发电量创新高》《嘉电日发电超一亿千瓦时》《高温不息，用电保障几何》等文章，在社会上引起了强烈反响。《浙江日报》头版以《浙能11个水电站开闸放水》为题，报道浙能集团在发电生产的同时，自觉承担起抗旱的社会责任，遍布浙江全省的11个水电站均不同程度地放水抗旱，满足下游百姓生活饮用水和农业灌溉需要，灌溉农田超万亩。该新闻受到了浙江省副省长黄旭明的关注，作出“浙能集团一直有很强的社会责任感”的批示，充分肯定了浙能集团的工作。8月26日，《中国经济导报》专版刊发《稳中求进促转型，真抓实干谋发展》一文，报道浙能集团成立十二年来，成长为浙江省发展能源产业的主抓手、能源合作的主平台、能源供应的主渠道、保障能源安全的主力军和环境保护的主战场，为促进浙江经济社会发展作出了积极贡献。12月9日，淮浙煤电有限责任公司凤台发电分公司二期首台机组投入运行，浙能集团新闻中心联合社会媒体及时进行宣传，此消息稿先后在新华网、人民网、中国网、凤凰网、《浙江日报》《中国经济时报》等数十家媒体进行报道，取得了良好的社会效应。

2014年4月24日、25日，《国内首台超低排放脱硫装置整套启动》一文，使浙能集团成为国内第一家报道超低排放项目的单位，新华网、人民网、中国网等200余家新闻媒体予以转载，扩大了浙能集团“能源清洁化战略”的影响力。浙能集团走在国家政策之前自觉承担清洁环保的社会责任的突出表现受到了各级领导的关注和批示，给浙能集团的工作给予充分肯定。省长李强的批示：“这是一件大好事，请省环保厅组织力量评估，要大力推广”。5月30日至6月2日，新华网、《浙江日报》、新浪网等多家媒体报道我国首套烟气超低排放装置在浙江浙能嘉兴发电有限公司8号机组投入运行。该台百万千瓦燃煤机组经技术改造后，其主要污染物排放量与天然气燃气轮机组相媲美，达到了国际先进水平。6月18至28日，新华网浙江频道、《浙江日报》《中国电力报》等多家媒体报道占浙江发电能力一半的浙能集团率先在全国实现了所有燃煤火力发电机组的全脱硝，为治霾立下了大功。6月26日，新华网等媒体报道浙能集团所属滩坑水电站拦蓄洪水，大大减轻瓯江流域的防汛压力。《浙能集团所属水电站拦蓄洪水应战强降雨》新闻稿刊出后，得到副省长黄旭明的批示：“浙能集团主要领导关键时刻赶赴防汛一线，所属水电企业恪尽职守协力防汛，工作做得很好，值得充分肯定。”7月20日，《浙江日报》报道浙江浙能台州第二发电有限责任公司在工地为一线施工人员建立休息驿站。7月21日，浙能集团国内首创超低排放项目成果发布座谈会暨新闻发布会在浙江省人民大会堂举行。会上，中国环境监测总站权威发布监测结果，我国首个燃煤发电机组烟气超低排放改造项目——浙江浙能嘉兴发电有限公司三期7号、8号百万千瓦机组主要污染物排放水平均低于天然气机组排放标准，达到国际领先水平。该改造项目取得成功，标志着燃煤发电机组清洁化技术取得了革命性突破。《人民日报》、新华社、中新社、中央电视台、《浙江日报》等32家新闻媒体派记者到会采访。8月16日，中央电视台报道浙能集团超低排放改造技术。11月10日，《中国电力报》《浙江日报》、中国电力新闻网等媒体报道浙江浙能台州第二发电有限责任公司码头建设。11月12—14日，央视网、浙江电视台等媒体，报道浙江浙能台州第二发电有限责任公司员工张令斌在台州“11·9”工商银行营业厅现金抢夺案中勇斗歹徒的壮举。12月22日，《中国电力报》一版报道浙能集团作为省属能源骨干企业，成立十三年来，始终坚持清洁、高效的发展理念，将节能减排降耗作为重要的社会责任抓实抓细，着力加强资源节约型、环境友好型企业建设。其燃煤机组超低排放、脱硝、脱硫等清洁环保项目均走到全国同行前列，引领了全国能源技术的革命，助推浙江创建国家清洁能源示范省。12月29日，新华网浙江频道、光明网、《浙江日报》等主流媒体报道浙能集团投资145亿元，推动大能源战略实施，保障浙江能源安全。

2015年1月4—9日，新华网、中国电力新闻网等社会媒体以《涓涓细流汇大爱——浙能集团开展善美行动纪事》为题，报道浙能集团把“以德立人、以能立业”的核心价值观与提升员工思想道德水平结合起来，开展“实践真善美、传递正能量”的“善美”行动，通过持之以恒地培育和努力，使浙能集团和全体“浙能人”始终保持和不断提升卓越先进的优秀品质、勇于革新进取的“精气神”，保障和促进企业和谐稳定和健康可持续发展。2月9日，《浙江日报》等媒体报道浙能集团控股管理的电厂装机容量已达到2727万千瓦。十四年间，浙能集团的装机容量增长超7倍，位列全国地方发电集团首位，发挥了浙江省能源保供主力军、主渠道作用，同时也取得良好的经济效益。2013—2014年，浙能集团连续两年实现利润超百亿元。3月5日，中央电视台、新华网、人民网、《中国能源报》《中国电力报》《浙江日报》等媒体报道浙能集团率先取名并在全国首创的“超低排放”一词被李克强总理收入到《政府工作报告》当中。5月13日，《中国电力报》图文报道浙能台州第二发电工程2号汽轮机低压缸内下缸最后一块隔板就位，低压缸内下缸全部拼装完成。5月29日，《浙江日报》头版报道亚洲最大的海水冷却塔在浙能集团下属浙江浙能台州第二发电有限责任公司投用。该冷却塔为浙能集团首个加肋海水冷却塔。循环水采用海水二次循环冷却，避免温水影响海洋生物环境。6月29日，新华社浙江分社报道浙能集团坚持“党建强、发展强”的工作理念，积极构建“目标明确、全面融入，责任到位、运作和谐，平台宽泛、互促共赢，机制健全、奖惩有力”的“大党建”格局，纵向到底、横向到边，将党建融入企业生产经营管理各个领域，使党建工作与企业中心工作紧密结合，各种载体得到有效整合利用，摸索出一条具有浙能特色的国企党建路子，为企业改革发展稳定提供强有力的思想、组织、作风保证和精神动力。7月17日，《超低排放走在前，节能降耗创一流——浙能集团转型绿色发展》一稿，在《浙江日报》头版刊载后，被新华网、新浪网、网易新闻等全国及省主流媒体的报道，展现浙能集团积极探索习总书记“绿色发展之路”，助力“美丽浙江”建设。9月8日，浙江省委书记、省人大常委会主任夏宝龙在浙能集团上报的专报信息上作出重要批示。夏宝龙书记在批示中指出，浙能集团成绩来之不易！望再接再厉，认真贯彻落实习近平总书记在浙江省考察时提出的“干在实处永无止境、走在前列要谋新篇”的要求，进一步发挥省属国企排头兵作用，努力为浙江省经济社会发展多作贡献。9月9日，副省长朱从玖也在专报信息上作出重要批示。副省长朱从玖的批示：“祝贺浙能集团取得的成绩！请浙能集团和国资委按中发〔2015〕22号文件精神，谋划好浙能进一步深化改革，打造优秀国企的先进范例。”9月15日，新华网、《浙江日报》、浙江电视台等媒体报道我国首台105万千瓦全概念超低排放燃煤火电机组——浙能台州第二发电工程1号机组在三门湾畔正式投产发电。11月9日，新华社报道浙能集团对浙江长广（集团）有限责任公司实施吸收式合并，立足为浙江长广（集团）有限责任公司输血的同时，重新恢复其造血功能，力争在3~5年时间内，将浙江长广（集团）有限责任公司建设成为拥有特色主导产业、人企共进、和谐发展的现代企业。12月14日，《浙江日报》等媒体报道浙能集团装机容量突破3000万千瓦，达3016万千瓦，其装机规模位居全国地方发电集团之首。12月15日，《浙江日报》以《绿色能源的浙能样本》为题专版报道浙能集团牢记省委主要领导“建设绿色浙江”和“打造循环经济”的嘱托及“立潮头、保发电、促环保”的期望托付，将经济、社会、生态的和谐发展与企业的前途命运紧密相连，探索出了一条绿色发展之路。同日，浙江电视台等媒体报道浙能台州第二电厂一期项目全面建成投产。

2016年1月4日，《钱江晚报》报道浙能集团装机容量达3016万千瓦，装机规模位居全国地方发电集团之首的消息。5月13日，《浙江日报》头版头条报道《“浙能”打好提质增效攻坚战》。7月26日，新华网、凤凰网、人民网、《浙江日报》等8家主流媒体报道浙能集团所属发电机组创单日发电量创新高，达4.54亿千瓦时，开足马力、全力以赴保障浙江用电的需求。8月8日，《浙江日报》专版以《火电新生代 绿色新摹本“十二五”压轴百万机组抢占超低排放制高点》为题报道浙江浙能台州第二发电有限责任公司超低排放。同日，光明网、浙江在线等媒体转发了该报道。8月22日，《中国能源报》专版报道浙能集团构建“多气源一环网”的省级天然气管网体系，通过多点进气，实现气源间的互联互保，提高保供能力，打赢“迎峰度夏”攻坚战。9月8日，《中国电力报》头版报道在G20峰会期间，浙能集团控股的3098万千瓦发电机组、1036千米省级天然气管网运行可靠稳定、安全通畅，保障了浙江及杭州市的电力、天然气的有序供应，圆满完成平安护航G20能源保障任务。9月21日，《浙江日报》刊发专稿《践行承诺不辱使命》，报道浙能集团在G20杭州峰会期间确保浙江全省的电力、天然气稳定供应的同时，做好峰会环境质量保障，协同做好各项污染防控工作，确保了峰会期间杭州的环境安全和空气质量处于优良水平，向世界展现了浙江省良好的生态环境，给与会嘉宾留下了美好难忘的印象。在G20杭州峰会期间，浙能集团高标准的环保措施，得到了浙江省环保厅高度肯定。

2017年1月5日，阿斯塔纳世博会中国馆首次官方新闻发布会在北京贸促会礼堂举行。浙能集团作为本次世博会中国馆“官方合作伙伴”参加新闻发布会。2月22日，浙江省委常委、宣传部部长葛慧君来到浙能集团调研，要求浙能集团在坚持好的传统的基础上与时俱进、勇于创新，进一步培育和发挥国有企业宣传思想工作的独特优势，进一步调动和发挥宣传思想工作生产力作用，为做强做优做大国有企业提供坚强思想政治保障。党委书记、董事长童亚辉汇报了浙能集团党建、宣传思想以及生产经营等工作情况，同时介绍了浙能集团当前面临的经营形势、全面推进“四业”发展的主要工作、党建和宣传思想政治工作的特色做法，并汇报了浙能集团进一步加强党建和思想政治工作的思路。3月6日、7日，《浙江日报》、中国广播网、网易新闻、中电新闻网等媒体报道浙能集团在系统所属燃煤电厂全面推广超低排放技术，超低排放进度继续走在全国发电行业前列，并提出在2017年底前全部完成超低排放改造的目标。6月8日，浙能集团携超低排放技术参展阿斯塔纳世博会。国家主席习近平与哈萨克斯坦总统纳扎尔巴耶夫一同参观了阿斯塔纳世博会中国馆浙能集团超低排放展区。习近平主席详细听取了浙能集团董事长童亚辉关于超低排放技术成效及推广应用情况的汇报，称赞浙能集团超低排放技术好。6月23日，阿斯塔纳世博会中国馆“浙江日”开幕。在开幕式上，浙能集团总经理柯吉欣与新疆广汇石油公司董事长况军就哈萨克斯坦有关能源项目签署战略合作谅解备忘录。在浙能集团参展阿斯塔纳世博会期间，浙能集团政治工作部（新闻中心）派出专人做好新闻宣传工作。《习近平主席参观世博会浙能集团超低排放展区》《浙能超低排放技术惊艳世博会》《浙能集团超低排放技术亮相阿斯塔纳世博会》等一批新闻稿，先后在央视新闻、人民网、新华网、《浙江日报》等主流媒体发表，受到大家广泛关注。7月6日、7日，《浙能集团煤电机组全面实现超低排放》被新华社向全世界发布新闻通稿，人民网、新华网、《中国经济时报》等全国200家新闻媒体作全面宣传，其中新华网客户端的点击量达到45万人次。浙能集团提前完成国家提出实现煤电机组超低排放的任务，成为全球首个煤电机组全面实现超低排放的大型发电集团，为浙江创建清洁能源示范省提供“绿色”保障，为我国18亿吨电煤实现清洁利用提供解决方案。7月13日，《浙江日报》在要闻版报道浙能集团“迎峰度夏”保天然气供应。9月17—19日，浙能集团董事长童亚辉在浙江省政府主办的首届世界油商大会上，作“中国机遇，浙江篇章”的主旨演讲，阐述了中国发展石油产业、打造浙江自贸区油品全产业链的重要性与历史机遇，描绘了浙江省石油股份有限公司的发展蓝图。浙能集团总经理柯吉欣和英国石油公司（BP）有关代表，浙能集团副总经理范小宁和中石化副总经理吴灿奇分别签署石油天然气领域的合作协议。《中国电力报》《钱江晚报》、浙新闻客户端等社会媒体高度关注，相继报道了浙能集团助力浙江形成石油天然气、煤炭、电力等构成的完整能源产业，有力保障浙江能源供应安全。浙能集团政治工作部（新闻中心）派出专人做好新闻宣传工作，借首届世界油商大会东风，向世界展示与宣传浙能形象。9月30日，浙江新闻客户端报道了浙能集团在“四业”发展路径的引领下，突破了传统的思维模式禁锢，抓住创新驱动的发展机遇，以更宽的视野、更大的力度推进企业转型升级，打造新形势“新浙能”。10月10日，《中国电力报》整版报道、中电新闻网刊载《浙能集团奋进5年产出“黄金效应”纪实》，反映浙能集团深化企业改革，转变发展经营方式，深入实施“八八战略”，干好“一三五”、实现“四翻番”的战略目标，提出了实施“大能源战略”发展思路以及“能源立业、科技兴业、金融富业、海外创业”的发展路径，打造了一个新形势下的“新浙能”。12月4—12日，《浙江日报》、浙江在线网等媒体报道浙能集团参与“一带一路”建设，投入10.19亿巴西雷亚尔（约20亿元人民币）资本金参与巴西圣西芒水电站项目的投资和运行，实现海外创业零突破，使浙江省属国企拥有了首个海外特许经营权的大型水电项目。12月13日，《浙江日报》以《碧海蓝天相映三门湾》为题专版报道浙江浙能台州第二发电有限责任公司环保工作。浙能集团下属浙江浙能台州第二发电有限责任公司投资14亿元首创实施国内百万机组燃煤电厂“海、陆、空”全方位超低排放，采用当前环保减排领域的先进设备、技术和工艺，使大气污染物排放指标优于国际最严环保标准。12月15日，《中国电力报》专版报道浙江浙能台州第二发电有限责任公司工程创国优金奖纪实。

2018年4月10日，新华网、《浙江日报》等媒体报道国内最大蓄热式热氧化项目在新天煤化工开建。该项目是国内首个采用蓄热式热氧化（RTO）技术的煤化工VOCs治理项目，也是国内规模最大的RTO项目，项目建成后每小时可处理废气量超70万立方米，可让“工业臭气”无处肆虐，还周边地区一片净朗的天空。4月25日，新华网、《中国电力报》等7家媒体报道浙能集团建成全国最大绿色热电联产项目。5月15日，《国资监管简报》刊发题为《善抓重点巧发力，主动作为出实效》的文章，介绍浙能集团善抓重点、巧妙发力、主动作为做好外宣工作，提升企业的品牌美誉度和社会影响力的经验。6月4日，《浙江日报》、中国环保网等7家媒体报道浙能集团汽轮机螺栓国产化获突破，为行业发展提供借鉴。7月2日，人民网、《浙江日报》、浙江在线报道浙江浙能台州第二发电有限责任公司总装机容量32.5兆瓦的光伏电站正式投运。投运后，预计每年可为电网提供电量3039万千瓦时，节约标准煤约9269.9吨，减排二氧化碳约24740.1吨。同时，还可节约用水，减少相应的水力除灰废水和温排水等对水环境的污染。项目的建设完成，将对大力发展和推广清洁能源，进一步推动生态建设、促进当地经济可持续发展产生积极影响。7月12日，浙江卫视《浙江新闻联播》对浙能集团通过党委理论学习中心组等形式全面深入学习贯彻习总书记“八八战略”思想情况进行了报道。浙能集团党委书记、董事长童亚辉接受现场采访，畅谈学习心得。

2018年7月27日，浙江新闻客户端报道了浙能集团参与浙江全省“千企结千村、消灭薄弱村”行动，百日投运光伏项目帮扶薄弱村，助力美丽乡村、美丽浙江建设的新成果。8月16—17日，凤凰网、人民网浙江频道、《中国能源报》等11家媒体对浙能滩坑水电站投产十年进行了报道。十年间该电站不仅向浙江累计输送绿色电能107.8亿千瓦时，还带动电站库区青田、景宁两县11个乡镇5万多移民下山脱贫，这是浙能集团在“八八战略”引领下，对“绿水青山就是金山银山”科学论断的成功实践。8月29日至9月11日，中国网、新浪网、光明网、中国环保网、中国储能网、中国电力新闻网、东方头条等14家媒体对浙能集团在深度参与国内及全球绿色能源项目开发，有力推进能源产业供给侧改革，助力能源产业绿色发展，在清洁能源示范省建设中，走出了一条敢为人先、引领全国能源技术的绿色革命之路进行了报道。9月20日，在北京举办的第二届中国能源产业发展年会暨2018中国城市能源变革峰会上，浙能集团荣获“能源·2018十大‘美丽中国形象大使企业’”荣誉称号，受到大会表彰。该奖项由浙能集团政治工作部（新闻中心）组织申报。中国网、新浪网、手机中国网、浙江新闻客户端等7家社会媒体报道了浙能集团多年来自觉履行社会责任，推进转变增长方式、加快转型升级，为“两美浙江”和创建国家清洁能源示范省作出的积极贡献。10月18—22日，人民网、中国新闻网、央广网、《中国能源报》等13家社会媒体对浙能集团参加第二届世界油商大会的情况进行了报道，内容涵盖浙能集团党委书记、董事长童亚辉在第二届世界油商大会上作主旨演讲；浙能集团与相关单位签订战略合作协议；浙能集团作为特别合作方举办平行论坛等内容。《中国能源报》《中国电力报》专访了浙能集团党委书记、董事长童亚辉，报道了作为全国资产规模最大、能源产业门类最全的省级大型能源企业——浙能集团依托中国（浙江）自由贸易试验区得天独厚的便利对外开放条件，践行“一带一路”倡议，成为浙江省自贸试验区加快推进油品全产业链发展的主力军，承担着合理配置浙江省石油产业资源和油品安全稳定供应的战略任务。10月18日，中国电力新闻网报道了浙能集团亮相改革开放40周年电力成就展暨高峰会。浙能集团成立十八年以来，在“八八战略”指引下所取得的重大成就，以及对经济社会发展和电力行业进步所作出的重要贡献，旗下电力、油气、能源服务等各产业情况以及打造新浙能、成就百年浙能的转型升级规划和发展愿景等受到与会各方的高度关注。

2019年7月2日，新华社客户端刊登了浙能集团党委书记、董事长童亚辉的署名文章——《习近平能源安全新战略的浙江探索》。该文对习近平提出的“四个革命、一个合作”能源安全新战略思想如何萌发于浙江期间工作实践、新战略的科学内涵进行了辩证阐述，指出习近平在浙江工作期间，对推进能源发展进行了探索和思考，多次深入基层、企业开展调研，把能源问题放在浙江全省经济社会发展大系统中来认识，放在“八八战略”大框架中来谋划，为提出能源安全新战略奠定了基础。截至7月3日，《人民日报》《新华每日电讯》《光明日报》《经济日报》《解放军报》《文汇报》《农民日报》等主要中央级媒体纸质版全部在头版显著位置刊发此稿。该稿已被265家媒体采用，其中传统媒体（纸媒+网络）220家，微信公众号5家，客户端40家。9月9日和9月11日，《中国能源报》《中国经济时报》相继对浙能滩坑水电站的惠民故事进行了报道。截至7月31日，浙能滩坑水电站安全生产日累计达到4000天，自投产以来累计发电121.82亿千瓦时。滩坑水电站作为浙江省委、浙江省政府提出的“五大百亿工程”中“百亿帮扶致富建设工程”的一项重要工程，回应了当年习近平同志对“五大百亿工程”的要求，这是浙能集团在实践“四个革命、一个合作”能源安全新战略方面取得的成效。9月16日和9月18日，《中国能源报》《中国经济时报》相继对浙能智慧能源科技产业园项目进行了报道，该项目是浙能集团对浙江长广（集团）有限责任公司的合并重组工作之一，以“高端、智慧、绿色”的发展理念，打造“服务品质最好的产业园区”，助力浙江长广（集团）有限责任公司打造新产业、实现转型升级的重要创新创业工业平台，加快推进浙江长广（集团）有限责任公司转型三年行动计划。9月19日和10月7日，《中国经济时报》《中国能源报》相继对浙江浙能长兴发电有限公司探索燃煤电厂循环经济的经验进行了报道。浙江浙能长兴发电有限公司作为循环经济的火电样板，是中国长江以南地区率先使用城市中水的大型燃煤电厂，十年间节约的水资源已经超过1亿吨，累计减排二氧化硫37.68万吨，减排氮氧化物2.5万吨，减少化学需氧量排放约3311吨，减少氨氮排放约356吨，工业水循环利用率达98%以上。报道指出，浙江浙能长兴发电有限公司探索燃煤电厂循环经济新路，是浙能集团对“创新、协调、绿色、开放、共享”五大发展理念和“绿水青山就是金山银山”的战略思想的成功实践。9月20日和10月14日，《中国经济时报》《中国能源报》相继对浙能集团所属浙江浙能台州第二发电有限责任公司践行“绿水青山就是金山银山”科学论断，坚持绿色发展，发展清洁能源的工作经验进行了报道。浙江浙能台州第二发电有限责任公司以科技创新实现节能降耗，成为全国首座实现“海、陆、空”全方位污染物清洁排放的燃煤发电机组；同时，浙江浙能台州第二发电有限责任公司以党建引领，将党建工作和生产经营、企业文化有机地进行融合，实现了党建与发展双融入、双促进。9 月 25 日和 10 月 21 日，《中国经济时报》《中国能源报》相继对浙能浙江浙能绍兴滨海热电有限责任公司产城融合发展模式进行了报道，指出该实践经验为浙能集团打造高质量发展提供了“浙能样板”。浙江浙能绍兴滨海热电有限责任公司抓住当地印染产业近年来加紧集聚升级的机遇，积极探索适合当地转型发展需要的“管家式能源服务”新路，逐步打造出区域性综合能源供应服务平台，实现了与地方经济社会的转型发展同频共振、多方共赢。

五、舆情监控

2013 年 8 月，浙能集团启动舆情系统前期筹备工作，制定《浙能集团网络舆情监控工作筹建方案》，先后对浙江省委宣传部等 5 个单位舆情监测工作进行考察调研，由浙江浙能天工信息科技有限公司作为实施主体，负责浙能集团舆情监测系统的搭建和维护及舆情监测室的日常运行管理。

2014 年 3 月，浙能集团宣传与思想工作部选择北大方正电子公司的“方正智思互联网信息监控分析系统”作为舆情监测工作平台，同年 5 月，投入正式运行，对国内各新闻类、论坛类、博客、微博、微信、手机客户端等媒体进行监测。

2014 年 5 月，在浙能集团宣传与思想工作部指导下，成立了舆情监测室，由浙江浙能天工信息科技有限公司组织并配备了 4 名专职人员及高性能服务器（部署在浙能集团机房），通过舆情监测工作平台及人工搜索对涉及浙能集团的网络舆情进行实行 24 小时的不间断监测，对危机事件进行趋势分析和跟踪反馈，为领导科学决策提供服务。

2014 年 9 月，浙能集团在浙江省委党校举办了浙能集团 2014 年舆情应对和新闻宣传培训，来自浙能集团所属企业的 150 余名办公室和政工系统人员参加培训，为企业面对复杂的舆论环境和有可能出现的突发事件提供了经验借鉴和业务支持。

2014 年 12 月，浙能集团印发《舆情监测管理办法》，明确舆情监测工作的职责、流程、内容、方法等基本要求和工作机制，全面强化日常监测。

2015 年 4 月 24 日，浙能集团党委发布《关于印发〈浙江省能源集团有限公司新闻宣传工作管理办法〉的通知》，明确浙能集团宣传与思想工作部（新闻中心）负责跟踪研究分析浙能集团内热点、焦点新闻舆论动向，加强舆论监督工作。做好网络舆情监测、分析、研判及重大网络舆情信息的汇总报告，遇突发网络舆情及时向应急领导小组报告。各板块管理公司对本板块的舆情监测及管理工作负责。

2015 年 6 月 9 日，浙能集团印发《突发重大网络舆情应急处置预案管理办法》，规定了浙能集团被国内外网络媒体登载有对企业改革、发展和稳定可能产生重大影响的各方面信息，或对企业正常生产、工作秩序可能产生重大影响的相关信息等突发网络舆论的应对处置工作，为及时有效处置浙能集团系统突发重大网络舆情，最大程度预防、减少和消除突发重大网络舆情可能造成的各种负面影响，切实提升应对网络媒体的能力，为维护浙能集团良好形象提供了遵循。

2016 年 4 月，浙能集团共投入资金 125 万元，将舆情系统迁移至浙江浙能天工信息科技有限公司数据中心，服务器扩展到 9 台，提高网络舆情监测系统的硬件性能，增加设备可靠性。

2016 年 7 月 29 日，浙能集团党委为确保 G20 国际峰会顺利召开，根据浙江省委、浙江省政府和浙江省国资委的具体工作要求，浙能集团制定了《重大国际峰会工作方案》，从强化日常监测，及时准确地把握网络舆情动态和协助推进重大网络舆情事件的应急处置两方面入手，扎实有效做好舆情工作。对涉及浙能集团的热点网络舆情事件进行持续跟踪和有效应对，对重大舆情事件提前布控，特别对地处杭州的浙江浙能电力股份有限公司萧山发电厂分流这一事件加强舆情监测，做好事先布控，平安护航 G20。进一步提高网络舆情监测系统的硬件系统性能，增加设备可靠性，为服务G20期间加强时时监测，严密监视网络、媒体舆情，打下良好基础。同时，及时总结经验，不断梳理完善舆情监测工作机制，提升获取舆情信息的时效性和准确性。

2017年12月，选定浙江浙能天工信息科技有限公司作为浙能集团舆情监测服务的提供商，开展舆情监测服务工作。

2018年9月，舆情监测服务已推广到系统各个板块共55家单位，满足了浙能集团及各所属单位舆情监测需求。

2019年4月10日，浙江省委宣传部、浙江省国资委对浙能集团意识形态及网络舆情监测工作进行了专题调研并给予充分肯定。

截至2019年，浙能集团每月开展网络舆情风险点分析，加强与政府机构建立沟通渠道，及时掌握舆情动态。舆情监测室建立浙能集团舆情规则13条，设置关键词331个。共计完成2466期舆情报送工作，其中日报2061期，周报295期，月报37期，专报73期，及时跟踪和核实负面舆情72条。对嘉兴电厂项目的海底营救、乐清钱云会交通事件、浙江长广（集团）吸收合并管理、杭州分输站等重点事件进行了密切跟踪，积累了应对新闻媒体时的危机处置经验，保障了G20、党的十九大等重大会议期间全浙能集团网络舆情安全。

第四节 党建与思想政治工作研究

一、思想政治工作研究机构

2004年3月19日，浙能集团职工思想政治工作（企业文化建设）研究会（简称政研会）成立。研究会的主要职责和任务是：以邓小平理论和“三个代表”重要思想为指导，坚持围绕中心、服务企业、应用为主的研究方针，解放思想，实事求是，深入调研，总结经验，与时俱进，开拓创新，探索规律，多出成果，积极发挥政研会组织的特殊作用，努力开展思想政治工作和企业文化建设研究的新局面。政研会印发了《浙江省能源集团有限公司系统职工思想政治工作（企业文化建设）研究会章程》，明确政研会的性质、宗旨、业务范围、会员管理、组织机构和负责人产生、调整等内容和要求。浙能集团下属浙江镇海发电有限责任公司、台州发电厂、浙江浙能兰溪发电有限责任公司等子（分）公司也成立了思想政治工作研究会，形成了浙能集团从上到下的思想政治工作的研究网络。各级思想政治工作研究会（研究分会）在党委的领导下，由党群部门负责开展工作，制定了研究会章程，每届研究会任期一般为五年，期满后选举产生新一届研究会。各级研究会每年召开研讨年会，根据不同时期的政治、经济形势，紧扣时代主题，围绕企业的中心工作确定研究主题，安排撰写、征集、评选研究论文；并在年会上对思想政治工作进行总结安排，交流优秀论文，表彰思想政治工作先进集体、个人和优秀论文撰写者，推荐优秀论文参加上级政研会交流，较好地发挥了“思想库”和“智囊团”的作用，为加强和改进思想政治工作提供了智力支持。

二、党建与思想政治工作研究成果

2004年10月，浙能集团政研会开展研究，编印思想政治工作（企业文化建设）研究会首册论文集，为浙能集团高层领导和职能部门作决策和参考，推进政研成果的宣传推广和转化运用。

2004年11月，浙能集团职工思想政治工作（企业文化建设）研究会首次年会暨优秀论文交流会在宁波宁海召开。大会总结回顾了浙能集团政研会的工作，指出了存在的问题和不足，提出了下阶段的工作思路和任务。在会议期间，与会代表就政研会工作报告、《浙江省能源集团有限公司企业文化建设规划》等开展讨论，对浙能集团企业理念征集稿、司标征集稿进行了投票评选，集中智慧与力量，进一步提升企业文化的内在品质，增强认同度和影响力。经过会前21家基层单位对参赛论文的投票评选，大会对18篇优秀论文进行了表彰，部分优秀论文在会上作了交流。

2007年1月10日，浙能集团思想政治工作（企业文化建设）研究会2006年会暨论文交流会在安吉召开。会议总结回顾了浙能集团2006年政研会的工作，部署了2007年的工作，表彰了2006年度优秀论文，并交流了党建工作、思想政治工作、企业文化建设的经验，部分获奖作者代表进行了经验交流。《浙能集团母子公司企业文化架构与建设的思考》《努力构建和探索党员教育管理的长效机制》《浙能集团员工思想状况调查》3篇论文获得了2006年度优秀论文一等奖；《“五好”党支部创建在企业中的实践与思考》等6篇论文获得二等奖；《浙能兰电基建期管理的实践与探索》等15篇论文获得了三等奖。

2007年12月26日，浙能集团在余杭召开职工思想政治工作（企业文化建设）研究会2007年会。会议总结回顾了浙能集团2007年政研会工作，部署了2008年的任务。本届年会重点发布了“浙能集团推行党建质量管理体系可行性研究”与“浙能集团所属企业支援新建企业员工思想状况调查”2个课题研究成果，并开辟了“以改革创新的精神推进浙能集团党的建设”的主题论坛，达到了较好的互动效果。会议讨论了浙能集团职工思想政治工作（企业文化建设）研究会报刊管理分会成立方案。

2008年12月，浙能集团职工思想政治工作（企业文化建设）研究会2008年会在嘉兴召开。会议重点围绕近年来浙能集团干部职工普遍关注的员工思想稳定、企业文化核心理念体系以及浙能集团党建党风廉政建设责任制等内容进行了专题交流和讨论；会议表彰了2008年度获奖的优秀论文，邀请了浙江省国资委党建处领导、浙江省思想政治工作研究会秘书长参与交流。

2009年12月30日，浙能集团召开职工思想政治工作（企业文化建设）研究会2009年会。

2010年3月5日，浙能集团政研会报刊管理分会召开专题座谈会，总结交流浙能集团多年来的办报办刊情况，探讨加强与改进浙能集团报刊建设若干问题，并对2010年浙能集团报刊工作提出建议和工作要求。这是浙能集团成立以来召开的第一个企业内部报刊专题研讨会议。

2010年5月，浙能集团职工思想政治工作（企业文化建设）研究会荣获“2008—2009年度省政研会工作奖”。萧山发电厂思想政治工作研究会同获这一荣誉称号。

2011年1月21日，浙能集团印发《基层企业职工思想动态预控制度（试行）》，明确浙能集团政治工作部行使职工思想动态预控工作的管理职能，依据浙能集团党委的要求，部署、督促、指导所属单位党委（总支）开展相关工作。浙能集团所属单位党委（总支）负责人是本单位开展职工思想动态预控工作的第一责任人，负责组织实施和审核上报职工思想动态预控工作。

2011年3月17日，浙能集团政研会组织召开2011年会。除了总结部署年度政研工作外，还以论坛的形式，就党建工作如何做好“传承与创新、需求与服务、难点与对策”三大方面的焦点话题展开研讨。会议邀请了相关具有代表性的各板块党委书记、总经理参与论坛互动。论坛中，大家充分结合本企业的实际，就如何服务党员、服务群众、服务企业进行了交流探讨，发表了自己的观点，进行了智慧的碰撞。此次政研形式得到了浙江省国资委党建处处长俞滨局的较高评价，得到了与会同志的一致认同，大家认为启发大、开阔了眼界，激活了思维。

2011年7月，浙能集团政治工作部撰写的《浙能集团青年人才资源状况调研报告》《实施党建“五大工程”，发挥国企党建优势》分别荣获了中国电力思想政治工作研究会政研成果三等奖和优秀奖。

2011年12月，浙能集团职工思想政治工作（企业文化建设）研究会以论坛的形式，邀请了相关具有代表性的浙能所属各单位党委书记、总经理参与互动，就“如何处理企业与社会的关系、企业与媒体之间的关系”和“国有企业市场化运行机制下的党建工作如何开展”2个主题展开研讨。同日，还对评出的3篇一等奖论文，6篇二等奖论文，9篇三等奖论进行了表彰。

2012年12月14日，浙能集团职工思想政治工作（企业文化建设）研究会被评为“2010—2012年度浙江省优秀政研会”。

2013年12月26日，浙能集团2013年政研会年会暨企业文化建设研讨会在浙江省委党校召开。会议全面总结回顾近两年工作成效，交流党建文化和宣传思想工作经验与成绩，谋划了下一年工作思路和工作重点。会议进行了优秀论文和党务工作经验交流，浙江浙能温州发电有限公司、浙江浙能兰溪发电有限责任公司、浙江天达环保股份有限公司、浙江浙能洋山建设开发有限公司、浙江省水利水电投资集团有限公司、浙江浙能嘉兴发电有限公司、浙江浙能镇海发电有限责任公司7家单位做了交流发言。在会议期间，还对浙能集团首届党建工作创新成果进行了互评交流。

2015年1月13日、14日，浙能集团2014年度政研工作年会在杭州召开。会议总结回顾浙能集团2014年政研工作，研究部署2015年政研工作，探讨交流政研工作经验。会议提出要围绕中心、理清思路、增强责任意识，努力实现浙能集团政研工作水平新提升。会议对2014年浙能集团优秀论文进行了表彰，浙江省能源集团有限公司可再生能源公司、浙能油气分公司、浙江省电力建设有限公司3家单位向大会作了优秀政研课题的介绍和交流。浙江浙能镇海发电有限责任公司、浙江浙能温州发电有限公司、浙江浙能兰溪发电有限责任公司3家单位党委就开展“党建示范点”工作向大会作了经验交流。

2015年11月8日，浙能集团被中国电力思想政治工作研究会获得“2015年度会刊工作先进集体”荣誉称号。

2015年12月，浙能集团获得了“2015年度会刊工作先进单位”荣誉称号。

2016年10月，浙能集团召开2016年度政研会年会，回顾总结了浙能集团2016年政研工作情况，对政研工作先进予以表彰，并就下一步提升改进政研工作作出部署。2016年，浙能集团各级政研会立足企业实际，深入调查研究，从党组织作用发挥、思想建设、党员管理、星级支部建设、企业文化、人才培养、班组建设及“两学一做”学习教育的实践等方面出发，积极探索新形势下思想政治工作特点规律，累计形成政研成果76篇。浙江浙能镇海发电有限责任公司《党员量化评价管理在基层党支部的探索与研究》、浙江浙能北仑发电有限公司《党建如何助力煤电企业破解生存与发展困境》、天地环保科技公司《社会主流意识形态在国企青年中认同构建的有效途径》等20篇论文被评为浙能集团2016年度优秀政研论文。

2017年3月6日，浙能集团政研成果《浙能集团基层党组织作用发挥情况的分析与研究》获2016年度省国有企业党建研究专委会优秀调研成果二等奖，《党员量化评价管理在基层党支部的探索》获2016年度省国有企业党建研究专委会优秀调研成果三等奖。

2017年7月，浙能集团政研会被授予“浙江省优秀政研会”称号，浙能集团课题组撰写的《浙能集团基层党组织作用发挥情况的分析与研究》荣获2015—2016年度浙江省优秀思想政治工作研究成果奖。浙江浙能北仑发电有限公司、浙江浙能兰溪发电有限责任公司各有1名党务工作者获得“浙江省优秀政研会工作者”称号。

2018年3月，浙能集团被中国电力思想政治工作研究会授予“全国电力行业思想政治工作优秀单位”称号。

2018年，浙能集团所属浙江省天然气开发公司获得中共浙江省委、浙江省人民政府颁发的“‘千村示范、万村整治’工程”和“美丽浙江建设突出贡献集体”荣誉称号，浙能集团2名员工获得中共浙江省委、浙江省人民政府颁发的“‘千村示范、万村整治’工程”和“美丽浙江建设突出贡献个人”荣誉称号。

2019年1月，浙能集团3名员工获得“浙江省企业党的十九大精神宣讲之星”荣誉称号。

2019年1月，浙能集团两名党务工作者获得“浙江省思想政治工作成绩突出个人”荣誉称号。

2019年11月13日，浙能集团被《中国电力报》授予“2018—2019年度优秀通讯站（特等奖）”荣誉称号。

第五节 精神文明建设

2002年，浙能集团重点抓《公民道德建设实施纲要》的贯彻落实，积极倡导“爱国守法、明礼诚信、团结友善、勤俭自强、敬业奉献”的基本道德规范，在基层单位开展文明单位、文明班组、文明职工创建活动。

2004年，浙能集团所属企业已有7家单位跨入了“省级文明单位”的行列，建立了较完整的文明单位创建体系。各单位每年制定《精神文明建设承包责任书》，分层逐级与安全生产、廉政建设、经营责任制一并签订，把精神文明建设与物质文明建设同规划、同安排、同考核、同奖惩。

2005年，浙能集团在全系统开展文明单位和文明行业的创建活动，重点抓好新建单位的文明创建工作，组织交流、推广精神文明建设创建活动的好经验、好方法，缩小各单位之间的差距，取长补短，共同进步。分步骤积极开展争创“省级文明行业”活动，以提升整个浙能集团的文明程度。优化评先选优机制，继续开展全系统“两先两优”评选活动，积极推荐一批具有鲜明时代特征和较大社会影响的先进典型。

2006年，浙能集团组织开展成立五周年系列庆祝活动，如“动力浙能、辉煌五年”演讲总决赛、浙能集团五周年成果展、首届书画摄影作品展、文艺晚会等，回顾总结公司五年来走过的风雨历程，展示五年来公司所取得的成就，弘扬“浙能人”精神，营造“和谐浙能”的企业文化，团结和动员全体职工同心协力建设具有核心竞争力、持续盈利能力和抗御风险能力的“百年浙能”。同年，浙能集团组织开展“善美”行动，全年共开展志愿服务和各类爱心公益活动483次，参与党团员达4000多人次。同年，开展“三个一批”创建活动：培育、扶植和巩固一批“全国文明单位”，培育创建一批“省、市级文明单位”，培育一批“浙能系统文明单位”。

2008年，浙能集团在系统内广泛组织开展文明单位创建活动，加强与浙江省精神文明建设委员会办公室的沟通协调，制定并实施《浙江省能源集团有限公司集团级文明单位创建办法》，出台具体方案、措施及目标，促进新建单位积极做好基础工作，争创浙能集团级文明单位；已获得地方文明单位称号的单位进一步巩固成果，向更高一级文明单位迈进；继续实施帮扶计划，对于创建文明单位工作走在前列的单位，督促其明确帮扶对象，帮助此项工作相对落后的单位做好创建申报工作；推广精神文明建设创建活动的好经验、好方法，加强浙能集团系统各单位纵向和横向之间的交流、学习，争取更多单位步上更高层次的“文明单位”行列；组织做好浙能集团本级申报省级文明单位的各项工作。

2008年8月，浙能集团积极贯彻落实浙江省委、浙江省政府关于全面推进“低收入农户奔小康工程”的决定部署，参加了由浙江省扶贫办公室、浙江省国资委发起的结对联村活动。浙能集团安排所属浙江省天然气开发有限公司等4家单位分别对口帮扶常山县球川镇所辖的4个行政村；安排所属浙江浙能兰溪发电有限责任公司等6家单位分别对口帮扶6个行政村。浙能集团指导参加具体帮扶工作的10家所属企业，进行了宣传和动员，进一步明确帮扶工作的责任落实，要求各企业加强领导、建立机制、明确目标、制定计划，并认真组织实施。在浙能集团统一的协调指导下，所属10家企业均根据各自承担的工作任务，建立和健全了帮扶工作机制。各所属企业均建立了由分管领导负责，相关职能部门参与，并指定专人落实的工作联络机制；制定了结对帮扶工作具体的年度目标和工作措施，明确帮扶工作的组织协调、情况收集、信息反馈、内外联络等具体工作要求，形成帮扶工作的常态化。浙能集团在每年底对各企业当年的帮扶工作落实情况进行检查，并指导各企业改进相关工作。截至2013年6月，浙能集团所属浙江省天然气开发有限公司等4家企业到村参加帮扶活动共100多人次，其中浙能集团领导10人次，4家所属企业领导40多人次，共计走访低收入困难农户70多户，投入专项帮扶资金共计110万元，其中前4年每年安排20万元，第5年增加到30万元。专项帮扶资金重点用于为帮扶村改善生产及生活基础建设提供有效的支持与帮助，使进村道路硬化和亮化、污水治理、村庄整治等基础设施建设方面发生了可喜的变化。包括结对帮扶和结对联村活动，浙能集团所属企业已共计投入常山县的帮扶资金260万元，为常山县结对村镇的经济社会发展贡献了一份力量。

2008—2011年浙能集团结对联村（帮扶）有关情况见表14-4-1。

表 14-4-1 2008—2011 年浙能集团结对联村（帮扶）有关情况统计表

责任单位（浙能集团下属企业）	结对（帮扶）对象（浙江省常山县）	项目	四年来投入的资金（万元）					备注
			2008 年	2009 年	2010 年	2011 年	小计	
浙江省天然气开发有限公司	球川镇金荷村	参与低收入农户奔小康工程建设，新农村基础设施资助建设和助学爱心等活动	5	5	5	5	20	浙江省扶贫办公室发起结对联村活动，浙江省审计厅作为组长单位，为期五年
浙江浙能钱清发电有限责任公司	球川镇芙蓉村		5	5	5	5	20	
萧山发电厂	球川镇百兴村		5	5	5	5	20	
浙江浙能华光潭水力发电有限公司	球川镇王家村		5	5	5	5	20	
浙江浙能兰溪发电有限责任公司	天马镇元青口村		15	15			30	浙江省委组织部、浙江国资委发起的结对联村活动，为期两年
浙江浙能北仑发电有限公司	何家乡黄岗村		13.5	16.5			30	
浙江东南发电股份有限公司	宋畈乡西坑村		15	15			30	
浙江兴源投资有限公司	芳村镇上牛角村		15	15			30	
浙江浙能嘉兴发电有限公司	大桥头乡桥坑村		15	15			30	
浙江浙能嘉华发电有限公司	同弓乡同弓山村		15	15			30	
投入资金合计（万元）			108.5	111.5	20	20	260	

2008 年 6 月 13 日，浙能集团万余名员工在主题为“情系灾区、千里同心——爱心捐款”活动中为灾区人民奉献爱心，捐款总额达到 928.634 万元，除党员缴纳“特殊党费”外，企业直接通过省红十字会捐款 300 万元，领导和干部员工个人捐款达 385.559 万余元，其中 260.51655 万元直接对口捐赠到受灾严重的中国东方电气集团有限公司，125.04245 万元由各单位通过地方专门捐赠机构汇往四川灾区。

2010 年，浙能集团广大干部员工心系青海玉树灾区和西南抗旱灾区，职工个人捐款总额达近 157 万元，其中 71.5 万元通过红十字会，直接捐建广西隆安县境内 4 个村的人饮工程，余款捐给玉树灾区。同时，浙能集团捐款 30 万元，积极参与“情暖浙江红十字博爱公益项目”。为此，浙能集团荣获“玉树抗震救灾、西南抗旱救灾特别奉献奖”。

2011 年 5 月，浙能集团组织开展了“浙能辉煌——十大成就”评选活动。浙能集团政治工作部专门成立工作组，搜集了大量资料并认真整理，在党建文化网站开辟投票页面组织广大职工参与投票，评选产生“浙能辉煌——十大成就”。该项活动在 5 月 27 日《浙江日报》整版专题报道。

2012 年 5 月 24 日，浙能集团政治工作部组织相关人员，走进浙江省交通集团台州板块临海市区中心所，实地调研该板块员工“阳光心理”工程建设，为浙能集团心理辅导站建设吸取经验。9 月 6 日，浙能集团党委发文启动人文关怀和心理疏导试点工作，成立了人文关怀和心理疏导试点工作指导小组，由浙能集团党委委员、纪委书记张荣博任组长。指导小组下设试点工作办公室，地点设在浙能集团政治工作部。本次试点工作确定的试点单位为浙江浙能兰溪发电有限责任公司和浙江兴源投资有限公司。试点工作以中国特色社会主义理论体系为指导，紧紧围绕“物质富裕、精神富有”战略目标，从企业实际出发，始终坚持建设“和谐浙能”的方略，通过开展试点工作，积极尝试柔性管理，提升企业管理层次，开辟新时期企业思想政治工作新渠道，努力确保职工队伍稳定，确保“大能源战略”深入实施，在推动企业科学发展、和谐发展中充分发挥国企党建优势。2013 年 7 月 1 日，浙江浙能兰溪发电有限责任公司获评浙江省

“心灵港湾工作室”示范点。2013年8月，人文关怀和心理疏导试点工作结束。2家试点单位搭建了心理健康知识宣传平台、开展丰富活动，加强人文关怀，建立健全并落实各层级的员工关爱机制和党内关爱基金资助机制，让组织的关怀惠及全员。浙能集团各单位通过到试点单位调研交流、开展心理咨询师培训、建立职工心理疏导预控与危机干预机制、丰富活动载体和加强思想引导等举措，宣传普及心理健康知识、介绍培养正确心理健康的方法和途径、解析心理现象、传授心理调适方法、提升思想政治工作水平等。浙江浙能乐清发电有限责任公司、淮浙煤电有限责任公司等浙能集团单位开展企地和谐共建活动，通过完善公共设施、举办公益活动、资助特困家庭、合办党内活动等，帮助地方解决实际困难，促进社企和谐发展。2014年4月到2015年5月，浙能集团宣传与思想工作部分两批组织人员参加浙江省思想政治工作研究会举办的心理咨询师培训，基本建立了浙能集团心理咨询师储备库。

2013年7月，浙能集团开展“中国梦，强企梦”为主题的中国特色社会主义宣传教育活动。同月，浙能集团组织开展了“寻找最美浙能人”征稿活动，征集到优秀作品汇编成《寻找最美浙能人》一书。

2014年3月，浙能集团党委印发《关于开展“善美”行动的通知》，在全浙能集团开展“善美”行动，明确浙能集团“善美”行动实施计划。随后，各下属单位制定了活动方案，明确目标、步骤，以持续不懈地开展“善美”行动，推进员工道德建设和素质养成。7月23日，浙能集团开展“善美在身边”主题演说比赛。来自浙能集团各大板块的参赛选手通过对善美文化的感悟，展示了浙能集团“善美”文化品牌作用，进一步展现了浙能集团“以德立人、以能立业”的核心价值观。坚持“三个融入”，将“善美”行动融入基层党组织建设中，融入企业各领域管理中，融入员工生产生活和工作学习中，努力实现全覆盖，推动“善美”不断转化为员工的群体意识和自觉行动。浙能集团在以上实践载体中选择部分载体形成系列活动、持续开展，各单位在以上实践载体中选择或创新拓展符合自身实际的载体，坚持每年开展若干项活动，长期不懈地推进“善美”行动。截至2016年11月25日，浙能集团各单位及党组织共计开展志愿服务和各类爱心公益活动483次，参与党团员多达4000多人次。其中，浙能集团所属浙江浙能镇海发电有限责任公司“小红帽”志愿服务队已有在册志愿者400余人，在社会重大灾难、企业生产一线、帮扶弱势群体、关心帮助青工等方面发挥了积极作用，荣获“浙江省志愿服务先进集体”称号。浙江浙能电力股份有限公司台州发电厂志愿服务队自1982年成立来，始终遵循“以过硬的技能服务人、真诚的态度感动人、奉献的精神凝聚人、善美的行动激励人”的宗旨，连续多年开展便民服务，荣获“浙江省优秀志愿服务集体”称号。浙能所属浙江浙能天然气运行有限公司志愿服务队积极开展了“喜迎G20”“喜迎春运”服务等活动，努力营造遵德守礼、和谐文明的城市环境，被表彰为“2016年杭州市春运工作优秀志愿者服务集体”，展现了大型国有企业的责任担当。

2014年4月，为适应党的十八届三中全会，对新一轮改革进行了全面规划和部署，全面深入改革必然涉及能源体制机制、电力系统等改革，浙能集团在全系统启动以“浙能还能走多远”为核心议题的“生存与发展”大讨论活动，各单位按照浙能集团党委部署，制定实施方案，组织开展“我为企业发展献一策”活动。“我为企业发展献一策”围绕大讨论活动主题进行，寻找公司在生存与发展上的隐患点和危机源，提出破解危机的思路与举措，隐患点和危机源深挖细查、查准查实，措施切合实际，可操作性要强。各单位活动办对“我为企业发展献一策”活动中形成的各类建议及时呈报浙能集团活动办，同时，对被采纳的有价值的意见和建议，反馈到相关部门予以落实。5月，各单位召开以“生存与发展”为主题的中心组专题学习会议。在前期寻找隐患点和危机源的基础上，采取中心发言、点评互动相结合的方式，通过中心组学习进一步明确公司发展的危机及解决对策。6月，各单位结合学习调研和中心组专题学习成果，撰写公司生产与发展研究报告，进一步破除影响公司改革、发展、稳定的各种思想障碍，找准企业生存与发展的短板，形成推动企业发展的科学方法和强大合力，为今后的改革管理提供科学依据。

2014 年 11 月 21 日，浙能集团在衢州市常山县组织召开常山团组结对帮扶成员单位工作会议，按照浙江省委、浙江省政府办公厅《关于做好新一轮扶贫结对帮扶工作的通知》要求部署新一轮结对帮扶工作。浙江浙能兰溪发电有限责任公司、浙江浙能常山天然气发电有限公司、浙江省能集团城市燃气有限公司、浙江浙能天然气运行有限公司 4 家所属企业按照浙能集团要求和会议精神，负责具体帮扶工作，通过走访、电话联系沟通等形式，与结对对象保持经常联系，增进结对单位与地方的友谊，共同建设企业与地方的和谐关系。同时，以开展帮扶活动为契机，加强对干部职工的思想政治教育，进一步增强干部职工的社会责任感和使命感，实现企业精神文明建设与帮扶工作的互促共进。截至 2017 年底，仅浙江浙能兰溪发电有限责任公司就提供帮扶资金 25 万元，确保浙江省委、浙江省政府相关指示精神落实到位。

2017 年 8 月 29 日，浙能集团党委印发《关于进一步加强和改进企业党建工作的实施意见》，明确加强企业精神文明建设的新要求，通过全面深入开展文明单位创建活动，优化细化创建考评体系，改进文明创建活动的日常管理，切实提升文明创建水平。

2018 年，深入贯彻落实中办《关于培育和践行社会主义核心价值观的意见》，开展培育和践行社会主义核心价值观“六大行动”，运用系统内各大宣传媒体平台、文艺作品、公益微电影等手段加强社会主义核心价值观宣传教育与传播推广，持续推进道德大讲堂建设。实施志愿服务推进行动，建立健全浙能集团志愿服务工作机制和志愿者服务队伍建设。大力弘扬优秀传统文化，开展“我们的节日”系列活动。

浙能集团坚持以社会主义核心价值观为引领，持续推进企业精神文明建设，以提高员工素质、涵养职业操守、培育职业精神、完善规章制度、树立行业新风为目标，组织系统各单位因地制宜开展各具特色的精神文明创建活动，巩固和提升各级文明单位创建成果。截至 2019 年 12 月底，浙能集团所属浙江浙能电力股份有限公司台州发电厂、浙江浙能嘉兴发电有限公司 2 家单位获得“全国文明单位”荣誉称号，浙江浙能电力股份有限公司台州发电厂、浙江浙能嘉兴发电有限公司、浙江浙能电力股份有限公司萧山发电厂 3 家单位获得“全国精神文明建设先进单位”荣誉称号；获得“省级文明单位”荣誉称号的有浙江浙能电力股份有限公司台州发电厂、浙江浙能镇海发电有限责任公司、浙江省电力建设有限公司、浙江浙能电力股份有限公司萧山发电厂、浙江浙能嘉兴发电有限公司、浙江浙能温州发电有限公司、浙江浙能绍兴滨海热电有限责任公司、浙江浙能长兴发电有限公司、浙江浙能北海水力发电有限公司、浙江浙能乐清发电有限责任公司、浙江东南发电股份有限公司、浙江浙能兰溪发电有限责任公司、浙江省天然气开发有限公司、宁波海运集团有限公司、浙江天地环保工程有限公司、浙能集团新犁新天煤化工有限责任公司、淮浙煤电有限责任公司凤台发电分公司、绍兴市上虞区天然气公司、浙江浙能金华燃机发电有限责任公司 19 家单位。

第十五篇
企业文化与群团建设

文化兴则企业兴。在二十年的创业历程中，浙能集团在对所属各子（分）公司企业文化建设的经验、成果进行分析、总结的基础上，坚持“传承与创新结合、共性与特色并存、内力与外力互动、过程与结果兼顾、文化与制度统一”的原则，紧密围绕“大能源战略”“三个一体化”发展思路的深入实施和“强总部”建设的深入推进，积淀了“让事业精彩、让生命闪光”的企业精神，确立了浙能集团企业文化建设的指导思想、基本原则、核心内容，构建浙能集团企业文化新框架，丰富浙能集团企业文化内涵。通过整体谋划、把握重点、持续完善、不断创新、制度保障等，以“打造具有国际竞争力的世界一流综合能源服务商”为愿景，着力构建“领导引领力、全员推动力、个体自觉力、制度保障力”融为一体的“四力合一”文化体系，对企业外塑形象、内强素质，全面提升干部员工素质和企业管理水平，增强干部员工文化自信，为浙能集团的改革、发展注入了新的活力，为浙能集团“四业”发展和“新浙能”打造提供了动力源泉，发挥了引领作用。

不断加强党对群团工作的组织领导，把群团工作纳入党建工作总体部署，建立和完善各级工会、共青团和女工等群众组织和工作机制，认真研究新形势下群团工作重大问题，加大对群团工作的保障力度，支持群团组织依法依章独立自主开展工作。

浙能集团工会秉持“围绕中心、服务职工、助推发展”的工作思路，紧紧依靠同级党组织和上级工会的领导，依靠行政的大力支持，勇于探索浙能特色的工运发展之路，着力构建高效、规范的工作机制，团结和带领广大职工为浙能集团“四业”发展建功立业。

践行“引导”职能，深入实施“技能培训、技能练兵、技能比武、技能晋级、技能带头人”“五位一体”的职工技能素质工程，成功举办了各类多专业、跨领域的省级、集团级技能大赛，持续组织开展“创建学习型组织和争作知识型职工”活动，做好劳模、先进的选树、评选、表彰工作，发挥“工会大学校”作用。践行“服务”职能，每年组织开展全系统“安康杯”竞赛，持续组织开展“重点建设立功”竞赛，不断健全劳动保护监督检查制度，有效构筑安全生产群众防线，发挥工会“促发展”作用。践行“维护”职能，进一步完善企业民主管理、职代会制度，建立集团本级职代会制度，深化厂务公开，推行平等协商、集体合同制度；坚持发挥桥梁纽带作用，真心实意为职工办实事，发挥工会“构筑和谐”作用。践行“建设”职能，切实推进职工文化、体育事业与文体阵地、“职工书屋”建设，不断创新职工文体活动机制，发挥工会“培育职工文化”作用。《浙江省能源集团有限公司职工文化建设调查》作为浙江省国企唯一的典型材料被收录在中华全国总工会宣传教育部、中国职工文化体育协会编，中国工人出版社出版的《中国职工文化·经典案例选编》。践行“组织”职能，着力推进工会组织建设，探索提出浙能集团工会的组建模式和职权界面清单，组织开展各类主题教育活动；开展工会理论创新研究，“职工文化建设”等7项课题成果获评上级的等级奖，从而为找准工会在企业改革发展大局中的定位、探索推动企业新发展提供了有益的借鉴，发挥“浙能工运事业的奠基”作用。

浙能集团团委组织广大青年自觉践行社会主义核心价值观，积极参与劳动竞赛、技术技能比武、科技创新、青年文明号等创建活动，动员广大青年立足岗位创新创业创优，围绕中心任务建功立业。把青年生力军作用和人才第一资源作用，转化为促进企业发展的强大力量。

第一章 企业文化的培育与发展

第一节 企业文化的整合

2001年2月20日，浙能集团以浙江省电力开发公司和浙江省煤炭集团公司资产为基础组建而成。因此，浙能集团企业文化是在电力、煤炭企业2种不同的子文化的初步交融中萌发，为浙能集团形成创利能力、站稳市场脚跟发挥了积极作用。

2003年3月1日，浙能集团接管了浙江全省15家发电企业。这些下属企业大多数具有扎实的企业文化建设基础，已总结提炼出符合本企业特点的安全生产、经营管理、员工行为等方面的文化理念。营造“整体协同、明确边界、共享核心、分层定位、各具特色”的企业文化建设氛围，实现母子文化的对接和融合，构建浙能集团优秀的母子文化，是浙能集团企业文化建设的重要内容，也是促进企业抓住市场机遇，实现规模发展的关键。

2003年12月1日，浙能集团在全系统范围内启动了有奖征集浙能集团宣传口号、企业精神活动。活动得到了各单位的积极响应，各单位认真做好组织宣传发动工作，广大职工踊跃参加。截至2004年4月10日，共征集到企业价值观、企业精神、经营理念、企业经营哲学等900多条。征集到企业文化用语陆续在《浙江能源报》选登，利用两级政研会平台，积极开展对企业理念的意见征集和投票推荐，为下步提炼形成企业理念打下了一定的基础，推动了浙能集团的文化创建。

2004年7月15日，浙能集团发布公司标志（司标）征集启事，向社会公开征集浙能集团标志（司标），浙能集团企业文化建设迈出新步伐。同年10月25日，浙能集团开展司标征集稿网上投票评比活动，对征集到的102套司标征集样稿进行网上投票评比。经过层层讨论筛选，提出优秀作品推荐方案。通过征集活动，既让员工在参与中增强归属感，也使文化体系更接地气。

2004年10月，浙能集团开展了全系统企业文化建设现状、特点等方面的广泛调查，形成了调查报告并提出了企业文化建设的意见。

2004年11月4日、5日，浙能集团党委理论学习中心组（扩大）会议在杭州召开。会议全面探讨研究浙能集团发展纲要以及与之配套的企业文化等规划，共同勾勒浙能集团发展蓝图。在企业文化建设方面，与会人员畅谈了加强企业文化建设的认识和体会，交流了基层企业在文化建设、思想建设上的做法，探讨了如何进一步加强企业文化建设，也为下一阶段起草企业文化规划打下了很好的基础。

2005年4月，浙能集团印发《浙江省能源集团有限公司2005年企业文化建设实施意见》，明确了浙能集团企业文化建设指导思想、建设目标、工作方针、实施方案、保证措施。成立浙能集团企业文化建设领导小组，负责浙能集团的企业文化建设，并对企业文化建设日常工作进行指导。设立浙能集团企业文化建设策划办公室和若干工作小组，具体负责浙能集团企业文化建设的日常组织协调工作。

2005年7月，浙能集团组织召开企业文化理念专题研讨会，就公司的企业文化理念系统进行集思广益，提出理念系统框架方案。

2006年12月，浙能集团组织召开《浙江省能源集团有限公司企业文化规划》意见征求会。与会代表在听取浙江大学规划编制组对《浙江省能源集团有限公司企业文化规划》的编制系统讲解后，分2个小组进行讨论，对公司的企业文化建设总体思路、基本内容、主要任务、重要载体、保障体系及企业文化理念体系等方面提出了意见和建议，供编制组参考、借鉴。同日，还开展了企业文化理念体系问卷调查。

2007年8月24日，浙能集团发文成立浙能集团企业文化建设领导小组，负责浙能集团的企业文化建设，并对日常工作进行指导。领导小组下设办公室，具体负责企业文化建设的日常组织协调工作。办公室设在政治工作部。同日，浙能集团党委印发《关于印发〈浙江省能源集团有限公司 2007 年企业文化建设实施方案〉的通知》，根据各类型企业的实际情况，结合浙能集团企业文化建设规划进度安排，明确 2007 年的全系统企业文化建设“导入文化理念，营造文化氛围，打造文化基础，推动文化创建”的总体目标。为保证目标的实现，方案还明确年度开展的各项具体工作、落实各责任单位和责任人，确保企业文化建设有序推进。

2007 年 9 月，浙能集团启动重新冠名工作，由资产经营部牵头，组织（人力资源）部、战略法律事务部、所属相关企业配合，梳理浙能集团所属子公司、控股公司等需要重新冠名的企业，做好摸底调查工作，对重新冠名中可能会遇到的问题和困难提出解决的意见；按先易后难的顺序，提出子公司、控股公司的重新冠名推进时间表，做好对企业重新冠名必要程序的手续变更工作。2010 年 3 月，完成嘉兴发电有限责任公司等 10 家下属企业的冠名工作，统一使用“浙江浙能某某公司”字样，统一各单位的简称。

2008 年，天地环保科技有限公司注册的“ZTEPE”、蓝天绿地图形及“ZTEPE”与蓝天绿地图形组合通过国家工商行政管理总局商标局审核，并获得商标注册证书。2012 年，天地环保科技有限公司注册商标“ZTEPE”与蓝天绿地图形组合被认定为杭州市著名商标。2014 年，“ZTEPE”与蓝天绿地图形组合被认定为浙江省著名商标。截至 2016 年 4 月，天地环保科技有限公司注册商标 3 个，杭州市著名商标 1 个，浙江省著名商标 1 个，大力提升企业品牌知名度和影响力。

2008 年 5 月 5 日，浙能集团党委发布《关于印发〈浙江省能源集团有限公司 2008 年企业文化建设实施方案〉的通知》，明确 2008 年全系统企业文化建设总体目标为：以“弘扬浙能文化，发展能源事业”为主题，开展企业文化建设系列活动，宣贯企业文化建设规划，统一企业核心价值理念，整合系统母子公司文化，导入浙能集团企业文化标识系统，推进企业文化落地生根。方案还明确了 2008 年各项具体工作、落实各责任单位和责任人、工作要求。

2008 年 7 月 25 日，浙能集团召开首次企业文化建设协调会，总结企业文化建设工作开展情况，部署下阶段企业文化建设工作，重点要诠释和宣贯好浙能集团企业文化的核心理念；加快推进企业文化识别系统建设，尽快出台实施方案；按照单位类别，继续做好控股、代管子公司的冠名工作；稳步推进制度文化建设等。会上浙江大学教授对于如何建设制度文化作了专题辅导。

2008 年 8 月 1 日，浙能集团启动制度文化建设，主要对战略、人本、安全、科技、经营、学习、环保七大子文化对应的企业现行规章制度进行系统策划、梳理归类和整体部署，推进企业文化与企业管理的有效对接。

2008 年 11 月 19 日，随着产业的不断拓展和延伸，浙能集团文化在传承发电企业文化主基因的基础上，吸收和融合了许多外来文化元素，在浙能集团事业不断发展重组的同时，浙能文化也同步得到整合和培育，不同文化开展了相融互补，形成了浙能集团母文化。在宁波召开的浙江省文化建设示范点创建工作现场会上，浙能集团作为浙江全省 12 家企业类试点单位之一，被评为“浙江省文化建设示范点”并受到表彰。

2009 年 4 月 29 日，浙能集团党委发布《关于印发〈浙江省能源集团有限公司企业文化核心理念、行为规范和司标诠释〉的通知》，提炼、形成浙能集团的价值理念系统，主要包括企业使命、企业核心价值观、企业精神；确定浙能集团司标及其诠释；确定了以企业领导人员、党员、员工 3 个层面的行为规范标准为内容的浙能集团行为规范体系，在系统内有计划地分步使用统一理念体系和司标。

2009 年 9 月，浙能集团设计并局部导入视觉识别系统，包括司标、司旗、标准色、标准字及具体的应用系统，提出视觉识别系统的应用范围、应用标准、应用规定等办法。同年 11 月，浙能集团印发《关于在浙江省能源集团有限公司系统各企业统一形象视觉识别系统的通知》，决定对浙能集团企业形象视觉识别系统进行整合，统一浙能集团所属公司的标识，从直观的角度打造企业品牌。自 2010 年 1 月 1 日起，浙能集团在对外宣传交往时规范使用《浙江省能源集团有限公司系统企业视觉识别系统手册》中统一标识，原有旧标识停止使用。

2009年10月13日，浙能集团被浙江省思想政治工作研究会、浙江省企业文化建设协会授予“浙江省企业文化建设示范单位”称号。

2009年10月15日，浙能集团组织开展企业文化建设状况问卷调查，共发放调查问卷30份（浙能集团所属30家单位），回收29份。调查内容包括：浙能集团标识系统使用情况、司旗悬挂使用情况、浙能集团企业文化核心理念宣贯情况、浙能集团3项行为规范（领导人员行为规范、党员行为规范和职工行为规范）的遵照执行情况、各单位原有自身企业文化理念建立及运用情况及当前正在确立的相关理念情况、各单位与浙能集团核心文化理念的衔接情况六大方面，更好地了解和掌握浙能集团企业文化建设情况，分析浙能集团推行企业文化建设的优势和不足。

2010年3月，浙能集团成立司歌创作领导小组，负责指导、协调司歌歌词的征集、评审、联系专家谱曲及后期配器制作等工作。领导小组下设司歌创作、演唱传播和音乐电视制作3个工作组，并明确了相应职责。3月26日，召开司歌创作工作会议，研究讨论并通过了《浙江省能源集团有限公司司歌创作工作方案》，对司歌创作工作做出全面部署。3月30日，印发《关于征集浙江省能源集团有限公司司歌歌词的通知》，在浙能集团广泛征集司歌歌词。司歌定位为企业励志类歌曲，司歌受众主体为浙能集团全体职工，即“职工唱、职工听”，歌曲要求具有艺术震撼力和精神感召力，且易于被职工所理解、喜爱和传唱；歌词字数120字左右为宜，歌曲时长2.5~3.5分钟。截至4月30日，共收到集团本部和所属24家单位报送的司歌歌词作品253首，共有207人参与了歌词创作，其中有5首词曲兼备的作品。5月12—14日，司歌创作评审研讨会在杭州召开。评审组成员对253首征集作品进行优选评分，按得分高低评选产生了20首入围歌词作品。随后，浙能集团司歌创作组成员集中对入围歌词作品进行研讨和再创作，重点在词句结构、韵律上进行深度加工提炼，更好地体现浙能集团的企业特征且符合创作要求。6月10日，浙能集团党委以投票的方式从中选出了6首主打歌词，提交国内知名作曲家印青谱曲。8月2日，完成司歌的音乐配器合成。8月3日，完成司歌的合唱录音工作。9月13日，浙能集团司歌MTV在台州发电厂开拍。2011年2月17日，浙能集团印发《浙江省能源集团有限公司司歌使用管理规定》。2月18日，浙能集团召开司歌发布会，发布司歌——《动力梦想——浙能之歌》。2012年5月31日，在中国电力企业联合会召开的全国电力行业新闻宣传工作会议上，《动力梦想——浙能之歌》获2011年度全国电力行业优秀影视作品一等奖。2012年7月1日，司歌固定电话彩铃在浙能集团各单位固定电话上正式开通运行。该彩铃由浙能集团名称、企业使命、公司司歌等内容组成，充分体现了浙能文化特色。

2010年3—4月，由浙能集团政治工作部牵头、办公室组织，浙江大学专家参与，所属各企业、浙能集团各部门配合，分层次组织开展浙能集团企业文化规划、企业理念等的宣贯和培训工作，重点对所属企业党政主要领导、班子成员、负责文化建设的职能部门负责人等开展集中宣贯和培训。

2010年8月19日，浙能集团被评为“2009年度浙江企业文化优秀单位”。

截至2018年12月，浙能集团各基层单位企业文化建设蓬勃开展、成果丰硕，并获得一系列荣誉。浙江浙能嘉兴发电有限公司在企业文化长期培育的基础上，创造性地把企业文化建设和工作流程再造相结合，以企业文化“铸魂”于企业生产工作，有效提升了企业管理水平，荣获了“全国电力行业企业文化优秀奖”。浙江浙能电力股份有限公司台州发电厂通过找准企业文化定位，打造特色品牌，以文化促进生产力提升，获得“中国企业文化建设先进单位”。浙江浙能长兴发电有限公司秉持“建企即建家、建企即建校”的理念，着力打造“家园文化”，荣获“全国电力行业企业文化优秀奖”，被评为“浙江省企业文化建设先进单位”。浙能集团所属浙江省天然气开发有限公司荣获“中国文化管理示范基地”荣誉称号。浙江省天然气开发有限公司的企业文化——“蓝光文化”，源于浙能集团的企业文化系统，始端于浙江天然气开发篇章翻开的第一页那天，是浙江天然气人在十几年的艰苦创业历程中，使企业发展从小到大，由弱到强，所付出的拼搏、智慧、责任和辛勤的积累，逐步培育形成的。以“蓝光文化”为核心的内涵丰富深刻、特色鲜明的企业文化体系，即一个源泉，浙能集团母文化；三大纲领，思想纲领、行动纲领、标志纲领；五项要目，取势（战略之势）、明道（理念之道）、立规（行为之规）、优术（经营之术）、塑形（蓝光之形）。“蓝光文化”的内涵是和谐、洁净、活力、梦想，继承和发扬了浙江省天然气开发有限公司的文化传统和信念，立足于现实需求，着眼于未来发展，不仅为浙江省天然气开发有限公司当前发展提供文化支撑，还为浙江省天然气开发有限公司未来发展提供广阔的思维空间。

第二节 企业文化的提炼升华

2013年9月5日，浙能集团党委发布《关于印发〈浙江省企业文化建设评价指标体系实施细则〉的通知》。

2013年9月15日，浙能集团按照邀请招标的方式和程序，确定了北京捷盟管理咨询有限公司为合作单位，配合做好浙能集团企业文化优化提升项目。

2013年10月15日，浙能集团召开企业文化建设项目启动视频会议，在总结十多年来浙能集团企业文化建设成果基础上，深刻分析了“大能源战略”和“三个一体化”发展思路下，推进“强总部”集约管控模式改革，深化企业文化建设的重要意义，对浙能集团文化建设整合提升和配合咨询公司工作提出相关要求，深化企业文化建设，培育板块化管理架构下浙能集团特色文化。

2013年10月，浙能集团企业文化建设项目组开展浙江省能源集团有限公司企业管理文化倾向调研问卷、浙江省能源集团有限公司企业文化认知问卷2次企业文化抽样调查，调查对象覆盖集团本部、板块公司及营运企业各层级领导和员工，样本具有广泛的代表性。

2013年12月，浙能集团企业文化现状诊断报告出炉。诊断报告根据浙能集团本部、板块分公司、营运企业三级管理架构，实施企业文化提升项目，适应浙能集团板块化改革的需要。

2014年2—3月，《浙江省能源集团有限公司文化手册》《浙江省能源集团有限公司安全文化手册》《浙江省能源集团有限公司廉洁文化手册》成稿。2014年9月，《企业文化手册》《浙江省能源集团有限公司安全文化手册》《浙江省能源集团有限公司廉洁文化手册》发放到浙能集团各单位员工。随后，浙能集团各单位通过诠释解读、授书仪式、学习讨论、导师宣讲、知识竞赛等多种形式推进浙能文化落地。

2015年1月30日，浙能集团党委发布《关于印发〈浙江省能源集团有限公司企业文化建设框架〉的通知》，总结了浙能集团企业文化多年来的探索实践成果，提出了浙能集团企业文化优化提升的基本原则，阐释了浙能集团企业文化的内涵特征，明确了浙能集团企业文化体系的构成以及建设的职能分工，并说明了浙能集团企业文化落地实施的具体方法措施。

2015年2月，浙能集团宣传与思想工作部设计、印制了首批浙能集团企业文化书签，发放到浙能集团职工手中，旨在潜移默化地将浙能集团企业文化渗透到每一名职工的思想中，引导职工自觉规范言行。

2015年5—12月，浙能集团组织开展各板块产业发展观的调研、座谈和拟订等工作。

2017年9月，浙能集团开展“三名”培育，浙能集团第40类的“浙能”商标获得了杭州市政府专项财政奖励。

第二章 企业文化体系

2001年，浙能集团企业文化在以电力为主的能源行业背景和地域性的社会文化中诞生、孕育。经过十多年的快速增长、转型升级发展期，企业文化体系于2013年底基本形成。浙能集团构建培育起“和谐文化”体系以及诸多子公司的特色文化，形成了浙能集团的文化体系。

广义的浙能集团企业文化——浙能集团在长期改革发展进程与经营管理活动中，所形成的价值理念文化、行为制度文化和物质形象文化的总和，也就是浙能集团企业文化体系。浙能集团企业文化体系架构如图 15-2-1 所示。

浙能文化体系包括三大识别系统，分别为代表价值理念文化的理念识别系统（MI）、代表行为制度文化的行为识别系统（BI）和代表物质形象文化的视听觉识别系统（VI+AI）。基于一般的企业文化理论，这三大识别系统组成的企业形象系统（CI）其对应关系如图 15-2-2（浙能文化体系模型图）所示。

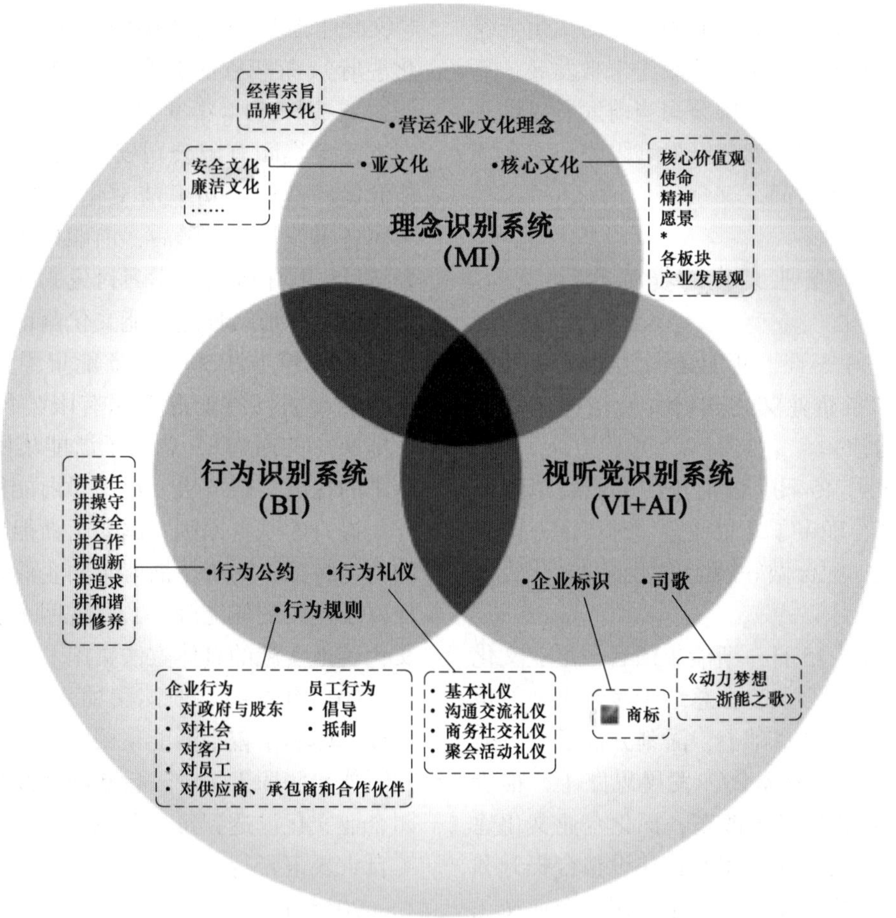

图 15-2-1 浙能集团企业文化体系架构图

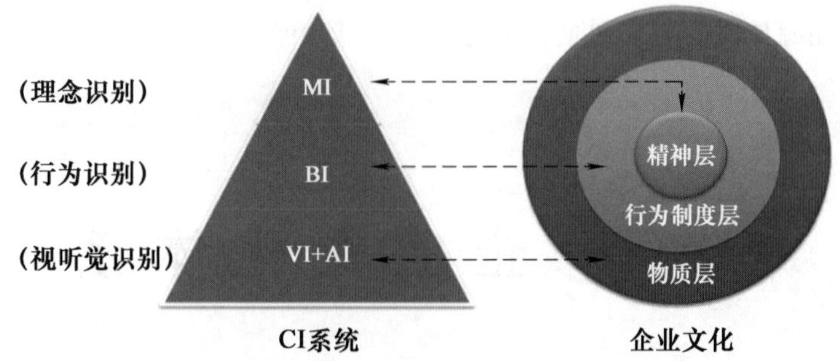

图 15-2-2 浙能集团企业文化体系模型图

理念识别系统为浙能集团企业文化的价值理念层，由核心文化、亚文化与子文化理念等价值理念群组成；行为识别系统为浙能集团企业文化的行为规范层，由行为公约、行为准则和行为礼仪等行为规范组成；视听觉识别系统为浙能集团企业文化的物质形象层，由企业标识、司歌及其应用规范等组成。

狭义的浙能文化——浙能集团的价值理念群，其主要代表为“以德立人、以能立业”的核心价值观。

“双立”核心价值观彰显了以“德”“能”为主要特征和主要气质的浙能集团企业文化，而“德”“能”价值取向符合中华民族“德才兼备”的人才标准，是中华优秀文化在企业治理中的传承和发展，是浙能集团贯彻落实科学发展观和坚持人企共进现代管理理念的集中体现。恪守与弘扬“双立”核心价值观，是建设具有优秀品德和卓越才能的“浙能人”队伍，增强发展能力与核心竞争能力的精神支柱，更是塑造“人文浙能”、打造“百年浙能”的根本保障。

第一节 核心文化

一、企业核心价值观

“以德立人、以能立业”的企业核心价值观（简称“双立”价值观），是浙能集团及其全体“浙能人”必须长期坚持且最重要、最核心的价值判断标准和行为取向，解释了靠什么以及怎样建设浙能集团的问题。

（一）浙能之德

浙能之德体现在社会公德、职业道德、家庭美德、个人品德和中华传统美德的方方面面，要求对待工作尽责履职、对待事业忠勤精廉、对待做人诚信向善，不断提升讲政治、讲奉献、讲学习、讲服务、讲创新、讲表率等优良道德品行修养。

发展以人为本、立人以德为先。“以德立人”，体现了浙能集团以德塑造人、以德成就人的用人导向、育人理念和量人标准，是全体浙能人共同崇尚的品格和共同恪守的价值观。

责任意识，是浙能之德的核心品德。“责任一体化”，是浙能集团长期坚持的“三个一体化”发展思路之一，强调责任意识，要求对社会负责，为社会奉献稳定安全清洁的能源，履责践诺；对合作伙伴负责，尊崇契约精神，实现共赢；对股东负责，坚持稳健经营，保值增值；对员工负责，实现人企共进，共享成果。高度负责的责任感是浙能集团核心价值观的集中体现，并贯穿全体干部员工的每一项工作和一言一行之中。强烈的责任意识，既是浙能集团的良好形象，也是每一名“浙能人”的标记。“责任一体化”包含以下4个方面的主要内涵，它们之间相辅相成、有机统一且互促共进。

一是壮大国有资产、实现保值增值——体现了浙能集团切实维护国民利益的忠诚之德。必须把保障浙江省能源安全供应与企业的转型发展结合起来，始终确保国有资产保值增值，这是浙能集团强企报国的责任意识在企业经济活动中的具体体现。

二是保障能源安全、确保可靠供给——体现了浙能集团勇于担当保供重任的奉献之德。必须以维护浙江省能源安全为己任，始终坚定不移恪守这一政治使命和重大责任。必须形成高效、安全、绿色和可持续的能源供应保障体系，确保为全社会提供足量、价优、清洁的多品种能源。

三是加强节能环保、履行社会责任——体现了浙能集团全力促进生态文明的造福之德。必须将节能减排降耗作为企业履行社会责任的重要工作抓实抓细，不断促进产业结构转型升级，在履行社会责任方方面面中发挥示范作用，积极践行“浙江省最具社会责任感企业”和“浙江省善美企业”的榜样要求。

四是维护员工利益、谋求员工幸福——体现了浙能集团努力谋求人企共进的关爱之德。必须始终坚持人企共进，打造幸福浙能，在保证国有资产保值增值的同时依法保障落实广大员工的各项权益，为员工的发展和自我实现创造条件，让浙能集团成为国内最受员工欢迎与尊敬的企业之一。

（二）浙能之能

浙能之能包括战略引领、转型升级、项目推动和市场开拓的领导能力，集约化、规范化、精细化的管控能力，政令畅通、纪律严明和廉洁自律的执行能力，以及团结拼搏、艰苦创业和善于学习、提升技能、勇于变革、锐意创新、加强合作等本领上的个人素质能力等方面。同时，浙能之能也体现浙能集团以能源为主导产业的鲜明特色。

“以能立业”，体现了浙能集团人才强企的发展理念和人才观，是对员工知识和技术、能力与业绩的素质要求，鼓励着全体“浙能人”共同拥有凭智慧与本领创业干事的价值追求。

团队意识，是浙能之能的核心能力。事业发展靠团队，为适应新的环境及浙能集团转型升级、跨越发展的新要求，必须造就一支结构合理、素质优良、高效协同、奋发向上的人才队伍，而优秀的人才队伍必须有优秀的团队组织文化来支撑。浙能团队应具有以下特点和文化优势：

一是善于学习、更加自律——体现了浙能团队主动丰富知识、提高自我的学习能力。学习是提升团队能力的发动机。干部员工需要不断用新知识充实自己，在学习中工作，在工作中学习，增强对不同岗位和工作环境的适应能力，自我完善、自我加压，以更高的要求规范约束自己。

二是善于执行、更加高效——体现了浙能团队坚守政令畅通高效运作的执行能力。执行力是一个组织、一个团队的重要竞争优势。在执行过程中，强调组织团队科学严密的制度规范和高度的纪律自觉，强调浙能集团每个员工都要具有务实、协作、善于思考和追求简单高效的精神，政令畅通，严格服从，恪尽职守。

三是善于创新、更加进取——体现了浙能团队追求持续变革推陈出新的创新能力。创新是企业和团队持续进步的内在驱动，也是企业家精神的核心。管理者必须勇于承担风险、有目的地寻找创新源泉，善于捕捉市场环境中的变化，并从中寻求机遇。持续创新，是浙能集团不断延续企业生命周期的重要法宝。

四是善于沟通、更加和谐——体现了浙能团队崇尚整体作战合作共赢的沟通能力。沟通是团队的纽带。浙能文化中的沟通涵盖了企业内部的上下级沟通、部门内部沟通、跨部门沟通、跨板块沟通以及与企业外部利益相关方和社会大众的沟通。

二、企业使命

“为发展提供动力、为社会创造财富、为员工谋求幸福”的企业使命（简称“三为”使命），是浙能集团对社会和事业的根本态度和目标定位，明确说明企业存在的理由，围绕哪些重点建设一个什么样的浙能集团，解答了企业对谁负责、为谁服务、落脚点在哪里的问题。

“为发展提供动力”，显现了浙能集团的本质属性和产业功能。能源是国民经济的命脉，是保障民生的基础产业。浙能集团以提供安全可靠优质的能源产品为己任，为社会经济发展提供不竭动力。

“为社会创造财富”，体现了浙能集团的社会责任和发展理念。浙能集团以“发展能源为浙江”为宗旨，以经济效益和社会效益共赢为目标，以国有资产保值增值和企业做强做大做优相结合为追求，并在创造物质财富的同时创造精神财富，不断践行国有企业肩负的社会使命。

“为员工谋求幸福”，反映了浙能集团的人本思想和全心全意依靠职工办企业的理念。浙能集团坚持人企共进、共享成果，注重人文关怀，加大员工职业培训，拓展员工晋升通道，在企业改革发展的同时依法保障和落实广大员工的各项权益，让员工幸福自豪地工作与生活。

“三为”使命，是浙能集团政治责任、社会责任、经济责任和发展责任的有机统一，彰显了浙能集团促进经济繁荣、惠及员工福祉、奠定百年基业的崇高信念。

三、企业精神

“让事业精彩、让生命闪光”的企业精神（简称“双让”精神），是“浙能人”共同一致的内心态度和思想境界，反映企业整体和浙能团队所体现出来的品质气质，展现了在建设浙能集团过程中的精神面貌。

“让事业精彩”，昭示了“浙能人”肩负发展能源事业这一神圣而崇高的使命，表达了“浙能人”使命感与责任感的统一，自豪感与成就感的结合，寓示着“浙能人”在不懈追求中铸就浙能事业的辉煌与精彩。

“让生命闪光”，象征了能源企业创造能量与光明的属性，蕴涵了“浙能人”用一生追求事业发展的人生价值观，表达了“浙能人”在建功立业中演绎精彩的理想境界，更体现了在无私奉献中诠释闪光精神、在平凡岗位上塑造闪光形象的精气神。

“双让”精神将生命价值与企业发展、社会进步紧密结合，体现了“浙能人”对生命意义的真切感悟，宣示了浙能集团聚能源于生命、赋能量于社会的豪迈气概。

四、企业愿景

“打造中国一流现代综合型能源供应商”的浙能愿景确立了企业未来发展所要达到的奋斗目标，是企业可持续发展的战略方向、长远追求与终极反映，体现了在建设浙能集团过程中必须牢牢把握的企业定位。

浙能集团围绕实现国有资产保值增值和能源安全保障目标，坚定不移地走浙能特色的企业发展之路，继续深入实施“大能源战略”及其能源安全、能源科技、能源合作、能源集成、能源清洁等配套子战略，深化“三个战略转型”，牢牢把握好“三个一体化”的发展思路，以最小的代价、最合理的投入、最优的路径，形成台阶式的高效可持续增长，全力打造具有广泛影响力的中国一流现代综合型能源供应商，努力实现人企和谐共进，使全体“浙能人”共享发展成果。

面向未来，浙能集团致力于成为上游产业具有一定资源掌控力，核心产业具有相当竞争力，下游产业具有持续发展能力，要素组合更为合理、资源配置更为优化、管理体系更为健全、企业文化更为先进、科技创新更为持续的具有一定国际竞争能力的一流现代综合型能源供应商。

第二节　子文化体系

一、安全文化

浙能集团作为一家省属能源类国有企业，承担着浙江全省能源保障的重任，其行业性质和企业使命决定了安全生产的特殊重要性。

自成立以来，浙能集团始终坚持“以人为本、安全为天”的安全生产理念，坚决贯彻“安全第一、预防为主、齐抓共管”的安全生产方针，在继承和发扬电力系统长期以来形成的优良传统和作风的基础上，逐步形成了具有鲜明浙能特色的企业安全文化，并充分体现在全体浙能人对安全生产工作的所思、所想以及在安全生产工作中的所作、所为。

浙能集团“3313”安全文化体系由3个可信要素、3类行为准则和13项工作原则组成。浙能集团“3133”安全文化体系如图15-2-3所示。

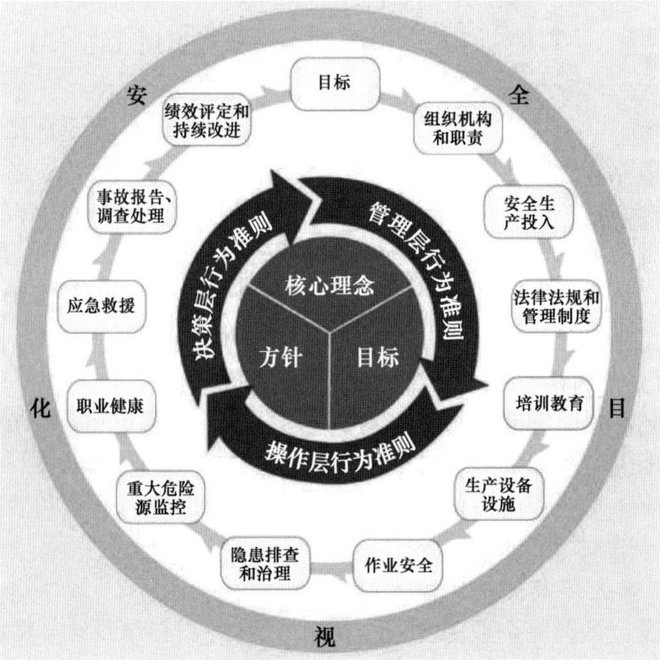

图15-2-3　浙能集团“3313”安全文化体系

3个核心要素，就是安全生产核心理念、安全生产方针和安全生产目标；3类行为准则，就是决策层安全行为准则、管理层安全行为准则和操作层安全行为准则；13项工作原则，就是指目标管理、组织机构和职责、安全生产投入、法律法规和管理制度、培养教育、生产设备和设施、作业安全、隐患排查和治理、重大危险源监控职业健康、应急救援、事故报告和调查处理、绩效评定和持续改进13项安全生产标准化工作要求。

二、廉洁文化

浙能集团廉洁文化是经过长期积淀和不断总结提炼，由企业所倡导、全体员工所认同并自觉遵守的廉洁理念、价值取向和从业行为准则的总和，是浙能文化体系的有机组成部分和重要亚文化之一。

浙能集团"123"廉洁文化体系由"一个核心理念、两类行为准则、三大支撑体系"组成浙能集团"123"廉洁文化体系如图15－2－4所示。

图15-2-4 浙能集团"123"廉洁文化体系

"一个核心理念"是指廉洁理念，居于中心地位，是浙能集团廉洁文化的核心和灵魂。"两类行为准则"是指企业廉洁行为准则和员工廉洁行为准则，是浙能集团廉洁文化理念在组织和个人2个层面的具体体现。"三大支撑体系"是指反腐倡廉教育体系、制度体系、监督体系，是构筑全体员工特别是领导人员及关键岗位人员"不想腐、不能腐"防线，是确保企业廉政安全的主要途径，是浙能集团廉洁文化建设的重要支撑。廉洁文化体系的3个层面紧密关联，相辅相成，共同组成了浙能集团"123"廉洁文化的有机整体。

三、产业特色文化

产业特色文化是根据浙能集团产业发展定位和产业发展特点，按照"强总部"建设方案集约管控特点要求，根据板块管理公司实际需要而设计的具有本板块自身特色的文化理念，明确各板块管理公司的发展方向、重点工作任务和目标，上对接集团文化、下对接营运企业文化，是浙能集团企业文化理念的补充与衍生。如可再生能源板块产业发展观为：激水、追风、逐光。诠释如下：

激水——解放思想，激活心智，破除体制机制束缚。动能转化，激活资源，开创水电发展的新局面。

追风——抢抓机遇，只争朝夕，提升决策执行效率。重点突破，海陆并举，实现风电发展的新跨越。

逐光——奋力拼搏，敢于亮剑，优化组织人才结构。科技引领，创新驱动，赢得光伏发展的新空间。

第三节 企业视听觉识别系统

视觉识别系统（Ⅵ），是企业文化体系的视觉表象

企业视觉识别系统是指以企业理念系统为中心，借助企业的标志、名称字体、标准色系、辅助图案等基础设计系统，并将之全面应用到企业所有的可视系统中，使理念视觉化，达到统一、美观、易于识别的静态或动态的形象效果。

听觉识别系统（AI），是企业文化体系的听觉表象

企业听觉识别系统是指企业的音乐和歌曲系统。通常将司歌等听觉识别与视觉识别同归于企业文化的物质层面，可合称为视听觉识别系统。

一、浙能标识

（一）标识图案与寓意

浙能集团标识整体为正方形，图形由红、蓝、黑三色均分（颜色自上而下），上部以渐变

动感的白色斜线为凸显要素。整个图形造型简约、色彩协调、分布有致（其中蓝色标准色为C100M60Y0K10，红色标准色为C0M84Y100K0，黑色标准色为C0M0Y0K80）。浙能集团标识如图15-2-5所示。

图15-2-5 浙能集团标识

从标识图案上看，标识简约方正，稳如磐石，体现了浙能集团稳健、严谨、务实的企业作风，寓意企业基业坚固。图形中由渐变的白色斜线勾勒出的条条隙缝，体现了浙能集团严谨但又开放、稳健却又创新的企业风格，寓意企业生机勃勃、不拘一格、充满活力。图形的总体构架体现了稳与变的和谐统一，实力和活力的有机结合。

从标识的结构看，集中反映了浙能集团多元化产业格局。红、黑、蓝分别代表电力、煤炭（煤化工）、油气（可再生能源）等主业；红色位于中间，体现了“在大能源格局下以电为主，多业发展”的总战略。多条斜线形成的太阳光芒，象征着浙能集团能源企业的属性，也代表着企业光明的发展前景，更寄寓着浙能集团在“大能源战略”下围绕主业欣欣向荣、蓬勃发展的辅业。

从标识的颜色看，红、黑、蓝三色相互协调、各有侧重，体现了浙能集团责任与团队的有机统一。其中，红色代表着能源企业的光明、激情与活力；黑色代表着能源企业的稳健、厚重与敦实；蓝色代表能源企业的清洁、环保与和谐，三者完整地体现了浙能集团作为中国一流综合型能源供应商的气质与品质。

（二）标识的规范使用

标识的使用应当严格以《浙江省能源集团有限公司视觉识别系统管理手册》的规定和浙能办〔2009〕380号文件为依据，任何单位不得任意更改。

浙能集团各所属单位（不含参股企业）一律悬挂浙能集团司旗，办公场所、生产区域、生产设施、交通工具、工作服装、办公用品、物资器具、网络平台等统一使用浙能集团标识，并严格遵守相关管理规范所规定的字体和顺序。各发电企业应严格遵守《火力发电厂色彩体系管理办法》《大型火力发电厂集中控制室标准化设计指导意见》和《关于规范在役电厂冷却水塔标识的通知》等的有关规定办理。

浙能集团企业标识是浙江省著名企业品牌，是企业的重要无形资产，浙能集团各单位不仅应当规范使用，维护好企业的商标信誉，更应当自觉抵制各种侵犯企业商标权利的行为。浙能集团注册商标如图15-2-6所示。

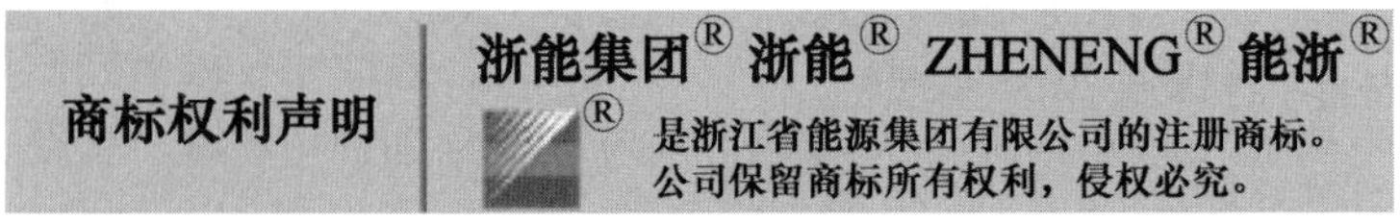

图15-2-6 浙能集团注册商标

二、浙能司歌

浙能集团司歌为《动力梦想——浙能之歌》，集团本部、板块管理公司与营运企业必须严格遵守《浙江省能源集团有限公司司歌使用管理规定》，在正式场合不得再使用另行创作或原有的本单位的企业歌曲。

（一）司歌歌词

曾经风雨路
寻求有几多
阳光里走出一个年轻的我
一往真情在
满腔热血流
征途上造就一个精彩的我

为昨天梦想不说坎与坷
为今天飞翔
奉献也快乐
展望百年
纵情放歌
纵情放歌的浙能就是我
不变的诺言
时代的嘱托
人世间站起一个大写的我
光明伴你行
动力在心窝
天地中挺立一个闪光的我

为昨天梦想不说坎与坷
为今天飞翔
奉献也快乐
展望百年
纵情放歌
纵情放歌的浙能就是我
纵情放歌的浙能就是我

（二）司歌歌词释义

《动力梦想——浙能之歌》由集体创作、徐敏主创作词、印青作曲。

歌词以拟人化的手法，将浙能集团喻为“我”，通过对“我”的不同视角、多次反复的描述，强化歌唱者对企业的深厚情感。

第一段第1句、第2句、第3句描述浙能集团创业以来的经历有过风风雨雨，有过不懈奋斗努力，至今终于成为一个有朝气蓬勃和富有活力的企业；“阳光”喻指企业发展得益于大好形势。第4句、第5句、第6句表达我们是真情为社会和大众的，“满腔热血”喻指浙能人充满热情、激情与豪情，“造就”即要苦练内功、凝聚意志、打造形象，“精彩”是对企业精神的描写。

第二段第1句、第2句、第3句：“双为”是时代赋予我们的使命，是永远的承诺；“浙能人”的形象是大写的，广阔天地都有我们的能源，有“浙能人”的奉献。第4句、第5句、第6句：“光明”是泛指，既是电能，也是指富裕亮堂的生活，其中能源是幸福生活不可缺少的，应该时刻铭记在心；“天地中”“人世间”表示浙能事业的外延和空间拓展。从“站起”到“挺立”，就是一个发展壮大的过程。

结束段第1句、第2句：呼应开句，以前的立业艰难、现在再腾飞奉献也快乐。第3句、第4句：表示愿景，但愿今后浙能的事业荣光、岁月辉煌，有成就、有激情就会纵情放歌；“就是我”是呼应前面的四个“我”，起到点睛作用。

歌词共122字（加重唱170字）。

（三）司歌的应用范围

为适合不同场合的使用，浙能司歌共有7个版本，分为众声合唱、男女声领唱配合唱、男声独唱、女声独唱、器乐演奏、合唱伴奏和独唱伴奏。在举行重要集会、重要会议和重大庆典活动时，须奏、唱国歌和司歌，一般会议开始或开幕式时奏、唱国歌，会议结束或闭幕式时奏、唱司歌；特殊情况的，也可单独奏、唱司歌。在举办重要活动需升挂国旗和司旗、或举行正式升旗仪式时，应先升挂国旗，奏、唱国歌；再升挂司旗，奏、唱司歌。在需奏、唱《国际歌》、国歌的集会和活动中，一般不再奏、唱司歌；如确有必要的，应在演奏、演唱《国际歌》国歌后再奏、唱司歌。在企业文艺晚会、歌咏比赛、合唱歌会等场合，建议演奏或颂唱司歌。司歌还可在下列场合使用：对外宣传企业形象的广播、电视等媒体；企业上下班的提示音乐；企业电话的彩铃音乐；赠送附有音乐功能的纪念品。

（四）司歌的礼仪及约束

在集会或重要会议奏、唱司歌时，在座位上的职工应起立，列队职工应自行立正。司歌作为企业文化建设不可或缺的部分，是浙能集团企业精神的内在表现，代表着浙能集团的形象，任何人不得任意改编、杜撰司歌用于其他用途。职工应以自觉维护司歌尊严为荣，发现有损司歌的言行应立即予以制止。应妥善保管司歌的音像制品，不得损毁、丢弃音像制品。

（五）司歌的日常管理

浙能集团宣传与思想工作部（新闻中心）为司歌使用的日常管理部门，负责对司歌使用进行统一管理。负责对司歌进行多种途径的宣传和传播，让系统广大职工接受生动的企业形象教育。负责司歌MTV、演奏带、伴奏带等音像制品的制作和发放。除统一发放外，所属企业可按需申领。对剽窃司歌用于其他用途等损害企业形象、侵犯企业利益的行为，有权进行交涉、制止和批评教育，涉及法律层面的，应通过有关部门及时解决。负责对司歌的使用作出解释及说明。

三、企业卡通形象

2017年7月16日，浙能集团团委向全集团范围公开征集浙江省能源集团有限公司卡通形象。

2017年8月5日，共收到27个参赛作品，并通过“浙江能源”公众号进行展播。

2017年8月20日，卡通形象网络投票评选开始，一周时间里广大浙能集团职工及社会各界朋友积极参与，总计投出17.6万票。

2017年8月25日，评选结果揭晓，浙江浙能电力股份有限公司台州发电厂青工设计的《浙能源仔（四业男孩）》从27个参赛作品中脱颖而出，成为“浙江能源”官微新媒体卡通形象。“浙能源仔”又名四业男孩，是一个有十足力量感的机器人男孩形象。头盔正面巨大的金色闪电是电力的象征，代表“能源立业”；整体机器人形象定位为人工智能，代表“科技兴业”；侧边耳朵以圆形方孔钱为装饰，代表“金融富业”；蓝色腰带上的中国传统纹饰“海浪纹”，代表“海外创业”。此外，大赛还评选出9位任期选手。“浙能源仔”三视图如图15-2-7所示，设计说明如图15-2-8所示。

图15-2-7 “浙能源仔”三视图

图15-2-8 “浙能源仔”设计说明

2017年9月5日，“浙能源仔”卡通表情首次出现在“浙江能源”公众号，随后在“Young帆浙能”公众号广泛使用。

2018年5月23日，“浙能源仔”卡通造型出现在浙能集团第一届职工运动会开幕式上。

2018年6月25日，前期产品开发工作完成，浙能集团团委“浙能源仔”卡通旗舰店首次亮相浙江浙能电力股份有限公司台州发电厂“青春驿站”，正式开启周边产品推广工作。

2018年8月16日，“浙能源仔”卡通公仔成为“浙能新声音”歌手大赛吉祥物，观众手持“浙能源仔”为歌手们加油助威。

2018年9月27日，“浙能源仔”卡通公仔成为浙能集团第一届职工运动会吉祥物，出现在田径比赛、乒乓球赛等众多赛事中。

2018年11月16日，“浙能源仔”卡通公仔成为首届“浙能杯”创新创意大赛决赛吉祥物。

2018年11月30日，“浙能源仔”卡通周边亮相首届浙江省创赛成果发布会暨共青团风采展，受到一致好评。

2018年12月28日，“浙能源仔”卡通开发团队——集团团委新媒体事业部走进阿里巴巴交流文创工作。

2019年1月1日，“浙能源仔”卡通鼠标垫、U形枕等数十种新周边产品陆续推广。

2019年4月9日，“浙能源仔”卡通旗舰店（网店）正式开张，首期发布了10余款周边产品，截至年底，卡通周边产品已新增至近20种。

第四节 行为规范

一、领导人员行为规范

忠于事业 勤于事业 精于事业 廉于事业

忠于事业要点诠释：忠是众德之首，寓意忠诚、履职、服从与执行。忠于事业，就是要求领导人员要视重任为信任，视信任为责任，视责任为使命，视使命为生命，始终对党和国家忠诚、对事业忠诚、对企业忠诚，以强烈的事业心和责任感，以强大的执行力和团队意志，尽心尽职于能源事业，服从服务于企业发展，将个人利益与企业发展融为一体，与企业同舟共济、共赴艰难、相融相生。

勤于事业要点诠释：勤是立业之基，寓意勤奋、务实、开放与图强。勤于事业，就是要求领导人员对事业要以执着的信念，永不言倦、永不言止；要以务实的态度，勤于思考、善于实践；要以竞争的理念，求新求变、创业创造；要以开放的胸怀，海纳百川、兼容并蓄；要以昂扬的状态，奋发图强、励精图治。自豪而不自满、昂扬而不张扬、务实而不浮躁、积极而不消极，脚踏实地，锲而不舍，永立潮头。

精于事业要点诠释：精是成功之道，寓意精湛、高效、卓越与品牌。精于事业，就是要求领导人员要坚持“好”字当头、“优”字为先，以质取胜、以精求进。立足创新，不因循守旧，突破常规、持续改善；追求卓越，不故步自封，精益求精、关注品牌。坚持质量与效益、速度与效率的统一，坚持适应性与预见性、战略性与战术性的结合，坚持传统与开放、规范与创新的统一，科学发展，走在前列。

廉于事业要点诠释：廉是为人之本，寓意清正、廉洁、遵纪与守职。廉于事业，就是要求领导人员要拥有阳光心态，坚持清生廉、廉出尊、尊而威的做人做事之道，自重、自省、自警、自励，以克己心修身，以平静心处事，以公允心用权，承得起压力，耐得住寂寞，抵得了诱惑，自觉接受监督，敢于动真碰硬，正确处理好名与利、得与失、尊与卑的关系，坚持过硬的作风和素质，淡泊名利、宁静致远。

二、党员行为规范

树立党性意识——讲政治
树立责任意识——讲奉献
树立市场意识——讲开拓
树立宗旨意识——讲服务
树立先进意识——讲表率

释义：

树立党性意识——讲政治

要求党员牢记党员身份，加强党性修养，不断提高政治理论水平和科学实践能力；遵守法纪、弘扬正气，在大是大非面前保持清醒，敢于同违法乱纪行为作斗争，自觉维护党和国家的利益；讲求真理、敢于纠错，始终具有坚定的理想信念和党性意识。

树立责任意识——讲奉献

要求党员保持强烈的责任感和使命感，积极工作、任劳任怨，以高昂的精神状态投入到工作中去；吃苦在前、享受在后，在平凡的岗位上努力创造不平凡的业绩；深明大义、顾全大局，在关键时刻争担急难险重任务，为能源事业发展尽献力量。

树立市场意识——讲开拓

要求党员深刻认识市场经济形势和运行规律，解放思想、转变观念，开拓思维、创新理念；积极适应市场竞争环境，锐意进取、勇于变革，不断提升综合素质和竞争能力；始终走在改革发展前列，带领职工群众为企业生存与发展而努力。

树立宗旨意识——讲服务

要求党员铭记党的宗旨，增强服务意识，提高服务本领；密切联系群众，倾听群众呼声，反映群众意愿，集中群众智慧，充分发挥桥梁和纽带作用；不断改进作风，尽心竭力为企业和职工群众办实事、做好事、解难事，以实际行动体现党员风范。

树立先进意识——讲表率

要求党员身先士卒、争先创优，发挥示范作用，带头终身学习、钻研业务，争做行家里手；带头勤俭节约、艰苦奋斗，为企业排忧解困；带头克己修身、增强免疫，抵制不良思想和风气，以自身言行影响和带动身边的一批人，充分体现党员先进性。

三、员工行为规范

遵章守纪——讲操守
敬业爱岗——讲责任
适变求进——讲学习
协作互助——讲团结
重绩求效——讲贡献

释义：

遵章守纪——讲操守

要自觉遵守国家法律法规和厂纪司规，做到严格自律、令行禁止，维护生产经营秩序，安全生产、文明作业，培养良好职业道德操守，维护企业形象和声誉。

爱岗敬业——讲责任

要热爱本职工作，认真履行岗位职责，增强责任意识，发挥主动性，提高执行力，激发工作潜能，务实严谨、优质高效做好本职工作。

适变求进——讲学习

要适应市场变革，认清国情企情，树立忧患意识，增强竞争观念，立足岗位成才，努力学习进取，提高技能和素质，实现人企共进、和谐共赢。

协作互助——讲团结

要增强团队意识，加强团结协作，集中团队智慧，发挥团队力量，互帮互助形成合力，维护大局和集体利益，营造团队和谐共处氛围。

重绩求效——讲贡献

要把握质量与效率、过程与结果的关系，注重工作实绩与成效，干一件事成一件事，为企业赢得效益，为社会创造财富，追求事业成功，实现人生价值。

第五节 企业文化建设

一、建设规划

2007 年 12 月，浙能集团首次发布《浙江省能源集团有限公司企业文化建设规划（2006—2020）》，对浙能集团企业文化建设工作作出了全面部署，明确了企业文化建设阶段、目标、具体步骤和措施等，在相当长的一段时间内在浙能集团企业文化建设工作中发挥了重要作用。

2014 年 6 月，随着浙能集团的战略调整与市场环境的变化，以及企业文化建设框架的优化和提升，对规划进行了修订和完善，发布《浙江省能源集团有限公司企业文化建设规划（2014—2020）》。修订重点有以下 7 个方面：浙能集团企业文化建设的指导思想和基本原则、浙能集团企业文化建设的主体内容、浙能集团企业文化分阶段建设目标、浙能集团企业文化重点工程建设（包括活动组织安排、教育培训体系等）、浙能集团企业文化建设组织架构调整、浙能集团企业文化建设保障机制调整、浙能集团企业文化建设评估体系调整。

二、文化手册

2014 年 6 月，《浙江省能源集团有限公司企业文化手册》《浙江省能源集团有限公司安全文化手册》《浙江省能源集团有限公司廉洁文化手册》印发，适用于浙能集团、板块管理公司及各级所属企业。

《浙江省能源集团有限公司企业文化手册》是全面反映和阐释浙能文化机制理念、行为指南、形象标识等内容的重要文本，是全员学习领会浙能文化精髓的重要材料，是安排企业文化培训课程的依据和教材，也是对外宣传和塑造浙能文化形象的重要载体。《浙江省能源集团有限公司企业文化手册》的内容：浙能集团企业文化理念识别系统，包括理念表述与具体阐释；浙能集团企业文化行为识别系统，即“3C 行为准则”，包括行为公约表述、行为规则和行为礼仪的具体内容；浙能文化视听觉识别系统，包括企业标识的释义、司歌《动力梦想——浙能之歌》及其应用规范的重点要求。

《浙江省能源集团有限公司安全文化手册》是浙能集团安全文化的核心文件，是浙能集团各级组织、机构和全体员工在安全生产方面的思想引领、文化要求和行动指南。主要内容为生产安全，而大安全概念中的廉政安全、企业稳定、环保安全等不纳入本手册范围。

《浙江省能源集团有限公司廉洁文化手册》是浙能集团廉洁文化建设的思想纲领，是所属各级企业和员工廉洁从业的行动指南。

三、主题活动

2004 年 12 月 25 日，浙能集团所属浙江天地环保工程有限公司被中国企业文化促进会、中国文化报社、中国品牌管理研究院、中国品牌师协会联合授予“中国诚信品牌”“中国行业龙头品牌”“中国企业十佳创新品牌”荣誉称号。

2008 年 7 月 31 日，浙能集团组织开展“感知浙能感动社会”企业文化小故事征集活动，发动广大员工充分挖掘、提炼并宣传浙能集团具有鲜明文化特征的典型人物和事件，以小故事的形式进行征集和汇编，使浙能集团核心理念更加生动、具体和形象化，推动广大员工进一步理解、认同和践行浙能集团企业文化，同时反映“浙能人”在实施“大能源战略”进程中所展现出来的精神风貌及企业所取得的进步与成就。活动共收到基层单位选送的小故事55篇。

2010年5月13日，为庆祝浙能集团成立十周年，浙能集团在全公司系统范围内部署启动“浙能骄傲——十大人物”评选活动。9月16日，浙能集团党委发文“浙能骄傲——十大人物”评选活动调整为“浙能骄傲——双十佳人物评选”活动，包括“浙能骄傲——十佳中坚”和“浙能骄傲——十佳员工”。随后，浙能集团各级党组织广泛深入地开展推荐工作，基层单位和集团本部共推荐出117名“浙能骄傲——双十佳人物”初步候选人。12月28日，在组织力量逐一审核后，评委会召开会议，并投票评选出“浙能骄傲——双十佳人物”。评选活动35名入围人选，其中“十佳中坚”候选人15名和“十佳员工”候选人20名。2011年5月9—13日，“浙能骄傲——双十佳人物”评选进行网络投票，得到了全系统干部职工的积极响应。5月26日，浙能集团党委印发文件（浙能党〔2011〕59号），作出对“浙能骄傲——双十佳人物”进行表彰的决定，树立一批先进典型以激励斗志、再创辉煌。5月27日，在浙能集团成立十周年庆典晚会上，“浙能骄傲——十佳员工”和“浙能骄傲——十佳中坚”揭晓并举行表彰仪式，在系统内掀起了学习宣传先进典型的热潮。

2011年2月，浙能集团启动“动力成就梦想·纵情放歌浙能”为主题的浙能司歌传唱及合唱比赛。4月7日和4月11日，在浙江省能源集团有限公司即将迎来十周年庆典之际，浙能集团《动力梦想——浙能之歌》司歌合唱比赛分浙东南片区、浙中北片区相继举行，掀起系统各单位司歌传唱新高潮。

2011年11月23日，在中国企业文化管理年会上，浙江浙能温州发电有限公司获得“中国企业安全文化建设先进企业”荣誉称号。

2012年6月20日，浙能集团首届“浙能文化节”开幕式暨文化与企业专题讲座在浙能大厦报告厅举行。浙能集团党委书记、董事长、“浙能文化节”组委会主任吴国潮出席会议并作动员讲话。浙江省委宣传部副部长来颖杰应邀作文化与企业专题讲座。开幕式由浙能集团党委委员、纪委书记张荣博主持。“浙能文化节”历时8个月，组织开展了“我们的价值观”大讨论活动、浙能职业服装设计大赛等10余项活动。

2012年4月16日，浙能集团党委发出通知，在浙能集团组织开展“我们的价值观”大讨论活动，以推进社会主义核心价值体系的大众化，弘扬浙能集团企业文化精神，提升全员思想道德素质和价值认知。该项活动为期3个月，分为宣传动员、学习讨论、总结提升3个阶段，组织开展专题讨论、主题征文、演讲比赛、国企价值观核心词征集等多项活动。7月23日，浙能集团“我们的价值观”大讨论活动进入总结阶段，经统计，共收到浙能集团所属35家单位报送的演讲稿、征文及国企价值观核心词等职工作品320余篇。这些作品生动地展现了浙能职工立足岗位、爱岗敬业、创新创效、拼搏奉献、互助大爱等优秀品质和干事精神。浙能集团政治工作部通过新闻中心、《浙江能源报》等方式对优秀作品进行刊登，以此不断激励浙能职工坚定信心，在“以德立人、以能立业”的核心价值观引领下，为浙能集团的改革发展作出积极贡献。

2012年8月28日，由浙江省国资委和浙江省文学艺术界联合会共同主办、浙能集团承办的浙江省国资国企文化节书法、美术、摄影展作品评选会在浙能集团正式结束，166幅书画、摄影作品在2800余幅参赛作品中脱颖而出，入选本次展览，其中一、二、三等奖作品62幅。本次活动是浙能集团首届“浙能文化节”活动之一，历时5个月，稿件征集过程中，各单位参赛人员或泼墨挥毫书写丹青，或拿起相机用镜头记录赞美和谐生活，展示了改革开放以来浙江省国资系统所取得的巨大成就，反映广大职工良好的精神风貌，畅想省直企业蓬勃发展的美好明天。

2012年9月13日，浙能集团首届“浙能文化节”活动之一的“深度对话”文化沙龙及板块文化建设调研活动结束。

2012年9月28日，“浙能文化节”闭幕式以视频会议形式召开，主会场在浙能大厦五楼报告厅，浙能集团所属单位同步设置分会场。会议总结了首届“浙能文化节”在精神层面及物质层面，有序推进浙能职业装设计评选；创作编排潘世岳事迹情景剧并作为浙江省国资系统唯一一个选送节目参加浙江全省“创先争优群英盛典”主题晚会；制作了由浙能集团名称、企业使命、公司司歌等内容组成的浙能司歌电话彩铃，并在浙能集团各单位固定电话上正式上线应用。会议还对下阶段党建文化工作提出了要求。

2012年10月16日，浙能集团精心组织、积极参与省国资国企文化节的各项活动，被授予了“浙江省国资国企文化节组织奖”，并在各项活动评比中，获一等奖5个、二等奖4个、三等奖6个，以及两项体育赛事的第三名。同日，在浙能集团举办的新媒体卡通形象征集活动中，浙能集团所属各单位积极响应、踊跃投稿，共收到27件参赛作品。

2012年11月26日，浙能集团组织开展《浙江通志·能源业卷》煤炭、天然气两章的编写。

2016年4月21日，在全国安全文化建设示范企业总结表彰暨经验交流会上，浙江浙能兰溪发电有限责任公司获得“全国安全文化建设示范企业”荣誉称号，成为浙能集团首家获此殊荣的火力发电企业。

2016年4月28日，浙能集团及浙江浙能天然气运行有限公司获得“2015年省级安全文化建设示范企业”荣誉称号。

2016年8月，浙能集团承担了修编《中国煤炭工业志·浙江煤炭工业志（1991—2014）》项目，计划至2018年底完成志书的修编工作。

2017年5月，浙能集团完成《中国煤炭工业志·浙江煤炭工业志（1991—2014）(初稿)》撰写。

2017年7月28日，浙能集团组织人员对《中国煤炭工业志·浙江煤炭工业志（1991—2014）(初稿)》进行评审，完成对志稿的修改和调整，形成《中国煤炭工业志·浙江煤炭工业志（1991—2014）(复审稿)》。

2017年8月25日，浙能集团组织召开专家评审会，对《中国煤炭工业志·浙江煤炭工业志（1991—2014）(复审稿)》进行复审。会议认为《中国煤炭工业志·浙江煤炭工业志（1991—2014）(复审稿)》全面记述了浙江煤炭工业1991—2014年的历史和现状；地方和时代特色鲜明，观点正确，篇目设置有所创新，资料较为丰富，语言通顺，行文规范；同意通过复审，要求对志稿进行修改和调整，形成送审稿。

2017年9月19日，浙能集团组织召开终审会，《中国煤炭工业志·浙江煤炭工业志（1991—2014）(送审稿)》通过了专家评审。会议认为浙能集团高度重视修志工作，《中国煤炭工业志·浙江煤炭工业志（1991—2014）》全面记述了1991—2014年浙江省煤炭工业的历史和现状，编纂指导思想正确，特色鲜明；篇目设置较为合理，体裁完备资料较为丰富，语言朴实，符合志书编写规范。

2017年9月29日，浙能集团《车间协奏曲》亮相浙江国资国企“勇立潮头话担当喜迎党的十九大”文艺汇演，博得了在场观众的阵阵掌声，为十九大献礼。浙能集团党委副书记耿平，党委委员、工会主席许强等各省属企业领导出席并观看了演出。浙能集团本部、各板块、直属企业职工共50余人到现场观摩。

2018年6月初，浙能集团印发《关于组织开展〈浙江省能源集团志〉编纂工作的通知》，成立《浙江省能源集团志》编纂委员会，决定在浙能集团组织编纂出版《浙江省能源集团志》，组建了由浙能集团主要领导为主任，各单位（部门）主要领导为成员的《浙江省能源集团志》编纂委员会，设立志书编纂办公室和编辑部。编纂办公室设在浙能集团政治工作部。编辑部设在浙江省煤炭行业协会，在编纂委员会、编纂办公室领导下，负责编纂计划实施、落实工作。

2018年6月28日，浙能集团召开《浙江省能源集团志》编纂工作启动会。会议贯彻落实集团关于开展编志工作指示精神，部署安排编志工作实施计划、任务与要求，明确编志工作的时间表，要求确保在浙能集团成立二十年时出版《浙江省能源集团志》。浙能集团党委副书记、《浙江省能源集团志》主编陆翔出席会议并作动员讲话。

2018年7月初，浙能集团举办了《浙江省能源集团志》撰写业务培训班，有40余位编写人员参加了培训，并创建“浙能集团志”和“浙能志编辑部”微信群。随后，电力、煤炭、天然气板块公司分别组织对参与具体编写工作的人员进行志书编写业务培训，组织开展业务培训工作，提高对修志工作的认识，自上而下宣贯众手成志理念，培养业务骨干，扩大影响，建立了一支修志队伍。

2018 年 7 月中旬，《浙江省能源集团志》编辑部组织人员走访山东能源集团有限公司、兖矿集团有限公司，学习吸取志书修编工作经验，在此基础上结合浙能集团实际情况，拟订了《浙江省能源集团志》编写大纲初稿。此后，再分别与各编写部门、板块、直属单位多次征求意见和沟通的同时，也专门向《浙江省能源集团志》编纂顾问进行了沟通、汇报，经过先后 10 多次的修改。

2018 年 9 月 27 日，《浙江省能源集团志》编辑部在浙能大厦组织召开志书撰写交流研讨会，会议对浙能志资料收集和初稿撰写的体会进行交流、点评，同时明确了下阶段的工作任务，为圆满完成《浙江省能源集团志》的编写任务打下了基础。

2018 年 12 月，浙能集团完成《中国煤炭工业志·浙江煤炭工业志（1991—2014）》撰写并出版发行。

2018 年 12 月，《浙江省能源集团志》编写大纲确定。

2019 年 3 月 11—22 日，浙能集团在北海水电公司举办《浙江省能源集团志》集中撰写交流活动，来自集团各部门、各板块和营运企业的修志成员共 40 余人参加了此次活动。经过为期 12 天的集中编撰，大多数单位完成了志书的初稿。

2019 年 5 月 13 日，在北京召开的中国煤炭工业协会第五届理事会第二次会议上，浙能集团受到表彰，荣获“煤炭行业第二轮修志先进集体”称号。

2019 年 5 月中旬，《浙江省能源集团志（初稿）》排版装订成册。

2019 年 9 月底，《浙江省能源集团志(复审稿)》印刷成册，并发送浙能集团领导、各部门、各板块、各直属单位。

2019 年 12 月 18 日，《浙江省能源集团志》复审会议在浙能集大厦召开。浙能集团党委书记、董事长、浙能志编委会主任童亚辉，浙能集团党委副书记、浙能志编委会副主任陆翔，煤炭工业文献委副主任陈昌等专家评审人员出席会议。浙能集团各部门、板块单位、直属公司分管领导及《浙江省能源集团志》副主编、编辑部主任、编辑部成员等 50 余人参加了会议。《浙江省能源集团志》顺利通过复审。

2019 年 12 月底，《浙江省能源集团志》编辑部组织召开《浙江能省源集团志(复审稿)》修改完善座谈会。来自浙能集团各部门、直属单位、板块单位共计 40 余人参会，落实复审会上领导、专家的评审意见和建议。

四、“新浙能”展厅

2006 年，浙能集团企业展厅建成，位于浙能大厦二楼东侧。

2010 年，浙能集团进行了企业展厅改造。改造后的企业展厅设虚拟沙盘区、图像展区、互动展区、辉煌展区、环幕影片等展区，总面积约 600 平方米，主要采用实体模型沙盘+投影仪的形式展示浙能集团产业分布和过去的发展成绩、未来几年的发展规划，并通过液晶电视机的间隔排列展示各级领导关怀。

2018 年，经过八年的快速发展，浙能集团从单一的以电力生产为主的发电集团壮大成为国内最大的地方能源集团，实现了能源全产业发展。尤其是“四业”发展的提出，更是为打造“新浙能”奠定了坚实的基础。能源新产业投资、新项目落地，众多重大科技成果诞生，能源类金融合作全面铺开，海外项目实现零突破，这些重大发展成就需要一座功能全面、技术领先的展示厅向来访合作伙伴介绍浙能集团产业布局、核心技术及竞争优势，让合作伙伴增强合作信心。2018 年，由浙能集团党委主抓，政治工作部牵头，办公室、生产安全监察部、科技与信息化管理部、招投标管理部、建设管理部、浙江浙能技术研究院及各板块公司协助，并从浙江浙能温州发电有限公司、浙江浙能电力股份有限公司台州发电厂、浙江天地环保工程有限公司等单位抽调人员参加建设，利用二楼原展厅旧址及其西侧集团下属浙能电力股份有限公司办公室，对展厅进行升级改造工作。

2018年4月，该项目于完成可行性研究及立项工作，6月完成EPC招标工作，7月完成合同签订工作，设计承建方为上海风语筑展示股份有限公司。同年7月，开始对二楼进行拆除搬迁工作，9月底进入正式封闭施工。展厅建设以来，获得了浙能集团党委的高度重视，多次召开专题会议审议研究展厅建设和布展方案。项目建设前后，参建人员历经多次调研、讨论修改空间设计方案、平面及影片脚本，通过加强施工质量、进度、安全管理，同年底基本完成合同约定的各项任务，实现展厅如期开启投用。

“新浙能”展厅总布展面积近1600平方米，位于浙能大厦二楼，整个展厅分为“能动·印象”“能源·概况”“能势·实力”3个篇章，空间上由序厅、西厅、东厅3个部分组成，通过运用传统方法和现代科技手段，比较系统地呈现了浙能集团的过去、现在和未来。

序厅的“能动·印象”篇章包括：涵盖浙能宣传片及浙能生产实时数据的“能动印象墙”；由党委书记、董事长童亚辉亲笔题写“铭史励今　循律鼎新　聚能笃行　臻于至善”十六个大字的“前言”；各级领导亲切关怀和鼎力支持浙能发展的“领导关怀”；利用电梯厅改造的含有浙能集团能源全产业格局元素的“综合能源之路”；以及展现“全国先进基层党组织”“浙能超低排放技术获国家技术发明一等奖”“全国文明单位”“全国五一劳动奖”“国家优质工程奖”“鲁班奖”等浙能集团在能源发展之路上，取得丰硕成果的“集团荣誉”。

西厅的“能源·概况”篇章包括：“殷切嘱托·指引航向”，凝聚着习近平总书记在浙江工作期间对浙江能源事业的指引以及八次视察浙能集团工作的珍贵照片和视频；“浙能概况”，体现了浙能集团各类产业元素的图片；“水晶数字沙盘”，采用了由巨型“L屏”以及水晶模型组成的数字沙盘，全方位介绍了在“四业”发展指引下的浙能集团产业格局及发展现状；“浙能大事记”，印刻着从浙能集团成立以来的发展足迹；“产业格局”体现浙能当前以电力、石油、天然气、煤炭及运输、可再生能源、科技工程与服务、能源金融、区域能源、科技研发与服务多元发展的格局，以及各产业介绍的“产业展影”；同时，还有描绘浙能未来的“‘新浙能’发展规划”，体现“浙能人”精神的“工匠·劳模”，以及设计为一艘船在行驶，象征浙能集团党委弘扬首创、奋斗、奉献的红船精神和干在实处、走在前列、勇立潮头的浙江精神，引领能源事业高质量发展的“浙能党建”。

东厅的“能势·实力”篇章包括：代表浙能集团当前及未来发展方向的“超低排放”“综合供能服务站”“氢能开发利用”“区域综合能源”等精品模型，数字化的“智慧能源”“数字浙能”“数字信息瀑布”的展示，历任董事长、总经理的画像，以及提有“为打造具有国际竞争力的综合能源服务商而奋斗”的“后记”，同时，还建设了一座能容纳16人的多功能VR影院，以及讲述人类能源发展历史和未来的VR影片。

“新浙能”展厅的主色调采用了浙能集团司标的3种颜色：蓝、红、黑，寓意浙能集团多业互补、协同发展的能源全产业格局。内部装修上创意设计了顶部的LOGO大灯、三环并网的感应门、富有浙江特色及浙能集团元素的数字沙盘墙顶造型、具有红船造型的党建墙等；在布展形式上，新展厅选用了当前先进的声、光、电控制技术，大量采用大屏LED、多媒体触摸查询、互动地踩屏、透明屏、飞屏、VR等现代技术，具有极强的科技感和未来感，并接入了浙能集团各产业的实时生产数据。

2019年1月16日，“新浙能”展厅正式启用。浙能集团党委书记、董事长童亚辉开启能源动力之门并致辞，各板块公司、有关单位负责人及职工代表在“新浙能”展厅见证开启时刻，并成为首批展厅嘉宾。

截至2019年底，“新浙能”展厅已接待上级领导、集团各级干部职工、兄弟企业、社会各界人士、外国来宾近万人。“新浙能”展厅已成为浙能集团党员职工学教的“红基地”，业内文化交流的“会客厅”，集团形象展示的“金名片”，树立能源品牌的“新视窗”。

第三章 工 会

第一节 组织建设

2002年3月11日，浙江省总工会以浙总工发〔2002〕25号文件批复，同意成立浙能集团工会工作委员会，同意卢嘉三同志为工会工作委员会主任。

2004年3月17日，浙能集团工会工作委员会向浙江省总工会提交《关于召开浙江省能源集团公司第一届工会会员代表大会的请示》(浙能工会〔2004〕3号)。

2006年1月19日，浙江省国资委党委以浙国资党委〔2006〕1号文，提名卢嘉三同志为浙江省能源集团有限公司工会委员会工会主席候选人。

2006年4月11日，浙能集团第一届工会会员代表大会第一次会议在杭州召开。浙江省总工会副主席姚炳甫、浙江省直企业工委主任吴育杭应邀出席大会。浙能集团领导孙永森、吴国潮、蔡建平、沈志云、毛剑宏、范小宁、卢嘉三等出席大会。浙江省总工会副主席姚炳甫、浙能集团党委书记孙永森致贺词。浙能集团工会工作委员会主任、大会筹备组负责人卢嘉三受浙能集团工会工作委员会和大会筹备组的委托，向大会作了题为《围绕中心 服务大局 加强维护 凝聚力量 努力开创工会工作新局面》的工作报告。大会以无记名投票方式、差额选举产生了卢嘉三等15名同志组成的浙能集团第一届工会委员会；以无记名投票方式、差额选举产生了5名同志组成的浙能集团第一届工会经费审查委员会。在随后召开的浙江省能源集团有限公司第一届工会委员会第一次会议和浙江省能源集团有限公司第一届工会经费审查委员会第一次会议上，卢嘉三同志当选为工会委员会主席，并选举产生了工会委员会副主席、工会经费审查委员会主任。

2006年4月13日，浙能集团工会委员会向浙江省总工会提交《关于浙江省能源集团有限公司一届一次工会会员代表大会暨第一届工会委员会、经费审查委员会选举结果的报告》(浙能工会〔2006〕14号)。报告了第一届工会会员代表大会第一次会议的召开情况、第一届工会委员会的选举结果、第一届工会经费审查委员会的选举结果。

2006年4月，浙江省总工会印发《关于浙江省能源集团有限公司工会第一届委员会和经费审查委员会组成人员的批复》(浙总工发〔2006〕53号）文件，同意浙能集团第一届工会委员会的选举结果、第一届工会经费审查委员会的选举结果。

2006年4月27日，浙能集团工会委员会印发《关于启用浙江省能源集团有限公司工会委员会、浙江省能源集团有限公司工会经费审查委员会印章的通知》(浙能工会〔2006〕17号)，启用浙江省能源集团有限公司工会委员会、浙江省能源集团有限公司工会委员会经费审查委员会印章。

2007年6月28日，浙能集团工会委员会在杭州召开工会委员会第一届第二次（扩大）会议，通过了5名同志不再担任浙能集团第一届工会委员会委员职务的决议，增补选6名同志为浙能集团第一届工会委员会委员。

2007年6月28日，浙能集团第一届工会经费审查委员会在杭州召开第二次会议，通过了1名同志不再担任浙能集团第一届工会经费审查委员会委员职务的决议，增补选2名同志为浙能集团第一届工会经费审查委员会委员。

2007年7月23日，浙能集团工会委员会印发《关于调整第一届工会委员、工会经审委委员的通知》(浙能工会〔2007〕33号)，对浙能集团工会委员会第一届第二次（扩大）会议和第一届工会经费审查委员会第二次会议通过的决议，及“两委”增、补选情况予以通知。

2009年3月20日，浙能集团工会委员会第一届第四次全委会在杭州召开。会议经举手表决，一致通过增、补选6名同志为浙能集团第一届工会委员会委员，并增选1名同志为浙能集团第一届工会工会经费审查委员会委员。

2010年5月27日，鉴于浙能集团第一届工会委员会委员、主席卢嘉三同志已到退休年龄，并根据浙江省国资委党委、浙能集团党委、浙江省总工会和浙江省直属企业工会的指示精神，浙能集团工会委员会在杭州召开第一届第七次全委会。会议通过了《关于免去卢嘉三同志浙江省能源集团有限公司工会委员会主席、委员职务的决议》；会议按照有关规定，以无记名投票方式，选举徐小丰同志为浙江省能源集团有限公司第一届工会委员会委员、主席。

2010年5月28日，浙能集团工会委员会向浙江省总工会提交《关于浙江省能源集团有限公司工会一届七次全委会选举结果的报告》（浙能工会〔2010〕21号），报告了浙能集团第一届工会委员会第七次全委会的召开情况和大会选举结果。

2010年6月7日，浙江省总工会印发《关于浙江省能源集团有限公司一届七次全委会选举结果的批复》（浙总工发〔2010〕47号）文件，批复同意《关于免去卢嘉三同志浙江省能源集团有限公司工会委员会主席、委员职务的决议》，同意徐小丰同志担任浙能集团第一届工会委员会委员、主席职务。

2015年7月24日，鉴于浙能集团第一届工会委员会委员、主席徐小丰同志职务和岗位变动，并根据《关于提名徐小丰等同志职务任免的通知》（浙国资党委通〔2015〕21号文）和浙能集团党委意见，浙能集团工会委员会在杭州召开第一届第十二次全委（扩大）会议。会议采取举手表决方式通过了《关于免去徐小丰同志浙江省能源集团有限公司工会委员会委员、主席职务的决议》；会议按照有关规定，采取无记名投票方式，选举许强同志为浙能集团第一届工会委员会委员、主席。

2015年7月24日，浙能集团工会委员会向浙江省省部属企事业工会提交《关于浙江省能源集团有限公司工会委员会一届十二次全委（扩大）会议选举结果的报告》（浙能工会〔2015〕62号），报告了浙能集团第一届工会委员会第十二次全委（扩大）会议的召开情况和大会选举结果。

2015年8月3日，浙江省省部属企事业工会印发《关于浙江省能源集团有限公司工会主席选举结果的批复》（省部企事业工〔2015〕35号）文件，批复同意浙能集团工会委员会一届十二次全委（扩大）会议选举结果，同意免去徐小丰同志浙能集团第一届工会委员会委员、主席职务，同意许强同志担任浙能集团第一届工会委员会委员、主席职务。

2018年3月22日，浙能集团工会第二次会员代表大会在杭州召开。大会以无记名投票方式、差额选举产生了9名同志组成的浙能集团第二届工会委员会，以无记名投票方式、等额选举产生了5名同志组成的浙能集团第二届工会经费审查委员会。在随后召开的浙能集团第二届工会委员会第一次会议和浙能集团第二届工会经费审查委员会第一次会议上，许强同志当选为工会委员会主席，并选举产生了工会委员会副主席、工会经费审查委员会主任。在浙能集团第二届工会委员会第一次全体会议上，审议通过了由5名同志组成浙能集团第二届工会女职工委员会，并选举产生了女职工委员会副主任。

2018年3月26日，浙能集团工会委员会向浙江省省部属企事业工会委员会提交《关于浙江省能源集团有限公司工会第二届委员会和经费审查委员会选举结果的请示》（浙能工会〔2018〕37号）。报告了浙能集团工会第二次会员代表大会的召开情况、浙能集团第二届工会委员会的选举结果、浙能集团第二届工会经费审查委员会的选举结果、浙能集团第二届工会女职工委员会的选举结果。

2018年3月27日，浙江省省部属企事业工会委员会印发《关于同意浙江省能源集团有限公司第二届工会委员会、经费审查委员会选举结果的批复》（省部企事业工〔2018〕28号）文件，批复同意浙能集团第二届工会委员会的选举结果，批复同意浙能集团第二届工会经费审查委员会的选举结果，批复同意浙能集团第二届工会女职工委员会的选举结果。

2019年2月26日，按照《关于同意增补浙江省能源集团有限公司第二届工会委员会委员的批复》(省部企事工组〔2019〕15号)的批复意见，浙能集团工会委员会召开了第二届第二次工会会员代表大会（视频会议)，以无记名投票方式，民主增补选举2名同志为浙江省能源集团有限公司第二届工会委员会委员。任期与第二届工会委员会相同。并于3月5日，浙能集团第二届工会委员会向浙江省省部属企事业工会委员会提交《关于浙江省能源集团有限公司工会第二届委员会委员增补选举结果的报告》(浙能工会〔2019〕23号)，报告了会议选举结果。

2019年4月18日，鉴于浙能集团第二届工会委员会委员、主席许强同志职务和岗位变动，并根据浙江省委《关于提议王建堂等同志职务任免的通知》(浙委干〔2019〕78号)和浙能集团党委、浙江省省部属企事业工会的指示精神，浙能集团工会委员会在杭州召开浙能集团第二届第三次工会会员代表大会（视频会议)。会议通过了《关于免去许强同志浙江省能源集团有限公司工会委员会主席、委员职务的决议》；会议按照有关规定，以无记名投票方式，选举胡斌同志为浙能集团第二届工会委员会委员、主席。

2019年4月18日，浙能集团工会委员会向浙江省省部属企事业工会提交《关于浙江省能源集团有限公司第二届工会委员会委员、主席补选结果的报告》(浙能工会〔2019〕45号)，报告了浙能集团第二届第三次工会会员代表大会(视频会议)的召开情况和大会选举结果。

2019年4月23日，浙江省省部属企事业工会印发《关于同意浙江省能源集团有限公司第二届第三次工会会员代表大会选举结果的批复》(省部企事工组〔2019〕31号)文件，批复同意胡斌同志担任浙能集团第二届工会委员会委员、主席职务。

2019年8月13日，浙能集团工会委员会在杭州召开浙能集团第二届第四次工会会员代表大会（视频会议)。根据浙能党〔2019〕43号、浙能人〔2019〕259号、浙能人〔2019〕349号、浙能人〔2019〕351号、浙能人〔2019〕353号文件精神，关于调整浙能集团第二届工会委员会委员、副主席相关人选的提议，经浙能集团工会委员会审议同意，浙能集团工会第二届第四次会员代表大会决定：4名同志不再担任浙能集团工会委员会委员职务。会议按民主程序补选了1名同志为浙能集团第二届工会委员会委员、副主席，3名同志为浙能集团第二届工会委员会委员。

第二节 民主管理

一、企业民主

2005年7月6日，浙能集团发布《关于贯彻〈浙江省厂务公开工作责任制度〉和〈浙江省厂务公开责任追究暂行办法〉的实施意见》，建立厂务公开领导小组，健全工作机构、明确职责，健全党政工齐抓共管的厂务公开工作机制和责任追究机制。

2007年4月16日，浙能集团出台了《浙江省能源集团有限公司厂务公开实施办法（试行)》，进一步明确了“厂务公开三保证”：保证厂务公开的时效性、保证厂务公开渠道畅通、保证厂务公开基础工作到位。

2007年8月，浙能集团工会在系统组织开展《中华人民共和国劳动合同法》学习宣传贯彻专题活动。

2008年6月6日，浙能集团工会印发《关于做好2008年全省厂务公开民主管理工作的意见》，在所属企业组织开展为期20余天的厂务公开民主管理工作的专题调研督查。

2008年12月19日，浙能集团召开由集团本部全体职工和所属企业职工代表参加的选举大会。经无记名投票选举，卢嘉三同志当选为浙江省能源集团有限公司董事会职工董事。

2010年9月30日，浙能集团召开由集团本部全体职工和所属企业职工代表参加的选举大会，选举产生职工董事和职工监事。经无记名投票选举，徐小丰同志当选为浙江省能源集团有限公司董事会职工董事，1名同志当选为浙江省能源集团有限公司监事会职工监事。

2013年1月23日，浙能集团第一届第一次职工代表大会暨2013年工作会议在杭州召开。会议提出，浙能集团在多年来保持持续快速发展中，逐步探索出了一条具有浙能特色的企业发展道路，今后要牢牢把握好“三个一体化”发展思路，加快形成企业科学发展新格局。2013年，浙能集团工作的基本基调依然是坚持“稳中求进”工作方针，为全面完成“十二五”规划目标打下坚实基础。浙江省总工会党组书记、常务副主席戴震华出席会议并讲话。包括浙能集团领导班子全体成员在内的201名职工代表，以及浙能集团监事会成员、离退休老同志、外派项目单位代表、先进个人代表等在内的29名特邀代表出席会议。会议听取了浙能集团党委书记、董事长吴国潮所作的题为《坚定不移地走浙能特色的企业发展之路》的重要讲话，听取了浙能集团总经理童亚辉代表领导班子所作的题为《紧紧抓住发展机遇，着力提升经营水平，夺取全年工作新胜利》的工作报告并通过了工作报告。会议分组讨论畅谈会议精神。大会对获得浙能集团先进的集体与个人进行了表彰，签订了集体劳动合同和三项责任书。会议期间，还套开了浙能集团领导班子2012年度考核工作会议。浙江省总工会党组书记、常务副主席戴震华代表省总工会向大会的胜利召开表示热烈的祝贺，对浙能集团取得了经济和社会效益“双丰收”，实现了“发展强、党建强”的双强企业表示祝贺。大会还听取了浙能集团党委委员、工会主席徐小丰所作的第一届第一次职工代表大会筹备工作报告，审议和通过第一届职工代表大会代表选举办法、代表资格审查委员会建议名单等各项决议。

2013年10月9—11日，浙能集团工会在杭州举办以“《浙江省企业民主管理条例》解读与实务操作、职代会制度建设、工会主动参与、怎样当好职工代表”为内容的职工代表培训班。

2014年1月23日，浙能集团第一届第二次职工代表大会暨2014年度工作会议在杭州召开。会议总结2013年工作，分析浙能集团当前面临的形势，着重安排2014年工作任务。会议指出，2013年是浙能集团发展史上最辉煌的一年，今后一段时期，要以改革统领发展全局，大力推进清洁能源战略，加快转型升级，全面落实“强总部”建设方案，选择好的发展路径、模式与项目，坚持与完善浙能特色发展之路，进一步推动“大能源战略”在浙能集团的科学实践，推动浙能集团走得更远。浙能集团领导班子成员出席会议。200多名职工代表，以及省党代会代表、劳模代表、浙能集团监事会成员、外派项目代表等在内的31名特邀代表参加会议。浙能集团党委书记、董事长吴国潮在会上作了重要讲话，指出2013年是浙能集团发展史上最辉煌的一年。浙能集团在企业发展、生产经营、项目推进、体制改革、党建文化等方面都全面开花、成果丰厚，特别是在很多指标上创造了浙能集团新的历史纪录。他重点围绕“浙能能走多远”的主题，从如何提振精神、如何实现管理成本最优以及如何优化发展战略三大方面作了全面深刻的阐述，拓展了新的工作思路，指明了新的发展方向，提出了重要的工作要求。会议听取并通过了浙能集团总经理童亚辉代表领导班子所作的《2014年工作报告》。总经理童亚辉在报告中全面总结了2013年的工作，指出了当前工作中存在的不足和困难，报告提出了浙能集团2014年的工作思路：继续以“稳中求进、进中求好”为全年工作的总基调，坚持浙能特色的发展之路，把安全生产放在更加突出的位置，狠抓成本控制和有效投资，大力推进项目开发和科技研发，深化经营机制改革和管理体制创新，全面完成各项生产经营任务，为全面实现“十二五”规划目标打下坚实基础。工作报告部署了浙能集团2014年的主要工作目标。浙能集团副董事长、浙能电力股份公司总经理毛剑宏对会议进行总结。大会表彰了10名浙能集团劳动模范，并对获得2013年度的浙能集团先进的集体与个人进行了表彰。会上还签订了集体劳动合同和三项责任书。会议期间，还套开了浙能集团领导班子2013年度“一报告两评议”工作会议。浙能集团党委委员、工会主席徐小丰主持了大会，并在1月22日下午主持召开了浙能集团职代会预备会议。预备会议通过有关决议。浙能集团职代会全体代表在会议上发出了“凝聚正能量、再创新辉煌”的倡议。

2015年2月9日，浙能集团第一届第三次职工代表大会暨2015年工作会议在杭州召开。会议全面总结了2014年工作，深刻分析了浙能集团当前面临的形势，明确提出了2015年工作的总体要求和主要任务。会议认为，2014年，浙能集团遵循“三个一体化”发展思路，稳中求进，进中求好，做了大量卓有成效的工作，取得了较好成绩。会议指出，2015年，浙能集团改革和发展的任务依然艰巨，要认清形势，适应新常态，准确把握浙能集团发展进入新常态的特点，围绕“新”“精”“强”优化调整战略思路，实现浙能集团的升级发展。浙能集团党委书记、董事长吴国潮，副董事长、总经理童亚辉，监事会主席张效清，副董事长毛剑宏，领导班子成员出席会议，浙江省政协常委、浙江长广（集团）有限责任公司深化改革工作领导小组副组长韩新民特邀参加。浙能集团所属企业党政主要领导、集团一届三次职代会职工代表参加会议。浙江省党代会代表、劳模代表、浙能集团监事会成员、浙江长广（集团）有限责任公司领导班子成员、外派项目代表等特邀代表参加会议。董事长吴国潮在会上发表重要讲话，强调要继续坚定不移地坚持“大能源战略”，坚持“三个一体化”的发展思路，主动对接能源领域的重大变革，适应新常态，优化调整战略思路，重塑增长模式，全面推进企业提质增效，打造浙能升级版。要紧紧围绕“新、精、强——新三字经”去做文章，下苦功。这是浙能集团积极应对新常态，实现跨越式发展的新举措。“新”，就是要做到“以新创先”，追求“新的境界”，重塑“新的理念”，激发“新的动力”。“精”，就是要做到“以精促优”，要精打细算，确保成本领先；要精准定位，讲究投资策略，防范投资风险；要精心谋划，推进企业改革。“强”，就是要做到“以强固基”，强产业，强管理，强人才。会议听取并通过了总经理童亚辉代表领导班子所作的《2015年工作报告》。童亚辉强调，2015年的外部环境与经营形势更加严峻，面临的困难有增无减。必须充分发挥主观能动性，更加关注市场，更加注重安全生产，更加注重清洁能源的开发和利用，更加注重依法经营，更加注重集团信息化和创新驱动，确保2015年目标任务的完成。浙能集团党委副书记耿平对会议进行总结。大会对2014年度浙能集团的优秀企业、部室，“四好”领导班子和先进工作者进行了表彰。会上还签订了三项责任书。会议期间，还召开了浙能集团领导班子和领导人员2014年度考核工作会议。浙江省国资委企领处副处长到会指导并作考核工作相关要求。最后，与会人员对浙能集团领导班子和领导人员进行了民主测评和评议，并对浙能集团2014年度选人用人工作进行了评议。

2016年1月18日，浙能集团第一届第四次职工代表大会暨2016年度工作会议在杭州召开。会议全面总结了浙能集团“十二五”期间以及2015年的工作，深刻分析了浙能集团当前面临的形势，明确提出了“十三五”的总体要求和主要任务。会议指出，浙能集团在“十二五”期间，取得了自成立以来最为辉煌的成就，利润总额连续三年站上“百亿大关”，装机规模扩大到3067.3万千瓦，稳居地方发电集团之首，火电供电煤耗降低至299.3克/(千瓦·时)，收入利润率、人均净利润等指标位于全国发电企业前列。2016年，作为浙能集团“十三五”新一轮发展的开局之年，改革和发展的任务依然艰巨，浙能集团上下要坚持立足优势、趋利避害，全面把握好“新常态”下的新趋势，激发新动力，引领新发展，全力打造“百年明星企业”。浙能集团党委书记、董事长吴国潮，副董事长、总经理童亚辉，监事会主席张效清，领导班子成员出席会议。浙能集团一届四次职代会257名职工代表，浙江省党代会代表、劳模代表、浙能集团监事会成员、外派项目代表等36名特邀代表参加会议。董事长吴国潮围绕“浙能今后究竟该怎么走”的主题在会上发表重要讲话。他回顾了浙能集团在“十二五”期间取得的成就，分析了能源领域的“四个新动向”，明确提出浙能集团“十三五”发展总体目标，即打造国内一流、国际先进现代综合型能源供应商，成为优秀国企的先进范例和行业中的“百年明星企业”。会议听取并通过了总经理童亚辉代表浙能集团领导班子所作的《2016年工作报告》。童亚辉在报告中总结回顾了2015年的工作及“十二五”规划实施情况，指出了工作中存在的不足和困难，明确了“十三五”主要任务及2016年工作的目标要求和工作重点。浙能集团党委副书记耿平对会议进行总结。会上，浙能集团总经理童亚辉、纪委书记张荣博与各板块管理公司和相关所属单位负责人签订了三项责任书，大会还套开了浙江集团领导班子和领导人员2015年度考核工作会议。浙江省委组织部干部三处副调研员到会指导并作考核工作相关要求。

2016年12月29日，浙能集团召开由集团本部全体职工和所属企业职工代表参加的选举大会。大会以无记名等额选举的方式，一致同意并选举许强同志为浙江省能源集团有限公司董事会职工董事，1名同志为浙江省能源集团有限公司监事会职工监事。

2017年1月19日、20日，浙能集团第一届第五次职工代表大会会议在杭州召开。会议全面总结了浙能集团2016年的工作，分析了当前能源行业发展大势下，浙能集团拥有的资源优势及未来面临的严峻形势，对2017年工作进行了具体部署，明确了重点工作任务。会议指出，浙能集团2016年工作成效显著，全年完成发电量、煤炭、天然气供应同比分别增长10.35%、7.62%和10.7%，利润总额连续第四年站上了百亿台阶，部分关键财务和资信指标位居全国乃至世界前列。2017年，是浙能集团实施“十三五”规划的重要一年，改革和发展的任务依然艰巨，集团上下要信不弃功，智不遗时，撸起袖子加油干，不断超越自我、超越极限，把企业发展到一个新的高度。浙能集团党委书记、董事长童亚辉，总经理柯吉欣，监事会主席潘晓波，领导班子成员出席会议。浙能集团一届五次职代会268名职工代表，浙江省党代会代表、劳模代表、浙能集团监事会成员、外派项目代表等41名特邀代表参加会议。董事长童亚辉在会上作了题为《信不弃功，智不遗时撸起袖子加油干》的重要讲话。童亚辉指出，“十三五”是浙能集团加快结构调整和转型升级的关键时期，企业要发展，不能只看到5年，要把眼光放在今后10年、20年甚至50年。当前的浙江，当今的浙能，正挺立在“干在实处、走在前列”的时代潮头上，浙能集团要顺大势，转思路，谋发展，以“大能源战略”为指引，坚持“四业”发展路径，把握稳中求进、谋求改革创新、以实干担当为硬道理，只争朝夕、时不我待，加速推进浙能集团由传统型向现代型、单一发电型向综合型、实业型向产融结合型跨越。会议听取并审议了柯吉欣总经理代表领导班子所作的《2017年工作报告》。柯吉欣在工作报告中指明了五项重点工作：一是深化体制机制改革，增强内生动力；二是牢固安全根基，推进科技兴业；三是围绕提质增效，增强盈利能力；四是优化产业布局，提升发展质量；五是加强党的建设，增强发展优势。会上，浙能集团总经理柯吉欣、党委副书记耿平、纪委书记张荣博与各板块管理公司和相关所属单位负责人签订了三项责任书。会议期间，还套开了浙能集团领导班子和领导人员2016年度考核工作会议。

2018年2月6日、7日，浙能集团第二届第一次职工代表大会在杭州召开。会议全面总结了浙能集团2017年工作，分析了新时代能源行业发展大势下面临的机遇和挑战，对2018年工作进行了具体部署，明确了重点工作任务。浙能集团党委书记、董事长童亚辉在会上作了题为《高举改革创新旗帜，坚定不移推进转型升级，实现高质量发展》的讲话，浙能集团总经理、党委副书记柯吉欣在会上作《2018年总经理工作报告》，浙能集团党委副书记陆翔在会上对学习贯彻大会精神提出要求，浙能集团党委委员、工会主席许强主持会议。童亚辉在讲话中强调，“转型升级、创新发展”不是一句空洞的口号，是有明确的目标和内在要求的。转型升级，要体现在结构调整上，体现在动能转换上，体现在发展质量上，体现在体制机制改革上，体现在成果共享上。2018年，是企业转型升级极为关键的一年，面对资源价格上涨、能源结构调整、竞争形态转变等压力，我们必须要保持“咬定青山不放松”的恒心毅力和“破釜沉舟”的决心勇气，朝着改革创新的道路坚定不移地走下去，坚定不移加强党的领导，坚定不移地高举改革旗帜，坚定不移做强电力产业、做大油气产业、做优能源服务业、做精海外产业、做好大局稳定工作，“新浙能”的美好愿景就一定能实现。柯吉欣在工作报告中明确了2018年总体工作要求及主要工作目标。一是以党的十九大精神深化改革，发挥创新是引领发展的动力作用；二是持续夯实安全生产基础，提升本质安全；三是加强经营管理，推进提质增效；四是加快转型发展，继续做强电力主业；五是集中力量重点突破，开拓油气产业新篇章；六是围绕能源主业进行整合，形成能源服务产业规模体系；七是全面加强党的领导，营造高质量发展良好环境。陆翔作闭幕词。大会对6家“2017年度优秀企业、优秀部室”、5个“2017年度‘四好’领导班子”以及81名“2017年度先进工作者”进行了表彰。会上，浙能集团总经理柯吉欣、党委副书记陆翔、纪委书记张荣博与各板块管理公司和相关所属单位负责人签订了三项责任书。在浙能集团二届一次职代会的预备会上，参会代表听取了职代会筹备工作报告和集团本级四项经费使用情况报告，审议并通过了二届职代会代表资格审查委员会建议名单、干部民主评议与监督委员会建议名单、提案工作委员会建议名单、二届一次职代会特邀代表（列席代表）建议名单，二届职代会职工代表资格审查报告、一届五次职代会提案（建议）处理情况报告和二届一次职代会提案征集情况报告等各项决议。浙能集团二届一次职代会280名职工代表，浙能集团老领导、浙江省党代会代表、劳模代表、浙能集团监事会成员、外派项目代表等28名特邀代表参加会议。

2018年3月22日，浙能集团工会第二次会员代表大会在杭州召开，来自浙能集团各条战线的207名会员代表，共商浙能集团工会工作发展大计，选举产生新一届工会委员会委员和经费审查委员会委员。浙江省总工会党组成员、副主席张兆都，省部属企事业工会主席吕美溪，浙能集团党委书记、董事长童亚辉，浙能集团党委副书记陆翔，浙能集团党委委员、工会主席许强出席会议。浙能集团党委副书记、总经理柯吉欣致电祝贺。会上，浙江省总工会党组成员、副主席张兆都代表浙江省总工会向大会的召开表示热烈祝贺，并指出，近年来，全体“浙能人”秉持“发展能源为浙江”的宗旨，以“信不弃功、智不遗时”、只争朝夕的精神，认真贯彻省委省政府的决策部署，坚定履行国有企业政治、经济和社会责任，企业转型升级、创新发展取得了丰硕成果。希望浙能集团工会认真贯彻“依法治会、民主兴会、开门办会、实力强会”的建会思路，围绕中心、服务大局，不断增强工会组织政治性、先进性、群众性，各级工会组织和工会干部要善于立足全局、把握大局，顺应大势、乘势而为，持续推进工运事业的创新和发展。浙能集团党委书记、董事长童亚辉作了重要讲话，充分肯定了浙能集团工会工作并提出要求。一是要坚持政治引领，夯实浙能“国企美”，提升工会工作保障力；二是要坚持群众路线，弘扬浙能“创业美”，提升工会工作服务力；三是要坚持人本导向，创造浙能“文化美”，提升工会工作凝聚力；四是要坚持创新驱动，提升浙能“活力美”，提升工会工作创造力。会议听取并审议了许强作的题为《坚持思想引领　激发创新活力　强化使命担当　践行“娘家式”服务　在推动集团转型升级创新发展的新实践中建功立业》的工会工作报告。报告全面深刻总结了浙能集团工会成立十多年以来所取得的成绩，客观分析了新时代工会的新使命和新任务。报告明确了今后五年的目标任务，将坚持与党中央同向，突出思想导向，强化使命担当，切实增强教育引领的时代感；坚持与中心工作同步，突出大局导向，提升职工素质，切实增强职工群众的成就感；坚持与职工群众同心，突出需求导向，提高服务能力，切实增强职工群众的获得感；坚持与时代精神同行，突出文化导向，发展和繁荣文体事业，切实增强工会工作的活力感；坚持与改革创新同力，突出问题导向，优化工作机制，增强工会组织的存在感。大会按照选举相关规定，通过无记名投票的方式，选举产生新一届浙能集团工会委员会和经费审查委员会。许强当选为浙能集团第二届工会委员会主席。大会还部署了集团2018年工会工作，对浙能集团工会先进集体和个人进行了表彰，并进行了工会工作经验交流。

2019年1月17日、18日，浙能集团第二届第二次职工代表大会在杭州召开。会议全面总结2018年工作，谋划新阶段“四业”发展的新内涵，标定重塑企业核心竞争力的新方向，进一步统一思想，带领全体员工朝着技术型、协同型和服务型现代能源企业迈进。浙能集团党委书记、董事长童亚辉在会上作了题为《坚定不移推进高质量发展　重塑企业核心竞争力，努力打造技术型、协同型和服务型现代能源企业》的重要讲话，浙能集团党委副书记、总经理柯吉欣在会上作《2019年总经理工作报告》，浙能集团党委副书记陆翔分别作了开幕词和闭幕词。浙能集团党委委员、副总经理范小宁在会上宣读《关于表彰2018年度先进集体和先进个人的决定》《关于表彰浙江省能源集团有限公司劳动模范的决定》。浙能集团党委委员、工会主席许强主持会议。浙能集团二届二次职代会283名职工代表、浙能集团监事会成员、浙能集团老领导、浙江省党代会代表、劳模代表、外派项目代表等37名特邀（列席）代表参加会议。童亚辉在讲话中深刻分析当前面临的新形势新任务，要求2019年将全力推进综合能源服务体系、智能化运输体系、现代能源销售体系、特色金融服务体系、数字浙能体系五大体系建设，油气产业发展行动计划、电力环保产业转型升级行动计划、可再生能源产业发展行动计划、凤凰行动计划、“国际化”行动计划、科技创新行动计划、人才培养行动计划七大行动计划，综合能源供应示范项目、氢能技术引进和应用重点示范项目、储能（电）示范项目、智慧电厂示范项目、生物质循环经济示范项目五大示范项目，全力打赢体制机制改革攻坚战、人员转岗分流攻坚战、长广转型升级攻坚战和减亏扭亏攻坚战四大攻坚战，努力打造技术型、协同型和服务型现代能源企业，重塑新的可以立于不败之地的企业核心竞争力，推动浙能集团高质量发展，重续“百年浙能”伟大梦想。柯吉欣在报告中明确了2019年总体工作要求及主要工作目标，一是积极参与国资国企改革，持续推进体制机制创新；二是有效加强经营管理，持续提升企业盈利能力；三是严守安全生产红线，持续强化责任落实；四是加快推进产业协同发展，持续增强企业转型动能；五是全面加强党的领导，持续打造担当作为干事的浙能铁军。大会对6家“2018年度优秀企业、优秀部室”、50位“2018年度先进工作者”和10位浙能集团第三届劳动模范进行了表彰。在之前召开的预备会议上，听取了第二届第二次职代会筹备工作报告和集团本级四项经费使用情况报告，听取并审议通过了第二届第一次职代会提案、建议处理情况报告和第二届第二次职代会提案征集情况报告，第二届第二次职代会代表资格审查报告、第二届职代会有关专门委员会调整建议名单、浙能集团集体合同、女职工权益保护专项集体合同等各项决议。会议期间还套开了浙能集团2018年度考核工作会议，进行了浙能集团党委领导班子及个人2018年度述职考核测评等工作。

2019年2月26日，浙能集团工会以视频会议形式召开第二届第二次会员代表大会。会议深入学习贯彻浙能集团二届二次职代会精神，紧紧围绕高质量、竞争力、现代化的发展要求和全面打造“三型”现代能源企业的使命任务，回顾总结2018年工会工作，分析存在的不足，部署2019年工会重点工作。浙能集团党委委员、工会主席许强参加会议并作工会工作报告。在杭州单位的浙能集团工会委员及集团本部、电力股份本部的会员代表在主会场参加会议，所属企业会员代表在各单位分会场参加会议。许强在会上作了题为《建设活力工会，践行“娘家式”服务，努力实现工会工作高质量发展》的工作报告。强调2019年要落实“群团枢纽”工程建设要求，坚持政治引领“出共识”，不断强化工会组织新责任；坚持立功竞赛“出标兵”，不断凝聚改革发展新力量；坚持示范引领“出成效”，不断激发建功立业新动能；坚持民主管理“出权益”，不断深化维权服务新职责；坚持关爱救助“出稳定”，不断提升暖心关爱新温度；坚持文化建设“出亮点”，不断激发职工队伍新活力；坚持自身建设“出质量”，不断提升履职尽责新能力。大会听取了《2018年经费收支预算决算情况报告》《2018年度工会经费审查委员会工作报告》。大会对浙能集团工会先进集体和个人、浙能集团“美丽厂区、健康食堂、文明职工标兵”进行了表彰，并进行了工会工作经验交流。

2019年4月18日，浙能集团工会第二届第三次会员代表大会（视频会议）顺利召开。会上，浙能集团工会副主席、政治工作部主任、组织（人力资源）部副部长宣读了浙江省省部属企事业工会的批复文件。因职务和岗位变动，会议通过了《关于许强同志不再担任浙江省能源集团有限公司第二届工会委员会委员、主席职务的决定》，以无记名投票方式，补选胡斌为浙能集团第二届工会委员会委员、主席。浙能集团工会委员及集团本部、电力股份本部的会员代表在主会场参加会议，所属企业会员代表在各分会场参加会议。

2019年8月12日，浙能集团第二届第三次职工代表大会（视频会议）顺利召开。会议由职工代表以无记名投票方式，选举胡斌同志为浙江省能源集团有限公司董事会职工董事、1名同志为浙江省能源集团有限公司监事会职工监事，审议通过《浙江省能源集团有限公司企业年金方案（修订）》。会议由集团党委副书记、董事陆翔主持，集团职工代表232人参加会议。

2019年8月13日上午，浙能集团工会第二届第四次会员代表大会以视频形式顺利召开。会议传达学习浙江省人大常委会副主任、浙江省总工会主席史济锡同志在浙能集团调研时的讲话精神，并按民主程序补选浙能集团第二届工会委员会委员。会上，浙能集团党委委员、工会主席胡斌结合史济锡同志在浙能集团调研产业工人队伍建设改革工作的讲话精神，从党中央、浙江省委、浙江省政府关于产业工人队伍建设改革方案的出台背景、重要意义和工作要求3个方面，传达学习产业工人队伍建设改革的有关精神。会议要求各单位工会认真组织学习，深刻领会史济锡同志的讲话精神，进一步提高思想认识，聚焦重点任务，真抓实干、开拓创新，在有效实践的基础上，推进新时代产业工人队伍建设改革这项系统性工作。浙能集团169名工会会员代表参加会议，本次选举以集团本部、各板块、直属单位为单位，共设置12个选区，在主会场和各分会场分别设立票箱，在规定时间内统一投票、统一计票。

二、职工关爱

2004年以来，浙能集团工会切实履行工会“困难职工‘第一知情人’‘第一责任人’”职责，不断健全工会“送温暖”帮困救助机制，及时将组织的温暖送到困难职工手中。每年元旦、春节前夕，及时印发元旦、春节期间开展“送温暖”活动的通知，制定送温暖帮困方案，牵头组织对居住在各地的特困职工和职工遗属进行了走访慰问。十五年间，发放慰问补助金597万元，惠及4000余人次的困难职工和职工遗属。

2007年7月4日，浙能集团工会印发《关于做好防暑降温工作、开展“送清凉”活动的通知》，组织开展“送清凉”高温期间的慰问和工会劳动保护检查监督活动。此后每年开展此项工作。

2009年12月4日，浙能集团工会委员会一届五次会议通过了《浙江省能源集团有限公司帮困互助金管理办法（试行）》，明确了建立帮困互助金的宗旨、会员的权利和义务、组织机构和职责、资金筹措和管理、补助范围和标准、补助申请和审批等。

2010年8月9日，浙能集团工会印发了经浙能集团工会委员会一届七次全委会通过的《浙江省能源集团有限公司帮困互助金管理办法实施细则（试行）》。

2011年9月5日，浙能集团工会印发《关于做好职工关爱互助会有关工作的通知》（浙能工会〔2011〕22号），就组建成立浙能集团职工关爱互助会提出了要求，并印发了《浙江省能源集团有限公司职工关爱互助会章程（试行）》。

2014年3月、2017年7月，浙能集团工会在进一步征求意见的基础上，根据实际工作需要对《浙江省能源集团有限公司职工关爱互助会章程（试行）》进行了修订。于2014年4月4日印发了经2014年度浙能集团工会工作会议审议通过的《浙江省能源集团有限公司职工关爱互助会章程（修订本）》。

2016年7月11日，浙能集团工会印发《关于做好2016年“迎峰度夏”职工防暑降温和劳动保护工作的通知》（浙能工会〔2016〕42号），要求落实全总《关于做好夏季职工防暑降温工作的通知》有关精神，进一步加强高温期间职工劳动保护，切实保障广大职工的安全与健康，助推“迎峰度夏”各项工作的圆满完成，为G20峰会的顺利召开保驾护航。

2017年7月14日，浙能集团工会印发《关于做好2017年夏季职工防暑降温工作的通知》（浙能工会〔2017〕51号），要求下属各级工会切实发挥工会“职工娘家”作用，关心关爱职工，进一步做好高温天气职工防暑降温工作，广泛开展“夏送清凉”慰问活动，维护广大职工安全健康合法权益，做好劳动保护监督工作，确保职工平安度夏，助推“迎峰度夏”各项工作的圆满完成。

2017年7月24日，浙能集团工会印发了经浙能集团工会全委会审定的《浙江省能源集团有限公司职工关爱互助会章程》（2017年修订），提高了互保补助标准、增加互保补助项目。至2017年底，加入浙能集团职工关爱互助会的单位为51家，入会人数为16935人，达90%以上；

参加浙江省产业工会职工大病医疗互助职工人数达4000余人。

2017年9月7日，浙能集团工会印发《浙江省能源集团有限公司关爱职工“五必访”制度》（浙能工会〔2017〕79号），形成了“职工生病住院必访、职工家庭发生重大变故必访、职工家庭遭遇重大灾害必访、职工遇到特殊困难必访、职工亡故必访”制机。

2017年9月4日，浙能集团工会印发《关于开展“浙能娘家人”志愿服务活动的实施意见》（浙能工会〔2017〕68号），推进职工志愿服务的常态化、制度化、网络化、系统化建设，构建各级工会组织发动、志愿服务带动、各单位职工联动的志愿服务格局。至2019年，已有3000余名职工加入“浙能娘家人志愿服务队”，广泛开展以“春送文化、夏送清凉，秋送健康、冬送温暖”为主题的志愿服务活动。

2017年12月26日，浙能集团工会印发《关于开展2018年元旦、春节期间送温暖活动的通知》（浙能工会〔2017〕114号），扎实推进职工关爱帮扶工作的常态化、长效化，续写“送温暖”工作新篇章，促进企业的稳定和谐发展。2017年使用送温暖专项资金和帮困资金合计89.45万，慰问帮困人数达617人。

2018年，加入浙能集团职工关爱互助会的单位为52家位，入会人数为18348人，达95%以上；参加浙江省产业工会职工大病医疗互助职工人数达5000余人。

2018年6月26日，浙能集团工会印发《关于做好2018年夏季职工防暑降温工作的通知》（浙能工会〔2018〕57号），要求下属各级工会从“完善国民健康政策，为人民群众提供全方位全周期健康服务”的高度，做好夏季职工防暑降温工作，有效预防和控制职工高温中暑及各类事故发生，保障广大职工的生命安全和身体健康，助推“迎峰度夏”各项工作的圆满完成。

2018年12月25日，浙能集团工会印发《关于开展2019年元旦、春节期间送温暖活动的通知》（浙能工会〔2018〕102号），2018年使用送温暖专项资金和帮困资金合计95.25万元，慰问帮困人数达447人。

2019年，浙能集团建立“阳光爱心基金”，落实审批流程和资金管理，浙能集团首笔100万元捐赠已经到位，组织开展“慈善一日捐”活动，共有64家单位15882人捐款154万元，善款捐赠至“阳光爱心基金”。

2019年，加入浙能集团职工关爱互助会的单位为55家位，入会人数为19517人，达95%以上；参加浙江省产业工会职工大病医疗互助职工人数达12000余人。

2019年7月10日，浙能集团工会印发《关于做好2019年夏季高温期间防暑降温工作和“夏送清凉”活动的通知》（浙能工会〔2019〕76号），要求认真做好防暑降温工作，切实维护广大职工安全健康权益，进一步发挥工会组织“娘家人”作用，广泛开展“夏送清凉”活动，助推“迎峰度夏”各项工作圆满完成。

第三节　群众性安全教育

一、安全教育活动

2004年5月11日，浙能集团工委印发《关于举办安全生产演讲比赛活动的通知》（浙能工会〔2004〕12号），在全系统组织开展“以人为本、安全第一”为主题的安全生产演讲比赛活动，倡导安全生产和安全生活方式，宣传安全文化，传播安全知识，提高安全意识。经选拔，37位选手参加了在杭州举办的决赛。

2004年5月28日，浙能集团工委印发《关于开展2004年“安全生产月”巡回演讲活动的通知》（浙能工会〔2004〕13号），组织开展2004年“安全生产月”巡回演讲活动。8位演讲团成员通过发生在身边的事例和自己的切身感受，进行安全警示教育，宣传安全文化、传播安全知识。巡回演讲活动自2004年6月8日开始至6月17日结束，浙江镇海发电有限责任公司、浙江长兴发电有限责任公司、嘉兴发电有限责任公司、萧山发电厂、台州发电厂、温州发电有限责任公司、浙江钱清发电有限责任公司、浙江省天然气开发公司、浙江温州特鲁莱发电有限责任公司、温州燃机发电有限公司、浙江镇海联合发电有限公司、浙江北仑发电有限公司、浙江嘉华发电有限责任公司、浙江电力建设总公司各项目部、集团各在杭州单位的广大职工参与聆听。

2005年5月17日至7月10日，浙能集团工会在全系统组织开展“职工安全卫生消防知识竞赛活动”。竞赛以“引导广大职工认真学习安全卫生消防知识，提高自我防护意识和技能，夯实安全卫生消防工作的基础，为实现全公司的安全生产目标、建设平安浙能，构建和谐企业提供坚实的群众基础”为目的，开展了职业安全卫生消防知识教育培训、提安全卫生消防建议、查一起事故隐患或违章行为、写一条安全生产体会等的活动。

2006年8月10—16日，浙能集团工会在杭州举办了工会劳动保护培训班。对全系统30余位工会劳动保护干部进行了安全生产现状及工会劳动保护工作的创新、安全隐患查找、事故调查和班组安全建设、工会如何主动参与安全生产机制建设、当前浙能集团安全生产形势及任务等内容的培训。

2007年5月14日，浙能集团工会印发《关于举办工伤保险与安全生产知识竞赛的通知》（浙能工会〔2007〕18号），以“深入普及工伤保险和安全生产知识，维护广大职工切身权益，提高广大职工对工伤保险和安全生产工作重大意义的认识”为目的，在全系统组织开展竞赛活动。

2007年6月11日至7月20日，浙能集团工会、生产安全部联合组织安全生产知识竞赛。竞赛旨在推进安全生产法制化建设和精细化管理；大力营造安全生产氛围，调动职工学习安全生产法律法规和安全生产知识的积极性，促进职工安全生产法制意识、劳动保护意识和自我防范能力的提高。竞赛以浙能集团工会工作交流片组为单位组织选拔赛，选取8支代表队参加了在杭州举办的总决赛。通过6轮角逐，浙能乐清发电公司代表队摘得桂冠，嘉兴发电有限责任公司、浙江浙能舟山煤电公司荣获二等奖，浙江镇海发电有限责任公司、浙能兰溪发电有限责任公司、台州电厂、浙江长兴发电有限责任公司、浙江钱清发电有限责任公司荣获三等奖。

2008年5月15日至7月15日，浙能集团工会在全系统组织开展“安全生产有奖征文活动”。此次征文主题为：牢固树立“安全发展”的理念。征文内容为：围绕“关爱生命、关注安全；奥运安全、班组安全”，联系企业安全生产和自身工作实际，畅谈感受，发表评论，宣传安全事迹，鞭笞违规违纪行为，倡导先进安全文化。征文形式以小说、散文、诗词、论文、经验、消息、通讯、特写、杂文、调查报告、报告文学等为主体，同时可选送有关安全生产的宣传画、漫画、动画等作品。本次征文活动设一等奖3名、二等奖6名、三等奖9名，优秀奖若干名；征文活动共收到355篇不同体裁的作品。

2008年5月15日，浙能集团工会、生产安全部联合印发《关于征集企业安全第一责任人安全警句格言的通知》（浙能工会〔2008〕18号），首次组织开展企业安全第一责任人安全警句格言征集活动。所属企业安全第一责任人（总经理或厂长）都根据自己的工作实践、切身体会和感受，撰写了1~2条关于安全生产、安全管理、安全工作、劳动保护等方面的警句格言，配发创作者个人近景照片和手写签名在浙能网和《浙江能源报》展示后，对安全生产和安全工作起到了良好的教育、引导和警示作用。

2008年5月23日，浙能集团工会、生产安全部联合印发《关于组织消防安全知识技能竞赛暨省级参赛选手选拔的通知》（浙能工会〔2008〕20号）。此次消防安全知识技能竞赛分知识竞赛和技能竞赛两部分。知识竞赛：围绕《中华人民共和国消防法》《中华人民共和国安全生产法》《中华人民共和国工会法》《中华人民共和国劳动法》《中华人民共和国劳动合同法》《浙江省安全生产条例》等有关安全生产法律法规，以填空、选择、判断、问答题，通过组织集中闭卷考试、专场知识问答等形式进行。技能竞赛为：一人两带出水打靶、灭火器模拟灭火、模拟电气故障识别等竞赛项目。

2008年9月10日，浙能集团工会印发了《浙江省能源集团有限公司“安康杯”竞赛活动管理办法（试行）》，规定了“安康杯”竞赛活动的目的意义、基本要求、总体目标、组织机构、竞赛主题、活动内容、实施步骤、考核方法、总结表彰等全过程管理要求。同时，印发《浙江省能源集团有限公司“安康杯”竞赛考核标准》。

2008年11月5—7日，浙能集团工会、浙江省职工劳动保护协会在安吉联合举办了首次“浙江省能源集团有限公司工会劳动保护监督检查员培训班”。培训以新形势下工会劳动保护工作、工会主动参与安全生产工作机制和安全检查提示卡的应用及安全检查、事故调查、班组安全建设等为主要内容。全系统40余位工会劳动保护干部或工会劳动保护监督检查员参训。

2009年3月6日，浙能集团工会印发《关于公布安全生产有奖征文获奖名单的通知》(浙能工会〔2009〕9号)，公布了2008年安全生产有奖征文评选结果。其中，浙江浙能镇海发电有限责任公司《另一种爱》、淮浙煤电有限责任公司凤台发电分公司《帽子和脑袋的对话》、萧山发电厂《事故快报我们永远的痛》3篇征文获一等奖；另有二等奖6篇，三等奖8篇，优秀奖21篇。

2009年5月11日至6月20日，浙能集团工会举办“安全伴我行”演讲比赛。通过各单位选拔、推荐，在杭州举行决赛，共决出金奖二名、银奖三名、铜奖五名、优秀奖若干名。此后，获奖选手参加浙能集团演讲团赴系统内巡讲。

2009年5月22日，浙能集团工会、生产安全部、政治工作部联合印发《关于开展安全生产格言警句征集活动的通知》。此次征集活动围绕“遵章守法、关爱生命”和“反违章、治隐患”这一主题，征集有关安全生产方面的标语口号、格言警句、亲情寄语、谚语、座右铭等新创作的作品。浙能集团董事长吴国潮、总经理沈志云带头应征。此次征集活动共设一等奖3名、二等奖5名、三等奖10名、优秀奖若干。获奖名单以及优秀作品在《浙江能源报》和浙能集团网站进行了公布与展示。

2009年6月30日，由浙江省安全生产监督管理局、浙江省总工会主办，浙能集团协办的“浙能杯·安全伴我行”全省职工演讲比赛在浙能集团激情上演。来自全省各地市和省直机关、省直企业、省能源集团、省电力公司等单位的23名参赛选手围绕“关爱生命、关注安全”的主题进行了激烈角逐。浙江浙能镇海发电有限责任公司选手、浙江浙能乐清发电有限责任公司选手分别以总分第二、第四的成绩双双荣获二等奖。

2009年8月2—6日，由浙能集团人力资源部、生产安全部、工会办公室联合主办，浙江浙能嘉兴发电有限公司协办的2009年度浙能集团班组长管理能力及实务培训班在湖州电力培训中心正式开班，系统13家单位共70多位班组长参加了本次培训。本次培训对培训课程、师资进行规范化和精细化设置，充分利用了社会力量与集团内部师资，将教师授课、专家指导、体验式培训等多种形式，有机结合班组管理、安全生产和企业文化等多项内容。除部分单位自行组织外，集团系统15家单位选派参加2009年度培训的班组长总计约300人，在2009年8—9月分5期陆续实施。

2009年11月11日，浙能集团工会印发《关于举办工会劳动保护培训班的通知》(浙能工会〔2009〕33号)。同年11月17—19日，浙能集团40余位工会劳动保护干部在诸暨市参加了内容为劳动保护工作的形势和任务、工会如何主动参与安全生产机制建设、安全生产形势、安全隐患查找、事故调查、班组安全建设等内容的培训。

2010年6月8日至7月15日，浙能集团工会组织开展以“安全第一、预防为主；班组安全、从我做起”为主题的安全生产有奖征文活动，共收到316篇不同题材的作品，评出萧山发电厂、浙江浙能乐清发电有限责任公司、浙江浙能钱清发电有限责任公司、浙江兴源投资有限公司、淮浙煤电有限责任公司凤台发电分公司优秀组织单位5家，获奖作品24篇，其中一等奖3篇、二等奖6篇、三等奖9篇、优秀奖6篇。

2010年6月8日至7月15日，浙能集团工会召开了劳动保护工作班组现场会，并举办了工会劳动保护培训班。全系统70余位工会劳动保护专职、劳动保护网络成员参加了培训，并在浙江浙能镇海发电有限责任公司燃灰分场召开劳动保护工作班组现场会。

2010年11月3日，浙能集团工会劳动保护培训班在镇海落下帷幕，来自浙能集团的14家发电企业及相关单位的47名工会劳动保护专职和劳动保护网络成员参加了培训。培训内容为：强化班组安全管理，发挥劳动保护监督员作用；

镇电公司工会劳动保护心得。

2011 年 5 月 23 日至 7 月 15 日，浙能集团工会组织开展安全生产有奖征文活动，共收到 263 篇不同文体的作品，评出浙江浙能兰溪发电有限责任公司、浙江兴源投资有限公司、浙江省能源集团城市燃气公司优秀组织单位 3 家，获奖作品 29 篇，其中一等奖 3 篇、二等奖 6 篇、三等奖 9 篇、优秀奖 11 篇。

2013 年 11 月 29 日，浙能集团工会印发《关于加强文体设施（备）安全管理的通知》（浙能工会〔2013〕号），要求系统各单位工会加强组织领导，认真开展文体设施安全大检查，落实各项安全措施，切实加强文体设施安全管理。

2014 年 7 月 15 日，浙能集团工会印发《关于举办 2014 年工会干部暨工会劳动保护培训班的通知》（浙能工会〔2014〕44 号）。同年 8 月 4—7 日，浙能集团工会举办 2014 年工会干部暨工会劳动保护培训班，所属各单位专兼职工会干部、工会劳动保护监督检查员参加培训。培训内容为：如何做好新形势下的企业“三型”工会建设、新时期工会干部的创新能力建设，如何正确认识工会劳动保护监督检查、工会劳动保护和班组安全地位和作用等。

2014 年 8 月，浙能集团工会组织完成 2014 年度“迎峰度夏”劳动保护工作抽查工作。本次专项检查工作为集团工会组建成立以来首次组织，为浙能集团工会开展的年度“安康杯”活动重要内容之一。

2015 年 7 月 2 日，浙能集团工会印发《关于认真做好 2015 年“迎峰度夏”防暑降温和劳动保护工作的通知》（浙能工会〔2015〕59 号），部署各级工会做好夏季劳动保护和防暑降温工作，广泛深入开展“三督一送”活动（督促防暑降温措施落实、督促高温作业时间安排、督促高温津贴发放到位、深入开展“夏送清凉”慰问活动），助推企业迎峰度夏工作完成。

2015 年 7 月 27—31 日，浙能集团工会举办 2015 年工会劳动保护培训班，所属各单位工会劳动保护干部、劳动保护网络成员参加了培训。培训内容为：工会劳动保护法律法规、职业病防治、工会参与安全生产事故调查处理等。

2015 年 8 月 6—12 日，浙能集团工会组织完成 2015 年度“迎峰度夏”劳动保护工作抽查工作，本次专项检查工作为浙能集团工会开展的年度“安康杯”活动重要内容之一。

2016 年 8 月 3 日，浙能集团工会组织完成 2016 年度“迎峰度夏”劳动保护工作抽查工作，本次专项检查工作为浙能集团工会开展的年度“安康杯”活动重要内容之一。

2018 年 10 月，浙能集团工会组织完成 2018 年度劳动保护工作抽查工作，本次专项检查工作为浙能集团工会开展的年度“安康杯”活动重要内容之一。

2019 年 6 月 18 日、19 日，浙能集团工会开展劳动保护业务培训班，所属各单位工会劳动保护干部共计 60 余人参加了培训。培训内容为：工会劳动保护法律法规、职业病防治法等。

2019 年 11 月 7 日、11 月 15 日，浙能集团工会组织开展劳动保护和安全监督检查工作，现场督查劳动作业环境，规范劳动防护用品使用，夯实工会劳动保护监督职能，保障职工在生产过程中的安全与健康。

二、“安康杯”竞赛

浙能集团“安康杯”竞赛活动基本情况见表 15-3-1。

表 15-3-1 浙能集团“安康杯”竞赛活动基本情况一览表

年份	成果	主题	基本内容	目标	先进表彰
2004	浙能集团获全国“安康杯”竞赛优胜企业	以人为本、安全第一	在全系统组织开展“以人为本、安全第一”为主题的安全生产演讲比赛；组织开展 2004 年“安全生产月”巡回演讲活动等	倡导安全生产和安全生活方式，宣传安全文化，传播安全知识，提高安全意识	优胜企业：嘉兴发电有限责任公司、浙江镇海发电有限责任公司、浙江钱清发电有限公司 优秀组织单位：浙江长兴发电有限责任公司、温州发电有限责任公司、萧山发电厂

表 15-3-1（续）

年份	成果	主题	基本内容	目标	先进表彰
2005	浙能集团获全国“安康杯”竞赛优胜企业	提高意识、建章立制、整改隐患、确保安全	组织开展“职工安全卫生消防知识竞赛活动”，进行安全卫生消防知识教育培训、提安全卫生消防建议、查一起事故隐患或违章行为、写一条安全生产体会等	进一步提高广大职工的安全卫生意识和技能为重点，降低工伤事故和职业危害发生	优胜企业：萧山发电厂、温州发电有限责任公司 优秀组织单位：浙江钱清发电有限责任公司
2006	浙能集团获全国“安康杯”竞赛优秀组织单位	增强意识、建章立制、整改隐患、确保安全	举办工会劳动保护培训班等	切实维护职工的生命安全健康权益，促进企业安全文化建设，增强广大职工的安全意识和自我保护能力，有效地预防、杜绝人身伤亡、重大设备事故的发生，确保浙能集团安全生产	优胜企业：嘉兴发电有限责任公司、浙江镇海发电有限责任公司、台州发电厂、萧山发电厂、浙能乐清发电有限责任公司 优秀组织单位：浙江兴源投资有限公司、浙江北仑发电有限公司、浙江长兴发电有限责任公司、温州发电有限责任公司、浙江省电力建设有限公司、浙江浙能富兴燃料有限公司
2007	浙能集团获全国“安康杯”竞赛优胜企业	深入普及工伤保险和安全生产知识，维护广大职工切身权益，提高广大职工对工伤保险和安全生产工作重大意义的认识	举办工伤保险与安全生产知识竞赛等	推进安全生产法制化建设和精细化管理；大力营造安全生产氛围，调动职工学习安全生产法律法规和安全生产知识的积极性，促进职工安全生产法制意识、劳动保护意识和自我防范能力的提高	优胜企业：浙江兴源投资有限公司、浙江镇海发电有限责任公司、温州发电有限责任公司、台州发电厂、浙江钱清发电有限责任公司、浙江浙能乐清发电有限责任公司、浙江浙能富兴燃料有限公司 优秀组织单位：浙江省天然气开发有限公司、浙江省电力建设有限公司、浙江国信房产集团有限公司、浙江嘉华发电有限责任公司、浙江长兴发电有限责任公司、萧山发电厂、浙江浙能兰溪发电有限责任公司
2008	浙能集团获全国“安康杯”竞赛优胜企业	提高意识、建章立制、整改隐患、确保安全、“班组安全、从我做起”	每位职工提一条安全卫生工作建议、查一起事故隐患或违章行为、写一条安全生产体会、接受一次安全卫生知识培训、忆一次事故教训和单位实现建立一套安全卫生工作台账、公示一次安全卫生经费的提取和使用情况、进行一次企业与职工的安全卫生工作平等协商、组织一次职工（代表）巡视安全卫生工作、组织一次职工（代表）对安全卫生工作的评议等	通过“安康杯”竞赛活动，宣传安全事迹，鞭笞违规违纪行为，倡导先进安全文化，助提安全生产和安全工作	优胜企业：浙江省电力建设有限公司、浙江浙能嘉兴发电有限公司、浙江浙能镇海发电有限责任公司、台州发电厂、浙江浙能钱清发电有限责任公司、浙江浙能富兴燃料有限公司、淮浙煤电有限责任公司凤台发电分公司 优秀组织单位：浙江东南发电股份有限公司、浙江国信控股集团有限责任公司（浙江省浙信房地产有限公司）、浙江浙能北仑发电有限公司、萧山发电厂、浙江浙能乐清发电有限责任公司、浙江浙能中煤舟山煤电有限责任公司、浙江浙能长兴发电有限公司设备管理部分工会

表 15-3-1（续）

年份	成果	主题	基本内容	目标	先进表彰
2009	浙能集团获全国“安康杯”竞赛优胜企业	推进实施“大能源战略”，紧紧围绕“保增长、抓转型、重民生、促稳定”的工作主线，突出“提高意识、建章立制、整改隐患、确保安全”“杜绝违章从我做起”	举办“安全伴我行”演讲比赛、开展安全生产格言警句征集活动、举办工会劳动保护培训班等	努力实现提高管理者安全技术和管理水平，提高职工安全意识和自我保护技能；努力实现死亡事故为零，重伤事故为零；加强安全生产管理、事故隐患排查整治、安全健康经费投入、安全文化建设、职工安全健康教育、工会群众监督、职业病防治工作、班组安全建设、女职工劳动保护、“安康杯”竞赛互查	优胜企业：浙江省天然气开发有限公司、浙江浙能兰溪发电有限责任公司、浙江浙能金华燃机发电有限责任公司、萧山发电厂、浙江兴源投资有限公司 优秀组织单位：浙江浙能嘉华发电有限责任公司、浙江浙能中煤舟山煤电有限责任公司、浙江国信控股（浙信房产公司）、浙江镇海联合发电有限公司、浙江浙能富兴燃料有限公司、浙江华光潭水力发电有限公司、温州燃机发电有限公司、浙江东南发电股份有限公司、浙江省能源集团财务有限责任公司、浙江浙能北仑发电有限公司
2010	浙能集团获全国“安康杯”竞赛优胜企业	提高意识、建章立制、整改隐患、落实责任、确保安全	开展以“安全第一、预防为主；班组安全、从我做起”为主题的安全生产有奖征文活动；召开劳动保护工作班组现场会，并举办工会劳动保护培训班等	营造安全文化氛围，强化班组安全建设、劳动保护监督，提高管理者安全技术和管理水平、职工安全意识和自我保护技能；死亡事故为零，重伤事故为零；加强企业安全生产管理、事故隐患排查整治、安全健康经费投入、安全文化建设、职工安全健康教育、工会群众监督、职业病防治、班组安全建设、女职工劳动保护、“安康杯”竞赛互查	优胜企业：浙江省天然气开发有限公司、浙江浙能嘉华发电有限责任公司、浙江镇海联合发电有限公司、浙江浙能北仑发电有限公司、温州燃机发电有限公司、浙江华光潭水力发电有限公司、浙江浙能金华燃机发电有限责任公司、浙能集团生产安全部 优秀组织单位：浙江东南发电股份有限公司、浙江省能源集团财务有限责任公司、浙江省电力建设有限公司、浙江国信控股集团有限责任公司（浙江省浙信房地产有限公司）、浙江浙能富兴燃料有限公司、浙江浙能兰溪发电有限责任公司、萧山发电厂、浙江浙能乐清发电有限责任公司、浙江浙能北海水力发电有限公司、浙江浙能中煤舟山煤电有限责任公司
2011	浙能集团获全国“安康杯”竞赛优胜单位连胜杯	提高意识、遵章守纪、落实责权、安全发展	组织开展安全生产有奖征文活动等	推进企业安全文化建设，推进科学管理，开展班组成员安全承诺、安全互保活动，组织班组职工查找、发现身边的安全隐患和职业危害隐患，加强劳动保护工作规范化建设，深入开展劳动安全卫生宣传教育	优胜企业：浙江浙能乐清发电有限责任公司、浙江浙能兰溪发电有限责任公司、浙江国信控股集团有限责任公司（浙江省浙信房地产有限公司）、浙江浙能北海水力发电有限公司、台州发电厂、浙江浙能温州发电有限公司、浙江电力建设有限公司、浙江浙能长兴发电有限责任公司、浙江浙能富兴燃料有限公司、萧山发电厂、浙江浙能嘉兴发电有限公司 优秀组织单位：浙江浙能镇海联合发电有限公司、浙江省能源集团财务有限责任公司、浙江浙能富兴海运有限公司、浙江浙能富兴燃料有限公司、浙江华光潭水力发电有限公司、浙江浙能北仑发电有限公司、温州燃机发电有限公司

表 15-3-1（续）

年份	成果	主题	基本内容	目标	先进表彰
2012		传播安全文化、推动安全管理、促进职业健康、助力科学发展	以推进企业安全生产民主管理和监督，推进企业安全文化建设，推进班组安全建设为基本内容	通过“安康杯”竞赛活动，推进浙能特色的企业安全文化建设，使各级人员安全生产意识进一步强化，安全生产知识水平进一步提高，安全生产氛围进一步浓厚，安全管理水平进一步提升，确保浙能集团 2012 年度安全生产目标如期实现	优胜企业：浙江浙能嘉兴发电有限公司、浙江浙能长兴发电有限公司、萧山发电厂、浙江浙能钱清发电有限责任公司、浙江省电力建设有限公司、淮浙煤电有限责任公司凤台发电分公司 优秀组织单位：浙江东南发电股份有限公司、浙江浙能温州发电有限公司、浙江浙能中煤舟山煤电有限责任公司、浙江浙能北海水力发电有限公司、浙江富兴海运有限公司、浙江浙能天然气运行有限公司
2013		传播安全文化、助力安全管理、夯实安全基础、促进职业健康	推进企业安全文化建设、推进企业安全生产管理、推进班组安全建设，开展“我为安全生产献一计”安全生产合理化建议活动、组织职工积极参与安全文化征文和安全建设成果展示等	推进企业安全文化建设、推进企业安全生产管理、推进班组安全建设	优胜企业：浙江浙能嘉兴发电有限公司、浙江浙能兰溪发电有限责任公司、台州发电厂、浙江浙能绍兴滨海热电有限责任公司、淮浙煤电有限责任公司凤台发电分公司、浙江天地环保工程有限公司、浙江浙能洋山建设开发有限公司 优秀组织单位：浙江浙能北仑发电有限公司、浙江浙能金华燃机发电有限责任公司、宁波海运集团有限公司、浙江省天然气开发有限公司、浙江浙能天然气运行有限公司、浙江天虹物资贸易有限公司
2014		落实安全责任、强化班组安全、传播安全文化	按照“一分布置，九分落实”的要求，教育引导广大职工围绕安全重点，履行好应尽的安全责任，全力配合“落实安全责任、强化安全意识、重拳打击违章”安全生产专项行动等	促进浙能特色的安全文化建设、促进广大职工安全生产意识进一步强化、促进广大职工安全生产技能进一步提高、促进安全生产氛围进一步浓厚、促进安全生产基础进一步夯实、促进安全管理水平进一步提升，确保浙能集团 2014 年度安全生产目标如期实现	优胜企业：浙江浙能北仑发电有限公司、浙江浙能镇海联合发电有限公司、浙江浙能温州发电有限公司、浙江浙能兰溪发电有限责任公司、浙江省天然气开发有限公司、浙江金衢丽天然气有限公司、浙江浙能水电管理有限公司、浙江省电力建设有限公司、浙江浙能技术研究院有限公司 优秀组织单位：浙江浙能长兴发电有限公司、温州燃机发电有限公司、浙江浙能绍兴滨海热电有限责任公司、浙江浙能中煤舟山煤电有限责任公司、浙江天达环保股份有限公司、浙江国信控股集团有限责任公司（浙江省浙能房地产有限公司）、浙江省能源集团财务有限责任公司、浙江浙能洋山建设开发有限公司、伊犁新天煤化工有限责任公司

表 15-3-1（续）

年份	成果	主题	基本内容	目标	先进表彰
2015		传播安全文化，助推安全管理，促进职业健康	认真制定竞赛方案；有效助推安全管理，宣贯落实《中华人民共和国安全生产法》，认真开展“安全生产月”活动；不断建立健全“主动参与”的安全生产长效机制，继续推进职工代表参加安全生产巡查和劳动保护督查工作，征集安全生产合理化建议，安全生产优秀班组建设成果展示等	通过“安康杯”竞赛活动，进一步促进浙能特色安全文化的建设，提高广大职工安全生产意识和技能，创造浓厚的安全生产氛围，夯实安全生产基础，提升安全生产管理水平，确保浙能集团 2015 年度安全生产目标如期实现	优胜企业：浙江浙能嘉华发电有限公司、浙江浙能长兴发电有限公司、浙江浙能镇海发电有限责任公司、浙江浙能台州第二发电有限责任公司、台州发电厂、浙江浙能乐清发电有限责任公司、浙江浙能兰溪发电有限责任公司、浙江浙能中煤舟山煤电有限责任公司 优秀组织单位：浙江浙能北仑发电有限公司、浙江浙能镇海联合发电有限公司、温州燃机发电有限公司、浙江浙能金华燃机发电有限责任公司、浙江浙能富兴燃料有限公司、宁波海运集团有限公司、浙江省天然气开发有限公司、浙江兴源投资有限公司
2016		传播安全文化，助推安全管理，强基础增素质，促进职业健康	开展多形式、多层次的群众性安全生产竞赛活动，不断提高职工劳动保护技能素质，提高安全生产管理水平，为浙能集团全力打造“百年明星企业”创造良好的安全生产环境。高度重视竞赛工作、认真制定竞赛方案；有效助推安全管理、主动参与安全生产；强化检查指导与职工群众监督有机结合等	公司系统参赛单位和参赛职工全覆盖；各单位严格执行安全生产责任制，职工遵守安全操作规程，强化班组竞赛管理，确保浙能集团 2016 年度安全生产目标如期实现	优胜企业：温州燃机发电有限公司、浙江浙能台州第二发电有限责任公司、浙江浙能兰溪发电有限责任公司、淮浙煤电有限责任公司凤台发电分公司、浙江浙能天然气运行有限公司、浙江省能源集团有限公司新疆分公司、浙能阿克苏热电有限公司 优秀组织单位：浙江浙能北仑发电有限公司、台州发电厂、浙江浙能富兴燃料有限公司、浙江省电力建设有限公司、浙江天地环保科技（天达环保）有限公司、浙江国信控股集团有限责任公司（浙江省浙能房地产有限公司）、宁夏枣泉发电有限责任公司
2017		传播安全文化，助推安全管理，强基础增素质，促进职业健康	强化职工劳动安全卫生知识培训，提升职工安全技能水平；结合新修订印发的《班组建设管理标准》，规范班组安全建设，进一步夯实安全生产基础；广泛组织开展隐患排查治理活动，构筑群防群治安全生产防线等	公司系统参赛单位和参赛职工全覆盖，职工安全健康意识不断增强，职工安全技能持续提升，班组安全管理水平进一步提高，事故隐患排查治理能力进一步加强，职工职业健康状况保持稳定，确保浙能集团 2017 年度安全生产目标的实现	优胜企业：浙江省水利水电投资集团有限公司、浙江浙能兰溪发电有限责任公司、淮浙煤电有限责任公司凤台发电分公司、浙能阿克苏热电有限公司、浙江省天然气开发有限公司、浙江浙能石油新能源有限公司、浙江越华能源检测有限公司 优秀组织单位：浙江能源天然气集团有限公司、浙江省能源集团有限公司新疆分公司、浙江长广（集团）有限责任公司、浙江浙能北仑发电有限公司、浙江浙能天然气运行有限公司、浙江浙能华光潭水力发电有限公司、浙江省能源集团财务有限责任公司

表 15-3-1（续）

年份	成果	主题	基本内容	目标	先进表彰
2018		落实全员安全责任，促进企业安全发展	全面落实企业全员安全生产责任制；大力开展群众性安全生产活动；积极推进企业安全文化建设等	公司系统参赛单位和参赛职工全覆盖，全员安全生产责任制进一步落实，群众性安全生产活动和企业安全文化建设进一步深入，职工安全责任意识和自我保护技能进一步增强，职工职业健康状况持续改善，努力实现浙能集团2018年度安全目标	优胜企业：淮浙煤电有限责任公司凤台发电分公司、浙江浙能电力股份有限公司萧山发电厂、浙江浙能中煤舟山煤电有限责任公司、浙江浙能长兴发电有限公司、浙江浙能兰溪发电有限责任公司、浙江浙能镇海发电有限责任公司、浙江浙能港口运营管理有限公司、浙江省天然气开发有限公司、浙江省电力建设有限公司、浙能阿克苏热电有限公司 优秀组织单位：浙江能源天然气集团有限公司、浙江长广（集团）有限责任公司、浙江浙能绍兴滨海热电有限责任公司、台州发电厂、浙江浙能台州第二发电有限责任公司、浙江浙能电力工程技术有限公司、浙江浙能北仑发电有限公司、浙江浙能富兴燃料有限公司、浙江梅苑酒店管理有限公司、浙江浙能石油新能源有限公司
2019		落实全员安全责任，促进企业安全发展	广泛组织开展群众性安全生产和职业病防治活动，大力开展群众性安全生产活动，开展职工安全隐患随手拍合理化建议活动	公司系统参赛单位和参赛职工全覆盖，健全完善"人人负责、人人有责、各负其责"的安全责任体系，群众性安全生产活动和企业安全文化建设进一步深入，职工安全责任意识和自我保护技能进一步增强，职工职业健康状况持续改善，努力实现浙能集团2019年度安全目标	优胜单位：台州发电厂、浙江浙能温州发电有限公司、萧山发电厂、广厦（舟山）能源集团有限公司、浙江越华能源检测有限公司、浙江浙能天然气运行有限公司、浙江浙能北海水力发电有限公司、浙江天地环保科技有限公司、浙江省浙能房地产有限公司、浙江长广（集团）有限责任公司应急救援分公司 优秀组织单位：浙江浙能兰溪发电有限责任公司、浙江浙能绍兴滨海热电有限责任公司、淮浙煤电有限责任公司凤台发电分公司、浙江浙石油储运有限公司、浙江省能源集团有限公司煤炭及运输分公司、浙江省能源集团城市燃气有限公司、浙江能源天然气集团有限公司、浙江浙能华光潭水力发电有限公司、浙江长广（集团）有限责任公司、浙江浙能技术研究院有限公司

第四节　劳模评选与技能竞赛

一、劳模选树与作用发挥

2005年4月28日，浙能集团工会工作委员会在杭州召开"迎五一、话发展"劳模座谈会。11名全系统在职的全国五一劳动奖章获得者、省（部）级及以上劳动模范在座谈会上为实现浙能集团的发展目标建言献策、对浙能集团工作提出意见和建议。

2009年4月29日，浙能集团工会在杭州召开“唱响劳动光荣 加油浙江能源”劳模先进代表座谈会。21名来自全系统不同领域的劳模和先进代表身披红绶带出席座谈会。浙能集团领导吴国潮、沈志云、蔡建平、童亚辉、毛剑宏、柯吉欣、卢嘉三、徐小丰等出席接见仪式，并与代表们亲切合影留念。座谈会上，与会的劳模先进代表就浙能集团如何应对当前困难和改革发展，如何做好本职工作、发挥模范作用等方面提出了许多建设性意见。座谈会上，与会全体代表向全系统职工发出倡议。倡议全系统职工坚定信心、振奋精神，勇挑克难攻坚重担；争先创优、奉献才智、再立改革发展新功；刻苦学习、勇于超越，争做新型能源职工；携手并肩、休戚与共，甘当稳定和谐楷模。

2009年9月28日，浙江省劳动模范表彰大会在浙江省人民大会堂召开，浙江兴源投资有限公司荣获“浙江省模范集体”荣誉称号。“浙江省模范集体”五年评选一次，此次评选的重点对象为在应对国际金融危机、促进经济转型升级、创业创新和履行社会责任、促进社会和谐稳定中作出突出贡献的先进集体。

2012年4月27日，浙能集团工会在杭州召开“弘扬劳模精神，推动企业科学发展”劳模代表座谈会。11名来自全系统不同领域的劳模身披红绶带，与浙能集团领导畅叙劳动感怀，同商转型升级之策，共谋科学发展大计。浙能集团党委书记、董事长吴国潮，党委委员、工会主席徐小丰等领导参加座谈会。吴国潮在座谈会上要求各级党组织和工会组织要努力为劳模创造良好的工作、生活环境，要关心爱护劳模，要弘扬劳模精神、展示劳模风采。座谈会上与会劳模向全体职工发出倡议。

2012年5月3—17日，浙能集团工会组织开展为期两周的浙能集团劳模风采巡展，先后在浙江浙能长兴发电有限公司、浙江浙能嘉兴发电有限公司、浙江浙能镇海发电有限公司、台州发电厂等集中展出。本次巡展活动是浙能集团在“五一”国际劳动节期间，组织开展劳模先进代表集中展示，以此来讴歌和弘扬劳模精神，用劳模的先进事迹感召广大职工，用劳模的崇高品质引领思想风尚，用劳模的优良作风推进企业科学发展。

2012年9月4日，浙能集团工会印发《浙江省能源集团有限公司劳动模范评选管理办法(试行)》，阐明了浙能集团劳动模范评选的意义，明确了评选范围与对象、评选管理原则与评选条件、评选程序及方法、表彰奖励与关待遇。

2013年3月25日，浙能集团工会印发《关于开展浙江省能源集团有限公司劳动模范评选的通知》(浙能工会〔2013〕15号)，首次开展浙能集团劳动模范评选。通知明确了浙能集团劳动模范推荐评选工作各单位工会牵头组织，推荐评选过程要坚持公开、公平、公正原则，要坚持发扬民主、推荐成绩突出、综合素质好、职工群众公认的原则，要严格按照《浙江省能源集团有限公司劳动模范评选管理办法（试行)》进行民主推荐的原则。

2014年1月18日，浙能集团工会首次印发《关于表彰浙江省能源集团有限公司劳动模范的决定》(浙能工会〔2014〕27号)，决定授予缪荣昌（浙能集团计划发展部前期办主任)、庄婷(浙江浙能富兴燃料有限公司副总经理)、崔振武（浙江浙能镇海发电有限责任公司维修分场副主任)、鲍丽娟（浙江浙能嘉兴发电有限公司设备管理部党支部书记)、刘春红（浙江浙能技术研究院化学专工)、谢岗（浙江浙能长兴发电有限公司设备维护部机二班班长)、陈锡炯（浙江浙能乐清发电有限责任公司副总工程师)、王学根（淮浙煤电有限责任公司凤台发电分公司经理)、章良健（台州发电厂设备部点检员)、沈云表（浙江金衢丽天然气有限公司总经理助理、原浙江浙能兰溪发电有限责任公司采购部主任）10位同志为“浙江省能源集团有限公司劳动模范”荣誉称号。浙能集团号召广大干部职工要以受表彰的劳动模范为榜样，学习他们解放思想、勇于实践；学习他们扎根浙能、建功立业；学习他们刻苦钻研、提高技能；学习他们爱岗敬业、甘于奉献，为实现浙能集团可持续发展的美好愿景而努力奋斗。

2015年3月24日，浙能集团工会印发《关于开展浙江省能源集团有限公司劳动模范评选的通知》(浙能工会〔2015〕27号)，启动第二次浙能集团劳动模范评选。

2015年9月25日，以浙能集团首届劳模名字命名的工作室——“刘春红劳模创新工作室”在浙江浙能技术研究院正式揭牌成立，这也是浙能集团首个劳模创新工作室。“刘春红劳模创新工作室”为浙能集团科技劳模创新团队，其成员主要为浙江浙能技术研究院环境与化学技术部专业人员，共有15名成员，其中教授级高工1人、高级工程师5人，博士4人（其中博士后2人）、硕士4人，团队工作涉及大气污染物、工业废水和固体废物综合治理、环保测试、化学实验分析等技术服务和科研开发。该团队自2012年以来多次参与多项科技项目，屡获国家、省、集团内各项科学技术奖。浙能集团生产管理总监和全国电力行业环保专家、南京国电科学技术研究院为工作室提供专家指导，浙能集团工会办公室主任担任专家顾问。

2016年1月15日，浙能集团工会印发《关于表彰浙江省能源集团有限公司劳动模范的决定》（浙能工会〔2016〕27号），决定授予王国清（浙江浙能电力股份有限公司萧山发电厂）、王晓东（伊犁新天煤化工有限责任公司）、沈红攀（浙江浙能乐清发电有限责任公司）、张琴玲（淮浙煤电有限责任公司凤台发电分公司）、陈一勤（浙江省能源集团有限公司煤炭及运输分公司）、罗永元（浙江天达环保股份有限公司）、金宏伟（浙江浙能中煤舟山煤电有限责任公司）、徐晶霞（台州发电厂）、麻建中（浙江浙能兰溪发电有限责任公司）、程光坤（浙江浙能电力股份有限公司）10位同志“浙江省能源集团有限公司劳动模范”荣誉称号。浙能集团希望受到表彰的劳动模范弘扬优良传统、珍惜荣誉、戒骄戒躁、再接再厉，为浙能集团“十三五”规划目标的实现再立新功。

2016年4月29日，浙江省委、浙江省政府在浙江省人民大会堂召开庆祝“五一”国际劳动节暨表彰劳模先进大会。浙江浙能嘉华发电有限公司获得浙江省五一劳动奖状。

2017年4月27日，浙能集团在杭州召开以“弘扬劳模精神，助推‘四业’发展”为主旨的劳模座谈会。28名来自全系统不同领域的劳模身披红绶带参会共谋企业发展大计。浙能集团党委书记、董事长童亚辉，党委副书记耿平，党委委员、纪委书记张荣博，党委委员、工会主席许强，党委委员、组织（人力资源）部部长倪震参加座谈会。会上，劳模代表结合本职工作，就如何在深入实施“大能源战略”中发挥作用，为推进企业转型升级、“四业”发展建功立业建言献策。童亚辉在座谈会上指出：劳模身上体现出的这一份干事业的“真”、这一份做工作的“实”，十分弥足珍贵。正是这一份真诚与实在，才是浙能事业的基石。各级党组织和工会组织要努力为劳模创造良好的工作、生活环境，要通过劳模的实际行动感染和带动身边更多的职工，不断激发广大职工进一步发挥积极性、主动性和创造性，为深入推进浙能事业再建功勋。全国劳动模范邵志跃同志受与会劳模的委托在会上宣读了倡议书。会前，参加会议的浙能集团领导参观了2017年劳模风采展示宣传板并和与会劳模合影留念。

2017年4月28日，浙江省庆祝“五一”国际劳动节暨表彰劳模先进大会在浙江省人民大会堂举行，浙江省天然气开发有限公司及其承建的甬台温天然气输气管道工程荣获多项荣誉。其中浙江省天然气开发有限公司获“浙江省模范集体”称号，浙江省天然气开发有限公司副总经理、甬台温工程联合项目部总经理徐育斌荣获“浙江省劳动模范”称号，浙江省天然气开发有限公司建设管理一部、辽河油建甬台温工程三门分输站项目部、浙江火电甬台温工程项目管理部、胜利油建甬台温工程场站项目部、中石化甬台温工程监理B标段监理部等5个班组荣获“浙江省工人先锋号”称号。

2018年3月30日，浙江省省部属企事业工会劳模（工匠）技术服务队成立大会在浙能创业大厦举行，省部属企事业工会主席吕美溪，省部属企事业工会，浙能集团工会，浙江浙能技术研究院工会相关领导以及近百名技术服务队劳模、工匠代表出席了本次大会。省部属企事业工会劳模（工匠）技术服务队是由浙江省部属企事业工会基层单位高技能人才组成的志愿者组织，以省部属企事业工会去年选树的106名能工巧匠、106对名师高徒为基础，结合各基层单位推荐，聘请了133名劳模工匠成为技术服务队的首批队员。劳模（工匠）技术服务队下设数控车工、汽车维修、化工、纺织服装、勘探设计、有色金属加工、农副食品加工、污水处理等15个专业技术组。浙江浙能技术研究院刘春红、浙江浙能嘉华发电有限公司宋振明等17名浙能劳模、工匠代表在首批技术服务队员之列，并有多名浙能劳模担任专业组组长。

2018年4月28日，浙江省庆祝“五一”国际劳动节暨表彰劳模先进大会在浙江省人民大会堂举行，浙能集团所属企业和职工荣获多项荣誉。其中，浙江浙能绍兴滨海热电有限责任公司荣获浙江省五一劳动奖状，宁波海运明州高速公路有限公司保国寺收费管理荣获“浙江省工人先锋号”，浙能嘉华发电公司职工宋振明获评“浙江工匠”。

2018年9月6日，浙能集团工会在浙江浙能嘉华发电有限公司组织召开劳模创新工作室创建工作现场交流会，浙能集团党委委员、工会主席许强参加会议并讲话，浙能集团各板块工委和劳模创新工作室创建相关企业工会负责人参加会议，会议由浙能集团工会办公室主任主持。此次现场交流会是浙能集团工会结合工作实际，深化“大学习大调研大抓落实”活动，组织开展省部属企事业工会“开启新征程、勇当排头兵”主题活动的一项重要内容。会议邀请了全国劳模、浙江工匠、省部属企事业兼职工会副主席邵宏斌，结合浙江省工会十五大精神，面对面交流宣讲了劳模工作室的创建和运行，详细介绍了创建“全国示范性劳模和工匠人才工作室”的基本做法和先进经验。

2018年9月14日，浙能集团工会印发《关于开展浙江省能源集团有限公司劳动模范评选的通知》(浙能工会〔2015〕27号)，启动开展第三次浙能集团劳动模范评选。

2019年1月18日，浙能集团在二届二次职代会上隆重表彰第三届劳动模范。浙能集团党委书记、董事长童亚辉，党委副书记、总经理柯吉欣等领导班子成员为劳模获得者颁发劳模奖章和劳模证书。本次表彰的浙能集团劳动模范共10名，他们是（按姓氏笔画排序）：王正明（镇江国际饭店）、何再培（浙江浙能港口运营管理有限公司）、应永民（浙江浙能港口运营管理有限公司）、张海卫（浙江浙能温州发电有限公司）、张鑫韬（浙能集团新疆准东能源化工有限公司）、侯正炜（淮浙煤电有限责任公司凤台发电分公司）、倪晓岚（浙能集团本部）、楼玉民（浙江浙能技术研究院）、滕卫明（浙江浙能天然气运行有限公司）、潘伟［浙江长广（集团）有限责任公司水泥分公司］。截至2019年，浙能集团及所属企业在改革发展历程中共涌现出全国、省部级劳模54人，浙能集团劳模30人。

2019年7月2日，浙能集团工会印发《关于印发〈浙江省能源集团有限公司劳模工匠创新工作室命名管理办法（试行）〉的通知》(浙能工会〔2019〕71号)，大力弘扬劳模精神、劳动精神、工匠精神，激励广大劳模工匠发挥示范引领和骨干带头作用，规范劳模工匠创新工作室创建、申报、命名、管理等工作，明确措施与要求，把劳模工匠创新工作室打造成为工会工作的品牌，最大限度实现创新工作室示范引领、集智创新、协同攻关、传承技能、培育精神等功能，团结和动员广大职工积极投身群众性创新实践，着力培养知识型、技术型、创新型职工。

二、职工技能竞赛

2006年7月下旬，浙能集团工会受浙江省劳动竞赛委员会办公室委托，在浙江镇海发电有限责任公司举办全省电焊工技能大赛。在浙江省内的省直属企业、部属企业和省各产业直属单位的50余位电焊从业人员参赛。

2008年9月26—28日，浙能集团工会、生产安全部和人力资源部联合举办了全系统2008年热工职业技能大赛。本次比赛分别进行了理论、压力操作、温度操作、执行机构操作、自动优化及测量保护故障分析处理等项目比赛。经过角逐，浙江浙能钱清发电有限公司、浙江浙能温州发电有限公司、浙江浙能兰溪发电有限公司、浙江浙能嘉兴发电有限责任公司、台州发电厂、浙江浙能镇海发电有限公司分获第一至第六名。

2010年11月23—25日，浙能集团首届化水专业职业技能大赛在浙江浙能乐清发电有限公司举办。浙江浙能长兴发电有限公司、淮浙煤电有限责任公司凤台发电分公司、浙江浙能嘉兴发电有限责任公司、浙江浙能金华燃机发电有限公司、浙江浙能兰溪发电有限公司、浙江浙能钱清发电有限公司、台州发电厂、浙江浙能温州发电有限公司、浙江浙能温州燃机发电有限公司、萧山发电厂、浙江浙能镇海发电有限公司、浙江浙能乐清发电有限公司12家单位的50余名选手参加本次化水专业职业技能大赛。浙能集团党委委员、工会主席徐小丰，副总工程师、生产安全部主任等领导出席开幕仪式。经过理论考试和实际操作技能的竞技，浙江浙能乐清发电有限公司代表队获得了团体一等奖。3名职工获得个人单项第一名，其中1名获本次大赛全能第一。

2011年9月6日、7日，浙能集团管阀检修专业技能大赛在浙江浙能温州发电有限公司举办。浙江省人力资源和社会保障厅职业能力建设处处长，浙能集团党委委员、工会主席徐小丰出席了开幕式。来自浙能集团系统所属各单位的33位选手参加了此次大赛，大赛分理论知识竞赛（笔试）和实践操作竞赛两部分。浙江浙能镇海发电有限责任公司获团体成绩第一，6名职工分获个人成绩第一至第六名。

2011年9月26—29日，浙能集团高压电气设备试验专业技能大赛在浙江浙能镇海发电有限责任公司举办。浙能集团党委委员、工会主席徐小丰，浙能集团副总经理孙玮恒等领导出席开幕式。来自浙能集团系统所属10个单位的30位选手参加了此次大赛，大赛分理论知识竞赛（笔试）和实践操作竞赛两部分。浙江浙能镇海发电有限责任公司夺得团体第一名。3名职工分获个人成绩第一至第三名。

2012年8月15—17日，浙能集团电气继电保护技能大赛在杭州举行。浙能集团总工程师朱松强、浙江省总工会经济部主任王志新等领导参加闭幕仪式。来自浙能集团所属的12家发电企业的42名选手参加了理论知识、故障分析与实际操作的竞技，台州发电厂1队获团体第一名，3名职工分获个人成绩第一、第二、第三名。

2012年11月27—29日，浙能集团2012年火电机组集控值班员技能大赛在浙江浙能乐清发电有限公司举办。浙能集团党委委员、工会主席徐小丰，副总经理孙玮恒分别出席开、闭幕式，本次大赛分为理论知识考试和技能操作考试两部分进行。按照《国家职业标准》《国家职业技能鉴定规范》(集控值班员）高级工的知识和技能为要求，内容包括火电厂集控运行的正常操作和调整、事故判断及处理。本次大赛共有12家浙能集团所属发电企业的54名选手组队参赛，分30万千瓦亚临界机组、60万千瓦超（超）临界机组、9F燃气-蒸汽联合循环机组3个工种。参赛选手们经过3天的激烈角逐，浙江浙能乐清发电有限公司、浙江浙能嘉兴发电有限责任公司、台州发电厂分别获得60万千瓦超（超）临界机组、30万千瓦亚临界机组、9F燃气-蒸汽联合循环机组3个项目的团体第一名。3名职工分别获得以上3个项目个人成绩第一名。

2013年9月23—26日，由浙能集团工会承办、浙能浙江钱清发电有限公司协办的2013年全省电力行业起重工职业技能大赛在浙能浙江钱清发电有限公司举行。大赛组委会主任、浙能集团总工程师朱松强，大赛组委会副主任、浙江省人力资源和社会保障厅职业能力建设处处长等领导参加了大赛点评会。来自全省10家发电企业的43位选手参加了此次大赛。此次大赛分为理论知识竞赛和实践操作竞赛两部分，总成绩中理论知识占30%，实践操作占70%。浙江浙能镇海发电有限责任公司一队拔得团体头筹。5名职工分获个人成绩第一至第五名。

2013年9月27—29日，由浙能集团工会承办、浙能技术中心协办的2013年全省电力行业热工仪表与自动控制技能大赛在杭州举行。大赛组委会主任、浙能集团总工程师朱松强，大赛组委会副主任、浙能集团党委委员、工会主席徐小丰为获奖选手颁奖。最终浙江浙能嘉兴发电有限公司一队摘得团体第一，3名职工分获个人成绩前三名。

2014年10月21—23日，由浙能集团、浙江省人力资源和社会保障厅、浙江省总工会主办，浙江浙能乐清发电有限责任公司、浙江浙能技术研究院有限公司承办2014年中国技能大赛——浙江省发电企业集控值班员技能竞赛在浙江浙能乐清发电有限责任公司举办。赛事分为理论知识考试（闭卷）和仿真机实际操作考试两部分，总成绩中理论知识占30%，仿真机实际操作占70%。经过3天角逐，浙江浙能兰溪发电有限责任公司、台州发电厂、萧山发电厂分别获得60万千瓦超临界机组、30万千瓦亚临界机组、9F燃气-蒸汽联合循环机组3个项目的团体第一名。3 名职工分别获得以上 3 个项目个人成绩第一名。

2014 年 10 月 27—31 日，由浙能集团、浙江省人力资源和社会保障厅、浙江省总工会主办，浙江浙能镇海发电有限责任公司、浙江浙能富兴越华能检中心和浙江浙能技术研究院有限公司承办的中国技能大赛——浙江省发电企业化学环保专业技能竞赛在浙江浙能镇海发电有限责任公司、浙江浙能富兴越华能检中心举办。竞赛组委会副主任、浙能集团党委委员、工会主席徐小丰出席总结点评会。本次大赛共有来自系统内外的 14 家发电企业的 42 名选手参加角逐。大赛分为理论知识考试和技能操作考试两部分，其中理论考试占 40%；技能操作分为 6 个项目展开，分别为水样铜分析、废水水样 COD 分析、煤样制备、煤发热量测定、油色谱分析和油酸值测定。经过 5 天的紧张比赛，最终浙江浙能乐清发电有限公司获得团体第一名。5 名职工分获个人成绩第一至第五名。

2014 年 11 月 13 日、14 日，浙能集团第一届输气工专业技能大赛在义乌举办。40 位选手经过两天的理论和实操比赛，最终，3 名职工分获个人成绩第一至第三名。

2015 年 9 月 21—24 日，由浙能集团主办，浙江浙能嘉华发电有限公司和浙江浙能技术研究院有限公司承办的浙能集团水泵检修工职业技能竞赛在浙江浙能嘉华发电有限公司公司举行。来自 12 家发电企业的 38 位选手参加了此次大赛。经过理论考试、实践应用 2 个环节的激烈比赛，最终台州发电厂二队荣获团体一等奖，3 名职工分别获得个人成绩第一、第二、第三名。

2015 年 10 月 26—30 日，2015 年浙江省技能大赛——浙江省能源系统（电气试验员）技能竞赛在浙江浙能镇海发电有限责任公司全面开赛。来自系统内外的 11 家火力发电和水电企业的 33 名电气专业技能选手参加竞赛。竞赛由浙江省人力资源和社会保障厅、浙江省总工会、浙能集团主办，浙江浙能镇海发电有限责任公司、浙江浙能技术研究院有限公司承办。技能操作竞赛共设 4 个比赛项目，分别为 220 千伏三相三线圈铜绕组无励磁调压油浸式变压器预试、真空断路器预试、高压交流电动机大修试验、220 千伏氧化锌避雷器预试验。最终，台州发电厂代表队获得团体第一名，5 名职工分别获得个人成绩第一至第五名。

2016 年 7 月 19—21 日，由浙能集团主办、浙江浙能兰溪发电有限责任公司和浙江浙能技术研究院有限公司承办的 2016 年浙能集团脱硫值班员职业技能竞赛在浙江浙能兰溪发电有限责任公司举行。竞赛分为理论知识考试和实操比赛两部分，实操比赛包括操作题和故障处理题。来自浙能集团系统的 11 家发电企业的 32 名选手参加竞赛。最终，淮浙煤电有限责任公司凤台发电分公司一队获得团体一等奖。8 名职工分别获得个人成绩第一至第八名。

2016 年 11 月 3 日，为期 3 天的 2016 年浙江省能源系统热工仪表与自动装置检修工技能大赛在台州发电厂结束。本次大赛由浙江省总工会、浙江省人力资源和社会保障厅主办，浙能集团承办，浙江浙能技术研究院有限公司、台州发电厂协办。全省能源系统 20 多家发电企业的 32 支队伍的 64 位热工专业技术精英参加了大赛。11 月 1—2 日，大赛分别进行了理论考试和四项技能操作竞赛。64 位选手经过角逐，最终浙江浙能乐清发电有限责任公司一队获团体一等奖。8 名职工分获得个人成绩第一至第八名。

2016 年 11 月 22—24 日，浙能集团首届职水工监测工技能竞赛在浙江浙能北海水力发电有限公司举行。来自浙能集团系统的浙江浙能北海水力发电有限公司、浙江浙能华光潭水力发电有限公司、浙江省电力建设有限公司、遂昌龙川水电 4 家单位内的 6 支代表队，共 18 名选手同场竞技。本次竞赛由浙能集团主办，浙江省水利水电投资集团有限公司、浙江浙能技术研究院有限公司承办，浙江浙能北海水力发电有限公司协办。竞赛分理论考试和监测资料整理分析、水准测量、全站仪边角测量等模块操作比赛进行。经角逐，浙江浙能北海水力发电有限公司二队获团体第一名，3 名职工分获个人成绩前三名。

2017 年 9 月 21 日，浙能集团 2017 年管阀检修工职业技能竞赛总结点评会在浙江浙能嘉华发电有限公司举行。大赛组委会副主任、浙能集团党委委员、组织（人力资源）部部长倪震出席总结点评会并作总结讲话。本次比赛共有来自浙能集团系统内17家单位23支队伍69名选手参赛。经过理论考试、实践操作2个环节的激烈角逐，最终浙江浙能乐清发电有限责任公司一队荣获团体一等奖，浙江浙能嘉华发电有限公司一队获得团体一等奖。6名职工分获个人成绩前六名。35周岁及以下个人综合成绩前五名的获奖选手被授予“浙能集团青年岗位能手”。

2017年10月17日，浙能集团2017年海员岗位技能竞赛闭幕式在浙江浙能嘉兴发电有限公司进行。竞赛组委会主任、浙能集团党委委员、副总经理朱松强现场观摩决赛并出席闭幕式。该赛事正式启动以来的4个月里，来自浙能集团系统内3家航运企业的31艘船舶，近750名海员选手在航次计划制定、缆绳琵琶头插接、主机臂距差测量、油舱测量并计算油账、消防演习五大项目上展开了激烈的角逐。最终，共决出团体奖3个，集体项目奖6个，个人项目奖9个。最终“明州502”轮获2项团体第一，“富兴21”轮获1项团体第一；“明州67”轮1名职工、“明州502”轮1名职工、浙江富兴海运有限公司1名职工分获“缆绳琵琶头插接”项目第一至第三名；“明州35”轮1名职工、“明州502”轮1名职工、“明州502”轮1名职工分获“主机臂距差测量”项目第一至第三名；“明州502”轮1名职工、“明州502”轮1名职工、“富兴21”轮1名职工分获““油舱测量并计算油账”项目第一至第三名。

2017年11月9日，2017年浙江省发电企业集控值班员职业技能竞赛在浙江浙能乐清发电有限责任公司落下帷幕。浙江省职业技能鉴定中心主任王晨、浙江省总工会职工技协办公室副主任，浙能集团副总工程师、大赛组委会办公室主任参加总结点评会。本次技能竞赛由浙江省人力资源和社会保障厅、浙江省总工会联合主办，浙能集团承办，浙江浙能技术研究院、浙江浙能乐清发电有限责任公司协办。本次大赛分为理论知识考试（闭卷）和仿真机实际操作考试两部分，总成绩中理论知识占30%，仿真机实际操作占70%。经过4天角逐，最终浙江浙能台州第二发电有限责任公司一队获得团队一等奖，8名职工分获得个人成绩第一至第八名。

2018年9月14日，浙能集团2018年工控信息安全技能竞赛在长兴落下帷幕。本次竞赛是由浙能集团人力资源（组织）部、科技与信息化管理部、安全生产监察共同策划。来自浙江浙能镇海发电有限责任公司、浙江浙能乐清发电有限责任公司等20家单位的24位选手参加了个人和团体竞赛。竞赛邀请了杭州电子科技大学网络空间安全学院浙江保密学院院长担任裁判长。经过3天比拼，浙江浙能镇海发电有限责任公司获得团体第一名，3名职工分获得个人成绩第一至第三名。

2018年11月9日，历时5天的2018年浙江省发电企业水生产处理工职业技能竞赛在台州发电厂收官。浙江省省部属企业事业工会主席吕美溪，浙江省人力资源和社会保障厅职业能力建设处副处长，浙能集团党委委员、工会主席、竞赛组委会副主任许强，浙江浙能企业管理培训服务有限公司党委书记、董事长，台州发电厂党委书记、厂长，浙能集团生产安全监察部副主任，浙江浙能技术研究院副总工、裁判专家、浙能集团一级专家出席了总结点评会，并为获奖团队和个人颁奖。本次竞赛由浙江省人力资源和社会保障厅、浙江省总工会、浙能集团主办，浙江浙能企业管理培训服务有限公司、台州发电厂承办，赛场设在台州发电厂。全省能源系统19家发电企业的27支参赛队共54位化学精英参加了竞赛。11月5—8日，竞赛分别进行了理论考试和四项技能操作考试，全方位考验选手的技术和心理素质。经过4天的激烈角逐，最终台州发电厂一队获团体一等奖，8名职工分获得个人成绩第一至第八名。

2019年11月1日，浙能集团2019年网络安全技能竞赛在杭州举行，来自浙能集团系统30家单位的43名选手参加本次比赛。本次竞赛由浙能集团组织（人力资源）部、科技与信息化管理部、工会办公室主办，浙江浙能企业管理培训服务公司、浙江浙能天然气运行有限公司承办，浙江浙能技术研究院提供技术支持。赛事期间，浙能集团党委委员、工会主席胡斌到场看望比赛选手及工作人员。浙能集团工会副主席参加比赛总结点评会并讲话。竞赛共有“理论答题”“网络安全夺旗”“网络安全攻防”3个环节，内容涵盖漏洞利用、网站安全、数据库攻击、文件上传、密码技术等网络安全知识。经过2天比拼，来自浙江浙能电力股份有限公司台州发电厂的1名职工以个人总成绩第一名获得一等奖。

2019年11月8日，2019年浙江省发电企业热工仪表与自动装置工职业技能竞赛总结点评会在台州举行，标志着为期3天的浙江省发电企业热工技能大赛落幕。浙江省总工会经济工作部副部长，浙能集团副总工程师、竞赛组委会办公室主任，浙能集团工会副主席，浙能集团组织（人力资源）部相关负责人主持会议，浙江浙能培训服务有限公司及台州发电厂负责人出席了总结点评会，并为获奖团队和个人颁奖。本次竞赛由浙能集团、浙江省人力资源和社会保障厅、浙江省总工会主办，浙江浙能电力股份有限公司台州发电厂、浙江浙能企业管理培训服务有限公司承办。来自全省电力系统17家发电企业的30支参赛队伍共60位电厂自动化行业高手参加了大赛。11月6日、7日，大赛分别进行了理论考试和两项技能操作考试，最终浙江浙能温州发电有限责任公司1队获团体一等奖，6名职工分获得个人成绩前六名。

2019年11月28日，浙能集团2019年职工技能大赛——水工监测工职业技能竞赛落幕。本次竞赛由浙能集团主办，浙江省新能源投资集团股份有限公司承办，浙江浙能北海水力发电有限公司协办，来自浙能集团内6家水电企业的16位选手参加了大赛，浙能集团工会副主席出席比赛总结点评会。11月25日、26日，竞赛组委会特邀行业专家为各位选手认真组织了赛前理论、技能培训；11月27日、28日，分别进行了理论考试和全站仪、水准仪两项技能操作考试。经过角逐，浙江浙能北海水力发电有限公司1名职工、浙江浙能华光潭水力发电有限公司1名职工、浙江浙能北海水力发电有限公司1名职工分获个人成绩前三名。

2019年11月29日，浙能集团2019年继电保护职业技能竞赛总结点评会在浙能创业大厦举行。本次竞赛由浙能集团主办，浙能企业管理培训服务有限公司、浙江浙能台州第二发电有限责任公司承办，浙江浙能技术研究院提供技术支持。来自浙能集团16家单位的17支参赛队共51名选手参加竞赛。竞赛由理论笔试、技能操作以及现场抢答3个环节组成。最终浙江浙能中煤舟山煤电有限责任公司获团体一等奖，浙江浙能中煤舟山煤电有限责任公司1名职工、浙江浙能嘉华发电有限公司1名职工、浙江浙能中煤舟山煤电有限责任公司2名职工、淮浙煤电有限责任公司凤台发电分公司1名职工、浙江浙能嘉华发电有限公司1名职工分获个人成绩前六名。

三、劳动竞赛

2006年10月9日，浙能集团工会印发《关于深入开展社会主义劳动竞赛的实施意见》(浙能工会〔2006〕34号)。明确了开展社会主义劳动竞赛的指导思想、总体要求、竞赛原则、主要内容、检查考评，建立了以吴国潮为组长，蔡建平、沈志云、童亚辉、毛剑宏、范小宁、卢嘉三等为成员的社会主义劳动竞赛活动领导小组。领导小组下设办公室，卢嘉三为主任。同时印发了《浙能公司劳动竞赛考核评分标准》。

2006年10月20日，浙能集团工会在兰溪首次召开全系统社会主义劳动竞赛暨重点建设立功竞赛推进会。大会总结交流了开展以重点建设立功竞赛为重点的社会主义劳动竞赛经验，表彰了先进，部署了在新的形势下扎实推进竞赛活动的步骤和措施。

2007年4月29日，浙能集团工会在台州召开2007年工会工作会议暨社会主义劳动竞赛总结动员会。会议回顾、总结了2006年以“安康杯”竞赛、重点建设立功竞赛为重点的社会主义劳动竞赛的开展情况；交流了开展劳动竞赛的经验；动员部署了开展2007年以重点建设立功竞赛、“安康杯”竞赛为重点的社会主义劳动竞赛工作。

2007年10月23日，浙能集团工会印发《关于表彰2006年度重点建设立功竞赛先进集体和先进个人的决定》，授予浙能兰溪发电有限责任公司、浙江省天然气开发有限公司、台州发电厂、浙江省电力建设有限公司、淮浙煤电有限责任公司凤台发电分公司“2006年度浙江省能源集团有限公司重点建设立功竞赛先进单位”称号；授予10名同志“2006年度浙江省能源集团有限公司重点建设立功竞赛先进个人”称号。

2007年11月27日，浙能集团工会转发

《关于开展创建“工人先锋号”活动的实施意见》(浙总工发〔2007〕104号)。要求浙能集团各单位工会充分发挥广大职工在企业生产建设中的主力军作用，充分认识开展创建“工人先锋号”活动的重要意义，明确活动的指导思想和总体要求，切实加强组织领导，加大宣传发动力度，着力推进创建“工人先锋号”活动在本单位扎实开展。

2008年4月11日，浙能集团工会印发《关于表彰2007年度重点建设立功竞赛先进集体和先进个人的通知》(浙能工会〔2008〕10号)。授予浙江省天然气开发有限公司、浙江省电力建设有限公司、浙江镇海发电有限责任公司、萧山发电厂、浙江浙能中煤舟山煤电有限责任公司“2007年度重点建设立功竞赛先进单位”称号；授予13名同志“2007年度重点建设立功竞赛先进个人”称号。

2008年4月24日、25日，浙能集团工会在舟山召开2008年工会工作会议暨劳动竞赛总结动员会。会议总结了2007年“安康杯”竞赛、重点建设立功竞赛工作，动员部署2008年的劳动竞赛工作，表彰2007年度“安康杯”竞赛、立功竞赛先进单位和个人。

2009年3月16日，浙能集团工会印发《关于表彰2008年度重点建设立功竞赛先进集体和先进个人的通知》(浙能工会〔2009〕13号)。授予台州发电厂、浙江省电力建设有限公司凤台项目部、浙江浙能乐清发电有限责任公司发电部、浙江天工科技工程有限公司六横项目部“2008年度重点建设立功竞赛先进单位”称号；授予20名同志“2008年度重点建设立功竞赛先进个人”称号。

2010年3月30日，浙能集团工会印发《关于表彰2009年度重点建设立功竞赛先进集体和先进个人的决定》(浙能工会〔2010〕13号)。授予浙江省天然气开发有限公司杭嘉线工程项目部、浙江浙能中煤舟山煤电有限责任公司、浙江天地环保工程有限公司嘉兴电厂项目部“2009年度重点建设立功竞赛先进单位”称号；授予20名同志“2009年度重点建设立功竞赛先进个人”称号。

2011年4月19日，浙能集团工会印发《关于表彰2010年度重点建设立功竞赛先进集体和先进个人的决定》(浙能工会〔2011〕7号)。授予浙江省电力建设有限公司嘉三项目部、浙江浙能乐清发电有限责任公司、浙江浙能镇海发电有限责任公司宁波市镇海热力有限责任公司“2010年度重点建设立功竞赛先进单位”称号；授予9名同志“2010年度重点建设立功竞赛先进个人”称号。

2012年3月8日，浙能集团工会印发《关于表彰2011年度重点建设立功竞赛先进集体和先进个人的决定》(浙能工会〔2012〕10号)。授予浙江浙能嘉华发电有限责任公司、浙江兴源投资有限公司新疆天达环保有限公司、浙江浙能绍兴滨海热电有限责任公司基建计划部“2011年度重点建设立功竞赛先进单位”称号；授予10名同志“2011年度重点建设立功竞赛先进个人”称号。

2012年7月2日，浙能集团工会印发《关于印发〈关于开展创建“工人先锋号”活动的实施意见（试行）〉的通知》(浙能工会〔2012〕23号)。明确了开展创建活动的指导思想和总体要求、创建“工人先锋号”参加对象及基本条件、“工人先锋号”评选程序及管理等。

2013年3月25日，浙能集团工会印发《关于表彰2012年度重点建设立功竞赛先进集体和先进个人的决定》(浙能工会〔2013〕11号)。授予萧山发电厂、浙江省天然气开发有限公司、淮浙煤电有限责任公司凤台发电分公司、浙江浙能镇海发电有限责任公司脱硝项目部“2012年度重点建设立功竞赛先进单位”称号；授予10名同志“2012年度重点建设立功竞赛先进个人”称号。

2014年3月24日，浙能集团工会印发《关于表彰2013年度重点建设立功竞赛先进集体和先进个人的决定》(浙能工会〔2014〕16号)。授予浙江浙能长兴发电有限公司、淮浙煤电有限责任公司凤台发电分公司、浙江天地环保工程有限公司“2013年度重点建设立功竞赛先进单位”称号；授予11名同志“2013年度重点建设立功竞赛先进个人”称号。

2014年9月2日，浙能集团工会印发《关于开展创建“工人先锋号”活动的实施方案

（试行）》（浙能工会〔2014〕46号）。明确了开展创建“工人先锋号”活动的指导思想、范围及对象、培育选树的主要任务、创建达标评定条件、命名和管理。并同时印发了《浙江省能源集团有限公司“工人先锋号”创建考核表》。

2015年3月26日，浙能集团工会印发《关于表彰2014年度重点建设立功竞赛先进集体和先进个人的决定》（浙能工会〔2015〕25号）。授予浙江浙能镇海燃气热电有限责任公司、浙江浙能镇海燃气热电有限责任公司、浙江金衢丽天然气有限公司“2014年度重点建设立功竞赛先进单位”称号；授予10名同志“2014年度重点建设立功竞赛先进个人”称号。

2016年3月2日，浙能集团工会印发《关于表彰浙江省能源集团有限公司“工人先锋号”的决定》，首批授予了浙江浙能嘉华发电有限公司检修部继保班等47个班组“浙能集团‘工人先锋号’”称号。

2016年3月9日，浙能集团工会印发《关于表彰2015年度重点建设立功竞赛先进集体和先进个人的决定》（浙能工会〔2016〕11号）。授予浙江浙能台州第二发电有限责任公司设备管理部、伊犁新天煤化工有限责任公司空分车间、浙江天地环保工程有限公司设计中心“2015年度重点建设立功竞赛先进单位”称号；授予10名同志“2015年度重点建设立功竞赛先进个人”称号。

2017年3月1日，浙能集团印发《关于表彰2016年度重点工程立功竞赛先进集体和先进个人的决定》（浙能建〔2017〕117号）。授予宁夏枣泉发电有限责任公司、浙江省电力建设有限公司、浙能阿克苏热电有限公司“2016年度重点工程立功竞赛先进集体”称号，授予10名同志“2016年度重点工程立功竞赛先进个人”称号。

2018年3月1日，浙能集团工会印发《浙江省能源集团有限公司“巾帼文明岗”管理办法》，明确了“巾帼文明岗”创建活动的主体、指导思想、应具备的基本条件和申报、考核、命名程序及监督与管理等

2018年3月1日，浙能集团工会印发《关于开展浙江省能源集团有限公司“三八”主题系列活动的通知》（浙能工会〔2018〕24号）。启动“六个一”系列活动：开展一批“巾帼文明岗”“巾帼建功标兵”评选活动；慰问一批困难女职工，深化女职工关爱行动；组织一次女职工权益保护法律法规知识竞赛，推进女职工维权行动月活动；征集一封“好家书”活动，丰富“培育好家风”主题实践活动；举办一次表演阅读活动，推动“书香三八”读书活动；举行一次工作交流，提高女职工整体工作水平。

2018年3月21日，浙能集团工会印发《关于表彰浙江省能源集团有限公司“工人先锋号”的决定》（浙能工会〔2018〕34号），授予了浙江浙能电力股份有限公司生产安全部等57个生产部门及班组“浙能集团‘工人先锋号’”称号；授予了浙江浙能嘉华发电有限公司运行部3号、4号机一值等27个生产部门及班组“浙能集团‘工人先锋号示范岗’”称号。

2018年3月6日，浙能集团印发《关于表彰2017年度重点工程立功竞赛先进集体和先进个人的通知》（浙能建〔2018〕95号）。授予浙江省天然气开发有限公司、绍兴滨海热电厂二期扩建工程项目建设管理处、伊犁新天煤化工有限责任公司工程管理部“2017年度重点工程立功竞赛先进集体”称号，授予10名同志“2017年度重点工程立功竞赛先进个人”称号。

2018年3月21日，浙能集团工会印发《关于表彰2017年度浙江省能源集团有限公司“巾帼文明岗”和“巾帼建功标兵”的决定》（浙能工会〔2018〕36号），决定授予浙江浙能嘉华有限公司财务部等25个岗组“2017年度浙能集团巾帼文明岗”荣誉称号；授予15名同志“2017年度浙能集团巾帼建功标兵”荣誉称号。

2018年5月8日，浙能集团工会印发《关于开展“美丽厂区、健康食堂、文明职工标兵”培育选树活动的通知》（浙能工会〔2018〕50号），开启5家“美丽厂区”、10个“健康食堂”、50名“文明职工标兵”的培育、选树活动。

2019年4月25日，浙能集团工会印发《关于表彰2018年度浙江省能源集团有限公司重点工程立功竞赛先进集体和先进个人的通知》（浙能工会〔2019〕48号）。授予镇海电厂燃煤机组

搬迁改造项目、浙江省天然气上虞-新昌天然气管道工程项目、台州电厂五期配套工程供热管线第二期项目“2018 年度重点工程立功竞赛先进集体”称号，授予 6 名同志“2018 年度重点工程立功竞赛先进个人”称号。

2019 年 6 月 24 日，浙能集团工会印发《关于印发〈浙江省能源集团有限公司“工人先锋号”评选管理办法〉的通知》(浙能工会〔2019〕69 号)，废止 2014 年 9 月印发的《关于开展创建“工人先锋号”活动的实施方案（试行)》(浙能工会〔2014〕46 号)，新评选管理办法重新定义浙能集团“工人先锋号”授予的一线基层集体；坚持创建培育与评选表彰相结合、统一管理与分级组织相结合、严格考核与动态管理相结合原则；建立了浙能集团“工人先锋号”分级管理和动态管理机制，并完善了评选条件。

第五节　文 体 活 动

一、职工文艺事业

2005 年 5 月 29 日，浙能集团形象展示厅正式启幕。浙江省政协副主席、浙江省总工会主席张蔚文，浙江省国资委副主任李德忠，浙江省政研会会长、浙江省经贸委副主任陈卫东，浙能集团领导孙永森、吴国潮、蔡建平、童亚辉、范小宁、卢嘉三等领导莅临启幕仪式、参观展示厅。展示厅用图片、书画、摄像的形式全面反映了浙能集团成立五年来所取得的巨大成就，展示了浙能集团良好的企业文化氛围。

2005 年 6 月 10 日，浙能集团工委印发《关于举办浙江省能源集团有限公司首届书画摄影展的通知》(浙能工会〔2005〕20 号)。此次书画摄影展是为隆重纪念浙能集团成立五周年和新办公大楼落成，形象展示浙能集团改革发展的成果、企业文化和员工的精神风貌而举办的，共有 293 幅作品参展。

2005 年 11 月 28 日至 12 月 1 日，浙能集团工委在杭州举办了首期工会文体骨干培训班，来自浙能集团系统的 40 余名文体骨干参加了本次培训班，浙能集团工委主任卢嘉三出席了此次培训班。浙江省群艺馆等有关的专家应邀参加了培训班，并与参训文体骨干就如何高质量地办好群众性文体活动交流了经验。

2007 年 9 月 20 日，浙能集团文学艺术联合会召开成立大会暨第一届理事会第一次会议，会议选举产生了第一届理事会。理事会选举浙能集团党委副书记蔡建平为浙能集团文学艺术联合会主席；浙能集团副总经理童亚辉、浙能集团工委主任卢嘉三为副主席；卢嘉三兼任文学艺术联合会秘书长。

2009 年 4 月 23 日，浙能集团工会印发《关于做好庆祝国庆 60 周年文体系列活动的通知》，开启了庆祝国庆 60 周年文体系列活动的帷幕。文体系列活动内容为第二届“浙能杯”职工篮球比赛，领导人员（列入集团管理）乒乓球健身赛，首届“浙能杯”职工围棋、中国象棋比赛，文学诗词朗诵比赛等。

2009 年 6 月 30 日，由浙江省安全生产监督管理局、浙江省总工会主办，浙能集团协办的“浙能杯・安全伴我行”全省职工演讲比赛在浙能集团激情上演。来自全省各地市和省直机关、省直企业、浙能集团、浙江省电力有限公司等单位的 23 名参赛选手进行了激烈角逐。中华全国总工会劳动保护部部长汪忠汉、浙江省安全生产监督管理局副局长徐洪军、浙江省总工会副主席吴建宪、浙能集团工会主席卢嘉三、浙江省安全生产监督管理局办公室主任和浙江省总工会常委、劳动保护部部长观摩了比赛并为获奖选手颁奖。浙江浙能镇海发电有限责任公司、浙江浙能乐清发电有限责任公司 2 名职工分别以总分第二、第四的成绩双双荣获二等奖。

2009 年 12 月 23 日，浙能集团音乐舞蹈协会在温州召开成立大会。浙能集团党委委员、工会主席卢嘉三出席会议。浙能集团所属 18 家企业 30 人参加了本次会议。会议由温州发电有限责任公司承办。大会经表决一致同意通过了《浙江省能源集团有限公司音乐舞蹈协会章程》《浙江省能源集团有限公司音乐舞蹈协会入会细则》及常务理事、理事候选人名单。大会聘请浙能集团工会主席卢嘉三为名誉主席。

2009 年 12 月 24 日，浙能集团美术书法协会、浙能集团集邮协会成立大会在宁波隆重召开。会议依照《浙江省能源集团有限公司美术书法协会章程》《浙江省能源集团有限公司集邮协会章程》有关规定，分别选举产生了浙能集团美术书法协会、浙能集团集邮协会理事会、常务理事会。浙能集团工会主席卢嘉三出席会议并讲话。来自浙能集团本部和所属单位的代表共30人参加两个协会的成立会议。会议依照《浙江省能源集团有限公司美术书法协会章程》《浙江省能源集团有限公司集邮协会章程》有关规定，分别选举产生了浙能集团美术书法协会、浙能集团集邮协会理事会、常务理事会。大会一致通过聘请童亚辉为浙能集团美术书法协会名誉主席，卢嘉三为浙能集团集邮协会名誉会长的决定。

2010年7月29日，浙能集团首届歌手乐手大奖赛在温州大剧院音乐厅落幕。经预赛产生的14名歌手和6名乐手进入决赛。经过2天角逐，比赛评选出2名金奖歌手、4名银奖歌手、8名铜奖歌手以及1名金奖乐手、2名银奖乐手、3名铜奖乐手。浙能集团党委委员、工会主席徐小丰为获奖的选手和单位颁奖。此次比赛由浙能集团工会、音乐舞蹈协会主办，浙江浙能温州发电有限公司承办。

2010年9月20日，浙江省企业集邮联谊会在台州成立。会议由浙能集团主办，浙江省集邮协会各理事单位代表参加会议。首批发起的6家理事单位中的杭钢集团、浙能集团、巨化集团等4家大型企业代表作了发言，对联谊会工作建言献策。

2010年11月18日、19日，浙能集团音乐舞蹈协会常务理事及文艺骨干交流座谈会在温州召开，来自系统各单位文艺骨干等20多人参加了会议，发挥音乐舞蹈协会及文艺骨干作用，策划和安排浙能集团成立十周年文艺演出等活动。

2010年12月24—26日，浙江省文学艺术界联合会第七次代表大会在杭隆重召开。浙能集团文学艺术界联合会、浙江浙能温州发电有限公司文学艺术界联合会在会上被授予“浙江省文联系统先进单位”称号。

2011年4月7日，在浙能集团即将迎来10周年庆典之际，浙能集团《动力梦想——浙能之歌》司歌合唱比赛（浙东南片区）在台州发电厂隆重举行。比赛由台州发电厂承办，共有16个单位的15支合唱队共600余名队员登台一展歌喉。浙能集团党委副书记、副董事长蔡建平，党委委员、纪委书记张荣博、副总经济师出席并为获奖者颁奖。最后，台州发电厂合唱队荣获一等奖，浙江浙能乐清发电有限责任公司合唱队、浙江浙能温州发电有限公司合唱队荣获二等奖；浙江浙能钱清发电有限公司与浙江浙能绍兴滨海热电有限责任公司合唱队、浙江浙能镇海发电有限责任公司合唱队、浙江浙能金华燃机发电有限责任公司合唱队荣获三等奖。此外，浙江浙能兰溪发电有限责任公司合唱队等9支合唱队荣获优秀奖。台州发电厂1名职工荣获指挥奖。

2011年4月11日，“动力成就梦想 纵情放歌浙能”司歌合唱比赛（浙中北片区）在嘉兴隆重举行。比赛由浙江浙能嘉兴发电有限公司承办，来自浙能集团所属企业的18支合唱队共700多名干部员工。浙能集团党委副书记、副董事长蔡建平出席并为获奖者颁奖。最终浙江浙能兴源节能科技有限公司合唱队荣获一等奖；浙江省浙信房地产有限公司合唱队、浙江浙能嘉兴发电有限公司合唱队荣获二等奖；浙江浙能嘉华发电有限公司和嘉兴港煤炭物流有限公司合唱队、萧山发电厂合唱队、浙江浙能长兴发电有限公司合唱队荣获三等奖。此外，浙江省天然气集团有限责任公司合唱队等12支合唱队荣获优秀奖。

2011年5月27日晚，浙能集团庆祝成立十周年“高歌向明天”综艺晚会在杭州大剧院隆重举行。全国政协经济委员会副主任柴松岳，浙江省委常委、副省长葛慧君，浙江省人大常委会副主任王永明，以及原浙江省委、浙江省政府政府领导卢文舸、张蔚文等出席晚会。晚会还特别邀请到了原总政歌舞团团长印青、副团长刘炽炎到会指导，总政歌舞团、北京军区战友歌舞团、海政歌舞团的著名艺术家登台献艺。浙能集团领导班子全体成员和退休领导，集团本部和所属各单位的部分职工近2000人参加晚会。浙江省副省长葛慧君在晚会上作讲话，对浙能集团成立十周年表示热烈的祝贺，并充分肯定了浙能集团十年取得的成就。浙能集团总经理童亚辉代表领导班子致辞。5月27日下午，参加浙能集团成立十周年综艺晚会的部分嘉宾兴致勃勃地参观书画摄影展。2011年5月28日，是浙能集团迎来成立十周年的喜庆日子。

2012年6月20日，浙能集团首届“浙能文化节”开幕式暨“文化与企业”专题讲座在浙能大厦报告厅举行。浙能集团党委书记、董事长、“浙能文化节”组委会主任吴国潮出席会议并作动员讲话。浙江省委宣传部副部长来颖杰应邀作“文化与企业”专题讲座。开幕式由浙能集团党委委员、纪委书记张荣博主持。“浙能文化节”历时4个月，活动共分两部分：一是浙能集团自主策划举办的活动，包括“深度对话”文化沙龙、“我们的价值观”大讨论、浙能职业服装设计评选、“浙能杯”篮球赛以及“浙能文化节”闭幕式暨“浙能先锋”创先争优总结表彰大会等；二是组队参加“浙江国资国企文化节”的活动，包括国企司歌大赛、国企文化风采展、国企职工球赛、国企形象宣传片展播、国企文化论坛及选送节目参加浙江省国资委文化节闭幕式等。

2012年10月12日，浙江省国资国企文化节闭幕式文艺汇演在杭州大剧院隆重举行。由浙能集团选送、浙江浙能长兴发电有限公司10位基层员工表演的节目——《映像浙能》以新颖的创意和强烈的画面感，展现了浙能集团十年来的发展壮大历程，在参加演出的13家浙江省属国有企业和各市国资委选送节目中拔得头筹。

2014年11月25日，首届浙能集团书画展在浙江浙能兰溪发电有限责任公司多功能厅落幕。浙能集团党委委员、工会主席徐小丰和广大书画爱好者参加了此次书画展。此次展会共展出22家单位的书画爱好者的94件书画作品。

2015年7月9日，由浙能集团工会主办，浙江浙能温州发电有限公司承办的2015浙能集团“精彩浙能”职工才艺大赛（决赛）在温州隆重举行。整场比赛共分为声乐、器乐、戏曲、曲艺、舞蹈、其他六大类进行比拼，经过近3个小时的激烈角逐，最终决出“十佳达人”和优秀选手。

2017年3月27日，浙能集团职工文化大讲堂第一期在浙能集团五楼报告厅正式开讲。本次讲堂邀请了国学知名学者，百家讲坛主讲嘉宾，陕西师范大学文学院教授、国学院院长讲授“《挺经》与发展之道”。浙能集团本部员工、各板块在杭州单位部分员工共200多人现场听课。浙能职工文化大讲堂系列活动是浙能集团工会本年度的重要工作，通过传教国学、美学、史学等高品味文化，为职工带来精神文明享受的盛宴，强化企业职工文化建设。

2017年3月30日，由浙江省文学艺术界联合会、浙能集团工会、浙能集团文学艺术联合会联合主办，浙能集团美术书法协会、浙江省能源摄影协会承办的浙能集团第三届美术书法摄影展在杭州浙能海创园开幕。浙能集团党委委员、工会主席许强出席开幕式。浙能集团第三届美术书法摄影展活动，共征集到各单位美术作品73幅、书法作品140幅、摄影作品2022幅。组委会邀请了浙江省文学艺术界联合会书法家协会、美术家协会、摄影家协会专家组成评审团，最终评出美术类作品金奖3幅、银奖5幅，铜奖10幅、优秀奖15幅；书法类作品金奖3幅、银奖5幅，铜奖10幅、优秀奖20幅；摄影类作品金奖3幅、银奖5幅，铜奖10幅、优秀奖40幅。台州发电厂、浙江浙能镇海发电有限责任公司、浙江浙能嘉华发电有限公司、浙江长广（集团）有限责任公司、浙江省电力建设有限公司5家单位获得优秀组织奖。

2017年6月8日，由浙能集团工会主办，浙江省能源集团有限公司煤炭及运输分公司承办的浙能集团第二期职工文化大讲堂在浙能创业大厦910报告厅开讲。本期文化大讲堂邀请了中国词学学会常务理事，浙江大学中文系教授、博士生导师为大家讲授“中国古典诗词的‘说法’”。浙能集团党委委员、工会主席许强，集团机关及各板块在杭州单位、在杭州直属单位的260余名员工现场听讲。

2017年8月17日，作为构建“职工博学工程”和“送文化　进企业”的重要举措，由浙能集团工会主办、浙江浙能台州第二发电有限责任公司承办的浙能集团第三期职工文化大讲堂在台州三门拉开序幕。本期文化大讲堂邀请国学文化讲师、浙江大学继教院特邀讲师为大家讲授“国学文化与员工职业素养提升”。浙江省省部属企事业工会主席，浙能集团工会主席许强参加，来自集团管控台州片单位近150位干部职工现场听讲。

2017年8月，由浙能集团主管，浙能集团工会、浙能集团文学艺术联合会主办的《浙能文艺》创刊首发。浙能集团党委书记、董事长童亚辉为杂志题写刊名，并撰写创刊词。中国文学艺术界联合会副主席、浙江省文学艺术界联合会主席为杂志题写“能源前线，文艺家园”致贺。《浙能文艺》作为“浙能人”自己的文学、艺术园地，“以文化人，传播浙能声音；唱响旋律，讴歌浙能发展；服务职工，打造精神家园”为办刊宗旨。每季一刊，主要刊发职工创作的报告文学、小说、散文、诗歌、书法、美术、摄影等作品。设置思想者说、故事浙能、小说方阵、散文雅韵、烟雨诗话、书香杂谈、翰墨丹青、邮味人生、影人影像9个栏目。

2017年8月30日，浙能集团集邮协会第二次会员代表大会在杭州召开。会议总结了第一届理事会工作，谋划未来协会发展大计，选举产生新一届协会理事会。浙江省集邮协会秘书长，著名集邮家、浙江省邮展工作委员会主任，国家级邮展评审员、浙江省邮展工作委员会委员以及浙能集团工会办公室主任等领导和嘉宾出席会议，来自浙能集团各所属单位的近50名会员代表参加会议。会议由台州发电厂承办，大会审议通过了《浙江省能源集团有限公司集邮协会章程(修订稿)》、《浙江省能源集团有限公司集邮协会选举办法草案》，以举手表决的方式选举产生第二届理事会。

2017年9月7日，浙能集团文学协会成立暨第一次会员代表大会在杭州萧山召开，宣告浙能文学协会正式成立。浙能集团党委委员、工会主席许强出席会议，浙能文学协会会员代表等约70余人参加了会议。大会审议通过《浙江省能源集团有限公司文学协会章程》，选举产生第一届理事会。

2017年9月12日，浙能集团书法美术协会第二次会员代表大会在杭州召开，来自各单位50余名书法美术协会会员代表参加本次会议。会议总结了过去五年的工作，审议通过了《浙江省能源集团有限公司书法美术协会章程(修改草案)》，以举手表决的方式选举产生第二届理事会。在第二届理事会第一次会议上，选举了浙能集团书法美术协会主席、副主席、秘书长。

2017年9月12日，浙江省能源摄影协会第二次会员代表大会在杭州召开，会议总结了过去五年的工作，谋划未来五年发展大计，选举产生了由48人组成第二届理事会理事。大会审议通过了协会财务情况报告、《浙江省能源摄影协会章程(修改草案)》。

2017年9月15日，浙能集团音乐舞蹈协会第二次会员代表大会在杭州顺利召开。浙江省音乐家协会主席应邀出席大会并致辞。浙能集团本部、各板块分公司和各单位60余名代表参加会议。大会审议通过了《浙江省能源集团有限公司音乐舞蹈协会章程(修订草案)》，选举产生了新一届理事会和常务理事会。

2017年9月29日晚，中国书法家协会会员、西泠印社理事童亚辉为浙能集团书法培训班学员作了“书法欣赏”为主题的书法艺术专题讲座。童亚辉的讲座主要分为“传统书法的欣赏”“现代书法的欣赏”2个章节。他从书法源流道来，精到地总结、提炼，并辅以大量的名作欣赏讲授，精辟地阐释了“形、力、气、意、精”传统书法鉴赏和习书的“五字”准则。并从当代书法理念切入，阐述了当代书法的审美认知，指出我们要客观评价当代书法所取得的成就，肯定当代书法的创新精神，以包容的态度、当代的视角来欣赏她，发现美。讲座最后，他还深入浅出地为大家讲解了“家与学家”“专业与业余”“人文精神与士大夫”的差异性和互补性，勉励大家树立正确的人生观和价值观。浙能集团党委委员、工会主席许强主持讲座，浙能集团书法培训班及浙能集团系统书法爱好者共80余人现场聆听了此次讲座。

2017年11月2日，浙能集团第四期职工文化大讲堂在浙能大厦501报告厅开讲。本期职工文化大讲堂邀请了资深文化学者、浙江省书法家协会副主席、兰亭书法社副社长、中国作家书画院副院长、国家一级美术师，为大家讲授“文化的力量”。浙能集团党委书记、董事长童亚辉，党委副书记、总经理柯吉欣，党委委员、副总经理范小宁、赵建林，党委委员、纪委书记张荣博，党委委员、工会主席许强，党委委员、组织（人力资源）部部长倪震前来聆听讲座，浙能集团机关及在杭州单位的200余名干部职工现场听讲。

2017 年 11 月 24 日，浙能集团文学艺术联合会体育协会第二次代表大会在杭州隆重召开。会议总结了浙能文学艺术联合会体育协会第一届理事会工作，选举产生新一届理事会。中国电力企业联合会副秘书长、中国电力文协副主席、中国电力摄影家协会主席，浙江省文学艺术界联合会党组书记、副主席、书记处常务书记，浙江省体育职业技术学院院长，浙能集团党委书记、董事长童亚辉，浙能集团党委委员、工会主席许强出席会议，来自浙能集团系统各单位 100 余名代表参加会议。童亚辉在会上发表了讲话，他指出："文治化人，武功强体"，企业的竞争，人才是根本。文学艺术联合会体育协会事业事关人的全面发展，当前浙能集团正肩负着第二次创业的新使命，正在为转型升级、创新发展而不懈努力，实现各项目标任务，需要昂扬的斗志，开拓的精神。许强向大会作了题为《勇于新创造　敢于新作为　倾力打造职工文体家园　为浙能"四业发展"作出新贡献》的工作报告，大会审议并通过了《浙江省能源集团有限公司文学艺术联合会体育协会章程(草案)》，选举产生了由 64 人组成的第二届理事会。在随后召开的第二届理事会第一次会议上，许强当选为第二届理事会主席。同时，理事会聘任童亚辉、柯吉欣、耿平为浙能集团文学艺术联合会体育协会名誉主席。

2017 年 12 月 20 日，浙能集团第五期职工文化大讲堂在浙江浙能中煤舟山煤电有限责任公司多功能厅开讲。本期文化大讲堂邀请浙江大学、上海交通大学客座教授、总裁班导师，浙江"文澜大讲堂"客座教授讲授"国学智慧与团队打造"。来自浙江浙能中煤舟山煤电有限责任公司、浙江浙能港口运营管理有限公司和浙江天地环保科技有限公司所属舟山天达环保公司的约 180 位干部职工现场听讲。

2018 年 3 月，从浙江省摄影家协会 2018 摄影工作会议暨七届三次理事会上传来喜讯，浙能集团文学艺术联合会所属的浙江省能源摄影家协会荣获"浙江省摄影家协会 2017 年度系统先进集体"称号，浙江省能源摄影协会主席荣获"2017 年度浙江省摄影家协会先进个人"称号。

2018 年 4 月 8 日，来自浙能集团系统各板块、各单位的职工文体工作者和舞蹈健身爱好者近 70 人齐聚瓯江之畔，共同参加为期 2 天的浙能集团 2018 年全民健身操舞培训班。浙能集团工会办公室主任、浙能集团文学艺术联合会体育协会副主席兼秘书长，浙能集团文学艺术联合会体育协会副主席、浙能集团音乐舞蹈协会主席出席开班仪式。培训由浙江浙能温州发电有限公司工会承办。

2018 年 4 月 17 日，浙能集团第六期职工文化大讲堂在浙能大厦 501 报告厅举办，邀请浙江省委党校智库专家、浙江省中国特色社会主义理论体系研究中心主任、原浙江省委组织部副部长、省委宣传部常务副部长胡坚，为大家带来了一堂以"建设文化浙江，推动文化发展兴盛"为主题的文化讲座。浙能集团党委委员、工会主席许强，浙能集团各部门及在杭州单位 200 余名干部职工现场聆听讲座。

2018 年 5 月 7 日，浙能集团工会印发《关于组织开展"庆祝改革开放 40 周年"职工系列文化活动的通知》(浙能工会〔2018〕46 号)，以庆祝改革开放 40 周年为主线，组织开展浙能集团第二届职工集邮展、浙能集团 2018 年职工诗歌朗诵会、"新声音"职工歌手大赛、浙能集团庆祝改革开放 40 周年图片展等职工系列文化活动，进一步丰富活跃职工精神文化生活，激发广大职工的劳动热情和创造活力，在推进浙能集团转型升级创新发展中提供文化凝聚力和精神推动力。

2018 年 5 月 15 日，由浙能集团工会、浙能集团文学艺术联合会主办，浙能集团集邮协会和浙江浙能嘉华发电有限公司承办的"不忘初心，牢记使命，砥砺前行"第二届职工集邮展在嘉兴开幕，拉开了浙能集团工会庆祝改革开放 40 周年职工系列文化活动的序幕。浙能集团党委委员、工会主席许强莅临本次邮展并宣布邮展开幕。本次邮展共展出电力类、极限类、花卉类、现代类、航天类及邮政用品等 33 部共 70 框邮品。以祖国建设辉煌成就、电力建设、邮政发展史等为主要内容，涵盖了伟大祖国建设成就、历史伟人、能源利用、名山大川、艺术作品等多个方面。邮展共评出一等奖 2 名，二等奖 5 名，三等奖8名。

2018年5月29日，浙能集团“庆祝改革开放40周年”职工诗歌朗诵会在浙江浙能镇海发电有限责任公司举办。浙能集团党委委员、工会主席许强出席诗歌朗诵会，各单位诗歌朗诵者、诗歌创作者及诗歌爱好者等150余名职工现场观看。“致敬劳动 奋进浙能”职工诗歌朗诵会是浙能集团工会“庆祝改革开放40周年”职工系列文化活动之一，由浙能集团工会、浙能集团文学艺术联合会主办，浙能集团文学协会协办，浙江浙能镇海发电有限责任公司承办。活动共征集到22家单位的25个诗朗诵作品，经过浙能集团工会组织评委进行初评，13家单位的作品入围本次集中展示评比。最终，浙江浙石油综合能源销售有限公司选送的《中国机遇浙江方案》、浙江浙能镇海发电有限责任公司选送的《镇电之歌》荣获一等奖，4家单位选送的作品获得二等奖，7家单位选送的作品获得三等奖，浙江浙能镇海发电有限责任公司荣获组织奖。

2018年7月2日，浙能集团第七期职工文化大讲堂在浙江浙能兰溪发电有限责任公司开讲，邀请中国矿业大学（北京）马克思主义学院讲师、中国社会科学院世界社会主义研究中心特邀研究员的主讲嘉宾为大家讲授“生活场景中的马克思”。浙能集团党委委员、工会主席许强参加讲座，浙江浙能兰溪发电有限责任公司、浙江浙能金华燃机发电有限责任公司、浙江天地环保科技有限公司所属兰溪天达环保公司近120位干部职工到场听讲。

2018年9月29日，浙能集团“新声音”职工歌手大赛在浙能大厦迎来巅峰对决。浙能集团党委书记、董事长童亚辉，浙能集团董事、党委副书记陆翔，浙能集团党委委员、工会主席许强出席并为获奖选手颁奖。参加决赛的30组选手，经过激烈角逐，最终4位选手荣获金奖，7位选手获得银奖，10名选手获得铜奖，10位选手获得活力奖。浙江浙能电力股份有限公司和浙江浙能金华燃机发电有限责任公司荣获组织奖。本次浙能集团“新声音”职工歌手大赛决赛在“浙江能源”“浙江能源娘家人”微信平台进行了直播，近12000人收看直播，70000余人参与微信投票产生最佳人气奖1名。

2018年11月29日上午，浙能集团庆祝改革开放40周年图片展在浙江浙能兰溪发电有限责任公司举行。浙江省文学艺术界联合会组联处副处长高勤英，浙江省摄影家协会名誉主席周润三，中国电力摄影家协会常务副主席蔡建平，浙能集团党委委员、工会主席许强，金华片区所属企业及浙江省能源摄影协会等近100人参加开幕式并观看展览。此次展览由浙能集团工会、浙能集团文学艺术联合会主办，浙能电力股份公司工委协办，浙江省能源摄影协会和浙江浙能兰溪发电有限责任公司承办，以“不忘初心、开拓创新、砥砺奋进”为主题，分为“改革篇”“创新篇”“文化篇” “党建篇”等篇章，包括图片（实物）展区和文化展厅，通过“手工相册”、照片墙、光屏互动投影等方式，以不同视度和艺术手法，重温漫漫征程中的光辉历程、伟大成就，见证了浙能集团在改革浪潮中的华丽蜕变，鼓舞“浙能人”共同为打造高质量发展新浙能而努力奋进。

2018年11月29日，浙能集团第九期职工文化大讲堂在浙江浙能兰溪发电有限责任公司开讲，邀请文学学士、独立摄影人、独立纪录片导演、富士胶片全球签约摄影师为大家讲授“在摄影中认知自己”。浙能集团党委委员、工会主席许强参加讲座，来自浙江浙能兰溪发电有限责任公司、浙江浙能金华燃机发电有限责任公司、浙江天地环保科技有限公司所属兰溪天达及浙江省能源摄影协会理事等近110名干部职工到场听讲。

2019年1月4日，浙能集团文学艺术联合会“送福进万家 温暖浙能情”文艺志愿服务活动走进宁夏枣泉发电有限责任公司。本次志愿服务活动送来了“摄影书法”文化讲座、“送福进万家”书法祝福、“迎新春 浙能情”文艺节目送欢乐等文化大餐。

2019年1月4日，浙能集团第十期职工文化大讲堂在宁夏枣泉发电有限责任公司开讲，浙能集团书法美术协会主席、浙江省能源摄影协会副主席兼秘书长分别为大家带来了“中国书法欣赏”“新时期影像创作思路”书法、摄影文化讲座。浙能集团工会委员、工会办公室主任、浙能集团音乐舞蹈协会主席以及枣泉发电公司领导班子成员、干部职工和浙能集团工会、浙能集团文学艺术联合会前来慰问的文艺志愿者们共60余人参加了讲座。

2019年2月23日，浙江省能源摄影协会在2019浙江省摄影工作会议暨浙江省摄协七届四次理事会上荣获“2018年度先进集体”荣誉称号，这是浙江省能源摄影协会连续两年获得该项荣誉。

2019年4月28日，浙能集团第十一期职工文化大讲堂在浙江省水利水电投资集团有限公司开讲。浙能集团工会邀请知名国学学者、同文国学书院院长、杭州市委党校国学主讲教授讲授“国学中的生活智慧”。浙能集团党委委员、工会主席胡斌参加讲座，浙能集团在杭州各板块近百名干部职工到场听讲。

2019年5月6日，浙能集团工会印发《关于开展“庆祝新中国成立70周年”职工系列文化活动的通知》(浙能工会〔2019〕51号)，紧紧围绕庆祝中华人民共和国成立70周年这一主线，深入贯彻落实习近平新时代中国特色社会主义思想，紧扣时代主题，组织开展职工微话剧比赛、“我和我的祖国”征文、唱响《我和我的祖国》快闪、职工书法美术摄影展等活动，唱响主旋律，为打造“三型”现代能源企业营造良好氛围作出积极贡献，向新中国成立70周年献礼。

2019年7月18日，浙能集团第十二期职工文化大讲堂走进浙能第二大厦。中国社会科学院文学研究所比较文学研究室主任、研究生院教授、博士生导师，上海交通大学文科资深教授、享受国家特殊津贴专家叶舒宪为大家带来了“丝路起源与中国话语”的文化盛宴。浙能集团党委委员、工会主席胡斌，浙能集团在杭各板块近百名干部职工到现场聆听讲座。

2019年8月30日，浙能集团第十三期职工文化大讲堂走进浙江浙能华光潭水力发电有限公司。女高音歌唱家，浙江省声乐研究院副院长、浙江省合唱联盟副主任、中国音乐家协会会员为大家讲授“音乐与人生”。华光潭水电公司的30余名员工现场听讲。

2019年9月21日，“浙江能源唱响《我和我的祖国》快闪”视频登上了“学习强国”浙江学习平台。

2019年9月22日，“唱响《我和我的祖国》快闪”活动共征集浙能集团所属企业快闪作品38个，通过专家评审和“浙江能源娘家人”微信平台网络投票的方式，产生优秀奖6名，优胜奖12名，活力奖20名。

2019年9月24日，浙能集团“庆祝新中国成立70周年”职工系列文化活动之一——职工微话剧比赛在杭州举行。本次比赛由浙能集团工会、浙能集团文学艺术联合会主办，浙能集团音乐舞蹈协会协办，浙江天地环保科技有限公司承办。共有来自浙能集团各板块16家基层单位选送了节目，经初期评选后，最终11个节目亮相本次比赛现场。浙能集团党委副书记、董事陆翔，浙江省省部属企事业工会副主席，浙能集团党委委员、工会主席胡斌等领导应邀出席本次比赛，并为获奖单位颁奖。伊犁新天煤化工有限责任公司带来的微话剧《家》、浙江浙能台州第二发电有限责任公司微话剧《穿越》获得一等奖，浙江天虹物资贸易有限公司、浙江浙能中煤舟山煤电有限责任公司、浙江浙石油储运有限公司、浙江天地环保科技有限公司微话剧获得二等奖，获得三等奖宁波海运集团有限公司、浙江浙能电力工程技术有限公司等单位微话剧获得三等奖。

2019年9月29日至10月4日，浙能集团“光辉——庆祝中华人民共和国成立70周年”职工书法美术摄影作品展在浙江省展览馆开展(面向社会公众开放)。浙能集团党委书记、董事长童亚辉宣布展览开展，浙江省国资委党委副书记、副主任陈月亮，浙江省文学艺术界联合会党组成员、书记处书记徐晓，浙江省总工会常委、浙江省省部属企事业工会主席，浙能集团党委副书记陆翔等领导出席并参观展览。浙能集团党委委员、工会主席胡斌在开幕式上致辞。浙江省国资委、浙江省文学艺术界联合会、浙江省省部属企事业工会、浙能集团领导为各板块赠送入展作品集，并向职工书法美术摄影作品展的入展作者代表颁发证书，本次展览由浙能集团工会、浙能集团文学艺术联合会主办，浙江省能源摄影协会、浙能集团书法美术协会承办。展览共征集到1000余件作品，并从中选出100余幅优秀作品进行展出。

2019年11月7日，浙能集团印发《关于表彰浙江省能源集团有限公司“庆祝新中国成立70周年”职工系列文化活动获奖集体和个人的通知》(浙能工会〔2019〕137号)，对在“庆祝新中国成立70周年”职工系列文化活动中取得优异成绩的集体和个人予以表彰，5名职工获得“我和我的祖国”征文一等奖，另有10名职工获得二等奖、15名职工获得三等奖，萧山发电厂、浙江天地环保科技股份有限公司、伊犁新天煤化工有限责任公司、浙江省石油股份有限公司、缙云县天然气有限公司、浙江浙能北海水力发电有限公司6家单位获得“唱响《我和我的祖国》快闪”优秀奖，12家单位获得优胜奖，20家单位获得活力奖。29名干部职工书法作品入围入展名单，13名干部职工美术作品入围入展名单，45名干部职工摄影作品入围入展名单。

2019年12月6日，浙能集团第十四期职工文化大讲堂在浙能大厦501报告厅开讲。本期职工文化大讲堂邀请了创业慧康公司首席架构师、浙江省健康协会秘书长为大家讲授“关于创业一体两翼互联网的创新模式”和“健康管理百岁工程”。浙能集团领导班子成员和浙能集团在杭州单位的120余名干部职工前来聆听讲座。

二、职工体育事业

2005年5月24—26日，浙能集团首届乒乓球比赛在嘉兴举行。来自浙能集团所属企业的19支代表队的100余名运动员将参赛。浙能集团党委委员、副总经理童亚辉参加比赛，浙能集团党委委员、工委主任卢嘉三等领导参加开幕式，并为获奖运动员颁奖。经过3天的紧张比赛，镇海发电有限责任公司代表队获得混合团体冠军，台州发电厂代表队、浙江省电力建设有限公司代表队分获混合团体第二、第三名。

2006年5月23—25日，浙能集团首届羽毛球比赛在杭州举行。浙能集团党委书记、董事长孙永森，浙能集团党委委员、副总经理范小宁等出席了闭幕式。浙能集团党委委员、工会主席、组委会主任卢嘉三致闭幕词。来自浙能集团所属企业的24支代表队、110余名运动员参加了混合团体、混合双打、男子双打、女子双打、男子单打、女子单打6个项目的比赛。最终，台州发电厂获混合团体比赛第一名，浙江长兴发电有限责任公司、萧山发电厂分获混合团体比赛第二名、第三名。

2007年10月20—22日，浙能集团首届职工篮球赛决赛在萧山临浦体育馆举行。8支代表队获得出线资格参加决赛。浙能集团总经理沈志云，副总经理柯吉欣，工会主席卢嘉三，党委委员、组织（人力资源）部主任徐小丰等领导为获奖者颁奖。嘉兴发电有限责任公司、浙江嘉华发电有限责任公司联队，浙江镇海发电有限责任公司代表队，浙江浙能兰溪发电有限责任公司代表队分别获得第一至第三名。

2007年9月20日，浙能集团体育协召开成立大会暨第一届理事会第一次会议，会议选举产生了第一届理事会。理事会选举浙能集团党委副书记蔡建平为浙能集团体协会长，浙能集团副总经理童亚辉、浙能集团工委主任卢嘉三为副主席，卢嘉三兼任体协秘书长。

2008年9月11日、12日，浙能集团第二届乒乓球比赛，决赛在镇海炼化公司体育馆举行，来自浙能集团系统的26支球队报名参赛。经过2天比赛，浙江兴源投资有限公司、淮浙煤电有限责任公司、浙江浙能镇海发电有限责任公司分获混合团体比赛前三名，6名职工分获男子单打前三名及女子单打前三名。

2009年8月30日，浙能集团第二届男子篮球比赛在杭州西湖体育馆落下帷幕。8支球队经过激烈角逐，最终浙江浙能温州发电有限责任公司、浙江兴源投资有限公司代表队分别夺得甲、乙级组别冠军；淮浙煤电有限责任公司、浙江浙能兰溪发电有限责任公司、浙江长兴发电有限责任公司代表队以及浙江浙能乐清发电有限责任公司、浙江省天然气开发有限公司、浙江浙能金华燃机发电有限责任公司代表队分获甲、乙级各自组别第二、第三、第四名。浙能集团副总经理范小宁、柯吉欣，工会主席卢嘉三等领导为获奖代表队颁发了奖杯。

2009年10月17日，浙能集团首届领导人员乒乓球健身赛在金华举行。浙能集团党委委员、副总经理童亚辉和来自浙能集团所属单位的20多名领导人员参加了本次比赛。比赛由浙能集团工会主办、浙江浙能兰溪发电有限责任公司承办。

2009年10月30日至11月1日，浙能集团2009年“金秋”足球邀请赛在台州发电厂举行。浙江浙能镇海发电有限责任公司、浙江浙能温州发电有限责任公司、浙江浙能兰溪发电有限责任公司与金华燃机发电有限责任公司联队和台州发电厂4家单位代表队参加了此次比赛。本次比赛采用大循环制式，设立一个优胜奖杯。台州发电厂代表队三战三捷，获得了优胜奖杯。

2009年11月19—21日，浙能集团首届象棋、围棋比赛在台州发电厂举行。来自浙能集团下属17家单位的49名象棋选手和31名围棋选手参加了比赛。浙江浙能嘉兴发电有限责任公司、浙江浙能镇海发电有限责任公司分别获得象棋、围棋团体冠军。台州发电厂、浙江浙能钱清发电有限责任公司、浙江浙能乐清发电有限责任公司、浙江浙能温州发电有限责任公司、浙江浙能镇海发电有限责任公司分获象棋团体的第二至第六名。台州发电厂、浙江浙能长兴发电有限责任公司、萧山发电厂、浙江浙能钱清发电有限责任公司、浙江浙能温州发电有限责任公司分获围棋团体的第二至第六名。

2009年11月30日，浙能集团被授予“全国群众体育先进单位”称号。

2010年3月8日，浙能集团女职工健美操、排舞大赛在湖州师范学院燕英体育馆隆重举行。来自浙能集团的22家单位代表队参加了2个大项28个小项的角逐。浙江浙能嘉兴发电有限责任公司、浙江兴源投资有限公司获健美操比赛一等奖，浙江浙能温州发电有限责任公司、浙江浙能长兴发电有限责任公司获排舞比赛一等奖。

2010年8月1—5日，浙能集团桥牌队在2010年全国电力行业职工桥牌锦标赛上荣获团体第二名。

2010年10月29—31日，浙能集团系统各单位26名棋类选手会聚杭州，参加浙能集团工会举办的浙能系统首届象棋、围棋精英赛。浙江浙能嘉兴发电有限公司1名职工、台州发电厂2名职工分获本届精英赛象棋组前三名，台州发电厂2名职工、萧山发电厂1名职工分获本届精英赛围棋组前三名。

2010年11月26日，浙能集团“金秋杯”足球邀请赛在金华职业技术学院开幕，来自浙能集团的5支代表队参加比赛。浙能经过角逐，浙江浙能温州发电有限责任公司足球队荣获冠军，兰（浙江浙能兰溪发电有限责任公司）金（浙江浙能金华燃机发电有限责任公司）联队、浙江浙能镇海发电有限责任公司、台州发电厂、浙江浙能乐清发电有限责任公司足球队分获优胜奖。浙能集团党委委员、工会主席徐小丰等领导出席开幕式。

2011年1月12日，浙能集团第二届领导干部乒乓球健身赛在镇江落幕。来自浙能集团本部和来自浙能集团所属企业的30余名领导干部参加比赛。浙能集团党委委员、工会主席徐小丰到场并致辞。比赛由浙能集团工会体协主办，浙江兴源投资有限公司承办。

2011年7月5—7日，浙能集团第二届“浙能杯”职工羽毛球赛在温州市新历达球馆举行。浙能集团党委委员、工会主席徐小丰宣布开幕，并为大赛开球。大赛设男单、女单、男双、团体4个项目，来自浙能集团的26支参赛队共200多名选手参赛。经过角逐，浙江兴源投资有限公司夺得团体冠军，浙江浙能镇海发电有限责任公司和浙江浙能乐清发电有限公司获团体第二、第三名。

2011年9月5日，浙能集团工会印发经浙能集团工会一届九次全委会审议通过的《浙江省能源集团有限公司职工文体活动管理办法（试行）》，明确了职工文体活动的指导思想、基本原则、项目设置、赛事与奖项安排、奖励设置及标准等。

2011年10月21日，由浙江省省直企业工会、浙江省属企业体协组织的浙江省省属企业职工全健排舞大赛在杭钢集团体育中心举行，共有来自全省直属企业的8支代表队共300余人参加了大赛。浙能集团代表队最终力克群雄荣获金奖及最佳编排奖。

2011年10月20日、21日，浙能集团首届“浙能杯”网球邀请赛在杭州举行。来自浙能集团14家单位的30余名网球爱好者参赛。比赛分男子单打和双打2个项目，其中单打采取淘汰赛制，双打采取分组循环加附加赛制。浙能集团党委委员、工会主席徐小丰等领导参加开幕式。比赛由浙能集团工会主办、浙江浙能绍兴滨海热电公司承办。本次比赛分男子单打和双打2个项目，其中单打采取淘汰赛制，双打采取分组循环加附加赛制。经过角逐，台州发电厂职工获得单打冠军；男子双打冠军由浙能集团本部职工获得。

2011年11月7日，浙能集团2011金秋步行健身赛在钱塘江南岸堤岸上举行。来自浙能集团系统36个单位的174名队员分别参加女子组、男子45周岁以上组和男子35~45周岁以下组的步行比赛。浙江兴源投资有限公司获得团体获奖第一名，浙江浙能温州发电有限公司获得第二名，浙江国信控股集团有限责任公司（浙江省浙信房地产有限公司）获得第三名，浙江浙能嘉兴发电有限公司第四名，浙江浙能长兴发电有限责任公司获得第五名、萧山发电厂获得第六名。

2012年4月10日，浙能集团“金燃杯”健身排舞大赛在金华市体育馆隆重举行。来自浙能集团21支代表队的270余名参赛队员参加了集体展示表演和甲乙两个组自选项目的激烈角逐。浙江浙能温州发电有限公司代表队、浙江浙能金华燃机发电有限责任公司代表队分获本次大赛甲、乙组金奖。

2012年6月9日，浙能集团代表队荣获浙江省省属企业大众体育比赛冠军。

2012年7月19日，浙能集团第三届“浙能杯”职工男子篮球赛在杭州落幕。来自浙能集团19支队伍200多名运动员参加。经过杭州赛区、温州赛区的预赛，共有6支代表队进入决赛。最终，浙江浙能乐清发电有限责任公司代表队获得冠军，浙江兴源投资公司代表队获得亚军，淮浙煤电有限责任公司凤台发电分公司代表队获得季军。浙江浙能嘉兴发电有限公司代表队、浙江浙能温州发电有限公司代表队、萧山发电厂代表队分获第四至第六名。

2012年9月15日，由浙江省国资委组织的省属企业、各市国资委及所属国有企业羽毛球、乒乓球混合团体比赛在浙江省全民健身中心拉开序幕，此次比赛共有22支代表队参加角逐，浙能集团选送的代表队双双获得铜牌。

2012年9月23日，2012年浙能发电企业钓鱼联谊赛在乐清市开幕，来自浙江浙能乐清发电有限责任公司、台州发电厂、浙江浙能温州发电有限公司等6家单位的35位钓鱼高手参赛。经过角逐，浙江浙能温州发电有限公司、浙江浙能长兴发电有限公司、浙江浙能乐清发电有限责任公司分获团体第一、第二、第三名。浙江浙能温州发电有限公司职工获得个人成绩第一名。

2012年10月16日，浙江省国资国企文化节各项活动获奖名单公布，浙能集团获奖众多：获一等奖5个、二等奖4个、三等奖6个和体育赛事的第三名两项。同时，浙能集团获得“组织奖”。

2012年11月13日，以“快乐健步走　低碳环保行”为主题的浙能集团2012“富兴杯”职工步行健身赛在钱塘江畔拉开序幕。步行健身赛设有男子甲组（50周岁以上）、男子乙组(40~50周岁）、女子组（40周岁以上）和领导组4组个人赛和团体赛，参赛运动员达162人，裁判人员多达63名。最终，萧山发电厂、浙江国信控股集团有限责任公司（浙江省浙信房地产有限公司）、浙江浙能镇海发电有限责任公司分获团体第一至第三名。

2012年12月1日、2日，浙能集团首届“浙能杯”男子足球赛决赛在镇海中学举行。本届球赛共有浙能集团的15支队伍约200人参加。最终，浙江浙能镇海发电有限责任公司获得冠军，台州发电厂获得亚军，浙江浙能温州发电有限公司获得季军。

2013年1月14日，浙能集团代表队台州发电厂职工在2013年浙江电力系统“迎春杯”网球赛上荣获男单冠军。2013年浙江电力系统“迎春杯”网球赛是由浙江省电力监管专员办公室、浙江省电力有限公司、浙能集团3家工会联合举办的，由全省发供电企业和承装（修、试）电力设施职工参加的赛事。

2013年11月18日，浙能集团2013年“富兴杯”金秋职工步行健身赛钱塘江南岸江堤举行。来自浙能集团46个单位的300余名职工参与此次步行健身活动。本次步行健身赛分男子甲组（50周岁及以上）、男子乙组（40~50周岁）、女子组（40周岁及以上）。男子组行程约10千米，女子组行程约7千米。经过角逐，浙江天地环保科技有限公司、浙江国信控股集团有限责任公司（浙江省浙信房地产有限公司）、浙江浙能兰溪发电有限责任公司分别获得团体前三名。

2013 年 12 月 21 日，浙能集团第二届“浙能杯”象棋、围棋赛经过 3 天的对弈收官。比赛采用个人积分编排制，其中象棋赛九轮、围棋赛七轮，根据积分排名各录取团体、个人前六名。来自浙能集团的 18 支代表队共 70 名棋手参赛。经过轮番博弈，象棋组团体前三名分别为台州发电厂代表队、浙江浙能嘉兴发电有限公司代表队、浙江浙能乐清发电有限责任公司代表队；围棋组团体前三名为浙江浙能温州发电有限公司代表队、浙江浙能镇海发电有限责任公司代表队、台州发电厂代表队。本次棋赛由浙能集团工会主办，浙江浙能嘉兴发电有限公司工会承办。

2014 年 5 月 25 日，浙能集团首届职工健身运动会的首项赛事——第一届“浙能杯”职工乒乓球赛在杭州落幕。第一届“浙能杯”职工乒乓球赛是浙能集团工会举办的职工健身运动会系列赛事的第一项，设置有混合团体赛、男子单打、女子单打和领导组健身赛 4 个比赛项目，经过预赛选拔后，共有 16 家单位的 37 位运动员参加了本次决赛，浙能集团总经理童亚辉等集团系统各单位的 18 位领导干部参加了健身赛。经过角逐，混合团体赛前 3 名依次为浙江浙能台州第二发电有限责任公司、台州发电厂、浙能镇海发电有限责任公司。决赛阶段比赛由浙江天达环保股份公司承办。

2014 年 6 月 20 日，浙能集团首届职工健身运动会的第二项赛事——“长电杯”职工游泳邀请赛在湖州全民健身中心鸣枪开战，浙能集团 31 家单位组成的代表队参加比赛。这是浙能集团首次举办职工游泳比赛，共设有男、女 50 米自由泳、50 米蛙泳、100 米蛙泳和 4×50 米男女混合接力赛，以及领导组健身赛（50 米蛙泳）8 个项目。最终，浙江天虹物资贸易有限公司职工以 25.64 秒的成绩获男子 50 米自由泳冠军、100 米蛙泳冠军。浙江省能源集团城市燃气有限公司职工获男子 50 米蛙泳冠军。浙江浙能嘉兴发电有限公司职工获 50 米自由泳和 100 米蛙泳 2 项冠军。浙江浙能乐清发电有限责任公司职工获得女子 50 米蛙泳冠军。浙江浙能温州发电有限公司职工获得领导组健身赛冠军。萧山发电厂获男女混合接力比赛冠军，浙江浙能嘉兴发电有限公司获亚军，浙江浙能乐清发电有限责任公司位居第三。团体积分萧山发电厂第一，浙江浙能嘉兴发电有限公司、浙江浙能乐清发电有限责任公司并列第二。

2014 年 6 月 28 日，浙能集团首届职工健身运动会系列赛事之职工田径比赛在嘉兴平湖市乍浦高级中学拉开战幕。来自浙能集团的 33 家单位近 250 名运动员组队参赛。本次比赛共设有男子组、女子组铅球、跳高、跳远、100 米短跑、4×100 米接力跑共 10 个项目。浙江浙能嘉兴发电有限公司代表队、浙江浙能镇海发电有限责任公司代表队、淮浙煤电凤台发电分公司代表队分获男子组 4×100 米前三名，浙江浙能长兴发电有限公司代表队、浙江兴源投资有限公司代表队、浙江浙能兰溪发电有限责任公司代表队分获女子组 4×100 米前三名。奖牌榜排名依次为浙江浙能长兴发电有限公司、浙江浙能嘉兴发电有限公司、浙江浙能镇海发电有限责任公司，金牌榜排名依次为浙江浙能嘉兴发电有限公司、浙江浙能镇海发电有限责任公司、浙江浙能绍兴滨海热电有限责任公司。

2014 年 7 月 17 日、18 日，浙能集团首届职工健身运动会篮球四强赛在乐清发电公司职工体育馆举行。浙江浙能嘉兴发电有限公司代表队获得冠军，浙江浙能乐清发电有限责任公司代表队获得亚军，淮浙煤电有限责任公司凤台发电分公司代表队获得季军。浙江浙能温州发电有限公司代表队获优秀组织奖。

2014 年 9 月 9—11 日，浙能集团第三届“浙能杯”职工羽毛球赛决赛在萧山雪狼体育中心举办。约有 40 个单位参赛，南、北片区于 9 月初完成预赛，获得晋级资格的 12 支团体队伍和各个单项的 16 强于 9 月 9 日会师萧山。经过角逐，混合团体前 3 名依次为浙江兴源投资公司、浙江浙能乐清发电有限责任公司、浙江浙能温州发电有限公司。

2014 年 9 月 23 日、24 日，浙能集团第二届网球邀请赛在杭州江干区体育中心举行。此次比赛共有来自集团系统 18 家单位共计 40 名选手参加。浙能集团副总经理柯吉欣代表浙能集团本部参加比赛。浙能集团党委委员、工会主席徐小丰到赛场观摩指导。本次比赛分男子单打和双打2个项目，其中单打采取淘汰赛制，双打采取分组循环加附加赛制。

2014年9月25日、26日，由浙能集团工会主办、浙江浙能镇海发电有限责任公司承办的职工七人制“足球四强赛”在镇电公司足球场开赛。浙能集团工会办公室主任为本次比赛开球。本次“足球四强赛”是浙能集团首届职工健身运动会的一项重要赛事，由首届浙能杯足球赛前四名组成，分别是浙江浙能乐清发电有限责任公司、浙江浙能温州发电有限公司、浙江浙能嘉兴发电有限公司和东道主浙江浙能镇海发电有限责任公司参加。经过角逐，浙江浙能镇海发电有限责任公司获得本届比赛冠军，浙江浙能温州发电有限公司获得亚军，浙江浙能嘉兴发电有限公司获得季军。浙江浙能乐清发电有限责任公司被授予“优秀组织奖”。

2014年11月7日，以“倡导全民健身，弘扬浙能精神”为主题的浙能集团2014年“富兴杯”金秋步行健身赛在钱塘江畔拉开帷幕。浙能集团47个单位的350余名干部职工参加比赛，比赛由浙能集团工会主办，浙江浙能富兴燃料有限公司承办。比赛分男子甲组（50周岁及以上）、男子乙组（40~50周岁）、女子组（40周岁及以上），男子组赛程约7千米，女子组行程约5千米。最终，浙江浙能长兴发电有限公司代表队荣获团体第一名，台州发电厂、浙江天地环保科技有限公司代表队分别获得团体第二、第三名。

2015年4月23日、24日，2015年浙能集团乒乓球邀请赛在杭州江干体育中心举行。比赛设混合团体，男子单打、女子单打、领导组健身赛4个项目。浙能集团14家单位共38名乒乓球爱好者参加比赛，浙能集团总经理童亚辉等集团系统各单位的16位领导干部参加了领导组比赛。浙江天达环保股份有限公司、台州发电厂、浙江浙能台州第二发电有限责任公司获混合团体前3名。

2015年6月2—7日，全国电力行业职工乒乓球赛于在山东潍坊举行，浙能集团首次组队参加该项目的比赛，并获得“体育道德风尚奖”。本次比赛由中国电力体育协会主办，国家电网公司工会承办。共有来自国家电网、南方电网、五大发电集团等13支劲旅参加，浙能集团选派10名选手参赛。

2015年8月17日、18日，浙能集团第三届“浙能杯”象棋、围棋比赛在温州举行。浙江浙能乐清发电有限责任公司、台州发电厂、浙江浙能长兴发电有限公司分获象棋组团体前3名，浙江浙能温州发电有限公司、浙江浙能镇海发电有限责任公司、浙江浙能长兴发电有限公司分获围棋组团体前3名。

2015年8月28日，浙能集团第四届“浙能杯”职工男子篮球赛在萧山区体育馆顺利落下帷幕。浙能集团11支代表队180名精兵强将经过激烈角逐，最终浙江省水利水电投资集团有限公司、浙江浙能嘉华发电有限公司、浙江浙能镇海发电有限责任公司代表队分获冠军、亚军、季军。

2015年8月30日，由浙江省省部属企事业工会、浙江省省属企业体协主办，国航股份浙江分公司承办的浙江省省属企业体协第四届乒乓球比赛鸣金收兵。浙能集团乒乓球队在15支省属企业乒乓球代表队中脱颖而出，荣获团体亚军。为有史以来同规格比赛中浙能集团取得的最好成绩。

2015年10月18日，浙江省国资委首届职工运动会在浙江经贸职业技术学院体育场举行。浙江省人大常委会副主任、浙江省总工会主席厉志海出席开幕式，并宣布浙江省国资委首届职工运动会正式开始。浙能集团总经理童亚辉，党委副书记耿平，党委委员、工会主席许强等领导参加了开幕式。浙江省属企业各单位、代表队近3000名观众观看开幕式。浙能集团选送、浙江浙能滨海热电有限公司组织的表演方阵“彩绸如虹”博得了在场观众的一致好评。本届运动会共设立田径、竞技和系列趣味等10多个运动项目，浙能集团参加所有项目比赛，并荣获趣味项目“八人木拖鞋”冠军、男子1500米长跑项目冠军、男子4×100米接力赛项目银牌、足球射准项目共4枚铜牌，乒乓球项目混合团体、男单、男双、女双4枚金牌，女单、混双2枚铜牌；羽毛球项目女单、女双2枚金牌，混双1枚银牌，团体总分第三名。同时，浙能集团承办了男子篮球赛并获第四名，被浙江省国资委评为组织奖。

2016年4月19日，浙能集团首届“天地杯”网球邀请赛在杭州江干区体育中心网球场落幕。来自浙能集团的21家单位的40名选手参赛。

2016年4月24日，“四方杯”2016年全国游泳俱乐部锦标赛在无锡江阴体育中心落下帷幕。浙江天虹物资贸易有限公司1名职工代表杭州游泳协会出战，获得了男子个人25~29岁组200米自由泳第二名和50米仰泳第三名。

2016年5月9—11日，浙能集团第四届“浙能杯”羽毛球决赛在温州举行。比赛共设团体赛、男单、女单、男双、混双、领导干部健身赛单打和双打等项目，16支团体赛代表队及6个单项赛队员共150余人参加了此次决赛。浙江浙能乐清发电有限责任公司代表队获混合团体冠军。

2016年5月19日、20日，浙能集团2016年乒乓球邀请赛在杭州江干区体育中心举行。来自浙能集团本部和所属企业10多家单位的39名干部、职工报名参赛。项目设有混合团体赛、男子单打、女子单打和领导组健身赛4个项目。比赛采用国际乒联乒乓球竞赛规则，11分3局2胜制，半决赛决赛采用5局3胜制。浙江天地环保科技有限公司、浙江浙能温州发电有限公司、浙江浙能台州第二发电有限责任公司获混合团体前3名。

2016年6月9—12日，浙江省第二届体育社团运动会在台州临海体育馆落幕，浙能集团乒乓球队获得男子20~29岁组别比赛团体第七名，浙江天地环保科技有限公司2名职工获男双第三名。

2016年7月4—6日，浙能集团首届气排球比赛在台州国际会展中举行。此次比赛采取积分循环赛赛制，比赛吸引了浙能集团所属12家单位组成的12支男队和9支女队参战。经过角逐，浙江浙能台州第二发电有限责任公司女队和台州发电厂男队以全胜战绩勇夺大赛冠军，台州发电厂女队和浙江浙能台州第二发电有限责任公司男队摘得亚军，浙江浙能长兴发电有限公司女队和浙江浙能兰溪发电有限责任公司男队获得季军。

2016年9月27日，浙江省省部属企事业体协第二届气排球比赛落下帷幕。浙能集团男队以6战全胜的成绩夺得男子组冠军，女队以最终总积分第二夺得女子组亚军。

2016年10月26—28日，2016年全国电力行业职工羽毛球比赛在杭州萧山区体育馆举行。来自电力行业的13支代表队150多名羽毛球选手在这里展开角逐。中国电力企业联合会党组成员、专职副理事长，中国电力体育协会秘书长，浙能集团党委委员、工会主席许强等领导出席开幕式并讲话。全国电力行业羽毛球赛每两年举办一次，本次赛事由中国电力体育协会主办，浙能集团承办，浙江能源天然气集团有限公司、浙能天然气运行公司联合协办。浙能集团被授予“优秀组织奖”。

2016年11月20日，2016年全国电力行业职工桥牌十强赛在江苏省南京市收牌，浙能集团桥牌队喜获团体亚军，创下了浙能集团在全国电力行业体育赛事的最好成绩。

2016年11月28日至12月2日，浙能集团第二届“浙能杯”男子足球赛决赛在温州举行。本届杯赛有浙能集团24支代表队近300人参赛。经南、北赛区的预赛，8支代表队参加决赛，经过抽签分为A、B两个小组，采用单循环赛制。最终，浙江浙能镇海发电有限责任公司、浙江浙能嘉华发电有限公司、浙江浙能中煤舟山煤电有限责任公司依次分获第一、第二、第三名。

2017年5月13日，浙能集团第五届职工男子篮球赛决赛在杭州萧山区体育中心拉开帷幕。31支队伍经前期南、北两个赛区的层层选拔，8支代表队参加为期4天的决赛。最终，浙江省水利水电投资集团有限公司、浙江省能源集团城市燃气有限公司、浙江浙能嘉华发电有限公司代表队分获冠军、亚军、季军。浙能集团党委委员、工会主席许强到现场为队员加油。本次赛事首次在微信平台进行了决赛直播，并首次开展了“最具人气球队”网络评选活动。

2017年5月23日，2017年浙江省省部属企事业职工男子篮球赛在杭州全民健身中心顺利闭幕。本次比赛吸引了来自各省部属企事业单位共

16 支队伍参赛。浙能集团代表队获得亚军。

2017 年 6 月 5—9 日，由浙江省人民政府主办，浙江省体育局和舟山市人民政府承办的浙江省第三届体育大会乒乓球赛在舟山落幕。本次乒乓球赛共有来自省直机关、交通、通信、公安、教育等各行业体协的 30 支队伍参加。浙能集团乒乓球队与国航浙江分公司乒乓球队联合组队，代表浙江省部属企事业文体协会出战。浙能集团选手收获 1 枚银牌，创造了省部属企事业文体协会在本次乒乓球赛中的最佳成绩。

2017 年 9 月 6 日，浙能集团体协所属协会成立大会暨第一次会员代表大会在杭州成功召开，成立集团篮球、足球、羽毛球、乒乓球、气排球 5 个协会。浙江省体育局群体处副调研员、浙江省体育总会副秘书长，浙能集团党委委员、工会主席许强出席会议。大会审议通过了浙能集团体协所属协会章程草案，以举手表决的方式选举产生浙能集团体协所属协会第一届理事会。浙能篮球、足球、羽毛球、乒乓球、气排球协会第一届理事会第一次会议同时在 5 个分会场召开。大会还收到了中国电力体育协会、浙江省省部属企事业文体协会等兄弟协会发来的贺信。

2017 年 9 月 14—17 日，2017 年全国电力行业职工乒乓球比赛在北京举行。浙能集团组队参加本次比赛，最终 1 名职工获得中年组男子单打亚军，1 名职工获得中年组男子单打季军，这是浙能集团参加中电联系列运动比赛以来取得的最好成绩。

2017 年 9 月 16 日，浙江省首届职工“浙商银行杯”八人制足球赛落下帷幕。浙能集团男足获得了本次大赛的第四名。这也是浙能集团男足首次参加省级大赛，实现了历史性的突破。

2017 年 9 月 23 日、24 日，由国家体育总局游泳运动管理中心、中国游泳协会、浙江省体育局主办的第二十届全国成人游泳锦标赛在海宁拉开帷幕。浙江天虹物资贸易有限公司 1 名职工代表杭州市游泳协会参加此次比赛，荣获男子 25~29 岁组 200 米自由泳第二名、200 米个人混合泳第二名、120~159 岁组（4 名运动员年龄累计相加）4×50 米混合泳接力第四名、100~119 岁组（4 名运动员年龄累计相加）4×50 米自由泳接力第四名、120~159 岁组（4 名运动员年龄累计相加）4×50 米自由泳接力第三名、100~119 岁组（4 名运动员年龄累计相加）4×50 米混合泳接力等多项奖项。该选手在 9 月 20 日举行的浙江省第三届体育大会游泳比赛中代表省直机关出战，获得了男子青年组 200 米与 400 米自由泳比赛第二名的好成绩。

2017 年 10 月 23 日、24 日，浙能集团第一届职工气排球比赛在嘉兴市平湖体育馆落幕。此次比赛采取小组循环赛赛制，经过激烈角逐，台州发电厂男队和浙江浙能台州第二发电有限责任公司女队勇夺冠军，浙江浙能镇海发电有限责任公司男队和台州发电厂女队摘得亚军，浙江天地环保科技有限公司男队和浙江浙能嘉华发电有限公司女队获得季军。浙能集团党委委员、工会主席、本次气排球比赛组委会主任许强出席了颁奖仪式并为男女冠军队颁奖。

2018 年 4 月 8 日，来自浙能集团系统各板块、各单位的职工文体工作者和舞蹈健身爱好者近 70 人齐聚瓯江之畔，共同参加为期 2 天的浙能集团 2018 年全民健身操舞培训班。浙能集团工会办公室主任、浙能集团文学艺术联合会体育协会副主席兼秘书长，浙能集团文学艺术联合会副主席、浙能集团音乐舞蹈协会主席出席开班仪式。此次培训由浙江浙能温州发电有限公司工会承办，培训期间特邀国家级社会体育指导员、健身指导老师前来授课。

2018 年 5 月 23 日，以“展风采、增活力、促发展”为主旨的浙能集团第一届职工运动会在杭州黄龙体育馆拉开大幕。浙能集团系统 32 支体育代表队，约 2200 名运动员、裁判员以及职工观众等参加开幕式。浙江省人大常委会原副主任、浙江省总工会主席厉志海宣布浙能集团第一届职工运动会开幕。浙能集团第一届职工运动会组委会主任、浙能集团党委书记、董事长童亚辉致开幕词，浙能集团党委副书记、总经理柯吉欣主持开幕式。浙江省体育局党组书记、局长郑瑶，浙江省体育基金会理事长丁康生，浙江省国资委副主任、党委委员朱恒福，中国电力企业联合会会员与企业文化建设部副主任、中国电力体育协会秘书长张小明，浙江省省部属企事业工会主席，浙江省国资委宣传处处长，浙能集团领导班子成员等出席开幕式。浙能集团董事长童亚辉出席开幕式并致辞。

2018年5月23日，浙能集团第一届职工运动会开幕式主题文体展演在杭州黄龙体育馆举行。主题文体展演分为“活力启航”“浙能步伐更快”“浙能发展更高”“浙能能量更强”“浙能明天更美”以及尾声“动力梦想”。浙能集团第一届职工运动会设全民健身操舞、乒乓球、田径、羽毛球、足球、网球、棋牌、游泳、篮球、气排球十大项。

2018年5月24日，浙能集团第一届职工运动会“首金”产生，浙江浙能温州发电有限公司、浙江省能源集团有限公司新疆分公司并列获得全民健身操舞比赛第一名。浙江浙能嘉华发电有限公司和浙江浙能镇海发电有限责任公司并列第三名。

2018年7月4日，由浙能集团工会主办，浙能集团乒乓球协会协办，浙江天地环保科技有限公司承办的浙能集团第一届职工运动会乒乓球比赛在浙能创业大厦火热开打。本届比赛赛程2天，比赛项目分为团体赛和单项赛。单项赛由职工组（男单、女单）和领导组（男单、女单）组成。浙能集团系统38支代表队159名运动员参赛，30余名浙能集团系统各单位领导参加。7月5日，浙能集团第一届职工运动会乒乓球比赛在浙能创业大厦收官。浙能集团党委书记、董事长、第一届职工运动会组委会主任童亚辉，浙能集团党委副书记、第一届职工运动会组委会副主任陆翔，浙能集团党委委员、工会主席、第一届职工运动会组委会副主任许强等领导出席颁奖仪式并为获奖队伍及运动员颁奖。浙江浙能台州第二发电有限责任公司、浙江天地环保科技有限公司、浙江浙能镇海发电有限责任公司分获团体赛冠军、亚军、季军。

2018年8月15—17日，浙江省省部属企事业文体协会第二届飞镖比赛在遂昌举行，浙能集团代表队喜获混合团体赛第二名、女子单项第五名和第六名、男子单项第六名的佳绩。本次比赛由浙江省省部属企事业文体协会主办，杭钢集团承办，全省20家省部属企事业单位近130名选手参加比赛。由台州发电厂、浙江浙能台州第二发电有限责任公司5名职工组成的浙能集团代表队取得混合团体赛亚军。

2018年9月8日，第21届全国成人游泳锦标赛在浙江海宁举行，浙江浙能嘉华发电有限公司2名职工代表嘉兴市游泳协会出战分别获得女子30~34岁组50米蝶泳冠军、50米自由泳第四名，男子30~34岁组200米仰泳季军、100米蝶泳第六名的好成绩。

2018年9月14日，2018年全国电力行业职工羽毛球比赛在国网四川技术培训中心羽毛球馆顺利闭幕，浙能集团获得男双中年组第五名。

2018年12月22日、23日，2018年浙江省“兆宸”杯羽毛球业余联赛（总决赛）在温州市苍南县龙港镇举行，本次赛事由浙江浙能乐清发电有限责任公司承办，以团体赛的形式进行。浙能集团羽毛球协会队参加了B组的角逐，取得了B组团体第四名。

2018年9月27日，浙能集团首届职工运动会田径比赛在萧山区体育中心顺利落下帷幕。浙能集团系统43支代表队共321名运动员参加比赛。浙能集团党委委员、工会主席、集团第一届职工运动会组委会副主任许强，浙能集团工会副主席、浙能集团政治工作部主任、组织（人力资源）部副部长等领导出席颁奖仪式并为获奖队伍及运动员颁奖。浙江浙能嘉华发电有限公司、浙能集团、浙江天地环保科技有限公司依次分获团体赛第一、第二、第三名，浙江浙能嘉华发电有限公司、浙江省能源集团有限公司新疆分公司、浙江浙能长兴发电有限公司依次分获4×100混合赛第一、第二、第三名。

2018年10月24日，经历352场比赛，浙能集团第一届职工运动会羽毛球比赛湖州市吴兴区体育中心落下帷幕。浙能集团系统43家单位共计300位选手参赛，是浙能集团首届职工运动会中覆盖面最广、持续时间最长的项目。最终，浙江浙能乐清发电有限责任公司、科服兴源天颐联队、浙江浙能镇海发电有限责任公司分获团体赛第一、第二、第三名。浙江浙能长兴发电有限公司获“组织奖”。

2019年5月8日，浙能集团第一届职工运动会网球比赛在杭州落幕。此次网球比赛是集团第一届职工运动会的第五项赛事，浙能集团党委委员、工会主席、第一届职工运动会网球比赛组委会主任胡斌等领导出席颁奖仪式并为获奖队伍及运动员颁奖。比赛期间近60名选手共进行了84个场次的较量。浙江天地环保科技有限公司和宁波海运集团有限公司职工组合、浙江浙石油综合能源销售有限公司和浙江浙能台州第二发电有限责任公司职工组合、台州发电厂职工组合分获男子双打冠军、亚军、季军。浙江浙石油综合能源销售有限公司职工、浙江天地环保科技有限公司职工和浙江浙能镇海发电有限责任公司职工分获男子单打冠军、亚军、季军。浙江浙能兰溪发电有限责任公司获“优秀组织奖”。

2019年6月6日，浙江省总工会庆祝新中国成立70周年全省职工系列文体活动之一——浙江省职工气排球比赛在台州举行，来自浙江省各市总工会、产业工会选派的21支男子气排球队参赛。浙能集团男子气排球队代表浙江省部属企事业工会参赛，取得本届比赛第四名的好成绩。

2019年6月30日，浙能集团代表队在2019年全国电力行业职工桥牌锦标赛上勇夺亚军，创下了浙能集团在全国电力行业桥牌比赛中的最好成绩。

2019年8月14—18日，2019年全国电力行业职工乒乓球比赛在广东江门打响，全国电力行业210余名职工参加比赛，浙能集团作为唯一的地方能源企业参加比赛。最终，浙能集团代表队获青年女团冠军，打破历史纪录，首次在全国乒乓球比赛中获得冠军。此外，还取得了中年男团第五、中年女团第八、青年男团第九的成绩，2名职工并列中年男子组单打第五名。

2019年8月23日，由浙能集团工会主办、浙江浙能电力股份有限公司台州发电厂承办的浙能集团第一届职工运动会棋牌比赛在台州落幕。浙江浙能嘉华发电有限公司职工获个人冠亚军及象棋团体第一。浙江浙能富兴燃料有限公司职工获得围棋赛冠军。浙江长广（集团）有限责任公司赢得围棋团体第一。

2019年10月24日，浙能集团举行第一届职工运动会足球赛，浙能集团党委委员、工会主席、第一届职工运动会组委会主任胡斌观出席并颁奖。最终，浙江省能源集团城市燃气有限公司队获得冠军，浙能集团本部联队获得亚军，浙江浙能嘉兴发电有限公司队获得季军，第四至第八名分别为浙江浙能镇海发电有限责任公司队、浙江浙能台州第二发电有限责任公司队、浙江浙能中煤舟山煤电有限责任公司队、浙江浙能温州发电有限公司队、淮浙煤电有限责任公司凤台发电分公司队。大赛还颁发了7个“金靴奖”及2个“金手套”，浙江浙能天然气运行有限公司和浙江浙能台州第二发电有限责任公司分别获得“组织奖”。

2019年11月21日、22日，浙江省电力行业乒乓球比赛在杭州举行，来自浙江各地35支电力企业乒乓球队的160余名运动员参加比赛。浙能集团乒乓球队在3个项目中勇夺2项冠军。浙能一队夺得团体冠军，浙能二队夺得团体季军；并获得女子单打冠军、季军，以及男子单打季军、第五名。

第四章 共 青 团

第一节 组 织 建 设

一、发展历程

2001年12月，共青团浙江省能源集团有限公司委员会建立。

2002年1月16日，共青团浙江省能源集团有限公司委员会第一次代表大会召开。会议选举5位同志组成共青团浙江省能源集团有限公司第一届委员会，并选举产生书记。

2002年2月4日，中共浙江省能源集团有限公司委员会印发《关于同意浙江省能源集团有限公司第一次团代会选举结果的批复》（浙能党〔2002〕1号），批复同意共青团浙江省能源集团有限公司第一届委员会书记及组成成员。

2005 年 1 月 26 日，共青团浙江省委批复同意共青团浙江省能源集团有限公司关于拟任团委书记人选的报告。

2007 年 6 月 5 日，共青团浙江省委批复同意共青团浙江省能源集团有限公司关于拟任团委书记人选的报告。

2011 年 4 月 28 日，浙能集团团委被团中央授予“2010 年度全国五四红旗团委”称号。

2013 年 6 月 18 日，共青团浙江省委批复同意共青团浙江省能源集团有限公司关于拟任团委书记人选的报告。

2016 年 9 月 30 日，共青团浙江省委批复同意共青团浙江省能源集团有限公司关于拟任团委书记人选的报告。

2017 年 5 月 22 日，共青团浙江省能源集团有限公司第二次代表大会召开。会议选举 11 位同志组成共青团浙江省能源集团有限公司第二届委员会，并选举产生书记。

2017 年 9 月 15 日，浙能集团团委召开团代表会议，增选 2 位同志为共青团浙江省能源集团有限公司第二届委员会委员。

截至 2019 年 12 月底，浙能集团团委先后被团浙江省委授予 2004 年度、2008 年度、2010 年度、2014 年度、2017 年度“浙江省五四红旗团委”称号。浙能集团团委共有团干部 928 人，团员 3177 人，35 周岁以下青年 7399 人。基层团组织 329 个，其中团委 37 个，团总支 9 个，团支部 283 个。

二、组织及队伍建设

（一）组织建设

1. 党建带团建工作

2002 年 8 月 22 日，浙能集团团委印发《关于加强基层团组织建设的若干意见》（浙能团〔2002〕15 号）。根据能源集团实际和改革发展的特点，在《关于加强基层团组织建设的若干意见》中明确了基层团组织建设的指导思想、建设标准、组织设置、基层团干部配备管理与培训、团员发展、团员管理、推优入党、组织生活、经费与活动、制度建设、党建带团建、基层组织建设的考核与表彰等内容。要求浙能集团各级团组织按照规定，牢固树立“全团一盘棋”的思想，坚持“工作到支部、全团抓落实”的工作方针，从各自的职责出发，结合本单位的实际和青年从业的特点，形成全面建设基础团组织的合力。

2002 年 8 月 22 日，浙能集团团委印发《关于推荐优秀团员作党的发展对象工作细则》（浙能团〔2002〕14 号），对推优入党的推荐条件、推荐方法、工作要求进行了说明。

2002 年 8 月 23 日，浙能集团党委印发《关于加强“党建带团建”工作的意见》（浙能党〔2002〕23 号），要求充分认识加强“党建带团建”工作的重要性和紧迫性，明确了“党建带团建”工作的指导思想和目标任务和基本要求，要求建立健全“党建带团建”工作机制。

2008 年 4 月 18 日，浙能集团党委印发《关于进一步加强“党建带团建”工作的实施意见》（浙能党〔2008〕9 号），明确加强浙能集团系统“党建带团建”工作的指导思想、基本原则和目标任务，提出了不断完善工作体系，加强制度建设、创新工作机制，推进组织建设等加强“党建带团建”工作举措。在全系统内分 4 个片组进行“党建带团建”专项工作检查和调研，掌握实情和团组织需求，并与淮南矿业（集团）有限公司开展“党建带团建”工作交流。

2011 年 11 月，浙能集团团委印发《基层团委（总支）换届公推直选工作实施意见》（浙能团〔2011〕6 号），在全系统逐步推广基层团组织换届“公推直选”。当年，浙江省电力建设有限公司团委、浙江浙能镇海发电有限责任公司团委和浙江浙能长兴发电有限公司团委先后以“公推直选”方式完成换届选举。

2012 年，浙能集团团委印发《基层企业共青团、青年工作检查考核办法（试行）》，进一步增强团青工作的规范化和科学化，提高各级团组织的工作执行力和创先争优意识，加快团青工作规范化进程；出台《青年岗位能手评选管理办法》，进一步激发青年员工成长成才的积极性、主动性和创造性；编制《浙江省能源集团有限公司“号”“岗”管理办法》，进一步规范“青年文明号”和“青年安全生产示范岗”活动的创建评定及管理考核流程。

2017 年 3 月 7 日，浙能集团团委印发《浙江省能源集团有限公司共青团工作管理办法（试行）》，进一步加强浙能集团共青团工作管理，推进团青工作板块化管控，增强各级团组织的凝聚力和战斗力。

2017年6月15日，浙能集团团委印发《关于成立浙江省能源集团有限公司团委所属事业部及赵钊晨等同志职务任免的通知》（浙能团〔2017〕39号），设置适应浙能集团创新发展的组织架构，成立基层工作事业部、新媒体事业部、青字号事业部、科教创新事业部和婚恋交友事业部5个事业部，积极探索研究新形势下共青团组织管理模式，进一步全面夯实组织基础。

2017年，浙能集团团委制定《团组织换届审批和团委班子协管程序的操作规程》《基层团支部建设管理办法》《浙江省能源集团有限公司共青团工作管理考核制度（试行）》等，继续完善制度体系，进一步明确浙能集团团委管控模式，规范基层团组织建设，提升团工作效能，深入推进从严治团。

2018年6月20日，浙能集团党委印发《关于新形势下进一步加强“党建带团建”工作的实施意见》（浙能党〔2018〕62号），深入贯彻共青团改革精神，进一步规范“党建带团建”工作，推动共青团组织增强政治性、先进性、群众性，发挥党联系青年的桥梁纽带作用，组织动员广大团员青年坚定不移跟党走。

2. 板块组织建设

2013年3月5日，浙能集团团委印发《关于同意成立共青团浙江省能源集团有限公司可再生能源分公司委员会的批复》（浙能团〔2013〕12号），同意成立共青团可再生能源分公司委员会。

2013年5月29日，浙能集团团委印发《关于同意共青团浙江省能源集团有限公司科技工程与服务产业分公司委员会人员设置的批复》（浙能团〔2013〕24号），同意成立共青团浙江省能源集团有限公司科技工程与服务产业分公司委员会。

2015年12月11日，浙能集团团委印发《关于同意成立共青团浙江浙能燃气有限公司委员会及人员组成的批复》（浙能团〔2015〕35号），同意成立共青团浙江浙能燃气有限公司委员会。

2016年11月29日，浙能集团团委印发《关于同意共青团浙江省能源集团有限公司可再生能源分公司委员会更名的批复》（浙能团〔2016〕42号），同意中国共产主义青年团浙江省能源集团有限公司可再生能源分公司委员会更名为中国共产主义青年团浙江省水利水电投资集团有限公司委员会。

2017年3月31日，浙能集团团委印发《关于同意成立共青团浙江省能源集团有限公司煤炭及运输分公司工作委员会的复函》（浙能团〔2017〕24号），同意成立共青团煤炭及运输分公司工作委员会。

2017年11月16日，浙能集团团委印发《关于同意成立共青团浙江浙能电力股份有限公司工作委员会的复函》（浙能团〔2017〕56号），同意成立共青团浙江浙能电力股份有限公司工作委员会。

2018年4月23日，浙能集团团委印发《关于同意成立共青团浙能资本控股有限公司工作委员会及组成人员的复函》（浙能团〔2018〕33号），同意成立共青团浙能资本控股有限公司工作委员会。

2018年11月1日，浙能集团团委印发《关于同意成立共青团浙江省能源集团有限公司新疆分公司工作委员会及组成人员的复函》（浙能团〔2018〕80号），同意成立共青团浙江省能源集团有限公司新疆分公司工作委员会。

2019年8月2日，浙能集团团委印发《关于同意共青团浙江省水利水电投资集团有限公司委员会更名的批复》（浙能团〔2019〕38号），同意中国共产主义青年团浙江省水利水电投资集团有限公司委员会更名为中国共产主义青年团浙江省新能源投资集团股份有限公司委员会。

3. 区域化团建工作

2008年4月25日，浙能集团团委印发《关于开展基层团组织区域共建活动的通知》（浙能团〔2008〕7号），活动区域划分为浙东、浙南、浙北、浙中4个区域，加强基层各单位团组织之间的交流与合作，提升团组织的自身建设能力，进一步推进公司系统团组织的整体化建设。

2011年8月17日，浙能集团浙南片区团支部“结对共建”项目启动仪式在浙江浙能乐清发电有限责任公司举行。来自浙江浙能乐清发电有限责任公司、台州发电厂、浙江浙能温州发电有限公司3家单位的团干部就如何建立健全团组织互帮互助机制、实现企业文化与团文化相结合、共同构建青年文化园等内容，讨论制定了共建项目实施方案，三方的检修维护团支部共同签订了“结对共建”协议书。

2016年，在浙中片区率先试行区域化团建工作。8月5日，浙中片区青工喜迎G20“安全、环保、节能”主题微型团课比赛在召集单位浙江浙能兰溪发电有限责任公司举行，其间，浙江浙能兰溪发电有限责任公司等6家浙中片区单位的8个基层团支部签署了《浙中片区基层团组织结对共建协议书》，进行结对共建。

2017年3月6日，浙能集团团委印发《关于建立省属企业共青团工作片区联席会议制度的通知》(浙能团〔2017〕12号)。全面推行片区联席会议制度，设立杭州、浙北、浙南、浙中、浙东5个片区，以片区为单位开展“一学一做”督导、青年文明号检查等部分团工作和活动。

（二）团干与团员队伍建设

2002年9月4日，浙能集团团委印发《关于提高团干部自身素质的意见》(浙能团〔2002〕16号)，要求团干部努力实践“三个代表”重要思想，树立远大理想，坚持发奋学习，注重锤炼品德，不断开阔视野，勇于进取创新，始终艰苦奋斗，全面提高自身素质，积极抓好共青团和青年工作。

2002年10月，浙能集团团委举办浙能集团团干部培训班，培训的主要内容是接受江泽民建设有中国特色社会主义（专题摘编）辅导，听取团情、团建、团的基本知识讲座，经济形势报告会和讨论交流。

2006年8月29日，浙能集团团委印发《关于建立团干部联系点的通知》，要求以建立团干部联系点为主要载体，通过调查研究、督促检查、具体指导、总结经验，把团青工作落实完善在点上，把经验推广到面上，推动团青工作整体提高。

2006年9月，浙能集团团委组织开展基层团委书记异地上团课活动，进一步加强团员队伍建设和团干部队伍建设，提升广大团干部的工作水平。

2006年12月，浙能集团团委举办团组织责任人培训班，培训采取集中上课、讨论交流、工作论坛和赴上海宝钢等企业学习“青工技能振兴计划”工作经验。

2007年4月，浙能集团团委印发《关于开展“作风建设年”活动的通知》(浙能团〔2007〕11号)，进一步加强浙能集团各级团干部的作风建设，树立新时期团干部的良好形象。

2007年9月，浙能集团团委举办团干部培训班，培训内容包括团务基础知识、团的活动设计与策划、高绩效团队的建立、团的调研信息工作、拓展训练等。

2010年9月，浙能集团团委举办团干部培训班，培训内容包括听取讲座和交流研讨等。

2010年9月，浙能集团团委印发《关于明确浙江省能源集团有限公司共青团组织创先争优活动有关要求的通知》，就相关要求进行了详细说明。

2011年，浙能集团团委印发《关于开展“千师带徒”活动和建立导师带徒信息库的通知》，要求“新入职大学生员工和全体团员均要拜师、35周岁及以下优秀青年技术与管理骨干均要为师”，建立师徒库，明确师徒责任、培养内容、培养目标、出徒时间及相关考核办法，组织签订师徒合同，协商人力资源部门将导师带徒活动纳入企业员工培训体系。

2012年6月，浙能集团团委组织各单位团支部书记及以上的66名团干部进行集中培训。培训采取外聘省团校讲师和内培优秀团干担任授课老师相结合的方式进行，进一步增强基层团干部服务青年的意识和能力。

2013年5月，浙能集团团委举办以非电板块基层团干部为主体的团务知识培训班，浙能集团28家企业共86名基层团干接受培训，进一步提高了浙能集团基层团干部的素质能力，助推非电企业团青工作有效开展。

2013年9月，浙能集团团委召开浙能集团非电板块团青工作研讨会，研究和探索板块化团建工作新模式，非电板块20多位团组织负责人在会上作了交流发言和讨论。

2013年7—12月，结合浙能集团“寻找最美浙能人”活动，挖掘选树浙能“最美青工”，对筛选出的近20名青工进行集中宣传，其中8名青工入选共青团浙江省委“最美青工”专网展示。经过层层评选，浙能集团4名青工获评浙江省“最美青工”，浙江浙能乐清发电有限责任公司青工入围全国“最美青工”评选。

2014年3月，浙能集团团委完成首期“十佳活力团支部”创评和“最具活力团支部精英PK赛”展示。各板块企业中有22个团支部通过选拔参与创评，对自身建设、特色品牌和青春风貌进行多轮充分展示。

2014年5月，浙能集团团委在浙江省团校举办主题为“走进青年，激发团干部活力”的培训班，培训内容包括青年成长讲座，社会主义核心价值观解析、职业生涯规划、青年心理等方面专题讲座、优秀企业团务对话、基层团工作辩论式讨论等。

2015年5月，浙能集团团委举办浙能团干部培训班，创新课程设置，更加注重培养解决实际问题的能力，提高兼职团干队伍的工作效能。

2016年10月，浙能集团团委在浙江省团校举办集团团委书记培训班，通过培训进一步提高了基层单位团委书记的综合素质和团青工作能力，并开始对基层团干部采取分层分级培训的模式，扩大培训面。

2017年11月，浙能集团团委在嘉兴组织“学习党的十九大精神”团委书记读书班，各单位团委书记学习贯彻党的十九大精神，参观南湖革命纪念馆，践行“红船精神”。

2018年6月，浙能集团团委印发《关于选拔优秀团干部、优秀青年骨干到集团团委挂职的通知》(浙能团〔2018〕57号)，共有49名优秀团员青年得到推荐。

2018年9月，浙能集团团委在宁波举办2018年团委书记培训班，深入学习贯彻团的十八大精神，在宁波四明山革命老区梁弄镇横坎头村举办“重走总书记走过的路，重温总书记的叮嘱”主题团日活动，参观了浙江省海港集团的企业展厅和宁波舟山港北三集司码头，进一步加强团干部队伍能力建设。

2018年，浙能集团团委坚持分层分级开展团干培训，各板块、片区、各所属企业全年共举办团干部培训班29场，共有727人次参与培训，其中各片区培训254人次。

2019年5月，浙能集团团委在金华举办团委书记“五四”精神研讨班，系统各板块、营运企业、直属企业的60余名团组织负责人参加。截至2019年底，各板块、片区、所属企业全年共举办团干部培训班43场，共742人次参与培训。

第二节　主题活动

一、团员青年思想引导

（一）主题教育活动

2002年12月，浙能集团团委举办党的十六大精神知识竞赛。

2005年8月，浙能集团团委印发《浙江省能源集团有限公司增强共青团员意识主题教育活动实施方案》(浙能团〔2005〕14号)，明确了活动阶段、主要环节、具体内容、活动时间和责任部门。

2005年9月，浙能集团团委组织开展“永远跟党走奉献在浙能”主题征文比赛，活动共收到征文63篇，经浙能集团增强共青团员意识主题教育活动领导小组认真评选，评出了一等、二等、三等奖及优秀奖文章18篇。

2005年9月，浙能集团团委在宁波召开集团团委增强共青团员意识主题教育动员会。会上对浙能集团团委增强共青团员意识主题教育活动进行了动员部署，对主题教育活动实施方案和浙能集团团委生产、组织、宣传、文体工作考核标准进行了讨论。

2009年，浙能集团团委组织开展“安全生产——我们共同的责任”主题实践活动，针对浙能集团生产、基建、经营过程中安全任务日益繁重的实情，开展安全教育实践系列活动，引导团员青年提高安全责任意识，为企业安全生产献计献策，并以实际行动践行安全承诺、履行安全职责，为浙能集团安全生产保持平稳态势起到了积极作用。

2010年3月，浙能集团团委印发《关于开展“找差距凝共识强素质作贡献”主题实践活动的通知》(浙能团〔2010〕10号)，进一步引导青年员工树立正确的职业发展观，自觉践行浙能企业精神和核心价值观，不断提升自身综合素质能力，为推进实施“大能源战略”，加快企业转型升级做出积极贡献。

2011年7月，浙能集团团委以纪念建党90周年、辛亥革命100周年为重要契机，开展“学党史、知党情、跟党走”主题教育活动，进一步坚定浙能青年跟党走的信心。

2011年11月1日，浙能集团首届“微型团课”授课竞赛活动正式启动。2012年3月8日，浙能集团首次“微型团课”授课竞赛决赛在台州举行。经过层层筛选，从49个课件作品中选出12家单位的16个“微型团课”作品参与决赛，100多名青年到现场观看了决赛。浙能青年新浪微博、腾讯微博对决赛进行了微博直播。

2011年11月7日，浙能集团团委印发《关于开展“我要成才我能成才”主题实践活动的通知》(浙能团〔2011〕7号)，正式启动为期五年的团员青年“我要成才、我能成才”主题实践活动。2011—2015年，利用五年时间，通过切实有效的工作，使参加“我要成才我能成才”主题实践活动的团员青年逐步走向生产一线关键岗位和重要管理岗位，实现1000名团员青年成为企业骨干的工作目标。

2012年12月30日，浙能集团团委发布《浙能青年思想引导大纲》，包括上篇“引导内容”和下篇“引导路径和载体”，提出了相对应的12个方面的引导思路、7个主要引导路径和19种引导载体，成为各级团组织开展引导青年工作的工具书。

2013年5月21日，浙能集团团委组织开展首届非电企业“微型团课”授课竞赛，15家非电企业28个课件作品参赛，浙能集团非电企业近百名团员青年观摩决赛。

2014年，浙能集团团委发起“生存与发展”大讨论。多家单位团组织开展“我为企业献一策”主题演讲比赛、辩论赛、专题讨论会、主题征文等活动，帮助广大青年准确把握行业发展趋势和浙能集团发展战略目标。

2014年，浙能集团团委开展纪念五四运动95周年主题活动，组织开展了丰富多样、富有成效的“五四”主题团日活动70余次，覆盖青年2000余人次。

2015年，浙能集团团委组织开展“善美在身边”演说比赛，对浙能集团涌现出的一大批善美人物和善美事迹进行了生动地演绎，集中展现了“浙能人”坚守岗位、无私奉献的光辉形象，利用新媒体手段加强活动宣传，增强影响力，在浙能集团内掀起了一阵崇尚善美、践行善美的新高潮。

2017年，浙能集团团委组织开展“聚焦‘四业’ 共谋发展”主题教育活动，通过微型团课、座谈交流、网络知识竞赛、专题学习会、微信推送、视频教育等多种形式，引领青年聚焦浙能集团“四业”发展，让青年职工自觉树立起责任意识、危机意识、开拓意识、学习意识，增强对企业的归属感、荣誉感和自豪感。

2017年，浙能集团团委会同浙能集团战略管理与法律部开展“青春献策‘四业’发展”青年提案征集活动，动员浙能集团广大青年职工为集团践行“四业”发展路径献计献策，活动共征集到“浙能‘四业’在新时期的发展建议”等提案30条，为浙能集团转型发展集众识、汇众智、谋出路、聚人才，进一步发动和激励广大青年为浙能集团发展贡献青春智慧与力量。

2017年，浙能集团团委认真落实团中央“一学一做”教育实践，开展主题团课、主题征文、团员先锋岗（队）创建等活动，加强组织整顿，并以片区为单位成立6个督导组进行片区交叉督导，切实检验教育实践实效。开展“一学一做”主题征文，共征集到各类征文666篇。在“浙能青年”微信平台组织“一学一做”网络知识竞赛，吸引近千名青年参加。

2019年2月26日，浙能集团团委印发《关于开展“青春阅兵·团性体检”活动的通知》(浙能团〔2019〕7号)，深入学习贯彻党的十九大精神和团的十八大精神，扎实推进团员“一学一做”学习教育，进一步贯彻落实从严治团要求，增强团员意识、规范团员行为。

2019年3月，浙能集团团委认真落实团中央关于组织开展“青春心向党·建功新时代”主题宣传教育实践活动的部署要求，号召系统内各单位团组织围绕庆祝中华人民共和国成立70周年、五四运动100周年，集中组织开展“青春心向党·建功新时代”特别主题团日活动，突出仪式教育感召作用，依托各地红色教育资源，组织全体团员和广大青年在庄严肃穆的仪式中接受“沉浸式”精神洗礼。

（二）利用“新媒体”拓宽思想引导渠道

2010年9月16日，在浙能集团共青团创先争优活动推进会暨“青”字号活动经验交流会上，举行浙能“青”字号网站开通仪式。浙能集团党委委员、纪委书记张荣博，共青团浙江省委副书记苗伟伦，浙江浙能嘉兴发电有限公司总经理和共青团浙江省委青工部副部长等领导共同开通浙能“青”字号专题网站。

2012年1月，正式开通“浙能青年”手机报，每半月发送一期至浙能集团所属各单位团干部，传达宣传上级党团组织及浙能集团团委文件精神、工作快报和基层动态。

2012年3月，在新浪和腾讯网同步推出“浙能青年”微博。截至2012年12月31日，在线粉丝700多人，广播党团精神，转播时事热点，收听青年心声，关注专题评论，发送励志感言，并进行了2012年“微型团课”授课竞赛决赛和“我们的价值观”主题演讲比赛的微博直播。

2014年3月，浙能集团团委正式投运“浙能青年”微信公众平台，并逐步将其作为浙能集团青年宣传、学习、交流的主要媒体阵地之一。各级团组织对青年关注和时代潮流有很强的敏感性，相继主动开通各类媒体平台，逐渐形成各具特色的新媒体阵地群，影响力、覆盖面不断扩大。

2017年1月，浙能集团团委组建浙能青年新媒体工作室，全年在系统各单位累计招募青年小编约30名。除负责“浙江能源”微信平台初创期的运营维护外，重点打造浙能集团团委“浙能青年”微信平台，开展青春励志、榜样力量、工匠精神等正能量的宣传活动，发出浙能青年网络“好声音”；每半个月推送“浙能团情”，基层团组织资讯及时传递给遍布全国的浙能青年。

2018年，“浙能青年”更名为“Young帆浙能”，“青晨FM”“青春视界”“青春事业”“青春建功新浙能”四大板块更加成熟规范，编辑页面更加明快美观，关注人数超过7000人，已成为浙能集团团委联系、服务、引导青年的重要抓手。年初举办以“我与新浙能同行”为主题的首届“浙能青年网络文化节”，通过开展“这（浙）么美，能更美”青年微拍大赛、“最温暖的浙能青春记忆”征集、“十佳微作品”网络票选等活动，展示浙能青年的青春风采。扩充、调整青年新媒体工作队伍，新媒体工作室共有来自17家单位的50名编辑人员。

2019年，“Young帆浙能”微信公众号结合当下热点话题和重要时间节点，先后推出了优秀青年突击队风采展播、“浙能十二时辰”、五四专题等及时展现浙能团青风采活动，举办第二届“浙能青年网络文化节”系列活动，包括微作品投票、“年味新（qing）春”微摄影大赛、“青春也要安全感”海报设计比赛等系列活动，线上的互动也对外产生极大影响力。

二、青春建功活动

2005年7月，浙能集团团委印发《关于开展“迎峰度夏青年示范”活动的通知》（浙能团〔2005〕11号），要求浙能集团系统各团组织以“青年文明号”为基础，以QC、“五小”活动为平台，以青年突击队为抓手，配合做好“迎峰度夏”工作，确保年度生产、经营、基建目标的顺利实现，保障浙江省能源安全。

2006年6月，浙能集团团委印发《关于开展“迎峰度夏青年示范”活动的通知》（浙能团〔2006〕11号），组织动员广大浙能青年积极参与“迎峰度夏”相关工作中，为安全生产等工作作出贡献。

2008年5月5日，浙能集团团委印发《关于开展“青年技能文化节”活动的通知》（浙能团〔2008〕11号），推进青工技能振兴计划的深入实施，进一步提高青年员工的综合素质和业务技能，引导青工在企业生产建设经营中积极发挥作用。积极响应共青团浙江省委《关于组织动员广大团员青年积极参与“爱心融冰雪，互助战严寒”——寒潮防范工作的紧急通知》要求，号召浙能集团青年结合企业实际开展战严寒保安全活动，各单位团组织积极应对，较好地完成了保供任务。

2009 年 3 月，浙能集团团委印发《关于开展“安全生产——我们共同的责任”主题实践活动的通知》(浙能团〔2009〕4 号)，引导动员广大团员青年积极实践科学发展观，不断强化安全生产教育，促进安全文化建设，推动浙能集团形成安全生产健康、持续、平稳发展的新局面。

2012 年 6 月，浙能集团团委与生产安全部联合开展了“百名青年安全生产示范岗员示范纠违活动”，印发《关于聘任浙江省能源集团有限公司首批“青年安全生产示范岗员”的通知》(浙能团〔2012〕18 号)，招募并聘任了浙能集团 24 家单位的 105 名青年技术骨干为浙能集团首批“青年安全生产示范岗员”，组织开展日常安全示范纠违及安全生产技能传帮带等工作，切实发挥青年在安全生产中的先锋模范作用，保障企业安全生产。

2017 年 12 月，浙能集团团委全面开展“学习十九大，青春助力‘四业发展’”系列主题实践活动，活动内容包括青年文明号助力新班组建设、青年突击队助力新事业发展和青年岗位能手助力新青年成长等，切实提高“青”字号品牌与企业改革发展、安全生产、经营管理、市场开拓和青年个人成长的结合度。

2019 年“五四”前夕，浙能集团团委组织“青春建功新浙能”优秀青年突击队风采展示活动，浙能集团内 14 支优秀青年突击队通过主题演讲、情景剧等形式生动展现了突击队员特别能吃苦、特别能战斗的奉献精神，受到共青团浙江省委、浙能集团领导的高度评价。

2019 年 5 月，浙能集团团委完成 2017—2018 年度集团级“号、岗、手、队”创建评选工作。评选出 17 个“青年文明号”集体、15 个“青年安全生产示范岗”集体、29 位“青年岗位能手”和 16 支“优秀青年突击队”。

三、青年创新创效活动

2007 年 12 月，浙能集团团委印发《关于开展浙江省能源集团有限公司青工技能振兴和创新创效试点工作的通知》(浙能团〔2007〕26 号)，在嘉兴发电有限责任公司、浙江浙能兰溪发电有限责任公司进行“青工技能振兴计划”实践创新试点工作，在台州发电厂、温州发电有限责任公司进行“青”字号活动创新创效试点工作。12 月，组织召开浙能集团青年技术攻关项目成果发布会，进一步提升基层团组织服务企业、服务生产、服务青年的能力，引导和促进广大青工立足岗位、克难攻坚，为企业安全生产贡献智慧和力量。

2008 年 5 月，浙能集团团委印发《关于开展青年“五小”创新创效优秀成果评选活动的通知》(浙能团〔2008〕12 号)，开展浙能集团青年“五小”创新创效优秀成果评选表彰活动和 QC 成果评选活动，共评选出一等奖 3 项，二等奖 5 项，三等奖 10 项，纪念奖 4 项，组织奖 5 项。引导广大青年围绕生产经营管理的各个环节、流程和现场作业中遇到的困难和问题，开动脑筋，改进工作，克服困难，解决问题。同年，还举办“青年、技能、文化、发展”论坛活动，讨论交流青年技术提升以及与企业发展的关系，增强了浙能集团广大青年员工学技成才的热情和愿望。

2010 年 10 月，浙能集团第二届青年 QC 优秀成果发布会在浙江浙能温州发电有限公司举行，经初评产生的浙能集团 11 项 QC 优秀成果在会上隆重发布并获表彰。

2012 年 3 月 9 日，研发时间长达一年的浙能青年技术技能交流在线网络平台（即“导师在线”）正式启用，实现了浙能集团团青工作跨地区、跨公司的信息交流和资源共享；浙能集团团委组织青工围绕企业生产建设中的重点、难点课题进行技术攻关，仅 2012 年就取得 QC 成果 30 件，“五小”成果 38 件，绝大多数已经投入实践并初具成果，为企业带来了直接的经济效益，切实推动了企业的节能减排、增收节支、运行优化等工作。

2012 年 12 月 26 日，浙能集团第三届青年 QC 优秀成果发布会在浙江浙能镇海发电有限责任公司举行，经初评产生的浙能集团 10 项 QC 优秀成果在会上隆重发布并获表彰。

2013 年 9 月，汇编出版《青年 QC、“五小”活动优秀成果汇编》，囊括历年优秀 QC 成果 67 项，“五小”优秀成 29 项，促进转化和应用。

2014 年 12 月 5 日，浙能集团第四届青年 QC 优秀成果发布会在浙江浙能乐清发电有限责任公司举行，经初评产生的浙能集团 10 项 QC 优秀成果在会上隆重发布并获表彰。

2015 年 12 月，浙能集团团委修订完善《浙江省能源集团有限公司青年 QC、“五小”活动管理办法》《浙江省能源集团有限公司“号、岗、手、队”活动管理办法》，进一步规范 QC、“五小”“号、岗、手、队”等“青”字号品牌活动的创评流程和管理考核，推进“青”字号管理规范化、常态化。

2016 年，浙能集团团委组织开展“‘双新双创’青年在行动”系列活动。4 月，组织浙能集团所属 43 家单位近 6000 名青年进行问卷填写，并形成书面报告，营造推进“双新双创”平台建设的氛围。6 月，浙能集团副总经理柯吉欣以及计划发展部等有关部门人员与 8 家单位的青年代表进行“面对面”座谈讨论，进一步发动和激励广大青年为浙能集团发展贡献青春智慧与力量。

2016 年 8 月 16 日，浙能集团第五届青年 QC 优秀成果发布会在浙江浙能电力股份有限公司台州发电厂顺利召开，来自浙能集团各板块 9 家单位共计 15 项 QC 优秀成果进行了发布。

2017 年 9 月 25 日，浙江天地环保科技有限公司设计研究院荣获团浙江省委颁发的“2016—2017 年度省级青年文明号”荣誉称号。

2018 年 3—11 月，浙能集团团委联合浙能集团科信部策划举办首届面向全国的“浙能杯”青工创新创意大赛，大赛期间举办“创新驱动能见未来”浙能创赛主题论坛。本次创新创意大赛共吸引 149 个项目参赛，是浙能集团成立以来第一个以“创新”为主题并面向全社会的重大赛事，体现了浙能集团积极构建更加清洁低碳、更加安全高效的能源体系的实际行动。

2018 年 5 月 2 日，共青团中央、应急管理部授予浙江浙能兰溪发电有限责任公司运行部三值“2017 年度全国青年安全生产示范岗”荣誉称号。同时，共青团中央办公厅发文，授予浙江浙能兰溪发电有限责任公司团委书记“2017 年度全国优秀共青团干部”荣誉称号。

2019 年 8—12 月，浙能集团团委联合浙能集团科信部、智慧产业园、地方政府共同策划举办第二届“浙能杯”创新创业大赛暨智慧能源创新创业大赛，共吸引到了来自美国、德国、挪威等多个国家以及中国科学院、浙江大学等国内顶尖高校、院所 168 个高质量项目参赛。

2019 年 9—10 月，浙能集团团委组织系统内青工科技项目参与共青团团浙江省委、浙江省国资委联合举办的第二届浙江省青工创新创效大赛，共 22 个项目进入最终评比，获得 1 个金奖、3 个铜奖、3 个优秀奖的佳绩。浙能集团团委获大赛优秀组织奖。

四、青年志愿活动

2008 年 2 月 19 日，浙能集团团委印发《关于开展“节能减排我行动”志愿者主题活动的通知》(浙能团〔2008〕2 号)，启动“节能减排我行动”志愿者主题活动，通过制作宣传板、分发宣传册、赠送环保购物袋、举行承诺签名仪式等等，引导广大团员青年深入贯彻落实科学发展观，积极参与循环经济建设，受到了浙江省委、浙江省政府领导的充分肯定。

2009 年，浙能集团团委评选“节能减排我行动”志愿者主题活动先进集体。开展以“同举一面旗帜，共树浙能形象”为主题的志愿服务活动，组织青年志愿者参加爱心助学、扶贫帮困、社区援助、军民共建和环保宣传等社会公益活动，增强了团员青年服务社会的责任意识。

2014 年 8 月，浙能集团团委启动“杭州东站志愿服务活动”。截至 2018 年 10 月，浙能集团团委已连续第 5 年组织青年参与杭州火车东站春运、暑运志愿服务活动，累计志愿服务时长达 3 万小时，曾获得《青年时报》等社会媒体的争相报道，并荣获“杭州市铁路志愿服务优秀集体”“杭州市春运工作优秀志愿者服务集体”“浙江省优秀志愿者”“浙江省志愿者服务春运‘暖冬行动’优秀志愿者”等称号。

2016 年，浙江浙能嘉华发电有限公司团委星联志愿者服务队获得“2016 年铁路春运青年志愿者优秀组织”“浙江省优秀志愿服务集体”荣誉称号，该公司志愿者虞儒新获“2016 年度浙江省关爱行动优秀项目专员”称号；浙江浙能嘉华发电有限公司团委星联志愿者服务队

“暖阳行动”和浙江浙能中煤舟山煤电有限责任公司“绿色舟电”环保宣传志愿服务获得浙江省首届志愿服务项目大赛铜奖。

2017 年，浙江浙能天然气运行有限公司申报的“温馨出行，益路有你”杭州火车东站志愿活动项目荣获浙江省志愿服务项目大赛铜奖。

2018 年“五四”前夕，浙能集团团委与杭州市志愿者协会深度合作，启动“城市微笑服务亭”志愿服务，为周末至杭州西湖景区观光的游客提供咨询、引导，扩大了浙能青年志愿服务的影响力。截至 2018 年 10 月底，共 200 余人次参与服务，服务时长超 1500 小时。

2019 年，浙能集团团委连续第 6 年组织青年参与杭州火车东站春运、暑运志愿服务活动，6 年累计志愿服务时长超 3 万小时，“城市微笑服务亭”志愿服务累计时长超 2500 小时。超强台风“利奇马”影响浙江省期间，浙江浙能电力股份有限公司台州发电厂、浙江浙能台州第二发电有限责任公司、华光潭水电公司等单位志愿者连夜紧急驰援受灾地区，参与到防汛抗台、灾后抢修工作，深受当地政府的好评与多家媒体关注。

五、其他主题活动

（一）集团团委组织的主题活动

2006 年 3 月，浙能集团团委印发《关于开展 2006 年度团青工作课题研究活动的通知》（浙能团〔2006〕2 号），共有“青”字号活动在现代化电厂的发展方向、如何做好 28～35 周岁青年的服务工作、工作地分散企业如何开展团工作和管理型企业团工作模式 4 个课题。

2007 年 4 月，浙能集团团委印发《关于开展“共创和谐，从我做起”创意实践活动竞赛的通知》（浙能团〔2007〕8 号），组织引导广大团员青年积极投身“和谐浙能”建设。

2008 年，浙能集团团委响应团中央的号召，广泛动员浙能集团团员青年交纳“特殊团费”支援汶川地震灾区。所属 21 家单位 884 名团员自愿交纳了 91500 元“特殊团费”。团员青年在献爱心的同时也受到了教育。

2009 年 9 月，浙能集团团委印发《关于授予“技能沙龙助推青年成才”等项目团青工作特色（创新）优秀奖的通知》（浙能团〔2009〕11 号），对 10 项团青工作特色（创新）优秀奖和 12 项团青工作特色（创新）入围奖进行表彰。

2010 年 2 月 9 日，浙能集团团委印发《关于组织开展浙能“青”字号网页设计大赛的通知》。同年 6 月，发文对 14 件优秀作品进行表彰。

2012 年 11 月 11 日，浙能单身青年联谊网正式上线运行。为浙能集团单身青年搭建一个健康和谐、运作有序的联谊交流平台，为解决青年婚恋问题提供了帮助。截至 2012 年 12 月 31 日，在线青工有 200 余人，先后开展线下活动 10 余次，促成 10 多对青年成功牵手。

2013 年 8—12 月，作为浙能集团党的群众路线教育实践活动“五个一”活动之一，浙能集团团委联合浙能集团工会推出“美丽浙能”手机摄影和微电影创作评选活动，组织开展新媒体微系列作品征集。活动共征集摄影作品 1007 幅，收到微电影、微杂志、微 PPT 等微系列作品 30 余部，作品以小见大、见微知著，展现了浙能集团团员青年蓬勃的朝气活力以及干事创业、岗位成才的精神风貌。

2013 年，浙能集团团委组织各单位因地制宜开展单身青年联谊活动，推进青年婚恋服务工作。全年先后开展线下活动 10 余次，累计有 500 余名来自浙能集团各单位和浙江省其他企事业单位的单身青年参加活动，20 多对青年人通过活动成功牵手。

2014 年，浙能集团团委开展微型团课授课和微作品创作活动，由团组织拍摄微电影 13 部，创作微杂志、微 PPT 等其他微作品 90 个，共计开展微型团课 60 余次，有 200 多名团员青年走上了讲台。浙江浙能镇海发电有限责任公司拍摄的微电影《怀抱青春》获浙江省“我的中国梦”微电影大赛银奖。

2014 年，浙能集团团委持续深化“我要成才，我能成才”活动，各级团组织联合人事部门完善导师带徒机制，2014 年促成师徒结对 927 对。在浙能集团内开展优秀师徒故事征集，并在新闻中心网、《浙江能源报》、“浙能青年”微信平台等媒体进行充分宣传，形成了浓厚的“传帮带”氛围。

2014年，浙能集团团委改造升级浙能单身青年联谊网，继续组织开展线下联谊活动，先后开展各类联谊活动5次，系统内外共200余名单身青年参加活动，获得一致好评。在《浙江能源报》《浙江能源》杂志等宣传平台上开设“浙能青年话善美”“最美青工”展示、“导师带徒”等专题栏目，加大宣传力度。积极运用新媒体开展团青工作和微系列创作，共计开展微型团课60余次，共200多名团员青年走上了讲台。

2017年9月24日，浙能集团团委联合浙能集团工会组织开展“陌上花开”主题青年联谊活动，吸引百余名在杭州单身青年参加。各级团组织积极外拓资源，全年开展各类联谊交友活动数十场；做好青年员工思想动态研控，以伊犁新天煤化工有限责任公司为样本开展新疆伊犁地区青年员工状况专题调查，并形成报告上报浙能集团党委。

2018年5月3日，浙能集团团委印发《关于在浙江省能源集团有限公司系统内开展“‘浙’么能约”青年联谊交友活动的通知》(浙能团〔2018〕39号)，正式推出“‘浙’么能约”青年联谊交友活动品牌，以进一步为青年员工谋求幸福，促进青年员工的学习交流，稳定企业青年人才队伍。

2019年3月7日，浙能集团团委印发《关于开展“我与董事长（总经理）面对面”活动的通知》，把统一思想、凝聚力量作为形势任务教育的重要内容，组织系统各单位共计开展形势任务教育活动183次，帮助团员青年认清浙能集团和企业面临的机遇和挑战，教育团员青年立足岗位勇担重任。

（二）各级团组织组织的主题活动

2000年，浙江镇海发电有限责任公司团委与宁海双峰小学结对助学爱心之旅正式起航。截至2019年，浙江浙能镇海发电有限责任公司的爱心员工共向双峰学校的孩子们捐款达30余万元，先后资助近200名学生完成小学、初中毕业。现在，浙江镇海发电有限责任公司团委仍然坚持每年“六一”前夕组织职工赴双峰乡看望孩子们，用爱心筑起大山深处孩子们的读书梦。

2013年，浙江浙能乐清发电有限责任公司团委根据青工思想现状，结合成长成才以及一些个性化需求，采用基层团支部轮流承办的方式，集中在每周四组织开展座谈交流、桌游竞技、佳片赏析、好书分享、对抗竞技等主题活动，共计开展活动280余次，参与活动团青年累计4200余人次。浙江浙能乐清发电有限责任公司团委“快乐周四吧”形成了周周有活动，月月有主题，人人齐参与的局面，该项品牌活动于2014年获得“浙能集团党建工作创新奖”称号；“‘快乐周四吧’打造体验式团青平台”被《浙能基层党建工作100法》收录。

2015年以来，浙江浙能嘉华发电有限公司团委星联志愿者服务队开展科普宣传、高铁站服务、微心愿认领、敬老院慰问、图书换绿植、爱心药箱、金秋助学等一系列志愿者善美行动，累计志愿服务近千人次。“暖阳行动”获得全国志愿服务项目大赛铜奖，“星联志愿者服务队”获得“2016年全国铁道春运优秀志愿者集体”“浙能集团优秀青年突击队（志愿服务队）”称号，志愿者服务工作也得到了人民网、今日头条的专题报道。

2015年4月13日，浙江浙能长兴发电有限公司德能志愿者队创立，至今累计举办活动50余场，对内紧密围绕中心工作，开展煤场堆散煤清理、设备保洁、青年林植树等活动；对外宣传绿色理念，营造和谐企地关系，先后开展慰问“夕阳红”托老所、环保理念宣传、太湖马拉松志愿服务，长兴河小青行动等诸多工作。累计300余人次参加，内聚人心，外树形象，打造了长电德能志愿者丰碑，获评“浙能集团优秀志愿服务队”称号。

2017年，浙江浙能嘉华发电有限公司团委全力推动“绿色嘉电”工业旅游项目，累计接待国际友人、大中专院校学生游客和政府考察团、社会团体等30余批游客，总人数超过2000人次，为宣传公司绿色清洁的现代化企业形象发挥了积极的作用。项目于2017年底获得“浙江省工业旅游示范基地”认定。浙江浙能嘉华发电有限公司星语宣讲团开展20余次“电力科普进校园”“电力科普进社区”等活动，覆盖嘉兴范围内各中小学校、多个社区的3000余名师生和居民，取得了良好的口碑和社会影响。

2018年，浙江能源天然气集团有限公司团委开展以志愿者活动为核心的“善美”行动，打造出“浙能西湖城市微笑亭”志愿服务新阵地，将青年志愿服务活动作为培育和践行社会主义核心价值观的重要抓手。此外，自2014年以来，浙江能源天然气集团有限公司青年志愿者连续五年参与杭州火车东站暑运、春运志愿服务活动，累计志愿人数3300余人次、志愿服务时长3万余小时，积极引导青年员工不断提升自我，争当先锋，传递社会正能量，其中，浙江能源天然气集团有限公司和浙江浙能天然气运行有限公司获评“2017年度杭州铁路志愿服务先进集体”。

2018年4月，浙江浙能电力股份有限公司团工委按照浙能集团团委统一部署，策划开展“学习党的十九大青春助力四业发展”主题实践活动。活动启动一年来，策划开展“青导师”“青成长”“青讲堂”系列活动，第一批次有400余名团员加入“青成长”计划并制定个人年度学习任务清单，各单位企业领导、技能大师作为青导师为青年授课，各级青年岗位能手带徒76人。各级“号、岗、队”创建集体201个，围绕安全生产、班组建设等方面开展各类青年突击队活动合计216次。

2018年5月，浙江能源天然气集团有限公司团委举行“青春聚力奋进，做大油气产业”主题青年突击队授旗仪式，组建成立板块青年突击队并辖“县县通工程”“温州LNG项目”“上市推进”“城燃市场开拓”“运行维抢修”5支分队。依托板块年度重点工程、重点工作，全年开展“青年突击队助力新事业发展”行动53次，发布“无奋斗，不青春”系列专稿5篇，以青春名义为改革发展奋勇担当。

2018年7月13日，浙能资本控股有限公司青年突击队授旗仪式在白沙泉金融并购街区举行，标志着金融板块第一批青年突击队正式成立。浙能资本控股有限公司团工委积极打造的“菁融”团青主品牌，寓意“蓬勃向上、青春洋溢、融入市场、产融结合”。同时，结合各家企业业务特点创建了“菁融之星”“司库服务”“能者善建”“碳金融”“市场化先锋”5支青年突击队子品牌，有效助力各企业团组织围绕企业改革发展、经营管理的中心工作开展突击队工作。

2018年11月2日，浙江浙能绍兴滨海热电有限责任公司团委作为活动主办方之一举办首届青工集体婚礼。7对新人在绍兴市总工会副主席，共青团柯桥区委，浙能集团工会、团委以及浙江浙能绍兴滨海热电有限责任公司领导等见证下喜结连理。活动受到中国电力新闻网、浙江新闻、《钱江晚报》、绍兴市电视台、柯桥区电视台等多家媒体报道。

2019年9月20日，浙江浙能电力股份有限公司团工委在杭州举办“不忘初心·青年说”论坛。论坛邀请了60后、70后、80后、90后等不同时代的青年工匠和团干代表共4名主讲嘉宾，以TED的演说方式畅谈成长成才历程，分享技能成长和团青工作的初心。

人物与荣誉

一、人 物 简 介

(一) 在 职 领 导

童亚辉 1960年8月出生，1976年12月参加工作，中共党员。世界经济专业博士研究生学历，教授级高级经济师。历任中国煤炭工业部调运局调运处副主任科员、调运处副处长，中国煤炭销售运输总公司开发部经理、副总经济师兼办公室主任，中国煤炭销售运输总公司副总经理。2001年5月至2011年2月任浙能集团副总经理、董事、党委委员；2011年2月至2013年9月任浙能集团总经理、董事、党委委员；2013年9月至2016年8月任浙能集团副董事长、总经理、党委委员；2016年8月任浙能集团董事长、党委书记；2017年11月任中共浙江省第十四届委员会候补委员；2018年5月任浙江省政协经济委员会副主任。

詹　敏 1968年4月出生，1990年8月参加工作，中共党员。毕业于杭州师范学院，大学文学学士，中教二级。历任桐庐县毕浦中学教师、团委副书记，共青团桐庐县委副书记、党组成员，瑶琳镇党委副书记，凤川镇镇长、党委副书记、书记，桐庐县政府办公室党组书记、主任、体改办主任、副县长；西藏那曲县委书记(援藏)；2007年5月至2011年11月先后任浙江省杭州市政府副秘书长、办公厅党组成员(副厅级)、中共杭州市委党校副校长、杭州行政学院副院长、杭州市社会主义学院副院长(副厅级，主持日常工作)；2011年11月至2019年8月先后任杭州高新开发区（滨江）党工委、党委副书记，管委会主任、政府代区长、区长，高新开发区（滨江）党工委、党委书记；2019年8月至2020年6月任浙能集团董事、党委副书记、副总经理（主持经营班子工作)，2020年5月任浙能集团董事、总经理、党委副书记。

陆　翔 1963年11月出生，1981年12月参加工作，中共党员。浙江大学管理学院行政管理专业本科毕业，注册会计师、高级经济师。历任瑞安市财税局驻乡财政专管员、科长、办公室主任；瑞安市驻杭办主任、市人民政府办公室副主任、党组成员、外事办主任、驻杭州办事处主任，外经贸局局长、党组书记；2005年5月至2014年11月，历任浙江省外事培训中心副主任、省政府外事办公室新闻文化处副处长、省政府侨务办公室秘书人事处副处长、处长、省政府侨务办公室党组成员、秘书人事处处长、省外事侨务办公室党组成员；2014年11月任浙江省国际贸易集团有限公司纪委书记；2017年12月任浙能集团董事、党委副书记。

范小宁 1961年11月出生，1980年11月参加工作，中共党员。上海国家会计学院（美国亚利桑那州立大学）高级管理人员工商管理硕士，高级经济师。历任浙江省节能技术服务中心办公室秘书，浙江省计经委团委副书记（主持工作)、办公室秘书、机要秘书，杭州市江干区计经委副主任，浙江省计经委机要秘书、助理调研员、调研员，浙江省政府办公厅副省长秘书、调研员；2001年12月至2006年1月任浙能集团总经理助理；2006年1月任浙能集团副总经理、党委委员，2015年7月任浙能集团董事、副总经理、党委委员；2018年2月兼任浙江省石油股份有限公司董事长、党委书记。

赵建林 1960年5月出生，1981年8月参加工作，中共党员。四川大学工商管理本科毕业。历任浦江县委宣传部副科长、科长，县广播电视局副局长，县委宣传部副部长，县委办公室主任，浦阳镇委书记，浦江县副县长；兰溪市委常委、宣传部长、浙江省轻工专业园外高商投资区管委会主任，兰溪市委常委、副市长，中共金华市委委员、金华市经济技术开发区党工委副书记、管委会主任，龙泉市委书记；2011 年 7 月至 2013 年 5 月任衢州市委常委、组织部部长、党校校长；2013 年 5 月至 2017 年 2 月任衢州市副市长；2017 年 2 月任浙能集团董事、副总经理。

孙玮恒 1962 年 4 月出生，1981 年 8 月参加工作，中共党员。北京科技大学高级工商管理专业研究生学历，正高级工程师。历任浙江梅溪发电厂发电分场副主任、主任，嘉兴发电厂运行部副主任、主任兼党支部书记，厂长助理兼运行部主任，厂长助理兼设备管理部主任、党支部书记，嘉兴发电有限责任公司总经理助理兼设备管理部主任，党委副书记、纪委书记；台州发电厂厂长、党委副书记；2010 年 10 月至 2017 年 4 月任浙能集团副总经理、党委委员（2013 年 10 月至 2015 年 2 月兼任浙能集团新疆分公司总经理）；2017 年 4 月至 2018 年 2 月任浙能集团董事、党委委员，浙江浙能电力股份有限公司董事、总经理、党委副书记；2018 年 2 月任浙能集团董事、党委委员，浙江浙能电力股份有限公司董事长、党委书记。

龚　平 1963 年 10 月出生，1984 年 8 月参加工作，中共党员。中央党校本科学历，高级经济师，高级政工师。历任浙江省纪委一处纪律检查员、科员、副主任干事、一室主任科员，三室主任科员、副主任，一室副主任，第一案件检查室主任（副厅长级）；2012 年 9 月至 2014 年 1 月任杭钢集团党委委员、纪委书记；2014 年 1 月至 2019 年 3 月任浙江省物产集团党委委员、纪委书记，2015 年 12 月至 2019 年 3 月兼任浙江省物产集团总法律顾问；2019 年 3 月任浙能集团党委委员、纪委书记。

徐小丰 1960 年 3 月出生，1977 年 8 月参加工作，中共党员。香港公开大学经济学专业研究生学历，高级经济师，高级政工师。历任浙江省送变电公司铁塔厂副厂长（主持工作）、厂长，省送变电公司纪委副书记、监审处处长，省电力公司组织人事部主管；浙能集团组织（人力资源）副部长，监察审计部副主任（主持工作）、主任，组织（人力资源）部部长；2007 年 9 月任浙能集团党委委员；2007 年 10 月至 2010 年 8 月任浙能集团总经理助理；2010 年 5 月至 2015 年 7 月任浙能集团工会主席、职工董事、党委委员；2015 年 7 月至 2020 年 5 月任浙能集团副总经理、党委委员［2015 年 7 月至 2019 年 10 月兼任浙江长广（集团）有限责任公司董事长、党委书记］。

朱松强 1960 年 2 月出生，1982 年 8 月参加工作，中共党员。华北电力学院北京研究生部发电厂工程专业硕士研究生毕业，中央党校经济学专业研究生，正高级工程师，浙江省特级专家。历任浙江省电力试验研究所高级工程师、团委书记、调试办主任、副总工程师；浙江省电力公司安全监察部主任工程师、副主任；浙能集团安全生产基建管理办公室副主任，生产安全部主任、副总工程师；2011 年 8 月至 2017 年 4 月任浙能集团总工程师、党委委员；2017 年 4 月至 2020 年 5 月任浙能集团副总经理、党委委员（2019 年 8 月任浙能集团科学技术委员会主任，2020 年 4 月任浙能集团首席科学家）；2020 年 5 月任浙能集团科学技术委员会主任、首席科学家。

王建堂 1963 年 2 月出生，1986 年 6 月参加工作，中共党员。毕业于重庆大学，硕士研究生，高级工程师。历任浙江省煤炭工业总公司安监处干部，省煤矿机械制造工程公司副经理（主持工作）、总经理，浙江省煤炭开发公司副总经理、党委委员、纪委书记；浙能富兴燃料公司副总经理、党委委员、纪委书记；浙能集团煤炭及运输分公司党委书记、副总经理，浙能新疆能源项目筹建处主任，浙能集团新疆分公司副总经理、党委委员，浙能准东煤制气项目筹建处主任、党总支委员，浙能集团新疆准东能源化工公司总经理、党委副书记，浙能集团煤炭及运输分公司总经理、党委副书记、书记；2019 年 3 月至 2020 年 5 月任浙能集团副总经理，2020 年 5 月任浙能集团副总经理、党委委员。

胡　斌 1971 年 10 月出生，1990 年 12 月参加工作，中共党员。浙江工商大学工商管理硕士研究生毕业，高级政工师。历任民航浙江省管理局通讯科收讯台报务员、通讯总站助理员，团委干事，安检站旅客人身检查科副科长，团委副书记；杭州萧山国际机场公司团委副书记，党群工作部副部长、团委书记，人力资源部部长，航空货站公司经理，配载保障部总经理；2012年5月至2019年3月任巨化集团党委委员、纪委书记（2012年11月至2015年3月兼任监察审计法务部部长；2016年10月任巨化集团总法律顾问）；2019年3月任浙能集团党委委员、工会主席；2019年8月任职工董事。

倪　震　1973年8月出生，1995年7月参加工作，中共党员。浙江大学工商管理硕士研究生毕业，高级经济师。历任浙江省电力局浙江电力报社记者；浙能集团办公室职员、副主任、副主任（主持工作）、主任，浙江浙能嘉兴发电有限公司总经理、党委副书记，浙江浙能电力股份有限公司副总经理、党委委员，浙能集团组织（人力资源）部部长；2017年4月至2020年5月任浙能集团党委委员、组织（人力资源）部部长；2020年5月任浙能集团副总经理、党委委员。

沈宝国　1962年7月出生，1981年4月参加工作，中共党员。浙江省委党校法律专业本科毕业，工程师。历任长广煤矿公司东风卡矿技术员、生产技术科科长、副矿长、党委委员、总工程师，浙江长广（集团）有限责任公司新槐矿副矿长、总工程师、党委委员、矿长，浙江长广（集团）有限责任公司社会保险处处长、退休职工管理中心主任，广德长广新型墙体材料有限公司执行董事、经理、党支部书记、党委委员、党委书记；2011年12月至2015年7月任浙江长广（集团）有限责任公司副总经理、党委委员；2015年7月至2018年1月任浙能集团党委委员、浙江长广（集团）有限责任公司总经理、党委副书记；2018年1月至2019年10月任浙江长广（集团）有限责任公司总经理、党委副书记；2019年10月任浙江长广（集团）有限责任公司董事长、党委书记。

（二）调 出 领 导

胡江潮　1951年1月出生，1968年参加工作，中共党员。毕业于山东矿业学院，大学本科学历，高级工程师。历任长广煤矿公司一矿、浙江省燃料化学工业局、浙江省煤炭工业局、浙江省煤炭工业总公司干部，浙江省煤炭运销公司经理，浙江省煤炭工业总公司副经理，浙江省煤炭工业总公司党委书记、经理，浙江省煤炭集团公司党委书记、董事长、总经理，浙江省煤炭行业管理办公室主任，煤炭工业部浙江省煤炭工业管理局局长；2001年3月至2003年6月任浙能集团党委书记；2001年2月至2003年3月任浙能集团董事长；曾任中国煤炭工业协会副会长；第十次浙江省党代会代表。

沈志云　1956年6月出生，1977年9月参加工作，中共党员。大学本科学历，高级经济师。历任浙江镇海发电厂干部，浙江北仑发电厂建设公司副经理，浙江北仑发电有限公司总经理；2001年5月至2007年1月任浙能集团董事、副总经理；2007年1月至2010年6月任浙能集团副董事长、总经理。

柯吉欣　1968年1月出生，1990年8月参加工作，中共党员。浙江大学工商管理专业硕士研究生学历，高级工程师。历任浙江省电力局中心调度所团总支书记，浙江省电力开发办投资有限公司主管、项目管理部副主任，浙江省能源集团有限公司投资开发部负责人，浙江省电力开发有限公司副总经理，浙江浙能兰溪发电厂筹建处主任、总支书记，浙江浙能兰溪发电有限责任公司总经理、党委书记；2007年3月至2007年9月任浙能集团总经理助理，2007年9月至2016年8月任浙能集团副总经理、党委委员，2015年7月任浙能集团董事、副总经理、党委委员，2016年8月至2019年3月任浙能集团党委副书记、总经理。

毛剑宏　1964年1月出生，1984年8月参加工作，中共党员。浙江大学电力自动化硕士毕业，正高级工程师。历任浙江第一火电承包公司助理工程师，浙江北仑港发电厂工程建设公司助理工程师、工程师、项目经理、副总工程师、副总经理，浙江省电力建设总公司副总经理、浙江北仑第一发电有限责任公司总经理；2002年12月至2013年9月任浙能集团党委委员、副总经理、董事；2013年9月至2015年2月任浙能集团副董事长、党委委员。

楼　晶　1963年7月出生，1987年7月参加工作，中共党员。同济大学管理学院工商管理专业在职硕士研究生毕业，副教授、高级经济师。历任浙江省团校教务科长、教研室副主任等职；2001年6月至2010年10月任浙江省能源集团有限公司综合办公室秘书、副主任、办公室副主任（主持）、战略研究与法律事务部主任等职；2007年10月至2011年8月历任浙能集团办公室主任、组织部部长、人力资源部主任等职；2011年8月至2015年2月任浙能集团党委委员、副总经理。

黄伟建　1964年7月出生，1982年8月参加工作，中共党员。中央党校经济管理专业研究生毕业。历任嘉兴发电厂劳资科科长、劳人科科长、检修大队大队长第一助理、监察科科长、纪委副书记、政工部主任、副总经理，浙江兴源投资有限公司副总经理、党委副书记，浙江兴源投资有限公司总经理、党委副书记，香港兴源投资贸易有限公司董事长、总经理，浙能集团科技工程与服务产业分公司总经理、党委书记，浙能集团组织（人力资源）部部长（主任）；2013年9月至2014年6月任浙能集团党委委员，2014年6月至2017年4月任浙能集团副总经理、党委委员。

许　强　1966年4月出生，1987年7月参加工作，中共党员。浙江省委党校经济管理专业大专毕业，工程师。历任浙江长广（集团）有限责任公司七矿生产技术科副科长，劳资科副科长（主持工作）、科长，党政办公室主任、党委委员、副书记、纪委书记、工会主席、矿长；2007年11月至2010年5月任浙江长广（集团）有限责任公司副总经理；2010年5月至2015年7月任浙江长广（集团）有限责任公司董事、党委副书记；2015年7月至2019年4月任浙能集团职工董事、工会主席、党委委员。

（三）退休领导

孙永森　1945年12月出生，1969年参加工作，中共党员。毕业于浙江大学管理工程学院，高级经济师。历任杭州钢铁厂科长、处长、厂长，杭州钢铁集团公司董事长、党委书记，浙江省冶金公司经理、党组书记，浙江省计划与经济委员会主任、党组书记，浙江省发展与计划委员会主任、党组书记；2003年3月至2006年7月任浙能集团董事长；2003年6月至2006年6月任浙能集团党委书记；1994年被评为冶金部劳动模范，1995年被评为全国劳动模范；曾任第八届、第十届全国人大代表，中国共产党第十五次全国代表大会代表。

吴国潮　1956年4月出生，1975年11月参加工作，中共党员。上海国家会计学院工商管理硕士研究生毕业，正高级工程师，高级经济师。历任绍兴电力局党支部副书记（主持工作）、用电管理所主任、党总支书记，局党委委员，衢州电力局副局长，浙江省电力局用电处副处长，浙江省电力局开发办副主任、主任，绍兴市电力局局长、党委委员；2001年3月至2007年1月任浙能集团副董事长、党委副书记、总经理。2007年1月至2016年8月任浙能集团董事长、党委书记［2014年6月兼任浙江长广（集团）有限责任公司董事长、党委书记，2014年9月兼任浙能电力党委书记、董事长］；2007年1月至2013年1月任第十届浙江省政协委员；2012年6月至2017年6月任中共浙江省委候补委员；2013年1月至2018年1月任浙江省第十二届人民代表大会代表、浙江省人民代表大会常务委员会委员、浙江省人民代表大会财政经济委员会副主任委员、浙江省人民代表大会常务委员会预算工作委员会副主任；2019年8月任浙江省人民政府咨询委员会委员；2014年4月29日获“全国五一劳动奖章”和“浙江省劳动模范”称号；2017年获国家技术发明奖一等奖。

蔡建平　1952年2月出生，1968年10月参加工作，中共党员。中央党校本科毕业，高级政工师。历任杭州市农委办公室秘书，浙江省委组织部干部一处干事、干部三处副处长、干部一处处长；2002年4月至2012年5月任浙能集团副董事长、党委副书记（2002年4月至2010年6月任浙能集团纪委书记）。

耿　平　1957年10月出生，1976年3月参加工作，中共党员。中国语言文学专业本科学历，高级经济师。历任浙江省人大常委会办公厅秘书、财经委员会办公室副主任，浙江省人民政府驻广州办事处秘书处副处长、办公室主任、党组成员，浙江省外经贸厅外商投资促进处处长；2001年至2008年任浙江东方集团控股有限公司董事、党委副书记、纪委书记；2008至2014年任浙江省国际贸易集团有限公司董事、党委副书记、纪委书记；2014年1月至2017年12月任浙能集团董事、党委副书记。

冯运涛　1946年1月出生，1964年9月入伍，中共党员。历任陆一军一师警卫连班长、排长、喷火连副连长、作训科参谋、军作训处参谋、师作训科副科长、副团长、团长、副师长，江西省鹰潭军分区司令员；1990年9月至1992年10月任江西省鹰潭军分区司令员；1992年10月至1997年5月任浙江省煤炭工业总公司副经理、党组成员（正厅级）（1993年4月兼任浙江省煤炭工业总公司纪律检查组组长）；1997年5月至2001年8月任浙江省煤炭集团公司（由浙江省煤炭工业总公司改制）副总经理、党委委员、纪委书记；2001年9月至2006年2月任浙能集团董事。

张荣博　1959年1月出生，1976年9月参加工作，中共党员。陕西省委党校马克思主义理论与思想政治教育专业研究生毕业，高级政工师。历任河南省平顶山市郊区北渡公社“以工代干”人员、团委副书记、书记，平顶山市郊区团委书记，共青团河南省委青少年所主任干事、学校部副处级干事、学校部副处长，陕西省委政法委研究室副处级干部、研究室副主任、政法委政治部副主任兼干部人事处处长，陕西省委政法委政治部副主任兼干部人事处处长，陕西省委维护稳定工作领导小组办公室副主任（副厅级）；2010年6月至2019年4月任浙能集团党委委员、纪委委员、纪委书记。

卢嘉三　1950年3月出生，1968年2月入伍，中共党员。中央党校行政管理大专毕业，高级政工师。历任部队电影放映员、师政治部党委委员，浙江省军区政治部电影放映员、组长、队长，干部处干事、俱乐部主任；浙江省委组织部办公室主任科员、机关党委副书记、调研员；浙能集团组织部部长、人力资源部主任，2001年3月至2010年5月任浙能集团党委委员，2006年6月至2010年6月任浙能集团工会主席（2008年12月至2010年10月任浙能集团职工董事）。

二、人　物　名　录

（一）中国共产党全国代表大会代表

孙永森　任职于浙江省能源集团有限公司，1997年当选为中国共产党第十五次全国代表大会代表。

（二）全国人民代表大会代表

孙永森　任职于浙江省能源集团有限公司，2003年当选为第十届全国人民代表大会代表。

（三）中国共产党浙江省代表大会代表

胡江潮　任职于浙江省能源集团有限公司，2002年当选为中国共产党浙江省第十一次代表大会代表。

熊言潮 任职于浙江浙能智慧能源科技产业园有限公司，2002 年当选为中国共产党浙江省第十一次代表大会代表。

周姚芳 任职于浙江浙能嘉华发电有限公司，2012 年当选为中国共产党浙江省第十三次代表大会代表。

陈勤根 任职于浙江浙能技术研究院有限公司，2012 年当选为中国共产党浙江省第十三次代表大会代表。

沈红攀 任职于浙江浙能乐清发电有限责任公司，2017 年当选为中国共产党浙江省第十四次代表大会代表。

（四）浙江省人民代表大会代表

吴国潮 任职于浙江省能源集团有限公司，2013 年 1 月至 2018 年 1 月任浙江省第十二届人民代表大会代表。

（五）中国人民政治协商会议浙江省委员会委员

吴国潮 任职于浙江省能源集团有限公司，2007 年 1 月至 2013 年 1 月任中国人民政治协商会议第十届浙江省委员会委员。

（六）享受国务院特殊津贴人员

钟文昌 任职于浙江省电力建设有限公司，1992 年享受国务院特殊津贴。

项文杰 任职于浙江浙能兰溪发电有限责任公司，2011 年享受国务院特殊津贴。

谢尉扬 任职于浙江浙能电力股份有限公司，2016 年享受国务院特殊津贴。

（七）浙能集团管理中层正职（按姓氏笔画排序）

丁乙崟　马　青(女)　马京程　王　华
王　江　王　勇　王　舰　王　毅　王世昌
王会勤　王学根　王建乔　王建红　王春梅(女)
王树乾　王美树　王莉娜(女)　王润之
王惠挺　王静毅　王穆君　韦东良　毛申良
方志星　卢　钢　卢广法　卢永清　卢建明
卢朝晖　叶　青　叶少锋　叶其礼　冯　骏
冯　敏　边加浩　邢志江　吕力行　吕洪炳
朱文泉　朱东临　朱永健　朱红卫　朱环城
朱青国　朱海明　朱朝阳　仲建中　任志祥
华国钧　刘　虹(女)　刘卫东　刘为民
刘向阳　刘舟平　刘柏辉　刘剑辉　刘道远
江心浩　安　骏　孙志久　孙良顺　孙金华
孙朝阳　牟文彪　寿东升　李　军　李必正
李宗华　李建国　李玲晓(女)　李根银
杨志明　杨选忠　杨清勤　杨敬东　励钧达
来郁郁　吴　皓　吴　斌　吴文娟(女)
吴孝炯　吴承章　吴荣辉　吴耀忠　应苗富
应美丽(女)　沈　波　沈寿延　沈春杰
沈炳荣　宋志刚　张　浩　张　谦　张　谨
张小根　张中海　张军海　张坚群　张启璆
张建龙　张承宇　张基标　张锡根　张德胜
陆林海　陈一勤　陈小庆　陈方正　陈永琪
陈永辉　陈利忠　陈苗水　陈明东　陈剑飞
陈觉民　陈统钱　陈强峰　邵志跃　范子杭
范庆来　林　刚　林咸志　林雪清　金国生
金昌茂　金晓东　周文海　周东辉　周永明
周伟民　周建忠　周树鑫　周海平　周慎学
郑　杰　郑苗荣　郑重理　郑晓康　郑善岳
赵　军　赵　阳　赵建平　赵精华　胡　敏
胡达清　胡松如　胡国华　胡根法　胡康生
钭锦周　俞建楠　施小华　施云峰　施纪文

施援朝 姜志强 姚子麟 贺元启 贺贤坤
秦刚华 袁伟中 贾年根 夏守慧 夏晶寒(女)
顾 强 顾志恩 顾振海 柴锡强 钱伟斌
钱建国 钱建强 倪勇龙 倪晓岚(女)
徐 敏 徐水良 徐书德 徐世杰(女)
徐育斌 徐建中 凌志仪 高 民 郭向健
唐莉娜(女) 陶 虹(女) 陶建根

黄祖平 曹 路 曹御风 戚丹丹(女)
戚国水 崔丽丽(女) 章 勤 章良利
章晓栋 董 军 程光坤 傅木庆 傅洪军
鲁国平 谢 伟 谢尉扬 虞国平 解剑波
褚 敏 蔡亦东 蔡建荣 缪荣昌 樊建明
滕卫明 潘北来 潘华林 潘志强 戴智勇
戴豪波 魏小平

（八）浙能集团管理中层副职（按姓氏笔画排序）

丁 乐 丁 浩 丁立人 丁延芹(女)
丁慧杰(女) 于庆华 于银珠 马俊华
马美娟(女) 王 进 王 珂 王 新
王长彬 王仁义 王可华 王东江 王立业
王伟洪 王志坚 王亨海 王佳富 王建强
王剑平 王晓武 王银丰 王焕明 王群峰
毛晓宇 毛雄江 方 剑 方林木 方昌勇
方建立 方春雷 邓 戈 古华城 龙伟华
占于彬 卢 亮 卢方正 卢建中 叶 斌
叶王刚 叶立安 叶如祥 叶雨盛 叶泽贵
叶家洋 田 浩 白海云(女) 白路镇
乐可定 乐亚表 包育晓 包晓辉 冯国锋
边平方 邢家琪 吕安斌 吕键鸣 吕满银
朱 荣 朱 蕾(女) 朱国雷 朱明涛
朱晓林 朱笑紫 朱德华 仲红斌 任立志
邬雅淑(女) 庄沪丰 刘 韬 刘一博
刘克萍(女) 刘宏芳 江文彬 许 正
许茂贤 许柏河 许洪锋 许爱红(女)
孙 晖 孙 辉 孙 斌 孙士恩 孙永庆
孙永浩 孙华芳 孙国龙 孙雄德 严鸿平
李 立(女) 李 成 李 伟 李 辉
李卫东 李中玉 李自明 李江标 李军保
李伯扬 李金舞 李浩锋 杨 旸(女)
杨 桦 杨立平(女) 杨立隆 杨庆明
杨国渊 杨荣泉 杨晓明 杨慧群(女)
求晓明 肖 敏 吴 伟 吴 明 吴 捷(女)
吴 楠(女) 吴及微 吴广生 吴亚雷
吴光富 吴伟理 吴关乾 吴宏福 吴昊夫
吴春年 吴星煜 吴理达 吴梦可 吴敏富
吴强元 何文军 何业忠 何再培 何旭东
何志瞧 何卓军 何海斌 余晓华 应 骏
应一军 应立峰 应利华 应秀龙 汪汝姚

沈 澜 沈 蕾(女) 沈云表 沈松根
沈佳园 沈佩华(女) 沈建明 沈建雷
沈洁秋(女) 沈晓兵 初奎明 张 扬(女)
张 勇 张 嵘 张 斌 张 勤 张凤祥
张文革 张方明 张东明 张全斌 张纪平
张志宇 张利杰 张金良 张战战 张晓刚
张敏娜(女) 张敏敏 张鑫韬 陆介章
陆祥根 陆盛斌 陈 义 陈 璐 陈 露(女)
陈小菊(女) 陈广仁 陈东波 陈伟忠
陈兆军 陈迪庆 陈钦锡 陈晓东 陈锡炯
陈新涛 范海东 林 彤 林少平 林闽城
罗 达 罗 晶 罗永元 罗谊深 季寿宏
季群英(女) 金 军 金 涛 金正勇
金伟民 金宏伟 金建新 金睿智 周 吉
周 洁(女) 周 敏 周 婧(女)
周 博 周 辉 周 斌 周一兵 周丰兴
周中奇 周永胜 周余峰 周建春 周珍珍(女)
周浩杰 周黎明 周燕萍(女) 庞卫敏(女)
郑百尧 郑光磊 郑华清 郑葵忠 郑渭建
郑煜星 孟 红(女) 孟 强 项 勇(女)
赵小江 赵汉成 赵华华 赵庆伟 赵远申
赵晓明 赵琦玮 胡 欣 胡永旭 胡守忠
胡俊涛 胡海林 胡森健 柳哲明 俞彩孟
俞颖娣(女) 饶伟仕 施秀伟 施浩勋
施新友 娄志清 宫钦飞 费惠士 姚文峰
姚春宇 骆中华 骆方明 骆红胜 秦建良
袁文清 莫小平 顾永平 顾旭东 柴铁骑
钱 伟 倪 彪 倪肖立 倪耀琪 徐 昕
徐 豪 徐红义 徐宏伟 徐绍平 徐晓钟
徐晓剑 徐晓峰 徐海良 翁忠华 翁建明
高 毅 郭兆年 郭丽霞(女) 郭建民
郭锦荣 唐 坚 唐文前 唐绍忠 诸 莹(女)

陶振国　桑如波(女)　黄　坚　黄　蕾(女)　蒋海良　韩　江　韩兴荣　韩明达　韩忠良
黄华芬(女)　黄向阳　黄宇行　黄观林　程向华　傅坚钢　傅维钦　储著宇　舒　畅
黄剑飞　黄敏华(女)　黄敏辉　黄登钦　童小忠　童红政　温　波　谢　锐　谢作梁
曹纪文　曹孟杰　曹海波　戚　亮　崔万祥　谢祥德　谢增孝　楼　彪　楼邦生　裘小萍(女)
麻建中　章　曙　章　巍　章伟良　章通行　裘立春　裘宝兴　雷徐冰　虞　玮　虞上长
梁立学　梁幼明　尉东火　屠建庆　彭　法　管雄文　翟　林　熊言潮　缪　奇　缪文峰
彭　峻(女)　葛　平　葛　萍(女)　缪盛华　潘国传　戴中林　戴金平　戴胜策
葛　强　葛宏韬　董　磊　董吕升　蒋　洁(女)　戴惠庆　魏　峥
蒋少渊　蒋平洲　蒋狄希　蒋品华　蒋庭军

三、荣　　誉

(一) 先进集体

1. 全国、省部级先进集体

获奖单位	荣誉称号（获奖项目）	授予部门（单位）	授予时间
嘉兴发电有限责任公司	全国“安康杯”优胜企业	中华全国总工会、国家安全生产监督管理局	2003 年 1 月
浙江浙能镇海发电有限责任公司	浙江省模范职工之家	浙江省总工会	2003 年 3 月
浙江钱清发电有限公司	浙江省文明单位	中共浙江省委、浙江省人民政府	2003 年 4 月
浙江浙能镇海发电有限责任公司	全国投入产出调查先进集体	国家统计局	2003 年 8 月
浙江浙能镇海发电有限责任公司	全国模范职工之家	中华全国总工会	2003 年 9 月
嘉兴发电有限责任公司	省级社会治安综合治理先进集体	中共浙江省委、浙江省人民政府	2003 年 12 月
台州发电厂	社会治安综合治理先进集体	中共浙江省委、浙江省人民政府	2003 年 12 月
浙江浙能兰溪发电有限责任公司	2004 年电力责任制考核优秀单位	浙江省人民政府	2004 年 6 月
浙江嘉华发电有限责任公司	2004 年电力迎峰度夏工作先进集体	浙江省人民政府	2004 年 9 月
浙江省天然气开发有限公司	全国五一劳动奖状	中华全国总工会	2004 年 12 月
浙江省能源集团有限公司	2004 年度“五大百亿”工程考核优秀单位	浙江省人民政府	2004 年

（续）

获奖单位	荣誉称号（获奖项目）	授予部门（单位）	授予时间
浙江浙能长兴发电有限公司	浙江省文明单位	中共浙江省委、浙江省人民政府	2005年1月
浙江浙能镇海发电有限责任公司	2004年浙江省工会工作创新奖优秀奖	浙江省总工会	2005年1月
台州发电厂	2006年度省重点工程立功竞赛先进集体（五期扩建工程）	浙江省总工会、浙江省发展和改革委	2005年5月
台州发电厂	全国群众体育先进单位	国家体育总局	2005年10月
浙江浙能镇海发电有限责任公司	全国安全生产普法知识竞赛暨全国安全生产管理创新征文组织奖	国家安全生产监管总局、中华全国总工会	2005年10月
浙江浙能镇海发电有限责任公司	2005年度“安康杯”竞赛优胜企业	浙江省总工会、浙江省安全生产监督管理局、浙江省卫生厅	2005年12月
浙江省能源集团有限公司	全国“安康杯”竞赛优胜企业	中华全国总工会、国家安全生产监管总局	2005年
浙江浙能长兴发电有限公司	2006年模范职工之家	中共浙江省委组织部、浙江省总工会	2006年3月
嘉兴发电有限责任公司	国家职业卫生示范企业	卫生部、国家安全生产监管总局、中华全国总工会	2006年4月
温州发电有限责任公司	浙江省重点建设立功竞赛优秀组织单位	浙江省人民政府	2006年4月
浙江省能源集团有限公司	全国青工技能振兴计划示范单位	共青团中央、劳动和社会保障部、国务院国资委、国家知识产权局、中国科协	2006年
浙江钱清发电有限责任公司	浙江省职工模范之家	中共浙江省委组织部、浙江省总工会	2007年4月
浙江浙能兰溪发电有限责任公司	浙江省五一劳动奖状	浙江省总工会	2007年4月
台州发电厂	2006年度省重点工程立功竞赛先进集体（五期扩建工程）	浙江省总工会、浙江省发展和改革委	2007年5月
浙江浙能兰溪发电有限责任公司	中国建筑工程鲁班奖	建设部	2007年11月
浙江浙能乐清发电有限责任公司	浙江省重点建设立功竞赛先进集体	浙江省总工会	2007年
浙江省能源集团有限公司	全国“安康杯”竞赛优胜企业	中华全国总工会、国家安全生产监管总局	2007年
浙江省能源集团有限公司	全省“811”环境污染整治工作先进集体	浙江省人民政府	2007年
浙江浙能兰溪发电有限责任公司	抗击雨雪冰冻灾害先进集体	浙江省人民政府	2008年3月

（续）

获奖单位	荣誉称号（获奖项目）	授予部门（单位）	授予时间
浙江省天然气开发有限公司	2007年度整治油气田及输油气管道生产治安秩序专项行动先进集体	公安部、中央综治办、国家发展和改革委、监察部、国土资源部、国资委等11个部委办	2008年3月
嘉兴发电有限责任公司	中共浙江省委先进基层党组织	中共浙江省委	2008年6月
台州发电厂	全国青年文明号（7号、8号机组集控）	共青团中央	2008年6月
台州发电厂五期扩建工程	浙江省重点建设立功竞赛先进集体	浙江省人民政府	2008年6月
萧山发电厂	2007年省重点建设立功竞赛先进集体	浙江省人民政府	2008年6月
浙江浙能兰溪发电有限责任公司	全国青年安全生产示范岗	共青团中央	2008年7月
浙江浙能乐清发电有限责任公司	省重点建设立功竞赛先进集体	浙江省人民政府	2008年
温州发电有限责任公司	浙江省“安康杯”优胜企业	浙江省总工会、浙江省安全管理局	2008年
浙江省能源集团有限公司	欠发达乡镇奔小康工程结对帮扶先进单位	中共浙江省委、浙江省人民政府	2008年
浙江省能源集团有限公司	浙江省2007年度节能工作先进集体	浙江省人民政府	2008年
浙江省能源集团有限公司	2007年度浙江省减排工作先进集体	浙江省人民政府	2008年
浙江省能源集团有限公司	全国五一劳动奖状	中华全国总工会	2008年
浙江省能源集团有限公司	2007年度全国“安康杯”竞赛活动荣获优胜企业	中华全国总工会、国家安全生产监管总局	2008年
浙江省能源集团有限公司	全国优秀工会工作者	中华全国总工会	2008年
浙江省能源集团有限公司	全国“安康杯”竞赛优胜企业	中华全国总工会、国家安全生产监管总局	2008年
浙江省能源集团有限公司	浙江省大型企业职工“迎奥运”乒乓球比赛团体第六名	浙江省总工会、浙江省直属企业工会	2008年
浙江浙能镇海发电有限责任公司燃灰分场机务四班	2009年度浙江省安全生产“百佳班组”	浙江省总工会、浙江省安全生产监督管理局	2009年1月
北海水电	2008年度省重点建设立功竞赛先进集体	浙江省人民政府	2009年2月
浙江浙能镇海发电有限责任公司工会活动中心图书馆	浙江省总工会职工书屋	浙江省总工会	2009年3月
浙江浙能嘉兴发电有限公司运行部3、4号机集控一值	全国工人先锋号	中华全国总工会	2009年4月

（续）

获奖单位	荣誉称号（获奖项目）	授予部门（单位）	授予时间
浙江天地环保科技有限公司浙能乐清电厂	中国建设工程鲁班奖（一期 2×600 兆瓦工程）	国家住房和城乡建设部	2009 年 11 月
浙江浙能钱清发电公司生产管理部热工班	全国青年安全生产示范岗	共青团中央、国家安全监管总局	2009 年 12 月
浙江浙能乐清发电有限责任公司工程技术部	全国工人先锋号	中华全国总工会	2009 年
浙江省能源集团有限公司	2008 年度“低收入农户奔小康工程”结对帮扶工作先进单位	中共浙江省委、浙江省人民政府	2009 年
浙江省能源集团有限公司	“关爱生命、安全发展”征文活动优秀组织奖	国家电力监管委员会	2009 年
浙江省能源集团有限公司	全国“安康杯”竞赛优胜企业	中华全国总工会、国家安全生产监管总局	2009 年
浙江省能源集团有限公司	2005—2008 年度全国群众体育先进单位	国家体育总局	2009 年
浙江浙能长兴发电有限公司	全国“安康杯”竞赛优胜企业	中华全国总工会、国家安全生产监管总局	2010 年 1 月
浙江省天然气开发有限公司	全国“安康杯”竞赛优胜班组	中华全国总工会	2010 年 1 月
浙江浙能长兴发电有限公司	浙江省“创建学习型企业　争做知识型职工”活动先进班组	浙江省总工会、浙江省经济和信息化委员会、浙江省科学技术厅、浙江省财政厅、浙江省精神文明建设委员会办公室、浙江省教育厅、浙江省人力资源和社会保障厅、浙江省工商业联合会	2010 年 3 月
萧山发电厂	2009 年度浙江省“安康杯”竞赛优胜企业	浙江省总工会、浙江省安全生产监督管理局、浙江省卫生厅	2010 年 3 月
浙江浙能温州发电有限公司工会	模范职工之家	中华全国总工会	2010 年 4 月
浙江浙能长兴发电有限公司设备维护部炉一班	浙江省工人先锋号	浙江省总工会	2010 年 4 月
浙江天地环保工程有限公司	2009 年度省重点建设立功竞赛先进集体	浙江省人民政府	2010 年 9 月
浙江浙能嘉兴发电有限公司	2010 年全民健身活动先进单位	国家体育总局	2010 年 12 月
浙江浙能乐清发电有限责任公司	浙江省重点建设立功竞赛先进集体	浙江省人民政府	2010 年
浙江省能源集团有限公司	2009 年度浙江省减排工作先进集体	浙江省人民政府	2010 年
浙江省能源集团有限公司	浙江省企业文化优秀单位	浙江省总工会等 5 单位	2010 年
浙江省能源集团有限公司	全国“安康杯”竞赛优胜企业	中华全国总工会、国家安全生产监管总局	2010 年

（续）

获奖单位	荣誉称号（获奖项目）	授予部门（单位）	授予时间
浙江省能源集团有限公司	2009年度省铁路建设征迁工作先进集体	浙江省人民政府	2010年
浙江省能源集团有限公司	2009年度省重点建设立功竞赛先进集体	浙江省人民政府	2010年
浙江省能源集团有限公司	2009年度省重点建设立功竞赛优秀组织单位	浙江省人民政府	2010年
浙江浙能兰溪发电有限责任公司	浙江省文明单位	中共浙江省委、浙江省人民政府	2011年1月
浙江省水利水电投资集团有限公司	2010年度“低收入农户奔小康”结对帮扶工作先进单位	中共浙江省委、浙江省人民政府	2011年2月
浙江浙能滨海热电有限责任公司	2010年度省重点建设立功竞赛先进集体	浙江省人民政府	2011年3月
萧山发电厂	先进女职工组织	浙江省总工会	2011年3月
浙江省天然气开发有限公司	浙江省文明单位	中共浙江省委、浙江省人民政府	2011年3月
浙江浙能镇海发电有限责任公司燃灰分场电控一班	浙江省工人先锋号	浙江省总工会	2011年4月
台州发电厂检修分场	全国工人先锋号	中华全国总工会	2011年5月
浙江浙能温州发电有限公司	浙江省“十一五”节能降耗工作先进集体	浙江省人民政府	2011年5月
浙江浙能兰溪发电有限责任公司党委	浙江省先进基层党委	中共浙江省委	2011年6月
浙江浙能兰溪发电有限责任公司党委	全国先进基层党组织	中共中央组织部	2011年7月
浙江浙能乐清发电有限责任公司	浙江省“十一五”劳动竞赛先进集体	浙江省总工会	2011年
浙江浙能长兴发电有限公司	浙江省文明单位	中共浙江省委、浙江省人民政府	2011年
浙江省能源集团有限公司	浙江省“十一五”污染减排工作先进单位	浙江省人民政府	2011年
浙江省能源集团有限公司	浙江省“十一五”节能降耗工作先进集体	浙江省人民政府	2011年
浙江省能源集团有限公司	全国五四红旗团委	共青团中央	2011年
浙江省能源集团有限公司	全国“安康杯”竞赛优胜单位连胜杯	中华全国总工会、国家安全生产监管总局	2011年
浙江省能源集团有限公司	2010年度省重点建设立功竞赛优秀组织单位	浙江省人民政府	2011年

（续）

获奖单位	荣誉称号（获奖项目）	授予部门（单位）	授予时间
浙江省能源集团有限公司	2011年浙江省安全生产知识竞赛组织奖	浙江省总工会、浙江省安全生产监督管理局	2011年
浙江省能源集团有限公司	2011年全民健身活动先进单位	国家体育总局	2011年
浙江浙能嘉华发电有限公司	浙江省重点建设立功竞赛先进集体	浙江省人民政府	2012年3月
浙江浙能镇海发电有限责任公司燃灰分场电控一班	全国工人先锋号	中华全国总工会	2012年4月
浙江浙能乐清发电有限责任公司二期工程	全国建设项目档案管理示范工程	国家档案局	2012年
浙江省能源集团有限公司	浙江省职工文化建设先进企业	浙江省总工会	2012年
浙江省能源集团有限公司	2012年度浙江省“安康杯”竞赛优胜企业	浙江省总工会、浙江省安全生产监督管理局、浙江省卫生厅	2012年
台州发电厂	浙江省第二批“廉政文化先进企业”示范点	浙江省纪委	2013年2月
浙江浙能兰溪发电有限责任公司	2012年度全国发电可靠性金牌机组（1号机组）	国家能源局	2013年3月
浙江浙能兰溪发电有限责任公司	2012年度全国发电可靠性金牌机组（2号机组）	国家能源局	2013年3月
萧山发电厂	2012年度省重点建设立功竞赛先进集体	浙江省人民政府	2013年4月
萧山发电厂	浙江省模范职工之家	浙江省总工会	2013年4月
浙江浙能嘉兴发电有限公司	2012年度全国发电可靠性金牌机组	国家能源局	2013年5月
浙江浙能长兴发电有限公司	2012年度全国发电可靠性金牌机组	国家能源局	2013年5月
浙江浙能兰溪发电有限责任公司运营三值一单元	全国工人先锋号	中华全国总工会	2013年6月
浙江浙能镇海发电有限责任公司	全国职工体育示范单位	中国全国总工会、国家体育总局	2013年7月
浙江浙能长兴发电有限公司	2013年度浙江省重点建设立功竞赛先进集体	浙江省人民政府	2013年
淮浙煤电凤台发电分公司	浙江省重点建设立功竞赛先进集体（浙能凤台电厂二期扩建工程）	浙江省人民政府	2014年1月
浙江浙能嘉兴发电有限公司	2013年度全国发电可靠性CER A级机组（2号机组）	国家能源局	2014年5月
浙江浙能兰溪发电有限责任公司	2013年度全国发电可靠性A级机组（4号机组）	国家能源局	2014年5月

（续）

获奖单位	荣誉称号（获奖项目）	授予部门（单位）	授予时间
浙江浙能长兴发电有限公司	2013年度全国发电可靠性A级机组（3号机组火电300兆瓦级）	国家能源局	2014年5月
浙江浙能嘉华发电有限公司	2013年度火电1000兆瓦级全国发电可靠性A级机组（7号机组）	国家能源局	2014年5月
浙江浙能嘉华发电有限公司	国家煤电节能减排示范电站	国家能源局	2014年10月
浙江浙能温州发电有限公司维护部二次班	全国青年安全生产示范岗	共青团中央、国家安全生产监管总局	2014年
浙江浙能镇海发电有限责任公司	浙江省文明单位	浙江省人民政府	2015年1月
浙能台州第二发电有限责任公司	2014年度省重点工程立功竞赛先进集体	浙江省人民政府	2015年5月
浙江浙能镇海发电有限责任公司	2014年度省重点建设立功竞赛先进集体	浙江省人民政府	2015年5月
浙江天地环保工程有限公司	2014—2015年度中国建设工程鲁班奖（凤台电厂二期扩建工程）	住房和城乡建设部	2015年11月
浙江浙能嘉华发电有限公司	“孙春伟”国家技能大师工作室	人力资源和社会保障部	2016年2月
浙江浙能嘉华发电有限公司	浙江省五一劳动奖章	浙江省总工会	2016年4月
浙江浙能嘉华发电有限公司	全国先进基层党组织	中共中央	2016年7月
萧山发电厂	浙江省G20杭州峰会工作先进集体	中共浙江省委、浙江省人民政府	2016年9月
浙能阿克苏热电有限公司	2015年度省重点建设立功竞赛先进集体	浙江省人民政府	2016年9月
浙江浙能技术研究院有限公司	浙江省职工高技能人才创新工作室（浙江浙能技术研究院有限公司刘春红劳模创新工作室）	浙江省总工会、浙江省科学技术厅	2016年11月
萧山发电厂	服务保障G20杭州峰会突出贡献集体	中共浙江省委、浙江省人民政府	2017年1月
浙江浙能天然气运行有限公司调度运行中心	2015—2016年度全国青年文明号	共青团中央	2017年3月
浙江省天然气开发有限公司	浙江省工人先锋号	浙江省总工会	2017年4月
浙江省天然气开发有限公司	浙江省模范集体	浙江省人民政府	2017年4月
浙江浙能天然气运行有限公司萧绍中心站	2016年度全国青年安全生产示范岗	共青团中央	2017年5月
浙能阿克苏热电有限公司	第四届自治区“中泰杯”职工职业技能大赛优秀组织奖	新疆维吾尔自治区总工会	2017年9月
浙能台州第二发电有限责任公司	浙江省发电企业集控值班员技能团体一等奖	浙江省总工会、浙江省人力资源和社会保障厅	2017年11月

（续）

获奖单位	荣誉称号（获奖项目）	授予部门（单位）	授予时间
浙能台州第二发电有限责任公司	浙江省发电企业集控值班员技能团体二等奖	浙江省总工会、浙江省人力资源和社会保障厅	2017年11月
浙江省能源集团城市燃气有限公司	浙江省省部属企业先进职工之家	浙江省总工会	2017年
浙江省天然气开发有限公司	浙江省省部属企业先进职工之家	浙江省总工会	2017年
浙江省能源集团城市燃气有限公司	浙江省省部属企业先进职工之家	浙江省总工会	2017年
浙江省能源集团有限公司	“中国梦·劳动美”浙江省职工摄影大赛组织奖	浙江省总工会	2017年
浙江浙能金华燃机发电有限责任公司	浙江省文明单位	中共浙江省委、浙江省人民政府	2018年1月
浙江浙能滨海热电有限责任公司	浙江省五一劳动奖状	浙江省总工会	2018年4月
浙能集团战略与法律部	国家知识产权战略实施工作先进集体	国务院知识产权战略实施工作部际联席会议办公室	2018年6月
浙能阿克苏热电有限公司	2016—2017年度新疆维吾尔自治区“安康杯”竞赛优胜集体	新疆维吾尔自治区总工会、新疆维吾尔自治区安全生产管理局	2018年8月
浙江浙能滨海热电有限责任公司	2018年浙江省电力数据价值挖掘大赛银铲奖（热电联产机组热电负荷优化分配）	浙江省总工会、浙江省妇女联合会、浙江省科学技术协会、浙江省质量技术监督局协会	2018年9月
浙江浙能滨海热电有限责任公司化学试验班	浙江省质量信得过班组典型经验二等奖	浙江省总工会、浙江省妇女联合会、浙江省科学技术协会、浙江省质量协会	2018年9月
淮浙煤电凤台发电分公司唐龙胜团队	2018年浙江省电力数据价值挖掘大赛团体金铲奖	浙江省总工会	2018年9月
浙能台州第二发电有限责任公司	2018年浙江省电力行业10千伏开关柜运检技能竞赛团体三等奖	浙江省总工会、国网浙江省电力有限公司、浙江省电力工会委员会	2018年9月
浙江浙能技术研究院有限公司	浙江省电力数据价值挖掘大赛银铲奖	浙江省总工会、国网浙江省电力有限公司、浙江省电力工会委员会	2018年9月
浙江浙能技术研究院有限公司	浙江省电力数据价值挖掘大赛铜铲奖	浙江省总工会、国网浙江省电力有限公司、浙江省电力工会委员会	2018年9月
浙江省能源集团有限公司	全国模范职工之家	中华全国总工会	2018年
浙江省能源集团有限公司	2018年浙江省电力数据价值挖掘大赛优秀组织奖	浙江省总工会、国网浙江省电力有限公司、浙江省电力工会委员会	2018年

（续）

获奖单位	荣誉称号（获奖项目）	授予部门（单位）	授予时间
浙江省能源集团有限公司	全国模范职工之家	中华全国总工会	2018年
浙江省能源集团有限公司	浙江省省部属企事业第四届气排球比赛男子团体第一名	浙江省总工会	2018年
浙江省能源集团有限公司	浙江省省部属企事业第四届气排球比赛女子团体第三名	浙江省总工会	2018年
浙江省能源集团城市燃气有限公司所属上虞公司	浙江省文明单位	中共浙江省委、浙江省人民政府	2018年
淮浙煤电凤台发电分公司张琴玲团队	2019年浙江电力设备物联网创新大赛一等奖	浙江省总工会	2019年9月
浙江省能源集团有限公司	“中国梦·劳动美”全省职工气排球比赛男子组第四名	浙江省总工会	2019年
浙江浙能温州发电有限公司	浙江省企业文化优秀成果	浙江省总工会、浙江省经济和信息化委员会、浙江省国有资产监督管理委员会、浙江省企业联合会、浙江省企业家协会	2019年

2. 全国性社会组织先进集体

获奖单位	荣誉称号（获奖项目）	授予部门（单位）	时间
嘉兴发电有限责任公司	2003年全国电力行业质量管理奖	中国电力企业联合会、中国电力质量管理协会	2003年10月
嘉兴发电有限责任公司	全国电力行业标准化工作先进集体	中国电力企业联合会	2003年11月
嘉兴发电有限责任公司	中国优秀企业	中国企业联合会、中国企业家协会	2003年12月
浙江温州特鲁莱发电有限责任公司	国家优质工程银质奖	国家工程建设质量奖审定委员会	2003年12月
萧山发电厂	2003年度全国火电100兆瓦机组竞赛三等奖（1号机组）	全国火电100兆瓦级机组技术协会	2003年12月
萧山发电厂	2003年度全国火电100兆瓦机组竞赛三等奖（2号机组）	全国火电100兆瓦级机组技术协会	2003年12月
嘉兴发电有限责任公司	全国电力可靠性管理先进单位	中国电力企业联合会、中国能源化学工会委员会	2004年10月
浙江天地环保工程有限公司	中国诚信品牌“中国行业龙头品牌”	中国企业文化促进会、中国文化报社、中国品牌管理研究院、中国品牌师协会	2004年12月
浙江天地环保工程有限公司	中国诚信品牌“中国企业十佳创新品牌”	中国企业文化促进会、中国文化报社、中国品牌管理研究院、中国品牌师协会	2004年12月

（续）

获奖单位	荣誉称号（获奖项目）	授予部门（单位）	时间
浙江钱清发电有限公司	全国火电120~165兆瓦机组竞赛一等奖（1号机组）	全国火电100兆瓦机组技术协作会	2004年
浙江省能源集团有限公司	2003—2004年度全国电力行业生产和投资统计工作一等奖	中国电力企业联合会	2004年
嘉兴发电有限责任公司	全国电力行业用户满意企业	中国水利电力质量管理协会	2005年4月
嘉兴发电有限责任公司	国家标准化良好行为AAAA级	国家标准化管理委员会	2005年8月
嘉兴发电有限责任公司	2004年度全国企业信息工作先进单位	中国企业联合会信息工作委员会	2005年8月
嘉兴发电有限责任公司	全国用户满意企业	中国质量协会、全国用户委员会	2005年9月
嘉兴发电有限责任公司	全国精神文明建设工作先进单位	中央精神文明建设指导委员会	2005年10月
台州发电厂	全国文明单位	中央精神文明建设指导委员会	2005年12月
嘉兴发电有限责任公司	2006电力信息化标杆企业	中国电力企业联合科技服务中心、中国信息化推进联盟等	2006年6月
嘉兴发电有限责任公司	全国电力行业企业文化优秀奖	中国电力企业联合会	2006年9月
嘉兴发电有限责任公司	2006年全国电力行业质量管理奖	中国电力企业联合会、中国水利电力质量管理协会	2006年9月
温州发电有限责任公司	2006全国企业文化建设工作先进单位	中国企业文化促进会	2006年10月
嘉兴发电有限责任公司	2006年度全国企业文化优秀奖	中国电力企业联合会	2006年11月
浙江钱清发电有限公司	2005年度获全国火电125~165兆瓦机组竞赛二等奖（1号机组）	中国电力企业联合会、中国发电机组技术协作会	2006年11月
温州发电有限责任公司	国家优质工程银质奖	国家工程建设质量奖审定委员会	2006年11月
温州发电有限责任公司	中国电力优质工程	中国电力建设企业协会	2006年
温州发电有限责任公司	中国电力优质工程	中国电力建设企业协会	2006年
浙江省能源集团有限公司	中国电力企业联合会副理事长单位	中国电力企业联合会	2006年
浙江浙能兰溪发电有限责任公司	2007年度中国电力优秀工程	中国电力建设企业协会	2007年1月
浙江浙能兰溪发电有限责任公司	达标投产机组	中国电力建设企业协会	2007年1月
浙江浙能镇海发电有限责任公司	2006年度全国火电200兆瓦级机组竞赛二等奖（3号机组）	中国电力企业联合会、全国发电机组技术协作会	2007年2月
浙江浙能镇海发电有限责任公司	2006年度全国火电200兆瓦级机组竞赛三等奖（4号机组）	中国电力企业联合会、全国发电机组技术协作会	2007年2月

（续）

获奖单位	荣誉称号（获奖项目）	授予部门（单位）	时间
嘉兴发电有限责任公司	2006年度全国电力行业实施卓越绩效模式先进企业	中国水利电力质量管理协会	2007年4月
浙江嘉华发电有限责任公司	2006年度60万千瓦级全国火力发电机组可靠性金牌机组（4号机组）	国家电力监管委员会	2007年5月
嘉兴发电有限责任公司	2006年度30万千瓦级全国火力发电机组可靠性金牌机组（2号机组）	国家电力监管委员会	2007年5月
温州发电有限责任公司	中国电力行业最具社会责任感企业	中企电联企业文化发展中心、中国企业竞争力促进会	2007年10月
嘉兴发电有限责任公司	用户满意企业	中国质量协会、全国用户委员会	2007年12月
嘉兴发电有限责任公司	全国电力可靠性管理先进单位	国家电力监管委员会、国家电力企业联合会	2007年12月
浙江浙能长兴发电有限公司	2007年度全国企业文化优秀奖	中国企业联合会、中国企业家协会	2007年12月
浙江天地环保科技有限公司	2007年中国建筑工程鲁班奖（浙江兰溪发电厂新建2×600兆瓦工程）	中国建筑业协会	2007年12月
温州发电有限责任公司制粉班	全国优秀质量管理小组	中国质量协会、中华全国总工会、共青团中央、中国科学技术协会	2007年
浙江省能源集团有限公司	全国电力行业统计工作先进单位	中国电力企业联合会	2007年
浙江浙能镇海发电有限责任公司	2007年度全国火电200兆瓦级竞赛二等奖（5号机组）	中国电力企业联合会、全国发电机组技术协作会	2008年2月
浙江浙能镇海发电有限责任公司	2007年度全国火电200兆瓦级竞赛二等奖（6号机组）	中国电力企业联合会、全国发电机组技术协作会	2008年2月
嘉兴发电有限责任公司	2007—2008年度电力信息化标杆企业	中国电力企业联合会、中国电子信息产业发展研究院	2008年6月
浙江浙能嘉兴发电有限公司	全国文明单位	中央精神文明建设指导委员会	2009年1月
台州发电厂	全国文明单位	中央精神文明建设指导委员会	2009年1月
萧山发电厂	第四届全国精神文明建设工作先进单位	中央精神文明建设指导委员会	2009年1月
浙江浙能兰溪发电有限责任公司	全国火电大机组竞赛三等奖（2号机组）	中国电力企业联合会	2009年5月
浙江浙能兰溪发电有限责任公司	2008年度全国发电可靠性金牌机组	国家电力监管委员会	2009年5月

（续）

获奖单位	荣誉称号（获奖项目）	授予部门（单位）	时间
淮浙煤电凤台发电分公司	2009年度中国电力优质工程奖	中国电力建设企业协会	2009年6月
浙江浙能镇海发电有限责任公司	2008年度火电200兆瓦级机组竞赛第六名（5号机组）	中国电力企业联合会	2009年7月
浙江浙能嘉兴发电有限公司	全国电力行业质量特别奖	中国电力企业联合会	2009年10月
淮浙煤电凤台发电分公司	国家优质工程银质奖	国家工程建设质量奖审定委员会	2009年12月
淮浙煤电凤台发电分公司	2009年度全国发电可靠性金牌机组（1号机组）	国家电力监管委员会	2010年5月
浙江温州特鲁莱发电有限责任公司	2009年度全国发电可靠性金牌机组（3号机组）	国家电力监管委员会	2010年5月
浙江浙能嘉兴发电有限公司	技术监督管理创新获电力行业管理创新一等奖	中国电力企业联合会	2010年9月
浙江浙能嘉兴发电有限公司	世博保电先进单位	国家电力监管委员会	2010年12月
浙江浙能乐清发电有限责任公司	2009年度全国发电可靠性金牌机组（2号机组）	国家电力监管委员会	2010年
浙江浙能嘉兴发电有限公司	2009—2010年度全国企业优秀网站	中国企业联合会	2011年4月
浙江浙能嘉兴发电有限公司	2010年2号机组获金牌机组	国家电力监管委员会	2011年5月
淮浙煤电凤台发电分公司	2010年度全国火电600兆瓦级发电可靠性金牌机组（2号机组）	国家电力监管委员会	2011年5月
浙江浙能嘉兴发电有限公司	全国电力行业管理创新三等奖（《档案信息化管理创新》）	中国电力企业联合会	2011年9月
台州发电厂	全国文明单位	中央精神文明建设指导委员会	2011年12月
浙江浙能长兴发电有限公司	2011年度全国电力行业新闻宣传工作先进单位	中国电力企业联合会	2012年5月
浙江浙能镇海发电有限责任公司	2011年度全国电力行业新闻宣传工作先进单位	中国电力企业联合会	2012年5月
萧山发电厂	2011年度全国电力行业新闻宣传工作先进集体	中国电力企业联合会	2012年5月
浙江浙能嘉兴发电有限公司	全国电力行业管理创新一等奖（特大型发电厂科技创新管理的探索）	中国电力企业联合会	2012年9月
浙江浙能嘉兴发电有限公司	2012年度热控技术管理标杆电厂	中国电力企业联合会	2012年10月
浙江浙能嘉兴发电有限公司	电力安全生产标准化一级企业	国家电力监管委员会	2012年10月
浙江浙能嘉华发电有限公司	电力安全生产标准化一级企业	国家电力监管委员会	2012年10月

（续）

获奖单位	荣誉称号（获奖项目）	授予部门（单位）	时间
浙江浙能兰溪发电有限责任公司	电力标准化工作先进集体	中国电力企业联合会	2012年11月
浙江浙能兰溪发电有限责任公司	电力标准化工作先进集体	中国电力企业联合会	2012年11月
台州发电厂	全国电力行业优秀企业	中国电力企业联合会	2012年11月
浙江浙能嘉兴发电有限公司	2012年国家重点环境保护实用示范工程	中国环境保护产业协会	2012年12月
浙江浙能嘉兴发电有限公司	电力行业信息化先进企业	中国电力企业联合会	2012年12月
浙江浙能嘉兴发电有限公司	电力行业信息化与工业化深度融合先进企业	中国电力企业联合会	2012年12月
浙江浙能兰溪发电有限责任公司	标准化良好行为企业（AAAA级）	国家标准化管理委员会、国家电力监管委员会	2012年12月
浙江浙能镇海发电有限责任公司	全国电力行业优秀企业	中国电力企业联合会	2012年12月
浙江浙能乐清发电有限责任公司设备管理部仪控专业QC小组	2012年全国优秀质量管理小组	中国质量协会、中华全国总工会、中华全国妇女联合会、中国科学技术协会	2012年
浙江浙能乐清发电有限责任公司设备管理部电气二班QC小组	2012年全国质量信得过班组	中国质量协会、中华全国总工会、中华全国妇女联合会、中国科学技术协会	2012年
浙江省能源集团有限公司	第八届全国电力行业职业技能竞赛（继电保护工）团体第三名	中国电力企业联合会	2012年
浙江省能源集团有限公司	第八届全国电力行业职业技能竞赛优秀组织奖	中国电力企业联合会、中国能源化学工会全国委员会	2012年
浙江浙能长兴发电有限公司	国家电力生产安全标准化二级企业	国家电力监管委员会	2013年4月
浙江浙能镇海天然气发电有限责任公司	电力安全生产标准化二级企业	国家电力监管委员会	2013年4月
浙江浙能温州发电有限公司	全国节能先进典型TOP100	国家节能中心	2013年6月
浙江浙能嘉兴发电有限公司	中国电力信息化标杆企业	中国信息化推进联盟电力信息化专业委员会	2013年8月
浙江浙能温州发电有限公司	全国电力行业质量管理小组活动优秀企业	中国水利电力质量管理协会	2013年10月
浙江天地环保工程有限公司	2012—2013年度国家优质工程金质奖（浙江嘉兴电厂三期“上大压小”扩建工程）	中国施工企业管理协会	2013年11月
浙江浙能嘉华发电有限公司	2012—2013年度国家优质工程金质奖	中国施工企业管理协会	2013年12月

（续）

获奖单位	荣誉称号（获奖项目）	授予部门（单位）	时间
浙江浙能兰溪发电有限责任公司	电力行业信息化与工业化深度融合先进企业	中国电力企业联合会	2013年12月
台州发电厂自动化分场液控班	全国质量信得过班组	中国质量协会、中华全国总工会、中华全国妇女联合会、中国科学技术协会	2013年12月
浙江浙能乐清发电有限责任公司	2012年度电力行业新闻宣传工作先进单位	中国电力企业联合会	2013年
浙江浙能乐清发电有限责任公司	2013年全国质量小组活动优秀企业	中国质量协会、中华全国总工会、中华全国妇女联合会、中国科学技术协会	2013年
浙江浙能乐清发电有限责任公司	标准化良好行为企业（AAAA级）	国家标准化委员会	2013年
浙江浙能温州发电有限公司燃料分场电工班	全国质量信得过班组	中国质量协会、中华全国总工会、中华全国妇女联合会、中国科学技术协会（联名）	2013年
浙江浙能温州发电有限公司发电部三控三班	全国质量信得过班组	中国质量协会、中华全国总工会、中华全国妇女联合会、中国科学技术协会（联名）	2013年
浙江浙能温州发电有限公司燃料分场机务班	全国质量信得过班组	中国质量协会、中华全国总工会、中华全国妇女联合会、中国科学技术协会（联名）	2013年
浙江浙能中煤舟山煤电有限责任公司	全国电力行业企业管理创新成果二等奖（基建生产无缝管理）	中国电力企业联合会	2013年
浙江省能源集团有限公司	2012年度全国电力行业新闻宣传工作先进单位	中国电力企业联合会	2013年
浙江浙能嘉华发电有限公司	2013年度全国火电600兆瓦级亚临界湿冷机组单项指标竞赛厂用电率最优奖（4号机组）	中国能源化学工会全国委员会、全国发电机组技术协作会	2014年5月
浙江浙能嘉华发电有限公司	2013年度全国火电1000兆瓦级机组竞赛一等奖（7号机组）	中国能源化学工会全国委员会、全国发电机组技术协作会	2014年5月
淮浙煤电凤台发电分公司	2013年度全国火电600兆瓦级超临界机组竞赛一等奖（2号机组）	中国电力企业联合会	2014年5月
淮浙煤电凤台发电分公司	2013年度全国火电600兆瓦级超临界机组竞赛三等奖（1号机组）	中国电力企业联合会	2014年5月
浙江浙能兰溪发电有限责任公司	2013年度全国600兆瓦级超临界机组竞赛一等奖（4号机组）	中国能源化学公会全国委员会、中国电力企业联合会	2014年5月
台州发电厂龙湾发电部设备科QC小组	2014年全国电力行业优秀质量管理小组一等奖	中国电力企业联合会	2014年9月

（续）

获奖单位	荣誉称号（获奖项目）	授予部门（单位）	时间
浙江浙能温州发电有限公司	全国电力行业质量管理小组活动优秀企业	中国水利电力质量管理协会	2014年9月
浙能集团审计部	2011—2013年度全国内部审计先进集体	中国内部审计协会	2014年10月
浙江浙能兰溪发电有限责任公司	电力行业信息化优秀成果奖二等奖（电厂全过程能量管理及成本优化系统开发）	中国电力企业联合会	2014年10月
浙江浙能乐清发电有限责任公司发电部三值一单元	2013年全国优秀质量管理小组	中国质量协会、中华全国总工会、中华全国妇女联合会、中国科学技术协会	2014年
浙江浙能乐清发电有限责任公司燃料生产部皮带班	2014年全国质量信得过班组	中国质量协会、中华全国总工会、中华全国妇女联合会、中国科学技术协会	2014年
浙江浙能乐清发电有限责任公司	2013年度全国火电600兆瓦级超超临界机组竞赛二等奖（4号机组）	中国能源化学工会全国委员会和中国电力企业联合会	2014年
浙江浙能乐清发电有限责任公司	600兆瓦级超超临界湿冷机组供电煤耗指标最优奖（4号机组）	中国能源化学工会全国委员会和中国电力企业联合会	2014年
浙江浙能温州发电有限公司	全国电力QC小组活动优秀企业	中国水利电力质量管理协会	2014年
浙江浙能温州发电有限公司	供应商质量管理示范单位	中国质量协会、卓越国际质量科学研究院	2014年
浙江浙能温州发电有限公司灰硫分场灰运五班QC小组	全国优秀质量管理小组	中国质量协会、中华全国总工会、中华全国妇女联合会、中国科学技术协会	2014年
浙江浙能温州发电有限公司维修分场自动班	全国质量信得过班组	中国质量协会、中华全国总工会、中华全国妇女联合会、中国科学技术协会	2014年
浙江省能源集团有限公司	第九届全国电力行业热工程控保护工职业技能竞赛团体二等奖	中国电力企业联合会	2014年
浙江省能源集团有限公司	第九届全国电力行业热工程控保护工职业技能竞赛优秀组织奖	中国电力企业联合会、中国能源化学工会全国委员会	2014年
浙江浙能兰溪发电有限责任公司党委	2014年电力行业企业文化建设优秀成果二等奖（“三园”文化）	中国电力企业联合会	2015年1月
浙江浙能嘉华发电有限公司	2015年度热控技术管理先进电厂	中国电力企业联合会	2015年2月
浙江浙能嘉兴发电有限公司	全国文明单位	中央精神文明建设指导委员会	2015年2月
浙江浙能嘉华发电有限公司	国家优质投资项目特别奖（浙能嘉兴电厂三期扩建工程）	中国投资协会	2015年6月
淮浙煤电凤台发电分公司	2015年度中国电优工程奖	中国电力建设企业协会	2015年6月

（续）

获奖单位	荣誉称号（获奖项目）	授予部门（单位）	时间
浙江浙能兰溪发电有限责任公司锅炉二班	全国电力行业优秀质量管理小组一等奖	中国水利电力质量管理协会	2015 年 10 月
浙江浙能嘉兴发电有限公司	2015 年全国电力行业企业管理创新成果一等奖（发电厂并网运行和辅助服务职务职能预测分析决策管理）	中国电力企业联合会	2015 年 11 月
浙江浙能嘉华发电有限公司	2015 年国家重点环境保护实用技术示范工程	中国环境保护产业协会	2015 年 11 月
浙江浙能兰溪发电有限责任公司	企业文化创新优秀单位	中国企业文化促进会	2015 年 11 月
浙江浙能兰溪发电有限责任公司	企业文化创新优秀成果奖	中国企业文化促进会	2015 年 11 月
浙江天地环保工程有限公司	2014—2015 年度中国建设工程鲁班奖（安徽凤台电厂二期扩建工程）	中国建筑业协会	2015 年 11 月
浙江浙能乐清发电有限责任公司	2014 年度全国火电 600 兆瓦级超超临界湿冷机组竞赛一等奖（3 号机组）	中国能源化学工会全国委员会、中国电力企业联合会	2015 年
浙江浙能乐清发电有限责任公司燃料生产部技术组 QC 小组	2015 年全国优秀质量管理小组	中国质量协会、中华全国总工会、中华全国妇女联合会、中国科学技术协会	2015 年
浙江浙能中煤舟山煤电有限责任公司	2014—2015 年度国家优质工程金质奖	中国施工企业管理协会	2015 年
浙江浙能中煤舟山煤电有限责任公司	2015 年度中国电力优质工程奖	中国电力建设企业协会	2015 年
浙江省能源集团有限公司	全国职工新《安全生产法》知识普及竞赛活动最佳组织单位	全国“安康杯”竞赛组委会	2015 年
浙江省能源集团有限公司	2015 年全国电力行业企业管理创新成果二等奖（大型能源集团安全文化建设）	中国电力企业联合会	2015 年
浙江浙能嘉兴发电有限公司	2015 年全国电力行业质量金奖	中国电力企业联合会	2016 年 1 月
浙江浙能嘉兴发电有限公司	全国火电 300 兆瓦级亚临界纯凝湿冷机组竞赛三等奖（2 号机组）	中国电力企业联合会	2016 年 1 月
浙江浙能兰溪发电有限责任公司	全国安全文化建设示范企业	中国安全生产协会	2016 年 1 月
淮浙煤电凤台发电分公司	电力安全生产标准化一级企业	中国电力企业联合会	2016 年 3 月
浙江浙能兰溪发电有限责任公司	电力标准化工作先进集体	中国电力企业联合会	2016 年 11 月

（续）

获奖单位	荣誉称号（获奖项目）	授予部门（单位）	时间
浙江浙能技术研究院有限公司	2015—2016 年度电力标准化工作先进集体	中国电力企业联合会	2016 年 11 月
浙江浙能乐清发电有限责任公司	电力安全生产标准化一级企业	中国电力企业联合会	2016 年
浙江浙能乐清发电有限责任公司	2015 年度全国火电 600 兆瓦级超超临界湿冷机组竞赛三等奖（3 号机组）	中国电力企业联合会	2016 年
浙江浙能乐清发电有限责任公司	2015 年度全国火电 600 兆瓦级超超临界湿冷机组竞赛三等奖（4 号机组）	中国电力企业联合会	2016 年
浙江浙能乐清发电有限责任公司	2015 年度全国火电 600 兆瓦级超临界湿冷机组竞赛三等奖（1 号机组）	中国电力企业联合会	2016 年
浙江浙能乐清发电有限责任公司	2015 年度全国火电 600 兆瓦级超临界湿冷机组供电煤耗指标最优机组（1 号机组）	中国电力企业联合会	2016 年
浙江省能源集团有限公司	全国职工安全卫生消防应急知识普及竞赛活动最佳组织单位	全国“安康杯”竞赛组委会	2016 年
浙江省能源集团有限公司	2016 年中国技能大赛——第十届全国电力行业职业技能竞赛（脱硫脱硝处理工）优秀组织奖	中国电力企业联合会	2016 年
浙江浙能嘉华发电有限公司	2015 年国家重点环境保护示范工程	中国环境保护协会	2017 年 2 月
浙江浙能嘉兴发电有限公司	300 兆瓦级亚临界纯凝湿冷机组竞赛三等奖	中国电力企业联合会	2017 年 2 月
浙江浙能镇海发电有限责任公司	“浙能杯”第二届全国电力职工摄影大赛优胜奖	中国电力企业联合会、电力文学艺术协会、中国电力摄影家协会、浙江省能源摄影协会	2017 年 4 月
浙江浙能嘉华发电有限公司	600 兆瓦级亚临界湿冷机组二等奖（3 号机组）	中国电力企业联合会	2017 年 5 月
淮浙煤电凤台发电分公司	2016 年度全国火电机组 600 兆瓦级超超临界湿冷机组竞赛二等奖（3 号机组）	中国电力企业协会	2017 年 5 月
淮浙煤电凤台发电分公司	安徽省第十一届文明单位	安徽省精神文明建设指导委员会	2017 年 6 月
浙江浙能滨海热电有限责任公司	2016 年度全国火电 300 兆瓦级亚临界供热湿冷机组二等奖（1 号机组）	中国电力企业联合会	2017 年 7 月

（续）

获奖单位	荣誉称号（获奖项目）	授予部门（单位）	时间
浙江浙能滨海热电有限责任公司	2016年度全国火电300兆瓦级亚临界供热湿冷机组三等奖（2号机组）	中国电力企业联合会	2017年7月
浙江浙能嘉华发电有限公司	发电企业应急能力建设评估优秀等级	中国电力企业联合会	2017年10月
浙江浙能兰溪发电有限责任公司	2017年度中国电力创新奖三等奖（现代火力发电厂企业安全文化建设）	中国电力企业联合会	2017年11月
浙江省天然气开发有限公司	全国“安康杯”竞赛安全文化宣传工作先进单位	全国“安康杯”竞赛组委员会	2017年11月
浙江省天然气开发有限公司	全国“安康杯”竞赛安全文化宣传工作先进单位	全国“安康杯”竞赛组委员会	2017年11月
浙江浙能兰溪发电有限责任公司	电力安全生产标准化一级企业	中国电力企业联合会	2017年12月
浙江浙能兰溪发电有限责任公司锅炉一班	2017年全国电力行业QC小组活动优秀成果一等奖	中国电力企业联合会	2017年12月
浙江省能源集团有限公司	“浙能杯”第二届全国电力职工摄影大赛优秀组织奖	中国电力企业联合会、电力文学艺术协会	2017年
浙江浙能嘉华发电有限公司	电力安全生产标准化一级企业	中国电力企业联合会	2017年
浙江浙能滨海热电有限责任公司	2017年度全国300兆瓦级亚临界供热湿冷机组对标AAAA级（1号机组）	中国电力企业联合会	2018年1月
浙江浙能滨海热电有限责任公司	2017年度全国300兆瓦级亚临界供热湿冷机组对标AAAAA级（2号机组）	中国电力企业联合会	2018年1月
浙能集团计划部	2017年度全国电力行业统计工作先进单位	中国电力企业联合会	2018年1月
浙能台州第二发电有限责任公司	2018年中国技能大赛——第十一届全国电力行业技能竞赛（集控值班员）团体三等奖	中国电力企业联合会、中国就业培训技术指导中心、中国能源化学地质工会全国委员会	2018年10月
浙江能源天然气集团有限公司	2018年度全国“安康杯”竞赛安全文化宣传工作先进单位	全国“安康杯”竞赛组委员会	2018年11月
浙江能源天然气集团有限公司	2018年度全国“安康杯”竞赛安全文化宣传工作先进单位	全国“安康杯”竞赛组委员会	2018年11月
浙江浙能技术研究院有限公司	2018年度电力创新奖（燃煤脱硝失活SCR催化剂再生技术开发及应用）	中国电力企业联合会	2018年11月

（续）

获奖单位	荣誉称号（获奖项目）	授予部门（单位）	时间
浙江浙能兰溪发电有限责任公司	2017年度中国电力创新奖三等奖（现代火力发电厂企业安全文化建设）	中国电力企业联合会	2018年
浙江省能源集团有限公司	2018年中国技能大赛——第十一届全国电力行业职业技能竞赛（集控值班员）优秀组织奖	中国电力企业联合会	2018年
浙江省能源集团有限公司	2018年中国技能大赛——第十一届全国电力行业职业技能竞赛（集控值班员）团体三等奖	中国电力企业联合会	2018年
浙江省能源集团有限公司	2018年电力行业企业文化微话剧大赛最佳表演奖	中国电力企业联合会	2018年
浙江浙能兰溪发电有限责任公司	2018年度全国600兆瓦级超临界纯凝湿冷AAAA级机组（2号机组）	中国电力企业联合会	2018年
浙江浙能兰溪发电有限责任公司	2019年火电企业超低排放及节能改造创新成果展评二等奖（2号、3号、4号冷却塔填料及喷淋装置改造）	中国电力技术市场协会	2019年3月
浙江浙能滨海热电有限责任公司	2018年度全国300兆瓦级亚临界供热湿冷机组对标AAA级（1号机组）	中国电力企业联合会	2019年7月
浙江浙能滨海热电有限责任公司	2018年度全国300兆瓦级亚临界供热湿冷机组对标AAA级（2号机组）	中国电力企业联合会	2019年7月
浙江浙能兰溪发电有限责任公司维护部锅炉二班	2019年电力行业优秀质量管理小组成果展示与交流会三等奖	中国水利电力质量管理协会	2019年7月
淮浙煤电凤台发电分公司“江淮明珠”QC小组	2019年全国电力行业优秀管理小组成果展示与交流会一等奖	中国水利电力质量管理协会	2019年8月
浙江浙能兰溪发电有限责任公司	2018—2019年度全国企业文化优秀成果一等奖	中国企业联合会　中国企业家协会	2019年8月
浙江能源天然气集团有限公司	全国“安康杯”竞赛安全文化宣传工作先进单位	全国“安康杯”竞赛组委员会	2019年11月
宁夏枣泉发电有限责任公司	标准化良好行为企业（AAAAA级）	中国电力企业联合会	2019年12月
浙江浙能天然气运行有限公司	标准化良好行为企业（AAAA级）	中国标准化协会	2019年12月
浙江省能源集团有限公司	煤炭行业第二轮修志先进集体	中国煤炭工业协会	2019年
浙江省能源集团有限公司	2016—2017年度中国煤炭工业协会档案管理先进单位	中国煤炭工业协会	2019年

（二）先　进　个　人

1. 全国先进个人

姓　名	工作单位	荣誉称号	授予部门（单位）	表彰时间
张帆芳	宁波海运	全国劳动模范	国务院	1995 年 6 月
桑如波	浙江浙能北仑发电有限公司	全国三八红旗手	全国妇联	2006 年 2 月
潘春飞	浙江浙能兰溪发电有限责任公司	全国三八红旗手	全国妇联	2008 年 3 月
邵志跃	科技工程与服务产业分公司	全国劳动模范	国务院	2010 年 5 月
李浩源	浙江浙能天工信息科技有限公司	全国五一劳动奖章	中华全国总工会	2012 年 12 月
吴国潮	浙江省能源集团有限公司	全国五一劳动奖章	中华全国总工会	2014 年 4 月
宋振明	浙江浙能嘉兴发电有限公司	全国五一劳动奖章	中华全国总工会	2015 年 7 月

2. 省部级以上先进个人

姓　名	工作单位	荣誉称号	授予部门（单位）	表彰时间
张凤祥	浙江浙能镇海发电有限责任公司	浙江省优秀工会工作者	浙江省总工会	2003 年 3 月
张凤祥	浙江浙能镇海发电有限责任公司	全国优秀工会积极分子	中华全国总工会	2003 年 9 月
周富强	浙江浙能镇海发电有限责任公司	2003 年度“安康杯”竞赛先进个人	浙江省总工会、浙江省安全生产监督管理局	2004 年 3 月
邵志跃	浙江浙能长兴发电有限公司	浙江省五一劳动奖章	浙江省总工会	2004 年 4 月
马京程	台州发电厂	浙江省劳动模范	浙江省人民政府	2004 年 10 月
施建杰	浙江浙能乐清发电有限责任公司	浙江省电力建设考核先进个人	浙江省人民政府	2005 年 4 月
陈贻芳	浙江浙能乐清发电有限责任公司	浙江省电力建设考核先进个人	浙江省人民政府	2005 年 4 月
周东辉	浙江浙能乐清发电有限责任公司	浙江省电力建设考核先进个人	浙江省人民政府	2005 年 4 月
冯　敏	浙江浙能镇海发电有限责任公司	浙江省电力建设责任考核先进个人	浙江省人民政府	2005 年 4 月
宋志刚	浙江浙能镇海发电有限责任公司	浙江省电力建设责任考核先进个人	浙江省人民政府	2005 年 4 月
屠建庆	萧山发电厂	浙江省电力建设考核先进个人	浙江省人民政府	2005 年 4 月
王建乔	萧山发电厂	浙江省电力建设考核先进个人	浙江省人民政府	2005 年 4 月
杨敬东	温州发电有限公司	浙江省电力建设考核先进个人	浙江省人民政府	2005 年 4 月

（续）

姓　名	工作单位	荣誉称号	授予部门（单位）	表彰时间
钦晓丹	浙能集团计划部	浙江省重点建设立功竞赛先进个人	浙江省人民政府	2005 年 4 月
方东晓	浙江省天然气开发有限公司	浙江省重点建设立功竞赛先进个人	浙江省人民政府	2005 年 4 月
刘文涛	嘉兴发电有限责任公司	中央企业技术能手	国务院国资委	2006 年 11 月
邹乐雷	淮浙煤电凤台发电分公司	中央企业技术能手	国务院国资委	2006 年 11 月
谢增孝	浙江浙能中煤舟山煤电有限责任公司	中央企业技术能手	国务院国资委	2006 年 11 月
陈觉民	萧山发电厂	2005 年度重点建设立功竞赛先进个人	浙江省总工会、浙江省发展与改革委员会	2006 年
车　进	浙江省能源集团有限公司	2006 年整治油气田及输油气管道生产治安秩序专项行动先进个人	公安部、中央综治办、国家发展和改革委、监察部、国土资源部、国资委等 11 个部委办	2007 年 3 月
王增祥	浙江省天然气开发有限公司	2006 年整治油气田及输油气管道生产治安秩序专项行动先进个人	公安部、中央综治办、国家发展和改革委、监察部、国土资源部、国资委等 11 个部委办	2007 年 3 月
马俊华	浙江浙能长兴发电有限公司	浙江省五一劳动奖章	浙江省总工会	2007 年 5 月
范子杭	浙江省天然气开发有限公司	2006 年度全省重点建设立功竞赛先进个人	浙江省人民政府	2007 年 5 月
戴豪波	浙江天地环保工程有限公司	2007 年度浙江省减排工作先进个人	浙江省人民政府	2008 年 2 月
王海清	浙江省天然气开发有限公司	2007 年整治油气田及输油气管道生产治安秩序专项行动先进个人	公安部、中央综治办、国家发改委、监察部、国土资源部、国资委等 11 个部委办	2008 年 3 月
王　信	浙江天地环保工程有限公司	浙江省五一劳动奖章	浙江省总工会	2008 年 4 月
王民军	浙江浙能乐清发电有限责任公司	全国节能减排优秀合理化建议奖	中华全国总工会	2008 年 5 月
朱新强	浙江浙能乐清发电有限责任公司	浙江省重点建设立功竞赛先进个人	浙江省人民政府	2008 年 6 月
周慎学	浙能台州第二发电有限责任公司	浙江省人民政府重点建设立功竞赛先进个人	浙江省人民政府	2008 年 6 月
夏克晁	浙能台州第二发电有限责任公司	浙江省重点建设立功竞赛先进个人	浙江省人民政府	2008 年 6 月
黄春慧	浙江浙能温州发电有限公司	浙江省百名职工“安全生产标兵”	浙江省总工会	2008 年

（续）

姓　名	工作单位	荣誉称号	授予部门（单位）	表彰时间
李根银	浙江浙能温州发电有限公司	浙江省重点工程立功竞赛先进个人	浙江省总工会	2008 年
朱新强	浙江浙能中煤舟山煤电有限责任公司	浙江省重点建设立功竞赛先进个人	浙江省人民政府	2008 年 5 月
求晓明	浙江省水利水电投资集团有限公司	浙江省五一劳动奖章	浙江省总工会	2008 年
卢广法	萧山发电厂	2008 年度省重点建设先进个人	浙江省总工会、浙江省发展和改革委	2009 年
鲍丽娟	浙江浙能嘉兴发电有限公司	全国女职工建功立业标兵	中华全国总工会	2009 年 2 月
黄灵豹	浙能集团	浙江省重点建设立功竞赛先进个人	浙江省人民政府	2009 年 2 月
戴豪波	浙江天地环保工程有限公司	浙江省重点建设立功竞赛先进个人	浙江省人民政府	2009 年 3 月
王惠挺	浙江浙能乐清发电有限责任公司	2008 年全省重点建设立功竞赛先进个人	浙江省人民政府	2009 年 5 月
钦晓丹	浙能集团	全国“十一五”关停小火电机组工作先进个人	国家能源局	2009 年 8 月
罗旭杰	浙能集团	2009 年度全国电力行业统计工作先进个人	国家能源局、中国电力企业联合会	2009 年 11 月
李建国	浙江浙能乐清发电有限责任公司	浙江省重点建设立功竞赛先进个人	浙江省人民政府	2010 年 9 月
尹光炜	浙江浙能温州发电有限公司	浙江省“十一五”污染减排工作先进个人	浙江省人民政府	2010 年
董晓国	浙江浙能温州发电有限公司	节能工作先进个人	浙江省人民政府	2010 年
尹光炜	浙江浙能温州发电有限公司	浙江省“十一五”污染减排工作先进个人	浙江省人民政府	2010 年
杨选忠	萧山发电厂	2009 年度重点建设立功竞赛先进个人	浙江省总工会、浙江省发展和改革委	2010 年
张凤祥	浙江浙能镇海发电有限责任公司	全国工会职工书屋建设先进个人	中华全国总工会	2011 年 1 月
金利勤	浙江浙能嘉华发电有限公司	全省重点建设立功竞赛先进个人	浙江省人民政府	2011 年 4 月
张敏敏	浙江浙能乐清发电有限责任公司	浙江省“十一五”污染减排工作先进个人	浙江省人民政府	2011 年 5 月
潘春飞	浙江浙能兰溪发电有限责任公司	浙江省首席技师	中共浙江省委、浙江省人民政府	2011 年 11 月
颜亦磊	浙能集团	2011 年安徽省污染减排工作先进个人	安徽省人民政府	2011 年 12 月

（续）

姓　名	工作单位	荣誉称号	授予部门（单位）	表彰时间
方晨群	浙江浙能兰溪发电有限责任公司	全国百家网站中国特色社会主义法律知识体系知识竞赛优秀奖	司法部	2012 年 1 月
范子杭	浙江能源天然气集团有限公司	2011 年度全省重点建设立功竞赛先进个人	浙江省人民政府	2012 年 3 月
鲍伟明	浙江浙能兰溪发电有限责任公司	全国无偿献血金奖	卫生部、中国红十字总会	2012 年 12 月
李浩源	浙江浙能天工信息科技有限公司	全国技术能手	人力资源和社会保障部	2012 年 12 月
陈庆东	浙江浙能温州发电有限公司	浙江省第四季度“闪光言行之星”	中共浙江省委	2012 年
沈红攀	浙江浙能乐清发电有限责任公司	浙江省五一巾帼奖章	中华全国总工会	2013 年 3 月
李浩源	浙江浙能天工信息科技有限公司	浙江省劳动模范	浙江省人民政府	2013 年 4 月
黄新荣	浙江浙能温州发电有限公司	浙江省质量管理小组活动卓越领导者	浙江省总工会、浙江省质量协会、浙江省质量技术监督局、浙江省科学技术协会、浙江省妇女联合会	2013 年
林宝春	浙江浙能温州发电有限公司	浙江省质量信得过班组建设工作先进个人	浙江省总工会、浙江省质量协会。浙江省质量技术监督局、浙江省科学技术协会、浙江省妇女联合会	2013 年
周慎学	浙能台州第二发电有限责任公司	2013 年浙江省人民政府重点建设立功竞赛先进个人	浙江省人民政府	2014 年 2 月
王　泽	台州发电厂	全国青年岗位能手	共青团中央、人力资源和社会保障部	2014 年 4 月
陈　龙	浙江浙能中煤舟山煤电有限责任公司	浙江省五一劳动奖章	浙江省总工会	2014 年
王　泽	浙江浙能电力工程技术有限公司台州分公司	全国青年岗位能手	共青团中央、人力资源和社会保障部	2014 年
沈红攀	浙江浙能乐清发电有限责任公司	全国五一巾帼标兵	中华全国总工会	2015 年 3 月
张晓炜	浙江浙能镇海发电有限责任公司	浙江金蓝领	浙江省总工会	2015 年 11 月
施望望	浙江浙能天工信息科技有限公司	浙江金蓝领	浙江省总工会	2015 年 11 月
黄观林	萧山发电厂	优秀工会干部	浙江省总工会	2015 年
张晓炜	浙江浙能电力工程技术有限公司宁波分公司	浙江金蓝领	浙江省总工会	2015 年
王瑶家	浙江浙能电力工程技术有限公司台州分公司	浙江金蓝领	浙江省总工会	2015 年

（续）

姓　名	工作单位	荣誉称号	授予部门（单位）	表彰时间
胡　涛	浙江浙能电力工程技术有限公司台州分公司	浙江金蓝领	浙江省总工会	2015年
张晓炜	浙江浙能镇海发电有限责任公司	浙江省五一劳动奖章	浙江省总工会	2016年4月
侯正炜	淮浙煤电凤台发电分公司	浙江省金蓝领	浙江省总工会	2016年11月
徐　拓	萧山发电厂	全省职工读书演讲网上展示活动二等奖	浙江省总工会	2016年11月
张晓炜	浙江浙能电力工程技术有限公司宁波分公司	浙江省五一劳动奖章	浙江省总工会	2016年
王戴清	浙江浙能温州发电有限公司	浙江省重点建设立功竞赛先进个人	浙江省人民政府办公厅	2016年
郭　勇	浙江浙能温州发电有限公司	2016年浙江省能源系统热工仪表与自动装置检修工技能大赛个人第六名	浙江省总工会、浙江省人力资源和社会保障厅	2016年
徐育斌	浙江省天然气开发有限公司	浙江省劳动模范	浙江省人民政府	2017年4月
龚苏平	台州发电厂	浙江省金蓝领	浙江省总工会	2017年6月
王宝龙	浙江天达环保股份有限公司	全国群众体育先进个人	国家体育总局	2017年8月
张　斌	浙能台州第二发电有限责任公司	浙江省金蓝领	浙江省总工会	2017年11月
杨　帅	浙能台州第二发电有限责任公司	浙江省金蓝领	浙江省总工会	2017年11月
吴国潮	浙能集团	国家技术发明奖一等奖（燃煤机组超低排放关键技术研发及应用）	国务院	2017年12月
朱松强	浙能集团	国家技术发明奖一等奖（燃煤机组超低排放关键技术研发及应用）	国务院	2017年12月
胡达清	浙江天地环保工程有限公司	国家技术发明奖一等奖（燃煤机组超低排放关键技术研发及应用）	国务院	2017年12月
赵钊晨	浙江浙能兰溪发电有限责任公司	2017年度全国优秀共青团干部	共青团中央	2018年4月
张　斌	浙能台州第二发电有限责任公司	浙江省五一劳动奖章	浙江省总工会	2018年6月
黄灵豹	浙能集团工会办	浙江省优秀工会工作者	浙江省总工会	2018年6月
王　洁	浙江浙能技术研究院有限公司	全国青年岗位能手	共青团中央、人力资源和社会保障部	2018年7月
刘耀杰	开化天汇环保能源有限公司	全国青年岗位能手	共青团中央、人力资源和社会保障部	2018年7月

（续）

姓　名	工作单位	荣誉称号	授予部门（单位）	表彰时间
白路镇	浙能集团	全省剿灭劣V类水工作突出贡献个人	中共浙江省委、浙江省人民政府	2018年10月
周　斌	浙江省天然气开发有限公司	2016—2017年度全省重点建设立功竞赛先进个人	浙江省人民政府	2018年11月
陈文华	浙江天地环保科技有限公司	“千村示范、万村整治”工程和美丽浙江建设突出贡献个人	浙江省人民政府	2018年11月
吴永法	浙江浙能滨海热电有限责任公司	2016—2017年度浙江省重点建设立功竞赛先进个人	浙江省人民政府	2018年12月
张琴玲	淮浙煤电有限公司凤台发电分公司	浙江省电力技术能手	浙江省总工会	2019年9月
肖　丽	浙江浙能天然气运行有限公司	浙江省数据价值挖掘大赛优秀成果奖三等奖	浙江省总工会	2019年
林宝春	浙江浙能温州发电有限公司	浙江省质量管理小组活动优秀推进者	浙江省总工会、浙江省质量协会、浙江省质量技术监督局、浙江省科学技术协会、浙江省妇女联合会	2013年、2015年、2016年

3. 全国性社会组织先进个人

姓　名	工作单位	荣誉称号	授予部门（单位）	表彰时间
赵华华	浙江浙能镇海发电有限责任公司	2000—2004年度全国电力可靠性管理先进个人	中国电力企业联合会、中国水利电力工会	2004年7月
罗旭杰	浙能集团计划部	2003—2004年度全国电力行业投资统计工作特等奖	中国电力企业联合会	2004年10月
戚国水	浙江浙能嘉兴发电有限公司	全国电力行业推进卓越绩效管理模式优秀领导者	中国电力企业联合会	2009年8月
颜亦磊	浙能集团	2011年中国电力建设质量管理成果二等奖（超临界机组锅炉干燥法停炉保护的研究创新）	中国电力建设企业协会	2011年5月
黄新荣	浙江浙能温州发电有限公司	全国电力行业QC小组活动优秀推进者	中国电力企业联合会	2011
王会勤	浙江浙能温州发电有限公司	全国电力行业QC小组活动优秀推进者	中国电力企业联合会	2011
柏艳萍	温州燃机发电有限公司	2008—2011年度全国电力可靠性监督管理先进个人	国家电力监管委员会、中国电力企业联合会	2012年5月

（续）

姓　名	工作单位	荣誉称号	授予部门（单位）	表彰时间
陈文华 刘海蛟 徐　灏 张元赏 刘德永 程　煜 沈　波	浙江天地环保工程有限公司	2012年度中国电力建设质量管理成果一等奖（百万机组SCR脱硝系统烟气流场优化设计研究）	中国电力建设企业协会	2012年5月
朱将云	浙能集团	2011年度全国电力行业新闻宣传工作先进个人	中国电力企业联合会	2012年5月
何新有	浙江浙能嘉兴发电有限公司	“十一五”电力行业节能减排先进个人	中国电力企业联合会	2012年9月
许林波	浙江浙能兰溪发电有限责任公司	第八届全国电力行业职业技能竞赛电力行业优秀技能选手	中国电力企业联合会、中国能源化学工会全国委员会	2012年9月
章良健	台州发电厂	全国电力行业技术能手	中国电力企业联合会	2012年9月
王迎迎	台州发电厂	全国电力行业技术能手	中国电力企业联合会	2012年9月
龚恺恺	浙江浙能镇海发电有限责任公司	第八届全国电力行业职业技能竞赛电力行业技术能手	中国电力企业联合会、中国能源化学工会全国委员会	2012年9月
韩航杰	浙江浙能镇海发电有限责任公司	第八届全国电力行业职业技能竞赛电力行业优秀技能选手	中国电力企业联合会、中国能源化学工会全国委员会	2012年9月
钱迪江	萧山发电厂	第八届全国电力行业职业技能竞赛电力行业技术能手	中国电力企业联合会 中国能源化学工会全国委员会	2012年9月
董昊炯	浙能集团	“十一五”电力行业节能减排先进个人	中国电力企业联合会	2012年9月
陈宁娜	浙江浙能乐清发电有限责任公司	2011—2012年度全国电力标准化工作先进个人	中国电力企业联合会	2012年11月
范　莉	浙江浙能兰溪发电有限责任公司	2012年度全国电力行业新闻宣传工作先进个人	中国电力企业联合会	2013年5月
周伟民	浙江浙能嘉华发电有限公司	国家优质工程突出贡献者	中国施工企业管理协会	2013年11月
周　洁	浙能电力股份有限公司	2013年全国电力行业优秀思想政治工作者	中国电力企业联合会	2013年12月

（续）

姓　名	工作单位	荣誉称号	授予部门（单位）	表彰时间
张琴玲	淮浙煤电凤台发电分公司	第九届全国电力行业热工程控保护工职业技能竞赛电力行业技术能手	中国电力企业联合会	2014年9月
吴孝炯	浙江浙能兰溪发电有限责任公司	电力标准化建设先进个人	中国电力企业联合会	2014年9月
戴敏敏	浙江浙能兰溪发电有限责任公司	第九届全国电力行业热工程控保护工职业技能竞赛技术能手	中国电力企业联合会、中国能源化学工会全国委员会	2014年9月
房小满	浙能集团	第九届全国电力行业热工程控保护工职业技能竞赛电力行业技术能手	中国电力企业联合会、中国能源化学工会全国维护员会	2014年9月
董昊炯	浙能集团	2015年全国电力行业企业管理创新成果二等奖	中国电力企业联合会	2015年11月
黄旭东	浙能集团	2015年全国电力行业企业管理创新成果二等奖	中国电力企业联合会	2015年11月
陈文华 陈瑶姬 金士政 赵金龙 单新宇 葛春亮 张　健 王汝能 徐　灏 羊新伟	浙江浙能台州第二发电有限责任公司 浙江天地环保工程有限公司	2016年度建立建设QC成果三等奖（脱硝催化剂密封装置可卸化研究）	中国电力建设企业协会	2016年4月
方晨群	浙江浙能兰溪发电有限责任公司	电力标准化工作先进个人	中国电力企业联合会	2016年11月
房小满	浙能集团	2015—2016年度电力标准化工作先进个人	中国电力企业联合会	2016年11月
吴建义	浙江浙能温州发电有限公司	全国职工安全卫生消防应急知识普及竞赛活动组织优秀个人	全国“安康杯”竞赛组委会	2016
邱　信	浙江浙能中煤舟山煤电有限责任公司	全国电力行业技术能手	中国电力企业联合会	2016年
杨　栋	浙江浙能中煤舟山煤电有限责任公司	全国电力行业优秀技术选手	中国电力企业联合会	2016年
张晓炜	浙江浙能镇海发电有限责任公司	2015—2016年度电力行业技术能手	中国电力企业联合会	2017年1月

（续）

姓　名	工作单位	荣誉称号	授予部门（单位）	表彰时间
颜亦磊	浙能集团	2017年中国电力创新奖三等奖	中国电力企业联合会	2017年11月
房小满	浙能集团	2017年中国电力创新奖三等奖	中国电力企业联合会	2017年11月
罗旭杰	浙能集团	2017年度全国电力行业统计工作先进个人	中国电力企业联合会	2018年3月
张　斌	浙能台州第二发电有限责任公司	全国电力行业技术能手	中国电力企业联合会	2018年10月
杨　帅	浙能台州第二发电有限责任公司	全国电力行业技术能手	中国电力企业联合会	2018年10月
滕卫明	浙江浙能天然气运行有限公司	全国石油石化企业管理现代化创新优秀论文一等奖	中国石油企业协会	2018年10月
李宗华	浙能集团	煤炭工业第二轮修志突出贡献先进工作者	中国煤炭工业协会	2019年5月
黄灵豹	浙能集团	煤炭工业第二轮修志工作先进工作者	中国煤炭工业协会	2019年5月

4. 浙能集团劳动模范

姓　名	工作单位	表彰年份
缪荣昌	浙能集团计划发展部前期办	2014年
庄　婷	浙能集团富兴燃料有限公司	2014年
崔振武	浙能镇海发电有限责任公司维修分场	2014年
鲍丽娟	浙江浙能嘉兴发电有限公司	2014年
刘春红	浙江浙能技术研究院	2014年
谢　肖	浙江浙能长兴发电有限公司	2014年
陈锡炯	浙江浙能乐清发电有限责任公司	2014年
王学根	淮浙煤电有限责任公司凤台发电分公司	2014年
章良健	浙江浙能电力股份有限公司台州发电厂	2014年
沈云表	浙江金衢丽天然气有限公司	2014年
王国清	浙江浙能电力股份有限公司萧山发电厂	2016年
王晓东	伊犁新天煤化工有限责任公司	2016年
沈红攀	浙江浙能乐清发电有限责任公司	2016年
张琴玲	淮浙煤电有限责任公司凤台发电分公司	2016年
陈一勤	浙江省能源集团有限公司煤炭及运输分公司	2016年

（续）

姓　名	工作单位	表彰年份
罗永元	浙江天达环保股份有限公司	2016 年
金宏伟	浙江浙能中煤舟山煤电有限责任公司	2016 年
徐晶霞	浙江浙能电力股份有限公司台州发电厂	2016 年
麻建中	浙江浙能兰溪发电有限责任公司	2016 年
程光坤	浙江浙能电力股份有限公司	2016 年
王正明	镇江国际饭店置业有限公司	2019 年
何再培	浙江浙能港口运营管理有限公司	2019 年
应永民	浙江浙能电力工程技术有限公司宁波分公司	2019 年
张海卫	浙江浙能温州发电有限公司	2019 年
张鑫韬	浙能集团新疆分公司	2019 年
侯正炜	淮浙煤电凤台发电分公司	2019 年
倪晓岚	浙江省能源集团有限公司	2019 年
楼玉民	浙江浙能技术研究院有限公司材料技术所	2019 年
滕卫明	浙江浙能天然气运行有限公司	2019 年
潘　伟	浙江长广水泥有限公司	2019 年

5. 2011 年获评浙能集团“浙能骄傲——双十佳人物”

姓　名	工作单位	荣誉称号
万朝晖	浙江浙能乐清发电有限责任公司	浙能骄傲——十佳员工
王海清	浙江省天然气开发有限公司	浙能骄傲——十佳员工
何静飞	浙江浙能镇海发电有限责任公司	浙能骄傲——十佳员工
李　勇	浙能集团	浙能骄傲——十佳员工
陈勤根	浙江浙能长兴发电有限公司	浙能骄傲——十佳员工
罗旭杰	浙能集团	浙能骄傲——十佳员工
徐书德	浙能集团	浙能骄傲——十佳员工
徐新果	浙江浙能钱清发电有限责任公司	浙能骄傲——十佳员工
董增勇	台州发电厂	浙能骄傲——十佳员工
潘春飞	浙江浙能兰溪发电有限责任公司	浙能骄傲——十佳员工
马京程	台州发电厂	浙能骄傲——十佳中坚
朱松强	浙能集团	浙能骄傲——十佳中坚
邵志跃	浙江镇海联合发电有限公司	浙能骄傲——十佳中坚

（续）

姓　名	工作单位	荣誉称号
胡松如	浙江浙能镇海发电有限责任公司	浙能骄傲——十佳中坚
倪晓岚	浙能集团	浙能骄傲——十佳中坚
戚国水	浙江浙能嘉兴发电有限公司	浙能骄傲——十佳中坚
黄伟建	浙能集团科技工程与服务产业分公司	浙能骄傲 ——十佳中坚
楼　晶	浙能集团公司	浙能骄傲——十佳中坚
潘世岳	台州发电厂	浙能骄傲——十佳中坚

所属单位简介

电 力 板 块

1. 浙江浙能电力股份有限公司

浙江浙能电力股份有限公司前身为浙江省电力开发公司，成立于1985年5月，由浙江省电力局管理。2001年成为浙能集团子公司，2009年公司名称变更为浙江省电力开发有限公司，2011年变更为浙江浙能电力股份有限公司，浙能集团占股95%。浙江浙能电力股份有限公司于2013年12月19日在上海证券交易所上市（股票代码：600023）。截至2019年，浙能集团持有浙江浙能电力股份有限公司股份比例为68.47%。

浙江浙能电力股份有限公司是浙能集团电力主业资产整体上市运营的唯一平台，主要从事火力发电、提供热力产品以及对气电、核电、光电、风电等新能源项目投资和管理，是浙江省规模最大的发电企业，截至2019年，燃煤发电机组占比84.7%，燃气发电机组占比15.3%。2017年6月，所属30万千瓦以上燃煤机组提前半年全部完成省政府的超低排放改造任务，成为全国首个全面实现超低排放的大型发电企业。截至2019年，煤机主要污染物度电排放水平优于行业标准和国家标准。2015年以来，浙江浙能电力股份有限公司经营规模稳步扩大，综合实力明显提高，能源建设成就显著，保障能力明显增强，装备水平大幅提升，环保指标位居同行业前列，竞争能力明显增强，关键生产经营指标多年保持行业领先，在浙江省发电企业中长期保持领先地位。新增装机容量约234万千瓦，其中光伏发电实现从无到有，新增装机容量16.41万千瓦，三项主要污染物达标率均超过99.9%。年均营收约503亿元，较2015年约增长27%；年均利润超60亿元，对浙能集团年利润贡献率超过70%。深入开展成本领先行动，度电综合成本累计下降超2.16分，累计增加利润超27亿元。火电营收占总营收比例由2015年的91.8%下降到2019年的76.0%，扭转了火电“一业独大”的不利局面，提高了公司抗风险能力。供热规模持续扩大，2019年对外供热比2015年增长256%，实现供热营收36.72亿元，占总营收的7%，比2015年提高约4.5个百分点。拓展核电产业，优化核电占比，成功参股秦山核电、红岩河、三门一期等核电项目，战略性投资入股中国核电约4亿股，成为其第三大股东并取得其董事席位。

截至2019年末，浙江浙能电力股份有限公司全资、控股运营企业28家，参股管理企业2家，均股、参股企业31家，是浙江省规模最大的发电企业。公司资产总额约1110亿元，净资产约725亿元，归属母公司净资产约642亿元，股本136.01亿，每股净资产约4.72元，资产负债率约34.68%。管理总装机容量达3209万千瓦，权益装机容量达3349.5万千瓦，其中浙江省内统调煤机装机容量2793万千瓦，约占全省统调煤机装机容量的55%。60万千瓦及以上机组装机占煤机总容量的78.4%，超超临界机组装机占煤机总容量的45.6%，供热机组占煤机总容量的85.1%，优于全国行业平均水平。控股管理火电机组年对外供热量约2100万吨。在2006—2019年全国电力可靠性机组评比中，公司获奖的金牌机组和可靠性A级机组累计达48台次，名列全国前茅。

在浙能集团的关心支持和“打造国内最具竞争力的综合能源服务商”愿景指引下，浙江浙能电力股份有限公司大力弘扬“让事业精彩、让生命闪光”的企业精神，认真担负“为发展提供动力、为社会创造财富、为员工谋求幸福”的企业使命，建立了完善的企业治理结构、管理体系、内控制度以及管理信息系统，企业管理水平达到国内领先水平。截至2019年，公司全口径人力资源总量为10918人，拥有大专以上学历的有7364人。具备专业技术资格的有5845人，其中具备高级及以上专业技术资格的人员有357人。

浙江浙能电力股份有限公司按照浙能集团“能源立业、科技兴业、金融富业、海外创业”的发展思路，紧紧抓住能源革命和电力体制改革契机，充分运用发电主业的平台、资本、规模和区位优势，通过“传统管理机制”和“双新双创机制”两个平台同时分力，在稳固现有产业基础上，积极探索和布局新的产业结构，着力发展连锁、平台、生态圈经营模式，深度融合互联网技术，实现“双轮驱动”，优化资产结构和盈利结构，全力打造电力板块“发电+配售电+能源服务+融资平台+‘互联网+智慧能源’”的产业布局。

2. 浙江东南发电股份有限公司

浙江东南发电股份有限公司成立于1997年5月，是由浙江省电力公司、浙江省电力开发公司、浙江八达股份有限公司、浙江省电力物资供应公司和浙江电力房地产开发有限责任公司发起设立的股份有限公司，发起股本总额为13.2亿元。1997年9月，公司通过发行境内上市外资股（B股）6.9亿股，注册资金增至20.1亿元。其中，浙江省电力开发公司占总股本39.8%，浙江省电力公司占总股本25.57%，由浙江省电力公司管理。

浙江东南发电股份有限公司是浙江省委和省政府为探索电力体制改革、推动浙江电力事业快速发展注册成立的浙江省电力行业第一家股份制试点企业，经营范围为电力投资、开发和经营。2000年5月，完成工商变更登记手续，浙江东南发电股份有限公司转为外商投资股份有限公司，公司的注册资本（股本）总额和经营范围不变。

2001年2月，浙江东南发电股份有限公司划归浙能集团。2005年2月17日，浙江省电力公司将持有的25.57%股权划给中国华能集团有限公司。2013年浙江东南发电股份有限公司被浙江浙能电力股份有限公司换股吸收合并后终止上市。2014年9月，浙江东南发电股份有限公司工商登记正式注销。

浙江东南发电股份有限公司成立后，采用“购建并举”的操作思路，1997年接收了台州发电厂的经营业务以及相关的资产与负债，1998年接收了萧山发电厂的经营业务以及相关的资产与负债。此后，公司先后参与投资建设或收购了长兴发电厂工程、嘉兴发电厂工程、萧山发电厂工程、台州发电厂五期扩建工程、北海（滩坑）水电站工程、浙江省天然气有限责任公司、浙江浙能兰溪发电有限公司、安徽兴皖矿业有限公司、海天电力工程有限公司、浙江华隆电力工程有限公司、台州市联源热力有限公司、阿克苏纺织工业城热电厂工程等项目，使公司规模不断壮大。

浙江东南发电股份有限公司严格落实安全生产责任制，全面开展电力企业安全生产标准化达标评级工作，加大各项安全措施的落实力度，超前预防，超前控制，有效防范各类事故发生，推进本质安全化建设。坚持强化生产经营管理，深入开展增收节支、挖潜增效工作。以增量保增收，抓住一切有利时机多发电。对内提高机组的可调性和可靠性，对外积极争取电网调度和替代发电企业支持，妥善落实计划电量和电量指标替发。推行全面预算管理和节能降耗工作，从紧、从严、从细控制可控成本和各项费用。

浙江东南发电股份有限公司先后被评为“中国上市公司100强企业”“上市公司纳税百强企业”“首届《新财富》全国优秀信息披露公司”“浙江上市公司投资者关系管理十佳公司”，入选道琼斯中国88指数成分股。

从1997年9月至2013年6月底，浙江东南发电股份有限公司累计完成发电量超过2500亿千瓦时，实现净利润超96亿元。

3. 浙江浙能北仑发电有限公司

浙江浙能北仑发电有限公司地处宁波市北仑区，杭州湾口外金塘水道南岸，距宁波市区约30公里，毗邻我国深水良港——北仑港，是一家集发电、供热于一体的委托管理型发电企业，下设生产安全部、财务产权部、计划经营部、党群（纪检审计）室、办公室共5个部门，有员工38人，负责北仑发电厂二期工程3台66万千瓦亚临界燃煤机组的生产经营，机组运行及检修维护委托国电浙江北仑第一发电有限公司管理。

浙江浙能北仑发电有限公司于1997年4月经浙江省工商行政管理局批准注册登记成立，注册资金23亿元。2003年8月纳入浙能集团管理序列，2007年10月更名为浙江浙能北仑发电有限公司。

1996年5月21日，电力工业部复文同意浙江浙能北仑发电有限公司北电二期工程初步设计审查会纪要。二期工程初步设计装机容量为3台60万千瓦，静态投资102.4亿元，动态投资122.2亿元，投资单位为浙江省电力公司（占股36%）、浙江省电力开发公司（占股34%）、中国华东电力集团公司（占股30%）。后经多次股权受让，截至2019年，股权占比为：浙江浙能电力股份有限公司占51%股份，北京国电电力有限公司占49%股份。

浙江浙能北仑发电有限公司二期工程1996年被国家计委列入国家“九五”重点建设项目，利用世界银行贷款建设，总投资93亿元。发电设备通过国际招标采购，从美国、日本、德国、法国、瑞士、澳大利亚等国家引进，达到20世纪90年代国际先进水平。工程于1996年6月8日开工，1997年12月24日3号机组首次并网发电，2000年9月28日3台机组全部建成投产。该工程被评为“火电优质工程”和浙江省“钱江杯优质工程”，获得国家建筑工程“鲁班奖”和“国际一流火力发电厂”等荣誉称号。2014年6月浙江浙能北仑发电有限公司二期3台机组经过扩容改造，单机铭牌出力提至66万千瓦，总装机容量提升为198万千瓦。

浙江浙能北仑发电有限公司在浙江省火电机组范围内率先完成了机组脱硫改造、脱硝改造和烟气超低排放改造，各项污染物排放指标达到天然气机组水平；全面完成了汽轮机通流改造、引风机变频改造等一大批高效节能技术改造，供电煤耗最低降至306.48克/千瓦时以下；机组无故障连续运行时间屡次打破全国同类型机组纪录，在全国大机组竞赛中获全国A级（金牌）机组称号8台次，多次获得浙江省经信委电量奖励；机组投产至2019年底，已为全社会提供绿色能源超2106亿千瓦时，累计创造利润总额123亿元，实现利税177亿元。公司20年持续盈利，多次荣膺宁波市纳税百强企业，连续第十三年入围宁波市百强企业。

浙江浙能北仑发电有限公司强化党建引领，“红色动力”融入企业工作；明确管理定位，委托管理发挥“1+1>2”效果；健全标准化体系，确保企业高效运行；建立委托管理科学体系，实现企业经营双赢；创新驱动改革，高质量发展多点突破；强化企业软实力，输出优秀管理经验。在电力市场改革深化的新形势下，公司立足于企业独特的委托制管理模式，以打造管理型标杆企业为目标，未雨绸缪、稳中求变，不断思索如何适应市场变化和行业发展，提高经济效益和生产效率，推动企业转型升级、可持续发展、提升综合竞争力，实现企业高质量发展。

4. 浙江浙能嘉兴发电有限公司

浙江浙能嘉兴发电有限公司前身为嘉兴发电厂，成立于1994年10月，注册资金688万元，由浙江省电力开发公司70%和浙江省电力公司30%的比例组成。2000年3月更名为嘉兴发电有限责任公司，2008年7月更名为浙江浙能嘉兴发电有限公司。经多次股东及注册资金变化，截至2019年，注册资金8.43亿元，其中浙江浙能电力股份有限公司占股70%，山西晋能电力集团有限公司占股30%。公司拥有嘉兴发电厂一期工程2台33万千瓦亚临界燃煤机组。

一期工程自1992年12月开工，一期2台30万千瓦机组（1号、2号机组）分别于1995年7月和12月建成投产。根据《关于浙江嘉兴发电厂一期工程调整概算的批复》，核定一期工程调整概算静态总资金为276386万元，工程项目总资金为297270万元。1号、2号机组分别于2011年10月、2012年12月完成汽轮机通流改造和节能增容改造，机组单机容量由30万千瓦增加至33万千瓦。2台机组接入浙江电网220千伏系统。

截至2019年，浙江浙能嘉兴发电有限公司下设办公室、人力资源部（组织部）、监察审计部、党群工作部、工会办公室、财务产权部、计划营销部、物资采购部、安健环部、设备管理部、运行部、维护部、燃料部、信息中心、行政事务中心、项目前期办、综合能源管理部、检修部（嘉源电力）、供热办公室（平湖热力）等19个部室。公司下属两家子公司，分别为平湖市滨海热力有限公司和浙江嘉源电力工程有限公司。平湖市滨海热力有限公司成立于2011年12月，由浙江浙能嘉兴发电有限公司与平湖市独山港区物流投资有限公司合资组建，注册资本6000万元，其中浙江浙能嘉兴发电有限公司占股90%，主要业务为承担平湖市独山港区和九龙山区域热力管网建设和热力供应；浙江嘉源电力工程有限公司成立于2007年8月2日，由浙江浙能嘉兴发电有限公司独资组建，注册资本1000万元，主要业务为火力发电机组检修维护工作，2016年又率先提出并加快实施煤风光电协调一体发展的新模式，厂区光伏发电项目已建成投产，光伏装机容量为3.5万千瓦。

浙江浙能嘉兴发电有限公司成立20多年来，围绕建设"系统最优、全国最好、国际一流"的目标，狠抓安全生产和经营管理，管理机组多项安全生产指标和经济技术指标名列同类型火电机组前列。截至2019年底，浙江浙能嘉兴发电有限公司累计发电量851.07亿千瓦时，利税总额80.27亿元。公司先后获得全国一流火力发电厂、浙江省绿色企业、国家职业卫生示范企业、全国文明单位、全国电力行业质量特别奖、全国电力安全生产标准化一级企业等荣誉称号，在行业内拥有良好的声誉。

5. 浙江浙能嘉华发电有限公司

浙江浙能嘉华发电有限公司前身为浙江嘉华发电有限责任公司，成立于2001年7月9日。2009年6月，浙江嘉华发电有限责任公司更名为浙江浙能嘉华发电有限公司。截至2019年，注册资金34.22亿元。其中浙江浙能电力股份有限公司占股77%，中国神华能源股份有限公司占股20%，浙江省电力建设有限公司占股3%。浙江浙能嘉华发电有限公司拥有嘉兴发电厂二期工程4台66万千瓦亚临界燃煤机组和三期工程2台100万千瓦超超临界燃煤机组，装机总容量为464万千瓦。同时承担浙江浙能嘉兴发电有限公司两台机组生产运行管理工作。

浙江嘉华发电有限责任公司投资建设的嘉兴发电厂二期工程（4台60万千瓦机组）于2002年4月24日开工建设，4台机组（3~6号机组）分别于2004年7月8日、2004年12月22日、2005年5月13日、2005年10月18日完成168小时连续满负荷试运行考核，其中4号机组创造了国内60万千瓦机组168小时试运行后连续安全稳定运行的最好成绩。2014—2015年，4号、5号、3号、6号机组相继完成通流增容改造，单机容量由60万千瓦增至66万千瓦。

浙江嘉华发电有限责任公司投资建设的嘉兴发电厂三期工程（2台100万千瓦机组）于2009年8月17日开工建设，2台机组（7、8号机组）分别于2011年6月23日和10月18日完成168小时连续满负荷试运行，7号机组的建设工期创造了国内同类型机组领先记录。

截至2019年，浙江浙能嘉华发电有限公司下设办公室、人力资源部（组织部）、监察审计部、党群工作部、工会办公室、财务产权部、计划营销部、物资采购部、安健环部、设备管理部、运行部、维护部、燃料部、信息中心、行政事务中心、项目前期办、综合能源管理部、检修部（嘉源电力）、供热办公室（平湖热力）等19个部室。

浙江浙能嘉华发电有限公司围绕"建设系统最优、全国最好、国际一流大型清洁智慧电厂"的目标，强化安全生产，优化经营管理，取得了良好的生产经营业绩。截至2019年底，公司累计发电量2791.99亿千瓦时，利税总额219.52亿元。

浙江浙能嘉华发电有限公司坚持"严、细、实、精"的工作作风，着力打造本质安全型企业。全面深化成本领先行动，主动融入电力市场化改革，积极参与大用户直供试点，生产经营绩效良好。深入实施卓越绩效管理模式，深化标准化、体系化管理，获评国家"标准化良好行为AAAA级企业""全国五一劳动奖章、全国工人先锋号""国家级技能大师工作室"等。先后荣获"全国用户满意企业""国家煤电节能减排示范电站""全国电力行业质量金奖""浙江省五一劳动奖状”等荣誉称号，企业党委荣获“全国先进基层党组织”称号。二期工程荣获“中国建筑工程鲁班奖”，三期工程荣获“国家优质工程金奖”“国家优质投资项目特别奖”；管理发电机组自2007年以来已有13台次获得全国发电可靠性A级机组（金牌机组、对标评价优胜机组）称号；5号、7号机组分别以连续并网运行750天和647天的成绩，创造并保持60万千瓦级和100万千瓦发电机组连续并网运行全国纪录。2014年，在国内率先成功实施三期2台百万千瓦机组烟气超低排放改造，引领国内煤电清洁生产新一轮革命。

6. 浙江浙能长兴发电有限公司

浙江浙能长兴发电有限公司前身为浙江长兴发电有限责任公司，成立于2001年7月，注册资本为6.1亿元，由浙江东南发电股份有限公司65%、浙江宏发能源有限公司20%、浙江省电力开发公司15%的比例投资组建。2008年10月更名为浙江浙能长兴发电有限公司，隶属于浙江浙能电力股份有限公司，是一家国有现代化节能环保发电企业，运营4台33万千瓦凝汽式燃煤机组，总装机容量132万千瓦，同时受托管理2台43.5万千瓦燃气—蒸汽联合循环热电机组。经数次股东变更。截至2019年，浙江浙能长兴发电有限公司注册资本为10.96亿元，由浙江浙能电力股份有限公司95%和长兴城市建设投资集团有限公司出5%的比例共同出资。

浙江浙能长兴发电有限公司4台30万千瓦燃煤发电机组分两期建设完成，建设投资约48亿元。一期工程2台机组系浙江省重点工程，于2003年5月竣工投产，2台机组先后荣获2003年度浙江省建设工程“钱江杯”和2004年度建设工程“鲁班奖”；二期工程2台机组同步建设脱硫设施（包括一期工程脱硫项目），属浙江省“十五”电源建设抢建项目，于2006年5月31日建成投产。于2014年4月完成4台燃煤机组的增容改造，单机容量提升至33万千瓦；2014年5月完成4台燃煤机组烟气脱硝改造，投资2.3亿元，设计脱硝效率70%，脱硝装置可用率98%；2012年11月27日建设完成中水处理回用系统工程，投资约9000万元，日处理污水能力达6万吨，该工程是长江以南地区率先实施，也是规模最大的中水回用工程。2017年6月8日完成4台机组烟气超低排放改造，项目投资4亿元，按年利用小时数4000小时计算，每年将减少氮氧化物排放845吨、烟尘排放106吨、二氧化硫排放2006吨，并可享受每千瓦时1分钱的超低排放电价支持政策，每年可增加利润4000余万元。

截至2019年底，浙江浙能长兴发电有限公司有职能部门16个、子公司2家，职工559人。公司始终坚持走安全发展、绿色发展、效益发展、和谐发展之路，精心运营发电主业，不断拓展产业链，充分利用区位和资源优势，大力发展集中供热。战略收购并建设捷通物流码头，成立长兴捷通物流有限公司，保障了浙江浙能长兴发电有限公司水路燃煤供应的同时，推动散货集装箱运输业务全面发展。承担建设长兴天然气热电联产工程的重任，成为浙江省内首家通过基建工程安全生产标准化达标评级的项目，同时经严控成本，工程单位造价仅为2270元/千瓦，达到国内同类型机组领先水平，长兴天然气热电有限公司已通过股权转让形式由国家电投集团控股，浙江浙能长兴发电有限公司受托负责运维管理。截至2019年底，浙江浙能长兴发电有限公司已累计发电约1020亿千瓦时，为浙北地区经济和社会发展做出重要贡献。2003年10月开始供热，单机供热能力提升至100吨/小时，总签约用户达到了98家，管网长度55公里，长兴县供热市场占有率约70%。

浙江浙能长兴发电有限公司不断发挥电厂新功能，融入当地经济发展，推进企业从生产型向服务型转变，从工厂型向地方发展平台型转变，加快“走出去”步伐，在全力抢占现有供热范围内的供热市场的同时，向政府提供资源，引导用热企业向电厂周边集聚；探索建立“电厂+”综合能源服务模式，加快推进与地方企业其他能源类项目战略合作，全力推进燃煤耦合污泥发电项目，努力成为当地经济发展的重要依托。同时，以“绿色能源”为发展方向，实施全厂废水零排放，加强城市中水的资源化利用，探索城市中水回用至锅炉补给水的可行性，为公司实现地表水零取用做出积极尝试。依托长兴县新能源产业集群和资金、技术、人才、信息等资源要素优势，大力拓展厂外分布式能源项目，不断探索“互联网+”智慧项目的发展，加快公司未来新能源产业战略转型步伐。

7. 浙江浙能镇海发电有限责任公司

浙江浙能镇海发电有限责任公司前身为镇海发电厂，成立于1978年10月。1999年12月更名为浙江镇海发电有限责任公司，2003年3月归属浙能集团，2008年5月更名为浙江浙能镇海发电有限责任公司。截至2019年，浙江浙能镇海发电有限责任公司注册资本为4.86亿元，浙江浙能电力股份有限公司出资比例51%，晋能电力集团有限公司出资比例37.5%，宁波开发投资集团有限公司出资比例11.5%。公司主营业务为电力电量的生产销售及相关的派生副业，电力、热力、供热服务，电力及节能技术的研发、技术咨询，合同能源管理等。

镇海发电厂工程于1974年11月20日由国家计划委员会和水利电力部批准建设，是国家“六五”和“七五”期间重点建设项目。工程分三期进行，首期工程为2台12.5万千瓦燃油机组（1号、2号机组），在1977年3月破土动工，分别于1978年12月25日和1979年9月22日建成投产，被浙江省建设委员会评为“优质工程”。二期（3号、4号机组）、三期（5号、6号机组）工程均为20万千瓦燃煤机组，自1983年8月13日开始陆续动工兴建，至1990年6月9日全部建成投产，装机总容量达105万千瓦，成为浙江省最大的火力发电厂。

1995年9月12日，按照浙江省电力局建立区域性检修公司的要求，检修队伍及部分管理人员成建制从镇海发电厂划出，单独成立宁波发电设备检修公司（后更名为宁波发电工程有限公司）。1999年12月27日，宁波发电工程有限公司并入镇海发电厂。

为抓住东海油气在宁波登陆的难得机遇，浙江浙能镇海发电有限责任公司努力争取油机改造项目，以求利用清洁能源，扩大企业规模。2003年9月，2台12.5万千瓦燃油机组退役并拆除，其中150米高的烟囱于12月7日成功实施爆破，被媒体称为“亚洲第一爆”。

浙江浙能镇海发电有限责任公司始终坚持科技进步和节能减排，不断实施技术改造工作。2010年1月22日起，公司实施4台21.5万千瓦燃煤机组供热改造工程。2010年9月30日开始供热，随着供热改造、管网建设等工作的开展，供热能力和市场份额逐步提升，单机供热能力提升至150吨/小时，总签约用户达到了54家，管网长度达80多公里，镇海区供热市场占有率达50%以上。

2015年8月，为适应镇海城区的发展和企业节能减排的需要，公司逐步关停4台21.5万千瓦燃煤机组，在泥螺山围垦区域新建2台66万千瓦超临界燃煤机组，该工程已于2016年4月获浙江省发改委核准。二期的2台21.5万千瓦燃煤机组于2018年12月26日关停。

截至2019年12月底，浙江浙能镇海发电有限责任公司拥有三期工程的2台21.5万千瓦燃煤机组，装机总容量为43万千瓦。同时，承担浙江浙能镇海联合发电有限公司的3台9E燃机的运行、维护及管理工作。

浙江浙能镇海发电有限责任公司始终坚持两个文明一起抓，不断深化企业改革，积极推进两个根本性转变，坚持走内涵发展的道路；突出以经济效益为中心，加强内部经营管理，深入挖潜增效，不断降低生产经营成本；以安全生产为基础，依靠科技进步，狠抓技术改造和设备整治，不断改善设备健康水平。公司先后荣获全国电力行业用户满意单位、全国“安康杯”竞赛优胜企业、全国企业文化工作先进单位、全国模范职工之家、全国学习型组织建设先进单位等光荣称号；荣获浙江省先进基层党组织等荣誉称号，被授予“浙江省廉政文化进企业示范单位”称号；连续多年保持“浙江省文明单位”“宁波市文明单位”“浙江省治安创安示范单位”等荣誉称号。

8. 浙江浙能镇海联合发电有限公司

浙江浙能镇海联合发电有限公司位于浙江省宁波市镇海区城关镇虹桥村，南邻甬江，北临前大河，东侧紧靠镇海发电厂，西距宁波市区15

公里，东距镇海城关镇2公里，距出海口7公里，厂区总占地面积为7.3公顷。

浙江浙能镇海联合发电有限公司成立于1994年11月，作为管理型公司，全面负责工程的建设、运营和管理，机组总装机容量33.4万千瓦，拥有2套美国通用电气公司制造的9E型燃气轮机发电机组和一套英国GEC阿尔斯通公司制造的联合循环汽轮发电机组。公司注册资金4720万美元（人民币148065万元），由浙江省电力开发公司、宁波市电力开发公司和香港富春有限公司按注册资金的45%、30%、25%投资。1998年7月6日，公司董事会决议将香港富春有限公司全部出资额25%转让予浙江省电力开发公司。2003年3月，浙江省电力开发公司股权划至浙能集团，由浙能集团控股管理。截至2019年，公司股权由浙江浙能电力股份有限公司、宁波开发投资集团有限公司和浙江能源国际有限公司分别占有，比例为45%、30%和25%。浙江浙能镇海联合发电有限公司镇海30万千瓦燃气——蒸汽联合循环发电项目（简称镇海燃机工程）是“八五”计划期间的浙江省重点建设工程，也是浙江省最早投产的重型燃气—蒸汽联合循环发电项目。工程建设创造了三个第一，即浙江省第一个30万千瓦燃机工程，第一个以业主方式进行管理，第一个采用总承包方式进行建设。

20世纪90年代初，浙江电网缺电严重，为满足浙江省经济社会发展的用电需要，浙江省电力工业局于1992年提出在镇海发电厂三期工程组装场地建设燃气—蒸汽联合循环发电机组。1994年11月28日，镇海燃机工程建设实质性启动。1999年4月19日，完成整套联合循环连续168小时试运行。1999年9月21日，移交生产。镇海燃机工程采用世界上先进的燃气—蒸汽联合循环发电技术，主设备从国外成套引进。工程投产为缓解电网缺电状况、优化电网结构以及地方经济建设发挥了积极的作用，投产初期燃料油价格低廉，取得了良好的经济效益。尤其是2003年，公司全年发电量达16.5亿千瓦时，全年实现利润2.15亿元，创下历史最好纪录。

2009年始，为应对不断高企的燃油价格和国家不断提高的环保要求，公司开展燃油改燃气项目前期工作，以整体提高机组的发电经济性和环保性能。镇海9E燃机油改气项目于2011年6月获浙江省发展和改革委员会核准，10月21日开始动工建设，于2012年5月28日投产复役，是浙能集团首例实施的燃机机组油改气工程，主要项目包括新建1套天然气供应系统和相关消防设施，2台燃气轮机组原液体燃烧系统改造为单天然气燃料的低氮燃烧器，并对原燃机控制系统进行升级改造。改造后，联合循环总出力由33.06万千瓦提高到34.3万千瓦，年节约标煤1.2万吨，减少二氧化硫排放量1100吨，减少氮氧化物排放量220吨，减少烟尘排放量150吨。

随着浙江浙能镇海联合发电有限公司发电机组运行年限的增加，公司加大安全生产投入、技术攻关和设备整治力度，强化设备缺陷管理和检修管理，开展燃机升级改造可行性研究，成立专门机构，科学有序、优质高效地推进项目可研工作。同时公司紧紧围绕浙能集团绿色能源发展战略，按照浙江浙能电力股份有限公司下达的新能源开发目标指标要求，全力推进非水可再生能源项目开发。

截至2019年底，浙江浙能镇海联合发电有限公司下设办公室、生产安全部、计划经营部、财务产权部、党群（纪检审计）室5个部门，有正式员工34人，拥有本科以上学历人员占员工总数的85%以上，具有专业技术资格人员占员工总数的75%以上。

浙江浙能镇海联合发电有限公司将拼搏进取，勇毅笃行，努力为社会提供清洁、安全、可靠的能源，牢牢把握企业创新的战略机遇，为环境保护、经济发展做出更大的贡献。

9. 浙江浙能温州发电有限公司

浙江浙能温州发电有限公司位于距温州市区东北约15公里的乐清市磐石镇，厂区占地面积76.87公顷，是浙江沿海地区主力电源点之一。浙江浙能温州发电有限公司总装机容量198万千瓦，运行维护火电机组容量264万千瓦、风电1.35万千瓦，是集供电、供热、运维检修于一体的大型发电企业。浙江浙能温州发电有限公司以三期工程和扩建工程为生产经营主体，同时承包二期工程的运行维护管理。

浙江浙能温州发电有限公司前身为温州发电厂，成立于1990年5月，注册资金为9836.30万元，华能发电公司占34.36%、温州电力开发公司占34.21%、浙江省电力开发公司占31.43%。1999年1月，由浙江省电力开发公司持有的长兴发电厂股权和华能集团公司持有的温州发电厂股权进行置换，资产置换后浙江省电力开发公司占66.98%、温州市电力开发公司占33.02%。2000年6月，更名为温州发电有限责任公司，注册资本为5.97亿元。2008年4月更名为浙江浙能温州发电有限公司。

浙江浙能温州发电有限公司投资建设的温州发电厂一期工程2台12.5万千瓦机组，是国家“七五”计划抢建项目，是温州市新中国成立以来最大的建设项目，总投资5.46亿元，2台机组分别于1990年12月和1991年8月提前投产发电。一期工程2台机组于2010年8月关停。

温州发电厂三期工程是浙江省委、省政府确定的“两个一千万”电源建设项目中2005年底必须建成投产的重大电源项目，同时也是“五大百亿”重大基础设施项目之一，建设规模为2台30万千瓦燃煤发电机组，同步安装烟气脱硫装置，工程总投资24.10亿元，2台机组于2003年7月开工建设，分别于2005年3月和7月投产发电。

2010年12月，按照浙江省能源集团大能源战略的部署，在拆除一期2台13.5万千瓦机组的基础上，采取“上大压小”的方式，建设2台66万千瓦机组。扩建工程2台66万千瓦机组，是浙江省重点建设项目，也是国家发文严控重点区域燃煤发电项目规划建设后第一个获批的项目。扩建工程由浙江浙能电力股份有限公司和温州市工业投资集团有限公司两家单位共同出资建设，项目资本金由浙江浙能电力股份有限公司和温州市工业与能源发展集团有限公司分别按66.98%和33.02%的比例出资。工程建设规模为在拆除一期2台机组基础上，按“上大压小”模式扩建2台66万千瓦高效超超临界燃煤机组，并同步建设烟气脱硫、脱硝装置，烟气排放标准按超低排放标准执行。扩建工程2台机组已分别于2015年11月11日和12月19日建成投产。

浙江浙能温州发电有限公司夯实安全基础，狠抓经营管理，不断提升企业竞争力，企业各项工作均取得了显著成效，有效缓解了浙南地区长期严重缺电的局面，为温州工农业生产和人民生活用电需要提供了可靠的电力能源保障。

截至2019年底，浙江浙能温州发电有限公司设置办公室、行政事务中心、人力资源部、党群工作部、工会办公室、纪检审计室、财务产权部、物资采购部、计划营销部、安健环部、设备管理部、信息中心、运行部、维护部、燃料部等15个标准部门，前期办公室、工程部两个临时部门及乐清市瓯越能源服务有限公司、乐清市嘉隆供热有限公司两家子公司。

浙江浙能温州发电有限公司深入推进“依法治企”，高度重视安全生产工作，强化生产效益指标管控，加强财务预算管理，坚持资金及利润滚动预测和经济分析制度，坚持提质增效工作，强化合同规范管理，加强物资仓储管理，健全现代型企业管理制度体系，先后获“国家电力部安全文明生产达标企业”“华东电网一流火电企业”“标准化良好行为4A级企业”“全国电力系统卓越绩效先进企业”“中国电力行业最具社会责任感企业”“全国企业文化建设优秀单位”“全国优秀企业文联”“全国绿化模范单位”“浙江省文明单位”“浙能集团优秀企业”省属企业“先进基层党组织”全国“模范职工之家”等荣誉称号。

10. 浙江温州特鲁莱发电有限责任公司

浙江温州特鲁莱发电有限责任公司是温州发电厂二期工程业主单位（工程位于浙江省乐清市磐石镇），于1998年9月25日注册成立，注册资本7.9612亿元，由浙江省电力开发公司、温州电力投资有限公司和特鲁莱国际能源有限合伙企业（美国）三方共同投资，是浙江省电力行业第一个直接引进外资的中外合作建设的大型电站项目。2002年9月，香港华润集团旗下的华润电力控股有限公司收购了特鲁莱国际能源有限合伙企业。2011年1月，华润电力控股有限公司将股权转让给其另一全资子公司华润电力投资有限公司。截至 2019 年，股东为浙江浙能电力股份有限公司、温州电力投资有限公司、华润电力投资有限公司，投资比例分别为 30%、30% 和 40%。

公司投资建设温州发电厂二期工程 2 台 30 万千瓦燃煤发电机组，工程总投资 31.8448 亿元，于 1999 年 3 月 28 日开工建设。第一台机组于 2001 年 4 月 29 日通过 168 小时满负荷试运行，2001 年 10 月 26 日进入商业运行；第二台机组于 2001 年 9 月 14 日通过 168 小时满负荷试运行，2002 年 3 月 14 日进入商业运行。2 台机组装机容量于 2012 年 1 月、12 月完成节能增容改造后，由 30 万千瓦增容至 33 万千瓦；于 2015 年 7 月、2017 年 6 月完成烟气超低排放改造，使机组主要污染物排放浓度达到天然气燃气轮机组的排放标准，为社会提供绿色能源发挥重要作用。

截至 2019 年，公司设 5 个职能部门，分别为生产安全部、计划经营部、财务产权部、办公室、党群（纪检审计）室。公司坚持安全生产、精细管理、绿色发展、全员提升工作理念，并结合企业运营、党建、队伍等特点，深入实践节能、减排、可靠性提升、灵活性改造、资金优化提效、队伍素质提升、清廉国企建设、党建创新等“八大工程”，为构建“经营效益好、安全生产好、绿色发展好、队伍建设好”的“四好”发电企业奠定基础。公司党总支结合企业实际积极开展党建创新工作，实践国企党建“三线”工作法，即把握核心主线、坚持德能高线、严守廉政防线，为公司持续创造良好业绩提供坚强有力的政治保障。截至 2019 年 12 月底，2 台机组发电量共计 623.2527 亿千瓦时，创利税总额近 59.83 亿元，连续安全生产日达到 7861 天。公司先后荣获国家优质工程银质奖、浙江省建设工程钱江杯奖（优质工程）、全国发电可靠性金牌机组、全国火力大机组竞赛二等奖、浙江省中外合资合作百强企业等荣誉称号，并连续多年荣获浙江省 AAA 级纳税信誉企业。

11. 温州燃机发电有限公司

温州燃机发电有限公司坐落在离温州市中心约 16 公里的瓯江南岸，位于温州市龙湾区瑶溪街道龙东村。公司厂区占地面积 125 亩。1998 年 6 月 3 日，温州燃机发电有限公司注册成立，注册资本金 35750 万元，由温州市宏业投资发展有限公司、浙江省电力开发公司按注册资金的 57%、43% 的比例投资组建。2003 年 3 月 1 日，移交浙能集团管理。

温州燃机发电有限公司拥有两台 10 万千瓦燃气轮机发电机组和 1 台 10 万千瓦次高压凝汽式汽轮机发电机组，总装机容量 30 万千瓦。1996 年 9 月 28 日开工建设，1 号、2 号燃气轮发电机分别于 1998 年 4 月和 5 月并网发电；1999 年 4 月，3 号蒸汽轮发电机并网发电。温州燃机发电工程 30 万千瓦级联合循环机组全部建成投产，在缓解温州电网缺电局面、增加系统调峰容量和事故应急能力、优化浙江省和温州市电源结构等方面均发挥了巨大的作用。该项目实际投资 15.643 亿元。1999 年 8 月，温州燃机发电主体工程荣获“1999 年度浙江省钱江杯优质工程奖”。

2014 年 2 月，温州燃机油改气工程正式实施；2014 年 8 月，2 号和 3 号机组顺利通过 96 小时满负荷试运行；2014 年 9 月，1 号机组顺利通过 96 小时满负荷试运行，整套机组正式投入商业运行。改造后，3 台机组总装机容量变成 34.2 万千瓦。油改气项目实际总投资 1.2496 亿元。

1997 年初，浙江省电力工业局委托台州发电厂承接温州燃机发电有限公司的生产准备和投产后的生产管理工作。1999 年 2 月至 2019 年底，台州发电厂与温州燃机发电有限公司一直以合同的形式承包电厂的运行和维护。温州燃机发电有限公司自 1998 年投产至 2019 年底，已累计发电 150.7658 亿千瓦时，上缴国家各项税收 11.2665 亿元，为浙江电网的稳定和温州的经济发展做出了积极的贡献。多次荣获温州市“纳税百强”“AAA 级纳税信用企业”、温州经济技术开发区“突出贡献企业”“明星企业”“五星级企业”、龙湾区“功勋企业”等称号。

截至 2019 年，温州燃机发电有限公司设置有办公室、党群（纪检审计）室、财务产权部、计划经营部、生产安全部 5 个部门。

温州燃机发电有限公司紧紧围绕浙能集团“大能源战略”和“四业”发展战略，坚持以安全生产为根本，以经济效益为中心，以企业发展为目标，通过采取加强班子建设、巩固安全基础、完善制度体系、提升精细化管理水平、推动企业发展项目等有效举措，为实现企业转型升级、持续发展而不懈努力。

12. 浙江浙能电力股份有限公司台州发电厂

浙江浙能电力股份有限公司台州发电厂前身为台州发电厂，始建于1979年，系浙能集团有限公司控股、浙江浙能电力股份公司全资拥有的国家大型火力发电厂，是国家“六五”“七五”计划重点项目，位于中国黄金海岸线中段的台州市椒江区前所街道。

1997年5月，浙江东南发电股份有限公司成立，台州发电厂受浙江省电力工业局和东南发电公司双重领导。根据2003年1月浙江省电力公司“发电资产重组管理移交工作会议”精神，同年3月，浙江省能源集团有限公司接收台州发电厂管理职能，台州发电厂受浙能集团和东南发电公司双重领导。2011年，浙江浙能电力股份有限公司成立，台州发电厂受浙能集团和浙能电力股份公司双重领导。

1982年12月，台州发电厂注册成立。1998年3月20日，台州发电厂更名为浙江东南电力股份有限公司台州分公司，从属名称：台州发电厂；2007年6月26日，更名为浙江东南电力股份有限公司台州发电厂，从属名称：台州发电厂；2014年10月10日，更名为浙江浙能电力股份有限公司台州发电厂，从属名称：台州发电厂，2019年10月30日，更名为浙江浙能电力股份有限公司台州发电厂。

浙江浙能电力股份有限公司台州发电厂有4台30万千瓦等级机组，总装机容量为136万千瓦，在册职工人数1066人，下设19个部门，其中包括台州市台电能源工程技术有限公司和台州市联源热力有限公司。

台州发电厂于1979年3月开始开山平基，1982年12月23日建成投产首台12.5万千瓦双水内冷发电机组。在改革开放初期的20世纪80年代，浙江浙能电力股份有限公司台州发电厂接连建成了一至三期工程6台12.5万千瓦发电机组，为浙东南乃至全省的经济社会发展提供了强大的能源保障，被誉为“浙东南经济腾飞的翅膀”。1997年12月，浙江浙能电力股份有限公司台州发电厂建成四期工程2台33万千瓦发电机组，一跃成为浙江最大、华东第二、全国第五的超大型发电企业，并率先实现了安全文明生产“双达标”“创一流”工作的全面提升。21世纪之初，浙江浙能电力股份有限公司台州发电厂审时度势、抢抓机遇，分别于2007年12月、2008年4月建成投产2台五期工程30万千瓦发电兼供热机组，达到全厂10台机组、总装机容量207万千瓦的历史新高度。

浙江浙能电力股份有限公司台州发电厂始终坚持科技进步和技术革新，积极推进清洁能源建设。2009年，响应国家“上大压小、节能减排”的号召，主动关停6台13.5万千瓦机组。2014年7月，完成四期、五期机组的扩容改造，扩容后总装机容量为136万千瓦。2010年12月完成机组烟气脱硫改造，2014年6月完成机组烟气全脱硝改造，2017年6月完成机组烟气超低排放改造，烟气污染物排放达到了国际水平。

浙江浙能电力股份有限公司台州发电厂始终认真贯彻落实以安全生产为基础、发展为第一要务、科技为第一生产力的工作方针，坚持社会效益、环境效益与经济效益相统一，持之以恒推进企业改革、发展、创新和进步，在“双达标”“创一流”、抗台抢险、抗灾抢修中，干部职工坚守岗位、无私奉献，先后取得了“全国文明单位”“全国精神文明建设工作先进单位”“全国思想政治工作优秀单位”“中国企业文化建设先进单位”“全国群众体育先进单位”“全国绿化模范单位”“全国安康杯活动先进单位”以及浙能集团“先进单位”“四好领导班子”“优秀党委”等多项荣誉称号，多次、多机组取得了全国10万千瓦等级、30万千瓦等级金牌机组先进称号。多项科技成果获全国电力职工技术成果奖、浙江电力科学技术奖、浙江能源科学技术奖等。与此同时，在先后进入浙江浙能电力股份有限公司台州发电厂工作的4000余名干部职工中，涌现出了许多省部级和集团公司级劳动模范、五一劳动奖章、先进生产工作者、优秀党务工作者、技术能手、见义勇为英雄等各类先进模范人物，向系统内外输送了1500多名各级干部和优秀职工。

浙江浙能电力股份有限公司台州发电厂积极顺应电力体制改革和地方经济社会发展要求，坚持“走出去”谋发展，推动实现企业转型升级。集中供热为浙江头门港经济开发区与国家级医化基地浙江省化学原料药基地临海园区提供优质热能累计突破1200万吨。2017年建成投产了总装机容量为10.442兆瓦的东海翔屋顶光伏项目。在浙能集团率先挂牌成立浙能培训公司台州实训基地，与包括吉利集团在内的15家民营企业签订电气高压运维等服务，逐步打开电力销售与服务市场。同时抓住地方大力推进大湾区与大开发区建设的时机，积极谋划和推进综合能源供应项目开发。

在新时代的伟大征程上，浙江浙能电力股份有限公司台州发电厂将遵循集团“四业发展”要求，发扬优良传统，向市场要效益、向管理要效益，求真务实、锐意进取，努力开拓浙江浙能电力股份有限公司台州发电厂更加光辉的未来。

13. 浙江浙能电力股份有限公司萧山发电厂

浙江浙能电力股份有限公司萧山发电厂前身为萧山发电厂，成立于1993年10月，2014年12月更名为浙江浙能电力股份有限公司萧山发电厂，由浙能集团直接管理，浙江省“八五”“十一五”“十二五”重点建设工程，是拥有3台西门子9F燃气—蒸汽联合循环机组、总装机容量122万千瓦的绿色环保发电企业。

1992年1月，萧山发电厂一期工程2台12.5万千瓦国产燃煤机组开工建设，先后于1993年9月和1994年4月建成投产发电，后经技术改造均扩容到13万千瓦，并实现脱硫、脱销及供热改造，为响应浙江省委省政府号召，建设G20杭州“无燃煤区”，截至2015年12月7日，2台煤机全部永久关停；二期工程2台40万千瓦燃气—蒸汽联合循环机组分别于2008年1月16日和4月14日投入商业运行；三期工程规划建设两台9F燃气—蒸汽联合循环热电联产机组，分期建设的第一台42万千瓦机组被列为2011年浙江省政府保供电抢建行动计划第一类项目，于2012年6月30日首次并网发电，成为浙江省14个天然气热电联产项目抢建行动计划中首台并网发电的机组。

企业在争取扩容的同时，对外努力拓展检修和运行维护承包“两个市场”，积极外出承揽业务，争取外向性营利。2007年4月，成立凤台项目部，承接淮浙煤电凤台发电厂一期2台60万千瓦超临界燃煤发电机组的除灰脱硫系统运行维护项目，随后在2010年8月成立滨海钱清项目部，在2013年5月成立常山项目部，在2015年3月成立长兴项目部，在2019年8月成立无锡西区项目部，相应承接了4家省内外业主单位的运行维护相关工作；其中滨海钱清项目部在2016年顺利完成交接并撤出。萧山发电厂对企业定位和工作思路的及时调整，不断提升着企业的核心竞争力。

作为浙江省会城市的保安电源之一，浙江浙能电力股份有限公司萧山发电厂始终深怀着历史使命感和社会责任感，为促进浙江省经济又好又快发展提供了源源不断的电力保障。在企业规模扩大的同时，一直把加强安全生产，提高机组运行的可靠性、安全性、经济性和环保性作为开展各项工作的首要重任，受到了行业及社会各界的充分肯定，更取得了可喜的成绩，先后荣获“华东电力系统一流电力企业”“浙江省级文明单位”“浙江省级治安安全示范单位”“浙能集团优秀企业”“浙江省职工之家”“全国精神文明建设先进单位”“省属企业先进基层党组织”“浙能集团天然气热电联产抢建项目特别贡献奖”“浙江省G20杭州峰会工作先进集体”等众多荣誉。

浙江浙能电力股份有限公司萧山发电厂紧紧围绕浙能集团“大能源战略”思路，以“抓管理、强培训、拓市场、上台阶、实现人企共进、争创浙能窗口”为主线，坚持以安全为基础，以发展为主题，以市场为导向，以效益为中心，狠抓安全生产，推进管理创新，建设家园文化，实现了节能减排和资源优化配置，大大改善了地区的大气质量和投资环境，为浙江省经济发展提供了源源不断的电力保障和清洁能源，发挥了巨大的经济效益、环境效益和社会效益。

浙江浙能电力股份有限公司萧山发电厂不断为全省经济跨越式发展注入新的活力。浙江浙能电力股份有限公司萧山发电厂以浙能集团“能源立业，科技兴业，金融富业，海外创业”的“四业战略”为引领，继续全力打造绿色、高效的现代化发电企业，为社会提供更多绿色环保的清洁能源和更优质的能源服务，让城市的天更蓝、灯更明。

14. 浙江浙能台州第二发电有限责任公司

浙江浙能台州第二发电有限责任公司坐落于浙江省黄金海岸三门湾畔，位于浦坝港镇牛山涂，距三门县城34公里，距台州市主城区47公里。公司于2012年10月成立，由浙江浙能电力股份有限公司（94%）与三门县科技创新投资有限公司（6%）共同出资建设，注册资本17.3383亿元。公司有2台燃煤机组总装机容量为210万千瓦，厂区光伏发电装机总容量为3.25万千瓦。

浙江浙能台州第二发电有限责任公司2台100万千瓦机组，是为响应国家节能减排政策建设的“上大压小”项目，项目动态总投资75.89亿元。项目自2007年启动前期工作以来，历时5年多时间，完成了大量前期论证，完成包括土地、海洋、规划等行政报批工作，2012年8月16日获得国家发改委核准，2012年9月26日“四通一平”开工建设，2台机组分别于2015年9月14日和12月14日投产发电。

浙能台二发电工程是浙江省“十二五”重点建设项目，电厂的成功建设为我国大型超超临界火电制造、安装、调试水平的提升提供了良好的示范。工程成功应用“国家重点节能低碳技术”17项、“建筑业十项新技术”10大项30子项、“电力建设五新技术”24项、设计优化34项，自主创新65项。在我国火电史上创下多项电力行业新纪录：全球首次在设计阶段提出并实施煤电超低排放技术；国内首次“三同时”建设烟气降汞系统；国内首次在海岸高风压复杂地质区建设2座亚洲最大海水加肋冷却塔；国内首次在百万机组冷却塔通过风洞试验；国内首创高效回热技术，首次实现全负荷脱硝；国内首次采用高效一次调频技术；国内首次采用能效管理系统；国内首次采用搪瓷管热媒水管式烟气换热器；国内首次采用500千伏气体绝缘金属封闭母线出线设备；国内首次采用电磁阻垢海水淡化技术；国内首次采用滩涂围海回填区CFG桩复合地基技术。

浙能台二发电工程共荣获9大类123项国家级、省部级奖项，其中国家级49项、省部级74项。获得“2016—2017年度国家优质工程金质奖”“2017年度全国工程建设项目优秀设计成果一等奖”“2017年度中国电力优质工程奖”“2016年度浙江省优秀安装质量奖”“2016年度电力行业优秀工程设计成果一等奖”，获得科技进步奖15项，获得发明专利2项，获得实用新型专利37项，获得QC成果奖国家级2项、省部级38项，获得工法国家级2项、省部级15项。

截至2019年底，浙江浙能台州第二发电有限责任公司共有在册职工670人，设有办公室、人力资源部、党群工作部、纪检审计室、财务产权部、计划营销部、物资采购部、设备管理部、安健环部、运行部、维护部、燃料部、开化垃圾发电厂项目经理部、滨海环保能源有限公司运维项目经理部、工程部共15个一级部门，其中办公室下设行政事务中心，设备管理部下设信息中心，党群工作部下设工会、团委办公机构，共4个二级部门。

浙江浙能台州第二发电有限责任公司始终坚持党建引领，致力于打造“安全、高效、智慧、生态、文明”全面进步综合型示范电厂。坚持“以法治企、以安为基、以精立业、环境友好、资源节约、持续改进”的管理总方针，不断创新管理机制，推进全面对标管理、标准化管理、精细化管理体系建设。着力推行以“整理、整顿、清扫、清洁、素养、安全、节约”为核心的7S管理体系，结合班组建设，以现场管理为突破口，消除生产现场不利因素，有效改善生产环境、提升设备健康水平，塑造企业良好形象。

为适应燃煤发电新形势，浙江浙能台州第二发电有限责任公司积极开展机组深度调峰和节能降耗改造，实施2台100万千瓦燃煤机组提效增容。2019年3月，1号、2号机组铭牌出力由100万千瓦变更为105万千瓦，燃煤机组总装机容量从200万千瓦变为210万千瓦。自机组投产以来，截至2019年年底，累计完成发电量431.4805亿千瓦时，为地方经济社会发展提供了可靠的电力保障。

浙江浙能台州第二发电有限责任公司主动对接地方经济和能源发展规划，大力推进企业外延发展。利用厂区空闲土地建设装机总容量3.25万千瓦的厂区光伏发电项目，2018年6月21日，光伏项目投产发电，截至2019年年底，累计发送5316.612万千瓦时绿色电能。同时，重点推进三门县城西热电联产项目工作，密切跟踪集中供热、耦合发电、海上风电项目，主动融入市场，发掘园区综合能源服务、增量配电网、垃圾发电、大数据中心等潜在项目。

浙江浙能台州第二发电有限责任公司积极践行社会责任，倾力打造“爱心”“善美”“环保”三大公益慈善品牌。连续4年开展“爱心书架”，连续七年开展“爱心助学”。长期开展“善美”行动，连续4年组织无偿献血，获台州市2015—2017年度无偿献血先进单位。

15. 浙江浙能绍兴滨海热电有限责任公司

浙江浙能绍兴滨海热电有限责任公司坐落于浙江省绍兴市柯桥区滨海工业园区内，地处曹娥江、钱塘江交汇之处，成立于2009年11月30日，注册资本金为105609万元，其中浙能集团占88%，绍兴县绍能电力投资有限公司占12%。浙江浙能绍兴滨海热电有限责任公司与浙能滨海热力有限公司、浙江浙能绍兴钱清发电有限公司实行“一套班子、三个公司”的一体化管理格局，主要从事供电、供热等业务。

2009年7月24日开工的浙江浙能绍兴滨海热电有限责任公司是绍兴市柯桥区印染产业集聚升级工程的重要配套项目，是浙江省“十一五”期间重点建设工程之一，是省政府为解决浙江二次能源供应总量不足以及绍兴地区环境污染等问题而着力打造的新型热电联产企业。

一期、二期工程规划总投资59.14亿元。一期工程1号、2号机组分别于2011年6月28日和10月18日建成投入商运，二期工程3～6号机组分别于2017年4月22日、7月19日、12月5日和2018年4月24日建成投入商运。公司总供热能力最大可达2100吨/小时。2019年9月10日，三期工程及集中供压缩空气工程正式开工建设，预计2021年3月份三期工程投产，2021年6月份集中供压缩空气工程投产。

2019年完成竞争上岗后，浙江浙能绍兴滨海热电有限责任公司设办公室、党群工作部、纪检审计室、财务产权部、人力资源部、物资采购部、计划营销（企业发展）、行政事务中心、安健环部、工会、设备管理部、运行部、维护部、燃料部、信息中心、建管处综合办、计财部、质安环部、工程部、生产准备等20个部门及热力公司下属综合办、市场营销部、技术管理部、热网调度、物资采购部等五大部门。

浙江浙能绍兴滨海热电有限责任公司在发展中遵循习近平总书记提出的“绿水青山就是金山银山”的科学论断，致力于打造区域性综合能源供应服务平台，努力将企业建设成为高效、节能的国内最大、最优秀、最绿色的环保热电企业。浙能滨海热电建设有脱硫、脱硝、电除尘、废水处理、冷却塔水面浮板降噪、煤场挡风抑尘墙防尘、超低排放等一系列技术领先的环保设施，同时配套建设储煤场、给排水、污水处理、运煤码头等公用及辅助设施，利用优势资源，积极处理保护环境与生产发展的关系，大力推进热电联产工作，全方位推动“低碳”经济和社会发展。

浙江浙能绍兴滨海热电有限责任公司坚持“以德立人、以能立业”的核心价值观。先后获得“全国‘安康杯’竞赛优胜企业”“华东电力系统一流火力发电厂”“浙江省‘五一’劳动奖状”“浙江省文明单位”“浙江省党建带工建模范职工之家”“浙江省工人先锋号”“浙江省治安安全示范单位”“浙江省先进团委”等荣誉称号。

浙江浙能绍兴滨海热电有限责任公司积极融入地区经济发展，加入滨海新城蓝印时尚小镇建设，实施去工业化改造工程，并启动工业旅游项目整体策划。项目完工后，浙能滨海热电将作为工业景区，全面对外展示“美丽滨电”的风采，将作为发电供热企业科普教育基地。

16. 浙江浙能乐清发电有限责任公司

浙江浙能乐清发电有限责任公司位于浙江省温州乐清市南岳镇。成立于2005年5月，首期注册资本为1亿元。股东名称及出资比例为：浙江省能源集团有限公司51%，龙源电力集团公司23%，温州电力投资有限公司8.5%，温州电力开发公司7.5%，正泰集团股份有限公司5%，华峰集团股份有限公司5%。后经数次股东变更，2019年底注册资本为19亿元，由浙江浙能电力股份有限公司（51%）控股，国电电力发展股份有限公司（23%）、温州电力投资有限公司（10%）、温州市工业投资集团有限公司（9%）、华峰集团有限公司（7%）共同出资建设。

工程建设规模为一期2台60万千瓦超临界燃煤机组，二期2台66万千瓦超超临界燃煤机组，并留有扩建2台100万千瓦等级超超临界机组的余地。浙能乐清电厂工程是当时浙江省“五大百亿”重点工程和电源建设“三个一千万”的重要组成部分，也是浙能集团加速电力产业升级的重要举措，对于浙能集团推进“大能源战略”、实施战略转型具有重要意义。

乐清电厂工程于2005年10月16日开工；1号、2号机组分别于2008年9月9日、10日通过168小时满负荷试运行，正式投入运行，总工期提前2个月。2010年3月30日，3号机组通过168小时试运行，为浙能集团首台超超临界机组；2010年7月25日，4号机组通过168小时试运行，正式投入运行，总工期提前3个月。公司装机总容量达到252万千瓦。

2014年9月15日，1号机组开始实施汽轮机通流改造，提高通流效率，降低机组煤耗，同时将机组出力扩容至66万千瓦，同年12月10日改造完成。2号机组于2015年4月15日开始实施通流改造，同年7月13日完成。通过汽轮机通流改造，机组供电煤耗大幅下降，机组容量从60万千瓦增为66万千瓦。浙江浙能乐清发电有限责任公司总装机容量达264万千瓦。2017年8月，公司2.5万千瓦光伏发电项目建成投产，总装机容量增至266.5万千瓦。

一期、二期工程同步建设电除尘和脱硫装置，除尘效率和脱硫效率别达到99.6%和95%。二期同步建设脱硝装置，每年可减少氮氧化物排放量5420吨。工程环保设施投入占工程总造价比例11.8%，达到11.68亿元。为解决电厂用水问题及所处沿海地区淡水资源短缺问题，建设海水淡化装置，日产淡水2万吨，解决了自身用水问题，实现了“不与民争水”的目标。2014—2016年，先后完成1~4号机组超低排放改造，大幅度削减污染物排放总量，对改善温州地区环境空气质量起到了积极作用，具有明显的环境效益。

浙江浙能乐清发电有限责任公司持续进行管理方式创新，精简机构，优化人员配置，实行扁平化管理，突出制度执行力和工作效率的不断提升。至2019年底，设有办公室、安健环部、工程部、党群工作部、监察审计部、人力资源部、计划营销部、财务产权部、物资采购部、设备管理部、运行部、维护部、燃料部、行政事务中心、信息中心、工会办公室等16个部室。

浙江浙能乐清发电有限责任公司按照浙能集团深入推进“大能源战略”和“四业”发展路径的总体部署，以“全面发展，走在前列”为总体要求，以安全生产为基础，以强化责任意识为抓手，以深化精细管理为途径，以队伍建设为保障，上下齐心，共同奋斗，全力建设“国内一流现代电力营运企业”。

自2008年投产至2019年底，累计向电网输送电量1437.85亿千瓦时，创利润达48.24亿元，累计缴纳国地税43.30亿元，为浙南地区经济建设和社会发展提供了强有力的能源保障。

浙江浙能乐清发电有限责任公司先后荣获了中国建设工程鲁班奖、浙江省优质工程“钱江杯”、国家AAAA级标准化良好行为企业、浙江省重点立功竞赛先进单位、浙江省安全生产先进单位、浙江省创建和谐劳动关系先进企业、浙江省文明单位、浙江省第三届绿色低碳经济“标兵企业”、浙江省创安示范单位及浙能集团五星党委、优秀企业、四好领导班子等多项荣誉称号。

17. 浙江浙能兰溪发电有限责任公司

浙江浙能兰溪发电有限责任公司位于浙江省金华兰溪市灵洞乡，占地约120公顷。2004年6月，浙江浙能兰溪发电有限责任公司成立，首期注册资本金为1.32亿人民币，其中浙能集团占64%、浙江东南发电股份有限公司占25%、兰溪市电力发展投资有限公司占8%、中国电力工程顾问集团公司占3%。经多次股东及注册资金变化，至2019年底，公司注册资本16.455亿元，由浙江浙能电力股份有限公司97%控股，中国电力工程顾问集团投资有限公司3%参股。拥有4台66万千瓦国产超临界燃煤发电机组，是浙江省2003—2007年“五大百亿”工程之一。

2004年6月15日，工程开工建设，计划总资金98.37亿元，竣工决算总投资82.26亿元。工程分两期进行，一期工程装机容量为2台60万千瓦，二期工程装机容量为2台60万千瓦，均为燃煤机组。1号机组于2006年3月2日首次并网发电，同年4月19日投入商业运行；2号机组于2006年7月15日首次并网发电，同年8月23日投入商业运行；3号机组于2006年11月16日首次并网发电，同年12月28日投入商业运行；4号机组于2007年4月14日首次并网发电，同年5月22日投入商业运行。2014—2016年，1~4号机组先后完成了增效扩容改造，汽轮机部分采用阿尔斯通技术进行通流改造，每台机组由投产时的60万千瓦扩容至66万千瓦。

浙江浙能兰溪发电有限责任公司注重环保建设，基建期投资18亿元建设脱硫、电除尘、冷却塔消声导流片、煤场挡风抑尘墙等环保设备。配套脱硫设施与主体工程同步投入运行，成为全国首批60万千瓦超临界机组脱硫工程与主体工程实现同时设计、同时施工、同时生产的单位。各项污染物排放指标达到或优于国家标准的要求，顺利通过国家环境保护总局组织的环境保护专项验收。2011年5月至2014年6月，先后完成4台机组的脱硝改造。2014年9月至2016年12月，又完成了4台机组的超低排放改造，烟气主要污染物排放优于天然气燃气机组的排放标准值。

2011年7月22日，浙江浙能兰溪发电有限责任公司成立浙江兰能热力有限公司（浙江浙能兰溪发电有限责任公司控股90%，兰溪市鸿业城镇建设有限公司控股10%），动态投资1.18亿元进行供热改造工程。供热工程于2011年9月13日动工建设，2012年10月30日实现对兰溪经济开发区（江南）片区供热。供热一期管网已辖20家供热客户，蒸汽供应量114.7万吨。工程竣工结算总投资额7845万元。2017年11月，投资建设的“上华至诸葛”方向集中供热管线项目开工，供热管线全长23.75公里，预计2018年底全线建成通汽。

2016年6月27日，浙江浙能兰溪发电有限责任公司启动光伏发电项目，至2018年5月30日厂内光伏项目成功并网发电，厂内光伏及灰库光伏合计3.737兆瓦项目全部建成。

截至2019年底，累计发电1711.50亿千瓦时，净利润达319229.24万元，纳税总额507717.48万元，销售蒸汽235.60万吨。

作为浙江最大的内陆绿色火力发电厂，浙江浙能兰溪发电有限责任公司围绕“把公司建设成为一流的现代化发电企业”的总体目标，坚持以安全生产为基础，以经济效益为中心，以科学管理为手段，努力实现企业科学发展、安全发展，通过了质安健环、能源、测量及党建质量体系认证，并于浙江省内首家通过全国电力“标准化良好行为”AAAA级确认和全国电力安全生产标准化一级企业达标，共获得全国金牌机组或全国可靠性优胜机组8台次，自2012年起更是连续6年获7台次全国可靠性优胜机组，并且连续6年获得浙江省经济和信息化委员会统调电厂运行考核优秀。

截至2019年，浙江浙能兰溪发电有限责任公司设有设备管理部、运行部、维护部、燃料部、计划营销部、物资采购部、办公室、党群工作部、人力资源部等16个部门，在职员工560人。曾获中央企业职工技能大赛集控值班员（60万机组）决赛金奖2名、银奖1名、铜奖1名，国务院政府特殊津贴1人、全国三八红旗手1人、全国技术能手1名、中央企业技术能手3人、全国电力行业技术能手2名，浙江省电力技术能手3名。

企业先后荣获了中国工程建设鲁班奖、全国先进基层党组织、全国工人先锋号、全国安全文化建设示范企业、全国发电企业最美工会、中国企业文化创新优秀成果奖、电力行业实施管理体系认证工作先进企业、浙江省五一劳动奖状、浙江省电力安全生产先进单位、浙江省“绿色低碳经济标兵企业”、浙江省文明单位、浙江省标准创新型企业、浙江省企业文化建设先进单位等等诸多荣誉。

18. 浙江浙能金华燃机发电有限责任公司

浙江浙能金华燃机发电有限责任公司位于浙江省金华市婺城区洞溪工业园雅溪街125号，总占地面积208亩。该项目被列入浙江省“九五”重点工程。公司的建成投产，改变了金华电网无较大容量火电厂、电力主要依靠大电网供电的状况，增加了电网的调峰能力。

浙江浙能金华燃机发电有限责任公司成立于1998年5月22日，注册资本金26920万元，其中，金华市电力开发公司占52.2%股份，浙江省电力开发公司占47.8%股份。2007年12月实现股权变更，由浙江省能源集团有限公司控股占76%股份，金华八达集团有限公司占24%股份，开始纳入浙江省能源集团管理，更名为浙江浙能金华燃机发电有限责任公司。

浙江浙能金华燃机发电有限公司一期工程于1998年7月18日开工建设。同年12月9日，第一套5.5万千瓦燃气蒸汽联合循环发电机组点火成功，12月18日正式投产。1999年12月31日，第二套5.5万千瓦燃气蒸汽联合循环发电机组投产，与第一套机组型号相同。2002年，公司实施燃烧重油技术改造。2004年4月，二期扩建工程经国家发展和改革委员会批准建设，增加17.5万千瓦燃气蒸汽联合循环发电机组1套，建设总投资5.85亿元人民币，新增注册资本11200万元人民币，仍由金华电力开发公司和浙江省电力开发公司按6：4的比例。2005年4月，二期扩建工程竣工投产。2007年，投资1800万元开展了国内首创的9E锅炉除尘脱硫技改项目，大大降低烟气污染物排放，对节能减排和环境保护起到了积极作用。

2013年3月11日，浙江省经济和信息化委员会下达6B型燃气轮机联合循环发电机组的关停计划。2013年12月9日1~4号机组相继解列。2014年3月20日，公司启动9E机组油改气项目，2015年7月6日完成96小时连续运行。改造后机组燃用天然气，机组容量为18.625万千瓦。

截至2019年，浙江浙能金华燃机发电有限责任公司下设设备管理部、运行部、维护部、安健环部、财务产权部、物资采购部、计划营销部、纪检审计室、党群工作部、人力资源部、办公室共11个部门。同时承担浙江浙能常山天然气发电有限公司的生产经营管理工作。

浙江浙能金华燃机发电有限责任公司以标准化管理为龙头，通过了质量、环境、职业健康安全“三标一体”管理体系认证，先后获得浙江省治安安全示范单位、浙江省电力安全生产先进单位、浙江省示范数字档案室、浙江省省部属企事业工会“先进职工之家”；省级文明单位、金华市级文明单位、金华市纳税超千万元大户；区级工业财政贡献10强企业、工业亩产税收10强企业、工业企业纳税大户；浙江省能源集团“四好”领导班子、“安康杯”竞赛优胜企业、组织（人力资源）工作先进集体、党建工作创新奖；中国电机工程学会燃气轮机发电专业委员会“第三届9E燃气—蒸汽联合循环全能值班员职业技能竞赛”团体二等奖等多项荣誉称号。

浙江浙能金华燃机发电有限责任公司坚持以“大能源战略”为引领，紧扣“四业”改革发展新思路，积极践行板块管控模式，紧跟市场步伐，不断优化管理模式，着力补短板、稳效益、谋发展，努力打造国内一流燃机发电企业。

19. 浙江浙能中煤舟山煤电有限责任公司

浙江浙能中煤舟山煤电有限责任公司位于舟山市普陀区六横岛，是一家集煤炭储备、配煤、中转、经营及电力生产的煤电一体化企业，于2007年6月成立，注册资金8亿元，由浙江省能源集团有限公司（43%）、中国中煤能源股份有限公司（27%）、三林万业（上海）企业集团有限公司（10%）、浙江兴源投资有限公司（8%）、北京力勤投资有限公司（7%）、舟山市中昌海运有限责任公司（5%）共同出资组建。后经股东变更和增资，截至2019年底，股东由浙江浙能电力股份有限公司（63%）、中国中煤能源股份有限公司（27%）、三林万业（上海）企业集团有限公司（10%）组成，注册资金为25亿元。

浙江浙能中煤舟山煤电有限责任公司投资建设的浙江舟山煤炭中转码头于2006年5月27日开工建设，总投资28.7亿元，于2009年6月开港运营，是国家煤炭应急储备基地，也是华东地区最大的专业化煤炭公用港口和进口煤中转港口。码头设计年吐吞量为3000万吨，堆煤能力为310万吨，单泊位可停靠最大吨位为20万吨，能有效利用国际国内两个燃煤市场，同时也是浙江省煤炭战略安全储备基地。浙江舟山煤炭中转码头出租给浙江浙能港口运营管理有限公司运营管理。

浙江浙能中煤舟山煤电有限责任公司规划建设4台百万千瓦等级超超临界燃煤发电机组，一期2台100万千瓦机组2011年5月12日开工建设，总投资76.96亿元，分别于2014年7月、9月正式投入商业运行，脱硫、脱硝、电除尘、超低排放等先进环保设备设施同步投运，是全国首家新建机组实施“超低排放”的电厂。2019年2月3日，2台机组通过浙江省发展和改革委员会核定，铭牌出力由100万千瓦变更为103万千瓦。

浙江浙能中煤舟山煤电有限责任公司重视转型发展，重点开发光伏发电项目。利用厂内二期预留土地、灰库及周边空地投资约2.4亿元开发光伏项目，装机容量为3.29万千瓦，于2017年5月底并网投运，截至2019年底累计发电9818.44万千瓦时。

浙江浙能中煤舟山煤电有限责任公司始终坚持“安全第一，预防为主，综合治理”的安全生产方针，2台机组运行稳定，发电量完成情况和利用小时数处于全省统调电厂平均水平以上，截至2019年底累计发电560.32亿千瓦时，连续安全生产日达3155天。公司实施成本领先、提质增效行动，采取优化生产管理、加强节能对标、全面控制成本、争取市场份额、经济煤掺烧等50余项措施，自投产至2019年底累计实现产值198.09亿元，利润总额19.68亿元，税收11.8亿元。

截至2019年底，浙江浙能中煤舟山煤电有限责任公司共有在册职工430人，设有职能部门办公室、人力资源部、党群工作部、监察审计部、财务产权部、计划营销部、物资采购部、设备管理部、安健环部、运行部、维护部、燃料部等14个部门。公司党委下设一个党总支、6个党支部，共有中共党员155名。

浙江浙能中煤舟山煤电有限责任公司先后获得浙江省重点建设项目档案管理示范项目、2008年度浙江省重点建设立功竞赛能源赛区先进集体、2009浙江省重点建设立功竞赛先进集体、浙江省国资委省属企业先进基层党组织、2014—2015年度国家优质工程奖、2015年获得国家优质工程金质奖、2017年度浙江省治安安全示范单位、浙江省省部属企事业先进职工之家等一系列荣誉，并连续三年获得浙能集团“优秀企业”荣誉称号。

20. 淮浙煤电有限责任公司

淮浙煤电有限责任公司成立于2005年6月，注册资本2亿元，是由淮南矿业（集团）有限责任公司和浙能集团均股投资兴建的大型煤电一体化企业，双方股权各占50%，经多次增资后，截至2019年底，注册资本31.49亿元。

淮浙煤电有限责任公司是皖浙两省能源和经济战略合作的重要载体，其煤电建设项目是“皖电东送”战略规划的重要组成部分，旗下有凤台发电分公司和顾北煤矿分公司，地处淮南市凤台县。凤台电厂厂址在凤台县桂集乡园艺村凤蒙路西侧，一期工程项目于2006年7月获国家发展和改革委员会核准，建设2台60万千瓦超临界燃煤发电机组，投资46.79亿元。2006年7月28日正式开工，2台机组分别于2008年8月6日和9月29日投入商业运行。二期工程项目于2012年12月获国家发展和改革委员会核准，建设2台66万千瓦超超临界燃煤发电机组，同步建设石灰石湿法烟气脱硫装置和SCR烟气脱硝装置，投资37.99亿元。2012年5月28日开工，2台机组分别于2013年12月9日和12月23日投入商业运行。淮浙煤电凤台发电分公司总装机容量达258万千瓦，每年可发电150亿千瓦时，全部电量输送到浙江，为浙江省的可持续发展注入强劲动力，为保障浙江能源的安全和华东电网的稳定提供有力支撑。配套建设的顾北煤矿在凤台县顾桥镇童郢村，该项目是全国煤矿设计改革的试点矿井、安徽省“861”重点项目之一，是淮南矿业集团打造大型煤电能源基地的重要组成部分。顾北煤矿由煤炭工业合肥设计研究院设计，设计生产能力300万吨/年，主要系统预留600万吨/年生产条件。矿井于2005年1月28日开工建设，按照建设“国际先进、国内一流”现代化矿井的标准，于2007年12月28日建成试生产。2008年8月26日顺利通过国家发展和改革委员会竣工验收。2013年，通过扩建项目验收，核定矿井生产能力为400万吨/年。

截至2019年底，淮浙煤电有限责任公司共有4690人，其中在册职工3832人。顾北煤矿4267人，凤台电厂382人，本部41人，本部设三部一室（政工部、财劳部、生产经营部、办公室）。

淮浙煤电有限责任公司全面落实科学发展观，采用新机制、新模式，实行项目经理负责制，超前谋划，统筹安排，全面推进项目建设。截至2019年底，公司共生产煤炭4634万吨，完成发电量1150亿千瓦时，其中上网电量为1096亿千瓦时。累计实现利润总额39.72亿元，实现净利润29.28亿元，累计向双方股东分红24.63亿元，累计上缴税费55.93亿元。公司资产总额达82.14亿元，净资产36.45亿元。截至2019年底，顾北煤矿分公司累计实现安全生产2126天，凤台发电分公司累计实现安全生产4164天。

淮浙煤电有限责任公司自成立以来，获得第五届安徽省省属企业文明单位，连续多年被淮南市政府评为“安全生产先进单位”。顾北煤矿分公司和凤台发电分公司还相继获得了中国煤炭协会特级安全高效矿井、国家级质量标准化矿井、2019年全国安全文化建设示范企业、中国电力建设企业协会2009年度中国电力优质工程奖、安徽省文明单位。2015年11月，凤台电厂二期扩建工程获鲁班奖；2019年6月凤台电厂还入选国家第一批煤电联营重点推进项目。

淮浙煤电有限责任公司践行“创新、协调、绿色、开放、共享”新发展理念和推进“大能源战略”引领下的“能源立业、科技兴业、金融富业、海外创业”的“四业”发展路径，在巩固深化煤电一体化合作成果的基础上，扩大合作共赢的良好局面，积极推进凤台三期煤电机组一体化项目，努力把公司打造成为具有区域影响力的现代大型煤电一体化标杆企业。

21. 淮浙煤电有限责任公司凤台发电分公司

淮浙煤电有限责任公司凤台发电分公司位于安徽省淮南市凤台县桂集乡和城北乡境内，南侧为国家铁路——阜淮线，东侧为凤蒙公路，与配套的顾北矿井相距仅10公里，并有矿区铁路专用线相连接。淮浙煤电有限责任公司凤台发电分公司是淮浙煤电有限责任公司下属分公司，2005年7月28日成立，由浙能集团和淮南矿业（集团）有限责任公司均股投资兴建的实现资源优势互补的大型煤电一体化项目。

作为国家“皖电东送”战略规划的重要组成部分，淮浙煤电有限责任公司凤台发电分公司是浙能集团在“大能源战略”实践中“走出去”的重点工程，改写了浙能集团无省外能源基地的历史。该项目的建设有利于华东电网电源结构的合理调整，变输煤为输电，充分发挥煤电一体化项目强大的优势，为浙、皖两省经济的持续协调发展作出积极的贡献，也为缺煤、缺电的浙江“雪中送炭”。

一期工程项目于2006年7月由国家发展和改革委员会核准，建设2台60万千瓦超临界燃煤发电机组，实际投资46.79亿元。2006年7月28日正式开工，2台机组分别于2008年8月6日和9月29日投入商业运行。

二期工程项目于2012年12月获得国家发展和改革委员会的核准，建设2台60万千瓦超超临界燃煤发电机组，实际投资37.99亿元。2012年5月28日开工，2台机组分别于2013年12月9日和12月23日投入商业运行。

淮浙煤电有限责任公司凤台发电分公司凤台发电分公司于2015年、2016年先后采用阿尔斯通技术对一期2号、1号汽轮机实施通流改造，同时，对汽轮机辅机（循环水泵、主机冷油器等）、电气部分（发电机、主变等）、锅炉部分（本体以及磨煤机等辅机）进行了必要的适配性改造，1号、2号机组铭牌出力增容至63万千瓦，供电煤耗下降6.5克/千瓦时以上，具有显著的经济效益和环保效益。

截至2019年末，淮浙煤电有限责任公司凤台发电分公司总装机容量258万千瓦，作为皖电东送机组，由华东网调直接调度，每年可发电150亿千瓦时，为浙江省的可持续发展注入强劲动力，为浙江能源的安全和华东电网的稳定提供有力支撑。

自2012年起，淮浙煤电有限责任公司凤台发电分公司不断投入资金与人力推进脱硫、脱硝等重大改造项目。凤台电厂一期机组烟气脱硝项目于2012年7月8日正式开工，2013年6月13日完成168小时满负荷试运行后投产。3号、4号机组分别于2015年10月28日、12月8日完成超低排放改造，1号、2号机分别于2016年10月28日、12月2日完成超低排放改造。

淮浙煤电有限责任公司凤台发电分公司积极响应浙能集团“四业”发展战略，推进光伏发电项目建设工程，于2017年5月30日提前一个月完成5.85兆瓦光伏电站并网发电，为社会持续输出“绿色”能源。同年12月30日，凤台电厂供热系统一期工程供热管线全面贯通，通过对凤电4台机组进行供热改造，具备了对顾北煤矿、凤台县农业示范区、凤凰湖新区等周边区域实施集中供热的能力。

凤电一期工程获得“2009年度国家优质工程银奖”和“2009年度中国电力优质工程奖”，凤电二期工程获得“2014—2015年度中国建设工程鲁班奖（国家优质工程）”和“2015年度中国电力优质工程奖”。

截至2019年底，淮浙煤电有限责任公司凤台发电分公司下设部室13个，分别为：办公室、财务产权部、人力资源部、计划营销部、物资采购部、党群工作部、保卫协调部、监察审计室、安健环部、设备管理部、运行部、维护部、燃料部，定员369人。

淮浙煤电有限责任公司凤台发电分公司不断创新管理机制，优化管理流程，激发管理活力，实现了管理规范化、规范标准化、标准流程化，促进了管理、效益“双提升”，全员安全绩效管理、“7S+”管理、“A·STAR”匠星班组建设、全员绩效体系建设、任职资格体系建设等各项重点工作，为浙能集团“四业”发展、转型升级做出了积极贡献。获得第十一届安徽省文明单位、“节水型企业”、安徽省“环保诚信企业”、浙江省部属企事业“先进职工之家”“美丽厂区”、2018年度华东电网“最佳调度安全管理奖”、浙能集团年度优秀企业、安全生产先进单位、“安康杯”竞赛优胜企业、班组建设先进单位等各类荣誉。1号机组创造了国内60万千瓦及以上级别机组连续运行864天的全国纪录，在全国60万千瓦级机组对标中，4号机荣获AAAA级荣誉，1号、3号机荣获AAA级荣誉。

展望未来，淮浙煤电凤台发电分公司将全力推进“立心铸魂”工程、“凝识聚力”工程、“强基固本”工程、“清廉风电”工程、“群团枢纽”工程五大工程建设。坚持浙能集团“四业”发展路径，以聚焦“高质量、竞争力、现代化”为核心，立足电力主业，内强管理，外拓市场，争做新时代高质量发展标杆。

22. 宁夏枣泉发电有限责任公司

宁夏枣泉发电有限责任公司位于银川市东南55公里，灵武市东南20公里处的灵州综合工业园（A）区，占地面积39.97公顷。紧邻毛乌素沙漠边缘，地处寒冷地区，年平均气温为8.3摄氏度，极端最高气温为38.1摄氏度，极端最低气温为-29.6摄氏度。宁夏枣泉电厂一期工程建设2台66万千瓦超超临界燃煤空冷发电机组，由浙能集团（51%）与国家电投宁夏能源铝业集团有限公司（49%）分别出资建设，由浙江省能源集团有限公司控股管理。2014年末公司注册资本为10000万元。根据公司2014年股东会会议决议内容，双方股东于2015年9月同比例追加资本金10800万元，增资后公司目前注册资本20800万元。2016年8月，浙能集团同比例追加资本金18360万元，增资后公司注册资本39160万元。2016年12月，中电投青铜峡能源铝业公司同比追加资本金17640万元，增资后公司目前注册资本56800万元。2017年双方股东按持股比例增加资本金23600万元，增资后公司注册资本80400万元（实际到位75536万元，国家电投宁夏能源铝业公司欠资4864万元）。为加强专业化管理，2017年11月浙能集团将其持有股份转让浙能电力股份公司持有，2018年8月公司完成工商变更手续。

宁夏枣泉电厂一期工程2015年9月16日正式开工，2017年11月30日，1号机组经过168小时满负荷试运行后，正式投产发电。2017年12月21日，2号机组完成168小时满负荷试运行后投入商业运营。1号机组从首次并网到投产历时20天，2号机从首次并网到投产历时19天，1号、2号机组投产间隔时间21天。2台机组从开工到建成投产，历时27个月零5天，其间经历两个冬歇期。

宁夏枣泉电厂一期工程是宁东至浙江±800千伏特高压直流输电工程6个配套电源项目中第四个开工的项目。在工程建设过程中，宁夏枣泉发电有限责任公司及各参建单位先后克服工期紧、图纸和设备交货迟、高温严寒沙暴天气等诸多不利因素，超前谋划、精心组织，始终坚持“安全头等重要、质量务必保证、工期如期完成”的建设指导思想，强化全过程安全、进度、质量管控，高标准实现了2台机组锅炉水压试验、汽机扣缸和并网发电等重要节点目标，成为6个电源项目中第二个竣工投产的项目，实现了浙能集团下达的年内2台机组双投产的目标，标志着浙江在宁夏控股投资建设的首座绿色环保电厂全部建成投产。

宁夏枣泉电厂一期工程以建设“区域内综合效益最佳的绿色环保电厂”为目标，同时设计、同时施工、同时投运烟气超低排放、烟塔合一技术和水资源综合利用等多项国际或国内领先的环保技术、设施。各项性能指标和环保指标均达到或优于设计值。排放指标优于当地空气指标，1号、2号机组在168小时试运行期间氮氧化物、二氧化硫、烟尘指标分别在20毫克/立方米、10毫克/立方米、1毫克/立方米左右。

截至2019年，宁夏枣泉发电有限责任公司目下设办公室、人力资源部、财务产权部、计划营销部、物资采购部、党群工作部（工会办）、安健环部、运行部、设备管理部、工程管理部、燃料部、行政事务中心，其中办公室和信息中心合署办公，在册员工217人。

宁夏枣泉发电有限责任公司始终牢固树立浙能集团“以德立人、以能立业”的核心价值观，坚持“四业”发展路径，积极倡导“德能双立，家园枣电”企业文化，在建设“新浙能”的“新征程”中，勇做弄潮儿，争当排头兵，为积极提升公司生产经营管理水平而努力。

23. 浙江浙能能源服务有限公司

浙江浙能能源服务有限公司注册地位于浙江省杭州市天目山路152号7楼，是在能源革命和新电改大背景下应运而生的一家完全市场化的企业，2017年2月22日注册成立，由浙江浙能电力股份有限公司投资2亿元人民币独资控股，经屡次增资，现注册资本金3.88亿元。公司秉承“用户为天、服务为本、创新为魂”的核心理念，立足浙江、辐射周边、放眼全国，充分发挥浙能集团旗下电厂桥头堡根据地作用，为用户提供电、热、冷、气等多种能源供应，光伏、储能等分布式能源开发，充电桩、主动式智能移动充换电、未来社区建设等一系列综合能源供应与服务，让用户享受最稳定的24小时用能保障和最贴心的能源管家式服务。

2018年9月21日，浙江浙能能源服务有限公司建成集团首个储能电站——绍兴西密克峰谷电储能电站，并成功投入试运行，该电站利用浙江省峰谷电价差实现“移峰填谷”，于2019年12月26日顺利通过集团科技项目验收。

浙江浙能能源服务有限公司控股安徽浙能州来能源发展有限公司，参股浙江浙能惠泽能源有限公司、湖州长广配售电有限公司和舟山洋北售电有限公司。其中，湖州长广配售电有限公司于2018年11月20日正式成立，是浙能集团首个获售配电营运资格的公司。舟山洋北配售电有限公司于2018年11月21日正式成立。

浙江浙能能源服务有限公司在册职工共29

人，管理机构设综合办公室、计划财务部、市场开发部、生产安全部和党群（纪检审计）室，人才队伍技术力量雄厚，专业人才配备齐全，均为本科及以上学历，其中研究生学历占20%，博士1人，高级职称7人，人才体系覆盖热动、电气、热控、土建等能源工程所需的各个基本专业。

浙江浙能能源服务有限公司作为浙江省电力市场改革的排头兵，深入研究政策规则、科学制定价格策略、首家完成注册公示、深入开展市场营销，截至2019年12月31日，批发、零售总签约电量为10.81亿千瓦时，超过市场总成交电量40%。在批发侧，协助完成25家110千伏及以上批发用户和7家民营售电公司的签约工作，签约电量为8.16亿千瓦时。在零售侧，完成120家35千伏及以下零售用户的签约工作，签约电量为2.65亿千瓦时，零售用户签约数量及电量远超参与交易的其他74家售电公司，位列浙江省第一。2018年6月4日，主动式智能移动充换电系统一期验收完成，浙能集团首款智能充电机器人在海创园地下停车库成功试运行。这是浙江浙能能源服务有限公司协同浙能技术研究院及多家外部研究机构经历了多年潜心研究之后首个具有里程碑意义的重要成果，填补了国内智能充电领域的空白。2019年12月浙江浙能能源服务有限公司成功完成主动式智能移动充换电系统二期研发，为消费者提供更自由、更经济的充电消费体验，夯实了科技项目转型商业化的基础，为市场化推广做好了准备。

浙江浙能能源服务有限公司在浙能集团“四业”发展思路和“新浙能”建设方针的指引下，以“定战略、谋布局、拓市场、求合作、打基础”为要点，深入党建创新，坚持党的教育覆盖全公司，通过把握业务重点、严守廉洁底线、坚持道德高线，引领全员统一思想、凝心聚力，为浙能集团转型升级添砖加瓦。

24. 浙江浙能电力工程技术有限公司

浙江浙能电力工程技术有限公司总部位于浙江省宁波市国家高新区，是一家综合性电力工程技术公司，2017年9月5日注册成立，注册资本1.1亿元，是浙江浙能电力股份有限公司全资控股企业。由宁波发电工程有限公司、台州市海天电力工程有限公司、乐清市瓯越电力工程检修有限公司三家检修公司整合重组设立。

浙江浙能电力工程技术有限公司通过了“质量、环境、职业健康安全”三大管理体系认证，具备建筑业企业机电设备安装工程专业承包二级、承装（修、试）电力设施许可（承修类二级、承试类二级、承装类四级）、起重设备安装及维修、压力管道安装及维修等资质。拥有30万~100万千瓦，亚临界至超超临界发电机组A级、B级、C级检修、科技技改和运维服务的丰富经验。电力设备检修服务涵盖浙能集团所属发电企业，外拓至华能国际电力股份有限公司玉环电厂、浙江国华浙能有限公司、国电浙江北仑第一发电有限公司、国投（福建）湄洲湾发电有限公司等火电厂检修工程项目，以及华能长兴洪桥光伏发电有限公司、浙江浙能洞头风力发电有限公司、浙江浙能北海水力发电有限公司等检修试验项目。

截至2019年，浙江浙能电力工程技术有限公司下设综合管理部、计划营销部、财务产权部、安健环部、技术管理部5个职能部门和台州、宁波、温州3个分公司。拥有2个省级技能大师工作室，是浙江省电力检修行业的优秀骨干队伍。公司曾先后荣获全国工人先锋号、浙江省重质量重安全双优企业和60万千瓦、100万千瓦机组检修全优奖等荣誉。

浙江浙能电力工程技术有限公司作为服务保障型企业，始终坚持以安全质量为基础、以经济效益为中心、以优质服务为宗旨，致力发挥专业优势，不断拓宽发展渠道，引领规范化、标准化、专业化检修作业，在电力、供热、新能源系统的安装检修及电力工程技术的开发应用领域，为客户提供高效、专业的服务，做强、做大、做优检修和技术服务产业，全面打造浙能检修品牌。

25. 浙江浙能镇海燃气热电有限责任公司

浙江浙能镇海燃气热电有限责任公司坐落于浙江省宁波石化经济技术开发区湾塘片舟山大桥西侧新泓口围垦地块内，成立于2011年10月

12 日。浙江浙能镇海燃气热电有限责任公司是浙江浙能电力股份有限公司控股子公司，注册资本为 5.6 亿元，浙江浙能电力股份有限公司出资比例 60%，宁波能源集团有限公司出资比例 35%、宁波市镇海投资有限公司出资比例 5%。浙江浙能镇海燃气热电有限责任公司拥有 2 台 34.05 万千瓦燃气蒸汽联合循环热电联产机组，装机总容量为 68.1 万千瓦，主营业务为电力电量的生产和上网销售，供冷、供水、供热、供汽生产销售服务，电力和热力项目的开发建设，电力和热力生产派生产品的销售等。

浙江浙能镇海燃气热电有限责任公司的“浙能宁波镇海动力中心天然气热电联产工程”为宁波石化经济技术开发区配套的热电联产项目，建设规模为 2 台 35 万千瓦级燃气—蒸汽联合循环供热机组。项目于 2012 年 5 月 21 日获浙江省发展和改革委员会核准，2013 年 2 月 3 日工程开工建设，2 台机组分别于 2014 年 5 月 25 日和 9 月 30 日完成 168 小时满负荷试运行后正式投入运行。该工程实际总投资 24.8 亿元，比批准概算节约 5.66 亿元；单位千瓦造价 3642 元。

该项目由浙江浙能镇海燃气热电有限责任公司负责建设，浙江省电力设计院负责设计，浙江省火电建设公司和浙江省第二建设集团有限责任公司负责施工，杭州意能电力技术有限公司负责调试，浙江电力建设监理有限公司负责监理。发电主设备为哈尔滨电气股份有限公司 PG9351FA+e 型燃机，哈尔滨锅炉厂有限责任公司 HG-9FA-361-10.1/539.6-2P 双压、卧式、自然循环余热锅炉，哈尔滨汽轮机厂有限责任公司 LC40/N115-9.88/539/1.90 双抽凝式汽轮机，保定天威保变的主变压器。总装机容量 68.1 万千瓦时（单机 34.05 万千瓦时），总供汽能力达到 660 吨/小时。

浙江浙能镇海燃气热电有限责任公司 2 台 34.05 万千瓦燃气蒸汽联合循环热电联产机组投产，极大地缓解了浙江省电网的缺电状况，尤其是减轻了宁波市老市区、宁波镇海区、宁波鄞州区电网的供电压力，显著地起到了就地平衡负荷、提高电网调度运行灵活性的作用，避免大功率远距离输送，提高了电网运行经济性、稳定性；为升格为国家级经济技术开发区的宁波镇海化工园区提供了集中供热需求，积极推进了镇海石化产业向产品精深化、产业延伸化、价值高端化发展；为减少污染物的排放，改善区域环境质量，实现宁波市镇海区 GDP 能耗指标的下降目标做出了重大贡献。

浙江浙能镇海燃气热电有限责任公司与浙江浙能镇海发电有限责任公司采用一套领导班子，一个组织体系，统一管理。

26. 浙江浙能镇海天然气发电有限责任公司

浙江浙能镇海天然气发电有限责任公司坐落于浙江省宁波市镇海区蛟川街道虹桥村，成立于 2005 年 2 月 18 日。注册资本为 5.325 亿元，浙江省电力开发公司出资比例 51%，上海电力股份有限公司出资比例 37.5%，宁波开发投资集团有限公司出资比例 11.5%。浙江浙能镇海天然气发电有限责任公司拥有 2 台 39.46 万千瓦燃气蒸汽联合循环发电机组，装机总容量为 78.92 万千瓦，主营业务为电力电量的镇海天然气发电公司生产和上网销售，电力项目的开发建设，电力生产派生产品销售，电力及节能技术的研发、技术咨询，合同能源管理等。

2002 年 4 月，浙江省电力公司对镇海发电厂 2 台 12.5 万千瓦燃油机组实施油改气改造工程：拆除 2 台 12.5 万燃油机组，在原址建设 2 台 35 万千瓦级燃气蒸汽联合循环发电机组。项目列入《浙江省天然气发电规划》及《浙江省“十五”能源发展专项规划》，成为国家开发东海油气田利用的配套项目。项目于 2005 年 2 月 7 日获国家发展和改革委员会核准，同年 5 月 9 日工程开工建设。2 台机组分别于 2007 年 6 月 9 日和 7 月 28 日完成 168 小时满负荷试运行后正式投入运行，建设工期比原计划提前 6 个月。该工程实际总投资 21.33 亿元，比工程批准概算结余 3.05 亿元；单位千瓦造价 2735 元。

该项目由浙江浙能镇海天然气发电有限责任公司负责建设，浙江省电力设计院负责设计，浙江省火电建设公司和浙江省第二建设集团有限责任公司负责施工，杭州意能电力技术有限公司负责调试，浙江电力建设监理有限公司负责监理。发电主设备选用美国通用电气公司 PG9351FA 燃气轮机、390H 发电机、D10 蒸汽轮机和哈尔滨锅炉厂余热锅炉（阿尔斯通技术），总装机容量 78.922 万千瓦时（单机 39.461 万千瓦时）。浙江浙能镇海天然气发电有限责任公司燃气蒸汽联合循环发电机组的投产，极大地缓和了浙江省电网缺电情况，缓解了宁波地区污染物排放及环境保护的压力，减轻了以燃煤火电对浙江电网进行调峰的压力，提高宁波电网运行的可靠性，促进了宁波市经济发展。

浙江浙能镇海天然气发电有限责任公司与浙江浙能镇海发电有限责任公司采用一套领导班子，一个组织体系，统一管理。

27. 浙江浙能常山天然气发电有限公司

浙江浙能常山天然气发电有限公司位于衢州常山县金川街道绿惠大道 81 号，成立于 2012 年 8 月 31 日，注册资本金 26100 万元，是浙江浙能电力股份有限公司全资控股企业。浙江浙能常山天然气发电有限公司由浙江浙能金华燃机发电有限责任公司实行“两地一体化”管理模式负责该公司的建设和生产经营管理。

2011 年 6 月，浙能集团常山天然气热电联产项目筹建处与常山县经济技术开发区签订入园协议书。2012 年 9 月获浙江省发展和改革委员会核准批复建设，同年 10 月开工建设，2014 年 7 月投入商业运行。浙江浙能常山天然气发电有限公司规模为 1 套三菱 M701F4 型燃气—蒸汽联合循环热电联产机组（简称 9F），装机容量为 45.8 万千瓦。该工程是浙江省政府下达的“十二五”重大电力项目实施计划、天然气热电联产项目抢建行动计划和 2012 年浙江省重点工程。

2018 年 10 月 22 日，按照浙江省“千企结千村，消灭薄弱村”专项行动方案，浙能集团将结对共建的首个“消薄”项目——常山县新昌乡輶辂村光伏项目交由浙江浙能常山天然气发电有限公司建设，并成立驻村工作组开展具体工作，历时三个月，公司完成了该项目 85 户 1028 千瓦户用光伏的建设任务，成为 2018 年浙江省省属国有企业中实现“项目落地、资金到位、投产见效”最快的项目，为壮大常山县新昌乡的村集体经济，造福当地百姓，助推浙江省美丽乡村建设注入了一股强劲的国企动力。

2019 年 11 月 20 日，由浙江浙能常山天然气发电有限公司承担的科技项目——三菱 F4 机组单轴温热态无辅助锅炉启动动态一次调试成功，并正式投入运行。采用该科技项目，在同类型机组中尚属首家。每年可为该公司节约成本达 40 万元，使该公司节能增效管理水平再上新台阶。

浙江浙能常山天然气发电有限公司在浙江省发展和改革委员会的 2018 年度考评 21 家天然气电厂中以第一的成绩获评统调电厂运行考核优秀单位，并先后获评浙江省工人先锋号、浙江省能源集团公司达标投产机组、衢州市治安保卫重点单位 G20 峰会安保工作先进集体、治安安全先进单位、中国电力企业联合会授予的电力安全生产标准化证书等多项荣誉。

浙江浙能常山天然气发电有限公司坚持以“大能源战略”为引领，紧扣“四业”改革发展新思路，积极践行板块管控模式，紧跟市场步伐，不断优化管理模式，着力补短板、稳效益、谋发展，努力打造国内一流燃机发电企业。

28. 浙江浙能绍兴滨海热力有限公司

浙江浙能绍兴滨海热力有限公司坐落于浙江省绍兴市柯桥区滨海工业园区内，地处曹娥江、钱塘江交汇之处，成立于 2011 年 7 月，项目总投资估算 39014 万元。主要负责建立柯桥区滨海工业区三期区块的热源配套工程，从事供热、热网管道设备租赁等业务。

2011 年 3 月 31 日，热网一期工程开工建设，于 2014 年 12 月 30 日竣工；2014 年 9 月 1 日，热网二期工程开工建设，于 2016 年 5 月 31 日竣工；2016 年 3 月 28 日，热网三期工程开工建设，于 2018 年 11 月 30 日竣工；2017 年 8 月 28 日，热网专线工程开工建设，于 2018 年 8 月 28 日竣工。铺设供热主干管线长达 64.22 千米，形成“多热源、双等级”的稳定供热格局，其中低压热网管线 35.25 千米，中压热网管线

28.97 千米。热用户数量达 55 家。

2013 年 12 月 3 日，浙江浙能绍兴滨海热力有限公司与浙江盛兴染整有限公司、浙江东盛印染有限公司签订首批供用热合同，这是公司迈向市场的第一步。2014 年 2 月 18 日，正式开始对外供热。2015 年 3 月，浙江浙能绍兴滨海热力有限公司对佳彩印染公司投运中压蒸汽，标志着集团内部首家可供中压蒸汽的电厂产生。2018 年 5 月，浙江浙能绍兴滨海热力有限公司热网管道使用新型专利证书正式获得授权，这是公司首个热网专业技术专利。该项专利技术可为同行业内小流量、长距离输送蒸汽管道敷设提供技术借鉴。

截至 2019 年底，浙江浙能绍兴滨海热力有限公司占据了集聚区三分之二的供热市场，根据规划最终将承担印染集聚区四分之三左右的供热任务。截至 2019 年底，浙江浙能绍兴滨海热力有限公司已供热 4368 万吨，年度供热量逐年呈线性趋势，公司效益同比大幅度攀升。2015 年 12 月 24 日，浙江浙能绍兴滨海热力有限公司日供汽量突破 10000 吨，一跃成为浙能集团供热量最大的企业之一。2017 年 2 月 22 日，单日蒸汽供应量达到 24225 吨，首次突破 1000 吨/小时大关。2018 年 3 月 10 日，供热量达到 31970 吨，平均流量达到 1332 吨/小时，供热峰值、供热谷值、平均流量三项供热主要汽量指标创供热以来新高；10 月 28 日，年度蒸汽销售量首次突破 1000 万吨，提前创下了当年单个供热企业用时最短、年度蒸汽销售量最高的全省纪录；11 月 15 日，单日蒸汽供应量达到 43187 吨，日均供汽约 1800 吨/小时，创下公司供汽以来单日供气量新高，刷新当年浙江省供热企业单日蒸汽供应量历史纪录；12 月 14—16 日，连续 3 天日平均蒸汽供应量突破 2000 吨/小时，高峰瞬时流量达到 2379 吨/小时。

浙江浙能绍兴滨海热力有限公司通过外拓市场谋发展、内抓转型促提升等手段，以收购蒸汽或收过网费的模式与工业区内其他企业进行合作，并已形成中、低压蒸汽环网，在滨海印染集聚区“多热源、双等级”的供热格局已初步形成，满足了滨海工业区搬迁印染企业用气的需要，改善滨海工业区能源结构和投资环境。

浙江浙能绍兴滨海热力有限公司积极融入地区经济发展，为滨海工业区的经济和社会发展做出了巨大贡献。

29. 浙江浙能钱清发电有限公司

浙江浙能钱清发电有限公司地处浙江省绍兴市柯桥区钱清镇钱清村，前身为中电信绍兴钱清发电有限责任公司，成立于 1997 年 12 月 23 日，注册资本金为 13200 万元，中电信电力开发有限责任公司占 51%，绍兴县钱清热电厂占 39%，浙江省电力公司占 10%。1999 年 5 月 17 日，中电信电力开发有限责任公司 51% 的股权转让给浙江省电力开发公司。1999 年 6 月 30 日，中电信绍兴钱清发电有限责任公司更名为浙江钱清发电有限责任公司。2008 年 7 月 29 日，更名为浙江浙能钱清发电有限责任公司。经多次股东变更，至 2012 年 6 月，浙江浙能钱清发电有限责任公司由浙江浙能电力股份有限公司持股 65.54%，绍兴华源热电有限公司持股 24.46%，中国华电集团公司持股 10%。

浙江浙能钱清发电有限公司共有 12.5 万千瓦与 13.5 万千瓦 2 台机组，是当时绍兴地区唯一的统调电厂。1999 年 10 月 16 日，浙江浙能钱清发电有限公司首台 12.5 万千瓦机组并网发电；2002 年 5 月 4 日，第二台 13.5 万千瓦机组并网发电。2002 年 9 月 27 日，浙江浙能钱清发电有限公司 2 台机组全部正式进入商业运行。至 2013 年 9 月 22 日，浙江浙能钱清发电有限公司已实现连续安全运行 4954 天，共累计完成发电量 200.06 亿千瓦时，2 台机组累计实现对外供热量 103.49 万吨，为缓解绍兴电网供电压力和钱清区域热负荷紧张局面，促进绍兴地区经济社会的发展做出了重要的贡献。

进入 21 世纪，得益于“八八战略”的指引，浙江全省上下加快调整产业结构、转变增长方式，确保能源安全和保护绿水青山都上升到更为重要的战略地位。在新的形势下，浙江浙能钱清发电有限公司也逐渐暴露出机组容量小、能源消耗高、环保效益低等问题。为此，浙能集团积极践行“绿水青山就是金山银山”的战略思想，以壮士断腕的决心和气魄“上大压小”。2012 年

12月10日、2013年9月24日，浙江浙能钱清发电有限公司1号、2号机组先后完成解列，正式退役。

浙江浙能钱清发电有限公司机组关停拆除后，在资产处置上，遵循公平、公正、透明的基本原则，妥善处理；在土地处置上，厂区、生活区和灰库的土地使用权由绍兴市政府收回；在人员处置上，工作人员125人由浙能集团统一安排，所有职工均划入浙江浙能绍兴滨海热电有限责任公司。

石 油 板 块

1. 浙江省石油股份有限公司

浙江省石油股份有限公司是浙江省委、省政府为落实国家战略打造中国（浙江）自由贸易试验区（简称浙江自贸区）油品全产业链、助推人民币国际化、进一步深化油气体制改革，经中共浙江省委财经领导小组批准成立的省属石油公司。公司于2017年9月16日注册。2017年9月29日，浙江省委、省政府主要领导亲自为公司成立揭牌。公司注册资本为110亿元，由浙能集团和浙江石油化工有限公司共同出资组建，分别占股60%和40%。

浙江省石油股份有限公司是浙江自贸区“一中心三基地一示范区”建设的主力军，承担着合理配置浙江省石油产业资源和油品安全稳定供应的战略任务，主要从事原油贸易、油品储运、燃料油加工加注、成品油销售等业务以及围绕主营业务配套的油库、码头、输油管线和综合供能服务站等基础设施的投资建设。

肩负浙江省委省政府的重大使命，浙江省石油股份有限公司规划到2025年，构建224万立方米的原油仓储设施、119万立方米的成品油储存中转设施、780千米的油品运输管道、360万吨的燃料油加注能力以及1000座综合供能服务站。其中首批300座综合供能服务站建设列为浙江省2019年十方面民生实事之一。

为进一步推动能源领域改革，激发市场活力，浙江省石油股份有限公司将以“红船精神”为引领，通过参与浙江自贸区大宗商品交易中心建设，积极拓展海外市场，促进油品清洁化利用，降低全社会用能成本，致力于打造“引领未来、绿色智慧、国内一流、国际知名”的石油公司。

2. 浙江浙石油储运有限公司

浙江浙石油储运有限公司成立于2018年7月，注册资本为15亿元，是浙江省石油股份有限公司的全资子公司。公司主要负责构建浙江省石油股份有限公司油品储运网络体系，通过投资建设油品储运基地和分销油库、油品输送管道，进一步完善浙江省内油品储运基础设施。公司以原油、成品油储运设施建设、运营管理为实现路径，以重点项目为切入口，通过自建、合作开发、收购、相互参股等市场化手段，构建布局合理、上中下游协同、抗风险能力强的石油产业体系，做实、做强油品储运业务。

浙江浙石油储运有限公司主要负责构建浙江省石油股份有限公司油品储运网络体系，通过深度参与中国（浙江）自由贸易试验区油品全产业链建设，打造浙江省油品供应新格局，增强省内油品市场的稳定性和调控力，是浙江省石油股份有限公司落实浙江省委省政府能源战略的重要抓手之一。

浙江浙石油储运有限公司致力于发展成为具有核心竞争力的油品基础设施投资商、国内一流的油品仓储、管道设施建设和运营管理企业。

3. 浙江浙石油综合能源销售有限公司

浙江浙石油综合能源销售公司是浙江省石油

股份公司的全资子公司，成立于 2018 年 2 月，注册资本金为 30 亿元。公司本部在杭州市西湖区，在浙江省内 11 个地、市均设有分公司，专职负责全省综合供能服务站的建设及油气电等产品的销售业务，致力形成覆盖浙江省全省的综合供能服务体系，完善浙江省公共基础服务配套设施。

浙江浙石油综合能源销售公司打造的综合供能服务站是一种新型交通能源供应站，集电能、天然气、清洁油品等供给服务功能为一体，兼具交通、旅游等配套功能的新型智慧公共基础服务设施。综合供能服务站具有功能综合、土地集约、清洁环保的优势，是一种供能服务新业态、新模式。公司将构建多业态的综合能源零售体系，以“服务绿色经济、展示绿色环境、打造绿色生态、提供绿色能源”为主题，计划在 2020 年底建成 700 个“凸显浙江特色”的综合供能服务站，以浙江石油化工有限公司一、二期合计 1600 万吨/年成品油产量为依托，通过开展浙江省内直分销、省内外批发及出口等业务，将建立立足浙江、辐射周边、面向国内外的成品油销售网络，形成覆盖全省的综合供能服务体系，完善全省公共基础服务配套设施。

浙江浙石油综合能源销售公司肩负浙江省委、省政府的重大使命，建设综合供能服务站及配套储运设施是全省加快实施中国（浙江）自贸试验区国家战略的重要载体，是供给侧结构性改革的重要举措，是深入推进国家清洁能源示范省建设的重要抓手，是提升和完善城乡公共服务设施的民生工程。公司为普惠能源领域改革红利，增添地方经济发展动能，将充分发挥产业齐全、资信可靠、政策支持的发展优势，完善全省交通能源领域公共基础设施，降低地方用能成本，持续助推地方经济发展。

4. 浙江浙石油贸易有限公司

浙江浙石油贸易有限公司于 2018 年 7 月在中国（浙江）自贸试验区注册成立，注册资本为 10 亿元，由浙江省石油股份有限公司和嘉能可亚洲控股私人有限公司共同投资组建，分别出资 71% 和 29%。主营业务为原油、成品油、燃料油、液化天然气（LNG）等能源产品和化工产品。公司积极响应中国（浙江）自贸区“一中心、三基地、一示范区”的油品全产业链战略，将以原油国际贸易为起点，未来逐步发展成为立足长三角、辐射全中国、面向亚太乃至于全世界的国际能源贸易公司。

根据实际业务开拓需要，充分发挥中国（浙江）自贸试验区贸易平台以及新加坡国际自由港贸易平台各自优势，浙江浙石油贸易有限公司于 2018 年 12 月 12 日在新加坡注册成立了浙江浙石油贸易（新加坡）有限公司。公司将通过舟山、新加坡两个平台有效整合油品产业链上下游资源，适应国内外市场运作机制，最大限度实现国内市场和国际市场的优势互补，为浙能集团“四业发展”和浙江省石油股份有限公司“三个体系”建设贡献力量。

5. 浙江浙石油燃料油销售有限公司

浙江浙石油燃料油销售有限公司成立于 2017 年 3 月 27 日，前身为舟山浙能石油化工有限公司，注册资本为 5000 万元，由浙江浙能石油新能源有限公司 100% 出资，2018 年 3 月 8 日，舟山浙能石油化工有限公司更名为浙江浙石油燃料油销售有限公司，隶属于浙江省石油股份有限公司管理。浙江浙石油燃料油销售有限公司是在国家设立中国（浙江）自由贸易试验区，打造“三基地一中心”的大背景下，浙能集团为抓住浙江自贸区打造东北亚保税燃料油加注中心的发展良机，而设置的主营保税燃料油业务的公司。浙江浙石油燃料油销售有限公司是首批入驻浙江自贸区的十家企业之一，并成功取得保税燃料油经营资质。

2017 年 6 月 8 日取得保税油经营资质后，浙江浙石油燃料油销售有限公司统筹制定发展规划，上游油源主要从国际市场采购，下游客户以散货船为主，主要是国际船舶，少量为国内船舶。2017 年 8 月起，浙江浙石油燃料油销售有限公司稳步开展保税燃料油加注业务，2017 年度累计为 8 个国家 31 艘船舶提供加注服务，完成年度保税燃料油加注 3 万吨，是自贸区成立以来首家为 VLCC 超大型油轮提供保税油加注服务的企业。2018 年度，依托浙能集团整体优势，浙江浙石油燃料油销售有限公司践行“走出去”战略，以客户需求为导向，累计对接国际船东、船代客户达 50 余家，拥有包括德国奥登道夫、英国半岛等在内的 20 多家优质客户。全年保税燃料油销售突破 27 万吨。2019 年度，浙江浙石油燃料油销售有限公司实现第一单外贸低硫重油加注，实现跨台州关区直供业务，全年累计销售保税燃料油 34 万吨。

浙江浙石油燃料油销售有限公司按照集团公司“大能源战略”指引下的“四业”发展路径，围绕浙石油“三个体系”建设中燃料油加工加注体系建设总体要求，以保税油为核心深度参与自贸区建设，以打造“国内领先、国际一流的船舶综合服务商”为目标，打造公司核心竞争力，努力构建掌控资源、布局合理、抗风险能力强的燃料油产业体系。

6. 浙江浙能石油新能源有限公司

浙江浙能石油新能源有限公司是浙江能源天然气集团有限公司的全资子公司。公司成立于 2007 年 10 月 11 日，注册资本为 3000 万元；2008 年 12 月 30 日，变更注册资本金至 1 亿元；2009 年 12 月 25 日，变更注册资本金至 1.45 亿元；2011 年 11 月 11 日，变更注册资本金至 1.95 亿元；2012 年 12 月 24 日，变更注册资本金为 2.5 亿元；2014 年 8 月 20 日，变更注册资本金为 4.5 亿元。主营业务为成品油、燃料油、润滑油、油脂、化工产品、化肥的销售，天然气综合利用的技术研发、投资、运营管理服务，仓储服务，能源技术开发，设备租赁等。

浙江浙能石油新能源有限公司的组建是浙能集团深入实施“大能源战略”，完善集团“煤、电、气、油”产业布局，推进企业战略转型的一个重要决策举措，标志着浙能集团涉足石油行业，同时在风电等清洁能源开发方面迈出了实质性的步伐。浙江浙能石油新能源有限公司坚持“以油为主、油气结合”的发展战略，重点以“组建浙江省石油公司、发展壮大石油产业”为目标，推动油品全产业链发展，先后从事风电开发、加油加气站建设、集约化采供、甲醇制汽油研究，建设嘉兴清洁油品生产储运项目，收购金华油库，旨在成为具有较强竞争力、拥有较为完备产业链、引领油品清洁化生产和利用的石油企业。2018 年 4 月 1 日起，为优化资源配置，实现浙能集团加油加气业务整合，浙江浙能石油新能源有限公司所属 11 家从事加油加气业务的子公司管理权限移交至浙江浙石油综合能源销售有限公司。作为浙能集团集约化采供平台，浙江浙能石油新能源有限公司主要负责成品油、危化品、润滑油、燃料油、天然气等物资采供。2019 年 1 月，根据浙能集团部署，浙江浙能石油新能源有限公司除成品油业务以外的集约化采供业务划入浙江浙石油燃料油销售有限公司。

7. 广厦（舟山）能源集团有限公司

广厦（舟山）能源集团有限公司成立于 2004 年 4 月 14 日，注册资本为人民币 5 亿元，其中浙江寰宇能源集团有限公司控股 99.6%，舟山市经济建设投资公司持股 0.4%，经营范围包括成品油销售及石油、经济建设项目投资开发等。2018 年底完成股权变更，由浙江省石油股份有限公司控股 80%，浙江寰宇能源集团有限公司持股 19.6%，舟山市经济建设投资公司持股 0.4%，企业职工人数为 101 人。

广厦（舟山）能源集团有限公司投资建设的黄泽山石油储运中转基地，一期项目拥有储罐 151 万立方米，其中 10 万立方米原油储罐 10 个，10 万立方米燃料油储罐 2 个，2 万立方米成品油储罐 15 个，1 万立方米成品油储罐 1 个。同时建有 30 万吨级原油泊位 1 座、8 万吨级原油泊位 1 座、1 万吨级成品油泊位 2 座。可储存原油、燃料油、柴油、汽油等油品和石化产品，是宁波舟山港北部海域最大的石油储运中转基地。公司于 2019 年 10 月 30 日取得港口经营许可证，标志着黄泽山石油储运中转基地具备开港试运行条件。2020 年 2 月 5 日，装载 3.7 万吨汽油的“长航先锋”号油轮成功靠泊基地 3 号泊位，顺利实现首次试靠泊。

黄泽山石油储运中转基地二期项目拟扩建 104 万立方米油库，后续长远规划是积极争取国储项目落地，尽快启动地下洞库建设，地下洞库包括约670万立方米及地面配套设施，全岛开发建设完成后，黄泽山石油储运中转基地的总库容将达到1443万立方米，届时形成立足长三角、辐射全国、面向国际的一流原油、成品油物流中转、仓储服务基地。

煤 炭 板 块

1. 浙江省能源集团有限公司煤炭及运输分公司

浙江省能源集团有限公司煤炭及运输分公司成立于2009年5月21日，位于浙江省杭州市余杭区余杭塘路2159-1号浙能创业大厦A座，是浙能集团基础性能源产业之一的煤炭板块管理公司，负责管理浙能集团所属煤炭资源开发、贸易、运输、存储、港口码头、中转、配煤等煤炭相关产业和相关控股（全资）、参股、代管企业。公司以保障浙能集团煤炭资源安全、经济、稳定供应为核心任务，上游开发落实资源，中游增强煤炭贸易、海运、港口建设，下游开拓市场，提供配套及增值服务，努力打造煤炭投资开发、采购、销售、运输、中转、存储、配煤、煤炭检测等一体化的“煤炭全产业链”，巩固和完善煤炭资源供应保障体系，提高煤炭板块盈利水平和综合竞争能力。公司管理浙江浙能富兴燃料有限公司（浙江富兴电力燃料有限公司）、宁波海运集团有限公司（含A股上市公司宁波海运股份有限公司）、浙江富兴海运有限公司（浙江浙能通利航运有限公司）、浙江浙能港口运营管理有限公司、浙江越华能源检测有限公司、舟山煤炭交易市场有限公司、浙江浙能煤运投资有限责任公司等7家浙能集团控股二级营运企业和同煤浙能麻家梁煤业有限公司、内蒙古同煤鄂尔多斯矿业投资有限公司等2家浙能集团参股企业。截至2019年底，煤炭板块资产总额为155亿元，所有者权益为82亿元，资产负债率为47%，年供应煤炭超6400万吨，自有海运运力147万吨，自有港口年吞吐量超2500万吨。

成立以来，浙江省能源集团有限公司煤炭及运输分公司经历了合署办公阶段（2010—2016年）与独立运行阶段（2017年起），先后与煤炭板块核心企业浙江浙能富兴燃料有限公司、市场煤销售平台浙江富兴电力燃料有限公司以“两块牌子、一套班子”形式合署办公，逐步探索出一条以煤炭贸易为龙头、物流与服务产业比翼齐飞的具有煤炭板块特色的发展道路。随着形势变化及管理需要，2016年5月起，公司启动独立试运行，着力厘清管理界面，实现与浙江富兴电力燃料有限公司管理分离；按照2016年9月30日印发的《浙能集团创新发展和体制机制改革方案》要求，2017年1月1日起，公司正式独立运行。

站在新的历史起点，浙江省能源集团有限公司煤炭及运输分公司将全面践行习近平总书记“四个革命、一个合作”能源安全新战略，围绕浙能集团“能源立业、科技兴业、金融富业、海外创业”的发展思路，坚持稳中求进工作总基调，坚持新发展理念，担当有为，守正创新，积极开辟市场煤个性化销售、综合能源运输、煤电联营等新兴业态，始终保持勇往无前的奋斗姿态，聚力高水平构建现代煤炭供应链，在“两个一百年”奋斗目标的历史交汇期，奋力谱写浙能煤炭事业新的靓丽篇章。

2. 浙江浙能富兴燃料有限公司

浙江浙能富兴燃料有限公司（简称浙能富兴）成立于2004年7月，注册资本为8000万元，其中浙江兴源投资有限公司出资6400万元，占股80%，浙江富兴电力燃料有限公司出资1600万元，占股20%。主要经营范围：煤炭批发，电力燃料的技术开发、技术服务，自营或代理货物和技术的进出口等。2006 年，浙江浙能富兴全体股东以未分配利润转增注册资本 12000 万元，注册资本变为 20000 万元，股东浙江富兴电力燃料有限公司将其持有的 15% 股权转让给浙江兴源投资有限公司，浙江兴源投资有限公司将其持有 80% 股权无偿划给浙江省能源集团有限公司，浙能富兴股东变为浙江省能源集团有限公司持 80% 股权，浙江兴源投资有限公司持有 15% 股权，浙江富兴电力燃料有限公司持有 5% 股权；2007 年，浙能富兴股东同比例增资 10000 万元，注册资本变更成 3 亿元；2009 年，根据浙能集团板块化管控要求，浙能富兴归口到浙能集团煤炭及运输分公司，成为浙能煤炭板块核心企业；2011 年，浙能富兴股东将全部股权划转给浙江浙能电力股份有限公司，浙能电力股份有限公司持有公司 100% 股权，浙能电力股份有限公司出资 10000 万元，浙能富兴燃料有限公司注册资本变更为 4 亿元；2017 年，浙能电力股份有限公司出资 9.4 亿元，浙能富兴燃料有限公司注册资本增至 13.4 亿元。截至 2019 年底，浙江浙能富兴燃料有限公司下设控股及全资子公司 2 家，资产总额为 65.71 亿元。

2004 年 7 月，浙能集团整合浙江省省属电厂电力燃料供应体系，在原浙江富兴电力燃料有限公司和浙江省煤炭开发公司基础上，组建浙江浙能富兴燃料有限公司。浙能富兴作为浙能集团煤炭供应保障、（煤炭）港口物流建设和煤炭产业发展的实施主体，主动推进企业运营由计划经济向市场经济转轨，围绕电煤安全稳定供应主业，拓展经营空间，革新燃料供应模式，为浙江省电力生产安全提供保障。2005 年，浙能富兴率先在行业内开启北方港口专用设施长租模式，推动自有储煤码头建设，控股参股海运、铁路专用线路（自备列），打破煤炭物流瓶颈；以千万吨级煤矿项目投资占有资源，与大型煤矿集团签订中长期合同保资源，稳固上游煤源；走科技供煤之路，自主研发形成“富动”系列配煤技术专业化、规模化，成为降本增效经济性供应的重要手段。2007 年，浙能集团提出“以电为主，多业发展”大能源战略，浙能富兴按照走出省界，跨出国门的产业空间布局，做强传统贸易，做实实业投资，实现煤炭能源产业链两头延伸，荣获“全国煤炭工业先进集体”称号。到 2009 年浙能富兴划归煤炭板块时，浙能煤炭产业集采购、存储、加工（配煤）、运输、服务于一体的规模高效物流链基本框架搭建完成。2009—2018 年，浙能富兴围绕保供与效益并重，市场化转型主题主线，以提高经济效益为中心，以精细化管理为抓手，着力强化资源、物流、营销三大体系协同建设，开拓市场业务，涉足煤炭期货业务，拓展多元化运营空间。2019 年，随着浙能富兴集团“四业”发展理念深入践行，体制机制改革持续深化，年内自主采购煤炭站稳 6000 万吨台阶，发展市场用户 80 余家，年市场销售煤炭突破 2000 万吨；一程、二程港口 160 万吨专用仓储规模、日均 12 万吨港口通过能力物流体系日趋完备，吨煤综合成本控制业内领先，截至 2019 年底，浙能富兴净资产 26.1 亿元，较成立之初增长 20 倍。

浙能富兴成立以来，秉承“为发展提供动力、为社会创造财富、为员工谋求幸福”理念，倡导“阳光”文化，坚持党的领导，注重将国企党建的政治优势切实转化为发展优势，2007 年，浙能富兴行业内首创“煤炭物流链上支部共建”活动，并延伸至矿、路、港、航、电关联企业，通过“党建搭台，业务唱戏”模式，实践“业务信息实时共享，生产环节协作联动，立项攻关互助共赢，党建工作互促联建”交流机制，系列活动中受到河北、浙江两省级党组织表彰，实现了浙能文化和品牌的深入传播，重信守诺，勇于变革，敢于担当的“浙电”形象，奠定赢得了企业良好的发展空间。

站在新的起点上，浙能富兴将继续依托品牌信誉、港口物流及规模优势，适变求进，不畏艰难，以市场为导向，创造丰厚的经济效益和社会效益，当好能源板块践行“四业”发展战略的排头兵，坐稳国内领先、国际知名的一流煤炭运销企业。

3. 浙江富兴电力燃料有限公司

浙江富兴电力燃料有限公司成立于 2000 年 12 月 27 日，注册资本为 15000 万元。主要经营范围：煤炭（无储存）的销售，电力燃料的技术开发、技术服务，经营进出口业务等。浙江富兴电力燃料有限公司是在浙江省电力局燃料处、浙江省电力燃料总公司的相关业务职能基础上组建而成，与浙江省电力燃料总公司合署办公，主要负责与浙江省内相关发电企业燃煤供需事宜。

2003 年，浙江富兴电力燃料有限公司移交浙能集团。2004 年 7—12 月，浙江富兴电力燃料有限公司与浙江浙能富兴燃料有限公司完成相关运营业务及职能过渡交接后，除有限的资产管理外，煤炭经营业务基本停止。2011 年 4 月至 2013 年 12 月，浙能集团煤炭及运输分公司启用浙江富兴电力燃料有限公司牌子，对外开展煤炭市场化销售业务，与浙江浙能富兴燃料有限公司合署办公，实行“两块牌子，一套班子”同时存在、同步运行。2014 年 1 月，浙江富兴电力燃料有限公司与浙江省能源集团有限公司煤炭及运输分公司合署办公。相关市场业务独立运行。2017 年 1 月，浙江富兴电力燃料有限公司与浙江浙能富兴燃料有限公司，实行“两块牌子，一套班子”合署运营管理，进行市场煤“大销售”业务。

至 2019 年底，浙江富兴电力燃料有限公司总资产为 11. 11 亿元，所有者权益合计 7. 11 亿元，控股公司 4 家。

4. 宁波海运集团有限公司

宁波海运集团有限公司成立于 1950 年 10 月 16 日，位于浙江省宁波市江北区北岸财富中心 1 幢。公司注册资本金为 1. 2 亿元。2012 年 12 月，按照省委、省政府统一部署，公司完成股权结构调整，股本比例调整为浙江省能源集团有限公司控股（股比 51%）和宁波交通投资控股有限公司参股（股比 49%）。2014 年 8 月，公司全面纳入浙能集团煤炭板块管控序列。2016 年 6 月，宁波海运集团有限公司和宁波海运股份有限公司完成管理整合，并开始实施一体化管理。2019 年 12 月，宁波交通投资控股有限公司所持股权（股比 49%）划拨至宁波开发投资集团有限公司。浙能集团所控股比保持不变。

公司拥有宁波海运股份有限公司（A 股代码：600798）、宁波海运（新加坡）有限公司、宁波江海运输有限公司、浙江富兴海运有限公司、浙江浙能通利航运有限公司、宁波北仑船务有限公司、宁波海运明州高速公路有限公司等全资或控（参）股企业。公司主要从事国际近、远洋散货运输，国内沿海及长江中下游各港口间货物运输，海上货物中转、联运、成品油运输等海运相关业务以及高速公路等实业投资经营；是浙江省第一批实施国际安全管理规则（ISM 规则）和国内安全管理规则（NSM 规则）的航运企业，连续多年被认定为全国安全诚信公司、浙江省“守合同、重信用”AAA 级单位。

截至 2019 年 12 月底，公司合并完成货运量 4300. 99 万吨、货运周转量 909. 82 亿吨千米。公司实现合并营业收入 23. 25 亿元，实现利润总额 4. 60 亿元，净利润 3. 28 亿元。公司资产总额为 75. 63 亿元，所有者权益为 48. 64 亿元，其中归母公司所有者权益为 12. 31 亿元。公司拥有及经营各类散货船、成品油船等 33 艘，最大吨位为 18 万载重吨的“浙能海 1”轮，总运力规模达 163 万载重吨，位居国内沿海船队规模前十位。

多年来，公司始终坚持铸“党魂”、聚“海魂”，瞄准“世界一流船公司”奋斗目标，在海上运输领域，由单一的干散货运输向综合能源运输发展，巩固了“浙江省船队规模第一”的龙头地位，成为浙江省现代航运业的领军者。展望未来，公司将继续坚持稳中求进总基调，坚持新发展理念，全面落实集团“四业”发展路径和“三型”企业建设要求，围绕集团能源运输发展需求，优化能源运输结构，立足电煤运输根基、布局原油及成品油运输业务、谋划发展 LNG 运输业务，致力于从单一的电煤等干散货运输为主向综合能源运输服务商转型，努力将公司打造成为集团能源运输的主平台，推动公司持续提升发展质量。

5. 浙江富兴海运有限公司

浙江富兴海运有限公司于 1994 年经交通部

批准在杭州设立并注册登记，由浙江省海运总公司和浙江省电力燃料总公司共同出资，设立时注册资本为2400万元。1996年迁址注册在宁波大榭开发区，注册资本为500万元。1998年、1999年、2004年、2008年、2009年、2010年、2018年，股东有变化、注册资本有增加、法人有变更。2019年底，浙江富兴海运有限公司由宁波海运股份有限公司（股比51%）控股，浙江省海运集团浙海海运有限公司（股比37%）、浙江宏发能源投资有限公司（股比7%）、山西神州行通煤炭运销有限公司（股比5%）参股。经营范围：国内沿海及长江中下游普通货船运输（在许可证有效期内经营），船舶租赁；船用设备、船舶修理材料、工具的批发、零售（不包括重要工业品、生产资料）。注册资本金为3亿元。2019年，浙江富兴海运有限公司全年自有运力完成216个航次，自有运力完成货运量1023.5万吨。实现营收50295.34万元，利润总额21876.95万元，净利润16298.74万元。截至2019年12月31日，公司安全生产总体平稳有序，实现连续安全生产日2131天。

1994年浙江富兴海运有限公司成立之初，拥有“富兴1”1艘船舶，运力为4.1万吨。1996—2009年间购入船舶11艘，报废处置2艘，2011年和2012年，两艘自建船“富兴21”“富兴22”相继投运，至此，浙江富兴海运有限公司拥有“富兴”系列船舶12艘，运力达52.2万吨。根据国家相关法规规定船舶达到使用年限需强制报废。2013—2019年，共报废处置船舶8艘。2018年，购入“浙能”系列船舶3艘。截至2019年底，浙江富兴海运有限公司拥有“富兴”系列和“浙能”系列船舶共7艘，运力约38.3万吨。2008年，浙江富兴海运有限公司纳入浙江省能源集团有限公司管理，浙江富兴海运有限公司全年自有运力完成271个航次，自有运力完成货运量959.46万吨，实现营收74511万元，利润总额45984万元，净利润34478万元。公司按现代企业制度规范建立了完善的公司治理结构，充分发扬创新创业精神，坚持科学管理、专业化经营的科学发展道路，不断发展壮大，逐渐成长为浙江电煤海上运输线上重要集约化经营主体，担负起“北煤南运”战略的重要使命，为保障浙江能源安全作出重要贡献。

在“大能源战略”的指引下，公司立足浙江、面向世界，内抓管理增效益，外抓机遇谋发展，不断优化委托管理模式，并与行业内各企业展开广泛交流，共图新历史时期合作共赢发展机遇，同时积极推进精细化管理，借鉴学习先进船公司经验，为树立富兴海运品牌美誉度，为全体股东实现最大效益而努力。

6. 浙江浙能通利航运有限公司

浙江浙能通利航运有限公司于2012年6月在舟山市注册成立，由浙江浙能煤运投资有限公司、洋浦通利船务有限公司共同出资，注册资本为1000万元。2018年，宁波海运股份有限公司通过发行股份方式购买浙江浙能煤运投资有限公司持有的浙江浙能通利航运有限公司60%股权。2019年底，浙江浙能通利航运有限公司由宁波海运股份有限公司控股，股比60%；洋浦通利船务有限公司参股，股比40%。经营范围为国内沿海及长江中下游普通货船运输。注册资本5000万元人民币。

2013年7月，浙江富兴海运有限公司全面接管管理工作，实行一体化管理。2016年6月，原有船舶“新华盛海”轮处置。2017年10月，浙江浙能通利航运有限公司从浙江富兴海运有限公司以市场评估价格购入“富兴16”，载重吨为28509吨，该船于2019年11月处置。2019年12月购入小灵便型散货船“浙能6”轮，载重吨为33195吨。截至2019年12月31日，浙江浙能通利航运有限公司总资产为1.1亿元，净资产为0.72亿元。

公司在浙江海洋经济建设战略方针、浙能集团大能源战略及“打造技术型、服务型和协同型能源企业”的要求下，重管理、提质量，完善物流体系建设，提升物流管理水平，对标现代物流企业，全面提升标准化、信息化、规范化管理。不断探索发展新模式、新途径，持续加大运力更新、安全环保等资金投入，积极适应浙江经济转型升级新态势。

7. 浙江浙能港口运营管理有限公司

浙江浙能港口运营管理有限公司于2014年1月15日在舟山注册成立，注册资金为10000万元，由浙江省能源集团有限公司（股权85%）和浙江富兴电力燃料有限公司（股权15%）共同投资组建。浙江浙能港口运营管理有限公司是浙能集团旗下专业化港口运营管理企业，主要负责经营管理浙江舟山煤炭中转码头，经营范围包含煤炭、矿石等货物的中转、储存、掺配、舟电煤炭上仓、第三方服务以及煤炭贸易等业务。截至2019年底，浙江浙能港口运营管理有限公司共设置部门10个，员工总数123人，实现吞吐量2554.4万吨，实现营业收入29598.16万元，实现利润2719万元，上缴税金514.9万元，资产总额为2.28亿元；拥有1座卸船码头、1座装船码头、1座大件码头，年设计吞吐能力煤炭3000万吨。

2004年2月13日，浙能集团成立浙江舟山煤炭配送基地筹建处。2007年4月24日，成立浙能中煤舟山煤电有限责任公司，负责浙江舟山煤炭中转码头和浙能六横电厂两个项目建设。2009年6月9日，浙江舟山煤炭中转码头正式投产运行。2014年3月26日，浙江浙能港口运营管理有限公司挂牌成立，正式独立运行，全面履行集团控股港口的运营管理责任和安全生产工作，原煤炭物流分公司员工整体划归港口公司。

浙江浙能港口运营管理有限公司按照“创新、合作、绿色、开放、共享”五大理念要求，坚持“四业发展”和“现代煤炭供应链”发展方向，以效益领先为核心，以改革创新为手段，做精做优港口电煤主业，不断提升核心竞争力；充分利用舟山江海联运服务中心这一平台，外抓市场拓展，内强管理创新，全力锻造浙能港口品牌，实现智慧转型升级，切实提升管理实效和经营业绩，争创国内一流的综合性煤炭港口运营管理企业。2017年，公司被评为浙江省五星“美丽码头”。

8. 浙江越华能源检测有限公司

浙江越华能源检测有限公司始建于1995年，在浙江省电力燃料总公司宁波能源质量检测中心基础上组而成，2006年改制为股份制公司。承担浙江省电力用煤的检验委托业务，并广泛承接社会煤炭检验委托业务，是国内规模较大的具有实验室认可证书（CNAS）和检验检测机构资质认定证书（CMA）的第三方专业煤炭检测机构，致力于打造浙江省乃至全国一流的独立第三方能源检验检测标杆企业。公司注册资本为1378.754万元，股东单位为浙江省洁净煤技术研究开发中心（投资比例：85%）和秦皇岛华正煤炭检验行（投资比例：15%）。公司位于浙江省宁波市镇海区镇宁西路1666号，主营业务为煤炭采制化全流程检测委托业务、水尺检验业务、煤炭机械采样装置鉴定业务、第四方质量监督业务、煤炭采制化上岗证培训、技术支持和咨询服务等。检测业务范围基本覆盖浙江全境和周边省市，并延伸至新疆及北方五港。公司共有3处实验室，分别为本部检测室、舟山分公司六横检测室、本部中心实验室，在浙江全省各主要港口和集团所属电厂及新疆阿克苏、秦皇岛港设有16个采制业务点。

2014年11月，公司名称由宁波越华能源检测有限公司变更为浙江越华能源检测有限公司，并在舟山设立分公司。2016年10月起，公司正式管理升格，成为集团内二级营运企业。2017年10月1日，浙能港口运营管理公司北方项目部成建制转入浙江越华能源检测有限公司，浙江越华能源检测有限公司设立北方项目部。2018年1月10日，根据浙能集团《关于设立浙江越华能源检测有限公司秦皇岛分公司的批复》（浙能资〔2017〕660号），浙江能源检测有限公司在秦皇岛市海港区市场监督管理局注册成立秦皇岛分公司。2019年12月26日，公司在曹妃甸临港商务区注册成立浙江越华能源检测有限公司唐山曹妃甸分公司。截至2019年底，浙江能源检测有限公司总共下设6个部门和3个分公司，分别为综合办公室、党群（纪检审计）室、财务产权部、经营部、技术部、生产安全部及秦皇岛分公司、舟山分公司、唐山曹妃甸分公司。在职员工全口径共184人，其中集团管控人员22人（含公司领导2名），企业管控人员135人（含外借浙能富兴21人），劳务派遣

27人。

公司以两个一流（树一流独立检验检测标杆，创一流能源技术服务企业）为目标使命，积极推动企业实现两个转变（由“生产型”企业向“技术服务型”企业转变，由单一的煤炭检测企业向提供能源供应链综合增值服务型企业转变）。

9. 舟山煤炭交易市场有限公司

舟山煤炭交易市场有限公司由浙江浙能煤运投资有限责任公司（股比65%）和中国（浙江）大宗商品交易中心有限公司（股比35%）共同出资组建，公司于2017年6月29日注册成立，资本金为1亿元，办公地址位于浙江省舟山市定海区临城街道翁山路555号大宗商品交易中心。主要经营范围为集贸市场管理服务、煤炭及制品销售、招投标代理服务等。截至2019年底，公司总资产为2729.59万元，所有者权益为2666.36万元，平台累计完成煤炭交易量为6999万吨，海运交易量为250万吨，累计注册用户数为227家。

公司依托浙能集团煤炭板块全产业链协同优势，整合煤炭交易、海运物流、煤炭质检和信息咨询服务，于2017年12月搭建完成交易市场主平台——浙江煤炭交易网。2018年6月，平台在全面升级打造挂摘牌、询比价及竞价三大交易模块后正式上线运行。2019年8月，“浙煤网”海运物流子平台上线运营，质检模块同步上线，公司打造的集煤炭交易、物流、质检为一体的“一站式”综合服务体系初具雏形。

未来，公司将以煤炭、海运交易业务为支撑，逐步向物流及供应链金融服务等增值服务衍生发展，打通煤炭贸易全流程，稳步完善“一站式”煤炭贸易服务生态圈；以技术创新和高标准服务，推动平台智能化和“一站式”服务升级完善，全面提升企业价值创造力和市场服务力；坚持贸融结合发展路径，打造协同型服务型智能型交易平台，实现平台发展新突破，高质量建设有一定市场定价话语权的“一站式”智能型煤炭交易平台。

天然气板块

1. 浙江能源天然气集团有限公司

浙能集团天然气石油分公司成立于2010年11月，注册资本金为3亿元。2015年7月20日，浙江浙能燃气有限公司成立。2016年11月，浙能集团天然气石油分公司注销。2017年8月9日，浙江浙能然气有限公司更名为浙江能源天然气集团有限公司，主要负责浙能集团天然气与石油产业的投资、建设、日常经营的板块化管理。截至2019年12月，浙江能源天然气集团有限公司注册资本金增至23.76亿元。浙江能源天然气集团有限公司作为浙能集团的全资子公司，主要负责经营管理浙能集团天然气产业，下辖控股公司8家、参股公司2家、均股公司1家，职工人数1746人。

天然气集团主营业务包括：浙江省省级天然气输送管道、城市燃气、加气站、LNG接收站等基础设施的投资建设、运营维护，天然气（包括LNG）的上游资源采购及销售等业务。2004年初，浙江省引入管道输送天然气，天然气省网输送的主气源来自中亚和新疆、四川等地。浙江能源天然气集团有限公司成立以后，全面执行浙能集团天然气全产业链的发展战略，已经获取了八大气源，分别为西一气、西二气、川气、东海气、宁波LNG、丽水36-1、新疆煤制气、舟山LNG，基本形成“多气源、一环网”的新格局。截至2019年，天然气集团累计投运省级天然气管网1894千米，站场75座，阀室90座，省级管网覆盖了浙江11个地级市中的10

个（除舟山）；省网直供用户达 90 家，其中城市用户 53 家、电厂用户 25 家、其他用户 2 家；2019 年全年供气量为 117.8 亿方，占浙江省天然气消费总量的 80% 以上；浙江能源天然气集团有限公司在浙江全省有 27 家城市燃气公司，基本覆盖浙江全省所有地级市区，建成投运高中低压城燃管线 5813 千米，城燃运营站场 108 座，通气居民户数 450360 户、公建及商业用户 2755 户、工业用户 1691 户。

2010—2019 年 10 年来，浙江省天然气消费市场从无到有，已步入高速发展期。“多气源、一环网”布局保供应，促民生，充分发挥上下游市场优势，为浙江省天然气发展奠定夯实了根基。同时，浙江能源天然气集团有限公司将继续加大“县县通”工程等基础设施建设，扩大管输天然气使用区域，践行“气贯浙江、惠泽民生”的承诺。浙江能源天然气集团有限公司先后获得 2017 年度、2018 年度浙能集团“安康杯”竞赛优秀组织单位，2018 年度、2019 年度全国“安康杯”竞赛安全文化宣传工作先进单位等荣誉。

2. 浙江省天然气开发有限公司

2001 年 9 月 18 日，浙江省天然气开发有限公司经浙江省工商局注册登记，注册资本金为 5 亿元。成立之初，股权结构为：浙能集团（53%），中国海洋石油总公司（37%），浙江东南发电股份有限公司（10%）。后续经过多次股权转让调整，截至 2019 年 12 月，浙江省天然气开发有限公司股东结构为：浙江能源天然气集团有限公司（40%），中海石油气电集团有限责任公司（30%），中国石化天然气有限责任公司（30%）。截至 2019 年，浙江省天然气开发有限公司注册资本金增至 27.8 亿元。

2001 年 12 月 26 日，浙江省天然气开发有限公司正式挂牌。其管理职责和经营范围是：按照浙江省政府批准的经济社会发展规划的要求，投资建设和运行管理省级天然气输气管网；负责与上游天然气公司进行谈判和衔接，并作为浙江省的总买卖方统一与上游公司签订天然气购销意向书和照付不议合同，保证向省内大用户和城市管网提供安全可靠的供气，为用户提供优质满意的服务。省天然气公司统一投资、建设、经营和管理省级天然气管网；参与上游资源和下游市场的开发建设和经营管理；代表浙江省向上游购买天然气资源，向下游市场销售天然气，提供有关的服务。

截至 2019 年，浙江省天然气开发有限公司已建成投运省级管网总长达 1894 千米。上游有 8 种气源，下游销售覆盖全省除舟山以外的 10 个地级市，共有供气用户 71 家。2019 年销售气量达 117.8 亿方，资产总额达 78.05 亿元，净资产 18.39 亿元。

2001 年成立以来，浙江省天然气开发有限公司按照浙江省政府及浙能集团天然气发展规划的要求，投资建设和运行管理省级天然气输气管网。截至 2010 年，杭湖、杭嘉及杭甬主干线建成，甬台温与金丽温相继启动或投入运行。2011 年以后，陆续开展宁波 LNG、甬台温、金丽温及“县县通”等重大工程建设，在工程管控模式上引入浙江省电力建设有限公司作为建设管理方。截至 2019 年，杭甬线、甬台温、金丽温等省级干线全部建成投运，浙沪一期、上虞新昌等 7 个“县县通”工程建成投产，全省“一环网”格局基本建成。

2001 年，浙江省天然气开发有限公司采用三部一室机构设置方案：综合办公室、技术工程部、投资开发部与财务会计部。后续经过多次部门调整设置，2016 年 11 月 10 日，浙江省天然气开发有限公司与浙江金衢丽天然气有限公司合署办公，在职人数为 120 余人。2017 年 3 月，为满足浙江省天然气开发有限公司和浙江金衢丽天然气有限公司管理整合的工作需要，对公司部门设置及职责进行调整及修订，2019 年 12 月，根据上级单位及公司实际工作开展相关要求，人力资源部对《公司部门工作职责》进行了进一步修订和完善。截至 2019 年 12 月，浙江省天然气开发有限公司共有 10 个部室，在职员工数 103 人。

浙江省天然气开发有限公司自成立以来，先后获得全国五一劳动奖状、全国安康杯竞赛安全文化宣传工作先进单位、浙江省模范集体、浙江省工人先锋号及浙江省“千万工程”和美丽浙江建设突出贡献奖等荣誉称号。

3. 浙江浙能天然气管网有限公司

2009年12月22日，浙能集团决定建立浙江天然气南方管网项目筹建处。2011年9月9日，经工商注册登记，浙江天然气南方管网项目筹建处注册为浙江金衢丽天然气有限公司，注册资本金为2亿元，经营范围为管道建设、天然气输送、天然气销售及技术服务。浙江金衢丽天然气有限公司为浙能集团全资子公司。2013年12月31日，浙江金衢丽天然气有限公司完成工商信息变更，经营范围变更为管道设备销售、天然气管道施工建设及技术服务，天然气管道设备租赁。2015年12月，浙能集团将浙江金衢丽天然气有限公司的股权100%划转至浙江浙能燃气有限公司。2018年10月8日，浙江金衢丽天然气有限公司完成工商信息变更，更名为浙江浙能天然气管网有限公司。

浙江浙能天然气管网有限公司自2011年起先后经历了10次企业注册资金，截至2019年，注册资本金为27.71亿元。

浙江浙能天然气管网有限公司主要负责浙能集团下属金华、衢州和丽水地区的天然气管线投资建设。截至2019年，金丽温干线工程、常山支线、龙游直线、兰溪支线、燃机支线、金华—武义段管线、义乌支线、浦江支线、金东支线、东阳支线、常山电厂专线、柯城电厂专线、江山电厂专线、龙游电厂专线、上虞—新昌、下窑—龙游均已建成投产。

2011年11月，浙江金衢丽天然气有限公司印发《关于建立综合办公室等部门的通知》(浙金衢丽气〔2011〕1号)，决定建立综合办公室、工程管理部、计划投资部、市场经营部等部门。2015年12月，浙江金衢丽天然气有限公司印发《关于成立浙江金衢丽天然气有限公司质量安全部的通知》(浙金衢丽气〔2015〕70号)，决定成立质量安全部，主要负责安全监察、质量管理、技术管理等工作。2016年11月，浙江省天然气开发有限公司与浙江金衢丽天然气有限公司合署办公。

截至2019年，浙江浙能天然气管网有限公司资产总额为84亿元，2019年全年利润总额为2.2亿元，净利润为1.65亿元。

4. 浙江省能源集团城市燃气有限公司

浙江省能源集团城市燃气有限公司成立于2010年11月，首次注册资本金为1亿元。成立初期为浙江省能源集团有限公司全资控股企业，2017年4月11日，经浙江省工商行政管理局核准，股权变更为浙江浙能燃气有限公司全资控股；2017年11月15日，股权变更为浙江能源天然气集团有限公司全资控股。

浙江省能源集团城市燃气有限公司秉承“心系万家　气通万户”的核心理念，坚持塑造优质服务品牌，为“八八战略”打造“绿色浙江”贡献浙能力量、城燃力量。2010年以来，历经9年的市场开拓，在浙江省燃气市场的份额快速增长，控股所属企业27家，分布浙江省24个市、区。截至2019年，注册资本金增加到7.11亿元，资产总额为28.82亿元，净资产为10.41亿元。

浙江省能源集团城市燃气有限公司主营业务为城市燃气项目的投资开发、运营管理以及综合能源开发与利用。2016—2019年，气量、利润等核心指标大幅增长，企业核心竞争力持续增强，内控管理水平持续提升，高质量发展的步伐愈加稳固。截至2019年，投运站场112座，投运高中低压管线5813千米，已通气居民用户41.4万户，年供气量超12亿立方米。

浙江省能源集团城市燃气有限公司下属综合办公室、计划发展部、人力资源部、财务产权部、客服生产部、建设管理部、安全监察部、资产经营部、政治工作部、纪检审计室等10个部室。

浙江省能源集团城市燃气有限公司成立以来，在行业内拥有良好的声誉，先后获得浙江省省部属企业先进职工之家、浙江省治安安全单位等荣誉称号，所属绍兴市上虞区天然气有限公司获得浙江省文明单位、浙江省平安单位；所属缙云县天然气有限公司获得浙江省青年文明号。

5. 浙江浙能天然气运行有限公司

2011年5月18日，浙江浙能天然气运行有限公司成立，成立伊始为浙能集团的全资子公司，注册资本金为5000万元，经营范围为天然气运行的技术服务及咨询、油气输送工和管道保护工的培训鉴定等业务，按照浙能集团专业化分工，主要负责省级天然气管网的调度、运行、维抢修及生产技术服务工作。2015年，根据板块化管理的需要，浙能集团将持有的100%的股权无偿划转至浙江浙能燃气有限公司。2018年，根据公司发展需要，增资4800万元，注册资本金达到9800万元。

浙江浙能天然气运行有限公司成立之初，设立了综合管理部、计划财务部、安全监察部（管道保护中心）、调度运行中心、技术质量中心（信通中心）、维抢修中心、用户服务中心等7个部门。截至2019年，公司设有调度运行中心、维抢修中心、管道保护中心、管道检测中心4个专业生产部门以及综合办公室、安全监察部、技术质量部等10个职能部门，共有员工617人（不含劳务用工149人）。

2018年，浙江浙能天然气运行有限公司对经营范围进行了变更，主要新增了石油相关的经营范围并涵盖石油天然气管道系统设计、安装、检验、检测等业务内容。

浙江浙能天然气运行有限公司成立后，截至2019年，省级天然气管网实现连续安全生产运行3149天，管理省级天然气管道1894千米，输气站场75座，组建区域中心站14座，累计输气量达766亿方。浙江浙能天然气运行有限公司资产总额达3.73亿元，净资产1.99亿元。

浙江浙能天然气运行有限公司坚持以科技创新带动模式创新，以构建天然气智能运输体系为主线，建设集“智能站场、智能调度、智能管道”为一体的智慧管网，推行区域中心站和运维一体化改革。浙江浙能天然气运行有限公司科技项目累计申报发明专利1项、实用新型专利5项、软件著作权4项，科技成果荣获浙江省电力科学技术进步奖二等奖2项、三等奖5项、浙江省数据价值挖掘大赛三等奖1项。

浙江浙能天然气运行有限公司是浙江省安全生产标准化二级企业、AAAA级标准化良好行为企业、杭州市高新技术企业，拥有国家质检总局颁发的无损检测资质。曾荣获全国青年文明号、浙江省省级平安单位、集团依法治企先进集体等众多荣誉。

6. 浙江浙能温州液化天然气有限公司

浙江浙能温州液化天然气有限公司隶属于浙江能源天然气集团有限公司。温州液化天然气（LNG）接收站项目原由中国石油化工股份有限公司控股51%、浙江省能源集团有限公司参股29%、温州大小门岛投资开发有限公司参股20%合资组建公司建设。2017年1月17日，浙能集团成立浙能液化天然气项目筹建处，全面推进浙能液化天然气项目。2017年9月18日，浙能天然气集团与中石化天然气有限责任公司在第一届世界油商大会上签署《关于温州液化天然气合作的框架协议》，由浙能集团控股牵头建设本项目，股比变更为浙江能源天然气集团有限公司51%、中国石化天然气有限责任公司41%、温州大小门岛投资开发有限公司8%。2018年6月15日，浙江浙能温州液化天然气有限公司在温州洞头区登记注册，首期注册资本金3亿元，并于8月20日在杭州召开首次“三会”，公司正式揭牌成立。

温州液化天然气（LNG）接收站项目由码头及陆域形成工程、接收站工程及输气管道工程三部分组成，其中码头及陆域形成工程、接收站工程位于温州市洞头区小门岛，输气管道工程位于温州市洞头区和乐清市。项目可研估算投资90.36亿元，一期设计年接收能力为300万吨，含4个20万立方米储罐，3万～26.6万立方米液化天然气（LNG）运输船专用码头1座，外输管道26千米，远期建设根据市场情况确定。项目于2018年9月开工建设。

2018年9月26日，浙江浙能温州液化天然气有限公司设立六部两室八个职能部门（综合办公室、项目前期办公室、人力资源部、财务部、监审（党群）部、计划投资部、建设管理部、安健环部）。截至2019年10月30日，监审（党群）

部更名为政治工作部，安健环部更名为质安健环部，新增设纪检审计室，新增设生产准备部。

浙江浙能温州液化天然气有限公司主营范围包括天然气、液化天然气接收站及码头的建设及运营，冷能利用装置的建设与运营，液化天然气船、拖轮所需淡水给养的销售。

浙江浙能温州液化天然气有限公司是落实浙能集团“四业”发展、聚焦上游资源短缺、提升省级管网供气保障能力、解决浙江省天然气发展不平衡不充分的主要平台。温州液化天然气（LNG）接收站项目作为浙江省天然气产供储销体系中的重要储气设施之一，2018 年 5 月列入浙江省省重点集中开工项目，2018 年 6 月列入国家发展改革委加快推进供气企业储气能力建设新开工储气项目表，2019 年列入长三角一体化实施项目，具有重要的社会和经济价值。公司秉承“以德立人，以能立业”的宗旨，以“奉献清洁能源，创造美好生活”为目标，致力于满足浙江省能源需求多元化、优化能源结构、改善生态环境，以清洁、优质、安全的天然气，为浙江省的经济可持续发展作贡献。

7. 舟山天然气交易市场有限公司

舟山天然气交易市场有限公司由浙能天然气集团有限公司、新奥燃气发展有限公司和中国（浙江）大宗商品交易中心有限公司合资组建，股比分别为 51%、34% 和 15%，注册资本金为 2 亿元（首期实缴 2000 万元）。

舟山天然气交易市场有限公司位于中国浙江自由贸易试验区，依托浙能集团和新奥能源在天然气产业的各自优势，通过现货挂牌和竞价交易等开展液化天然气（LNG）及管道天然气（PNG）多类型交易，为天然气上下用户提供专业服务。并致力于以浙江省为中心，提高行业竞争力和影响力，形成具有国内定价指导意义的天然气价格指数。

2017 年 12 月 28 日，舟山天然气交易市场有限公司注册成立。

2018 年 3 月，舟山天然气交易市场有限公司开展会员招募以及电子交易系统软件开发工作。2018 年 7 月，舟山天然气交易市场有限公司交易系统试运行。2018 年 7 月 30 日，舟山天然气交易市场有限公司成功完成首单交易。2018 年 12 月，舟山天然气交易市场有限公司电子交易系统成功通过验收。

舟山天然气交易市场有限公司设置综合办公室、财务结算部、市场交易部三个部室。

截至 2019 年 12 月，舟山天然气交易市场有限公司成功招募会员 72 家，累计交易管道气气量 85.76 亿立方米。

8. 浙江浙能六横液化天然气有限公司

浙江浙能六横液化天然气有限公司于 2019 年 10 月 14 日注册登记，注册资本金为 3000 万元，由浙江能源天然气集团有限公司、深圳能源燃气投资控股有限公司和舟山市普陀区六横滩涂围垦开发有限公司合资组建，股比分别为 46%、44% 和 10%。2019 年 12 月 26 日完成公司工商变更和外资账户的开户，变更为中外合资企业，由浙江能源天然气集团有限公司、浙江能源国际有限公司、深圳能源燃气投资控股有限公司、Newton Industrial Limited.（牛顿实业股份有限公司）和舟山市普陀区六横滩涂围垦开发有限公司合资组建，股比分别为 5.11%、40.89%、4.89%、39.11% 和 10%，注册资本金为 2.7 亿元，其中浙江能源天然气集团有限公司和浙江能源国际有限公司组成一致行动人，Newton Industrial Limited.（牛顿实业股份有限公司）和深圳能源燃气投资控股有限公司组成一致行动人。浙江浙能六横液化天然气有限公司隶属于浙江能源天然气集团有限公司。

浙江浙能六横液化天然气有限公司拟建的接收站位于浙江省舟山市普陀区六横镇，一期接卸能力为 600 万吨/年，远期发展为 1200 万吨/年。浙江浙能六横液化天然气有限公司经营范围为：液化天然气接收站、输气干线及码头的建设与运营；冷能利用装置的建设与运营；液化天然气的采购及气化加工；天然气及液化天然气的运输、进口、储存和销售；空气分离产品的销售；液化石油气船、拖轮所需淡水给养的销售。

可再生能源板块

1. 浙江省新能源投资集团股份有限公司

浙江省水利水电投资集团有限公司成立于2002年8月，注册资本为6亿元，是浙江省人民政府的国有独资公司。2009年11月，浙江省能源集团有限公司合并重组浙江省水利水电投资集团有限公司，公司成为浙能集团子公司。2010年11月，浙江省能源集团有限公司可再生能源分公司成立，与浙江省水利水电投资集团有限公司实行“一套班子、两块牌子”运行。浙能集团将所持有的水电、风电资产注入浙江省水利水电投资集团有限公司，形成集水电、抽水蓄能、风电等为主的可再生能源板块，总资产为87.3976亿元，权益装机规模为123.26万千瓦，控股参股可再生能源企业18家。2016年11月，浙江省能源集团有限公司可再生能源分公司注销，浙江省水利水电投资集团有限公司继续承担可再生能源板块管理职能。2019年6月，浙江省水利水电投资集团有限公司进行股份制改造，更名为浙江省新能源投资集团股份有限公司，公司位于杭州市江干区凤起东路8号，注册资本为18.72亿元，浙能集团占股76.92%，浙江新能能源发展有限公司占股23.08%。

浙江省水利水电投资集团有限公司先后出资成立浙江浙能长兴新能源有限公司、浙江浙能环亚松阳光伏发电有限公司等6家光伏发电企业，在浙江省先后建设6个地面光伏发电和屋顶光伏发电项目。成立浙江浙能嘉兴海上风力发电有限公司和浙江浙能国电投嵊泗海上风力发电有限公司，开展装机规模共70万千瓦的省内海上风电项目建设。收购并控股江苏双创新能源开发有限公司，开展装机规模共30万千瓦的江苏盐城地区海上风电项目建设。2017年起，浙江省水利水电投资集团有限公司开展大规模省外可再生能源项目并购，与正泰新能源、爱康科技等国内光伏龙头企业合作，在西北甘肃、宁夏等地收购共11个光伏企业70.5万千瓦装机。

2019年6月，浙江省新能源投资集团股份有限公司向上海证券交易所申报上市。公司总资产达242.06亿元，控参股企业及分公司共计85家，总装机容量为842万千瓦，权益装机容量为291万千瓦。其中控股企业的电站装机容量为316万千瓦。

浙江省新能源投资集团股份有限公司秉承“激水、追风、逐光”的产业发展观，以改善能源结构、实现绿色可持续发展为己任，以可再生能源投资开发建设营运为核心定位，积极发展可再生能源，为社会提供优质清洁环保的能源产品，促进和谐社会的建设和发展，力争打造最具成长性、最具示范价值的可再生能源企业。公司曾获得低收入农户奔小康工程结对帮扶工作先进单位、全国电力行业思想政治工作优秀单位、浙江省政研会工作奖等多项省部级荣誉。

2. 浙江浙能北海水力发电有限公司

浙江浙能北海水力发电有限公司于2003年7月在杭州注册成立，注册资本为17亿元，由浙江省电力开发公司（股权65%）、浙江东南发电股份有限公司（股权25%）和丽水市城市建设投资有限责任公司（股权10%）共同投资组建。经多次股权变更，截至2019年，股东构成情况为：浙江省新能源投资集团股份有限公司占股65%，浙江浙能电力股份有限公司占股25%，丽水市城市建设投资有限责任公司占股10%。公司致力于瓯江滩坑水电站的建设、水利发电及电力经营、水利电力资源的开发。

滩坑水电站位于浙江省青田县境内的瓯江支流小溪中游河段，距青田县城西门约32千米，距温州市约92千米，距丽水市约107千米。电站大坝海拔高程为 171 米，坝高为 162 米，为“华东第一高坝”。电站水库总库容达 41.5 亿立方米；正常蓄水位为 160 米，调节库容为 21.3 亿立方米，系多年调节水库。电站 4 台机组装机总容量为 60.4 万千瓦，设计多年平均发电量为 10.23 亿千瓦时。

滩坑水电站以发电为主，兼顾防洪，并兼有其他综合利用效益，是瓯江流域规划中的一座重要骨干电站，是浙江省委、省政府确定的“五大百亿”工程中“百亿帮扶致富建设”项目。电站自 1956 年开始勘测规划，2003 年 5 月获得国务院批准立项，2004 年 10 月主体工程开工，2008 年 4 月工程下闸蓄水，一号、二号、三号机组分别于 2008 年 8 月 16 日、2009 年 2 月 12 日和 7 月 10 日相继投产发电。

滩坑水电站是“八八战略”带动浙西南欠发达地区脱贫致富的生动实践。涉及库区青田县、景宁畲族自治县的两县 10 个乡镇 81 个行政村，5 万余移民得到妥善安置，电站的兴建，上游水库形成了一个新的旅游景点“千峡湖”。公司坚持以人为本的理念，实施绿色能源计划，努力为浙江省经济和社会发展提供高效、清洁、可靠、优质的电力能源。2008 年，公司获得浙江省重点建设立功竞赛先进集体；2009 年 2 月，被评为浙江省文明单位。

3. 浙江浙能华光潭水力发电有限公司

浙江浙能华光潭水力发电有限公司于 2002 年 1 月 31 日注册成立，注册资金为 1.617 亿元，由浙江省电力开发公司投资 90%、临安市水电开发公司投资 10%，负责组织实施浙江省华光潭梯级水电站的工程建设及建成后的生产经营管理工作。

公司管理区坐落于临安区龙岗镇，距离临安 70 千米，距离省会杭州市 100 千米。华光潭水电站为两级引水式电站，总装机容量为 8.5 万千瓦，总投资 6.89 亿元，设计多年平均发电量为 1.85 亿千瓦时。

浙江省华光潭梯级水电站是分水江流域综合治理开发的龙头电站，是浙江省政府决策兴建的省重点工程项目，也是浙能集团成立后控股并建设管理的首座水电站。电站自 1967 年开始规划，于 2000 年 11 月批准立项，2002 年 4 月开工，历经 42 个月的建设，至 2005 年 9 月全部机组投产发电。

电站地处浙西大峡谷内，以发电为主，兼具防洪功能。建成投运十余年来，浙江省华光潭梯级水电站在治理分水江主源的水患起到了重要作用，使下游的防洪能力从原来的不足五年一遇提高到了二十年一遇，也保障了电站下游龙岗镇 1300 亩农田灌溉及村民用水。浙江省华光潭梯级水电站既是杭州电网至 2019 年最大的水电站，又是杭州电网进行“黑启动”的首选电源，承担着杭州地区电网调峰和电源保障任务。

公司先后于 2013 年荣获电力安全生产标准化二级企业、2016 年荣获浙江省省部属企事业工人先锋号、2018 年荣获年度省级平安单位、水电站安全生产标准化一级单位等荣誉称号。

在浙能集团“四业”发展路径和浙江省新能源投资集团股份有限公司跨越式发展战略的指引下，浙江浙能华光潭水力发电有限公司坚持“文化育业、安全保业、管理强业、科技兴业”的方针，主动适应浙能集团转型升级新要求，努力实现国有资产的保值增值，为社会提供优质环保的清洁能源，不断推进绿水青山的生态文明建设，努力打造“美丽电站、美好家园”。

4. 浙江浙能嘉兴海上风力发电有限公司

浙江浙能嘉兴海上风力发电有限公司于 2017 年 4 月注册成立，注册资本金 17 亿元，主要负责浙能嘉兴 1 号海上风电场项目的建设及运营。公司由浙江省水利水电投资集团有限公司全资设立。

浙能嘉兴 1 号海上风电场项目作为国家能源局批复的浙江省海上风电规划项目，是浙江省创建国家清洁能源示范省行动计划（2016—2017）及浙江省“十三五”重点推进的重大清洁能源项目，已列入 2017 年浙江省重点建设项目名单。

项目场址位于杭州湾平湖海域，王盘山以东约 10 千米，风场中心点离岸约 20 千米，南北长约 14.0 千米，东西宽约 4.3 千米，涉海总面积约 48 平方千米。风电场规划容量为 300~302 兆瓦，布置72台4.0兆瓦、2台6.0兆瓦或7.0兆瓦的风电机组，年平均上网电量87151万千瓦时，项目动态总投资约53.39亿元。

风电机组采用三列平行排列的布置方式，风机基础采用高桩高承台和单桩基础两种结构形式。电气系统分两部分布置，海上布置220千伏升压站，陆上布置集控中心和计量站。220千伏海上升压站将35千伏电压升压至220千伏，经220千伏海底电缆将电能输送至陆上计量站后，就近接入嘉兴电网。项目陆上计量站主体工程于2019年6月开工，海上升压站建安工程于2019年8月开工，计划于2020年底全部风机并网发电。

浙能嘉兴1号海上风电场项目是浙能集团促进能源结构调整的重要措施，是浙江省新能源投资集团股份有限公司发展可再生能源的重要任务，项目建成后将为区域推动后续海上风电开发建设提供经验和示范。同时，结合资源优势，对缓解当地能源、环境压力，优化产业结构，推进产业升级，加快区域经济社会可持续发展具有重要意义。根据测算，项目建成后，每年可节约标煤23万吨，减少排放温室气体二氧化碳51万吨，减少排放二氧化硫4474吨，环境效益十分显著。

5. 浙江浙能长兴新能源有限公司

浙江浙能长兴新能源有限公司成立于2015年12月28日，为浙江省水利水电投资集团有限公司全资子公司，注册资本金1.2亿元，负责浙能长兴地面光伏电站项目的建设及生产运营。电站项目位于浙江湖州长兴泗安镇，项目装机容量8.43万千瓦，年均上网电量约7662万千瓦时，总占地面积约166.67公顷。电站于2016年11月28日开工建设，于2017年6月28日投产发电。浙能长兴地面光伏电站项目是2016年浙江省重点工程建设项目，并已取得浙江省2016年度普通地面光伏电站竞争性规模指标。

2019年1月起，浙江浙能长兴新能源有限公司与浙江省新能源投资集团股份有限公司华东事业部合署办公，负责管理华东片区浙新能源集团所属的9个公司及所属10个光伏项目。受托管理资本控股公司的10个公司及所属11个光伏项目。截至2019年，公司设有综合办公室、生产技术部、安全监察部、财务部和计划经营部四部一室，有职工20人，其中领导班子配置执行董事兼总经理1名、副总经理3名。

浙江浙能长兴新能源有限公司是浙能集团积极响应国家号召，推动光伏产业转型升级，在不改变农业用地性质，采用“一地两用”的“农光互补”形式开发建设的光伏电站，电站通过发展现代高效的农业和无污染零排放的发电模式，实现土地立体化增值利用，做到光伏发展和农业生产双赢的局面。

6. 浙江浙能国电投嵊泗海上风力发电有限公司

2018年6月21日，浙江省水利水电投资集团有限公司与国家电投集团浙江新能源有限公司签订《合资协议书》，本着优势互补、合作共赢、有序发展的原则，共同开发建设嵊泗2号海上风电项目，并于2018年10月30日在嵊泗县洋山镇注册成立了浙江浙能国电投嵊泗海上风力发电有限公司，负责本项目的建设和运营。公司首期注册资本金为1亿元，股东双方各出资50%。

浙能嵊泗2号海上风电项目位于嵊泗县崎岖列岛西南侧王盘洋海域，场区实际涉海面积约64平方千米，核准装机规模400兆瓦，拟安装67台单机6兆瓦的风电机组，配套建设1座220千伏升压站、1座计量站、16组35千伏海缆以及2回220千伏海缆，将风电机组与升压站、计量站相连。项目动态总投资约72.2亿元，2019年12月28日首桩工程开工，预计2020年底首批机组并网发电，2021年底全部机组并网发电。

浙能嵊泗2号海上风电项目于2016年1月列入浙江省海上风电工程建设规划。2018年12月21日，获得舟山市发展改革委核准。公司正式投产运营后，每年可贡献可再生能源电量约10亿千瓦时，与相同发电量的常规燃煤火电机组相比，每年可节约标煤33.6万吨，减少排放温室气体二氧化碳68.8万吨，减少排放二氧化硫、氮氧化合物约3755吨，减少灰渣12.5万吨。此外，还可节约淡水 300.4 万立方，并减少相应的水力排灰废水和温排水等，环境效益显著。项目的开发建设符合我国能源可持续发展战略的要求，符合浙江省能源发展规划，对改善浙江省能源消费结构和打造“清洁能源示范省”具有重大的意义。

能源服务板块

1. 浙能集团科技工程与服务产业分公司

浙能集团科技工程与服务产业分公司成立于 2010 年 11 月。在“大能源战略”和“四业”发展引领下，顺应浙能集团“板块化、专业化”管理改革要求，积极推进改革创新和转型升级，加快产业资源整合和产业开发步伐，核心竞争力持续增强，初步形成了环保产业、节能和清洁能源产业、物流供应链产业、工程建设及咨询产业、酒店及培训综合服务五大产业。截至 2019 年底，浙能集团科技工程与服务产业分公司资产总额 107.11 亿元、净资产 57.20 亿元，在册职工 2544 人。浙能集团科技工程与服务产业分公司坐落在杭州市余杭区五常街道余杭塘路 2159-1 号浙能创业大厦。

浙能集团科技工程与服务产业分公司通过自主创新和科技合作，形成一批拥有自主知识产权的核心关键技术。累计获得授权发明专利 43 项，授权实用新型专利 164 项，软件著作权 47 项，主持或参与制定国家标准 3 项，行业标准 12 项。《燃煤机组超低排放关键技术研发及应用》获国家技术发明奖一等奖，开创了浙江省新中国成立以来的纪录，其他各类科研课题获全国行业、省部级奖项十余项。拥有多个省部级高新技术实验室，电子招标投标交易平台获得国家认证。拥有党建工作多项荣誉，2018 年 11 月，浙江省常务副省长冯飞参观“红咖啡馆”基层党建阵地并充分肯定了“红咖啡馆”的创新特色。2019 年“红咖啡馆”荣获浙江省国企党建创新新品牌展播活动优秀组织奖。自 2018 年 1 月开馆以来至 2019 年底，共接待 90 余批次、3000 余人次，“红咖啡馆”的影响力逐渐扩大。党建微视频《一张蓝图、一片蓝天》入选全省“不忘初心，牢记使命”主题教育第一批电教视频材料。

2019 年底，浙能集团科技工程与服务产业分公司所属营运企业包括浙江浙能兴源节能科技有限公司、浙江省电力建设有限公司、浙江天地环保科技有限公司、浙江天虹物资贸易有限公司、浙江梅苑酒店管理有限公司、浙江浙能天颐投资有限公司、浙江浙能企业管理培训服务有限公司（2020 年 1 月 20 日，根据《关于调整浙江浙能天颐投资有限公司管控关系的通知》（浙能战略〔2020〕28 号），浙江浙能天颐投资有限公司划转至浙能资本控股有限公司）。

浙能集团科技工程与服务产业分公司贯彻落实浙能集团“四业”发展，打造“三型”企业及“五大产业体系”发展思路，以创新体制机制为重点，以打造企业价值链为主线，积极调整产业结构和经营模式，大力推进产业升级，积极发展混合所有制经济，加大产融结合运作力度，全力打造具有国际竞争力的现代综合型能源服务供应商，为实现浙能集团高速度发展，高质量增长贡献力量。

2. 浙江浙能兴源节能科技有限公司

浙江兴源投资有限公司成立 2003 年 8 月 15 日，注册资本金为 2 亿元，是浙能集团按照“以投资为主体，以实业为基础，以电力为主业，多业共同发展”的战略定位设立的全资子公司。浙江兴源投资有限公司投资开办浙江天虹物资贸易有限公司、浙江天音管理咨询有限公司，承担浙能集团物流集约化管理的职能，为电厂提供物资集中采购、工程招标代理、进口设备代理等服务；投资控股浙江天地环保工程有限公司，从事电厂脱硫环保工程；投资浙江东发环保工程有限公司，从事水处理工程；投资浙江天工自信科技有限公司，为电力生产提供信息技术服务；投资浙江天达建材资源开发有限公司，从事粉煤灰综合开发利用，提高粉煤灰产品的附加值；接管杭州梅苑宾馆及投资镇江国际饭店，提供宾馆服务。

依托浙能集团的产业优势，浙江兴源投资有限公司积极调研、稳健投资、整合资源、深化管理，在大能源格局下，优先发展环保、物流、建材等能源服务产业，不断增强投资能力、扩大产业领域，企业综合水平不断提高。2009 年 9 月获得浙江省模范集体荣誉称号，2011 年 6 月被浙江省国资委评为先进基层党组织荣誉称号，2012 年 6 月被评为浙江省创先争优闪光言行月度之星，2013 年 2 月获得浙江省省属企业廉洁文化创建示范点荣誉称号。截至 2015 年 12 月底，初步形成了“5 大产业+1 个平台”的产业格局，浙江兴源投资有限公司资产总额达 49.94 亿元，净资产达 29.75 亿元。

浙江浙能节能科技有限公司成立于 2011 年 6 月，注册资本金为 20500 万元。浙江浙能节能科技有限公司由浙江省能源集团有限公司下属浙江兴源投资有限公司全额投资。浙江浙能节能科技有限公司具有单独提供用能状况诊断、节能项目设计、融资、改造（包括施工、设备安装、调试、验收等）、运行管理、人员培训等服务的专业化节能服务公司，2011 年 8 月，浙江浙能节能科技有限公司被国家发改委和财政部列入第三批节能服务公司备案名单。2014 年 10 月，浙江浙能节能科技有限公司荣登工业和通信业节能服务公司推荐名单，成为具有国家发展改革委和财务部、国家工信部双部委备案资格的公司。浙江浙能节能科技有限公司立足于浙江省能源集团大平台，以节能效益分享型合同能源管理模式在其下属各用能企业重点开展了汽轮机通流改造、余热余压利用、脱硫系统运行节能优化、高压变频调节改造、电除尘器节能提效改造、冷端优化等节能优化改造业务和节能咨询业务，致力于推广切实可行、节能效果显著的节能技术和节能产品。截至 2014 年 9 月，合同能源管理项目总投资已达到近 10.4 亿元，23 个节能改造项目已投入运行，实现年节能标煤量可达 2.87 万吨。2015 年 1 月，浙江节能科技有限公司由科技工程与服务产业分公司直接管理。2016 年获得“浙江好节能”企业称号。

2016 年 11 月 9 日，浙江兴源投资有限公司与浙江节能科技有限公司合并重组，成立浙江浙能兴源节能科技有限公司，坐落在杭州市余杭区五常街道余杭塘路 2159-1 号浙能创业大厦。浙江浙能兴源节能科技有限公司主要提供综合能源服务，开展节能诊断业务、合同能源管理业务、非水可再生能源发电、第三方技术咨询、信息工程运维等业务。浙江浙能兴源节能科技有限公司旗下现有浙江天音管理咨询有限公司、浙江浙能龙泉生物质发电有限公司、浙江浙能德清分布式能源有限公司等 8 个子公司。2017 年 7 月获得工业领域 5A 级节能服务公司评级，2018 年 9 月获得 2018 年浙江电力科学技术进步奖一等奖，2019 年 2 月获得 2017—2018 年度集团系统统计专业先进单位，2019 年 11 月获得能源环保产业创新学会企业联合体。截至 2019 年底，浙江浙能兴源节能科技有限公司总资产达 36.86 亿元，所有者权益 20.15 亿元，在册职工 318 人。

浙江浙能兴源节能科技有限公司践行“低碳、创新、多元”的发展理念，以能源环保业务为支撑，大力拓展综合能源服务，探索科技服务领域，逐步形成综合能源服务、能源环保、科技服务三大主业，以打造“综合能源服务平台”和“能源科技创新应用平台”为目标，努力成为国内一流的综合能源服务商和节能服务公司。

3. 浙江省电力建设有限公司

浙江省电力建设有限公司前身为浙江省电力建设总公司，成立于 1992 年。2004 年根据电力体制改革的要求，国家实行厂网分开，由浙江省电力公司划转至浙江省能源集团有限公司，以 2004 年 4 月 23 日零时为责任分界点，对管理职能先行移交，7 月 31 日实施产权转让。

2006 年 5 月 9 日，浙江省能源集团有限公司以浙能资〔2006〕157号文批复：同意浙江省电力建设总公司变更为浙江省电力建设有限公司，公司设立董事会。7月13日，按所附浙江省电力建设有限公司章程要求，经宁波市工商行政管理局核准办理了工商变更登记手续。

2019年底，浙江省电力建设有限公司资产总额达人民币13.3409亿元，在册职工286人，地址位于宁波市海曙区新典路536号，是国内享有盛誉的电力工程专业总承包商之一，连年被评为AAA级资信企业。

浙江省电力建设有限公司是国内第一家获得国家建设部颁发的电力工程施工总承包特级资质的企业，拥有房屋建筑工程和水利水电工程施工总承包一级资质，同时拥有对外合作经营资格和对外援助成套项目实施企业资格。公司业务范围包括各类火电、风力及太阳能电站、送变电、水利水电工程及辅助生产设施的总承包建设，在电力、天然气基建及其他工程领域提供全方位服务，包括工程设计、采购、施工、项目管理、工程监理等。

浙江省电力建设有限公司先后获得全国实施卓越绩效模式先进企业、全国电力行业质量效益先进企业、创鲁班奖工程特别荣誉企业等荣誉，所承建和在建的各类国内外电站工程项目达49个。3个项目获得中国建筑行业最高奖项鲁班奖，3个项目获得中国优质工程金质奖，4个项目获得中国优质工程银质奖。

浙江省电力建设有限公司是浙能集团对外承接运行维护业务的平台，率先开展燃煤机组超低排放改造并获得成功，开辟了中国煤电清洁利用的新途径。浙江省电力建设有限公司专业从事风电、太阳能工程施工总承包已达11年，已建成和在建的项目累计总装机容量达到1260兆瓦，风机单机最大容量为6.45兆瓦。总承包了浙江省首个海上风电EPC总承包项目——浙能嘉兴1号海上风电场工程及浙江省装机容量最大的海上风电EPC总承包项目——浙能嵊泗2号海上风电场工程。

浙江省电力建设有限公司在天然气管道建设管理上有着丰厚经验，已建成浙江省LNG配套天然气管道项目、甬台温、金丽温天然气管道项目及多个抢建燃气发电项目，以过硬的管理实力承担9条天然气“县县通”支线的建设管理任务。

浙江省电力建设有限公司作为浙能集团“海外创业”的“排头兵”，在国外电力、水利项目和新能源项目管理服务上已取得重要成果，以工程管理及管理+承包的方式参与了越南沿海电厂及瓮安电厂建设，建成越南国内最大的火力发电厂。

4. 浙江天地环保科技股份有限公司

浙江天地环保工程有限公司成立于2002年10月，注册资本金为1200万元。后经多次股东变化、注册资金调整、名称变更，截至2019年，名称为浙江天地环保科技有限公司（2020年名称变更为浙江天地环保科技股份有限公司），注册资本为3亿元，浙江长广（集团）有限责任公司持股100%。浙江天达建材资源开发有限公司成立于2004年6月，注册资金1000万元（2012年两家公司升格为浙能集团管控的二级企业）。浙江天达建材资源开发有限公司2016年并入浙江天地环保科技有限公司。

浙江天地环保科技股份有限公司下设20个分子公司，拥有一条完整覆盖废气、废水、固废治理及环保装备制造的环保产业链，业务领域从以电力行业为主转向各工业、市政并重发展，以成为国内领先的综合环保方案解决专家的目标努力前行。浙江天地环保科技股份有限公司具有环境工程设计甲级资质、环境污染治理设施运营资质、工程咨询资质、浙江省环境污染治理工程总承包资质、建筑工程施工总承包资质、市政公用工程施工总承包资质、危险废物经营许可资质，并通过国际质量、环境、职业健康安全管理体系认证、浙江省高新技术企业认定、浙江省创新试点企业认定、杭州市海洋经济发展引导资金项目认定等。截至2019年底，总资产为50.41亿元，净资产为29.31亿元，在职职工1152人。

浙江天地环保科技股份有限公司是国家环保产业骨干企业、国家高新技术企业、国家科技成果转移转化示范区、全国燃煤电厂固废综合利用行业龙头企业、全国资源综合利用十佳企业、全国新型墙体材料节能减排示范企业、国家资源综合利用“双百工程”企业、省创新示范企业，拥有省级企业高新技术研究开发中心、省级工程实验室、环保催化剂技术重点实验室、工业废水高效处理省级高新技术企业研发中心等创新平台，连续多年获得 AAA 级企业信用等级证书。

至 2019 年 12 月底，浙江天地环保科技股份有限公司超低排放改造项目已建在建共计 40 台，新建项目已建在建共计 14 台，总装机容量 2776 万千瓦；已建和在建石灰石—石膏湿法和海水脱硫项目 32 个，总装机容量为 3115.5 万千瓦；已投产脱硫机组 67 台，装机容量为 3045.5 万千瓦。已建和在建烟气脱硝项目 26 个，总装机容量为 2911 万千瓦；已投产脱硝机组 54 台，装机容量为 2841 万千瓦。为近 100 台机组提供脱硝催化剂，总装机容量为 39674 兆瓦。年处理固体废弃物 844 万吨，累计处理固体废弃物 8544 多万吨。所建项目日均水处理总量可达 12 万吨。各项业绩指标均居于中电联年度数据前列。浙江天地环保科技股份有限公司的超低排放技术已成功应用于电力、煤化工、钢铁、玻璃、焦化等领域的 30 余个烟气污染物治理项目中。截至 2019 年 12 月底，浙江天地环保科技股份有限公司承建的大气治理工程质量优良，获得多个国家级荣誉。先后获得国家技术发明奖一等奖 1 次、中国建筑工程鲁班奖 3 次、国家优质工程金质奖 4 次、国家优质工程银质奖 2 次、国家重点环境保护实用技术示范工程 4 次、全国电力工程满意建筑工程 1 次，此外还多次获得浙江优质工程“钱江杯”。获批环保技术和装备省级企业研究院，入选国务院 204 家“科改”示范企业名单，为浙江省属企业，对引领浙江省国企改革具有重要的示范意义。

随着“绿水青山就是金山银山”的科学论断深入人心，环保产业的前景越来越广阔，浙江天地环保科技股份有限公司将坚持“轻资产、重技术”战略导向，坚持打造技术领域的核心竞争优势，坚持走“合作、整合、自主创新并举”的科技创新之路，以综合环境治理“环保管家”为抓手，以智慧数据平台创建为支撑，打造“技术型、协同型和服务型”综合环保企业，全力向专业化和行业价值链高端转型提升，发展成为业务品牌化、服务链条化、产业平台化的国内领先的综合环保解决供应商，为“建设美丽中国”贡献力量。

5. 浙江天虹物资贸易有限公司

浙江天虹物资贸易有限公司成立于 2003 年 9 月，注册资本金为 1 亿元，是浙能集团的全资子公司，坐落在杭州市余杭区五常街道余杭塘路 2159-1 号浙能创业大厦。截至 2019 年底，浙江天虹物资贸易有限公司共有总资产 10.08 亿元，净资产为 2.06 亿元，在职职工 143 人。

浙江天虹物资贸易有限公司作为浙能集团物资集约化、专业化采供平台之一，依托能源产业优势，以电力物资经营为主导，集物资采购供应、进出口贸易、物流配送等为一体，为浙能集团所属企业提供优质的集约化采供服务。

浙江天虹物资贸易有限公司主要经营：钢材、机械设备及零配件、电子设备、各类建材、燃料油、润滑油、化工原料、煤炭的销售，仓储服务，酒店配套设施、汽车零配件、商用车的销售等。公司具有自营进出口权，代理和自营进口机电设备和钢材等原材料。浙江天虹物资贸易有限公司主要承担电力建设和生产物资的采购供应工作，已具电力专业物资采供配送全程服务能力。

浙江天虹物资贸易有限公司以“大能源战略”和“能源立业、科技兴业、金融富业、海外创业”的发展思路为引领，始终秉持服务浙能集团全产业链的宗旨，坚持物资采供“生命线”，不断提升服务理念、改进服务模式，强力推行“提质增效”，促进创新发展，精准定位市场，推进一体化平台的信息联动，充分发挥集约化、专业化采供优势，有效降低物资采供成本和费用，不断完善物贸服务资源和能力，全面提供售前、售后技术与物流服务。截至 2019 年底，浙江天虹物资贸易有限公司与四十余家供应商建立了生产、综合类物资战略合作协议关系，协议物资价格具有较强的市场竞争力，物资集约化效益日趋明显，年节约物资采购成本近亿元。

浙江天虹物资贸易有限公司通过不断加速信息化平台建设，推进浙能集团电子目录商城采购平台建设，加强物资一体化平台的协调联动，竭力打造“电商化”的用户体验和“一步到位”的便捷采供模式，以网络化、信息化、智能化推进企业转型升级。通过不断加速业务方式革新，加大物资集约化份额和力度，灵活应用国际招标、模拟量打捆招标等形式，发挥“成本领先”优势，提升采购效率。通过不断加速系统内业务拓展，从服务电力主业向服务主产业转变，积极探索海外火电项目、煤电清洁化生产技术、清洁能源等创新发展路径，提高企业经营水平。通过不断加速市场化业务探索，主动探索物流供应链和金融融合发展的新业态，开拓市场化业务，努力培育新的利润增长点，寻求传统产业外更高质量的发展。

浙江天虹物资贸易有限公司多次获得江干区文明单位、江干区科技经济园重点骨干企业、江干区优秀商贸企业、江干科技经济园突出贡献奖、浙能集团模范职工之家等荣誉称号，赢得广大客户的信任和赞誉的同时，也为社会创造财富，践行了公司的社会责任。

浙江天虹物资贸易有限公司将继续以“大能源战略”和“四业”发展思路为引领，立足“浙能集团采购平台”和“第三方利润源”两个定位，围绕浙能集团建设创新型、协同型、服务型现代能源企业的目标任务，坚定不移走“集约化、市场化、专业化、信息化”高质量发展道路，不断增强企业竞争力、创新力、控制力、影响力和抗风险能力，打造企业价值链为主线，向供应链上下游纵向深入、横向扩展，全力构建专业、高效、便捷的一体化供应链体系，成为富有竞争力的现代化供应链服务商。

6. 浙江浙能天颐投资有限公司

浙江浙能天颐投资有限公司成立于2016年4月19日，注册资本金为3.34亿元，是浙能集团的全资子公司，位于杭州市拱墅区华浙广场。2019年共有正式职工8人，业务范围涵盖实业投资、房地产开发和销售、养老服务项目筹建等。

浙江浙能天颐投资有限公司作为浙能集团履行社会责任、试水养老产业的主平台，在“四业”发展战略的引领下，以杭州临浦养生养老项目为起点，积极推进前期工作，通过融合资金流、信息流和人才流，规划立足杭州、辐射浙江的养生养老产业布局，构建涵盖“体检支持、养老服务、医养结合”的全方位、链条化的业务模式，力争打造省内一流、国内领先的专业化健康医养服务提供商。

2019年，浙江浙能天颐投资有限公司设有前期投资部、财务部、综合办公室、人力资源部、计划运营部等5个职能管理部门。

7. 浙江梅苑酒店管理有限公司

浙江梅苑酒店管理有限公司成立于2011年9月13日，注册资本金为3000万元，由浙江兴源投资有限公司出资成立，坐落在杭州市拱墅区湖墅南路186-1号美达丽阳国际商务中心10楼。浙江梅苑酒店管理有限公司业务范围涉及酒店经营、物业管理、农旅结合项目开发及以租赁承包、委托管理、咨询管理等方式参与的酒店经营及物业管理。截至2019年底，总资产为2.9亿元，净资产为2.39亿元，在职职工1562人。

2016年12月，浙江兴源投资有限公司持有的酒管公司100%股权无偿划转至浙能集团持有，浙江梅苑酒店管理有限公司升格为浙江省能源集团有限公司二级企业。

2014年4月，浙江梅苑酒店管理有限公司通过了ISO9001质量管理体系、ISO14000环境管理体系及OHSAS职业健康管理体系认证；2015年10月，浙江梅苑酒店管理有限公司通过全国三级安全达标企业评审；2017年6月，浙江梅苑酒店管理有限公司被评为浙江省饭店业协会副会长单位。

浙江梅苑酒店管理有限公司下属杭州梅苑股份有限公司、镇江国际饭店置业有限公司两家子公司。

浙江梅苑酒店管理有限公司自成立以来，遵循环境友好、社区友好的发展理念，经营业务逐步由酒店及综合物业服务，拓展至生态农庄、园林绿化、健康疗养等领域。截至2019年12月，浙江梅苑酒店管理有限公司共有员工1650人，营运管理项目29个，其中综合物业项目24个、酒店项目5个。

浙江梅苑酒店管理有限公司始终坚持“品质管理”这个核心，以“满意+惊喜”为服务目标，导入“金钥匙”、“金管家”的服务，为客户创造高附加值的酒店和物业服务。截至2019年12月，浙江梅苑酒店管理有限公司及所辖单位相继获得全国五一巾帼标兵岗、改革开放40年江苏餐饮业创业发展突出贡献企业、国家“银树叶”级绿色旅游饭店、浙江省放心消费示范餐饮单位，连续三年获得最佳西方“全球服务与品质奖”，2019年获得全球酒店业最佳商务酒店“金樽奖”等荣誉。

浙江梅苑酒店管理有限公司立足浙能，面向社会，以专业化为基础，以市场化为导向，努力打造系统内综合服务业的子品牌，努力成为省内具有市场竞争力、品牌影响力的综合服务供应商。

8. 浙江浙能企业管理培训服务有限公司

浙江浙能企业管理培训服务有限公司成立于2018年6月，注册资本金为5000万元（实缴2000万元），是浙江省能源集团有限公司全资子公司，坐落在杭州市余杭区五常街道余杭塘路2159-1号浙能创业大厦。

浙江浙能企业管理培训服务有限公司主要为各类企事业单位和政府部门提供教育培训服务，提供企业管理咨询、教育信息咨询、企业营销策划、文化艺术活动策划、会务会展服务，开展教学软件、教学器材的技术开发、技术咨询、技术服务等。截至2019年底，总资产为2442.036万元，净资产为2010.1万元，在职职工21人。

作为浙能集团教育培训产业化发展的实施者，浙江浙能企业管理培训服务有限公司以创建企业大学——浙能大学为目标，有一个培训中心+多个基地、浙江能源学院、浙能党校（浙能行政学院）、浙能网络学院四大业务功能模块。浙江浙能企业管理培训服务有限公司统筹管理浙能集团现有全部培训资源，在企业管理和职业技术技能培训领域，尤其在电力、天然气、煤炭、石油等领域拥有丰富的职业培训软硬件资源和名师名课资源，在杭州、宁波、台州、嘉兴、丽水等地设有多个技术技能培训基地，与浙江大学、西南石油大学、重庆科技大学、浙江海洋大学、浙江机电职业技术学院等国内多所大学和知名培训机构建立了产学研和培训合作关系。

按照“专业化公司、集约化管理、市场化运作”的办学方针，浙江浙能企业管理培训服务有限公司以培训体系建设提升专业化水平，以资源整合促进集约化管理，以内促外两个市场结合推动市场化运作，以规范化管理促进管理提升，朝着打造中国能源行业教育培训产业化发展第一品牌，努力建成知识型、技能型、创新型人才孵化和升级基地的愿景奋勇前进。

新 疆 板 块

1. 浙江省能源集团有限公司新疆分公司

2013年10月30日，浙江省能源集团有限公司新疆分公司在乌鲁木齐成立，注册地位于乌鲁木齐高新区高新街217号盈科广场A座25层。浙江省能源集团有限公司新疆分公司秉承浙江省能源集团有限公司“以德立人、以能立业”核心价值观，深入实施浙能集团“大能源战略”，坚定不移走浙能特色的“四业发展”之路，推动新疆优势资源的开发和利用，带动地方就业和经济发展，实现浙、新两省区经济互补互联互动发展。是受浙江省能源集团有限公司委托，全权代表浙能集团管理新疆区域能源板块所有事务，主要包含浙江省能源集团有限公司在疆的煤化工、煤电、煤炭、天然气长输管道等能源及能源相关产业（项目）和相关控股（全资）、参股企业。

截至2019年12月，浙江省能源集团有限公司在新疆区域共有6家营运企业：伊犁新天煤化工有限责任公司、浙能阿克苏热电有限公司、浙能集团新疆准东能源化工有限公司、浙能集团新疆准东煤业有限公司、浙能集团哈密能源有限责任公司、新疆天达环保有限公司。

截至2019年，浙江省能源集团有限公司新疆分公司设有综合办公室、计划投资部、人力资源部、财务产权部、生产安全部、建设管理部、党群工作部及纪检审计室。领导班子成员5人，党委委员5人，公司职工27人，中层管理人员12人，其中正职4人、副职8人；2个党支部，党员25人。其中本科及以上学历24人，占比89%，大专及以下人数3人，占比11%；具有高级及以上专业技术资格7人、中级专业技术资格10人、初级专业技术资格4人、高级技师1人。新疆板块企业员工共1907人。

2020年3月，浙江省能源集团有限公司新疆分公司更名为浙江省能源集团有限公司西北分公司。

2. 伊犁新天煤化工有限责任公司

伊犁新天煤化工有限责任公司成立于2010年4月20日，注册资本金为5亿元，伊犁能源公司出资55%，北京天瑞宏成公司出资45%。2013年9月18日，公司股权变更为由浙江省能源集团有限公司和山东能源新汶矿业集团有限责任公司共同投资，浙江省能源集团占股55%，山东能源新汶矿业集团占股45%，由浙江省能源集团控股。2013年9月26日，注册资本金增至20亿元人民币；2015年1月9日，注册资本金增至30亿元人民币；2019年5月29日，注册资本金增至48.28亿元人民币。公司经营范围主要包括开展煤制天然气项目建设，生产机械设备、材料的制造、采购、修理、销售，电力生产与销售，建材生产与销售（水泥除外）；煤炭、钢材、木材、塑料制品、废旧物资的销售，煤化工技术咨询、车辆租赁、场地租赁、住宿、矿山救援服务。

2009年6月30日，伊犁新天年产20亿标准立方米煤制天然气项目奠基开工。2018年1月1日，项目由建设期转为生产期。

2019年，消耗原料煤431.81万吨、燃料煤207.86万吨，生产主产品天然气16.37亿标准立方米。生产副产品重芳烃8.64万吨、多元烃7.22万吨、轻烃3.90万吨、混合酚2.77万吨、硫酸铵5万吨、氨水5.98万吨、重芳烃8.43万吨、多元烃7.35万吨、轻烃3.93万吨、混合酚2.72万吨、硫酸铵4.72万吨、氨水5.89万吨。

2019年10月31日，伊犁新天煤化工有限责任公司同中石油管道公司签订煤制气管输服务协议，成为全国首家实现管道公平开放市场化运营的企业。随着国家管道公司成立，天然气代输管理方式落实，对企业效益会有进一步提高。

截至2019年12月，伊犁新天煤化工有限责任公司设有办公室、党群工作部、工会办公室、纪检审计室、财务部、人力资源部、计划商务部、行政事务部、物资采购部、销售部、安全环保部、项目管理部、设备管理部及生产运行部等14个职能部门。公司领导班子成员9人，党委委员8人，公司职工1646人，有回族、哈萨克族、蒙古族、锡伯族、维吾尔族等12个少数民族员工160人；中层管理人员73人，其中正职38人，副职35人；14个党支部，党员291人。其中本科及以上学历703人，占比为43%。大专及以下学历943人，占比为57%；具有高级及以上专业技术资格23人、中级专业技术资格121人、初级专业技术资格1023人，高级技师4人，技师21人。

3. 浙能阿克苏热电有限公司

浙能阿克苏热电有限公司前身为东电新疆阿克苏能源开发有限公司，2011年12月20日注册成立，注册资本金为7亿元，由浙江东南发电股份有限公司全资设立。2014年6月26日，东电新疆阿克苏能源开发有限公司变更名称为浙能新疆阿克苏能源开发有限公司，2015年8月27日，浙能新疆阿克苏能源开发有限公司变更名称为浙能阿克苏热电有限公司。截至2019年，注册资本金为9亿元，浙江浙能电力股份有限公司占股100%。浙能阿克苏热电有限公司主要经营范围包括电力投资、生产；工业设备检修、维护；网络数据服务；集中供热业务；集中供冷业务；城市污水处理；中水回收；固、汽废体综合处理、利用；新能源及分布式能源投资、开发。

浙能阿克苏热电有限公司受浙江省能源集团有限公司新疆分公司和浙能电力股份有限公司双重领导，是根据国家援疆工作要求，以及浙、新两省区党委、政府签署的《能源战略合作协议》而成立的一家从事电力投资、热力供应、煤炭及天然气开发利用的综合能源开发投资企业；是浙江省在疆建设的最大产业援疆项目，也是新疆最环保的火力发电企业。

2015年1月13日，项目获新疆维吾尔自治区人民政府核准批复。2015年3月28日，主体工程浇筑第一方混凝土。2016年12月8日，1号机组首次并网成功。2016年12月31日，1号机组通过168小时试运行，转入商业运行。2017年4月18日，2号机组首次并网成功。2017年5月24日，2号机组通过168小时试运行，转入商业运行。

2019年累计发电量为238995.60万千瓦时，上网电量为223957.80万千瓦时，发电利用小时数为3414.22小时，累计供热112.07万吨，其中：供蒸汽54.32万吨，热水150万吉焦，折合57.75万吨。

截至2019年12月，浙能阿克苏热电有限公司设有办公室、人力资源部、党群工作部、监察审计部、计划前期部、财务产权部、设备管理部、运行部、物资采购部、热力事业部、安健环部、7S管理办公室及新能源事业部等13个部门。有党委委员5人，党支部3个，党员64人；中层管理人员31人，其中正职10人，副职21人。公司职工234人，其中蒙古族、回族、土族、土家族、藏族、满族等6个少数民族职工16人。研究生学历7人，占比3%；本科学历175人，占比75%；大专学历52人，占比22%。具有高级专业技术资格9人、中级专业技术资格18人，高级技师1人，技师4人。

金融板块

1. 浙能资本控股有限公司

浙能资本控股有限公司成立于2016年11月，由浙能集团全资设立，注册资本金为100亿元，是浙能集团面对宏观形势及能源领域的新常态，紧扣“能源立业、科技兴业、金融富业、海外创业”的创新发展思路，全新设立的金融板块管理公司。

浙能资本控股有限公司定位为浙能集团金融资产投资与管理的专业机构和金融服务平台、投融资平台，经营范围包括股权投资、实业投资、投资管理、资产管理、投资管理咨询等。公司围绕浙江省“八八战略”再深化、改革开放再出发的主题和“两个高水平”建设的目标，坚持“大能源战略”和“四业”发展思路，坚定不移地沿着“产融结合”的发展道路，构建具有较高盈利能力、功能丰富且兼具浙能特色的“能源金融”体系。

浙能资本控股有限公司始终坚持“产融结合”，注重与各产业板块之间的协同，深挖优质投资项目，不断优化投资路径。成立以来，公司聚焦能源产业链，积极分析研究风电、水电、光伏、天然气等项目，对近200个国内外能源类、科技类，共计投资规模近2500亿元的项目进行了研究分析，累计投资包括三峡新能源集团公司增资、浙江省新能源投资集团股份有限公司增资、浙商银行股份有限公司增持、东方证券股份有限公司增资等项目，投资规模近200亿元。

截至2019年底，浙能资本控股有限公司控股、管理浙能股权投资基金管理有限公司、浙江浙能创业投资有限公司、浙江浙能投资管理有限公司、浙江浙能融资租赁有限公司、上海璞能融资租赁有限公司、浙江国信控股集团有限责任公司、浙江省浙能房地产有限公司、浙江浙能资产经营管理有限公司、浙江浙能碳资产管理有限公司、浙江浙能天颐投资有限公司等10家企业，并参股浙商银行股份有限公司、东方证券股份有限公司、浙商财产保险股份有限公司、三峡新能源集团公司等13家主体，发起成立了浙江省首支绿色能源投资基金。总资产为351.86亿元，净资产为235.44亿元。

浙能资本控股有限公司将继续秉持服务实业初心，肩负“金融富业”使命，坚定不移推进能源金融事业高质量发展，全力构建以私募股权基金管理、金融牌照运营、能源融资租赁、资产管理、能源供应链金融服务、能源金融咨询“六大业务”为主要动力，党建党风、机制改革、企业治理“三大支撑”为根本保障的“6+3”能源金融服务体系，为浙能集团打造技术型、协同型、服务型现代能源企业提供强大金融支撑。

2. 浙能股权投资基金管理有限公司

浙能股权投资基金管理有限公司成立于2017年6月，由浙能资本控股有限公司设立，注册资本5000万元。旗下发起设立“浙能绿色能源股权投资基金”并担任基金管理人，基金总规模500亿元，打造省级绿色能源投融资的主平台。一期规模150亿元，由浙能资本控股有限公司全资的浙江浙能投资管理有限公司担任普通投资人，并引入经验丰富、业绩领先、资金实力雄厚的国新国同（浙江）投资基金合伙企业（有限合伙）、杭州璞致资产管理有限公司等作为有限合伙人，投资于能源产业及其上下游领域，包括浙江省内清洁能源项目、传统能源改造升级项目、开发境外能源项目、国际能源合作项目等；二期将采用更加市场化的方式联合各类资本和合作伙伴共同投资。母基金下还将设立专项子基金，参与产业并购、风险投资、财务投资等项目，通过引入并购标的出让方作为有限合伙人，锁定项目风险，保障基金收益。

浙能股权投资基金管理有限公司将充分利用股东的资源、资信和资金优势，以卓越的绩效、专业的团队、严谨的管理和优质的资源，为投资者创造长期而稳定的收益，打造能源产业基金标杆。

3. 浙江省浙能房地产有限公司

浙江省浙能房地产有限公司前身为浙江省房屋经营公司，成立于1980年12月，注册资本为5千万元，主要经营范围为房地产开发与经营、不动产管理与运营等。浙江省房屋经营公司先后经历全民所有制企业、有限责任制公司等发展阶段，分别更名为浙信房地产公司、浙江省浙信房地产公司、浙江省浙信房地产有限公司等。

1987年10月12日，浙江省城乡建设厅与浙江省国际信托投资公司联合发文将浙江省城乡建设厅所属的浙江省房屋经营公司（包括原属该公司的浙江省渔港建筑设计室）移交给浙江省国际信托投资公司，与浙江省国际信托投资公司房产部合并成立浙信房地产公司。浙信房地产公司既是浙江省国际信托投资公司的房地产部，又是浙江省国际信托投资公司的全资子公司，实行独立核算。

2004年10月28日，浙江国信控股集团有限责任公司划归浙江省能源集团有限公司管理，浙江省浙信房地产有限公司随母公司浙江国信控股集团有限责任公司并入浙能集团。2008年4月28日，浙江省浙信房地产有限公司和浙江国信控股集团有限责任公司合署办公后纳入浙能集团管理。2013年10月，浙江省浙信房地产有限公司更名为浙江省浙能房地产有限公司，注册资本由3亿元增资至8亿元；2016年11月，划归浙能资本控股有限公司管理。

截至2019年底，浙江省浙能房地产有限公司资产总额为60.41亿元，所有者权益为22.91亿元。下设控股及全资公司11家：镇江浙信房地产开发有限公司、浙江浙水房地产开发有限公司、浙江省荣信实业开发有限公司、台州绿城能源房地产有限公司、浙江鼎信房地产开发有限公司、舟山浙能置业有限公司、柳州国盛房地产开发有限公司、台州浙能绿城置业有限公司、杭州浙能绿城置业有公司、浙江信宇房地产开发有限公司及浙能集团新疆准东房地产开发有限公司；下设参股公司2家：台州绿城房地产有限公司和浙江浙能综合能源技术研发有限公司。房地产开发足迹遍布省内的杭州、宁波、温州、绍兴、舟山、长兴、平湖、台州等地以及省外的上海、镇江、柳州、青岛、新疆等地，先后开发建设了数十个住宅小区和商务大厦，开发面积逾300万平方米，多次荣获中国房地产企业200强、浙江省诚信房地产公司、杭州十大品牌房产商、诚信房地产开发商等称号，2012 年 12 月连续第十五年被杭州资信评估公司授予 AAA 级企业奖牌。

浙江省浙能房地产有限公司积极倡导“规范、高效、改革、创新”的企业精神，坚持“科学决策、降本增效、稳健经营、永续发展”的经营理念，在市场化拿地被列入省属企业投资负面清单的背景下，积极研究宏观政策，不断挖掘自身优势，以浙能集团“四业并举”和金融板块“金融富业”发展战略为引领，围绕打造“三型”企业和“两高”发展目标要求，转变思维定式，优化组织架构，创新体制机制，谋划转型发展，明确“一个目标、两条路径、三大平台、四项措施”的发展体系，通过“存量做优、增量做大”两条路径，创建“存量资产经营、城市创新服务、关联产业协同”三大平台，采取“党建引领”“机制护航”“文化提升”和“资源保障”四项措施，致力于打造成为省内领先的城市美好生活服务商。

4. 浙江浙能融资租赁有限公司

浙江浙能融资租赁有限公司成立于 2013 年 5 月 27 日，注册资本金为 2 亿元，由浙江国信控股集团有限公司 100% 控股。2016 年 12 月 12 日浙江国信控股集团有限公司持有的浙江浙能融资租赁有限公司 100% 股权无偿划转至浙能资本控股有限公司。2017 年与上海璞能融资租赁公司完成“一套班子、两块牌子”的一体化管理。2018 年注册资本金增资至 5 亿元。

浙江浙能融资租赁有限公司始终坚持“创造专业价值、发挥协同作用”的经营理念，服务浙江省能源集团各产业板块，充分发挥融资租赁在设备加速折旧、促进转型升级、盘活存量资产、优化资产负债结构等方面的综合优势，聚焦光伏、风电、油气等清洁能源产业，积极开拓能源产业上下游、节能减排、煤化工、煤炭机械、环保设备等方面，通过提供设备租赁、商业保理、资产运作和管理等创新产品和服务，实现从系统内的深度产融结合到产业链的产融结合的跨越。研究开发“债转股”“股债联动”等专业金融产品，通过深化产融协同，为能源行业并购整合和投资协同提供专业金融解决方案，助力浙江浙能能源服务有限公司收购湖州祥晖光伏项目、绿能基金收购晶科二期光伏直租项目，助推浙能资本控股有限公司收购锦江环境回租项目，参与浙能股权投资基金管理有限公司收购爱康项目，不断探索供应链金融服务，加强同浙江浙能迈领环境科技有限公司合作，成为浙能集团融资体系的重要组成部分和实体经济的重要支撑，促进我省能源产业转型发展，助推绿色浙江建设。

截至 2019 年底，浙江浙能融资租赁有限公司租赁资产规模为 22.93 亿元；净资产为 5.41 亿元。融资余额为 17.2 亿元，外部融资规模占比达到 45.35%，已储备 10 家银行 23.6 亿元授信额度。

浙江浙能融资租赁有限公司不断加强体制机制改革创新，通过竞争上岗和市场化招聘，内外结合选拔德才兼备的优秀骨干人才，努力搭建高素质的复合型人才队伍。2017 年开始，公司通过猎聘机构、招聘平台严格筛选面试市场化人才，截至 2019 年 12 月，招聘市场化人员 6 人。

2013 年 9 月由商务部及国税总局联合审批获得融资租赁试点资质，成为第十一批内资融资租赁试点企业。2017 年 11 月，浙江浙能融资租赁有限公司获浙江省商贸流通业诚信示范企业称号。2018 年 12 月，浙江浙能融资租赁有限公司荣获浙江省租赁业协会 2018 年度浙江省融资租赁优秀企业荣誉称号；2019 年成为浙江省租赁业协会副会长单位、上海璞能租赁公司获得中国（上海）自由贸易试验区保税区域融资租赁业杰出贡献奖。

5. 上海璞能融资租赁有限公司

上海璞能融资租赁有限公司于 2014 年 9 月 23 日在上海自由贸易试验区正式成立，注册资本为 2.99 亿美元，由浙能集团（香港）有限公司全资组建，纳入浙能资本控股有限公司管理。2017 年 1 月，上海璞能融资租赁有限公司与浙江浙能融资租赁有限公司正式实行“一套班子，两块牌子”的一体化管理，主要从事机械设备和车辆的融资租赁和保理业务。

上海璞能融资租赁有限公司坚持“立足集

团，面向市场，做大做强融资租赁业务”的发展思路，公司以传统能源设备租赁为基础，积极推进光伏、天然气及其他新能源、清洁能源设备，节能环保和基础设施等领域的融资租赁业务。作为浙能集团金融产业拓展的新平台，深入探索产融结合的新路径，在上海自贸区金融改革先行先试和浙能集团转型升级的背景下，充分利用区域及行业的政策优势，把握行业发展机遇，优化配置集团资金和信用资源，为集团公司和成员单位提供全方位、多元化、专业化的融资租赁服务。2019 年 5 月，上海璞能融资租赁有限公司荣获 2018 年度中国（上海）自由贸易试验区保税区域融资租赁业“杰出贡献奖”。

上海璞能融资租赁有限公司深度融入长三角一体化，业务辐射全国多省，借助上海自贸区资金洼地和地域优势，打通境内外资金通道，业务范围辐射全国多省，服务新疆、宁夏、内蒙古等地的能源企业。上海璞能融资租赁有限公司参与新疆能源项目新天煤化工，5 年累计提供资金支持超 60 亿元，成功助其度过资金最紧张的项目建设时期。同时，公司发挥能源专业租赁公司特色，积极介入光伏、综合供能站、天然气、氢能等长三角清洁能源产业，累计投放资金超 30 亿元。

截至 2019 年底，上海璞能融资租赁有限公司租赁资产规模为 41.97 亿元，系统内实现业务规模 37.97 亿元，市场化 4 亿元；净资产为 19.95 亿元。融资余额为 24.86 亿元，外部融资规模占比过半，达到 60.17%，同时储备 12 家银行 68.28 亿元授信额度。

上海璞能融资租赁有限公司坚持“人才是第一资源”的理念，努力打造一支高学历、年轻化、国际化的高素质人才队伍，截至 2019 年 12 月，招聘市场化人员 7 人。上海璞能融资租赁有限公司坚持能力素质为导向，通过市场化方式择优引入一批业务能力较强、综合素质过硬的职业经理人，有效导入先进的行业管理经验。

上海璞能融资租赁有限公司坚持创新驱动和风险管控并重，有序推进市场化业务。加强业务模式创新、专业团队培养和风险管理体系建设，深入挖掘新能源、节能环保等具有行业优势的产业领域，提升综合金融服务能力和企业经营效益，努力把公司打造成为一家具有核心竞争力，管理优秀、业绩突出的融资租赁公司。

6. 浙江浙能资产经营管理有限公司

2010 年 11 月 19 日，浙江浙能资产经营管理有限公司成立于浙江杭州，是浙能集团投资组建的全资子公司，公司注册资本金为 1 亿元，由浙能集团直属管理，2016 年纳入浙能资本控股有限公司管理。

浙江浙能资产经营管理有限公司秉持“专业专注、创造价值”为企业文化，以“建立综合性的国有资本经营运作平台，充分发挥公司在浙能系统产业结构转型升级、优化资源配置等方面的作用，稳健经营，开拓创新，确保国有资产的安全和保值增值”为经营宗旨。依托浙江省能源集团品牌及资金优势，主要负责集团系统板块范围以外资产管理，集中处置集团系统不良资产和集中清算停业歇业企业，开展风险投资、战略投资等资本运作及咨询服务等相关业务。

截至 2019 年，浙江浙能资产经营管理有限公司在册职工共有 31 名，设置综合办公室、计划财务部、市场发展部、资产管理部 4 个部门。公司下属控股单位 6 家，分别为浙江浙能碳资产管理有限公司、浙江省煤炭开发有限公司、黄岩热电厂留守处、黄岩马鞍山发电厂留守处、浙江国信控股集团上海公司、浙江黄岩热电有限公司，投资比例分别为 75%、100%、100%、100%、100%、60.57%。公司参股企业 3 家，分别为迪佛通讯（参股比例为 2.69%）、农经投资（参股比例为 3.33%）和鸿程计算机（参股比例为 31.63%）。公司持有金融资产两家，分别为杭州银行 86.83 万股、新安股份 55.34 万股。公司受托管理金融资产为鹏华弘泰基金 1.07% 股权，香溢融通 0.73% 股权，国泰金泰 1.64% 股权，国泰金鑫 0.44% 股权，小商品城 0.42% 股权，方正证券 0.21% 股权。

浙江浙能资产经营管理有限公司的战略目标：五年内形成具有能源特色的资产管理优势，培育具有不良资产处置综合服务能力的核心竞争力，打造能源特色的专业投后管理服务；加大力度“走出去”，实现市场化转型，集团内部形成投资资金池，集团外部实现投融资平台的搭建，形成“募、投、管、退”投资全产业链核心能力的升级。

7. 浙江浙能碳资产管理有限公司

2017年10月16日，浙江浙能碳资产管理有限公司成立于浙江杭州，注册资本金1000万元人民币，由浙江浙能资产经营管理有限公司出资75%、浙江浙能兴源节能科技有限公司出资25%，是浙能集团为严格履行国有资产保值增值职责，利用碳金融手段有效服务于实业，助力实业低碳转型，促进实业与金融的协同发展而投资组建的专业碳资产经营运作平台。

浙江浙能碳资产管理有限公司设立的初衷是服务集团主业，积极应对全国碳排放权交易市场，按照“统一管理、统一核算、统一开发、统一交易”原则统筹管理集团碳资产，与金融产业协同发展，实现集团低成本履约。浙江浙能碳资产管理有限公司与浙江浙能资产经营管理有限公司合署办公，管理着集团近1亿吨以上的碳资产、估值30亿元的碳资产规模，主要业务由碳资产管理部负责，部门现有主任一名、主管一名、专职两名。

浙江浙能碳资产管理有限公司秉持“金融富业”的中心发展理念，依托浙能集团品牌效应及资金优势，从事碳资产管理、碳减排咨询、碳金融交易和碳履约服务等业务。公司借鉴五大电力集团普遍采用的服务模式，与集团系统内24家电厂签订《碳排放与碳资产管理委托服务合同》，对集团系统内控排企业碳资产提供托管服务，主要包括企业碳盘查、温室气体排放报告及监测计划编制、履约交易及协助企业开展碳排放核（复）查等。公司还积极参与国内碳交易试点地区碳资产交易业务，并参与了适用于试点地区碳普惠的CCER方法学开发研究。2019年底，在浙能集团的统一部署下，完成集团碳资产管理信息系统一期建设工作，系统可实现集团、控排企业及各相关单位碳排放数据管理、碳排放配额滚动预测及盈缺分析、碳减排项目管理、碳资产管理、内部匹配模型建立及碳交易策略辅助等一系列功能。

浙江浙能碳资产管理有限公司秉持“发掘绿色资产价值、服务清洁能源发展、建设低碳和谐社会”这一企业使命，通过专业化、市场化、国际化运作，建立安全高效、智慧多元的现代能源体系，将浙江浙能碳资产管理有限公司打造成为具有社会影响力与最具价值的低碳发展服务平台，拓宽浙能集团绿色融资渠道，实现“绿色浙能”的可持续发展目标。

直 属 单 位

1. 浙江长广（集团）有限责任公司

浙江长广（集团）有限责任公司的前身是浙江长广煤矿公司。浙江长广煤矿公司于1958年8月正式建立，在建矿初至1966年期间，曾使用代号“588煤矿公司”。长广矿区含煤面积112平方千米，由牛头山、煤山、独山3个矿区组成。

1958年9月29日，浙江长广煤矿公司经正规设计的第一对矿井——牛头山三号井破土动工。1962年，安徽省芜湖地区办的广德县独山煤矿，移交浙江省经营，作为地方煤矿由浙江长广煤矿公司代管。至1988年，建矿30年，浙江长广煤矿公司已成为浙江省唯一的重要煤炭生产基地，也是省属大型企业之一，拥有生产矿井11对，还从事水泥和水泥制品、炸药、雷管、机械、建筑、轻工、食品、饮料、蓄电池等产品的生产。长广煤矿公司所在地——牛头山，由于单位比较集中，人员也较稠密，不仅有矿、厂等生产单位和生产经营管理部门，还有矿区的公安、法庭、检察院和工商管理等机关，矿区教育系统有幼儿园、小学、中学，医卫网络有保健站、卫生所、职业病防治所、卫生防疫站和科室比较齐全的职工医院，矿区还设有专门的环境保护、公路养护和交通监管部门，形成了名副其实的小社会。

1997 年 11 月 25 日，浙江长广煤矿公司改制为浙江长广（集团）有限责任公司。浙江长广（集团）有限责任公司逐步形成母、子（分）公司的基本架构，1998 年总部也随之东移至长兴县县城。2001 年起，浙江长广（集团）有限责任公司列入浙江省省属国有企业授权经营行列。浙江长广（集团）有限责任公司在发展煤炭主业的同时，相继发展了水泥、发电、新型建材、机械制造、物资贸易、矿山应急救援、供电、医疗等辅业。进入 21 世纪，随着煤炭资源渐趋枯竭，浙江长广（集团）有限责任公司所属的煤矿相继闭坑。2013 年 8 月最后一对矿井——七矿关闭，浙江长广（集团）有限责任公司终结了 55 年的煤炭开采历史。

作为一家资源性劳动密集型国有企业，建矿之初，浙江长广（集团）有限责任公司有职工 3000 多人。20 世纪 70 年代开展“夺煤大会战”，职工人数一度上升到近 3 万人，加上职工家属及子女，矿区人口多达 6 万余人。近年来，通过企业改制、剥离企业办社会职能、执行提前退休和提前退养政策、执行自愿与企业解除劳动关系等政策，不仅使浙江长广（集团）有限责任公司在册工人数大幅度减少，同时也逐渐将社会管理职能全部移交地方政府，减轻了企业负担。

2014 年 6 月，浙能集团吸收合并重组浙江长广（集团）有限责任公司。浙江长广（集团）有限责任公司根据《浙江省能源集团有限公司吸收式合并重组浙江长广（集团）有限责任公司总体方案》思路，对下属单位通过采取升、并、建、划、改、关等措施，截至 2019 年 12 月，浙江长广（集团）有限责任公司下属单位有子公司和分公司 9 家，其中 6 家子公司为浙江长广水泥有限公司、浙江长广生物质发电有限公司、广德长广新型墙体材料有限公司、长兴长广房地产开发有限公司、浙江浙能消防服务有限公司、浙江浙能保安服务有限公司；3 家分公司为长广应急救援分公司、长广综合服务与管理中心和长广光伏发电分公司。

2. 浙江浙能技术研究院有限公司

浙江浙能技术研究院有限公司前身为浙江浙能能源技术有限公司，成立于 2009 年 10 月，成立时注册资本为 1000 万元，出资方为浙江省电力建设有限公司，由该公司负责浙江浙能技术研究院有限公司的日常行政管理。2011 年 12 月，浙能集团管控模式改革，浙江浙能能源技术有限公司划入能源服务板块。2013 年 12 月，浙江浙能能源技术有限公司更名为浙江浙能技术研究院有限公司。2016 年 9 月，浙江浙能技术研究院有限公司划归浙能集团直接管理。截至 2019 年，经股权转让、浙能集团增资以及未分配利润转增，浙江浙能技术研究院有限公司注册资本达到 20000 万元。

浙江浙能技术研究院有限公司成立之初的发展定位是为浙能集团所属发电企业提供技术监督和部分生产技术服务、工程咨询、科技情报和技术培训的服务机构。2016 年 9 月，浙江浙能技术研究院有限公司践行浙能集团“四业”发展路径，在努力做好电力主业技术监督、技术服务的基础上，向“技术服务”与“科技创新”两翼并重、双轮驱动目标发展；切实做好生产和工程技术服务工作；大力组织开展形式多样的科技攻关，全面支撑“科技兴业”的发展战略。由此浙江浙能技术研究院有限公司确立了新的发展定位：打造“四个中心，一个基地”，即打造浙能集团的技术服务中心、科技研发中心、科技孵化中心、科技情报中心以及人才培养基地。

在浙能集团“大能源战略”“四业”发展路径指引下，浙江浙能技术研究院有限公司深入推进双轮驱动发展战略，并初具成果与特色：一是全面独立承担技术监督与技术服务工作。浙江浙能技术研究院有限公司开展技术监督与技术服务工作分为 3 个阶段：2010—2014 年，与浙江省电力试验研究院共同开展生产技术监督与服务工作；2015—2017 年，全面承接浙能集团发电企业技术服务工作，技术监督工作与浙江省电力试验研究院共同开展；2018 年起，全面独立承担浙能集团所属发电企业的技术监督与技术服务工作。二是搭建科研平台，加强产学研合作。自成立以来，浙江浙能技术研究院有限公司积极参与企业科技创新平台建设，已获批浙江省浙能工业信息工程重点企业研究院、浙江省火力发电高效节能与污染控制技术研究重点实验室、浙江省太阳能利用及节能技术重点实验室等3个省级科研平台，运营管理以浙能集团为依托单位的浙江省院士专家工作站、博士后科研工作站，承接主办公开发行期刊《能源工程》；积极开展产学研合作，与浙江大学控制科学与工程学院联合成立智慧能源联合研究中心、与北京航天试验技术研究所组建氢能技术联合研发中心、与浙江大学工程师学院共建全国工程专业学位研究生联合培养示范基地、与华北电力大学共建研究生工作站、与浙江大学合作建立研究生教育实践基地、与中国石油大学共建研究生工作站和博士后工作站。三是自主研发能力增强。截至2019年，浙江浙能技术研究院有限公司以第一完成单位取得的省级以及行业学会的获奖科技项目共34项，其中获浙江省科学技术进步奖3项、中国电力科学技术进步奖2项、全国电力职工技术成果奖1项、中国电力建设科学技术成果奖2项、中国电力职工技术成果奖1项、中国施工企业管理协会科学技术奖科技创新成果1项、中电联电力创新奖1项、浙江电力科学技术进步奖23项；浙江浙能技术研究院有限公司拥有发明专利16件、实用新型专利68件、软件著作权23项。2017年7月，浙江浙能技术研究院有限公司自主研发的脱硫废水烟气旁路蒸发处理技术首次以专利实施许可方式推广应用。四是人才队伍发展壮大。浙江浙能技术研究院有限公司重视人才培养与引进工作，已制订《浙江浙能技术研究院有限公司专家人才管理办法》《浙江浙能技术研究院有限公司高层次人才引进管理办法》《浙江浙能技术研究院有限公司科研人员团队项目制聘用管理办法》。截至2019年，员工总数达到192人，其中博士研究生26人，硕士研究生88人，具有高级技术职称50人，获评浙能集团三级及以上人才15人，国家“千人计划”2人，浙江省“千人计划”2人、中科院“百人计划”2人，“长江计划”特聘专家1人，浙江省“151”第二层次人才1人。

2018年12月，浙能集团提出打造“新浙能”五年发展规划，面对新形势和新任务，浙江浙能技术研究院有限公司将继续秉承“使命担当　务实求精　自主开放　创新致远”的企业精神，全面实施“技术服务与科技创新”两翼并重、双轮驱动发展战略，打造“四个中心，一个基地”，建国内一流能源技术研究机构，发挥好浙能集团“科技兴业”主力军与主平台的作用。

3. 浙江能源国际有限公司

浙江能源国际有限公司前身为香港兴源投资贸易有限公司，2004年在香港注册成立，注册资本为1560万港币，由浙江兴源投资有限公司全额出资。2012年公司股权结构调整为浙江兴源投资有限公司占股60%，浙江浙能富兴燃料有限公司占股40%。2014年2月5日，公司名称变更为浙能集团（香港）有限公司。2015年4月16日，获得浙江省商务厅颁发的变更公司名及股权划转后的企业境外投资证书，浙江兴源投资有限公司所持浙能集团（香港）有限公司60%股权无偿划转至浙能集团。2017年5月2日，浙能集团（香港）有限公司通过香港公司注册处更名为浙江能源国际有限公司。截至2019年，浙江能源国际有限公司股权结构为浙能集团占股60%，浙能资本控股有限公司占股40%，注册资本约为41亿港币，主营进出口贸易、投融资业务等。

浙江能源国际有限公司承担浙能集团境外投资平台、境外融资平台、境外贸易平台和境外资产管理平台重要功能定位，深入贯彻浙能集团“海外创业”发展路径，本部设行政事业部、财务产权部、计划投资部、金融市场部及国际贸易部等5个部门，并按照浙能集团战略部署先后完成多个境外公司（机构）设立。2018年5月在澳大利亚悉尼全资设立澳洲商业代表处，2019年3月在巴西圣保罗全资设立浙江能源巴西控股有限公司（股权结构为浙江能源国际有限公司99.9%，善高投资有限公司0.1%），2019年7月在香港全资设立浙江能源香港控股有限公司，2019年8月在香港设立浙能国际能源贸易（香港）有限公司（股权结构为浙江能源国际有限公司49%，浙江浙能富兴燃料有限公司

51%），2019年9月在新加坡全资设立浙能国际新加坡第一船务有限公司，2019年10月在埃塞俄比亚全资成立非洲（埃塞）商业代表处。此外，公司还管理浙能集团在香港另一家企业善高投资有限公司。

按照浙能集团“四业”发展路径，浙江能源国际有限公司作为浙能集团重要的境外投融资平台，2017年开始实体化运作以来不断探索海外创业路径，始终坚持作为集团公司境外资源贸易、投资、融资及海外资产管理四大平台定位，稳健做大煤、油、气等国际贸易规模；积极探索与寻找海外投资机会，实现实业及金融投资领域双突破，2017年底完成浙能集团首个境外项目巴西圣西芒水电能源股份有限公司35%的股权投资，2018年完成光大华融安心债券联接基金认购，2019年完成对中国锦江环境股份有限公司29.79%股权收购；同时，大力拓展境外融资渠道，2014年完成了浙能集团首次境外3亿美元债发行，2017年完成3亿美元银团贷款工作，2019年成功在港交所设立20亿美元多币种中期票据计划。浙能国际紧扣集团“四业”的发展路径，不断开拓创新，不懈努力。

截至2019年，浙江能源国际有限公司全年累计实现营业收入35.19亿元，净利润2.50亿元，公司资产总额为254.56亿元。

4. 浙江浙能智慧能源科技产业园有限公司

浙江浙能智慧能源科技产业园有限公司于2017年11月1日注册成立，注册资本为2亿元，由浙江长广（集团）有限责任公司全资设立，属浙能集团直管企业。公司运营的浙能智慧能源科技产业园坐落在长兴县煤山镇的国家级绿色制造园区内，是浙能集团与长兴县人民政府双方的重要合作平台，是长兴县产业升级和浙江长广（集团）有限责任公司转型发展的重要渠道。公司通过独立法人机构运作模式进行招商和建设，下设办公室、招商部、经济合作部和建设管理部四个部门；同时承担园区管委会日常工作，主要负责园区规划和建设管理工作。

2017年10月开园以来，浙江浙能智慧能源科技产业园有限公司坚持以“智慧、绿色、高端”为发展原则，坚持把浙能智慧能源科技产业园打造成国内智慧能源先行区、长三角高端绿色制造业集聚区、省属企业与县域合作开发的样板区和长广集团转型发展试验区。截至2019年底，浙江浙能智慧能源科技产业园有限公司通过不懈努力，实现了爱康异质结高效电池及组件、龙焱能源长兴碲化镉薄膜太阳能电池组件等10余个项目招商入驻，其中实现生产运营项目2个，前期准备建设阶段项目3个，过渡生产或孵化项目5个，计划投资金额超125亿元，基本涵盖了光伏、新能源、环保、节能和装备制造等多种产业，落实项目建设用地约35.73公顷，基本完成一期53.33公顷土地的开发利用，园区初步建设形象基本确立。浙江浙能智慧能源科技产业园有限公司投资建设的园区配套基础设施项目浙能综合展示馆、浙能创新工场投入使用，园区配套的创新服务中心已启动基础建设工作。

5. 江西省赣浙能源有限公司

江西省赣浙能源有限公司由江西省能源集团与浙江省能源集团共同出资组建，注册资本30亿元，其中江西省能源集团占股51%、浙江省能源集团占股49%。公司于2016年12月27日在赣江新区注册成立，主要经营范围为电力、热力的生产和供应；电力项目的投资、建设、运营、管理；配电网的投资、建设、运营、管理；清洁能源和新能源的开发和利用；售电服务；综合能源服务等。2019年1月，为进一步做强做优大能源、大环保和战略性新兴产业，公司股东江西省能源集团和江西省投资集团进行战略重组，组建新的江西省投资集团。

江西省赣浙能源有限公司充分发挥股东双方的优势，努力开拓江西能源市场，提升江西能源产业的发展水平和档次，服务服从于江西发展。按照高定位、高境界、高水平的总体要求，致力于打造成江西省委、省政府能源产业发展的主抓手、能源合作的主平台、能源供应的主渠道、能源安全保障的主力军。

进入新时代，展望新征程。江西省赣浙能源有限公司成立近两年来，按照江西省委、省政府的要求，全方位参与江西省省内能源项目投资，信丰电厂2×66万千瓦火电机组项目已于2019年开工建设，计划2021年底首台机组投产发电；开展江西省百万火电机组选址工作；跟进“川电入赣”配套项目开发；稳步发展增量配电网、光伏、风电等产业。

6. 浙江省能源集团财务有限责任公司

浙江省能源集团财务有限责任公司是以浙江省能源集团为产业背景，于2006年8月经中国银行业监督管理委员会批准成立的非银行金融机构，公司注册资本折合人民币为80174万元，浙江省能源集团有限公司持股86%；西门子财务服务有限责任公司持股5%；浙江北仑发电有限公司持股3%；嘉兴发电有限责任公司持股2%；浙江镇海发电有限责任公司持股2%；浙江省电力建设总公司持股2%。

2011年8月，浙能集团受让了西门子财务服务有限责任公司持有的5%股权，持股升至91%。2012年4月，公司将未分配利润转增为实收资本，实收资本增加至97074万元人民币。2014年12月，浙能集团将30%的股权转让给浙江省海洋开发投资集团有限公司，股权变更完成后，公司股权结构主要为浙能集团持股61%；浙江省海洋开发投资集团有限公司持股30%。2015年12月，浙江省海港投资运营集团有限公司将30%的股权无偿转让回浙能集团，完成股权变更后，浙能集团持股比例重新上升至91%。2016年11月，浙能集团金融板块即浙能资本控股有限公司成立，浙江省能源集团财务有限责任公司在股权不变的情况下纳入金融板块管理。2019年4月，浙能集团董事会重新明确公司为浙能集团直属企业。

浙江省能源集团财务有限责任公司是浙江省第一家国有控股的金融类财务公司，也是国内第一家成功引进境外战略投资者的财务公司，定位为浙能集团司库。公司始终坚持“立足于集团，服务于集团”的经营宗旨，在“以客户为中心”的服务理念引领下，聚焦市场与客户，围绕服务与创新，不断丰富金融服务手段，根据《中国银监会关于批准浙江省能源集团财务有限公司新增业务范围的批复》(银监复〔2007〕493号)，公司本外币业务范围包括：对成员单位办理财务和融资顾问、信用鉴证及相关的咨询、代理业务；协助成员单位实现交易款项的收付；经批准的保险代理业务；对成员单位提供担保；办理成员单位之间的委托贷款及委托投资；对成员单位办理票据承兑与贴现；办理成员单位之间的内部转账结算及相应的结算、清算方案设计；吸收成员单位的存款；对成员单位办理贷款及融资租赁；从事同业拆借；经批准发行财务公司债券；承销成员单位的企业债券；对金融机构的股权投资；有价证券投资等业务，致力于为成员单位及产业链客户提供优质、高效、低成本的综合金融服务。经过十多年的发展，公司逐步形成了资金账户集中、融资管理集中、对外支付集中的“三集中”管理模式，着力搭建浙能集团资金结算平台、资金成本控制平台、资金监控平台，协调推进延伸产业链金融、电子商业汇票、财务共享服务等创新业务，不断拓展服务的广度和深度，助力浙能集团产融结合发展。

截至2019年，浙江省能源集团财务有限责任公司资产总额为284.43亿元，银监口径资金归集率为85.07%，吸收存款253.82亿元，信贷规模为145.38亿元，利润总额为5.91亿元，监管评级为1B，是浙江同类型金融机构中最高监管评级。

附　　录

浙江省人民政府
关于组建浙江省能源集团有限公司的通知

浙政发〔2001〕6号

各市、县（市、区）人民政府，省政府直属各单位：

为加快实施国有经济战略性调整和国有企业战略性改组，积极探索国有资产管理的有效实现形式，更好地发挥国有经济在国民经济中的主导作用，根据浙委〔2000〕26号文件精神，经研究，省政府决定组建浙江省能源集团有限公司。现就有关问题通知如下：

一、浙江省能源集团有限公司（以下简称能源公司）为省级能源类国有资产营运机构，主要以浙江省电力开发公司和浙江省煤炭集团公司的现有资产为基础组建，注册资本金35亿元人民币。

二、省政府对能源公司实行国有资产授权经营。在按有关规定进行清产核资、资产评估和产权界定的基础上，由省国资办确定授权经营范围和资产保值增值指标，并办理具体手续。

三、以产权关系为纽带，建立规范的母子公司体制。能源公司现阶段主要设四家子公司：浙江省电力开发公司、浙江省煤炭开发公司、浙江省天然气开发公司和东南电力股份公司。

四、理顺东南电力股份公司的管理体制。能源公司作为东南电力股份公司的第一大股东，要依法行使股东权利，并争取在今年股东大会召开之前，办妥一切有关事项。

五、在省计划、财政等有关部门主持协调下，要尽快与省电力公司具体磋商电力体制改革、日常运行、基本建设等有关事宜。

六、能源公司组建后，要按照建立现代企业制度的要求，加快企业体制和机制创新，强化内部管理，以市场为导向，突出主业，充分发挥煤、电、气等专业化分工协作优势，不断提高竞争能力，确保实现授权范围内国有资产的保值增值，为发展我省能源事业作出贡献。

二〇〇一年二月二十日

编号：

ZHEJIANG ENERGY
浙江能源

浙江省能源集团有限公司
发展战略与“十一五”发展规划

二〇〇七年一月

编 制 说 明

“十一五”是我省深入贯彻落实科学发展观、着力调整经济结构和转变增长方式，加强资源节约和环境保护，积极推进和谐社会建设的重要时期，同时也是浙江省能源集团有限公司承前启后、继往开来、发展与战略转型的关键时期。公司应把握机遇，全力推进大能源战略的实施，加快主导产业升级、拓展能源产业链、发展循环经济、加强集约化管理，不断提升企业竞争力，努力实现经济效益与社会效益双赢。另一方面，作为我省唯一一家省属能源类国有资产营运机构，满足全省能源供应的安全与稳定，“为出资人、为社会、为职工”创造价值是公司核心目标所在。

在客观分析宏观环境形势及自身发展能力的基础上，按照省委、省政府、省国资委的重大战略部署，贯彻中央和全省经济工作会议精神，依据《浙江省国民经济和社会发展“十一五”规划纲要》《浙江省省属国有企业“十一五”发展规划》，围绕“建设和谐浙能，打造百年浙能”的基本方略，为保障“十一五”公司顺利实现“三个翻一番、三个确保”的宏伟目标，把握战略发展方向，特制订《浙江省能源集团有限公司发展战略与“十一五”发展规划》。

本规划基准年为2005年，近期到2010年、远期展望到2020年，以近期为重点。

目 录

第一章 发展成就与主要问题

一、发展成就

浙江省能源集团有限公司（简称“公司”）是2001年2月经浙江省人民政府批准，以原浙江省电力开发公司和浙江省煤炭集团公司资产为基础，组建成立的省属能源类国有资产营运机构。注册资本100亿元，主要从事电源投资建设和生产经营、煤炭流通经营、天然气开发利用，并涉及金融、环保、建材、物资等其他领域。控股和代管企业（项目单位）32家，其中全资企业6家。控股的浙江东南发电股份有限公司（简称“东南公司”）为B股上市公司，控股的浙江省能源集团财务有限公司（简称“财务公司”）是非银行金融机构。全系统员工11000多人，其中大专及以上学历占46%，中高级以上职称占17%。经过5年的发展，成为在全国具有一定影响、规模最大的地方能源企业之一和浙江省属规模最大的国有企业之一。公司成立以来主要发展成就为：

1. 抓住机遇促发展，经济规模快速壮大。跨越式发展使资产迅速扩张，规模不断壮大，国有资产实现保值增值，社会效益明显提高。总资产从2001年的255亿元发展到2005年的557亿元，净资产由2001年的105亿元增加到2005年的192亿元，分别占25家省国资委监管企业总资产2389亿元和净资产945亿元的23%和20%，净资产规模位居第一、总资产规模位居第二。2005年全年实现销售收入234亿元，利润总额35.5亿元，净利润12.3亿元，占25家省国资委监管企业的17.7%，比监管企业平均增长幅度高出6.7个百分点，在我省能源基础产业中发挥了国有经济的主导作用，为经济社会健康快速发展提供了坚实的保障。

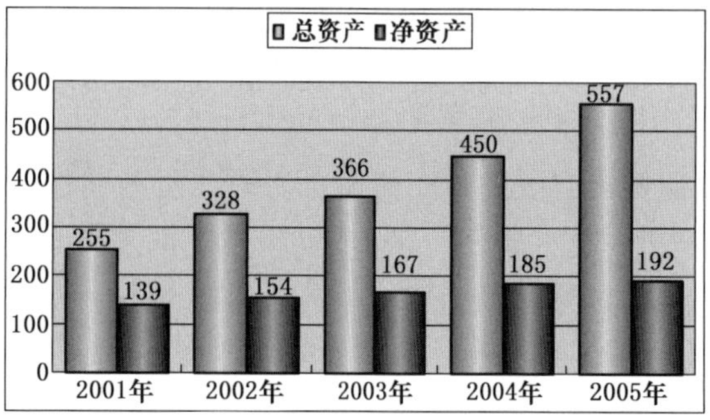

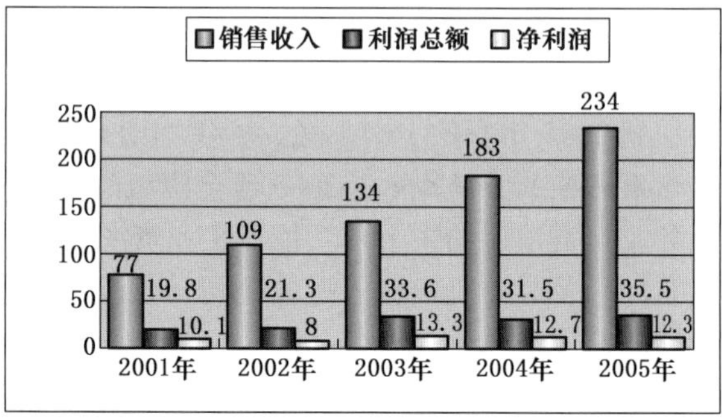

图1-1 主要财务指标比较

电力产业突飞猛进。控股、管理的发电装机容量由成立之初的376万千瓦发展到2005年末的1080万千瓦，占全省2854.7万千瓦发电装机容量（6000kW及以上）的37.84%，占全省统调装机容量2228.2万千瓦的48.5%。脱硫工作卓有成效，到2005年底脱硫机组容量140万千瓦，建成钱清、温州、萧山和长兴等四家“绿色电厂”，正在实施或即将实施的脱硫机组容量超过1000万千瓦。完成“十一五”环保、节水、工业污染综合防治、脱硫石膏利用等专题规划的编制，并加以组织实施。

煤炭产业蓬勃兴起。电煤供应总量从2003年的2430万吨发展到2005年的3142万吨，分别占全省煤炭消耗量的30%和电煤消耗量的60%以上。已着手中转运输通道建设和海运整合的前期工作。电煤储运基本得到保障。及时控股组建了浙江浙能煤运投资公司（简称“煤运公司”），尝试走出去到原煤出产省份投资煤矿，以期掌控部分上游煤炭资源。

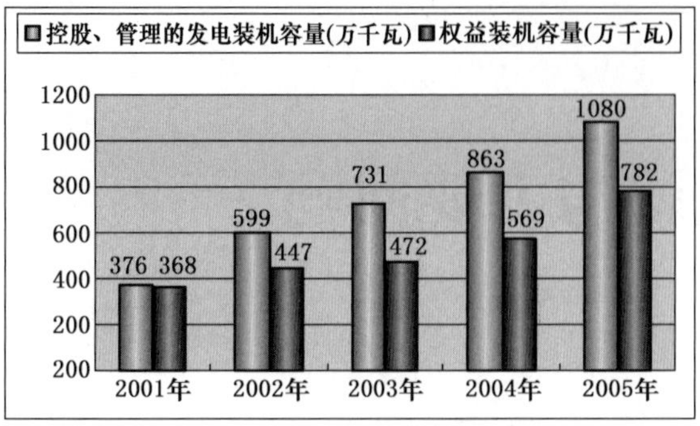

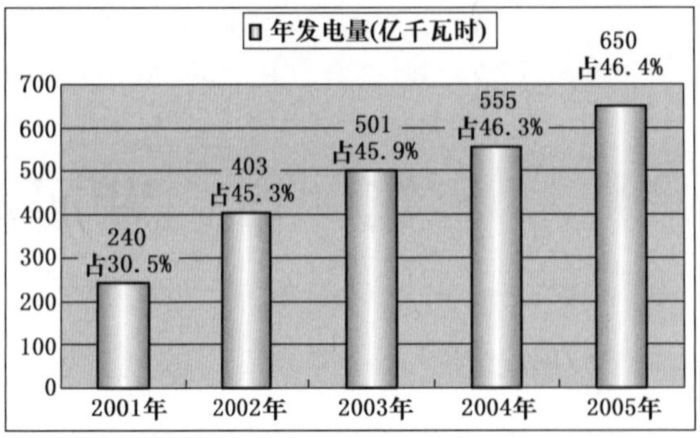

图 1-2 电力产业发展的主要成就

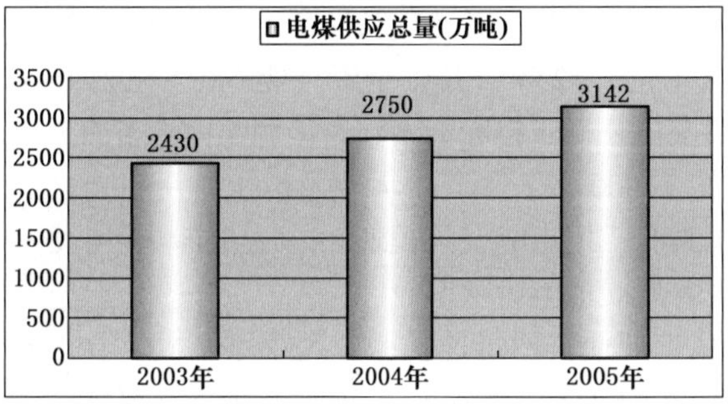

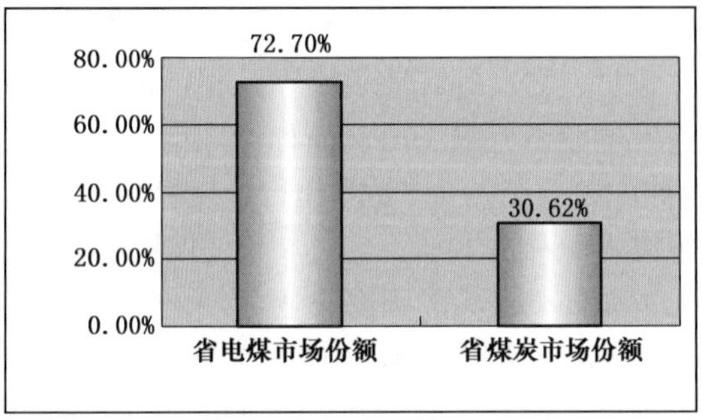

图 1-3 煤炭产业发展情况

天然气产业快速发展。2001 年控股组建了浙江省天然气开发有限公司（简称“天然气公司”），负责全省省级天然气主干管网建设及天然气的总买总卖。已建成杭州—湖州天然气输气管道、杭州—宁波天然气输气管道东段工程、德清 CNG 项目等，并正在建设杭州—宁波天然气输气管道西段工程（含钱塘江穿越工程），以实现西气、东气等气源的互通互供互备。杭州—嘉兴天然气输气管道、LNG 配套输气联络管线等正在开展前期工作。到 2005 年底共建成输气管线 275 公里。随着“川气入浙”工程的实施，将形成“四气一网”的天然气供气格局。天然气产业资产规模由成立之初的 5 亿元增加到 2005 年底的 16.61 亿元，年均增长 35%。

能源服务业茁壮成长。2003 年全资组建了浙江兴源投资有限公司（简称“兴源公司”），作为能源服务业投资发展的主平台。依托主业资源优势，积极开发配套服务产业，初步完成了能源服务业的业务布局。及时控股组建了财务公司，各项业务快速推进，成员单位资金归集度超过 80%，金融服务品种涵盖成员单位在办各品种。目前，能源服务业已涉及到金融、环保、物贸（物流）、工程建设、技术服务、电厂备品备件、新型建材、宾馆旅游、咨询等领域，投资项目经营管理初见成效。

2. *解放思想求创新，经营管理不断优化*。5 年来，培养锻炼了一支管理团队和员工队伍，崇尚团结、务实、高效、敬业，具有较高管理能力和水平，充满生机与活力，基本能适应公司快速发展的人力资源需要。

管理基础进一步夯实。制定完善了一系列管理标准、制度、办法和报表体系。全面推行二级预算管理，重点加强对可控成本的核算与监控。信息化管理步入轨道，资产管理信息系统、项目建设管理信息系统、生产安全管理系统、计划统计信息系统、浙能商务网等已形成体系，财务管理信息系统、人力资源管理系统建设稳步实施。燃料管理架构初步建立，计划、价格、质量管理逐步到位。积极争取政策支持，开展燃机两部制电价方案研究。认真做好华东电力市场试运行的基础准备。

管理水平不断提升。推行“两条主线、两三层面”的管理模式，部分领域尝试实施集约化经营和梯度管理。加强“四大控制”，有效降低了工程造价，一批发电机组提前投产。发电企业年平均单位容量管理费用从 2003 年的 110.8 元/千瓦下降到 2005 年的 80.7 元/千瓦，供电煤耗从 2003 年的

335克/千瓦时下降到2005年的332克/千瓦时，远低于370克/千瓦时的全国平均水平。加大新技术应用和技术改造力度，机组安全性、可靠性与经济性得到有效提高，发电机组等效可用系数达到91.2%，非计划停用次数1.18台次/年，在脱硫机组不断增加的情况下厂用电率保持5.22%左右，均处于全国领先水平。

3. 审时度势谋变革，改革工作稳步推进。积极稳妥地推进改革重组步伐，抓住重点，突破难点，有进有退、有所为有所不为，产业格局逐步优化。

通过收购和控股投资，资产得到有效整合。受让北仑电厂二期17%股权和嘉兴电厂二期18%的股权，取得绝对控股地位；收购浙江富兴电力燃料有限公司17%股权后，与浙江省煤炭开发有限公司进行整合，成立浙江浙能富兴燃料有限公司（简称“富兴公司”）。兴源公司通过股权收购和增资扩股，控股了浙江天地环保工程有限公司，收购浙江东发环保工程有限公司。将原省电力开发公司所持有的部分产业股权划转兴源公司。近年来共设立二级企业15家，三级企业13家。

通过改制、股权转让等方式剥离部分不良资产和非核心业务，解决历史遗留问题。完成浙江省小浦煤矿机械厂、浙江省煤矿工程机械有限公司、浙江省煤炭集团物业管理公司、浙江省煤山矿灯厂等4家企业的改制工作，分流和转换劳动关系1700多人。对原煤开下属的宁波大榭公司资产进行处置，完成宁波保税区永宁实业公司的清算工作。完成镇海联合四公司合一的报批和浙江电力房地产公司、工商信托投资公司的股权转让。煤炭设计院改制准备就绪。

加快完善要素的集约经营和优化配置，深入推进集约化经营改革。组建成立物流中心；着手开展电厂检修、物资采购的整合；通过财务公司调剂资金余缺，降低资金的融通和使用成本；首次成功向社会发行15亿元公司债券。

稳步重组浙江国信控股集团公司（简称“国控”）。按照“控制风险、减少损失、化解矛盾”的原则，在深入调查研究，全面清查资产状况，理清国控资产关系的基础上，制定了国控整体改革方案，既快又稳地推进各项重组与资产处置工作。通过一系列工作的开展，确保了国控资金链的衔接，有效控制了金融风险，维护了金融稳定，国控正式纳入公司管理体系。

4. 坚持不懈抓党建，企业面貌焕然一新。通过广泛开展以“为党旗增辉，建百年浙能”为主题的保持共产党员先进性教育活动，党员的整体素质普遍得到提高，凝聚力、战斗力得到显著增强。开展以争创“五好”党支部为主要抓手的争先创优活动，在“一先两优”评比活动中涌现出一批先进企业和先进个人。广泛开展特色文化创建活动，制订《浙江省能源集团有限公司企业文化建设规划（2006—2010）》。充分发挥两级政研会功能，开展企业文化建设等方面研究。以创建文明单位为载体，实现精神文明建设和企业文化建设互促共进。公司系统一批单位荣获“全国文明单位”、“全国精神文明建设工作先进单位”、“浙江省文明单位”、“全国五一劳动奖状”等，一些同志获得“全国五一劳动奖章”、“浙江省劳动模范”等。

把党风廉政建设责任制列入领导班子业绩考核范围。高度重视群众来信来访工作，及时批办、督办和把关。公司纪委被省纪委、省监察厅评为先进集体。工团组织紧紧围绕企业改革发展稳定大局，创新突破，扎实工作，公司团委被团省委授予“五四红旗团委”荣誉称号。

二、主要问题

1. 电力市场竞争激烈，企业竞争能力不容乐观。随着一大批新机组的投产发电和外输电量增加，市场竞争进一步加剧。尽管通过狠抓管理，在控制成本上取得了一些成效，但是旧有“三高”问题未得到根本解决，企业竞争能力不容乐观，尤其是老企业人多、包袱重的问题相当突出。目前公司电源结构中燃煤发电机组比重偏高，由于历史原因，到2005年底公司35台燃煤发电机组中，30万千瓦以下机组占55%，60万千瓦机组只有7台，同中央发电企业在浙新建电厂都是60万千瓦以上的大容量、高参数机组相比，竞争力明显偏低；同时受电煤价格持续上涨的影响较大，燃料成本居高不下，燃煤电厂盈利水平大幅下降。一旦区域电力市场正式运行，将完全失去目前拥有的区域经济造成的区位优势和比较优势。此外，受电源点资源日益稀缺以及竞争日益激烈的影响，后续电源新项目开发及优质电源点储备工作难度较大。

2. 企业规模迅速扩大，资源瓶颈制约十分突出。一次能源的稀缺性特征日益突出。煤炭对外依存度高，资源和运输的掌控能力弱。我省煤炭、天然气等一次能源资源匮乏，几乎全部依靠外省区调入。电煤运输、中转、储存基本依靠社会公用设施。天然气气量不足导致供需矛盾十分突出。目前我省天然气气源主要是西气和东气，由于进口 LNG 项目进展缓慢，即使“川气入浙”气量按 5 亿立方米考虑，2010 年全省天然气供需缺口至少仍高达 45.12 亿立方米。同时，由于天然气气量不足导致管网不能达到设计输送规模，天然气产业持续几年呈亏损状态。

3. 大能源格局尚未形成，产业结构有待进一步优化。产业链拓展刚刚起步，一次能源的可靠稳定供应问题尚未得到根本解决，一、二次能源的发展不够协调，产业间协同效应有待提升。投资的 17 个能源服务业项目虽取得一定经济效益，但投资相对分散，涉及诸多领域，许多属中小项目，市场竞争日益激烈，存在一定的经营风险，规模优势有待提升。油品需求日增、价格坚挺，而目前我省尚无省属油品经营企业和购销渠道，公司所需油品几乎全部从终端市场购入，成本难以控制，能源产品的结构和品种有待丰富与完善。电力改革步伐缓慢，电力产业链向下游拓展近期尚难以进行实质性操作。

4. 管理体系尚需优化完善，员工思想观念亟待转变。本部对系统内企业较多采用仿行政的直线式管理方式。组织架构基本上沿袭国有企业的惯例进行设计，如何依据企业的产业特征、行业发展状况和经营环境的不同来进行调整仍需进一步研究。科学有效的母子公司管理体例有待进一步探索，公司在系统内整体战略与发展规划、要素调配、企业经营管理者的监督和管理等方面职能有待加强。人力资源管理的传统痕迹较为明显，有效的激励机制尚未形成，难以适应公司“人才强企”战略的需要，员工思想观念有待转变，素质需进一步提高，人才储备、培训、考核和激励等制度有待进一步完善。

综上，通过五年的发展，规模优势和集约化经营得到一定程度的体现，竞争能力不断提升，生产要素得到升级、内部运营得到提升、业务布局得到优化。但制约公司发展的内、外部因素仍较为突出，尤其是缺乏对一次能源资源的掌控，供需缺口较大，价格节节攀升。随着电力供求矛盾的缓和，能源产业“三性一化”的特点日益突出，电力能源产业盈利空间进一步下降，“十一五”期间发展、改革、管理、文化建设任务艰巨。

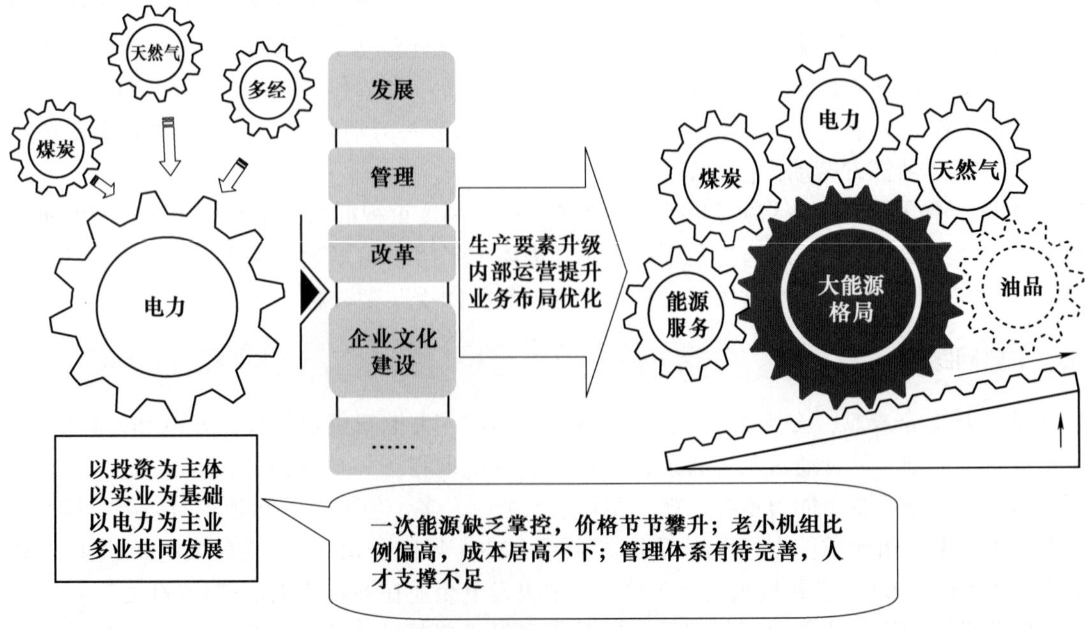

图 1-4　现状与存在问题综合分析

第二章 发展趋势与需求预测

随着电力市场化与竞争性的加剧以及一次能源供需矛盾的凸现，企业运营两头受挤，公司将进入战略转型期和二次创业期。

一、宏观战略环境

1. 经济快速发展将推动能源需求持续增长。“十一五”期间，我国经济将保持健康、快速、协调发展的态势，到2010年底人均国内生产总值将比2000年翻一番，能源消耗也将持续增加。我省正处于工业化转型期、城市化加速期、市场化完善期和国际化提升期，“十一五”是国民经济和社会发展的“黄金期”，是全面建设小康社会的攻坚阶段。根据《浙江省国民经济和社会发展“十一五”规划纲要》目标，全省地区生产总值年均增长9%左右，能源需求将持续增长。据省发改委预测，到2010年全省能源消费总量将达到1.6~1.8亿吨标煤。

2. 能源发展将进入结构调整和优化时期。根据我国能源可持续发展战略，“十一五”期间能源行业将进入结构调整期和优化期。为构筑稳定、经济、清洁、安全的能源供应体系，国家加强了引导、管控力度，相继出台了一系列政策法规。我省也提出加快能源结构的调整、建设生态浙江、平安浙江的目标。《浙江省循环经济发展纲要》明确提出我省要加快发展循环经济，努力建设节约型社会，对能源消耗、污染物排放、废物回收处理等方面提出了更高的要求。循环经济、节能降耗、环境保护成为能源战略的重要内容。

3. 能源供应安全问题日益突出。能源供应趋紧，一次能源资源稀缺、价格不断攀升，能源安全问题日益突出。我省作为资源消耗型省份，一次能源中的煤、油、气等几乎全靠外部调入和进口。省委、省政府高度重视并提出加快建设多元、安全、稳定、可靠能源保障体系的要求，通过开拓国际国内两个市场、两种资源，参与国内外能源项目建设，提高我省能源保障能力，确保能源供应。同时，加快电源、电网建设力度，适度超前，提高电力供应能力。构筑我省煤炭、石油、天然气储备体系，保证能源系统安全供应和具备抵御突发事件的能力。

4. 技术发展推动能源产业不断升级。高参数和大容量机组清洁发电技术、联合循环发电技术、能源产业循环经济相关技术、可再生能源发电技术等不断推广和创新。提高能源利用效率，大力推广洁净燃烧技术和可再生能源技术，是能源产业发展的必然选择。

5. 城市化进程对能源需求提出新的要求。随着城市化进程的加快、城市规模的扩大、城乡基础设施的建设及住宅投资需求的增加，建材、钢铁等高能耗行业将保持一定增长势头，势必对能源需求产生影响。此外，城乡一体化进程的加快，原来消费的非商品能源将被其他能源所取代，生活用能总量、品种结构和品质将会发生新的变化。

6. 国资国企改革进一步深化。“十一五”期间，国资国企改革继续深化。国有资本更多地布局在关系国计民生的重要行业和领域，特别是向能源、资源储备项目集中。以股权多元化、省属企业整合为主要内容的国有企业产权制度改革将进一步推进。国家鼓励有条件的大型企业集团走出去，实施跨地区、跨国发展和国际化发展。同时，国资国企监管进一步深化，国资委将进一步加强战略规划、投资管理、预算、法律事务、产权交易、契约考核等制度的贯彻实施。

7. 能源行业市场化改革稳步推进。煤炭市场化程度已较高，电力、石油、天然气等领域将进一步引入市场竞争机制。电力体制改革进一步深化，主辅分离和区域性电力市场建设等加快；随着成品油批发市场的开放，建立油品市场的多元化供应体系，积极稳妥地发展期货交易市场，构建竞争有序的油品市场环境是市场化改革的必然趋势。能源产品价格体制改革将逐步形成能够反映资源稀缺程度、市场供求关系和污染治理成本的价格形成机制，建立合理的能源比价关系。

二、产业发展及需求预测

我国富煤（相对而言）、缺油、少气，资源分布很不均匀，资源禀赋一般，尽管通过调整能源消费结构，1990~2005 年煤炭消费比重由 76.2%降到 68.7%，油气比重由 18.7%提高到 24%，水电及核电由 5.1%提高到 7.3%，但以煤为主的能源结构在相当长时间内难以改变。为此，国家“十一五”能源规划明确提出“坚持节约为先、立足国内、煤为基础、多元发展，优化生产和消费结构，构筑稳定、经济、清洁、安全的能源供应体系”的发展方针。浙江是资源消耗大省，但一次能源资源禀赋和后备资源不足，煤炭、石油和天然气匮乏，能源自给率不足 4%，其中煤炭自给率已从“九五”初的 2.7%下降到 2005 年的 0.5%；油气资源全部依靠进口和外省调入；可再生能源方面，水电资源开发利用程度已很高，唯有风能、生物质能等可再生能源资源尚有部分开发潜力。为此，对我省未来相当长时期内能源消费形势的基本判断是：一次能源稀缺问题将长期存在，以煤为主的能源消费格局和对外高依存度的状况是我省能源行业的重要特征，相应的环保压力将进一步加剧。

因此，从能源资源禀赋条件看，“十一五”我省能源行业发展方向是：以煤为主，大力拓展天然气和石油供应渠道，以大型、高效、环保机组为重点优化发展火电，适度发展气电，积极推进核电和抽水蓄能电站建设，加快开发可再生能源发电，发展循环经济。

1. 电力产业发展趋势及需求预测。目前，我国发电领域已呈现五大发电集团、四大发电公司（三峡总公司、国华电力、华润电力、国家开发投资公司等）和地方发电公司（粤电、浙能、申能、深能、京能、河北建投、山西地电等）共同竞争的多元化格局。随着区域电力市场的正式运行，发电企业竞争日益加剧。由于“十五”期间电源开发投资大，“十一五”后期可能会出现局部阶段性的电力供过于求的局面，不仅影响发电企业效益，而且将影响宏观层面对后续电源规划及建设的决策。此外，受燃料价格上涨、烟气脱硫、脱硝等因素的影响，“十一五”期间煤电盈利空间将呈现明显下降趋势。而随着相应配套政策的出台，“十一五”期间核电、水电、可再生能源发电将会有较大发展，电源结构将进一步得到优化。

根据《浙江省 2010 年电力发展规划及 2020 年展望》，“十五”期间全省已投产大中型发电装机容量 853.5 万千瓦，“十一五”期间将投产 2200 万千瓦，其中：水电 131 万千瓦、煤电 1803.5 万千瓦、气电 234 万千瓦、核电 31.5 万千瓦（秦山核电二、三期及桐柏抽水蓄能电站的装机容量按我省分得容量计算）。从近几年的电力运行情况来看，实际电量和负荷增长均高于规划预测的中方案水平，估计到 2010 年会达到甚至超过高方案。尽管由于三门核电进度推迟以及部分燃气发电项目因气量原因不能达到设计运行小时，将产生一定的电力发展空间，但随着华东电力市场正式运行、100 万伏特高压输电线路建设以及三峡和其他区外来电大幅增加，浙江电力市场竞争将进一步加剧。

2. 煤炭产业发展趋势及需求预测。“十五”期间四大用煤行业的增长速度均超过煤炭行业，特别是电煤的需求巨大。虽然 2005 年我国原煤产量 21.12 亿吨，同比增长 8%，创历史新高，但旺盛的需求导致价格涨幅明显，激发了煤炭开采业的持续扩张，预计煤炭供应紧张形势在 2007 年可得到一定缓解。“十一五”期间，煤炭需求量将会保持持续的增长态势，价格将在高位维持小幅波动。

根据《浙江省“十一五”煤炭、成品油、天然气专项规划》，2010 年我省发电用煤 9400 万吨，比 2005 年增加 5000 万吨以上。预计控股管理电厂到 2010 年以后电煤需求量在 2005 年基础上翻一番，达到 5000~5600 万吨左右。由于公司电煤来源地主要集中在山西、陕西、蒙西等“三西”地区和淮南地区，除约 1000 万吨/年的铁路直达煤将通过国铁华东第二通道和浙赣线从淮南煤矿运至兰溪、长兴等内陆电厂外，其余将主要通过大秦和神黄铁路运输至秦皇岛、黄骅、天津等北方港口中转调入。因此，铁路运力、运能、港口中转能力和装卸能力将直接影响到我省煤炭的供应，特别是铁路直达厂的铁路运力是影响内陆电厂安全运行的关键因素，虽然目前的铁路运输设计能力大幅增加，铁路运能保证，但路用车的车皮调度困难和请车率较低一直困扰着发电企业，运力紧张的矛盾长时间内难以解决。同时高峰期北方各港的吞吐量剧增，装船作业频繁，船舶压港现象常有发生，如何解决港口中转问题必须得到正视。

3. 天然气产业发展趋势及需求预测。随着天然气使用量的不断攀升，国际市场价格由2000年的2.1~3.05美元/MMBTU升至2005年末的5~7.5美元/MMBTU。目前我国天然气占能源消费比重低于3%，远低于24%和8.8%的世界和亚洲的平均水平，尚处于开发利用的初级阶段。随着国民经济持续、稳定发展，清洁能源利用率不断提高，预计2010年天然气在一次能源供应中的比重将提高到7%左右。但由于我国可用气总量远低于需求，引进进口天然气将是一项长期而紧迫任务。“西气东输”、“东海油气田开发”、“川气东送”和“进口LNG”的实施，为我省利用天然气带来良机。天然气已成为浙江能源的重要组成部分，市场需求旺盛，主要利用方向是城市气化、以气代油和适度燃气发电，约占总供气量的70%。

天然气资源供给预测。西气东输天然气、东海气、进口LNG和川气将在不同的时间以不同方式进入浙江市场，形成多气源供气格局。西气2006年合同量为11.42亿立方米，2007年至整个供气期结束合同量为13.88亿立方米（力争上游将2010年供气量调增到15.88亿立方米）。东海天然气2005年底开始向我省供气，预计2006年到2010年向我省供气分别为0.7、1.8、5、6.5和6.5亿立方米（力争上游将2010年供气量提高到9.5亿立方米）。由于东气资源量存在不确定性、海底输送受自然力影响较大、国际政治等原因，使我省稳定获取东气存在一定的变数。川气计划2010年生产能力为120亿立方米，首期60亿立方米基本确定在四川省内消纳，即使进入苏浙沪皖，初步估计2009年和2010年供应我省气量仅为1亿和5亿立方米。进口LNG一期300万吨/年（约44亿立方米/年），原计划2009年和2010年分别供应10亿和25亿立方米，但由于资源至今尚未落实，考虑到33个月左右的建设工期，“十一五”期间几乎不可能向我省大量供气。因此，到2010年我省天然气资源最大可能的供给量在30.38亿立方米左右。

随着输气管网逐步形成，用户市场日趋壮大。到2005年7月底，杭州、长兴、湖州三个城市已使用管道天然气，周边城市也在使用经过压缩后的西气，半山燃气电厂三台机组利用西气发电；目前宁波、上虞、绍兴等城市已使用东海天然气。虽然天然气市场仍处于起步阶段，但已显示出巨大的需求潜力，到2010年全省天然气用户现实需求总量75.5亿立方米左右。

从全省天然气供需情况看，“十一五”期间，我省天然气利用将一直处于需大于供的态势，在进口LNG项目建成投产之前，面临既缺总量又缺调峰的局面。天然气资源不足在一段时期内将成为制约天然气事业发展的瓶颈。全省天然气供需平衡情况表2-1所示。

表2-1 全省“十一五”期间天然气供需平衡情况 单位：亿立方米

		2006年	2010年
需求量		15	75.50
供应量	其中：西气	11.40	15.88
	东气	0.70	9.50
	川气	0	5.00
	合计	11.70	30.38
供需缺口		2.9	45.12

注：1. 由于资源和工期的原因，“十一五”LNG项目能否投产存在极大变数，故平衡时未考虑进口LNG；

2. 西气拟在现合同基础上再向上游争取2亿立方米、东气预测9.5亿立方米、川气按5亿立方米考虑；

3. 2010年75.5亿立方米天然气需求量是基于因气量紧张而选择性开发市场的前提，远低于各地上报天然气需求量的汇总数。

4. 油品产业发展趋势及需求预测。随着重化工业发展趋势加强，各类工业、汽车、运输以及现代农业等领域对油品的需求增长迅猛，消费量逐年攀升。到2010年国内成品油消费量预计将达2.56亿吨，比2005年增加近1亿吨。2006年底成品油批发业务放开后，国内将形成以国有或国有控股石油石化公司为主导、国外跨国公司参加、民营企业参与和补充、周边国家对华出口构成的国内成品油市场多元化竞争格局。随着国家成品油定价机制改革的推进，国内外成品油价格将逐步接轨。为加强油品供应，“十一五”期间我省将建设金—嘉—湖—杭成品油输油管线与宁波—杭州管线一起连接金山石化和镇海炼化，形成环杭州湾成品油环线，并新增500座左右加油站（点）。

2005年我省汽油、柴油、煤油、燃料油四大类成品油消费量为1516万吨，“十五”期间年均增长11%。根据预测，2010年全省成品油需求量2100万吨，比2005年增加约600万吨。

5. 能源服务业发展趋势及需求预测。能源服务业中，金融服务业、环保和新型建材等业务是新兴的“朝阳”业务，发展空间较大。随着经济快速发展，废水、废气、固废的排放量持续增长，而国民环保意识加强、政府对环保要求加严以及对建设节约型社会和循环经济的倡导，导致环境污染治理需求旺盛。目前国内环保业仍处于发展阶段，产业集中度低，大型环保企业比例不高，技术化、专业化是环保业的主要发展趋势。国家政策鼓励环保投资，提高收费标准，对环保企业准入机制、行业资质进行逐步规范。与此同时，随着公司大能源战略的实施，相应的物贸（物流）、工程建设、生产技术、备品备件检修等衍生类业务需求旺盛。

三、业务格局综合分析

公司所涉及业务包括电力、煤炭、天然气三大产业和金融服务、环保、物贸（物流）、工程建设、新型建材、科技等业务，呈“3+X”多元业务格局。电力产业方面，装机容量占全省三分之一以上，统调发电量约占一半；天然气产业方面，负责我省天然气主干管道网络的建设和营运，保障全省天然气供应；煤炭产业方面，保障了我省60%以上的电煤供应；能源服务业中，依托主业而衍生的金融、环保、新型建材等业务具备较好基础，外部发展环境尚可，产业发展空间较大，可望培育成新兴经济增长点。

综合分析当前及未来一段时间内的业务组合格局，“十一五”将是关键的战略转型期，经营导向逐渐从“投资导向”向“效益导向”转变。

1. 电力产业演化趋势。从浙江乃至华东电力市场需求看，“十一五”期间将保持快速增长，电力产业将继续处于“明星”产业地位。但“十一五”末期，电力供需矛盾将得到缓解，甚至出现局部阶段性供大于求，市场增长趋缓，有从“明星”产业向“金牛”产业转化的趋势，产业工作重心须逐步从“投资导向”向“效益导向”转变。

2. 煤炭产业演化趋势。“十一五”期间经济将持续稳定发展，特别是重化工业加速发展，加之电力产业对电煤的巨大需求，将继续推动了煤炭产业持续增长。电煤作为燃煤发电企业上游资源，对整个电力产业的运行效益起着决定性的作用，“十一五”期间仍需不断增强“纵向整合”能力，进一步投资开发以掌控部分上游煤炭资源和运输资源。在这一时期，煤炭产业将得到长足发展，处于“明星”产业阶段和扩张期。

3. 天然气产业演化趋势。天然气产业属新兴朝阳产业，市场增长迅速。公司是全省天然气总买、总卖方，天然气产业具备了“明星”产业的优势地位，但是天然气气量不足以及价格机制不完善成为其发展的硬约束。因此，“十一五”期间天然气产业需拓展气源渠道、增强对气源的掌控能力，并根据当前和未来的气源供应情况，积极、稳妥地增强下游整合能力，增加市场控制力，优化市场配置，形成新的利润增长点。在这一时期，随着气量的逐步增加，天然气产业处于扩张期。

4. 能源服务业演化趋势。目前能源服务业投资相对分散，“十一五”期间应根据市场发展和项目公司实际运作情况，逐步调整项目投资重点，适时剥离处于低增长-弱竞争地位的“瘦狗”业务，同时积极投资部分市场前景好、增长快、当前竞争地位相对较弱的“问号”业务，使其向“明星”业务转移，培育新的利润增长极。

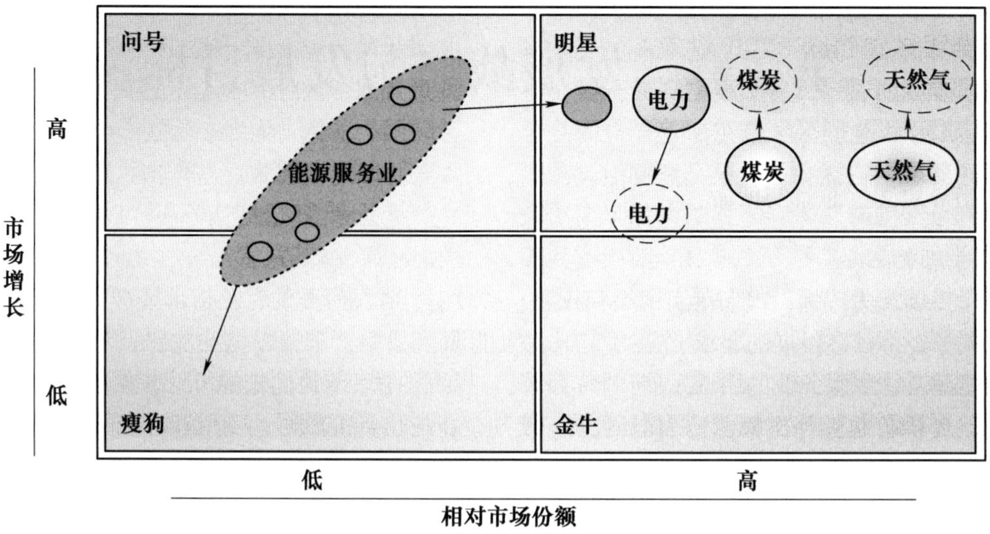

图 2-1　公司业务格局演化图示

第三章　发展战略与发展目标

一、指导思想、愿景与使命

1. 指导思想

以科学发展观为统领，贯彻落实中央和省委、省政府、省国资委的有关指示精神，按照保障浙江能源安全、服务经济社会发展的要求，全力实施“大能源”战略，坚持以电为主，发展一次能源，实现一、二次能源及能源服务业的协调发展；坚持开发与节约并举、节约优先的方针，大力推进技术改造和产业升级，提高能源利用效率，发展循环经济，实现企业与社会和谐发展；坚持对外开放与合作，充分利用“两种资源、两个市场”，增强资源保障能力，拓展发展空间，实现又好又快的健康发展。努力提高企业竞争能力、国有资产抗风险能力和自我发展能力，充分发挥公司在全省能源产业中的国有经济主导作用。

2. 愿景与使命

——*愿景*。精心打造人文化、国际化、现代化的国内一流能源企业，以发展谋求“百年浙能”，以文化铸就“和谐浙能”。

——*使命*。提供能源，服务经济；效益优先，永续发展。

二、公司定位与发展战略

1. 公司定位。省属能源类国有资产营运机构、能源基础设施投资控股和产业经营相结合的市场竞争主体。贯彻政府要求公司提供全省能源保障、新能源开发、能源结构调整、节能降耗、环境保护、资产保值增值等方面的意志，结合市场运作，通过投资、建设和经营管理能源产业项目，在我省能源基础产业中发挥国有经济的主导作用。主要职能：（1）省属能源类国有资产营运机构；（2）省内重大能源基础设施的投资建设主体；（3）保障全省能源安全供应的重要主体，并承担相应的社会职能；（4）按照政府能源发展规划进行市场化运作的主要实施者；（5）利用“两种资源、两个市场”，“跳出浙江发展浙江”的能源产业开拓领军企业。

2. 发展战略。大能源格局下以电为主，多业发展。

在发展取向上，高度重视一次能源的资源开发与保障，实现能源产业链的两端延伸；在发展内涵上，加大技术改造与创新力度，加快推进绿色能源建设与产业升级换代；在发展空间上，实施迈出省界、走出国门战略，拓展企业生存、发展的空间。

从大能源战略的高度，构建发展的三层面体系，在强化当前电力、煤炭、天然气三大利润增长极及协同效应的基础上，积极培育和壮大新的利润增长点。

第一层面：强化三大利润增长极。进一步强化公司在电力生产和销售、天然气购销贸易和省级管网建设运营、电煤购销贸易等方面优势地位，提升核心竞争力，提高利润贡献，加强资本营运，提升对公司整体的资金支持。以强化三大利润增长极为支撑，构建公司基础发展平台，为后续发展提供源源不断的现金流。

第二层面：培育新的利润增长极。围绕实施大能源战略，向两端适度延伸核心业务的产业链，培育壮大若干已建或在建、且发展潜力较大的业务：煤（煤矿、运输、中转码头等）、天然气（城市燃气、CNG 业务）、能源服务业（金融业务、环保业务-脱硫、新型建材、物贸（物流）等）。

第三层面：筛选和孕育种子业务。寻找和开创未来事业的新机会，积极寻求市场机遇，建立系统、科学的市场分析和业务筛选机制，突出重点，选择和培养具有战略性、前瞻性的种子业务，包括电力产业链拓展、天然气（上游油气田投资开发、LNG 槽车运输（适时））、油品（成品油、替代能源）、能源服务（环保业务—脱硝、海水淡化等）。

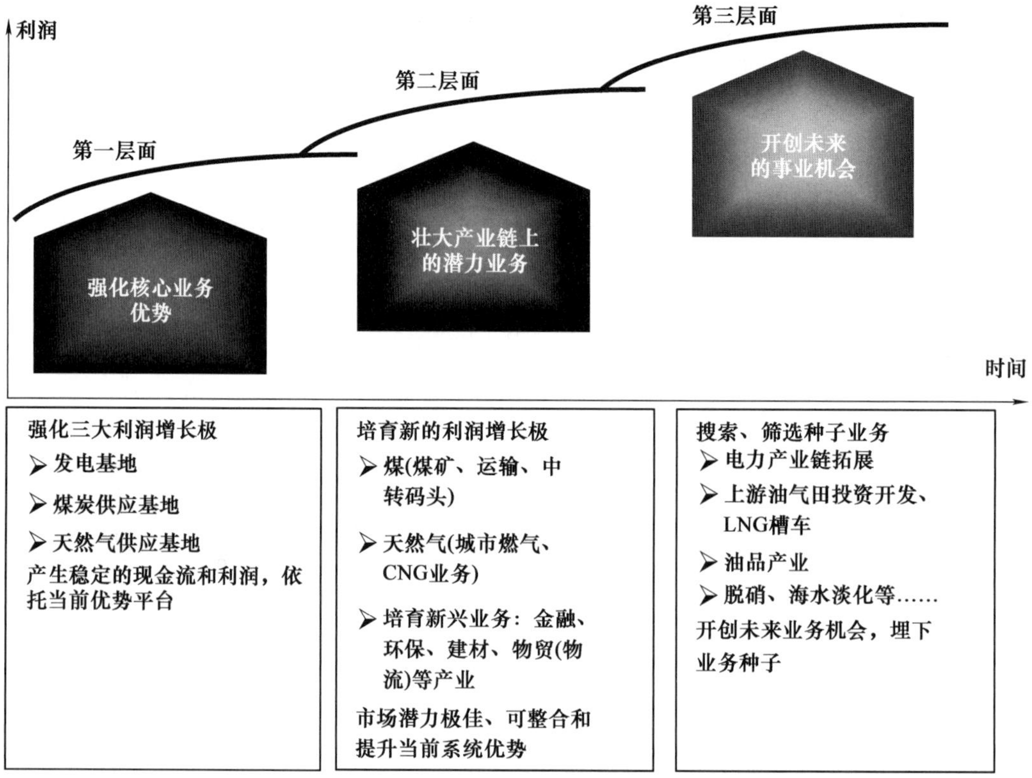

图 3-1 战略发展三层面体系

通过对当前业务的全面梳理分析，概括支撑公司战略定位以及战略发展三层面体系战略举措为：**主导产业升级战略；拓展能源产业链战略；发展循环经济战略；全面集约化战略。**

三、发展目标

1. 总体目标

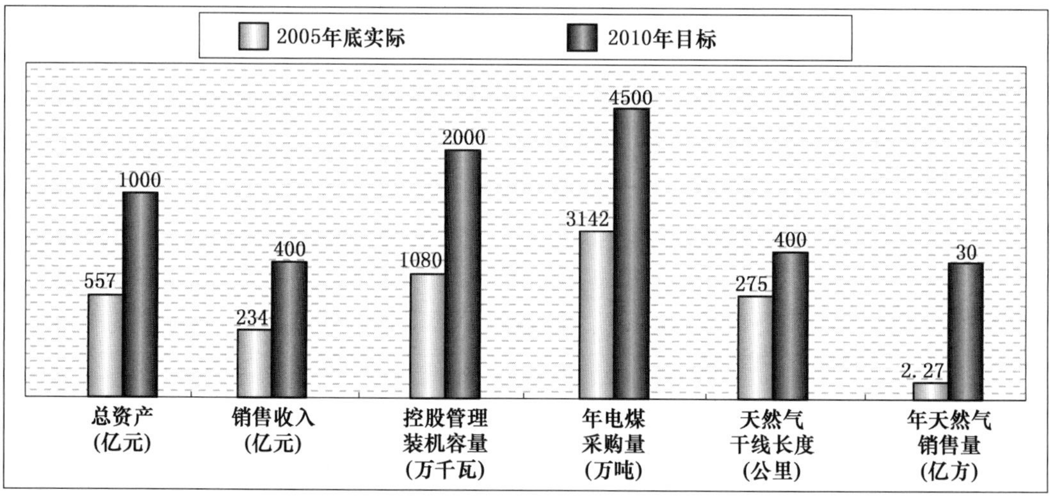

图 3-2 “十一五”发展总体目标

“十一五”发展总体目标：“三个翻一番，三个确保”，即在2005年底基础上，力争实现资产总量翻一番，超过1000亿元；控股装机容量翻一番，超过2000万千瓦；销售收入翻一番，达到400亿元；年电煤采购量4500万吨；省级天然气干线长度累计达400公里，年天然气销售量30亿立方米；确保国有资产保值增值，确保企业安全，确保在国有资产保值增值的前提下努力提高职工收入。

2020年远景展望：公司成长为大能源格局下，上游渗透、中游做实、下游开拓，要素组合合理、资源配置优化、管理体系健全、企业文化鲜明、具有较强核心竞争力的投资控股与产业经营相结合、规模效益型、集团化、国际化、现代化大型能源公司。

2. 目标分解

（1）主要财务指标目标。资本总量不断扩大，主要经济指标稳步提高。具体经济指标见表3-1。

表3-1 “十一五”期间公司主要经济指标目标

项　目	2005年	2010年
销售收入（亿元）	234	400
利润总额（亿元）	35.5	50
净利润（亿元）	12.3	20
资产总额（亿元）	557	1000
净资产（亿元）	192	280
年平均单位容量管理费（元/千瓦）	80.7	50

（2）主要技术经济指标目标。主要技术经济指标达到全国同行业先进水平，见表3-2。

表3-2 “十一五”期间主要技术经济指标目标

		指标名称		2005年	2010年
1	电力	装机容量（万千瓦）		1080	2000
2		供电煤耗（克/千瓦时）		332	327
3		厂用电率（%）		5.22	6
4		水重复利用率	循环冷却	97.97	98
5			直流冷却	93.37	95
6		耗水率（立方米/百万千瓦·秒）	循环冷却	0.804	0.706
7			直流冷却	0.237	0.118
8		单位点火油耗（克/千瓦时）		0.25	0.12
9		单位发电量 SO_2 排放量（克/千瓦时）		4.4	0.808
10	煤炭	采购量（万吨）		3142	4500
11	天然气	年相对输差（%）		≤3	≤3
12		质量检验项目检测及时率（%）		≥95	≥95
13		全年累计供气可靠率（%）		≥95	≥95
14		主要生产设备一次投运成功率（%）		≥95	≥95
15		干线长度（Φ813）（公里）		275	400
16		供气量（亿立方米/年）		2.27	30

（3）产业结构调整目标。优化公司产业结构，探索电力产业业务延伸；投资煤矿及运输、中转、存储、加工及其配套设施；投资优势城市燃气、CNG运输等项目，研究对上游油气田开发可行性；组建省属地方石油公司，拓展油品产业；积极发展金融、环保、新型建材、物贸（物流）等能源服务业。

(4) 产品结构调整目标。到2010年发电量占浙江电力市场的40%左右；开展热力生产与销售，供热量达2500万吉焦；建成控股、参股煤矿生产能力3000万吨/年，取得可控商品煤2000万吨/年；天然气实现西气、东气和川气互通互供互备；加强资金筹措，实现对全系统资金账户的实时在线掌握，财务公司等金融平台对公司系统资金支持规模达60亿元。

(5) 信息化目标。加快信息化进程，全面提升信息化整体水平。采用先进、成熟的信息网络技术，建立和完善信息网络基础设施，提升信息网络交换能力和综合性能，提高安全性和可靠性。建成和完善具有自身特色、实用有效的应用系统，包括财务管理信息系统（FMIS）、人力资源管理系统（HR）、企业资产管理系统（EAM）、燃料管理系统、计划统计管理系统、安全生产管理系统、建设项目管理系统、生产实时数据分析系统、电力市场报价辅助分析系统、浙能商务网系统等。建立企业数据中心、公司决策支持系统和企业门户系统。建立发电企业厂级SIS，实现管控一体化；建立和完善信息化安全保障体系。

(6) 节能降耗目标。通过技术改造等手段使可靠性指标达到国内同类机组先进水平；节煤、节电、节油、节水等节能技术应用处于国内领先水平，有关指标参见上表3-2；自动装置投入率≥99%，主设备继电保护及自动装置正确动作率100%。

(7) 科技发展目标。加强科研开发和自主创新，建立起科学有效的科技管理体系和科技支撑体系，在超超临界机组、大型燃煤机组供热、燃气轮机技术和大型水电的运行、维护管理水平和烟气脱硫方面的研发等技术制高点方面的研发水平初步达到国内先进水平；大力推广新技术、新工艺；继续加大管理方面软课题的研究力度；加大与科研单位单位的合作力度，产、学、研结合。“十一五”科研开发和自主创新投入约3亿元，力争取得5个左右的专利。

(8) 环境保护目标。强化环境保护管理体系，加大污染物治理和环保科技开发力度，清洁生产各项指标达到国内先进水平：到2010年，燃煤机组烟气脱硫装置安装率95%以上，单位电量SO_2排放量国内领先；开展脱硝技术研究和储备，逐步实施烟气脱硝工程；SO_2、NO_x、烟尘等大气污染物排放全面达标；电厂各类废水经处理后达标回用，重复利用率循环冷却电厂98%以上，直流冷却电厂95%以上，努力实现电厂正常工况下废水零排放；加大噪声治理力度，确保噪声不扰民；提高粉煤灰和脱硫石膏综合利用率，粉煤灰综合利用率不低于90%，脱硫石膏综合利用率不低于50%；推广海水淡化技术应用；推进清洁发展机制研究和开发，实现新建清洁电力获得清洁发展机制支持。

(9) 人力资源目标。坚持以人为本，把人才战略作为推动公司发展的优先战略，重点建设好三支队伍：一支职业素养好、市场意识强、熟悉国内国际经济运行规则、在生产经营和资本运作等方面具有较高造诣的管理人才队伍；一支专业技术水平高、具有较强的创新能力、能够加快企业科技进步和增强核心竞争力的专业技术人才队伍；一支爱岗敬业、技艺精湛、具有专门技能、善于解决技术难题的高技能人才队伍。“十一五”人力资源发展目标如表3-3所示：

表3-3 “十一五”期间人力资源发展目标

指标名称		2005	2010	备注
文化程度	研究生	74	120	通过引进人才和联合办学（脱产班），提高职工队伍学历层次。
	本科	1908	2300	接收毕业生原则上要求本科以上层次，改善整个职工队伍文化结构。
	专科	3238	3500	现有低学历人员通过后续教育（联合办班）提高文化层次。
专业技术人员	高级职称	381	二者比例争取达到整个职工队伍的30%（现17%）	以提高专业技术水平和技术创新能力为核心，加快培养造就一支高素质的专业技术人才队伍，抓好专业技术人才培训工作。推行评聘任分开，提高专业技术人员水平。积极推进与科研机构、高等院校的合作，加大技术引进力度，增强企业自主创新的能力，促进各类技术人才多出成果、出好成果。
	中级职称	1580		

表 3-3（续）

指标名称		2005	2010	备　注
技能人才结构	高级技师	无	20	高级技师实现零的突破。建立和完善评审体系，为技能人才的成长提供平台，引导员工走双重职业生涯发展途径。以提高实际操作技能水平和锻造顽强作风为核心，加快培养造就一支高素质技能人才队伍。强化专业理论知识和岗位操作技能培训，对检修、运行等生产主要岗位进行技能轮训，培养全能值班员、检修工。全面推行持证上岗、技能鉴定和技师评审工作。
	技师	64	100	
	高级工	1537	2000	指导系统企业与社会技能鉴定机构建立联系，定期对符合条件人员进行技能水平考核认定，推进技术工人梯队建设。
	中级工	1876	2300	
管理人员队伍	厂级管理人员（含本部）	165	根据项目进展和职数需要调配	以提高市场开拓能力和现代化经营管理水平为核心，加快培养造就一支高素质的经营管理队伍。按照优化结构，提高素质的要求，重点加强对经营管理人员的培养，努力增加经营人才在企业领导人员队伍中的比重。加强业务培训，积极推行挂职锻炼和任职交流，提高经营管理人员能力。
	中层管理人员	605	40 岁以下人员占 60%（现 41%）	

（10）企业文化建设目标。建立具有浙能特色的企业文化体系。创建以价值理念为纽带的浙能精神文化，以规范管理为基础的浙能行为文化，以形象塑造为重点的浙能物质文化，以和谐发展为目标的母子公司文化。

（11）惩防腐败与防范风险工作目标。建成比较完善的惩治和预防腐败体系，各级党组织的政治核心作用和广大党员干部的拒腐防变意识得到进一步增强，自律与他律制度更加完备，反腐倡廉工作更加规范，防止重大违法案件发生，员工违法和严重违纪案件发生率最大限度地降低。依法治企、科学决策与风险意识进一步增强，企业风险得到有效控制。

四、发展规划重点

面对日益加剧的外部竞争环境和要素约束，协调好近期目标与远期目标、存量资产与增量资产、生产经营与资本经营、核心竞争力与综合发展、资产布局与战略重点、管理模式的投资控股型和产业经营型、员工发展与企业发展、市场竞争与风险防范等八个方面的关系。

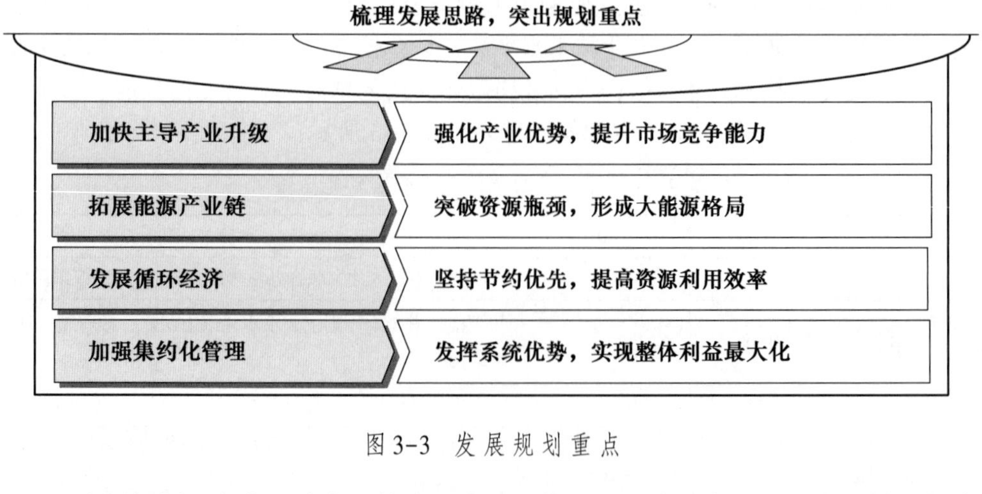

图 3-3　发展规划重点

“十一五”发展规划重点主要放在**加快主导产业升级、拓展能源产业链、发展循环经济、加强集约化管理**等四个方面。

1. 加快主导产业升级。进一步强化公司产业优势地位，加快产业升级，积极储备能源项目，优化增量资产的投资组合，实施有重点的投资组合战略，加快优质市场项目投资建设。不断优化燃煤发电的机组结构、技术结构和地区结构，实现燃煤发电技术的产业升级和更新，提高清洁能源发电比例，全面实施脱硫改造，并根据热负荷情况有选择地进行燃煤机组的供热改造，提高能源利用效率。

高参数、大容量、高效率机组比例提高。到2010年争取60万千瓦及以上燃煤机组总容量1340万千瓦，占公司总装机60%左右。

节能降耗。根据热负荷情况，进行燃煤机组的供热改造，现阶段重点是加快镇海、萧山等电厂的供热改造，提高能源利用效率和电力市场竞争力。加大技术改造力度，对回转式空预器改造、电机采用变频技术、锅炉微油及无油点火技术等进行重点投入，提高老机组效率，达到节煤、节油、保护环境的效果。

电厂脱硫、脱硝改造。到2010年公司燃煤电厂95%以上现役机组完成脱硫改造。加大脱硝技术的引进、消化、吸收与创新力度，新上大容量、高参数机组同步实施脱硝工程。

清洁能源发电。到2010年燃气发电装机容量195万千瓦；水电项目装机新增60万千瓦；发展可再生能源，风电发展方面有所突破。

2. *拓展能源产业链*。加强煤矿、运输、天然气油气田、油品等领域的投资，掌控部分上游资源。加强城市燃气、CNG和LNG运输、加气站、能源服务业等投资，延伸下游产业链。

通过产业链拓展，煤炭产业从现在单纯的煤炭贸易到集煤炭贸易、煤矿投资开发、洗选、经营、运输、中转、装卸、加工、配制并举，降低煤炭采购成本，进一步保障电煤供应的安全；天然气产业从目前单纯的天然气管网投资经营，成长为集上游开发、天然气购、输、配、售和服务功能为一体，逐步形成“四气一网”格局；组建省属地方石油公司，投资加油站项目，实现油品产业从无到有；能源服务业围绕主业，壮大潜力业务，筛选和孕育种子业务；电力产业远期争取实现从单纯发电领域，到发电、供热业务兼有，并根据电力体制改革的形势发展，适时拓展下游电力产业链。

3. *发展循环经济*。始终坚持循环经济和清洁生产的理念，高效利用资源和保护环境，逐步实践减量化、再使用、资源化等“3R原则”，进一步落实节能、节水、节地和能源综合利用，实施海水淡化、可再生能源发电（风电、生物质能发电）等项目，建设环境友好型企业，打造“绿色浙能”。重视淡水资源等要素性资源的利用和掌控。公司涉及行业逐步实现清洁生产，在企业内部实现小循环，在涉及行业与社会资源间形成中循环，将循环经济理念渗透到企业发展的方方面面。

4. *加强集约化管理*。充分发挥公司整体优势，优化资源配置，全面提高公司控制力，实现多产业联动、高效、协同发展。按成本优先原则，对人力资源、资金、物流（设备、材料、备品备件采购、燃料供应）等统一调配，加强集约化管理，以节俭、约束、高效为价值取向，达到降低成本、高效管理的目的。高度重视竞价上网、热力营销等工作，使公司整体利益最大化。通过业务整合，实现主辅分离，对运行维护、检修、后勤保障等进行专业化分工。对与主业存在关联交易的业务予以规范，实现规模效应。

第四章 产业布局与实施计划

根据大能源战略部署，“十一五”期间按照“效益导向”重点发展电力产业，大力发展煤炭、天然气、油品等一次能源产业，拓展能源产业链，积极配套发展能源服务业。

一、电力产业实施计划

（一）实施计划

公司“十一五”电力产业实施计划是：以节能降耗和全面减排为目标，外延发展与内涵提升相结合，重点发展环保型燃煤发电、适度发展燃气发电、参与发展核电和抽水蓄能电站、优先发展可再生能源发电、全面实施污染物减排、全力实施节能降耗，提高能源利用效率。

1. *重点发展——环保型燃煤发电*。“十一五”期间，电力产业以燃煤发电为重点，大力发展占领技术制高点的60万千瓦及以上大容量、高参数、环保型机组，力争将乐电二期、舟山六横电厂、嘉电三期、安徽凤台电厂二期纳入国家“十一五”后三年开工的盘子。积极研究台州电厂等20万千瓦以下机组实施“以大代小”的可行性。探索和开创海外电力投资的新路子，研究与印尼金光等国外公司合作开发煤电项目可行性。在台州、温州等沿海地区选择3~5个新的电源点储备，为公司后续发展奠定基础。研究IGCC发电可行性。

投资新建煤电电源项目（含在建项目结转，下同）如表4-1，公司系统控股项目总投资估算约421.62亿元，控股参股合计约637.18亿元。

表4-1 投资新建的燃煤发电项目

项目		建设规模（万千瓦）	总投资（亿元）	公司投资比例（%）	“十一五”投资（亿元）	起止日期
控股	浙能兰溪电厂	4×60	92.71	本部60% 东南25%	51.03	2004—2007
	浙能乐清电厂	4×60	108.98	本部51%	99.4	2006—2010
	长兴电厂二期	2×30	25.74	电开12.5% 东南65%	6.3	2004—2006
	台州电厂五期	2×30	26.34	东南100%	21.6	2006—2008
	淮浙凤台电厂一期	2×60	50.78	本部50%	44.58	2006—2008
	舟山煤电六横电厂	2×100	69.38	本部43% 兴源8%	58.9	2008—2011
	嘉兴电厂三期	2×100	75.19	暂按公司本部80%考虑	63.9	2008—2011
	淮浙凤台电厂二期	2×60	43.48	本部50%	43.48	2007—2009
	绍兴滨海热电厂	2×30	32.43	本部88%	32.43	2008—2010
参股	国华强蛟发电厂	4×60	85.27	电开40%	22.11	2003—2006
	大唐乌沙山电厂	4×60	91.5	本部35%	33.87	2004—2006
	国华强蛟发电厂扩建	2×100	85.28	电开40%	85.28	2006—2009
	北仑三期扩建	2×100	74.3	本部40%	74.3	2006—2009

注：海外投资、电源点储备项目计划表中未纳入。

2. *适度发展——燃气发电*。根据我省天然气供应总量增长的实际情况，适时适度发展气电。进行燃气发电工程 CDM 开发工作，获得碳资源交易效益。适时启动我省第二 LNG 总体项目配套燃气电厂前期工作，研究镇海联合、温州龙湾燃机油改气可能性。“十一五”期间计划新增燃气发电装机 195 万千瓦（LNG 电厂按投产一台考虑），项目总投资估算约 47.84 亿元，均由公司系统控股。新增项目见表 4-2。

表 4-2 “十一五”新增气电项目汇总表

项目		建设规模（万千瓦）	总投资（亿元）	公司投资比例（%）	“十一五”投资（亿元）	起止日期
控股	镇海电厂天然气发电	2×39	24.33	电开 51%	17.09	2005—2007 年
	萧山电厂天然气发电	2×39	24.40	东南 100%	20.75	2005—2007 年
	浙能宁波 LNG 电厂	4×39	50.81	本部 40%	10	2009—2011 年

注：LNG 电厂按 2010 年第一台机组投产考虑。

3. *参与发展——核电和抽水蓄能电站*。随着一次能源的日趋紧张，国家将核电“十一五”发展战略由“适度发展”调整为“积极发展”，公司在“十一五”期间以此为契机，积极参与三门、秦山二期扩建的建设管理和浙西、秦山一期扩建的前期开发管理，学习掌握一定的核电项目管理知识，为今后条件成熟时自主控股建设核电积累经验。“十一五”末预计新投产装机 65 万千瓦，项目总投资估算约 484.63 亿元。见表 4-3。

表 4-3 “十一五”核电建设新增项目汇总表

项目		建设规模（万千瓦）	总投资（亿元）	公司投资比例（%）	“十一五”投资（亿元）	起止日期
参股	浙江三门核电	2×120	372.6	电开 20%	366.15	2007—2013 年
	秦山二期扩建	2×65	157.97	电开 20%	118.48	2006—2011 年
	浙西核电			待定	待定	待定
	秦山一期扩建	2×100	259	待定	待定	待定

根据国家“抽水蓄能电站原则上由电网经营企业建设和管理，如发电企业投资建设则作为独立电厂参与电力市场竞争”的原则，公司对抽水蓄能电站建设仍以参股为主。除参股的桐柏抽水蓄能电站投产发电外，积极参与仙居和天荒坪二期等抽水蓄能电站的前期开发和建设管理。计划“十一五”期间投产装机 120 万千瓦，项目总投资估算约 34.26 亿元。新增项目见表 4-4。

表 4-4 “十一五”抽水蓄能电站建设投资汇总

项目		建设规模（万千瓦）	总投资（亿元）	公司投资比例（%）	“十一五”投资（亿元）	起止日期
参股	桐柏抽水蓄能电站	4×30	41.93	电开 23%	17.61	2001—2007 年
	仙居抽水蓄能电站	4×37.5	46.68	15%（暂定）	16.65	2008—2013 年
	天荒坪第二抽水蓄能电站	4×60	64.80	待定	待定	待定

4. *优先发展——可再生能源发电*。在公司编制的《浙江省可再生能源发电资源调查及投资价值分析》的基础上，以国家能源战略为指导，把发展风电等可再生能源发电放在公司电力产业发展的重要位置，积极参与生物质能发电技术的研究。

我省陆上风场技术经济可开发厂址有限，规模较小，且基本落实开发单位，相比之下，近海风能资源丰富，容量也较大，是今后发展方向。通过增加风力资源勘查力度，寻找有开发价值的陆上风场进行开发；或选中项目，去收购其他企业已开发或者意向开发的风电场；或开发近海大型风电场等方式，使公司“十一五”期间在风电项目上取得实质性突破，力争控股1~2个陆上风电项目，启动1个近海风电项目前期工作。预计“十一五”风电和生物质能发电项目投资估算约8亿元。

由于我省水电开发程度较高，未开发多为小水电项目，主要分布在浙南和浙西山区，地理位置较为偏僻，输电距离远，淹没和移民政策处理的投资和工作难度较大。“十一五”期间重点建设好滩坑水电站项目，投资估算约29.66亿元，见表4-5。

表4-5 “十一五”水电建设新增项目汇总表

项目		建设规模（万千瓦）	总投资（亿元）	公司投资比例（%）	“十一五”投资（亿元）	起止日期
控股	滩坑水电站	3×20	47.19	电开65% 东南25%	29.65	2004—2009年

通过上述项目的实施，力争使“十一五”末公司可再生能源发电机组容量比例能满足有关配额制的要求。

5. 全面减排——燃煤电厂脱硫、脱硝改造。积极推进现役燃煤电厂的脱硫改造，“十一五”后三年新建大容量、高参数机组同步实施脱硝改造，研究老厂实施脱硝改造的可行性。

现役机组正在实施的烟气脱硫技改工程。北仑电厂二期（3×60万千瓦）计划在2006年投一台、2007年投二台；温州电厂二期（2×30万千瓦）计划在2006年底建成投运；台州电厂四期工程（2×33万千瓦）2008年建成投运。

现役机组规划实施的烟气脱硫工程计划。镇海电厂（4×21.5万千瓦）2007年开工建设，2010年全部建成投运；嘉兴电厂一期（2×30万千瓦）、嘉电二期（4×60万千瓦），2010年全部建成投运；温州电厂一期（2×13.5万千瓦）2008年开工建设，2010年建成投运。研究台州电厂1#~5#炉脱硫改造可能性。

新扩建机组实施同步建设烟气脱硫工程。兰溪电厂（4×60万千瓦）2007年建成投运；乐电一期（2×60万千瓦）2008年建成投运；台州电厂五期（2×30万千瓦）2008年建成投运。

规划建设机组同步规划烟气脱硫工程方案。绍兴滨海热电（2×30万千瓦）2007年开工，2009年投运；舟山六横电厂（2×100万千瓦）2008年开工，2010年、2011年各投运一台；乐电二期（2×60万千瓦）2007年开工，2009年建成投运；嘉电三期（2×100万千瓦）2010年开工。

按上述规划实施后，如按年运行5500小时测算，2010年公司SO_2排放量为8.60万吨，比“目标责任书”要求的25.44万吨多削减16.84万吨。2010年公司平均单位发电量SO_2排放量约为0.808克/千瓦时，处于国内领先水平。

预计“十一五”时期烟气脱硫投资估算约51.15亿元，其中现有电厂脱硫改造资金约需24.53亿元，新建机组脱硫估算为26.62亿元。

根据国家政策导向，制订公司燃煤机组脱硝规划，对“十一五”后期新开工建设的乐电二期、六横电厂、嘉电三期同步实施脱硝工程，在保证NO_x达标排放的前提下，通过采用低氮燃烧技术对老厂锅炉进行技术改造，同时根据国家政策的要求选择性地对部分老厂装设脱硝设施。预计“十一五”脱硝工程投资估算约2亿元。

6. 全力实施——节能降耗。根据热负荷情况，实施燃煤机组供热改造，提高能源利用效率和燃煤电厂在电力市场中的竞争力。2007开始加快实施镇海、萧山电厂等30万千瓦及以下机组改造，全面开展其他燃煤电厂供热改造的可行性研究，待热负荷落实后逐步实施。预计“十一五”供热改造投资估算约2亿元。

加强运行管理，提高机组运行的经济性。通过运行技术参数的分析，全面掌握机组运行工况与设计值的偏差、性能变化情况和缺陷发展趋势，根据耗差的分析结果及时调整，使机组运行的煤耗接近或维持在最佳值。挖掘经济调度潜力，争取省电力调度中心的负荷调节指令直接发送到电厂一级，通过厂内的自动调度系统实现负荷经济分配和快速自动响应。

锅炉微油点火技术与传统的点火技术比可节约燃油95%以上，要加大力度推广锅炉微油点火技术的应用，逐步在公司系统控股管理电厂锅炉实施微油点火的技术改造。

鼓励在发电厂的主要离心式风机和泵中广泛采用高、低压变频电机调速技术、液电阻调速技术，并着手进行内馈调速和电磁偶合调速技术的研究。逐步实施电厂凝泵、增压风机和一次风机等实施调速技术改造。积极推广使用YX系列等高效节能型电机，逐步替代Y系列等电机，有计划淘汰S-7型变压器。

加强节水管理，挖掘节水潜力，要合理利用水资源，发挥水资源的综合经济效益。

（二）电力产业投资估算

“十一五”公司系统控股电力产业总投资估算合计约为477.46亿元，控股和参股合计约1268亿元，其中需公司系统承担的资本金出资约106.35亿元。

二、煤炭产业实施计划

（一）实施计划

“十一五”期间将加大“煤矿”、“运输、中转、存储、加工及配套设施”等投资力度。

1. *煤矿项目*。实施“走出去”和“以市场换资源、以投资保资源”战略，投资开发煤矿，掌控部分上游煤炭资源，使公司控股参股煤矿生产能力达到3000万吨/年，可控商品煤供应量达2000万吨/年左右。“十一五”公司系统控股煤矿项目投资估算约15.34亿元，控股参股合计约73.34亿元。规划投资建设的煤矿项目见表4-6：

表4-6 “十一五”公司投资煤矿项目汇总

项　　目	煤炭储量（亿吨）	设计生产能力（万吨/年）	总投资（亿元）	公司投资比例（%）	“十一五”投资（亿元）	起止日期
安徽顾北煤矿	6.8	300（另有300技改配套）	22.59	本部50%	15.34	2004—2007
山西朔州麻家梁煤矿项目	26.5	1200	29	煤运40%	29	2007—2010
山西保德王家岭煤矿项目	7.9	500	12	煤运25%	12	2007—2010
山西保德白家沟煤矿项目	29.3	1000	15	待定		2008—2012
内蒙、印尼等海内外煤矿投资		待定		待定		

2. *运输、中转、存储、加工及配套设施*

港口专用场地建设。公司目前租用秦皇岛港专用场地，“十一五”研究租用或参与投资秦皇岛港、黄骅港、天津港等港口专用场地和泊位的可行性。

整合省内海运运力资源，投资组建公司系统海运企业。整合和发展公司海运企业，直接掌握部分海运运能，使自有海运能力与届时4000万吨/年左右的海运需求相匹配，掌握100万吨左右运能。

煤炭中转、存储配套设施建设。建设舟山煤炭中转码头。一期年吞吐量3000万吨（装船、卸船各1500万吨），并建有占地面积110公顷的后方堆煤场1个，可堆存300万吨原煤。“十一五”投资估算约28.03亿元。改建长兴电厂铁公水码头项目。将原铁公水码头改造成集煤炭、钢材及内河集装箱等多功能用途的内河码头。

表4-7 煤炭中转、存储配套设施工程概况

项　目	年吞吐量（万吨）	堆煤场（万吨）	总投资（亿元）	公司投资比例（%）	“十一五”投资（亿元）	起止日期
舟山煤炭中转基地	3000	300	28	本部43% 兴源8%	28	2006—2008年

煤炭加工。研究和规划建设满足组建省属地方石油公司清洁燃料供应的煤化工项目、省外煤矿项目配套煤化工项目，强化舟山煤炭基地洁净配煤工作和中转港口配煤工作，在煤炭加工、煤化工和洁净配煤方面加大投资，“十一五”投资估算约1亿元。

（二）煤炭产业投资估算

“十一五”公司系统控股煤炭产业总投资估算约为46.34亿元，控股参股合计约109亿元，其中需公司系统承担的资本金出资约12.5亿元。

三、天然气产业实施计划

（一）实施计划

1. *天然气资源的落实*。在配合中海油开展我省LNG资源落实工作的同时，广开渠道，加大在巴布亚新几内亚、马来西亚、印尼等国落实LNG资源的工作力度，研究进行上游油气田投资开发的可行性。

2. *主干管网的建设*。以杭州为中心的杭嘉湖平原、杭州—宁波沿线城市，以温州、台州为中心的浙东南沿海一带，杭州至衢州浙赣线铁路两侧，沿金温铁路的相关城市为重点用气区域，共规划七条干线和两条支线，形成环网。整个管网分三期建设，“十一五”期间主要是进行一期工程和部分二期工程建设。见表4-8。

表4-8 管网建设规划投资预估表

	项目名称	预计建设期	总公里数	总投资估算（亿元）
第一期	杭州—宁波	2005—2007年	265	20.39
第二期	杭州—嘉兴	2008—2010年	75	5.50
	宁波—温州	2010—2013年（视气量增加情况而定）	303	13.78
	杭州—金华		173	7.86
	进口LNG—三山		30	1.88

3. *分输站和CNG站的建设*。全省管网共设置25座分输站，分三期建设。各分输站的最终设计规模均按2015年规模设置，除LNG首站分期建设、干线预留分输口以后建设外，其余各站场均按最终规模一次建成。近期建设1~2座承担将东气运输至管线未及地区功能的CNG加气站工程。当供气范围内城市的天然气需求到一定规模后，建设输气管道工程代替CNG供气。

4. *LNG接收站建设*。加快宁波LNG接收站建设。适时启动我省第二LNG接收站总体项目前期工作，争取以公司为主进行开发。

5. *下游重点用气项目建设*。限于资源情况，“十一五”用户发展的重点是稳固老用户和已开发用户，即发电、城市用户，有序开拓少量工业和其它新兴行业用气市场。

6. *投资优势城市燃气产业*。制订城市燃气发展规划，有序并购或新组建若干优势城市天然气公司。2010年完成全省性抢点布局，力争组建3~6个城市天然气公司，成为具备一定规模的城市燃气运营商之一。近期抓好上虞市、平湖市天然气利用工程建设。研究和规划建立加气网点工作。

（二）天然气产业投资估算

“十一五”公司系统控股天然气产业总投资约29.5亿元，控股参股合计约74.05亿元，其中需公司系统承担的资本金出资约7.1亿元。

四、油品产业实施计划

（一）实施计划

1. 组建石油公司。在初步落实油源和市场的前提下，以油品领域市场化改革为契机，采用公司控股的方式，与大石油公司合作组建省属地方石油公司，发展油品产业。

2. 落实油源和开发市场。全力落实成品油、洁净燃料（待定）的供应渠道，并保持价格上的市场竞争力。加强与国内外油品公司合作，获取稳定油源，同时争取省政府给予相关支持政策。做好市场开发，确保所投资油品项目的收益。

3. 实施项目。抓住“十一五”我省将新增500座左右加油站（点）的机会，通过兼并、收购、新建、划转（指省属加油站资产的整合和集约化管理）等方式控股30~100家加油站（点），发展清洁燃料项目。以油品经营为切入点，向油品储备、运输等环节延伸；完成一定资金和经验积累后，再择机向上游油品生产开发等环节延伸。

（二）油品产业投资估算

“十一五”投资估算约11亿元，其中需公司系统承担的资本金出资约2亿元。

五、能源服务业实施计划

（一）实施计划

1. 核心发展的业务

——**金融服务**。体供公司系统优质的金融、财务服务，发展金融中介服务，逐步开发浙能特色的金融产品。以财务公司为核心，调剂资金余缺，降低资金成本，构建公司系统金融管理平台。以预算执行为目标，形成内部高效的资金管理和运行体系；大力发展金融中介业务，促进公司内部资金合理流动，实现资金高效率地向投资转化；逐步形成与外部金融市场专业化对接，使财务公司成为银行等外部金融机构无法替代的公司综合金融服务商。做好保险经纪业务等业务。

充分发挥财务公司的“资金支付关口”作用和内部信贷服务的职能，合理引导资金流向，通过财务公司资金结算和管理系统，实现对资金的集中结算、统一管理、统筹安排、合理使用，增强公司对内部资金的统筹调配和监控能力，提高资金的使用效率和公司的整体效益。积极尝试企业债券、短期融资券、资产支持票据、信托资金集合计划、信贷资产证券化等各类投行业务，实现需求和产品的对接，有效地降低融资成本。建立浙能特色的金融资产体系，梳理和整合公司内部的各种金融资产，实现动态跟踪和管理；探讨各种金融资产购买、形成、持有、评估和处置等全过程风险管理和评价机制，探索衍生金融产品，为公司主业发展提供强大的金融支撑。

——**环保**。“十一五”期间发展成为公司能源服务业的拳头业务。以烟气脱硫、脱硝等废气治理业务为核心的环保工程承包为主，从乐清电厂、六横电厂海水淡化入手，逐步扩展海水淡化总承包业务；以电厂废水处理技术为基础向城市污水处理、印染、冶炼、造纸等行业废水处理拓展；以电厂冷却塔噪音治理技术为核心向其他工业企业、高架、铁路沿线噪音治理等领域延伸；研究开发特种污染物治理技术如污泥干化技术、有毒有机废水处理技术等，进入特种污染物治理的细分市场领域。研究提高水资源利用效率的技术与手段，调研和跟踪淡水资源掌控性项目。

——**物贸（物流）**。业务定位是“集约化、精细化经营，降低公司系统运营成本”，主要为能源服务业发展提供贸易、采购、物流支撑。在开展公司系统新（扩）建电力项目物资供应服务的同时，以浙能商务网的电子商务平台为基础，逐步实现公司系统电厂的物资、设备、备品备件的集约化采购、仓储、运输配送和供应，以及进出口代理的集约化管理，降低公司采购成本和闲置物资；积极向社会拓展业务，参与市场竞争，利用集中采购和网络信息平台的优势，逐步扩大在浙江市场占有份额，成为省内有规模、高效益，有较强物资贸易、设备采购、自营进出口、流通总承包能力的大型物流贸易企业。

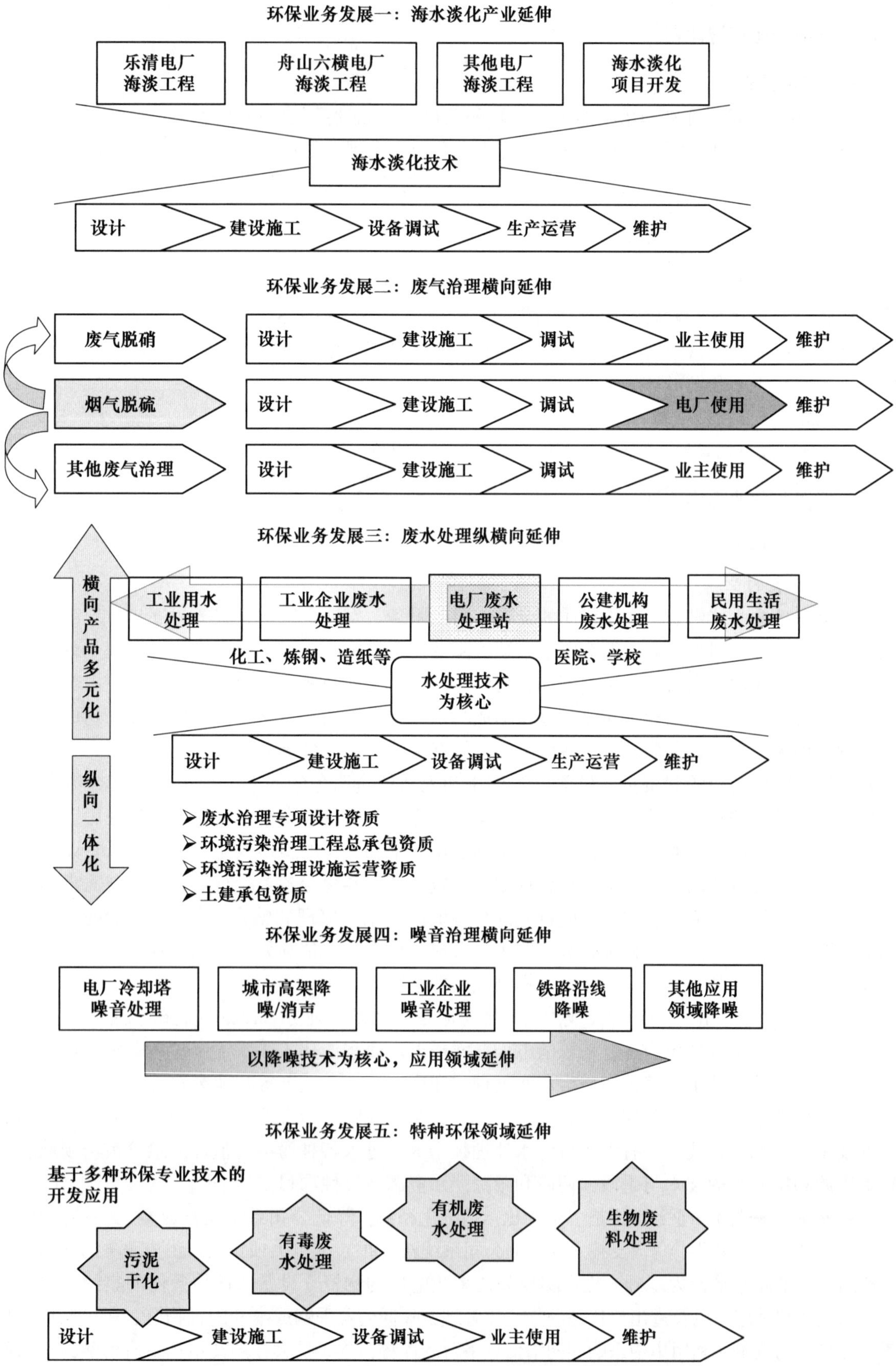

图 4-1 环保业务发展五大方向

——**新型建材**。根据公司系统燃煤电厂脱硫规划，建立“石灰石矿山-运输-电厂脱硫制粉厂-脱硫石膏销售-产品开发-深加工”于一体的产业链，同时结合粉煤灰的深度加工和再利用，打造公司系统节约和利废的特色新型建材产业。

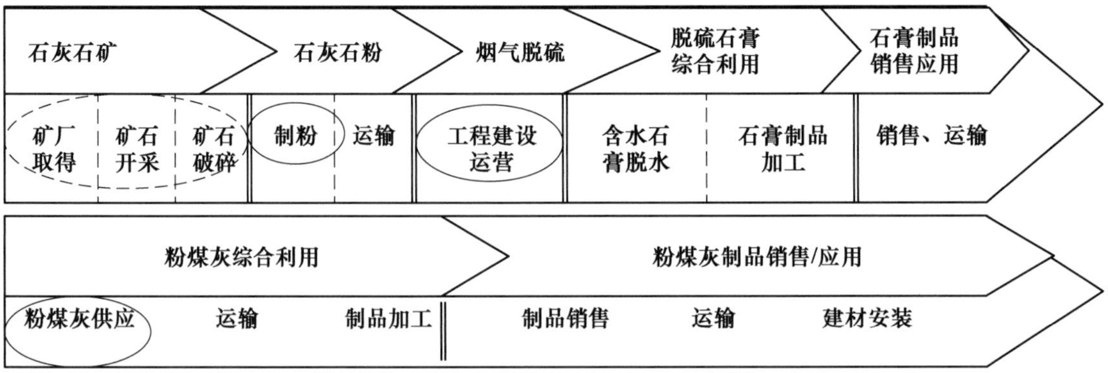

注：用红圈标示环节表示目前已经介入；脱硫石膏产业链越往前资源垄断性越强，增值空间越大；脱硫石膏和粉煤灰加工越往产业下游环节，加工增值价值越高，产业盈利性越高。

图4-2 新型建材（脱硫石膏、粉煤灰加工）产业链

2. 稳健经营的业务

——**工程建设**。发挥省电力建设有限公司作为专业化电源项目建设管理企业的作用，运用其拥有丰富的资质、业绩和人力资源，完善工程建设管理模式，参与公司可再生能源项目的前期开发和建设等工作。按照“对内服务，对外开拓”的定位，在服务好系统内基建项目的同时，切实增强市场意识，大力开拓系统外、省外以及国际市场，积极参与国内电源项目、水利项目的建设，加强与国家对外援助项目主管部门和相关对外经营机构的沟通和协作，合力开发境外电力、水利项目建设市场，力争“十一五”在系统外、省外和国际市场上拓展3~5个大型工程建设服务业务。

——**生产技术服务**。突出主攻方向，以内部市场为基础，以积累工程业绩、获取行业资质、扩大规模为主要手段，以与行业技术领先企业的技术合作为主要思路，以科技领先和工程实施为主要实现形式，将经营方式从以工程技术为主导、以公司系统内部市场为依托转变为以产品技术为主导、以全部市场为目标。

——**备品备件检修**。为公司系统各电厂做好设备备件、阀门、空压机高架、预热管道等修造和检修业务；并在具备一定实力后，为公司外电厂用户提供优质、高效的服务；同时向电厂以外的环保、新型建材产业的设备备件、管道及建设监理等业务拓展。以机组大修监理为主，兼带电厂技改项目监理，实现完全占领公司内部市场，并向外扩张，逐步开拓国内市场。

——**工业产品生产**。着力培育与电力主业相关的三废治理、噪声治理、海水淡化配套产品生产企业，并逐步向社会市场拓展。

——**宾馆旅游服务**。开展公司培训中心筹建工作；整合公司系统现有宾馆的资源条件，通过客源、市场的有效转型，提升宾馆档次；对公司系统宾馆、旅行社、咨询管理三块资源有机、高效组合，突出主业经营，成为公司旅游产业基础和服务窗口。

3. 谨慎介入的业务。谨慎进入与主业相关性不大、市场成长性欠佳的领域。紧紧围绕战略确定的行业领域发展，打造拳头产品。参照国务院国资委对中央企业的要求，对不能在本地发展成为前5强的领域，原则上不进入，已进入的适时退出。

4. 适时退出的业务。对与公司主业、能源服务业的主要产业关联性小、拓展空间小的产业和与公司资源、服务产业发展不紧密、竞争实力弱的产业考虑适时退出，使能源服务业的结构动态优化。

（二）能源服务业投资估算

“十一五”投资估算约21亿元（脱硫、脱硝投资已在电力产业实施计划各对应项目中列入），其中需公司系统承担的资本金出资3亿元。

六、融资初步计划

若上述产业布局和电力、煤炭、天然气和能源服务业项目能顺利实施，“十一五”公司系统控股项目总投资估算合计约580.3亿元，控股参股合计约1483.05亿元，其中需公司系统承担的资本金出资约130.95亿元（含本部、电开、东南、兴源公司、煤运等）。

落实重大项目的投融资渠道，扩大资金来源。积极发挥财务公司对资金的调剂作用，探讨各种可行的融资方式。为规避财务和经营风险，确保公司资产保持一定的营运质量，资产负债率控制在70%左右。考虑通过直接融资方式取得资金5亿元。投融资目标见表4-9、4-10。

表4-9　“十一五”期间公司所有控股、参股项目资金筹措情况　　单位：亿元

“十一五”总投资估算		资金来源						
控股参股合计	其中：公司系统控股	公司系统资本金出资	系统外其他股东资本金出资	财务公司贷款	银行贷款	中长期公司债券	短期融资券	其他
1483.05	580.3	130.95	179.23	60	1072.87	15	20	5

表4-10　“十一五”期间公司系统控股项目资金筹措情况　　单位：亿元

“十一五”总投资估算	资金来源						
公司系统控股	公司系统资本金出资	系统外其他股东资本金出资	财务公司贷款	银行贷款	中长期公司债券	短期融资券	其他
580.3	80.89	43.9	60	214.79	15	20	5

注：1. 表格中“其他”是指各种直接融资渠道，包括利用上市公司融资、股权多元化、引进战略投资者、将部分多元化投资项目和金融股权适时调整和退出以盘活存量、争取省国资委注入资金等。

2. “十一五”期间公司或其他股东发行公司债券、短期融资券的额度、次数及具体融资方式将视公司需要和政府部门审批情况进行调整。

第五章 政策建议与保障措施

一、积极争取政府大力支持，营造良好的政策环境

1. 争取省政府、省发改委、省国资委等在项目安排、产业规划、资金扶持、政策处理方面更大的支持。一是为保障我省电力、天然气、煤炭等产业协调发展，支持公司在“十一五”再控股开辟几个优质大项目，如新的沿海电源点、浙江第二 LNG 项目等，并争取纳入政府规划，做好项目储备；二是在省政府有关部门帮助下，加强天然气需求侧和供应侧管理，积极做好气源增量以及供需平衡方案的实施；三是“十一五”公司资产规模继续扩大与净资产积累速度不一致，为提高营运质量，希望省政府、省国资委在资产整合过程中重点扶持，及时向公司注入一部分资金或有效净资产，以降低资产负债率，改善资产结构和质量；四是支持公司“走出去”，到省外或者海外发展；五是加大能源项目前期开发和工程建设中政策处理的力度；六是对新能源及有关重大投资项目，争取省政府重点扶持资金支持；七是支持公司牵头组建公司控股的省属地方石油公司；八是支持公司根据电力体制改革形势的发展适时拓展下游电力产业链。

2. 尽快理顺电力、天然气价格机制。一是为尽快扭亏为盈，对镇海和龙湾燃机电厂扩大容量电价比重，实施油电联动政策，同时积极争取电网公司的支持，确保足够的发电利用小时，更好的服务于电网；燃煤电厂要尽快到位煤电价格联动差额部分；研究制定镇海、萧山天然气发电和宁波 LNG 电厂合适的电价政策。二是尽快完善天然气分类用气价格体系，优化价格结构，建立较为完备的多层次价格机制（包括与上游联动的价格调节机制），“十一五”期间初步形成天然气市场化价格体系。同时，建议政府设立天然气发展专项基金和煤炭、石油储备基金。

3. 出台鼓励可再生能源发展的扶持政策。可再生能源特别是风能、生物质能发电属于政策性、风险性、长期性投资，国家正组织有关部门制定《可再生能源法》相应的配套政策。为促进可再生能源发展，建议省政府尽早对可再生能源发展作出统一规划和部署，并制订相应政策。一是降低资本金比例要求，延长贷款年限，提供贴息贷款；二是协调海关对风电装备进口关税采取更优惠的减免政策，制定可再生能源的进、销税抵扣配套政策；三是制定一个长期、稳定的土地利用配套政策；四是明确可再生能源发电的电量入网政策和电价机制。

二、进一步拓宽融资渠道，稳健开展资本运作

进一步完善融资与资金运作协调机制，加强和规范财务公司管理，开展资金结算、融资、财务顾问等业务，发挥资金统筹功能。适时再发行 1~2 次公司债券或短期融资券。支持东南公司发展，充分发挥上市公司的融资优势，实施资本市场融资，研究增发 A 股的可行性。适时择机组建或改建 1~2 家股份公司实施上市扩张战略，打造能源板块资本市场（如电力、天然气）和高科技（环保）板块资本市场“两大平台”。通过股权多元化、引进战略投资者等措施，吸引社会资本和海外资本参与本省能源项目建设。围绕能源主业服务，部分多元化投资项目和金融股权适时调整和退出，盘活存量，获取项目建设资金；通过资产置换替代实际投资支出；研究和拓展其他直接融资方式。

三、探索先进组织管理模式，提高公司管理效率

按照现代企业制度的要求，对管理模式进行优化与完善，运用更为先进的管理手段，确保公司发

展战略与规划的实施。

通过提升管理理念，创新管理模式，实现体制创新与机制创新，进一步探索完善适合现代企业制度和产业特性的管理模式，兼顾控制力度与管理效率。继续优化管理，推行全方位的精细管理与科学管理，梳理、改善管理程序，创新管理方法，预防与消除大企业病，提高市场反应能力。加快完善要素的专业配置机制，整合资源，实现人力、资金、物资等资源的集约化利用和优化配置，实现管理效率的提高、成本的控制。通过提高经营管理水平，挖掘内部潜力，科学合理地控制和压缩成本，建立健全成本责任制，强化成本约束机制。结合《节能发电调度办法》等规定，进一步研究统一竞价上网的内部策略。建立和完善组织管理机构以及计划发展、工程、安全生产、人力资源、资产经营、财务管理和资金风险控制、监察审计、企业文化等管理体系等，保持公司朝着有利于整个系统规模与效益同步增长的方向发展。通过“十一五”的努力，力争使公司主要管理指标在全国发电行业处于领先地位。

四、稳妥推进各项改革重组工作，实现质与量的同步提升

在做好稳定工作的前提下，通过改革，消除制约公司发展的体制性、机制性因素；通过重组，优化公司资产结构和产业布局，实现外延扩张和内涵提升有机结合；加大资本运作力度，实施“项目建设与资产并购并举”的战略举措，并购互补性较强的优质资产，实现量的发展和质的同步提升。

进一步深化和推进“国控”改革重组工作；借力电力体制改革，深化公司系统电力企业内部改革，着力抓好老小电厂的主辅分离、辅业改制和重组工作，组建区域性检修、运行维护、后勤保障等专业化服务公司；规范“三产”、“多经”和关联交易，严防国有资产流失，进一步降低主营业务管理成本；剥离不良资产，坚决退出与主要产业关联度小、成长性欠佳的业务；着手研究公司能源服务业的战略发展问题，进行必要整合和动态优化，以发挥规模效应，打造“拳头”业务；根据公司实际需要，适时调整和优化部分企业股比和产权结构。

五、加强人力资源管理，实施“人才强企”战略

着眼于公司大能源战略对人力资源支撑的要求，制订长远规划需求，落实梯度培训，以能力建设为重心，以专家体系建设为重点，强化人才多渠道培养和锻炼，创造人才成长的和谐环境。完善专业技术资格评聘管理，规范技师考评和聘任工作。优化中高级管理人员结构，吸引、培养、用好高层次人才，特别是优秀青年人才。加快紧缺人才的引进，尤其是大容量高参数燃煤机组、天然气和煤炭技术管理、能源服务业紧缺岗位等方面的人才，形成专业结构合理、年龄梯度优化的各类人才队伍。

统筹兼顾，实现人力资源的合理配置与优化组合。分步推行各类企业定员标准，稳步推进减人增效。针对部分单位人员结构不合理的现状，开展调查，研究探索分流和再就业途径。建立公司系统统一的人才交流平台，采取挂职锻炼、兼职或任实职等多种方式，合理有序地安排人才在公司本部与系统企业、公司系统企业间、综合部门与业务部门之间多向交流。建立适应市场竞争的分配和激励机制，大胆探索和尝试多种要素参与分配的全新的分配方式，使职工收入与企业效益、与个人业绩挂钩，切实做到激励到位、约束有效。广大职工应勤奋工作、增长才干，积极通过诚实劳动、超额贡献、技术进步等方式改善个人收入。

六、加大软课题研究和科技创新，建立多方位技术支持体系

结合公司发展和实际工作中的热点和难点问题，加强与生产单位、高校及科研院所的合作，产、学、研结合，有组织地进行发展、改革、管理、企业文化等软课题研究，注重科技攻关，重点研究大容量和高参数发电相关技术、联合循环发电、能源产业循环经济相关技术、可再生能源发电技术、天

然气和煤矿运行管理技术、能源服务业相关技术等，进行自主创新。

加大技术改造力度，保持和改善设备性能，确保设备安全可靠，节能降耗、保护环境、改善职工劳动条件。加大力度推广锅炉微油点火技术的应用，广泛采用电机变频技术。进一步开展混配煤技术的研究和应用。采用经济、先进成熟的脱硫、脱氮、除尘、消磁技术，建设绿色环保体系。研究IGCC 发电可行性。

七、完善惩防腐败与防范风险体系，建设“法制浙能”

建立健全目标明确、教育扎实、预警及时、决策科学、制度健全、监督到位、奖惩得当的自我约束机制，完善惩防腐败与防范风险体系。按照审计办案、制度监督、教育引导的职能区分，调配纪检、监审力量，发挥整体合力。以工程招投标、大宗物资采购、废旧物资处置、大型维修项目、关联交易、企业改制和资产转让等经济行为为重点，加强审计，严密监控。以各级领导和关键岗位人员为重点，抓好廉政和职业操守教育，提高法制意识、廉政意识，预防职务犯罪，防范风险化解矛盾，对关键岗位定期轮岗。坚持科学发展观，切实增强市场观念和风险防范意识，有效控制用人风险、投资风险、财务风险、经营风险、技术风险、燃料风险、生产安全风险和法律风险等风险。

实施“依法治企”战略，加强法律风险防范体系建设，建立健全企业法律顾问制度，完善合同管理制度。通过深入实施“五五普法规划”，不断提高依法治企水平。加强对顾问律师团考核管理，提高服务水平。

八、加强企业党建工作，围绕中心服务大局

企业党建工作要找准定位，围绕中心服务大局。以“四好”领导班子建设为龙头，着力推进领导班子和干部队伍的思想、组织、能力、作风和廉政建设；以“五好”党支部创建为抓手，进一步增强党支部的凝聚力和战斗力；以党员“亮化工程”为载体，开展主题鲜明、内容丰富、思想深刻、形式多样的实践活动。创新党建工作机制，构筑企业党建工作和经济工作“相互融合、联动发展”的新格局。

加强职工思想政治工作，动员和组织广大职工争做促进企业和谐稳定的表率。整合创建宣传载体，强化宣传队伍建设，增强精品意识，办好网络、办精报刊，营造良好的舆论氛围和社会环境。

九、全面推进企业文化建设，打造“人文浙能”

在科学整合公司已有的精神文化、行为文化和物质文化的基础上，突显优势、彰显个性，全面建设既符合公司实际又体现浙能个性的先进企业文化。通过持续建设关爱生命的安全文化、人企共进的家园文化、敬业奉献的闪光文化、亲近自然的环保文化、追求卓越的创新文化和强化规范治企的市场文化，不断增强公司的知名度、美誉度与和谐度。

通过企业文化的具体实施，培育、塑造、倡导公司的理想信念、价值取向、道德规范、行为准则，以先进的文化感召人、引导人、规范人，从而内聚人心，外取人信，内增软实力，外树好形象。积极促进公司物质文明、精神文明和政治文明的协调发展，努力造就“道相同、心相通、力相聚、情相融”的企业氛围，从而推动公司内部凝聚力、核心竞争力和持续生命力的全面提升，为实现公司发展战略提供精神动力。

十、深入宣贯大能源战略，确保战略规划顺利实施

充分利用公司平面媒体、网站和会议等形式，加强战略与规划的宣贯与执行。系统各单位应据此对各自工作重新进行评估和研究，从思想上、行动上保持一致性，确保系统上、下各层面“一盘棋”，并建立相应的考核机制。

“十一五”期间，对未纳入本规划的项目，原则上不予安排。同时，根据形势发展需要，作好规划的滚动修编工作。制订《规划编制管理办法》，完善战略制定、实施及滚动修编协调机制，加强战略规划管理，提高战略规划的前瞻性、指导性、纲领性、准确性和可操作性，切实维护公司战略规划执行的权威性和严肃性。在滚动修编的基础上，着手开展“十二五”规划的研究和编制工作。

附　　表

附表1　浙江省能源集团有限公司组织架构一览

部门	全资企业	控股企业	前期、在建项目	参股发电企业
1. 办公室 2. 战略研究与法律事务部 3. 计划发展部 4. 组织（人力资源）部 5. 财务部 6. 生产安全部 7. 工程部 8. 资产经营部 9. 政治工作部 10. 监察审计部 11. 老干部处	1. 浙江省电力开发公司 2. 浙江省煤炭开发公司 3. 浙江兴源投资有限公司 4. 浙江省电力建设有限公司 5. 浙江国信控股集团有限责任公司 6. 浙江国际信托投资有限责任公司	1. 浙江东南发电股份有限公司 2. 台州发电厂 3. 萧山发电厂 4. 浙江长兴发电有限责任公司 5. 浙江北仑发电有限责任公司 6. 嘉兴发电有限责任公司 7. 浙江嘉华发电有限责任公司 8. 浙江镇海发电有限责任公司 9. 浙江镇海联合发电有限公司 10. 温州发电有限责任公司 11. 浙江钱清发电有限责任公司 12. 浙江华光潭水力发电有限公司 13. 浙江浙能镇海天然气发电有限责任公司 14. 浙江浙能兰溪发电有限责任公司 15. 浙江浙能乐清发电有限责任公司 16. 浙江省天然气开发有限公司 17. 浙江浙能宁波天然气发电有限责任公司 18. 浙江北海水力发电有限公司 19. 淮浙煤电有限责任公司 20. 浙江浙能富兴燃料有限公司 21. 浙江富兴电力燃料有限公司 22. 浙江浙能煤运投资有限责任公司 23. 浙江省能源集团财务有限责任公司 24. 浙江浙能舟山煤电项目筹建处	1. 嘉电三期项目 2. 镇海天然气发电项目 3. 萧山天然气发电项目 4. 浙能兰溪电厂项目 5. 浙能乐清电厂项目 6. 滩坑水电站项目 7. 舟山煤电项目 8. 安徽淮南煤电项目 9. 绍兴滨海电厂项目 10. 台州电厂五期项目 11. 宁波LNG电厂	1. 温州燃机发电有限责任公司（代管） 2. 浙江温州特鲁莱发电有限责任公司（代管） 3. 国电北仑第一发电有限责任公司 4. 国华浙能发电有限责任公司 5. 杭州华电半山发电有限责任公司 6. 金华燃机发电有限公司 7. 舟山朗熹发电有限责任公司 8. 浙江大唐乌沙山电厂筹建处 9. 核电秦山联营有限公司 10. 秦山第三核电有限公司 11. 浙江三门核电有限公司 12. 华东天荒坪抽水蓄能有限责任公司 13. 华东桐柏抽水蓄能有限责任公司 14. 浙江华能石塘电站 15. 浙江珊溪经济发展有限责任公司 16. 长广发电厂

注：1. 统计截至时间为2005年末；

2. 东南、台电和萧电按3个企业（项目）考虑；

3. 未计无资产纽带关系仅有代管关系的浙江景宁上标水力发电厂及黄岩热电有限公司。

附表2　浙江省“十一五”电源建设项目表　　　　单位：万千瓦

项目名称	建设规模	2005	2006	2007	2008	2009	2010	十五	十一五	十二五
全省合计		**419.5**	**630.5**	**608**	**370**	**360**	**232**	**853.5**	**2200.0**	**421.5**
一、水电小计		**0**	**71**	**0**	**20**	**40**	**0**	**10**	**131.0**	**150**
天荒坪抽水蓄能电站	6＊30									
桐柏抽水蓄能电站	4＊30		71						71	
珊溪水电站	4＊5							10		
滩坑水电站	3＊20				20	40			60	
仙居抽水蓄能电站	5＊30									150
二、燃煤火电小计		**285**	**403.5**	**530**	**350**	**320.0**	**200**	**567.0**	**1803.5**	**0**
嘉兴电厂二期	4＊60	120						240		
温州电厂二期	2＊30							60		
长兴电厂四期	2＊30							60		
钱清电厂二期	1＊13.5							13.5		
温州电厂三期	2＊30	60						60		
舟山电厂二期	1＊13.5							13.5		
台化自备电厂	2＊15	15						30		
巨宏热电厂	1＊13.5		13.5						13.5	
长兴电厂二期	2＊30	30	30					30	30	
国华宁海电厂	4＊60	60	120	60				60	180	
大唐乌沙山电厂	4＊60		120	120					240	
华能玉环电厂	4＊100			200	200				400	
浙能兰溪电厂	4＊60		120	120					240	
浙能乐清电厂	4＊60				120	120			240	
台州电厂五期	2＊30			30	30				60	
北仑电厂三期	2＊100					100	100		200	
国华宁海电厂二期	2＊100					100	100		200	
三、燃气火电小计		**134.5**	**156**	**78**				**134.5**	**234.0**	**0**
金华燃机二期	1＊17.5	17.5						17.5		
半山天然气	3＊39	117						117		
镇海天然气	2＊39		78						78	
萧山天然气	2＊39			78					78	
余姚天然气	3＊26		78						78	
四、核电小计							**31.5**	**142.0**	**31.5**	**271.5**
秦山核电二期	2＊65							63		
秦山核电三期	2＊72.8							79		
秦山核电二期扩建	2＊65						31.5		31.5	31.5
三门核电一期	2＊120									240

注：1. 新增电源仅计列在建项目、已核准项目及已列入国家发改委2005—2007年开工备选项目；“十二五”期间仅包括核电、抽水蓄能等项目。

2. 天荒坪、桐柏抽水蓄能电站及秦山核电厂二、三期投产容量暂列浙江可分得的容量。

附表3 浙江省能源集团有限公司“十一五”电源项目投产计划表　　单位：万千瓦

序号	项目名称	建设规模	2006	2007	2008	2009	2010
1	长电二期	2×30	30				
2	浙能兰电	4×60	120	120			
3	镇海电厂油改气	2×39		78			
4	萧山电厂天然气发电	2×39		78			
5	滩坑水电站	3×20			20	40	
6	浙能乐电	4×60			120	60*	60*
7	台电五期	2×30		30	30		
8	安徽凤台电厂	4×60			120		120*
9	滨海电厂	2×30				60	
10	宁波 LNG 电厂	4×39					39*
11	舟山六横电厂	2×100					100*
12	嘉电三期	2×100					100*
	合　计		150	306	290	160	419

注：若能按上表计划实施，预计“十一五”公司将投产电源项目 1325 万千瓦，但表格中标有“＊”符号的宁波 LNG 电厂、舟山六横电厂、嘉电三期、浙能乐电 3#和 4#、安徽凤台电厂 3#和 4#等合计 479 万千瓦装机是否能按计划投产存在一定不确定

编号：

ZHEJIANG ENERGY
浙江能源

浙江省能源集团有限公司
发展战略与“十二五”发展规划

二〇一一年三月

编 制 说 明

“十一五”发展规划对浙江省能源集团有限公司（下简称“浙能集团”）上下统一思想，引领发展，鼓舞士气，凝聚人心发挥了重要作用，各项指标和既定任务大多已在2009年提前完成。“十二五”是我省全面建设小康社会、加快转型发展、推动生态文明建设的时期，也是集团承前启后、继往开来、发展与战略转型的关键时期，为指导该时期发展工作，把握战略方向，确保企业各项发展目标和任务的实现，根据省国资委要求和集团实际需要，特制订《浙江省能源集团有限公司发展战略与“十二五”发展规划》。

规划坚持以大能源战略统领各项发展工作，突出“发展、创新、合作”主题，战略实施与规划有机结合，着眼未来十年，着重规划近期五年，着力在前两年的科学布局；坚持突出重点、挖掘亮点，真正做到规划先行，发展到位，目标实现；坚持社会责任与经济责任、局部利益与整体利益、长远利益与短期利益相结合，统筹兼顾；坚持践行办企业“为出资人、为社会、为员工”创造价值的“三为”宗旨。努力实现“三个相适应”：一是企业发展与国有资产保值增值要求相适应，在保持我省国有资产盈利水平和提高积累能力上发挥积极作用；二是企业发展与全省经济社会发展不断增加的能源需求相适应，切实发挥好在全省能源保障方面的基础性作用；三是企业发展与“以人为本”精神相适应，依法保障和落实广大干部员工的各项权利，使其能共享集团改革发展的成果。

规划基准年为2010年①，近期2015年，远期展望到2020年，以近期为重点。

① 因时间关系，本规划中2010年各项财务数据引用未经审计的数据。

目 录

第一章 发展现状与主要问题

一、发展现状

（一）现状概况

1. 总体概况。截止 2010 年底，集团共有全资控股所属企业（含项目单位，下同）130 余家，其中集团本部直接管理企业 50 家，包括发电企业 25 家。控股的浙江东南发电股份有限公司为 B 股上市公司，控股的浙江省能源集团财务有限公司（简称“财务公司”）是浙江省首家国有控股的财务公司。对所属企业，集团正逐步由传统的仿行政式垂直管理模式调整为集约化、专业化的板块化管控模式，实行分类指导和考核。集团共有员工 13370 人（全口径），其中大专及以上学历占 64%，中高级以上职称占 21%。

经过“十一五”期间大能源战略的实施，集团初步形成了电力主业做强，向一次能源和能源服务业延伸的“大能源格局下以电为主、多业发展”格局，在发展取向、发展内涵、发展空间上都有了长足进展，打造了一批以电为核心背靠能源的企业群，从一家纯投资型公司发展成集投资控股与生产经营为一体的特大型企业集团，成为在全国具有一定影响力、浙江省净资产规模最大、总资产排名第二的省属国有企业和关系浙江能源安全保障及国民经济命脉的重要骨干企业。

“十一五”集团实现了快速发展，较好地履行了国有大型企业的社会责任，为缓解浙江紧张的用电形势，保障能源安全，建设生态浙江、打造平安浙江和绿色浙江作出了应有贡献，圆满实现了省委、省政府关于做强做大做优国有企业和国有资产保值增值目标。集团连续多年获评“浙江省最具社会责任感企业”荣誉称号和荣膺“全国五一劳动奖状”。

2. 主业情况。集团立足于保障浙江省能源供应安全，逐步形成以电为主，煤炭、油气、可再生能源及能源服务业等若干产业板块。

各主要产业板块 2010 年主要财务数据表

项目		主业 1	主业 2	主业 3	主业 4	主业 5
	主业名称	电力	煤炭	油气	可再生能源	能源服务业
资产	资产总额	846.28	82.70	42.97	95.44	40.26
	比重	0.76	0.07	0.04	0.09	0.04
收入	主营业务收入	335.19	224.69	66.79	12.16	44.33
	比重	0.49	0.33	0.10	0.02	0.06
利润	利润总额	40.25	5.38	1.75	3.28	2.90
	比重	0.76	0.10	0.03	0.06	0.05
市场占有率		35.3%	~37%	气 90% 油 0%	10.3%	脱硫占 60%

注：1. 此表中能源服务业的统计口径，主要包括兴源公司、电建公司，不包括金融、地产等其他。
2. 发电市场占有率是指集团发电量占同类型电源全社会发电量的比重；
3. 煤炭市场占有率是指占全省电煤总量的比重。

3. 重点企业情况。培育和壮大了浙江省电力开发有限公司（简称“电开公司”）、浙江浙能富兴燃料公司（简称“富兴燃料”）、浙江省天然气开发有限公司（简称“天然气公司”）、浙江省水利水电投资集团公司（简称“水电集团”）与浙江兴源投资有限公司（简称“兴源公司”）等代表集团电力、煤炭、油气、可再生能源与能源服务业等板块的核心企业。

重点企业2010年财务数据表

企业名称	资　产		销售收入		净资产收益率（%）
	金额	五年年均增幅（%）	金额	五年年均增幅（%）	
电开公司	550.8	4.67%	250.4	4.01%	9.9
富兴燃料	42.0	14.26%	227.1	15.79%	35.6
天然气公司	35.7	12.27%	63.2	39.54%	11.6
水电集团	26.8	1.3%	2.6	8.16%	3.8
兴源公司	35.9	15.91%	31.5	7.75%	12.4

（二）“十一五”主要工作与经验

1. 主要工作

（1）资产规模稳步壮大。2010年末集团总资产1058.94亿元、净资产498.59亿元，分别为“十五”末的1.9和2.5倍、成立之初的7.4和4.6倍；省属国有净资产365.5亿元、资产负债率52.90%，当年可实现销售收入468.33亿元，利润总额52.90亿元；“十一五”累计实现销售收入1842.48亿元，利润总额210.87亿元，年平均利润42亿元，平均净资产收益率约8%。控股、管理发电装机容量由“十五”末的1080万千瓦发展到2010年末的1940.7万千瓦（已扣除台州、温州电厂关停的108万千瓦），位列全国发电企业第十位，地方发电企业第二位，经济效益列全国发电企业前茅。

（2）产业培育快速发展。电力产业发展取得重大突破，“十一五”共核准装机693.35万千瓦，取得“路条”待核准400万千瓦，建成投产922.75万千瓦。单机装机容量迈入百万千瓦超超临界机组时代，电力主业得到升级，成本控制成效显著。积极推进燃煤机组“上大压小”和供热改造工作，拓展业务领域和利润空间。控股管理装机容量占全省6000千瓦以上发电装机容量的37.51%、统调机组的48.22%。核电投资比例不断加大，秦山核电二期、三门核电一期各参股20%，秦山核电三期、辽宁徐大堡核电各参股10%。“十一五”集团累计完成发电量4272.55①亿千瓦时，占全省全社会用电量的36.47%，统调发电量的55.34%。

煤炭产业逐步形成集开发、中转、储存及贸易于一体的产业链，实现在安徽、山西、内蒙等富煤地区煤矿或煤电一体化项目的参股投资，合作控制煤炭资源42亿吨，可获得商品煤1750万吨/年。积极开展新疆能源项目开发的前期工作，为两省区开展能源战略合作提供基础依据。年产煤炭300万吨的安徽顾北煤矿建成投产，参股年产1200万吨的山西麻家梁煤矿和年产500万吨的鄂尔多斯色连煤矿正在建设；完成大同南郊煤站的投资收购。运输环节重组并控股浙江富兴海运有限公司，拥有40万吨海运运力；以舟山六横码头、嘉兴独山港、长兴捷通码头以及诸多电厂配套码头为依托，基本上完成了在浙东、浙北、浙西北地区海海、海河和内河煤炭中转、储存、加工、配送基础设施战略布局，占领了我省煤炭集运主要岸线港口资源。秦皇岛港专用场地投入使用。“十一五”集团累计采购煤炭1.73亿吨，约占全省煤炭需求量的26%，电煤需求量的37%。

天然气产业根据“依托上游、做实中游、开拓下游”的发展思路，上游积极向中石油、中石化、中海油争取资源，“十一五”累计采购天然气96.75亿立方米；中游排除重重阻力，坚决维护多气源一环网供气格局，坚持统一规划、统一建设、统一平衡、统一调度、统一市场、统一价格的“六统一”原则，建成杭湖、杭甬、杭嘉等省级输气干线414公里，配套支线合计144公里；下游城市燃气

① 包括所有煤电、气电、油电、水电、风电等。

开拓力度不断增强，组建平湖、上虞、德清、义乌、缙云及新昌6个城市燃气公司，德清五镇一区、安吉、嘉兴、龙泉、宁海、海盐、江山和青田等签署投资协议、意向或备忘录。2010年销售天然气约31亿立方米，与2005年底相比增长12倍。油品产业积极开展前期和相关调研工作，努力落实油源，开拓市场，获得中石化镇海炼化扩建1500万吨炼油和100万吨乙烯项目10%参股权。

合并重组省水电集团，将集团原有水电资产整体划入，形成可再生能源产业板块的核心企业。滩坑水电站建成并运营，参与仙居等抽水蓄能电站投资开发；洞头风电场建成投产，实现零的突破；生物质能发电项目前期工作加快展开。

能源服务业形成以物流、建材、环保、工程建设为支柱，技术服务、科技信息、宾馆服务、电厂备品备件同步发展的产业格局，环保产业完成近2000万千瓦机组脱硫工程建设，建材业天达环保准备上市，物流业务年产值突破25亿元。

金融、地产业稳步发展。财务公司综合资金归集率80%以上。房产公司取得平湖新区、台州商务区、杭州蒋村、台州中央商务区南地块等5宗共计614.36亩土地开发权，建筑面积121.34万平方米，通过五年的发展，资产规模迅速增长，突破90亿元。

（3）节能减排成绩显著。机组结构进一步优化，单机容量60万千瓦等级高参数、大容量、节能环保型燃煤机组比例超过60%；“上大压小”和老机组技术改造加快推进，关停8台13.5万千瓦机组。燃煤机组平均供电煤耗从2005年的332克/千瓦时下降到2010年317克/千瓦时；平均厂用电率5.48%。用油量、机组负荷率、连续安全运行天数等在全国发电企业中名列前茅，单位发电量水耗逐年下降。

长兴、萧山、镇海、钱清、北仑、台州电厂实现对外供热，供热市场不断拓展，温电供热已获核准在建。推广高压电机变频、电除尘等节能技术改造；逐步实施增压风机和一次风机等调频技术改造。超额完成减排目标，“十一五”累计减排二氧化硫25万吨，老机组全部完成脱硫改造，新建燃煤机组同步建设脱硫、脱硝设施。二氧化硫、氮氧化物、烟尘排放量逐年显著下降，指标优于全国平均水平。粉煤灰、脱硫石膏等电厂固体废弃物实施统一规划、统一管理、综合利用，得到环保部和中国资源综合利用协会肯定和认可。

（4）“三化”管理持续优化。在产业快速发展的同时，加大了管理创新力度，建立完善融产权管理与生产经营管理为一体的管理模式，强化以集约化为龙头的“三化”管理，不断提升管理内涵与管理效率。实现资金集中管理，大宗物资、备品备件等集中采购。根据产业拓展实际和不同产业特性，实施分类指导管理。设备管理成绩显著，2010年机组平均负荷率76.77%，非计划停运次数0.6次/台·年。自2007年国家电监委开展全国火电机组可靠性评价工作以来，集团获得金牌机组总台数13台，各年获得金牌机组比例均高居全国各发电集团首位，以仅占全国6000千瓦及以上发电装机容量2.24%比例的机组取得了16.3%金牌数的优异成绩。集团法人治理结构、“三重一大”及风险防范机制建设不断完善，推行管控模式改革，压缩管理层级，实行集约化、专业化管理，板块化分公司全面推开运行。

（5）科技与人才投入逐年提高。注重科技研究，加强与生产企业、高校和科研院所的合作，产学研结合，有组织地开展混配煤技术、锅炉微油点火技术、电机变频技术，脱硫、脱氮、除尘等技术研究。“十一五”科研开发、自主创新和科技项目推广投入约3亿元，取得4项专利和56项省级以上科研成果，其中省科学技术奖三等奖2项，中国电力科学技术奖三等奖1项，省电力科学技术奖一等奖9项、二等奖21项、三等奖25项，获奖总数居在浙电力企业榜首。噪声治理产业中的消声导流片技术荣获国家实用新型专利证书，获得浙江省“高新技术企业”认证。

高度重视人才工作，采取校企合作方式加快高层次、复合型管理人才培养储备，与浙江大学、国家会计学院合作开办硕士研究生班和培训班，有针对性地加强各类培训，强化生产、经营、财务、党政等各类各层次人员培养。现有经营管理和专业技术人才占28%，高技能人才占19.5%。

（6）文化与党建扎实有效。围绕中心服务大局，大力实施领导班子四好工程、党支部堡垒工程、党员亮化工程、职工素质工程和企业文化工程建设，党建基础进一步夯实，大党建格局初步形成，浙能文化特色凸现，核心价值理念体系基本确立，党建优势和文化功能充分发挥，各方力量得到凝聚，为集团深入实施大能源战略、科学发展提供了有力保障。

惩治和预防腐败体系进一步完善。党风廉政建设和反腐败工作坚持“标本兼治、综合治理、惩防并举、注重预防”方针，通过进一步完善党建党风廉政建设责任制，加强以领导人员为重点的廉洁从业教育，强化对“七大监管重点”的监督力度，制约和规范权力运行程序，建立制度管人、管权、管事的长效机制，促进企业依法合规经营。“十一五”期间未发现重大违法乱纪和腐败案件。

2. *主要经验*

（1）政府支持，积极有为。按照浙江省能源安全供应保障主渠道和主力军等定位，“十一五”集团坚持发展能源为浙江的宗旨，积极贯彻政府意志，主动作为政府能源产业宏观调控的抓手，在能源安全、低碳发展、结构调整、转型升级、技术创新、节能降耗、环境保护、国资改革以及对外合作、确保盈利和保值增值等方面主动思考，建言献策，抢抓机遇，顺势而为，努力争取政府在项目开发、资源掌控、保障供应等方面的全力支持，为集团“十一五”的发展和壮大奠定了坚实的基础。

（2）战略先行，科学引领。2006年集团依据产业发展形势及时提出并实施的大能源战略，开放性、科学性和前瞻性特点鲜明，体现了解放思想、与时俱进的马克思主义思想路线成果，对统一思想、引领发展、鼓舞士气、凝聚人心，确保发展方向、提高发展质量、拓展发展空间起到决定性作用，集团市场竞争能力、国有资产的抗风险能力和赢利能力稳步提升，有效发挥了在我省能源产业中的基础性、关键性、骨干性和主导性作用。实践证明，大能源战略是我们清醒认识、准确分析、审时度势、科学判断的结晶，是我们能够始终以冷静的头脑、理智的思维与正确的行动在生存关键期、转型关键期和稳定关键期中规避风险、顺势而为的重要保障。

（3）众志成城，真抓实干。集团以人为本，使职工共享发展，共谋发展。“十一五”我省经济持续发展和能源需求不断增长，省内能源基础设施相对不足，集团作为省级能源类基础设施的投资主体，上上下下万众一心，在大能源战略的引领下，全员关心发展、研究发展和真抓实干以实现发展。依据国家政策和省政府的大力支持，依托自身人才、资金、技术和管理等优势，坚持企业改革和对外合作，抢抓机遇，在安全生产前提下，不仅实现了集团发展史上投入最大、项目最多、建设最快的目标，也谋划和完成产业布局，为“十二五”又好又快发展奠定了坚实基础。积力之举无不胜，众智之为无不成，是集团实现第二次飞跃的真实写照。

（三）“十一五”规划执行情况

“十一五”规划各项指标完成情况良好，大部分指标已于2009年提前完成。

	2005年实际	2010年规划目标	2010年实际
总资产（亿元）	557	1000	1058.94
销售收入（亿元）	234	400	468.33
控股管理装机容量（万千瓦）	1080	2000	1940.72
60万及以上燃煤机组占燃煤机组总装机的比重	41.85%	—	64.65%
年电煤销售量（万吨）	3142	4500	3827（含市场销售量）
天然气干线长度（公里）	275	400	414
年天然气销售量（亿立方米）	2.27	30	31

注：2010年控股管理装机容量1940.72万千瓦已扣除了“十一五”关停的8台13.5万千瓦共108万千瓦装机容量。

二、存在的主要问题

“十一五”集团发展中暴露的主要问题是企业发展后劲不足。具体表现是：要素制约加剧，一次能源资源掌控不足，对电力主业的依存度过高，产业和区域发展空间受限，发展方式、模式以及体制机制不适应，电源结构不合理、装机水平不高、盈利能力不稳、人才结构失衡以及创新能力不强的问题还比较突出。

（一）转型升级势在必行，电源结构有待优化。集团核电、水电及风电等清洁能源比例较低，水电与风电的比重仅4.15%和0.07%，分布式能源发展尚处于起步阶段，发电机组仍以燃煤机组为主，随着“十二五”10~12台60万千瓦及以上大容量机组投产，其比重将进一步上升。而燃煤机组中，30万千瓦及以下的中小机组尚有一定比例，竞争力弱，能耗高，节能减排、转变发展方式压力大、任务重。同时，受省内电力市场空间、新建燃煤电厂的政策限制以及尚无核电开发资质等约束，电力主业发展遭遇瓶颈制约。

（二）资源掌控能力不强，能源保障和企业经营压力较大。集团长期稳定的一次能源资源供应、运输渠道、战略储备和应急保障体系尚需进一步健全，资源掌控能力有待提高，保障供应的基础不够牢固，受外部市场变化影响明显。目前集团控股、参股的煤炭资源较少，难以有效支撑电力发展；天然气资源由三大石油央企掌控，供需缺口较大，应急保障能力差；成品油上无资源、中无储运及加工设施、资质和管理经验，下无销售网络，急需找到有效的发展途径和支点。水电、风电等可再生能源发电的优质资源掌握较少。能源安全保障压力大，企业自身经营效益受资源市场价格波动较大。

（三）发展模式亟待转型，产融结合还需加快。集团目前主要以实业项目投资和投资分利积累实现企业发展，资金来源主要依靠自有资金积累、银行贷款、发行债券等负债方式筹集，发展模式单一。财务公司虽已取得综合性业务资质，但主要业务领域还是集中于内部资金的归集、统一调配上。控股的东电B股基本失去再融资功能，天达环保、电开公司虽在筹备上市，但尚需时日。

（四）市场步伐逐步加快，体制机制有待完善。市场化业务逐渐增多，能源服务业的发展、煤炭资源的获取、城市燃气的扩张、房地产业开拓等都处于市场化竞争环境中，但集团现有管理体制还带有明显的传统电力企业计划管理痕迹，用人用工和收入分配机制单一。不仅所需人才难以引进，而且现有技术、管理人才的能动性和创造性难以激发出来，人才流失现象频现。随着集团规模扩大、市场业务增多，体制机制越来越难以适应发展的形势。国有企业普遍具有的考核机制不够完善、激励机制不够有效问题较为突出。

（五）产业趋于相关多元，人才结构比较单一。随着煤炭、油气、可再生能源、能源服务、金融及地产等产业的兴起，集团急需金融、市场营销、资本运作以及其他各非电产业的相关专业人才，尤其是能面向市场既懂实业又懂资本运作的复合型人才。但目前专业人才主要还是集中于发电企业的生产、建设领域，人才不足与人才结构失衡问题突出，人力资源管理手段、人才储备、人才布局与产业发展不相适应，干部员工思想观念和忧患意识也应进一步向市场化方向转变。

综上，“十一五”集团规模优势和集约化经营得到一定程度的体现，竞争能力不断提升，生产要素配置更趋合理，内部运营效率得到提高，业务布局逐步优化，但离大能源战略目标和要求还很远，需进行更加艰苦的开拓。目前，制约集团发展的内、外部因素较为突出，尤其是一次能源资源的掌控力较弱、保障压力较大、成本控制较难，电力产业盈利空间进一步下降，“十二五”须调整优化发展路径，从实业型企业向产融结合型企业转型；调整优化产业结构，从能源加工型企业向能源综合型企业转型；调整优化管控模式，从传统性企业向现代型企业转型。提高对一次能源开发重要性、责任感、紧迫性和危机感的认识，加快管理创新和体制机制创新，实现一二次能源、新能源与传统能源、立足省内与走出去等方面的协调发展。

第二章 面临形势与发展趋势

一、外部战略环境

“十二五”乃至今后较长一个时期，化石能源资源供应趋紧与全球能源需求增长的矛盾仍将进一步扩大。廉价一次能源时代已一去不复返，二次能源供求矛盾缓和，电力竞争逐渐加剧并进入微利时代。气候变化和环境保护，将对我国经济社会发展和能源发展产生重大而深远影响。国资国企改革将继续深化，国资更多地布局在关系国计民生的重要行业和领域，以股权多元化、省属企业整合为主要内容的国有企业产权制度改革将进一步推进，国资国企监管更加深化，国资委将加强战略规划、投资管理、预算、法律事务、产权交易、契约考核等制度的考核和管理。同时，今后五年也是转型升级和全面建设小康社会的关键时期，我省经济社会仍将保持稳步增长，人民生活水平不断提高。总体上看外部战略环境为：总体向好、严峻复杂、竞争加剧。

（一）总体向好。一是经济社会稳步发展，推动能源需求继续增长。具备后发优势、大国优势和体制创新潜力的中国有望继续成为经济增长最快的国家之一。目前我省处在工业化转型、城市化加速、市场化完善和国际化提升的重要时期，能源内在需求强劲。根据浙江省“十二五”能源发展规划，2015 年浙江省能源消费总量 2.18~2.38 亿吨标准煤，能源需求年均增长 5.6~7.5%。二是能源安全上升为国家战略，各级政府更加重视能源产业发展。省委、省政府提出加快建设多元、安全、稳定、可靠、经济、清洁、高效的能源保障体系要求，对能源行业和集团发展始终给予极大支持。三是调结构促转型、推动能源产业升级是“十二五”的重要任务，能源企业迎来了优化能源结构和转变发展方式的宝贵机遇。能源新技术发展，也推动能源产业不断升级和创新。四是国家新一轮新疆等西部开发战略的实施、天然气长输管道和特高压输电网建设以及鼓励有条件大型企业集团走出去实施跨地区跨国发展政策的驱动，能源企业面临更多省外和经济全球化背景下后金融危机时代海外拓展的机遇，为构建多元化的能源供应渠道和企业延伸产业链提供了政策支持和先机。五是国家战略性新兴产业政策为发展新能源和可再生能源创造了更为有利条件，根据浙江省大力培育战略性新兴产业规划，预计 2015 年浙江省战略性新兴产业销售收入将超过 2 万亿元，占全省工业比重的 30%以上。六是中国多层次资本市场日趋完善，金融产品日趋丰富、市场日趋规范和直接融资渠道日趋增多，为集团产融结合提供了更为广泛的平台，转变发展方式的现实基础更为坚实。

（二）严峻复杂。较为复杂的外部经济发展环境和较多的不确定性因素，使得“十二五”规划的外部环境和需求预测难度较大。国际上，多极化、经济全球化深入发展，世界经济政治格局不断出现新变化，经济还没有完全摆脱金融危机的阴影，影响仍在持续，经济回升步伐小、速度慢且不稳定，面临深度调整。全球需求结构变化明显，围绕市场、资源、人才、技术、标准等的竞争更加激烈，气候变化以及能源资源安全等全球性问题日趋突出，各种形式的保护主义抬头。从国内看，发展中不平衡、不协调、不可持续问题依然突出，加快经济企稳回升的基础尚不稳固，结构性矛盾十分突出，价格上涨压力依然很大，CPI 持续走高。国家出台一系列政策法规加强引导和管控力度，能源发展进入结构调整和优化期。化石能源趋紧，要求能源企业加大一次能源投资力度，但一次能源资源富有省份不断推进能源资源整合和政府调控，使集团通过投资合作掌控资源难度加大，成本大幅提高。同时，因环境、土地等要素性资源约束，能源项目核准难度越来越大。

（三）竞争加剧。能源行业竞争激烈，“挤出效应”频现，并购重组浪潮汹涌，能源企业经营压力加大，制高点抢占的难度骤增。一是五大中央发电集团发展势头迅猛，华能、大唐电力总装机已超1亿千瓦，2010年底国电装机9500万千瓦、华电9000万千瓦、中电投7000万千瓦，发电企业竞争已进入到规模、资源、市场、效益、管理、技术、行政手段等全方位、深层次的实力竞争时代。二是国内发电企业纷纷向综合性能源集团方向发展，加剧了上游一次能源资源的争夺力度。与央企和民营企业相比，集团竞争的主体地位、方式和手段均无明显优势。三是燃料和上网电价的价格联动体制难以同步到位，市场煤（油）、计划电的矛盾和博弈长期并存。煤炭、油气等能源产品价格持续上涨和高位运行，电厂经营困难重重，利润空间大幅压缩，中小机组亏损。一旦区域电力市场全面放开运行，集团目前拥有的区位优势和比较优势将进一步减弱。四是节能减排已成硬约束，能源企业减少化石能源使用、加快淘汰中小机组及节能减排约束性指标的压力增大。五是电源点、管线等资源日益稀缺，后续新项目的开发及优质电源点储备工作难度较大，竞争更为激烈。六是受土地资源、港口岸线资源和环境容量的制约，省内发展空间受限，区域能源合作项目和海外资源项目开发的竞争进一步加剧。

SWOT 分 析

集团优势（Strengths） 1. 区位和市场优势：地处经济较为发达的东南沿海，能源需求量较大，并具有较强价格承受力； 2. 资源相对集中：能源供应及服务集中于浙江省，人财物调配更加快捷灵活，配置资源更为容易； 3. 政府政策支持：省属能源类国有企业，行使保障省能源安全的职能，关系浙江经济安全； 4. 资产质量优良：总资产和所有者权益，分居省属国有企业第二和第一，资产结构优于五大电力集团； 5. 产业链一体化：电力、煤炭、石油、天然气产业链向两头延伸，节能、环保等绿色循环经济业务发展迅速； 6. 电力管理先进：电力管理经验丰富，“三化”管理出成效，电力人才丰富，经济效益和技术指标列全国发电企业前茅； 7. 党建文化支撑：党建及考核体系完善，企业文化先进而和谐，位居省属企业前列。	**集团劣势（Weakness）** 1. 省内环境容量有限：浙江省多数地区已为酸雨覆盖区； 2. 行政级别角力差距：与政府尤其是国家部委沟通手段弱于行业央企，增加了项目资源获取和核准难度； 3. 结构比重失衡：产业上电力业务一家独大，煤炭、石油、天然气和新能源规模较小；可再生能源比重偏低，低于5%的配额制要求，亟待解决。 4. 资源掌控不强：话语权弱，一次能源缺乏，缺少石油和核电的经营资质，尚处于起步阶段； 5. 资本运作步伐较慢：与行业央企相比，股权融资比例低，产融结合较少； 6. 非电业务人才缺乏：缺乏煤炭、新能源、金融地产等方面专业人才，尤其是产融结合的复合型人才；同时，体制、机制已难以适应新形势要求。 7. 低碳业务有待拓展：碳捕集技术和相关项目开展有待加强。
外部机会（Oppprtunities） 1. 国家尤其是浙江经济将保持快速、稳步发展，能源需求将持续增长； 2. 低碳经济成为全球经济的主要发展方向，相关产业发展空间巨大；战略性新兴产业政策出台，节能环保和新能源产业发展的政策利好； 3. 国家新一轮开发新疆、支援西部建设，鼓励区域间能源领域的合作； 4. 中国资本市场趋于完善、国资国企改革进一步深化以及省国资委鼓励提高资产证券化水平，为集团实施“产融结合”战略营造良好外部环境； 5. 省海洋经济上升为国家战略，浙江提出“四大建设”、布局十四个产业集聚区； 6. 能源安全上升为国家战略，各级政府更加重视能源产业发展； 7. “保增长、调结构”的政策驱动优化能源结构和转变发展方式； 8. 能源新技术发展，推动能源产业不断升级和创新。	**外部威胁（Threats）** 1. 能源行业竞争激烈，发电企业竞争已进入到规模、资源、市场、效益、管理、技术、行政手段等全方位、深层次的实力竞争时代。 2. 发展低碳经济要求加大节能减排力度，提出单位GDP的能耗、碳排放强度等约束性指标，将增大燃煤机组审批难度，要求减少高碳化石能源使用、加快淘汰中小机组。 3. 经济转型要求能源产业升级，对能源供给提出更加清洁高效的新要求； 4. 浙江资源要素匮乏，上游一次能源的竞争激烈，保证能源供给安全的压力加大； 5. 市场煤、计划电的矛盾，盈利空间逐年减少，经营压力增大，尤其是随着这几年新机组的不断投产和区外来电的增加，发电利用小时降幅明显； 6. 我国上游油气等基础能源的行业垄断短期内难以突破； 7. 新建项目审批从严，同时电源点资源日益稀缺，优质电源点资源大多被央企抢占，后续新项目的开发及优质电源点储备工作难度较大。

SWOT 策 略

内部条件 / 外部环境	优势（S）	劣势（W）
	◆ 区位市场优势 ◆ 资源相对集中 ◆ 政府政策支持 ◆ 资产质量优良 ◆ 产业链一体化 ◆ 电力管理先进 ◆ 党建文化支撑	◆ 省内环境容量有限 ◆ 行政级别角力差距 ◆ 产业结构比重失衡 ◆ 一次能源掌控不强 ◆ 资本运作步伐较慢 ◆ 非电业务人才缺乏 ◆ 低碳业务有待拓展
机会（Oppprtunities）	增长型策略（SO）	扭转型策略（SO）
◆ 经济带动能源需求增长； ◆ 低碳经济是未来发展方向； ◆ 环保和新能源的政策利好； ◆ 国家新一轮开发新疆； ◆ 中国资本市场趋于成熟； ◆ 海洋经济，产业集聚区布局； ◆ 各级政府更加重视； ◆ “保增长、调结构”政策驱动； ◆ 新技术推动产业升级创新。	利用自身优势抓住外部机会 1. 市场自身是一种重要资源，要充分利用好； 2. 把握低碳经济取向，大力发展环保再生材料和环保工程业务； 3. 依托省政府平台，紧抓新疆开发机遇，积极开展区域能源合作； 4. 利用资本市场，利用金融资本推动兼并重组业务，提升体量规模； 5. 努力成为浙江海洋经济的建设主体之一，打造煤炭交易平台； 6. 供热改造、环保工程业务，主动配合产业集聚区建设进行布局。	利用外部机会弥补自身不足 1. 加快发展脱硝、垃圾发电、城市污水处理、海水淡化业务等低碳经济、绿色能源和循环经济产业；制订碳捕集和封存等发展计划； 2. 与新疆等富能省份积极开展能源合作，视野全球化； 3. 推动电开公司、天达环保 IPO 上市； 4. 完善人才培养机制和激励机制，内部培养和外部引进相结合； 5. 争取大股比参与浙江新建核电项目，培养核电人才。
威胁（Threats）	多种经营策略（ST）	防御型策略（WT）
◆ 能源企业全方位竞争； ◆ 节能减排压力持续存在； ◆ 经济转型提出新升级要求； ◆ 能源安全压力加大； ◆ 市场煤、计划电，利用小时降低； ◆ 油气资源行业垄断壁垒； ◆ 新建项目审批从严，电源点资源日益稀缺。	利用自身优势规避外部威胁 1. 改善机组结构、提高能效，发展高参数、高容量、节能环保机组，淘汰落后产能； 2. 安全发展核电及风电、水电等新能源和可再生能源； 3. 坚持“以市场换资源”，多区域、多层次开展能源合作； 4. 积极推动和参与省煤炭、石油和天然气的地方储备项目，打造煤炭物流产业链、控股建设油气管网。	改善自身不足来应对外部威胁 1. 优化产业结构，配套发展能源服务业，积极培养新能源业务； 2. 灵活调整各业务的贡献比重，与基础能源行业寡头建立良好的合作关系； 3. 管理创新、提高管理效率，调整集团管控模式，实行板块化管理，打造市场快速反应能力； 4. 完善人才机制，以人才获得带动技术的研发进步。

二、产业发展及需求预测

“十二五”国家继续坚持节约为先、立足国内、煤为基础、多元发展、加强环保，增加非化石能源比重，减少碳排放，优化生产和消费结构，构筑能源保障体系的能源发展方向。浙江是能源消费大省，但一次能源资源禀赋和后备资源不足，煤炭、石油和天然气匮乏，能源自给率不足 4%。一次能源稀缺问题长期存在，对外高依存度和以煤为主的能源消费格局是能源行业两个重要特征。特高压电网、长输气网技术日趋成熟和建设加快，煤炭利用由过去输煤发电方式，逐步发展为输煤、输电（煤电一体化）、输气（煤制气）并举，是一个新特点。

（一）电力产业[①]。我国发电侧已呈中央与地方、国有与民营、内资与外资等多种经济元素和主体并存竞争的格局。经济步入新的增长周期后，预计电力消费在“十二五”年均增长8.4%左右，2015年末全国需电量将达到5.6万亿千瓦时，总装机容量约12.6亿千瓦。按照2020年我国非化石能源占一次能源比例15%的目标，新能源和可再生能源将大力发展，电源结构进一步优化，燃煤火电在电源结构中的比例有所下降。燃煤机组进一步向高参数、大容量、节能环保方向发展，中小机组面临生存压力。受燃料价格上涨、环保要求提高、CPI上涨等因素影响，发电侧盈利空间将呈明显下降趋势。

由于国家严格限制长三角等地区新建、扩建除“上大压小”和热电联产以外的燃煤电厂，项目核准难度和不确定性进一步增加。随着在建机组的投产、区域电力市场运行、特高压线路建设、三峡和其他区外来电增加，浙江电力市场竞争将进一步加剧。预计2015年我省用电量4300亿千瓦时，最高负荷7450万千瓦，煤电比重下降到60%。“十二五”规划新增电力装机2376万千瓦（其中煤电项目1354万千瓦），减少油电94万千瓦，净增装机2282万千瓦。因此集团应抓住“上大压小”等政策机遇，进一步加快淘汰落后产能，提高超超临界的发电设备比重。同时，按照2015年集团平均供电煤耗控制在310克标煤/千瓦时以下、发电水耗0.99立方米/兆瓦时以下的目标，继续大力推进节能减排工作。

（二）煤炭产业。在无重大能源技术变革和新的主体能源出现的情况下，以煤为主的消费结构长期难以改变。预计2015年我国煤炭产量38亿吨，需求38.6~40.9亿吨，旺盛的需求导致价格涨幅明显。煤炭行业并购浪潮方兴未艾，产业集中度不断提高，“十二五”将呈现大型化、一体化、市场化发展趋势。随着绿色循环经济理念的推广以及国家节能减排和安全生产的要求，科技和安全投入不断提高，预计“十二五”煤炭价格将维持在高位运行。

根据规划，2015年浙江省煤炭在一次能源中的比重为56.6%，煤炭需求量1.88亿吨，其中全省发电用煤约1.2亿吨，集团系统内用电煤5000万吨，主要来自山西、陕西、蒙西、淮南等地区，部分从海外进口，除约300万吨/年的铁路直达煤通过国铁华东第二通道和浙赣线从淮南煤矿运至兰溪、长兴等内陆电厂外，其余主要通过大秦和神黄铁路运输至秦皇岛、黄骅、天津等北方港口中转调入。因此，铁路和海运运力、运能、港口中转能力和装卸能力将直接影响到煤炭的供应。“十二五”集团应利用现有舟山、嘉兴独山港、长兴捷通等码头资源优势，全力做好电煤供应保障。同时，大力实施“三位一体”港口服务体系建设，发展和完善相关配套设施，积极开拓集团系统以外的煤炭市场。

（三）油气产业

1. 天然气产业。加快天然气产业发展是中国保障能源安全和推动节能减排的现实选择。近年来，我国天然气消费量一直保持着两位数的增速，供应量的增长始终跟不上消费量的增长，市场供不应求。“十二五”国家将考虑发挥价格杠杆调节作用，鼓励部分领域以气代油，使天然气在我国一次能源消费结构中的比重由4%提高到8%。由于我国可用气量远低于需求，引进进口天然气将是一项长期选择，煤层气、页岩气等非常规天然气也成为发展的重要方向。

“十二五”我省天然气气源增加到川气、西气（一、二线）、进口液化天然气（LNG）、东海天然气、丽水36-1气等6种，2015年供应总量预计到98亿立方米以上，占一次能源消费总量的5%，需求量约135亿立方米，缺口37亿立方米。资源不足将成为制约天然气产业发展的瓶颈。根据省级输气管网建设规划，2015年底将建成1200多公里省级干线环网，形成布局合理、设施先进、安全可靠、覆盖全省、多气源的输配气管网系统和“多气源一环网”和“六统一”供气格局。城市燃气和加气站项目拓展尚有较大空间，但竞争激烈，一些经济欠发达地区将成为竞争对象。

① 该部分的“电力产业”仅包括传统大火力概念范畴内燃煤、燃气、核电等，水电、风电等“可再生能源产业”在随后有单独内容。

全省“十二五”天然气供需平衡情况　　单位：亿立方米

		2010 年	2015 年
需求量		49	135
供应量	其中：西气	18	20
	东气	1.2	6.46
	川气	11.8	18.5
	西二气	0	29
	进口 LNG	0	21
	丽水气田	0	3
	合　计	31	98
供需缺口		18	37

注：1. 新疆煤制天然气是否能在“十二五”形成产能存在变数，故平衡时未考虑；
2. 西气拟在现基础上再向上游争取 2 亿立方米、东气预测 6.46 亿立方米、川气按 18.5 亿立方米、西二气按 29 亿立方米考虑；
3. 2015 年 135 亿立方米天然气需求量是基于因气量紧张而选择性开发市场的前提，远低于各地上报需求量的汇总数。

2. 油品产业。工业化、城市化的快速进程，导致各类工业、汽车、运输以及现代农业等领域对油品的需求持续增长，虽石油化工、冶金、发电等行业的燃油需求受国家节能减排、能源结构调整的影响以及替代燃料的冲击略有萎缩，但总体上石油消费量继续攀升。尽管这几年我国成品油批发业务放开后，国外跨国公司、民营企业等积极参与，但我国油气行业集中度仍较高，三大石油央企寡头垄断的竞争局面短时间难以改变。我省原油 80.5% 依靠进口，19.5% 由外省调入，成品油资源 95% 来自中石油、中石化两大公司所属炼厂，其中中石化约占 80%。随着国家成品油定价机制改革的推进，国内外成品油价格接轨是大趋所势。

预计 2015 年我省石油及制品消费 3000 万吨左右（其中成品油 2400 万吨），占能源消费结构的 18.9%。按“统一规划、分布实施、统一管理”原则，“十二五”我省规划建设甬台温、绍杭湖等环杭州湾、沿海、内陆输油主干管网，新增成品油管线 800 公里以上，并配套若干支线和成品油油库，同时积极争取国家成品油战略储备基地在我省选址建设。届时将基本形成布局合理、设施先进、安全可靠、覆盖全省、开放共享的成品油共用管输网络系统。大幅参与油源、输油管道、市场配套油库、码头和终端网络等资源和设施开发建设，是集团油品产业发展的最佳选择。

（四）可再生能源产业①。加快发展可再生能源是国家实施能源战略转型的重要举措，水电、风电、太阳能光伏发电等可再生能源发电到 2020 年的装机目标均有不同比例的增长。水电装机将从目前的 1.72 亿千瓦上升到 3 亿千瓦，风电装机从目前的 2000 多万千瓦发展到 1.2 亿千瓦以上，太阳能光伏发电装机从目前的 14 万千瓦增长到 1000 万千瓦以上，生物质能发电装机从目前的 164 万千瓦上升到 4000 万千瓦。但水资源、移民、生态环境、远距离输电、开发成本等问题都将影响甚至制约水电装机的增长，风电资源的上网受到当地消纳能力、电价机制和电网送出能力的制约，太阳能发电受成本和技术等制约较大，生物质收集成本偏高、储存困难等问题将阻滞其发展，可再生能源最终对非化石能源目标的贡献程度还有待观望。

2015 年我省可再生能源发电在电力装机结构的比重提高到 11% 左右，实现“一带、多点、面上覆盖”的布局。《可再生能源法》实施细则和管理办法对权益发电装机总容量超过 500 万千瓦以上装机规模的发电企业投资者，提出须配套 5% 可再生能源的配额制要求。该约束性指标已成为集团发展的硬约束。如不加大开发力度，缺口将进一步增大。结合我省自然禀赋，水电和风电是现实选择。应

① 这里的可再生能源范畴，包括水电、风电、太阳能、生物质能、垃圾发电等。

积极向省政府争取由集团牵头统筹我省小溪等流域和其他剩余水电资源的开发以及海上风电建设，进一步整合省内国有水电、风电资产。

（五）能源服务业①和区域能源板块

环保。节能环保业作为战略性新兴产业和新的经济增长点，是发展绿色能源和循环经济的重要支撑，前景十分广阔，预计“十二五”我国环保产业产值达4.9万亿左右，年均增长15%以上，2020年环保产业将成为国民经济的支柱产业。国家正在继续完善已出台的各项环保产业税收政策并在资本市场上给予全方位支持。根据《浙江省人民政府关于加快推进环保产业发展的意见》，环保产业作为浙江省九大战略性新兴产业之一，预计到2015年实现环保产业营业收入4800亿元以上，年均增长20%左右，形成100家左右综合竞争力较强、市场占有率较高的龙头骨干企业，总体产业规模继续位居全国前列。依托这些产业政策，集团新型环保建材产业以及脱硫脱硝、污水处理、噪声治理、海水淡化、中水利用、二氧化碳捕集等将获得跨越式发展。

物流。预计“十二五”末我国物流及供应链行业增加值接近3万亿元。浙江省是全国交通物流发展试验先行区，“十二五”将重点扶持12个综合性交通物流基地，建成全省物流公共信息平台。全省物流业空间布局明显优化，以港口物流、专业市场和产业集群物流、城乡配送物流等为特色的现代物流产业体系基本形成，物流业增加值4200亿元左右，年均递增12%以上，占全省服务业增加值的比重23%左右，占GDP比重10%以上。广阔的市场空间为集团发展物流业创造了良好的发展机遇。

工程建设和技术服务。经济社会发展推动能源需求继续增长，“十二五”工程建设和技术服务市场空间广阔。但随着能源发展方式的转变，燃煤发电项目的增长将趋缓，核电、水电、太阳能、风能、天然气等清洁能源将逐步增多，工程建设和技术服务需及时转向，加大科技创新力度，以适应激烈竞争需要，逐步融入国际市场。

区域能源。国家新一轮开发新疆、支援西部建设的战略实施以及鼓励跨区域多领域合作政策为集团走出去开展区域能源合作，打造区域能源板块创造了良好机遇，有利于增强集团一次能源资源掌控力度，推动大能源战略目标的全面实现并提升企业的综合竞争力。

（六）其他培育产业

金融及地产业。经济快速、稳步增长以及困扰金融市场的制度性和关键性问题逐步得到有效解决，金融业将步入中长期活跃发展的轨道。金融产品品种不断丰富创新，市场不断规范，直接融资渠道不断拓宽，碳金融交易不断深化等，为集团发展金融业，实现产融结合的发展模式创造了契机。

受城市化、经济增长及收入水平提高、流动性等影响，“十二五”房地产需求总体上仍较旺盛。国家采取了一系列调控政策，房地产业整体中长期高成长性、高杠杆和高利润率特征缓步下降，但只要积极稳妥发展，仍存一定发展机遇，尤其是在二三线城市及城市带、卫星城市成长性较好。未来五年我省处于经济结构的加速转型期，返城镇化趋势明显，人们生活质量不断提高，住房需求旺盛，为集团未来投资二三线城市、城镇住房及高档型住宅创造了良好的外部条件。

同时，我省海洋经济发展带建设已纳入国家战略，依托海港优良、海岛众多、海域辽阔的优势，我省海洋经济整体竞争力将进一步提升，成为浙江经济新的增长点。2015年预计全省海洋经济生产总值有望突破6000亿元，占全省GDP比重超过15%。这对集团发展以港口物流为主的现代服务业和临港工业提供了前所未有的机遇。

---

① 该部分仅选取环保、物流、工程建设和技术服务等典型产业进行发展趋势和需求预测。

第三章　发展战略与发展目标

一、指导思想、愿景与使命

（一）指导思想。按照科学发展观的要求，在“创业富民、创新强省”和“创新强企、转型强体”的战略指导下，深入实施大能源战略，围绕“发展、创新、合作”主题，以保障能源安全为核心，以增强资源掌控力为重点，以确保国有资产保值增值为前提，以优化产业结构为主线，以创新企业管理和加强合作为手段，加快转变企业发展方式，注重利用和参与金融市场，加强与资本市场的对接，加大产融结合实施力度，全面提升竞争能力；坚持一、二次能源并重，更加注重上游资源和运输能力掌控，更加注重能源科技创新；坚持以人为本，践行办企业“为出资人、为社会、为员工”创造价值的“三为”宗旨；通过项目实施、空间拓展与管理提升，努力打造国内一流的现代综合型能源供应商，促进全省经济转型发展、能源结构调整和产业转型升级。

（二）愿景与使命

愿景：精心打造具有一定国际竞争力、国际化的一流现代综合型能源供应商，以发展谋求百年浙能，以文化铸就和谐浙能。

使命：为发展提供动力，为社会创造财富。

二、企业定位与发展战略

（一）集团定位

公司定位：省属能源类国有资产营运机构；能源基础设施投资主体和市场竞争主体；浙江省能源安全供应保障主渠道；省政府能源领域投资、对外合作的主平台；政府能源产业宏观调控的主抓手。

主业定位：基础性能源产业及其配套服务业。

（二）发展战略

总体战略：坚定不移地实施“大能源格局下以电为主，多业发展”的大能源战略。发展取向上，强化从一次能源的开发与生产，到二次能源的加工，再到相关能源服务业的整个链条的全面延伸；发展内涵上，通过科技引领和自主创新，加快推进绿色能源建设与产业升级换代，实现管理的全面提升；发展空间上，立足省内，加强省际区域合作，稳步走出国门，拓展企业生存与发展空间；发展方式上，走产融结合之路，着力打造新型能源企业，实现跨越式发展。

子战略：坚持“发展、创新、合作”主题，实施能源安全、能源科技、能源合作和能源集成等大能源战略的四大支撑子战略。

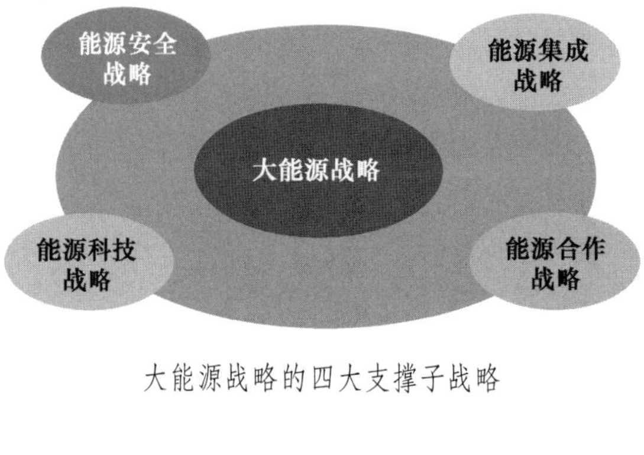

大能源战略的四大支撑子战略

能源安全战略：结合我省独特的一次能源资源缺乏和能源消费市场空间较大的特性，建立健全开放式、多层次、多元化的能源安全保障体系。在传统电力主业基础上，通过逐步延伸能源产业链和优化能源产业结构，保障能源安全，促进电、煤、油、气基础能源产业全面发展。

能源科技战略：以技术进步与科技创新作为转变企业发展方式、推动产业升级、提高核心竞争力的主要途径和手段，加大人财物投入。坚持引进消化吸收和自主研发相结合，大力发展清洁、低碳能源技术，形成科技创新驱动发展模式，进一步促进绿色能源和循环经济的发展。

能源合作战略：充分发挥我省能源市场资源优势，“以市场换资源、以投资保资源、以资源保效益”，积极参与省际区域能源合作，加大国际能源合作力度，大力构筑国际间、区域间、企业间能源合作大平台。充分利用国家鼓励区域经济合作政策，与资源大省、产业链上相关单位进行战略合作，积极拓展海内、外能源市场。

能源集成战略：充分利用好集团已有电、煤、气等多元能源产业布局，发挥协同效应与集成优势，形成企业与社会共生共荣的良好局面。利用现有产业多元、地域集中的布局优势，拓展其他能源类社会公共产业，推进集约、协同发展。

三、总体发展思路

1. *发展思路*。积极贯彻政府意志，围绕实现国有资产保值增值和能源安全保障目标，通过加强省际间区域能源合作和国际能源合作，结合市场运作，通过投资开发和经营管理相关能源项目，搭建基础性能源产业、能源服务业、亮点产业（可再生能源、金融及地产业）三个产业体系，加快能源生产方式、企业发展方式、经营管理方式及人才利用方式等四方面创新，形成以电力为主，以煤炭、油气、可再生能源、能源服务业、区域能源、金融及地产为辅的“一主六辅”七大板块，实现“三个转型”，成为国内一流的现代综合型能源供应商，在保持我省国有资产发展壮大、盈利水平增长和积累能力提高等方面发挥积极作用，在我省能源基础产业中发挥国有经济的主导性、基础性和骨干作用。同时，努力实现人企和谐共进，使全体浙能人共享发展成果。

2. *原则和要求*。体现能源生产方式的先进性。节能环保、低碳等方面始终保持领先地位，在开发基础性能源的同时，积极发展新兴能源等战略型产业，力争形成综合竞争力较强、规模相当、具有产业战略制高点的新兴产业体系。

体现企业发展方式的先进性。从过去主要依赖通过实业投资及其分利实现资本积累的单一发展方式，转变到走产融结合之路，实现大跨度发展。

体现企业体制机制的先进性。通过构建完善的法人治理结构，运用现代企业理念和管理方式形成与企业发展实际相符的组织结构、管理体系和企业文化，培育核心竞争力。

做好与全省经济社会发展规划、能源发展规划、产业集聚区建设、促进战略性新兴产业发展等规划和战略举措的有机衔接。

四、发展目标

（一）总体目标

“十二五”发展总体目标：2015 年实现销售收入超 1000 亿元，总资产 1860 亿元、净资产 750 亿元、资产负债率 60%，利润总额超过 80 亿元；完成天达环保、电力板块上市，资产证券化率 58.7%左右；控股管理发电装机 2900 万千瓦，供电煤耗 310 克/千瓦时；年煤炭采购量 6000 万吨，其中市场煤 1000 万吨，电煤 40%以上可通过煤矿投资实现自给，海运运力 100 万吨；全省新建成省级输气管线 800 公里，年销售天然气 98 亿立方米，新增控股、管理城市燃气项目 10 家以上；确保国有资产保值增值；确保企业安全；努力使职工收入和福利水平稳步提高，对企业认同感、归属感、荣誉感和自豪感增强。

2020 年远景目标：成为上游产业具有一定资源掌控力，核心产业具有相当竞争力，下游产业具有持续发展能力，要素组合更为合理、资源配置更为优化、管理体系更为健全、企业文化更为先进、具有较强核心竞争力的投资控股与产业经营并举的具有一定国际竞争能力、国际化的一流现代综合型能源供应商。

（二）目标分解

（1）主要财务指标目标。资本总量不断扩大，主要经济指标稳步提高。

项　　目	2010年（未经审计的快报值）	2015年（目标值）
销售收入（亿元）	468.33	1000
成本总额	415.43	920
利润总额（亿元）	52.90	80
净利润（亿元）	43.40	60
净资产收益率（%）	9.04	8.37
资产总额（亿元）	1058.94	1860
净资产（亿元）	498.59	750
省属国有净资产	365.50	502
资产负债率（%）	52.90	60
资产证券化率（%）	14	58.7
“十二五”投资规模（亿元）	—	控股、参股项目投资1492亿元，需集团承担资本金出资222亿元（其中，集团控股项目投资1404亿元，资本金出资135亿元）

（2）主要技术经济指标目标。主要技术经济指标达到全国同行先进水平。

		指标名称		2010年	2015年（目标值）
1	电力	控股装机容量（万千瓦）		1940.72	2900
2		供电煤耗（克/千瓦时）		317.36	310
3		厂用电率（%）		5.48	5.7
4		水重复利用率	循环冷却	98.3	98
5			直流冷却	94.1	94
6		耗水率（立方米/百万千瓦．秒）	循环冷却	0.597	0.474
7			直流冷却	0.136	0.098
8		单位点火油耗（克/千瓦时）		0.07	0.07
9		单位发电 SO_2 排放量（克/千瓦时）		0.46	0.45
10	煤炭	电煤采购量（万吨）		3827	5000
11	天然气	年相对输差（%）		2	2
12		质量检验项目检测及时率（%）		10	10
13		全年累计供气可靠率（%）		100	100
14		主要生产设备一次投运成功率		100	100
15		干线长度（Φ813）公里		414	1200
16		供气量（亿立方米/年）		30.72	98

（3）产业结构调整目标。“十二五”末基础性能源产业、能源服务业、亮点产业（可再生能源、金融地产及其他产业）销售收入80%：15%：5%，“十三五”末为65%：15%：20%，达到产业链完整、产业结构合理、盈利途径多样化、抗风险能力强的综合目标。在基础性产业体系内电力产业销售

收入4/9，煤炭产业3/9，油气产业2/9；在亮点产业体系内可再生能源产业销售收入1/4，金融地产业及其他产业3/4。

（4）资本运作目标。天达环保和电力板块上市，上市融资规模110亿，资产证券化率58.7%左右，资产负债率58%。

（5）信息化目标。深化EAM、FMIS、HR、OA、远程诊断及供应链（物流）管理等一批重大信息系统应用，构建集团和所属企业两级数据中心，整合信息数据资源，建设基于商业智能技术的企业决策支持系统。利用信息化手段加强对技术、制度等无形资产的管理。不断完善信息化安全保障体系、标准规范体系、维保服务体系，做好信息人才队伍建设，全面建设数字浙能。

（6）节能降耗目标。通过优化机组结构、加大节能技术改造和推行精细化管理等手段，使可靠性指标达到同类机组先进水平；节煤、节电、节油、节水等节能技术应用国内领先。

（7）科技发展目标。加大软课题研究和科技创新，建立多方位技术支持体系。注重科技攻关，进行自主创新，整合做强浙江浙能能源技术有限公司（浙能技术中心）和兴源科学技术研究所。年均科技投入5000万元左右。

（8）安全质量目标。构建人、设备、环境、安全文化、管理五位一体的“本质安全”目标，深化安全生产标准化工作，强化安全生产的精细化、科学化管理；积极借鉴国外先进的安全管理方法和手段，坚持传统有效的安全管理方法与科学先进的安全管理手段相结合，不断创新安全生产管理。着力推进安全文化建设，提高员工安全技术素质和安全意识。

（9）环境保护目标。进一步完善环境保护管理体系，加大污染物治理和环保科技开发力度，清洁生产各项指标达到国内先进水平：2015年燃煤机组烟气脱硫安装率100%，全部完成脱硝改造，单位电量SO_2排放量全国领先；电厂大气污染排放全部达标；电厂各类废水经处理后达标回用，重复利用率循环冷却电厂98%以上，直流冷却电厂95%以上，正常工况下废水零排放；加大噪声治理力度，确保噪声不扰民；粉煤灰和脱硫石膏综合利用率不低于93%；推广海水淡化技术应用；推进清洁发展机制项目开发和合同能源管理。

（10）人力资源目标。加快紧缺人才的引进，引进培养相结合，使“十二五”末高级专家人才20人、经营管理人才和专业技术人才3796人，高技能人才2900人，基本建立适应市场竞争、以市场化导向进行分类考核、符合不同类型需要的分配激励机制和用人用工机制。通过竞争上岗、公开选聘干部占新任用干部30%及以上，提高透明度和公信力。

（11）企业党建目标。建立科学化水平较高的党建工作体系，增强各级党组织的先进性。党建机制进一步健全，大党建工作格局更加完善，基层党组织建设、思想政治宣传工作和精神文明建设进一步深化，各级党组织的政治核心作用和党员先锋模范作用进一步发挥，企业党建服务企业改革发展的能力进一步提升，党建工作走在全省国企的前列。

（12）惩防腐败与防范风险工作目标。将集团建设成为全系统的风险控制中心，发挥在风险防范与控制方面的总体协调、控制保障和指导监督职能，确保将风险控制在与重大战略和总体目标相适应并可承受的范围内，规避或减少集团面临的法律、经营、投资、金融等风险，力求风险最小化、利益最大化。不发生中层以上管理人员重大违法犯罪和严重违纪问题、不发生重大违法犯罪案件、一般违纪违规犯案率控制在最低限度。

（13）市场目标

年份	业　务	电力业务	煤炭业务	天然气业务	成品油业务
2010	市场占有率	35.3%	37%	90%	—
2015	市场目标占有率	40%	40%	95%	实质性突破

注：能源服务业市场化程度大幅提高，尤其是物流、环保业。成品油业务具有较大的不确定性，力争取得实质性突破并尽可能做大。

（14）组织架构调整目标。按照“一主六辅”七大板块优化组织架构和管控模式，煤炭、油气、可再生能源、能源服务业、区域能源、金融及地产业板块实行分公司管理，电力板块采用子公司管理。充分发挥香港兴源投资贸易公司（简称“香港兴源公司”）的窗口和平台作用。根据业务发展需要，适时择机组建区域性分公司和海外事业部。通过资产经营管理公司统筹相关业务。整合后集团的管理层级最多为四级。

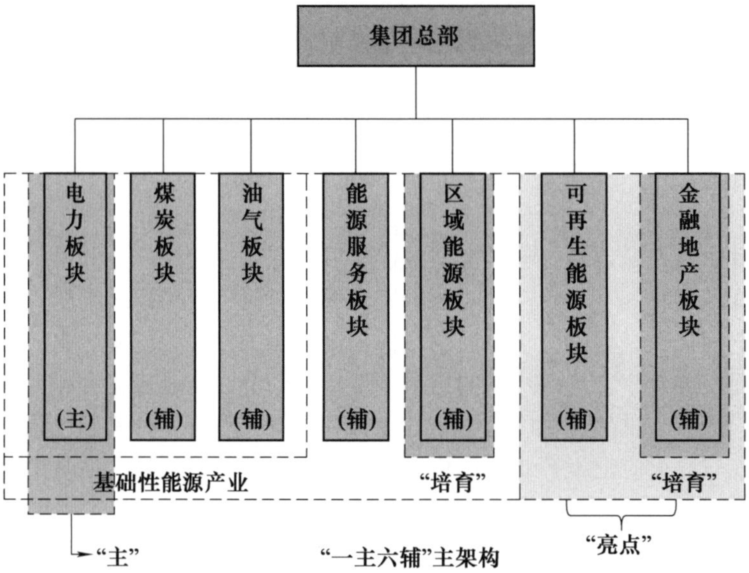

“十二五”集团“板块化”管理组织结构愿景

（15）制度建设目标。根据“三重一大”和集团新管控体系要求，优化业务管理流程，梳理和规范各种制度，使制度更加体系化和规范化，保障整个管控组织体系有序、高效运作。

（16）企业文化建设目标。进一步完善浙能和谐文化体系，使载体更加丰富，形式更加多样，母子文化发展更趋协调，行为文化更趋一致，企业更加和谐，愿景、战略、理念、精神、标识、品牌实现高度统一，知名度、美誉度进一步提升。

（17）物流集约化目标。建立较完善的物资采购、备品配件管理平台和物流管理标准系统，生产和综合物资集约化率95%以上；备品配件库存同比下减10%。

第四章　产业布局与实施计划

一、产业布局

统筹外部和内部资源，规划搭建基础性能源产业、能源服务业、亮点产业（可再生能源、金融及地产）三个产业体系，形成布局更为合理、资源配置更为有效，产业间协同效应更为突出的产业格局。

重点发展基础性能源产业。抓好电、煤、油、气四大基础性能源产业开发。在进一步加强电力产业发展的基础上，推动煤、气、油等一次能源的资源开发与保障，构建多维度、多层次的基础性能源产业平台。围绕打造现代综合型能源供应商的目标，统筹协调发展各能源产业。发挥好产业链的协同效应，形成各产业间发展有序、比例协调的格局。把传统的电力企业转化为综合型能源企业，向社会提供煤炭、天然气、油品、供热、供冷、分布式能源和稀缺资源等多种基础性能源产品，并在多种能源产品的供应保障或应急供应上发挥骨干作用。依托上游资源掌控项目，适时择机在省外乃至海外组建区域能源板块。

积极推进能源服务业。以绿色、低碳、循环经济为发展方向，依托主业实现产业集群化发展。通过强化服务、增强优势，加快发展大环保（以脱硫、脱硝、噪声治理、废水处理及回用、中水利用、垃圾发电、脱汞等为主的环保工程和以粉煤灰、脱硫石膏等电厂固体废弃物为原料的环保建材）、大物流（构建“一体化”物流供应链体系），着力构建能源服务业的两大支柱产业，建设我省循环经济龙头骨干企业。通过大力发展工程建设服务、科技信息、科研等技术业务，实现与大能源战略相匹配的“大服务”格局。

着力培养亮点产业。优先发展可再生能源产业，多点布局，推进水电、风电、太阳能、生物质能等可再生能源的开发建设，注重稀缺自然资源的获取，加大投资力度。积极推进金融及地产业，培育具有较强市场影响力的资源配置平台，审时度势，积极稳妥地发展房产业，特别是在优质地块把控、发展资金支持、盘活金融资产运作、引进人才和绩效考核机制突破等方面予以大力扶持，鼓励房产公司创新创业，积极与竞争市场接轨，打造新的利润增长极。同时，拓展重化工、物流、保税、临港工业等业务，优选在未来具有极大发展前景的种子业务进行战略性投资和产业培育，主动对接全省海洋经济发展战略，培育发展相关产业。

二、重大项目实施计划

（一）电力产业①。全力以赴，确保电力主导产业升级计划如期实施。加快发展环保型燃煤发电、安全发展核电、积极拓展分布式能源、适度发展气电、着力推进供热改造、全面实施污染物减排和节能降耗，继续推进清洁发展机制（CDM）项目开发和合同能源管理，切实加强国内二氧化碳指标交易市场机制、碳捕捉和封存方法等方面研究。

1. 加快发展环保型燃煤发电。继续抓好燃煤发电的新建、扩建、上大压小和煤电一体化项目建设，六横、台州第二电厂、凤台电厂二期、温州电厂“上大压小”、新疆温宿棉纺城配套热电、拜城电厂、绍兴滨海热电扩建等项目建成投产，嘉兴四期、乐清三期、六横电厂二期扩建、台州第二电厂

① 水电、风电、生物质能发电纳入后面的“可再生能源产业实施计划”中，本节不含此内容。

二期扩建等项目前期工作稳步推进，力争有所突破。利用特高压电网建设，实现在新疆、内蒙、宁夏等省区 2~3 个 100 万千瓦级煤电一体化项目建设布局和皖电东送二期工程的电源建设。探索海外电力投资的新路子，推动与土耳其等国外公司合作开发煤电项目的进程，力争在海外投资建设 1~2 个煤电一体化项目。做好后续燃煤电源点规划选址和储备，推进前期工作。“十二五”末集团控股管理电力装机 2900 万千瓦以上，60 万千瓦及以上机组占 75%以上。

2. *安全发展核电*。方家山、三门核电一期、秦山核电二期建厂投产。方家山、浙西龙游、浙南沿海苍南核电等项目力争均股或参大股开发，为集团今后在核电领域自主竞争创造条件；积极参与三门核电二、三期扩建、辽宁葫芦岛核电等项目建设。参与组建浙江省核电集团公司。

3. *积极拓展分布式能源，适度发展气电*。优先选择冷、热、电负荷比较集中的开发区、城市社区和大型建筑进行分布式能源项目的试点、示范，争取在常山、金东以及长兴等天然气主干管网通过地区建设分布式能源项目。完成镇海联合、金华燃机、温州燃机的油改气工作。结合上游气源情况，适时开展镇海、萧山燃气电厂等扩建前期工作。争取利用台州电厂 125 机组拆除场地和在长兴建设燃气电厂。

4. *着力推行供热改造*。对接全省产业集聚区建设，结合热负荷落实情况，利用现有机组着力推行供热改造，“十二五”实现集团所有燃煤电厂都对外供热，对外供热量由目前的每年 300 多万吨增加至每年 600 万吨以上。

5. *全面实施污染物减排和节能降耗*。提高脱硫系统运行的可靠性。统一制订集团脱硝规划，新建燃煤机组同步实施脱硫脱硝，现有未实施脱硝改造的燃煤机组完成燃烧器、SCR、SNCR 等脱硝技改。完成嘉兴、温州、长兴、台州电厂等 30 万千瓦机组的汽轮机通流改造工作，提高能源利用效率。挖掘汽机节能潜力，开展汽机热力系统的优化改进工作。积极推广高压电机变频、锅炉微油点火、电除尘等节能技术改造，逐步实施增压风机和一次风机等调速技术改造，推广使用高效节能型电机，加强锅炉燃烧优化、冷凝器的冷端优化、机组滑压曲线优化、机组低负荷加热回水系统优化等节能研究及实践摸索，降低机组运行煤耗、油耗、水耗和厂用电率。

6. *继续推进 CDM（清洁发展机制）项目开发和合同能源管理*。对集团具备条件的工业节能减排、风力发电、小水电项目均进行 CDM 开发，实施合同能源管理。继续跟踪开发规划类清洁发展机制项目。切实加强国内二氧化碳指标交易市场机制、碳捕捉和封存方法等方面研究。

电力产业重大项目投资计划表

项目名称	建设规模（万千瓦）	工程总投资（亿元）	投资比例	“十二五”投资（亿元）	起止年限
燃煤发电					
嘉兴电厂三期	2×100	71	电开公司 53%	16. 6	2009—2011
绍兴滨海电厂	2×30	28. 3	电开公司 88%	8. 5	2009—2011
舟山六横电厂	2×100	73	电开公司 43%、兴源公司 8%	73	2010—2012
台州第二电厂	2×100	78	东南公司 100%	78	2011—2013
凤台电厂二期	2×66	47. 3	本部 50%	47. 3	2011—2013
新疆温宿轻纺城电厂	2×13. 5（抽凝）+1×10（抽背）	21	暂东南公司 100%	21	2012—2015
新疆拜城电厂	2×66	58	暂电开公司 100%	58	2012—2016
温州电厂“上大压小”	2×66	47. 3	电开公司 66. 98%	47	2012—2014

（续）

项目名称	建设规模（万千瓦）	工程总投资（亿元）	投资比例	“十二五”投资（亿元）	起止年限
绍兴滨海热电扩建（背压）	2×5	7	电开公司88%	7	2012—2014
皖电东送项目（除凤台电厂二期）	暂按总装机200考虑	75	暂按电开公司50%	50	2012—2017
省内燃煤电厂新、扩建项目	六横电厂二期（2×100）、乐清三期（2×100）、嘉兴四期（1×125）、台州第二电厂扩建（2×100）等	—	由电开公司原则上按原股比	20	2012—2020
煤电一体化					
鄂尔多斯煤电一体化电厂	2×100	78	电开公司50%	35	2011—2020
准东煤电一体化电厂	2×100	78	电开公司50%	35	2011—2020
核　电					
方家山核电	2×100	260	电开公司40~51%	130	2009—2014
秦山核电二期扩建	2×65	158	电开公司20%	40	2006—2011
三门核电一期	2×125	401	电开公司20%	200	2009—2015
辽宁葫芦岛核电一期	2×100（125）	274	电开公司10%	120	2012—2017
三门核电二期	2×125	385	电开公司20%	100	2015—2020
浙南沿海苍南核电一期	2×100（125、分期待定）	270	暂按电开公司40~50%	150	2013—2018
浙西龙游核电	4×125	682	暂按电开公司40~50%	300	2013—2018
燃气发电					
镇海联合油改气	33	1.4	电开公司45%、香港兴源公司25%	1.4	2011—2012
金华燃气油改气	28.5	1	电开公司76%	1	2011—2013
温州燃机油改气	32.3	1.4	电开公司43%	1.4	2012—2013
金华金东、衢州常山等热电联供/分布式能源	均为3×7的6F机组	24	电开公司51%	24	2011—2015
燃气电厂新、扩建	镇海燃气电厂扩建（3×39）、萧山燃气电厂扩建（2×39）、台州燃气电厂（2×39）、长兴燃气电厂（2×39）	—	由电开公司原则上按原股比	30	2011—2015

注：1. 土耳其（2×60）煤电一体化项目等海外投资、新电源点储备项目计划表中未纳入。

2. 核电项目争取尽可能大的股比，最终股比待定。

（二）煤炭产业。充分利用市场优势，全力推进区域能源战略合作，投资和贸易并举，加大煤炭资源开采、运输、中转、存储、加工及配套设施投资力度，继续推进洁净煤技术研发和应用，发展煤炭交易电子商务，适时打造区域（省级）煤炭交易市场，开拓能源加工新领域，推进煤制气等项目开发建设，建立煤炭保税仓库。

1. 煤矿项目。加快推进山西、内蒙古等资源开发条件成熟地区项目建设，抓住机遇落实省政府与新疆签订的能源战略合作协议，完成新疆伊犁、准东、吐哈、阿克苏等地煤炭资源配置和勘探；推动与内蒙古能源战略合作，在鄂尔多斯等地投资煤电一体化、煤制天然气和商品煤项目。在获得煤炭资源的基础上，利用集团资金、市场优势，推进煤电一体化、煤气一体化项目建设，变输煤为输电和输气。重点关注土耳其、澳大利亚、俄罗斯、印尼和越南等国家煤炭资源开发。探索在更深层次、更广阔空间寻求合作商机，形成煤炭资源多点布局，提高资源掌控能力。争取“十二五”为我省掌控省外国外煤炭资源200亿吨，年生产能力4000万吨，供回浙江2000万吨。

煤炭产业重大资源开发项目投资计划表

项目名称	设计生产能力（万吨/年）	总投资（亿元）	投资比例	“十二五”投资（亿元）	起止年限
山西麻家梁煤矿	1200	59	本部40%	29	2009—2012
内蒙色连煤矿	500	26	本部19%	21	2010—2012
鄂尔多斯煤电一体化煤矿	1000	50	本部50%	50	2013—2015
新疆吐哈煤矿（商品煤外运基地）	4000	180	本部50%	10	2011—2020
新疆阿克苏煤矿	500	25	本部50%	15	2011—2016
伊犁年产20亿立方米煤制天然气配套煤矿	800	40	本部50%	40	2011—2015
准东年产20亿立方米煤制天然气配套煤矿	800	40	本部50%	40	2011—2015
鄂尔多斯年产40亿立方米煤制天然气配套煤矿	1600	80	本部50%	40	2014—2017
鄂尔多斯商品煤煤矿	1000	50	本部50%	50	2013—2015

注：伊犁、准东煤制天然气规模为年产各60亿立方米，一期暂按年产20亿立方米考虑；土耳其（2×60）煤电一体化项目等海外煤矿项目投资计划表中未纳入。

2. 中转、储运和加工设施。完善港口专用设施，加快推进捷通码头二期、嘉兴独山港、舟山六横中转码头二期建设，形成接卸港以舟山六横港、嘉兴独山港、长兴捷通码头为主，集团其他电厂码头为辅的南北互动布局；打造省级煤炭交易平台。加强一程港专用场地建设，争取在曹妃甸建设或参与建设年转运能力在千万吨以上专用场地及泊位，形成以秦皇岛港为主、曹妃甸港为辅的“一主一副”布局。健全煤炭运输体系，以富兴海运为平台，进一步提升集团直接掌控的海运规模，形成自有运力为主、市场运力为辅的煤炭海运格局，其中自有海运运力达100万吨/年、运量达到年海运总量的50%。强化舟山六横洁净配煤工作和中转港口配煤工作。

煤炭产业重大储运设施投资计划表

项目名称	建设规模	总投资（亿元）	投资比例	“十二五”投资（亿元）	起止年限
舟山六横码头二期	年吞吐量2500万吨（其中年接卸能力1500万吨）、150万吨储煤能力	22	电开公司43%、兴源公司8%	22	2011—2014
嘉兴独山港	年吞吐量3000万吨（其中年接卸能力1500万吨）、80~85万吨储煤能力，3个3.5万吨级外海卸煤泊位和18个500万吨级内河装船和待装泊位	23	本部65%	23	2010—2013
河北曹妃甸二期工程专业泊位和煤炭专业场地	年中转能力5000万吨/年	54	本部20%	54	2010—2013
集团海运公司、富兴海运公司扩能、国际物流（香港）服务平台	海运能力由40万吨/年提高至100万吨/年；香港兴源公司购置4艘货轮及相关平台建设	35	集团海运公司、富兴海运、香港兴源公司	35	2011—2015

3. 发展煤炭电子商务。创新煤炭交易模式，建立煤炭电子交易系统和平台，努力降低交易成本，增强透明度和开放性。建设覆盖煤炭产业板块的实时商业和管理信息系统。

（三）油气产业

1. 天然气产业

落实气源。争取西一气、西二气、川气等供气量增加，2015年供气量98亿立方米以上；推进新疆煤制天然气项目建设，争取自行生产煤制天然气20~40亿立方米。关注煤层气、页岩气等非常规天然气气源动态，适时介入上游资源直接采购，探索在资源项目上直接投资、参与投资的合作模式和可能性，增强资源掌控能力。

加强基础设施建设。建成全省统一输气环网，推进省际、城际联网工程建设，实现统一调度，提高供气安全保障能力。中宅—春晓输气管线、甬台温、金丽温省级管线及其配套工程、西二线绍杭嘉配套管线等工程建成投产，杭金衢输气管线开工建设；推进省级支干线管网建设；与中石化、新疆维吾尔自治区政府共同推进新疆—浙江煤制天然气长输管道工程建设。建成宁波LNG接收站，尽早完成我省第二个LNG接收站选址等前期工作并加快推进，争取获得“路条”；推进宁波LNG气电一体化项目。配套发展冷能利用、槽车运输项目；加强LNG储罐等城市天然气调峰设施建设，提高天然气储备能力，建立省、市两级应急调峰储备系统。

拓展城市燃气市场。将发展重心快速转移到城市燃气市场的开发上来，“十二五”争取在全省除舟山外的10个地区均有至少一家城市燃气公司并介入宁波、温州等发达地区的城市燃气市场，完成全省战略性抢点布局，成为我省投资建设城市燃气管网的主要力量和骨干燃气运营商。开展城市燃气项目相应的配网、枢纽、小型天然气分布式能源等设施建设。

有序开发天然气利用市场。限于资源情况，重点巩固老用户和已开发用户，根据国家产业政策有序开拓和培育新的城市、工业用户和其他新兴用气市场。加快LNG下游利用市场的规划研究，统筹考虑全省LNG专用运输车、船、卫星站、加气站的线路和站点布局，优化发展各下游市场。实现集团系统的天然气独立调度。

天然气产业重大项目投资计划表

项目名称		建设规模与内容	总投资（亿元）	投资比例	“十二五”投资（亿元）	起止年限
省级输气管线	甬台温管线	约500公里，Φ813管径	51	天然气公司100%	51	2010—2013
	金丽温输气线及相关配套支线	金丽温省级输气干线约258公里，管径Φ813，设计压力6.3MPa，相关支线约300公里	48	南网公司100%	48	2010—2013
	中宅—春晓LNG配套管线	约38.7公里，Φ1016管径	5.6	天然气公司100%	5	2010—2012
	西二线浙江绍杭嘉段配套工程	约5公里，Φ323管径，萧山、诸暨、平湖三个场站	2.3	天然气公司100%	2.3	2010—2012
	杭金衢管线	约250公里，Φ813管径	25	天然气公司或南网公司100%	25	2012—2015
	其他	如杭千衢线、龙丽等	待定		前期费	
省级管网支干线	待定	如上虞—嵊州—天台等	15	天然气公司、南网公司100%	5	2014—2015
城市燃气投资项目	新城燃项目	争取10~15个左右	33	城燃公司51%	33	2011—2015
	现有城燃项目基础设施建设	新建输气配网、枢纽工程	9	城燃公司40%	9	2011—2015
LNG接收站	宁波LNG接收站	一期规模300万吨，二期再扩建300万吨规模	130	本部29%	60	2010—2015
	浙江第二LNG	暂按300万吨规模	74	本部51%	10	2013—2015
煤制天然气	新疆煤制气项目1	年产40亿立方米	300	本部51%以上	200	2012—2016
	新疆煤制气项目2	年产40亿立方米	300	本部50%	34	2014—2018
跨省域管线	新疆—浙江煤制天然气长输管道	与中石化合作Φ1016管径	1000	暂考虑本部20%	800	2013—2017
	与上海、江苏、安徽、福建等省市的联网工程	Φ813管径	15	天然气公司100%	10	2012—2017

注：1. 伊犁、准东煤制天然气规模为年产各60亿立方米，一期暂按年产20亿立方米考虑；

2. 年产40亿立方米鄂尔多斯煤制气作为预备项目，总投资300亿元，集团本部按50%考虑，“十二五”投资34亿元。

2. 油品产业

取得油品批发、零售资质，构建以海（水）运为主的储运体系。

落实油源和开发市场。加强与国内外石油公司合作，落实具有价格竞争力的上游油源，包括省政府与中海油会谈纪要明确的每年100~200万吨成品油。参股镇海炼化扩建项目，争取获得一定量的份额油源。做好市场开发，确保项目收益和市场份额。争取成品油市场实现实质性突破。

认真组织项目实施。根据浙江省成品油加油站、油库建设规划，选择适当地区建设万吨级码头和油库，在内河沿线建设经营性码头和小油库，在内陆地区建设小油库用于中转。在沿海地区、内陆地区、新建高速公路沿线建设加油站，根据浙江省航道建设规划建设水上服务区（含水上加油站）。积极开展与中石化等国家石油公司的合作，大力推进城市汽车加气产业的发展，重点开发杭州湾、甬台温市场。积极争取政府的支持，参与省级成品油管道和地方石油商业储备体系的投资建设。

（四）可再生能源产业。优先发展，实现与集团“十二五”发电装机相匹配的可再生能源的配额制要求，并力争有所超前。

水电开发。力争掌控滩坑上、下游的大均、梧桐、大奕等小溪流域梯级水电站以及我省其他待开发的水电资源开发，积极参与抽水蓄能电站建设。利用小水电站改制或扩建，收购一批省内外水电站。争取在川滇藏等地区获得一批大中型水电站的开发权。探讨到海外水电投资开发可能性。

风电开发。推进慈溪风电场二期工程核准建设；建设慈溪近海风电场、六横岛近海风电场及杭州湾镇海陆上风电场；结合小洋山围垦项目的开发，规划建设陆上和近海风电场，寻找在新疆等省外建设风电项目的机会。

其他可再生能源发电项目开发。建成龙泉生物质能发电项目，密切关注并适时建设潮汐能、洋流能等其他可再生能源发电及垃圾发电项目。

可再生资源重大项目投资计划表

项目名称	建设规模（万千瓦）	总投资（亿元）	投资比例	“十二五”投资	起止年限
一、水电					
大均、梧桐等水电站	6.32+2	9	可再生能源板块100%	9	2011—2015
收购省内、外水电站	20	20	可再生能源板块51%	20	2011—2015
二、风电					
慈溪风电二期	23×0.15	3.86	可再生能源板块85%	3.8	2010—2012
镇海风电场	10×0.15	1.5	可再生能源板块51%	1.5	2011—2012
慈溪近海风电	20	37	可再生能源板块51%	30	2011—2014
六横岛近海风电	20	37	可再生能源板块51%	30	2012—2015
新疆等西部陆上风电	15	14.17	可再生能源板块51%	14	2011—2015
三、生物质能发电					
龙泉等5个生物质能发电	其中龙泉1×3	15	科工与服务业板块100%	15	2011—2013
垃圾发电（新建、收购）	待定	6	科工与服务业板块100%	6	2012—2015
四、新能源项目					
光伏发电（金太阳工程）	0.03	0.1	可再生能源板块100%	0.1	2012—2015
其他新能源项目（待定）			可再生能源板块100%	1	2012—2015

（五）能源服务及其他产业①。按照“立足自我，服务社会”的定位，服务内部市场、开拓外部市场，推进市场化进程，充分发挥区位、主业、资金、专业技术管理优势，着力解决市场化进程中的体制机制、法人治理和人才问题，打造大环保和大物流业务体系；培育、做强香港兴源公司，发挥好其作为集团对外拓展的主窗口和平台作用；整合加强技术中心力量，使其作为集团科技引领的承担载体，会同电建公司，合力提高工程建设服务和生产技术服务水平。及时退出与主业关联性小、成长性欠佳、竞争力较弱的领域。

① 这里的“其他产业”主要是指财务公司、房地产（含小洋山围垦与开发）等金融与地产产业。

1. *新型环保建材*。确立以环保再生材料为核心的业务发展模式，强化固态废弃物综合处理，依托集团电厂固态废弃物资源的低成本优势，专业化延伸处理领域。发展加气混凝土砌块、蒸压砖、石膏板、水泥缓凝剂等建材产品，加快推进长兴、兰溪、嘉兴、乐清等省内建材项目建设和新疆阿克苏、辽宁本溪、山西等省外项目建设。通过加强自主技术研发，提高深加工产品附加值；通过上下游产业链整合，优化业务结构；通过拓展营销渠道，提高市场竞争力，巩固华东市场，外拓东北、新疆、山西等其他市场，提高市场占有率；全方位实施统一管理和一体化经营，打造专注于固态废弃物综合处理领域的品牌企业。

2. *环保工程*。通过自主创新及与国际领先的环保公司合作，提升整体技术水平和品牌影响力，不断做大国内、国际市场环保工程项目的规模，实施滨海电厂、六横电厂、台州第二电厂、凤台二期、温州四期等脱硫脱硝 BOT 及沿海电厂海水淡化 BOT。开发脱硝用催化剂再生技术，加大脱硝用催化剂产品的生产、海水淡化、污泥、垃圾和生物质发电、污水处理等项目上的投入，扩大生产规模，形成规模效应，提高核心竞争力；挖掘企业内部潜力，控制工程成本，吸纳与采用国外先进技术和设备，提升企业核心竞争力，打造全国环保技术、环保工程领域的产业旗舰。

3. *现代物流业*。完善物流体系基础设施建设，建立一体化物流供应链体系，将供应方案设计、仓储管理服务、信息化服务、金融服务引入到体系当中，提升采购效率，降低采购成本，并将供应链管理服务体系成熟化。拓展国内、国际市场化业务，发展第三方物流，打造成国内知名的一体化、全方位供应链管理服务提供商。

4. *工程建设服务*。发挥电建公司作为专业化电源项目建设管理企业的作用，完善工程建设管理模式，承担集团电源项目建设、工程管理和监理业务，开展工程技术咨询服务、参与可再生能源及非电项目的前期开发、建设和管理工作。按照“对内服务，对外开拓”的定位大力开拓系统外、省外以及国际市场，加大国际总承包工程承揽力度，力争“十二五”在系统外、省外和国际市场上拓展 5~10 个大型工程建设服务业务。

5. *技术服务*。按区域建立若干生产运行服务基地，着眼于转变机制，整合现有检修资源，在为集团提供优质高效的生产运行、维护、检修等技术服务的同时大力拓展系统外客户。整合加强技术中心力量，开展技术合作，提高技术监督与技术服务的能力。通过努力，逐步承担集团电厂相关技术服务，把中心打造成技术监督、研发及推广、科技信息运维、科技情报、设计、检测、技术培训于一体的具有较强综合实力和市场竞争力的现代科技企业。

6. *酒店服务*。稳妥收购、租赁若干高星级酒店，对部分托管的酒店进行资金注入和管理输出，强化利益一致性。在原来经营 5 家酒店的基础上，形成 8 家及以上的星级酒店规模，打造成管理一流的酒店集团。

7. *金融服务业*。财务公司按照合规稳健经营原则，深化管控分析能力，增强服务创新能力，提高市场研究能力，以集团内部资金要素优化配置为核心目标，努力打造精细化的资金管理平台、个性化的金融中介平台和专业化的资本运作平台，力争成为“服务至上、精细管理、稳健创新、资本优化”的综合金融服务中心，各项盈利指标在行业内位居前列。香港兴源公司努力打通境内外融资通道，成为集团境内外投融资平台。资产经营管理公司逐步发展成为以资本经营和资产管理为主要模式，以效益最大化为主要目标，业务定位清晰、企业功能趋于完善、有一定发展能力的综合性投资和资产管理平台。

8. *房地产*。走专业化、规模化、品牌化发展之路，以扩大已进入城市的市场份额为依托，延续品牌效应，重点拓展具有较好成长性的长三角二三线城市市场。向城镇住宅产品开发和城市运营相结合的综合型企业转变。加强内部管理，稳定和发展专业人才队伍。洋山围垦与开发要深化项目重组，完成主要围堤建设和陆域形成工作，统一规划布局，分期开发。

能源服务及其他产业重大项目投资计划表

项目名称	建设规模与内容	总投资（亿元）	“十二五”投资（亿元）	起止年限
一、环保再生材料产业				
1. 长兴再生环保建材项目	年产3万吨建筑石膏、10万吨水泥缓凝剂、1亿块粉煤灰蒸压砖、20万立方米加气混凝土砌块	1.4000	1.0	2009—2012
2. 兰溪再生环保建材项目	年产30万吨水泥缓凝剂、2亿块粉煤灰蒸压砖、20万立方米加气混凝土砌块	1.8	0.88	2009—2012
3. 嘉兴再生环保建材项目	年产40万立方米混凝土制品、20万立方米砌块	2	2	2011—2013
4. 嘉兴脱硫石膏综合利用项目	年产20万吨水泥缓凝剂生产线	0.21	0.21	2011—2012
5. 宁海再生环保建材项目	年产5万吨建筑石膏、10万吨水泥溪凝剂、30万立方米加气砌块、	2.1	2.1	2011—2013
6. 新疆阿克苏等新型建材项目	年产40万方加气砌块及4万吨配套砂浆	3	3	2011—2015
7. 安徽矿山码头一体化配套项目		0.5	0.5	2011—2013
8. 省内外大型再生环保建材项目收购	若干条年产20万立方米加气砌块生产线	20	20	2011—2013
9. 组建浙能环保技术类研究机构	节能减排、污染物控制、电厂信息技术支持三个研究所	2.68	2.68	2011—2013
10. 六横电厂固废利用配套项目	粉煤灰输送系统、20万吨脱硫剂生产线和年产1亿块蒸压砖项目	0.745	0.745	2011—2015
11. 长兴等粉煤灰仓储项目	9个5000吨储灰库、3个1650吨储灰库、1个600吨储灰库	0.6	0.6	2011—2015
12. 产品质量控制中心		0.1	0.1	2011—2012
13. 台州第二电厂固废利用配套项目		3	3	2011—2015
二、环保工程产业				
1. 脱硝催化剂生产及再生项目	总产能为6000 m^3/年和5000 m^3/年	4	4	2011—2015
2. 滨海电厂脱硫特许经营项目	2×30万千瓦烟气脱硫特许经营	0.95	0.90	2010—2011
3. 凤台二期工程脱硫、脱硝特许经营项目	2×66万千瓦烟气脱硫、脱硝特许经营	2.8	2.8	2011—2012
4. 六横电厂脱硫特许经营项目	2×100万千瓦烟气脱硫特许经营	2.1	2.1	2011—2012
5. 台州第二电厂脱硫脱硝特许经营项目	2×100万千瓦烟气脱硫脱硝特许经营	3.5	3.5	2011—2013
6. 温州四期脱硫脱硝特许经营项目	2×66万千瓦烟气脱硫脱硝特许经营	2.8	2.8	2011—2013

（续）

项目名称	建设规模与内容	总投资（亿元）	“十二五”投资（亿元）	起止年限
7. 脱硫 BOT 项目收购	3~5 个电厂脱硫	10	10	2011—2015
8. 城镇污水处理工程 BOT 项目（3 个）		5	5	2011—2015
9. 污泥焚烧发电项目		1.5	1.5	2011—2015
10. 海水淡化项目	六横电厂、台二电厂海水淡化项目，年产 4000 支超滤反渗透膜生产线	3	3	2011—2015
11. 新疆阿克苏工业园区供排水系统 BOT 项目	供水 30 万 m^3/d，排水 5 万 m^3/d	3	3	2011—2015
三、物流产业				
1. 洋山港物流仓储基地		3	3	2011—2015
2. 保税区外仓储项目		0.5	0.5	2011—2015
3. 长兴捷通码头二期工程		2	2	2011—2015
4. 供应链信息及管理平台		1.5	1.5	2011—2015
5. 长三角物流及仓储中心		2.5	2.5	2011—2015
6. 珠三角供应链服务平台		0.5	0.5	2011—2015
7. 集团所属码头及电厂仓储整合		2	2	2011—2015
四、综合服务产业				
1. 高星级酒店租赁项目	—	1.5	1.5	2011—2015
2. 高星级酒店收购项目	—	3.5	3.5	2011—2015
五、技术服务业				
1. 浙能技术中心实验/试验室建设	建设研发中心、实验/试验室、培训中心	2.52	2.52	2011—2012
六、房地产				
1. 小洋山北侧围垦项目	对小洋山北侧除浙沪确定的 54.8 平方公里以外的区域约 12.47 平方公里，进行围垦开发	80	60	2010—2017
2. 其他具体项目待定	新增土地储备投入	30	30	2011—2015

三、初步融资计划

按照上述规划，“十二五”集团系统控股项目总投资估算合计约 1404 亿元，控股参股合计约

1492 亿元，其中需集团系统承担的资本金出资约 135 亿元。

1. *利用股权融资手段*。电开公司和天达环保上市，利用股权融资手段实现外部融资 110 亿元左右。同时，可考虑引进优质投资者。

2. *扩大债权融资规模*。十一五”末集团已发行的企业债券、中期票据、短期融资券等余额为 132 亿元。根据企业发行债券余额不得高于净资产 40% 的规定，十二五”末集团净资产 790 亿元时具备发行 316 亿债券规模的潜在空间。

3. *提升内源融资能力*。“十二五”年均可实现 30 亿元净利润，按取得 90% 考虑，合计可回流资金 135 亿元。

4. *争取金融机构优惠的信贷融资支持*。加强银企合作，争取优惠的银行信贷支持和金融服务，充分发挥财务公司作为非银行金融机构的桥梁作用，保障各项目融资需求。择机引入保险公司、信托公司等其他融资渠道，寻求较为可靠的低成本资金来源。

“十二五”集团所有控股、参股项目资金筹措情况　　单位：亿元

“十二五”总投资估算		资本金来源		项目债权融资来源					
控股、参股合计	其中：资本金规模	上市股权融资	净利润	财务公司贷款	银行贷款	公司债券	中期票据	短期融资券	其他
1492	222	110	135	1107		160			

“十二五”集团系统控股项目资金筹措情况　　单位：亿元

“十二五”总投资估算		资本金来源		项目债权融资来源					
控股合计	其中：资本金规模	上市股权融资	净利润	财务公司贷款	银行贷款	公司债券	中期票据	短期融资券	其他
1404	135	110	135	1107		160			

注：1. 未考虑引进战略投资者、将部分多元化投资项目和金融股权适时调整和退出以盘活存量、争取省国资委注入资金等融资方式。
2. “十二五”集团发行公司债券、短期融资券的额度、次数及具体融资方式将视需要和政府部门审批情况进行调整。
3. 计算参股项目总投资时，仅考虑集团的资本金出资部分。

四、资本运作计划

实业投资、资本运作并举，运用现代金融产业发展成果，寻找合适的金融平台、低廉的资金成本，走产融结合之路。

（一）大力推动资产证券化，实现轻资产运作。积极推进核心资产证券化。搭建集团电力产业资本运作主平台，引进战略投资者，完成电开公司股份制改造，推进电力主业整体上市；搭建集团环保产业资本运作基础平台，抓紧天达环保建材产业的上市推进工作；综合考虑东南电力、钱江水利下一步的发展，跟踪关注 B 股上市公司回归主板市场的政策动态，用好用足钱江水利上市公司平台，依托省水电集团加快发展水务事业，掌控部分稀缺的水资源；加快培育天然气、可再生能源、房地产等其他资本运作后备资源上市或上市准备，打造电力、环保建材、可再生能源、天然气、房地产等“多点”上市平台，为发展提供更广泛的资金支持和更规范的管理手段。

（二）稳步实施并购重组，优化资源配置。研究资产经营多种方式，进一步提高实业资产经营效益，提升资产流动能力。配合核心资产的上市和板块化管理，理顺内部管理关系，并对集团系统存量资产进行重组整合，优化资源配置。通过资产经营管理公司集中处置和运作集团系统不良资产和停业

歇业企业资产，盘活存量，积极发挥其国有资本经营运作平台作用。对外探索兼并收购的有效途径，尝试兼并系统外存量电源项目和码头货场、船队等物流设施以及城市燃气公司、加油加气站等销售网络资源，形成新建与并购并举的局面。同时，利用合作伙伴的优势，保持自身快速增长的势头。加大与三大石油公司、五大发电集团等央企及富矿省区煤炭资源拥有者的合作力度，以期获得上游资源；加强与中核、中广核及水电、风电资源拥有者的合作，以期快速壮大新能源和可再生能源产业；选择实力较强的合作伙伴，成为其股份制改造和上市融资时的战略投资者。

（三）积极培育金融新平台，拓展产融结合新途径。充分发挥财务公司金融服务平台作用，努力提升金融服务内涵，强化存量资金管理，完善资金管理模式，提高资金归集和监控力度，拓宽服务领域和融资渠道，提高资金使用效率。发挥好香港兴源公司作为集团境外窗口的作用，尽快形成自我发展能力，结合境外拓展的需要，利用海外市场新型金融工具和金融产品，积极寻找适合企业发展的海外优质项目，研究并探索在境外资本市场、金融市场直接融资的可能性和可行性，构建境外融资平台，打通境内外融资渠道，为企业发展提供坚实资金保障。积极寻找适合能源产业特性的新型金融工具和产品，研究适时推动能源发展等产业基金的组建可行性，发挥创投、风投以及战略投资等灵活机制，紧密结合集团主业，发挥专业优势和产业链整合优势，扶持集团乃至全省战略性投资和新兴产业的发展。充分利用国内多层次资本市场体系，增加资本运作途径，探索通过并购等方式再控股一家金融类公司的可能性。在风险可控的前提下，积极尝试提高资本市场的参与力度，为集团发展积累经验。

五、管理创新计划

（一）优化管控模式。在推进板块化管理改革的同时，以“三个转型”为要求，推动集团总部功能转型和职能再定位，结合“一主六辅”七大板块发展定位、产业特点和管控诉求，推进以产业板块专业化管理为导向的管控模式优化，进一步优化集团管控组织架构，建立科学的跨层次责、权、利体系，做到集权有道、分权有序、授权有章、用权有度，发挥多个层次的积极性，提升集团的运作效率。

明确集团的总部职能战略定位。对总部角色进行重新定位，推动职能战略转型，打造基于现代综合型能源供应商定位和以产融结合为主导发展模式的管理总部。总部定位为决策、资源优化配置、投融资、风险控制中心，强化投资决策能力和资源配置能力，将集团的集约化优势转化为创造价值的能力。总部职能转变成战略管理、资产管理与风险控制、业绩管理、财务管理、人力资源规划、协调及共享服务等。

优化集团管控组织架构。“十二五”电力板块全面推开运行，现有煤炭、油气、可再生能源、能源服务业四大板块进一步完善，构筑区域能源、金融及地产两大板块。集团整个管控组织架构中，进一步明确管控框架的层级结构以及各层级责任定位，明确部门的核心职能定位以及部门的职责划分；明确部门的核心岗位设计以及岗位的能力胜任标准，明确职能管控条线中各层级之间的责权分工和定位。

（二）推动体制改革。以优化管控模式、实行板块化管理为契机，通过进一步完善母子公司治理结构，推动体制改革。

在保障集团有效控制的前提下，在业务板块化重组和业务发展的过程中，适当引入战略投资者，推动产权多元化改革，按照企业市场化运作的要求，完善法人治理结构，建立现代企业制度。电力板块通过引入战略投资者，实施股份制改造，力争 IPO 上市。对市场化程度较高的能源服务业，按有进有退原则加大改革重组和退出力度。

（三）加强机制创新。针对各板块、各子公司所在行业的特点、个性和文化，以分类指导、差别考核为基础，在经营责任制考核机制上进一步创新，建立市场化导向的激励与约束机制，完善收入分配制度和用人用工制度，最大程度激发各层级、各板块的积极性。

经营机制创新关键在于业务创新、服务创新和先进的商业盈利模式创新。各业务主体应根据业务发展的要求，进行流程优化和再造，构建与业务相匹配的组织架构和责权利体系，建立适应市场化业务发展的现代化企业制度，提高企业的业务运作效率和市场竞争力，促进业务的快速发展。集团经营机制创新工作重点主要集中在业务市场化程度较高的能源服务、房产等板块和领域。

管理机制创新关键在用人机制、激励机制和分配机制的创新。根据业务发展和组织流程要求，建立以专业化、职业化为导向的工作岗位体系，明确各岗位的工作职责和任职要求，为企业选任用人机制提供明确的参照依据；进行岗位工作价值评估，衡量相对工作价值，并以市场化的薪资水平标准为参照（同行业薪资平均水平、区域薪资平均水平、某类别专业岗位的薪资平均水平等），再根据企业薪酬政策构建企业薪资管理体系；明确各部门各岗位的工作业绩标准，建立科学的绩效管理体系。形成和建立以工作职业发展为导向、以岗位职责和任职资格为标准的唯才是举的用人机制，以工作价值评估为依据、以工作业绩评价为主要参考标准的市场化薪酬分配机制，以集团战略实施为导向、物质激励和精神激励相结合的长效激励机制。

（四）完善制度体系。增强制度竞争能力，以制度建设促管理提升。以制约和监督权力为核心，以提高执行力为基点，整体规划，重点突破，逐步建成内容科学、程序严密、配套完善、有效管用的制度体系，切实提高制度执行力。按照“三化”管理的要求，在管控模式优化创新过程中，根据各自实际，分阶段、分层次来开展制订修订工作，对权利、责任、义务的安排进行科学设计，做到责权利相统一、相匹配。在制度的修订层次上，要把工作流程、工作程序进一步配套结合起来，使每一制度都有相应工作流程。总结实际工作中的成功经验，把实际工作中行之有效的操作方法、操作规程进行归纳、整理、提炼，使之成为指导各项工作的规章制度和管理标准，继续发挥其生命力。不断进行流程的优化与再造，并定期进行制度体系化的梳理和修订，使集团的制度体系与时俱进。

六、人才强企计划

引进与培育相结合，调节存量人才资源，优化增量资源。结合项目开发和业务发展需要，统筹优化人才配置，合理把握母、分、子公司人才引进总量，以能力建设为重心，加快紧缺人才的引进，尤其是大容量高参数燃煤机组、天然气和煤炭技术管理、能源服务业、可再生能源、金融及地产、煤化工等紧缺岗位等方面的人才，形成专业结构合理、年龄梯度优化的各类人才队伍。建立健全网络体系，搭建多渠道培训平台，推进中、高级专业技术人才队伍的培养，进一步加大高技能人才的培训鉴定，重点培育研究开发型专家队伍、高级经营管理队伍、高层次企业家队伍和中高级技工队伍。

建立集团统一的人才交流平台，加大人才流动。采取挂职锻炼（上挂下派）、兼职或任实职等多种方式，合理有序地安排人才在集团本部与系统企业、集团系统企业间、综合部门与业务部门之间多向交流。拓展发展途径，引导员工多渠道成才。逐步加大竞争上岗、公开选聘的推行力度，提高透明度和公信力，推行专家制度，引导岗位成才。

建立、完善和创新适应市场竞争、市场化导向的分配和激励机制，大胆探索和尝试多种要素参与分配的全新分配方式，使职工收入与企业效益、与个人业绩挂钩，切实做到激励到位、约束有效，充分发挥广大干部员工的积极性和创造性。

“十二五”集团各产业（板块）人力资源规划表

产业/板块名称	人力资源现状（2010）	2011—2015自然减员	期末人力资源总数	2011—2015新增人力资源需求量		
				总计	培养（内部调剂）	引进（含高校毕业生）
电力板块	10600	780	11700	1880	780	1100
煤炭板块	150	10	260	120	10	110

（续）

产业/板块名称	人力资源现状（2010）	2011—2015自然减员	期末人力资源总数	2011—2015新增人力资源需求量		
				总计	培养（内部调剂）	引进（含高校毕业生）
油气板块	245	5	570	330	5	325
可再生能源板块	195	5	240	50	5	45
能源服务板块	2020	50	2780	810	50	760
区域能源板块	0	—	3000	3000		3000
金融及地产板块	160	20	240	100	20	80
小计	13370	870	18790	6290	870	5420

备：1. 人数为全口径统计数；

2. 后续煤矿、煤制气等人员均列入区域能源板块；

3. 实际用人计划、数量和用工性质据实调整安排。

第五章 政策建议与保障措施

一、**积极争取政府支持，谋求良好发展环境**。积极争取政府相关部门对集团在对外投资、项目安排、产业规划、资金扶持、政策处理等方面给予支持。

鼓励对外能源合作。积极支持和鼓励集团走出省界、迈出国门进行投资开发和收购、兼并、重组，赋予项目投资审批、考核等方面的便利政策，允许企业非过失、合理审慎努力后出现的投资失败，探索建立前期项目风险投资基金。建立健全省政府与富煤省区政府间的合作互访机制。

支持企业产业发展。电力产业整合我省电源点资源，重点支持集团大型煤电、分布式能源、气电、水电、风电等新项目建设，给予足够“压小”容量指标和厂址资源，以优化电源结构和布局；核电领域加强建设规划，加大集团核电投资比例（均股或参大股建设）；煤炭产业为集团获得省外资源搭建平台，统筹考虑我省受电容量、电力需求等市场资源，优先满足集团走出去建设电源项目，掌控煤炭资源，并从政府层面大力推动。天然气产业在巩固供气格局、项目审批、征地拆迁方面给予支持，省里自行批准建设杭金衢段省级输气管线，形成省级输气环网，支持以集团为主开发城市燃气、汽车加气项目和第二 LNG 接收站项目。油品产业推动与中海油等油气央企的合作，落实高层会谈纪要，优化配置成品油码头、储运和营销设施建设资源，积极培育省属石油经营骨干企业，支持集团建设与供应水平相适应的一批油库和加油站，初步形成销售网络，营造适合集团油品产业发展、形成有序竞争的环境。可再生能源产业支持集团建成省内近海风电示范项目，直接授予滩坑水电站流域上、下游梯级水电站的开发权，进一步整合省内国有水电、风电资产。

出台节能减排配套政策。引导和规范天然气下游利用市场开发，出台淘汰小型燃煤锅炉、鼓励天然气汽车等促进天然气利用的相关政策；出台火电厂烟气脱硝电价补贴的政策；出台可再生能源发展和循环经济项目的扶持政策；出台鼓励中水回用的优惠政策。

理顺能源价格机制。出台煤电、气电、油电等联动上网电价政策；建立与上游价格联动的天然气销售价格机制。完善天然气分类用气价格体系，优化价格结构，建立较为完备的多层次价格机制。

扶持集团优质资产上市，优先纳入省上市规划。推动大型经营和消费企业间滚动储备，建立煤炭、油品储备机制。

二、**进一步夯实安全基础，确保企业安全运行**。坚持安全发展的理念，深入贯彻“安全第一、预防为主、综合治理”的方针，努力开创集团安全生产工作新局面。充分认识到新形势下能源安全生产的特点和规律，夯实安全生产工作基础，坚决杜绝重特大生产安全事故，最大限度减少较大和一般生产安全事故，改善职工劳动条件，确保职工生命安全。全面落实安全生产监管责任制，切实加强能源产业的安全生产管理，加大技术改造、检查排查和整改落实力度，保持和改善设备性能，确保设备安全可靠运行，争取各项安全生产指标处于行业领先地位。不断健全和强化安全管理机构和专业队伍，狠抓宣传教育，增强安全意识，提高全员安全生产素质，监督管理。建立安全管理应急预案。

通过投资等方式，向上、下游延伸拓展能源产业链，力争掌控一定的上游资源，中游生产和储运设施、下游营销网络，提高我省能源安全供应保障能力。通过依法治企、科学决策，有针对性地建立和完善管理体系，有效控制企业经营中的用人、投资、财务、技术和法律等风险。通过深入细致工作、合适工作方式，依法办事，从源头上控制不稳定因素，稳妥推进各项改革重组工作，切实做好维稳工作。

三、**加强自主创新，构建导向型技术支持体系**。以增强掌控技术来源和核心技术能力为重点，结合发展和实际工作中的热点、难点及制高点问题，通过产学研合作、引进技术的消化吸收再创新、科技成果孵化转化以及研发机构和创业团队建设，强化自主创新能力，提高技术支撑能力。

结合海创园项目进驻，整合集团技术中心、兴源研究所等技术力量，加强政策动向、行业发展趋势与需求预测、管理创新方面的软课题研究，加强与省政府部门、高校和专业研究机构的合作；加快煤电（超超临界发电相关新技术、新装备的应用技术研究、现有设备扩容增效、优化控制、可靠运行、变频改造等节能技术）、新能源和可再生能源、化石能源清洁高效利用和循环经济技术（工业三废综合利用，碳捕集（CCS）和封存、脱汞、脱硫、脱硝催化剂、海水淡化、中水利用）、信息化技术（包括远程诊断技术）等方面技术攻关和产业化，建设绿色环保技术支撑体系。

四、积极构筑党建“六大平台”，服务企业科学发展。以完善“大党建”工作格局为统领，构筑机制优化平台，实行党建工作好做法、好经验及时总结提炼和长效机制持续改进，深化党建信息化管理，促进企业党建高质高效运作；以学习型党组织建设为载体，构筑立体教育平台，拓宽学习实践渠道，实行网上在线教育和多形式锻炼，提升领导人员、党员和党务工作者综合素质与能力；以增强党建活力和成效为目标，构筑党建创新平台，加强政研工作，引入新理念、新方法，深化“五大工程”建设，进一步提升浙能党建品牌；以创先争优为途径，构筑动力加注平台，通过深化评先评优活动，建立党建工作示范群，引导各级党组织加强先进性建设，发挥党建优势；以民主关爱为主题，构筑优质服务平台，通过深化党务公开，推广“公推直选”，建立党内关爱机制，开展志愿服务活动等，进一步保障党员权益，营造民主和谐氛围；以运用现代网络信息技术为手段，构筑多维宣传平台，通过办精办好企业内部新闻媒体，加强与省级媒体战略合作，进一步深化新闻宣传工作，强化对企业改革发展的舆论支撑。

五、推进企业法治建设，完善反腐倡廉与风险防范体系。加强风险防范体系建设。建立和完善以组织结构科学、管理流程顺畅、制度设置规范、控制程序精细为特征的全面风险管理体系，推进定期风险监测与评估，形成良好的风险管理文化。调整优化法律风险防范和管理流程，按照积极稳妥、程序到位、风险可控的原则，将法律事务管理和法律风险防范工作与集团其他管理工作有机结合，切实有效地防范和控制法律风险。2011—2012 年建立风险防范制度体系并实施，2013—2014 年分析评估并逐步完善，2015 年全面深入贯彻落实并验收。

建立健全目标明确、教育扎实、预警及时、决策科学、制度健全、监督到位、奖惩得当的自我约束机制，完善反腐倡廉与风险防范体系。按照教育引导、制度监督、审计办案的职能区分，调配纪检、监审力量，发挥整体合力。以基建工程投资、大宗物资采购、废旧物资处理、大型维修项目、关联交易、资产处置及干部提拔任用等为重点，加强监管，严密监控。加强领导人员及关键岗位人员的党性修养、职业操守教育，提高法制意识、预防职务犯罪，树立和弘扬良好作风，推进“廉洁诚信、依法经营”的企业廉洁文化建设。

六、扎实推进企业文化和品牌建设，增强企业发展软实力。从企业战略高度出发，进一步完善并深入实施集团《企业文化建设规划》，推进浙能和谐文化建设。根据愿景、战略、理念、精神、标识、品牌“六统一”原则，整合集团系统企业文化资源，推进母子公司文化衔接，在建立统一协调公司形象的基础上，创建母文化框架下特色鲜明的各种子文化，丰富浙能文化体系，延展浙能文化内涵。深化集团企业文化核心理念的宣贯与导入，将企业文化核心理念渗透到企业管理的各个层面，物化到具体制度和规范中，通过文化植入推动管理优化，通过管理深化促进制度标准与价值标准的协调同步。推行集团领导人员行为规范、党员行为规范和员工行为规范，使之成为全系统广大员工的内在共识和自觉行动。加强企业文化载体建设，开展富有浙能特色的企业文化系列活动，增强文化的辐射力、感染力和渗透力。利用企业宣传载体和社会新闻媒体，广泛传播浙能文化，弘扬浙能文化。加大品牌培育投入力度，加强品牌体系管理维护，提升“浙能”品牌。

七、深入宣贯和细化大能源战略，确保规划顺利实施。充分利用集团各种媒体、各种会议等形式，继续加强对大能源战略的宣贯，深化对大能源战略的理解和认识，大力推进“十二五”规划的宣贯和执行。集团各级组织、各职能部门应据此重新进行评估和研究各自工作，制定规划实施相应的配套举措，使规划落到实处，在确保思想行动一致的前提下加快推进执行，建立相应的考核机制，实现上下合力、共同发展的局面。

根据形势发展需要，做好规划的滚动编制工作。完善“十二五”规划制订、实施、评估和滚动修编协调机制，加强规划管理，提高规划的前瞻性、指导性、纲领性、准确性和可操作性，切实维护集团“十二五”规划的权威性和严肃性。在滚动修编的基础上，着手开展“十二五”规划执行情况评估和“十三五”规划研究、编制工作。

附　　件

附件一：主要竞争对手比较分析

以集团核心及重点业务为因子，选取各业务领域的领先者进行比较分析。电力主业选择华能和大唐发电集团、煤炭产业选择神华集团、油气业务选择中石化。需要说明的是，因其他企业相关指标的2010年数据未能采集充分，该部分数据暂仍采用截止2009年年底的数据。

（一）电力产业比较

华能和大唐都是电力央企，实力雄厚，分别位列五大电力集团第一、二位，均入选了《财富》杂志评出的2010年“世界500强”，总装机容量均已突破1亿千瓦。两大电力集团都在大力推进煤电一体化、加大资本运作、加速优化电源结构和“积极走出去”参与国际竞争。

（1）华能和大唐都抓住国家新一轮新疆开发的重大历史机遇。未来10年华能将在新疆投资1000多亿元，开发准东、吐哈两大能源基地及一系列煤电气和新能源项目，大唐将投资1500亿元以上加快新疆能源开发，建设煤炭基地、煤电基地以及煤制天然气、煤化工基地。

（2）华能和大唐都加大资本运作。拟分拆旗下新能源公司在香港上市，并实现已有上市公司的股票增发，以获得更多低成本资金，降低目前80%左右的资产负债率。

（3）华能和大唐都在加快调整电源结构的步伐。华能将推进大中型水电和核电项目建设，做好基地型和效益型风电项目建设，大唐将全面加强核电能力建设。

（4）华能和大唐都在积极谋划开展碳交易、应用低碳技术。从战略上作超前谋划，推进有关“十二五”的企业发展规划，确保相关发展项目纳入地方及国家能源发展规划。

（5）华能和大唐都实施集团化运作的体制和机制。基本上构建了集团、分（子）公司、基层企业三级责任主体的管控模式，并且在专业化改革方面都进行了积极探索，逐步推行专业化管理，优化资源配置。

浙能集团的资产利润率与销售利润率均高于两大发电集团（见附件表1），资产负债率（49.2%）更为合理。集团的电力资产主要集中于浙江省，在省内市场份额高于华能和大唐，集团控股装机容量占省统调装机容量3601万千瓦的51.3%，发电量占全省电力消费总量的34.4%、统调发电量1631.16亿千瓦时的50%。集团积极拓展能源产业链一体化，开拓煤电一体化项目、提高煤炭资源的掌控力度，以破解煤电困局。集团积极加强与新疆的区域能源合作，与阿克苏政府签订了装机达405万千瓦的火电项目，与昌吉州签订经济合作框架协议，将在准东地区建设规划规模40亿立方米煤制天然气项目和4×100万千瓦燃煤发电项目。集团加大资本运作，在以财务公司为平台加强资金集约化管理、降低融资成本的同时，积极推进电开公司和天达环保上市，加快实施产业整合和资产重组，提高资产证券化率，缓解未来快速发展潜在的资金压力。集团积极优化电源结构，在保持火电装机规模稳步增长的基础上，优先发展水电、风电等可再生能源，大力发展核能发电，适度发展天然气发电和可再生能源。集团重点提高机组装备脱硫脱硝设施的比率，着重发展烟气净化、碳捕获等项目。集团推进五大板块专业化管理改革，调整完善集团管控模式。集团将目标市场拓展到国内，积极参与国际能源市场、在全球化中寻找机遇。

附件表1　电力产业指标比较

指标	浙能集团	华能	大唐
1. 资产总额（亿元）	1002.1	5694	4778
2. 营业收入（亿元）	409.3	1787	1515
3. 业务利润（亿元）	55.7	60.86	22.8
4. 装机容量	1847.56	10438	10017
5. 可再生能源装机比重	3.93%	15%	17.95%
6. 发电量（亿千瓦时）	886.35	4201	3898.54
7. 60 万千瓦以上燃煤机组占比	60%	40.20%	47.40%
8. 供电煤耗（克/千瓦时）	328.8	327.7	328.41
9. 脱硫机组占比	100%	92%	100%
10. 脱硝机组占比			11.14%
11. 煤炭产能（万吨/年）	1500	4772	700
12. 控股煤炭储量（亿吨）		400	166.6
13. 内涵式资本运作平台	浙能财务公司	华能财务公司	大唐财务公司
14. IPO 上市	东电 B	华能国际，内蒙华电，ST 能山	大唐发电，桂冠电力，华银电力

（二）煤炭产业比较

神华作为全国最大煤炭企业、全球最大煤炭供应商，通过煤炭产、供、销、运一体化（见附件表2）和煤电一体化，产业链两头延伸，实现了超常规跨越式的发展，形成了煤、路、港的协同效应和煤、电业务的协同效应，一体化的运输网络保证了煤炭的顺利运输，自身电力业务即是其煤炭业务最大的购买者、有效避免了定价纷争，电厂主要分布在矿区、铁路沿线以及我国经济发达和电力需求旺盛地区。早在 2005 年，神华即通过增资收购了新疆乌鲁木齐矿业（集团）有限责任公司，组建了神华新疆能源有限责任公司，全面进入新疆煤炭工业领域，计划 2010 年在当地的原煤产销量达 3000 万吨。

与神华相比较，浙能集团应充分利用自身市场优势，继续提高对煤炭资源的掌控力度。集团初步形成了煤炭投资开发、采购、存储、运输、港口中转、销售一体化的格局，积极加强与富能省份尤其是新疆的区域合作，占领了省煤炭集运主要岸线丰富的港口资源，控股海上运输公司（见附件表 2），以保证已投资项目尽快形成实际产能并为公司所用、为浙江省所用。

附件表2　煤电一体化比较

产业链环节	神华	浙能集团
煤炭生产	32759.68 万吨	参控股煤矿产能 1500 万吨/年
煤炭采购（万吨）	很少	3345.2
煤炭销售（万吨）	35719.55	3363.6（市场煤 102.6，电煤 3261）
铁路运输	自营铁路 1369 公里，铁路周转量 1360 亿吨公里	集团电煤运输保障铁路依赖度约 16%，拥有 384 辆自有货运车辆（自备列车皮）
港口中转	海港黄骅港和神华天津煤码头，装船量 10441 万吨	舟山煤炭中转码、嘉兴独山港煤炭中转码头，年吞吐能力 6000 万吨，煤炭接卸 1500 万吨/年
航运		控股富兴海运公司，营运能力 40 万吨，占总运力 30% 以上
煤化工	甲醇项目，煤焦油项目	煤制天然气
电力	装机 2681.79 万千瓦，发电 1188 亿度	装机 1847.56 万千瓦，发电 851.24 亿度

（三）油气产业比较

中石化拥有我国成品油的最大分销网络，在浙江省成品油零售市场中占有 80% 以上的份额，销售网点遍布全省。其浙江公司 2009 年销售各类油品 1250 万吨，商品销售纯收入为 663 亿元，拥有定位成品油库 29 座，已开通镇海-杭州、金山-嘉兴-湖州成品油长输管线。中石化 2009 年生产天然气 84.68 亿立方米，占全国天然气产量的 10%，其重点工程川气东送工程是我国又一项天然气远距离管网输送工程，已于 2010 年 8 月 31 日正式投入运营，年输送天然气量可达 120 亿立方米，成为浙江省天然气供应的重要气源之一。

浙能集团于 2008 年末成立浙江浙能石油新能源有限公司，为在一定程度上调节和保障省油品市场的供应，正多渠道落实油源，尽快获得成品油批发资质，加快落实新建高速公路 20%（中石化、中石油分别占 40%）比例加油站的建设，初步形成成品油销售网络。集团控股浙江省天然气公司，作为省天然气管道建设和经营的主体，依照建、输、购、销上下游一体化的发展模式，坚决维护“多气源一环网”的格局，积极加强与省发改委、省物价局等省级部门以及地方政府相关部门的沟通联系，2009 年销售天然气量达 19.06 亿立方米，累计建成天然气支干线管网 500 公里，全面加大对城市燃气和汽车加气业务的开拓力度。

附件二：业务格局综合分析

1. 通过各战略业务单元在 GE 矩阵（行业吸引力和企业竞争力二维矩阵模型）中所处的位置（附件图 1），各战略业务单元的战略发展优势地位如下：

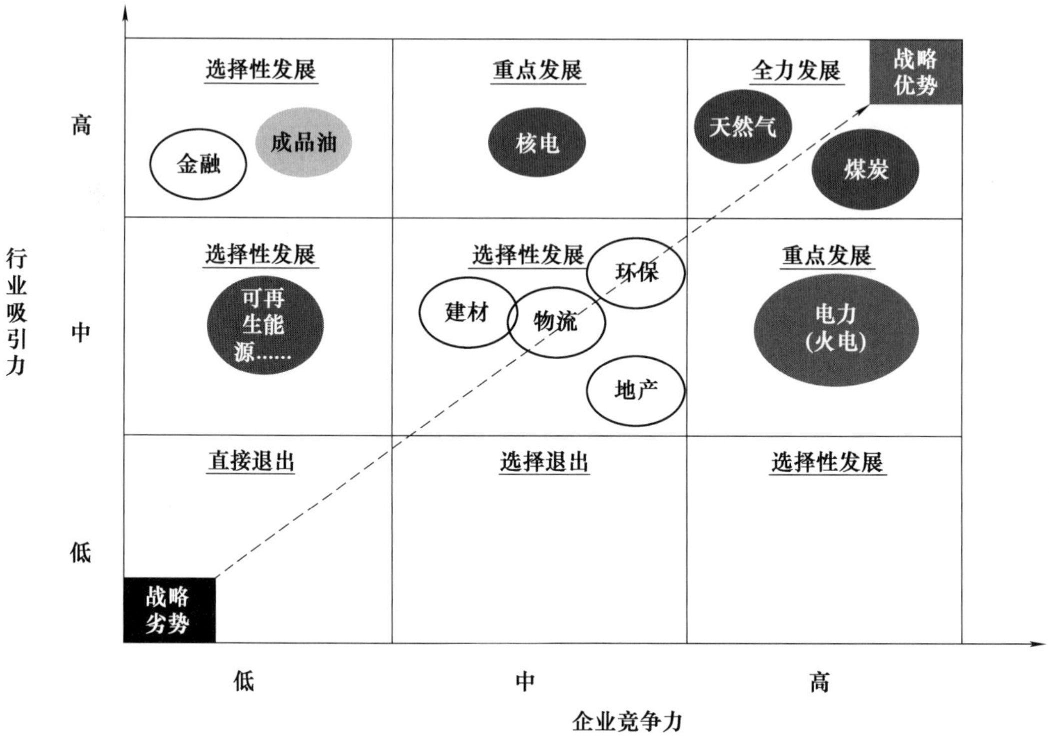

附件图 1

2. 根据集团是省属国企属性和大型能源企业集团的特点，利用“责任定位”分析模型，从集团赋予的定位和所承担政府职能两个维度，以上部分业务在集团战略发展定位如附件表 3。

附件表3　业务责任定位表

业务种类	集团赋予的定位	承担政府职能
成品油	大能源战略中，能源保障多元化的一个重要组成部分	保障浙江省区域经济发展能源安全
可再生能源	大能源战略中，能源保障多元化的一个重要组成部分，是未来优先发展方向	承担着发展清洁绿色能源的政府社会责任
金融	集团产融结合发展模式转型的重要支撑	无

3. 根据责任定位模型（按照集团赋予定位和所承担政府职能二维矩阵模型），对部分战略业务单元的战略定位进行校正（附件图2）

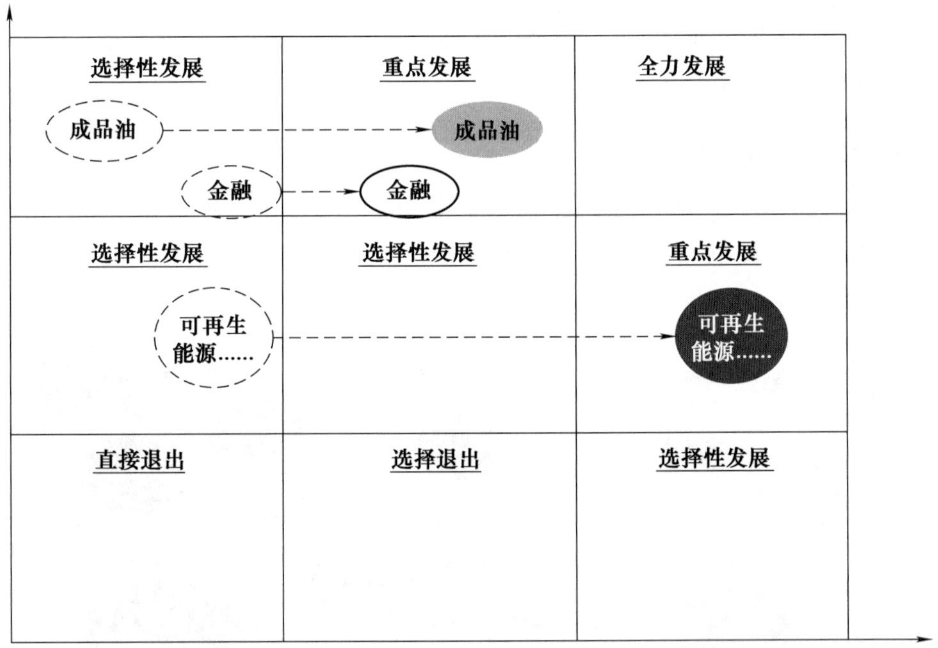

附件图2

综上，对各战略业务单元战略发展优劣势及在集团未来发展中的战略定位情况如下：

电力业务板块。作为集团大能源战略中的核心支柱产业板块，尤其在燃煤发电领域集团拥有较强的竞争力，主要体现在：区位优势、市场占有率（浙江区域市场）、规模经济、管理优势（人才和技术）等方面，是集团重点发展的产业板块；但是受制于一次能源的资源缺乏掌控、国家的能源产业结构调整政策和节能减排政策的影响，火电业务领域未来的发展空间存在一定的局限性，“十二五”主要处于稳步发展阶段，是集团利润和现金流的主要贡献者。但随着集团其他产业兴起，预计贡献率会有所下降。其中，核电将成为未来大力发展的产业，争取形成对电力主业做强做大的重要支撑，但目前集团无论从资质上，还是在核心技术、管理能力方面都有较大的差距。

煤炭业务板块。作为集团核心电力主业的上游延伸业务和占70%左右成本的燃料基础，煤炭业务板块具有较强的战略发展优势，主要体现在以下几个方面：一是依托坚实的电力主业的煤电一体化发展优势；二是依托浙江省区域经济快速发展对煤炭资源的增长需求优势；三是依托集团在浙江省区域的煤炭物流方面优势——具有一定的港口、岸线、市场资源优势和管理优势；四是依托政府政策支持，在区域能源合作中争取良机。该板块在“十二五”处于快速扩张阶段。

油气业务板块。天然气业务具有较强的战略发展优势。外部环境方面，加快发展天然气已经是保障能源安全和推动节能减排的现实选择；“十二五”国家将考虑发挥价格杠杆调节作用，鼓励以气代油，促进天然气产业发展，使目前天然气在我国能源消费结构中的比重由4%提高到8%，天然气业务发展将迎来新一轮的快速发展高潮。内部优势方面，得益于政府的大力支持以及集团在省内管道的相对垄断优势（全省天然气的总买总卖方）和政策优势，秉承“依托上游，做实中游，开拓下游”，大力开拓城市燃气市场，“十二五”处于快速发展阶段。只要现有格局能够维系，天然气业务将成为集团未来一个重要的业绩贡献者和利润增长点。相比较而言，油品业务并不具有一定的战略发展优势，一方面是由于油品业务产业链上游企业处于强势垄断地位；另一方面，产业下游相对分散，缺乏相应的资源来支撑集团该领域竞争优势的形成。“十二五”油品业务仍处于战略培育期。

可再生能源板块。单纯从业务发展角度可再生能源虽然缺乏战略发展优势，但它属于集团核心主业发展定位范畴，承担着优化集团能源产业结构的重任，具有极强的产业发展战略意义，是集团未来重点的产业培育业务。应立足省内，利用浙江电力市场优势走向国内外，以常规水电开发与运营为主，积极参与开发抽水蓄能电站，加大风电尤其是海上风电开发力度，积极拓展生物质能、水务业务，筹划储备潮汐能、洋流能等可再生能源项目。

能源服务及其他板块。

——**新型建材业务**。集团在新型建材业务方面具有较强的战略发展优势，尤其是发展以节能、环保的绿色、低碳、循环经济为特色的新型建材具有极其广阔的市场发展前景，同时与集团的其他核心主业形成协同效应，应该成为集团重点培育的产业之一，伴随着IPO上市，“十二五”建材业务同样处于快速成长期。

——**环保工程业务**。环保工程业务同样具有较强战略发展优势的业务，一方面，国家政策层面加快调整产业结构、转变经济增长方式、大力发展低碳经济的一系列要求，为环保业务发展创造了良好的发展环境和发展空间，另一方面，集团在环保业务方面已形成一定的规模经济和先发优势，电力板块核心业务也为其发展提供有力的支持；“十二五”环保业务处于快速成长期。

——**金融服务业**。尽管金融服务业务本身并不具有很强的战略发展优势，但其作为集团向产融结合发展模式转型的重要平台支撑业务，具有极强的战略意义，从这个意义上讲，金融业务也将成为集团“十二五”规划中重点发展培育的业务之一，成为集团向产融结合发展模式转型的一个重要的支撑点。

——**房地产业务**。房地产业务具有一定的战略发展优势，一方面，由于房地产业是我国经济发展的支柱性产业，尤其在中国处于加速的城市化进程的过程中，房地产业拥有一定发展机遇；另一方面，集团独特的优势和资源能力有助于促进房地产业的积极稳妥发展，房地产业将成为集团未来发展的重要业务之一。

附件三：产业板块发展策略

1. 电力板块发展策略

发展定位：大能源战略中的核心主业，集团业绩和利润主要贡献者。

发展策略：加快发展环保型燃煤发电、安全发展核电、积极拓展分布式能源、适度发展气电、着力推进供热改造、全面实施污染物减排和节能降耗，继续推进清洁发展机制（CDM）项目开发和合同能源管理。

2. 煤炭板块发展策略

发展定位：集团未来重点发展的成长性业务，也是电力主业的配套业务，主要是保障电力主业的煤炭供给。

发展策略：增强煤炭资源掌控能力为手段，投资和贸易并举，提高煤炭自给率为目标，实施

"走出去"战略、加强区域（内蒙、山西、陕西、新疆、宁夏、安徽等）和国际（土耳其、澳大利亚、俄罗斯、印尼等）合作，充分利用在煤炭投资、采购、存储、运输等方面已有优势，整合资源，逐步形成电煤投资开发、采购、存储、运输一体化格局。近期工作重点在"三西"、安徽和国外，新疆煤炭实质性开发取决于国家三网（铁路网、电网、输气管网）建设，"十二五"主要是锁定资源，为"十三五"打好基础。

3. 油气板块发展策略

（1）天然气业务

发展定位：集团未来重点发展的明星业务，是基础性能源多元供给保障的重要支撑之一。

发展策略：天然气产业秉承"依托上游，做实中游，开拓下游"，坚持"六统一"原则，努力实现"多气源一环网"的管网布局，大力开拓城市燃气项目。

（2）油品业务

发展定位：集团未来重点产业培育业务，是基础性能源多元供给保障的另外一个重要支撑。

发展策略：石油产业大力推进油源落实、资质取得与储运售系统布点，建设与供应水平相适应的一批储油库和加油站，争取在成品油批发、零售上早日获得突破，成为浙江省供油骨干企业之一。

4. 可再生能源板块发展策略

发展定位：集团未来重点的产业培育业务，承担着优化集团能源产业结构的重任。

发展策略：配合集团优化电源结构，提高比重。立足省内，利用浙江电力市场优势走向国内外，以常规水电开发与运营为主，积极参与开发抽水蓄能电站，加大风电尤其是海上风电开发力度，积极拓展生物质能、水务业务，筹划储备潮汐能、洋流能等可再生能源项目。

5. 能源服务业板块发展策略

发展定位：集团未来的成长性业务之一，承担着集团通过科技创新发展绿色循环经济的重任，拓展国际工程承包业务，为集团的市场化业务的发展和体制机制创新探索出一条新路来。

发展策略：在满足集团内部需求的同时，逐步加大对外市场开拓力度，配合集团开展资本运作。依托主业副产品、内部市场、集团系统电厂设备物资、备品备件采购需求、港口和铁路渠道以及上海、香港物流公司平台，构建大环保和大物流两大支柱产业，稳步积极地发展工程建设及技术服务业务，稳健经营能源产业链上相关业务共同发展。

6. 区域能源板块发展策略

发展定位：作为集团发展的重点，是集团实现"走出去"战略，获得更大发展空间的关键。

发展策略：作为浙江省能源保障、能源投资开发、对外能源合作的平台和窗口，抓住国家鼓励区域经济合作和新一轮开发新疆、支援西部建设的战略性机遇，依托省委、省政府的支持，使新疆等省区煤炭、天然气资源合作项目尽快取得突破性进展，为集团"走出去"战略迈出坚实的一步。同时，积极开拓海外业务。

7. 其他培育亮点产业板块发展策略

各培育产业板块发展定位：金融地产板块主要以发展金融服务业为主，重在集团层面构建专业的投融资能力和资本运作能力，为集团实现产融结合战略搭建一个专业化的运作平台。海洋经济是集团未来培育发展的另外一个着力点，重在资源获取和产业布局，优化集团未来的产业结构：

金融及地产板块发展策略：充分发挥财务公司的金融服务平台作用，积极推动浙江省能源发展产业基金的组建，搭建集团其他战略性投资和新兴产业培育平台。抓住在我国城市化进程中房地产面临的机遇，依托集团独特的优势快速发展，积极稳妥地发展房地产业。

同时，把握浙江省在大力发展九大战略性新兴产业、海洋经济过程所形成的新的发展机遇和未来新的经济增长点，优选在未来具有极大发展前景的海洋经济种子业务进行战略性的投资和产业培育。

附件四：附表

附　　表

附表1　浙江省能源集团有限公司组织架构一览

部门	产业板块	直接控股的一级企业（按板块方案划转完成后）	
1. 办公室 （行政服务管理中心） 2. 战略研究与法律事务部 3. 计划发展部 （电力项目前期工作办公室） 4. 组织（人力资源）部 5. 财务部 6. 生产安全部 （信息中心） 7. 工程部 8. 资产经营部 9. 政治工作部 （新闻中心） 10. 监察审计部 11. 工会	1. 电力板块 （电力开发有限公司） 2. 煤炭板块 （煤炭及运输分公司） 3. 油气板块 （天然气石油分公司） 4. 可再生能源板块 （可再生能源分公司） 5. 能源服务板块 （科工与服务产业分公司） 6. 其他 （视需待设）	1. 浙江省电力开发公司 2. 浙江富兴海运有限公司 3. 浙江省煤炭开发公司 4. 浙江富兴电力燃料有限公司 5. 浙江浙能煤运投资有限公司 6. 浙江浙能嘉兴港煤炭物流有限公司 7. 浙江兴源投资有限公司 8. 香港兴源投资贸易有限公司 9. 浙江天达环保股份有限公司 10. 浙江天虹物资贸易有限公司 11. 浙江省电力建设有限公司 12. 浙江省水利水电投资集团公司	13. 浙江省能源集团财务有限公司 14. 浙能资产经营管理有限公司 15. 浙江国信控股集团有限责任公司 （浙江省浙信房地产有限公司） 16. 浙江浙能洋山建设开发有限公司 17. 浙江省天然气开发有限公司 18. 浙江省石油新能源公司 19. 浙江天然气南方管网公司（代管） 20. 浙江省能源集团城市燃气有限公司 21. 浙江浙能天然气运行有限公司 22. 淮浙煤电有限责任公司 22-1. 凤台发电分公司 22-2. 顾北煤矿 23. 浙能新疆能源项目筹建处

附表1-1　电力板块组织架构一览

浙江省电力开发有限公司		
控股或管理		参　股
1. 浙江浙能北仑发电有限公司 2. 浙江浙能嘉兴发电有限责任公司 2-1. 浙江嘉源电力工程有限公司 3. 浙江浙能嘉华发电有限责任公司 4. 浙江浙能镇海发电有限责任公司 4-1. 宁波发电工程有限公司 4-2. 宁波市镇海热力有限责任公司 5. 浙江浙能温州发电有限责任公司 5-1. 乐清市嘉隆发电有限公司 5-2. 乐清市瓯越电力工程检修有限公司 6. 浙江浙能钱清发电有限责任公司 7. 浙江浙能镇海联合发电有限公司 8. 浙江浙能镇海天然气发电有限责任公司 9. 浙江浙能金华燃机发电有限责任公司 10. 浙江浙能兰溪发电有限责任公司	11. 浙江浙能乐清发电有限责任公司 12. 浙江浙能宁波天然气发电有限责任公司 13. 浙江浙能中煤舟山煤电有限责任公司 14. 浙江浙能绍兴滨海热电有限责任公司 15. 黄岩热电有限公司① 16. 浙江东南发电股份有限公司 16-1. 台州发电厂 16-2. 萧山发电厂 16-3. 浙江浙能长兴发电有限公司 16-4. 台州市海天电力工程有限公司 16-5. 台州市联源热力有限公司 16-6. 浙江华隆电力工程有限公司 16-7. 浙能新疆阿克苏电厂项目筹建处 17. 浙江浙能富兴燃料有限公司②	1. 国电浙江北仑第一发电有限公司 2. 杭州华电半山发电有限公司 3. 舟山朗熹发电有限责任公司 4. 浙江国华浙能发电有限公司 5. 核电秦山联营有限公司 6. 秦山第三核电有限公司 7. 温州燃机发电有限公司 8. 国电浙江北仑第三发电有限公司 9. 浙江大唐乌沙山发电有限责任公司 10. 浙江三门核电有限公司 11. 浙西核电项目筹建处 12. 中核辽宁核电有限公司 13. 浙江温州特鲁莱发电有限责任公司

① 黄岩热电有限公司股权由浙能资产经营管理公司持有。
② 浙江浙能富兴燃料有限公司由煤炭及运输分公司管理，但其股权、资产隶属于电力板块。

附表2　浙江省能源集团有限公司“十二五”电源项目投产计划表　　单位：万千瓦

序号	项目名称	建设规模	2011	2012	2013	2014	2015
1	嘉电电厂三期	2×100	100	100			
2	绍兴滨海热电厂	2×30	60				
3	舟山六横电厂	2×100		100	100		
4	台州第二电厂	2×100			100	100	
5	温州电厂“上大压小”	2×66			66	66	
6	新疆温宿轻纺城电厂	2×13.5+1×10				27*	10*
7	新疆拜城电厂	2×66					66*
8	凤台电厂二期	2×66			66	66	
9	龙泉生物质能发电	2×1.5		3			
10	风电						
	（1）慈溪二期	23×0.15					3.45*
	（2）镇海风电场	10×0.15					1.5*
	（3）海上风电	20					20*
11	水电（自建或并购）	28.32			5	5	10*
12	其他						
	（1）燃煤电厂新建、扩建项目						100*
	（2）燃气电厂、热电或分布式能源项目（6F机组）	2×3×10					30*
	合　计		160	203	337	264	240.95

注：若能按上表计划实施，预计“十二五”集团将投产电源项目1204.95万千瓦，但表格中标有“*”符号风电、水电、新疆燃煤发电、其他新建或扩建燃煤、燃气（热电、分布式能源）电厂合计267.95万千瓦装机存在不确定性。

关于下达浙能集团“强总部”建设方案的通知

浙能战略〔2013〕532 号

集团各部门，公司系统各板块企业、各单位：

《浙能集团“强总部”建设方案》(含煤炭、油气、可再生能源与能源服务板块管控优化方案)已经集团公司董事会审议通过，现印发给你们。该方案将于 2014 年 1 月 1 日正式实施，请各部门和有关单位认真落实方案要求，切实履行各自职责，加强沟通协调，确保各项工作顺利对接。各板块管理公司要积极组织板块内营运企业深入学习方案精神与内容，提出配套的板块内部管理措施，并及时反馈执行中所遇到的问题。

附件：1. 浙能集团“强总部”建设方案
2. 煤炭板块管控操作优化方案
3. 油气板块管控操作优化方案
4. 可再生能源板块管控操作优化方案
5. 能源服务板块管控操作优化方案

浙江省能源集团有限公司

2013 年 10 月 24 日

浙能集团“强总部”建设方案

ZHEJIANG ENERGY
浙江能源

二〇一三年九月

目　　录

第一章 浙能集团管控现状分析

一、集团现有管控模式的特点及优势

（一）集团现有管控模式符合现代企业发展规律

纵观大多数现代跨国企业的发展史，大致都会经历幼小、成长、成熟、再兴或到衰亡的阶段，其中以成长期向成熟期过渡的阶段最为重要。在这个过渡阶段，随着自身发展需要与市场规模的快速提升，企业往往会从单一产品及区域经营模式向多元化、跨区域发展转变，而管理模式也将从功能型组织向板块（事业部）型组织靠拢（如图1所示）。相较之下，集团已从成立初期的浙江省发电业务综合管理型企业，逐步走上多元化、跨区域发展的道路；从以往专注于单一行业的集权式管理方式，转向相对分权、提升专业化水平、注重产业协调发展的管控模式。这与那些“百年老店”（诸如通用电气、英国石油、日本三菱等）在成长期向成熟期过渡阶段的做法基本一致。可以说，集团当前实施的板块化与专业化管理改革，完全符合历史规律与企业成长趋势。

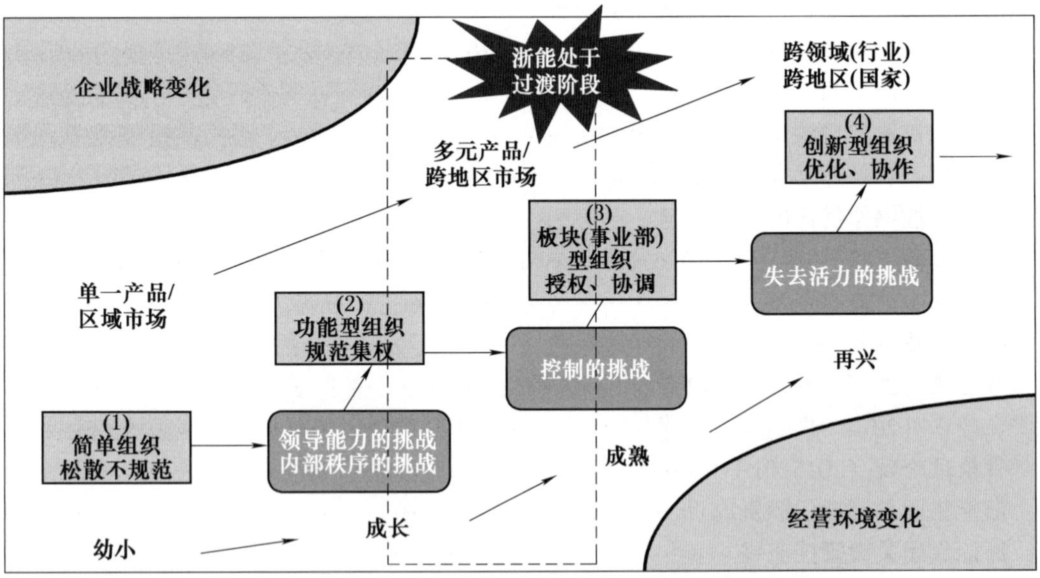

图1 企业成长模型

（二）集团现有管控模式符合行业与企业自身发展需要

现阶段，国内外能源企业正面临着深层次的结构性调整与发展模式转变的挑战，主要表现在：一是随着能源需求的不断攀升，能源资源稀缺性要素日益凸显，能源保供压力与日俱增，能源企业不得不千方百计提高能源的保障能力，以有效履行社会责任；二是在节能减排方面，能源企业面临着越来越严峻的政策法规制约，社会舆论压力持续高位运行，传统一次能源占据统治地位的时代根基已经动摇，新的能源利用方式不断崛起，迫使能源企业加速主业的结构优化升级，阵痛难免；三是传统的单一业务经营模式已难以持续，在日益激烈的全球化竞争与价值链比拼的现实环境中，能源企业只有转变发展方式，走与主业密切相关的多元化发展道路，才能得以长久生存。为有效应对形势、加快发展，国内一批中央直属能源企业，如中石油、中石化及中央五大发电集团等，纷纷开展了以产权关系调整、产业板块搭建、总部职能优化升级为主要内容的管控模式改革。一些世界领先的能源企业如法国电力（EDF）等，也通过事业部制改革充分实现了产业多元化，并进一步通过差异化、矩阵式的管控模式有效支撑其全球业务的发展。

作为省委省政府保障我发展能源产业的主抓手、能源合作的主平台、能源供应的主渠道、保障能源安全的主力军和环境保护的主战场，为满足我省能源的数量平衡、质量稳定及价格可控，切实有效履行确保我省经济社会快速健康发展的责任，集团必须加速提升自身能力与实力，做大做强企业。为此，进行持续性的管理模式创新与改革已在所难免。集团现有管控模式与改革方式，正是朝着解决行业共性问题与企业自身发展需要的方向前进，是确保集团发展活力、规避成长风险、提高管理效能、破除管理障碍的关键步骤，符合行业发展趋势与企业内生动力的管理需要。

（三）集团现有管控模式能够有效促进产业板块的发展

经过3年多的板块化管理改革，集团各产业板块专业化管理平台已初步搭建，管理思路不断明确完善，管理界面基本清晰，改革工作有效稳步推进。虽然从现阶段来看，板块运行时间不长，板块管理公司组织能力、技术与管理能力仍需完善，但板块化管理改革的成效已经显现。

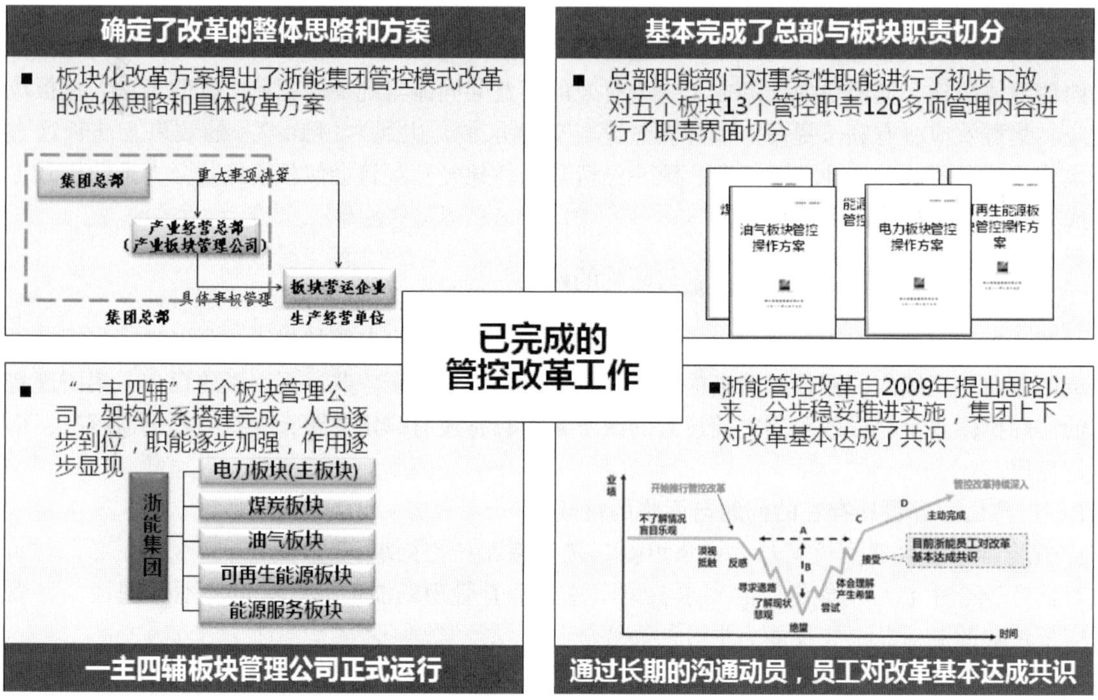

图2　集团板块化改革已经完成的主要工作

1. 总部职能正逐步向“四个中心”定位靠拢

以板块化为核心的管控模式改革明确了集团总部“四个中心”的功能定位，构建了总部、板块管理公司及营运企业的管理层次，初步完成了总部与板块管理公司之间的管理界面划分。在实际运行过程中，总部在战略决策、板块协调、资源优化配置、风险管控等方面正逐渐向“四个中心”定位有效靠拢，部分总部事权已经下放（到板块）到位，新的管理关系与流程体系已经逐步建立，总部职能部门具体事务性工作量增速有所降低，总体管控趋势日益明朗且积极向好。

2. 板块专业化管理能力得到提升

经过一段时间的运行，各产业板块对外拓展力度正不断增强，上下游产业链协同度持续提高，内部管理能力逐步提升，尤其是对产业管理的深度和精细度得到有效加强。其中，电力板块已根据自身特点制定了相应的管控方案，在上市工作完成之后会逐步推进实施；煤炭板块积极贯彻实施全产业链战略，大力拓展上下游业务，不断增强对煤炭资源的掌控能力和储运能力，切实提高煤炭供应的保障能力，协同效应逐步显现；油气板块在上游资源的获取能力、管网运维能力以及天然气支线产品特别是城市燃气、加油站和加气站的市场开拓能力方面获得了有效提升，市场局面进一步打开；可再生能源板块在水电、风电及潮汐能等项目的开发、收购过程中表现出很强的自主性与专业性，工作效率与决策能力大幅提高；能源服务板块有效整合了自身业务，形成了具有“大服务”特色的市场化、跨产业与跨区域产业链，专业化能力得到进一步加强。

3. 板块管控体系不断完善，管理关系逐步理顺

各板块管理公司在部门设置、人员配备、制度建设等方面取得了一定的成果，主要部门均已搭建完成，人员配备逐步到位，并根据实际情况，建立了符合板块自身特色的管理体系，使板块管理更为科学、灵活。同时，通过调整股权结构，削减管理层级，板块内部管理关系得到进一步理顺。根据板块化操作方案的细则要求，板块管理公司各业务部门正逐步建立与完善在总部与板块管理公司、板块管理公司内部、板块管理公司与所属营运企业之间的汇报、合作、审核、监督、指导等管理关系，工作流程已日渐清晰。

4. 板块经营合力逐步显现

产业板块和板块管理公司的成立，有效扭转了之前营运企业单兵作战、各自为阵的局面，促进了板块内的团体协作，使板块内部形成了一个有效的利益共同体与统筹协调者，有助于最大化板块的规模效应、集群效应，有利于提高产业经营效率与效益水平，达到“1+1>2”的效果。从长远看，集团板块化改革所形成的产业专业经营、统一经营与个性化经营，将会使板块经营合力推向极致，实现当初成立板块管理公司的关键初衷。

二、集团现有管控模式存在的问题与面临的挑战

改革从来都不是一蹴而就的，它是一个循序渐进、不断改良升级的过程。可以说，集团现阶段管控改革的方向是正确的，路径是清晰的，方法是有效的，但由于一些客观因素的存在，集团现有管控模式的实际操作水平与成效距离之前设置的改革最终目标还有一定差距，一些问题仍需解决，部分困难亟待克服。

（一）集团总部管理存在的问题与面临的挑战

1. 现有部门管理职能设置与“四个中心”定位存在一定差距

对比“四个中心”功能定位的要求，集团总部现有管理职能仍存在一定的不合理性，且尚未完全适应板块化改革对总部管控能力提升的需要。

（1）决策职能仍存在缺失

现阶段，在集团战略、重大投资、人事与资金统一调配等方面，总部具有较强的决策能力，但对于关系到板块之间发展方向与利益平衡、产业协同、板块关键绩效指标制定及板块管理总体策略等方面的决策，总部仍未充分发挥应有的作用。同时，一些本应下放的事务性业务工作仍保留在总部，从而造成了不必要的管理资源浪费。

（2）投融资管理职能尚未完全到位

当前总部对投融资与股权管理的集权程度较高，但在投资执行监督控制、投资项目后评价以及投资项目经验反馈等环节的衔接上，尚需进一步深入和加强。同时，总部现阶段还无法完全满足各级企业对融资的需求，尚不能充分体现总部作为集团总体融资平台的核心作用。

（3）资源优化配置作用有待加强

作为资源配置中心，总部不仅要对板块间各项资源进行协调与优化配置，还应从集团整体层面进行审视，将适合统一运营的工作进行整合，以实现集团利益的最大化。现阶段，总部对资源优化配置作用还有待加强。例如，在对资金、担保、采购与物流等业务的集中管理运营方面，总部仍未充分行

使应有的资源优化配置职能。特别是在具体的操作过程中，总部对集中运营职能的支持力度不够，且覆盖面有限，尚有较大的提升空间。同时，当前总部也缺乏对财务、人力资源、信息化等工作提供共享服务的职能。

（4）风险控制体系有待完善

全面的集团风险控制，不仅应包括战略决策、投资、法律、政策、廉政等方面，还应着重关注企业内部经营管理的风险，这就要求总部加强运行监督的能力，对于各板块和营运公司的业务过程进行有效监控，对于业务信息进行归集和分析，降低潜在的经营与决策的风险。集团风险控制虽有总体要求，但在具体工作中，总部风险控制中心功能尚未充分体现，分散在各业务口子负责。而目前总部在运行监控、信息归集等方面尚未形成完善的体系，相关作用并不明显。

2. 部门之间的管理方式与管理资源配置存在一定差异

一是，由于没有涵盖各项业务的综合计划，现阶段总部各项指标的下达与考核的管理职责相对较为分散，各项工作考核评价机制的科学性有待提高，往往最终需要依靠集团领导进行判断和评价。二是，集团现有管控模式对各项业务的细化对接提出了较高要求。总部逐步下放事权，会存在一件事情根据程序环节，需要营运企业、板块管理公司再至集团总部共同完成，虽然彼此之间的界面已基本划清，但在实际操作中，由于各自理解上的偏差或因事项的复杂性，增加了协调的难度，影响了工作效率。此外，根据板块化改革逐步推进的需要，总部不同部门职能的下放存在并不完全同步的现状，也在一定程度上带来协调工作量的增加。三是，总部管理仍存在传统电力行业直线型管理的思维惯性，缺乏对非电产业板块管理的深入性研究。现阶段，总部投入电力行业的管理资源较多，管控更为专业和深入；而对非电产业的专业化管理资源配备相对较弱，在战略指导、运行监控、体系建设等方面能够付出的努力相对较少，从而会导致“心有余而力不足”的情况出现，总部即使想管，也没有足够的管理资源对辅板块的运营进行有效的监督和指导。

3. 流程化、精细化管理存在一定欠缺

尽管集团的制度体系已基本健全，各项规范近乎完善，但在实际操作过程中，工作如何开展、部门如何衔接、工作如何评判，往往还是需要依赖红头文件、会议决议、部门意见等，缺乏一整套明确的流程以及相应的细化标准，从而导致工作中存在一定的随意性，往往会出现“一事一标准”的现象，造成工作重复、效率低下。例如，对于需要集团总部上会进行决策的事项缺乏是否符合上会条件的详细明确标准，上报具有一定的随意性，这就大大增加了决策层的负担，影响了集团整体的管理效率。而缺乏精细化的标准，也使板块管理公司在行使管理职权时缺乏有效的依据，造成许多事务性工作不得不提交总部决策，有悖于板块化改革下放事权的目的与初衷。

4. 信息归集与分析缺乏系统性机制，影响管理决策效率

集团尚未建立有效的信息归集与分析机制，对于信息的记录、归集和分析缺乏统一、精细的体系进行管理，经营决策所需的基础信息分散在各级营运企业，而各专业部门掌握的信息也缺乏有效的共享。总部许多部门反映，信息归集的不全面与不充分往往导致决策的欠科学。集团当前缺乏一个总的信息统一管理平台，造成总部需要掌握信息时不得不与营运企业直接沟通，并且还需要自行分析判断以筛选出决策所需的关键信息，往往事倍功半。此外，集团缺乏全面清晰的信息化规划，信息化建设职能也较为分散，缺乏统一协调。现阶段，集团的信息化水平对管理的影响很低，难以满足企业发展对信息化建设的需要。

（二）集团板块管理存在的问题与面临的挑战

1. 产业板块权责利尚未完全达到统一

在总部事权下放的实际操作过程中，存在总部与板块职能重叠，板块实际管理权较弱的情况。主要表现在以下几个方面：

（1）总部事权下放深度存在差异

考虑到一些实际情况和客观因素，在制订板块化改革方案时，总部部门下放的职权范围并不一致，客观上导致了不同业务条线职能下放的深度存在差异。同时，由于板块管理公司管理资源仍未完全到位，管理能力尚有欠缺，再加上对管控方案的理解存在一定偏差，也造成了板块管理公司无法承接相关下放的职能。

（2）总部与板块在管理内容上存在部分重叠

由于总部部门事权下放和管理深度的不一致，导致总部与板块管理公司之间的部分管理内容存在重叠，从而直接导致板块相关工作的责任无法落实。较为典型的是，在大量需要板块管理公司进行初审、集团总部进行终审的工作中，由于板块管理公司和总部的职责定位不清，造成板块管理公司审查过的内容在集团终审时仍需全部重新再审一遍，导致板块管理公司初审权无法真正得到行使。而出于效率等方面的因素考虑，营运企业也更倾向于直接与总部部门进行沟通，而只对板块管理公司进行知会。

（3）对板块工作的过程管理重视不足

总部对各板块的管理主要集中于事前设计与事后结果的审核，但对板块各项工作的过程管理重视度不够，如何做到事中控制与调整成为板块管理的短板。以绩效考核为例，总部对于板块的绩效指标制定与考核往往基于营运企业数据的加总，而对于板块的计划执行情况缺乏定期的回顾和调整，难以对板块的管理过程进行有效的控制与评价。

2. 各产业板块存在管理能力、管理成熟度的差异

集团板块化改革方案已经综合考虑了各产业板块的特点、管理难点和管理能力的差异。但在实际操作过程中，板块管理公司作为产业经营总部的功能尚未完全得到发挥与体现。现阶段，各板块管理公司仍存在组织职能设置不合理、管理人员不到位、管控难度大等情况。板块管理公司在部门设置、人员配备、能力建设等方面水平参差不齐，有些板块管理公司由于管理资源不到位，造成部分总部下放的事权无法完全承接，从而导致管理缺位等问题的出现。

从板块管理公司的角度来看，问题主要突出表现在：专职人力资源短缺、部门管理人员到位率低的情况制约了板块管理公司的实际管理能力，其中能源服务及油气板块尤其突出；对新业务领域缺乏有效的专业化管理，要完整承接总部赋予职能尚需时日，例如煤炭板块在煤炭码头与物流管理等领域的管理能力、能源服务板块对市场化程度较高的业务管理体系建设能力等方面暂存在一定的欠缺；营运企业管理层与板块管理公司部门之间的管理关系仍存在模糊不清的问题。

从职能行使的角度分析，板块管理公司的专业化职能管理与整体统筹协调能力有待提高，各板块的职能成熟度存在差异，这一问题较为显著地表现在板块对战略管理、工程基建、财务管理等关键职能的承接能力有限。具体表现为：在战略管理方面，板块管理公司缺乏统一整合板块内营运企业整体资源的能力，战略指导能力不足；在工程基建管理方面，除电力板块外，辅板块管理公司的基建管理能力仍尚处于有待优化或新建的阶段，对于造价管理、技术管理、工程控制等工作尚未给予足够影响与控制；在财务管理方面，板块财务职能尚局限于财务汇总、汇报和资金管理等内容，基本不涉及财务分析与控制、决策支持等职能。

3. 板块管理公司与营运企业的管理界面仍需进一步明确

板块化改革方案对于总部与板块管理公司层面的管理职能进行了较为细致的划分，但是板块管理公司与营运企业之间的管理界面在实际操作过程中仍存在模糊的情况，这在一定程度上不利于管理效率提高。具体表现为：

（1）板块管理公司与营运企业仍存在一定程度的合署办公

由于缺乏足够数量的管理人员以及板块管理公司职权利的不到位，几乎所有产业板块都存在板块管理公司与核心企业合署办公的现象，从而直接导致了板块管理公司与核心企业的管理界限不清，使板块难以真正对营运企业，特别是核心企业进行有效的管理；在考核中，合署办公人员面临着“自

我评价、自我考核”的“左手管右手”问题，进一步凸显了合署办公管理角色定位不清的矛盾。

（2）四个辅板块没有独立的管理经费来源

虽然改革方案要求板块管理公司独立于核心企业，但目前四个辅助板块的管理经费仍由板块核心企业解决。这种作法一方面影响了板块在决策、审批、考核等方面的独立性；而由核心企业承担费用，也存在财务审计、绩效考核公平性等问题。

（3）板块管理公司没有建立起完善的板块内部管理体系

集团管控方案要求板块管理公司构建与方案相匹配的板块内部管理体系，但部分板块提出自身难以把握其对营运企业的管理内容、管控深度与广度，以及强化考核、监督等工作，板块对营运企业实际工作的监督作用有限。

4. 板块化运行面临以往管理惯性带来的阻力

板块化改革方案对各层级的职能做出了较为细致的划分与规定，但是由于对以往的管理存在思维惯性，加上现实条件的制约，导致板块化改革方案的执行力度与落实范围大打折扣。由于在过去的管理工作中，各产业对总部产生了一定的依赖性，板块距离完全达到产业经营总部目标所要求的自主性和积极性仍有一定距离。而目前许多工作仍存在总部专业部门直接对口营运企业进行管理，而板块管理公司的审批权、报审权与考核权未得到有效落实，这既不利于总部部门从事务性工作中抽身，也容易造成板块内部权、责、利不对等的情况，使得板块管理公司的职能无法充分发挥，专业化管理能力无法得到培养。在这样的情况下，营运企业出于效率的考虑，也往往会绕过板块直接向总部汇报，导致板块管理公司对业务情况的了解缺乏及时性和全面性。

第二章 浙能集团当前管控的主要趋势与突出需求

一、集团需要调整与明确各管理层级的管理重点和管理分工

随着企业规模、产业分布及业务种类的不断扩大，集团管理的复杂程度越来越高，对总部决策与协调能力的要求不断提高。当前，总部现有管理手段与管控方式已显得有些“捉襟见肘”、“力不从心”，同时板块管理公司作为产业经营总部的职能迟迟得不到充分发挥，如果长此以往，不做出相应调整，总部未来只会变得愈发应接不暇、顾此失彼，板块内部合力作用则无法达到最佳，集团发展速度在一定程度上将受到拖累。在这样的情况下，集团需要加快推进从统一集权向适度分权管理转变的过程，调整与明确总部、板块管理公司和营运企业各自的管理重点，将职责界定清晰，充分体现管理分工的科学性、合理性和完整性，消除模糊不清的功能定位，减少工作中扯皮、推诿等现象，使集团各级管理单位能够完全各司其职、各负其责、各展其才。

二、集团需要向管控标准化、流程化方向快速演进

随着集团经营内容的不断丰富，跨产业、跨区域发展已成为常态，为此集团管控工作亟需统一明确管理流程并予以规范，为各项工作的顺利开展提供依据，同时进行必要的过程控制。集团迫切需要建立起一套可以量化、精细的决策参考标准，以减少重复的管理资源投入，提高决策效率。此外，随着板块管理公司、区域管理公司的出现，客观上增加了集团的管理层级，这对保障信息传递效率、管理效率等都提出了更高的要求。因此，集团有必要建立统一完善的流程与标准体系、可量化的绩效目标、考核标准和经营评价体系以及工作标准体系，同时借助数字化和信息化的手段提高管理精细化、标准化与流程化水平，规范业务流程，实现集团数字化管理。

三、集团需要对各产业板块实行区别化、定制化的管控模式

集团各产业板块具有一定的管理差异性，且发展阶段与成熟度不尽相同（如图3）。

产业	主要特点	产业发展成熟度
电力产业	■ 作为集团主业，在集团整体资产构成、利润构成等关键指标中都占据了举足轻重的地位 ■ 待建项目投资规模大、目标市场范围广，跨区域发展势头明显	相对成熟阶段
煤炭产业	■ 逐步形成集开发、中转、储存及贸易于一体的产业链 ■ 积极进行省外资源项目投资，开展跨区域能源合作	持续成长阶段
油气产业	■ 天然气产业：省内建成气源一环网供气格局，下游市场开发潜力较大 ■ 油品产业：处于前期开发阶段，正在积极开拓市场	持续成长阶段
可再生能源产业	■ 以水电资产为板块核心业务，积极开发风电，未来战略地位逐渐增强	持续成长阶段
能源服务产业	■ 统一领导集团多个辅助业务领域，业务范围广，涉及企业多，产业内企业多头发展势头明显	持续成长阶段
区外板块	■ 迈向省外市场，积极推进区外业务发展	培育阶段
金融地产产业	■ 金融地产业务已经起步，发展潜力较大	培育阶段

图3 集团各产业板块现阶段发展特点与成熟度比较

为此，集团需要依据各产业的自身特点，实行区别化、定制化的管控模式，区分明确不同产业的管控目标与管控重点。对于成熟产业，总部主要负责设定战略和绩效目标，监控目标的实施，并提供必要的技能与资源支持，使其具有持续的盈利能力、保持有序的规模扩张。对于持续成长产业，总部主要参与战略决策及重大项目的评估和前期实施，协助开展外部资源的整合，管理监理系统与运营体系，提供必要的技能与资源支持，协助构建产业的核心竞争力。对于培育产业，总部要决定发展方向、目标及业务组合，协助进行业务开拓和市场开发，参与主要投资项目的评估、决策、控制与风险防范，在技能和资源方面进行配合支持，积极培育集团未来的利润增长点。

第三章　浙能集团“强总部”建设方案总体设计思路

一、指导思想

坚持以“大能源战略”和“三个一体化”发展思路为指导，以提高集团管理效率与创新能力、优化管控模式、提升专业化管理水平和增强集团发展后劲为根本目标，着力加强总部建设、优化总部组织架构与部门职责、创新管理流程与方式，力争将集团打造成为管理先进、执行有力、富于创新的国内一流综合性能源供应商。

二、基本定位

根据板块化管理改革的总体要求，以建设一流企业总部、有效并全面激发所属企业管理创新能力，促进管理提升为根本目的，通过“顶层设计”，全面整合管理资源，对集团现有管控模式进行自上而下的优化和改良。

三、设计思路

“强总部”建设主要围绕总部整体架构的优化、部门设置与职能的优化以及产业经营总部角色的明确与职责的优化三条主线，制定分步实施、循序渐进的改革路线图。

总部整体架构的优化：增设董事会的决策支持体系，增加总监层（副总师级）的力量配备并优化功能，构建集团总部高效有序的管理关系。

部门设置与职能的优化：新增信息化管理部，强化信息化管理和综合计划归口管理职能，建立科学全面的管理及技术经济标准体系，明晰部门管理职责界面，理清部门之间的交叉职能，优化现有部门业务组合。

产业经营总部角色的明确与职责的优化：明确板块管理公司作为产业经营总部的定位，是集团总部管理的延伸，承接事权管理。并根据产业特性，本着精简高效的原则，科学设置各产业经营总部的职能机构，突出重点职能，整合板块管理资源，并进一步优化明晰集团总部-产业经营总部-营运企业之间的管理职责界面。

第四章 浙能集团“强总部”建设方案主要内容

一、完善总部功能定位

根据打造具有广泛影响力的国内一流现代综合型能源供应商的战略定位，以及集团当前管控需求的特点与趋势，集团总部管控需要围绕“四个中心”（决策中心、资源配置中心、投融资中心、风险控制中心）进行职能建设和能力培养（图4）。

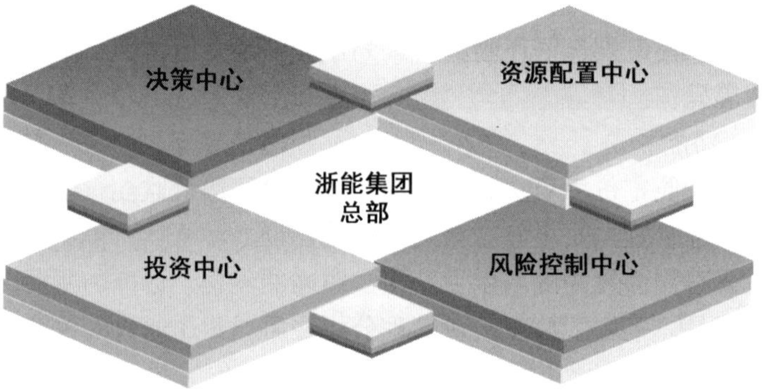

图4 集团总部“四中心”的功能定位

（一）决策中心功能

总部决策中心的职能定位为负责集团整体战略规划、重大事项决策（重大投资决策、重大人事决策、重大财务决策）、年度计划与绩效指标制定、产业发展方向与策略决策。

战略规划：明晰集团整体发展战略，包括集团发展目标、使命、政策与关键策略；总部对各个板块的市场环境、行业发展趋势的分析，帮助各个板块战略规划的编制。

重大事项决策：对集团重大投资、重大人事任免、重大经营活动等事项进行决策；企业收购、合并、撤销、上市等重大资产活动决策。

年度计划与绩效指标制定：通过年度综合计划和预算管理，监督战略的落实和及时调整；通过组织绩效管理，引导各板块业务发展方向及年度重点工作。

产业发展方向与策略决策：分析行业及产业链发展趋势，评估现有的业务组合；评估、决策各板块业务策略，包括稳定发展、扩张、权变、退出等。

（二）资源配置中心功能

总部资源配置中心的功能定位为对集团人力、资金、物资的优化配置与协调管理，提供人力、财务、资金、物资、信息化等方面的共享服务，跨板块协调管理。

资金资源集中：负责集团司库管理，实现资金的统收统支；降低集团资金总体成本，提高集团资金使用效率；为集团各企业提供融资等金融服务。

采购活动集中：统一的采购管理体系，对采购过程进行规范和监督；对有“规模效应”的采购进行集中采购；提供专业化的物流管理、仓储管理等共享服务。

人才和技能共享：建立“人才库”，管理关键人才，并协调内部的人才调动；建立共享的技能培训的服务中心。

信息化资源共享：主导信息化建设，确保信息系统的整合和质量；统一规划与构建集团信息平台，共享基础设施、维护服务、数据中心等职能。

跨板块协调管理：协调各板块间的合作关系，确定合作模式，构建跨产业价值链；协调和管理板块间交易，建立内部交易定价机制。

（三）投融资中心功能

总部投融资中心的功能定位为负责集团投资计划管理，重大投资项目管理、股权管理、融资管理和资本运作。

投资计划管理：制定年度投资计划，监督投资计划情况；根据投资计划协调安排资金计划和融资方案。

重大投资项目管理：主导重大项目的前期开发工作，工程建设工作和后评估工作；对其他项目投资过程进行监督管理；组织投资后评价工作。

融资管理：制定集团融资管理相关制度，明确集团各企业融资方式；审批融资方案，并通过财务公司统筹执行集团融资。

股权管理和资本运作：负责外部资产收购；策划制定资本运作方案，进行股权转让、股权回购、股权套作、经营者持股等操作。

（四）风险控制中心功能

总部风险控制中心的功能定位为负责集团标准体系建设，运行监控，经营评价，政策、市场、法律、财务、廉政及环境风险管理，安全监督与党风廉政建设。

标准化体系建设：总部作为规则的制定者，通过明确的流程、标准与制度，实现整个集团业务能力与管理能力的提升；将具体事权下放至板块管理公司之后，集团通过对关键环节的审批控制，确保其工作与总部利益一致。

运营监控：完善内控制度的建设和检查；通过审计、财务稽核等方式，加强监督检查职能；建立与完善经营评价体系；通过建立有效的激励机制和考核体系，促进各板块经营者意识提升，实现经营主动化，创造各板块效益最大化。

风险管理：构建集团风险管理体系，制定与完善风险识别、评估、预案、监控相关的政策规定与标准；开展政策、市场、法律、财务、廉政、环境风险的分析工作。

安全监督：预防和杜绝重大、特大事故发生；建立集团安全管理体系，监督和防范安全风险。

党风廉政建设：通过纪律检查、行政监察、宣传教育等工作，加强集团党风廉政建设和反腐倡廉工作。

二、优化总部组织架构

（一）调整后的总部组织架构

基于建设国际先进综合型能源企业的战略定位，根据板块化管理改革的总体要求和打造一流企业总部的需要，围绕“决策中心、资源配置中心，投融资中心、风险控制中心”的功能定位，对集团总部组织架构进行优化设计，构建以集团领导为管理核心、委员会与总监层（副总师级）为辅助、13个职能部门为业务主抓手的总部组织架构。集团总部组织架构建设目标如下图5。

（二）增设委员会

为进一步提高董事会决策的科学性，增加董事会的决策支持体系，设立战略发展委员会和风险管理委员会。根据管理的现实需求，计划于2015年左右成立。委员会主要职责包括：

战略发展委员会：负责管理协调集团总体发展战略规划的制定及调整优化工作，就发展战略、经营战略、管控战略、投资战略及人力资源战略等问题向董事会提出建议及方案，并对集团各产业拟定

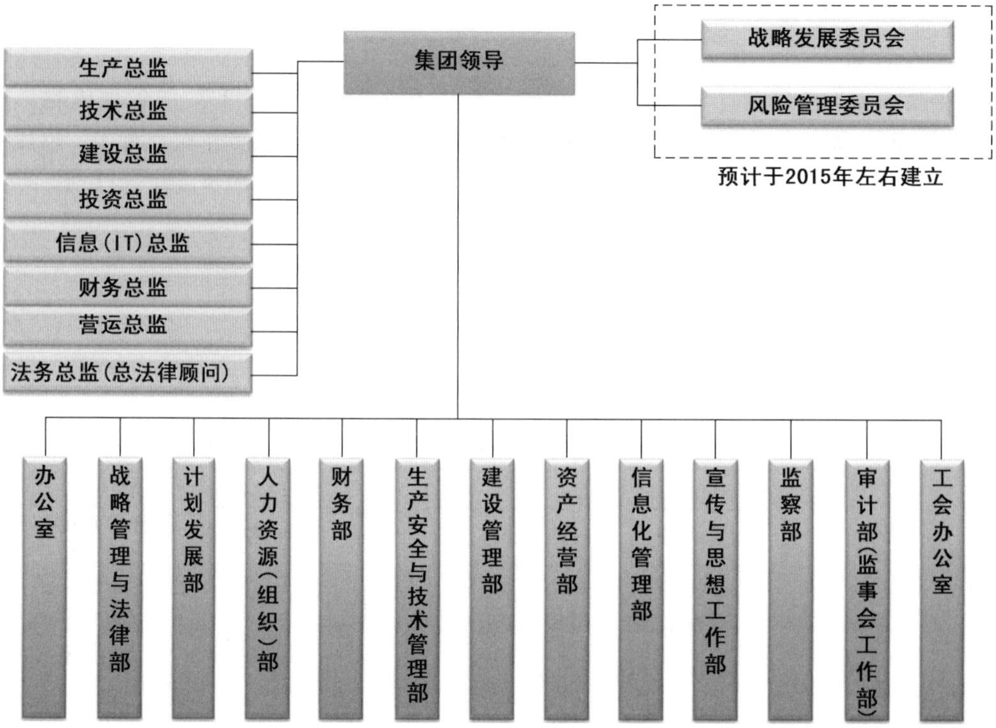

图5 调整后的总部组织架构

的长远规划、重大项目方案提出战略性建议。

风险管理委员会：对集团经营、管理、投资、工程、法律及廉政的风险控制情况进行监督，组织集团风险状况的定期评估和评价工作，向董事会提出完善集团风险管理和内部控制的建议。

（三）增设总监层级

根据集团产业发展和专业化管理的需要，在总部层面考虑配备8名总监管理人员，协助集团领导负责跨部门业务及专项经营管理活动的综合协调工作。具体实施将根据条件成熟程度，逐步配备。其中：

生产总监：协助集团领导负责生产安全的组织、协调、监督工作。

技术总监：协助集团领导负责技术研发和技术论证工作。

建设总监：协助集团领导负责工程项目建设的管理与协调工作。

投资总监：协助集团领导负责项目前期及投资的协调工作。

信息（IT）总监：协助集团领导管理与推进信息化建设工作，参与重要信息化建设问题的分析与决策，负责信息化规划制订的组织与协调工作。

财务总监：协助集团领导监督协调财务管理、成本管理和预算管理，参与集团重要经济问题的分析与决策。

营运总监：协助集团领导负责经营及营销的协调与管理工作。

法务总监（总法律顾问）：统筹组织协调集团法律风险防范的各项工作，为董事会重大经营决策提供法律意见。

三、优化调整职能部门组织机构与职能

在职能部门层面，将新增年度综合计划、信息化建设，加强人才储备与人才规划、管理及经济技术标准体系构筑等四大方面的职能，同时对部分职能进行微调，优化提高部门工作的科学性、合理性和明确性。

（一）重点强化的职能

1. 年度综合计划

为有效克服集团当前年度计划制定“各自为战”的状态，形成统一有效的管理机制，总部增设年度综合计划的制定职能，由计划发展部归口管理，与财务部预算编制工作充分对接，形成由投资计划、生产类计划、人员安排计划、工程基建计划及资金计划等组成的集团年度综合计划。

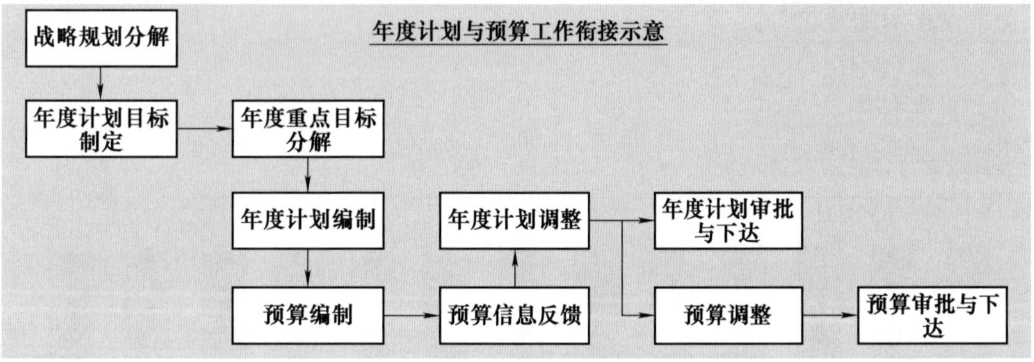

图6 集团年度计划与预算工作衔接示意

2. 信息化建设

为构建管理提升的重要基础，全面提高集团信息化水平，推进全方位的大数据化建设，总部增设信息化管理部，由该部统一管理与协调集团信息化规划、系统架构设计、标准制定、信息安全、项目建设与组织实施等工作。

3. 人才储备与人才规划

由人力资源部加强系统人才培养与职业发展规划职能，适时建立企业能力素质模型，进行有针对性的人才规划、培养、储备、技能培训以及选拔工作。

4. 管理及技术经济标准体系建设

围绕集团总部“四中心”的定位要求，集团各业务部门的工作重心将逐步从具体事务管理转向谋划策略、制定规则、确定标准等方面，着重推动各项业务的规范运作，并负责统筹协调与监督实施。各部门需对职责范围内的工作制定总体的业务执行标准，梳理业务流程，并针对关键环节制定执行细则和可操作的参考标准，最终形成业务操作手册。此外，总部将加强对各产业板块的业务指导，尤其是加强非电产业板块的专项标准制定，构建集团全面的标准化管理体系。

总部成立技术与标准审查领导小组，牵头负责对集团技术标准的审定，负责组织对项目开发、工程建设、生产安全、环保节能等方面涉及重大技术路线、重大技术方案审查。

（二）部分职能界定

根据管理要求，厘清或界定部分职能的管理界面。

战略规划：由战略发展委员会组织领导，战略规划领导小组统一组织管理，各部门依职责各司其职。其中，战略管理与法律部负责优化丰富战略内涵，提出企业发展方向，制定集团愿景与中长期发展目标和产业框架体系，并负责战略规划的归口管理；计划发展部负责项目发展规划，其他部门负责专项业务规划。

收购工作：计划发展部牵头负责实业性（建设项目类）收购，资产经营部牵头负责经营性（非建设项目类）收购。

投资评价：计划发展部与资产经营部分别负责新建项目及实业性收购、经营性收购的经济性分析与投资后评价工作，对相应的投资项目进行回顾总结，并形成反馈机制。

综合计划：由计划发展部进行归口管理，其他各部门根据职责负责专项性业务计划的编制与管理。

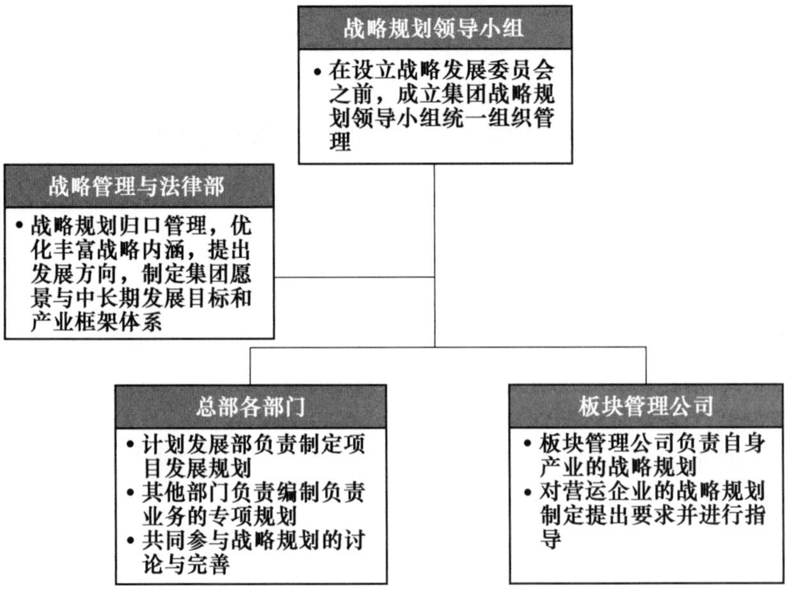

图7　集团战略规划职责分工与界定

量价管理：由资产经营部牵头负责煤炭、天然气采购销售的量与价的平衡与协调工作。

工程建设管理：部门职能保持不变。对不同产业板块的项目建设实行差别化管理方式。

对电力板块的工程项目建设实行集团总部与项目单位的“二级管理”方式，电力股份公司负责相关衔接协调；

对能源服务板块及可再生能源板块的工程项目建设实行“三级管理”方式。其中对属于省级重点工程或集团本级出资的建设项目，集团总部主要把握项目开局（即负责项目前期技术方案论证，审查项目初步设计、确定里程碑目标进度和造价控制目标）和项目收尾（即重大项目的启动验收、达标验收、竣工决算、项目考核），其他涉及工程建设的过程管理授权委托板块分公司负责；对于非省级重点工程或非集团本级出资的建设项目，建设期管理工作均由板块分公司负责管理。

对煤炭、油气产业板块的工程项目建设管控模式根据板块分公司实际情况，为实现平稳、有序下放管理职能，设置一年工程建设管理衔接期。在衔接期内，实行集团总部与项目单位的“二级管理”方式，板块分公司负责相关衔接协调；衔接期后实行“三级管理”方式。管理界面参照能源服务及可再生能源板块的管理模式。

在时机成熟时，工程建设管理部门的相关职责将与计划发展部、生产安全与技术管理部进行有机整合，工程项目建设的事权管理进一步下放板块管理公司承接。

财务管理：出台财务垂直管控办法，根据财务人员队伍建设情况，适时推出财务部门负责人链式管理与垂直报告制度。先行推出板块管理公司与集团直接管理的所属企业财务部门负责人由集团人力资源部商财务部推荐，板块管理公司任免；营运企业财务部门负责人由板块管理公司人力资源部商财务部门推荐，营运企业任免，并按照集团领导人员管理办法的相关规定，进行任前备案管理。下一步视条件，考虑直接委派和直接考核方式，具体操作将在实践过程中不断完善。

（三）各部门主要职能定位

根据管理要求，对部分职能部门的名称作优化调整，管理内容作明确界定。

办公室：负责“三办”（董办、党办、总经办）事务管理、行政管理、综合事务管理及公共关系管理等工作。

战略管理与法律部：原名为战略研究与法律事务部。负责战略管理、重大事项谋划、重要问题研究、管理创新与管理提升、制度建设、法律事务管理、普法及企业品牌建设等工作。

计划发展部：负责项目发展规划、项目前期开发、综合计划与统计管理、投资监督管理、实业性收购（建设项目类）等工作。

人力资源（组织）部：负责人力资源规划，组织人事管理、职工薪酬与福利管理（保障）、薪酬绩效考核、职业与岗位（技能）培训管理等工作。

财务部：负责预算编制与管理、资金（计划）管理、财务决算、财务分析与财务信息汇总、财务考核与监督等工作。

生产安全与技术管理部：原名为生产安全部。负责生产类计划、安全监督、环保监督、节能管理、技改管理与科技管理等工作。

建设管理部：原名为工程部。负责工程建设标准体系建设、工程招投标管理与工程项目建设管理等工作。

资产经营部：负责业绩监控与经营绩效考核、经营管理、企业管理与市场营销、产权管理、经营性收购、资本运作管理及“三会”管理等工作。

信息化管理部：负责信息化规划、信息化标准规范体系建设、网络与信息安全管理、信息化项目建设与管理及信息运维等工作。

宣传与思想工作部：原名为政治工作部。负责基层企业党建、支部建设及支部管理、宣传教育、精神文明建设、企业文化建设、团建等工作。

监察部：负责纪检监察、纪检监察网络体系建设、反腐倡廉、信访与效能建设等工作。

审计部（监事会工作部）：负责内审网络体系建设、集团所属企业财务收支审计、专项审计、所属企业领导人员任期、任中、离任经济责任审计、派出监事的管理与工作指导等工作。

工会办公室：负责工会网络体系建设、组织协调工会相关事宜与活动的开展、工会相关政策法规的具体执行以及指导所属企业工会的组织建设等工作。

四、明确优化产业经营总部的定位与职责

（一）板块管理公司的定位

板块管理公司即为各板块的产业经营总部，是集团总部生产经营管理的延伸，履行集团公司下放的事权管理职责。在集团管控框架下，主要负责：

1. 推进集团的各项部署在本板块的落实；
2. 板块内营运企业间的利益协调，板块内资源的优化配置；
3. 板块日常经营活动的组织、成本控制以及安全生产的管理；
4. 产业投资机会的研究，投资项目前期开发及组织实施；
5. 板块人力资源、党群、监察、审计等公共职能的统筹管理。

（二）板块管理公司部门设置和人员配备的总体考虑

为充分发挥板块管理公司作为产业经营总部，代表集团公司履行板块事权管理的作用，原则上要求板块管理公司的人员与板块内核心企业分离，实现独立运行。在具体部门设置及人员配备安排方面，不搞“一刀切”，集团公司在充分考虑各板块行业特性、板块结构、管理现状和板块实际运作情况的基础上，提出个性化建设方案，各板块管理公司可据此提出具体落实建议。集团公司与板块管理公司进一步沟通后将逐个下发新版板块管理公司“三定方案”，由各板块管理公司负责实施。

1. 电力板块。

技改项目的具体审批管理与生产类项目施工及服务外包招投标管理参照新出台的辅板块管控操作优化方案，其他的继续执行《电力板块管控操作方案》【浙能战略（2012）718 号】，浙能电力的部门设置暂不作调整。

2. 其他板块。

将下发煤炭、油气、可再生、能源服务板块管控操作优化方案，对各分公司的部门设置和管控界面作优化调整。主要包括以下内容：

（1）分公司经营班子原则上要求实行专职，其中配备分管党群工作副书记。承担板块内公共管理职能的营运企业总经理可以在分公司兼任副总经理。其他板块营运企业的正职领导兼任分公司党委委员。成立分公司纪委，营运企业的纪委书记或分管领导兼任纪委委员。

（2）调整安全生产责任制考核方式，即集团公司考核板块分公司，板块分公司考核各营运企业；分步调整党建党风廉政建设责任制考核方式，计划于一年后改由集团公司考核板块分公司，板块分公司考核各营运企业。

（3）分公司全面承接集团公司授权委托的事权管理，按集团管控要求统筹板块内人力资源、党群、监察、审计等相应公共管理职能，分公司部门设置原则上不超过 7 个。

板块内营运企业原则上不单设政工部、监审部和人力资源部，相应职能划归综合办公室承接。具体实施方案可根据企业规模，本着因地制宜原则作差别化安排。

对人力资源管理分三类考虑：

第一类，对人数较多（含控股企业，员工人数一般超过 200 人），人员结构复杂，或业务分布跨区域，下属投资企业较多的营运企业，考虑单独设置人力资源部。

第二类，员工人数一般超过 80 人的，在综合办公室配备人力资源管理专职。

第三类，员工人数在 80 人以内的，在综合办公室配备人力资源管理兼职。

对党建党务管理分二类考虑：

第一类，对员工人数超过 100 人的营运企业，考虑设置党群工作部，与综合办公室合署办公，实行一套人马两块牌子。

第二类，对员工人数在 100 人以内的，在综合办公室内设党建党务管理专职。

监察审计管理：

分公司向各营运企业派出监审专员，将根据各营运企业的规模及管理现状，确定派出人数。先行推出由板块管理公司人力资源部商党群工作部提出推荐名单，营运企业任免。监审专员纳入各营运企业正常的管理流程序列，承担相应的工作职责。下一步视条件，考虑直接委派和直接考核方式，具体操作方案将在实践过程中不断完善。

（三）各板块管理公司的部门设置及费用列支安排

1. 电力板块

电力板块仍执行《电力板块管控操作方案》【浙能战略（2012）718 号）】。鉴于浙能电力换股吸收合并东南公司后，东南公司现有管理人员将充实到浙能电力，建议浙能电力的管理人员数量原则上控制在 45 人（不包括领导班子）。浙能电力的部门设置图如下：

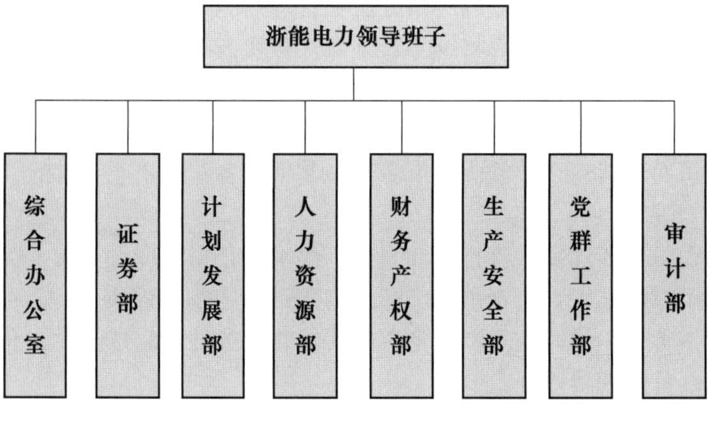

2. 煤炭板块

（1）机构设置。

煤炭分公司的管理人员与板块内核心企业（浙能富兴）分离，实现独立运行。煤炭分公司与浙江富兴的人员实行统筹管理。建议煤炭分公司设置综合办公室、财务产权部、生产安全部、投资发展部、人力资源部、党群工作部六个部门，其中工会职能归入党群工作部。不单设工程部，相关工程建设管理方面的衔接协调工作由投资发展部承担。浙江富兴设置市场营销部和进口贸易部，负责市场煤营销和煤炭进口业务，其他职能部门与煤炭分公司合署。煤炭分公司人员原则上控制在35人左右（不包括领导班子）。煤炭分公司可根据管理实际需求，合理设置其部门管理职责。煤炭分公司组织架构图如下：

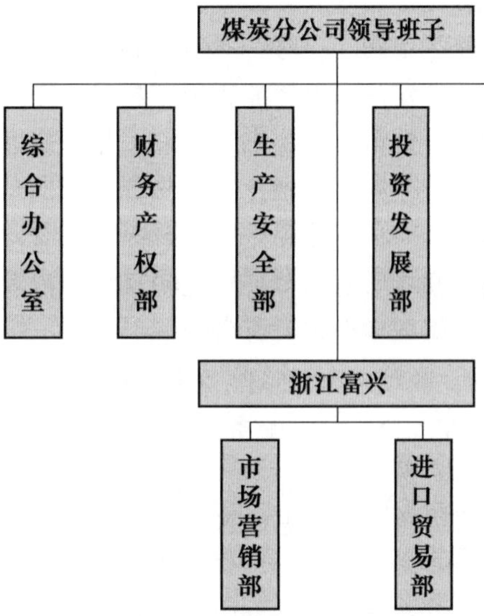

（2）对煤炭板块人力资源与党群管理职能的优化建议。

〈1〉人力资源管理

原则上，营运企业不单独设置人力资源部。但考虑到企业实际情况，将对不同营运企业区别对待。根据部门设置分类原则，考虑浙能富兴人员数量较多，分布较为分散，人员的管控类别复杂，业务范围跨省，且要管理宁波越华公司、舟山富兴公司等实际情况，建议单独设置人力资源部。其他营运企业，包括富兴海运、嘉兴港煤炭物流公司等，建议不单独设置人力资源部，相应职能归并入综合办公室，在综合办公室内设人力资源管理兼职。

〈2〉党群管理

为适应板块组织体系和职能的优化调整，提升煤炭分公司管理地位，进一步加强党群管理工作，集团党委委托煤炭分公司党委负责该板块日常的党群、监察、审计管理工作。煤炭分公司要根据板块特点和实际情况，研究制定对营运企业的考核办法和管理措施，一年后承接对营运企业的考核责任。

原则上，煤炭分公司的党群工作部将统筹管理煤炭板块内的党群、监察、审计等管理事宜，营运企业不单独设置党群工作部或政工监审部。根据部门设置分类原则，建议浙能富兴设置党群工作部，与综合办公室合署，实行一套人马两块牌子。嘉兴港煤炭物流、富兴海运公司在综合办公室内设党建党务专职。煤炭分公司向各营运企业派驻监审专员，其纳入各营运企业正常的管理流程序列。

（3）费用列支。

煤炭分公司管理人员与浙江富兴签订劳动合同。煤炭分公司管理人员的工资和社保、分公司的管理费用及有关项目费用由浙江富兴负责承担。浙江富兴不单独作为板块营运企业进行“三项责任制”考核，并入分公司统一考核。同时鉴于浙江富兴的市场化业务处于起步阶段，允许保留一段时期由浙能富兴承担分公司的部分管理费用开支。

此外，宁波海运集团尚处于管控过渡期，继续执行《宁波海运集团管控操作方案【浙能战略（2013）257 号】》，其纳入煤炭板块后的具体管理要求另行下发。

3. 油气板块

（1）机构设置。

油气分公司的管理人员与板块内核心企业（天然气公司）分离，实现独立运行。建议油气分公司设置综合办公室、财务产权部、资源市场部、生产工程安全部、投资发展部、人力资源部、党群工作部七个部门，其中工会职能归入党群工作部。不单设工程部，相关工程建设管理方面的衔接协调工作由生产工程安全部承担。油气分公司人员原则上控制在 35 人左右（不包括领导班子）。油气分公司可根据管理实际需求，合理设置其部门管理职责。油气分公司组织架构图如下：

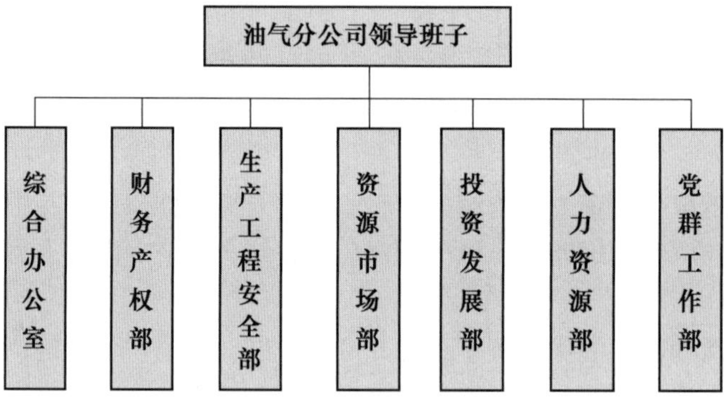

（2）对油气板块人力资源与党群管理职能的优化建议。

〈1〉人力资源管理

根据部门设置分类原则，考虑到城燃公司、天然气运行公司

员工数量较多，分布较为分散，且人员的管控类别复杂，并且城燃公司下含 20 家地方城燃企业，建议城燃公司、天然气运行公司单独设置人力资源部。其他营运企业，包括天然气开发公司、金衢丽公司、石油新能源公司等，建议不单独设置人力资源部，相关职能归并入综合办公室，在综合办公室内设人力资源管理兼职。

〈2〉党群管理

为适应板块组织体系和职能的优化调整，提升油气分公司管理地位，进一步加强党群管理工作，集团党委委托油气分公司党委负责该板块日常的党群、监察、审计管理工作。油气分公司要根据板块特点和实际情况，研究制定对营运企业的考核办法和管理措施，一年后承接对营运企业的考核责任。

原则上，油气分公司的党群工作部将统筹管理油气板块内的党群、监察、审计等管理事宜，营运企业不单独设置党群工作部或政工监审部。根据部门设置分类原则，建议城燃公司设置党群工作部，与综合办公室合署，实行一套人马两块牌子。其他营运企业包括天然气开发公司、天然气运行公司、金衢丽公司、石油新能源公司等在综合办公室内设党建党务专职。另外油气分公司向各营运企业派驻监审专员，其纳入各营运企业正常的管理流程序列。

（3）费用列支。

油气分公司管理人员与天然气运行公司签订劳动合同。分公司管理人员的工资和社保、以及分公司的管理费用及有关项目费用由天然气运行公司负责承担，并在对其的考核中单独列支。

4. 可再生能源板块

（1）机构设置。

可再生能源分公司的部门与板块核心企业（水电集团）继续保持合署办公，领导班子设置届时重新明确，各司其职。鉴于该板块的管理现状，可再生能源分公司的组织机构暂不作调整，一年后将政工部与监审部归并整合为党群工作部，同时将工会职能归入党群工作部。可再生能源分公司人员原

则上控制在 50 人左右（不包括领导班子）。可再生能源分公司可根据管理实际需求，合理设置其部门管理职责。可再生能源分公司组织架构图如下：

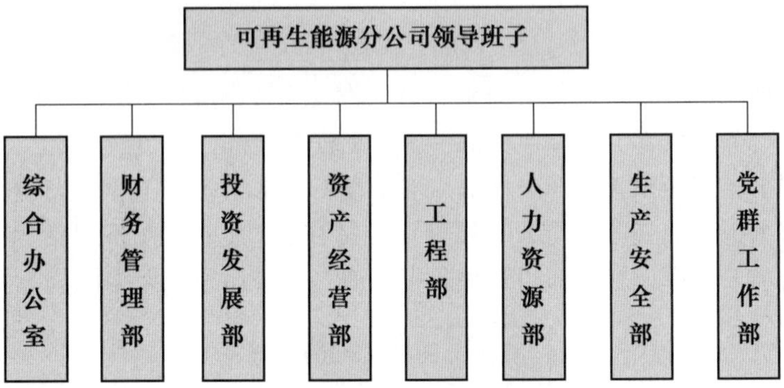

（2）对可再生能源板块人力资源与党群管理职能的优化建议。

〈1〉人力资源管理

原则上，营运企业不单独设置人力资源部，职能归并入综合办公室。其中，北海公司、华光潭公司在综合办公室内设人力资源管理兼职。水电管理公司在综合办公室内设人力资源管理专职。

〈2〉党群管理

为适应板块组织体系和职能的优化调整，提升可再生能源分公司管理地位，进一步加强党群管理工作，集团党委委托可再生能源分公司党委负责该板块日常的党群、监察、审计管理工作。可再生能源分公司要根据板块特点和实际情况，研究制定对营运企业的考核办法和管理措施，一年后承接对营运企业的考核责任。

原则上，可再生能源分公司的党群工作部将统筹管理板块内的党群、监察、审计等管理事宜。继续保持水电集团、北海公司、华光潭同一党委的管理模式。水电管理公司设置党群工作部，与综合办公室合署办公，实行一套人马两块牌子。另外可再生能源分公司向水电管理公司派驻监审专员，其纳入水电管理公司正常的管理流程序列。

（3）费用列支

可再生能源分公司管理费用由水利水电集团承担。

5. 能源服务板块

（1）机构设置。

科服分公司的管理人员与板块核心企业（兴源公司）分离，实现独立运行。建议科服分公司设置综合办公室、财务产权部、生产工程安全部、投资发展部、人力资源部和党群工作部六个部门，其中工会职能归入党群工作部。科服分公司人员原则上控制在 35 人左右（不包括领导班子）。科服分公司可根据管理实际需求，合理设置其部门管理职责。科服分公司组织架构图如下：

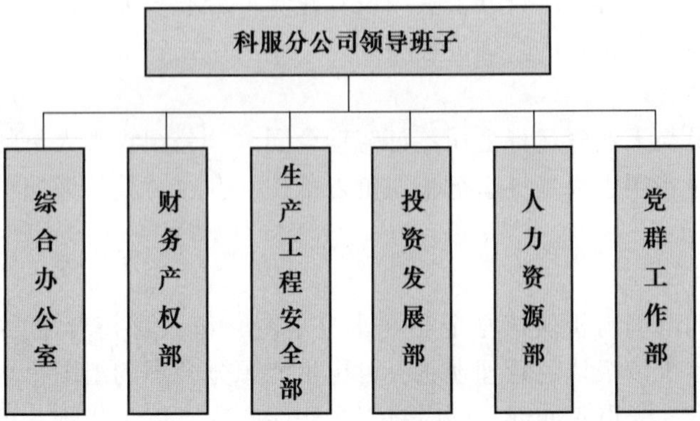

（2）对能源服务板块人力资源与党群管理职能的优化建议。

〈1〉人力资源管理

根据部门设置分类原则，兴源公司、电建公司、天达公司、天地公司因员工人数多，结构较复杂，且投资企业较多，业务横跨多个区域，建议单独设置人力资源部；浙能技术中心（技术研究院）、天虹公司则不单独设置人力资源部，职能归并入综合办公室，设置人力资源管理专职。

〈2〉党群管理

为适应板块组织体系和职能的优化调整，提升科服分公司管理地位，进一步加强党群管理工作，集团党委委托科服分公司党委负责该板块日常的党群、监察、审计管理工作。科服分公司要根据板块特点和实际情况，研究制定对营运企业的考核办法和管理措施，一年后承接对营运企业的考核责任。

原则上，科服分公司的党群工作部将统筹管理能源服务板块内的党群、监察、审计等管理事宜，营运企业不单独设置党群工作部或政工监审部。根据部门设置分类原则，建议兴源公司、电建公司、天达公司、天地公司设置党群工作部，与综合办公室合署，实行一套人马两块牌子。浙能技术中心（技术研究院）、天虹公司在综合办公室内设党建党务专职。另外科服分公司向各营运企业派驻监审专员，其纳入各营运企业正常的管理流程序列。

（3）费用列支。

科服分公司管理人员与兴源公司签订劳动合同。分公司管理人员的工资和社保、以及分公司的管理费用及有关项目费用由兴源公司负责承担。这部分费用在对兴源公司的考核中单独列支。鉴于兴源公司的现实情况，要求兴源公司对其所属投资企业进行必要的管理整合，优化运营模式，提高赢利能力，增加成本承载能力。

第五章　板块管控操作优化的主要内容

在原板块管控操作方案的基础上，根据板块化管理改革的总体要求和“强总部”建设方案的内容与精神，对集团与板块之间的职能职责分工进行了修改与完善，形成了煤炭、油气、可再生能源和能源服务板块管控操作优化方案，进一步清晰了集团总部-板块管理公司-营运企业的管控界面。

优化方案做出的调整如下：

一、变动较大的内容

（一）工程建设分级管理

对不同产业板块的项目建设实行差别化管理。对能源服务板块及可再生能源板块的工程项目建设实行“三级管理”方式，对油气板块及煤炭板块的工程建设管理先设置一年衔接期，衔接期内实行“二级管理”方式，衔接期后，实行“三级管理”方式。

（二）调整技改项目的具体审批方式

集团负责审批年度技改计划（含项目名单）。在单个项目具体的审批方式上划分权限，即集团负责审批技改计划盘子内的1000万元及以上项目、小型基建及福利类项目、集团推广或要求的重点安反措、节能、环保项目以及审批技改计划调整（新增和取消）。分公司根据集团的制度规定要求，负责审批技改计划盘子内的1000万元以下常规设备类技改项目以及初审技改计划调整。电力板块参照执行。

（三）下放生产综合类项目施工及服务外包的招投标管理

集团主要负责此类业务监督、检查和指导，分公司负责组织和审定的生产综合类限额以上项目施工及外包的方式、标段划分原则、资格审查重要标准、入围短名单、重大评标原则、决标原则和其他原则性意见，审核批准招标工作计划和评标、决标报告。限额以下项目由营运企业组织实施。

届时相应修改调整《浙江省能源集团有限公司生产综合类项目施工及服务外包管理办法（Q/ZN 201076—2013）》，电力板块参照执行。

（四）明确天然气、煤炭采购销售的量价管理

1. 天然气采购销售的量价管理。

集团主要负责省级天然气价格拟调整方案的审批；负责天然气总量平衡，审批省级天然气年度购销计划；负责审批天然气资源长期采购合同。油气分公司主要负责省级天然气价格拟调整方案的初审；指导、协调城市燃气天然气价格管理工作；负责初审省级天然气年度购销计划并报集团审批；负责审批省级天然气月度购销计划并报集团备案；负责天然气资源采购合同的谈判并报集团审批；负责审核省级天然气销售合同。

2. 煤炭采购销售的量价管理。

集团主要负责审批年度运力计划、年度煤炭订货计划（含进口煤），包括总量平衡、定价机制和供货商审查；负责对分公司上报的煤炭月度订货计划、月度计划执行报告进行监督管理和考核。煤炭分公司主要负责组织审核年度运力计划、年度煤炭订货计划（含进口煤）并报集团审批；负责组织审核和落实煤炭月度订货计划、月度计划执行报告，并及时上报集团。

二、进一步完善的内容

除以上四个方面有较大变化外，还对原有方案中界面划分的内容，根据要求做出了一些完善，主

要包括：

（一）进一步明确集团总部与板块管理公司的定位

管理上分为公司管理总部—生产经营单位两个层级。公司管理总部分为集团总部和产业经营总部两个管理主体。集团总部定位为“决策中心、资源配置中心、投融资中心与风险控制中心”。分公司作为板块内的产业经营总部，是集团总部生产经营管理的延伸，肩负着确保实现集团利润的最大化和利润质量最优化的重要职责。生产经营单位即板块营运企业。

（二）进一步明确新建、收购项目的社会稳定风险评估管理要求

集团直接投资新建或出资收购项目，由集团办公室负责对该项目的社会稳定风险进行全面评估并编制评估报告。营运企业投资新建或出资收购项目，由集团办公室负责审定项目评估报告，分公司负责审核项目评估报告，营运企业具体负责对该项目的社会稳定风险进行评估并编制评估报告。

（三）进一步细化外聘律师事务所及法律顾问的选聘工作细则

集团战略管理与法律部负责需经集团董事会审议的重大事项的律师事务所选聘，负责分公司及板块营运企业聘用律师事务所资料档案库外的律师事务所及法律顾问的审批。分公司负责在律师资料库内，就分公司本级除前述事项外的律师事务所选聘工作。

（四）进一步明确新建项目公司谈判及组建的管理要求

集团计划发展部负责审核集团直接出资项目的股东协议、章程和公司组建方案，办理集团审批流程。分公司负责协调、初审集团直接出资项目的股东协议、章程，负责项目谈判及公司组建，审核营运企业出资项目的股东协议、章程和公司组建方案，报集团备案。

（五）进一步明确实业性收购项目的管理和后评价实施主体与职责分工

集团收购的项目，由集团计划发展部牵头负责实业性收购管理工作，包括负责编制收购方案和可行性分析报告、履行相关报批手续等，负责实业性收购项目后评价报告。

营运企业收购的项目，由集团计划发展部牵头负责实业性收购管理工作，包括审核收购方案和可行性分析报告、履行相关报批手续等，负责审核实业性收购项目后评价报告。分公司负责初审实业性收购项目收购方案和可行性分析报告，并报集团，负责组织实业性收购后评价工作。

（六）进一步明确人员调配（不含集团管理的领导）要求

集团负责审批进杭企业的人员调动，跨地区（以地市为范围）人员、跨板块及板块内部不同类型企业之间的人员调动、以及涉及人员管控类别变化的调配。分公司负责初审板块内营运企业上述人员的调动（转录）方案，负责审批板块内同类型营运企业同类管控人员的调动并报集团备案。

（七）进一步明确工资总额计划管理的职责分工

集团负责审批分公司上报的整个板块的职工工资总额计划及调整方案。分公司负责在集团下达的板块职工工资总额的调剂额度范围内，决定并考核板块各营运企业的职工工资分配及调整方案。

（八）进一步明确板块内财务部门负责人推荐程序

集团人力资源部商财务部提出分公司财务部门负责人的推荐名单。分公司负责本级财务部门负责人的任免。分公司人力资源部商财务部门提出营运企业财务部门负责人的推荐名单，营运企业负责任免，并按照集团领导人员管理办法的相关规定进行任前备案。

（九）进一步明确预算管理的职责分工

集团负责审批和调整板块的预算，负责对整个板块预算编制工作进行过程监督。分公司负责审批板块营运企业的预算，组织编制板块的预算并上报。

（十）进一步明确担保管理的职责分工

集团负责审批分公司及板块营运企业的对外担保方案；分公司负责审核分公司本级及板块营运企业的对外担保方案，并上报集团审批。营运企业负责提出本企业的担保方案报分公司审核，执行经批准后的方案并将执行结果报分公司备案。

（十一）进一步明确生产安全责任制考核的职责分工

集团负责与分公司签订年度安全责任书并进行考核，负责审批分公司对板块营运企业的考核办法，同时对分公司对板块营运企业的年度考核结果进行监督审核。分公司与板块营运企业签订安全生产责任书并负责考核。

（十二）进一步明确分公司检修管理的职责分工

分公司负责检修计划和检修项目的审批。

（十三）进一步明确经营性收购项目的管理和后评价实施主体与职责分工

集团收购的项目，由集团资产经营部牵头负责经营性收购管理工作，包括负责编制收购方案和可行性分析报告、履行相关报批手续等，负责经营性收购项目后评价报告。

营运企业收购的项目，由集团资产经营部牵头负责经营性收购管理工作，包括审核收购方案和可行性分析报告、履行相关报批手续等，负责审核经营性收购项目后评价报告。分公司负责初审经营性收购项目收购方案和可行性分析报告，并报集团，负责组织经营性收购后评价工作。

（十四）进一步明确集团直接投资企业出资人代表管理办法

集团资产经营部负责提出已投产企业以及兼并重组等股权变动后企业出资人代表职位、职数设置方案、变动方案，指导督促出资人代表贯彻执行集团意识，配合组织（人力资源）部对出资人代表进行考核。分公司对于已投产企业以及兼并重组等股权变动后企业出资人代表职位、职数设置方案、变动方案提出建议和意见。

（十五）明确信息化建设的实施主体与职责分工

集团全方位推进集团系统信息化建设。负责推进信息化标准体系及制度建设，信息化建设规划管理，信息化投资计划管理、数据仓库管理、网络和信息安全管理和技术支持，以及重大信息化项目的组织管理等。分公司和营运企业负责相关工作的配合和落实。

（十六）进一步明确外派监事管理的职责分工

集团负责制定《集团外派监事管理办法》，提出集团所属企业外派监事方案，审计部负责外派监事的日常管理和工作指导，配合人力资源部对外派监事进行考核。分公司对于外派监事方案提出建议和意见。

（十七）明确监审专员的选派方式与责任主体

分公司负责向营运企业派驻监审专员。分公司人力资源部商党群工作部提出对营运企业监审专员的派出人员名单。监审专员既接受分公司党委又接受营运企业本级党委的领导并开展工作。

此外，生产综合类物资采购程序保持不变，继续按《浙江省能源集团有限公司生产、综合类物资采购管理办法（Q/ZN 211001—2011）》有关要求执行。

第六章 实 施 步 骤

一、准备阶段（2013.09—2013.12）

这一阶段的核心任务是：确定总部职能部门职责与三定方案，确定板块管理公司三定方案，明确总部与板块管理界面，确定关键管控流程。

具体实施重点：

1. 9月底方案提交集团董事会决策。
2. 2013年底前按方案要求完成集团本部及板块管理公司、营运企业的部门调整和人员配备。

二、实施阶段（2014.01—）

这一阶段的核心任务是：按照方案的总体要求，逐步调整集团工作模式、管理流程和管理关系，完善标准化体系与信息化建设，充分发挥板块管理公司产业经营总部的作用，提高企业整体创新能力与核心竞争力。

具体实施重点：

2014年1月开始按方案要求实施。

三、评估改进阶段（2015.01—）

这一阶段的核心任务是：定期不间断回顾与评估方案实施情况，并根据评估结果谋划下一阶段的改进措施。

具体实施重点：

1. 对板块组织和流程优化进行评估改进。
2. 评估改进集团精细化管理工作。
3. 对板块管理工作进行评估改进。

附件一：浙能集团总部部门职责说明

一、办公室

部门职责定位
负责“三办”（董办、党办、总经办）事务管理、行政管理、综合事务管理及公共关系管理等工作
部门主要职责

➢ **“三办”事务管理**

— 负责处理集团董事会、党委会和经理层的日常事务；

— 负责董事会、党委会和总经办会工作的管理；

— 负责集团董事会、党委会和总经理办公会重要文件和有关决议、指示及重要工作部署的督查、检查和催办工作。

➢ **行政管理**

— 负责承办集团重大活动和重要会议的组织、服务工作；

— 负责制订和完善集团行政管理的各项规章制度；

— 负责集团重要文件、综合性报告、年度工作计划、公函等的起草、修改及公文审核、文印工作，负责集团日常文书的处理；

— 负责集团机要文件的收发、传阅、督办和归档，负责集团的档案管理和保密工作，负责集团印鉴的管理；

— 指导与支持各板块的文档档案管理、印章管理等相关工作；

— 负责集团本部后勤管理和小型基建管理。

➢ **综合事务管理**

— 负责集团本部各类办公费用、会议费用、业务招待费用等的审核和管理；

— 负责集团外事管理工作，承办公司出国（境）团组的审核、申报、护照办理，签证、出国（境）前教育等工作；

— 汇总行政后勤相关采购需求，负责办公物资入库、保管、发放等工作督办；

— 负责集团本部车辆、通讯工具以及其他办公固定资产的报批、购置和使用管理，审批板块管理公司年度购车计划，审批计划外购车申请；

— 负责集团本部来访人员的接待工作；

— 负责集团来信的登记、处理和反馈工作；

— 负责协调与处理重大维稳信访事项；

— 负责舆情监控及相关通报工作。

➢ **公共关系管理**

— 负责集团本部公共关系事务的组织与协调，保证集团本部与政府相关部门以及企事业单位的良好关系建立与维护；

— 负责集团重大信息披露及主流媒体（省级或以上）发布的审核工作；

— 负责组织、协调、检查、指导所属企业建立针对突发性重大诉讼、重大安全生产事故和人身伤亡事故、重要财产损失、恶性经营事件、严重公共关系危机以及涉外负面事件的应急处理机制，提高危机管理能力。

➢ **完成领导交办的其他工作**

二、战略管理与法律部

部门职责定位
负责战略管理、重大事项谋划、重要问题研究、管理创新与管理提升、制度建设、法律事务管理、普法及企业品牌建设等工作

（续）

部门主要职责
➢ 战略管理 — 牵头组织集团战略规划的具体研究制订工作,指导所属企业制订和实施战略滚动规划； — 负责组织开展集团发展方向、发展目标、功能定位、产业布局等发展战略研究，提出发展思路和意见，跟踪研究国内外产业动向、市场动态、宏观经济政策，为集团发展提供决策依据； — 跟踪评估战略规划实施情况。 **➢ 重大事项谋划** — 负责涉及集团发展模式优化或变革、产业领域拓展、具有战略意义的项目介入等重大事项的研究分析、方案制订与督促推进工作。 **➢ 重要问题研究** — 负责集团战略课题研究的组织与协调工作； — 负责组织开展能源政策、价格政策、税收政策、投融资政策等方面的研究，为经济与行业发展以及政府机构制订政策提供参考。 **➢ 管理创新与管理提升** — 组织开展行业经营等方面指标的标杆管理工作； — 负责集团企业管理创新与提升的研究、策划、组织与实施推进工作。 **➢ 制度建设** — 负责牵头组织集团各项规章制订的制订、修改和完善工作； — 负责组织对集团各项规章制度执行情况的监督与检查工作。 **➢ 法律事务管理** — 牵头负责集团法律事务处理,负责组织协调运用法律手段保护集团合法权益； — 负责合同管理工作，参与重大合同的谈判； — 负责与集团经营业务相关的重大法律法规的研究和分析，为集团各项业务的开展和重要事项的决策提供法律、法规、政策咨询和服务； — 负责为集团涉及投资、收购、转让、兼并、清算等重大决策做好法律论证； — 负责构建维护集团外聘律师事务所和法律顾问资料档案库，负责组织开展律师事务所选聘； — 牵头负责建设集团风险管理体系，制订与完善风险识别、预案监控、处置相关的规定与标准； — 负责指导所属企业法律事务和风险管控工作； **➢ 普法** — 负责集团法律法规宣传、法律知识普及教育与培训活动的策划、组织和实施工作。 **➢ 品牌建设** — 负责制订集团品牌规划,并组织实施推动； — 负责集团的商标、字号管理； — 负责集团所属企业使用集团商标、字号、名称的管理，指导所属企业商标的注册、使用和管理。 **➢ 完成领导交办的其他工作**

三、计划发展部

部门职责定位
负责项目发展规划、项目前期开发、综合计划与统计管理、投资监督管理、实业性收购（建设项目类）等工作

部门主要职责
➢ 综合计划管理 — 负责组织编制年度综合计划,并与财务预算进行协调； — 负责监督计划的执行情况，进行定期的计划调整。

（续）

部门主要职责
➢ **项目投资管理** — 负责集团项目发展规划及投资计划管理； — 负责投资监督管理； — 负责制订投资管理制度； — 负责集团实业性（建设项目类）收购工作； — 负责集团（新建项目与实业性收购）项目前期经济性评价与项目后评估工作，组织指导所属企业开展项目后评价工作。 ➢ **项目前期开发** — 负责集团投资项目前期的选址、预可、可研、评估（审）、申报、报批等各项工作，及时分析存在的问题并提出对策建议； — 负责集团投资项目筹备处（项目公司）的业务组建和前期业务考核工作； — 负责集团投资项目合作伙伴的选择和有关合作意向书和协议书的谈判工作； — 负责指导所属企业开展项目前期工作。 ➢ **综合统计** — 负责集团综合统计工作，组织实施集团综合统计数据的上报和对外发布工作，并指导所属企业开展相应的统计工作。 ➢ **完成领导交办的其他工作**

四、人力资源（组织）部

部门职责定位
负责人力资源规划，组织人事管理、职工薪酬与福利管理（保障）、薪酬绩效考核、职业与岗位（技能）培训管理等工作
部门主要职责
➢ **人力资源规划** — 负责根据集团战略规划与企业实际需要，组织编制集团人力资源规划、制订人力资源管理制度、规定； — 负责制订集团年度招聘计划和员工能力发展计划，定期制订集团人力资源状况分析报告。 ➢ **组织人事管理** — 负责组织贯彻执行党和国家关于组织、人事、劳动工资、教育培训和社会保险等的方针、政策、法律法规； — 负责牵头组织拟订集团本部组织机构设置、职能配置和定员管理的方案，经批准后组织实施； — 负责集团管理的领导班子、领导人员、出资人代表的考察、考核和调整任免等具体工作； — 负责集团管理的后备领导人员的选拔、调整及相关管理工作； — 参与集团领导班子民主生活会的相关工作； — 负责集团出国（境）人员的政审工作，会同办公室做好出国（境）人员的行前教育； — 负责拟订集团所属企业的机构设置、劳动定员等相关方案，经批准后组织实施； — 负责审核集团本部及所属企业人员调配方案，经批准后办理相关手续； — 负责集团干部人事档案的管理工作； — 负责指导所属单位开展组织、人事、劳动工资、社会保险、培训、档案管理等各项业务工作。 ➢ **职工薪酬与福利管理（保障）** — 负责集团各类社会保险管理工作； — 负责集团组织人事、劳动工资、社会保险等各类统计报表的布置、汇总、分析工作； — 负责集团本部员工及外聘人员的组织人事、劳动工资及社保福利管理工作。 ➢ **薪酬绩效考核** — 负责制订集团本部员工绩效考核办法，批准后组织实施； — 负责集团本部人工成本预算编制，经批准后组织分解落实； — 负责会同有关部门做好对所属单位的“三项”责任制考核、兑现工作； — 负责审核所属单位人工成本预算，做好集团工效挂钩、工资总额计划的申报、清算和所属企业经营者年薪及职工工资总额基数的核定工作；

（续）

部门主要职责

— 负责集团本部员工劳动合同的日常管理及集团集体合同的审查管理。

➢ **职业与岗位(技能) 培训管理**

— 负责汇总并制订集团公司年度教育培训计划，经批准后组织实施；

— 负责集团员工的专业技术职务的评审、聘任和相关考试的组织工作；

— 负责集团员工的职业技能鉴定，技师评审、聘任和高级技师推荐等组织协调工作。

➢ **完成领导交办的其他工作**

五、财务部

部门职责定位

负责预算编制与管理、资金（计划）管理、财务决算、财务分析与财务信息汇总、财务考核与监督等工作

部门主要职责

➢ **预算管理**

— 负责建立预算管理体系,控制集团总部和各板块的预算执行情况；

— 负责集团预算管理制度的制订；

— 负责组织并协调整体预算的编制及下达；

— 负责审批所属企业提交的预算方案；

— 负责实施预算控制，检查财务预算完成情况，提出改善措施或滚动修正意见；

— 负责集团财务预算完成情况的分析及调整工作。

➢ **资金(计划) 管理**

— 负责围绕集团战略规划目标，制订集团中长期财务目标，并组织实施；

— 负责集团资金平衡管理，负责审批所属企业的整体资金计划，统筹对外融资活动；

— 负责审核集团公司管理项目的融资承诺函，配合银行进行重大项目承贷前的考察评估；

— 归口管理集团公司担保、捐赠事宜；

— 负责审批所属企业提报的固定资产贷款方案（长期融资方案）。

➢ **财务决算**

— 负责集团总部的会计核算、财务预算与决算、资金筹措与使用管理、投资收益管理、固定资产管理、税务及财务报表等工作；

— 负责指导集团所属企业完善会计核算体系，规范财务管理，维护集团利益和股东权益，确保集团资产的保值增值；

— 负责组织集团所属企业的财务预算与决算、财务报表、清产核资、资产减值准备、财务核销等工作。

➢ **财务分析与财务信息汇总**

— 参与集团重大财务事项的决策,以及重大经济合同和经济协议的研究、审查；

— 负责组织集团财务信息系统建设和管理工作，为领导决策及时提供准确的财务信息。

➢ **财务考核与监督**

— 贯彻执行《会计法》等法律、法规及国家有关财政政策、制度和规定；

— 负责制订财务人员委派管理制度，并组织实施；

— 负责组织修订、完善集团有关财务、会计制度等相关管理制度，经批准后组织实施；

— 参与集团所属企业年度经营责任制的制订和考核；

— 负责组织、建立与完善集团财务指标监控体系。

➢ **其他**

— 负责组织集团公司所属企业会计人员的培训工作,不断提高会计人员素质。

➢ **完成领导交办的其他工作**

六、生产安全与技术管理部

部门职责定位
负责生产类计划、安全监督、环保监督、节能管理、技改管理与科技管理等工作
部门主要职责

➢ **生产类计划**

— 负责集团年度生产类计划(除检修计划外）的制订工作；

— 负责集团安全生产类信息的汇总工作。

➢ **安全监督**

— 负责集团安全生产责任制的起草、修订、落实，并牵头安全生产责任制考核工作；

— 负责制订和完善各项设备及设施管理标准、安全生产管理规章制度并监督落实；

— 负责监督重点生产、工程现场的安全生产状况，负责集团事故的统计和发布；

— 负责集团交通安全、消防安全监督工作，指导所属企业做好防汛、抗旱、抗台工作；

— 负责编制集团生产安全事故应急预案，建立安全事故应急体系；

— 负责制订集团统一的事故调查处理标准，负责考核障碍及以上事故的调查和处理，组织安全事故抢救和安全事故善后处理；

— 负责对所属企业职业卫生、安全、消防“三同时”工作的检查与监督。

➢ **环保监督**

— 负责所属企业环境保护工作的管理与监督；

— 负责审批所属企业的年度环保指标，并考核环保指标完成情况；

— 负责所属企业环保数据的审核及环保管理工作；

— 负责所属企业环境保护工作的技术管理。

➢ **节能管理**

— 负责审批所属企业的年度节能指标,并考核节能指标完成情况；

— 负责所属企业能耗数据的审核及节能管理工作；

— 负责所属企业节能工作的技术管理。

➢ **技改、技术管理**

— 负责集团技术改造项目的管理；

— 负责集团技术改造项目的技术论证管理；

— 负责集团公司专业技术管理工作，并做好对于所属企业及技术监督服务单位的考核。

➢ **科技管理**

— 负责集团的科技管理,编制科技发展规划和年度计划并组织实施；

— 负责制订集团技术管理标准体系，组织与指导所属企业制订细化的技术标准；

— 负责集团内科技项目的审批、立项、鉴定、评奖工作；

— 负责集团“院士工作站”、“博士后工作站”的管理，及集团科技项目的推广。

➢ **其他**

— 负责配合人力资源部做好集团专业生产技术人员的业务培训。

➢ **完成领导交办的其他工作**

七、建设管理部

部门职责定位
负责工程建设标准体系建设、工程招投标管理与工程项目建设管理等工作
部门主要职责

➢ **工程建设标准体系建设**

— 负责贯彻执行国家、省和集团公司有关基本建设的方针、政策、法律、法规、标准、规范和各项管理制度；

— 负责制订集团公司基本建设管理标准及管理手册，并指导、监督管理制度的执行与实施。

（续）

部门主要职责
➢ **工程招投标管理** — 负责组织、监督、指导基建项目招投标整体管理工作，组织省级重点项目限额以上工程、设备、物资及服务的招标工作，并对板块公司或项目公司组织的招标工作进行监督指导。 ➢ **工程项目建设管理** — 负责国家或省级政府部门审批的建设项目(包括基建性质技改项目，以下统称基建项目）的业务归口管理工作； — 负责监督、协调、指导基建项目“四大控制”等日常管理和经营责任制考核工作； — 负责基建项目初步设计的集团公司内部评审，会同政府行政主管部门或有关中介机构审查初步设计，并负责上报与催批； — 负责制定基建项目总体进度计划及年度形象进度计划安排，督促落实工程开工条件，审核并监督资金使用情况； — 负责组织审查大中型基建项目施工组织总设计，并协调解决基建项目重大技术问题专项研究、处理，以及负责重大设计变更、或变更设计的审查； — 负责基建项目质量监督检查，协调基建项目质量管理与政府质量监督之间的关系。组织重大质量事故的调查和处理；明确基建项目质量管理目标，负责工程创优、达标的指导、监督、协调； — 负责组织基建项目执行概算的下达、合同执行情况的监督与检查、工程基本预备费动用审批、竣工决算报告的编制等投资控制与管理工作； — 负责会同项目业主积极与政府有关部门协调政策处理等工作； — 组织基建项目整套启动验收和竣工验收；督促、协调项目单位做好专项验收、工程总结等工作； — 负责省级重点建设项目的信息报送，集团公司重点建设项目工程月报的编报；负责优质工程项目、基建项目立功竞赛的推荐上报工作； — 配合集团计划发展部门参与基建项目可行性研究报告审查、前期技术论证等工作； — 配合集团安全监督部门落实基建生产安全责任制，参加集团安全生产监督检查及安全事故的调查和处理； — 负责集团公司参股项目在建设期间的各项管理工作； — 负责开发和推广基建项目信息管理系统（PMIS）的应用和实施。 ➢ **完成领导交办的其他工作**

八、资产经营部

部门职责定位
负责业绩监控与经营绩效考核、经营管理、企业管理与市场营销、产权管理、资本运作管理及“三会”管理等工作
部门主要职责
➢ **业绩监控与经营绩效考核** — 负责集团经营分析和所属企业日常业绩监控工作； — 负责制订集团经营责任制考核办法，负责审核板块对营运企业的考核办法； — 负责集团对所属企业考核目标的确定，组织实施集团经营责任制考核，审核板块对营运企业的考核结果； — 负责集团公司所属企业的评价管理工作。 ➢ **经营管理** — 负责制订集团经营管理的相关规章制度,经批准后组织实施； — 负责制订集团价格管理的相关规章制度，经批准后组织实施； — 负责集团的价格管理工作； — 负责统筹煤炭、天然气采购销售的量与价的平衡与协调工作； — 负责所属企业年度经营预算的编制，提出所属企业年度业务计划建议。 ➢ **企业管理与市场营销** — 负责集团日常企业管理工作； — 负责制订集团市场营销的相关规章制度，经批准后组织实施；

（续）

部门主要职责
— 负责集团市场营销的管理工作； — 负责推动与监督各板块管理公司及直属企业的市场营销工作。 ➢ **产权管理** — 负责制订集团股权管理、资产处置的相关规章制度，经批准后组织实施； — 负责经营性（非建设类项目）收购工作； — 负责集团的股权管理和运作，拟订、报批和实施集团及所属企业资产重组、兼并、清算、股权转让与收购方案，审核所属企业的资产重组事项； — 负责资产重组、兼并、清算、股权转让与收购项目中，评估、专项审计、财务顾问等中介机构的选聘、评价等工作； — 负责集团资产处置、企业改制的审核报批工作； — 负责所属企业产权登记管理工作； — 参与集团对外投资与章程、协议的拟订等审核工作； — 参与审核控股发电企业重大的大修、技改项目费用及工程项目移交生产时的决算工作。 ➢ **资本运作管理** — 负责制订集团资本运作的相关规章制度，经批准后组织实施； — 负责研究集团资本运作的途径，实施集团的资本运作，审核、指导所属企业的资本市场融资方案实施； — 负责拟订集团本级证券类资产的投资、处置方案并负责实施，负责对所属企业证券类资产的监督管理。 ➢ **“三会”管理** — 负责集团本部与控股、参股企业董事会、股东会、监事会的业务联系工作，牵头组织控股、参股企业董事会、股东会、监事会重大事项、议案、意见、资料的事前审核和会后资料汇集工作。 ➢ **完成领导交办的其他工作**

九、信息化管理部

部门职责定位
负责信息化规划、信息化标准规范体系建设、网络与信息安全管理、信息化项目建设与管理及信息运维等工作
部门主要职责
➢ **信息化规划** — 制订与集团战略规划、管理与业务需求相适应的信息化建设规划； — 负责对所属企业信息化规划的审查，督促各级信息化建设有序进行； — 负责集团信息化年度投资计划的管理和落实。 ➢ **信息化标准规范体系建设** — 负责信息与技术标准的制订； — 负责信息管理标准的制订并监督执行。 ➢ **网络与信息安全管理** — 贯彻落实信息安全防护的法律法规和方针政策，制订浙能集团网络与信息安全的目标和总体策略； — 落实网络与信息安全的防护措施，保障网络与信息系统的安全可靠运行； — 负责对所属企业网络与信息安全工作的指导、监督检查和考核； — 负责电力二次系统安全防护及工业控制系统信息安全的归口管理。 ➢ **信息化项目建设与管理** — 组织对重要业务应用系统的统一建设和推广； — 负责对所属企业年度信息化项目的立项审查； — 负责对信息化项目的监督、管理和验收总结。

（续）

部门主要职责
➢ **信息运维** — 负责集团广域网和数据中心网络的运营维护； — 负责集团业务应用系统的运营维护； — 负责对所属企业信息化水平的评价和考核； — 做好信息技术和应用培训，提高管理、服务和应用水平。 ➢ **完成领导交办的其他工作**

十、宣传与思想工作部

部门职责定位
负责基层企业党建、支部建设及支部管理、宣传教育、精神文明建设、企业文化建设与团建等工作
部门主要职责
➢ **企业党建** — 负责集团党建工作，拟定并组织实施党建工作规划和意见，指导所属企业的党建工作； — 会同监察部，考核所属企业党建党风廉政建设责任制，负责编制党建党风廉政建设责任制考核办法； — 负责实施集团党委中心组理论学习，做好学习计划、学习考勤和记录，指导检查所属企业党委理论中心组的学习，协助承办集团公司党员领导干部民主生活会工作，参加指导所属企业的党员领导干部民主生活会。 ➢ **支部建设及支部管理** — 负责机关党委的日常工作，制订工作计划和规章制度，做好集团机关党员发展和党支部建设工作； — 负责基层党支部达标建设工作，指导、考核和监督基层党支部工作，开展创建“五好支部”和考核达标评比活动，负责党内“两先两优”评比； ➢ **宣传教育** — 贯彻落实中央、省委和集团党委的指示精神，负责抓好各阶段的形势任务和主题教育工作； — 负责集团的新闻中心工作，做好相关载体和队伍的策划、建设、运作和管理，具体负责《浙江能源报》、《浙江能源》杂志的定期编辑发行，《党建文化》网站的建立维护和更新，集团门户主页要闻的编辑、审核和更新，日常重要宣传报道的新闻采编和视频录像摄制工作，建立规范的信息资料和网络管理制度，做好对外宣传的组织管理、投稿和相关协调联络工作，加强通讯员队伍建设，做好系统内部宣传刊物的指导、管理等工作，参与重要宣传资料、展览的策划编制等工作； — 负责集团的思想政治工作，贯彻落实集团党委关于思想政治工作的部署和要求； — 负责理论宣传教育工作，做好对党员、干部的政治理论学习培训，指导所属企业的理论学习和宣传教育工作。 ➢ **精神文明建设** — 负责精神文明建设工作，制订并组织实施集团创建“省级文明单位”的具体工作意见，负责对所属企业“省级文明单位”的创建申报和复核认定工作，指导所属企业开展申报乡镇、区县、地市及省级文明单位工作； ➢ **企业文化建设与团建** — 负责集团企业文化建设工作，按党委部署拟定并组织实施企业文化建设发展纲要、规划、计划及考核管理办法，指导所属企业的文化建设工作，积极开展企业文化调研和企业文化建设课题研究工作； — 负责集团企业文化建设（思想政治工作）研究会工作，确定研究课题，开展理论研讨，加强成果交流，促成成果转化，指导所属企业的政研会开展工作； — 负责共青团工作，抓好团员青年的组织、制度、思想、作风建设，探索建立现代企业制度中团工作的运行机制。对所属团组织工作进行指导和检查考核。 ➢ **完成领导交办的其他工作**

十一、监察部

部门职责定位
负责系统纪检监察、内部纪检监察网络体系建设、反腐倡廉、信访与效能建设等工作
部门主要职责

➢ **纪检监察**

— 负责拟订和组织实施集团纪检、监察方面的有关管理制度；

— 负责牵头集团党建党风廉政建设责任制考核，会同宣传与思想工作部编制党建党风廉政建设责任制考核办法；

— 负责集团重大项目招投标及其他重要经济活动的监督工作；

— 负责对集团各板块营运企业的领导班子在“三重一大”决策制度的执行情况进行考核、检验和评价；

— 负责对集团管理干部的选拔任用进行党风廉政方面的把关。

➢ **内部纪检监察网络体系建设**

— 负责集团纪检监察网络体系建设，拟定并组织实施相关标准与制度。

➢ **反腐倡廉与信访**

— 负责集团党风、廉政自律教育和反腐倡廉教育；

— 负责接待、调查和处理业务范围内的检举、控告和申诉，负责查办违法违纪案件，并指导和督促所属企业案件查办工作。

➢ **效能建设**

— 负责组织集团效能建设，拟定并组织实施相关标准与制度。

➢ **完成领导交办的其他工作**

十二、审计部（监事会工作部）

部门职责定位
负责内审网络体系建设、集团所属企业财务收支审计、专项审计、所属企业领导人员任期、任中、离任经济责任审计、派出监事的管理与工作指导等工作
部门主要职责

➢ **内审网络体系建设**

— 负责集团内审网络体系建设，拟定并组织实施相关标准与制度；

— 负责主持制订集团审计长期规划和年度审计工作计划。

➢ **审计工作**

— 负责集团审计工作；

— 负责集团所属企业的财务收支审计、领导人员（主要负责人）任期、任中和离任经济责任审计，以及专项审计调查；

— 指导、协调和督促所属企业开展重大建设项目的跟踪审计工作；

— 负责配合上级对集团的审计工作。

➢ **外派监事管理**

— 负责对所属企业监事会工作的管理；

— 负责对外派监事进行管理和工作指导；

— 配合集团人力资源部对外派监事进行考核。

➢ **其他**

— 负责做好相关资料的整理归档和保密工作，做好本部门印信的保管和使用工作。

➢ **完成领导交办的其他工作**

十三、工会办公室

部门职责定位
负责内部工会网络体系建设、组织协调工会相关事宜与活动的开展、工会相关政策法规的具体执行以及指导所属企业工会的组织建设等工作

部门主要职责

➢ **工会网络体系建设**

— 负责集团工会网络体系建设,拟定并组织实施相关标准与制度;

➢ **工会系统运作**

— 负责贯彻落实集团党委、上级工会指示和集团工会委员会工作部署，负责处理集团工会的日常工作；

— 负责具体指导、协调全系统的工会工作。制订集团工会工作计划，并组织实施。督促、检查《工会法》、《中国工会章程》和《企业工会工作条例》的贯彻执行，组织、指导所属企业工会落实职代会条例、厂务公开制度，组织职工依法参与企业的民主管理和民主监督；

— 负责依法维护职工的合法权益，维护女职工的特殊权益。表达职工群众的意见、建议，参与涉及职工切身利益的有关政策、制度的制订，对涉及职工利益的重大问题进行调查研究，并及时向上级反映。做好工会宣传和信息工作；

— 负责监督检查劳动法律、法规在系统内的贯彻实施，帮助和指导职工签订劳动合同，并督促执行。调解劳动纠纷，参与劳动事故处理，努力保护职工在劳动中的安全和健康；参与集团系统劳动保护安全生产措施的监督检查和重大人身伤亡事故及严重危害职工健康问题的调查和处理；

— 负责配合有关部门做好基层工会干部的培养、选拔工作，配合做好职工的教育培训工作。做好劳模先进的推荐、评选、表彰和管理工作；

— 负责依法收好、管好、用好工会经费，对基层工会财务工作进行检查指导。

➢ **职工活动组织**

— 负责围绕集团安全生产、经营、建设等中心工作，动员和组织全系统职工开展劳动竞赛、合理化建议、技术革新和技术合作，开展重点建设立功竞赛、“安康杯”竞赛系列活动，提高劳动生产率和经济效益；

— 负责加强和促进集团企业文化建设，组织职工群众开展健康向上的文体活动，丰富职工的业余文体生活。

➢ **完成领导交办的其他工作**

附件二：浙能集团关键管控流程

一、战略规划流程

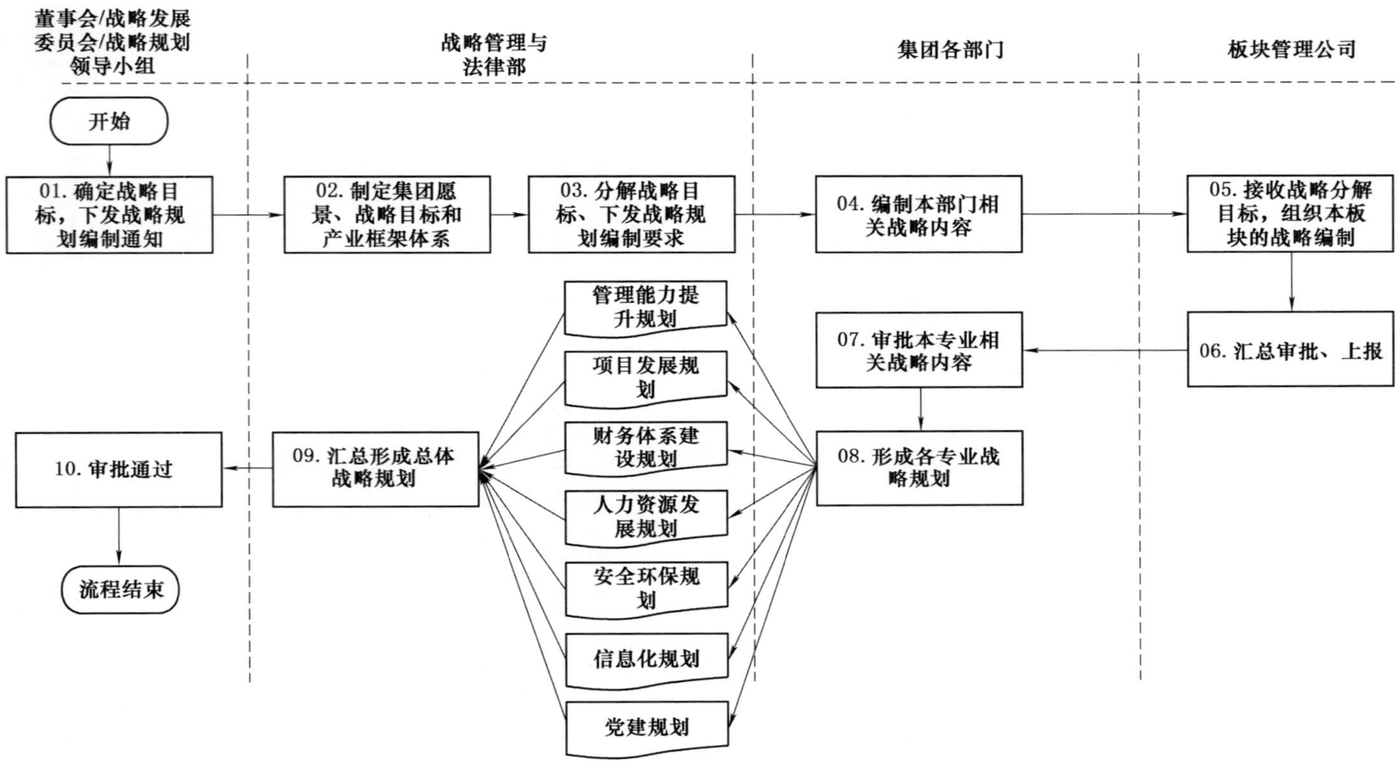

二、年度综合计划编制流程

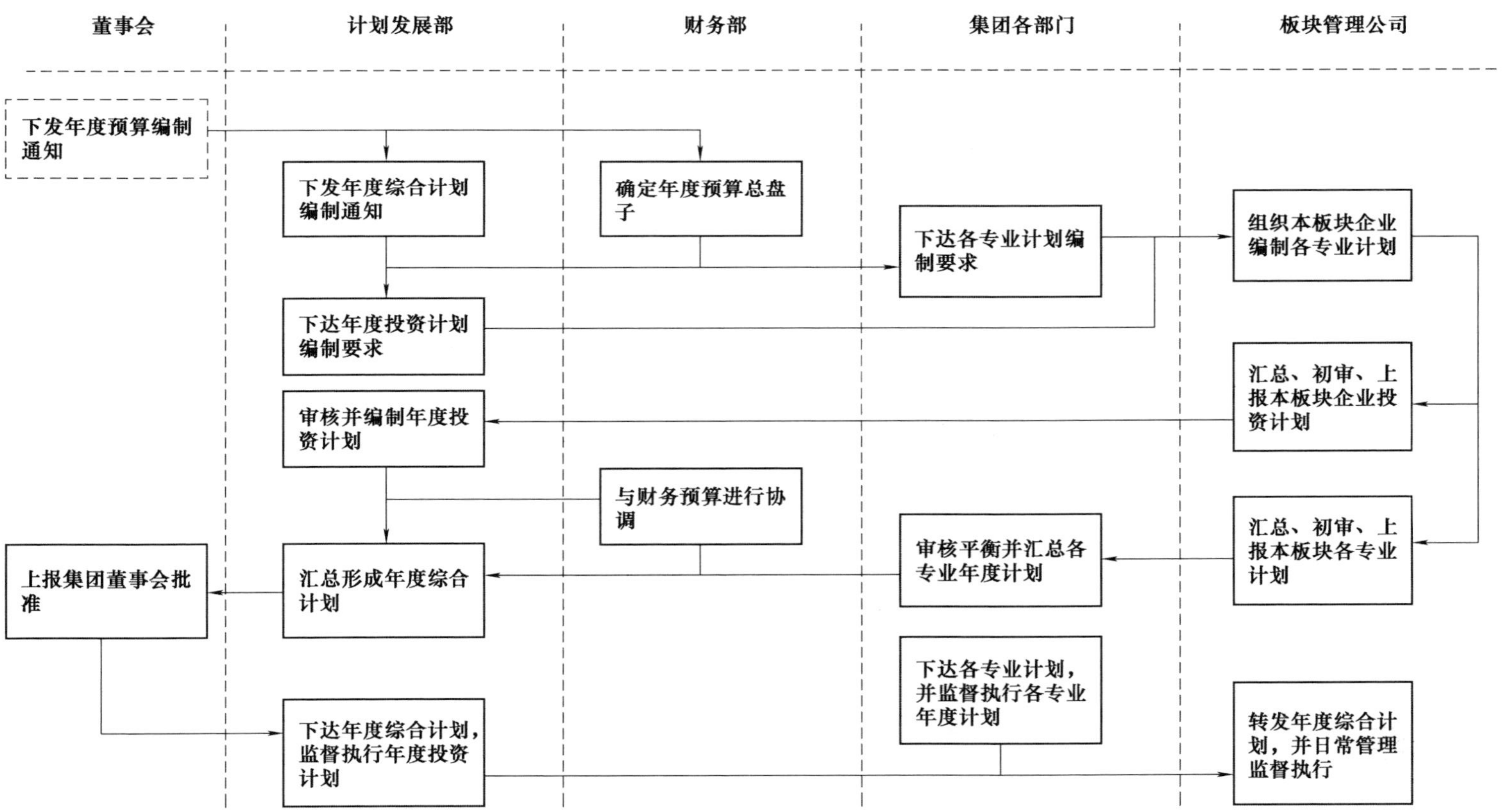

三、年度财务预算编制流程

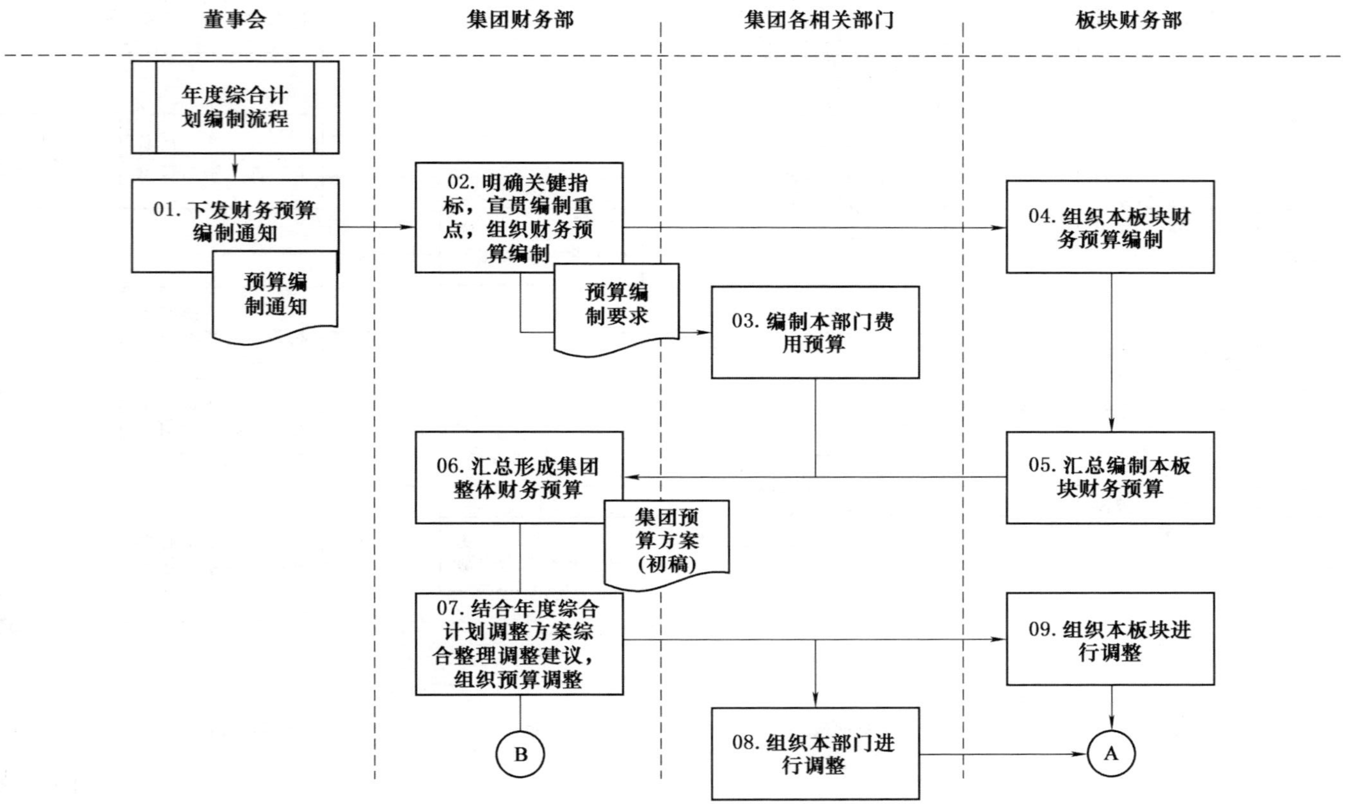

年度财务预算编制流程(续)

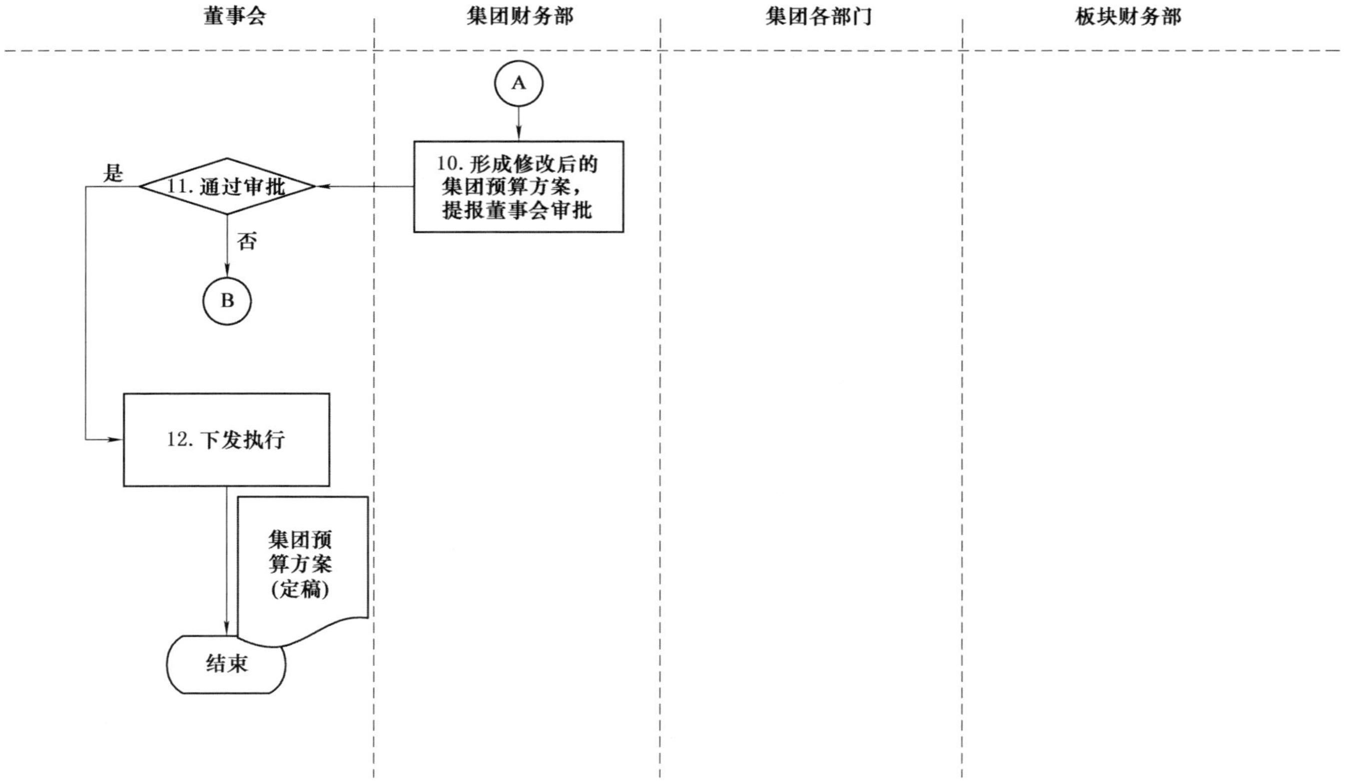

四、统计流程

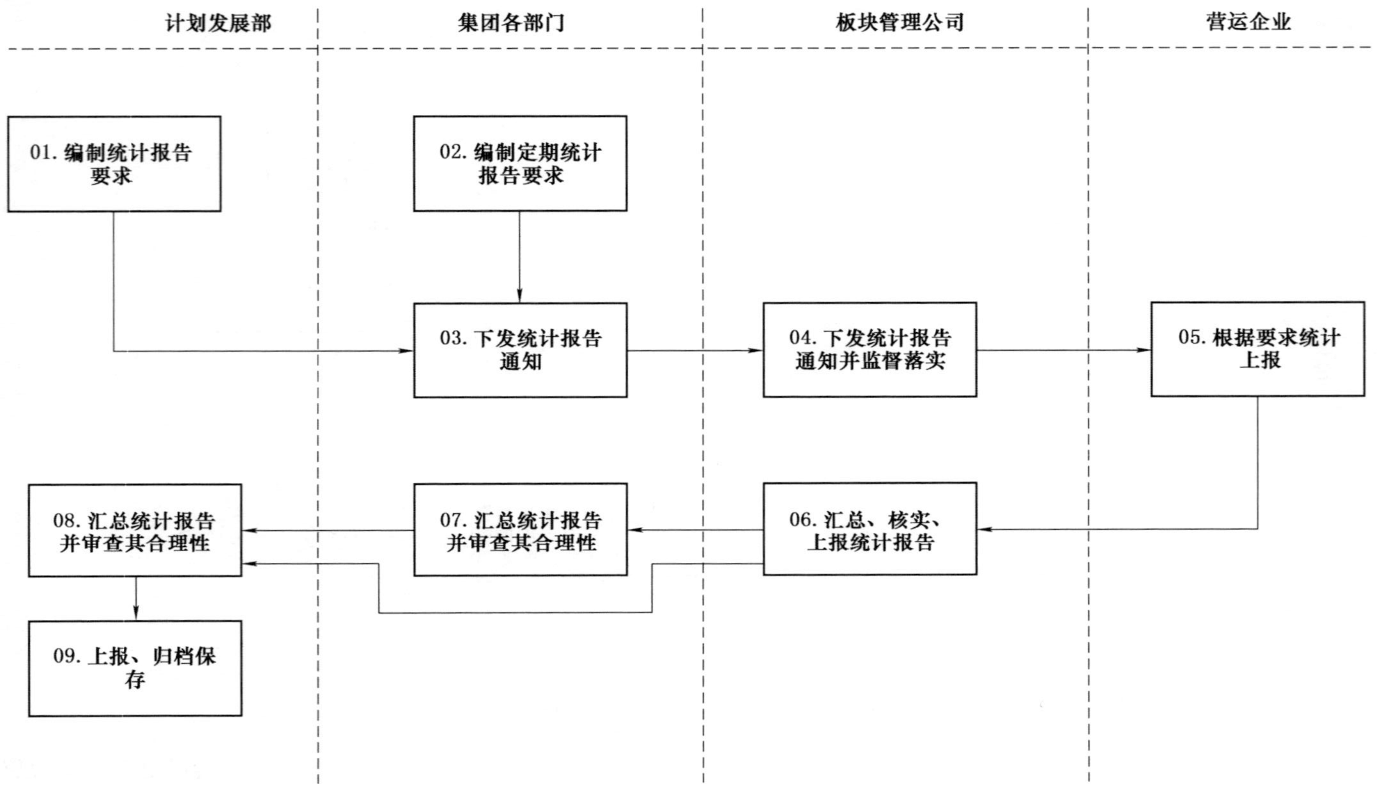
计划发展部
集团各部门
板块管理公司
营运企业
01. 编制统计报告要求
02. 编制定期统计报告要求
03. 下发统计报告通知
04. 下发统计报告通知并监督落实
05. 根据要求统计上报
06. 汇总、核实、上报统计报告
07. 汇总统计报告并审查其合理性
08. 汇总统计报告并审查其合理性
09. 上报、归档保存

浙江省能源集团有限公司
“十三五”发展规划

浙江省能源集团有限公司

2016 年 12 月

目 录

说 明

“十二五”规划对浙江省能源集团有限公司（以下简称“浙能集团”）发展发挥了重要作用，多项指标如期或提前完成。“十三五”期间全国经济已呈现新常态，环境硬约束加强、改革进入深水区，能源需求增长放缓、供需趋于宽松，浙江省提出创建国家级清洁能源示范省的要求，在此背景下，集团编制“十三五”发展规划更有意义，也更具挑战。为此，集团集中了管理层、各职能部门、各分（子）公司力量，抓住关键环节和重点领域，广泛调查，系统研究，大胆创新，细心求证，力求使规划符合经济社会发展趋势和公司长远利益，力求使规划更具前瞻性、指导性、针对性和可操作性，并努力在规划编制过程中做到以下几点：

立足专题分析，深入开展调研。在总结“十二五”规划的基础上，摸清家底，梳理问题，通过分析企业面临的内外环境，开展广泛而深入的调查研究，并结合对产业前景、改革动向等方面的专题分析，找准产业定位，谋划发展方向，明晰业务重点，为科学编制规划奠定基础。

立足政策研究，做好产业布局。根据习近平总书记提出的“四个革命、一个合作”能源安全战略思想，密切跟踪“十三五”期间国家推进包括电力体制在内的各项能源领域改革的政策措施，通过加强政策研究，研判能源产业发展方向及集团将面临的机遇和挑战，为编制规划提供必要的政策依据。

立足项目支撑，做实谋划工作。项目是支撑企业发展目标的基础。顺应能源产业发展需求，谋划更多重大项目，为政府能源产业发展提出建议，争取列入政府相关规划。同时，加强市场调研，积极寻找中小项目投资机会。

立足能源产业，探索新增长点。为巩固和发展能源主业，集团进一步提出科技兴业、金融富业、海外创业的发展思路，坚定履行好国有企业社会责任和国有资产保值增值的“两大职责”。加大创新力度，突破传统能源产业发展的有限空间，探索新模式，涉足新领域，激发新活力，启迪新思路，拓展新增长点。

立足目标分解，细化落实措施。规划的关键在于落实，针对规划中的各项任务，通过明确发展目标，分解落实责任，制定实施计划，细化保障措施，完善激励机制，切实增强规划实施的可操作性。

“十三五”期间，坚持以“大能源战略”为指引，紧扣“能源立业、科技兴业、金融富业、海外创业”的“四业”发展思路，加快推进“加工型向综合型、实业型向产融型、传统型向现代型”的转变，通过模式创新和机制创新，增添新的动力，激发新的活力，进一步提升产业结构和资产质量，以传统发展体系和新发展方式“双轮驱动”相结合，实现浙能集团“二次创业”。

规划基准年为2015年，近期到2020年，远期展望到2030年，以近期为重点。

第一章　发展现状与主要挑战

一、发展现状

（一）概况与现状

浙能集团自2001年2月成立以来，坚持开拓进取、攻坚克难、追求卓越，在历届省委、省政府的正确领导下，已成长为浙江省发展能源产业主抓手、能源合作主平台、能源供应主渠道、能源安全保障主力军和环境保护主战场。公司成立之初，领导层精准定位，提出了“电、煤、气”并举的综合能源发展战略，为产业多元化发展指明了方向。以“规范化、集约化、精细化”为抓手，取得一定积累和长足进步。之后，又适时提出了“以电为主，多业发展”“大能源战略”，企业实现了从能源加工型向能源综合型转变、从实业型向产融结合型转变、从传统型向现代型转变。随着产业不断发展强大，通过产业板块化管理和强总部建设，进一步优化管理机制，形成了具有浙能特色的“5+2”产业体系。针对经济新常态，提出了“以新创先、以精促优、以强固基”的方针，探索浙能集团的“二次创业”路径。

截至2015年末，集团总资产、净资产均居浙江省国资系统第一位；控股管理装机容量位居全国地方发电企业首位。集团共有子企业185家，其中本部直接管理78家，包括浙江浙能电力股份有限公司和宁波海运股份有限公司等2家A股上市公司。“十二五”期间，集团并购了宁波海运股份有限公司和浙江长广（集团）有限公司，并顺利纳入了集团整体管控；组建培育了省海洋开发投资集团，并独立升格为省政府直管的浙江省海港投资运营集团有限公司。集团成立15年来，累计实现利润总额852亿元，上缴各项税金652亿元，实现有效投资超过3000亿元，为浙江经济社会发展、为确保我省能源安全清洁供应、为建设“两美”浙江作出了积极贡献。

（二）成绩与经验

1. 主要成绩

浙能集团“十二五”规划主要发展目标都已基本实现，资产规模、利润总额、控股管理发电装机规模等指标如期或提前完成，成绩显著，具体表现为以下八个方面：

（1）坚持干在实处，资产扩张有速度

“十二五”期间企业发展持续保持高速增长，国有企业的控制力、影响力和竞争力不断增强。截至2015年底，集团总资产1791亿元，所有者权益950亿元，分别为“十一五”末的1.7倍和1.9倍，是成立之初的12倍和9倍。“十二五”期间累计完成有效总投资1644亿元，控股项目总投资840亿元，实现利润总额502亿元，上缴税费310亿元。集团控股管理发电装机达到3067万千瓦，跃居省属发电集团首位，发电业务占全省半壁江山，掌控全省管输天然气业务，煤炭业务占全省40%左右，有效发挥了保障我省能源安全供应的主力军作用。

（2）坚持能源主业，产业发展有实效

坚持“以电为主，多业发展”，产业布局不断优化。集团已成功构建了大能源产业格局。产业结构由单一发电成功转型为“5+2”产业体系，覆盖能源类的电力、煤炭及运输、天然气石油、可再生能源及能源化工五大主业和能源服务、金融地产两大支持行业，形成上下游产业链及板块化协同发展的合理结构。产业分布省内及安徽、山西、内蒙古、宁夏、新疆等一次资源富裕省区。**电力产业：**集团控股管理装机总容量3067万千瓦，约占全省统调装机容量的一半。**煤炭产业：**年煤炭贸易量达

4500万吨左右，投资参股麻家梁、色连煤矿，掌控煤炭资源42亿吨；舟山六横煤炭中转码头年吞吐能力3000万吨，同等规模的嘉兴独山港煤炭中转码头在建；拥有三家海运公司，总吨位180万吨，海运能力达4000万吨/年。**油气产业**：目前建成、管理省级天然气管网1036公里，在建1262公里；经营城市燃气公司22家。**可再生能源产业**：滩坑水电站等10座水电站总装机85万千瓦，洞头风电场装机1.35万千瓦，生物质发电装机6万千瓦。能源化工产业：控股建设新疆伊犁新天煤制气项目，总投资近160亿元，设计年产能20亿方煤制气。嘉兴清洁油品生产储运基地已投运，年产能10万吨高品质清洁汽油。**能源服务产业**：环保产业完成脱硫和脱硝工程建设均超2000万千瓦，建材产业年处理固废量550万吨，年生产加气砖约55万方。同时，还积极开展房产、财务公司、资产管理等业务，着力培育**金融地产板块**，积极在资源富裕省份开发能源项目，着力培育**区外能源板块**。宁夏能源基地建设完成了省委、省政府“控股一个，参股五个”的预定目标，获得权益容量达348.7万千瓦，占总装机容量的37.6%。安徽煤电一体化项目建成252万千瓦装机容量，所发电量全部输送我省。

坚持产融结合，资产证券化率不断提高。2012年浙能集团收购宁波海运51%股权；2013年浙能电力B转A上市，实现了电力主业资产的整体上市；2014年顺利完成首笔3亿美元海外发债和100亿元可转债；浙能燃气公司重组上市正在全力推进。目前，浙能集团混合所有制企业共计100多户，约占集团所属投资企业的51%；混合所有制企业总资产已占浙能集团总资产的75%左右。

（3）坚持以人为本，安全生产有保障

安全生产形势稳定。集团坚持以人为本、安全为天的理念，形成了“3313”安全文化体系，全面完成了生产企业安全生产标准化达标评级工作，其中一级达标企业13家，二级达标企业37家，三级达标企业40家。省政府组织的安全生产目标管理责任制考核中，年年考评优秀。

机组竞赛成绩斐然。在全国可靠性A级机组竞赛中，“十二五”期间已有16台机组取得金牌机组，占全国总金牌数的9.8%（集团火电装机仅占全国总装机的2.9%）。

（4）坚持管理创新，节能减排有突破

深化内部体制机制建设，不断探索基于岗位、绩效、能力、市场的分类考核体系，加强对企业管控模式的“顶层设计”，持续推出“三化管理”、“板块化管理”和“强总部建设”，控制运营成本、提升管理效率，不断挖潜降本提质增效。做到“克煤必省，度电必争”，企业关键生产经营指标多年保持行业领先，当前的火电机组供电煤耗为299.34克/千瓦时，比全国平均水平低15.66克/千瓦时，比五大央企平均水平低8.34克/千瓦时。公司管理的43台燃煤机组率先于2014年6月底前全部完成了烟气脱硝改造，比要求的时间提前一年半完成，走在了同行前列。

坚持责任意识，引领清洁能源示范建设。集团率先提出的“超低排放”一词被政府工作报告所引用。通过自主创新，在国内率先开展燃煤机组超低排放改造并获得成功，开辟了我国煤电清洁利用的新途径，带头关停中小型燃煤机组，带动我省“清洁能源示范省”建设和国内环保设备升级换代。

（5）坚持勇于创先，科技发展有亮点

初步形成了产学研相结合的自主创新体系。面对节能减排新的要求，积极组织开展汽轮机通流改造、硫氮尘协同脱除等研究和应用，率先完成国内首台超临界机组的通流改造，率先实施完成了国内首台燃煤电厂烟气硫氮尘协同脱除的超低排放技术，烟气主要污染物排放指标低于燃气机组的排放限值，开创了煤炭清洁利用新局面。

科研成果硕果累累。“十二五”期间已取得国家专利107项，其中发明专利10项；参与制定标准16项，其中国家标准4项；获各类省部级科技奖10项，浙江省电力科技奖一等奖18项，各类地市级科技奖90项。

（6）坚持法人治理，企业管控有提升

不断完善现代企业制度，管控水平进一步提升。集团建立起权责分明、协调运转、科学决策和有效制衡的法人治理结构。加强董事会建设，发挥好董事会在公司治理中的核心作用。梳理权力清单和工作流程，完善企业内控体系，全面提升企业风险管控能力。根据企业发展实际和产业布局特点，按照“大能源战略”的整体部署，逐步推进“产业板块化管理”为核心的管控模式改革，对集团所属产业“划线、切块、分层”，先期形成“一主四辅”（电力为主，煤炭、油气、可再生能源、能源服务为辅），到“十二五”末逐步构建“5+1”的板块管理格局（新增区域能源板块）。通过自上而下的“强总部”建设，优化总部架构，调整部门设置，梳理职责职能，深化板块管理对接，深化“三化”管理，形成分工明确、管理职责到位的高效管理体系，确保管控全覆盖，满足了集团跨产业、跨区域发展的实际需要，增强了统一管控力度，推动了各产业协同发展。

（7）坚持党的领导，企业党建有抓手

坚持和加强党对国有企业的领导，落实“两个责任”，加强党风廉政建设，党的“政治核心、战斗堡垒和先锋模范”作用明显。落实党管干部原则，实施人才强企战略，为改革发展提供组织、人才支撑。紧紧围绕“凝心聚力促发展”的主线，大力推进党建“五大工程”建设，全面形成了党政工团齐抓共管的“大党建”格局。积极开展“党的群众路线、三严三实”专题活动和“两学一做”学习教育，将思想政治工作与问题查摆整改、专项督查整治、常态正风肃纪、做“四讲四有”合格党员相结合，较好地推动了集团公司作风建设整体水平的持续提升。通过党建信息化提升企业党建水平，逐步建立“互联网+党建”的新模式，上线浙能党建 MIS 系统，汇编并印发《浙能党务工作手册》，全面推进党建制度化管理。党建党风廉政建设责任体系、各类监督机制不断健全、运作正常，廉政风险防控有效。“十二五”期间，集团系统未发生重大违法乱纪和腐败案件。

（8）坚持软实力建设，文化建设有影响力

以文化建设提升企业核心竞争力，以文化活动唱响企业品牌，构建了科学、完整、规范的“德能”文化体系，使企业文化成为保障集团快速发展的双翼之一。编印刊发了《浙能集团企业文化手册》、《廉洁文化手册》和《安全文化手册》，建立了《浙江能源报》、《浙江能源》杂志、《党建·文化》网站、浙能网络电视台、“浙能文化”微信等立体宣传网络。围绕“提升素质、提高修为”的行动目标，开启“善美行动”，践行浙能核心文化。集团先后荣获“全国五一劳动奖状”、浙江省“最具社会责任感企业”、“诚信示范企业”、“企业文化建设示范单位”等荣誉称号。

2. 主要经验

（1）讲政治，取得良好发展环境

集团以省内能源产业主抓手、能源合作主平台、能源供应主渠道、能源安全保障主力军和环境保护主战场为己任，积极争取政府广泛的支持。一是产业发展战略上争取政府认同和支持，与省内经济保持协调发展。二是规划上与政府保持衔接，在重大项目布局上充分沟通，切实做好能源供应基础保障。三是项目发展上与职能部门共同谋划，有序发展，省内外电源项目推进取得成效。四是产业政策上，积极向主管部门汇报并反馈意见与建议，率先响应国家政策，环保产业得到较好发展。

（2）学政策，提前谋划布局有成效

密切跟踪能源政策导向，提前谋划布局。一是密切关注和研究国家关于煤电产业升级与能源总量控制一系列政策，率先实施脱硫、脱硝和超低排放，取得很好的社会效益。二是积极响应国家优化能源结构的产业政策，天然气产业取得快速发展。三是关注国家煤炭供需及煤价政策，及时调整煤炭采购和保供策略。四是密切跟踪国家可再生能源系列政策，结合我省资源状况，积极开展提升可再生能源比重的路径研究。五是开展外来电对浙江电网及发电企业营运影响与对策研究，为集团优化运行方式提供合理化建议。

（3）靠管理，深挖内部潜力提升效益

全面推进生产管理对标。秉承集团精细化管理理念，深入推行能效对标管理，建立科学的对标指标体系和对标管理长效机制，量化、细化各项管理指标和能效指标，从对标转向达标、创标，2014

年10台机组在全国大机组能效对标竞赛中获奖。加大技术改造投入，开展以汽轮机通流改造为重点的技术改造，“十二五”期间已完成的27台机组，增加发电容量98万千瓦，年节标煤45万吨以上。

（4）重创新，依靠科技助推主营业务

不断完善科技创新平台。组建浙能技术研究院，并认定为省级企业研究院，建立国家级博士后工作站和省级院士工作站。成立天地环保烟气净化省级高新技术研究开发中心和东发环保工业废水高效处理省级高新技术企业研究开发中心。积极参与省重大科技专项。“十二五”期间浙能集团“低低温高效电除尘系统和余热利用技术的应用研究及工程示范”等5个省重大专项获批，其中3个项目获得浙江省重大科技专项补助。

二、困难与挑战

“十二五”期间，集团发电装机、资产规模、利润水平都得到了很大提升，电力、煤炭、油气、能源化工等产业得到了快速长足发展，但在新形势下，随着国内经济增长受到“三期”叠加影响而放缓，集团要继续保持行业和地方国企的前列，面临巨大挑战，主要表现在以下四个方面：

1. 高盈利水平难以保持。经济增长呈现新常态，能源需求增速回落，电力供需宽松，外购电持续增加，省内燃煤发电利用小时数大幅下滑，加之省内小机组、内陆机组主要集中在我公司，煤电机组盈利空间将严重压缩。天然气消费增速下滑，今年甚至负增长，加之价格下调，购销差价进一步缩小，新增天然气管网单位投资大，回报率不高，经营压力大。

2. 高投资强度难以维持。受环境硬约束和电力增长乏力影响，电力主业煤电新建项目暂缓审批；核电项目前期工作难度增大，进程缓慢，难以达到目标预期；省内风光发电资源禀赋条件一般，开发难度大，投资成本高；垃圾发电、生物质发电体量有限，经济效益不高。预计浙能集团“十三五”期间传统能源领域控股项目总投资可能将不足600亿元。

3. 可再生能源难以达到低碳化发展目标。集团燃煤机组占总装机容量超过80%，火电发电量更是占集团年发电量约98%，非水可生能源发电量仅占全部发电量的0.2%，远低于配额目标（2020年达到9%），集团产业结构、资产结构有待进一步优化。

4. 体制机制不适应的矛盾日趋显现。过去涉足的能源产业以大项目为主，追求内部成本最低，随着能源领域市场化改革的深化，发电行业直接面对市场；同时传统产能普遍过剩，大项目减少，传统管理机制难以适应市场化新常态下产业发展需要，必须转变观念，对接市场，发挥主观能动性、创造性和创业精神。经济和能源产业新常态倒逼集团内部管理机制作出相应调整和完善。

面对一系列的困难与挑战，浙能集团需要解放思想，审时度势，积极分析外部形势与机遇、内部优势劣势，以全新的视野，积极作为，探索新的发展模式，努力破解当前面临的各种困难与挑战。

第二章　面临形势与发展趋势

一、外部环境

（一）形势

1. 国内外经济形势及能源发展趋势

“十三五”乃至今后较长时期，国内外经济形势及全球能源发展趋势都面临深刻变革。**从国际看**，世界经济虽整体逐步走出衰退阴影，但全球经济结构性调整仍在不断深化，世界经济低速增长常态化，相应的全球能源需求也将维持低速增长态势。与此同时，全球应对气候变化行动升级，新兴市场国家的传统粗放型发展模式面临越来越强的资源环境约束，也倒逼世界能源消耗增长放缓和能源结构由传统化石能源向清洁能源转变。

从国内看，“三期叠加”下的中国经济步入新常态，转变经济发展方式、调整优化产业结构显现出更高的重要性与紧迫性。十八届五中全会提出的“创新、协调、绿色、开放、共享”的发展理念，以及推进“四个革命、一个合作”的能源安全战略将对我国经济社会发展和能源发展产生重大而深远影响。

“十三五”期间，国内 GDP 年均增速介于 6.5～7% 的区间，单位 GDP 能耗将继续持续下降，五年单位能耗累计降幅在 16～18%。到 2020 年，全国能源消费总量约 48～50 亿吨标煤，年均增速在 2～3%。

从能源领域看，正呈现四个新动向，一是能源成本高低决定国家产业竞争力；二是电能将进一步成为能源消费中的主流；三是技术进步将给能源产业带来巨大变革；四是能源既需要大平衡，也讲究小平衡。分品种看：

煤炭。“十三五”期间，我国以煤炭为主的能源消费结构不会改变，但随着节能减排、大气污染治理以及区域煤炭总量控制政策的推进，以及钢铁、建材等高耗能产品需求逐渐达到峰值，行业用煤将快速达峰并缓慢下降，煤炭消费有望进入缓慢增长的平台阶段，煤炭在一次能源消费中的比重将逐步下降。到 2020 年，我国煤炭消费总量约 42 亿吨（折合 29 亿吨标煤）左右，占能源消费总量比重低于 60%。

石油。随着我国汽车保有量增速下降、新能源汽车快速增长，以及经济转型引起的大宗商品运输周转量增速放缓，我国石油消费将维持小幅增长，增速将保持在 2.6% 左右，低于能源消费总量增速，石油消费的比重将逐步下降到 17% 左右。

天然气。根据《2014—2020 年能源战略行动计划》，我国制定了 2020 年天然气消费 3600 亿立方米以上的目标。综合考虑天然气价格改革进程、各地治理大气污染的政策诉求，以及与煤炭、油品的比价水平，预计到 2020 年，全国天然气需求量约 3200 亿立方米。

非化石能源。以水能、风能、核能、太阳能发电为主的非化石能源生产将持续快速增长，预计到 2020 年，水电装机达到 3.3 亿千瓦，核电 5800 万千瓦，风电 2.1～2.4 亿千瓦，光伏 1.1 亿千瓦，非化石能源占一次能源消费总量的比重将提高到 15%。

综合来看，“十三五”时期是国内外经济形势和能源发展趋势大调整、大变革的关键时期，身处其中的浙能集团既面临着严峻的发展挑战，也需抓住宝贵的成长机遇。

2. 省内外经济形势与能源发展趋势

浙江省已接近高收入经济体水平，根据国际经验，“十三五”我省将进入工业高端化、服务业快速发展为主要标志的后工业化时期。按全面建成小康社会的目标，到2020年，全省生产总值、城乡居民人均收入比2010年翻一番。同时，随着经济增长放缓、产业结构优化升级以及创建清洁能源示范省各项举措的落实，全省一次能源需求增长将有所放缓。综合研判，2016—2020年全省GDP年均增速约7%，比“十二五”期间放缓1个百分点左右，略高于同期全国经济的平均增速。一次能源需求到2020年将达到2.1~2.4亿吨标煤，增速从“十二五”时期的3.9%降至2.4~3.8%。其中煤炭消费将出现负增长，降至1.1~1.4亿吨；石油消费3100~3800万吨，天然气消费140~200亿立方米，可能继续保持两位数的增速；全社会用电量约4400~4800亿千瓦时，电力供应宽松，省内煤电发电利用小时约在4000左右。

电力分品种看，预计到2020年全省核电900万千瓦、发电量680亿千瓦时，比“十二五”末增加约230万千瓦，年均增长8.6%；水电700万千瓦、发电量110亿千瓦时，与“十二五”末基本相当；风电400万千瓦、发电量82亿千瓦时，比“十二五”末增加约300万千瓦，年均增长33%；太阳能光伏装机800万千瓦、发电量70亿千瓦时，比“十二五”末增加约440万千瓦，年均增长22%。净调入煤电800亿千瓦时，调入非化石发电量440亿千瓦时，外购电比“十二五”末增加约400亿千瓦时，年均增长8%。以4400亿千瓦时的低情景计算，火电发电量2200亿千瓦时；以5000亿千瓦时的高情景计算，火电发电量为2800亿千瓦时。考虑到2014年浙江火电发电量已经超过2400亿千瓦时，因此全省在“十三五”初期将不再需要新建煤电机组，后期煤电发展空间也十分有限。

“十三五”期间集团将继续推进“走出去”战略，建设“省外浙能”，为此考察了西北地区能源富集省份资源开发情况，主要包括新疆、宁夏、内蒙古、青海、甘肃等省份。

宁夏目前正值工业转型升级的关键期和攻坚期，2016—2020年GDP增速将保持在8%左右。随着经济发展水平的提升，宁夏“两高一资”（高耗能、高污染、资源型）为主的产业结构所面临的节能减排和转型升级的压力，预计宁夏一次能源需求增速将从“十二五”时期的10.2%降至“十三五”时期的3.8%，到2020年将达到6000万吨标煤。其中，煤炭消费将维持高增长，到2020年增加至13000万吨；石油消费322万吨，增速降至3.6%，天然气消费增速为13%，消费量2020年超过40亿立方米；全社会用电量1200亿千瓦时，增速降至5.6%。

新疆维吾尔自治区“十三五”将处于工业化和城镇化双加速发展时期，GDP增长预计达8.3%以上，能源消费总量到2020年将达到2.1亿吨标煤，能源消费增速依然保持在中高速增长，其中新疆煤炭消费2.8亿吨，年均增速维持在9%；石油消费1400万吨，增速在1.5%左右，天然气消费180亿立方米，增速约5.5%；全社会用电量3500亿千瓦时，增速保持在10%左右的高速增长。

由于宁夏和新疆的经济基础都依托于能源资源，这决定了“十三五”时期两地的产业格局不会改变。随着全国“五基一带”的大能源布局战略实施，宁夏和新疆的煤炭、油气以及可再生能源资源开发强度将进一步加强，除就地转化利用之外，通过跨区送电实现资源外运，预计到2020年，宁夏和新疆年净调出电量分别超过600亿和450亿千瓦时。

此外，集团关注的内蒙古风电有望在“十三五”时期新增400万千瓦；青海太阳能光伏新增500万千瓦；甘肃风电装机新增900万千瓦、太阳能光伏新增200万千瓦。西北地区新能源还有一定的发展空间。

总体来看，外部环境对集团现有产业的发展将带来不利影响。省内煤电规模接近容量极限，天然气消费增速需依托价格理顺，可再生能源资源开发空间有限，核电项目缺乏话语权，生物质燃料禀赋不高，这些都是集团未来产业发展面临的巨大挑战。集团亟需拓展产业空间、投资方向、发展路径。

（二）机遇

1. 国家能源战略调整带来政策红利

尽管国家和浙江的能源政策对传统煤电业务发展不利，但在推动能源清洁化生产、推进能源领域市场化改革上将加大政策支持力度，为集团发展带来政策红利。集团需抓住有利政策，密切关注、深入分析、有的放矢、提前谋划，进一步丰富“大能源”战略内涵，积极创新，大刀阔斧地推进产业结构转型升级，在清洁煤电、可再生能源发电、新型能源技术等方面加紧突破，走出浙能特色的能源综合服务之路，打造集团产业升级版。

2. 信息化和城镇化推进催生新的业务需求

十八届五中全会提出我国将积极推进以人为本的新型城镇化建设。2014 年我国户籍人口城镇化率仅为 35.9%，较 54.8% 的常住人口城镇化率相差 18.9 个百分点，意味着有近 2.5 亿常住城镇的农民工需要入籍、落户，这将带来巨量的投资和居民生活用能需求的显著增加。城镇化建设为集团拓展城市公共服务领域的产业发展带来了商机，提供城市燃气、水处理和污水处理、垃圾处理等公共设施的工程建设、垫资融资（PPP 模式）、运维管理。

随着互联网技术的应用，智慧城市的发展将为融合信息化技术的一揽子能源服务和全方位公共服务提供巨大的市场空间。集团可以依托多元化产业的协同优势，配以信息化和物联网技术，推进高回报的新型业务发展，如分布式能源和智能微电（能）网、充电桩和智慧车位网等。

3. “一带一路”倡议扩大“走出去”机遇

国家“一带一路”倡议为集团大力推进“走出去”战略、探索海外资源收购和产业投资提供难得的机遇。做好集团既是大型能源消费者，又是能源贸易商的双重角色，加紧推进能源资源、能源项目的投资和收购，一方面利用国际资源降低燃料成本，另一方面借力“长江经济带发展战略”，扩大能源市场贸易规模，加大开拓长江中下游流域市场的力度。

4. 能源市场化改革带来潜在的市场空间

国家逐步放开能源资源供应和价格体系管控，深化电力市场改革，计划体制壁垒将逐一破除。集团在省内电力、热力、煤炭、油品、天然气等能源品种齐全，节能减排、环保治理等技术先进，能源项目建设、营运、维修等工程经验丰富，这些优势，有利于集团加快打造现代化的综合能源供应与服务商。

5. 能源技术革命助力打造企业核心竞争力

在新一轮技术革命临近、国家大力鼓励创新的背景下，传统技术将被更迭。中国制造 2025、互联网、大数据、新型能源技术和业态将引发能源生产和消费革命，新兴产业的壮大将带来巨大的市场空间。抓住新技术爆发的有利时机，有计划地、系统性培育、打造能源新科技产业，进一步提升产业结构，增强企业核心竞争力。

6. 浙江立足“经济大省”打造“金融强省”的机遇

我省作为经济大省，正紧跟国家金融创新步伐，大力推进金融强省建设，出台了《浙江省金融发展规划》、《钱塘江金融港湾发展规划》、《关于加快金融改革发展的若干意见》等一系列扶持金融产业发展的规划政策，这些规划与政策立足于优化资源配置，构建适应经济新常态的新金融体系，立足于服务我省实体经济，加速推进创新创业。重点发展传统主力金融、浙商总部金融、私募金融、互联网金融及准金融类金融等五大金融产业，目标是把金融产业打造为浙江的七大万亿级现代产业之一，同时加快推进金融与实体经济融合。“金融强省”的打造给浙能集团发展金融产业，推进产融结合，加快企业发展带来了机遇。

此外，国有企业改革不断深化，将进一步释放企业活力、减轻企业包袱、激发员工创新创业精神，为更好地整合内外部资源，增添新的发展动力。

二、内部环境

集团经过多年快速发展，取得了可喜成绩，但也面临四大难题。一是“大”的难题。经过多年快速发展，集团经营指标屡创新高，难以再实现持续性高增长。二是“竭”的难题。集团成立至今随着企业发展壮大，管理措施不断推陈出新，但面对新的形势，提升传统主营业务的办法不多，迫切需要尽快寻找新的出路与动力。三是“衰”的难题。整个能源行业将逐步进入微利时代，大洗牌不可避免，需要加紧修炼内功，培育企业核心竞争力。四是“单”的难题。集团电源结构、盈利模式、业态模式、人才结构单一，不利于集团拓展新的业务领域。

在深刻认识当前发展难题的基础上，梳理了集团产业发展面临四大主要优势和四大主要劣势。

（一）优势

经过十几年的快速发展，集团已逐步形成四大优势，为进一步拓展产业打下扎实的基础。

1. 能源产业全，具有良好的产业基础

当前市场竞争已不仅是产品竞争，而逐渐上升为全产业链和供应体系的全领域竞争。浙能集团能源产业覆盖煤矿、海运、发电、固废处置、环保、天然气管网、能源化工、能源服务等诸多领域，具有较完整产业体系和较强的行业竞争力。

2. 管控能力强，具有较好的协同效应

集团已形成“5+2”的大能源产业格局，涉及煤电油气以及融资租赁、能源服务等产业，各产业间互补性和协同性日益增强。通过“强总部”和板块化管理，构建起了具有浙能特色的管控体系，先进的管理理念促进了多元产业的协同发展。

3. 资信、品牌形象好，具有雄厚的资本实力

集团被国际上几家顶尖的信用评级机构评定为仅次于国家主权级的信用评级，国内市场品牌形象佳。在经营上近年来利润连续超百亿元，资产负债率维持在50%左右。融资成本低，融资渠道宽，为产业进一步拓展和资本运作提供坚实的资金保障。

4. 产业规模大，具有较好的市场基础

集团目前控股管理的发电装机容量位居地方能源企业第一，火电机组占全省统调容量约50%。特许经营全省级天然气管网，天然气销量占全省总量约90%，煤炭购销量占全省消费量约30%（占规模以上企业约48%）。主要能源产业在省内占有较高的市场份额，为进一步发挥区域规模优势，创造新的附加值奠定了市场基础。

（二）劣势

从集团自身看，要继续保持良好的发展势头，也面临诸多困难，主要体现在：规模“大”，再上台阶受业务增长空间限制；办法“竭”，体制机制不能适应市场化竞争；行业“衰”，燃煤发电黄金十年一去不复返。在能源供需矛盾发生逆转的新形势下，过去的长处如今可能已成了的短板，以前的优势已逆转为劣势。

1. 成本竞争不占优势

尽管整体上看浙能发电业务的经济技术指标领先于其他发电集团，但和省内发电央企比仍有较大差距。央企在省内多为60万、百万千瓦级超临界或超超临界机组，而集团仍有较多30万千瓦及以下机组，平均单位发电燃料成本较高。同时，集团内陆电厂燃料采购成本偏高，综合成本处于弱势，单位装机利润偏低。内陆和小容量机组面对电力市场化改革和发电利用小时大幅下降，生存与经营巨大。

2. 商业模式相对传统

集团的盈利模式主要依靠实业生产，针对大用户群体，缺少对差异化、个性化、网络化的追求，缺乏对现代金融、互联网模式、信息技术、品牌营销等手段的应用，科技创新能力有待加强，商业模式、管控机制单一。

3. 区域市场优势不再

能源市场化改革的必然结果是区域壁垒的打破，今后的能源生产与供给平衡将是全国范围的综合平衡，随着跨区能源输送规模的扩大，我省能源供应出现外电比例激增的局面，发电利用小时大幅度下降，对本土能源企业构成极大冲击，发电经营面临前所未有的压力。

4. 人才结构不够合理

集团人才大部分集中在电力行业，人才结构性断层，难以适应新兴产业业务发展需求，部分（拟）拓展的产业人才相对缺乏，特别是金融类和资本运作人才，煤制气、风光电等新能源专业人才，“一带一路”海外业务开拓人才的质量和数量难以满足业务拓展需求。很大程度上制约了集团产业拓展的力度与广度。

三、产业发展空间及需求预测

经济新常态、环境硬约束、能源技术革命，以及能源产业结构调整，煤电发展受限，需要加快推进核电、可再生能源、天然气以及能源领域新业务发展。

（一）电力产业①

“十三五”时期，全省电力需求增长乏力，新建三门核电（250万千瓦）、宁浙特高压（800万千瓦）将相继投产，省内煤电项目发展空间极为有限。但从长远（至2030年）的发展趋势看，发电主业在核电、煤机供热改造、售电市场拓展和“走出去”等方面的增长潜力仍然较大。一是随着我国核电技术日趋成熟，国产化水平不断提高，国家制定了加快核电发展的中长期发展规划，浙江省核电项目发展将迎来有利时机。二是通过供热改造与新建热电机组并举的方式，积极融入当地经济圈，提升能源综合利用效益，创造更高的社会价值。三是电力体制改革将为发电企业开拓售电侧市场提供了广阔的市场空间。通过为用能企业提供最优能源综合供应和高效利用方案，积极发展优质大客户。四是国家新一轮开发西部和“一带一路”倡议的实施，以及鼓励跨区域、跨国界多领域合作政策，为电力产业走出去，开展区域或国际能源合作，创造了良好的机遇。

（二）煤炭及运输产业

在大气环境治理和煤炭消费总量控制的背景下，煤炭行业在“十三五”期间仍将处于探底阶段，并有望在2020—2030年间缓中趋稳，未来五年“去产能”仍是一个漫长而艰难的过程，高库存、低需求、短资金仍将伴随着煤炭市场，我国煤炭行业仍将面临严峻挑战。

（三）油气产业

当前全球天然气供需总体平衡，较为宽松。尽管从未来15年的长期趋势看，天然气需求相对于供给仍有较大增长空间，但“十三五”期间我国天然气供需宽松局面仍将基本维持，浙江省供气末端造成的供应紧张状况已经终结。截至2014年底，入浙气源已达6个，“多气源一环网”的供应格局已初步实现。随着温州、台州LNG接收站的建设、东气、川气开采量的增长以及新疆煤制气的投产，我省多气源供应保障得到进一步加强。

随着全省“县县通”计划的实施和“清洁能源示范省”、煤改气及大气污染防治行动计划的推进，“十三五”及以后我省下游天然气消费市场仍将不断增长。预计，国际油价将在较长时期内徘徊在较低水平，气价将继续维持较低水平，有利于天然气消费量的增长，到2020年，全省天然气消费约160亿立方米。

（四）可再生能源产业

环境的承载和自我修复能力决定了未来能源的需求增量主要依靠非化石能源来支撑，未来可再生能源在一次能源消费中的比重还较快上升。国家可再生能源产业扶持政策将长久持续，技术进步将推动可再生能源开发成本持续下降，可再生能源的比重和地位将不断上升。随着新能源发电规模进一步提高和用电日峰谷差的日益扩大，电网调峰需求不断增大，抽水蓄能的投资价值进一步现显。

（五）能源服务业

虽然“十二五”之后煤电的脱硫脱硝或将告别爆发式增长，但随着能源结构调整、煤炭总量控

① 可再生能源另述

制和环境约束增强，“十三五”期间超低排放等环保行业发展空间仍然很大。同时，节能服务和能源合同管理的产业市场前景广阔，近年来我国节能投资年增幅超过20%，未来仍将保持较快增长。

党的十八大提出实施创新驱动发展战略，国务院部署了加快发展科技服务业的五项举措，释放出科技服务业提速发展的重要信号，为科技研发提供了广阔的施展空间。

（六）能源化工产业

能源化工、煤炭深加工受国家政策影响明显，2015年5月国家能源局发布《煤炭清洁高效利用行动计划（2015—2020年）》(国能煤炭【2015】141号文)，要“统筹推进现代煤化工产业发展”，“开展煤炭分质分级梯级利用，提高煤炭资源综合利用效率”，“逐步实现分质分级、能化结合、集成联产的新型煤炭利用方式，鼓励煤—化—电—热一体化发展”。

当前国内煤化工行业发展面临来自于市场、环境、政策等方面的诸多风险，给能源化工产业发展带来了很大不确定性。煤化工副产品的深加工和三废综合利用附加值高，市场前景乐观，对延长煤化工产业链和提升产业价值有重要意义。

（七）金融产业

“十三五”期间，我国将着力构建现代金融体系，国家“十三五”规划中提出“提高金融服务实体经济效率”，通过改革打造创新友好型金融体系，通过金融资本的手段将金融活水引向产业，以金融创新为突破口推进实体经济发展，使实体经济焕发新生机和新活力。在此政策指引下，金融产业的发展具有较大的发展空间，信托、证券等传统金融仍将持续发展，基金、互联网金融等新型金融产业发展则具有广阔的前景。综合而言，“十三五”时期，集团各项传统产业已经接近或触碰到了发展天花板，增长潜力有限。积极探索以全新的决策机制、激励机制，打造新的运作平台，加大创新力度，通过横向和纵向并购，进一步扩大产业规模优势和协同优势，积极拓展省外项目、海外项目以及有选择的进入金融等新型业务领域，积极培育新的利润增长点，实现浙能集团“二次创业”。

第三章 发展战略与发展目标

一、指导思想、愿景与使命

（一）指导思想

按照中央“四个全面”战略布局、我省“八八战略”的部署要求，主动适应经济新常态和产业转型新格局，深入实施“大能源战略”，紧扣“能源立业、科技兴业、金融富业、海外创业”的发展思路，坚持实现企业由传统型向现代型、由单一能源生产加工型向综合能源供应与服务型、由实业型向产融结合型转变，坚定履行好国有企业社会责任和国有资产保值增值的“两大职责”，以创新体制机制为重点，以打造企业价值链为主线，积极调整产业结构和经营模式，大力推进供给侧结构性改革，积极发展混合所有制经济，加大产融结合运作力度，统筹国内、国外两个市场和两种资源，完善现代企业制度和法人治理结构，着力推进国企改革与管理创新，切实增强企业活力、整体竞争力和可持续力，力争综合实力再上新台阶，企业发展开创新局面。

（二）愿景与使命

愿景：精心打造国内一流、国际先进现代综合型能源供应商，成为优秀国企的先进范例和行业中的“百年明星企业”。

使命：为发展提供动力，为社会创造财富，为员工谋求幸福。

（三）发展思路

能源立业：能源主业是集团的立身之本与核心价值取向，是必须长期坚持的支柱产业，将着力于做强做精。紧紧围绕补强短板、转型升级重塑发展动力，不断优化能源结构，提高大容量、高参数煤电机组比例，大力发展天然气、煤炭、石油储备、成品油销售、核电与非水可再生能源，加快推进节能减排工作，到2017年全面实现能源清洁化生产与供应，在清洁能源示范省建设中发挥典型示范、引领带头作用；加快推进供给侧结构性改革，全面开展提质增效工作，提升发展质量，加快去产能、去库存、去杠杆、降成本与补短板，有效处置“僵尸企业”、亏损企业和不良资产，压缩管理层级，降低“两金占用”率；持续优化整合资源、提升管理效率，夯实发展基础，形成集团旗下清晰的产业功能划分。持续推进“强总部”建设，加强“板块化”管理，理顺并切实形成集团总部、板块管理公司和营运企业之间职责分明、功能健全、高效简洁的管理关系。

科技兴业：科技是集团发展的第一生产力与重要引擎，本着“高起点、重创新、大投入、求实效”的原则，加强科技研发的领导与管理，加大科技投入，统一科研经费使用，形成体系化的科技项目评价机制，实施一批重大科研机制改革举措，引进一批高层次领军人才，启动一批战略性科技项目，培养一批高素质应用与管理人才，推动企业“产品上档次、生产上台阶、管理上水平”，成为转动集团发展模式结构性突破的金钥匙。

金融富业：金融是集团适应市场竞争新形势的主动选择，是加速实业发展和助推转型升级的利器。围绕“由产而融”的产融结合发展思路，着力推进实业与金融的战略协同、业务协同和财务协同，形成实业向金融扩张、金融向实业反哺，产融优势明显、有效服务于实业的强大金融业态，成为集团新的利润增长点。

海外创业：加大对海外市场开发、海外产业布局，是集团利用全球资源提升企业规模与实力、拓展发展空间的战略选择，是集团实现二次创业、优化产业布局的重要途径，必须加快“走出去”的步伐，积极出“海”保增长、求发展。

（四）基本原则

——**坚持企业市场主体地位**。以市场为导向，充分尊重市场经济和企业发展规律，主动顺应改革，准确把握改革方向和原则，积极应对环境变化，勇于承担市场开拓、管理创新、制度建设等主体责任，提升企业市场竞争力。

——**坚持分类推进差异管理**。充分考虑企业业务类型、股权结构、产业特征和发展阶段，对集团公司及其所属企业进行功能定位分类。根据实际情况，对企业分类进行动态调整，研究不同类别企业区别化、定制化的管理办法。对跨类别跨业务的企业，实施因企制宜、分层分类的管理方式。

——**坚持提质增效持续创新**。牢固树立创新带动发展的企业成长理念，构建灵活高效的企业创新机制，持续激发国有企业改革发展的动力和创新转型的活力，以提高经济发展质量和效益为中心，狠抓改革攻坚，推进转型升级，强化风险防控，实现管理提升。

——**坚持统筹协调积极稳妥**。在省委省政府和省国资委的统筹安排与全面指导下，大胆探索，勇于开拓，积极创新改革方式和手段，多层次、多形式、多渠道、多平台地落实改革措施。注重改革、发展和稳定的关系，谋定而后动，统筹兼顾，循序渐进，确保改革工作按照既定轨道稳步推进。

二、定位与战略

（一）企业定位

以建设面向市场的综合能源清洁供应体系为核心，集能源投资、工程建设、生产销售、科技研发、综合服务为一体，以产业融合、资本运作、科技研发与“走出去”为重要发展引擎，探索建立以用户为中心的一站式综合能源供应与服务体系，在保持集团在浙江市场始终处于领先与支配地位的基础上，构建坚实的跨区域、国际产业合作体系，逐步发展为国内一流、具有一定国际知名度的现代综合能源供应和服务商。

（二）发展战略

深刻领会并积极贯彻中央提出的“创新、协调、绿色、开放、共享”五大发展理念，坚定不移地实施“能源立业、科技兴业、金融富业、海外创业”的发展思路，坚持以效益为中心，坚持空间、责任、业态“三个一体化”，**在发展取向上**，以满足市场与用户需求为出发点，构造相匹配的产业价值链体系，着力提供可靠、清洁的综合能源产品和多样化、定制化、个性化的服务。**在发展内涵上**，以创新驱动发展为核心，坚持深化改革，依靠科技进步，优化企业生产组织和管理方式，全面激发发展动力与活力。**在发展空间上**，跨越地理区域界限，融入多边市场，有序推进跨界融合，不断推动能源主业与新业态产业的互补互动。**在发展方式上**，激活存量，补齐短板，通过走产融结合、成本领先、绿色清洁、智慧智能之路，加强多层次股权式联盟合作，推动集团向更高层次发展转变。

1. *能源科技战略*。坚持由技术引领企业转型升级，由技术导向决定项目布局，由科技创新推动项目落地，加强对前沿技术的跟踪分析，通过持续地战略性研发投入，充分发挥企业技术研究机构的作用，在一些细分领域取得技术的制高点。加快建立产学研相结合的科技创新体系以及成果共享机制，探索建立鼓励创新的激励机制，允许科技入股，推动科技产业化，助推集团可持续发展。

2. *能源优化战略*。充分利用多元化产业和地域集中的优势，推进能源供应集约化、协同化发展，同时抓住创建国家清洁能源示范省的契机，提高煤炭清洁利用水平和可再生能源份额，努力建设清洁安全高效的现代能源供应体系。

3. *机制创新战略*。在以考核为主的传统管理机制基础上，积极探索适应市场规律的全新的决策机制、激励机制、容错机制、约束机制和考核机制，推进集团产业内部整治、新兴产业投资、横向纵向并购，实现集团“二次创业”。

4. *成本领先战略*。将市场导向与成本控制的理念贯穿于企业经营管理始终，通过技术创新、管理创新，建立相应的管理信息系统，全面运用“大数据”工具，积极开展需求侧分析，抓好对标管理，调整优化集团生产组织、财务管理、安全管理、人力资源和技术创新等价值创造活动，以卓越的过程，赢得区域竞争优势。

5. 能源人才战略。重视发挥人才作用，建立健全吸引人才、培养人才、留住人才，激励人才的相关机制和平台；以人才促能源发展，深入结合集团实际和产业发展制定人才战略，确保选才用才机制符合岗位工作实际需要，量才成才机制符合队伍结构优化需要，引才育才机制符合企业多元发展需要。

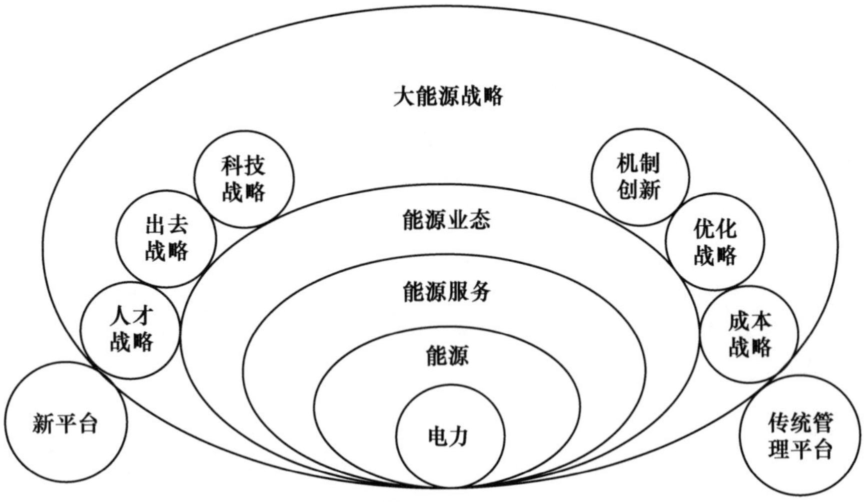

6. “走出去”战略。积极响应国家“一带一路”倡议，立足集团自身竞争优势，通过与政府部门、专业机构、同行企业以及浙商群体的合作与抱团，力争将海外业务培育成为集团新的利润增长点和规模扩张的重要途径。

三、发展策略

1. 打造“两轮驱动”运作模式。一是稳固传统运作模式为基础的发展体系，以控制内部成本为主要导向。二是全力打造以激励约束为主，以开拓市场业务为主要导向的全新发展方式。

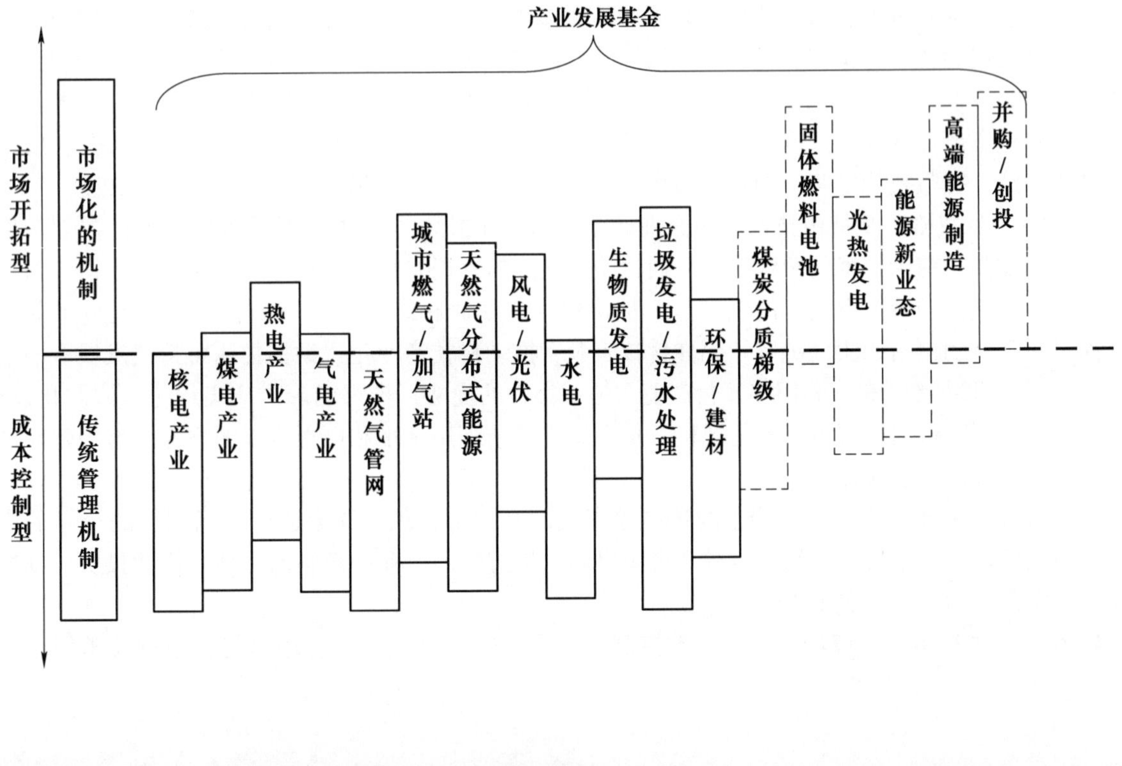

（1）传统发展体系是集团的立家之本。“十三五”期间要进一步夯实传统产业的发展基础，进一步降低成本、巩固市场份额、提升竞争力，全面推进“三转变”，由单纯依靠实业生产加工和销售产品获取效益的方式向在注重提升实业效益的同时注重资本运作、提供增值服务的方向转变；由政府主导、以能源保供为核心的大型项目开发模式向市场主导、兼顾大中小项目相融发展、注重公共产品与服务类项目拓展的方向转变；由主要只针对大用户单一的经营方式向能源环保市场上下游各类用户全面对接的方向转变。

（2）新发展方式是集团发展的新动力。该发展方式是适应和引领新常态的重大举措，是适应市场竞争新形势的主动选择，主要围绕发挥国企的品牌与实力优势、推行市场化的激励约束机制、建立科学高效的决策机制、促进资源的市场化配置和谋求专业聚焦式的发展路径等五方面展开，一方面搭建企业发展的金融平台，以崭新的视野和全新的运作模式，拓展新的发展空间和新的利润增长极；另一方面以增量带动存量的方式推进改革与发展，全面带动传统产业的转型升级。新的发展方式与传统发展体系并不完全割裂，传统产业中具备市场化条件的企业、项目也可逐步纳入新发展方式的平台管理、运作，适用新平台的体制机制和管理模式。

以金融板块为主的新平台拥有全新机制。在坚持精细化、规范化管理和风险防控的基础上，进行全新的制度设计与安排，在人才保障、资金安排、股权结构、决策机制、激励机制、考核机制、容错机制、风险防范、评价体系等方面进行市场化配置，从而打造更有竞争力的新主体。

——在决策机制上，完善企业法人治理结构，企业依法依规自主决策、自主经营、自负盈亏、自担风险，特别是增量的类金融企业要按照行业惯例进行决策，通过设立投资决策委员会等决策机构，加快决策的效率、提高决策的专业性。

——在激励和约束机制上，推行企业经营层任期制和契约化管理，允许并鼓励经营团队持股；以业绩为导向，探索实行效益提成等形式，推进全员绩效考核，合理拉开收入分配差距；同时健全与激励机制相对应的经济责任审计、信息披露、延期支付、追索扣回等约束机制。

——在容错机制上，尊重市场、尊重创造，允许创新试错和一定程度与范围的容错，营造鼓励创新的机制和环境。

——在考评机制上，以整个（子）基金（项目群）存续期内的收益水平作为主要评估标准。

——在用人机制上，按市场模式和规则，引入外部专业合作团队和公司业务拓展所急需的高端人才。建立市场导向的选人用人机制，推行职业经理人制度，实行内部培养和外部引进相结合，打通各类人员身份转换通道，配套建立退出机制。

2. 继续坚持“三个一体化”。**坚持空间一体化**：继续巩固与扩大省内市场份额，有选择、有重点、有步骤地推进国外、省外两个市场空间的拓展。**坚持责任一体化**：强化企业市场主体地位认识，处理好社会责任与创造企业价值的关系。**坚持业态一体化**：积极拓展和融合新的产业业态，优化和调整产业结构。

3. *坚持创新，有序激发内在活力和创造力*。创新是一项长期、持续和循序渐进的系统性工程，“十三五”前期仍将有一批传统大项目建成投产，再加技术改造、优化升级，发展动力将主要来自“传统+创新”，通过机制创新逐步改造和优化传统发展模式，为下一阶段的全面创新开拓空间。“十三五”中后期，传统产业的效率提升空间受限，唯有依靠全面创新，紧紧围绕改革发力、充分依托优势发力、大力借助新技术发力，才能获得新的发展动力，促使整个集团必须焕发新的活力。

四、发展目标

（一）主要发展目标

“十三五”期间（2016年—2020年），力争实现：

1. 投资总额：维持较高的年均投资强度，投资总额力争超过600亿元，通过产业基金收购或股权投资，期望达到、甚至超过 1000 亿元。

2. 营业收入：年均营业收入争取比“十二五”增长 10%，到期末力争达到 1000 亿元。

3. 利润总额：年均利润总额争取比“十二五”增长 10%，年均 100 亿元以上，力争期末站稳 150 亿元，期望 200 亿元。

4. 总资产：力争年均增长 100 亿元以上，期末争取突破 3000 亿元，其中净资产接近 1500 亿元。

5. 金融产业贡献度：金融产业对净利润的贡献度力争达到 25%。

6. 资产证券化率：集团控股管理的总资产，证券化率力争达到 75%。

7. 可再生能源发电占集团控股管理发电装机超过 6%，争取发电量占比达到 4%。

（二）产业发展目标

“十三五”要着力打造“（5+2）·N”产业体系。“5”即电力、煤炭、油气、可再生能源、能源化工五大基础性能源产业，“2”即能源服务、金融地产两大支持性产业。“N”为从“5+2”产业体系派生出来，属于新平台范畴，完全按照市场化运作的培育性产业。到“十三五”末，产业发展主要指标如下：

1. “新平台”目标。新机制运作下的产业资产占总资产的比重达到 20%。产业基金 100 亿元，通过杠杆放大争取到 2020 年形成 500 亿元～1000 亿元资产规模。其中产业并购争取突破 200 亿元，拓展性新产业争取达到 300 亿元（其中股权投资 100 亿元）。

2. 科技发展目标。年均科技投入 10 亿元，以科技引领产业发展，实现创新驱动。孵化培育多个新兴产业，资产规模上百亿元，贡献利润 10 亿元以上。

3. 电力产业。争取期末控股管理发电装机容量约 3500 万千瓦，比期初增加约 500 万千瓦，其中，权益容量增加 800 万千瓦。发电量占全省统调发电量 50% 左右。

电力资产占总资产的比重下降到 40% 左右，清洁能源装机占总装机比重超过 90%，其中 60 万千瓦及以上清洁发电装机占集团煤电总容量的比重超过 75%。

主要技术指标达到全国同行先进水平，火电机组平均供电煤耗争取下降到 295 克/千瓦时（其中煤电机组平均供电煤耗力争下降到 300 克/千瓦时以下），平均单位电量二氧化硫排放量 0.12 克/千瓦时，平均单位电量氮氧化物排放量 0.18 克/千瓦时，平均单位电量烟尘排放量 0.018 克/千瓦时。

4. 天然气产业。期末天然气销售量比期初增加一倍，年均增长 15%，占全省销量超过 80%，争取 150 亿立方米。

到 2020 年，天然气管网在全省范围内形成“一张网”格局，基本实现“县县通”，省级管网超过 2500 公里；管道销售量占全省销量约 90%。

5. 煤炭产业。煤炭购销超过 5000 万吨，其中电煤约 4000 万吨原煤；市场煤销售比期初增加一倍，超过 1000 万吨。

6. 可再生能源。可再生能源发电装机超过 200 万千瓦，约占控股管理装机 6%。其中非水可再生能源发电装机达到 150 万千瓦，发电量占集团发电量的比例超过 2%。

7. 科工服务。集团系统外业务量与系统内业务量之比达到 1∶1。

8. 能源化工。煤制气年生产能力达到 20 亿方/年，煤炭分质梯级利用规模化商业应用。

（三）管理目标

1. 管控目标

全面建立全新的管理平台及配套体制、机制。在“一主四辅”板块管理体系的基础上，在“十三五”期间全面构建“6+1+N”板块管理体系，其中“6”为 6 个产业板块，即电力板块、煤炭板块、油气板块、可再生能源板块、能源服务板块、金融板块；“1”为 1 个管理板块，即西部区域能源板块；“N”为根据产业培育成熟程度，从原有板块管控体系中派生出来，实施独立管理的产业板块。

2. 信息化目标

推进“ZN163”信息化方案的实施，建设覆盖集团总部、板块公司及营运公司的纵向贯通、横向集成的一体化企业级信息平台，形成战略决策、计划投资、经营管理、综合管理、专业运营、生产监控等六大类业务应用系统，构建信息化管控组织、信息化管控标准、信息化绩效考核三项体系，实现集团加强管控、支撑战略落地、推动管理创新、服务业务需求的信息化目标。

3. 企业党建目标

推进党建法制化、专业化、智能化，全面提升企业党建对企业发展的引领力、推动力和保障力，建立和完善服务体系、舆论保障体系、智能应用体系、人才支撑体系、责任考核体系等五个体系，将党建优势转化为浙能的发展优势。

4. 文化建设目标

围绕企业改革与发展目标，深化“文化强企”战略，丰富和拓展浙能文化体系，全面提升干部职工素质和企业管理水平，培育浙能品牌，增强核心竞争力，为实现集团打造中国一流现代综合型能源供应和服务商的愿景提供强有力的文化支撑。

第四章　产业布局与实施计划

通过“传统管理机制”和“市场化运作机制”两个平台同时分力，在稳固现有产业基础上，积极探索和布局新的产业结构，实现“双轮驱动”，优化资产结构和盈利结构。

一、积极布局新产业

1. 全新的产业布局

依托“两轮驱动”运作模式积极拓展新领域。新发展模式”与传统发展体系两种管理机制，针对不同的发展阶段、行业特点、竞争环境、功能定位和实际情况，可以灵活运用、优化管理和动态调整，彼此之间并不存在物理上的隔离，传统产业只要具备条件，都可以纳入新平台运作。能源服务、可再生能源、煤炭板块以及油气板块部分市场化拓展项目可以尝试选择合适的方式先行纳入新发展模式管理范畴。积极对接浙江省“七大超万亿产业”，重点关注并尝试进入代表新技术、新装备、新未来的新产业。

1）新型能源：太阳能光热发电、固态氧化燃料电池、地热能、海洋能、氢能（制氢、储氢）、小堆核电等；

2）能源新业态：充电桩、微能网、智慧电网、分布式能源综合供应站（网）、能源小镇、能源产业城、光伏建筑一体化、“智能光伏”监控运维、海上风电智能运维等；

3）能源高效利用：天然气冷能综合利用、煤炭高效清洁利用、副产品深加工、生物质能等；

4）能源储存技术：动力电池、离网独立综合能源系统、合成氢燃料、钠离子电池、超级电容、全固态锂电池、钒液流电池等；

5）能源环境治理及基础设施：生物质与电厂耦合燃烧、垃圾污泥等与电厂耦合燃烧、固废深度处理、污水处理、噪声治理、海洋蓝色港湾综合开发以及智慧城市综合体、养生养老地产等；

6）高端制造业：与能源相关的化学表计、环保监测仪表等高附加值的设备制造业以及环保节能、新材料、生物技术等新兴制造业；

7）网络与大数据：能源等大宗商品贸易平台、大数据技术及其在能源企业投资决策、能源供应全局优化、能源市场预测预警等领域的信息技术应用；

8）能源资源：如国际 LNG、石油等资源的获取。

2. 全新的金融平台

设立浙能资本控股有限公司（简称“浙能资本”）作为集团公司金融资产投资与管理的专业机构和金融服务平台、集团公司的投融资平台和集团金融板块的管理公司，打造金融平台。

浙能资本按照“依托集团、服务产业、走向社会”的总体思路，坚持“以产带融、以融促产、产融结合”发展模式，充分利用集团资本、资信和资源优势，立足集团主业、面向金融市场，将金融业务点切入到公司的价值链、供应链、产业链及生态链的各个环节，服务于主业产业链横向扩展、纵向延伸、转型升级，打造高效、高质、专注、专业的“浙能金融总部”。

通过开展金融合作、大型资本类收购以及联合各类企业合作投资开发项目等，进入新材料、新装备、新能源以及上下游相关的战略性新兴领域，支撑科技创新落地，拓展企业发展空间，打造企业发展的新业态；通过探索体制机制的创新，激发企业创新创业的源动力；适时开拓产业发展需要的金融企业，探索集团新的利润增长点。

（1）开拓增量业务

全新设立浙能产业发展基金。在浙能资本下设能源产业基金管理公司，旗下产业发展基金以100亿元的资本金规模，争取撬动500~1000亿元的资产规模。通过收购、培育、注入、退出等外延式的资本运作，充分发挥基金投资的专业性和容错优势，加大向新兴产业的拓展力度，提升集团的资产质量。先期设立浙能绿色能源发展基金作为产业基金的母基金，主要投资集团系统各产业关联的、对主业发展有重要协同和拓展作用的项目，例如境外能源项目并购、天然气管线“县县通”工程、能源科技研发项目等，服务于主业产业链横向扩展、纵向延伸、转型升级，是集团和其他板块企业开展投资的先遣队和孵化器。母基金下按不同细分领域设置专业的市场化子基金，或与集团其他板块成立由板块主导的产业专项基金，通过联合各类企业开发新兴的、具有成长性的项目，加大技术研发与技术应用方面的合作。

产业基金主要采取二种投资形式：

一是横向、纵向并购与集团业务相关的成熟产业。通过并购，进一步扩大产业优势，削减成本，扩大市场份额，或进入新的市场领域，进一步发挥经营管理上的协同效应，在更大的范围内进行专业分工，形成集约化经营，产生规模效益。

二是通过扶持孵化、创业投资、股权投资、夹层投资等形式，积极探索新产业，密切关注基础性、前沿性以及颠覆性技术研究，主动积极地推动新兴能源产业化，完善产业结构和资产结构。

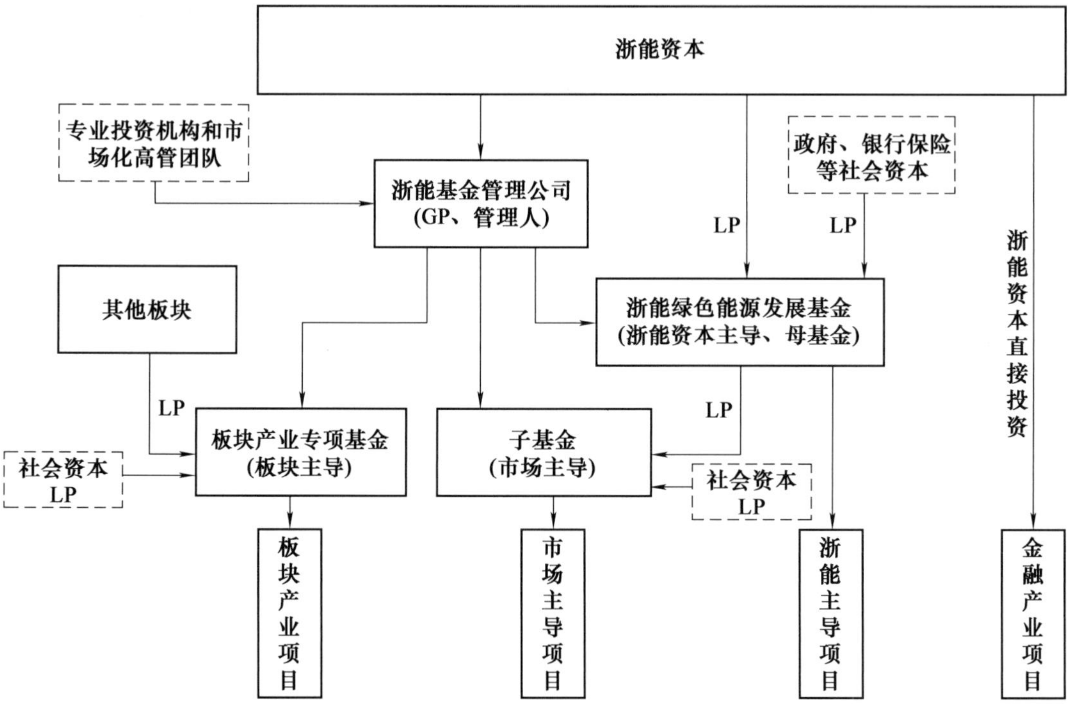

金融板块投资体系架构图

（2）统筹存量业务

借助金融平台建设契机，全面整合提升存量金融、地产企业，在板块内统一调配资源、集中优势、平衡利益，形成发展合力，实现金融板块整体利益最大化。

将浙江浙能融资租赁有限公司、浙江省浙能房地产有限公司、浙江国信创业投资有限公司的100%股权以及浙商银行股份有限公司4.86%、浙商财产保险股份有限公司20%的股权划转至浙能资本控股公司。同时，将上海璞能融资租赁有限公司、浙能资产管理有限公司、浙江国信控股集团有限公司、浙江省能源集团财务有限公司等4家单位的纳入金融板块统一管理。

——对浙能租赁和上海璞能进行整合，发挥各自优势统一开展融资租赁业务，两家公司领导、员工和组织机构“一套班子、两块牌子”，实施一体化管理，产生 1+1>2 的效果。

——启用国信创投公司作为风险投资主体，适时更名为“浙能创投”，在基金成立前先作为金融板块项目投资的便捷通道，由浙能资本直接运作。下一步，考虑引进全新的专业团队、实施混合所有制、恢复其独立投资的功能。

——浙能房产借助板块内企业的金融工具，盘活资产和资金，降低成本，拓展地产金融业务。同时，深入研究养生养老地产等新业态的开发运营模式和投资策略，由传统住宅产品开发向地产开发和运营相结合延伸。通过参股方式尝试跨界发展，实现从开发商向投资商的延伸。

——财务公司继续承担集团内部司库管理作用，提高资金周转效率和利用效益，加强资金市场业务专业性，在金融板块内为浙能资本及各所属企业提供资金流动性管理和内外部融资服务。

——资产公司初期配合集团提质增效工作，重点处理代管资产历史遗留问题，后续视条件申请资质开展资产管理类金融业务。

二、稳固传统产业

统筹运用好“传统”和“创新”两种管理机制，聚焦能源主业，积极参与电力、油气市场竞争，沿价值链有效延伸产业链，稳固市场份额、确保经营效益。利用好集团统一平台和规模优势，继续推进集约化管理，有效降低生产经营成本。重点加快调整电源结构，推进能源清洁化进程，全面完成煤电超低排放改造，不断扩大可再生能源份额，加大核电参股比例；加快省内天然气管网建设，培育、扩大天然气消费市场；有效整合资源，拓展市场煤贸易，推进煤炭清洁高效、分质梯级利用。

（一）电力板块

全面实施污染物减排和节能降耗，优化管理，努力降低成本，继续发展清洁煤电、大力发展核电、着力发展热电（改造），确保电力产业结构调整目标如期实现。

1. *加快实施超低排放，发展清洁环保煤电*。在煤炭消费总量控制、“等煤量替代”的背景下，提前谋划，抓好煤电的新建、扩建和迁建工作，确保宁夏枣泉一期、阿克苏热电等项目如期建成投产；推进规划项目早日核准开工，争取镇海迁建 2016 年开工，2018 年前后投产，努力拓展绍兴滨海、嘉兴平湖、温州洞头等热电建设。积极探索海外电源项目投资，争取再投资建设 1~2 个火电项目。

2. *高股比参建核电项目*。加强与中核、中广核、国家电投合作，加快推进核电厂址保护和项目前期工作，积极助推浙江新的核电项目列入国家“十三五”规划，争取苍南、三门二期、金七门、海岛核电项目早日核准开工，加大核电投资力度，争取大比例参股我省核电项目，并努力促成开工 2 个，争取建成投产 1 个。

3. *做好示范项目，适度探索和发展分布式能源、微电（能）网建设*。优先选择冷、热、电负荷比较集中的开发区、城市社区和大型建筑，推进天然气分布式能源项目、智能微网的试点、示范。

4. *着力推进热网建设，提升全省热力市场份额*。借力清洁能源示范省建设和节能减排行动计划，主动配合政府有关部门，做好供热规划，发挥现有电厂（或新建背压式热电）供热能力，助力散炉窑关停。将全省供热市场作为电力产业发展重要举措之一。探索能源特色小镇建设，延伸电厂产业链，加快融入当地经济圈，促进地方经济发展，扎根当地经济生活，提升自身盈利能力和生存空间。“十三五”力争实现管理的所有煤电都对外供热，年供热量在“十二五”末的基础上翻 2 番以上，增加至 2500 万（蒸）吨/年，力争达到 3000 万（蒸）吨/年。

5. *加快推进节能减排，降耗增效*。新建燃煤机组同步实施脱硫脱硝和超低排放，并通过改造提高在运机组环保设施的装备率、投用率和可靠性。积极实施节能技术改造，推进电厂废水零排放示范工作，进一步提高能源利用效率和清洁化水平。积极争取上大压小方式加快集团小容量机组产能置换，通过技术改造和优化运行挖掘企业节能降耗潜力，大力推进成本领先战略，确保煤电企业生存与发展。

6. 积极探索售电侧市场。电力体制改革将为发电企业开拓售电侧市场提供了广阔的市场空间，研究与创新多种售电形式，择地推动配电网建设，适时组建售电公司。

（二）煤炭板块

依托电煤采购渠道和规模优势，积极拓展市场煤销售网络，提高信息化水平、尝试新的合作销售模式。在确保电煤供应的同时，提升市场煤的销售比例。积极尝试煤炭电商销售、电厂合作销售等新模式；建设煤炭信息采集和市场分析平台，提高应对市场风险能力；优化用户配煤方案，降低煤电生产成本；推动煤炭分质梯级利用研究，提升煤炭的附加价值。

1. 煤矿项目

立足省内的煤炭消费市场，密切关注煤炭中长期供需态势和价格走势，积极研究煤矿投资（并购）价值。适时收购伊新煤业4号矿股权，落实好煤制气、煤炭分质梯级利用的煤炭资源。重点关注陕西（榆林）地区煤矿并购机会，积极寻找海外煤炭项目合作，提升上游资源的掌控力和市场份额。

2. 中转、储运和加工设施

随着“一带一路”倡议、“长江经济带”战略的推进，舟山六横港将再次迎来发展机遇。探索建立以舟山六横港为主、其他港口码头为辅煤炭销售网络，辐射整个长江流域；借力“舟山江海联运服务中心”建设，争取成为省级煤炭交易交割平台。适时推进六横二期码头和兰溪电厂煤码头建设，参与和促进内河航运体系建设，加强中转和配煤工作。

3. 市场煤贸易

利用好国内外两种资源、两个市场，降低煤炭采购成本，依托省内煤炭消费市场份额和集团电煤物流渠道，积极拓展市场煤贸易。注重市场分析研判，发挥煤炭购销的渠道、物流和布局优势，加强煤炭市场销售力度，力争突破1000万吨/年以上市场销售规模。

4. 运力发展计划

根据电煤测算，一程运力需求为148万吨，按自有运力保障75%计算，需要配置111万吨一程船舶运力。“十三五”期间需要更新船舶运力约32万吨。到2020年末，集团自有运力达到141万吨，其中一程自有运力为111.7万吨，二程运力29.3万吨。计划未来五年新增船舶8艘，分别是6艘4~5万吨级（包含宁波海运“十二五”期间已订购的3艘）和2艘2~3万吨级。

（三）油气板块

积极落实气源，加快管网设施建设，拓展下游天然气市场；以开拓下游市场为导向，积极推进油品销售网络建设。

1. 天然气

（1）积极落实气源。在巩固现有的“六气一网”格局基础上，稳妥推进新疆煤制气项目建设，到2020年前形成20亿立方米/年的生产能力。根据上游LNG资源和天然气需求情况，加大利用已建LNG接收站卸载浙能采购的LNG的合作谈判，适时投资建设集团LNG接收站。跟踪天然气需求动态和国际LNG价格走势，适时介入LNG直接采购，积极探索投资天然气气田、管网、液化站、LNG运输船等各环节的合作模式，增强资源掌控力和市场拓展力。

（2）加快管网设施建设。建成全省统一输气环网，推进省际、城际联网工程建设，实现统一调度，提高供气安全保障能力。力争在2020年末，全省基本完成“一张网”的建设布局，力争基本实现“县县通”。

（3）拓展下游天然气市场。有序推进城市燃气市场开发，培育新兴用气市场。加快LNG下游市场研究、加气（母）站布局，优化发展下游市场。

2. 油品

增强我省对石油市场的供应保障和调控能力，确保地方经济安全和社会稳定，组建浙江省地方石油公司。强化上游资源统筹和下游布局优化，促进成品油市场有序运行，形成我省稳定成品油市场的主抓手；发挥油品清洁化生产与利用的引领示范作用，推动我省能源生产与消费方式变革。

（1）做活上游，参与资源开发。申请获得成品油及原油进口资质。以生产清洁油品和甲醇汽油为突破口，寻求多元合作渠道，增强上游资源议价能力；同时积极开拓多元化的石油业务上游资源，加强与中石油浙江分公司、梅塞尼斯等大型能源企业的战略合作，降低采购成本。

（2）做实中游，构建储运体系。通过自建、合作新建、收购或租赁民企油库，在全省范围内打造接收（储备）、中转、配送三级成品油储运物流网络；立足舟山自贸区，参与舟山国际石油储运基地建设，建立满足业务发展需要的船供油储运基地，适时推进原油储运项目建设；建立适应县域机场航空煤汽油配送体系。

（3）做强下游，加速网络建设。统筹省属国有企业涉油资产，有序推进以成品油业务为主导、船供油业务为支撑、航空煤汽油为补充的业务发展模式，有效提升省石油公司在我省成品油零售市场的份额，切实提高与上游资源供应商的议价能力，请省政府协调对石油公司加油（加气）站的建设上给予重点支持，按照省重点项目的建设要求，建设180个加油（加气）点建站（每个县市2个）。

（四）可再生能源板块

集团可再生能源产业起步晚、规模小，项目储备不足，通过新建与收购并重、海上与陆上并重、省内与省外并重，收集信息，看准项目，把握机遇，加快可再生能源产业发展，实现长期可持续发展能力。争取“十三五”新增装机容量180万千瓦。

1. 积极谋划水电新项目。会同地方政府积极争取省政府支持，促使小溪流域梯级水电站、永嘉县南岸水库工程、临安双溪口水库工程具备经济开发条件，争取开发权；积极获得1~2个抽水蓄能电站开发权，争取核准开工1个、报批1个；抓住水电站改制重组或改造扩建等有利时机，积极介入资产优质、风险可控的省内外中小型水电站收购业务；积极寻找国内外新建水电站的投资机会。

2. 加快推进风电项目。攻坚克难建设嘉兴1号海上风电，为后续海上风电建设积累经验；稳妥推进各地陆上风电场测风和项目建设，挖掘和储备一批省内风电资源；发挥集团在省外区域公司的作用，积极开拓外省风电项目；重点关注国家九大风电基地，尤其是特高压外送通道、条件较好的具备风光电与煤电捆绑外送地区的风光电项目，如新疆准东风光电项目。通过投资和收购，至“十三五”末，争取风电装机达到400万千瓦。

3. 积极推进太阳能发电。积极寻找条件较好的屋顶分布式光伏项目，稳妥推进地面光伏电站。在西北太阳能I类地区，积极探索光热发电项目建设。通过投资和收购，至“十三五”末，争取太阳能发电装机达到350万千瓦（包括光伏、光热发电，包括新疆、青海、宁夏、内蒙古等外省）。

4. 探索海洋能、地热能开发。浙江省具有较好的海洋能资源，全省有19处具备开发条件的潮汐电站站址，资源总量849万千瓦，技术可开发容量120万千瓦，研究探索潮汐能、洋流能（波浪能）发电示范项目建设。与科研院所共同合作，研究深浅地热能资源规模化利用开发。

（五）能源化工板块

煤制气产业是集团公司的新兴产业，合法合规、积极稳妥推进煤制气产业发展，研究开发副产品深加工和三废综合利用，延长煤制气产业链，提升煤化工产业综合经济效益。

1. 争取新天煤制气早日建成，并稳产达产，为集团煤制气产业长远发展打下良好开局。根据市场前景，稳妥推进准东煤制气前期工作，抓紧取得环评、能评等支持性文件，积极争取项目核准，择机建设。

2. 积极研究副产品深加工开发。利用焦油、中油、石脑油、硫铵、粗酚等副产品，通过加氢生产出附加值高的油气产品；发展精细煤化工，做好粗酚精加工；推动硫基复合肥和浓盐水结晶示范工程。充分利用煤矸石、灰渣、粉煤灰等固废制作水泥熟料，变废为宝。

3. 积极探索煤炭分质梯级利用。跟踪低阶煤快速热解工艺技术开发进展，调研煤炭分质利用的应用市场，适时推进煤炭分质规模化应用，以及与电厂深度耦合发展模式，争取项目示范建设。

（六）科工服务板块

依托集团能源主业，加快科技成果产业化进程，做大做强能源服务业，反哺能源主业发展。同时，积极探索管理机制和激励机制创新，以全新的运作机制，加快产业纵向、横向发展，积极培育新兴产业。

1. 环保产业

加强脱硝催化剂再生技术、废弃处置，污泥、垃圾发电，噪声治理，水处理技术等应用研究，提高核心竞争力；以“超低排放”为起点，强化烟气协同脱除自主核心技术，介入环保设备的制造加工业；依托规模优势和渠道优势，巩固和提高固废处理和新型环保产品的市场份额。加快推进省内外固废综合利用基地建设，争取开工建设10座左右的垃圾电站、污泥处置、污水处理站，布局省内粉煤灰物流中转站，应用技术开发提升加气混凝土砌块、蒸压砖、石膏板、水泥缓凝剂等建材产品。跟踪清洁能源发展机制研究，适时组建碳资产管理公司，积极参与碳指标交易市场建设。

2. 节能产业

以能耗评估为基础，建立燃煤发电机组节能降耗技术导则；有计划地开展节能诊断，丰富对标指标体系和节能管理数据库；建立节能交流平台，分享节能技术和项目信息；拓展建材、冶金、化工等行业的合同能源管理，积极探索和实施天然气压力能综合利用等新技术。推进节能装备、节能产品和节能服务三驾马车齐头并进，提升品牌价值，增强核心竞争力。

3. 科技服务业

制定人才引进和培养计划，强化技术研究院“四个中心、一个基地”（技术服务中心，科技研发中心，信息情报中心，政策研究中心和人才培养基地）建设，发挥院士专家工作站、博士后工作站和研究生工作站的作用，进一步完善产学研相结合的工作机制；主动开展能源产业政策、市场环境及技术经济等课题研究，加强与高校和科研院所合作，开展国际合作，重点开展燃煤发电高效与清洁排放技术、工业废水零排放、煤炭分质分级利用、煤制气副产品深加工、光热发电、燃料动力电池、储能技术、能源互联网、智慧能源等能源领域新技术的跟踪及研究、引进及工程示范，以及推广应用，推动科技成果产业化。

4. 物流供应链

以提高工作效率和物流效益为核心，服务内部企业与争取社会业务相结合，发挥物资集中采购优势，降低综合采购成本，大力发展“物流+互联网”业务，优化仓储管理，提升行业竞争力。争做国内或区域的首席代理商，建立合作共赢、风险共担的长效机制，创新盈利模式，积极开拓业务新增长。

5. 工程和咨询服务

立足集团，面向市场，内保外拓，伺机延伸工程项目管理服务；以管理总承包作为特色和核心，整合资源和能力，积极拓展非电业务空间；突出专业化工程管理优势，深入开展工程咨询、造价咨询、测量业务等工程服务；挖掘持续性业务，延伸工程建设价值链；探索海外事业部机制，尝试投资与工程总承包相结合的模式，进一步开拓海外市场。

6. 检修和应急服务

整合集团检修力量，组建统一调度的区域综合检修公司，主要服务集团，做好集团下属电厂、煤化工、天然气等实业经济的检修服务，同时兼顾系统外检修服务。建立集团事故应急中心和调度系统，统一协调指挥。

7. 酒店综合服务

立足酒店主业，适时推进星级酒店托管、经济酒店连锁、产权酒店收购和联动发展，实现低成本扩张和轻资产管理，做实服务网络。通过“分布式需求，集约化响应”，切入系统内外后勤服务蓝海市场，整合园林绿化、商务票务、文化旅游等功能，打造“后勤服务”专家级水准。

（七）长广集团

加强长广集团现有产业整合，尽快融入浙能集团产业格局，近期着重发展电厂脱硫剂加工、利用原有矿址建设光伏电站工程、组建浙能消防安保公司、组建环保产业制造基地、探索生态农业旅游观光一体化项目等。

三、海外创业计划

响应国家“一带一路”倡议与政策导向，大力推进“走出去”战略，坚持战略引领和统筹规划，围绕集团自身优势拓展海外项目，借助他人之力，充分借鉴先行者经验，努力实现海外资源收购和海外业务投资，积极参与全球能源基础设施与能源互联网建设，综合考虑风险、成本、竞争、成长性与协同等因素，统筹用好收购与新建两种途径，确保较高的投资成功率。

1. 积极探索火电项目的海外投资。“一带一路”国家正面临社会经济的快速发展，电力需求增长较快，依托电建公司在东南亚国家丰富的建设经验，适时组建海外事业部，系统研究目标国家的政治、文化、经济、电力、环境、劳工等经济因素，收集项目信息，发挥集团火力发电业务经验和优势，评价外部建设条件，探索投资海外火电项目。

2. 推动煤电清洁化生产技术的海外应用。“一带一路”国家燃煤电厂建设需求较大，在全球环保意识日益加强的当下，煤电清洁化生产市场广阔。加强与电力设备制造商、系统成套商、开发建设商和设计院合作，积极推动天地环保拥有先进的煤电清洁化生产技术开拓海外市场。

3. 拓展海外基础公共设施投资。加强合作，借船出海，积极参与海外基础公共设施的工程建设（PPP 模式）和运维管理，发挥集团在城市公共基础设施建设、运营方面的经验，投资海外国家的高速公路、城市供水、供热、供电、供气以及垃圾发电、污水处理、分布式能源、燃气综合利用等为主的城市公共基础设施项目建设和运营。

4. 适时开展能源资源类项目投资。瞄准国际能源大宗商品价格低迷和资源开采企业经营困难时机，发挥集团自身煤炭、天然气消纳和运输优势，适时投资（或收购）能源资源开采经营业务。在综合分析海外国家政治外交、对华态度、能源政策、市场需求、产业配套等因素基础上，重点关注中亚、东南亚、澳大利亚、北美洲、中东等地区的能源（电力、煤炭、LNG、石油）项目合作。

四、融资计划

按照产业发展规划、投资规模和融资需求，采用不同融资渠道的组合方式，统筹运用好直接融资和间接融资两种方式，开展短期融资券、中期票据、公司债和企业债、境外债等直接融资工具，以及项目贷款等间接融资方式。

“十三五”期间，集团将继续策划新的融资方式，保持各种融资渠道畅通，在满足资金安全性、流动性要求的前提下，按成本最低原则，随行就市落实资金需求及融资工具。“十三五”所需建设资金上千亿元，其中 350 亿元来自利润留存和折旧，不足部分来自融资（若投资规模 1000 亿元，则需融资 650 亿元；若投资规模 600 亿元，则融资规模有限，资产负债率不高）。

1. 继续实施“资金、融资、支付三集中”的管理模式。通过财务公司资金池运作，开展同业存放、质押式逆回购、投资债券、大额存单、打新股等资金业务，通过自营贷款，平衡各子公司之间内部资金的调剂余缺，尽可能地依靠内部自有资金满足经营和投资需求，形成“资金规模效益”，进一步提高存量流动资金的使用效率。

2. 通过“一揽子”的融资方式与商业银行开展长期业务合作，有效提高议价能力，解决部分项目融资难题。

3. 根据市场情况，调整直接融资和间接融资配比，锁定资金成本，规避贷款利率波动风险。积极拓展其他融资渠道，充分利用上市公司优势及良好的信誉评级，合理安排境内和境外融资、股权和债权融资等形式，积极落实低成本资金。

4. 在严控风险的基础上，积极发挥融资租赁、产业基金等的融资和财务杠杆效应，拓宽融资渠道，优化负债结构，提高资金配置效率，通过产融结合，加大对传统产业转型和战略性新兴产业培育的支持力度。

5. 借助新系统加强对集团整体资金运营的监管，形成事前资金预算、事中资金监督管控、事后资金监管稽核体系，加强对系统内单位融资、担保、股权投资等行为的监控管理；构建集团资金数据中心，对资金关键指标、敏感市场指标预警，为集团战略决策提供资金数据支持。

五、资本运作计划

依托集团新平台，加大投资并购力度，扩大规模效应，提高市场份额，分散投资风险、掌握核心资源与打造品牌效应。同时，推进内部资产整合，并积极探索与建立清算、关闭、转让等市场化资产退出机制。

（一）推进资产整合，提升资产证券化率

为积极响应混合所有制改革发展要求，完善公司治理结构，规范企业管理，促进集团公司转型升级，“十三五”期间，集团积极开展集团公司各板块资本运作、提升集团公司资产证券化率。通过IPO、资产注入等多种资本运作形式，提升资产证券化水平，力争在期末将集团公司资产证券化率提升至75%。

“十三五”期间，集团公司资本运作总体将根据产业发展规划布局、充分利用已有上市平台开展，同时积极培育各板块上市主体，提升集团公司整体资产证券化水平。

1. 电力股份：积极培育新的电源项目，适时注入浙能电力上市平台；通过增发、配股等形式进行融资，降低资产负债率。完善经营管理，实现利润最大化，提升上市公司净利润和净资产①，进一步提升资产证券化潜力。

2. 煤炭（海运）：宁波海运作为煤炭产业上市平台，适时将富兴海运、浙能通利、江海运输等海运类优质资产注入宁波海运。积极培育煤炭资源、港口码头及运营管理公司等煤运产业，择机注入。

3. 能源服务业：“十三五”期间适时研究环保、节能、物流等能源服务产业上市路径；对外面向市场，对水处理、土壤治理、垃圾发电、污泥发电等市场化的环保业务，适时开展并购、注入等资本运作。

4. 油气产业（含能源化工）：新设浙能燃气公司作为油气板块资本运作平台，通过股份制改制、引入战略投资者，争取在2018年底前实现油气产业上市。能源化工项目待培育成熟且有一定效益后再研究注入上市公司。

5. 可再生能源：可再生能源板块资本运作围绕水电集团资产展开。“十三五”期间，进一步完善水电集团上市路径和方案，争取在2019年底前实现相关资产上市。

此外，支持培育性产业在壮大成熟后根据集团和产业发展要求择机上市。

（二）积极探索产权运作，加快优化资产结构

1. 集团内部重组。以提升经营效率、盘活存量资产为目的，对长期亏损、停业歇业的企业和长

① 浙能电力净利润占据了集团公司净利润的绝大部分，浙能电力净利润的增加对资产证券化率的影响较大。

期不分红、投资回报差的参股企业，通过产权转让和清算关闭方式重组，盘活存量资产；对业务趋同及管理权和所有权分离的企业进行内部重组，理顺管理关系，提升经营效率；对管理层级四级及以上投资企业（集团本级为一级）进行重组，压缩管理层级、降低末端风险。

此外，根据上市需要对油气板块、可再生能源板块及煤炭板块海运资产进行重组，为进一步提升资产证券化率做好准备。

2. 集团外部并购。以增强企业核心竞争力、实现企业转型升级为目的，遵循集团总体战略规划，对集团主业及上下游优质企业择机展开并购，提升企业资产质量，优化利润结构，培育新的利润增长点。

抓住国家大力推动传统产业转型升级和培育新兴产业的机遇，依托集团新平台，加大投资并购力度。

一是以集团主营的发电、煤炭、天然气主业为依托，从上下两个方向择优介入关联度高的产业，纵向延伸产业链。以参股、并购等方式掌握一定数量能源资源；抓住制造业可能迎来一波关闭潮的机遇，参股一批热工（热能）设计研究院、电厂设备制造商，提升集团主业领域的技术研发实力。

二是以清洁能源生产为切入点，密切关注新技术的发展动态，设立风险投资平台，择机介入煤炭分质梯级利用、光热发电、地热能利用、清洁生产、节水治污、循环利用、储能技术等新技术工程化应用。

三是以多元化为支撑，横向拓展产业布局。通过组建金融控股平台，以控股或参股方式投资保险、期货、融资租赁企业，实现“大金融”与“大能源”的产融结合。通过政府与社会资本合作模式，以特许经营等方式参与城市供电、供水、废物处理等基础设施等的投资和运营。

六、信息化发展计划

大力推进“ZN163”信息化工程建设，建成覆盖集团总部、板块公司及营运企业的纵向贯通、横向集成的一体化企业级信息平台，形成战略决策、计划投资、经营管理、综合管理、专业运营、生产监控等六大类业务应用系统，构建信息化管控组织、信息化管控标准、信息化绩效考核等三项管控保障体系。以“浙能工业信息工程省级重点企业研究院”创新平台建设为抓手，积极推动集团主要产业的“两化深度融合”，有效提升集团主要产业的核心竞争力。

1. 建设以ERP为核心的信息系统。在“十三五”期间，建成ERP、全面预算管理、计划协同、安健环及技术管理、采购寻源及供应商管理、合同管理等核心业务应用系统，构建企业管理信息化支撑体系，推进企业资源优化配置，提升企业运营管理效率，助推数字化浙能目标的实现。

2. 开展大数据挖掘和分析利用。整合企业各领域、各层级、各类型的数据资源，建设企业级数据仓库，利用大数据分析技术，深度挖掘生产、经营、人力资源优化等管理中的数据价值；建设综合分析及辅助决策系统，建立企业KPI指标体系，为企业经营决策提供依据。

3. 建设集团海创园数据中心。利用虚拟化、云计算等先进技术，建设集团海创园数据中心，和集团本部机房构成高可靠的“同城双中心”容灾体系，并逐步向云服务数据中心演进，全面支撑集团信息交互、应用集成、数据共享及综合应用。

4. 研究推进工业信息化建设。利用先进传感和智能控制、云计算、物联网、移动互联网等创新成果，拓展和深化信息化在企业生产和经营中的应用，推进信息化与工业化的深度融合。“十三五”期间，重点在以下方面开展研究和应用：

智能电厂建设。基于工业4.0标准的数字化、智能化工厂技术，制定形成一套技术领先、功能实用兼具浙能特色的智能电厂总体规划设计方案和建设标准，并建设一个智能电厂的示范工程。

数字化煤场建设。建设推广具有堆取料自动作业、数字化堆场管理、智能采制化、燃煤配烧智能管理等功能的数字化煤场系统。“十三五”期间，完成乐清电厂智能燃料系统示范工程建设并在集团所属电厂推广。

数字化天然气管道建设。利用 GIS 地理信息、GPS 定位信息、管道泄漏监测技术以及计算机技术，建设天然气管道完整性模型，建立安全监控、应急指挥及故障诊断专家系统，提高管道施工隐患预测能力，预防和控制管道事故的发生。

设备远程诊断与状态评估专家系统建设。在现有远程故障预警系统的基础上，借助专家的知识和经验，并充分利用大数据分析技术，研究开发设备远程诊断与状态评估专家系统，实现对发电机组关键设备的远程诊断与状态评估，为设备预防性维护、状态检修提供必要的手段。

七、管理创新计划

建立、健全适应市场化的管理机制。紧紧围绕新平台的创建，迅速解放思想、统一认识、转变观念，加速体制机制破冰。建立全新的决策机制、激励机制、容错机制、约束机制和考核机制，构建一整套既适应市场规律又符合企业实际、既有激励又有约束、既讲效率又讲公平，以市场化为导向、以激发生产要素活力和效率为目标，权利、义务、责任相统一的新平台机制，主动适应经济发展新常态，全面增强企业活力、控制力、影响力和抗风险能力。

主动对接改革，进一步加强战略管理。正确认识和把握我国“新常态”的特征和机遇，主动对接国企领域和能源领域的重大变革，深度剖析集团产业优劣势、竞争力、体制机制等问题，在“开放性、科学性、前瞻性”原则指导下，不断丰富“大能源战略”内涵，强化战略引领，突出改革创新，调整优化内部管控，促进管理提升，进一步推动“大能源战略”在新时期的科学实践。

适应竞争市场，进一步强化板块管理。全面回顾、评估和完善集团“板块化”管控实施情况，及时根据产业发展和资本运作需要，灵活调整管控思路和方式方法。一是提升管控信息化，建立管理信息平台，提高信息反馈速度，提升管控效率。二是推进管控市场化，借助国企改革契机，推进符合市场竞争格局的管控体系改革。三是探索管控国际化，借鉴国内外优秀管理经验，逐步与国际化管理需求接轨。

梳理业务流程，进一步加强依法治企。继续加强制度建设，重点梳理总部各部门重要归口管理事项决策程序和各管理层级的权限范围，根据权力清单梳理的结果及改进的意见要求，完善重大事项集团决策制度，确保权力行使有章可循，决策程序规范科学。突出重要领域和关键环节，继续开展法律风险排查，加大对集团三级及以下企业风险管控的监督和指导力度，加强对新兼并、新组建、市场化程度高的企业，以及重大项目投资、重点工程招投标等领域的法律风险排查。注重法律风险末端控制，针对重要业务领域，梳理业务主线并制定标准化业务流程，将各个环节的法律审核嵌入企业制度和流程中，实现全流程法律风险管控。逐步构建集团法律防范的信息化管理系统，搭建合同信息化管理平台，实现合同网上在线审批，通过对集团全系统法律事务和风险管理的动态监控和风险预警，大力提升法律风险管控效率。

第五章 保 障 措 施

“十三五”期间，新技术、新业态、新模式将不断涌现，提高发展质量和效益成为企业发展的中心任务，积极贯彻创新、协调、绿色、开放、共享的发展理念，落实各项措施，保障企业快速可持续发展。

一、争取多方支持，积极推动企业发展

一是争取政府支持。积极争取政府相关部门在产业规划、对外投资、项目安排、资金扶持、政策处理等方面给予支持。争取更多项目能列入政府规划，争取得到更多的发展机会。

二是关注政策动向。能源生产及消费革命已初现端倪，能源供需格局逆转，能源体制革命在即，项目审批权限下放，能源价格形成机制重构，电力交易平台改革，需要我们密切关注政策动向，提前谋划。

三是把握市场机遇。主动适应市场，积极调整产业结构。同时，经济转型期也是不少行业阵痛期，是收购、兼并、重组的机遇期。

四是加强多元合作。促进与健全与能源富集省的合作互访寻求上游能源资源；加强与核电巨头、油气央企的深度合作，巩固产业战略格局；深化与地方、城镇合作，推进下游消费市场开发。

五是守土有责积极主动作为。健全市场化导向的激励与约束机制，最大程度激发各板块、各子公司内部各层级的创造性，探索新的合作模式和盈利模式，积极推进各项工作。

二、精准多措并举，努力增强盈利水平

“十三五”期间，企业外部经营环境至少面临需求不足和竞争加剧两大挑战，需要准确把握并主动适应新常态，确保盈利水平稳定。

电力产业。努力推动控制外购电比例和调峰补偿机制；积极参与大用户直供、电力市场化改革，争取扩大市场份额；深入实施成本领先行动，加强对标管理和技术改造，加大内部挖潜增效；加强煤炭采购和掺烧管理，切实降低发电成本。

煤运产业。加强挖潜增效，防范经营风险爆发；关注煤炭行业走势，寻求介入煤炭资源最佳时机；进一步利用好进口煤平台和码头优势，抑制内贸煤价格、降低综合采购成本。加大市场煤业务开拓。

油气产业。完善产业供应链，处理好与资源方的关系，优化气源结构，降低采购成本。争取政府部门按照实际投资和气量情况，核定合理的管输价格，理顺价格体系，减少中间环节，降低终端用户成本。加大市场开发力度，开拓潜在市场。

科服产业。发挥好在物资、技术、服务等方面与主业的协同作用，利用好在超低排放、水气治理、技术研究等领域积累的经验。完善加气砌块、脱硫剂、催化剂等实体产业的产品和销售渠道布局，积极开拓节能、环保、垃圾处理、污水处理等市场开发。利用大宗物资采购渠道和规模优势，开拓市场业务。

可再生能源产业。广泛搜集信息，加大人财物投入，努力开拓，挖掘和掌控资源，积极推进可再生能源发展。大力推进嘉兴1号海上风电项目建设；积极开发省内外陆上风电项目，抓住机遇发展光伏发电探索经营发展新模式，切实提高可再生能源装机规划和发电占比，探索经营新模式，积极介入

新一轮太阳能（光热）发电开发。

探索传统业务范围之外的新领域，以全新的视野，有选择地布局新兴产业，培育新业务增长点。

金融产业。一方面以“产”为核心，依托集团公司，服务于集团实体经济发展需要，助力集团传统产业的横向扩展、纵向延伸和转型升级，与传统能源产业在业务、财务和战略上形成协同。另一方面整合、发展存量金融、地产企业，适时开拓产业发展需要的金融企业，探索集团新的利润增长点。

三、加强生产管理，保障企业高效营运

增强技术创新和机组能效竞赛先进的奖励力度，加强节能降耗力度，进一步提升企业环保意识，全面实施超低排放工作。确保实现废水达标排放，推进“废水零排放”试点工作。重视新增产业的环保管理工作，规范固废、危废和淤泥的处理。继续坚持“以人为本、安全发展”的理念，深入贯彻“安全第一、预防为主、综合治理”的方针，加强安全生产管理。重视基层基础管理，加强班组建设，着力培养检修公司等基层单位技工队伍，保障企业安全生产。

四、鼓励科技创新，加快促进产业升级

加快科技创新体系建设。编制科技发展战略，谋划和布局科技产业化，建立以企业为主体、产学研相结合的科技创新体系，完善科技创新激励措施，全面提升集团的自主创新能力和科技成果产业化能力。加强集团技术研究院与科研院所的合作与资源共享，成为攻克关键技术、解决生产建设共性问题、跟踪能源前沿技术和科技产业化的主力军。

加强科技人才队伍培养。建立多层次人才培育体系，积极实施专业人才业务素质提升工程、高层次创新人才培养工程以及项目课题带动人才培养等方式，着力培养一批专家型人才、复合型人才。优化人才激励机制，完善专家评定和考核办法，健全专家型人才晋升通道和福利待遇。

加大科技创新研发投入。完善集团公司科研经费管理机制，切实保障科技战略的贯彻执行，重点向科技产业化倾斜。积极鼓励科技成果转化，提取一定的营收比例加大创新投入，实现科研创新与产业发展良性循环。

五、强化基建管控，确保优质按期投产

“十三五”基建工程管理工作总体沿着“项目核心、关注两头、科学策划、切实管控、分类指导、协调外部”的“大基建”理念前行，继续坚持并完善浙能特色基建管理体系，夯实安全、质量基础，严控投资成本，把握关键路线，科学组织施工，使基建管理水平再上新台阶。

一是坚持基建工程高标准达标投产的管理思路。从根本上扭转基建工程“进度至上”的观念，突出依法合规的全面管控，深化项目全周期管理理念，拓展管理工作视野，创建基建工程精细化、规范化、标准化管理新局面。

二是强化依法合规、成本管控和法人责任制三个意识。提高安全、质量、进度、投资的驾驭能力，筑牢基建工程建设全寿命、全过程管理理念。

三是积极推进“关注两头，注重过程”的基建工程管理理念。全面把握基建工程开局条件和验收管理要求，以此作为工程建设的基本边界条件，在项目开局阶段理顺工作思路、管理关系，完善管理制度，明确建设目标，坚持推行项目建设策划，扎实有效的推动项目建设。强化相关基建工程管理制度建设和落实，从制度源头确保基建工程建设优质按期投产。

四是借力 PMIS 管理平台。抓好标准化、工程对标、招标管理等重点工作，提高基建工程管理成效。

六、加强党的领导，党建引领企业稳步发展

坚持党的领导，加强党的建设，健全党建制度，创新党建载体，明确和落实党组织在公司法人治理结构中的法定地位，使党组织发挥作用组织化、制度化、具体化；聚焦主业主责，全面落实两个责任，强化教育监督问责，持续正风肃纪，大力推进党风廉政建设规范化、专业化，不断提升党建对企业发展的引领力、推动力和保障力，进一步构建支撑“大能源战略”深入实施的“大党建”格局。

一是构建领导核心体系。按照把方向、管大局、保落实的要求，将党的领导融入公司治理结构之中，明确党组织在决策、执行、监督各环节的权责和工作方式，确保企业坚持改革发展的正确方向。坚持在大局下行动，议大事、抓重点，加强集体领导、推进科学决策，推动企业全面履行经济责任、政治责任、社会责任。管干部聚人才、建班子带队伍、抓基层打基础，凝心聚力完成企业中心工作。

二是构建党建服务体系。建立健全基层党组织，不断完善党的学习教育、激励关爱帮扶等制度，严肃党内政治生活，扎实推进“四好领导班子”和星级党组织创建工作。根据行业特点，主动搭建平台，协调各方力量，深化和创新传统服务载体，组建和拓展网上服务团队，着力打造一批“五服务”品牌。坚持服务生产经营不偏离，把提高企业效益、增强竞争实力、维护和谐稳定作为各级党组织工作的出发点和落脚点，以企业改革发展成果检验党组织的工作和战斗力。

三是构建舆论保障体系。整合优化全系统宣传资源，推进纸媒改革，加大新媒体的投入与开拓。坚持宣传舆论先行和以正面宣传为主，扩大舆论监督比重，深化与社会主流媒体合作，做强做优对外宣传，强化舆情监测，提升应对突发性事件的能力，为集团改革发展营造良好舆论环境，保证党和国家方针政策、省委省政府和集团重大决策决定在本部门、本企业贯彻执行。

四是构建智能应用体系。结合强党建的需要，进一步完善和拓展浙能党建 MIS 功能，加快与省属企业 MIS 对接。利用手机平台和网络信息技术，结合浙能网上党校学习平台，开发浙能党建 APP，实行党务办公、入党积极分子培训、党员学习教育、组织生活、新闻阅览、工作经验交流、数据统计等功能集成，以信息化提升党建科学化水平。

五是构建人才支撑体系。建立和完善浙能党群人才库，实行动态管理。严格岗前培训，以外聘专家授课与内部经验交流相结合强化业务训练，拓宽知识面，推广应用浙能优秀基层党建工作经验。建立健全岗位交接帮带机制，全面落实同级同薪。推行党政双向交流和多岗锻炼制度，培养企业所需的复合型人才，建立有梯次、高素质、专业化的党务工作者队伍，畅通职业发展通道。

六是构建责任考核体系。探索实行全面从严治党责任制考核，突出体现“两个责任”主体和“结果考核”导向，建立健全相关组织领导机构，进一步修订完善考核内容，采取“分级考核、综合评定、责任连带”的考核组织方式，推动责任体系全覆盖。全面落实“两个责任”相关要求，推行领导人员“一岗双责”，明确企业领导班子及其成员的权力清单和责任清单，不断加强内部审计，整合监督力量，着眼工作实效，进一步完善反腐倡廉与风险防范体系。坚持“抽查巡察与专项检查相结合，各项检查与平时工作相结合，以及考核评价综合评定与审计、信访、正风肃纪相结合”的工作思路和“一票否决”原则，结合评先评优和年终奖励有效落实考核结果。

七、培育品牌文化，增强核心竞争能力

紧紧围绕“大能源”战略的深入实施，聚焦“四业”发展思路，不断丰富拓展以母文化、板块和营运企业特色文化、班组文化为主的浙能文化体系。通过开设德能讲堂、特色文化展示等形式加强浙能文化宣贯，增强全员的认同感。以整体谋划、把握重点、持续完善、不断创新为手段，着力构建团结拼搏、执行高效、充满活力的团队文化；以人为本，以文化人，大力培育和践行社会主义核心价值观，全面提升干部职工素质和企业管理水平。根据企业文化的导向、凝聚和激励作用，建立有效评估办法，以评促建，分类指导，持续改进，形成“总部推动、企业联动、全员互动”的建设格局，

打造领导引领力、全员推动力、个体自觉力、制度保障力“四力合一”的先进文化传播体系，增强企业核心竞争力，为实现集团打造中国一流现代综合型能源供应和服务商的愿景提供强有力的文化支撑。

八、实行人才强企，完善人才培养制度

科技和人才是现代企业核心竞争力的双核。企业的竞争最终是人才的竞争。对人才的激烈竞争要求现代企业深入结合产业发展实际，建立健全吸引人才、引进人才、留住人才和激励人才的相关制度机制。**一是规范用才**，以岗位标准化为基础，规范完善人才使用和激励机制，确保人岗相适，人尽其才；**二是按需育才**，以人才结构优化为目标，合理调整人才培养方向和范围，全面提高企业职工素质；**三是有序引才**，紧跟集团产业发展战略，拓展人才引进渠道；**四是积极储才**，及时研判“十三五”社会经济和产业形势变化，弥补企业人才结构缺口，重点加强金融、环保、市场化产业等紧缺高端人才力量的储备，加强青年人才储备。

九、发挥组带作用，提高职工幸福指数

一是广泛开展劳动竞赛活动。以创建“工人先锋号”为工会组织职工服务企业的重要载体，广泛开展“当好主力军、建功‘十三五’”主题竞赛活动。广泛开展建言献策、岗位练兵、技术革新、技术协作、发明创造、节能减排等多种形式的竞赛活动。

二是大力实施职工素质建设工程。针对集团业务及人才的需求，指导青年职工职业生涯规划，加大培训力度，大力推进职业资格晋升制度，着力构建“教育培训、技术比武、技能鉴定”三位一体的职工培养体系。

三是着力推进企业民主建设。依法组织职工参与企业民主管理。完善职工（代表）大会议事、表决、报告和提案工作制度，推动厂务公开向深层次拓展和延伸。

四是切实保障职工劳动安全和生命健康。抓好安全生产监督检查，积极推行劳动安全卫生专项集体合同制度，广泛开展“安康杯”等系列竞赛活动。

五是不断丰富职工精神文化生活。倡导各级工会积极组建群众性文体协会组织。

六是深入开展富有特色的工会帮扶工作。竭诚为职工群众服务是工会开展一切工作的出发点和落脚点，建立帮扶工作长效机制。

附件 1：重大项目(投资)计划情况

单位：亿元

序号	项目名称	内容	项目总投资	股权占比	“十三五”总投资	大致时间	权益投资
一、	控股项目						
1	宁夏枣泉电厂一期	2×66 万千瓦	50	51%	50	2015—2017	25.5
2	镇海电厂迁建	2×66 万千瓦	59	51%	59	2016—2019	30.1
3	新疆阿克苏热电厂	2×35 万千瓦	36.62	100%	30	2015—2017	30.0
4	滨海热电二期项目	4×5 万千瓦	30	88%	30	2016—2018	26.4
5	嘉兴平湖滨海热电项目	3×1.5 万千瓦	6	100%	6	2016—2018	6.0
6	新疆准东电厂二期	2×100 万千瓦	80	100%	0	前期工作	0.0
7	台州第二电厂二期	2×100 万千瓦	80	94%	0	前期工作	0.0
8	舟山六横电厂二期	2×100 万千瓦	75.5	56%	0	前期工作	0.0
9	温州乐清电厂三期	2×100 万千瓦	77.06	51%	0	前期工作	0.0
10	浙沪联络线一期	管线 35 km，管径 DN800	4	40%	3.99	2016—2017	1.6
11	上虞—新昌项目	管线 80 km，管径 DN800	9	40%	8.1	2017—2019	3.2
12	北仑—镇海项目	管线 80 km，管径 DN800	9	40%	8.09	2017—2019	3.2
13	下窑—龙游	管线 40 km，管径 DN800	4	100%	3.79	2017—2019	3.8
14	西北干线	管线 420 km	55	100%	41	2017—2020	41
15	缙云—仙居项目	管线 100 km，管径 DN800	11	40%	9.9	2017—2019	4.0
16	天台—三门项目	管线 35 公里	4	40%	3.96	2017—2019	1.6
17	龙游—遂昌—松阳	管线 100 Km，管径 DN800	11	100%	8.1	2017—2020	8.1
18	乐清—玉环项目	管线 20 公里	2	40%	1.8	2017—2019	0.7
19	象山支线	管线 35 Km，管径 DN350	2	40%	2	2017—2018	0.8
20	淳安支线	管线 50 Km，管径 DN350	2.5	40%	1.7	2019—2020	0.7
21	开化支线	管线 40 Km，管径 DN350	2.5	100%	2.5	2017—2018	2.5
22	东阳—磐安	管线 35 Km，管径 DN350	2	100%	1.8	2017—2019	1.8
23	龙泉—庆元	管线 70 Km，管径 DN350	3.5	100%	2.6	2018—2020	2.6
24	丽水—云和—龙泉	管线 125 Km，管径 DN800/350	10	100%	7.6	2017—2020	7.6
25	云和—景宁、文成、泰顺	管线 130 Km，管径 DN350	7	100%	5.0	2018—2020	5.0

（续）

序号	项目名称	内容	项目总投资	股权占比	“十三五”总投资	大致时间	权益投资
26	甬台温项目	干线长度 431 km，DN800；2 条支线 48 km，DN350；15 座分输站。	56.55	40%	22.4	2011—2016	9.0
27	金丽温及配套支线项目	管线长度为，227 km，DN800，7 座站场。	52.31	100%	20.1	2011—2016	20.1
28	华能桐乡项目	管线长度约 33 km，DN650、2 座站场。	3.21	40%	1.44	2014—2015	0.6
29	北仑—大榭项目	管线长度 21.3 km，DN800、分输站、末站各一座。	3.15	40%	1.58	2015—2016	0.6
30	新城燃项目	新成立的 16 个城燃项目建设的输气配网、枢纽工程	15.51	51%	12.16	2016—2026	6.2
31	城燃项目基础设施建设	新建输气配网、枢纽工程	55.72	51%	19.05	2011—2025	9.7
32	宁海母站	15 万标方/天	0.31	100%	0.116	2014—2016	0.12
33	龙湾母站	10 万标方/天	0.48	100%	0.261	2014—2016	0.26
34	衢州母站	12 万标方/天	0.29	100%	0.131	2014—2016	0.13
35	缙云母站	12 万标方/天	0.3	100%	0.3	2016—2017	0.3
36	海盐母站	12 万标方/天	0.3	100%	0.3	2016—2018	0.3
37	嘉兴清洁油品生产储运项目	主产 10 万吨/年清洁汽油，储运部分包括 11 万立方米的成品油储罐和 5.5 万方的甲醇储罐。	7.2	100%	0.86	2013—2016	0.86
38	浙东、温台地区清洁油品项目	主产 10 万吨/年清洁汽油，储运部分包括 11 万立方米的成品油储罐和 5.5 万方的甲醇储罐。	7	51%	7	2017—2020	3.6
39	嘉兴清洁油品生产储运项目二期扩建	14 万方库容油罐	2.5	100%	2.5	2018—2020	2.5
40	成品油分销网络建设	3 座加油站	1.5	51%	0.889	2014—2020	0.5
41	甲醇燃料开发	撬装站点 60 座	0.6	51%	0.22	2016—2018	0.1
42	浙能 LNG 接收站	300 万吨	45	51%	45	待定	23
43	水电项目	新建和收购常规水电 16 万千瓦，抽水蓄能 60 万千瓦	75	60%	40	2016—2023	24
44	风电项目	省内海上风电 70 万千瓦，陆上风电 38 万千瓦，省外风电 10 万千瓦	172	100%	150	2016—2021	150
45	光伏项目	省内外光伏发电项目各 20 万千瓦	36	60%	36	2016—2020	21.6

（续）

序号	项目名称	内容	项目总投资	股权占比	“十三五”总投资	大致时间	权益投资
46	光热项目	太阳能光热发电项目 10 万千瓦	20	60%	20	2016—2020	12
47	煤炭分质梯级利用项目	合计年处理低阶煤能力 400 万吨以上，及其电厂耦合技术	100	45%	100	2016—2020	45
48	新天煤制气项目	20 亿立方/年煤制天然气	160	51%	20	2013—2016	10.2
49	垃圾发电	日处理垃圾能力 500～1000 吨，10 座	30	70%	30	2016—2020	21
	合计				817.1		567.6
二、	参股项目						
50	神华鸳鸯湖二期	2×100	80	5%	80	2015—2017	4.0
51	国电方家庄	2×100	80	49%	80	2015—2017	39.2
52	银星电厂项目	2×66	48	49%	48	2015—2017	23.5
53	国华宁东二期	2×66	48	33%	48	2015—2017	15.8
54	华能大坝四期	2×66	48	49%	48	2015—2017	23.5
55	大唐乌沙山二期	2×100	74.6	35%	0	前期工作	0.0
56	国华舟山三期	2×66	65	40%	0	前期工作	0.0
57	辽宁徐达堡	2×125	380	10%	380	2015—2020	38.0
58	三门核电二期	2×125	400	20%	350	2016—2021	70.0
59	浙南苍南核电一期	2×125	400	50%	300	2017—2022	150.0
60	金七门核电项目	2×125	400	50%	0	前期工作	0.0
61	三门核电三期	2×125	400	50%	0	前期工作	0.0
62	浙西龙游核电	2×125		50%		前期工作	0.0
63	海岛核电	2×125		50%		前期工作	0.0
64	宁波 LNG 接收站二期工程	二期再扩建 300 万吨	40.76	29%	33.63	2016—2021	9.8
65	新疆—浙江煤制天然气长输管道	与中石化合作 Φ1016 管径	1590	5%	1500	2015—2020	75.0
	合计				2867.6		448.8

除上表外，“十三五”期间还将组建地方石油公司、售电公司、资本控股公司、赣浙能源公司等开拓产业投资。初步统计，重大项目中控股项目总投资约 817 亿元，其中权益投资约 568 亿元；参股项目总投资约 2868 亿元，其中权益投资约 449 亿元。

附件 2：发展规划主要指标

单位：亿元

指标类别	指标名称	基数年（2015 年）（底）数	2016 年（底）数	2017 年（底）数	2018 年（底）数	2019 年（底）数	2020 年（底）数
规模指标	营业收入	620	680	740	820	880	990
	资产总额	1791	1891	2011	2131	2251	2391
	净资产	950	960	970	980	990	1000
	国有净资产	700	707	715	722	729	737
效益指标	利润总额	145	101.8	106.5	111	115.5	119.3
	净利润	115	81.4	85.2	88.8	92.4	95.4
	净资产收益率（%）	12.11%	8.04%	7.93%	7.82%	7.71%	7.57%
结构指标	资产负债率（%）	47%	50%	53%	55%	57%	59%
	主业净资产	903	913	922	932	941	951
投融资指标	投资总额	—	100	220	340	460	600
	主业投资总额	—	80	200	300	400	500
	资本市场融资总额	—	68	57	52	54	65
	国有资产证券化率（%）	60%	65%	68%	70%	72%	75%
	控股上市公司数量（家）	2	2	3	4	4	4
创新指标	研发投入/销售收入（制造业）（%）	销售额的 0.8%	年净利润 5% 或销售额的 1%	年净利润 5% 或销售额的 1%	年净利润 5% 或销售额的 1%	年净利润 5% 或销售额的 1%	年净利润 5% 或销售额的 1%
	新型业态投资/年度新增投资（%）	—	5%	7%	10%	12%	14%
	新产品（工艺、服务）占销售收入比重（%）	—	—	—	—	—	—
	科技（行业）领军人才（人）	35	36	38	40	42	45
	国家级品牌（个）	—	—	—	—	—	—
	省级品牌（个）	6	6	6	6	6	6
	获得专利数（个）	—	30	累计 65	累计 100	累计 140	累计 187

浙能超低排放技术惊艳世博会

2017-06-11 05：33：16 来源：《浙江日报》

本报讯（通讯员 朱将云 记者 张帆） 当地时间6月9日，阿斯塔纳专项世博会在哈萨克斯坦首都阿斯塔纳世博园开幕。浙江省能源集团有限公司以超低排放环保岛技术亮相世博会中国国家馆“全球使命与伙伴”展区，该技术可实现燃煤机组主要污染物排放指标达到天然气燃气机组排放标准，排放量是欧盟环保标准的六分之一，成为目前全球最低污染物排放的燃煤机组，得到观展各国人士的赞赏。

众所周知，煤炭发电的成本大大低于天然气发电成本。按浙江区域测算，用煤炭发电的度电成本比用天然气发电大约低0.25元。2016年全国煤机发电量约40000亿千瓦时，如全国火电机组全部实现超低排放，在同样达到天然气发电排放标准的情况下，煤机发电可比天然气发电节约能源成本约上万亿元。

如超低排放技术在全球推广应用，参照现行欧盟标准测算，每年可实现二氧化硫减排530万吨、氮氧化物减排480万吨，烟尘减排80万吨，尤其是PM2.5的减排效果良好，将对雾霾治理产生巨大的推动作用。

多年来，浙能集团不断加大加快清洁能源生产步伐。2012年，其在全球最先提出了“超低排放”的新概念，并投资50亿元，率先在投运机组中进行超低排放改造，并在新建机组中同步建设投运。浙能集团旗下浙江天地环保科技有限公司在总结过去十余年环保工程经验的基础上，于2013年成功开发了超低排放环保岛（ULE）关键技术及成套工艺，实现燃煤机组大气污染物排放指标达到天然气燃气机组排放限值要求，同时有效控制重金属汞的排放，做到了烧煤发电和烧天然气发电一样清洁。2014年5月30日，全球首台燃煤电厂超低排放改造装置在浙能集团所属嘉兴电厂8号机组满负荷投运。

“并不是一提到煤炭就等同于污染，浙能集团超低排放技术的成功，向世界展示了中国智慧，让世界各国重新认识了煤电。”中国贸促会会长姜增伟充分肯定了浙能集团超低排放技术，表示要借助世博会及“一带一路”发展平台共享中国技术。

参会的浙能集团董事长童亚辉表示，希望能够借世博会这个平台，践行“一带一路”，按照“能源立业、科技兴业、金融富业、海外创业”的发展思路，进一步与“一带一路”沿线国家开展更为广泛、深入、紧密的合作。在展示和分享浙能集团能源清洁化利用成果和经验的同时，也为世界上其他国家提供能源安全供应及可持续发展路径选择的有力借鉴。

引领全球燃煤电厂清洁化生产

浙能集团超低排放技术亮相阿斯塔纳世博会

中电新闻网 记者 朱将云 通讯员 许明荣 蒋振超

如全国燃煤机组全部实现超低排放，这与清洁的天然气发电相比，可在全国节约能源成本上万亿元

6月10日，2017年世博会在哈萨克斯坦首都阿斯塔纳世博园开馆。本次世博会的主题为“未来的能源”，它聚集了全球的力量和智慧，共同探讨和解决人类未来能源发展和环境保护问题。浙江省能源集团有限公司以超低排放环保岛技术亮相中国馆“全球使命与伙伴”展区，该技术可实现燃煤机组主要污染物排放指标达到天然气燃气机组排放标准，排放量是欧盟环保标准的六分之一，成为目前全球最低污染物排放的燃煤机组，得到观展各国人士的赞赏。

当地时间6月8日下午2时30分许，国家主席习近平与哈萨克斯坦总统纳扎尔巴耶夫一同参观了2017年阿斯塔纳世博会中国馆浙能集团超低排放展区。习近平主席详细听取了浙能集团董事长童亚辉关于超低排放的技术成效及推广应用情况的汇报，习近平主席在听取汇报后称赞浙能集团超低排放这项技术好。并询问“这项技术可以推广吗”？童亚辉回答，截至目前，全国已经有5.9亿千瓦燃煤机组采用这项技术，大大提升了中国燃煤电厂的清洁化水平。国家发改委副主任、能源局局长努尔·白克力向习近平主席汇报说，“浙能集团超低排放技术已领先于国际先进水平，目前已在全国进行推广应用”。习近平主席听后连声说“好！好！”

浙能集团董事长童亚辉参加世博会中国馆开馆仪式，并向来宾们介绍浙能集团在绿色能源领域中的实践与做法。

众所周知，煤炭发电的成本大大低于天然气发电成本。按浙江区域测算，用煤炭发电的度电成本比用天然气发电大约低0.25元人民币。2016年全国煤机发电量约40000亿千瓦时，如全国火电机组全部实现超低排放，在同样达到天然气发电排放标准的情况下，煤机发电可比天然气发电节约能源成本约达上万亿元人民币。

如超低排放技术在全球推广应用，参照现行欧盟标准测算，每年可实现二氧化硫减排530万吨、氮氧化物减排480万吨，烟尘80万吨，尤其是PM2.5的减排效果良好，将对雾霾治理产生巨大的推动作用。

“绿水青山就是金山银山”。为了让全人类共享蓝天白云，减少雾霾给人们带来的危害，浙能集团不断加大加快清洁能源生产步伐，2012年，在全球最先提出了“超低排放”的新概念，并投资50亿元人民币，率先在投运机组中进行超低排放改造，并在新建机组中同步投运。浙能集团旗下浙江天地环保科技有限公司在充分总结过去十余年环保工程经验的基础上，于2013年成功开发了超低排放环保岛（ULE）关键技术及成套工艺，实现燃煤机组大气污染物排放指标优于天然气燃气机组排放限值要求，即烟尘、二氧化硫和氮氧化物的排放浓度分别不超过5、35和50毫克每立方，同时有效控制重金属汞的排放。2014年5月30日，全球首台燃煤电厂超低排放改造装置在浙能集团所属嘉兴电厂8号机组满负荷投运。

当前，煤炭依然是基础性能源。浙能集团超低排放技术的成功应用，表明该技术具有重大的现实意义和良好的推广效应，给整个燃煤火力发电行业拓展了新空间。超低排放成果2015年获国家知识产权局发明专利、2016年入选国家“十二五”科技创新成就展、2017年获浙江省科技进步一等奖。2015和2017年两年，超低排放作为洁净煤发展战略被写入中国政府工作报告，成为国家层面全面实施的绿色行动。目前超低排放技术已辐射全国，推动了全国行业科技进步。

预计至2017年6月，浙能集团共有41台燃煤机组完成超低排放改造，近几年新建的9台燃煤机组同步实现超低排放，超低排放机组的总容量达到2581.7万千瓦，成为全国首个30万千瓦以上机组全部实现超低排放的发电集团，提前实现国家规定的时间。同时所有投运机组超低排放系统均稳定运行，未发生环保指标超标排放事件。

“并不是一提到煤炭就等同于污染，浙能集团超低排放技术的成功，向世界展示了中国智慧、让世界各国重新认识了煤电”，中国贸促会会长姜增伟充分肯定了浙能集团超低排放技术，表示要借助世博会及“一带一路”发展平台共享中国技术。

“在我们国家看到燃煤电厂的烟囱都是冒着浓烟，因此我们需要把电厂建设的距离城市非常远，不仅增加各项生产成本，也对城市周边的生态环境造成破坏。通过视频我们看到浙能电厂的烟囱完全看不到浓烟，中国技术非常厉害。”阿斯塔纳市副市长努尔兰点赞了超低排放技术。

浙能集团董事长童亚辉表示，希望能够借世博会这个平台，践行“一带一路”发展战略，按照“能源立业、科技兴业、金融富业、海外创业”的发展思路，进一步与哈国以及其他“一带一路”沿线国家开展更为广泛、深入、紧密的合作。在展示和分享浙能集团在能源清洁化利用上取得成果和经验的同时，也为世界上其他国家在能源安全供应及可持续发展路径选择上提供有力借鉴。

新闻链接：

浙能集团成立于2001年，经过16年的创业发展，浙能集团已成长为全国省属企业装机容量最大、资产规模最大、能源产业门类最全、盈利能力最强的省级能源企业，是浙江省能源保障的主力军，根据最新发布的2016年中国企业500强榜单，浙能集团效益排名列全国第61位，主要技术经济指标走在国内电力行业前列。截至2016年底，集团总资产1808亿元，所有者权益1002亿元，资产负债率44.58%。集团控股管理装机总容量3126万千瓦，居省属发电集团首位。集团利润总额连续四年站上“百亿大关”。

Q/ZN

浙江省能源集团有限公司管理标准

Q/ZN 2000001—2017

章　　程

2017-11-23 实施　　2017-11-23 发布

浙江省能源集团有限公司　发布

浙江省能源集团有限公司章程

第一章　总　　则

第一条　为适应社会主义市场经济发展的要求，建立中国特色现代国有企业制度，规范浙江省能源集团有限公司（以下简称公司）的组织和经营行为，保障出资人、公司和债权人的合法权益，促进浙江能源事业的发展，根据《中华人民共和国公司法》(以下简称《公司法》)、《中华人民共和国企业国有资产法》(以下简称《企业国有资产法》)、《中国共产党党章》(以下简称《党章》)、《企业国有资产监督管理暂行条例》等有关法律法规和《浙江省省属企业公司章程制订管理办法》的有关规定，制定本章程。

第二条　公司是浙江省人民政府决定设立的国有独资有限责任公司。

浙江省人民政府国有资产监督管理委员会（以下简称“省国资委”）受浙江省人民政府委托，依法履行出资人职责，享有所有者各项权利。

第三条　公司注册名称：浙江省能源集团有限公司

公司简称：浙能集团

公司英文名称：ZHEJIANG PROVINCIAL ENERGY GROUP COMPANY LTD.

公司英文简称：ZHEJIANG ENERGY GROUP

公司住所：浙江省杭州市天目山路 152 号，邮政编码：310007。

第四条　公司的经营行为和其他活动遵守中华人民共和国的法律法规，遵守浙江省人民政府和省国资委的有关规章制度，接受省国资委依法实施的监督管理，不得损害出资人的合法权益。

第五条　公司是企业法人，有独立的法人财产，享有法人财产权，并以其全部财产对公司债务承担责任。

第六条　本章程对公司、公司党组织（纪律检查组织）班子成员、公司董事、监事、总经理、副总经理及其他高级管理人员和法律法规规定的其他组织和个人具有约束力。

第七条　公司的董事会成员、经营班子成员及其他高级管理人员，未经出资人同意，不得在其他有限责任公司、股份有限公司或其他经济组织（含公司所属企业）兼任职务。

第八条　董事长是公司的法定代表人。

第九条　公司根据业务发展需要，按照有关法律法规的规定，经有关部门批准后，可在境内外设立子公司或分支机构。

第十条　公司根据《党章》的有关规定，设立中国共产党的组织，开展党的活动，党组织发挥领导核心和政治核心作用，把方向、管大局、保落实。公司建立党的工作机构，配备足够数量的党务工作人员，保障党组织工作经费，为党组织的活动提供必要条件。

第十一条　公司建立完善职工代表大会制度，实行民主管理，保障职工的合法权益。

第十二条　公司服从各行业主管部门依法进行的管理活动，接受有关管理部门依法进行的指导、协调、监督和检查。

第二章　经营宗旨和范围

第十三条　公司经营宗旨：坚持“发展能源为浙江”的宗旨，充分利用公司的资产、技术和人才优势，通过对电、煤、油、气等能源产业及相关服务业和先进能源制造业的投资、建设、生产、经营、管理及其产品的供销活动以及金融业的投资，充分发挥国有资本在浙江能源产业中的主导作用，增强政府对能源产业和市场的调控能力，实现能源的正常生产和稳定供应，满足社会需求，不断提高经济效益和社会效益，为浙江的经济发展服务。

第十四条 公司经营范围：

（一）经营国家授权的集团公司及其所属公司的国有资产和国有股权；

（二）实业投资开发，技术咨询服务，煤炭运输信息的技术咨询服务，电力开发、经营运行管理，可再生能源的开发利用、经营运行管理，石油天然气开发利用、经营运行管理，工程技术与服务，物资贸易（钢材、有色金属、各类建材、机械设备、电气电缆等）、煤炭的销售等；

（三）国内沿海普通货船、成品油船运输；国际船舶普通货物运输；装卸搬运和代理运输；

（四）电气机械和器材制造、新型能源设备制造、非金属矿物制品生产；

（五）期货、股权投资、投资管理、资产管理、基金管理、金融及管理咨询服务（最终以工商登记为准；涉及许可及资质经营的，凭相关许可证及资质证书经营）。

第三章 公司注册资本金

第十五条 公司的注册资本金为人民币100亿元。

第四章 出资人的权利和义务

第十六条 公司不设立股东会。省国资委作为出资人代表，行使股东会职权，依法享有以下权利：

（一）批准公司的章程及章程修改方案；

（二）依法任免（或建议任免）公司董事会成员、监事会成员和高级管理人员，决定董事、监事和有关高级管理人员的薪酬；

（三）建立公司负责人业绩考核制度，与公司法定代表人签订经营业绩考核责任书，并根据有关规定对公司负责人进行经营业绩考核；

（四）审核公司的发展战略规划和年度投资计划；

（五）审核、审批公司重大事项报告；

（六）审核公司财务预算报告，审批公司财务决算报告，以及利润分配方案和亏损弥补方案的报告；

（七）批准增减注册资本金及发行公司债券的方案；

（八）决定、审核公司所持企业国有产权转让方案，按有关规定批准不良资产处置方案；

（九）审核公司合并、分立、解散、清算或变更公司形式的方案，并报浙江省人民政府批准；

（十）审核公司所属重要子公司调整、合并、分立、解散方案；

（十一）审批公司重大对外捐赠、超出预算范围的捐赠等重大财务事项；

（十二）监督公司实施工资总额预算管理，调控所出资企业工资分配总体水平，规范企业分配收入秩序；

（十三）备案公司投资、担保、捐赠等管理制度；

（十四）法律法规和浙江省人民政府、省国资委规定的其他职权。

第十七条 省国资委应履行以下义务：

（一）遵守公司章程；

（二）保证公司注册资本金到位，并以出资额为限对公司承担有限责任，不得任意抽回出资；

（三）依法维护公司的合法权益，支持公司的业务发展；

（四）法律法规规定的其他义务。

第五章　公司党组织

第十八条　公司设立中国共产党浙江省能源集团有限公司委员会（简称党委）和中国共产党浙江省能源集团有限公司纪律检查委员会（简称纪委）。

第十九条　公司党委和纪委的书记、副书记、委员的职数按上级党组织批复设置，并按照《党章》等有关规定选举或任命产生。公司党委书记和董事长原则上由一人担任，设立主抓企业党建工作的专职副书记。符合条件的公司党委领导班子成员通过法定程序进入董事会、监事会、经理层，董事会、监事会、经理层成员中符合条件的党员可依照有关规定和程序进入党委领导班子。

第二十条　公司设立专门的党务工作机构，按照不少于内设机构员工平均数配备党务工作人员，党务工作人员与经营管理人员同职级同待遇；公司按照有关要求配备专兼职工作人员从事纪检工作；同时依法建立工会、共青团等群众组织，维护职工合法权益。

第二十一条　党组织机构设置及其人员编制纳入公司管理机构和编制，党建工作经费纳入公司管理费用列支。

第二十二条　党委工作应当遵循以下原则：

（一）坚持党的领导，保证党的理论和路线方针政策贯彻落实；

（二）坚持全面从严治党，依据党章和其他党内法规开展工作，落实党委管党治党责任，牢固树立政治意识、大局意识、核心意识、看齐意识，始终保持党的纯洁性和先进性；

（三）坚持民主集中制，严守政治纪律和政治规矩，确保党的团结统一，增强党委领导集体活力；

（四）坚持党委发挥领导核心和政治核心作用与董事会、经理层依法依章程履行职责相统一，把党的主张通过法定、民主程序转化为董事会或者经理层的决策依据。

第二十三条　公司党委根据《党章》及有关规定，履行以下职责：

（一）保证监督党和国家的方针政策在公司的贯彻执行，落实党中央、国务院、省委和省政府重大战略决策，执行省国资委党委以及上级党组织有关重要工作部署；

（二）参与企业重大决策，支持董事会、监事会、经理层依法行使职权。研究讨论公司章程修改、总体发展战略、中长期规划、管控方案等涉及公司改革发展稳定的重大事项和公司重大经营管理事项，以及涉及职工切身利益的重大问题，并提出意见建议；

（三）坚持党管干部原则与董事会依法选择经营管理者以及经营管理者依法行使用人权相结合，公司党委要在确定标准、规范程序、参与考察、推荐人选方面把好关，切实加强本单位干部队伍建设。坚持党管人才原则，全面深入实施人才强企战略；

（四）加强对企业领导人员的监督，完善内部监督体系，统筹内部监督资源，建立健全权力运行监督机制；

（五）加强基层党组织建设、党员发展和教育管理工作，充分发挥基层党组织战斗堡垒和党员先锋模范作用；

（六）认真履行党要管党、从严治党责任，加强对公司党的建设的领导，落实党建工作责任制。党委书记履行第一责任人职责，其他党委成员根据“一岗双责”抓好党建工作；

（七）履行党风廉政建设主体责任，抓好党风廉政建设和反腐败工作，支持公司纪委开展工作；

（八）领导公司思想政治工作、意识形态、统战工作、精神文明建设、企业文化建设和工会、共青团等群团工作；

（九）研究其它应由公司党委组织参与或决定的事项；

第二十四条　公司党委参与决策的主要程序：

（一）党委会先议。党委召开会议，对董事会、经理层拟决策的重大问题进行讨论研究，提出意见和建议。党委认为另有需要董事会、经理层决定的重大问题，可向董事会、经理层提出。

（二）会前沟通。进入董事会、经理层尤其是任董事长或总经理的党委成员，要在议案正式提交董事会或总经理办公会前就党委研究讨论的有关意见和建议与董事会、经理层其他成员进行沟通。

（三）会上表达。进入董事会、经理层的党委成员在董事会、经理层决定时，要充分表达党委研究的意见和建议，并将决定情况及时向党委报告。

（四）及时纠偏。党委发现董事会、经理层拟决问题或事项不符合党的路线方针政策和国家法律法规，或可能损害国家、社会公众利益和企业、职工的合法权益时，要提出撤销或缓议该决策事项的意见。如得不到纠正，要及时向上级党组织报告。

第二十五条 公司党委议事决策应当坚持集体领导、民主集中、个别酝酿、会议决定，重大事项应当充分协商，实行科学决策、民主决策、依法决策。

第六章 董　事　会

第二十六条 公司设董事会，省国资委授权公司董事会行使部分出资人职权。

第二十七条 公司董事会由 7 名董事成员组成，其中职工董事 1 名。董事会成员除职工董事外，由出资人按有关程序派出，职工董事根据有关规定由公司职工代表大会（或者其他民主形式）选举产生。

董事会设董事长 1 名，副董事长 1-2 名。董事长、副董事长由出资人从董事会成员任命或指定。

公司董事会每届任期为三年。董事任期届满，经考核合格连派或者连选的，可以连任。

第二十八条 董事依法享有以下权利：

（一）出席董事会并依照有关规定行使表决权；

（二）根据公司章程规定或董事会的委托，代表公司执行有关业务；

（三）法律法规和公司章程规定的其他权利。

第二十九条 公司董事应承担以下义务：

（一）遵守法律法规和公司章程规定，执行董事会决议，忠实履行职责，依法维护公司利益和省国资委的合法权益；

（二）不得自营或为他人经营与公司同类的业务或从事损害公司利益的活动；

（三）不得泄露公司的商业秘密，不得利用职权为自己或他人谋取本应属于公司的商业机会；

（四）按照有关规定向省国资委提供公司的重大决策、重大财务事项及资产状况的报告；

（五）接受监事会对其履行职责的合法监督和合理建议；

（六）依法应承担的其他义务。

第三十条 公司董事会对省国资委负责，在事先充分听取公司党委意见情况下，依法自行或经过有关报批手续后决定公司的重大事项。董事会在法律、法规规定和省国资委授权范围内行使以下职权：

（一）执行省国资委的相关规定、决定，并向其报告工作；

（二）拟订公司章程及章程修改方案，报省国资委批准；

（三）制定公司发展战略规划，报省国资委审核；

（四）按照公司发展战略规划，制定年度投资计划，报省国资委备案；

（五）决定公司的经营方针及经营计划；

（六）审议公司所属子公司的调整、合并、分立、解散方案，报省国资委备案；

（七）制定公司对外投资、对外担保、资本运营、融资、捐赠及资产核销等方案，并报省国资委备案或审批；

（八）制订公司投资监督管理办法、担保管理办法，并报省国资委备案；

（九）审议公司年度财务预算报告，报省国资委审核；

（十）审议公司年度财务决算报告，报省国资委批准；

（十一）审议公司利润分配方案和亏损弥补方案，并报省国资委批准；

（十二）制订公司增减注册资本金、发行公司债券的方案，报省国资委批准；

（十三）决定公司管理体制及内部管理机构设置方案；

（十四）制定公司各项基本规章制度；

（十五）依照有关规定程序，聘任或解聘公司总经理、副总经理及其他高级管理人员，决定应由董事会委派的出资人代表人选，根据总经理的提名决定聘任或解聘财务负责人及其报酬事项；

（十六）法律法规、浙江省人民政府和省国资委授予的其他职权。

第三十一条　董事长行使下列职权：

（一）召集、主持董事会会议，主持董事会日常工作，在董事会休会期间，根据董事会的授权，行使董事会的部分职权；

（二）督促、检查董事会决议的执行；

（三）根据董事会授权，与所出资的全资、控股企业法定代表人签订年度国有资产经营责任书；

（四）签署公司发行债券及其他有价证券，签署重要合同和董事会重要文件，根据董事会决议签发有关聘任或解聘文件，签署应由公司法定代表人签署的其他文件；

（五）在发生特大自然灾害等不可抗力的紧急情况下，对公司事务行使符合法律、法规和公司利益的特别处置权，并在事后向公司董事会和省国资委报告；

（六）法律法规规定应由法定代表人行使的其他职权和省国资委、董事会授权的其他职权。

第三十二条　公司董事会每年度至少召开二次，并应于会议召开十日前通知全体董事。

公司董事会会议应有过半数的董事现场出席方可举行。公司董事会会议由董事长召集和主持。董事长不能履行职务或者不履行职务的，由副董事长履行职务；副董事长不能履行职务或者不履行职务的，由半数以上董事共同推举一名董事召集和主持。

出现下列情况下之一的，应当于十日内召开董事会临时会议：

（一）省国资委要求召开的；

（二）三分之一以上的董事提议召开的；

（三）监事会提议召开的；

（四）党委会提议召开的。

第三十三条　董事会会议应由董事本人出席，因故不能出席的可以书面形式委托其他董事代为出席，委托书应载明授权范围。在表决时，纳入计票范围。

第三十四条　董事会决议的表决，实行一人一票。董事会对所议事项作出的决议，应由全体董事二分之一以上表决通过方为有效。其中涉及报省国资委或浙江省人民政府批准的事项，须由全体董事三分之二以上表决通过方为有效。

第三十五条　董事会会议应形成会议纪要，由出席会议的董事在会议纪要上签字。董事会的表决方式可以采取举手投票表决，也可以采取其他具有法律效力的方式进行。

第三十六条　董事应当对董事会决议承担责任。董事会的决议违反国家法律、法规或公司章程，致使公司遭受严重损失的，参与决策的董事对公司负有赔偿责任，但经证明在表决时曾表示异议并记载于会议纪要的，该董事可以免除责任。对既未出席会议，又未委托其他董事代为出席董事会的董事应视为未表示异议，不免除其责任，但对未事前告知的临时议案除外。

第三十七条　本章有关董事义务的规定，除具体职责外，适用于公司经营班子成员及其他高级管理人员。

第七章　总经理和经营班子

第三十八条　公司设总经理一名，副总经理若干人，根据业务发展需要经出资人批准，可设总工程师、总经济师、总会计师、总法律顾问等其他高级管理职位，协助总经理开展工作。

总经理、副总经理和总师人选由出资人提出，由董事会聘任或解聘。

总经理、副总经理任期三年，经考核合格可续聘。总经理、副总经理等组成公司的经营班子。

第三十九条　总经理对董事会负责，行使以下职权：

（一）主持并向董事会报告公司经营管理工作，组织实施董事会决议；

（二）拟订公司投资、资本运营及融资方案，提交董事会审议；

（三）拟订公司发展战略规划和年度经营计划，提交董事会审议；

（四）拟订公司年度财务预算、决算、利润分配及亏损弥补方案，提交董事会审议；

（五）拟订公司内部管理机构设置和基本管理制度，提交董事会审议；

（六）制定公司具体管理规定；

（七）拟订公司薪酬、福利、奖惩制度及人力资源发展规划，提交董事会审议；

（八）依照有关规定程序聘任或解聘除应由省国资委、董事会聘任或者解聘以外的负责管理的人员；

（九）非董事的总经理列席董事会会议；

（十）法律法规规定和董事会授予的其他职权。

第四十条　总经理履行职权时，应严格遵守国家的法律法规，不得变更董事会决议或超越授权范围。

第四十一条　公司建立总经理办公会议制度。会议分为总经理办公会、经济运行分析会、专题业务会等形式，总经理办公会原则上每月召开一次。

第八章　监　事　会

第四十二条　公司设监事会，由 5 名监事组成，3 名成员由出资人按有关程序派出，2 名成员由职工代表大会选举产生。监事会设主席一名，由省国资委在监事会成员中指定。本公司董事和总经理、副总经理、财务负责人等高级管理人员不得兼任监事。监事任期每届三年。

第四十三条　监事会行使下列职权：

（一）检查公司财务；

（二）对董事、高级管理人员执行公司职务的行为进行监督，对违反法律、行政法规、公司章程或者出资人决定的董事、高级管理人员提出罢免的建议；

（三）当董事、高级管理人员的行为损害公司的利益时，要求董事、高级管理人员予以纠正；

（四）提议召开董事会临时会议；

（五）依照《公司法》的有关规定，对董事、高级管理人员提起诉讼；

（六）列席党委会会议、董事会会议、总经理办公会议以及与企业经济工作相关的综合性会议和专题会议，并可对会议决议事项提出质询或者建议；

（七）法律法规和浙江省人民政府、省国资委规定的其他职权。

第四十四条　监事会应按省国资委监事会工作指引开展工作，认真履行监督检查职责，对所需报告的有关事项及时提交省国资委。

第四十五条　监事会每年至少召开一次会议，监事可以提议召开临时监事会会议。监事会会议决定的一般事项，应当经全体监事过半数表决通过。但监事会会议决定以下事项，须经三分之二以上与会监事表决通过：

（一）审议监事会年度工作计划或年度工作报告；

（二）提出对重大监督检查事项和违法违纪案件的意见和建议；

（三）提出对董事和高级管理人员行为评价建议；

（四）省国资委提议的事项。

监事会应当对所议事项的决定形成会议纪要，出席会议的监事应当在会议纪要上签名。

第四十六条 监事会行使职权所需的办公、专项检查等费用纳入公司年度财务预算，按有关财务规定执行。监事会发现公司经营情况异常，可以进行调查，必要时可以聘请社会有关中介机构协助其工作，费用由公司承担。

第九章 财务、会计、审计、利润分配及劳动用工

第四十七条 公司依照法律法规和财政部门的有关规定建立本公司的财务、会计制度。公司财务和会计工作应接受省国资委或其委托机构的监督和指导。

第四十八条 公司除法定的会计账册外，不得另立会计账册。对公司资产，不得以个人名义开立账户存储。

第四十九条 公司会计年度采用公历年制，自公历每年1月1日起至12月31日止为一个会计年度，每一会计年度结束后九十日以内编制公司年度财务会计报告，并依法经会计师事务所审计后报送省国资委。财务会计报告应当依照法律、法规和国务院财政部的规定制作，并同时符合省国资委的要求。

第五十条 公司利润分配按照《公司法》等有关法律法规和浙江省人民政府、省国资委的有关规定执行。

第五十一条 公司获得的当年税后利润，应提取百分之十列入公司法定公积金。法定公积金累计额超过公司注册资本金百分之五十以上的，可以不再提取。

公司从税后利润中提取法定公积金后，经省国资委批准，可提取任意公积金。

第五十二条 公司的公积金用于弥补公司的亏损、扩大公司生产经营或转为增加公司资本。但是，资本公积金不得用于弥补公司的亏损。法定公积金转为资本时，所留存的该项公积金不得少于转增前公司注册资本的百分之二十五。

第五十三条 公司按照经省国资委批准的投资监督管理办法、担保管理办法的有关规定规范投资、担保行为。

第五十四条 公司依照有关法律的规定建立内部审计制度，对公司所属企业的财务收支和经济活动进行内部审计监督。公司内部审计制度和审计人员的职责，应当经董事会批准后实施。

第五十五条 公司劳动用工制度按国家有关法律法规及国务院、浙江省人民政府及其劳动部门的有关规定执行。

第十章 合并、分立、解散和清算

第五十六条 省国资委应依照《公司法》和国家有关法律法规的规定程序，决定公司合并、分立、破产、解散等事项。

第五十七条 公司有下列情形之一时，应予以解散：

（一）出资人决定公司解散的；

（二）公司章程规定的营业期限届满或者公司章程规定的其他解散事由出现；

（三）公司经营管理发生严重困难，继续存续会使出资人利益受到重大损失，通过其他途经不能解决的；

（四）因公司合并、分立或者重组需要解散的；

（五）公司依法被吊销营业执照、责令关闭或者被撤销的。

第五十八条　公司依照前条第（一）、（二）、（三）、（五）项规定解散的，应当依法进行清算，并在十五日内成立清算组，清算组由省国资委指定人员组成。

清算组在清算期间行使法律规定的职权，并应严格依照法律规定的程序行事，维护出资人、债权人的合法权益。

第十一章　重大事项的报告和备案

第五十九条　公司按照国家和省有关法律法规的规定，就重大事项向省国资委进行报告和备案。

第六十条　公司重大事项是指：

（一）应当由省国资委行使出资人职权所决定、选举、审议、审批、决议、审核的事项；

（二）公司为所属全资、控股子公司以外的法人、自然人和其他经济组织提供担保或以股权质押贷款的事项；

（三）公司为所属全资、控股子公司提供公司资产总额10%或5000万元以上的担保事项；

（四）公司重大投资事项；

（五）国有产（股）权变动、投资设立子公司的事项；

（六）重大涉讼事项；

（七）省国资委规定必须报备的其他事项。

第六十一条　省国资委接到重大事项报告和备案后，对应当审核批准的事项，在规定期限内审核批准。

第十二章　章　程　修　改

第六十二条　有下列情形之一的，公司应当修改章程：

（一）《公司法》等法律法规、浙江省人民政府有关规定修改，或出台新的法律法规及规定，公司章程与之相抵触的；

（二）公司的实际情况发生变化，与章程记载的事项不一致的；

（三）省国资委决定修改公司章程的；

（四）公司董事会提议修改章程并经省国资委批准的；

（五）法律法规规定需要修改章程的其他情形。

第六十三条　章程修改方案经董事会通过后报省国资委批准。省国资委批准章程修改方案后，公司应及时向工商登记部门办理工商手续。

第十三章　附　　则

第六十四条　除特别说明外，本章程所称“以上”、“以下”均含本数。

第六十五条　本章程所称高级管理人员，是指总经理、副总经理以及其他按照国有企业领导干部管理权限属于公司上级主管单位管理的人员。

第六十六条　本章程所称控股子公司是指本公司按法律规定或章程约定拥有超过50%表决权或其他实际控制权的公司。

第六十七条　本章程自省国资委批准之日起生效。本章程未尽事宜，遵循国家法律法规和国有资产监督管理机构出台的规范性文件的有关规定。公司各项管理制度应依照本章程制定。

第六十八条　本章程由公司董事会负责解释。

浙江省能源集团有限公司文件

浙能政〔2018〕306号

关于组织开展《浙江省能源集团志》编纂工作的通知

公司系统各单位：

根据国务院《地方志工作条例》规定和中国地方志指导小组关于第二轮修志工作安排，为加强企业文化建设，助推浙江能源行业的创新发展，决定在浙能集团成立二十年之际，组织编纂出版《浙江省能源集团志》和《长广集团志（续）》。现将有关事项通知如下：

一、修志意义

浙江能源集团是浙江省能源事业的主力军。自成立以来，浙能集团高举改革创新旗帜，切实加强党的领导，坚持“大能源战略”引领下的“四业”发展路径，为推动浙江省社会经济的发展作出了突出贡献，积累了丰富的经验，这是一笔重要的历史资产。修志工作是企业文化建设的重要组成部分，是传承古今、功在当代、利泽千秋的一件大事。通过修志，对于传承历史，总结经验教训，加强文化建设，教育职工，推动工作，促进发展都具有十分重要的现实和历史意义。浙能集团各级部门和单位要充分认识修志工作的重大意义，加强组织，纳入工作日程，精准推进，把此项大事办好。

二、指导思想

以习近平新时代中国特色社会主义思想为指导，深入贯彻党的十九大精神，客观记述浙能集团发展历史和现状，重点反映发展过程中所取得的业绩和成果，发挥志书存史、资政、育人的重要功能，为浙江能源行业健康发展服务。

三、组织领导及职责

成立《浙能集团志》编纂委员会（见附件），负责审定《浙能集团志》编纂机构、计划目标、篇章设置及志书编纂过程中的重大事项。编委会下设办公室和编辑部（见附件）。

《浙能集团志》主编：负责《浙能集团志》编纂工作重大业务事项，对各篇章的统筹协调、指导检查、质量把关等工作，《长广集团志（续）》编纂过程中业务指导。副主编协助主编工作或受主编委托进行主编的有关工作。

《浙能集团志》编纂办公室设在集团政工部，负责传达落实编委会及有关领导对志书编纂工作的要求和指示；《浙能集团志》编纂过程中有关单位、经费及人员的落实协调工作；志书编纂整体计划目标的检查、督促、指导。

《浙能集团志》编辑部设在省煤炭行业协会，负责编纂计划目标的落实工作；拟定编写大纲；对各专业篇编纂组和各篇章的具体编纂工作进行检查、督促、指导；针对编纂工作有计划地开展业务培训；组织实施《浙能集团志》各专业篇及之外内容的编写工作，以及初审稿、复审稿、终审稿的统稿及出版稿的修订工作；协调其他日常编纂事务。

四、编写原则

1. 坚持依法修志。遵守国家修志规定与编写规范。

2. 坚持实事求是。尊重历史，客观记述，突出重点。

3. 坚持质量第一。树立精品意识，确保志书质量。

五、有关要求

1. 志书内容及上下限。内容按照编写大纲（另以会议纪要的形式下发）。上限从2000年浙能集团筹备成立开始，下限止于2019年底。

2. 认真执行志书三审制度。初审（一审）为办公室和编辑部内部评审；复审（二审）为志书编委会内部评审；终审（三审）由上一级志书编委会组织。

3.《浙能集团志》编纂部经费由政工部向集团公司申报，拨付省煤炭行业协会后专款专用。

4. 2019年底完成对《浙能集团志》的终审工作，2020年上半年完成志书出版。

5. 办公室联系人：朱将云

编辑部联系人：黄灵豹

附件：《浙江省能源集团志》编纂委员会及机构组成名单

浙江省能源集团有限公司

2018年6月4日

浙江省能源集团有限公司办公室　　2018年6月4日　印发

附件：

《浙江省能源集团志》编纂委员会及机构组成名单

一、《浙江省能源集团志》编纂委员会

顾　　问：吴晓煜
主　　任：童亚辉
副 主 任：柯吉欣　陆　翔　范小宁
编　　委：赵建林　张荣博　孙玮恒　徐小丰　朱松强　许　强
倪　震　沈宝国　集团各部门、各板块公司负责人

二、《浙江省能源集团志》

主　　编：陆　翔
副 主 编：来郁郁　夏守慧　任志祥　李宗华

三、《浙江省能源集团志》编纂办公室

主　　任：夏守慧
副 主 任：王　华　刘柏辉　陈东波　杨　旸　陈剑飞　叶王刚
徐绍平　潘华林　何旭东　范海东　李　军　程向华
谢作梁　刘剑辉　戚丹丹　黄祖平　朱东临　周海平
范子杭　胡康生　王穆君　朱晓林　朱文泉　毛申良
张　扬　高　民

四、《浙江省能源集团志》编辑部

主　　任：李宗华
常务副主任：黄灵豹
副 主 任：朱将云　古华城　汤　晶　沈经皓
成　　员：李建设　蒋旻天　许丹金　徐宏伟　董昊炯　吴砚华
杨　珺　关　键　胡海峰　李　伟　王健勇　唐永巨
余良鹤　吴永孝　张永亮　杨建军　王献江　杨极云
谢森波　葛　平　陈　璐　施国忠　陈嘉辰　王　进

浙江省能源集团有限公司文件

浙能计〔2018〕525 号　　　　签发人：童亚辉

浙江省能源集团有限公司关于上报“十三五”发展规划中期评估情况的报告

省国资委：

根据贵委浙国资企改[2018]24 号文要求，我公司已完成了“十三五”发展规划中期评估工作，并编制完成《浙能集团“十三五”发展规划中期评估报告》，现按要求随文上报。

特此报告。

附件：浙能集团“十三五”发展规划中期评估报告

浙江省能源集团有限公司

2018 年 9 月 20 日

浙江省能源集团有限公司办公室　　2018 年 9 月 20 日　印发

浙江省能源集团有限公司“十三五”发展规划中期评估报告

在省委、省政府的正确领导下，在省国资委及各有关部门的关心、支持下，浙江省能源集团主动适应经济新常态和产业转型新格局，深入实施“大能源战略”，以“十三五”规划引领，紧扣“能源立业、科技兴业、金融富业、海外创业”的发展思路，着力推进国企改革与管理创新，切实提升企业活力、整体竞争力和可持续力，取得了显著的成绩；同时理性地分析了我们在发展道路上存在的问题及机遇，及时调整了发展目标。现将“十三五”发展规划执行情况汇报如下。

一、“十三五”规划实施进展情况

根据对“十三五”期间两年半发展的回顾与总结，对比各项规划目标，浙能集团主要目标任务完成情况良好，发展进度基本符合规划预期，部分指标已提前达到规划目标。

截止 2018 年 6 月底，公司总资产由 2015 年末的 1791 亿元增加到 2002 亿元，完成规划目标的 35.2%（此处规划目标完成率指实际增加值与“十三五”规划增加值的比值）；净资产由 2015 年末的 949 亿元增加到 1060 亿元，已提前完成十三五规划目标；总投资规模达到 292.41 亿元，完成规划目标的 48.74%。2018 年上半年，公司实现营业收入 446 亿元，利润总额 45.1 亿元，资产负债率 47.05%，净资产收益率 4.97%，金融产业贡献度超过 50%，资产证券化率 75%。预计到 2018 年底营业收入将达到 829 亿元，净资产达到 1083 亿元，较“十三五”末规划目标 1000 亿元超出 80 亿元以上。

（一）各产业推进情况

1. 新平台产业发展

（1）产业发展目标完成情况

截至 2018 年 6 月底，金融板块总资产 506.01 亿元（含集团持有的浙商银行和浙商财险股份），占集团总资产 2002 亿元的 25.28%，已完成“十三五”规划目标（20%）。2017 年 5 月，浙能资本发起设立浙能绿色能源股权投资基金，总规模 500 亿元，I 期规模 150 亿元，打造省级绿色能源投融资主平台，主要投资市场主导的能源类项目。截至 2018 年 6 月底，新平台已完成产业并购约 80 亿元①，拓展性新产业约 58 亿元②。

（2）产业发展实施情况

根据“十三五”规划中提出的“两轮驱动”产业布局设想，2016 年 11 月，集团全资设立浙能资本控股有限公司（简称浙能资本），注册资本金 100 亿元，定位为金融资产投资与管理的专业机构和金融服务平台、投融资平台，是集团金融板块的管理公司。

目前，浙能资本控股管理基金管理公司、财务公司、浙能（璞能）融资公司等 8 家企业，并参股浙商银行、东方证券、浙商保险，发起成立了浙江省首支绿色能源投资基金。

在新时代、新时期，浙能资本将充分利用集团打造能源全产业链的专业优势，发展能源金融、绿

---

① 包括绿色能源基金一期、三峡新能源增资项目等。

② 包括入股龙淼、设立国同基金、增持浙商银行、东方证券 A 股定增等。

色金融、创新金融。通过开展金融合作、大型资本类收购、合作投资开发项目等，进入新材料、新装备、新能源以及上下游相关的战略性新兴领域，支撑科技创新落地，拓展企业发展空间，打造企业发展的新业态；通过探索体制机制的创新，激发企业创新创业的源动力；适时开拓产业发展需要的金融企业，探索集团新的利润增长点。

1）开拓增量业务

一是拓展增量投资平台规模。强化以绿色能源基金为核心的增量投资平台，构建从天使投资到成熟 PE 投资的投资产业链，通过收购、培育、注入、退出等外延式的资本运作，充分发挥基金投资的专业性和容错优势，全面服务能源产业链建设，打造集增量投资平台、大项目孵化培育平台、金融伙伴的资源互动平台为一体的产业投资“大平台”。目前，浙能资本已全资设立基金管理公司，旗下发起设立“浙能绿色能源股权投资基金”并担任基金管理人，基金总规模 500 亿元，I 期规模 150 亿元，主要投资集团系统各产业关联的、对主业发展有重要协同和拓展作用的项目，服务于主业产业链横向扩展、纵向延伸、转型升级。此外，浙能资本联合能源、金融领域内领先的专业机构，成立市场化子基金，布局新兴的、具有成长性的项目。

二是布局核心金融牌照。密切关注金融市场、金融政策动向，深化对潜在金融资产收购目标的分析，抢抓机遇，适时布局银行、证券、保险、信托等核心金融牌照，支撑金融产业做大做强，平抑能源产业周期性波动。探索设立能源保险公司和海洋银行，建立专业的能源牌照金融服务体系。强化金融资产投后管理，在融资渠道拓宽、项目资源共享共投、租赁房产资产证券化等领域，探索合作模式和机会，进一步提升投资项目价值，锻造集团及投资标的的品牌价值，更好地服务“新浙能”各产业体系发展，打造利润规模“放大器”。

三是拓展能源全产业链的配套金融服务。紧紧围绕能源产业链上下游，紧扣集团拓展综合能源服务的全新发展思路，与能源、金融等领域的外部专业机构以及产业板块紧密协作、合纵连横，打造能源产融协同、期现结合的合作平台，在大宗商品交易、能源设备的收购与租赁等能源全产业链的加工、贸易、储运和零售各环节，提供融资租赁、碳交易、套期保值、融资模式设计、交易架构搭建等优质金融配套服务，助力能源商品现代综合储运销体系建设，构筑发挥产融协同优势、服务于“新浙能”建设的强大金融业态，实现以融促产、以产兴融。

2）统筹存量业务

借助金融平台建设契机，全面整合提升存量金融、地产企业，在板块内统一调配资源、集中优势、平衡利益，形成发展合力，实现金融板块整体利益最大化。

目前，浙江浙能融资租赁有限公司的 100% 股权、浙江省浙能房地产有限公司的 60% 股权、浙江浙能创业投资有限公司的 100% 股权已划转至浙能资本。同时，上海璞能融资租赁有限公司、浙能资产管理有限公司、浙江国信控股集团有限公司、浙江省能源集团财务有限公司，以及浙商银行股份有限公司的 8.28% 股权和浙商财产保险股份有限公司的 20% 股权已纳入金融板块统一管理。

财务公司继续承担集团内部司库管理职能，始终坚持以“立足于集团，服务于集团”为宗旨，按照合规稳健经营原则，以集团内部资金要素优化配置为核心目标，丰富资金管理的内涵和外延，发挥产融结合优势，拓宽服务领域和融资渠道，提升资金综合使用效率，不断完善“三集中”资金管理模式，搭建“三平台”（即集团资金账户集中、融资管理集中和对外支付集中，资金结算平台、资金成本控制平台、资金监控平台），努力向国内优秀的司库型财务公司迈进。

浙能租赁和上海璞能于 2017 年 1 月正式实行“一体化管理”，实现两家公司领导、员工和组织机构“一套班子、两块牌子”的管理目标。2017 年底，明确两家公司业务发展定位，上海璞能作为集团内部业务主体以及外部融资和外债通路，将充分利用上海活跃的金融市场和自贸区的特区政策开展业务，浙能租赁作为市场化业务主体，大力拓展市场化项目，促进市场化改革。2018 年，两家融资租赁公司将市场化改革与竞争上岗工作相结合，深入推进两家公司“一体化管理”，全面促进业务发展。

浙能房产以市场化、专业化为导向，确定了房地产开发、地产金融、不动产经营“三足鼎立”的新格局，并将适时涉足大健康及养生养老等其他房产相关业务，力争在新时代再创佳绩。下一步，浙能房产将借助金融板块这一优质平台，加强与内外部机构的沟通联系，尝试拓展地产金融业务；切实加强对商业性房地产领域以外投资项目及投资模式的探索和研究，通过参股方式尝试跨界发展，实现从开发商向投资商的延伸；探索研究养生养老地产等新业态的开发运营模式和投资策略，由传统住宅产品开发向地产开发和运营相结合延伸。

资产公司前期主要配合集团提质增效工作，重点处理代管资产的历史遗留问题。目前，已完成浙江省煤炭开发公司的公司制改制、杭钢小轧的股权退出工作，形成两家运销公司处置方案，配合地方政府做好小浦厂“三供一业”及改制剥离资产的整体移交工作。2017 年 10 月，控股设立浙江浙能碳资产管理有限公司，并协助集团系统所有排控企业完成首次碳排放核查。下一步，资产公司将视条件申请资质开展资产管理类金融业务，积极开展公司托管证券转融券出借业务、拓展定向增发等财务投资业务。碳资产公司将主要从 CCER 项目开发、内部碳配额调配、购买、出售碳资产、CCER 置换、碳托管和借碳、碳质押和售后回购、碳基金和碳债券发行等方面拓展业务。

国信创投公司作为风险投资平台，为充分发挥作用，拓展市场业务空间，2017 年 12 月，更名为“浙江浙能创业投资有限公司”；2017 年 12 月和 2018 年 7 月，分别完成了两次增资，增资后注册资本为 1 亿元。下一步，浙能创投作为浙能金融投资产业链布局的重要一环，将投资浙能资本与浙商创投合作设立的专项子基金，引入更多外部资源，打通 VC 投资、Pre-IPO 投资和成熟 PE 投资间的链条，拓宽投资退出渠道，助力实现金融板块多元化布局。

2. 电力产业

按照全面实施节能减排、努力降低成本，继续发展清洁煤电、大力发展核电、着力发展热电的思路，在电力产业结构调整方面取得了显著的成果。

（1）产业发展目标完成情况

截止到 2018 年 6 月底，公司管理总装机容量达 3409 万千瓦，完成“十三五”计划的 97.4%，约占全省统调装机容量的一半。电量完成率首次名列全省发电集团第一。

电力资产占总资产的比重约为 55%，离“十三五”规划目标还有一定距离；清洁能源装机占总装机比重 97%，其中 60 万千瓦及以上清洁发电装机占集团煤电总容量的比重已达 78.3%，均已提前完成“十三五”规划目标。

主要技术指标达到全国同行先进水平，2018 年 1—6 月，火电机组平均供电煤耗 298.07 克/千瓦时（其中煤电机组平均供电煤耗下降到 299.02 克/千瓦时），平均单位电量二氧化硫排放量 0.063 克/千瓦时，平均单位电量氮氧化物排放量 0.122 克/千瓦时，平均单位电量烟尘排放量 0.008 克/千瓦时，以上指标均已提前完成“十三五”规划指标。

（2）产业发展实施情况

加快实施超低排放，发展清洁环保煤电。枣泉、滨海、阿克苏三个煤电项目 6 台机组相继投产，其中台二项目获得“国家优质工程金质奖”称号。镇海迁建项目被浙江省列为“十三五”的能源项目，已取得项目核准，初设通过电力规划设计总院审查，主厂房区域地质详勘完成，目前正按照国家能源局和省能源局指示稳妥推进相关工作。

积极参股核电项目，进一步优化电源结构。完成中核海洋核动力发展有限公司、浙江三门高温堆电站有限公司、中核行波堆科技投资（天津）有限公司及中核河北核电有限公司的投资参股和公司组建工作。三门核电 1 号机组已于 2018 年 7 月初正式并网发电。借助资本市场拓展核电产业，优化核电占比，战略性投资入股中国核电。截至目前累计持有中国核电约 4 亿股，成为其第三大股东。

做好综合能源示范项目。浙江省湖州市长兴新能源小镇“源网荷储售”一体化能源互联网示范项目于 2017 年 3 月份被国家能源局列入了“互联网”+智慧能源（能源互联网）56 个示范项目名单中。

目前已完成项目建设备案，项目公司成立等工作，冷热能源站主体施工，光伏项目开发与建设，城市客厅电动汽车充电桩、浙北大厦中央空调系统节能改造初步设计已完成初步设计并准备评审与评审。

借力清洁能源示范省建设和节能减排行动计划，大力拓展热力市场，努力提高供热规模和供热效益，新建黄岩热电天然气锅炉供热、乐电集中供热、温电重石园区供热、台电五期配套的供热管线、滨电三期等6个热源和热网项目。累计电厂侧供热量1332万吨，同比增加19.4%，滨电、镇电、台电位列年供热量前三。全面完成汽轮机通流改造，增容118万千瓦，年节约标准煤50万吨以上。

全面完成300MW以上燃煤机组超低排放改造工作，提前半年完成省委省政府燃煤机组全面实现超低排放的任务。管理机组平均厂用电率4.87%，提前完成“十三五”规划中到2020年火电机组厂用电率不超过4.9%的目标。落实“劣Ⅴ类水剿灭行动”，研究储备废水零排放技术，完成长电3号机组脱硫废水旁路烟道蒸干项目验收，机组主要污染物排放指标有明显好转，未发生SO_2时均值超标事件。

积极参与售电侧改革。深化电力营销体系建设，统筹电力市场化销售业务，积极参与浙江省电力市场化交易，2017年浙能电力注资2亿全资成立浙江浙能能源服务有限公司，统筹公司电力市场化销售业务，各电厂增加配售电等经营范围，构建“1+1+N+X”的营销体系。开展售电市场竞争能力分析、电力现货交易竞价模型及辅助服务策略研究等电改相关课题研究，积极做好增量配电网投资工作，长广浙江片区、小洋山增量配网试点开发的合作工作取得实质性进展。积极探索新型能源服务领域，寻找全新市场盈利增长点，提升综合能源服务能力，打造全新商业运作模式，争取反哺未来配售电业务。加快营销人才培养、营销模式创新，突出抓好项目储备，努力提升市场开拓能力。

3. 煤炭产业

（1）产业发展目标完成情况

煤炭板块2017年销售煤炭6052万吨，其中电煤4517万吨，市场煤1535万吨，已提前完成“十三五”规划期间产业发展目标。预计到2020年，电煤销售为5200万吨，市场煤销售为2100万吨。

（2）产业发展实施情况

煤矿项目。立足省内煤炭消费市场，积极研究煤矿投资（并购）价值，做好项目投资机会研究。做好孟加拉吉大港煤电项目、澳洲H项目、澳洲B项目、印尼占碑项目、哥伦比亚煤矿项目、中煤小塔山项目、印尼巴彦项目、印度尼西亚南加里曼丹省WBM煤矿等项目的可行性研究。提高优质煤炭资源的掌控能力，优化煤炭贸易的采购结构，提高煤炭资源资本合作比例，争取煤矿资源项目落地和煤矿集运站布点。

中转、储运和加工设施。积极利用六横码头优势，打造辐射长江流域的销售网络，构建煤炭贸易全产业链，现已开发落实了芜湖电厂、铜陵电厂等多家终端客户。积极推进第三方专业煤炭电子交易平台建设，致力打造集煤炭市场资讯、交易、金融、仓储、质检、物流等服务于一体的区域性煤炭交易平台。2017年6月，舟山煤炭交易市场成立。截至2018年6月30日，平台累计成交量达到305.72万吨。

市场煤贸易。加大体制机制改革力度，制定市场煤销售激励方案市场煤协同销售管理办法，不断激发市场煤销售动力与活力。通过联储共销等新型销售模式，积极开拓终端客户，市场煤销售量逐年增加，稳步迈上新台阶。2017年，实现市场煤销售1535万吨，已提前完成“十三五”规划期间产业发展目标，预计到2020年，市场煤销售为将迈上2000万吨新台阶。

运力发展计划。根据集团电厂码头升级以及电煤需求情况，适时调整运力更新计划。截至目前，已新增1艘7.4万吨船舶，5艘4~5万吨级船舶（包含宁波海运“十二五”期间已订购的3艘）。考虑到所属电厂码头改造升级等实际需求，后续运力更新将调整为4~5万吨级船舶为主，6万吨以上船舶为补充。预计到“十三五”末，集团将新增1艘7.4万吨船舶（较“十三五”规划新增），10艘4~5万吨级船舶（包含宁波海运“十二五”期间已订购的3艘，较“十三五”规划新增4艘，并减少2艘2~3万吨级船舶）。

4. 天然气板块

（1）产业发展目标完成情况

截至2018年6月底，累计完成销售气量48.29亿方，同比增长21.54%。如上游资源供应充足，下游市场需求充分释放，有望实现市场占有率80%以上，年销售气量150亿方的水平。截止2018年6月累计建成省级天然气管线1648公里，在建721公里；经营城市燃气公司26家。预计至“十三五”末累计建成省级天然气管线2500公里，经营城市燃气公司28家。

（2）产业发展实施情况

2017年以来，全国天气市场供需形势逆转，由供过于求转变成“供不应求”，我省处于西气等陆上管道资源末端，资源紧缺情况尤为突出，资源紧缺限制了下游市场发展，根据年中预测有关数据，2018年我省实际需求（管道气，下同）可达到114亿方以上，而上游资源实际供气能力不足100亿方，目前基本按照以供定需、压非保民的方式向下游供气。因此资源是限制下游市场发展的主要瓶颈，根据当前情况预计，2019—2020年我省天然气市场总体仍将呈现“供不应求”的局面。

1）积极落实气源。在巩固现有的“六气一网”格局基础上，稳妥推进新疆煤制气项目建设，到2020年前形成20亿立方米/年的生产能力，争取尽早实现代输入浙。

近年来，液化天然气正以每年约12%的高速增长，成为全球增长最迅猛的能源行业之一。随着全球LNG的生产和贸易日趋活跃，LNG正在成为世界油气工业新的热点。为抢占市场先机，我公司争分夺秒抓紧筹备组建LNG接收站项目工作。2018年6月15日由浙能天然气集团公司控股的浙江浙能温州液化天然气有限公司正式注册成立，标志着我省天然气产业发展正式步入了实现自主掌控上游资源、完善天然气安全供给储备设施的的新起点。2018年6月27日由浙能天然气集团公司参股的浙江LNG接收站二期工程开工建设，2021年项目建成后，建设规模将实现600万吨/年。

2）加快管网设施建设。建成全省统一输气环网，推进省际、城际联网工程建设，实现统一调度，提高供气安全保障能力。力争在2020年末，全省基本完成“一张网”的建设布局，力争基本实现“县县通”。截止2018年6月累计建成投产省级天然气管线长度1648公里（其中“十三五”期间新增建成并投产省级天然气管线工程612.8公里），目前在建省级天然气管线长度约为721公里。

3）拓展下游天然气市场。有序推进城市燃气市场开发，培育新兴用气市场。依托全省天然气“县县通”专项行动的契机，深化投资可行性研究分析，加大力度拓展下游沿线用气市场终端用户，以期扩大省内燃气市场的占有份额。截止2018年6月累计注册成立26家城燃子公司（其中十三五中期期间新增注册成立象保、庆元、景宁、泰顺四家城燃子公司）。根据《浙江省人民正度办公厅关于印发浙江省天然气发展三年行动计划（2018—2020年）的通知》要求十三五末全面实现天然气“县县通”，部分管输气未达到之前，暂由城燃公司采用LNG、CNG方式临时送达。

5. 石油产业

2017年9月29日，浙江省石油股份有限公司正式揭牌成立，根据省委省政府的指示，围绕石油储备贸易、燃料油加注、成品油销售三大中心任务，统筹谋划油品全产业链布局。

（1）做活上游，参与资源开发。1）原油油源体系建设。与嘉能可亚洲控股私人有限公司组建贸易公司，依托这一平台，着手构建油源供应体系。同时，着手建立与全球主要原油贸易商的联络渠道，为后续掌控贸易商机奠定基础。2）成品油油源体系建设。拓展油品上游资源，建设完成嘉兴清洁油品生产储运项目，并根据外部市场环境变化，推进汽车装修站及罐区改造，利用自身优势“以贸补工”，积极开展油品化学品市场化贸易、罐区租赁等业务。省石油公司与浙石化在油源采购、价格等方面已初步建立战略合作关系，成品油资源掌控能力不断提升。3）甲醇燃料开发。2013年开始投资甲醇汽油橇装站，并依托石油新能源公司的成品油批发经营资质，以撬装站点形式开展点对点直供销售业务。石油公司成立后，由于业务调整，公司进入解散清算流程，目前已完成项目后评价和资产评估，待集团批复后挂牌出售。

（2）做实中游，构建储运体系。成立油品储运公司，大力推进舟山—宁波—绍兴成品油管道、绍兴—杭州—湖州成品油管道、黄泽山—鱼山原油管道的前期工作，同步开展温州、金华分销油库的选址工作，以及台州油库的收购工作，初步构建油品储运体系。

（3）做强下游，加速网络建设。1）成立综合能源销售公司，大力推进综合功能服务站建设。深入对接11个地市，通过召开综合供能服务站项目再部署会议、签订投资框架协议等形式推动相关工作开展。与省交投集团合作，争取共同建设、经营省内新增高速公路综合供能服务站。同时，全力配合推进《浙江省综合供能服务站与配套储运设施规划》、《综合供能服务站建设规范》、《浙江省综合供能服务站建设管理办法》等相关文件的编制与发布。2）大力开展保税燃料油加注业务。截至“十三五”中期，共销售保税燃料油13.8万吨。与道达尔、爱琴海等国际知名燃料油供应商保持紧密联系，开展业务对接与合作，提升公司知名度。开展加油船采购工作，进一步增强资源掌控能力。3）加油加气站项目。建成投产宁海天然气加气母站、衢州天然气加气母站、上虞城北客运加油加气站及宁海冠庄加气站项目；台州椒江公交场站加油加气站项目、丽水中堂加气站项目已开工，计划于2018年下半年建成投产。

6. 可再生能源产业

（1）产业发展目标完成情况

截止2018年6月30日，集团控股管理可再生装机容量175.82万千瓦，完成“十三五”规划目标的87.9%，占控股管理装机的5.16%。其中水力发电装机容量85.15万千瓦，光伏发电装机容量83.32万千瓦，风力发电装机容量1.35万千瓦。非水可再生装机容量90.67万千瓦，完成“十三五”规划目标的60.45%，发电量6.783亿千瓦时，占集团发电量的0.94%。

（2）产业发展实施情况

1）积极谋划水电新项目。关注浙闽交溪流域水电工程，并在合适时机开展工作；密切关注抽水蓄能开发机会并开展相关调研，已向省能源局上报相关请示文件，积极争取抽水蓄能电站开发权；积极对接四川能源企业，开展“川电入赣（浙）”相关工作；开展海外投资机会研究，积极寻找菲律宾、尼泊尔水电工程，完成巴西圣西芒水电跟投项目。“十三五”规划中小溪流域梯级水电站、永嘉县南岸水库工程、临安双溪口水库工程由于经济性测算不达标、地方政策等原因暂缓开发。

2）加快推进风电项目。嘉兴1号300 MW海上风电项目通过集团投资决策，并获得省发改委核准，目前正在开展EPC招标相关工作，准备开工建设；嵊泗2号400 MW和台州1号300 MW海上风电项目已取得开发权，目前正在开展可研相关工作，力争年内核准；稳妥推进各地陆上风电场测风和项目建设，景宁上山头50 MW风电项目已上报了核准，待政策明朗后加快推进开工建设；遂昌、松阳、新昌等风电项目有序开展前期工作进度有序开展；跟踪分散式风电项目开发机会，力争在省内落实一批县市区的区域开发权。与甘肃省玉门市政府签署战略合作协议；完成明阳集团黑龙江内蒙2个风电250 MW收购项目法律尽调、审计、财务、维稳报告评审。

3）积极推进太阳能发电。积极推进屋顶分布式光伏项目，宁波金田铜业29.98 MW、余杭梦想小镇1.141 MW和江西京九18 MW等屋顶分布式光伏顺利并网发电；宁波金田新材料11 MW和舟山中远重工19.9 MW分布式项目正在开展可研等前期工作；松阳光伏35 MW、长兴光伏84.28 MW、松阳光伏小康23.5 MW地面光伏电站顺利投产发电；完成衢州力诺光伏20 MW和西北地区10个光伏505 MW项目的收购和股转；江西5个光伏100 MW项目收购工作正常推进。

7. 科工服务板块

（1）产业发展目标完成情况

截至2018年6月30日，科服分公司（总财务口径计算）总资产达100.49亿元，累计实现营收154.93亿元，利润总额23.66亿元，投资总额14.19亿元。集团系统外业务量与系统内业务量之比

1∶9，距离“十三五”规划目标（1∶1）相差较大。

（2）产业发展实施情况

1）环保产业。燃煤脱硝失活SCR催化剂再生技术研发成功并正式投产应用；烟气协同脱除自主核心技术加紧研发，吸收塔高效除尘设计已完成即将进入中试阶段；天地公司成立固废处理技术研发中心，与高校合作开展固废处置科技研发；与西班牙德甘姆合作在新天煤化工投资建设集团首个蓄热是氧化技术（RTO）用于处理VOCs；龙泉生物质发电公司建成投产，开化绿色能源发电项目、平湖独山港环保能源项目、绍兴滨海污泥清洁化处置示范项目等积极推进，实现了集团在生物质发电、垃圾焚烧发电、污泥耦合发电等清洁能源产业领域“零”的突破。

2）节能产业。通过合同能源管理的业务形式，大力开拓节能市场，构建了以合同能源管理为主，节能产品为辅的产业结构。开展汽轮机通流改造项目共14个，完成电除尘高频电源改造项目共21个，完成了电动给水泵变频改造、省煤器节能改造、氧化风机提效降噪等节能改造项目共计5个，合计年均节约标煤约22万吨，电能约4300万kWh，有效推动集团燃煤机组供电煤耗下降。全国首个天然气压力能回收综合利用项目—衢州浮石门站示范项目于2016年底顺利建成通过试运行。

3）物流供应链。物资采供提质增效。以物资采供全周期最短化为目标，加强上下游的资源控制，加强对供应商的日常管理与考核，全面落实成本领先战略，截至2018年6月30日，已签订并在执行中的战略协议有97份，通过集约化采购累计实现降本效益约2.2亿元。成立浙江浙能物流有限公司，完善供应链供能。上线金税系统、合同协同商务平台、资金管理信息系统等信息化平台，有效提高供应链效率。

4）工程和咨询服务。依托集团内投资项目，延伸工程管理咨询服务链条，开拓了一批市场化项目总承包和设备监理业务。

5）酒店综合服务。综合物业方面，通过优化综合物业服务产品体系、拓展市场化综合物业业务实现突破；酒店旅游方面，通过管理咨询、委托经营、租赁经营等多种经营方式，加速连锁化发展战略，杭师大“梅苑·悦居”酒店、南北湖“梅苑·海月山庄”项目已正式对外营业，三门木杓梅苑悦居酒店正在探索酒店轻资产经营模式；持续提升梅苑、镇江等高星级酒店的经营管理，塑造梅苑品牌，培育核心资源。

6）科技服务业。浙能研究院制定了三年引才计划，包括海外高层次人才和紧缺型人才等；院士专家工作站于2017年成功升级为国家级院士专家工作站，博士后工作站于2017年首次引进非入职博士进站工作，并获得了浙江省人社厅的博士后科研项目择优资助；2017年成功申请了“浙江省火力发电高效节能与污染物控制技术研究重点实验室”，开展燃煤发电清洁排放技术、工业废水零排放等节能环保类技术研究；2017年与中科院上硅所合作成立了新能源联合研发中心，合作开展科技项目研发；成功加入斯坦福大学能源3.0项目，与国际顶尖高校建立合作关系，及时获取能源类前沿咨询，并派遣了2名访问学者前往斯坦福大学深造。

8. 能源化工板块

（1）产业发展目标完成情况

2017年，新天煤制气项目顺利并网通气，截至目前累计产出合格天然气7.5亿方。

（2）产业发展实施情况

1）新天煤制气项目顺利并网输气。项目于2017年5月16日获得国家发改委核准；A系列2017年3月6日开始气化炉投料点火调试，3月19日产出成品合格天然气，3月29日合格天然气送入中石油西气东输管道伊宁首站；B系列6月1日开始投料试车，6月4日产出合格天然气并送入管线，分别用时13天、4天，创世界单体最大煤制气项目投料试车产出合格天然气用时最短纪录。累计产出合格天然气7.5亿方。

2）阿克苏热电项目全面投运。2017年5月24日2号机组通过168小时试运行，正式转入生产期。两台机组分别在3月21日和6月9日取得电力业务许可证。2017年累计发电18.68亿千瓦时。配套一期热网管道工程于2017年10月底全面投入使用；售汽量15.85万吨，采暖供热64.44万吉焦。二期热网管道工程已通过集团董事会审议，开展施工方案策划工作。

3）新能源项目取得新的进展。加强项目投资机会研究，开展哈密光热项目前期工作，与哈密市发改委签订《哈密市太阳能热发电项目开发合作协议书》，委托西北电力设计院编制浙能新疆太阳能热发电项目可研报告，组建哈密项目公司。为充分利用援疆电量、满足国家对火电机组非水可再生能源配额的要求，在阿克苏地区开展收购已经建成并网的50MW光伏电站项目，项目立项已通过集团审批，阿克苏热电公司正在开展尽职调查。

4）准东煤制气项目。根据当前经济、能源形势，积极了解国家政策和国际国内天然气市场，紧盯中石化准东煤制气项目、新粤浙管线建设情况，做好前期相关工作。

（二）海外创业推进情况

自集团“海外创业”战略提出以来，接洽、跟踪的海外项目近100个。项目所在国包括蒙古、孟加拉、越南、印度、巴西、哥伦比亚、澳大利亚、印尼、孟加拉、柬埔寨、缅甸、菲律宾、哈萨克斯坦、土耳其、英国、西班牙等国家；业务涉及LNG、煤矿、煤电、水电、风光电、垃圾发电、金融等领域；既有存量资产收购项目，也有绿地项目。

实业类项目中，巴西SAE水电等9个项目（蒙古巴格诺儿煤电项目、巴西Rio energy风电、巴西SAE水电、圣西芒水电、Energimp风电、澳洲HVO和Bengalla煤矿项目、孟加拉吉大港煤电、英国燃气项目）通过集团董事会立项审议，孟加拉吉大港煤电等5个项目成立了前期工作小组，巴西圣西芒水电项目完成交割，成为浙能集团历史上第1个海外投资项目。当前，集团全口径范围共有29个项目处于跟踪状态。有比较前期的绿地项目，也有提交了非约束性报价的竞标项目。后续将在集团领导的指示下，继续重点发掘“一带一路”沿线范围内的投资机会。

（三）融资计划推进情况

（1）产业发展目标完成情况

金融板块2018年1—6月净利润为3.97亿元（已剔除黄岩热电-808万元），如考虑集团3月提前确认的浙商银行转权益法核算一次性收益16.15亿元，板块管理全口径的净利润为20.12亿元，占集团净利润（36.3亿元）的55.43%，已完成“十三五”规划中金融产业对净利润贡献度力争达到25%的目标。

（2）产业发展实施情况

间接融资方面，“十三五”期间（截至2018年6月底），集团内纳入融资集中管理体系的各成员企业完成银行项目贷款96.55亿元，重点解决了省天然气公司、滨海热电、温州发电的项目融资需求。特别是阿克苏发电和枣泉发电等集团难点项目融资的成功解决，确保公司现金流稳健。集团下属各基建单位项目贷款均坚守基准利率下浮10%的原则不变，低于当前市场银行平均融资利率，在保证项目现金流稳定的同时有效降低融资成本。

直接融资方面，“十三五”期间（截至2018年6月底），集团发行超短融、中期票据、公司债、可交换债、境外银团贷款等债务融资工具，合计金额580亿元。其中，2017年2月集团在交易商协会的DFI发行资质成功获批，成为浙江省第一家获得该资质的国有企业，使集团在银行间市场发债变得更为便捷，有效拓宽集团境内融资渠道；2017年9月，集团成功组建首期境外3亿美元银团贷款，利率为Libor+105BP，显著低于同期市场利率水平；2018年4月，集团首期公司债券发行成功，发行利率4.88%创同期地方AAA国企同期限公司债发行最低利率。

（四）资本运作推进情况

（1）产业发展目标完成情况

截至2018年6月30日，集团控股管理的总资产，证券化率75%，已完成“十三五”规划目标。

（2）举措落实情况

1）资本运作情况

集团公司完成79亿元可交债发行。经过近一年的筹备、推进，集团公司的可交换债券于2018年2月初成功发行，发行规模79亿元，全部资金于3月中旬用完；本次可交债为我国私募可交债市场有史以来发行规模第二大项目，也是能源行业私募可交债发行规模最大的项目；本次发行不仅实现了低成本融资，还成功引入战略投资者，降低了集团公司财务费用。

浙能电力完成电力主业整合并拓展核电产业。为履行公开承诺、解决同业竞争，集团所持宁夏“一控五参”项目股权于2017年注入浙能电力，转让价款约17亿元。为大力发展核电产业，由浙能电力通过二级市场增持中国核电股票4.01亿股（增持成本30亿元）、持股比例2.58%。电力股份发行不超过100亿元公司债事宜也已经集团立项，并完成中介选聘，正在起草发行方案，待审批后择机实施。

持续推进集团海运资产重组事宜。海运资产整合自2018年1月正式启动，经过前期论证和内部决策，宁波海运发行股份购买集团所属海运资产的方案已经明确，7月26日该方案已经宁波海运董事会审议通过。下一步拟履行省国资委和宁波海运股东大会审批程序，并打算于8月中旬上报证监会；同步开展经营者集中审查，最终目标是在2018年底前完成重组。

借省政府“凤凰行动”计划实施契机，开展天然气和可再生能源板块的上市工作。2016年以来，天然气集团和水电集团持续推进上市工作，明确上市方案；现重点开展土地项目规范等上市基础性工作。截止目前，天然气集团已投长输管线105宗地，累计取得48宗用地不动产权证，完成率46%；18个已投产长输管线项目中，4个项目完成整体竣工验收，3个项目完成各单项验收。水电集团已办证土地面积315万平方米（占比72%）、房产面积7.3万平方米（占比68%），2018年前计划全部完成不动产权证的办理；6个尚未完成竣工验收的水电站项目争取在2018年底前完成验收；同时就滩坑水电站移民和竣工验收问题与省移民办、省发改委进行多次沟通，争取在2019年6月前完成带条件的竣工验收。

加强证券存量资产管理，继续推进新股申购。截至2018年6月底，集团控股的浙能电力和宁波海运市值合计650亿元；集团持有其他证券资产市值合计139亿元，其中A股市值124亿元，H股市值33亿元，总投资成本106亿元。2016年以来，战略投资浙商银行、中国核电、东方证券及钱江水利，增加投资成本约87亿元。2016年开始至2018年6月底，集团系统2018年累计新股申购盈利2807万元。截止2018年6月底，集团资产证券化率已达75%（含所持浙商银行内资股）。

2）企业内部重组

根据集团公司创新发展和体制机制改革方案，2016年以来主要完成以下内部重组工作：注销油气分公司和可再生能源分公司，完成水利水电集团对水电管理公司、天地公司对天达公司、水利电力物资总公司对浙水工程公司的吸收合并；完成浙江富兴和浙能富兴、兴源公司和节能公司、浙能融资租赁与上海璞能合的管理整合工作。根据省国资委处置“僵尸企业”要求，完成对文昌大酒店、长建墙材的清算注销，同时还完成了杭州精达、浙水工程等其他企业的注销工作。连续三年亏损或不分红的18家参股企业股权逐步退出工作取得突破，台州电厂所持凤凰山庄股权完成转让。完成煤开等5家企业改制工作。

3）外部并购

根据集团战略发展方向，完成了甘肃、宁夏正泰10家光伏电站的控股收购、中康金昌清能光伏电站的控股收购，以及浙江衢州力诺光伏电站的控股并购，合计完成近77万千瓦光伏电站的控股收购，股权投资合计近10亿元；另有江西吉安盛天、敦煌晶澳约12万千瓦光伏电站的控股收购工作即将完成。集团系统完成了对中国核电、浙商银行、东方证券、三峡新能源的增持工作，合计投资近100元亿。

权利、义务、责任相统一的要求，建立健全科学合理的激励约束机制。

2）主动对接改革，进一步加强战略管理。积极融入国家舟山自贸区油品全产业链人民币国际化战略，与浙石化合作成立混合所有制的浙江石油公司，全力打造全产业链的综合能源服务商。提出打造“新浙能”目标，并组织开展打造“新浙能”五年发展规划编制工作，提出新的战略愿景和目标，不断丰富“大能源战略”和“四业”发展内涵。

3）适应竞争市场，进一步强化板块管理。根据集团公司“四业”发展路径和《浙能集团创新发展和体制机制改革方案》要求，进一步清晰管理界面，切实建立集团总部—板块管理公司—营运企业之间职责分明，高效简洁的管控关系，进一步完善板块管控界面，编制了《浙能集团管控优化方案（2017 版）》。响应省国资委要求，选取石油股份公司下属综合能源销售公司综合供能站建设项目开展投资决策一揽子授权试点工作，实现日常经营决策和风险管控主体下沉，提高投资决策效率和所属企业自主经营能力。

4）梳理业务流程，进一步加强依法治企。全面推进制度“立、改、废”，不断完善制度体系。充分利用合同信息化平台，强制嵌入法律审核环节，确保合同法律审核率 100%。以强化末端风险管控为原则，主要面向系统内三、四级企业开展重点合同专项检查。2017 年，集团公司将依法治企工作首次纳入党建党风廉政建设责任制考核，依法治企考核导向作用明显。下发《关于进一步加强集团系统法律风险管控工作的指导意见》，组织年度法律风险排查，开展重点合同专项检查，进一步降低诉讼纠纷比例，对集团全系统法律事务和风险管理的动态监控和风险预警，为“新浙能”建设提供更加坚实的法律服务支撑和保障。

（八）党建文化推进情况

（1）企业党建进展

以习近平新时代中国特色社会主义思想为指导，以全面从严治党为总要求，以落实党建党风廉政建设责任制为抓手，以党建工作引领企业稳定发展为主题，积极贯彻落实党的领导融入公司治理各环节、党建工作要求进章程等部署，推进基层企业党委书记、董事长“一肩挑”职务调整。健全和完善党建党风廉政建设责任体系，强化风险防控，全面启动党委巡察工作并建立长效机制。坚持“党的一切工作到支部”的鲜明导向，持续推进“两学一做”专题教育常态化制度化，开展“不忘初心，牢记使命”主题教育，推行“互联网+党建”工作理念，基层党组织组织力建设得到有效提升，党员先锋模范及基层党支部战斗堡垒作用发挥明显，实现了党建工作与经营管理工作深度融合、互促发展。

（2）企业文化建设进展

深化“文化强企”战略，紧跟集团“四业”发展路径和打造“新浙能”的推进步伐，立足于企业改革发展的实际，在完善浙能文化体系及实践“善美”行动上迈出新步伐，深入开展形式多样的主题教育活动，多方位开展职工精神文明建设活动，有效提升了员工创造力和凝聚力，为实现集团打造具有国际竞争力的一流综合能源服务商的愿景提供了强有力的文化支撑。

（3）提升员工幸福指数

一是广泛开展劳动竞赛活动。深入持续开展“三重一新”领域重点工程立功竞赛活动，通过“六比六赛”激励职工多奉献、建精品、创一流。推荐天然气“县县通”工程、浙能滨海热电二期扩建工程参加省级重点工程建设项目立功竞赛。坚持把“工人先锋号”创建与激励职工争先创优相结合，着力提升“工人先锋号”团队层次。涌现出一批先进的工人先锋号集体。浙能滨海热电公司荣获“浙江省五一劳动奖状”，省天然气公司建设管理一部、宁波海运保国寺收费管理所获“浙江省工人先锋号”。目前集团共有“全国工人先锋号”集体 5 个，省级“工人先锋号”集体 7 个，省部属企事业“工人先锋号”集体 47 个。二是大力实施职工素质建设工程。发挥劳模、工匠示范引领作用，省天然气公司荣获“浙江省模范集体”称号，集团职工徐育斌被评为浙江省劳动模范。集团建有 8

家劳模创新工作室，技术研究院“刘春红劳模创新工作室”被评为省级创新工作室，3家劳模、技能大师工作室被省部属企事业工会命名为首批高技能人才创新工作室。浙能嘉华发电公司职工宋振明获评省总工会“浙江工匠”。集团17名技术能手成为首批省部属企事业工会劳模（工匠）技术服务队队员，其中4人担任各专业组组长或副组长。8位职工被授予为省部属企事业工会“能工巧匠”，19对师徒被命名为省部属企事业工会“名师高徒”。三是着力推进企业民主建设。依法组织职工参与企业民主管理，积极促进劳动关系与企业和谐稳定。健全以职代会为基本形式的民主管理和职工代表大会制度，开展职代会提案征集、整理，提交职代会提案工作委员会答复落实。四是切实保障职工劳动安全和生命健康。以“安康杯”竞赛为载体，深入开展群众性安全监督检查活动，有效预防安全事故和职业病的发生。五是不断丰富职工精神文化生活。着力打造职工喜闻乐见的文化平台，开设“浙能职工文化大讲堂”，创办《浙能文艺》季刊。2017年完成了集团文联体协及所属十个协会的成立和换届工作。目前集团系统近50家单位组建成立了各类文艺体育协会、兴趣小组300多个，会员总数达8000余人。创新开展群众性文艺体育活动，举办集团第一届职工运动会。组织开展“庆祝改革开放40周年”职工系列文化活动，包括职工集邮展、“致敬劳动　奋进浙能”职工诗歌朗诵会、浙能“新声音”职工歌手大赛和职工摄影展等活动。六是深入开展富有特色的工会帮扶工作。落实《职工关爱互助会章程》，2017年，参加集团职工关爱互助会的单位共有51家，入会职工总人数16935人。全面开展“送温暖”活动，2017年送温暖费用66.6万元。

二、重大战略的参与情况

（一）积极响应“一带一路”倡议要求，全面推进海外创业

积极响应国家“一带一路”倡议，将公司的海外创业全面融入国家“一带一路”倡议中。坚定走出去的决心，将“一带一路”倡议作为集团海外创业的重要指导思想，将“一带一路”沿线国家作为集团海外创业的主平台。积极参与各类论坛和交流会：包括浙江省“一带一路”论坛、中信保“一带一路”建设推进会及各类律所、投行组织的“一带一路”论坛或峰会，第一时间对接了解各类投资机会。2016年10月份专门成立国际业务部，负责集团的海外创业战略实施。部门成立以来，已累计接触“一带一路”沿线国家各类项目近100个。项目类型涵盖LNG、煤矿、煤电、水电、风光电、垃圾发电、金融等领域；既有存量资产收购项目，也有绿地项目。通过各类项目的实施，不仅内部形成了高效的工作机制，对外脑的选聘利用上、工作团队的组织安排上，都积累了丰富的经验。2017年成功投资巴西水电项目，实现浙能集团海外投资“零”的突破。

（二）贯彻“凤凰行动”行动计划，加快资本运作与并购重组工作

省政府于2017年9月发布《浙江省推进企业上市和并购重组“凤凰行动”计划》，省国资委于2018年1月成立省属企业落实“凤凰行动”计划领导小组，后于2018年3月印发省属企业“凤凰行动”计划实施意见和资产证券化工作任务清单。为尽快落实，集团公司高度重视，董事长和总经理分别召开专题会议，要求各板块学习贯彻相关文件精神，加快推进资本运作和并购重组工作。目前集团公司“凤凰行动”计划领导小组已经成立，正在拟定集团“凤凰行动”计划实施方案，相关主体资本运作工作也在加紧推进。

（三）积极参与舟山自贸区建设，依托省石油公司打造油品全产业链

根据中国（浙江）自贸试验区总体方案，自贸区将建设国际油品储运基地、国际石化基地、国际海事服务基地和国际油品交易中心，打造集原油贸易、储运、油品加工、销售、保税燃料油于一体的油品全产业链。浙能围绕舟山自贸区打造油品全产业链的战略布局，抓紧布局相关产业，发展油品储运、运输、销售、贸易等业务。2017年3月，浙江浙石油燃料油销售公司成立，并于2017年6月获得浙江自贸区首批颁发的“国际航行船舶保税燃料油经营资质”，供油量在自贸区同类企业中名列前茅。2017年9月，浙江省石油股份有限公司成立。作为打造省内油品全产业链的主要抓手，石油

板块正积极开拓业务版图，着力开展原油贸易、油品储运、油品销售三大业务，配套建设油库、码头、输油管线及综合供能服务站等基础设施，形成布局合理、上中下游协同、功能综合的油品产业体系。通过油品全产业链的布局，石油公司将增加油品下游市场供给，打破现有油品市场垄断格局，增强市场活力，促进良性竞争，推进能源领域供给侧结构性改革及油气体制改革。

（四）积极参与长江经济带建设，构建煤炭运输、贸易平台

开展实地调研，论证江海联运可能性，完成江海联运项目可行性报告，联合上海船舶研究设计院探讨江海直达船型的研发方向，着手研究开发江海直达集散两用船型。2017 年 6 月，成立舟山煤炭交易市场。目前，该中心已完成交易平台上线工作，累计成交量达到 305.72 万吨（截至 2018 年 6 月 30 日）。舟山煤炭交易中心通过加大平台建设力度，不断丰富交易方式、开发终端 APP、探索信息增值服务、研究供应链金融业务等，不断提升用户体验。推进六横动力煤期货交割，形成能源价格“舟山指数”。2017 年 9 月，郑州商品交易所发布《关于调整制定动力煤交割港口的公告》，增设六横港为新的动力煤期货车（船）板价格计价点。六横港成为华东地区首个交割港口，为华东地区能源领域的改革发展注入了新动能、拓展了新空间。

三、“十三五”规划实施存在的问题及原因

1. 政策、市场环境多变，项目投资风险加大

能源产业发展正处在关键技术突破、市场格局调整、体制机制改革的蛰伏期和准备阶段，能源市场供需矛盾松紧变换，电力、油气市场化改革，国有企业体制机制改革正逐步落地、蓄势待发，战略研究和路径选择面临的外部环境比以往更加复杂。这种环境下，精准预判产业发展方向与趋势的难度大大增加。国家频频出台能源领域产业政策，其变化幅度大、频率快，与此同时地方配套政策出现了错位或缺位，为市场化项目的开发带来了较大的投资风险。如集团近期主推的综合能源项目，国家大力支持，但省里没有配套的政策支持，既得利益也难以打破，为项目开发带来了巨大挑战，增量配网方面，我省因此无一项目进入第二批试点，集团进入第一批试点的小洋山和长广增量配网项目推进也受阻；再如可再生配额制，国家在六年内连续出台三个征求意见的版本，其中 16 版和 18 版制度间发生了极大的变化；531 光伏新政涉及光伏补贴价格下降或取消、2018 年普通光伏电站建设规模暂缓安排、分布式光伏指标规模管理等重磅政策，但地方层面如何确定规模、如何给予补贴都没有相应的细则和规定，项目开发的风险增大；综合供能服务站建设由于缺少上位规划指导和实施细则支撑，难以在项目合作、土地获取、建设方案等方面形成突破。

2. 传统能源盈利能力减弱，新的利润增长点有限，企业经营压力大

随着能源领域改革进一步深化，集团发展面临动能转换，企业经营压力较大。主要体现在两个方面：一是传统能源盈利能力减弱。清洁能源快速发展，跨省跨区电量交易壁垒逐渐打破，外来电规模持续扩大，省内机组市场份额进一步被挤占；煤炭价格保持高位运行，而上网电价因政府不升反降，加上电力市场化进程不断加快，市场交易比例逐年提高，煤电机组盈利能力大幅削减，集团省内煤电机组度电利润已由 2015 年的 8 分钱降至目前的 2 分钱左右。天然气供需形势由宽松转变为紧张，省网保供压力加大，上游资源成本不断抬升，而下游价格联动机制尚不完善，省天然气公司购销倒挂，经营压力巨大，也影响了天然气集团整体上市的进程；油气体制改革不断加快，中石油借油气体制改革之名加快直供行为，进一步威胁我省“一张网”的供气格局。因经营环境发生重大变化、政策措施没有到位，新天煤化工、石油新能源嘉兴项目、阿克苏热电、枣泉电厂等项目投产后出现较为严重的亏损情况。二是新兴利润增长点尚待培育壮大。石油、金融等新产业尚处于培育发展阶段，利润支撑作用的发挥还需要一定时间；科服板块的工程建设、节能环保等能源服务业务逐渐减少，而市场化业务步伐还不够大，市场化业务利润增长较为有限。

3. 人才不足和结构不均衡问题依然存在

经过“十三五”这两年半的努力，浙能集团通过积极管理、人才储备、妥善调配等手段已尽可能缓解人才不足与改善人才结构，努力适应产业发展需要，但与集团转型升级、能源全产业链发展的要求仍有较大距离，中高级管理人才至今仍主要集中在电力产业，非电产业中高级专业人才相对较少，懂业务、会管理、善经营的复合型人才更是“捉襟见肘”。项目前期开发也迫切需要一批有激情、讲奉献的开路先锋，需要一批专业素质高、创新意识强的开拓者，但目前来看，具备这样综合素质要求的人员还不多，人员结构性短缺的矛盾在短期内依然无法解决。同时，集团现有薪酬考核机制也不能完全反映部分产业市场定位和人才价值诉求，无法充分满足专业化人才队伍建设需要。

四、“十三五”规划调整目标

浙能集团在充分分析世情、国情、省情的变化、企业面临的发展机遇和风险挑战后，及时修正“十三五”后期的发展目标，想方设法利用有利一面，避免不利因素，坚定不移走浙能特色的企业发展道路，力争“十三五”取得新成就，为国有资产保值增值、“两个高水平”等贡献更多力量。为此，对“十三五”规划目标做了以下调整：

营业收入到期末力争达到1313亿元（上调323亿元），力争实现总资产2856亿元（上调465亿元）、净资产1245亿元（上调245亿元）；利润总额达到82亿元（下调37.3亿元）、净利润62亿元（下调33.4亿元）、资产负债率56.4%（下调2.6个百分点）、净资产收益率5.1%（下调2.47个百分点）；投资总额力争超过1056亿元（上调456亿元）、资本市场融资规模力争达到300亿元（上调235亿元）、资产证券化率75%。研发投入强度占年净利润5%或销售收入1%（不调），国家级行业标准30个（新增），发明专利数60个（新增），各类创新平台7个（新增）。

控股管理发电装机容量约3400万千瓦（下调100万千瓦），发电量占全省统调发电量50%（不调），煤电资产占总资产的比重下降到40%左右（变“电力资产”为“煤电资产”）；天然气销售量争取达到150亿立方米（不调），管网在全省范围内形成“一张网”格局，基本实现“县县通”，省级管网超过2500公里（不调）；煤炭购销超过7000万吨（上调2000万吨），其中电煤约5000万吨原煤（上调1000万吨），市场煤销售超过2000万吨（上调1000万吨）；可再生能源发电装机达到200万千瓦（不调），非水可再生装机容量达到150万千瓦（不调），发电量占集团发电量的2%（不调）；科工服务集团外业务量与系统内业务量之比为1∶1（不调）；煤制气年生产能力达到20亿方/年（不调）。新建500座左右综合供能站（新增），新建、收购125万方原油库（新增），新建、收购40万方成品油库（新增），建成100公里成品油管道（新增），销售成品油400万吨（新增），销售燃料油60万吨（新增），原油贸易量达到600万吨（新增）。

各规划指标和板块产业项目实施调整详见附表。

五、对策措施

为确保“十三五”规划的顺利实施，促进企业早日成为国内一流、国际先进现代综合型能源供应商，浙能集团拟采取以下对策措施：

1. 战略引领，精准把准发展脉络

密切跟踪国家政策的变化，积极关注产业发展趋势和动态，围绕能源“四个革命、一个合作”的要求，在“两个高水平”和“六个浙江”的指引下，继续以“大能源战略”、“四业发展”引领企业发展，在实践中不断深化战略内涵，以动力变革、效率变革、质量变革为导向，将广大干部员工思想统一到集团战略部署和发展目标上来，在集团上下形成统一的发展思想，全力打造浙能“升级版”，争做高质量发展排头兵。

2. 制度为纲，持续完善管控体系

加强管理创新和管理提升，积极推进体制机制改革，加快企业制度“废改立”，优化授放权试点实施方案，完善投资决策一揽子授权模型和决策条件设定，强化风险配套监管，及时总结可推广的授放权模式；优化现有风险管控模式，更加明确各管理层级的管理重点和管理分工，对各产业板块实行区别化、定制化的管控模式，提高管理效率，提升风控能力，争创管理效益。

3. 深入推进提质增效，努力提升盈利能力

加大市场开拓力度。积极应对电力市场化改革，着力加强电力市场营销，千方百计争取电量，保证市场份额。积极拓展煤炭市场化贸易，稳步推进城市用气市场开发，巩固扩大市场份额。加快综合能源服务体系和销售体系建设，形成涵盖电、油、煤、气及热、冷等综合能源服务的大营销体系。持续深化成本控制。深入实施“成本领先行动”，重点发挥集约化优势控制煤炭采购成本，同时多措并举促进降本增效，提高发电竞争能力。积极争取上游气价优惠，优化气源结构，控制购气成本。深化对标管理，努力降低各产业投资建设成本、生产运营成本、服务管理成本等。着力推进扭亏减亏。全面落实亏损企业扭亏减亏措施方案，在强化内部降本增效的同时，努力争取政策支持协调，尽早解决新天煤化工代输入浙问题，推动我省天然气价格联动机制完善。推进扭亏无望、发展无前景企业的处置“出清”工作。加快产业培育发展。加快布局石油产业链，大力推动金融产业发展，重点运作好绿色能源基金，拓展能源产业链优质投资项目。加大环保、节能、工程建设、物流服务、科技服务等产业的市场拓展力度，向市场争取效益。

4. 项目开拓，激发持续发展动力

要加快实现高质量的企业转型升级、创新发展，成为综合能源服务的先行者和推动者，项目开拓首当其冲。项目开发要有的放矢，要有所不为更要有所为，要有所收更要有所破；综合能源供应方面的项目要做好顶层设计，由专注自己做具体项目转变为优先给政府谋划思路提供方案，通过供能业态改造，突出节能降耗和有效投资，在区域调研的基础上，牵头做好综合能源合理设计。通过示范性项目落地，积累经验，锻炼队伍，开拓市场；根据前期开发中项目类型多模式新又跨领域的新特点，要主动争取机制和政策的突破，如综合供能站项目、江西煤电项目、海上风电项目、自主开发的海外项目等；既要各自发挥在产业领域内的优势，力求更精更专更深，同时更要充分发挥产业协同、产品协同、成本协同、服务协同与价值协同等优势，抱团出击、相互配合。

5. 科技创新，构建产学研融体系

按照《2018—2022 年及中长期科技创新规划》，谋划和布局以传统能源、节能环保、新能源、能源互联网等 4 个领域的科技创新方向和目标，促进科技成果产业化；通过强化与斯坦福大学、中国科学院、清华大学、浙江大学等国内外高校、科研院所的合作，建立以企业为主体、产学研相结合的科技创新体系；加大科技创新研发投入，建立“科技情报—储备项目—科技项目—科技成果—成果示范—成果转化”的科技创新链条，以优势领域、部分关键技术作为主攻方向和突破口，应用非对称赶超战略，加强集成创新和引进消化吸收再创新，更加注重协同创新，在科技创新工作中运用灵活机制和非常办法，打好“组合拳”，实现变道超车，走出一条浙能特色的自主创新发展道路。

综上，在省委、省政府和省国资委的正确领导下，浙能集团将继续坚持以保障浙江能源安全供应为己任，坚定不移走浙能特色的企业发展之路，解放思想，改革创新，凝聚力量，克难攻坚，努力推进企业快速、高效、可持续发展，为确保我省能源安全供应，建设物质富裕精神富有的现代化浙江作出积极贡献。

附：各规划指标和板块产业项目实施调整情况

重大项目投资进度情况

备注：以下各产业项目总投资以及“十三五”期间投资额度已按照目前实际情况调整更新。

项目名称	建设规模	股比	工程总投资（亿元）	“十三五”投资（亿元）	权益投资（亿元）	目前进展情况
一、原“十三五”规划控股项目						
宁夏枣泉电厂一期	2×66 万千瓦	51%	50	38.24	19.5	进展良好，已投产
镇海电厂迁建项目	2×66 万千瓦	51%	59	30	15.3	进展较慢，需加速推进
新疆阿克苏热电厂	2×35 万千瓦	100%	36.62	19.13	19.13	已投产运行
滨海热电二期项目	4×5 万千瓦	88%	30	21	18.48	进展良好
嘉兴平湖滨海热电项目	3×1.5 万千瓦	70%	6.58	6.58	4.61	进展良好
新疆准东电厂二期	2×100 万千瓦	100%	80	0	0.	无进展
台州第二电厂二期	2×100 万千瓦	94%	80	0	0	无进展
舟山六横电厂二期	2×100 万千瓦	56%	75.5	0	0	无进展
温州乐清电厂三期	2×100 万千瓦	51%	77.06	25	12.75	正常推进
浙沪联络线一期	管线 34.6 km，管径 DN800	40%	4.22	3.98	1.59	进展良好
上虞—新昌项目	管线 83.08 km，管径 DN800	40%	10.88	8.1	3.24	进展良好
北仑—镇海项目	管线 80 km，管径 DN800	40%	9	0	0	暂缓
下窑—龙游项目	管线 40.4 km，管径 DN800	100%	4.78	4.78	4.78	进展良好
西北干线	管线 420 km	100%	55	0	0	暂缓
临海—仙居项目	DN400、长度 49.4 km	40%	5.21	4.02	1.61	进展良好
三门—嵊州项目	DN800、长度 115.1 km	40%	12.97	9.79	3.92	进展良好
龙游—遂昌—松阳	管线 100 km，管径 DN800	100%	11	0	0	暂缓
乐清—玉环项目	DN400、长度 20 km	40%	2	0	0	计划有变
宁海—象山项目	DN400、长度 32 km	40%	2.69	2.69	1.08	进展良好
淳安支线	管线 50 km，管径 DN350	40%	2.5	0	0	暂缓
常山—开化项目	管线 40 km，管径 DN350	100%	3.12	3.12	3.12	进展良好
东阳—磐安项目	DN400、长度 42.1 km	100%	5.09	5.09	5.09	进展良好
龙泉—庆元	管线 70 km，管径 DN350	100%	3.5	0	0	暂缓
丽水—龙游天然气管道一期工程	DN800、长度 107.13 km	100%	12.3	10.02	10.02	进展良好
云和—龙泉项目	DN800/DN400、长度 74.05 km	40%	11.23	8.59	3.44	进展良好

（续）

项目名称	建设规模	股比	工程总投资（亿元）	“十三五”投资（亿元）	权益投资（亿元）	目前进展情况
云和—景宁、文成、泰顺	管线 130 km，管径 DN350	100%	7	0	0	暂缓
甬台温项目	干线长度 431 km，DN800；DN450、长度 6.5 km	40%	56.55	21.35	8.54	进展良好
金丽温及配套支线项目	管线长度为，227 km，DN800，7 座站场	100%	52.42	21.03	21.03	进展良好
华能桐乡项目	管线长度约 34.52 km，DN650、2 座站场	40%	3.21	0.35	0.14	进展良好
北仑—大榭项目	管线长度 22.22 km，DN800、分输站、末站各一座。	40%	3.15	1.72	0.69	进展良好
新城燃项目	已成立的 25 家所属企业	51%	56.08	19.14	9.76	进展良好
城燃项目基础设施建设	10 个城市燃气项目、30 个分布式能源项目	51%	—	8.59	4.38	进展较慢
宁海母站	15 万标方/天	100%	0.31	0.14	0.14	已建成投产
龙湾母站	10 万标方/天	100%	0.26	0.1	0.1	未落地
衢州母站	12 万标方/天	100%	0.27	0.27	0.27	已建成投产
缙云母站	12 万标方/天	100%	0.3	0	0	未落地
海盐母站	12 万标方/天	100%	0.3	0	0	未落地
嘉兴清洁油品生产储运项目	主产 10 万吨/年清洁汽油，储运部分包括 11 万立方米的成品油储罐和 5.5 万方的甲醇储罐。	100%	7.2	0.32	0.32	如期完成
浙东、温台地区清洁油品项目	主产 10 万吨/年清洁汽油，储运部分包括 11 万立方米的成品油储罐和 5.5 万方的甲醇储罐。	51%	7	0	0	因外部环境变化，不继续开展
嘉兴清洁油品生产储运项目二期扩建	14 万方库容油罐	100%	2.5	0	0	因外部环境变化，不继续开展
成品油分销网络建设	3 座加油站	51%	0.74	0.74	0.38	上虞城北客运加油加气站项目 2017 年 8 月 12 日建成投产。
甲醇燃料开发	撬装站点 60 座	51%	0.6	0.02	0.01	情况变化，难以完成
浙能 LNG 接收站	300 万吨	51%	45	0	0	缓建
水电集团水电项目	新建和收购常规水电 16 万千瓦	51%	17.6	9.23	4.7	进展良好

（续）

项目名称	建设规模	股比	工程总投资（亿元）	“十三五”投资（亿元）	权益投资（亿元）	目前进展情况
水电集团风电项目	省内海上风电 70 万千瓦，陆上风电 3 万千瓦，省外风电 18 万千瓦	100%	146.9	100.82	100.82	进展良好
水电集团光伏项目	省内外光伏发电项目共 75 万千瓦	51%	52.47	52.47	26.76	进展良好
电力股份光伏、风电项目	省内外光伏发电项目各 20 万千瓦，若干风电项目	60%	108	108	64.8	进展良好
光热项目（哈密光热项目）	太阳能光热发电项目 5 万千瓦	60%	36	22	13.2	进展较好
煤炭分质梯级利用项目	合计年处理低阶煤能力 400 万吨以上，及其电厂耦合技术	45%	100	0	0	缓建
新天煤制气项目	20 亿立方/年煤制天然气	51%	160	47.36	24.15	进展良好
垃圾发电（开化）	1 座	100%	1.96	1.96	1.96	进展较好

项目名称	建设规模	股比	总投资（亿元）	“十三五”投资（亿元）	十三五权益投资（亿元）	目前进展情况
二、新增“十三五”规划控股项目						
浙江浙能能源服务有限公司				2	2	已完成资本金注资工作，公司成立
萧山—义乌	管线长度 122 km，DN800，清管站 1 座，阀室 7 座	40%	16.7	11.79	4.716	正常推进
杭甬复线	管线长度 250 km，DN1000，分输站 5 座，阀室 31 座	40%	30	15	6	正常推进
浙沪联络线二期	管线长度 45 km，DN800，分输站 1 座，阀室 4 座	40%	5	5	2	正常推进
温州 LNG 接收站	年接收 LNG300 万吨	51%	90.36	47.65	24.30	正常推进
天达乐清分公司温州电厂固体废弃物综合利用项目	7 万吨/年干渣磨细生产线、32 万吨/年粉煤灰分选系统、12.8 万吨/年粗灰磨细系统及配套的细灰库、原灰库、渣仓、粗灰磨头仓、石膏堆棚、干渣堆棚、地磅等。	100%	0.25	0.19	0.19	可以如期完成
新疆天达阿纺城热电厂脱硫剂加工及固废处置项目	13.6 万吨/年石灰石浆液加工生产线、处理湿渣 2.9 万吨/年的 3000 m^2 晒场、处理脱硫石膏 6.11 万吨/年的 6000 m^2 石膏晒场及配套的建筑面积为 1000 m^2 三层生产辅助楼一座。	100%	0.16	0.12	0.12	可以如期完成

（续）

项目名称	建设规模	股比	总投资（亿元）	“十三五”投资（亿元）	十三五权益投资（亿元）	目前进展情况
长兴环保装备制造基地	年制造设备销售收入3.50亿元	40%	1.26	0.25	0.1	
台二脱硫BOT	2＊1000 MW	100%	1.82	0.1	0.1	可以如期完成
温四脱硫BOT	2＊660 MW	100%	1.31	0.17	0.17	可以如期完成
浙江浙能节能环保技术研发基地（海创园）项目	用地30.7亩土地，建筑面积共79217 m^2	60%	5.98	1.39	0.83	可以如期完成
镇海天达脱硫剂加工及固废综合利用项目	21.43万吨/年石灰石浆液加工生产线、分选磨细粉煤灰29.28万吨/年、磨细炉渣4.48万吨/年、有效储量7200吨的石灰石堆场、配套的建筑面积为1400 m^3 四层生产辅助一座及配套的地磅设施。	100%	0.35	0.35	0.35	可以如期完成
玉环县玉坎河水系水环境综合整治PPP项目	总体10.5万吨/天，坎门6万吨/天（直接移交），大麦屿1.5万吨/天（调试后移交），干江3万吨/天（三年内建成）	100%	8.95	8.95	8.95	进度较慢，需加速推进
ATCS全自动胶球清洗装备和SRS全自动零化学水处理装备产业化项目	规划总产能为年生产电力行业ATCS胶球清洗设备20台、生产电力行业SRS水处理设备16台，预计占地约18亩	50%	0.76	0.76	0.38	可以如期完成
船舶柴油机尾气脱硫项目	船舶柴油机尾气脱硫项目	60%	0.28	0.28	0.17	进展顺利
全省综合供能服务站	700座	60%	280	203.53	122.12	
舟山—宁波—绍兴成品油管道项目一期	海底管道50公里，陆地管道110~130公里，DN500，油库10万方一座，5万方一座	100%	22.5	15.1	15.1	
温州分销油库及配套码头	一个5000吨级成品油码头及10万方储运罐区	100%	5.64	3.14	3.14	
金华内陆分销库	500吨级成品油码头4个及5万方储运罐区	100%	2.25	1.86	1.86	
绍兴—杭州—湖州成品油管道项目一期	DN400线路，110公里	100%	6.6	3.6	3.6	
原油仓储项目（含黄泽山）	库容500万方，1~2个30万吨级原油泊位	60%	49.88	41.67	25	
黄小双—鱼山及三岛互联原油管道项目	原油海底管道70公里	100%	11	8	8	

（续）

项目名称	建设规模	股比	总投资（亿元）	“十三五”投资（亿元）	十三五权益投资（亿元）	目前进展情况
台州油库项目（收购）	4.95 万方成品油罐，码头3000 吨级在建	80%	5.2		1.15	
杭州油库项目		100%	4.8	4.8	4.8	
浙能综合能源研发中心项目	建筑面积为 7.95 万平方米	100%	12.7	12.7	12.7	
1 艘散货船	7.4 万吨	51%	0.88	0.88	0.45	已完成
2 艘散货船	单艘 5 万吨左右	51%	1.48	1.48	0.75	已完成

项目名称	建设规模	股比	总投资（亿元）	“十三五”投资（亿元）	十三五权益投资（亿元）	目前进展情况
三、原“十三五”规划参股项目						
神华鸳鸯湖二期	2×100 万千瓦	5%	80	1	0.05	在建
国电方家庄	2×100 万千瓦	49%	80	23	11.27	在建，预计9 月底投产
银星电厂项目	2×66 万千瓦	49%	48	11	5.39	在建
国华宁东二期	2×66 万千瓦	33%	48	16	5.28	投产
华能大坝四期	2×66 万千瓦	49%	48	11	5.39	在建，预计10 月底投产
大唐乌沙山二期	2×100 万千瓦	35%	74.6	0	0	暂缓
国华舟山三期	2×66 万千瓦	40%	65	0	0	暂缓
辽宁徐大堡	2×125 万千瓦	10%	380	37	3.7	前期
三门核电二期	2×125 万千瓦	20%	400	17	3.4	前期
浙南苍南核电一期	2×125 万千瓦	50%	400	46	23	前期
金七门核电项目	2×125 万千瓦	50%	400	0	0	前期
三门核电三期	2×125 万千瓦	50%	400	0	0	前期
浙西龙游核电	2×125 万千瓦	50%	/	0	0	前期
海岛核电	2×125 万千瓦	50%	/	0	0	前期
宁波 LNG 接收站二期工程	二期再扩建 300 万吨	29%	30.27	18.16	5.27	进展良好
新疆—浙江煤制天然气长输管道	与中石化合作 Φ1016 管径	5%	1322.17	660.70	33.04	进展良好

项目名称	建设规模	股比	总投资（亿元）	“十三五”投资（亿元）	十三五权益投资（亿元）	目前进展情况
四、新增“十三五”规划参股项目						
浙江富浙投资有限公司					10	
宁夏一控五参项目收购	2×100 万千瓦			11.57	11.57	已完成
中核海洋核动力发展有限公司	2×100 万千瓦			1.5	1.5	前期
浙江三门高温气冷堆电站项目/浙江三门高温堆电站有限公司	2×66 万千瓦			20.547	20.547	前期
中核行波堆项目	2×66 万千瓦			6.5	6.5	前期
核建浙能国际电力投资有限公司	2×66 万千瓦			1.498	1.498	正常推进
海外项目投资	2×100 万千瓦			60	60	正常推进
三峡引战项目			117.46		19.54	已完成
国同基金（浙江富浙）			100		13.14	正常推进
杭州龙焱			6.7		1.34	已完成
浙商银行			20.94		20.94	已完成
东方证券			995.3		29.66	已完成
巴西圣西芒水电站	171 万千瓦	35%	140		49	已完成

除上表外，“十三五”后期还将有巴西煤电、越南火电、罗马尼亚水电、埃塞俄比亚水电、印尼煤矿等一批国际项目。

附件1：

省属企业“十三五”改革发展规划中期评估主要指标完成进度表 亿元

指标类别	指标名称	规划目标	2015年底数	2017年底数	2018年中数	预计2018年底数	预计2020年底数	预计2022年底数
规模指标	营业收入	990	680	813	446	907	1313	1674
	其中：主业营业收入	—	633	763	427	887	1293	1654
	制造业企业新产品（工艺）营业收入	—	0	0	0	0	0	0
	“一带一路”项目营业收入	—	0	0	0	0	0	0
	资产总额	2391	1796	1927	2002	2112	2856	3157
	其中：主业资产总额	—	1676	1844	1929	2039	2786	3087
	战略性新兴产业资产总额	—	—	—	—	—	—	—
	净资产	1000	949	1039	1060	1083	1245	1299
	国有净资产	737	644	721	747	758	871	909
效益指标	利润总额	119.3	146	71	45.1	66	82	97
	其中：主业利润总额	—	144	68	44.3	65.2	80	95
	战略性新兴产业利润总额	—	—	—	—	—	—	—
	净利润	95.4	115	57	37.6	47	62	72
	资产负债率	59%	12.78%	46.10%	47.05%	49%	56.4%	58.8%
	净资产收益率	7.57%	12.11%	6.04%	4.97%	4.40%	5.10%	5.60%
	总投资规模	600		338.74	414.09	667.93	1056.51	1418
	其中：主业投资规模	500	0	323.27	391.31	631.67	1036	1398
	“一带一路”项目投资规模	—	0	0	0	0	0	0
	资本市场融资规模	65	131	101	209	229	300	420
	资产证券化率	75%	66%	74%	75%	75%	75%	75%
创新指标	研发投入强度	年净利润5%或销售额1%	年净利润2.4%或销售额0.4%	年净利润9.7%或销售额0.8%	年净利润5.3%或销售额0.4%	年净利润10%或销售额1%	年净利润5%或销售额1%	年净利润5%或销售额1%
	国家级行业标准	—	19	26	26	28	30	32
	发明专利数	—	21	33	42	48	60	80
	各类创新平台	—	0	4	4	6	7	9

附件 2：

2020 年省属企业工业增加值预测表　　单位：万元

企业名称	人均工业增加值	工业增加值	劳动者报酬	固定资产折旧	营业盈余	生产税净额	从业人员人数
	1=2/7	2=3+4+5+6					
	114.188	2,854,700.00	617600	900000	800000	537100	25000

注 1：工业增加值：指各种生产活动所创造的新增价值，是企业总产出与中间投入之差，为劳动者报酬、生产税净额、固定资产折旧和营业盈余四个部分之和。各部分与会计指标的基本对应关系如下：

注 2：劳动者报酬：指劳动者为企业提供服务获得的全部报酬（含劳务派遣费用），主要包括：本年在成本费用中列支的工资（薪金）所得、职工福利费、社会保险费、公益金以及其他各种费用中含有和列支的个人报酬部分。

注 3：固定资产折旧：指企业本年提取的固定资产折旧。

注 4：营业盈余：指企业本年的营业利润加补贴，主要包括：企业营业利润、补贴收入等。

注 5：生产税净额：指国家对企业生产、销售产品和从事生产经营活动所征收的各种税金、附加和规费扣除生产补贴后的净额。各种税费主要有：本年应交的增值税、主营业务（产品销售）税金及附加以及在管理费用中列支的税费等。扣除内容主要有：国家财政对企业的政策性亏损补贴、价格补贴和外贸企业的出口退税等生产补贴。

注 6：从业人员人数：反映在本企业实际从事生产经营活动的全部人员。包括：在岗的职工（合同制职工）、临时工及其他聘用、留用的人员，以及与法人单位签订劳务派遣合同的人员。

打造“新浙能”五年发展规划（2018—2022）

浙江省能源集团有限公司

2018 年 11 月

目 录

前　　言

浙江省能源集团有限公司（以下简称“浙能集团”）坚持以“大能源战略”为引领，严格履行国有企业政治责任、经济责任和社会责任，连续多年保持我国地方能源企业龙头地位。进入“十三五”时期，面对经济新常态，浙能集团秉持“创新、协调、绿色、开放、共享”的发展理念，提出“能源立业、科技兴业、金融富业、海外创业”的发展思路，推动企业由传统型向现代型、由单一能源生产加工型向综合能源供应与服务型、由实业型向产融结合型转变。

2018 年—2022 年是中国特色社会主义进入新时代，决胜全面建成小康社会，开启基本实现社会主义现代化建设的重要五年。为了深入贯彻习近平总书记“四个革命、一个合作”的能源战略思想，为实现我省“两个高水平”目标提供新动能、谱写新篇章，浙能集团提出打造“新浙能”发展目标，充分发挥能源产业融合协同效应，全面推进能源基础设施建设，全力助推清洁能源示范省建设，高效保障我省能源供给安全，进一步增强企业活力、核心竞争力和可持续力，努力建设“新浙能”，坚定不移把浙江能源做强做优做大，力争综合实力再上新台阶，企业发展开创新局面。

本规划以打造“新浙能”为目标，主要阐明“新浙能”的发展思路、发展目标、重点任务、保障措施，是未来五年浙能集团发展的总体蓝图和行动纲领。规划以 2017 年为基期，规划期为 2018 年—2022 年。

规划编制依据：《浙江省国民经济和社会发展第十三个五年规划纲要》、《浙江省能源发展“十三五”规划》、《浙江省天然气发展三年行动计划（2018—2020 年）》、《浙江省推进企业上市和并购重组“凤凰行动”计划》、《浙江省能源集团有限公司“十三五”发展规划》、《浙能集团第二次党代会报告》等。

第一章　发展基础与形势

一、发展基础

过去的五年，浙能集团在党的十八大和浙江省第十三次党代会精神指引下，在省委省政府、省国资委的正确领导下，始终坚持“发展能源为浙江”的宗旨，在“以电为主、多业发展”的“大能源战略”的基础上，主动谋求创新变革，提出了“能源立业、科技兴业、金融富业、海外创业”的“四业”发展路径，有效防范和化解了各种风险挑战，持续推进做强做大做优。经过转型升级和快速发展，浙能集团现已成长为全国装机容量最大、资产规模最大、能源产业门类最全、盈利能力最强的地方能源企业，是省委省政府发展能源产业的主抓手、能源合作的主平台、能源供应的主渠道、保障能源安全的主力军和环境保护的主战场。

1. 认真履行国有企业社会责任，民生保障能力显著增强

能源供应保障能力大幅增强。五年来，累计完成基建项目投资 554.8 亿元，装机容量增加 1097.8 万千瓦，总容量达 3343 万千瓦，居全国省属发电集团首位；建成投运的省级天然气管道从 682.27 公里增加至 1500 公里。五年期间累计完成发电量 5954 亿千瓦时，同比增长 18.6%；运输、销售煤炭 2.7 亿吨，同比增长 33%；销售及代输天然气 348 亿立方米，同比增长 120.7%。

环保减排成效显著。2014 年在国内率先完成全集团脱硝改造工作，并于 2017 年提前半年完成国家和省委、省政府提出的煤电机组超低排放任务，成为全国首个全面实现清洁化生产的大型发电集团。累计投入 50 亿元，完成了 46 台、2581.7 万千瓦燃煤机组的超低排放改造，每年可减排二氧化硫 2.6 万吨、氮氧化物 1.3 万吨、烟尘 0.72 万吨，PM2.5 脱除率达到 70% 以上。实施废水优化整治项目 27 个，累计新增废水处理能力 1900 万吨/年，减排 SS（悬浮物）3 万吨/年，重金属 4.5 吨/年，年节约用水 1000 万吨以上，综合利用固废物 4300 万吨。

长广兼并重组有序推进。全力推进长广重组和产业融合工作，五年间将长广集团所属 15 家二级企业整合为 7 家企业。成立应急救援中心，吸纳分流职工。利用东风岕矿区闲置土地兴建长广光伏发电工程，装机容量 1 万千瓦，年创造利润 170 万元。完成长广集团社会保险、计划生育、社会救助等 11 项社会管理职能移交工作。完成棚户区改造一期工程 70 幢 1800 套住房，并于 2016 年 10 月移交长兴县社区管理。

2. 切实履行国有资产保值增值责任，生产经营指标走在全国前列

经营业绩跨越新台阶。五年来，集团累计完成营业收入 3646.8 亿元，较上一个五年增长 45.4%；累计实现利润总额 563.4 亿元，实现年均利润超过 100 亿元，同比增长 136%；累计上缴税金 335 亿元，增长 52.2%；年均净资产收益率 11%，同比提高 3 个百分点。2017 年中国企业 500 强榜单浙能集团排第 224 位，位列全国发电企业第 9 位，高居各省属发电企业榜首，净利润、资产利润率、收入利润率和人均净利润指标均排名国内发电行业首位。截至 2017 年底，集团总资产 1927 亿元，净资产 1039 亿元，分别比 2012 年底增长了 55% 和 79%，继续保持省国资系统排头兵地位。

生产指标行业领先。率先在全国实施 60 万千瓦亚临界机组和超临界机组整体通流改造，完成 29 台机组通流改造，已获增容量 118 万千瓦，年节能量达到 50 万吨标煤。已有 28 台机组实现了对外供热，年供热量已超过 1000 万吨。2017 年集团火电机组供电煤耗 297 克/千瓦时，较 2012 年底下降 13.8 克/千瓦时，提前完成国家“十三五”节能目标，优于中央发电集团 5~10 克/千瓦时，五年累

计节约550万吨标煤。五年来共有16台机组在全国可靠性A级机组竞赛中取得金牌，占全国总金牌数的9.13%，获奖比例居行业前茅。机组平均等效强迫停运率从2012年的0.21%下降了0.09个百分点，平均非计划停运次数从2012年的0.47次/台年下降了0.15次/台。

3. 努力践行“四业”发展路径，谋篇布局成效明显

传统能源加快转型。推进煤电机组“上大压小”，关停钱清、萧山电厂3台13万千瓦机组，集团60万千瓦以上煤电机组占比74%，比2012年提高了14个百分点。牵头组建省石油公司，补齐能源全产业链短板。开发区域智慧能源供应和油气电综合能源供应新业态，各地签约落地项目11个，投资规模13亿元。煤化工产业取得重大突破，新疆伊犁新天煤制气项目顺利投产，准东煤制气项目已取得除环评和选址意见书外的其他各项核准支持性文件。

可再生能源快速发展。2016年6月，松阳地面光伏电站建成并网，实现了浙能集团大型光伏产业从无到有的重要突破。截至2017年底，浙能集团光伏机组装机已达到27万千瓦。嘉兴1号海上风电项目获得省发改委核准；嵊泗、台州等一批海上风电场项目获得开发权；松阳棋盘山等总装机规模46万千瓦陆上风电项目正在开展测风、风资源评估等前期工作。甘肃宁夏11个光伏发电项目合计70万千瓦收购事宜正在开展签订合同及后续相关工作。截至2017年底，集团可再生能源装机已达到119.5万千瓦，较2012年底的86.5万千瓦增长了38.2%。

科技兴业逐步发力。五年来，建成1个院士工作站、1个博士后工作站和1家研究生实践基地。获批建设四个省级重点实验室（工程实验室、重点企业研究院、科技成果转移转化示范企业）。五年累计获专利和软件著作权授权168项，其中发明专利25项；在各类期刊或会议上发表论文300余篇；主导/参与国家和行业标准编制20余项；获得各类省部级科技奖9项及其它奖项100余项。超低排放技术荣获国家技术发明奖一等奖。2017年6月亮相阿斯塔纳国际能源世博会，获得习近平总书记及其他多国政要、参展商一致赞誉。自主研发的脱硫废水烟气蒸干技术在长兴电厂实现首次应用，成功解决脱硫废水零排放难题。

金融富业初显成效。2013年4月收购上市公司宁波海运；2013年底，浙能集团所属浙能电力通过吸收合并东南电力（上证B股）成功登陆A股市场。五年间完成100亿元可转换金融债券发行，发行3亿美元债券、3亿美元银团贷款，累计发行中票3期101亿、超短融18期290亿元，短融3期60亿，有效应对集团各项大额资金支出。目前集团的资本证券化率达到70%，较2012年提升了59个百分点。打造具有能源特色的金融产业，组建浙能资本控股公司。设立国内首只绿色能源股权投资基金，目标规模500亿元，首期认缴规模超过150亿元，致力于能源产业链投资。积极推动金融产业布局，通过2次H股增持，集团持有浙商银行股份比例提高至8.28%，成为浙商银行第二大股东。增资入股龙焱能源，获持20%股权，创首例集团科技产业金融投资。

加快实施“走出去”战略。新疆阿克苏纺织城热电项目2台35万千瓦机组投产发电，新天煤化工项目投料出气；宁夏能源基地建设完成了省委、省政府“控股一个，参股五个”的预定目标，获得权益容量达348.7万千瓦，占总装机容量的37.6%。安徽煤电一体化项目建成258万千瓦装机容量，所发电量全部输送我省。与国电投、新疆广汇等优秀国企、民企签署战略合作协议，建立起对外开拓合作关系。跟踪、接洽一带一路沿线各国各类项目50余个，2017年9月中标巴西圣西芒水电项目，项目装机171万千瓦，实现海外项目零的突破。

4. 坚持深化改革，管理水平迈上新台阶

管控模式不断优化。围绕集团总部组织机构及职责调整、板块管理框架及主体责任完善、集团管控操作界面再优化三条主线，开展顶层设计。相继出台了“强总部”建设方案和各板块的管控操作方案，形成了更精简高效的组织构架、管理层级、管理界面。

激励约束机制推进实施。修订完善所属企业经营责任制考核办法，出台市场化业务激励考核机制的指导意见，调整优化考核方式指标，推行职业经理人制度。制定容错机制，初步形成了有效的分配

激励与约束机制，激发了广大干部职工干事创业的积极性和主动性。

风控体系不断强化。进行了三轮大规模的集中规章制度修编工作。截至 2017 年底，集团本部已先后制订出台了基础性、综合性和专项性的规章制度和管理标准 357 项，全系统制度标准超过 9000 项。全面制订权力清单，本部完成集体权力清单和个人权力清单共计 74 张，涉及具体职权内容 820 余项；集团所属企业共形成权力清单 1100 张，以制度的笼子规范了权力的行使。业务流程的法律审核，重大合同、重大决策和规章制度的法律审核率均达到 100%。

信息化管理水平全面提升。五年间，集团信息化建设累计投入资金超过 7 亿元，ERP 基本完成集团和二级企业的全覆盖。面积 2000 平米的海创园数据中心投入使用，初步构建了集团本部机房和海创园数据中心“同城双中心”双活容灾体系。完成云计算平台基础架构，初步具备云服务能力。实施合同管理信息系统，统一了集团各级合同归口管理职责，规范了集团各级单位合同签订、审批、履行和关闭流程，实现了合同全口径、全生命周期管理。

5. 全面落实从严治党要求，党建优势得到有效发挥

党性修养常抓不懈。坚持以全面从严治党为总要求，把学习贯彻党的十八大精神、习近平总书记系列讲话精神作为首要政治任务，紧密结合集团工作实际，深入实施党建“五大工程”，高质量开展党的群众路线教育实践活动、“三严三实”专题教育，推进“两学一做”专题教育常态化、制度化。率先落实党建入章程，修订 25 项党建工作制度，实现了党建工作与经营管理工作深度融合。集团共建立领导人员联系点 530 个，领导干部个人制定整改措施 3736 条，开展专项整治活动 309 项。

从严治党始终保持高压态势。认真履行“两个责任”，累计开展所属单位（部门）主要负责人谈话近 3000 人次，开展正风肃纪督查 1400 余次，集团系统“四项费用”逐年下降，作风建设成果不断得到巩固。在党委的政治护航和高压严管下，全集团经营风险和廉洁风险始终处于受控和可控状态，没有发生一起重大经营和廉洁安全事件，2016 年中纪委党风政风监督室的检查调研、省委第 14 检查组的延伸检查及省国资委年度考评，均给予了充分肯定。

文化建设特色鲜明。集团努力打造独具特色的“浙能文化”，编制《浙能集团企业文化手册》、《安全文化手册》及《廉洁文化手册》，开设“浙能文化讲坛”、“道德讲堂”，推进立体式文化宣贯，将文化理念逐步渗透于企业经营管理的各项实践和制度，形成了包括三大识别系统较为完善的浙能文化体系及“安全”和“廉洁”两大子文化，大大提高了员工的创造活力和凝聚力。

回顾总结五年来的工作，尽管我们在资产规模、盈利能力、产业拓展、管理提升等领域取得了长足发展，但也要清醒地认识到，未来企业仍面临巨大的挑战，发展“不平衡不充分”的问题仍较突出，诸如上游资源掌控力仍较弱，高盈利水平难以保持，高强度的项目投资较难维系，产业结构调整压力不断加大，人才结构性失衡问题普遍存在，国企机制不适应市场竞争日趋显现，等等，这些深层次的矛盾和问题，都要求我们解放思想，积极作为，不断推进改革创新，探索新的发展模式和路径，努力破解发展困局。

二、形势分析

（一）国内外能源发展趋势

1. 国际能源发展趋势

（1）能源消费重心东移。世界能源需求进入低速增长时期，主要发达国家能源消费总量趋于稳定，预计 OECD 国家未来 20 年能源消费量年均增幅只有 0.1% 左右，新兴经济体能源需求将持续增长，非 OECD 国家未来 20 年能源消费量年均增幅可达到 1.7%，占全球能源消费比重不断上升。世界能源消费重心加速东移，亚太地区成为推动世界能源消费增长的主要力量。

（2）能源供应呈现多极。页岩油气革命性突破，推动全球油气储量、产量大幅增加，美国页岩气的产量已占其全年天然气总产量的 47%。液化天然气技术进一步成熟，全球天然气贸易规模持续

增长，并从区域化走向全球化。世界油气开始呈现石油输出国组织、俄罗斯—中亚、北美等多极供应新格局。非化石能源快速发展，成为能源供应新的增长极，中国、欧盟等国家（地区）可再生能源发展，带动全球能源供应日趋多元。

（3）能源结构加速重整。世界各国纷纷制定能源转型战略，各国提出更高的能效目标，制定更加积极的低碳政策，推动经济绿色低碳转型，天然气和非化石能源成为世界能源发展的主要方向。发达国家对于可再生能源的利用制定了长远的计划，欧盟计划2050年可再生能源占终端能源消费达到75%，德国计划2050年可再生能源占终端能源消费达到60%，美国（RMI报告）计划2050年前完全摆脱对煤炭、石油和核能的依赖，并削减1/3天然气消费。

（4）能源技术创新活跃。能源新技术与现代信息、材料和先进制造技术深度融合。太阳能、风能、新能源汽车技术不断成熟，大规模储能、氢燃料电池、第四代核电等技术有望突破，智慧能源新业态初现雏形。能源利用新模式、新业态、新产品日益丰富，将带来人类生产生活方式深刻变化。

（5）能源走势面临变数。能源国际竞争焦点从传统的资源掌控权、战略通道控制权向定价权、货币结算权、转型变革主导权扩展。地缘政治关系日趋复杂，不稳定不确定因素明显增多，未来走势充满变数。能源生产消费国利益分化调整，传统与新兴能源生产国之间角力加剧，全球能源治理体系加速重构。国际政治角力复杂化和供需关系调整加剧了国际能源价格走势研判的难度。

2. 我国能源发展趋势

（1）能源需求仍将持续增长。未来五年，我国将全面建成小康社会，迈向基本实现社会主义现代化建设阶段，人均能源消费水平还将不断提高。目前我国的一次能源人均消费只有3.1吨标准煤，远低于发达国家的人均消费水平（美国9.78、德国5.41、日本4.83），能源的刚性需求将长期存在。

（2）能源价格持续走高。受煤炭供给侧结构性改革、环保和生产安全压力的影响，煤炭短期内增产前景不容乐观，供不应求的局面持续，煤价可能会在650元/吨以上高位价格水平长期运行。我国的石油和天然气消费总量持续增长，对外依存度逐年上升，国际天然气期货价格呈现上涨趋势，从2016年初的1.7美元/mmBtu上升到现今的2.8美元/mmBtu；部分产油国局势动荡，影响世界原油产量，国际原油期货价格从2016年初的34美元/桶上升到现今的74美元/桶。随着国家对非水可再生能源发电的补贴力度减小，非水可再生电价短时间内无法进一步下调。中国将进入能源高价格时代。

（3）供应结构加速调整。中国特色社会主义进入新时代，人民日益增长的美好生活需要对生态文明提出了更高的要求，要求能源与环境绿色和谐发展。同时，积极应对气候变化，更加主动控制碳排放，计划在2030年碳排放达到峰值，煤炭消费比重将进一步降低，非化石能源和天然气消费比重将显著提高，我国主体能源由油气替代煤炭、非化石能源替代化石能源的双重更替进程将加快推进。

（4）发展动力加快转换。能源发展正在由主要依靠资源投入向创新驱动转变，科技、体制和发展模式创新将进一步推动能源清洁化、智能化发展，培育形成新产业和新业态。能源消费增长的主要来源逐步由传统高耗能产业转向第三产业和居民生活用能，现代制造业、大数据中心、新能源汽车等将成为新的用能增长点。

（5）国际合作深入开展。我国将深度融入世界经济体系，“一带一路”建设和国际产能合作的深入实施，推动能源领域更大范围、更高水平和更深层次的开放交融，对内对外开放相互促进，开放型经济新体制加快构建，在国际能源合作和治理中发挥更加重要的作用。

3. 我省能源发展趋势

（1）能源消费总量增速高于预期。进入“十三五”以来，浙江经济保持旺盛的发展势头，全省国民生产总值年均增长7.7%，高于预期，也高于全国平均水平0.9个百分点。随着我省“两个高水平”“六个浙江”建设的大力推进，产业转型升级的深入开展，城镇化和居民生活水平的不断提高，能源需求将保持刚性增长。“十三五”前两年，浙江能源消费总量年均增速达3.5%，高于预期1.2个百分点（浙江省“十三五”能源规划预计为2.3%）。2017年，浙江能源消费总量2.1亿吨。预计我省“十三五”能源消费总量年均增速约 3.5%，到 2020 年，全省能源消费总量约 2.3 亿吨标煤，到 2022 年约 2.4 亿吨标煤，人均能源消费量达 4.11 吨标煤，达到英国水平。

（2）全社会用电量增长强劲，电力供应或再现缺口。2016 年和 2017 年，浙江省全社会用电量增速分别为 9.0%、8.2%，分别高于全国水平 4 个百分点、1.6 个百分点。前两年年均增速达 8.6%，比“十二五”年均增长高 5.3 个百分点，比“十三五”预期高 3.1 个百分点。2017 年全省全社会用电量 4192.6 亿千瓦时，2018 年上半年全省全社会用电量 2086 亿千瓦时（同比上涨 10.95%），预计 2020 年将达到 5100 亿千瓦时，未来三年年均增长 7.8%；2022 年将超过 5800 亿千瓦时，未来五年年均增长 6.7%。2017 年底浙江省装机容量 8899 万千瓦，预计 2020 年全省装机容量 9400 万千瓦，若以 30% 外来电供给的情况考虑，在继续实施煤电严控的情况下，按煤电机组恢复到年发电小时 5000 小时计，我省电力供需宽松的状况将发生转变，预计 2020 年我省将出现 33 亿千瓦时缺口，高峰时段将出现电力紧张状况；2022 年全省将有约 500 亿千瓦时缺口。应根据《国家能源局关于发布 2021 年煤电规划建设风险预警的通知》部署，把握装机充裕度指标为绿色的有利条件，抓紧落实国土、环保、水利等国家有关政策要求，重启省内煤电建设，保障我省电力供需平衡。

（3）能源消费结构持续优化。高水平全面建成小康社会需要提高清洁能源消费比重，严控煤炭消费总量，提高可再生能源消费。预计未来五年，我省能源结构进一步优化，到 2022 年煤炭占比降到 40% 以下，比全国低约 16 个百分点；非化石能源及外来电占比提高到 28.5%，其中非化石能源消费占比 17.7%，比全国高 2.7 个百分点。2017 年全省天然气消费总量 105 亿立方米，预计 2020 年达到 160 亿立方米，2022 年达到 210 亿立方米，年均增长 15%，天然气占全省一次能源消费比重 10.6%；2016 年全省石油及其制品消费量为 2909 万吨，预计 2020 年达到 3117 万吨，2022 年达到 3780 万吨，年均增长 1.0%，约占全省能源消费总量的 19.3%。

（4）能源利用效率持续提升。随着节能降耗目标任务的大力推进，我省单位 GDP 能耗持续下降，2016 年和 2017 年分别下降 3.8%、3.7%，预计未来五年将年均下降 3.5%，能源利用水平在全国继续保持领先。未来五年综合能源供应将是能源供给侧改革的重点方向，在产业集聚区、工业园区发展热电联产，在条件具备地区发展热电冷三联供，同步配套建设高效、快捷的热力管网。到 2020 年，全省热负荷 100 蒸吨/小时以上的工业园区将全面实现集中供热。未来五年将开展电力需求侧综合管理，提升电能管理水平，到 2020 年，有效降低 100 万千瓦电力负荷。

（二）面临的挑战与机遇

1. 面临的挑战

（1）政策调整变化较大，产业发展方向和节奏判断难度增大。①随着国家输电通道的不断完善，外来电进入浙江的条件将会越来越成熟，外来电对于电力产业的营业收入有直接的冲击。②石油公司在集团公司未来五年营收和利润指标扮演重要的角色，石油公司业务的开展顺利与否直接影响到指标实现的可能性。③国家加速油气体制改革，国家油气管道公司成立在即，将会对未来集团的油气经营造成很大的影响，天然气“六统一”面临着很大的压力，一旦将来管销分离将直接关系到集团的营收和利润目标的实现。④国家加大对外开放的力度，负面清单范围逐年减小，对于能源领域的开放将进一步扩大，加油站等能源领域的竞争将更加激烈。⑤上游煤炭、油气等价格成本逐年高企，同时油气终端价格和上网电价被政府限定，甚至下调的趋势，都将影响发展指标的实现。⑥金融板块在利润指标上发挥重要作用，未来国家的趋紧的货币政策变化将直接影响到融资成本和收益。⑦规划中的投资建设项目存在很大变数，未来的权益投资额和收益将会发生变化。⑧中美贸易战或许对我省经济增速有负面影响，进而影响到新浙能的发展指标。

（2）能源供给侧结构性改革倒逼企业降本增效，提升竞争力。传统业务的增长已近天花板，过度依赖煤电，盈利模式比较单一的问题也日益突出。今后我省电量与电价均将大幅度放开，市场竞争压力加大。浙能集团由于历史原因，拥有浙江省内大部分 30 万及以下机组和内陆机组，在区域电网支撑中都起着非常重要的作用，但在与央企所属地方电厂的竞争中将处于劣势。全面对标、降本增效迫在眉睫。

（3）非化石能源发电比例偏低，电源结构有待优化。建立健全绿色低碳循环发展的经济体系是未来五年加快生态文明体制改革、建设美丽中国的重要组成部分。目前浙能集团煤电机组发电装机容量占比超过84%，非水可再生能源发电装机容量和发电量占比均不足1%，与我国非水可再生能源配额制政策要求差距仍然较大。

（4）能源保供形势严峻，企业面临巨大的经营压力。“十三五”前半段，全省电力需求高速增长，2017年全社会最高用电负荷已达到7650万千瓦，接近“十三五”规划末期8030万千瓦最高用电负荷水平，浙能集团是浙江省电力保障的支柱企业，受政策影响，近年来火电装机规模增长缓慢，面临着巨大的电力保供压力，与此同时，燃料成本高企，电价下调，企业承受巨大的经营压力。浙江位于西气东输国家干线管道的末端，在气量和气价上处于不利的地位，随着全国天然气消费量快速增长和国际天然气价格的高企，浙能集团面临着天然气保供和经营双重压力。

（5）体制机制创新有待强化。广大员工的创新意愿、创新能力没有得到充分的挖掘。现有的用工管理仍需进一步深化改革，用工法律风险隐患仍未完全解决，人才存在流失风险；薪酬分配与考核激励机制不能完全适应新的战略发展需要，强化效益导向、优化分配结构的薪酬分配机制需要调整优化，基于市场化、具有比较优势的激励约束机制有待进一步完善。

（6）国际竞争参与不足，海外投资领域有待加强。集团产业项目主要集中在浙江省内，并且积累了较为丰富的省外能源项目投资和管理经验，但是海外能源投资和管理经验相对不足，与能源领域的央企海外拓展有一定的差距。集团目前只有电建公司具有一定的海外建设经验，股权投资刚刚起步，海外投资领域的发展任重道远。

2. 面临的机遇

（1）新时代意味着新机遇，这是企业发展最大的红利。党的十九大宣告了中国特色社会主义进入了新时代，这是决胜全面建成小康社会、进而全面建设社会主义现代化强国的时代。能源服务于国民经济发展。贯彻落实党的十九大精神，党和国家事业必将有一个大发展，这为能源企业创造了良好的宏观环境，扩展了更大的发展空间。浙江省“两个高水平”建设对能源的需求仍将保持中速增长，浙能集团能够在更广领域、更大范围、更高层次上推进布局优化、结构调整、战略性发展，加快打造具有全球竞争力的一流企业。

（2）国家的能源政策调整，为产业发展创造了有力条件。国务院印发的《打赢蓝天保卫战三年行动计划》提出加大对纯凝机组和热电联产机组技术改造力度，加快供热管网建设，充分释放和提高供热能力，淘汰管网覆盖范围内的燃煤锅炉和散煤。2020年底前，重点区域30万千瓦及以上热电联产电厂供热半径15公里范围内的燃煤锅炉和落后燃煤小热电全部关停整合，为浙能集团火电机组提高热电联产覆盖面提供了有利的政策支撑。《国家能源局关于发布2021年煤电规划建设风险预警的通知》明确了浙江省的煤电建设经济性预警指标和煤电装机充裕度预警指标均为绿色，为浙能集团建设大容量高参数的新建煤电项目提供了政策依据。《国家发展改革委　财政部　国家能源局关于2018年光伏发电有关事项的通知》印发了光伏产业的深度调整，为浙能集团并购和新建非水可再生能源发电创造了有利时机。

（3）能源发展由追求数量向追求质量转变，能源企业面临新的提升空间。能源发展由主要依靠资源投入向创新驱动转变，能源科技、体制和发展模式创新将进一步推动能源清洁化、智能化发展，培育形成新产业和新业态。能源消费增长的主要来源逐步由传统高耗能产业转向第三产业和居民生活用能，现代制造业、大数据中心、新能源汽车等将成为新的用能增长点。环境友好型能源产业的发展为生物质耦合燃烧、垃圾污泥耦合燃烧、固废深度处理、污水处理、噪声治理、海洋蓝色港湾综合开发以及智慧城市综合体、养生养老地产等产业提供了新的发展契机。能源需求的多元化、低碳化、智能化为浙能集团的发展指明了方向。

（4）国家的“一带一路”倡议从政策层面为浙能集团的海外创业提供了契机。“一带一路”沿线多数国家经济发展欠发达、能源基础相对薄弱、能源需求潜力大。浙能集团作为国内领先的地方能源企业，在煤电机组的节能、可靠性、以及清洁化利用等领域具有巨大的优势，“一带一路”倡议加强了中国与沿线国家的合作与交流，为浙能集团海外创业提供了良好的机遇。

（5）浙江省的能源政策指导浙能集团结构调整，转型升级，为打造新浙能提供了千载难逢的机遇。伴随着经济进入“新常态”，我省能源需求总量增速放缓，能源供给压力有所减轻，浙能集团战略转型迎来新的契机，坚持把节能降耗作为调整能源结构、实现战略转型的重要抓手和突破口，积极提高非水可再生占比，实现清洁能源大发展，努力构建清洁低碳、安全高效的现代能源体系。浙江省政府推动发展舟山自贸区石油全产业链，通过石油的加工、贸易、储存、运输、销售，形成石油的全产业链和石油的交易中心，实现人民币国际化的重大国家战略，同时通过石油产业的发展调整浙江目前以煤为主的能源结构，对浙江的能源产业带来革命性的变化，从而激发浙江经济的活力。舟山自贸区的设立和浙江石化公司的开建为浙能集团突破地方企业难以介入石油产业的限制和供应稳定的油源提供了保障。

（6）新兴技术革命推动业态模式创新，助力浙能集团变道超车。浙能集团多年来主要以发展煤电机组来实现对浙江省能源的保障工作，可再生能源发电工作起步较晚，与国内主要发电集团的可再生能源发电规模有一定的差距，但是随着各级政府持续推动创新驱动的发展模式，新技术相比已有技术的成本和效率优势，为新能源欠发达企业带来了后来居上的机会。

站在新的历史方位上，我们要清醒地认识和把握能源发展大趋势，坚持从全局的高度观察和处理问题，从政治上认识和判断形势，透过现象看本质、看趋势，做到既熟悉世情国情省情又把握能源形势，既直面挑战又抢抓机遇，既抓住重点又统筹兼顾，既立足当前又放眼长远，因势而谋，应势而动，顺势而为。

第二章 发展思路与目标

一、指导思想

以习近平新时代中国特色社会主义思想为指引，全面贯彻党的十九大和省第十四次党代会精神，围绕能源“四个革命、一个合作”总要求，聚焦供给侧结构性改革，坚持新发展理念，坚持大能源战略，坚决沿着“四业”发展路径，推动质量变革、效率变革、动力变革，切实履行三个责任，努力推进转型升级，争做高质量发展排头兵，全力打造浙能“升级版”，为建设具有国际竞争力的一流综合能源服务商奠定可持续发展基础，为实现浙江“四个强省”、“两个高水平”宏伟目标贡献力量。

二、基本原则

要坚持“六个强企”基本原则，不断把企业做强做优做大。

1. 坚持党建强企。坚持党要管党、全面从严治党为总要求，牢固树立“四个意识”，推进“两学一做”学习教育常态化制度化，紧紧围绕“新浙能”发展规划，进一步发挥所属企业党组织的领导作用，坚持把方向、管大局、保落实。持续正风肃纪，强化监督问责，大力推进党建法制化、专业化、智能化，全面提升党建对企业发展的引领力、推动力和保障力，进一步拓展支撑“新浙能”发展战略深入实施的“大党建”格局。

2. 坚持改革强企。大力推进能源供给侧结构性改革，通过产业格局的变革，改变电力独大，能源产业发展不平衡不充分的现状，形成多业协同发展产业布局。改革管理体制机制，优化新时代下的强总部板块化管理体系，建立与新浙能相适应的内部经营机制、约束激励机制，形成适应能源革命和市场化需要的具有浙能特色的现代企业治理模式。

3. 坚持创新强企。以“高起点、重创新、大投入、求实效”为科技创新方针，以深入实施创新驱动发展为主线，大力推进能源科技创新，全面深化科技体制改革。加大科研投入，加快提升自主创新能力，加快创新资源优化配置，加快科技成果转移转化，为打造“新浙能”提供科技支撑和强大动力。

4. 坚持人才强企。以“新浙能”对优秀人才的需要为出发点，实现人事管理、人力资源向人力资本的转变。构建科学的人才评价体系，拓宽人才发展通道，不断完善和优化人才培育体系。推进劳动用工体制改革，加快人才引进渠道开拓，全面推动用人机制改革创新工作。深化薪酬激励改革，强化分配效益导向，对新设立面向市场化企业实施具备一定市场竞争优势的薪酬激励体系。

5. 坚持开放强企。牢牢把握大湾区、大花园、大通道和大都市区建设的区位优势，扩大浙能集团对外开放力度。坚持“走出去”和“请进来”并重，积极加强与民营经济的合作，在市场竞争充分的产业领域，构建具有市场竞争力的混合所有制经济。坚持省内和省外互补，加强在资源丰富省区的开发，实现合作共赢，保障我省的清洁能源服务。坚持国内和国外相结合，加快融入“一带一路”、舟山自贸区建设，建立更广泛的全球合作伙伴朋友圈，强化浙能集团的国际品牌和竞争力。

6. 坚持文化强企。培育和践行社会主义核心价值观，紧密围绕浙能集团“四业”发展路径和打造“新浙能”的深入推进，构建浙能文化新框架，丰富浙能文化内涵，推进浙能文化传播能力建设，以整体谋划、把握重点、持续完善、继承创新为手段，充分发挥浙能集团先进文化的凝聚力、感召力、塑造力和影响力，增强干部员工文化自信和企业核心竞争力，为实现集团打造具有国际竞争力的世界一流综合能源服务商的愿景提供强有力的文化支撑。

三、发展思路

（一）新愿景

十九大报告提出，“深化国有企业改革，培育具有全球竞争力的世界一流企业”。浙能集团作为省属国企的排头兵，要坚决落实这一新号召、新要求、新指引，立足浙江、面向全国、走向世界，勇担新使命，打造新浙能，成为积极参与国际竞争的骨干力量。因此，我们提出公司新的战略愿景是：打造具有全球竞争力的世界一流综合能源服务商。

要实现这一愿景，计划分三阶段实施：

第一阶段：2018—2022 年，为转型升级阶段。继续深入实施大能源战略，坚定不移地走“四业”发展路径，在更好履行政治、经济、社会三个责任的基础上，坚决打赢做大油气产业、综合供能模式和业态创新、传统产业振兴、科技兴业、培育现代特色金融、实施国际化战略、人力资源优化、人企共享协同发展“八大攻坚战”，完成企业转型升级任务，实现高质量发展。在公司成立 20 周年之际，进入世界 500 强。

第二阶段：2023—2035 年，为跨越提升阶段。充分发挥能源全产业链协同优势，进一步提高上游资源掌控力，进一步提高核心竞争力，进一步提高综合能源服务能力，不断提高发展质量和效益，巩固世界 500 强地位，到 2035 年，打造具有较强竞争力的一流综合能源服务商。

第三阶段：2036—2050 年，为追求卓越阶段。坚持高质量、高效益、可持续的发展，更加强化全球资源配置能力，更加强化科技引领能力，更加强化价值创造能力，努力跻身世界 500 强中上游，在世界能源企业中排名前列。在公司成立 50 周年之际，建成具有全球竞争力和较强影响力的世界一流综合能源服务商，完成“百年浙能”的前半阶段任务。

本规划主要谋划落实第一阶段的战略任务。

（二）新内涵

浙能集团成立以来，始终深耕能源领域，发展战略一脉相承。2003 年浙能集团提出“以电为主，多业发展”的规模扩张战略，明确用五年的时间实现装机容量、总资产和营业收入三个翻一番目标，集中力量把电力主业做大做强，为后续发展奠定基础。

2007 年提出的“大能源战略”是对“以电为主，多业发展”战略的补充和完善。在发展取向、发展内涵、发展方式和发展空间逐步充实，多个产业得到了快速发展。

2016 年提出的“能源立业、科技兴业、金融富业、海外创业”的“四业”发展路径是“大能源战略”在经济发展新常态下的升华和延伸，由侧重产业布局、追求高速发展转变为注重高质量发展。“四业”发展路径的内涵是“质量第一、效益优先”的高质量发展，以完整的能源产业链作为核心竞争优势，形成整体集约化经营的核心竞争力，是推动企业转型升级和高质量发展，实现“新浙能”的重要战略支撑。

“能源立业”的核心是“稳”。能源是承载整个集团平稳发展的基础性产业，是浙能集团的成立初心和使命所在。“能源立业”必须紧密结合国家能源政策、行业发展趋势和企业发展需求，在稳中构建高效的能源全产业链，在稳中整合要素资源，在稳中做强做优做大。

“科技兴业”的核心是“新”。科技创新是企业转型升级和高质量发展的第一生产力，是成功实现换道超车的关键所在。“科技兴业”必须以前瞻性的战略眼光率先找准行业的技术突破点，在新能源、新技术、新装备领域谋求影响行业发展方向的最先进的核心竞争力。

“金融富业”的核心是“实”。金融是实现产业结构优化升级和科技创新的重要手段，是发挥集团资信优势助推高质量发展的重要途径。“金融富业”必须以服务实体产业发展为出发点，与熟悉的产业相结合，充分发挥集团在能源领域的优势和特长，把金融产业做实，形成具有浙能特色的能源金融品牌。

“海外创业”的核心是“准”。“海外创业”是积极响应国家“一带一路”倡议，加快融入国际市场，优化配置国际资源，提升企业国际竞争力的重要举措。“海外创业”必须以安全为底线，始终把风险防控放在第一位，海外的项目要高度重视投资环境的复杂性，多次论证、反复比较，确保海外项目的成功率。

（三）新使命

当前，能源产业从大发展时代进入了大变革时代，经营环境发生深刻变化，气候环境约束倒逼能源结构转变，能源技术创新正深刻推动供给侧结构性改革。在继续发挥好“五主”作用的同时，“四个强省”为浙江能源发展指明了发展途径，“两个高水平”、“六个浙江”的宏伟目标赋予浙江能源新的历史使命。

1. 大力推进能源供给侧结构性改革，改变单一、分割、低效、高成本的能源供应方式为综合、区域性、智能化、低成本的能源供应方式，**为转变供能方式发挥示范作用**。

2. 大力提高天然气和高清洁油品利用水平，积极发展核电、可再生能源，努力降低煤炭在我省能源结构中的比重，持续推进节能减排工作，**为清洁能源示范省建设发挥骨干作用**。

3. 大力建设能源大宗物资交易市场，充分发挥市场对能源资源配置的决定性作用，打造和维系公开、公平、公正的能源市场格局，全面激发市场活力，为能源体制机制改革发挥推动作用。

4. 充分发挥能源全产业链综合性优势，开展专业化、集约化经营，最大限度地发挥能源产业间的协同效应，通过成本领先优势，增强浙能集团核心竞争力，从而，**为浙江经济增强新的竞争力发挥基础性作用**。

5. 加快“走出去”步伐，争当“一带一路”建设的排头兵，统筹利用国际国内两个市场、两种资源，全面对接省政府区域协调发展战略举措，快速打造油品全产业链，通过石油储备发展石油贸易，推动人民币国际化，**为实施国家重大战略、推动浙江（舟山）自贸区建设、带动地方经济发挥主力军的作用**。

（四）新产业

在浙能集团“5+2”产业体系的基础上，通过产业整合、优化、提升，构建以“电力、油气、能源服务”三大产业为基础的新格局，打造浙江能源新产业，为我省推进能源革命，构建清洁低碳、安全高效、智慧多元的现代能源体系奠定坚实的基础。

1. 电力产业。调整电力产业结构，重点布局水电、风电、光伏、生物质发电等可再生能源产业，大力发展多能源、分布式、智能化、区域综合能源项目，努力构建清洁低碳、安全高效的电力生产体系。

2. 油气产业。重点布局省级石油天然气管网、石油储备、码头中转、LNG 接收站、综合供能站等油气基础设施的投资建设，积极参与油气上游资源开采和加工项目的投资，积极开拓下游城市燃气市场。

3. 能源服务产业。大力发展能源运输（区域电网输送、能源船舶、石油天然气管道运输）、能源销售（煤、电、油、气，冷、热多种能源商品）、能源交易（煤、油、气等大宗能源商品交易平台建设和交易）、能源金融（以能源为特色的金融产业）、以及能源综合服务，建立我省集约化、创新型的能源服务体系。

（五）新举措

充分发挥能源全产业链的协同优势，增强我省能源产业在国内和国际上的竞争力，重点在以下产业领域谋求突破：

1. 建立综合能源供应新业态。不断创新能源供给方式，积极打造区域性、智慧化、综合型的能源发展业态。大力参与我省各地综合能源供应方式升级改造工作，打造一批智慧能源产业示范园区。

大力开发油气电热综合能源供应新业态，在国道、省道、新增高速公路、内河、港口等沿线以及城市新区建设一大批综合供能站。

2. 建立科学系统、集约高效的能源运输新体系。通过对石油管道、天然气管道建设，原油、LNG 和煤炭海上运输能力投资以及智能化集约化管理，形成公开优质高效的第三方能源运输服务网络，极大地提高我省能源安全保障、运输服务和生产安全水平。

3. 在大数据、云计算、智能化基础上建立集电力、油品、天然气、煤炭、供热、供冷为一体的能源优质服务客户群，形成我省基础性能源商品现代综合销售体系。

4. 统筹建立我省煤炭、石油、天然气等能源资源大宗商品交易市场，开展大宗交易服务。逐步形成亚太地区的能源交易中心市场，通过世界能源资源汇集，发现能源市场价格，发挥市场配置资源决定性作用，降低我省能源成本，推进能源市场化改革。

5. 开展以能源为特色的金融服务。布局财务公司、融资租赁、资产管理、碳资产交易等相关业务，推进绿色能源产业投资基金，投资保险银行等金融产业，适时创办浙江海洋银行、能源保险公司，为新的能源供应模式、组织形式、销售体系、大宗交易提供优质金融配套服务，为人民币国际化作出积极贡献。

四、发展目标

（一）经济指标：到 2022 年，实现**总资产、年营业收入和年利润总额比 2017 年翻一番**，其中总资产 3860 亿元（其中，电力产业占比 52. 1%，油气产业占比 15. 8%，能源服务产业占比 32. 1%）；净资产 1450 亿元（其中，电力产业占比 80. 1%，油气产业占比 15. 3%，能源服务产业占比 4. 6%）。年营业收入 2100 亿元（其中，电力产业占比 38. 3%，油气产业占比 55. 7%，能源服务产业占比 6. 0%）。年利润总额达到 145 亿元（其中，电力产业占比 70. 3%，油气产业占比 7. 6%，能源服务产业占比 22. 1%），营收和利润改变一电独大的局面，**实现发展动能转换**。人均产值从目前的 355 万元/(人・年) 增长至 840 万元/(人・年)，人均利润从目前的 30. 8 万元/(人・年) 增长至 58 万元/(人・年)，**实现高质量发展**。浙能集团进入世界 500 强。

（二）产业指标：至 2022 年新增投资 2200 亿元（其中，电力产业占比 40%，油气产业占比 25%，能源服务产业占比 35%）。发电装机容量 4000 万千瓦，五年期间新增装机容量基本为可再生能源发电装机。年供热量 2500 万吨/年，比 2017 年增长 67%。省级天然气管网 2500 公里，实现“县县通”，年供应天然气 150 亿立方米。建成输油管道 270 公里，原油仓储库容 500 万立方米，成品油分销油库 60 万立方米；实现原油贸易 1000 万吨，力争 2000 万吨；成品油销售 1100 万吨，力争 1600 万吨；加注保税燃料油 160 万吨，力争 200 万吨。

（三）结构优化指标：到 2022 年，能源清洁化生产水平进一步提高，可再生能源装机占集团总装机容量从目前的 3. 6% 提高到 21. 3%，其中非水可再生能源装机占比从目前的 1% 提高到 18. 4%；可再生能源发电量占集团总发电量的比重从目前的 1. 7% 提高到 7. 9%，其中非水可再生能源发电量占比从目前的 0. 4% 提高到 6. 0%。60 万千瓦及以上大容量高参数发电装机占集团煤电总容量比重超过 75%。高清成品油销售占浙江需求 50% 以上。**实现产业结构优化**。

（四）节能减排和社会贡献指标：到 2022 年，集团火电机组平均供电煤耗降低到 295 克/千瓦时以下，单位发电 SO_2 排放量、单位发电 NOx 排放量、单位发电烟尘排放量分别比“十二五”末下降 30%。全省居民管道气用户数占比超过 90%，气化率超过 50%。通过主导中国（浙江）自贸区大宗商品交易中心建设，推动石油、煤炭、天然气等各能源大宗商品的现货和期货交易，力争在 2030 年，形成能够反映亚太能源经济运行态势，引导社会投资行为和企业生产经营活动的能源价格“浙江（舟山）指数”。

（五）其它综合指标

1. 科技创新目标：到2022年底，实现R&D经费占集团主营业务收入的比重达4%，每万名从业人员中R&D人员数达350人，每万人发明专利拥有量达到50个，科技成果转化率达到35%，力争科技企业孵化器孵化企业数量达到15个，在能源若干领域创新能力处于国内同行业中先进水平。

2. 融资与资本运作目标：2018—2022年，集团总资产从1927亿元增加到3860亿元，合计增长1900亿元，年均增长380亿元。累计新增债务规模1200亿元，年均240亿元。进一步加大资本市场债务融资力度，其中集团本部和浙能国际将主要采用债券（境外银团）融资，累计新增债券（含境外银团）规模520亿元，年均约100亿元。到2022年底，金融板块资产规模约1128亿元（包括基金），净利润40亿元，对集团净利润贡献度达到25%，恒星牌照利润占比达到约49%，行星牌照利润占比达到约51%。

3. 信息化目标：构建集团私有云平台，运用大数据、云计算、物联网、移动互联网、人工智能等先进信息技术，建设集团智能化的综合能源运输体系和销售服务体系。深入推进信息化和工业化的深度融合，建设集团调度中心、智慧电厂和智慧管网。全面建成覆盖集团战略决策、经营管理、生产运营各领域和各层级企业的信息化系统，不断深化信息化系统的应用水平。提升网络与信息安全防护能力，构建“数字浙能”的信息化体系，通过信息化手段有效提升集团规范化、集约化和精细化管理水平，为集团打造一流综合能源服务商提供有力保障。

4. 国际化业务目标：到2022年底，力争2至3个海外投资项目落地，海外总资产达到50至100亿美元，实现电力、煤炭、油气、金融、能源服务等领域全面“出海”，煤炭、LNG和石油资源海外项目有实质性进展，初步形成合理的海外产业布局，防范海外投资风险能力明显增强，国际化人才队伍更加壮大，海外的浙能品牌更加响亮。

5. 安全质量目标：不发生省政府安全生产责任书考核范围内的各类人身死亡事故和设备事故，构建人、机、环境、管理四位一体的“智慧安全”管理体系，打造“本质安全型”企业，加强与科研院校开展安全生产规律性、关联性特征分析，开展安全理论及技术研究；注重网络与信息安全，不发生网络与信息安全事件。

6. 人力资源目标：到2022年底，人力资源总量控制在2.5万人以内，大专及以上学历人员比例达到人力资源总量的80%；专业技术人才高、中、初级职称比例达到10∶30∶60；高技能人才占技能人才比例达到30%。经营管理人员、专业技术人员、技能人员结构比例基本控制在10∶30∶60范围。到2022年，新增省级技能大师工作室3至5家，全产业引进和培养高端（紧缺）人才500人，引进国千、省千或“151”工程人才10人以上。

主要指标对比一览表

对比项目		2017年（底）	2022年（底）	变化程度
经济指标	总资产	1927.4亿元	3860亿元	+100%
	净资产	1039亿元	1450亿元	+40%
	年营业收入	813.4亿元	2100亿元	+158%
	年利润总额	70.6亿元	145亿元	+104%
	人均产值	353.7万元/(人·年)	840万元/(人·年)	+137%
	人均利润	30.7万元/(人·年)	58万元/(人·年)	+89%
产业指标	发电总装机容量	3343万千瓦	4000万千瓦	+20%
	年供热量	1505万吨/年	2500万吨/年	+67%
	省级天然气管网	1500公里	2500公里	+67%
	年供应天然气	87亿立方米	150亿立方米	+72%

（续）

对比项目		2017 年（底）	2022 年（底）	变化程度
结构优化指标	可再生能源发电装机容量/占比	119.5 万千瓦/3.6%	850 万千瓦/21.3%	增长 6.1 倍/提高 17.7 个百分点
	其中：非水可再生能源发电装机容量/占比	34 万千瓦/1%	730 万千瓦/18.4%	增长 20 倍/提高 17.4 个百分点
	可再生能源发电量占集团总发电量的比重	1.7%	7.9%	提高 6.2 个百分点
	其中：非水可再生能源发电量占集团总发电量的比重	0.4%	6.0%	提高 5.6 个百分点
节能减排和社会贡献指标	火电机组平均供电煤耗	297.34 克/千瓦时	295 克/千瓦时	-2.34 克/千瓦时

各产业主要经营指标对比表

名称	2017 年			2022 年		
	电力产业	油气产业	能源服务产业	电力产业	油气产业	能源服务产业
营业收入（亿元）	540	181	97	805	1170	125
资产总额（亿元）	1308	172	452	2010	610	1240
净资产（亿元）	754	62	238	1162	222	66
利润总额（亿元）	65	-4	10	102	11	32
净利润（亿元）	55	-5	6	84	6	21
营收贡献率%	66%	22%	12%	38.3%	55.7%	6.0%
资产贡献率%	68%	9%	23%	52.1%	15.8%	32.1%
净资产贡献率%	72%	6%	23%	80.1%	15.3%	4.6%
利润总额贡献率%	91%	-5%	14%	70.3%	7.6%	22.1%
净利润贡献率%	97%	-8%	11%	75.7%	5.4%	18.9%

第三章 重 点 任 务

一、构建综合能源业态

以能源供给和消费协同优化为基础，通过多介质能源互联网实现能源利用效率统筹优化的目标，实现能源流、信息流、价值流的交换与互动，满足绿色生态、安全可靠、优质经济等多目标要求。开展区域能源、分布式能源、综合能源供应站、大用户综合能源服务等工作。紧密围绕“大湾区”高端产业对能源供给多样化的需求，为重大战略平台提供坚强的能源供应保障，加快构建综合能源业态。

1. 布局区域能源综合服务

面向工业园区、产业园区等区域能源综合服务对象，以燃煤、燃气热电机组为主能源动力站，以光伏、风电、生物质能等可再生能源和储能为补充，通过智慧能源互联网，将“电、油、气、热、汽、冷”等生产原料和综合能源服务统一调配至区域内用户，实现清洁能源一站式供应、销售和服务，构建全新的智慧能源供应及服务体系。在区域内构建多能互补，能量梯级利用、“源—网—荷—储”一体化、智能化供给系统，在用能终端全面实现“电替代油气”、“热/汽替代散烧燃煤锅炉”、“低品质蒸汽制冷替代电制冷”，实现综合能源供应、多能互补、集约清洁、智能高效、供需侧耦合响应。推进安吉竹产业园生物质热电联产、空港经济区综合能源供应、浙南科技城智慧综合能源供应、六横智慧能源岛、上虞龙盛综合能源等园区综合能源服务项目的开发和建设。

2. 推进分布式能源综合服务

面向机场、数据中心、大型商业综合体、医院等分布式能源综合服务对象，以分布式燃气机组为主能源动力站，以光伏、风电等可再生能源和储能为补充，通过智慧能源互联网，将“电、热、汽、冷”等综合能源服务统一调配用户，实现清洁能源一站式供应、销售和服务，构建全新的智慧能源供应体系。推进浙能德清天然气分布式能源、萧山机场三期天然气分布式能源（含屋顶光伏项目）等项目的开发和建设。

3. 加快综合供能站建设

依托省政府《全省综合供能站建设专项行动方案》，以重点项目建设为切入口，做大做强综合供能批发零售经营体系。在2018—2022年建设700座综合供能站，推进全省高速公路配套综合供能站项目、全省国道公路配套综合供能站项目、全省省道公路配套综合供能站项目、全省县乡道公路综合供能站项目、全省城市新区配套综合供能站项目、全省河港岸基配套综合供能站项目的实施。至2020年底，全省新建综合供能站500座，至2022年底，全省新建综合供能站700座，其中高速公路约占11%（约79座）、国道、省道、县乡道等普通公路约占43%（约298座），城市新区约占43%（约305座），河港岸基约占3%（约18座）。

专栏1 浙江省综合供能服务站及配套储运设施建设规划

高速公路综合供能服务站：到2022年，配套及补充建设高速公路综合供能服务站79座，其中，配套建设48座，补充建设31座。

普通公路综合供能服务站：到2022年，配套G329、G320、G351等15条国道同步建设综合供能服务站81座，配套S315、S313、S215等41条省道同步建设综合供能服务站约116座。

岸基综合供能服务站：到2022年，全省新建河港、沿海港口、海岛岸基综合供能服务站约18座。重点沿“两河一江”（京杭运河、杭甬运河、钱塘江）为核心的10条江海河联运主通道，在内河港口、适宜航道岸基布局推进13座河港岸基综合供能服务站，在沿海港口或海岛等布局建设5座港口综合供能服务站。

城镇综合供能服务站：到2022年，新建城镇综合供能服务站约305座，初步形成便捷、优质的服务网络。

4. 开展大用户能源专家综合服务

以用户需求为导向，向用户提供优化用能策略和合同能源管理等服务，积极响应用户不断变化的需求升级，开发更便宜、更清洁的能源供给和整体节能方案，并在用户综合用能成本的下降中与用户共享收益。通过合理预测用能需求和市场价格，制定现货、中长期、期货、差价合约等多种交易合同组合，优化购能策略和成本，对冲市场风险。细分客户群体特点及消费规律，为用户提供多元化、个性化、菜单式和套餐式能源价格服务，提供季节性、时段性、定制式能源价格套餐，通过丰富的价格套餐满足客户的不同需求。

5. 积极介入氢能产业

利用清洁煤电及煤化工资源，掌控制氢源头优势，初期采用低谷煤电制氢供给小范围的氢能需求，跟踪超临界水蒸煤技术与火电厂耦合技术降低制氢成本。跟踪主要氢能储运技术，比选采用适用技术路线，跟踪研究常温常压液态储氢技术、金属氢化物固态储氢技术（如氢化镁水解制氢），专题研究天然气管道掺氢输氢的可行性，寻找到适宜自身发展需要的氢能储运技术，建立自己的运输网络，保障下游成本优势。借亚运会契机，在亚运村示范建设集加氢站为一体的智慧综合供能站，打响具有浙能特色的智慧能源解决方案，同时掌握站内天然气重整制氢技术、就地电解水制氢技术、加氢机及加氢站控制技术，积累加氢站设计建造经验。建设集加氢站为一体的智慧综合供能站，根据实际运行适时加快推进布局。战略投资氢燃料电池产业，研发系统集成技术，跟踪混氢燃机技术，加强与科研机构间的合作，战略投资 PEMFC 质子膜燃料电池系统、关注难度更大的 SOFC 固体氧化物燃料电池技术突破，着力研发氢燃料电池分布式能源系统集成技术，并示范推广，同时跟踪探索天然气与氢气混合在燃气轮机、内燃机中的应用。

二、做强做深电力产业

积极推动电力产业结构调整，大力推进能源供给侧结构性改革，以优化产业结构和打造企业价值链为主线，依托现有的资本优势、规模优势、区位优势，重点布局风电、光伏、水电、生物质发电等可再生能源产业，推进核电项目，努力构建清洁低碳、安全高效的电力生产体系，在转变供能方式上发挥示范作用。

1. 调整电力产业结构

重点布局风电、光伏、水电、生物质发电等可再生能源产业，努力构建清洁低碳、安全高效的电力生产体系。未来五年，电力产业控股权益投资总额约 625 亿元，其中嘉兴、嵊泗、台州等风电项目的权益投资额约 224 亿元，合作开发、并购省内外光伏项目的权益投资额约 98 亿元，镇海迁建及相关燃煤电厂热网建设等火电项目的权益投资额约 76 亿元，可再生能源开发和利用将是未来五年电力产业建设的重点领域。

2. 推进传统能源项目落地

依据《国家能源局关于发布 2021 年煤电规划建设风险预警的通知》（国能发电力［2018］44 号）对各省区煤电建设的指导意见，密切关注我省煤电规划建设预警调整情况，适时做好乐清三期、嘉兴四期、台二二期、六横二期等煤电机组前期启动工作。大力推进热电联产以提高能源利用率，未来五年确保绍兴滨海热电二期、镇海迁建项目等如期建成投产，努力拓展滨海三期、温州洞头、台州联源等热电联产项目建设，推进省外电源项目建设，并争取储备一批项目。依托清洁能源示范省建设和节能减排行动计划，主动配合政府有关部门，做好供热规划，发挥现有电厂及新建背压式热电厂供热能力，2020 年力争实现管理的所有煤电都对外供热，年供热量 2500 万（蒸）吨/年，争取达到 3000 万（蒸）吨/年。推进乐清经济开发区集中供热、镇海电厂煤机迁建项目的配套热网、台电联源热电管线、滨海热电供热管线、凤台电厂至周边工业园区集中供热、温州电厂重石集中供热、兰溪市上华至诸葛集中供热等项目的开发和建设。针对国家可能出台的经营期满 20 年燃煤机组上网电价下调的政策，研究现役30万千瓦燃煤机组的出路问题。努力推动控制外购电比例和调峰补偿机制；积极参与大用户直供、电力市场化改革，争取扩大市场份额；加大内部挖潜增效；加强煤炭采购和掺烧管理，切实降低发电成本。

3. 加快可再生能源布局

采取新建和收购互补、省内和省外结合的方式，推进可再生能源的利用。布局西北等地的区域投资平台，抢占资源，统筹可再生能源的开发并购营运事宜。全面推进海上风电项目，完成浙江省沿海一带由南至北的海上风电布局，加快嘉兴1号海上风电建设，力争嵊泗2号、台州1号海上风电核准开工。积极争取省内陆上风电资源，作好风电核准的前期准备工作。待陆上风电政策开启后，积极争取开发建设景宁、松阳、遂昌、新昌等陆上风电项目。推进分散式风电项目的开发。充分利用荒山荒坡、设施农业用地，有序发展“农光互补”“林光互补”和“渔光互补”等大型地面（水面）光伏电站。有序开发分布式光伏，争取落地一批建设条件较好的屋顶光伏项目。完成各发电企业厂区光伏项目，提高非水可再生能源的产业占比，争取至2022年底厂区光伏机组容量达到16万千瓦以上。

专栏2　非水可再生能源项目开发三年行动计划

浙能电力：力争2020年完成非水可再生项目开发300万千瓦任务，其中2018年计划完成93.0万千瓦，2019年计划完成113.0万千瓦，2020年计划完成113.0万千瓦。

可再生板块：力争2020年完成非水可再生项目430万装机容量，其中嘉兴#1海上风电（30万千瓦）、嵊泗#2海上风电（40万千瓦）、自建陆上及分散式风电（5万千瓦）、合作开发及收购风电项目（30万千瓦）、自建光伏（10万千瓦）、合作开发及收购光伏（130万千瓦）。

4. 拓展核电项目建设

加强与中核、中广核、国电投合作，积极推进合资公司的组建，在国际核电项目的开发、投资、建设、运营方面进行合作。积极推进中核海洋核动力发展有限公司的海上核动力平台的开发建设；积极推进三门高温堆电站项目落地；努力推进中核行波堆项目的开展；积极探索和研究获得核电资质的可能性。未来五年加快推进核电厂址保护和项目前期工作，积极助推浙江新的核电项目列入国家“十三五”、“十四五”规划，争取苍南、三门二期、徐大堡、海岛核电、龙游核电项目早日核准开工，加大核电投资力度，争取大比例参股我省核电项目，并努力促成开工2个，争取建成投产1个。

5. 加大煤炭资源掌控力度

加大煤炭资源的开发和掌控力度，增强煤炭开采和集运能力，力争未来五年新增两个国内或国外优质煤矿（纯商品煤）项目，总产能2000万吨/年；在澳大利亚等煤炭资源丰富等国家和地区设立办事处，开展当地煤炭市场研究、煤炭贸易及能源投资信息收集工作；新增一个煤炭集运站项目，新增一至两个码头项目，吞吐能力为3000万吨/年。打造国内特色的煤炭贸易集群，煤炭贸易总量达6000万吨以上，其中供应电煤4000万吨（包括进口电煤量800万吨）以上，销售社会用煤2000万吨以上。

三、做大做实油气产业

牢牢把握中国（浙江）自由贸易试验区建设的契机，坚持效益最佳、质量最优的原则，将油气打造成新的优势产业。深度参与“一中心三基地一示范区”建设，统筹谋划油品全产业链布局，围绕石油储备贸易、燃料油加注、成品油销售三大中心任务，积极推进相关基础设施建设。积极参与油气上游资源开采和加工项目的投资合作，加大开拓天然气代输等业务和下游城市燃气市场。抓好石油和天然气产业的互融互通、资源共享，形成发展新动能。

1. 加快油气产业布局

重点布局省级石油天然气管网、石油储备、码头中转、LNG接收站、综合供能站等油气基础设施的投资建设，积极参与油气上游资源开采和加工项目的投资，积极开拓下游城市燃气市场。未来五年，油气产业控股权益投资总额约450亿元，综合能源供应站建设和收购权益投资额约202亿元，油品储运项目的权益投资额约122亿元，天然气接收及管道建设项目的权益投资额约82亿元，城燃项目的权益投资额约22亿元，综合能源供应站、油品储运及天然气管道项目将是未来五年油气产业建设的重点领域。

2. 推进石油公司实体化运作

（1）原油成品油储备贸易。以浙江石化作为原油贸易的起点，向长三角、长江流域和沿海区域炼油厂拓宽原油贸易。在省内沿海及沿内河各港口岸线设立成品油接收、储备、中转油库，建设陆域管网储运设施，开展省内海上成品油贸易。在满足省内成品油需求的前提下，将鱼山绿色石化基地生产的成品油分销至其它省份乃至沿海其它国家。2018年，完成成品油储运项目的立项前期审批工作，并通过收购或租赁，初步形成成品油运输体系。获得原油成品油仓储贸易相关资质，收购或租赁原油储运设施，为鱼山绿色石化基地原油供应及成品油消纳做准备。布局建设舟山—宁波—绍兴、绍兴—杭州—湖州和绍兴—金华—丽水成品油管道，线路总长约550公里。其中：舟山—宁波—绍兴成品油管道，包括舟山—宁波海底管道和宁波—绍兴陆地管道，线路总长约160公里，2018年底开工建设，2020年建成投运。绍兴—杭州—湖州成品油管道，线路总长约110公里，2019年开工建设，2021年建成投运。绍兴—金华—丽水成品油管道，线路总长约280公里，力争2021年开工建设，2026年建成投运。设立嘉兴、宁波、台州、温州、绍兴、金华等沿海（河）油品储运基地，总库容约60万方，同时根据管网配套相应的油库，其中：嘉兴油库为自有项目，库容11万方，配套3万吨级成品油码头一个，2019年建成；宁波油库为荣盛关联项目，库容9.4万方，配套2万吨级码头一个；台州油库为收购项目，一期已建库容4.95万方，配套3000兼靠5000吨级码头一个，二期可扩建5万方，新增3000兼靠5000吨级码头一个；温州、绍兴、金华油库为新建项目：温州油库一、二期库容各5万方，配套2个5000吨级成品油码头，一期项目2019年开工，2020年建成投产；绍兴油库库容10万方，配套建设2~4个500吨级以上成品油泊位，2019年开工，2020年建成投产；金华油库一、二期库容各5万方，分别配套2个500吨级以上成品油泊位，一期项目2019年开工建设，2020年底建成投产。2022年，实现原油贸易量1000万吨，力争2000万吨，成品油贸易量1100万吨，力争1600万吨，并根据最新政策，适当开展成品油出口、原油期货、原油交割等业务。

（2）燃料油销售。依托浙江浙石油燃料油销售有限公司的区域性保税船加油经营资质，先行在舟山、宁波、上海、南京四个关区开展保税船加油业务。通过保税油库、加油船等经营设施的完善，国际油品公司的参股合作，积极争取全国性的保税船加油经营资质，并在国内各重点港口开展保税船加油业务。通过与国际油品公司合作，争取在海外重点港口开展船舶加油业务的机会。2020年实现燃料油销售100万吨，燃料油进出口业务和国内贸易达到10万吨，拥有1000吨级、3000吨级加油船各1艘。2022年实现燃料油销售160万吨，力争200万吨；燃料油进出口业务和国内贸易达到18万吨，拥有1000吨级加油船1艘、3000吨级加油船2艘。

（3）成品油批发销售。依托浙江绿色石化基地油品的品质和价格优势，打开省内中石化、中石油等央企的供应市场，取代山东地炼等省外地方炼厂的市场份额，争取2020年底前取代10%的省外调入量，2021年之后取代20%的省外调入量。争取在省政府的协调下整合省属国有企业现有的成品油销售业务，主要包括省交投集团存量高速加油站每年130万吨的用油量，以及物产中大集团每年200万吨的油品贸易量，争取2020年底前整合50%的业务量，2021年之后完成全部业务量整合。寻求具有省外销售网络的成品油流通企业开展合作，整合渠道，快速开发省外批发业务，争取2020年底前实现省外业务量60万吨，2021年之后实现省外业务量120万吨。在省政府、中国（浙江）自贸区的支持下，争取商务部成品油出口资质，拓展国际销售渠道。根据油气改革趋势，在中国（浙江）自贸区先行先试，逐步推进成品油出口业务，争取2020年底前出口业务量50万吨，2021年之后出口业务量100万吨。争取与省机场集团、中航油公司实现合作，向省内机场供应省内航空煤油，富余部分销往省外或出口，实现浙江石化航空煤油一期250万吨、二期500万吨全部消纳。

3. 推进天然气气源和管网建设

（1）积极落实气源。巩固与西一气、西二气、川气、东气、丽水36-1、进口LNG六大主要气源的合作关系。加大利用外部已建LNG接收站卸载的谈判。控股建设温州LNG接收站，近期建设规模300万吨/年，2021年底一期建成投产，2022年LNG接收处理能力达到180万吨/年，即设计能力的60%。参股建设宁波LNG接收站二期，建成后的宁波接收站运营总规模将达到600万吨/年，计划于2021年建成投产。继续跟踪研究台州LNG项目前期工作并适时推进。密切关注天然气需求动态和国际LNG价格走势，适时介入LNG直接采购，计划2020年开始采购海外LNG（长约），采购规模约100万吨/年。

（2）加快管网设施建设。建成全省统一输气环网，推进省际、城际联网工程建设，实现统一调度，提高供气安全保障能力。加快推进萧山—义乌输气干线项目，实现一环网闭环。启动杭甬复线项目，增强管道输送能力。建成浙沪天然气联络线一期，启动二期以及与苏、皖、闽连接项目前期工作，加强省际互联互通，提高我省管网安全保供能力。全面推进甬台温、金丽温天然气输气干线沿线各规划支线和联络线建设。建成北仑—大榭、东阳支线、苍南支线、上虞—新昌、下窑—龙游、丽水—龙游（一期）、常山—开化、象山支线、临海—仙居、三门—嵊州、云和—龙泉、东阳—磐安、玉环支线等输气管道项目建设。2020年实现“县县通”，2022年省级管网超过2500公里，全省基本完成“一张网”的建设布局。至2022年，在全省管网互通的“一张网”基础上，适时展开与周边省际天然气联络线的建设，扩大管网互联范围，增强资源供应保障能力，形成坚实的内、外应急保障安全网。

（3）拓展城市燃气项目。加快推进区域城市燃气公司的开拓，加大对衢州、金华、绍兴等西二线国家级管线沿线区域的项目开发力度；以甬台温、金丽温省级管线建设为契机，抢占省内尚未开发的空白区域，重点开发完善浙南地区的部署，积极抢占温州、台州和丽水地区的空白县域。所属城燃企业争取2018—2020年天然气销量年均复合增长16%，销量目标分别为8.85亿立方米、10.19亿立方米和11.72亿立方米，2022年气量销售力争达到15亿立方米。

专栏3 天然气发展三年行动计划

气源保障：控股温州LNG项目，参股宁波LNG项目。

管网建设：加快形成全省一环网、“县县通”的天然气供气格局。推进萧山—义乌输气干线项目，实现一环网闭环。建成浙沪天然气联络线一期，启动二期以及与苏、皖、闽连接项目前期工作，加强省际互联互通，提高我省管网安全保供能力。全面推进甬台温、金丽温天然气输气干线沿线各规划支线和联络线建设。大力推进天然气“县县通”行动计划，2018年建成6个项目，分别为象山支线、东阳—磐安、三门—天台—新昌—嵊州、玉环支线、常山—开化、临海—仙居。2019年建成5个项目，分别为丽水—云和—龙泉、龙游—遂昌—松阳—丽水、下窑—龙游、西北干线、建德—淳安。2020年建成1个项目，北仑—镇海。

城镇配气管网建设：积极布局建设城乡天然气管网，不断提高城乡居民天然气覆盖率。在天然气利用较为成熟地区，结合美丽乡村建设，推进天然气向乡镇延伸，开展村村通示范试点；在天然气利用基础相对薄弱地区，加快布局建设天然气供给网络；在天然气管网暂未通达地区，因地制宜采取非管输天然气供应方式，加快推进全民共享。

（4）强化事故应急救援能力建设。完善天然气基础设施保护方案和应急预案，进一步优化全省维抢修管理体系，依托现有应急救援力量，建立以下沙为中心，镇海、金华、温州为区域基地的“一中心三基地”维抢修管理模式，实现全省天然气管网1.5小时路程覆盖，建成一支专业化的管道维抢修和检测队伍。适时开展全省天然气管道智能检测、流量计实标检定等业务，建立专门的流量计检定实验室，通过对天然气行业检测、计量等核心技术的应用和掌握，进一步提高维抢修的专业化水平。

四、做优做精能源服务

充分运用集团能源全产业链的独特优势，以能源供给与消费协同优化为基础，加大能源供应与服务模式创新，借助多介质能源互联网实现能源流、信息流和价值流的交换与互动，拓展全方位的能源服务，构建安全高效的现代综合能源运输体系，建设具有市场竞争力的现代综合能源销售体系，构建国际化综合能源交易体系，突出能源金融在主业发展的催化剂和新动能作用，发挥能源综合服务优势，提高能源主业发展质量。

1. 完善能源服务体系

大力发展能源运输、能源销售、能源交易、能源金融、以及能源综合服务，建立我省集约化、创新型的能源服务体系。未来五年，能源服务产业控股权益投资总额约73亿元，其中能源运输项目的权益投资额约7亿元，环保类项目的权益投资额约7亿元，园区及特色小镇建设项目的权益投资额约32亿元，综合能源服务、能源运输、环保类项目将是未来五年能源服务产业建设的重点领域。

2. 搭建能源运输体系

（1）以区域配网、管道、水路、陆路、运输与港口、储存设施为一体，融合人工智能、大数据、云计算、物联网等信息技术，构建高度自动化、智慧化、远程化的能源智能运输体系。

（2）构建基于物联网和大数据技术，具备强大数据多维分析建模和量化管理决策的能源运输决策系统。通过消费量正态分布模型以及市场增量预测，准确掌握能源运输市场的动态。借助网格化的物流模式联动到每个环节，实现运力利用、精准定位、弹性应变。

（3）建立分布式能源库存、海外采购在途、陆运在途、全球能源运输码头与船期排程、船运实时追踪、陆运排程等全方位的数据库系统并建立购销预测模型、动态库存模型及排程与算法，提高能源运输效率。

（4）建立基于能源消费和能源深度利用的数据中心，通过业务终端电商化和移动化、大数据中心和业务运营量化支撑、物联智能硬件数据采集与业务连接三个层面的落地，提高船舶回程货源匹配成功率，创新罐式贸易、智慧型物流运输体系系统、产业生态链的融合构造集约高效的运输新体系。

3. 建立能源销售体系

（1）积极发展全品种能源线上与线下一体化，互为补充的现代营销模式，以定制化、个性化、多元化服务为基础创建和扩展能源粉丝圈，培养客户的粘性。

（2）完善电力销售体系。构建浙能集团“1+1+N+X”（浙能电力股份有限公司市场营销部+浙江浙能能源服务有限公司+N家电厂市场营销部门+X家配售电分公司和子公司）的电力营销体系格局。浙江浙能能源服务有限公司作为从事能源服务与配售电的管理主体、经营主体、投资主体和连接浙能电力及其所属发电厂、各地分支机构、检修维护公司和终端市场的纽带，负责股份公司系统能源服务和电力营销的统一管理。

（3）构建综合能源销售网络。整合各产业板块客户渠道和资源，逐步建立客户数据库；开发综合能源销售信息平台，共享客户需求信息；完善客户能源消费历史信息，建立客户能源需求的预测模型。适时整合各产业板块的销售力量，组建综合能源销售区域分、子公司，形成综合能源销售网络体系。

4. 构建国际化能源交易体系

紧紧围绕中国（浙江）自贸试验区“一中心三基地一示范区”目标，推进能源大宗商品国际交易中心建设，开展煤炭、石油和天然气交易平台建设路径研究，积极与商务厅、金融办等主管部门沟通，推动能源大宗商品交易平台审批工作，力争获得大宗商品交易所资质。加强与舟山群岛新区金融投资有限公司的交流与合作，推动控股中国（浙江）大宗商品交易中心事宜，多渠道推进能源大宗商品交易中心的申报、获取资质工作。未来将煤炭、石油和天然气三类业务纳入到统一的交易平台，建立能够反映区域能源价格指数，能源交易品种齐全，模式多样、方式便捷的浙江能源大宗商品交易平台，搭建集团统一的期现结合平台，统筹推进期货与现货交易，构建集团多元化的能源交易渠道与架构，全面降低资源成本、交易成本。

5. 做强能源金融产业

（1）推进资产证券化。根据产业布局，利用“凤凰行动”计划实施契机，发展金融产业链，利用上市平台大力推进并购重组工作，做强做优上市公司。加快推进上市基础性工作，积极培育各板块上市主体，通过 IPO、资产注入等多种资本运作形式，提升资产证券化水平，力争在 2022 年将集团公司资产证券化率提升至 75%。

专栏 4　集团“凤凰行动”计划

已有上市公司：充分发挥浙能电力和宁波海运两个上市平台作用，紧密结合集团专业化优势，围绕自身上下游产业链拓展并购项目。利用“一带一路”契机，突破地域界限，国内外同步发展，把具有战略性的大项目作为重点收购对象。依托资本市场开展股权、债券等多方式的融资，支持主业发展。力争至 2022 年上市公司市值合计超过 1000 亿元。

规划上市公司：对接省国资委及有关部门，争取将拟上市主体纳入“凤凰行动”计划重点支持对象。全力推进浙能天然气和水电集团的上市工作，完善上市路径和方案，尽快完成土地房产权证办理、项目规范、盈利提升及股份制改造等基础性工作。水电集团力争 2018 年底前上报证监会进行审批。研究城市燃气、环保等业务的上市可行性，并根据可行路径尽快推进相关工作开展。力争 2020 年底前实现部分产业上市，完成资产证券化率 75% 的目标。

（2）布局核心金融牌照。增持金融牌照资产，密切关注金融市场、金融政策动向，研究银行、证券、保险、信托等核心金融牌照投资机会，深化对潜在金融资产收购目标的分析，实现证券、保险、信托等核心金融业务的投资布局，支撑金融产业做优做强，平抑能源产业周期性波动。探索设立能源保险公司和海洋银行，建立专业的能源牌照金融服务体系。强化金融资产投后管理，充分发挥集团的产业和资信优势，在融资渠道拓宽、项目资源共享共投、租赁房产资产证券化等领域，探索合作模式和机会，进一步提升投资项目价值，锻造集团及投资标的的品牌价值，更好地服务“新浙能”各产业体系发展。

（3）拓展能源全产业链的配套金融服务。打造能源产融协同、期现结合的合作平台，在大宗商品交易、能源设备的收购与租赁等能源全产业链的加工、贸易、储运和零售各环节，提供融资租赁、碳交易、套期保值、融资模式设计、交易架构搭建等优质金融配套服务，助力能源商品现代综合储运销体系建设，构筑发挥产融协同优势、服务于“新浙能”建设的强大金融业态。

6. 做优能源综合服务产业

（1）深化煤电机组环保综合治理。抓好无组织排放控制工作，推进重点地区储煤场封闭型式措施。深挖固体废弃物处理潜力，克服经济下行，下游用户用量锐减等困难，固体废弃物综合利用率达到 95% 以上。坚持“因地制宜、一厂一策、统筹规划、分步实施”的原则，选择合适的典型电厂进行示范改造，以点带面，全面完成燃煤电厂工业废水零排放改造工作，实现全方位减排。启动全面消除燃煤电厂液氨重大危险源工作，力争 2018 年内完成一个燃煤电厂液氨改尿素水解项目改造并投入使用，经过试点单位技术改造评估总结后推广集团系统各有液氨重大危险源单位，力争 2022 年全面消除燃煤电厂液氨重大危险源，降低安全生产风险。

（2）拓展节能环保领域业务。积极推进集团现有节能环保技术在其它领域的应用拓展，助推清洁能源示范省建设。深挖燃煤电厂超低排放技术增值潜力，拓展其在海外煤电，及国内冶金、化工、玻璃等非电行业的应用。提升节能环保装备先进制造产业水平，加快脱硝催化剂再生技术的应用，开发包括船用柴油发动机催化剂，宽温、低温催化剂等在内的新型催化剂制品，推进 ATCS 全自动胶球清洗装备和 SRS 全自动零化学水处理装备产业化项目建设。拓展绍兴滨海污泥清洁化处置、开化县生活垃圾焚烧发电等生物质发电项目，兼顾环保和经济效益。加强与各地方政府合作，利用 PPP、

BOT 等多种模式介入玉环市玉坎河水系水环境综合整治、玉环市沙门滨港工业城污水等工业废水处理及民用废水处理的工程投资运营项目。加快 VOCs 治理、噪声治理、船舶柴油机尾气脱硫等领域的产业拓展。不断发展壮大集团环保产业，力争 2022 年前公司系统有一家环保型企业上市。

7. 全力做强技术服务产业

做专做精电力行业技术服务业务，突出技术研究院的关键作用，提高人员素质，提高技术装备水平，提升研究院资质，不断开辟油气、化工等行业技术服务业务。全力培育创新能力较强、技术服务水平较高、主设备检修技术较精、具有一定影响力的骨干企业，建立支撑综合能源供应商发展的技术服务产业。到 2022 年，形成能源产业特色鲜明、优势突出、较为完善的技术服务产业体系，成为集团能源服务产业发展的主导力量，基本满足集团公司系统安全生产、科技创新需要，为集团可持续发展提供强有力支撑。

五、深化体制机制改革

以提升市场竞争力为导向，深化体制机制改革，推进管控模式创新，提高管控效率，发挥营运企业的能动性。建立健全激励约束机制，推进市场化专业人才选聘和薪酬管理工作。以市场需求配置资源，整合企业业务，剥离国有企业办社会职能，提高发展质量。以信息化为载体，将数据资源转化为新的生产力，提高效率。

1. 推进管控模式创新

把握国资改革契机，大力推进省属国有资本投资公司试点工作，按照精简高效的原则，调整优化集团组织架构，科学设计与功能定位相匹配的组织结构，形成“集团总部资本管理层—板块管理公司产业经营层—板块营运企业具体执行层”的三级管控架构。推动党的领导和现代企业法人治理结构的有机融合，发挥强总部优势，细化管理界面，加强板块实体化运作力度。转变对下属企业的管控模式，以战略管控和财务管控为主，重点管控重大问题、重要事项和重点环节，强化重大风险管控。完善出资企业法人治理结构，通过法人治理机制行使股东权利，推动子公司成为独立经营，自负盈亏的市场主体。稳妥实施向下授权，逐步推进日常经营决策和风险管控主体下沉。

2. 健全激励约束机制

深化薪酬激励改革，强化分配效益导向，合理控制人工成本，改革优化分配结构，按照总量控制、优绩优酬、科学合理的原则，优化考核激励机制。进一步完善薪酬分配和工资总额管理，在传统产业领域逐步推进薪酬市场化激励改革，对市场化程度较高的企业实施具有一定市场竞争优势的薪酬激励体系。建立经营管理人员能上能下、员工能进能出、收入能增能减的市场化专业人才选聘、薪酬管理和激励约束机制。有序推进职业经理人制度，对经营管理者实行契约化、任期制和经营目标责任考核。逐步建立内部人才市场管理制度，探索开展中长期激励制度，推动试点企业员工股权激励工作，激发员工干事创业热情。

3. 推进提质增效工作

提高企业资产收益率，对长期亏损、停业歇业的企业和长期不分红、投资回报差的参股企业，通过产权转让和清算关闭方式重组，盘活存量资产；对业务趋同及管理权和所有权分离的企业进行内部重组，理顺管理关系，提升经营效率；通过对资产、人才、管理、资金等多种要素的重新配置，提高集团公司的综合竞争力和盈利能力。按照国务院和省政府有关要求，全力推进剥离国有企业办社会职能、解决历史遗留问题和移交国有企业家属区“三供一业”，切实减轻集团负担、轻装上阵。力争按要求完成镇海电厂、嘉兴电厂、台州电厂、长广集团所涉职工家属区“三供一业”、以及牛头山矿区资产、小浦机械厂改制剥离资产等移交工作。

4. 提高信息化管控水平

通过开展信息系统建设和推广应用，助推集团对下属企业管控模式及管理理念的落地执行，为集团提供高效的管理手段，提升集团整体管控能力，使信息化逐步成为企业管控的参与者；不断优化业务流程，固化符合集团发展的业务流程，支撑各层级业务全过程的管理，以业务应用体系建设作为催化剂，加速集团业务流程贯通和再造，以实际业务需求为导向，提升业务服务能力，提升组织绩效，使信息化逐步成为企业价值的创造者。了解最新信息化技术，壮大信息化人员及提升信息化技术力量，探索最新信息化技术与能源行业结合点。依托集团现有业务模式和信息系统，推进“数字浙能”建设，采用“互联网+”技术和思维开展移动互联网、云计算、大数据、物联网与能源行业的结合，实现全新模式下的能源服务与信息化技术的融合。

六、强化能源科技创新

在关系集团公司长远发展的前沿领域，着力重点突破，实施非对称赶超战略，在部分能源科技领域实现跨越发展。建立高效科技创新体系，激发全集团创新活力和创造潜能。积极完善科技人才培养和激励机制，培育造就一支结构合理、素质优良的科技人才队伍。汇聚融合优质科技资源，构建更加高效、广阔的开放式创新网络，打造全方位开放的创新新格局。打通科技成果向产业转化的通道，构建“产、学、研、融”的科技创新新体系，实现科技创新的变道超车，促进集团公司产业转型升级。

1. 推进科技创新研究

（1）加强重大科技项目研究。部署一批体现集团战略意图的重大科技项目，在战略必争领域抢占未来竞争制高点。重点研究综合能源供应、分布式能源、太阳能电池、氢能制取储运和利用、储能电池、煤炭的分级转化和综合利用、燃煤电厂废水零排放、燃煤电厂与生物质、光热等可再生能源耦合等领域。

（2）突破现有产业瓶颈项目研究。围绕集团转型升级的需求，突破现有产业的技术瓶颈，进行涉及产业的整体升级项目研究。重点研究燃煤电厂烟气污染物协同脱除、低成本 CO_2 捕集和资源化利用、燃煤电厂固废高附加值利用、智能电厂、火电机组灵活性改造、数字化智能油气管网、SCR 催化剂再生和资源化、风光集群智能运维平台、云计算及大数据应用技术、工业控制系统网络与信息安全防护等领域。

（3）拓展新兴产业项目研究。紧跟能源领域新技术的发展，加快清洁能源和节能环保领域的技术研发、装备研制，推动集团公司新产业拓展。重点研究薄膜太阳能电池、储热型太阳能热发电、超级电容储能、生物质、生活垃圾资源化利用、非电行业烟气超低排放、柴油机尾气净化、有机废气治理、分布式生活污水处理、特种行业废水深度处理和资源化、高活性环保催化材料、工业污染场地修复、环保监测技术和设备、余压温差发电、高效节能装备、新能源装备制造、绿色能源灵活交易平台等领域。

（4）储备前沿技术项目。把握前沿科技发展态势，持续关注新技术发展动态。在前沿技术领域进行技术分析与情报收集，根据技术发展的成熟情况，择机进入相关技术产业，抢夺产业发展的先机。重点关注新一代太阳能发电、可燃冰/页岩气/深海油气等的开采、核聚变、新一代高效安全核电、高空风电/海洋风电/海洋能发电、燃料电池、超高参数二次再热超超临界燃煤发电、先进燃气轮机发电、超临界二氧化碳循环发电等领域。

2. 构建科技创新体系

（1）落实创新主体。以技术研究院为创新主体，节能环保型科研单位协同。内部科研型单位围绕集团公司科技创新目标，着眼于新技术、新工艺和新产品等的研究开发，以服务于集团公司新产业、新领域的开拓。技术研究院专注于新能源技术研发、能源互联网技术开发和节能环保研发；天地环保公司围绕环保类相关技术开展科技攻关工作。各板块分公司及营运企业依托现有的科技人才，针对各单位存在的个性技术问题开展科技创新工作，配合技术研究院和天地环保公司等内部科研单位落实科技项目的示范和产业化，为集团公司科技创新工作提供统筹科研经费。

（2）强化技术并购。主动寻找集团外部研究院所、高科技公司、高新技术企业等，采用技术并购的方式，加快科技创新速度，实现变道超车。技术研究院加大“开门办研究院”的力度，借助集团资本优势收购外部技术资源，以技术需求为导向，结合集团公司的科研情况，主动搜寻与集团产业发展密切相关的先进技术，采用直接购买的模式实现技术的快速获取。

（3）拓宽外部合作。通过项目合作、共建实体等方式，充分借助外部科研机构力量，弥补集团科技创新能力的不足，实现集团公司在科技创新上的快速突破。主动对接国内外高校、科研机构等多方力量，建立以科技项目尤其是重大科技项目为纽带的合作方式，围绕产业链部署创新链，汇聚融合优质科技资源，构建更加高效、广阔的开放式创新网络，打造全方位开放的创新格局。以委托研发、合作研发等模式促进科技项目和产业发展各要素协同。技术研究院、天地环保公司等联合高校、科研机构等多方力量，共建联合研发平台，提升集团公司在新能源、能源互联网和节能环保等领域的科技创新能力。通过合作双方在科研人员、实验设备和科研经费等方面的优势互补，快速取得科技创新突破，共同分享科技创新成果。

（4）注重自主创新。推广天地环保公司超低排放集成创新的探索经验，在综合能源供应、区域能源供应、分布式能源、能源的智能化和信息化、环境污染治理等领域，开辟系统集成创新路径，将国内外的核心单元技术整合至系统性新技术和新工艺中，实现技术系统化、工程化和产业化，构建起具有自主知识产权的技术集成系统，形成自己的系统技术标准和话语权。推广天地环保公司脱硫脱硝引进消化吸收再创新的成功经验，着眼长远，超前布局，在太阳能、储能、海洋能等具有突破性和颠覆性的技术领域，加大技术引进力度，重视新技术、新工艺和新产品的二次开发，创造出有别于原始技术的、拥有自主知识产权的新成果，加大技术示范与应用推广，形成新产业。推广技术研究院脱硫废水零排放研发的成功经验，面向能源科技的关键科学问题，以目标为导向，在引进创新团队和领军人才的基础上，统筹优势科研队伍，研发具有自主知识产权的核心技术，开展原始创新，力争在前沿的研究领域有所突破。

（5）孵化科技企业。充分利用集团公司产业和金融优势，通过孵化科技企业，优先获取创新资源，壮大科技创新力量。依托技术研究院建设科技企业孵化器，采用“VC+孵化器”的模式开展团队引进、控股投资、创业指导、资源支持和管理培育等工作，孵化培育一批能源相关高新技术初创研发企业。孵化的科技企业优先将成果在集团公司内转化。集团公司支持孵化企业独立成长，借助新三板、创业板等方式推向资本市场。科技企业孵化器力争在2020年底前累计成功孵化项目（企业）10个，到2022年底和2030年底累计成功孵化项目（企业）15个和40个。

七、拓展国际能源合作

紧随国家“一带一路”倡议，加快海外产业布局，增强相关能源资源的掌控力度，拓展发展空间，积极参与全球能源基础设施与能源互联网建设，综合考虑风险、成本、竞争、成长性与协同等因素，统筹用好收购与新建两种途径，确保较高的投资成功率。响应国家“一带一路”倡议与政策导向，大力推进“海外创业”战略，坚持战略引领和统筹规划，坚持自主开发和多元合作，坚持产业协同和重点突破，围绕集团自身优势，积极参与全球能源基础设施与能源互联网建设，重点关注“一带一路”沿线国家，综合考虑国别风险、主权评级、项目成本、竞争、成长性与协同等因素，精选目标国家，精选投资项目。

1. 实现多途径国际能源供应

发挥国内国外两个市场、两种资源优势，进一步做强能源主业。瞄准国际能源大宗商品价格低迷和资源开采企业经营困难时机，发挥集团自身煤炭、石油、天然气消纳和运输优势，投资（或兼并收购）能源资源项目，利用LNG贸易开展上游和中游投资，结合自身煤炭需求延伸上游煤矿投资，结合省石油公司自身业务领域开展下游销售网络和上游资源收购，构建多国别多渠道能源供应体系。

在全球范围寻找优秀的资源类项目投资，增加集团抵抗全球资源价格波动的能力，加大对热点地区的投资机会发掘。在综合分析海外国家政治外交、对华关系、能源政策、市场需求、产业配套等因素基础上，重点关注中亚、东南亚、澳大利亚、北美洲、中东等地区的电力、煤炭、LNG、石油等能源项目合作。

2. 构建国际化能源供应服务体系

围绕集团自身优势拓展海外项目，充分借鉴先行者经验，努力实现海外业务投资，积极参与全球能源基础设施与能源互联网建设，综合考虑风险、成本、竞争、成长性与协同等因素，统筹用好收购与新建两种途径，确保较高的投资成功率。发挥浙能国际海外投资平台作用，打造“海外创业”队伍。浙能国际作为集团目前唯一的海外投资平台，在国际业务开拓中进一步发挥投融资的作用。发挥集团综合优势，提升“出海”质量。发挥集团管理、技术、资金，以及煤、油、气、电、能源和金融服务全产业链优势，与当地社会经济发展需要相结合，提供能源综合服务，发挥集团核心竞争力，打造浙能特色品牌。重点开展城市供水、供热、供电、供气以及海水淡化、垃圾发电、污水处理、分布式能源、燃气综合利用、及脱硫脱硝、超低排放等清洁化生产技术等领域的投资与合作。根据“凤凰行动计划”精神，积极探索收购国外上市公司的途径，建立国外管理团队和经营平台。加强国际科学技术合作，加大能源高科技领域的海外投资和智力引进。未来五年，实业投资领域力争在现有巴西圣西芒项目基础上，力争 2 至 3 个海外投资项目落地，海外总资产达到 50 至 100 亿美元，实现电力、煤炭、油气、金融、能源服务等领域全面“出海”，煤炭、LNG 和石油资源海外项目有实质性进展，初步形成合理的海外产业布局，防范海外投资风险能力明显增强，国际化人才队伍更加壮大，海外的浙能品牌更加响亮。

八、落实保障成果共享

坚持“以人民为中心”的发展思想，处理好国家、企业、职工三者的关系，履行好政治、社会、效益三个责任，充分发挥广大员工聪明才智，实现员工安居乐业，使员工有更多的获得感，使职工的家庭生活更加美好。

1. 推进能源民生项目建设

积极推进能源民生项目建设，提高能源供给质量，满足人民群众日益增长的能源需求和小康需求。积极探索地面、水面光伏电站与农业、林业和渔业养殖等有机结合的光伏复合用地发展模式，推进建设光伏小康项目，助力地方政府实施光伏扶贫工程，促进村级集体经济发展，推广使用清洁能源，优化农村能源结构，提高农村生活水平和质量。以“县县通”工程为抓手，加快推进天然气管网建设，大幅度提高天然气在全省经济社会发展和民生领域的利用水平，降低企业与居民的生产、生活成本。

2. 实施“人才强企”战略

通过构建科学的人才评价体系、实施职工“素质提升工程”、拓宽人才发展通道、强化青年人才队伍建设等人才体系化建设工作，不断完善和优化人才培育体系，助力员工成长。以“领导人员管理体制改革”为突破口，推进劳动用工体制改革，加快人才引进渠道开拓，创新人才引进方法，采取积极的人才储备策略，加强人才储备，全面推动用人机制改革创新工作。以“五支人才队伍”建设为重点，加大人力资本构建力度，加快职工教育培训基地、浙能学院、能源学院建设，按照教育培训产业化发展要求，建设一支专业化的人力资源开发团队，实施人才专业化培养，提升人力资本竞争优势。

（1）盘存量活机制。从数量、质量和结构上摸清集团人力资源现状，探究人才不够、不足、不活的问题原因。抓好集团人才库建设，完善紧缺人才目录，实行动态管理。改革现有的责任传导机制，赋予企业更多的用人用工自主权，推行考核企业人工成本利润率、利用工资总额杠杆来管控所属企业用工总量的灵活机制。全面推进“三定”改革和重新竞聘上岗，通过业务承包转化、新增岗位优先招聘、推向社会岗位、分流、内退等输出通道，有效解决冗员问题。健全常态化员工公开竞聘机制，畅通能上能下、能进能出渠道。科学制定减人提效鼓励政策，引导企业自觉把好用工关。

（2）强培训提素质。根据能源特色、产业化发展思路，建立公司、院校、基地与网络平台相结合的新型培训体系，打造集团的技术（技能）培训中心、职业技能鉴定中心和人才发展中心。围绕人才短板和转型升级需求，构建涵盖领导力、业务能力、专业技能等系统化课程体系，提供针对性解决方案。广泛开展技术练兵，积极举办承办各类高层次的技能大赛。不断优化人才评价体系，形成人人尽展其才的竞争机制。通过“培、赛、评”组合拳，加快工程师、技师“双师型”技能人才和“复合型”政工人才队伍建设，打造更多领域的浙能工匠、劳模工作室。加大转岗培训，增强转岗人员重新获得岗位能力。抓好经常性的职业道德教育，牢固树立员工爱国、爱企、爱岗的良好风尚。

（3）引人才助发展。实行更加开放的人才政策，设立高端人才引进专项资金，加大引才力度。用好用足省人才新政，以需求为导向，研究制定分类分层的人才引进办法，完善“市场化选聘、契约化管理、差异化薪酬”的职业经理人管理机制。拓宽引才渠道，个人与团队引进相结合，探索以人才租借、技术合作、智力输入、兼职挂职、短期服务为重点的“柔性引才”机制，有针对性地引进一批新能源等科研人才，精通大数据分析、金融投资、海外创业等方面的高端领军人才。充分发挥引进人才作用，带动其他员工学习先进理念和技术，提升人力资本价值。

（4）正激励促开发。基于“强总部”建设，全面推进分级管理、分类考核，实行以绩效、市场为导向的组织绩效考核制度，进一步发挥板块管理公司的功能和作用。针对企业不同的功能定位、战略任务和业务特点、性质，实行差异化的考核指标和激励方式，绩效评价从重过程向重结果转变。建立总部核定、板块调控、企业自主分配的工资总额管理机制，改变“增人增薪”的传统模式，加大收入分配对价值创造的体现。探索通过员工持股等方式，建立资本、技术、管理等要素参与分配的激励机制。结合金融板块市场化专业人才的管理需求，建立与市场接轨的市场化专业人才激励约束机制。各企业要开展内部收入分配、激励机制改革，建立全员绩效考核体系，以制度集聚人才、留住人才。结合人才特点，提供平台，畅通人才发展通道、健全人才评价体系，促进人力资源大开发、大发展。

（5）促整合兴产业。加快集团公司教育培训资源的整合，实现教育业务公司化经营、市场化运作，更好地服务于集团公司人才培养需要，按照产业化、职业化、网络化、社会化要求，组建集团教育培训公司。以文化领导力中心、能源企业技术（技能）培训中心、浙能人才发展中心和网络化教学平台建设为基础，促进集团人才发展和产业升级，助力能源行业人才建设。

3. 促进产业与员工协同发展

坚持“以人民为中心”的发展思想，处理好国家、企业、员工三者的关系，履行好国有企业对政治、社会、效益三个责任。结合产业发展发展需求，深化人事制度改革，对人员冗余的企业建立平等竞争、择优录用、合理流动的用人机制和岗位管理机制，充分调动公司员工的积极性，企业通过精简人员，降低用人成本，提高竞争力；对冗余员工进行转岗，通过职业技能培训，充实到综合能源供应站等职业技能要求相对不高、人员需求量大的产业，不让浙能员工在企业关停、产业转型中下岗。完善职业教育和培训体系，科学、系统帮助员工提升劳动技能，畅通人岗相适的渠道，为全体员工提供通过奋斗实现自我价值、自身发展的机会。建立健全更加公正科学的考核评价机制，形成能者上、平者让、庸者下的选人用人机制，切实把员工干事创业的积极性调动起来，形成“人企共进”的发展环境。在合法合规、劳动生产率提高、企业可持续发展的基础上，逐步提高员工的收入水平，让员工过上美好生活。在保障基本收入基础上，进一步优化考核分配机制，加大考核激励力度，让每一位员工的收入与岗位贡献度相挂钩，更加充分体现每一位员工的自身价值。

九、扎实推进党建工作

以习近平新时代中国特色社会主义思想为指引，全面深化“强根固魂”工程，强化党建引领，提升党建质量，进一步促进党建工作成效转化为集团改革发展动力和竞争力。以党建党风廉政建设责任制为抓手，推动党内制度建设全覆盖，形成内容科学、程序严密、配套完善、运行有效的党建工作制度体系，强化制度的刚性约束和惩戒警示作用，推动企业从严治党常态化、长效化，形成支撑“新浙能”发展战略的“大党建”格局。

1. 加强党的政治建设

坚持把党的政治建设摆在首位，切实加强党组织对企业的政治领导。深入学习习近平新时代中国特色社会主义思想，推进“两学一做”学习教育常态化制度化，以严肃、健全、有效的党内政治生活，强化“四个意识”，坚定“四个自信”，营造良好政治生态。进一步落实把党的领导融入企业治理各环节，确保党组织在公司治理结构中的领导地位，有效发挥企业党组织把方向、管大局、保落实的领导作用。

2. 加强党的思想建设

把坚定理想信念作为党的思想建设首要任务，全面加强思想政治工作。增强党员教育管理针对性和有效性，强化党性观念，突出思想引导，不断提高党员干部运用科学理论分析和解决实际问题的能力。坚守意识形态阵地，以推动传统媒体和新兴媒体融合为抓手，做优内外宣传，加强舆情监测，营造良好舆论环境，以构建浙能文化新框架、丰富浙能文化新内涵为手段，持续发挥浙能集团先进文化的凝聚力、感召力和影响力。

3. 加强党的组织建设

以提升组织力为重点，突出政治功能，加强基层党组织标准化、规范化建设，探索加强新兴业态组织建设和“党建+互联网”等基层组织设置和活动方式创新工作，推动基层党组织党的建设全面进步、全面过硬。推行人才强企战略，做好干部培育、选拔、管理、使用工作，进一步建立完善新形势下与集团发展需要相适应的干部人才发展管理机制，建设忠诚干净担当的高素质复合型干部队伍，为集团“四业”发展路径提供坚强组织保证。

4. 加强党的作风建设

牢固树立作风建设永远在路上的理念，驰而不息贯彻落实中央八项规定精神及省委、省国资委关于作风建设的有关规定，以清廉浙能建设为统领，深化正风肃纪反腐，不折不扣执行集团公司《关于进一步加强作风建设的实施细则》，重点整治屡查屡改屡犯的作风顽疾、隐形变异的“四风”问题及职工群众反映强烈的不正之风，强化党风党纪教育，完善监督检查及问责机制，推动作风建设制度化、规范化、常态化。

5. 加强党的纪律建设

牢固树立“四个意识”，严明“六项纪律”、维护政治生态，重点强化政治纪律和组织纪律，带动廉洁纪律、群众纪律、工作纪律、生活纪律严起来。把监督和纪律挺在前面，深化运用“四种形态”，依托“三级联动”机制加强立体式大监督，依托党委巡察加强滚动式的全面监督，聚焦“七大监管”重点加强常态性的重点监督，发现苗头及时提醒，违反纪律从严处理，以严明的纪律和严肃的问责激浊扬清。加强“关键少数”和重要敏感岗位人员的纪律教育，提高针对性、系统性和全面性，强化遵规守纪的自觉。加强纪检监察队伍建设与培养，不断提升纪律建设的质量和水平。

第四章 保 障 措 施

一、加强组织领导

坚强有力的组织领导，是规划各项工作落到实处、取得实效的关键和保证。在规划编制领导小组统筹指导下，建立健全以战略管理与法律部组织协调、相关职能部门积极配合、各板块公司和相关直属企业细化落实的规划实施工作机制，明确各单位的职责和目标，根据需要不定期召开会议，建立沟通和交流的平台，有效衔接集团规划与板块公司计划，协商重大项目布局、规模和时序。加大对规划中重点任务的政策、资金、人力等因素的统筹考虑和支持，推进重点任务有序开展。对于规划执行过程中遇到的复杂问题，由集团职能部门牵头专题会议商讨解决。各板块公司要切实履行职责，组织协调所属营运企业实施。各营运企业务必强化领导，高度重视“新浙能”五年规划相关工作，主要领导负总责，分管领导具体抓，要将规划作为一项重点工作，切实拿出时间和精力，亲自谋划、亲自推动，对规划执行中的难点问题要予以破解，落实规划要求，保障相关项目顺利实施。

二、细化任务落实

集团公司依据规划各项重点任务，组织编制年度工作计划，科学布局年度工作计划落实。建立规划符合性审查机制，重大项目、重大措施的部署实施与规划任务对标并进行审查。各单位根据实际情况和产业现状，编制本单位计划，细化落实规划提出的主要目标和重点任务，形成以集团公司“新浙能”五年规划为统领、各单位计划和实施方案为支撑的全集团规划体系。各板块公司要将本规划确定的约束性指标、主要任务和重大工程列入本企业未来五年工作计划，分解落实目标任务，明确进度安排协调和目标考核机制，精心组织实施。各营运企业要充分发挥市场主体作用，积极有序推进规划项目前期论证，制定周密的工作方案，保障规划顺利实施。

三、做好评估调整

集团公司加强对形势研判预警工作，多渠道、多维度、多角度对政策进行研究，关注能源体制机制改革的进展和趋势，根据形势的变化及时对规划进行调整。每年对规划执行情况进行回顾、梳理、评估，根据国家和省政府最新政策、能源行业的变化和集团公司产业发展需求，对规划指标和任务部署进行及时动态调整。坚持规划中期评估和期末总结评估制度，严格评估程序，组织专家团队开展评估工作，对规划滚动实施提出建议，及时总结经验、分析问题、制订对策。规划确需调整的，由牵头部门按程序修订后公布。

四、落实督促检查

开展规划实施情况的动态监测和检查，把监测和检查结果作为评判各板块推进“新浙能”建设的重要依据。要完善规划实施情况督促制度，密切跟踪工作进展，掌握目标任务完成情况，定期组织开展监督检查和考核评价。加强对“新浙能”相关战略课题研究的指导和检查工作，发挥战略课题对重要问题的指引作用。

五、保障资金筹措

按照发展规划、投资规模和融资需求，采用不同融资渠道的组合方式，统筹运用好直接融资和间接融资两种方式。项目投资根据投资回收期，匹配相应期限的融资，主要考虑落实期限较长的银行固定资产贷款，继续实施融资集中管理，通过“一揽子”的融资方式与商业银行开展总对总的长期业务合作，在落实项目建设资金的基础上有效控制资金成本。积极拓展其他融资渠道，充分利用集团和上市公司良好的信誉评级，利用好境内外交易所、银行间等融资市场，合理安排境内和境外股权、债券等融资，优化集团整体融资结构。在控制风险的基础上，积极发挥融资租赁、产业基金等的融资和财务杠杆效应，进一步拓宽融资渠道，优化负债结构，提高资金配置效率。通过产融结合，加大对传统产业转型和战略性新兴产业培育的支持力度。

六、强化风险管控

牢固树立底线思维，强化过程控制，根据形势变化，加强对规划重点任务的风险防范和监督，坚决打好防范化解重大风险攻坚战。坚持依法治企，进一步规范法人治理结构，不断完善现代企业制度，严格执行内部决策制度和程序，加强集团“风险控制中心”建设。优化现有风险管控模式的兼容性，坚持协同共管，完善内外衔接、上下贯通的监督体系，通过加强战略风险与经营风险、市场风险、法律风险、财务风险、廉政风险、审计风险的融会贯通，构建全面、统筹、高效的风险管控体系，多角度、全方位地开展企业风险防控。优化现有风险管控模式的延伸性，从偏重于考虑集团总部风险，逐步向统筹集团系统二级，乃至三级企业的末端风险控制转移，以业务的横向和纵向管理为突破口，推进标准化和规范化建设。深入开展法律风险排查，加大对集团三级及以下企业风险管控的监督和指导力度，加强对重大项目投资等领域的法律风险排查，努力实现集团全系统法律事务和风险管理的动态监控和动态风险预警，大力提升法律风险管控效率。正视和研究企业“走出去”面临的风险和挑战，充分了解相关国家的国情、市场情况和竞争环境，加强形势研判和事前预防预警，制定海外利益维护和风险应对预案，采取有效措施防范化解风险，确保公司“海外创业”战略行稳走远。

七、坚持安全发展

安全是企业持续发展的基础和保障。要牢固树立安全发展理念，严格落实安全生产主体责任，不断完善责任全覆盖、管理全方位、监管全过程的安全责任体系。加强责任制考核、事故追责等配套制度建设，落实安全生产“党政同责、一岗双责、齐抓共管、失职追责”各项措施。加强重大安全风险管控，深化重点行业领域事故防控。构建完善安全风险分级管控和隐患排查治理双重预防机制，突出重大安全风险管控，对重大安全风险（包括重大危险源、重大事故隐患），通过“网格化”管理明确各级管理责任，采取有效的技术、工程和管理措施确保安全风险可控在控。构建浙能特色安全稽查体系，发挥安全稽查实效。强化科技兴安，提升高危行业安全生产机防水平，构建“智慧安全”管理体系。强化安全信息技术支持，构建公司系统安全生产大数据平台，实现数据资源共享共用，提升重大风险、重大危险源监测和隐患排查、风险管控等预警监控能力。完善安全生产培训体系，着力提高员工安全技术素质。

八、提升企业文化

培育和践行社会主义核心价值观，紧密围绕浙能集团“四业”发展路径和打造“新浙能”的深入推进，构建浙能文化新框架，丰富浙能文化内涵，推进浙能文化传播能力建设。以整体谋划、重点把握、持续完善、继承创新为手段，充分发挥浙能集团先进文化的塑造力、凝聚力、感召力和影响力。以文化人，全面提升干部员工素质和企业管理水平，增强干部员工文化自信和企业核心竞争力。着力打造“领导引领力、全员推动力、个体自觉力、制度保障力”融为一体的“四力合一”文化体系，实现文化强企，为实现集团打造具有国际竞争力的世界一流综合能源服务商的愿景提供强有力的文化支撑。

附件

附件一：新浙能产业结构图

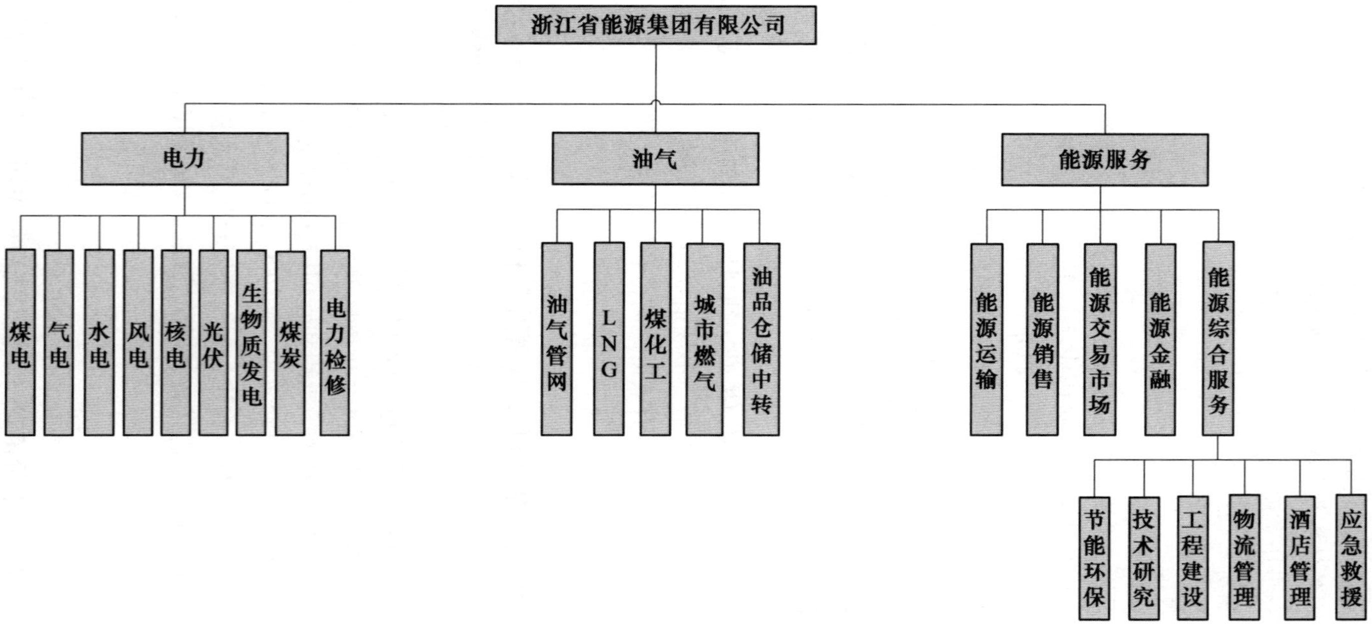

附件二：新浙能 2018—2022 年重大项目（投资）计划

序号	项目名称	项目总投资（亿元）	股权占比	规划期总投资（亿元）	起止时间	权益投资（亿元）	年度权益投资额（亿元）					备注	所属板块
							2018	2019	2020	2021	2022		
一	控股项目												
	电力产业												
1	宁夏枣泉电厂项目	51.2	51%	13.9	2015—2018	7.1	5.0	1.1	1.0			十三五	电力
2	镇海电厂燃煤机组搬迁改造项目	53.9	51%	53.9	2017—2021	27.4	7.8	9.1	5.0	4.5	1.0	十三五	电力
3	镇海电厂燃煤机组搬迁改造项目的配套热网工程（前期）	1.4	51%	1.4	2017—2020	0.7	0.1	0.4	0.2	0.0			电力
4	镇海动力中心屋顶光伏项目	0.1	51%	0.1	2018—2021	0.1			0.1				电力
5	新疆准东电厂二期	80.0	100%	0.0	前期工作								电力
6	滨海热电二期项目	30.9	88%	10.2	2016—2018	9.0	4.9	3.6	0.5			十三五	电力
7	浙能绍兴滨海热电厂三期扩建项目	6.4	88%	6.4	2018—2019	5.6	0.1	4.0	1.5				电力
8	滨海热电供热管线项目	3.9	88%	1.2	2016—2018	1.1	0.4	0.6	0.1				电力
9	乐清电厂三期	50.0	100%	50.0	2019—2020	50.0		10.0	15.0	15.0	10.0		电力
10	台二电厂厂区光伏发电项目	2.2	94%	2.2	2017—2018	2.2	2.0	0.2					电力
11	乐清电厂至周边各类工业园区集中供热项目	1.7	27%	1.7	2017—2018	0.5	0.4	0.1					电力
12	温州洞头大小门岛热电联产项目	6.9	51%		2017—2020	3.3	0.5	2.0	0.8				电力
13	温州电厂磐石镇重石集中供热项目	0.1	100%	0.1	2018—2018	0.1	0.1						电力

（续）

序号	项目名称	项目总投资（亿元）	股权占比	规划期总投资（亿元）	起止时间	权益投资（亿元）	年度权益投资额（亿元） 2018	2019	2020	2021	2022	备注	所属板块
14	台州发电厂五期配套工程第二期供热管线项目	1.0	95%	1.0	2017—2018	0.9	0.6	0.3					电力
15	黄岩热电公司天燃气锅炉项目	0.4	100%	0.4	2017—2018	0.5	0.4	0.1					电力
16	长兴新能源小镇能源互联网试点示范项目	1.5	51%	1.5	2018—2019	0.7	0.3	0.3	0.1				电力
17	兰溪市上华至诸葛集中供热管线项目	1.5	90%	1.5	2017—2018	1.3	1.3						电力
18	浙能兰电灰库光伏发电项目	0.3	100%	0.3	2017—2018	0.3	0.2	0.1					电力
19	浙能嘉兴发电厂二期光伏发电项目	0.3	100%	0.3	2018	0.3	0.3						电力
20	平湖独山港环保能源配套热网工程项目	6.6	70%	5.7	2018—2019	4.0	1.2	2.0	0.6	0.2			电力
21	北仑电厂 5.3MWp 分布式光伏发电项目	0.3	100%	0.3	2018	0.3	0.2	0.1					电力
22	凤台电厂周边三个园区集中供热项目	0.3	51%	0.3	2018	0.1	0.1						电力
23	宁夏、新疆新能源项目（风电、光伏发电项目等）建设投资	160.0	100%	160.0	前期工作	160.0	5.0	40.0	40.0	40.0	35.0		电力
24	舟山煤炭交易市场煤炭电子交易平台项目	0.1	65%	0.1	2019	0.1		0.1					煤炭
25	嘉兴 1 号海上风电项目	55.0	51%	55.0	2018—2021	28.1	4.3	9.3	9.8	4.7			可再生
26	嵊泗 2 号海上风电项目	37.0	50%	37.0	2019—2022	18.5	0.1	5.4	6.5	6.5			可再生
27	台州 1 号海上风电项目	36.0	100%	36.0	2020—2022	36.0	0.1	1.8	12.6	12.6	9.0		可再生
28	自建陆上风电项目及分散式风电	2.7	100%	2.7	2018—2022	2.7	0.1	1.1	0.5	0.8	0.3		可再生
29	水投自建集中式光伏项目	3.5	100%	3.5	2018—2022	3.5	1.9	0.4	0.4	0.4	0.4		可再生
30	水投自建分布式光伏项目	3.5	100%	3.5	2018—2022	3.5	1.9	0.4	0.4	0.4	0.4		可再生
31	合作开发并购省内外可再生能源项目	137.0	51%	137.0	2018—2022	69.9	22.3	11.1	14.7	11.1	10.9		可再生
32	哈密光热项目	28.6	100%	28.6	2018—2021	28.6		14.0	8.7	5.9			新疆

（续）

序号	项目名称	项目总投资（亿元）	股权占比	规划期总投资（亿元）	起止时间	权益投资（亿元）	年度权益投资额（亿元）					备注	所属板块
							2018	2019	2020	2021	2022		
33	萍乡煤质梯级利用	66.0	81%	66.0	2018—2022	53.5	0.1	0.5	25.0	25.0	2.8		赣浙
34	江西光伏项目	12.0	70%	12.0	2018—2022	8.4	0.6	1.5	1.5	2.0	2.8		赣浙
35	江西垃圾发电项目	9.0	70%	9.0	2018—2022	6.3	0.3	1.2	1.8	1.5	1.5		赣浙
电力产业小计		851.3		702.8		534.9	62.6	120.8	146.8	130.6	74.1		
二、	油气产业												
1	舟山小干岛能源大厦	14.0	100%	14.0	2018—2020	14.0	1.4	7.0	4.2	1.4			石油
2	鱼山岛—宁波成品油管道项目（含油库）	22.5	100%	22.5	2018—2021	22.5	0.1	5.0	10.0	7.4			石油
3	温州分销油库及配套码头	5.7	100%	5.7	2018—2021	5.6	0.1	1.6	1.5	1.5	1.0		石油
4	金华内陆分销库	2.3	100%	2.3	2018—2021	2.3	0.1	1.0	0.8	0.4			石油
5	绍兴—杭州—湖州成品油管道项目一期	6.6	100%	6.6	2018—2021	6.6		1.6	2.0	2.0	1.0		石油
6	拟建综合供能站（700座）	286.4	60%	286.4	2018—2022	171.1	24.3	49.6	48.0	37.4	11.8		石油
7	原油仓储项目（含黄泽山）	49.9	60%	49.9	2018—2022	30.0	5.0	10.0	10.0	3.0	2.0		石油
8	黄小双—鱼山及三岛互联原油管道项目	11.0	100%	11.0	待定	11.0		1.0	7.0	3.0			石油
9	台州油库项目（远洲）	5.2	80%	5.2	2018	1.2	1.2						石油
10	杭州油库项目	4.8	100%	4.8	2018	4.8	4.8						石油
11	加油船购置		100%	0.6	2018—2022	0.6	0.3				0.3		石油
12	浙能综合能源研发中心项目	20		12.7	2018—2022	12.7	10.5	1.2	1				石油
13	浙江越华能源检测有限公司燃料油检测扩项	0.2	85%	0.2	2020	0.2			0.2				煤炭
14	甬台温天然气输气管道工程	51.8	40%	2.5	2012—2017	1.0	1.0					十三五	天然气
15	浙沪天然气联络线一期工程	4.2	40%	2.1	2017—2018	0.9	0.5	0.4				十三五	天然气

（续）

序号	项目名称	项目总投资（亿元）	股权占比	规划期总投资（亿元）	起止时间	权益投资（亿元）	年度权益投资额（亿元）					备注	所属板块
							2018	2019	2020	2021	2022		
16	上虞—新昌天然气管道工程	10.9	40%	4.0	2016—2018	1.6	1.3	0.3				十三五	天然气
17	南浔热电配套管道工程	1.8	40%	0.6	2017—2018	0.2	0.1	0.2					天然气
18	北仑—大榭天然气管道工程	3.2	40%	0.6	2014—2018	0.3	0.1	0.2				十三五	天然气
19	华能桐乡天然气管道工程	3.2	40%	0.1	2014—2015	0.0	0.0					十三五	天然气
20	西气东输二线绍杭嘉配套支线	2.2	40%	0.4	2011—2014	0.1		0.1					天然气
21	乐清—玉环天然气管道工程	2.0	40%	2.0	2018—2019	0.8		0.4	0.4			十三五	天然气
22	云和—景宁—文成—泰顺天然气管道工程（暂缓）	15.0	40%	0.0	2018—2020	0.0						十三五	天然气
23	龙泉—庆元天然气管道工程（暂缓）	7.0	40%	0.0	2018—2020	0.0						十三五	天然气
24	萧山-义乌天然气管道工程	11.0	40%	8.0	2020—2022	3.2		0.2	0.6	1.3	1.1		天然气
25	浙沪天然气联络线二期	4.0	40%	4.0	2019—2021	1.6		0.5	0.5	0.6			天然气
26	甬台温苍南支线	4.8	40%	2.4	2017—2018	1.0	0.7	0.3				十三五	天然气
27	常山—开化天然气管道工程	3.1	40%	3.0	2017—2019	1.2	0.4	0.4	0.4			十三五	天然气
28	宁海—象山天然气管道工程	2.7	40%	2.5	2017—2018	1.0	0.4	0.3	0.3			十三五	天然气
29	丽水—龙游天然气管道一期工程	12.3	40%	11.7	2017—2019	4.7	1.1	2.0	1.6			十三五	天然气
30	下窑—龙游天然气管道工程	4.8	40%	4.5	2017—2019	1.8	0.6	0.7	0.5			十三五	天然气
31	临海—仙居天然气管道工程	5.2	40%	5.2	2017—2019	2.1	0.5	1.0	0.6				天然气
32	云和—龙泉天然气管道工程	11.2	40%	10.5	2017—2019	4.2	0.9	2.0	1.3			十三五	天然气
33	三门—嵊州天然气管道工程	13.0	40%	13.1	2018—2019	5.2	0.9	2.4	2.0				天然气
34	东阳—磐安天然气管道工程	5.1	40%	4.8	2017—2019	1.9	0.5	0.7	0.7			十三五	天然气
35	金丽温输气管道工程	33.5	100%	6.7	2014—2018	6.7	1.8	2.5	2.4			十三五	天然气

(续)

序号	项目名称	项目总投资（亿元）	股权占比	规划期总投资（亿元）	起止时间	权益投资（亿元）	年度权益投资额（亿元）					备注	所属板块
							2018	2019	2020	2021	2022		
36	金衢段配套工程浦江东阳支线	3.5	100%	1.7	2017—2018	1.7	0.4	1.4					天然气
37	金衢段配套工程义乌支线等7个竣工项目	15.5	100%	0.6	2011—2015	0.6	0.6						天然气
38	下沙维抢修中心	1.2	100%	0.7	2016—2018	0.7	0.5	0.2					天然气
39	温州LNG接收站（一期）	90.4	51%	78.0	2018—2021	39.8	2.0	7.7	15.3	10.7	4.1		天然气
40	所有25家城燃公司项目	58.6	58%	22.2	2003—	12.8	2.6	2.4	2.4	2.6	2.9	十三五	天然气
41	新增城燃项目（10个城燃项目、30个综合能源项目）	20.8	51%	15.0	2018—	7.6		1.7	2.9	2.0	1.1		天然气
42	绍兴众能油气发展公司加气站项目	0.1	25%	0.1	2018—2020	0.0		0.0	0.0				天然气
43	新天煤制气项目	176.7	55%	30.8	2010—2017	16.9	12.3	4.6				十三五	新疆
44	准东煤制气项目	137.0	100%	0.6	2013—2022	0.6	0.2	0.2	0.2				新疆
45	寻乌国发天然气项目	1.1	80%	1.1	2018—2022	0.9	0.6	0.1	0.1	0.1	0.0		赣浙
46	安福一通燃气合作项目	1.2	51%	1.2	2018—2022	0.6	0.0	0.1	0.2	0.2	0.1		赣浙
47	广丰燃气合作项目	0.6	51%	0.6	2018—2022	0.3	0.0	0.1	0.1	0.1	0.0		赣浙
油气产业小计		1147.3		663.2		405.2	77.8	111.1	117.2	73.7	25.4		
三、	能源服务产业												
1	宁波海运股份有限公司新建成品油船项目	1.4	51%	1.4	2018—2020	0.7	0.2	0.2	0.4				煤炭
2	宁波海运股份有限公司新建散货轮项目	5.1	51%	5.1	2018—2022	2.6	0.0	0.7	0.6	0.6	0.6		煤炭
3	宁波海运股份有限公司新建成品油船项目	1.0	51%	1.0	2019—2022	0.5		0.1	0.1	0.1	0.1		煤炭
4	浙江富兴海运有限公司购置二手散货船项目	1.6	51%	1.6	2018	0.8	0.8						煤炭

（续）

序号	项目名称	项目总投资（亿元）	股权占比	规划期总投资（亿元）	起止时间	权益投资（亿元）	年度权益投资额（亿元）					备注	所属板块
							2018	2019	2020	2021	2022		
5	浙江富兴海运有限公司新建散货船项目	1.2	51%	1.2	2018—2020	0.6	0.1	0.3	0.3				煤炭
6	浙江富兴海运有限公司新建散货轮项目	3.4	51%	3.4	2020—2022	1.7			0.6	0.6	0.6		煤炭
7	合同能源管理项目	0.9	100%	0.9	2014—2024	0.9	0.5	0.3	0.1	0.1	0.1		科服
8	绍兴滨海污泥清洁化处置项目	7.2	68%	7.2	2016—2021	4.9	0.4	2.0	2.0	0.4			科服
9	安吉竹产业园生物质热电联产项目	5.0	51%	5.0	2019—2022	2.6	0.0	0.3	1.4	0.7	0.2		科服
10	萧山机场三期天然气分布式能源+屋顶光伏项目	2.6	51%	2.6	2018—2021	1.3	0.4	0.8	0.2	0.0			科服
11	浙南科技城智慧综合能源供应项目	10.0	51%	4.5	2018—待定	2.3	0.3	0.5	0.5	0.5	0.5		科服
12	空港经济区综合能源供应项目	50.0	51%	4.5	2018—待定	2.3	0.3	0.5	0.5	0.5	0.5		科服
13	六横智慧能源岛建设项目	6.4	51%	3.0	2018—待定	1.5	0.2	0.3	0.1	0.3	0.8		科服
14	松阳县集中供热项目	7.0	51%	5.0	2021—2023	2.6	0.0	0.3	1.4	0.7	0.2		科服
15	浙能德清天然气分布式能源项目	5.3	100%	3.3	2016—2019	3.3	1.5	1.0	0.8				科服
16	平湖独山港环保能源项目	6.6	70%	5.7	2018—2019	4.0	1.2	2.0	0.6	0.2		十三五	科服
17	开化县生活垃圾焚烧发电项目	2.0	100%	1.6	2018—2019	1.6	0.6	1.0					科服
18	镇海天达脱硫剂加工及固废综合利用项目	0.4	100%	0.3	2016—2020	0.3	0.0	0.2	0.1				科服
19	玉环县玉坎河水系水环境综合整治 PPP 项目	8.5	90%	5.4	2016—2037	4.8	2.8	1.6	0.2	0.2	0.2		科服
20	船舶柴油机尾气脱硫项目	0.3	60%	0.3	2018—2032	0.2	0.2						科服
21	玉环市沙门滨港工业城污水厂纳入玉环玉坎河水系水环境综合整治 PPP 项目	0.5	90%	0.5	2018—2030	0.5	0.5						科服
22	浙能长兴智慧产业园仓储项目	2.1	100%	2.1	2017—2020	2.1	1.0	0.7	0.4				科服
23	天台龙溪旅游度假区	1.0	100%	1.0	2017—2020	3.4	0.3	0.3	0.4	1.6	0.8		科服

（续）

序号	项目名称	项目总投资（亿元）	股权占比	规划期总投资（亿元）	起止时间	权益投资（亿元）	年度权益投资额（亿元）					备注	所属板块
							2018	2019	2020	2021	2022		
24	南北湖黄沙坞旅游度假区	5.0	51%	5.0	2017—2020	3.6	0.3	1.0	1.3	0.8	0.2		科服
25	重芳烃多元烃深加工项目	0.7	100%	0.7	2019—2020	0.7	0.0	0.6	0.1	0.0	0.0		新疆
26	国有工矿棚户区改造工程项目（第五期）	0.9	100%	0.8	2016—2019	0.8	0.4	0.3					长广
27	长广东风岕光伏发电项目	0.8	100%	0.1	2015—2017	0.1	0.1						长广
28	浙能智慧能源科技产业园区	50.0	17%	48.0	2018—2023	8.0	0.9	4.0	2.0	1.1			长广
29	浙能长广现代农业示范园	0.6	100%	0.6	2018—2020	0.6	0.0	0.6					长广
30	长广集团本部分布式电站项目	0.0	100%	0.0	2018—2018	0.0	0.0						长广
31	长兴县域建设用地复垦	1.8	100%	1.8	2018—2019	1.8	1.8						长广
32	东风岕改造项目	0.5	100%	0.5	2018—2020	0.5	0.0	0.5					长广
33	江西配电网项目	2.0	80%	2.0	2018—2022	1.6	0.1	0.3	0.3	0.3	0.6		赣浙
能源服务产业小计		191.8		126.1		63.8	14.9	20.4	14.4	8.7	5.4		
控股合计		2190.4		1492.1		1003.9	155.3	252.3	278.4	213	104.9		
	参股项目												
一、	电力产业												
1	华能大坝电厂项目	44.7	49%	21.8	2015—2017	10.7	8.4	1.0	1.3			十三五	电力
2	中铝宁夏银星电厂	45.2	49%	10.8	2015—2017	5.3	0.2	3.2	2.0			十三五	电力
3	国电方家庄一期	72.2	49%	16.0	2015—2018	7.8	7.7	0.1				十三五	电力
4	国华宁东二期项目	48.0	33%	48.0	2015—2017	15.8	1.3	8.5	6.0			十三五	电力
5	神华鸳鸯湖电厂二期	65.2	5%	17.7	2015—2018	0.9	0.2	0.7				十三五	电力

（续）

序号	项目名称	项目总投资（亿元）	股权占比	规划期总投资（亿元）	起止时间	权益投资（亿元）	年度权益投资额（亿元）					备注	所属板块
							2018	2019	2020	2021	2022		
6	三门核电一期	537.4	20%	61.8	2009—2018	2.2	0.8	0.8	0.6				电力
7	三门核电 3、4 号机组	406.9	20%	351.0	2016—2025	14.0	0.4	2.8	3.2	3.1	4.5	十三五	电力
8	辽宁徐大堡核电一期	413.0	10%	340.0	2015—2020	6.2	0.7	1.5	1.5	1.5	1.0	十三五	电力
9	中核海洋核动力发展有限公司核动力破冰综合保障船示范工程建设项目	70.0	9%	56.6	前期工作	1.0	0.0	0.3	0.3	0.2	0.2		电力
10	浙江三门高温堆电站有限公司项目	268.0	49%	88.6	2017—2018	43.4	0.3	10.1	10.0	13.0	10.0		电力
11	参股中核行波堆科技投资（天津）有限公司及中核河北核电有限公司	120.0	10%	104.5	前期工作	10.5	1.5	2.0	3.0	2.0	2.0		电力
12	国核温岭海岛核电		50%	35.0	前期工作	17.0	0.6	3.4	4.0	5.0	4.0		电力
13	苍南核电项目	400.0	34%	300.0	2017—2022	102.0	2.0	20.0	24.0	30.0	26.0		电力
14	大唐乌沙山二期	74.6	35%		前期工作	0.0						十三五	电力
15	国华舟山三期	65.0	40%		前期工作	0.0						十三五	电力
16	金七门核电项目	400.0	50%	1.0	前期工作	0.5	0.1	0.1	0.1	0.1	0.1		
17	三门核电三期	400.0	50%		前期工作	0.0						十三五	电力
18	浙西龙游核电	260.0	50%		前期工作	0.0						十三五	电力
19	内蒙古同煤鄂尔多斯矿业投资有限公司色连一号煤矿	41.9	19%	10.3	2016—2020	2.0	0.6	0.7	0.7				煤炭
电力产业小计		3732.1		1463.1		239.4	24.8	55.2	56.7	54.9	47.8		
二、	油气产业												
1	宁波 LNG 接收站二期	30.3	29%	30.3	2016—2021	8.9	1.4	1.7	2.2	1.8	1.8	十三五	天然气
2	新疆—浙江煤制天然气长输管道	1322.2	5%	1322.2	2015—2020	66.1	1.0	11.2	20.0	20.0	13.9	十三五	天然气

（续）

序号	项目名称	项目总投资（亿元）	股权占比	规划期总投资（亿元）	起止时间	权益投资（亿元）	年度权益投资额（亿元）					备注	所属板块
							2018	2019	2020	2021	2022		
油气产业小计		1352.5		1352.5		74.9	2.4	12.9	22.2	21.8	15.7		
三、	能源服务产业												
1	ATCS 全自动胶球清洗装备和 SRS 全自动零化学水处理装备产业化项目	0.6	50%	0.6	2018—2037	0.3	0.3						科服
2	伊犁新地新材料有限公司 30000t/a 高纯度精酚项目	1.5	40%	1.5	2018—2020	0.6	0.0	0.4	0.2				新疆
3	萧山临浦北单元地块养老地产项目项目	14.9	50%	14.9	2018—2022	7.4	3.3	0.5	2.1	1.1	0.5		科服
4	华能瑞金参股	98.8	49%	98.8	2018—2021	48.4	3.7	10.0	25.0	9.6			赣浙
5	神华国华信丰参股	51.2	49%	51.2	2018—2022	25.1	1.0	9.6	9.6	4.9			赣浙
6	大唐新余二期参股	70.5	35%	70.5	2018—2022	24.5	0.0	4.5	15.0	5.0			赣浙
7	云电入赣项目	250.0	30%	250.0	2018—2022	75.1	0.0	0.1	25.0	35.0	15.0		赣浙
8	三峡引战项目	117.5	待定	117.5		19.5	19.5						资本
9	国同基金（浙江富浙）	100.0	待定	100.0		12.0	3.5	3.5	3.0	2.0			资本
10	某信托项目	75.0	待定	75.0		15.0		15.0					资本
11	某银行项目	253.7	待定	253.7		50.7		22.7	28.0				资本
12	绿色能源基金项目	150.0	待定	150.0		60.0	24.0	12.0	12.0	12.0			资本
13	某基金项目	350.0	待定	350.0		140.0		35.0	35.0	35.0	35.0		资本
14	某基金项目	350.0	待定	350.0	2018—2022	140.0		35.0	35.0	35.0	35.0		资本
能源服务产业小计		1883.7		1883.7		618.6	55.3	148.3	189.9	139.6	85.5		
参股合计		6968.3		4699.3		933	82.5	216.4	268.8	216.3	149		
总计		9158.7		6191.4		1936.9	237.8	468.7	547.2	429.3	253.9		

附件三：主要指标

指标分类	名称	基准年 2017	2018 年（底）	2019 年（底）	2020 年（底）	2021 年（底）	2022 年（底）
规模	营业收入（亿元）	813	829	1409	1606	1857	2100
	资产总额（亿元）	1927	2373	2881	3302	3636	3860
	净资产（亿元）	1039	1083	1219	1310	1388	1450
效益	利润总额（亿元）	71	67	94	114	134	145
	净利润（亿元）	57	47	72	89	104	111
	净资产收益率	5.5%	4.3%	6.2%	7.1%	7.7%	7.8%
结构	资产负债率	46.1%	54.4%	57.7%	60.3%	61.8%	62.4%
	主业净资产（亿元）	1039	1083	1219	1310	1388	1450
投融资	权益投资总额（亿元）	210.55	237.8	468.7	547.2	429.3	253.9
	资本市场融资总额（亿元）	75	185	233	188	167	149
	国有资产证券化率	70%	71%	73%	75%	75%	75%
	控股上市公司数量（家）	2	2	2	3	3	3
创新	研发投入/营业收入占比	1%	1%	2%	4%	4%	4%
	科技（行业）领军人才（人）[1]	32	35	40	43	47	52
	省级著名商标（个）	6	6	6	6	6	6
	每万人发明专利数（个）	8	10	15	40	45	50

注：科技（行业）领军人才是以教授级高级工程师作为衡量标准。

习近平能源安全新战略的浙江探索

童亚辉

能源是国民经济和社会发展的重要基础，是习近平总书记一直关心、关注的重要领域。党的十八大后，面对能源供需格局新变化、国际能源发展新趋势，习近平总书记从保障国家能源安全的全局高度，提出“四个革命、一个合作”能源安全新战略，这是习近平新时代中国特色社会主义思想的重要组成部分。

伟大的思想源于伟大的实践。回过头来看，“四个革命、一个合作”能源安全新战略的形成，与习近平同志在浙江工作期间推进能源发展的探索和思考密不可分。习近平同志2002年刚到浙江工作时，浙江的能源问题突出，全省电力只能满足需求的2/3左右，用电缺口巨大，煤炭供应常常得不到保障，天然气也刚刚从零起步。为了解决全省能源供应保障问题，习近平同志多次深入基层、企业开展调研，其中先后7次深入浙江省能源集团公司（以下简称“浙能集团”）调研指导工作。调研过程中，习近平同志深入了解能源现状、存在的问题、发展趋势，结合浙江经济社会发展实际，对能源发展提出具体要求。在浙江工作期间，习近平同志把能源问题放在全省经济社会发展大系统中来认识，放在“八八战略”大框架中来谋划，提出了不少重要思想，开启了浙江能源发展的新篇章。梳理习近平同志在浙江工作期间关于推动浙江能源转型变革发展的一系列重要论述，可以发现，正是在这一时期的重要实践，为“四个革命、一个合作”能源安全新战略的提出奠定了坚实的基础。

一、从节能降耗到能源消费革命

节约资源和保护环境是我国的基本国策，节能是“第一能源”。在浙江工作时，习近平同志高度重视资源节约。2003年2月19日，习近平同志在调研浙能集团嘉兴电厂建设项目时，提出了解决电力严重紧缺问题的思路：“把解决电力短缺问题同调整优化产业结构、技术结构和产品结构有机结合起来，淘汰落后产能”“抓好节电技术和设备的推广应用，提高能源利用效率，做好节能文章，努力创建资源节约型社会”。这些思路，一针见血地指出要强化节能措施，通过产业、技术、产品结构优化升级，提升能效，提高发展的质量和效益。

2005年12月19日，习近平同志在浙江省委经济工作会议上指出，“坚持资源保障和节约利用并举，把节约放在首位”“要着力搞好资源节约，杜绝资源浪费，降低资源消耗，在节约中求发展”。2006年12月14日，习近平同志在省委经济工作会议上指出，要完善监督管理和问责机制，把强化政治责任作为实现节能降耗和污染减排的关键环节，严格执行节能降耗和减少排放目标责任制。2007年1月10日，他在《浙江日报》“之江新语”栏目发表《正确理解“好”与“快”》文章，指出在制定工作目标时，“好”作为对经济发展质量和效益的要求，主要贯穿于以节能降耗减排为代表的约束性指标中。经过浙江省域层面的不断探索、实践，习近平同志关于调整产业结构、推进节能降耗、控制不合理能源消费的思路更加系统、成熟，为能源消费革命理念的萌发、形成奠定了基础。

党的十八大以来，习近平总书记多次强调坚持节约资源的基本国策，全面推进节能减排和低碳发展，迈向生态文明新时代。2014年6月13日，习近平总书记在中央财经领导小组第六次会议上发表讲话，提出推动能源消费革命，抑制不合理能源消费，要求坚决控制能源消费总量，有效落实节能优先方针，把节能贯穿于经济社会发展全过程和各领域，坚定调整产业结构，高度重视城镇化节能，树立勤俭节约的消费观，加快形成能源节约型社会。这些年，浙江省坚持落实节约资源和保护环境的基本国策，坚决控制能源消费总量。2018 年，全省单位 GDP 能耗在 2002 年基础上下降 45% 左右，能效水平为 0.4 吨标煤/万元（2015 价），位居全国第四位。

二、从电力结构调整到能源供给革命

传统的电力行业是能源的重要生产者，如何实现绿色发展和可持续发展，一直是习近平同志关心的问题。2004 年 6 月 18 日，他在浙能集团总部调研时提出，“火电厂要实现清洁生产，清洁能源很重要，如果地方核电能够上，是可以探讨一下”，初步提出了发展核电作为火电厂有益补充的思路，以解决电力发展和环境保护的“两难”问题。2004 年 7 月 26 日，习近平同志在调研嘉兴电厂建设项目时，强调“从长远看，我们还要考虑电力结构的调整，要大力发展清洁能源，如天然气发电、核电、水电、风电，还有利用潮汐发电等”，进一步提出了发展能源多元供应体系的要求。

2006 年 8 月 2 日，习近平同志视察浙能集团长兴电厂时提出，今后电力发展潜力还很大，但给我们提出了新的要求，关键是重视环保工作。经济要发展，又要保护生态环境，切实解决“两难”问题，希望浙能集团带头践行循环经济发展之路，切实推进环境保护工作，把这项工作做好。

从推动火电清洁生产、探索发展核电，到优化电力结构、大力发展清洁能源，再到能源企业带头践行生态文明发展之路，这一系列的要求可以看出，习近平同志对浙江能源供给侧转型变革发展的深入思考，与“八八战略”提出的“绿色浙江”发展目标高度一致，为他谋划我国能源供给革命奠定了坚实基础。

党的十八大以来，习近平总书记站在全局高度谋划我国能源结构与可持续发展的关系，逐渐形成我国能源供给革命的顶层设计。他在 2014 年中央财经领导小组第六次会议讲话中提出，推动能源供给革命，建立多元供应体系。他要求立足国内多元供应保安全，大力推进煤炭清洁高效利用，着力发展非煤能源，形成煤、油、气、核、新能源、可再生能源多轮驱动的能源供应体系，同步加强能源输配网络和储备设施建设。这些年，浙江省大力推进化石能源清洁高效利用和非化石能源规模化发展，着力构建多元协同发展的能源供应体系。到 2018 年底，全省电力装机 9565 万千瓦，其中核电装机 910 万千瓦，可再生能源装机 1300 万千瓦，屋顶光伏装机规模全国第一；城乡居民天然气覆盖率达到 38%。

三、从能源科技创新到能源技术革命

科学技术是第一生产力，自主创新是第一竞争力。习近平同志在浙江工作期间，一直非常注重能源科技创新。2003 年 2 月 19 日，他在调研浙能集团嘉兴电厂建设项目时提出，“电力行业要敢于创新，发展电力多元化。浙江精神就是敢于拼搏、勇于创新的精神，敢于创新也就获得了先发优势”。习近平同志这时的能源创新理念，主要集中在发展电力多元化方面，对能源主要领域的技术创新进行了初步思考。

2004 年 7 月 26 日，习近平同志再次到嘉兴电厂调研时指出，要发展新能源技术，扩大清洁能源的应用。随着“八八战略”的提出和深入实施，他从更深层次阐述科技创新对能源革命的巨大推动作用。2006 年 8 月 15 日，习近平同志在《经济日报》发表的《加强自主创新　推动科学发展》一文中提出，“十一五”期间，浙江科技发展的战略重点是把发展能源、山海资源开发、水资源节约和环境保护技术放在优先位置，集中力量解决制约经济社会发展的重大瓶颈问题。习近平同志站在全省高度阐明了能源是科技创新的重点，科技创新要为发展新能源以及降低能源消耗创造条件和基础。从发展电力多元化到推动能源全行业科技发展，习近平同志在浙江工作期间对能源科技创新问题的思考，与他后来提出的能源技术革命理念在逻辑上是契合的、要求上是连贯的。

党的十八大以来，习近平总书记多次强调创新驱动发展战略，推动科技创新和经济社会发展深度融合。他提出，要深刻认识和把握能源技术变革趋势，高度重视能源技术变革的重大作用。确定能源技术开发应用的重点，要充分考虑资源条件、技术基础、环境容量、经济合理、国际合作可行性等因素，按照“三个一批”的路径，加快推进能源技术革命。他在2014年中央财经领导小组第六次会议上提出，推动能源技术革命，带动产业升级，要求立足我国国情，紧跟国际能源技术革命新趋势，以绿色低碳为方向，分类推动技术创新、产业创新、商业模式创新，并同其他领域高新技术紧密结合，把能源技术及其关联产业培育成带动我国产业升级的新增长点。这些年，浙江省积极实施创新驱动战略，着力培育能源技术及其关联产业。在舟山和温岭，分别建成了世界上最大的模块化大型海洋潮流能机组和我国第一座潮汐能双向发电站。浙能集团首创的超低排放技术，荣获2017年国家技术发明奖一等奖，实现了浙江省该奖项零的突破。

四、从深化浙江能源改革到能源体制革命

无论在地方工作，还是主政中央，改革的理念始终贯穿在习近平同志对能源发展的思考之中。2003年，他在听取浙能集团等单位负责同志关于浙江省天然气开发利用事业的工作汇报时，从浙江山多地少、人口密度大、区域经济发展不平衡的客观实际出发，高瞻远瞩地提出了统筹发展浙江省天然气产业的原则意见，明确了“多气源一张网”的建设、运行管理体系和集约化的天然气购销格局。

2004年6月18日，习近平同志在浙能集团总部调研时明确提出，浙能集团要通过深化改革，为浙江全省的能源安全起到保障作用，进而为浙江的进一步发展繁荣作出积极的贡献。这次调研，习近平同志突出强调了能源企业深化改革的重要意义。2005年5月31日，习近平同志在听取“十一五”规划重点调研课题汇报时指出，加快能源建设以及要素配置市场化改革，经过若干年的努力可以缓解能源供给不足对浙江发展的制约。这一观点，旗帜鲜明地在省域战略层面提出能源要素配置市场化改革，对能源体制改革进行了前瞻性的积极探索。

党的十八大以来，习近平总书记深刻把握我国能源发展对体制变革的迫切需求，积极推动能源体制改革，提出了能源体制革命的重要论述。他在2014年中央财经领导小组第六次会议上强调，推动能源体制革命，打通能源发展快车道，要求坚定不移推进改革，还原能源商品属性，构建有效竞争的市场结构和市场体系，形成主要由市场决定能源价格的机制，转变政府对能源的监管方式，建立健全能源法治体系。能源体制革命是习近平同志在浙江形成的能源体制改革思路的进一步深化和升华，主要思路理念和目标取向一脉相承、高度契合。比如，2019年，习近平总书记主持召开中央全面深化改革委员会第七次会议，审议通过《石油天然气管网运营机制改革实施意见》，其中涉及国家油气管网体制改革的主要目标取向，与浙江长期坚持并实践的“管住中间、放开两头、集约化管理”的天然气改革思路是很一致的。这些年，浙江省始终把推进能源体制改革作为能源发展的突破口。目前，浙江已成为全国8个电力现货市场建设试点省份之一，电力直接交易降本减负超过110亿元。浙江正加速推进油气体制改革，通过建机制、提效率、降成本、促公平，让人民群众有更多获得感。

五、从区域能源合作到能源国际合作

扩大开放，是习近平同志海纳百川广阔胸怀的重要体现。2003年1月16日，习近平同志在浙江省十届人大一次会议上所作政府工作报告中指出，加强与全国各省市自治区的交流合作，从基础设施和信息化建设、能源开发利用等多方面进行合作。2004年7月26日，习近平同志调研嘉兴电厂建设项目时指出，“有关部门要进一步加大区外购电力度，积极争取国家和兄弟省市的支持，增加对我省电力电量的输出。电力公司要加强与周边省份的联系，千方百计争取短期和临时交易电量”。他不但提出通过扩大合作来弥补浙江自身的电力不足，还积极主张加强天然气管道与周边省市的互联互通，指引了浙沪联络线天然气管网的建设。

2004年8月10日，习近平同志在《浙江日报》“之江新语”栏目发表《在更大的空间内实现更

大发展》指出，我们的企业走出去，在省外、国外建设我们的粮食基地、能源原材料基地和生产加工基地，实现“跳出浙江发展浙江、立足全国发展浙江”。这一论述，更加丰富了区域能源合作的观点，由之前的外购电拓展到在外建设能源原材料基地和生产加工基地，由能源终端产品的引进拓展为能源上游产业的建设，合作的视野更加宽广，指导浙江与其他省区实现合作共赢。

2005年3月16日，习近平同志在《浙江日报》“之江新语”栏目发表《突出选商引资》指出，浙江是资源小省，利用两个市场、两种资源，在境外建立能源原材料基地，是长远的战略选择。这一观点，符合国家战略安全的需要，又把合作的范围由国内拓展到国外，反映出习近平同志已经对能源国际合作进行了深入全面的思考。

习近平同志关于能源国际合作的理念，由调研浙能集团提出电力合作开始，到发表署名文章提出在国内建设能源原材料基地和生产加工基地，再到提出在境外建立能源原材料基地，由内向外、由单一向综合、由终端向全产业链不断完善和发展。

党的十八大以来，习近平总书记高度重视加强国际能源合作。2013年，习近平总书记提出“一带一路”倡议，能源是对外合作的重点领域。他在2014年中央财经领导小组第六次会议上强调，全方位加强国际合作，实现开放条件下能源安全，要求在主要立足国内的前提条件下，在能源生产和消费革命所涉及的各个方面加强国际合作，有效利用国际资源。可以看出，习近平同志关于能源国际合作的理念，与他在浙江推进能源合作的实践探索一脉相承。这些年，浙江省把对外合作作为解决能源短缺问题的重要举措。截至2018年，全省外购电量1503亿千瓦时，占比达到33%。在安徽、新疆、宁夏等地建成电源基地，在新疆建成世界单体最大的煤制气项目。成功收购巴西圣西芒水电站，在“一带一路”能源国际合作上迈出新步伐。

总体来看，习近平总书记提出的“四个革命、一个合作”能源安全新战略，建立在他对浙江能源工作的深入思考和实践探索基础之上，始终坚持能源安全的战略思维、坚持“创新、协调、绿色、开放、共享”的发展理念、坚持以人民为中心的发展思想、坚持辩证的科学思维方法，是经过系统、科学的顶层设计而形成的。这一战略，萌发于地方，根植于全国，放眼于全球，是增强能源安全保障能力、提升能源发展质量和效益、全面推进生态文明建设的能源行动指南。

第一，始终坚持能源安全的战略思维。在浙江工作期间，习近平同志始终以战略思维思考能源安全工作，将其作为保障社会平稳有序发展的重中之重。他多次到浙能集团所属电厂调研，协调解决建设和生产过程中遇到的困难。2004年在嘉兴电厂调研时，他强调要“围绕经济社会发展全局和建设‘平安浙江’目标，努力缓解电力瓶颈制约，多管齐下，开源节流，挖潜降耗，切实做好电力迎峰度夏的各项工作，确保人民安居乐业，确保我省经济社会持续健康发展”。习近平同志不但从宏观层面高度重视能源供给安全，而且实事求是地对安全生产提出了科学具体的要求，强调“必须把电力设施安全运行放在第一位，严格遵循‘有多少、供多少，缺多少、限多少’和‘保电网、守频率、不超用’的原则，合理安排发输电设备检修计划，加强高负荷作业下设备维护和运行巡查，努力保证高温高峰期间电力设施的安全运行”。这一表述充分显示了习近平同志客观求实的精神，当安全生产与电力供应相矛盾时，坚决把安全摆在首位，从长远角度确保能源安全供应、安全发展。他还指出：“当前浙江的经济依然持续快速发展，用电量以20%的速度增长，今后十年我们要加快电力的发展，早日解决我省的电力瓶颈问题，将浙江建设成电力大省”。在电力紧缺之际提出建设“电力大省”的目标，充分显示了习近平同志对于能源安全的未雨绸缪，对于能源发展的高瞻远瞩。

第二，始终坚持“创新、协调、绿色、开放、共享”的发展理念。新发展理念是习近平同志领导发展实践的科学总结，五大发展理念的每一个方面都贯穿在他关于能源安全的思考与实践之中。比如关于创新，他在调研浙能集团时鼓励电力企业创新，强调要靠创新获得先发优势。比如关于协调，他在统筹考虑解决电力紧张问题时强调，产业结构要与经济和能源的发展相协调，解决电力紧张问题要与产业结构调整相结合。比如关于绿色，他十分重视能源产业的绿色发展，希望能源企业带头践行循环经济发展之路，还要求推广清洁生产、降低工业能耗，培育资源节约型、生态环保型产业。比如关于开放，除了以开放疏解浙江电力紧缺外，他还多次指示困难能源企业扬长避短，走内引外联之路，寻找战略合作伙伴。比如关于共享，他非常重视能源的发展成果要与人民共享，要求保障群众用电，提高百姓生活质量，还要求相关部门专题研究困难能源企业遇到的问题，让为能源发展作出过贡献的企业共享发展成果。基于这样的思考与实践，习近平总书记提出能源安全新战略，以技术革命带动能源产业创新，以消费革命实现产业结构与节能相协调，以供给革命构建绿色多元能源供给体系，以国际合作扩大开放加强能源交流，以体制革命扫除制度藩篱实现能源改革成果共享。

第三，始终坚持以人民为中心的发展思想。在浙江工作期间，习近平同志坚持把实现好、维护好、发展好广大人民群众的根本利益，作为能源发展的根本目的。他在调研嘉兴电厂建设项目时指出，在持续高温季节，能否确保老百姓生活用电，关系到千家万户的基本生活和人民群众的生命健康，各级党委、政府要高度重视人民群众生活用电问题。习近平同志不仅重视百姓用电问题，还积极探索通过能源建设带动欠发达地区百姓脱贫。2002 年 11 月 25 日和 2004 年 11 月 24 日，他两次深入浙能集团滩坑水电站调研，指出“建造滩坑水电站，是浙南山区人民企盼几十年的大事，是扶贫帮困的德政工程，也是欠发达地区经济新的增长点。施工单位要确保质量，加快进度，把工程建设好。各级党委、政府要认真做好移民工作，大力支持施工单位建设，使电站早日建成，为山区经济社会发展作贡献”。正是在习近平同志的关心和推动下，滩坑水电站成为浙江历史上最宏伟的扶贫工程之一，带动了周边的百姓成功脱贫。

第四，始终坚持辩证的科学思维方法。习近平同志在浙江工作期间，非常重视并善于运用辩证思维指导和推动浙江能源的发展。他在调研浙能集团深化改革时指出，国有企业改革是市场经济体制改革的关键组成部分，与民营企业的改革相得益彰，相互促进。这一论述，阐明了企业改革与市场改革的局部和全局的关系，国有企业与民营企业辩证统一、协调发展的关系。在分析当时的发展瓶颈问题时指出，当前我们瓶颈制约突出，有一些新的挑战，这些挑战实际上就是能源、土地问题，但这些难题是暂时的。要积极克服瓶颈制约，特别是能源的制约。这一论述，从当前和长远、局部和整体等多个维度作了辩证分析，明确了解决能源瓶颈问题的关键方向。谈到正确处理发展经济和环境保护的关系，习近平同志善于从普遍性与特殊性的辩证关系原理出发，把握事物发展的客观规律，提出既要加快电源建设，解决浙江电力紧缺问题，又要长远考虑发展清洁能源，减少环境污染，实现循环经济发展。这些重要论述为我们运用辩证思维认识和解决能源问题、开展能源工作提供了有力的思想武器。

习近平总书记提出的“四个革命、一个合作”能源安全新战略，源自于对世界能源发展大势的敏锐洞察，源自于对中国能源发展的深刻把握，也源自于在浙江工作期间的成功探索和实践。这些重要论述系统擘画了今后一个时期我国能源发展的使命任务、方向目标和战略举措，开辟了中国特色能源发展理论的新境界，是在新起点上加快推动我国能源事业创新发展的根本遵循。浙能集团将深入学习、认真贯彻习近平总书记“四个革命、一个合作”能源安全新战略，按照省委省政府部署要求，坚决推进“八八战略”再深化、改革开放再出发，坚定不移推进高质量发展，重塑企业核心竞争力，努力打造技术型、协同型和服务型现代能源企业。

2017 年 6 月 8 日，习近平主席在哈萨克斯坦访问期间，参观了阿斯塔纳专项世博会浙能集团展台，关切询问超低排放技术的应用情况，并对浙能集团向全世界展示推广超低排放技术表示赞赏。这对浙能集团是极大的鼓舞。浙能集团的战略愿景，就是在习近平总书记“四个革命、一个合作”能源安全新战略指引下，努力打造具有国际竞争力的一流综合能源服务商，续写“百年浙能”伟大梦想。

（作者为浙江省能源集团公司党委书记、董事长）

（新华社杭州 7 月 2 日电）

（刊登于《人民日报》2019 年 7 月 3 日头版）

编纂始末

《浙江省能源集团志》是浙江省能源集团有限公司成立以来组织编纂的第一部全面反映集团公司发展历程的企业志书。2018年6月初，浙能集团印发《关于组织开展〈浙江省能源集团志〉编纂工作的通知》（浙能政〔2018〕306号），成立《浙江省能源集团志》编纂委员会，决定在浙能集团成立二十周年之际，组织编纂出版《浙江省能源集团志》。组建了由浙能集团主要领导为主任、各单位（部门）主要领导为成员的《浙江省能源集团志》编纂委员会，并设立《浙江省能源集团志》编纂办公室和编辑部。编纂办公室设在浙能集团政工部；编辑部设在浙江省煤炭行业协会，在编纂委员会、编纂办公室领导下负责编纂计划实施、落实工作。

2018年6月底，编纂办公室组织召开了编纂工作启动会，浙能集团党委副书记、《浙江省能源集团志》编纂委员会副主任、主编陆翔到会并作动员讲话，编纂办公室、编辑部等部门相关人员60多人参加了会议，就此吹响志书编纂工作集结号，全面启动志书编纂工作。同年7月初，举办了《浙江省能源集团志》编写业务培训班，40余位编写人员参加了培训，并创建“浙能集团志”和“浙能志编辑部”微信群。随后，负责编写电力、煤炭、天然气等板块的相关公司分别举办培训班，对参与具体编写工作的人员进行志书编写业务培训，以达到提高对修志工作的认识、自上而下宣贯众手成志理念、培养志书编写业务骨干、扩大《浙江省能源集团志》影响的目的。通过一系列的工作，初步建立了一支修志队伍。

2018年7月中旬，编辑部组织人员走访山东能源集团、兖矿集团，学习借鉴其他单位志书修编工作经验，在此基础上，结合浙能集团实际情况，拟订了《浙江省能源集团志》编写大纲初稿。此后，又多次与各编写部门、板块、直属单位沟通和征求意见，专门与《浙江省能源集团志》编纂顾问进行沟通，及时汇报。经过先后10多次的修改，最终于2018年12月确定了编写大纲。

志书初稿形成阶段。为在保证志书编写质量的同时加快编写进度，编撰人员边学边干、边干边提高，并施行志书资料的搜集、编写工作与编写大纲的修改工作同时起步、同步推进。为及时交流编撰经验，2018年9月，编辑部组织召开部分部门、板块试写交流、点评会。此后，编辑部分别召开管控篇、产业篇撰写工作推进交流会。为了确保编写计划的完成，编辑部在2019年3月中旬组织主要编写人员在青田北海水电公司进行了为期2周的集中撰写。2019年4月初，各部门、各板块、各直属单位陆续送交初稿，《浙江省能源集团志》初稿于2019年5月中旬排版装订成册。

志书复审稿形成阶段。《浙江省能源集团志》初稿印刷成册发至各部门、各单位后，在各部门、各单位自行修改的同时，编辑部根据各篇、章、节存在的问题，分别与编写部门、单位进行沟通交流并进行修改。2019年7月中旬，编纂办公室组织专家对《浙江省能源集团志》初稿进行了评审，提出了修改意见和建议50余条。编辑部根据反馈的意见和建议，总结整理出《浙江省能源集团志》记述要点及参考模板12条。初审会后，编辑部组织主要撰写人员对初稿进行了补充、修改，各部门、各单位于2019年8月中旬陆续送交修改稿，《浙江省能源集团志》复审稿于2019年9月底印刷成册，并送交浙能集团领导及各部门、各板块、各直属单位审阅。

志书终审稿形成阶段。《浙江省能源集团志》编纂工作自启动以来，在浙能集团领导的关心和各部门、板块、直属单位的支持下，经全体编写人员一年多的共同艰辛努力，完成了复审稿并提交编纂委员会。2019年12月中旬，《浙江省能源集团志》编纂委员会组织召开《浙江省能源集团志》复审会，《浙江省能源集团志》编纂委员会主任、副主任，浙能集团公司各部门、各板块公司、直属单位主要负责人，《浙江省能源集团志》编辑部编纂人员共50余人参加会议，此外还邀请了浙能集团外4位专家参加了会议。会上，浙能集团董事长童亚辉讲话，副书记陆翔作总结，并通过对志书的复审。2019年12月底，编辑部组织召开《浙江省能源集团志（复审稿）》修改完善座谈会。来自集团各部门、各直属单位、各板块公司共40余人参会，落实复审会上领导、专家的评审意见和建议。因受新冠肺炎疫情影响，2020年3月上旬后，各部门、单位陆续送交修改稿。与此同时，编辑部集中力量推进大事记和图片选取工作，并撰写了概述。至2020年5月中旬，《浙江省能源集团志》主要撰写人员及编辑部工作人员全力克服新冠肺炎疫情的不利影响，基本交齐全书修改稿，完成大事记编辑、图片选取和修改稿汇总等方面的工作。自2020年5月下旬开始，编辑部组织相关人员并邀请浙江省煤炭行业协会副会长张德胜开展集中审稿，用近20天的时间按门类逐一讨论，按篇章逐节审核，完成对复审稿调整结构、补充资料、完善内容、统一格式、规范文体等方面的任务。《浙江省能源集团志》终审稿于2020年6月印刷成册并发送浙能集团领导、各部门、各板块、各直属单位、评审专家审阅。

2020年8月中旬，《中国煤炭工业志》编纂委员会组织召开《浙江省能源集团志》终审会，终审评审组同意《浙江省能源集团志（终审稿）》通过终审。会议认为，一是浙能集团高度重视文化建设和修志工作，组织落实，精准推进。编纂人员勤恳敬业，不辞辛苦，特别在新冠疫情防控期间，克服困难，确保修志工作不断线，按时完成了送审稿的编纂任务；二是《浙江省能源集团志》全面记述了浙能集团2001—2019年的发展历史和现状，观点正确，特色鲜明，体裁完备，篇目结构合理，资料丰富，记述脉络清晰，语言朴实，行动较为规范，符合志书编写要求；三是希望编纂人员在全面研究有关方面和评审组的意见与修改建议基础上，举一反三，按照志书编纂规范，对志稿进行认真修改和完善，使高质量的《浙江省能源集团志》早日出版。2020年8月下旬，《浙江省能源集团志》编辑部组织开展《浙江省能源集团志》集中修改工作，分类明确落实终审会评审专家提出的修改意见，调整完善结构，提高志文编纂质量；2020年9—10月，采取分篇章集中相关编写人员参与的方式，进行志书统稿。修改完善后，分批将定稿送交出版社。

《浙江省能源集团志》编纂工作得到浙能集团童亚辉、胡仲明两任董事长的高度重视和关心支持。编纂办公室落实责任，把任务明确到各相关部门和下属单位，各单位结合企业志修编特点，采取编撰人员以在职员工为主、退休人员为辅的形式，组建老中青相结合的编写队伍，以做到编写人阅历的无缝对接。中国煤炭工业协会煤炭工业文献工作委员会的顾问、专家不辞辛劳数次亲临浙江指导志书编纂工作，赠送《史志论丛》《修志指要》等书籍，协调编辑部成员到兄弟省份学习取经。

浙能集团成立以来有近20年快速发展的历史，时间较长，产业跨度大，部分产权与管理权分离交叉，编辑部人员对此不十分熟悉。加之参与编写的人员年轻且绝大多数为兼职，且从未接触过志书编写工作，因此在志书编纂过程中存在不尽如人意之处，敬请各位领导、专家、广大读者和行业同仁给予指正。

《浙江省能源集团志》编辑部

2021年5月

《浙江省能源集团志》审核、统稿、执笔和资料提供人一览表

内容	责任部门/单位	审核人	统稿人	执笔人	资料提供人
图片	编辑部	李宗华	黄灵豹	蒋文婕	祝益军、朱将云、吴　力
概述	编辑部	李宗华		钦晓丹、黄灵豹	
大事记	编辑部	李宗华	黄灵豹	沈经皓	王　瑾、王旭初
第一篇　公司治理		刘柏辉			
篇下序				周起凡	
第一章　体制与机构	浙能集团战略管理与法律部	刘柏辉	沈　澜		
第二章　战略与规模					
第一节　发展战略	浙能集团战略管理与法律部	刘柏辉	沈　澜	周起凡	
第二节　资产	浙能集团资产经营部	陈明东	杨　珺	陆　莹	杨　珺
第三节　业务与规模	浙能集团财务部	马　青		闻　依	黄　娟、周倞毅、吴　飞
第二篇　火电	浙江浙能电力股份有限公司	黄祖平	翟嵩山		
篇下序		黄祖平	周　洁	李国梁	曹家顺
第一章　机构与规模		黄祖平			
第一节　管理体制		冯国峰	翟嵩山	夏积坚	
第二节　内设部门					
第三节　业务与规模		黄祖平			
第二章　建设项目		黄祖平	翟嵩山	夏积坚	
第三章　关停与拆除项目		黄祖平	翟嵩山	夏积坚	
第四章　生产运行					
第一节　生产设备		黄祖平	翟嵩山	施红华	
第二节　运行管理				夏积坚	
第三节　设备可靠性				周　静	康　开
第四节　检修维护				夏积坚	
第五节　技术管理				施红华	
第六节　燃料和物资管理					
第五章　技术改造				施红华	
第三篇　石油	浙江省石油股份有限公司	朱东临	徐　昕、程　晨		
篇下序		孙国龙		张良发	
第一章　机构与规模		孙国龙	程　晨	张良发	王晓鹏、沈　韬、章含雪
第二章　油品储运		吴强元	程　晨	王禾梁	陈　鹏、李　伟、杨　树
第三章　油品贸易		费惠士	程　晨	朱　伟	周建明、刘宇柠、何　洲
第四章　综合供能服务站		倪勇龙	祝玮槐	罗　毅	缪鹏程、周俊一、吕先元
第五章　其他油品项目		周中奇	程　晨	朱　伟	衣　雪、林宏杰、赵　宾

（续）

内容	责任部门/单位	审核人	统稿人	执笔人	资料提供人
第四篇　煤　炭		陈兆军			
篇下序	浙江省能源集团有限公司煤炭及运输分公司	徐华明		李乾铭	
第一章　运销机构与规模		徐华明		李乾铭	
第二章　采购与销售					
第一节　煤炭采购		王群峰	王继红	赵建伍	田中石
第二节　煤炭销售					董金功、姚海峰
第三章　运输与仓储		陈兆军			
第一节　水路运输		黄敏辉	陈吕平	沈　珂	董金功、胡柏青、于　鹏
第二节　铁路运输		王继红	张永亮	赵建伍	董金功
第三节　港口存储		何再培	郑　杰	黄圣华	董金功、吴继豪、许　林
第四章　配煤与检测		项　勇			
第一节　科学配煤		王群峰	乐　臻	赵建伍	徐爱民
第二节　煤炭检测		郭　挺		费　帆	郑　璐、殷志源、孙明圭
第五章　煤炭生产与转型					
第一节　管理体制	浙江长广（集团）有限责任公司	鲁国平		冯　明	陈春苗、叶　峰
第二节　煤炭生产					
第三节　关闭与转出					
第四节　职工生活					
第五节　新产业园建设	浙江浙能智慧能源科技产业园有限公司	谢　伟	熊言潮	田华峰	
第五篇　天然气	浙江能源天然气集团有限公司	范子杭	杨建军		
篇下序		杨建军	车　进	陈石义	华科威、王素素
第一章　机构与规模		范子杭	车　进	余彦君	
第一节　管理体制		钱　波	车　进	余彦君	张　斌、王蓉蓉、黄士峰等
第二节　内设部门		杨建军	车　进	余彦君	翁晓露、叶梦琹、陈越浩
第三节　业务与规模		钱　波	车　进	余彦君	程　潇、黄　序、占宇华
第二章　管网建设		徐育斌	王新华	史学海	郭立晓、余彦君、邵敏婧
第一节　规划与计划		朱雪莲	阮长悦	余彦君	周　浩
第二节　多气源一环网建设		王　堃	史学海	郭立晓	余彦君、周劲军、覃　婧
第三节　“县县通”管线建设		罗　勇	史学海	郭立晓	余彦君、覃　婧、邵敏婧
第四节　液化天然气项目建设		王万军	吴昊夫	吴淑云	朱夏卿、周亚洲
第三章　管道运行管理		邵传辉	方理国	王蓉蓉	
第一节　调度运行		刘承松	王蓉蓉	艾素萍	
第二节　设备维护		胡瑞颖	吴宗楠	吴蔓舒	张　眉、程　琦、邓庆建
第三节　管道完整性管理		范文峰	王蓉蓉	孙睿川	
第四章　城市燃气		文　明	范　耀	朱海英	沈敏芝、昝焕杰、邵旭东
第一节　项目开发		余苏兴	朱海英	金　戈	

（续）

内容	责任部门/单位	审核人	统稿人	执笔人	资料提供人
第二节　市场拓展	浙江能源天然气集团有限公司	王希希	朱海英	昝焕杰	
第三节　城燃管网建设		王落飚	朱海英	邵旭东	
第四节　加气站建设		车　进	范琳琳	朱　伟	屠　娟、衣　雪、李　辉、陈文捷、夏肖誉、陆浩杰
第五节　客户服务		王希希	朱海英	昝焕杰	
第五章　采购与销售		董新发	王新华	孟　昕等	张　璐
第一节　天然气采购		董新发	王新华	孟　昕	张　璐
第二节　销售与价格管理		董新发	王新华	孟　昕	张　璐
第三节　城燃销售		王希希	朱海英	昝焕杰	
第四节　交易市场		金鑫涛	李晓雪	丁　亮	
第六篇　可再生能源		周海平	王献江		
篇下序	浙江省新能源投资集团股份有限公司	周海平		王献江	
第一章　机构与规模		周海平	王献江	陈　杰	陈　杰、吴耀鹏、王泽瑞
第二章　建设项目		邱清华	王献江	陈乡阳	张　帆、章梦婷、金玉涵
第三章　并购项目		张　利	贾延珏	王泽瑞	高　芬、林仕杰
第四章　电站运行与管理		郭智俊	王献江	叶　薇	王泽瑞、高　芬
第五章　社会效益		周海平	贾延珏	陈乡阳	张　帆
第七篇　金融		沈春杰	吴　琳		
篇下序	浙能资本控股有限公司	沈春杰		吴　琳	
第一章　机构与规模			吴　琳	应邦育、吴　琳	陈　璐、王晨阳、李梁波
第二章　金融与产业投资					楼　骁、顾妤斐、张泽宇
第三章　司库管理	浙江省能源集团财务有限公司	施云峰	周　健	曾家和	
第四章　融资租赁	浙能资本控股有限公司	李　成	方　爔	孙新华	包　诚、吴子骏
第五章　房地产开发		诸　莹	金慧敏	陈杭斌	何　姗、鲍向民、王岩松
第六章　资产管理		沈春杰	张自恺	励远如	励远如、黄虹飞
第八篇　能源服务产业		卢永清	杨极云		
篇下序	浙江省能源集团有限公司科技工程与服务产业分公司	卢永清		杨极云	张　倩、耿焕丽、王　正
第一章　机构与规模					
第二章　工程服务				耿焕丽	
第三章　技术服务与教育培训				杨极云	
第四章　物资采购与供应					韩莹莹、蔡淑莹、童巧巧
第五章　酒店与物业管理					耿焕丽、张科钧
第六章　环保产业		戴豪波	胡达清	耿焕丽	
第七章　其他服务					

（续）

内容	责任部门/单位	审核人	统稿人	执笔人	资料提供人
第一节　港口服务		李宗华	沈经皓		吴国华
第二节　分布式能源		卢永清	杨极云	董巧巧	
第三节　养老服务		卢永清	杨极云	王　正	
第九篇　对外投资与合作		陈东波	钦晓丹		
篇下序	浙能集团计划发展部	白路镇		钦晓丹	
第一章　省内投资合作					贺元启、武文秀、李雪峰
第二章　省外投资合作					
第一节　皖蒙晋项目			钦晓丹	李乾铭	应一军、罗旭杰、洪　玲
第二节　新疆项目	浙能集团西北分公司	吴庆周		王　麟、石雪松、谢森波	郑伟民、周　健、吕　峥
第三节　宁夏项目	浙能集团计划发展部	陈东波	钦晓丹	张　军	武文秀、梁幼明、胡敏杰
第四节　江西项目				纪　萍	
第三章　海外投资合作	浙江能源国际有限公司				
篇下序		高　民	高　开	陈嘉辰	
第一节　机构					陈楚阳
第二节　项目				潘巧巧	秦　臻、蔡　悦、孔令涛
第十篇　安全生产	浙能集团生产安全监察部	牟文彪	肖方雄、刘亚静、黄旭东		
篇下序		徐绍平		肖方雄	王家建
第一章　安全管理			黄旭东	肖方雄	王家建、王　瑾、黄旭东
第二章　事故防控与应急救援			肖方雄	刘亚静	
第三章　安全生产标准化			肖方雄	刘亚静	
第十一篇　科技与信息化	浙能集团科技与信息化管理部	解剑波	关　键		
篇下序		姚文峰		关　键	
第一章　科技管理		姚文峰		关　键	俞华栋、邱　鹤、汤　景
第二章　技术研发		范海东	关　键		
第一节　电力技术研发				黄路遥	戴敏敏、马　超、陈　健
第二节　煤炭技术研发				李军海	徐爱民、王旭晟、蔡　毅
第三节　油气技术研发				韩　啸	张国民、朱海英、陆国忠
第四节　环保技术研发				邱　鹤	周　文、卢志飞、王志强
第五节　可再生能源及新能源技术研发				张　弛	项俊猛、王菊芬、袁松林
第六节　煤化工技术研发				虞华生	邹海旭
第七节　科技投入				虞云军	蔡卫国、吴恒刚、张震伟
第三章　科技交流与合作		姚文峰	关　键	汤　景	
第一节　科技交流					周　凯、韩　啸、顾海英
第二节　科技合作					陈卫光、俞华栋、杨　扬

（续）

内容	责任部门/单位	审核人	统稿人	执笔人	资料提供人
第四章　科技成果	浙能集团科技与信息化管理部	解剑波	关　键	陈　乐	
第一节　技术标准					吴剑波、武光斌、朱继峰
第二节　知识产权					王　洁、祁志福、李国伟
第三节　科技奖励					王嘉敏、李卓斌、王彦忠
第五章　信息化建设与管理		孟　强	虞云军		
第一节　基础设施建设				杨哲明	闻　依、李　艳
第二节　应用系统建设				赵　丹	
第三节　运行维护				许建峰	
第四节　网络安全				虞云军	
第十二篇　节能与环保	浙能集团生产安全监察部	牟文彪	颜亦磊、耿焕丽		
篇下序		牟文彪		颜亦磊、董昊炯	
第一章　机构与制度					
第一节　组织机构		徐绍平	董昊炯	颜亦磊	王　瑾、董昊炯
第二节　规章制度					
第二章　节能		王建强			
第一节　节能专项资金管理			颜亦磊	董昊炯	王　瑾
第二节　节能设备改造					
第三章　环境保护	浙能集团生产安全监察部	牟文彪			
第一节　环保管理		王建强	颜亦磊	丁仲勃、耿焕丽	王　瑾、颜亦磊、耿焕丽
第二节　固体废弃物治理					
第三节　大气污染治理					
第四节　水污染治理					
第五节　噪声污染防治					
第十三篇　企业管理					
篇下序					
第一章　行政管理	浙能集团办公室	章晓栋	古华城	朱海英	王　瑾、黄正超
第二章　法律事务管理	浙能集团战略管理与法律部	何文军		周起凡	
第三章　计划与发展	浙能集团计划发展部	陶建根	钦晓丹		
第一节　组织机构		陶建根	钦晓丹	李建设	蒋庭军、章　健
第二节　规划与产业布局		陈东波	李建设	钦晓丹	章　健、陈　怡、史正圆
第三节　计划管理		陈东波		蒋利娜	武文秀、史正圆
第四节　项目管理		杨选忠	钦晓丹	李建设	李雪峰、李梦初
第五节　统计管理		白路镇		罗旭杰	胡冬梅、史正圆
第四章　国际业务管理	浙能集团国际业务部	柴锡强	杨　暘	蒋旻天	

（续）

内容	责任部门/单位	审核人	统稿人	执笔人	资料提供人
第五章　人力资源管理	浙能集团组织部	夏守慧	许丹金		
第一节　组织机构		黄剑飞		吴慧文	罗　丽
第二节　劳动管理				吴慧文	王东江、黄　斌
第三节　干部管理		夏守慧		吴慧文	陈　汀
第四节　绩效与薪酬管理		黄剑飞		吴惠文	樊永刚、陈　列、罗　丽
第五节　教育与培训				吴惠文	余传军
第六节　职业技能鉴定与职称评聘					
第七节　离退休人员管理		陶　虹		吴惠文	许丹金
第六章　财务管理	浙能集团财务部	马　青	闻　依	闻　依	王　珂、黄　娟、周倞毅
第七章　基本建设管理	浙能集团建设管理部	王剑平	杨东南	吴砚华	周明钢、胡　威、史学海
第八章　资产经营管理	浙能集团资产经营部	陈明东			
第一节　制度建设		何旭东	杨　珺	陆　莹	杨　珺
第二节　资本运作					
第三节　产权管理					
第九章　内部审计	浙能集团审计与风控部	程向华		徐成龙	
第十章　招投标管理	浙能集团招投标部	谢作梁		王健勇	徐　丹、杜　群
第十四篇　企业党建与思想政治工作					
篇下序					
第一章　党委班子建设	浙能集团政治工作部				
第一节　民主集中制和党委集体领导		古华城	朱将云	章珍丹	陈　夏、黄一岚
第二节　党委理论学习中心组					
第三节　主体责任落实					唐永巨
第四节　“消薄”专项行动					陈　夏、黄一岚
第五节　党建职能部门					
第二章　基层党组织和党员队伍建设	浙能集团政治工作部	古华城	朱将云	章珍丹	赵玉霞、黄一岚、陈　夏
第三章　党风廉政建设	浙能集团纪检监察室	顾振海	徐晓剑	胡海峰	邓　戈、金飒飒、陈　晨
第四章　思想政治工作	浙能集团政治工作部				
第一节　落实意识形态责任制		古华城	朱将云	章珍丹	陈　夏、黄一岚、赵玉霞
第二节　思想政治教育					朱将云、许明荣、陈　夏
第三节　新闻宣传工作					赵玉霞
第四节　党建与思想政治工作研究					陈　夏、黄一岚
第五节　精神文明建设					

（续）

内容	责任部门/单位	审核人	统稿人	执笔人	资料提供人
第十五篇　企业文化与群团建设					
篇下序		古华城、威丹丹		章珍丹、黄灵豹	
第一章　企业文化的培育与发展	浙能集团政治工作部	古华城	朱将云	章珍丹	赵玉霞
第二章　企业文化体系	浙能集团政治工作部	古华城	朱将云	章珍丹	赵玉霞
第三章　工会	浙能集团工会办公室				
第一节　组织建设	浙能集团工会办公室	威丹丹	黄灵豹	江国胜	黄灵豹、白超斌、于成祥
第二节　民主管理	浙能集团工会办公室	威丹丹	黄灵豹	江国胜	黄灵豹、白超斌、于成祥
第三节　群众性安全教育	浙能集团工会办公室	威丹丹	江国胜	黄灵豹	黄灵豹、白超斌、于成祥
第四节　劳模评选与技能竞赛	浙能集团工会办公室	威丹丹	黄灵豹	江国胜	黄灵豹、白超斌、于成祥
第五节　文体活动	浙能集团工会办公室	威丹丹	江国胜	黄灵豹	黄灵豹、白超斌、于成祥
第四章　共青团	浙能集团政治工作部	古华城	章珍丹	陈　威	朱将云、章沁妍
人物与荣誉					
一、人物简介		夏守慧	许丹金	陈　列	
二、人物名录		夏守慧	许丹金	陈　列	
三、荣誉		李宗华	黄灵豹	沈经皓	浙能集团各部门、单位
所属单位简介					
电力板块					
浙江浙能电力股份有限公司	浙江浙能电力股份有限公司	黄祖平		曹家顺	
浙江东南发电股份有限公司	浙江浙能电力股份有限公司	黄祖平		余良鹤	
浙江浙能北仑发电有限公司	浙江浙能电力股份有限公司	倪耀琪		罗培军	
浙江浙能嘉兴发电有限公司	浙江浙能电力股份有限公司	李江标		张荣亮	
浙江浙能嘉华发电有限公司	浙江浙能电力股份有限公司	李江标		张荣亮	
浙江浙能长兴发电有限公司	浙江浙能电力股份有限公司	蒋　锋		杨修军	
浙江浙能镇海发电有限责任公司	浙江浙能电力股份有限公司	葛　萍		柳志均	
浙江浙能镇海联合发电有限公司	浙江浙能电力股份有限公司	卢　亮		郑　设	
浙江浙能温州发电有限公司	浙江浙能电力股份有限公司	何海斌		唐晓霞	

（续）

内容	责任部门/单位	审核人	统稿人	执笔人	资料提供人
浙江温州特鲁莱发电有限责任公司	浙江浙能电力股份有限公司	邹云海		黄海珍	
温州燃机发电有限公司	浙江浙能电力股份有限公司	戴胜策		陈迎春	
浙江浙能电力股份有限公司台州发电厂	浙江浙能电力股份有限公司	姜宇琴		金溜溜	
浙江浙能电力股份有限公司萧山发电厂	浙江浙能电力股份有限公司	刘　骅		李国梁	
浙江浙能台州第二发电有限责任公司	浙江浙能电力股份有限公司	郑　晨		项　颉	
浙江浙能绍兴滨海热电有限责任公司	浙江浙能电力股份有限公司	胡　昣		孟芯宜	
浙江浙能乐清发电有限责任公司	浙江浙能电力股份有限公司	何慧丰		夏积坚	
浙江浙能兰溪发电有限责任公司	浙江浙能电力股份有限公司	张小根		唐　健	
浙江浙能金华燃机发电有限责任公司	浙江浙能电力股份有限公司	葛　强		龚兰萍	
浙江浙能中煤舟山煤电有限责任公司	浙江浙能电力股份有限公司	朱青国		童梦定	
淮浙煤电有限责任公司	浙江浙能电力股份有限公司	应一军		管诗渊	
淮浙煤电有限责任公司凤台发电分公司	浙江浙能电力股份有限公司	柯微微		周启明	
宁夏枣泉发电有限责任公司	浙江浙能电力股份有限公司	张　军		史元昕	
浙江浙能能源服务有限公司	浙江浙能电力股份有限公司	莫城恺		陆一婷	
浙江浙能电力工程技术有限公司	浙江浙能电力股份有限公司	陈娟春		茅慧慧	
浙江浙能镇海燃气热电有限责任公司	浙江浙能电力股份有限公司	葛　萍		柳志均	
浙江浙能镇海天然气发电有限责任公司	浙江浙能电力股份有限公司	葛　萍		柳志均	
浙江浙能常山天然气发电有限公司	浙江浙能电力股份有限公司	葛　强		龚兰萍	
浙江浙能绍兴滨海热力有限公司	浙江浙能电力股份有限公司	施红华		胡　昣	
浙江浙能钱清发电有限公司	浙江浙能电力股份有限公司	胡　昣		施红华	

（续）

内容	责任部门/单位	审核人	统稿人	执笔人	资料提供人
石油板块					
浙江省石油股份有限公司	浙江省石油股份有限公司	孙国龙		程　晨	
浙江浙石油储运有限公司		任立志		王禾梁	
浙江浙石油综合能源销售有限公司		倪勇龙、范庆来、唐　坚		王　樱	
浙江浙石油贸易有限公司		周娴珺		周娴珺	
浙江浙石油燃料油销售有限公司		周中奇		朱　伟、范琳琳	
浙江浙能石油新能源有限公司					
广厦（舟山）能源集团有限公司		张建辉		沈　韬	
煤炭板块					
浙江省能源集团有限公司煤炭及运输分公司	浙江省能源集团有限公司煤炭及运输分公司	徐华明		李乾铭	
浙江浙能富兴燃料有限公司	浙江省能源集团有限公司煤炭及运输分公司			赵建伍	
浙江富兴电力燃料有限公司	浙江省能源集团有限公司煤炭及运输分公司			赵建伍	
宁波海运集团有限公司	浙江省能源集团有限公司煤炭及运输分公司			沈　珂	
浙江富兴海运有限公司	浙江省能源集团有限公司煤炭及运输分公司			王卫红	
浙江浙能通利航运有限公司	浙江省能源集团有限公司煤炭及运输分公司			王卫红	
浙江浙能港口运营管理有限公司	浙江省能源集团有限公司煤炭及运输分公司			黄圣华	
浙江越华能源检测有限公司	浙江省能源集团有限公司煤炭及运输分公司			费　帆	
舟山煤炭交易市场有限公司	浙江省能源集团有限公司煤炭及运输分公司			李　艳	

（续）

内容	责任部门/单位	审核人	统稿人	执笔人	资料提供人
天然气板块					
浙江能源天然气集团有限公司	浙江能源天然气集团有限公司	钱　波		朱海英	
浙江省天然气开发有限公司		周　浩		马一婧	
浙江浙能天然气管网有限公司					
浙江省能源集团城市燃气有限公司		文　明、范　耀		高　凯、李　雯	
浙江浙能天然气运行有限公司		邵传辉		纪国文、王炜涛	
浙江浙能温州液化天然气有限公司		郑秀成		任　耀	
舟山天然气交易市场有限公司		金鑫涛		李晓雪、丁　亮	
浙江浙能六横液化天然气有限公司		朱夏卿		朱夏卿	
可再生能源板块					
浙江省新能源投资集团股份有限公司	浙江省新能源投资集团股份有限公司	周海平		陈　杰	
浙江浙能北海水力发电有限公司		蒋品华		陈乡阳	
浙江浙能华光潭水力发电有限公司		仲红斌		张　帆	
浙江浙能嘉兴海上风力发电有限公司		储著宇		林　感	
浙江浙能长兴新能源有限公司		袁文清		应　平	
浙江浙能国电投嵊泗海上风力发电有限公司		乐可定		张　帆	
能源服务板块					
浙能集团科技工程与服务产业分公司	浙能集团科技工程与服务产业分公司	卢永清		杨极云	
浙江浙能兴源节能科技有限公司	浙能集团科技工程与服务产业分公司				
浙江省电力建设有限公司	浙能集团科技工程与服务产业分公司				
浙江天地环保科技股份有限公司	浙能集团科技工程与服务产业分公司		戴豪波	耿焕丽	
浙江天虹物资贸易有限公司	浙能集团科技工程与服务产业分公司			杨极云	

（续）

内容	责任部门/单位	审核人	统稿人	执笔人	资料提供人
浙江浙能天颐投资有限公司	浙能集团科技工程与服务产业分公司	卢永清		杨极云	
浙江梅苑酒店管理有限公司	浙能集团科技工程与服务产业分公司	卢永清		杨极云	
浙江浙能企业管理培训服务有限公司	浙能集团科技工程与服务产业分公司	卢永清		杨极云	
新疆板块					
浙江省能源集团有限公司新疆分公司	浙能集团西北分公司	王彦明		谢森波、王　麟、石雪松	
伊犁新天煤化工有限责任公司	浙能集团西北分公司	王彦明		谢森波、王　麟、石雪松	
浙能阿克苏热电有限公司	浙能集团西北分公司	王彦明		谢森波、王　麟、石雪松	
金融板块	浙能资本控股有限公司				
浙能资本控股有限公司	浙能资本控股有限公司	徐　岩		吴　琳	
浙能股权投资基金管理有限公司	浙能资本控股有限公司	徐　岩		吴　琳	
浙江省浙能房地产有限公司	浙能资本控股有限公司	李　成		方　爔	
浙江浙能融资租赁有限公司	浙能资本控股有限公司	李　成		方　爔	
上海璞能融资租赁有限公司	浙能资本控股有限公司	谢振全		何　姗	
浙江浙能资产经营管理有限公司	浙能资本控股有限公司	张自恺		励远如	
浙江浙能碳资产管理有限公司	浙能资本控股有限公司	张自恺		励远如	
直属单位					
浙江长广（集团）有限责任公司		鲁国平		冯　明	
浙江浙能技术研究院有限公司		董益华		傅　凡	
浙江能源国际有限公司		高　开		陈嘉辰	
浙江浙能智慧能源科技产业园有限公司		谢　伟	熊言潮	田华峰	
江西省赣浙能源有限公司				纪　萍	
浙江省能源集团财务有限责任公司				周　健、曾家和	
附录					
编纂始末		李宗华		沈经皓	

ISBN 978-7-5020-7248-3

9 787502 072483 >

定价：568.00 元(上、下册)